I0236109

ספר

הלכתא ברורה

מסכת ראש השנה
ומסכת יומא

כולל כל הלכות ראש השנה ויום הכיפורים

ושאר ההלכות הנמצאות על הדף

שבשו"ע ובמשנה ברורה

בשילוב תמצית דברי הביאור הלכה והשער הציון

מסודרות על הדף ע"פ ציוני ה'עין משפט'

בתוספת מקורות של הבאר הגולה

לאסוקי שמעתתא אליבא דהלכתא

ספר הלכתא ברורה על מסכת סוכה
וכן ספרי חזרה ברורה: ג' כרכים על כל ו' חלקי משנה ברורה
ניתן להשיג ע"י:
"עם הספר" י. לעוויץ 0047 -377-718
יעקב בלוי 05-266-6245

ספר זה
ספר הלכתא ברורה על מסכת ברכות
ספר הלכתא ברורה על מסכת שבת
ספר הלכתא ברורה על מסכת פסחים
ספר הלכתא ברורה על מסכת תענית מגילה וחנוכה
ספר הלכתא ברורה על מסכת ביצה ומועד קטן
ספרי חזרה ברורה על יורה דעה: ב' כרכים
ספר חזרה ברורה על דיני חושן משפט ע"פ הסדר של הקשו"ע
עם שאר הספרים המוזכרים למעלה
ניתן להשיג ע"י: www.chazarahmp3.com

1139 East 12th St.
Brooklyn, NY 11230
718 - 646 - 1243
info@chazarahmp3.com

ביד"צ שע"י העדה החרדית שליט"א

בית דין צדק

לכל מקהלות האשכנזים
שע"י "העדה החרדית"
פעיה"ק ירושלם תובב"א
רח' שטראוס 26/א

BETH DIN TZEDEK
OF THE ORTHODOX
JEWISH COMMUNITY
26\A STRAUSS ST.
JERUSALEM

ת.ד. 5006 P.O.B   TEL 02-6236550.טל   FAX 02-6221317 פאקס

ב"ה

הסכמת הביד"צ שליט"א

נודע בשערים המצוינים בהלכה גודל ענין החזרה והשינון לדעת את הדרך ילכון בה ואת המעשה אשר יעשון בפרט בהלכתא רברבתא כהלכות שבת וכדו' אשר לפעמים נצרך להם ואין פנאי לחפש מקורו בספר, וע"כ באו ונחזיק טובה להאי גברא יקירא הרה"ג ר' אהרן זליקוביץ שליט"א מעיר נ"י, אשר ערך ספר "חזרה ברורה" לפי סדר המשנה ברורה לחזור ולשנן הלכות שבת תחומין ועירובין שבמשנ"ב חלק ג' וד'.

והנה עבר על הספר ידידינו הגאון רבי חיים יוסף בלויא שליט"א מו"צ פעיה"ק רב שכו' פאג"י ומרבני ועד השחיטה דעדתינו, ומעיד כי הספר בנוי לתלפיות לתועלת ללומדים לשינון וחזרה, ע"כ אף ידינו תכון עמו לחלקו ביעקב ולהפיצו בישראל, והרוצים לידע את המעשה אשר יעשון עליהם לעיין בפנים הספר משנה ברורה ובהלכה, וכידוע מפי הפוסקים שאין לסמוך על ספרי הקיצורים ללא לימוד מקור הדברים בעיון כדת של תורה.

מי יתן וחפץ ה' בידיו של המחבר יצליח להגדיל תורה ולהאדירה מתוך שמחה ונחת וברכת ה' מלא, עדי נזכה לביאת גוא"צ אשר אליו מייחלים עינינו בקרוב הימים בב"א.

וע"ז באעה"ח ביום ז"ך לחודש תמוז - בין המצרים יהיה לששון ולשמחה - תשע"ה לפ"ק הביד"צ דפעיה"ק ת"ו

נאם יצחק טוביה ווייס – גאב"ד	נאם משה שטרנבוך – ראב"ד
נאם אברהם יצחק אולמאן	נאם נפתלי ה' פרנקל

בית דין צדק לכל מקהלות האשכנזים ע"י העדה החרדית
Beth Din Tzedek of the Orthodox Jewish Community
Jerusalem
ירושלם ת"ו

קיבלנו בעד ספר "חזרה ברורה" על משנה ברורה

הרה"ג רב עזריאל אויערבאך שליט"א

בס"ד

הרב עזריאל אוירבאך
רב בית הכנסת "חניכי הישיבות", בית וגן
רח' הפסגה 53, בית וגן, ירושלים

Rabbi Azriel Auerbach
Rabbi of "Chaniche Hayeshivot"
53 Hapisga St., Bayit Vegan, Jerusalem

בס"ד

ראיתי את הספר "חזרה ברורה" הנועד לאלו אשר כבר
עסקו בעיון בשו"ע ובס' משנה ברורה – לקיים ושננתם
ובפרט בדבר הלכה בעניני או"ח אשר יום יום ידרושון
לדעת את הדרך ילכו בה, והנה המחבר עשה עבודה
יפה ומתוקנת ערוך ומסודר במעשה אומן לשם שינון הלכה
בבחינת נר לרגלי דבריך ואור לנתיבתי.
וברכה להמשך זיכוי הרבים להחדרת ההלכה היום
יומית מתוך הרחבת הדעת.

עזריאל אוירבאך

בס"ד

ראיתי את הספר "חזרה ברורה" הנועד לאלו אשר כבר עסקו בעיון בשו"ע ובס' משנה ברורה - לקיים ושננתם ובפרט בדבר הלכה בעניני או"ח אשר יום יום ידרושון לדעת את הדרך ילכו בה, והנה המחבר עשה עבודה יפה ומתוקנת ערוך ומסודר במעשה אומן לשם שינון הלכה בבחינת נר לרגלי דבריך ואור לנתיבתי.

וברכה להמשך זיכוי הרבים להחדרת ההלכה היום יומית מתוך הרחבת הדעת.

עזריאל אוירבאך

קיבלנו בעד ספר "חזרה ברורה" על משנה ברורה

הרה"ג רב ישראל גנס שליט"א

הרב ישראל גנס
רח' פנים מאירות 2
קרית מטרסדורף, ירושלים 94423

בס"ד א' אלול תשע"ב

ראיתי את הספר "חזרה ברורה" אשר הפליא לעשות האברך היקר הרב אהרן זליקוביץ שליט"א. בספר הזה יש עמל רב, יגיעה רבה, סדר נפלא, ובעיקר תועלת גדולה ללימוד המשנה ברורה שיוכלו לזכור את דבריו, הן המ"ב הן הבה"ל והן השעה"צ. ולא נצרכה אלא לברכה שיוסיף המחבר תת תנובה לזכות הרבים בעוד ספרים מועילים.

הכו"ח לכבוד התורה ועמליה פה עיה"ק ירושלים תובב"א
ישראל גנס

הרה"ג רב שמואל פירסט שליט"א

Rabbi Shmuel Fuerst
6100 North Drake Avenue
Chicago, Illinois 60659
(773) 539-4241
Fax (773) 539-1208

בס"ד

הרב שמואל פירסט
דיין ומו"ץ אגודת ישראל
שיקאגא, אילינאי

ה' מנחם אב תשע"ב

ראיתי הספר "חזרה ברורה" שחיברו הר"ר אהרן זליקוביץ שליט"א
שכתוב בתוכו כל דברי המחבר והרמ"א וכמעט כל דברי המ"ב ושע"צ
וב"ה והכל ערוך בסדר נאה. והתועלת מהספר יהי' להלומדי המ"ב
שיוכלו לחזור על ספר מ"ב באופן קל להבין אותו על בוריו.
ובודאי ספר הנ"ל יהי' תועלת גדולה להרבה לומדי משנה ברורה שיהא להם
קל לחזור על דבריו כדי שיהיו בקיאין בדבריו ועי"ז יזכו לשמור ולעשות
ולקיים את דבר הלכה.
יהי רצון שיזכה המחבר שיתקבל הספר "חזרה ברורה" לפני כל הלומדים
הלכות אלו ויזכה לסיים כל שאר חלקים של המ"ב, ויזכה לשבת באהלה של
תורה כל ימי חייו.

הכו"ח לכבוד התורה,
בידידות,
שמואל פירסט

ה' מנחם אב תשע"ב

ראיתי הספר "חזרה ברורה" שחיברו הר"ר אהרן זליקוביץ שליט"א שכתוב בתוכו כל דברי המחבר והרמ"א וכמעט כל דברי המ"ב ושע"צ וב"ה, והכל ערוך בסדר נאה. והתועלת מהספר יהיה להלומדי המ"ב שיוכלו לחזור על ספר מ"ב באופן קל להבין אותה על בוריה.

ובודאי ספר הנ"ל יהיה תועלת גדולה להרבה לומדי משנה ברורה שיהא להם קל לחזור על דבריו כדי שיהיו בקיאין בדבריו ועי"ז יזכו לשמור ולעשות ולקיים את דבר הלכה.

יהי רצון שיזכה המחבר שיתקבל הספר "חזרה ברורה" לפני כל הלומדים הלכות אלו ויזכה לסיים כל שאר חלקים של המ"ב, ויזכה לשבת באהלה של תורה כל ימי חייו.

הכו"ח לכבוד התורה,
בידידות, שמואל פירסט

קיבלנו בעד ספר "חזרה ברורה" על משנה ברורה

הרה"ג רב שמואל פעלדער שליט"א

RABBI SHMUEL FELDER
BETH MEDRASH GOVOAH
LAKEWOOD N.J.08701

שמואל יצחק פעלדער
דיין ומו"ץ בית מדרש גבוה
לייקואד נוי דשערזי

בעזהי"ת יום א' כ"א אייר תשע"ב לפ"ק

הן הובא לפני קונטרוס שחיברו ר' אהרן זליקוביץ שליט"א על משנה ברורה
אשר בשם "חזרה ברורה" יקבנו המכיל בתוכו כל דברי המחבר והרמ"א ומ"ב
וגם תמצית דברי הביאור הלכה ושער הציון, הכל ערוך בצורה
מסודרת ומאירת עינים, באופן ששייך לחזור על ספר משנה ברורה עם
תמצית בה"ל ושעה"צ באופן קל ובהיר בלא בלבול ועירבוביא.
ובודאי שיש בחיבור זה תועלת גדולה ללומדי משנה ברורה לחזור
ולשנן הדברים בצורה מועילה ביותר למען תהיה תורתם בלבם
ערוכה ושמורה להיות בקיאין בדבר הלכה ללמוד וללמד לשמור
ולעשות ולקיים.
ועל כן אברך הרב המחבר שיזכה שיתקבלו הדברים באהבה ובשמחה
לפני הלומדים ויזכה לחבר עוד חיבורים כזה ואחרים בתורה
הקדושה ולשבת באהלה של תורה כל ימי חייו מתוך מנוחת הנפש
והרחבת הדעת.

הכו"ח לכבוד התורה
שמואל יצחק פעלדער

בעזהי"ת יום א' כ"א אייר תשע"ב לפ"ק

הן הובא לפני קונטרוס שחיברו ר' אהרן זליקוביץ שליט"א על משנה ברורה אשר בשם "חזרה ברורה" יקבנו המכיל בתוכו כל דברי המחבר והרמ"א ומ"ב, וגם תמצית דברי הביאור הלכה ושער הציון, הכל ערוך בצורה מסודרת ומאירת עינים, באופן ששייך לחזור על ספר משנה ברורה עם תמצית בה"ל ושעה"צ באופן קל ובהיר בלא בלבול ועירבוביא.

ובודאי שיש בחיבור זה תועלת גדולה ללומדי משנה ברורה לחזור ולשנן הדברים בצורה מועילה ביותר למען תהיה תורתם בלבם ערוכה ושמורה להיות בקיאין בדבר הלכה ללמוד וללמד לשמור ולעשות ולקיים.
ועל כן אברך הרב המחבר שיזכה שיתקבלו הדברים באהבה ובשמחה לפני הלומדים ויזכה לחבר עוד חיבורים כזה ואחרים בתורה הקדושה ולשבת באהלה של תורה כל ימי חייו מתוך מנוחת הנפש והרחבת הדעת.

הכו"ח לכבוד התורה
שמואל יצחק פעלדער

קיבלנו בעד ספר "חזרה ברורה" על משנה ברורה

הרה"ג רב יחזקאל רוטה שליט"א

יחזקאל רוטה

אבדק"ק קארלסבורג
בארא פארק ברוקלין, נ.י. יע"א

RABBI Y. ROTH
1556-53RD STREET
BROOKLYN, N. Y. 11219
TEL:(718) 435-1502

להי"ו

תפארת שבנצח למב"י לסדר כללותיה ופרטותיה ודיקדוקיה מסיני תשע"ד לפ"ק

בימי הספירה שמסוגלים מאד ללמוד הלכה ברורה, כמבואר בתשו' המפורסמת לכ"ק זקיני זי"ע בשו"ת מראה יחזקאל סי' ק"ד בשם רבו הרה"ק מרימנאב זי"ע, שכל ההלכות שנשתכחו בימי אבלו של משה והחזירן עתניאל בן קנז כדאיתא בתמורה ט"ז, היתה בימי העומר, וע"כ מסוגל מאד בימים הקדושים הללו לעשות חזרה על הלימוד שלא ישתכח, וע"ז רומז לשון והחזירן מלשון חזרה, וע"כ מאד מתאים כעת לחזק את ידי הרב המופלג צמ"ס כמוהר"ר **אהרן זליקוביץ** שליט"א שאיתמחי מכבר לערוך חיבור **חזרה ברורה** על המ"ב או"ח, ונתעטר בהמלצות והסכמות מגדולי הרבנים שיחי', ועל של עכשיו באתי מה שהוציא עתה חדש מן הישן על הלכות או"ה שביו"ד, ובוודאי יועיל להלומדים לחזור על לימודם, ודבר גדול עשה בזה שיהיי מוכן ומזומן לפני הלומד הלכות שירוץ בהם בלי גימגום וחיפוש, ובזה יתרבה יודעי דת ודין לזכור הלכה המביא לידי מעשה, והמחבר יהיי נמנה בין מזכי הרבים להגדיל תורה ולהאדירה, ויזכה להמשיך בעבוה"ק על מי מנוחות מתוך הרחבה וכט"ס עדי שיתרומם קה"ת וישראל ב"ב אמן.

הכו"ח לחיזוק תוה"ק ולומדיה

הק' יחזקאל רוטה

קיבלנו בעד ספר "חזרה ברורה" על יו"ד הלכות איסור והיתר

הקדמה

בעזה"י. תנא דבי אליהו: "כל השונה הלכות בכל יום מובטח לו שהוא בן עולם הבא, שנאמר 'הליכות עולם לו', אל תקרי הליכות אלא הלכות". **ואיתא** בגמ' (סוטה כא.) "משל לאדם שהיה מהלך באישון לילה ואפילה, ומתיירא מן הקוצים ומן הפחתים ומן הברקנים ומחיה רעה ומן הלסטין, ואינו יודע באיזה דרך מהלך, נזדמנה לו אבוקה של אור, ניצל מן הקוצים ומן הפחתים ומן הברקנים, (פירש רש"י: כך זכה לקיים מצוה ניצל ממקצת פורעניות), ועדיין מתיירא מחיה רעה ומן הליסטין ואינו יודע באיזה דרך מהלך, כיון שעלה עמוד השחר ניצל מחיה רעה ומן הליסטין, (פי' רש"י: זכה לתורה ניצול מיצה"ר ומן החטא), ועדיין אינו יודע באיזה דרך מהלך, הגיע לפרשת דרכים ניצל מכולם; מאי פרשת דרכים, מר זוטרא אמר: זה ת"ח דסלקא ליה שמעתתא אליבא דהלכתא" (פי' רש"י: כלומר זכה לכך ניצול מכולם). מבואר דהמעלה הגבוהה ביותר בלימוד התורה, היא לאסוקי שמעתתא אליבא דהלכתא.

וכך מצינו גם בדברי הרמב"ם באגרת לתלמידו: "ואין המטרה העיקרית אלא ידיעת מה שצריך לעשות וממה להמנע". **וכתב** הטור לבניו (נדפס בדף האחרון בספר ארחות חיים לרא"ש - ירושלים תשכ"ב): "והוי זהיר בתלמוד תורה לשמה, כדי שתדע המצות ותשמור עצמך מן העבירות וכו', והוי זהיר להאריך ולהעמיק ולחפש אחר כל הספרים בדרך פסק ההלכה בדבר הצריך לעולם וכו', ובכל מסכתא שתלמוד תכתוב מעט בכל מן הפוסקים, ומן ההלכות המעורבבות כתוב הכללים, כדי שיהיו בידך, ואם תספק באחד מהם, תמצאם בפעם אחרת, ובזה יצאו דבריך לאור ותתקיים תורתך".

כתב הדרישה (יו"ד סי' רמ"ו סק"ב, הובא בש"ך שם סק"ה ובט"ז שם סק"ב): "יש בעלי בתים נוהגין ללמוד בכל יום גפ"ת ולא שאר פוסקים, ומביאים ראיה מהא דאמרינן סוף פרק בתרא דנדה: 'תנא דבי אליהו כל השונה הלכות בכל יום מובטח לו שהוא בן העולם הבא'. אבל לי נראה כי לא זאת המרגוע ולא בזאת יתהלל המתהלל, כי אם בזאת יתהלל השכל וידוע בספרי פוסקים דיני תורה כגון האלפסי והמרדכי והרא"ש ודומיהם, דזהו שורש ועיקר לתורתנו, ואינם יוצאים כלל בלימוד גפ"ת, דהא דתנא דבי אליהו וכו', כבר כתב רש"י שם: כל השונה הלכות, פירוש הלכות פסוקות". **וכתב** המשנ"ב (סי' קנה סק"ט): "וכשלומד רק מעט, נכון שעיקר למודו יהיה בהלכות, שידע איך להתנהג למעשה וכנ"ל, ואמרו חז"ל (ברכות ח.) על הפסוק (תהלים פז, ב): 'אוהב ה' שערי ציון מכל משכנות יעקב', אוהב ה' שערים המצוינים בהלכה יותר מכל בתי כנסיות וכו', וגם אמרו (נדה עג.): 'כל השונה הלכות בכל יום מובטח לו שהוא בן עוה"ב". **בנוסף** לאמור לעיל הובא בשם החזו"א זצ"ל: "שהמפרש היותר טוב של הגמרא הוא השלחן ערוך".

מטרת הספר שלפנינו 'הלכתא ברורה' היא, לאפשר לכל לומד - גם ללומד גמרא ורש"י בלבד - לראות מיד את ההלכה למעשה, ע"פ המראה מקומות שציין ה"עין משפט".

כדי להימנע מאריכות יתר, ברוב מקומות שהציון ב"עין משפט" הוא גם לרמב"ם וגם השו"ע, לא הבאתי את פסק הרמב"ם אלא רק את דברי השו"ע, אליהם חיברתי גם את דברי המשנה ברורה, וכן את הנקודות העיקריות שבדברי הביאור הלכה והשער הציון. במקומות שבהם ציין ה"עין מפשט" רק לדברי הרמב"ם, הבאתי רק את דברי הרמב"ם ללא הוספת דברי נושאי כליו, מלבד במקומות שבהם יש בנושאי הכלים פירוש נוסף לעצם הסוגיא.

הוספתי בשולי הדף גם את כל ציוני ה"באר הגולה", בהן מבוארת מקורה של כל הלכה בדברי הראשונים. במקומות שבהם פוסק השו"ע שלא כפי' רש"י בגמ', הוספתי את עיקר דברי הנושאי כלים והמפרשים, כדי שהסוגיא תובן ע"פ השיטה שכמותה פסק.

כידוע רבים נוהגים ללמוד את מסכת החג לפני החג, במקביל ללימוד הלכות החג, וא"כ התועלת בספר זה רבה, שבאמצעותו יוכל הלומד לדעת את כל ההלכות בסמיכות למקורותיהם בגמ', ובנוסף, במקומות שלהלכה נפסק אחרת מכפי הנראה מפירוש רש"י, יוכל הלומד לראות מיידית לפי איזו שיטה בראשונים פוסק השו"ע, ואיך מתפרשת הסוגיא לפי אותה שיטה. **להשלמת** הענין הוספתי את כל הלכות ר"ה ויוה"כ - גם אלו שאינן מובאות ב"עין משפט" - אותן סדרתי על הדף ע"פ דברי הבית יוסף, הביאור הגר"א ו"באר הגולה". את ההלכות שאינן מוזכרות בגמ', סדרתי ליד ההלכות השייכות להן, שהוזכרו בסוגיא, או בשער המילואים.

הקדמה

גם בספר זה סדרתי את דברי השו"ע והמשנ"ב משולבים זה בזה - כפי שעשיתי בס"ד בספר "חזרה ברורה" - כך שניתן לקרוא את כל הענין ברציפות, כדי להקל על הלומד. **כיון** שבמקומות רבים נצרכים מאד גם דברי הביאור הלכה ושער הציון, הן מחמת חידושים להלכה שמופיעים בהם והן מחמת תוספת הסבר בסוגיות הגמ' או בפסקי השו"ע, לקטתי את עיקרי דבריהם והצבתי אותם בתוך דברי השו"ע והמשנ"ב.

וזאת למודעי שדברי השו"ע והרמ"א וסידורם לא שונו על ידי בשום אופן. גם דברי המשנ"ב הובאו בדרך כלל כלשונם ממש ללא שום שינוי, מלבד במקומות מועטים בלבד, שבהם נאלצתי לשנות מעט למען הסדר הטוב. גם את לשונות הביאור הלכה והשער הציון שהוצבו בתוך דברי השו"ע והמשנ"ב השתדלתי כמיטב יכולתי שלא לשנות, מלבד במקומות שהיה הכרחי לעשות זאת, הן מחמת צורך ההבנה והן מחמת סידור הדברים.

כדי שלא יצטרך ללומד, לבדוק בכל הלכה האם הוא מדברי השו"ע, הרמ"א, או המשנ"ב, הבאתי את דבריהם בצורת "פונטים" שונים: דברי השו"ע המחבר הובאו באותיות גדולות וברורות ב"פונט" זה: **מחבר**. ודברי הרמ"א הובאו באותיות כתב רש"י גדולות וברורות ב"פונט" זה: **רמ"א**. הציטוטים מהמשנ"ב נעשו באותיות רגילות ב"פונט" זה: משנה ברורה. את הליקוט מדברי הביאור הלכה הכנסתי לסוגריים עגולים ב"פונט" זה: (ביאור הלכה). ואת תמצית השער הציון הצגתי בסוגריים מרובעים וב"פונט" שונה: [שער הציון]. במעט המקומות בהן היה צורך בהוספה כלשהי, הודפסו הדברים באופן זה: ‹באופן זה›. **ולמטה** בחלק ה"באר הגולה", דברי הבאר הגולה עצמו הובאו כזה: (באר הגולה). וכל שאר הדברים המובאים שם בשם הפוסקים, נכתבים באופן זה: ‹באופן זה›.

יתן ה' שספר זה יהיה לתועלת הרבים להגדיל תורה ולהאדירה, שנוכל להיות בקיאים בדבר ה' זו הלכה, ללמוד וללמד לשמור ולעשות ולקיים, ושלא אכשל ח"ו בדבר הלכה, ושאזכה להיות ממזכי הרבים, ולראות בבנין בית המקדש בב"א.

לוח ה"פונטים"

מחבר | **רמ"א** | משנה ברורה | (ביאור הלכה/באר הגולה) | [שער הציון] | ‹הוספה›

מפתח כללי

מפתח הלכות

לוח המפתח

- האותיות שהם תוך רבוע כזה א הם אותיות הסעיפים.
- כשהסעיף אינו נכתב במקום א' בשלימותה, אלא נחלקה לחלקים, אז נרשם בהמפתח אצל כל חלק וחלק מספר כזה (1) או (2) וכדו'.
- כשהעין משפט מביא הלכה אחת בכמה מקומות, בקצת המקומות לא הבאנו את ההלכה בשלימותה, ובמפתח רשמנו את המקומות האלו כזה [יא.]

הלכות ראש השנה

תקפא: דיני ימי תחנונים וערב ראש השנה, ובו ד' סעיפים.

א – ד - מילואים

תקפב: סדר תפלת עשרת ימי תשובה וראש השנה, ובו ט' סעיפים.

א – ו - מילואים ז - כט: ח - לב: ט - לה.(1) טז:(2)

תקפג: דברים שנוהגים לאכול בליל ר"ה, ובו ב' סעיפים.

א – ב' - מילואים

תקפד: סדר קריאת התורה בר"ה, ובו ד' סעיפים.

א - לב:(1) מילואים(2) ב – ד - מילואים

תקפה: דין ברכת השופר, ובו ה' סעיפים.

א - טז: ב - כט:(1) לד.(2) ג - לב: ד - לב: ה - לב:

תקפו: דיני שופר של ראש השנה, ובו כ"ג סעיפים.

א - טז.(1) כו.(2) כו:(1) ב - כח. ג - כח. ד - כח. ה - כח. ו - כז: ז - כז: ח - כז. [כז:] ט - כז: י - כז. יא - כז: יב - כז: יג - כז: יד - כז: טו - כז: טז - [כז.] כז: יז - כז: יח - כז: יט - כז: כ - כז: כא - לב: כב - לב: כג - לב:(1) לג.(2)

תקפז: דין התוקע לתוך הבור, ובו ג' סעיפים.

א - כז: ב - כח. ג - כח.

תקפח: זמן תקיעת שופר, ובו ה' סעיפים.

א - כח. לד.(1) ב - לד: ג - לד: ד - כח. ה - כט:

תקפט: מי הם הראוים לתקיעת שופר, ובו ט' סעיפים.

א - כט. ב - כט. ג - ל. ד - כט. ה - כט. ו - לג. ז - כח. ח - כח:(3) כט.(3) לב:(1) לג:(2) ט - כט.

תקצ: סדר הראוי לתקיעת שופר, ובו ט' סעיפים.

א - לג: ב - לד. ג - לג: ד - לג: ה - לג: ו - [כח.] לג: ז - לד. ח - לד. ט - לד. כז:(2)

מפתח הלכות

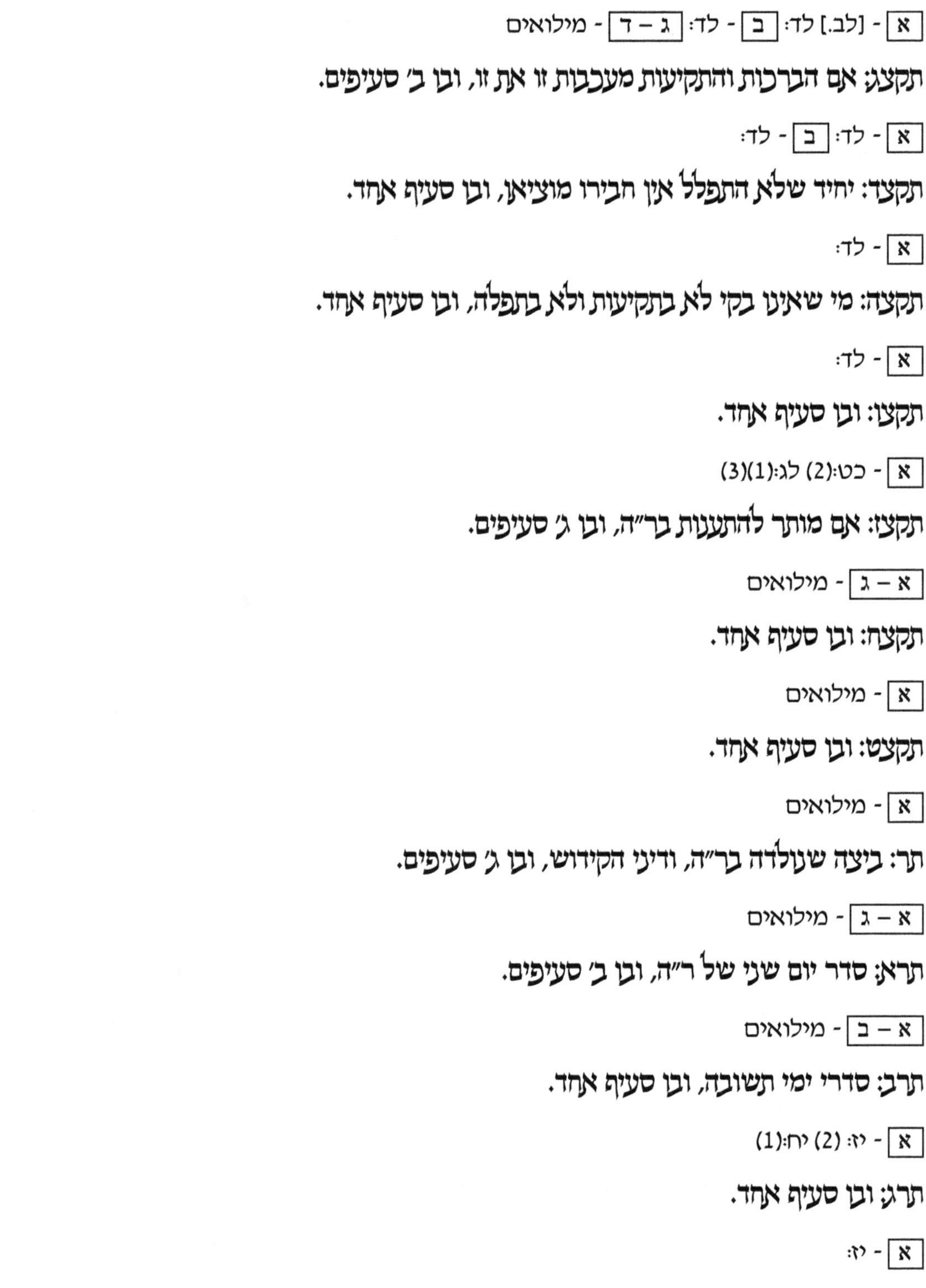

תקצא: סדר תפלת מוסף ביחיד, ובו ח' סעיפים.

[א] - כז.(2) לד: [ב] - לה. [ג] - לה. [ד] - לב. לה.(2) [ה] - לב.(1) לב: [ו] - לב: [ז – ח] - מילואים

תקצב: תפלת מוסף בקול רם וסדר התקיעות, ובו ד' סעיפים.

[א] - [לב.] לד: [ב] - לד: [ג – ד] - מילואים

תקצג: אם הברכות והתקיעות מעכבות זו את זו, ובו ב' סעיפים.

[א] - לד: [ב] - לד:

תקצד: יחיד שלא התפלל אין חבירו מוציאו, ובו סעיף אחד.

[א] - לד:

תקצה: מי שאינו בקי לא בתקיעות ולא בתפלה, ובו סעיף אחד.

[א] - לד:

תקצו: ובו סעיף אחד.

[א] - כט:(2) לג:(1)(3)

תקצז: אם מותר להתענות בר"ה, ובו ג' סעיפים.

[א – ג] - מילואים

תקצח: ובו סעיף אחד.

[א] - מילואים

תקצט: ובו סעיף אחד.

[א] - מילואים

תר: ביצה שנולדה בר"ה, ודיני הקידוש, ובו ג' סעיפים.

[א – ג] - מילואים

תרא: סדר יום שני של ר"ה, ובו ב' סעיפים.

[א – ב] - מילואים

תרב: סדרי ימי תשובה, ובו סעיף אחד.

[א] - יז: (2) יח:(1)

תרג: ובו סעיף אחד.

[א] - יז:

מפתח הלכות

הלכות יום הכפורים.

תרד: סדר ערב יום כפור, ובו ב׳ סעיפים.

[א] - פא: [ב] - פא:

תרה: מנהג כפרות בערב יום כפור, ובו סעיף אחד.

[א] - מילואים

תרו: שיפייס אדם חבירו בערב יום כפור, ובו ד׳ סעיפים.

[א] - פה:(1) פז.(1,2) פז:(3) [ב] - פז. [ג] - פז: [ד] - מילואים

תרז: סדר הוידוי במנחה בערב יו״כ, ובו ו׳ סעיפים.

[א] - פז:(1)(2) [ב] - פו: [ג] - פז:(1)(2) [ד] - פו: [ה] - פז: [ו] - מילואים

תרח: סדר סעודה המפסקת, ובו ד׳ סעיפים.

[א] - פא: [ב] - מילואים [ג] - פא: [ד] - יח.

תרט: הטמנת חמין בערב יום כפור, ובו סעיף אחד.

[א] - מילואים

תרי: הדלקת נרות ביום כיפור, ובו ד׳ סעיפים.

[א – ד] - מילואים

תריא: שליל יום הכיפורים דינו כיומו, ובו ב׳ סעיפים.

[א] - עג:(1) עד.(2) [ב] - מילואים

תריב: איסור אכילה ביום הכיפורים ושיעור כמותה, ובו י׳ סעיפים.

[א] - עג:(1) עט: פ:(2) [ב] - עג: פ:(1) [ג] - פ: [ד] - פ: [ה] - עד. [ו] - פ:(2) פא.(1) [ז] - פא: [ח] - פא: [ט] - עג:(1) פ.(2,1)
פ:(1) פא.(3) פא:(3) [י] - פ:(1) עז:(2)

תריג: איסור רחיצה בי״כ, ובו י״ב סעיפים.

[א] - עז: [ב] - עז: [ג] - עז: [ד] - עז: [ה] - עז:(1)(2)(3) [ו] - עז: [ז] - עז: [ח] - עז: [ט] - עח.(1)(2) [י] - עג: [יא] - פח.
[יב] - פח.

תריד: דיני סיכה ונעילת הסנדל, ובו ד׳ סעיפים.

[א] - עז: [ב] - עח:(2)(1) [ג] - עג: [ד] - עח:

תרטו: יום הכפורים אסור בתשמיש המטה, ובו ב׳ סעיפים.

[א] - עג: [ב] - פח.

מפתח הלכות

תרטז: הקטנים מתי יתחילו להתענות, ובו ב' סעיפים.

א - עח: ב - פב.

תריז: דין עוברה ומניקה ויולדת ביה"כ, ובו ד' סעיפים.

א - פב. ב - פב. פב: ג - פב. ד - פב:

תריח: דין חולה ביה"כ, ובו י' סעיפים.

א - פא.(1) פג.(2)(3) ב - פג. ג - פג. ד - פג. ה - פג. ו - פג. ז - פג. ח - פג. ט - פג.(1)(2) י - מילואים

תריט: סדר ליל יה"כ, ובו ו' סעיפים.

א – ה - מילואים ו - יט:

תרכ: מנהג יפה לקצר בתפלת שחרית, ובו סעיף אחד.

א - מילואים

תרכא: סדר קריאת התורה ומילה ביו"כ, ובו ו' סעיפים.

א - סח: ב – ג - מילואים ד - לו: ה - לו:(1) סו.(2) ו - מילואם

תרכב: סדר תפלת מנחה, ובו ד' סעיפים.

א – ד - מילואים

תרכג: סדר תפלת נעילה, ובו ו' סעיפים.

א - מילואים ב - פז: ג – ו - מילואים

תרכד: סדר מוצאי יום הכיפורים, ובו ה' סעיפים.

א - פז: ב - פא: ג – ה - מילואים

ספר

הלכתא ברורה

מסכת ראש השנה

כולל כל הלכות ראש השנה

ושאר ההלכות הנמצאות על הדף

שבשו"ע ובמשנה ברורה

בשילוב תמצית דברי הביאור הלכה והשער הציון

מסודרות על הדף ע"פ ציוני ה'עין משפט'

בתוספת מקורות של הבאר הגולה

לאסוקי שמעתתא אליבא דהלכתא

§ מסכת ראש השנה דף ב. §

אות א'

למעשר בהמה... באחד בתשרי

רמב"ם פ"ז מהל' בכורות ה"ו - כל הנולדים באחד בתשרי עד עשרים ותשעה באלול, מצטרפין ומעשרין מאלו על אלו; נולדו חמשה טלאים בעשרים ותשעה באלול, וחמשה באחד בתשרי, אין מצטרפין.

אות ב' – ג'

ולשמיטין וליובלות

רמב"ם פ"ד מהל' שמיטין ה"ט - בא' בתשרי ר"ה לשמיטין וליובלות; [א]פירות ששית שנכנסו לשביעית, אם היו תבואה או קטניות או [ב]פירות האילן, והגיעו לעונת המעשרות קודם ר"ה, הרי אלו מותרין, ואע"פ שאוסף אותם בשביעית, הרי הן כפירות ששית לכל דבר; ואם לא באו לעונת המעשרות אלא אחר ר"ה, הרי הן כפירות שביעית.

רמב"ם פ"י מהל' שמיטין ה"ד - נמצאת למד, שהשנה שחרב בה הבית באחרונה - «כשאתה מונה שנה מיום החרבן עד י"ב חדש, שכל מה שאירע באותה שנה מיקרי שאירע בשנת החרבן», שתחלתה - «כשאתה תופס תחלתה - כסף משנה» מתשרי שאחר החרבן כשני חדשים, שהרי מתשרי הוא המנין לשמיטים וליובלות, אותה השנה מוצאי שביעית היתה, ושנת ט"ו מן היובל הט' היתה.

אות ד'

לנטיעה

יו"ד סימן רצד ס"ד - [ג]ג' שנים הללו אינם נמנים מיום ליום, אלא הולכים בהם אחר שנות העולם שהוא מתחיל מתשרי, ואם נתעברה נתעברה לערלה ולרבעי; ופעמים שאינו אלא שתי שנים ומ"ד יום, ופעמים שהם יתרים על ג' שנים; [ד]כיצד, נטע מקודם ט"ז באב, שנשאר עדיין מ"ד יום עד ר"ח תשרי, כיון שהגיע ר"ח תשרי עלתה לה שנה ומונה עוד שתי שנים; ואם נטע ביום ט"ז, ומיום ט"ז ואילך, מונה מראש חדש תשרי הבא ג' שנים שלמים.

אות ה' – ו'

ולירקות

ראש השנה לאילן... בחמשה עשר בו

יו"ד סימן שלא סנ"ז - [ה]ליקט ירק ערב ר"ה עד שלא בא השמש, וחזר וליקט אחר שבא השמש, אין תורמין מזה על זה, שזה חדש וזה ישן; [ו]וכן אם ליקט אתרוג בערב ט"ו בשבט עד שלא בא השמש, וחזר וליקט אתרוג אחר משבאה השמש, אין תורמין מזה על זה; מפני שאחד בתשרי ר"ה למעשרות תבואה וקטניות וירקות, וט"ו בשבט ר"ה למעשרות האילן.

יו"ד סימן שלא סקכ"ה - באחד בתשרי [ז]הוא ראש השנה למעשר תבואה וקטניות וירקות; [ח]ובט"ו בשבט הוא ר"ה למעשר האילנות; כיצד, תבואה וקטניות שהגיעו [ט]לעונת המעשרות לפני ראש השנה של שלישית, אף על פי שנגמרו ונאספו בשלישית, מפרישין מהן מעשר שני; וכן פירות האילן שבאו לעונת המעשרות קודם ט"ו בשבט של שלישית, אע"פ שנגמרו ונאספו אח"כ בסוף שנה שלישית, מתעשרין לשעבר ומפרישין להם מעשר שני; וכן אם באו לעונת המעשרות קודם ט"ו בשבט של רביעית, אף על פי שנגמרו ונאספו ברביעית, מפרישין מהם מעשר עני; ואם באו לעונת המעשרות אחר ט"ו בשבט, מתעשרין להבא.

אות ז'

שטרי חוב המוקדמין פסולין

חו"מ סימן מג ס"ז - שטרי חוב המוקדמים פסולים, שהרי טורף בהם לקוחות שלא כדין; ולפיכך קנסו אותו חכמים, ולא יגבה בשטר מוקדם אלא מבני חורין, גזרה שמא יטרוף בו מזמן ראשון שהקדימו. ואם יטעון הלוה: פרעתי, דינו כטוען כן בשאר שטרות; ואם טען: להד"מ, הוחזק כפרן. (וי"א דפסול לגמרי).

אות ח'

והמאוחרין כשרין

חו"מ סימן מג סי"ב - שטרי חוב המאוחרים כשרים, שהרי הורע כוחו של בעל השטר, שאינו טורף אלא מזמן השטר; ואע"פ שלא כתבו בו שהוא מאוחר, ה"ז כשר. בד"א, שכתוב בו: דאקנה; אבל אם לא כתוב בו: דאקנה, פסולים (וכן כתוב בסי' רנ"ח), אא"כ מפורש וכתוב בו: ואיחרנוהו.

חו"מ סימן מג סי"ג - הא דשטרי חוב המאוחרים כשרים, דוקא בשטרי הלואה; אבל בשטרי מקח וממכר, אפילו מאוחרים פסולים, אלא אם כן (כתב) האיחור בפירוש. (ואין לאחר שום שטר לכתחלה, דמיחזי כשיקרא).

באר הגולה

[א] «ורש"י פי' לענין איסור חרישה וזריעה» [ב] «דעת רבינו, דלשביעית א' בתשרי ר"ה גם לאילן ולא ט"ו בשבט – דרך אמונה» [ג] משנה ריש ר"ה ויליף לה מקראי שם דף ט: [ד] כרבי יוסי ור' שמעון במשנה ו' פ"ב דשביעית, וכדמפרש רב נחמן וכו' שם בר"ה דף י: [ה] ברייתא ר"ה דף י"ב ע"א [ו] «באתרוג לחוד הולכין אחר לקיטה כירק, אבל בשאר אילנות הולכין אחר חנטה, ובתבואה וקטניות זמנן הוא הבאת שליש – דרך אמונה» [ז] משנה ריש ר"ה [ח] שם במשנה וכב"ה [ט] «היינו לענין חלופי השנים ממעשר שני למעשר עני, וה"ה לענין מן החדש על הישן, בין למעשר בין לתרומה – דרך אמונה»

ארבעה

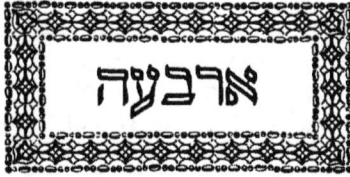

ארבעה ראשי שנים הם *באחד בניסן ר"ה למלכים ולרגלים *באחד באלול ראש השנה למעשר בהמה ר' אלעזר ור"ש אומרים *באחד בתשרי · באחד בתשרי ראש השנה לשנים ולשמיטין וליובלות לנטיעה ולירקות *באחד בשבט ראש השנה לאילן כדברי בית שמאי בית הלל אומרים בחמשה עשר בו: **גמ'** *למלכים למאי הלכתא אמר רב חסדא לשטרות דתנן *שטרי חוב המוקדמין פסולין והמאוחרין כשרין תנו רבנן מלך שעמד בעשרים ותשעה באדר כיון שהגיע אחד בניסן עלתה לו שנה ואם לא עמד אלא באחד בניסן אין מונין לו שנה עד שיגיע ניסן אחר אמר מר מלך שעמד בעשרים ותשעה באדר כיון שהגיע אחד בניסן עלתה לו שנה הא קמ"ל

ארבעה ראשי שנים: **למלכים** · רגילים היו למנות זמן שטרותיהם לשנות המלך משנה שעמד בה המלך כדאמרינן במסכת גיטין (ד' פ·) משום שלום מלכות וקבעו חכמים אחד בניסן לתחלת שנתו ואפילו עמד בשבט או באדר כלתה שנתו משהגיע ניסן ויתחילו למנות לו שנה שניה: **ולרגלים** · מפרש בגמרא (ד' ד·): **למעשר בהמה** · שאין מעשרין מן הנולדים בשנה זו על הנולדים בחבירתה דכתיב (דברים יד) עשר תעשר את כל תבואת זרעך היוצא השדה שנה שנה ואמר מר בבכורות בפרק מעשר בהמה (ד' נג:) בשני מעשרות הכתוב מדבר אחד מעשר בהמה ואחד מעשר דגן: **לשנים** · מפרש בגמ' (ד' ח·): **לשמיטין וליובלות** · משנכנס תשרי אסור לחרוש ולזרוע מן התורה: **לנטיעה** · למנין שני ערלה ואפילו נטעה באב כלתה שנתה הראשונה לסוף אלול וכולהו מפרש בגמרא: **לירקות** · למעשר ירק שאין תורמין ומעשרין מן הנלקט לפני ר"ה על של אחר ר"ה: **לאילן** · לענין מעשר שאין מעשרין פירות האילן שחנטו קודם שבט על שחנטו לאחר שבט שבאילן הולך אחר חנטה ובגמר' מפרש מאי שנא שבט: **גמ' למאי הלכתא** · כלומר למה הוקבע יום מיוחד למנין המלכים איוה שכל מלך ומלך תתחיל שנתו מיום שעמד בו: **לשטרות** · להבחין איזה שטר חוב מוקדם למלוה ואיזה מאוחר: **דתנן** · במסכת שביעית (פ"י מ"ה): **שטרי חוב המוקדמין פסולין** · לפי שרצה לטרוף לקוחות שלקחו שדה מן הלוה מזמן שבשטר ושלא כדין הוא שהרי קדמה מכירה להלואה ובשטר מעיד שהלואה קדמה לפיכך קנסוהו מלגבות בו (א) ולא יטרוף אפילו מזמן המלוה ואילך אלא כמלוה על פה שאינו גובה מן המשועבדים ואם לא קבעו יום לתחלת שנות המלך אלא כל מלך ומלך לפי יום שעמד אין להבחין אם השטר מוקדם או מאוחר כגון אם כתוב בו בכסליו בשנה שלישית לוה פלוני מפלוני מנה והעדים אמרו כשחתמנו בו לא ראינו שהלוהו אלא הלוה אמר לנו חתמו עלי שאני חייב לפלוני מנה כאותה ששנינו (ב"ב ד' קסז:) כותבין שטר ללוה אע"פ שאין מלוה עמו ואין אנו יודעין אם הלוהו קודם לכן או אחר כן אבל ראינו שהלוהו מנה בתמוז בשנה שלישית למלך פלוני ואם אין הדיינין יודעין באיזה חדש עמד המלך אין להבחין אם תמוז קודם לכסליו אם כסליו קודם לתמוז אם שנתו מתחלת בין תמוז לכסליו (ב) נמצא כסליו קודם לתמוז בכל שנותיו ושטר מוקדם הוא ואם עמד בין כסליו לתמוז שלאחריו נמצא תמוז קודם לכסליו בכל שנותיו ושטר מאוחר הוא ועכשיו שקבעו ניסן ר"ה לעולם תמוז קודם לכסליו: **עלתה לו שנה** · כלומר כלתה לו שנתו ומעתה מונין לו שנה שניה:

ארבעה ראשי שנים הן · בכל דוכתי תני הן כדאשכחן הכא ובפ' בתרא דשבועות (ד' מט·) ארבעה שומרים הן ובפ"ק דחולין (ד' יז:) ג' פגימות הן ובפ' אין מעמידין (ע"ז ד' לו·) ג' ייעות הן ובפ' כל הצלמים (שם ד' מז:) ג' בתים הן ג' אבנים הן ג' אילנות הן אבל בריש ב"ק (ד' ב· ושם) תנן ארבעה אבות נזיקין ולא תני הן משום דקאי אבתריה כלומר ארבעה אבות נזיקין הללו לא ראי זה כראי זה ותדע דבגמרא במתניתא דרבי חייא ודבי אושעיא תני הן*: **למלכים** · פי' בקונטרס משום שלום מלכות ולאו דהכא למלכי ישראל קמיירי ודוקא גבי גיטין אמרינן הכי פרק הזורק (גיטין ד' פ· ושם) אמר עולא מפני מה תקנו מלכות בגיטין משום שלום מלכות וגבי גיטין פסולין ודאי אפי' מלכות שאינה הוגנת כמלכות מדי ויון אבל מתני' דהכא פירוש לשטרות ובפ"ק דע"ז (ד' י·) אמרינן דבגולה אין מונין (ג) אלא למלכי יון בלבד ומסקינן נמי התם דלמלכים דהכא למלכי ישראל וכן אמרינן לקמן (ד' ג·) בגמר' לא שנו אלא למלכי ישראל אבל למלכי אומות העולם מתשרי מנינן וצריך לפרש דאין צריך שלום מלכות אלא בגט אשה לפי שהוא דבר גדול ומילתא דחשיבות לפי שעל ידי גט מותרת לכל אדם ותשיב משאר שטרות: **לשטרות** דתנן שטרי חוב המוקדמים · פירש בקונטרס שאם לא קבעו יום לתחלת שנת המלך אלא לכל מלך לפי מה שעמד פעמים שאין להבחין כגון אם כתוב בו בכסליו בשנה שלישית ובאו עדים ואמרו כשחתמנו לא ראינו שהלוהו אלא הלוה אמר לנו חתמו כאותה ששנינו כותבין שטר ללוה אע"פ שאין המלוה עמו ואין אנו יודעין אם הלוהו קודם לכן או אחר כך אבל ראינו שהלוהו בתמוז שנת שלש למלך ואם אין הדיינין יודעין באיזה חדש עמד המלך אין להבחין אם תמוז קודם לכסליו ואם כסליו קודם לתמוז אם שנתו מתחלת בין תמוז לכסליו נמצא כסליו קודם לתמוז בכל שנותיו ואם עמד בין כסליו לתמוז נמצא תמוז קודם לכסליו בכל שנותיו ועכשיו שקבעו ניסן ר"ה לעולם תמוז קודם לכסליו וצריך לפרש שהודו המלוה והלוה שהלואה אחת היא דאי לאו הכי מנא ידעי והשתא משמע לפי' הקונטרס מספק הייתו חושבין אותו מוקדם אי לאו דקבעו ניסן ר"ה שע"י כן אנו יודעין בו שהוא מאוחר ואי אפשר לומר כן דאין לנו לפסול שום שטר מספק כדמוכח בריש אחד דיני ממונות (סנהדרין דף לב· ושם) דקאמר שטר שזמנו כתוב באחד בניסן בשמיטה ובאו עדים ואמרו היאך אתם מעידים על שטר זה והלא באותו יום עמנו הייתם שטר כשר ועדיו כשרים חיישינן שמא אחרוהו וכתבוהו הרי שאנו תולין להכשיר מספק וכן בגט פשוט (ב"ב דף קעא· ושם) דקאמר שטר שזמנו כתוב בשבת או בי' בתשרי כשר שאני אומר אחרוהו וכתבוהו ומיהו יכול לפרש פירוש איפכא שיפרש שכתוב בשטר בתמוז בשנת שלש והעדים החתומים אומרים שבכסליו בשנת ג' היתה המלוה והייתי מכשיר מספק וע"י שקבעו בניסן ר"ה אנו יודעין שהוא מוקדם דלעולם תמוז קודם לכסליו ומיהו עיקר פירושו תימה גדולה שעשו תקנה פן ישכחו כל העולם מתי עמד המלך וכן סופר שכותב כל היום שטרות היאך ישכח ועוד דא"כ הוי מצי למימר דנפקא מינה טובא לכל שטרות שלא ידעו מה לכתוב בו ביום דאין יודעין מתי מתחלת שנת המלך ועוד דכי האי גוונא לאו מוקדם לאביי דאמר בפ"ק דב"מ (ד' יג· ושם) עדיו בחתומיו זכין לו ולרב אסי דפליג עליה למה הוצרכו לעשות תקנה זו הא אמרינן אין כותבין שטר ללוה אא"כ מלוה עמו אלא בשטרי הקנאה ונראה דנפקא מינה לשטרי חוב (ד) המוקדמין הייתי כגון אם עמד המלך באחד בניסן כשיגיע אחד בניסן אחר ישכח הסופר ויסבור דאשתקד עמד המלך בשנים בניסן דעביד איניש דטעי חד יומא ויכתוב באחד בניסן בשנה ראשונה למלך ונמצא שטר זה מוקדם שנה שלימה שהיא שנה שניה וכתוב ראשונה ונמצאו ב"ד טורפין מן הלקוחות של שנה זו שלא כדין אבל עכשיו שקבעו ניסן ר"ה תו לא אתי לידי תקלה דאפי' עמד אשתקד בשנים בניסן כשמגיע ניסן אחר מתחילין למנות לו שנה אחרת וא"ת אכתי אתי לידי תקלה דאם עמד בכ"ט באדר בשנה ראשונה למלך כשיגיע כ"ט אחר יטעה הסופר ביום אחד ויסבור שעמד באחד בניסן ויכתוב עכשיו בכ"ט באדר (בשנה ראשונה למלך) ונמצא מוקדם שנה שלימה לאו פירכא היא דכשעמד בכ"ט באדר מיד שיגיע לאחד בניסן מתחיל למנות שנה שניה ויודע הסופר שכל השנה כתב בכל השטרות שנה שניה הלכך לא טעי ויש שיטה אחרת בירושלמי בין מ"ד מתשרי מנינן בין מ"ד מניסן מנינן מה ביניהן א"ר יצחק שטרות יוצאות ביניהן לוה באייר וכתב ביה שנה שניה למלכות מכר מכירה במרחשון וכתב בו שנה שניה למלכות מ"ד מניסן מנינן מלוה קדמה מ"ד מתשרי מנינן מכירה קדמה ומלתא אחריתי היא ולא אתי לפרושי מאי טעמא קבעו ניסן ראש השנה: **שטרי** חוב המוקדמין פסולין · בשלהי איזהו נשך (ב"מ ד' עב· ושם) פי' בקונטרס פסולין לגבי משעבדי אבל מבני חרי גבי ולא יתכן וכמו שפירשנו שם (ד"ה שטר):

אבל

רבינו חננאל

ארבעה ראשי שנים הם באחד בניסן ר"ה למלכים ולרגלים. ואמרינן למלכים למאי הלכתא בעינן למידע ר"ה שלהן · אמר רב חסדא לשטרות · כלומר כיון שזמן השטרות למנין שנות המלכים מונין כדאמרינן בשנת כך וכך לינאי המלך בשנת כך וכך ליוחנן כ"ג · צריכין אנו לידע ר"ה שלהן איזה יום ואיזה חודש הוא · שאם יצא לפנינו שטר יודעין כמה שנים יש לו ומאותו הזמן שנכתב השטר נשתעבדו לו כל הנכסים של לוה ואם מכר הנכסים אח"כ בעל חוב בא וטורף ומוציא מידו · וכיון שר"ה של מלכים ניסן עד ניסן אחר תשלום השנה וכסדר הזה מונין והולכין וכן שני שטרות היוצאין על אדם אחד מן הזמן של זה ושל זה מתברר איזה קודם ולו משפט לטרוף הנכסים קודם · ואם ילוה אדם לחבירו מעות בניסן בשנת ה' לינאי המלך ויקדים זמן השטר ויכתב בניסן בשנת ד' לינאי המלך · אם נתברר בב"ד כי העדים הקדימו זמנו של אותו השטר פסול הוא כדתנן בסוף מס' שביעית שטרי חוב המוקדמין פסולין דאתי למיטרף לקוחות שלא כדין אבל המאוחרין כשרין · מלך שעמד בכ"ט באדר כיון שהגיע יום אחד בניסן עלתה לו שנה

א א מיי' פ"ו מהל' בכורות הלכה ו סמג עשין ריג: ב ב ג מיי' פ"ד מהל' שמיטין הל' א' וס"י הל' ד' סמג עשין קמח ולאוין רסה: ג ד מיי' פ"ט מהל' מעשר שני הל' ח סמג עשין קלו טוש"ע יו"ד סימן רצד סעיף ד: [לפנינו שם ליתי' מלה הן · וע"ע תוס' ב"ק ב' ד"ה ארבעה] ד ה ו מיי' שם פ"א הל' ג ופ"ה מהל' תרומות הל' י"א סמג עשין קלג טוש"ע יו"ד סימן שלא סעיף כו וסעיף קכה: ה ז מיי' פכ"ג מהל' מלוה ולוה הל' א' סמג עשין צד טוש"ע ח"מ סימן מג סעיף ז: ו ח מיי' שם הל' ב סמג שם טוש"ע שם סעיף יב וי"ג:

[לקמן ח·] ע"ש ו· [בכורות נז:] [שם נח·] [פי' בפרש"י לקמן יד· בפיסקא] [ע"ש י·] ב"מ יז· שם עב· סנהדרין לב· [לקמן ח·]

הגהות הב"ח

(א) רש"י ד"ה שטרי חוב המוקדמין כו' ולא יטרוף אפי' וכו' עד מן המשועבדים תא"מ וגי' מדברי התוס' משמע שלא פרש לשון זה בפי' רש"י: (ב) בא"ד בין

(ג) תוס' ד"ה למלכים וכו' דבגולה אין מונין · נ"ב פי' לשטרות : (ד) ד"ה לשטרות וכו' ונראה דנפקא מינה לשטרי חוב · [illegible]

מסורת הש"ס

קמ"ל דניסן ר"ה למלכים *ויום אחד בשנה חשוב שנה ואם לא עמד אלא באחד בניסן אין מונין לו שנה עד שיגיע ניסן אחר פשיטא לא צריכא דאימנו עליה מאדר מהו דתימא נימנו ליה תרתין שנין קמ"ל ת"ר *מת באדר ועמד אחר תחתיו באדר מונין שנה לזה ולזה מת בניסן ועמד אחר תחתיו בניסן מונין שנה לזה ולזה מת באדר ועמד אחר תחתיו בניסן מונין ראשונה לראשון ושניה לשני אמר מר מת באדר ועמד אחר תחתיו באדר מונין שנה לזה ולזה פשיטא מהו דתימא שתא לבי תרי לא מנינן קמ"ל מת בניסן ועמד אחר תחתיו בניסן מונין שנה לזה ולזה פשיטא מהו דתימא כי אמרינן יום אחד בשנה חשוב שנה בסוף שנה אבל בתחלת שנה לא אמרינן קמ"ל מת באדר ועמד אחר תחתיו בניסן מונין ראשונה לראשון ושניה לשני פשיטא לא צריכא דאימנו עליה מאדר ומלך בן מלך הוא מהו דתימא נימנו לי' תרתין שנין קמ"ל א"ר יוחנן מנין למלכים שאין מונין להם אלא מניסן שנאמר °ויהי בשמונים שנה וארבע מאות שנה לצאת בני ישראל מארץ מצרים בשנה הרביעית בחדש זיו הוא החדש השני למלך שלמה על ישראל מקיש מלכות שלמה ליציאת מצרים מה יציאת מצרים מניסן אף מלכות שלמה מניסן ויציאת מצרים גופה מנלן דמניסן מנינן דילמא מתשרי מנינן לא סלקא דעתך דכתיב °ויעל אהרן הכהן אל הר ההר על פי ה' וימת שם בשנת הארבעים לצאת בני ישראל מארץ מצרים בחדש החמישי באחד לחדש וכתיב °ויהי בארבעים שנה בעשתי עשר חדש באחד לחדש דבר משה וגו' מדקאי באב וקרי לה שנת ארבעים וקאי בשבט וקרי לה שנת ארבעים מכלל דר"ה לאו תשרי הוא בשלמא היאך *מפרש דליציאת מצרים אלא האי ממאי דליציאת מצרים דילמא להקמת המשכן *כדאמר רב פפא שנת עשרים שנת עשרים לגזרה שוה הכא נמי שנת ארבעים שנת ארבעים לגזרה שוה מה כאן ליציאת מצרים אף כאן ליציאת מצרים וממאי דמעשה דאב קדים דילמא מעשה דשבט קדים לא ס"ד דכתיב °אחרי הכותו את סיחון וכי נח נפשיה דאהרן אכתי הוה סיחון קיים דכתיב וישמע

תורה אור: מ"א ו · במדבר לג · דברים א · שם

רש"י

מאי קמ"ל לא גרסי' אלא (א) קמ"ל ניסן ר"ה למלכים וכו' : **דאימנו עליה** · נמנו וגמרו השרים למנותו : **לזה ולזה** · הבא לכתוב שטר באדר לאחר שעמד השני אם רצה לכתוב בשטר בשנת פלוני למלך שמת כותב ואם רצה כותב בשנה ראשונה למלך פלוני שעמד : **מת בניסן ועמד אחר תחתיו בניסן** · והוא הדין אם עמד באחד מכל החדשים שעד ניסן הבא ורוצה למנות בכל השטרות שיכתבו משעמד השני למנין שנות הראשון מונה והרוצה כותב בשנה ראשונה למלך שעמד : **ושניה לשני** · הבא לכתוב משעמד זה לא ימנה שנה שניה למלך שמת שאין שנה זו שלו ולא ימנה את הראשונה לשני לקרות שנה שעמד בה שניה אלא שניה זו ראשונה לשני : **שתא לבי תרי לא מנינן** · משנכנס בה המלך שמת אפי' יום אחד לא יכתבו כל שנה זו בשטר למנין מלך העומד אלא למלך המת : **בסוף שנה** · כגון מלך העומד באדר כלתה לו שנה כשילא אדר וחשוב לו יום שבסוף שנה זו כשנה שלימה להיות שנה הבאה נקראת שנה שניה : **אבל יום אחד בתחילת שנה** · לא יחשוב לו יום אחד שנה ולא יכתבו שטר בשנה זו לשמו משמת : **ומלך בן מלך הוא** · דאי משום דאימנו עליה לא איצטריך לאשמעינן דשמעינן לה מרישא אבל השתא דאיכא תרתי אימא נימנו ליה מקמייתא קמ"ל וטעמו של דבר *לפי שהמלכות ירושה היא דכתיב (דברים יז) למען יאריך ימים על ממלכתו הוא ובניו : **בחדש זיו** · הוא אייר כדמפרש קרא הוא החדש השני ואמרינן לקמן (ד' ז·) ניסן ר"ה לסדר מנין החדשים : **למלך שלמה על ישראל** · אשנה רביעית קאי ומקרא מסורס הוא בשנה רביעית למלך שלמה על ישראל בחדש זיו הוא החדש השני ה"נ כתיב קרא אחרינא לקמן ויחל לבנות בחדש השני [בשני] בשנת ארבע למלכותו (דה"ב ג) : **מקיש מלכות שלמה** · לענין מנין השנים ליציאת מצרים שהרי המקרא הזה מנה שנה זו שנת ד' מאות ושמונים ליציאת מצרים ובשנת ארבע למלוך שלמה : **מה יציאת מצרים** · מנין השנים שמונין לה מתחילין מניסן אף מלכות שלמה מניסן : **אימא מתשרי** · אע"פ שיצאו בניסן משהגיע תשרי קראו לו שנה שניה לפי שתשרי ר"ה לשנים הנמנים לבריאת עולם והוא הדין ליציאת מצרים : **ויהי בארבעים שנה הואיל משה באר את התורה** · מכלל דתשרי לאו ר"ה דאי תשרי ר"ה הוא הוה ליה בשבט שנת מ"א : **דילמא להקמת המשכן** · שהיה בשנה השנית : **כדאמר רב פפא** · לקמיה : **שנת עשרים שנת עשרים לגזרה שוה** · רב פפא כולהו שנת שבפסוק דצריכי ללמוד זה מזה כולהו גמר להו רב פפא מרבו ללמוד סתום מן המפורש על ידי דין גזירה שוה : **דילמא מעשה דשבט קדים** · ובתשרי שלפניו נכנסה שנת ארבעים : **אחרי הכותו את סיחון** · כאמר במשנה תורה :
אלא

תוספות

אבל בתחלת שנה לא · וא"ת ולאו ק"ו וחומר הוא כדאמרינן לקמן (ד' י') בפרקין ומה נדה שאין תחלת היום עולה לה בסופה סוף יום עולה לה בתחלתה שנה שיום אחד עולה בסופה אינו דין שיום א' עולה לה בתחלתה ולאו פירכא היא אדרבה (כ"ש הכא דהכי ניחא טפי)דין הוא בעומד (ומונה לו) אחר תחתיו באדר דמונין לו שנה בשביל יום אחד דהיינו בתחלת שנותיו כיון נדה שסוף היום עולה לה בתחלתה אבל מת בניסן לא ימנה לו שנה בשביל יום אחד כיון דהיינו סוף שנותיו כמו נדה שאין תחלת היום עולה לה בסופה :

דאימנו עליה מאדר ומלך בן מלך · אע"ג דלעיל סגי לה בטעמא דאימנו עליה מאדר הכא לא סגי ליה בהכי דמההוא דלעיל שמעינן ליה והך רישא והך גבי הדדי מתניין ואפילו לא מתניין גבי הדדי כדאשכחן בפרק גט פשוט (ב"ב ד' קסו: ושם) גבי הא דתניא כסף בדינרין אין פחות מב' דינרין זהב כסף והדר תני באידך זהב בדינרין אין פחות מכסף דינרין כסף זהב ופריך אבתריה דילמא (למימר) דהכא פריכי בתרי דינרי קאמר ליה ומשני אביי יד בעל השטר על התחתונה ופריך אי הכי רישא נמי כלומר בההיא כסף בדינרין נמי הוה ליה למימר שיהא יד בעל השטר על התחתונה ובשני דינרי כסף כספא פריכא קאמר ליה ואע"ג שהם ב' בבייתות קרי ליה רישא דקים ליה דגבי הדדי מיתנו (ורב) שמואל דחק לפרש שם בענין אחר :

בחדש זיו הוא החדש השני · משמע הכא דהיינו אייר כיון דמניסן מונין למלכים ולקמן (דף יא·) משמע דניסן הוא חדש זיו שנולדו בו אבות העולם שהם זיותני עולם מיהו בקונטרס פי' לקמן דהכי קאמר כשנתחדש אייר כבר נולדו זיותני עולם בניסן א"נ זימנין דניסן לתקופה נמשך בתוך אייר של לבנה :

מקיש מלכות שלמה ליציאת מצרים · מפשטיה דקרא לא מצי למילף (ב) משום דנולדו בו זיותני עולם דדילמא מאדר מנינן ולניסן קרי ליה חדש זיו ואפי' אי הוה (הכי) קרי ליה לאייר חדש זיו משום דאית ביה זיוא לאילני אין להוכיח דלאמא מניסן מנינן משלמה דקרי ליה חדש שני משום דהכי הוה מעשה שמלך בניסן :

מה יציאת מצרים מניסן · ומאי דליף יציאת מצרים מויעל אהרן לא מצי למילף דבאחד בניסן ר"ה דדילמא מט"ו בניסן מנינן אבל למאי דיליף מויהי בחדש הראשון וגו' ניחא :

בחדש החמישי · על כרחך שהוא אב דמדקרי בקרא בחדש ניסן ראשון הוא לכם מכלל דכל חדשים האחרים הנרמזים אמרינן חמישי שני שביעי במנייתו למנין הראשון מנינן :

בשלמא האיך קרא מפרש דליציאת מצרים · פי' קרא דויעל וכו' אבל קרא דויהי לא מפרש ליציאת מצרים :
וישמע

רבינו חננאל 4

דקיי"ל יום אחד בשנה חשוב שנה ומונין לו מניסן שנה שניה · ואם לא עמד אלא בא' בניסן אע"ג שהסכימו והמליכו מאדר אין מונין לו שנה שניה אלא בניסן אחר · ת"ר מת המלך באדר ועמד אחר תחתיו באדר מונין שנה לזה ולזה כלומר אם היתה זו השנה שנת עשירית למלכותו מונין עשר שנים למלך פלוני ושנה למלך שעמד ובניסן מונין שנה שניה לזה המלך ושטר היוצא בניסן שנת שתים למלך פלוני יודעין שזה השטר זמנו י"א שנה · מת בניסן ועמד אחר תחתיו בניסן מונין שנה לזה שמת אע"פ שלא חי משנה זו שנכנסה אלא יום אחד עלתה לו שנה ולזה שעמד מונין לו שנה עד ניסן הבא · ובניסן הבא כותבין שנה שניה למלך פלוני · מת באדר ועמד אחר תחתיו בניסן מונין עד תשלום אדר לראשון ומניסן לשני ואע"פ שהוא בן מלך וגם נמנו השרים והסכימו להמליכו מאדר אין מונין לו אלא משעה שעמד · א"ר יוחנן מנין שאין מונין למלכי ישראל אלא מניסן שנאמר ויהי בשמנים שנה וארבע מאות שנה לצאת בני ישראל מארץ מצרים תו' מקיש מלכות שלמה ליציאת מצרים וגו' ויציאת מצרים גופה ממאי דמניסן מנינן דכתיב ויעל אהרן וימת שם בשנת הארבעים לצאת בני ישראל מארץ מצרים בחדש החמישי באחד לחדש · וכתיב ויהי בארבעים שנה בעשתי עשר חדש באחד לחדש · וגמר ארבעים ארבעים לג"ש מה התם ליציאת מצרים אף האי ליציאת מצרים מדקאי באב במיתת אהרן וקרי ליה שנת ארבעים ואשכחן כי מת אהרן ועדיין סיחון הוה קיים כדכתיב

[לקמן ז: נדה מט:] · [תוספ' פ"א] · מכילתא פ' בא · [קרא] · [לקמן ג:]

הגהות הב"ח

(א) רש"י ד"ה מאי קמ"ל ל"ג אלא קמ"ל ניסן: (ב) תוס' ד"ה מקיש כו' לא מצי למילף דדילמא מאדר מנינן ולניסן קרי ליה חדש זיו משום דנולדו בו זיותני עולם ואפילו אי הוה קרי ליה :

גליון הש"ס

רש"י ד"ה ומלך בן מלך כו' לפי שהמלכות כו' כריתות ה ע"ב.

מסורת הש"ס

אלא ויראו · נתגלו : **כדריש לקיש** · כי גוע נחינת טעם הוא לדבר שלפניו נתגלו העדה לפי שגוע אהרן שלשון כי בד' לשונות משמש במקרא פעמים בא במקום אם פעמי' בא במקום דילמא שמא פעמי' בא במקום דהא שנותן טעם לדבר פעמים בא במקום אלא וסותר את דבור שלפניו כי יהיה להם דבר תורה אור (שמות יח) כי תפגע (שם כג) כי יקרא קן (דברים כב) כולן לשון אם הם וכן כי תבאו (שמות יב) כי תלכון (שם ג) כי תכלה (דברים כו) כי תשא (שמות ל) וכל המשמשין במקום כאשר ובמקום אשר כולן לשון אם הם שמליצו בכמה מקומות אם משמש לשון כאשר ולשון אשר כמו ואם יהיה היובל (במדבר לו) שהרי בודאי יהיה ואם תקריב מנחת בכורים (ויקרא ב) הרי זה וכאשר תקריב שהרי חובה הוא וכן אם כסף תלוה (שמות כב) אם יבלענו ממקומו (איוב ח) המדבר בשלות רשעים דילמא כגון כי תאמר בלבבך (דברים ז) שמא תאמר רבים הגוים האלה לא תאמר כן לא תירא מהם כי תאמרו מה נרדף לו (איוב יט) וכי תאמרו מה נאכל בשנה השביעית (ויקרא כה) כי תראה חמור שונאך וחדלת (שמות כג) (כי תראה והתעלמת) והרבה כאלו לשון שמא הן לא צחקתי כי יראה (בראשית יח) ה"ז לשון דהא לפי שיראה ויאמר לא כי צחקת (שם) ה"ז לשון אלא כי גוע אהרן כשאתה קורא ויראו הרי זה לשון דהא הודו לה' כי טוב (תהלים קיח) שהרי טוב לא תקפוץ את ידך וגו' (דברים טו) אלא פתוח תפתח : **סייח** · עייר בן סוס : **ערוד** · חמור הבר : **ואימא אב ואימא אדר** · דכל חדשים שבין אב לשבט פשיטא לן לעיל מדקאי באב וקרי ליה שנת ארבעים כו' : **מאי שני** · דהדר כתב פעם אחרת בקרא בשני מהכא שמעי' דשני לירח שמונין בו למלכים : **שני בחדש בהדיא הוי כתיב ביה** · כדכתיב בכמה מקומות באחד לחדש וכתיב בשנה השלישית בעשור לחודש : **שני בשבת לא אשכחן דכתיב ביה קרא** · דהדר ביה קרא בשני : **תניא כוותיה דר' יוחנן** · בכולי קראי דאייתי לעיל : ויבא

וישמע הכנעני מלך ערד · במדרש* אמרינן דהיינו עמלק כמו שיסד הפייט בפזמון של פרשת זכור כסות ולשון שינה סות כמלך ערד אבל מ"מ דייק שפיר דהוה סיחון קיים מדשינה עמלק עצמו לבא כדמותו ונראה דמההוא דמסיק קא דריש דאי מההוא דחקת הא מפרש דשמע כי בא ישראל דרך האתרים ורש"י לא דק בפי' חומש :

אלא ויראו כדר"ל · כלומר שנתגלו לפי שמת אהרן והיינו בלשון דהא דאי אמרת ויראו לשון ראייה א"מ אין מתיישב לפרש האי כי בשום [אחד] מהנך בארבע לשונות מיהו קשיא דילמא לשון כאשר (ב) כלומר ויראו כאשר גוע אהרן כמו ויראו אחי יוסף כי מת אביהם ויאמרו לו ישטמנו (בראשית נ) ויראו פלשתים כי מת גבורם (שמואל א יז) ושמא אין מתיישב כאן כמו בהני והא דמפרשינן קראי בלשון כאשר כמו כי בא סוס פרעה (שמות טו) כי תרבו ופריתם (ירמיה ג) אין זה לשון חמישי כדפירש בקונטרס דכי תבא וכי תלכון כי תשא כי תכלה וכל המשמשין בלשון כאשר לשון אם הם משמשין שמליצו בכמה דוכתי אם משמש בלשון כאשר כמו ואם יהיה היובל הרי זה כאשר יהיה שהרי ודאי יהיה וכן ואם תקריב מנחת בכורים ה"ז כאשר תקריב שהרי הוא חובה ומה שפי' כאן בקונטרס כל המשמש בלשון אשר לשון אם הם לא יתכן ובסוף המגרש (גיטין דף פ:) פירש בקונטרס שהם לשון דהא וכן עיקר :

אי דילמא אלא דהא · כי ימצא כי יקרא כי תראה כי תפגע כולם ל' אם הם וכן רובם כי תאמר בלבבך אין שייך לפרש בלשון אם דהוה משמע לשון אם תאמר לא תירא הא אם לא תאמר תירא וע"כ לשון דילמא הוא כלומ' שמא תאמר בלבבך רבים הגוים וגו' לא תאמר כן וכן *כי תאמר מה [איוב יט] נרדף לו וכי תאמרו מה נאכל כי תראה חמור שונאך כי גוע אהרן דמשמע לשון דהא והיינו לשון אשר :

ערד שמו · ופשטיה דקרא ערד שם המדינה או שם עירו :

וקאי באייר וקרי ליה שנה השנית · ואין לומר דקרא דאייר להקמת המשכן הוא דקחשיב ולעולם ר"ה אייר דאמר שנה השנית לג"ש כדאמר לעיל גבי שנת מ' ושנת כ' ומיהו הוה מצי לאתויי קרא דפרשת במדבר סיני ולא הוה צריך לגזרה שוה זו דמפרש ביה קרא באחד לחדש [השני] בשנה השנית לצאתם מארץ מצרים (במדבר א) :

שני בשבת לא אשכחן · והא דכתיב ויהי בוקר יום שני (בראשית א) מפרש בירושלמי אין למדין מבריותו של עולם כלומר דלאו אשכחן קאי אלא שהיה יום שני לברייתו של עולם :

תניא כוותיה דר' יוחנן · נלאו לאפוקי דר' אלעזר דהא מייתי נמי דר' אלעזר בהך ברייתא ובקרא דר' אלעזר לא סגי דהוה אמינא דלשלמה ודאי הוי שני לירח שמונין בו למלכותו לפי שעמד בניסן אבל לשאר מלכים לא להכי צריך כמי דמקיש ליציאת מצרים :

מכלל דניסן לאו ראש השנה · אע"פ שיש כמה חדשים בין ניסן לתשרי שיש לומר ששם ראש השנה מ"מ הואיל דאפיקתיה מניסן אוקמיה אתשרי דאשכחן דהוה ראש השנה לכמה דברים לשמיטין וליובלות (ג) :

[תנחומא פ' חקת]

במדבר כא °וישמע הכנעני מלך ערד מה שמועה שמע שמע שמת אהרן ונסתלקו ענני כבוד וכסבור ניתנה רשות להלחם בישראל והיינו דכתיב °ויראו כל העדה כי גוע אהרן (שם) וא"ר אבהו אל תקרי ויראו אלא ויראו כדריש לקיש *דאמר ר"ל כי משמש בד' לשונות אי דילמא אלא דהא מי דמי התם כנען הכא סיחון תנא הוא סיחון הוא ערד הוא כנען סיחון שדומה *לסייח במדבר כנען על שם מלכותו ומה שמו ערד שמו איכא דאמרי ערד שדומה לערוד במדבר כנען על שם מלכותו ומה שמו סיחון שמו ואימא ר"ה אייר לא סלקא דעתך דכתיב °ויהי בחדש הראשון בשנה השנית באחד (שמות מ) לחדש הוקם המשכן וכתיב °ויהי בשנה (במדבר י) השנית בחדש השני(א)נעלה הענן מעל משכן העדות מדקאי בניסן וקרי לה שנה שנית וקאי באייר וקרי לה שנה שני' מכלל דר"ה לאו אייר הוא ואימא ר"ה סיון לא ס"ד דכתיב °בחדש השלישי לצאת בני ישראל (שמות יט) מארץ מצרים ואם איתא בחדש השלישי בשנה השנית לצאת וגו' מיבעי ליה ואימא תמוז ואימא אב ואימא אדר אלא אמר ר"א מהכא °ויחל לבנות בחדש השני בשני (דה"ב ג) בשנת ארבע למלכותו מאי שני לאו שני לירח שמונין בו למלכותו מתקיף לה רבינא ואימא שני בחדש א"כ שני בחדש בהדיה הוה כתיב ביה ואימא בשני בשבת חדא דלא אשכחן שני בשבת דכתיב ועוד מקיש שני בתרא לשני קמא מה שני קמא חדש אף שני בתרא חדש תניא כוותיה דר' יוחנן מניין שאין מונין להם למלכים אלא מניסן שנא' °ויהי בשמונים שנה וארבע מאות (מ"א ו) שנה לצאת בני ישראל מארץ מצרים וגו' וכתיב °ויעל אהרן הכהן אל הר ההר על פי (במדבר לג) ה' וגו' [וכתיב °ויהי בארבעים שנה בעשתי (דברים א) עשר חדש] וכתיב °אחרי הכותו את סיחון (שם) וגו' ואומר וישמע הכנעני וגו' ואומר ויראו כל העדה כי גוע אהרן וגו' ואומר ויהי בחדש הראשון בשנה השנית בחדש השני וגו' ואומר בחדש השלישי לצאת בני ישראל וגו' ואומר ויחל לבנות וגו' א"ר חסדא *לא שנו אלא למלכי ישראל אבל למלכי אומות העולם [לקמן ח:] מתשרי מנינן שנא' °דברי נחמיה בן חכליה ויהי בחדש כסליו שנת עשרים וגו' (נחמיה א) וכתיב °ויהי בחדש ניסן שנת עשרי' לארתחשסתא וגו' מדקאי בכסליו וקרי (שם ב) ליה שנת עשרים וקאי בניסן וקרי ליה שנת עשרים מכלל דר"ה לאו ניסן הוא בשלמא היאך מפרש דלארתחשסתא אלא האי ממאי דלארתחשסתא דילמא למניינא

גיטין ל' תענית ט: שבועות מט: [פסחים לג:]

[פי' שאול קל ברגליו ערוך]

הגהות הב"ח

(א) גמ' בחדש השני בעשרים בחדש נעלה הענן : (ב) תוס' ד"ה אלא כו' דילמא לשון כאשר הוא כלומר : (ג) ד"ה מכלל כו' לשמיטין וליובלות לנטיעה ולירקות וכס"ד :

רבינו חננאל

וישמע הכנעני מלך ערד ותנא הוא ערד הוא סיחון ומה שמועה שמע · שמע כי מת אהרן ונסתלקו ענני הכבוד וכתיב ויהי בארבעים שנה בעשתי עשר חדש וגו' אחרי הכותו את סיחון ש"מ אחר מיתתו של אהרן זה המעשה · וקאי בשבט וקרי לה שנת ארבעים ש"מ דראש השנה שמונים ליציאת מצרים לאו תשרי הוא · ואימא ר"ה אייר ורחינן לא ס"ד כו' · ואימא סיון ורחינן לא ס"ד כו' · ואקשינן ואימא תמוז ואימא אב ואימא אדר ולמה הניח אלול ותשרי ומרחשון וכסליו וטבת לפי שבפי' דחאם המקרא הוא שאמרנו מדקאי באב במיתת אהרן וקרי לה שנת ארבעים וקאי בשבט וקרי לה שנת ארבעים ש"מ כי מאב ועד שבט אין אחד מהן ר"ה · שאילו היה אחד מהן ר"ה בארבעים ואחת הוה ליה למכתב אלא ודאי בהני כולי (האי) ליכא לספוקא בחד מינייהו דהוא ר"ה ובתמוז ובאב ובאדר לא מצא פסוק לדחות · ואמר ר' אלעזר מהכא ויחל לבנותו בחדש השני בשני בשנת ארבע למלכותו · מקיש שני בתרא לשני קמא מה שני קמא חדש אף שני בתרא חדש ש"מ · מדאייר הוא חדש שני שמונין בו למלכותו ר"ה למלכותו ניסן · תניא כוותיה דר' יוחנן מנין למלכים שאין מונין להן אלא מניסן שנא' ויהי בשמונים שנה וארבע מאות שנה וגו' · אמר רב חסדא לא שנו אלא למלכי ישראל אבל למלכי אומות העולם מתשרי מנינן דכתי' דברי נחמיה בן חכליה ויהי בחדש כסליו [שנת עשרים] וגו' · וכתיב ויהי בחדש ניסן שנת עשרים לארתחשסתא המלך

למניינא

למנינא אחרינא הוא אמר רב פפא *שנת עשרים שנת עשרים לגזירה שוה מה התם לארתחשסתא אף הכא לארתחשסתא וממאי דמעשה דכסליו קדים דילמא מעשה דניסן קדים לא ס"ד דתניא דברים שאמר חנני לנחמיה בכסליו אמרן נחמיה למלך בניסן דברים שאמר חנני לנחמיה בכסליו שנאמר (נחמיה א) °דברי נחמיה בן חכליה ויהי בחדש כסליו שנת עשרים ואני הייתי בשושן הבירה ויבא חנני אחד מאחי הוא ואנשים מיהודה ואשאלם על היהודים הפליטה אשר נשארו מן השבי ועל ירושלם ויאמרו לי הנשארים אשר נשארו מן השבי שם במדינה ברעה גדולה ובחרפה וחומת ירושלם מפורצת ושעריה נצתו באש אמרן נחמיה למלך בניסן שנאמר (שם ב) °ויהי בחדש ניסן שנת עשרים לארתחשסתא המלך יין לפניו ואשא את היין ואתנה למלך ולא הייתי רע לפניו ויאמר לי המלך מדוע פניך רעים ואתה אינך חולה אין זה כי אם רע לב ואירא הרבה מאד ואומר למלך המלך לעולם יחיה מדוע לא ירעו פני אשר העיר בית קברות אבותי חרבה ושעריה אוכלו באש ויאמר לי המלך על מה זה אתה מבקש ואתפלל אל אלהי השמים ואומר למלך אם על המלך טוב ואם ייטב עבדך לפניך אשר תשלחני אל יהודה [אל] עיר קברות אבותי ואבננה ויאמר לי המלך והשגל יושבת אצלו עד מתי יהיה מהלכך ומתי תשוב וייטב לפני המלך וישלחני ואתנה לו זמן מתיב רב יוסף (חגי א) °ביום עשרים וארבעה לחדש בששי בשנת שתים לדריוש (שם) וכתיב °בשביעי (בשנת שתים) בעשרים ואחד לחדש ואם איתא בשביעי בשנת ג' מיבעי ליה אמר ר' אבהו כורש מלך כשר היה לפיכך מנו לו כמלכי ישראל מתקיף לה רב יוסף חדא דא"כ קשו קראי אהדדי דכתיב (עזרא ו) °*ושיציא ביתא דנא עד יום תלתא לירח אדר די היא שנת שית למלכות דריוש מלכא ותניא *באותו זמן לשנה הבאה עלה עזרא מבבל וגלותו עמו וכתיב (שם ז) °ויבא ירושלם בחדש החמישי היא שנת השביעית למלך ואם איתא שנת השמינית מיבעי ליה ועוד מי דמי התם כורש הכא דריוש תנא הוא כורש הוא דריוש הוא ארתחשסתא כורש שמלך כשר היה ארתחשסתא על שם מלכותו ומה שמו דריוש שמו מ"מ קשיא א"ר יצחק לא קשיא כאן קודם שהחמיץ כאן לאחר שהחמיץ מתקיף לה רב כהנא ומי החמיץ והכתיב

ומה

ויבא חנני · מירושלים בא שכבר עלו בני הגולה מימות כורש והיו שם בימיו ובימי אחשורוש וארתחשסתא זהו דריוש שאחר אחשורוש שנבנה הבית בשנת שתים לדריוש והרבה נשארו בבבל ונחמיה בן חכליה היה שר המשקים למלך בשושן הבירה: בששי בשנת שתים.

תורה אור

שניהם בנבואת חגי נבדק במקרא ולא נמצא כתוב בפסוק שני בשנת שתים אך י"ל שלפסוק של מעלה הימנו קאי שכתוב בו בשנת שתים: כורש מלך כשר היה · כלומר על שם שהיה כשר קראוהו כורש ושמו מעיד עליו לפיכך מנו לו כמלכי ישראל: חדא · דהא מניסן מנינן קשו קראי אהדדי: באותו זמן לשנה הבאה · נחמיה ע"כ שביעית היא לו ממה נפשך: וכתיב בעזרא ויבא ירושלם בחדש החמישי היא שנת השביעית למלך · ואי מנו לו מניסן שמינית היא: ועוד · אכן בדריוש קיימינן ואת אמרת כורש מלך כשר היה: הוא כורש כו' · אף דריוש שאחר אחשורוש נקרא כורש: החמיץ · נעשה רשע כשעלה עזרא כבר החמיץ: ומי החמיץ · כשעלה עזרא: וכתיב · באגרת ששלח ביד עזרא לפחות שהיו לו בארץ יהודה:

ומה

למנינא אחרינא · לשום מעשה שהיה ובירושלמי דוחה דלעולם מניסן מנינן והאי דקאי בכסליו וקרי ליה שנת עשרים וקאי בניסן כו' (א) בירושלמי גרס התיב ר' יצחק והכתיב ויהי באחת ושש מאות שנה וגו' (בראשית ח) ותני עלה שנת המבול אינה עולה מן המנין תפתר כר"א דאמר בתשרי נברא העולם והכתיב (נחמיה ב) ויהי בחדש ניסן שנת עשרים ונאמר (שם א) ויהי בחדש כסליו שנת עשרים תפתר כר"א דאמר כל שנה שלא נכנסו לה ל' יום אין מונין אותה שנה שלימה ופריך והא כתיב (שמות מ) ויהי בחדש הראשון בשנה השנית באחד לחדש הוקם המשכן וא"ת שנה שלישית היא ולא מנאה אלא שניה ע"י שלא נכנסו לה שלשים יום דאין מונין אותה שנה שלימה כלומר אם תרצה לדחות שנה שלישית היתה ולא מנאה אלא שניה שלא נכנסו לה ל' יום והכתיב (במדבר י) ויהי בשנה השנית בחדש השני [בעשרים בחדש] נעלה הענן מעל משכן והא איתא בשתא חמשין יומין ואין מונין אותה שנה שלימה: שנת עשרים לארתחשסתא המלך יין לפניו · פשטיה דקרא משמע דהאי עובדא דנחמיה בפני ארתחשסתא המלך (ב) היה דהוא דריוש בן אסתר שנבנה הבית בימיו אבל אי אפשר לומר כן דהא בשנת שיתא למלכות דריוש נבנה הבית כדכתיב ושיציא ביתא דנא ובסמוך מייתי לה והך עובדא דהכא בשנת עשרים הוה [דכבר היו ישראל בהשקט ובבטחה] ועוד דבסמוך פריך רב יוסף לר' אבהו דאמר מניסן מנינן למלכי ישראל א"כ קשו קראי אהדדי הוה ליה לאקשויי מהאי קרא גופיה דשנת עשרים לחדש (ג) תשרי קא חשיב וצריך לפרש דהכי קאמר קרא שנת עשרים לארתחשסתא דהוא כורש ראשון של פקידת המלך דריוש הבית יין לפניו דהוא דריוש בן אסתר ומעשה הזה בשנה שלישית למלכותו כדכתיב (עזרא ד) באדין בטלת עבידת בית אלהא וגו' עד שנת תרתין לדריוש מלך פרס ובשנת שלש למלכו דבר נחמיה לפני המלך על חומת ירושלים המפורצת כדכתיב בעזרא והיא היתה שנת עשרים לכורש הראשון כדאי' במגילה פרק קמא (דף יא:) תלת דכורש וארביסר דאחשורוש ושתים דדריוש בן אסתר ובשלישית בקש נחמיה על בנין העיר ומיהו יש לפרש דקרא כפשטיה דבשנת שתים לדריוש התחילו לבנות הבית ונגמר הבנין בשנת שש למלכותו ולא בנו חומת העיר ושעריה כי אם בנין בית המקדש לבדו והיו נתונים ברעה גדולה ובחרפה לפי שהעכו"ם (ד) שוללים אותם עד שנת עשרים לדריוש שבקש על חומת העיר עד שעלתה ארוכה לחומת ירושלים כדמוכחי קראי אך בבנין הבית לא נתעסקו שכבר היו בנוי: ביום עשרים וארבעה לחדש בששי בשנת שתים לדריוש (ה) ובשביעית בעשרים ואחד לחדש היה דבר ה' · תרי קראי נינהו זה אחר זה מיד בנבואה של חגי ואין מפורש שם מה היה בעשרים וארבעה לחודש בששי ואע"פ שהוא תחלת פרשה נ"ל דקאי אפרשה קמייתא דכתיב לעיל מינה ויבאו ויעשו מלאכה בבית ה' (ו) אלהיהם כלומר ביום עשרים וארבעה לחודש בששי דבאותו יום התחילו לסתת באבנים ולנסר בעצים (ז) ובשביעית בעשרים ואחד לחדש היה דבר ה' אל חגי לזרוס להחזק על המלאכה: באותו זמן לשנה הבאה עלה עזרא מבבל וגלותו עמו · דהכי מוכחי קראי כדכתיב (עזרא ו) ושיציא ביתא דנא לירח אדר וכתיב בתריה דעבדו חנוכת הבית ואחר כך עבדו פסח (ואמר) [ואי מניסן מנינן] כשעשה פסח היה שנה שביעית וכתיב בתריה אחר הדברים האלה במלכות ארתחשסתא וכתיב (שם ז) הוא עזרא עלה מבבל וכתיב ויבא ירושלם בחודש החמישי היא שנת השביעית למלך וכתיב (שם) באחד לחדש הראשון הוא יסוד המעלה מבבל והייט באותו הזמן לשנה הבאה וסמוך לאדר היה ואי מניסן מנינן על כרחך היה שנה שמינית: הוא כורש הוא דריוש הוא ארתחשסתא · שלשתן כתובים בחד קרא לעיל מקרא דושיציא ביתא דנא והכי כתיב ושבי יהודאי בנין ומצלחין בנבואת חגי נביאה וזכריה בר עדוא ובנו ושכללו מן טעם אלהא ישראל ומטעם כורש ודריוש וארתחשסתא מלך פרס וכתיב ושיציא ביתא דנא עד יום תלתא לירח אדר דהיא שנת שית לדריוש מלכא: וארתחשסתא על שם מלכותו · ואף כורש הראשון שנקרא ארתחשסתא כדפרישית לעיל כמו כן הייתו על שם מלכותו:

בשביל

רבינו חננאל

וגמר שנת עשרים שנת עשרים לג"ש מה זה שנת עשרים לארתחשס' אף זה שנת עשרים לארתחשסתא ומדקאי בכסליו וקרי לה שנת עשרים וקאי בניסן וקרי לה שנת עשרים מכלל דר"ה שלהם לא ניסן דאי לא שנת עשרים ואתת הוה ליה למכתב *) י"ב ופשוטה היא · מותיב רב יוסף ביום כ"ד לחדש בששי בשנת שתים לדריוש המלך. [וכתיב] בשביעי בעשרים ואחד לחדש היה דבר ה' אל חגי וגו' ואם איתא דמתשרי מנינן להו בשביעי בשנת שלש מיבעי ליה למימר ופריק ר' אבהו כורש מלך כשר הוה ומנו לו כמלכי ישראל מניסן · ואתקיף רב יוסף על הא דר' אבהו חדא דא"כ מפני שהיה מלך כשר מנו לו כמלכי ישראל מניסן קשו קראי אהדדי **) וכי פעם מונין לו מניסן ופעם מונין לו מתשרי דהא תני קראי דקא מפרש רב חסדא מראין כי מתשרי מנו לארתחשסתא והוא דריוש והכא קא אמרת מניסן מנו ליה וקשו קראי אהדדי ועוד כתיב לגבי דריוש עצמו ושיציא בית' דנא עד יום תלתא לירח אדר דהיא שנת שית למלכו' דריוש מלכא · ותני עלה באותו הזמן כלומר באדר לשנה הבאה עלה עזרא מבבל וגלותו עמו · וכתיב ויבא ירושלם בחדש החמישי היא שנת השביעית למלך ואם איתא דמניסן מנינן ליה קאי באדר בשנת שית הגיע ניסן הנה נכנסה שנה שביעית בניסן אחר עוד נכנסה שנה שמינית ואם איתא דמניסן מנינן לדריוש עצמו בחדש החמישי שנה שמינית הוה ליה למכתב ועוד מי דמי התם כורש כלומר הוא היה מלך כשר ולו לכורש מנו (לא) מניסן כמלכי ישראל הכא דריוש ופרקינן תנא הוא כורש הוא דריוש הוא ארתחשסתא · מ"מ קשו קראי אהדדי ופריק ר' יצחק לא קשיא כאן קודם שהחמיץ כלומר שלש [או] ארבע שנים מנו לו מניסן ומשנה ששית ולמעלה כיון שהחמיץ מנו לו מתשרי · ואתקיף עלה רב כהנא והא הני קראי מפרשי דבבנין הבית הוו עסקי ומי החמיץ קודם שיבנה הבית והא כתיב

*) נראה דחסר וצ"ל וממאי דמעשה דכסליו קדים וכו' לא ס"ד וכו' ופשוטה היא.

**) נראה מזה כי רבינו היה גורס הכא דא"כ קשו קראי אהדדי דכתיב ושיציא ביתא וכו' ועי' בתוס' כאן ד"ה שנת ודו"ק:

מסורת הש"ס

[לעיל ב:]

[פי' סוף תשלום בנין בית]

[ערכין יג:]

הגהות הב"ח

(א) תוס' ד"ה למנינא כו' וקאי בניסן כו' וכ"ג בירושלמי כתיב וכו' ושם מאות שנה בראשון באחד לחדש וגו' ותני עלה:

(ב) ד"ה שנת כו' בפני ארתחשסתא המלך דהוא דריוש כו' הבית בימיו היה אבל א"א:

(ג) בא"ד דשנת עשרים לחדש דמתשרי קא חשיב:

(ד) בא"ד ובחרפה לפי שהאומות היו שוללים אותם:

(ה) ד"ה ביום כו' בשנת שתים לדריוש בשביעי בעשרים:

(ו) בא"ד מלאכה בבית ה' אלהיהם:

(ז) בא"ד ונוסר בעצים ובשביעי כצ"ל:

נ"י רש"א

מסורת הש"ס

עין משפט נר מצוה

ומה חשחן ובני תורין ודכרין ואמרין לעלון לאלה שמיא חנטין מלח חמר ומשח כמאמר כהניא די בירושלם להוא מתיהב להם יום ביום די לא שלו ואמר לו רבי יצחק רבי *ממונך די להון מהקרבין ניחוחין לאלה שמיא ומצלין לחיי מלכא ובנוהי ומאן דעבד הכי לאו מעליותא היא והתניא *האומר סלע זו לצדקה בשביל שיחיו בני ובשביל שאזכה בה לחיי העולם הבא הרי זה צדיק גמור לא קשיא כאן בישראל כאן בעובדי כוכבים ואיבעית אימא מנלן דאחמיץ דכתיב °נדבכין די אבן גלל תלתא ונדבך די אע חדת ונפקתא מן בית מלכא תתיהב למה ליה דעבד הכי סבר אי מרדו בי יהודאי איקליה בנורא אמו שלמה לא עבד הכי והכתיב °שלשה טורי גזית וטור כרתות ארזים שלמה עבד מלמעלה ואיהו עבד מלמטה שלמה שקעיה בבנינא איהו לא שקעיה בבנינא שלמה סדייה בסידא איהו לא סדייה בסידא (אמר) רב יוסף ואיתימא רבי יצחק* מנלן דאחמיץ מהכא °ויאמר לי המלך והשגל יושבת אצלו מאי שגל אמר רבה בר לימא משמיה דרב כלבתא אלא מעתה הא דכתיב °ועל מרא שמיא התרוממת ולמאנייא די ביתיה היתיו קדמך ואנת ורברבניך שגלתך ולחנתך חמרא שתין בהון ואי שגל כלבתא היא כלבתא בת משתיא חמרא היא הא לא קשיא דמלפא לה ושתיא אלא מעתה דכתיב °בנות מלכים ביקרותיך נצבה שגל לימינך בכתם אופיר ואי שגל כלבתא היא מאי קא משבח להו נביא לישראל הכי קאמר בשכר שחביבה תורה לישראל כשגל לעובדי כוכבים זכיתם לכתם אופיר ואיבע"א לעולם שגל מלכתא היא ורבה בר לימא גמרא גמיר לה ואמאי קרי לה שגל שהיתה חביבה עליו כשגל אי נמי שהושיבה במקום שגל איבעית אימא מנלן דאחמיץ מהכא °עד כסף ככרין מאה ועד חנטין כורין מאה ועד חמר בתין מאה ועד בתין משח מאה ומלח די לא כתב וגו' מעיקרא בלא קיצותא והשתא בקיצותא ודילמא מעיקרא לא הוה קים ליה בקיצותא אלא מהוורתא כדשנין מעיקרא: ולרגלים: רגלים באחד בניסן הוא בחמשה עשר בניסן הוא אמר רב חסדא רגל שבו ראש השנה לרגלים נפקא מינה לנודר למיקם עליה בבל תאחר ורבי שמעון היא דתניא *אחד הנודר ואחד המקדיש ואחד המעריך כיון שעברו עליו ג' רגלים עובר בבל תאחר ר"ש אומר *ג' רגלים כסדרן וחג המצות תחלה* וכן היה ר"ש בן יוחי אומר רגלים פעמים ג' פעמים ד' פעמים חמשה כיצד נדר לפני הפסח ג' לפני עצרת חמשה לפני החג ארבעה ת"ר *חייבי הדמין והערכין החרמין וההקדשות חטאות ואשמות עולות ושלמים צדקות ומעשרות בכור ומעשר ופסח לקט

רש"י

ומה חשחן · כלומר כל מה שתשאלו הכהנים תנו להם משלי : ממונך · ממשמע שבאת עליו להשיבנו אני משיבך תשובה דהא מה כתוב כה די להון מהקרבין וגו' ומצלין לחיי מלכא שלא לשם שמים עשה כי אם להנאתו : הרי זה צדיק גמור · אם רגיל בכך : כאן בישראל · שלבו לשמים ואם מריעין לו בחייו אינו תוהא אבל קורא לו תגר אלא תולה היסורין בעונו אבל עובד כוכבים אם אין מטיבין לו כמעשהו קורא תגר : נדבכין די אבן גלל · כתב שתהא ביד עזרא כתוב בו שורות של אבני שיש שלש בחומת הבית והרביעי של עץ : כלבתא · למשכב וכבר נח הזהירו על כך שנאמר (בראשית ב) והיו לבשר אחד ילאו בהמה וחיה ושוף שאינן נעשין בשר אחד שאין יולדין מן האדם : בנות מלכים ביקרותיך · מיקרות אותך לעמוד לבה : לעולם שגל · דמלכתא מלכתא היא : ורבה בר לימא · להאי שגל דהכא גמרא גמיר להו גמר לה מרביה דלכלבתא הואי : עד כסף ככרין מאה · תנו להם לבני הבית : רגל שבו ר"ה לרגלים · רגל שהוא בחדש הככנס כאחד בניסן הוא ראש השנה לרגלים : נפקא מינה · דהאי ר"ה : לנודר נדר · שהוא מוזהר בבל תאחר ותלה הכתוב איסורו שלשה רגלים ולשמעתי' מתחילין למנות עד שיהא פסח ראשון לשלשתן שאם עברו עליו שלא כסדרן אינו עובר : אחד הנודר · האומר הרי עלי קרבן שמן : ואחד המקדיש · האומר דמי עלי לבדק הבית : ואחד המעריך · שאמר ערכי עלי שסערך קצוב בתורה כפי שנוי : פעמים שלשה · פעמים שהוא בבל תאחר בשלשה רגלים : פעמים חמשה · דבעינן כסדרן : חייבי הדמין · האומר דמי עלי : והחרמין · חרמי גבוה : בכור ומעשר · מעשר בהמה :

תוספות

בשביל שיחיו בני · והא דתנן פרק קמא דמסכת אבות (מ"א) אל תהיו כעבדים המשמשין את הרב על מנת לקבל פרס *היינו באומות העולם שמהרהרין על הראשונות :

ונדבך די אע · האי קרא במגילת עזרא הראשון כתיב כדאיתא בספר עזרא כשעלה דריוש לבקר ולחפש כדכתיב (עזרא ו) באדין דריוש מלכא שם טעם ובקרו בבית ספריא די גנזיא ומכל מקום כיון דעל פי אותה מגילה עשה לבנות דייק מינה שפיר דהחמיץ ומיהו קשיא לעיל מינה דבתחילה מלכות אחשורוש כתבו שטנה וכתיב באדין בטילת עבידת בית אלהא די בירושלם והוית בטלא עד שנת תרתין למלכות דריוש מלך פרס וקראי דנבואות חגי שמעו לו מניכין בשנת שתים לדריוש כתיב בהו ועוד טובה דלא מייתי הכא אלמה מנו לו מניכין אע"פ שכבר החמיץ ושמא לא נתכבר להם הדבר עד אחרי כן :

שלמה עבד מלמעלה ואיהו עבד מלמטה · לאו מקרא דריש אלא קבלה היתה בפיהם :

עד כסף ככרין מאה · בשנת שבע למלך היה כשעלה עזרא מבבל :

שלשה רגלים כסדרן · ומתחילין דניסן ר"ה ר"ש היא והכי אמרינן לקמן (דף ז:)

והחרמין · בין חרמי גבוה בין חרמי כהנים ר"ת פסק דלדקה שפוסקים ליתן ביד גבאי ישנה בבל תאחר מלמוסרה לגבאי ואין הגבאי בבל תאחר מלחלקה אבל מה שאדם נודר ביד עצמו לחלקה איכא בבל תאחר :

צדקות ומעשרות · והא דאמר רבא לקמן (דף ו:) ולדקה מיחייב עלה לאלתר ה"מ דקיימי עניים אבל לא מיחייב להדורי בתרייהו כל זמן שלא עברו שלשה רגלים והא דפריך פשיטא ומשני מהו דתימא הואיל ובמגילת דקדקנה כתיב עד דעברו עליה שלשה רגלים כקרבנות הייט אפילו הכי דקיימי עניים ואין לפרש דהא דקאמר עובר לאלתר הייט עשה כדאשכחן בתחרי דכרגל אחד עובר בעשה דא"כ הוה ליה למימר עד דעבר עליה רגל אחד כקרבן :

ומעשרות · כגון מעשר ראשון ומעשר שני ומעשר עני ומה שקבע עליהם הכתוב זמן ביעור כדכתיב (דברים יד) מקלה שלש שנים תוליא וגו' ותנן בפרק ה' (מ"ו) דמעשר שני ערב יום טוב הראשון של פסח של רביעית ושל שביעית היה ביעור דהתם אע"פ שלא הפריש חייב להפריש ובלבד שלא לשנות מעשר כדתנן התם וכל זמן שלא הפריש לא קאי בבל תאחר אבל משהפריש קאי בבל תאחר אף על פי שלא הגיע לזמן הביעור ותדע לקמן* דרשינן תרי קראי לכולהו חד דלאמר ולא אפריש וחד דאפריש ולא אקריב אבל מעשרות לא אשכחן אלא חד קרא ועוד משכחת לה כשנתמרח בכרי בין רגל לביעור דהא פשיטא כל זמן שלא נתמרח לא מיחייב אמידי ועוד דאפילו את"ל חייב אתא קרא לביעור [א] לעבור עליו בשני לאוין דבואה אשכחן פ"ק דנדרים (דף ג:) וקצת תימה דלא חשיב הכא תרומה ובכורים דהי סיכי דמרבי לקמן (ד' ה:) מעשר נרבי נמי תרומה ובכורים ושמא בכלל מעשר איתנהו כמו בכל דוכתי דקתני חייב ולתרומה ולבכורים ומיהו לבכורים אין לחוש דאין דינם בשלשה רגלים אלא מעצרת ועד החג בקריאה ומחג עד חנוכה בלא קריאה : לקמן

רבינו חננאל

ומה חשחן ובני תורין ודכרין ואמרין לעלון לאלה שמיא וגו' אמר ליה ר' יצחק דממונך כלומר מן המקרא שהבאת מוכיח שהחמיץ שנאמר די להון מהקרבין ניחוחין לאלה שמיא ומצלין לחיי מלכא ובנוהי · הנה לא נתנדב לשם שמים אלא להנאתו · ואמרינן ומאן דעבד כי האי גוונא לאו מעליותא היא · והתניא האומר סלע זו לצדקה בשביל שיחיו בני ובשביל שאזכה לעוה"ב הרי זה צדיק גמור · ויש שמפרשין הרי זו צדקה גמורה ושנינן ה"מ לישראל אבל בעובדי כוכבים לא · ואיבעית אימא מנ"ל דאחמיץ מהכא נדבכין די אבן גלל תלתא ונדבך די אע וגו' למה לי' למעבד נדבך דאע אלא אמר אי מרדו בן יהודאי אקליה בנורא · והא שלמה נמי עבד הכי כו' ואיבעית אימא מנ"ל דאחמיץ מהכא שנאמר ויאמר לי המלך והשגל יושבת אצלו מאי שגל אמר רבה בר לימא כלבתא · ואסקינא לעולם שגל מלכתא היא · ורבה בר לימא גמרא גמיר כו' איבעית אימא מנ"ל דאחמיץ דכתיב עד כסף ככרין מאה ועד חמר בתין מאה וגו' מעיקרא בלא קיצותא והשתא בקיצות' כו' · ירושלמי מה בין דאמר מניסן מנינן למ"ד מתשרי מנינן א"ר יונה *)שפרות היו יוצאין נפק שטר מלוה וכתוב ביה באייר שנה שניה למלכות פלוני · מ"ד מניסן מנינן ר"ה למלכי מלוה קדומה · מ"ד מתשרי מנינן השנה למלכים מכירה קדומה · ירושלמי היו מונין ליציאת מצרים שנאמר ויהי בשמונים שנה וארבע מאות שנה לצאת בני ישראל מארץ מצרים וגו' נבנה הבית היו מונין לבניינו שנא' ויהי מקץ ארבעים שנה אשר בנה שלמה וגו' לא זכו מנו לחורבן הבית שנאמר בעשרים וחמש שנה לגלותנו וגו' לא זכו נתחייבו למנות לאחרים שנאמר בשנת שתים לדריוש בשנת שלש לכורש : מתני' ולרגלים ואוקמה רב חסדא רגל שבו ראש השנה לרגלים נפקא מינה לנודר כלומר אם יתעבר עליו ג' רגלים וחג המצות תחלה עובר עליו בבל

גליון הש"ס

גמ' וכן היה ר"ש בן יוחי אומר כו' · עיין לעיל דף ג ע"ב

הגהות מהר"ב רנשבורג

[א] תוס' ד"ה ומעשרות וכו' לעבור עליו בשני לאוין וכו' · לאו דוקא

ר' שמעון היא דתניא אחד הנודר כו' · ופעמים הוא עד הרי כאן ארבעה : ת"ר חייבי הדמין והערכים והחרמים וההקדשות החטאות והאשמות עולות ושלמים צדקות ומעשרות בכור מעשר ופסח

*) נ"א ובן בירושלמי כאן כך הוא א"ר יוסי שטרות יוצאות בימינו לא מלוה באייר וכתב בו שניה למלכות. מכר מכירה בתחלתו וכתב בו שניה למלכות מ"ד מניסן מנינן וכו'. כ"ה בירושלמי.

לקט שכחה ופאה כיון שעברו עליהן שלשה רגלים עובר בבל תאחר רבי שמעון אומר שלשה רגלים כסדרן *וחג המצות תחלה ר' מאיר אומר כיון שעבר עליהן רגל אחד עובר בבל תאחר רבי אליעזר בן יעקב אומר כיון שעברו עליהן שני רגלים עובר בבל תאחר רבי אלעזר ברבי שמעון אומר *כיון שעבר עליהן חג הסוכות עובר עליהן בבל תאחר מאי טעמא דתנא קמא מכדי מינייהו סליק למה לי למהדר ומיכתב בחג המצות ובחג השבועות ובחג הסוכות שמע מינה לבל תאחר *ורבי שמעון אומר אינו צריך לומר בחג הסוכות שבו דיבר הכתוב למה נאמר לומר שזה אחרון ורבי מאיר מ"ט דכתיב ובאת שמה והבאתם שמה ורבנן ההוא לעשה ורבי מאיר כיון דאמר ליה רחמנא אייתי ולא אייתי ממילא קם ליה בבל תאחר ורבי אליעזר בן יעקב מאי טעמא דכתיב אלה תעשו לה' במועדיכם מיעוט מועדים שנים ורבנן ההוא לכדרבי יונה דאמר *רבי יונה הוקשו כל המועדים כולם זה לזה לשבולן מכפרים על טומאת מקדש וקדשיו ורבי אלעזר ברבי שמעון מאי טעמא דתניא *רבי אלעזר בר' שמעון אומר לא יאמר חג הסוכות שבו דיבר הכתוב למה נאמר לומר שזה גורם ורבי מאיר ורבי אליעזר בן יעקב האי בחג המצות ובחג השבועות ובחג הסוכות מאי דרשו ביה מיבעי להו לכדרבי אלעזר אמר ר' אושעיא *דאמר ר' אלעזר אמר ר' אושעיא מניין לעצרת שיש לה תשלומין כל שבעה תלמוד לומר בחג המצות ובחג השבועות ובחג הסוכות מקיש חג השבועות לחג המצות מה חג המצות יש לו תשלומין כל שבעה אף חג השבועות יש לו תשלומין כל שבעה וליקש לחג הסוכות מה להלן שמונה אף כאן שמונה *שמיני רגל בפני עצמו הוא אימור דאמרינן שמיני רגל בפני עצמו לענין פז"ר קש"ב אבל לעניין תשלומין דברי הכל תשלומין דראשון הוא דתנן *מי שלא חג יום טוב הראשון של חג חוגג את כל הרגל ויום טוב האחרון של חג *תפשת מרובה לא תפשת תפשת מועט תפשת אלא למאי הלכתא כתביה רחמנא לחג הסוכות לאקושיה לחג המצות מה

תורה אור: דברים טז · שם יב · במדבר כט

לקט שכחה ופאה · חייב להניח בשדה דאי שקיל להו עבר בלא תעשה דכתיב לא תלקט (ויקרא יט) ולא תשוב (דברים כד) ולא תכלה (ויקרא שם) וכתיב (שם) לעני ולגר תעזוב והיכא דעבר ונטלם חייב להחזיר וליתן דאי עביד לא מיתקן לאו כדאיתא פ"ק דתמורה (דף ו׳) ואם לא הפריש פאה מן הקמה מפריש מן העמרים או מן הכרי ואיכא בבל תאחר ועוד יש לפרש דשקל בהיתר כגון דליכא עניים ואז איכא בבל תאחר והא דאמרינן בסוף הזרוע (חולין ד׳ קלד:) לוי זרע בכישור לא הוו עניים למשקל לקט אתא לקמי׳ דרב ששת אמר לעני ולגר תעזוב אותם ולא לעורבים ולא לעטלפים לא קאמר דלישקול לנפשיה אלא דלא עבר אם כונס בתוך ביתו ומיהו מדפריך התם מתרומה דאם אין שם כהן שוכר פרה ומביאה ופריך נמי ממתני׳ דאם אין שם כהן מעלין אותם בדמים ומשני שאני התם דנתינה כתיב בהו משמע דבלקט שכחה ופאה שקיל לנפשיה ולפי׳ קמא קשיא דאי בדאיכא עניים ועבר ונטלם הרי עובר לאלתר בבל תאחר דדוקא היכא דליכא עניים אין עובר בבל תאחר אלא ברגלים אבל היכא דקיימי עניים קא עבר לאלתר כמו לצדקה ויש לפרש כגון במלקט לצורך עניים כי הויא דתנן בפ"ד דפאה (משנה ט) מי שמלקט ואמר הרי זה לפלוני עני ר"א אומר זכה לו וחכ"א יתננה לעני הנמצא ראשון והא דלא חשיב הכא פרט ועוללות כיון דתני הכי לא חש להאי :

ואין צריך לומר חג הסוכות שבו הכתוב מדבר למה נאמר לומר שזה אחרון · זו היא גירסת הקונט׳ והשתא ר׳ אלעזר ור"ש דורשין בענין אחד אלא דמר סבר שזה גורם ומר סבר שזה אחרון ורבינו חננאל גרים אין צריך לומר בחג המצות שבו פתח הכתוב תחילה למה נאמר לומר שזה ראשונה : **אלה** תעשו לה׳ במועדיכם · ומיעוט מועדים שנים ואע"ג דהאי קרא בקרבנות חובה הוא דכתיב הא כתיב ביה נמי לבד מנדריכם ונדבותיכם :

פז"ר קש"ב · פירש הקונטרס רגל בפני עצמו שאין שם חג הסוכות עליו ורוצה לומר דבברכת המזון ותפלה מזכירין שמיני עצרת ולא סוכות וברכה לעצמה פי׳ בקונטרס שמברכין היו המלך זכר לחנוכת הבית דכתי׳ בספר מלכים (א׳ ח׳) ביום השמיני שלח את העם ויברכו את המלך כדתניא בתוספתא דסוכה [פ"ד] י"ט האחרון של חג פיים בפני עצמו זמן לעצמו קרבן שיר וברכה לעצמו שנאמר ביום השמיני שלח את העם ויברכו את המלך ובפרק לולב וערבה (סוכה ד׳ מו׳ ושם) אין משמע כך דתניא התם כשם ששבעת ימי החג טעונים קרבן שיר וברכה ולינה כך שמיני טעון כו׳ ורוצה לומר מאי ברכה זמן ופריך זמן כל שבעה מי איכא ומסיק מאי ברכה ברכת המזון ותפלה ודומה להוא דמפרש ר"ת ההיא דהכא ורגל לעצמו שטעונה לינה ורבינו חננאל פירש לענין אבילות משום דאמרי׳ במועד קטן בפרק בתרא (ד׳ יט׳) הקובר מתו שבעה ימים קודם לרגל בטלה ממנו גזירת שלשים ואמרינן דליכא שבעה קודם הרגל ואפי׳ הכי בטלה ממנו גזירת שלשים משום שמיני עצרת ור"ת עלמו יסד במעריב שלו קודש ללינה ושלשים ידחם כאשר אבלים ינחם ומיהו אי אפשר לומר שידחה לגמרי דהא אמרינן בפרק בתרא דמועד קטן (ד׳ כד: ושם) יום אחד לפני החג והחג ושמיני שלו הרי כאן אחד ועשרים יום ומההיא דסוכה אין כאן ראיה אם אין ברכה דהכא כי ההוא דהתם והתם לא הוה מצי לאוקומי בברכת המלך משום דליתיה בשבעת ימי החג שיר אומר ר"ת שהיו אומרים בבית הכנסת מזמור שלם מה שאין כן בכל שאר ימי החג שלא היו אומרים מזמור שלם אלא חציו ביום אחד וחציו ביום אחר כדאיתא פרק החליל (סוכה ד׳ נה׳ ושם) וסימניך המזבה"י ובמסכת סופרים משמע שהיו אומרים בבית הכנסת למנצח על השמינית ושמח כמו כן היו הלוים אומרים בבית המקדש :

תפשת מרובה לא תפשת · לא דמי להא דדרשינן* ימים שנים רבים שלשה דהתם ניחא טפי שאם באת להוסיף יותר משנים אין לדבר סוף אבל הכא יש לדבר סוף דטפי משמונה לא ובתורת כהנים תניא *ימים שנים יכול ימים הרבה אמר רבי עקיבא כל שממעטו מרובה וממעטו מועט תפשת מרובה לא תפשת ר׳ יהודה אומר שתי מדות הם בתורה אחת מדה כלה ואחת מדה שאינה כלה [illegible] במדה כלה ולמה אמר רבי יהודה [illegible] שכתוב לפתוח לא נגעל כו׳ וכריש סוכה (ד׳ ב: ושם) היא כתובה :

מכדי מינייהו סליק · כשאמר הכתוב שלש פעמים בשנה יראה כל זכורך בחג המצות וגו׳ מהם היה עולה כבר כתוב למעלה בענין שמור את חדש האביב שבעה שבועות תספר לך חג הסוכות תעשה לך : **למה לי למיסדר** · ולמניינהו בפרשת חג הסוכות : **שמע מינה לבל תאחר** · דה"ק היו נראין לפניו לשלם נדריכם ולא תבאו ריקם : **אין צריך לומר חג הסוכות** · אף כשחוזרין לבל תאחר לא היה צריך להזכירו שהרי הענין עסוק בו : **ה"ג שבו דיבר הכתוב למה נאמר לומר שזה אחרון** · עד שיעבור אותם כסדר הזה : **ההוא לעשה** · דמצות עשה עליו להביאו ברגל ראשון : **ורבי מאיר** · אמר לך כיון דאמר ליה רחמנא אייתי ברגל ראשון זהו זמן שקבע לו ואם איחרו מן המועד הוה איחור וממילא קם ליה בבל תאחר : **הקישא דר' יונה** · במסכת שבועות (ד׳ י׳) איצטריך לומר שכל שעירי הרגלים מכפרים על טומאת מקדש וקדשיו דילפינן משעיר דר"ח דכתיב ביה לשאת את עון העדה (ויקרא י) : **מניין לעצרת** · דאילו בחג הסוכות ובחג המצות נפקא לן (חגיגה ד׳ ט׳) מוחגותם אותו חג לה׳ שבעת ימים יכול יהו חוגגין כל ז׳ ת"ל אותו אותו אתה חוגג ואי אתה חוגג כל ז׳ אם כן למה נאמר ז׳ לתשלומים שאם לא חג חגיגתו בראשון יקריבנה בשני : **פז"ר קש"ב** · כבר פירשתיו במס׳ יומא [ד׳ ג׳] ומסכת סוכ׳ [ד׳ מח.] טעון **פיים** לפר הבא בשמיני ואינו קרב לפי סדר המשמרות ששנו ושלשו בפרי החג חוץ משתים ששנו ולא שלשו ופר של שמיני אין אחת מאותן שתים מקריבתו אלא כל המשמרות מפיסות וטעון **זמן ורגל** לעצמו שאין שם חג הסוכות עליו **וקרבן** לעצמו שאין קרבנו כשאר ימי החג שהפרים מתמעטים בהם אחד אחד וזה אינו אלא פר אחד ושאר הימים שני אילים וארבעה עשר כבשים וזה איל אחד וז׳ כבשים **ושיר** לעצמו אין שירו שוה לשל סוכות שאומר על הדוכן ולא נתפרש לנו שירו ובמסכת סופרים* נמצא שירו הוא למנצח על השמינית **ברכה** לעצמה מברכין היו את המלך זכר לחנוכת הבית שנא׳ (מ"א ח) ביום השמיני שלח את העם ויברכו את המלך כך מפורש בתוספתא דסוכה (פ"ד) :

טעון

עין משפט נר מצוה

ח א מיי׳ פ"ד מהל׳ מעשה הקרבנות הל׳ יג סמג לאוין קלא :
ט ב מיי׳ פ"א מהל׳ שגגות הל׳ ט :
י ג מיי׳ פ"א מהל׳ חגיגה הל׳ ז :
יא ד מיי׳ פ"י מהל׳ תמידין הל׳ ו וסל׳ יג :
יב ה מיי׳ פ"א מהל׳ חגיגה הל׳ ד ופ"ג הל׳ ס :
יג ו מיי׳ שם פ"א הל׳ ז :

רבינו חננאל

לקט שכחה ופאה כיון שעברו עליהן ג׳ רגלים עובר בבל תאחר רבי מאיר אומר כו׳ מ"ש דת"ק מכדי מינייהו סליק כלומר הלא המקרא מפרש המועדים ועולה מהן · היה לו לכתוב שלש פעמים בשנה יראה כל זכורך למה חזר ופירשן פסח שבועות וסוכות אלא ללמד כי אם יעברו עליו ג׳ רגלים מכל מקום בענין הזה ולא יביא הנדר שנדר ויקריבנו עובר בבל תאחר לשלמי׳ ור׳ שמעון מ"ש דתניא ר"ש אומר למה פתח הכתוב בחג המצות תחלה לומר שזה ראשון זה הלשון המדוקדק והכי קאמר מכדי קרא *) בחג המצות סליק הוה ליה לאתחולי מההוא דקאי עליה למה ליה למהדר ולאתחולי מפסח למדבר סדר הרגלים ותנא אחריתי אלא ללמד שלעולם פסח ראש לרגלים ולא מחייב בבל תאחר עד שיעברו עליו ג׳ רגלים וחג המצות ראשון · נמצאו פעמים ג׳ רגלים פעמים ד׳ פעמים ה׳ ומ"ט דר׳ מאיר דמחייב באחר נדרו אפילו רגל אחד דכתיב ובאת שמה והבאתם שמה · ש"מ כי בעת שיבא לחוג חייב להביא נדרו ואפי׳ ברגל ראשון · ורבנן ו"ש ההוא לעשה כלומר כיון שיעבור ברגל אחד ולא הביא עובר בעשה ואינו עובר בבל תאחר עד שיעברו ג׳ רגלים · ומ"ט דר׳ אליעזר בן יעקב שנאמר אלה תעשו לה׳ במועדיכם מיעוט מועדים שנים מחייבתו התורה לעשות נדריו בשני המועדים הראשוני׳ פעמים ראשון ואחר שני המועדים באיזה נדר שיפגע תחלה ולא הקריבו עובר בשני המועדים **) הראשונים בעשה · ואם יתאחר יותר עובר בלאו ורבנן אמרי לך זה המקרא לכדר׳ יונה בא · דא"ר יונה במס׳ שבועות פ"א בענין כפרת השעירים אמר קרא אלה תעשו לה׳ במועדיכם הוקשו כל המועדים כולן זה לזה · ומ"ט דר׳ אלעזר בר׳ שמעון דכתיב חג המצות חג השבועות וחג הסוכות ואמר לך לא היה צריך לכתוב חג הסוכות והא מינייה סליק היה לו לומר בו בחג המצות ובחג השבועות יראה כל זכורך בחג הסוכות שבכתב למה בא לומר שזה גורם משכחת לה לר"א בר"ש פעמים שאינו עובר בבל תאחר אלא עד שיעבור עליו ג׳ רגלים כגון דאקדשיה קודם חג המצות ואם הקדישו אחר חג המצות צריך ב׳ רגלים ואחר עצרת רגל אחד והוא סוכות ללמד שאינו חייב לבל תאחר עד שיעבור חג הסוכות ולא יקריבנו · ור׳ מאיר דנפקא ליה מובאת שמה · ור׳ אליעזר בן יעקב דנפקא ליה מאלה תעשו לה׳ במועדיכם · ור׳ אליעזר סבירא להו הכי אתא האי קרא לאקושי חג השבועות לחג המצות מה חג המצות יש לו תשלומין כל ז׳ ימים אף חג השבועות יש לו תשלומין כל ז׳ ימים ולא לחג הסוכות דהשמיני רגל בפני עצמו · ואי הכי דמשמע אקשי שבועות לחג הסוכות ליתני נמי ח׳ ימים תשלומין לראשון הוא דתנן מי שלא חג ביום טוב הראשון של חג חוגג את כל הרגל כו׳ ומה ***) ח"ל תחנות מלמד שיום אחרון תשלומין לראשון

מסורת הש"ס

[ביצה יט:] · [תוספ׳ דערכין פ"ג] · ביצה יט: · [שבועות י׳] · [ביצה יט:] · חגיגה יז: מ"ק כד: · [פ"ס סל׳ כ] · יומא ג׳ חגיגה יז: סוכה מח׳ · ביצה כ: חגיגה ט: [יו׳ יומא ג׳:] מגילה ל׳ · [גיטין סו׳] · [נמ"ל דכתיב ויקרא טו יום וגו׳ ימים רבים]

גליון הש"ס

תוס׳ ד"ה לקט וכו׳ והיכא דעבר ונטלם . עיין יומא לו ע"ב תוס׳ ד"ה גלו דנבילה :

*) נראה דצ"ל מחג סוכות סליק . **) לשון רבינו נ"ע דהא כגון עובר מיד ברגל אחד . ואולי צ"ל ואחר שעבר מועד אחד מהמועדים ולא הקריבו עובר בעשה ואם יתאחר אחר שני מועדים עובר בלאו . והדבר צ"ע .
***) כ"ה בלשון גם בירושלמי בפ"ק דחגיגה ה"ט אבל עט"ז וצ"ל דאמר לענין תשלומין והוא קרא דויקרא כ"ד שלאמר גבי חג הסוכות .

§ מסכת ראש השנה דף ד. §

אות א'

כיון שעברו עליו שלשה רגלים עובר בבל תאחר

רמב"ם פי"ד מהל' מעשה הקרבנות הי"ג - **אחד נדרים ונדבות עם שאר הדברים שאדם חייב בהן, מערכין ודמים ומעשרות ומתנות עניים, מצות עשה מן התורה שיביא הכל ברגל שפגע בו תחלה, שנאמר: ובאת שמה והבאתם שמה וגו', כלומר בעת שתבא לחוג תביא כל מה שאתה חייב בו, ותתן כל חוב שעליך לשם; הגיע הרגל ולא הביא, הרי זה ביטל מצות עשה; עברו עליו שלשה רגלים ולא הביא קרבנותיו שנדר או התנדב, או שלא נתן הערכים והחרמים והדמים, הרי זה עבר בלא תעשה, שנאמר: לא תאחר לשלמו, אינו עובר בלא תעשה עד שיעברו עליו רגלי השנה כולה, ואין לוקין על לאו זה, לפי שאין בו מעשה.**

אות א'*

והערכין

רמב"ם פ"א מהל' ערכין ה"א - **הערכים הם נדר מכלל נדרי הקדש, שנאמר: איש כי יפליא נדר בערכך נפשות לה', לפיכך חייבין עליהן משום לא יחל דברו, ולא תאחר לשלמו, ומשום ככל היוצא מפיו יעשה.**

§ מסכת ראש השנה דף ד: §

אות א'

ההוא לעשה

רמב"ם פי"ד מהל' מעשה הקרבנות הי"ג - **אחד נדרים ונדבות עם שאר הדברים שאדם חייב בהן, מערכין ודמים ומעשרות ומתנות עניים, מצות עשה מן התורה שיביא הכל ברגל שפגע בו תחלה, שנאמר: ובאת שמה והבאתם שמה וגו', כלומר בעת שתבא לחוג תביא כל מה שאתה חייב בו, ותתן כל חוב שעליך לשם; הגיע הרגל ולא הביא, הרי זה ביטל מצות עשה.**

אות ב'

שכולן מכפרים על טומאת מקדש וקדשיו

רמב"ם פ"א מהל' שגגות ה"ט - **טומאת מקדש וקדשיו שהיה לה ידיעה בתחלה ולא היה לה ידיעה בסוף, שעיר של יום הכפורים הנעשה בפנים ויום הכפורים תולין עד שיודע לו ויביא קרבן עולה ויורד; ושאין בה ידיעה בתחילה אבל יש בה ידיעה בסוף, שעיר הנעשה בחוץ ביום הכפורים ויום הכפורים מכפרין; ועל שאין בה ידיעה לא בתחלה ולא בסוף, שעירי הרגלים ושעירי ראשי חדשים מכפרין; ועל זדון טומאת מקדש וקדשיו, פר כהן גדול של יום הכפורים מכפר אם היה המזיד מן הכהנים, ואם היה מישראל, דם שעיר הנעשה בפנים ויום הכפורים מכפר, שנאמר: וכפר על הקדש מטומאת בני ישראל.**

אות ג'

מניין לעצרת שיש לה תשלומין כל שבעה

רמב"ם פ"א מהל' חגיגה ה"ז - **מי שלא חג ביום טוב הראשון של חג הסוכות, חוגג את כל הרגל וביום טוב האחרון שהוא שמיני, ואף השמיני תשלומי ראשון הוא; וכן מי שלא חג ביום חג השבועות, חוגג כל שבעה ויש לו תשלומין כל ששת ימים שלאחר חג השבועות, ודבר זה מפי השמועה נאמר, שחג השבועות כחג המצות לתשלומין.**

אות ד'

פז"ר קש"ב

רמב"ם פ"י מהל' תמידין ה"ה - **ביום השמיני עצרת מקריבין מוסף היום: פר ואיל ושבעה כבשים, כולן עולות, ושעיר חטאת, וזה מוסף בפני עצמו** - ‹סוכה מ"ז. קרבן בפני עצמו – קרית מלך›. ‹והיינו הק' של פז"ר קש"ב – הר המוריה›.

רמב"ם פ"י מהל' תמידין הי"ג - **וכל מי שהיה מקריב פר היום לא היה מקריב פר למחר, אלא חוזרין חלילה; בשמיני חוזרין לפייס כולן כאחד כשאר הרגלים כמו שביארנו.**

באר תגולה

י ‹ע"פ מהדורת נהרדעא›

אות ה'

<u>אבל לעניין תשלומין דברי הכל תשלומין דראשון הוא</u>

רמב"ם פ"א מהל' חגיגה ה"ד - **מי שלא הקריב ביום טוב הראשון עולת ראייתו ושלמי חגיגתו, הרי זה מקריבן בשאר ימות הרגל, שנאמר: שבעת ימים תחוג לה' אלהיך, מלמד שכולן ראויין לחגיגה, [יא]וכולן תשלומי ראשון הם.**

רמב"ם פ"ב מהל' חגיגה ה"ה - **מי שהיה חגר או סומא ביום ראשון ונתרפא בשני, פטור מן הראייה ומן החגיגה, שביום חובתו היה פטור, שכל ימות החג תשלומי ראשון הן כמו שביארנו; וכן אם נטמא בלילי יום טוב הראשון, [יב]אף על פי שטהר למחר, פטור; אבל אם נטמא ביום ראשון, הרי זה חייב להביא חגיגתו וראייתו בתוך ימי הרגל כשיטהר.**

אות ו'

<u>מי שלא חג יום טוב הראשון של חג, חוגג את כל הרגל, ויום טוב האחרון של חג</u>

רמב"ם פ"א מהל' חגיגה ה"ז - **מי שלא חג ביום טוב הראשון של חג הסוכות, חוגג את כל הרגל וביום טוב האחרון שהוא שמיני, ואף השמיני תשלומי ראשון הוא.**

---

§ מסכת ראש השנה דף ה. §

אות א'

<u>טעון לינה</u>

סמ"ג עשין רכז - **ומקיש חג הסוכות לחג המצות, מה חג המצות טעון לינה שנאמר: ופנית בבקר והלכת לאהליך, אף חג הסוכות טעון לינה.**

אות ב'

<u>מנה ימים וקדש חדש</u>

רמב"ם פ"ח מהל' קידוש החודש ה"א - **חדשה של לבנה תשעה ועשרים יום ומחצה ותשצ"ג חלקים כמו שביארנו, ואי אפשר לומר שראש החדש יהיה במקצת היום, עד שיהיה מקצת היום מחדש שעבר ומקצתו מהבא, שנאמר: עד חדש ימים, מפי השמועה למדו, שימים אתה מחשב לחדש, ואי אתה מחשב שעות.**

אות ג'

<u>מצוה למימני יומי ומצוה למימני שבועי</u>

סימן תפט ס"א - **וסופר הימים והשבועות. כיצד, ביום הראשון אומר: היום יום אחד (בעומר), עד שמגיע לשבעה ימים ואז יאמר: היום שבעה ימים שהם שבוע אחד (בעומר), וביום שמיני יאמר: היום שמונה ימים שהם שבוע אחד ויום אחד (בעומר), וכן עד שיגיע לארבעה עשר יאמר: היום ארבעה עשר ימים שהם שני שבועות (בעומר), ועל דרך זה מונה והולך עד מ"ט יום.**

אות ד'

<u>פסח זימנא קביעא ליה</u>

רמב"ם פ"ה מהל' קרבן פסח ה"א - **מי שהיה טמא בשעת שחיטת הפסח שאין שוחטין עליו, או שהיה בדרך רחוקה, או נאנס באונס אחר, או ששגג ולא הקריב בראשון, הרי זה מביא פסח בארבעה עשר לחדש השני בין הערבים, ושחיטת פסח זה מצות עשה בפני עצמו ודוחה את השבת; [יג]שאין השני תשלומין לראשון, אלא רגל בפני עצמו, לפיכך חייבין עליו כרת.**

באר הגולה

[יא] ‹לכאורה מבואר מהעין משפט דיש משמעות בגמרא כשיטת רבי יוחנן חגיגה ח', דכולן תשלומין של ראשון, ולא כרבי אושיעא דכולן תשלומין זה לזה, ועיין בגבורת ארי ביומא דף ג', ושפת אמת כאן› [יב] ‹כיון דכשהאיר יום טוב הראשון היה פטור, ואע"ג שיטבול בו ביום, אינו מיטהר עד שיעריב שמשו – כסף משנה›

[יג] ‹ופסח בר מקרב ברגלים הוא כו' ואי לא אקרביה אידחי ליה. ופי' התוס' והרי מיד עובר עליו. **ועוד** נ"ל לפרש דה"פ, ואי לא, אידחי ולא שייך גביה לאו דבל תאחר כלל, משום דמשמע ליה להגמ' דאינו עובר בבל תאחר אלא בדבר שלאחר איחורו אכתי בר תשלומין הוא, כגון כל הני דחשיב לעיל בברייתא זו, אבל בדבר דאי אפשר בתשלומין לאחר זמן הכשירו, אינו עובר, והיינו לישנא דלא תאחר לשלמו דקרא, דמשמע אף על פי שאיחרו בר תשלומין הוי, דאכתי רמי חיובא עליה, הוא דעובר עליו, משא"כ פסח דאי לא אקרביה בזמנו אין לו תשלומין, לא שייך גביה לאו דבל תאחר כלל – טורי אבן›. ‹**ובירושלמי** פ"ק דר"ה ה"א אמרינן: רבי חגיי בעא קומי רבי יוסה, כתיב: ביום השמיני ימול, עבר ולא מל מהו שיעבור בבל תאחר, א"ל כי תדור נדר לשם אלקיך לא תאחר לשלמו, דבר שהוא ניתן לתשלומין, יצא זה שאינו ניתן לתשלומין. **ופי'** בפ"מ, דכיון דבקרא דלא תאחר כתיב לשלמו, משמע דבר שניתן לתשלומין שהוא משלים למחר או ליום אחר, יצאה מילה בשמיני שלא ניתנה לתשלומין, דמצות יום השמיני בטלה לעולם, עיין שם. וזה ממש כסברת הר"ב ט"א שם – ביאור על ספר המצוות לרס"ג (הרב פערלא) לאוין ל"ת קעד›. ‹**ודלמא** זהו כוונת העין משפט›

מה חג המצות *טעון לינה אף חג הסוכות טעון לינה והתם מנלן דכתיב °ופנית בבקר והלכת לאהליך ות"ק ורבי שמעון (בן אלעזר) תשלומין לעצרת מנא להו נפקא להו מדתני רבה בר שמואל דתני *רבה בר שמואל אמרה תורה [ב]מנה ימים וקדש חדש מנה חדש וקדש ימים וקדש עצרת מה חדש למנויו אף עצרת למנויו אימא עצרת חד יומא אמר רבא *אטו עצרת יומי מנינן שבועי לא מנינן והאמר מר *מצוה למימני יומי ומצוה למימני שבועי ועוד חג שבועות כתיב ופסח בר מיקרב ברגלים הוא °פסח זימנא קביעא ליה אי אקרביה אקרביה ואי לא אקרביה אידחי ליה אמר רב חסדא פסח *כדי נסבה רב ששת אמר *מאי פסח שלמי פסח אי הכי היינו שלמים תנא שלמים הבאין מחמת פסח ותנא שלמים הבאין מחמת עצמן סלקא דעתך אמינא *הואיל ומחמת פסח קאתו כפסח

טעון לינה · ליל מוצאי יום טוב: **ופנית בבקר** · ב"ט לא קאמר קרא שהרי הוא יום שחייב לירלות בעזרה · **ות"ק ורבי שמעון** · דדרשי ליה האי קרא לבל תאחר דאיכו ר' אלעזר בר' שמעון לא קשיא ליה מידי דאיהו יליף כל תאחר מחג הסוכות לחודיה ואיכר ליה חג המצות וחג השבועות להקישא לתשלומין: **מנה ימים** · שבע' תורה אור (במדבר יא) עד חדש ימים: **וקדש חדש** · בקרבנות מה חדש קדושו אחד ממנויו ביום ראש חדש הוא מקריבין זמן הוקבע להם אחד מן הימים שהוא נמנה על ידם: **אף עצרת** · הבאת קרבנותיה באחד ממנויה והרי היא נמנית על ידי שבועות שנאמר (ויקרא כג) שבע שבתות תמימות תהיינה: **אימא חד יומא** · דכתיב תספרו חמשים יום (שם): **ופסח בר מיקרב ברגלים הוא** · דקאמר ליה תנא לעיל בכל תאחר דשלש רגלים והרי אינו יכול להקריבו אלא בי"ד בניסן: **שלמי פסח** · בשלא קרב זמנו שאבד ונתכפר באחר הוא נעשה שלמים כדנפקא לן בפסחים (דף צו:) והותן שלמים אם אחרן ג' רגלים עובר כפסח

מה חג המצות טעון לינה · לא שילין בירושלים כל ז' ימי הפסח ולאחר ימי הפסח ישכים וילך לו דבכל דוכתי דמרבינן לינה כגון למשומי עלרת ולבכורים ולפסח שני ולכל הקרבנות בספרי בפרשת ראה אבל לא מרבינן לינה אלא לילה אחד והאי קרא דמייתי בגופיה דפסח כתיב בפרשת ראה הזבח הפסח בערב וכתיב ובשלת ואכלת ופנית בבקר ומיהו לאו בבקר ממש דהוא יו"ט אלא כדפי' בקונט' דטעון לינה ליל מוצאי יום טוב דבי"ט לא קאמר קרא שהרי הוא יום שחייב לירלות בעזרה וכן חג הסוכות דטעון לינה היינו לילה אחד והאי דמשמע בפ' לולב וערבה(סוכה ד' מז:)גבי חג דאיכא לינה כל שבעה מדלא פריך לינה כל שבעה מי איכא כדפריך גבי זמן היינו דאם לא יבא ברגל בירושלים ביום ראשון רק ביום שני או באחד מימי החג טעון לינה לילה של אחריו וכן אם בא באחד מז' ימי הפסח ומיהו לדתיפוק ליה דטעונין לינה משום שלמי שמחה דהיו כל שמונה כדתנן ההלל והשמחה שמונה בפ' לולב וערבה (שם ד' מב:) ואפי' בשאר ימות השנה אם מביא קרבן טעון לינה כדתניא בסיפרי ופנית בבקר והלכת לאהליך מלמד שטעונין לינה כלומר כל הזבחים דומיא דפסח אין לי אלא אלו בלבד מנין לרבות עופות ומנחה יין ולבונה ועלים ת"ל ופנית כל פיות שאתה פונה מן הבקר ואילך ובפסח שני פליגי תנאי בפ' לולב וערבה (דף מז: ושם) ובפרק מי שהיה טמא (פסחים ד' צה: ושם) ובסיפרי מפרש טעמא דמ"ד טעון לינה דהרי הוא כעלים ולבונה וי"ל דמשמחה לה דלא מייתי קרבן ביום שבא לירושלים כגון דשלח שלמיו מאתמול דנלכלין לשני ימים ועוד בפ"ק דחגיגה (ד' ח: ושם) אמר (ואכלת) ושמחת לרבות כל מיני שמחות לשמחה ואמרינן בפ' אלו דברים (פסחים ד' עא:) אפי' בכסות נקיה ויין ישן דבענין אחר לא משכחת לה שמחה שמונה כשחל י"ט הראשון להיות בשבת ולאחר דבענין זביחה בשעת שמחה וכי האי גוונא אשכחן בירושלמי פרק שני (*דבכורים) דתנן וטעונין לינה א"ר (יוחנן) הדא דתימא בשאין עמהם קרבן אבל יש עמהם קרבן בלא כך טעונין לינה מחמת הקרבן ובפ' דם תבואת (זבחים ד' נז: ושם) משמע קצת שטעון לינה אף מי פסח שבלום חשובין כלילה אחת גבי הא דתנן ר' טרפון אומר הוא בישל בו מתחלת הרגל יבשל בו כל הרגל ומפרש בגמרא מ"ט דר' טרפון א"ר ינאי דאמר קרא ופנית בבקר והלכת לאהליך הכתוב עשאן כולם בקר אחד ואע"ג דלא קיימא הכי דפריך עלה וכי אין פגול ברגל וכי אין נותר ברגל מ"מ לענין לינה יתכן שעשאן בקר אחד כפשטיה דקרא דלאחר הרגל ישוב לביתו וניחא השתא דשמיני עלרת ובכורים דטעונין לינה בפ' לולב וערבה(סוכה ד' מז:)וכל שאר הקרבנות מרבינן מדכתיב ופנית ולחג הסוכות לאצטריך היקישא דלאו מופנית הוה אמינא לילה אחת ולאתויי היקישא להשמעינן דאסור לצאת כל שבעת ימי הרגל שכל הרגל חשוב בקר א' כתב המצות וניחא נמי הא דקאמר פ' לולב וערבה (ג"ז שם) דשבעת ימי החג טעונין לינה: **אמרה** תורה מנה ימים וקדש חדש מנה ימים וקדש עלרת · כי האי גוונא אמרינן במנחות פרק רבי ישמעאל (ד' סה: ושם) גבי ביתוסים שהיו אומרים עלרת לאחר השבת וקא מייתי ליה ר' יהושע מהא דאמרה תורה מנה ימים וקדש עלרת מה חדש שסמוך לביאתו ניכר אף עלרת סמוך לביאתו ניכר לביאתו חשבונו ניכר מאימתי התחיל למנות דהיינו מתשעה ועשרים יום מעשת מולד הלבנה אף עלרת סמוך למנין החמשים ניכר להם יום קבוע שיתחילו למנות בו דהיינו ביום שאחר החדש ממחרת י"ט הראשון שאם ממתינין עד אחר השבת בראשית אין שם היכר יום קבוע לפעמים שמתחילין למנות בי"ו פעמים בי"ח פעמים בי"ט כמו שפי' שם בקונטרס ור"ת מפרש מה חדש שסמוך לביאתו של חדש ניכר מתי יהיה ראש חדש דמיד דמכסי סיהרא ידעי כולי עלמא שיהיה נולד ולמחר יקדשו ב"ד החדש אף עלרת צריך שיהא ניכר וידוע לעולם זמן קידוש סמוך לביאתו דהיינו אם מתחילין למנות בששה עשר בניסן שיתנו עיניהן כמה הלבנה גדולה בחמשה לחדש וכשראוה בסיון באותה שיעור ידעו שלמחר יתקדש עלרת ופריך התם במנחות (דף סו.) דלמא בי"ט אחרון קאי ויתנו עיניהם בשנים עשר בסיון והי"ל משולם גרים הכא והתם מנה שנים וקדש יובל משום דמנה ימים וקדש חדש נפקא לן בפ"ק דמגילה (ד' ה.) מדכתיב עד חדש ימים ימים אתה מונה לחדשים ולא שנות והוא מדרש חכמים ז"ל ולא שייך למימר אמרה תורה אלא בדבר שהלדוקים מודין כי ההוא דתני בתר הכי אמרה תורה הבא עומר בפסח ושתי הלחם בעלרת דבהדיא כתיב וכן ספירת יובל כתיב בהדיא וסמוך לביאתו התחלת חשבונו ניכר שלעולם מתחילים למנות למחרת שנת חמשים אף עלרת סמוך לביאת התחלת חשבונו יהא ניכר שלעולם מתחילים למנות למחרת יום קבוע שזה יהיה למחרת י"ט ראשון ולא ישתנה לעולם וקשיא דמליט לקמן בפירקין (ד' טז.) אמרה תורה נסכו מים לפני בחג אע"פ שאין הלדוקים מודים בו שרגמוהו באתרוגיהם ולא מסתברא לחלק משום דהתם קאמר מפני מה אמרה תורה ועוד אשכחן (לקמן ד' ז.) דדרשינן עולת חדש בחדשו אמרה תורה חדש והבא מתרומה חדשה ולאין לדוקים מודים בו שהיו אומרים משל יחיד הם מביאים כדתניא פ"ק דמגילת תענית והתם במנחות מייתי לה מ"מ יש סעד לדבריו דלאפוקי מדבריהם של ביתוסים היה רבי יהושע מביא דרשה זו ואי לא מודו בה מה תשובה היא זו אבל אין למחוק בשביל כן ספרים ועוד נראה דהכי יליף עלרת למנויו מחדש דאשכחן לקמן בפירקין (ד' י:) מדיום אחד בחדש חשוב חדש שלשים יום בשנה חשובים שנה וחדש למנויו בשנה למנויה ועוד דאי מיובל יליף כי פריך ואימא עלרת חד יומא מאי קא משני אטו עלרת יומי מנינן שבועי לא מנינן יובל נמי מנינן שנים ושמיטין ואפ"ה הוי למנויו של שנים דהוא מנין מועט והכי נמי עלרת נימא חד יומא דהפסח מועט תפסת אבל אי יליף מחדש ניחא דהא ליכא לאקשויי נילף מיובל דהא קרבן מקרבן יליף שמקדשין חדש למנויו להבאת קרבנותיו כדפירש בקונטרס וכי תימא אכתי תפסת מועט תפסת חד יומא כיון דמחדש ילפינן אמרינן עלרת לכל מנויה עוד י"ל מה חדש סמוך לביאתו ניכר שנה ע"י חשבון השוה מתי יבא שלעולם כשעברו שלשים יום מר"ח מקדשין חדש אף עלרת סמוך לביאתו ניכר ע"י חשבון השוה יש להכיר מתי יבא עלרת שלעולם לאחר חמשים עלרת ולדברי הלדוקים אינה ניכרת שלפעמים יש יותר: **ואי** לא אקרביה אדחי ליה · והרי מיד עובר עליו: **שלמי** פסח · שאבד ונתכפר באחר ואח"כ נמצא הראשון דקרב שלמים והותן שלמים אם עבר שלשה רגלים עובר ובפרק כל הפסולין (זבחים ד' לו:) דמרבה שלמי נזיר ושלמי פסח שנאכלים ליום ולילה פירש שם בקונט' חגיגת י"ד ולא יתכן דחגיגת י"ד נאכלת לשני ימים ולילה אחד (*כדתניא) בפסחים פרק אלו דברים (ד' סט: ושם) ואע"ג דלבן תימא משמע התם (ד' ע.) דנאכלת ליום ולילה איהו יליף מדאיתקש לפסח דדריש זבח חג זו חגיגה הפסח כמשמעו ובפ' כל הפסולים יליף לה מדכתיב תודת שלמיו לכך נראה דבמותר הפסח איירי התם כדפירש בקונטרס האי דהכא וניחא השתא הא דאמר בפסחים פרק האשה (ד' פט: ושם) וניתי משום מותר הפסח דמותר הפסח נאכל ליום ולילה הייט מדכתיב תודת שלמיו ומיהו התם פ"ק דזבחים (דף ט: ושם) נמי דרשינן אם כשב להביא פסח שעברה שנתו ושלמים הבאים מחמת פסח לכל מלות שלמים הנהו שלמים הבאים מחמת פסח לא יתכן לפרש אלא בחגיגת י"ד דכל ענייני מותר הפסח דריש התם מתלתא קראי חד לעברה שנתו

יד א סמג עשין רכו :

טו ב מיי' פ"ח מהל' קידוש החדש הל' א סמג עשין ע :

טז ג מיי' פ"ז מהל' התמידין הל' כג סמג עשין ר טוש"ע א"ח סי' תפט סעי' א [רב אלפס סוף פ"ק דף קמא] :

יז ד מיי' פ"ט מהל' קרבן פסח הל' א ·

רבינו חננאל

למה בא הסוכות ללמוד מחג המצות מה חג המצות טעון לינה כלומר אין לך רשות לצאת ללכת לאהליך לילי כ"ב בניסן אלא בבקר שנאמר ופנית בבקר והלכת לאהליך· אף חג הסוכות טעון לינה ובבקר יש לך רשות ליילך· פו"ד קש"ב פירוש ב' ברכה שמברכין בו יום ש"ע' וכבר פירשנוהו במס' סוכה · ות"ק ור"ש דמפקי ליה להאי קרא בחג המצות ובחג השבועות ובחג הסוכות לדרשה אחרינא כדפרשינן מעמייהו תשלומין לעצרת כל שבעה מנא להו · ואמרינן נפקא להו מהא דתני רבה בר' שמואל אמרה תורה מנה ימים וקדש חודש כדכתיב החודש הזה לכם ראש חדשים וכתיב לא יום אחד תאכלון ולא יומים וגו' עד חודש ימים · וכתיב החדש הזה · ודרשינן כזה ראה וקדש כלומר קדש אותו היום· וכר' אלעזר דאמר (לקמן י') כתיב[בראשון]באחד לחודש. דאכתי יום אחד [הוא דעייל] (על) כו' · הנה מניתה החודש ימים וקדושתה יום אחד · וכן אמרה תורה מנה שבעה שבועות וקדש עצרת כשם שאתה מונה לעצרת שבועות כך קדש לה שבוע לתשלומין שיהיו ימים הללו חשובין כימות החג להקריב קרבן של עצרת אם לא הקריבו בי"ט יקריבנו באלו הימים ואע"ג דכתיב תספרו חמשים יום הנה גם לעצרת מונין ימים האמר אביי מצוה למימני יומי מצוה למימני שבועי ועוד חג שבועות כתיב. והני תשלומין דעצרת פירושו בפרק אין דורשין בעריות· ואקשינן ופסח בר מקרב ברגלים הוא דקתני בברייתא בכור מעשר ופסח לקט שכחה ופאה כיון שעברו עליהן ג' רגלים עובר בבל תאחר · והלא אין זמן הפסח אלא בי"ד בניסן בלבד · ואם עבר זמנו אסור לשוחטו לשום פסח בשאר ימות השנה שכבר נדחה . ופריק רב חסדא *) פסוק ניבה כלומר מתוך זכרו מנו הבריי'. ורב ששת אמר

*) עי' בערוך ערך כדי א' שכתב בפי' ר"ח כתיב ופריק רב חסדא פיסוק ניביה [נ"ל דצ"ל פסוק ניבים] כלומר מתוך זכרו מנו הברייתא עכ"ל וכן צ"ל בפירוש רבינו כאן .

[חגיגה יז: מנחות סה: ע"ש]

[חגי גה יז:]

[שם: ע"ש מנחות סו: ע"ש]

[קדושין ס: סוטה יט: ב"מ כז: זבחים לח. לג: מנחות פג: חולין כב:]

[זבחים לג:]

[שם]

[יומא כל"ג]

[נ"ל דבכורים]

[צ"ל כדתנן]

כפסח דמו קמ"ל מגדני מילי דתנו רבנן °כי תדור נדר אין לי אלא נדר נדבה מנין נאמר כאן נדר ונאמר להלן(א) °אם נדר או נדבה מה להלן נדבה עמו אף כאן נדבה עמו °לה' אלהיך אלו הדמין הערכין והחרמין וההקדשות °לא תאחר לשלמו הוא ולא חילופיו °כי דרוש ידרשנו *אלו חטאות ואשמות עולות ושלמים °ה' אלהיך אלו צדקות ומעשרות ובכור °מעמך *זה לקט שכחה ופאה °והיה בך חטא °ולא בקרבנך חטא אמר מר לא תאחר לשלמו הוא ולא חילופיו חילופי מאי אי חילופי עולה ושלמים מקרב קרבי אי חילופי חטאת למיתה אזלא אלא מאי חילופיו חילופי תודה דתני *רבי חייא יתודה שנתערבה בתמורתה ומתה אחת מהן חברתה אין לה תקנה היכי ליעביד ליקרבה וליקריב לחם בהדה דלמא תמורה היא ליקרבה בלא לחם דלמא תודה היא והא כיון דלאו בת הקרבה היא קרא קא למעוטי למה לי אמר רב ששת לעולם למעוטי חילופי עולה ושלמים והכא במאי עסקינן יכגון שעברו עליו שני רגלים והומם וחיללו על אחר ועבר עליו רגל אחד סלקא דעתך אמינא הואיל ומכח קמא קאתי כמאן דעברו עליו ג' רגלים דמי קמ"ל ולרבי מאיר דאמר כיון שעבר עליו רגל א' עובר בבל תאחר מאי איכא למימר אמר רבא הכא במאי עסקינן כגון שהומם בתוך הרגל וחיללו (נ) ועבר עליו הרגל סלקא דעתך אמינא הואיל ומכח קמא קאתי כמאן דעבר עליה כוליה רגל דמי קמ"ל והיה בך חטא ולא בקרבנך חטא והא מהכא נפקא מהתם נפקא דתניא *אחרים אומרים יכול יהא בכור שעברה שנתו כפסולי המוקדשין ויפסל תלמוד לומר °ואכלת לפני ה' אלהיך מעשר דגנך תירושך ויצהרך ובכורות בקרך וצאנך מקיש בכור למעשר מה מעשר אינו נפסל משנה לחברתה יאף בכור אינו נפסל משנה לחברתה איצטריך סלקא דעתך אמינא הני מילי בכור דלאו בר הרצאה הוא אבל קדשים דבני הרצאה נינהו אימא לא לירצו קא משמע לן ואכתי מדבן

כפסח דמו · וברגל ראשון יעבור עליהן: מנא הני מילי · דאכל הנך דתניא במתניתא לעיל איכא בל תאחר: נדר · הרי עלי: נדבה · הרי זו: נאמר להלן נדר · ואם נדר או נדבה וגו': אלו הדמין והערכין כו' · שכן קדשי בדק הבית וטלן לה' ואין לכהנים בהן כלום: הוא ולא חילופיו · עליו אתה עובר ולא על חילופיו ולקמיה מפרש לה: אלו חטאות ואשמות · שהן נדרשין ממך שהרי חובה הם מוטלין עליך: ועולות ושלמים · כגון עולת ראיה ושלמי חגיגה שהן חובה דאלו נדר ונדבה ברישא דקרא כתיבי וה"ה נמי לבכור *ולמעשר ופסח שהן חובה: ה' אלהיך אלו צדקות ומעשרות · דהא קרא יתירא הוא דהוה ליה למכתב כי דרוש ידרשנו וכבר ה' כתוב למעלה במקרא נדרוש ביה לאתויי צדקות ומעשרות (ג) שכתוב בהן שם זה ולך תהיה צדקה לפני ה' אלהיך (דברים כד) ואכלת לפני ה' אלהיך מעשר דגנך(שם יד): מעמך זה לקט שכחה ופאה · שהן חלקו של עני דכתיב ביה את העני עמך(שמות כב): ולא בקרבנך חטא · אין הקרבן נפסל בכך: חילופי עולה · כגון אבדה והפריש אחרת תחתיה (ד) ונמצאת הראשונה ונתכפר בה: מקרב קרבי · וכיון דקרבה הרי היא קרבן לעצמה ולשלמו קרינא ביה: חילופי חטאת · שכיפרו בעליה מחמש חטאות המתות היא ופשיטא דלא עבר עליה בבל תאחר: חילופי תודה · וכגון שנתערבה בראשונה וקי"ל* [מנחות עט:] על זבח התודה חלות התודה טעונה לחם ולא חליפתה ולא תמורתה טעונין לחם: ומתה אחת מהן · שאם היו שתיהן קיימות מביאן ומביא ארבעים חלות כמשפט התודה ואומר הרי הלחם הזה לשם אותה שהיא תודה ושחיטת התודה תקדש ארבעים כמשפטה אבל [נ"ל מתה אין לחברתה תקנה (והיכי) והכי] ממעט קרא מבל תאחר: וחללו על אחר · אמר זה תחת זה ובעל מום יוצא לחולין: סלקא דעתך כו' · והכי קאמר קרא אם על האחד עבר זמן איחור חייב ולא שילמפו הוא וחילופיו לג' רגלים: שעברה שנתו · מלותו בתוך שנתו שנאמר (דברים טו) לפני ה' אלהיך תאכלנו שנה בשנה: כפסולי המוקדשים · כבעל מום: ויפסל · הואיל ועבר עליו ואיחרו [א] שהרי אין שנה בלא שלשה רגלים ברוב שנים: מקיש בכור למעשר · במעשר דגן קא משתעי קרא: מה מעשר אינו נפסל כו' · דכתיב (שם יד) מקצה שלש שנים וגו' אם שהה מעשרותיו שנה ראשונה ושניה: (ס) הרצאה · אם לכפרה אם לדורון: אימא לא לירצו · מאחר שהביאן בעבירה: לותו

שנתו וחמש וחד לעיבורה (ו) שנתו ולא זמנו וחד ללא עיברה לא שנתו ולא זמנו ומיהו ההוא נמי יש ליישב דאיירי במותר הפסח שדרך השנאים שמסמיכין אחד קרא אע"ג דנפקי מתרי קראי כדאשכחן בפרק אלו מציאות (ב"מ ד' ל:) גבי והתעלמת מהם דדריש מיניה כהן והוא בבית הקברות זקן ואינו לפי כבודו או שהיתה שלו מרובה משל חבירו אע"ג דנפקי מתרי קראי דלא אתי קרא אלא לחד כדמסיק התם וכן פ"ק דחגיגה (דף ד:) רגלים פרט לבעלי קבין והאי קרא גופיה דאם כשב דרשינן ליה בפרק מי שהיה טמא (פסחים צו: ושם) לרבות תמורת הפסח אחר הפסח שקרבה שלמים ומוקי לה בנמצא אחר שחיטה והמיר בו אחר שחיטה וקרא אסמכתא בעלמא דפשיטא היא ולא צריכא קרא: ונאמר להלן אם נדר או נדבה · הוה מצי לאתויי מהאי עניינא גופיה דכתיב ביה (דברים כג) כאשר נדרת נדבה: ערכין וחרמין והקדשות · בכולהו כתיב לה' גבי ערכין כתיב בערכך נפשות לה'(ויקרא כז) ובחרמין כתיב (שם) קדש קדשים הוא לה' וגבי חרמי כהן נמי דריש ליה בבכורות בר"פ כל פסולי המוקדשים (ד' לב.) ובהקדשות כתיב (שם) איש כי יקדיש את ביתו קדש לה' וא"ת מהאי טעמא נמי תיפוק ליה חטאת ואשם ועולה ושלמים כדדרשינן נמי לקמן בשמעתין מדכתיב לה' אלהיך בקרא דמוצא שפתיך תשמור וי"ל [דלקמן דאית ליה קרא אחריכא לקדשי בדק הבית מאשר נדרת מוקי ליה קרא דלה' אלהיך לחטאות ואשמות דמסתבר אבל הכא] אי לאו דכתיב דרוש ידרשנו בחטאת ואשם הוה מוקמינן בהו האי קרא ולא הוה שמעינן ערכין חרמין והקדשות [וליכא למלפינהו נמי מדרוש ידרשנו דלא משמע אלא שבא על חטא]: אלו חטאות ואשמות · שהן נדרשין ממך שהרי הם מוטלין חובה עליך ועולות ושלמים כגון עולת ראיה ושלמי חגיגה שהם חובה דאלו נדרים ונדבות מכי תדור נדר נפקי ותימה שלמי חגיגה וראיה זמנא קביעא להו דעבר הרגל ולא חג אינו חייב באחריותו וא"כ אם אקרביה אקרביה וכו' כדאקשינן לעיל גבי פסח וי"ל דמ"מ היכא דהופרשו ולא הקריבם קאי עלייהו בבל תאחר כיון שלא נפסלו בכך וי"מ דנפקא להו חטאת מדכתיב לשון דרישה גבי חטאת דכתיב (ויקרא י) דרש דרש משה ואשם עולה ושלמים דאיתקוש בהיקישא דזאת התורה בסוף התודה(מנחות דף פב: ושם) ולא יתכן דא"כ נדרים ונדבות נמי ובכור ומעשר ופסח נמי תיפוק מהתם דכולהו איתקוש: ומעשרות ובכור · מעשר ובכור מכי דרוש ידרשנו לא נפקא דלא דמי חיובא דידהו לחיובא דחטאת ואשם דהאי לית ליה בכור ומעשר לא מיחייב בהו ופסח לא גרסינן הכא דהא בשלמי פסח כרב ששת מהיכא דנפקא שלמים נפקא להו ומיהו יש לחלק: אי חילופי חטאת למיתה אזלא · ואי חילופי אשם לרעייה אזלא דקי"ל (נזיר כה:) כל שבחטאת מתה באשם רועה ולר"ת דמפרש* דמן הדין באשם קרב עולה א"כ מקרב קרבי: שהומם בתוך הרגל · ואין בל תאחר אלא בכל הרגל: מה מעשר אינו נפסל משנה לחברתה · פירש בקונטרס דכתיב מקצה שלש שנים תוציא את כל מעשר תבואתך אם שהה מעשרות שנה ראשונה ושניה ואפילו למאי דפרישית לעיל דאיכא בבל תאחר במעשר שהופרש ולא נתנו וקרא דשנת הביעור אצטריך לאותו שלא הופרש מ"מ בכולהו משתעי קרא דמתבער וקאת תימה בסולה שמעתין מהיכא תיתי לן דנפסל דאיצטריך קרא דאינו נפסל וכן אותו בלא ירצה ואין מאחר נדרו בלא ירצה למה לי: קדשים דבני הרצאה נינהו · דעולה מכפרת על חייבי עשה כדאמרינן בפרק קמא דזבחים (דף ז: ושם): מדבן

עין משפט נר מצוה

יח א מיי' פי"ד מהל' מעשה הקרבנות הל' טו סמג לאוין קנט:

יט ב מיי' פי"ב מהל' פסולי המוקדשין הל' יג:

כ ג מיי' פי"ד מהל' מעשה הקרבנות הל' יד:

כא ד מיי' פ"א מהל' בכורות הל' יג:

רבינו חננאל

אמר מאי פסח שלמי פסח כו' · ופשוטה היא מנהני מילי מי שידור ולא ישלים עובר בבל תאחר שנאמר כי תדור נדר וכתוב אחר אומר ואם נדר או נדבה מה זה הנדר נדבה עמו אף זה הנדר נדבה עמו · והוה ליה לקרא דידו למה ליה למכתב לה' אלהיך · אלא כל דבר שיתן אדם לה' לרבות הדמין כגון אם יאמר אדם דמי עלי חייב לשלם דמי שוויו · אבל אם יאמר אדם ערכי עלי בין נאה בין כעור מעריכין אותו כפי שניו כדכתיב מבן עשרים ועד בן ששים כסף בשקל הקדש · ערכו של זכר נ' שקל והחרמין כדכתיב אך כל חרם אשר יחרים וגו' · וההקדשות כמשמען · לא תאחר עצמו ולא חליפיו לומר שהוא הנדר אינו עובר בחליפין ואוקימנא חליפי עולה ושלמים · וכגון שנדר עולה או שלמים והפרישן קודם חג המצות ועברו חג המצות וחג השבועו' ולא הקריבן · ואחר חג השבועות נפל בהן מום חיללן על אחרים ואמר אלו חליפי אלו · ועבר חג הסוכות ולא הקריב אלו שהעמידן תחת הבעלי מום והייתי אומ' מאחר שאלו סכה הראשונים הם באים כמי שעברו עליהן ג' רגלים דמו ולחייב בבל תאחר קמ"ל · כי דרוש ידרשנו אלו חטאות ואשמות עולות ושלמים · לה' אלהיך אלו צדקות ומעשר' בכור ופסח · מעמך זה לקט שכחה ופאה · והיה בך חטא ולא בקרבנך חטא · כלומר הקרבן המאוחר זמן כשר הוא · ואקשינן ואי מברא מדאורי' נפקא דתניא יכול יהא בכור שעברה שנתו כפסולי המוקדשים ת"ל ואכלת לפני ה' אלהיך מעשר דגנך תירשך ויצהרך וגו' מקיש בכור למעשר מה מעשר אינו נפסל משנה לחברתה אף בכור אינו נפסל משנה לחברתה ופרקינן [פר"א ח"מ שאינו נפסל] מעשר ומן בכור דלא בר הרצאה הוא אבל קדשים כגון עולות ואשמות וכיוצא בהן דבני הרצאה נינהו אימא לא לירצו קמ"ל בך חטא ולא בקרבנך חטא ואכתי מאחר נדרו שהוא כשר ומרצה מדבן עזאי נפקא דתניא

§ מסכת ראש השנה דף ה: §

אות א׳

ולא בקרבנך חטא

רמב״ם פי״ד מהל׳ מעשה הקרבנות הט״ו - כל הקרבנות שעברו עליהן שלשה רגלים, לא נפסלו, אלא מקריבן וכשרים; ובכל יום ויום אחר השלשה רגלים הוא עובר בלא תאחר; ובית דין מצווין לעשותו מיד עד שיקריב קרבנותיו ברגל שפגע בו תחלה.

אות ב׳

תודה שנתערבה בתמורתה, ומתה אחת מהן, חברתה אין לה תקנה

רמב״ם פי״ב מהל׳ פסולי המוקדשין הי״ג - האומר הרי זו תודה ונתערבה בתמורתה, ומתה אחת מהן ואין ידוע אי זו היא, הרי זו הנשארת אין לה תקנה; שאם יביא עמה לחם, שמא התמורה היא; ואם הביאה בלא לחם, שמא התודה היא; לפיכך לא תקרב זו לעולם, אלא תרעה עד שיפול בה מום.

אות ג׳

כגון שעברו עליו שני רגלים, והומם וחיללו על אחר

רמב״ם פי״ד מהלכות מעשה הקרבנות הי״ד - הקדיש בהמה למזבח ועברו עליו שני רגלים ונפל בה מום, ופדאה על גב בהמה אחרת, אינו עובר בלא תעשה עד שיעברו על האחרת שלשה רגלים.

אות ד׳

אף בכור אינו נפסל משנה לחברתה

רמב״ם פ״א מהל׳ בכורות הי״ג - עבר ואיחר הבכור לאחר שנתו, אף על פי שהוא עובר בלא תעשה, אם היה תם הרי זה לא נפסל, אלא מקריבו, ואם היה בעל מום, שוחטו בכל מקום, שנאמר: מעשר דגנך תירושך ויצהרך ובכורות בקרך וצאנך, מקיש בכור למעשר, מה מעשר אינו נפסל משנה לחברתה, אף בכור אינו נפסל משנה לחברתה.

§ מסכת ראש השנה דף ו. §

אות א׳ – ב׳

ואין מאחר נדרו בלא ירצה

אזהרה לבית דין שיעשוך

רמב״ם פי״ד מהל׳ מעשה הקרבנות הט״ו - כל הקרבנות **שעברו עליהן שלשה רגלים לא נפסלו, אלא מקריבן וכשרים; ובכל יום ויום אחר השלשה רגלים הוא עובר בלא תאחר; ובית דין מצווין לעשותו מיד עד שיקריב קרבנותיו ברגל שפגע בו תחלה.**

אות ג׳ – ד׳

כופין אותו עד שיאמר רוצה אני

חד דאמר ולא אפריש, וחד אפריש ולא אקריב

רמב״ם פי״ד מהל׳ מעשה הקרבנות הט״ז - **אף על פי שנאמר: לרצונו, כופין אותו עד שיאמר: רוצה אני; בין שנדר ולא הפריש, בין שהפריש ולא הקריב, כופין אותו עד שיקריב.**

אות ה׳

אי זהו נדר, האומר: הרי עלי עולה; ואי זו היא נדבה, האומר: הרי זו עולה

רמב״ם פי״ד מהל׳ מעשה הקרבנות ה״ד - **אי זה הוא נדר ואי זו היא נדבה, האומר: הרי עלי עולה, או הרי עלי שלמים, או הרי עלי מנחה, או הרי דמי בהמה זו עלי עולה או שלמים, זהו הנדר; אבל האומר: הרי בהמה זו או דמי בהמה זו עולה או שלמים, או הרי העשרון הזה מנחה, הרי זו נדבה.**

רמב״ם פ״א מהל׳ נדרים ה״ב - **והחלק השני הוא שיחייב עצמו בקרבן שאינו חייב בו, כגון שיאמר: הרי עלי להביא עולה, או הרי עלי להביא שלמים או מנחה, הרי בהמה זו עולה או שלמים; והאומר: [הרי] עלי, הוא הנקרא נדר, והאומר: הרי זו, הוא הנקרא נדבה; והנדבה והנדר ממין אחד הוא, אלא שהנדרים חייבין באחריותן, ונדבות אין חייבין באחריותן; ועל זה נאמר בתורה: ונדריך אשר תדור ונדבותיך וגו׳, וחלק זה הוא שאני קורא אותו נדרי הקדש.**

אות ו׳

דאמר הרי עלי עולה על מנת שאיני חייב באחריותה

רמב״ם פי״ד מהל׳ מעשה הקרבנות ה״ו - **האומר: דמי שור זה עלי עולה, ודמי בית זה עלי קרבן, ומת השור ונפל הבית, חייב לשלם; אמר: הרי עלי עולה על מנת שלא אתחייב באחריותה, אינו חייב באחריותה.**

אות ז׳

וצדקה מיחייב עלה לאלתר

יו״ד סימן רנז ס״ג - [א]**הצדקה, הרי היא בכלל הנדרים; לפיכך האומר: הרי עלי סלע לצדקה, או הרי הסלע זו צדקה, [ב]חייב ליתנה לעניים מיד; ואם איחר, עובר בבל תאחר, שהרי בידו ליתן מיד, ועניים מצויים הם. [ג]ואם אין שם עניים, מפריש ומניח עד שימצא עניים** - וא״צ לחזור אחר עניים, אפילו עברו ג׳ רגלים, אלא ימתין עד שיזדמן לו עניים, כן דעת הר״ן, וכן נראה דעת הב״ח - ש״ך.

אות ח׳

כיון שעבר עליו רגל אחד, עובר בעשה

רמב״ם פי״ד מהל׳ מעשה הקרבנות ה״ג - **אחד נדרים ונדבות עם שאר הדברים שאדם חייב בהן, מערכין ודמים ומעשרות ומתנות עניים, מצות עשה מן התורה שיביא הכל ברגל שפגע בו תחלה, שנאמר: ובאת שמה והבאתם שמה וגו׳, כלומר בעת שתבא לחוג תביא כל מה שאתה חייב בו ותתן כל חוב שעליך לשם; הגיע הרגל ולא הביא, הרי זה ביטל מצות עשה.**

אות ט׳

על ולד שלמים שיקרב שלמים

רמב״ם פ״ד מהל׳ תמורה ה״א - **כיצד דין ולדות הקדשים, ולד שלמים ולד תמורת שלמים, הרי אלו כשלמים, והן עצמן כשלמים לכל דבר.**

באר הגולה

[א] לשון הרמב״ם מברייתא ר״ה דף ו׳ ע״א [ב] מימרא דרבא שם [ג] כ״כ הטור בשמו ‹של הרמב״ם›, ותמה עליו, והב״י תמכו שם מהא דאמרינן שם בגמ׳, חד דאמר ולא אפריש וחד דאפריש ולא אקריב ‹בשם הר״ן וז״ל: ונמצאת למד דכל היכא דקיימי עניים, קאי עלה דצדקה בבל תאחר לאלתר, והיכא דלא קיימי, מסתברא דכיון דעבדי צריכותא בגמ׳, ומוקמינא תרי קראי חד לאפרשיה ולא אקרביה וחד לאמר ולא אפרשיה, משמע דכל היכא דלא קיימי עניים צריך להפריש מה שנדר, ומניח אצלו עד שיבאו עניים, אבל לחזור אחריהם אין לנו, וכך הם דברי הרמב״ם ז״ל בפ״ח מהלכות מתנות עניים - ר״ן›

מדבן עזאי נפקא דתניא* בן עזאי אומר
אותו מה ת"ל לפי שנא' °לא תאחר לשלמו
שומע אני אף מאחר נדרו בבל ירצה ת"ל
אותו אותו בלא ירצה *ואין מאחר נדרו בלא
ירצה אלא בך חטא ולא באשתך חטא סד"א
הואיל ואמר ר' יוחנן ואי תימא ר' אלעזר *אין
אשתו של אדם מתה אא"כ מבקשין ממנו
ממון ואין לו שנאמר °אם אין לך לשלם למה
יקח משכבך מתחתיך אימא בהאי עון דבל
תאחר נמי אשתו מתה קמ"ל ת"ר °מוצא
שפתיך זו מצות עשה תשמור זו מצות לא
תעשה ועשית אזהרה לב"ד שיעשוך כאשר
נדרת זה נדר לה' אלהיך אלו חטאות ואשמות
עולות ושלמים נדבה כמשמעו אשר דברת
אלו קדשי בדק הבית בפיך *זו צדקה אמר
מר מוצא שפתיך זו מצות עשה למה לי
°מובאת שמה והבאתם שמה נפקא תשמור
זו מצות לא תעשה למה לי מלא תאחר לשלמו נפקא ועשית אזהרה לב"ד
שיעשוך למה לי מיקריב אותו נפקא דתניא* °יקריב אותו מלמד שכופין אותו
יכול בעל כרחו ת"ל °לרצונו הא כיצד *כופין אותו עד שיאמר רוצה אני *חד
דאמר ולא אפריש וחד אפריש ולא אקריב וצריכא דאי אשמעינן אמר ולא
אפריש משום דלא קיימיה לדיבוריה אבל אפריש ולא אקריב אימא *כל היכא
דאיתיה בי גזא דרחמנא איתיה צריכא ואי אשמעינן אפריש ולא אקריב דקא
משהי ליה גביה אבל אמר ולא אפריש אימא דיבורא לא כלום הוא צריכא ומי
מצית אמרת דאמר ולא אפריש והא נדבה כתיבא ותנן *אי זהו נדר האומר
הרי עלי עולה ואי זו היא נדבה האומר הרי זו עולה ומה בין נדר לנדבה נדר
מת או נגנב חייב באחריותו נדבה מתה או נגנבה אינו חייב באחריותה אמר
רבא משכחת לה כגון 'דאמר הרי עלי עולה על מנת שאיני חייב באחריותה
בפיך זו צדקה אמר רבא 'וצדקה מיחייב עלה לאלתר מ"ט דהא קיימי עניים
פשיטא מהו דתימא כיון דבענייננא דקרבנות כתיבא עד דעברי עלה ג' רגלים
כקרבנות קמ"ל התם הוא דתלינהו רחמנא ברגלים אבל הכא לא דהא שכיחי
עניים אמר רבא *'כיון שעבר עליו רגל אחד עובר בעשה מיתיבי *) העיד
ר' יהושע ור' פפיים °על ולד שלמים שיקרב שלמים אמר ר' פפיים אני מעיד
שהיתה לנו פרה של זבחי שלמים ואכלנוה בפסח ואכלנו ולדה שלמים בחג
בשלמא בפסח לא אקרבוה אימור דמחוסר זמן הוה אלא ולדה בעצרת
היכי משהי לה ועברי עליה בעשה אמר רב זביד משמיה דרבא *כגון
שהיה

ויקרא ז | דברים כג | דברים כג | דברים יב | ויקרא א | שם

[עירובין נו.] | זבחים כט. | זבחים שם: | סנהדרין כב. | [נדרים ז.] | יבמות קו. | קידושין נ: | ב"ב מח. | ערכין כא. | [חולין קלט.] | מגילה ח. קינין פ"א מ"א חולין קלט. | [תמורה יח:] | ע"ש *) עדיות פ"ז מ"ג תמורה יח. | [תמורה שם:] | [וע"ע תוס' ב"ב מח. ד"ה יקריב]

רש"י

אותו מה ת"ל · בתורת כהנים תני לה גבי פיגול לא ירצה המקריב אותו לא יחשב: מוצא שפתיך זו מצות עשה · דמשמע הכי תשמור קרא מוצא שפתיך קיים: תשמור זו מצות לא תעשה · שלא תאחר כדר' אבין א"ר אילעי כל מקום שנאמר השמר פן ואל כו' (*מנחות דף לו:): ועשית · על כרחך מכאן אזהרה לב"ד לכוף: נדר לאלהיך · קרא יתירא הוא לדרשה לרבות דבר שבחובה: בפיך זו צדקה · קרא יתירא דריש: יקריב אותו אל פתח אהל מועד · יקריב אותו קרא יתירא הוא דהא כתיב ברישיה יקריבנו: חד דאמר · עלי ולא אפרשה: והא נדבה כתיבא · ובקרא דבל תאחר נמי רבינן ליה בגזירה שוה: מת או נגנב · אם הפרישו לאחר זמן: משכחת לה · דאמר ולא הפריש והויא נדבה: כגון דאמר הרי עלי עולה על מנת · שכשאפרישנה לא אתחייב באחריותה: כיון דבענייננא דקרבנות כתיבא · לבל תאחר: עובר בעשה · על הקרבן דכתיב ובאת שמה והבאתם: על ולד שלמים · שהפריש בהמה מעוברת או עיברה לאחר הקדישה: מחוסר זמן · שמא לא עברו עליו שמונה ימים:
שהיה

תורה אור

תוספות

מדבן עזאי נפקא · בסוף פ"ב דזבחים (דף כט.) פליג ר' אלעזר אבן עזאי ודריש דאותו הזבח הוא מדבר ואינו מדבר בכהן אבל רוצה ליישב כאן אליבא דבן עזאי וטלה סוגיא מסיק התם כמו בשמעתין וק"ק שהרי התם דוחק ליישב מילתא דאחרים אליבא דבן עזאי ובתמורה בסוף אלו קדשים (דף כא: ושם) גבי ר' יוסי היה אומר ג' דברים משום ג' זקנים משמע דבן עזאי דמוקי היקישא דמעשר לבכור מה בכור אינו נאכל אלא לפנים מן החומה אף מעשר אינו נאכל אלא לפנים מן החומה לית ליה דאחרים וקאמר ולרבנן דמפקי ליה לטעמא אחרינא בכור שאינו נפסל משנה לחברתה מנא להו ומיהו אין לחוש אם הש"ס הולך ומיישב בכל ענין:

אא"כ מבקשים ממנו ממון ואין לו · בסוף פרק שני דזבחים (דף כט:) פי' בקונט' ממון של גזל אבל נראה דמיירי בנדר כדמוכח בפרק במה מדליקין (שבת דף לב: ושם) דתניא ר' נתן אומר בעון נדרים מתה אשתו של אדם שנאמר אם אין לך לשלם למה יקח משכבך מתחתיך והא דדריש הכא בך חטא ולא באשתך חטא מיירי במשלם אח"כ אלא שעבר בבל תאחר: זו מצות עשה · דכתיב והיוצא מפיכם תעשו (במדבר לב):

תשמור זו מצות לא תעשה · תימה הא אמרינן בפ' המוצא תפילין (עירובין דף צו. ושם) גבי הא דמוקים ושמרת את החקה הזאת(א) דמוקי ר"ע בפסח דאפ"ה פסח זו מצות עשה משום דהשמר דעשה עשה וכן בפרק בתרא דיומא (דף פא.) גבי הא דאמר ר"ל מפני מה לא נאמר אזהרה בעינוי משום דלא אפשר דהיכי ליכתוב ופריך ולכתוב השמר בעינוי ומשני השמר דעשה עשה והאי נמי השמר דעשה הוא שישלם מה שנדר ועשה מוצא שפתיך וי"ל דתפלין לאחר שקיעת החמה דקאי אעשה דהנחת תפלין הוי עשה אבל תשמור דהכא קאי אלא תאחר דלעיל מינה שישמור שלא יאחר ולר' יוחנן דאמר בסוף הקומץ רבה (מנחות דף לו: ושם) גבי מניח תפלין לאחר שקיעת החמה דהשמר דעשה לאו הוא ההיא דפסח ומילה מצות עשה ע"כ דלא כר"ע וההיא דר"ל דיומא לא קיימי ומיהו לא יתכן כלל לאוקמיה דלא כר"ע דמשנה היא בפ"ק דכריתות (דף ג.) וסוגיא דשמעתא משמע בגמ' (דף ג:) דאתיא כר"ע דקתני אוב ולא קתני ידעוני (ב) וצריך לחלק בההיא דר' יוחנן דלא דמיא לשאר השמר דעשה:

בפיך זו צדקה · דכתיב יצא מפי צדקה (ישעיה מה): יקריב אותו מלמד שכופין אותו · כל מצות עשה נמי כופין כדאמר בפרק *נערה שנתפתתה (כתובות דף מט: ושם) מכין אותו עד שתצא נפשו והא דאיצטריך קרא הכא משום דסלקא דעתא דאין כופין כאן לפי שכתוב לרצונו וא"ת הא דתנן פרק האומר משקלי (ערכין דף כא.) חייבי חטאות ואשמות אין ממשכנין אותן חייבי עולות ושלמים ממשכנין אותן ה"ד אי מקמי דאתא לידי בל תאחר אפי' עולות ושלמים נמי לא ואי דעבר בבל תאחר אפי' חטאות ואשמות נמי וי"ל דלעולם בשלא עבר עדיין אלא דחזינן שהוא מתעצל להביא [ומוציא הלאות הגם שלא לצורך כדי שלא ישאר בידו מה לקנות] ולהכי ממשכנין ואם אין מוצאין כמה למשכנו או כופין כדקאמר הכא וא"ת ואשמות מ"ט א] (לא) בעי למשכוני ספי מחטאות ואשמות והא בפ"ק דזבחים (דף ז.) אמר דעולות נמי מכפרים אחייבי עשה י"ל כיון דאמרינן בעלמא (יומא דף פו.) שאם עשה תשובה לא זז משם עד שמוחלין לו הרי בתשובה מתכפר ולא דמי לחטאות ואשמות*: חד דאמר ולא אפריש · נראה לי דמשני כך שהרי הקשה מעשה ומלא תעשה ומעשוי נראה בכל חד רוצה ב' פסוקים ותרי למה לי ומשני צריכי בכל חד תרי קראי דחד קרא אתא גלל אמר ולא אפריש וקרא השני אתא גלל אפריש ולא אקריב ופריך מי מצית אמרת דאמר ולא אפריש והא נדבה כתיבא ביה ותנן כו' פירושו כך כ"ל היאך מוקמת המעשה והלא תעשה והעשוי אנדבה דקראי דאמר ולא אפריש הא אותן ג' ענינים עשה ולא תעשה ועישוי נראה דקאי לנדבה כמו לנדר שהרי באותו קרא כתיב נדבה כדאמר לעיל נדבה כמשמעה ואיך מצי היות קאי אמר ולא אפריש לנדבה הא זה איפכא מזה שהרי אמר ולא אפריש אינו אומר הרי זו דנדבה הוא כאומר הרי עלי (ג) כזה נדר שהרי אינו מפריש אז ונדבה פירושה היא דאמר הרי זו ומפריש באותה שעה כדתנן איזהו וכו' ומשני משכחת לה דאמר ולא אפריש דמשמע נדר משכחת לה תרתי אפי' בנדבה כגון דאמר הרי עלי עולה על מנת שלא אתחייב באחריותה כשאומר הרי עלי הוא כמו נדר ורוצה לעשות נדבה כשמבאר בו דין נדבה באומר דאינו חפץ להתחייב באחריותה (ד) אלא דמשכחת לה דאמר ולא אפריש כמו האומר הרי עלי ועל כל זאת היא כנדבה שהרי רוצה שלא יתחייב באחריותה כנדבה: איזהו נדר · *משנה היא בפ"ק (משנה א') דקינין: על מנת שלא אתחייב באחריותה · לא דמי למתנה על מה שכתוב בתורה:
שהיה

עין משפט נר מצוה

כב א ב מיי' פי"ד מהל' מעשה הקרבנות הל' טו סמג לאוין שלח:
כג ג ד מיי' שם הל' טו סמג לאוין שלח:
כד ה מיי' שם הלכה ד ופ"א מהל' נדרים הל' ב סמג עשין קכג:
כה ו מיי' שם הלכה ו (ופ"א מהל' נדרים שם) סמג שם:
כו ז מיי' פ"ח מהלכות מתנות עניים הל' א טוש"ע יו"ד סי' רנז סעי' ג [רב אלפס כאן ובנ"ק פ"ד דף כ.]:
כז ח מיי' פי"ד מהלכות מעשה הקרבנות הל' יג סמג עשין קפד:
כח ט מיי' פ"ד מהלכות תמורה הל' א סמג לאוין שמג:

רבינו חננאל

דתניא בן עזאי אומר כתיב אם האכול יאכל מבשר זבח שלמיו ביום השלישי לא ירצה וכתיב ביה המקריב אותו אותו בלא ירצה. כלומר זה הפיגול הוא בלא ירצה דדייק המקריב *) בכאן פירוש בלא ירצה. אבל בכל מקום המקריב שהוא הזובח הוא החייב ולא הובח. ופרקינן לא תימא בך חטא ולא בקרבנך חטא. אלא אימא בך חטא ולא באשתך חטא. פי' בעון בל תאחר אין אשתו של אדם מתה. ת"ר מוצא שפתיך תשמור ועשית כו' אמר מר מוצא שפתיך תשמור זו מצות עשה למה לי והלא כבר אפיקנא מובאת שמה והבאתם שמה. תשמור זו מצות ל"ת כדקיי"ל כל מקום שנאמר השמר פן ואל אינו אלא בל"ת. למה לי הא בהדיא כתיב לא תאחר לשלמו. ועשית אזהרה לב"ד שיעשוך הא מיקריב אותו לרצונו נפקא. דתניא הא כיצד כופין אותו עד שיאמר רוצה אני. ופרקינן חדא קרא בדאמר הרי עלי כך וכך ולא הפריש שכופין אותו להפריש ואחר שהפריש ולא הקריב שכופין אותו להקריב. והני תרתי למה לי. צריכא דאי אשמעינן אמר הרי עלי ולא הפריש שכופין אותו משום דלא קיימיה לדיבוריה כו' ומי מצית אמרת דאמר ולא הפריש והא נדבה כתיב ביה ותנן איזהו נדר האומר הרי עלי עולה וכו' ופריק רבא כגון דאמר הרי עלי עולה ע"מ שאיני חייב באחריותה. בפיך זו צדקה שנא' בי נשבעתי יצא מפי צדקה. אמר רבא וצדקה מיחייב עלה לאלתר דהא קיימי עניים אמר רבא כיון שעבר עליו רגל אחד עובר בעשה. מיתיבי אמר רב פפיים מעידני שהיתה לנו פרה של זבחי שלמים ואכלנוה בפסח ואכלנו ולדה שלמים בחג. ואמרי' בשלמא בפסח לא אקרבוה אימור לא מלו לית תמניא יומי אלא בעצרת והיכי משהי לה ועברי בעשה. ופריק רב זביד כגון שהיו הבעלים חולין בעצרת ולא עלו ולא חגגו. ופריק רב אשי פירוק אחר ופשוט הוא. אמר רבא כיון שעבר עליו ג' רגלים בכל יום ויום עובר בבל תאחר. ואותבינן עליה מהא אחד בכור ואחד כל הקדשים כיון שעברו עליהן שנה בלא רגלים או רגלים בלא
בלא

*) נראה דצ"ל דדייק המקריב אותו פירוש בכאן בלא ירצה אבל בכל מקום וכו'.

הגהות הב"ח

(א) תוס' ד"ה תשמור כו' את החקה הזאת. נ"ב תפלין לא ר"ע: (ב) בא"ד וצריך לחלק. (ג) ד"ה חד כו' הוא כאומר הרי עלי נדר כו' כצ"ל ותיבת כזה נמחק: (ד) בא"ד להתחייב באחריותה אלמא דמשכחת לה:

גליון הש"ס

תוס' ד"ה איזהו נדר. משנה היא. וכונתם בזה עי' בב"ק דף סב ע"ב תד"ה מי קתני:

הגהות מהר"י לנדא

[א] בתוס' ד"ה יקריב וכו' ואשמות מ"ט כפי למשכוני כצ"ל ועי' בתוס' מס' כריתות דף יב ע"א בד"ה או דלמא:

שהיה חולה בעצרת רב אשי אמר מאי ואכלנו ולדה שלמים בחג דקתני חג השבועות ואידך כל היכא דתני פסח תני עצרת (*אמר) רבא *כיון שעברו עליו ג' רגלים בבל יום ויום עובר בבל תאחר מיתיבי *אחד בכור ואחד כל הקדשים כיון שעברו עליהם שנה בלא רגלים רגלים בלא שנה עובר בבל תאחר והאי מאי תיובתיה אמר רב כהנא °מאן דקא מותיב שפיר קא מותיב מכדי תנא אלאוי קא מהדר ליתני בבל יום ויום עובר בבל תאחר ואידך תנא למיקבעיה בלאו קא מהדר בלאוי יתירי לא קא מהדר גופא אחד בכור ואחד כל הקדשים כיון שעברו עליהם שנה בלא רגלים רגלים בלא שנה עובר בבל תאחר בשלמא רגלים בלא שנה משכחת לה אלא שנה בלא רגלים היכי משכחת לה הניחא למאן דאית ליה כסדרן משכחת לה אלא למאן דלית ליה כסדרן היכי משכחת לה בשלמא לרבי משכחת לה בשנה מעוברת דתניא* °שנה תמימה רבי אומר מונה ג' מאות וששים וחמשה יום כמנין ימות החמה וחכ"א °מונה י"ב חדש מיום ליום ואם נתעברה שנה נתעברה לו משכחת לה לרבי דאקדשה בתר חג המצות דכי מטא שילהי אדר בתראה שנה מליא רגלים לא מלו אלא לרבנן היכי משכחת לה כדתני רב שמעיה עצרת פעמים ה' פעמים ששה פעמים שבעה הא כיצד שניהן מלאין חמשה שניהן חסרין שבעה אחד מלא ואחד חסר ששה ומאן תנא דפליג עליה דרב שמעיה אחרים היא דתניא *אחרים אומרים אין בין עצרת לעצרת אין בין ר"ה לר"ה אלא ד' ימים בלבד ואם היתה שנה מעוברת *חמשה בעי ר' זירא יורש מהו בבל תאחר °כי תדור נדר אמר רחמנא והא לא נדר או דלמא °ובאת שמה והבאתם שמה והא מחייב ת"ש דתני רבי חייא °מעמך פרט ליורש והאי מעמך מיבעי ליה *זה לקט שכחה ופאה קרי ביה עמך וקרי ביה מעמך בעי ר' זירא אשה מה היא בבל תאחר מי אמרינן הא לא מחייבא בראיה או דלמא הא איתה בשמחה א"ל אביי ותיפוק ליה 'דהא איתה בשמחה ומי אמר אביי הכי *והאמר אביי אשה בעלה משמחה לדבריו דר' זירא קאמר איבעי' להו *בכור מאימתי מונין לו שנה אביי אמר משעה שנולד רב אחא בר יעקב אמר משעה שנראה להרצאה ולא פליגי 'הא בתם הא

רש"י

שהיה חולה. הולך: **כל היכא דקתני פסח.** דבעי למיתני בתריה שבועות תני עצרת ולא חג: **שנה בלא רגלים.** לקמיה מפרש: **למיקבעיה בלאו קא מהדר.** להודיעך כל לידי זמן התחלת בל תאחר שבו: **אלאוי יתירי לא מהדר.** להודיעך לאוין הרבים שבו: **הניחא למאן דבעי כסדרן משכחת לה.** דעברה שנה ולא עברו רגלים כסדרן ולמדך דכיון דעברה שנה אע"פ שלא עברו רגלים כסדרן חייב וסבר לה כר"ש בחדא ופליג עליה בחדא: **בשלמא לרבי.** דאמר חדש העיבור אינו מן השנה חוץ מי"א יום ששנת חמה יתירה על הלבנה משכחת לה בשנה מעוברת: **שנה תמימה.** האמורה בבתי ערי חומה מונה שס"ה ימים ואפי' בשנה פשוטה ואף בשנה מעוברת כיון שעברו ג' מאות וששים וחמשה ימים משמכרה נחלטו לו: **מיום ליום.** מט"ו בניסן לחמשה עשר בניסן אם מכרה בט"ו בניסן נתעברה לו למוכר ועל כרחו של לוקח אינו נחלט עד שיגיע ט"ו בניסן: **בתר חג המצות.** בתוך הרגל ואית דאמרי לאחר הרגל °ושילהי אדר בתרא לאו דוקא אלא לאחר שילא אדר קאמר: **שנה מליא.** ג' מאות וששים וחמשה ימים: **פעמים ששה.** שהוא ששה בסיון יום החמשים לעומר: **שניהם מלאים.** ניסן ואייר הרי ט"ו ימים מניסן ול' דאייר מלא להו חמשים בחמשה בסיון: **א' מלא כו'.** ומשכחת לה שנה בלא רגלים כגון שניהם מלאים ואירע עצרת בה' בסיון והקדישה למחרת בו' בסיון ולשנה הבאה היו שניהן חסרים ואירע עצרת בז' בסיון והשנה מלאה ביום ו' בסיון משהקדישה ועדיין לא עבר עצרת עליו: **מאן תנא כו'.** ת"ק דלא איירי בשנה בלא רגלים: **אלא ד' ימים.** קסברי לעולם כל חדשי השנה אחד מלא ואחד חסר ואין מעברין ואין מחסרין שום חדש לצורך והויא לה שנה שנ"ד ימים נמצאת כל השנה שבועים שלמים חוץ מד' ימים והן הדוחין קביעות השנה מקביעות חברתה: **ואם היתה שנה מעוברת חמשה.** קסבר חדש עיבור לעולם חסר ואינו דוחה את המועדות אלא יום אחד שהוא יתר על ד' שבועות: **יורש מהו בבל תאחר.** על נדר אביו: **קרי ביה עמך ומעמך.** ודריש ב' ה' תרתי דעמך משמע ליה חלקו של עני ומ' יתירה למעוטי יורש: **מי אמרי' הא לא מיחייבא בראיה.** דכתיב (דברים טז) כל זכרך וכיון דלא מיחייבא למיסק לא שייך בה זמן רגלים לבל תאחר או דלמא מיחייבא למיסק משום שמחה דכתיב (שם) ושמחת בחגך ואמר מר (פסחים ד' קט.) בזמן שבית המקדש קיים אין שמחה אלא בבשר שלמים שנאמר וזבחת שלמים ואכלת שם (ואכלת) ושמחת: **בעלה משמחה.** בבבל בבגדי צבעונין בא"י בבגדי פשתן המגוהצים הכי איתא בקדושין (ד' לד:): **הא בתם.** דקאי להרצאה משנראה להרצאה:

בעל

הא

תוספות

שהיה חולה בעצרת. דפסול להקרבה כדתנן בבכורות (דף מא.) זקן חולה ומזוהם ובפרק כל האסורים (תמורה דף כח:) דרשינן ליה מדכתיב מן הצאן מן הכבשים ומן העזים ועוד כתיב (מלאכי א) כי תגישו פסח וחולה אין רע: **אחד** בכור ואחד כל הקדשים. להכי נקט בכור דעיקר שנה בבכור כתיב *מדכתיב כל הבכור אשר יולד (דברים טו) מלמד שהבכור נאכל כל שנתו כלומר דכתיב ביה תאכלנו שנה בשנה ושאר הקדשים דריש התם *מדכתיב כל: **בשלמא** רגלים בלא שנה משכחת לה. כגון דאקדשה ערב פסח (א) כך הפי' *הניחא למ"ד דבעי כסדרן משכחת לה כגון דאקדשיה בתר חג המצות: **שנה** בלא רגלים היכי משכחת לה. דאי באקדשיה בתוך הרגל דכי מטיא שתא אכתי ליכא שלש רגלים דשלימים בעינן כדלעיל ה"ה איכא רגלים שלמים דסוף רגל ראשון דאשתקד מצטרף (על) תחלת רגל דהשתא ובירושלמי מפרש תפתר כגון דאקדשיה כשהיה מחוסר זמן כפסח ולקמן אין משמע כן דאמרינן אין מונין שנה לבכור אלא משעה שראוי להרצאה: **בשלמא** לרבי משכחת לה בשנה מעוברת. לר"מ דאמר לעיל ברגל אחד ולר"ש בן יעקב דאמר שני רגלים לא משכחת לה אלא כתולה ברגלים והוא הדין דהוה מצי לשנויי הכא לרבי ולרבנן: **כמנין** ימות החמה. ופי' בקונט' וה"ה בכל שנים סתם לרבי דילפינן מתמימה דכתי' בבתי ערי חומה כדמוכח בפרק (*שני) דערכין (דף לא:): **בתר** חג המצות. לאו דוקא דהוא הדין בתוך חג המצות כדמוכח לעיל* דכולי רגל בעי: **יורש** מהו בבל תאחר. דיורש חייב להביא כדתנן במסכת קינין (פ"ב משנה ה) ומייתי לה בכמה דוכתי האשה שהביאה חטאתה ומתה יביאו יורשים עולתה ומשמע בפ"ק דקדושין (דף יג:) דלמ"ד שעבודא לאו דאורייתא כשהפרישה מחיים ולמ"ד דאורייתא אע"פ שלא הפרישה מחיים ובסוף יש בכור (בכורות דף נא:) נמי אמר מה להנך יורשים חייבים בעולת ראיה של אביהן: **הא** ליתא בראיה. והוא הדין זקן וחולה ומי שאין לו קרקע וכל הפטורים מן הראיה: **דהא** איתה בשמחה. וקריבה בה ובאת שמה והבאתם שמה: **אשה** בעלה משמחה. פי' בקונט' בבבל בבגדים [לבנונים] ובא"י בכלי פשתן המגוהצין כדאיתא בקדושין (ד' לד: ושם) וקשיא לר"ת דהני מילי בזמן הזה אבל בזמן שבית המקדש קיים אין שמחה אלא בבשר כדאמר בע"פ (פסחים ד' קט. ושם) ועוד אמרי' פ"ק דחגיגה (ד' ו. ושם) אמתני' דאיזה קטן כל שאינו יכול לאחוז בידו [של אביו] לעלות מירושלים להר הבית עד הכא מאן (ג) אתייה ומשני עד הכא מיחייבא אמיה בשמחה משמע שזקוקה לעלות משום שלמי שמחה ומפרש ר"ת בעלה משמחה שהחיוב על בעלה ולא עליה לפיכך לא קריבה בה ובאת שמה והא דקאמר בחגיגה דמיחייבא אמיה משום בעלה ולא משום היא ומיהו אשכחן בפסחים פ' אלו דברים (ד' עא.) אפי' בזמן שבהמ"ק קיים היכא דלא אפשר משמחה בכסות נקיה ויין ישן כגון היכא דחל יו"ט ראשון של חג להיות בשבת דבעינן זביחה בשעת שמחה:

הגהות הב"ח

רבינו חננאל

גליון הש"ס

§ מסכת ראש השנה דף ו: §

אות א'

כיון שעברו עליו שלשה רגלים, בכל יום ויום עובר בבל תאחר

רמב"ם פי"ד מהל' מעשה הקרבנות הט"ו - ובכל יום ויום אחר השלשה רגלים הוא עובר בלא תאחר, ובית דין מצווין לעשותו מיד עד שיקריב קרבנותיו ברגל שפגע בו תחלה.

אות ב'

מונה שנים עשר חדש מיום ליום, ואם נתעברה שנה, נתעברה לו

רמב"ם פי"ב מהלכות שמיטין ה"א - המוכר בית בתוך עיר המוקפת חומה, ה"ז גואלה כל י"ב חודש מיום שמכר בכל עת שירצה, ואפילו ביום שמכר; וכשרוצה לפדות, נותן כל הדמים שלקח ואינו גורע ללוקח כלום.

רמב"ם פי"ב מהלכות שמיטין ה"ה - היתה שנה מעוברת, אינו נחלט עד סופה, שנאמר: עד מלאת לו שנה תמימה, להביא חדש העיבור.

יו"ד סימן שו ס"י - [ד]שנה של בכור היא שנת לבנה תמימה, י"ב חדש מיום ליום; ואם היתה שנה מעוברת, נתעברה לו, ומונה לו י"ג חדשים.

אות ג'

אין בין עצרת לעצרת, אין בין ראש השנה לראש השנה אלא ארבעה ימים בלבד; ואם היתה שנה מעוברת, חמשה

סמ"ג עשין מ"ז - וכן כשתשליך ימי שנת הלבנה שבעה שבעה, אם שנה פשוטה היא, ישאר יתר על השביעיות ד"ח תתע"ו, פירוש: ארבעה ימים ח' שעות תתע"ו חלקים; ולחצי שנה עולה ב"ד תל"ח, פירוש: שני ימים ארבעה שעות תל"ח חלקים. ואם שנה מעוברת היא, תהיה שאריתה הכ"א תקפ"ט, פירוש: ה' ימים כ"א שעות תקפ"ט חלקים; ולחציה ישאר גי"ז קנ"א, פירוש: ג' ימים י"ז שעות קנ"א חלקים.

אות ד' – ה'

פרט ליורש

דהא איתה בשמחה

רמב"ם פי"ד מהל' מעשה הקרבנות הי"ד - ואחד האיש ואחד האשה עובר בבל תאחר, אבל היורש אינו עובר בבל תאחר.

אות ו'

הא בתם, הא בבעל מום

רמב"ם פ"א מהל' בכורות ה"ח - הבכור נאכל בתוך שנתו בין תמים בין בעל מום, שנאמר: לפני ה' אלהיך תאכלנו שנה בשנה, וכי יהיה בו מום בשעריך תאכלנו. ומאימתי מונה לו, אם תם הוא, מונה לו מיום שמיני שהוא ראוי להקרבה; ואם נולד בעל מום, מונה לו מיום שנולד, והוא שכלו לו חדשיו, שהרי נראה לאכילה ביום לידתו; אבל אם לא ידע בודאי שכלו לו חדשיו, מונה לו מיום שמיני.

יו"ד סימן שו ס"ז - [ה]הבכור, אפי' בעל מום, נאכל תוך שנתו - (דלא ליתי לידי תקלה בגיזה ועבודה, ט"ז. **משמע** שזה הוא רק מדרבנן, [ו]ועיין בזה בשו"ת שיבת ציון בשם אביו הגאון בעל נו"ב ז"ל ובשם ספר בית אפרים - פת"ש). **ומאימתי מונה לו, [ז]אם נולד בעל מום, מונה לו מיום שנולד, והוא שיודע שכלו לו חדשיו** - דהיינו ט' לגסה וה' לדקה - ש"ך, **שהרי נראה לאכילה ביום לידתו; אבל אם לא ידע בודאי שכלו לו חדשיו, מונה לו מיום שמיני.**

באר הגולה

[ד] ברייתא ר"ה דף ו' ע"ב וערכין דף ל"א ע"ב וכחכמים [ה] משנה בכורות דף כ"ו ע"ב [ו] ‹וז"ל: ואשתמיטתיה דברי הרמב"ם בפ"א מהל' בכורות ה"ח, שם מבואר שהוא מן התורה, וכן הוא פשט לשון המשנה, וכ"כ רש"י דף ה: ד"ה שעברה שנתו› [ז] מסקנת הגמרא ר"ה דף ו' ע"ב ודף ז' ע"א

§ מסכת ראש השנה דף ז. §

אות א'

אין מעברין השנה לפני ראש השנה, ואם עיברוה, אינה מעוברת, אבל מפני הדחק מעברין אותה אחר ר"ה מיד

רמב"ם פ"ד מהל' קידוש החודש הי"ג - [א]**יש לבית דין לחשב (ולקבוע) ולידע איזה שנה תהיה מעוברת בכל עת שירצה, אפילו כמה שנים; אבל אין אומרין שנה פלונית מעוברת אלא אחר ראש השנה הוא שאומרין שנה זו מעוברת, ודבר זה מפני הדחק; אבל שלא בשעת הדחק אין מודיעין שהיא מעוברת אלא באדר הוא שאומרין שנה זו מעוברת, וחדש הבא אינו ניסן אלא אדר שני; אמרו לפני ראש השנה שנה זו שתכנס מעוברת, אינה מעוברת באמירה זו.**

אות ב'

ואעפ"כ אין מעברין אלא אדר

רמב"ם פ"ד מהל' קידוש החודש ה"א - **שנה מעוברת היא שנה שמוסיפין בה חדש, ואין מוסיפין לעולם אלא אדר, ועושין אותה שנה שני אדרין, אדר ראשון ואדר שני; ומפני מה מוסיפין חדש זה, מפני זמן האביב, כדי שיהא הפסח באותו זמן, שנאמר: שמור את חדש האביב, שיהיה חדש זה בזמן האביב, ולולא הוספת החדש הזה היה הפסח בא פעמים בימות החמה ופעמים בימות הגשמים.**

אות ג' – ד'

הפסקת עיבורין

שמעברין השנה כל אדר

רמב"ם פ"ד מהל' קידוש החודש הי"ד - **הגיע יום שלשים באדר ולא עיברו עדיין השנה, לא יעברו אותה כלל, שאותו היום ראוי להיות ראש חדש ניסן, ומשיכנס ניסן ולא עיברו אינן יכולים לעבר;** [ב]**ואם עיברוה ביום שלשים של אדר, הרי זו מעוברת; באו עדים אחר שעיברוה והעידו על הירח, הרי אלו מקדשין את החדש ביום שלשים, ויהיה ראש חדש אדר שני; ואילו קידשוהו קודם שיעברו את השנה, שוב לא היו מעברין, שאין מעברין בניסן.**

אות ה'

שואלין בהלכות הפסח קודם לפסח שלשים יום

סימן תכט ס"א - [ג]**שואלין בהלכות פסח קודם לפסח שלשים יום** - ומתחילין מיום הפורים עצמו, שהרי משה עומד בפסח ראשון ומזהירן על כל הלכות פסח שני, **וה"ה** בשאר יו"ט נמי דורשין קודם לכן ל' יום בהלכותיהן, [**ומ"מ** משמע מכמה אחרונים, דלענין שאר יו"ט הוא רק מצד מנהגא, **אכן** בביאור הגר"א משמע, דיו"ט הוא כפסח], **ועיין** בביאור הגר"א שדעתו, דבעצרת סגי מיום א' בסיון.

וי"א דהחיוב שלשים יום הוא רק בפסח, משום דיש בהן הלכות רבות, כגון טחינת חטים ואפיית המצות והגעלת כלים וביעור חמץ, שאלו אם אין עושין אותן כהלכותיהן קודם פסח, לית להו תקנה בפסח, משא"כ בשאר יו"ט, די באיזה ימים קודם.

אות ו' – ז'

אמרה תורה: חדש והבא קרבן מתרומה חדשה

ואם הביא מן הישן, יצא

רמב"ם פ"ד הל' שקלים הי"א - **משיגיע ראש חדש ניסן, אין מקריבין קרבנות הצבור אלא מתרומה חדשה; ואם לא באה החדשה, לוקחין מן הישנה; לפיכך אם הגיע ראש חדש ניסן ויש עמהן בהמות לתמידים מתרומה ישנה, פודין אותן ויוצאין לחולין, אף על פי שהן תמימין, ויפלו דמיהן לתרומה ישנה שמקיצין בה את המזבח; שתנאי בית דין הוא על כל הבהמות שלוקחין לתמידין, שאם לא יהיו צריכין להן יצאו לחולין.**

אות ח'

ויחיד שהתנדב משלו, כשרין, בלבד שימסרם לצבור

רמב"ם פ"ח מהל' כלי המקדש ה"ז - **כל בגדי הכהנים אינן באים אלא משל ציבור; ויחיד שהתנדב בגד מבגדי כהונה, מוסרו לציבור ומותר, וכן כל כלי השרת ועצי המערכה שמסרן יחיד לציבור, הרי הן כשרין; אף כל קרבנות הציבור שהתנדב אותן יחיד משלו כשרים, ובלבד שימסרם לציבור.**

באר הגולה

[א] ‹ר"ל יש רשות לב"ד, ומשמע אפי' שלא בשעת הדחק, **אבל** דעת כמה ראשונים דגם זה אין מותר אלא בשעת הדחק, רש"י ותוס' ותוס' הרא"ש סנהדרין י"ב א' – שקל הקודש› ‹**ורש"י** כאן ד"ה עיבורים משמע, דאפי' לעיין בצרכי עיבור השנה הבאה אסור לב"ד, וכ"ש שאסור לעבר, **אבל** מרש"י ד"ה אין מעברין משמע, דלעבר בניסן מותר, אלא שאסור בניסן להודיע לגולה שעיברה ב"ד את השנה, שלא ישתכח עד אדר הבא, וכמ"ש הרמב"ם – שפתי חכמים› [ב] ‹ויש להעיר, דליתני נמי שלשים באדר, שזהו זמן הפסקת עיבורין לכתחלה, וכמו דתני תרומת שקלים, הגם שאינו אלא למצוה ולא לעיכובא, **וי"ל** דדוקא לענין מצוות שייך לנקוט זמן שהוא לכתחלה, אבל לענין הפסקות, כל עיקר גדרו של הפסקה היינו שמופסק לגמרי גם בדיעבד – הערות הגרי"ש אלישיב› [ג] **פסחים ו'**

הא בבעל מום בעל מום מי מצי אכיל ליה דקים ליה ביה שכלו לו חדשיו ת"ר באחד בניסן ראש השנה לחדשים ולעיבורין ולתרומת שקלים וי"א אף לשכירות בתים לחדשים מנלן דכתיב °החדש הזה לכם ראש חדשים ראשון הוא לכם לחדשי השנה דברו אל כל עדת ישראל לאמר בעשור לחדש הזה ויקחו להם איש שה לבית אבות שה לבית והיה לכם למשמרת עד ארבעה עשר יום לחדש הזה ושחטו אותו וגו' וכתיב °שמור את חדש האביב איזהו חדש שיש בו אביב הוי אומר זה ניסן וקרי ליה ראשון ואימא אייר בעינא אביב וליכא ואימא אדר בעינא רוב אביב וליכא מידי רוב אביב כתיב אלא אמר רב חסדא מהכא °אך בחמשה עשר יום לחדש השביעי באספכם את תבואת הארץ איזהו חדש שיש בו אסיפה הוי אומר זה תשרי וקא קרי ליה שביעי ואימא מרחשון ומאי שביעי שביעי לאייר בעינא אסיף וליכא ואימא אלול ומאי שביעי שביעי לאדר בעינא רוב אסיף וליכא מידי רוב אסיף כתיב אלא אמר רבינא דבר זה מתורת משה רבינו לא למדנו מדברי קבלה למדנו °ביום עשרים וארבעה לעשתי עשר חדש הוא חדש שבט רבה בר עולא אמר מהכא °ותלקח אסתר אל המלך אחשורוש אל בית מלכותו בחדש העשירי הוא חדש טבת רב כהנא אמר מהכא °בארבעה לחדש התשיעי בכסלו רב אחא בר יעקב אמר מהכא °ויקראו סופרי המלך בעת ההיא בחדש השלישי הוא חדש סיון רב אשי אמר מהכא °הפיל פור הוא הגורל לפני המן מיום ליום ומחדש לחדש שנים עשר הוא חדש אדר ואיבעית אימא מהכא °בחדש הראשון הוא חדש ניסן וכולהו מאי טעמא לא אמרי מהאי דלמא מאי ראשון ראשון למילתיה ותנא דידן בשנים קמיירי בחדשים לא קמיירי: ולעיבורין: לעיבורין מניסן מנינן והתניא *אין מעברין השנה לפני ר"ה ואם עיברוה אינה מעוברת אבל מפני הדחק מעברין אותה אחר ר"ה מיד ואעפ"כ אין מעברין אלא אדר אמר רב נחמן בר יצחק מאי עיבורין הפסקת עיבורין דתנן *הן העידו שמעברין השנה כל אדר שהיו אומרים עד הפורים מ"ט דמאן דאמר עד הפורים כיון דאמר מר *שואלין בהלכות הפסח קודם לפסח שלשים יום אתי לזלזולי בחמץ ואידך מידע ידיע דשתא מעברתא בחושבנא תליא מלתא וסברי חושבנא הוא דלא סליק להו לרבנן עד האידנא ותנא דידן בהתחלה קמיירי בהפסקה לא קמיירי: ולתרומת שקלים: מנלן א"ר יאשיה אמר קרא °זאת עולת חדש בחדשו לחדשי השנה *אמרה תורה חדש והבא קרבן מתרומה חדשה ולגמור שנה שנה מתשרי דכתיב °ראשון הוא לכם לחדשי השנה וגמרי שנה שנה מניסן דכתיב °מראשית השנה דנין *שנה שיש עמה חדשים משנה שיש עמה חדשים ואין דנין שנה שאין עמה חדשים משנה שאין עמה חדשים *אמר רב יהודה אמר שמואל קרבנות צבור הבאין באחד בניסן מצוה להביא מן החדש ואם הביא מן הישן יצא אלא שחיסר מצוה תנ"ה *קרבנות צבור הבאין באחד בניסן מצוה להביא מן החדש ואם הביא מן הישן יצא אלא שחיסר מצוה °יחיד שהתנדב משלו כשרין בלבד שימסרם לצבור *פשיטא מהו דתימא ליחוש שמא לא

רש"י

בעל מום. שנולד במומו ועומד לישחט בחוץ מיום שנולד הוא ראוי לכך ומונין לו משנולד: **מי מצי אכיל ליה.** ביום שנולד דלמא נפל הוא ואין שחיטה מטהרתו עד שיהיה שמונה ימים דמשום נפק ליה מכלל נפל דתניא (שבת ד' קלה:) רשב"ג אומר כל ששהה שלשים יום באדם אינו נפל ובבהמה שמונה ימים: **לחדשים.** למנין חדשי השנה: **לעיבורין.** קא ס"ד לישב ב"ד ולעיין אם השנה הבאה צריכה להתעבר: **ולתרומת שקלים.** (א) להקריב ראשון קרבנות הלקוחים מתרומת קופות של שקלי שנה זו: **אף לשכירות בתים.** המשכיר בית לחבירו ואמר לשנה זו כלתה שנתו באחד בניסן ואפי' לא דר בו אלא חדש אחד: **החדש הזה לכם.** ומנלן דניסן דכתיב ויקחו להם שה לפסח וכתיב קרא אחרינא שהפסח בחדש האביב שיש בו אביב שהתבואה בכירה בו להיות מבושלת בגמר בישולה: **בעינא אביב וליכא.** שכבר נגמרה מניסן ואי איכא זרעא אפילה אין זה בכיר אלא אפיל: **ואימא אדר.** דאיכא זרעא חרפא המתבכר מאדר: **רוב אביב.** שיהו רוב תבואות מתבכרות בו: **שיש בו אסיפה.** שמכניסין בו פירות לבית מפני הגשמים וכל הקיץ הן עשויות גדישין לייבש: **ראשון למילתיה.** למעשה המן: **ותנא דידן.** דלא תנא במתני' ר"ה לחדשים: **עיבורים מניסן מנינן.** בתמיה וכי רשאין ב"ד לישב ולעיין בצורכי עיבור א) ר"ה בניסן: **אין מעברין.** אין מעיינין בצורכי עבור להודיע לגולה שעיברו ב"ד את השנה שלא ישתכח הדבר עד אדר הבא: **אבל מפני הדחק.** שמפחידין שלא יגזרו נכרים מלישב ב"ד או שצריך הנשיא לצאת לאגר המלך ואין מעברין אא"כ ירצה נשיא כדאמר בסנהדרין (דף יא.): **ואעפ"כ אין מעברין אלא אדר.** אין מוסיפין חדש על השנה אלא אדר דכתיב שמור את חדש האביב חדש הסמוך לאביב עבר שיבא אביב בזמנו: **הפסקת עיבורין.** שכיון שקדשו את החדש לשם ניסן פסקה שנה שעברה מלהיות מעוברת עוד שאין רשאין לעשות ניסן אדר שכבר נכנסה שנה אחרת לענין עיבור: **הם העידו.** רבי יהושע ור' פפיים שמעברים את השנה כל אדר אם ראו ב"ד לאחר הפורים שהשנה צריכה להתעבר מעברין אותה: **שהיו אומרים עד הפורים.** לפי שהיו חכמים אומרים שאין מעברין אא"כ נתישבו בדבר לפני הפורים לכך הוזקקו לעדות זו: **אתי לזלזולי בחמץ.** שכבר מן הפורים ואילך התחילו הדרשנים לדרוש ברבים בהלכות הפסח הוזקקו השומעים לעשות פסח לסוף ל' יום ואם יעברו ב"ד את השנה לא יתקבלו דברי שלוחי ב"ד לשומעין לדחות את הפסח שכבר שמעו מן הדרשני': **בהפסק' לא קא מיירי.** בראשי שנים דהפסקה לא קא מיירי: **חדש בחדשו לחדשי.** חדשי ימיהלו לדרשה:

תוספות

הא בבעל מום. בעל מום מעיקרו דתם ונעשה בעל מום כיון דלא חזי לאכילה מונים לו משעת הרצאה ואין לדקדק מכאן שיהיה שייך בל תאחר בנתינה לכהן דהכא לענין להאכילו בתוך שנתו דצריך כדאיתא פרק [עד כמה] (בכורות דף כח:):

מדברי קבלה למדנו. לא מצי למילף מכאן מינייהו כלל אם לא נאמר שהיתה קבלה בידם סדר שמות החדשים זה אחר זה והכי אמר בירושלמי שמות החדשים עלו בידם מבבל בראשונה בירח האיתנים שבו נולדו אבות בירח בול שבו כל העולם נובל והארץ עשויה בולות בולות שבו בולים לבהמה בבתיהם בירח זיו שבו זיו האילנות מכאן ואילך ויהי בחדש ניסן שנת עשרים ויהי בחדש כסלו שנת עשרים בחדש העשירי הוא חדש טבת:

בשנים קא מיירי. וקשיא דהא קא אמר לרגלים ואמר לעיל כיון שעברה עליו שנה בלא רגלים ורגלים בלא שנה י"ל מכל מקום בחדשים לא קא מיירי:

הם העידו. משנה היא בעדיות (פ"ז משנה ז) ופ"ק דסנהדרין (ד' יב: ושם) גבי *עברוה ביום ל' של אדר דאמר רב נחמן מעובר וקדוש ומקשי ליה רבא מכדי מפורים לפסח תלתין יומין הוי ומפורים דרשינן בהלכות הפסח וכי מטי ריש ירחא ומרחקים להו אתי לזלזולי הי"נ ה"מ לאקשויי אמתניתין דעדיות:

בהפסקה לא קא מיירי. לקמן (ד' יב.)(ב) גבי אחד בתשרי ר"ה לירקות ולא קתני לנדרים כדקתני בברייתא משום דמתניתין בהפסקה לא קא מיירי:

מראשית השנה. לקמן (ד' ח.) אמרינן דזה תשרי:

שמא לא ימסרם יפה יפה. פלוגתא דתנאי היא בסוף פרק הבית והעליה (ב"מ ד' קיח.) גבי שומרי ספיחים בשביעית אי מתנדב שומר חנם וקצת תימה דפריך הכא פשיטא במילתא דהויא פלוגתא דתנאי ושמא יש לחלק דהכא *ליכא למיחש כולי האי כמו בשומר:

רבינו חננאל

באחד בניסן ר"ה לחדשים כו' מנ"ל דכתיב ראשון הוא לכם לחדשי השנה. ינדחה. ופירש רב חסדא ונדחו דבריו. ואמר רבינא דבר זה אינו מפורש בתורה אבל מפורש הוא בדברי קבלה. ביום עשרים וארבעה לעשתי עשר חדש הוא חדש שבט וגו'. ואסיקנא ומתניתין דלא קתני לחדשים לא פליג אלא בשנים קא מיירי בחדשים לא קא מיירי. ולעיבורין ואוקימנא להפסקת עיבורין כלומר כיון שהגיע ניסן נפסק עבור משנה זו. כדתנן הן העידו שמעברין את השנה כל אדר שהיו אומרים עד הפורים. ואם נשלם אדר ולא עיברוה נפסק העיבור ושוב אין מעברין שנה זו. ותנא דידן בהתחלת השנים מיירי בהפסקת עיבור מזו השנה לא מיירי. ולתרומת שקלים פירוש' בשלשה פרקים בשנה תורמין את הלשכה. ובג' קופות של ג' ג' סאין היו תורמין הלשכה. והתרומה הראשונה של תרומת שקלים היתה באחד בניסן כר' מבי דאמר קרא זאת עולת חדש בחדשו לחדשי השנה. חדש והבא קרבן מתרומה חדשה. וכתיב ביה בניסן ראשון הוא לכם לחדשי השנה. וגמר שנה שנה מניסן. וכי הא דתניא קרבנות הצבור הבאות באחד בניסן מצות להביא מן החדש. ואם הביא מן הישן יצא אלא שחיסר [מצוה] ויחיד שהתנדב משלו כשרין ובלבד שימסרם לצבור. ותנא דידן כיון דקתני אם הביא יצא לא פסיקא ליה. וי"א אף לשכירות בתים ראש השנה ניסן.

עין משפט נר מצוה

לד א מיי' פ"ד מהל' קידוש החדש הלכה יג סמג עשין מז:
לה ב מיי' שם הלכה א סמג שם:
לו ג ד מיי' שם הל' יד:
לז ה טוש"ע או"ח סי' תכט סעיף א:
לח ו ז מיי' פ"ד מהל' שקלים הל' יא סמג עשין מה:
לט ח מיי' פ"ח מהל' כלי המקדש הל' ז:

מסורת הש"ס

[סנהדרין יב. תוס' שם ס"ב] סנהדרין פו עדיות פ"ז מ"ז, פסחים ו. מגילה כט: סנהדרין יב: [ע"ה. תוספ' מגילה פ"ג בכורות נח.] יומא סה: מגילה כט:ע"ש [לקמן ח. ע:] יומא סה: [תוספתא פ"א] [יומא נה: ב"מ קיח.] [נ"ל קידשו]

שמות יב, דברים טז, ויקרא כג, זכריה א, אסתר ב, זכריה ז, אסתר ח, אסתר ג, שם, במדבר כח, שמות יב, יחזקאל מ

הגהות הב"ח

(א) רש"י ד"ה ולתרומת שקלים. ראשון להקריב קרבנות הלקוחים מתרומת שלש קופות: (ב) תוס' ד"ה בהפסקה כו' לקמן גבי אחד. נ"ב גרסא דקצרה להו תמהי [לא פריך ס"ם נבי] לירקות ולנדרים בברייתא לקמן דף י"ב [ותנא דידן אמאי לא חשיב נדרים כו' ... דהכא בהפסקה לא קמיירי:

גליון הש"ס

תוס' ד"ה שמא וכו' ליכא למיחש כולי האי. עיין יומא לה ע"ב תוס' ד"ה ניחוש:

הגהות הרי"ב רנשבורג

א) רש"י ד"ה עיבורין מניסן מנינן כו' ולעיין בצרכי עיבור השנה בניסן כצ"ל:

לא ימסרם לצבור יפה יפה קא משמע לן
ותנא דידן כיון דקתני אם הביא יצא לא
פסיקא ליה: ויש אומרים אף לשכירות בתים:
תנו רבנן המשכיר בית לחבירו לשנה מונה
שנים עשר חודש מיום ליום ואם אמר לשנה
זו אפילו לא עמד אלא באחד באדר כיון
שהגיע יום אחד בניסן עלתה לו שנה ואפילו
למאן דאמר *יום אחד בשנה חשוב שנה
שאני הכא דלא טרח איניש למיגר ביתא
לבציר מתלתין יומין ואימא תשרי סתם
*כי אגר איניש ביתא לכולהו ימות הגשמים
אגר ותנא קמא דברייתא ותנא דידן בניסן נמי
מישכח שכיח קיטרי: באחד באלול ר"ה
למעשר בהמה: מני רבי מאיר היא (*דתניא)
*ר"מ אומר באחד באלול ראש השנה
למעשר בהמה ולרגלים מני רבי שמעון היא
אימא סיפא ר' אלעזר ור"ש אומרים באחד
בתשרי רישא ר"ש וסיפא ר"ש ומציעתא ר"מ אמר
רב יוסף *רבי היא ונסיב לה אליבא דתנאי
ברגלים סבר לה כר"ש ובמעשר בהמה סבר
לה כר"מ אי הכי ארבעה חמשה הוו אמר
רבא ארבעה לדברי הכל לר"מ ארבעה דל
רגלים לר"ש ארבעה דל מעשר בהמה רב
נחמן בר יצחק אמר ארבעה חדשים ובהן
כמה ראשי שנים מיתיבי *ששה עשר בניסן
ראש השנה לעומר *ששה בסיון ראש השנה
לשתי הלחם לרבא ליתני ששה לרב נ' בר יצחק
ליתני חמשה אמר רב פפא כי קא חשיב מידי
דחייל מאורתא מידי דלא חייל מאורתא לא
קא חשיב והרי רגלים דלא חיילי מאורתא
וקחשיב (א) כיון שצריך לאיתויי מעיקרא
מיחייב וקאי והרי יובלות דלא חיילי מאורתא
וקחשיב ר' ישמעאל בנו של ר' יוחנן בן
ברוקא היא דאמר *מראש השנה חייל יובל
רב שישא בריה דרב אידי אמר כי קא חשיב
מידי דלא תלי במעשה מידי דתלי במעשה
לא קא חשיב והרי רגלים מידי דתלי
במעשה וקא חשיב בל תאחר ממילא חייל
והרי

יפה יפה. בלב שלם: **ותנא דידן**. דלא תניא במתני': **כיון דקתני אם הביאו יצא לא פסיקא ליה**. מילתא דליחשבה בראשי שנים: **הכי גרסינן תנו רבנן המשכיר בית לחבירו כו'**. ולא גרסינן מנלן דלאו מקראי יליף למדרבנן הוא: **אלא באחד באדר**. אבל בבציר מהכי לא אמרינן עלתה לו שנה ודר בה שנה שלימה דליכא למימר דאדעתא דההיא שתא אגרה דלא טרח איניש למיגר ביתא לבציר מתלתין יומין: **ואימא תשרי**. ר"ה לשכירות בתים אם לא עמד אלא באחד באלול כיון שהגיע תשרי עלתה לו שנה: **ומשני כי אגר איניש ביתא**. סמוך לתשרי לכולהו ימי הגשמים אגר: **ות"ק דברייתא**. דלא אמר לשכירות בתים: **קיטרי**. עבים מתקשרין וגשמים יורדין והוי כימות הגשמים: **ולרגלים מני ר"ש**. דהא אליביה אוקימנא דאית ליה כסדרן לבל תאחר: **סיפא** ר' אלעזר ור"ש אומרים בא' בתשרי: **רבי היא**. הוא אמרה למתני' ונסיב מילתיה חדא כחד תנא וחדא כחד תנא: **אי הכי**. דחד גברא אמרה למתני' ונסיב מילתיה חדא כחד תנא חמשה ראשי השנים נינהו אחד בניסן וט"ו בניסן ואחד באלול ואחד בתשרי וט"ו בשבט הא ניחא אי מוקמת לה לרישא כר"ש שפיר דלדידיה ארבעה נינהו דלית ליה אחד באלול אלא אי חד תנא אמרינהו קשיא: **אמר רבא**. לעולם רבי היא והכי קאמר אנא חמשה סבירא לי ומיהו הכל מודים לי בארבעה: **לר"מ**. דאית ליה אחד באלול דל רגלים דלדידיה ברגל אחד עובר בבל תאחר כדתניא בברייתא דלעיל (ד' ד:): **ולר' שמעון דל מעשר בהמה**. דליתיה אלא באחד בתשרי ובלאו מעשר נמי ראש השנה הוא: **ובהן כמה ראשי שנים**. הלכך ניסן דאית ביה תרי חד קחשיב ליה: **ר"ה לעומר**. לאכול מן החדש מכאן ואילך: **ר"ה לשתי הלחם**. נתחדשה השנה להביא מנחות מן החדש שהעומר מתיר במדינה ושתי הלחם במקדש: **לרבא**. דאמר ארבעה לדברי הכל ליתני מתניתין שיתא: **לרב נחמן**. דאמר חדשים קא חשיב ניתני ה' דהא לא תנן סיון במתני': **מאורתא**. משקדש היום: **מידי דלא חייל מאורתא**. כגון בט"ז בניסן לא נתחדשה שנה מן החדש מערב עד למחר לאחר שקרב העומר וכן בששה בסיון: **והרי רגלים**. דקתני מתניתין לענין בל תאחר דקס"ד זמן בל תאחר לאו מאורתא הוא כשקדש היום חייל [אלא] עד שתבא שעה שהיא ראויה להביא נדרים ונדבות ואין זאת עד שיקריב תמיד של שחר שאין קרבן קודם לו ומשנינן לאתויי מעיקרא מחייב וקאי להביא קרבן נדרו מחייב ועומד משעה שנדר והיה לו להקריבו מערב הרגל ולא הוקבעו רגלים לבל תאחר לענין הקרבת קרבן אלא לענין מיחל עליה בל תאחר ומאורתא נמי חייל: **והרי יובלות**. דקתני בראשי שנים דמתני' דלא חיילי אלא על ידי תקיעת שופר דב"ד ואינה אלא ביום דכתיב ביום הכפורים תעבירו שופר (ויקרא כה): **רבי ישמעאל כו'**. לקמן בפירקין (דף ח:): **מראש השנה חייל**. ואינו תלוי בתקיעה הלכך מאורתא דר"ה חייל: **דלא תלי במעשה**. כניסת ראש השנה שלהן אינה תלוי במעשה אלא משהגיע היום הוא ראש השנה ומתחדשת השנה למילתיה: **מידי דתלי במעשה**. כגון ראש השנה דעומר ושתי הלחם אין השנה מתחדשת להתיר חדש במדינה או במקדש אלא בהקרבת העומר וכבשי עצרת: **והרי רגלים**. קא סלקא דעתך שאין בל תאחר חל עד שתבא שעה הראויה להבאת קרבן נדרו כמלא שהוא תלוי בתמיד של שחר: **ממילא קא חייל**. משקדש היום:
והרי

לא פסיקא ליה. לריך לדקדק אי הוה מצי לשנויי כדמשני לקמן כי קא חשיב מידי דלא תלי במעשה:

עלתה לו שנה. ולא אמרינן הדמים מודיעים* והרי המעות מתנה או פקדון*:

ולרגלים מני. פי' והא דאמרי' בריש באחד בניסן ר"ה לרגלים היינו נשנית סתמא ומני היא ומשני ר"ש היא ופריך רישא דאמר ארבעה ראשי שנים הן ראש השנה למלכים ולרגלים וסיפא הא דאמרי רבי אלעזר ור"ש אחד בתשרי ופריך רישא וסיפא ר' שמעון ומציעתא רבי מאיר רבי היא פי' רבי תנא מתני' ונסבה אליבא דתנאי וקשה לה סוגייהו אי הכי דחד תנא כמו רבי שנאה מתני' ונסיב לה אליבא דתנאי א"כ מה זה דאמר ארבעה ראשי שנים הן חמשה הוו דבשלמא אי ר"ש הוה תני בהדיא ברישא לא הוה רק ארבעה דלדידיה ר"ש לא סבר אחד באלול ר"ה לבהמה אבל (ב) הא דאמרת דרבי נסיב לה אליבא דתנאי ותנא אחד באלול בשביל ר"מ א"כ חמשה הוו ומשני אמר רבא ארבעה לר"ה לר"מ ארבעה דל רגלים לר"ש ארבעה דל מעשר בהמה:

והרי רגלים דלא חיילי מאורתא. אפילו ביום לא חיילי עד יום שני למאן דאמר נדרים ונדבות אין מקריבין ביו"ט ומשני לאתויי מעיקרא מחייב וקאי בקונטרס פירש להביא קרבן מחויב ועומד הוא משעה שנדר והיה לו להקריבו מערב הרגל ולא הוקבעו רגלים לענין הקרבת הקרבן אלא לענין בל תאחר ומאורתא כמי חייל ולא פי' כן בשביל שיעבור בבל תאחר משנכנס רגל שלישי בתחלת הלילה דהא לר"מ דאמר לעיל ברגל אחד אינו עובר עד שיעבור כל הרגל וה"ה לרבנן עד שיעברו שלשה רגלים ובפרק ב' דבילה (ד' יט: ושם) אמר דאין מביאין תודה בחג המצות ובעצרת אלא בחג הסוכות משמע דאם הביא בחג הסוכות בחול המועד דלא עבר והא דפירש כאן בקונטרס דמאורתא חייל היינו לענין דאם מחויב ועומד לפני הרגל איכא כוליה רגל ואם נכנס רגל וקא נדר אפי' ליל ראשון ליכא כוליה רגל ואינו עולה למנין שלשה רגלים: **מידי** דתלי במעשה. ולמאן דאמר (במנחות דף סח.) אפילו בזמן שבית המקדש קיים האיר המזרח מתיר מ"מ עד יום הביאכם למצוה כדאמרינן במנחות פרק רבי ישמעאל (שם):
והרי

רבינו חננאל

דתניא המשכיר בית לחבירו לשנה מונה י"ב חדש מיום ליום. ואם א' לשנה זו אפי' לא עמד אלא באחד באדר כיון שהגיע יום אחד בניסן ושלמו לו שלשים יום עלתה לו שנה. דאפילו למ"ד יום אחד בשנה חשוב שנה שאני הכא דלא טרח איניש ואגר ביתא לבציר מל' יומין. ואקשינן ואימא ר"ה לשכירות בתים תשרי. ודחינן התם בתשרי כי אגר איניש ביתא לכולהו ימות הגשמים אגר. ותנא דידן ות"ק דברייתא בניסן נמי שכיחי קיטרי לא אגרי יומין ותו לא. ובאחד באלול ר"ה למעשר בהמה. ר' אלעזר ור' שמעון אומרים באחד בתשרי. ואוקימנא לר' מאיר דתנן בבכורות פרק מעשר בהמה ר' מאיר אומר באחד באלול ר"ה למעשר בהמה. ואקשינן והא אוקימנא רישא ר' שמעון ולרגלים מני ר' שמעון היא נפקא מיניה להדר כו'. רישא ר' שמעון כדאמרינן וסיפא נמי ר' שמעון דקתני סיפא ר' אלעזר ור' שמעון אומרים באחד בתשרי ומציעתא ר' מאיר. ופריק רב יוסף (לעולם) מתני' רבי היא ונסב ליה למתניתין אליבא דתנאי. ברגלים סבר לה כר' שמעון ובמעשר בהמה סבר לה כרבי מאיר. ובמה דשביק ר' עקיבא ודרייק דבריו בבכורות פר' מעשר בהמה ר"ה למעשר באחד בהמה וסתים לן סתמא כר' מאיר דפליג עליה קשיא לן טובא. חדא דר"מ תלמיד דר"ע הוא. ועוד קי"ל בכל מקום הלכה כר' עקיבא אפי' מחבירו. ואשכחנא בהדיא תמן אמר ר' יוחנן מפי שמועה אמרו מפני הני זכרים ולמלאכי ולפיכך דהואה בן עזאי לגמרי אלא אמר האללין מעשרין בפני עצמן. אי הכי אמאי קתני ארבעה והא חמשה הוו למלכים ולרגלים שנים שוה בא' בניסן ותא ר"ה למלכים. אבל לרגלים בחמשה עשר בניסן הוא ובאחד באלול ובאחד בתשרי ובט"ו בשבט הרי (זה) [ה'] ופריק רבא [ארבעה] לדברי הכל. לר' מאיר דל רגלים כלומר חסר רגלים מן המשנה לגמרי נשארו לו [ארבע] אחד בניסן למלכים. ואחד באלול [ר"ה] למעשר בהמה. ואחד בתשרי ר"ה לשנים [ובט"ו] בשבט ר"ה לאילן הרי ארבעה. לר' שמעון דל מעשר בהמה כו' חסר מעשר בהמה מאחד באלול נשארו למלכים ולרגלים שנים ובאחד בתשרי ובט"ו בשבט הרי ד' אבל מעשר בהמה בפירוש חולק עם ר' מאיר בפ' בכורות פרק מעשר בהמה. וסבר ר"ה למעשר בהמה באחד בתשרי. רב נחמן בר יצחק פריק ואמר הכי קתני ד' חדשים והם ניסן ואלול ותשרי ושבט. ובהן כמה ראשי שנים. למלכים ולרגלים בחדא חשיב להו ואותבינן עליה מהא דתניא ט"ז בניסן ר"ה לעומר. ו' בסיון ר"ה לשתי הלחם. לרבא ליתני ששה ד' דמתני' ועומר ושתי הלחם ששה. לרב נחמן דמוקים לה למתני' בד' חדשים ליתני ה' דהא סיון ליתא במתני' ופריק רב פפא תנא דידן לא חשיב ד' אלא מאי דחייל מאורתא כגון הא דקתני למלכים ואוקימנא לשטרות. כלומר משיחשיך השמש ונכנס אחד בניסן אם יכתב שטר חוב וכותב זמנו שנה שניה כותב אע"פ שעדיין לא האיר היום. אבל העומר ושתי הלחם שאין מצותן אלא ביום ולא בלילה לא קתני ואקשינן והלא רגלים דקתני במתניתין ולא אוקימנא אלא למעבר בלא תאחר מפני שלא הקריב נדרו. והקרבת הקרבנות ביום הן ולא בלילה וקתני. (ואקשינן והלא רגלים דקתני במתני' ולא אוקימנא אלא למעבר בלא תאחר **) מפני דהקרבה לית' אלא ביממא הלתא הקרבן לירושלים בליליא מי ליתא אלא כיון דאתא לחג ולא אייתי איחייבי ליה כאילו עבר עליה מעיקרא. ואקשינן והרי יובלות דקתני ביוה"כ תעבירו שופר וגו' דהוא ביום ולא בלילה וקתני במתני' ופרקינן מתני' ר' (שמעון) [ר"י בנו של ריב"ב] היא דאמר מר"ה חייל יובל ור"ה מאורתא הוא דחייל רב שישא פריק כי קחשיב תנא דידן מידי דלא תלי במעשה אלא כיון דחל הזמן נוהג כגון הללו ד' דמתני'. אבל עומר ושתי הלחם דתליין במעשה כגון עומר דתלי בקצירה ושתי הלחם בלישה ואפייה (הא) לא קא חשיב. והרי רגלים דאוקימנא לר"ש ולחייב בו לנודר בבל תאחר והקרבת הנדר מידי דתלי במעשה הוא וקתני. ופרקינן בל תאחר ממילא קא חייל כלומר אינו מתחייב בבל תאחר אלא אם לא יביא הקרבן ואיחור הבאת הקרבן אינו מעשה.
והרי

עין משפט נר מצוה

מ א מיי' פ"ו מהלכות תמידין הל' ג סמג עשין קלט טוש"ע יו"ד סי' רנג סעיף א:
מא ב מיי' שם פ"ח הל' א סמג עשין יא יב:

מסורת הש"ס

[ר"ה פח. ופ"ב כתוס'] [עיין קדושין מו: ב"מ סו.] [לעיל ב: וש"נ] [ב"מ קה: ע"ש] [נ"ל דתנן] [בכורות מ:] [מגילה ס: שבועות ד. חולין פד. קד.] [לקמן ח:]

הגהות הב"ח

(א) גמ' דלא חיילי מאורתא וקחשיב (כיון שצריך) תא"מ וה"ב הש"ה לא גרס להו וכן הוא בתוס': (ב) תוס' ד"ה ולרגלים כו' אבל השתא דאמרת דרבי:

§ מסכת ראש השנה דף ז: §

אות א'

<u>ששה עשר בניסן ראש השנה לעומר</u>

רמב"ם פ"ז מהל' תמידין ה"ג - בפסח מקריבין קרבן מוסף בכל יום, מיום הראשון עד יום השביעי, כמוסף ראשי חדשים, פרים שנים ואיל אחד ושבעה כבשים הכל עולות, ושעיר חטאת הנאכלת; ביום שני של פסח שהוא יום ששה עשר בניסן, מקריבין יתר על מוסף של כל יום, כבש לעולה עם עומר התנופה, והיא מנחה של צבור כמו שביארנו.

סימן רצ"ג ס"א - אסור לאכול חדש מתבואת חמשת המינים - חטים וכוסמין ושעורים ושבולת שועל והשיפון, עד שיקרב העומר שהוא בט"ז בניסן, שנאמר: ולחם וקלי וכרמל לא תאכלו עד עצם היום הזה; והאידנא דליכא עומר, אסור כל יום ט"ז; ובחו"ל שעושין ב' ימים, אסור כל יום י"ז עד תחלת ליל י"ח.

אות ב'

<u>ששה בסיון ראש השנה לשתי הלחם</u>

רמב"ם פ"ח מהל' תמידין ה"א - ביום חמשים מספירת העומר, הוא חג השבועות, והוא עצרת; וביום הזה מקריבין מוסף כמו מוסף ראש חדש, שני פרים ואיל ושבעה כבשים כולם עולות, ושעיר חטאת, ואלו הן הקרבנות האמורות בחומש הפקודים והם מוסף היום; ועוד מביאין יתר על המוסף ביום הזה, מנחה חדשה שתי הלחם, ומקריבין עם הלחם פר ושני אילים ושבעה כבשים, הכל עולות, ושעיר חטאת, ושני כבשים זבח שלמים, ואלו הן הקרבנות האמורות בחומש ויקרא; נמצא הקרב ביום זה יתר על שני התמידין, שלשה פרים ושלשה אילים וארבעה עשר כבשים, הכל עשרים בהמה עולות, ושני שעירי חטאות נאכלים, ושני כבשים שלמים נאכלים.

§ מסכת ראש השנה דף ח. §

אות א'

לדין

רמב"ם פ"ג מהל' תשובה ה"ג- וכשם ששוקלין זכיות אדם ועונותיו בשעת מיתתו, כך בכל שנה ושנה שוקלין עונות כל אחד ואחד מבאי העולם עם זכיותיו, ביום טוב של ראש השנה; מי שנמצא צדיק נחתם לחיים, ומי שנמצא רשע נחתם למיתה, והבינוני תולין אותו עד יום הכפורים, אם עשה תשובה נחתם לחיים, ואם לאו נחתם למיתה.

עין משפט נר מצוה

מב א מיי' פ"ג מהל' ... הל' ג

גמרא

והרי יובלות ר' ישמעאל בנו של רבי יוחנן בן ברוקה היא (א) ורב אשי אמר ארבע ראשי השנים הם שהן בארבע ראשי חדשים באחד בשבט כב"ש ה"ק שלשה לדברי הכל באחד בשבט מחלוקת ב"ש וב"ה: ר' אלעזר ור"ש אומרים באחד בתשרי: א"ר יוחנן ושניהם מקרא אחד דרשו שנאמר °לבשו כרים הצאן (תהלים סה) ועמקים יעטפו בר יתרועעו אף ישירו ר"מ סבר אימתי לבשו כרים הצאן בזמן שעמקים יעטפו בר ואימתי עמקים יעטפו בר באדר מתעברות באדר ויולדות באב ר"ה שלהן אלול ר' אלעזר ור"ש אומרים אימתי לבשו כרים הצאן בזמן שיתרועעו אף ישירו אימתי שבלים אומרות שירה בניסן מתעברות בניסן וילדות באלול ר"ה שלהן תשרי ואידך נמי הא כתיב יתרועעו אף ישירו ההוא באפלתא דהויין בניסן ואידך נמי הכתיב ועמקים יעטפו בר ההוא בחרפייתא דאתיין מאדר בשלמא לר"מ כדכתיב לבשו כרים הצאן בזמן שעמקים יעטפו בר ואיכא נמי יתרועעו אף ישירו אלא לרבי אלעזר ור"ש איפכא מיבעי ליה לבשו כרים הצאן בזמן שיתרועעו אף ישירו ואיכא נמי דעמקים יעטפו בר אלא אמר רבא דכ"ע לבשו כרים הצאן בזמן שעמקים יעטפו בר באדר והכא בהאי קרא קמיפלגי °עשר תעשר (דברים יד) *בשני מעשרות הכתוב מדבר אחד מעשר בהמה ואחד מעשר דגן ר"מ סבר מקיש מעשר בהמה למעשר דגן מה מעשר דגן סמוך לגמרו עישורו אף מעשר בהמה סמוך לגמרו עישורו ורבי אלעזר ור"ש סברי מקיש מעשר בהמה למעשר דגן מה מעשר דגן ר"ה שלו תשרי אף מעשר בהמה ר"ה שלו תשרי: באחד בתשרי ר"ה לשנים: למאי הלכתא אמר רב *פפא לשטרות דתנן *שטרי חוב המוקדמין פסולין והמאוחרין כשירין והתנן באחד בניסן ר"ה למלכים ואמרינן *למאי הלכתא ואמר רב חסדא לשטרות לא קשיא כאן למלכי ישראל כאן למלכי אומות העולם אלא הא דאמר רב חסדא *לא שנו אלא למלכי ישראל אבל למלכי אומות העולם מתשרי מנינן רב חסדא *מתניתין אתא לאשמעינן לא רב חסדא קראי אתא לאשמעינן ואיבעית אימא רב חסדא כרבי זירא מתני להו דרבי זירא אמר לתקופה ור"א היא דאמר *בתשרי נברא העולם רב נחמן בר יצחק אמר *לדין דכתיב °מראשית השנה ועד אחרית שנה (דברים יא) מראשית השנה נידון מה יהא בסופה ממאי דתשרי הוא דכתיב °תקעו בחדש שופר בכסה ליום חגנו (תהלים פא) *איזהו חג שהחדש

רש"י

והרי יובל · שהוא תלוי בתקיעה: רב אשי אמר · האי דלא חשיב במתניתין אלא ארבעה לפי שלא מנה אלא ראשי שנים הבאים בראשי חדשים ואין רגלים מן המנין אלא כדאמרינן רגל שבו ולהכי לא תני נמי ר"ה דעומר ושתי הלחם: ופרכינן א"כ באחד בשבט · סתם לן תנא ברישא כב"ש דאי כב"ה הא אמרי בט"ו בו: ה"ק כו' · תנא דמתניתין סתם ברישא אחד בשבט בראשי שנים והדר פריש ואזיל בסיפא באחד בשבט ר"ה לאילן דברי ב"ש למימרא דהא דסתם ברישא ארבעה ראשי שנים בראשי חדשים לאו דברי הכל היא אלא אב"ש קאי: [שלשה לדברי הכל · לאו דוקא] דהא אחד באלול נמי פלוגתא היא דר"א ור"ש אומרים באחד בתשרי [אלא אב"ה קאי]: לבשו כרים הצאן · מקרא הוא בספר תהלים לבשו כרים הצאן ועמקים יעטפו בר יתרועעו אף ישירו לבשו כרים הצאן מתלבשות הכבשים שמתעברות: יעטפו בר · שהזריעה צומחת וניכרת יפה: יתרועעו אף ישירו · בניסן כשיגיע זמן הקציר והתבואה בקשים שלה והרוח מנשבת וקן טוקשים זו על זו נשמע הקול ונראות כמשוררות: זמן עיבור בהמה דקה חמשה חדשים: ר"ה שלהן אלול · דסמוך לגמרו (ב) זמן חדש וישן שלהן לחידוש השנה: בזמן שיתרועעו · השיבולים: ההוא באפלתא · יש לך לאן המטיפות ומתאחרות לקבל זכר עד ניסן אבל רובן מאדר הוו: בשלמא לר"מ · דדריש קרא כדכתיב לבשו כרים: ואיכא נמי · מיעוטא שאין מתלבשות כרים עד שיתרועעו השיבולים: אלא לר"א · דאמר רובא בניסן ומיעוטא באדר איפכא מיבעי ליה למיכתב: מעשר דגן סמוך לגמרו עישורו · ר"ה למעשרות תשרי דהכי תני ליה לקמן (דף יב:) בברייתא ותשרי סמוך לגמרו הוא דכל ימות החמה מניחם ליבש בגרנות שבשדות: בא' בתשרי ר"ה לשנים למאי הלכתא לשטרות · לתחילת שנות מלכים כדפרישית בריש פרקין (דף ב:): קראי אתא לאשמועינן · (ג) כדאמרן בריש פרקין (דף ג:) דברי נחמיה בן חכליה: ואי בעית אימא · רב חסדא דאיצטריך לאשמועינן כדאמרן דמלכי אומות בתשרי לית ליה הא דרב פפא דפריש ר"ה לשנים דהכא לשטרות אלא כר' זירא מתני לה לפירושא דלשנים דמתני' דר' זירא מתני ר"ה לשנים לתקופת חמה ולבנה לומר שמנין לברייתן והילוכן [של] תקופת החמה ומולדות הלבנה מתשרי: ור"א היא דאמר בתשרי נברא העולם · לקמן בפרקין (דף י:): רב נחמן בר יצחק אמר · ר"ה לשנים דתנן הכא לדין תנא שהקב"ה דן בתשרי את כל באי העולם כל הקורות אותם עד תשרי הבא: דכתיב עיני ה' אלהיך בה · מראשית השנה · הגזרות עליה: שהחדש

תוספות

והרי יובלות · יש תימה מאי ס"ד הא לא מיתוקמינן כלל אלא כרבי ישמעאל בנו של ר"י ב"ב לקמן: [באחד בשבט כבית שמאי · פי' בתמיה]: שלשה לדברי הכל ואחד בשבט מחלוקת · הא לא מתוקמא כר"ש דלית ליה אחד באלול אלא כר"מ אתיא [ואכתי] צריכי למימר דנסיב לה אליבא דתנאי דלרגלים לא מיתוקמא כר"מ: לבשו כרים הצאן · מתרגמינן יעלון דוכרייא עילוי ענא והוא לשון נקיה *ובקונט' מפרש לקמן (ד' יא:) גבי הא דאמר רבי יהושע בניסן נברא העולם דקאמרינן בההוא הפרק זמן בהמה וחיה שמזדווגים זה עם זה וכאן לא פירש כן: סמוך לגמרו עשורו · ואע"ג דתנן בפ"ק דמעשרות (מ"ג) התבואה והזיתים משיביאו שליש מ"מ אין דרך ללקטם אלא כשנגמרו: מה מעשר דגן ר"ה שלו תשרי · כדתנן בפירקין (דף ב:) ולירקות דהיינו למעשר כך מפרש בגמ' (דף יב:) ומיהו לא מפרש מנלן ושמא נפקא לן מדכתיב עשר תעשר את כל תבואת זרעך היוצא השדה שנה שנה וגמר שנה שנה מתשרי דכתיב מראשית השנה כדלקמן (ע"ב) גבי שמיטין [וצ"ל דטעמא דבתשרי כדפירש רש"י פ"ב דכתובות (דף כה:) דלא נתחייבו ישראל במעשר עד שהתחילו למנות שמיטין א"כ מעשר בשמיטין תלה רחמנא ושמיטין הוי תשרי ר"ה]: רב חסדא כר' זירא · דמוקים ליה למתני' לתקופות והא דלא תנא תשרי ר"ה למלכי אומות העולם משום דבאומות העולם לא קמיירי: לתקופות כר"א דאמר בתשרי נברא העולם · ומונין מולד הלבנה והתקופה מאחד בתשרי ורבי יהושע מונה מניסן ויש נפקותא מרובה בדבר במה שקודם מנין של זה למנין של זה חצי שנה והא דקיימא לן פרק כילד מעברין (עירובין ד' נו· וגם) דאין תקופת ניסן נופלת אלא בארבעה רבעי היום אם בתחילת היום וכו' היינו משום דהתם סולא כר' יהושע דתניא בברייתא כותיה דשמואל סבר כר' יהושע דלר"א בכ"ה באלול נברא העולם ולר' יהושע בכ"ה באדר היינו דכשנברא אדם בששי קדש החדש וזה טעם למחשבי העבור לאחר שגרפו כל השעות (ד) והקפה של כל מחזורים שמסירין ז"ט תרמ"ב פי' ז' ימים תשע שעות תרמ"ב חלקים דרגילים לומר לפי שהיתה הלבנה נזופה ע"י שקטרגה ונהגה נזיפה בעצמה ז"ט תרמ"ב ולא מליט טעם זה בכל מקום אלא זהו הטעם לפי שהמונה מבריאת העולם לא מונה ר"ה עד יום ששי שנברא אדם הראשון ובשעה תשיעית נצטווה כדאמר פרק אחד דיני ממונות (סנהדרין' לח:) ומסתמא אז קדש החדש ומקדש החדש ע"כ היה המולד ו' שעות קודם דסית שעי מכסי סיהרא וכמלא המולד בתחילת

רבינו חננאל

והרי יובלות שיש להן מעשה תקיעת שופר ושלוח עבדים וחזרת ממכר ופרקינן מתני' ר' ישמעאל היא דאמר מר"ה (שנא') חיל יובלי ותני כולהו אינן אלא ביום הכפורים ופריק רב אשי פירוק אחר ואמר הכי קתני ד' ראשי שנים הן ג' לדברי הכל שהן ראשי חדשים באחד בניסן ובאחד באלול ובאחד בתשרי · אבל הרביעי באחד בשבט מחלוקת ב"ש וב"ה ר' אלעזר ור' שמעון אומרי' באחד בתשרי א"ר יוחנן ושניהן מקרא אחד דרשו לבשו כרים הצאן וגו' עד אימתי נעשה הצאן מלבוש לכרים שהן הטלאים כלומ' מתעברות בזמן שהעמקים יעטפו בר · ואימתי מתכסים העמקים מצמחי התבואה באדר הלכך מתעברות באדר ויולדות באב לה' חדשים · ר"ה שלהן אלול · ור"א ור"ש אומרים בזמן ששבולת אומרת שירה מתעברות כלומר שהתבואה גדולה ונעשית קמה · ובזמן שהרוח מנשבת בהן נשמע מתוכה בקול חברה וזו היא כעין שירה · ואימתי מגיעות בזה הצבול בניסן · הלכך מתעברות בניסן ויולדות באלול · ר"ה שלהן תשרי · פירוש חרפתא · הבכירות · אפלתא · האפילות · בשלמא האי קרא דייקא כר' מאיר שמתעברות באדר בזמן שהעמקים יעטפו בר באדר ומשתכחי נמי *) באדר · בכירות שעומדות קמה ואומרות שירה · אלא לר"א ולר"ש איפכא הוא והכי הוה ליה למכתב לבשו כרים הצאן יתרועעו אף ישירו · ועמקים יעטפו בר כלומ' מתעברות בניסן בזמן שיתרועעו אף ישירו · ואיכא נמי עמקים [יעטפו] בר (באפליאתא) [בתרפייתא]. ופריק רבא לדברי הכל באדר מתעברות כדמפרש קרא ובאקשי מעשר בהמה למעשר דגן פליגי ופשוטה היא · באחד בתשרי ר"ה לשנים ואוקמה רב חסדא כר' זירא [מתני לה] דאמר ר"ה לחשבון תקופות · ור' אליעזר הוא דאמר כרבעין למימר לקמן בתשרי נברא העולם · רב נחמן בר יצחק אמר ר"ה לדין · דכתיב מראשית השנה עד וגו' · מראש נידון מה יהא בסופה · וממאי דתשרי הוא דכתיב תקעו בחדש שופר וגו' ופשוטה היא · ולשמיטין

הגהות הב"ח

(א) גמ' נמ' של ריב"ב סיה רב אשי אמר: (ב) רש"י ד"ה ר"ה שלהן אלול דסמוך לגמרו הוא: זמן: (ג) ד"ה קראי אתא לאשמועי' דברי נחמיה בן חכליה: (ד) תוס' ד"ה לתקופות כו' והקפה של כל מחזורים כל השעות סימנים של כל:

[ב כורות נג:] [עי' י' וגם איתא רב חסדא אבן מתירוצו ואיבעית אימא ר"ח כרבי זירא וכו' ישובה דליתא וכרי"ף וברא"ש דהכא איתא רב פפא] [פסחים קה: כתובות יז:] [לקמן י: כד: פ"ז ה:] [לקמן יב:] [לקמן לד: ביצה טז: סנהדרין יז:]

*) מלת דל"ל יעטפו בר באדר ומשתכחי נמי אפילות שעומדות קמה בניסן ואומרות שירה.

עין משפט נר מצוה

מג א מיי' פ"י מהל' שמיטין הל' יד סמג עשין קמא קמב ולאוין רסח:

רבינו חננאל

ולשמיטין מנ"ל דכתיב ובשנה השביעית שבת שבתון וגו' וגמר שנה שנה מתשרי דכתיב מראשית השנה וליובלות אוקמנ' כר' ישמעאל דסבר האי דכתיב וקדשתם את שנת החמשים שנה וגו' מלמד שמתקדשת שנת היובל מתחלתה כלומר מר"ה ודייק מלישנא יתירא מאחר דכתיב וקדשתם את שנת החמשים שנה למה בא אלא ללמד שקידוש שנת היובל מר"ה · ורבנן שחולקין על ר' ישמעאל אומרים למה בא שנה ללמדך כי היובל שנים אתה מקדשו ולא חדשים · תניא אידך יובל היא שנת החמשים שנה מת"ל לפי שנאמר וקדשתם את שנת החמשים· שנה שיכול בכניסתה תהא מתקדשת בר"ה ויציאתה תהא מושכת והולכת עד יוה"כ שכן מוסיפין מחול על קודש ת"ל יובל היא שנת החמשים שנה תהיה לכם אין קדושתה אלא עד ר"ה ·

גמרא

שהחדש מתכסה בו הוי אומר זה ר"ה וכתיב °כי חק לישראל הוא משפט לאלהי יעקב ת"ר כי חק לישראל הוא משפט לאלהי יעקב מלמד שאין ב"ד של מעלה נכנסין לדין אא"כ קידשו ב"ד של מטה את החדש תניא אידך כי חק לישראל הוא אין לי אלא לישראל לאומות העולם מנין ת"ל משפט לאלהי יעקב א"כ מה ת"ל כי חק לישראל מלמד שישראל נכנסין תחילה לדין כדרב חסדא *דאמר רב חסדא מלך וציבור מלך נכנס תחילה לדין שנאמר °משפט עבדו ומשפט עמו מאי טעמא אי בעית אימא לאו אורח ארעא למיקם מלכא אבראי ואיבעית אימא מקמי דליפוש חרון אף: ולשמיטין: מנלן דכתיב °ובשנה השביעית שבת שבתון יהיה לארץ וגמר שנה שנה מתשרי דכתיב °מראשית השנה ולגמור שנה שנה מניסן דכתיב °ראשון הוא לכם לחדשי השנה *דנין שנה שאין עמה חדשים משנה שאין עמה חדשים ואין דנין שנה שאין עמה חדשים משנה שיש עמה חדשים: וליובלות: יובלות באחד בתשרי הוא יובלות בי' בתשרי הוא דכתיב °ביום הכפורים תעבירו שופר הא מני *רבי ישמעאל בנו של רבי יוחנן בן ברוקא היא דתניא °וקדשתם את שנת החמשים שנה מה ת"ל לפי שנאמר ביוה"כ יכול לא תהא מתקדשת אלא מיוה"כ ואילך ת"ל וקדשתם את שנת החמשים מלמד שמתקדשת והולכת *מתחילתה מכאן אמר ר' ישמעאל בנו של ר' יוחנן בן ברוקא *מר"ה עד יוה"כ לא היו עבדים נפטרין לבתיהן ולא משתעבדין לאדוניהם אלא אוכלין ושותין ושמחין ועטרותיהן בראשיהן כיון שהגיע יוה"כ *תקעו ב"ד בשופר נפטרו עבדים לבתיהן ושדות חוזרות לבעליהן ורבנן *שנים אתה מקדש ואי אתה מקדש חדשים תניא אידך יובל היא מה תלמוד לומר לפי שנאמר וקדשתם את שנת החמשים יכול כשם שמתקדשת והולכת מתחילתה כך מתקדשת והולכת בסופה ואל תתמה שהרי מוסיפין מחול על קדש תלמוד לומר °יובל היא שנת החמשים שנת החמשים אתה מקדש ואי אתה מקדש שנת החמשים ואחת ורבנן

רש"י

שהחדש מתכסה בו · לרחוקים כגון שחרית לבני מערב וערבית לבני מזרח לפי שקטנה היא סמוך לחידושה: **אלא אם כן קדשו החדש כו'** · וה"ק אם קבעו ישראל את חק החדש יהא משפט להקב"ה: **מלך וציבור** · כשהקב"ה דן אותם מלך נכנס תחילה: **משפט עבדו** · שלמה קאמר ליה: **דליפוש חרון אף** · בשביל עונות לבור: **מנלן** · ששנת שמיטה מקודשת מר"ה ואסור בעבודת הקרקע: **וקדשתם שנת החמשים מה ת"ל** · מכיון שאמר שבע שבתות שנים והעברת שופר (א) בחדש השביעי יודע אני שהיא שנת החמשים: **לא נפטרים לבתיהם** · דכתיב תעבירו שופר והדר וקראתם דרור: **ולא משתעבדין** · דכתיב וקדשתם את שנת החמשים: **ועטרותיהן בראשיהן** · אם רצה לשום עטרה בראשו להראות שילא חפשי: **שנים אתה מקדש** · כששנת יובל נכנסה מלוה על ב"ד לומר מקודשת השנה: **ואי אתה מקדש שום חדש** · כר"א בר"ש דאמר לקמן בפרק שני (דף כד·) בין שנראה בזמנו בין שלא נראה בזמנו אין מקדשין אותו ויליף טעמא מהכא: **לפי שנאמר וקדשתם את שנת החמשים** · דילפינן מיניה שמתקדשת מתחלתה: **יכול כך מתקדשת בסופה** · אחר ראש השנה ותמשוך עד יום הכפורים: **ואל תתמה** · אם משמרין אותה בתוך שנה שלאחריה: **שהרי מוסיפין מחול על קודש** · כדאמרינן לקמן בשמעתין: **ת"ל יובל היא** · מיעוטא היא: ורבנן

תוספות

בתחילת שנה ט"ו דהיא שנה שלישית של יום וסימן וי"ד פי' ביום ו' בסוף שנה י"ד היה המולד מאחר שלא היה כ"ה עד יום ו' שקידש אדם הראשון החדש כמאה שנבראה העולם בכ"ה באלול ואותה שנה של תוהו שמונין משום דיום אחד בשנה חשוב שנה וכשמדקדק על מולד ניסן של תוהו שלפני תשרי של ייסוד שבו נברא אדם תמצא מולד ניסן ברביעי בתשע שעות תרמ"ב חלקים שאתה צריך להשליך ב' ד' תל"ח לאחריו ב' ימים ד' שעות תל"ח חלקים ומולד תשרי של תוהו שלפניו שנמצא ב' ה' ר"ד ולתקופה מניסן של תוהו מונין שהיתה התקופה בתחילת ליל ארבעה ונמצאת תקופת תשרי של ייסוד של אחריו ביום ד' ט"ו שעות כדאמרינן בפרק כילד מעברין* אין בין תקופה לתקופה אלא תשעים ואחד יום וז' שעות ומחצה נמצא דשתי תקופות ט"ו שעות ונמצא דקדמה תקופת תשרי למולד א' כ"ג פי' יום אחד כ"ג שעות ונמצא דקדמה תקופת ניסן את המולד ז' ט' תרמ"ב דל חצי (שעה) עודפת התקופה על המולד ה' י' תרמ"ב פי' ה' ימים י' שעות תרמ"ב חלקים וכשתשליך ה' י' תרמ"ב עם א' כ"ג עולה ז' ט' תרמ"ב והרי עכשיו נוהגין למנות מתשרי של תוהו שנות העולם כדפי' דיום אחד בשנה חשוב שנה (ב) ותקופת ניסן מונין מולד תשרי ב' ה' ר"ד וזקוקים להסיר ז' ט' תרמ"ב ודבר תימה הוא במה נחלקו ר"א ור' יהושע דתניא לקמן (דף יב·) מונין לתקופה מניסן ולמולדות מתשרי והלא היו יכולים לברר הדבר דכ"ד שנות מיכסי סיהרא בין חדתא לעתיקא כדאיתא בסוף פ"ק דערכין (דף ט: ושם) והם מדקדקין המולד זה מזה ב' ד' תל"ח סולי האי אין ראוי לטעות דאיך יטעו בו שני ימים:

שהחדש מתכסה בו · שאין הלבנה נראית לרחוקים כגון שחרית לבני מערב וערבית לבני מזרח לפי שקטנה היא סמוך לחידושה כפי' הקונטרס והביא ר"ת *ראיה מויקרא רבה בפרשת אמור אל הכהנים דקאמר התם תקעו בחדש שופר בכסה ליום חגנו והלא ניסן חדש ונכסה ויש בו חג אלא זה שחגו בו ביום ואין לך חדש שהוא נכסה ויש בו חג וחגו ביומו אלא תשרי ועוד מפרש ר"ת מתכסה מזומן כמו ליום הכסא יבא ביתו דבפרק חלק (סנהדרין דף לז:) גבי עמון ומואב שיבבי ביפי דאלרעא דישראל הוו וכו' °והר"ר משולם מפרש שהחדש מתכסה בו שאין הטאת ר"ח קרב בראש השנה כדכתיב מלבד עולת החדש ומנחתה ולא כתיב מלבד הטאת ועולה והקשה לו ר"ת דברים דתניא (*ל') שעירים מקריבים ישראל בכל שנה וחשיב י"ב בראשי חדשים ובאופן דמוסף דר"ה וחיות אשר הנה מרובעות יסד ר"א הקליר מוספי חדש עשתי עשרה דהייט פרים בני בקר שנים ואיל אחד כבשים בני שנה שבעה ושעיר לכפר והשיב לר"ת שלא אמר שאין בו מוסף אלא מתכסה שלא הזכיר הכא חטאת בקרא דמלבד כמו שהזכיר עולה ועוד פי' מתכסה שאין מזכירין מוסף של ר"ח בתפלה משום דאמרי' רשב"ג ה"ל בריה דבסים קליה עייל קמי תיבותא כי מטי לראשי חדשים אישתיק ולא רצה לאמרו (ג) פי' דמוטב שיבא זכאי ויכפר על החייב ואל יבא חייב ויכפר על הזכאי פירוש ההוא דר"ח קרוי חייב משום דאמרי'* אמר הקב"ה הביאו כפרה וכו' עכ"ל ור"ת רגיל להזכיר ולומר מלבד עולת החדש ולסיים ושני שעירים לכפר חד דר"ח וחד דר"ה*:

בעשרה בתשרי הוא · לרב אשי דאמר לעיל ארבעה ראשי השנה כד' ראשי חדשים *פריך (ד) הא דא"ל רב חסדא לעיל רגל שבו ר"ה לרגלים (ה) הוה נמי מלי לשנויי הכא הכי: **ורבנן** שנת חמשים אתה מונה · לרבנן כיון דאינה מתקדשת מתחילתה איצטריך ליה קרא להכי ולא איצטריך למעוטי סופה מחמת דמוסיפין מחול על הקדש דהשתא מבליר בליר אסופי מבעיא וא"ת אדרבה כ"ש דלריך טפי משום דכתיב בקרא שנה ואין כאן שנה שלימה אא"כ תמשך עד יוה"כ אחר ויש לומר דכיון דלא שייך טעמא דתוספה מגולא בלא שום יתור ממעטא מקרא דוקדשתם דמשמע דוקא שנת החמשים:

ולא

הגהות הב"ח

(א) רש"י ד"ה וקדשתם כו' והעברת שופר תרועה בחדש: (ב) תוס' ד"ה ולתקופות כדפי' דיום אחד בשנה חשוב שנה ולתקופה מניסן מונין ומולד תשרי בהר"ד: (ג) תוס' ד"ה שהחדש כו' ולא רצה לאומרו דמוטב כצ"ל ותיבת פי' נמחק: (ד) ד"ה בעשרה כו' פריך הא דאמר רב חסדא כצ"ל: (ה) בא"ד לרגלים והכא נמי מלי לשנויי הכי:

גליון הש"ס

תד"ה שהחדש וכו' והר"ר משולם מפרש · עיין יומא ג ע"א תד"ה אלא למ"ד:

תורה אור

תהלים פא · מלכים א ח · ויקרא כה · דברים יא · שמות יב · ויקרא כה · ויקרא כה

מסורת הש"ס

[לקמן טז] ע"ז ב: · [לעיל ד· לקמן ט:] · [ערכין כח·] · [קדושין מ:] · [לעיל ז:] · שבת קלא: · [לקמן כד·] · [ועי' תוס' ב"ק פז: ד"ה איתא] · [נ"י ל"ב] · [שבועות י· חולין ס:] · [וע"ע תוס' ביצה ח: ד"ה לרבנן ותוס' עירובין מ· ד"ה זכרון ותוס' לקמן ט:] · [עי' רש"א]

§ מסכת ראש השנה דף ח: §

אות א'

מראש השנה עד יום הכפורים לא היו עבדים נפטרין לבתיהן ולא משתעבדין לאדוניהם, אלא אוכלין ושותין ושמחין ועטרותיהן בראשיהן; כיון שהגיע יוה"כ, תקעו בית דין בשופר, נפטרו עבדים לבתיהן, ושדות חוזרות לבעליהן

רמב"ם פ"י מהל' שמיטין הי"ד - מר"ה עד יום הכפורים לא היו עבדים נפטרים לבתיהן ולא משתעבדין לאדוניהן, ולא השדות חוזרות לבעליהן, אלא עבדים אוכלין ושותים ושמחים ועטרותיהם בראשיהם; כיון שהגיע יום הכפורים תקעו ב"ד בשופר, נפטרו עבדים לבתיהן וחזרו שדות לבעליהן.

§ מסכת ראש השנה דף ט. §

אות א'

שנת חמשים אתה מונה, ואי אתה מונה שנת חמשים ואחת

רמב"ם הלכות שמיטין פ"י ה"ז - שנת יובל אינה עולה ממנין שני השבוע, אלא שנת תשע וארבעים שמטה, ושנת חמשים יובל, ושנת חמשים ואחת תחלת שש שנים של שבוע, וכן בכל יובל ויובל - ‹וכרבנן דפליגי אדרבי יהודה דאמר שנת חמשים עולה לכאן ולכאן - כסף משנה›.

טור יו"ד סימן שלא - וכן ימנה לעולם שבע שנים אחר שבע, דקי"ל שנת חמשים עולה לכאן ולכאן.

אות ב'

חריש של ערב שביעית הנכנס לשביעית

רמב"ם הלכות שמיטין פ"ג ה"א - עבודת הארץ בשנה ששית, שלשים יום סמוך לשביעית אסורה הלכה למשה מסיני, מפני שהוא מתקנה לשביעית; ודבר זה בזמן שבית המקדש קיים הוא שנאסר מפי השמועה; וגזרו חכמים שלא יהיו חורשים שדה האילן ערב שביעית בזמן המקדש אלא עד העצרת, ושדה הלבן עד הפסח; ובזמן שאין מקדש, מותרין בעבודת הארץ עד ראש השנה כדין תורה.

רמב"ם הלכות שמיטין פ"ד ה"ט - באחד בתשרי ר"ה לשמיטין וליובלות; פירות ששית שנכנסו לשביעית, אם היו תבואה או קטניות או פירות האילן, והגיעו לעונת המעשרות קודם ר"ה, הרי אלו מותרין, ואף על פי שאוסף אותם בשביעית, הרי הן כפירות ששית לכל דבר; ואם לא באו לעונת המעשרות אלא אחר ר"ה, [א]הרי הן כפירות שביעית.

אות ג'

וקציר של שביעית היוצא למוצאי שביעית

רמב"ם פ"ד מהל' שמיטין הי"ג - וכן פירות שביעית שיצאו למוצאי שביעית בתבואה וקטניות ואילנות, הולכין אחר עונת המעשרות; והפרגין והשומשמין והאורז והדוחן ופול המצרי שזרעו לזרע, אחר גמר הפרי; והירק אחר לקיטתו.

אות ד'

יצא קציר העומר שהוא מצוה

רמב"ם פ"ז מהל' תמידין ומוספין ה"ז - מצותו להקצר בלילה בליל ששה עשר, בין בחול בין בשבת.

אות ה'

מתחיל ומתענה מבעוד יום

סימן תרח ס"א - [ב]אוכלים ומפסיקים קודם בין השמשות, שצריך להוסיף מחול על הקודש - ותוספות זה אין בו כרת כי אם מצות עשה, וילפינן בגמרא מדכתיב: ועניתם את נפשותיכם בתשעה לחודש בערב, מערב עד ערב תשבתו שבתכם, **ואמרינן** יכול בתשעה מתענין, תלמוד לומר בערב, אי בערב יכול משתחשך, תלמוד לומר בתשעה, **הא** כיצד, מתחיל ומתענה מבעוד יום כדי להוסיף מחול על הקודש, **וגם** ביציאתו מוסיף, מדכתיב: מערב עד ערב.

[ג]ותוספת זה אין לו שיעור, אלא קודם בין השמשות, שזמנו אלף ות"ק אמה קודם הלילה - ר"ל ששיעור בין השמשות הוא שיעור מהלך אלף ות"ק אמה, והוא לערך רבע שעה קודם צה"כ, וקודם לזה **צריך להוסיף מחול על הקודש מעט או הרבה** - ושיעור התוספות עם בין השמשות ביחד, עולה כמעט חצי שעה.

והנה השו"ע הזכיר דעת ר"ת וסייעתו, ואזיל לשיטתו בסימן רס"א ס"ב, **וכבר** כתבנו שם דהרבה מהראשונים חולקין ע"ז, וגם הגר"א הסכים לשיטתם, דבין השמשות מתחיל תיכף אחר תחלת השקיעה, דהיינו משעה שהחמה נתכסה מעינינו, וזמן התוספות שצריך להוסיף היינו קודם שקיעת החמה, **ועיין** שם במ"ב לענין שיעור הוספה לפרוש ממלאכה, וה"ה הכא לענין אכילה.

‹המשך ההלכות נמצאות מול דף ט:›

באר הגולה

[א] ‹לכאורה משמע ממה דמביא הלכה זו על גמרא זה, שהוא ענין של תוספות שביעית, דדין של בא לעונת מעשרות תלוי בדין תוספות שביעית, דהגם דבא לעונת מעשרות בשביעית, כיון דלמעשה נזרע בששית, לא היו נותנים לו דין קדושת שביעית אי לאו משום הדין דתוספת שביעית, נמצא לפי"ז אי נזרע קודם הזמן של תוספת שביעית, ורק בא לידי עונת מעשרות בשביעית, לא היה לו דין קדושת שביעית, וקשה לומר כן. **ואפשר** לומר דהוי ממש להיפך, דדין תוספות שביעית תלוי בדין זה, דהקשה הריטב"א על רש"י (ד"ה וקציר של שביעית - כגון תבואה שהביאה שליש בשביעית אתה נוהג בה מנהג שביעית בשמינית): וא"ת אם כן למה לי משום תוספת שביעית, הא אסירא מדין פירות שביעית, כדנפקא לן מדכתיב ועשת את התבואה לשלש השנים, אל תקרי לשלש אלא לשליש, (לקמן י"ג ב'), וי"ל דהכא לא הוצרכו לאסור הפירות, אלא לאסור כל עבודה בשדה שיש בה באותו קציר במוצאי שביעית עד שתשלם אותה תבואה, וזהו תוספת שביעית בסופה, עכ"ל, **וא"כ** לכאורה הדרשה של חריש של ערב שביעית צריך להבין אותה ג"כ באופן זה, דאוסר החרישה של התבואה שיביאו שליש בשביעית, וא"כ דין של תוספות שביעית הוי תלוי בדין זה› [ב] **ברייתא יומא פ"א** [ג] **הרא"ש שם, ועיין במה שציינתי בסי' רס"א**

עין משפט נר מצוה

מד א מיי' פ"י מהל' שמיטין הלכה ז טור י"ד סי' שלא:

מה ב מיי' פ"ג מהל' שמיטה כל' א וס"ד כל' ט:

מו ג מיי' פ"ד שם כל' יג:

מז ד מיי' פ"א מהל' תמידין הלכה ו סמג עשין קלט:

מח ה מיי' פ"א מהל' שביתת עשור כל' ו סמג לאוין סה ועשין לב טוש"ע א"ח סי' תרח סעיף א:

מט ו טוש"ע א"ח סימן תרד סעיף א:

מסורת הש"ס

נדרים סא. ערכין יב: לג.

שביעית פ"א מ"ד מו"ק ג: מנות ח:

[מנחו' סב:]

יומא פא:

[גרסא שגל סמוכר שדהו דף לג: וע"ש]

גמרא

ורבנן °שנת חמשים אתה מונה ואי אתה מונה שנת חמשים ואחת לאפוקי מדר' יהודה *דאמר שנת חמשים עולה לכאן ולכאן קא משמע לן דלא ודמוסיפין מחול על קדש מנלן דתניא* °בחריש ובקציר תשבות ר"ע אומר אינו צריך לומר חריש וקציר של שביעית שהרי כבר נאמר °שדך לא תזרע וגו' אלא °חריש של ערב שביעית הנכנס לשביעית °וקציר של שביעית היוצא למוצאי שביעית ר' ישמעאל אומר *מה חריש רשות אף קציר רשות °יצא קציר העומר שהוא מצוה ורבי ישמעאל מוסיפין מחול על קדש מנ"ל נפקא ליה מדתניא° *ועניתם את נפשותיכם בתשעה יכול בתשעה תלמוד לומר בערב אי בערב יכול משתחשך ת"ל בתשעה הא כיצד °מתחיל ומתענה מבעוד יום מלמד שמוסיפין מחול על קדש אין לי אלא בכניסתו ביציאתו מנין ת"ל °מערב עד ערב אין לי אלא יוה"כ שבתות מנין ת"ל תשבתו ימים טובים מנין ת"ל שבתכם הא כיצד °כל מקום שיש בו שבות מוסיפין מחול על קדש ור"ע האי ועניתם את נפשותיכם בתשעה מאי עביד ליה מיבעי ליה לכדתני חייא בר רב מדפתי *דתני חייא בר רב מדפתי ועניתם את נפשותיכם בתשעה וכי בתשעה מתענין והלא בעשירי מתענין אלא לומר לך °כל האוכל ושותה בתשיעי מעלה עליו הכתוב כאילו

*) ברכות ח: פסחים סח: יומא פא:

רש"י

ורבנן · דלא ילפי מוקדשתם שתתקדש מתחילתה ולא איצטריך הוא למעוטי סופה דרשי ליה הכי שנת החמשים אתה מונה ואי אתה מונה שנת היובל שנת חמשים לסוף יובל שעבר ואחת למנין יובל הבא ואי אתה מונה שנת היובל הבא אלא משנה שלאחר היובל: **ולאפוקי מדר' יהודה** · דאמר במסכת נדרים שנת חמשים עולה לכאן ולכאן שנת היובל ושנה ראשונה לשמטה הבאה: **אין צריך לומר חריש וקציר של שביעית** · דעל כרחך אע"ג דרישא דקרא בשבת קאי דכתיב ששת ימים תעבוד סיפיה אשביעית קאי דאי אשבת חריש וקציר הוא דאסור שאר מלאכות מי שרו: **חריש של ערב שביעית** · שלא יחרוש שדה אילן ערב שביעית חריש שיועיל לשביעית: **וקציר של שביעית** · כגון תבואה שהביאה שליש בשביעית °אתה טהג בה מנהג שביעית בשמינית: **ר' ישמעאל אומר מה חריש רשות כו'** · ולא דבר הכתוב אלא לענין שבת כדכתיב ביה וביום השביעי תשבות בחריש ובקציר תשבות בא ללמדך מה חריש אין לך חריש של מצוה ואפילו לזרוע לצורך עומר ושתי הלחם שהרי אם מלא חרוש איני חורש ואני אוסרו לך בשבת אף קציר שאני אוסר לך בשל רשות אני אוסר לך: **יצא קציר העומר שהוא מצוה** · שאפי' מלא קצור מצוה לקצור ויש לך ללמוד מכאן שדוחה את השבת: **עד ערב** · לילה הוא ועד בכלל: **כל האוכל ושותה כו'** · דהכי קאמר קרא ועניתם בתשעה אכילת תשעה אני קורא עינוי וכיון דאכילתו עינוי חשיבה כל דמפיש באכילה ושתייה טפי עדיף דהא מדקאמר בערב על כרחך לא מקפיד אעינוי דתשעה וכי קרי עינוי בתשעה אכילה ושתיה דידיה קרי עינוי:

תוספות

ואי אתה מונה שנת החמשים אחת · בלא וי"ו גרס דאין שנת חמשים ראשונה לשביעית הבאה:

ולאפוקי מדר"י · אומר ר"י אפ"ה הלכה כרבי יהודה דאמר שנת החמשים עולה לכאן ולכאן מדאמרינן בפרק קמא דע"ז (דף ט: ושם) בשמעתא דתנא דבי אליהו גבי מאן דלא ידע בכמה שני בשבוע קאי נשקול מכל מאה תרתי ושדי אפרטי וכל הסוגיא כדבריו ועוד דסתם מתניתין דהכא אוקמא כרבי ישמעאל דפליג ארבנן דפליגי על רבי יהודה ועוד דלר' ישמעאל מקדשין חדשים ואנן קי"ל בכוליה הש"ס שמקדשין חדשים ור' יוסי נמוקו עמו קאי כרבי ישמעאל בפ"ק [דקדושין] (דף מ:) דאית ליה דיובל בתחילתו משמט ובערכין בסוף [המקדיש שדהו] (דף כח:) מוכח דמאן דאית ליה מתחילתו משמט סבר לה כרבי ישמעאל דאמר מר"ה חיילא יובל [אבל לא נראה דהא אומר התלמוד הכא ובפ' (*אין נערכין) (ערכין דף יב ושם) לאפוקי מדרבי יהודה] ומיהו אין ראיה גמורה מהא דקאמר הכא ובערכין לאפוקי מדרבי יהודה דאשכחן בפרק המגרש (גיטין דף פה:) אתקין רבא בגיטין מן יומא דנן ולעלם לאפוקי מדרבי יוסי דאמר זמנו של שטר מוכיח עליו אע"ג דרבא גופיה פסק כוותיה ביש נוחלין (ב"ב דף קלו·) וכן בפ"ק דכתובות (דף י·) לאפוקי דרשב"ג דאמר כתובה דאורייתא וקיימא לן כ"מ ששנה רשב"ג במשנתנו הלכה כמותו והיא משנה בפרק בתרא דכתובות (דף קי:*) : **שהרי** כבר נאמר שדך לא תזרע · תימה הא איצטריך למאן דאמר בריש מועד קטן (דף ג·) (א) דחורש בשביעית לא לקי דקאמר מכדי זמירה בכלל זריעה ובצירה בכלל קצירה למאי הלכתא כתבינהו רחמנא למימר דהאני תולדות מחייב אאחרנייתא לא מחייב אלמא אפי' תולדות דכתיבי אבות דידהו לא מחייב אלא אהנך דכתיבי בהדיא וא"כ צריך לכתוב חרישה לאשמועינן דאסירא וי"ל דעיקר דיוקא מקציר ומדקצירה להוספה חרישה נמי לתוספת*: **וקציר** של שביעית · פי' הריב"א בקציר ספיחים שהביאו שליש בשביעית דאי דנזרע ביד בשביעית מלא תזרע נפקא ואכתי קשיא דהאי נמי מהן לא נזרע נפקא לן בפרק מקום שנהגו (פסחים ד' נא: ושם) לפי' ר"ת דאסר ספיחים אפילו קודם ביעור כדין נזרע ביד ואף באכילה תרי קראי בספיחים למה לי ולפירוש רש"י דהתם ניחא וי"ל דספיחים לא אזלינן בתר הבאה. שליש וכי אסרינן ספיחין מהן לא נזרע היינו דנלקטין בשביעית קמ"ל בחריש ובקציר ואי מהכא לא הייתי אוסר לאכילה אלא לסחורה קמ"ל הן לא נזרע : **וקציר** של שביעית היוצא למוצאי שביעית · דוקא כי אורחיה אסור לקצור אבל ע"י שינוי מותר אפילו בשביעית כדאיתא בת"כ דדריש ואת ענבי נזירך לא תבצור כדרך בוצרין מכאן אמרו תאנה של שביעית אין קולין אותה *במוקלה אבל קולה אותה בחרבה וה"כ תנן בפ"ח דשביעית (משנה ו) והא דתניא בתורת כהנים מן המשומר אי אתה בוצר °אבל אתה בוצר מן המופקר מופקר נמי כדרך בצירה אסור וע"י שינוי שלא כדרך בצירה מופקר שרי ומשומר אפילו שלא כדרך בצירה נמי אסור ושומרי ספיחים בשביעית דפרק הבית והעליה (ב"מ דף קיח·) שומרי ספיחים בשביעית נוטלין שכרן משום עומר ושתי הלחם א"כ אסור כיון דמשומר ואמאי לא אמרינן מן המותר לישראל י"ל דלא היה שמירה ממש דלא היו צריכים לשומרה מבני אדם דמאליהן היו פורשין כשהיו יודעין שהן לצורך עומר ולא היו שומרין אותן אלא מבהמה וחיה ועוף : **ורבי** ישמעאל מוסיפין מחול על הקודש מנא ליה · תימה לר"ת הא אמרינן פ"ק דמועד קטן (דף ד·) (ב) הלכתא לרבי ישמעאל קראי לר"ע דעשר נטיעות הלכה למשה מסיני וכיון דהלכתא למשרי ילדה ממילא זקנה אסורה ותירץ ר"ת דהכא מיבעי ליה בתוספת של אחר שביעית מנא ליה ובחנם דחק דכיון דשביעית גופה מהלכה לא ילפינן מינה שבת ויוה"כ וי"ט דאין דנין ק"ו מהלכה והשתא לר' ישמעאל איצטריך קרא משום שבת וי"ט ואיצטריך הלכתא למשרי ילדה והא דלא משני הכי במו"ק* לר"ע דאיצטריך קרא ללמד על שבת וי"ט ויוה"כ משום דמהלכה לא ילפי' דא"כ לא הוי ליה למכתב קראי גבי שביעית כיון דלשביעית גופיה לא צריך אלא ללמד על אחריני : **כל** מקום שנאמר שבות · ואתא לרבות שביעית : **ורבי** עקיבא האי ועניתם מאי עביד ליה · דר"ע הוה יליף כולהו משביעית שבת וי"ט ויוה"כ דכולהו מודו דתוספת יוה"כ דאורייתא כדאמרינן בפרק שואל (שבת דף קמח:) ובפרק המביא (ביצה דף ל·) וק"ק דבפ' מקום שנהגו (פסחים דף נד: ושם) בעי למימר דהא דיוה"כ ספקו אסור בבין השמשות שלו איירי ואמאי הא אפילו ודאי יום סמוך לחשיכה אסור בכניסתו או ודאי לילה סמוך ליום ביציאתו משום תוספת וכמו כן קשיא בפרק במה מדליקין (שבת דף לד·) דתנן ספק חשכה אין מדליקין ושמא משום דסגי בתוספת משהו נקיט הכי ועוד דרבן גמליאל דפרק קמא דמו"ק (דף ג:) לית ליה תוספת כלל דקאמר התם נמנו על שני פרקים הללו והתירום כלומר פסח ועצרת ומפרש בירושלמי בריש מסכת שביעית בשעה שהתירו למקרא סמכו ששת ימים תעבוד ועשית כל מלאכתך מה ערב שבת בראשית אתה מותר לעשות עד שתשקע החמה אף כל ערב (*שבת) אתה מותר לעשות עד שתשקע החמה וטעם זה כמי איתא בריש מו"ק (ד' ד·) יליף שבת שבתון משבת בראשית מה להלן היא אסורה לפניה ולאחריה מותר כו' אלא דלא קאי במסקנא הכי אלא דגמירי הלכתא בזמן שבהמ"ק קיים דומיא דניסוך המים ולפי אותה מסקנא יתכן לפרש הלכתא כר"ע וקראי לבזמן שאין ב"ה קיים ומיהו לרבי דאמר שביעית בזמן הזה דרבנן לא אפשר :

*) [וע"ע תוס' ע"ז ט: ד"ה מאן] כאילו

רבינו חננאל

ולאפוקי מדר' יהודה דאמר שנת החמשים עולה למנין היובל ועולה למנין ו' שביעית כלומר זורעין ח' שנים והיובל עולה למנין ששית ושמשין השביעית · ומשכחינא דמוסיפין מחול על קדש מהא דכתיב בחריש ובקציר תשבות ואו"ר עקיבא חריש של ערב שביעית שנכנס בשביעית וקציר של שביעית כלומר הספיחין שצמחו בשביעית ולא הספיק לתלשן ונכנסו למוצאי שביעית שמשביתין*) בשנה השביעית · ור' ישמעאל אומר לא בא זה הכתוב אלא להקיש קציר לחריש ולאסור קציר של רשות כמו חריש של רשות · וממילא שמעינן כי קציר העומר שהוא מצוה מותר אבל שמוסיפין מחול על הקדש מהא נפקא מדתניא ועניתם את נפשותיכם בתשעה לחודש יכול בתשעה ת"ל בערב [אי בערב] יכול [וכו'] עד מקום שנאמר שבות מוסיפין מחול על הקודש. ור"ע האי ועניתם את נפשותיכם מיבעי ליה לכדתני חייא בר רב מדפתי דתני וכו' :

*) אולי צ"ל שמשביתין כמו קציר של שנה השביעית

גליון הש"ס

גמ' כ"מ שיש בו שבות ק"ל לר"ע דלא דריש בן ויליף משביעית. הא מזה לא מצינן למילף רק דין תוספת לענין איסור מלאכה אבל לענין עינוי ביוה"כ מנ"ל דהא אין ללמוד עינוי ממלאכה כמה מלים דמה למלאכה דנוהג בשבתות וי"ט ולע"ג · וביותר ק' אפילו לענין מלאכה לא בכרעי' אינו אסור כמה' מדאורי' רק חרישה וקצירה אבל לא נטיעה כמ"ש תוס' ד"ה ומותר לקיימן וצ"ע

הגהות הב"ח

(א) תוס' ד"ה שהרי כו' דחורש בשביעי' נ"ב פי' תולדה דחורש דהיינו משקה מים לזרעים כדאיתא התם בדף ג' לגבי חורש דאלו מלאכה הוא דלקי עליה בשביעית דאסור רחמנא ועיין בתוס' דף ג' ע"ב וכו"ש לקמן: (ב) שם ד"ה ור' ישמעאל כו' פ"ק דמועד קטן דעשר נטיעות הלכה למשה מסיני והלכתא לר' ישמעאל קרא' לר"ע וכיון דהלכתא:

[וע"ש תוס' מ"ק ג: ד"ה שהרי]

גירסת רש"א במקצע

[דף ג:]

[נ"ל שבתות שנים]

הגהות מהר"י לנדא א] בליוני עין משפט אות ו' חסר מיי' פ"ג מהלכות נדרים הלכה ט' ועי' בכ"מ שם: ביוה"כ ושבת מגלן תוספת בשאר מלאכות וצ"ע: רש"י ד"ה וקציר וכו' אתה נוהג בה·עיין לקמן ד' יב ע"ב תד"ה מנהג: תוס' ד"ה וקציר של שביעית היוצא וכו' אבל אתה בוצר מן המופקר·עיין סוכה ד' לט ע"ב תד"ה

כאילו התענה תשיעי ועשירי: ת"ר °יובל היא (א) אע"פ שלא שמטו אע"פ שלא תקעו יכול אע"פ שלא שלחו ת"ל היא דברי רבי יהודה רבי יוסי אומר יובל היא אע"פ שלא שמטו אע"פ שלא שלחו יכול אע"פ שלא תקעו ת"ל היא וכי מאחר שמקרא אחד מרבה ומקרא אחד ממעט מפני מה אני אומר יובל (ב) היא אע"פ שלא שלחו ואין יובל אא"כ תקעו לפי שאפשר לעולם בלא שילוח עבדים ואי אפשר לעולם בלא תקיעת שופר דבר אחר זו מסורה לב"ד וזו אינה מסורה לבית דין מאי דבר אחר וכי תימא אי אפשר דליכא חד בסוף העולם דלא משלח זו מסורה לב"ד וזו אינה מסורה לב"ד בשלמא לרבי יוסי כדקאמר טעמיה אלא לרבי יהודה מ"ט אמר קרא °וקראתם דרור בארץ °וקסבר *מקרא נדרש לפניו ולא לפני פניו דכולי עלמא דרור לשון חירות מאי משמע דתניא אין דרור אלא לשון חירות א"ר יהודה מה לשון דרור כמדייר בי דיירא ומוביל סחורה בכל מדינה אמר ר' חייא בר אבא א"ר יוחנן זו דברי ר' יהודה ור' יוסי אבל חכמים אומרים *שלשתן מעכבות בו קסברי מקרא נדרש לפניו ולפני פניו ולאחריו והכתיב יובל ההוא דאפילו בחוצה לארץ והכתיב בארץ ההוא *בזמן שנוהג דרור בארץ נוהג בחוצה לארץ בזמן שאינו נוהג בארץ אינו נוהג בחוצה לארץ: ולנטיעה: מנלן דכתיב °שלש שנים ערלים וכתיב °ובשנה הרביעית ויליף שנה שנה מתשרי דכתיב °מראשית השנה וליגמר שנה שנה מניסן דכתיב °ראשון הוא לכם לחדשי השנה *דנין שנה שאין עמה חדשים משנה שאין עמה חדשים ואין דנין שנה שאין עמה חדשים משנה שיש עמה חדשים: ת"ר *אחד הנוטע ואחד המבריך ואחד המרכיב ערב שביעית שלשים יום לפני ראש השנה עלתה לו שנה ומותר לקיימן בשביעית פחות משלשים יום לפני ראש השנה לא עלתה לו שנה ואסור לקיימן בשביעית ופירות

רש"י

יובל היא יובל אע"פ שלא שמטו כו' · יובל היא תהיה לכם לעיל מיניה כתיב והעברת שופר וקדשתם את שנת החמשים שנה וקראתם דרור והדר כתיב יובל היא תהיה לכם וקרא יתירא הוא לדרשה והכי קדרשינן יובל היא לכם מ"מ ואפי' לא נעשו בו דברים הללו העברת שופר ולשוב אל אחוזה דהיינו שמיטת קרקעות שקנו זה מזה דכתיבא בתר האי קרא ושבתם איש אל אחוזתו אעפ"כ שם היובל עליו להיות אסור בזריעה ובצירה וקצירה כדכתיב לא תזרעו וגו': **יכול אע"פ שלא שלחו** · עבדים יהא יובל: **ת"ל היא** · אם עשית דברים הללו היא יובל ואם לאו אינו יובל ולקמיה מפרש ויובל מאי חזי דתלי בקריאת דרור: **שאפשר לעולם בלא שילוח עבדים** · פעמים שאין עבד עברי בישראל שיטעון שילוח: **ואי אפשר** · שלא יהא שופר מצוי בעולם לפיכך יש לנו לומר כשתלה הכתוב לא תלה אלא בדבר המצוי לעולם: **ד"א תקיעת שופר מסורה לב"ד** · לצוות שלוחם לתקוע ושילוח עבדים מסורה ליחידים ואם ימאן יבטל היובל הלכך לא תלאו הכתוב בו: **אמר קרא וקראתם דרור** · וסמיך ליה יובל היא: **מקרא נדרש לפניו** · מיעוטא דהיא אקריאת דרור קאי דסליק מיניה ולא אתקיעת שופר הכתובה לפני פניו: **כמדייר בי דיירא** · מי שהוא ברשותו לגור בכל מלון שירצה: **ולאחריו** · שמיטת קרקעות דכתיב בתריה ושבתם איש אל אחוזתו: **והכתיב יובל** · לרבות במשמע יובל מ"מ: **ולנטיעה מנלן** · דר"ה שלה תשרי: **מבריך** · שופף את הזמורות בארץ שקורין פרופיג"א: **מרכיב** · אילן בחבירו שקורין אונישטי"ר: **עלתה לו שנה** · כיון שהגיע יום אחד בתשרי עלתה לו שנה למנין שני ערלה: **פחות משלשים יום לא עלתה לו שנה** · עד תשרי הבא אם אינה ערב שביעית ואם ערב שביעית היא אסור לקיימו משום תוספת שביעית שמוסיפין מחול על קודש:

תוספות

כאילו התענה תשיעי ועשירי · כלומר כמו שצוהו הקב"ה להתענות והתענה אבל השתא ודאי אסור להתענות כדאמרינן בפסחים פרק אלו דברים (ד' סח:) מר בריה דרבינא כולי שתא הוה יתיב בתעניתא לבר מעצרתא ופוריא ומעלי יומא דכפורי וסבר לה כר"ע דאי כר' ישמעאל לית ליה הך דרשה והכי ניחא הא דלא קאמר התם הכל מודים בערבי יום הכפורים דבעינן נמי לכם כדקאמר התם אעצרת:

יובל היא · להיות אסור בזריעה וקצירה כדכתיב (ויקרא כה) לא תזרעו ולא תקצרו ואע"פ שלא שמטו השמטת קרקע שדות החוזרות לבעלים ביובל:

מקרא נדרש לפניו ולא לפני פניו ולאחריו · פירוש מיעוטא דהיא מוקמינן אקריאת דרור שהיא לפניו ולא אתקיעה דלפני פניו ולא אהשמטה דלאחריו דכתיב בתריה ושבתם איש אל אחוזתו ואיש אל משפחתו תשובו והא דמוקמי' ריבוי דיובל לפני פניו ולאחריו משום דבעלמא נמי דריש הכי אלא דהכא מוקי מיעוטא בדדמי אי נמי ריבוי דיובל משמע שריבה הכתוב שבכל ענין הוא יובל [וע"ע תו' זבחים כ"ד: ד"ה נמקרא]:

דאפילו בחוצה לארץ · ר' יוסי מודה מדקאמר לעיל א"א דליכא חד בסוף העולם ושמא נפקא ליה מקרא אחרינא:

מבריך · כופף היחור בארץ ומכסהו בעפר וקוצץ באמצע כפיפתו ואותו היחור יוצא לצד אחר כפוף מעט מעיקר האילן:

מרכיב · יצא המרכיב אילן בחבירו ומשמע דמבריך ומרכיב חייב בערלה וקשיא דבפ"ק דערלה (משנה ה) משמע דהרכבה פטור מן הערלה ותניא נמי בתורת כהנים ונטעתם פרט למבריך ומרכיב מכאן אתה אומר ספוק נפנים וספוקן וספוק ספוקן אע"פ שהבריכן בארץ מותר ולשון ספוק בגפנים כלשון [הרכבה] באילן ומה שמבריך בשנה זו ומוליא זמורות וחוזר והבריכן לשנה אחרת זהו ספוק ספוקן וי"ל דהתם כשלא נפסקה מאביה ובאילן זקן והכא כשנפסקה מאביה כדמוכח [לקמיה דמונין לו משעת נטיעתו] פי' (בפ"ק דערלה) וצריך לדקדק אי הוה שייך לשנויי הכי בפרק משוח מלחמה (סוטה דף מג:) גבי אחד מעורכי המלחמה משום מבריך ומשני כאן בהרכבת איסור כאן בהרכבת היתר:

ומותר לקיימן בשביעית · לא הוה צריך למיתני בשביעית כיון דתנא רישא ערב שביעית ומתוך כך מדקדקין דאפילו לכתחלה שרי ליטע ודעד דלקמן מוקמינן לה כר"מ ובפ' הנזקין (גיטין נג:) שמעינן לר"מ דאמר בנוטע בשביעית בין בשוגג ובין במזיד יעקר והיינו טעמא דמפרש התם דנחשדו על השביעית אבל אי לאו הכי מותר לקיים כדאמר התם א"כ אם היה כאן שום איסור לא היה מתיר לקיים ולקמן נמי קתני אין נוטעין פחות משלשים יום [אם שלשים יום נוטעין לכתחלה] והוה להדברי האומר שלשים צריך שלשים ושלשים מוקי לה ר"מ לענין ערלה ולא לענין שביעית כמו שאפרש ומדקאמר מותר לקיימו הוה משמע דלכתחלה אסור ליטע ודאי לכתחלה שרי מה שייך מותר לקיימו ושמא אידי דבעי למיתני סיפא אסור לקיימו תנא רישא מותר לקיימו ותימה דבפ"ב דשביעית (משנה א) תנן ומייתי לה בפ"ק דמו"ק (דף ג:) שחורשין בשדה הלבן עד פסח ובשדה האילן עד עצרת וכיון דאפילו ליטע בתחלה שרי שלשים יום לפני ר"ה אמאי אסור לחרוש לשתרי נמי לחרוש עד לפני ר"ה שלשים יום ואור"ת דלא החמירו בנטיעה כמו בחרישה משום דאין תוספת שביעית דאורייתא אלא בחרישה דכתיב ביה קרא כדדרשינן לעיל (ע"א) מבחריש ובקציר תשבות ועוד יש ליתן טעם משום דכל חורש ערב שביעית הוי להועיל בשביעית אבל אין לאסור ערב שביעית ליטע מחמת שהאילן גדל בשביעית דכל האילנות נמי מגדלי גדולי בשביעית ואע"ג דלא ידעינן למה לשלשים ושלשים לשמיטה דהתם אמרינן בירושלמי מסכת שביעית דגרסינן התם ולמה עד עצרת עד כאן הוא יפה לפרי מכאן ואילך מגבל פירותיו והא תניא אחד אילן סרק ואחד אילן מאכל עד כאן מפנה הקורות מכאן ואילך מתיש כחן ולפי טעם זה ניחא דכיון דהאין מועיל לאילן מכאן ואילך מיחזי כמתקן שדהו לצורך שביעית:

עין משפט נר מצוה

נ א מיי' פ"י מהל' שמיטין הל' ז סמג עשין קמה:
נא ב מיי' שם הל' ח:

רבינו חננאל

ת"ר יובל היא אע"פ שלא השמיטו הקרקעות ואע"פ שלא תקעו בשופר יכול אע"פ שלא שלחו את העבדים ת"ל היא · כלו' וקראתם דרור ושלחתם את העבדים יובל היא ואם לאו אינה יובל דברי ר' יהודה ר' יוסי אומר יובל אע"פ שלא שמטו ואע"פ שלא שלחו את העבדים יכול אע"פ שלא תקעו ת"ל היא אפילו לא קיימו בה אלא מצוה אחת יובל היא · א"ר יוסי וכי מאחר שהכתוב תולה אותה בתקיעת שופר · פי' דכתיב והעברת שופר בכל ארצכם וקדשתם את שנת החמשים שנה כלומר כיון שתקעתם נתקדשה השנה ומקרא אחר תולה אותה בשילוח עבדים שנאמר וקראתם דרור יובל היא מפני מה אני מרבה התקיעה בלבד לפי שאפשר לעולם בלי שילוח עבדים · כלומר אם אין בכל ישראל עבד עברי מה יעשו ואי אפשר לעולם בלא תקיעת שופר דהא משתכחי בכל עידן ועוד אלא שהתקיעה מסורה לב"ד ושילוח עבדים והשמטת קרקע מסורין לכל אדם · הנה דר' יוסי פריש טעמיה · אלא ר' יהודה מאי טעמיה · קסבר מקרא א' נדרש לפניו ולא לפני פניו · פי' כתיב יובל היא ולמעלה ממנו כתיב וקראתם דרור דורשין יובל היא על וקראתם דרור · והוו מקרא נדרש לפניו ואין דורשין יובל היא על והעברת שופר שהוא קודם וקראתם דרור · נמצא וקראתם דרור לפניו ונמצא והעברה לפני פניו · לשון דרור חירות · כמדייר בי דיירא ומוביל סחורה לכל מדינה · א"ר יוחנן זו דברי ר' יהודה ור' יוסי אבל חכ"א שלשתן מעכבין קסברי מקרא נדרש לפניו ולפני פניו תקיעת שופר ושילוח עבדים בראשונה ולאחריו שמטת קרקעות שנאמר יובל היא תהיה לכם ושבתם איש אל אחוזתו ואקשינן והכתיב יובל היא לטעם ופרקינן האי יובל לא אתא לטעם אלא ללמד שהוא יובל נוהג בחוצה לארץ האי בהדיא כתיב וקראתם דרור בארץ לכל יושביה · והדינן הוא דרור בארץ לכל יושביה יובל היא · ללמד בזמן שאתה קורא דרור בארץ אתה קורא דרור בחוצה לארץ · ולנטיעה · פי' שני הערלה מתשרי מנינן מנ"ל דכתיב שלש שנים יהיה לכם ערלים וכתיב ובשנה הרביעית ויליף שנה שנה מתשרי · ת"ר אחד הנוטע ואחד המבריך ואחד המרכיב ערב שביעית שלשים יום לפני ר"ה עלתה

מסורת הש"ס

[שבת נג: קידושין טו. ב"מ סה: זכחים כה. חולין קיח:]
[ערלה פ"ב מ"ו]
[תוספ' פ"א ותוספ' שביעית פ"ב]

הגהות הב"ח

(א) גמ' ת"ר יובל היא יובל אף ע"פ שלא שמטו כו' ר' יוסי אומר יובל היא אפילו:
(ב) שם מפני מה אני אומר יובל היא אע"פ נמחק:

גליון הש"ס

גמ' וקסבר מקרא נדרש לפניו · עיין סוטה לג ע"ב תוס' ד"ה ורבי [עי' ...]

[ד]**סימן תרכ"ד ס"ב - [ה]צריך להוסיף מחול על הקודש גם ביציאתו, שימתינו מעט אחר יציאת הכוכבים** - ותוך הזמן הזה אסור באכילה ורחיצה וסיכה וכו', **אך** אין שיעור להוספה, וע"כ כיון שמתפללים אחר צה"כ, מותרים בכולם אף שעדיין לא הבדיל על הכוס, **רק** באכילה ושתיה אסורים עד אחר הבדלה, בין אם חל בחול ובין כשחל בשבת.

אות ה'*

ביציאתו מנין

סימן רסא ס"ב - [ו]י"א שצריך להוסיף מחול על הקודש - בין בכניסתו ובין ביציאתו, ואין על הזמן הזה לא לאו ולא כרת, כי אם מצות עשה מן התורה, **וילפינן** מדכתיב ביוה"כ "ועניתם את נפשותיכם בתשעה לחודש בערב, מערב עד ערב תשבתו שבתכם", ואמרינן: יכול בט' מתענין, ת"ל "בערב", אי "בערב" יכול משתחשך, ת"ל "בתשעה", הא כיצד מתחיל ומתענה מבעוד יום כדי להוסיף מחול על הקודש, וגם ביציאתו מוסיף מדכתיב "מערב עד ערב", **ומדכתיב** "תשבתו שבתכם", ילפינן דכל מקום שנאמר "שבות" כמו שבת ויו"ט, גם כן צריך להוסיף ולשבות ממלאכה, (וי"א דהוא מדרבנן).

[ח]וזמן תוספת זה הוא מתחלת השקיעה, שאין השמש נראית על הארץ, עד זמן בין השמשות; והזמן הזה שהוא ג' מילין ורביע, רצה לעשותו כולו תוספת, עושה; רצה לעשות ממנו מקצת, עושה; ובלבד שיוסיף איזה זמן שיהיה ודאי יום מחול על הקודש. [ט]ושיעור זמן בין השמשות הוא ג' רביעי מיל שהם מהלך אלף ות"ק אמות קודם הלילה.

והנה השו"ע הזכיר בסעיף זה דעת ר"ת וסייעתו, אבל הרבה מהראשונים ס"ל, וגם הגר"א הסכים לשיטתם, דבה"ש מתחיל תיכף אחר תחלת השקיעה, היינו משעה שהחמה נתכסה מעינינו, ונמשך זמנו כדי ג' רבעי מיל, ואח"כ בסמוך לו יוצאין הג' כוכבים בינונים, והוא לילה מן התורה לכל דבר.

הגה: ואם רוצה להקדים ולקבל עליו השבת מפלג המנחה ואילך, הרשות בידו (טור ואגור בשם תוס' פ' תפלת השחר) (וע"ל סי' רס"ז).

אות ו'

כל האוכל ושותה בתשיעי, מעלה עליו הכתוב כאלו התענה תשיעי ועשירי

סימן תרד ס"א - [י]מצוה לאכול בערב יוה"כ ולהרבות בסעודה - דכתיב: ועניתם את נפשותיכם בתשעה לחודש בערב, היה לו לכתוב: בתשעה לחודש בערב תענו את נפשותיכם עד ערב וכו', ומדכתיב: ועניתם וכו' בתשעה לחודש, משמע שיתענו בתשעה, ובאמת יוה"כ אינו אלא בעשרה לחודש, **וקבלו** חז"ל דאדרבא מצוה מן התורה לאכול בעיו"כ, ורצה הקב"ה ליתן שכר בעד האכילה כאלו התענו, שאינו דומה מצוה שיש בו צער, כמו שאמרו לפום צערא אגרא, **אילו** כתב בט' לחודש תאכלו, לא היה לנו שכר אלא כמקיים מצותו ע"י אכילה, ולכן שינה הכתוב וכתב מצות אכילה בלשון תענית, שיהיה נחשב אכילה זו לפני הקב"ה כאילו היה תענית, כדי ליתן שכר כמקיים מצוה בצער עינוי, **ויש** לאדם למעט בלימודו בעיה"כ כדי לאכול ולשתות.

§ מסכת ראש השנה דף ט: §

אות א'

שלשתן מעכבות בו

רמב"ם פ"י מהל' שמיטין הי"ג - שלשה דברים מעכבין ביובל: תקיעה; ושלוח עבדים; והחזרת שדות לבעליהן, וזו היא שמיטת קרקע.

אות ב'

בזמן שנוהג דרור בארץ, נוהג בחוצה לארץ

רמב"ם פ"י מהל' שמיטין ה"ח - בזמן שהיובל [נוהג בארץ] [יא]נוהג בחו"ל, שנאמר: יובל היא, בכל מקום, בין בפני הבית בין שלא בפני הבית.

באר הגולה

[ד] ‹ע"פ מהדורת נהרדעא› [ה] **ברייתא שם פ"א** [ו] ‹ע"פ מהדורת נהרדעא› [ז] **הרי"ף ורא"ש והר"ן והמגיד בפרק ה' ה"ד בשם הרמב"ן מהא דיומא פ"א** [ח] **המגיד שם** [ט] **שבת ל"ד וכרבי יהודה וכדמפרש לה רבה** [י] **תני חייא בר רב ברכות ח' ב' וביומא פ"א ובכמה דוכתי, וממדרש המעשה דחייט א' שהביא הטור** ‹וז"ל הטור: תני רב חייא בר רב מדיפתי, ועניתם את נפשותיכם בתשעה לחדש, וכי בתשעה מתענין, והלא בי' מתענין, ללמדך שכל האוכל ושותה בט', מעלה עליו הכתוב כאילו התענה ט' וי', **וה"ק** קרא, הכינו עצמכם בתשיעי לעינוי של מחר, ומדאפקיה רחמנא לאכילה בלשון עינוי, א"כ חשיב כמו עינוי, כאילו התענה ט' וי', פי' כאילו נצטוה להתענות בשניהם, **והוא** מאהבת הקב"ה את ישראל, שלא צוה להתענות אלא יום אחד בשנה, ולטובתם לכפר עונותיהם וציום שיאכלו וישתו תחלה, כדי שיוכלו להתענות ושלא להזיק להם העינוי, **משל** למלך שהיה לו בן יחיד, וגזר עליו להתענות יום אחד, וצוה להאכילו ולהשקותו קודם כדי שיוכל לסבול, וכן נוהגין להרבות בו בסעודה, **ומביא** במדרש, מעשה בשוטר העיר שאמר לעבדו קנה לי דגים, ולא מצא אלא דג אחד, ונתן בו זהוב, והיה שם יהודי חייט והוסיף עליו עד שהעלוהו לחמשה, ונשאר לחייט, בא העבד אל אדוניו וספר לו כל המאורע, שלח השוטר אחר החייט, ואמר לו מה מלאכתך, אמר לו חייט, ולמה קנית דג שוה זהוב בה' זהובים, ולא עוד אלא שלקחתו מיד עבדי ששלחתיו לקנותו לי, השיב לו, והיאך לא אקננו אפילו בי', כדי לאוכלו ביום כזה שצונו הקב"ה לאכול ולשתות, ושאנו בטוחים שהקב"ה יכפר לנו עונותינו, אמר לו א"כ יפה עשית, ופטרו והלך לשלום› [יא] ‹היינו

§ מסכת ראש השנה דף י. §

אות א'

<u>ופירות נטיעה זו אסורין עד חמשה עשר בשבט, אם לערלה ערלה, ואם לרבעי רבעי</u>

יו"ד סימן רצ"ד ס"ד - [א]**ג' שנים הללו אינם נמנים מיום ליום, אלא הולכים בהם אחר שנות העולם שהוא מתחיל מתשרי, ואם נתעברה נתעברה לערלה ולרבעי; ופעמים שאינו אלא שתי שנים ומ"ד יום, ופעמים שהם יתרים על ג' שנים;** [ב]**כיצד, נטע מקודם ט"ז באב, שנשאר עדיין מ"ד יום עד ר"ח תשרי** - חמשה עשר יום דאב שהוא לעולם מלא, וכ"ט יום דאלול שהוא לעולם חסר, דקי"ל שלשים יום בשנה חשוב שנה לענין נטיעה, אלא שאין נטיעה קולטת פחות מי"ד יום ‹לקמן עמוד ב' אליבא דר"י ור"ש› - ש"ך, **כיון שהגיע ר"ח תשרי עלתה לה שנה, ומונה עוד שתי שנים; ואם נטע ביום ט"ז, ומיום ט"ז ואילך, מונה מראש חדש תשרי הבא ג' שנים שלמים.**

ולאחר ר"ח תשרי של שנה רביעית, [ג]**כל הפירות** - ‹עיין לקמן בסמוך סעיף ה'› **שיחנטו בו קודם ט"ו בשבט יש להם גם כן דין ערלה, אף על פי שנגמרים אח"כ; והנחנטים בו מט"ו בשבט של שנה רביעית עד ט"ו בשבט של שנה חמישית, נקראים רבעי; ולאחר ט"ו בשבט של שנה חמישית הם חולין גמורים.**

יו"ד סימן רצ"ד ס"ה - [ד]**הא דאמרינן שלאחר ר"ח תשרי של שנה רביעית, כל הפירות שחנטו קודם ט"ו בשבט יש להם גם כן דין ערלה אף על פי שנגמרים אח"כ, דוקא בנטיעה שהקלנו עליה בתחלתה, שכיון שעברו עליה מ"ד יום עלתה לה שנה, לפיכך החמרנו עליה בסופה; הא לאו הכי, לא** - ‹כגון שנטעו בפחות ממ"ד יום לפני ר"ה, דהשתא מונין השנה ‹ראשונה› מר"ה, לכך לא החמרנו בסופה, לאסור כל החניטה מאחר ר"ה עד ט"ו בשבט - באה"ט›. [ה]**וי"א דלא שנא** - [הטעם, כל שהוא חונט בין תשרי לחמשה עשר בשבט, היינו מחמת יציקת מים שלפני ראש השנה, ומאותה יציקה חונטין פירות הללו, והרי הן כאלו חנטו קודם תשרי, דחנטו משרף דקודם תשרי, וכיון שכן ליכא לאפלוגי בין שנטעה מ"ד יום לפני ראש השנה או פחות מכן, ר"ן - ט"ז].

אות ב'

<u>כל מקום שנאמר עגל בתורה סתם, בן שנה; בן בקר, בן שתים; פר, בן שלש</u>

רמב"ם פ"א מהל' מעשה הקרבנות הי"ד - כל מקום שנאמר בתורה כבש או כבשה או כבשים, הרי אלו בני שנה; וכל מקום שנאמר איל או אילים, הם הזכרים בני שנתים; ומאימתי יקרא איל, משיכנס בשנה שנייה אחד ושלשים יום; [ו]**אבל ביום שלשים אינו כשר לא לכבש ולא לאיל, והוא הנקרא פלגס; וכל מקום שנאמר בו עגל, הרי זה בן שנה;** [ז]**פר, בן שתים; שעיר עזים, [בן שנה; שעיר], בן שתים, כל שנה שנייה הוא נקרא שעיר.**

באר הגולה

לענין שילוח עבדים, **וכן** נוהג שם דין עבד עברי ושדה חרמים וקבלת גר תושב, שכל אלו תלויים ביובל, כדבסמוך דין ט', **אבל** לענין איסור עבודת קרקע, והפקר הפירות, והחזרת שדה אחוזה, אין נוהג אלא בא"י, וכן בתי ערי חומה אין נוהג בחו"ל, **ועבר** הירדן דינו כא"י, ונוהג בו כל דיני יובל - דרך אמונה›

[א] משנה ריש ר"ה ויליף לה מקראי שם דף ט: **[ב] כרבי יוסי ור' שמעון במשנה ו' פ"ב דשביעית, וכדמפרש רב נחמן וכו' שם בר"ה דף י:** **[ג] ברייתא שם ע"א** **[ד] לשון הר"ן בשם י"א, ושכן דעת הרמב"ם בפ"ט מהלכות מע"ש ונטע רבעי, וכר' אבא בר ממל בירושלמי פ"ב דשביעית הלכה ו', וכן נראה דעת הראב"ד, וכתב הרא"ש שכן משמע ל' רש"י** ‹ד"ה ופירות› קצת **[ה] הרז"ה ולזה הסכים הר"ן, (וכן משמע בטור). וכתב הרא"ש ויראה דהאידנא אין חנטה בשום אילן קודם ט"ו שבט, ולכך אין נזהרין בערלה אלא שלש שנים** **[ו]** ‹וזה שכתב אבל ביום שלשים אינו כשר, כוונתו אפילו ביום שלשים, שהרי גם מקודם אינו ראוי גם לכבש כיון שעברה שנתו, וכ"ש לאיל דלא חזי - ערוה"ש›. ‹**משמע** מדעת הרמב"ם ז"ל, דרק ביום ל' נקרא פלגס, אבל כל הכ"ט יום עדיין דינו ככבש. אבל דעת רש"י ז"ל חולין כ"ג ובכ"ד, דכל הל' יום נקרא פלגס, יעו"ש - יכהן פאר› **[ז]** ‹בפ"ק דמסכת פרה: ר"י הגלילי אומר פרים בני שתים, שנאמר: ופר שני בן בקר תקח לחטאת, וחכ"א אף בני שלש. ופסק כר"י הגלילי. **ואיני** יודע למה לא פסק כחכמים דרבים נינהו, ועוד דבפ"ק דר"ה (דף י') תניא כוותייהו. **וי"ל** שרבינו מפרש דחכמים נמי ילפי מפר שני שיהא בן שתי שנים, והיינו לענין שאם התנדב פר לא יהא פחות משתי שנים, אלא שסוברים שלא יהא גדול יותר מבן ג', ופסק כחכמים - כסף משנה›

מסורת הש"ס

עין משפט נר מצוה

נג א מיי' פ"ט מהל' נטע רבעי הל' ו הל' י סמג עשין קלט טוש"ע י"ד סי' רלד סעי' ד ה:

נד ב מיי' פ"א מהל' מעשה הקרבנות הל' יד סמג עשין קפג:

אפירות נטיעה זו אסורין עד ט"ו בשבט אם לערלה ערלה ואם לרבעי רבעי מה"מ א"ר חייא בר אבא א"ר יוחנן ומטו בה משמיה דר' ינאי אמר קרא °ובשנה הרביעית ובשנה החמישית פעמים שברביעית ועדיין אסורה משום ערלה ופעמי' שבחמישית ועדיין אסורה משום רבעי לימא דלא כר"מ דאי ר"מ הא אמר *יום אחד בשנה חשוב שנה דתניא פר האמור בתורה סתם בן עשרים וארבעה חדש ויום אחד דברי ר"מ ר' אלעזר אומר בן עשרים וארבעה חדש ול' יום שהיה ר"מ אומר בכל מקום שנאמר עגל סתם בן שנה בן בקר בן שתים פר בן שלש אפילו תימא ר"מ כי קאמר ר"מ יום אחד בשנה חשוב שנה בסוף שנה אבל בתחלת שנה לא אמר רבא ולאו ק"ו הוא ומה נדה שאין תחלת היום עולה לה בסופה סוף היום עולה לה בתחלתה שנה שיום אחד עולה לה בסופה אינו

ויקרא יט

ופירות נטיעה זו אסורים כו' · ואף על פי שאמרנו עלתה לו שנה אם חנטו בה פירות לאחר ר"ה של שנה (א) שלישית מיד מדיין אסורין הן עולמית משום ערלה שאע"פ שר"ה תשרי לנטיעה ט"ו בשבט ר"ה לאילן וזו כבר נעשית אילן לפיכך אין שנתה מתחדשת לצאת מידי ערלה עד ט"ו בשבט אבל משם ולהלן אם יחנטו בה פירות דין רבעי עליהם לאכול בירושלים ובכ"ו לשנה הבאה יצאו מידי רבעי פירות החנטים בה מכאן ואילך לכך הועילו לה ל' שלפני ר"ה שממהר התירה מט"ו בשבט ועד ר"ה: **מנא הני מילי** · שבטת ערלה ורבעי נמשכין לאסור פירות החנטים קודם ט"ו בשבט לאחר שכלו שלשת שני ערלה: **ומטו בה** · יש ממין ומכריעין בשמועה זו לאומרה משמיה דרבי ינאי: **ובשנה הרביעית** · וי"ו מוסיף על ענין ראשון יהיה לכם ערלים אף בתוך שנה הרביעית: **ובשנה החמישית** · תאכלו את פריו מוסיף על ענין רבעי דסליק מיניה: **פעמים שברביעית** · כגון אם מיהרו פירותיו לחנוט ברביעית לפני שבט ועדיין אסורים משום ערלה אסורין בהנאה עולמית: **פעמים שבחמישית כו'** · כגון פירות שחנטו בה קודם שבט טעונין חלול אבל אם איחרה הנטיעה עד לאחר ט"ו בשבט אין בהן איסור: **נימא** · הא דקתני לעיל פחות מל' יום לא עלתה לו שנה דלא כרבי מאיר: **עגל בן שנה** · דכתיב (ויקרא ט) עגל וכבש בני שנה: **בן בקר** · של שמיני למלואים שנאמר (שם) קח לך עגל בן בקר לחטאת: **בן שתים** · שנאמר קח לך עגל בן בקר ואיל לעולה תמימים והכי תניא לה בתורת כהנים השוה בן בקר ואיל לעולה תמימים אף בשנים (ב): **פר** · אפילו כתב פר בן בקר לא נקרא פר בפחות מג' שנים: **כי קאמר ר"מ בסוף שנים** · כגון יום אחד בשנה שלישית שהוא סוף הכשר שחוטו של פר: **אבל בתחילת שנים** · כגון שנה ראשונה של נטיעה שהיא תחילת מנין שני ערלה לא אמר: **ומה נדה שאין תחלת היום עולה לה בסופה** · שנאמר (שם טו) שבעת ימים תהיה בנדתה תהא בנדתה כל ז' ולא תאמר מקצת יום שביעי ככולו ותטבול ביום: **סוף היום עולה לה בתחלתה** · שאם ראתה סמוך לשקיעת החמה עולה לה יום זה בז' ימי נדה ואינה צריכה למנות אלא ו' והוא ובנדה דאורייתא קאמר שאינה זקוקה לנקיים שלא הצריכה תורה ספירת ז' נקיים אלא לזבה אבל לנדה אפי' ראתה כל ז' ופסקה עם שקיעת החמה טובלת לערב ומיהו עכשיו החמירו בנות ישראל על עצמן להחזיקן בספק זיבות לטעון ז' נקיים בלא דם ואין יום שפוסקת בו עולה לה למנין ז' והרבה טעו בשמועה זו ללמוד מכאן לספור יום שפוסקת בו למנין ז' נקיים שהיו מפרשים סוף היום עולה לה בתחלתה דסוף יום שפוסקת בו עולה לה ראשון לז' נקיים וזו מדת בנות כותיים היא ששנינו בהן (נדה דף לג.) יום שפוסקת בו סופרת למנין ז': **ש"ג שנים שיום אחד עולה לשם בסופו כו'** · שנים הקצובין לכל דבר שיום אחד עולה להן בתחלת שנה אחרונה בסוף שנים הקצובות לדבר:

אינו

ופירות נטיעה זו אסורין עד ט"ו בשבט · הכי דנקט דלנטיעה ר"ה תשרי לענין ערלה לאילן מיהא ט"ו בשבט כדדריש רבי ינאי מדכתיב ובשנה הרביעית ובשנה החמישית והא דקבעי שבט ר"ה האילן ולאו רוב גשמי שנה כדאמרינן לקמן (דף יד.) מ"מ נפקא מינה במאי דתקרי ר"ה לענין נטעו ל' יום לפני ר"ה דעלתה לו שנה ולא אזלינן בתר ט"ו בשבט למעט ל' יום לפני ט"ו בשבט ויש הלכות גדולות שכתוב בהם ופירות שנה רביעית בתר דפריק להו אסורין עד דנפקא ועיילא חמישית ושבוש הוא דהכי לא איירי בשמעתין כלל דאותן שחנטו ברביעית קודם ט"ו בשבט אסורין לעולם והחנטין ברביעית אחר ט"ו בשבט שרו לאחר פדייה לאלתר *ובהג"ה של אספמיא כתוב ופירי דפרדס דשנת ארבע אסירי עד דפריק להו:

הא *אמרי' יום אחד בשנה חשוב שנה · השתא לא ידע הא דמסקינן לבסוף דל' לקליטה:

בן כ"ד חדש ויום אחד · סתם פר בן שלש כדקתני סיפא והאי יום אחד משום דיום אחד בשנה חשוב שנה ולר"א ל' וכל אותו יום ל' אין דינו לא כבן בקר ולא כפר מידי דהוה אפלגס בסוף פ"ק דחולין (ד' כג: ושם) דאילטריך או לרבויי ושמא התם שאני מדקתני בפ"ק דפרה (משנה ג) דבן י"ג חדש אינו כשר לא לאיל ולא לכבש ולא קתני הכי גבי פר ולא לכל מילי אמרינן דיום אחד בשנה חשוב שנה דיש דברים דאפילו מעת לעת בעינן כדתנן בפ' יוצא דופן (נדה ד' מה.) בן ט' שנים ויום אחד בן י"ג שנה ויום אחד בת י"ב שנה ויום אחד דאותו יום אחד כדי להשלים מעת לעת דבבת ג' שנים ויום אחד פליגי תנאי בגמ' (שם ד' מד:) דלר"מ אפי' בבת שתי שנים ויום אחד מתקדשת בביאה דבבת ג' שלימות דמיא דיום אחד חשוב שנה וחכמים בעו בת ג' ויום אחד דמעת לעת בעינן: **עגל** סתם בן שנה בן בקר בן שתים פר בן ג' · ע"כ בן בקר בן שתים דקאמרינן היינו עגל בן בקר ולא פר בן בקר כדמוכח בתורת כהנים גבי פר כהן משיח דתניא פר יכול אפילו זקן ת"ל בן אי בן יכול קטן ת"ל פר הא כיצד בן ג' כדברי חכמים ר"מ אומר אף בן ארבע בן חמש כשרים ותימה דתנן בפ"ק דפרה (משנה ג) ר' יוסי הגלילי אומר פרים בני שתים שנאמר ופר שני בן בקר תקח לחטאת וחכ"א אף בני ג' ר"מ אומר אף בני ארבעה וחמשה כשרים אלמא מכשיר ר"מ בפר אפילו בני שתי שנים דהא מוסיף ארבי יוסי הגלילי והכא משמע מדעגל בן בקר לר"מ בן שנים פר בן בקר בן ג' אבל פחות מבן ג' לא וי"ל דהא דקאמר ר"מ במסכת פרה (שם) ארבנן קאי ולא אר' יוסי הגלילי ובתורת כהנים מתני דר' יוסי הגלילי בתר מילתא דר"מ וחכמים ורבנן דהתם לאו רבנן דפרה:

ולאו ק"ו הוא ומה נדה מריש פירקין ל"ק מידי כדפרישית התם (ד' ב: בד"ה אבל): **שנים** שיום אחד עולה להם בתחילתן אינו דין שיום אחד עולה להם בסופן · האי תחילתן היינו תחילת שנה וסוף חשבון והאי סופן היינו סוף שנה ותחילת חשבון וא"ת זבה תוכיח שהיא איפכא מנדה שאין סוף היום עולה לה בתחילתה שזהו מנהג כותים כדאיתא בריש פרק בנות כותים (נדה ד' לג. ושם) דיום שפוסקת בו סופרתו למנין ז' דאע"ג דפריך עלה אכן נמי נספריה לא קיימא לן הכי מדפריך בפרק בתרא דנדה (ד' סט.) ורב ככותאי אמרה לשמעתיה ואפ"ה תחילת היום עולה בסופה לר' יוסי בפרק כילד צולין (פסחים ד' פא.) דאמרינן מקצת היום ככולו דלא מצי למשכח טומאת התהום דזבה משום דאין סותרת למפרע ואינה מטמאה אלא מכאן ולהבא וזבה גדולה נמי לא משכחת אלא בשופעת או ברואה שני בין השמשות וי"ל דהאי ק"ו דהכא לרבנן ולא לרבי יוסי מיהו אפילו לרבנן קשיא דהכי נמי דלכי חזיא בשביעי מטמאה למפרע מ"מ כיון דשריא לשמש לאחר טבילה מיד מדאורייתא אי לאו משום דאסרו רבנן שמא תבא לידי ספק כדאמרינן בפרק בתרא דנדה (ד' עב: ושם) ע"כ עולה לה תחלת היום דאי לאו הכי וספרה לה ז' ימים ואחר תטהר אמר רחמנא (ויקרא טו) וליכא ונראה דלא דמיא זבה לנאי דהא אימים נקיים קפיד רחמנא והילך יעלה סוף היום והרי אין יום זה טהור דבכר ראתה ואע"פ דבשומרת יום כנגד יום סוף היום עולה כמו שמפרש שאני התם דספירת אחד לאחד נפקא לן בסוף נדה (דף עג.) מדכתיב יהיה אבל הכא אחר תטהר כתיב דדרשינן שלא תהא טומאה מפסקת אבל תחלת היום דין הוא שיעלה בסופה דכל כמה דלא ראתה הרי היא טהור וא"ת ולמאי דחיק להשכוחי זבה גמורה לר' יוסי ברואה בשתי בין השמשות הא משכחת לה ברואה בלילות דספירת לילה לאו ספירה היא כדאיתא בפ"ב דמגילה (ד' כ. ושם) וי"ל דדחיק אזבה בימי משום דכתיב כל ימי זובה דמהאי טעמא א"ל ר' שמעיה לר' אבא בסוף נדה (שם) אימא בימי תהוי זבה בלילות תהוי נדה ובפ"ק דהוריות (ד' ד.) נמי גבי צדוקים דאמר זבה לא הוי אלא ביממא ומיהו לא יתכן דאם כן הוה ליה לפרושי ולימא זבה בימי היכי משכחת לה ועוד דכי משני

דרואה

[לעיל ב: וש"נ]

נ"ל ונכ"ע

נ"ל אמר

הגהות הב"ח

(א) רש"י ד"ה ופירות כו' של שנה הרביעית מיד · נ"ב כלומר קודם ט"ו בשבט: (ב) ד"ה בן שתים כו' אף בשנים · נ"ב פי' מדלא כתיב תמים, בכל אחד ואחד וכתיב תמימים משמע שבשוה אותם לגמרי דכשם שבשוה אותם בתמות כשוה אותם אף בשנים ואיל בן שתי שנים דמדכתב בן שנה איל בן שתי שנים הוא אף עגל בן בקר בן שתים וכ"ה להדיא בתורת כהנים תמים תמימים אף בשנים ע"ש דף י':

רבינו חננאל

עלתה לו שנה ומותר לקיימן בשביעית· פחות מכאן לא עלתה לו שנה ואסור לקיימן בשביעית ופירות נטיעה זו אסורין עד יום ט"ו בשבט אם לערלה ערלה אם לרבעי רבעי · מנ"ל דכתיב שלש שנים יהיה לכם ערלים לא יאכל · ובשנת הרביעית יהיה כל פריו · מרקא מסיק לא יאכל ובשנה הרביעית ולא מפסיק הי ניהו שטעינן מינה פעמים שבא רביעית ואסורין משום ערלה · כגון שנטע פחות ל' יום לפני ר"ה · והא דתנו רבנן דלא כר' מאיר · דאי ר' מאיר האמר יום אחד בשנה חשוב שנה' דתניא פר האמור בתורה סתם בן עשרים וארבעה חדש ויום אחד דברי ר' מאיר · ודחינן אפילו תימא ר"מ לא אמר ר"מ יום אחד בשנה [חשוב] שנה אלא בסוף שנה כגון בן כ"ד חדש ויום אחד תחשוב לו יום להשלימו שלש שנים · אבל בתחלת שנים כגון האי נטיעה וכיוצא בה שלשים יום בעי לעלות לו שנה · אמר רבא [ולאו] ק"ו ומה נדה שאין תחלת היום עולה לה בסופה · פי' יום שביעי לנדתה (כל שבעה) *) כל יום השביעי ולא אמרינן מקצת היום ככולו · ואמרינן מקצת היום ככולו בתחלת נדתה שאם ראתה שעה אחת מן היום משלמת ו' ימים אחרים והתורה היא שיום אחד עולה לה ** בסוף שני

*) אולי צ"ל דכתיב שבעת ימים תהיה בנדתה שלא תטבול כל שבעה כל יום כו'.

**) נראה דחסר כאן וצ"ל עולה לו בסוף שנים שיום אחד עולה לה בסוף השנים וכו'.

אינו דין שיום אחד עולה בתחלתה ואלא מאי ר"א שלשים ושלשים בעי דתנן *אין נוטעין ואין מבריכין ואין מרכיבין ערב שביעית פחות מל' יום לפני ר"ה ואם נטע והבריך והרכיב יעקור (*דברי ר' אליעזר) ר"א אומר *כל הרכבה שאינה קולטת בג' ימים שוב אינה קולטת רבי יוסי ור"ש אומרים ב' שבתות ואמר רב נחמן אמר רבה בר אבוה לדברי האומר ל' צריך ל' ושלשים לדברי האומר שלשה צריך שלשה ושלשים לדברי האומר ב' שבתות צריך שתי שבתות ושלשים יום וא"כ כר' יהודה ס"ל ג' ושלשים בעי אלא לעולם ר"מ וכי קאמר ל' לקליטה אי הכי ל"א בעי קא סבר יום ל' עולה לכאן ולכאן א"ר יוחנן ושניהן מקרא אחד דרשו °ויהי באחת ושש מאות שנה בראשון באחד לחדש ר"מ סבר מדאכתי יום אחד הוא דעייל בשנה וקא קרי לה שנה שמע מינה יום אחד בשנה חשוב שנה ואידך אי כתיב בשש מאות ואחת שנה כדקאמרת השתא דכתיב באחת ושש מאות שנה אשש מאות קאי ומאי אחת אתחלתא דאחת קאמר ור"א מ"מ דכתיב בראשון באחד לחדש מדאכתי יום אחד הוא דעייל בחדש וקא קרי ליה חדש ש"מ יום אחד בחדש חשוב חדש ומדיום אחד בחדש חשוב חדש *ל' יום בשנה חשיבין שנה וחדש לשנה למנויה (מכלל דתרווייהו סבירא להו בניסן נברא העולם) תניא *רבי אליעזר אומר בתשרי נברא העולם בתשרי נולדו אבות בתשרי מתו אבות בפסח נולד יצחק *בראש השנה נפקדה שרה רחל וחנה בראש השנה יצא יוסף מבית האסורין בר"ה

תורה אור: בראשית ח

רש"י

אינו דין · שיעלה יום אחד בסוף שנה ראשונה לתחילת קלטת שנים הקצובים לכך: **אלא מאי** · כמאן תוקמה למתניתא דלעיל דאמר בנוטע פחות מל' לא עלתה לו שנה: **כר"א** · תוקמה בתמיה: **שלשים ושלשים בעי** · ל' יום לקליטה שתהא נשרשת בארץ ושלשים יום לחשיבת שנה וימי הקליטה אין עולין לה דכמאן דמנח בביתא דמיא כל זמן שלא קלטה: **דתנן** · דאין נטיעה קולטת בפחות מל' יום: **יעקר** · לפי שקלטה בשביעית: **דברי ר"מ** לא גרס: **לדברי האומר ל' יום** · לקליטה: **צריך שלשים ושלשים** · שלשים לקליטה ול' לתוספת כר"א: **לעולם** · ברייתא דלעיל ר"מ היא וכי קאמר שלשים לקליטה קאמר שתהא הנטיעה ל' יום לפני ר"ה כדי שתהא נקלטת ערב ר"ה וקא סבר ר"מ דלא יהיבנא לתוספת ל' יום אלא יום אחד: **שלשים ואחד בעי** · שתהא יום הקודם לר"ה חשוב לשנה ראשונה של ערלה כדקתני עלתה לו שנה: **ושניהם** · ר"מ ור' אלעזר: **ויהי באחת ושש מאות שנה** · לסוף עשתי עשר חדש שהתחיל מבול לירד לדברי האומר בתשרי נברא העולם ומבול ירד בי"ז במרחשון כדלקמן (דף יא:) הוי האי בראשון באחד לחדש בתשרי דא"א להיות בניסן שהרי מ' יום מבול וחמשים ומאת יום שנגברו המים מאיליהן (א) משכו עד סיון ואח"כ היו הלוך וחסור עד חדש העשירי והוא אב שהיה עשירי לירידת גשמים ואז נראו ראשי ההרים ומאחד באב עד אחד בתשרי נבלעו המים והיינו דכתיב ויהי באחת ושש מאות שנה בראשון באחד לחדש חרבו המים ולדברי האומר באייר ירד המבול הוה ליה האי בראשון בניסן ובין למר ובין למר תחלת שנת שש מאות ואחת לא נכנסו בה אלא יום אחד דכתיב באחד לחדש וקרי ליה שנה כדכתיב באחת ושש מאות שנה: **כדקאמרת** · דקרי ליה שנה: **וקרי ליה חדש** · דכתיב באחד לחדש: **חדש למנויו** · אחד מן המנויין שלו חשוב חדש שהחדש נמנה בימים דכתיב עד חדש ימים (במדבר יא): **ושנה אחד למנייה** · תחשוב שנה והיא נמנית בחדשים דכתיב (שמות יב) לחדשי השנה: **מכלל דתרווייהו וכו'** · ר"מ ור"א דהא תרווייהו מודו שזו היתה תחלת שנה ולי נראה דלא גרסינן ליה דדלמא כר' אליעזר סבירא להו והאי דראשון לאו ניסן אלא תשרי ומפני שהוא ראשון לבריאת עולם ולמנין השנים קרי ליה ראשון ובסדר עולם תניא בהדיא דלר"א האי בראשון תשרי הוא: **תניא ר' אליעזר אומ' כו'** · מקרא יליף לה לקמן (דף יא·): טלדו

תוספות

דרואה שני בין השמשות הל"ל שלש בין השמשות ומיהו בסוף פרק שני דנזיר (ד' טז: ושם) גרסי' בכל הספרים כגון דחזא שלשה בין השמשות סמוך לשקיעת החמה דלא הוי שהות ביום לסליק ליה למניינא ונראה לפרש דלכך לא קאמר ברואה בלילות משום דר' יוסי כי היכי דתחילת היום סליק לה שימור ה"נ סוף היום סליק לה שימור ובסוף פ"ב דנזיר (נז"ש) מוכיח כן (ב) דגרים התם כיון דחזאי בפלגי דיומא ואידך פלגי דיומא סליק לה שימור ואע"ג שר"ת מפרש דאידך פלגא דיום של אחריו קאמר לא משמע כן וגם מתוך שטייא דמשני דלא הוה שהות ביום ואין זה מנהג טהים דסופרת יום שפוסקת דהתם בזבה גמורה דצריכה ז' נקיים (ג) ויום שפוסקת לאו נקי הוא אבל בשומרת יום לא כתיב טהרה אלא מרבוייא דקרא אתי כדפרישית ועוד דבסופרת ז' *הוי סוף היום בתחלת ספירה אבל בשומרת יום הוי בסוף ספירה דסגי ליה בחד יומא*:

אין נוטעין · משנה היא פ"ב דשביעית (משנה ו):

שלשים ושלשים · פי' בקונטרס שלשים לקליטה ושלשים לתוספת שביעית דבעינן שלא תהא נקלטת בתוספת שביעית וקשיא לר"ת חדא דבלשון המשנה אין משמע כן (ד) פי' דלא איירי בתוספת שביעית כלל אלא בקליטה ועוד דא"כ מאי קשיא ליה אי אוקמה להא ברייתא דלעיל כר"א הא כי היכי דבמתני' דשביעית קתני ל' ומוקמי ליה בקליטה בלא שלשים של תוספת ה"נ נימא דשלשים דברייתא דלעיל בשלשים של קליטה בלאו הנך של תוספת ועוד לקמן (ד' יג:) גבי אורז ודוחן ופרגין ושומשמין דמחלק לענין שביעית בין השרישו לפני ר"ה להשרישו לאחר ר"ה משמע דלא חיישינן במה שהשרישו בתוספת דקתני שביעית דומיא דמעשר ומפרש ר"ת דה"ק ר"נ לדברי האומר ל' לקליטה בשביעית צריך שלשים ושלשים לענין ערלה פי' ולא אתי לפרושי מתני' אלא מערלה אבל לענין שביעית לא חיישינן אלא שלא תקלוט בשביעית עצמה ולר' יהודה דקולטת בג' ימים מותר לקיים כיון דלא נקלט בשביעית אע"פ שנטעה באיסור בתוספת שביעית ג' ימים לפני ר"ה ואורז ודוחן ופרגין ושומשמין שזריעתן באיסור מלאכה דאורייתא כדכתיב (ויקרא כה) לא תזרע ואסירי בתוספת שביעית מ"מ לא חיישינן ובלבד שישרישו לפני ר"ה והא דמייתי בסוף הערל (יבמות דף פ·) הא דר"נ גבי הלכה כר' יוסי באנדרוגינוס ובהרכבה לאו משום דאתי ר"נ לפרושי מתני' אשביעית דלא מייתי לה אלא למימר דאף לענין ערלה הלכה כר' יוסי:

יום שלשים עולה לכאן ולכאן · בפרק הנזקין (גיטין דף נד·) גבי הא דאמר ר"מ נוטע בשביעית בין בשוגג בין במזיד יעקור קאמר וכי תימא שבת נמי זימנין דמקלע יום שלשים בשבת דאי נטע בההוא יומא סלקא ליה שתא ואי לא לא סלקא ליה שתא לא נקט ל' משום דבעי שלשים לחשוב שנה דהא לר"מ ביום א' סגי ומשום קליטה נקט ל' ומיהו בפרק יוצא דופן (נדה דף מו·) משמע קצת דאיכא תנא לר"מ דאמר ל':

מדאכתי יום אחד הוא דעייל וקא קרי ליה שנה · דא"א לומר דשנה שנית למבול היתה ולא חשיב ליה שנה משום דאכתי לא עייל אלא יום א' דהכתיב קרא אחרינא (בראשית ח) ובחדש השני בשבעה ועשרים יום לחדש ולא כתיב בשתים ושש מאות אע"פ שנכנסו לה שלשים ובירושלמי דייק מדכתיב ויהי בחדש הראשון בשנה השנית באחד לחדש הוקם המשכן דלא עייל אלא יום אחד וקרי ליה שנית דאי אמרת שלישית היתה ומשום דלא עייל אלא יום אחד לא חשיב לה והא כתיב ויהי בשנה השנית בחדש השני בעשרים לחדש נעלה הענן מעל המשכן:

מכלל דתרווייהו · ר"מ ור"א סבירא להו בניסן נברא העולם דהא תרווייהו מודו שזו היתה תחילת השנה פירוש דהכל מודים דבראשון הוא ניסן דניסן אקרי ראשון דכתיב (שמות יב) החדש הזה לכם וגו' ראשון ופי' בקונטרס דלא גרסי' ליה דדלמא כר"א סבירא להו והאי ראשון לאו ניסן הוא אלא תשרי ומפני שהוא ראשון לבריאת עולם ולמנין השנים קרי ליה ראשון ובסדר עולם תניא בהדיא דלר"א האי ראשון תשרי ונראה דלעולם גרסי' ליה ודייק מהא דהא איתא דסברי בתשרי נברא העולם דלמא האי ראשון ניסן וקרי ליה ראשון לפי שהוא ראשון לחדשים ועמד מבול שנה וחלי ותו לא תידוק מיניה יום אחד בשנה חשוב שנה: בראש

עין משפט נר מצוה

נד א מיי' פ"ג מהל' שמיטין הל' יא סמג לאוין רסו:

נה ב ג מיי' וסמג שם ומיי' פ"ט מהל' נטע רבעי סמג עשין קלו טוש"ע י"ד סי' רצד סעיף ד:

נו ד מיי' פ"ט מהל' נטע רבעי הל' ח טוש"ע שם:

[במשנה דשביעית וכן ביבמות פג· ליתא דברי ר' אליעזר]

נ"ל מאי סוף

[וע"ע תוס' פסחים פח· ד"ה מ"ג וכו']

רבינו חננאל

לא כ"ש שיהיה יום אחד עולה לו בתחלת שנים · אלא זו הברייתא למי הוא לר' אלעזר דאמר פר האמור בתורה בן כ"ד חדש (ושלשה) [ושלשים יום *)] שלשים ושלשים בעי דתניא אין נוטעין ואין מבריכין ערב שביעית פחות משלשים יום לפני ר"ה ואם נטע והבריך והרכיב יעקור ר' יהודה אומר כל הרכבה שאינה קולטת לג' ימים שוב אינה קולטת · ר' יוסי ור' שמעון אומרי' ב' שבתות ואמר רב נחמן לדברי האומרים שלשים לקליטה צריך שישריש הנטע צריך אחר שישריש שלשים יום אחרים לעלות לו שנה · עכשיו ר' אליעזר אי סבר לה כת"ק דאמר בעינן ל' יום לקליטה בעי ל' יום אחרים לעלות לו שנה · ואי כר' יהודה ס"ל ל"ג הוו ליה · אלא לעולם הא דתנא כר' מאיר ואחר שהבריך כו' ר' מאיר היא · וכי קתני שלשים לפני ר"ה לעלות לו שנה · ואי הכי ל"א בעי · יום אחד שלשים עולה לו לקליטה ולעלות לו שנה · והא דלא קתני ל"א יום דסבר יום שלשים עולה לכאן ולכאן · א"ר יוחנן ושניהם מקרא אחד דרשו ויהי באחת ושש מאות שנה בראשון באחד לחדש ר' מאיר סבר מדאכתי יום אחד הוא דעייל בשנה וקרי לה שנה ש"מ יום אחד בשנה חשוב שנה · ור' אלעזר אי כתב בשש מאות ואחת שנה כדקאמרת · אלא אחת אשש מאות קאי ומדיום אחד בחדש חשוב חדש ש"מ דהחדש חשוב בשנה · חדש למנויו ושנה למנוייה ·

מכלל דר' מאיר ור' אלעזר כר' יהושע סבירא להו דאמר בניסן נברא העולם תניא ר' אליעזר אומר בתשרי נברא העולם בתשרי נולדו אבות בתשרי מתו אבות בפסח נולד יצחק בר"ה נפקדה שרה רחל וחנה בר"ה

מסורת הש"ס

שביעית פ"ב מ"ו יבמות פג·

[פסחים סד·]

הגהות הב"ח

(א) רש"י ד"ה ויהי באחת כו' המים מאיליהן נמשכו עד סיון: (ב) תוס' (בע"א) ד"ה שנים כו' מוכיח כן דפריך התם: (ג) בא"ד דצריכה ז' נקיים ויום: (ד) ד"ה שלשים כו' (פירוש דלא איירי בתוספת שביעית כלל אלא בקליטה) חא"מ ונ"ב הגה"ה:

[מכות ג: נדה מד: מס·]

[לעיל ח. לקמן כז. ע"ש ת.]

[ברכות כט· יבמות סד·]

*) נראה דצ"ל ופרכינן אי הכי שלשים וכו'.

§ מסכת ראש השנה דף י: §

אות א'

אין נוטעין ואין מבריכין ואין מרכיבין ערב שביעית פחות משלשים יום לפני ראש השנה

רמב"ם פ"ג מהל' שמיטין הי"א - **אף בזמן הזה אין נוטעין אילנות ואין מרכיבין ואין מבריכין ערב שביעית אלא כדי שתקלוט הנטיעה ותשהה אחר הקליטה ל' יום קודם ר"ה של שביעית, וסתם קליטה [א]שתי שבתות; ודבר זה אסור לעולם** - ‹אף בזה"ז - דרך אמונה›, **[ב]מפני מראית העין, שמא יאמר הרואה בשביעית נטעו; נמצאת אומר שהנוטע או המבריך או המרכיב ערב שביעית קודם ר"ה במ"ד יום, יקיים, פחות מכן יעקור; ואם לא עקר, הפירות מותרין; ואם מת קודם שיעקור, מחייבין את היורש לעקור.**

אות ב' - ג'

שתי שבתות

לדברי האומר שתי שבתות, צריך שתי שבתות ושלשים יום

יו"ד סימן רצד ס"ד - **[ג]כיצד, נטע מקודם ט"ז באב, שנשאר עדיין מ"ד יום עד ר"ח תשרי** - ‹חמשה עשר יום דאב, שהוא לעולם מלא, וכ"ט יום דאלול, שהוא לעולם חסר - באה"ט›, **כיון שהגיע ר"ח תשרי עלתה לה שנה, ומונה עוד שתי שנים; ואם נטע ביום ט"ז, ומיום ט"ז ואילך, מונה מראש חדש תשרי הבא ג' שנים שלמים.**

אות ד'

שלשים יום בשנה חשובין שנה

יו"ד סימן רצד ס"ד - כנ"ל.

באר הגולה

[א] ‹כר' יוסי ור"ש ואמרינן בפ"ק דר"ה (דף י') שמלבד השתי שבתות של קליטה צריך שלשים יום - כסף משנה›. ‹**וצ"ע** על העין משפט שציין אותו על דברי ר"א›

[ב] ‹ורש"י לעיל דף ט: פי', דאלו ל' יום הם מתוספת שביעית - ערוה"ש›

[ג] **כרבי יוסי ור' שמעון במשנה ו' פ"ב דשביעית, וכדמפרש רב נחמן וכו' שם בר"ה דף י:**

§ מסכת ראש השנה דף יא. §

אות א'

האי מאן דנפק ביומי ניסן וחזי אילני דמלבלבי, אומר: ברוך שלא חיסר מעולמו כלום וברא בו בריות טובות ואילנות טובות להתנאות בהן בני אדם

סימן רכו ס"א - [א]**היוצא בימי ניסן וראה אילנות שמוציאין פרח** - אורחא דמלתא נקט, שאז דרך ארצות החמים ללבלב האילנות, וה"ה בחודש אחר, כל שרואה הלבלוב פעם ראשון מברך, **אומר: בא"י אמ"ה שלא חיסר בעולמו כלום, וברא בו בריות טובות ואילנות טובות ליהנות בהם בני אדם** - ודוקא פרח, הא עלים לחודיה לא, **ואף** בפרח דוקא באילני מאכל, שמזה הפרח עתיד להתגדל פרי, אבל אילני סרק לא.

[ב]**ואינו מברך אלא פעם אחת בכל שנה ושנה** - מדסתם משמע, דאפי' על אילנות אחרים לא יברך, וכנ"ל בסי' רכ"ה ס"י, [**ומסתברא** דאפי' החולקים שם מודים בזה, דברכה זו נתקנה על פריחת הפירות, ודי בפעם אחת].

ואם איחר לברך עד אחר שגדלו הפירות, לא יברך עוד - אבל קודם שגדלו הפירות יוכל לברך, ואפילו לא בירך בשעת ראיה ראשונה.

עד אחר שגדלו - היינו אפילו לא ראה כלל מקודם, אפ"ה אבד הברכה כיון שגדלו הפירות, כן משמע בב"י, **אבל** בא"ר הכריע לדינא, דאם לא ראה מקודם, לא אבד הברכה, וכן משמע ג"כ בביאור הגר"א, דאפילו כבר גדל הפרי לא אבד הברכה, [**דבלא"ה** הרבה ראשונים חולקין על דברי הטור שהעתיקו המחבר לדינא, ונוכל לסמוך עליהן עכ"פ בלא ראה מקודם שלא יאבד הברכה], **ומ"מ** אם כבר גדל הפרי ונגמר כל צרכו, שראוי לברך עליה "שהחיינו", משמע מפמ"ג וח"א ששוב אין כדאי לברך ברכה זו.

באר הגולה

א ברכות מ"ג ע"ב | ב מרדכי שם הגהות מיימוני

בר"ה בטלה עבודה מאבותינו במצרים בניסן נגאלו בתשרי עתידין ליגאל ר' יהושע אומר *בניסן נברא העולם בניסן נולדו אבות בניסן מתו אבות בפסח נולד יצחק *בר"ה נפקדה שרה רחל וחנה בר"ה יצא יוסף מבית האסורין בר"ה בטלה עבודה מאבותינו במצרים בניסן נגאלו בניסן עתידין ליגאל תניא ר"א אומר מנין שבתשרי נברא העולם שנאמר °ויאמר אלהים תדשא הארץ דשא עשב מזריע זרע עץ פרי איזהו חדש שהארץ (א) מוציאה דשאים ואילן מלא פירות הוי אומר זה תשרי ואותו הפרק זמן רביעה היתה וירדו גשמים וצימחו שנא' °ואד יעלה מן הארץ ר' יהושע אומר מנין שבניסן נברא העולם שנא' °ותוצא הארץ דשא עשב מזריע זרע ועץ עושה פרי איזהו חדש שהארץ (ב) מליאה דשאים ואילן מוציא פירות הוי אומר זה ניסן ואותו הפרק זמן בהמה וחיה ועוף שמזדווגין זה אצל זה שנאמר °לבשו כרים הצאן וגו' ואידך נמי הא כתיב עץ עושה פרי ההוא לברכה לדורות הוא דכתיב ואידך נמי הא כתיב עץ פרי ההוא כדר' יהושע בן לוי *דא"ר יהושע בן לוי כל מעשה בראשית (*לקומתן) נבראו לדעתן נבראו לצביונן נבראו שנא' °ויכלו השמים והארץ וכל צבאם אל תקרי צבאם אלא צביונם ר"א אומר מנין שבתשרי נולדו אבות שנא' °ויקהלו אל המלך שלמה כל איש ישראל בירח האיתנים בחג ירח שנולדו בו איתני עולם מאי משמע *דהאי איתן לישנא דתקיפי הוא כדכתיב °איתן מושבך ואומר °שמעו הרים את ריב ה' והאיתנים מוסדי ארץ ואומר °קול דודי הנה זה בא מדלג על ההרים מקפץ על הגבעות מדלג על ההרים בזכות אבות מקפץ על הגבעות בזכות אמהות ר' יהושע אומר מנין שבניסן נולדו אבות שנאמר °ויהי בשמונים שנה וארבע מאות שנה לצאת בני ישראל מארץ מצרים בשנה הרביעית בחדש זיו בירח שנולדו בו זיותני עולם (*ואידך נמי הכתיב בירח האיתנים התם (ג) דתקיפי במצות ואידך נמי הכתיב בחדש זיו ההוא דאית ביה זיוא לאילני *דאמר רב יהודה האי מאן דנפק ביומי ניסן וחזי אילני דמלבלבי אומר ברוך שלא חיסר מעולמו כלום וברא בו בריות טובות ואילנות טובות להתנאות בהן בני אדם מ"ד בניסן נולדו בניסן מתו מ"ד בתשרי נולדו בתשרי מתו שנאמר °ויאמר אליהם בן מאה ועשרים שנה אנכי היום *שאין ת"ל היום ומה ת"ל היום היום מלאו ימי ושנותי ללמדך שהקב"ה יושב וממלא שנותיהם של צדיקים מיום ליום מחדש לחדש שנאמר °את מספר ימיך אמלא בפסח נולד יצחק מנלן כדכתיב °למועד אשוב אליך אימת קאי אילימא בפסח וקאמר ליה בעצרת בחמשין יומין מי קא ילדה אלא דקאי בעצרת וקאמר ליה בתשרי אכתי בחמשה ירחי מי קא ילדה אלא דקאי בחג וקאמר לה בניסן אכתי בשיתא ירחי מי קא ילדה תנא אותה שנה מעוברת היתה סוף סוף כי מדלי מר יומי טומאה בצרי להו *אמר מר זוטרא אפילו למ"ד יולדת לתשעה אינה יולדת למקוטעין יולדת לשבעה יולדת למקוטעין שנאמר °ויהי לתקופות הימים *)מיעוט תקופות שתים ומיעוט ימים שנים בראש השנה נפקדה שרה רחל וחנה מנלן א"ר אלעזר אתיא פקידה פקידה אתיא זכירה זכירה כתיב ברחל °ויזכור אלהים את רחל וכתיב בחנה °ויזכרה ה' ואתיא זכירה זכירה מראש השנה דכתיב °שבתון זכרון תרועה פקידה פקידה כתיב בחנה °כי פקד ה' את חנה וכתיב בשרה °וה' פקד את שרה בראש השנה יצא יוסף מבית האסורין מנלן **)דכתיב °תקעו בחדש שופר (*בכסא) ליום חגנו כי חק לישראל הוא וגו' עדות

*) [עמ"ש גה"ש על הגליון נדה לח: ד"ה ש"ה] **) ביצה טז. סנהדרין יא.

מסורת הש"ס: [ע"ז ח.] · [ברכות כט: יבמות סד:] · [צ"ל בקומתן] · [סוטה יב. ע"ש] · ברכות מג: · [נ"ל והכתיב] · דברים לא · [תוספ' דסוטה פי"א] · סוטה יג. קידושין לח: שמות כג · יבמות מב. נדה לח: שמואל א א · בראשית ל · שמואל א ב · ויקרא כג · בראשית כא · תהלים פא · צ"ל בכסה

רש"י

נולדו אבות · אברהם ויעקב: נפקדה שרה · באה זכרונם לפני המקום וגזר עליהן הריון: בטלה עבודה מאבותינו · ששה חדשים לפני גאולתם פסק השעבוד: תדשא הארץ · התכסה ותתלבש בדשאים: עץ פרי · שנגמר פריו: ואותו הפרק זמן רביעה הוא · כלומר ודאיה לדבר שבתשרי נברא העולם שהרי נגשמים הן לריכין ותשרי זמן רביעה היא: ותוצא הארץ · ולא כתיב ותדשא הארץ: ועץ עושה פרי · ולא עץ פרי גמור: ואותו הפרק זמן · הוא לבהמה וחיה להזקק זה לזה ולכך הוו לריכין ודאיה היא שבניסן נברא העולם: לבשו כרים · בזמן שיתעברו הצאן בניסן (ד) אלמא ניסן זמן זיווג בהמה הוא: ברכה לדורות · עושה פרי לדורות ומיהא השתא עץ פרי הוו: בקומתן נבראו · והיינו עץ פרי דאי הוה לטעון פרי מיד: לדעתם · שאלום אם חפלין להבראות ואמרו הן: לצביונם · כשמם (ה) אחד ואחד ודפוס כל אחד: ואומר שמעו הרים · אלמא הם איתנים הם הרים והאבות דנקראו הרים שנאמר מדלג על ההרים ודלג את הקץ בשביל ההרים: בחדש זיו · (ו) אייר הוא: שנולדו בו זיותני עולם · כשנתחדש אייר נולדו כבר בניסן לי נמי זימנין דניסן דתקופה נמשך בתוך אייר של לבנה: להתנאות · להנות: דתקיף במצות · שופר יוה"כ וסוכה לולב וערבה וניסוך המים (וערבה): למועד אשוב אליך · ל"ש הבא ראשון ולשרה בן וכל מה שאתה יכול להרחיק יום הבשורה מיום הלידה הרחיקם כדי למלאות ימי עיבור הוולד בין שניהם ולא היה יכול להרחיקו אלא ממועד למועד כשתאמר שבתשרי במועד זה ושאלו למועד הבא: כי מדלי מר יומי טומאה · טומאת נדה דקיי"ל (ב"מ דף פז.) שרה אמרו לו הופיעו פרסה נדה לפיכך ויקח חמאה וחלב ובן הבקר אכל לא עוגות שלשתה היה בטומאה: אפילו למ"ד · במסכת נדה (דף לח:) אינה יולדת למקוטעין אלא לחדשים שלימים של שלשים יום:

בחנה כתיב ויזכרה ה' וכתיב בר"ה שבתון זכרון תרועה · מה זכרון זה בר"ה אף זכירה שנאמר בחנה בר"ה · ונמרו שתיהן שרה ורחל מחנה · ונמרה רחל מחנה בזכירה וזכירה ונגמרה שרה מחנה

*) אולי צ"ל פחות ו' ימים ועי' בתוס' כאן בד"ה אלא.

תוספות

בראש השנה בטלה עבודה מאבותינו במצרים · רבי יהושע מודה בהא כרוב ספרים ולא"ש שהתחילו המכות מניסן דמשפט המצריים י"ב חדש כדתנן בעדיות (פ"ב משנה י) מ"מ לא פסקה עבודה עד תשרי: לקומתן · לדעתם לצביונם · לצביונם לשון יופי כמו לצבאות לבי (ישעיה מח) דדרך בהמה חיה ועוף כשגדלים [גדלים] בטוי ככח בדעת ובקומה וכל זה היה במעשה בראשית בתחלת יצירתם ולכך נפקי מדכתיב לצבאם: שנולדו בו זיותני עולם · דאע"ג דאייר קרי ליה זיו ל"ק מידי כדפי' בר"ש פירקין (דף ב: ד"ה בחדש זיו): את מספר ימיך אמלא · בסוף החולץ (יבמות דף ני ושם) אמר אלו שני דורות: אלא דקאי בחג · וקאמר לה בניסן · סוגיא דשמעתא מוכח דבתשרי נמול אברהם אבינו דבפרק השוכר את הפועלים (ב"מ דף פו:) אמר בשלישי של מילה באו אלו מלאכים ולא נאמר לו למועד אשוב אליך כעת חיה ובפרקי דרבי אליעזר [גמ' ומריך דכוה"כ] נמול א"ח והשתא הא דאמר בחג לאו דוקא דשני ימים לפני החג הוה כיון דנמול ביוה"כ ולא"ג דמשמע דמכל למועד ראשון הכי קאמר למועד ראשון אחר החג זה דקימא ביה דכלהו קיימי בחג דמי כיון דלא הוה בו כי אם שני ימים לפניו [א] ולמאי דמסקינן דיולדת לשבעה יולדת למקוטעין לא הוה לריך לשנויי שנה מעוברת היתה דכי מדלית נמי ימי טומאה סבלה נמי בליל חמישי לחג ולשבר דילדה ביום אחרון של פסח אלא משום דאמרינן בסדר עולם וכמכילתא בפרשת ויסעו בני ישראל מרעמסס (אמרי') דבט"ו בניסן נולד יצחק [ומיהו פליגי אהדדי] דקאמר נמי דבט"ו בניסן באו מלאכים לאברהם וכן לאברהם (לבשרו) ורבי אליעזר סליה לבור יסד במעריב של פסח ומלות אשה ויאכלו בליל חג פסח ואמרי' בבראשית רבה לוטי ועשי עוגות הלא אמרה שפסח היה וכל הני לא ס"ל דלמועד אשוב אליך כעת חיה למועד ראשון אלא כלומר למועד כזה שהוא פסח וכן תרגם אונקלוס כעת חיה כעת דאתון קיימין והשתא הא דכתיב בפרשת מילה אשר תלד לך שרה למועד הזה בשנה האחרת (בראשית יז) ואמרינן [במדרש תנחומא]* מלמד ששרט לו שריטה בכותל לשנה האחרת על כרחך דכט"ו בניסן נאמר וכו ביום נמול וכו ביום באו מלאכים בשנה זו הימה דכל הני דאמרי בתשרי הוה ל"ב שאמרו הכתוב קרא ולמועד הזה בשנה האחרת ואיך יתכן לומר שנלטוו בפסח ולא נמול עד תשרי והלא זריזין מקדימין למצות ועוד הכתיב בעצם היום הזה (שם) בו ביום שלוה נמול ואומר ר"ת דהכי דאמרי בתשרי סבירא להו כרבי יהושע דאמר בניסן נברא העולם (ז) ולהכי יהדר לפסח שנה אחרת למועד הזה היינו למועד אחר דביום הכפורים אמר לו וקרוב לסוכות כלומר למועד הזה ראשון של שנה אחרת ליום ליולה:

עין משפט נר מצוה

נו א מיי' פ"י מהלכות ברכות הל' יג סמג עשין כז טוש"ע א"ח סימן רכו ו:

[וע"ע תוס' חולין סי' ד"ה לא תקרי וכו' מ"ש בגם הש"ס]

רבינו חננאל

בראש השנה יצא יוסף מבית האסורים · בר"ה בטלה עבודה מאבותינו במצרים · בניסן נגאלו בתשרי עתידין ליגאל · תניא ר' אליעזר אומר מנין שבתשרי נברא העולם שנאמר ויאמר אלהים תדשא הארץ דשא עשב מזריע זרע עץ פרי איזהו חדש שהארץ מוציאה דשאים ואילן מלא פירות כדכתיב עץ פרי הוי אומר זה תשרי · ואותו הפרק זמן רביעה היה וירדו גשמים עליהן וצימחו שנאמר ואד יעלה מן הארץ והשקה את כל פני האדמה · ר' יהושע אומר מנין שבניסן נברא העולם שנאמר ותוצא הארץ וגו' איזהו חדש שהארץ מליאה דשא ואילן מוציא פירות הוי אומר זה ניסן כו' ר' אליעזר דייק מעץ פרי כלומר אילן [מלא] פירות והאי דכתיב עץ עושה פרי לברכה · כלומר שיהו עושין פירות לעולם. ור' יהושע דייק מעץ עושה והאי דכתיב עץ פרי לכדריב"ל דאמר בפרק אלו טרפות כל מעשה בראשית בקומתן נבראו כלומר גדולים ומלאים לדעתן נבראו לא כו עת התינוקות אלא כדעת הגדולים לצביונם נבראו · לתוארם ביופיותם שנאמר וכל צבאם · ופרשינן לצביונם · ר' אליעזר אומר בירח האיתנים ירח שנולדו בו איתני עולם הם היסודות · שמעו הרים את ריב · והם מלשון ההרים האבות והאיתנים מוסדי ארץ כלומר הם היסודות · ר' יהושע אומר בירח זיו שנולדו בו איתני עולם ולדברי הכל בחודש שנולדו · בו בחודש מתו שהקב"ה ממלא שנות הצדיקים מיום ליום שנאמר את מספר ימיך אמלא בפסח נולד יצחק שנאמר למועד אשוב אליך כעת חיה ולשרה בן · ואוקימנא בחג בתשרי הוה קאי ואותה שנה מעוברת היתה · ואמ' ליה למועד אשוב אליך והוא מועד הפסח אמר מר זוטרא אפילו למ"ד יולדת לתשעה אינה יולדת למקוטעין אלא לט' חדשים מלאין מיום ליום · היולדת לז' יולדת למקוטעין דקיי"ל ביום שבישרה המלאך אותה שעה פרסה נדה וישבה ז' ימים בנדתה וילדה בפסח נמצאת שילדה לז' חדשים פחות *) ימים · בר"ה נפקדה חנה · גמר זכירה וזכירה ונגמרה שרה מחנה

הגהות מהר"ב רנשבורג

[א] תוס' ד"ה אלא וכו' ולמאי דמסקינן וכו' · כ"כ עיין מהרש"א ח"א וביפה תואר בראשית רבה פרשה מ"ז סימן ו' בד"ה לזמן הזה וכו' וביפ"ת שם פרשה נ"ג ד"ה לפי חדשים וד"ה לבכשה וכו' ועיין גם כנזר סקודש בפרשיות כבר"ל · ועי' ב"ש באה"ע סי' ד' ס"ק י"ט:

הגהות הב"ח

(א) גמ' איזהו חדש שהארץ מליאה דשאים וכו' : (ב) שם שהארץ מוליאה דשאים: (ג) שם בירח שהאיתנים בהם דתקיף במצות: (ד) רש"י ד"ה לבשו כרים כו' בניסן · נ"ב ס"א ובני בריאת העולם כתיב דכתיב (נ"ל מיניה) מכין הכרים בכחו: (ה) ד"ה בלביונם כשמם כל אחד ואחד ודפוס כל אחד ואחד הס"ד: (ו) ד"ה בחדש זיו הוא אייר שנולדו כו' זימנין דתקופת ניסן נמשך לתוך אייר של לבנה · נ"ב ס"א זקרי ליה זיו ע"ש ניסן כו' הוא שנולדו בו זיותני עולם : (ז) תוס' ד"ה אלא כו' נברא העולם ולהכי הדר לפסח שנה אחרת היא ולמועד הזה היינו למועד אחר דביוה"כ:

נח א טור א"ח סי' תפז וש"ע סי' תפא סעיף ג בהגה"ה:

הגה"ה שמעתי דודאי המלאכים באו בפסח כדפי' רש"י בחומש אבל אותו למועד אשוב אליך שאמר לו הקב"ה היה בתשרי ומאותו למועד דריש הכא דבסוכות הוה קאי וקאמר ליה למועד שאחר זה אשוב והיינו בפסח אבל המלאכים הם שרמו שרימה בכותל בפסח וא"ת א"כ מאי פריך הכא א"כ כי מדלית ימי טומאה בגרי להו והא לא אשכחן שפרסה נדה בסוכות אלא בפסח שעבר כשבאו המלאכים שהרי לא הביאה העוגות כדפירש רש"י וי"ל אין הכי נמי (ב) דאחר סוכות שאמר לו הקב"ה למועד אשוב היתה נדה מדכתיב ותצחק שרה בקרבה וגו' פי' אספר אחר שזקנתי יחזור לי עדן וסת לדם נדות מכלל שאין אשה יכולה להתעבר אא"כ יחזור לה עדן וסת וכשאמר לו הקב"ה היפלא מה' דבר (בראשית יח) והתרעם עליה על שצחקה עדיין לא היה לה עדן וסת וכשנתעברה נתפשטו הקמטים ונתעדן הבשר וחזר לה וסת וא"ת מביאת המלאכים הרי חזר לה וראיה מן העוגות כדפרש"י ליתא דודאי מה שפרסה נדה אז לא היה אלא אקראי בעלמא ולא חזר לה וסת גמור עד שאמר לו הקב"ה למועד וראיה שלא היה אלא אקראי שהרי אחר שאכלו המלאכים כתיב חדל להיות לשרה אורח כנשים הלכך (כי) פריך כי מדלי מר וכו' · עכל"ה :

עדות ביהוסף שמו בצאתו וגו' בר"ה בטלה עבודה מאבותינו במצרים כתיב הכא °והוצאתי אתכם מתחת סבלות מצרים וכתיב התם °הסירותי מסבל שכמו בניסן נגאלו כדאיתא בתשרי עתידין ליגאל אתיא שופר שופר כתיב הכא תקעו בחדש שופר וכתיב התם °ביום ההוא יתקע בשופר גדול ר' יהושע אומר בניסן נגאלו בניסן עתידין ליגאל מנלן אמר קרא °ליל שמורים ליל המשומר ובא מששת ימי בראשית ואידך *אלילה המשומר ובא מן המזיקין ואזדו לטעמייהו דתניא* °בשנת שש מאות שנה לחיי נח בחדש השני בשבעה עשר יום לחדש רבי יהושע אומר אותו היום י"ז באייר היה יום שמזל כימה שוקע ביום ומעינות מתמעטין ומתוך ששינו מעשיהן שנה הקב"ה עליהם מעשה בראשית והעלה מזל כימה ביום ונטל שני כוכבים מכימה והביא מבול לעולם ר' אליעזר אומר אותו היום י"ז במרחשון היה יום שמזל כימה עולה ביום ומעינות מתגברים ומתוך

שמות ו · תהלים פא · ישעיה כז · שמות יב · בראשית ז

לילה המשומר ובא מן המזיקין · ורבי יהושע תרתי שמעת מינה דכולהו מודו דמשומר מן המזיקין כדמוכח בערבי פסחים (פסחים דף קט:) דתקן ד' כוסות ולא חיים אזוגות : יום שמזל כימה שוקע ביום · גרסינן במילתיה דרבי אליעזר גבי י"ז במרחשון ושינה הקב"ה עליהן מעשה בראשית והעלה כימה ביום ובמילתיה דרבי יהושע גבי י"ז באייר גרס יום שמזל כימה עולה ובקונטרס גריס איפכא ואין הסדר כן דבניסן טלה עולה בתחלת היום ושוהה שתי שעות עם חלק אחד *משלשים בשעה אחריו שור שתי שעות שכן דרך כל מזל שוהה שתי שעות כדמשמע בפרק המקבל (ב"מ דף קו: ושם) דקא אמרינן עד אימת עד דאתו אריסי מדברא וקיימא כימה להדי רישייהו ויש שש מזלות אחרות כנגדן מע"ק גד"ד די"ב מזלות יש שקבועין בגלגל ששה למטה ששה למעלה והגלגל סובב וכשמתחיל האחד לעלות מתחיל שכנגדו לשקוע וכל חדש ניסן טלה עולה לאור הבקר או מראשו או מזנבו ומאזנים שוקע כנגדו ושור אחר טלה משמש באייר וכל ימי אייר שור עולה בתחלת היום ועקרב שוקע כנגדו וכן הולך סדר כולם דכל אחד משמש חדש ואמר בפרק הרואה (ברכות דף נח:) דכימה זנב טלה וכיון דשור מתחיל לעלות באייר בתחלת היום מכלל דככר טלה עולה כולו עד כימה הבא בזנבו ובמרחשון עקרב עולה מתחלת היום מתחיל שור שכנגדו לשקוע ונמצא שכבר שקוע טלה כולו עם הבא בזנבו ולפי זה הסדר קיימי כימה ארישייהו דפרק המקבל (ב"מ דף קו:) היינו שבט ולא כמו שפי' שם בקונטרס דהיינו אדר וגבי מרחשון גרסינן מעינות מתמעטין וגבי אייר מתגברין דאע"פ שרביעה ראשונה יורדת במרחשון מ"מ הכי אורחייהו כדכתיב (יהושע ג) והירדן מלא על כל גדותיו כל ימי קציר ואמר בפרק במה אשה (שבת דף סה: ושם) ובפרק בתרא דנדה (דף סז: ושם) אבוה דשמואל עביד לבנתיה מקוואות ביומי דניסן ומפצי ביומי דתשרי [וגרסי' בסמוך בשלמא לר"א היינו דשינה אלא לר' יהושע מאי שינה]: אלא

[פי' תשובת תוס' ישן סי' ריט דף כו:]

עדות ביהוסף שמו · בתריה דההוא קרא כתיב דכי חק לישראל : הסירותי מסבל שכמו · ביוסף כתיב בתר עדות ביהוסף : המשומר ובא · לגאולה : ואזדו לטעמייהו · רבי אליעזר ור' יהושע דלר' אליעזר (א) בתשרי נברא העולם דמתשרי מתחילין מנין שני הדורות לפיכך מבול על כרחך במרחשון ירד וי"ב חדש היה ובחדש השני בשבעה ועשרים יבשה הארץ במרחשון היה לשנה הבאה ובתשרי שלפניו חרבו המים מעל הארץ שנעשית הארץ כמין גריד ולא יבשה לגמרי וכו התחלת שנת שש מאות ואחת שנה כדכתיב ויהי באחת ושש מאות שנה בראשון באחד לחדש והוא תשרי ומדלא קרי ליה אחת ושש מאות עד השתא שמע מינה אין מנין הדורות מניסן שאם מניסן מתחילין למנותן היה לו לכתוב ותנח התיבה באחת ושש מאות שנה בחדש השביעי על הרי אררט שכבר נתחדשה שנה מניסן שהרי אותו חדש שביעי סיון היה והוא שביעי להפסקת גשמים כמו ששנינו בסדר עולם והביא ר"א היא שכשאתה מונה משבעה עשר במרחשון מאה ותשעים יום ארבעים לימי הגשמים ומאה וחמשים שגברו על הארץ נמצאו כלים באחד בסיון ואותו יום התחילו לחסור שנאמר ויחסרו המים מקצה חמשים ומאת יום והיו הלוך וחסור עד חדש העשירי והוא אב שהוא עשירי לירידת גשמים ובאחד באב נראו ראשי ההרים בשני חדשים חסרו ט"ו אמה שהיו ההרים מכוסים מים שנאמר (בראשית ז) חמש עשרה אמה למדת שחסרה אמה לארבעה ימים והתיבה היתה משוקעת במים אחת עשרה אמה ולא היתה צפה על ראש ההר אלא ד' אמות גובה לפיכך נחה בי"ז בסיון ולר' יהושע דאמר בניסן נברא העולם וממנו מתחילין מנין שני הדורות ירד המבול באייר ושביעי שנחה בו התיבה הוא כסליו ולא מנה לך הכתוב חדוש שנה לפי שאין השנה מתחדשת אלא בניסן ויש פותרין ואזדו לטעמייהו מדאמר ר"א בחדש שני מרחשון אית ליה בתשרי נברא העולם והוי מרחשון שני לחדש שהתחילו בו שנת שש מאות דאי לאו הכי אמאי קרי ליה שני אם לסדר חדשים הא אמרינן ניסן ר"ה לחדשים ולאו מילתא היא דאי מדקרי ליה שני שמעינן דבתשרי נברא העולם א"כ מאי פריך לקמיה בשלמא לר' יהושע היינו דכתיב שני אלא לרבי אליעזר מאי שני הא מהכא יליף שני לבריאת עולם *הכי גרסינן בסדר עולם ר' יהושע ברישא והדר ר' אליעזר ר' יהושע אומר אותו היום י"ז באייר היה יום שמזל כימה שוקע ביום ר"א אומר אותו היום י"ז במרחשון היה יום שמזל כימה עולה ביום גלגל חמה עגול הוא חציו למעלה מן הקרקע וחציו למטה מן הקרקע ושנים עשר מזלות קבועין בו וזה סדרן טלה שור תאומים סרטן אריה בתולה מאזנים עקרב קשת גדי דלי דגים וסימניך טש"ת סא"ב מע"ק גד"ד ששה מהן שקועין למטה וששה מהם למעלה וכשהגלגל מגלגל זה עולה מצד זה והראשון שבצד האחר שוקע וכן לעולם ושתי שעות שוהה המזל בעלייתו וכן שכנגדו בשיקועו שיהו כולן משמשין בכ"ד שעות של יום ובניסן לעולם טלה מתחיל לעלות לאור הבקר מע"ק גד"ד למעלה בלילה טש"ת סא"ב למטה. לאור הבקר מתחיל טלה לעלות ומאזנים לשקוע לסוף ב' שעות טלה כולו עולה ומאזנים כולו שוקע אחר שתי שעות מתחיל שור לעלות ועקרב לשקוע וכן כולן כל חדש ניסן באייר שור מתחיל לשמש ביום כל ימי אייר ובשתי שעות הראשונות גומר עלייתו שניות תאומים שלישית סרטן רביעית אריה חמישית בתולה וששית מאזנים וכן כולן נמצא טלה עולה בשתי שעות אחרונות בלילה וכל היום הוא שוקע וכימה הוא זנב טלה והמבול ביום ירד דרך נקב שתי כוכבים שנטלו מכימה שהוא מזל שיש בו כוכבים הרבה ומעיין שהמבול התחיל לירד ביום שנאמר בעצם היום הזה בא נח (בראשית ז) והוא מקטני אמנה היה ולא נכנס לתיבה עד שירדו מים ודחקוהו ליכנס שנאמר מפני מי המבול

והולך

רבינו חננאל

בפקידה פקידה · בר"ה בטלת עבודה מאבותינו במצרים שנאמר בו ביוסף הסירותי מסבל שכמו · ואוקימנא כי בר"ה יצא יוסף מבית האסורין וכתיב באבות והוצאתי אותם מתחת סבלות מצרים וגמר סבילה סבילה · ואזדו ר' אליעזר ור' יהושע לטעמייהו דתניא בשנת שש מאות שנה לחיי נח בחדש השני בשבעה עשר יום לחדש · ר' אליעזר אומר אותו היום י"ז במרחשון היה כו' מדקרי ליה חדש שני מכלל דבניסן נברא העולם · ואקשינן הניחא לר' יהושע אשכחינן ניסן דאקרי ראשון לחדשים נמצא אייר שני לחדשים · אלא לר' אליעזר אמר מרחשון למה נקרא שני ושנינן שני לדין · דתנן בד' פרקים העולם נידון וזה אחד מהן · בר"ה כל באי עולם עוברין לפניו כבני מרון. כלומר מרחשון הוא שני לחדש שנגמר עליהן הדין ·

פסחים קט:

[בסוף מסכת זו דף לב: איתא גירסת ברייתא זו ופירושה]

הגהות הב"ח

(א) רש"י ד"ה ואזדו לטעמייהו כו' דלר"א דבתשרי נברא העולם מתשרי מתחילין: (ב) בהגה"ה שמעתי כו' וי"ל אע"ג דלאחר כבוכות כשאמר לו הקב"ה:

עיין בסוף המסכת

§ מסכת ראש השנה דף יא: §

אות א'

<u>לילה המשומר ובא מן המזיקין</u>

טור סימן תפז - כתב בעל העיטור על שם רבינו נסים, שכשחל בשבת אין אומר ברכה מעין שבעה, שנתקנה בשביל המאחרים בבה"כ שלא יזיקום המזיקים, והאידנא אין צריך דליל שמורים הוא.

סימן תפא ס"ב - ונוהגים שלא לקרות על מטתו רק פרשת שמע, ולא שאר דברים שקורין בשאר לילות כדי להגן, כי ליל שמורים הוא מן המזיקין - וצריך לברך ברכת "המפיל", **ואם** קרא ק"ש בבהכ"נ קודם הלילה, צריך לקרות כל הק"ש כדי לצאת.

§ מסכת ראש השנה דף יב. §

אות א'

ירק הנאגד משיאגד, ושאינו נאגד משימלא את הכלי

רמב"ם פ"ג מהל' מעשר ה"ט - הירק הנאגד משיאגוד; אם אינו אוגד, משימלא את הכלי; [אם] אינו ממלא, הרי זה אוכל עראי עד שילקט כל צרכו.

אות ב'

ליקט ירק ערב ראש השנה עד שלא תבא השמש, וחזר וליקט משתבא השמש, אין תורמין ומעשרין מזה על זה

סימן שלא סנ"ז - [א]אין תורמין מפירות שנה זו על פירות שנה שעברה, ולא מפירות שנה שעברה על פירות שנה זו; ואם תרם, אינה תרומה, שנאמר: שנה שנה. [ב]ליקט ירק ערב ר"ה עד שלא בא השמש, וחזר וליקט אחר שבא השמש, אין תורמין מזה על זה, שזה חדש וזה ישן; וכן אם ליקט אתרוג בערב ט"ו בשבט עד שלא בא השמש, וחזר וליקט אתרוג אחר משבאה השמש, אין תורמין מזה על זה; מפני שאחד בתשרי ראש השנה למעשרות תבואה וקטניות וירקות, וט"ו בשבט ר"ה למעשרות האילן.

באר הגולה

[א] משנה ה' פ"ק דתרומות [ב] ברייתא ר"ה דף י"ב ע"א

עין משפט
נר מצוה

נב א מיי' פ"ב מהל' מעשר הלכה ט סמג עשין קלה :

נג ב מיי' פ"ה מהל' תרומות הלכה יא וס"ד מהלכות שמיטה הלכה יב סמג עשין קלג טוש"ע יו"ד סימן שלא סעיף נו :

ומתוך ששינו מעשיהם שנה הקב"ה עליהם מעשה בראשית והעלה מזל כימה ביום ונטל שני כוכבים (א) והביא מבול לעולם בשלמא לר' יהושע היינו דכתיב שני °אלא לר"א מאי שני *שני לדין בשלמא לרבי יהושע היינו דשינה אלא לר"א מאי שינה כדרב חסדא דאמר רב חסדא *ברותחין קלקלו וברותחין נידונו ברותחין קלקלו בעבירה וברותחין נידונו כתיב הכא °וישכו המים וכתיב התם °וחמת המלך שככה ת"ר חכמי ישראל מונין למבול כר"א ולתקופה כר' יהושע חכמי אומות העולם מונין אף למבול כר' יהושע: ולירקות: תנא לירקות ולמעשרות ולנדרים לירקות מאי נינהו מעשר ירק היינו מעשרות תנא דרבנן וקתני דאורייתא וליתני דאורייתא ברישא *אידי דחביבא ליה אקדמה ותנא דידן תנא דרבנן וכל שכן דאורייתא וליתני מעשר אחד מעשר בהמה ואחד מעשר דגן וליתני ירק תרי גווני ירק דתנן **ירק הנאגד משיאגד ושאינו נאגד משימלא את הכלי ת"ר *ליקט ירק ערב ראש השנה עד שלא תבא השמש וחזר וליקט משתבא

(ג) והולך לשנות סדר בראשית והעלה זנב כימה ביום ונטל שני כוכבים ממנו ומעיינות מתמעטין בחמה יתות החמה ופסקו הגשמים ושינה סדר בראשית ונתגברו המעיינות ושטפם: **יום שמזל כימה עולה ביום** · שבמרחשון טולה עקרב בתחלת היום ואחריו קשת ומזל טלה עולה בסוף היום: **שינה עליהם כו'** · לקמן פריך מ"ש שינה: **היינו דכתיב שני** · שהרי אייר שני לחדשים: **שני לדין** · שנגזרה גזירה עליהן בתשרי שלפניו: **הכי גרסינן בשלמא לר' יהושע היינו דשינה** · דהעלה מזל כימה ביום ועוד שינה לתגבורת מעיינות: **וחמת המלך שככה** · וסתם חמה רותחת היא כדכתיב וחמתו בערה בו: **חכמי ישראל מונין למבול כר' אליעזר** · מונין שנות נח ובריאת עולם ושנות הדורות כר' אליעזר מונין מתשרי תחלת השנים ולא משום דסבירא להו בתשרי נברא העולם אלא דתשרי ראש השנה לשנים וכיוצן נברא העולם כדקתני: **ולתקופה כרבי יהושע** · כשמונין תקופת החמה והלבנה מונין מניסן לומר שמניסן נברא ובתחלת ליל רביעי שמשה חמה בניסן לפיכך אין תקופת ניסן נופלת אלא בד' רביעי היום לפי שלעולם יום ורביע בין תקופה לתקופה שכנגדה לשנה הבאה וכן מולדות הלבנה מונין מולד ניסן ראשון בליל רביעי בתשעה שעות ותרמ"ב חלקים: **אף למבול** · כלומר למנין שנות הדורות מתחילין מניסן למנות ומבול באייר ירד (ג) ע"כ משאמר באחת ושם מלות בראשון שחרבו המים ניסן הוא שהרי משפט דור המבול שנים עשר חדש: **ולירקות** · מעשר ירק לענין חדש וישן שאין תורמין מירק הנלקט ערב ר"ה על הנלקט אחר ר"ה: **ולנדרים** · לקמן (ע"ב) מפרש: **תנא דרבנן** · השמיענו שיש ר"ה קבוע לענין חדש וישן במעשר ירק דרבנן והדר תנא מעשר דגן שאף לו יום קבוע לחדש וישן שלו: **ותנא דידן** · דתנא לירקות ולא תנא למעשרות: **תנא דרבנן** · ואשמועינן דיום קבוע לו כ"ש דאורייתא: **ירק הנאגד** · שדרכו באגודות: **משיאגד** · הוי גורנו למעשר ואסור לאכול ממנו עראי עד שיעשר: **ליקט ירק** · אשמועינן דירק בתר לקיטה אזיל לענין מעשר ואף על פי שגדל בשנה אחת אם נלקט בשתי שנים הוי חדש וישן שאין תורמין מן החדש על הישן דכתיב (דברים יד) שנה שנה: שניה

אלא לרבי אליעזר מאי שני · ואע"ג דלרבי אליעזר בתשרי נברא העולם (ד) דהכי דלענין השנים ראוי למנות ממנו לענין מנין החדשים אין מונין ממנו לקרות מרחשון שני לחדשים ניסן ראשון: **למבול** כרבי אליעזר · ואע"ג דסבירא להו כרבי יהושע דבניסן נברא העולם מדמונין לתקופה כרבי יהושע מ"מ מונין שנות נח ובריאת עולם (ה) ושנות החמה מתשרי משום דתשרי ראש לשנים ולשמיטין וליובלות: **ולירקות** ולנדרים · ומתניתין דלא קתני לנדרים בהפסק' לא מיירי כדפרישית לעיל (דף ז. בד"ה בהפסקה) גבי ולעיבורים: **תנא** דרבנן מדתנן לירקות יותר משאר כל פירות משמע דכל שאר פירות מעשרן דאורייתא וכן משמע בריש מסכת מעשרות בירושלמי דדריש כולהו מקרא חוץ מירקות ומסיק דמעשר ירקות מדבריהם והכי איתא התם עשר תעשר את כל תבואת זרעך כלל ופרט אין בכלל אלא מה שבפרט אין לי אלא תבואה קטנית מנין ת"ל וכל מעשר הארץ מזרע הארץ לרבות זרע שום וגרגיר יכול שאני מרבה זרע לוף העליון זרע כרשין זרע לפת וצנון ושאר זרעוני גנה שאינם נאכלין ת"ל מזרע הארץ ולא כל זרע הארץ פרי העץ לרבות כל פירות האילן יכול שאני מרבה חרובי שיטה וצלמוני וחרובי גדירה ת"ל מפרי העץ ולא כל פרי העץ ירקות מנין איסי בן עקיבא אומר המעשרות לירקות מדבריהם והכי נמי איתא בירושלמי בסוף חלה רבותינו שבגולה היו מפרישין תרומות ומעשרות עד שבאו הרובים ובטלום מאן איגון הרובים תרגמוניא ר' זעירא רב יהודה בשם שמואל חלה בחו"ל ותרומת חו"ל אוכל והולך ואח"כ מפריש רבי אבא בשם שמואל אומר לא חשו אלא לדגן ותירוש ויצהר רבי אילא בשם שמואל אמר לא חשו אלא לתרומה גדולה בלבד אבל לירקות אפילו לתרומה לא חשו דתני איסי בן עקיבא המעשרות לירקות מדבריהם מכל הני משמע דשאר כל פירות דאורייתא אבל אי אפשר לומר כן דלקמן בפירקין (דף טו:) אמרו מעשר חרובין דרבנן ובפרק כילד מברכין (ברכות דף לו.) מעשר צלף מדרבנן ובפרק אלו עוברין (פסחים דף מד.) מעשר תבלין דרבנן ואפילו תאנים ורמונים ותמרים דכתיבי בקרא דארץ חטה פטורין מן המעשרות דלא מחייב מדאורייתא אלא דגן ותירוש ויצהר כדאמרינן בפ' מעשר בהמה (בכורות דף נד. ושם) תירוש ודגן דאורייתא שאר מינים מדרבנן ובפרק העור והרוטב (חולין דף קכ: ושם) מקיש *משקין דקדשים דתרומה (דגן) תירוש ויצהר אין מידי אחרינא לא וממעט דבש תמרים ויין תפוחים ובריש בילה (דף ג: ושם) האי תנא דלטרא קציעות הוא דאמר כל דבר שבמנין אפילו בדרבנן לא בטיל והא דמשמע בסוף הערל (יבמות דף פא. ושם) דעיגול בעיגולין אינו עולה אי תרומה בזמן הזה דאורייתא אע"ג דלעולם תרומת תאנים דרבנן מ"מ כעין דאורייתא תקון והא דתניא בפרק אלו הן הלוקין (מכות דף יט:) גבי כהן שעלתה בידו תאנה של טבל דכהן שאכלה לוקה אחת וזר שאכלה לוקה שתים וכן הא דתנן במסכת פרה פ' ללוחית שהניחה וכו' (פי"א מ"ג) גבי דבילה של תרומה שנפלה למי חטאת דהאוכלה במיתה כל הני לסימני בעלמא ונפקא מינה לתרומה דאורייתא אי נמי מכת מרדות ומיתה לקוברו בין רשעים גמורים והא דאמרינן בפרק הנודר מן הירק (נדרים דף נה.) דדגן מידי דמדגן משמע אפי' קטנית היינו בלשון בני אדם והא דקאמרינן בירושלמי ירקות מדבריהם היינו שאין להם סמך מן הפסוק ואע"ג דבתורת כהנים בסוף פרשת בחקותי ובספרי בפרשת עשר תעשר תניא זרע הארץ לרבות שום ושחלים וגרגר והדר תני מנין לרבות הירקות למעשרות ת"ל וכל מעשר משום דלא משתמע שפיר מקרא לא חשיב ליה אסמכתא גמורה אי נמי ברייתא דאיסי בן עקיבא פליגא*:

אידי דחביבא ליה אקדמה · ובפ"ק דפאה (משנה ה) תנן לענין פאה האוג והחרובין מדאורייתא לא מחייבי בפאה אלא זיתים וגפנים דכתיבי בקרא כדדריש בפרק הזרוע (חולין דף קלא.) ארבע שבכרם שתים שבאילן כגון זיתים והשתא אי משום דחביבא ליה מילתא דרבנן אקדים אוג וחרובין ליתני זיתים וגפנים לבסוף כדפריך בריש יבמות (דף ג. ושם) ליתנייה לאחות אשה לבסוף והתם שנאן בסירוגין ובאמצע וי"ל דהתם בפאה לא אתא אלא לפרושי אלו שלקיטתן כאחד הלכך לא חייש למתניינהו על הסדר א"נ האחרון אחרון אין לקיטתן כאחד כולי האי כמו הראשון שלפניו ופאה שייך בדבר שלקיטתן כאחד ותני לא זו אף זו:

אחד מעשר בהמה ואחד מעשר דגן · כר"ש דאמר במתניתין אחד בתשרי ראש השנה למעשר בהמה ותימה דה"מ לשנויי ר"ה ולפרושי מעשרות כגון מעשר ראשון ומעשר שני ומעשר עני כדתנן בריש מסכת מעשרות ולעיל נמי בפירקין (דף ז.) גבי בל תאחר קתני מעשרות וקתני נמי בכור ומעשר דהיינו מעשר בהמה ועוד קשיא דאי מהדר לאקשויי אמאי תני מעשרות לשון רבים ברישא ה"ל לאקשויי אירקות דהא תנא ירקות ברישא והדר מעשרות ונראה לי דלאו אברייתא פריך אלא אמתניתין קאי דקתני ולירקות משום מעשרות דהם מדרבנן דליתני מעשר סתם והוה ידענא דבכל מעשר איירי בין בירק בין בדגן ומשני משום דהוה משמע אחד מעשר בהמה ואחד מעשר דגן סתם כר' שמעון והדר דייק אמאי תנא ירקות לשון רבים וה"ה דהוה מצי לאקשויי אשנים והיובלות ומה שיכול למצוא טעם מפרש: **ירק** הנאגד משיאגד · לענין גורנו למעשרות מיתני בפ"ק דמעשרות (משנה ה) אבל לענין חדש וישן תלוי בלקיטה: **משימלא** את הכלי · בסיפא קתני ואם אינו ממלא את הכלי משילקט כל צרכו: משתבא

רבינו חננאל

ואקשינן תוב בשלמא לר"א דאמר מנהג העולם להיות מזל כימה שוקע ביום ועולה בלילה ושינה הקב"ה והעלהו ביום במזרח היינו דאיכא שינוי· אלא לר' יהושע במאי שינה ופרקינן שהוריד עליהן גשמים רותחין מן השמים שלא כדרך כל הגשמים· מנ"ל שנא' וישוכו המים פי' נחו מרתיחתן · ת"ר חכמי ישראל מונין למבול והוא חשבון הלבנה מתשרי כרבי אליעזר דאמר בתשרי נברא העולם ולתקופה והוא חשבון השמש כרבי יהושע וחכמי אה"ע מונין אף ללבנה מניסן כר' יהושע ולירקות פיר' תנא מעשר ירק דהוא מדרבנן ופיר' ר"ה שלו תשרי וכ"ש מעשר דגן (ומעשר) [ובברייתא] תנא לירקות ולמעשרות ולנדרים ואוקימנא דלא קתני ירק אלא קתני ולירקות משום דאית תרי גווני ירק בתורת מעשר ירק כדתנן במעשרות פרק א' ירק הנאגד משיאגד פי' מי שדרכו להאגד אגודות משיאגד נגמרה מלאכתו והגה נתחייב במעשר ושאין נאגד משימלא את הכלי · ואידי דתנא ירקות תנא מעשרות · ת"ר ליקט ירק כו' ערב ר"ה עד שלא תבא השמש וחזר וליקט נכרי

צ"ל מה משקין

גליון הש"ס

גמרא אלא לר"א מאי שני · עיין ברד"ק מ"א ח ב בשם תרגום יונתן שם דלפני הזמן שאלו ממלכים היה תשרי חדש הראשון כי בתשרי נברא עולם ומשהוציא ישראל ממצרים ניסן הוא ראש לחדשים ע"ש א"כ מאי פרכינן הכא אלא לר"א מאי שני הא מקודם היה תשרי ראשון לחדש ושפיר קרו למרחשון שני לחדשים :

מסורת הש"ס

[לעיל ח.]

סנהדרין קח: זבחים קיג:

[יבמות כ: וש"נ]

מעשרות פ"א מ"ה חולין ז.

[תוספתא פ"א ושביעית ע"ש]

[ועי' תוספות בכורות נד: ד"ה ובני והוי' ע"ז נח: ד"ה כל יותם' חולין ז: ד"ה ופשיר]

הגהות הב"ח

(א) גמ' ונטל שני כוכבים מכימה והביא: (ב) רש"י ברי"ש בעמוד והולך

(ב) רש"י ד"ה והולך לשנות סדר בראשית נמחק וכצ"ל יום שמזל כימה שוקע ביום ומעיינות מתמעטין מתוך יומות החמה ופוסקים הגשמים ושינה עליהן סדר בראשית והעלה זנב כימה ביום ונטל שני כוכבים ממנו ונתגברו המעיינות ושטפם: (ג) ד"ה אף למבול כו' כלומר באייר ירד ע"כ כשאמר באחת: (ד) תוס' ד"ה אלא כו' בתשרי נברא העולם מכל מקום נמי דלענין: (ה) ד"ה למבול כו' ובריאת עולם ושנות החמה נמחק

עין משפט נר מצוה

סא א מיי' פ"א מהל' נטע רבעי הלכה ד סמג עשין קלו טוש"ע י"ד סי' שלא סעיף קכו:

סב ב מיי' פ"ז מהל' מתנות עניים הלכה ד ופ"א מהל' מ"ש הלכה א סמג עשין קלו קסא טוש"ע י"ד סימן שלא סעיף יט:

סג ג מיי' פ"י מהלכות נדרים הלכה ד סמג לאוין רסא טוש"ע י"ד סימן רכ סעיף ז:

סד ד מיי' שם טוש"ע שם סעיף ו:

סה ה מיי' פ"ט מהל' נדרים הלכה א יג סמג לאוין רסב טוש"ע י"ד סימן רין סעיף א:

סו ו מיי' פ"ב מהלכות מעשר הלכה ה ופ"ב מהלכות תרומה הלכה ח והלכה י סמג עשין קלו ולאוין רסח טוש"ע י"ד סימן שלא סעיף פו:

משתבא השמש אין תורמין ומעשרין מזה על זה לפי שאין תורמין ומעשרין לא מן החדש על הישן ולא מן הישן על החדש אם היתה שניה נכנסת לשלישית שניה מעשר ראשון ומעשר שני שלישית מעשר ראשון ומעשר עני מנה"מ אמר ריב"ל כי תכלה לעשר את כל מעשר תבואתך בשנה השלישית שנת המעשר שנה שאין בה אלא מעשר אחד הא כיצד מעשר ראשון ומעשר עני ומעשר שני יבטל או אינו אלא אף מעשר ראשון נמי יבטל ת"ל ואל הלוים תדבר ואמרת אליהם כי תקחו מאת בני ישראל את המעשר אשר נתתי לכם מאתם בנחלתכם הקישו הכתוב לנחלה מה נחלה אין לה הפסק אף מעשר ראשון אין לו הפסק (*תניא אידך) כי תכלה לעשר וגו' שנה שאין בה אלא מעשר אחד הא כיצד מעשר ראשון ומעשר עני ומעשר שני יבטל יכול אף מעשר ראשון נמי יבטל ת"ל ובא הלוי כל זמן שבא תן לו דברי ר' יהודה רבי אליעזר בן יעקב אומר אינו צריך הרי הוא אומר ואל הלוים תדבר ואמרת אליהם כי תקחו מאת בני ישראל את המעשר אשר נתתי לכם מאתם בנחלתכם הקישו הכתוב לנחלה מה נחלה אין לה הפסק אף מעשר ראשון אין לו הפסק: ולנדרים וכו': ת"ר *המודר הנאה מחבירו לשנה מונה שנים עשר חדש מיום ליום ואם אמר לשנה זו אפילו לא עמד אלא בעשרים ותשעה באלול כיון שהגיע יום אחד בתשרי עלתה לו שנה אפי' *למאן דאמר יום אחד בשנה אינו חשוב שנה לצעוריה נפשיה קביל עליה והא אצטער ליה ואימא ניסן *בנדרים הלך אחר לשון בני אדם *תנן התם התלתן משתצמח התבואה והזיתים משיביאו שליש מאי משתצמח משתצמח לזרעים (א) התבואה והזיתים משיביאו שליש מנה"מ אמר רב אסי א"ר יוחנן ואמרי לה אמר רבי יוסי הגלילי אמר קרא מקץ שבע שנים במועד שנת השמטה בחג הסוכות שנת השמטה מאי עבידתיה בחג הסוכות שמינית היא אלא לומר לך כל תבואה שהביאה שליש בשביעית לפני ראש השנה אתה נוהג בו מנהג שביעית בשמינית אמר ליה ר' זירא לרב אסי ודלמא

תורה אור: דברים כו · במדבר יח · דברים יד · דברים לא

מסורת הש"ס: [נ"ל תניא נמי הכי] · [תוספ' פ"א] · [לעיל ז:] · [נדרים ל: וש"נ] · מעשרות פ"א מ"ג

רש"י

שניה · מה שנלקט בשנה שניה של שמיטה מעשר ראשון ללוי ומעשר שני בירושלים ומה שנלקט בשנה שלישית מעשר ראשון ומעשר עני: מנא הני מילי · דבשלישית אינו נוהג בה מעשר שני: שנה שאין נוהג בה אלא אחד · מן המעשרות שנהגו בשתי שנים שלפניה: הא כיצד מעשר ראשון · יתן כדרך שנתן עד הנה: ומעשר עני · יוסיף במקום מעשר שני כדכתיב (דברים כו) לגר ליתום ולאלמנה והוא מעשר עני: או אף מעשר ראשון יבטל · ושנת המעשר חד קאמר ההיא דמפרש ואזיל ללוי לגר ליתום ולאלמנה והוא מעשר עני שאף לוי בכלל עני שאין לו חלק בארץ: ובא הלוי · למעשר ראשון כל זמן שבא וכו' והא בשנה שלישית כתיב מקצה שלש שנים וגו' ובא הלוי וגו': ה"ג ת"ר המודר וכו' · ולא גרסינן מכלן: לשון בני אדם · שאין אדם נודר אלא על לשון שהוא רגיל לדבר ודרך בני אדם לקרות תשרי ר"ה: התלתן · מין תבלין (ב) פינגר"ך: משתצמח · אחר שנת צמיחתו הוא מתעשר ולא אחר שנת לקיטתו: משתצמח לזרעים · שהזרע צומח בתוכו: התבואה · דגן ותירוש קרויין תבואה דכתיב (במדבר יח) כתבואת גורן וכתבואת יקב: והזיתים · יזהר משיביאו שליש מתעשרין אחר שנה שהגיעו בו לשליש בישולם אם שניה אם שלישית: מנא הני מילי · התבואה והזיתים קאי דמעשר דידהו דאורייתא ומנלן דבתר שליש אזלי דהא ירק דאזיל ביה רבנן בתר לקיטה והאילן דאזיל בתר חנטה מעשר דידהו מדרבנן ולא מבעיא בהו מנלן ולקמן (דף יד.) מפרש בהו טעמייהו ירק משום דגייזו ליה כל שעתא והדר צמח וגדל על מי גשמים של שנת לקיטתו אזיל ביה בתר לקיטה אילן גדל על מי שנה שחנט בה שע"י שרף שבא באילן לפני חנטה פירותיו חונטין ובו נגמרין שהשרף האילן עולה ונכנס בפרי תמיד וממנו גדל: מאי עבידתיה · לקרות חג הסוכות שבסוף שבע שנים שנת השמיטה הרי כבר יצאה השמיטה מר"ה וכבר נכנסת שמינית: אלא לומר לך כו' · וה"ק קרא יש לך דבר שהוא של שמינית והוא אסור כשביעית ואיזו זו תבואה שהביאה שליש ולקמן פריך ממאי דבדעייל שליש קאמר: ודלמא

תוספות

משתבא השמש · בירושלמי מוקי לה בנכרי: משתצמח לזרעים · פירש בקונטרס שהזרע צומח בתוכו ולאו משמע כן בירושלמי דמעשרות פ"ק דאמרי' מתני' כדי שתזרע ותצמח כיצד הוא בודק ר' שמואל בר נחמני בשם רבי יונתן נוטל מלא קומצו ונותן לתוך הספל של מים אם שקע רובה חייבת ואם לאו פטורה ר' יונה בעא מעתה מה ששקע יהא חייב ומה שלא שקע יהא פטור אלא ברוב כל פרידה ופרידה את אמרת משמע משתצמח לזרעים היינו שנגמר בישולם כל כך שאם תולשין אותן וזורעין אותן במקום אחר מצמיח: התבואה · פי' בקונטרס דגן ותירוש קרויין תבואה דכתיב כתבואת גורן וכתבואת יקב ואי אפשר לומר כן חדא דאם כן לא ליתני זיתים וליהוו בכלל תבואה כמו ענבים דתרוייהו בכלל תבואת יקב ניהו ועוד דשיעור אחר תנא גבי ענבים בפ"ק דמעשרות (משנה ב) דתנן (הענבים) והבאושים משיבאישו ובאושים מין ענבים הוא מלשון ויעש באושים (ישעיה ה) (ג) ואית דגרסי הבאושים ובירושלמי גרסינן הענבים והבאושים משיבאישו ר' זירא בשם ר' יוסא משיקרא באושא וצריך טעם למה לא אזלינן בענבים בתר שליש כמו בתבואה וזיתים מהאי קרא גופיה דמייתי הכא ומנלן כל הנך שיעורין המפורשין בכל אחד ואחד גבי פירות בפ"ק דמעשרות (שם) בתאנים וענבים ורמונים ותותים דחשיב התם ואי לאו ענבים אכולהו אחריכנא לא הוה חיישינן דלאו דאורייתא אלא ענבים דאורייתא ניהו דכתיב תירוש ויצהר ונראה לי דכל אותן שיעורין הוא הבאת שליש שלהם והא דלא קתני משיביאו שליש כדקתני גבי תבואה וזיתים משום דבכולהו אפשר ליתן בהם סימן חוץ מתבואה וזיתים וכן משמע בירושלמי דגבי התלתן משתצמח דריש לה רבי זעירא מדכתיב עשר תעשר את כל תבואת זרעך כו' דבר שהוא נזרע ומצמיח יצא פתות מגליש שאינו נזרע ומצמיח רבי חנינא בשם רבי אמר זיתים וענבים שלא הביאו שליש משקין היוצא מהן אינן מכשירין וא"ת והיכי ילפינן הכא חיוב מעשר משביעית והלא כל אילנות הולכין לשביעית בתר חנטה וענבים נמי בכלל כדאמרינן לקמן אמרי רבנן אילן בתר חנטה ירק בתר לקיטה תבואה וזיתים בתר שליש ואפ"ה לענין להתחייב במעשר שיעור אחר המפורש בפ"ק דמעשרות (משנה ג) ויש לומר דבכולהו ניחא דחזו כשיעור המפורש בהם אבל תבואה וזיתים קודם הבאת שליש נמי חזו כדאמרינן פרק המוציא יין (שבת דף פ:) אנפיקינון שמן זית שלא הביא שליש שמשיר השער ומעדן הבשר ואמרינן בפרק אלו עוברין (פסחים דף מב:) עמילן של טבחים פת תבואה שלא הביאה שליש ומהאי טעמא ניחא דקשיא ליה טפי אהנך מנלן דאזלינן בתר שליש כיון דמקודם לכן חזו ומייתי ראיה משביעית דאפילו לשביעית לא משערינן עד הבאת שליש כ"ש להתחייב במעשר דהא שאר אילנות דאזלינן לשביעית בתר חנטה אפ"ה לא מחייבי במעשר עד דמטו לשיעור המפורש בהם: מנהג שביעית בשמינית · תימה דלעיל (דף ט.) נפקא לן מבחריש ובקציר תשבות קציר של שביעית היוצא למוצאי שביעית ופירש בקונטרס כגון תבואה שהביאה שליש בשביעית אתה נוהג בה מנהג שביעית בשמינית וי"ל (דהאי דהכא איצטריך ללמד על חריש שהוא לתוספת כדפירש' לעיל (ד) ועוד כ"ל) דאי מהכא הוה אמינא דהא דנוהג בה מנהג שביעית בשמינית היינו דקדושת שביעית נוהגת בהם דאסירא בסחורה וחייבין בביעור ושאר דיני פירות שביעית אבל לחרוש ולקצור ולעדור אותה תבואה לא הייתי אוסר דדבר התלוי בעבודת הארץ כיון דנפקא שביעית שריא אפילו לצורך פירות שביעית להכי איצטריך ההוא קרא וניחא השתא דדריש מיניה תוספת שביעית דאי לאו הכי מה תוספת שייך בפירות שגדלו בשביעית במאי דאסירי בשמינית: אלא

רבינו חננאל

משתבא השמש כו' · פירוש תורת המעשרות שנה ראשונה של שבוע מפריש מעשר ראשון ונותנו ללוי ומפריש מעשר שני ומעלהו ואוכלו בירושלים · וכן בשנה השניה אבל בשנת שלישית מפריש מעשר ראשון ונותנו ללוי · ותמורת מעשר שני מפריש מעשר עני ונותנו לעניים לפיכך זה הירק שנלקט מקצתו בערב ר"ה וחזר וליקט נכרי מקצתו משתבא השמש והיתה שניה נכנסת לשלישית · מה שליקט ישראל דינו כדין שנה שניה *) מעשר ראשון ומעשר עני כענין הזה ס' גיא דשמעתא כולה מדכתיב שנת המעשר שנה שאין בה אלא מעשר אחד · והוי מעשר ראשון · פרט מעשר שני שאינו נוהג בשנה השלישית ואינן יכולין לומר מעשר שני שהרי הכתוב אומר לעני ולגר אבל מעשר ראשון הקישו הכתוב לנחלה · מה נחלה אין לה הפסק אף מעשר ראשון אין לו הפסק ולנדרים כדתניא המודר הנאה מחבירו לשנה מונה י"ב חדש מיום ליום · ואם פירש לשנה ז' אפילו לא נדר אלא ביום כ"ט לאלול כיון שהגיע יום אחד בתשרי עלתה לו שנה נשלם נדרו · וכיון שנכנס תשרי אפילו יום אחד הותר · ואפילו למאן דלא סבר יום [א'] בשנה חשוב שנה הכא מודה דלצעורי נפשיה קא מיכוין והא אצטער ליה. ואימא ר"ה לנדרים ניסן ומשני הלך אחר לשון בני אדם · ובני אדם אין קורין ר"ה אלא תשרי · תנן בתחלת מעשרות התלתן משתצמח פי' חשוב הוא פרי ואוקימנ' משתצמח לזרעים פי' שאם יזרע יצמח · ופירשוהו בתלמוד א"י כיני מתניתא כדי שתזרע ותצמח · כיצד בודק ר' שמואל בש"ר יונתן נוטל מלוא קומצו ומטיל לתוך ספל של מים שקעה לה [רובה] חייבת ואוקימנא ברוב כל פרידה ופרידה כלומר כיון ששקעה יש בה עיקר פרי על כן היא **) בכירה · התבואה והזיתים משיביאו שליש פי' כגון הפרי כשינמר יש בו משקל סלע ותהו חייב במעשר מנ"ל א"ר זירא [בירושלמי שם] עשר תעשר את כל תבואת זרעך כלומר עשר מדבר שאם תורעהו תעשר ממנו כגון דבר שזורע וצומח פרט לפרות מגליש (א') שאינו [נורע וצומח]. ומפרשינן לה מהאי קרא מקץ שבע שנים במועד שנת השמטה בחג הסוכות כלומר כל תבואה שהביאה שליש בשביעית שנאמר בה מקץ שבע שנים במועד וגו' ***) והיא יכולה להקצר במועד והוא חג הסוכות וו התבואה משנת השמטה נחשבת מאחר שהביאה שליש בשנה השביעית

*) נראה דחסר כאן וצ"ל ומה שליקט הנכרי משתבא השמש דינו כדין שנה שלישית. **) נראה דצ"ל כנודס. ***) נראה דצ"ל וסיינו תבואה שסיא יכולה.

הגהות הב"ח

(א) גמ' משתצמח לזרעים (התבואה והזיתים משיביאו שליש) תא"מ ונ"ב מפרש"י מבואר דלא סוי גרס ליה: (ב) רש"י ד"ה התלתן מין תבלין · נ"ב ובמס' כ"ק דף פא ע"א פרש"י שהוא מין קטנית וצ"ע לדינא לענין טנודר מן תבלין אם הוא בכלל: (ג) תוס' ד"ה התבואה כו' ואית דגרסי הבאושים · נ"ב כיון דגרסי הענבים הבאושים למימר דהתם ענבים משיבאישו שליש הכל בשאר מין ענבים דסייט באושים יש לגום שיעור אחר אבל בירושלמי גרס הענבים והבאושים בוא"ו אלמא דתרוייהו שיעורן משיבאישו: (ד) ד"ה מנהג וכו' שהוא לתוספת כדפרישית לעיל · נ"ב פי' דבחריש לא ללמד על חולדש דחורש דלא שייכא חכי אסור אחרייתא לא וכדכתבו התוספות לעיל דף ט' בד"ה שהרי ע"ש וקרא דשנת השמטה בא ללמד על התבואה שהביאה שליש לפני ר"ה שאסורה בשמינית ...

גליון הש"ס

גמרא ת"ר המודר הנאה מחבירו לשנה · עיין נדרים דף ס ע"ב איבעיא להו אמר קונם יין שאני טועם. ועיין בתשובת מהרי"ל ססר כ' סימן כא:

§ מסכת ראש השנה דף יב: §

אות א׳

אם היתה שניה נכנסת לשלישית, שניה מעשר ראשון ומעשר שני, שלישית מעשר ראשון ומעשר עני

יו״ד סימן שלא סקכ״ו - [א]הירק, בשעת לקיטתו עישורו, כיצד, אם נלקט ביום ר״ה של שלישית, אף על פי שבא לעונת המעשרות ונגמר בשניה, מפרישין ממנו מעשר עני; ואם נלקט ברביעית, מעשר שני.

אות ב׳

מעשר ראשון ומעשר עני, ומעשר שני יבטל

יו״ד סימן שלא סי״ט - [ב]אבל בשלישית ובששית מהשבוע, אחר שמפרישין מעשר ראשון, מפרישין מהשאר מעשר אחר ונותנים לעניים, והוא נקרא מעשר עני; ואין בשתי שנים אלו מעשר שני, אלא מעשר עני, ועליו נאמר: מקצה שלש שנים תוציא את כל מעשר תבואתך וגו׳ ובא הלוי וגו׳.

אות ג׳

המודר הנאה מחבירו לשנה, מונה שנים עשר חודש מיום ליום

סימן רכ ס״ז - אמר: שנה אחת, או שנה סתם, אסור מעת לעת - משעה שנדר - ש״ך, ואם נתעברה השנה, אסור בה ובעיבורה. ואם עומד בחורף ואמר: שנה זו, והיא מעוברת, אסור עד תשרי, ולא אמרינן שאדר שני יעלה במקום אלול.

אות ד׳

ואם אמר לשנה זו, אפילו לא עמד אלא בעשרים ותשעה באלול, כיון שהגיע יום אחד בתשרי עלתה לו שנה

סימן רכ ס״ו - היה עומד בתוך השנה, או קודם לה, ואמר: השנה זו, אסור עד תשלום השנה ומותר ביום ר״ה; [ד]ושנה זו מונים מתשרי, שאפילו אם עומד בכ״ט באלול, כיון שהגיע תשרי, מותר.

אות ה׳

בנדרים הלך אחר לשון בני אדם

סימן ריז ס״א - נדר או נשבע מהמבושל, אם דרך אותו מקום באותו לשון ובאותו זמן שקוראין מבושל אפי׳ לצלי ולשלוק, הרי זה אסור בכל; ואם אין דרכם לקרות מבושל אלא לבשר שנתבשל במים ובתבלין, הרי זה מותר בצלי ובשלוק. וכן המעושן והמטוגן והמבושל בחמי טבריא וכיוצא בהם, הולכים בו אחר הלשון של בני העיר.

אות ו׳

התלתן משתצמח, התבואה והזיתים משיביאו שליש

רמב״ם פ״ב מהל׳ מעשר ה״ה - התבואה משתביא שליש, התלתן [ד]משתהיה זרעה ראוי לצמיחה אם נזרע.

יו״ד סימן שלא סט״ו - התבואה והזיתים שלא הביאו שליש, פטורים מתרומה ומעשרות; ומנין יודע, כל שזורעה ומצמחת, בידוע שהביאה שליש.

אות ו׳*[ה]

כל תבואה שהביאה שליש בשביעית לפני ראש השנה, אתה נוהג בו מנהג שביעית בשמינית

רמב״ם פ״ד מהל׳ שמיטין הי״ג - וכן פירות שביעית שיצאו למוצאי שביעית בתבואה וקטניות ואילנות, הולכין אחר עונת המעשרות; והפרגין והשומשמין והאורז והדוחן ופול המצרי שזרעו לזרע, אחר גמר הפרי; והירק אחר לקיטתו.

באר הגולה

[א] מ״ו פ״ב דביכורים ומייתי לה בר״ה דף י״ד ע״ב [ב] ברייתא ר״ה דף י״ב ע״ב [ג] ברייתא ראש השנה דף י״ב: [ד] ‹עיין רש״י ותוס׳. ועל פי׳ הרמב״ם {ותוס׳} הקשה המעשה רוקח פ״ב מהל׳ תרומה ה״י: כיון ששיעור השליש היינו שזורעו ומצמיח, אמאי לא תני ליה להתלתן בהדי תבואה וזתים, {שזהו שיעור שליש וכדלקמן}, ומדקתני שיעורא לתלתן ושיעורא לזתים ותבואה, משמע דלאו כי הדדי נינהו, ע״כ› [ה] ‹ע״פ מהדורת נהרדעא›

§ מסכת ראש השנה דף יג. §

אות א׳

<u>בארבעים סאה הוא טובל, בארבעים סאה חסר קורטוב אינו יכול לטבול בהן</u>

סימן רא ס״א - אין האשה עולה מטומאתה ברחיצה במרחץ; ואפילו עלו עליה כל מימות שבעולם, עדיין היא בטומאתה וחייבין עליה כרת, עד שתטבול כל גופה בבת אחת, במי מקוה או מעיין שיש בהם ארבעים סאה; ושיעורם אמה על אמה על רום שלש אמות במרובע, באמה בת ששה טפחים וחצי אצבע; ואם הוא רחב יותר ואינו גבוה כל כך, כשר אם יכולה להתכסות כל גופה בהן בבת אחת; וצריך שיעלה בתשבורת מ״ד אלף וקי״ח אצבעות בגודל ועוד חצי אצבע (ד״ע כג״ס); וצריך שיהיה החריץ שבו המים גדול יותר משיעור זה, כדי שכשתכנס הטובלת ויתפחו המים ישארו שם ארבעים סאה (תוס׳ פ׳ ערבי פסחים).

אות ב׳

<u>כביצה מטמא טומאת אוכלין, כביצה חסר שומשום אינו מטמא טומאת אוכלין</u>

רמב״ם הל׳ טומאת אוכלין פ״ד ה״א - כמה שיעור אוכלין לטומאה: לטומאת עצמן [א]כל שהן, אפילו שומשום או חרדל מתטמא, שנאמר: כל האוכל אשר יאכל, כל שהוא; ואין אוכל טמא מטמא אוכל אחר או משקין או ידים, עד שיהיה בו כביצה בלא קליפתה; וכן האוכל אוכלין טמאים, אינו נפסל עד שיאכל כביצה ומחצה, וזהו חצי פרס.

אות ג׳

<u>שלשה על שלשה מטמא מדרס, שלשה על שלשה חסר נימא אחת אינו מטמא מדרס</u>

רמב״ם פכ״ב מהל׳ כלים ה״א - כמה שיעור הבגד להתטמא: שלשה טפחים על שלשה טפחים למדרס, ושלש אצבעות על שלש אצבעות מכוונות עם המלל לטומאת המת או לשאר טומאות; בד״א בבגדי צמר ופשתים, אבל בגדים של שאר מינין אין מקבלין טומאה מכל הטומאות אלא אם כן היה בהן שלשה טפחים על שלשה טפחים או יתר, שנאמר: או בגד, מפי השמועה למדו שבא הכתוב לרבות שלשה טפחים על שלשה טפחים בשאר בגדים לטומאה; בד״א בקרעים מן הבגדים, אבל האורג בגד בפני עצמו כל שהוא, הרי זה מקבל שאר טומאות, חוץ מטומאת מדרס, שאין מקבל אותה אלא הראוי למדרס.

באר הגולה

[א] ‹בת״כ: "מכל האוכל", מלמד שמטמא בכל שהוא, יכול יטמא לאחרים בכל שהוא, ת״ל "אשר יאכל", אוכל הנאכל, והיינו כביצה. וכתבו רש״י בפרק כל שעה דף ל״ג, והתוספות חלקו עליו שם, וכתבו שגם רש״י חזר בו בפרק אותו ואת בנו, וגם שם בפרק כל שעה כתב בסוף דבריו: ואני שמעתי דאף לקבל טומאה בעי כביצה, מ״מ דעת רבינו הוא כפשטא דההיא דת״כ – כסף משנה›

ודלמא לא עייל כלל וקאמר רחמנא תשמט ותיזיל עד חג הסוכות לא סלקא דעתך דכתיב °וחג האסיף בצאת השנה מאי אסיף אילימא חג הבא בזמן אסיפה הכתיב באספך אלא *מאי אסיף קציר °וקים להו לרבנן דכל תבואה שנקצרה בחג בידוע שהביאה שליש לפני ראש השנה וקא קרי לה בצאת השנה א"ל ר' ירמיה לר' זירא וקים להו לרבנן בין שליש לפחות משליש א"ל *לאו אמינא לך °לא תפיק נפשך לבר מהלכתא כל *מדות חכמים כן הוא °בארבעים סאה הוא טובל בארבעים סאה חסר קורטוב אינו יכול לטבול בהן °כביצה מטמא טומאת אוכלין כביצה חסר שומשום אינו מטמא טומאת אוכלין °שלשה על שלשה מטמא מדרס שלשה על שלשה חסר נימא אחת אינו מטמא מדרס הדר א"ר ירמיה לאו מילתא היא דאמרי דבעו מיניה חברייא מרב כהנא עומר שהקריבו ישראל בכניסתן לארץ מהיכן הקריבוהו אם תאמר דעייל ביד נכרי °קצירכם אמר רחמנא ולא קציר נכרי ממאי דאקריבו דלמא לא אקריבו לא ס"ד דכתיב °ויאכלו מעבור הארץ ממחרת הפסח *ממחרת הפסח אכול מעיקרא לא אכול דאקריבו עומר והדר אכלי מהיכן הקריבו אמר להן כל שלא הביא שליש ביד נכרי ודלמא עייל ולא קים להו °אלא קים להו הכא נמי קים להו ודלמא לא עייל כלל אבל היכא דעייל ריבעא בין שליש לפחות משליש לא קים להו לא סלקא דעתך דכתיב °והעם עלו מן הירדן בעשור לחדש ואי ס"ד דלא עייל כלל בחמשה יומי מי קא מליא אלא מאי דעייל רבעא או דנקא אכתי בחמשה יומי מי קא מליא אלא מאי אית לך למימר *°ארץ צבי כתיב בה ה"נ ארץ צבי כתיב בה מתקיף לה רבי חנינא ומי מצית אמרת דהאי אסיף קציר הוא והכתיב °באספך מגרנך ומיקבך ואמר מר *בפסולת גורן ויקב הכתוב מדבר א"ר זירא הא מילתא הואי בידן ואתא רבי חנינא שדא ביה *נרגא אלא מנלן כדתניא רבי יונתן בן יוסף אומר °ועשת את התבואה לשלש השנים אל

רש"י

ודלמא לא עייל כלל. ואפילו לא התחילו להתבשל בשביעית קאמר רחמנא מצות שביעית לימשך איסורה עד חג הסוכות מלחרוש ולקצור: **לא ס"ד.** דלשתני קרא אלא כשהביאו שליש דמוכח קרא אחרינא: **וחג האסיף בצאת השנה מאי חג האסיף.** אילימא דההוא שם סוכות ומשום דבא בזמן אסיפה למה לי דכתב בחד קרא תרי זמני הא כתיב בההוא קרא גופיה באספך את מעשיך: **אלא מאי אסיף קציר.** וה"ק וחג אשר הוא באספך את מעשיך מן השדה אסיף אשר אתה קוצר בו איט משנה הנכנסת אלא משנה היוצאת ולמדך כאן שקציר החג הולך אחר שנה שעברה וקים להו לרבנן שאמרו התבואה אחר שליש דכל תבואה שנקצרת בחג בידוע שהביאה שליש לפני ר"ה: **וקא קרי ליה בצאת שנה.** שהיא משנה היוצאת אלמא תבואה אחר שליש: **וקים להו לרבנן.** בתמיה וכי בקיאין הן בטיב גידול התבואה לדעת שאין התבואה ראויה לקצור בחג אא"כ הביאה שליש בשנה שעברה: **לא תפיק נפשך בר מהלכתא.** לפקפק בשיעור חכמים: **כל מדותם כך הוא.** מצומצמת: **חסר קורטוב.** מדה קטנה אחד מאחד מח' בשמינית בלוג: **כביצה (א) אוכלים.** וקים להו לרבנן שאין בית הבליעה מחזיק לא פחות ולא יותר מביצת תרנגולת וכתיב בטומאת אוכלין (ויקרא יא) מכל האוכל אשר יאכל אוכל הנאכל בבת אחת: **שלשה טפחים על שלשה טפחים מטמאים מדרס.** שיערו חכמים שכשיעור הזה ראוי לישיבה: **לאו מילתא היא דאמרי.** שהקשתי לומר וקים להו רבנן בין שליש לפחות משליש דודאי קים להו: **דעייל ביד נכרי.** שנתבשל עד שלא באו לארץ: **קצירכם.** ראשית קצירכם ומשראוי לקצור היא קרויה קציר: **ממחרת הפסח.** הוא יום הקרבת העומר ממחרת יום הראשון של פסח: **ודלמא עייל ולא קים להו.** מסקנא דמילתיה דר' ירמיה הוא ואי ס"ד לא קים להו דלמא עייל ביד נכרי ולא הוה קים להו: **ה"נ.** גבי תבואה הנקצרת בחג: **קים להו.** שהביאה שליש לפני ר"ה: **ודלמא לא עייל כלל.** בדקו עד שמצאו מתבואה עד שלא התחילה ליבשל כלל וממנו הביאו: **ארץ צבי.** מה צבי קל ברגליו מכל החיות אף א"י קלה לבשל פירותיה מכל הארצות הכי מפרש לה במס' כתובות בפרק בתרא (דף קיב.): **מי מצית אמרת דהאי אסיף קציר.** דקאמרת דהאי אסיף יתירא למידרשיה לשון קציר הוא: **והא כתיב.** בעלמא באספך מגרנך ומיקבך: **ואמר מר.** שלמדך הכתוב לעשות סכך של סוכה בפסולת גורן ויקב כגון קשין וזמורות דבר שאין מקבל טומאה וגידולו מן הארץ והאי חג האסיף כמי דקאמרת יתירא הוא משום דכתיב גבי באספך את מעשיך לאו יתירא הוא אלא זהו שם החג על שם שהסוכה מסוככת בפסולת גורן ויקב וה"ל כמאן דכתב וחג הסוכות בצאת השנה באספך מעשיך בזמן שהאדם אוסף אל הבית תבואה שבשדות: **הא מילתא הוה בידן.** הייט סבורין שנלמוד מכאן שהתבואה אחר שליש: **ואתא ר' חנינא שדא ביה נרגא.** לומר דהאי אסיף שפיר משתמע בלישנא דקרא ולאו יתירא הוא: **ועשת את התבואה לשלש השנים אל תקרי לשלש אלא לשליש.** שעשתה כשהיא בשליש בישולה לגופיה

תוספות

אלא מאי אסיף קציר. אבל מכל מקום פשטיה דקרא חג הבא בזמן אסיפה א): **וקרי** ליה בצאת השנה. מ"מ בהאי קרא לחודיה לא סגי אי לאו במועד שנת השמטה בחג הסוכות: **חסר** קורטוב. אחד משמונה בשמינית כדאיתא בפרק המוכר את הספינה (ב"ב צ.) ומדה הפחותה נקט ולאו דוקא דאפילו פחות מכאן ואפילו חסר טיפה איט טובל: **ולא** קציר נכרי. ואף על גב דירושה היא להם מאבותיהם כדאיתא בע"ז פרק רבי ישמעאל (דף נג:) דאמר רחמנא ואשריהם תשרפון באש מכדי ירושה היא להם מאבותיהם ואין אדם אוסר דבר שאינו שלו מ"מ יש לו במה שזרע ומ"מ(ב) דייק התם שפיר משום אשרות שמדורות הראשונים: **דאקריבו** עומר והדר אכול. הקשה ר' אברהם אבן עזרא הא ממחרת הפסח הייט ט"ו בניסן שהוא מחרת שחיטת הפסח הנשחט בי"ד כדכתיב בפרשת מסעי ממחרת הפסח יצאו בני ישראל ביד רמה וזה היה בט"ו והשיב לו ר"ת דה"ק קרא ויאכלו מעבור הארץ ממחרת הפסח כלומר מן הישן מצות וקלוי דהוא חדש אכלו בעצם היום הזה דהייט ט"ז דאקריבו עומר והדר אכול וה"נ אשכחן ט"ז דאקרי בעצם היום הזה כדכתיב ולחם וקלי וכרמל לא תאכלו עד עצם היום הזה °וא"ת ולמאי איצטריך למכתב שאכלו מן הישן הא פשיטא דמצות אכלו בלילה הראשונה ויש לומר דההיא אכילה לא חשיבה דסגי בכזית להכי אתא קרא למימר דעיקר אכילה היתה מן הישן ואתא קרא לספר שבחו של מן דכתי'(ג) ולא היה עוד לבני ישראל מן דאמרינן במדרש משל לתינוק שאכל פת שעורין מפני שאין לו פת חטין ומקודם לכן היו יכולין לאכול מן הישן כשעלו מן הירדן בעשור לחדש אלא שבמן היו חפצים יותר כל זמן שלא פסק להם ונוהו קשיא דבתוספתא דסוטה (פי"א) ובפ"ק דקדושין (דף לח. ושם) אמרינן שהיו מסתפקין במן שבכליהם עד ט"ז בניסן דכתיב וישבות המן ממחרת באכלם מעבור הארץ שמע מינה משאכלו חדש פסק וע"כ י"ל דט"ז נמי קרי ממחרת הפסח לפי שהוא יום מחרת אכילתו דנאכל בליל ט"ו ובפ' שני דחלה בירושלמי פלוגתא היא דאמוראי והכי איתא התם ר' יונה בעא קמיה דר' ירמיה בשעה שנכנסו ישראל לארץ ומצאו קמה לחה מהו שתהא אסורה משום חדש אמר ליה למה לא עד כדון לחה אפילו יבשה אמר ליה ואפילו יבשה ואפילו קטורה מעתה ואפילו חיטין בעלייה כך אנו אומרים לא אכלו ישראל מצה בלילי הפסח א"ר יונה מאן דנפקית תהית דלא א"ל שנייה היא שמצות עשה דוחה ל"ת על דעת ר' יונה דאמר מצות עשה דוחה ל"ת אע"פ שאינו כתוב בגדה ניחא על דעת ר' יוסי דאמר אין מצות עשה דוחה לא תעשה אלא א"כ כתוב בגדה ממה שהיו תגרי נכרים מוכרין להם וכרבי ישמעאל דא"ר ישמעאל כל ביאות שנאמרו בתורה לאחר י"ד נאמרו שבע שכבשו ושבע שחלקו התיב ר' בון בר כהנא הא כתיב ויאכלו מעבור הארץ ממחרת הפסח לאו בט"ו התיב ר' אלעזר בר יוסי קמיה דר' דוסא והכתיב ממחרת הפסח יצאו בני ישראל לאו בחמשה עשר יצאו: **ומהיכן** הקריבו. משמע דאי לא הקריבו היו אסורין כל היום ודלא כמ"ד במנחות פ' ר' ישמעאל (דף סח.) דאף בזמן שבהמ"ק קיים האיר המזרח מתיר: **ה"נ** ארץ צבי. ובחמשה יומי קא מלו והא דאמר לעיל תבואה שנקצרת בחג בידוע שהביאה שליש לפני ר"ה לענין שתהא ראויה לקצור אינה ממהרת להתבשל בחמשה יומי אבל הכא לענין עומר דכתי' (ויקרא כג) כרמל רך ומלא(ג) ועוד דלאחר גמר בישולה מאחרין אותן בשדות כדי שתתבשל יפה כדמשמע גבי (°רבה) בפ' איזהו נשך (ב"מ עד:)

רבינו חננאל

השביעית שנאמר וחג האסיף בצאת השנה וקיי"ל דהאי אסיף קציר הוא. וכן פירושו כל קציר הנקצר בחג הסוכות בצאת השנה כלומר מן השנה היוצאת הוא חשוב וקים לרבנן דכל תבואה שנקצרת בחג הסוכות בידוע שהביאת שליש לפני ר"ה וקרי ליה בצאת השנה. ואמרינן ואי קים להו לרבנן בין פחות שליש לשליש. ופרקינן לא תוקי ותפיק נפשך לבר מהלכתא כלומר אין לאדם להוציא עצמו מן ההלכה. ולדקדק איך יתכן דבר זה. דהא כל מדות חכמים כן תן במ' סאה טובל במ' סאה חסר קורטוב אינו טובל. פי' קורטוב אחד מח',,,,, בשמיני' ופסול בתתק"ס מצל מים שהן שיעור המקוה אם חסרו חלק אחד מח' בשמינית. וכן כביצה מטמאה טומאת אוכלין כו'. אלמא קים להו בהני כולהו בין שליש לפחות משליש נמי קים להו. ואתא ר' ירמיה למידק ולפרושי הא סברא דקים להו לרבנן בין שליש לפחות משליש. מן העומר שהקריבו ישראל בכניסתן לארץ שנאמר ויאכלו מעבור הארץ ממחרת הפסח מצות וגו' ש"מ מדכתיב ממחרת הפסח הוא דאכלו. אחר שהקריבו העומר אבל מקודם לכן לא אכלו. ואי אפשר להביא העומר ולהקריבו ממה שהביא שליש ביד נכרי אלא ממה שהיה בעת שנכנסו ישראל פחות משליש ואח"כ נתמלא אלמא קים להו ונדחת זו הדוקיא ואף זו שדקדקנו כי כל תבואה שהביאה שליש לפני ר"ה מן השנה שעברה היא חשובה מהאי קרא וחג האסיף בצאת השנה. ואוקימנה מאי

עין משפט נר מצוה

סז א מיי' פ"ד מהל' מקוואות הלכה א סמג עשין רמח טוש"ע י"ד סי' רא סעיף א:

סח ב מיי' פ"ד מהל' טומאת אוכלין הלכה א:

סט ג מיי' פ"ב מהל' כלים הלכה א:

[דתי כנ"ל וכן הוא בפרשת דרכים בדרך הקדש]

[וע"ע תוס' קדושין לח. ד"ה ממחרת]

[קידושין לח:]

מסורת הש"ס

סנהדרין יג:

[סוטה מז:]

כתובות קד. מנחות קג:

[וכתובות קיב. מגילה ו:]

הגהות הב"ח

(א) רש"י ד"ה כביצה מטמאה טומאת אוכלין דקים להו: (ב) תוס' ד"ה דאקריבו כו' שנאכל מן דכתיב במדבר ויאכלו מעבור הארץ ולא היה עוד: (ג) ד"ה ה"נ כו' כרמל רך ומלא סגי כו' יומי ועוד כו' כדי שתהיה יפה:

[פי' תתכו כתובה אילן כגרגרן עירן]

[נ"ל רבה]

הגהות מהר"ב רנשבורג

א) תוס' ד"ה אלא מאי אסיף וכו' בזמן אסיפה. נ"ב וכפרש"י ד"ה אלא מאי אסיף וכו':

גליון הש"ס

גמ' וקים כו'. עי' יומא פט ע"א: שם לא תפיק כו'. סוטה מז ע"ב: שם אלא קים להו ה"נ קים להו. תמוה לי דהאיך דומה זה לזה דלעיל שלא ראינו התבואה קודם ר"ה אלא עתה כשקוצרים אותם בסוכות וכאנו לדון מדרך כלל דכל שנקצרת בחג הביאה שליש קודם ר"ה בזה י"ל דלא קים להו בכך כללא משא"כ הכא דכשבאו לארץ ראו להתבואה שעדיין לא הביאה שליש ובזה בקיאין מה שהוא נראים עין. ובא בזה ודאי בקיאין כדקתני במתני' התבואה משהביאה שליש משמע דבלא הביאה שליש אין בו משום שביעית ולא משום מעשר ולא חיישינן דשמא הביאה שליש אע"כ דבזה בקיאין:

עין משפט נר מצוה

ע א מיי' פ"ד מהל' שמיטה הלכה יא וס"א מהל' מ"ש הל' ח סמג עשין קמו ולאוין רסה :

עא ב מיי' פ"ב מהלכות בכורים הלכה ז סמג עשין קנו וקנז טוש"ע י"ד סי' שלא סעיף ד :

עב ג מיי' פ"ב מהל' תרומות הל' י וס"ב מהל' מעשר הלכה ה סמג עשין קנג קנה :

עג ד מיי' פ"ה מהל' תרומות הל' יא וס"א מה' מ"ש הל' ב והל' ד וס"ד מה' שמיטה הל' יב סמג עשין קלה :

עד ה ו מיי' פ"א מה' מ"ש הל' ח :

תורה אור

אל תקרי לשלש אלא לשליש והא מיבעי ליה לגופיה כתיב קרא אחרינא [ויקרא כה] וזרעתם את השנה השמינית ואכלתם מן התבואה ישן עד השנה התשיעית תנן התם **האורז והדוחן והפרגין והשומשמין שהשרישו לפני ר"ה מתעשרין לשעבר ומותרין בשביעית ואם לאו אסורין בשביעית ומתעשרין לשנה הבאה אמר רבה אמר רבנן אילן בתר חנטה תבואה וזיתים בתר שליש ירק בתר לקיטה הני כמאן שוינהו רבנן הדר אמר רבה מתוך שעשויין פרכין פרכין אזלי רבנן בתר השרשה א"ל אביי ויצבור גורנו לתוכו ונמצא תורם מן החדש שבו על החדש שבו ומן הישן שבו על הישן שבו מי לא תניא *רבי יוסי בן כיפר אמר משום ר"ש שזורי פול המצרי שזרעו לזרע מקצתו השריש לפני ר"ה ומקצתו השריש לאחר ר"ה אין תורמין ומעשרין מזה על זה לפי שאין תורמין ומעשרין לא מן החדש על הישן ולא מן הישן על החדש כיצד הוא עושה צובר גורנו לתוכו ונמצא תורם ומעשר מן החדש שבו על החדש שבו ומן הישן שבו על הישן שבו א"ל ר"ש שזורי קאמרת ר"ש שזורי סבר *יש בילה ורבנן סברי אין בילה א"ר יצחק בר נחמני אמר שמואל *הלכה כרבי יוסי בן כיפר שאמר משום ר"ש שזורי מתקיף לה רבי זירא ומי אמר שמואל הכי והאמר שמואל לכל אין בילה חוץ מיין ושמן אשתמיטתיה הא דאמר שמואל הכל הולך אחר גמר פרי וצריכא

אל תקרי לשלש אלא לשליש. כלומר עשייתה כשהוא שליש בשולה ותימה דהדרא קושיא לדוכתיה דקאמר לעיל ודלמא לא עייל כלל וקאמר רחמנא תשמיטו ותיזיל עד חג הסוכות וי"ל דהאי תנא לית ליה דרשה דלעיל: **מתוך** שעשויין פרכין. מתוך שגורנן מעט מעט שאין נלקטין ביחד אלא היום נלקטין ונפרכין מעט ולמחר מעט ונמלא חדש וישן מעורבין יחד אם הלכו בהם אחר לקיטה כשאר ירק לכך אזיל בהו בתר השרשה שבשנה אחת משרשת כל השדה שהרי בבת אחת זורעים אותם ומעשר פירות האילן וקטנית וירק מדרבנן הם ויכולת ביד חכמים לקבוע זמן לכל אחד לפי דעתם כך פירש הקונטרס ותימה תינח מעשר דרבנן אלא שביעית דלאורייתא הוא היכי אזלינן בתר השרשה להתיר בשביעית כשהשרישו בששית ושמא בשביעית בזמן הזה ורבי היא כדאמר גבי פרוזבול בפרק השולח (גיטין דף לו. ושם) א"כ כדתניא בת"כ מנין לאורז ודוחן ופרגין ושומשמין שהשרישו לפני ר"ה שכונסין אותן בשביעית ת"ל ואספת את תבואתך בשביעית יכול אע"פ שלא השרישו ת"ל שש שנים תזרע ואספת שש זורעים ושש אוספים ולא שש זורעים ושבעה אוספים:

ויצבור גורנו לתוכו. כלומר וכיון דיכול לתקן אמאי אזיל בתר השרשה ומסיק דרבנן סברי אין בילה ותימה מאי קא משני הכתי תקשי לר"ש שזורי דסבר יש בילה ואזיל בתר השרשה כדקתני בהדיא מקלתו השרישו ובסיפא דקך משנה נמי תנן בפרק ב' דשביעית (מ"ח) אר"ש שזורי פול המצרי שזרעו לזרע בתחלה כולה בהן כלומר בתר השרש כאורז ודוחן ועוד מאי קמותיב ליה ויצבור גורנו לתוכו הכי דמותיב לגבירת גורן לענין חדש וישן לענין שניה הנכנסת לשלישית לא מהני דשניה מעשר שני שלישית מעשר עני וכן חמישית הנכנסת לששית ומיהו זה יכול לתקן שיפריש מעשר אחד ויחלל על מעות ויאכל המעות בירושלים והמעשר יחלק לעניים וקלת משמע בירושלמי דשביעית דשני מעשרות מעשר על ידי לבור גורנו:

פול המצרי שזרעו כו'. סיפא דהיא דהאורז והדוחן היא ומוסיף אדרבנן אלף בפול המצרי הולכין בתר השרשה: **אמר** רבי יצחק בר נחמני אמר שמואל הלכה כר"ש שזורי. ברוב ספרים גרסינן בהקומץ רבה (מנחות לו. ושם) ר' שמואל בר נחמני א"ר יונתן ולא יתכן כדמוכח כאן דפריך ומי אמר שמואל הכי ועוד דל"ל: קשיא לר' יונתן אדר' יונתן לפי הספרים דגרס התם א"ר יונתן הלכה כר"ש שזורי במסוכן ובתרומת מעשר של דמאי דמשמע בהכי דוקא כדמוכח בבהמה המקשה (חולין עה.) ואע"פ שיש ספרים דגרסי דההיא אמר ר' יוחנן ולא יתכן במסכת כתובות בריש פרק אע"פ (דף נז.):

חוץ מיין ושמן. לענין מעשר איירי והוא הדין מים לענין הזאה בפ' התערובות (זבחים פ.): **אחר** גמר פרי. אין זה אחר לקיטה דזמנין דעמבר לפני ר"ה ונלקט אחר ר"ה וכל ירק נמי הולכין בו אחר גמר פרי אלא דנקיט בכל דוכתי בתר לקיטה משום דלקיטה תכף לגמר פרי אבל הני אין לקיטתן בגמר פרי שממתין להן עד שיתייבשו ואין לקיטתן כאחד דמתייבשין פרכין פרכין אבל כולן כאחת ולכך מותר לעשר לשמואל אף על גב דסבר אין בילה ותימה שמואל דאמר כמאן הא בין ר' שמעון שזורי בין רבנן מודו דאזלינן בתר השרשה לפני ראש השנה כדפי' והוה ליה ישן ושמואל דאזיל בתר גמר פרי דלאחר ראש השנה הוה ליה חדש הוה דאלו רבי שמעון שזורי טעמיה משום בילה וטעמא דשמואל משום דכוליה חדש הוא שגדל וגמר אחר ראש השנה:

לגופיה. תשובה על מה נאכל בשנה השביעית: **האורז והדוחן כו'**. מיני קטניות הן דוחן מיל"ו: **פרגין**. מק"ו בלע"ז: **מתעשרין לשעבר**. כמעשרות שנה שעברה אם שניה מעשר שני ואם שלישית מעשר עני: **ומותרין בשביעית**. אם השרישו ערב שביעית לפני ר"ה: **ומתעשרים לשנה הבאה**. בשנת לקיטתן אם משאר שני שבוע היא שאינה שביעית: **כפר חנניה**. לקמן (דף טו:) תנא לה בפירקין אילן שחנטו פירותיו קודם ט"ו בשבט שהוא ר"ה לאילנות מתעשר לשנה שעברה: **ירק בתר לקיטה**. כדאמרן לעיל (ד' יב.) ליקט ירק ערב ר"ה כו': **הני**. קטניות כמאן שוינהו שהלכו בהן אחר השרשה: **מתוך שעשויין פרכין פרכין**. מתוך גורנן עשוי מעט מעט שאין נלקטין כאחד אלא היום לוקטין ומפרכין מעט ולמחר מעט ונמלא חדש וישן מעורבין יחד הנפרכין לפני ר"ה עם הנפרכין לאחר ר"ה אם הולכין בהן אחר לקיטה כשאר ירק כשיהא מפריש מעשרותיו ה"ל מעשר מן החדש על הישן ומן הישן על החדש אזלי בהו בתר השרשה שבשנה אחת משרשת כל השדה שהרי בבת אחת זורעין אותן ומעשר פירות האילן וקטניות וירק מדרבנן הן ויכולת ביד החכמים לקבוע זמן לפי דעתם לכל אחד ואחד: **פרכין פרכין**. לשון זה טפל בקטניות כדאמרי' במסכת בילה (דף יג:) מוללין מלילות ומפרכין קטניות בי"ט: **וליבור גורנו לתוכו**. ומה בכך אם ישן וחדש מעורבין יצבור את כל הגורן לתוכו כלומר באמצעיתו שיהא הכל נבלל יחד יפה ונמלא כשיתרום ויעשר יהא מהחדש במעשר לפי מה שיש חדש בגורן ומן הישן לפי מה שיש ישן: **מי לא תניא**. דסמכינן אבילה לומר יפה נבלל ונמלא תורם מן החדש לפי מה שיש חדש ומן הישן לפי מה שיש ישן: **פול המצרי**. מין קטנית פאזול"י ודרכן לזורעו לירק ולזרע והזורע לירק מתעשר אחר לקיטה והזורע לזרע לאכול את זרעו תורת קטניות עליו ומתעשר אחר השרשה וזה שזרעו לזרע והשריש מקצתו לפני ר"ה ומקצתו לאחר ר"ה: **אין תורמין מזה**. שמכירין בו שזרעוהו באחרונה על הכרע בראשונה ולא מן הראשון על האחרון: **כילד הוא עושה**. מורח לזה בעצמו וזה בעצמו: **לובר גורנו לתוכו**. יבלול אותו יפה לאחר שנתן מן הראשון בזוית זו ומן השני בזוית זו יחזור ויצברו לאמצע הגורן שיהא כולו כאחד ונמצא תורם מן החדש שבו כו': **יש בילה**. יש לסמוך על הבילה לומר שיש משניהן בתרך המעשר לפי החשבון: **אין בילה**. אין לסמוך על כך שיש לומר לא נבלל יפה ורובו של מעשר מן החדש או רובו מן הישן: **חוץ מיין ושמן**. שמעורב יין חדש עם הישן או שמן חדש עם הישן תורם ממנו ויש במעשר שניהם כפי החשבון שדבר לח נבלל יפה אבל יבש אין סומכין בו על הבילה: **אשתמיטתיה**. לר' זירא הא דאמר שמואל הכל הולך אחר גמר פרי ותו אמרינן ולי' אשמועינן הכל הולך אחר גמר פרי הוה אמינא אפילו תבואה וזיתים נמי קמ"ל הלכה כר' שמעון שזורי במאי דפליגי דתבואה וזיתים לא פליגי (א) ולא אזלינן בהו אחר גמר פרי אבל במיני קטניות פליגי דר' שמעון שזורי אזיל בתר השרשה ורבנן לא אזלי בתר השרשה בקטניות אלא אחר גמר פרי ועליה סמיך לפלוגי עליה דר' שמעון שזורי ועליה דהא מתניתין דתנינן לעיל האורז והדוחן והפרגין והשומשמין שהשרישו כו' ואני לא ידעתי מאן הוא ההוא תנא: **אשתמיטתיה לר' זירא הא דאמר שמואל הכל הולך אחר גמר פרי**. ואף הקטניות לא הלכו בהן אחר השרשה וכי אמר שמואל הלכה כר' שמעון שזורי לא מטעמיה דאמר

ולריכא

מסורת הש"ס

שביעית פ"ב מ"ז

מנחות לו. [תוס' שביעית פ"ב]

[זבחים פ.]

[מנחות לו. ע"ש]

הגהות הב"ח

(א) רש"י ד"ה אשתמיטתיה כו' דתבואה וזיתים לא פליגי והכל מודים דלא אזלינן :

רבינו חננאל

מאי אסיף קציר. דהאת' ר' חנינא ושרא בת גרתא כלומר חתכו בחתיכת אילן בגרזן ופשטנה מהא דתניא ר' נתן בן יוסף אומר מה ת"ל ועשת את התבואה לשלש השנים. א"ת לשלש אלא לשליש. פי' אני מצוה הברכה בשנה הששית שאפילו התבואה שהיא שליש מליאתה בשאר השנים עכשיו היא נחשבת מן השנה הששית ואינה מתבערת בשביעית וקראה הכתוב תבואה. תנן התם בשביעית פ"ב האורז והדוחן והפרגים והשומשמין שהשרישו קודם ר"ה מתעשרין לשעבר כו'. פי' בירושלמי אמר רב הונא שאי אפשר לעמוד על אלו מתי יביאו שליש. לפיכך אמרו כי השרשתו כמין פירי. אמר רבה אמור רבנן אילן בתר חנטה. דתנו רבנן אילן שחנטו פירותיו קודם ט"ו בשבט מתעשר לשנה שעברה. תבואה וזיתים בתר שליש כדאמרינן. ירק בתר לקיטה נמי כדאמרינן הני דתנינן בהו בתר השרשה כמאן. לא כאילן ולא כתבואה ולא כירק. הדר אמר רבה מתוך שעשויין *) פרכין פרכין פירוש משארי משארי ומשארא זו מתמלאה ומביאה שליש ועדיין זו לא (לי') נתמלאת. הכל לפי שומן המקום כיון שהשרשתם של כל הערוגות כאחת אמור רבנן חיובם במעשר בשעת השרשת' אם שנת שניה שניה אם של שית שלישי' לפי שזמן השרשה [בקטנית] ידוע הוא כגון הקליטה באילן. ואקשי עליה אביי ויצבור גורנו בתוכו. כלומר יעקרם הפרגין כלם כאחד ויערב אותם ויעשה הכל גורן אחד. ואע"פ שזו הערוגה הביאה שליש קודם וזו הערוגה ויוציא מעשרותיו מתוכו שנמצא מעשר מן החדש על החדש שבו ומן הישן שבו על הישן שבו. כר' יוסי בן כיפר שאמר משום ר' שמעון שזורי בענין פול המצרי שזרעו לזרע. ופי' ר"ש שזורי**) פול המצרי זרעו לזרע מתעשר לשעבר זרעו לירק מתעשר להבא. זרעו לזרע הוא הי ממי שנה שעברה זרעו לאכלו כירק הוא הי ממי שנה הבאה. ופריק רבה ר"ש שזורי קא אמרת. ר"ש שזורי סבר יש בילה ונעשה כולו אחד. ומתני' דקתני האורז והדוחן כו' לרבנן דפליגי עליה וסברי אין בילה. ואמר משמא דשמואל הלכתא כר"ש שזורי ואתקיפו עלה איני והאמר שמואל לכל אין בילה חוץ מיין ושמן מכלל שהפירות אין להם בילה ואמרינן אשתמיטתיה כלומר נעלמה ממנו הא דאמר שמואל הכל הולך אחר גמר פירי ולא [ס"ל] שמואל הלכה כר"ש שזורי משום דקסבר יש בילה דהא לית ליה לשמואל בילה בפירות אלא משום שהולך אחר גמר פירי

*) עי' היטב בערוך ערך פרכין. **) ר"ל דר"ש שזורי פירש בתוספתא פ"ב דשביעית דאם זרעו לזרע וכו' וע"ש היטב.

§ מסכת ראש השנה דף יג: §

אות א'

האורז והדוחן והפרגין והשומשמין שהשרישו לפני ראש השנה, מתעשרים לשעבר ומותרין בשביעית; ואם לאו, אסורין בשביעית ומתעשרין לשנה הבאה

רמב"ם פ"ד מהל' שמיטין הי"א - האורז והדוחן והפרגים והשומשמין ופול המצרי שזרעו לזרע, [א]הולכין בהן אחר גמר פרי; אם נגמר פרים קודם ר"ה, הרי אלו מותרין בשביעית כפירות ששית; ואם נגמרו אחר ר"ה, אף על פי שהשרישו קודם ר"ה, הרי אלו אסורים משום ספיחים.

רמב"ם פ"א מהל' מעשר שני ה"ח - עיין לקמן אות ה'-ו'.

אות ב'

אילן בתר חנטה

יו"ד סימן רצד ס"ד - ג' שנים הללו אינם נמנים מיום ליום, אלא הולכים בהם אחר שנות העולם שהוא מתחיל מתשרי, ואם נתעברה נתעברה לערלה ולרבעי; ופעמים שאינו אלא שתי שנים ומ"ד יום, ופעמים שהם יתרים על ג' שנים; כיצד, נטע מקודם ט"ז באב, שנשאר עדיין מ"ד יום עד ר"ח תשרי, כיון שהגיע ר"ח תשרי עלתה לה שנה, ומונה עוד שתי שנים; ואם נטע ביום ט"ז, ומיום ט"ז ואילך, מונה מראש חדש תשרי הבא ג' שנים שלמים. ולאחר ר"ח תשרי של שנה רביעית, כל הפירות שיחנטו בו קודם ט"ו בשבט, יש להם גם כן דין ערלה, אף על פי שנגמרים אח"כ; והנחנטים בו מט"ו בשבט של שנה רביעית עד ט"ו בשבט של שנה חמישית, נקראים רבעי; ולאחר ט"ו בשבט של שנה חמישית, הם חולין גמורים.

[ב]יו"ד סימן רצד ס"ה - הא דאמרינן שלאחר ר"ח תשרי של שנה רביעית כל הפירות שחנטו קודם ט"ו בשבט יש להם גם כן דין ערלה אף על פי שנגמרים אח"כ, דוקא בנטיעה שהקלנו עליה בתחלתה, שכיון שעברו עליה מ"ד יום עלתה לה שנה, לפיכך החמרנו עליה בסופה, הא לאו הכי, לא. וי"א דלא שנא.

אות ג'

תבואה וזיתים בתר שליש

רמב"ם פ"ב מהל' תרומות ה"י - הלקט והשכחה והפאה של עכו"ם חייבין בתרומה ומעשרות, אא"כ הפקיר; וכן התבואה והזיתים שלא הביאו שליש פטורין מן התרומה ומן המעשרות; ומניין יודע, כל שזורעה ומצמחת, בידוע שהביאה שליש; עבר והפריש מתבואה וזיתים שלא הביאו שליש, אינה תרומה.

רמב"ם פ"ב מהל' מעשר ה"ה - התבואה משתביא שליש.

אות ד'

ירק בתר לקיטה

רמב"ם פ"ה מהל' תרומות הי"א - ליקט ירק ערב ראש השנה עד שלא באה השמש, וחזר וליקט אחר שבאה השמש, אין תורמין מזה על זה, שזה חדש וזה ישן.

רמב"ם פ"א מהל' מעשר שני ה"ב - באחד בתשרי הוא ראש השנה למעשר תבואות וקטניות וירקות, וכל מקום שנאמר ראש השנה, הוא אחד בתשרי.

רמב"ם פ"א מהל' מעשר שני ה"ד - הירק בשעת לקיטתו עישורו, כיצד, אם נלקט ביום ראש השנה של שלישית, אף ע"פ שבא לעונת המעשרות ונגמר בשנייה, מפרישין ממנו מעשר עני; ואם נלקט ברביעית, מעשר שני.

רמב"ם הלכות שמיטין פ"ד הי"ב - [ג]הירק בשעת לקיטתו.

אות ה' – ו'

פול המצרי שזרעו לזרע, מקצתו השריש לפני ראש השנה ומקצתו השריש לאחר ראש השנה, אין תורמין ומעשרין מזה על זה, לפי שאין תורמין ומעשרין לא מן החדש על הישן, ולא מן הישן על החדש; כיצד הוא עושה, צובר גורנו

באר הגולה

[א] ‹פ"ק דר"ה מייתי הא דתנן בפרק ב' דשביעית, האורז והדוחן והפרגין והשומשמין שהשרישו לפני ר"ה, מתעשרין לשעבר ומותרים בשביעית, ואם לאו אסורים בשביעית ומתעשרים לשנה הבאה, ומייתי תו בברייתא דר"ש שזורי סבר {פול המצרי} שזרעו לזרע אזלינן ביה בתר השרשה, ובתר הכי אמר שמואל, הכל הולך אחר גמר פרי, ופירש"י במיני קטניות פליגי, דר"ש אזיל בתר השרשה, ורבנן לא אזלי בתר השרשה, למדנו דאשכח שמואל תנא דלא אזיל בתר השרשה בקטניות אלא אחר גמר פרי, ועליה סמיך לפלוגי עליה דר"ש שזורי, ועלה דהא מתניתין דתנינן לעיל האורז והדוחן וכו' שהשרישו וכו', **ומשמע** לרבינו דהא דאמר שמואל הכל הולך אחר גמר הפרי, גם לענין שביעית היא – כסף משנה› ‹**ולכאורה** קשה אמאי ציינו העין משפט על משנה זה דפסק הרמב"ם דלא כוותה›

[ב] ‹מילואים›

[ג] ‹פרק קמא דר"ה אמרינן הכי לענין תרומה ומעשר, ומשמע לרבינו דה"ה לענין שביעית – כסף משנה›

לתוכו, ונמצא תורם ומעשר מן החדש שבו על החדש שבו, ומן הישן שבו על הישן שבו

הכל הולך אחר גמר פרי

רמב"ם פ"א מהל' מעשר שני ה"ח - האורז והדוחן והפרגין והשומשמין, אף על פי שהשרישו קודם ראש השנה, אין הולכין בהן אלא אחר גמר הפרי, ומתעשרין להבא; וכן פול המצרי אף על פי שמקצתו השריש לפני ר"ה ומקצתו לאחריו, [ד]צובר גורנו לתוכו ותורם ומעשר מן הכל כאחד, שהכל הולך אחר גמר הפרי. השגת הראב"ד: א"א אם הכל הולך אחר גמר הפרי, [ה]אין צריך לצבור גרנו לתוכו, דהא קי"ל דאין בילה אלא ליין ושמן.

---

§ מסכת ראש השנה דף יד. §

אות א'

בצלים הסריסין ופול המצרי שמנע מהן מים שלשים יום לפני ראש השנה, מתעשרין לשעבר ומותרין בשביעית; ואם לאו, אסורין בשביעית ומתעשרין לשנה הבאה

רמב"ם פ"ד מהל' שמיטין הי"ז - הבצלים הסריסים ופול המצרי שמנע מהם מים ל' יום קודם ר"ה, ושל בעל שמנע מהם ג' עונות לפני ר"ה, הרי אלו מפירות ששית; פחות מיכן הרי הם כספיחי שביעית.

רמב"ם פ"א מהל' מעשר שני ה"ט - הבצלים הסריסים שמנע מהם מים שלשים יום לפני ראש השנה, ושל בעל שמנע מהם שלש עונות לפני ר"ה, מתעשרין לשעבר; מנע מהם פחות מכאן, אף על פי שהתחילו ליבש קודם ר"ה, מתעשרין להבא.

באר הגולה

[ד] ‹פסק שמואל הלכה כר"ש שזורי דאמר הכי – כסף משנה› [ה] ‹ולכאורה נראה לתמוה, שאם קושיא זו קושיא, דשמואל אדשמואל הו"ל לאקשויי, דאמר הכל הולך אחר גמר פרי, ואיהו גופיה אמר הלכה כר"ש שזורי דאמר פול המצרי שמקצתו השריש לפני ר"ה ומקצתו לאחר ר"ה צובר גורנו לתוכו, **אבל** לפי האמת אין כאן קושיא, שהרי פירש"י, וכי אמר שמואל הלכה כר"ש שזורי, לא מטעמיה קאמר, דאילו ר"ש שזורי טעמיה משום בילה, וטעמא דשמואל משום דכוליה חדש הוא שגדל ונגמר אחר ר"ה, עכ"ל, וכך הוא מוכרח בגמרא, וכך מבואר בדברי רבינו, **ואפשר** דודאי דפשיטא להראב"ד הוא, ולא בא להשיג על רבינו אלא מפני שתפס לשון צובר גורנו לתוכו, שלשון זה לא יצדק אלא למאן דסובר דבתר השרשה אזלינן, ואם יתרום מזה על זה הו"ל תורם מן החדש על הישן, ולפיכך צובר גרנו לתוכו, כלומר יבלול אותו יפה, לאחר שנתן מן הראשון בזוית זו ומן השניה בזוית זו, יחזור ויצברנו לאמצע הגורן, כדי שיהיה כולו כאחד נבלל יחד יפה, נמצא כשיתרום ויעשר יהא מן החדש במעשר לפי מה שיש חדש בגורן, ומן הישן לפי מה שיש ישן, וכדפירש"י. **וי"ל** שרבינו מפרש לשון צובר גרנו לתוכו, דהיינו לומר שאע"פ שלא יפריש מכל אחד לבדו, אלא שצובר כל גרנו לתוכו, ונמצא מעושר מזה על זה, שפיר דמי, לר"ש שזורי משום דיש בילה, ולשמואל משום דכוליה חדש הוא. **ומ"מ** שותא דמרן הראב"ד ז"ל לא ידענא, דסיים בה: דהא קי"ל דאין בילה אלא ליין ושמן, וזה אינו ענין למ"ד הכל הולך אחר גמר פרי, **ושמא** י"ל דחדא ועוד קאמר, חדא שאם הכל הולך אחר גמר פרי, אין צריך לצבור גרנו לתוכו, ואת"ל דלא אזלינן בתר גמר פרי אלא בתר השרשה, כי צובר גרנו לתוכו מאי הוי, הא קי"ל דאין בילה אלא ליין ושמן, וכבר יישבתי דברי רבינו – כסף משנה›

מסורת הש"ס

עין משפט נר מצוה

עה א מיי' פ"ד מהל' שמיטין הלכה יז ופ"א מהל' מ"ש הל"ט:

תורה אור

וצריכא דאי אשמעינן הלכה כר"ש שזורי ה"א משום דקסבר יש בילה קמ"ל לכל אין בילה ואי אשמעינן לכל אין בילה ה"א כרבנן ס"ל קמ"ל הלכה כר"ש שזורי ואי אשמעינן הני תרתי ה"א קשיא דשמואל אדשמואל קמ"ל הכל הולך אחר גמר פרי ואי אשמעינן הכל הולך אחר גמר פרי הוה אמינא אפילו תבואה וזיתים נמי קמ"ל הלכה כר' שמעון שזורי במאי דפליג ולשמעינן הני תרתי לכל אין בילה למה לי הא קמ"ל דליין ושמן יש בילה תניא רבי יוסי הגלילי אומר °באספך מגרנך ומיקבך מה גורן ויקב מיוחדין שגדילין על מי שנה שעברה ומתעשרין לשנה שעברה אף כל שגדילין על מי שנה שעברה מתעשרין לשנה שעברה יצאו ירקות שגדילין על מי שנה הבאה ומתעשרין לשנה הבאה ר"ע אומר באספך מגרנך ומיקבך מה גורן ויקב מיוחדין שגדילין על רוב מים ומתעשרין לשנה שעברה אף כל שגדילין על רוב מים מתעשרין לשנה שעברה יצאו ירקות שגדילין על כל מים ומתעשרין לשנה הבאה מאי בינייהו א"ר אבהו בינייהו איכא בינייהו דתנן* *בצלים הסריסין ופול המצרי שמנע מהן מים שלשים יום לפני ר"ה מתעשרין לשעבר ומותרין בשביעית ואם לאו אסורין בשביעית ומתעשרין לשנה הבאה: באחד בשבט ר"ה לאילן: מ"ט אמר רבי אלעזר א"ר אושעיא הואיל ויצאו רוב גשמי שנה ועדיין רוב תקופה מבחוץ מאי קאמר ה"ק אע"פ שרוב תקופה מבחוץ הואיל ויצאו רוב גשמי שנה ת"ר *מעשה בר"ע שליקט אתרוג באחד בשבט ונהג בו שני עישורין אחד

דברים טז

ולריכא · הני תלת דשמואל הלכה כר"ש שזורי ולכל אין בילה והכל הולך אחר גמר פרי: **כרבנן סבירא ליה** · ואין תורמין ממנו ואין לו תקנה לחדש וישן שנתערבו אלא א"כ תורמין עליו ממקום אחר לפי חשבון מחדש על החדש ומישן על הישן: **קשיא דשמואל אדשמואל** · הכא אמר שמואל הלכה כר"ש דיש בילה והכא אמר אין בילה: **קמ"ל הכל הולך כו'** · למימרא דטוליה חדש הוא והלכה כר"ש ולאו מטעמיה: **במאי דפליג** · במיני קטנית אמר שמואל דמעריבין הגדלין לפני ר"ה בנשרשין לאחר ר"ה ויהיב טעמא למלתיה משום דהולכין בהן אחר גמר פרי אבל תבואה וזיתים אחר שליש: **ולשמעינן הני תרתי** · ומדאמר שמואל הכל הולך אחר גמר פרי לשמעינן דהאי דקאמר הלכה כר"ש לאו משום בילה אלא משום דטוליה חדש אבל בילה לית ליה דאי אית ליה בילה למאי אשמעינן הכל הולך אחר גמר פרי: **באספך מגרנך ומיקבך** · מכאן סמכו חכמים לקבוע זמן מעשר ירק דדבריהם אחר לקיטה ולאסמכתא בעלמא כל אסיף שלך יהא כתרומת גורן ויקב שהלכה בהן תורה אחר שנה שביאה שליש הרי שהלכה בהן אחר שנה שגדלו במימיה שהבאת שליש שלהן היא גדילתן שמתוחה שנה ראויה ליקצר בדוחק: **אף כל כו'** · לכך הלכו באילן אחר חנטה שכל גדילת פירותיו ע"י שהעלאת שרף האילן לפני חנטה הוא: **יצאו ירקות שגדילין על מי שנה הבאה** · והיינו שנת לקיטתן שהרי נזונין אותה והיא תוספת וגדילה: **רוב מים** · הם מי גשמים שרוב זרעים גדילים על ידם: **על כל מים** · אף על מאותו שדולין ומשקין אותן תמיד כענין שנאמר (דברים יא) והשקית ברגלך כגן הירק סתם גן הירק דרכו בהשקאה: **בצלים הסריסים** · ליפול"ש בלע"ז שאין נעשין גדולין כשאר בצלים: **ופול המצרי שזרעו לירק** · דאי זרעו לזרע קטנית הוא ולא הלכו בו אלא אחר השרשה: **איכא בינייהו** · כגון שמנע מהם מים ולא השקן שלשים יום לפני ר"ה ולקטן אחר ר"ה וכי הא מתני' דתנן במס' שביעית (פ"ב מ"ט) בצלים הסריסים כו' ר"י הגלילי אית ליה הא מתני' דכיון דמנע (א) מים שלשים יום לפני ר"ה נמצאו גדילין על מי שנה שעברה ולר"ע הרי גדילין על כל מים ומתעשרין להבא בפי' רומיי"ס מפרש איפכא ר"ע אית ליה הא מתני' שמנע מהן מים שלשים יום לפני ר"ה מתעשר לשעבר ומפרש טעמיה בתלמוד ירושלמי א"ר מנא מכיון שמנע מהן מים שלשים יום לפני ר"ה נעשו כבעל כלומר זמן חיובן למעשר בר"ה [דהס] לא נסתפקו מכל מים שהן מים שאובין זה שלשים יום כי אם ממי גשמים יצאו מתורת ירקות הגדלין על כל מים ונכנסו בתורת שדה הבעל דמסתפק במי גשמים ומתעשרין לשעבר דרכן של בצלים הסריסין ופול המצרי למנוע מהן מים שאובין פרק אחד לפני לקיטתן כדי להשקותן לפיכך חילקום חכמים משאר ירקות שאין דרכן בכך אפילו מנע מהן לא יצאו מדין ירק ובטלה דעתו בצלים הסריסים מסתפקין לשנה בהשקאה אחת לשלשים יום ויותר לפיכך אם השקן בתוך שלשים יום לפני ר"ה נמצאת השקאה זאת מועלת להם בשביעית לפיכך אסורין בשביעית ולענין מעשר נמי הוו להו כגדילין על מי שנה הבאה שעדיין לתלותית השקאתן קיימת אבל ירק שדרכו ליגזז צריך להשקותו תמיד ואפילו מנע ממנו שלשים יום לפני ר"ה בטלה דעתו אצל כל אדם ולא נתנו בהן חכמים חילוק לפי שאין דרכן בכך ומלתא דלא שכיחא היא: **יבאחד בשבט ר"ה לאילן** · ואין תורמין מפירות אילן שחנטו פירותיו קודם לכן על פירות האילן שחנטו לאחר מכאן: **הואיל ויצאו רוב גשמי שנה** · שכבר עבר רוב ימות הגשמים שהוא זמן רביעה ועלה השרף באילנות ונמצאו הפירות חונטין מעתה: **ועדיין רוב תקופה טבת מבחוץ** · עדיין רוב התקופה לבא: **מאי קאמר** · ועדיין רוב תקופה מבחוץ כל שכן דכיון דרוב תקופה מבחוץ עדיין לא הגיע זמן החנטה ולא היה להם לקבוע ר"ה עד אדר: **שליקט אתרוג** · פירות אילן אתרוג: **שני עישורים** · מעשר שני *בשנה שניה ומעשר עני בשנה שלישית שהיתה שניה נכנסת לשלישית:

הוה אמינא כרבנן סבירא ליה · תימה והא ודאי כרבנן סבירא ליה טפי מר' שמעון שזורי דרבנן דפליגי עליה בפ"ב דשביעית (משנה ט) סבירא להו דפול המצרי בתר לקיטה וטפי (ב) [הוה] ליה לשמואל לפסוק כרבנן דר"ש שזורי ואפילו אם תמצא לומר דאיכא רבנן בברייתא דס"ל פול המצרי בתר השרשה לית להו טעמא גרסו מ"מ לימא הלכה כרבנן דמתני' דשביעית והוי ניחא טפי מדר"ש שזורי וי"ל דשמואל בא לפסוק כר"ש שזורי בכל דבר אפילו באורז ודוחן ופרגין ושומשמין ולא מטעמיה דטעמיה דר"ש (ג) משום דטעמי גרסי דיש בילה ושמואל סבר אין בילה אלא משום דהכל הולך אחר גמר פרי ואף ע"ג דבהקומץ רבה (מנחות דף נ:) מייתי ההיא דפול המצרי ולא מייתי ההיא דאורז ודוחן ופרגין לכל מ"מ נפקא מינה לגבי ההיא: **מה** גורן ויקב · אסמכתא בעלמא דמעשר ירק דרבנן ועיקר קרא לפסולה גורן ויקב דלעיל (דף יב·) לענין סוכה א"נ משום שביעית דלוריית' איצטריך קרא*: **בצלים** הסריסים · מפרש בירוש' בפרק שני דשביעית בוצלי קופרא דלא עבדין זרע: **ופול** המצרי שזרעו לירק · דאי זרעו לזרע הא תנן בפ' שני דשביעית (מ"ח) כוותא בהן דבתר השרשה ואפי' לא מנע מהם מים והך משנה פירש בקונטרס דאתיא כרבי יוסי הגלילי אבל איפכא נראה דאתיא כר"ע ולא כרבי יוסי הגלילי דלאמר עלה בירושלמי א"ר מנא מכיון שמנע מהן מים שלשים יום לפני ר"ה נעשו כבעל כלומר יצאו מתורת ירקות הגדילים על כל מים ונעשו כשדה בית הבעל שמסתפקת במי גשמים ומתעשרין לשעבר: **באחד** בשבט · מ"ט מפרש נמי לב"ה כמו לב"ש אלא קמא נקט דלמר זמן חניטתה של גשמי שנה זו באחד בשבט ולמר בט"ו בשבט וכל החנטים קודם זמן הזה הייט על גשמי שנה שלפני תשרי והא דלא אזיל באילנות בתר תשרי כמו בשלים בתבואה משום דדרשינן לעיל (דף י·) פעמים שברביעית ועדיין אסורין משום ערלה: **ונהג** בו שני עישורים · אם שני עישורים ממש הפריש לא היה מתוקן אלא מפרש בירושלמי שהפריש מעשר א' למעשר שני ופדאו וחלקו לעניים: לרבעי

הגה"ה

ונהג בו שני עישורים. אם שני מעשרות ממש הפריש לא היה מתוקן דהמרבה במעשרות הן מקולקלין ובירושלמי מפרש שניה הנכנסת לשלישית היתה והפריש מעשר שני ופדאו וחלקו לעניים והמעות אכל בירושלים. ע"כ

[וע"ע תוס' קידושין ג. ד"ה מה ירק]

הגהות הב"ח

(א) רש"י ד"ה איכא בינייהו כו' דכיון דמנע מהן מים ל' יום כו' הא מתני' דכיון שמנע: (ב) תוס' ד"ה הוה אמינא כו' וטפי הוה ליה לשמואל: (ג) בא"ד דטעמיה דר"ש דטעמי גרסו משום דיש בילה:

שביעית פ"ב מ"ט

פירושין ז. יבמות טו. [תוס' שביעית סוף פ"ג]

[עייך לעיל משנה ד' ב.]

נ"ל בשנה שניה ומעשר עני בשנה כו'

רבינו חננאל

ומצאנו לשמואל שלש שמועות. א' הלכתא כר"ש שזורי. ב' הכל הולך אחר גמר פרי. ג' לכל אין בילה חוץ מיין ושמן. וצריכי דאי אמר הכל הולך אחר גמר פרי הוינו אומרים אפילו תבואה וזיתים בתר גמר פרי ולית ליה שליש לפיכך אמר הלכתא כר"ש שזורי בהנך דפליגי והוא פול המצרי שזרעו לזרע שהשרשתו היא במדתו מכוון וכיוצא בו. וא' עוד כי אין בילה להודיע כי ליין ושמן יש בילה. תניא ר' יוסי הגלילי אומר באספך מגרנך ומיקבך מה גורן ויין מיוחדין שגדילין על מי שנה [שעברה] וכו' מתעשרין לשנה שעברה כו' ופשוטה היא. לדברי הכל ירק עישורו בשעת לקיטתו. כל הנלקט קודם ר"ה עישורו כשנה היוצאה. וכל הנלקט אחר ר"ה עישורו כשנה הנכנסת. ריה"ג דייק כל פירות הגדילין על מי שנה שעברה ולא צריכין למי שנה הבאה מתעשרין לשעבר כגון התבואה וכיוצא בה אבל הירקות שצריכין מים בכל יום מתעשרין להבא. ור"ע סבר לאחר רוב מים אזלינן וכל הפירות הגדילין על רוב מים אע"פ שעדיין אם יורדין עליהן גשמים מועלין להוכבן התבואה וכיוצא בה מתעשרין לשעבר. ואמרינן מכדי לר"ה התבואה וכיוצא בה מתעשרין לשעבר והירקות מתעשרין להבא מאי בינייהו. וא"ר אבהו בצל הסריסין ופול המצרי. פי' בצלין סריסין כגון שמינך זרעה קודם שהוקשה כדי להתגדל ראשיה. לר"ע דאמר כל הפירות הגדילין על רוב מים מתעשרין לשעבר *) לריה"ג דאמר הגדילין על מי שנה שעברה הללו כירקות דמי דתנן בצלים הסריסין ופול המצרי שמנע מהן מים ל' יום לפני ר"ה מתעשרין לשעבר ומותרין בשביעית כו' הדא מתני' כר"ע: בא' בשבט ר"ה לאילן דברי ב"ש. בה"א בט"ו כו' ואוקימנא מ"ט דאע"ג שרוב תקופה מבחוץ הואיל ויצאו רוב גשמי שנה מתעשרין לשעבר. פי' מצאנו זמן הגשמים המועילין ומתענין בהם שירדו מי"ז במרחשון עד סוף ניסן. כמפורש בפרק מאימתי מזכירין גבורות גשמים הנה אליבא דב"ה דאמרי בט"ו בשבט יצאו מימות הגשמים (י"ג) [י"ח] במרחשון וכסלו וטבת וט"ו משבט הרי ג' חדשים פחות ג' ימים תשארו מימות הגשמים (פ"ז בשבט) [חצי שבט] ואדר וניסן הרי ב' חדשים וחצי הנה יצאו רוב גשמי שנה זו. ואע"פ שרוב תקופת טבת עדיין מבחוץ שנשאר חצי שבט ואדר ומקצת ניסן לא משגחינן בתקופת למימרא שעדיין רוב התקופה של שנה הבאה היא אלא מתעשר לשעבר: ת"ר מעשה בר' עקיבא שליקט אתרוג באחד בשבט ונהג בו שני

*) נלפ"ד נראה דל"ל הכי נמי מתעשרין לשעבר לריה"ג וכו'.

עין משפט נר מצוה

[ועי' תוספות קדושין ג: ד"ה אתרוג]

עג א מיי' פ"א מהל' מ"ש הלכה ב ופ"ד מהל' שמיטין הלכה יב טוש"ע י"ד סי' שלא סעיף קכו:

עד ב מיי' פ"ה מהל' תרומות הלכה יא טוש"ע שם סעיף מ:

עה ג מיי' פ"א מהל' מ"ש הלכה ב טוש"ע י"ד סי' שלא סעיף קכו:

אחד כדברי ב"ש ואחד כדברי ב"ה ר' יוסי בר יהודה אומר לא מנהג ב"ש וב"ה נהג בה אלא מנהג רבן גמליאל ור' אליעזר נהג בה דתנן* אתרוג שוה לאילן בג' דרכים ולירק בדרך אחד שוה לאילן בג' דרכים לערלה ולרבעי ולשביעית ולירק בדרך אחד שבשעת לקיטתו עישורו דברי ר"ג ר' אליעזר אומר אתרוג שוה לאילן לכל דבר ומי עבדינן כתרי חומרי והתניא* לעולם הלכה כדברי ב"ה והרוצה לעשות כדברי ב"ש עושה כדברי ב"ה עושה מקולי ב"ש ומקולי ב"ה רשע מחומרי ב"ש ומחומרי ב"ה עליו הכתוב אומר °והכסיל בחשך הולך אלא אי כב"ש בקוליהון ובחומריהון אי כב"ה בקוליהון ובחומריהון *ר"ע גמריה אסתפק ליה ולא ידע אי ב"ה באחד בשבט (*אומר) אי בט"ו בשבט (*אומר) ר' יוסי בר יהודה אומר לא מנהג ב"ש וב"ה נהג בה אלא מנהג ר"ג ורבי אליעזר נהג בה באחד בשבט כבית שמאי נהג בה א"ר חנינא ואיתימא ר' חנניא הכא באתרוג שחנטו פירותיו קודם ט"ו דאידך שבט עסקינן ובדין הוא אפילו קודם לכן *ומעשה שהיה כך היה רבינא אמר כרוך ותני לא באחד בשבט היה אלא ט"ו בשבט היה ולא מנהג בית שמאי ובית הלל נהג בה אלא מנהג רבן גמליאל ור' אליעזר נהג בה אמר רבה בר רב הונא השתא דאמר רבן גמליאל אתרוג אחר לקיטתו עישורו כירק ראש השנה שלו תשרי מיתיבי ר' שמעון בן אלעזר אומר *ליקט אתרוג ערב ט"ו בשבט עד שלא תבוא השמש וחזר וליקט משתבוא השמש אין תורמין ומעשרין מזה על זה לפי שאין תורמין ומעשרין לא מן החדש על הישן ולא מן הישן על החדש 'היתה שלישית נכנסת לרביעית שלישית מעשר ראשון ומעשר עני רביעית מעשר ראשון ומעשר שני מאן

תורה אור: משלי ב

אחד כדברי ב"ש. שאמרו נתחדשה שנה וכבר נכנסה שלישית משתשרי: **ואחד כדברי ב"ה.** שאמרו לא נתחדשה שנה עד חמשה עשר בו: **לא מנהג ב"ש כו'.** שני עישורין שנהג בה לאו משום ספק כב"ש ספק כב"ה אלא משום ספק הלכה כרבן גמליאל דאמר אתרוג אחר לקיטה כירק משום דדרכו ליגדל על כל מים והרי נלקט בשלישית או שמא כר"א דאמר אחרי חנטה הלכו בו כשאר אילנות והרי חנט בשניה ולקמיה פריך א"כ פשיטא ליה דכבר נכנסה שלישית כב"ש: **שוה לאילן.** לילך אחר חנטה לענין ערלה ורבעי ושביעית: **שבשעת לקיטתו עישורו.** שאם חנטה בשניה ונלקטה בשלישית מתעשר כדת שנה שלישית כירק לפי שאף הוא דרכו ליגדל על כל מים הכי מפרש לה בשמעתא קמייתא דקדושין: **והרוצה לעשות וכו'.** בעלמא (עירובין ו:) פרכינן סיפא ארישא ומשנינן כאן קודם בת קול כאן לאחר בת קול: **מקולי ב"ש כו'.** בעירובין מפרש לה במחלוקת אחת כגון מקום שטוען בה דברי בית שמאי להקל ויש מקום שטוען בה דברי בית הלל להקל כגון כמה חסרון בשדרה שלא תטמא באהל ב"ש אומרים ב' חוליות וב"ה אומרים חוליא אחת וכן לטרפה כמלאו דברי ב"ש מקילין בטריפה ואומר עד שתחסר שתי חוליות וב"ה מחמירין בה ומקילין לענין טומאה לומר שכיון שחסרה חוליא אחת אינה מטמאה והאוחז בזו קולי ב"ש וקולי ב"ה רשע שהרי דבריו סותרין זה את זה כדי להקל והאוחז בחומרי שניהם כסיל בחשך הולך הוא שאינו יודע להבחין על מי לסמוך אבל בב' מחלוקות שהקילו אלו בזו ואלו בזו אין כאן לא משום רשע ולא משום סכלות דסבירא ליה הכא כב"ש והכא כבית הלל: **אי כבית שמאי בקוליהון ובחומריהון.** אי לענין טומאה לא חשיב לה חסרון בחוליא אחת לענין טריפה נמי לאו חסרון הוא: **ואי כב"ה.** דאמרו חסרון הוא ליחשבה חסרון הכא והכא והך דר"ע נמי סתרן אהדדי דקא חשיב ליה שניה וקא חשיב ליה שלישית: **גמרא אסתפק ליה וכו'.** כב"ה בעא למעבד: **כב"ש נהג בה.** לר' יוסי בר יהודה דאמר משום דנהג בה מנהג רבן גמליאל עישרה במעשר עני כדין שלישית א"כ כב"ש ס"ל דנתחדשה שנה היום דאי כב"ה לקיטתה וחנטתה בשנה אחת הוה: **דאידך שבט.** דאשתקד שהאתרוג דר באילנו שתים ושלש שנים ובט"ו בשבט דאשתקד נכנסה שנה שלישית ועדיין לא יצאת שלישית נמצאת שחנטה בשניה ונלקטה בשלישית: **ובדין הוא.** דאם לקטה קודם לכן או בכסליו או בטבת נמי הוה נוהג בה ב' עישורין משום מנהג ר"ג ור"א: **אלא מעשה שהיה בא'** בשבט היה: **כרוך ותני.** כפול את דברי ר' יוסי ושנה בה שתי מחלוקות: **לא אחד בשבט היה.** שאין בה חידוש שנה: **אלא ט"ו בשבט היה.** לדברי הכל נתחדשה שנה: **ר"ה שלו תשרי.** כדין ירק ולענין מעשר קאמר: **שלישית נכנסת לרביעית.** לקמן פריך מ"ש דלא תנא ואם היתה שניה נכנסת לשלישית כדתניא לעיל (דף יב:) גבי ליקט ירק: מאן

לרבעי. הך משנה אתיא כמאן דתני נטע רבעי בריש כ"מ (ברכות דף לה.*): **ולשביעית.** ירק נמי אית ביה שביעית אלא מפרש בירושלמי דביכורים פרק ב' כגון אתרוג בת ששית הנכנסת לשביעית הרי היא לבעלים כאילן בתר חנטה ופטור ממעשר כירק דבתר לקיטה והא דלא תנא שוה לאילן לענין כלאים דלא הוי כלאים בכרם משא"כ בירק ולענין ר"ה שלו שבט כאילן כדאמר בשמעתין לא תניא הכא אלא מידי דבהאי אזלי בתר חנטה ובהאי בתר לקיטה וא"ת אמאי לא אזלינן באתרוג בתר לקיטה לכל דבר כיון שגדל על כל מים כירק למאי דפרישית לעיל (א) דההיא דרשה לריכא בשביעית דאורייתא וי"ל משום דדרשינן לעיל (דף י.) גבי ערלה פעמים שברביעית ועדיין אסורין משום ערלה וא"ת דהכא משמע דאזלינן בירק בתר לקיטה לענין שביעית ובמסכת שביעית (פ"ט מ"א) תנן כל הספיחין מותרין חוץ מספיחי כרוב ופירש הר"ש שם ע"פ הירושלמי דאיירי בספיחי ששית הנכנסת לשביעית ומתרץ בהכי ההיא דפרק מקום שנהגו (פסחים דף נא:ושם) דתניא איפכא כולם אסורין חוץ מספיחי כרוב ונראה לפרש דהא דאמר בירק בתר לקיטה הייט כשלא נגמר גדולם בששית אבל נגמר גדולם בששית שרו בין לר"ע בין לר' יוסי הגלילי מידי דהוה אבצלים הסריסים דלעיל שמנע מהם מים שלשים יום לפני ר"ה דאפי' מאן דפליג התם הכא מודה דלר' יוסי הגלילי כיון דנגמר גדולם נמצאו גדילים על מי שנה שעברה ותו לא גדלי על מי שנה הבאה ולר"ע נמי כיון דתו לא גדלי על כל מים יוצאין מתורת ירקות הגדילים על כל מים כדאמרי' בירושלמי כדמפרש לעיל גבי בצלים דנעשו כשדה הבעל שמסתפקת במי גשמים ומתעשרים לשעבר וכן לעיל (דף יג:) גבי אורז ודוחן דיהיב להו שמואל דין ירק דבתר לקיטה וקאמר הכל הולך אחר גמר פרי אלמא גמר פרי עיקר אלא דנקט בכל דוכתי לקיטה משום דדרך ללקט בתר גמר פרי והנהו גמרי פרייס ביחד אלא שאין מתייבשין ביחד כדאמרי' דעשוין פרכין פרכין ומיהו קשה מאתרוג דבסמוך דאמר הכא באתרוג שחנטו פירותיו קודם ט"ו דאידך שבט ומשמע משום דמספקא ליה אי אזלינן בתר חנטה באתרוג כר"א או בתר לקיטה כר"ג נהג בו שני עישורין אלמא דאזלי' בתר לקיטה אף על גב דנגמר הפרי (נמי) דהרי חנט בשבט של שנה שעברה ולא נלקט עד שבט אחר ושמא אתרוג חלוק משאר פירות לפי שדרכו לעמוד באילן שתים ושלש שנים וכל זמן שמתקיים באילן גדל בכל שנה ושנה אי נמי אף על פי שחנט בשבט זמנין דאין נגמר גדולו עד שבט אחר וניחא השתא דנקט רבי יוחנן לקמן (דף טו:) גבי אתרוג אפילו כזית ונעשית ככר כלומר דעל ידי מי שנה הבאה גדילה ומיהו כזית ודאי לאו דוקא דהא ר' יוחנן בתר חנטה אזיל ושמא לא חשיב חנטה באתרוג בפחות מכזית: **הכסיל** בחשך הולך. אפילו יודע כמאן הלכה ומחמיר על עצמו ולא בעי לשנויי דר"ע מספקא ליה הלכתא כמאן ועבד לחומרא דמסתמא יודע היה דהלכה כב"ה: או

רבינו חננאל

שני עישורין כו': פי' לערלה ולרבעי ולשביעי' שוה האתרוג לאילן דאזיל בתר חנטה. כל הענין פשוט הוא ונתברר בדרך קצרה מתלמוד א"י דגרסי' [התם] מעשה בר"ע שליקט אתרוג ונתן עליו חומרי ב"ש וב"ה. ולמה לי אתרוג אפילו שאר כל אילן תני חומרי ר"ג וחומרי ר' אליעזר. ור"ג ור"א לא על דב"ה אינון היו. א"ר יוסי ב"ר אבין תיפתר שנתנטו פירותיו קודם ט"ו בשבט של שנה שניה ונכנסה שלישית על דעתיה דר"ג מעשר עני על דעתיה דר"א מעשר שני. מה עשה עישר וקראו מע"ש ופדאו ונתנו לעניים:

הגהות הב"ח

(א) תוס' ד"ה לשביעית כו' למאי דפרישית לעיל. נ"ב בדף זה ע"א בד"ה מה גורן:

מסורת הש"ס

סוכה לט: קידושין ג: ביכורים פ"ב מ"ו

עירובין ו: חולין מג: [תוס' סוכה פ"ב ותוס' עדיות פ"ב ותוס' יבמות פ"א]

[עירובין ז.]

[צ"ל אמרו]

[צ"ל אמרו]

[עירובין סה: וש"נ]

[תוספ' פ"א ותוספ' תרומות פ"ב ע"ש]

§ מסכת ראש השנה דף יד: §

אות א'

אתרוג שוה לאילן בשלשה דרכים, ולירק בדרך אחד

יו"ד סימן שלא סעיף קטן - [א]הירק, בשעת לקיטתו עישורו, כיצד, אם נלקט ביום ר"ה של שלישית, אע"פ שבא לעונת המעשרות ונגמר בשניה, מפרישין ממנו מעשר עני; ואם נלקט ברביעית, מע"ש. [ב]וכן האתרוג בלבד משאר פירות האילן, הרי הוא כירק והולכין אחר לקיטתו, בין למעשר בין לשביעית - ‹כרבותינו שם ט"ו א' - גר"א›. **כיצד, אם נלקט בשלישית אחר ט"ו בשבט, מפרישין ממנו מעשר עני אע"פ שנגמרה בשניה; וכן אם נלקט ברביעית קודם ט"ו בשבט, מפרישין ממנו מעשר עני; [ג]נלקט בחמישית אחר ט"ו בשבט, מפרישין ממנו מע"ש; ואע"פ שהולכין אחר לקיטתו, [ד]אתרוג בת ששית שנכנסה לשביעית, אפי' היתה כזית ונעשית ככר, חייבת במעשרות** - דלענין שביעית בתר חנטה אזלינן, כמו שהוא הדין בשאר כל האילנות, וזה כיון דלא נחשב של שביעית, שהרי נחנט בששית, חשבינן לזה כולה של ששית - ש"ך. ‹**שם** ט"ו ב', וס"ל דרבי יוחנן אמר אפי' לרבותינו, ומ"ש "בין לשביעית", היינו לקדושת שביעית וביעור, {מדמייתינן להו אחר דברי רבותינו שבאושא, מוכח דלא פליגי, ודברי ר"י ור"ל הם חומרא דרבנן למיזל אף בתר חנטה, ולא לפטור מן המעשרות}, **אבל** הראב"ד השיגו, וכתב שדבריו מבולבלים, ופסק כרבן גמליאל {י"ד: דאתרוג שוה לאילן לשביעית לילך בתר חנטה, ולמעשר אזלינן בתר לקיטה}, דר' יוחנן ור"ל ורבה ורב המנונא כולהו ס"ל כוותיה - גר"א›, ‹**היינו** דגם לענין ביעור אזלינן באתרוג בתר חנטה, שלענין שביעית דינו לגמרי כאילן שבתר חנטה, ולענין מעשרות דינו כירק לילך בתר לקיטה - פאת השלחן›.

אות ב'

ליקט אתרוג ערב חמשה עשר בשבט עד שלא תבוא השמש, וחזר וליקט משתבוא השמש, אין תורמין ומעשרין מזה על זה, לפי שאין תורמין ומעשרין לא מן החדש על הישן, ולא מן הישן על החדש

יו"ד סימן שלא סנ"ז - [ה]אין תורמין מפירות שנה זו על פירות שנה שעברה, ולא מפירות שנה שעברה על פירות שנה זו; ואם תרם, אינה תרומה, שנאמר: שנה שנה. [ו]ליקט ירק ערב ר"ה עד שלא בא השמש, וחזר וליקט אחר שבא השמש, אין תורמין מזה על זה, שזה חדש וזה ישן; וכן אם ליקט אתרוג בערב ט"ו בשבט עד שלא בא השמש, וחזר וליקט אתרוג אחר משבאה השמש, אין תורמין מזה על זה; מפני שאחד בתשרי ראש השנה למעשרות תבואה וקטניות וירקות, וט"ו בשבט ר"ה למעשרות האילן.

אות ג'

היתה שלישית נכנסת לרביעית, שלישית מעשר ראשון ומעשר עני, רביעית מעשר ראשון ומעשר שני

יו"ד סימן שלא סעיף קטן - עיין לעיל אות א'.

באר הגולה

[א] משנה ו' פ"ב דביכורים ומייתי לה בר"ה דף י"ד ע"ב [ב] שם במשנה וכרבן גמליאל [ג] ‹וברמב"ם הגירסא "נלקט ברביעית אחר ט"ו בשבט מפרישין ממנו מע"ש", וזה לכאורה נראה יותר נכון. ובמהדורת מכון ירושלים כתוב: "נלקט בה אחר ט"ו בשבט", וכתוב דהטעות בא משום דהיה נדפס בטעות "בה'", וטעה המדפיס דר"ל "בחמישית"› [ד] מימרא דכי אתא רבין אמר רבי יוחנן כו' ראש השנה דף ט"ו ע"ב [ה] משנה ה' פ"ק דתרומות [ו] ברייתא ר"ה דף י"ב ע"א

§ מסכת ראש השנה דף טו. §

אות א'

בת ששית שנכנסת לשביעית, לעולם ששית; ובת שביעית הנכנסת לשמינית, לעולם שביעית

רמב"ם פ"א מהל' מעשר שני ה"ו - ואף ע"פ שהולכין אחר לקיטתו, אתרוג בת ששית שנכנסה לשביעית, אפילו היתה כזית ונעשית ככבר, חייבת במעשרות.

רמב"ם פ"ד מהל' שמיטין הי"ב - הירק בשעת לקיטתו; והאתרוג אפילו היה כפול קודם ר"ה ונעשה ככבר בשביעית, חייב במעשרות כפירות ששית; ואפילו היה ככבר בששית, הואיל ונלקט בשביעית הרי הוא כפירות שביעית, [א]ומתעשר כפירות ששית להחמיר.

[ב]**יו"ד סימן של"א סעיף קכו - [ג]הירק, בשעת לקיטתו עישורו, כיצד, אם נלקט ביום ר"ה של שלישית, אע"פ שבא לעונת המעשרות ונגמר בשניה, מפרישין ממנו מעשר עני; ואם נלקט ברביעית, מע"ש. [ד]וכן האתרוג בלבד משאר פירות האילן, הרי הוא כירק והולכין אחר לקיטתו, בין למעשר בין לשביעית** - ‹כרבותינו שם ט"ו א' - גר"א›. **כיצד, אם נלקט בשלישית אחר ט"ו בשבט, מפרישין ממנו מעשר עני אע"פ שנגמרה בשניה; וכן אם נלקט ברביעית קודם ט"ו בשבט, מפרישין ממנו מעשר עני; [ה]נלקט בחמישית אחר ט"ו בשבט, מפרישין ממנו מע"ש; ואע"פ שהולכין אחר לקיטתו, [ו]אתרוג בת ששית שנכנסה לשביעית, אפי' היתה כזית ונעשית ככבר, חייבת במעשרות** - דלענין שביעית בתר חנטה אזלינן, כמו שהוא הדין בשאר כל האילנות, וזה כיון דלא נחשב של שביעית, שהרי נחנט בששית, חשבינן לזה כולה של ששית - ש"ך. ‹**שם** ט"ו ב', וס"ל דרבי יוחנן אמר אפי' לרבותינו, ומ"ש "בין לשביעית", היינו לקדושת שביעית וביעור, {מדמייתינן להו אחר דברי רבותינו שבאושא, מוכח דלא פליגי, ודברי ר"י ור"ל הם חומרא דרבנן למיזל אף בתר חנטה, ולא לפטור מן המעשרות}, **אבל** הראב"ד השיגו, וכתב שדבריו מבולבלים, ופסק כרבן גמליאל {י"ד: דאתרוג שוה לאילן לשביעית לילך בתר חנטה, ולמעשר אזלינן בתר לקיטה}, דר' יוחנן ור"ל ורבה ורב המנונא כולהו ס"ל כוותיה - גר"א›, ‹**היינו** דגם לענין ביעור אזלינן באתרוג בתר חנטה, שלענין שביעית דינו לגמרי כאילן שבתר חנטה, ולענין מעשרות דינו כירק לילך בתר לקיטה - פאת השלחן›.

אות ב'

אחר לקיטתו בין למעשר בין לשביעית

[ז]**רמב"ם פ"ד מהל' שמיטין ה"ט - באחד בתשרי ר"ה לשמיטין וליובלות; פירות ששית שנכנסו לשביעית, אם היו תבואה או קטניות או פירות האילן, והגיעו לעונת המעשרות קודם ר"ה, הרי אלו מותרין, ואע"פ שאוסף אותם בשביעית, הרי הן כפירות ששית לכל דבר; ואם לא באו לעונת המעשרות אלא אחר ר"ה, הרי הן כפירות שביעית.**

[ח]**רמב"ם פ"א מהל' מעשר שני ה"ה - וכן האתרוג בלבד משאר פירות האילן הרי הוא כירק והולכין אחר לקיטתו בין למעשר בין לשביעית; כיצד אם נלקט בשלישית אחר ט"ו בשבט, מפרישין ממנו מעשר עני, אף על פי שנגמרה בשנייה, וכן אם נלקט ברביעית קודם ט"ו בשבט, מפרישין ממנו מעשר עני; נלקט ברביעית אחר ט"ו בשבט, מפרישין ממנו מע"ש. השגת הראב"ד: א"א כמה דבריו מבולבלים ומקולקלים ומשובשים, [ט]והוא תופס דברי רבי יוחנן ור"ש בן לקיש דאמרי תרווייהו אתרוג בת ששית שנכנסת לשביעית לעולם ששית, וחייבים עליה משום טבל ופטורה מן הביעור, ואם כן היינו אחר חנטה לשביעית; מיהו לענין מעשר שני ומעשר עני אזלינן בתר לקיטה כרבי יוסי.**

באר הגולה

[א] ‹ורבינו נראה דספוקי מספקא ליה אי אזלינן ביה אחר חנטה לשביעית, כחמשה זקנים וכמתניתין דפ"ב דבכורים, {וכר"י ור"ל דבתראי נינהו - ע"פ הרש"ש}, או אחר לקיטתו, כרבותינו דאושא וכסתם מתניתין דפ' לולב הגזול, וכן מספקא ליה אי אזלינן ביה אחר חנטה למעשרות, כרבי אליעזר דפ"ב דבכורים, או אזלינן ביה בתר לקיטה, כר"ג דפ"ב דבכורים וכחמשה זקנים וכרבותינו דאושא, ופסק בתרווייהו לחומרא - כסף משנה› [ב] ‹ע"פ מהדורת נהרדעא› [ג] **משנה ו' פ"ב דביכורים ומייתי לה בר"ה דף י"ד ע"ב** [ד] **שם במשנה וכרבן גמליאל** [ה] ‹וברמב"ם הגירסא "נלקט ברביעית אחר ט"ו בשבט מפרישין ממנו מע"ש", וזה לכאורה נראה יותר נכון, ובמהדורת מכון ירושלים כתוב: "נלקט בה אחר ט"ו בשבט", וכתוב דהטעות בא משום דהיה נדפס בטעות "בה'", וטעה המדפיס דר"ל "בחמישית"› [ו] **מימרא דכי אתא רבין אמר רבי יוחנן כו' ראש השנה דף ט"ו ע"ב** [ז] ‹השייכות אינו מובן, ובמהדורת נהרדעא הוא מוקף, ומביא רמב"ם אחר תחתיו, וכדהלן› [ח] ‹ע"פ מהדורת נהרדעא› [ט] ‹משיג על מ"ש רבנו והולכין אחר לקיטתו וכו' ובין לשביעית, אלמא שאנו הולכין בשביעית בודאי אחר לקיטה, והאיך כתב רבנו בפרקין ה"ו דאע"ג שהולכין במעשרות אחר לקיטה מ"מ קי"ל כר' יוחנן וריש לקיש דאמרי תרווייהו אתרוג בת ששית שנכנס לשביעית לעולם ששית, ופרש"י חייבת במעשר ופטורה מן הביעור, אלמא דאזלינן לענין שביעית אחר חנטה, והאיך כתב רבנו דהולכין אחר לקיטתו לשביעית. **ומה** שסיים הראב"ד מיהו לענין מעשר שני ומעשר עני אזלינן בתר לקיטה כרבי יוסי, אין זה השגה, אלא דמסיק דדוקא לענין שביעית הולכין בתר חנטה, דמשו"ה אתרוג בת ששית שנכנס לשביעית הוי טבל, דאין זה פירות שביעית כל שלא חנטו בשביעית, משא"כ לענין מעשר הולכין אחר לקיטה, אם יתחייב במע"ש או במעשר עני - מרכבת המשנה›

מאן שמעת ליה דאזיל בתר לקיטה ר"ג וקתני שבט אלא אי אתמר הכי אתמר אמר רבה בר רב הונא אע"ג דאמר רבן גמליאל אתרוג אחר לקיטה כירק ראש השנה שלו שבט מאי שנא התם דקתני אם היתה שניה נכנסת לשלישית ומאי שנא הכא דקתני אם היתה שלישית נכנסת לרביעית מילתא אגב אורחיה קמ"ל דאתרוג קשיא ליה ידא ואיידי דממשמשי ביה כולי עלמא בשביעית לא טעין פרי עד תלת שנין בעא מיניה ר' יוחנן מרבי ינאי אתרוג ר"ה שלו אימתי א"ל שבט שבט דחדשים או שבט דתקופה א"ל דחדשים בעא מיניה רבא מרב נחמן ואמרי לה ר' יוחנן מרבי ינאי היתה שנה מעוברת מהו א"ל הלך אחר רוב שנים אמר רבה אתרוג בת ששית שנכנסה לשביעית פטורה מן המעשר ופטורה מן הביעור ובת שביעית שנכנסה לשמינית פטורה במעשר וחייבת בביעור א"ל אביי בשלמא סיפא לחומרא אלא רישא פטורה מן הביעור אמאי דאמרינן זיל בתר חנטה אי הכי תיחייב במעשר א"ל יד הכל ממשמשין בה ואת אמרת תיחייב במעשר ורב המנונא אמר "בת ששית שנכנסת לשביעית לעולם ששית ובת שביעית הנכנסת לשמינית לעולם שביעית מיתיבי ר"ש בן יהודה אומר משום ר"ש אתרוג בת ששית שנכנסת לשביעית פטורה מן המעשר ופטורה מן הביעור שאין לך דבר שחייב במעשר אא"כ גדל בחיוב ונלקט בחיוב ובת שביעית שנכנסת לשמינית פטורה מן המעשר ופטורה מן הביעור שאין לך דבר שחייב בביעור אא"כ גדל בשביעית ונלקט בשביעית רישא קשיא לרב המנונא סיפא קשיא בין לרבה בין לרב המנונא תנאי היא דתניא *אמר רבי יוסי אבטולמוס העיד משום חמשה זקנים אתרוג אחר לקיטתו למעשר ורבותינו נמנו באושא ואמרו "אחר לקיטתו בין למעשר בין לשביעית שביעית מאן דכר שמיה

חסורי

רש"י

מאן שמעת ליה כו'. אלמא ר"ש בן אלעזר כרבן גמליאל סבירא ליה: **אתרוג קשיא ליה ידא.** קשה לעץ האתרוג ידים הממשמשות בו: **שבט דחדשים.** של לבנה: **או שבט דתקופה.** חמה לסוף שלשים של תקופת טבת נכנס שבט של חמה: **היתה שנה מעוברת מהו.** אימתי ר"ה שבט הסמוך לטבת או אדר הראשון שהוא במקום שבט: **אמר רוב שנים.** מי ששמו שבט: **אמר רבה אתרוג בת ששית.** שחנטה בששית: **פטורה מן המעשר.** לקמיה מפרש טעמא דמלתא: **א"ל אביי בשלמא סיפא.** דקא אמרת בת שביעית שנכנסה לשמינית פטורה מן המעשר אלמא נהגה בה קדושת שביעית ומחייב לאפקורה והפקרא פטורה מהמעשר דמשמע דאזלת בה בתר חנטה לענין הפקר שביעית ולענין ביעור נמי כדקאמרת חייבין בביעור כל הך סיפא אע"ג דסתרא לה לרישא דקאמרת בת ששית שנכנסה לשביעית פטורה מן המעשר דהפקר הוא משום שביעית אלמא בתר לקיטה אזלת בה לענין שביעית דאי לאו דשביעית נהגא בה לא הוה מפטרא דהפקרא דשביעית פטר לה מהמעשר כדתניא במכילתא ואכלו אביוני עמך ויתרם תאכל חית השדה מה חיה אוכלת ופטורה מן המעשר אף אדם פטור הא לא הוה קשיא לי דאיכא ספוקי מספקא לך אי אזלינן באתרוג בתר חנטה לענין שביעית או בתר לקיטה כמו במעשר ואזלת לחומרא דשביעית דאורייתא היא וספיקא דאורייתא לחומרא: **אלא רישא.** דסיימת בה פטורה מן הביעור דקולא הוא: **אמאי דאמרינן זיל בתר חנטה.** אשמעת לן בה דלא מספקא לך ומסקנא דרישא וכולה סיפא חד טעמא הוא דפשיטא לך דבתר חנטה אזלינן: **אי הכי.** דלא מספקא ולא נהגא שביעית באתרוג בת ששית: **תתחייב במעשר.** דלאו הפקר הוא: **יד הכל ממשמשים בה.** נהי דלא מחייב לאפקורה דלא נהגא בה שביעית מיהו כל שדות ופרדסות הפקר הן בשביעית ואין אתרוג זה נשמר בה לבדו ועל כרחו הכל ממשמשין בו והפקר פטור מן המעשר: **רב המנונא אמר לעולם ששית.** חייב במעשר דכיון דשביעית לא נהגא בה ולאו הפקרא דמלכא היא משמום יד הכל שבה אינו אלא גזל ואין הפקר כזה פטורה מן המעשר: **מיתיבי ר"ש בן יהודה אומר כו'.** הכי גרסינן לה בתוספתא שאין לך שחייב במעשר אלא אם כן גדל בחיוב ונלקט בחיוב ובסיפא גרסי' שאין לך שחייב בביעור אא"כ גדל בשביעית ונלקט בשביעית ברישא דמילתיה יהיב טעמא לפטורא דמעשר לפי שהוליאו מכלל שאר אילנות שהלכו בם אחר חנטה לפיכך הוזקק ליתן טעם לדבריו ולאשמועי' כרבה דאע"ג דלאו הפקר דמלכא הוא כיון דסוף יד הכל ממשמשין בה פטורה מן המעשר דלפטורא דביעור לא אצטריך למכתב טעמא דלא אפקיה מדין שאר אילנות דאזלינן בה בתר חנטה וסיפא יהיב טעמא לפטורא דביעור דלפטורא דמעשר הא אשמעינן טעמא דלא חייבוהו חכמים במעשר אא"כ גדל בחיוב ונלקט בחיוב וזה לא גדל בחיוב: **אא"כ גדל בשביעית ונלקט בשביעית.** דכי כתיב לבהמתך ולחיה אשר בארצך (ויקרא כה) דילפינן מינה ביעור בשביעית כתיב ולא בשמינית: **סיפא קשיא בין לרבה בין לרב המנונא.** דהא תרוייהו בתר חנטה אזלי בשביעית ובת שביעית שנכנסת לשמינית חייבת בביעור והא לא פליג רב המנונא אדרבה אלא בבת ששית שנכנסת לשביעית: **תנאי היא.** האי תנא פליג עלייהו ותנא אחרינא קאי כוותייהו: **דתניא כו'.** הכי גרסי' בתוספתא דמסכת שביעית (פ"ג) א"ר יוסי אבטולמוס העיד משום חמשה זקנים אתרוג אחר לקיטה למעשר ורבותינו נמנו באושא וגמרו אתרוג אחר לקיטה בין למעשר בין לשביעית: **שביעית מאן דכר שמיה.** דקאמר דאימנו עלה רבותינו אלמא איכא מאן דפליג:

תוספות

או שבט דתקופה. למתני' נמי דקתני באחד בשבט קא בעי אע"ג דשאלו באתרוג*(וקשיא אמאי לא בעי באחד באלול ר"ה למעשר בהמה או בקמייתא כו' בסיון ר"ה לשתי הלחם וכהיך): **דחדשים.** אע"ג שבישול הפירות הולך אחר החמה שנאמר (דברים לג) ממגד תבואות שמש ה"נ כתיב (שם) ממגד גרש ירחים וגם ישראלים מונין ללבנה:

בשלמא סיפא לחומרא. תימה מאי חומרא הרי קולא היא לענין מעשר וחומרא לענין שביעית ולא הוה אזיל לחומרא בתרוייהו הוה שייך חומרא אבל השתא הוה ליה למימר בשלמא סיפא בתר חנטה וי"ל דהכי קאמר בשלמא סיפא אפילו מטעם ספק דבתר חנטה או בתר לקיטה אזלא לחומרא לענין ביעור וניחא הא דפטורה מן המעשר מאחר דחייבו חכמים להפקיר:

יד הכל ממשמשים בו ואת אמרת תתחייב במעשר. לא נקט האי טעמא אלא למאן דאמר לעיל (דף יד:) שוה לאילן לכל דבר כשאר אילנות דכולהו מודו דבתר חנטה אפי' הכי פטורין מן המעשר מטעם יד הכל ממשמשין דלמאי דסבר אבטולמוס משום חמשה זקנים דאתרוג אחר לקיטה למעשר ואחר חנטה לשביעית (א) לא הוה צריך לטעם זה דבין לענין חדש וישן בין לענין מעשר שני ועני אזיל בתר לקיטה וכתנס אייתי לקמן דאבטולמוס דהיינו מתני' דבכורים (פ"ב מ"ו) דאתרוג שוה לאילן בג' דרכים ולירק בדרך אחד:

שאין דבר שחייב במעשר אא"כ גדל בחיוב ונלקט בחיוב. לענין חדש וישן מעשר שני ועני לא בעי גדל ונלקט בשנה אחת ואזלינן בתר חנטה והכא פטור משום יד הכל ממשמשין:

שאין לך דבר שחייב בביעור אא"כ גדל בשביעית ונלקט בשביעית. וא"ת ומאי קשיא ליה סיפא בין לרבה בין לרב המנונא הא כולהו תנאי פליגי אדר"ש בהא דהא מילתא דפשיטא דבכל דוכתי בין למעשר בין לשביעית אזלן בתר חנטה ירק בתר לקיטה תבואה וזיתים בתר שליש ועוד קשיא דבפ' מקום שנהגו (פסחים נא:) קאמר רבי שמעון גופיה כל הספיחים אסורין חוץ מספיחי כרוב שמעמידה רב נסים גאון בשל שביעית היוצאים בשמינית ונראה הני מילי לענין שאר דיני שביעית חוץ מלענין ביעור ועוד נראה דלא איירי הכא אלא באתרוג דוקא ושמא שום טעם יש ומיתוקמא שפיר השתא כרבי שמעון ההיא דבנות שוח שביעית שלהן שניה (שביעית פ"ה מ"א):

ורבותינו

חסורי

עין משפט נר מצוה

עג א מיי' פ"א מהל' מ"ש הלכה ו ופ"ד מהל' שמיטה הלכה יב:

פ ב מיי' שם הל"ע:

מסורת הש"ס

[סוכה מ. תוספתא שביעית סוף פ"ג]

הגהות הב"ח

(א) תוס' ד"ה יד הכל כו' לא הוה לריך לטעם זה. נ"ב פי' דבששית שנכנס לשביעית פטורה מן המעשר[דאזלי'] אחר [לקיטה] ופטורה מביעור דאזלי' בתר חנטה ובשביעית הנכנס לשמינית חייבת בביעור דאזלינן בתר חנטה ואע"ג דנלקט בשמינית כיון דספיקא דמלכא הוא דאזלינן בתר חנטה לביעור פטור מן המעשר:

רבינו חננאל

מ"ש התם*) בהוויה דתנן ולירקות דקתני ואם היתה שניה נכנסת לשלישית ומ"ש הכא גבי אתרוג דקתני אם היתה שלישית נכנסה לרביעית כו' ופשוטה היא. פי' שבט דחדשים הוא מנין ימות הלבנה שנ"ד ימים לי"ב חדש שבט דתקופה לחשבון חמה והם שס"ה ימים לי"ב חדש. ושבט של חמה נקרא צוארום בלשון יון פעמים שבאים ט"ו של שבט**) שנת הלבנה ביתר מחציו ומרובו של שבט שנת החמה. ופשטנה. שבט של חדשי הלבנה ואפילו אם היא שנה מעוברת ר"ה שלו שבט דבתר רוב שנים אזלינן. אמר רבה אתרוג בת ששית שנכנסת בשביעית פטור מן המעשר בתר לקיטה אזלינן לענין מעשר מפני יד הכל ממשמשין בה. והפקר פטור מן המעשר ופטורה מן הביעור דאזלינן בתר חנטה. והא בת ששית היא מיקל במעשר ובביעור. ובת שביעית שנכנסת לשמינית חייבת בביעור ופטורה מן המעשר ואוקימנא לחומרא. ורב המנונא אמר בת ששית שנכנסת לשביעית לעולם ששית. פי' שחייבת במעשר. ובת שביעית שנכנסת לשמינית לעולם שביעית ואותבינן הא דתני ר"ש בן יהודה משום ר"ש אתרוג בת ששית שנכנסת לשביעי' פטורה מן המעשר ומן הביעור. שאין דבר חייב במעשר אלא הגדל והנלקט בחיוב ובת שביעית שנכנסת לשמינית פטורה מן המעשר ומן הביעור שאין לך דבר שחייב בביעור אלא הגדל והנלקט בפטור. [סיפא] קשיא לרבה. ולרב המנו' דאמר לעולם בתר חנטה אזלינן קשיא לית רישא וסיפא. רישא קתני אתרוג בת ששית שנכנסת בשביעית פטור מן המעשר הנה בתר לקיטה [אזלינן] שאין לך נלקט בשביעית וחייב במעשר. וסיפא נמי דקתני בת שביעית שנכנסת לשמינית פטור מן הביעור גם זו בתר לקיטה אזלינן שאין לך נלקט בשמינית וחייבת בביעור. ולא מצא פירוק. סיפא קשיא לרבה דאמר בת שביעית שנכנסת לשמינית חייבת בביעור [דאזלינן] אחר חנטה ומתניתא תני פטורה מן הביעור קשיא ליה. ופריק רבה תנאי היא. דתניא א"ר יוסי אבטולמוס העיד משום ה' זקנים [אתרוג] אחר לקיטתו למעשר ואחר חנטה לשביעית. כרבה. ורבותינו שנמנו באושא חלקו בזה ופשוטה היא:

*) נראה דצ"ל מ"ש התם בברייתא דתני לעיל גבי ירקות דקתני וכו'. **) לכאורה צ"ל להיפך פעמים שבאים ט"ו של שבט שנת החמה ביתר וכו' של שבט של שנת הלבנה וצ"ע.

עין משפט נר מצוה

פא א מיי' פ"א מהל' מ"ש הל' ו ופ"ד מהל' שמיטין הלכה יב טוש"ע י"ד סי' שלא סעיף קכו :

פב ב מיי' פ"א מהל' שמיטין הלכה ב טוש"ע שם סעיף קכה :

פג ג מיי' שם הלכה ג :

פד ד מיי' פ"ד מהל' שמיטין הלכה ח :

חסורי מיחסרא והכי קתני אתרוג אחר לקיטתו למעשר ואחר חנטה לשביעית ורבותינו נמנו באושא (א) אחר לקיטתו בין למעשר בין לשביעית איתמר רבי יוחנן וריש לקיש אמרי תרוייהו אתרוג בת ששית שנכנסה לשביעית לעולם ששית כי אתא רבין אמר רבי יוחנן אתרוג בת ששית שנכנסה לשביעית אפילו כזית ונעשית ככר חייבין עליה משום טבל ת"ר אילן שחנטו פירותיו קודם ט"ו בשבט מתעשר לשנה שעברה אחר ט"ו בשבט מתעשר לשנה הבאה אמר רבי נחמיה בד"א באילן שעושה שתי בריכות בשנה שתי בריכות ס"ד אלא אימא כעין שתי בריכות אבל אילן העושה בריכה אחת כגון דקלים וזיתים וחרובין אע"פ שחנטו פירותיהן קודם ט"ו בשבט מתעשרין לשנה הבאה אמר רבי יוחנן נהגו העם בחרובין כרבי נחמיה איתיביה ריש לקיש לרבי יוחנן בנות שוח שביעית שלהן שניה מפני שעושות לשלש שנים אישתיק א"ל ר' אבא הכהן לרבי יוסי הכהן אמאי אישתיק לימא ליה אמינא לך אנא רבי נחמיה ואת אמרת לי רבנן משום דא"ל שבקת רבנן ועבדת כרבי נחמיה ולימא ליה קאמינא לך נהגו ואת אמרת לי איסורא דא"ל במקום איסורא כי נהגו שבקינן (ליה) ולימא ליה כי אמינא לך אנא מעשר חרובין דרבנן ואת אמרת לי שביעית דאורייתא אלא אמר רבי אבא הכהן תמיהני אם השיבה ריש לקיש לתשובה זו אם השיבה הא אותבה אלא אימא אם קיבלה רבי יוחנן אם לא קיבלה:

מתני'

חסורי מיחסרא והכי קתני א"ר יוסי לכשותלמוס משום משמה וקנים אתרוג אחר לקיטה למעשר אחר חנטה לשביעית ורבותינו נמנו באושא ואמרו אתרוג אחר לקיטה בין למעשר בין לשביעית · והכי פירושה אתרוג אחר לקיטה למעשר לענין חדש וישן ולענין שניה כשנכנסת לשלישית או שלישית לרביעית ואחר חנטה לשביעית בין להפקר בין לביעור כשאר אילנות ובת שביעית הנכנסת לשמינית הפקרה הוא פטורה מן המעשר דאילו לענין מעשר כשאר פרי שבעה אזול ביה רבנן בתר לקיטה לגבי חדש וישן ומעשר שני ומעשר עני משום דדרכו לינזל על כל מים כירק והכי מפרש במסכתא קמייתא דקדושין (דף ג.) אבל לשאר דברים שוה לאילן בתר חנטה ורבה ורב המנונא סבירא להו כאבטולמוס דאמר בתר חנטה לשביעית הלכך בת שביעית שנכנסת לשמינית חייבת בביעור ובת ששית הנכנסת לשביעית פטורה מן הביעור דאזיל בתר חנטה ומיפלגי פליגי רבה ורב המנונא במילתיה דאבטולמוס דהא רב המנונא סבר כיון דפטורה מן הביעור חייבת במעשר דלאו הפקרא דמלכה היא ורבה סבר סוף סוף יד הכל ממשמשין ומודה אבטולמוס דפטורה מן המעשר: **לעולם ששית** · חייבת במעשר ופטורה מן הביעור: **אפילו כזית** · אפילו לא גדלה בששית אלא מעט ורובה גדלה בשביעית עד שנעשית ככר חייבת משום טבל דבתר חנטה אזלינן: **שתי בריכות ס"ד** · אין לשון זה נופל אלא בעופות כדתנן (ב"ב דף פ:) הלוקח פירות שובך מפריח הבריכה הראשונה: **כעין שתי בריכות** · שאין פירותיו נגמרין כאחת כגון תאנים כדאמרינן (נדרים דף יג:) גבי קציעות מתוך שמגין פרכין: **אבל אילן** · שפירותיו נלקטין כאחד בתר לקיטה אזלינן בהו: **בנות שוח** · מפרש במסכת ע"ז (דף יד:) תאני חורתא: **שביעית שלהן שניה** · שביעית שלהן נוהגת בשנה שניה של שמטה כדמפרש טעמא: **מפני שעושות לשלש שנים** · פירות הנחנטים בה בשביעית אין נגמרין עד שנה שניה של שמטה ואנן בתר חנטה אזלינן ונהגא בהו שביעית: **ואת אמרת לי איסורא** · דאסור למיזל בהו בתר לקיטה אלא כמי מודיעת דאסור אלא נהגו כך: **שבקינן להו** · בתמיה: **אם קיבלה** · והאי דאישתיק משום דלא ידע להשיב אם לא קיבלה והאי דאישתיק משום דלא איכפת ליה דלא דמי מעשר פירות האילן דרבנן לאחמורי ביה כשביעית דאורייתא:

מתני'

ורבותינו נמנו באושא · אית דגרסי אתרוג אחר חנטה בין למעשר בין לשביעית דסברי לה כשתא כר"ג דלעיל (דף יד:) ולא נראה דבהדיא מוכח בפ' לולב הגזול (סוכה דף מ:) דגרסינן אחר לקיטה וג' מחלוקת בדבר: **שתי בריכות ס"ד** · דלא שייך לשון בריכה *באלו אלא ביונים כדפי' בקונטרס כדתנן בפרק המוכר את הספינה (ב"ב דף פ:) הלוקח פירות שובך מפריח בריכה ראשונה ואין לפרש דפריך משום דאין אילן טוען שתי פעמים בשנה דהא משכחן דיופרא"ה בריש עושין פסין (עירובין דף יח:) ומיהו י"ל משום דקשיא ליה דכיון דלא שכיח אין לנו לחלק מדרבנן: **כגון הדקלים והזיתים** · בתוס' נקט זיתים ודוקא בהו מ"ק דתבואה וזיתים אחר שליש ולא אחר חנטה: **נהגו העם בחרובין כרבי נחמיה** · לאו דוקא נקט חרובים דהוא הדין דקלים וזיתים וכל אילנות *העושים בריכה אחת בשנה מדפריך ליה ר"ל לקמן מבנות שוח ולא"ה הא בנות שוח מפרש בפרק כיצד מברכין (ברכות דף מ:) תאיני חוורתא ובריש כלל גדול (שבת דף סח: ושם) אמרינן לקיטתו כאחד למעוטי תאנה ולאו"ש יש לחלק בין סתם תאנים לתאני חורתא הא בפ"ק דפאה (מ"ד) חשיב אילנות שלקיטתן כאחד ולא חשיב בנות שוח ושמא הכא וכו': **בנות שוח** · בפרק כיצד מברכין (ברכות דף מ:) אמר רבה בר בר חנה תאני חוורתא ופרי גרוע הוא כדמשמע בריש מסכת דמאי דלא נחשדו עליהם עמי הארץ דתנן הקלין שבדמאי השיתין הרימין והעוזרדין ובנות שוח וכן משמע בפ"ק דע"ז (דף יד: ושם) דאמרינן גבי שביעית אוסיפו עליהן מוכססין ובנות שוח אבל מעיקרא לא נהגו בהם שביעית שלא היה חשוב בעיניהם וקשיא דבפ"ק דשבועות (דף יב: ושם) משמע שהוא פרי חשוב גבי מותרות קיץ למזבח כבנות (*שבע) לאדם כל שאוכלין אותו בקיטת השדה והיינו בנות שוח דאמרינן בבראשית רבה גבי עץ שאכל אדם הראשון דקרו ליה בנות שוח לפי שגרמו שוחה לאדם ואיכא דקרו ליה בנות שבע לפי שגרמו שבעת ימי אבילות ובפרק ארבעה נדרים (נדרים כז:) גבי נודר מן הכלכלה והיו בה בנות (*שבע) ואמר אלו הייתי יודע שבנות (ג) (*שבע) בתוכה משמע נמי דפרי טוב הוא ולרבי יוחנן דפטר בירושלמי בריש דמאי אפילו בודאי ומאי דמתניתין לאו דוקא לפי שרוב מינן (ג) אינם באין אלא מן ההפקר הוה מצי למימר דפרי הוא הגדל ביערים שהוא מקום הפקר ופטור מן המעשר אע"פ שהוא טוב כעין אגוזים קטנים שלנו וכגון ערמונים והא דלא נהגו ביה שביעית מעיקרא לאו משום גריעותא הוא אלא משום דעושות לשלש שנים כדאמרינן הכא והוו סברי דלא אזלינן בהו בתר חנטה *אלא בתר לקיטה כיון דעיקרן אינם נגמרין בשנה שחונטים בה אבל לר"ל לקיש דירושלמי דמחייב בודאי ופטרי בדמאי לפי שלא נחשדו משמע משום גריעותא הוא ושיטתיה דהש"ס כוותיה בפ' כ"מ (ברכות מ:) דאמרינן דמאי הוא דלא בעי עשורי הא ודאי בעי עשורי ועוד קשיא דהתם ובפ"ק דע"ז(דף יד:)תאיני חיוורתא קרי ליה ובפ' ארבעה נדרים (דף כז:)אמרי' דאין זה לא תאנים שחורות ולא תאנים לבנות וצריך לומר דשלשה מיני תאנים הן שחורות ולבנות הן סתם תאנים ובנות שוח הם תאנים רעות כגון הנך דדמאי ובפ"ק דע"ז וקראום בנות שוח לפי שתולין הקלקלה במקולקל אבל בנות שבע שגרמו שבעת ימי אבילות ומסתמא מן הטובות אבל מנאמר (בראשית ג) ונחמד העץ להשכיל ואית דגרסי בפ"ק דע"ז מוכססין בנות שוח בלא וי"ו שהוא פרי אחד שכך שמו כדמוכח בפ"ק דבכורות (דף ח: ושם) דאמרי' הזאב והארי והדוב והנמר והברדלס לשלש שנים וכנגדו באילנות בנות שוח נחש לשבע שנים ולאותו רשע לא מליט חבר ויש אומרים כנגדו *מוכססין בנות שוח ופי' שם בקונטרס מוכססין של בנות שוח ולא בנות שוח ממש ועוד י"ל דמשעת נטיעת האילן של בנות שוח אין טוען פירות עד שבע שנים והכי מייתי לה גבי נחש וכי האי גוונא קאמר התם אפעה לשבעים שנה וכנגדו באילן חרוב וחרוב זה משעת נטיעתו עד שעת גמר פירותיו שבעים שנה אבל גבי זאב וארי דלשלש שנים היינו משעת חניטתו עד גמר פרי כדאמרינן הכא: **שבקת** רבנן ועבדת כרבי נחמיה · עדיפא מיניה הוה ליה לאקשויי דרבי יוחנן אית ליה *הלכה כסתם משנה: **משום** דאמר ליה שבקת רבנן ועבדת כרבי נחמיה · נראה לי כך פי' לכן לא א"ל הכי כדקאמרת דאי הוה א"ל הכי הוה משיב לו ריש לקיש וכי שבקינן רבנן ונעביד כרבי נחמיה דהא אמרת כרבי נחמיה קאמינא לך: **וכי** נהגו שבקינן להו · בתמיה דלשון נהגו משמע בפרק בתרא דתענית (דף כו:) דאי עביד לא מהדרינא והכא כיון דאיכא איסורא דהלכה כרבנן אית לן לאהדורי ובריש ערבי פסחים (דף קג:) גבי הא דאמר רבי יוחנן נהגו העם כב"ה ואליבא דרבי יהודה משמע קצת דלכתחילה עבדי הכי מדפריך רבא אבשמים ברישא והדר אמאור ובכל ענין מתיישב כאן ומכאן סותרים מה שפירש רש"י בפ"ק דפסחים (דף נ:) אסורים בעשיית מלאכה במקום שנהגו דכיון דתני אסורין לא אזלינן במנהגא [וע"ע תוספות ברכות נג: ד"ה נהגו ותוס' פסחים קג: ד"ה ואמר]:

בפסח

מסורת הש"ס

נ"ל באלו

אולי צ"ל העושות

[כשבועות אי' שוח וכו"ל שם כתוס' ד"ה כבנו'שוח וכו']

[בכל הסוגיא דשם אי' שוח ופ"ש פירוש סה"ש]

אולי צ"ל ולא בתר וכו' וכן כתוב בתוס' ע"ז יד: ד"ה בנות שוח

לפנינו בבכורות מוכססין לחוד וכן הוא גירסת רש"י שם

[שבת מו. ובשאר דוכתי סוכה]

הגהות הב"ח

(א) גמ' ורבותינו נמנו באושא ונמנו אחר לקיטתו: (ב) תוס' ד"ה בנות שוח כו' שבעת כו' שבעת ימי אבילות וכו' הייתי יודע כו' שבע כו' כולה לא נהגו כו' משמע נמי דפרי: (ג) בא"ד לפי שרוב מינן כולם אינם באין: (ד) בא"ד דאבטולמוס ונדרים הן הטובות שגרמו:

רבינו חננאל

ת"ר אילן שחנטו פירותיו קודם ט"ו בשבט מתעשרין לשנה שעברה. ושחנטו אחר ט"ו בשבט מתעשרין לשנה (שעברה) [הבאה]. א"ר נחמיה בד"א באילן העושה ב' בריכות בשנה פי' ב' בריכות דיוראי אילן שעושין ב' פירות בשנה כגון תאנה שעושה פירות בקיץ ובחורף. אבל אילן העושה בריכה אחת כגון הדקלין והזיתים והחרובין אע"פ שחנטו פירותיהן קודם ט"ו בשבט מתעשרין לשנה הבאה. וקי"ל כרב המנונא דר"י ור"ש בן לקיש קיימי(*) א"ר יוחנן כוותיה נהגו העם בחרובין כר' נחמיה. א"ל דחנטו קודם ט"ו בשבט מתעשרין לשנה הבאה. איתיביה רשב"ל לר' יוחנן הא דתנן בשביעית בתחלת פ"ה בנות שוח שביעית שלהן שניה שעושות לג' שנים ע"ש שעשו בשביעית יהיו שביעית. כלומר הנה בנות שוח שחנטו קודם ט"ו בשבט בשביעית ... שבוע שמתאחרין בנות שוח הללו באילן ג' שנים. אבל מה שחנטו קודם ט"ו בשבט בשביעית מן חששית הן חשובין ומותרין בשנה הראשונה של שבוע. הנה בנות שוח אינם כגון ב' בריכות בשנה לפי שאין עושין אלא בריכה אחת בכל שנה ושנה. והנה מה שחנטו קודם ט"ו בשבט וחשבין משנת ששית. ושחנטו אחר ט"ו בשבט חשבין משנת השביעית ומתבערין בשנה השניה של שבוע שהיא שנה שלישית לחנטתו. והיאך א"ר יוחנן כו' כי החרובין מפני שעושין בריכה אחת בשנה. בין מה שחנטו קודם ט"ו בין אח"כ מתעשרין לשנה הבאה אשתיק כו': ירושלמי (בפ"ה דשביעית) א"ר אבא בר כהנא ותמיהני איך מותיב רשב"ל ומקבל ר' יוחנן מיניה ושתיק ליה ויתיבניה אנא אמינא חרובין ואת אמרת בנות שוח. אנא אמינא מנהג ואת אמרת הלכה. אנא אמינא ר' נחמיה ואת אמרת רבנן. פי' בנות שוח חללו תאנים לבנות הן כדאמרינן (בע"ז יד) בענין דברים האסורים למכור לעכו"ם בנות שוח בפטוטרותיהן. ואמרי' (בגמ') אמר רבה בר בר חנה תאיני חוריתא והן בנות שוח' בנות שבע וכלונסין כולן מיני תאנים וכבר פירשנום בגמ' ע"ז. וכן דרך בנות שוח הללו שחונטין בשנה הראשונה הן פגין ובשניה בוחל ובשלישית נגמרין והן צמל ובכל שנה הן חונטין. וכך סידורן. מה שחונטין בשנה הראשונה של שבוע נגמרין בשלישית. ומה שחנטו בשניה נגמרין ברביעית. ומה שחנטו בשלישית נגמרין בחמישית. ונוהגין בהן מעשר עני. דקי"ל אילן בתר חנטה. ואילו שנגמרו בחמישית בשלישית חנטו לפיכך הן פירות שלישית ושחנטו ברביעית נגמרין בששית שחנטו בחמישית שנגמרין בשנה של שמטה מותרין הן כי פירות חמישית הן. ושחנטו בששית נגמרו בשמינית ונוהגין בהן מעשר עני. ושחנטו בשנת השמטה בשביעית נגמרין בשנה התשיעית שהיא שנה שניה של שבוע הנכנסת. ונוהגין בהן דין שביעית ומתבערין. כי בשביעית היתה חניטתן. וכך דרך סידורן לעולם. כל הפירות של בנות שוח שחונטין בשביעית נוהגין בהן דין שביעית בשנה השניה של שבוע והיא שנת שירות הפרי הנתגם בשביעית עצמה. נמצאו בכל שנה ג' מיני פירות. בזה האילן מקצתן צמל והן שחנטו מקודם לכן בשנתים. ומקצתן בוחל והן שחנטו מראשתקד ומקצתן פגין והן בזו השנה. וכענין שפירשנו הן מפורשין בתלמוד א"י בגמרא דהא מתניתא מהו בנות שוח פיטיראות. פי' פיטיריאה בלשון יון. ואמרו מין תאנים כאשר אמרנו. מה בכל שנה הן עושות או אותה לשלש שנים. ופירשו בכל שנה עושות אלא אין פירותיהן נגמרין אלא עד ג' שנים. כיצד יודע. איך יורעות פירות של כל שנה ושנה. ר' יונה אומר קושרין בחוט. פי' אלו בחוט לבן ואלו בחוט אדום ואלו בחוט שחור. תני(נבנא)(שמואל) חוב בהן קסמין גם זה כענין הראשון כולי. תני רשב"א מהוצאת העלין עד הנצה הפגין נ' יום. ומן הפגין עד התאנים נ' יום. ומן השיתין עד הנעבלות נ' יום. ליקט תאנה ואינו יודע מתי הנצה. א"ר יונה מונה ק' יום לאחריו. אם הוא בתוכן ט"ו בשבט הוא יודע מתי הנצה. א"ל והוא עמי בבריא ועושית לשנה אחת א' להן והרי עמכם בציפורי ועושות לג'**) שנים כו'. פי' מעשר חרובין דרבנן.

*) מלות "וקי"ל כר"ה דר"י ורשב"ל קיימין כוותיה" שייכים למעלה בראש העמוד וכאן צ"ל א"ר יוחנן נהגו העם כו'.

**) בירושלמי שם בפי"ה דבב עים סוף ה לכה א' וכן בתוספתא שם רפ"ד איתא וכן עושות לשתי שנים וע"ש סיקב בתוספתא.

§ מסכת ראש השנה דף טו: §

אות א'

אתרוג בת ששית שנכנסה לשביעית, אפילו כזית ונעשית ככר, חייבין עליה משום טבל

רמב"ם פ"א מהל' מעשר שני ה"ו - עיין לעיל טו.

רמב"ם פ"ד מהל' שמיטין הי"ב - עיין לעיל טו.

יו"ד סימן שלא סעיף קכו - עיין לעיל טו.

אות ב'

אילן שחנטו פירותיו קודם חמשה עשר בשבט, מתעשר לשנה שעברה; אחר חמשה עשר בשבט, מתעשר לשנה הבאה

יו"ד סימן שלא סעיף קכה - **באחד בתשרי הוא ראש השנה למעשר תבואה וקטניות וירקות; ובט"ו בשבט, הוא ראש השנה למעשר האילנות; כיצד, תבואה וקטניות שהגיעו לעונת המעשרות לפני ראש השנה של שלישית, אף על פי שנגמרו ונאספו בשלישית, מפרישין מהן מעשר שני; וכן פירות האילן שבאו לעונת המעשרות קודם ט"ו בשבט של שלישית, אף על פי שנגמרו ונאספו אח"כ בסוף שנה שלישית, מתעשרין לשעבר ומפרישין להם מעשר שני; וכן אם באו לעונת המעשרות קודם ט"ו בשבט של רביעית, אף על פי שנגמרו ונאספו ברביעית, מפרישין מהם מעשר עני; ואם באו לעונת המעשרות אחר ט"ו בשבט, מתעשרין להבא.**

אות ג'

נהגו העם בחרובין כרבי נחמיה

רמב"ם פ"א מהל' מעשר שני ה"ג - **והחרובין אף ע"פ שחנטו פירותיהן קודם ט"ו בשבט מתעשרין להבא, הואיל ומתעשרות מדברי סופרים; יראה לי שאין הדברים אמורין אלא בחרובי צלמונה וכיוצא בהן שאין ראויין למאכל רוב האדם, והן הן שמתעשרות מדברי סופרים; אבל שאר החרובין יראה לי שהן כשאר פירות האילן** - ‹וי"ל דרבינו לטעמיה, דסבר דכל הדומה לדגן תירוש ויצהר חייב בתרומה ומעשרות מן התורה, כדמשמע מדבריו בפ"ב מהלכות תרומות - כסף משנה›.

השגת הראב"ד: א"א אין סברתו נכונה, שלא חילקו בגמרא דר"נ אלא בין מעשר לשביעית, אבל בין פירות לפירות לא חלקו, ואם כדבריו מה ענין בנות שוח אלל חרובי שיטה וצלמונה שהן פסולת מינן - ‹טעמו, שאם כדברי רבינו, דהא דאמר רבי נחמיה והחרובין שחנטו פירותיהם וכו' בחרובי צלמונה שהם גרועות הדברים אמורים, אם כן מאי מותיב ר"ל מבנות שוח, **ולי** קשה עוד, דקתני רבי נחמיה כגון דקלים וזיתים וחרובין, קתני חרובין דומיא דדקלים וזיתים, שאינם פסולת מינם. **ואפשר** דה"ק רבינו, יראה לי שמה שנהגו העם כרבי נחמיה בחרובין, לא נהגו כן אלא בחרובי צלמונה וכיוצא בהן וכו', שאע"פ שרבי נחמיה בכל פירות האילן שעושין בריכה אחת אמרה, לא נהגו כמותו אלא בחרובין, ולא בכל החרובין אלא בחרובי צלמונה - כסף משנה›.

ועוד אני אומר דחרובי שיטה וצלמונה פטורין הן לגמרי; אבל כל פירות האילן מדבריהם, חוץ מתירוש ויצהר; וכשאמרו בגמרא אמינא לך אלא מעשר חרובין דרבנן, הוא הדין לכל פירות האילן שהן מדרבנן; אלא הכי קאמר ליה, כיון שמעשר האילן מדרבנן, אם נהגו שלא כדין [א]לא מיחו בידם; והטעם שנהגו בחרובין אחר לקיטה ולא נהגו בשאר אילנות, אפשר מפני שרוב העולם אין רצין אחריהם כשאר פירות, ומניחין אותן באילן הרבה, לפיכך לא נחשבו בעיניהם עד עת לקיטה; מ"מ לא היה אלא מנהג, והיכא דנהוג נהוג, והיכא דלא נהוג לא נהוג, והולכין אחר חנטה.

אות ד'

בנות שוח שביעית שלהן שניה, מפני שעושות לשלש השנים

רמב"ם פ"ד מהל' שמיטין הט"ז - **בנות שוח הואיל והן נגמרות לאחר שלש שנים, אם באו [ב]לעונת המעשרות קודם ר"ה של שמינית, הרי הן נאכלות בשנה שנייה מן השבוע בתורת שביעית.**

באר הגולה

א ‹מרש"י משמע דבאמת הקילו בחרובין לילך אחר לקיטה, ולא דרק לא מיחו›

ב ‹חנטה, שהוא עונת המעשרות לפי דברי רבנו - דרך אמונה›

§ מסכת ראש השנה דף טז. §

אות א'

בראש השנה כל באי עולם עוברין לפניו כבני מרון

רמב"ם פ"ג מהל' תשובה ה"ג - **וכשם ששוקלין זכיות אדם ועונותיו בשעת מיתתו, כך בכל שנה ושנה שוקלין עונות כל אחד ואחד מבאי העולם עם זכיותיו, ביום טוב של ראש השנה, מי שנמצא צדיק נחתם לחיים, ומי שנמצא רשע נחתם למיתה, והבינוני תולין אותו עד יום הכפורים, אם עשה תשובה נחתם לחיים, ואם לאו נחתם למיתה** -

‹פירשו התוספות, דחיים אלו פי' לחיי עד, ומיתה זו פי' לגיהנם, **אבל** הרמב"ן כתב וז"ל: אין אדם נידון בר"ה אלא לענייני העולם הזה, וזה שאמר לחיים ולמיתה, אינם בימים בלבד, אלא כל העונשים שבעולם הזה: נגעים ומיתת בנים ועוני וכיוצא בהם, כינו אותם חכמים בלשון מיתה, וכינו השכר והגמול הטוב בלשון חיים – הגהות מיימוניות›.

אות א'*[א]

ובחג נידונין על המים

סימן תרסד ס"א - **ביום שביעי, שהוא הושענא רבה, נוהגים להרבות במזמורים כמו ביו"ט. הגה: וא"א נשמת, ואומרים: מזמור לתודה, ואומרים: אין כמוך, שמע ישראל וכו', כמו ביו"ט; ואומרים קדיש שלאחר תפלת מוסף בנגון יום טוב; ואין רגילין לעשות מלאכה של חול עד אחר יציאה מבה"כ... כתבו הראשונים ז"ל שיש סימן בצל הלבנה בליל הושענא רבה מה שיקרה לו או לקרוביו באותה השנה; ויש מי שכתב שאין לדקדק בזה, כדי שלא ליתרע מזליה, גם כי רבים אינם מבינים הענין על בוריו; ויותר טוב להיות תמים ולא לחקור עתידות כנ"ל. ומרבים קצת בנרות כמו ביוה"כ. הגה: והמדקדקים נוהגים לטבול עצמן קודם עלות השחר, כמו בעיוה"כ (מנהגים); ויש נוהגים ללבוש הקיטל כמו ביו"כ, [ב]לפי שבחג נדונים על המים; [ג]ונוהגים להתיר בו אגודו [ד]של לולב, [ה]ומקיפים ז' פעמים, ומרבים תחנונים על המים.**

אות ב'

למה תוקעין בשופר של איל

טור סימן תקפה - **שופר הראוי לתקוע בו כיצד, שיהא של איל וכפוף, דא"ר אבהו למה תוקעין בשופר של איל, אמר הקב"ה: תקעו לפני בשופר של איל, כדי שאזכור לכם עקידתו של יצחק, ומעלה אני עליכם כאילו עקדתם עצמכם לפני.**

[ו]סימן תקפו ס"א - **[ז]שופר של ראש השנה מצותו בשל איל** -

לזכר עקידת יצחק, **ובכלל** זה גם כבשה נקבה, אלא דהמהדרין ביותר נוהגין לחזור אחר של איל דוקא, דהוא זכר טפי לאיל של יצחק.

[ח]**וכפוף** - לסימן שיכפפו לבם למקום. **לאפוקי** בתענית שתוקעין ג"כ בשופר, לא בעינן של איל וכפוף, [**ועכ"פ** אין לנו להקפיד בפשוטים דוקא].

[ט]**ובדיעבד כל השופרות כשרים** - ר"ל אפילו של שאר בהמות או חיות, **ומ"מ** ביש לו שופר של תיש ועז, יקדימנו לשופר של יעלים ושאר חיות, דהוא קרוב למין שה יותר, כדכתיב: שה כשבים ושה עזים, ואיכא זכר קצת לעקידת יצחק, **בין פשוטים בין כפופים.**

ומצוה בכפופים יותר מבפשוטים - ר"ל דלאו דוקא באיל, אלא אפילו בשאר בהמות וחיות, ג"כ כפוף עדיף מפשוט.

והנה המחבר סתם ולא ביאר: איל פשוט וכפוף משאר מינים, איזה מהן עדיף, **אכן** מסקנת רוב הפוסקים, דמעלת כפוף עדיף, לפיכך אם נזדמן לו של יעל כפוף, ושל כבש פשוט, יתקע בשל יעלים וכפוף, דתקון רבנן לתקוע בכפוף, לסימן שיכפפו לבם למקום בתפלה, **משא"כ** שופר של איל, אינו תיקון רבנן לתקוע דוקא בשל איל, אלא מנהג שנהגו כל ישראל מעולם לזכר עקידה, ואיכא בזה מצוה מן המובחר, **ומ"מ** כתבו המפרשים, דגם בזה יש עכ"פ דינה דהידור מצוה, וע"כ אם מבקשים ממנו להוסיף על שופר של איל, יוסיף עד שליש.

אות ג'

למה תוקעין ומריעין כשהן יושבין וכו'

טור סימן תקפה - **אמר רבי יצחק למה תוקעין ומריעין כשהן יושבין וחוזרין ותוקעין ומריעין כשהן עומדין, כדי לערבב השטן, פי' למה תוקעין מיושב קודם מוסף, וחוזרין ותוקעין על סדר ברכות, למה מקדימין לתקוע מיושב, כדי לערבב השטן, פי' כדי שיתערבב מיד בתקיעה ראשונה שלפני התפלה, ולא יקטרג בשעת תפלה. וי"מ שמכח תקיעה ראשונה מתערבב בשנייה, והכי איתא בירושלמי: בלע המות לנצח, וכתיב: והיה ביום ההוא יתקע בשופר גדול, כד שמע קול שופר חדא זימנא, בהיל ולא בהיל, אומר: שמא ההיא זימנא דשופר גדול, כד שמע תניינא אומר: ודאי מטא זמניה, ומירתת ומתערבב ולית ליה פנאי למיעבד קטיגוריא; אבל לעולם עיקר תקיעה היא מעומד, שהיא על סדר ברכות.**

באר הגולה

[א] ‹ע"פ מהדורת נהרדעא› [ב] משנה ר"ה ט"ז [ג] טור והמרדכי בפרק ג' דסוכה, וסמך לזה כפת חסר ו', פי' ו' ימים יהיה כפות [ד] פי' שלמעלה, רוקח [ה] מהא דתנן ואותו יום היו מקיפין כו' סוכה מ"ה [ו] ‹ע"פ הבאר הגולה› [ז] מימרא דרבי אבהו ר"ה ט"ז [ח] מימרא דרבי לוי דף כ"ז [ט] משנה שם

מסורת הש"ס: תענית ב: מגילה לא: · תענית ב · [קרי כיון שמים כמו מקרה לילה אונס בידי אדם שגרון פרק קרי'] · [תוס' פ"א] · לעיל ח: ע"ז ב: · נדרים מט: [ושם איתא רבא] · [תוס' פ"א ותוספ' סוכה פ"ג] · לקמן לד: · [צ"ל אמר]

עין משפט נר מצוה: פה א מיי' פ"ג מהל' תשובה הל' ג: פו ב סמג עשין מג טוש"ע או"ח סי' תקפה: פז ג סמג שם טוש"ע או"ח סי' תקסה:

תורה אור

מתני' בארבעה פרקים העולם נידון בפסח על התבואה *בעצרת על פירות האילן *בר"ה כל באי עולם עוברין לפניו כבני מרון שנאמר °היוצר יחד לבם המבין אל כל מעשיהם *ובחג נידונין על המים: **גמ'** הי תבואה אילימא הא תבואה דקיימא כל הני הרפתקי דעדו עלה אימת איתדון אלא תבואה דמזדרעא למימרא דחד דינא מתדנא והתניא תבואה שאירע בה *קרי או אונס קודם הפסח נידונית לשעבר לאחר הפסח נידונית להבא אדם שאירע בו קרי או אונס קודם יוה"כ נידון לשעבר לאחר יוה"כ נידון להבא אמר רבא ש"מ תרי דיני מתדנא(א) אמר אביי הלכך כי חזי איניש דמצלח זרעא אפלא ליקדים וליזרע חרפא דעד דמטי למידייניה קדים סליק מני מתני' לא ר"מ ולא ר' יהודה ולא ר' יוסי ולא ר' נתן דתניא *הכל נידונים בר"ה וגזר דין שלהם נחתם ביוה"כ דברי ר"מ ר' יהודה אומר הכל נידונין בר"ה וגזר דין שלהם נחתם כל אחד ואחד בזמנו בפסח על התבואה בעצרת על פירות האילן בחג נידונין על המים ואדם נידון בר"ה וגזר דין שלו נחתם ביוה"כ ר' יוסי אומר אדם נידון בכל יום שנאמר °ותפקדנו לבקרים רבי נתן אומר אדם נידון בכל שעה שנא' °לרגעים תבחננו וכי תימא לעולם ר' יהודה הוא וכי קתני מתניתין אגזר דין אי הכי קשיא אדם אמר רבא האי תנא דבי ר' ישמעאל היא דתנא דבי ר' ישמעאל בארבעה פרקים העולם נידון בפסח על התבואה בעצרת על פירות האילן בחג נידונין על המים ואדם נידון בר"ה וגזר דין שלו נחתם ביוה"כ וכי קתני מתני' אתחלת דין אמר רב חסדא מ"ט דר' יוסי כדקאמר טעמיה ותפקדנו לבקרים אנן הכי קאמרינן מ"ט לא אמר כר' נתן בחינה עיוני בעלמא היא פקידה נמי עיוני בעלמא היא אלא א"ר חסדא טעמיה דר' יוסי מהכא °לעשות משפט עבדו ומשפט עמו ישראל דבר יום ביומו וא"ר חסדא *מלך וצבור מלך נכנס תחלה לדין שנאמר לעשות משפט עבדו (ג) ומשפט עמו ישראל מ"ט איבעית אימא לאו אורח ארעא למיתב מלכא אבראי ואיבעית אימא מקמי דליפוש חרון אף א"ר יוסף *כמאן מצלינן האידנא אקצירי ואמריעי כמאן כר' יוסי ואיבעית אימא לעולם כרבנן וכדר' יצחק דא"ר יצחק *יפה צעקה לאדם בין קודם גזר דין בין לאחר גזר דין תניא א"ר יהודה משום ר"ע *מפני מה אמרה תורה הביאו עומר בפסח מפני שהפסח זמן תבואה הוא אמר הקב"ה הביאו לפני עומר בפסח כדי שתתברך לכם תבואה שבשדות ומפני מה אמרה תורה הביאו שתי הלחם בעצרת מפני שעצרת זמן פירות האילן הוא אמר הקב"ה הביאו לפני שתי הלחם בעצרת כדי שיתברכו לכם פירות האילן ומפני מה אמרה תורה נסכו מים בחג א)אמר הקדוש ברוך הוא נסכו לפני מים בחג כדי שיתברכו לכם גשמי שנה *ואמרו לפני בראש השנה מלכיות זכרונות ושופרות מלכיות כדי שתמליכוני עליכם זכרונות כדי שיעלה זכרוניכם לפני לטובה ובמה בשופר אמר רבי אבהו *למה תוקעין בשופר של איל אמר הקדוש ברוך הוא תקעו לפני בשופר של איל כדי שאזכור לכם עקידת יצחק בן אברהם ומעלה אני עליכם כאילו עקדתם עצמכם לפני (*ואמר) רבי יצחק ג)למה תוקעין בר"ה למה תוקעין רחמנא אמר תקעו אלא למה מריעין מריעין רחמנא אמר זכרון תרועה יאלא למה תוקעין ומריעין כשהן יושבין ותוקעין

תהלים לג · איוב ז · מלכים א' ח

רש"י

מתני' בארבעה פרקים · בשנה העולם נידון ט': **כבני מרון** · מפרש בגמ': **שנאמר היוצר יחד לבם וגו'** · בגמ' מפרש ליה: **גמ' אילימא הא תבואה דקיימא** · השתא במחובר ומוכנת לקצור: **הרפתקי** · מקרות: **דעדו עלה** · שעברו עליה משעה שנזרעה במרחשון הבא: **דחד דינא** · פעם אחת: **קרי** · כגון ברד או שדפון (ג): **נידונים לשעבר** · קודם שנזרעה דהייתו פסח של אשתקד: **נידונת להבא** · בפסח שאחר זריעתה: **נידון לשעבר** · וביוה"כ של אשתקד נגזר עליו: **להבא** · ביוה"כ שעבר עכשיו בקרוב וכן לשון משנה במסכת נדרים (דף ס·) קונם יין שאיני טועם חדש זה אסור בכל החדש כולו ור"ח להבא הוא ר"ח שעבר עתה בקרוב ומשום דקרי להאי אשתקד שעבר קרי להאי דלקמיה להבא: (ד) **תרי דיני מיתדנא** · קודם זריעתה וסמוך לקציר: **כי חזי איניש דמצלח זרעא אפלא** · חטה וכוסמת שנזרעין במרחשון שאין ממהרין להתבשל: **ליקדים וליזרע חרפא** · השעורה ממהרת להתבשל וזורעים אותה בשבט ואדר דכיון דאפלא מצלח שמע מינה לטובה נידון בפסח שעבר לפיכך ימהר לזרוע (ה) בזריעה שניה: **דעד דמטי למידייניה** · בפסח הבא: **קדים סליק** · וגדל קלת ואינו ממהר שוב להתקלקל: **וכי קתני מתניתין** · ארבעה פרקים אגזר דין (ו): **קשיא אדם** · דתני מתני' בר"ה ורבי יהודה ביוה"כ אמר: **וכי קתני מתניתין** · ארבעה פרקים: **אתחלת דין** · אבל אגזר דין דאדם ביוה"כ: **אנן הכי קאמרינן** · הכי קשיא לן: **כרבי נתן מ"ט לא אמר** · משום דקסבר בחינה אין זה דין אלא בודק במעשיו הלכך בדידיה נמי תיקשי לך פקידה עיוני בעלמא הוא: **אקצירי ואמריעי** · מפרש במסכת נדרים (דף מט:) קצירי חולים מריעי ת"ח שהן תשושי כח: **כר' יוסי** · דאמר אדם נידון בכל יום ויתפלל שידונו אותו לזכות ולא יקנסוהו מיתה דאי כרבנן דאמרי אין נידון אלא בר"ה הרי כבר נקנסה עליו: **שהפסח זמן תבואה הוא** · זמן שהתבואה נידונת בו: **שתי הלחם** · ...

תוספות

בפסח על התבואה · בפ' מי שמתו (ברכות דף יח:) גבי חסיד שהקניטתו אשתו ערב ר"ה משמע דבר"ה שמע שתי רוחות שמספרין זו את זו ששמעו מאחורי הפרגוד שכל הזורע ברביעה ראשונה ברד מלקה אותו ושמא בשמים בר"ה היו מזכירים דין הנגזר בפסח אי נמי כר' יהודה דאמר הכל נידונים בר"ה וגזר דין בפסח על התבואה: **שאירע** בה קרי · מקרה לשון אולי יקרה (במדבר כג) אי נמי לשון קושי כמו אם תלכו עמי בקרי (ויקרא כו):

כמאן מצלינן האידנא אקצירי ואמריעי כרבי יוסי · וא"ת לרבנן נמי מי לא מצלינן דאמרו וברכת השנים ועוד (ז) רבי יהודה דאמר הכא אדם נידון בר"ה וגזר דין שלו נחתם ביוה"כ הא אמר* בפ"ק דשבת (דף יב:) הנכנס לבקר החולה אומר המקום ירחם עליך ועל חולי עמו ישראל ואומר ר"ת דשלא יחלה ודאי לא מצלינן אלא לר' יוסי אבל שיתרפא מצלינן אליבא דכולי עלמא דמתי יחלו נגזר מתי יתרפאו לא נגזר ואמר בריש הנודר מן המבושל (נדרים דף מט·) אהך דרב יוסף קצירי ממש מריעי רבנן והשתא מצלינן אקצירי שיתרפאו (ח) ואמריעי הייט רבנן שלא יחלו (ט) ומה שמתפללין ברכת השנים הייט כדלקמן בפרקין (דף יז:) שאם פסקו גשמים מועטין שיורידם המקום בזמנן ועוד י"ל דתפלה דרבים שאני דגזר דינם נקרע כדלקמן (שם) והיא דשבת דר' יהודה נמי יש ליישב כהאי גוונא דדמיא לרבים דהוה מלי בהדיה על כל חולים:

בשופר של איל · בפרק ראוהו ב"ד (לקמן דף כו·) תנן דרבי יוסי מכשיר אף בשל פרה אבל קיימא לן כרבי יהודה דתוקעין בשל אילים כפופים כדפסקינן התם בגמרא (דף כו:):

ותוקעים

[ר' יהודה כן לאוי נסיות]

רבינו חננאל

מתני' בד' פרקים העולם נידון בפסח על התבואה · פי' הרפתקי כגון רוחות ברקים וגשמין וכיוצא בהן שעברו עליהן מתי אתדון. למימר' דתבואה חד דינא מתדנא · והתניא תבואה שאירע בה קרי או אונס קודם הפסח נידונת לשעבר כו' · אמר רבא ש"מ תרי דיני מתדנא · מני מתניתין · ואוקימנא כתנא דבי שמואל דתני בד' פרקים העולם נידון בפסח על התבואה בעצרת על פירות האילן בחג על המים · ואדם בר"ה וגזר דינו נחתם ביוה"כ · וכי קתני מתני' אתחלת דין · אמר רב יוסף כמאן מצלינן האידנא אקצירי ומריעי כל יומא כר' יוסי דאמר אדם נידון בכל יום איבעית אימא לעולם כרבנן וכר' יצחק דאמר יפה צעקה לאדם בין קודם גזר דין בין לאחר גזר דין: ירושלמי מלתא דרב אמר הכל נידונין בר"ה וגזר דין הכל נחתם בר"ה · דתני בתקיעתא דבי רב זה היום תחלת מעשיך וכו' ודלא כר' יוסי דאמר אדם נידון בכל שעה שנאמר [ותפקדנו לבקרים] לרגעים תבחננו · ותפקדנו לבקרים זו פרנסתו · לרגעים תבחננו זו אכילתו (גזר דין בין לאחר גזר דין) · תניא ר' יהודה אומר משום ר' עקיבא אמר הקב"ה הפסח הוא זמן תבואה הביאו לפני העומר כדי שתתברך לכם תבואה שבשדות וכן שתי הלחם בעצרת שהוא זמן פירות האילן וכן ניסוך המים בחג כדי שיתברכו גשמי השנה · וכן בר"ה אמרו מלכיות שתקבלו מלכותי

א) [גי' רי"ף ורא"ש מפני שהוא זמן גשמי שנה הוא אמר וכו'] . ג) עי' רי"ף ורא"ש שהו גרסינן לאחרות.

עליכם וזכרונות כדי שיעלה זכרוניכם לפני לטובה · ובמה בשופר ואמר ר' אבהו בשופר שאזכור לכם עקידת יצחק מעלה עליכם כאלו עקדתם עצמכם לפני א"ר יצחק למה תוקעין ומריעין כשהן יושבין

הגהות הב"ח

(א) גמ' מתדנא שלא אמר: (ב) שם עבדו וכדר ומשפט: (ג) רש"י ד"ה קרי וכו' שדפון או אונס ע"י אדם כגון חיילות הס"ד: (ד) ד"ה להבא כו' ר"ה שעבר עתה בקרוב הס"ד: (ה) ד"ה ליקדים וכו' ימהר לזרוע ברביעה שניה הס"ד: (ו) ד"ה וכי קתני וכו' אגזר דין קתני דלדון מתחלת דין ונגזר דין הוא סוף דין: (ז) תוס' ד"ה כמאן וכו' ועוד הא ר' יהודה: (ח) בא"ד מצלינן אקצירי שיתרפאו: (ט) בא"ד שלא יחלו וכו' פי' לר' יוסי:

עין משפט נר מצוה

פח א סמג עשין מב ובה"ג סי' סקסה:
פט ב מיי' פ"ב מהל' תשובה הל' ד' סמג עשין טז טוש"ע י"ד סי' רמו סעיף ד:
צ ג מיי' וסמג שם טוש"ע י"ד סי' קלב סעיף ג:
צא ד מיי' פ"ט מהל' תפלה הל' ז סמג עשין יט:
צב ה מיי' פ"ו מהל' תלמוד תורה הל' ז:
צג ו מיי' פט"ז מהל' טומאת אוכלין הל' ט:
צד ז מיי' פ"ג מהל' תשובה הל' ג:

מסורת הש"ס

ותוקעין ומריעין כשהן עומדין כדי לערבב השטן וא"ר יצחק כל שנה שאין תוקעין לה בתחלתה מריעין לה בסופה מ"ט דלא אערבב שטן וא"ר יצחק כל שנה שרשה בתחלתה מתעשרת בסופה שנא' מראשית השנה מרשית כתיב ועד אחרית *סופה שיש לה אחרית וא"ר יצחק אין דנין את האדם אלא לפי מעשיו של אותה שעה שנאמר כי שמע אלהים אל קול הנער באשר הוא שם וא"ר יצחק ג' דברים מזכירין עונותיו של אדם אלו הן קיר נטוי ועיון תפלה ומוסר דין על חבירו דא"ר (*אבין) *כל המוסר דין על חבירו הוא נענש תחלה שנאמר ותאמר שרי אל אברם חמסי עליך וכתיב ויבא אברהם לספוד לשרה ולבכותה וא"ר יצחק ד' דברים מקרעין גזר דינו של אדם אלו הן צדקה צעקה שינוי השם ושינוי מעשה צדקה דכתיב וצדקה תציל ממות צעקה דכתיב ויצעקו אל ה' בצר להם וממצוקותיהם יוציאם שינוי השם דכתיב שרי אשתך לא תקרא את שמה שרי כי שרה שמה וכתיב וברכתי אותה וגם נתתי ממנה לך בן שינוי מעשה דכתיב וירא האלהים את מעשיהם וכתיב וינחם האלהים על הרעה אשר דבר לעשות להם ולא עשה וי"א אף שינוי מקום דכתיב ויאמר ה' אל אברם לך לך מארצך והדר ואעשך לגוי גדול ואידך ההוא זכותא דא"י הוא דאהניא ליה *וא"ר יצחק חייב אדם להקביל פני רבו ברגל שנאמר מדוע את הולכת אליו היום לא חדש ולא שבת מכלל דבחדש ושבת איבעי לה למיזל וא"ר יצחק חייב אדם לטהר עצמו ברגל שנאמר ובנבלתם לא תגעו תניא נמי הכי ובנבלתם לא תגעו יכול יהו ישראל מוזהרין על מגע נבילה תלמוד לומר אמור אל הכהנים בני אהרן בני אהרן מוזהרין בני ישראל אין מוזהרין והלא דברים קל וחומר ומה טומאה חמורה כהנים מוזהרין ישראלים אינן מוזהרין טומאה קלה לא כל שכן אלא מה ת"ל ובנבלתם לא תגעו ברגל א"ר כרוספדאי א"ר יוחנן שלשה ספרים נפתחין בר"ה אחד של רשעים גמורין ואחד של צדיקים גמורין ואחד של בינוניים צדיקים גמורין נכתבין ונחתמין לאלתר לחיים רשעים גמורין נכתבין ונחתמין לאלתר למיתה בינוניים תלויין ועומדין מר"ה ועד יוה"כ זכו נכתבין לחיים לא זכו נכתבין למיתה א"ר אבין מאי קרא ימחו מספר חיים ועם צדיקים אל יכתבו ימחו מספר זה ספרן של רשעים גמורין חיים זה ספרן של צדיקים ועם צדיקים אל יכתבו זה ספרן של בינוניים ר"נ בר יצחק אמר מהכא ואם אין מחני נא מספרך אשר כתבת מחני נא זה ספרן של רשעים מספרך זה ספרן של צדיקים אשר כתבת זה ספרן של בינוניים *) תניא ב"ש אומרים ג' כתות הן ליום הדין אחת של צדיקים גמורין ואחת של רשעים גמורין ואחת של בינוניים צדיקים גמורין נכתבין ונחתמין לאלתר לחיי עולם רשעים גמורין נכתבין ונחתמין לאלתר לגיהנם שנאמר ורבים מישני אדמת עפר יקיצו אלה לחיי עולם ואלה לחרפות לדראון עולם בינוניים יורדין לגיהנם ומצפצפין

*) [תוספתא דסנהדרין פי"ג]

גי' רא"ש מכלל · [ברכות נה.] · [ב"ק צג. ע"ש] · בראשית כא · בראשית טז · בראשית כג · משלי י · תהלים קז · בראשית יז · יונה ג · בראשית יב · מלכים ב ד · ויקרא יא · שם כא · תהלים סט · שמות לב · דניאל יב

רש"י

כדי לערבב · שלא ישטין כשישמע ישראל מחבבין את המצות מסתתמין דבריו: **מרעה בסופה** · שישראל עושין עצמן רשין בר"ה לדבר תחנונים ותפלה כענין שנאמר תחנונים ידבר רש (משלי יח): **של אותה שעה** · ואפי' הוא עתיד להרשיע לאחר זמן: **באשר הוא שם** · ומצינו בבראשית רבה אמרו מלאכי השרת לפני הקב"ה רבש"ע מי שעתידין בניו להמית את בניך בצמא אתה מעלה לו באר שנא' (ישעיה כא) משא בערב וגו' לקראת צמא התיו מים שהיו מוליכין לקראת הגולים מיני מלוחים ונודות נפוחים וכו' כדאיתא התם אמר להם השתא צדיק הוא או רשע אמרו לו צדיק אמר להם באשר הוא שם איני דן את העולם אלא בשעתו: **קיר נטוי** · והעובר תחתיו מזכיר עונותיו שאומר כלום ראוי זה ליעשות לו נס ומתוך כך הוא נבדק: **ועיון תפלה** · סומך על תפלתו (א) שתהא נשמעת ומתאמץ לכוין לבו: **מוסר דין** · כמו ישפוט ה' ביני וביניך (בראשית טז) אומרים כלום ראוי הוא שיענש חבירו על ידו: **ויבא אברהם וגו'** · הוא קבר אותה: **שינוי מעשה** · שב מרעתו: **ובנבלתם לא תגעו** · וברגל משתעי קרא כדמפרש ואזיל לקמיה בברייתא: **שלשה ספרים** · ספרי זכרון של מעשה הבריות: **ליום הדין** · כשיחיו המתים: **רשעים גמורים** · רובם עונות: **בינוניים** · מחצה על מחצה:

ומצפצפים

הגהות הב"ח

(א) רש"י ד"ה ועיון תפלה וכו' תפלתו ונכון שתהא: (ב) תוס' ד"ה ונחתמין וכו' משמע דלצדיקים גמורים קרי וכו' ורשעים לחיים כנ"ל ותיבת גמורים נמחק:

גליון הש"ס

גמ' וא"ר יצחק ד' דברים מקרעין וכו'. כתבו' כרא"ש סוף כלל יג ס"ג טוב כ' דברים מקבלין לנוזרים וכו' אף שינוי השם: תוס' ד"ה ליום הדין כו' לחיי העולם הבא. עי' ריש פ' י"א דסנהדרין:

תוספות

ותוקעים ומריעין כשהן עומדין · תימה הא קעבר משום בל תוסיף וכי תימא כיון דכבר יצא הוה ליה שלא בזמנו דלא עבר הא אמרינן בסוף ראוהו ב"ד (לקמן דף כח: ושם) גבי ברכת כהנים דאין מוסיף ברכה אחת משלו משום דלא עבר עליה זימניה כיון דאילו מתרמי ליה צבורא אחרינא הדר מברך להו ה"נ אי מתרמי ליה צבורא אחרינא הדר תקע להו וי"ל דאין שייך בל תוסיף בעשיית מצוה אחת ב' פעמים כגון כהן אם מברך וחוזר ומברך אותו צבור עצמו או נוטל לולב וחוזר ונוטל וחוזר ותוקע וגבי מתנות בכור נמי אם נותן בקרן אחד ב' פעמים אין זה בל תוסיף: **כדי** לערבב את השטן · פירש בערוך* [כדאיתא] בירושלמי בלע המות לנצח וכתיב והיה ביום ההוא יתקע בשופר גדול כד שמע קל שיפורא זימנא חדא בהיל ולא בהיל וכד שמע תניין אמר ודאי זהו שיפורא דיתקע בשופר גדול ומטא זימניה לאתבלע ומתערבב ולית ליה פנאי למעבד קטיגוריא: **שאין** תוקעין בתחלתה · מפרש בהלכות גדולות לאו דמיקלע בשבתא אלא דאיתיליד אונסא: **שרשה** בתחלתה · שמתוך שישראלים רשים לבם נשבר ומרחמים עליהם מן השמים: **ועיון** תפלה · אומר ר"ת עיון תפלה דהכא כי ההיא דגט פשוט (ב"ב דף קסד: ושם) דג' דברים אין אדם ניצול מהן בכל יום וקא חשיב עיון תפלה כלומר שאין מכוין לבו בתפלתו כדאמר בירושלמי דברכות פרק היה קורא* א"ר חייא רבא מן יומא לא כוונית אלא חד זמן בעית מכוונה והרהרים בלבי ואמרי מאן עלל קומוי מלכא קדמוי אלקפטא או ריש גלותא שמואל אמר אנא מנית פרחייא ר' בון בר חייא אמר אנא מנית דומסיא א"ר מנא מחזיק אנא טיבו לרישיה דכי מטי למודים הוה כרע מגרמיה ומתוך שאדם מתפלל ואין מתכוין לבו עבירותיו נזכרין ומיהו לא יתכן לפרש כן כלל אלא *אדרבה איירי במתאמץ לכוין לבו ובוטח שתהא תפלתו נשמעת כי ההיא דפ' אין עומדין (ברכות דף לב:) המאריך בתפלתו ומעיין כדמוכח בריש הרואה (שם דף נד:) דאמר רב יהודה אמר רב ג' דברים מאריכים ימיו של אדם וחשיב המאריך בתפלתו ופריך למימרא דמעליותא היא והא א"ר חייא בר אבא המאריך בתפלתו ומעיין בה סוף בא לידי כאב לב שנאמר תוחלת ממושכה מחלה לב כלומר מעיין בה אומר בלבו שיעשו בקשתו לפי שהתפלל בכוונה ובא לידי כאב לב שאין בקשתו נעשית תוחלת לשון תפלה ומלשון ויחל משה (שמות לב) וא"ר יצחק (שם דף נה.) שלשה דברים מזכירים עונותיו של אדם עיון תפלה שעל ידי כך מפשפשין במעשיו לומר בוטח הוא בזכיותיו ונראה מה הם ומשני הא דלא מעיין והשתא הוו כל הני שלשה דברים מענין אחד קיר נטוי שבוטח בזכותו ועובר מוסר דין על חבירו שבוטח בזכותו שיענש חבירו על ידו*:

[וכן פי' בערוך ע' קר ח]

[וע"ע תוס' ברכות לב: ד"ה כל ותוס' שבת קיח: וב"ב קסד:]

ונחתמין לאלתר לחיים · מדקא חשיב בינוניים משמע דלצדיקים (ב) קרי למי שזכיותיו מרובים ורשעים גמורים למי שעונותיו מרובים ופעמים הצדיקים נחתמין למיתה ורשעים גמורים לחיים דכתיב ומשלם לשונאיו אל פניו להאבידו (דברים ז) דאמרינן בסוף פ"ק דקדושין (דף לט: ושם) מי שזכיותיו מרובין מעונותיו דומה כמי ששרף את כל התורה כולה ולא שייר ממנה אות אחת ואי עונותיו מרובין מזכיותיו דומה כמי שקיים כל התורה כולה ולא חיסר אות אחת וכל זה דקרי הכא גבי רשעים מיתה וגבי צדיקים חיים כלומר לחיי העולם הבא: **ליום** הדין · כשיחיו המתים כדמוכח קרא ואע"פ שכבר נדון אחר מיתתן בגן עדן או בגיהנם מפני הנפש עדיין יהיה דין אחר אם יזכהו *לחיי העולם הבא שהוא קיים לעולם ויש שכבר קבלו דינם בגיהנם ומתוך כך שמא יזכו:

ועליהם

רבינו חננאל

ותוקעין ומריעין כשהן עומדין כדי לערבב השטן פי' כיון שמצאנו כי אם יש מלאך מליץ אחד אשר פודה מרדת שחת כן יש מלאך משטין ומכוונין ישראל את לבם ואומר שמא יעמוד משטין עלינו · נדקדק במצות · וכיון שרואה המשטין שמחבבין המצות מיושב ומעומד כאלו מתעבב שלהשטין · א"ר יצחק אין דנין לאדם אלא לפי מעשיו של אותה שעה שנאמר כי שמע אלהים אל קול הנער באשר הוא שם · ואע"פ שגלוי וידוע כי כשיגדל יצא לתרבות רעה: ירושלמי ריב"ל אמר מהאי קרא (איוב ח) אם זך וישר היית אין כתיב [כאן] אלא אם [זך] וישר אתה עכשיו · ג' דברים מזכירין עונותיו של אדם קיר נטוי ליפול כלומר רעוע והלך זה וישב תחתיו סומך בזכיותיו להנצל וכן המעיין בתפלה שתתקבל ותבוא שאלתו וסומך בצדקתו · וכן המוסר דין על חבירו כלומר אני צדיק ומוסר דינו להפרע מחבירו · אלו כולן מזכירי עונותיו של אדם · שאומרים לפניו מה זכיותיו של זה שעושה כך והלא יש בידו עון כך וכך · ד' דברים מקרעין גזר דינו של אדם ואלו הן צדקה שנאמר וצדקה תציל ממות · צעקה שנאמר ויצעקו אל ה' בצר להם וגו' · שנוי השם דכתיב לא תקרא את שמה שרי כי שרה שמה וברכתי אותה וגם נתתי ממנה לך בן · שנוי מעשה דכתיב וירא האלהים את מעשיהם כי שבו מדרכם הרעה · וי"א אף שינוי מקום שנאמר ויאמר ה' אל אברם לך לך מארצך וממולדתך וגו' והדר ואעשך לגוי גדול · חייב אדם להקביל פני רבו ברגל שנאמר מדוע את הולכת אליו היום לא חדש ולא שבת [illegible]

*) מדברי רבינו ז"ל אלו נראה כהדיא דהיה לו [illegible] וק"ל.

§ מסכת ראש השנה דף טז: §

אות א׳* [א]

ותוקעין ומריעין כשהן עומדין

סימן תקפה ס״א - [ב]**צריך לתקוע מעומד** - דכתיב: יום תרועה יהיה לכם, וילפינן מ"לכם" דגבי עומר, ובעומר כתיב: חרמש בקמה, אל תקרי "בקמה" אלא "בקומה", **וכתב** המ"א, דלפי"ז אין לסמוך על שום דבר, באופן שאם ינטל אותו דבר יפול, שעמידה זו חשובה כישיבה, [**ומ"מ** במקום הדחק נראה דנוכל להקל].

וכן הברכה צריך להיות בעמידה, כמו כל ברכת המצות, וכדלעיל בסימן ח' ס"א.

ומ"מ בדיעבד אף אם תקע מיושב לגמרי, יצא, דקרא אסמכתא בעלמא הוא ולכתחלה.

והצבור השומעים התקיעות, לא הטריחום לעמוד משום כבוד צבור, וגם כי עתידים לשמוע מעומד התקיעות שעל סדר הברכות של מלכיות זכרונות וגו', **ועכשיו** נהגו הצבור לעמוד כולם גם בשעת התקיעות שתוקעין קודם מוסף, ואעפ"כ נקראין תקיעות דמיושב, מאחר שרשות לישב בהם, **ואם** יחיד שומע תקיעות לצאת בהם, ואינו עתיד לשמוע על סדר הברכות, צריך מדינא לעמוד לכתחלה.

הגה: ונוהגין לתקוע על הבימה במקום שקורין - כדי שזכות התורה יגן עלינו לעלות זכרונינו לפניו לטובה.

וראוי ליתן לתקוע לצדיק והגון, ובלבד שלא יהא מחלוקת בדבר, **ועכ"פ** צריך שידע לכוין להוציא הצבור בתקיעתו, [דזהו לעיכובא].

אות א׳

ואמר רבי יצחק: כל שנה שאין תוקעין לה בתחלתה, מריעין לה בסופה, מאי טעמא, דלא איערבב שטן

טור סימן תקפה - וא"ר יצחק: כל שנה שאין תוקעין בה בתחלתה, מריעין לה בסופה, מ"ט, משום דלא מיערבב שטן. ומפרש בה"ג, דלא דאקלע בשבתא, אלא דאיתיליד אונסא ולא תקעו; רמז לדבר: אין שטן ואין פגע רע, ראשי תיבות שופר, פי' כשיש שופר אין פגע רע.

אות א׳** [ג]

קיר נטוי

יו"ד סי' קטז ס"ה - הגה: וכן יזהר מכל דברים המביאים לידי סכנה, כי סכנתא חמירא מאיסורא, ויש לחוש יותר לספק סכנה מלספק איסור, ולכן אסור לילך בכל מקום סכנה, כמו תחת קיר נטוי או יחידי בלילה - או על גשר רעוע או ליכנס לחורבה וכל כיוצא באלו, עכ"ל רמב"ם - ש"ך.

אות א׳*** [ד]

ועיון תפלה

סימן צח ס"ה - אל יחשוב: ראוי הוא שיעשה הקדוש ברוך הוא בקשתי כיון שכוונתי בתפלתי, כי אדרבה זה מזכיר עונותיו של אדם, (שעל ידי כך מפשפשין במעשיו לומר בטוח הוא בזכיותיו); אלא יחשוב שיעשה הקב"ה בחסדו, ויאמר בלבו: מי אני, דל ונבזה, בא לבקש מאת מלך מלכי המלכים הקדוש ברוך הוא, אם לא מרוב חסדיו שהוא מתנהג בהם עם בריותיו.

אות א׳**** [ה]

ומוסר דין על חבירו

חו"מ סי' תכב ס"א - אסור לבקש דין מן השמים על חבירו שעשה לו רעה; ודוקא דאית ליה דיינא בארעא - וזה ציית דין, אבל אם אינו ציית דין, רשאי למסור דינו לשמים, וכן כשאין לו דיין במקומו, וזה אינו רוצה לילך לדון עמו במקום אחר, ושרה שנענשה, מפני שב"ד של שם ועבר היה קיים. **וכל הצועק על חבירו, הוא נענש תחלה (גמרא פ' החובל). וי"א דאפילו לית ליה דיינא בארעא אסור לצעוק עליו, אא"כ הודיעו תחלה (הר"ן פ"ק דר"ה)** - וכשלא יקבל עליו לילך לאיזה ב"ד, אז ימסור דינו לשמים, ואין חולק בזה - ערוה"ש.

אות ב׳

צדקה

יו"ד סי' רמז ס"ד - הצדקה דוחה את הגזירות הקשות, וברעב תציל ממות, כמו שאירע לצרפית - וה"ה משאר מיני מיתה מצלת, כדאיתא בסוף שבת כמה עובדי, ועוד מוספת לו אורך ימים, כדאיתא בפ"ק דב"ב גבי בנימין הצדיק - ש"ך.

באר הגולה

א ‹מילואים› | ב טור והגהות מיימוני בשם סמ"ק, משום דגמרינן לכם דשופר מלכם דעומר | ג ‹ע"פ מהדורת נהרדעא› | ד ‹ע"פ מהדורת נהרדעא› | ה ‹ע"פ מהדורת נהרדעא›

אות ג'

צעקה, שינוי השם, ושינוי מעשה

רמב"ם פ"ב מהל' תשובה ה"ד - מדרכי התשובה להיות השב צועק תמיד לפני השם בבכי ובתחנונים; ועושה צדקה כפי כחו; ומתרחק הרבה מן הדבר שחטא בו; ומשנה שמו, כלומר אני אחר, ואיני אותו האיש שעשה אותן המעשים; ומשנה מעשיו כולן לטובה ולדרך ישרה; וגולה ממקומו, שגלות מכפרת עון, מפני שגורמת לו להכנע ולהיות עניו ושפל רוח.

יו"ד סי' שלה ס"י - הגה: י"א שמי שיש לו חולה בביתו, ילך אצל חכם שבעיר שיבקש עליו רחמים; וכן נהגו לברך חולים בבהכ"נ, לקרא להם שם חדש, כי שנוי השם קורע גזר דינו.

אות ד'

חייב אדם להקביל פני רבו ברגל

רמב"ם פ"ה מהל' תלמוד תורה ה"ז - [ו]וחייב אדם להקביל פני רבו ברגל.

אות ה' – ו'

חייב אדם לטהר את עצמו ברגל

יכול יהו ישראל מוזהרין על מגע נבילה

רמב"ם פט"ז מהל' טומאת אוכלין ה"ט - כשם שמותר לאכול חולין טמאים ולשתותן, כך מותר לגרום טומאה לחולין שבא"י, ויש לו לטמא את החולין המתוקנין לכתחלה, וכן מותר לאדם ליגע בכל הטומאות ולהתטמא בהן; שהרי הזהיר הכתוב את בני אהרן ואת הנזיר מהתטמא במת, מכלל שכל העם מותרין, ושאף כהנים ונזירים מותרין להתטמא בשאר טומאות חוץ מטמא מת.

רמב"ם פט"ז מהל' טומאת אוכלין ה"י - כל ישראל מוזהרין להיות טהורים בכל רגל, מפני שהם נכונים ליכנס במקדש ולאכול קדשים, וזה שנאמר בתורה: ובנבלתם לא תגעו, ברגל בלבד; ואם נטמא אינו לוקה; אבל בשאר ימות השנה אינו מוזהר.

אות ז'

שלשה ספרים נפתחין בראש השנה

רמב"ם פ"ג מהל' תשובה ה"ג - וכשם ששוקלין זכיות אדם ועונותיו בשעת מיתתו, כך בכל שנה ושנה שוקלין עונות כל אחד ואחד מבאי העולם עם זכיותיו, ביום טוב של ראש השנה, מי שנמצא צדיק נחתם לחיים, ומי שנמצא רשע נחתם למיתה, והבינוני תולין אותו עד יום הכפורים, אם עשה תשובה נחתם לחיים, ואם לאו נחתם למיתה - ‹פירשו התוספות, דחיים אלו פי' לחיי עד, ומיתה זו פי' לגיהנם, **אבל** הרמב"ן כתב וז"ל: אין אדם נידון בר"ה אלא לענייני העולם הזה, וזה שאמר לחיים ולמיתה, אינם בימים בלבד, אלא כל העונשים שבעולם הזה: נגעים ומיתת בנים ועוני וכיוצא בהם, כינו אותם חכמים בלשון מיתה, וכינו השכר והגמול הטוב בלשון חיים – הגהות מיימוניות›.

[ז]סימן תקפב ס"ט - הגה: ונוהגין שכל אחד אומר לחבירו: לשנה טובה תכתב (טור) - ולנקבה יאמר "תכתבי" ביו"ד.

[ח]**המ"א** מצדד דיש לומר ג"כ "ותחתם", [ט]**והגר"א** בביאורו מסכים לדעת העשרה מאמרות, דאין לומר "ותחתם".

ועיין במ"א, דיכולין לומר "לשנה טובה תכתב" עד חצות היום.

ועיין בט"ז דמוכח מניה, דיום שני כיום ראשון דמי לזה, ויכולין לומר גם בליל שני "לשנה טובה תכתב", **ובא"ר** חולק על זה.

אות ח'

שלש כתות הן ליום הדין

רמב"ם פ"ג מהל' תשובה ה"ה - בשעה ששוקלין עונות אדם עם זכיותיו, אין מחשבין עליו עון שחטא בו תחלה ולא שני, אלא משלישי ואילך, אם נמצאו עונותיו משלישי ואילך מרובין על זכיותיו, אותם שתי עונות מצטרפים ודנין אותו על הכל; ואם נמצאו זכיותיו כנגד עונותיו אשר מעון שלישי ואילך, מעבירים כל עונותיו ראשון ראשון, לפי שהשלישי נחשב ראשון שכבר נמחלו השנים, וכן הרביעי הרי הוא ראשון שכבר נמחל השלישי,

---

באר הגולה

[ו] ‹סוכה פרק הישן (כ"ז) מימרא דר' יצחק, ואמרינן התם שר' אליעזר היה אומר: משבח אני את העצלנים שאין יוצאים מבתיהם ברגל, דכתיב: ושמחת אתה וביתך. ואמרו שתלמיד אחד בא להקביל פניו ברגל, ואמר לו שלא יפה עשה, והקשו עליו מהא דרבי יצחק, ותירצו לא קשיא הא דאזיל ואתי ביומיה, כגון שהם בתוך התחום או על ידי עירוב, הא דלא אזיל ואתי ביומיה. **ורבינו** לא כתב זה, משום דמשמע התם דדוקא ר"א הוה סבירא ליה הכי, ולכך כתב לדר' יצחק סתם ולא חילק – כסף משנה› [ז] ‹ע"פ הגר"א› [ח] ‹שיחזיקו לצדיק שנחתם לאלתר לחיים – מ"א› [ט] ‹כי מש"כ שם שלשה ספרים כו', היינו לחיי עולם הבא, כמ"ש תוס' שם, ודלא כהר"ן שכתב לעה"ז, וצדיקים ורשעים בדינן, **דהא** אמרינן ואדם נידון בר"ה וגזר דין כו', אלמא אין החתימה אלא ביוה"כ, ומתני' בכל אדם מיירי, וכן מש"כ שם תבואה שאירע בה קרי כו', אדם כו', החליט הגמ' בכל אדם, **אלא** דחיי עוה"ז שוין בכל אדם, אלא דאע"פ שנכתב אם חוזר בעשי"ת נקרע הגזר דין ונכתב ונחתם ביוה"כ לטובה, וזהו התועלת דאינו נחתם עד יוה"כ, וזהו שכתב שב בנתיים כו', וזה שמבקשין בעשי"ת וכתבנו כו', ליקרע גזר דין ויכתבנו לחיים, ולכן אין לאומרו ותחתם אלא תכתב – הגר"א›

וכן עד סופן; במה דברים אמורים ביחיד, שנאמר: הן כל אלה יפעל אל פעמים שלש עם גבר, אבל הצבור תולין להן עון ראשון שני ושלישי, שנאמר: על שלשה פשעי ישראל ועל ארבעה לא אשיבנו, וכשמחשבין להן על דרך זה, מחשבין להן מרביעי ואילך. הבינונים אם היה בכלל מחצה עונות שלהן שלא הניח תפילין מעולם, דנין אותו כפי חטאו ויש לו חלק לעולם הבא; ׳וכן כל הרשעים שעונותיהן מרובים, דנין אותן כפי חטאיהם ויש להן חלק לעולם הבא, שכל ישראל יש להם חלק לעולם הבא אף על פי שחטאו, שנאמר: ועמך כולם צדיקים לעולם יירשו ארץ, ארץ זו משל, כלומר ארץ החיים, והוא העולם הבא; וכן חסידי אומות העולם יש להם חלק לעולם הבא.

השגת הראב"ד: א"א זה מן הערבוב שמערבב הדברים זה בזה, ומדמה בדעתו שהן אחדים, והם זרים ונפרדים מאד, לפי שראה בראש השנה: ורב חסד מטה כלפי חסד, ותנא דבי ר"י מעביר ראשון ראשון וכך היא המדה, וראה ביומא רבי יוסי ברבי יהודה אומר, אדם חוטא פעם ראשונה ושנייה ושלישית, מוחלין לו, רביעית אין מוחלין לו, סבר בדעתו שהן ענין אחד; והן רחוקים מאד, דההיא דרבי ישמעאל היא ליום הדין הגדול, ולהציל הבינונים מגיהנם כדברי בית הלל, ואין שם זכר למחילת עון; אבל הא דרבי יוסי ברבי יהודה בעולם הזה, ובתחלת מעשיו של אדם מימי עונשו ואילך, שחטא הראשון והשני והשלישי שיזדמנו לידו, אם עשה מהם תשובה, אף על פי שהם מן החמורים שצריכין יסורין ויוה"כ למרק, אלו הראשונים אינן צריכין, שהם מחולין לגמרי; זו היא הצעת הדברים ועיקרן, ואין הפרש בגמרא בין יחיד לצבור, ולא ידעתי מאין מצאו - ‹פרק בתרא דיומא (דף פ"ו:) תניא ר"י בר יהודה אומר, עבר אדם עבירה פעם ראשונה ושניה, מוחלין לו, שלישית אין מוחלין לו, שנאמר: הן כל אלה יפעל אל פעמים שלש עם גבר, והתניא שלישית מוחלין לו, רביעית אין מוחלין לו, הא ביחיד הא בצבור. זו היא גירסת הרי"ף והיא גירסת רבינו, והראב"ד לא היה גורס כן, ולפיכך כתב: ואין הפרש בגמרא בין יחיד לצבור ולא ידעתי מאין מצאו – כסף משנה›.

‹**תנא** דבי ר"י: מעביר ראשון ראשון וכך היא המדה, אמר רבא ועון עצמו אינו נמחק, דאי איכא רובא עונות מיחשב בהדייהו. **וא"ת** כיון שכתב ואם נמצאו זכיותיו כנגד עונותיו אשר משלישי ואילך, מעבירין על כל עונותיו ראשון ראשון, א"כ מיד הוא נחתם לחיים, והיאך כתב למעלה שהבנוניים תולים אותם עד יוה"כ, ואם לא עשו תשובה נחתמים למיתה. **וי"ל** דלעיל מיירי בר"ה, ואז אין מעבירין ראשון ראשון, אלא מונין כל עונותיו גם את הראשון גם את השני, והכא מיירי בשעת מיתתו, לדעת אם ילך לגן עדן או לגיהנם. **וא"ת** א"כ דבשעת מיתה מיירי, היכי קאמר בד"א ביחיד אבל בצבור תולין וכו׳, דהא בצבור לא שייך בשעת המיתה, שכל הצבור אין מתים ביום אחד, לשנאמר שנידון כאחד אם ילכו לג"ע או לגיהנם, **ועוד** שאמר תולין להן, ובשעת המיתה לא שייך תולין. **וי"ל** דשייך לומר שהצבור נדונים כאחד אם ילכו לג"ע או לגיהנם, והא כיצד אם כל אחד מהצבור לא עשה עון בפני עצמו לשילך לגיהנם, אבל הוא ראוי לילך לג"ע, והצבור בכלל חטאו חטאים הראויים בעדם ללכת לגיהנם, ילכו כל אחד ואחד כשימות לגיהנם, שהרי מצינו דור הפלגה אין להם חלק לעוה"ב, ולא אשכחן שמתו כלם כאחת, אלא ודאי כדאמרן. **ומ"ש** תולין, עניינו שתולין להם שלש עונות אלו, ואין מניחין אותן במשקל עד שישקלו כל עונותיהם, כיון שנשקלו עונותיהם, אם נמצאו מרביעי ואילך מרובין על זכיותיהם, אותם ג׳ עונות מצטרפין ודנים אותם על הכל, ואם נמצאו זכיותיהם כנגד עונותיהם מרביעי ואילך, מעבירין כל עונותיהם ראשון ראשון, מעתה לא יקשה על רבינו מה שהקשה עליו הראב"ד, וז"ל: זה מן הערבוב וכו׳, זו היא הצעת הדברים ועיקר, עכ"ל הראב"ד – כסף משנה›.

באר הגולה

י ‹וקשה, דהרי אמרו בגמרא, דאי רובא עונות, ויש בהם עון דפושעי ישראל, לית להו תקנה, שנשמתם נשרפת ונעשו אפר תחת רגלי הצדיקים, ואיך כתב רבינו: וכן כל הרשעים שעונותיהם מרובים, ומשמע שנכנסו בכלל אותם הרשעים שעונותיהם מרובים ויש בהם עון דפושעי ישראל, ובגמרא אמרו דלית להו תקנה, והיכי כתב רבינו דיש להם חלק לעוה"ב. **ונראה** לענ"ד לתרץ, דס"ל לרבינו, דכיון דדנין אותם הרשעים נמי י"ב חדש בגיהנם, ובזה נצרפים בצרוף גיהנם כמטהר כסף, ואח"כ נעשים אפר תחת רגלי הצדיקים, זה עוה"ב שלהם, דהרי הצדיקים בעוה"ב הם יושבים, והם יהיו שם נמי אפר תחת רגליהם, **ומ"ש** בגמרא דלית להו תקנה, היינו בערך שאר הרשעים דיש להם תקנה אחר הגיהנם, ויש להם חלק בעוה"ב כמו הצדיקים, **אבל** כיון שאינן נידונים בגיהנם לדורי דורות, מיקרי לדידהו עוה"ב הנעשה להם להיותם אפר תחת רגלי הצדיקים, וכעין זה תירץ מרן כ"מ ז"ל יעו"ש, וז"ל: כלומר וזכות הוא להם שהם תחת רגלי הצדיקים, דעכ"פ הצדיקים יבקשו עליהם רחמים, עכ"ל – בארות המים›

§ מסכת ראש השנה דף יז. §

אות א׳

אבל המינין והמסורות והמשומדים, והאפיקורסים שכפרו בתורה ושכפרו בתחיית המתים ושפירשו מדרכי צבור, ושנתנו חיתיתם בארץ חיים, ושחטאו והחטיאו את הרבים כגון ירבעם בן נבט וחביריו, יורדין לגיהנם ונידונין בה לדורי דורות

רמב״ם פ״ג מהל׳ תשובה ה״ו - ואלו הן שאין להן חלק לעולם הבא, אלא נכרתים ואובדין ונידונין על גודל רשעם, וחטאתם לעולם ולעולמי עולמים: המינים, והאפיקורוסין, והכופרים בתורה, והכופרים בתחיית המתים ובביאת הגואל, המורדים, ומחטיאי הרבים, [א]והפורשין מדרכי צבור, והעושה עבירות ביד רמה בפרהסיא כיהויקים, והמוסרים, ומטילי אימה על הצבור שלא לשם שמים, ושופכי דמים, ובעלי לשון הרע, והמושך ערלתו - ‹והשאר שכתב רבינו צ״ע היכא מייתי להו - כסף משנה›.

אות ב׳

ואית בהו נמי עון דפושעי ישראל בגופן

רמב״ם פ״ג מהל׳ תשובה ה״ה - הבינונים אם היה בכלל מחצה עונות שלהן שלא הניח תפילין מעולם, דנין אותו כפי חטאו ויש לו חלק לעולם הבא - ‹וכתב הר״ן, דה״ה לשאר מצות עשה שלא קיימם מעולם, כגון שלא קרא ק״ש, ולא בירך על המזון אחריו מעולם. **וכתב** ר״ת ז״ל, דדוקא כשנמנע מלהניחם מחמת שהמצוה בזויה בעיניו, אבל אם אינו נמנע מלהניחם אלא מפני שהם צריכין גוף נקי, והוא ירא שמא לא יוכל ליזהר בהם, אין זה בכלל פושעי ישראל בגופן, עכ״ל - כ״מ›.

[ב]סימן לז ס״א - גדול שכר מצות תפילין - שכל המניחן מאריך ימים בעוה״ז, שנאמר: ד׳ עליהם יחיו, כלומר אותם שנושאים שם ה׳ עליהם בתפילין יחיו, **ומובטח** שהוא בן עוה״ב, ואין אש של גיהנם שולט בו, וכל עונותיו נמחלין לו - טור בשם השמושא רבא.

וכל מי שאינו מניחם הוא בכלל פושעי ישראל בגופן - פי׳ אפילו מניעתו הוא רק לפרקים, וכ״ש אם מבטל תמיד ממצוה זו, **והפמ״ג** הביא בשם נ״צ, דאפילו מי שביטל מתפילין יום אחד, הוא ג״כ בכלל פושעי ישראל.

ודינו פסוק בש״ס ר״ה י״ז, דאפילו הוא איש בינוני, דדרכו של הקב״ה להטות הכף כלפי חסד, מכיון שנמצא בתוך עונותיו עון זה, כף חובה מכרעת, והוא מוכרח לירד לגיהנם, **ואם** ח״ו ג״כ עונותיו מרובין מזכיותיו, נידון בגיהנם י״ב חודש, ואח״כ גופן כלה ונשמתן נשרפת, ורוח מפזרת אפרן תחת כפות רגלי הצדיקים, **וע״ש** בתוס׳, דכ״ז בשלא עשה תשובה.

ודוקא שאינו מניחן בשביל שהמצוה בזויה בעיניו, אבל הירא להניחם משום דבעי גוף נקי, ושמא לא יזהר בקדושה כראוי, אע״ג דעבירה היא, דבקל יכול אדם ליזהר בשעת ק״ש ותפלה, מ״מ לא הוי בכלל פושעי ישראל, **וכ״ש** אם המצוה תמיד חביבה עליו, ונזהר שיהיה גוף נקי, אך עתה אית ליה אונס חולי שאין גופו נקי, לכו״ע אין עליו דין פושעי ישראל כלל, **ודע** דכתב הב״ח, דאפילו אם אין המצוה בזויה בעיניו, אך ממנע מלהניחם מפני ביטול מלאכה, או שאר הפסד ממון, או מחמת עצלות, ג״כ הוא בכלל פושעי ישראל בגופן, אך דיש חילוק ביניהם לענין עונש, עי״ש.

ודבר זה הוא תוכחת מגולה לאותן אנשים, שמפני עצלותן מצוי שיהיו תפיליהן מונחין על מצחן ולא על הקרקפתא, וגם השל יד אין מונח על מקומו כדין, **דהלא** זה הוא כמי שלא הניח כלל, וכבר זירז ע״ז ג״כ אותנו הפמ״ג, שכתב דתפילין שמונחין שלא במקומן, הרי הם כמונחין בכיסן.

ויען כי גדול כח המצוה כ״כ, ולהיפך העונש ר״ל, לכן יזהר כל אדם לקנות תפילין מסופר מומחה וי״ש ובעל תורה, וכן רצועות יקנה מאיש נאמן, כדי שיהא בטוח שנעבדו לשמן מעורות טהורות, **כי** מי שהוא מניח תפילין פסולים, לא לבד שאינו מקיים המצוה, אלא שמברך כמה וכמה ברכות לבטלה, שהוא עון גדול, **ובעו״ה** רבה המכשלה במה שקונים תפילין ורצועות ממאן דהוא לפי שמוכרים בזול, ורובן אינם מרובעין, ועוד יותר קלקולים שמצוי בהם בעת כתיבתן, **וכל** ירא שמים יתן אל לבו, אם על מלבושיו וכליו הוא מהדר שיהיו כתיקונם, מכ״ש בחפצי שמים שלא יצמצם ויחוס על הכסף, אלא יהדר לקנות אותן שהם בודאי כשרים אף שמחירם רב.

אות ג׳

כל פרנס המטיל אימה יתירה על הצבור שלא לשם שמים אינו רואה בן תלמיד חכם

חו״מ סימן ח ס״ד - אסור לדיין להתנהג בשררה וגסות על הצבור, אלא בענוה ויראה. [ג]וכל פרנס המטיל אימה יתירה על הצבור, שלא לשם שמים, אינו רואה בן ת״ח לעולם.

באר הגולה

א ‹רש״י לא גריס לה, ונראה דרבינו מפרש פורשין מדרכי צבור בענין אחר, דהיינו כמ״ש לקמן בפרק זה דין י״א וז״ל, הפורש מדרכי צבור, אף על פי שלא עבר עבירות, אלא נבדל מעדת ישראל, ואינו עושה מצות בכללם, ולא נכנס בצרתם, ולא מתענה בתעניתם וכו׳ - בארות המים›

ב ‹ע״פ מהדורת נהרדעא›

ג **מימרא דר׳ יהודה אמר רב ר״ה דף י״ז ע״א**

עין משפט נר מצוה

צה א מיי' פ"ג מהל' תשובה הל' ו :
צו ב מיי' שם הל' ס :
צז ג מיי' פכ"ה מהל' סנהד' הל' א סמג לאוין לח טוש"ע ח"מ סי' ח סעיף ד :

גמרא

ומצפצפין ועולין שנאמר °והבאתי את השלישית באש וצרפתים כצרוף את הכסף ובחנתים כבחון את הזהב הוא יקרא בשמי ואני אענה אותו ועליהם אמרה חנה °ה' ממית ומחיה מוריד שאול ויעל ב"ה אומרים ורב חסד °מטה כלפי חסד ועליהם אמר דוד °אהבתי כי ישמע ה' את קולי ועליהם אמר דוד כל הפרשה כולה דלותי ולי יהושיע פושעי ישראל בגופן ופושעי אומות העולם בגופן יורדין לגיהנם ונידונין בה י"ב חדש לאחר י"ב חדש גופן כלה ונשמתן נשרפת ורוח מפזרתן (א) תחת כפות רגלי צדיקים שנא' °ועסותם רשעים כי יהיו אפר תחת כפות רגליכם *אבל המינין והמסורות והאפיקורסים שכפרו בתורה ושכפרו בתחיית המתים ושפירשו מדרכי צבור ושנתנו חיתיתם בארץ חיים ושחטאו והחטיאו את הרבים כגון ירבעם בן נבט וחביריו יורדין לגיהנם °ונידונין בה לדורי דורות שנאמר °ויצאו וראו בפגרי האנשים הפושעים בי וגו' גיהנם כלה והן אינן כלין שנאמר °וצורם לבלות שאול (מזבול לו) וכל כך למה מפני שפשטו ידיהם בזבול שנאמר מזבול לו ואין זבול אלא בית המקדש שנאמר °בנה בניתי בית זבול לך ועליהם אמרה חנה °ה' יחתו מריבו א"ר יצחק בר אבין ופניהם דומין לשולי קדירה ואמר רבא ואינהו משפירי שפירי בני מחוזא ומקריין בני גיהנם אמר מר ב"ה אומרים ורב חסד מטה כלפי חסד והכתיב והבאתי את השלישית באש התם בפושעי ישראל בגופן פושעי ישראל בגופן והא אמרת לית להו תקנתא כי לית להו תקנה ברוב עונות הכא מחצה עונות ומחצה זכיות *ואית בהו נמי עון דפושעי ישראל בגופן לא סגיא ליה דלאו והבאתי את השלישית באש ואם לאו ורב חסד מטה כלפי חסד ועליהן אמר דוד אהבתי כי ישמע ה' *דרש רבא מאי דכתיב אהבתי כי ישמע ה' אמרה כנסת ישראל לפני הקב"ה רבש"ע אימתי אני אהובה לפניך בזמן שאתה שומע קול תחנוני דלותי ולי יהושיע אע"פ שדלה אני מן המצות לי נאה להושיע פושעי ישראל בגופן מאי ניהו אמר רב קרקפתא דלא מנח תפלין פושעי אומות העולם בגופן אמר רב בעבירה ושנתנו חיתיתם בארץ חיים אמר רב חסדא זה פרנס המטיל אימה יתירה על הצבור שלא לשם שמים א"ר יהודה אמר רב *כל פרנס המטיל אימה יתירה על הצבור שלא לשם שמים אינו רואה בן תלמיד חכם שנאמר °לכן יראוהו אנשים לא יראה כל חכמי לב *בית הלל אומרים ורב חסד מטה כלפי חסד היכי עביד רבי *)אליעזר אומר כובשו שנאמר °ישוב ירחמנו יכבוש עונותינו ר' יוסי בר חנינא אמר נושא שנאמר °נושא עון ועובר על פשע תנא דבי רבי ישמעאל מעביר ראשון ראשון וכן היא המדה אמר רבא ועון עצמו אינו נמחק דאי איכא רובא עונות מחשב בהדיהו **)(רבא אמר) *כל המעביר על מדותיו מעבירין לו על כל פשעיו שנאמר נושא עון ועובר על פשע למי [א] נושא עון למי שעובר על פשע רב הונא בריה דרב יהושע חלש על רב פפא לשיולי ביה חזייה דחליש ליה עלמא אמר להו צביתו ליה זוודתא לסוף איתפח הוה מיכסף רב פפא למיחזייה א"ל מאי חזית אמר (*ליה) אין הכי הוה ואמר להו הקב"ה הואיל ולא מוקים במיליה לא תקומו בהדיה שנאמר נושא עון ועובר על פשע למי נושא עון לעובר פשע °לשארית נחלתו אמר רבי אחא בר חנינא אליה וקוץ בה לשארית נחלתו ולא לכל נחלתו למי

*) [ערכין ח: ושם איתא ר' אליעזר] **) [נ"ל אמר רבא וכ"א בע"י]

רש"י

ומצפצפים · צועקים ובוכים מתוך יסורין שעה אחת ועולין : מטה כלפי חסד · הואיל ומחצה על מחצה הם מטה את ההכרע לצד זכות ואין יורדין לגיהנם : כגון · לקמיה מפרש : המינין · האנשים אשר הפכו דברי אלהים חיים לרעה כגון לדוקים ובייתוסים : והמסורות · מלשינים שמוסרים ממון ישראל ביד העובדי כוכבים : אפיקורוס · מבזה תלמידי חכמים* : שכפרו בתורה · האומרים אין תורה מן השמים : שפירשו מדרכי ציבור לא גרסינן דהיינו כל הני דלעיל והך מתני' בסדר עולם והכי גרסינן ליה התם שפירשו מדרכי הלבור כגון המינין והמסורות וכו' מדרכי לבור מדרכי ישראל : ושנתנו חיתיתם · לקמן מפרש : ועסותם · כמו וטרתם : שפשטו ידיהם בזבול · שהחריבו בהמ"ק בעונם : בני מחוזא · מעונגים ושמינים היו : ומקריין בני גיהנם · כך יקראו להם : והאמרת לית לה תקנתא · דנעשין אפר והכא ולרפתים כלרוף את הכסף שימרקו יסוריהן את עונם : דלה אני במצות · כגון בינוניים שאין זכיותיהן מכריעין לתלות להם בזכותם : ולי יהושיע · להטות כלפי חסד : אמר רב יהודה · גרסינן ולא גרסינן דאמר : כובש · את כף המאזנים של זכות ומכריעין את העונות : יכבוש עונותינו · יכרעו בו : נושא · מגביה כף מאזנים של עון : מעביר ראשון ראשון · עון שבראשונים הבאים לתתם לכף מעבירו ושומטו שאם היו מחצה על מחצה כיון שחסר אחד מהן יכרעו הזכיות וכך היא המדה : ועון עצמו אינו נמחק · אלא מונח לצד אחד דאי איכא רובא עוונות (ג) בהדיה ההוא עון מתחשב בהדייהו למנות עם רשעים גמורים : המעביר על מדותיו · שאינו מדקדק למדוד מדה למצערים אותו ומניח מדותיו והולך לו כמו אין מעבירין על המצות (יומא דף לג·) אין מעבירין על האוכלין (עירובין דף סד:) מניחן והולך לו : מעבירין לו על כל פשעיו · אין מדת הדין מדקדקת אחריהן אלא מניחתן והולכת : נכיתו ליה זוודתא · הכינו לו לדה לדרך מה היא לידת המתים תכריכין : איפתח · נתרפא : הכי הוה · מיתה נקנסה עלי : לא מוקים במיליה · אינו מעמיד על מדותיו : לא תקומו בהדיה · לא תדקדקו אחריו : אליה · שמינה יש כאן וקוץ בה כלומר דבר תנחומין יש כאן אבל יש בתוכה דבר קשה שאינו שוה לכל :

תוספות

ועליהם אמר דוד אהבתי · דכתיב ביה אפפוני חבלי מות וכתיב דלותי ולי יהושיע כשהוא דל במצות רב חסד מטה ומושיע כדדרשינן לקמן אי נמי מלשון דלה דלה לנו (שמות ב) שמעלהו מבור עמוק וכתיב בתריה (תהלים קטז) שובי נפשי למנוחיכי וגו' והדר אתהלך בארצות החיים :

המינים · פליגי בה רב אחא ורבינא בפרק אין מעמידין (ע"ז כו:) (מהו מין) [ס"א] :

כי לית להו תקנה ברוב עוונות · ואית בהו עון דפושעי ישראל בגופן והא דאמר לעיל רשעים דהיינו רובן עוונות נכתבים ונחתמים לאלתר לגיהנם אע"ג דכתיב בקרא לדראון עולם לא שלא יהא להם תקנה אלא נדונים שנים עשר חדש ועולים והא דאמר בפרק הזהב (ב"מ דף נח: ושם) שלשה יורדים ואינם עולים היינו לאלתר והא דאמר ריש לקיש בסוף חגיגה (דף כז· ושם) פושעי ישראל אין אור של גיהנם שולט בהן הא אמר עלה בריש עושין פסין (עירובין דף יט· ושם) דכתיב אברהם ומסיק להו :

קרקפתא דלא מנח תפלין · אם עוסק בתורה כמניח תפלין דמי דאמר במכילתא העוסק בתורה פטור מן התפלין ורבינו תם מפרש דהכא כשהמצוה בזויה עליו שמגונות עליו רצועות של תפלין שבראשו אבל אם ירא להניח משום דבעינן גוף נקי כאלישע בעל כנפים כדאיתא בריש במה טומנין (שבת דף מט· ושם) והוא דואג כל שעה שמא לא יוכל להזהר לשמרה בטהרה ובקדושה הא ודאי אין עליו דין פושעי ישראל בגופן וכל הני דשמעתין בשלא עשה תשובה אבל עשה תשובה אמרינן ביומא (דף פו·) דתשובה תולה ומיתה ממרקת :

אמר רב בעבירה · בערוה שכן בן נח מוזהר עליו כדאיתא בפ' ארבע מיתות (סנהדרין דף נו·) :

בתחלה

רבינו חננאל

הבינונים צדיקים מהן הן · ובה"א בינונים אין יורדין לגיהנם אלא רב חסד מטה כלפי חסד · מכריע החסדים על העונות · כלומר מרבה החסדים והוא מטה כלפי חסד כלומר אם עונותיו כנגד זכיותיו מחצה ומחצה · ובמחצה של עונות אין בכלל עון פושעי ישראל בגופן והן שלא לבשו תפלין לעולם בהן הקב"ה מטה כלפי חסד · אבל אם יש בכללם זה העון לא סגיא להו מגיהנם ועליהם נאמר והבאתי את השלישית באש וגו' ואם רב עונות ובכללם עון פושעי ישראל בגופן והן קרקפתא דלא מנח תפלין מעולם ואפילו פעם א' נידונים בגיהנם י"ב חדש · ואח"כ גופן כלה וגם נשמתן נשרפת ורוח מפזרתן תחת כפות רגלי הצדיקים שנא' ועסותם רשעים כי יהיו אפר תחת כפות רגליכם · אבל המינין והמוסרין והאפיקורסין שכפרו בתורה ובתה"מ ושפרשו מדרכי צבור ושנתנו חתיתם בארץ החיים והן הפרנסין שמטילין אימה יתירה על הצבור שלא לשם שמים ושחטאו והחטיאו את הרבים כגון ירבעם וחביריו וכו' · אמר רב פרנס המטיל אימה יתירה על הצבור שלא לש"ש אינו רואה בן חכם · שנאמר לכן יראוהו אנשים · כלומר אם הוא נותן יראתו על אנשים ועל הנשים והן מתייראין ממנו לא יראה כל חכמי לב · מטה כלפי חסד היכי עביד . ר' אליעזר אומר כובש כלומר משקעו כדכתיב יכבוש עונותינו ותשליך · ריב"ח אומר נושא · כלומר נושא העונות ומכריעין הזכות שנאמר נושא עון ר' יוחנן אומר מעבירין שנא' ועובר על פשע . תניא דבי ר' ישמעאל מעביר ראשון ראשון וכך היא המדה · פי' אדם ישר תמים בדרכיו אם נכשל בחטא ועדיין לא בא חטא על ידו *) מעידו אותו החטא אין הקב"ה כותבו עליו מעבירו · וכן מדתו של הקב"ה שלא לחייבו מבתחלה כדכתיב פעמים שלש עם גבר · אמר רבא ועון עצמו אינו נמחק כלומר אלא תלוי ועומד עד שעת מיתתו ואם נמצאו זכיותיו מרובין על עונותיו עבר כל עונותיו ראשון ראשון והלך במחיצתן של צדיקים · ואם רוב עונות נמצאו מתחשב גם הראשון התלוי ועומד בכלל העונות שעשה אח"כ וקיי"ל דהני כולהו בזמן שמת בלא תשובה אבל אם מת בתשובה לא **) פי' וכן היא המדה · היא המדה הששית שבפרשת ויעבור שנקרא י"ג מדות וזו היא שכתוב ורב חסד בה"א רב חסד מטה כלפי חסד · ופי' דבי רבי ישמעאל מעביר עון ראשון ראשון ומתרבה החסד · אמר רבא ועון עצמו אינו נמחק אלא עומד ואם עשה תשובה גמורה אין מזכירין לו שם מעונותיו שנאמר ורשעת הרשע לא יכשל בו ביום שובו מרשעו אלא הקב"ה מוחל לו כל עונותיו ונתנו במחיצתן · אמר רבא המעביר על מדותיו מעבירין לו על פשעיו שנאמר נושא עון

*) נ"ל מעידו אותו החטא אין הקב"ה כותבו עליו אלא מעבירו כנ"ל וכ"ה להדיא ברי"ף כאן. **) ברב אלפס כאן מבואר דפי' אחר הוא ואולי דנ"ל כאן פי' אחר לגאון וכמו דאיתא ברי"ף ועיין בר"ן.

מסורת הש"ס

זכריה יג · שמואל א ב · תהלים קטז · מלאכי ג · ישעיה סו · תהלים מט · מלכים א ח · שמואל א ב · [פסחים קיג:] · איוב לז · מיכה ז · שם · יומא כג: סז: מגילה כח· · [נ"ל להו] · מיכה ז

הגהות הב"ח

(א) גמרא מפזרתן ונעשין עפר תחת : (ב) רש"י ד"ה ועון עצמו וכו' רובא עוונות שאם לא יכריעו הזכיות עכשיו ויהיו מחצה על מחצה נמצא דרוב עוונות הוא בהדיה ההוא עון :

הגהות הגר"א

[א] גמ' נושא (רשום עליו אות כ') עון למי שעובר (רשום עליו אות א') · כלומר דנ"ל להיכן למי שעובר על פשע למי נושא עון :

גליון הש"ס

גמ' ונידונין בה לדורי דורות · עיין מדרש ח ע"ב :

* נ"ל אלא למי שמשים כו' · נ"ע"י אמר מר

צו א מיי' פ"ג מהל' תשובה הל' ו סמג עשין יז:

בתחלה כי אתה תשלם · והכי קאמר קרא ולך ה' החסד ליכנס לפנים משורת הדין כשאתה רואה שאין העולם מתקיים כשתשלם לאיש כמעשהו:

למי שמשים עצמו כשירים: **צדיק** · במשפט אמת: **חסיד** · נכנס לפנים מן השורה: **ולבסוף** · כשרואה שאין העולם מתקיים בדין: **ה' ה'** · מדת רחמים אני מרחם קודם שיחטא ואני מרחם אחר שיחטא אם ישוב: **ברית כרותה לשלש עשרה מדות** · הללו שאם יזכירום ישראל בתפלת תעניות אינן חוזרות ריקם: **הנה אנכי** · על האמור למעלה: **בינתים** · בין ראש השנה ליום הכפורים: **עתים לטובה כו'** · פעמים שהעונות הגורמים לסוף השנה לטובה היא להקל עליה מן הפורענות הנגזר עליה בר"ה: **ופעמים שהוא לרעה** · לפחות מן הטובה שפסקו לה: **על הארץ שצריכה להם** · על השדות ועל הכרמים ועל הגנות: **שלא בזמנן** · לפני הזריעה: **ועל הארץ שאינה צריכה להם** · ביערות ובמדברות: **סימניות** · בין פסוק לפסוק יש סימנין הפוכין כזה]: **אכין ורקין** · לדרשה למעט את הדיבור כאכין ורקין שהן מיעוטין לומר לא בכל עת שיצעקו אל ה' בצר להם יוציאם ממצוקותיהם אלא אם כן צעקו קודם גזר דין:

[מגילה טו: סנהדרין קיא:]

*למי שמשים עצמו כשירים רב הונא רמי כתיב צדיק ה' בכל דרכיו וכתיב וחסיד בכל מעשיו בתחלה צדיק ולבסוף חסיד רבי אלעזר רמי כתיב ולך ה' חסד וכתיב כי אתה תשלם לאיש כמעשהו בתחלה כי אתה תשלם כמעשהו ולבסוף ולך ה' חסד אילפי ואמרי לה אילפא רמי כתיב ורב חסד וכתיב ואמת בתחלה ואמת ולבסוף ורב חסד ויעבור ה' על פניו ויקרא א"ר יוחנן *אלמלא מקרא כתוב אי אפשר לאומרו מלמד *שנתעטף הקב"ה כשליח צבור והראה לו למשה סדר תפלה אמר לו כל זמן שישראל חוטאין יעשו לפני כסדר הזה ואני מוחל להם ה' ה' אני הוא קודם שיחטא האדם ואני הוא לאחר שיחטא האדם ויעשה תשובה אל רחום וחנון אמר רב יהודה ברית כרותה לי"ג מדות שאינן חוזרות ריקם שנאמר הנה אנכי כורת ברית אמר ר' יוחנן גדולה תשובה שמקרעת גזר דינו של אדם שנא' השמן לב העם הזה ואזניו הכבד ועיניו השע פן יראה בעיניו ובאזניו ישמע ולבבו יבין ושב ורפא לו א"ל רב פפא לאביי ודלמא לפני גזר דין א"ל ורפא לו כתיב איזהו דבר שצריך רפואה הוי אומר זה גזר דין מיתיבי השב בינתים מוחלין לו לא שב בינתים אפילו הביא כל אילי נביות שבעולם אין מוחלין לו לא קשיא הא ביחיד הא בצבור מיתיבי עיני ה' אלהיך בה עתים לטובה עתים לרעה עתים לטובה כיצד הרי שהיו ישראל רשעים גמורין בראש השנה ופסקו להם גשמים מועטים לסוף חזרו בהן להוסיף עליהן אי אפשר שכבר נגזרה גזרה אלא הקב"ה מורידן בזמנן על הארץ הצריכה להן הכל לפי הארץ עתים לרעה כיצד הרי שהיו ישראל צדיקים גמורין בר"ה ופסקו עליהן גשמים מרובין לסוף חזרו בהן לפחות מהן אי אפשר שכבר נגזרה גזרה אלא הקב"ה מורידן שלא בזמנן על הארץ שאינה צריכה להן לטובה מידא ליקרעיה לגזר דינייהו ולוסיף להו שאני התם דאפשר בהכי ת"ש יורדי הים באניות עושי מלאכה במים רבים המה ראו מעשי ה' וגו' ויאמר ויעמד רוח סערה ותרומם גליו יחוגו וינועו כשכור וגו' ויצעקו אל ה' בצר להם וגו' יודו לה' חסדו וגו' עשה להן סימניות כאכין ורקין שבתורה לומר לך צעקו קודם גזר דין נענין צעקו לאחר גזר דין אין נענין הני נמי כיחידין דמו ת"ש שאלה בלוריא הגיורת את רבן גמליאל כתיב *בתורתכם *)אשר לא ישא פנים וכתיב ישא ה' פניו אליך נטפל לה רבי יוסי הכהן אמר לה אמשול לך משל למה הדבר דומה לאדם שנושה בחבירו מנה וקבע לו זמן בפני המלך ונשבע לו בחיי המלך הגיע זמן ולא פרעו בא לפייס את המלך ואמר לו עלבוני מחול לך לך ופייס את חבירך הכא נמי כאן בעבירות שבין אדם למקום כאן בעבירות שבין אדם לחבירו עד שבא ר"ע ולימד כאן

*) [ברכות כ: נדה ע: ע"ש]

ישעיה ו · דברים יא · תהלים קז · דברים י במדבר ו

שלש עשרה מדות · אומר רבינו תם דשני שמות הראשונים הם שני מדות* כדאמרינן הכא אני ה' קודם שיחטא לרחם עליו ואני מרחם לאחר שיחטא אם ישוב ה' מדת רחמים הוא ולא כאלהים שהוא מדת הדין עון ופשע וחטאה ונקה הם נמנים בד' כדאיתא ביומא בפ"ב שני שעירים (דף לו. ושם) דעונות אלו זדונות פשעים אלו המרדים וחטאות אלו השגגות ובמגלת סתרים דרבינו נסים אין מונה שם הראשון שיש פסיק בין השמות משום דהכי קאמר קרא הקב"ה ששמו ה' קרא ה' רחום וחנון ונוצר חסד לאלפים מונה בשתי מדות דנוצר חסד היינו מדה אחת לאלפים מדה אחרת שמדה טובה מרובה חמש מאות על מדת פורענות דהתם כתיב על רבעים והכא כתיב לאלפים:

ושב ורפא לו · סליחה הטעון קרא רפואה כדאיתא פרק שני דמגילה (דף יז:):

אשר לא ישא פנים · פשטיה דקרא אפני אדם קאי שאין נושא פנים בשביל גדולתו ועושרו או באדם זקן ונשוא פנים כדכתיב (דברים כח) אשר לא ישא פנים לזקן אבל ישא ה' פניו אליך אפני שכינה קאי שיראה לך פנים שוחקות ולא פנים של כעס והא דלא פריך הכא מדכתי' (איוב מב) וישא ה' את פני איוב וכתיב (שם) כי אם פניו אשא משום דהתם [חם] בשביל לדקו: [עי' תוס' נדה ע: ד"ה כתוב וכו' הניחו בקושיא]

הגה"ה

והכי איתא בפסיקתא ותאמר ציון עזבני ה' וה' שכחני אותן שתי מדות עזבוני ומכל מקום קשיא כיון דשניהם של רחמים אין כאן שתי מדות לכך נראה שסימנה אחת ואחת מתקשה התואר בכך מזכירין אותו על מדותיו לפי שהוא אדון על כל כמו מלך על של מלכותו ואותו כנוי מדת רחמים הוא שלפי שהוא אדון על כל צריך להתנהג עם כל במדת רחמים אל הוא מדת חוזק כי ביד חזקה הוא מכין מזון לכל הבריות כדכתי' (תהלים קד) הכפירים שואגים לטרף ולבקש מאל אכלם רחום גם הוא מדת רחמים ולא כמדת ה' כי ה' רחמים אלוקים כדאמרינן הכא קודם תשובה ואחר תשובה וחנון גם הוא מענין אחר כי מדת רחמים היא שלא בעת צרה כי בצרה הניא הלשה הוא מרחם שלא הכא אבל חנון בעת שהוא מתחנן בעת הדחק לגאול כלשון כדכתי' (ישעיה ל) חנון יחנך לקול זעקך ומדה זו כביכול שבכל כח יש לו לתת על הנושע אף שלא כדין כדכתיב (שמות כב) והיה כי יצעק אלי ושמעתי כי חנון אני כלומר אע"פ שבדין לא העבוט לידך כי הלוית עליו מעותיך אף על פי כן תשיבנו לו כי אם יצעק אלי המדה היא כך שאשמע לצעקתו לפי שחנון אני ואיני יכול לראות בעניו וגם יש בלשון חנון מתנת חנם כדאמרינן בברכות (דף ז.) וחנותי את אשר אחון אע"פ שאינו הגון *לצדיקים ולרשעים והם שתי מדות לפי שכן משני עניני בני אדם והיא מדה טובה שהקב"ה מאריך אפו ובתוך כך חוזרין בתשובה ובירושלמי מתרגמין מרחיק רגז שהוא מרחק ממנו לגיונות כדכתיב (ירמיה נ) פתח ה' את אוצרו ויוצא את כלי זעמו (ישעיה יג) באים מארץ מרחק ורב חסד ואמת הן שתים כדדרשינן כתיב רב חסד וכתיב ואמת הא כיצד בתחלה באמת וכשרואה שאין העולם מתקיים בחסד נוצר חסד אחת נשא עון ופשע וחטאה הם שלש ונקה לשבים כך פי' הרב ז"ל · ע"כ לשון הגה"ה:

[בשאלתות פרשת ויקהל סי' סו ליתא תיבת בתורתכם]

גליון הש"ס גמ' אלמלא מקרא כתוב. מגילה כה ע"א סוטה יג ע"ב:

רבינו חננאל

עון לפי שעובר על פשע לרעהו (עובר על פשע) לשארית נחלתו. למי שמשים עצמו כשירים כמו אדם נופל ולא כעיקר · רב הונא חלש· ואמר רב פפא צביתו ליה זוודתא כלומר הכינו לו תכריכין · לסוף נתרפא והוה רב פפא מיכסיף לראותו מפני שהזכיר עליו צורכי המתים · א"ל אין הכי הוו · כלומר חשוב למיתה הייתי מיהו בקשתי רחמים ונאמר מלפני הקב"ה למלאך המות בשביל זו הוספנו לו שנים להיות כיון שהוא מעביר במדותיו וזו ממדות הבורא שגוזר גזרה על האדם ואם ישוב מרעתו ויעשה תשובה שלימה הקב"ה מקבלו ומבטל הגזרה ואינו עומד על מדותיו אף אתה תעשה כך · ויעבור ה' על פניו ויקרא ה' ה' אל רחום וחנון וגו' א"ר יוחנן אלמלא מקרא כתוב אי אפשר לאומרו · מלמד שנתעטף הקב"ה · פי' צוה למלאך להתעטף כש"ץ היורד לפני התיבה והראהו למשה וא"ל כ"ז שישראל חוטאים לפני עשה לפני כסדר הזה · ואני מוחל להם · ה' ה' אני הוא קודם שיחטא האדם שכתוב בו בספר חיים · ואני ה' לאחר שיחטא האדם וישוב בתשובה שמקבלו כאלו לא חטא · ברית כרותה לי"ג מדות שאינה חוזרת ריקם שנאמר הנה אנכי כורת ברית וגו' · א"ר יוחנן גדולה תשובה שמקרעת גזר דינו של אדם שנאמר ושב ורפא לו · איזהו דבר שצריך רפואה הוי אומר זה גזר דין · מיתיבי השב בינתים מוחלין לו כו' · פי' מי שאינו לא זכאי ולא רשע אלא בינוני אם שב בין ר"ה ליוה"כ קודם שיחתם גזר דינו מוחלין לו אבל אם שב לאחר גזר דין אין מוחלין לו · ופריק ר' יוחנן הא ביחיד וכי קאמינא אנא שהתשובה מקרעת הגזר דין של צבור · מיתיבי תמיד עיני ה' אלהיך בה עתים לטובה עתים לרעה · כיצד הרי שהיו ישראל רשעים גמורים כו' · הנה צבור ולא מקרע גז"ד· ופריק שני התם לגבי גשמים דאפשר בהכי · ת"ש יורדי הים באניות וגו' ויצעקו אל ה' בצר להם וגו' · עשה להם הקב"ה סימניות כאכין ורקין שבתורה · פי' אכין ורקין מיעוטין נינהו כגון אך פדה תפדה כלומר מיעט בכור בהמה טהורה מפדיון · וכן נמי רק קדשיך אשר יהיו לך ונדריך מיעט בעלי מומין הכי נמי עשה בספר תהלים נונין הפוכין כדין אך ורק צעקו קודם גז"ד יענו מיעוטי הסימניות הללו כי אפילו זעקו כמה לאחר גזר דין אין נענין ודומה כמו שאמר ויצעקו אל ה' בצר להם ממצוקותיהם יושיעם לפני גזר דין · אך אם צעקו לאחר גז"ד אינו מושיען · נמצא סימניות הללו מלמדין מיעט כאכין ורקין שבתורה שממעטין · לאחר גזר דין אין נענין · ופריק הני נמי כיחידים דמי

§ מסכת ראש השנה דף יז: §

אות א'* [א]

השב בינתים מוחלין לו

סימן תרב ס"א - [ב]**בכל הימים שבין ראש השנה ליום הכיפורים מרבים בתפלות ותחנונים** - לבד משבת.

הגה: ואומרים "אבינו מלכנו" ערב ובוקר, מלבד בשבת (טור) - ואפי' במנחה של ערב שבת שובה, ג"כ אין אומרים "אבינו מלכנו".

ואפי' אם חל מילה, שאין אומרים תחנון - ולא "יהי רצון", **אפ"ה אומרים: אבינו מלכנו (מנהגים)** - ו"אל ארך אפים" ו"למנצח".

במילה אומרים באשמורת בין כסא לעשור "זכור ברית" אחר "והארץ אזכור".

ואומרים בכל יום שלשה פעמים וידוי קודם עלות השחר - וכן מיום א' דסליחות עד ער"ה, כן משמע במנהגים.

מלבד בערב יו"כ שאין אומרים אותו אלא פעם אחת (רוקח) - מפני שעתידין לומר ב' פעמים במנחה ובמעריב, והוא ג"כ יו"ט.

ואין נותנין חרם - שלא לעורר כחות הדין בזמן ההוא, **וכן אין משביעין אדם בבית דין, עד אחר יום כפור (מהרי"ל)** - שחוששין ביותר להביא עונש שבועה לעולם ח"ו.

ואפשר אפי' אם חייב לקבל בחרם עליו ע"י היפוך וכדומה, (שאם אמר הלוה איני רוצה לישבע שבועת היסת והריני מהפכה עליך, מחייבין התובע לישבע, ואם אמר התובע איני נשבע ואיני נוטל, אלא אַחֵרִים, הרשות בידו – טור חו"מ סי' פ"ב), אפ"ה אין מקבל בחרם עליו עד אחר יוה"כ, **ומיהו** אם רוצה, י"ל דהרשות בידו. **ועכ"פ** מצוה לשפוט להוציא גזילה מתחת ידו, וכשיש דין למטה אין דין למעלה.

אין מקדשין הלבנה עד מוצאי יו"כ - דקידוש הלבנה יותר טוב כשהוא מבושם ובשמחה, ובמדרש איתא: שבמוצאי יוה"כ בת קול יוצאת ואומרת: לך אכול בשמחה וגו', **אבל** דע דכמה אחרונים הסכימו, שיותר טוב לקיים המצוה מקודם, כדי שמצוה זו יכריעהו לכף זכות. [**ועיין** בביאור הגר"א שכתב דכן עיקר].

ושבת שבין ר"ה ליום כפור המנהג לומר בו נו"ן - ונוהגים שאין נער אומר ההפטרה "שובה ישראל".

סימן תרג ס"א - [ג]**אף מי שאינו נזהר מפת של כותים, בעשרת ימי תשובה צריך ליזהר** - היינו אפילו מפת פלטר של גוי, **ואם** אינו יכול לאפות בעצמו, יכשיר את התנור שאופין בו העכו"ם, שישליך ישראל בתוך התנור קיסם אחד, ואפילו נפח ע"י מפוח או בפיו מהני, כמ"ש ביו"ד, **ומ"מ** מי שהולך בדרך, אם אין לפניו פת של ישראל עד יותר מארבעה מילין ממקום שהוא עומד בו, ורוצה לאכול, מותר לו לאכול פת פלטר של עכו"ם בעשי"ת, כמו שמותר בשאר ימות השנה, כמ"ש ביו"ד, **דלא** קבילו עלייהו להחמיר בעשרה ימים, יותר ממי שנזהר כל השנה, ואפ"ה מותר באופן זה.

[**עוד** כתבו בשם תשו' נחלת שבעה, להתיר בשנת רעבון לאכול בעשי"ת גלוסקאות של נחתום עכו"ם, ע"י הבישול אותם אח"כ בבית ישראל, אף למי שנזהר].

ויזהרו שלא לברך וליטול חלה מעיסה שהיתה מתחלה של עכו"ם, אע"פ שאח"כ מכרה לישראל, דכיון שבעת לישה היתה של עכו"ם, נפקע ממנה חיוב חלה, **אלא** דוקא כשמכר העכו"ם הקמח לישראל.

הגה: ויש לכל אדם לחפש ולפשפש במעשיו ולשוב מהם בעשרת ימי תשובה; וספק עבירה צריך יותר תשובה מעבירה ודאי, כי יותר מתחרט כשיודע שעשה משאינו יודע, ולכן קרבן אשם תלוי הולרך להיות יותר ביוקר מחטאת (ד"ע ורבינו יונה) - עיין בח"א, שהרחיב הדברים בענין זה, ודבריו קילורין לעינים.

כתב הרא"ש, שיקרא באלו הימים באגרת התשובה של רבינו יונה, **והאר"י** ז"ל כתב, שחיוב ללמוד בספרי מוסר כל השנה, וכ"כ הגר"א, [**ויראה** שגם הרא"ש מודה לזה, אלא שספר זה מיוחד יותר לעניני תשובה, ולכך זירז לעת הזאת]. **ועכ"פ** באלו הימים יעשה כל אדם כדעת הזוהר, שישוב קודם שישכב, ויתאונן על חטאיו ויפשפש במעשיו.

ועיין ביערות הדבש, כי ז' ימים שבין ר"ה ליוה"כ, הם נגד ז' ימי שבוע, ובכל יום יעשה תשובה על אותו יום, דרך משל, ביום ראשון יעשה תשובה על מה שחטא כל ימיו ביום ראשון, וכן ביום ב', וכן כל ז' ימים.

ולענין אשה שהמיתה ילד ע"י גרם, עיין אבן שוהם, **ועיין** תשובת חת"ס לענין מוהל, ולענין אשה שמצאה ילד מת, ולענין מי שבאונס אכל איסורים ויצא מן האונס, ומתיקוני תשובה למי שבעל נדה, ולמי שנתפס עם הנכרית, ולמי שרצה להציל ובטעות המית את חבירו.

אחד ששכר חבירו לילך בדרך ונהרג, נכון שיקבל תשובה.

ועיין ברי"ף, כ"ד דברים המעכבים את התשובה.

אות א'

הא ביחיד הא בצבור

רמב"ם פ"ב מהל' תשובה ה"ו - [ד]**אע"פ שהתשובה והצעקה יפה לעולם, בעשרה הימים שבין ר"ה ויוה"כ היא יפה ביותר ומתקבלת היא מיד, שנאמר: דרשו ה' בהמצאו; בד"א ביחיד, אבל צבור כל זמן שעושים תשובה וצועקין בלב שלם הם נענין, שנאמר: כה' אלהינו בכל קראנו אליו.**

באר הגולה

א ‹ע"פ הגר"א› ב **טור** ג **טור בשם אבי העזרי מהירושלמי** ד ‹דאפשר שלא יהיה גזר דין ויועיל, בעשרת הימים וכו' היא יפה ביותר וכו', כי אפי' שיש גזר דין נענה, בד"א ביחיד, אבל בצבור אפי' בשאר הימים יועיל גם לאחר גזר דין – יצחק ירנן›

§ מסכת ראש השנה דף יח. §

אות א'

אלו עשרה ימים שבין ראש השנה ליום הכפורים

רמב"ם פ"ב מהל' תשובה ה"ו - אף על פי שהתשובה והצעקה יפה לעולם, בעשרה הימים שבין ראש השנה ויום הכפורים היא יפה ביותר ומתקבלת היא מיד, שנאמר: דרשו ה' בהמצאו; במה דברים אמורים ביחיד, אבל צבור כל זמן שעושים תשובה וצועקין בלב שלם הם נענין, שנאמר: כה' אלהינו בכל קראנו אליו.

אות ב'

על ששה חדשים השלוחין יוצאין

רמב"ם פ"ג מהל' קידוש החדש ה"ט - על ששה חדשים היו שלוחים יוצאין: על ניסן מפני הפסח; ועל אב מפני התענית; ועל אלול מפני ראש השנה, [א]כדי שישבו מצפין ביום ל' לאלול, אם נודע להם שקדשו בית דין יום שלשים, נוהגים אותו היום קדש בלבד, ואם לא נודע להם, [ב]נוהגים יום שלשים קדש ויום אחד ושלשים קדש, עד שיבואו להם שלוחי תשרי; ועל תשרי מפני תקנת המועדות; ועל כסלו מפני חנוכה; ועל אדר מפני הפורים; ובזמן שבית המקדש קיים יוצאין אף על אייר מפני פסח קטן.

באר הגולה

[א] ‹אבל קשה משה"כ כדי שישבו מצפים ביום ל', כלומר אם יודע להם שקדשו את החדש, ואיך אפשר למקומות הרחוקים לידע זה, כיון דאין השלוחים יוצאים בו ביום שהוא יום טוב. **ואולי** י"ל דמש"כ אם נודע להם, היינו לעיירות שהם בתוך תחום שבת, שיוכלו השלוחים לילך שם, ולזה אמר כיון שידעו ר"ח אלול, יצפו ביום שלשים העיירות שאפשר להם לבא השמועה ביום טוב שהם בתוך התחום יעשו ל', והשאר יעשו יום שלשים ויום ל"א – לחם משנה› [ב] ‹פירש"י ז"ל: מודיעים מתי התחיל אלול, ועושים ר"ה ביום שלשים לאלול בגולה, דרוב שנים אין אלול מעובר, ואף על פי שספק הוא בידם שמא יעברוהו ב"ד, א"א להם לדעת, ע"כ הולכים אחר רוב השנים, ואם לא ידעו מתי התחיל אלול, לא ידעו יום שלשים שלו, ע"כ, **משמע** מדברי רש"י ז"ל, דס"ל דבני גולה כיון דידעו יום ר"ח אלול, לא היו עושים ר"ה אלא יום אחד, והיו סומכים על שלעולם אין אלול מעובר. **אבל** רבינו ז"ל לא ס"ל הכי, דלעולם היו עושים ר"ה שני ימים, וכן כתב בפ"ה לקמן: יום טוב של ר"ה בזמן שהיו קובעים ע"פ הראיה, היו רוב בני ארץ ישראל עושים אותו שני ימים מספק, לפי שלא היו יודעים יום שקבעו ב"ד את החדש, שאין השלוחים יוצאים ביום טוב, ע"כ. **וכ"ת** א"כ כיון דלדעת רבינו ז"ל לעולם היו עושים שני ימים, אם כן מה לנו לידיעת ר"ח, **וי"ל** דיש ספק באב ואלול, אם שניהם מעוברין, או שניהם חסרים, או אחד מלא ואחד חסר, ואם שניהם מעוברים יום ס"א הוי ר"ח תשרי, ואם שניהם חסרים יום חמשים ותשע הוי ר"ח תשרי, ואם אחד חסר ואחד מלא הוי יום ששים ר"ח תשרי, וכשיודע לנו יום ר"ח אלול, יצאנו מזה הספק דחדש אב, ונשאר לנו ספק אם אלול מעובר או לא, ועבדינן יום שלשים ויום שלשים ואחד ר"ח, ויצאנו מידי ספק, **אבל** אם לא היינו יודעים ר"ח אלול, היינו עושין ר"ח תשרי שלשה ימים, יום נ"ט ויום ס' ויום ס"א, לצאת מידי כל ספק כאשר כתבתי, להכי מועיל לנו ידיעת ר"ח אלול, זה נראה טעם לרבינו ז"ל – לחם משנה› ‹**וכתב** הרשב"ץ, שכהפירוש הראשון {כמו שמשמע מרש"י} נראה בגמרא, מדאמרינן לקמן {דף י"ט:} והא קא מקלקלא ר"ה, ואי היו עושין ר"ה שני ימים, לא היה ר"ה מקולקל, ע"ש – יד דוד›

כאן קודם גזר דין כאן לאחר גזר דין הכא נמי ביחיד וגזר דין דיחיד תנאי היא דתניא היה רבי מאיר אומר שנים שעלו למטה וחולין שוה וכן שנים שעלו לגרדום לידון ודינן שוה זה ירד וזה לא ירד זה ניצל וזה לא ניצל מפני מה זה ירד וזה לא ירד זה ניצל וזה לא ניצל זה התפלל ונענה וזה התפלל ולא נענה מפני מה זה נענה וזה לא נענה זה התפלל תפלה שלימה נענה וזה לא התפלל תפלה שלימה לא נענה ר' אלעזר אמר כאן קודם גזר דין כאן לאחר גזר דין רבי יצחק אמר *יפה צעקה לאדם בין קודם גזר דין בין לאחר גזר דין וגזר דין דצבור מי מיקרע והא כתוב אחד אומר °כבסי מרעה לבך וכתיב °כי אם תכבסי בנתר ותרבי לך בורית נכתם עונך לפני מאי לאו כאן קודם גזר דין כאן לאחר גזר דין לא אידי ואידי לאחר גזר דין ולא קשיא כאן בגזר דין שיש עמו שבועה כאן בגזר דין שאין עמו שבועה כדרב שמואל בר אמי דאמר רב שמואל בר אמי ואמרי לה אמר רב שמואל בר נחמני אמר רב יונתן *מנין לגזר דין שיש עמו שבועה שאינו נקרע שנאמר °[ו]לכן נשבעתי לבית עלי אם יתכפר עון בית עלי בזבח ובמנחה אמר *רבא בזבח ובמנחה אינו מתכפר אבל מתכפר בתורה אביי אמר בזבח ובמנחה אינו מתכפר אבל מתכפר בתורה ובגמילות חסדים *רבה ואביי מדבית עלי קאתו רבה דעסק בתורה *חיה ארבעין שנין אביי דעסק בתורה ובגמילות חסדים חיה שיתין שנין תנו רבנן משפחה אחת היתה בירושלים שהיו מתיה מתין בני י"ח שנה באו והודיעו את רבן יוחנן בן זכאי אמר להם שמא ממשפחת עלי אתם דכתיב ביה °וכל מרבית ביתך ימותו אנשים לכו ועסקו בתורה וחיו הלכו ועסקו בתורה וחיו והיו קורין אותה משפחת *רבן יוחנן על שמו אמר רב שמואל בר איניא משמיה דרב מניין לגזר דין של צבור שאינו נחתם אינו נחתם והכתיב °נכתם עונך לפני אלא אע"ג שנחתם נקרע שנאמר °כה' אלהינו בכל קראנו אליו והכתיב °דרשו ה' בהמצאו *התם ביחיד הכא בצבור *) ביחיד אימת אמר רבה בר אבוה *אלו עשרה ימים שבין ר"ה ליוה"כ °ויהי כעשרת הימים ויגף ה' את נבל [י' ימים] מאי עבידתייהו אמר רב יהודה אמר רב כנגד עשר לגימות שנתן נבל לעבדי דוד (*אמר) רב נחמן אמר רבה בר אבוה אלו י' ימים שבין ר"ה ליוה"כ: בר"ה כל באי העולם עוברין לפניו כבני מרון: מאי כבני מרון הכא תרגימו כבני אמרנא ריש לקיש אמר כמעלות בית *מרון (*אמר) רב יהודה אמר שמואל כחיילות של בית דוד אמר רבב"ח א"ר יוחנן וכולן נסקרין בסקירה אחת אמר ר"נ בר יצחק אף אנן נמי תנינא °היוצר יחד לבם המבין אל כל מעשיהם מאי קאמר אילימא ה"ק דברנהו לכולי עלמא ומייחד לבייהו כהדדי והא קא חזינן דלאו הכי הוא אלא לאו הכי קאמר היוצר רואה יחד לבם ומבין אל כל מעשיהם:

מתני' *על ששה חדשים השלוחין יוצאין על ניסן מפני הפסח על אב מפני התענית על אלול מפני ר"ה על תשרי מפני תקנת המועדות על כסליו מפני חנוכה ועל אדר מפני הפורים וכשהיה בהמ"ק קיים יוצאין אף על אייר מפני פסח קטן: **גמ'** וליפקו נמי אתמוז וטבת דאמר

לגרדום · בית וועד שדנים בו נפשות להריגה : **ודינם שוה** · שניהם נתפשו על דבר אחד : **זה ירד** · מן המטה : **זה ניצול** · מן הוועד: **תפלה שלימה** · נתכוון : **אביי ורבא מדבית עלי אתו** · כך שמעתי ובשחיטת חולין פרק הזרוע (דף קלג.) אשכחן דרבא לאו כהן הוא ושמא אמו מבית עלי היתה ויש תורה אור גורסין רבה ואביי ומפרשי לה ברבה בר נחמני : **ויחיד אימת** · מצוי לו דכתיב בהמצאו: **כנגד עשרה לגימות** · עשרה עבדים שלח לו דוד כדמפרש בקרא (ש"א כה) ונתן להם סעודה אחת לפיכך נתלו לו עשרה ימים : **רב נחמן אמר אלו עשרה ימים כו'** · שהמתין לו הקב"ה שישוב ולא שב : **בר"ה כל באי עולם כו' כבני אמרנא** · ככבשים שמונין אותן לעשרן ויוצאין זה אחר זה בפתח קטן שאין יכולין לצאת כאחד : **כמעלות בית מרון** · הדרך קצר ואין שנים יכולין לילך זה בצד זה שהעמק עמוק משני צידי הדרך : ה"ג ורב יהודה אמר שמואל כחיילות של בית דוד והדר גרסינן אמר רבה בר בר חנה כו' : **כחיילות של בית דוד** · וכבני מרון כבני חיילות של מלך מרון לשון מרות ואדנות וכך היו מונין אותם יוצאים זה אחר זה בצאתם למלחמה : **וכולן נסקרין וכו'** · ואע"פ שעוברין זה אחר זה : **אף אנן נמי תנינא** · דכולן נסקרים בסקירה אחת מדכתיב תנא דידן תלמודא למלתיה מהאי קרא היוצר יחד לבם : **ולבייהו מייחד כי הדדי** · כלבו של זה כך לבו של זה : **הכי קאמר היוצר רואה יחד לבם.** ואקרא דלעיל מיניה קאי מהדר השגיח אל כל יושבי הארץ היוצר אותם השגיח יחד את לבם : **מתני' על ששה חדשים שלוחים יוצאים** · שקדשו ב"ד החדש ע"פ עדים כשראו את החדש ומודיעים השלוחין לגולה יום שקדשוהו אם ביום שלשים וחדש שעבר חסר או ביום ל"א וחדש שעבר מלא : **מפני הפסח** · והולכין השלוחין עד הפסח חוץ מן השבתות: **ועל אב מפני התענית** · והולכין כל שמונת הימים חוץ מן השבת : **על אלול מפני ר"ה** · מודיעים מתי התחיל אלול ועושין ר"ה ביום שלשים לאלול בגולה דרוב שנים אין אלול מעובר ואע"פ שספק הוא בידם שמא יעברוהו ב"ד אי אפשר להן לדעת ועל כרחן הולכין אחר רוב שנים ואם לא ידעו מתי התחיל אלול לא ידעו יום שלשים שלו : **ועל תשרי מפני תקנת המועדות** · לאחר שקדשוהו ב"ד לתשרי השלוחין יוצאין ליום המחרת והולכין עד מקום שיכולין להגיע עד החג ומודיעים אם עיברו ב"ד את אלול ואם לאו כדי שלא יהא לבם נוקפן ביוה"כ וסוכות : **פסח קטן** · פסח שני לטמא ושהיה בדרך רחוקה בראשון :

כאן קודם גזר דין · בפרק בתרא דנדה (דף ע: ושם) משני נמי הכי והוה מצי לשנויי כדאמר להו קב"ה למלאכי השרת בפ' מי שמתו (ברכות דף כ:) ולא אשא פנים לישראל אני אמרתי ואכלת ושבעת וברכת והם דקדקו עד כזית עד כביצה ומיהו גם זה אמת שאף לישראל אינו נושא פנים אלא קודם גזר דין : **רבה** ואביי מדבית עלי קאתו · רבא חבירו של אביי לא הוה כהן כדמוכח בפ' הזרוע (חולין דף קלג·) והכא רבה חבירו של רב חסדא וכן משמע נמי בפרק בתרא דמו"ק (דף כח· ושם) דאמר רבא חיי בני ומזוני לא בזכותא תליא מילתא אלא במזלא תליא מילתא דהא רבה ורב חסדא תרוייהו צדיקים גמורים הוו מר מצלי ואתי מיטרא ומר מצלי ואתי מיטרא רבה חיה ארבעין שנין ורב חסדא חיה תשעין *שנין וא"ת מנא ליה דמשום מזלא הוה דלמא משום דרבה אתא מדבית עלי וי"ל דאפ"ה אי לאו מזלא הוה מגין עליו זכות תורה וא"ת דהכא משמע דרבה לא היה לו זכות של גמילות חסדים והא אמרינן בפ' חלק (סנהדרין דף נח:) אמר ליה אביי לרבה מר הא תורה הא גמילות חסדים וי"ל דמ"מ אביי עסק טפי מיניה* : **על** ניסן מפני הפסח · אבל על סיון מפני עצרת לא צריך דבעומר הדבר תלוי כדאמרי' לעיל (דף ו:) דתני רב שמעיה עצרת פעמים חמשה פעמים ששה פעמים שבעה : **ועל** אלול מפני ר"ה · מודיעים מתי מתחיל אלול ועושין ר"ה ביום שלשים לאלול בגולה וגם למחרתו כדמשמע בפ"ק דביצה (דף ה·) ובפ' בכל מערבין (עירובין דף לט·ושם) שהיו עושין שני ימים טובים של ר"ה מספק דלמא עברוה לאלול מ"מ אם לא ידעו מתי מתחיל אלול לא ידעו יום שלשים : הואיל

רבינו חננאל

ואסיקנא גז"ד דיחיד נמי שאינו נקרע אע"פ שעשה תשובה תנאי היא כלומר יש מי שאומר והוא ר' מאיר שהתשובה מבטלת אפילו גז"ד דיחיד . ור' אלעזר חולק עליו . פי' גרדום *) מושב השופט כשיושב לשפוט. ר' יצחק אמר לעולם יפה צעקה לאדם בין לפני גז"ד בין לאחר גז"ד . ואקשינן וגזר דין דצבור מי מיקרע והכתיב כבסי מרעה לבך ירושלים למאן תושעי וכתוב אחד אומר כי · אם תכבסי בנתר וגו' מאי לאו האי דכתיב נכתם עונך לפני**) בגז"ד שיש עמו שבועה דאמר מניין לגזר דין שיש עמו שבועה שאינו נקרע שנאמר ולכן נשבעתי לבית עלי אם יתכפר עון בית עלי וגו' אמר רבה בזבח ובמנחה אינו מתכפר אבל מתכפר בדברי תורה . אביי אמר מתכפר נמי בגמילות חסדים רבה בר נחמני ואביי תרווייהו מדבית עלי קאתו וכתיב בבית עלי וכל מרבית ביתך ימותו אנשים כלום אינם מאריכין שנים יותר מעשרים . רבה דעסק בתורה חיה מ' שנים אביי דעסק בתורה ובגמילות חסדים חיה שיתין שנין . ומשפחה אחרת היתה מבית עלי שהיו מתים בן י"ח שנה והלכו ועסקו בתורה וחיו כו' אמרו משמיה דרב מנין לגז"ד של צבור דאע"פ שנחתם מתקרע שנאמר אשר לו אלהים קרובים אליו . איני והכתיב קראוהו בהיותו קרוב ביחיד ואימתי הוא קרוב ליחיד בעשרה ימים שבין ר"ה ליוה"כ . ויהי כעשרת הימים ויגוף ה' את נבל . אמר רב כנגד י' לגימות שנתן נבל לעבדי דוד. ובר"ה כל באי עולם עוברין לפניו כבני מרון שנאמר היוצר יחד לבם המבין אל כל מעשיהם . הכא תרגימו כבני אימרנא (כבני אימרונא) פי' כבני כבשים העוברים ע"י מונה אר"י וכולן נסקרין בסקירה אחת פי' מבים כל באי עולם ומבים להם בהבטה אחת ומבין כל מעשיהן . אמר רנב"י תנינא להא דר"י דתנן כל באי עולם עוברין לפניו כבני מרון שנאמר היוצר יחד לבם ופירוש היוצר רואה יחד לבם של כל באי עולם ומבין אל כל מעשיהם . ודן אותם כל אחד לפי מעשיו : מתני' על ששה חדשים שלוחין יוצאין

עין משפט נר מצוה

צט א מיי' פ"ב מהל' תשובה הלכה ו סמג עשין טז :

ק ב מיי' פ"ג מהל' קידוש החדש הל' ט :

מסורת הש"ס

[לעיל טז.]

יבמות קה.

[רבה נ"ל בס' עי' תוס' שבת כג: ד"ה גזרה וכדף ע:ב תוס' ד"ה נודע וכו' וביבמות קה. איתא על נכון]

[מו"ק כח.]

[בע"י וביבמות קה. ליתא מלת רבן]

[יבמות מט: קה.]

*)[שם וע"ש]

[ילקוט ליתא]

[ג"י ע"י חורון וכן בהרא"ש וכרב אלפס ועי' סנהדרין לג: ועירובין כב:]

[לקמן כא:]

[ומרפין]

[וע"ע תוס' יבמות קה. ד"ה רבה ותוס' בכורות כו. ד"ה רבה]

---

*) עי' בערוך ערך גרדום שכתב ס"א גרדין פי' מעלות שעושין לדיינין שיושבין עליהן כו'. ובלעז מעלס גרא"דין עכ"ל ונראה דלזה כוון רבינו ג"כ. **) חסר וצ"ל לאחר גז"ד ופרקיק דהתם בגז"ד כו'.

עין משפט נר מצוה

קא א ב ג מיי' פ"ה מהל' תענית הל' ג סמג עשין דרבנן ג טור א"ח סימן תקמט

[ובה"ג מפרק שם בתשובת כתב:]

גמרא

דאמר רב חנא בר ביזנא אמר ר"ש חסידא
מאי דכתיב כה אמר ה' צבאות צום (זכריה ח)
הרביעי וצום החמישי וצום השביעי וצום
העשירי יהיה לבית יהודה לששון ולשמחה
קרי להו צום וקרי להו ששון ושמחה
בזמן שיש שלום יהיו לששון ולשמחה
אין שלום צום אמר רב פפא הכי קאמר
בזמן שיש שלום יהיו לששון ולשמחה יש
גזרת המלכות צום אין גזרת המלכות ואין
שלום רצו מתענין רצו אין מתענין אי הכי
ט"ב נמי אמר רב פפא שאני ט' באב הואיל
והוכפלו בו צרות דאמר מר בט' באב
חרב הבית בראשונה ובשניה ונלכדה ביתר
ונחרשה העיר תניא אמר ר"ש ארבעה
דברים היה ר"ע דורש ואני אין דורש כמותו
צום הרביעי זה ט' בתמוז שבו הובקעה
העיר שנאמר (ברביעי) בתשעה לחדש (ירמיה נב)
ויחזק הרעב בעיר ולא היה לחם לעם
הארץ ותבקע העיר ואמאי קרי ליה רביעי
רביעי לחדשים צום החמישי זה תשעה
באב שבו נשרף בית אלהינו ואמאי קרי ליה חמישי חמישי לחדשים צום
השביעי זה ג' בתשרי שבו נהרג גדליה בן אחיקם ומי הרגו ישמעאל
בן נתניה הרגו ללמדך ששקולה מיתתן של צדיקים כשריפת בית אלהינו
ואמאי קרי ליה שביעי שביעי לחדשים צום העשירי זה עשרה בטבת שבו
סמך מלך בבל על ירושלים שנאמר ויהי דבר ה' אלי בשנה התשיעית (יחזקאל כד)
בחדש העשירי בעשור לחדש לאמר בן אדם כתב לך את שם היום את
עצם היום הזה סמך מלך בבל אל ירושלם ואמאי קרי ליה עשירי עשירי
לחדשים והלא היה ראוי זה לכתוב ראשון ולמה נכתב כאן כדי להסדיר
חדשים כתיקנן ואני איני אומר כן אלא צום העשירי זה חמשה בטבת שבו
באת שמועה לגולה שהוכתה העיר שנאמר ויהי בשתי עשרה שנה (שם לג)
בעשירי בחמשה לחדש לגלותנו בא אלי הפליט מירושלם לאמר
הוכתה העיר ועשו יום שמועה כיום שריפה ונראין דברי מדבריו
שאני אומר על ראשון ראשון ועל אחרון אחרון והוא אומר על ראשון
אחרון ועל אחרון ראשון אלא שהוא מונה לסדר חדשים ואני מונה
לסדר פורעניות איתמר רב ורבי חנינא אמרי בטלה מגילת תענית
רבי יוחנן וריב"ל אמרי לא בטלה מגילת תענית רב ורבי חנינא אמרי
בטלה מגילת תענית הכי קאמר בזמן שיש שלום יהיו לששון ולשמחה
אין שלום צום והנך נמי כי הני רבי יוחנן ורבי יהושע בן לוי אמרי
לא בטלה מגילת תענית הני הוא דתלינהו רחמנא בבנין בהמ"ק אבל
הנך כדקיימי קיימי מתיב רב כהנא מעשה וגזרו תענית בחנוכה בלוד
וירד ר"א ורחץ ורבי יהושע וסיפר ואמרו להם צאו והתענו על מה
שהתעניתם א"ר יוסף שאני חנוכה דאיכא מצוה א"ל אביי ותיבטל איהי
ותיבטל מצותה אלא אמר רב יוסף שאני חנוכה דמיפרסם ניסא מותיב
רב אחא בר הונא בתלתא בתשרי בטילת אדכרתא מן שטריא שגזרה
מלכות יון גזרה שלא להזכיר שם שמים על פיהם וכשגברה מלכות
חשמונאי ונצחום התקינו שיהו מזכירין שם שמים אפילו בשטרות וכך
היו כותבים בשנת כך וכך ליוחנן כהן גדול לאל עליון וכששמעו חכמים
בדבר אמרו למחר זה פורע את חובו ונמצא שטר מוטל באשפה וביטלום
ואותו היום עשאוהו יו"ט ואי סלקא דעתך בטלה מגילת תענית קמייתא
בטול אחרנייתא מוסיפין הכא במאי עסקינן בזמן שבית המקדש קיים
ותיפוק

תוספות

הואיל והוכפלו בו הצרות · ביום שבעה עשר בתמוז נמי איכא חמשה דברים כדתנן בפרק בתרא דתענית (דף כו·) אבל חורבן בית המקדש תקיפא מוכח ועוד לא דמי לט' באב דהרי אחת הוכפלה בו: **זה** תשעה בתמוז שבו הובקעה העיר · *הייתו בראשונה אבל בשניה הובקעה בי"ז ומשום הכי עבדינן בי"ז תענית והך דברייתא מתקינן בירושלמי וגרסי' בה י"ז בתמוז ותע"ג דכתיב בקרא בתשעה לחדש קלקול חשבונות היו שם ופליג אש"ס דידן ורוצה לומר דמתוך טרדתם טעו בחשבונם ולא רצה הפסוק לשנות מכמו שהיו סבורים: **זה** תשעה באב שבו נשרף · בפרק בתרא דתענית (דף כט·) רמי קראי אהדדי דבסוף מלכים כתיב דנשרף בשבעה ובספר ירמיה כתיב בעשור לחדש וישרוף וגו' ומשני דבז' לחדש נכנסו אויבים להיכל ואכלו ושתו בו [שביעי] שמיני ותשיעי עד שפנה היום לעתותי ערב הציתו בו האש ונשרף עד שקיעת החמה בעשור: **וירד** רבי אליעזר ורחץ · ממתני' דעל כסליו מפני חנוכה לא הוה ליה לאקשויי דלעולם לא חשיב יו"ט ואפילו הכי מדליקין נרות זכר לנס: ותיפוק

רש"י

דאמר רב חנא בר ביזנא כו' · דכולהו ימי תענית ניהו בזמן הזה שאין בהמ"ק קיים ומתענין בזמן הזה קא מיירי מדקתני וכשהמקדש קיים כו': **יש שלום** · שאין יד העובדי כוכבים תקיפה על ישראל: **יהיו לששון ולשמחה** · ליאסר בהספד ובתענית: **יש גזרת המלכות צום** · חובה להתענות בהן: **רצו אין מתענין** · וכיון דרשות הוא לא מטרחינן שלוחים עלייהו: **ארבעה דברים הללו כו'** · וזו אחת מהן והג' שנויין בתוספתא *דסוטה ובסיפרי בן אדם יושבי החרבות וגו' האלן והבקר ישחט וגו' ותרא שרה את בן הגר המצרית וגו': **סמך מלך בבל** · התחיל לצור עליה: **שמועה לגולה** · לגלות יכניה שגלו לבבל אחת עשרה שנה לפני החורבן: **שאני אומר על ראשון** · שבסדר מקרא: **ראשון** · לפורענות בתחלה הובקעה העיר ואח"כ נשרף הבית בתשעה באב ובתשרי שלאחריו נהרג גדליה ובטבת שלאחריו באתה השמועה: **והוא אומר על ראשון** · שבפסוק אחרון לפורענות: **ועל אחרון** · שבמקרא ראשון לפורענות שהרי תחילה סמך ואח"כ הובקעה נמנא י"ז בתמוז שהוא ראשון במקרא אחרון לסמיכת בבל שהוא מאוחר במקרא: **אלא שהוא מונה לסדר חדשים** · ואמר שלא הקפיד המקרא אלא על סדר החדשים לכך מנה תמוז קודם לטבת ואני מונה אף לסדר פורענות: **בטלה מגילת תענית** · ימים טובים שקבעו חכמים ע"י נסים שאירעו בהם ואסרום בתענית ויש מהן אף בהספד וכתבום במגילה אחת אלין יומיא דלא להתענאה בהו כו' עכשיו שחרב הבית בטלו ומותרין בהספד ובתענית: **אין שלום צום** · ואע"ג דבזמן הבית קרינהו מועדים טובים: **והנך נמי** · דמגילת תענית כי הני משוין להו כי היכי דהני בטלי הני נמי בטלי: **דתלינהו בבנין** · דע"י החורבן הוקבעו לצום ועל ידי הבנין הוקבעו ליום טוב שכשנבנה בית שני שלחו בני הגולה האבכה בחדש החמישי הנזר כאשר עשיתי זה כמה שנים מיום החורבן כמו שנאמר שם (זכריה ז) שהשיבם הקב"ה כי צמתם וספוד בחמישי ובשביעי וזה שבעים שנה וגו' ומכאן ואילך יהיו לששון ולשמחה ולמועדים טובים: **וירד ר' אליעזר כו'** · ורבי אליעזר ורבי יהושע אחר חורבן הבית הוו דבימי רבן יוחנן בן זכאי רבם חרב הבית: **התענו** · כלומר עשו תשובה: **דמפרסם ניסא** · כבר הוא גלוי לכל ישראל ע"י שנהגו בו המצות והחזיקו בו כשל תורה ולא נכון לבטלו: **בתלתא בתשרי כו'** · כך כתוב במגילה לשון ארמי בטילת אדכרתא ביטלו אזכרת שם שמים מן השטרות ובקושי יכלו לבטל שכבר נהגו העם וכששמעו חכמי' ובטלום הוכשר הדבר בעיניהם ונחשב להם לנס ועשאוהו י"ט: ותיפוק

מסורת הש"ס

[פ"ו] · [סי' פ"ו תמלא בב"י א"ח ריש סי' תקן] · [ג"י בטור א"ח סי' תקן רבא] · תענית כט · [תוספ' דסוטה פ"ו] · [נ"ל בחודש הרביעי]

גליון הש"ס

גמ' ואני אין דורש כמותו. עיין בספר ברכי יוסף יו"ד סי' רמב סעיף ג:

הרא"ש גרס רב הונא ורב חיננא

רבינו חננאל

יוצאין על ניסן מפני הפסח וכו'. ואקשינן וליפקו שלוחין נמי בתמוז ובטבת מפני הצומות שיש בהן ופריק רב פפא הכי קאמר בזמן שיש שלום כלומר כל זמן שבית המקדש קיים יהיה לששון ולשמחה. יש גזרה צום אין גזרה ואין שלום כגון עתה בזמן הזה רצו מתענין רצו אין מתענין וכיון שאם רצו שלא להתענות בהן אין חובה עליהן לפיכך אין שלוחין יוצאין בהן אי הכי ומפני מה יוצאין באב ופרקינן משום שהוכפלו בו צרות מפני שחרב בו הבית בראשונה ובשניה ונלכדה ביתר ונחרשה העיר קבלו עליהו' באב צום לעולם בגלות ואע"פ שאין שם סכנה בזמן הזה לפיכך יוצאין באב תניא ארשב"י ד' דברים היה ר' עקיבא דורש ואלו הן. א' ותרא שרה את בן הגר המצרית וגו'. ב' הצאן ובקר ישחט להם וגו'. ג' בן אדם יושבי החרבות על אדמת ישראל וגו'. ד' כה אמר ה' צום הרביעי וגו'. ואלו ד' דברים מפורשין בספרי דבי רב (בפרשת ואתחנן) ובתוספתא במסכת סוטה (פ"ו) וארשב"י זה אחד מן ד' דברים שהיה ר' עקיבא דורש ואף אני דורש כמותו ולא חלפתי על דבריו אלא בצום העשירי בלבד שהוא אומר עשרה בטבת שבו סמך מלך בבל על ירושלים ואני אומר צום העשירי זה ה' בטבת שבאתה שמועה לגולה כי נחרבה העיר ונשרף הבית ונראין דברי מדבריו שהוא אומר בתמוז הובקעה העיר ובאב נלכדה העיר. ובתשרי נהרג גדליהו בן אחיקם ובטבת סמך מלך בבל נמצאו הדברים הללו שלא על הסדר כי אחרי שנלכדה העיר ונשרף הבית מזכיר סמיכת החיילות על ירושלים ואע"פ שהוא על הסדר לסדר החדשים שמחשב רביעי תמוז. ואב חמישי ותשרי שביעי וטבת עשירי הפורעניות אינן על הסדר שמאחר הסמיכה מן השרפה ואני מונה לסדר חדשים ולסדר פורעניות על הסדר. בחדש הרביעי הובקעה העיר ובחמישי נלכדה ובשביעי נהרג גדליה בן אחיקם ובעשירי באת שמועת הפורענות הללו בגולה בבבל ועשו יום שמועה כיום שרפה: איתמר רב ור' חנינא אמרו בטלה מגלת תענית פי' כל הכתוב במגילת תענית די לא להתענאה בהון כי הם כמו ימים טובים שאסור להתענות בהן בטלה וכל הרוצה להתענות בהן מתענה וראיה אלו ג' תעניות י"ז בתמוז וט' באב וג' בתשרי וי' בטבת בזמן שיש שלום הם כימים טובים ואסור להתענות בהן כדכתיב יהיה לבית יהודה לששון ולשמחה וגו'. אין שלום צום ושאר הימים הכתובים במגילת תענית בזמן הבית היו ימים טובים ואסורים בתענית עכשיו בטלה. ור' יוחנן וריב"ל אמרי לא בטלה הני ג' צומות הוא דתלינהו רחמ' בבנין הבית אבל הני כדקיימא באיסור קיימי [illegible] וגזרו תענית בחנוכה בלוד וירד ר' אליעזר ורחץ ור' יהושע וסיפר ואמר להן ר' יהושע צאו והתענו על מה שהתעניתם*) כלומר עברתם ופרקי' שני חנוכה דאיכא מצות הדלקת נר [illegible] ואותבינן בתלתא בתשרי בטילת אדכרתא מן שטריא [illegible] היו כותבין בשטרות בשנת כך וכך ליוחנן כ"ג שהוא כהן לאל עליון ואמרו חכמים למחר פורע זה את חובו ונמצא שטר מוטל באשפה [illegible] וקבעוהו כמו י"ט שאסור בתענית ואי ס"ד בטלה מגילת תענית [illegible] אחר חרבן הבית ואקשינן

*) נראה דצ"ל עברתם על דברי חכמים.

§ מסכת ראש השנה דף יח: §

אות א'*[א]

בזמן שיש שלום יהיו לששון ולשמחה

טור סימן תקן - ומשני רב פפא, בזמן דאיכא שלום וליכא שמד, [ב]כגון שבית המקדש קיים, ששון; בזמן דאיכא שמד וליכא שלום, צום; והאידנא דליכא שלום וליכא שמד, רצו מתענין רצו אין מתענין. ופירוש, דליכא שלום שהבית חרב, וליכא שמד במקום ידוע בישראל, רצו רוב ישראל והסכימו עליהם שלא להתענות, אין מתענין; רצו רוב צבור, מתענין. והאידנא רצו ונהגו להתענות, לפיכך אסור לפרוץ גדר, וכ"ש בדורותינו, הלכך הכל חייבין להתענות מדברי קבלה ומתקנת נביאים; ומיהו כולם מותרים ברחיצה וסיכה ונעילת הסנדל ותשמיש המטה, ואין צריך להפסיק בהן מבע"י, חוץ מט"ב. ואם חלו בשבת, נדחין עד אחר שבת.

אות א'

בתשעה באב חרב הבית בראשונה ובשניה, ונלכדה ביתר ונחרשה העיר

טור סימן תקמט - בט' באב נגזר גזירה על אבותינו שלא יכנסו לארץ, וחרב הבית בראשונה ובשנייה, ונלכדה ביתר, ונחרשה העיר, שחרש טורנוסרופוס את ההיכל.

אות ב'

צום הרביעי זה תשעה בתמוז שבו הובקעה העיר

טור סי' תקמט - אע"ג דכתיב בקרא צום הרביעי בט' לחדש הובקעה העיר, האידנא מתענין בי"ז בו, משום דמתחלה תקנו תענית בט' בו, לפי שבט' בו הובקעה העיר בראשונה, ובשנייה הובקעה בי"ז, וכיון דבשנייה הובקעה בי"ז, [ג]תקנו להתענות בי"ז בו, לפי דחורבן בית שני חמיר לן, [ד]ומ"מ צום הד' הוא להבקעת העיר ולצרות שהוכפלו בו.

[ה]סימן תקמט ס"ב - [ו]אע"ג דכתיב בקרא: בחדש הרביעי בתשעה לחודש הובקעה העיר, אין מתענין בט' בו אלא בי"ז בו, מפני שאף על פי שבראשונה הובקעה בט' בו, כיון שבשניה הובקעה בי"ז בו, תיקנו להתענות בי"ז בו, משום דחורבן בית שני חמיר לן - ולא רצו לגזור גם בט', דאין מטריחין על הצבור יותר מדאי.

אות ב'*[ז]

צום השביעי זה שלשה בתשרי

סימן תרב - הגה: ומתענים למחרת ר"ה, והוא תענית צבור.

אות ג'

אלא שהוא מונה לסדר חדשים ואני מונה לסדר פורעניות

טור סימן תקמט - ור"ע היה דורש: כה אמר ה' צום הרביעי וצום החמישי וצום השביעי וצום העשירי יהיו לבית יהודה לששון ולשמחה; צום הרביעי זה [ח]י"ז בתמוז, שבו הובקעה העיר, שנאמר: בחדש הרביעי בט' לחדש ויחזק הרעב בעיר, וכתיב: ותבקע העיר, ולמה נקרא רביעי, שהוא בחדש הרביעי שמונין לחדשים מניסן; צום החמישי, זה ט"ב, שבו נשרף בית אלהינו, שנאמר: בחדש החמישי בעשור לחדש וגו', ולמה נקרא שמו חמישי, שהוא בחדש החמישי; צום השביעי, זה ג' בתשרי, [ט]שבו נהרג גדליה בן אחיקם, ולמה נכתב כאן, ללמדך ששקולה מיתת צדיקים כשריפת בית אלהינו, ולמה נקרא שביעי, שהוא בחודש השביעי; צום העשירי, זה עשרה בטבת, שבו סמך מלך בבל על ירושלים, שנאמר: ויהי דבר ה' אלי בשנה התשיעית בחדש העשירי בעשור לחדש לאמר בן אדם כתב לך וגו', ולמה נקרא שמו עשירי, שהוא בחדש העשירי, והיה ראוי להקדימו בסדר הפורענות, אלא שכתב בסדר החדשים.

באר הגולה

[א] ‹ע"פ מהדורת נהרדעא› [ב] ‹ופי' רש"י, שיש שלום, שאין יד האומות תקיפה על ישראל, והרמב"ן פירש, יש שלום, שבהמ"ק קיים, וכך הם דברי רבינו – ב"י› [ג] ‹ומיהו בתשעה בו אין מתענין, שלא רצו לגזור עליהם להתענות בתשעה ובשבעה עשר, דארבעה צומות קיבלו עליהם, ואין מטריחין על הציבור יותר מדאי, עכ"ל רמב"ן – ב"י› [ד] ‹היינו לומר, דאע"ג דצום הרביעי דקאמר קרא אינו אלא על תשעה בתמוז, שפיר מצינן למיקרי לשבעה עשר בתמוז צום הרביעי, להיות לו כל דין שהיה לתשעה בתמוז מקודם, וזה לסיבת הבקעת העיר שנבקעה בו וצרות שהוכפלו בו, הלכך אע"פ שצום הרביעי הכתוב במקרא אינו אלא על תשעה בתמוז, לדידן יש לשבעה עשר בתמוז כל דין שהיה לתשעה בתמוז לדידהו – ב"י› [ה] ‹מילואים› [ו] **תוס' שם והרמב"ן בספר תורת האדם** [ז] ‹ע"פ הגר"א› [ח] ‹ורבינו כתב זה שבעה עשר בתמוז, מפני הטעם שכתב בסמוך, דחורבן בית שני חמיר לן, **ועוד** דבירושלמי בפרק בתרא דתעניות איתא להאי ברייתא, וכתוב בה: צום הרביעי זה שבעה עשר בתמוז, ומקשי עלה כתיב בתשעה לחודש הובקעה העיר, ואת אמרת הכין, אמר רבי תנחום בר חנילאי קלקול חשבונות יש כאן, **וכתבו** התוספות בסוף פרק קמא דראש השנה, דפליג אתלמודא דידן, ור"ל דמתוך טרדתם טעו בחשבונם, ולא רצה הפסוק לשנות מכמות שהיו סבורים, עכ"ל, **וכיון** שבירושלמי היא שנויה בלשון זה שבעה עשר, ולדידן הוי שבעה עשר יום תענית לדברי הכל, שנאה רבינו כן – ב"י› [ט] ‹כתב רבינו ירוחם, אמרו כי בראש השנה נהרג, ונדחה תעניתו ליום חול – ב"י›

§ עניני הלכה שונים הקשורים להדף §

יום שנהרג בו גדליה בן אחיקם

טור סימן תקמט - צום השביעי זה ג' בתשרי שבו נהרג גדליה בן אחיקם - «כתב רבינו ירוחם, שלשה בתשרי שבו נהרג גדליה בן אחיקם, אמרו כי בראש השנה נהרג, ונדחה תעניתו ליום חול - ב"י».

לא משמע הכי בתלמודא דידן ר"ה דף י"ט ע"א וק"ל - מור וקציעה.

[**נראה** כונת רבינו כמ"ש ביד אפרים סי' זה, מדהקשו בגמ' אתלתא בתשרי, ותיפוק ליה דהו"ל יום שנהרג בו גדליה, משמע שנהרג בג' בתשרי, דאין לומר שנהרג בר"ה ונדחה לג', דא"כ היה להם לדחותו לב' תשרי, שהרי בזמנם היו עושים ר"ה יום אחד, שהיו בקיאים בקביעות החדש - מגיה שם].

ודברי קבלה כדברי תורה דמו

סימן תרצו ס"ז - יש מי שאומר שאונן מותר בבשר ויין, דלא אתי עשה דיחיד דאבילות ודחי עשה דרבים דאורייתא לשמוח בפורים, דדברי קבלה נינהו שהם כדברי תורה - ויש להקשות על הט"ז באו"ח סי' תרפ"ז סוס"ק ב' שכתב לענין מגילה, דהיא דברי קבלה, שקיי"ל דברי קבלה כד"ת, כמש"כ ב"י בסי' תקנ"ד בשם ר"ת לענין צום גדליה, עכ"ל. **ותימה** שלא הביא מגמרא מפורשת בר"ה י"ט ע"א - שו"ת הרדב"ז ח"א סי' מ"ג בהערות.

בעיקר דברי הטורי אבן ז"ל דס"ל דקריאת המגילה נחשבת כד"ת ממש, משום דנאמרה ברוה"ק, ונ"מ טובא לדינא, בספק אם קרא מגילה אם לא, צריך לחזור ולקרות מספק וכמו בק"ש, {**וחולק** שם על הר"ן דס"ל דבספק אזלינן לקולא משום דהוי דרבנן, **ואולם** י"ל דהר"ן אזיל לשיטתו בתענית שלהי פ"ב, דמגילת אסתר אינה בכלל דברי קבלה, משום שלא נאמרה על פי נביא}, **ולכאורה** מנ"ל הא, דמהא דאמרינן ר"ה דף י"ט, דדברי קבלה כד"ת דמיא, אין ראיה, דדילמא התם לענין חיזוק קאמר כן, דכיון דהדבר מפורש בדברי הנביאים א"צ חיזוק, אבל בודאי דנחשב למצוה דרבנן, והוא נכלל בלא תסור כמו שאר מצות דרבנן - שו"ת בנין שלמה סי' נ"ח.

כתב הפמ"ג, ספק אם קרא את המגילה, אפשר דלא אמרינן בזה ספיקא דרבנן לקולא, משום דהוא דברי קבלה - מ"ב סי' תרצב ס"ק ט"ז.

ותיפוק ליה דהוה ליה יום שנהרג בו גדליה בן אחיקם אמר רב לא נצרכה אלא לאסור את שלפניו שלפניו נמי תיפוק ליה דהוה ליה יום שלאחר ר"ח ר"ח דאורייתא ודאורייתא לא בעי חיזוק דתניא *הימים האלה הכתובין במגילת תענית **אסורין** בין לפניהם בין לאחריהם שבתות וימים טובים הם אסורים לפניהן ולאחריהן מותרין מה הפרש בין זה לזה הללו דברי תורה *ואין דברי תורה צריכין חיזוק הללו דברי סופרים *ודברי סופרים צריכין חיזוק ותיפוק ליה דהוה ליה יום שלפני יום שנהרג בו גדליה בן אחיקם א"ר אשי גדליה בן אחיקם דברי קבלה הוא ודברי קבלה כדברי תורה דמו מתיב רב טובי בר מתנה *בעשרים ותמניא ביה אתת בשורתא טבתא ליהודאי דלא יעידון מאוריתא שגזרה המלכות גזרה שלא יעסקו בתורה ושלא ימולו את בניהם ושיחללו שבתות מה עשה יהודה בן שמוע וחביריו הלכו ונטלו עצה ממטרוניתא אחת שכל גדולי רומי מצויין אצלה אמרה להם בואו והפגינו בלילה הלכו והפגינו בלילה אמרו אי שמים לא אחיכם אנחנו ולא בני אב אחד אנחנו ולא בני אם אחת אנחנו מה נשתנינו מכל אומה ולשון שאתם גוזרין עלינו גזירות קשות וביטלום ואותו היום עשאוהו יום טוב ואי ס"ד בטלה מגילת תענית קמייתא בטול אחרנייתא מוסיפין וכי תימא הכא נמי בזמן שבית המקדש קיים והא יהודה בן שמוע תלמידו של רבי מאיר ור"מ בתר הכי הוה *דתנן *כלי זכוכית שניקבו והטיף לתוכן אבר אמר *רשב"ג יהודה בן שמוע מטמא משום ר"מ וחכמים

רש"י

ותיפוק ליה כו' · אי בית המקדש הוה קיים בלאו הכי הוי יום טוב דהייט עם גדליה וקריא רחמנא מועדים טובים בזמן הבית : **לא נצרכה** · הא דהדר קבעוה במגילת תענית על דבר זה אלא לאסור אתמול גם הוא בתענית כדאמרינן לקמיה הימים האלה הכתובים במגילה הם ולפניהם ולאחריהם אסורין: **ר"ח דאורייתא** · מועד דאורייתא : **ודאורייתא לא בעי חיזוק** · לאסור לפניו ולאחריו אבל ימי מגילת תענית דרבנן וצריכין חיזוק כי היכי דלא ליתי להתענות בי"ט עצמו : **יום שלפני כו'** · והוא לאו דאורייתא הוא ובעי חיזוק : **בעשרין ותמניא ביה** · באדר קאי במגילת תענית : **דלא יעידון מן אורייתא** · שלא יעבירו לנתק עצמן מן התורה : **הפגינו** · צעקו בשוקים וברחובות כדי שישמעו השרים וירחמו עליכם : **אי שמים** · כלומר למען הקב"ה : **ורבי מאיר בתר חורבן הוה** · כמה דורות דהא בימי רבן יוחנן בן זכאי חרב הבית ור' אליעזר תלמידו היה ור' עקיבא תלמידו של ר' אליעזר כדאמרינן בשלהי ארבע מיתות (סנהדרין דף סח:) ור' מאיר תלמידו של ר"ע כדאמרי' בפרק קמא דעירובין (דף יג.) כל מקום שאתה מוצא משום ר' ישמעאל אמר תלמיד אחד לפני ר' עקיבא אינו אלא ר' מאיר : **דתנן כו'** · ר' יהודה בן שמוע תלמידו של ר' מאיר הוה : **כלי זכוכית שניקבו** · שנטמאו ונקבן לטהרן מטומאתן : **אבר** · שפרת לסתום את הנקב : **יהודה בן שמוע מטמא** · לומר שחזרו לטומאתן ישנה ואע"פ שלא נגעו שוב בטומאה ואע"פ שאין כלי זכוכית חוזרין לטומאתן ישנה כדאמר בפ"ק דשבת (דף טז:) שלא גזרו חזרת טומאה ישנה אלא בכלי מתכות הני נמי הואיל והאבר מעמידן ככלי מתכות דמו דהכל הולך אחר המעמיד:
וחכמים

תוספות

ותיפוק ליה דהוה ליה יום שנהרג גדליה בן אחיקם · שהוא לששון ויום טוב בזמן שבית המקדש קיים ולמאן דאמר [לא] בטלה מגילת תענית הייט לאחר חורבן : **אסורין** בין לפניהם בין לאחריהם · היינו להתענות אבל בהספד מותר כדמוכח בפרק סדר תעניות כילד (תענית דף יז:) דתניא מריש ירחא דניסן ועד תמניא ביה איתוקם תמידא דלא למספד בהון ופריך נימא מתרי בניסן ור"ח גופיה אסור ומשני לאסור יום שלפניו דמשום ר"ח דאורייתא לא מתסר דלא בעי חיזוק ותו פריך ותיפוק ליה דהוה יום דבתר עשרים ותמניא באדר ומשני לה רב *אסי כל שלאחריו בתענית אסור בהספד מותר וזה הואיל ומוטל בין שני י"ט משוהו כי"ט עצמו משמע דאי לאו הכי לא הוה נאסר בהספד אע"ג דהוא יום שלפני ריש ירחא דניסן דאיתוקם תמידא דלא למספד ולאו דווקא נקט רב אסי כל שלאחריו דהוא הדין כל שלפניו בהספד מותר אלא משום דקאי אבל אחריו נקטיה ויש לדקדק מתוך כך דהא דקתני שבתות וימים טובים הם אסורים לפניהם ולאחריהם מותרין בתענית איירי ואתאי כך ברייתא כר' יוסי דאמר בסוף בכל מערבין (עירובין דף מא: ושם) דע"ש מתענה ומשלים א"כ כרבנן ובלא השלמה וא"ת אי בלא השלמה אפי' בי"ט עצמו שרי כדמוכח התם דאמר ר' אלעזר בר לדוק אני הייתי מבני סנאב בן בנימין וחל ט"ב להיות בשבת ודחינוהו עד לאחר השבת והתענינו בו ולא השלמנוהו מפני שי"ט שלנו היה וי"ל דשאני ט' באב דחמיר תדע דהא קאמר התם שאני יום טוב דדבריהם הואיל ומתענין בו שעות משלימין בו ערבית והכא אסרינן בין לפניהם בין לאחריהם אלא התם בט' באב דחמיר והא דמייתי התם ראיה מתשעה באב שחל להיות בע"ש דאמר ר' יוסי מתענה ומשלים אבני בי רב דיתבי בתעניתא במעלי שבתא דשרי לאשלומי אף על פי שחלקו בין שאר תעניות לתשעה באב מכל מקום מייתי שפיר דלא חשיב תענית מה שנכנס לשבת כשהוא מעונה דהא שבת דוחה תשעה באב ואם היה חשוב תענית היה אסור אלא ודאי לא חשיב כמתענה בשבת ואם כן אף בתענית יחיד מותר נמי להשלים : **הא** ר' יהודה בן שמוע תלמידו של ר' מאיר · תימה בפ' סדר תעניות כילד (תענית דף יח.) פריך עשרים ותשעה נמי מאי איריא דהוה ליה יומא מקמי דאיתוקם תמידא תיפוק ליה דהוה ליה יומא דבתר עשרין ותמניא מאי קושיא היא דאיתוקם תמידא זה היה בזמן שבית המקדש קיים ועובדא דעשרים ותמניא היה בימי ר' יהודה בן שמוע תלמידו של ר' מאיר וי"ל[א] דמ"מ רבי שסדר המשנה לא הוה ליה למתני מריש ירחא דניסן כיון דבימיו היה שלא לצורך : **יהודה** בן שמוע מטמא וכו' וחכמים מטהרין · תימה אמאי מטהרין לכל הפחות ליטמא משום כלי זכוכית שגזרו עליו טומאה כדאיתא בפ"ק דשבת (דף טו: ושם) ופי' בקונטרס דלענין טומאה ישנה פליגי יהודה בן שמוע מטמא לומר שחזרו לטומאתן ישנה אע"פ שלא נגעו בשום טומאה ואע"פ שכלי זכוכית אין חוזרין לטומאתן ישנה כדאמרינן בפ"ק דשבת (שם טז:) שלא גזרו חזרת טומאה ישנה אלא בכלי מתכות הני נמי הואיל והאבר מעמידו ככלי מתכות דמו דהכל הולך אחר המעמיד וחכמים מטהרין דעיקרו כלי זכוכית הן ולא אזלינן בתר מעמיד כן פי' הקונטרס וקשיא כיון דטומאה קדמה לאבר מה מועיל הטפת אבר לבסוף עוד פי' בקונט' לשון אחר ר' יהודה בן שמוע מטמא כדין כלי מתכות דאורייתא אם נגעה בהן טומאה דהכל הולך אחר המעמיד וחכמים מטהרין מטומאת כלי מתכות דאורייתא אלא משום טומאת כלי זכוכית דרבנן ולפירוש זה קשיא לשון מטהרין דמשמע מטהרין לגמרי ורבינו שמואל פירש דפליגי בהא אי הטפת אבר חשיב סתימה מעלייתא או לא ובפ"ק דשבת (שם) כתוב ור' מאיר היא דאמר הכל הולך אחר המעמיד גרים רבינו שמואל ר' מאיר היא ותו לא ולא גרסינן הכל הולך אחר המעמיד ולא יתכן כדמוכח בסוף תוספתא דכלים דתניא כוס של אבן שנקב והטיף לתוכו אבר ר' יוסי משום ר' יוחנן בן טורי אומר טמא משום כלי זכוכית רבי שמעון בן גמליאל אומר יהודה בן שמוע היה מטמא משום ר' מאיר משמע בהדיא כלשון אחרון שבקונטרס ורבנן הייט ר' יוחנן בן טורי ולא לגמרי מטהרין אי נמי רבנן דהכא אית להו בכלי אבן כר"מ דמטמא ככלי מתכות והא דלא מטמאין בכלי זכוכית משום כלי מתכות כמו בכלי אבן משום דכלי אבן לית ליה טומאה אוקמוה אטומאת כלי מתכות אבל כלי זכוכית שיש להם טומאה בעולם לא רצו לשנותן מטומאתן וריב"א פי' דחכמים מטהרין לגמרי משום דכלי זכוכית ככלי חרס דמו כדאמרינן פ"ק דשבת (דף טו:) ותניא בתוספתא דכלים (נב"ק) בפרק שני דכלי חרס שטהר שפה אחת אין לו טומאה לעולם ולא יתכן נמי פירוש זה כדמוכח בסוף תוספתא דלאו לגמרי מטהרין כדפרישית ועוד א"כ מנא ליה דטעמא דר"מ משום דהכל הולך אחר המעמיד דלמא משום דלית ליה הכא סברא ואפי' נסתם בזפת היה מטמא דבהדיא פליגי עליה בתוספתא דכלים פרק מחט וטבעת ועוד רבנן לא אמרי הך סברא אלא בחתיכת חרס שפרשה מן החבית ויש בה כשיעור ונקבה וסתמה בזפת ולא בכלי שלם שנקב וסתמו כמו *שפירש [בתוספתא] דפרק ב' דכלים ועוד דהא לא קיימא מסקנא הכי בפ"ק דשבת (טז.) דמסקינן הואיל ונשברו יש להם תקנה ככלי מתכות דמו :

*) שפירשתי בפ"ב דכלים כצ"ל וכוונת התוס' למ"ש הר"ש בפ"ב דכלים. כי כוס סיס שנסדר לתוס' במס' זו.

מימות

רבינו חננאל

ואקשינן אם בזמןשהיה הבית קיים ג' בתשרי הוא יום שנהרג בו גדליה בן אחיקם והוא אחד מן הד' צומות שכתובין בהן יהיו לבית ישראל לששון ולשמחה ולמועדים טובים והנה הוא עצמו י"ט היה באותה העת מה הוסיפו בו ופריק רב לאסור היום שמוקדם לג' בתשרי והנה יום ב' בתשרי גם הוא אסור בתענית שצום גדליה אינו אסור בתענית יום שלפניו שהוא מדברי קבלה והם מדברי הנביאים ודברי קבלה כדברי תורה דמו ואין צריכין חיזוק כדבעינן למימר לקמן שכל דבר שהוא אסור בתענית בו מדאורייתא כגון שבתות וי"ט וכן ר"ח מותר להתענות לפניהן ולאחריהן ואינו אסור אלא אותו היום בלבד. ומה שקראו חכמים יו"ט אסור להתענות לפניהן ולאחריהן לפיכך הוצרכו לקבוע ג' בתשרי י"ט דרבנן לאסור היום שלפניו בתענית כדתניא הימים האלו הכתובים במגלת תענית אסורין בין לפניהן בין לאחריהן שבתות וימים טובים הן אסורין לפניהם ולאחריהן מותרין. ומה הפרש כו' ואסיקנא ודברי קבלה כדברי תורה דמו. תוב איתבינן מהא בכ"ח באדר אתת בשורתא טבא ליהודאי דלא יעידון מן אוריתא כו' ואותו היום עשאוהו יו"ט וכי תימא הכא נמי בזמן שבהמ"ק הוה. והא ע"י יהודה בן שמוע בטלה הגזרה ויהודה בן שמוע תלמיד דר"מ הואי. דתנן כלי זכוכית שניקבו והטיף לתוכו אבר · פי' סתם הנקבים באבר ואין המשקין שבתוכן שותתין מן הנקבים ההם שכבר נסתמו באבר שהטיף לתוכן יהודה בן שמוע משום ר' מאיר מטמא דסבר כלים שלימין הן וחכמים מטהרין כלומר בחזקת שבורין הן ור' מאיר הוא תלמיד דר"ע ור"ע תלמיד דר' אליעזר ור' יהושע הללו תלמידי ריב"ז שחרב הבית בימיו הנה דבר ברור כי יהודה בן שמוע לאחר חרבן הבית היה

הגהות מהר"ב רנשבורג

[א] תוס' ד"ה הא רבי יהודה וכו' דמ"מ רבי וכו'. ר"ב עיין תענית דף כא ע"א בתוס' ד"ה דבי ר"ח ור' אושעיא וכו' ודו"ק :

תענית יז: | [יבמות סס:] | [שם] | תענית יח. | נ"ל דתניא | שבת טו: פ"ש כ"א

קב א מיי' פ"ג מהל' כלים הלכה יג:

קג ב [מיי' פ"ב מהל' מגילה וחנוכה הל' יג וס"פ ה"ב] טוש"ע א"ח סי' תקעג סעיף א [כל אלה כאן ובתענית פ"ג ובמגילה סוף פ"א]:

קד ג מיי' פ"ד מהלכות קידוש החדש הל' א:

קה ד מיי' שם פ"ח הלכה ס:

*וחכמים מטהרין תנאי היא דתניא הימים האלו הכתובין במגילת תענית בין בזמן שבית המקדש קיים בין בזמן שאין בהמ"ק קיים אסורין דברי ר"מ רבי יוסי אומר בזמן שבהמ"ק קיים אסורין מפני ששמחה היא להם אין בית המקדש קיים מותרין מפני שאבל הוא להם והלכתא בטלו והלכתא לא בטלו קשיא הלכתא אהלכתא לא קשיא כאן *בחנוכה ופורים כאן בשאר יומי: על אלול מפני ר"ה ועל תשרי מפני תקנת המועדות: כיון דנפקי להו אאלול אתשרי למה להו וכי תימא דלמא עברוה לאלול *והאמר רבי חיננא בר כהנא א"ר מימות עזרא ואילך לא מצינו אלול מעובר לא מצינו דלא איצטריך הא איצטריך מעברינן ליה הא מיקלקל ר"ה מוטב תיקלקל ראש השנה ולא יתקלקלו כולהו מועדות דיקא נמי דקתני על תשרי מפני תקנת המועדות ש"מ: ועל כסליו מפני חנוכה ועל אדר מפני הפורים: ואילו נתעברה השנה יוצאין אף על אדר שני מפני הפורים לא קתני מתניתין דלא כר' דתניא *רבי אומר אם נתעברה השנה יוצאין אף על אדר השני מפני הפורים לימא בהא קמיפלגי דמר סבר *כל מצות הנוהגות בשני נוהגות בראשון ומר סבר כל מצות הנוהגות בשני אין נוהגות בראשון לא דכולי עלמא מצות הנוהגות בשני אין נוהגות בראשון והכא בעיבור שנה קמיפלגי דתניא *כמה עיבור שנה ל' יום רשב"ג אומר חדש מאי שנא ל' דידעי חדש נמי ידעי א"ר פפא *מ"ד חדש רצה חדש רצה שלשים העיד ר' יהושע בן לוי משום קהלא קדישא דירושלים על שני אדרים שמקדשין אותם ביום עיבוריהן למימרא דחסרין עבדינן מלאין לא עבדינן לאפוקי מדרש רב נחמן בר חסדא *העיד רבי סימאי משום חגי זכריה ומלאכי על שני אדרים שאם רצו לעשותן שניהן מלאין עושין שניהן חסרין עושין אחד מלא ואחד חסר עושין וכך היו נוהגין בגולה ומשום רבינו אמרו *לעולם אחד מלא ואחד חסר עד שיודע לך שהוקבע ר"ח בזמנו שלחו ליה למר עוקבא *אדר הסמוך לניסן לעולם חסר מתיב רב נחמן *על שני חדשים מחללין את השבת על ניסן ועל תשרי אי אמרת בשלמא זמנין מלא זמנין חסר משום הכי מחללינן אלא

רש"י

וחכמים מטהרין · דעיקרו כלי זכוכית הן ולא אזלי בתר המעמיד ע"א כלי זכוכית טהורין שניקבו והטילו לתוכן אבר יהודה בן שמוע מטמאה טומאת כלי מתכות דאורייתא אם נגע בהן טומאה דהכל הולך אחר המעמיד וחכמים מטהרים מטומאת כלי מתכות דאורייתא אלא משום טומאת כלי זכוכית דרבנן שאין כלי מתכות טמאין דאורייתא אלא המנויין בפרשה (במדבר לא) הזהב והכסף והנחשת והברזל וגו': **בטלו הוא** · אי בטלה מגילת תענית: **הא איצטריך** · אי משום ירקא אי משום מתיא כדלקמן (דף כ·): **והא מקלקלא ר"ה** · דכמאן שלא עשאוה בני הגולה כהלכה אם מעברין אלול: **דיקא נמי** · דלהכי תנו רבנן דלא ליקלקלו שאר מועדות והתירו שיהא ר"ה מקולקל לגולה: **ואלו אם נתעברה השנה** · לאחר שנכנס אדר הראשון והלכו השלוחים ישבו ב"ד ועיינו ועיברוה לעשות אדר השני אחר זה: **נוהגות בראשון** · ויצאו ידי חובתן בפורים שעשו בראשון: **כמה עיבור השנה** · ימי אדר הראשון שאותו עושין עיבור לשנה: **חדש** · קא סלקא דעתך כ"ט ימים: **מאי שנא** · למאן דאמר שלשים דאין צריך לחזור ולשלוח שלוחים על יום קידוש אדר השני: **דידעי** · בני הגולה שלעולם אדר הראשון מעובר וביום ל"א נתקדש: **למאן דאמר חדש נמי** · אין צריך להודיע דהא ידעי דלעולם חסר וביום שלשים נתקדש: **רצו חדש רצו שלשים** · לפיכך צריכין להודיע אם עשאוהו מלא או חסר: **שמקדשין אותן ביום עיבוריהן** · יום שלשים קרי יום עיבור שאותו עושין עיבור לחדש כשמעברין אותו שמקדשין יום שלשים של שניהם לר"ח הנכנס יום ל' לאדר הראשון הוא ר"ח לאדר השני ויום ל' של אדר השני הוא ר"ח ניסן: **למימרא דחסירין עבדינן כו'** · בניחותא: **אחד מלא ואחד חסר** · דוקא קאמר ראשון מלא ושני חסר: **משום רבינו** · רב: **שהוקבע ר"ח בזמנו** · עד שאמרו לך הבאים מארץ ישראל קדשו ב"ד ר"ח אדר השני ביום ל' לאדר הראשון ועשו את הראשון חסר: **מחללין את השבת** · עדים שראו את הלבנה בחידושה מחללין את השבת לצאת חוץ לתחום לבא לב"ד להעיד לפיכך לפי שהמועדין כולן תלויין בשני חדשים הללו וקס"ד חילולא דשרא רחמנא משום דקביעת ירחא לפי ראיית הלבנה הוא אם מלא מלא אם חסר חסר: **משום הכי מחללין** · אם ראוהו ביום ל' שאם לא יבאו ויעידו שראוהו היום לא יקדשוהו ב"ד עד מחר ויעשו את החסר מלא:

אלא

תוספות

מימות עזרא ואילך לא מצינו אלול מעובר · משמע דבימי עזרא היה מעובר וסמך קצת לדבר דכתיב (נחמיה ז) ויגע החדש השביעי וגו' וכתיב (שם ח) ויביא עזרא הכהן את התורה וכתיב (שם) ביום אחד לחדש השביעי וכתיב (שם) ויקרא בו וכתיב ביה (שם) היום קדש וכתיב (שם) ביום השני נאספו ראשי האבות לכל העם הכהנים והלוים אל עזרא הסופר ולהשכיל אל דברי התורה משמע שעשו שני ימים טובים של ר"ה וקרי ליה שני למילתיה וכתיב נמי (שם ט) ביום עשרים וארבעה לחדש נאספו כל ישראל בצום ובשקים וגו' משמע לפי שאז היה מוצאי סוכות נאספו ואי לאו דעברוהו ועשו סוכות בט"ז בו א"כ י"ד דירחא וח' דסוכות הרי כ"ב ויום כ"ג מוצאי סוכות ואין לומר דשבקוה לתעניתייהו משום מחרת י"ט ומשום כך המתינו עד כ"ד בו דמאז לא היו נוהגין בו ועוד שהרי דבר שבצבור היה אלא ש"מ דעברוה לאלול: **ואל יתקלקלו** כולהו מועדות · למאן דאמר לקמן (דף כ·) שמעברין משום ירקיא ניחא דשייך אכולהו אבל למאן דאמר משום מתיא קשיא דליכא קלקול אלא מיוה"כ לחודיה ועוד כיון דידעי קביעות אלול אמאי תתקלקל ר"ה הא ידעי דתדחה מפני אד"ו ונראה דלאו משום אד"ו קאמר הא איצטריך מעברינן ליה אלא משום דזמנין דלא ראו עדים הלבנה ביום שלשים ואין מקדשין עד יום ל"א משום דמצוה לקדש ע"פ הראייה ופריך הא מקלקלא ר"ה שיעשו שני ימים מספק ומשני מוטב תתקלקל ר"ה ואל יתקלקלו כל המועדות יוה"כ וסוכות ושמיני עצרת אם יעשו ע"פ אותם העדים לא על פי הראייה: **מתני'** דלא כר' · וא"ת ולתנא דידן כיון דלא נפקי על אדר השני היאך ידעו שנתעברה השנה בשלמא אם עיברוה קודם אדר יכולין להודיעם ע"י שלוחי אדר אבל אם עברוה אחר כך היכי ידעי דהא מעברינן השנה כל אדר ולכל הפחות עד פורים וי"ל כיון דהשלוחים יוצאין על ניסן ממילא ידעי כשיגיע ר"ח ואין שלוחין יוצאין א"כ השנה מעוברת: **דמר** סבר כל המצות הנוהגות בראשון נוהגות בשני ומר סבר אין נוהגות · וטעמייהו מפרש מקראי בפ"ק דמגילה (דף ו: ושם) וברוב ספרים הגירסא איפכא דמר סבר כל המצות הנוהגות בשני נוהגות בראשון ומר סבר אין נוהגות כו' ובפ"ק דמגילה (שם) כתיב כן בכל הספרים גבי פלוגתא דרבנן ורבי אלעזר ברבי יוסי ורשב"ג ויש ליישב שתי הגירסות: **אדר** הסמוך לניסן לעולם חסר · תימה א"כ אמאי יוצאין על ניסן מפני הפסח ומיהו לבסוף מסקינן תיובתא ואף על פי כן אנו נוהגין כן דשמא בימיהן שהיו מקדשים על פי הראייה מסקינן דזמנין מלא וזמנין חסר אבל לדידן טוב למלאות הראשון דהוא חדש העיבור שניתוסף על השנה אף על גב דאמרינן דשנה מתעברת בסופה ובירושלמי דמגילה* איכא פלוגתא דקאמרינן התם עוקבא אמר תרין איגרין בחדא כתיב וספר באנפוי ובאנפי חברוי מוסיפין על שתא תלתין יומין ובחדא כתיב וספר באנפוי ובאנפי חברוי מוסיפין על שתא ירח יומין מאן דאמר תלתין יומין אדר הראשון תוספת מ"ד ירח יומין אדר השני תוספת ולבסוף דחו לה דקסבר רצו שלשים רצו ירח:

מאי

רבינו חננאל

ופרקינן תנאי היא דתניא הימים הכתובים במגלת תענית בין בזמן הבית בין אחר חרבן הבית אסורין בתענית דברי ר"מ דסבר לא בטלה מגלת תענית ר' יוסי אומר בזמן הבית אסורין בתענית שימי שמחה היא להן אחר חרבן מותרין בתענית מפני שימי אבל הן. כלומר אחר חרבן הבית בטלה מגלת תענית והא ר' יהודה בן שמוע כר"מ רביה הוא דעבד. ואסיקנא והלכת' בטלו. ומותר להתענות בכל הימים הכתובים במגלת תענית זולתי חנוכה ופורים דלא בטלו ואסור להתענות בהן: על אלול מפני ר"ה כו'. ואקשינן וכיון דנפקו באלול ונקבעה ר"ח בתשרי עוד למה צריכין השלוחין לצאת דבר ידוע הוא ד' בתשרי יוה"כ בט"ו בו סוכות. וכי תימא חיישינן דלמא עברוה לאלול והא קי"ל דמימות עזרא לא נתעבר אלול מראין הדברים דבימות עזרא עבורה לאלול במסורת שהיתה בידם. וכי עברן אלול עזרא חגי זכריה ומלאכי כי כולן בזמן אחד היו וכבר פירשנוהו במס' י"ט. אם כן כי נתעבר אלול והמדינות הרחוקות סבר"ד לא ידעו נתקלקלה ר"ח שעשו ר"ח ביום ל' של אלול כ"ט ימים וכיון שאלול נתעבר נמצא יום ל' לחדש אלול [הוא] והם קבעוהו תשרי ואמרינן מוטב תקלקל ר"ה ולא יתקלקלו המועדים כולן. ודייקינן הכי דר"ה ודאי נתקלקלה ולא חיישינן אלא לתקנת המועדות מדוקיא דמתניתין דקתני ועל תשרי מפני תקנת המועדות להודיע לכל ישראל שהרשות ביד ב"ד לעבר ואע"פ שלא היה לעולם. ועל כסליו לידע מתי נקבע לעשות בכ"ה חנוכה. ועל אדר לעשות ביום י"ד בו פורים ואוקימנא דלא כר' דאמר אם נתעברה שנה יוצאין אף על אדר השני מפני הפורים וכ"ע כל מצות הנוהגות בשני [אין] נוהגות בראשון ובעיבור שנה פליגי תנא דידן סבר לה כת"ק דברייתא דתניא עיבור שנה ל' יום ור' סבר לה כרשב"ג דאמר חדש ואוקימנא רצו חדש רצו ל' יום. העיד ריב"ל על ב' אדרין שמקדשין אותן ביום עבוריהן פי' מקדשין ר"ח אדר שני ביום ל' של אדר הראשון שהוא יום עבורו ויום ל' של אדר שני מקדשין אותו ר"ח ניסן למימרא דשני אדרין לעולם חסרין הן. ולאפוקי מדרב נחמן בר רב חסדא. דדרש העיד ר' סימאי משום חגי זכריה ומלאכי על ב' אדרין שאם רצו ב"ד לעשותן שניהן חסרין או שניהן מלאין או אחד מלא ואחד חסר עושין וכך היו נוהגין בגולה והיא פומבדיתא ואמרו משום רבינו לעולם אחד מלא ואחד חסר עד שיודע שהוקבע ר"ח בזמנו העדות שהעיד ר' סימאי משום חגי זכריה ומלאכי סוגיין דשמעתין סלקא. וגרסינן בבכורות פרק מעשר בהמה דקאי ר' עקיבא בשיטתייהו ואמר אדר הסמוך לניסן זמנין מלא וזמנין חסר ובן עזאי הוא דסבר אדר הסמוך לניסן לעולם חסר וקי"ל כר"ע וכן הא דגרסינן הכא בהאי עניינא דשלחו ליה למר עוקבא אדר הסמוך לניסן לעולם חסר עלתה בתיובתא מדתנן וכשהמקדש קיים יוצאין אף על כולן מפני תקנת קרבן מדכלל החדשים כולן לאו משום דמצוה לקדש על הראיה ניסן ותשרי נמי לאו משום דמצוה לקדש על הראיה אלא משום תקנת המועדות אי אמרת בשלמא זמנין מלא וזמנין חסר משום הכי מחללין אלא אי אמרת לעולם חסר [אמאי מחללינן] תיובתא

וגם

מסורת הש"ס

ביצה ו. ע"ש כב: ע"ש לקמן נג. ע"ש

[תוספ' פ"א]

[מגילה ו:]

סנהדרין יא. ערכין ט:

[סנהדרין יא

[דדריש ר"נ בר חסדא כצ"ל]

[בכורות נח.]

לקמן כא.

[פ"א הל' ה]

§ מסכת ראש השנה דף יט: §

אות א'

וחכמים מטהרין

רמב"ם פי"ב מהל' כלים הי"ג - ניקב וסתמו בין בבעץ בין בזפת, [א]טהור; והכוס והצלוחית שניקבו בין מלמעלה בין מלמטה טהורין.

אות ב'

בחנוכה ופורים

סימן תקעג ס"א - [ב]הלכתא בטלה מגלת תענית - שם כתוב כמה ימים בשנה שנעשו בהם נסים לאבותינו, ועשאום חכמים כיו"ט שלא להתענות בהם, וגם לפניהם ולאחריהם אסרו בהם להתענות, ובעונותינו ארעו בהם הרבה מאורעות, ובטלום.

וכל הימים הכתובים בה מותר להתענות בהם, וכל שכן לפניהם ולאחריהם; חוץ מחנוכה ופורים - ר"ל שהם ג"כ מהימים הכתובים במגילת תענית, [ג]ומפני הנסים הגדולים המפורסמים שנעשו בהם, נשארו בחזקתם.

שאסור להתענות בהם בעצמם, אבל לפניהם ולאחריהם מותר - דלפניהם ולאחריהם לא חמירי משאר ימים הכתובים שם.

[ד]וכן שבתות וימים טובים וראשי חדשים, מותרים לפניהם ולאחריהם.

אות ג'

כמה עיבור שנה שלשים יום

[ה]רמב"ם פ"ד מהל' קידוש החדש ה"א - שנה מעוברת היא שנה שמוסיפין בה חדש, ואין מוסיפין לעולם אלא אדר, ועושין אותה שנה שני אדרין, אדר ראשון ואדר שני; ומפני מה מוסיפין חדש [ו]זה, מפני זמן האביב, כדי שיהא הפסח באותו זמן, שנאמר: שמור את חדש האביב, שיהיה חדש זה בזמן האביב, ולולא הוספת החדש הזה היה הפסח בא פעמים בימות החמה ופעמים בימות הגשמים.

אות ד'

לעולם אחד מלא ואחד חסר, עד שיודע לך שהוקבע ראש חדש בזמנו

רמב"ם פ"ח מהל' קידוש החדש ה"ה - סדר החדשים המלאים והחסרים לפי חשבון זה כך הוא: תשרי לעולם מלא, וחדש טבת לעולם חסר, ומטבת ואילך אחד מלא ואחד חסר על הסדר; כיצד, טבת חסר שבט מלא, אדר חסר ניסן מלא, אייר חסר סיון מלא, תמוז חסר אב מלא, אלול חסר; ובשנה המעוברת אדר ראשון מלא ואדר שני חסר.

באר הגולה

א ‹מדכתב טהור, משמע דגם מדין כלי זכוכית נמי טהור, וע"כ משום דהרמב"ם ס"ל דבעץ וזפת אינו חיבור לכלי זכוכית, כמו דאינו חיבור לכלי חרס, ולכן הוא דטהור, והיינו דמפרש כמו שכתב התוס' בשם רבינו שמואל, דר"מ מטמא מדין כלי זכוכית, ורבנן מטהרי לגמרי, משום דלא חשבי לה לסתימה מעלייתא, ופסק כחכמים – אבן ישראל› ב **מסקנת הגמ' ר"ה י"ט** ג ‹עיין לעיל רש"י דף י"ח: ד"ה דמפרסם ניסא, שמבואר דע"י המצות שנהגו בו ישראל נתפרסם ניסא› ד **ברייתא תענית י"ז** ה ‹ולכאורה צ"ע, איך מרומז ברמב"ם זה מה שהחודש העיבור הוא ל' יום› ו ‹שאם יעברו חדש לפניו, שמא תתבשל התבואה במהרה ולא תצטרך השנה לעיבור, אבל אם יעשו חדש העיבור קרוב מזמן האביב, הם יודעים אם הגיע זמן בישול האביב אם לא, וזהו אדר שהוא הקרוב לחדש האביב – קרית ספר›

§ מסכת ראש השנה דף כ. §

אות א׳

דמצוה לקדש על הראייה

רמב"ם פ"א מהל' קידוש החדש ה"א - חדשי השנה הם חדשי הלבנה, שנאמר: עולת חדש בחדשו, ונאמר: החדש הזה לכם ראש חדשים, כך אמרו חכמים: הראה לו הקדוש ברוך הוא למשה במראה הנבואה דמות לבנה, ואמר לו [א]כזה ראה וקדש; והשנים שאנו מחשבין הם שני החמה, שנאמר: שמור את חדש האביב.

אות ב׳ – ג׳

יכול כשם שמעברין את השנה לצורך, כך מעברין את החדש לצורך, תלמוד לומר: החדש הזה לכם ראש חדשים, כזה ראה וקדש

מאיימין על העדים על החדש שנראה בזמנו לעברו, ואין מאיימין על העדים על החדש שלא נראה בזמנו לקדשו

רמב"ם פ"ג מהל' קידוש החדש הט"ו - בית דין שישבו כל יום שלשים ולא באו עדים, והשכימו בנשף ועברו את החדש, כמו שבארנו בפרק זה, ואחר ארבעה או חמשה ימים באו עדים רחוקים והעידו שראו את החדש בזמנו שהוא ליל שלשים, ואפילו באו בסוף החדש, [ב]מאיימין עליהן איום גדול, ומטריפים אותם בשאלות, ומטריחין עליהן בבדיקות, ומדקדקין בעדותן, ומשתדלין בית דין שלא יקדשו חדש זה הואיל ויצא שמו מעובר.

רמב"ם פ"ג מהל' קידוש החדש הט"ז - ואם עמדו העדים בעדותן ונמצאת מכוונת, והרי העדים אנשים ידועים ונבונים, ונחקרה העדות כראוי, מקדשין אותו, [ג]וחוזרין ומונין לאותו החדש מיום שלשים, הואיל ונראה הירח בלילו.

רמב"ם פ"ג מהל' קידוש החדש הי"ז - ואם הוצרכו בית דין להניח חדש זה מעובר כשהיה קודם שיבאו אלו העדים, מניחין, [ד]וזה הוא שאמרו מעברין את החדש לצורך; [ה]ויש מן החכמים הגדולים מי שחולק בדבר זה, ואומר לעולם אין מעברין את החדש לצורך, הואיל ובאו עדים מקדשין ואין מאיימין עליהן.

רמב"ם פ"ג מהל' קידוש החדש הי"ח - יראה לי שאין מחלוקת החכמים בדבר זה, אלא בשאר החדשים חוץ מניסן ותשרי, או בעדי ניסן ותשרי שבאו אחר שעברו הרגלים, שכבר נעשה מה שנעשה, ועבר זמן הקרבנות וזמן המועדות; [ו]אבל אם באו העדים בניסן ותשרי קודם חצי החדש, מקבלין עדותן ואין מאיימין עליהן כלל, שאין מאיימין על עדים שהעידו על החדש שראוהו בזמנו כדי לעברו.

באר הגולה

[א] ‹עיין פרש"י בד"ה על הראייה כו'› [ב] ‹ודעת הרבה ראשונים, דדין מאיימין לא מיירי דוקא כשמקדשין למפרע, אלא בכל ר"ח יש רשות לב"ד לאיים אם יש להן צורך, כגון שלא יהא ר"ה באד"ו, או מפני ח' חדשים מעוברים או חסרים – שקל הקודש› [ג] ‹נ"ב צ"ע מפ"ב דין ח', שפסק שאם ראוהו בי"ד וכל ישראל או שנחקרו העדים, ולא הספיקו לומר עד שחשכה, שהרי זה מעובר, שאין ראיה קובעת וכו'. **ונראה** ליישב, דשאני התם דהוי כנראה ונדחה, כיון שכבר ראוהו בי"ד וכל ישראל או שנחקרו העדים, והיו ראויים לומר מקודש, אלא שלא הספיקו לאומרו, **אבל** הכא שלא נחקרו העדים בבי"ד, הוי דחוי מעיקרו, ודחוי מעיקרו לא הוי דחוי, וזה נראה לי אמת ויציב, עד כאן מצאתי כתוב להרב מהר"י הכהן ז"ל – מרכבת המשנה. **וכ"ז** דעת רבנו, אבל רוב הראשונים חולקים ע"ז, וס"ל דא"א כלל לקדש למפרע רק בו ביום – שקל הקודש› [ד] ‹פי' כמו שמתרץ רבא בר"ה דף כ' ע"א, דהכי קאמר: יכול כשם שמעברין את השנה ואת החדש לצורך, כך מקדשין את החדש לצורך, תלמוד לומר החדש הזה לכם, ע"ש – נאוה קודש› [ה] ‹פי' המרכה"מ, דכונתו לרב דימי מנהרדעא (דמתני איפכא מימרא דריב"ל), ודעה ראשונה הוא כל"ק דריב"ל, ומאיימין לעברו, **ומש"כ** רבנו יראה לי שאין מחלוקת כו' (הלכה י"ח), הוא דס"ל דרבא לא פליג אאביי במה שמחלק בין ניסן ותשרי לשאר ירחי, אלא רבא בא לאוקמי ברייתא דרבה בר שמואל דלא כרב (רבא בגירסתינו, ע"ש בהג"ה בצד הגמ', דאמר "לא קשיא כאן לעברו כאן לקדשו"), רק בין לעברו בין לקדשו בכל ירחי, **אבל** מודה לסברת אביי דבניסן ותשרי אין משנין מפני המועדות, {ודלא כפי' רש"י וכדלקמן בסמוך}, וס"ל דמימרא דריב"ל קאי אניסן ותשרי, וכדאפיך רב דימי מנהרדעא, ולפ"ז אין שום סתירה מהא דשלח ר"י נשיאה, **ומ"מ** הא דאמר אביי דבשאר ירחי אין קפידא בזה הוא נכון, אף שעתה אין הכרח לזה, ואף דרב דימי מנהרדעא אין מחלק בזה, מ"מ אביי מחלק בזה, והביא רבנו ב' הדעות, **ומ"מ** ס"ל דגם אביי מודה דבניסן ותשרי מאיימין לקדש כרב דימי, דבזה אין קפידא דלא מחזי כשיקרא, ולכן פסק כן בהי"ט, אבל לעבר בשאר ירחי לא הכריע בזה, וכמש"כ המרכה"מ – שקל הקודש› [ו] ‹פי' הא דמשני אביי: לא קשיא הא בניסן ותשרי הא בשאר ירחי, (פירש"י בניסן ותשרי שהמועדות תלויין בהן, מקדשין לצורך, אבל בשאר ירחי לא, אבל תוס' כ' די"מ איפכא, וכ"פ הרז"ה וכ"כ רבנו – שקל הקודש), הכי פירושו לדעת רבינו, בניסן ותשרי אין מאיימין על עדים שראהו בזמנו כדי לעברו – נאוה קודש›

אלא אי אמרת לעולם חסר אמאי מחללינן משום *דמצוה לקדש על הראיה איכא דאמרי א"ר נחמן אף אנן נמי תנינא על שני חדשים מחללין את השבת על ניסן ועל תשרי אי אמרת בשלמא לעולם חסר משום הכי מחללינן דמצוה לקדש על הראיה אלא אי אמרת זמנין מלא זמנין חסר אמאי מחללינן נעבריה האידנא ונקדשיה למחר אי דאקלע יום שלשים בשבת ה"נ הכא במאי עסקינן דאקלע יום שלשים ואחד בשבת דמצוה לקדש על הראיה מתיב רב כהנא *כשהמקדש קיים מחללין אף על כולן מפני תקנת הקרבן מדכולהו לאו משום דמצוה לקדש על הראיה ניסן ותשרי נמי לאו משום דמצוה לקדש על הראיה אי אמרת בשלמא זמנין מלא וזמנין חסר משום הכי מחללינן אלא אי אמרת לעולם חסר אמאי מחללינן תיובתא כי אתא עולא אמר עברוה לאלול אמר עולא ידעי חברין בבלאי מאי טיבותא עבדינן בהדייהו מאי טיבותא עולא אמר משום ירקיא רבי אחא בר חנינא אמר משום מתיא מאי בינייהו איכא בינייהו יוה"כ שחל להיות אחר השבת מאן דאמר משום מתיא מעברינן ומאן דאמר משום ירקיא לאימת קא בעי להו לאורתא לאורתא טרח ומייתי ולמ"ד משום ירקיא לעבריה משום מתיא אלא איכא בינייהו יו"ט הסמוך לשבת בין מלפניה בין מלאחריה מ"ד משום ירקיא מעברינן ומאן דאמר משום מתיא אפשר בעממי ולמ"ד משום מתיא לעבריה משום ירקיא אפשר בחמימי אי הכי מאי שנא לדידן אפילו לדידהו נמי לדידן חביל לן עלמא לדידהו לא חביל להו עלמא איני והתני רבה בר שמואל *יכול כשם שמעברין את השנה לצורך כך מעברין את החדש לצורך ת"ל °החדש הזה לכם ראש חדשים כזה ראה וקדש אמר *רבא לא קשיא כאן לעברו כאן לקדשו והכי קאמר יכול כשם שמעברין את השנה ואת החדש לצורך כך מקדשין את החדש לצורך תלמוד לומר החדש הזה לכם כזה ראה וקדש וכי הא דאמר רבי יהושע בן לוי *מאיימין על העדים על החדש שנראה בזמנו לעברו ואין מאיימין על העדים על החדש שלא נראה בזמנו לקדשו איני והא שלח ליה רבי יהודה נשיאה לרבי אמי הוו יודעין שכל ימיו של רבי יוחנן היה מלמדנו מאיימין על העדים על החדש שלא נראה בזמנו לקדשו אע"פ שלא ראוהו יאמרו ראינו אמר אביי לא קשיא הא בניסן ותשרי הא בשאר ירחי רבא אמר הא דתני רבה בר שמואל אחרים היא דתניא *אחרים אומרים אין בין עצרת לעצרת ואין בין ראש השנה לראש השנה אלא ד' ימים בלבד ואם היתה שנה מעוברת חמשה רב דימי מנהרדעא מתני איפכא מאיימין על העדים על החדש שלא נראה בזמנו לקדשו ואין מאיימין על העדים על החדש שנראה בזמנו לעברו מ"ט

האי

רש"י

אלא אי אמרת לעולם חסר · ולי נמי לא אתו עדים מקדשין ליה האידנא למה להן לחלל: על הראיה · על פי עדים דכתיב (שמות יב) החדש הזה לכם ראש חדשים כזה ראה וקדש: איכא דאמרי כו' · קא סלקא דעתיה חילול (א) משום מצוה לקדש על הראיה הוא: משום הכי מחללין · שאם לא יחללו נמצא תורה אור שיתקדש החדש בלא עדים: אלא אי אמרת זמנין מלא וזמנין חסר · מכדי בב"ד תליא כדאמרינן לקמן (דף כה:) אתם אפילו מזידים: אמאי מחללין · ליתקע ב"ד שימתינו עד יום שלשים ואחד שלא לחלל עליו את השבת וילכו ויעידו למחר ויקדשו על פיהם: נעבריה האידנא · (ב) מיום ל' זה יעברו את אדר: אי דאקלע יום שלשים בשבת · ולאו בו את הלכנה: ה"נ · דמעברינן ולא מחללינן: הכא · דקתני מחללין כגון דאקלע יום שלשים ואחד בשבת ולא נראה החדש אתמול אלא היום דאי נמי לא אזלי מקדשי ליה ביה דאי האידנא דאין לך חדש יותר על שלשים ומקדשי ליה שלא על פי עדים הלכך מחללין לקדש על הראיה: מפני תקנת קרבן · מוספי ר"ח שיקרבו בזמנן: ניסן ותשרי נמי לאו משום דמצוה לקדש על הראיה · הוי חילול שבת דידהו אלא שיהו המועדות בזמנן לפי תולדות הלבנה: אלא אי אמרת לעולם חסר אמאי מחללין · בלאו דידהו נמי האידנא מקדשין ליה: ידעי חברין בבלאי · כלומר נותנין לב להכיר טובה שעושין עמהם בני ארץ ישראל שעיברו את אלול: משום ירקיא · להפריד שבת ויום טוב זה מזה כדי שלא יכמושו ירקות הנאכלות כשהן חיין בשבת שלאחר יו"ט או ביו"ט שלאחר שבת: משום מתיא · להפריד שבת ויום הכפורים זה מזה שלא יסריח מת שימות באחד מהן שיהא ראשון ולא יקבר לא היום ולא למחר: מאי בינייהו · תרוייהו איתנהו: יום הכפורים שחל להיות אחר שבת · אם לא יעברוהו: מ"ד משום מתיא מעברין · ודחינן ליום הכפורים ליום שני בשבת: לאימת בעי לה · לירקות: לאורתא · למוצאי יום הכפורים: לאורתא טרח ומייתי · ואין צריך ללקט ע"ש הלכך לא מעברינן: אפשר בעממי · דאמר מר (ביצה דף ו·) מת בי"ט ראשון יתעסקו בו עממין: בחמימי · שורס בחמין וחוזרות לקדמותן: לדידן חביל לן עלמא · אנו בני בבל חם לנו העולם ויש לנו הבל לפי שבבל עמוקה היא ואינה ארץ הרים וגבעות כא"י ואין שולט בה אויר ואין בני ארץ ישראל צריכין לעבר משום מתיא ומשום ירקיא אלא בשבילנו: איני · וכי מעברינן חודש לצורך: כשם שמעברין את השנה לצורך · מפני האביב והתקופה ופירות האילן כדאיתא בפרק קמא דסנהדרין (דף יא:): כזה ראה וקדש · כיון שנראה קדש בו ביום: לעברו · לעשות את החסר מלא לצורך מותר: לקדשו · ביום שלשים והלבנה לא נראית ואם ימתינו עד יום מחר יהא שבת ויוה"כ סמוכין אין מקדשין לצורך: וה"ק יכול כשם שמעברין לצורך כך מקדשין לצורך ת"ל כזה ראה וקדש · ראה תחלה ואח"כ קדש אבל כשאתה מעברו ראה וקדש הוא: מאיימין על העדים על החדש שנראה בזמנו · ביום שלשים שיכחישו בשביל לעברו: ואין מאיימין · ביום שלשים על העדים שלא ראוהו ואנו צריכין לקדשו היום כדי להפריד שבת מיום הכפורים שיאמרו ראינו ויעידו שקר: היה מלמדנו מאיימין כו' · אם אנו צריכין לעשותו חסר: בניסן ותשרי · שהמועדות תלויין בהן מקדשין לצורך: בשאר ירחי לא · ואם תאמר מה צורך לנו בשאר חדשים לחסר ולעבר כגון אותה ששנינו במסכת ערכין (דף ח:) אין פוחתין מארבעה חדשים המעוברין בשנה ולא נראה לעבר יותר על שמונה והתם מפרשינן הטעם ואם עיברו שמונה וזה לא נראית ביום שלשים נמצא שאנו צריכין לאיים עליהן לומר ראינו בשביל לקדש: הא דתני רבה · שאין מעברין ולא מקדשין לצורך: אחרים היא · דאמרי לעולם כל החדשים אחד מלא ואחד חסר כסדר מולד הלבנה שמתחדשת לעולם בסוף כ"ט ימים ומחצה שהן חמשים ותשעה לשני חדשים: ארבעה ימים · אם נקבע עכשיו באחד בשבת יהא לשנה הבאה בחמישי בשבת שזה החשבון שנים עשר חדש אחד מלא ואחד חסר עולה לשנ"ד ימים והשלם מאות וחמשים כולם שבועים נמצא נדחה להלן ארבעה ימים: ואם היתה שנה מעוברת ה' · שמוסיפין עליה חדש חסר שדוחה להן מן שבועים שלימים יום אחד:

האי

תוספות

מאי טיבותא (עבדינן) · שמעברים אלול דמוטב שלא יעברו כדי שלא יהא תרי יומין מספק:

בין מלפניה בין מלאחריה · רביעו תם לא גרס מלפניה דאם חל ראש השנה וסוכות מלפניה תיפוק ליה משום מתיא דמקלע יום הכפורים באחד בשבת:

שלח ליה ר' יהודה נשיאה לרבי אמי · אין זה רבי יהודה נשיאה שהתיר השמן בפרק אין מעמידין (ע"ז דף לו· ושם) שהיה בימי רב ושמואל דההוא בנו של ר"ג בן רבי יהודה הנשיא והאי דהכא תלמידו של ר' יוחנן דהוה כייף לרב ושמואל*:

הא בניסן ובתשרי · פי' בקונטרס שהמועדות תלויין בהן מקדשין לצורך בשאר ירחי לא וי"מ איפכא:

ואם היתה שנה מעוברת חמשה · בערכין (דף ט:) פריך והא איכא יומא *דתלתין שנין משום דכל שנה עודפת ארבעה ימים שמונה שעות תתע"ו חלקים ואותן חלקים מצטרפין ליום שלם לסוף שלשים שנה ומשני משום דליתיה בכל שנה לא קחשיב:

צריך

עין משפט נר מצוה

קו א מיי' פ"א מהל' קידוש החדש הל' ו:

קז ב ג מיי' פ"ג (וס"ה) מהל' קידוש החדש הלכה טו יו יז יח:

[עיין תוס' סנה' דף יא: ד"ס קבלה]

נ"ל דשני ויומא דתלתין

[בה"מ פ"ג דין ט"ו לקה"מ סעתיק אמר רב כו']

מסורת הש"ס

לקמן כה.

סנהדרין יא:

שמות יב

[תוס' ערכין ט"א]

[עיל ו:]

שבת סו:

סוכה כג:

ערכין ט:

הגהות הב"ח

(א) רש"י ד"ה איכא דאמרי פי' קס"ד חילול שבת משום מצוה: (ב) ד"ה נעבריה כו' ר"ח נעבריה האידנא ביום שלשים ואי זה:

רבינו חננאל

וגם לעדות רבי יהושע בן לוי דאמר לעולם ב' אדרין חסרין הא מתני' תיובתא עליהו לא עמדת אלא עדות ר' סימאי משום חגי זכריה ומלאכי · כי אתא עולא אמר עברוה לאלול · כלומר אצטריך כפי המסורת שהיתה ביד ב"ד ועברות לאלול · מפני שקראו סוד העבור מפני שב"ד לא היו מגלין אותו אלא למומנים לעיין בדבר זה והיה אותה שנה יום ל' לאלול יום הסמוך לשבת בין סלפניה בין סלאחריה · וכיון שראה עולא כי עברו ב"ד לאלול נדמה לו שב"ד מעברין על צורך השעה שלא יבא ר"ה בע"ש ולא באחד בשבת · שלא לחבר ב' קדושות כאחד מפני כבוד מתים · או כגון שמחת י"ט בתענוג ירקות וכיוצא בהן · וחלילה לעבר אלא על המסורת שמסורה בידם ממשה רבינו · אבל משלא נתגלו העקרים · מדומים כי על כל צורך מעברין · ועל זה אמר עולא אין שם צורך לדבר אלא משום ירקיא · ורבי אחא אמר משום מיתיא · פי' מ"ד משום מיתיא דחיכא דאקלע כ"ט באלול בשבת חל ר"ה להיות באחד בשבת ואם חל כ"ט באלול יום חמישי מקלע ר"ה בע"ש · ולא יתכן ב' קדושות כאחת · עולא אמר מעברין לאלול חשב ברעתו משום מיתיא דלא אסרחון · כלומר אם ישאר המת ב' ימים יסריח · *) וכן יוה"כ שחל להיות באחד בשבת או בע"ש כיוצא בו · אבל משום ירקיא לא מעברינן אפשר בחמימי · פי' אע"ג דהיימין ירקיא אפשר למיכל מינהון · וי"א למישלקינהו ולבשלינהו ולמשבקינהו בחמימי דאכיל להן במוצאי יוה"כ · ומ"ד משום ירקיא אמר מיתיא אפשר לקברן עממי והן נכרים · ודברים הללו שאמר עולא ור' אחא איכא לפימר שעשו אותן ב"ד סעד למסורת שבידם שבהן מעברין כענין שעיקר עיבור השנה באביב · ותנינן (בסנהדרין יא) אין מעברין השנה לא מפני גדיין ולא מפני טלאין ולא מפני גוזלות שלא יפריחו · אבל עושין יום סעד לשנה · והסמך של עיבור [הוא] עיבור האביב · כדגרסינן [התם] רומן אביבא לא ממא · ואקשינן עליהן אם נראה החודש בזמנו · והוא ליל ל' מעברין ליה לאלול משום צורך שנתראה לב"ד לעבר · והתני רבה בר שמואל יכול כשם שמעברין את השנה לצורך מפני האביב כך מעברין את החודש ת"ל החודש הזה לכם · כזה ראה וקדש ופריק רבה אין מקדשין לצורך אבל מעברין החדש לצורך ותריץ להא דרבה בר שמואל הכי יכול כשם שמעברין את השנה על האביב ואת החדש לצורך השעה כך מחסרין ומקדשין את החדש לצורך ת"ל החדש הזה לכם כזה ראה וקדש · וכי הא דריב"ל מאיימין עליהו כדי לחזור בהן ולא יתקיימו דבריהן ויעברוהו אי אצטריך לב"ד · ואין מאיימין על העדים על החדש שלא נראה בזמנו והוא ליל ל' כלומר אין מאיימין אותן לומר להן הוזהרו והעידו כי ההוא שנראה לכם כעין טוביתא הלבנה היתה ומקדשין אותו יום שלשים אם הוצרכו ב"ד לחסורי אלא לא טרחינן עליהו כדי לקדשו בעת שלא נראה בזמנו כלומר מעברין ולא מחסרין · ואקשינן לרבה איני והא שלח ליה ר' יהודה נשיאה לר' אמי הוו יודעין שכל שנותיו של ר' יוחנן היה מלמדינו מאיימין על העדים על חדש שלא נראה בזמנו לקדשו שאע"פ שלא ראו בעליל אלא כעין כוביתא יעידו כי ראינו · ופריק אביי ואמר הכי הא דריב"ל קיימא בכל החדשים חוץ מניסן ותשרי · ור' יוחנן קיימא בניסן ותשרי זולתי שאר ירחי ונתברר לנו דברי אביי כי כך הם כאשר פירשנו מתלמוד א"י דשקלי וטרי בהאי סלתא · בתחלת פרק ראוהו ב"ד וכל ישראל ואסקוה הכי ולא פליג מה דמר ר' זעירא בשם ריב"ל אין מעמעמין על שלא נראה לקדשו בשאר ירחי · ומה דמר רבא מעמעמין על שלא נראה לקדשו ואין מעמעמין על שנראה לעברו על ניסן ועל תשרי . רבא אמר הא דתני רבה בר שמואל אחרים היא דלית ליה עבור בחדשין כלל · דתניא אין בין ר"ה לר"ה ואין בין עצרת לעצרת אלא ד' ימים בלבד · ואם היתה שנה מעוברת חמשה · פי' אין בשנה לעולם אלא אחד מלא ואחד חסר והן שנ"ד ימים · יוצאין [נ' שביעיות] ישארו ד' ימים · ואם היא מעוברת חדש העבור כ"ט ימים הוא כ"ח ימים יוצאין [ד' שביעיות] נשאר יום הרי ה' ימים · רב דימי מתני אפכא מאיימין על העדים על חדש שלא נראה בזמנו לקדשו דאמרינן ההיא כוביתא שראיתם לבנה היתה דלא מתחזי כשיקרא · ואין מאיימין על חדש שנראה בזמנו לעברו כי מאחר שאמר ראיתי יחזור ויאמר לא ראיתי

*) מדברי רבינו ז"ל אלו נראה דגי' אתרה היה לו בגמ' דלמ"ד משום ירקיא לא חייש משום מיתיא כלל משום דאפשר בעממי אבל צ"ע דהא ביוה"כ א"א בעממי .

תורה אור

האי מיהוי כשקרא האי לא מיהוי כשקרא אמר שמואל יכילנא לתקוני לכולה גולה אמר ליה אבא אבוה דרבי שמלאי לשמואל ידע מר האי מילתא דתניא בסוד העיבור נולד קודם חצות או נולד אחר חצות א"ל לא אמר ליה מדהא לא ידע מר איכא מילי אחרנייתא דלא ידע מר כי סליק רבי זירא שלח להו צריך שיהא לילה ויום מן החדש וזו שאמר אבא אבוה דר' שמלאי מחשבין את תולדתו נולד קודם חצות בידוע שנראה סמוך לשקיעת החמה לא נולד קודם חצות בידוע שלא נראה סמוך לשקיעת החמה למאי נפקא מינה אמר רב אשי *לאכחושי סהדי אמר רבי זירא אמר רב נחמן כ"ד שעי מכסי סיהרא לדידן שית מעתיקא ותמני סרי מחדתא לדידהו שית מחדתא ותמני סרי מעתיקא למאי נפקא מינה אמר רב אשי *לאכחושי סהדי אמר מר צריך שיהא לילה ויום מן החדש מנלן ר' יוחנן אמר *מערב עד ערב ריש לקיש אמר *עד יום האחד ועשרים לחדש בערב מאי בינייהו אביי אמר משמעות דורשין איכא בינייהו רבא אמר חצות לילה איכא בינייהו אמר רבי זירא אמר רב נחמן כל ספיקא לקמיה שדינן *למימרא דחמיסר ושיתסר עבדינן ארביסר לא עבדינן וליעבד נמי ארביסר דלמא חסרוה לאב וחסרוה *לאלול תרי

ויקרא כג · שמות יב

רש"י

האי מיהוי כשקרא · כשנראית בזמנה ולאו מעידין הרבה אחרים יש שראוהו ונראה שעל שקר עבורו אבל כשלא ראוהו ואמרו ראינו אין שקר טודע : **יכילנא לתקוני ·** בלא ראיית עדים כי בקי אני בתולדות הלבנה והילוכה וסדר המזלות : **סוד העיבור ·** ברייתא שניה ברמזים : **נולד קודם חצות או לאחר חצות ·** כך שנוי בה ורמז בנעלמה הוא לומר קודם חצות חלוק מנולד לאחר חצות : **ידע מר ·** מה חילוק יש : **כי סליק רבי זירא שלח להו ·** לחבריו שבבבל שני דברים שלמד כאן : **צריך שיהא לילה ויום מן החדש ·** היום הולך אחר הלילה להיות היום מן החדש שהיה בו ליל שלפניו למדנו שאם נראית הלבנה הישנה משחשיכה יום עשרים ותשעה שהוא ליל שלשים אין מקדשין אותו ביום שלשים וא"ת פשיטא דאין מקדשין שהרי לא נראה החדשה ביום שלשים דקיימא לן עשרים וארבעה שעי מכסי סיהרא כדאמרינן לקמן איצטריך למ"ד מאמינין על העדים על החדש שלא נראה בזמנו לקדשו ואשמעינן דאם נראית הישנה בלילה אין מאמינין שהרי הכל ראו שהלילה מן החדש שעבר : **וזו שאמר אבא אבוה דר' שמלאי ·** לפני שמואל ולא ידע לפרשה מה חילוק בין נולד קודם חצות לנולד לאחר חצות אני מפרשה לכם: **מחשבין** את מולד הלבנה : **נולד קודם חצות ·** היום בידוע שנראה היום קודם שתשקע החמה שאין הלבנה מתכסה מבני א"י שהם במערב (א) אלא שש שעות אחר חדושה מתוך קוטנה שהלבנה לעולם בשש שעות לאחר חדושה בקרן מערבית דרומית ונראית להם : [לא] נולד [עד] אחר חצות · בידוע שלא יראה היום שהיא קטנה כל שש שעות ונעלמת מעין כל : **למאי נפקא מינה ·** למיחשב הרי על פי עדים אנו מקדשין : **לאכחושי סהדי ·** אם נולד אחר חצות ואמרו ראינו החדשה לפני שקיעת החמה כדי לקדשו היום עדי שקר הם : **כ"ד שעי מכסי סיהרא ·** סמוך לחידושה מלפניו ומאחריו היא מתכסה מן העין מתוך קוטנה שש שעות לפני חדושה ושש שעות לאחר חדושה נעלמת מכל אדם קודם לכן ולאחר מכאן שתים עשרה שעות שהיא במזרח נראית לבני מזרח ולא לבני מערב מתוך קוטנה וכשהיא במערב נראית לבני מערב ולא לבני מזרח והיא לעולם לפני חדושה בקרן מזרחית דרומית ולאחר חדושה בקרן מערבית דרומית כך ראיתי ביסודו של רבי סעדיה ז"ל הילכך כשהישנה מתכסה במזרח אין החדשה נראית לבני מזרח עד כ"ד שעות וכשמתכסה מבני מערב אין החדשה נראית להן עד כ"ד שעות : **לדידן ·** לבבל דקיימין במזרח: **מכסיא שית מעתיקא ·** ולא יותר מה טעם מפני שהלבנה הישנה שלפני חדושה בקרן דרומית מזרחית ורואין אותה בני בבל הסמוכים למזרח ונעלמת מהן מכאן ואילך מתוך קוטנה ולסוף שש שעות של חדושה היא עומדת בקרן דרומית מערבית ורואין אותה בני א"י הסמוכין למערב ולא בני בבל וכן כל י"ב שעות שאחר שש שעות הראשונות הרי שמתכסה החדשה מבני בבל י"ח שעות ולאחר י"ח שעות כבר גדולה היא ונראית בכל מקום : **לדידהו שית מחדתא ·** כמו שפירשתי שלבסוף שש נראית לבני מערב : **ותמניסר מעתיקא ·** כמו שפירשתי שהישנה בסוף תכליתה לעולם במזרח וכל שמונה עשרה שעות של ישנה מתוך קוטנה לא נראית במערב אבל קודם לכן גדולה היתה ונראית למרחוק : **לאכחושי סהדי ·** אם יאמרו ראינו הישנה והחדשה בתוך עשרים וארבע שעות שקר העידו : **עד ערב תשבתו ·** למדנו שהיום הולך אחר הלילה לענין המועדות : **עד יום האחד ועשרים בערב ·** למדנו יציאת המועד בערב הרי שהלך היום אחר הלילה : **חצות לילה איכא בינייהו ·** מאן דיליף מיום הכפורים הולך אחר תחילת הלילה דכתיב מערב עד ערב ולדידיה אם נראית הישנה אפילו בתחילת ליל שלשים שוב אין החדש מתקדש ביום שלשים ולמאן דיליף ממצות אין היום הולך אחר תחילת הלילה שהרי מצות לילה הראשון של פסח עד יום האחד ועשרים אכילת מצה רשות ובלבד שלא יאכל חמץ כדאמרינן בשילהי ערבי פסחים (דף קכ:) וחצות לילה ראשון חלוק מהם ונמשך עם הפסח הנשחט בארבעה עשר שהמצה נאכלת עמו חובה ולדידיה אפילו נראית הישנה בתחילת הלילה מאמינין למחר על העדים לומר ראינוהו אם צריכין אנו לקדשו ביום שלשים להרחיק יום הכפורים משבת : **כל ספיקא לקמיה שדינן ·** אין אנו צריכין להקדים פסח או סוכות בי"ד ליום שלשים של אדר ושל אלול מחמת ספק שמא קדשו בית דין את החדש ביום עשרים ותשעה אבל צריכין אנו לעשות יום טוב שני ביום ט"ז מספק שמא עיברו ב"ד את האדר וקבעו ניסן ביום שלשים ואחד וכן באלול : **למימרא דחמיסר ושיתסר כו' ·** בניחותא כלומר אשמעינן רב נחמן הכי : **דלמא חסרו לאב ·** ונמצא יום עשרים ותשעה באלול שלנו שעיברת את אב היה יום שלשים שלהן וקבעו בו ראש השנה וכן לענין ניסן דלמא חסרו לשבט :

תרי

רש"א וס"א

תוספות

צריך שיהא לילה ויום מן החדש ט' · הא דמאמינין על העדים על החדש שלא נראה בזמנו לומר ראינו אע"פ שלא ראו הני מילי כשיום שלשים לילה ויום מן החדש :

חצות לילה איכא בינייהו · פי' בקונטרס שראה ביסודו של רבי סעדיה שהלבנה לעולם לפני חדושה בקרן מזרחית דרומית ולאחר חדושה בקרן מערבית דרומית וכשהיא במזרח נראית לבני מזרח ולא לבני מערב וכשהיא במערב נראית לבני מערב ולא לבני מזרח ולכך הלבנה הישנה לבני בבל שבמזרח אינה מתכסה אלא שש שעות ולבני ארץ ישראל הרחוקים מתכסה י"ח שעות והחדשה אינה מתכסה לבני ארץ ישראל שבמערב כי אם שש שעות ולבני בבל הרחוקים מתכסה י"ח שעות ולמאן דיליף מיום הכפורים היום הולך אחר תחלת הלילה ואם נראתה הישנה בתחלת הלילה שוב אין מקדשין החדש ביום ולמאן דיליף מפסח לא חיישינן אלא שלא תראה מחצות הלילה ואילך ולפי שיטת הקונטרס משמע דלא חיישינן כלל בבני בבל אלא בבני ארץ ישראל דאע"ג דחזו בני בבל הישנה בלילה מקדשין בני א"י את החדש למחרתו ביום ולא חיישינן ובני בבל מונין יום הכפורים וכל המועדות מאותו היום שראו בני א"י החדשה אע"פ שהם ראו הישנה בלילה וזהו תימה ממאי דקרא קפיד אבני א"י ולא קפיד אבני בבל ועוד משהלבנה מתחלת להתחסר לעולם לא תראה עוד בתחלת הלילה עד שתתחדש שכך סדרה בתחלת לידתה יוצאה מביום ונראית בתחלת הלילה מעט ושוקעת ובלילה שלאחריו שוהה מעט יותר לשקוע ומוספת בכל לילה עד שתתמלא ואז יוצאה בתחילת הלילה וזורחת כל הלילה עד היום ושוקעת לאור הבקר ואח"כ מתחלת להתחסר ומאז שוהה לצאת תחלת כל הלילה ומוספת בכל לילה לשהות מלצאת יותר ויותר עד סוף החדש וכל מה שהיא מחסרת מן הלילה היא משלמת מן היום בין בתחלת החדש בין בסופו ויותר היה נראה לפרש דמיירי הכא לענין המולד דצריך שיהא לילה ויום מן החדש שיהיה המולד מבערב של עשרים ותשעה בענין שיהא יום שלשים ולילו הכל מן המולד החדש אבל אין המנהג כן דלא פסלינן מולד זקן אלא כשנולד אחר שמונה עשר וי"מ דצריך לילה ויום מן החדש כלומר צריך שיהא סדר הקידוש לילה ויום ולא יום ולילה דאם היה המולד ביום קודם חצות וקדשוהו ב"ד נתקדשה לילה שלפניו ואם נולד אחר חצות ולא נראית ביום אין החדש מתקדש אלא למחר ואין יום זה שלפניו מתקדש עמו והיינו דאבוה דר' שמלאי ולפירוש זה לא ניחא הא דקאמר איכא בינייהו חצות לילה דליכא מאן דאמר שמתחשכה לא חייל יום טוב וראש חדש :

לוי

רבינו חננאל

ראיתי מחזי כשיקרא · אמר שמואל יכילנא לתקונה לכולה גולת כלומר יש בי כח לחשוב חשבון השנים ולתקן איזו שנה צריכה עיבור וכן בחדשים איזה חדש צריך להתעבר עד ביאת הגואל ויתישב הסנהדרין · א"ל אבא אבוה דר' שמלאי ידע מר הא דתני בסוד העיבור נולד קודם חצות או אחר חצות · פי' המסורות שהיא עכשיו בידינו שהנולד עד חצות וענין ד"ד וה"ח והצ"א ותרצ"ח ותקפ"ט שאלו הן עקרי החשבון לקבוע השנים ידע להו מר · ואם הדחיות שהן גטר"ד ובט"ו *) תקפ"ט · א"ל לא ידענא · א"ל ומדהא מר לא ידע איכא מילי אחרנייתא דתליין במסורתו ולא בחשבון בלבד ולא ידעינהו מר שמואל · פירוש שאם נולד קודם חצות מפני שלא יתכן להראות הלבנה לבני אדם בו ביום שלשים ויש מי שאומר אלו כולטונם נ"ם ר"ד שאם נדחות [בשני] הפשוטות ובה"י תקפ"ט לאחר העיבור כולו היה שמואל בקי בהן ודברים אחרים התלוין בחשבון שאמר לא ידענא והוא כגון זה שאמר מחשבין את תולדתו נולד קודם חצות בידוע שנראה סמוך לשקיעת החמה כו' וכיוצא בו דברים אחרים כמו זה · אמר לו אבא אבוה דר' שמלאי דאי לא תימא הכי מה בין חצות לאחר חצות · כי סליק ר' זירא בא"י שלח להו צריך שיהא לילה ויום מן החדש · כלומר אין קובעין ר"ח בו ביום של מולד אלא אם היה המולד שעה ראשונה מן הלילה שנמצא היום והלילה כולו מן הלבנה החדשה · אבל אם היה המולד אח"כ אין קובעין ר"ח אלא למחר · וזה שאמר מחשבין את תולדתו נולד קודם חצות בידוע שנראה סמוך לשקיעת החמה נולד אחר חצות אינו נראה בו ביום כו' · ובא רב אשי ודחה וא' מסורת וזה לאכחושי סהדי · פי' שאם נתברר מן החשבון שנולד אחר חצות ובאו עדים ואמרו שראינוהו בו ביום עדי שקר הן שאי אפשר כלל לראותו בו ביום ולאו לקובעו ר"ח בו ביום הוא דשלח להו דאמר ר' זירא אמר רב נחמן כ"ד שעי מכסי סיהרא לדידן שית(שית) מעתיקא וי"ח מחדתא · לדידהו שית מחדתא וי"ח מעתיקא · למאי נפקא מיניה · אמר רב אשי לאכחושי סהדי ב' · גם זה שאמר אבוה דר' שמלאי נולד קודם חצות וזה שאמר ר' זירא כ"ד שעי מיכסי סיהרא דבר זה לא נתברר אצלנו יפה לפיכך לא כתבנו בו פירוש **) · אמר מר צריך שיהא יום ולילה מן החדש כמו שאמרנו · כלומר היום שקובעין אותו ר"ח צריך להיות כ"ד שעה מן הלבנה החדשה · קרא מנא לן ר' יוחנן אמר מערב עד ערב · ר' שמעון בן לקיש אמר מהכא עד יום האחד ועשרים לחדש בערב · מאי בינייהו אמר אביי משמעות דורשין איכא בינייהו כלומר זה דורש מזה הפסוק וזה דורש מזה הפסוק ושניהן דבר אחד אמרו · זה אין צריך פירוש · רבא אמר חצות לילה איכא בינייהו · ר' יוחנן שאמר מערב עד ערב סבר אם נולדה הלבנה בתחלת שעה ראשונה של לילה קובעין בו ביום ר"ח דהוא איכא מערב עד ערב · ור' שמעון בן לקיש כתיב שבעת ימים מצות תאכלו וכתיב בערב תאכלו מצות עד יום האחד ועשרים לחדש בערב · וכתיב בפסח ואכלו את הבשר בלילה הזה · וכתיב ועברתי בארץ מצרים בלילה הזה · וקי"ל דהוא חצות לילה שנאמר ויהי בחצי הלילה · וגמר הלילה הזה של אכילת פסח מן הלילה הזה של עברת מצרים מה זה חצות לילה אף זה חצות לילה וכתיב בפסח על מצות ומרורים יאכלוהו ש"מ שאכילת מצה אפי' עד חצות יצא י"ח · והנה לא אכל המצה ביום הראשון אלא מקודם חצות כמעט ונחשב לו יום שלם שנאמר שבעת ימים מצות תאכלו · ש"מ שאם נולד הלבנה עד חצי הלילה יום שלם הוא ונמצא היום והלילה מן החדש ודאי אותו היום לקבעו ר"ח · והיינו פירושו חצות לילה איכא בינייהו ר' יוחנן בעי כ"ד שעות מן החדש · וריש לקיש אמר לך אפילו מחצי הלילה כשר : ירושלמי בסוף פרק אם אינן מכירין אותו משקיעת החמה אתה מונה ללבנה · א"ר סימון והיו לאותות ולמועדים ע"י זה וע"י זה כלומר זה יוצא וזה נכנס · א"ר יוחנן ויהי ערב ויהי בקר יום אחד · ר"ל

מסורת הש"ס

[בכורות כח:]

[בשאלתות ליתא]

[בשאלתות איתא לשבש וכן הגיה מהרש"ל ד"ה דלמא וכו' רש"י לקמן כא. ד"ה תרי]

הגהות הב"ח

(א) רש"י ד"ה נולד קודם כו' שהם במערב מתוך קוטנה אלא שש שעות אחר חדושה שהלבנה לעולם:

גליון הש"ס

גמ' לאכחושי סהדי · עיין לקמן כד ע"ב תד"ה ראינוהו:

*) נראה דצ"ל וכנ"ו תקפ"ט וכ"ה בטור או"ח סי' תכ"ח ע"ש או דצ"ל וכס"ו וכמו שכתב לקמן והיינו הך **) עיין בבעל המאור מ"ש על זה .

§ עניני הלכה שונים הקשורים להדף §

עשרים וארבעה שעי מכסי סיהרא וכו'

והנה גבורי מלחמה, היודעים בחכמת התכונה, הקולעים אל השערה ולא יחטיאו, זורקים אל המאמר הזה באבני קלע, אומרים דבר זה יכחיש חכמת התכונה, כי מה שאמר שאפשר שתראה הלבנה אחר שש שעות לחדושה ליושבי מערב, דבר זה אינו, כי התבאר בחכמת התכונה שאין הירח נראה אחר מולדו עד אחר יום שלם, או פחות מעט, או יותר מעט. ונמצא כי הירח מתכסה ב' ימים: יום לפני חדושו, ויום לאחר חדושו פחות מעט. **וכן** כתב הרמב"ם בפרק א' מהלכות קדוש החודש (ה"ג), יום שלם צריך קודם שתראה הלבנה בתחלת החודש, עד כאן. **וממילא** גם כן יום שלם אין הישנה נראית, כי משפט אחד לחדשה עם ישנה. **ומפני** זה רבים אשר התחכמו בחכמה זאת, האריכו דברים על המאמרים אלו להשוותם ולאחדם עם חכמת התכונה, ועם מה שמעיד עליו החוש, שאין הלבנה נראית ו' שעות אחר חדושה, וטרחו טורח רב מאוד מאוד. **ואין** להשיב על דברים שלהם אם האמת אתם אם לא, אך דבר זה ברור, כי לא זה הוא הדרך, כי דברי תורה בלבד, ודברי חכמתם בלבד, **ובודאי** אם היו חכמים ז"ל מאחרים הזמן, לומר שהירח נראה אחר ב' ימים לחדוש הירח, וחכמי התכונה, אשר חכמתם נבנה על חוש הראות, היו אומרים שהירח נראה בפחות, היה זה קושיא עצומה, **אבל** כאשר חכמים קרבו והם רחקו, על זה נאמר (ר' זבחים קג ב) לא שמעתי ולא ראיתי אינו ראיה.

וזה כי חכמת התכונה בנויה כאשר יראה האדם הירח, והוא נראה מוחש ומורגש לעין כל, שיש לה אור גמור, ודבר זה קראו חכמים (ר"ה כא ב) שנראה בעליל, פירוש מגולה לעין כל, וכל דבר חכמת התכונה הוא על ראיות הירח בעליל. **ואין** ספק שלא נתנו שיעור לירח, (ודי) כאשר נראה מן הירח שיעור שהוא כמו שעורה, ודבר זה לא היה ביכולתם ובחכמתם לדעת, כי חכמתם בנוי כאשר הירח נראה מוחש נראה לעין כל, **ואין** זה חכמת התורה, והוא סוד העיבור, שבנוי כאשר יראה לאותם הבקיאים לראות, ומעיד על הירח כאשר נראה ממנה כשעורה, ואם אמר אין יודעים, זהו מפני הטפשות, ולא יאמרו כל בעלי תכונה שהם שערו הירח כאשר נראה ממנו כשיעור שעורה, מכל מקום סוד העיבור בנוי על שעור הירח כשנראה ממנו כשיעור שעורה, וזה נקרא שלא נראה הירח בעליל, רק נראה למי שיוכל להכיר שהוא חכם בזה. **והסברא** והשכל מחייב זה, כי אם הירח נראה בפחות מיום שלם מעט אחר חדושה, וראיה זאת נגלה לעין כל, קטון וגדול, איך אפשר לומר שלפני זה הזמן לא יהיה נראה הכרה של מה, **ואם** היה שראיות הירח כאשר הוא נגלה לעין כל, מה זה שנתקשה משה בראיית הירח, שבאת הקבלה האמיתית שנתקשה משה מראיית הירח, עד שאמר לו הקדוש ברוך הוא 'כזה ראה וקדש' (רש"י שמות יב, ב), **אבל** דבר זה בודאי מן הקושי הגדול, להכיר ולדעת הירח, לכך אמר 'כזה ראה וקדש'. **ולפיכך** השעור אשר נתנו חכמים, כי אחר ו' שעות לחדושה אפשר שתראה הירח, היינו שאפשר בשום צד בעולם, למי שיש בו חכמה להכיר, כאשר יצטרף לזה שהאויר בתכלית הזכות מה שאפשר בעולם, והמדינה גם כן היא גבוה, ואינה יושבת בעמק, והיא קרובה בתכלית אל המערב. **כי** מה שאמר כאן 'לא קשיא, הא לן והא להו', אין הפירוש שיהיה ההפרש הזה שהוא י"ב שעות, ההפרש בין בני ארץ ישראל ובין בני בבל, **כי** דבר זה אי אפשר לומר, שאין הרוחק בין ארץ ישראל ובין בבל כי אם פחות מב' שעות, ואיך יהיה ההפרש הזה ביניהם י"ב שעות. **רק** מה שאמר 'הא לן הא להו', כי לבני מזרח מכסה י"ח מחדתא, ולבני מערב שית מחדתא, והיינו אותם שהם באחרית המערב מתכסה להם ו' שעות, **ואם** כן מה שאמרו 'שית מחדתא לבני מערב', היינו שאפשר ויכול להיות בשום צד בעולם הראיה, וכיון שאפשר בשום צד, אין להכחיש העדים, מצד שמעידים על דבר שאפשר, כי כך הוא משפט התורה, שאין להכחיש העדים רק אם אמרו כזב נמנע מצד עצם הראיה שאי אפשר שיהיה נראה, ואין נקרא ראש חודש רק אם הירח נראה בעולם באיזה צד שיהיה, **אבל** אם הירח נראה בעולם, אין מדקדקין אחר העדים עוד, שאין החודש תלוי בעדים, רק החודש תלוי בראוי לראות, רק שהמצוה הוא שיהיו מקדשים על פי עדים (סהמ"צ לרמב"ם מ"ע קנג), וכיון שידוע לבית דין שהירח נראה בעולם, והעידו עדים שראו את החודש, אין לנו עוד, **והמעיין** בהלכות בפרק קמא דר"ה, ימצא שכך הוא בודאי ובלי ספק – ספר באר הגולה באר השישי פרק ז.

§ מסכת ראש השנה דף כא.

אות א'

<u>**מכריז רבי יוחנן: כל היכא דמטו שלוחי ניסן ולא מטו שלוחי תשרי, ליעבדו תרי יומי, גזירה ניסן אטו תשרי**</u>

רמב"ם פ"ג מהל' קידוש החדש הי"ב - יש מקומות שהיו מגיעין אליהן שלוחי ניסן ולא היו מגיעין אליהן שלוחי תשרי, ומן הדין היה שיעשו פסח יום טוב אחד, שהרי הגיעו אליהן שלוחין וידעו באיזה יום נקבע ראש חדש, ויעשו יום טוב של חג הסוכות שני ימים, שהרי לא הגיעו אליהן השלוחין; וכדי שלא לחלוק במועדות, התקינו חכמים שכל מקום שאין שלוחי תשרי מגיעין שם, עושין שני ימים [א]אפילו יום טוב של עצרת.

אות א'* [ב]

<u>**רבא הוה רגיל דהוה יתיב בתעניתא תרי יומי**</u>

סימן תרכד ס"ה - ויש מחמירים לעשות שני ימים יו"כ - משום ספיקא דיומא, **ומ"מ** לא יתפללו רק תפלה של חול, ויניחו תפילין, **אך** פיוטים וסליחות יוכלו לומר כרצונם, וגם זה לא יאמרו בתוך התפלה, רק אחר י"ח, **גם** לא יקראו בתורה אפילו "ויחל".

כשחל יוה"כ יום ה', אסורים אחרים להכין להם צרכי שבת בשבילן בע"ש, שהוא יו"כ שלהן, **אך** יאכלו עם אחרים שלא הרבו בשבילן.

י"א, דמי שעשה כן פ"א שני ימים, אינו יכול לחזור, וצריך לעשות כן כל ימיו, דהוי כמו קיבל על עצמו בנדר.

ויש לזה התרה - היינו אם נתחרט ע"ז ואינו רוצה לעשות כן, רשאי להתיר לעצמו בפני ג' ע"י פתח וחרטה, **ואם** התנה בפירוש שאין עושה כן רק שנה זו, ואין מקבל על עצמו שיעשה כן בכל שנה, א"צ התרה.

ואין לנהוג בחומרא זו, משום דיש לחוש שיבא לידי סכנה (אור זרוע) - כי באמת מדינא אין לחוש, דאנן בקיאין בקביעא דירחא, ואין עושין רק משום מנהג שנהגו אבותינו, וביוה"כ לא נהגו אבותינו, [**כי** רוב הצבור אין יכולין להתענות ב' ימים, ולא תקנו בזה לעשות ב' ימים], א"כ למה ננהוג אנחנו.

מי שמתענה תענית חלום למחרת יו"כ, אין צריך להתענות כל ימיו (מנהגים).

אות ב'

<u>**שלח ליה רב הונא בר אבין לרבא: כד חזית דמשכה תקופת טבת עד שיתסר בניסן, עברה לההיא שתא ולא תחוש לה**</u>

רמב"ם פ"ד מהל' קידוש החדש ה"ב - על שלשה סימנין מעברין את השנה: על [ג]התקופה ועל [ד]האביב ועל פירות האילן; כיצד, בית דין מחשבין ויודעין אם תהיה תקופת ניסן בששה עשר בניסן או אחר זמן זה, מעברין אותה השנה, ויעשו אותו ניסן אדר שני, כדי שיהיה הפסח בזמן האביב; ועל סימן זה סומכין ומעברין [ה]ואין חוששין לסימן אחר.

אות ב'* [ו]

<u>**שמור את חדש האביב, שמור אביב של תקופה שיהא בחדש ניסן**</u>

רמב"ם פ"ד מהל' קידוש החדש ה"א - שנה מעוברת היא שנה שמוסיפין בה חדש, ואין מוסיפין לעולם אלא אדר, ועושין אותה שנה שני אדרין, אדר ראשון ואדר שני; ומפני מה מוסיפין [ז]חדש זה, מפני [ח]זמן האביב, כדי שיהא [ט]הפסח באותו זמן, שנאמר: שמור את חדש האביב, שיהיה חדש זה בזמן האביב, ולולא הוספת החדש הזה היה הפסח בא פעמים בימות החמה ופעמים בימות הגשמים.

באר הגולה

[א] ‹שבו אין ספק כלל, שהרי מפסח מונין נ' יום, מ"מ שלא תחלוק במועדות, תקנו בכולם ב' ימים, גזרה אטו שאר המועדות – שקל הקודש› [ב] ‹ע"פ הב"י והגר"א› [ג] ‹היינו שתקופת ניסן נתאחרה כדמפרש ואזיל – שקל הקודש› [ד] ‹היינו שהתבואה עדיין לא נגמרה – שקל הקודש› [ה] ‹עיין רש"י, ומשמע ליה לרבינו, דהאי דקאמר ולא תיחוש לה, הוא פירושו, מסימן אחר – אברהם יגל› [ו] ‹ע"פ מהדורת נהרדעא› [ז] ‹שאם יעברו חדש לפניו, שמא תתבשל התבואה במהרה ולא תצטרך השנה לעיבור, אבל אם יעשו חדש העיבור קרוב מזמן האביב, הם יודעים אם הגיע זמן בישול האביב אם לא, וזהו אדר שהוא הקרוב לחדש האביב – קרית ספר› [ח] ‹כונת רבינו תקופת האביב, דעיקר זמן האביב היינו התקופה, כמש"כ רבנו בסמוך ה"ב, דעל התקופה לבד מעברין, אבל על האביב לבד שעדיין לא נתבשלו הפירות אין מעברין – שקל הקודש. **ולפי"ז** אין דבריו של קרית ספר מובנים› [ט] ‹שמור את חדש האביב ועשית פסח, שיהא חדש זה דהיינו ניסן בזמן תקופת האביב – שקל הקדש. **ורש"י** כתב: והזהירך הכתוב לשומרו שיהא בחידוש, ואין לשון חידוש נופל אלא בלבנה, שהיא מתחדשת בתולדותיה, ואשמעינן קרא שיהא ניסן של חמה בתוך י"ד יום למולד הלבנה, שהוא עדיין מחידוש הלבנה›

קח א מיי' פ"ג מהל' קידוש החדש הל' יב: קט ב מיי' שם פ"ד הלכה ב:

[עי' תוס' שבת יב: ד"ה רבי נתן]

תרי ירחי חסירי קלא אית להו לוי אקלע לבבל בחדסר בתשרי אמר *בסים תבשילא דבבלאי ביומא רבה דמערבא אמרי ליה אסהיד אמר להו לא שמעתי מפי ב"ד מקודש *מכריז ר' יוחנן כל היכא דמטו שלוחי ניסן ולא מטו שלוחי תשרי ליעבדו תרי יומי גזירה ניסן אטו תשרי רבי איבו בר נגרי ור' חייא בר אבא איקלעו לההוא אתרא דהוה מטו שלוחי ניסן ולא מטו שלוחי תשרי ועבדי חד יומא ולא אמרו להו ולא מידי שמע רבי יוחנן ואיקפד אמר להו לאו אמרי לכו היכא דמטו שלוחי ניסן ולא מטו שלוחי תשרי ליעבדו תרי יומי גזירה ניסן אטו תשרי רבא הוה רגיל דהוה יתיב בתעניתא תרי יומי זימנא חדא אשתכח כוותיה ר"נ יתיב בתעניתא כוליה יומי דכיפורי לאורתא אתא ההוא גברא א"ל למחר יומא רבה במערבא א"ל מהיכא את א"ל מדמהריא א"ל דם תהא אחריתו קרי עליה °קלים היו רודפינו (איכה ד) °שלח ליה רב הונא בר אבין לרבא כד חזית דמשכה תקופת טבת עד שיתסר בניסן עברה לההיא שתא ולא תחוש לה דכתיב °שמור את חדש האביב (דברים טז) אביב של תקופה שיהא בחדש ניסן אמר להו רב נחמן להנהו נחותי ימא אתון דלא ידעיתו בקביעא דירחא כי חזיתו סיהרא דמשלים ליומא בעירו חמירא אימת משלים בחמיסר והא אנן מארביסר מבערינן לדידהו דמגלו להו עלמא מארביסר משלים:

מתני'

סנהדרין יג:

רש"י

תרי ירחי חסירי קלא אית להו · דעבדי חיסרו ממה כפשך בסדר הלבנה באחד מלא ואחד חסר ואם איתא דחסרוהו לשבטו כבר יצא הקול לפני הפסח ובא אללנו אף למקום שאין שלוחי ב"ד של ניסן מגיעין וכן בתשרי אם חסרו תמוז ואב שהרי תמוז תמיד חסר: **בסים תבשילא דבבלאי** · אכלו לחם למתענים ביוה"כ שבא"י שהרי ב"ד עיברו את החדש א) והיו מתענים: **אסהיד** · וקבל עליו ולא נאכל: **לא שמעתי מפי ב"ד מקודש** · לא העיד לכם דאמרי' לקמן בפרקין (ע"ב) על כולן שלוחים יוצאים מבערב כגון אם לא קדשוהו ביום ל' יוצאין השלוחים לערב לומר מעובר הוא אבל על ניסן ותשרי אע"פ שיודעין שיקדשוהו למחר ביום ל"א שהרי אין ר"ה נדחה לשלשים ושנים אפ"ה אין יוצאין עד שישמעו מפי ב"ד מקודש ואני לא שמעתי מפי ב"ד שלא הייתי במקום שישבו סנהדרין שם: **דמטו שלוחי ניסן** · שב"ד שולחין לגולה להודיע יום שקדשוהו וכל מה שהם יכולין לילך הם הולכין עד הפסח וכן בתשרי עד סוכות חוץ משבתות וימים טובים שלא ניתנו לחלל לשלוחין כדתניא בפרקין (לקמן ע"ב) על קריאתם אתה מחלל ואי אתה מחלל על קיומם לפיכך שלוחי ניסן מגיעין למקום שאין שלוחי תשרי מגיעין שהרי אין ימים טובים בינתים לעכבם ובתשרי יש ר"ה ויוה"כ שאין השלוחין הולכין בו: **ליעבדו תרי יומי** · ספק ואע"פ שהגידו להם השלוחים יום קביעתו: **גזירה ניסן אטו תשרי** · שאם תנהיגם לעשות בניסן יום אחד ינהגו כן בתשרי שלא ע"פ שלוחים ופעמים שיטעו: **רבי איבו ורבי חייא בר אבא** · תלמידי דר' יוחנן היו ושמעו מפיו לכך הקפיד כנגדם: **עבדו יומא חדא** · בני המקום: **יתיב בתעניתא תרי יומי** · עם לילותיהם שמא עיברו ב"ד את החדש ויום אחד עשר שלנו הוא עשירי שלהן: **דם תהא אחריתו** · הריני מת על ידך שתזקיקני להתענות ב' ימים וב' לילות דם תהא אחריתו נוטריקון של דמהריא: **כי חזית דמשכה תקופת טבת עד שיתסר בניסן** · שאין תקופת ניסן נופלת עד יום ט"ז וקיימא לן דיום התקופה מתחיל כר' יוסי דאמר הכי בפ"ק דסנהדרין (ד' יג:) כמלאת תקופת טבת מושכת עד שיתסר בניסן ולא עד בכלל: **עברה לההיא שתא** · כאחרים דאית להו הא סברא בפ"ק דסנהדרין (שם:): **ולא תחוש לה** · למימר יחידאה היא ולא נעביד כוותייהו אלא ודאי כאחרים נעביד דמסייע להו קרא דכתיב (א) את חדש האביב שיהא בחידוש ואביב הוא יום תקופת ניסן שניסן של חמה נכנס בו שניסן קרוי אביב על שם בישול התבואה ובישול התבואה אינו אלא לחשבונה של חמה שהקיץ והחורף אחר חשבון החמה הם והזהירך הכתוב לשומרו שיהא בחידוש ואין לשון חידוש נופל אלא בלבנה שהיא מתחדשת בתולדותיה והשמיענו קרא שיהא ניסן של חמה בתוך י"ד יום למולד הלבנה שהוא עדיין מחידוש הלבנה דמיום י"ד ואילך ישנה היא ואילו היה תקופת ניסן ביום ט"ו לא הייתי צריכין לעבר את השנה אלא נעבר אדר ונדחה את ניסן יום אחד ותפול התקופה ביום י"ד אבל כשהיא באה ביום ט"ז בניסן לא די לן בעיבורו של אדר וצריכה השנה להתעבר ותפול התקופה באדר שני נמצא ניסן של חמה מושך בתוך חדש ניסן הלבנה הכי מפרשינן לה בסנהדרין (שם) אליבא דאחרים דכי מטיא בט"ו מעברין את אדר וכי מטיא לט"ז מעברין את השנה: **שמור אביב של תקופה** · דהיינו ניסן של חמה שיהא בחידוש ניסן הלבנה: **סיהרא דמשלים ליומא** · שהירח משלים מאורו עם הנץ החמה שאינו מחשיך עד שעת זריחה:

מתני'

תוספות

לוי אקלע לבבל בחדסר בתשרי · אחד עשר היה לבני בבל ועשירי לבני ארץ ישראל דעברוה לאלול ומתוך התחום לא דהא יוה"כ הוה א"י ביוה"כ של בני בבל לא סמוך לחשכה והוא היה ערב יוה"כ לבני א"י ואמרו לו אסהיד לן כלומר ולאסור לאכול גם עתה דיוה"כ הוא אמר להם לא שמעתי מפי ב"ד מקודש שילא ביום ל' של אלול סמוך לחשכה שלא היה שהות ביום לבא ולקבל עדותן וידע שלא יקדשוהו עד למחר ביום ל"א אבל לא המתין עד למחר שישמע שיקדשוהו ואין מעידין עד שישמע מב"ד מקודש כדלקמן (ע"ב) אע"פ שידוע שלמחר יקדשוהו וא"ת והיאך יניחם לאכול ויש כאן ודאי איסור כרת דלאורייתא וי"ל דהתנן לקמן בפרק שני (דף כה. ושם) אשר תקראו אתם מקראי קדש בין בזמנן בין שלא בזמנן ואמרינן בגמ' אתם אפי' שוגגים אתם אפי' מזידים ואפי' מוטעין והא דאמרינן בפרק גיד הנשה (חולין דף קא: ושם) גבי שגג ביוה"כ פטור דגזירה הוא ויוה"כ דההיא שתא שבתא הוה ולא אמרינן אתם אפילו מזידין התם הוקבע להם החדש בזמנו ומפני הגזירה לא עשו יוה"כ בעשירי ועשאוהו ביום השבת שלא ישתכח ואין יוה"כ אלא בעשרה בתשרי אבל הכא להם היה עשירי ולא דמי נמי להאי דפ"ק דסנהדרין (דף יב: ושם) שבקש חזקיה רחמים על עצמו דכתיב כי אכלו הפסח בלא ככתוב וגו' ומפרש שעיברו השנה ביום ל' של אדר ואסור אותו ולאחר שקבעו ניסן ולא אמרינן אתם אפי' שוגגים כו' משום דלא שייך אלא כגון יום ל' או יום ל"א כשקובעין באחד מהן ר"ח לחסרו או לעברו שלא כדין או על פי עדות שקר:

כי חזית דמשכה תקופת טבת עד שיתסר בניסן · שתקופת ניסן נופלת ביום ט"ז וקיימא לן (סנהדרין דף יג:) יום תקופה מתחיל כמלאת תקופת טבת מושכת עד שיתסר ולא שיתסר בכלל עברה להיא שתא משום דכתיב שמור את חדש האביב אביב של תקופה שיהא בחדש ניסן ומיום י"ד ואילך ישנה היא ואילו היתה תקופת ניסן נופלת ביום ט"ו לא הייתי צריכין לעבר השנה אלא נעבר אדר ונדחה ניסן יום אחד ותפול התקופה בי"ד כך פי' בקונטרס (והתם בסנהדרין (דף יג:) בתקופת תשרי איירי דפליגי התם אי בעינן כולה אסיף בתקופה חדשה או מקצתו) ושמעתין דהכא אתיא כאחרים דאמרינן התם אחרים בתקופת ניסן (הוו) קיימי ומייתי דרשה דהכא וקשיא לפירוש הקונט' דבפ' היו בודקין (שם דף מא:) משמע דיום ט"ו של חדש הוי מן החדש דקאמר עד מתי מברכין על החדש נהרדעי אמרי עד י"ו לכך צריך לפרש דהכא קאמר עד דמשכה שיתסר אפילו ע"י עיבור אדר א"נ דמשכה עד שיתסר ושיתסר בכלל הייט כגון דנפלה תקופת ניסן בשבסר דכי מעברת נמי לאדר הרי היא נופלת בשיתסר ואין כאן אביב כלל בחדש ניסן ואין להקשות דלעבריה לאדר ולשבט*) דהתנן בפרק אין נערכין (ערכין ד' ח: ושם) אין פוחתין מד' חדשים מעוברין בשנה ולא יותר מח' ומפרש בגמ' (שם דף ט.) דלא נראה לעבר יתר על שמונה ומוקי לה בשנה מעוברת אבל בפשוטה יותר על שבעה:

עברה להיא שתא ולא תחוש לה · תימה דתניא בפ"ק דסנהדרין (דף יא: ושם) על ג' סימנין מעברין השנה על האביב ועל פירות האילן ועל התקופה על שנים מהן מעברין על אחד אין מעברין ורשב"ג דאמר התם על התקופה איבעי לן על התקופה שמחין או דילמא מעברין וקיימא בתיקו וי"ל דהתם בתקופת תשרי איירי אבל הכא בתקופת ניסן דעליה לבדה מעברין וצריך טעם כיון דמקרא קא דרשי הכא והכא מאי שנא:

*) אולי צ"ל ולטבת

על

כת"י אינו

הגהות הב"ח

(א) רש"י ד"ה ולא תחוש כו' דמסייע להו קרא דכתיב שמור את חדש:

הגהות מהר"י לנדא

א) רש"י ד"ה בסים כו' שהרי ב"ד עיברו את החדש אלול כצ"ל:

רבינו חננאל

ר"ל אמר החדש הזה שיהא כולו מן החדש ונמר הזה הזה א) היכי תקשי לן דר"ל אדר"ל כל ספיקא לקמית (כי) שדינן פשוטה היא · לוי אקלע לבבל בי"א בתשרי · פי' בא ברונית או בביצית בי"א בתשרי בבבל וא' בסים תבשילא דבבלאי כלומר תבשילם נודף · והוא היום יום כפור · כלומר כי עברו אלול שנמצא י"א בבבל עשירי לירושלים · ועל זה הענין נעשה סוכות · אמרו לו תעיד ונשלים הצום היום · אמר להם לא שמעתי מב"ד מקודש · כלומר שמעתי להם כי רצונם לעבר אלול ולוי דאקלע בבבל בי' במרחשון ואמר להו היידנא יומא

רבא במערבא · פי' שנה מעוברת היתה שנמצאת עשרה במרחשון כי הן עשרה בתשרי · והיום יום כפור · ואמרי ליה ג) העידו שעיברו השנה הזאת ואמר לא שמענו מב"ד מקודש · ואמרינן שמא לא עיברו שלוחי ניסן מהלכין לא פחות מי"ב יום · ושלוחי תשרי פעמים שאין מהלכין אלא עשרה ימים מפני כי שובתין בר"ח וביוה"כ ובשבת נמצאו אלו שלוחי ניסן מגיעין למקומות רחוקים מה שאין שלוחי תשרי מגיעין בהן · רבה הוה רגיל יתיב בתעניתא תרי יומי זימנא חדא אשתכח כוותי' כי עיברו ליה לאלול והיה יום כפור בי"א בתשרי דהות מחמר אנפשיה ונקיט תרי יומי ומלתא יתירתא עבד ולא הובה הוא עליו שלא היה לו לחוש · ואם חשש מדה יתירתא עשה ולא שיבח בה · רב נחמן יתיב תעניתא ביומא דכפורי לאורתא אתא ההוא גברא א"ל למחר צומא רבא במערבא כו' · פשוטה היא · שלח ליה רב הונא בר אבין לרבא כי מצית דמשכה תקופת טבת עד ט"ז בניסן עברה להאי שתא ולא תחוש לה · דכתיב שמור את חדש האביב וגו' שמור חדשו של אביב · שתהא נופלת בו · כלומר לא יהא אביב קרב אלא בתקופת תשרי זה הדבר היה נוהג בזמן שבית המקדש קיים · וזה אחד מן הדברים המסורים בידי ב"ד בזמן שהיה האביב קרב' אבל עכשיו שאין אביב לא חיישינן להא דשלח רב הונא · ואע"ג דלית לן ספק בזמן הזה

א) נ"ל דצ"ל כי היכי דלא תקשה לן מדר"ל אדר"ל . וכוונת רבינו בזה דלדרשה שאמר בירושלמי אליבא דר"ל ודרשה דילן אליבא הכל אחד וסיים דגמר סוס הזה מפסח ודו"ק · ג) בפירוש על ר"ה המיוחס להרמב"ם ז"ל איתא דאמרו ליה דלהספיד דהיום י' בתשרי ע"ש .

קי א ב מיי' פ"ג מהל' קידוש החדש הל' ב:
קיא ג מיי' שם הל' ...:
קיב ד מיי' שם הלכה ח:
קיג ה מיי' שם הל' ד:

מתני' *על שני חדשים מחללין את השבת על ניסן ועל תשרי שבהן שלוחין יוצאין לסוריא ובהן מתקנין את המועדות *וכשהיה בית המקדש קיים מחללין אף על כולן מפני תקנת הקרבן: גמ' על ב' חדשים ותו לא *ורמינהו על ו' חדשים השלוחין יוצאין אמר אביי ה"ק על כולן שלוחין יוצאין מבערב על ניסן ועל תשרי עד שישמעו מפי ב"ד מקודש תניא נמי הכי על כולן יוצאין מבערב על ניסן ועל תשרי עד שישמעו מפי ב"ד מקודש ת"ר מנין שמחללין עליהן את השבת ת"ל °אלה מועדי ה' אשר תקראו אותם במועדם (ויקרא כג) יכול כשם שמחללין עד שיתקדשו כך מחללין עד שיתקיימו ת"ל אשר תקראו אותם על קריאתם אתה מחלל ואי אתה מחלל על קיומן: וכשהיה בהמ"ק קיים מחללין אף על כולן מפני תקנת הקרבן: ת"ר בראשונה היו מחללין אף על כולן משחרב בית המקדש אמר להן רבן יוחנן בן זכאי וכי יש קרבן התקינו שלא יהו מחללין אלא על ניסן ועל תשרי בלבד: מתני' *בין שנראה בעליל בין שלא נראה בעליל מחללין עליו את השבת רבי יוסי אומר אם נראה בעליל אין מחללין עליו את השבת מעשה שעברו יותר מארבעים זוג ועיכבם ר"ע בלוד שלח לו ר"ג אם מעכב אתה את הרבים *נמצאת מכשילן לעתיד לבא: גמ' מאי משמע דהאי עליל לישנא דמיגלי הוא א"ר אבהו אמר קרא °אמרות ה' אמרות טהורות כסף צרוף בעליל לארץ מזוקק שבעתים (תהלים יב) *רב ושמואל חד אמר נ' שערי בינה נבראו בעולם וכולן ניתנו למשה *חסר אחד שנאמר °ותחסרהו מעט מאלהים (שם ח) °בקש קהלת למצוא דברי חפץ (קהלת יב) בקש קהלת להיות כמשה יצתה בת קול ואמרה לו וכתוב יושר דברי אמת °ולא קם נביא עוד בישראל כמשה (דברים לד) וחד אמר בנביאים לא קם במלכים קם אלא מה אני מקיים בקש קהלת למצוא דברי חפץ בקש קהלת לדון דינין שבלב שלא בעדים ושלא בהתראה יצתה ב"ק ואמרה לו וכתוב יושר דברי אמת °על פי שנים עדים וגו': (שם יט)

מעשה

רש"י

מתני' על שני חדשים מחללין את השבת · עדים שראו את החדש: שבהם שלוחים · ב"ד שולחין לסוריא להודיע לגולה יום קביעותם הלכך חשיבי ומן התורה מחללין על כולן אבל רבנן אסרו לפי שאין תיקון המועדות תלוי בהם ולא איכפת למלאן ולחסרן ע"פ עדים אך שני חדשים אלו העמידום על דין תורה שכל המועדות תלויין בהן: תקנת קרבן · של ר"ח שיקריב בזמנו: גמ' ותו לא · כפקי שלוחים (יוצאים) אלא אהני דקתני שבהן שלוחים יוצאים לסוריא: שלוחין יוצאין מבערב · כגון נראה בעליל ביום כ"ט או בליל שלשים דודאי יקדשוהו ב"ד מחר א"נ בחדש מעובר דפשיטא לן שביום ל"א יתקדש (א) משלא נתקדש בזמנו שלוחין יוצאין מב"ד ואין ממתינין עד למחר שישמעו מקודש מפי ב"ד כדאמרינן לקמן (דף כד.) ראש ב"ד אומר מקודש ויעידו לגולה: על ניסן ועל תשרי · אין שלוחין יוצאין עד שישמעו מפי ב"ד מקודש הלכך בשאר חדשים אין חילול שבת של עדים ממהרת יציאת השלוחין שאין השלוחין מחללין שבת לצאת היום וכשלא יבאו העדים היום יתעבר החדש והכל יודעין שהם קדשוהו למחר והשלוחים יצאו משתחשך לומר שעיברו את *אלול אבל בניסן ותשרי אם לא יבאו העדים היום ויתעבר החדש לא יצאו השלוחים עד מחר שאין ב"ד מקדשין בלילה נמצאו ממעטין את הלוכן מהלך לילה ויותר כילד אם יבאו העדים ויעידו ויקדשוהו בשבת ויהא פסח בשבת יש זמן לשלוחים מהלך י"ב יום שלימים שהרי למ"ש יצאו וילכו כל ימי החול של ב' שבועות הללו שלימים ואם לא באו העדים היום לא יצאו השלוחים עד מחר ועל כרחם שבת של ערב הפסח ישבותו נמצא שלא הלכו י"ב ימים שלימים וא"ת היאך הוא תולה טעם חילול העדים ביציאת השלוחים הרי השלוחים עצמן לא ניתן להם לחלל טעם החילול כדי שיתקדש החדש בזמנו הוא כדקתני ובהן מתקנין את המועדות דרחמנא אמר אשר תקראו אותם במועדם (ויקרא כג) אפי' בשבת ויציאת השלוחים דקתני אינו אלא לייפות וליישב את טעם החילול אף בשביל זאת דיש דברים שאין הטעם תלוי בהם והם נעשים סעד לדבר ליישבו ולייפותו כאותה ששנינו בסנהדרין (דף יא:) אין מעברין את השנה מפני הגדיים והטלאים אבל עושין אותן סעד לשנה כילד מהודעין אנחנא לכון דגוזלייא רכיכין ואמריא דערקין כו': אשר תקראו אותם במועדם · הזהירם שלא יעבור המועד של זמן קריאתן מקרא קודש היינו קדוש ב"ד: יכול כשם שמחללין · העדים כדי שיתקדשו בזמנן: כך מחללין · השלוחים עד שיתקיימו המועדות בזמנן: מתני' נראה בעליל אין מחללין · לפי שאין צורך: ארבעים זוג · שני עדים זוג אחר זוג: גמ' בעליל לארץ · גלוי לכל: חמשים שערי בינה כו' · סיפיה דהאי קרא דרשי רב ושמואל מזוקק שבעתים שבע שביעיות והם חמשים חסר אחת שנמסרו למשה למדנו שחמשים נבראו שהרי מעט נחסר מאלהים: דכתיב ותחסרהו מעט מאלהים וגו' · במזמור מה אנוש כי תזכרנו:

מעשה

תוספות

על שני חדשים מחללין את השבת · פי' בקונטרס ומן התורה מחללין על כולן אבל רבנן אסרו לפי שאין תיקון המועדות תלוי בהן לא איכפת לן אי למלאן אי לחסרן ע"פ עדים וקשיא דבגמ' תניא מנין שמחללין את השבת ת"ל אלה מועדי ה' והאי קרא בניסן ותשרי כתיב וי"ל דמ"מ כל ר"ח איתרבי מדאיקרי מועד כדאיתא בפ' כילד צולין (פסחים דף עז.) גבי דחיית שבת וטומאה שעירי ראש חדש איצטריכא ליה סלקא דעתך אמינא הא לא כתיב בהו מועד קמ"ל דר"ח נמי מועד איקרי וכדאביי:

על ניסן ותשרי עד שישמעו מפי ב"ד מקודש · והשתא מתניתין דקתני שבהן שלוחין יוצאין היינו לאחר שישמעו מפי ב"ד מקודש ונתינת טעם הוא דלכך מחללין עליה השבת עדים שראו את החדש ופירש בקונטרס דבשאר חדשים אין חילול שבת של עדים ממהרת יציאת שלוחין שאין מחללין השלוחין לצאת בשבת היום וכשלא יבואו עדים היום יתעבר החדש והכל יודעים (*שיום) קדשו למחר והשלוחים יוצאים משתחשך לומר שעברו את החדש אבל בניסן ותשרי אם לא יבאו עדים ויתעבר החדש לא יצאו השלוחים עד מחר שאין ב"ד מקדשין בלילה נמצאו ממעטים הלוכן מהלך לילה ויותר ודבר תימה פירושו שתלה טעם חילול העדים ביציאת השלוחים הא כי מקלע יום שלשים דאלול בשבת וראו עדים את החדש על כרחן צריכין לחלל ולבא בשבת דאי מאחרים עד אחד בשבת היה מקלע יום ערבה בשבת ודחינן ליה משום ערבה כדאמרי' בפ' (החליל כד) [לולב וערבה] (סוכה מג.) ומיהו אכיון ודאי צריך טעם ובמתניתין פי' הקונטרס שבהן שלוחין יוצאים הלכך חשיבי כלומר לפי ששלוחים יוצאים בהן משום תקנת מועדות ראוי לעדים לחלל עליהם שבת כדי שיקבעו מועדות בזמנן וכאן נמי פי' הקונטרס עדיין טעם החילול שיתקדש החדש בזמנו כדקתני ובהן מתקנין את המועדות דרחמנא אמר אשר תקראו אותם אפי' בשבת ויציאת שלוחין דקתני אינו אלא לייפות וליישב טעם החילול בשביל זאת שיש דברים שאין הטעם תלוי בהן והן נעשין סעד לדבר לייפותו ולייפותו כאותה ששנינו בפ"ק דסנהדרין (ד' יא.) אין מעברין השנה מפני הגדיים והטלאים אבל עושין אותן סעד לשנה כילד מהודעין אנחנא לכון דגוזלייא רכיכין ואם תאמר ומה טעם דמתניתין לניסן ותשרי עד שישמעו מפי בית דין מקודש בשלמא היכא דנראה בעליל ביום כ"ט או בליל ל' אע"ג דודאי יקדשוהו ב"ד למחר אין יוצאין עליו לאלתר חיישינן דלמא מימלכי ב"ד ומעברי ליה ואתי לקלקולי מועדות אלא היכא דלא קדשוהו ביום ל' ליפקו ביום ל"א שא"א לדחותו יותר מיום ל"א ויש לומר דגזרו האי [אטו האי] משום דבשאר חדשים יוצאים אזה וזה מבערב:

ופסלו

רבינו חננאל

תו"א עבדינן כי הא דמיפרשא בתחלת י"ט דלא נקטינן האידנא תרי יומי אלא משום אל תשנו מנהג אבותיכם: מתני' על ב' חדשים מחללין את השבת על ניסן כו' · סוד העיבור שהיה מסור לב"ד להקריב מוסף ר"ח על הראייה וכיון שמוסף ר"ח קרב אפי' בשבת לפיכך התורה שבת גבי עדי החדש לבוא מחוץ לתחום ולהעיד כדי להקריב מוסף החדש בזמנו בכל חדשי שנה · וזה בזמן שהיה בהמ"ק קיים אבל עתה אין מחללין אלא על ניסן ועל תשרי בלבד שצריכין לקרוא המועדים שכתוב בהן במועדם · וכ"מ שכתוב בתורה במועדו בין בחול בין בשבת הוא · וכתיב אשר תקראו אותם במועדם · פי' ולמה באלו ב' החדשים מחללין עליהן עדי החדש את השבת מפני שאע"פ שאין בהן בזמן הזה קרבן יש בהן קריאת המועדים · שנאמר אלה מועדי ה' מקראי קדש אשר תקראו אותם במועדם · וכל מקום שכתוב בתורה במועדו כגון הפסח והתמיד שכתב בהן במועדו ומחללין עליהן השבת · קריאת המועדים כיון שכתוב בהן במועדם מחללין עליהן השבת · בא וראה בקריאתם שכתוב במועדם מחללין אבל בקיומן שאין כתוב בהן במועדם אין מחללין · וכך פירשו חכמים בקריאתם אתה מחלל ואי אתה מחלל על קיומן · וכן אין שלוחין יוצאין אלא באלו ב' חדשים בלבד על ניסן ועל תשרי מפני שמחללין השבת עליהן · העדים שראו הלבנה לילי שבת שבאין בשבת להעיד והתנן על ו' חדשים שלוחין יוצאין ופריק אביי על אלו ו' חדשים השלוחין יוצאין מבעו ב על ניסן ועל תשרי (מפני שמחללין) עד שישמעו מפי ב"ד מקודש · תניא נמי הכי כו' · ת"ר מניין שמחללין עליהן השבת ת"ל אלה מועדי ה' מקראי קדש אשר וגו' פי' כיון שפירש הכתוב בקריאת המועדים הללו במועדם מחללין עליהן את השבת · כשם שמחללין את השבת על התמיד ועל שחיטת הפסח דכתיב בהן במועדו כן דרשינן על המועדים דכל היכא דכתיב ביה במועדו דרשינן ביה במועדו ואפי' בשבת' וקריאת המועדים א) בכל עת הוא בשני החדשים הללו בהקרבת הקרבן בכל ולא משום שראיית החדש עיקר אלא אפי' בזמן שידוע לב"ד כגון בזמן הזה התורה התירה להן הלא תראה ב) שהיו אחר חורבן הבית על כל החדשים אמר להן ריב"ז וכי יש עכשיו קרבן התקינו שלא יהו מחללין אלא על ניסן ותשרי בלבד · פי' בעליל בפרהסיא כדכתיב בעליל לארץ כלומר מפורסם לעם הארץ כתיב אמרות ה' אמרות וגו' · פי' כמו כסף צרוף מזוקק שבעתים · כל מה שתצרפנו מוסיף זיקוק פי' שבעתים שבע פעמים שבעה הרי מ"ט וניתנו לו למשה אמרות ה' מזוקקין מ"ט שערי בינה וכיון דכתיב ותחסרהו מעט מאלהים אין מעט פחות משער אחד לפיכך אמרו נ' שערי בינה נבראו בעולם למלאכי האלהים וכולן ניתנו לו למשה חוץ מאחד מהן ופשוטות היא · בקש קהלת למצוא דברי חפץ · בקש להיות כמשה · שנאמר ה' חפץ למען צדקו וגו' נמצאת גדולת התורה אינו אלא במשה · בקש זה להיות כמותו יצתה ב"ק וא"ל כתוב יושר דברי אמת · כלומר כתיב בספר הישר ולא קם נביא עוד בישראל כמשה לא בנביא ולא במלכים · ומ"ד במלכים קם · בקש קהלת למצא [דברי חפץ] בקש לדון דינין שבלב · בלא עדים ובלא התראה · יצתה ב"ק כו':

[ידיעת ה' על אמיתתו כדכתיב ותחסרהו מעט מאלהים · כ"כ הר"ן]

הגהות הב"ח

(א) רש"י ד"ה שלוחין יוצאין כו' שביום ל"א יתקדש כשלא נתקדש בזמנו כו' ויעידו לגולה על ניסן כו' ס"א הוא דבור אחד:

מסורת הש"ס

לעיל יח: · לעיל כ: · לעיל יח. · ס"א החדש מנחות סה: שבת קלג: · [לקמן לא:] · [נדרים לח. ע"ש] · [צ"ל שיום]

א) אולי צ"ל וקריאת המועדים בשני החדשים הללו הוא כהקרבת הקרבן בכל עת ולא משום וכו'. ב) שאפילו אחר חורבן וכו' או דצ"ל הלא תראה דגם בזמן הב"ד שהיו אחר חורבן הבית וכו'.

§ מסכת ראש השנה דף כא: §

אות א' - ב'

על שני חדשים מחללין את השבת, על ניסן ועל תשרי וכשהיה בית המקדש קיים, מחללין אף על כולן מפני תקנת הקרבן

רמב"ם פ"ג מהל' קידוש החדש ה"ב - עדים שראו את החדש, הרי אלו הולכין לבית דין להעיד, ואפילו היה שבת, שנאמר: אשר תקראו אותם במועדם, וכל מקום שנאמר "מועד" דוחה את השבת; [א]לפיכך אין מחללין אלא על ראש חדש ניסן ועל ראש חדש תשרי בלבד, מפני תקנת המועדות; ובזמן שבית המקדש קיים, מחללין על כולן מפני קרבן מוסף שבכל ראש חדש, [ב]שהוא דוחה את השבת.

אות ג'

על כולן השלוחין יוצאין מבערב, על ניסן ועל תשרי עד שישמעו מפי בית דין מקודש

רמב"ם פ"ג מהל' קידוש החדש ה"י - שלוחי ניסן ושלוחי תשרי אין יוצאין אלא ביום ראש חדש אחר שתעלה השמש, עד שישמעו מפי בית דין מקודש; ואם קדשו בית דין בסוף יום תשעה ועשרים, [ג]כמו שאמרנו, ושמעו מפי בית דין מקודש, יוצאין מבערב; ושלוחי שאר הששה חדשים יש להם לצאת מבערב אחר שנראה הירח, אף על פי שעדיין לא קדשו בית דין את החדש, הואיל ונראה החדש יצאו, שהרי למחר בודאי מקדשין אותו בית דין.

אות ד'

יכול כשם שמחללין עד שיתקדשו, כך מחללין עד שיתקיימו, תלמוד לומר: אשר תקראו אותם, על קריאתם אתה מחלל, ואי אתה מחלל על קיומם

רמב"ם פ"ג מהל' קידוש החדש ה"ח - בראשונה כשהיו בית דין מקדשין את החדש, היו משיאין משואות בראשי ההרים כדי שידעו הרחוקים; משקלקלו הכותים, שהיו משיאין משואות כדי להטעות את העם, התקינו שיהו שלוחים יוצאין ומודיעין לרבים; ושלוחים אלו אינן מחללין את יום טוב ואין צריך לומר שבת, שאין מחללין את השבת לקיימו אלא לקדשו בלבד.

אות ה'

בין שנראה בעליל בין שלא נראה בעליל, מחללין עליו את השבת

רמב"ם פ"ג מהל' קידוש החדש ה"ד - ואפילו ראוהו גדול ונראה לכל, לא יאמרו: כשם שראינוהו אנחנו ראוהו אחרים ואין אנו צריכין לחלל את השבת, אלא כל מי שיראה החדש ויהיה ראוי להעיד, ויהיה בינו ובין המקום שקבוע בו בית דין לילה ויום או פחות, מצוה עליו לחלל את השבת ולילך ולהעיד.

באר הגולה

[א] ‹קשה מאי "לפיכך" הוא זה, הא מן התורה על כולן מחללין, משום דכלהו ראשי חדשים איקרו מועד, כדכתבו רש"י והתוס' ז"ל בספ"ק, אלא דרבנן אסרו לפי שאין תיקון המועדות תלוי בהם, אלא דוקא ניסן ותשרי שתלוי בהם תקון המועדות, **ומוכרחים** אנו לומר כן, דאי לאו אלא ניסן ותשרי דכתיב בהו קרא דאלה מועדי ה', א"כ כשביהמ"ק קיים אמאי מחללין שבת ועקרו רבנן דבר תורה, **וא"כ** תימה על רבינו ז"ל שכתב: לפיכך אין מחללין אלא על אלו, אדרבה מפני טעם זה היה ראוי לחלל על הכל. (**עיין** בהערה הסמוך מהלך של הידי אליהו בזה). **וי"ל** דאע"ג דשאר חדשים אתרבו מדאיתקרו מועד בפרשת פנחס, מ"מ הך קרא ד"אלה מועדי ה'" לא כתיב אלא בניסן ותשרי, וכיון שכן, מצאו מקום רבנן לומר, דלהכי חלקינהו קרא להני, לומר דהני בכל זמן מחללין, משא"כ בשאר דמחללין כשבית המקדש קיים, אבל כשאין ביהמ"ק קיים לא – לחם משנה› [ב] ‹דעת רבינו ז"ל הוא דלא כרש"י ז"ל, אלא דמן התורה אין מחללין אלא על ניסן ותשרי, וילפי לה מקרא דאלה מועדי ה', דבניסן ותשרי לבד כתיב, אלא שבזמן בית המקדש ראו לחלל על כולן מפני המוספין, שאמרו כיון שהתירה תורה לחלל שבת להקרבתו, דקפיד רחמנא שיוקרב במועדו אפי' בשבת, כמו כן ראוי לחלל שבת כדי שיוקרב בזמנו, ודנו דין זה והתירו לחלל על כולן, **ולזה** דקדק רבינו וכתב מפני קרבן מוסף שבכל ר"ח שהוא דוחה את השבת, מה שלא הוזכר שבת כלל במשנה, אלא שכונתו לומר שמדחית השבת להקרבתו למדו לדחות השבת לשיוקרב בזמנו, **ולישנא** דברייתא נמי מסייע ליה, דתני אמר להם ריב"ז וכי יש קרבן, ומה טענה היא זאת, אם היה שמן התורה לחלל על כולן ומקרא דאלה מועדי ה', וכי בקרבן תלה הכתוב היתר החילול, **אלא** כיון דמן התורה לא הותר לחלל אלא על ב' חדשים, והם למדו מדחיית הקרבתו את השבת לחלל על קידושו שיוקרב בזמנו, טען להם ריב"ז וכי יש קרבן, כלומר כיון שלא היה טענת ההיתר אלא מצד הקרבן, עכשיו שאין קרבן פשיטא שיש איסור בחילולן, ובאו דברי רבינו על נכון – ידי אליהו. **ועיין** שם עוד, דלפי"ז מובן מה שהקשה התוס' ד"ה על, בדוקא על פי' רש"י, והיינו משום דבלא רש"י היה שייך ללמוד כמו שלמד הרמב"ם› [ג] ‹לעיל פ"ב ה"ט, ורבנו לשיטתו שאפשר לקדשו ביום כ"ט עבור מחר, וע"ש שיש חולקין – שקל הקודש›

§ מסכת ראש השנה דף כב. §

אות א'

אב ובנו שראו את החדש, ילכו, לא שמצטרפין זה עם זה, אלא שאם יפסל אחד מהן יצטרף השני עם אחר

רמב"ם פ"ב מהל' קידוש החדש ה"א - אין כשר לעדות החדש אלא שני אנשים כשרים הראויים להעיד בכל דבר ודבר; אבל נשים ועבדים הרי הן כשאר פסולי עדות ואין מעידין; אב ובנו שראו את הירח, ילכו לבית דין להעיד, לא מפני שעדות החדש כשרה בקרובים, אלא [א]שאם ימצא אחד מהן פסול, מפני שהוא גזלן וכיוצא בו משאר הפסלנות, יצטרף השני עם אחר ויעיד; וכל הפסול לעדות מדברי סופרים, אף על פי שהוא כשר מן התורה, פסול לעדות החדש.

אות ב'

אלו הן הפסולין: המשחק בקוביא, ומלוי ברבית, ומפריחי יונים, וסוחרי שביעית

חו"מ סימן לד ס"י - המלוה ברבית, פסול, אחד המלוה ואחד הלוה; [ב]אם ברבית קצוצה, פסולים מן התורה; [ג]ואם ברבית מדרבנן, פסולים מדבריהם. הגה: וי"א דאבק רבית אינו נפסל אלא המלוה ולא הלוה (נ"י פ' זורר). ועיין בי"ד סימן קס"א.

חו"מ סימן לד סט"ז - מפריחי יונים [ד](פי' שמלמדים אותם להביא יונים משובך הזולת) בישוב, פסולים, מפני שחזקתן שגוזלים יונים של אחרים; וכן סוחרי שביעית, והם בני אדם שיושבים בטלים, וכיון שבאה שביעית פושטים ידיהם ומתחילים לישא וליתן בפירות, שחזקת אלו שהם אוספים פירות שביעית ועושים בהן סחורה; וכן משחק בקוביא, והוא שלא תהיה לו אומנות אלא הוא, הואיל ואינו עוסק בישובו של עולם, הרי זה בחזקת שאוכל מן הקוביא שהוא אבק גזל; ולא אקוביא בלבד אמרו, אלא אפילו משחקים בקליפי אגוזים וקליפי רמונים; [ה]וכן לא יונים בלבד אמרו, אלא אפילו במשחקים בבהמה חיה ועוף, ואומרים: כל הקודם את חבירו או כל הנוצח את חבירו יטול בעליו שניהם, וכל כיוצא בשחוק זה, והוא שלא תהיה לו אומנות אלא שחוק זה, הרי זה פסול; וכל אלו, פסולים מדבריהם.

אות ג'

ועבדים

חו"מ סימן לד סי"ט - עובד כוכבים ועבד, פסולים לעדות.

אות ד'

גזלן דדבריהם כשירין לעדות אשה

אה"ע סימן יז ס"ג - אשה שהלך בעלה למדינת הים, והעידו עליו שמת, אפילו עד אחד, אפילו העד עבד או שפחה או אשה או קרוב, מותרת; ואפילו עד מפי עד, או אשה מפי אשה, או עבד או שפחה או קרוב, כשרים לעדות זו. ופסולי עדות, אם פסולים מדרבנן, כשרים לעדות זו, אבל פסולי עדות דאורייתא, פסולים; ואם מסיחים לפי תומם, כשרים, וכן עובד כוכבים או ישראל מומר לעבודת כוכבים ולכל התורה כלה, אם הוא מסיח לפי תומו, נאמן.

אות ה'

מי שראה את החדש ואינו יכול להלך, מוליכין אותו על החמור אפילו במטה

רמב"ם פ"ג מהל' קידוש החדש ה"ד - היה העד שראה את החדש בליל השבת חולה, מרכיבין אותו על החמור ואפילו במטה; ואם יש להן אורב בדרך, לוקחין העדים בידן כלי זיין; ואם היתה דרך רחוקה, לוקחים בידם מזונות.

‹המשך ההלכות נמצאות מול דף כב:›

באר הגולה

[א] ‹בא ליתן טעם למה שניהן צריכין ללכת, ולא אמרו שילך א' מהן – שקל הקודש› [ב] ‹ומרש"י ותוס' משמע דבכל רבית הוא פסול רק מדרבנן› [ג] ממשנה ר"ה דף כ"ב ע"א וכמ"ש התוס' שם [ד] ‹עיין רש"י, והשו"ע מביא הפי' האחר במפריחי יונים דגמ' סנהדרין› [ה] ‹אף דלא נזכר שחוק מיונים לעיל, רק מפריחי יונים בישוב, מ"מ הך מפריחי יונים נכלל בכלל משחק בקוביא – אורים›

מעשה שעברו יותר מארבעים זוג ועיכבן ר"ע כו': תניא אמר רבי יהודה ח"ו שר"ע עיכבן אלא שזפר ראשה של גדר עיכבן ושלח רבן גמליאל והורידוהו מגדולתו: **מתני'** *אב ובנו שראו את החדש ילכו לא שמצטרפין זה עם זה אלא שאם יפסל אחד מהן יצטרף השני עם אחר ר"ש אומר אב ובנו וכל הקרובין כשרין לעדות החדש א"ר יוסי מעשה בטוביה הרופא שראה את החדש בירושלים הוא ובנו ועבדו משוחרר וקבלו הכהנים אותו ואת בנו ופסלו את עבדו וכשבאו לפני בית דין קבלו אותו ואת עבדו ופסלו את בנו: **גמ'** א"ר לוי מאי טעמא דר"ש דכתיב °ויאמר ה' אל משה ואל אהרן בארץ מצרים לאמר החדש הזה לכם עדות זו תהא כשרה בכם ורבנן עדות זו תהא מסורה לכם: א"ר יוסי מעשה בטוביה הרופא כו': אמר רב חנן בר רבא הלכתא כר"ש א"ל רב הונא לרב חנן בר רבא רבי יוסי ומעשה ואת אמרת הלכתא כר"ש אמר לו *והא זמנין סגיאין אמרית קמיה דרב הלכתא כר"ש ולא אמר לי ולא מידי א"ל היכי תנית א"ל אפכא א"ל משום הכי לא אמר לך ולא מידי אמר טבי בריה דמרי טבי אמר מר עוקבא אמר שמואל *הלכתא כר"ש: **מתני'** *ואלו הן הפסולין המשחק בקוביא ומלוי ברבית ומפריחי יונים וסוחרי שביעית ועבדים זה הכלל כל עדות שאין האשה כשירה לה אף הן אינן כשירין לה: **גמ'** הא אשה כשירה לה אף הן כשירין לה אמר רב *אשי זאת אומרת *גזלן דדבריהם כשירין לעדות אשה: **מתני'** מי שראה את החדש ואינו יכול להלך מוליכים אותו על החמור אפי' במטה ואם צודה להם לוקחין בידן מקלות ואם היתה דרך רחוקה לוקחין בידם מזונות שעל מהלך לילה ויום מחללין את השבת ויוצאין לעדות החדש שנאמר °אלה מועדי ה' אשר תקראו אותם במועדם:

הדרן עלך ארבעה ראשי שנים

אם אינן מכירין אותו משלחין עמו אחר להעידו בראשונה היו מקבלין עדות החדש מכל אדם משקלקלו הביתוסים התקינו שלא יהו מקבלין אלא מן המכירין: **גמ'** מאי אחר חד וחד

רש"י

מעשה ועברו יותר מארבעים זוג וכו': **שופר** · קץ שמו: **מתני' אב ובנו שראו את החדש כו'**: **שאם יפסל** · יכשל כפיו כשיבדקוהו כדלקמן (דף *כג:): **גמ' תהא כשרה בכם** · ואע"פ שהם אחים: **תהא מסורה לכם** · לחשובי הדור אני מוסר שיקבלו העדות ויקדשו החדש ולא להכשיר קרובים בה: **היכי תנית** · מתניתין קמיה דרב מי המכשיר ומי הפוסל: **איפכא** · תנינא ר' יוסי אומר אב ובנו וכל הקרובים כשירין אר"ש מעשה בטוביה כו': **א"ל משום הכי** · דאפכת דר"ש לרבי יוסי לא אמר לך מידי כי אמרת הלכה כרבי (*יוסי) דהיינו דר' (*שמעון): **מתני' אלו הן הפסולין כו' בקוביא** · חתיכות של עצם שמשחקין בערבון ואמור רבנן אסמכתא לא קניא והרי הן גזלנין מדרבנן דמדאורייתא *אינו קרוי גזלן אלא החוטף מיד איש כדכתיב (שמואל ב כג) ויגזל את החנית מיד המצרי: **ומלוי ברבית** · לאו גזלן דאורייתא הוא למפסליה משום אל תשת עד חמס (שמות כג) דהא מנפשיה יהיב ליה: **מפריחי יונים** · היינו נמי כעין קוביא אי תקדמיה יונך ליוני: **וסוחרי שביעית** · עושין סחורה בפירות שביעית דרחמנא אמר (ויקרא כה) לאכלה ולא לסחורה ולפי שנחשדו כל אלו לעבור על דת מחמת ממון חשדום להיות מעידים שקר ע"י ממון ושוחד: **ועבדים** · פסולי דאורייתא הוא ק"ו מאשה כדאמרן בב"ק (דף פח.): **גמ' הא אשה כשרה לה** · כגון להעיד על מיתת אדם להשיא את אשתו ועל סוטה שנטמאת בסתירה שלא תשתה: **לעדות אשה** · להתירה להנשא והדוקא גזלן דדבריהם אבל גזלן דאורייתא דחשיד לעבור בפרהסיא לא הכשירו חכמים לעדות אשה ואע"פ שהכשירו את העבד ואת האשה דפסולי דאורייתא: **מתני' מי שראה את החדש כו': מוליכין אותו** · אף בשבת: **ואם צודה להם** · אם יש אורבים בדרך כמו ואתה צודה את נפשי (שמואל א כד) והביתוסים והכותים הם היו אורבים להם לעכבם כדי להטעות את חכמים:

הדרן עלך ארבעה ראשי שנים

אם אין מכירין אותו · אם אין ב"ד מכירין את העד אם נאמן וכשר הוא: **משלחין** · ב"ד שבעירו: **אחר עמו** · להעיד עליו לפני ב"ד הגדול (שמקדש) את החדש: **משקלקלו הבייתוסים** · מפרש בגמרא: **גמ'** וחד

תוספות

ופסלו את עבדו · סברי לה כר"ש דמכשיר בקרוב והחדש הזה לכם היינו בכם ודרשינן נמי כשרין ומיוחסין למעוטי גר וממזר כדדרשינן מהחדש בדומין לך בפ' אחד דיני ממונות (סנהדרין דף לו:): **אלו הן הפסולין** · בגמרא משמע שכל הפסולים דמתניתין דרבנן דאמרי' עלה זאת אומרת גזלן דדבריהם כשר לעדות אשה והשתא משחק בקוביא למ"ד בפרק זה בורר (סנהדרין דף כד:) לפי שאין עוסקין בישובו של עולם ניחא ולמ"ד נמי משום דהויא אסמכתא אין נחשב גזלן בעיניו כיון דמדעתו נותן ומלוה ברבית שאינה קצוצה דרבנן ואפי' ברבית קצוצה נמי לא משמע ליה לאוקים איסורא כשנותן ט מדעתו אלא א"כ ממשכנו על כרחו ומפריחי יונים למ"ד אי תקדמיה יונקליוני היינו משחק בקוביא ולמ"ד ארא אין בהן גזל אלא מפני דרכי שלום בעלמא וסוחרי שביעית מיירי בשביעית בזמן הזה ור' היא כדאשכחן בפרק השולח (גיטין דף לו.) א"נ בסחורה דרבנן כי ההיא דזה בורר (סנהדרין דף כו.) גבי ממליאי מעות לעניים ואזלי עניים ואספו ומייתי שאין זו סחורה גמורה דאזלי בשליחותייהו והא דמשמע בפרק לולב הגזול (סוכה דף לט. ושם) דמותר למכור פירות שביעית לע"ה גבי מבליע לו דמי אתרוג בלולב משום דאין מוסרין דמי פירות שביעית לע"ה אבל משום סחורה לא אסור ובפרק זה בורר (סנהדרין דף כו.) כמי פריך ונזבניהו לכהן בדמי תרומה גבי סאה תרומה שנפלה לפחות ממאה של שביעית וי"ל בדבר המלקט ע"מ לאכול והותיר מותר למכור וכן פורע חובו בפרק בתרא דע"ז (דף סב. ושם) דאסור משום לאכלה ולא לסחורה משמע כדפרשינן ואפשר דלוקח ע"מ לאכול לא חשיב סחורה אא"כ לוקח בזול ע"מ למכור ביוקר שקונה להרויח ובמסכת שביעית (פ"ח משנה ד) פירש *דין סחורה ע"פ הירושלמי ועבדים בפרק זה בורר (סנהדרין דף כז:) לא תני להו דפסולין דאורייתא אבל הכא איצטריך למיתני דלא תימא כיון דלא מחמת עבירה מיפסלי תכשרי לעדות החדש מידי דהוה אקרובים לר"ש: **מחללין** את השבת · עדים שראו את החדש ואפילו עדים המעידים עליהם בשאין ב"ד מכירין עדי החדש מחללין את השבת להעיד עליהם כדמוכח ברים פרק שני שהלך ר' נהוראי אצל העד באושא בשבת להעיד עליו:

הדרן עלך ארבעה ראשי שנים

משלחין עמו אחר להעידו · ואותו אחר נמי מחלל עליו את השבת כדפירשנו לעיל בסוף פרק ראשון:

וחד

עין משפט נר מצוה

קיד א מיי' פ"ב מהל' קידוש החדש ה"א:
קטו ב מיי' פ"י מהל' עדות הלכה ד סמג לאוין ריד טור וש"ע ח"מ סי' לד סעי' י וסעי' טו:
קטז ג מיי' שם ש"ע הלכה א טוש"ע שם סעיף יט:
קיז ד מיי' פי"ב מהל' גירושין הלכה טו סמג עשין נ טוש"ע אה"ע סימן יז סעיף ג:
קיח ה מיי' פ"ג מהל' קידוש החדש ה"ד:
א ו מיי' שם הלכה ג:
ב ו מיי' שם פ"ב ה"ב:

רבינו חננאל

מתני' מעשה שעברו יותר ממ' זוג כו': ירושלמי וכל המעכב את הרבים מעשות מצוה [צריך] נדוי: [מתני'] **אב** ובנו שראו את החודש כו' עד ר"ש אומר אב ובנו וכל הקרובין כשרין לעדות החדש ומ"ט דר' שמעון דכתיב ויאמר ה' אל משה ואל אהרן בארץ מצרים לאמר החדש הזה לכם וגו' כלומר עדות החדש תהא כשרה בכם ואע"פ שאתם קרובין ורבנן עדות זו מסורה לכם וקי"ל דכל הקרובין *) וכל הפסולין לעדות החדש: [מתני'] **ואלו** הן הפסולין השוחק בקוביא כו' זה הכלל כל עדות שאין האשה כשרה לה אף אלו כולן אינן כשרין לה וכיון שהאשה פסולה לעדות החדש · אף אלו הזכורין במשנתנו וכיוצא בהן פסולין לעדות החדש ודייקינן מינה הא עדות שהאשה כשרה לה כגון מיתת הבעל שאפילו הנשים כשרות כדתנן באחרית יבמות הוחזק להיות משיאין עד מפי עד ומפי אשה כו' גם הפסולין הללו כשרין להעיד כי מת בעלה של זו ותנשא על פיהן וא"ר מנשה זאת אומרת כלום נתברר לנו מדיוקא של משנה כי גזלן דרבנן כגון משחק בקוביא וכיוצא בהן שהן פסולין מדרבנן כשרין להעיד כי מת בעלה של זו דהא הנשים נאמנות בעדות זו ואוקימנא בפרק דיני ממונות בשלשה לר"מ דאמר עד זומם פסול לכל התורה והלכתא כוותיה: [מתני'] מי שראה את החדש כו': לא מיתוקמא בזמן הזה אלא בניסן ותשרי בלבד:

הדרן עלך ארבעה ראשי שנים

אם אין מכירין אותו משלחין עמו אחר להעידו כו'. אוקימנה מאי אחר דתני במתני'

*) נראה כמו דצ"ל וקי"ל דכל הקרובין פסולין לעדות החודש

מסורת הש"ס

[צ"ל כז.]
[צ"ל שמעון]
[ב"ק עט:]
[ב"ב סה. ע"ש בפירוש הרשב"ם]
סנהדרין כד: [כו: עירובין פב.]
[גי' הרי"ף והרא"ש בסוף יבמות רב מנשה וכ"ה ביבמות כה. עי' תוספות חולין ד: ד"ה מכניס]
[צ"ל שמקדשין]

תורה אור

שמות יב
ויקרא כג

עין משפט נר מצוה

ג א מיי' פ"ג מהלכות קידוש החדש הלכה ג :
ד ב מיי' שם הל' יד :
ה ג מיי' שם פ"ג ה"ב :
ו ד מיי' שם פ"ג ה"ח :

וחד מי מהימן · תימה כי לא מהימן כמי מחלל את השבת לילך שם שמא יצטרף עם אחר כדתנן בפ"ק (לעיל ע"א) גבי אב ובנו דילכו לא מפני שיצטרפו זה עם זה אלא שאם יפסל האחד שיצטרף השני עם אחר ונראה דלא מקשה היאך אחר מחלל שבת כיון דלא מהימן לחודיה אלא מקשה על לישנא דמתני' דנקט אחר דמשמע דחד מהימן :

אלא מאי אותו אותו זוג · תימה מאי קאמר אכי יכול לומר אחד מאותו הזוג : סהדא אחרינא הוה · י"ל דמיירי בעד אחד שראה החדש שהלך רבי נהוראי להצטרף עמו ולהעיד כמי על החדש והא דקתני בברייתא להעיד עליו אחדם קאי אכל בירו' ובתוספתא (פ"א) מוכח בהדיא דבהכרת העד מיירי שהלך ר' נהוראי להעיד עליו דכשר וכן פרש"י וקאי אפירכא דאי הכי אחרי שיטי :

להטעות את חכמים · שאירע יום ל' של אדר בשבת ולא נראה החדש בזמנו וביייתוסין מתאוין שיהא יום א' של פסח בשבת כדי שתהא הנפת העומר באחד בשבת ועצרת באחד בשבת לפי שהיו דורשין ממחרת השבת שבת בראשית כמשמעו ומה מרויחים והלא מתקלקלין לענין פסח וי"ל דלא חשיב ליה קלקול משום דדרשי *אתם ואפי' מזידים : מוליך ומביא מעלה ומוריד · בירושלמי משמע כדי שלא יטעו לומר שהוא כוכב דא"ר אסי חזינא כוכבא דנחית וסליק חזינא כוכבא דאזיל ואתי : גזירה משום ר"ח חסר שחל להיות בע"ש · ה"ג הוה מצי למימר משום ר"ח מלא שחל להיות בשבת אלא מהכי טעמי דמפרש והא

תורה אור

וחד מי מהימן והתניא מעשה שבא הוא ועדיו עמו להעיד עליו אמר רב פפא מאי אחר זוג אחר ה"נ מסתברא דאי לא תימא הכי אם אינן מכירין אותו מאי אותו אילימא אותו חד וחד מי מהימן °משפט כתיב ביה (תהלים פא) אלא מאי אותו אותו הזוג ה"נ מאי אחר זוג אחר וחד לא מהימן והתניא *מעשה ברבי נהוראי שהלך אצל העד להעיד עליו בשבת באושא אמרי רבי נהוראי *סהדא אחרינא הוה בהדיה והא דלא חשיב ליה משום כבודו של רבי נהוראי רב אשי אמר רבי נהוראי סהדא אחרינא הוה באושא ואזל רבי נהוראי לאצטרופי בהדיה אי הכי מאי למימרא מהו דתימא מספיקא לא מחללינן שבתא ד'קמ"ל כי אתא עולא אמר קדשוה לירחא במערבא אמר רב כהנא לא מיבעיא עולא דגברא רבה הוא דמהימן ה'אלא אפי' איניש דעלמא נמי מהימן מ"ט *כל מילתא דעבידא לאגלויי לא משקרי בה אינשי תניא נמי הכי בא אחד (א) בסוף העולם ואמר קדשו ב"ד את החדש נאמן : בראשונה היו מקבלין עדות החדש מכל אדם וכו' : תנו רבנן מה קלקול קלקלו הבייתוסין *פעם אחת בקשו בייתוסין להטעות את חכמים שכרו שני בני אדם בד' מאות זוז אחד משלנו ואחד משלהם שלהם העיד עדותו ויצא שלנו אמרו לו אמור כיצד ראית את הלבנה אמר להם עולה הייתי במעלה אדומים וראיתיו שהוא רבוץ בין ב' סלעים ראשו דומה לעגל אזניו דומין לגדי קרניו דומות לצבי וזנבו מונחת לו בין ירכותיו והצצתי בו ונרתעתי ונפלתי לאחורי ואם אין אתם מאמינים לי הרי מאתים זוז צרורין לי בסדיני אמרו לו מי הזקיקך לכך אמר להם שמעתי שבקשו בייתוסים להטעות את חכמים אמרתי אלך אני ואודיע להם שמא יבואו בני אדם שאינם מהוגנין ויטעו את חכמים אמרו לו מאתים זוז נתונין לך במתנה והשוכרך ימתח על העמוד באותה שעה התקינו שלא יהו מקבלין אלא מן המכירין : מתני' ו'בראשונה היו משיאין משואות משקלקלו הכותים התקינו שיהו שלוחין יוצאין כיצד היו משיאין משואות מביאין כלונסאות של ארז ארוכין וקנים ועצי שמן ונעורת של פשתן וכורך במשיחה ועולה לראש ההר ומצית בהן את האור ומוליך ומביא ומעלה ומוריד עד שהוא רואה את חבירו שהוא עושה כן בראש ההר השני וכן בראש ההר השלישי ומאין היו משיאין משואות מהר המשחה לסרטבא ומסרטבא לגרופינא ומגרופינא לחוורן ומחוורן לבית בלתין ומבית בלתין לא זזו משם אלא מוליך ומביא ומעלה ומוריד עד שהיה רואה כל הגולה לפניו כמדורת האש : גמ' מאי משמע דמשיאין לישנא דיקוד הוא דכתיב °*וישאם דוד ואנשיו (שמואל ב ה) ומתרגמינן ואוקדינון דוד ת"ר *אין משיאין משואות אלא על החדש שנראה בזמנו לקדשו ואימתי משיאין לאור עיבורו למימרא דאחסר עבדינן אמלא לא עבדינן מ"ט א"ר זירא גזירה משום ר"ח חסר שחל להיות בערב שבת אי אמרת נמי אמלא עבדינן (ג) דאי אמרת נעביד באפוקי שבתא אתו למיטעי

וחד מי מהימן · להכשירו לזה בחזקת נאמן : מעשה שבא · העד לפני ב"ד בשבת להעיד על החדש : ועדיו עמו · להחזיקו נאמן : חד מי מהימן · לעדות החדש : משפט כתיב ביה · כי חק לישראל הוא משפט וגו' : באושא · כשישבה סנהדרין שם ושם היו מקדשין את החדש : משום כבודו דרבי נהוראי · שהרי לא הוזכר ר' נהוראי אלא ללמוד ממנו שאדם גדול כמותו נהג היתר בדבר ואין כבודו שנביא את ראיותיו אף מחבירו הקטן ממנו : סהדא אחרינא הוה באושא · המכיר את העד הזה : מספיקא · שמא אין אותו העד בביתו : להטעות את החכמים · שאירע יום ל' של אדר בשבת ולא נראה חדש בזמנו והבייתוסין מתאוין שיהא יום ראשון של פסח בשבת כדי שתהא הנפת העומר באחד בשבת ועצרת באחד בשבת לפי שהן דורשין ממחרת השבת יניפנו ממחרת שבת בראשית כמשמעו ושכרו שני בני אדם להעיד שראו את החדש היום : אחד משלנו · ולא הכירוהו : מאתים זוז נתונים לך במתנה · ותהא רשאי לעכבן ואע"פ שלא השלמת תנאי שלך לשוכרך דיש רשות לב"ד לקנוס ממון ולעשותו הפקר כדאמרינן ביבמות (דף פט:) מניין שהפקר ב"ד הפקר שנאמר וכל אשר לא יבא לשלשת הימים וגו' יחרם כל רכושו וגו' (עזרא י) : ימתח על העמוד · למלקות כדאמרינן במסכת מכות (דף כב:) כופת שתי ידיו על העמוד : מתני' בראשונה היו משיאין משואות · לאחר שקדשו החדש ולא היו צריכין לשכור שלוחים לשלוח לגולה להודיע כי המשואות מודיעים אותן : משקלקלו הכותים · והשיאו גם הם משואות שלא בזמן החדש להטעות ישראל וב"ד לא היו משיאין משואות אלא בחדש שנתקדש ביום ל' כדאמרינן בפירקין וכשלא היו משיאין לערב של יום ל' הכל יודעין שהחדש מעובר ופעם אחת עיברו ב"ד את החדש ולא השיאו משואות לערב ל' והכותים השיאום בהרים שלהם והטעו את בני הגולה שעשאוהו חסר : כלונסות · פירטק"ש בלע"ז : ארוכים · כדי שיראו למרחוק : וקנים ועצי שמן ונעורת של פשתן · כל אלו מרבים שלהבת : וכורכן במשיחה · לוצ"ו קושרם בחוט של משיחה בראשי הכלונסות : ומאין היו משיאין משואות · מה שם ההרים : מהר המשחה · מתחילין הוא הר הזיתים שלפני ירושלים עד שרואין שעושין כן בהר סרטבא : לחורן וכו' : את הגולה · בני בבל אנשי פומבדיתא והמה מודיעין לכל בני מדינת בבל : כמדורת אש · מפרש בגמרא מדורה אש לשון היסק גדול : גמ' לקדשו · להודיען שנתקדש : לאור עיבורו · לערב יום שלשים נהי ל"א יום שלשים קרוי יום עיבורו כדאמרינן לעיל (דף יט:) על שני אדרים שמקדשין אותם ביום עיבוריהם ועל שם שממנו מעברין את חדש היוצא קרוי יום עיבור : ר"ח חסר · ר"ח הנקבע ביום שלשים שהחדש היוצא נמצא עכשיו חסר : שחל להיות בע"ש · ולא נוכל לחלל שבת (ג) לאורו להשיא משואות ונשיא אותם למ"ש : ואי אמרת · שנהא רגילין בין אחסר בין אמלא : אתו

מסורת הש"ס

[תוספתא פ"א]
[גיטין ה:]
[יבמות לג: קטו. בכורות לו.]
[תוספתא פ"א]
ביצה ד:
[ע"ז מד. ע"ש לע"ק] *פסחים כ: [תוספתא פ"א ותוס' מגילה פ"ג]

הגהות הב"ח

(א) גמ' תניא בא אחד מסוף העולם ואמר : (ב) שם כאפוקי שבתא ואי אמרת : (ג) רש"י ד"ה שחל להיות כו' לחלל שבת לאור עיבורו להשיא משואות :

גליון הש"ס

גמרא סהדא אחרינא הוה בהדיה · גיטין דף ס ע"א סנהדרין דף יד ע"א :

רבינו חננאל

זוג אחר להעיד על העד שראה את החדש כי כשר הוא לקבל ממנו זו העדות ולעולם צריכין ב' עדים להעיד על כל אחד ואחד · כי אתא עולא אמר קדשו לירחא ואמר רב כהנא אפילו איניש מעלמא כי אתא ואמר קדשו לירחא מהימן מ"ט דכל מילתא דעבידא לגלויי לא משקרי בה אינשי · תניא נמי הכי בא אחד מסוף העולם ואמר קידשו ב"ד את החדש מהימן · בראשונה היו מקבלין עדות החדש מכל אדם משקלקלו המינין ושכרו עדים להטעות את החכמים התקינו שלא יהו מקבלין אלא מן המודיעין שהן כשרים להעיד · תנו רבנן מה קלקול קלקלו המינין כו': [מתני'] בראשונה היו משיאין משואות משקלקלו הכותים והשיאו משואות שלא בזמנן והטעו לבני המדינות הרחוקות התקינו שיהו שלוחין יוצאין (כיון) *) [כמו] ששנינו במשנתנו כי המשואות מציתין את האור בכלונסות של ארז' אמרינן מאי משמע דמשואות לשון יקידה **) להבת היא שנא' וישאם דוד ומתרגמינן ואוקדינן דוד · ת"ר אין משיאין משואות אלא על החדש שנראה בזמנו והוא לילי ל' כלומר מולד בכ"ט ונראה לילי ל' ונתקדש ביום ל' משיאין משואות לילי ל"א כלו' היום שיצא ר"ח היה והוא אור עיבורו · ש"מ דאחסר משיאין משואות ואמלא אין משיאין [משואות] דאין משיאין אלא על החדש שנראה בזמנו · תניא מ"ט א"ר זירא חיישינן דילמא מיקלע יום ל' של חדש חסר בע"ש והוא ר"ח ולילי ל"א הוא שבת ולא יתכן להרים משואות בלילי שבת ומתי משיאין במ"ש ויודעין כי אע"פ שמ"ש אור ל"ב הוא ר"ח בע"ש היה ומפני מה לא עשו משואות לילי שבת שהוא אור ל"א מפני איסור שבת וא"ת נעשה גם לחדש מלא ישעו יאמרו כי חסר היה' ומפני איסור שבת לא עשו או מלא היה ור"ח בשבת היה · והמשואות בזמנן עשו אותן אור ל"ב שהוא לילי ל"א שהוא אור עיבורו · א) ואקשינן ונעביד בין אמלא ובין אחסר · וכי מקלע כי האי גונא לא ליעביד כלל כו' · ופרקינן אפילו הכי אתו למיטעא יאמרו יתכן שהיה חסר ולא עשו משואות משום איסור שבת או מלא היה ולא נמנעו מלעשות משואות אלא משום אונס שאירע להם · ואקשינן מאי חזית דעבדינן אחסר וליעביד אמלא ולא ליעביד אחסר · ופריק אביי משום ביטול מלאכה · כלומר צריך בכל חדש להיבטל יום ל' ויום ל"א · ואם יעשו להן משואות נתברר כי החדש מלא היה · ואם לא יעשו נתברר כי חסר היה ולעולם אין הדבר מתברר אלא באור היום ל"ב מה שאין כן בחסר (אלא) אם יראו המשואות אור ל"א יודעין שחסר היה ואם לאו יודעין שהוא מלא : ירושלמי תמן בתמיד ובמסכת יוה"כ תנינן הרואה אומר בורקי מהו בורקי תמן אמרי ברק ברקא אנהר מנהרא ואקשינן עלה ועד אחד נאמן ופרקינן שנייה היא הכא שאתה יכול לעמוד עליו ואין אתה משקר בכי האי גוונא וחש לומר עד דו עליל ונפיק (מנהורא) [היא מנהרא] חכימא לה מילתא כלומר דבר זה מתברר ב) אמר עד אחד נולד לאיש פלוני בשבת מלין [אותו] על פיו השכח במ"ש מטלטלין אותו על פיו ר' חייא מטלטל אפומא דמליתא ר' (מאשל) [אימי] [מל] על פי נשים דאמרי ששא הות בסיסתא מכירי מכיריו של עד שראה את הלבנה מהו לחלל עליו את השבת · שמעינן לה מהכא · רבי נהוראי אמר מעשה (שירתי) [שירדתי] להעיד על עד אחד באושא לא שהיו צריכין לי אלא עילה בקשתי לקבל פני חבירי · ומה קלקול הוה תמן שהיו אומרים עצרת לאחר השבת והיו יוצאין עליו מבערב בחזקת שנתקדש מעתה על ניסן לא יקבלו אלא מן המודיעין על שאר ירחיא מקבלין אמר רבי יוסי בר בון (קילקול יהן) [עיקר קלקלתהון מן] ***) אורח תות מעתה [כד היא] דכוותהון לא קבלון דכך דלית דכוותיהן יקבלון ו' מפני זו : מתני' כיצד משיאין משואות מביאין כלונסאות של ארז כו'

א) מכאן שייך לדף כג ע"א
ב) עיין ברבינו חננאל בסוף מס' שבת

עשרה

*) לכאורה נראה דצ"ל כמו ששנינו במשנתינו לעיל [בפ"ק ד' י"ח] כיצד הי' משיאין משואות מגיסין את האור וכו'. **) אולי צ"ל ובנוסחת טיל שנאמר וכו'. ***) בירושלמי לפנינו איתא בשינוי לשון קצת ממה שכתב רבינו ועי' נק"ע וס"מ.

אות ה'*

<u>שעל מהלך לילה ויום מחללין את השבת ויוצאין לעדות החדש</u>

רמב"ם פ"ג מהל' קידוש החדש ה"א - עדים שראו את החדש, אם היה ביניהם ובין מקום שיש בו בית דין מהלך לילה ויום או פחות, הולכין ומעידין; ואם היה ביניהן יתר על כן, לא ילכו, [ו]שאין עדותן אחר יום שלשים מועלת, שכבר נתעבר החדש.

רמב"ם פ"ג מהל' קידוש החדש ה"ב - עדים שראו את החדש, הרי אלו הולכין לבית דין להעיד ואפילו היה שבת, שנאמר: אשר תקראו אותם במועדם, וכל מקום שנאמר "מועד", דוחה את השבת; לפיכך אין מחללין אלא על ראש חדש ניסן ועל ראש חדש תשרי בלבד מפני תקנת המועדות; ובזמן שבית המקדש קיים מחללין על כולן, מפני קרבן מוסף שבכל ראש חדש שהוא דוחה את השבת.

אות ו'

<u>אם אינן מכירין אותו, משלחין עמו אחר להעידו</u>

רמב"ם פ"ג מהל' קידוש החדש ה"ג - כשם שמחללין העדים שראו את החדש את השבת, [ז]כך מחללין עמהן העדים שמזכין אותן בבית דין אם לא היו בית דין מכירין את הרואין.

אות ז'

<u>בראשונה היו מקבלין עדות החדש מכל אדם, משקלקלו הבייתוסים התקינו שלא יהו מקבלין אלא מן המכירין</u>

רמב"ם פ"ב מהל' קידוש החדש ה"ב - דין תורה שאין מדקדקין בעדות החדש, [ח]שאפילו קדשו את החדש על פי עדים ונמצאו זוממין בעדות זו, הרי זה מקודש; לפיכך היו בראשונה מקבלין עדות החדש מכל אדם מישראל, שכל ישראל בחזקת כשרות עד שיודע לך שזה פסול; משקלקלו המינים והיו שוכרין אנשים להעיד שראו והם לא ראו, התקינו שלא יקבלו בית דין עדות החדש אלא מעדים שמכירין בית דין אותן שהם כשרים, ושיהיו דורשין וחוקרים בעדות.

---

§ מסכת ראש השנה דף כב: §

אות א'

<u>מהו דתימא מספיקא לא מחללינן שבתא קמשמע לן</u>

רמב"ם פ"ג מהל' קידוש החדש ה"ג - כשם שמחללין העדים שראו את החדש את השבת, כך מחללין עמהן העדים שמזכין אותן בבית דין אם לא היו בית דין מכירין את הרואין; ואפילו היה זה שמודיע אותן לבית דין עד אחד, [ט]הרי זה הולך עמהן ומחלל מספק, שמא ימצא אחר ויצטרף עמו.

אות ב'

<u>אלא אפילו איניש דעלמא נמי מהימן</u>

רמב"ם פ"ג מהל' קידוש החדש הי"ד - אין השלוחין צריכין להיותן שנים, אלא אפילו אחד נאמן; ולא שליח בלבד, אלא אפילו תגר משאר העם שבא כדרכו, ואמר אני שמעתי מפי בית דין שקדשו את החדש ביום פלוני, נאמן ומתקנין את המועדות על פיו, שדבר זה דבר העשוי להגלות הוא, ועד אחד כשר נאמן עליו.

‹המשך ההלכות נמצאות בעמוד הבא›

באר הגולה

ו ‹ע"פ מהדורת נהרדעא› ז ‹שכבר א"א להקריב הקרבנות של ר"ח, ואע"ג שכתב רבנו לקמן הט"ז, שמקדשין למפרע, מ"מ הרי אין ב"ד רוצין שיהא כן, ומשתדלין לבטל עדותן, כמש"כ רבנו שם הט"ו, שהרי נמצא שלא הקריבו מוספי ר"ח בזמנן, ולכן מוטב שלא ילכו – שקל הקודש› ח ‹כנ"ל פ"ב ה"ב, שתקנו שלא יקבלו עדים אלא מן המכירין, ואע"ג שאינו אלא תקנה דרבנן, מ"מ כיון שאחר התקנה לא יקבלום אם לא יכירוהו, הו"ל צורך הקידוש ודוחה שבת – שקל הקודש› ט ‹דקי"ל אתם אפי' שוגגין אפי' מזידים – שקל הקודש› י ‹וכן עד אחד הרואה את הלבנה, מחלל שבת והולך מספק לירושלים, שמא ימצא שם עוד אחד ויצטרף עמו, תוס' ד"ה וחד. **ואף** על גב שכתב רבנו בפ"א ממילה הי"ב, גבי תינוק שנולד בין השמשות, שאין דוחין את השבת מספק, שאני עדות החדש שעיקרה על ספק, דמנ"ל שיקבלו עדותן ושלא יהא הכחשה, ומנ"ל שהשני אומר אמת שמא משקר, ועיקר המצוה הוא הקידוש עצמו, והתורה אמרה שכל הצורך לזה דוחה שבת, וא"כ גם מספק מחללין. **וי"א** דה"מ בספק אחד, אבל אם יש ספק ספיקא, כגון שהולך להעיד על העד שהוא נאמן, וספק אם ימצא עוד עד שם להעיד עליו, ואפי' אם ימצא, ספק אם יהיה עוד עד שיעיד על הלבנה, אין מחללין שבת, וצ"ע – שקל הקודש›

אות ג׳

פעם אחת בקשו בייתוסין להטעות את חכמים וכו׳

רמב״ם פ״ב מהל׳ קידוש החדש ה״ב - דין תורה שאין מדקדקין בעדות החדש, שאפי׳ קדשו את החדש ע״פ עדים ונמצאו זוממין בעדות זו, הרי זה מקודש; לפיכך היו בראשונה מקבלין עדות החדש מכל אדם מישראל, שכל ישראל בחזקת כשרות עד שיודע לך שזה פסול; משקלקלו המינים והיו שוכרין אנשים להעיד שראו והם לא ראו, התקינו שלא יקבלו ב״ד עדות החדש אלא מעדים שמכירין בית דין אותן שהם כשרים, ושיהיו דורשין וחוקרים בעדות.

אות ד׳

בראשונה היו משיאין משואות וכו׳

רמב״ם פ״ג מהל׳ קידוש החדש ה״ח - בראשונה כשהיו בית דין מקדשין את החדש, היו משיאין משואות בראשי ההרים כדי שידעו הרחוקים; משקלקלו הכותים, שהיו משיאין משואות כדי להטעות את העם, התקינו שיהו שלוחים יוצאין ומודיעין לרבים; ושלוחים אלו אינן מחללין את יום טוב ואין צריך לומר שבת, שאין מחללין את השבת לקיימו אלא לקדשו בלבד.

מסורת הש"ס

למיעטי אמרי האי חסר הוא והאי דלא עביד מאתמול משום דלא אפשר או דלמא מלא הוא ובזמנו עבדו וליעביד בין אמלא בין אחסר וכי מקלע ר"ח בע"ש לא ליעביד כלל וכיון דלא עבדינן מוצאי שבת ועבדינן אמלא מידע ידעי דחסר הוא אפילו הכי אתו למיטעי אמרי האי מלא הוא והאי דלא עבדי איתנוסי הוא דאיתנוסי וליעביד אמלא ולא ליעביד אחסר כלל אמר אביי משום ביטול מלאכה לעם שני ימים: כיצד היו משיאין משואות מביאין כלונסות כו': אמר רב יהודה ד' מיני ארזים הן ארז קתרום עץ שמן וברוש קתרום אמר רב אדרא *דבי רבי שילא אמרי מבלינא ואמרי לה זו גולמיש ופליגא דרבה בר רב הונא דאמר רבה בר רב הונא אמרי בי רב *עשרה מיני ארזים הם שנאמר °אתן במדבר ארז שטה והדס ועץ שמן אשים בערבה ברוש תדהר ותאשור יחדו ארז ארזא שטה תורניתא הדס אסא עץ שמן אפרסמא ברוש ברתא תדהר שאגא תאשור שורבינא הני שבעה הוו כי אתא רב דימי אמר הוסיפו עליהם אלונים אלמונים אלמוגין אלונים בוטמי אלמונים בלוטי אלמוגין כסיתא א"ד ארונים ערמונים אלמוגין ארונים ערי ערמונים דולבי אלמוגין כסיתא °וצי אדיר לא יעברנו אמר רב *זו בורני גדולה היכי עבדו מייתו שית אלפי גברי בתריסר ירחי שתא ואמרי לה תריסר אלפי גברי בשיתא ירחי שתא וטעני לה חלא עד דשבנא ונחית בר *אמוראי וקטר אטוני דכיתנא בבסיתא וקטר להו בספינתא ונטלי חלא ושדו לבראי וכמה דמדליא עקרא ומתיא ומחליף על חד תרין בכספא תלת פרוותא הויין תרתי בי ארמאי והדא דבי פרסאי דבי ארמאי מסקן כסיתא דבי פרסאי מסקן מרגנייתא ומקרייא פרוותא דמשמהיג א"ר יוחנן כל שיטה ושיטה שנטלו נכרים מירושלים עתיד הקב"ה °להחזירן לה שנאמר °אתן במדבר ארז שטה °ואין מדבר אלא ירושלים שנאמר °ציון מדבר היתה (א) וגו' ואמר רבי יוחנן כל הלומד תורה ואינו מלמדה דומה להדס במדבר *איכא דאמרי כל הלומד תורה ומלמדה במקום שאין ת"ח דומה להדס במדבר דחביב *וא"ר יוחנן אוי להם לעובדי כוכבים שאין להם תקנה שנא' °תחת הנחשת אביא זהב ותחת הברזל אביא כסף ותחת העצי' נחשת ותחת האבנים ברזל תחת ר' עקיבא וחביריו מאי מביאין ועליהם הוא אומר °ונקיתי דמם לא נקיתי: ומאן הוו משיאין משואות כו' ומבית בלתין: מאי בית בלתין אמר רב זו

רש"י

אפו למיעטי · השתא בני הגולה אמרי כו' אבל השתא דלא עבדינן אלא אחסר כי עבדינן למוצאי שבת ידעי דחסר הוא : ועבדינן אמלא · ואכן רגילין לעשות כל שאר המלאין (ג) : מידע ידעי דחסר הוא · ומחמת איסור שבת שאירע בליל משואותיו נמנעו מלהשיא : דאיתנוסי · בשכרות של משתה השבת: וליעביד אמלא ולא אחסר · וכי מקלע ר"ח חסר בערב שבת ולא עבדינן מידע ידעי דחסר הוא ולא תלו בשכרות אלא במידי דשכיח דכל חדשים חסרין לא עבדינן והאי נמי לא עבוד : אמר אביי משום ביטול מלאכה כו' · ולא גרסינן גזירה אי אמרת נעביד אמלא ולא אחסר אין לך ר"ה שאין מתבטלין בני הגולה ממלאכה שני ימים יום ל' שמא היום ר"ה ויום שלשים ואחד שמא עיברו את החדש והיום ר"ה אבל כי עבדינן משואות אחסר לאור יום ל' ידעי שביום שלשים נקבע ויעשו מלאכה למחר ואין בטלין שני ימים אלא במעובר : כיצד היו משיאין כו' : אמר רב אדרא · קא סד אהאי כדאמרינן במסכת ביצה (דף טו:) יטע בהן אדר : תורניתא · פיני"ה בלע"ז : כרסא · בוס"ו בלע"ז : שאגא · ש"פ בלע"ז : בוטמי · אולמ"י בלע"ז : בלוטי · לירקו"ה בלע"ז שגדילין בו פירי שקורין גלינדי"ה : כסיתא · מין עץ העולה בקרקע הים ושמו קורל"ץ : ערי · לוי"ז שם האילן ואת פריו קורין בי"ש : דולבי · קסטנייר"ש : וצי אדיר לא יעברנו · לנהל שעתיד לצאת מבית המקדש : זו בורני גדולה · ספינה שקורין דרומונ"ט : היכי עבדי · אותה בורני גדולה למאי עבידא : חלא · חול : עד דשכנא · שוקה שוכנים בקרקעית הים ועודנה נראית למעלה מן המים דבמקום שהאלמוגים גדלים בים אין הים עמוק כל כך : בר אמוראי · מלומד לשוט בנהרות : וקטר אטוני דכיתנא · חבלי פשתן שהן קשין ליגתק וקושר ראשו אחד בשורש האילן וראשו אחד בבורני : ושקלי · הנך גברי חלא דספינתא ושדו לאבראי והיא עולה מתוך המים ועוקרת שרשי האילן : פרוותא · פורט"ו בלע"ז ובלשון משנה נמל : מסקן מרגנייתא · מקרקעית הים על ידי בר אמוראי : ומקרייה פרוותא דמשמהיג · אותה של פרסיים נקראת נמל של מלכות : ונקיתי דמם לא נקיתי · אם באתי לנקות את העכו"ם משאר עונות לא (ג) אנקה מדמם של ישראל:

תוספות

והא דלא עביד במוצאי שבת איתנוסי איתנוסו · וא"ת והשתא נמי דלא עבדו אמלא כלל כי מיחל ר"ח מלא בשבת יאמרו האי חסר הוא והאי דלא עביד למוצאי שבת איתנוסי דאיתנוסו וי"ל דהיכא דודאי עבדי לעולם משואות בין אמלא בין אחסר כי לא עבדי כלל ודאי תלו באונס אבל השתא דזימנין עבדי וזימנין לא עבדי כי לא עבדי השתא במוצאי שבת לא תלו באונס אלא במילתא דשכיחא :

משום בטול מלאכה לעם שני ימים · פירש בקונטרס אין לך ר"ה שאין מתבטלין בני גולה ממלאכה ב' ימים בין אמלא בין אחסר אבל כי עבדי אחסר ידעי שביום שלשים נקבע ויעשו מלאכה למחר ולאנס דחק לפרש ר"ה דאכל ר"ח קאי כי לא היו רגילין לעשות מלאכה בר"ח כדאמרינן בפרק הקורא את המגילה עומד (מגילה דף כב:) ושאין בו ביטול מלאכה לעם כגון ר"ח וחולו של מועד קורין ארבעה ורגילין לומר שהוסיף המקום י"ט לנשים בר"ח בשכר שלא נתרצו על מעשה העגל כשאמר להם אהרן (שמות לב) פרקו נזמי הזהב אשר באזני נשיכם וגו' ויתפרקו כל העם וגו' אשר באזניהם אבל דנשיהם לא הביאו שלא רצו הנשים ליתן* :

ארבעה מיני ארזים · תימה דבפרק לולב הגזול (סוכה דף לז. ושם) א"ר יהודה סוכה אינה נוהגת אלא בארבעה מינים שבלולב ופריך עלה מהא דמכשר ר"י לסכך בנסרים של ארז שאין בהם [ארבעה על ארבעה] ומשני מאי ארז הדס כדאמר רבה בר רב הונא י' מיני ארזים הן והשתא לרב יהודה אמר רב דאמר ארבעה ותו לא מאי איכא למימר ושמא הכא לענין מקח וממכר פליגי אבל כולהו מודו דעשרה מיני ארזין הן °ובירושלמי חשיב עשרים וארבעה :

שטה תורניתא · בפ"ק דע"ז (דף יד. ושם) דאמר מאי אצטרובלין תורניתא לאו היינו תורניתא דהכא דההוא אין לו *עיקר כדמשמע התם והאי דהכא שהוא מין ארז ודאי יש לו שורש ועוד תורניתא הוא דלא מזבן הא שאר אילנות מזבני והתנן (ע"ז דף יט:) אין מוכרים להן במחובר לקרקע דכי האי גונא דייק התם *גבי דקל טב לכך נראה דההיא דהתם מין אדמה כעין טובריאה דפרק א"ר עקיבא (שבת דף נ.) ובפ' האשה שהיא עושה (נדה דף סב.) דאכולהו מייתי לה ההיא דכל שאין לה עיקר :

עץ שמן אפרסמון · והא דכתיב (מלכים א ו) ויעש כרובים עצי שמן ומתרגמינן אעי דזיתא תרי גווני עץ שמן דאפרסמון לאו עץ זית הוא דכתיב בעזרא (נחמיה ח) לאו ההר והביאו עלי זית ועלי עץ שמן ובמסכת תמיד (פ"ב משנה ג) עץ זית פסול למערכה עץ שמן כשר :

ערמונים דולבי · פי' בקונטרס קסטיניי"ר וקשיא דבפרק לולב הגזול* גבי ענפיו חופין את *רובו פריך ואימא דולבא ואמר קא חזינן דלאו הכי הוא ומיהו התם נמי פי' בקונט' קסטיניי"ר :

רבינו חננאל

עשרה מיני ארזים הן שנאמר אתן במדבר ארז ושטה וגו' א"ר יוחנן כל המלמד תורה ומלמדה במקום שאין בו תורה דומה להדס במדבר כל דאתי שקיל מיניה אוי להן לעובדי כוכבים שאין להן תקנה שנאמר תחת הנחשת אביא זהב וגו' תחת ר' עקיבא וחביריו מי מביאין והיינו דכתיב ונקיתי דמם לא נקיתי

הגהות הב"ח

(א) גמ' ציון מדבר היתה ירושלים שממה ואמר רבי יוחנן : (ב) רש"י ד"ה ועבדינן וד"ה מידע ידעי הד"א : (ג) ד"ה ונקיתי דמם כו' משאר עונות לא אנקה מדמם :

[וכ"כ רש"י במגלה כב: ד"ה ראשי חדשים ע"ש וקצ"ע אפרש"י דסכא ועיע תוס' חגיגה יח. ד"ה תוס"מ ותוס' שבת כד: ד"ה דלמא]

[גי' הערוך בערך מד ב' אמודאי פי' בלשון יון איש בקי לצלול במים אדירים עד הגיעו אל חול אשר בקרקע הים]

פי' רש"י שבת ל. ד"ה שיש לו עיקר ומה שרשמנו שם על הגליון

גליון הש"ס

תוס' ד"ה ארבעה מיני ארזים וכו' ובירושלמי חשיב כ"ד · וכן הוא במ"ר שמות פרשה לה :

[סנהדרין קח.] תענית כה: סוכה לז. ב"ב פ. [יומא עז: ע"ש] ר"ה דליכא דליתהני מיניה · פי"ה לכל ומאן דשקיל מיניה שקיל · סוכה לב: ושם · [צ"ל עלו]

תורה אור · ישעיה מא · ישעיה לג · ישעיה ס · יואל ד

עין משפט נר מצוה

ז א מיי' פ"ב מהלכות קדוש החדש הלכה ז:

ח ב ג מיי' פכ"ז מהל' שבת הלכה כ עז סמג לאוין סה טוש"ע א"ח סימן תז סעיף א וסעיף ג:

ט ד מיי' פ"ב מהלכות קדוש החדש הלכה ז:

י ה מיי' שם הלכה ד:

יא ו מיי' שם הלכה ו:

זו בירם מאי גולה אמר רב יוסף זו פומבדיתא מאי כמדורות האש תנא כל אחד ואחד נוטל אבוקה בידו ועולה לראש גגו [א] תניא ר"ש בן אלעזר אומר אף חרים וכייר וגדר וחברותי' איכא דאמרי ביני וביני הוו קיימי א"ד להדך גיסא דארץ ישראל הוו קיימי מר חשיב דהאי גיסא ומר חשיב דהאי גיסא א"ר יוחנן בין כל אחת ואחת שמונה פרסאות כמה הוו להו תלתין ותרתין והא האידנא טובא הוו אמר אביי *אסתתומי אסתתום להו דרכי דכתיב °לכן הנני שך את דרכך בסירים (ה) [א] רב נחמן בר יצחק אמר מהכא דכתיב °נתיבותי עוה:

מתני' חצר גדולה היתה בירושלים ובית יעזק היתה נקראת *ולשם כל העדים מתכנסין ובית דין בודקין אותם שם וסעודות גדולות עושין להם בשביל שיהו רגילין לבא בראשונה *לא היו זזין משם כל היום °התקין רבן גמליאל הזקן שיהו מהלכין אלפים אמה לכל רוח ולא אלו בלבד אלא אף חכמה הבאה ליילד והבא להציל מן הדליקה ומן הגייס ומן הנהר ומן המפולת הרי אלו כאנשי העיר ויש להם אלפים לכל רוח:

גמ' איבעיא להו בית יעזק תנן או בית יזק תנן בית יעזק תנן לישנא מעליא הוא דכתיב °ויעזקהו ויסקלהו או דלמא בית יזק תנן לישנא דצערא הוא כדכתיב °והוא אסור באזיקים אמר אביי ת"ש סעודות גדולות היו עושין להם כדי שיהו רגילים לבוא דלמא תרתי הוו עבדי בהו:

מתני' *כיצד בודקין את העדים זוג שבא ראשון בודקין אותו ראשון ומכניסין את הגדול שבהן ואומרין לו אמור כיצד ראית את הלבנה °לפני החמה או לאחר החמה לצפונה או לדרומה כמה היה גבוה ולאין היה נוטה וכמה היה רחב אם אמר לפני החמה לא אמר כלום *ואח"כ היו מכניסין את השני ובודקין אותו אם נמצאו דבריהם מכוונים עדותן קיימת ושאר כל הזוגות שואלין אותן ראשי דברים לא שהיו צריכים להם אלא כדי שלא יצאו בפחי נפש בשביל שיהו רגילים לבוא:

גמ' היינו לפני החמה היינו לצפונה היינו לאחר החמה היינו לדרומה אמר אביי פגימתה לפני החמה או לאחר החמה אם אמר לפני החמה לא אמר כלום דא"ר יוחנן מאי דכתיב °המשל ופחד עמו עושה שלום במרומיו מעולם לא ראתה חמה פגימתה של לבנה ולא פגימתה של קשת פגימתה של לבנה דחלשה דעתה פגימתה של קשת דלא לימרו עובדי החמה גירי:

אף חרים וכייר וגדר · הן משיאין המשואות בראשי הרים שלהן: **ביני ביני** · דהנך דמתני' הוו קיימין הנך: **בהדך גיסא** · [של] א"י לצד בבל שני לדרים של א"י נמשכין לצד בבל: **בין כל אחת ואחת** · דהנך דמתניתין: **אסתתום דרכי** · ואותו ההולכין לדרך עקלתון: **בסירים** · קוצים: **מתני' חצר גדולה היתה בירושלים כו' כל העדים מתכנסין** · ביום השבת שחללוהו לבוא ולהעיד: **לא היו זזין משם** · לפי שיצאו חוץ לתחום והיוצא חוץ לתחום אין לו אלא ד' אמות: **מן הנהר** · שהוא גדל ומתפשט ושוטף את בני העיר ואת הילדים: **גמ' ויעזקהו** · סייגו בגדר אבנים סביב סביב בעיגול כמו טבעת: **לישנא דצערא** · על שם שאסורין כאלו בזיקין שאין זזין משם כל היום: **סעודות גדולות** · אלמא לא הוה להו צערא: **מתני' כיצד בודקין את העדים כו' לפני החמה** · החמה הולכת לעולם ממזרח לדרום ומדרום למערב וממערב לצפון שנאמר (קהלת א) הולך אל דרום וסובב אל צפון והלבנה אינה נראית ביום שלשים לעולם אלא סמוך לשקיעת החמה שמתוך שהיא דקה וקטנה אינה נראית בעוד שהחמה בגבורתה מדלא קתני למזרחה או למערבה שמע מינה אין נראית להם בדרום וקא ס"ד שהיו שואלין את העדים אם רואה מהלכת לפני החמה או לאחריה לצפונה של חמה ראיתם אותה או לדרומה של חמה ובגמרא פריך לפני החמה היינו לצפונה שהרי אין נכון לבדוק ולשאול אם לדרומה (ג) אלא בזמן שמשקיעין החמה והלבנה במערב שאם הם בדרום אינה יכולה להיות לא לצפונה ולא לדרומה אלא או למזרחה או למערבה ושכן במערב אם לפני החמה היא זהו לצפונה שהרי לצד צפון הם הולכין ואם לאחריה היא הרי זה לצד דרום: **כמה היה גבוה** · מן הארץ לפי ראיית עיניכם: **ולאין היה נוטה** · ראשי הפגימה לאיזה צד נוטין לצד צפון כזה () או לצד דרום כזה (): **אם אמר לפני החמה לא אמר כלום** · מפרש בגמרא: **גמ' היינו לפני החמה היינו לצפונה** · הא חדא מילתא היא כדפרישית לעיל: **פגימתה לפני החמה** · פונה לצד החמה או לצד אחר ועלה קתני סיפא אם אמר לפני החמה לא אמר כלום דמעולם לא ראתה חמה פגימתה של לבנה: **דלא לימרו עובדיה** · העובדין את החמה:

זו בירם · משמע כאן שהוא מארץ ישראל וכן מפרש ר"ח בקדושין (דף עג.) גבי מיחסי דפומבדיתא מבירם נסבי: **כמה הוו להו תלתין ותרתין** · תימה בזמן שבית המקדש קיים נמי מרחקי טובא כדמוכח בפ"ק דתענית (דף י.) שהיה מהלך ט"ו יום מירושלים עד סופה של כל א"י גבי כדי שיהא מגיע האחרון שבא"י לנהר פרת וזה היה לצד בבל דפרת לצד בבל הוא ואין לחלק בין מקדש ראשון למקדש שני כדמשמע בפרק אלו מציאות (ב"מ דף כח. ושם) וצריך לומר דרצועה נפקא לא"י מצד אחד עד פרת חוץ מבבל וקשה היאך אפשר שירושלים הויא טבור של א"י שהיא ד' מאות פרסה על ד' מאות לכל צד הרי מהלך שני מאות לכל צד הרי מהלך עשרים ימים לאחרון שבירושלים ממהלך עשר פרסאות (ג) ועוד הרי ירדן מן המזרח מהלך יום אחד מן המזרח לירושלים והוא קצה א"י: **לא היו זזים משם** · לפי שהיוצא חוץ לתחום אין לו אלא ד' אמות וכל החצר חשובה כד' אמות כדתנן בפרק מי שהוציאוהו (עירובין דף מה:) נתנוהו בדיר וסהר וכו' והא דמשמע בההוא פירקא (דף מז: ושם) גבי דיכריא דאתו למברכתא שכל העיר חשובה להם כד' אמות היינו בעיר המוקפת מחיצות והכא בירושלים לאחר שפרצו בה יוונים פרצות דחשיב' כרשות הרבים כדאיתא פרק המוצא תפילין (עירובין דף קא.) ומיהו אשכחן עיר דחשובה כד"א אף בלא מחיצות כדתנן בפרק כילד מעברין (שם דף נז.) נותנין קרפף לעיר עוד תנן (שם דף ס.) הנותן עירובו בתוך עיבורה של עיר לא עשה ולא כלום ואם לנכנס יוצא חוץ לתחום כמי נותנין לו כל העיר כולה עם עיבורה כד' אמות אם כן בלא מחיצות נמי תחשיב כולה כד' אמות: **שיהו מהלכין** אלפים אמה לכל רוח · הא דלא חשיב לה בפ"ק דביצה (דף יא:) גבי דברים שהתירו סופן משום תחילתן משום דבהך לא קשה לן מידי דמתניתין היא *דאכל הני דהתם פריך תנינא ומשני להו: **או** דילמא לישנא דצערא · פירש בקונטרס משום שעל שם שאסורין כאילו בזיקין שאינן זזים משם כל היום כולו והיינו קודם דאתקין רבן גמליאל שיהו מהלכין אלפים אמה לכל רוח וקשיא מאי מייתי מסעודות גדולות הא ע"כ קודם ר"ג הכי הוה לכך נראה דמיבעי ליה אי אותו מקום צר להם או מרווח ומייתי ראיה דמרווח ואם תאמר כיון דאיסור שבת עלייהו היאך יוצאין מחצר לחצר י"ל כיון דקודם דפרצו בה היו יכולים ללכת בכל העיר גם עתה משנפרצה אלא כמה מבואות וחצרות פתוחים לאותו חצר שהיו [רשאין] להלך בהן כארבע אמות:

רבינו חננאל

וגו': בלתין זו בירם גולה זו פומבדיתא ומוליך ומביא ומעלה ומוריד עד שיתברר לרואה שהן משואות ולא היו זזין עד שהיו רואין בני פומבדיתא שעושין בגגותיהן כך · תניא בראשונה היו משיאין משואות בראש ההרים הגבוהין בהר המשחה ובסרטבא ובגרופינא ובתבור ובחורן ובלתין ר' שמעון בן אלעזר אומר אפחרים וכייר וגדר וחברותיה איכא דאמרי ביני ביני הוו קיימי · ר' שמעון בן אלעזר חשיב להו על הסדר · ת"ק לא חשיב הני דביני ביני · איכא דאמרי הר המשחה סרטב' והני כולהי דת"ק קיימי בחד גיסא דא"י והני דתני ר' שמעון קיימי באידך גיסא ות"ק חשיב באידך גיסא ורבי שמעון בן אלעזר דתני אף הרים כו' חשיב דהאי גיסא ודהאי גיסא א"ר יוחנן ובין כל אחד ואחד ח' פרסי · ל"ב מילי והאידנא טובא איכא בינייהו אמר אביי איסתומי איסתתום כלו' הדרך הנכוחה נסתתמה שנאמר הנני שך את דרכך בסירים וכתיב נתיבותי עוה: מתני' כיצד ראית את הלבנה לפני החמה או לאחר החמה לצפונה או לדרומה כו' ואקשינן לפני החמה היינו לצפונה וכיון שפני החמה לצפונה אחר החמה לדרומה · ופריק אביי תנא פגימת הלבנה קאי · והכי קאמר פגימת הלבנה לפני החמה היתה ורואה חמה פגימתה או לא ואם אמר לפני החמה היתה והפגימה כנגד החמה היא · עד שקר הוא כר' יוחנן דאמר מ"ד עושה שלום במרומיו מעולם [לא] ראתה חמה פגימתה של לבנה משום חלישות דעתה ואם אמר פגימתה אחר החמה דבריו קיימין וכן הלכתא הקשת אין פגימתה אחר החמה והא היתה מכוונת כנגד החמה שלא יאמרו המזלות

מסורת הש"ס

תורה אור

[עירובין מה.]

[וע' תוס' ב"מ כח. ד"ה ממשם עשר]

הגהות הב"ח

(א) גמרא שך את דרכך בסירים וגדרתי את גדרה ונתיבותיה לא תמצא ר"נ בר"י אמר מהכא דכתיב גדר דרכי בגזית נתיבותי עוה: (ב) רש"י ד"ה כילד בודקין כו' ולשאול אם לדרומה אלא בזמן שמשקיעין: (ג) תוס' ד"ה כמה כו' ממהלך עשר פרסאות ליום ועוד הרי:

הגהות הגר"א

[א] תנא רשב"א הרי מכייר כצ"ל וכן בין ערי יסודה ביהושע יד [לא] מלאתי שם וכ"ל דכצ"ל תניא רשב"א אומר אף הרי מכוור וגדור וכו' וכ"ל בירושלמי דפרקין ובירושלמי פ"ט דשביעית ע"ש, [בכתובות כה"ע אשר לפנינו נמצא זו ליתא]

הגהות מהר"י לנדא

[א] גמ' דכתיב לכן הנני שך את דרכך בסירים וגו' כצ"ל:

גליון הש"ס

גמ' אסתתומי אסתתום · ע' פסחים לג ע"ב תוס' ד"ה רב יהודה אמר: תוספות ד"ה שיהו מהלכין וכו' · דאכל הני דהתם פריך · עיין יומא עז ע"ב · מו"ק ז ע"א:

§ מסכת ראש השנה דף כג: §

אות א'

ולשם כל העדים מתכנסין ובית דין בודקין אותם שם, וסעודות גדולות עושין להם בשביל שיהו רגילין לבא

רמב"ם פ"ב מהל' קידוש החדש ה"ז - כיצד מקבלין עדות החדש, כל מי שראוי להעיד שראה את הירח בא לב"ד, [א]ובית דין מכניסים אותן כולן למקום אחד, ועושין להן סעודות גדולות כדי שיהיו העם רגילין לבא.

אות ב' - ג'

התקין רבן גמליאל הזקן שיהו מהלכין אלפים אמה לכל רוח אלא אף חכמה הבאה ליילד, והבא להציל מן הדליקה ומן הגייס ומן הנהר ומן המפולת, הרי אלו כאנשי העיר ויש להם אלפים לכל רוח

סימן תז ס"א - [ב]מי שיצא חוץ לתחום ברשות, כגון חכמה הבאה לילד, וכיוצא בזה - דבר שמותר לצאת בשבילו, כגון שארי ענין פקוח נפש וכדלקמיה בס"ג, **וכן** היוצא בשביל עדות לקידוש החודש, בזמן שקדשו ע"פ ראיה, **יש לו אלפים אמה לכל רוח באותו מקום שהגיע לו** - אף לאחר שכבר עשה המצוה ההיא, דהתקינו לו זה, דאם לא יהיה רשאי לזוז ממקומו, ימנע עצמו שלא לצאת עוד.

ואם היו מובלעין אלפים אלו בתוך תחומו שיצא משם, רשאי לחזור לביתו, ויש לו אלפים סביב ביתו, [א"ר, **ונראה** פשוט דאם עוד צריך לצאת משם בשביל המצוה, מותר לחזור לאותו מקום. **וכתב** עוד, דה"ה אם החזירוהו עו"ג לתחומו, או שהיה צריך ליכנס לתחומו משום שהוצרך לנקביו, הרי הוא כאלו לא יצא, וכההיא דלעיל לענין אונס, וכ"ש בזה דברשות].

ואם הגיע לעיר, הרי הוא כאנשי העיר, ויש לו אלפים לכל רוח חוץ לעיר - דעשאוהו כאלו שבת בה בין השמשות, דכל העיר לו כד"א, [**ומשמע** דאף באינה מוקפת מחיצות, כיון דחשבינן ליה כאנשי העיר].

[**ודע** עוד, דדינא דשו"ע דהעיר אינה נחשבת לו בחשבון אלפים, הוא דוקא שבשביל ענין דבר מצוה ההיא הגיע לעיר, **אבל** אם רק האלפים שנתנו לו חכמים מסביב היו מובלעין בתוך העיר, אין לו להלוך בתוך העיר אלא עד תשלום מדת אלפים שלו].

(וע"ל סוף סי' רמ"ח) - מענין יוצא בע"ש לדבר מצוה, וע"ש במ"ב מה שכתבנו בענין זה.

סימן תז ס"ג - [ג]כל היוצאים להציל נפשות ישראל מיד עובדי כוכבים, או מן הנהר או מן המפולת, יש להם אלפים אמה לכל רוח ממקום שהצילו בו.

אות ד'

כיצד בודקין את העדים, זוג שבא ראשון בודקין אותו ראשון וכו'

רמב"ם פ"ב מהל' קידוש החדש ה"ז - וזוג שבא ראשון בודקין אותו ראשון בבדיקות שאמרנו, מכניסין את הגדול ושואלין אותו.

אות ה'

לפני החמה או לאחר החמה וכו'

רמב"ם פ"ב מהל' קידוש החדש ה"ד - בית דין מחשבין בדרכים שהאצטגנינין מחשבין בהם, ויודעין הלבנה כשתראה בחדש זה אם תהיה בצפון השמש או בדרומה, ואם תהיה רחבה או קצרה, ולהיכן יהיו ראשי קרניה נוטין, וכשיבאו העדים להעיד, בודקין אותם כיצד ראיתם אותה, בצפון או בדרום, להיכן היו קרניה נוטות, כמה היתה גבוהה בראיית עיניכם, וכמה היתה רחבה; אם נמצאו דבריהם מכוונין למה שנודע בחשבון, מקבלין אותם, ואם לא נמצאו דבריהם מכוונין, אין מקבלין אותם.

אות ו'

ואחר כך היו מכניסין את השני ובודקין אותו וכו'

רמב"ם פ"ב מהל' קידוש החדש ה"ז - נמצאו דבריו מכוונים לחשבון, מכניסים את חברו, נמצאו דבריהם מכוונין, עדותן קיימת; ושאר כל הזוגות שואלין אותם ראשי דברים, לא שצריכים להם, אלא כדי שלא יצאו בפחי נפש, כדי שיהיו רגילין לבא.

באר הגולה

א ידעת רבנו, דתמיד היו מתכנסים שם, כי שם ישבו הב"ד שבודקין אותן, **אבל** דעת רש"י שרק בשבת היו מתכנסין שם, לפי שיצאו מחוץ לתחום ואסור להם לצאת מחצר זו כל השבת, אבל בחול א"צ להתכנס שם, **וגם** בשבת אחר שתיקן ר"ג שיש להן אלפים אמה לכל רוח, כמש"כ רבנו בפכ"ז משבת הט"ז, א"צ להתכנס שם – שקל הקודש ב מדברי הרמב"ם פרק כ"ז מה"ש הי"ז, ממשנה דראש השנה כ"ג, הובא בעירובין מ"ה ג שם במשנה וכהני תרי אוקימתא הא דרב והא דרב נחמן בר יצחק, שם בגמרא מ"ה, הרא"ש שם ורמב"ם פרק כ"ז מהל' שבת שם

§ מסכת ראש השנה דף כד. §

אות א׳ – ב׳

אחד אומר גבוה שתי מרדעות ואחד אומר שלשה ראינוהו במים ראינוהו בעששית ראינוהו בעבים

רמב״ם פ״ב מהל׳ קידוש החדש ה״ה - אמרו העדים: ראינוהו במים או בעבים או בעששית, או שראו מקצתו ברקיע ומקצתו בעבים או במים או בעששית, אין זו ראייה ואין מקדשין על ראייה זאת. אמר אחד ראיתיו גבוה בעיני כמו שתי קומות, ואמר השני כמו שלש קומות היה גבוה, מצטרפין; אמר האחד כמו שלש קומות, והשני אומר כמו חמש קומות, אין מצטרפין; ומצטרף אחד מהם עם שני שיעיד כמותו, או יהיה ביניהן קומה אחת.

אות ג׳

ראינוהו ושוב לא ראינוהו, אין מעידין עליו

רמב״ם פ״ב מהל׳ קידוש החדש ה״ו - אמרו ראינוהו בלא כוונה, וכיון שהתבוננו בו ונתכוננו לראותו להעיד, שוב לא ראינוהו, אין זו עדות ואין מקדשין עליה, שמא עבים נתקשרו ונראו כלבנה וכלו והלכו להם.

אות ד׳ – ה׳ – ו׳

ראש ב״ד אומר מקודש וכל העם עונין אחריו מקודש מקודש רבי אלעזר ברבי צדוק אומר, אם לא נראה בזמנו וכו׳ ראוהו בית דין וכל ישראל נחקרו העדים וכו׳

רמב״ם פ״ב מה׳ קידוש החדש ה״ח - ואח״כ אחר שתתקיים העדות, ראש ב״ד אומר: מקודש, וכל העם עונים אחריו: מקודש מקודש... ואין מקדשין אלא חדש שנראה בזמנו. ואין מקדשין אלא ביום, ואם קדשוהו בלילה אינו מקודש; אפי׳ ראוהו ב״ד וכל ישראל, ולא אמרו ב״ד מקודש עד שחשכה ליל ל״א, או שנחקרו העדים ולא הספיקו ב״ד לומר מקודש עד שחשכה ליל ל״א, אין מקדשין אותו, ויהיה החדש מעובר, ולא יהיה ר״ח אלא יום ל״א, אע״פ שנראה בליל ל׳; שאין הראייה קובעת, אלא ב״ד שאמרו מקודש הם שקובעין.

אות ז׳

לא תעשון כדמות שמשיי

טור יו״ד סימן קמא - אבל כולם אסור לעשותם, לא שנא אותם שבמדור שכינה, כגון ד׳ פנים להדי הדדי, לא שנא אותם שבמדור העליון, כגון חיות שרפים ואופנים ומלאכי השרת, לא שנא אותם שבמדור התחתון, כגון חמה ולבנה כוכבים ומזלות, לא שנא צורת אדם לבדו, כולן אסורין.

אות ח׳

לא יעשה אדם בית תבנית היכל וכו׳

יו״ד סימן קמא ס״ח - לא יעשה בית תבנית היכל, כשיעור גבהו וארכו ורחבו - אבל אם נשתנה במקצת מותר - ש״ך.

(**עיין** בתשובת בית אפרים, שנסתפק על איזה היכל קאמר, שהרי היכל בית ראשון היה קומתו שלשים אמה, והיכל בית שני קומתו מ׳ אמה, ודילמא דוקא היכל שרומו ארבעים אסור, דלאחר שנבנה בית שני נשתנה הדין, **והעלה** גם תבנית בית ראשון אסור, ע״ש - פת״ש).

אכסדרה תבנית אולם - אע״ג דאולם היה בו ד׳ מחיצות, ואכסדרה אין לו אלא ג׳ מחיצות, מ״מ כיון שפתחו היה רחב וגבוה מאד, היה נראה כאלו אין לו רק ג׳ מחיצות - ש״ך, **חצר תבנית עזרה, שלחן תבנית שלחן.**

מנורה תבנית מנורה, אבל עושה של ה׳ קנים או של ו׳ או ח׳, אבל של ז׳ לא יעשה אפי׳ משאר מיני מתכות - שאע״פ שאינה של זהב כשרה במקדש, אבל אינה של מתכות, כגון של עץ וכה״ג, שרי, דפסולה במקדש, וכ״ש של חרס דשרי, והיינו דכתבו הט״ו מתכות דוקא - ש״ך, **ואפי׳ בלא גביעים וכפתורים ופרחים, ואפי׳ אינה גבוהה י״ח טפחים** - דכ״ז אינו מעכב, דבדיעבד המנורה כשרה בלא גביעים וכפתורים, וכן אם אינה גבוהה י״ח טפחים -ש״ך.

(**ועיין** בספר בכור שור שתמה על הש״ך, שלא עיין כל הצורך בזה, דהא בשל זהב גביעים וכפתורים ופרחים מעכבים בו, ולדבריו משמע דבשל זהב דמעכב שרי בלא גביעים, **ומש״כ** המחבר ואפילו בלא גביעים, אשלפניו קאי "ואפי׳ משאר מיני מתכות", אבל בזהב שרי - רעק״א, **וכבר** כתבתי דאינו כן, **אם** לא שנדחוק לפרש דברי הש״ך דה״ק, כיון דאינו מעכב בשל שאר מינים, מקרי תבנית אפילו בשל זהב דמעכב, **אבל** דוחק הוא לפרש כן, ע״ש).

(**עיין** בספר בכור שור שכתב, בענין אשר חדשים מקרוב באו עושים כוונים למלאכת מנורת המקדש בשינוי עמידת הקנים, דהיינו שעושים ז׳ קנים, וששה מהם מעמידים בדמות עיגול או משולש או מרובע אלו נגד אלו, וא׳ באמצע, **דיש** למחות בידם, דכל דבר שאינו מעכב במנורה, אינו מעכב באיסור עשיית תבניתה, ולא מצינו שיעכב במנורה סדר עמידת הקנים, **ועוד** אני אומר דכל שעושה ז׳ קנים, אפילו חסר איזה דבר המעכב, אסור כו׳, וכיון שכן כ״ש אין להקל במידי דלא מעכב כלל, והוא סדר עמידת הקנים, ע״ש, **ועיין** בספר משנת חכמים, שדעתו נוטה להתיר בכה״ג שעושה הקנים בעיגול, וכן במנורות שנעשין על נרות ולא על שמן, **עיין** שם שאין דבריו מוכרחים, ויש להחמיר מאחר שהוא איסור תורה, כדמשמע בש״ס ע״ז ד׳ מ״ג, וכמ״ש בתוספות שם - פת״ש).

(**עיין** בספר תפארת למשה שכתב, דאם עובד כוכבים עשאה לו, מותר לדור בבית ולהשתמש במנורה ושולחן - פת״ש).

גירי קא משדייא: כמה היה גבוה ולאין היה נוטה כו': תנא חדא לצפונה דבריו קיימין לדרומה לא אמר כלום והתניא *איפכא לדרומה דבריו קיימין לצפונה לא אמר כלום לא קשיא כאן בימות החמה כאן בימות הגשמים ת"ר **אחד אומר גבוה ב' מרדעות ואחד אומר ג' עדותן קיימת אחד אומר ג' ואחד אומר ה' עדותן בטילה אבל מצטרפין לעדות אחרת ת"ר ראינוהו במים ראינוהו בעששית ראינוהו בעבים אין מעידין עליו חציו במים חציו בעבים חציו בעששית אין מעידין עליו השתא כולו אמרת לא חציו מבעיא אלא ה"ק חציו במים חציו ברקיע חציו בעבים חציו ברקיע חציו בעששית חציו ברקיע אין מעידין ת"ר ראינוהו ושוב לא ראינוהו אין מעידין עליו כל הכי חזו לה ואזלי אמר אביי ה"ק ראינוהו מאלינו ושבנו לראותו מדעתנו ולא ראינוהו אין מעידין עליו מאי טעמא אימור *כוביתא דעיבא בעלמא הוא דחזי: מתני' ראש ב"ד אומר מקודש וכל העם עונין אחריו מקודש מקודש בין שנראה בזמנו בין שלא נראה בזמנו מקדשין אותו *ר"א בר' צדוק אומר אם לא נראה בזמנו אין מקדשין אותו שכבר קידשוהו שמים: גמ' ראש ב"ד כו': מנהני מילי א"ר חייא בר גמדא א"ר יוסי בן שאול אמר רבי אמר קרא וידבר משה את מועדי ה' מכאן שראש ב"ד אומר מקודש: וכל העם עונין אחריו מקודש מקודש: מנלן אמר רב פפא אמר קרא אשר תקראו אותם קרי ביה אתם ר"נ בר יצחק אמר אלה הם מועדי הם יאמרו מועדי מקודש מקודש תרי זימני למה לי דכתיב מקראי קודש: ר"א בר' צדוק אומר אם לא נראה בזמנו אין מקדשין אותו: תניא *פלימו אומר בזמנו אין מקדשין אותו שלא בזמנו מקדשין אותו ר"א [בר"ש] אומר בין כך ובין כך אין מקדשין אותו שנאמר וקדשתם את שנת החמשים א) *שנים אתה מקדש ואי אתה מקדש חדשים א"ר יהודה אמר שמואל הלכה כר' אלעזר בר' צדוק אמר אביי אף אנן נמי תנינא *ראוהו בית דין וכל ישראל נחקרו העדים ולא הספיקו לומר מקודש עד שחשיכה הרי זה מעובר אין מקודש לא מעובר איצטריכא ליה ס"ד אמינא הואיל וראוהו בית דין וכל ישראל איפרסמא ולא ליעברוה קמ"ל: מתני' דמות צורות לבנה היו לו לרבן גמליאל בטבלא ובכותל בעלייתו שבהן מראה את ההדיוטות ואומר הכזה ראית או כזה: גמ' *ומי שרי והכתיב לא תעשון אתי לא תעשון כדמות שמשיי אמר אביי לא אסרה תורה אלא שמשין שאפשר לעשות כמותן כדתניא *לא יעשה אדם בית תבנית היכל אכסדרה תבנית אולם חצר כנגד עזרה שלחן כנגד שלחן מנורה כנגד מנורה אבל עושה של

רש"י

גירי קא משדייא. החמה הואת הגיס היא יורה להלחם בכופרין בה שהיורה בקשת טותן פגימת הקשת לצד פניו: **כאן בימות החמה כאן בימות הגשמים.** בימות החמה כגון ביום ארוך של תקופת תמוז חמה שוקעת לסוף מערב לצד צפון כדתניא בעירובין (דף נו.) חמה יוצאת ביום ארוך ושוקעת ביום ארוך זהו פני צפון חמה יוצאת ביום קצר ושוקעת ביום קצר זהו פני דרום ניסן ותשרי חמה יוצאת בחצי מזרח ושוקעת בחצי מערב תקופת ניסן היום והלילה שוין חמה יוצאת בחצי מזרח ומהלכת חצי מזרח וכל דרום וחצי מערב ושוקעת ובלילה סובבת למעלה מן הכיפה חצי מערב וכל צפון וחצי מזרח וזורחת ולמחרת התחיל היום להיות זורח מעט מכנגד חצי מזרח לצד צפון ושוקע להלן מחצי מערב לצד צפון וכן כל יום ויום נמשכת מעט בין בזריחה בין בשקיעה וכשמגיע יום תקופת תמוז היא זורחת בקרן מזרחית צפונית ומהלכת ג' רוחות ושוקעת בקרן צפונית מערבית ומשם ואילך הימים מתמעטין והחמה נמשכת מעט מעט בזריחתה ובשקיעתה לצד דרום וכשמגיע תקופת תשרי יוצאת בחצי מזרח ושוקעת בחצי מערב והיום והלילה שוין ועוד מושכת והולכת לצד דרום עד תקופת טבת ואותו היום יוצאת בקרן מזרחית דרומית ושוקעת בקרן דרומית מערבית ומשם ואילך נמשכת לאחוריה לצד צפון לזריחתה מרבה הילוכה לצד צפון מעט ושוקעת וכן תמיד עד תקופת ניסן שיוצאת בחצי מזרח ושוקעת בחצי מערב נמצאת בימות החמה מהלכת רוב רוח מערבית לפני שקיעתה ופעמים כולה וכל ימות הגשמים אינה מהלכת אלא מיעוט מערב ופעמים שאינה נכנסת בו אלא דבר מועט והלבנה לעולם בחידושה בקרן מערבית דרומית הלכך בימות הגשמים שאין החמה נכנסת למערב אלא בשקיעתה הלבנה קודמת לתוך המערב נמצאת לבנה בצפון ובימות החמה שהחמה במערב הרבה היא קודמת הלבנה ברוב החדשים לצד צפון נמצאת לבנה בדרום: **אבל מצטרפין לעדות אחרת.** אחד מהן מצטרף עם עד אחר שיאמר כמותו: **ראינוהו במים.** תוך נהר או מעין ראינו דמותה של לבנה: **בעבים.** יום המעונן היה וראיתה מאירה לכך עוביו של עב: **עששית.** קנדיל"א בלע"ז: **כל הכי חזו ואזלי.** בתמיה מאחר שראוהו למה לא יעידו וכי לעולם הם צריכים לראותו: **מדעתנו.** כדי להעיד עליו: **כוביתא דעיבא.** עיגול של עב לבן: **מתני' ראש ב"ד אומר מקודש כו': גמ' מקראי קדש.** תרי זימני משמע: **ר' אלעזר בר' צדוק אומר כו': בזמנו אין מקדשין אותו.** שאינו צריך חיזוק: **מעובר אין.** דמשמע משחשיכה נתעבר: **אבל מקודש לא.** קתני הרי זה מתקדש למחר: **מעובר איצטריכא ליה.** כלומר לעולם למחר בעי קידוש והאי דלא תנייה משום דאיצטריכא לאשמועינן מעובר: **דסלקא דעתך אמינא הואיל וכזמנו ראוהו.** סד"א לא ליעברוה ואי תנא הרי זה מתקדש למחר הוה אמינא לעולם מיומא קמא מתקנינן מועדותיה: **מתני' דמות צורות לבנה: גמ' לא תעשון אתי.** צורות העומדים אתי: של

תוספות

גירי קא משדייא. בלבנה אין לחוש אם רואה פגימת הקשת דאין קשת אלא ביום ואין הלבנה כשרגא בטיהרא ולא אמרי עובדיה גירי קא משדייא: **תני** חדא לצפונה דבריו קיימין. קשה לי דדריש ר' יוחנן לעיל (דף כג:) עושה שלום במרומיו מעולם לא ראתה חמה פגימתה של לבנה וכשהלבנה לפני החמה ופגימת הלבנה בחידושה לעולם כלפי מזרח וכו רואה החמה פגימותיה ור' אליא בר שלמה מגורגו"ש הראי דבשני גלגלים [הם] חמה ולבנה ויכולה להיות ראיית הלבנה לפני החמה וחמה אינה רואה פגימותיה שגלגל הלבנה למטה מגלגל החמה שהוא למעלה ממנו ולחכמי המזלות זה פשוט: **אבל** מצטרפין לעדות. למ"ד (שבועות דף מז:) בב' כתי עדים המכחישות זו את זו זו באה בפני עצמה ומעידה וזו באה בפני עצמה ומעידה ניחא דמצטרפין לעדות ממון אבל למ"ד בהדי סהדי שקרי למה לי היאך מצטרפין לשום עדות אפילו לעדות החדש לכן דחק בקונט' לפרש אחד מהן מצטרף עם אחר שיאמר כמותו ובעדות של חדש זה איירי והא דקתני לעדות אחרת הייט כלומר דמצטרף עם אחרים דנעשה עדות אחרת והכי מפרש לה בהדיא בסוף פרק כל הנשבעין (שם דף מח.) משום דהוה ליה חד ואין דבריו של חד במקום שנים: **בדמות** שמשיי. בהיכל ואולם מוקי לה ול"ג המשמשין לפני במרום: **אכסדרה** תבנית אולם. שם אכסדרה אין בו כי אם ג' מחיצות ורביעית פרוצה במלואה כדמשמע בפ' לא יחפור (ב"ב דף כה. ושם) דקאמר עולם דומה לאכסדרה ורוח צפונית אינה מסובבת והא דקתני אכסדרה תבנית אולם לפי שהיתה פתחו גדולה קרי ליה אכסדרה אע"פ שלא היה במלואה דה"ל גיפופי ט"ו אמה מכאן וט"ו אמה מכאן וכדתנן במדות (פ"ד מ"ז) ושמא לפי שהיה שם בית החליפות וכותל מפסיק במלואו בפנים: שפודים

רבינו חננאל

מורין בחצים. תני חדא לצפונה דבריו קיימין לדרומה לא אמר כלום. ותניא איפכא. ופרקינן ל"ק כאן בימות החמה כאן בימות הגשמים. פי' דרך השמש ביום מהלך בדרו' וסובב בצפון בלילה שנאמר הולך אל דרום וסובב אל צפון. וגרסינן בעירובין פרק כיצד מעברין את הערים כיצד חמה יוצאה ביום ארוך ושוקעת ביום ארוך זהו פני צפון. חמה יוצאה ביום קצר ושוקעת ביום קצר זהו פני דרום בתקופת ניסן ובתקופת תשרי חמה יוצאה בחצי מזרח ושוקעת בחצי מערב. ש"מ כי מתקופת טבת עד תקופת תמוז חמה מהלכת ביום *) מקרן מזרחית צפונית וכלפי מזרחית דרומית ולעולם אין הלבנה חדשה נראת אלא אחר שקיעת החמה וכשעולה כלפי דרום אחר החמה צפונה. וזו היא דתני לצפונה דבריו קיימין מתקופת תמוז עד תקופת טבת חוזרת החמה ועולה והולכת**) מרוח דרומי' כלפי רוח צפונית וזו היא דתני לדרומה דבריו קיימין. ומצאנו דברים הללו מפורשים בתלמוד א"י כלשון הזה מאן דתני לצפונה דבריו קיימין מטבת ועד תמוז. ומאן דתני לדרומה דבריו קיימין מתמוז ועד טבת ועל זה הדרך מקשה שבתחלת השמועה לפני החמה היינו לצפונה לאחר החמה היינו לדרומה. תני רשב"י הרקיע של מים וכוכבים של אש ודרין זה עם זה ואין מזיקין זה לזה. א"ר בון המלאך חציו אש וחציו מים ואית ביה ה' גפין ונויתו כתרשיש היינו עושה שלום במרומיו. תני רב ראינוהו במים פי' היו מים לפניו וראה בהן צורת לבנה והרים ראשו לראות הלבנה בשמים ולא ראה כלום. או ראה חציה במים וחציה ברקיע וכן בעבים וכן בעששית אין מעידין עליו עד שיראו אותה ברקיע כדורנה. אבל אם נראית להם פתאום כעין צורת הלבנה וכוונו לראות ראיית עיקר ולא ראה כלום אין מעידין עליו. מ"ט אמרינן כוביתא בעלמא הוא דחזא. כתיב וידבר משה את מועדי ה'. מכאן שראש ב"ד אומר מקודש. אשר תקראו אותם מיכן שעונין אחריו (הן) מקודש. דבעינן תרי זמני מקודש מניין. מדכתיב מקראי קדש ולא כתיב מקרא קדש. בין שנראה בזמנו ליל ל' בין שלא נראה בזמנו אלא ליל ל"א מקדשין אותו. ר' אלעזר ב"ר צדוק אומר אם לא נראה בזמנו אין מקדשין אותו שכבר קידשוהו שמים. אמר רב יהודה אמר שמואל הלכתא כר' אלעזר ב"ר צדוק: [מתני'] דמות צורות לבנות היו לו לרבן גמליאל כו'. ואקשינן ומי שרי למעבד צורת לבנה והכתיב לא תעשון אתי לא תעשון כדמות שמשיי. ופריק אביי לא אסרה תורה [אלא] שמשין שאפשר לעשות כמותן כמו בית תבנית היכל ואכסדרה תבנית אולם

עין משפט נר מצוה

יב א ב מיי' פ"ב מהל' קידוש החודש הלכה ס:

יג ג מיי' שם הלכה ו:

יד ד ה ו מיי' שם הלכה ח:

טו ז מיי' פ"ג מהלכות ע"ז הלכה יא סמג לאוין כב טור יו"ד סי' קמא:

טז ח מיי' פ"ז מהלכות בית הבחירה הלכה י טור וש"ע יו"ד סי' קמא סעיף ח:

מסורת הש"ס

[תוספתא פ"א] — [שם] שבועות מח. — הגהות מהר"י לנדא: א) גמ' שנים אתה מקדש כצ"ל: — [ג' סערוך כוביתא פירוש חתיכה של ענן שהיה דומה ללבנה] — סנהדרין י: — שם ע"ש — [לעיל ח:] — [לקמן כה:] — ע"ז מג. — שם — [יומא כח:] [מנחות כח:] — [יומא]

*) אולי צ"ל מקרן מזרחית דרומית וכלפי מזרחית צפונית כלפי מזרחית דרומית. **) אולי צ"ל מרוח מזרחית צפונית וכו'.

*של חמשה ושל ששה ושל שמונה ושל שבעה לא יעשה אפי' של שאר מיני מתכות רבי יוסי בר יהודה אומר אף של עץ לא יעשה כדרך שעשו מלכי בית חשמונאי אמרו לו *משם ראייה שפודין של ברזל היו וחיפום בבעץ העשירו עשאום של כסף חזרו העשירו עשאום של זהב ושמשין שאי אפשר לעשות כמותן מי שרי והתניא* °לא תעשון אתי לא תעשון כדמות שמשיי המשמשין לפני במרום אמר אביי *לא אסרה תורה אלא *דמות ארבעה פנים בהדי הדדי אלא מעתה פרצוף אדם לחודיה תשתרי אלמה תניא *כל הפרצופות מותרין *חוץ מפרצוף אדם א"ר *הונא בריה דרב אידי מפרקיה דאביי שמיעא לי לא תעשון אתי לא תעשון אותי ושאר שמשין מי שרי והא תניא לא תעשון כדמות שמשיי המשמשין לפני במרום *כגון אופנים ושרפים וחיות הקודש ומלאכי השרת אמר אביי לא אסרה תורה אלא שמשין שבמדור העליון ושבמדור התחתון מי שרי והתניא °אשר בשמים לרבות חמה ולבנה כוכבים ומזלות ממעל לרבות מלאכי השרת כי תניא ההיא לעבדם אי לעבדם אפילו שלשול קטן נמי אין ה"נ דתניא °אשר בארץ לרבות הרים וגבעות ימים ונהרות אפיקים וגאיות מתחת לרבות שלשול קטן ועשייה גרידתא מי שרי והתניא *לא תעשון אתי לא תעשון בדמות שמשיי המשמשין לפני כגון חמה ולבנה כוכבים ומזלות שאני ר"ג דאחרים עשו לו והא רב יהודה דאחרים עשו לו וא"ל שמואל לרב יהודה *שיננא סמי עיניה דדין התם חותמו בולט הוה ומשום חשדא כדתניא *טבעת חותמו בולט אסור להניחה ומותר לחתום בה חותמו שוקע מותר להניחה ואסור לחתום בה ומי חיישינן לחשדא והא ההיא בי כנישתא דשף ויתיב בנהרדעא דהוה ביה אנדרטא והוו עיילי רב ושמואל ואבוה דשמואל ולוי ומצלו התם ולא חיישי לחשדא *רבים שאני והא ר"ג יחיד הוא כיון דנשיא הוא שכיחי רבים גביה איבעית אימא *דפרקים הוה ואיבעית אימא להתלמד עבד וכתיב °לא תלמד לעשות *אבל אתה למד להבין ולהורות:

מתני' מעשה שבאו שנים ואמרו ראינוהו שחרית במזרח וערבית

רש"י

של חמשה. נרות: **ושל ששה.** נרות: **ואפילו של שאר מיני מתכות.** לפי שכיוצא בהן כשירה לפנים כדתניא (מנחות דף כח:) ועשית מנורת כלל זהב טהור פרט מקשה תיעשה חזר וכלל מה הפרט מפורש של מתכת אף כל של מתכת: **אף של עץ לא יעשה.** שכיוצא בה כשירה לפנים דר' יוסי בר' יהודה דריש ליה לקרא בכללי ופרטי ומעוטי מאי רבי רבי כל מילי ומאי מיעט מיעט חרס והכי מפרש לה במנחות (שם): **כדרך שעשו מלכי בית חשמונאי.** כשגברה ידם על היוונים והוציאום מירושלים וטיהרו את המקדש והיו עניים ולא יכלו לעשותה של זהב: **בבעץ.** סטיי"ן בלע"ז: **דמות ארבעה פנים.** לנוף אחד כעין חיות הקודש דהיינו אתי שכסא כבוד רכוב עליהן: **פרצוף אדם לחודיה תשתרי.** שהרי הוא אחד מהן בחיות ואפ"ה אמר עד דאיכא כולהו בהדי הדדי: **שבמדור העליון.** ברקיע שביעי דדייקינן אתי אבל חמה ולבנה וכוכבים ומזלות במדור התחתון הן ברקיע השני כדאמרינן במסכת חגיגה (דף יב:): **שלשול.** תולעת: **אפיקים.** מוצאי מים כיבריי"ש בלע"ז: **אחרים.** נכרים: **והא רב יהודה.** שהיתה לו צורה בטבעתו ואחרים עשאוה וא"ל שמואל דנישקליה מיניה: **סמי עיניה.** כלומר השחת צורתו: **ומשום חשדא.** שלא יאמרו ע"ז היא לו: **אסור להניחה.** באצבעו: **ומותר לחתום בה.** שהחותמה שוקעת: **וכשחותמה שוקע.** חתימה בולטת חותמה בולט המתכת חרות סביב סביב והצורה עומדת כמות שהיא חותמה שוקעת שהצורה חקוקה ומרוחה במתכתה: **דשף ויתיב בנהרדעא.** מקום הוא ושם פותרין שחרב וחזר ובנה ותמיד היתה שכינה מטה שם וכיכניה וגלותו בנאוהו שבאו עמהם מאבני ירושלים ועליהם נאמר (תהלים קב) כי רצו עבדיך את אבניה: **אנדרטא.** צלם דמות המלך: **והא ר"ג יחיד הוא.** ויחוש נמי לחשדא: **מתני' מעשה שבאו שנים כו': ראינוהו שחרית במזרח.** את הישנה וערבית

תוספות

שפודים של ברזל. הא דקרי ליה שפודים משום שלא היו גביעים כפתורים ופרחים אלא א"כ באה זהב כדאי' בהקומץ רבה (מנחות דף כח. ושם): **חוץ** מפרצוף אדם. תימה מאי קושיא דלמא הכא במולא וכדרבא דמוקי לה כר' יהודה בפ' כל הצלמים (ע"ז דף מג: ושם) אבל עשייה שריא וי"ל דסוגיא דהכא כאביי ולית ליה דרבא ומוקי לה בעשייה ולפ"ז מותר לעשות צורת אדם דקיימא לן כרבא לגבי דאביי ומיהו אין ראיה דבלא שום קושיא יכול רבא לדרוש לא תעשון אותי וכן תניא לקמן טבעת שחותמה שקוע אסור לחתום בה: **לא** תעשון אתי. וא"ת ומאי קאמר אלא דמות ארבעה פנים תיפוק ליה משום צורת אדם לחודיה וי"ל כי איכא שאר פרצופין עם אדם שרי טפי א"נ אם מלא צורת אדם אסור להשלים לד' פנים ומיהו קשיא דפרצוף אדם לחודיה תיפוק ליה מכרובים שעל הכפורת וי"ל דלא מקרו שמשיי וכרובים שבשמים לא כתיבה צורתם: **לא** אסרה תורה אלא שמשין שבמדור העליון. הכי הלא מילי דאביי לא הדר ביה בכל זמנא דכולה אמת וה"ק לא אסרה בשמשין של מטה אלא בית תבנית היכל ולהכשירה תבנית אולם ובשמשין התחתונים אסרה חמה ולבנה וכוכבים ובמדור העליון דמות ד' פנים: **ממעל** לרבות מלאכי השרת. למאי דסליק אדעתיה דלאיירי בעשייה הוה מצי לאקשויי דמות שמשיי אלא תעשון נפקא: **שאני** ר"ג דאחרים עשו לו. ואע"ג דבכל מילי אמירה לנכרי שבות כדמוכח בפ"ב דמו"ק (דף יב:) ואפילו בדרבנן איכא שבות ובפרק השוכר את הפועלים (ב"מ דף צ.) יש בעיא אי איכא שבות בלאו גבי חוסם פרה ודש בה הכא לא גזור משום מטה וצריך ליזהר כשמלוין לנכרים ומחמתין החוב בחותם של שעוה שתלוי באגרת דלא סמכינן אדרבא כדפרישית דלא פליג רבא ואם הנכרי מביא לו חותם מעלמו מותר: **סמי** עיניה דדין. אלמא אסור להשהותו שמא יחשדוהו שעשאה ועבר על לא תעשון ור"ג נמי ליתסר ומשני כיון דחותמו בולט חיישינן לחשדא שמא יאמרו ע"ז הוא לו אבל אחשדא דלא תעשון לא חיישינן ומפרש בה"ג דההיא דרב יהודה בצורת דרקון משום דתנן בפרק כל הצלמים (ע"ז דף מג:) מצא כלים ועליהם צורת חמה צורת לבנה דרקון יוליכם לים המלח ומפרש התם משום דהכי חשיבי להו וה"נ חשיב טפי חשדא משאר: **והא** רבן גמליאל יחיד. תימה והא צורה דר"ג לא היתה בולטת וי"ל דמ"מ שייך בה חשדא דגבי לבנה אין חילוק כיון דאיכא בולטת ברקיע: **ראינוהו** במזרח. הישנה וערבית במערב את החדשה עדי שקר הם דקיימא לן (לעיל כ:) כ"ד שעי מיכסי סיהרא כך פירש בקונטרס בשם רבותיו והקשה מדקתני בברייתא פעמים שבא בארוכה ואין לשון ארוכה וקצרה נופל כאן שהרי מתוך קוטנה הישנה נכסית מבני מערב כשהיא במזרח לפני חדושה ופירש בקונטרס דעל החדשה העידו ועדי שקר דקאמר רבי יוחנן בן נורי לפי שבי"ב שעות שביום אין ממהרת לבא מתוך המזרח לתוך המערב וע"ז קאמר פעמים שבא בארוכה ושוהה לבא ודבר תימה הוא מאי ס"ד דר' יוחנן בן נורי למה לא תוכל לילך בי"ב שעות כל רוח דרומית ועדיין מקלה רוח מזרחית ומערבית עמו ובירושלמי משמע כלישנא קמא דקאמר רבי שמלאי טעמא דרבי יוחנן בן נורי כל חדש שנראית קודם ו' שעות אין כח בעין לראות את הישן נראה ישן שחרית לא נראה חדש בין הערבים לא נראה ישן שחרית א"ר חייא בר אבא ולמה קבלם ר"ג שכן מסורת הוא מאבותיו פעמים שבא בארוכה ופעמים מהלך בקצרה ותימה מי פליג המסורת מאבותיו דר"ג אהא דאמר לעיל בסוף פ"ק (דף כ:) כ"ד שעי מיכסי סיהרא למאי נפקא מינה לאכחושי סהדי ושמא יש לחלק בשעות דיש שעות קטנות ביום כגון בתקופת טבת ויש שעות בינוניות כגון בימי ניסן ותשרי ויש גדולות כגון בתקופת תמוז ואי בקטנות או בבינוניות מיכסי סיהרא לבני א"י תמני סרי מעתיקא ושית מחדתא מן הגדולות פעמים מכסיא פורתא כגון דבא בארוכה פעמים דלא מכסיא כגון דבא בקצרה:

רבינו חננאל

אולם וחצר תבנית עזרה ושלחן תבנית שלחן שבהיכל. ומנורה תבנית מנורה בשבעה קנים. אבל עושה של ששה של שמונה. של שבעה לא יעשה אפילו של שאר מיני מתכות. אבל דמות לבנה שאי אפשר לו לאדם לעשות לבנה לא אסרה תורה. ואקשינן תוב והתניא לא תעשון אתי לא תעשון כדמות שמשיי המשמשין לפני במרום וכי אפשר לאדם לעשות דמות חיות הקודש. ופריק אביי לא אסרה תורה אלא דמות ד' פנים כאחד. אי הכי פרצוף אדם לחודיה לשתרי אלמה תניא כל הפרצופות מותרין חוץ מפרצוף אדם. ואסיקנא לא תעשון אתי. פי' לא תעשון אותי כגון דמות אדם שאני מראה לנביאים בחזיונם. כדכתיב ביחזקאל דמות כמראה אדם עליו מלמעל' (אתי). והתניא בהדיא אשר בשמים לרבות חמה ולבנה כו' ודחינן [כי] תניא היא לעבדם היא דתניא ואשר במים מתחת לארץ לא תשתחוה להם ולא תעבדם לרבות שלשול קטן. ועשייה בלא לעבדם שרי והתניא לא תעשון אתי פי' כל שמשין שאתי כגון חמה ולבנה כו'. ופרקינן הוא עצמו אסור לעשות אבל אחרים לא ור"ג אחרים עשו לו. ואסיקנא אם הוא כגון טבעת ותותמו בולט אסור משום חשדא. ומי חיישינן לחשדא והא הוא אנדרטא. פירוש צורת איש דהוה קאי בכנישתא דשף יתב בנהרדעא והוו עיילי רב ושמואל ואבוה דשמואל ולוי ומצלי התם. ופרקינן רבים שאני. כלומר במקום שיש רבים לא חיישינן לחשדא. ור"ג נמי כיון דנשיא הוא רבים שכיחי גביה ולאו יחיד הוא. איכא דאמרי דמות צורת לבנה של חוליות היתה איכא דאמרי להתלמד מותר לא

עין משפט נר מצוה

יז א טוש"ע יו"ד סי' קמא סעיף ד:

יח ב מיי' פ"ג מהלכות ע"ז הלכה י סמג לאוין כב טוש"ע יו"ד סי' קמא סעיף ו:

יט ג ד ה מיי' שם טוש"ע שם סעיף ד:

כ ו מיי' פ"ג מהלכות ע"ז הלכה יא טוש"ע יו"ד שם סעיף ה:

כא ז טוש"ע שם סעיף ד בהג"ה:

כב ח טוש"ע שם סעיף ז:

כג ט טוש"ע שם סעיף ד:

מסורת הש"ס

ע"ז מג. מנחות כח:

[שבת כא: וש"נ]

ע"ז מג.

[שם כל הסוגיא]

[בע"ז מג: אית' רב יהודה בריה דרב יהושע מפירקי' דרבי יהושע שמיע לי וע"ש מג: ובגמ']

[וע"ש איכות תוספות יומא נד. ד"ה כרובים]

[ברכות ט. וש"נ]

[שבת עה. סנהדרין סח. ע"ז יח. מג:]

§ מסכת ראש השנה דף כד: §

אות א'

דמות ארבעה פנים בהדי הדדי

יו"ד סימן קמא ס"ד - [א]אסור לצייר צורות שבמדור שכינה, [ב]כגון ד' פנים בהדי הדדי - פרש"י בע"ז, פני שור ואדם ואריה ונשר לחיה א' דוגמת חיות הקודש, כדכתיב: לא תעשון אתי, השרויות אצלי, ע"כ, **ונראה** דמ"ש שור הוא לאו דוקא, דהא אמרינן בחגיגה, בא יחזקאל והפכו לכרוב, אלא נקט שור משום דבשעה שנאמר המקרא דלא תעשון אתי, היה עדיין שור, **ואה"נ** דהשתא דאיכא כרוב, אסור לעשות ד' פניהם בהדי הדדי, דהא מ"מ בכלל לא תעשון אתי השרויות אצלי הוא, **א"נ** קמ"ל, דאף עתה דאין שור במרכבה, אפ"ה אסור לעשות ד' פנים בהדי הדדי ושור ביניהם, שהיה בשעה שנאמר המקרא - ש"ך.

אות ב'

כל הפרצופות מותרין

יו"ד סימן קמא ס"ו - צורות בהמות, חיות ועופות ודגים, וצורות אילנות ודשאים וכיוצא בהם, מותר לצור אותם - וכ"ש להשהותם - ש"ך, **ואפילו היתה הצורה בולטת** – [מכל מקום כתב בהגהות אשר"י מביאו ב"י בשם רבינו אליקים, דאין לצור בבהכ"נ צורות אלו, שלא יהא נראה כמשתחוה להם – ט"ז].

אות ג' – ד' – ה'

חוץ מפרצוף אדם

כגון אופנים ושרפים וחיות הקודש ומלאכי השרת

לא תעשון אתי... כגון חמה ולבנה כוכבים ומזלות

יו"ד סימן קמא ס"ד - [ג]וכן צורות שרפים ואופנים ומלאכי השרת, וכן צורת אדם לבדו - נפקא מדכתיב: לא תעשון אתי, אותי, כלומר דמות שאני מתראה בו לנביאים, והיינו אדם, **וא"ת** הא דאמרינן לעיל דד' פנים להדדי אסור, תיפוק ליה משום אדם, **כבר** תירצו התוס' בעבודת כוכבים ובר"ה, דאתי לחיובא אף כשמוצא צורת אדם והשלים לד' פנים, וכן תירץ בהגהת סמ"ק, **א"נ** לעבור בשני לאוין. **ובראש** השנה תירצו עוד, דסד"א דאם עשה ד' פנים גרע מאדם לבדו, וכן תירץ הר"ן והרמ"ך - ש"ך. [**וק"ל** דאם כן אילו עשה צורת אדם עם פרצוף אחד או ב' מהנהו ארבעה, ה"נ דשרי לפי שאין כאן צורת אדם ולא צורת ארבעה פנים, וזה לא נראה להתיר, דחידוש כזה ודאי לא היו להפוסקים לשתוק ממנו ולהודיע שהוא מותר – ט"ז]. **אישתמיטתיה** דכדברי הר"ן כתבו התוס' בר"ה, והרמ"ך ומביאו בכסף משנה - נקה"כ.

[ע"כ נראה דיש נ"מ בזה דיש איסור מצד "אתי", דהיינו שמשים של מרום ארבעה פנים להדדי, ומצד "אותי", דהיינו צורת אדם לחוד, ואי לאו אלא דרשה ד"אותי", הוי אמינא דאחר שפיחת צורת האדם יש היתר להשהות, כיון שאין איסור אלא מחמת אדם לחוד, **קמשמע** לן דרשה ד"אתי", שיש איסור מצד ארבעה פנים, ואם כן כולהו נעשו באיסור, ואין מועיל תיקון צורת האדם לחוד, כיון שיש איסור בלאו צורת האדם לחוד, וצריך לפחות צורת כולן, כנ"ל נכון – ט"ז].

[**אבל** אין לתרץ, דבפני אדם אין איסור אא"כ בצורה שלימה בכל אבריה, כמ"ש השו"ע ס"ז, אבל בצורת הפנים לחוד שרי, **אבל** בד' פנים יש איסור אפי' בצורת פניהם לחוד, **דא"כ** קשה מאי פריך "אלא מעתה פרצוף אדם לחוד לשתרי", דהא באמת מותר בצורת פני אדם לא כל גופו, **אלא** ע"כ דכל הארבעה פנים הם בשלימותן בכל הגוף במדור השכינה – ט"ז].

כל אלו אסור לעשות אפילו הם לנוי - ובספרי המחברים הישנים כתוב: אפי' לגוי, ואלו ואלו דברי אלקים חיים, דכיון דקפיד קרא אעשייה, אין חילוק בין עושה לנוי או לגוי, אסור. **[ד]ואם עובד כוכבים עשאם לו, אסור להשהותם** - משום חשדא - ש"ך.

אות ו'

טבעת חותמו בולט, אסור להניחה, ומותר לחתום בה

יו"ד סימן קמא ס"ה - טבעת שיש עליה חותם, שהוא צורת אדם, אם היתה הצורה בולטת, אסור להניחה - דהרי הוא שוהה צורה בולטת, דאסור משום חשדא, **ומותר לחתום בה** - דהנחתם נעשה שוקע - ש"ך, **ואם היתה הצורה שוקעת, מותר להניחה ואסור לחתום בה, מפני שהנחתם תעשה בו הצורה בולטת** - (עיין בס' תפארת למשה שכתב, ודוקא על המכובדים, כגון שיראים וטבעות, **ונ"ל** דאגרת בכלל מבוזים הוא, ולכך נוהגים היתר לחתום בחותם שקוע על איגרת, אף בצורת אדם שלם, עכ"ד - פת"ש).

אות ז'

רבים שאני

יו"ד סימן קמא ס"ד - (ויש מתירין בשל רבים, דליכא חשדא) - פי' להשהותם, משום דליכא חשדא ברבים, **אבל** לעשותם אין חילוק בין יחיד לרבים. **וכתב** ר' ירוחם אע"ג דברבים ליכא חשדא, מכוער הדבר להם, ומביאו ב"י בבדק הבית. **וכתב** דבב' ליכא חשדא, ונ"ל ראיה לדבריו מריש ברכות - ש"ך.

אות ח'

דפרקים הוה

יו"ד סימן קמא ס"ז - [ה]יש מי שאומר שלא אסרו בצורת אדם ודרקון אלא דוקא בצורה שלימה בכל איבריה -

---

באר הגולה

[א] **ברייתות שם בבבלי** ‹מס' ע"ז› **דף מ"ג** ‹ובר"ה כ"ד› [ב] **כדמפרש אביי שם** [ג] **שם בברייתא** [ד] **שם כדאמר שמואל לרב יהודה**
[ה] **הרא"ש שם בפסקיו וטור ורבינו ירוחם בשם התוס'** ‹וז"ל: ואין אסור אלא דמות שלם, ע"כ. **וכתב** הריטב"א וז"ל: פי' לתירוצא קמא קאי, דלעולם ר"ג הוא עצמו עשה, וכיון דפרקים הוה שרי שהרי אינו דמות חמה ולבנה, ומינה נמי דליכא משום חשדא דלעבדה לא עבדי לה לפרקים, ע"כ. **ודלא** כפרש"י בע"ז וז"ל:

‹דהיינו הראש בשתי עינים ובשתי אזנים וחוטם, וכל הגוף עם שתי ידים ושתי רגלים›, **אבל צורת ראש** - ‹לחוד אפילו בשתי עינים ואזנים›, **או גוף בלא ראש** - ‹או אפילו צורת כל הגוף והוא רק צורת חצי הפנים והגוף›, **אין בה שום איסור לא במוצאו ולא בעושה** - וכ"ש בשהייה.

‹**ונ**"ל, דאע"פ שאינו אלא חצי הגוף מצד הפנים, אע"פ שאינו עושה כל הגוף פנים ואחור, מ"מ אסור, וראיה מחותם בס"ה - חכ"א›. **(וכן נוהגין)** - ‹בשל"ה כתב, דכשר הדבר שלא לנהוג כן, ע"ש›.

ובס"ג כתבתי, דהאי "ולא בעושה", וכל שכן בשהייה, לא קאי אדרקון, דבדרקון אפילו צורה שלימה מותר לעשות, ע"ש, **ומכל** מקום צ"ע, דמדברי התוס' ומדברי המרדכי משמע להדיא, דדוקא באדם בעינן צורה שלימה, אבל בדרקון אין חילוק ולעולם אסור, **והסמ"ג** פסק, דאפילו באדם אין חילוק ולעולם אסור, והמחמיר בכל זה תע"ב - ש"ך.

‹**עיין** בשאילת יעב"ץ על מעשה שהיה באמשטרדם בעת שנתקבל הרב מהר"ר אלעזר ז"ל לאב"ד שם, עמד איש אחד והוציא מוניטין שלו בעולם, דהיינו שהדפיס מטבע כסף בדמות צורתו, והיה תבנית ראש עד החזה עם פרצוף פנים שלם בולט, **והאריך** לבאר שזה איסור גמור מוחלט, ויש בזה איסור כפול, הא', לא תעשה של תורה לא תעשון אתי, וגם משום חשדא דאסור אפי' באחרים עשו לו, **וטעמא** דרבים לא שייך הכא, דמטבע מיבדר בעלמא ומצנעי ליה, **ואף** דהרא"ש כתב שראש בלא גוף אין איסור לא בעושה ולא במוצא, **כוונתו** על ראש שלם אטום בלי צורת פנים ניכרת, כה"ג ודאי לא סגי בלא גוף, **אבל** ראש וגוף בהדדי בדמות אדם שלם, אע"פ שאין הצורה ניכרת בתבנית הפרצוף, אלא כגולם, אעפ"כ נראה הגוף אדם בקומה זקופה ואסור, **אכן** פרצוף פנים דאדם גרידא פשיטא דאסור, ‹**וזה** דלא כהש"ך בס"ד, ע"ש›, **ואף** דיש סוברים דמטבעות מבוזים הם, קשה לסמוך ע"ז להקל, דהרי עינינו רואות דמכובדים הם, {ועמש"ל ס"ג בשם תשובת כנסת יחזקאל}, **ועוד** שדעת הרשב"א דאין חילוק בין מכובדין למבוזין בצורת אדם, והסכימו לדבריו - פת"ש›.

אות ט'

להתלמד עבד

יו"ד סימן קמא ס"ד - ו**וצורת חמה ולבנה וכוכבים, אסור בין בולטות בין שוקעות.** ו**ואם הם להתלמד, להבין ולהורות, כולן מותרות אפי' בולטות** - בין לעשותם בין להשהותן.

---

§ מסכת ראש השנה דף כה. §

אות א' - ב'

כשבאו ליבנה קיבלן רבן גמליאל

וקיבלן רבן גמליאל

רמב"ם פ"ב מהל' קידוש החדש ה"ו - אמרו עדים א**ראינוהו ביום כ"ט שחרית במזרח קודם שתעלה השמש, וראינוהו ערבית במערב בליל ל', הרי אלו נאמנים, ומקדשין על ראיה זו, שהרי ראוהו בזמנו;** ב**אבל הראייה שאמרו שראוהו בשחרית, אין נזקקין לה,** ג**שאין אנו אחראין לראיית שחרית, ובידוע שהעבים הם שנתקשרו ונראה להם כלבנה; וכן אם ראוהו בזמנו, ובליל עיבורו לא נראה, הרי אלו נאמנין, שאין אנו אחראין אלא לראיית ליל ל' בלבד.**

אות ג'

יש לי ללמוד שכל מה שעשה רבן גמליאל עשוי

רמב"ם פ"ב מהל' קידוש החדש ה"י - בית דין שקדשו את החדש ד**בין שוגגין בין מוטעין בין אנוסים, הרי זה מקודש, וחייבין הכל לתקן המועדות על יום שקדשו בו, אף**

באר הגולה

דפרקים, של חוליות ולא היה מחברם אלא בשעת בדיקת עדים וכל יומא לא חזו לה וליכא חשדא, ע"כ. **וכתב** הריטב"א וז"ל: ואפירכא דחשדא קאי, אבל בעשיה אפילו דפרקים אסור, ואכתי קיימינן כפירוש קמא דאחרים עשו לו, ולא נהירא, מדהדר אמרינן איבעית אימא להתלמד עבד, וההיא ודאי למישרי אף בעשיה הוא, וכיון דכן דכוותה דפרקים באיבעית אימא קמא, **אעפ"כ** למעשה ראוי להחמיר, ע"כ› [ו] **טור בשם ר"ת, וכן כתב התוספות שם בשם ר"י ור"ת וריב"א, מדלא משני דצורת לבנה לא היתה בולטת ולכך עשאה ר"ג, וכ"כ הרא"ש שם** [ז] **שם בגמרא אמשנה דמות צורות לבנה היה לו לר"ג וכו' ר"ה דף כ"ד ע"א** [א] ‹את הלבנה הישנה - שקל הקודש› [ב] ‹רש"י ז"ל פירש דעדי שקר דקאמר ר' יוחנן בן נורי, לפי שאינה ממהרת לרוץ בשתים עשר שעות ביום מתוך המזרח לתוך מערב, ע"כ. ומסתייעא מילתיה ממאי דקאמר בגמרא פעמים שבא בארוכה ופעמים שבא בקצרה. **ורבינו** ז"ל הרחיק מאד מן הדעת פירוש זה, ופירש דריב"נ שהיה חולק הוא מפני שכפי חשבונן לא היה יכול להראות ערבית של ליל שלשים, ומפני זה היה מרחיק הענין, ולזה השיב רבן גמליאל פעמים בא בארוכה ופעמים בא בקצרה, אפשר שתוכל להראות פעמים יותר מהרה מפעם אחרת כפי דרכי התכונה, **וכמ"ש** רבינו ז"ל פרק י"ב מהלכות אלו וז"ל: שהירח עקלקלות גדולות יש במעגלותיו וכו', ולפיכך אמרו חכמים שמש ידע מבואו ירח לא ידע מבואו, ואמרו חכמים פעמים בא בארוכה פעמים בא בקצרה, כמו שתראה מחשבונות אלו שפעמים תוסיף ופעמים תגרע, וזה הוא ההפרש שהיה בין ריב"נ ור"ג. **אבל** מה שהיו אומרים שראו שחרית, זה ודאי דברי הבל הם, וכדמות לבנה נראה להם, שזה א"א, ומה שהשיב ר"ג הוא, דכיון דפעמים בא בארוכה ופעמים בא בקצרה ואפשר שתראה ערבית, א"כ נאמר דכן הוא האמת, ומה שאמרו ראינוהו במזרח שחרית, דברי הבל הם ונראה להם כלבנה - לחם משנה› [ג] ‹וכיון שאין זה שייך לעדותן כלל, אין בדבריהן בזה ממש, ואין זה סותר לעדותן, דאם היה צורך לעדותן, א"א לקבלן כלל, כיון שהם סהדי שקרי וסותרין את עדותן, אבל כיון שאין צורך לעדותן כלל בבקר, א"כ אין זו עדות כלל, ומה שאמרו הוא סתם דיבורים, ותלינן שטעו, **ומשמע** דמ"מ אם היה ברור ששקרו, אף שאין זו עדות כלל, לא היינו מאמינים להם גם בעדותן שבלילה, וצ"ע - שקל הקודש› [ד] ‹וזו גירסת רבנו, אבל בגמ' לפנינו הגירסא "אפי' מזידין", **ואפי'** להגירסא דידן כתב בני בנימין, דהיינו שמאיימין על העדים שיש לב"ד צורך בזה, ובזה גם רבנו מודה, **אבל** אם במזיד בלי שום סיבה עשו שלא כדין, א"כ רשעים נינהו ולא ב"ד נינהו, ולא מהני אפי' דיעבד - שקל הקודש›

‹המשך ההלכות נמצאות מול דף כ"ה:›

כד א ב מיי' פ"ג מהלכות קידוש החדש הלכה ו':
כה ג מיי' שם הלכה ז':
כו ד מיי' שם פ"ו הלכה כד:
כז ה מיי' שם פ"ה הלכה א:
כח ו מיי' שם פ"ב הלכה י:

וערבית במערב אמר רבי יוחנן בן נורי עדי שקר הם *כשבאו ליבנה קיבלן רבן גמליאל ועוד באו שנים ואמרו ראינוהו בזמנו ובליל עיבורו לא נראה [ג]וקיבלן ר"ג אמר רבי דוסא בן הורכינס עדי שקר הן היאך מעידים על האשה שילדה ולמחר כריסה בין שיניה אמר לו רבי יהושע רואה אני את דבריך שלח לו ר"ג גוזרני עליך שתבא אצלי במקלך ובמעותיך ביוה"כ שחל להיות בחשבונך הלך ומצאו ר"ע מיצר אמר לו יש לי ללמוד שכל מה שעשה ר"ג עשוי שנאמר °אלה מועדי ה' מקראי קדש אשר תקראו אתם בין בזמנן בין שלא בזמנן אין לי מועדות אלא אלו בא לו אצל ר' דוסא בן הורכינס אמר לו אם באין אנו לדון אחר בית דינו של ר"ג צריכין אנו לדון אחר כל בית דין ובית דין שעמד מימות משה ועד עכשיו שנאמר °ויעל משה ואהרן נדב ואביהוא ושבעים מזקני ישראל ולמה לא נתפרשו שמותן של זקנים אלא ללמד שכל שלשה ושלשה שעמדו בית דין על ישראל הרי הוא כבית דינו של משה נטל מקלו ומעותיו בידו והלך ליבנה אצל ר"ג ביום שחל יוה"כ להיות בחשבונו עמד ר"ג ונשקו על ראשו אמר לו בוא בשלום רבי ותלמידי רבי בחכמה ותלמידי שקבלת את דברי: **גמ'** תניא אמר להם ר"ג לחכמים כך מקובלני מבית אבי אבא *פעמים שבא בארוכה ופעמים שבא בקצרה א"ר יוחנן מ"ט דרבי דכתיב °עשה ירח למועדים שמש ידע מבואו שמש הוא דידע מבואו ירח לא ידע מבואו רבי חייא חזייא לסיהרא דהוה קאי בצפרא *דעשרים ותשעה *שקל קלא פתק ביה אמר לאורתא בעינן לקדושי בך ואת קיימת הכא זיל איכסי *א"ל רבי לר' חייא זיל לעין טב וקדשיה לירחא ושלח לי סימנא דוד מלך ישראל חי וקים ת"ר פעם אחת נתקשרו שמים בעבים ונראית דמות לבנה בעשרים ותשעה לחדש כסבורים העם לומר ר"ח ובקשו ב"ד לקדשו אמר להם ר"ג כך מקובלני מבית אבי אבא *אין חדושה של לבנה פחותה מעשרים ותשעה יום ומחצה ושני שלישי שעה וע"ג חלקים ואותו היום מתה אמו של בן זזא והספידה ר"ג הספד גדול לא מפני שראויה לכך אלא כדי שידעו העם שלא קידשו ב"ד את החדש: הלך *ר"ע (ומצאו) מיצר כו': איבעיא להו מי מיצר ר"ע מיצר או רבי יהושע מיצר ת"ש דתניא הלך ר"ע ומצאו לרבי יהושע כשהוא מיצר אמר לו [רבי] מפני מה אתה מיצר אמר לו (*רבי) עקיבא ראוי לו שיפול למטה י"ב חדש ואל יגזור עליו גזירה זו א"ל רבי תרשני לומר לפניך דבר אחד שלמדתני אמר לו אמור אמר לו הרי הוא אומר °אתם °אתם °אתם ג' פעמים אתם *אפילו שוגגין אתם אפילו מזידין אתם אפילו מוטעין בלשון הזה אמר לו עקיבא נחמתני נחמתני: בא לו אצל רבי דוסא בן הורכינס כו': ת"ר *למה לא נתפרשו שמותם של זקנים הללו שלא יאמר אדם פלוני כמשה ואהרן פלוני כנדב ואביהוא פלוני כאלדד ומידד ואומר °ויאמר שמואל אל העם ה' אשר עשה את משה ואת אהרן ואומר °וישלח ה' את ירובעל ואת בדן ואת יפתח ואת שמואל ירובעל זה גדעון ולמה נקרא שמו ירובעל שעשה מריבה עם הבעל בדן זה שמשון ולמה נקרא שמו בדן דאתי מדן יפתח כמשמעו ואומר

רש"י

וערבית במערב. את החדשה: **עדי שקר הם.** דקיימא לן (לעיל דף כ:) עשרים ולארבעה שני מכסי שיהא כך פירשו רבותי ולבי ... **ועוד באו שנים ואמרו ראינוהו בזמנו.** ביום שלשים: **ובליל עיבורו.** שהיו מצפין ב"ד והעם שתהא מגולה ויראוה מאחר שהעדים ראוה ביום לא נראה להם: **רואה אני את דבריך.** לעבר את החדש: **הלך ומצאו.** הלך ומצאו ר"ע לר' יהושע מיצר על שהנשיא גזר עליו לחלל יום הכפורים: **אשר תקראו.** בקריאת בית דין תלאו הכתוב: **בא לו.** ר' יהושע אצל רבי דוסא: **למה לא נתפרשו שמותן כו'.** שאם בא אדם לדון אחר בית דין שבימיו ולומר וכי בית דין זה כמשה ואהרן כאלדד ומידד אומרים לו שמא חשוב הוא כשלשה מן השאר שלא נתפרשו שמותם: **גמ' דחזי' לסיהרא.** ישנה: **שקל קלא.** פיסת רגבים מוט"א בלע"ז: **לאורתא בעינן לקדושיך.** צריכין אנו לעשות הלילה יום טוב של ראש השנה לחסר אתה אלול ולהיים על העדים לומר ראיתוהו בזמנו לקדשו למחר ואף על פי שלא ראוהו לפי שהיה עיבור החדש דוחה את יום הכפורים אלא שבת: **ולא קיימת הכא.** ולא תהא נראית ערבית שוב לא יקדשו את החדש למחר כדאמרן לעיל פרק קמא (כ:) צריך שיהא לילה ויום מן החדש שאם נראית הישנה לאור כ"ט אין מקדשין מחר את החדש: **זיל לעין טב וקדשיה.** דואג היה שלא ירגנו עליו בני עירו כשיקדשו למחר לפי שראו הישנה כל יום כ"ט וסלק תלונותם מעליו ומורי פירש שגזרו גזרה במקומו שלא יקדשו את החדש: **דוד מלך ישראל.** נמשל כלבנה שנאמר בו (תהלים פט) כסאו כשמש נגדי כירח יכון עולם: (ונראית דמות לבנה בעשרים ותשעה): **שידעו שלא קדשו בית דין את החדש.** שאין מספידין ביום טוב: **אתם אתם אתם.** שלשה זמנין כתיב אשר תקראו אותם בפרשת שור או כשב וקרי ביה תקראו אתם: **שוגגין.** מאליהן כסבורין שהוא ראוי להתעבר ושוגין: **מוטעין.** על ידי עדי שקר: **שלא יאמר אדם.** על בית דין שבימיו וכי פלוני ופלוני כמשה ואהרן שאשמע לו עכשיו שלא נתפרשו אמור לו אם אינו כמשה ואהרן הרי הוא כאחד משאר זקנים שאינך יודע מי הם: **ואומר ה' אשר עשה את משה ואת אהרן.** שמואל הנביא אמר לישראל הקדוש ברוך הוא עשה לכם נסים על ידי ששה זקנים הללו משה ואהרן ירובעל ובדן ויפתח ושמואל:

תוספות

לאורתא מקדשין לך ולא קיימת הכא. תימה הא שפיר אפשר שיהא המולד ביום ל' קודם י"ח שעות שיכולה לראות ביום ותראה הישנה ביום כ"ט שחרית אפילו לבני מערב שמא לא היה כל כך שחרית שכבר יצא שמש בגבורתו שלא היתה ראויה לבני מערב ובקונטרס פי' ולא קיימת הכא ולא תהא נראית ערבית שוב לא יקדשו החדש למחר כדאמר בפ' קמא (דף כ: ושם) וצריך שיהא לילה ויום מן החדש שאם נראית הישנה לאור עשרים ותשעה אין מקדשין מחר את החדש וזה אי אפשר להיות כדפרישית בפ"ק (שם ד"ה חזות): **זיל** לעין טב וקדשיה. שם היו קובעים לקדש את החדש כדאי' בפסיקתא בפסוק תקעו בחדש שופר למה בית דין מקדשין החדש בעין טב לפי שהוא בית הוועד אמר הקב"ה בית מועד של כל העולם שנאמר (ישעיה ב) כי מציון תצא תורה ואמרי' בירושלמי כשם שתוקעים ביבנה כך תוקעים בעין טב משמע שהיה שם בית דין קבוע דומיא דיבנה שהימים

רבינו חננאל

לא תלמד לעשות אבל אתה למד להבין ולהורות: **מתני'** מעשה שבאו שנים ואמרו ראינוהו שחרית במזרח כו'. תניא א"ר ג לחכמים כך מקובלני מבית אבי אבא פעמים שבא בארוכה פעמים שבא בקצרה ועכשיו בא בקצרה אמר ר' יוחנן מהאי קרא עשה ירח למועדים כלומר לפי מה שיודעין לו. אבל שמש לא אלא ידע מבואו. ר' חייא [חזייא] לסיהרא בצפרא דכ"ט בירחא דקאי במזרח שקל אבנא רמא ביה לאורתא מקדשינן לך על חשבון המולד ולא תראה הלילה במערב זיל בדרך קצרה. מצינו שנמשלה מלכות בית דוד כירח שנאמר כירח יכון עולם ועד בשחק וגו'. לפיכך א"ר לר' חייא זיל לעין טב וקדשיה לירחא ושלח לי סימנא דוד מלך ישראל חי וקים כלומר נתקיימה ראיית הלבנה בעולם. ת"ר פעם אחת נתקשרו שמים בעבים. ודימו בני אדם שהחשיך וראו דמות לבנה ביום כ"ט לחדש אמר להו ר"ג כך מקובלני מבית אבי אבא שאין חדשה של לבנה פחותה מכ"ט יסים ומחצה וב' שלישי שעה וע"ג חלקים ואותו היום מתה אמו של בן זזא והספידה ר"ג להודיע לכל שלא נתקדש החדש. ועוד באו שנים ואמרו ראינוהו בזמנו כו'. פי' באו שנים שאמרו ראינוהו ליל ל' ולילי ל"א לא נראתה וקיבלן ר"ג וקבע ראש השנה יום שלשים. ואמר ר' דוסא עדי שקר וראוי להיות ר"ה למחר והודה ר' יהושע לדבריו כו'. עד א"ל רבי עקיבא לר' יהושע ר' תרשני לומר לפניך מפה שלמדתני. א"ל אמור. א"ל היה לו לכתוב אלה מועדי ה' מקראי קדש ודיי. למה כתיב אשר תקראו אתם ג' פעמים. ללמד שאין מועדים עד שתקראו יום פלוני מועד. ולמה ג' פעמים כתיב תקראו ללמד אפילו שוגגים מוטעין ואפי' מזידין אין מועד אלא מה שתקראו. א"ל עקיבא נחמתני. בא לו ר' יהושע אצל ר' דוסא: ת"ר למה לא נתפרשו שמותן של זקנים צדיקים שלא יאמר פלוני כמשה ואהרן. פלוני כאלדד ומידד. ואומר ויאמר שמואל אל העם ה' אשר עשה את משה ואת אהרן וגו' שקל

הגהות הב"ח

(א) רש"י ד"ה עדי שקר כו' לתוך המערב ופעמים שבא כו' והשאר נמחק:

ואומר °משה ואהרן בכהניו ושמואל בקוראי שמו שקל הכתוב שלשה קלי עולם כשלשה חמורי עולם לומר לך ירובעל בדורו כמשה בדורו בדן בדורו כאהרן בדורו יפתח בדורו כשמואל בדורו ללמדך שאפילו קל שבקלין ונתמנה פרנס על הצבור הרי הוא כאביר שבאבירים *ואומר °ובאת אל הכהנים הלוים ואל השופט אשר יהיה בימים ההם וכי תעלה על דעתך שאדם הולך אצל הדיין שלא היה בימיו הא אין לך לילך אלא אצל שופט שבימיו ואומר °אל תאמר מה היה שהימים הראשונים היו טובים מאלה : נטל מקלו ומעותיו בידו : תנו רבנן כיון שראה אותו עמד מכסאו ונשקו על ראשו אמר לו שלום עליך רבי ותלמידי רבי שלמדתני תורה ברבים ותלמידי שאני גוזר עליך גזירה ואתה מקיימה כתלמיד אשרי הדור שהגדולים נשמעים לקטנים קל וחומר קטנים לגדולים קל וחומר חיובא הוא אלא מתוך שהגדולים נשמעים לקטנים נושאין קטנים קל וחומר בעצמן :

הדרן עלך אם אינן מכירין

*ראוהו *בית דין וכל ישראל נחקרו העדים ולא הספיקו לומר מקודש עד שחשיכה הרי זה מעובר ראוהו ב"ד בלבד יעמדו שנים ויעידו בפניהם ויאמרו מקודש מקודש *ראוהו שלשה והן בית דין יעמדו השנים ויושיבו מחביריהם אצל היחיד ויעידו בפניהם ויאמרו מקודש מקודש שאין היחיד נאמן על ידי עצמו : גמ' למה לי למיתנא ראוהו בית דין וכל ישראל איצטריך סד"א הואיל וראוהו בית דין וכל ישראל איפרסמא לה ולא ליעברוה קמ"ל וכיון דתנא ליה ראוהו ב"ד וכל ישראל נחקרו העדים למה לי ה"ק א"נ נחקרו העדים ולא הספיקו לומר מקודש עד שחשיכה הרי זה מעובר וכיון דתנא עד שחשיכה הרי זה מעובר למה לי למיתנייה חקירת העדים כלל איצטריך סד"א תיהוי חקירת עדים כתחילת דין ומקודש כגמר דין ולקדשי בליליא מידי דהוה אדיני ממונות דתנן *דיני ממונות דנין ביום וגומרין בלילה הכא נמי מקדשין בליליא קמ"ל ואימא הכי נמי אמר קרא °כי חק לישראל הוא משפט לאלהי יעקב איתקש הוי חק בגמר דין וקא קרי ליה רחמנא משפט *מה משפט ביום אף הכא נמי ביום : ראוהו בית דין יעמדו שנים ויעידו בפניהם : ואמאי לא תהא שמיעה גדולה מראייה א"ר זירא כגון שראוהו בלילה : ראוהו שלשה והן בית דין יעמדו שנים ויושיבו מחביריהם אצל היחיד : אמאי הכא נמי נימא לא תהא שמיעה גדולה מראייה וכי תימא ה"נ כגון שראוהו בלילה היינו הך סיפא איצטריכא ליה דאין היחיד נאמן על ידי עצמו דסלקא דעתך אמינא הואיל (*ותנן) דיני ממונות בשלשה ואם היה מומחה *) לרבים דן אפילו ביחיד הכא נמי ניקדשיה ביחידי קמ"ל ואימא הכא נמי אין לך מומחה לרבים בישראל יותר ממשה רבינו וקאמר ליה הקב"ה עד דאיכא אהרן בהדך דכתיב °ויאמר ה' אל משה ואל אהרן בארץ מצרים לאמר החדש הזה לכם למימרא דעד נעשה דיין לימא מתני' דלא כר"ע דתניא *סנהדרין שראו אחד שהרג את הנפש מקצתן

ואומר. בספר תהלים משה ואהרן בכהניו ושמואל בקוראי שמו קוראים אל ה' והוא יענם הרי ששקל הכתוב שמואל עם משה ואהרן ובכתובים הראשונים כתוב ירובעל בדן ויפתח עם משה ואהרן ושמואל שלשה קלים עם שלשה חמורים : **הא אין לך לילך כו'.** הרי למדך הכתוב כאן שאין לך לבקש אלא שופט שהיה בימיך : **אל תאמר מה היה שהימים הראשונים היו טובים מאלה.** כי לא מחכמה שאלת על זה לפי שהדורות היו טובים וצדיקים מן האחרונים לפיכך היו הימים הראשונים טובים מאלה שאי אפשר שיהו אחרונים כראשונים :

הדרן עלך אם אינן מכירין

ראוהו בית דין וכל ישראל ונחקרו העדים. מפרש בגמרא אי נמי נחקרו העדים : **ראוהו בית דין בלבד.** שאין מי שיעיד אלא הם ולאו ארישא קאי בסמוך לחשיכה אלא שהיה שהות לקדש : **יעמדו שנים ויעידו בפניהם.** ואע"פ שכולן ראוהו ובגמרא פריך לא תהא שמיעה גדולה מראייה : **ויעידו בפניהם.** הזקנים : **שאין היחיד נאמן.** לומר מקודש בפני עצמו לכך צריך להושיב מחביריהן אצלו : **גמ' למה לי למיתני כל ישראל.** הרי ראוהו בית דין : **איפרסמא ליה מילתא.** דביום שלשים נראה לקדשו : **נחקרו העדים למה לי.** חקירתן אחרי שהכל ראו : **למה לי למתנייה לחקירה כלל.** כיון דאשמועינן דכי ראוהו בית דין וכל ישראל אפילו הכי מעברין ליה כל שכן נחקרו העדים : **סלקא דעתך אמינא.** היכא דאיכא חקירת עדים ביום תו לא ניעברוה אלא יגמרו הדבר בלילה ויקדשוהו ביום שלשים לענין תיקון המועדות : **משפט.** היינו תחילת דין : **כי חק הוא.** בקידוש החדש דרשינן ליה בפ' קמא (דף ח:) : **משפט ביום.** נפקא לן בסנהדרין (דף לד:) מוהיה ביום הנחילו את בניו ביום אתה מפיל נחלות כו' : **ואמאי.** יעמדו שנים ויעידו הלא ראוהו כולן יקדשוהו בראייתם דלא תהא שמיעה ששומעין מפי עדים גדולה מראייה דהא גבי עדות החדש לא כתיב עדות אלא כזה ראה וקדש : **שראוהו בלילה.** הלכך למחר אי לאו שמיעה על מה יקדשו : **למימרא דעד נעשה דיין.** מי שראוי להיות עד בדבר נעשה דיין ואלו כולן ראוים להיות עדים שהרי כולם ראוהו :

שהימים הראשונים היו טובים מאלה. ולכך יש לשמוע לראשונים יותר מן האחרונים אל תאמר כך דאין לך אלא שופט שהיה בימיו : הדרן עלך אם אינן מכירין

ראוהו ב"ד בלבד. פי' ב"ד של כ"ג. ולכך פירש בקונטרס דהיה להם שהות דאי לא היה להם שהות מאי פריך בגמ' ולא תהא שמיעה גדולה מראייה ולקדשוה מיד שראוהו הא לא היה להם שהות לקדש : **אימת** הוי חק בגמר דין. דהאי קרא דכי חק לענין ראש השנה דרשינן ליה בפ' קמא (דף ח:) והוא הדין בכל חדשים : **לא** תהא שמיעה גדולה מראייה. פירש בקונטרס דהא גבי עדות החדש לא כתיב עדות אלא כזה ראה וקדש ואין נכנס דתקן דאפילו בדיני נפשות אמרינן הכי בפרק החובל (ב"ק דף צ: ושם) אם ראוהו ביום : **כגון** שראוהו בלילה. דאין יכולין לקדש על פי ראייה בלילה דא"כ היתה ראייה בלילה מקום קבלת עדות ואין קבלת עדות אלא ביום אפילו בדיני ממונות כדאמרינן לעיל דקרי חקירת עדות כתחילת דין : **עד** דאיכא אהרן בהדך. ואין בית דין שקול מוסיפין עליהן עוד אחד וסוגיא דהכא כמאן דאמר בשמעתא קמייתא דסנהדרין (דף ג:) דבר תורה חד נמי כשר דכתיב בצדק תשפוט מדאיצטריך ליה הכא עד דאיכא אהרן בהדך דלמאן דבעי מדאורייתא שלשה מומחין וכדי שלא תגנעול דלא הכשירו בשלשה הדיוטות גבי עדות החדש אין להכשיר ואם כן לא צריך קרא דרחמנא

תהלים צט | תורה אור | דברים יז | קהלת ז | קידושין סו: | סנהדרין כח: | לעיל כב. | כתובות כב: | סנהדרין לב. | תהלים פא | [מגילה כ. סנהדרין יח:] | [נ"ל ותניא] *)סנהדרין ס. | שמות יב | ב"ק צ:

א א מיי' פ"ב מהלכות קידוש החדש הלכה ח:

ב ב מיי' פ"ג מהלכות סנהדרין הלכה ד ופי"א הלכה א טוש"ע ח"מ סי' ס סעיף ג:

ג ג מיי' פ"ב מהלכות קידוש החדש הלכה ח:

ד ד ה מיי' שם הלכה ט:

ה ו מיי' פ"ב מהלכות סנהדרין הלכה י סמג עשין נו טור ש"ע ח"מ סי' ג סעיף א ב:

ו ז מיי' פ"ב מהלכות קידוש החדש הלכה ט:

רבינו חננאל

שקל הכתוב ג' קלי עולם כג' חמורי עולם לומר לך ירובעל שהוא גדעון בדורו כמשה בדורו. בדן בדורו כאהרן בדורו. יפתח בדורו כשמואל בדורו ללמדך שאפי' קל שבקלים ונתמנה פרנס הרי הוא כגדול שבגבירי' וכתיב ובאת אל הכהנים הלוים ואל השופט וגו' וכי תעלה על דעתך שאדם הולך אצל שופט שלא היה בימיו. הא אין לך לילך [אלא] אצל שופט שבימיך נטל מקלו ומעותיו והלך ליבנה אצל ר"ג ביום שחל יוה"כ להיות בחשבונו: ירושלמי ראש בית דין אומר מקודש ומוקים לה רשב"י מאי מקודש מקוים. תני לעיבור שנה מתחילין מן הצד וכבר נכנס ר' יוחנן והוא היה הקטן שבהן. אמרו לו אמור הרי השנה המקודשת בעיבור. א"ר יוחנן ראה לשון שלימדנו בן הנפח אלו אמר בעיבור הייתי אומר אלו י"א ימים שהחמה יתירה על הלבנה אלא בעיבור שהוסיפו לה חכמים והן ל' יום ועיבורה. ריש לקיש חשש על הדא דמר ר' אלעזר והיתה ידי אל הנביאים החוזים וגו' בסוד עמי לא יהיו. זה סוד העיבור. ובכתב בית ישראל לא יכתבו זה המינוי ואל אדמת ישראל לא יבא כמשמעו. ר' אלעזר כד סלק להכא אמר אית גבי חדא. כד מנוני אמר אית גבי תרתי. כד על לעיבורא אמר אית גבי תלת. א"ר שלאי טעמא דר"י בן נורי דאמר עדי שקר הן כלומר סבר כיון שנראתה שחרית במזרח וערבית במערב המולד בחצי היום. וכל חדש שנולד (לו) [קודם שש] שעות אין כח בעין לראות הישן. ותני כן נראה בשחרית לא נראה החדש בין הערבים נראה החדש בין הערבים לא נראה הישן שחרית. ור"נ אומר מסורת בידי, מאבותי פעמים בא בארוכה פעמים בא בקצרה מי שילה למי. ואסיקנא ר"ג שלח לר' יהושע ע"י ר' עקיבא. א"ר יוסי יודעין היו שאלו קדשו בלא עדים שהוא מקודש. ומה בא להעיד אלא אם קדשוהו ואח"כ נמצאו העדים זוממין שהוא מקודש : הדרן עלך אם אינן מכירין

פ"ג ראוהו ב"ד וכל ישראל עמו וכו'. ואע"פ שנתפרסמה הלבנה לכל או נחקרו העדים ולא הספיקו ב"ד לקדשו עד חשכה הרי זה מעובר. ואוקימנא איצטריך סד"א תהוי חקירת עדים כתחלת דין וקידוש החדש גמר דין וליקדשוה בלילה. כדתנן דיני ממונות דנין ביום וגומרים בלילה קמ"ל דלא שנאמר תקעו בחדש שופר וגו' כי חוק לישראל הוא משפט לאלהי יעקב. חק תקיעת שופר וכי חיום מקרא קדש. אימת הוי בגמר דין וקא קרי ליה משפט כלומר עיקר המשפט בקידושו. ומשפט לא הוי אלא ביום. ראוהו ב"ד *) ואמאי צריכין להעיד בפניהם. א"ר זירא שראוהו בלילה שלא יתכן להן לקדשו בלילה לפיכך צריכין להעיד בפניהם. פי' שאין היחיד נאמן ע"פ עצמו אין נאמן **) דסלקא דשייך ביה סד"א הואיל ותנן דיני ממונות בג' ואם היה מומחה לרבים דן אפי' ביחידי הכא נמי אי איכא יחיד מומחה ליקדשוה ביחידי קמ"ל ויושיבוהו מחבריהן אצל היחיד שאין מומחה לרבים כמרע"ה. וכתיב ויאמר ה' אל משה ואל אהרן בארץ מצרים לאמר. החדש הזה לכם ראש חדשים כלומר לא תקדש החדש עד דאיכא אהרן בהדך. שמעינן ממתניתין דקתני ראוהו ב"ד בלבד יעמדו שנים ויעידו בפניהם כו'. עד נעשה דיין לימא מתני' דלא כר' עקיבא. דתניא סנהדרין שראו

*) ואמאי לא תהא שמיעה גדולה מראיה ואמאי צריכין וכו'. **) דלכאורה מלתא דפשיטא הוא דאין נאמן סד"א כו'.

על פי שזה ידע שטעו, חייב לסמוך עליהם, שאין הדבר מסור אלא להם, ומי שצוה לשמור המועדות הוא צוה לסמוך עליהם, שנאמר: אשר תקראו אותם וכו'.

אות ד'

<u>פעמים שבא בארוכה ופעמים שבא בקצרה</u>

רמב"ם פי"ז מהל' קידוש החדש הכ"ג - **וכבר ראית מן המעשים האלו כמה חשבונות יש בו, וכמה תוספות וכמה גירועין אחר שיגענו הרבה עד שהמצינו דרכים קרובים שאין בחשבונם עומק גדול, שהירח עקלקלות גדולות יש במעגלותיו, ולפיכך אמרו חכמים: שמש ידע מבואו, ירח לא ידע מבואו, ואמרו חכמים: [ה]פעמים בא בארוכה פעמים בא בקצרה, כמו שתראה מחשבונות אלו, שפעמים תוסיף ופעמים תגרע עד שתצא קשת הראייה, ופעמים תהיה קשת הראייה ארוכה ופעמים קצרה, כמו שביארנו.**

אות ד*'[ו]

<u>ושלח לי סימנא: דוד מלך ישראל חי וקים</u>

סימן תרכו ס"ב - **ונוהגין לומר: דוד מלך ישראל חי וקיים, שמלכותו נמשל ללבנה ועתיד להתחדש כמותה, וכנסת ישראל תחזור להתדבק בבעלה שהוא הקב"ה, דוגמת הלבנה המתחדשת עם החמה, שנאמר: שמש ומגן ה', ולכן עושין שמחות ורקודין בקידוש החדש דוגמת שמחת נשואין (בחיי פ' וישב וד"ע)**

– (עיין בפר"ח שכתב, שיש לזה סמך מפ"ב דר"ה, דא"ל רבי לר' חייא, זיל לעיין טב וקדשיה לירחא, ושלח לי סימנא: דוד מלך ישראל וכו').

אות ה'

<u>אין חדושה של לבנה פחותה מעשרים ותשעה יום ומחצה, ושני שלישי שעה, וע"ג חלקים</u>

רמב"ם פ"ח מהל' קידוש החדש ה"א - **חדשה של לבנה תשעה ועשרים יום ומחצה ותשצ"ג חלקים, כמו שביארנו; [ז]ואי אפשר לומר שראש החדש יהיה במקצת היום עד שיהיה מקצת היום מחדש שעבר ומקצתו מהבא, שנאמר: עד חדש ימים, מפי השמועה למדו, שימים אתה מחשב לחדש ואי אתה מחשב שעות.**

אות ו'

<u>אתם אפילו שוגגין, אתם אפילו מזידין, אתם אפילו מוטעין</u>

רמב"ם פ"ב מהל' קידוש החדש ה"י - עיין לעיל אות ג'.

§ מסכת ראש השנה דף כה: §

אות א*'[א]

<u>ואומר ובאת אל הכהנים הלוים ואל השופט אשר יהיה בימים ההם... הא אין לך לילך אלא אצל שופט שבימיו</u>

רמב"ם פ"ב מהל' ממרים ה"א - **ב"ד גדול שדרשו באחת מן המדות כפי מה שנראה בעיניהם שהדין כך, ודנו דין, ועמד אחריהם ב"ד אחר ונראה לו טעם אחר לסתור אותו, [ב]הרי זה סותר ודן כפי מה שנראה בעיניו, שנאמר: אל השופט אשר יהיה בימים ההם, אינך חייב ללכת אלא אחר בית דין שבדורך.**

אות א'

<u>ראוהו בית דין וכל ישראל נחקרו העדים וכו'</u>

רמב"ם פ"ב מהל' קידוש החדש ה"ח - **ואין מקדשין אלא ביום, ואם קדשוהו בלילה אינו מקודש; אפילו ראוהו בית דין וכל ישראל, ולא אמרו בית דין מקודש עד שחשכה ליל אחד ושלשים, או שנחקרו העדים ולא הספיקו ב"ד לומר מקודש עד שחשכה ליל ל"א, אין מקדשין אותו, ויהיה החדש מעובר, ולא יהיה ראש חדש אלא יום אחד ושלשים, אף על פי שנראה בליל שלשים; שאין הראייה קובעת, אלא בית דין שאמרו מקודש הם שקובעין.**

באר הגולה

ה ‹ודעת רבנו דהכונה, פעמים שהוא מרוחק הרבה מהחמה בזמן הראיה, ופעמים מעט, אבל רש"י בשם רבותיו פי', פעמים יש הפסק גדול בין הלבנה הישנה לחדשה ופעמים פחות – שקל הקודש› ו ‹ע"פ הבה"ל› ז ‹לפי רש"י דף כ: זהו פי' של המימרא "וצריך שיהא לילה ויום מן החדש", ונלמד שם מפסוקים אחרים, ועיין בראשונים שם פירושים אחרים ל"צריך שיהא לילה ויום מן החדש"› א ‹ע"פ מהדורת נהרדעא› ב ‹למד כן רבינו, ממאי דאשכחן תנאי בתראי דפליגי אקמאי, וכן אמוראי בתראי פליגי אקמאי. **והא** דתנן בפ"ק דעדיות שאם יראה ב"ד את דברי היחיד ויסמוך עליו, שאין ב"ד יכול לבטל דברי ב"ד חבירו עד שיהא גדול ממנו בחכמה ובמנין, **מוקי** לה רבינו בשאותו יחיד ואותם רבים נחלקו בגזירה או תקנה, כלומר שאם ב"ד פסק כדעת היחיד, אין ב"ד אחר יכול לחלוק ולפסוק כדעת הרבים אלא אם היה גדול וכו', וכמו שיתבאר בסמוך, **אבל** אם נחלקו בשזה דורש באחת מן המדות וזה באחרת, אה"נ שיכול לבטל דבריו אפילו שאינו גדול כמוהו בחכמה ובמנין. **ואם** תאמר אם כן אמאי לא פליגי אמוראי אתנאי, דהא בכל דוכתא מקשינן לאמורא ממתניתין או מברייתא, וצ"ל אנא דאמרי כי האי תנא, ואם לא יאמר כן קשיא ליה, וכפי דברי רבינו הרשות נתונה להם לחלוק על דברי התנאים. **ואפשר** לומר שמיום חתימת המשנה קיימו וקבלו שדורות האחרונים לא יחלקו על הראשונים, וכן עשו גם בחתימת הגמ', שמיום שנחתמה לא ניתן רשות לשום אדם לחלוק עליה – כסף משנה›

אות ב'

דיני ממונות דנין ביום וגומרין בלילה

חו"מ סימן ה ס"ב - אין דנין בלילה בתחלת דין, אבל אם התחילו לדון דיני ממונות ביום, גומרין בלילה. (וי"א דאם עברו ודנו בלילה, דיניהם דין) (רשב"ס) – [ואם נתרצו שני הצדדים לדונם בלילה, מותר לדונם, דלא גרע מקיבלו עליהם קרוב או פסול וכו'. ומשו"ה נוהגין לעת עתה להקל לדון תחילת דין בלילה, דמאחר שבא לדין כששולחין אחריו, הו"ל כקיבלוהו. **ולכאורה** היה נראה לומר דהיינו טעמא, משום דבסי' ז' כתבו הטור והמחבר, דסומא בא' מעיניו כשר לדון אפי' תחילת דין, משום דיכול לראות, ובסומא בב' עיניו פסול, משום דהוה אצלו לילה אפי' ביום, וא"כ נאמר דה"ה איפכא, דכשמדליק נרות בלילה ויכול לראות ולהכיר בני אדם, מותר לדון אפי' בתחילת דין בלילה – סמ"ע]. **אסור** אפי' לאור הנר, וכן נראה - ש"ך.

אות ג'

אף הכא נמי ביום

רמב"ם פ"ב מהל' קידוש החדש ה"ח - עיין לעיל אות א'.

אות ד' – ה'

ראוהו בית דין, יעמדו שנים וכו' **כגון שראוהו בלילה**

רמב"ם פ"ב מהל' קידוש החדש ה"ט - ראוהו ב"ד עצמן בסוף יום כ"ט, אם עדיין לא יצא [ג]כוכב בליל ל', ב"ד אומרים [ד]מקודש מקודש, שעדיין יום הוא; ואם ראוהו בליל ל' אחר שיצאו שני כוכבים, למחר מושיבין שני דיינין אצל אחד מהם, ויעידו הם השנים בפני הג', ויקדשוהו הג'.

אות ו'

דיני ממונות בג', ואם היה מומחה לרבים דן אפי' ביחיד

חו"מ סימן ג ס"א - אין ב"ד פחות מג'; וכל ג' נקראים ב"ד, אפי' הדיוטות; (דאי איפשר דלית בהו חד דיודע סברות בדינים; אבל אי לית בהו חד דידע, פסילי לדון (טור בשם אביו הרא"ש); ומ"מ יכולין לקבל הטענות ולשלחם לפני מורה).

חו"מ סימן ג ס"ב - פחות מג', אין דיניהם דין, אפי' לא טעו, אא"כ קבלום בעלי דינים או שהוא מומחה לרבים. (ובזה"ז אין דין מומחה לרבים שידון ביחידי בע"כ של אדם).

אות ז'

קמשמע לן

רמב"ם פ"ב מהל' קידוש החדש ה"ט - ע"ל אות ד'- ה'.

---

§ מסכת ראש השנה דף כו. §

אות א'

[ה]ואין עד נעשה דיין

חו"מ סי' ז ס"ה - אין עד נעשה דיין; ודוקא עד שמעיד, כגון אם העיד א' מהדיינים בפני חבריו על מעשה שראה, אינו יכול להצטרף עמהם לדון על אותו מעשה; אבל אם אינו מעיד, כגון שהג' דיינים ראו המעשה, אפי' כוונו ראייתן בתורת עדות, אם ראוהו ביום, נעשים דיינים ודנים על המעשה ההוא; אבל אם ראוהו בלילה, אין דנין ע"פ עצמן, אבל בעדות אחרים דנין; ואם הוזמנו להעיד, אף בעדות אחרים אין דנין. וי"א שאף בהוזמנו להעיד דנים בעדות אחרים. (וכ"ז בדין דאורייתא, אבל בדבר דרבנן עד נעשה דיין).

אות ב'

כל השופרות כשרים חוץ משל פרה

סימן תקפו ס"א - [ו]ובדיעבד, כל השופרות כשרים... ושל פרה פסול בכל גוונא - וה"ה שור, והטעם, מפני שנקראו קרן ולא שופר. **[ז]וכן קרני רוב החיות שהם עצם אחד ואין להם מבפנים זכרות, פסולים** - כמו הראמים והצביים וכדומה, ופסול שלהם הוא, משום דשופר צריך להיות חלול, דשופר הוא מלשון שפופרת. **ופסולים** אלו דפרה ודעצם אחד, הוא מן התורה, ואפילו אין לו שופר אחר אין לתקוע בהם.

(וכן שופר מבהמה טמאה, פסול) (ר"ן) - וכמו דלא הוכשרו תפילין ליעשות מעור בהמה טמאה, **וכתבו** האחרונים, שאין דין זה ברור, [דטעמא דתפילין משום "למען תהיה תורת ד' בפיך", דלא שייכא זה בשופר שהוא תשמישי מצוה בעלמא], **ולהכי** אם אין לו שופר אחר, יתקע בו, אכן לא יברך עליו, דשמא הוא פסול מדינא, **וכשיזדמן** לו אח"כ שופר כשר, צריך לתקוע עוד הפעם, וג"כ בלא ברכה, דשמא כבר יצא בשופר הראשון, **ולכו"ע** שופר של נבילה וטריפה כשר לתקוע בו.

באר הגולה

ג ‹צ"ל: לא יצא אלא כוכב, דאמרינן בשבת, כוכב א' עדיין יום, שנים מתחיל בין השמשות, שלשה לילה ודאי, ולכן כאן אם עדיין לא יצא רק כוכב א', אע"פ ששקעה חמה, עדיין יום הוא – שקל הקודש› ד ‹ויתקדש יום ל', שאין חדש פחות מכ"ט יום, וזה דעת רבנו, שאפשר לקדש ביום כ"ט על למחר, אבל שאר הראשונים לא הזכירו זה – שקל הקודש› ה ‹ההלכה שהביא, דאין עד נעשה דיין, היינו כשהוא עד המעיד, וזה אינו ה"אין עד נעשה דיין" שציין, דהיינו גם אם הוא רק ראוי להעיד, וצ"ע› ו משנה שם ז טור בשם הרמב"ן

מקצתן נעשו עדים ומקצתן נעשו דיינין דברי רבי טרפון רבי עקיבא אומר כולן נעשין עדים *ואין עד נעשה דיין אפילו תימא רבי עקיבא עד כאן לא קאמר רבי עקיבא התם אלא בדיני נפשות דרחמנא אמר °ושפטו העדה והצילו העדה וכיון דחזיוהו דקטל נפשא לא מצו חזו ליה זכותא אבל הכא אפילו ר' עקיבא מודה: **מתני'** כל השופרות כשרים חוץ משל פרה מפני שהוא קרן אמר רבי יוסי והלא כל השופרות נקראו קרן שנאמר °*במשוך בקרן היובל: **גמ'** *שפיר קאמר רבי יוסי ורבנן כל השופרות אקרו שופר ואקרו קרן דפרה קרן אקרי שופר לא אקרי דכתיב °בכור שורו הדר לו וקרני ראם קרניו ור' יוסי אמר לך דפרה נמי אקרי שופר דכתיב °ותיטב לה' משור פר אם שור למה פר ואם פר למה שור אלא מאי שור פר משופר ורבנן כדרב מתנה דאמר רב מתנה מאי שור פר שהוא גדול כפר עולא אמר היינו טעמא דרבנן כדרב חסדא דאמר רב חסדא מפני מה אין כהן גדול נכנס בבגדי זהב לפני ולפנים לעבוד עבודה לפי *שאין קטיגור נעשה סניגור ולא והא איכא דם פר הואיל ואשתני אשתני והא איכא ארון וכפורת וכרוב חוטא בל יקריב קאמרינן והא איכא כף ומחתה חוטא בל יתנאה קא אמרינן והא איכא בגדי זהב מבחוץ מבפנים קא אמרינן שופר נמי מבחוץ הוא כיון דלזכרון הוא כבפנים דמי והא תנא מפני שהוא קרן קאמר חדא ועוד קאמר חדא דאין קטיגור נעשה סניגור ועוד מפני שהוא קרן ור' יוסי אמר לך דקא אמרת אין קטיגור נעשה סניגור הני מילי מבפנים והאי שופר מבחוץ הוא ודקא אמרת מפני שהוא קרן כל השופרות נמי אקרו קרן אביי אמר היינו טעמייהו דרבנן שופר אמר רחמנא ולא שנים ושלשה שופרות והא דפרה כיון דקאי גילדי גילדי מיתחזי כשנים ושלשה שופרות והא תנא מפני שהוא קרן קאמר חדא ועוד קאמר חדא דשופר אחד אמר רחמנא *ולא שנים ושלשה שופרות ועוד מפני שהוא קרן ורבי יוסי אמר לך דקאמרת שופר אחד אמר רחמנא ולא שנים ושלשה שופרות כיון דמחברי אהדדי חד הוא ודקאמרת מפני שהוא קרן כל השופרות נמי אקרו קרן מאי משמע דהאי יובלא לישנא דדכרא הוא דתניא אמר רבי עקיבא כשהלכתי לערביא היו קורין לדכרא יובלא ואמר ר"ע כשהלכתי לגליא היו קורין לנדה גלמודה *מאי גלמודה גמולה דא מבעלה ואמר ר"ע כשהלכתי לאפריקי היו קורין למעה קשיטה למאי נפקא מינה לפרושי °מאה קשיטה דאורייתא מאה דנקי אמר רבי כשהלכתי לכרכי הים *היו קורין למכירה כירה למאי נפקא מינה לפרושי *°אשר כריתי לי אמר ר"ש בן לקיש כשהלכתי לתחום קן נשרייא היו קורין לכלה נינפי ולתרנגול שבוי לכלה נינפי מאי קרא °יפה נוף משוש כל הארץ ולתרנגול שבוי אמר רב יהודה אמר רב ואיבעית אימא ריב"ל מאי קרא °מי שת בטוחות חכמה או מי נתן לשכוי בינה זה תרנגול לוי איקלע לההוא אתרא אתא גברא לקמיה אמר ליה קבען

תורה אור: במדבר לה; יהושע ו; דברים לג; תהלים סט

מקצתן נעשין עדים. ויעידו בפני חבריהם דגבי דיני נפשות בעינן דכתיב (דברים יז) על פי שנים עדים יומת המת לא יומת וגו': **ומקצתן נעשין דיינים.** אבל המעידים לא ישבו וידונו עמהם דהראוי להעיד אית ליה לרבי טרפון נעשה דיין אבל עד עצמו לית ליה דנעשה דיין וגבי עדות החדש גופה נמי לא אכשרנא במתני' להיות העדים נעשים דיינים דאם כן למה לי יושיבו מחבריהם יעידו בפני יחיד ואחר כך ישבו הם עמו ויקדשו והכי אמרינן ליה בפרק שני דכתובות (דף כא:): **כולן עדים הם.** ראוים להעיד: **והצילו העדה.** יהפכו בזכותו: **מתני' כל השופרות.** בין של איל בין של יעל: **שהוא קרן.** אינו קרוי שופר וגבי יוה"כ שופר כתיב (ויקרא כה) והעברת שופר תרועה ובפרק בתרא (דף לד.) גמרינן ר"ה מיובל: **בקרן היובל.** ויובל דיכרא הוא כדמפרש בגמ': **גמ' אקרו קרן ואקרו שופר.** אקרו קרן כדאמרן ואקרו שופר דכתיב במתן תורה (שמות יט) במשוך היובל וגו' וכתיב ויהי קול השופר (א): **וקרני ראם קרניו.** של בכור שורו קרן אשכחן דאקרי: **ותיטב לה'.** תפלתי משופר ובשור קא מסתעי קרא: **שור שהוא (ב) פר.** ביום שנברא שור היה גדול כפר וזהו שור של מעשה בראשית שביום שנברא נברא *בקומתו ושור בן יומו *קרוי שור שנאמר (ויקרא כב) שור או כשב או עז ופר אינו נקרא עד בן שלש: **אין קטיגור.** זהב העגל ושופר של פרה נמי קטיגור דעגל הוא: **הואיל ואישתני.** להיות דם ואין מראית הפר ניכר: **חוטא בל יקריב.** האדם לא יקריבנו הלום שהוא חטא בו: **חוטא בל יתנאה.** להתקשט בו בקרבו הלום: **כיון דלזכרון קא אתי כלפנים דמי.** שופר נמי אע"ג דלית ביה משום חוטא בל יקריב ולית ביה משום חוטא בל יתנאה כיון דלזכרון קא אתי כבגדי כהן גדול שלפנים דמי: **גילדי גילדי.** בכל שנה ושנה ניכרת תוספתו והוא כמין גלד מוסיף על גלד ראשון בתכליתו של ראשון תחילת השני: **גמולה.** מובדלת: **עוזות.** לשון חלוקות: **שכוי.** לשון ראיה כמו וישקף (בראשית יט) ומתרגמינן ואיסתכי:

קבען

דרחמנא אמר ושפטו העדה והצילו העדה. תימה דבפרק אלו הן הגולין (מכות דף יב:) נפקא ליה מקרא אחרינא דאמר מנין לסנהדרין שראו באחד שהרג את הנפש שאין הורגין אותו עד שיעמוד בב"ד תלמוד לומר עד עמדו לפני העדה למשפט ויש לומר דעיקר דרשה מהתם וקרא דהכא איצטריך דלא יליף מהתם לשאר דינין להצריך ב"ד אחר דשאני התם דאמר רחמנא והצילו העדה ומיהו הוא הדין לענין מכה חבירו כדמוכח בפ' החובל (ב"ק דף צ: ושם) ובעד נעשה דיין יש דינים חלוקים כמו שפירשנו בפ' ב' דכתובות (כא: ושם ד"ה שנח) דבעדות החדש דאורייתא עד הרואה הוא דנעשה דיין ובקיום שטרות דרבנן אפילו עד המעיד נעשה דיין ובדיני נפשות אפילו עד הרואה אין נעשה דיין*:

חוץ משל פרה. הא דלא קתני נמי חוץ משל ראם דשל ראם נמי איקרי קרן דכתי' (דברים לג) וקרני ראם קרניו וכתיב (תהלים כב) ומקרני רמים עניתני ושמא אינם חלולים ואינם ראוים לשופר: **והיה** במשוך בקרן היובל. תימה דלא מייתי קרא דילחק דכתיב (בראשית כב) בסבך בקרניו ואע"ג דההוא קרא מחיים דה"נ מייתי לה בגמרא בכור שורו הדר לו וקרני ראם קרניו וי"ל דנראה ליה לאתויי האי משום דכתיב ביה שופר: **אקרו** קרן ואקרו שופר. פירש רש"י אקרו קרן כדאמרן ואקרו שופר דכתיב במשוך היובל וכתיב ויהי קול השופר יש מקשין אמאי לא הביא האי קרא דמתניתין במשוך בקרן היובל בשמעכם קול השופר להוכיח דכל שופרות אקרו שופר שטות להקשות וקל להבין דאדרבה מהאי קרא מוכח דשופר אקרי קרן ועוד לריך להוכיח דבעלמא *שופרות אקרו שופר:

חוטא בל יתנאה קאמרינן. וגבי שופר מתנאה נמי בקול תקיעתו: **כיון** דלזכרון קאתי. תימה אפוד וחשן נמי לזכרון קאתו כדכתיב בקרא וי"ל דהשבטים זכרון הם: **ולא** שנים ושלשה שופרות. ולא דמי למניח שופר *בתוך שופר כדפירש בקונטרס דעל גלד ראשון אתוסף גלד שני שפת השני בתכליתו של ראשון והקול יוצא דרך כולם:

לנדה גלמודה. ונפקא מינה כדדרשינן בסוטה (דף מג.) כי עדת חנף גלמוד (איוב טו): חלוגלוגות

עין משפט נר מצוה: ז א מיי' פ"ה מהלכות עדות הלכה ח סמג עשין קט טוש"ע ח"מ סי' ז סעיף ה: ח ב סמג עשין מב טוש"ע א"ח סי' תקפו ס"א:

[וע"ע תוס' ב"ב קיד. ד"ה אבל וד"ה ואין]

[ברכות נט. קדושין ס.]

[עי' מהרש"א וע"ע בתוי"ט ספתיק בזה"ל ועוד לריך להוכיח דבעלמא אקרי שופרות בלא קרן]

[לקמן כז:]

מסורת הש"ס: כתובות כח: גיטין ה: ב"ק צ: ב"ב קיד. סנהדרין לד: [בשמעכם את קול השופר כך איתא ברי"ף ובהרא"ש] לעיל יח. [ב"ק סה:] סוטה מג. בראשית לג [סוטה יג.] בראשית נ [חולין נב.] תהלים מח איוב לח

הגהות הב"ח: (א) רש"י ד"ה אקרו קרן כו' קול השופר הס"ד ואח"כ מה"ד וקרני ראם קרניו של בכור שורו קרן אשכחן דאקרי: (ב) ד"ה שור שהוא פר ביום כו' או עז כי יולד ופר אינו נקרא:

גליון הש"ס: גמ' שפיר קאמר ר"י. כעין זה פסחים דף כח ע"ב: שם ולא שנים ושלשה שופרות. עי' סוטה דף יו ע"ב תד"ה כהכא בשני:

רבינו חננאל

שראו אחד שהרג את הנפש מקצתן נעשו עדים ומקצתן נעשו דיינים דברי ר"ט רע"א כולן עדים הן ואין עד נעשה דיין ודחינן כי אמר ר' עקיבא בדיני נפשות אבל בענין ר"ח אפי' ר"ע מודה: ירושלמי ר' יונא ותו חכים שהדי לחד בר נש אזל בעי מידון קומיה וכפר ביה כו'. ואסיקנא ושרא רב הונא גרמיה מן ההוא דינא ואזיל ואסהיד עלוי קומי ב"ד חורן: קידשוהו קודם לזמנו או לאחר עיבורו יום אחד יכול יהא מקודש ת"ל תקראו אותם אלה הם מועדי. כלומר אם תקראו אותם בזמנן הן מועדי ואם לאו אין מועדי. קודם לזמנו יום כ"ט לחדש. לאחר עיבורו יום ל"ב. ביומי דר' ברכיה אישתתקן. אמר לון שמעתין דאתקדש ירחא וארכנון בראשיהון וקבלון: מתני' כל השופרות כשרין חוץ משל פרה מפני שהוא קרן. ואמרינן שפיר קאמר ר' יוסי לרבנן כל השופרות נקראו קרן כו' ורבנן כל השופרות נקראו שופרות היובלין ואקרו קרן של פרה קרן אקרי שופר לא אקרי כו'. מאי שור פר שהוא מפר. כלומר שור הנולד מפר שהוא חזק ואמיץ בכחו לפיכך הוא חזק ושמן מובחר שבשוורים ולא משור זקן שכבר כחש כחו. קטיגור מלשון רכיל. פירוש סניגור מליץ יושר. פי' חוטא בל יתנאה. אדם שחטא לא יתנאה בכלי זהב ויכנס לפני ולפנים. קרן של פרה כיון דהוא גילדי גילדי כשנים ושלשה שופרות זה בתוך זה נודמן והתורה אמרה שופר אחד לא שנים ושלשה שופרות. כתיב והיה במשוך בקרן היובל ופי' ר' יוסי בקרן האיל לפיכך אמר מאי משמע דהאי יובל דכתיב בהאי קרא איל הוא שכן בערבייא קורין לאיל יובלא. מאה קשיטה. מאת מעה. שכן באפריקא *) קורין לכלה נינפי והוא לשון יווני. מי שת בטוחות חכמה

*) אולי דחסר כדברי רבינו וצ"ל קורין למעה קשיטה ובתחום קן נשרייא קורין לכלה כו'.

קבען פלניא לא הוה ידע מאי קאמר ליה אתא שאיל בי מדרשא (*אמר) ליה גזלן אמר לך דכתיב °היקבע אדם אלהים *וגו' א"ל רבא מברניש לרב אשי אי הואי התם הוה אמינא ליה היכי קבעך במאי קבעך ואמאי קבעך ומילא הוה ידעינא ואיהו סבר מילתא דאיסורא קאמר ליה לא הוו ידעי רבנן מאי *סירוגין שמעוה לאמתא דבי רבי דחזותנהו רבנן דהוו עיילי פסקי פסקי אמרה להו עד מתי אתם נכנסין סירוגין סירוגין לא הוו ידעי רבנן מאי חלוגלוגות יומא חד שמעוה *לאמתא דבי רבי דחזית לההוא גברא דקא מבדר פרפחיניה אמרה ליה עד מתי אתה מפזר חלוגלוגך לא הוו ידעי רבנן מאי °סלסלה ותרוממך יומא חד שמעוה לאמתא דבי רבי דהוות אמרה לההוא גברא דהוה קא מהפך בשעריה אמרה ליה עד מתי אתה מסלסל בשערך לא הוו ידעי רבנן מאי °וטאטאתיה במטאטא השמד יומא חד שמעוה לאמתא דבי רבי דהוות אמרה לחבירתה שקולי טאטיתא וטאטי ביתא לא הוו ידעי רבנן מאי °השלך על ה' יהבך והוא יכלכלך אמר רבה בר בר חנה יומא חד הוה אזלינא בהדי ההוא טייעא הוה דרינא טונא ואמר לי שקול יהביך ושדי אגמלאי:

מתני' שופר של ראש השנה של יעל פשוט ופיו מצופה זהב ושתי חצוצרות מן הצדדין שופר מאריך וחצוצרות מקצרות שמצות היום בשופר ובתעניות בשל זכרים כפופין ופיהן מצופה כסף ושתי חצוצרות באמצע °שופר מקצר וחצוצרות מאריכות שמצות היום בחצוצרות *°שוה היובל לר"ה לתקיעה ולברכות רבי יהודה אומר בר"ה תוקעין בשל זכרים וביובלות בשל יעלים:

גמ' א"ר לוי °מצוה של ר"ה ושל יוה"כ בכפופין ושל כל השנה בפשוטין והתנן שופר של ר"ה של יעל פשוט הוא דאמר כי האי תנא דתניא רבי יהודה אומר בר"ה היו תוקעין בשל זכרים כפופין וביובלות בשל יעלים ולימא הלכתא כרבי יהודה אי אמרת הלכתא כר' יהודה הוה אמינא אפילו של יובל נמי כר' יהודה סבירא ליה קא משמע לן במאי קמיפלגי מר סבר בר"ה כמה דכייף איניש דעתיה טפי מעלי וביום הכפורים כמה דפשיט איניש דעתיה טפי מעלי ומר סבר בראש השנה כמה דפשיט איניש דעתיה טפי מעלי (א) *ובתעניות כמה דכייף איניש דעתיה טפי מעלי:

רש"י

קבען פלניא. גזלני פלוני: **כמה קבענוך.** המעשר והתרומה אתם קובעים אותי: **פסי סירוגין.** שכינו במגילה (דף יז:) קראה סירוגין (סירוגין): **פסקי.** לפרקים שאין נכנסין יחד: **מפזר חלוגלוגות.** שכינו בפ"ק דיומא (דף יח:) כל שבעת הימים לא היה אוכל השום תורה אור והחלוגלוגות: **פרפחיני.** ירק שקורין פורקקל"א: **סלסלה.** חפוש והפך במטמונים של תורה: **וסוס דרינא טונא.** עשה משוי: **מתני' של ראש השנה של יעל פשוט.** מפרש טעמא בגמרא דמידי דתפלה בעי פשיטות: **יעל.** שטיי"ן בו"ק: **ופיו מצופה זהב.** בשל מקדש קאמר: **שופר מאריך.** לאחר שהחצוצרות פוסקין תקיעתן נשמע קול השופר: **ובתעניות.** דאמרינן במס' תענית (דף טו:) תקעו הכהנים תקעו: **בשל זכרים.** אילים שסתמן כפופין: **ושתי חצוצרות באמצע.** שני שופרות להן אחד מכאן ואחד מכאן והן באמצע: **שמצות היום בחצוצרות.** דלכתופיה בעלמא ניהו וכל כתופיא בחצוצרות דכתיב (במדבר י) והיו לך למקרא העדה: **שוה היובל לראש השנה לתקיעה.** בפשוטין ואף על גב דתקיעתו ביובל לא לתפלה ולא לזכרון אלא לסימן שילוח עבדים והשמטת מכירת שדות אפילו הכי כר"ה בעי למעבדי' דגמרינן לה לגזירה שוה שביעי שביעי בפ' בתרא (דף לד.): **ולברכות.** דבעי למימר תשע ברכות ביום הכפורים של יובל: **ר' יהודה אומר כו'.** טעמא מפרש בגמ': **וביובלות בשל יעלים.** וגזירה שוה לא גמיר: **גמ' ושל כל השנה.** של תעניות: **קמ"ל.** בר"ה אית ליה כרבי יהודה אבל ביובל לית ליה משום גזירה שוה: **במאי קמיפלגי.** תנא קמא ורבי יהודה: **כמה דכייף איניש.** בתפלתו פניו כבושין לארץ טפי עדיף משום והיו עיני ולבי שם (מלכים א ט) הלכך בראש השנה דלתפלה ולהזכיר עקידת יצחק בא בעינן כפופין ויובלות שהן לקרוא דרור בעינן פשוטין וגזירה שוה לית ליה: **כמה דפשיט טפי עדיף.** משום נשא לבבנו אל כפים (איכה ג) הלכך בראש השנה בפשוטין דלתפלה הוא ודיוה"כ נמי (ב) משום דשוויה בגזירה שוה ובתענית דלכנופיא לא איכפת לן ועבדינן כפופין להכירא ולר' לוי אית ליה כר' יהודה דלתפלה בעינן כפופים וביום הכפורים סבירא ליה דשוה היובל לראש השנה כרבנן הלכך תרווייהו בעינן כפופים:

תוספות

חלוגלוגות. ונפקא מינה לגז בפ"ק דיומא (דף יח:) דאמרינן אין מאכילין אותו דברים המביאים לידי טומאה כגון חלוגלוגות:

של יעל פשוט. פירש בקונטרס היא שקן שמה וקורין אותה אשטנבו"ק ובערוך פי' היא כשבה נקבה וקרן הכשבה רגיל להיות פשוט ופירש הקונטרס נראה דיעל חיה דכתיב (תהלים קד) הרים הגבוהים ליעלים ואקו ודישן (דברים יד) מתרגמינן ויעלא ורימא ומצוה בשל יעל פשוט כדמשמע בגמ' דכמה דפשיט טפי עדיף משום נשא לבבנו אל כפים ומיהו אין הלכה כן אלא כר' יהודה דאמר בר"ה בשל זכרים כפופים דהיינו של איל ור' לוי קאי כוותיה בגמ' דאמר מצוה של ר"ה ויוה"כ בכפופים דקסבר כמה דכייף איניש טפי עדיף משום והיו עיני ולבי שם וכדאמר ר' אבהו בפ"ק (דף טז.) למה תוקעין בשופר של איל אמר הקב"ה תקעו לפני בשופר של איל כדי שאזכור לכם עקידת יצחק ומיהו נראה דלא פליגי אלא לכתחילה אבל כולהו מודו דיוצא דיעבד בין בשל איל בין בשל יעל כדקתני רישא כל השופרות כשרים חוץ משל פרה והיכא דלא מצא של איל יוצא בשל רחל או בשעיר עזים תדע דלמצוה פליגי דהא ר' לוי מצוה קאמר ועוד אמר פשוט וכפוף כתיב בקרא תעבירו שופר כתיב ביובל (ויקרא כה) וילפינן ר"ה מיניה וכיון דכולהו אקרו שופר חוץ משל פרה למה לא יצא ועוד משמע דפלוגתא דרבנן ור' יוסי בפני עצמן ופלוגתא דרבנן ור' יהודה בפני עצמן ולאו חדא פלוגתא היא ואם תמצא לומר דדוקא איירי אם כן הויא חדא פלוגתא דלתנא קמא כולהו כשרין בין בראש השנה בין ביוה"כ בין בתעניות חוץ משל פרה ור' יוסי אומר אף של פרה ולאידך רבנן ר"ה ויוה"כ בשל יעל ותעניות של זכרים ולר' יהודה ר"ה של זכרים וביובל בשל יעלים ומיהו קשה קצת דהא ר' לוי דאמר מצוה של ר"ה ויוה"כ הייט משום דילפינן גזרה שוה זה מזה בשביעי שביעי כדאמרינן בפ' בתרא (דף לד:) וכדתנן שוה יובל לר"ה לתקיעה ואי הוה טעמא משום מצוה בעלמא כדאמרינן דכמה דכייף איניש טפי עדיף הייט דוקא בראש השנה שהתקיעה לתפלה ולזכרון אבל יובל אין התקיעה אלא סימן שלוח עבדים והשמטות שדות החוזרות לבעלים לכך היה נראה לי מתוך זה דאינו יוצא אלא בכפוף פירוש דצריך להיות כפוף אי לא לא וגמרינן יובל מיניה: **ושתי** חצוצרות באמצע. שתי שופרות היו להן אחד מכאן ואחד מכאן כדי שיהיו החצוצרות באמצע משום דמצות היום בחצוצרות: **רבי** יהודה אומר בר"ה בשל זכרים וביובלות בשל יעלים. לית ליה לרבי יהודה שוה יובל לר"ה והא דבעינן שופר בראש השנה לאו משום דילפינן מיובל אלא כאידך תנא דיליף בפ' בתרא (ג"ז שם דף לד.) מדכתיב תקעו בחדש שופר ומיהו ההוא תנא נמי יליף ר"ה מיובל בגזרה שוה כדקאמרינן שלש תרועות נאמרו בר"ה ומייתי קרא דוהעברת שופר תרועה דכתיב ביובל וביום ולא בלילה נמי יליף מיובל כדקאמר התם והא דאיצטריך ליה קרא דתקעו בחדש שופר משום דיליף נמי ראש השנה ממדבר והוה אמינא דבחצוצרות כמדבר לכך נראה דמודה רבי יהודה דשוה יובל לר"ה אלא לענין הך מילתא אין שייך להשוותם להיות בשל זכרים כשל ר"ה דטעמא דר"ה מסברא בעלמא דכמה דכייף איניש טפי עדיף שהוא יום הדין ולהזכיר עקידה אבל יובל דלשלוח עבדים ושדות החוזרות לבעלים אין לחוש אלא שיהא שם שופר עליו אע"ג דר' לוי נמי משוה להו לענין זה משום גזרה שוה יש לומר דבהא פליגי:

עין משפט נר מצוה

ט א מיי' פ"א מהלכות שופר הלכה ב סמג עשין מג:

י ב מיי' פ"א מהלכות תענית הלכה ד:

יא ג מיי' פ"א מהלכות שופר הלכה א ופ"י מהלכות שמיטין הלכה יא ופ"ב מהלכות תפלה הלכה ח:

יב ד מיי' פ"א מהלכות שופר הלכה א סמג עשין מג טוש"ע א"ח סי' תקפו סעיף א:

מגילה יח.

רבינו חננאל

חכמה. אלו הכליות. או מי נתן לשכוי בינה זה תרנגול. פי' קבען פלניא פי' גזלני פלו'. כדכתיב היקבע אדם אלהים וגו'. פי' סירוגין פסקי פסקי. חלוגלוגות פירוש פרפחינן. פי' מהפך בשוייה. מסלסל בשערו. פי' מטאטתא. מכבד שמכבדין בו את הבית. פי' יהבך משואך: [מתני'] שופר של ר"ה של יעל כו'. א"ר לוי מצוה של ר"ה ושל יוה"כ והיא היובל בכפופין ושל ימות השנה כגון תענית בפשוטין. ור' לוי בר"ה בלבד הוא דאמר כר' יהודה דתנן ר' יהודה אומר בר"ה תוקעין בשל זכרים וביובלות בשל יעלים. וקיימא לן כר' לוי בר"ה ויוה"כ במאי פליגי ת"ק ור' יהודה. מר סבר בר"ה במאי דכייף איניש טפי עדיף וביוה"כ במאי דפשיט איניש דעתיה טפי מעלי.

מסורת הש"ס

צ"ל אמרו

[מפרש"י ד"ה כמה קבענוך המעשר וכו' נראה דהיה גרסתו בגמ' דמייתי גם סיפא דקרא ואמרתם במה קבענוך המעשר והתרומה]

[מגילה יח. נזיר ג.]

לקמן כט. [ערכין ג:]

ס"א וביוה"כ

הגהות הב"ח

(א) גמ' דפשיט איניש דעתיה טפי מעלי וביום הכפורים כמה דכייף איניש דעתיה טפי מעלי: (ב) רש"י ד"ה כמה דפשיט כו' וביוה"כ נמי משום דשוויה בגזירה שוה ובתעניות כו' כצ"ל:

§ מסכת ראש השנה דף כו: §

אות א'

ושתי חצוצרות מן הצדדין, שופר מאריך וכו'

רמב"ם פ"א מהל' שופר ה"ב - במקדש היו תוקעין בראש השנה בשופר אחד ושתי חצוצרות מן הצדדין, השופר מאריך והחצוצרות מקצרות, שמצות היום בשופר; ולמה תוקעין עמו בחצוצרות, משום שנאמר: בחצוצרות וקול שופר הריעו לפני המלך ה'; אבל בשאר מקומות אין תוקעין בראש השנה אלא בשופר בלבד.

אות ב'

שופר מקצר וחצוצרות מאריכות שמצות היום בחצוצרות

רמב"ם פ"א מהל' תענית ה"ד - ומדברי סופרים להתענות על כל צרה שתבוא על הצבור עד שירוחמו מן השמים; ובימי התעניות האלו זועקין בתפלות ומתחננים ומריעין בחצוצרות בלבד; ואם היו במקדש מריעין בחצוצרות ובשופר, השופר מקצר והחצוצרות מאריכות, שמצות היום בחצוצרות; ואין תוקעין בחצוצרות ושופר כאחד אלא במקדש, שנ': בחצוצרות וקול שופר הריעו לפני המלך ה'.

אות ג'

שוה היובל לראש השנה לתקיעה ולברכות

רמב"ם פ"א מהל' שופר ה"א - מצות עשה של תורה לשמוע תרועת השופר בר"ה, שנאמר: יום תרועה יהיה לכם; ושופר שתוקעין בו בין בר"ה בין ביובל, הוא קרן הכבשים הכפוף, [א]וכל השופרות פסולין חוץ מקרן הכבש. השגת הראב"ד: וכל השופרות פסולים חוץ מקרן הכבש. א"א הפריז על מדותיו, אלא מצוה בכפופין, ואם תקע בשל יעל יצא - ‹ולא ידעתי למה כתב בשל יעל, דלפי שיטה זו כל השופרות החלולין כשרין בדיעבד, חוץ משל פרה – מגיד משנה›. **ואע"פ שלא נתפרש בתורה תרועה בשופר בראש השנה, הרי הוא אומר ביובל: והעברת שופר תרועה וכו' תעבירו שופר, ומפי השמועה למדו, מה תרועת יובל בשופר, אף תרועת ראש השנה בשופר.**

רמב"ם פ"י מהלכות שמיטין הי"א - שופר של יובל ושל ר"ה אחד הוא לכל דבר, ואחד ר"ה ואחד היובל לתקיעות; אלא שביובל תוקעין בין בב"ד שקדשו בו את החדש בין בב"ד שלא קדשו בו את החדש, וכל יחיד ויחיד חייב לתקוע כל זמן שבית דין יושבין ושלא בפני בית דין.

רמב"ם פ"ב מהל' תפילה ה"ח - במה דברים אמורים ביום צום של כל שנה ושנה, אבל ביום צום של שנת היובל, מתפלל תפלת המוספים תשע ברכות, כמו שהתפלל במוסף ראש השנה, והם אותן הברכות עצמן לא פחות ולא יותר, ואין מתפללין אותן אלא בזמן שהיובל נוהג.

אות ד'

מצוה של ראש השנה ושל יום הכפורים בכפופין

סימן תקפו ס"א - [ב]שופר של ראש השנה מצותו בשל איל - לזכר עקידת יצחק, **ובכלל** זה גם כבשה נקבה, אלא דהמהדרין ביותר נוהגין לחזור אחר של איל דוקא, דהוא זכר טפי לאיל של יצחק.

וכפוף - לסימן שיכפפו לבם למקום.

לאפוקי בתענית שתוקעין ג"כ בשופר, לא בעינן של איל וכפוף, [**וי"א** דבתענית דוקא בפשוט לכתחלה לדעת ר' לוי, כדי לחלק בין תקיעות דר"ה לתענית, **ומ"מ** נ"ל דאף אם נימא דדעת ר' לוי כן הוא, מאן לימא לן דהלכה כן הוא, דלמא הלכה כסתמא דמתניתין דשל תענית בזכרים כפופין, **סוף** דבר, עכ"פ אין לנו להקפיד בתענית על פשוטים דוקא].

[ג]ובדיעבד כל השופרות כשרים - ר"ל אפילו של שאר בהמות או חיות, **ומ"מ** ביש לו שופר של תיש ועז, יקדימנו לשופר של יעלים ושאר חיות, דהוא קרוב למין שה יותר, כדכתיב: שה כשבים ושה עזים, ואיכא זכר קצת לעקידת יצחק, **בין פשוטים בין כפופים.**

ומצוה בכפופים יותר מבפשוטים - ר"ל דלאו דוקא באיל, אלא אפילו בשאר בהמות וחיות, ג"כ כפוף עדיף מפשוט.

והנה המחבר סתם ולא ביאר: איל פשוט וכפוף משאר מינים, איזה מהן עדיף, **אכן** מסקנת רוב הפוסקים, דמעלת כפוף עדיף, לפיכך אם נזדמן לו של יעל כפוף, ושל כבש פשוט, יתקע בשל יעלים וכפוף, דתקון רבנן לתקוע בכפוף, לסימן שיכפפו לבם למקום בתפלה, **משא"כ** שופר של איל, אינו תיקון רבנן לתקוע דוקא בשל איל, אלא מנהג שנהגו כל ישראל מעולם לזכר עקידה, ואיכא בזה מצוה מן המובחר, **ומ"מ** כתבו המפרשים, דגם בזה יש עכ"פ דינה דהידור מצוה, וע"כ אם מבקשים ממנו להוסיף על שופר של איל, יוסיף עד שליש. [ב"ח. **ואע"ג** דלפי מה שמבואר בריטב"א ובשארי מפרשים, דאפי' לכתחלה יכול ליקח של שאר מינים אם הם כפופין, א"כ אין מוכח לחייבו להוסיף דמים, **מ"מ** אין לדחות דברי הב"ח, בשנצרף לזה דעת הרמב"ם, דאיל הוא לעכובא, א"כ הוא עכ"פ הידור מצוה].

באר הגולה

א ‹סובר רבינו דת"ק ור"י לעיכובא פליגי – כס"מ. וחולקים על ת"ק ור' יוסי של המשנה הקדום› **‹ודעת** מרן בב"י, דהרמב"ם לעיכובא בעי תרתי, קרן כבשים וכפוף, יע"ש. **ולעד"נ** דהרמב"ם בעי איל לעיכובא וכפוף למצוה, וטעמו, דהא ר"י דמתני' אומר בר"ה תוקעים בשל זכרים, ולא נקט כפופים, וס"ל דפלוגתא הוי לעיכובא והלכתא כר"י, כמו שנראה מדברי ר' אבהו דאמר פ"ק דר"ה למה תוקעים וכו', משמע דהוי עיכובא של איל, כמו אמר הקב"ה הביאו לפני עומר בפסח, ומדלא נקט ר' אבהו כפוף, משמע דכפוף לא הוי לעיכובא, וס"ל דהיא היא סברת ר"י דמתני', דהזכיר זכרים דהיינו אילים, ולא הזכיר כפופים, וכפופים בעי למצוה לכתחלה, כמו שאז"ל מצוה של ר"ה ויובל בכפופים, משמע דכפוף הוי מצוה ולא לעיכובא – יום תרועה› **‹עיין** בשעה"צ להלן› **ב** **מימרא דרבי אבהו ט"ז** **ג** **משנה**

§ מסכת ראש השנה דף כז. §

אות א'

ציפהו זהב במקום הנחת פיו, פסול, שלא במקום הנחת פיו, כשר

סימן תקפו סס"ז - עיין לקמן דף כז: אות ג' - ד'.

אות ב' - ג'

בתורה אחד קורא ואחד מתרגם

ובלבד שלא יהא אחד קורא ושנים מתרגמין

רמב"ם פי"ב מהל' תפילה הי"א - ולא יהיו המתרגמין שנים כאחד, אלא אחד קורא ואחד מתרגם.

סימן קמא ס"ב - לא יקראו שנים - דתרי קלי לא משתמעי, **אלא העולה קורא וש"צ שותק** - מיהו אם העולה טועה בנקודות או בטעמים, מסייעו בלחש, **או ש"צ קורא, והעולה לא יקרא בקול רם** - וכמנהגנו עכשיו, שלעולם הש"ץ קורא אפילו כשהעולה הוא בקי, כדי שלא לבייש את מי שאינו יודע לקרות, **וגם** ימצאו הרבה שאין יודעין בטוב לקרות הנקודות והטעמים, וירצו לקרות, והצבור אין יוצאין בקריאתן, וכשימנעום מקריאה אתו לאינצויי.

ומ"מ צריך הוא לקרות עם הש"צ - היינו מתוך הכתב, **כדי שלא תהא ברכתו לבטלה** - דלא מסתבר שיברך העולה על קריאת הש"ץ. **אלא שצריך לקרות בנחת** - דתרי קלי לא משתמעי לא שייכי כי אם בקורא בקול רם, **שלא ישמיע לאזניו** - עיין בב"י שהביא סעד לזה מספר הזוהר.

(ואפילו משמיע לאזניו ליכא למיחש, דלא עדיף מתפלה, כדלעיל סימן ק"א) - ר"ל אף דיותר טוב שלא להשמיע לאזניו, מ"מ אם משמיע ג"כ ליכא למיחש, דלא עדיף מתפלה שתקנו ג"כ בלחש, ואפ"ה משמיע לאזניו, כדלעיל סימן ק"א ס"ב, ה"נ כן.

אות ד'

בהלל... אפילו עשרה קורין

סימן תפח ס"ב - בהלל, אפילו עשרה קורין כאחד - ר"ל אפילו היכא שמוציאין לאחרים ידי חובה באמירתן, ולא אמרינן תרי קלא לא משתמעי, כדאשכחן לענין קה"ת, דהלל חביבי להו משום [א]זכרון הנס, ויהבי דעתייהו ושמעי, **ומה"ט** ג"כ המנהג, שמקדשין שנים או יותר יחד בשבת ויו"ט, או כשיושבין בסוכה כמה בעלי בתים ומקדשין להוציא בני ביתם, משום דהקידוש חביב להם, ויהבי דעתייהו ושמעי, **ומ"מ** יותר טוב שלא יקדשו בבת אחת, היכי שצריכין להוציא בני ביתם, אלא זה אחר זה.

[**והפמ"ג** כתב, דבשאר דברים חוץ ממה שהוזכר כאן, אין כדאי אף במקום שאין מוציאין אחד את חבירו, דמבלבלין זה את זה, **חוץ** מר"ה ויוה"כ מפני שכל אחד סידורו בידו, **ולא** ידעתי, הלא בבהמ"ז מן "נודה לך" והלאה, המנהג שמברכין ביחד בכל מקום].

אות ה'

ובמגילה אפילו עשרה קורין

סימן תרצ ס"ב - אפילו שנים, ואפילו עשרה, יכולים לקרותה ביחד, ויוצאים הם והשומעים מהם - ולא אמרינן דתרי קלי לא משתמעי שפיר, כדאמרינן לענין קה"ת ושארי דוכתי, דקריאה זו חביבה ביותר מפני הנס, ויהיב דעתיה לשמוע היטיב, **וכיון** שכן, פשוט הוא, באם מרגיש בעצמו שמבלבלים ליה הקולות, ושא"א לו לשמוע כל התיבות, בודאי לא יצא. [**ומלשון** הרמב"ם משמע לכאורה, דלכתחילה אין לעשות כן, רק בדיעבד יצאו].

אות ו'

לא אמרו אלא במקדש

רמב"ם פ"א מהל' תעניות ה"ד - ואין תוקעין בחצוצרות ושופר כאחד אלא במקדש, שנאמר: בחצוצרות וקול שופר הריעו לפני המלך ה'.

אות ו'*[ב]

תוס' ד"ה כמאן: דבתשרי עלה במחשבה לבראות ולא נברא עד ניסן

סימן תקצב ס"א - ונהגו לומר כל פעם אחר שתקעו, "היום הרת עולם" - דבתשרי נברא העולם, [ג]**ואפי'** למאי דקי"ל כמאן דאמר בניסן נברא העולם, עכ"פ בתשרי עלה במחשבה להבראות, ולא נברא עד ניסן, [מ"א], **ו"ארשת" (מהרי"ל); ואפילו בשבת שאין תוקעין, אומרים: "היום הרת עולם", אבל לא "ארשת" (מנהגים).**

‹המשך ההלכות בעמוד הבא›

באר הגולה

א ‹רש"י בד"ה דחביבה עליה. חדשה היא לו עכ"ל. הא דלא פירש דהחביבות משום הנס, משום דזה לא שייך בשופר, ולכך פי' משום שהוא דבר חדש שבא משנה לשנה והוי חביב, ובתורה הגם דאותה פרשה הוי חדשה משנה לשנה, מ"מ מאחר דבכל שבת יש קריאת התורה, לא הוי חביבה כ"כ - פרחי בהונה› ב ‹ע"פ המ"א דמקורו מזה התוס'› ג ‹אך ק"ק, כיון דמחשבה היתה בתשרי, היאך רצה להוכיח דמדמצלינן האידנא "זה היום" כו', דהוי כר"א, דלמא הוי לענין מחשבה וכר"י, יש לומר דא"א לומר כן, מדאמרינן "זה היום תחלת מעשיך", דמשמע מעשה ולא מחשבה - יום תרועה›

ופיו מצופה זהב: והתניא *ציפהו זהב במקום הנחת פיו פסול שלא במקום הנחת פיו כשר אמר אביי כי תנן נמי מתניתין שלא במקום הנחת פה תנן: ושתי חצוצרות מן הצדדים: ותרי קלי מי משתמעי והתניא *זכור ושמור בדיבור אחד נאמרו מה שאין הפה יכולה לדבר ואין האוזן יכולה לשמוע לכך מאריך בשופר למימרא דכי שמע *סוף תקיעה בלא תחילת תקיעה יצא וממילא תחילת תקיעה בלא סוף תקיעה יצא ת"ש תקע *בראשונה ומשך בשניה כשתים אין בידו אלא אחת אמאי תיסלק ליה בתרתי פסוקי תקיעתא מהדדי לא פסקינן ת"ש *התוקע לתוך הבור או לתוך הדות או לתוך הפיטם אם קול שופר שמע יצא ואם קול הברה שמע לא יצא אמאי ליפוק בתחילת תקיעה מקמי דליערבב קלא °אלא תרתי קלי מחד גברא לא משתמעי מתרי גברי משתמעי ומתרי גברי מי משתמעי והא תניא* בתורה אחד קורא ואחד מתרגם 'ובלבד שלא (*יהו שנים קורין) ושנים מתרגמין הא לא דמיא אלא לסיפא 'בהלל 'ובמגילה אפילו עשרה קורין אלמא כיון דחביב יהיב דעתיה הכא נמי כיון דחביב יהיב דעתיה ושמע אלא למה מאריך בשופר לידע שמצות היום בשופר: ובתעניות בשל זכרים כפופין ופיו מצופה כסף: מאי שנא התם דזהב ומ"ש הכא דכסף איבעית אימא כל כינופיא דכסף הוא דכתיב °עשה לך שתי חצוצרות כסף ואיבעית אימא *) התורה חסה על ממונן של ישראל התם נמי נעביד דכסף אפילו הכי כבוד יו"ט עדיף רב פפא בר שמואל סבר למיעבד עובדא כמתניתין אמר ליה רבא 'לא אמרו אלא במקדש תניא נמי הכי במה דברים אמורים במקדש אבל בגבולין מקום שיש חצוצרות אין שופר מקום שיש שופר אין חצוצרות וכן הנהיג רבי חלפתא בציפורי ורבי חנניא בן תרדיון בסיכני וכשבא (א) דבר אצל חכמים אמרו לא היו נוהגין כן אלא בשערי מזרח ובהר הבית בלבד אמר רבא ואיתימא רבי יהושע בן לוי מאי קראה דכתיב °בחצוצרות וקול שופר הריעו לפני המלך ה' לפני המלך ה' הוא דבעינן חצוצרות וקול שופר אבל בעלמא לא: שוה היובל לר"ה לתקיעה ולברכות כו': א"ר שמואל בר יצחק כמאן מצלינן האידנא זה היום תחלת מעשיך זכרון ליום ראשון כמאן כרבי אליעזר דאמר *בתשרי נברא העולם מתיב רב עינא שוה יובל לר"ה לתקיעה ולברכות והא איכא זה היום תחלת מעשיך זכרון ליום ראשון דבר"ה איתא וביובל ליתא כי קתני אשארא רב ששא בריה דרב אידי מתני הכי א"ר שמואל בר יצחק הא דתנן שוה היובל לר"ה לתקיעה ולברכות כמאן דלא כרבי אליעזר דאי רבי אליעזר כיון דאמר בתשרי נברא העולם הא איכא זה היום תחלת מעשיך זכרון ליום ראשון דבר"ה איתא וביובל ליתא כי קתני אשארא: **מתני'** 'שופר שנסדק ודבקו פסול

ניקב

ופיו מצופה זהב כו' במקום הנחת פה פסול. שהתקיעה בזהב ולא בשופר: **לכך מאריך בשופר**. שירולא הוא: **וממילא כו'**. דמה לי סוף בלא תחילה ומה לי תחילה בלא סוף ומשום דבעי לאותובי אתרוייהו דייק הך דיוקא: **תקע בראשונה**. בפשוטה שלפני התרועה: **ומשך בשניה כשתים**. לפי שהיה צריך לתקוע כאן ב' תקיעות רצופות אחת לפשוטה לאחריה דמלכיות ואחת לפשוטה לפניה דזכרונות: **בור ודות**. חדא נינהו *אלא שהבור בחפירה והדות בבניין על הקרקע ליסטרנ"א בלע"ז: **פיטס**. חבית גדולה פונטי"ן בלע"ז: **מחד גברא**. דומיא דזכור ושמור: **הא לא דמיא**. הא מילתא דשופר לא דמיא אלא לסיפא: **י' קורין**. וי' קולות יש כאן שאי אפשר להם ללמדם דיבורים בתיבה אחת שלא יהא אחד לאחור ואחד לפנים: **דחביבה עליה**. חדשה היא לו: **התורה חסה**. דכתיב (ויקרא יד) וצוה הכהן ופנו את הבית שלא יטמאו כלי חרס שבתוכו שאין להם טהרה במקוה: **למיעבד עובדא**. בחצוצרות ושופר: **מקום שיש שופר**. כגון ר"ה ויובל: **מקום שיש חצוצרות**. כגון תעניות: **וכן הנהיג**. כמשנתינו שופר וחצוצרות: **בשערי מזרח ובהר הבית**. חדא מילתא היא בשערי מזרח בהר הבית וי"א בשערי מזרח בעזרת נשים: **מתני' שופר שנסדק ודבקו**. בדבק שקורין גלו"ד: **פסול**. דהוה ליה כשני שופרות: העמידו

בתורה אחד קורא. פירוש לבדו ואחרי כן המתרגם מתרגם לבדו ולא שנים קורין יחד ומתרגמין יחד: **אבל** שנים לא. והא דאמרינן בפ"ק דב"ב (דף טו. ושם) שמונה פסוקים שבתורה יחיד קורא אותם לא שלא יקרא אחר עמו דא"כ כל התורה נמי אלא שלא יחלקום לשנים זה ארבעה וזה ארבעה ומה שנוהגין לקרות שנים בתורה סמכו אמתני' דפרק בתרא דבכורים* (משנה ז) דתנן בראשונה כל מי שיודע לקרות קורא וכל מי שאינו יודע לקרות מקרין אותו נמנעו מלהביא בכורים התקינו שיהו מקרין את מי שהוא יודע ואת מי שאינו יודע: **כמאן** מצלינן זה היום תחלת מעשיך. תימה הא קי"ל כרבי יהושע כדאמרינן בפ"ק (דף יב.) לתקופה כר' יהושע ואומר ר"ת דקי"ל כרב עינא דפריך משוה יובל ורב עינא ה"ק והא איכא זה היום תחלת מעשיך דאיתיה בראש השנה וליתיה ביובל אלא ודאי הא דאמרינן ליה לאו משום בריית של עולם אלא משום תחלת מעשה דין שהעולם נדון בו להתקיים או לאו וזה שייך נמי ביוה"כ דיובל דהוקש לר"ה כדלקמן בפרק בתרא (דף לג.) (אבל בשאר יומי לא) ואע"ג דמשני ליה שפיר רב עינא לא הדר ביה ומיהו לאידך לישנא קשיא דקאמר מתני' דלא כר"א הוה ליה לשנויי דזה היום תחלת מעשיך לאו אבריאת עולם קאי ומה שיסד ר"א הקליר בגשם דשמיני עצרת כר"א דאמר בתשרי נברא העולם ובשל פסח יסד כר' יהושע אומר ר"ת דאלו ואלו דברי אלהים חיים ואיכא למימר דבתשרי עלה במחשבה לבראות ולא נברא עד ניסן ודכוותה אשכחן בפרק עושין פסין (עירובין דף יח. ושם) גבי אדם שעלה במחשבה לבראות שנים ולבסוף לא נברא אלא אחד: **כמאן** דלא כר' אליעזר. תימה הא ע"כ לא שוו לכל מילי דהתניא לקמן בפרק בתרא (דף ל.) שוה יובל לר"ה לתקיעה ולברכות אלא שביובל תוקעין בין בב"ד שקדשו את החדש בין בב"ד שלא קדשו את החדש וכל יחיד ויחיד חייב לתקוע: **שופר** שנסדק ודבקו פסול. פי' בקונטרס דהוה ליה כשני שופרות משמע שר"ל שנסדק לגמרי שנחלק לב' חתיכות שאם היה מחובר מצד אחד אין זה שני שופרות ותימה דאם נחלק לגמרי היינו דבק שברי שופרות ולכך נראה דנסדק מצד אחד לארכו על פני כולו ולפי שאין שם שופר עליו וכ"ש דבק שברי שופרות אלא זו ואין צריך לומר זו קתני א"נ יותר סופו להפרד כשנסדק מצד אחד ודבקו משאם עשה שופר אחד של חתיכות והוי שם שופר עליו טפי קא משמע לן ודבק שברי שופרות נמי לא מיפסיל מטעם שנים ושלשה שופרות אלא דאין זה קרוי שופר אי נמי משום דכתיב (ויקרא כה) והעברתו דרך העברתו כי היכי דפסלינן הפכו ותקע בו משום דבעינן דרך העברתו ואפילו נפסל מטעם משום שנים ושלשה שופרות אין קשיא כלום:

ניקב

עין משפט נר מצוה

יג א מיי' פ"א מהלכות שופר הלכה ו טוש"ע א"ח סי' תקפו סעיף טז:

יד ב ג מיי' פי"ב מהל' תפלה הלכה יא טור ש"ע א"ח סי' קמא סעיף ב:

טו ד טוש"ע א"ח סי' תפח סעיף ב וסי' תרמד סעיף ב:

מכאן ראיה שפרק אנדרוגינוס אינו מן המשנה והלא כסמ"ג עי' בהגהת מהגרי"ב סוף בכורים

טז ה מיי' פי"ב מהלכות מגילה הלכה ז טור ש"ע א"ח סי' תרצ ס"ב:

יז ו מיי' פ"א מהלכות תענית הלכה ד:

יח ז מיי' פ"א מהלכות שופר הלכה ה סמג עשין מג טוש"ע א"ח סי' תקפו סעיף ח:

לקמן כח.

יט ח מיי' וסמג שם טוש"ע שם סעיף י:

רבינו חננאל

ות"ק סבר אדרבה איפכא מסתברא ופיו: של שופר מצופה זהב. ואוקימנא שלא במקום הנחת פה אבל במקום הנחת פה פסול הוא אותו השופר: ושתי חצוצרות מן הצדדין כו'. ואקשינן ותרי קלי מי משתמעי כלומר אפשר לאדם לשמוע שני קולות בבת אחת והתניא שמור וזכור בדבור אחד נאמרו מה שאין הפה יכול לדבר ולא אוזן יכול לשמוע. ופרקינן לכך מאריך בשופר כדי לצאת החובה בקול השופר ואקשי' הנה *) כיון שהאריך בשופר סוף תקיעה בלא תחלת תקיעה לטימרא דשמע סוף תקיעה בלא תחלת תקיעה יצא. והתנן תקע בראשונה ומשך בשניה כשתים אין בידו אלא אחת. פי' תקע תר"ת תקיעה תרועה תקיעה ועוד רוצה להתחיל תר"ת אחר. נמצא תקיעה של סוף תר"ת הראשון ותקיעה שהיא התחלת תר"ת השני סמוכות להדדי. עכשיו אם משך בסוף התקיעה האחרונה שבתר"ת הראשון כשיעור ב' תקיעות אין בידו אלא אחת כי אין מפסיקין הסופה התחלה ולא עלה בידו אלא תר"ת אחת. ופרקי' פסוקי תקיעתא חדא לתרתי לא פסקי ולעולם שמע תחלת תקיעה בלא סוף תקיעה או סוף תקיעה בלא תחלת תקיעה יצא. וי"א היה צריך תר"ת ותקע תקיעה ומשך בתרועה כדי תרועה ותקיעה אין בידו אלא תקיעה אחת. ותלמוד [...]ע לזה הפירוש. ת"ש התוקע לתוך הבור או לתוך הדות כו'. ושנינן תרי קלי מחד כגון שמור וזכור שנאמרו מפי הגבורה תרי כחדא לא משתמעי אלא הני כאות ומופת אבל תרי קלי מתרי [...] כדתניא בהלל ובמגילה אפי' י' קורין וי' מתרגמין אלמא כיון דחביב עליה יהיב דעתיה ושמע הכא נמי גבי שופר וחצוצרות יהיב דעתיה ושמע. א"כ למה מאריך בשופר להודיע שמצות [...] שופר ש"מ דשופר ביד אחד וחצוצרות ביד אחרים ותוקעין בהן. ותני מילי במקדש כדתניא בר"א במקדש אבל בגבולין מקום שיש שופר אין בו חצוצרות ומקום שיש חצוצרות אין שופר כו' מהאי [...] חצוצרות וקול שופר הריעו לפני המלך ה'. בעינן בחצוצרות וקול שופר אבל בגבולין לא. שוה יובל לר"ה לתקיעה ולברכות פי' בעינן ט' תקיעות וברכות מלכיות זכרונות ושופרות **) כך מתפללין [...]ה"כ. כמאן מצלינן בר"ה זה היום תחלת מעשיך כר' אליעזר דאמר בתשרי נברא העולם ומותבינן והא תנן שוה יובל לר"ה לתקיעות ולברכות. והאיכא זה היום תחלת מעשיך. ר' יהודה אומר בראש

*) לכאורה נ"ל כיון דמה שמאריך בשופר אינו אלא סוף תקיעה וכו'. **) אולי נ"ל וזכרונות ושופרות שמתפללין בר"ה כך מתפללין.

מסורת הש"ס

[כ"ב פד.] [שבועות כ:] [לקמן כח.] [לקמן כח. לג:] מגילה כא: [נ"ל יהא אחד קורא כו' לאיפא כמגילה] במדבר י. יומא לט. מנחות עו: סוטה סט. פס. חולין מט. תהלים צח [לעיל ח. י:] ע"ז ח.

הגהות הב"ח

(א) גמ' ר"ח בן תרדיון בסיכני וכשבא הדבר אצל חכמים:

גליון הש"ס

נמי אלא מתרי גברי קלי כו' מתרי גברי. עי' סוטה דף לט ע"ב תוס' ד"ה עד שיכלה:

אות ז'

שופר שנסדק ודבקו פסול

סימן תקפו ס"ח - [ד]נסדק לארכו, פסול - ודוקא בנסדק מעבר לעבר, ואע"פ שאין בו חסרון, וגם לא נשתנה קולו.

[ה]**י"א אפילו בכל שהוא פסול** - לפי שמחמת הרוח וחוזק התקיעה, הסדק הולך ומוסיף עד שיסדק כולו, וכל העומד ליסדק כסדוק דמי.

ודוקא נסדק, דהולך ומוסיף, אבל בנפגם כשר בכל שהוא, **ומ"מ** אם ראהו קודם ר"ה, טוב יותר לתקנו שלא יהיה נראה פגום.

[ו]**אא"כ הדקו הרבה בחוט או במשיחה** - שהחוט מעמידו שלא יתבקע יותר, **(ונשתייר שיעור תקיעה ממקום הקשירה ולמעלה לצד הפה) (כל בו)** - וכדעה הראשונה לקמן בס"ט, [**דלדעה** שניה שם, כ"ש דמכשירין הכא אפי' שלא לצד הפה].

[ז]**והרבה** אחרונים מקילין אפילו לא נשתייר, כל זמן שלא נשתנה קולו ע"י ההידוק, [**ונראה** שאין להחמיר בזה, אחרי שהרבה ראשונים מקילין בעיקר הדין, וס"ל דדוקא בנסדק כולו או רובו, וכדלקמיה].

[**ואם** נשתנה קולו ע"י ההידוק, הט"ז וא"ר מקילין בנשתייר, **אבל** בפר"ח וכן בנה"ש מחמירין בזה].

[ח]**וי"א דוקא ברובו** - ומשום דרובו ככולו, [**וע"כ** אפי' נשתייר בו שיעור תקיעה, פסול לגמרי, ומחוייב לחזור אחר שופר אחר]. **ואפי'** אם נסדק רק מצד אחד, **אבל** אם לא נסדק רובו, אפילו לא נשתייר שיעור תקיעה כשר.

ובשעת הדחק יש לסמוך אדעה זו שהיא העיקר, **ואם** תקע בשופר שנסדק במיעוטו, ואח"כ מצא שופר כשר, יחזור לתקוע בו ולא יברך, [**ואם** אי אפשר להביא כי אם ע"י עכו"ם, אין לו לעשות, כיון שמעיקר הדין יצא בשופר שנסדק, כל זמן שלא נסדק רובו].

(**הנה ממה דהמחבר זכר רק דעה זו, ולא זכר כלל דעת הסוברים דוקא בנסדק כולו, משמע דלא ס"ל כן להלכה, מ"מ במקום דחק גדול, שא"א להשיג שופר מחוץ לתחום אפילו ע"י נכרי, יש לסמוך על דעות הסוברים דדוקא בנסדק כולו,** {**והם רש"י** ‹ע"ב ד"ה נסדק› **ותוס'** ‹שם ד"ה נסדק› **ומרדכי וסמ"ק ורוקח**}**, אבל כל שנשתייר מעט מכשירים, אך אין לברך עליו**).

[**ולענ"ד** לענין ברכה, אפי' תקע בפעם ראשון בשופר שנסדק רובו, ג"כ לא יברך בפעם שני', מאחר שהרבה ראשונים מקילין גם בזה].

[ט]**ואם דבקו, כשר** - היינו אפילו אם לא נשתייר רק כל שהוא שלא נסדק, כשר כשדבקו, **ודוקא** בדבק מכשרינן, דהוי כאלו הוא שלם, אבל אם מהדקו בחוט או משיחה, לא מהני, כיון שנסדק רובו.

אפילו אם דבקו בדבק - ואין זה נקרא שלא במינו, דשאני נסדק מניקב, דאין הדבק ניכר בין הדבקים, **ואם** הסדק רחב וניכר הדבק, בודאי יש להחמיר בזה, דהוי כסתמו בשאינו מינו, **ומ"מ** אפשר דאם לא נשתנה קולו ע"י הדבק ממה שהיה בתחלה, אין להחמיר כשנשתייר בו רובו, דגם בניקב וסתמו באופן זה כשר להרבה פוסקים, וכנ"ל בס"ז, וצ"ע.

(**ובניקב** מיירי בין שסתמו בחתיכה אחרת, בין אם סתמו בדבק, **ועיקר הטעם כיון דחסר הוא מינכר, ועיין בפמ"ג שמצדד קצת, דאף בנקב שיש חסרון, אם הוא קטן** {**ר"ל שקטן מאד**} **ויוכל ליתן שם דבק, הוי כמינו, ור"ל כיון שאין מינכר**).

[י]**ויש מי שאומר שאינו כשר אלא כשדבקו בעצמו, שחיממו באור עד שנפשר וחבר קצותיו זה עם זה** - אבל בדבק הוי כמו סתמו שלא במינו, ודינו כמ"ש בס"ז, [**ור"ל** דהא בניקב, לחד מ"ד בעינן תלתא למעליותא, ועכ"פ תרתי, **והכא** שרובו סדוק, וגם באינו מינו, א"כ אפי' לא נשתנה קולו, איכא עכ"פ רק חדא].

וסברא ראשונה עיקר, ומ"מ אם נשתנה קולו, יש להחמיר שלא בשעת הדחק, לחזור ולתקוע ובלי ברכה, [**ואפי'** אם לא נשתנה קולו, אף דבדיעבד אם תקע בו בודאי יוצא, דהעיקר כסברא קמייתא, מ"מ כשיש שופר אחר, אין לתקוע בו לכתחילה]. (**דנכון לנו לחוש לכתחלה לדעת הרמב"ן,** ‹שהוא שיטת היש מי שאומר› **דע"י דבק מיקרי שלא במינו, וא"כ מאי מהני שלא נשתנה קולו, הא עכ"פ איכא תרתי לריעותא, רובו, ושלא במינו, ובזה לא מהני סתימה וכנ"ל בס"ז, וע"כ יראה לחזור ולתקוע ובלי ברכה**).

[**ואם** נסדק רק כל שהוא או מיעוטו, ודבקו, משמע ממטה אפרים דיוכל לתקוע בו לכתחילה, **אכן** בא"ר כתב, דאם יש למצוא שופר אחר ברווח, אין להקל בזה, דיש לחוש לדעת הר"ן בשם רבינו יהונתן, דדבק לא מהני במקום סדק, **ואפשר** דכוונתו דוקא כשנשתנה קולו, אבל לא נשתנה קולו אין להחמיר, **ומ"מ** לשלוח ע"י עכו"ם להביא מחוץ לתחום, בודאי אין כדאי, כיון דלדעת השו"ע יצא אפי' בנסדק רובו ודבקו, וכ"ש מיעוטו].

באר הגולה

ד **משנה ובריייתא שם** ה **הרא"ש בשם יש מפרשים** ‹כז: תנו רבנן נסדק לארכו פסול, וכתב הרא"ש: לא תני הכא אם נשתייר בו שיעור תקיעה כשר, כדקתני גבי נסדק לרחבו, משום דלארכו לא מיפסל אלא אם כן נסדק על פני כולו מראשו ועד סופו, והיינו נסדק ודבקו דמתניתין דאיירי נמי לכל ארכו... **ויש** מפרשים דלהכי לא תני גבי ארכו אם נשתייר בו שיעור תקיעה כשר, משום דבכל דהו מיפסל, לפי שמחזמת הרוח וחוזק התקיעה הסדק הולך ומוסיף עד שיסדק כולו, וכל זמן שלא נסדק כולו אם דבקו כשר, ופירוש זה עיקר, עכ"ל - ב"י› ו ‹ר"ן בשם הראב"ד, דהטעם משום שהולך ומתרחב הסדק, משא"כ בהדקו - גר"א› ז ‹צ"ע דלמה יגרע בזה מנקב, אפי' לא נשתייר שיעור תקיעה כשר, כמ"ש הב"ח בהדיא, ואפשר כיון דקשרו הו"ל כאילו סתמו קצת, וצ"ע בכל בו - מ"א› ח **הרב המגיד בשם הרבה מהמפרשים** ט ‹הרא"ש שם להי"מ, וטעמו, מדתנן במתני' שופר שנסדק כו' דיבק כו', משמע דרישא ג"כ בנסדק כולו דוקא, דומיא דשברי שופרות - גר"א. ‹**ומשמע** דלא פסלה מתניתין בנסדק ודבקו, אלא כשנסדק מצד אחד לגמרי, משום דאין שם שופר עליו, אבל אם נשתייר ממנו כל שהוא שלא נסדק, אם דבקו כשר, ואפילו לדברי הפוסלים בנסדק כל שהוא, היינו בלא דבקו, אבל אם דבקו כשר - ב"י. ‹**לכאורה** נמצא, דלהשיטות דפסול נסדק הוא דוקא כשנסדק כולו, לא שייך דין של "ואם דבקו כשר"› י **טור בשם הרמב"ן**

[יא]ואם נסדק כולו, אפילו מצד אחד, פסול, אפילו חממו באור וחיבר סדקיו זה עם זה - דתו אין שם שופר עליו כיון שנסדק כולו, [דשופר הוא מלשון שפופרת, שהיא חלולה, וכיון שנסדק מצד אחד, אין עליו שם שופר].

אות ח'

דיבק שברי שופרות פסול

סימן תקפו ס"י - [יב]דיבק שברי שופרות זה עם זה ועשה מהם שופר - היינו אפילו לקח שברי שופרות שלמות בעיגולן ודבקן, ואפילו דבקן ע"י עצמן וכדלעיל ס"ח, ואפילו אינו מעכב התקיעה, **פסול, [יג]אפילו אם יש בשבר שכנגד פיו שיעור שופר** - והוסיף עליו לנאותו שיהיה ארוך, או כדי שיתן קולו גדול מכמות שהיה, ואעפ"כ פסול, **והטעם**, דשופר אחד אמר רחמנא ולא ב' שופרות.

באר הגולה

יא משנה שם וכפירוש המפרשים | יב משנה שם | יג טור

ניקב וסתמו אם מעכב את התקיעה פסול ואם לאו כשר *התוקע לתוך הבור או לתוך הדות או לתוך *הפיטם אם קול שופר שמע יצא ואם קול הברה שמע לא יצא *וכן *מי שהיה עובר אחורי בית הכנסת או שהיה ביתו סמוך לבית הכנסת ושמע קול שופר או קול מגילה אם כוון לבו יצא ואם לאו לא יצא אע"פ שזה שמע וזה שמע זה כוון לבו וזה לא כוון לבו:

גמ' תנו רבנן ארוך וקצרו כשר גרדו והעמידו על גלדו כשר ציפהו זהב במקום הנחת פה פסול שלא במקום הנחת פה כשר ציפהו זהב מבפנים פסול מבחוץ אם נשתנה קולו מכמות שהיה פסול ואם לאו כשר ניקב וסתמו אם מעכב את התקיעה פסול ואם לאו כשר נתן שופר בתוך שופר אם קול פנימי שמע יצא ואם קול חיצון שמע לא יצא ת"ר גרדו בין מבפנים בין מבחוץ כשר גרדו והעמידו על גלדו כשר הניח שופר בתוך שופר אם קול פנימי שמע יצא ואם קול חיצון שמע לא יצא הפכו ותקע בו לא יצא אמר רב פפא לא תימא דהפכיה כתונא אלא שהרחיב את הקצר וקיצר את הרחב מ"ט כדרב מתנה דאמר רב מתנה והעברת דרך העברתו בעינן: דיבק שברי שופרות פסול: ת"ר הוסיף עליו כל שהוא בין במינו בין שלא במינו פסול ניקב וסתמו בין במינו בין שלא במינו פסול ר' נתן אומר במינו כשר שלא במינו פסול אמר רבי יוחנן והוא שנשתייר רובו מכלל דשלא במינו אע"פ שנשתייר רובו פסול איכא דמתני לה אסיפא שלא במינו פסול א"ר יוחנן והוא שנפחת רובו מכלל דבמינו אע"פ שנפחת רובו כשר ציפהו זהב מבפנים פסול מבחוץ אם נשתנה קולו מכמות שהיה פסול ואם לאו כשר נסדק לאורכו פסול לרוחבו אם נשתייר בו שיעור תקיעה כשר ואם לאו פסול *וכמה שיעור תקיעה פירש רשב"ג כדי שיאחזנו בידו ויראה *לכאן ולכאן היה קולו דק או עבה או צרוד כשר שכל הקולות כשירין [בשופר] שלחו ליה לאבוה דשמואל קדחו ותקע בו יצא פשיטא כולהו נמי מיקדח קדחו להו אמר רב אשי שקדחו בזכרותו מהו דתימא מין במינו חוצץ קמ"ל: התוקע לתוך הבור או לתוך הדות כו': אמר רב הונא לא שנו אלא לאותן העומדים על שפת הבור אבל אותן העומדין בבור יצאו תניא נמי הכי התוקע לתוך הבור או לתוך הדות יצא והתנן לא יצא אלא לאו שמע מינה כדרב הונא ש"מ *איכא דרמי להו מירמא תנן התוקע לתוך הבור או לתוך הדות לא יצא והתניא יצא אמר רב הונא לא קשיא כאן לאותן העומדין על שפת הבור כאן לאותן העומדין בבור אמר *רבה שמע

§ מסכת ראש השנה דף כז: §

אות א'

ארוך וקצרו כשר

סימן תקפו סי"ג - [א]היה ארוך וקצרו, אם נשאר בו שיעור תקיעה, כשר - ואפילו היה בו פסול מתחלה, וקצרו כדי להחזירו להכשרו, נמי מותר, וכדלעיל בס"ט.

ואין נ"מ באיזה צד קצרו, ואפילו נשתנה קולו עי"ז, **ואשמועינן**, דלא תימא דבעינן כל הקרן כמו שהיה דרך גדילתו בראש האיל.

אות ב'

גרדו והעמידו על גלדו כשר

סימן תקפו סי"ד - [ב]גרדו מבפנים או מבחוץ, עד שעשאו דק מאד כמו גלד, כשר - ואפילו נשתנה קולו מכמות שהיה, כיון שאין השינוי בא מחמת דבר אחר, אלא מצד עצמו של שופר, כל הקולות כשרין.

אות ג' - ד'

ציפהו זהב במקום הנחת פה, פסול; שלא במקום הנחת פה, כשר

ציפהו זהב מבפנים, פסול. מבחוץ, אם נשתנה קולו מכמות שהיה, פסול; ואם לאו, כשר

סימן תקפו סט"ז - [ג]צפהו זהב במקום הנחת פה, פסול; שלא במקום הנחת פה, כשר. צפהו זהב מבפנים, פסול; מבחוץ, אם נשתנה קולו מכמות שהיה, פסול, ואם לאו כשר - הוא לשון הברייתא.

[ד]יש מפרשים מקום הנחת פה, היינו עובי השופר לצד פנימי שמניח שם פיו, והצד החיצון מן העובי עצמו, קרוי שלא במקום הנחת פה - ר"ל דבעובי השופר למעלה יש שני חודין, אחד שנוטה לצד חלל השופר, ואחד שנוטה לצד חוץ, לפירוש הראשון מיקרי מקום הנחת הפה, היינו שציפהו לצד פנים, ופסולו משום שהבל הקול נכנס לזהב, **ושלא** במקום הנחת הפה, היינו החוד הנוטה לצד חוץ סביב, ומחמת אותו המעט אין הקול משתנה וכשר, **אבל** כל אורך השופר מצד חוץ, הוא בכלל ציפהו זהב מבחוץ המוזכר בברייתא, ‹ותלוי באם נשתנה הקול›.

[ה]ויש מפרשים דעביו במקום הקצר הוא מקום הנחת פה - לפירוש השני, כל אותו הקצה שלמעלה מה שמכניס לתוך פיו, הכל נקרא מקום הנחת הפה, **ושלא** במקום הנחת הפה, היינו משהו סמוך לאותו מקום מבחוץ, וס"ל דמחמת אותו משהו ג"כ אין דרך הקול להשתנות, אף שהוא על הדופן מבחוץ, ולכך סתמה הברייתא דכשר, **ומן** אותו מקום ולמטה עד סוף, מקרי ציפהו זהב מבחוץ, ותלוי באם נשתנה הקול.

ושלא במקום הנחת פה, היינו כל אורך השופר מצד הקצר עד צד הרחב - המחבר קיצר בזה, דמלשונו משמע, דכל האורך חדא דינא אית ליה, וכשר אם ציפהו זהב, **ובאמת** זה אינו, דרק משהו הראשון הסמוך להעובי שמכניס לתוך פיו כשר, דמסתמא אין דרך להשתנות הקול בשביל אותו משהו, **אבל** משם ולמטה עד סוף השופר, אם ציפהו, תלוי באם נשתנה הקול מחמת זה.

ואם צפהו זהב בפנים, בכל גווני פסול, משום שהוא תוקע בזהב.

[ו]סימן תקפו סי"ט - [ז]הרחיק את השופר ונפח בו ותקע בו, פסול - דבעינן שיהא פיו מדובק לשופר, וסימנו: אל חכך שופר, **ויחזור** ויתקע שנית כדין ובלי ברכה, [ח][והטעם, מפני שאין דין זה ברור].

[ט]סימן תקפו סי"ז - [י]המציירים בשופר צורות במיני צבעונים כדי לנאותו, לא יפה הם עושים - דלפעמים משתנה הקול מעט בשביל זה.

(אבל מותר לחקוק בשופר עצמו צורות כדי לנאותו) (ב"י) - דאף אם ישתנה קולו מחמת זה, לית לן בה, כיון שהוא מחמת עצמו, וכההיא דסי"ד: גרדו מבפנים או מבחוץ וכו'.

אות ה'

נתן שופר בתוך שופר, אם קול פנימי שמע, יצא; ואם קול חיצון שמע, לא יצא

סימן תקפו ס"כ - [יא]נתן שופר לתוך שופר, אם הפנימי עודף על החיצון משני צדדיו, ונתן הפנימי בפיו ותקע בו, כשר - דאז אמרינן שנשמע קול פנימי לבד.

הגה: ולי נראה דאפילו אינו בולט בצד הרחב, רק שוה לחיצון, הואיל ובולט לצד הפה ותקע בפנימי, יצא, כן נ"ל (וכן משמע לשון הרא"ש) - ‹ודוקא שוה לחיצון›, דאם הוא מעט קצר מן החיצון, לא יצא לכו"ע, דסוף סוף יוצא הקול מן שני שופרות.

באר הגולה

[א] **ברייתא שם** [ב] **ברייתא שם** [ג] **שם ברייתא** [ד] **הר"ן** [ה] **הרא"ש וכ"כ הטור** [ו] ‹ע"פ הטור וז"ל: וי"מ צפהו זהב במקום הנחת פיו, אפילו באורך השופר, אם הוא מיד סמוך לראשו בצד הקצר, פסול, לפי שהתוקע מכניס קצתו בפיו ושפתו מכסה עליו, ונמצא הזהב חוצץ בין שפתו לשופר, ולמדו מכאן שאם הרחיק השופר ונפח בו ותקע בו, פסול, כיון שאין השופר נוגע בפיו, וכ"כ הרמב"ן, עכ"ל› [ז] **טור בשם הרמב"ן** [ח] ‹ויש לדחות, דשאני התם דמפסיק הזהב, אבל הכא הפסק האויר לא מיקרי הפסק - פר"ח› [ט] ‹ע"פ הטור וז"ל: אם נשתנה קולו מחמת הציפוי פסול, ואם לאו כשר, וכתב הרמב"ן, לפיכך אלו שמציירין צורות לנאותו לא יפה הם עושין, שמא נשתנה קולו מחמת הציורין, אף על פי שאין כולו מצופה במיני הציורין, לפעמים הקול משתנה בהן, עכ"ל› [י] **טור בשם הרמב"ן** [יא] **ברייתא שם וכפירוש הרא"ש והר"ן שם**

וכתב הט"ז, דגם המחבר מודה בזה, דמעיקר הדין אם שניהם שוים, דאז אפשר שישמעו קול הפנימי, דכשר, **אלא** משום דקשה לצמצם בשוים, דאפשר החיצון בולט מעט, וע"כ הצריך שיהיה ניכר הבליטה של הפנימי.

[יב]**והוא שלא ישנה קולו במה שהוא נתון בתוך החיצון** - ר"ל אפילו לא ישמע רק קול הפנימי, מ"מ אפשר דהקול נשתנה ע"י שהחיצון ציפהו, נמצא הקול בא מכח שני שופרות ופסול.

ואם לאו, פסול - קאי אראש הסעיף, ור"ל אם אין הפנימי עודף, פסול, [יג]משום דרוח פיו דוחק בשניהם, והוי קול של שני שופרות, ושופר אחד אמר רחמנא, **ומכל** זה אנו למדין, דאם תקע בשני שופרות ממש, דבודאי לא יצא.

[**וכתב** הכל בו, ואע"ג דאמרינן קדחו בזכרותו כשר, לא דמי, דהתם מדובק בו היטב, ורוח לא יבא ביניהם, אבל שופר אי אפשר לעשות כך, והרוח עובר בין שניהם בהכרח, והוי כתוקע בשני שופרות.]

אות ו'

הפכו ותקע בו לא יצא

סימן תקפו סי"ב - [יד]**"הפכו ותקע בו, לא יצא; בין הפכו כדרך שהופכים החלוק שהחזיר פנימי לחיצון** - והטעם, דכתיב: והעברת שופר תרועה, דרך העברה בעינן, [גמרא], דהיינו כדרך שהאיל מעבירו בראשו מחיים.

בין שהניחו כמו שהיה, אלא שהרחיב את הקצר וקיצר את הרחב - היינו ע"י רותחין, [רש"י], וג"כ הטעם דבעינן שיהא כדרך גדילתו, שהצד הקצר מול פה האדם.

[טו]**(והוא הדין אם תקע במקום הרחב פסול) (ר"ן)** - פי' אפילו בשופר שעשוי כהוגן, והכל מטעם הנ"ל.

[טז]**סימן תקצ ס"ט** - [יז]**"אם תקע בצד הרחב של השופר, לא יצא** - דכתיב: והעברת שופר תרועה, וקבלו חז"ל, דר"ל דרך העברתו, כלומר בדרך תמונת גידולו שהאיל מעבירו מחיים בראשו, כך צריך לתקוע בו, דהיינו במקום הקצר, **וגם** רמז לדבר: מן המצר קראתי יה.

הגה: ואחר שתקעו, אומר השליח צבור פסוק: אשרי העם יודעי תרועה, ואשרי, ומחזירין הספר למקומו.

אות ז'

הוסיף עליו כל שהוא בין במינו בין שלא במינו פסול

סימן תקפו סי"א - [יח]**"הוסיף עליו כל שהוא, בין במינו בין שלא במינו** - היינו שהאריכו בין מצד הקצר ובין מצד הרחב, **פסול**, [יט]**אפילו היה בו מתחילה שיעור שופר** - משום דשופר אחד אמר רחמנא וכו', וכמו בסעיף יו"ד.

[כ]**סימן תקפו סי"ח** - [כא]**אם נתן זהב על עובי השופר בצד הרחב, היינו הוסיף עליו כל שהוא ופסול** - ר"ל ופסול בכל גווני אף אם לא נשתנה הקול.

[**המחבר** שכתב "בצד הרחב", לא בא למעוטי כשהוסיף עליו בצד הקצר, דשם בלא"ה מיפסל, מצד שהוא במקום הנחת פה, **אמנם** להר"ן שדעתו שם, דהחוד הנוטה לצד חוץ אינו בכלל זה וכשר, וכתב הלח"מ דלא מיפסל מטעם הוספה, מחמת שאינו בכל העובי של השופר לא מיקרי הוספה, **א"כ** אפשר דבצד הרחב ג"כ, אם לא עשה בכל העובי, רק זר דק במקצת העובי, יהיה כשר, וזהו דבר חדש, וצ"ע.]

אות ח' – ט'

במינו כשר שלא במינו פסול

והוא שנשתייר רובו

סימן תקפו ס"ז - אקדים לזה הסעיף הקדמה קצרה, והוא: איתא בגמרא, ת"ר ניקב וסתמו, בין במינו ובין שלא במינו פסול, ר' נתן אומר במינו כשר, שלא במינו פסול, **וכתבו** הפוסקים דקי"ל כר"נ, ואמרינן שם דהא דמכשר ר"נ במינו, היינו דוקא כשנשתייר רובו שלא ניקב.

והנה בביאור הסוגיא יש דיעות בין הראשונים, [כב]הרמב"ם וסייעתו מפרשים, דר"נ קאי אאין מעכב התקיעה, דהיינו אחר סתימה חזר קולו לכמות שהיה תחלה קודם שניקב, ואפ"ה אין כשר אלא במינו, **נמצא** בעינן תלתא למעליותא, אינו מעכב התקיעה, ובמינו, ונשתייר רובו, אבל אם חסר אחד מאלו פסול, זו היא הדעה ראשונה שהובא כאן.

והרא"ש וסייעתו ס"ל, דר"נ קאי רק אמעכב התקיעה, ואפ"ה כשר במינו; ובשאינו מעכב, אפילו שלא במינו כשר אם נשתייר רובו, **וממילא** לפי ביאור זה הוי לקולא, דלא בעינן אלא תרתי, דהיינו מינו ורובו ואפילו מעכב, או רובו ואינו מעכב ואפילו אינו מינו, **וזהו** שסיים המחבר לקמיה: ואם הוא שעת הדחק וכו', היינו שאז יש לסמוך על הרא"ש וסייעתו.

באר הגולה

יב **הרא"ש שם** יג ‹כן פי' התוס' והרא"ש והר"ן, ועיין ברש"י, וז"ל הטו"א: ומפרש"י משמע דקול חיצון ולא קול הפנימי קאמר, ואפילו הכי לא יצא מפני הפסק התקיעה. והר"ן פי' אם קול פנימי לבדו שמע יצא, ומיירי כגון שהוא עודף על החיצון, שאין כאן אלא קול פנימי, אבל אם קול חיצון נמי שמע, לא יצא, דהו"ל קול ב' שופרות› יד **ברייתא שם וכרב פפא ורב מתנא שם וכפירוש א' שברא"ש וכהירושלמי** ‹וז"ל: יש מפרשים "לא תימא דהפכיה כי כיתונא" שהוא פסול, דהא פשיטא הוא, אלא אפילו הרחיב וכו', ויש מפרשים דהכי קאמר, "לא תימא דהפכיה כי כיתונא" שהוא פסול, דהא פשיטא הוא דכשר, דאף על פי שהפכו, מכל מקום הקצר עומד במקומו והרחב עומד במקומו ודרך העברתו הוא, אבל אם הרחיב וכו'› טו **לקמן בסוף סימן תק"צ כתבו הב"י** טז ‹ע"פ הבאר הגולה› יז **ר"ן מהירושלמי** יח **ברייתא שם** יט **הרא"ש שם, משום דשופר אחד אמר רחמנא ולא שנים** כ ‹ע"פ תוס' ד"ה צפהו ע"ש› כא **הרא"ש שם** כב ‹וכן פי' רש"י ד"ה במינו כשר, עיין בפני יהושע ונחלת צבי›

אם ניקב, [כג]אם לא סתמו, אע"פ שנשתנה קולו, כשר - שכל הקולות כשרים בשופר וכנ"ל, והיינו אפילו לכתחלה לדעת המחבר.

וכתבו הפוסקים, דאפילו לא נשתייר בו שיעור תקיעה, דהיינו טפח שלם בלי נקבים, נמי כשר, **ומ"מ** כתבו האחרונים, דאם היה רובו של שופר נקוב, אפילו נשתייר בו שיעור תקיעה שלם, ג"כ פסול, דרובו ככולו, [ואפי' הוא שופר ארוך, בעינן שיהא רובו שלם, **והיינו** דוקא בארכו, אבל ברחבו, אפי' אם ניקב רוב הקיפו, כיון שנשתייר ממקום ההוא ולמעלה שיעור תקיעה שלם, כשר, **ואם** ניקב רק מיעוט הקיפו, אפי' לא נשאר ממקום ההוא ולמעלה שיעור תקיעה, ג"כ כשר].

(**אכן באמת תמיה לי, אם נקב אינו פוסל בשופר, א"כ דהוא שלם דמי, ומאי איכפת לן שרובו נקוב, וגבי נסתם שאני, דהתם אתינן מטעם דשופר ודבר אחר מעורב בו, או מטעם דהו"ל כשתי שופרות, משו"ה בעינן שיהא עכ"פ רובא בלא ריעותא, ולא משגחינן תו במיעוטא שיש בו ריעותא, משא"כ הכא דאין זה ריעותא כלל, ואפשר** שגם רבינו ירוחם שהזכיר בענינינו שישתייר רובו, כונתו שהנקב לא יהיה גדול כ"כ שימשך עד חצי השופר, **דאם** נמשך, וכ"ש אם נמשך עד רובו, א"כ הו"ל ככולו, והרי השופר פתוח בכולו, ואין שם שופר עליו, ואם פסלינן בנסדק כ"ש בזה, **אבל** ביש נקבים קטנים הרבה, אפילו הנקבים על כל השופר, מאי איכפת לן, כיון שאין הנקבים פוסלין, ובין נקב לנקב יש שופר, א"כ אינו נסדק).

(מיהו אם יש שופר אחר, אין לתקוע בזה, כי יש אומרים שאין לתקוע בשופר נקוב) (כל בו [כד]ותשו' הרא"ש) - ס"ל דשופר נקוב פסול כמו שופר שנסדק, ויש לנו לחוש לדעה זו לכתחלה, ואפילו נשתייר בו שיעור תקיעה למעלה לצד הפה שאין בו נקב כלל, **ומ"מ** משמע דגם לסברא זו, היינו דוקא היכי שהנקב מורגש בתקיעה, שהקול נפגם על ידו ונשתנה קולו, **אבל** היכי שקולו צלול, אין נקב כזה חשוב, ותוקעין בו לכו"ע, (ובפרט כשרובו שלם).

[כה]ואם סתמו שלא במינו, אע"פ שאינו מעכב את התקיעה לאחר סתימה, שחזר קולו לכמות שהיה בתחלה - קודם שניקב, **פסול** - וכ"ש אם קולו דומה רק לקול של קודם הסתימה. **אפילו נשתייר בו רובו** - דאם לא נשתייר רובו שלם, פסול לכו"ע, [היינו אפי' לדעה שניה דמקיל בשיש תרתי למעליותא], אפילו סתם במינו, וקולו כמות שהיה תחלה, דתו בטיל ממנה שם שופר, ולא נעשה שופר אלא ע"י סתימה זו, ונמצא דהוי שופר ודבר אחר.

ואם סתמו במינו, אם נשתייר רובו שלם - ר"ל באורך השופר לצד פיו, [ובנשאר שיעור שופר לא מהני]. **ולא עכבו הנקבים שנסתמו את התקיעה, אלא חזר קולו לכמות שהיה קודם שניקב, כשר** – (אשמועינן בזה שני דברים: אחד, אע"פ שקודם שנסתם היה הנקב מעכב את התקיעה, כשר, כיון שעתה חזר קולו, ולאפוקי מדעת איזה ראשונים שמחמירין בזה, **ועוד** אשמועינן, דאם חזר קולו משונה כקודם הסתימה, פסול, מטעם שאי אפשר שיהיה קול השופר בשוה אחר הסתימה כקודם הסתימה, וחיישינן שמא נשתנה קצת, או שנולד קול חדש).

[**ועיין** בפר"ח דכתב, עיקר פירוש "מעכב את התקיעה" הוא מה שכתב המגיד בשם הרמב"ן, דהיינו שנחלש הקול קצת ויוצא משם, וצ"ע].

ואם חסר אחת משלש אלה, פסול - דאע"ג דכשלא סתמו כשר לדעת המחבר, כשסתמו גרע טפי, דכשסתם בשאינו מינו, א"כ אינו שומע קול שופר בלחוד, רק קול שופר וקול דבר אחר שמעורב בו, **וכן** כשסתמו במינו ולא חזר קולו לכמות שהיה בתחלה, הרי אנו שומעין שקול השופר הזה אינו קולו של השופר הראשון, אלא מן הסתימה, והסתימה אינה בטלה, והוי נמי כמו קול שופר ודבר אחר מעורב בו.

ואם הוא שעת הדחק, שאין שופר אחר מצוי, יש להכשיר [כו]בסתמו במינו אם נשתייר רובו, אפילו לא חזר קולו לכמות שהיה; וכן יש להכשיר בסתמו שלא במינו, אם נשתייר רובו וחזר קולו לכמות שהיה בתחלה קודם שניקב - דסמכינן על הפוסקים דסברי, דהיכי דאיכא תרתי לטיבותא סגי, **ועיין** בפמ"ג שכתב, דנראה שיוכל לברך, ובפרט לפי מה שכתב הפר"ח והגר"א, דהעיקר כדעה זו.

אבל בלא נשתייר רובו שלם, אפי' איכא תרתי לטיבותא, שסתמו במינו וחזר קולו להיות צלול כבתחלה קודם שניקב, לא מהני אף לדעה זו, ומטעם שכתבנו למעלה. [**ודעת** הריטב"א, [כז]דאפי' נפחת רובו נמי כשר היכי דאיכא אינך תרתי, דהוא מחמיר בשמעכב התקיעה, ולא מתכשר לדידיה אלא בשאינו מעכב התקיעה ואיכא עוד חדא למעליותא, ע"ש. **ורבנו** ירוחם הפליג עוד יותר לקולא, [כח]דבשאינו מעכב התקיעה לחודא סגי בדיעבד, **והנה** הפר"ח כתב דבשעת הדחק נוכל לסמוך על שיטה זו, **ובמטה** יהודה השיג עליו, דהוא רק דעת יחידאה ולכן לא הביאה המחבר לדינא כלל].

ודוקא שלא נזכר עד יו"ט, דאז אסור ליטול הסתימה, דהוי כתיקון כלי, כיון שעי"ז מכשיר השופר, **אבל** אם נזכר קודם יו"ט, יטול הסתימה, ודינו כאלו לא סתמו, דכשר.

באר הגולה

כג **ירושלמי, כתבוהו התוס'** ‹ד"ה ניקב› **והרא"ש** **כד** ‹והרא"ש כתב בתשובה: שופר נקוב אין תוקעין בו עד שיסתם הנקב ואינו מעכב התקיעה, כי רבו הפירושים בשופר נקוב על פי הירושלמי והבבלי, והכי עבדי עובדא כמו שכתבתי, עכ"ל, ודבריו אלו סתומים, דמשמע דאין תוקעין בו בעודו נקוב עד שיסתם, ושלא כדברי הירושלמי דמכשיר - ב"י› **כה** **משנה שם, וכרבי נתן בברייתא שם, וכלישנא קמא דרבי יוחנן, טור בשם הגאונים ורמב"ם** **כו** **כדעת ר"י ורא"ש שהביא הטור, וכמו שכתב הרא"ש טעמו שם בפסקיו** **כז** ‹והיינו לכאורה כלישנא בתרא דר' יוחנן› **כח** ‹נראה שהוא סובר דהא דקאמר רבי יוחנן והוא שנשתייר רובו, לא קאי אלא אמאי דקתני רבי נתן בברייתא במינו כשר, כלומר אע"פ שמעכב התקיעה, ומשו"ה בעינן דלהוי ביה חדא לטיבותא מיהא, {היינו לכאורה, חוץ ממה שסתמו במינו}, אבל מאי דמכשיר מתניתין בסתמו שלא במינו אם אינו מעכב את התקיעה, אפי' בשלא נשתייר רובו נמי כשר, דטיבותא דשאינו מעכב את התקיעה חשיבא טובא, ומשו"ה אפילו היכא דאיכא תרתי לריעותא כשר - ב"י›

וכ"ז באין שופר אחר מצוי, אבל אם יכול להשיג שופר אחר, אף אם כבר תקע בשופר שיש בו תרתי למעליותא, יחזור ויתקע ולא יברך.

והיכא דאיכא רובא לחוד, או דאיכא סתמו במינו לחוד, ‹לשיטת הריטב"א הנ"ל›, ויש לו ספק על הסתימה אם חזר קולו לכמות שהיה או לא, יש להחמיר מדינא, דהוא ספיקא דאורייתא, [ריטב"א].

אות י'

נסדק לאורכו פסול

סימן תקפו ס"ז - עיין לעיל דף כז. אות ז'.

אות כ' - ל'

לרוחבו אם נשתייר בו שיעור תקיעה כשר, ואם לאו פסול וכמה שיעור תקיעה... כדי שיאחזנו בידו ויראה לכאן ולכאן

סימן תקפו ס"ט - [כט]נסדק לרחבו - היינו סביב הקיפו, ובא ע"י נפילה או הכאה בחוזק, [ואפשר דדה"ה אם חתך בסכין, **ואף** שי"ל דע"י סכין מוכרח להיות קצת חסרון בשופר, והו"ל כעין ניקב, **ליכא** למיחש, לפי פסק המחבר דשופר שניקב כשר, **ואפי'** למאן דמצרכי התם שישאר רובו שלם, היינו דוקא באורך אבל לא ברוחב], **במיעוטו, כשר** - ולא דמי לנסדק לארכו, דפסל בס"ח לדעה ראשונה, משום דשם ע"י חוזק התקיעה יכול ליפקע יותר באורך, אבל לא ברוחב.

[ל]ברובו, פסול, אלא אם כן נשאר מהסדק [לא]לצד פיו שיעור תקיעה - דבזה אפילו חשבינן למיעוטא כמי שאינו, וכמו דנכרתת כולו, הלא עכ"פ נשאר שיעור תקיעה, **ודוקא** לצד פיו, שהרי רואין הנסדק כמאן דנכרתת, ואם לא ישאר כשיעור לצד פיו, א"כ תוקע הוא בשופר שאין בו שיעור תקיעה.

ואותו העודף אין לחשבו כמו הוספה לפסול ע"ז כל השופר, וכדלקמיה בסי"א, **דלא** מיקרי הוספה אלא כשהיה תחלה חתיכה אחרת, משא"כ כאן דלא נפרד מעולם.

ואם דבקו בדבק, אפי' לא נשאר שיעור תקיעה נמי כשר, וכמו דמקילינן בס"ח בנסדק בארכו כשדבקו בדבק, **ומ"מ** כשיש שופר אחר טוב יותר לתקוע בו, אחד, מפני דעת הסוברים לעיל בס"ח, דדבק לא מהני דנחשב כאינו מינו, **וגם** לדעת ר' יהונתן, דדבק לא מהני במקום סדק.

דהיינו ארבעה גודלים - של אדם בינוני, ומודדים באמצע האגודל, [במקום הרחב], ולא בראש אגודל ששם מתקצר, והוא שיעור טפח, (**ואף** אדם גדול ששיעור ד' גודלין שלו הוא יותר מטפח, וא"כ כשלוקח השופר בידו לא יראה מכאן ומכאן, אעפ"כ לא צריך יותר משיעור טפח בינוני, **אכן** לא כן דעת הריטב"א, אלא דהתנא נקט בהמפלת לפי שיעור אדם בינוני, ואין הכי נמי באדם גדול צריך השופר להראות מכאן ומכאן). (עיין בטור, דרי"ץ גיאות כתב, שצריך בזה טפח שוחק, והוא חלק עליו, דדי בטפח מצומצם). (**ומרא"ש** מבואר, ששיעור זה אינו אלא מדרבנן, כדי שלא יאמרו לתוך ידו הוא תוקע, **אכן** מדברי תוס' ‹סוכה דף ז: ד"ה סיכך› מוכח דס"ל, דשיעור טפח הוא מן התורה, **ואף** להרא"ש צריך שיעור מן התורה, כדי שיהיה אפשר לתקוע בו עכ"פ, ומשום זה פסלינן שופר של עיר הנדחת, דכתותי מיכתת שיעורא).

וכשנשתייר בו כך כשר אפי' אם מעכב את התקיעה - דלא גרע מניקב ולא נסתם, דמכשרינן לעיל אפילו בנשתנה קולו.

‹**קשה** לי על הרמ"א שכ' (ס"ז) דלכתחילה אין לתקוע בשופר נקוב אפי' נשתייר שיעור תקיעה, והכא סתם כהמחבר דכשר אפי' לכתחילה, ואיני יודע טעם לחלק, ומשמעות כל הפוסקים דנסדק גרע מניקב, וצ"ע - שפת אמת›. ‹**והפמ"ג** כתב, דנקב שיש חסרון או באין חסרון רק שהנקב נראה, יש בו משום הקריבהו נא לפחתך, משא"כ סדק›.

[לב]ויש מכשירים בנשתייר אפילו שלא לצד פיו - ואעפ"י שזה המיעוט שבפיו חוצץ, וא"כ יש הפסק בין פיו לשופר, **לא** חיישינן לזה, דמין במינו אינו חוצץ, ואין אנו רואין אותו כמו ניטל, **ובשעת** הדחק אפשר דיש לסמוך אסברא זו.

אות מ'

היה קולו דק או עבה או צרוד, כשר

סימן תקפו ס"ו - [לג]היה קולו עב מאד או דק מאד - וה"ה אם היה צרוד ויבש, [גמ'], **כשר, שכל הקולות כשרים בשופר.**

אות נ'

שקדחו בזכרותו

סימן תקפו סט"ו - [לד]לא הוציא זכרותו אלא נקב בו - דכשהוא מחובר בבהמה, עצם בולט מן הראש ונכנס לתוכו, וכשעושין שופר מוציאין אותו מתוכו, וזה לא הוציאו, אלא נקב אותו מתחלתו ועד סופו, [רש"י והר"ן]. **ובריטב"א** כתב, שהוציא זכרותו במקדח, ונשתייר ממנו בתוכו], **כשר** - ואפילו לכתחלה מותר לעשות כן, דמין במינו אינו חוצץ, **ואין** זה בכלל שתי שופרות, כיון דהוא דבוק מתחלתו, **ואין** הכי נמי אם הוציאו ונקב בו והחזירו, דהוא פסול.

[לה]אבל אם הוציא הזכרות ועשה ממנו שופר, כגון שנקב בו, פסול - דשופר הוא מלשון שפופרת שהיא חלולה, וכל שאינו חלול בטבעו לא מקרי שופר.

באר הגולה

[כט] **ברייתא שם וכפירוש הרא"ש דבמעוטו הוי כנקב** [ל] ‹ויראה דמיירי בנסדק רוב רחבו, אבל מיעוט הוה ליה כנקב בעלמא וכשר - רא"ש. ‹**אכן** רש"י פי' נסדק כולו וכן נסדק לרחבו כל רחבו, ומדבריו משמע דגם בנסדק לרחבו, כל שלא נסדק כל הרוחב לא מיפסל - שפת אמת›. ‹**וברש"י** אח"כ ד"ה אם, משמע דנסדק רק רובו מדכתב: חשיב ליה כמאן דאשתקיל כוליה, וצ"ע› [לא] **הרא"ש והר"ן וסמ"ג וסמ"ק והגהות מיימוני, וכן נראה מדברי הרמב"ם** [לב] **בעל העיטור ורי"ץ גיאות** [לג] **ברייתא שם כ"ז** [לד] **שם בגמרא ובירושלמי** [לה] **טור והר"ן**

אות ס'

לא שנו אלא לאותן העומדים על שפת הבור וכו'

סימן תקפז ס"א - [לו]**התוקע בתוך הבור או בתוך המערה** - הוא דינא דמשנה, וכתבו הראשונים שמשנה זו לצורך נשנה, בשעת הגזירה שגזרו האומות שלא יקיימו ישראל את המצות, ונתחבאו בבורות ובמערות לקיים. **וה"ה** מרתף וכה"ג מקום שהוא תחת הקרקע, שקול התקיעה מתערב עם קול הברה לעומדים בחוץ.

אותם העומדים בתוך הבור והמערה, יצאו - דבתוך הבור גופא אינו נשמע קול הברה, **ולאו** דוקא אם כל גופם בבור, אלא אפילו הכניסו רק ראשם לבור סגי, [**מלשון** רש"י משמע, דשם לעולם נשמע קול שופר, **אכן** מלשון הריטב"א מבואר, דמן הסתם נשמע שם קול שופר, ובנראה לו דקול הברה שמע, בודאי לא יצא, **ואפשר** שגם רש"י ושאר מפרשים מודים לזה]. **והוא** שיתכוין התוקע להוציאם, או בש"ץ שדעתו מן הסתם להוציא לכו"ע.

והעומדים בחוץ, [לז]**אם קול שופר שמעו, יצאו; ואם קול הברה שמעו** - פי' שעם קול השופר שמעו לבסוף קול הברה, [רש"י כ"ז. ד"ה אם קול, וכן מוכח בש"ס דקאמר: דליפוק בתקיעה מקמי דלערביה קלה]. **לא יצאו** - שהרי קול פסול מעורב עם קול השופר.

ובהיה כולו בתוך הבור, רק שראשו חוץ לבור, כעומד מבחוץ דמי, [גמ'].

וכתבו הפוסקים, דסיבת דבר זה תלוי בעומק הבור או בריחוק המקום, וכל אדם יש בידו להבחין ולהכיר אם קול שופר שמע בלחוד, או מעורב בו קול הברה.

ויש מי שמחמיר ואומר, דלעומדים מבחוץ תמיד נשמע קול הברה, [רא"ש]. **ויש** לחוש לדעה זו שלא בשעת הדחק, ולתקוע עוד פעם, אבל בלי ברכה, עד שיהיה ברור לו שקול הברה שמע, [ט"ז, **והוסיף** עוד סברא, דדילמא אין אנו בקיאין להבחין בין קול שופר לקול הברה].

(**וי"א דעיקר חשש דקול הברה, הוא דוקא בהאריך בהתקיעות טובא, אבל** במאריך בכל תקיעה ושברים רק כפי השיעור שנתנו חכמים, ליכא כלל קול הברה, **אמנם מכל הפוסקים דסתמו בזה לא משמע כן).**

וי"א עוד, דאפי' התוקע בבהכ"נ, ויש עומדים בחוץ קצת רחוק ממנו, שייך בזה ג"כ הבחנה לפי הריחוק מביהכ"נ, (ט"ז, **ונראה** מהט"ז, **דמפרש קול הברה, קול חלוש, וקול הנשמע מחוץ לבנין ומרחוק אינו כ"כ חזק, כמו קול שנשמע מקרוב ומבפנים, אבל לענ"ד דקול הברה האמור לענין שופר, פי' קול מעורבב, וקול כזה אינו נשמע מחוץ לבנין שע"ג קרקע, ואפילו בעומד רחוק ממנו, אלא בקול שיצא מתחת הקרקע, וכן מצאתי להדיא לרבינו מנוח וז"ל: ודרך אלה המקומות, כשאדם צועק ומדבר או תוקע בהן, שמתבלבל הקול, ונראה כאילו אחר מדבר כנגדו, וכו', עי"ש,**

אח"כ מצאתי בהלכה ברורה ובמטה יהודא, שחולקים ג"כ על הט"ז, וע"ש במטה יהודה שמסיים: דלא אמרו אלא בבור, אבל במקומות שוים פשיטא דלא שני לן בין עומדים בקרוב או ברחוק, דכל שמגיע להם הקול, לעולם קול שופר הם שומעים, ואם הם רחוקים יותר, גם הקול לא שמעו, עי"ש, ומ"מ למעשה אין לזוז מדברי הט"ז, שכל האחרונים העתיקו דבריו להלכה, דהשומע קול שופר מאחורי ביהכ"נ בריחוק מקום, תלוי לפי הבחנתו אם שמע קול שופר או קול הברה, ומדברי ר' מנוח ג"כ אין ראיה לנגד דברי הט"ז, שאע"פ שהוא מפרש קול הברה הוא ע"י בלבול הקול, אפשר דע"י ריחוק מקום נקרא ג"כ קול הברה, דקול הברה אינו מונח דוקא על בלבול הקול, אלא על קול בעלמא לא על דבר ברור, וע"י הבל הבור שהוא עומד, מתבלבל הקול ואינו נשמע קול שופר ברור אף שהוא בסמוך, וסברת הט"ז וש"א, דע"י ריחוק מקום מחוץ לבנין, ג"כ אין הקול שופר ברור).

(**ודע עוד, דטבע הוא לתוקע בין ההרים או ביער, נשמע קול החוזר, ומדסתמו הפוסקים ולא הזכירו דיש ליזהר בענין זה, משמע דאין זה עירבוב הקול, אלא הקול נכפל אחר שנגמר הקול הראשון).**

ובבנין שרובו על הקרקע ומקצתו בתוך הקרקע, שרי, דע"י שרובו למעלה מן הקרקע, לא מתבלבל הקול, ונשמע קול שופר אף לעומדים מבחוץ, (**הוא דברי המ"א, וטעמא, משום דעיקר קול הברה בא מעומק הבור, אבל ע"ג קרקע ליכא קול הברה, ומסתבר ליה להמג"א דאפילו ברוב הבנין ע"ג קרקע, נמי אין קול הברה נשמע, ולפי"ז אם יש בבית מקום נמוך כעין בור ותקע שם, יצא, ומ"מ נראה, דכ"ז אם אין המקום הנמוך מכוסה, אלא הוא מעורב ומחובר עם הבית, אבל אם זה המקום מכוסה בקרשים, בודאי אפשר להשמע שם קול הברה, והרי הוא כמרתף, וגם באינו מכוסה, אפשר דדוקא באינו עמוק הרבה, אבל אם המקום עמוק הרבה, אפשר דאינו מועיל במה שהוא מיעוט לגבי בנין שעל גביו, וצ"ע).**

(**ודע עוד, דיש להסתפק במה שנהוג בבניני חומה, לעשות קומה תחתונה, והוא דירה גמורה, מתחת לקרקע, והחלונות הם למעלה מן הקרקע סמוך לארץ, התוקע שם מה דינו להעומדים בחוץ, אולי אין הקול מתגלגל שם ומתערב עם קול הברה כמו בבור ובדות, וצ"ע).**

וכן התוקע לתוך חבית גדולה וכיוצא בה, אם קול שופר שמע, יצא; ואם קול הברה שמע, לא יצא - המחבר לא חילק כאן בין עומדים בתוך החבית לעומד חוצה לה, וכמו שחילק לענין בור, **משום** דאין דרך בני אדם ליכנס בתוך חבית כמו שדרך ליכנס בבור, ורק מכניס השופר לשם ותוקע והוא עומד מבחוץ, **וי"א** דמש"ה לא חילק בזה המחבר, דבחבית קול הברתה גדולה, ואפילו העומד בתוכה אפשר ששומע קול הברה, **וע"כ** יש להחמיר בזה, ולחזור ולתקוע בלי ברכה, אלא א"כ ברור לו שקול שופר שמע.

באר הגולה

לו משנה ר"ה כ"ז וגמ' שם **לז כפירוש רש"י ורמב"ם** ‹ודלא כרא"ש וז"ל: משמע מתוך פי' רש"י, אותם העומדים על שפת הבור פעמים שומעים קול שופר פעמים קול הברה, וכן משמע לישנא דרב יהודה, לא שנו דמתניתין מפלגא בין שמע קול שופר בין שמע קול הברה, אלא לאותם העומדים על שפת הבור, אבל העומדים בבור לעולם שומעים קול שופר, **ולא** ידעתי מה הבחנה יש אם קול שופר שמע או קול הברה שמע, אם תלוי בהבחנת האדם שיאמר שמעתי קול שופר, או תלוי בעומק הבור או בהתקרב האדם על שפת הבור והתרחקו ממנו, ולא מסתבר שיהיה תלוי בהבחנת האדם, דלמה נשתנה תקיעת הבור פעמים קול שופר ופעמים קול הברה,[מאחר דאין תלוי בעומק או התרחקות מהבור - קרבן נתנאל], ואם תלוי בעומק הבור או בקירובו על שפת הבור וריחוקו, כל זה צריך שיעור, **על** כן נראה לי, אע"ג דרב יהודה אמר לא שנו, אין בא כי אם לפרש המשנה, והכי פירושו, לא שנו אם קול הברה שמע, אלא לאותם העומדים על שפת הבור, שהקול מתבלבל בבור קודם שיצא לחוץ, ולעולם אינם שומעין אלא קול הברה, אבל אותם העומדים בבור לעולם קול שופר הם שומעין ויצאו, עכ"ל›

§ מסכת ראש השנה דף כח. §

אות א'

שמע מקצת תקיעה בבור, ומקצת תקיעה על שפת הבור, יצא

סימן תקפז ס"ב - עיין לקמן אות ד'.

אות ב'

מקצת תקיעה קודם שיעלה עמוד השחר, ומקצת תקיעה לאחר שיעלה עמוד השחר, לא יצא

סימן תקפח ס"א - [א]**זמן תקיעת שופר ביום ולא בלילה -** דכתיב: יום תרועה יהיה לכם, **ואם** נמשך עד בין השמשות, יתקע בלי ברכה, [ואפי' ביום א'].

ומצותה משעת הנץ החמה ואילך, ואם תקע משעלה עמוד השחר יצא - דמן הדין משעלה עמוה"ש יממא הוא לכל הדברים, אלא לפי שאין הכל בקיאין בו, וזמנין דאתי לאקדומי, הצריכו חכמים לכתחלה להמתין עד הנץ, דיום ברור הוא לכל, **ולא** בעינן עד שיעלה כל גוף השמש על הארץ, אלא משעת תחלת הנץ ג"כ מותר לכתחלה.

(**עיין לעיל בסימן נ"ח בבה"ל, דדעת הגר"א ועוד איזה אחרונים, דעמוד השחר נקרא משהאיר פני המזרח ולא קודם, דחד זמן הוא, אמנם בסוכה ברש"י משמע, דתרי זמני נינהו, ועה"ש הוא קודם, ובחידושי הריטב"א שם משמע דלא פסיקא ליה דבר זה, ע"ש, וצ"ע**).

מיהו כ"ז מעיקר דין תורה, או בשעת הדחק כגון שצריך לצאת לדרך וכה"ג, אבל חכמים תקנו לתקיעות שופר במוספין, **ואמרו** בגמרא בטעמא, דשעת הגזירה היתה שלא יתקעו ישראל בשופר, והיו אורבין להם כל שש שעות של זמן תפלת שחרית, לכך העבירוה לתקוע במוספין, [**ואע"ג** שבטל השמד, לא עבדינן כדמעיקרא, אע"פ דזריזין מקדימין למצות, דחיישינן שמא יחזור הדבר לידי קלקולו].

ומטעם זה נראה, דנהגו כל ישראל מימות הקדמונים, גם בתקיעות דמיושב, שלא להיות מן הזריזין המקדימין ולתקוע בתחלת היום, אלא סמוך לתפלת המוסף אחר קריאת התורה, **ואפילו** יחיד התוקע לעצמו, ג"כ ידקדק לתקוע אחר ג' שעות לערך, כדי שתקיעתו תהיה בשעה שהצבור עומדים בתקיעה.

[ב]**ואם שמע מקצת תקיעה קודם שעלה עמוד השחר, ומקצתה אחר שעלה עמוד השחר, לא יצא -** דסוף תקיעה בלא תחלה לא מהני ולא מידי, וכדלעיל בסימן תקפ"ז ס"ג, **וה"ה** אם שמע מקצת תקיעה ביום ומקצתה אח"כ בלילה, ג"כ לא יצא, דתחלה בלא סוף ג"כ לא מהני ולא מידי, וכנ"ל שם.

ונראה דאפילו היום שנוהגין לתקוע ל' קולות לצאת ידי כל ספק, צריכין ג"כ ליזהר, שאף תקיעה ראשונה לא תהיה אפילו מקצתה קודם אור היום.

הגה: ואם היה שיעור תקיעה במה ששמע ביום, נתבאר סימן תקפ"ז סעיף ג' - ולפי מה שכתבנו שם דהעיקר כדעה א', א"כ בכל גווני לא יצא.

[ג]**סימן תקפז ס"ג -** [ד]**השומע מקצת תקיעה שלא בחיוב -** כגון קודם עמוד השחר, **ומקצתה בחיוב, או שאמר לתוקע כמתעסק -** להתלמד או לשם שיר בעלמא דלא יצא, **כוין להוציאני ידי חובתי, ותקע ומשך בה שיעור תקיעה -** ר"ל שהאריך תקיעתו בשבילו, [ה]**לא יצא -** שהרי עכ"פ חסר לו התחלת התקיעה.

[**והוא** הדין נמי לענין התוקע בעצמו, שאם תקע התחלת התקיעה כמתעסק, ואח"כ התבונן וגמר התקיעה לשם מצוה, ג"כ לא יצא], **וה"ה** נמי אם כל התקיעה היה בחיוב, אלא שהוא נכנס באמצע התקיעה, או שיצא מביהכ"נ באמצע התקיעה ושוב לא שמע, לא יצא, **אע"פ** שהיה שיעור תקיעה במה ששמע, וכמאן דשמע חצי שיעור תקיעה דמי. [**ואין** לחלק בין היה מקצת תקיעה פסולה, כמו בתוקע מקצת קודם שעלה עמוד השחר, ובין ענינו שהתקיעה כולו בחיוב רק הוא לא שמעה בכולה, **דזהו** רק לפי סלקא דעתך דש"ס דף כ"ח ע"א, אבל לפי המסקנא דכי קאמר רבה בתוקע ועולה, לא שני לן כלל וכל שלא שמע כולה תקיעה לא יצא, ועיין לקמן בסימן תקפ"ח ס"ד (בבה"ל)].

[ו]**ויש אומרים שיצא אי איכא שיעור תקיעה בחיוב -** וסברא ראשונה עיקר, וצריך לחזור ולתקוע, **ואעפ"כ** לא יברך עליו, דספק ברכות להקל, **ויותר** טוב שישמע הברכה מאחר שלא יצא עדיין.

הגה: וה"ה אם שמע מקלת התקיעה קול הברה, כגון שהיה התוקע בבור והוא עומד בחוץ, ובאמצע התקיעה יצא לחוץ (טור) - ר"ל התוקע, והשלימה על שפת הבור, ונמצא שהעומדים בחוץ שמעו רק סוף התקיעה, דפלגא קמא היתה תקיעה פסולה, **ואם** היה שיעור תקיעה על שפת הבור, תלוי בשני דיעות הנ"ל, **וה"ה** אם שמע מתחלה קול שופר, כגון שהיה עם התוקע בבור, ובאמצע התקיעה יצא לחוץ ולא שמע רק קול הברה, נמי לא יצא, דבעינן שמיעת קול שופר כשר מתחלה ועד סוף, [**ועיין** לקמן בסי' תקפ"ח ס"ד במ"ב].

(המשך ההלכות בעמוד הבא)

באר הגולה

[א] משנה מגילה כ' [ב] מימרא דרבה ר"ה כ"ח [ג] (ע"פ הרמ"א הנ"ל לעיל בסמוך) [ד] רבינו ירוחם [ה] שם בשם י"א ושכן עיקר, ושלזה נראה שהסכים הרא"ש, וכ"כ הטור בשם בעל העיטור [ו] שם בשם י"א וכ"כ הטור (דהי"א, שהוא ת"ק דירושלמי, הגמ' דבור דמסיק הגמ' ומשני דמיירי דתוקע ועולה לנפשו, אבל למי ששמע מתחילה ועד סוף על שפת הבור, לא יצא, מיירי כשלא משך אח"כ חוץ לבור שיעור תקיעה, אז הוא דהשומעין לא יצאו, אבל כשמושך אח"כ שיעור תקיעה יצאו השומעין, ולר' אבא בירושלמי, דהוא הדעה קמייתא, הגמ' מיירי אפי' כשגמר בחוץ לבור משך שיעור תקיעה, וג"כ לא יצאו, כיון דתחילת התקיעה היה בבור - גר"א ע"פ הדמשק אליעזר)

*שמע מקצת תקיעה בבור ומקצת תקיעה על שפת הבור יצא *מקצת תקיעה קודם שיעלה עמוד השחר ומקצת תקיעה לאחר שיעלה עמוד השחר לא יצא אמר ליה אביי מאי שנא התם דבעינא כולה תקיעה בחיובא וליכא הכא נמי בעינא כולה תקיעה בחיובא וליכא הכי השתא התם לילה לאו זמן חיובא הוא כלל הכא בור מקום חיובא הוא לאותן העומדין בבור למימרא דסבר רבה *שמע סוף תקיעה בלא תחילת תקיעה יצא וממילא תחילת תקיעה בלא סוף תקיעה יצא ת"ש *תקע בראשונה ומשך בשניה כשתים אין בידו אלא אחת ואמאי תסלק לה בתרתי פסוקי תקיעתא מהדדי לא פסקינן ת"ש *התוקע לתוך הבור או לתוך הדות או לתוך הפיטס אם קול שופר שמע יצא ואם קול הברה שמע לא יצא ואמאי ליפוק בתחילת תקיעה מקמי דליערבב קלא *כי קאמר רבה בתוקע ועולה לנפשיה אי הכי מאי למימרא מהו דתימא ומנין דמפיק רישה ואכתי שופר בבור וקא מיערבב קלא קמ"ל אמר רב יהודה בשופר של עולה לא יתקע ואם תקע יצא *בשופר של שלמים לא יתקע ואם תקע לא יצא מ"ט עולה בת מעילה היא כיון *דמעל בה נפקא לה לחולין שלמים דלאו בני מעילה נינהו איסורא הוא דרכיב בהו [ולא נפקי לחולין] מתקיף לה רבא אימת מעל לבתר דתקע כי קא תקע באיסורא תקע אלא אמר רבא אחד זה ואחד זה לא יצא הדר אמר *אחד זה ואחד זה יצא *מצות לאו ליהנות ניתנו אמר רב יהודה *בשופר של ע"ז לא יתקע ואם תקע יצא *בשופר של עיר הנדחת לא יתקע ואם תקע לא יצא מ"ט עיר הנדחת כתותי מיכתת שיעוריה אמר רבא *המודר הנאה מחבירו מותר לתקוע לו תקיעה של מצוה *המודר הנאה משופר מותר לתקוע בו תקיעה של מצוה ואמר רבא המודר הנאה מחבירו מזה עליו מי חטאת בימות הגשמים אבל לא בימות החמה *המודר הנאה ממעין טובל בו טבילה של מצוה בימות הגשמים אבל לא בימות החמה שלחו ליה לאבוה דשמואל *כפאו ואכל מצה יצא כפאו מאן אילימא כפאו שד והתניא *עתים *חלים עתים שוטה כשהוא חלים הרי הוא כפקח לכל דבריו כשהוא שוטה הרי הוא כשוטה לכל דבריו אמר רב אשי שכפאוהו פרסיים אמר *רבא זאת אומרת *התוקע לשיר יצא פשיטא היינו הך מהו דתימא התם אכול מצה אמר רחמנא והא אכל אבל

רש"י

שמע מקצת תקיעה בבור כו' · קא סלקא דעתך דהכי קאמר היה עומד הוא בשפת הבור וחבירו תוקע בבור ויצא לתוך (א) בחצי התקיעה ואשמעינן הכא דבקלא נמי יוצא: **קודם עמוד השחר** · לאו זמניה הוא כדאמרינן במסכת מגילה (דף כ:) כל היום כשר לתקיעת שופר וילפי טעמא מיום תרועה יהיה לכם יום ולא לילה: הכי גרסינן למימרא דסבר רבה דכי שמע אינש סוף תקיעה בלא תחילת תקיעה יצא וממילא כו': **תקע בראשונה** · פשוטה שלפני תרועת המלכיות: **ומשך בשניה** · בפשוטה של אחריה כשתים ונתכוון לצאת בה אף ידי פשוטה שלפני תרועת הזכרונות שעתיד עליו לתקוע תיקף לו: **אם קול שופר שמע** · בלא קול הברה יצא: **אם קול הברה שמע** · עם קול השופר לא יצא: **בתוקע ועולה לנפשיה** · ואין אחר עמו לצאת בו אלא תוקע ועולה הוא דלדידיה תחילתה וסופה בהכשר דבתחילה הוא והשופר בבור ואמרן לעיל (דף כז:) אותן העומדים בבור יצאו: **של עולה** · ואלו מחיים דאילו לאחר זריקה אין מעילה לא בעורה ולא בקרניה שהכל לכהנים כדאמרינן במנחות (דף פג.) ובזבחים (דף פו.) כאשם לו יהיה כאשם מה אשם עצמותיו מותרין אף עולה עצמותיה מותרין: **שלמים לאו בני מעילה נינהו** · דאין מעילה בקדשים קלים אלא באימורים ולאחר זריקה כשהורכבו לחלק גבוה: **לאו ליהנות ניתנו** · לישראל להיות קיומם להם הנאה אלא לעול על צואריהם ניתנו: **בשופר של ע"ז** · שמשמשו בו לע"ז ונאסר בהנאה כדתניא במסכת ע"ז (דף נא:) אבד תאבדון את כל המקומות בכלים שנשתמשו בהן לע"ז הכתוב מדבר: **ואם תקע יצא** · דמצות לאו הנאה נינהו: **כתותי מיכתת שיעוריה** · דהא לשריפה קאי וכשרוף דמי ושופר בעי שיעור כדאמרינן לעיל (דף כז:) כדי שיאחזנו בידו ויראה לכאן ולכאן: **מותר לתקוע לו** · טעמא דכולהו משום דמצות לאו ליהנות ניתנו: **מזה עליו בימות הגשמים** · שאין כאן אלא הנאת קיום המצוה ומצות לא ניתנו ליהנות: **אבל לא בימות החמה** · דאיכא הנאת הגוף: **שכפאוהו פרסיים** · ולאו"ג שלא נתכוון לצאת ידי חובת מצה בליל ראשון של פסח יצא: **התוקע לשיר** · לשורר ולומר כך שמעתי מפי מורי הזקן וביסודו של מורי רבי יצחק בן יהודה ראיתי התוקע לשד להבריח רוח רעה מעליו: **פשיטא** · דזאת אומרת כן: **מהו דתימא התם אכול מצה אמר רחמנא והא אכל** · והנהנה באכילתו הלכך לאו מתעסק הוא שהרי אף לענין חיוב חטאת אמרינן (כריתות דף יט:) המתעסק בחלבים ובעריות חייב שכן נהנה: קא

תוספות

בשופר של עולה לא יתקע · כלומר במזיד ואם תקע כלומר בשוגג יצא דבשוגג מעל ונפיק לחולין אבל במזיד אין מעילה ולא נפיק לחולין וכשמחלק בין עולה לשלמים היה יכול לחלק בעולה גופה בין מזיד לשוגג אבל השתא מחלק בשוגג גופיה:

אמר רב יהודה בשופר של ע"ז לא יתקע ואם תקע יצא · תימה מאי שנא משלמים דלא יצא משום דמצות ליהנות ניתנו ורבינו חננאל גריס הכא רבה *ותימה דבסוף כסוי הדם (חולין דף פט: ושם) תניא תקע לא יצא וכן קשיא דההיא מהא דאמר רבה בפרק מצות חליצה (יבמות דף קג: ושם) חלצה בסנדל שאינו שלו ובסנדל של ע"ז חליצתה כשרה ולא אמרינן מכתת שיעוריה ופרישית כולה בשלהי כסוי הדם ופ' לולב הגזול (סוכה דף לא: בד"ה באשירה):

המודר הנאה משופר מותר לתקוע בשופר של מצוה · בפרק ב' דנדרים (דף טז:) מחלק אביי בין הנאת סוכה עלי לאומר שלא אהנה מן הסוכה דיכול לאסור הסוכה עליו שאינה משועבדת לו אבל אין יכול לאסור עצמו על הסוכה שהוא משועבד לה ופריך עלה רבא וכי מצות ליהנות ניתנו אלא אמר רבא הא דאמר ישיבת סוכה עלי הא דאמר שבועה שלא אשב בסוכה ולדברי רבא היה משמע דכאן נמי אי אמר הנאת שופר עלי מותר לתקוע בשופר של מצוה דמצות לאו ליהנות ניתנו אבל אם אמר תקיעת שופר עלי אסור לתקוע בשופר של מצוה אפי' לרבא כמו דאמר גבי סוכה אם לא נחלק משום דגבי סוכה בלאו מצוה יש הנאה בישיבה אבל שופר אי לאו מצוה אין הנאה בתקיעה דאינו מכוון לשיר ועל סוגיא דהתם קשיא דמשמע דוקא כשאמר שבועה שלא אשב בסוכה הוא דאינו יכול לאסור עצמו על סוכה לפי שהוא משועבד לה אבל אם אמר ישיבת סוכה עלי בשבועה אסור כמו בקונם וא"כ מאי חומר בנדרים מבשבועות דקתני התם הא שניהם חלין בענין אחד ויש לומר דנדרים חלין בכל ענין דשייכי דהיינו האסרת חפץ כדאמרינן בריש מסכת נדרים (דף ב:) דנדרים וחרמים מידי דמיתסר חפצא עליה לאפוקי שבועה דקאסר נפשיה מן חפצא ולכן חלים הנדרים בכל ענין שיאמר חוץ מהיכא דהזכיר הנאה משום דמצות לאו ליהנות ניתנו ומה שמחלק שם בין אמר ישיבת סוכה עלי לשבועה שלא אשב לא בא אלא לומר שיש חילוק בין נדר לשבועה לפי שהנדר בכל ענין שיאמר מיתסר חפציו עליה והשבועה בכל ענין שיאמר קאסר נפשיה מן חפציו:

המודר הנאה ממעיין · הא דאיצטריך לאשמועינן מודר הנאה מחבירו ומשופר וממעיין דס"ד אמינא דוקא במודר מחבירו הוא דשרינן לתקוע לו ולהזות משום דסתם מודר מחבירו אין דעתו על דבר מצוה כשאין מפרש בהדיא אבל אם פירש בהדיא ממעיין ומשופר אסור קמ"ל:

אמר רבא זאת אומרת התוקע לשיר יצא · דמצות אינן צריכות כוונה בפ' ערבי פסחים (פסחים דף קיד:) משמע דהוי פלוגתא גבי הביאו לפניו מטבל בחזרת דקתני בגמ' אכלו דמאי יצא אכלו בשלא מתכוין יצא ובאידך ברייתא תניא ר' יוסי אומר אע"פ שטבל בחזרת מצוה להביא לפניו (מצה) חזרת וחרוסת ודייק התם ע"כ לאו משום היכרא הוא מדקתני מצוה אלא משום דמצות צריכות כוונה והשתא מה שהוצרך רבא לדקדק מכאן ולא הביא מברייתא דהתם דקתני בהדיא דהוה אמינא היינו בירקות דרבנן אבל מצות דאורייתא בעי כוונה ומה שמקשה עליו מברייתות דלקמן ולא פריך מרבי יוסי דהתם דהוה מצי לדחויי דלעולם מצוה משום היכרא: אבל

עין משפט נר מצוה

לב א טוש"ע א"ח סי' תקפז סעיף ב:

לג ב שם סעיף ג וסי' תקפח סעיף א:

לד ג מיי' פ"ג מהלכות שופר הל' ד טוש"ע א"ח סי' תקצ סעיף ו:

לה ד טוש"ע א"ח סי' תקפז סעיף ב:

[ועי' תוספות חולין פט. ד"ה והתניא]

לו ה ו מיי' פ"א מהל' שופר הלכה ג:

לז ו מיי' שם טוש"ע א"ח סי' תקפו סעיף ג:

לח ח מיי' שם:

לט ט טוש"ע א"ח סי' תקפו סעיף ו וטוש"ע י"ד סי' רכא סעיף יג:

מ י מיי' שם טוש"ע א"ח סי' תקפו סעיף ה וטוש"ע י"ד סי' רכא סעיף יג:

מא כ טוש"ע י"ד שם:

מב ל מיי' פ"ו מהל' חמץ ומצה הלכה ג טוש"ע א"ח סי' תעה סעיף ד:

מג מ מיי' שם טוש"ע שם סעיף ה:

רבינו חננאל

אמר רבה שמע מקצת תקיעה בבור ומקצת תקיעה על שפת הבור יצא הואיל ובור מקום תקיעה הוא לאותן העומדים בבור. אבל מקצת תקיעה קודם שעלה עמוד השחר ומקצת אחר שיעלה עמוד השחר כיון שהלילה לאו זמן חיובא הוא להד לא יצא למימרא דסבר רבה שמע סוף תקיעה בלא תחלת תקיעה או תחלת תקיעה בלא סוף תקיעה יצא. והתנן תקע בראשונה נמשך בשניה כשתים אין בידו אלא אחת כו'. ודחינן כי קאמר רבה בתוקע ועולה שנמצאת תקיעה ששמע אחרי עלותו מן הבור תקיעה שלימה. אי הכי מאי למימרא כו' אמר רב יהודה בשופר של עולה לא יתקע ואם תקע יצא. בשופר של שלמים לא יתקע ואם תקע לא יצא. ותריץ לה רבא הכי אחד שופר של עולה ואחד שופר של שלמים יצא מ"ט מצות לאו ליהנות ניתנו. בשופר של ע"ז לכתחלה לא יתקע ואם תקע יצא בשופר של עיר הנדחת אפי' דיעבד לא יצא. מ"ט כתותי מכתת שיעוריה. אמר רבא המודר הנאה מחבירו חבירו מזה עליו מי חטאת בימות הגשמים אבל לא בימות החמה. וכן המודר הנאה ממעיין טובל בו טבילת מצוה בימות הגשמים אבל לא בימות החמה · שלחו ליה לאבוה דשמואל כפאו ואכל מצה בפסח יצא ופירשה רב אשי כשכפאוהו פרסיים ש"מ מצות אינן צריכות כוונה. אמר רבא זאת אומרת התוקע לשיר יצא כגון הא דכתיב הללוהו בתקע שופר שתוקעין להלל וכיוצא בו אם תקע כסדרן אע"פ שהוא לשיר השומע יצא כי מצות אין צריכות כוונה. פשיטא מהו דתימא התם

מסורת הש"ס

[לעיל כז.] · לעיל כז. [לקמן לג.] · לעיל כז. · [עי' תוס' זבחים פו. ד"ה אתיא ותוספות בכורות כו. ד"ה המוכר] · [ערובין לא. חולין סב.] · [סוכה לא.] · [פי' בריא כדכתיב ותחלימני והחייני. ערוך ערך חלם ג] · [גי' הרא"ש רבה]

הגהות הב"ח

(א) רש"י ד"ה שמע מקצת כו' תוקע בבור ויצא לתוך בחצי התקיעה:

גליון הש"ס

גמ' בשופר של שלמים. עיין זבחים דף פו ע"א תד"ה אתיא. ובכורות דף כו ע"א תד"ה המוכר ובנדרים דף י ע"ב ומעילה דף יג ע"ב תד"ה התולש:

וכתבו האחרונים, דיזהרו כל העם שלא להוציא כיחם וניעם בשעת תקיעה, כדי שישמעו כל הקולות מתחלתם ועד סופם, **וכן** לא יביאו ילדיהם אצלם, וג"כ מטעם זה, ומוטב שיהיו אצל אמותיהם בביהכ"נ של נשים, דנשים אינן מחויבות מן הדין בתקיעת שופר, **ומ"מ** נראה דקטנים שהגיעו לחינוך, מצוה להביאם ולהחזיקם אצלו, ויאיים עליהם שישמעו התקיעות ולא יבלבלו להצבור.

[ז]סימן תקפח ס"ד - [ח]היה זה צריך פשוטה ראשונה, וזה צריך פשוטה אחרונה, תקיעה אחת מוציאה את שניהם - דוקא כל התקיעה נוכל להשתמש לזה ולזה, אבל להפסיק חד תקיעה חציה לזה וחציה לזה, כגון שתקע תקיעה ארוכה שיש בה כשיעור ב' תקיעות, וא' התכוין לצאת מראשה עד חציה, והשני מחציה עד סופה, לא מהני ולא מידי, דלא מפסקינן לה לחצאין, (הט"ז).

(**ומשמע** מלבושי שרד, דדברי הט"ז קאי לדעה ראשונה שם בסימן תקפ"ז, אבל לדעה שניה דלא בעינן כולא תקיעה, יוצאין בזה, **ולענ"ד** מלשון הט"ז משמע, דדעתו דבזה שצריך להפסיק התקיעה לשנים גרע טפי, וכמו דאיתא שם בסוגיא לענין חד גברא, דאפילו אם נאמר דדי בתחלת התקיעה או בסופה לבד, מ"מ היכי דצריך להפסיקה לשנים גרע טפי, ה"נ בענינינו בתרי גברי, היכי דצריך להפסיקה לשנים לא מהני, **אכן** בספר נהר שלום חולק על הט"ז, ודעתו דאפילו לדעה ראשונה שם יוצא בזה, דע"כ לא פליגי בסוף סימן דלעיל, אלא היכא דתחילתה לא הוי בחיוב, אבל אי כולא בחיובא, לכו"ע יצא, ואין זה ענין לאפסוקי תקיעתא, שלא נאמר אלא לחד גברא, שאינה עולה לו לשני תקיעות כיון שנתחייב בקולות מופסקים, **וצ"ע**).

אות ג'

תקע בראשונה ומשך בשניה כשתים, אין בידו אלא אחת

סימן תקצ ס"ו - עיין לקמן דף ל"ג: אות ו'.

אות ד'

כי קאמר רבה בתוקע ועולה לנפשיה

סימן תקפז ס"ב - [ט]אם התחיל לתקוע בבור, ועלה חוץ לבור וגמרה, יצא, שכל מה ששמע בין בפנים בין בחוץ היה קול שופר - ומיירי שביחד הוציא ראשו והשופר מן הבור, ומילתא דפשיטא הוא דשרי, אלא דקמ"ל דלא חיישינן למיגזר, דילמא אפיק רישיה מעל לבור, ואכתי שופר בבור ותקע, ואפשר בזה לשמוע קול הברה, [**ומה** שהקשה המ"א דאי אפשר לצמצם, וא"כ שמא יצא השופר תחילה קודם לאזנים, ושמע רגע אחד באזניו בפנים קול הברה מבחוץ, **אינו** מוכרח, דאין הקול מתחלף מקול צלול לקול הברה בשיעור חוט השערה, וכונת הגמ' הוא רק שלא יוציא כל ראשו מן הבור קודם שמעלה השופר].

ובהוציא השופר תחלה וראשו עדיין בבור ותקע, אם חיישינן בזה לקול הברה, תלוי בפלוגתת הפוסקים, אם מחוץ לבפנים נשמע קול הברה, ויתבאר במ"ב לקמיה.

הגה: וכן אותם שהיו בבור בתחלת התקיעה (גמרא) - פי' ועלו ג"כ ביחד עם התוקע, ושמעו גמר התקיעות בחוץ, ויצאו ידי חובתם ג"כ מטעם הנ"ל, שכל מה ששמעו היה קול שופר.

ויש מקילים בזה אפילו לא יצאו כלל, רק שמעו גמר התקיעות שתקע בחוץ בהיותם בבור, ולא חיישינן לקול הברה, דדוקא מבפנים לחוץ נשמע קול הברה, אבל לא מבחוץ לפנים.

ולמעשה יש להחמיר בשלא יצאו, לתקוע שנית בלי ברכה, אם אינו ברור להם שקול שופר שמעו.

התוקע שהכניס שופר לבור ותקע, והוא בעצמו עומד כולו מבחוץ, העומדים בבור יצאו בתקיעתו, [דמ"מ מחוייב בדבר מיקרי להוציא אחרים], והוא עצמו לא יצא, [דמצות שופר הוא השמיעה ולא התקיעה], אא"כ ברור לו שקול שופר שמע.

אות ה' – ו'

אחד זה ואחד זה יצא

מצות לאו להנות ניתנו

רמב"ם פ"א מהל' שופר ה"ג - [י]וכן שופר של עולה לא יתקע בו, ואם תקע יצא, שאין בקול דין מעילה, ואם תאמר והלא נהנה בשמיעת הקול, מצות לא ליהנות ניתנו.

באר הגולה

[ז] ‹ע"פ שייכות הענינים במ"ב ובה"ל› [ח] **ירושלמי בפרק ב' דמגילה והביאו הר"ן בר"ה** [ט] **מימרא דרבה שם** [י] ‹הקשה הרב לח"מ, דהתם דף כ"ח משמע דכולהו מודו דמעל, אלא מטעמא דמצות לאו ליהנות ניתנו הדר רבא ואמר יצא, וא"כ קשה, דהיכי כתב רבינו דאין בקול דין מעילה, עכ"ד. **ולענ"ד** נראה דבתחילה יש לדקדק בדברי רבינו, שכתב ואם תאמר והרי נהנה וכו', דכיון שכתב שאין בקול דין מעילה, א"כ מה לי אם נהנה, **ותו** בפ"ה מהל' מעילה כתב, דקול ומראה וריח של הקדש לא נהנים ולא מועלין, וקשה דמנ"ל דאין נהנים, מכיון דלית בהו מעילה פקע איסוריה לגמרי, וכמ"ש הרב וכדמשמע מהש"ס, **ולישנא** דרבא אף דלכאורה משמע דס"ל כרבי יהודה, דבשופר של עולה אית ביה מעילה, רבינו ס"ל דלא היא, אלא לר"י הוא דקאמר הכי, ולדידיה ליכא מעילה, וזה דבפסחים דף כ"ה מוכח, דרבא גופיה ס"ל כברייתא דבר קפרא, דקאמר קול ומראה וריח אין בהם משום מעילה, מעילה הוא דליכא הא איסורא איכא, ולהכי פסק רבינו דאין נהנים וכו', וגם פסק כרבא בפי"ד מהל' מאכלות אסורות עיין שם, **וכיון** דרבא סבר דאין בהם מעילה וליכא אלא איסור הנאה מדרבנן, על כרחך צ"ל דהכא לר"י הוא דקאמר הכי וליה לא ס"ל, **ולכך** הוצרך לכתוב כאן דבדין זה אף ההנאה שריא מטעמא דמצות לאו ליהנות ניתנו – מעשה רוקח›

‹**ואיכא** למידק, דא"כ מעיקרא למה הוצרך רבינו ז"ל לומר שאין בקול דין מעילה, ולמה לא כתב בפשיטות יצא לפי שמצות לאו ליהנות ניתנו, וכדקאמר רבא בגמרא, ולמאי נ"מ כתב שאין בקול דין מעילה, הא אפילו יהיה בקול דין מעילה, כיון שאין הנאה בקיום המצות, אין כאן מעילה, **ואפשר** דהוצרך רבינו ז"ל לומר שאין בקול דין מעילה, לאשמועינן דאפילו עבר ותקע לשיר, דכל שמכוין לשיר אית ליה נמי הנאה, אין אומרים כיון דמעל הרי יצא לחולין, ואח"כ יכול לתקוע בו לכתחילה, וכדקאמר רב יהודה בגמרא, כיון דתקע ומעל יצא לחולין, לכך קאמר דלעולם אסור לתקוע בו לכתחילה, משום שאין בקול דין מעילה, ולעולם באיסורו קאי – שרשי הי"ם› ‹**וא"ת** למה לא כתב רבינו דין שלמים, וי"ל משום דהוה ס"ד בגמרא דגרע שלמים, משום דלית בהו מעילה, אבל כיון דפי' רבינו דבעולה ג"כ אין בה מעילה משום דהוא קול, א"כ כ"ש שלמים שהם קדשים קלים – לחם משנה›

אות ז'

בשופר של עבודה זרה לא יתקע, ואם תקע יצא

סי' תקפו ס"ג- [יא]תקע בשופר של עבודת כוכבים של ישראל - כגון שעבד לשופר, וה"ה כששימש בו לפני הע"ז שלו, שתקע לפניה, **לא יצא, שאינה בטלה עולמית, וכתותי מיכתת שעוריה** - ר"ל דכיון דאי אפשר בשום פעם שתהא ניתר, וע"כ לאיבוד קאי, לשרפה או להוליכה לים המלח, הרי הוא כמי שאינו, ולא עדיף משופר כשר ורק שאין בו שיעור גדלו, שהוא פסול, וכ"ש הכא.

[יב]אבל בשל עבודת כוכבים של עובד כוכבים, וכן במשמשי עבודת כוכבים של עובד כוכבים - כגון שמצא שופר ע"ז של נכרי, או ששאל אותה ממנו, [**ואף** דע"י שאילה הוא חייב באחריות, ע"כ דע"ז אינו נחשב כשלו שלא יהא מהני לו ביטול, **או** כמ"ש הדגמ"ר, דכיון דאין לעכו"ם דין שומרים, ממילא אינו חייב הישראל באחריות], **לא יתקע** - משום דמאיס, ואפילו בנתבטל, ג"כ אסור לכתחלה לכמה פוסקים. [**והוא** בעיא דלא אפשטא לפי' התוס' בע"ז, וכן דעת ריטב"א ר"ה כ"ח בשיטת רש"י, וכ"כ הר"ן בשם הראב"ד בע"ז, **איברא** דהר"ן והרשב"א בסוכה {שהוא גם כן להריטב"א כידוע} הכריעו דלשיטת רש"י בביטל מותר לכתחלה, וצ"ע. **איך** שיהיה, יש להחמיר בזה משום דכן משמע דעת רמ"א לקמן בסי' תרמ"ט ס"ג, ע"ש, וכן משמע הכרעת מ"א ומטה יהודא, ע"ש].

ואם תקע בו, [יג]יצא - אפילו קודם שנתבטל, [רש"י ורוב פוסקים], ‹דמפרשי דאיירי כשהוא עדיין אסור בהנאה, ורק דמצות לאו ליהנות ניתנו›, **והטעם**, דכיון שאפשר לבטלו, כדין ע"ז של נכרי שנכרי מצי מבטל ליה, לא שייך ביה לומר: הרי היא כמי שאינה, דאפשר לא תבא כלל לידי שריפה, **ואי** משום שנהנה מאיסורי הנאה, ג"כ לא אסור, דקיום מצוה לא מיקרי הנאת הגוף, אלא הוא גזירת מלך, [גמרא].

ופשוט דאם אין לו שופר אחר, תוקע בו לכתחלה כדי שלא לבטל המצות עשה.

[יד]והוא שלא נתכוין לזכות בו - בשעה שמצאו והגביהו מן הקרקע, אלא הגביהו רק כדי לתקוע בו.

‹**ודע, דבשו"ע כתב: והוא שלא נתכוין לזכות וכו', ומשמע מזה דבסתמא אינו זוכה, ואפשר לומר הטעם, כיון דהוא ריעותא לדידיה, שהרי לפי"ז אינו שוה לו כלום דאין לו ביטול, מסתמא איסורא לא ניחא ליה דליקני, אכן מלשון הרא"ש ומלשון התוס' והרה"מ בשם הרשב"א וכן הר"ן, מבואר דדוקא במגביה ע"מ שלא לזכות, ומוכח דבסתמא ניקנית ליה בהגבהתו, וכ"כ במרדכי ר"ה להדיא דבסתמא קנה, וצ"ע).**

‹**ועיין ב"ח שדעתו בזה, דדוקא באין לע"ז בעלים, אבל ביש לה בעלים ולא נתיאשו עדיין, אפילו מתכוין לזכות לא מהני, דבמה נפקע כח הבעלים הראשונים, ונלענ"ד דכונת הב"ח הוא, בענין שישראל גזל השופר מן הנכרי, אבל בענין אבידה, אין שום נ"מ בין נתיאשו ללא נתיאשו, דלגבי נכרי בזה שאבד נפקע כחו, ולא בעינן בענין אבידה יאוש אלא גבי ישראל, אבל גבי עכו"ם הלא אבידתו מותרת, אלמא דנפקע כחו, ועיין במ"א שהשיג על הב"ח בעיקר דינו, ולדידיה אפילו בגזל מן העכו"ם נמי, הוי ליה כע"ז של נכרי הבא לידי ישראל, ומטעם דאע"פ שאינו קונה קודם שנתייאשו הבעלים, מ"מ הרי הוא חייב באחריות כדין כל גזלן, ובשביל זה קמה ברשותו, עיין בדבריו, וכבר דיברו בזה הרבה אחרונים, יש שמסכימים עמו, ויש שחולקים עליו לענין גזל).**

אבל אם נתכוין לזכות בו, לא יצא, דהוה ליה עבודת כוכבים של ישראל - ואע"ג דישראל לא עבדה, מ"מ אין לה בטול, כיון דעכשיו היא של ישראל, **ויש** שכתבו, דלא קאי רק אעבודה זרה של עכו"ם, אבל לא אמשמשי ע"ז, דבמשמשי ע"ז של עכו"ם, אפילו באו ליד ישראל לא מחמרינן בהו כולי האי, ויש להם ביטול, וכמו דפסק המחבר ביו"ד סימן קמ"ו ס"ב, **ויש** שמחמירין גם בזה, [ויש להקל].

ויש מחמירין דאפילו בשל עובד כוכבים אינו יוצא אלא בנתבטל בערב יו"ט (מרדכי) - הטעם כנ"ל, דכיון שהוא אסור בהנאה, הרי הוא כחסר מן שיעורו שהוא פסול, ואע"ג שאפשר לבטלה, מ"מ עדיין לא נתבטל ובאיסורו קאי, **וע"ל סי' תרמ"ט סעיף ג'.**

ודוקא בנתבטל בעיו"ט, דאם לא נתבטל בשעה שקידש היום, א"כ לא היה ראוי אז לתקוע בו, לפי שיטה זו שפסול לתקוע בו קודם ביטול, ונדחה אז, וא"כ אפילו ביטלו העכו"ם אח"כ ביו"ט והותר, מ"מ שמא יש דיחוי אצל מצות, וכבר נפסל.

‹**עיין מ"ב משנ"כ, דאם לא נתבטל בשעה שקידש היום וכו', מקור דברי הוא מלשון רש"י ‹בע"ז›, אלא דבאמת קשה, שהרי זמן מצות לולב מתחיל מעמוד השחר ואילך, וא"כ אפילו נתבטל בלילה, הוי כמו קודם הזמן, איברא דגם מלשון הש"ס שם דקאמר: אילימא דאשחור מאתמול וכו', משמע ג"כ כרש"י, וצ"ע).**

ולענין דינא קי"ל כסברא הראשונה, שהוא סברת רוב הפוסקים, ואפילו בלא נתבטלה כלל יכול לתקוע בו אם אין לו אחר, [ואפשר דצריך גם לברך עליו], **רק** אם ימצא אח"כ שופר כשר, צריך לתקוע בו מחדש, לצאת ידי סברא זו, ובלי ברכה, [**ומ"מ** אין לו להביאו מחוץ לתחום, או לעבור על שבות אחר בשביל זה].

[טו]סימן תקפו ס"ד - [טז]שופר של תקרובת עבודת כוכבים - פי' בהמה שהקריבוה לקרבן לפני ע"ז, ועשאו מקרניה שופר, [**אבל** בהקריב השופר לע"ז, אינו נאסר, דדוקא בבעין ד' עבודות שבפנים נאסר, אם לא שהיה דרך עבודתה בכך], **אפי' היה של עובד כוכבים, שתקע בו, לא יצא, משום דאינה בטלה עולמית** - וכתותי מיכתת שיעוריה וכנ"ל.

באר הגולה

[יא] ברייתא חולין פ"ט, וכמו שפירשו התוס' והרא"ש שם [יב] מימרא דרב יהודה ר"ה כ"ח וכמו שפירשו התוס' ‹חולין פ"ט› והרא"ש שם [יג] דמצות לאו ליהנות נתנו [יד] שם בתוס' והרא"ש ושאר פוסקים [טו] ‹מילואים› [טז] שם בתוס' והרא"ש ושאר פוסקים

[יז]סימן תקפו ס"ב - [יח]הגוזל שופר ותקע בו, יצא, אפילו לא נתייאשו הבעלים ממנו - ואינו דומה ללולב ומצה וציצית הגזולים, לפי שמצות השופר אינו אלא השמיעה לבד, ואין בשמיעת קול דיני גזל, שהרי בשמיעתו אינו נוגע בשופר כלל, ולפיכך אע"פ שתקע בו באיסור גזל, כיון שבעיקר המצוה דהיינו השמיעה אין בה איסור גזל, יצא י"ח.

וכ"ז בשתקע, אבל לכתחלה אסור לתקוע בו בע"כ של בעל השופר, ואפי' נתייאשו הבעלים ממנו, **ומכש"כ** דאין לברך עליו, משום "בוצע ברך" וגו', **ואפילו** היה יאוש ושינוי רשות, או שינוי מעשה, ג"כ אין כדאי לברך.

וכתבו האחרונים, דמותר ליטול שופר של חבירו בלא ידיעתו ולתקוע בו, דניחא ליה לאינש למיעבד מצוה בממונו, ובודאי היה מתרצה, ורשאי לתקוע בו כל המאה קולות אע"פ שאינו מדינא, כיון שנהגו כן, בודאי לא ימחה בזה, [**ודוקא** באותו מקום, אבל להוציאו מביתו לביהכ"נ או איפכא, אסור, דאפשר שמקפיד עליו והוי גזל].

אות ח'

בשופר של עיר הנדחת לא יתקע, ואם תקע לא יצא

רמב"ם פ"א מהל' שופר ה"ג - ושל עיר הנדחת אם תקע בו לא יצא.

אות ט'

המודר הנאה מחבירו, מותר לתקוע לו תקיעה של מצוה

סימן תקפט ס"ז - [יט]המודר הנאה מחבירו, מותר לתקוע לו תקיעה של מצוה - כגון ראובן שהדיר על עצמו שלא יהנה משמעון, אפ"ה מותר לשמעון לתקוע לו, דמצות לאו ליהנות ניתנו, ואין תקיעות מצוה בכלל איסור הנאה שאסר על עצמו.

[כ]ודוקא כשהוא תוקע מאליו להוציאו - אפי' כשאומר: מי שרוצה להוציאני ידי חובתי יתקע, שרי, דבכה"ג לאו שליחותיה קעביד, [**אם** לא שאמר: מי שישמע קולי יתקע להוציאני, דאסור].

אבל אם אמר לו המודר: תקע והוציאני, אסור - דכיון דבשליחותיה עביד, יש לו הנאה במאי דעביד שליחותיה, **ובדיעבד** יצא, [**ומ"מ** אינו מבורר, דהא הו"ל מצוה הבאה בעבירה, ולכמה פוסקים הוא לעיכבוא אף בדיעבד].

הגה: ואם אמר: קונם תקיעותיו עלי, בכל ענין אסור (ר"ן) - דאסר אפילו בזה שאינו הנאה, [דלא גרע ממי שאוסר על עצמו לזרוק צרור לים, דאסור ג"כ אף שלא נהנה מזה, כיון שפירש בהדיא].

יו"ד סימן רכא סי"ב - [כא]המודר הנאה מחבירו, תוקע לו תקיעה של מצוה.

אות י'

המודר הנאה משופר, מותר לתקוע בו תקיעה של מצוה

סימן תקפו ס"ה - [כב]המודר הנאה משופר - כגון שאמר: קונם הנאת שופר עלי, **אדם אחר תוקע בו וזה יוצא י"ח** - ר"ל אע"ג דאין יכול להפקיע עצמו ממצות שופר בשביל נדר זה, דמצוה לא מיקרי הנאה וכנ"ל, מ"מ ישמע תקיעת שופר מאחר, ולא יתקע בעצמו, **והטעם** כתבו הפוסקים, משום דיש הרבה בני אדם שיש להם הנאה כשהם תוקעין, והנאת הגוף ליכא לשרויי בשביל טעמא דמצות לאו ליהנות נתנו.

[**ובמאמ"ר** וש"א העירו, שסברא זו אינה אלא חששא בעלמא, שהרי בשופר של ע"ג תוקעין בו לכתחילה אי לאו סברא דמאיסא, ומטעמא דלאו ליהנות ניתנו המצות, ולא חיישינן שמא יהנה גופיה בתקיעה, וע"כ דאינו אלא לכתחילה היכי דאיכא אחר, **ובספר** כפות תמרים כתב, דהכל לפי האדם, אם מרגיש שבטבעו אינו נהנה מתקיעתו, מותר לתקוע בו לכתחילה].

ומ"מ כתבו האחרונים, דבשעת הדחק שאין לו אחר, מותר לו בעצמו לתקוע, [ב"ח ומג"א], רק שאין לו לתקוע כי אם עשרה קולות, דהיינו: תשר"ת תש"ת תר"ת, שהם מעיקר הדין.

[כג]אבל אם אמר: קונם לתקיעתו עלי - שלא הזכיר הנאה, ור"ל שאמר: קונם השופר לתקיעתו עלי, [והמחבר קיצר הלשון, **ואי** לא הזכיר שם שופר, הלא הוא דבר שאין בו ממש, ואין איסורו אלא מדרבנן, ומסתברא דאם אין לו אחר, יתקע בו], **אסור לתקוע בו אפי' תקיעה של מצוה** - כיון שפירש לאסור על עצמו השופר לתקוע בו, כמו שאוסר על עצמו הצרור לזרוק בו, אף שאין לו הנאה, **ואפילו** פירש בנדרו תקיעה של מצוה, והטעם, דנדרים איסור חפצא הוא, וחל אפילו על דבר מצוה, ואפילו לשמוע תקיעת שופר מאחר ג"כ בכלל איסור זה. **אבל** אם אמר סתם: קונם שופר עלי, מותר לתקוע בו תקיעה של מצוה, ‹דמסתמא לא אסר על עצמו אלא הנאה בלבד – ר"ן›.

ודע דיש פוסקים שר"ל, שאין חל הנדר אא"כ אסר השופר עליו, כגון שאמר: שופר עלי בקונם לתקוע בו, אבל באסר עליו התקיעה, כגון שאמר: תקיעת שופר עלי בקונם, אינו חל, דהתקיעה אין בו ממש, ונדרים אין חלין אדבר שאין בו ממש, **אמנם** כמה פוסקים סוברין, שחל אף בזה, כיון שעכ"פ הזכיר בנדרו חפצא, סתמא דמילתא כונתו לאסור החפץ עליו, **וכ"ז** לענין איסור תורה, אבל מדרבנן איכא איסורא בכל גווני אפילו בנדר שאין בו ממש, כמבואר ביו"ד סימן רי"ג, וע"כ אסור לתקוע בו קודם שיתיר הנדר.

באר הגולה

יז ‹מילואים› יח הרא"ש מהירושלמי יט מימרא דרב ‹צ"ל רבא› שם כ"ח כ ר"ן כא מימרא דרבא ר"ה דף כ"ח ע"א כב מימרא דרבא שם בר"ה כג הר"ן ושאר פוסקים, ועיין ביו"ד סי' רט"ו

ומפורש בפוסקים, דכ"ז בנדר, אבל בשבועה אינו יכול להפקיע את עצמו ממצות תקיעת שופר, דמושבע ועומד מהר סיני לקיים מצות התורה, **אם** לא שכלל בשבועתו לאסור עצמו בשמיעת כל תקיעה, דמשמע אפילו בתקיעה של רשות, ובזה חל שבועתו בכולל, לאסור גם בשל מצוה, **וישתדל** להתיר שבועתו.

ואפי' גבי נדרים, אם אסר עצמו לשמוע שופר מפלוני, [והזכיר בעת הנדר שם שופר, כגון קונם שופר של פלוני לתקיעתו עלי, דאל"ה הוא דבר שאין בו ממש], אינו נפקע בזה ממצות תקיעת שופר, וצריך לבקש איש אחר לשמוע ממנו שופר, ואם לא ימצא אחר, אסור לשמוע מאיש זה, **אפי'** אסר עצמו בשבועה, שאינו כנשבע לבטל את המצוה, שבשעה שיצא שבועה מפיו לא היתה לבטל, שהרי אינו מצווה לשמוע מאיש זה דוקא.

יו"ד סימן רכא סי"ג - [כד]**המודר הנאה משופר, מותר לתקוע בו תקיעה של מצוה** - משמע אפילו הוא עצמו, ותימה, דבאו"ח סימן תקפ"ו ס"ה כתב, המודר הנאה משופר אדם אחר תוקע בו וזה יוצא, משמע אבל הוא עצמו לא, וכמו שכתב בבית יוסף בשם הכל בו, וצ"ע, **ולענין** הלכה הביא בב"ח באו"ח שם מחלוקת הפוסקים בזה, ופסק דבשעת הדחק יכול לתקוע אפי' בעצמו, וע"ש - ש"ך.

אות כ'

המודר הנאה ממעין, טובל בו טבילה של מצוה בימות הגשמים, אבל לא בימות החמה

יו"ד סימן רכא סי"ג - [כה]**המודר הנאה ממעין, טובל בו טבילה של מצוה בימות הגשמים, אבל לא בימות החמה. (כפול סי' רי"ז סכ"ו).**

אות ל'

כפאו ואכל מצה יצא

סימן תעה ס"ד - אכל מצה בלא כוונה, [כו]**כגון שאנסוהו עכו"ם או לסטים לאכול, יצא ידי חובתו,** [כז]**כיון שהוא יודע שהלילה פסח ושהוא חייב באכילת מצה** - וכ"ש היכא שכפאוהו ישראל לאכול כדי לקיים מצות מצה, דיצא.

[כח]**ואע"ג** דמצות צריכות כונה, וכ"ש הכא דאינו רוצה לאכול, הרי בודאי אינו מתכוין לצאת ידי המצוה, **תירצו** המפרשים, דבמידי דאכילה שעל כרחו נהנה גרונו, עדיף טפי, וכמתכוין דמי.

ומ"מ היכא שאומר בפירוש שמכוין שלא לצאת ידי המצוה, בזה אפשר דגרע טפי, אף שנהנה גרונו, ולא יצא, [**והיינו** אפי' בלא אנסוהו, כיון שהוא מכוין בהדיא שלא לצאת].

(**במשב"ז** מסתפק, באנסוהו לאכול מרור, י"ל דלא יצא כיון שהוא מר ומזיק ואינו נהנה).

[כט]**ודע** דכמה פוסקים חולקין ע"ז, וס"ל דלפי מאי דקי"ל דמצות צריכות כונה, אין לחלק בין מידי דאכילה לשאר מצות, וכל שלא נתכוין באכילה לצאת ידי המצוה, לא יצא, וכן פסק הפר"ח.

אבל אם סבור שהוא חול, או שאין זו מצה, לא יצא - כיון שלא ידע כלל שהוא עושה מעשה המצוה, ואפי' בלא כפאוהו עכו"ם, ומעצמו טעה, ג"כ לא יצא, [ל][**ואפי'** למ"ד מצות א"צ כוונה].

(**עיין בח"י שדעתו, דבמרור אף אם לא ידע שהוא מרור, או שהוא סבור שהוא חול, ג"כ יצא, ועיקר סברתו,** [לא]**דמלתא דרבנן לכו"ע לא בעי כונה, ולפי** מה שכתבנו לעיל בסי' ס' במ"ב בשם כמה פוסקים, דאין לחלק בהכי, א"כ ה"ה במרור, **ואפילו** לח"י שהוא מיקל במרור מטעם שהוא מלתא דרבנן, מ"מ ביו"ט שני שהוא ג"כ דרבנן, מודה דאין להקל באכל מצה וסבור שאינו מצה, כי היכי דלא לזלזלי ביה).

אות מ'

עתים חלים עתים שוטה, כשהוא חלים הרי הוא כפקח לכל דבריו, כשהוא שוטה הרי הוא כשוטה לכל דבריו

סימן תעה ס"ה - [לב]**אכל כזית מצה והוא נכפה בעת שטותו, ואח"כ נתרפא, חייב לאכול אחר שנתרפא** - ר"ל באותו הלילה, דלמחר בודאי אינו מברך שוב ברכת אכילת מצה, דביום אינה אלא רשות, וכדלקמיה, ואין תשלומין למצוה זו.

לפי שאותה אכילה היתה בשעה שהיה פטור מכל המצות - ר"ל שהיה אז בכלל שוטה ואינו איש, [**לאפוקי** שומר אבידה או משמר המת, אף דהוא ג"כ פטור אז מכל המצות, [ואפי' אם יכול לקיים שניהם, אם צריך לטרוח אחר זה], אם אכל אז מצה יצא ידי חובתו, דהוא איש, אלא דאז לא חייבתו התורה מפני שהוא עוסק במצוה אחרת, **ומ"מ** מסתפיקנא אם יוכל אז לברך ברכת אכילת מצה: אקב"ו וכו', כיון שהוא אז אינו מצווה ע"ז].

[לג]**חו"מ סימן לה ס"ט -** [לד]**הנכפה (פי' המוכרח ליפול לארץ מחמת חולי המשגע אותו לעתים), בעת כפייתו, פסול, ובעת שהוא בריא, כשר; ואחד הנכפה מזמן לזמן, או הנכפה תמיד בלא עת קבוע; והוא שלא תהיה דעתו משובשת תמיד, שהרי יש נכפים שגם בעת בריאותם דעתם מטורפת. וצריך להתיישב בעדות הנכפים הרבה.**

באר הגולה

[כד] שם [כה] שם [כו] ראש השנה כ"ח [כז] פי' הר"ן שם לפי מה דקימ"ל מצות צריכות כוונה [כח] ‹כדאמרינן בעלמא (סנהדרין סב; כריתות יט:) המתעסק בחלבים ובעריות חייב שכן נהנה, ובגמרא נמי עבדינן צריכותא ממצה לשופר, הילכך אע"ג דשופר מידחיא דקיי"ל צריך כונה, בכפאוהו ואכל נקטינן דיצא, כיון דלא חזינן בגמרא מאן דפליג עליה בהדיא - ב"י› [כט] ‹דכיון דרבא אומר זאת אומרת, ופרכינן בגמרא פשיטא, אע"ג דעבדינן צריכותא, מ"מ מדחזינן דרבא משוה אותן, וליכא מאן דפליג עליה בהא, מנא ליה לפלוגיה מדעתיה - פר"ח› [ל] ‹וזהו דלא כמו שהביא העין משפט לעיל, דצריך לידע שהוא פסח רק למ"ד מצות צריכות כוונה› [לא] ‹לכאורה זה מובן רק כסברת העין משפט, ודלא כמ"ש לעיל בהשעה"צ, ופלא דסותר הבה"ל סברת עצמו, {שכתב כן גם בבה"ל ממש לעיל}, דאפי' אם מצות א"צ כוונה, אינו יוצא אם סובר שאינו פסח› [לב] טור בשם הרמב"ם בברייתא בר"ה שם [לג] ‹ע"פ מהדורת נהרדעא› [לד] שם מברייתא ר"ה דף כ"ח ע"א, והכי משמע בכתובות גבי עובדא דבר שטיא וכו' דף כ' ע"א

עין משפט
נר מצוה

כד א מיי' פ"ב מהל' ק"ש הלכה א סמג עשין יח טוש"ע א"ח סי' ס סעיף ה:

דומיא דשומע לעצמו דקאי ליה נתכוון שומע ומשמיע דיצא אלמא וכו' כצ"ל

כה ב מיי' פ"ב מהל' שופר הל' ד טוש"ע א"ח סי' תקפט סעיף ח:

כו ג מיי' פי"ד מהלכות נשיאת כפים הלכה יב טוש"ע א"ח סי' קכח סעיף כ:

כז ד ה מיי' פ"ב מהל' פסולי המוקדשין הלכה יא:

אבל הכא זכרון תרועה כתיב והאי מתעסק בעלמא הוא קמ"ל אלמא קסבר רבא *מצות אין צריכות כוונה איתיביה *היה קורא בתורה והגיע זמן המקרא אם כוון לבו יצא ואם לאו לא יצא מאי לאו כוון לבו לצאת לא לקרות לקרות הא קא קרי *בקורא להגיה ת"ש *היה עובר אחורי בית הכנסת או שהיה ביתו סמוך לבית הכנסת ושמע קול שופר או קול מגילה אם כוון לבו יצא ואם לאו לא יצא מאי לאו אם כוון לבו לצאת לא לשמוע לשמוע והא שמע סבור חמור בעלמא הוא איתיביה [א]נתכוון שומע ולא נתכוון משמיע נתכוון משמיע ולא נתכוון שומע לא יצא עד שיתכוון שומע ומשמיע בשלמא נתכוון משמיע ולא נתכוון שומע כסבור חמור בעלמא הוא אלא נתכוון שומע ולא נתכוון משמיע היכי משכחת לה לאו בתוקע לשיר דלמא דקא מנבח נבוחי א"ל אביי אלא מעתה *הישן בשמיני בסוכה ילקה אמר לו שאני אומר מצות אינו עובר עליהן אלא בזמנן מתיב רב שמן בר אבא [ב]מנין לכהן שעולה לדוכן שלא יאמר הואיל ונתנה לי תורה רשות לברך את ישראל אוסיף ברכה אחת משלי כגון °ה' אלהי אבותיכם יוסף עליכם ת"ל °לא תוסיפו על הדבר והא הכא כיון דבריך ליה עברה ליה זמניה וקתני דעבר הכא במאי עסקינן בדלא סיים והתניא סיים ברכה אחת והתניא סיים כל ברכותיו שאני הכא כיון דאלו מתרמי ליה צבורא אחרינא הדר מברך כוליה יומא זמניה הוא ומנא תימרא דתנן *הניתנין במתנה אחת שנתערבו בניתנין מתנה אחת ינתנו מתנה אחת מתן ד' במתן ד' ינתנו במתן ד' מתן ד' במתן אחת ר"א אומר ינתנו במתן ד' רבי יהושע אומר ינתנו במתן אחת אמר לו ר"א הרי הוא עובר על בל תגרע אמר לו ר' יהושע הרי הוא עובר על בל תוסיף א"ל ר"א לא נאמר בל תוסיף אלא *כשהוא בעצמו אמר לו ר' יהושע לא נאמר בל תגרע אלא כשהוא בעצמו ועוד אמר רבי יהושע כשלא נתת עברת על בל תגרע ולא עשית מעשה בידך כשנתת עברת על בל תוסיף ועשית מעשה בידך והא הכא כיון דיהיב ליה מתנה מבכור עברה ליה לזמניה וקתני דעבר משום בל תוסיף לאו משום דאמרינן כיון דאילו מתרמי ליה בוכרא אחרינא הדר מזה מיניה כוליה יומא זמניה [ממאי] דלמא קסבר ר' יהושע מצות עובר עליהן אפי' שלא בזמנן אנן הכי קאמרינן רב שמן בר אבא מ"ט שביק מתני' ומותיב מברייתא לותיב ממתניתין מתניתין מ"ט לא מותיב כיון דאילו מתרמי ליה בוכרא אחרינא בעי מזה מיניה כוליה יומא זמניה הוא ברייתא נמי כיון דאי מתרמי צבורא אחרינא הדר מברך כוליה יומא זמניה ורב שמן בר אבא התם לא סגי דלא יהיב הכא אי בעי מברך אי בעי לא מברך רבא אמר לצאת לא בעי כוונה לעבור בעי כוונה והא מתן דמים לרבי יהושע דלעבור ולא בעי כוונה אלא אמר רבא לצאת לא בעי כוונה לעבור בזמנו לא בעי כוונה °שלא בזמנו בעי כוונה *אמר ליה ר' זירא לשמעיה איכון

קא משמע לן · דאע"ג דמתעסק הוא יצא דמצות אין צריכות כוונה: זמן המקרא · של קריאת שמע והוא היה קורא בתורה פרשת שמע: קורא להגיה · אף קרייה אין כאן אלא מגמגם : דקא מנבח נבוחי · ולאו תוקע כשיעור תקיעה המפורש במשנתנו בפ' אחרון (דף לג:): אלא מעתה · דשאין מתכוין למצוה כמתכוין דמי : הישן בשמיני בסוכה · שלא לשום מצוה : ילקה · שהרי מוסיף על מצוה ועובר משום בל תוסיף : מצות אין עובר עליהן · בבל תוסיף אלא בזמנן כגון חמשת המינין בלולב וה' טוטפות בתפלין חמש ציציות בטלית אבל תוספת יום על ימים או שעה על שעה אין זה מוסיף : בשלא סיים · אלא הוסיפה באמצע : והא סיים קתני · בברייתא : הניתנין במתנה אחת · כגון דם בכור שנתערב בדם בכור חבירו או בדם מעשר : ינתנו מתנה אחת · והרי יש בה משניהן ועולה לשניהן : מתן ארבע · שלמים ואשם ועולה ותודה: דלמא קסבר רבי יהושע כו' · ומתרצי הנך ממתני' ומברייתא איכא לאותובי לרבה : אנן הכי אמרינן · אנן דמייתינן סייעתא מהא דטעמא משום דאי הדר מתרמי ליה כו' הכי קאמרינן ליה לרב שמן : מאי טעמא שבק מתניתין כו' · שבק מתניתין הניתנין במתנה אחת משנה היא בשחיטת קדשים: לותיב ממתניתין · דאלימא לאקשויי : לא סגי דלא יהיב · אי הדר מתרמי ליה דקדשים לא מפסיד : לצאת לא בעי כוונה . דבלאו מתכוין יוצא ידי חובתו : לעבור בעי כוונה · שיתכוין לשום מצוה ואי לא לא עבר : והא מתן דמים כו' · שאין מתכוין בשאר מתנותיו לשם בכור וקאמר רבי יהושע הרי הוא עובר על בל תוסיף:

אבל הכא · תוקע לשיר מתעסק בעלמא הוא ולקמן בפרק בתרא (דף לג:) תנן המתעסק לא יצא : אבל נתכוון שומע ולא נתכוון משמיע היכי משכחת לה · *לא הוה מצי למימר כגון שלא נתכוון משמיע להוציא השומע דמשמע ליה כדדייק בסוף סוגיא משמיע לעצמו *דומיא דשומע לעצמו אלמא [לא] בעי כוונה : דקא מנבח נבוחי · פי' בקונט' דלאו תוקע כשיעור תקיעה המפורש במשנתנו וקשיא דאם כן אפילו נתכוון נמי לא נפיק ונראה לי מנבח נבוחי שאין מתכוין לתקוע שיעור תקיעה ותקע שיעור תקיעה ושמא כך רוצה לומר בקונט' אי נמי כגון שפירש בקונט' לקמן בפרק בתרא (דף לג:) מתעסק שהיה נופח בשופר ועלתה בידו תקיעה : ומנא תימרא דתנן · גבי זריקת דם תימה מאי אולמיה דהך מההיא דכהן שעולה לדוכן ויש לומר דגבי כהן שמתכוין לברך ולהוסיף יכול להיות שעובר אע"ג דלאו זמניה הוא אבל כאן שאין מתכוין להוסיף ולאו עושה אלא מחמת ספק אין לו לעבור אי לאו משום דזמניה הוא ודאי תמריץ דחשיב זמניה משום זמנין דאי מתרמי ליה בוכרא הדר מזה מיניה והוא הדין גבי כהן מהאי טעמא וא"ת הא דאמר בפ"ק (דף טז: ושם) למה תוקעין ומריעין כשהן יושבין ותוקעין ומריעין כשהן עומדין כדי לערבב את השטן והא עבר משום בל תוסיף ועוד אמר בפרק בתרא (דף לד:) שלש תרועות נאמרו בר"ה שנים מדברי תורה ואחת מדברי סופרים ואיכא למאן דאמר ב' מדברי סופרים והשתא עבר משום בל תוסיף אע"ג דכבר עבר ויצא מכל מקום אי אתרמי ליה צבורא אחרינא הדר ותקע וחשיב זמניה ועוד דאפי' לאו זמניה כיון דמתכוין לשם מצוה עובר משום בל תוסיף דמסיק רבא בסמוך לעבור שלא בזמנו בעי כונה וי"ל כדפרישית בפ"ק (דף טז: ושם) דלא שייך בל תוסיף בעשיית המצוה שתי פעמים וברכת כהנים נמי אפי' מברכין כמה פעמים לצבור אחד אין זה בל תוסיף אלא אם כן מוסיף ברכה אחת כגון יוסף (ה') עליכם ככם (דברים א) או כיוצא בה וכן אם נטל לולב כמה פעמים ביום או אוכל בפסח כמה זיתים של מצה אין זה בל תוסיף וכל הניתנים במתנה אחת אם נתן כמה פעמים במקום אחד אין זה בל תוסיף אלא אם כן נותן במקום אחר וכן בהדס וערבה שבלולב אפילו נוטל כמה הדסים וכמה ערבות בלולב אין זה בל תוסיף אפילו למ"ד צריך אגד· אלא אם כן מוסיף מין אחר ומיהו תימה דלפי' זה אם היה נותן כמה חוטין בציצית וכמה פרשיות בתפלין בבית אחד לא היה עובר משום בל תוסיף ומסוכה אין להביא ראיה כאן מה שאין עובר בעשה ד' מחיצות אע"ג דאמרינן שתים כהלכתן ושלישית אפי' טפח דלכל שכן כשעושה ד' מחיצות טפי עדיף דהוי תשבו כעין תדורו : מתן ארבע במתן אחת · כגון דם בכור שהוא מתן אחת בדם עולה ושלמים שהם שתי מתנות שהן ארבע ולא בדם חטאת שהן ארבע מתנות בד' קרנות דהואיל למעלה מחוט הסקרא והני למטה : לא נאמר בל תוסיף אלא כשהוא בעצמו · והלכך טוב שלא יגרע המטוס : לא נאמר בל תגרע אלא, כשהוא בעצמו · והלכך כיון דיוצא באחד למה נזקקו ליתן ארבע ועוד טפי עדיף באחד מארבע כמו שמפרש : דלמא קסבר רבי יהושע מצות עובר עליהן שלא בזמנן · והישן בשמיני בסוכה ילקה לרבי יהושע ובשמיני ספק שביעי לא יתיב ומיהו לא קיימא מסקנא הכי : הכא אי בעי מברך · משמע מכאן דכיון דעלה לדוכן פעם אחת ביום שוב אינו עובר בעשה דאמור להם (במדבר ו) כל היום דהא קאמר אי בעי לא מברך :

רבינו חננאל

ודתם תאכלו מצות אמר רחמנא והא אכליה אבל הכא בענין תקיעות כוונת הלב בעינן וליכא קמ"ל מצות אין צריכות כוונה . איתיביה היה קורא בתורה בענין ק"ש והגיע זמן ק"ש אם כוון לבו למצות ק"ש יצא ואם לא כוון לא יצא . ודחינן מתניתין בקורא להגיה . שאינו קורא התיבות בקריאתן אלא ככתיבתם החסרות והיתירות כמות שהן כתובות . לפיכך אם כוון לבו וקרא כמסורת יצא ואם לאו לא יצא ת"ש מהא דתנן הכא במתניתי' היה עובר אחורי ביהכ"נ או שהיה ביתו סמוך לכנסת ושמע קול שופר או קול מקרא מגילה אם כוון לבו יצא ואם לאו לא יצא אע"פ שזה שמע וזה שמע זה כוון לבו וזה לא כוון לבו מאי כוון לבו לצאת וש"מ מצות צריכות כוונה. ודחינן כוון לבו לשמוע ולהבחין אם הוא תקיעת בן אדם או צהלת סוס . איתיבית נתכוון *) משמיע לא יצא הא היכי משכחת לה לאו בתוקע לשיר קשיא לרבה ופריק לא דקא מנבח נבוחי · כלומר אינה תקיעה שלימה אלא כמין נבוח הוא ולפיכך לא יצא אבל אם היתה תקיעה אע"פ שלא נתכוון יצא . אי הכי כי המצות [אין] צריכות כוונה התורה אמרה בסכות תשבו שבעת ימים ואין לך להוסיף על שבעת הימים אי הכי הישן בשמיני בסוכה ילקה על שעבר בבל תוסיף אף על פי שלא נתכוון לישן בסוכה משום מצוה . ודחינן שאני אומר מצות אין עובר עליהן משום בל תוסיף אלא בזמנן . מותיב רב שימי בר אביי מנין לכהן שעלה לדוכן שלא יאמר הואיל וניתנה לי רשות לברך את ישראל אוסיף אני ברכה אחת משלי כגון ה' אלהי אבותיכם יוסף עליכם וגו' ת"ל לא תוספו על הדבר אשר אנכי מצוה אתכם . (ודחינן כיון דאילו מתרמי ליה צבורא אחרינא) [וכיון] דסיים כל הברכות עברה לה זמן המצוה וקתני דעבר אם יוסיף ודחינן כיון דאילו מתרמי ליה צבורא אחרינא הדר מברך להו כולה יומא זמניה הוא. ומנא תימרא דאמרינן כי האי גונא דכוליה יומא זמניה הוא דתנן בשחיטת קדשים פ"ח הניתנין במתנה אחת שנתערבו בניתנין מתן אחת ינתנו במתן אחת כו' והא הכא כיון דיהיב ליה כבכור מתנה אחת והיא מצותו כדתנן בפרק איזהו מקומן של זבחים הבכור והמעשר והפסח קדשים קלים שחיטתן בכ"מ בעזרה ודמן טעון מתנה אחת כו' הנה כיון שהזה מדם הבכור מתנה אחת גמר מצותו ועברה ליה זמניה וקתני ר' יהושע כשנתת עברת על בל תוסיף ועשית מעשה בידך לאו משום דאמר כיון דאלו מיתרמי בכור אחר הוי מדי מיניה כולהו יומא ומנו הוא ודחינן ודלמא ר' יהושע סבר מצות עובר עליהן אפי' שלא בזמנן אנן הכי קאמרי' רב שימי נפיה והכי שביק מתניתין אמאי לא מותיב מהא מתני' דסבר מתני' כיון דאילו מתרמי ליה בכור אחר הוה (כל) [מזה מיניה כוליה] יומא זמניה הוא ברייתא נמי נימא כיון דאילו מתרמי ליה צבורא אחרינא הדר מברך כולי יומא זמניה הוא כלומר טעמא חדא נינהו אמאי מותיב מהאי . ופרקינן רב שימי סבר התם גבי בכור לא סגי דלא מדי הלכך זמניה הוא הכא אי בעי מצלי אי בעי לא מצלי ואסיקנא אלא אמר רבא לצאת ידי חובה מצות

*) נ"ל נתכוון שומע ולא נתכוון משמיע לא יצא .

מסורת הש"ס

[פסחים קיד:]

ברכות יג.

[לעיל כז: לקמן לג. תוספ' פ"ב]

זבחים פ.

[פי' כשההדר עומד בעצמו ולא כשיש בו דבר אחר] תוס' זבחים פ.

[לקמן לג:]

גליון הש"ס

גמ' שלא בזמנו בעי כוונה . עיין תוס' יבמות יומא דף כז ע"א ד"ה טהן : תוס' ד"ה אבל נתכוון כו' לא הוי מצי למימר . עיין תשובת מהרי"ל ספר שני סי' פד:

§ מסכת ראש השנה דף כח: §

אות א'

בקורא להגיה

טור סימן ס' - והא דתנן אם כיון לבו יצא, לא שכיון לקרות כדי לצאת מצות קריאה, שהרי מצות אין צריכין כוונה; אלא פי' מתחילה היה קורא להגיה, וקורא חסרות ויתרות ככתיבתן, כאדם שקורא על פי המסורה ומדקדק - ורבינו כתב כפירוש התוס' {בברכות, ולכאורה רש"י כאן} - ב"י. **וקאמר שאם כיון לקרותה בקריאתה יצא. ובעל הלכות גדולות פסק דמצות צריכין כוונה, וצריך שיכוין לצאת, וכן כתב א"א הרא"ש ז"ל.**

סימן ס ס"ה - הקורא את שמע ולא כוון לבו בפסוק ראשון שהוא שמע ישראל, לא יצא ידי חובתו - כונה זו האמורה כאן, איננו הכונה האמורה בס"ד, דשם הוא הכונה לצאת ידי חובת מצוה, זה בעינן לכל הפרשיות, **משא"כ** כונה זו, הוא להתבונן ולשום על לבו מה שהוא אומר, ולכך הוא לעיכובא רק בפסוק ראשון, שיש בו עיקר קבלת עול מלכות שמים ואחדותו ית', **וי"א** שאפילו כונה לצאת הוא לעיכובא רק בפסוק ראשון.

והשאר, אם לא כוון לבו, אפילו היה קורא בתורה, או [א]מגיה הפרשיות האלו בעונת קריאת שמע, יצא - והוא שקורא כהלכתה, **והוא שכוון לבו בפסוק ראשון.**

אות ב'

נתכוון שומע ולא נתכוון משמיע, משמיע ולא נתכוון שומע, לא יצא עד שיתכוון שומע ומשמיע

סימן תקפט ס"ח - [ב]נתכוון שומע לצאת ידי חובתו, ולא נתכוון התוקע להוציאו; או שנתכוון התוקע להוציאו, ולא נתכוון השומע לצאת, לא יצא ידי חובתו, עד שיתכוון שומע ומשמיע - לא נתכוון השומע מיירי, כשבא לביהכ"נ בסתמא, **אבל** אם בא לביהכ"נ לצאת ידי חובה עם הצבור, אע"פ שבשעה ששמע לא כיון לבו אלא בסתמא, יצא.

אות ג'

מנין לכהן שעולה לדוכן, שלא יאמר הואיל ונתנה לי תורה רשות לברך את ישראל, אוסיף ברכה אחת משלי

סימן קכח סכ"ז - [ג]כהן אינו רשאי להוסיף מדעתו יותר על השלשה פסוקים של ברכת כהנים; ואם הוסיף, עובר על בל תוסיף - וה"ה אם גרע מהברכות, עובר משום בל תגרע. **לשון** הגמרא: שלא יאמר הואיל ונתנה תורה רשות לברך, אוסיף ברכה אחת משלי, כגון: ה' אלהי אבותיכם יוסף עליכם ככם אלף פעמים וגו', ת"ל לא תוסיפו, **ומסיק** שם הגמרא, דאפילו כבר סיים כל ברכותיו, ג"כ עובר בלאו, וכ"ש אם הוסיפה באמצע הברכות. **ודוקא** להוסיף פסוק אחר אסור, אבל לומר ברכת כהנים כמה פעמים, אינו משום בל תוסיף, דלא שייך בל תוסיף בעשיית המצוה שתי פעמים.

(לכאורה נראה, דדוקא אם גם זה היה בפריסת כפים, וכה"ג כל הדברים המעכבין בנ"כ, זה מקרי הוספה על המצוה, משא"כ בשבירך שלא בנ"כ, או שלא בהחזרת פנים וכה"ג, זה אין מקרי הוספה כי אם ברכה בעלמא, וכ"כ בשו"ע הגר"ז, וכן מוכח בחידושי רשב"א, **אמנם** מדברי הרמב"ם משמע שלא כדבריהם, שהרי כתב, אין הכהנים רשאין בכל מקום להוסיף ברכה על שלשת הפסוקים, כגון: ה' אלהי אבותיכם יוסף עליכם וגו', וכיוצא בה, לא בקול רם ולא בלחש, שנאמר: לא תוסיפו על הדבר וגו', עכ"ל, הרי דלדידיה עוברים על בל תוסיף כשמברך בלחש, אע"ג דקול רם הוא לעיכובא, ומסתמא דלדידיה ה"ה בלא פריסת כפים וכה"ג ג"כ עובר, וצ"ע).

אות ד' – ה'

הניתנין במתנה אחת שנתערבו בנתנין מתנה אחת, ינתנו מתנה אחת; מתן ארבע במתן ארבע, ינתנו במתן ארבע מתן ארבע במתן אחת... ינתנו במתן אחת

רמב"ם פ"ב מהל' פסולי המוקדשין הי"א - דמי קדשים שנתערבו, בין דם בדם, בין כוסות בכוסות, אם נתערבו הניתנין מתנה אחת בניתנין מתנה אחת, יתן הכל מתנה אחת; וכן הניתנין מתן ארבע בניתנין מתן ארבע, יתן הכל מתן ארבע; נתערבו הניתנין מתנה אחת בניתנין מתן שתים שהן ארבע, יתן הכל מתנה אחת.

באר הגולה

[א] ‹קורא להגיה שכתוב בשו"ע, אין פירושו שוה לקורא להגיה האמור בש"ס, דבש"ס ר"ל שאינו קורא כהלכתו, {כפי' התוס'}, ובשו"ע ר"ל שקורא כדין בנקודתן, אלא שאין כוונתו רק להגיה, אבל מתכוין לצאת - מחה"ש. **ולפי"ז** אין הלכה זה מקושר לסוגייתינו. **אבל** הכסף משנה יש לו דרך אחרת וז"ל: וסובר רבינו {הרמב"ם שהוא המקור לדברי המחבר}, דהאי אוקימתא היא לפום מאי דמתמה ש"מ מצות צריכות כוונה, וקאמר דא"צ כוונה, ומאי אם כיון לבו, אם כיון לקרות, **אבל** לדידן דקי"ל שצריך לכוין {לצאת} בפסוק ראשון, פירושא דמתני' היינו, היה קורא בתורה אפילו להגיה, {ולפי"ז יכול לפרש להגיה כמו שפי' השו"ע}, אם כיון לבו בפסוק ראשון יצא, ואם לא כיון לבו בפסוק ראשון, אפילו היה קורא שלא להגיה לא יצא, **ואין** להקשות, הא אפילו למאי דהוה ס"ד למ"ד א"צ כוונה כלל, קורא להגיה לא יצא, וכל שכן לדידן דמצריכינן כוונה, **דהיא** הנותנת דלמאי דהוה ס"ד כיון שאין שם כוונה אפילו בפסוק ראשון, בעינן מיהא כוונה לקרות {כפי' רש"י בברכות וז"ל: בקורא להגיה. את הספר אם יש בו טעות, דאפילו לקריאה נמי לא מתכוין}, אבל לדידן דאיכא כוונה גמורה בפסוק ראשון, שאר פרשיות אפילו קראן להגיה לית לן בה - כסף משנה. **ובאמת** לשון השו"ע ג"כ משמע כמו שכתב הכסף משנה - מחה"ש. **ולפי"ז** מקושר לסוגייתינו›

[ב] **כרבי זירא שם וכרבי יוסי ברייתא כ"ט דמצות צריכות כוונה**

[ג] ר"ה כ"ח

§ מסכת ראש השנה דף כט. §

אות א'

הכא בשליח ציבור עסקינן דדעתיה אכוליה עלמא

סימן תקפט ס"ט - [א]**מי שתקע ונתכוון להוציא כל השומע תקיעתו, ושמע השומע ונתכוון לצאת ידי חובתו, אע"פ שאין התוקע מתכוון לפלוני זה ששמע תקיעתו, ואינו יודעו, יצא, שהרי נתכוון להוציא לכל מי שישמענו** - אבל אם היו תוקעין בבית לחולה וליולדת, והיה ביתו סמוך לו ושמע, לא יצא, דמסתמא לא נתכוין זה להוציא אלא החולה.

לפיכך מי שהיה מהלך בדרך או יושב בתוך ביתו, ושמע תקיעות משליח צבור, יצא, אם נתכוון לצאת - ובלבד שלא עמד רחוק מביהכ"נ כ"כ, שאפשר שלא ישמע קול שופר רק קול הברה, **שהרי ש"צ מכוון להוציא את הרבים ידי חובתן.**

אם נתכוון לצאת - איתא בירושלמי: לא שנו אלא בעובר, אבל בעומד, חזקה כיון, **ועיין** בא"ר שכתב, דכונת הירושלמי בעובר, ועומד לשמוע קול תקיעות, דאז אמרינן אף דאינו זוכר אם כיון אז לצאת, מ"מ חזקה שכיון, **אבל** בשהיה עומד בביתו, לא אמרינן חזקה כיון.

סומא חייב בתקיעות, ואם היה מוחזק לתקוע בכל שנה, וסלקוהו, אם לא ימצאו בקי כמוהו, יחזירוהו למנוי, **ולכתחלה** אין לסלקו מפני שהוא סומא, אע"פ שנמצא בקי כמוהו.

אות ב'

בד"א בש"ץ, אבל ביחיד לא יצא עד שיתכוין שומע ומשמיע

סימן תקפט ס"ח - [ב]**נתכוון שומע לצאת ידי חובתו, ולא נתכוון התוקע להוציאו; או שנתכוון התוקע להוציאו, ולא נתכוון השומע לצאת, לא יצא ידי חובתו, עד שיתכוון שומע ומשמיע** - לא נתכוון השומע מיירי, כשבא לביהכ"נ בסתמא, **אבל** אם בא לביהכ"נ לצאת ידי חובה עם הצבור, אע"פ שבשעה ששמע לא כיון לבו אלא בסתמא, יצא.

אות ג' – ד'

חרש שוטה וקטן אין מוציאין את הרבים ידי חובתן

זה הכלל, כל שאינו מחוייב בדבר אינו מוציא וכו'

סימן תקפט ס"א - [ג]**כל שאינו מחוייב בדבר, אינו מוציא אחרים ידי חובתן** - היינו שאינו מחוייב בעצם, וכדלקמיה, **אבל** אם הוא מחוייב אלא שיצא בהמצוה, יכול להוציא, ואפילו לברך בשביל חבירו.

סימן תקפט ס"ב - [ד]**חרש שוטה וקטן פטורים** - וקטן, אפילו אם הוא בן י"ג שנה, כל זמן שלא ידעינן שהביא ב' שערות, אינו יכול לתקוע להוציא אחרים, [דחזקה דרבא אינו מועיל לענין דאורייתא].

וחרש, [ה]אפילו מדבר ואינו שומע, אינו מוציא, דכיון דאינו שומע, לאו בר חיובא הוא - שהרי אנו מברכין: וציונו לשמוע קול שופר. **הגה: אבל שומע ואינו מדבר, מוציא אחרים ידי חובתן (ב"י)** - ואפילו לכתחלה יכול אחר לברך והוא תוקע. **חרש** ששומע ע"י כלי כמין חצוצרות, חייב בשופר.

אות ה'

הכל חייבין בתקיעת שופר וכו'

רמב"ם פ"ב מהל' שופר ה"א - הכל חייבין לשמוע קול שופר, כהנים לוים וישראלים, וגרים ועבדים משוחררים; אבל נשים ועבדים וקטנים פטורין; מי שחציו עבד וחציו בן חורין וטומטום ואנדרוגינוס, חייבין.

באר הגולה

[א] משנה כ"ז [ב] כרבי זירא שם וכרבי יוסי ברייתא כ"ט דמצות צריכות כוונה [ג] משנה ר"ה כ"ט [ד] שם במשנה [ה] כל בו ורשב"ץ

דתנן כהנים ולוים מקדישים לעולם וגואלים לעולם · פירש בקונטרס שזו היא גי' ר"י הלוי ושאר רבותיו גורסין מוכרין לעולם וגואלין לעולם ושתיהן משניות הן במסכת ערכין (דף ט: ודף לג:) ובין מקדישין ובין מוכרין תרוייהו משנה יתירה נינהו אלא איידי דתנן התם גבי ישראל (שם דף כד.) אין מקדישין לפני היובל פחות משתי שנים ואין גואלין אחר היובל פחות משנה תנא סיפא נמי מקדישין וגואלין ואיידי דתני מקדישין וגואלין גבי הדדי תנא נמי גבי גואלים דמכירה מוכרין לעולם הכי מוקים לה במס' ערכין (דף כז.) וגואלין לעולם היינו לפי שנאמר בישראל המוכר שדה אחוזה במספר שני תבואות ימכר לך שאינו מותר לגאול פחות משתי שנים אבל לוים גואלין מיד וגואלים לעולם ומקדיש היינו לפי שנאמר במקדיש שדה אחוזה לא יגאל עוד אלא יוצאה לכהנים ביובל והלוים גואלין לעולם ועתה גי' רבינו יצחק הלוי ניחא שאין היובל מפקיע מיד המקדיש אם הוא לוי כמו בישראל אבל מכירה וגאולה שגואל מיד א"כ בבתי ערי חומה שאין נחלטות לסוף שנה מה ענין זה למצוה דיובל אע"ג דאין זה נוהג אלא בזמן שהיובל נוהג מ"מ לא משמע הכי לישנא דליתנהו במצות דיובל ועוד שמשנה ראשונה הוה ליה לאיתויי דההיא דמקדישין לעולם שהיא בפרק אין מקדישין (שם דף כו:) ולא ההיא דמוכרין לעולם דמתניתין היא בפרק בתרא דערכין (דף לג:):

קא משמע לן נהי דליתנהו בהשמטת קרקע בהשמטת כספים ושלוח עבדים מיהא איתנהו · כך כתוב ברוב ספרים ובקונטרס גרס קא משמע לן ותו לא ולא גרס נהי דליתנהו בהשמטה דודאי איתנהו בין שלקחו הם מישראל מחזירין דלא נפקי מכלל המצות בין שלקח ישראל מהן מן האלפים אמה שנתנו להם חוץ לעריהם יוצא ביובל ואפילו בתי ערי חומה שאין חוזרין לישראל ביובל חוזרין להם שנאמר ואשר יגאל מן הלוים כן הקשה בקונטרס ואין זו קושיא גמורה שהרי יש לפרש להשמטת קרקע קרי מקדיש שדה אחוזה ולא גאלה ומכרה גזבר שאין יובל מפקיעה מיד מקדיש אם הוא לוי כדרך שמפקיעה אם הוא ישראל שיוצאה לכהנים ביובל ונהי דליתנהו בהשמטת קרקע דקאמר היינו בכל דין השמטת קרקע אבל זה ודאי קשיא דהוה ליה למימר בהשמטת קרקע דמכירה מיהא איתנהו כגון מכרו להם שדה או מכרו הם לאחרים כי היכי דחשיב בהשמטת כספים ושלוח עבדים ועוד מה ענין השמטת כספים אצל יובל הא בהדיא תנא בספרי בפרשת ראה דשביעית משמטת כספים ואין יובל משמט כספים דממעט ליה מוזה דבר השמיטה שמוט שמיטה משמט כספים ולא יובל וזה דוחק לומר דנקטיה לרבי דלרבי תלויה השמטת כספים ביובל כדאמר בהשולח (גיטין דף לו· ושם) דבזמן שהיובל נוהג השמטת כספים נוהגת:

ברכת

תורה אור

איכוון ותקע לי אלמא קסבר משמיע בעי כוונה מיתיבי *היה עובר אחורי בית הכנסת או שהיה ביתו סמוך לבית הכנסת ושמע קול שופר או קול מגילה אם כוון לבו יצא ואם לאו לא יצא וכי כוון לבו מאי הוי היאך לא קא מיכוין אדעתא דידיה *הכא בשליח ציבור עסקינן דדעתיה אכוליה עלמא ת"ש נתכוון שומע ולא נתכוון משמיע נתכוון משמיע ולא נתכוון שומע לא יצא עד שיתכוון שומע ומשמיע קתני משמיע דומיא דשומע מה שומע שומע לעצמו אף משמיע משמיע לעצמו א) וקתני לא יצא תנאי היא דתניא שומע שומע לעצמו ומשמיע משמיע לפי דרכו אמר רבי יוסי ב) בד"א בשליח צבור אבל ביחיד לא יצא עד שיתכוון שומע ומשמיע:

(שמות יז) **מתני'** °והיה כאשר ירים משה ידו וגבר ישראל וגו' וכי ידיו של משה עושות מלחמה או שוברות מלחמה אלא לומר לך כל זמן שהיו ישראל מסתכלין כלפי מעלה ומשעבדין את לבם לאביהם שבשמים היו מתגברים ואם לאו היו נופלים כיוצא בדבר

(במדבר כא) אתה אומר °עשה לך שרף ושים אותו על נס והיה כל הנשוך וראה אותו וחי וכי נחש ממית או נחש מחיה אלא בזמן שישראל מסתכלין כלפי מעלה ומשעבדין את לבם לאביהם שבשמים היו מתרפאין ואם לאו היו נימוקים ג) חרש שוטה וקטן אין מוציאין את הרבים ידי חובתן ד) זה הכלל *כל שאינו מחוייב בדבר אינו מוציא את הרבים ידי חובתן:

גמ' ת"ר *הכל חייבין בתקיעת שופר כהנים ולוים וישראלים גרים ועבדים משוחררים וטומטום ואנדרוגינוס מי שחציו עבד וחציו בן חורין ה) טומטום אינו מוציא לא את מינו ולא את שאינו מינו ו) אנדרוגינוס מוציא את מינו אבל לא את שאינו מינו מי שחציו עבד וחציו בן חורין אינו מוציא לא את מינו ולא את שאינו מינו אמר מר *הכל חייבין בתקיעת שופר כהנים לוים וישראלים פשיטא אי הני לא מיחייבי מאן מיחייבי כהנים אצטריכא ליה ס"ד אמינא

(שם כט) הואיל וכתיב °יום תרועה יהיה לכם מאן דליתיה אלא בתקיעה דחד יומא הוא דמיחייב והני כהנים הואיל ואיתנהו

(שם י) ז) בתקיעות דכל השנה דכתיב °ותקעתם בחצוצרות על עולותיכם אימא לא ליחייבו קמ"ל מי דמי התם חצוצרות והכא שופר אלא אצטריך סד"א הואיל ותנן *שוה היובל לר"ה לתקיעה ולברכות מאן דאיתיה במצות היובל איתיה במצוה דראש השנה והני כהנים הואיל וליתנהו במצוה דיובל דתנן* ח) כהנים ולוים מוכרין לעולם וגואלין לעולם אימא במצוה דראש השנה לא ליחייבו קמ"ל: מי שחציו עבד וחציו בן חורין אינו מוציא לא את מינו ולא את שאינו מינו: אמר רב הונא ולעצמו מוציא א"ל רב נחמן לרב הונא מאי שנא לאחרים דלא דלא אתי צד עבדות ומפיק צד חרות לעצמו נמי לא אתי צד עבדות דידיה ומפיק צד חרות דידיה אלא אר"נ אף לעצמו אינו מוציא תניא נמי הכי °מי שחציו עבד וחציו בן חורין אף לעצמו אינו מוציא תני אהבה בריה דר' זירא *כל הברכות כולן אע"פ שיצא מוציא ט) חוץ מברכת הלחם וברכת היין שאם לא יצא מוציא ואם יצא אינו מוציא בעי *רבא

ברכת

איכוון ותקע לי · תתכוין לתקוע בשמי להוציאני ידי חובתי: **משמיע בעי כוונה** · להוציא השומע: **מתני'** **והיה כאשר ירים משה ידו וגו'**: **גמ'** **ועבדים משוחררין** · אבל עבדים לא דכל מצוה שהאשה חייבת בה אין העבד חייב בה: **וטומטום ואנדרוגינוס** · שמא זכר הוא: **מי שחציו עבד** · משום צד חירות שבו: **טומטום אינו מוציא את מינו** · טומטום כמותו שמא תוקע זה נקבה וחבירו זכר: **אנדרוגינוס מוציא מינו** · אנדרוגינוס כמותו דאי בתר זכרות אזלת שניהם חייבין ואי בתר נקבות אזלת שניהן פטורין: **מי שחציו עבד כו'** · דלא אתי צד עבדות דמשמיע ומפיק צד חירות דשומע: ה"ג כהנים ולוים מקדישין לעולם וגואלין לעולם זו היא גירסת רבינו יצחק הלוי ושאר רבותי גורסין מוכרין לעולם וגואלין לעולם ושתיהן משניות הן במסכת ערכין (דף כו: ודף לג:) ובין מקדישין ובין מוכרין תרוייהו משנה יתירה נינהו אלא איידי דתנא התם גבי ישראל (שם דף כד·) אין מקדישין לפני היובל פחות משתי שנים ולא גואלין אחר היובל פחות משנה תנא גבי כהנים מקדישין וגואלין ואיידי דתנא גואלין ומקדישין גבי הדדי תנא נמי גבי גואלין דמכירה מוכרין לעולם והכי מוקים במסכת ערכין (דף כז·) ומהו גואלין לעולם לפי שנאמר בישראל במוכר בית בעיר חומה (ויקרא כה) ואם לא יגאל עד מלאת לו שנה תמימה נחלטו אבל בלוים גאולת עולם תהיה ללוים ולפי שנאמר בישראל המוכר שדה אחוזה (שם) במספר שני תבואות ימכר לך שאינו מותר לגאול פחות משתי שנים אבל לוים גואלין מיד לפי שנאמר במקדיש שדה אחוזה (שם כז) ואם לא יגאל את השדה בעלים ומכר גזבר את השדה לאיש אחר לא יגאל עוד אלא יוצאה לכהנים ביובל הלוים גואלין לעולם והאי דאמרי הכא ליתנהו במצות יובל קאי אמקדיש שדה אחוזה ולא גאלה ומכרה גזבר שאין יובל מפקיע מיד המקדיש אם לוי הוא כדרך שמפקיע מיד ישראל: קמ"ל גרסי' ולא גרסינן נהי דליתנהו בהשמטת קרקעות כו' דהא ודאי איתנהו בין שלקחו הם מישראל מחזירין ביובל דלא נפקי לוים מכלל כל מצות והדינין בין שלקחו ישראל מהן מן האלפים אמה שניתנו לחוץ לעריהם יוצא ביובל ואפי' בתי ערי חומה שאין חוזרין לישראל ביובל חוזרין להם דכתיב (שם כה) ואשר יגאל מן הלוים וגו': **אע"פ שיצא מוציא** · שהרי כל ישראל ערבין זה בזה למצות: **חוץ מברכת הלחם ויין** · ושאר ברכת פירות וריחני שאינן חובה אלא שאסור ליהנות מן העולם הזה בלא ברכה ובזו אין כאן ערבות שאינו חובה על האדם לא ליתהני ולא ליבריך:

ברכת

מסורת הש"ס

[לעיל כז: כח: תוספתא פ"ב]

[ברכות כ:]

[ערכין ג: תוספתא פ"ב]

ערכין לג: פ"ש

[לעיל כו:]

ערכין לג:

[גי' ס"ו והלח"ש רחבא]

הגהות מהר"ב רנשבורג

א] גמ' וקתני לא יצא וכו' [illegible]

עין משפט נר מצוה

מח א מיי' פ"ב מהל' שופר הלכה ב טור ש"ע א"ח סי' תקפט סעיף ב:

מט ב מיי' שם וטור ש"ע שם סעיף ה:

נ ג ד מיי' שם הל' ב ג וטוש"ע שם סעיף ה:

נא ה מיי' שם הל' א:

נב ו ז מיי' שם הל' ג וטור ש"ע שם סעיף ד:

נג ח מיי' פ"ד מהלכות ערכין הלכה כא:

נד ט מיי' פ"ב מהלכות שופר הלכה ג טור וש"ע א"ח סי' תקפט סעיף ה:

נה י מיי' פי"א מהלכות ברכות הלכה י טור ש"ע א"ח סי' תרפט:

נו כ מיי' שם טוש"ע א"ח סי' קסז סעיף יט וסי' ריג סעיף ב וסימן רעג סעיף ד [רב אלפס כאן ובפ' ע"פ דף קס]:

רבינו חננאל

מצות לא בעי כונה לעבור בהתכוון להוסיף על מה שכתוב בזמנן לא בעי כונה אמר רבי זירא לשמעיה איכוין ותקע לי אלמא קסבר משמיע בעי כונה והתנן היה עובר אחורי בית הכנסת ושמע קול שופר או קול מגילה כו' ודחי' הכא בש"צ עסקינן דדעתיה להשמיע לכ"ע. ת"ש נתכוון שומע ולא נתכוון משמיע כו' ופשוטה היא ואסיקנא כתנאי דתניא התוקע תוקע לפי דרכו ושומע שומע לעצמו ויצא א"ר יוסי בד"א בש"צ אבל ביחיד לא יצא עד שיתכוון שומע ומשמיע לו: מתניתין זה הכלל כל שאינו מחוייב בדבר אינו מוציא את הרבים י"ח. ת"ר הכל חייבין בתקיעת שופר כהנים לוים וישראלים גרים ועבדים משוחררים טומטום ואנדרוגינוס ומי שחציו עבד וחציו בן חורין טומטום אינו מוציא טומטום כמותו שמא זה נקבה הוא ואותו הטומטום זכר אנדרוגינוס מוציא מינו מי שחציו עבד וחציו בן חורין אינו מוציא לא מינו ולא שאינו מינו. אמר מר כהנים לוים וישראלים חייבים פשיטא ואסיקנא כהנים איצטריכא ליה סד"א הואיל ותנן שוה היובל לראש השנה לתקיעה ולברכות מאן דאיתיה במצוה דיובל איתיה במצוה דראש השנה. והני כהנים הואיל וליתנהו במצוה דיובל דתנן כהנים ולוים מוכרין לעולם וגואלין לעולם אימא במצוה דר"ה לא מיחייבי קמ"ל נהי דליתנהו בהשמטת קרקע בהשמטת כספים ושלוח עבדים מיהא איתנהו. מי שחציו עבד וחציו בן חורין. אמר רב נחמן אף לעצמו אינו מוציא. תניא נמי הכי כו'. תני אהבה בריה דר' זירא כל הברכות כולן אע"פ שיצא מוציא חוץ מברכת הלחם ומברכת היין בורא פרי הגפן שאם לא יצא מוציא ואם יצא אינו מוציא:

ירושלמי בברכות פרק מי שמתו מוטל לפניו תני כל מצות שאדם פוטר אדם מוציא את הרבים י"ח חוץ מברכת המזון והתנינן כל שאינו מחוייב בדבר אינו מוציא את הרבים ידי חובתן הא מחוייב אע"פ שיצא מוציא

אות ו' – ז'

טומטום אינו מוציא לא את מינו ולא את שאינו מינו

אנדרוגינוס מוציא את מינו, אבל לא את שאינו מינו

סימן תקפט ס"ד - **[ו]אנדרוגינוס מוציא את מינו** - דכל אנדרוגינוס שוין, שיש להם זכרות ונקבות, ואם הוא בכלל זכר, גם חבירו הוא בכלל זכר, **אבל** אינו יכול להוציא את שאינו מינו, דשמא הוא בכלל נקבה.

טומטום, אפילו את מינו אינו מוציא - דשמא אם יקרע, ימצא שטומטום זה נקבה וחבירו זכר.

ואף ביום ב' שהוא דרבנן, נקטינן ככל חומרת יום א', **ומיהו** אף ביום א', אם שמע זכר מטומטום, חוזר ותוקע בלא ברכה.

טומטום ואנדרוגינוס אף דחייבין לתקוע, מ"מ לא יברכו, דברכה הוא דרבנן, וספיקא לקולא.

אות ח'

כהנים ולוים מוכרין לעולם וגואלין לעולם

רמב"ם פ"ד מהל' ערכין הכ"א - **במה דברים אמורים בישראל, אבל אם היה המקדיש כהן או לוי, הרי זה גואל לעולם, ואפילו עבר עליה היובל ולא נפדית מן ההקדש, פודה אותה אחר היובל, שנאמר: גאולת עולם תהיה ללוים.**

אות ט'

מי שחציו עבד וחציו בן חורין אף לעצמו אינו מוציא

סימן תקפט ס"ה - **[ז]מי שחציו עבד וחציו בן חורין, אינו מוציא אפילו עצמו** - דלא אתי צד עבדות שבו ומוציא צד חירות שבו, [גמרא]. **וצריך שיתקע לו בן חורין להוציאו.**

אות י'

כל הברכות כולן אף על פי שיצא מוציא

טור סימן תרצב - **מי שקורא לחולה, אף על פי שהוא יצא כבר, יברך להוציא מי שקורא לו, דקי"ל כל הברכות אף על פי שיצא מוציא.**

[ח]סימן תקפה ס"ב - **[ט]קודם שיתקע יברך: לשמוע קול שופר** - ר"ל שלא יאמר "לתקוע בשופר", דלאו בתקיעה תליא מילתא, אלא בשמיעה, שהרי התוקע ולא שמע קול שופר לא יצא, **ולא** יאמר "בקול", דמשמע לעשות רצונו, **ובדיעבד** אם בירך "לתקוע בשופר", או "על תקיעת שופר", או "לשמוע בקול שופר", יצא, [בכולן, דמה שאמר "לתקוע", כולל נמי שברים ותרועה]. **ויברך: שהחיינו.**

אם נטלו השופר באמצע התקיעות והביאו לו שופר אחר, א"צ לברך, **אבל** בין ברכה לתחילת התקיעות, צריך לברך.

הגה: [י]ואין חילוק בין אם יברך לעצמו, או שכבר יצא ומברך להוציא אחרים, אפילו הכי מברך התוקע שתי ברכות הנזכרות (ב"י ותה"ד) - האחרונים העלו, דבאופן זה שכבר יצא התוקע בעצמו, טוב יותר שיברכו השומעים בעצמן שתי הברכות, אא"כ אינם יודעים לברך בעצמן, אז יברך בשבילן להוציאן, [**ודוקא** כשהם פחותים מעשרה, אבל אם השומעים עשרה, אז אף אם יודעים בעצמם לברך, אחד מברך והשאר יוצאים, שלא לחלק בין צבור לצבור, דסתם צבור נמצאו אנשים שאינם בקיאים בטיב ברכות], **ומנהג** העולם להקל להוציאן בכל גווני, ואין למחות בהם, כי כן הוא עיקר מדינא.

מי שנסתפק לו אם שמע קול שופר, או נטל לולב, ביום א' שהוא מן התורה, תוקע ואינו מברך, **וביום** ב' שאינו אלא מדברי סופרים, א"צ לתקוע, דספק דברי סופרים להקל.

באר הגולה

[ו] ברייתא ר"ה שם [ז] מימרא וברייתא שם [ח] (ע"פ הגר"א) [ט] הרא"ש בשם ראביה מהירושלמי וכ"כ רמב"ם ורבינו ירוחם [י] (ר"ה כ"ט. - גר"א)

אות כ'

חוץ מברכת הלחם וברכת היין, שאם לא יצא מוציא, ואם יצא אינו מוציא

סימן קסז סי"ט - [יא]מי שאינו אוכל, אינו יכול לברך ברכת המוציא להוציא האוכלים - אפילו אין השומע יכול לברך בעצמו.

וה"ה בכל ברכת הנהנין, דדוקא ברכת המצוה שכל ישראל ערבים זה בזה, וכאשר חבירו לא יצא ידי המצוה, הוי כאלו הוא לא יצא, משו"ה יכול להוציא אפילו הוא כבר יצא ידי המצוה, **משא"כ** בברכות הנהנין, שאע"פ שהן חובה על הנהנה לברך, דאסור ליהנות מהעוה"ז בלא ברכה, מ"מ בידו שלא ליהנות ולא לברך, לפיכך אותו שאינו נהנה אין נקרא מחויב בברכה זו.

סימן ריג ס"ב - [יב]אין המברך מוציא אחרים אלא אם כן יאכל וישתה עמהם - דדוקא בברכת המצות שכל ישראל ערבין זה בזה, וכשחבירו אינו יוצא ידי המצוה, כאלו הוא לא יצא, לכן יכול לברך אפילו מי שאינו חייב בברכה זו, **משא"כ** בברכת הנהנין, שאינו חוב המוטל עליו כשאר מצות, דלא ליתהני ולא לבריך, **ואפילו** אם אינם יודעים בעצמן לברך, **וזה** הסעיף שייך בין לברכה ראשונה ובין לברכה אחרונה.

סימן רעג ס"ד - עיין לקמן דף כט: אות א' - ב'.

באר הגולה

[יא] ר"ה דף כ"ט [יב] ר"ה כ"ט ע"א

ברכת הלחם של מצה וברכת היין של קידוש היום מהו כיון דחובה הוא מפיק או דלמא ברכה לאו חובה היא ת"ש *דאמר רב אשי כי הוינן בי רב פפי הוה מקדש לן וכי הוה אתי אריסיה מדברא הוה מקדש להו ת"ר ‏לא יפרוס אדם פרוסה לאורחין אלא אם כן אוכל עמהם ‏אבל פורס הוא לבניו ולבני ביתו כדי לחנכן במצות ובהלל ‏ובמגילה אף על פי שיצא מוציא:

הדרן עלך ראוהו בית דין

יום טוב ‏של ר"ה שחל להיות בשבת במקדש היו תוקעין אבל לא במדינה משחרב בהמ"ק התקין רבן יוחנן בן זכאי שיהו תוקעין בכל מקום שיש בו ב"ד אמר רבי אלעזר לא התקין רבן יוחנן בן זכאי אלא ביבנה בלבד אמרו לו אחד יבנה ואחד כל מקום שיש בו בית דין ועוד זאת היתה ירושלים יתירה על יבנה ‏שכל עיר שהיא רואה ושומעת וקרובה ויכולה לבוא תוקעין וביבנה לא היו תוקעין אלא בב"ד בלבד: **גמ'** מנה"מ אמר רבי לוי בר לחמא אמר רבי חמא בר חנינא כתוב אחד אומר (ויקרא כג) ‏שבתון זכרון תרועה וכתוב אחד אומר (במדבר כט) ‏יום תרועה יהיה לכם לא קשיא כאן ביו"ט שחל להיות בשבת כאן ביום טוב שחל להיות בחול אמר רבא אי מדאורייתא היא במקדש היכי תקעינן ועוד (א) הא לאו מלאכה היא דאצטריך קרא למעוטי דתנא דבי שמואל ‏כל מלאכת עבודה לא תעשו יצתה *תקיעת שופר ‏ורדיית הפת שהיא חכמה ואינה מלאכה אלא אמר רבא מדאורייתא מישרא שרי ורבנן הוא דגזור ביה כדרבה דאמר רבה ‏הכל חייבין בתקיעת שופר ואין הכל בקיעין בתקיעת שופר גזירה *שמא יטלנו בידו וילך אצל הבקי ללמוד ויעבירנו ד' אמות ברה"ר והיינו טעמא דלולב והיינו טעמא דמגילה: משחרב בהמ"ק התקין רבי יוחנן בן זכאי כו': תנו רבנן פעם אחת חל ראש השנה להיות בשבת [והיו כל הערים מתכנסין] אמר להם רבן יוחנן בן זכאי לבני בתירה נתקע אמרו לו נדון אמר להם נתקע ואחר כך נדון לאחר שתקעו אמרו לו נדון אמר להם כבר נשמעה קרן ביבנה ואין משיבין לאחר מעשה: אמר רבי אלעזר לא התקין רבן יוחנן בן זכאי אלא ביבנה בלבד כו': אמרו לו היינו ת"ק איכא בינייהו בי דינא דאקראי: אמרו לו אחד יבנה ואחד כל מקום שיש בו ב"ד: אמר רב הונא ועם

רש"י

ברכת הלחם · של אכילת מצה שמברכין (*לפני) המוציא: **וברכת היין** · שמברכין לפני קידוש: **מהו** · על אכילת מצה ומקדש ישראל לא מיבעי לך דחובה נינהו ומפיק אלא ברכת המוציא וברכת היין מיבעיא לן שאין באות אלא לפי שהמברך צריך שיהנה ואי אפשר ליהנות בלא ברכה אי נמי לא טעים איהו אי אפשר דלא יהיב ליה לאחר מינייהו למטעם ובעי ברכה מאי: **כיון דחובה היא** · אכילת מצה חובה עליו וכן קידוש היום חובה עליו ולאו אפשר בלא הנאה והנאה אי אפשר בלא ברכה נמצאת המצוה תלויה בברכת הנאה ומפיק: **או דלמא** · ברכת הנאה לאו חובה למצוה אתיא שאף בכל ההנייות היא נוהגת: **לא יפרוס** · ברכת המוציא כדאמרינן לעיל שאינה חובה עליהם לא יאכלו ולא יברכו:

הדרן עלך ראוהו בית דין

יום טוב של ראש השנה שחל להיות בשבת במקדש היו תוקעין · בגמרא מפרש לה: **אבל לא במדינה** · לא בירושלים ולא בגבולין: **אלא ביבנה** · שהיתה שם סנהדרי גדולה בימיו וכן בכל מקום שגלתה סנהדרין אבל לא בבית דין של עשרים ושלשה: **ועוד זאת היתה ירושלים** · בעודה בבנינה יתירה בתקיעת שבת על יבנה: **שכל עיר שרואה** · את ירושלים: **ושומעת ויכולה לבא כו'** · מפרש בגמרא מאי תנא דקאמר ועוד: **גמ' זכרון תרועה** · ולא תרועה ממש אלא מקראות של תרועה יאמרו: **מלאכה היא** · בתמיה: **גזירה שמא יטלנו וכו'** · ובמקדש לא גזור דאין איסור שבות דרבנן במקדש: (ג) **והיו כל העיירים** · שסביבות יבנה: **מתכנסים** · לשם לשמוע תקיעה משלוחי בית דין לפי שהיו רגילין כן בירושלים: **בני בתירה** · גדולי הדור היו: **נדון** · אם יש לגזור אף במקום בית דין שמא יטלנו: **ואין משיבין לאחר מעשה** · גנאי הוא שנוציא לעז טועים על עצמינו: **בית דין דאקראי** · לתנא קמא תקעינן ותנא דאמרו לו סבר אחד יבנה ואחד כל מקום שיש בו בית דין קבוע דומיא דיבנה:

תוספות

ברכת הלחם · דמצה וברכת היין דקידוש מבעיא ליה דנוקה מהו כיון *דלא הנאותן הן:

הדרן עלך ראוהו בית דין

אבל לא במדינה · לא בירושלים ולא בגבולים כדפירש בקונטרס והא דקתני כל עיר שרואה ושומעת תוקעין בה היינו לאחר חורבן שתיקן רבן יוחנן בן זכאי ולא"ה ומ"ש מלולב שהיה ניטל אפילו בגבולין בזמן שבהמ"ק קיים כדמשמע בלולב (הגזול) [וערבה] (סוכה ד' מג: ושם) שהיו מוליכין לולביהן לבהכ"נ וי"ל דשאני לולב שאינו אלא טלטול בעלמא הואיל ולאסרי במקדש לא החמירו במדינה אבל תקיעת שופר מעשה חכמה ומיהו קשיא דלאחר חורבן הבית הקילו טפי בשופר מבלולב שתיקן רבן יוחנן בן זכאי שיהו תוקעין בכל מקום שיש ב"ד אבל לולב לא אלא במקדש כדמשמע התם דמוקי לה דהיה דמוליכין לולביהן בזמן בית המקדש ובגבולין משמע דבזמן שאין בית המקדש קיים לא הותר בשום מקום וי"ל דשופר שהוא להעלות זכרונותיהם של ישראל לאביהן שבשמים לא רצו לבטל לגמרי וכיון דהתקין בחד ב"ד תקון בכל מקום שיש ב"ד אע"פ שבזמן הבית לא היה אלא במקדש דוקא ועוד י"ל דבדין הוא דלולב יהיה דוחה בגבולין יותר משופר שבראש השנה לא היה ידוע קביעות החדש אלא בירושלים אבל יום ראשון דלולב היה ידוע בגבולין:

הא לאו מלאכה היא דאיצטריך כו' · קשיא אדרבה אי מלאכה לא איצטריך קרא דהא (א)מכל מלאכה לא תעשו נפקא ומשום דלאו מלאכה היא איצטריך קרא ונראה לי דהאי לאו מלאכה היא הא פשיטא דליכא למיסרה אבל אי מלאכה היא איצטריך קרא סלקא דעתך אמינא תשתרי משום דכתיב יום תרועה יהיה לכם ואפילו בשבת ולהכי איצטריך קרא למיסרה ויום תרועה מוקי לה בחול:

כל מלאכת עבודה לא תעשו · ב"ע כתיב והוה מצי למיכתב כל מלאכה לא תעשו דהא ביום שבת לא איסור אע"ג דלא כתיב ביה עבודה: (ב) **רדיית הפת** · פירש רבינו חננאל רדייה דהכא לאחר אפייה ושרי לכתחילה ורדייה דריש מסכת שבת (דף ג:) דהתירו לו לרדות קודם שיבא לידי אפייה לאיסור סקילה לא התירו דמשמע דלאסור מדרבנן ברודה הפת בשוד שהיא עשיה דהוא כעין לש שמרכבו כשרודהו בידו ובתנם דחק הדף דהכא נמי לא שריא אלא מדאורייתא כדמוכח בפרק כל כתבי (שבת דף קיז:) גבי מציל פת מן התנור שמציל מזון שלשה סעודות דקאמר כשהוא רודה לא ירדה במרדה אלא בסכין וכן תקיעת שופר אסור מדרבנן כדמוכח בפ' כסוי הדם (חולין דף פד:) דקאמרינן תקיעת שופר בגבולין תוכיח שספיקה דוחה יו"ט ואין ודאה דוחה שבת ואפילו הכי לא היו אוסרין אי לאו משום דרבה שמא יעבירנו:

שמא יטלנו ויעבירנו ארבע אמות · הא דלא נקט שמא יוציאנו מרשות היחיד לרשות הרבים פי' בקונט' בסוכה (דף מג·) משום דלא פסיקא דאם הגביהו על מנת להצניעו ונמלך והוציאו פטור וקשיא דגבי העברת ד' אמות נמי לא מיחייב אלא א"כ הגביהו על מנת להעבירו ד' אמות ונראה דמרשות היחיד לר"ה אית ליה הכירא וליכא למיגזר אבל ברשות הרבים זימנין דלאו אדעתיה ומעביר ארבע אמות: [ועיין תוספות מגילה ד: ותוס' סוכה מגי ותוספות ביצה יחי]

א) [אולי צ"ל לא תעשה כל מלאכה שמות כ] ב) [ועי' תוס' שבת קיז: ד"ה והתנא]

עין משפט נר מצוה

כ"א דלסנהדרין

נז א ב מיי' פ"א מהל' ברכות הלכה י סמג עשין כח טור ש"ע א"ח סי' קסז סעיף כ וסי' רעג סעיף ד וסימן תפד סעיף א:

נח ג טוש"ע שם סי' קסז סעיף יט:

נט ד טוש"ע שם סי' תרלג סעיף ג:

א ה מיי' פ"ב מהלכות שופר הלכה ו סמג עשין מב טור ש"ע א"ח סימן תקפח סעיף ה:

ב ו ז מיי' שם הלכה ח והלכה ט:

ג ח מיי' פכ"ב מהלכות שבת הלכה א:

ד ט מיי' פ"ב מהלכות שופר הלכה ו:

רבינו חננאל

מוציא. א"ר אילא שאני בברכת המזון דכתיב ואכלת ושבעת וברכת מי שאכל הוא יברך. בעי רחבא ברכת הלחם של מצה שצריך לברך המוציא ועל אכילת מצה. וברכת היין של קדוש היום שצריך לברך ברכת היין וברכת קדוש היום מהו מי אמרינן כיון דחובה היא מפיק או דלמא ברכה לאו חובה היא. ופשטי לה מהא דאמר רב אשי כי הוינן בי רב פפי הוה מקדש לן וכי הוו אתו אריסיה מדברא הוה מקדש להו שמעינן מינה שאע"פ שיצא מוציא וה"ה לברכת הלחם של מצה: ת"ר לא יפרוס אדם פרוסה לאורחין אא"כ אוכל עמהן אבל פורס לבניו ולבני ביתו כדי לחנכן במצות בהלל ובמגילה אע"פ שיצא מוציא פשוטה היא:

הדרן עלך ראוהו בית דין

יו"ט של ראש השנה שחל להיות בשבת במקדש היו תוקעין אבל לא במדינה משחרב בהמ"ק התקין ריב"ז כו' אוקמה רבא דמדאורייתא אפילו בגבולין שרי למתקע כיו"ט של ר"ה שחל להיות בשבת דהא תנן דבי ר' ישמעאל כל מלאכת עבודה לא תעשו יצא תקיעת שופר ורדיית הפת שהיא חכמה ואינה מלאכה ומפני מה אסורה גזירה שמא יטלנה מי שאינו בקי וילך אצל בקי ללמוד ויעביר השופר ד' אמות לרה"ר והיינו טעמא דלולב והיינו טעמא דמגילה. ת"ר פעם אחת שחל ר"ה להיות בשבת. אריב"ז לבני בתירה נתקע אמרו ליה נדון אמר להו נתקע ואח"כ נדון. לאחר שתקעו אמרו לו נדון אמר להו כבר נשמעה קרן ביבנה ואין משיבין אחר מעשה: מתני' אמרו לו אחד יבנה ואחד כל מקום שיש בו בית דין גם הת"ק כך אמר התקין ריב"ז שיהו תוקעין בכל מקום שיש בו ב"ד ופרקינן איכא בינייהו בי דינא דאיקראי פלוטר מקום שאין שם חכמים קבועין לב"ד ועכשיו נזדמן לחכמים ב"ד ובאו שם עוברי דרך · ת"ק סבר אין תוקעין ותנא דאמרו לו סבר תוקעין דגרסינן בגמרא דהמוכר פירות לחבירו ולא צימחו (דף צג ע"א) כל תנא בתרא למפויי מלתא אתי לפיכך אמרנו כי התנא דאמרו לו דהוא תנא בתרא אית ליה בי דינא דאקראי. כל מקום שיש בו ב"ד. אמר רב הונא ועם

מסורת הש"ס

[ג"ל לפניה]

שבת קיז: קלא:

[פסחים קט: ביצה יז:] סוכה מג: מגילה ד:

סי"א

[ועי' תוס' שבת ג: ד"ה הסירו וכו' ועי' בערוך ערך רד ד']

הגהות הב"ח

(א) גמ' במקדש היכי תקעינן ועוד (הא לאו) תא"מ וכ"צ בס' רש"י משמע דלא גרסינן להו אלא א"ע ועוד מלאכה היא פי' בתמיה: (ב) רש"י ד"ה גזירה שמא כו' במקדש סס"ד ואח"כ נ"ל ד"ה בני בתירה כו' וד"ה נדון וכו' שמא יטלנו סס"ד ואח"כ מה"ד כבר נשמעה קרן ביבנה שכבר תקעו ביבנה שהיו כל הערים שסביבות יבנה מתכנסים לשמוע כו' בירושלים סס"ד ואח"כ מה"ד ואין משיבין:

§ מסכת ראש השנה דף כט: §

אות א' - ב'

<u>דאמר רב אשי כי הוינן בי רב פפי הוה מקדש לן, וכי הוה אתי אריסיה מדברא הוה מקדש להו</u>

<u>לא יפרוס אדם פרוסה לאורחין אלא אם כן אוכל עמהם</u>

סימן קסז ס"כ - [א]אפילו בשבת, שהוא חייב לאכול פת - היינו של כל השלש סעודות, **לא יברך לו חבירו ברכת המוציא, אם אינו אוכל** - דאף שהם חוב, אין החוב עליו משום מצוה, אלא כדי שיהנה מסעודת שבת, ואין להמצוה עצמה חוב, **דהא** אם נהנה ממה שמתענה א"צ לאכול, כדאיתא בסימן רפ"ח, ע"כ הם בכלל שאר ברכות הנהנין.

[ב]ולא שרי לברך לאחרים אע"פ שאינו טועם, אלא ברכת המוציא דמצה בליל ראשון של פסח, וברכת היין דקידוש בין של לילה בין של יום - אע"פ שאינו טועם, וה"ה כשכבר קיים מצות אכילת מצה, וכבר קידש על היין, **והטעם** בכל זה, דברכת קידוש ואכילת כזית מצה היא מחובת המצות, שהיא חוב על האדם, דעיקרו נתקן רק למצוה ולא בשביל הנאה, וממילא הכל נכנסים בזה בכלל ערבות וכנ"ל, וע"כ ברכה זו היא בכלל שאר ברכת המצות, דקי"ל אע"פ שיצא מוציא, **וה"ה** בליל א' וב' דסוכות, שהוא חייב לאכול כזית פת בסוכה, יכול ג"כ להוציא אע"פ שאינו טועם בעצמו.

סימן רעג ס"ד - [ג]יכול אדם לקדש לאחרים אע"פ שאינו אוכל עמהם - ואפילו אם כבר יצא לעצמו, **דלדידהו הוי מקום סעודה; [ד]ואע"ג דבברכת היין אינו יכול להוציא אחרים אם אינו נהנה עמהם** - דקי"ל כל ברכות הנהנין אין אדם מוציא את חבירו, אם הוא עצמו אינו נהנה אז, רק בדבר שהוא חוב, כגון קידוש וכיוצא בו, אדם מוציא חבירו, וכמבואר הכל בסי' קס"ז סי"ט וכ', **כיון דהאי בפה"ג הוא חובה לקידוש היום, כקידוש היום דמי, ויכול להוציאם אע"פ שאינו נהנה.**

וה"ה דלקטנים מותר לקדש אע"פ שאינו אוכל עמהם, כדי לחנכם במצות, [ואפי' קטנים שאינם בני ביתו]. **והוא** שאינם יודעים לקדש בעצמם, וכדלקמיה לענין גדול.

הגה: ואפילו בקידוש של יום בשחרית בשבת, מותר לעשות כן - ר"ל אף דשם כל הקידוש הוא רק בפה"ג לבד, **מ"מ** כיון דהיא מצוה, ועיקרו נתקן שלא בשביל הנאה, אלא מצוה עליו כשאר מצות, משו"ה מוציא אחרים אע"פ שאינו נהנה, כקידוש הלילה, **ולא** דמי לברכת "המוציא" של שבת של כל השלש סעודות, דאינו מוציא אם אינו אוכל עמהם, **דאף** שהם חוב, אין החוב עליו משום מצוה, אלא כדי שיהנה מסעודת שבת, ואין להמצוה עצמה חוב, דהא אם הוא נהנה ממה שמתענה, א"צ לאכול, ע"כ אין מוציא אחרים אם אינו אוכל עמהם, **ואם** קידש על הפת, אז מוציא גם בברכת "המוציא", דהאי ברכת "המוציא" כברכת בפה"ג לקידוש היין דמיא.

והוא שאינם יודעים - דאם יודעים לקדש בעצמם, אינו יכול להוציאם בקידוש שלו, אם אינו יוצא אז בעצמו בהקידוש, **והפר"ח** חולק, וס"ל דבכל גווני יוכל להוציאם, **ובספר** ארצות החיים מסיק ג"כ, דמדינא יכול להוציא בכל גווני, אך לכתחלה המצוה שיקדש בעצמו כיון שהוא בקי, וגם חבירו המוציאו אינו יוצא עתה בהקידוש.

סימן תפד ס"א - [ה]מאן דבעי לברוכי בתרי או בתלת בתי - משום שאין בהם מי שיודע לקדש ולומר הגדה, [דאם יודעים, אין נכון לכתחילה להוציאן, ובפרט הכא לעקור באמצע הסדר ולהפסיק]. **(ואין** נ"מ בכל זה בין לאנשים ובין לנשים, דגם נשים חייבות בכל הדברים ששייך להסדר).

מברך ברישא בביתיה, ואכיל כל מאי דצריך - היינו שמקדש ואומר הגדה הכל כסדר, ואוכל מצה ומרור ואפיקומן עד בהמ"ז, **ומברך בהמ"ז** - ושותה הכוס, **ובלא** בהמ"ז אסור לעקור ממקומו לילך למקום אחר, ואפי' בדעתו לאכול שם יותר, [**ואף** דמשום מצוה עוברת שרי, הכא יכול לילך אחר בהמ"ז].

[ו]והדר מברך לכל חד וחד בביתיה - ר"ל שמקדש להם ומברך להם גם בפה"ג, ומברך להם ברכת כרפס, ואומר לפניהם ההגדה וברכת כוס שני, וגם ברכת המוציא, וברכת אכילת מצה ומרור, **ושתי אינהו כסא דקידושא ודאגדתא, ואכלי ירקי** - היינו כרפס ומרור, **ומצה, ואיהו לא אכיל ושתי בהדייהו** - שהרי כבר אכל אפיקומן, ואסור לו לטעום שוב, וגם שתיה אסור לכו"ע, שהרי הוא עומד בין כוס ג' לד'.

ואע"ג דבשאר ברכות הנהנין קיימ"ל, שאין יכול לברך לאחרים אא"כ יהנה עמהן, שאני ברכת הלחם של מצה, וקידוש היום, שהם חובה, הלכך יכול לברך להוציא אחרים אף שאינו נהנה, וכן ברכת הירקות חשיב ג"כ מצוה, ויכול להוציא אחרים.

ושביק להו למגמר סעודתייהו, [ז]ומברכי אינהו ברכת המזון; [ח]ואי לא ידעי, יקרא מלה במלה - והם יענו אחריו, דכל

באר הגולה

[א] מרדכי בפ"י דפסחים [ב] שם בר"ה [ג] הרא"ש בריש פרק ערבי פסחים [ד] ר"ה כ"ט [ה] טור בשם הרי"ף סוף פסחים [ו] מהא דרב אשי ר"ה כ"ט [ז] **מהא דתני אהבה שם** (כתב הטור: ומש"כ רי"ף ומברכי אינהו בהמ"ז, הרי תקנה ליודעים בהמ"ז, ואם אינן יודעים, כתב רב עמרם שאין תקנה להוציאם. **וכתב** ע"ז הב"י: נראה דהכי פי', דמאחר שבהמ"ז היא ברכת הנהנין, אינו יכול להוציא אחרים אא"כ הוא חייב לברך. **וז"ל** הטור: ואפשר דאף בהמ"ז יכול לברך כדי להוציאם, כי היכי דברכת הלחם של מצה מוציאם כיון שהוא חובה, ה"נ בהמ"ז כיון שתקנו ד' כוסות ותקנו אחד מהם על בהמ"ז, הוי חובה נמי - טור. **וכתב** ע"ז הב"י: כתב ה"ר דוד אבודרהם, אין דבריו נכונים בעיני, מדאמרינן בירושלמי פרק מי שמתו, כל מצות שאדם פטור מהם מוציא את הרבים ידי חובתם, חוץ מבהמ"ז דכתיב ביה ואכלת ושבעת וברכת, מי שאכל הוא מברך, עכ"ל, **ואין** משם הכרע כלל, דשאני הכא שכוס זה חובה בליל זה, וכיון שצריך לומר עליו ברהמ"ז, דמי שפיר לברכת המוציא דמצה שמוציא אחרים אע"פ שאינו נהנה - ב"י) [ח] **טור בשם אביו הרא"ש**

שקורא מלה במלה והאחר עונה עמו, לא הוי ברכה לבטלה, אע"פ שיצא מכבר, דהרי הוא רק מלמדו לברך.

אבל הוא אסור לברך בשבילם בהמ"ז, דבבהמ"ז אין להוציא אחר, אא"כ אכל ונתחייב ג"כ, דכתיב: ואכלת ושבעת וברכת, מי שאכל הוא יברך, [**ומשמע** מדברי האחרונים, דהוא אסמכתא בעלמא ומדרבנן, **ובבגדי** ישע [ט] ובמאמ"ר מפקפקים מאד בעיקר הדין, וצ"ע בזה].

(וה"ה דיאמר ג"כ להם אח"כ גמר ההלל, ויברך להם ושתו כסא דהלילא).

[ו] והדר אזיל לביתא אחרינא ועביד הכי, והדר אזיל לביתיה וגמר הלילא ושתי כסא דהלילא.

אות ג'

אבל פורס הוא לבניו ולבני ביתו כדי לחנכן במצות

סימן קסז סי"ט - [יא] אבל לקטנים יכול לברך אע"פ שאינו אוכל עמהם, כדי לחנכם במצות - ואפילו קטנים דעלמא שאין חנוכם מוטל עליו מדינא, ג"כ מותר לברך עמהם, כשרוצים ליהנות ואין יודעים לברך בעצמן, וכ"ש כשהם מבני ביתו, **ולגדולים**, אפילו לבני ביתו נמי לא.

אות ד'

ובמגילה אף על פי שיצא מוציא

סימן תרצב ס"ג - [יב] אע"פ שיצא כבר, מברך להוציא את אחר ידי חובתו - וכ"ש דיכול להוציאם בקריאה אע"פ שיצא כבר, **ומ"מ** יש פוסקין שסוברין לענין ברכה, אם יודעין בעצמן לברך, יברכו בעצמן, כיון שהוא כבר יצא בקריאה, **ומנהג** העולם להקל להוציאן בכל גווני, [**וגם** לענין עצם הקריאה יש דעות בפוסקים, אם אחד יכול להוציא את חבירו בפחות מעשרה, היכא שהוא יודע לקרות בעצמו, ע"ל בסי' תרפ"ט ס"ה, אלא שהמ"א מסיק שם להקל בזה].

אות ה'

יום טוב של ראש השנה שחל להיות בשבת, במקדש היו תוקעין, אבל לא במדינה

סימן תקפח ס"ה - [יג] יו"ט של ר"ה שחל להיות בשבת, אין תוקעין בשופר - גזירה שמא יטלנו בידו לילך אצל בקי ללמוד, ויעבירנו ד' אמות בר"ה, [גמרא].

הגה: ואסור לטלטלו - דהוא כלי שמלאכתו לאיסור, **אם לא לצורך גופו** - שרוצה לשאוב בו מים וכה"ג, **ומקומו (או"ז והג"א).**

ודוקא בשבת מותר ‹לשאוב בו מים וכה"ג›, דכיון דאין תוקעין לא הוקצה למצותו, משא"כ ביו"ט, אף שאין איסור טלטול בשופר אפילו כל היום, [**ופשוט** לצורך מקומו מותר], **מ"מ** להשתמש בו אסור, שהרי הוקצה למצותו, וכמו לענין אתרוג, עיין בסימן תרס"ה.

אות ו' - ז'

שיהו תוקעין בכל מקום שיש בו בית דין

שכל עיר שהיא רואה ושומעת וקרובה ויכולה לבוא, תוקעין, וביבנה לא היו תוקעין אלא בבית דין בלבד

רמב"ם פ"ב מהל' שופר ה"ח - כשגזרו שלא לתקוע בשבת, לא גזרו אלא במקום שאין בו בית דין, אבל בזמן שהיה המקדש קיים, והיה בית דין הגדול בירושלם, היו הכל תוקעין [יד] בירושלם בשבת כל זמן שבית דין יושבין; ולא אנשי ירושלם בלבד, אלא כל עיר שהיתה בתוך תחום ירושלם, והיתה רואה ירושלם לא שתהיה בתוך הנחל, והיתה שומעת קול תקיעת ירושלם לא שתהיה בראש ההר, והיתה יכולה לבוא בירושלם לא שיהיה נהר מפסיק ביניהם, אנשי אותה העיר היו תוקעים בשבת כירושלם; אבל בשאר ערי ישראל לא היו תוקעין.

השגת הראב"ד כשגזרו שלא לתקוע בשבת לא גזרו אלא במקום שאין בו בית דין. א"א [טו] ההפוכין שהפך זה המחבר את הענינים, ולא הביא אותם כסדר התלמוד, הם גרמו לו לשנות הדברים ממה שהן, והיה לו לומר בכאן, אסרו בתחלה לתקוע

באר הגולה

[ט] ‹והקשה הרב ב"ח ז"ל על הרא"ש ז"ל, (דקאמר יקרא מלה במלה), דהא הוא ז"ל פסק בפ"ג שאכלו, דיכול לברך בהמ"ז בשביל אחר ולהוציאו, ואעפ"י שהוא לא אכל, משום ערבות, דכיון שכבר אכל נתחייב לברך ויש כאן ערבות, ולא בעינן שיאכל כזית דגן אלא כשהם ג', כדי שיוכל לומר שאכלנו, **ותירץ**, דדוקא מי שכבר אכל מעצמו, משא"כ הכא שהולך לבית אחר להאכילם וכו', הא למה הדבר דומה למי שמצוה לחבירו שיאכל והוא יברך בעדו בהמ"ז, שזה ודאי אסור, ע"כ, **ואחר** הסליחה רבה, לא דמיא אלא כי עוכלא לדנא, דהכא חייב הוא לאכול מצה, ומהאי טעמא שרינן ליה לילך אצלו ולברך לו המוציא ועל אכילת מצה, וממילא יתחייב לברך בהמ"ז, והוי ממש כמי שאכל כבר ונתחייב, ועדיף מיניה לפענ"ד, כיון שחיובא רמיא עליה לאכול, משא"כ התם דאית לן למימר דלא היה לו לאכול - מאמ"ר› [י] הרי"ף שם [יא] כן דקדק הב"י משם ‹ר"ה דף כ"ט.› [יב] שם מהא דתני אהבה ר"ה כ"ט [יג] משנה בבלי כ"ט [יד] ‹לדעת רבינו, מה שאמרו אבל לא במדינה, אינו ר"ל אלא בגבולין, אבל ירושלים עצמה הרי היא בכלל מה שאמרו במקדש היו תוקעין, וכן פירש רבינו בפירוש המשניות. וזהו מה שאמרו ועוד זאת היתה ירושלים יתרה, דקודם חרבן היה היתרון הזה, וה"ק ועוד זאת היתה ירושלים יתרה קודם חרבן שהוא קודם התקנה, ליבנה אחר חורבן ואחר תקנה, וכן פירשו בתוס' - מגיד משנה.› ‹**ורש"י** ז"ל בפי' המשנה פי': אבל לא במדינה, לא בירושלים ולא בגבולין, ע"כ, וזה שלא כדברי רבינו ז"ל, ואח"כ פי' ועוד זאת היתה ירושלים, בעודה בבניינה {ודלא כהראב"ד דפי' אחר שחרב} יתירה בתקיעת שבת על יבנה, ע"כ, וזהו כפירוש רבינו ז"ל, דלפירוש שאר המפרשים בעודה בבניינה היתה ירושלים ככל המדינות, ולכך לדברי רש"י ז"ל שהם סותרים זה לזה, צ"ע - לחם משנה› [טו] ‹ואני אומר, לו חשש רבינו הראב"ד ז"ל לדעת דעת ר"מ ז"ל ורבותיו לפירוש מקדש ומדינה אשר פי' בפירוש המשנה, לא יקראנו מבלבל, ולא יחשדנו טועה או שוכח באותה משנה ראשונה דפרק יום טוב של ר"ה, וז"ל שם: כבר ביארנו כמה פעמים שהמקדש נקרא כל עיר ירושלים, והמדינה נקראת כל שאר עיירות שבגבולין, עכ"ל. ובזה יתוקן כמה וכמה קושיות שהקשו רבותינו בעלי התוס' וגדולים ז"ל על משנה זאת לפי פירש"י, שפירש המשנה כפשוטה על דרך זה שהבין הראב"ד ז"ל, אבל פי' ר"מ ז"ל מדברי הקבלה נאמר, וכך כתב הר"ם

בעיר אפילו בירושלים, אבל במקדש היו תוקעין וכו', אבל משחרב בית המקדש וכו', ואע"פ שאין צורך להזכיר כלל; וגם בזה טעה, כי בזמן בית המקדש לא היו תוקעין אלא במקדש, אבל משחרב תוקעין כל הסמוך לה.

רמב"ם פ"ב מהל' שופר ה"ט - ובזמן הזה שחרב המקדש, כל מקום שיש בו בית דין קבוע, והוא שיהיה [טו]סמוך בארץ ישראל, תוקעין בו בשבת; ואין תוקעין בשבת אלא בבית דין [טז]שקידשו את החדש, אבל שאר בתי דינין אין תוקעין בהן אף על פי שהן סמוכין; ואין תוקעין אלא בפני בית דין [יז](גדול) בלבד, כל זמן שהן יושבין, [יח]ואפילו ננערו לעמוד ולא עמדו, תוקעין בפניהם, אבל חוץ לבית דין אין תוקעין; ולמה תוקעין בפני בית דין, מפני שבית דין זריזין הן ולא יבאו התוקעין להעביר השופר בפניהם ברשות הרבים, שבית דין מזהירין את העם ומודיעין אותן.

אות ז'* [כ]

כאן ביום טוב שחל להיות בשבת, כאן ביום טוב שחל להיות בחול

סימן תקפב ס"ז - [כא]אם חל בחול, אומר: יום תרועה מקרא קודש - ואפילו בתפלת הלילה או בקידוש, אע"ג שאין תוקעין בלילה, מ"מ היום הוא יום של תרועה, דלמחר בודאי יתקעו.

ואם חל בשבת, אומר: זכרון תרועה - ואומר: או"א רצה במנוחתינו קדשנו וכו', **אבל** ביוה"כ שחל בשבת אין אומרים "רצה במנוחתנו", כיון שהוא יום עינוי ואינו מנוחה גמורה.

וכתבו האחרונים, דבדיעבד אם אמר בחול "זכרון תרועה", וסיים הברכה, אינו חוזר, דהא בתורה כתיב "זכרון תרועה", אע"ג דמדאורייתא תקיעה שריא בשבת, **וה"ה** בשבת אם אמר "יום תרועה", ג"כ אינו חוזר.

אות ח'

ורדיית הפת שהיא חכמה ואינה מלאכה

רמב"ם פכ"ב מהל' שבת ה"א - רדיית הפת אע"פ שאינה מלאכה, אסרו אותה חכמים, שמא יבוא לאפות.

אות ח'* [כב]

תוס' ד"ה רדיית הפת: וכן תקיעת שופר אסור מדרבנן

סימן תקצו ס"א - ולאחר שילאו בזה, שוב אין לתקוע עוד בחנם - דכיון שא"צ, הוי ככל שאר יו"ט שאסור לתקוע משום שבות, **ועיין** בט"ז שדעתו, דיו"ט של ר"ה אינו דומה לשאר יו"ט בזה, **אבל** רוב האחרונים הסכימו לאסור כדברי הרמ"א, ואפילו מי שיתקע ביום שני, אסור לתקוע בראשון להתלמד.

וגם אסור להוציא השופר כשא"צ לתקוע, דהוי הוצאה שלא לצורך.

ולענין טלטול, לכו"ע שרי כל היום, דהא ראוי לתקוע בו להוציא אחרים שלא יצאו עדיין.

אות ט'

הכל חייבין בתקיעת שופר ואין הכל בקיאין בתקיעת שופר, גזירה שמא יטלנו בידו וילך אצל הבקי ללמוד, ויעבירנו ארבע אמות ברשות הרבים

רמב"ם פ"ב מהל' שופר ה"ו - יום טוב של ראש השנה שחל להיות בשבת, אין תוקעין בשופר בכל מקום; אף על פי שהתקיעה משום שבות ומן הדין היה שתוקעין, יבא עשה של תורה וידחה שבות של דבריהם; ולמה אין תוקעין, גזירה שמא יטלנו בידו ויוליכנו [כג]למי שיתקע לו ויעבירנו ארבע אמות ברשות הרבים, או מוציאו מרשות לרשות ויבא לידי איסור סקילה, שהכל חייבים בתקיעה ואין הכל בקיאין לתקוע.

באר הגולה

מקוצי ז"ל – מגדל עוז› [טז] ‹וזהו מומחה, כן הוא עיקר, ואע"פ שמן ההלכות משמע, דה"ה לכל ב"ד קבוע ומובהק, אע"פ שאינו סמוך, ולכך העידו שהיו תוקעין לפני הרב אלפסי ז"ל בשבת של ר"ה, לא סמכו עליו בדבר זה אפילו תלמידיו, אלא דוקא במקום בית דין הסמוך, וכן כתב הרמב"ן ז"ל – מגיד משנה› [יז] ‹אע"ג דרש"י ז"ל כתב בגמרא: ובראש השנה לא היו תוקעין אלא בבית דין שקידשו בו את החדש (דף ל'), דהיינו כר' אלעזר דאמר במשנה לא התקין ר"י ב"ז אלא ביבנה בלבד, **רבינו** אינו סובר כן, דודאי לא פסק כר' אלעזר, דאין ראוי לפסוק כמותו במקום ת"ק, ובהדיא כתב בפירוש המשנה דאין הלכה כמותו, אלא סובר דת"ק אית ליה דבעינן בית דין שקדשו את החדש, וסגי בכל בית דין של שלשה, דלקדוש החדש בג' סגי, **ואם** כן תימה על רש"י שכתב: סנהדרי גדולה המקדשין את החדש, ור' אלעזר היא דסבר דבעינן סנהדרי גדולה, **ובמה** שאמרו בגמרא איכא בינייהו בי דינא דאקראי, סובר ג"כ דלא כפירוש רש"י ז"ל, דלרש"י ז"ל לסברת אמרו לו בעי ב"ד קבוע, ולת"ק בבי דינא דאקראי סגי. **ורבינו** סובר דאדרבא, מה שאמר אמרו אחד יבנה ואחד כל מקום שיש בו ב"ד, משמע לאוסופי כל ב"ד דאקראי, וכן פירש הוא ז"ל בפירוש המשנה, ולת"ק בעינן ב"ד קבוע, והוא פסק כת"ק – לחם משנה› [יח] ‹פירוש קבוע וסמוך שקדשו החדש – כסף משנה› [יט] ‹בעיא דלא איפשיטא ולקולא שם, לפי שאין זה אלא גזרה של דבריהם – מגיד משנה› [כ] ‹ע"פ מהדורת נהרדעא› [כא] **טור בשם רב שר שלום והרא"ש וכן כתוב במסכת סופרים** [כב] ‹ע"פ הגר"א› [כג] ‹קשה דבגמרא בר"ה דף כ"ט ע"ב אמרו, שמא יטלנו בידו וילך אצל הבקי ללמוד, ומנ"ל לרבינו דהטעם הוא שמא יוליכנו שיתקע לו להוציאו, **וי"ל** דהוכרח רבינו לפרש כן, דאי ללמוד אי אפשר, דהא עד כאן לא התירו לגדול שיתעסק ללמד ביום טוב כי אם לתינוקות ולא לגדול, ולכן פירש דהיינו שיוליכנו למי שיתקע לו להוציאו, ומילת ללמוד לאו דוקא, אלא משום דמילתיה דרבה נאמרה גבי לולב ללמוד הנענוע והברכה, ובמגילה בקי ללמוד דהיינו לקוראה, נקטו נמי הכא ללמוד ולאו דוקא, כן נ"ל וק"ל – בן ידיד›

§ מסכת ראש השנה דף ל. §

אות א'

בפני בית דין

רמב"ם פ"ב מהל' שופר ה"ט - ואין תוקעין אלא בפני בית דין [א](גדול) בלבד, כל זמן שהן יושבין.

רמב"ם פ"י מהל' שמיטה ויובל הי"ב - ובר"ה שחל להיות בשבת לא היו תוקעין אלא בבית דין שקדשו בו את החדש, ואין כל יחיד ויחיד תוקע אלא בפני בית דין.

אות ב'

שכל יחיד ויחיד חייב לתקוע

רמב"ם פ"י מהל' שמיטה ויובל ה"י - מצות עשה לתקוע בשופר בעשירי לתשרי בשנת היובל, ומצוה זו [ב]מסורה לב"ד תחלה, שנאמר: והעברת שופר תרועה, וכל יחיד ויחיד חייב לתקוע, שנאמר: תעבירו שופר; ותוקעין בשופר תשע כדרך שתוקעין בר"ה, ומעבירין שופר בכל גבול ישראל.

אות ג'

בזמן בית דין

רמב"ם פ"י מהל' שמיטה ויובל הי"א - שופר של יובל ושל ר"ה אחד הוא לכל דבר, ואחד ר"ה ואחד היובל לתקיעות, אלא שביובל תוקעין בין בב"ד שקדשו בו את החדש [ג]בין בב"ד שלא קדשו בו את החדש, וכל יחיד ויחיד חייב לתקוע כל זמן שב"ד יושבין, ושלא בפני ב"ד.

אות ד'

איתתא מי מיחייבא

[ד]סימן תקפט ס"ג - [ה]אשה פטורה, משום דהוי מצות עשה שהזמן גרמא.

אות ה'

וכל מצות עשה שהזמן גרמא נשים פטורות

רמב"ם פי"ב מהל' עבודה זרה ה"ג - כל מצות לא תעשה שבתורה, אחד אנשים ואחד נשים חייבים; חוץ מבל תשחית, ובל תקיף, ובל יטמא כהן למתים. וכל מצות עשה שהיא מזמן לזמן ואינה תדירה, נשים פטורות; חוץ מקידוש היום, ואכילת מצה בלילי הפסח, ואכילת הפסח ושחיטתו.

סימן לח ס"ג - נשים ועבדים פטורים מתפילין, מפני שהוא מצות עשה שהזמן גרמא - דהא שבת ויו"ט לאו זמן תפילין.

סימן תקפט ס"ג - עיין אות ד'.

אות ו'

שוה היובל לראש השנה לתקיעה ולברכות

רמב"ם פ"י מהל' שמיטה ויובל הי"א - עיין אות ג'.

אות ז'

ובר"ה לא היו תוקעין אלא בבית דין שקידשו בו את החדש

רמב"ם פ"י מהל' שמיטה ויובל הי"א - ואין תוקעין בשבת אלא בבית דין [ו]שקידשו את החדש, אבל שאר בתי דינין אין תוקעין בהן אף על פי שהן סמוכין.

רמב"ם פ"י מהל' שמיטה ויובל הי"ב - עין אות א'.

אות ח'

ואין כל יחיד ויחיד חייב לתקוע

רמב"ם פ"י מהל' שמיטה ויובל הי"ב - עין אות א'.

אות ט'

ב"ד יושבין בעינן והא איכא, או דלמא זמן ב"ד בעינן וליכא

רמב"ם פ"ב מהל' שופר ה"ט - ואין תוקעין אלא בפני בית דין [ז](גדול) בלבד, כל זמן שהן יושבין, [ח]ואפילו ננערו לעמוד ולא עמדו, תוקעין בפניהם; אבל חוץ לבית דין אין תוקעין.

‹המשך ההלכות נמצאות מול דף ל:›

באר הגולה

א ‹פי' קבוע וסמוך שקדשו החדש - כסף משנה› ב ‹היינו שבתחלה תוקעין ב"ד ואח"כ היחידים תוקעין, ולא יקדימו היחידים לתקוע לפני ב"ד - דרך אמונה› ג ‹ולא גזרו ע"ז שמא יעבירנו ד' אמות, אע"ג שגם יוה"כ דינו כשבת, וגם אפי' חל יוה"כ בשבת תוקעין, כדי לפרסם שהעבדים נפטרין והולכין להם, ועוד שא"כ יבטל היובל לגמרי, שהרי התקיעה מעכבת כדבסמוך הי"ג, וכל יוה"כ דינו כשבת - דרך אמונה› ד ‹מדהביא מקור מגמרא זה לדין של אשה בר"ה, נראה שלא גרס כהגר"א, וגורס תקיעת ר"ה ויובל דוחה את השבת בגבולין, וצ"ע› ה **משנה קידושין כ"ט** ו ‹אע"ג דרש"י ז"ל כתב בגמרא: ובר"ה לא היו תוקעין אלא בבית דין שקידשו בו את החדש (דף ל'), דהיינו כר' אלעזר דאמר במשנה לא התקין ר"י ב"ז אלא ביבנה בלבד, רבינו אינו סובר כן, דודאי לא פסק כר' אלעזר, דאין ראוי לפסוק כמותו במקום ת"ק, ובהדיא כתב בפירוש המשנה דאין הלכה כמותו, אלא סובר דת"ק אית ליה דבעינן בית דין שקדשו את החדש, וסגי בכל בית דין של שלשה, דלקדוש החדש בג' סגי, וא"כ תימה על רש"י שכתב: סנהדרי גדולה המקדשין את החדש, ור' אלעזר היא דסבר דבעינן סנהדרי גדולה - לחם משנה› ז ‹פירוש קבוע וסמוך שקדשו החדש - כסף משנה› ח ‹בעיא דלא איפשיטא ולקולא שם, לפי שאין זה אלא גזרה של דבריהם - מגיד משנה› ‹**עיין** בתוס', דאף בר"ה, אפי' כשהוא בפני ב"ד, אין תוקעין אלא בזמן ב"ד, וכמו שפסק הרמב"ם, וא"כ בעיא דר' זירא הוי גם בר"ה, ושייך שגם רש"י מודה לזה›

ועם בית דין מאי ועם ב"ד אבפני בית דין לאפוקי שלא בפני בית דין דלא מתיב רבא ועוד זאת היתה ירושלים יתירה על יבנה וכו' מאי ועוד זאת אילימא כדקתני זאת מיבעי ליה אלא דבירושלים תוקעין יחידין וביבנה אין תוקעין יחידין והא כי אתא רב יצחק בר יוסף אמר כי מסיים שליחא דציבורא תקיעה ביבנה לא שמע איניש קל אוניה מקל תקועיא [דיחידאי] אלא לאו דבירושלים תוקעין בין בזמן ב"ד ובין שלא בזמן ב"ד וביבנה בזמן ב"ד אין שלא בזמן ב"ד לא הא בזמן ב"ד מיהא תוקעין ואפילו שלא בפני ב"ד לא דאילו בירושלים תוקעין בין בפני ב"ד בין שלא בפני בית דין וביבנה בפני ב"ד אין שלא בפני ב"ד לא איכא דמתני להא דרב הונא אהא דכתיב °ביום הכפורים תעבירו שופר בכל ארצכם (ויקרא כה) מלמד בשכל יחיד ויחיד חייב לתקוע אמר רב הונא ועם בית דין מאי ועם ב"ד גבזמן ב"ד לאפוקי שלא בזמן בית דין דלא מתיב רבא תקיעת [א] ראש השנה ויובל דוחה את השבת בגבולין איש וביתו מאי איש וביתו אילימא איש ואשתו דאיתתא מי מיחייבא והא מצות עשה שהזמן גרמא היא *וכל מצות עשה שהזמן גרמא נשים פטורות אלא לאו איש בביתו ואפילו שלא בזמן ב"ד לא לעולם בזמן ב"ד מתיב רב ששת *השוה היובל לראש השנה לתקיעה ולברכות אלא שביובל תוקעין בין בב"ד שקידשו בו את החדש ובין בב"ד שלא קידשו בו את החדש וכל יחיד ויחיד חייב לתקוע ובר"ה לא היו תוקעין אלא בב"ד שקידשו בו את החדש יואין כל יחיד ויחיד חייב לתקוע מאי אין כל יחיד ויחיד חייב לתקוע אילימא דביובל תוקעין יחידין ובראש השנה אין תוקעין יחידין והא כי אתא רב יצחק בר יוסף אמר כי הוה מסיים שליחא דציבורא תקיעתא ביבנה לא שמע איניש קל אוניה מקל תקועיא [דיחידאי] אלא לאו [דאילו] ביובל תוקעין בין בזמן ב"ד בין שלא בזמן ב"ד ובר"ה בזמן ב"ד אין שלא בזמן ב"ד לא קתני מיהת ביובל בין בזמן ב"ד בין שלא בזמן ב"ד לא לעולם בזמן בית דין והכי קתני ביובל בזמן ב"ד תוקעין בין בפני בית דין בין שלא בפני ב"ד ובר"ה בזמן ב"ד ובפני ב"ד איתמר נמי א"ר חייא בר גמדא א"ר יוסי בן שאול אמר רבי אין תוקעין אלא כל זמן שבית דין יושבין בעי ר' זירא נגערו לעמוד ולא עמדו מהו ב"ד יושבין בעינן יוהא איכא או דלמא זמן ב"ד בעינן וליכא תיקו: ועוד זאת היתה ירושלים יתירה על יבנה וכו': רואה פרט ליושבת בנחל שומעת פרט ליושבת בראש ההר קרובה פרט ליושבת חוץ לתחום ויכולה לבוא פרט למפסיק לה נהרא: **מתני'** *בראשונה היה הלולב ניטל במקדש שבעה ובמדינה יום אחד משחרב בית המקדש התקין רבן יוחנן בן זכאי שיהא לולב ניטל במדינה שבעה זכר למקדש *ושיהא יום הנף כולו אסור: **גמ'** *ומנלן דעבדינן זכר למקדש דאמר קרא °כי אעלה ארוכה לך וממכותיך ארפאך נאם ה' כי נדחה קראו לך ציון היא דורש אין לה (ירמיה ל) מכלל דבעיא דרישה: ושיהא יום הנף כולו אסור: מ"ט מהרה יבנה בית המקדש ויאמרו אשתקד מי לא אכלנו בהאיר מזרח עכשיו נמי ניכול ולא ידעי דאשתקד לא הוה עומר האיר מזרח התיר השתא דאיכא עומר עומר מתיר דמיבני אימת אילימא דאיבני בשיתסר הרי האיר מזרח התיר אלא דאיבני בחמיסר מחצות היום ולהלן לשתרי דהא תנן* יהרחוקין מותרין מחצות היום ולהלן לפי שאין ב"ד מתעצלים בו לא נצרכא דאיבני *)בחמיסר סמוך לשקיעת החמה אי נמי דאיבני בליליא (אמר) רב נחמן בר יצחק *רבן יוחנן בן זכאי

*) [כפרש"י דסכא ותוס' סוכה דף מא· ד"ה אי נמי מוכח דלא היה גרסתם בחמיסר]

בשיטת

ועם בית דין · הוא דתקעינן: **אלא דאילו בירושלים** · תוקעין בשבת יחידים שאינן שלוחי ב"ד והא מילתא חסרה ממתניתין ומיבעי לן לתרוצה הכי: **בין בזמן בית דין** · עד שש שעות שהיו בית דין יושבין: **בין שלא בזמן בית דין** · שהלכו לבתיהן: **איכא דמתני לה וכו'** · מאי ועם בית דין (בפני ב"ד) דקאמר רב הונא בזמן ב"ד דהא ליכא לפרושי הא' ועם ב"ד בפני ב"ד דהא בכל ארצכם כתיב (ויקרא כה): **ובר"ה לא היו תוקעין** · בשבת להיות בשבת אלא בב"ד הגדול של סנהדרין הגדולה המקדשין את החדשים ורבי אליעזר היא: **כי מסיים שליחא דציבורא כו'** · ואף בי"ט שחל להיות בשבת להכי נקט יבנה: **אלא לאו דאילו ביובל תוקעין** · יחידים בין בזמן בית דין כו': **לא לעולם בזמן ב"ד** · והכי קאמר ביובל כל יחיד ויחיד תוקע בזמן ב"ד אפי' שלא בפני ב"ד ובר"ה בפני ב"ד אין שלא בפני ב"ד לא: **איתמר נמי** · כרב הונא: **אין תוקעין** · יחידים ביוה"כ ביובל אלא בזמן שב"ד יושבים במקומן והתוקעין תוקעין בכל העיר: **ננערו לעמוד** · נעקרו ממושבם כדי לעמוד ולילך: **מתני' בראשונה היה לולב ניטל במקדש שבעה** · דכתיב (שם כג) ושמחתם לפני ה' אלהיכם שבעת ימים ובמדינה יום אחד דכתיב (שם) ולקחתם לכם ביום הראשון: **ושיהא יום הנף כולו אסור** · יום הנפת עומר כולו אסור לאכול מן החדש ומדאורייתא משהאיר מזרח מותר כדאמרינן במנחות (דף סח·) כתוב אחד אומר עד עצם היום הזה וכתוב אחד אומר עד הביאכם וגו' הא כיצד בזמן הבית עומר מתיר ובזמן שאין עומר עצם היום מתיר: **גמ' כי אעלה ארוכה לך וגו'** · סיפיה דקרא ציון היא דורש אין לה: **מאי טעמא** · גזר עליה: **דאיבני אימת** · שיהא לנו לחוש עכשיו לכך: **הרי האיר מזרח התיר** · דהא לא היה מזבח: **אלא דאיבני בחמיסר** · שהיה שהות לקטור במוצאי י"ט ולהביאו למחר כמצותו: **מחצות היום ולהלן ליתסרו** · הכתא ולא לגזור עליה רבן יוחנן אלא עד חצות היום ואי נמי מהרה יבנה ויאמרו אשתקד מי לא אכלנו מחצות היום ולהלן השתא נמי ניכול שפיר אכלי ואפי' הרחוקים מירושלים שלא ראו הקרבתו יש להתירם לסמוך דודאי קרב כבר דאמר מר הרחוקין היו מותרין בזמן הבית מחצות היום ולהלן כו': **לא נצרכא דאיבני סמוך לשקיעת החמה דחמיסר אי נמי דאיבני בליליא** · רבן יוחנן חושש לשמא יבנה (א) לשקיעת החמה או בליל ששה עשר בחצי הלילה או סמוך לבקרו שלא יהא שהות לקצירתו והבאתו בהבהוב של קלאין וטחינתו והרקדתו והקרבתו עד חצות ואי הוו רגילי למיכל חדש מחצות היום בזמן הזה אתי למיכל נמי ההוא יומא הכי ועבדי איסורא ואם תאמר היכי משכחת לה דאיבני בחמיסר בי"ט ודאיבני בליליא והא קיימא לן במסכת שבועות (דף טו:) דאין בנין בהמ"ק לא בי"ט ולא בלילה הני מילי בנין בידי אדם אבל בנין העתיד לבא בידי שמים הוא:

בשיטת

וביבנה כפני בית דין אין שלא בפני ב"ד לא · והא דלא שמע איניש קל אוניה מקל תקיעה דיחידאי הייט שהיו באין לתקוע בפני בית דין שלא שמעו תקיעת בית דין דאותן שיצאו אסור להם לחזור ולתקוע דיש איסור שבות בדבר לתקוע בחנם בשבת:

לא לעולם בזמן בית דין · תימה דמכל מקום קשיא ללישנא דרב הונא לא אמר אלא בפני בית דין והכא קתני איש בביתו וי"ל שיפרש דהא דקתני בגבולין איש בביתו איובל קאי ולא אראש השנה ומיהו אי גרים בגבולין בלא וי"ו ולא גרסינן ובגבולין לא יתכן לומר כן ושמא יפרש דהאי בגבולין איירי בירושלים דוקא ומיהו מבכל ארצכם (ויקרא כה) בכל מקום שבארץ ישראל איירי:

אין תוקעין אלא בזמן שב"ד יושבין · פי' בקונטרס ביובל ונראה שאף בר"ה אתא לאשמועינן דאפי' בפני ב"ד אין תוקעין אלא כל זמן שיושבין ונתקלקלו

עין משפט נר מצוה

ה א מיי' פ"ב מהל' שופר הל' ט וס"י מהל' שמטה ויובל הל' יג:
ו ב מיי' פ"י מהל' שמטה הלכה י:
ז ג מיי' שם הל' יא:
ח ד מיי' פ"ב מהל' שופר הל' א טוש"ע א"ח סי' תקפט סעיף ג:
ט ה מיי' פי"ב מהל' ע"ז הל' ג טוש"ע א"ח סי' לח סעיף ג וסי' תקפט סעיף ג:
י ו מיי' פ"י מהל' שמיטין הל' יא:
יא ז מיי' שם הל' יב ופ"ב מהל' שופר הלכה ט:
יב ח מיי' פ"י מהל' שמיטין הל' יג:
יג ט מיי' פ"ב מהל' שופר הל' ט:
יד י מיי' פ"ז מהלכות לולב הלכה יג וטו סמג עשין מד טוש"ע א"ח סימן תרנח סעיף א:
טו כ מיי' פ"י מהלכות מאכלות אסורות הל' ב סמג לאוין קמב טוש"ע י"ד סי' רצג סעיף א:
טז ל מיי' שם:

רבינו חננאל

ועם ב"ד כלומר זו התקיעה שחל להיות בשבת אינה אלא בפני [ב"ד] בלבד וזולתי בירושלים מותיב רבא ועוד זאת היתה ירושלים יתירה על יבנה שכל עיר שהיא רואה או שומעת כו' · פירושא לא תני ועוד אלא שיש שם דבר אחר שירושלים יתירה על יבנה זולתי זה לפיכך תני ועוד ואמרי' איזהו אם תאמר שהיו בירושל' תוקעין יחידאין וביבנה לא · והאמר ר' יצחק כי הוה מסיים ש"ץ תקיעתא ביבנה לא הוה שמע איניש קל אוניה מקל תקיעתא דיחידאי פי' שהיו תוקעין יחידאין ביבנה כל מי שלא שמע התקיעות מפי ש"ץ שבא מאחר שסיים היה כל יחיד ויחיד תוקעין יחיד' כדי לצאת ידי חובה שלא שמעו התקיעות מפי ש"ץ ואסיקנא כי היו תוקעין בזמן ב"ד ואפי' שלא בפני ב"ד · קשיא לרב הונא ופריק הכי קאמר בירושלים היו תוקעין בין בפני בית דין בין שלא בפני בית דין וביבנה לא היו תוקעין אלא בפני בית דין · ועוד זאת היתה ירושל' יתירה על יבנה כו' · איכא דמתני הביוה"כ תעבירו שופר מלמד שכל יחיד ויחיד חייב לתקוע · אמר רב הונא ועם ב"ד בזמן בית דין בלבד · מותיב רבא תקיעות יובל ור"ה דוחין את השבת בגבולין איש וביתו ותריצנא בגבולין איש בביתו · ואמרינן איש בביתו דוקא ואפי' שלא בזמן ב"ד ודחינן לא לעולם איש וביתו ובזמן ב"ד · אבל שלא בזמן ב"ד לא. מותיב רב ששת שוה היובל לר"ה לתקיע' ולברכות אלא שביובל היו תוקעין בין בב"ד שקידשו את החדש כו' עד אלא לאו הכי קאמר הא קמ"ל דאילו ביובל תוקעין היו בין בזמן ב"ד ובין שלא בזמן ב"ד קשיא לרב הונא. ודחינן לא ה"ק ביובל היו תוקעין בין בפני ב"ד בין שלא בפני ב"ד · ובר"ה לא היו תוקעין אלא בפני ב"ד · ולעולם זה וזה בזמן ב"ד · איתמר משמיה דר' לעולם אין תוקעין אלא בזמן שב"ד יושבין · בעי ר' זירא ננערו ב"ד לעמוד ונזדמן דבר לעיין בו וחזרו ונתישבו והאריכו בישיבה מאי תוקעין אי לא . ב"ד יושבין בעינן והא איכא · או דילמא זמן ב"ד בעינן וכבר עבר ועלתה בתיקו · ועוד זאת היתה ירושלים כו': ת"ר רואה פרט ליושבת בנחל · כלומר הנחל מקום נמוך ואינה נראית מן הדרך · שומעת פרט ליושבת בראש ההר שאע"פ שנראית אינה שומעת · קרובה פרט ליושבת חוץ לתחום · ויכולה לבא פרט דפסיק ליה נהרא שאע"פ שהיא קרובה אינה יכולה לבוא · ירושלמי והוא שיהו כל הדרכים האלו בה · רואה ואינה שומעת כגון ירושלים מלמעלן והעיר מלמטן שומעת ואינה רואה ההר מפסיק . רואה ושומעת וקרובה ואינה יכולה לבוא הנחל מפסיק: [מתני'] בראשונה היה לולב ניטל במקדש שבעה ובמדינה יום אחד משחרב הבית התקין ריב"ז שיהא ניטל הלולב במדינה ז' ימי חג זכר למקדש שנא' כי נדחה קראו לך ציון היא דורש אין לה

מסורת הש"ס

[קדושין כט· וש"נ]
לעיל כו: [וש"נ]
סוכה מא·
שם מנחות סח·
[סוכה מא· ע"ש]
עירובין לב·
[נ"ל אמר רבן]

הגהות הב"ח

(א) רש"י ד"ה לא נצרכא כו' חושש לשמא יבנה סמוך לשקיעת החמה:

הגהות הגר"א

[א] גמ' תקיעת יובל דוחה כו' כצ"ל:

בשיטת ר' יהודה אמרה דאמר°עד עצם היום הזה עד עצמו של יום וקסבר *עד ועד בכלל ומי סבר לה כוותיה והא מפלג פליג עליה דתנן *משחרב בית המקדש התקין רבן יוחנן בן זכאי שיהא יום הנף כולו אסור א"ר יהודה והלא מן התורה הוא אסור [דכתיב עד עצם היום הזה] התם ר' יהודה הוא דקא טעי איהו סבר רבן יוחנן בן זכאי מדרבנן קאמר ולא היא ימדאורייתא קאמר והא התקין קתני מאי התקין דרש והתקין: **מתני'** בראשונה *היו מקבלין עדות החדש כל היום פעם אחת נשתהו העדים מלבוא ונתקלקלו הלוים בשיר התקינו שלא יהו מקבלין אלא עד המנחה ואם באו עדים מן המנחה ולמעלה נוהגין אותו *היום קודש ולמחר קודש *משחרב בית המקדש התקין רבן יוחנן בן זכאי שיהו מקבלין עדות החדש כל היום: **גמ'** מה קלקול קלקלו הלוים בשיר הבא תרגימו שלא אמרו שירה כל עיקר רבי זירא אמר שאמרו שירה של חול עם תמיד של בין הערבים אמר לו רבי זירא לאהבה בריה פוק תני להו יהתקינו שלא יהו מקבלין עדות החדש אלא כדי שיהא שהות ביום להקריב תמידין ומוספין ונסכיהם ולומר שירה שלא בשיבוש אי אמרת בשלמא אמור שירה דחול היינו דאיכא שיבוש אלא אי אמרת לא אמור כלל מאי שיבוש איכא כיון דלא אמור כלל אין לך שיבוש גדול מזה מתיב רב אחא בר הונא תמיד של ראש השנה שחרית קרב כהלכתו יבמוסף מהו אומר °הרנינו לאלהים עוזנו הריעו לאלהי יעקב ,במנחה מהו אומר°קול ה' יחיל מדבר ובזמן שחל ראש השנה להיות בחמישי בשבת שהשירה שלו הרנינו לאלהים עוזנו לא היה אומר בשחרית הרנינו מפני שחוזר וכופל את הפרק ,אלא מהו אומר °הסירותי מסבל שכמו ואם באו עדים אחר תמיד של שחר אומר הרנינו אע"פ שחוזר וכופל את הפרק אי אמרת בשלמא כל היכא דמסתפקא אמרינן שירה דחול היינו דקאמר אומרו וכופלו אלא אי אמרת לא אמור כלל מאי אומרו וכופלו שאני

בשיטת ר' יהודה אמרה · דאמר מן התורה אסור כל היום בזמן הזה דקסבר עד ועד בכלל : **א"ר יהודה** · גרסי' ולא גרסי' אמר לו ר' יהודה שהרי לא ראהו מימיו אבל תמה בדורו על תקנת רבן יוחנן בן זכאי ואמר מה חידוש חידש ר' יוחנן בן זכאי והלא מן התורה אסור : **מדרבנן קאמר** · כלומר הוא לא גזר עליו משום הוא טעם דלעיל דשמא יבנה : **דרש והתקין** · דרש להם המקרא והתקין שיהגו איסור לפי שעד עכשיו היה היתר בדבר משקרב העומר שהעומר מתיר: **מתני' בראשונה היו מקבלין עדות החדש כו'** : **הלוים בשיר** · בגמרא מפרש : **נוהגים אותו היום קודש** · בר"ה קאי דמתחלה לילי עשרים ותשעה נהגו בו קודש שמא יבואו עדים מחר ויקדשוהו ב"ד ונמצא שהלילה הזה ליל י"ט הוא וכן למחר כל היום עד המנחה ואם באו עדים קודם המנחה ב"ד מקדשים את החדש וטעו שיפה נהגו בו קודש ואם מן המנחה ולמעלה באו אע"פ שאין ב"ד מקבלין אותן לקדשו היום ויעברו את אלול ויקדשוהו למחר אעפ"כ נוהגים אותו בקדושה ואסור במלאכה דלמא אתי לזלזולי ביה לשנה הבאה ויעשו בו מלאכה כל היום ויאמרו אשתקד נהגנו בו קודש חנם ומזמן המנחה ולמעלה חזרנו והנהגו בו חול : **גמ' ה"ג מאי קלקול קלקלו הלוים כו'** · ולא גרסינן מ"ד : **הכא תרגימו** · בבבל : **שלא אמרו שירה כל עיקר** · בתמיד של בין הערבים לפי שלא ידעו מה שיר יאמרו שמא עוד סוף העדים לבוא היום ושיר של י"ט יש לומר או לא יבואו ונמצא שהוא חול : אבל בתמיד של שחר אין ספק שמתוך שברוב השנים אין העדים באין קודם תמיד של שחר וספק יתקדש היום ספק לא יתקדש לא תקנו שיר של י"ט שחרית בר"ה כדתני לקמן תמיד של ר"ה שחרית קרב כהלכתו אבל בתמיד של בין הערבים תקנו שיר של י"ט שכבר באו העדים לפיכך אותה שנה שנשתהו לבא לא ידעו מה יאמרו : **פוק תני להו** · לבני בבל האומרים לא אמרו שירה כל עיקר : אלאהבה להם ברייתא זו שממנה ילמדו שאמרו שיר של חול : **קרב כהלכתו** · אומרים הלוים על נסכיו שיר של חול כמשפט היום כמו ששנו שונים במסכת תמיד (פ"ז משנה ד) השיר שהלוים היו אומרים בבית המקדש ביום הראשון כו' : (א) **הריעו לאלהי יעקב** · וכל המזמור והוא שיר של חמישי בשבת בשחרית בחול ואומרין אותו על מוספי ר"ה לפי שהוא יום תרועה : **קול ה' יחיל מדבר** · כדי להזכיר בר"ה זכות קול שופרות של מתן תורה : **ואם חל ר"ה בחמישי בשבת** · ובאו עדים קודם תמיד של שחר : **לא היו אומרים שחרית** · שיר של חול דהייט הרנינו מפני שחוזר וכופלו שניה במוסף : **ספרק** · המזמור : **הסירותי מסבל שכמו** · משום דבר"ה יצא יוסף מבית האסורים : **ואם באו עדים** · בחמישי בשבת אחר תמיד של שחר דבשעת שיר של תמיד לא היו יודעין אם יתקדש היום וי"ל הסירותי או שמא חול הוא ושירו הרנינו יאמרו [הרנינו] מספק ויחזרו ויאמרו אותו במוסף ונמצא שכפלוהו : **אע"פ שספרק שלו אומרו וכופלו** · אע"פ שהפרשה של מזמור זה הגא אמורה וכפולה היום : שאני

ונתקלקלו הלוים בשיר · בתמיד של בין הערבים כדמפרש בגמרא אבל בתמיד של שחר לא תקנו שיר של י"ט כדפירש בקונטרס לפי שברוב השנים אין העדים באין קודם תמיד של שחר וספק יתקדש היום ספק לא יתקדש וא"ת ולמאי לא השיב קלקול של מוסף שלא הקריבו מוסף של ר"ה שאחר התמיד אין יכולין להקריבו כדדרשינן עליה השלם בפ' תמיד נשחט (פסחים ד' נח:) וכי תימא דמעלה ומלין כרחשו של מזבח דעליה השלם לא שייך אלא בהקטרה ואין מקטיר עד למחר הניחא למאן דאמר בפ' המזבח מקדש (זבחים דף פז:) אין לינה מועלת ברחשו של מזבח אבל למאן דאמר מועלת מאי איכא למימר וכי תימא דהקריבו כבש אחד על תנאי דאם יבואו עדים יהא מוסף ואם לא יבואו עדים יהא תמיד דא"כ במאי קלקלו בתמיד דאי משום דהיו סבורים שלא יבאו עדים ואמרו שיר של חול אם זהו הקלקול לא היה בתמיד אלא במוסף של ר"ה שאמרו עליו שיר של תמיד של חול ועוד למ"ד שלא אמרו שירה כל עיקר היינו לפי שהיו ממתינים כל שעה ושעה שמא עדיין יבאו עדים ולא היו יודעין מה שיר יאמרו והשתא אם באו עדים ולא היה להם שהות ביום לומר שיר של ר"ה עדיין נתקלקלו יותר בשאר קרבנות שלא קרבו מיהו אפשר לומר כשלא באו לפיכך לא היה להם קלקול אלא בשיר וי"ל דאחר התמיד יכול להקריב מוסף של ר"ה משום דאתי עשה דרבים ודחי עשה דהשלמה כדאמרינן פרק השולח (גיטין דף מא:) גבי שחרר עבדו והשלימו לעשרה מצוה דרבים שאני וגבי עשה דהשלמה אמרי' נמי בפרק תמיד נשחט (פסחים דף נט.) שנדחה מקמי עשה דפסח שיש בו כרת ובפ' שלוח הקן (חולין ד' קמא.) נמי אמרי' דעשה דמצורע דוחה עשה דשלוח משום שלום בין איש לאשתו ומיהו יש לתמוה אמאי נתקלקלו בשיר והלא בשעת נסכים היה השיר כדאמרינן בכל דוכתא (ברכות דף לה.) אין אומר שירה אלא על היין ואיתא בפרק שני דערכין (דף יא: וסם) ויכול להתחיל מלהביא נסכים עד הלילה או עד למחר כדאיתא בהקומץ זוטא (מנחות דף טו:) דמביא אדם זבחו היום ונסכו מכאן ועד עשרה ימים ובפ"ב דתמורה (דף יד:) מנחתם ונסכיהם אפילו בלילה מנחתם ונסכיהם עד למחר ונראה לי דלכתחלה יש להביא נסכים עם הזבח דאי מביא בלילה אין יכול לומר שירה כדאמרינן בפ' שני דערכין (דף יא:) מה כפרה ביום אף שירה ביום ולמחר נמי אם מביאה מבעיא לן התם (דף יב.) אם טעונין שירה דאיבעיא להו נסכין הבאים בפני עצמן כלומר שהביא קרבן לבור היום ונסכין למחר טעונין שירה או אין טעונין שירה ולא איפשוט והא דאמר ר"מ התם (דף יא.) דשיר מעכב הקרבן הייט בנסכים הבאין עם הזבח שקרבו בשעת שחיטת הזבח דאין קרבין אלא ביום כדאמרינן בפ' שני דתמורה (דף יד.) ואותן טעונין שירה ואפי' אם תמצי לומר דבאין בפני עצמן טעונין שירה מ"מ טוב שיביאם עם הזבח כדי שיאמרו אאכילה ושתיה כדאמר התם בערכין (דף יב.) או דלמא אאכילה ושתיה אמרה אשתיה לחודיה לא אמרה והאיך דמביא אדם זבחו היום ונסכו מכאן עד י' ימים משמע דלכתחלה יכול לעשות כן הני מילי בקרבן יחיד דאין טעון שירה דאין אומרים שירה אלא על קרבן לבור הקבוע להם זמן כדמוכח התם בערכין (דף יא:) :

עין משפט נר מצוה

יז א מיי' פ"י מהלכות מאכלות אסורות הל' ב:
יח ב מיי' פ"ג מהל' קידוש החדש הל' ה:
יט ג מיי' שם הל' ו:
כ ד מיי' שם הל' ח:
כא ה ו ז ח מיי' פ"ו מהל' תמידין הל' ט:

מסורת הש"ס

[מנחות סח: וש"נ]
סוכה מא: [מנחות סח:]
ביצה ה:
[ע' תוספ' מנחות קג: ד"ה שני]
[ביצה ה:]

הגהות הב"ח

(א) רש"י ד"ה קרב כהלכתו כו' ביום הראשון כו' סס"ד ואח"כ מה"ד הריעו לאלהים עוזנו לאלהי יעקב:

רבינו חננאל

לה מכלל דבריא דרישה : ושיהא יום הנף כולו אסור פי' שיהא יום הנפת העומר והוא יום ט"ז בניסן אסור לאכול מן החדש כדכתיב ולחם וקלי וכרמל לא תאכלו עד עצם היום הזה וגו' ותנן העומר היה מתיר במדינה ושתי הלחם במקדש · ובזמן שהיה בהמ"ק קיים היו יוצאין לילי יום ט"ז בניסן והיו קוצרין ומביאין ומקריבין העומר והיו הקרובים מירושלים מותרין לאכול החדש אחרי הקרבת העומר מיד והרחוקין היו מותרין מחצות היום ולהלן · שדבר ברור הוא שאין ב"ד מתעצלין ולא בא חצי היום אלא שוראי נקרב העומר ועכשיו שאין עומר אם יתירו להן החדש כשיאור מזרח חיישינן אם ישארו העם במנהגם ויבנה בית המקדש לילי י"ו בניסן או סמוך לשקיעת החמה יום ט"ו בניסן נתחייבו להקריב ולא יהי' סיפוק לצאת ולקצור בלילה . מפני שלא נבנה אלא בשעה דחוקה · וצריכין לצאת ולקצור ולהביא ביום ט"ו ולהכין ולהניף ולהקריב ושמא לא יספיקו להקריב העומר אלא סמוך לשקיעת החמה · ומאחר שנבנה הבית אסורין כל ישראל לאכול חדש ואינן מותרין בו אלא אחרי הקרבת העומר · לפיכך התקין לרן שיהא יום י"ו בניסן כולו אסור שלא יכשלו כשיבנה הבית פי' דנפיש *) הוה בהמ"ק כל מקום שצריך לומר לא היה בית המקדש מחלף ותאני נפיש הוה כענין דקרי לסומא סגי נהורא · ושאר השמועה פשוט' היא · מיהו הוצרכנו להודיע כי זו המשנה ששנינו משחרב בית המקדש התקין ריב"ז כו' · עד אמר ר' יהודה והלא מן התורה הוא אסור שנאמר עד עצם היום הזה וגו' זו המשנה היא במסכת מנחות פרק ר' ישמעאל אומר העומר והדא בא בשבת סנ' סאין כו' : בראשונה היו מקבלין עדות החדש כל היום כו' · ת"ד מה קלקול קלקלו הלוים בשיר ששנינו במשנתנו ונתקלקלו הלוים בשיר הכא תרגימו שלא אמרו שירה כל עיקר · ר' זירא א' שאמרו שירה של חול על תמיד של בין הערבים ולא אמרו קול ה' יחיל מדבר שהיא שירת ר"ה במנחה וא' ר' זירא לאהבה בריה צא אמור להן להללו דתרגימו שלא אמרו שירה כל עיקר · והתניא התקינו שלא יהו מקבלין עדות החדש אלא אם יש שהות ביום כדי להקריב קרבן תמידין ומוספין ונסכיהן וכדי שיאמרו שירה שלא בשיבוש בשלמא לדידי כו' והדר כיון דלא אמרו כלל אין שיבוש גדול מזה · ועוד מותבינן עליהן תמיד של ר"ה בשחרית קרב כהלכתו · כלומר אם חל להיות בשני אומרים בתמיד של שחר גדול ה' ומהולל מאד שהיא שירה של יום שני · וכן בשאר הימים בתמיד של שחר אומרים שירה של אותו היום אבל במוסף אומרים הרנינו לאלהים עוזנו וגו'. במנחה אומרים על התמיד של בין הערבים שירה קול ה' יחיל מדבר וגו'. ובזמן שחל ר"ה להיות בחמישי שהשירה שלו הרנינו לאלהים עוזנו אינו אומר כשאר הימים הרנינו מפני שנמצא אומרו וכופלו . אלא אומר על תמיד של שחר הסירותי מסבל שכמו וגו'. ואם באו עדים אחר תמיד של שחר אע"פ שאמרו על תמיד של שחר הרנינו לאלהים עוזנו חוזר ואומר על המוסף הרנינו' עכשיו לדברים שאתם אומרים כל היכא דאיכא חשש שמא יבואו עדים היום אין אומרים שירה של חול כלל · אמאי תני אע"פ שחוזר וכופלו לאו מכלל שאו' שירה של חול **) לפיכך אומר אותה ואפי' בשחרית אבל עולתי יום חמישי היכא דאיכא חשש

*) נראה מזה דאיזה גי' אחרת היה לו לרבינו בסוגיא זו וצ"ע. **) נראה דחסר כאן וצ"ל ומשני דשאני התם דשירה דיומיה הוא לפיכך וכו'.

אות י'

בראשונה היה הלולב ניטל במקדש שבעה וכו'

סימן תרנח ס"א - [ט]**מן התורה אין מצות לולב חוץ למקדש אלא יום ראשון** - דכתיב: ושמחתם לפני ד' אלהיכם ז' ימים, והיינו במקדש, **אבל** בשאר א"י, יום הראשון בלבד, דכתיב: ולקחתם לכם ביום הראשון פרי עץ וכו'. **וחכמים תקנו שיהא ניטל בכל מקום כל שבעה** - זכר למקדש.

אות כ'

ושיהא יום הנף כולו אסור

יו"ד סימן רצג ס"א - [י]**אסור לאכול חדש מתבואת חמשת המינים** - חטים וכוסמין ושעורים ושבולת שועל והשיפון - ש"ך, [יא]**עד שיקרב העומר שהוא בט"ז בניסן, שנאמר: ולחם וקלי וכרמל לא תאכלו** [יב]**עד עצם היום הזה;** [יג]**והאידנא דליכא עומר, אסור כל יום ט"ז;** [יד]**ובחו"ל שעושין ב' ימים, אסור כל יום י"ז עד תחלת ליל י"ח.**

אות ל'

הרחוקין מותרין מחצות היום ולהלן

רמב"ם פ"י מהל' מאכלות אסורות ה"ב - החדש כיצד, כל אחד מחמשה מיני תבואה בלבד אסור לאכול מהחדש שלו קודם שיקרב העומר בט"ז בניסן, שנאמר: ולחם וקלי וכרמל לא תאכלו; וכל האוכל כזית חדש קודם הקרבת העומר לוקה מן התורה, בכל מקום, ובכל זמן, בין בארץ בין בחוצה לארץ, בין בפני הבית בין שלא בפני הבית; אלא שבזמן שיש מקדש משיקרב העומר הותר החדש בירושלים, והמקומות הרחוקין מותרין אחר חצות, שאין בית דין מתעצלין בו עד אחר חצות; ובזמן שאין בית המקדש, כל היום כולו אסור מן התורה; ובזמן הזה במקומות שעושין שני ימים טובים, החדש אסור כל יום י"ז בניסן עד לערב מדברי סופרים.

---

§ מסכת ראש השנה דף ל: §

אות א'

מדאורייתא קאמר

רמב"ם פ"י מהל' מאכלות אסורות ה"ב - ע"ל דף ל. אות ל'.

אות ב'

בראשונה היו מקבלין עדות החדש כל היום

רמב"ם פ"ג מהל' קידוש החודש ה"ה - [א]בראשונה היו מקבלין עדות החדש כל יום ל', פעם אחת נשתהו העדים מלבוא עד בין הערבים, ונתקלקלו במקדש [ב]ולא ידעו מה יעשו, אם יעשו עולה של בין הערבים, שמא יבאו העדים ואי אפשר שיקריבו מוסף היום אחר תמיד של בין הערבים; עמדו בית דין והתקינו שלא יהיו מקבלים עדות החדש אלא עד המנחה, כדי שיהא שהות ביום להקריב מוספין ותמיד של בין הערבים ונסכיהם.

אות ג' – ד'

ואם באו עדים מן המנחה ולמעלה וכו'

משחרב בית המקדש התקין רבן יוחנן בן זכאי וכו'

רמב"ם פ"ג מהל' קידוש החודש ה"ו - ואם הגיע מנחה ולא באו עדים, עושין תמיד של בין הערבים, ואם באו עדים מן המנחה ולמעלה, נוהגין אותו היום קדש ולמחר קדש, ומקריבין מוסף למחר, לפי שלא היו מקדשין אותו אחר מנחה; משחרב בית המקדש התקין רבן יוחנן בן זכאי ובית דינו, שיהיו מקבלין עדות החדש כל היום כולו, ואפילו באו עדים יום שלשים בסוף היום סמוך לשקיעת החמה, מקבלין עדותן [ג]ומקדשין יום שלשים בלבד.

אות ה'

התקינו שלא יהו מקבלין עדות החדש וכו'

רמב"ם פ"ג מהל' קידוש החודש ה"ה - עיין לעיל אות ב'.

באר הגולה

[ט] משנה סוכה מ"א ור"ה דף ל'. [י] משנה ריש מס' חלה פ"א מ"א ומנחות דף ע. [יא] משנה שם דף ס"ח. [יב] «לכאורה חלק זה של הפסוק שייך להאידנא, ולזמן המקדש היה צריך להביא סוף הפסוק "עד הביאכם"» [יג] שם במשנה וסוכה דף מ"א. כריב"ז ובשיטת ר"י **דאמר מן התורה הוא אסור וכו'** [יד] **פלוגתא דאמוראי שם מנחות ס"ח: ופסקו הרי"ף והרא"ש כרבינא** [א] «מלשון רבנו משמע, שבכל ר"ח יש קלקול זה, ובכולן תקנו שלא יקבלו אחר המנחה, והא דמסיק דנוהגין היום קדש ולמחר קדש, היינו קדושת ר"ח, וכן דעת קצת ראשונים, אבל י"א דרק בר"ה תקנו כן, ולא בשאר ר"ח – שקל הקדש» [ב] «והתימה על רבינו דלא כתב כשום חד מינייהו, אלא מפרש שהיו בהולים ולא היו יודעים מה יעשו, ומשמע דלא עשו כלל, והוא תימה שלא הוזכר זה לא במשנה ולא בגמרא, **ועוד** תימה אמאי קאמר בגמרא שקלקלו בשיר, לימא שלא הקריבו מוסף היום, שא"א להקריבו אחר תמיד של בין הערבים, ואם הקריבו קרבן תמיד של בין הערבים אבדו המוסף. **והתוס'** ז"ל הקשו קושיא זו, ולא מצאו תירוץ לו, אלא דאית להו דיכול להקריב אח"כ מוסף היום, דאתי עשה דרבים ודחי עשה דהשלמה, אבל רבינו ז"ל דאית ליה דא"א להקריבו, אמאי לא הזכירו קלקול זה – לחם משנה» [ג] «ודעת רש"י בביצה דף ה: דריב"ז לא ביטל אלא לענין שימנו המועדות מן יום ל', אבל מלעשות יו"ט שני לא בטלה תקנה ראשונה שעושין אותו היום קדש ולמחר קדש – שקל הקודש»

אות ו' – ז' – ח'

במוסף מהו אומר, הרנינו לאלהים עוזנו וכו'
במנחה מהו אומר, קול ה' יחיל מדבר
ובזמן שחל ר"ה להיות בה' בשבת... הסירותי מסבל שכמו

רמב"ם פ"ו מהל' תמידין ומוספין ה"ט - **במוסף של ראש השנה היו אומרין: הרנינו לאלהים עוזנו; ואם חל להיות בחמישי, אומר: [ד]הסירותי מסבל שכמו וגו'; במנחה של ראש השנה היו אומרים: קול ה' יחיל מדבר וגו'.**

§ מסכת ראש השנה דף לא. §

אות א' – ב'

בראשון מה היו אומרים וכו' **הזי"ו ל"ך**

רמב"ם פ"ו מהל' תמידין ומוספין ה"ט - **השיר שהיו הלוים אומרין: ביום הראשון היו אומרין: לה' הארץ ומלואה, בשני היו אומרין: גדול ה' ומהולל מאד בעיר אלהינו הר קדשו וגו', בשלישי היו אומרין: אלהים נצב בעדת אל בקרב אלהים ישפוט, ברביעי היו אומרין: אל נקמות ה' אל נקמות הופיע, בחמישי היו אומרין: הרנינו לאלהים עוזנו הריעו לאלהי יעקב, בששי היו אומרין: ה' מלך גאות לבש לבש ה' עוז התאזר וגו', בשבת היו אומרין: מזמור שיר ליום השבת. במוספי שבת אומרים שירת האזינו, וחולקין אותה לששה פרקים: הזי"ו ל"ך, [ג]כדרך שקוראין אותה ששה בבית הכנסת, ואומרין פרק בכל שבת, גמרו השירה בששה שבתות, חוזרין לראש.**

אות ג'

כדרך שחלוקים כאן כך חלוקין בבית הכנסת

סימן תכח ס"ה - [ו]**פרשת האזינו מחלקין פרשיותיה כדרך שהיו מחלקין אותה במקדש** - והטעם, מפני שהם דברי תוכחה שיחזרו העם בתשובה, **ואפי'** יש חיובים, לא יחלקו הפרשה יותר. **שהיו קורין השירה [ז]פעם אחת לששת ימי השבוע** - והיו מחלקין אותה לששה חלקים לששת ימי המעשה, **וסימן: הזי"ו ל"ך: "האזינו", "זכור", "ירכיבהו", "וירא", "לו חכמו", "כי אשא אל שמים" עד סוף השירה** - ויש פוסקים [ח]‹רש"י› שסוברין דתיבת ל"ך מרמז על "לולי כעס" וגו', "כי ידין" וגו', וכן נוהגים במדינתנו, **[ויש** מקומות שנוהגין כהשו"ע, ונהרא נהרא ופשטיה, **ועכ"פ** לנהוג להפסיק כשני המקומות אסור]. **והשביעי קורא מסוף השירה עד סוף הפרשה** - ובמקום שמוסיפין בשבת, רשאין להוסיף אחר הזי"ו ל"ך, מ"ויבא" ולהלן. **הגה: ודוקא בשבת מחלקין הפרשיות, אבל במנחה בשבת ובב' וה', אין לחוש.**

אות ד' – ה'

במנחתא דשבתא וכו' **דתניא אמר רבי יוסי וכו'**

רמב"ם פ"ו מהל' תמידין ומוספין ה"ט - [ט]**במנחה של שבת אומר "אז ישיר משה" ו"מי כמוכה" וגו'.**

אות ו'

וכנגדן גלתה סנהדרין

רמב"ם פי"ד מהל' סנהדרין הי"ב - **בתחילה כשנבנה בית המקדש, היו בית דין הגדול יושבין בלשכת הגזית שהיתה בעזרת ישראל, והמקום שהיו יושבין בו חול היה, שאין ישיבה בעזרה אלא למלכי בית דוד; וכשנתקלקלה השורה גלו ממקום למקום, ולעשרה מקומות גלו, וסופן לטבריא, ומשם לא עמד בית דין גדול עד עתה, וקבלה היא שבטבריא עתידין לחזור תחילה, ומשם נעתקין למקדש.**

באר הגולה

[ד] ‹עיין בלח"מ שהקשה, למה השמיט רבנו הא דאמרן בר"ה דף ל: ואם באו עדים אחר תמיד של שחר, אומר הרנינו אע"פ שוזר וכופל את הפרק, ע"ש. **ולא** שת לבו שדברי רבנו אינם מסכימים כלל עם הברייתא, דהרי כתב רבנו שבמוסף של ר"ה שחל בה' אומר הסירותי, ולא בשחרית, ובברייתא משמע איפכא, דבשחרית אומר הסירותי, ובמוסף הרנינו – מרכבת המשנה› [ה] ‹וקשה לי בלשון רבינו, דתלי תניא בדלא תניא, והלא בגמרא דר"ה דף ל"א אמר להיפך, וכלשון הגמ' נקטו בלישנייהו הטשו"ע, **וי"ל** דיש פלוגתא בפי' סימנא הזי"ו ל"ך, וא"כ קשה למה הרמב"ם לא ביאר, ולזה י"ל דלהכי כתב כדרך שחולקין אותה בבהכ"נ, ור"ל דסימני הזי"ו ל"ך הוא כדרך שחולקין אותם בבית הכנסת, ומשום דכבר ביארם בהלכות תפילה פי"ג הל' ה' יעו"ש, לא חש לפרשם – שם יוסף› [ו] **טור בשם רב פלטוי גאון, מימרא דרב ראש השנה ל"א** [ז] ‹פי' שהיו קורין אותה פ"א בו' שבועות גומרין אותה, דהיינו במוספי דשבתא היה השיר על הקרבן שירת האזינו, והיתה נחלקת לו' חלקים, חלק לשבת, עד שגומרין אותה בו' שבתות, וחוזרין חלילה כך כל שבתות השנה, **וזה** שאמר הטור: פעם א' לו' ימי השבוע, לשון מגומגם, ור"ל מה שחלקו פרשיותיה לו', עשו זה כנגד ו' ימי השבוע, כמו שנתנו בתלמוד טעם למנין קוראים באמרם הני תלתא, שיתא כו', כנגד מי. **אך** זה הטעם לא ראיתי ולא מצאתי בתלמוד, ושמא הטור טעמא דנפשיה קאמר, ובשו"ע אחז לשון הטור – מור וקציעה› [ח] ‹ומה שדקדק בדברי רש"י שכתב: עד כאן ששה פסוקים, ומכאן ואילך שמונה, דזיל קרי ביה רב הוא. **אפשר** לומר דרש"י בא להביא ראיה לסימן שנתן הוא, דהיינו "לולא" "כי ידין", דאילו להסוברים "לו חכמו" "כי אשא", לא יעלה המספר מכוון – יד דוד› [ט] ‹יש לתמוה על רבינו ז"ל, שסתם וכתב במנחה שאומר אז ישיר ומי כמוך, דמשמע דכל חד שבת אומרים תרתי, דאינו כן, אלא כל חד בשבת דיליה. **וכן** יש לתמוה אמאי לא הזכיר ג"כ "אז ישיר ישראל" ד"עלי באר", וצ"ע – לחם משנה› ‹**נראה** פשוט דלא גריס רבנו "ואז ישיר", אלא "אז ישיר ומי כמוכה" גרידא, דהיינו שני פרקים בשירת הים דמישך שייך לשיר של שבת שהוא זכר ליציאת מצרים, משא"כ "אז ישיר" ד"עלי באר ענו לה" אין לו שייכות במנחה שבת. **והבעיא** קאי על שיר של מוסף, אם אומרים כל הו' פרקי האזינו בשבת א' וחולקין הזי"ו ל"ך בנעימה, או דלמא שאומרים בכל שבת פרק א', **ופשיט** מהא ד"אמר ר' יוסי עד שהראשונה", דהיינו משמר היוצא שהקריבו קרבן מוסף, אמרו פרק א' מפרקי האזינו, "השניה", משמר הנכנס שהקריבו תמיד של בין הערבים, היו גומרים שני פרקים, "אז ישיר" ו"מי כמוכה". **ועם** היות שלשון "שניה חוזרת שתים" דחוק לדרך רבנו, גם לדרך רש"י דחוק לשון "שהראשונה אומרת א'" – מרכבת המשנה›

שאני התם דשירה דיומיה היא תניא *רבי יהודה אומר משום ר"ע *בראשון מה היו אומרים °לה' הארץ ומלואה על שם שקנה והקנה ושליט בעולמו בשני מה היו אומרים °גדול ה' ומהולל מאד על שם שחילק מעשיו ומלך עליהן (א) בשלישי היו אומרים °אלהים נצב בעדת אל על שם שגילה ארץ בחכמתו והכין תבל לעדתו ברביעי היו אומרים °אל נקמות ה' על שם שברא חמה ולבנה ועתיד ליפרע מעובדיהן בחמישי היו אומרים °הרנינו לאלהים עוזנו על שם שברא עופות ודגים לשבח לשמו בששי היו אומרים °ה' מלך גאות לבש על שם שגמר מלאכתו ומלך עליהן בשביעי היו אומרים °מזמור שיר ליום השבת ליום שכולו שבת א"ר נחמיה (ג) מה *ראו חכמים לחלק בין הפרקים הללו אלא בראשון שקנה והקנה ושליט בעולמו בשני שחילק מעשיו ומלך עליהם (ג) בשלישי שגילה ארץ בחכמתו והכין תבל לעדתו ברביעי שברא חמה ולבנה ועתיד ליפרע מעובדיהן בחמישי שברא עופות ודגים לשבח לשמו בששי שגמר מלאכתו ומלך עליהם בשביעי על שם ששבת וקמיפלגי בדרב קטינא *דאמר רב קטינא שיתא אלפי שני הוה עלמא וחד חרוב שנאמר °ונשגב ה' לבדו ביום ההוא (אמר אביי) תרי חרוב שנאמ' °יחיינו מיומים במוספי דשבתא מה היו אומרים אמר רב *ענן בר רבא אמר רב הזי"ו ל"ך ואמר רב חנן בר רבא אמר רב *כדרך שחלוקים כאן כך חלוקין בבית הכנסת *במנחת' דשבתא מה היו אומרי' אמר רבי יוחנן אז ישיר ומי כמוך ואז ישיר איבעי' להו הני כולהו בחד שבתא אמרי להו או דלמא כל שבתא ושבתא אמרי חד תא שמע *דתניא א"ר יוסי עד שהראשונה אומרת אחת שניה חוזרת שתים שמע מינה כל שבתא ושבתא אמרי חד שמע מינה אמר רב יהודה בר אידי א"ר יוחנן *עשר מסעות נסעה שכינה מקראי וכנגדן גלתה סנהדרין מגמרא *עשר מסעות נסעה שכינה מקראי מכפרת לכרוב א)(ד) ומכרוב לכרוב ומכרוב למפתן וממפתן לחצר [א] ומחצר למזבח וממזבח לגג ומגג לחומה ומחומה לעיר ומעיר להר ומהר למדבר וממדבר עלתה וישבה במקומה שנאמר °אלך אשובה אל מקומי מכפרת לכרוב ומכרוב לכרוב ומכרוב למפתן דכתיב °ונועדתי [לך שם ודברתי] אתך מעל הכפורת (ה) וכתיב ב) וירכב על כרוב ויעף וכתיב °וכבוד אלהי ישראל נעלה מעל הכרוב אשר היה עליו אל מפתן הבית וממפתן לחצר דכתיב °וימלא הבית את הענן והחצר מלאה את נגה כבוד ה' מחצר למזבח דכתיב ג) ראיתי את ה' נצב על המזבח וממזבח לגג דכתיב °טוב לשבת על פנת גג ומגג לחומה דכתיב ג) והנה ה' נצב על חומת אנך מחומה לעיר דכתיב °קול ה' לעיר יקרא ומעיר להר דכתיב ד) ויעל כבוד ה' מעל תוך העיר ויעמד על ההר אשר מקדם לעיר ומהר למדבר דכתיב °טוב שבת בארץ מדבר וממדבר עלתה וישבה במקומה דכתיב ה) אלך אשובה אל מקומי (ו) וגו' א"ר יוחנן ששה חדשים נתעכבה שכינה לישראל במדבר שמא יחזרו בתשובה כיון שלא חזרו אמר תיפח (ז) עצמן שנאמר °ועיני רשעים תכלינה ומנוס אבד מנהם ותקותם מפח נפש *וכנגדן גלתה סנהדרין מגמרא מלשכת הגזית לחנות ומחנות לירושלים ומירושלים ליבנה ומיבנה

א) ומכרוב לכרוב ליתא מן הכתוב ב) שמואל ב כב ג) עמוס ט ד) יחזקאל יא ה) הושע ה

תורה אור

רש"י

שאני התם דשירה דיומיה היא · דלעולם כל היכא דמספקא מילתא כגון במנחה דאי היום קודש לא שייך למימר דחול ואי הוא חול לא שייך למימר דקודש לא אמרינן כלל והכא הייט טעמא דאמר שירה דחול בחמישי בשבת דשירה דיומיה היא שיר הראוי ליאמר היום הוא ואפי' בר"ה השנה נאמרת שירת החול בכל תמידי השחר אלא בחמישי בשבת היו מחלפין אותו משום כפילה הלכך כי מספקא לן משום ספק כפילה לא מבטלינן שיר של תמיד: **לה' הארץ** · כל המזמור: **שקנה** · שמים וארץ: **והקנה** · תבל ליושבי בה כלומר קונה כדי להקנות: **ושליט בעולמו** · יחידי שלא נבראו המלאכים עד יום שני: **שחילק מעשיו** · הבדיל רקיע בין עליונים לתחתונים ונתעלה וישב במרום דוגמת שכנו בעירו והר קדשו: **שגילה ארץ** · מקום מלך עדתו שנאמר (בראשית א) ותראה היבשה בשלישי נאמר: **שברא חמה** · ברביעי: **שברא עופות ודגים לשבח לשמו** · כשאדם רואה עופות משונים זה מזה נותן שבח למי שבראם: **ליום שכולו שבת** · שעתיד העולם להיות חרב ואין אדם וכל המלאכות שובתות על אותו יום אומרים שיר של שבת: **מה ראה ר' עקיבא לחלק בין הפרקים הללו** · שכל ששת ימים נאמרין הפרקים הללו על שם שעבר ושל (ח) שבת על שם להבא: **וקא מיפלגי בדרב קטינא** · ר' נחמיה לית ליה דרב קטינא אלא דאביי הלכך ליכא למימר על שם יום אחד שכולו שבת דהא תרי נינהו: **במוספי דשבתא** · מאי שיר אמרי: **הזי"ו ל"ך** · פרשת שירת האזינו חולקים אותה לששה פרקים הראשון האזינו השני זכור ימות עולם השלישי ירכבהו על במותי ארץ הרביעי וירא ה' וינאץ עד כאן ששה פסוקים לפרק ומכאן ואילך שמונה פסוקים לפרק החמישי לולי כעס אויב אגור הששי כי ידין ה' עמו: **כדרך שחלוקין** · פירקי השירה הואת כאן: **כך חלוקין בבית הכנסת** · כך קוראין אותה ששה הקוראין בספר תורה והשביעי קורא מן השירה ולהלן: **אז ישיר** · שירת הים עד מי כמוכה: **ומי כמוכה** · עד סוף השירה: **ואז ישיר** · ישראל דעלי באר (במדבר כא): **כולהו בחד שבתא** · **אמרי להו** · הלוים והיו חולקים הפרקי' בנעימת הקול להפסיק ובמחלפות כלי שיר ותקיעת חצוצרות:

או דלמא · כל פרק ופרק לשבת אחת פרק אחד: **עד שהראשונה** · שירת המוספין(ט) חוזרת חלילה פעם אחת: **שנייה** · שירת המנחה של תמיד (י) הערבים: **חוזרת שתים** · דהתם שית פירקי והכא תלתא האזינו בשבת אחת זכור בשבת שניה וכן כולם: **עשר מסעות כו'** · משום דאיירי מקמי' בתקנות של יבנה נקט לה הכא למימר משם גלתה סנהדרין בימי רבן יוחנן שהיה גלות ראשונה שגלו מירושלים: **נסעה שכינה** · להסתלק מעל ישראל מעט מעט כשחטאו: **מכפרת** · שהיתה רגילה לשכון שם נסתלקה על אחד מן הכרובים שעשה שלמה העומדין בארץ אחד לצפון הארון ואחד לדרום: **ומכרוב למפתן** · הבית: **וממפתן לחצר** · לעזרה בין האולם ולמזבח: **ומחצר למזבח** · החיצון: **וממזבח לגג** (כ) **ומגג לחומה ומחומה לעיר** · לירושלים: **ומעיר להר** · הזיתים וכל הסלוקים הללו לפי שבקושי היה מסתלק ומלפפה ומנשקו: **וירכב על כרוב** לא גרסינן דההוא בגלותא מגליא קאמר והכי גרסינן מכפרת לכרוב ומכרוב למפתן דכתיב ונועדתי לך שם וגו' (ג) וכבוד אלהי ישראל נעלה מעל הכרוב אשר היה עליו אל מפתן הבית למדנו שתחלת עיקר שכינה היתה על הכפרת ובימי יחזקאל נסתלקה משם לכרוב ושהתה שם כמה ימים כדכתיב נעלה מעל הכרוב אשר היה עליו (וממפ) למפתן: **וימלא הבית וגו'** · ביחזקאל כתיב אחר סילוק מן הכרוב אל המפתן: **נצב על המזבח** · ולא"ת דהאי קרא עמוס קאמר ליה ועמוס מקמי יחזקאל דורות הרבה (מ)היה מתנבא על העתיד ועל כרחך סילוקן כסדרן היו לכך יליף מנהו: **טוב לשבת על פנת גג** · מאשת מדנים ובית חבר על השכינה אמרו שלמה המלך טוב לה להסתלק אל גג משבת בהיכל ובית חבר בית שחברו בו את השמאל עם השכינה: **טוב לשבת בארץ מדבר** · סופיה דקרא מאשת מדנים [וכעס]: **עד אשר יאשמו** · שיחזיקו את עצמם אשמים: **ומנוס אבד מנהם** · מעוזם נסתלק מהם: **מלשכת הגזית לחנות** · חנויות עשו להם בהר הבית ושם גזרו שלא דנו דיני נפשות חוץ לדפניי הדוחים כדאמרי' בסנהדרין (דף מא:) וכל הנך גלוות דסנהדרין לבית שני קאמר ומסעות דשכינה בבית ראשון קאמר: **ומיבנה**

מסורת הש"ס

תמיד פ"ז [מ"ד] אבות דר"נ פ"א

ס"א ראש ה"ש

ע"ז ט: [סנהדרין צז.]

[נ"ל אביי אמר]

פ"א חנן

[אבות דר"נ פל"ד ע"ש על הך דרבה כל לאן]

שמות כה

יחזקאל י

שם י

משלי כא

מיכה ו

משלי כא

איוב יא

עין משפט נר מצוה

כב א ב מיי' פ"ו מהל' תמידין הל' ט:

כג ג מיי' שם [וש"ע מהל' תפלה פי"ג] טוש"ע א"ח סי' קלה סעיף ה

כד ד ה מיי' פי"ד מהל' סנהדרין הל' יב:

כה ו מיי' פי"ד מהל' סנהדרין הלכה יב:

רבינו חננאל

שמא יבואו עדים שמא אין אומרים שירה כלל: תניא ר' יהודה אומר משום ר' עקיבא בראשון מהו אומר לה' הארץ ומלואה וגו' דביום ראשון נבראו שמים וארץ על שם שקנה דכתיב קונה שמים וארץ · והקנה שנאמר והארץ נתן לבני אדם · והוא שליט בעולמו שנאמר לה' הארץ ומלואה תבל ויושבי בה · בשני אומר גדול ה' ומהולל מאד בעיר אלהינו הר קדשו על שם שחילק מעשיו שנאמר ויהי מבדיל בין מים למים · כך חילק הקב"ה ובחר בירושלים ונקראת עיר אלהינו שבחרתו בה · בשלישי אומרים אלהים נצב בעדת אל וגו' על שם שגילה ארץ בחכמתו כדכתיב ותראה היבשה והכינה לעדתו שקיבלו משפטיו כדכת' אם לא בריתי יומם ולילה חקות שמים וארץ לא שמתי · פי' אלולי ישראל שקיבלו בריתי להגות בה יומם ולילה לא שמתי שמים וארץ · רביעי וחמישי וששי פשוטין הן הללו כולן השירות על שם מעשיו של הקב"ה · ובשביעי מזמור שיר ליום השבת ליום שעתיד להיות כולו שבת · כלומר אלף שנה שהוא יומו של הקב"ה ואח"כ תחיית המתים · אמר ר' נחמיה מה ראו חכמים לחלק בין הפרקים הללו · כלומר ששה ימים על שם מעשיו של הקב"ה ויום השביעי ליום שכולו שבת · אלא גם יום שביעי על שם מעשיו · וכנגד השירה הזאת · וכן פירושה מזמור שיר ליום השבת על שם ששבת כדכתיב ויברך אלהים את יום השביעי ויקדש אותו כי בו שבת וגו' · ור' נחמיה ורבנן בהא פליגי בדרב קטינא · רבנן סברי שיתא אלפי שני הוי עלמא וחד חרוב · ור' נחמיה סבר תרי *) שנא' יחיינו מיומים ביום השלישי יקימנו ונחיה לפניו · במוספי דשבתא מאי אמרי · הזי"ו ל"ך פי' האזינו עד זכור ימות עולם · ירכיבהו · וירא · לולי · כי ידין · וכן קורין בבית הכנסת · ובשבת במנחה אז ישיר ומי כמוך ואז ישיר · ובכל שבת ושבת קורין חד · וכשנגמרו חוזרין כך לעולם:

*) שנא' ונשגב ה' לבדו ביום ההוא וכו' יחיינו מיומים וכו'.

זמיבנה לאושא ומאושא ליבנה ומיבנה לאושא ומאושא לשפרעם ומשפרעם לבית שערים ומבית שערים לצפורי ומצפורי לטבריא וטבריא עמוקה מכולן שנאמר °ושפלת מארץ תדברי (א) רבי אלעזר אומר שש גלות שנאמר °כי השח יושבי מרום קריה נשגבה ישפילנה ישפילה עד ארץ יגיענה עד עפר א"ר יוחנן ומשם עתידין ליגאל שנאמר °התנערי מעפר קומי שבי:

מתני' אמר ר' יהושע בן קרחה ועוד זאת התקין רבן יוחנן בן זכאי שאפילו ראש בית דין בכל מקום שלא יהו העדים הולכין אלא למקום הוועד:

גמ' *ההיא איתתא דאזמנוה לדינא קמיה דאמימר בנהרדעי אזל אמימר למחוזא ולא אזלה בתריה כתב פתיחא עילווה אמר ליה רב אשי לאמימר והא אנן תנן אפילו ראש בית דין בכל מקום שלא יהו העדים הולכין אלא למקום הוועד א"ל הנ"מ לענין עדות החדש דא"כ *נמצאת מכשילן לעתיד לבא אבל הכא °עבד לוה לאיש מלוה ת"ר *אין כהנים רשאין לעלות בסנדליהן לדוכן וזו אחד מתשע תקנות שהתקין ריב"ז שית דהאי פירקא וחדא דפירקא קמא ואידך *דתני' גר שנתגייר בזמן הזה צריך שיפריש רובע לקינו אמר רשב"א כבר נמנה עליה רבן יוחנן וביטלה מפני התקלה ואידך פלוגתא דרב פפא ורב נחמן בר יצחק רב פפא אמר כרם רבעי רב נחמן בר יצחק אמר לשון של זהורית רב פפא אמר כרם רבעי (*דתניא) *כרם רבעי היה עולה לירושלים מהלך יום לכל צד וזו היא תחומה אילת מן *(הצפון) ועקרבת מן *(הדרום) לוד מן המערב וירדן מן המזרח ואמר עולא ואיתימא רבה *בר עולא א"ר יוחנן מה טעם כדי לעטר שוקי ירושלים בפירות ותניא כרם רבעי היה לו לרבי אליעזר במזרח לוד בצד כפר טבי וביקש ר' אליעזר להפקירו לעניים אמרו לו תלמידיו רבי כבר נמנו חבריך עליו והתירוהו מאן חבריך רבן יוחנן בן זכאי רב נחמן בר יצחק אמר לשון של זהורית דתניא *בראשונה היו קושרין לשון של זהורית על פתח אולם מבחוץ הלבין היו שמחין לא הלבין היו עצבין התקינו שיהו קושרין אותו על פתח אולם מבפנים ועדיין היו מציצין ורואין הלבין היו שמחין לא הלבין היו עצבין התקינו שיהו קושרין אותו חציו בסלע וחציו בין קרניו של שעיר המשתלח רב נחמן בר יצחק מאי טעמא לא אמר כרב פפא אמר לך אי סלקא דעתך רבן יוחנן בן זכאי חבריו דרבי אליעזר מי הוה רבו הוה ואידך כיון דתלמידים הוו לאו אורח ארעא למימרא ליה לרביה רבך ורב פפא מאי טעמא לא אמר כרב נחמן בר יצחק אמר לך אי ס"ד רבן יוחנן בן זכאי בימי רבן יוחנן בן זכאי מי הוה לשון של זהורית* והתניא *כל שנותיו של רבן יוחנן בן זכאי מאה ועשרים שנה מ' שנה עסק בפרקמטיא מ' שנה למד מ' שנה לימד ותניא *מ' שנה קודם שנחרב הבית לא היה לשון של זהורית מלבין אלא מאדים ותנן משחרב הבית התקין רבן יוחנן בן זכאי ואידך אותם ארבעים שנה דלמד תלמיד יושב לפני רבו הוה ואמר מילתא ואסתבר טעמיה וקבעיה

שם שהיה עליו טורח להעלותן: **ושירוצו·** לפדותן ולהעלות הדמים דכיון דחרבה ירושלים לא חשו לה חכמים...
וסורים מלבין· בימים שהיה רבן יוחנן מורה הוראות ומתקן תקנות: **ותנן משחרב בהמ"ק ששקין·** תקנות אלמא...
וכיון דארבעים שנה קודם חורבן לא הלבין ביום הכפורים נמצא שלא הלבין בתוך שנותיו האחרונים...

§ מסכת ראש השנה דף לא: §

אות א'

ההיא איתתא דאזמנוה לדינא קמיה דאמימר בנהרדעי וכו'

[א]חו"מ סימן יד ס"א - שנים שנתעצמו בדין, זה אומר: נידון כאן, וזה אומר: נעלה לב"ד הגדול, כופין אותו ודן בעירו.

[ב]חו"מ סימן יא ס"א - [ג]הגה: הלך הב"ד למקום אחר, צריך לילך אחריהם; ואם לא הלך, מנדין אותו (ב"י).

אות ב'

אין כהנים רשאין לעלות בסנדליהן לדוכן

סימן קכח ס"ה - [ד]לא יעלו הכהנים לדוכן במנעלים - שמא יפסק לו רצועה, וגנאי הוא לו ומתלוצצים עליו כשסנדלו מותרת, ויקשרנה בעוד שחבריו מברכים, ויאמרו שבן גרושה ובן חלוצה הוא, ולפיכך הלך וישב לו, **ואפילו** במנעלים שאין להם רצועות אסור, דלא פלוג רבנן.

ויש להצניע המנעלים שלא יעמדו בגלוי בביהכ"נ מפני הכבוד, **ויחלצם** קודם נטילה, **אך** כשאפשר לו לחלצם אחר נטילה ושלא יגע בהם, יכול לחלצם אחר נטילה.

אבל [ה]בבתי שוקים שרי - הוא מנעלים ארוכים המגיעים עד ארכובות הרגל, היינו סמוך לשוק, ושרי, דליכא הכא טעמא הנ"ל, **ואף** דגם הכא רגילין לפעמים לעשות רצועות סמוך לארכובה, מ"מ לא חיישינן שמא ישב לקשרם, דאפילו אם הם מותרים לית בה גנאי כולי האי.

ויש מחמירין אם הם של עור - טעמם, דבכלל סנדל ומנעל הם, ולא פלוג רבנן בין יש רצועות ובין אין רצועות, **ומ"מ** בבתי שוקים עם מכנסיים ביחד שמגיעים עד אציליהם, מותר לכו"ע, דזה לא הוי בכלל הגזירה כלל, **וכן** בתי שוקים של בגד, אף שמחופה עור, שרי אף לדעה זו.

(ונהגו להקל במקצת מקומות) - ומ"מ בבתי שוקיים שלנו, שקורין שטיווי"ל, שרגילין לילך בהם בשוק בטיט, אין להקל משום כבוד הציבור, **ולפי** טעם זה, גם במנעלים של גמי שלנו, שקורין קאלאסי"ן, ג"כ אינו נכון מטעם זה.

כתבו האחרונים, דאין נכון לעלות לדוכן יחף ממש, שהוא דרך גנאי, שאין רגילין בזמן הזה לילך יחף לפני גדולים, אלא יש לילך בפוזמקאות של בגד, וכן המנהג.

אות ג' – ד'

גר שנתגייר בזמן הזה צריך שיפריש רובע לקינו

כבר נמנה עליה רבן יוחנן וביטלה מפני התקלה

רמב"ם פי"ג מהל' איסורי ביאה ה"ה - ומהו קרבן הגר, עולת בהמה, או [ו]שתי תורים או שני בני יונה ושניהם עולה; ובזמן הזה שאין שם קרבן, צריך מילה וטבילה, וכשיבנה בית המקדש יביא קרבן.

אות ה' – ו'

כרם רבעי היה עולה לירושלים מהלך יום לכל צד

כרם רבעי היה לו לרבי אליעזר במזרח לוד וכו'

רמב"ם פ"ט מהל' מעשר שני ה"ה - [ז]ענבים של כרם רבעי, התקינו ב"ד שיהיו עולין לירושלים מהלך יום לכל צד, כדי לעטר שוקי ירושלים בפירות; ומשחרב בהמ"ק נפדה אפילו סמוך לחומה; ושאר כל הפירות אפילו בזמן בהמ"ק נפדין סמוך לחומה.

באר הגולה

[א] ‹ולכאורה צ"ע מה הוי השייכות לסוגיין, **ועיין** בדברי הכתר המלך על הרמב"ם פ"ב מהל' קה"ח ה"ז, וז"ל: והנה עפ"ד רבינו יתבאר היטב הסוגיא שם במס' ר"ה, גבי ההיא איתתא וכו', דמסיק הני מילי לענין עדות החדש, דא"כ נמצא מכשילן לעתיד לבא, אבל הכא עבד לוה לאיש מלוה, אשר עמדו ע"ז היום תרועה והטורי אבן, דל"ל התרווייהו נפק"מ, הכא דמכשילן לעתיד והתם דעבד לוה וכו', ודי בחדא, **ולפי"ד** רבינו הוא כן, הכא בלא ראש בי"ד לא יוכל התקדש, {ודלא כרש"י}, והתם יוכל לדון בבי"ד שבעירו, ולהכי שפיר חולק בתלתא גווני, הכא דהוי הטעם שלא יכשילן לעתיד לבא, אז אפילו דלא יכול לקדש בלא ראש בי"ד, ומ"מ אין העדים הולכים למקומו אלא למקום הועד, והראש בי"ד בא על כרחו שמה לקדש, **ובשאר** דינים דלא הוי עבד לוה לאיש מלוה, אז יוכל לדון בבי"ד שבעירו, ואינו מחויב לילך למקום בי"ד הגדול, **אבל** במלוה ולוה דעבד לוה לאיש מלוה, אז אפילו אם יהיה בי"ד בעירו, מחויב לילך לבי"ד הגדול למקום הועד, **וצריך** לומר דבנהרדעא הוה נמי בי"ד, ואעפ"כ משום עבד לוה צריכא לילך למחוזא אחרי אמימר, **וא"כ** הרמ"א ז"ל שכתב בחו"מ סי' י"א בהגה"ה שם, הלך הבי"ד למקום אחר צריך לילך אחריהם, ואם לא הלך היו מנדין אותו, ולא חילק דזהו רק היכא דעבד לוה לאיש מלוה, כמו שאמר הגמ' הכא, מיירי דלא הוה בי"ד כלל בעירו (וכ"כ הפת"ש להלן), ולהכי שפיר בכל הדינים צריך לילך אחריהם – ע"כ› [ב] ‹ע"פ הפת"ש, עיין באות הבא› [ג] ‹עיין בספר שמות בארץ להר"ם בן חביב, שכתב וז"ל: ומיהו דין זה דחייב הלוה ללכת אחר ראש ב"ד בכל מקום, לא הביאו הרמב"ם והטור, אבל מרן בב"י הביאו בסימן י"א ופסקו בעל המפה. **ולי** נראה דליתא להך דינא, כיון שהשמיטו הרמב"ם והטור, וסוברים דלית הלכתא כאמימר אלא כרב אשי דהקשה לו, וס"ל דשאר דינים שוה לקידוש החודש. וכן מסתבר, דאיך אפשר דאם הלך ראש ב"ד לעיר אחרת דילך הבע"ד אחריו, ותו דלא ידעינן שיעורא כו'. ולכן נראה כדעת הרמב"ם, דס"ל דאין הבע"ד חייב ללכת אחר ראש ב"ד אלא למקום הועד, עכ"ל. **ועיין** בספר ברכי יוסף שהביאו, וכתב דקצת קשה עליו במש"כ דלית הלכתא כאמימר אלא כרב אשי כו', דפשטא דמילתא דרב אשי קיבל דברי אמימר כו', **ותו**, דדברי הרמ"א אינם כדין אמימר, היינו דאזיל ראש ב"ד למקום אחר, אבל דין הרמ"א הוא דהלך הב"ד למקום אחר, ומשמע דבהא אפילו רב אשי מודה כיון דאזיל כולי בי דינא, וגם הרב הלבוש נקט כלשון מור"ם, וכן מהריק"ש – פת"ש› [ד] **סוטה דף מ'** [ה] **הגה"מ בסוף ה"ת** [ו] ‹ומש"כ רש"י ד"ה צריך: דסגי ליה בעולת העוף. ר"ל ב' פרידות לעולה – ר"ש› [ז] ‹בירושלמי, שמתחלה לא גזרו אלא על הענבים – כסף משנה. ‹**מתוך** שהיו עושין יין בטהרה לנסכים, לא היו ענבים מצויות בירושלים, ולכן התקינו שיביאו הענבים לירושלים כדי לעטר שוקי ירושלים בהם, ויהיו מצויים לבני ירושלים ולעולי רגלים – דרך אמונה›

אות ז'

התקינו שיהו קושרין אותו חציו בסלע וחציו בין קרניו של שעיר המשתלח

רמב"ם פ"ג מהל' עבודת יום הכיפורים ה"ז - **כיצד היה עושה, חולק לשון של זהורית שבקרניו, חציו קושר בסלע וחציו קושר בין שתי קרניו.**

---

§ מסכת ראש השנה דף לב. §

אות א'

אלא אומר אבות וגבורות וקדושת השם, וכולל מלכיות עם קדושת היום ותוקע, זכרונות ותוקע, שופרות ותוקע, ואומר עבודה והודאה וברכת כהנים

רמב"ם פ"ג מהל' שופר ה"ז - **הצבור חייבין לשמוע התקיעות על סדר הברכות, כיצד אומר שליח צבור אבות וגבורות וקדושת השם, [א]ומלכיות ותוקע שלש, ואומר זכרונות ותוקע שלש, ואומר שופרות ותוקע שלש, ואומר עבודה והודייה וברכת כהנים.**

סימן תקצ"א ס"א - [ב]**מחזיר שליח צבור התפלה, ותוקעין על סדר הברכות, למלכיות [ג]תשר"ת פעם אחת, ולזכרונות תש"ת, ולשופרות תר"ת.**

אות ב'

מנין שאומרים אבות וכו'

טור סימן קי"ג - **ברכה ראשונה והיא אבות, תניא מנין שאומרים אבות, שנאמר: הבו לה' בני אלים; ומנין שאומרים גבורות, שנאמר: הבו לה' כבוד ועוז; ומנין שאומרים קדושות, [ד]שנאמר: הבו לה' כבוד שמו.**

אות ג'

אין פוחתין מעשרה מלכיות מעשרה זכרונות מעשרה שופרות

סימן תקצ"א ס"ד - [ה]**אומרים י' פסוקים של מלכיות, וי' של זכרונות, וי' של שופרות, בכל ברכה** - כנגד י' פסוקים ‹לכאורה צ"ל הלולים› של "הללו אל בקדשו", וכנגד עשרת הדברות, וכנגד עשרה מאמרות שבהם נברא העולם, גמרא.

מלכיות לקבל עליו מלכות שמים, וזכרונות שעי"ז יעלה זכרונינו לפניו לטובה, ובמה בשופר.

ג' מהם של תורה, ג' של כתובים, ג' של נביאים, וא' של תורה - ואם השלים בנביא יצא, **ואם רצה להוסיף על אלו י', רשאי. [ו](מיהו אם לא התחיל בשום פסוק, רק אמר: ובתורתך כתוב לאמר, יצא) (טור)** - לשון זה לאו דוקא, ‹דאינו מובן בלי להמשיך ולהצטט מה שכתוב בתורה, אלא דהוי שיגרא דלישנא›, ור"ל שאומר: ככתוב בתורתך, ובזה נחשב כאלו הזכיר אותן הפסוקים בפיו. [ז]**וכתב** המ"א, דצ"ל ג"כ: וכ"כ בדברי קדשך, וכן נאמר ע"י עבדיך הנביאים.

עיין במ"א דדוקא דיעבד, אבל לכתחלה יש ליזהר לומר כולם, ‹דהאידנא שוייה עלייהו כחובה - מ"א›.

אות ד'

אם אמר שלש שלש מכולן יצא

טור סימן תקצ"א - **ורבי יוחנן בן נורי אמר אפי' לא אמר אלא ג' מלכיות וג' זכרונות וג' שופרות, כגון שאמר א' של תורה וא' של נביאים וא' של כתובים, יצא, והלכתא כוותיה** - ‹וכן פסק הערוה"ש›. [ח]**ומ"מ נוהגין כת"ק לומר עשרה.**

אות ה'

אין מזכירין מלכות זכרונות ושופרות של פורענות

סימן תקצ"א ס"ה - **ואין אומרים פסוק במלכיות ולא בזכרונות ולא בשופרות, של פורענות של ישראל.**

באר הגולה

[א] ‹פירוש עם קדושת היום, כסברת ר' עקיבא - מעשה רוקח› [ב] **ממשמעות המשנה ראש השנה ל"ג** [ג] **הרי"ף והרמב"ם בפ"ג** [ד] ‹וסיפא דקרא בהדרת קודש - פרישה› [ה] **משנה וגמ' ר"ה ל"ב** [ו] ‹בשילהי ראש השנה (לה) אמר רב חננאל אמר רב כיון שאמר ובתורתך כתוב לאמר שוב אינו צריך, ופירש רש"י (ד"ה אין צריך) דאפסוקי קרבנות המוספים קאי, ובשם רבותיו פירש (ד"ה אלא) דקאי אפסוקי מלכיות זכרונות ושופרות, והקשה הוא, דהוי דלא כרבנן ודלא כרבי יוחנן בן נורי (לב). **ורבינו** תם (תוס' לה. ד"ה אילימא) תירץ, דהיכא דאתחיל פליגי, דלא יפחות למר כדאית ליה ולמר כדאית ליה, אבל אם אינו רוצה לומר כלל, יפטור את עצמו על ידי "ככתוב בתורתך", שאז הוא כולל כולם ביחד, דנביאים וכתובים כולהו איקרו תורה, אבל כשאמר פסוק אחד, גילה בדעתו שאינו רוצה לכלול כולה בכלל "ובתורתך כתוב לאמר", ואם כן לא יפחות מן המנין למר כדאית ליה ולמר כדאית ליה, עכ"ל הרא"ש - ב"י› [ז] ‹ולדעת הטור א"צ לומר גם "וכן בדברי קדשיך" וכו', משום דכולם נכללים בלשון תורה ע"ש - ערוה"ש› [ח] ‹אינו נראה לי, דלא כת"ק בלחוד עבדינן, אלא ככולי עלמא, דע"כ לא פליג רבי יוחנן אתנא קמא אלא בדיעבד, אבל לכתחלה מודה ליה, והכי מוכח לישנא דמתניתין, דקתני רבי יוחנן אומר אם אמר שלש שלש יצא, דמשמע דלא אמר דסגי בשלש שלש אלא בדיעבד, אבל לכתחלה מודה שצריך לומר עשרה, ואע"ג דבגמרא תניא רבי יוחנן אומר הפוחת לא יפחות משבעה, ההיא ברייתא פליגא אמתניתין, ולפיכך לא הביאה הרי"ף ז"ל - ב"י›

יום טוב פרק רביעי ראש השנה לב

וקבעיה בשמיה · למנותה עם שאר תקנותיו ולהכי תנא תשע תקעות : **מתני' סדר ברכות אומר אבות וגבורות כו' וקדושת היום ותוקע כו'** · דמצוה בשלש תקיעות של שלש שלש כדתניא לקמן בפירקין (דף לג:) : **גמ' רחמנא אמר אידכר** · כדתניא בברייתא לקמן : **לימא תשע דהואיל ואשתני** · מלכיות מזכרונות לענין תקיעה שאין תוקעין בהן אשתנו נמי לפחות מהן : **בני אלים** · לישנא דתקיפי כמו ואת אילי הארץ לקח (יחזקאל יז) : **הבו לה'** · הזכירו לפניו האיתנים : **מפני מה לא נאמר שבתון שבות שהרי פתח בו הכתוב תחלה** · והוא בא להזהיר על המלאכה שהיא עיקר וכך יפה לדרוש הואיל והוא ראשון במקרא והשביתה ראשונה לכולם : **אני ה' אלהיכם** · דלעני ולגר תעזוב וסמיך ליה בחדש השביעי זכרון תרועה : **אני ה' אלהיכם** · הוא לשון אני אדון לכם : **אף כאן באמצע** · והיום תשע ברכות הן והומרה בחמישית : **ירד רבי יוחנן בן ברוקא לפני התיבה** · לפי שמצוה להתפלל במקום נמוך קתני ירד : **כר' יוחנן בן נורי** · דמתניתין : **לא כך היו נוהגין ביבנה** · בימי אבא כשהיתה סנהדרין שם : **מתני' אין פוחתין מעשרה מלכיות כו'** : **גמ' הנך דכתיב בהו הללוהו בתקע שופר** · הנך דהללו אל בקדשו : **כנגד עשרת הדברות** · דכתיב בהו נמי שופר ולא שמעתיה אלא ראיתיה ביסוד רבינו יצחק בן יהודה : **עשרה מאמרות שהעולם נברא בהן** · בראש השנה : **בראשית נמי מאמר הוא** · ואף על גב דלא כתיב ביה ויאמר יהי שמים כמאן דכתיב דמי דבאמירה נמי איברי ולא בידים דכתיב (תהלים לג) בדבר ה' שמים נעשו : **היכי קתני** · האי דר' יוחנן בן נורי האי מכולם דקאמר אמאן קאי אתורה נביאים וכתובים קאי דהא מכולהו אמר כדתנן מתחיל בתורה ומשלים בנביא והכי קאמר אם אמר שלש מן התורה ושלש מן הנביאים ושלש מן הכתובים מכל אחת ואחת יצא ולא פליג אדרבנן אלא אחדא דאינהו אמרי עשרה ואיהו אמר תשעה : **או דלמא** · האי ג' ג' אמלכיות וזכרונות ושופרות קאי שלש למלכיות ושלש לזכרונות ושלש לשופרות דהוו להו אחת מן התורה ואחת מן הנביאים ואחת מן הכתובים : **לא יפחות משבע וכו'** · ואי סלקא דעתך שלש מן התורה ושלש מן הנביאים ושלש מן הכתובים לכל (ג) אם כן שבע נמי שבע מן התורה ושבע מן הנביאים ושבע מן הכתובים הוה ליה רבי יוחנן בן נורי מוסיף : **מתני' אין מזכירין זכרון כו'** : גמ'

וקבעיה רביה בשמיה: **מתני'** °סדר ברכות אומר אבות וגבורות וקדושת השם וכולל מלכיות עמהן ואינו תוקע קדושת היום ותוקע זכרונות ותוקע שופרות ותוקע ואומר עבודה והודאה וברכת כהנים דברי ר' יוחנן בן נורי אמר לו ר"ע אם אינו תוקע למלכיות למה הוא מזכיר ^א^אלא אומר אבות וגבורות וקדושת השם וכולל מלכיות עם קדושת היום ותוקע זכרונות ותוקע שופרות ותוקע ואומר עבודה והודאה וברכת כהנים: **גמ'** אמר לו ר"ע אם אינו תוקע למלכיות למה הוא מזכיר למה הוא מזכיר רחמנא אמר אידכר אלא למה עשר לימא תשע דהואיל ואשתני אשתני תנו רבנן *^ב^מנין שאומרים אבות שנאמר °הבו לה' בני אלים ומנין שאומרים גבורות שנאמר הבו לה' כבוד ועוז ומנין שאומרים קדושות שנאמר הבו לה' כבוד שמו השתחוו לה' בהדרת קדש ומנין שאומרים מלכיות זכרונות ושופרות ר"א אומר דכתיב °שבתון זכרון תרועה מקרא קדש שבתון זה קדושת היום זכרון אלו זכרונות תרועה אלו שופרות מקרא קדש קדשהו בעשיית מלאכה אמר לו רבי עקיבא מפני מה לא נאמר שבתון שבות שבו פתח הכתוב תחילה אלא שבתון קדשהו בעשיית מלאכה זכרון אלו זכרונות תרועה אלו שופרות מקרא קדש זו קדושת היום מנין שאומרים מלכיות תניא רבי אומר °אני ה' אלהיכם (א) ובחדש השביעי זו מלכות רבי יוסי בר יהודה אומר אינו צריך הרי הוא אומר °והיו לכם לזכרון לפני אלהיכם שאין תלמוד לומר אני ה' אלהיכם ומה תלמוד לומר אני ה' אלהיכם זה בנה אב לכל מקום שנאמר בו זכרונות יהיו מלכיות עמהן והיכן אומרה לקדושת היום תניא *רבי אומר עם המלכיות אומרה מה מצינו בכל מקום ברביעית אף כאן ברביעית רשב"ג אומר עם הזכרונות אומרה מה מצינו בכל מקום באמצע אף כאן באמצע וכשקידשו ב"ד את השנה באושא ירד ר' יוחנן בן ברוקא לפני רשב"ג ועשה כר' יוחנן בן נורי אמר לו רבן שמעון לא היו נוהגין כן ביבנה ליום השני ירד רבי חנינא בנו של רבי יוסי הגלילי ועשה כר"ע אמר רשב"ג כך היו נוהגין ביבנה למימרא דרבי שמעון בן גמליאל כר' עקיבא ס"ל והא אמר ר"ע מלכיות עם קדושת היום אמר להו ורשב"ג אומר קדושת היום עם הזכרונות אמר להו א"ר זירא לומר שתוקעין למלכיות ליום השני ירד רבי חנינא מאי שני אילימא יו"ט שני למימרא דעברוה לאלול *והאמר רבי חנינא בר כהנא (ג) מימות עזרא ואילך לא מצינו אלול מעובר אמר רב חסדא מאי שני ליום שני לשנה הבאה: **מתני'** ^ג^אין פותחין מעשרה מלכיות מעשרה זכרונות מעשרה שופרות ר' יוחנן בן נורי אומר ^ד^אם אמר ג' ג' מכולן יצא: **גמ'** הני עשרה מלכיות כנגד מי אמר (*רבי) כנגד עשרה הלולים שאמר דוד בספר תהלים הלולים טובא הוו הנך דכתיב בהו °הללוהו בתקע שופר רב יוסף אמר כנגד עשרת הדברות שנאמרו לו למשה בסיני *ר' יוחנן אמר כנגד עשרה מאמרות שבהן נברא העולם הי נינהו ויאמר (*ויאמר) דבראשית ט' הוו בראשית נמי מאמר הוא דכתיב °בדבר ה' שמים נעשו: ר' יוחנן בן נורי אומר אם אמר שלש שלש מכולן יצא: איבעיא להו היכי קתני שלש מן התורה שלש מן הנביאים ושלש מן הכתובים דהוו תשע ואיכא בינייהו חדא או דלמא אחד מן התורה ואחד מן הנביאים ואחד מן הכתובים דהויין להו שלש ואיכא בינייהו טובא ת"ש דתניא אין פוחתין מעשרה מלכיות מעשרה זכרונות מעשרה שופרות ואם אמר שבע מכולן יצא כנגד שבעה רקיעים רבי יוחנן בן נורי אומר הפוחת לא יפחות משבע ואם אמר שלש מכולן יצא כנגד תורה נביאים וכתובים ואמרי לה כנגד כהנים לוים וישראלים אמר *)רב הונא אמר שמואל הלכה כר' יוחנן בן נורי: **מתני'** ^ה^אין מזכירין **)(זכרון מלכות ושופר) של פורענות מתחיל בתורה ומשלים בנביא ר' יוסי אומר אם השלים בתורה יצא:

גמ'

*) [גי' הרי"ף רב חמנונא אמר שמואל וגי' הרא"ש ר"נ אמר שמואל] **) [מלכות וזכרונות ושופרות כל"ל וכ"א בהרי"ף והרא"ש וכמשנה שבירושלמי]

מתחיל בתורה ומסיים בנביא · וא"ת דבכל דוכתא משמע דנביאי עדיף מכתובים כדאמר (מגילה דף כז.) כתוב בתורה ושנוי בנביאים ומשולש בכתובים וה"ק קראי דכתיבי בכתובי בריש והדר בנביאי וי"ל משום דקראי דתהלים משלי ואיוב קדמו לנביאים ומה שאנו נוהגים להשלים בתורה דעבדינן כרבי יוסי כדאמרינן בגמרא המשלים בתורה זריז ומשובח וכן היו וותיקין עושין :

בשעת

רבינו חננאל

ת"ר מניין שאומרי' אבות שנאמר הבו לה' בני אלים כלומר בני הגדולים כדכתיב ואת אילי הארץ לקח. גבורות שנאמר הבו לה' כבוד ועוז קדושות שנאמר הבו לה' כבוד שמו השתחוו לה' בהדרת קדש. ומניין שאומרים קדושת היום והוא אתה בחרתנו מכל העמים ומלכיות וזכרונות ושופרות דתניא ר' אליעזר אומר שבתון זכרון תרועה וגו' שבתון זו קדושת היום כו'. א"ל ר' עקיבא מפני מה לא נאמר שבתון שבות שהרי בו פתח הכתוב תחלה אלא שבתון שבות קדשהו בעשיית מלאכה זכרון אלו זכרונות תרועה אלו שופרות מקרא קדש זו קדושת היום. ומנין שאומרים מלכיות עמהן שנאמר והיו לכם לזכרון לפני אלהיכם.(א') שאין ת"ל אני ה' אלהיכם ולמה עוד כתוב אני ה' אלהיכם זה בנה אב כל מקום שנאמרו זכרונות יהיו מלכיות עמהן. הנה מצאנו מן התורה שצריך להזכיר זכרונות שופרות ומלכיות ולקדושת היום עוד באו לפרש היאך סידורו תניא ר' אומר קדושת היום שהיא אתה בחרתנו אומרה עם המלכיות בברכה רביעית מה מצאנו כל מקום בשבתות ובימים טובים ברביעית פי' אבות. גבורות. קדושת השם ואחריהן קדושת היום וכיון שעמד רבי כר' עקיבא דמתניתין הלכת' כוותיהו ואפי' רשב"ג דפליג על רבי אמר כר' עקיבא דמתניתין שהיו נוהגין ביבנה שתוקעין למלכיות והא דתניא לשני ירד ר' חנינא בנו של ר' יוסי הגלילי ועשה כר' עקיבא אוקמה רב חסדא מאי לשני לשנה הבאה והלכה כר' עקיבא דאמר אומר אבות וגבורות וקדושת השם וכולל מלכיות עם קדושת היום ותוקע זכרונות ותוקע שופרות וכו' ואומר עבודה והודאה וברכת כהנים ושים שלום : ירושלמי ר' בא בשם ר' אבא ב"ד ירמיה בתפלה הוא אומר אלהי דוד ובונה ירושלים ובנביא היא אומר אלהי דוד ומצמיח קרן ישועה. יום ר"ה שחל להיות בשבת ר' אומר פותח בשבת *) וחותם בשבת וי"ט בינתים ר"י בן פזי בשם ריב"ל הלכה כרבי : [מתני'] אין פותחין מעשרה מלכיות מעשרה זכרונות מעשרה שופרות הני עשר כנגד מי כנגד עשרה הללו אל בקדשו כו' רב יוסף אמר כנגד עשר דברות ר' יוחנן אמר כנגד עשר מאמרות והן ויאמר ויאמר דבראשית שבראשית נמי מן המניין כי מאמר הוא שנא' בדבר ה' שמים נעשו : ירושלמי הני עשר מלכיות כנגד עשר קילוסין שאמר דוד בתהלים הללויה הללו אל בקדשו וגו' עד כל הנשמה תהלל יה עשרה זכרונות כנגד עשרה וידוין שאמר ישעיה רחצו הזכו מה כתיב בתריה למדו היטב דרשו משפט אשרו חמוץ לכו נא ונוכחה : י' שופרות כנגד י' שופרות ופר ואיל ושעיר ר' יוחנן בן נורי אמר **) אם אמר ג' מן התורה ג' מן הכתובים וג' מן הנביאים יצא דהוו להו ט' ואיכא בינייהו חדא או דילמא אחת מן התורה אחת מן הנביאים ואחת מן הכתובים ואיכא בינייהו שבע בכל אחת מהן ת"ש דתניא ר' יוחנן בן נורי אומר לא יפחות משבע ואם אמר שלש מכולן יצא כנגד תורה נביאים וכתובים ואמרי לה כנגד כהנים

*) עי' ביצה יז וצ"ע. **) נראה דחסר כאן וצ"ל אם אמר ג' ג' מכולן יצא ואיבעיא לן היכי קתני שלש וכו'.

עין משפט נר מצוה

ל א מיי' פ"ג מהל' שופר הל' ז סמג עשין מב טור ש"ע א"ח סי' תקצא סעיף א :
לא ב טור א"ח סי' קיג :
לב ג מיי' פ"ג מהל' שופר הלכה ח טוש"ע א"ח סי' תקצא סעיף ד :
לג ד מיי' שם טור שם :
לד ה מיי' שם הל' ט טוש"ע שם סעיף ה :

מסורת הש"ס

מגילה יז:

הגהות הב"ח

(א) גמ' תניא רבי אומר אני ה' אלהיכם וכתיב ובחדש : (ב) שם והאמר רבי חנינא בר כהנא אמר רב מימות עזרא : (ג) רש"י ד"ה לא יפחות כו' מן הכתובים לכל אחד ואחד א"כ שבע נמי :

[תוספתא פ"ב]

גליון הש"ס

מתני' סדר ברכות. עיין סנהדרין דף מט ע"ב תוס' ד"ה אף :

לעיל יט: [וש"נ] ביצה ו. כב.

[צ"ל רבי לוי כ"א במגילה כא: וכעי"ן הכא]

מגילה כא: [ליתא במגילה]

בשעת גזרת המלכות שנו · ואע"פ שבטלה גזרת המלכות לא עבדינן כדמעיקרא אע"ג דזריזין מקדימין למצות דחיישינן שמא יחזור דבר לקלקולו ולפירוש הירושלמי ניחא טפי דמפרש שם שדמו האויבים שנתאספו לתקוע תרועה מלחמה ועמדו עליהם והרגום ולכך תקנו תקיעות וברכות במוסף דכי חזו דקרו בקריאת שמע ומתפללין וקורין בתורה וחוזרין ומתפללין ותוקעין אמרי בנימוסייהו איטון עסקין כלו' בחוקיהם ובתורתם: הא

גמ' מלכיות כגון °חי אני נאם ה' [אלהים] אם לא ביד חזקה ובזרוע נטויה ובחמה שפוכה אמלוך עליכם ואע"ג *דא"ר נחמן כל כי האי ריתחא לירתח קודשא בריך הוא עלן וליפרוקינן כיון דבריתחא אמור אדכורי ריתחא בריש שתא לא מדכרינן זכרון כגון °ויזכור כי בשר המה וגו' שופר כגון °תקעו שופר בגבעה וגו' ^א^אבל אם בא לומר מלכות זכרון ושופר של פורענות של עובדי כוכבים אומר מלכות כגון °ה' מלך ירגזו עמים וכגון °ה' מלך עולם ועד אבדו גוים מארצו זכרון כגון °זכור ה' לבני אדום וגו' שופר כגון °וה' אלהים בשופר יתקע והלך בסערות תימן וכתיב °ה' צבאות יגן עליהם ^ב^אין מזכירין זכרון של יחיד ואפילו לטובה כגון °זכרני ה' ברצון עמך וכגון °זכרה לי אלהי לטובה *פקדונות הרי הן כזכרונות כגון °וה' פקד את שרה וכגון °פקוד פקדתי אתכם דברי ר' יוסי ר' יהודה אומר ^ג^אינן כזכרונות ולר' יוסי נהי נמי דפקדונות הרי הן כזכרונות וה' פקד את שרה פקדון דיחיד הוא כיון דאתו רבים מינה כרבים דמיא °שאו שערים ראשיכם והנשאו פתחי עולם ויבוא מלך הכבוד מי (הוא) זה מלך הכבוד ה' עזוז וגבור ה' גבור מלחמה שאו שערים ראשיכם ושאו פתחי עולם ויבא מלך הכבוד מי הוא זה מלך הכבוד ה' צבאות הוא מלך הכבוד סלה ^ד^ראשונה שתים שניה שלש דברי ר' יוסי ר' יהודה אומר ראשונה אחת שניה שתים °זמרו אלהים זמרו זמרו למלכנו זמרו כי מלך כל הארץ אלהים שתים דברי ר' יוסי ר' יהודה אומר אחת ושוין °במלך אלהים על גוים אלהים ישב על כסא קדשו שהיא אחת זכרון שיש בו תרועה כגון °שבתון זכרון תרועה מקרא קדש ^ה^אומרה עם הזכרונות ואומרה עם השופרות דברי ר' יוסי ר' יהודה אומר אינו אומרה אלא עם הזכרונות [בלבד] מלכות שיש עמו תרועה כגון °ה' אלהיו עמו ותרועת מלך בו ^ו^אומרה עם המלכיות ואומרה עם השופרות דברי ר' יוסי רבי יהודה אומר אינו אומרה אלא עם המלכיות בלבד תרועה שאין עמה לא כלום כגון °יום תרועה יהיה לכם אומרה עם השופרות דברי רבי יוסי רבי יהודה אומר אינו אומרה כל עיקר: מתחיל בתורה ומשלים בנביא רבי יוסי אומר אם השלים בתורה יצא: אם השלים דיעבד אין לכתחילה לא והתניא ר' יוסי אומר המשלים בתורה הרי זה משובח אימא משלים והא אם השלים קתני דיעבד אין לכתחילה לא הכי קאמר מתחיל בתורה ומשלים בנביא ר' יוסי אומר משלים בתורה ^ז^ואם השלים בנביא יצא תניא נמי הכי אמר רבי אלעזר ברבי יוסי וותיקין היו משלימין אותה בתורה בשלמא זכרונות ושופרות איכא טובא אלא מלכיות תלת הוא דהויין °ה' אלהיו עמו ותרועת מלך בו °ויהי בישורון מלך °ה' ימלוך לעולם ועד ואנן בעינן עשר וליכא אמר רב הונא א)ת"ש ג)°שמע ישראל ה' אלהינו ה' אחד ^ח^מלכות דברי ר' יוסי ר' יהודה אומר אינה מלכות °וידעת היום והשבות אל לבבך כי ה' הוא האלהים אין עוד ^ט^מלכות דברי ר' יוסי ר' יהודה אומר אינה מלכות °אתה הראת לדעת כי ה' הוא האלהים אין עוד מלבדו ^י^מלכות דברי ר' יוסי ר' יהודה אומר אינה מלכות:

מתני' ^כ^העובר לפני התיבה ביו"ט של ר"ה השני מתקיע ובשעת ההלל הראשון מקרא את ההלל: **גמ'** מאי שנא שני מתקיע משום °ברוב עם הדרת מלך אי הכי הלל נמי נימא בשני משום ברוב עם הדרת מלך אלא מאי שנא הלל דבראשון משום *זריזין מקדימין למצות תקיעה נמי נעביד בראשון משום זריזין מקדימין למצות אמר רבי יוחנן בשעת גזרת המלכות שנו: מדקאמר בשעת הלל מכלל דבראש השנה ^ל^ליכא הלל מ"ט *אמר רבי אבהו אמרו מלאכי השרת לפני הקב"ה רבש"ע מפני מה אין ישראל אומרים שירה לפניך בר"ה וביום הכפורים אמר להם אפשר מלך יושב על כסא דין וספרי חיים וספרי מתים פתוחין לפניו וישראל אומרים שירה:

מתני' ^מ^שופר של ר"ה אין א) מעבירין עליו את התחום ואין מפקחין עליו את הגל לא עולין באילן ולא רוכבין ע"ג בהמה ולא שטין על פני המים ואין חותכין אותו בין בדבר שהוא משום שבות ובין בדבר שהוא משום לא תעשה ^נ^אבל אם רצה ליתן לתוכו מים או יין יתן *^ס^אין מעכבין את התנוקות מלתקוע [א] אבל מתעסקין עמהן עד שילמדו ^ע^והמתעסק לא יצא °והשומע מן המתעסק לא יצא:

גמ' מ"ט שופר עשה הוא ויו"ט עשה ולא תעשה ואין עשה דוחה את לא תעשה ועשה: לא עולין באילן ולא רוכבין על גבי בהמה כו': השתא דרבנן אמרת לא דאורייתא מיבעיא ג) זו ואין צריך לומר זו קתני: ואין

א) ס"א תנא וכן הגי' בכה"ש ב) [תוספתא פ"ב] ג) [לקמן לג. עירובין עו. יבמות יג. ל: כתובות נח. נדרים יד: הוריות ב: כריתות יז:]

רש"י: **גמ' דרכים אלו מינם** · בההיא פקידה: **רבי יהודה אומר ראשונה אחת שניה שתים** · מי הוא זה מלך הכבוד לאו ממנייהו: **זמרו למלכנו** · לא קא חשיב רבי יהודה דלא אמליכתיה אלא על אומה אחת: **ושוין במלך אלהים כו'** · דלא מינכר ישב על כסא קדשו בלשון מלכות: **אינו אומרה אלא עם הזכרונות** · תרועה לאו לשון שופרות הוא עד דמזכיר שופר בהדיא: **ומתחיל בתורה ומשלים בנביאים** · והכתובים בינתיים: **היו משלימין בתורה** · דהוו להו ארבע מן התורה שלש בתחלה ואחת בסוף: **ואנן בעינן עשר** · וארבע מהן תורה דקאמר רבי יוסי משלים בתורה: **מתני' העובר לפני התיבה כו' השני מתקיע** · המתפלל תפלת מוספין מתקיע: **גמ' בשעת גזרת המלכות שנו** · אויבים גזרו שלא יתקעו והיו אורבין להם כל שש שעות לכך תפלת שחרית לכך העבירוה לתקוע במוספין: **מתני' שופר של ראש השנה אין מפקחין עליו וכו' ואין מעבירין עליו את התחום** · לילך חוץ לתחום לשמוע תקיעה: **ואין חותכין אותו** · מפרש בגמרא: **אם רצה ליתן לתוכו מים כו'** · ולא אמרינן קא מתקן מנא: **גמ' השתא דרבנן אמרת לא** · איסור תחומין ופיקוח הגל דליכא למגזר אטו דאורייתא אמרת לא: **דאורייתא** · רוכבין דאיכא למימר שמא יחתוך זמורה ועולה באילן דאיכא למימר שמא יתלוש דאורייתא מיבעיא ויש נמגום בדבר ונראה בעיני דלא גרסינן לה: ואין

מסורת הש"ס: יחזקאל כ · תהלים עח · הושע ה · תהלים צט · שם קמו · זכריה ט · שם · נחמיה ה · בראשית כא · שמות ג · תהלים כד · שם מז · שם · ויקרא כג · במדבר כג · סנהדרין קה. · [תוספ' פ"ב] · שם כט. · שם כג · דברים לג · שמות טו · דברים ו · שם ד · שם · משלי יד · [פסחים ד. יומא כח:] · ערכין י: · עירובין צו: ערכין ג:

הגהות הגר"א: [א] במשנה מלתקוע ומתעסקין עמהן כו' כצ"ל (וכ"ה בריף ורא"ש):

עין משפט נר מצוה: [illegible]

רבינו חננאל: כתנים לים וישראלים: אמר שמואל הלכה כר' יוחנן בן נורי ש"ס אחת מן [התורה ואחת מן] הנביאים ואחת מן הכתובים ומצאנו מפורש בתלמוד א"י רבין סברין מימר שלש מכל אחת ואחת אשכח תני אפי' שלש מכולן יצא. אין מזכירין של פורענות. מלכות כגון אם לא ביד חזקה ובחמה שפוכה אמלוך עליכם וזכרון כגון ויזכור כי בשר המה רוח הולך ולא ישוב שופר כגון תקעו שופר בגבעה חצוצרה ברמה וגו' אבל פורענות כל עובדי כוכבים אם בא להזכיר מזכיר כגון ה' אלהים בשופר יתקע והלך בסערות תימן. אין מזכירין של יחיד אפי' לטובה כגון *) זכר לי אלהים לטובה זכרני ה' ברצון [עמך] פקדונות הרי הן כזכרונות [כגון] וה' פקד את שרה כיון דאתו מינה רבים הא בא להזכירה עם הזכרונות מזכיר דברי ר' יוסי ר' יהודה אומר אינו מזכיר שאו שערים ראשיכם וגו' ראשונה שתים שניה שלש דברי ר' יוסי ר' יהודה אומר אחת. מלכות שיש עמה תרועה כגון ה' אלהיו עמו ותרועת מלך בו. בחצוצרות וקול שופר הריעו לפני המלך ה'. אומר עם המלכיות ואומר עם השופרות דברי ר' יוסי ר' יהודה אומר אינו אומר אלא עם המלכיות בלבד. משלים בתורה ומשלים בנביא ר' יוסי אומר אם השלים בתורה יצא ואקשי' עלה וכו' ר' יוסי דאי עבר קתני [illegible]

*) תוס' עס"ה וצ"ל כמו בגמ' זכרה לי אלהי לטובה. א) ג"י הרי"ף והרא"ש אין מפקחין קודם אין מעבירין כגי' רש"י.

§ מסכת ראש השנה דף לב: §

אות א' – ב'

אבל אם בא לומר מלכות זכרון ושופר של פורענות של עכו"ם, אומר

אין מזכירין זכרון של יחיד ואפילו לטובה

רמב"ם פ"ג מהל' שופר ה"ט - ולא זכרון יחיד אפילו לטובה כגון: "זכרני ה' ברצון עמך", "זכרה לי אלהי לטובה". ופקדונות אינן כזכרונות, כגון: "פקד פקדתי אתכם". ויש לו להזכיר פורענות של אומות העולם כגון: "ה' מלך ירגזו עמים", "זכור ה' לבני אדום את יום ירושלם", "וה' אלהים בשופר יתקע והלך בסערות תימן".

סימן תקצא ס"ה - [א]ואין אומרים פסוק במלכיות ולא בזכרונות ולא בשופרות, של פורענות של ישראל; [ב]וא"א פסוק זכרונות של יחיד.

אות ג'

פקדונות... אינן כזכרונות

רמב"ם פ"ג מהל' שופר ה"ט - ופקדונות אינן כזכרונות, כגון: פקד פקדתי אתכם.

טור סימן תקצא - פקדונות, "וה' פקד את שרה", עולה במקום זכרונות, וכן "פקד פקדתי אתכם", דברי רבי יוסי, ר"י אומר אינו כזכרונות; והלכה כרבי יוסי, [ג]ומ"מ נהגו כרבי יהודה.

אות ד' – ה' – ו'

שאו שערים ראשיכם... ראשונה שתים שניה שלש

זכרון שיש בו תרועה... ואומרה עם השופרות

מלכות שיש עמו תרועה... ואומרה עם השופרות

טור סימן תקצא - [ד]"שאו שערים ראשיכם" קדמאה עולה במקום ב', שיש בו ב"פ מלך; ובתראה עולה במקום ג', שיש בו ג"פ מלך. [ה]תרועה הרי היא כשופרות, כגון "יום תרועה יהיה לכם"; הלכך זכרון שיש בו תרועה, כגון "שבתון זכרון תרועה", יכול לאומרו עם הזכרונות ועם השופרות; ומלכיות שיש עמהם תרועה, כגון "ותרועת מלך בו", יכול לאומרו עם המלכיות ועם השופרות.

[ו]סימן תקצא ס"ו - [ז]יש קורים תגר על מה שנוהגים להשלים פסוקי שופרות בפסוק: וביום שמחתכם, שאין מזכיר בו שופר אלא חצוצרות, [ח]והרא"ש והר"ן כתבו לקיים המנהג.

אות ז' – ח' – ט' – י'

ואם השלים בנביא יצא

שמע ישראל ה' אלהינו ה' אחד, מלכות

וידעת היום והשבת אל לבבך כי ה' הוא האלהים... מלכות

אתה הראת לדעת כי ה' הוא האלהים... מלכות

טור סימן תקצא - ומתחיל ואומר בשל תורה: ככתוב בתורתך, ואומר ג' של תורה; ואח"כ: ובדברי קדשך כתוב לאמר, ואומר ג' של כתובים; ואח"כ: וע"י עבדיך הנביאים כתוב לאמר, ואומר ג' של נביאים; וחוזר ואומר: ובתורתך כתוב לאמר, ומסיים בשל תורה; ואם סיים בשל נביא יצא.

"שמע ישראל ה' אלהינו ה' אחד", הוי מלכות ויוצא בו ידי מלכות, וכן "וידעת היום והשבות אל לבבך", וכן "אתה הראת לדעת".

אות כ'

העובר לפני התיבה ביום טוב של ראש השנה, השני מתקיע

טור סימן תקפה - אבל לעולם עיקר תקיעה היא מעומד שהיא על סדר ברכות, כדתנן העובר לפני התיבה בי"ט של ר"ה השני מתקיע, פירוש מי שמתפלל תפלת מוסף מתקיע; ודקדק רב האי מדקאמר מתקיע, ולא אומר תוקע, אלמא אחר תוקע ולא ש"צ.

באר הגולה

[א] משנה שם [ב] ברייתא שם [ג] ‹וכתבו הרי"ף והרא"ש, דנהוג עלמא כרבי יהודה, וכן פסק הרמב"ם, ונראה לי דטעמא, דכיון דאיכא קראי טובא, למיעבד אליבא דכולי עלמא עדיף טפי - ב"י› [ד] ‹ויש לתמוה דבמאי פליגי, דמשמע דלא נפקא לן מידי במחלוקת זה, דהא משמע דעשרה פסוקים אנו צריכין לומר, שבכל אחד מהם מוזכר מלכות, ומה לי אם יהיה נזכר בפסוק אחד מלכות פעם אחת, או שיהיה נזכר כמה פעמים, **ומדחזינן** דפליגי בהני קראי, נראה דלאו אמנין קראי קפדינן, אלא אמנין הזכרת מלכיות וזכרונות ושופרות, ולישנא דמתניתין הכי דייק, דקתני: אין פוחתין מעשרה מלכיות וכו', ולא קתני: אין פוחתין מעשרה פסוקי מלכיות ועשרה פסוקי זכרונות ועשרה פסוקי שופרות, אלמא דלאו במנין קראי תליא מילתא, אלא במנין המלכיות והזכרונות והשופרות - ב"י› [ה] ‹שם פלוגתא דרבי יהודה ורבי יוסי, ופסק כרבי יוסי, וכ"כ הר"ן, ותמה על הרי"ף והרמב"ם שלא כתבוהו, ונראה לי שטעמם, משום דכיון דאיכא קראי טובא, למיעבד ככו"ע עדיף, ולפיכך לא חשו לכתוב מחלוקת זו, דאם כן הוה משמע דאית לן למיעבד כרבי יוסי - ב"י› [ו] ‹ע"פ הגר"א› [ז] **טור בשם רמב"ן והרי"ץ גיאות וכ"כ הר"ן בשם הרשב"א** [ח] ‹שכתב כיון דקי"ל כר' יוסי תרועה שאין עמה כלום כו', ה"ה לתקיעה, ומשום דכתיב חצוצרות לא גריעא - גר"א›

[ט]סימן תקפה ס"ד - [י]אחר תוקע ולא ש"צ, כדי שלא יתבלבל - אבל הפסק לא הוי, דהוא חשוב צורך תפלה, שאלו התקיעות נקבעו על סדר הברכות, **ואם הוא מובטח שחוזר לתפלתו, רשאי לתקוע** - אפילו יש שם אחר, דתקיעה לא חשיב הפסק כלל.

ואם אינו מובטח, וליכא אחר שיודע לתקוע, י"א דבאופן זה לא יתקע עד אחר התפלה, וכ"ש כשכבר יצא בתקיעות דמיושב, **וי"א** שאם אין שם אחר, יוכל לתקוע על סדר ברכות, אע"פ שאין מובטח, דיש לו לבטוח שמן השמים יסייעוהו לעשות כהוגן, [**וע"כ** דעביד כמר עביד, ודעביד כמר עביד].

ואם מתפלל מתוך הסדור והמחזור, לכו"ע דינו כמובטח.

הגה: ודוקא תקיעות שעל סדר התפלה אסור לשליח צבור לתקוע - דשם חיישינן שיתבלבל ולא יוכל לחזור לתפלתו, **אבל תקיעות שתוקעין מיושב, דהיינו קודם שמתפללין מוסף, מותר לשליח צבור לתקוע (כל בו).**

ואם אין השליח צבור תוקע מיושב, ראוי שאותו התוקע יתקע גם כן על סדר הברכות; כי המתחיל במצוה אומרים לו גמור (רמב"ם וא"ח) - ובמקומות שנהגו לחלק, ולתת תקיעות דמיושב לאחד, ודמעומד לאחר, או לחלק גם הסדרים, מלכיות לאחד זכרונות לאחר וכו', יעשו כמנהגם, כי ישראל קדושים הם ומחבבין המצות.

נוהגין להקרות לפני התוקע סדר התקיעות מלה במלה כדי שלא יטעה, ונכון הוא - המתפלל שחרית מקרא להתוקע, ובמקום שיש מ"ץ הוא מקרא, [**והש"ץ** בתפלה לא יפסיק להקרות].

גם תקיעה ראשונה יקרא לפניו, אע"ג דלא שכיח כ"כ שיטעה, [מ"א בשם של"ה, **ובאמת** אין זה ברור, ובמקום שאין מנהג, יותר טוב שלא להקרות בתקיעה ראשונה, כדי שלא יהיה הפסק להמקרא].

המקרא והתוקע ראוי להם שילמדו היטב דיני השופר וסדר התקיעות, כי לפעמים מאיזה סיבה נופל טעות בפי המקרא, או בשגגת התוקע, וצריך לידע איך לעשות, אם לתקוע להלן, או לחזור לראש הסדר.

פעם אחת לא היו יכולין לתקוע, והפך השופר וקרא לתוכו "ויהי נועם", ושוב יכלו לתקוע - מ"א בשם מהרי"ל, **ועיין** בדגול מרבבה, שזהו דוקא בתקיעות דמעומד, אבל בתקיעות מיושב הוי הפסק גמור בין ברכה לתקיעה, ועיין בשע"ת שמיישב קצת דבר זה, **ומ"מ** לכתחלה נראה לענ"ד שאינו כדאי לעשות כן, **ואם** הוצרך ליקח שופר אחר, א"צ לחזור ולברך, כיון שהיה מונח לפניו על השולחן, מסתמא דעתו היה על כולם.

[יא]סימן תקפה ס"ג - [יב]אם התחיל לתקוע ולא יכול להשלים, ישלים אחר, ואפילו ג' או ד'; ודי בברכה שבירך הראשון - דהלא הראשון בירך להוציא בזה כל הקהל.

והוא שיהיו שם התוקעים האחרונים בשעת ברכה - דאם לא היו שם באותה שעה, צריכים לברך לעצמן בלחש קודם שיתחילו לתקוע, **אך** אם כבר יצאו ידי חובתן, תוקע בלא ברכה, כיון שהצבור כבר שמעו הברכה מן הראשון. **ואפילו אם בירך ולא יכול לתקוע כלל, השני תוקע בלא ברכה, ולא הויא ברכה לבטלה** - כיון שהשני יוצא בברכתו, [**ואפי'** יצא הראשון והלך לו, או שסתם אזנו ולא שמע התקיעה, אעפ"כ לא הוי לבטלה, כיון שהשני יוצא בה, **ועיין** בט"ז, שדעתו דלכתחילה אסור להראשון לצאת ולא לשמוע התקיעות, דאין כדאי שיברך זה על דעת שיתקע אחר].

[יג]סימן תקפה ס"ה - [יד]הנוטל שכר לתקוע שופר בר"ה, או כדי להתפלל או לתרגם בשבתות ויו"ט, אינו רואה מאותו שכר סימן ברכה.

אות ל'

דבראש השנה ליכא הלל

סימן תקפד ס"א - [טו]אין אומרים הלל בר"ה ויוה"כ - לפי שספרי החיים והמתים פתוחים, ואיך יאמר שירה, [גמרא], **ואע"ג** שאנו בטוחים שנצא זכאים בדין, מ"מ צריך להיות ירא וחרד מאימת הדין, ועל ידי כך נזכר לזכות.

והאומרים תהלים בכל יום, ומתרמי להם הלל ביום ר"ה ויו"כ, שרי לאומרו, כיון שאין אומרים אותו דרך שירה, רק דרך תחנה ובקשה.

[טז]סימן תקפב ס"ח - [יז]אינו אומר: מועדים לשמחה חגים וזמנים לששון; [יח]וכן אינו אומר: והשיאנו - ר"ל דלא כאיזו דיעות שהוזכרו בטור דס"ל שיש לאומרם.

ובתפלת מוסף אינו אומר: ואין אנו יכולין לעלות ולראות לפניך, אלא: ואין אנו יכולים לעשות חובותינו לפניך - דהא אפילו בזמן המקדש לא היה המצות עשה להראות כי אם בשלשה רגלים. **(וחותמין: ודבר אמת וכו') (טור).**

יאמר "ותמלוך אתה ד' לבדך", ולא "אתה הוא ד' לבדך".

אות מ'

שופר של ראש השנה אין מעבירין עליו את התחום, ואין מפקחין עליו את הגל, לא עולין באילן, ולא רוכבין על גבי בהמה, ולא שטין על פני המים, ואין חותכין אותו בין בדבר שהוא משום שבות, ובין בדבר שהוא משום לא תעשה

באר הגולה

ט «ע"פ הבאר הגולה והגר"א» י טור בשם רב האי מהא דתנן ל"ב השני מתקיע ולא אמר תוקע יא «מילואים» יב טור בשם רבינו יצחק
יג «מילואים» יד מברייתא דד' פרוטות אין בהם סימן ברכה לעולם, וחד מינייהו שכר מתורגמנין פסחים נ' טו מימרא דרבי אבהו ר"ה ל"ב
טז «ע"פ הגר"א» יז שם בשם רב האי «וכמ"ש אפשר מלך יושב כו' - גר"א» יח שם בשם ר"י מגרמיזא ומנהג אשכנז וספרד

סימן תקפו סכ"א - [יט]**שופר של ראש השנה אין מחללין עליו יו"ט** - משום דחילול יו"ט בעשה ולא תעשה, ושופר הוא רק עשה, ואינו דוחה - [גמ', **ועיין** בר"ן, דגמרא קושתא דמילתא נקט, ובלא"ה אין עשה דוחה לא תעשה, רק היכא דבעידנא דמיעקר לאו מקיים עשה].

אפילו בדבר שיש בו משום שבות - דחכמים השוו דבריהם לשל תורה, והעמידו דבריהם בשב ואל תעשה במקום עשה.

כיצד, היה השופר בראש האילן או מעבר הנהר, ואין לו שופר אלא הוא, אינו עולה באילן ואינו שט על פני המים כדי להביאו - וה"ה שאין מביאין אותו מחוץ לתחום, ואין לילך חוץ לתחום כדי לשמוע קול שופר, **וה"ה** כל איסור דרבנן, כגון נפל עליו גל אבנים, שאסור לטלטל האבנים כדי ליטלו, [גמרא], **וכן** אם צריך לתקן השופר בחתיכה וכדומה, דאסור ע"י עצמו אפילו בכלי שאין דרך האומנים לתקן בו, דלא הוי בזה רק משום שבות, ג"כ אסור, [**אבל** ע"י עכו"ם מותר בזה, לדעת המחבר דמתיר שבות דשבות במקום מצוה, **והפר"ח** מפקפק אף בזה], ‹משום מוקצה – פר"ח›.

ומטעם זה ה"ה דאסור לעבור במברא שקורין פרא"ם, או בספינה קטנה, כדי להביא השופר, או לתקוע שם, **אכן** אם אי אפשר בענין אחר, דעת הח"א, שמותר אם הגוי יעבירנה, ואין הישראל מסייע כלל.

[כ]**ועל ידי אינו יהודי מותר, דהוי שבות דשבות, (פירש איסור אמירה לאינו יהודי באיסור דאורייתא הוא משום שבות, שאחז"ל לשבות מזה אמירה לא"י, ובאיסור דרבנן הוא שבות דשבות); ובמקום מצוה לא גזרו** - ולפי"ז אפשר אפילו במקום שיש לו שופר, רק שאינו של איל, דמותר להביא ע"י נכרי שופר של איל, דמצוה באיל, **(וע"ל סימן ש"ז).**

[כא]**סימן תקפו סכ"ב** - [כב]**אם אינו יהודי הביא שופר מחוץ לתחום, תוקעין בו** - היינו אפילו חוץ לי"ב מיל, דהוי דאורייתא לכמה פוסקים, וא"כ לדידהו אסור לומר לעכו"ם להביאו, דלא התירו בסעיף הקודם רק דבר שהוא מדרבנן, [**ומ"מ** מאחר די"ב מיל גופא הרבה פוסקים סוברים דהוא ג"כ מדרבנן, ובפרט לענין יו"ט, ע"כ בשעת הדחק אפשר להתיר אף בזה להביא ע"י עכו"ם], **אפ"ה** אם הביאו אפילו בשביל ישראל, מותר לתקוע בו, **והטעם**, שהרי דבר הבא מחוץ לתחום מותר בטלטול, ואינו אסור אלא באכילה או בהנאה, דהיינו להשתמש בו, וזה שתוקע בו תקיעה של מצוה, אינה חשובה הנאה, [**וכתב** הפר"ח, דאעפ"כ אין לו לתקוע בעצמו, היכי שמוציא אחר לתקוע, וכדלעיל ס"ה]. [**וגם** אין שייך למיגזר שמא יאמר לנכרי להביא לו כדי לצאת בו, דלא גזרינן שיעשה מצוה הבאה בעבירה].

[**וכתב** בד"מ, דאפי' יש לו שופר אחר שאינו של איל, יכול לצאת בזה שהוא של איל, **ומינה**, דאם שניהם שוים, אין לו לצאת בזה שהובא ע"י נכרי, משום דאיכא מ"ד דאסר שופר שהובא מחוץ לתחום, עיין בב"י].

ומ"מ אסור לטלטלו בעיר, שאינם מתוקנות המבואות שלה בצוה"פ, חוץ לד"א, **דאי** מתוקנות כדין, נחשבת כבית ומותר לטלטל בכולה.

ישראל ששלח שופר לעיר אחרת ע"י נכרי קודם ר"ה, ונתעכב הנכרי, והביא בר"ה מחוץ לתחום, ובני העיר לא ידעו שישלחו להם שופר, אין לטלטלו ואף לתקוע בו אם אפשר באחר, **ובשעת** הדחק יש להתיר, ומקור דין זה נתבאר בס"ס תקט"ו בהג"ה, ע"ש במ"ב.

וה"ה אם עשה אינו יהודי שופר ביו"ט, מותר לתקוע בו - אפילו עשה בשביל ישראל, [דאין לחוש שמא ע"י שנתיר, יאמר לעכו"ם לעשות, דליכא למיחש שיחטא ויעשה מצוה הבאה בעבירה].

ומיירי שעשה הנכרי מקרן שלו, דלא הוי מוקצה, דלא אסח דעתיה מניה, **אבל** מקרן של ישראל אסור לטלטלו ואף לתקוע בו, דהא הוי מוקצה דנולד, **ואפילו** עשאו ביום א' דר"ה, אסור גם ביום שני, כדין ביצה שנולדה בראשון, דאסורה גם ביום שני, **ומ"מ** אם אין להם שופר אחר כלל, יש לסמוך על דעת הפוסקים דמתירין נולד ביו"ט, ולתקוע בו כדי שלא לבטל המצות עשה, ומותר לתקוע בו אף ביום שני, **וכל** זמן שאוחזו בידו מותר לתקוע בו כל התקיעות כפי המנהג, **אבל** אם תקע התקיעות המחוייבין והניח השופר מידו, שוב אין לו לטלטל אותו כדי לתקוע בו תקיעות של מנהג, [**ועיין** בנהר שלום, שדעתו שבכל גווני לא מיקרי נולד, דמעיקרא הוי קרן והשתא נמי קרן איקרי].

כתבו האחרונים, דכל אותן השופרות שאמרנו שהם פסולים לתקוע בהם, הן פסולין בין ביום ראשון בין ביום שני.

אות נ'

<u>אבל אם רצה ליתן לתוכו מים או יין יתן</u>

סימן תקפו סכ"ג - [כג]**יכול ליתן בתוכו מים או יין לצחצחו** - אע"ג דמתקנו בכך, כיון דלא מינכרא מילתא דהוי עובדא דחול, שהרי מדיחין כלים ביו"ט, שרי.

אות ס'

<u>אין מעכבין את התנוקות מלתקוע וכו'</u>

טור סימן תקפח - עיין לקמן דף לג: אות א'.

[כד]**סימן תקצו ס"א - עיין לקמן דף לג: אות א'.**

אות ע' – פ'

<u>והמתעסק לא יצא</u> **<u>והשומע מן המתעסק לא יצא</u>**

סימן תקפט ס"ח - [כה]**המתעסק בתקיעת שופר להתלמד, לא יצא ידי חובתו; וכן השומע מן המתעסק, לא יצא.**

באר הגולה

יט משנה שם ל"ב | כ טור בשם רבנו יונה | כא ‹מילואים› | כב הגהות אשר"י וטור בשם הרשב"א ושאר פוסקים | כג משנה שם דף ל"ב | כד ‹ע"פ מהדורת נהרדעא› | כה משנה שם ל"ב

§ מסכת ראש השנה דף לג. §

אות א'

מי רגלים אסור מפני הכבוד

סימן תקפו סכ"ג - [א]אבל מי רגלים, אף בחול אסור מפני הכבוד - פי' מפני כבודו של מקום, שלא יהיו מצות בזויות עליו, ולכן אפילו אם התוקע מוחל ע"ז, ג"כ אסור.

אות ב'

אין מעכבין לא את הנשים ולא את התינוקות מלתקוע ביום טוב

סימן תקפט ס"ו - [ב]אע"פ שנשים פטורות, יכולות לתקוע - ולא אמרינן דכיון דפטורות [ג]יש חילול יו"ט בתקיעתן, דקי"ל גדול המצווה ועושה ממי שאינו מצווה ועושה, אלמא דמי שאינו מצווה ועושה נמי שכר יש לו.

וה"ה קטן יכול לתקוע אף לכתחלה, כדי שיתחנך.

[ד]וכן אחר שיצא כבר, יכול לתקוע להוציאן - ולא אמרינן דכיון שהוא עצמו אינו צריך עתה לתקוע, תו עובר משום שבות כשתוקע בשבילן, דמ"מ קצת מצוה יש להן בתקיעתן, כנ"ל.

[ה]אבל אין מברכות, ולא יברכו להן - דמהו "וציונו" בדבר שאינה מחויבת לא מדברי תורה ולא מדברי סופרים, דאשה במ"ע שהזמן גרמא פטורות אף מדרבנן.

הגה: והמנהג שהנשים מברכות על מצות עשה שהזמן גרמא, על כן גם כאן מברכות לעצמן; אבל אחרים לא יברכו להן אם כבר יצאו ואינן תוקעין רק לנשים - וע"כ י"א דיתקע להם קודם שישמע התקיעות בביהכ"נ, **אבל** במ"א מסיק בשם מהרי"ל, שלא יתקע בשלשה שעות ראשונות, משום דאז מיפקד דינא, ואין כדאי לתקוע ביחידות, אלא יתקע להן אחר תקיעות ביהכ"נ, והם יברכו לעצמן, **או** שיכוין בלבו שלא לצאת בתקיעות ביהכ"נ, ואז יוכל אח"כ ג"כ לברך בשבילן.

אבל אם תוקעין לאיש המחוייב, מברכין לו אע"פ שכבר יצאו, כמו שנתבאר סימן תקפ"ה ס"ב בהגה א' (ד"ע).

אות ג'

ואין בנות ישראל סומכות

רמב"ם פ"ג מהל' מעשה הקרבנות ה"ח - הכל סומכין חוץ מחרש שוטה וקטן ועבד ואשה וסומא ונכרי; ואין השליח סומך, שאין סמיכה אלא בבעלים; שנאמר: וסמך ידו, [ו]לא יד אשתו, ולא יד עבדו, ולא שלוחו.

אות ד'

אפילו בשבת

טור סימן תקפח - ואף על פי ששבת לאו זמן תקיעה היא, מותר לומר לקטן [ז]שלא הגיע לחינוך שיתקע בשבת, כדי להתלמד לתקוע; אבל אם הגיע לחינוך, אסור לומר לו לתקוע; ואם תקע מעצמו אין צריך למחות בידו.

באר הגולה

[א] **ברייתא שם דף ל"ג** [ב] **ברייתא ל"ג וכאוקימתא דאביי, דרבי יוסי ורבי שמעון היא, וכן פסקו הרא"ש בשם ר"ח והרב המגיד בשם רשב"א בשם הראשונים, וכן פסק הר"ן ממה שאמרו: גדול המצווה ועושה וכו', מדקאמר גדול, ש"מ דאינו מצווה ועושה נמי יש לו שכר** [ג] ‹רש"י בד"ה הא נשים מעכבין: וכי תקעי איכא בל תוסיף. **וכתב** ע"ז המהרש"א וז"ל: לא ידענא מאי בל תוסיף שייך הכא, דלא שייך בל תוסיף אלא בעושה המצוה ומוסיף עליה, אבל הול"ל דכי תקעי הוה איסורא דרבנן, דשלא במקום מצוה איכא איסורא דרבנן כמבואר ריש פירקין, ודומיא דסמיכה לר"י דאין סומכות רשות משום איסור עבודה בקדשים, ולא משום בל תוסיף כדמוכח בפרק אין דורשין, (חגיגה שם), ע"כ מהרש"א. **ואכן** כל הראשונים לא ס"ל כרש"י, אלא דבל תוסיף הוא כשמוסיף על מצוה, כגון הישן בסוכה ביום השמיני - הערות הגרי"ש אלישיב› [ד] **טור בשם אבי העזרי והרא"ש** [ה] **הרמב"ם והגהות** ‹הל' ציצית› **בשם רש"י וסמ"ג והאגור בשם רבי ישעיה** [ו] ‹ואע"ג דכתיב בני ישראל למעוטי נשים, אפ"ה איצטריך, דהו"א תסמוך בקרבן בעלה דכידו דמיא, קמ"ל - קרית ספר›. ‹**מלשון** הרמב"ם בפרק ג' ממעשה הקרבנות הלכה ה': עולות עכו"ם אין מביאין עמהם נסכים וכו', ואין טעונות סמיכה, שאין סמיכה אלא בישראל באנשים ולא בנשים, עכ"ל. הנה מלשון זה שאין טעונות סמיכה, משמע הא אם רוצה סומך, ומוכח דפוסק כרבי יוסי דהוי רשות - חכמת שלמה›. ‹**בביאור** הגר"א או"ח סי' י"ז ס"ב ס"ק ד' בענין מה דנשים רשאים להתעטף בציצית, וז"ל: כר"י ור"ש דנשים סומכות רשות, ואע"ג דסתם משנה דר"ה ל"ב ע"ב דלא כוותייהו, מ"מ מעשה רב בחגיגה ט"ז ע"ב ועירובין צ"ו ע"ב, וכ"פ הרמב"ם {בהל' ציצית פ"ג ה"ט פסק, שאם רצו להתעטף הרשות בידן} וכו', ע"ש›. ‹**ולפי** כל זה, אפשר דמה שכתב הרמב"ם הכא "לא יד אשתו", היינו כמו הקרית ספר, דאין בעלה יוצא ידי סמיכה על ידה, אבל על קרבן שלה רשאי לסמוך, כמ"ש החכמת שלמה, **אבל** מהעין משפט מבואר, דס"ל דהרמב"ם פוסק כר' יהודה, וע"כ אינו לומד הלכה ה' כמו החכמת שלמה, אלא דגם אינה רשאה לסמוך, **וא"כ** אינו מובן אמאי לא הביא הלכה ה', וגם אמאי מביא הלכה ח' דמקורו מפסוק אחר› [ז] ‹עיין לקמן דף לג: אות א' בהערות›

ואין חותכין אותו בין בדבר שהוא משום שבות ובין בדבר שהוא משום לא תעשה: *משום שבות מגלא לא תעשה סכינא השתא משום שבות אמרת לא לא תעשה מיבעיא *ו ואין צריך לומר זו קתני: אבל אם רצה ליתן לתוכו מים או יין יתן: מים או יין אין מי רגלים לא מתני' מני אבא שאול היא דתניא אבא שאול אומר מים או יין מותר כדי לצחצחו מי רגלים אסור מפני הכבוד: אין מעכבין את התינוקות מלתקוע: הא נשים מעכבין והתניא *אין מעכבין לא את הנשים ולא את התינוקות מלתקוע ביום טוב אמר אביי ל"ק הא רבי יהודה הא רבי יוסי ורבי שמעון *דתניא °דבר אל בני ישראל *) בני ישראל סומכין °ואין בנות ישראל סומכות דברי *רבי יהודה רבי יוסי ורבי שמעון אומרים נשים סומכות רשות: אבל מתעסקין בהם עד שילמדו: אמר רבי אלעזר 'אפילו בשבת תנ"ה *מתעסקין בהן עד שילמדו אפילו בשבת ואין מעכבין התינוקות מלתקוע [א] בשבת ואין צריך לומר ביום טוב הא גופא קשיא אמרת מתעסקין בהן עד שילמדו ואפילו בשבת [ב] אלמא לכתחלה אמרינן תקעו והדר תנא אין מעכבין עכובא הוא דלא מעכבין הא לכתחלה לא אמרינן תקעו לא קשיא כאן בקטן

*) [קדושין לו.] ושם איתא בני ישראל וסמך ב"י סומכין וכו'

רש"י

ואין חותכין אותו · אם בא לתקנו לא בדבר שהוא משום שבות כלי שאין דרכו לחתוך בו שופרות כגון מגלא שרפ"א בלע"ז דתיקון כלאחר יד הוא ואין בו אלא משום שבות: **סכינא** · דדרכו בכך והוי מלאכה גמורה: **תינוקות הוא דלא מעכבין** · דבעי לחנוכינהו: **הא נשים מעכבין** · דפטורות לגמרי, דמצות עשה שהזמן גרמא הוא וכי תקעי איכא בל תוסיף*: **בני ישראל סומכין** · דבר אל בני ישראל ואמרת אליהם אדם כי יקריב מכם וגו' וכתיב בההוא ענין וסמך ידו וגו': **סומכות רשות** · אלמא אף על גב דפטורינהו קרא ליכא איסורא והוא הדין למצות עשה שהזמן גרמא: קטן

תוספות

הא רבי יהודה הא רבי יוסי · אומר ר"ת אע"ג דסתם מתניתין כרבי יהודה הלכה כר' יוסי דנימוקו עמו ומעשה רב דהמוצא תפלין (עירובין דף צו. ושם) מיכל בת שאול היתה מנחת תפלין ואשתו של יונה שהיתה עולה לרגל והההיא עובדא דפרק אין דורשין (חגיגה דף טז: ושם) דהבלאוהו לעזרת נשים וסמכו עליו נשים כדי לעשות נחת רוח לנשים *ומותרות לברך על מצות עשה שהזמן גרמא אע"ג דפטורות מן דבר המצוה הואיל ומתעסקות בהן כמו מיכל בת כושי שהיתה גם מברכת ותדע דאמרינן פרק החובל (ב"ק דף פז.) אמר רב יוסף מעיקרא אמרי מאן דאמר הלכה כרבי יהודה עבדינא יומא טבא לרבנן דלא מיפקדנא ועבידנא ואם במקום דפטור מן הדבר ועושהו אסור מלברך אם כן אמאי עבידנא יומא טבא והלא היה מפסיד ברכות ציצית ולולב ותפילין ומגילה ונר חנוכה וסוכה והבדלה וקדוש היום וברכות של ק"ש שחרית וערבית וכל הברכות כולן ואמרינן בפ' המניח (שם דף ל:) האי מאן דבעי למיהוי חסידא ליקיים מילי דברכות ועוד אמרינן פ' ערבי פסחים (פסחים דף קטז:) סומא פטור מלומר ההגדה ופריך מרב יוסף ורב ששת דהוי אמרי אגדתא כל חד וחד בביתיה ומדמוציא אחרים ידי חובתן שמע מינה דמחייבין ומשני משום דקסברי מצה בזמן הזה דרבנן אבל ממה שהיו מברכין לא מדקדק מידי שמע מינה היכי דפטירי שרי לברוכי ומשום דמברך ברכה שאינה צריכה וקעבר משום בל תשא ליכא דההיא דרשה דרבנן דהא אמר בפרק מי שמתו (ברכות דף כא.) ספק קרא אמת ויציב ספק לא קרא חוזר וקורא ולא אסרינן מספק משום לא תשא ומוציא שם שמים לבטלה דאסרינן בפ"ק דתמורה (דף ג: ד.) מדכתיב את ה' אלהיך תירא הני מילי בלא ברכה ומיהו אין כל כך ראיה מסומא לאשה *דאע"ג דסומא פטור מדאורייתא מדרבנן מיהו חייב כדמוכח ההיא דערבי פסחים דמשני קסברי רב ששת ורב יוסף מצה בזמן הזה דרבנן ולכך היו יכולין להוציא אחרים ש"מ דאיכא נמי מדרבנן וכיון דמחייבי מדרבנן יכולין לברך כמו בנר חנוכה וכל מצות דרבנן ומיהו יש לדחות דרשות יכול להוציא בר חיובא דרבנן כמו קטן דמברך דרבנן לאביו בפרק מי שמתו (ברכות דף כ:) ועולה למנין שבעה ומוציא אחרים ידי חובתן במגילה לר' יהודה כדתנן במגילה (דף יט.) אבל יש לדקדק מדתנן בפרק הקורא את המגילה עומד (שם דף כד. ושם) ר' יהודה אומר כל שלא ראה מאורות מימיו לא יפרוס על שמע משמע הא רואה אף על גב דכסתמו עיניו פורס ואמאי והא פוטר רבי יהודה סומא מכל המצות שבתורה בפרק החובל (ב"ק דף פז.) אבל אי מדרבנן חייב ניחא ומש"ה היה שמח רב יוסף בנאי דמדאורייתא לא מיפקד ועביד משום הכי היה יכול לברך בכל מצות ויכול לומר ונוע כיון דמחייב מדרבנן כדקאמר בפ' במה מדליקין (שבת דף כג.) היכן צונו מצא הכור אבל אשה אפילו מדרבנן לא מיחייב' אמצות עשה שהזמן גרמא כדמוכח בפרק מי שמתו (ברכות דף כ:) גבי נשים חייבות בקדוש היום דבעי למימרא מדרבנן ופריך עלה [דא"כ] כל מצות עשה שהזמן גרמא ניחייבו מדרבנן ולענין סוכה מוכח בהדיא בריש סוכה (דף ב:) דאפילו מדרבנן לא מיחייבא היכי אמרה וצונו ומיהו בירושלמי משני שיטיה אחרינא הקושיא דרבי יהודה הדר' יהודה דכל שלא ראה מאורות דפריך לה בירושלמי ומשני לה ביושב בבית אופל כך אני אומר היושב בבית אופל לא יפרוס על שמע משמע שר"ל שלא ראה מאורות מימיו שנולד במערה ואינו סומא ובמגילה כמי פריך לה בירושל' עלה דההיא ואין גרסות הירושל' מכוונות לא במכות ולא במגילה ומיהו בגמ' דידן במגילה (דף כד:) לא משמע הכי אלא משמע דמיירי בסומא ממש דמפרש טעמא דר' יהודה משום דאיתו נהנה מן המאורות ומפרש ורבנן אית ליה הנאה כר' יוסי שראה סומא ואבוקה בידו ואמר לו בני אבוקה זו למה אמר לו כל זמן שאבוקה זו בידי רואין אותי בני אדם ומצילים אותי מן הפחתים ומן הברקנים וכאדם שרואה יפה אלא שנולד במערה ולא ראה מאורות מעולם לא שייך האי טעמא ולפי מה שפי' דסומא חייב מדרבנן ואשה פטורה יש ליתן טעם בדבר דהחמירו רבנן בסומא משום דהוי מינא דבר חיובא ועוד שלא יראה כנכרי דאם פטרת ליה בכל מצות נמצא דאינו נוהג בתורת ישראל כלל אבל אשה אי פטרת לה בכל מצות עשה שהזמן גרמא יש עדיין מצות דמחייבת בהו ור"י ב"ר יהודה מביא ראיה דנשים מברכות על כל מצות עשה שהזמן גרמא מדאמרינן (מגילה דף כג.) הכל עולה למנין שבעה ואפי' אשה ואפי' קטן ואע"ג דאשה אינה מצווה לעסוק בתורה כדאמר בפרק קמא דקדושין (דף לד.) ובריש בכל מערבין (עירובין מ.) ואור"ת דאין זו ראיה דברכת התורה לפניה ולאחריה לאו משום תלמוד תורה שאפילו בירך ברכת הערב נא או נפטר באהבה רבה חוזר ומברך תדע במקום שאין לוי כהן קורא במקום לוי ומברך אע"פ שכבר בירך בקריאה ראשונה ועוד דאיכא למימר דהא דאשה עולה היינו באמצע שלא היו רגילים לברך כדאיתא בפרק הקורא את המגילה עומד (דף כא:) תנא פותח מברך לפניה וחותם מברך לאחריה והאידנא כולהו מברכין גזירה משום הנכנסים ומשום היוצאים ומיהו עולין למנין שבעה משמע בסוף שבעה ומקטן דמברך ברכת המזון אף על פי שהוא פטור אין ראיה לאשה דקטן בא לכלל חיוב וחייב לחנכו ואינו מוזהר על לא תשא*:

תניא נמי הכי מתעסקים בהם · שני גרסות כתובים ומתוך פ"ה משמע שכך היה הגירסא מתעסקין בהן עד שילמדו אפילו בשבת ואין מעכבין התינוקות מלתקוע בשבת ואין צריך לומר בי"ט הא גופא קשיא אמרת מתעסקין עד שילמדו אפילו בשבת אלמא לכתחילה אמרי' [תקעו] והדר תני אין מעכבים עיכובי הוא דלא מעכבין הא לכתחילה לא אמרינן זילו תקעו ל"ק כאן בקטן שהגיע לחינוך כאן בקטן שלא הגיע לחינוך ופי' בקונטרס שהגיע לחינוך מתעסקים בהן עד שילמדו וכ"ש שאין מעכבים ודבר תימה הוא היאך יכול לומר דבקטן שהגיע לחינוך מתעסקים ואפילו בשבת והלא אין מצות היום בשופר ועוד דגבי קטן שלא הגיע לחינוך קתני אין מעכבים מלתקוע בשבת אבל לכתחילה לא ואמאי הא אפילו בהגיע לחינוך שרי להתעסק בו כדי שילמדו ומיהו י"ל לפי' דהאי לכתחילה לא אמרי' להו תקעו היינו דאין צריך לומר להם תקעו דלא מחייב ללמדו כיון דלא הגיעו לחינוך אבל איסורא ליכא ונראה לי איפכא דקטן שהגיע לחינוך אין מעכבים בשבת אבל לכתחילה לא אמרינן להו תקעו כיון דליכא איסורא דרבנן ומכל מקום לא מחייב להפרישו דאי לא שבת היה מצות היום בשופר וקטן שלא הגיע לחינוך מתעסקים כלומר שרי להתעסק אפילו בשבת ולאו משום דמחייב להתעסק וגירסא אחרת הכתוב בספרים מוכחא כפירוש זה שכתוב בהן עד שילמדו אפילו בשבת ואין מעכבין את התינוקות מלתקוע בי"ט הא בשבת מעכבים הא אמרת רישא אפי' בשבת אין מעכבים ל"ק כאן בקטן שהגיע לחינוך כאן בקטן שלא הגיע לחינוך ואע"ג דתניא ביבמות בפ' חרש (דף קיד.) לא יאמר אדם לתינוק הבא לי מפתח הבא לי חותם אלא מניחו תולש ומניחו זורק ומוקי לה אביי תולש בעציץ שאינו נקוב וזורק בכרמלית דרבנן כי היכי דלא תפשוט מינה דקטן אוכל נבילות אין ב"ד מצווין להפרישו משמע דאיסורא דרבנן נמי לא ספינן ליה בידים מכל מקום שרי להתעסק בו לתקוע אפי' בשבת כיון דזמנין איכא מצוה בתקיעת שופר ולא דמי לשאר איסורים וכמו שפי' מוכח בריש ערכין (דף ב: ושם) דההיא דמעכבים מתוקמא בהגיע לחינוך דאמרינן התם הכל חייבים בתקיעת שופר לאתויי קטן שהגיע לחינוך דתנן אין מעכבין התינוקות לתקוע:

שיעור

עין משפט נר מצוה

מו א מיי' פ"א מהל' שופר הל' ד טוש"ע א"ח סי' תקפו סעיף כג:

מז ב מיי' פ"ג שם הל' ז טוש"ע א"ח סי' תקפט סעיף ו:

מח ג מיי' פ"ג מהל' מעשה הקרבנות הל' ח סמג עשין קפט:

[גירסת הרי"ף והרא"ש שבות סכינא לא תעשה מגלא]

מט ד מיי' פ"ב מהל' שופר הלכה ז טור א"ח סי' תקפח:

[בתוספות דעירובין צו: ד"ה וקסם סברא לא גרסו דברי ר"י ע"ש]

מסורת הש"ס

[עי' מהרש"א ועיין בתוס' עירובין צו. ד"ה מיכל בת שאול]

[לעיל לג: וש"נ]

עירובין לג:

ויקרא א

ג"ז שם חגיגה טז: חולין פה.

[תוספ' פ"ב]

[ועיין תוס' עירובין צו. ד"ה דלמא]

רש"א

גליון הש"ס

גמ' ואין בנות ישראל סומכות. עיין מנחות דף צג ע"ב תד"ה ידו: תוס' ד"ה הא ר"י וכו' ומותרות לברך על מ"ע שהז"ג. עיין בשאגת אריה סי' מ"ב: בא"ד דאע"ג דסומא פטור מדאורייתא מדרבנן מיהו חייב. עיין מגילה דף כד ע"א תד"ה מי שלא ראה:

רבינו חננאל

אמרי' דלא פיקוח הגל והעברת התחום שהן איסור מן התורה הוצרך לומר דלא. ופרקי הכי נמי קתני אין מפקחין עליו את הגל כלומר לא פיקוח הגל וכיוצא בו שהוא איסור מן התורה אלא אפי' דבר שמשום שבות לא דחי: ואין חותכין אותו כו' אוקימנא הכי אין חותכין השופר בדבר שהוא משום שבות כגון ספר או סכינא וכיוצא בה וכ"ש בדבר שהוא משום ל"ת כגון מגל שהוא עשוי לקצור בו והקצירה היא מאבות מלאכות שוראי אסור אבל אם רצה לתת לתוך שופר מים או יין כאבא שאול דאמר מים או יין מותר כדי לצחצחו מי רגלים אסור מפני הכבוד הא דתניא אין מעכבין ולא את התינוקות ולא את הנשים מלתקוע ב"מ' יוסי ור' שמעון היא דאמר נשים סומכות רשות והא דתנן [אין] מעכבין את התינוקות מלתקוע *) כרבי יהודה דאמר דבר אל בני ישראל בני ישראל סומכין ואין בנות ישראל סומכות. אבל מתעסקין בהן עד שילמדו. א"ר אלעזר ואפי' בשבת. ואוקימנא מלמדין אותן לתקוע אפי' בשבת ודוקא להתלמד אבל שלא להתלמד לא בקטן שהגיע לחינוך:

*) נראה דצ"ל אין מעכבין את התינוקות מלתקוע הא נשים מעכבין כרבי יהודה וכו'.

הגהות הגר"א

[א] גמ' (בשבת ואין צריך לומר) תא"מ (וגירסת הרי"ף והתוס'): [ב] שם (אלמא כו' עד אמרינן תקעו) תא"מ וכ"ה והדר תני ביום טוב בשבת כל"ש גירסת הרי"ף והתוס':

בקטן שהגיע לחינוך כאן בקטן שלא הגיע לחינוך: והמתעסק לא יצא: (א) הא תוקע לשיר יצא לימא מסייע ליה לרבא דאמר רבא התוקע לשיר יצא דלמא תוקע לשיר נמי מתעסק קרי ליה: והשומע מן המתעסק לא יצא: אבל השומע מן המשמיע לעצמו מאי יצא לימא תיהוי תיובתיה דרבי זירא דאמר ליה רבי זירא לשמעיה איכוון ותקע לי דלמא אידי דתנא רישא מתעסק תנא סיפא נמי מתעסק: מתני' סדר תקיעות שלש של שלש שלש שיעור תקיעה כשלש תרועות שיעור תרועה כשלש יבבות תקע בראשונה ומשך בשניה כשתים אין בידו אלא אחת מי שבירך ואחר כך נתמנה לו שופר תוקע ומריע ותוקע שלש פעמים כשם ששליח צבור חייב כך כל יחיד ויחיד חייב רבן גמליאל אומר שליח צבור מוציא את הרבים ידי חובתן: גמ' והתניא שיעור תקיעה כתרועה אמר אביי תנא דידן קא חשיב תקיעה דכולהו בבי ותרועות דכולהו בבי תנא ברא קא חשיב חד בבא ותו לא: שיעור תרועה כג' יבבות: והתניא שיעור תרועה כשלשה שברים אמר אביי בהא ודאי פליגי דכתיב יום תרועה יהיה לכם (במדבר כט) ומתרגמינן יום יבבא יהא לכון וכתיב באימיה דסיסרא (שופטים ה) בעד החלון נשקפה ותיבב אם סיסרא מר סבר גנוחי גנח ומר סבר ילולי יליל תנו רבנן מנין שבשופר ת"ל (ויקרא כה) והעברת שופר תרועה אין לי אלא ביובל בראש השנה מנין תלמוד לומר בחדש השביעי שאין תלמוד לומר בחדש השביעי ומה תלמוד לומר בחדש השביעי שיהיו כל תרועות של חדש שביעי זה כזה ומנין שפשוטה לפניה ת"ל והעברת שופר תרועה ומנין שפשוטה לאחריה ת"ל תעבירו שופר ואין לי אלא ביובל בראש השנה מנין ת"ל בחדש השביעי שאין

רש"י

קטן שהגיע לחינוך · מתעסקין בהן שילמדו וכל שכן שאין מעכבין: מתעסק הוא דלא · שאינו מתכוין לתקיעה ואפילו דלאו מטה אלא מגנה גבוהי או שהיה נופח בשופר ועלתה בידו תקיעה אבל תוקע לשיר שמתכוין לתקיעה בעלמא יצא: תנא סיפא נמי מתעסק · ולעולם השומע מן המשמיע לעצמו שלא נתכוון להוציא את השומעין לא יצא: מתני' סדר תקיעות שלש כו' · אחת למלכיות ואחת לזכרונות ואחת לשופרות: שלש של שלש שלש · תקיעה ותרועה ותקיעה לכל אחת ואחת: שלש יבבות · שלש קולות בעלמא כל שהוא: תקע בראשונה · פשוטה שלפני התרועה תקע כדרכה: ומשך בשניה · תקיעה של אחר התרועה משך כשתים לצאת בה ידי שתים שהיה צריך לעשות זו (ב) פשוטה שלאחריה דמלכיות ופשוטה שלפניה דזכרונות: אין בידו אלא אחת · דפסוקי תקיעה אחת לשתים לא מפסקינן: מי שבירך · התפלל תפלת מוספין ובירך תשעה ברכות: תוקע ומריע ותוקע שלש פעמים · תוקע ומריע ותוקע בשביל מלכיות וכן בשביל זכרונות וכן בשביל שופרות: גמ' תנא דידן קא חשיב דכולהו בבי · והכי קאמר שיעור (ג) שלש תקיעות כשלש התרועות: ותנא ברא קא חשיב דחדא בבא · שיעור התקיעה כשיעור התרועה ותרוייהו חדא מילתא אמרי: שברים · ארוכים מיבבות: אמר אביי בהא ודאי פליגי · אע"ג דאוקימנא דברישא לא פליגי על כרחך בהא סיפא פליגי דלית לשנויי בה מידי והיינו פלוגתא: דמתרגמינן · תרועה יבבא ובאימיה דסיסרא כתיב נמי האי לישנא ותיבב: מאן דאמר שברים סבר גנוחי גנח · כאדם הגונח מלבו כדרך החולים שמאריכין בגניחותיהן: ילולי יליל · כאדם הבוכה ומקונן קולות קצרים סמוכין זה לזה:

תוספות

שיעור תרועה כשלש יבבות · פירש בקונטרס שלשה קולות בעלמא כל שהוא ולקמן (דף לד·) אמרינן דאתקין רבי אבהו בקסרי קשר"ק קש"ק קר"ק משום דמספקא בתרועה דקרא אי תרועה ממש מה שאנו קורין תרועה דהוא ילולי יליל או שברים דגנוחי גנח או שברים ותרועה שניהם צריך לתרועה דדלמא גנוחי גנח וילולי יליל וצריך ליזהר בשברים שלא יהא מאריך על כל אחד בפני עצמו כג' יבבות של שלשה קולות כל שהוא דאם כן נעשה תקיעה ולא שברים דהא שיעור תקיעה כתרועה ושיעור תרועה כג' יבבות ונראה שחייב אדם להאריך בתקיעה של קשר"ק יותר משל קש"ק ובשל קש"ק יותר משל קר"ק דהא שיעור תקיעה כתרועה ובקשר"ק אנו עושים משום ספיקא דגנוח ויליל נמצא שצריך להאריך בתקיעות של קשר"ק כשיעור שלשה שברים וג' יבבות ובתקיעות של קש"ק כשיעור ג' שברים דהא עבדינן קש"ק משום ספיקא דגנוחי גנח ובתקיעות של קר"ק כשיעור תרועה שהוא ילולי יליל ומיהו אם מאריך בכל התקיעות כתקיעות קשר"ק אין לחוש דיכול להאריך כמו שירצה כדתנן ומשך בשניה כשתים אין בידו אלא אחת ומטעם זה נמי אין לחוש אם עשה ארבעה וחמשה שברים שהשברים במקום תרועה והוי לה תרועה אריכתא כמו שאנו מאריכין ביבבות וריב"א והר"ר בן הר"ר מאיר מפרשים דיבבא היא שלש כחות של כל שהוא נמלאת תרועה תשע כחות ושיעור תקיעה כך היא ולפירושם אין לחוש אם לא מאריך קצת בשברים וצריך למשוך לתקיעה של קשר"ק לפירושם כשיעור ג' שברים ותשע כחות ומי שלא משך התקיעות כשיעור הזה ומשך קצת בשברים לא קיים מצוה לא כמר ולא כמר ורבינו חננאל פי' כפירוש הקונטרס ועכשיו נוהגין לתקוע בישיבה לאחר קריאת התורה שלשים קולות ג' קשר"ק וג' קש"ק וג' קר"ק ובתפלה תוקעין במלכיות קשר"ק ובזכרונות קש"ק ובשופרות קר"ק ולפום סוגיא דכולה פירקין היה ראוי לתקוע בשעת תפלה במלכיות קשר"ק קש"ק קר"ק וכן בזכרונות וכן בשופרות או לאחר תפלה כולהו אבל קודם תפלה לא אשכחן כדתנן מי שבירך ואח"כ נתמנה לו שופר אלא אשכחן בפרק קמא לעיל (דף טז·) למה תוקעין ומריעין כשהן יושבין ותוקעין ומריעין כשהן עומדין כדי לערבב את השטן והיינו כדעבדינן ומיהו לכאורה נראה לתקוע בתפלה כמו כן במלכיות זכרונות ושופרות קשר"ק קש"ק קר"ק לכל חד וחד כדי לצאת מספק דרבי אבהו ובערוך פי' שהיו עושין כן שפי' בערך ערב דהלין (ד) דמחמרי [ועבדי] שלשים כדיתבין ושלשים בלחש ושלשים על הסדר כנגד מאה פעיות דפעיא אימיה דסיסרא ואלין [עשרה] אינון כשגומרין כל התפלה קול תקיעה דיחידאי מיתבעי למיהוי [עשרה] תשר"ת תש"ת תר"ת והם מאה ועל מנהג שלנו היה תמיה ר"ת דקשר"ק של מלכיות וקש"ק דזכרונות וקר"ק דשופרות סותרין זה את זה דאי גנח ויליל כולהו בעי למיעבד קשר"ק ואי גנח לחוד כולהו בעי למיעבד קש"ק ואי יליל כולהו קר"ק והגהיג רבינו תם במקומינו לתקוע גם בזכרונות ובשופרות קשר"ק כמו במלכיות דהשתא נפיק מכל ספיקי וליכא אלא הפסק ובהכי סגי שלא לשנות המנהג ביותר דהא אמרינן שמע תשע תקיעות בט' שעות ביום יצא ונראה שיש קצת ליתן טעם על המנהג שלנו דסבר לה כמאן דאמר בסמוך אחת מדברי תורה ושתים מדברי סופרים וכיון שעשו בישיבה כל הספיקות של תורה ושל סופרים לא חשו לחזור ולעשות בשעת תפלה אלא ספיקא דאורייתא ובקדושת דאגן הסגל שעשה ר' שמשון ב"ר יונה כתיב טי ארבעים קולות כהריטב והייט כמנהגיט וכן בסדר רב עמרם אלא שכתב דבסוף מריע תרועה אחת בלא תקיעה וא"ת אהך דישיבה היכי נפיק הא תניא בס"פ (דף לה·) תקיעות וברכות של ראש השנה ויום הכפורים מעכבות זו את זו אלמא בעידן צלותא בעי למיעבד לאו פירכא היא דאע"ג דמשמע מתוך פי' הקונטרס *דאם בירך ולא בירך או תקע ולא תקע פירוש בירך מלכיות זכרונות ושופרות אי אפשר לומר כן דהתניא לקמן (שם) שתי עיירות באחת תוקעין ובאחת מברכין כשהוא הולך הולך למקום שמברכין ותנן מי שבירך ואח"כ נזדמנה לו שופר משמע שבלא שופר יכול לברך אלא תקיעות וברכות מעכבות זו את זו הייט שהתקיעות מעכבות זו את זו והברכות מעכבות זו את זו כשמברך מלכיות זכרונות ושופרות יברך שלשתן או לא יברך כלל וכן תקיעות שברים תרועות אם בקי בשלשתן יתקע ואם לאו לא יתקע וצריך לדקדק באותן שלשים קולות שאנו תוקעין בישיבה שכשמסיים השלשה קשרקי"ס ומתחיל הקשקי"ס או כשמסיים הקשקי"ס ומתחיל הקרקי"ס למה לי שתי תקיעות זו אחר זו ממה נפשך יפטר בתקיעה אחת דאי גנח ויליל הרי יצא בשלשה קשר"ק ואי גנח לחוד אותה תקיעה אחרונה של קשר"ק אחרון תעלה לו למנין קש"ק וכן אם יליל אותה תקיעה אחרונה של קש"ק אחרון תעלה לו למנין קר"ק ושמא כיון שעשו התקיעה לשם פשוטה שאחר התרועה לא רצו שתעלה לשם פשוטה שלפניה ומיהו אשכחן *ומשך בשניה כשתים שהיתה עולה לשתים אי לאו משום דפסוקי תקיעה בתרתי לא מפסקינן:

ניעבריה

עין משפט נר מצוה

ב א מיי' פ"ב מהלכות שופר הל' ד טור א"ח סי' תקפט:

נא ב טוש"ע א"ח סי' תקפט סעיף ח:

נב ג מיי' פ"ג מהלכות שופר הלכה א טוש"ע א"ח סי' תקצ סעיף ב:

נג ד ה מיי' שם הל' ד טוש"ע א"ח שם סעיף ג:

נד ו מיי' שם טוש"ע א"ח שם סעיף ו:

נה ז מיי' פ"ט מהלכות תפלה הל' ט טוש"ע א"ח סי' קכד סעיף א וטור א"ח סי' תקצא:

נו ח מיי' פ"ג מהלכות שופר הל' א טוש"ע א"ח סי' תקצ סעיף א:

רבינו חננאל

כר' יוחנן דאמר והוא בן עשר ובן י"א ואין מעכבין אותן מלתקוע ודייקי' הני מילי דיעבד אבל לכתחלה לא בקטן שלא הגיע לחינוך אין מעכבין אותן מלתקוע בי"ט ואפילו שלא להתלמד: [מתני'] סדר תקיעות שלש של שלש שלש. פי' ג' תקיעות ובכל אחת ג' נמצאו כולן ט'. וקי"ל דאית לן לאורוכי בתרועות כל מה דבעי וכך מנהג בכל ישראל. פי' ג' יבבות. ג' תרועות זו אחר זו דבוקות וג' שברים הן בנידותא ומעם הפסק בינתים נמצא שיעור ג' שברים יותר מג' יבבות. לפיכך אמר אביי בהא ודאי פליגי והן תר"ת תר"ת תר"ת שיעור תקיעה כג' תרועות ואקשי' עלה והתניא שיעור תקיעה כתרועה ופרקי' תנא דידן קא חשיב דכולהו בבי והכי קתני שיעור ג' תקיעות כג' תרועות נמצאת דכל תקיעה אחת כתרועה וליכא פלוגתא בינייהו ותוב תנינן שיעור תרועה ג' יבבות והתניא שיעור תרועה ג' שברים פי' יבבות זו אחר זו שברים בנידותא והפסק ביניהן אמר אביי בהא ודאי פליגי דכתיב יום תרועה ומתרגמי' יום יבבא. וכתיב באימיה דסיסרא בעד החלון נשקפה ותיבב אם סיסרא וחלקו בבירור לשון הקדש מאי משמע ותיבב ושואה רבנן להאי ותיבב כגון סימן תנא דידן סבר ילולי ילילה אם סיסרא ותנא ברא סבר גנוחי גנחא ולא נתברר הדבר

מסורת הש"ס

כפי הגהת מפרש"י הסרים תיבות אלו מתעסק הוא דלא יצא

[לעיל כח:]

לעיל כז. [כח.]

[לקמן לד.]

[שם]

[לקמן לד: ד"ה תקיעות]

[לעיל כז. כח.]

גליון הש"ס

במתני' שיעור תרועה כשלש יבבות. לא דתרגום תרועה יבבא צ"ל דאין יבבא דמתני' כיבבא דתרגום וכעין מה דאמרינן לשון תורה לחוד ולשון חכמים לחוד [חולין דף קלז ע"ב] ברא"ש

הגהות הב"ח

(א) גמ' והמתעסק לא יצא מתעסק הוא דלא יצא הא תוקע: (ב) רש"י ד"ה ומשך בשניה כו' שהיה צריך לעשות זו אחר זו פשוטה שלאחריה: (ג) ד"ה תנא דידן כו' קא חשיב כשלש תקיעות כשיעור שלש תרועות: (ד) תוס' ד"ה שיעור וכו' שפי' בערך ערב דהלין דמתמחרין ותוקעין שלשים כדמכרין:

§ מסכת ראש השנה דף לג: §

אות א'

כאן בקטן שהגיע לחינוך, כאן בקטן שלא הגיע לחינוך

טור סימן תקפח - [א]ואף על פי ששבת לאו זמן תקיעה היא, מותר לומר לקטן שלא הגיע לחינוך שיתקע בשבת, כדי להתלמד לתקוע; אבל אם הגיע לחינוך, אסור לומר לו לתקוע; ואם תקע מעצמו אין צריך למחות בידו.

[ב]**סימן תקצו ס"א - אבל קטן, אפילו הגיע לחינוך, מותר לומר לו שיתקע (המגיד)** - היינו אף להשתדל ללמדו אופן התקיעות, **ואפילו** אחר שאינו אביו משמע דמותר בזה, דמחנך לקטן.

ומותר לו לתקוע כל היום [ג](א"ז) - אקטן קאי, דאילו גדול הא כבר כתב דאין לתקוע עוד בחנם, [**ופשוט** דהגדול ג"כ מותר להשתדל ללמדו כל היום].

אות ב'

דלמא תוקע לשיר נמי מתעסק קרי ליה

סימן תקפט ס"ח - [ד]וכן התוקע לשורר ולא נתכוון לתקיעת מצוה, לא יצא - ואם מתכוין בזה גם לצאת ידי מצוה, כתב הא"ר דיצא, והיינו בעשה התקיעות כדין.

אות ג'

סדר תקיעות שלש של שלש שלש

סימן תקצ ס"א - [ה]כמה תקיעות חייב אדם לשמוע בר"ה, תשע; לפי שנאמר "תרועה" ביובל ובר"ה ג' פעמים - דכתיב ביוה"כ של יובל: והעברת שופר תרועה, ובר"ה כתיב: שבתון זכרון תרועה, יום תרועה יהיה לכם.

וכל תרועה פשוטה לפניה ופשוטה לאחריה - פשוטה לפניה, דכתיב: והעברת שופר תרועה, משמע העברת קול אחד לפני התרועה, **ופשוטה** לאחריה, דכתיב: תעבירו שופר, גמרא.

ומפי השמועה למדו שכל תרועות של חדש השביעי אחד הן, בין בר"ה בין ביוה"כ של יובל, תשע תקיעות תוקעין בכל אחד משניהם: תר"ת, תר"ת, תר"ת - דגמרינן "שביעי" "שביעי" לג"ש, נאמר בר"ה "בחדש השביעי", ונאמר ביובל "והעברת שופר תרועה בחודש השביעי", [גמרא].

אות ד' – ה'

שיעור תקיעה כשלש תרועות

שיעור תרועה כשלש יבבות

סימן תקצ ס"ג - [ו]י"א ששיעור תקיעה כתרועה, ושיעור תרועה כשלשה יבבות, [ז]דהיינו ג' כחות בעלמא כל שהוא, והם נקראין טרומיטין - דע, דבין י"א הזה, ובין י"א שמביא המחבר בסוף דבריו, תרווייהו ס"ל דשיעור תקיעה, היינו בין שלפניה ובין שלאחריה, היא כתרועה, **אלא** דמחולקים בשיעור תרועה, דלהי"א הזה, שיעורו הוא ג' כחות קטנים, **ולהי"א** השני, תרועה הוא כשיעור ט' כחות, וממילא נ"מ הוא ג"כ לענין שיעור תקיעה.

[ח]**ולפי זה צריך ליזהר שלא יאריך בשבר** - ר"ל שבר אחד, דהיינו קול אחד, **כשלשה טרומיטין, שאם כן יצא מכלל שבר ונעשה תקיעה** - ובין בשברים של תש"ת, ובין בשברים של תשר"ת, צריך ליזהר בזה.

באר הגולה

א ‹כתב הרי"ף: אמר רבי אלעזר ואפילו בשבת, והני מילי בקטן שהגיע לחינוך, אבל קטן שלא הגיע לחינוך, ביום טוב אין בשבת לא, **ואית** דאמרי איפכא, כלומר הני מילי בקטן שלא הגיע לחינוך, אבל בקטן שהגיע לחינוך לא. **וכתב** הר"ן, הני מילי בקטן שהגיע לחינוך, דכיון שהגיע לחינוך מתעסקין עמו כדי שילמוד אפילו בשבת, אבל קטן שלא הגיע לחינוך, ביום טוב אין בשבת לא, דבשבת אין מתעסקין עמו, ולא עוד אלא שאם בא לתקוע מעכבין עליו, והכי מוכח בגמרא, {עיין גירסת הגר"א}, **וכי** תימה אמאי מעכבין, דהא קיימא לן דקטן אוכל נבלות אין בית דין מצווין להפרישו, **יש** לומר דהני מילי במילתא דלא מיפרסמא, אבל במילתא דמיפרסמא כי הא שהקרן נשמע לרבים, מעכבין, דילמא נפיק מיניה חורבא לתקוע בשבת שלא בפני בית דין. **וכתב** הרא"ש על דברי הרי"ף, רש"י פירש כלישנא קמא, והקשה עליו ר"י... {והקושיות מובא בתוס'}, לפיכך פירש איפכא, דבהגיע לחינוך אין מעכבין, אבל לכתחלה לא אמרינן להו תקעו, כיון דאיכא איסורא דרבנן, ומכל מקום לא מחוייב להפרישו, כיון דאם לא היה שבת מצות היום בשופר, **קטן** שלא הגיע לחינוך, מתעסקין, כלומר מותר להניח להתעסק, וכן מוכח בריש ערכין עכ"ל. {**לא** אתי שפיר, דא"כ היינו אין מעכבין, ונ"ל דע"כ צ"ל דלאו דוקא להניח להם לתקוע קאמר, אלא ה"ה שאומרים להם תקעו, אבל אין משתדלים עמהם לסייעם, ולאפוקי מדברי הה"מ דמתיר להשתדל עמהם לסייעם, כנ"ל אע"פ שאינו במשמעות לשונו – מאמר מרדכי}. **וכן** כתב הרמב"ם, דהא דתנן אין מעכבין אותם מלתקוע אבל מתעסקין עמהם, ואמר רבי אלעזר אפילו בשבת, בשלא הגיעו לחינוך היא, **ומיהו** כתב הרב המגיד פירוש מתעסקין שאומרים להם תקעו, ומשתדלין עמהם. **וכתב** הר"ן, דהא דשרי להתעסק אפילו בשבת, דוקא ביום טוב של ראש השנה שחל להיות בשבת, אבל בשבת אחרת לא, והכי איתא בירושלמי, וכן נראה מדברי הרא"ש, **אבל** הרמב"ם כתב, דהא דאין מעכבין התינוקות מלתקוע אפילו בשבת, היינו דוקא בשבת שאינו יום טוב של ראש השנה, **וכתב** הרב המגיד דטעמו, משום דבשבת של יום טוב של ראש השנה ודאי מעכבין אותם, שלא יאמרו שתוקעין ביום טוב של ראש השנה שחל להיות בשבת, וכן נראה מן הירושלמי עכ"ל – ב"י› **ב** ‹ע"פ מהדורת נהרדעא. **והר"ב** שו"ע לא הזכיר האי דין כלל, וגם הרב הגה לא כתבו רק לענין יום טוב לחוד, {ומשמע דבשבת אסור בין הגיע לחינוך בין לא הגיע}, נראה דסברי כדעת רבינו אפרים והרז"ה שהביא הר"ן והביאו ב"י לעיל סי' תקפ"ח, דסברי שעכשיו אסור לתקוע לכל קטן בשבת כלל, ואפילו בשבת של ראש השנה, לפי שלא נאמרו דברים הללו אלא בזמן שהיה תקיעת שופר דוחה את השבת, וכתב שכן מוכח בירושלמי – נחלת צבי› **ג** ‹ומה שמציין אור זרוע איננו מהרמ"א, רק מאיזה מציין, דהא האור זרוע מתיר לתקוע בחנם אחר שיצאו מכבר, והרמ"א פליג עליו – שעה"צ› **ד** **מסקנת הגמרא שם** ‹ל"ב› **ה** **משנה וגמרא ר"ה ל"ג** **ו** **שם במשנה כאוקימתא דאביי ובררייתא** **ז** **טור בשם רש"י שם** **ח** **התוס' והרא"ש שם**

וי"א דאין לחוש אם האריך בשברים קצת, ובלבד שלא יאריך יותר מדאי, וכן נוהגין (מרדכי והג"א) – (היינו אפי' לפי שיטה זו, דשיעור תרועה לא הוי כי אם ג' כחות בעלמא, מ"מ השברים ארוכים יותר, וא"כ תקיעה דסימן תש"ת לא הוי פחות מג' שברים, **והלכך אין לחוש כל שאינו מאריך בשבר אחד כשיעור ג' שברים, דאינו נעשה תקיעה בתש"ת בפחות מזה השיעור), והמחבר** בדעה ראשונה סובר, כיון דבסדר תר"ת, התקיעה רק כתרועה ג' כחות קטנים, תו אין להאריך בשבר א' לעשותו כעין זה, (ומה דכתב בסוף הסעיף "ולפי"ז אין לחוש", היינו לדעה שניה שם, והרמ"א הוסיף בענינינו להקל אף לפי דעה הראשונה).

ובתש"ת לא יאריך בשבר אחד כשיעור ג' שברים מהאי טעמא, אבל כשיעור ג' טרומיטין מותר, (ויוכל להמשיכו עד וי"ו כחות, **ולא עד בכלל,** [דעכ"פ שברים ארוכין מיבבות, וא"כ יש בכל שבר שיעור שתי כחות כל שהוא, כיון דאפיקתיה מכח א'], **דהא** כד עבדינן שברים דהוא ארוך יותר מתרועה דידן, הוא מחמת דנסתפק לנו, דשמא "תרועה" הכתוב בתורה הוא שברים דידן, וכנ"ל, וממילא התקיעה הוא ג"כ ארוך יותר.

בשברים של תשר"ת, לא יאריך בשבר אחד כשיעור ג' שברים ותרועה, דהא תשר"ת עבדינן מספיקא, דשמא "תרועה" דקרא הוא שניהם יחד, וא"כ גם התקיעה צ"ל כשניהם יחד, וע"כ אף שהאריך קצת בשברים, לית לן בה, (והוא עד ט' כחות, ולא עד בכלל).

וצריך להאריך בתקיעה של תשר"ת יותר מבשל תש"ת - דשמא הוי "תרועה" שברים ותרועה יחד, ר"ל יליל וגנח, ושיעור תקיעה הלא הוי כתרועה, **ולפי** דעה זו, די אם נעשה התקיעה של תשר"ת כשיעור י"ב כחות, ‹ג' לתרועה, וט' לשברים לחשוש לשיטת הב"ח, דשברים לכו"ע הוי כשיעור ט' כחות›, [**ובדיעבד** די אם עשה אותה כט' כחות, ‹ג' לתרועה וו' לשברים›.

ובשל תש"ת יותר מבשל תר"ת - דשברים הוא גונח, והוא יותר גדול מיליל שהוא תרועה, ושיעור התקיעה, די בזה כט' כחות, ‹כהב"ח הנ"ל, **ובדיעבד** כשיעור ו' כחות – שונה הלכות›. **ובשל** תר"ת, די בתקיעה כשהיא של ג' כחות, כמ"ש בריש הסעיף.

ומיהו אם מאריך הרבה בכל תקיעה אין לחוש, שאין לה שיעור למעלה; וכן בתרועה יכול להאריך בה כמו שירצה; וכן אם מוסיף על ג' שברים ועושה ד' או ה', אין לחוש - ויש מן הפוסקים שמחמירין בשברים, ונכון לחוש לדבריהם לכתחלה, שלא לעשות יותר מן ג' שברים.

[ט]וי"א ששיעור יבבא ג' טרומיטין; ושיעור תרועה כשלשה יבבות, שהם ט' טרומיטין - וכתבו האחרונים, דנכון לעשות כן לכתחלה, ובדיעבד די בג' כחות כדעה א'.

ושיעור תקיעה ג"כ תשעה טרומיטין, כתרועה - היינו בשל תר"ת, דאלו בשל תש"ת הוא יותר מעט, **ונכון** לחוש לדעה זו לכתחלה, ובדיעבד די אם עשה אותה כשלשה כחות, כדעה הראשונה.

ולפי זה אין לחוש אם האריך קצת בשברים - ר"ל דכיון דשיעור תקיעה הוא כט' טרומיטין לפחות, ממילא יוכל להאריך בשבר אחד מהשברים עד כדי ח' טרומיטין, ולא יחשב כתקיעה, **אבל** יזהר שלא יעשה כשיעור ט' טרומיטין, דאז פסול אף בדיעבד, דנחשב כתקיעה לכו"ע.

והנה בתשר"ת ‹לשיטת הרמ"א› היה לנו להקל יותר, להאריך בשבר אחד עד י"ח כחות, כיון דתרועה שם הוא בסך זה, ממילא לא הוי שיעור תקיעה עד י"ח, שהוא גניחות ויללות, **אלא** דיש לחוש לבלבול הדעת, שפעם אחד יעשה השבר ארוך מחבירו, דבתש"ת הלא אסור לעשות כן וכנ"ל, ע"כ ישוה אותם בכל מקום, שלא יהיה שום שבר ארוך כט' כחות, **וגם** דלדעת [י]הראב"ד, כל שבר שהוא כט' כחות נחשב כתקיעה, וע"כ יש ליזהר בזה, **ומ"מ** בדיעבד אינו נפסל אם עשה השבר בתשר"ת עד י"ח כחות, אבל י"ח פסול אף בדיעבד, דשוב נעשה תקיעה לכו"ע.

וכתבו האחרונים, דלכתחלה יעשה שיעור השלשה שברים כט' כחות, ‹ועוד משהו – עיין שונה הלכות›, [כיון דלדעה האחרונה, אף התרועה כשיעור ט' כחות, ומכ"ש השברים שהם ארוכים מיבבות], **ובדיעבד** יצא אם האריך כשיעור ו' כחות, או קרוב לזה.

וצריך להאריך בתקיעה של תשר"ת כשיעור י"ב טרומיטין - ט"ס, וצ"ל י"ח, דתרועה הוא ט' טרומיטין, וגם שברים לפחות הוא כן, וא"כ הוא י"ח וגם יותר מעט, דהא שברים ארוכין יותר מעט.

ומי שלא האריך בתקיעה כשיעור הזה והאריך בשברים - לאו דוקא, דה"ה אם אריכתו בשברים היה שוה עם התקיעה, **לא קיים מצוה לא כמר ולא כמר** – (הנה כונת המחבר לפי דעתו לעיל בדעה ראשונה, דאם עשה שבר של ג' כחות, נעשה תקיעה, ה"נ אם עשה התקיעה רק י"ז כחות, שאינו יוצא לפי דעה אחרונה, ובשברים עשה שבר אחד של ג' כחות אינו יוצא לדעה הראשונה, **אמנם** לפי מה שאנו

באר הגולה

ט שם בשם הריב"ם והריב"א | י ‹והראב"ד הוא דעת שלישית, וס"ל כרש"י דשיעור ג' יבבות הם ג' כחות כל שהו, אלא דס"ל לבתר דמסיק אביי בסיפא דבהא ודאי פליגי, דתנא דמתניתין סבר דתרועה ילולי, וברייתא סברי גנוחי, חזר בו מתירוץ ראשון, וס"ל דגם תנא דמתניתין חשיב תקיעה דחד בבא, והא דקתני שיעור תקיעה כשלש תרועות וברייתא קתני כחד תרועה, כל חד לשיטתיה אזיל, **דהראב"ד** ס"ל דלא היתה הקבלה דשיעור תקיעה כתרועה, אלא שיעור תקיעה כט' כחות, וא"כ תנא דמתניתין דס"ל שיעור תרועה כג' יבבות דהיינו ג' כחות, וכיון דתקיעה צריך להאריך כט' כחות, לכן קתני כג' תרועות דהוין ט' כחות. **אבל** תנא דברייתא דס"ל תרועה ג' שברים שהן כל שבר ג' כחות, דלא כרש"י {דכתב דשברים הויין רק ארוכים מיבבות}, וג' שברים הויין ט' כחות, ולכן אמר שיעור תקיעה כתרועה אחת דהיינו ט' כחות. **א"כ** לענין שיעור תקיעה לא פליג מתניתין עם הברייתא, לתרוויהו שיעור תקיעה כתשעה כחות, ולפי זה גם בתשר"ת א"צ להאריך בתקיעה יותר מט' כחות, ונגד זה גם בתר"ת צריך להאריך בתקיעה כשיעור תשעה כחות – מחה"ש›

נוהגין כרמ"א לעיל בהג"ה, אפילו אם עשה השבר של ג' כחות בתש"ת, ג"כ בודאי יוצא, וכן בתשר"ת אם משך השבר פחות מכדי שיעור שברים ותרועה, ג"כ יוצא, **ושיעור** של שבר אחד בתש"ת, כתב בספר מטה אפרים דיוכל להמשיכו עד וי"ו כחות, ולא עד בכלל, וממילא בתשר"ת שהוא כדי שיעור שברים ותרועה, הוא עד ט' כחות, ולא עד בכלל. **היוצא** לדינא, דלא פסלינן אלא אם כן עשה השבר בתשר"ת כדי ט' כוחות, אז אמרינן דאם עשה התקיעה בתשר"ת פחות מי"ח, דלא קיים לא כמר ולא כמר, וכן בתש"ת, אם עשה התקיעה פחות מכדי תשעה כחות, והשברים עשה בשבר אחד כדי ששה כוחות, ג"כ לא קיים לא כמר ולא כמר, **אמנם** כבר הורנו המ"א, דלדידן לכו"ע כיון דנהגינן לעשות השברים מג' עד ט' כחות, ולא עד בכלל, צריך לעשות התקיעה לפחות ט' כחות, דאל"ה אפילו בדיעבד אינו יוצא.

והנה בעבור שזה הסעיף רבו פרטיו, ויקשה להקורא להבין ממנו פרטיו למעשה, וע"כ אכתוב בקיצור איך להתנהג לכתחלה: **צריך** התוקע ליזהר שיאריך בתקיעות דתשר"ת, שכל תקיעה יהיה לפחות כשיעור ח"י כחות ומעט יותר, **והתקיעות** של תש"ת ותר"ת יהיה לפחות כשיעור ט' כחות, דבזה יצא לכו"ע, שהרי מותר להאריך אפילו יותר מכשיעור, [**והתקיעה** של תש"ת יהיה מעט יותר מט' כחות לפי דעה האחרונה, דהא שברים ארוכים מן תרועה].

וגם יזהר בכל השברים בין בתש"ת ובין בתשר"ת, שלא יעשה שום שבר מט' כחות, [דלכתחילה צריך לצאת גם דעת הראב"ד, דשיעור ט' כחות הוי תמיד שיעור תקיעה, בין בתר"ת בין בתשר"ת], **וטוב** יותר שלא יעשה בכל שבר רק כשלשה כחות ‹ועוד משהו – שונה הלכות›, [**ואף** דלדעה ראשונה מחמיר השו"ע שלא לעשותה אפי' מג' כחות, כבר כתב רמ"א דנהיגין בזה להקל, **וגם** אם נרצה לנהוג בזה כוותיה, יהיה נגד דעת הראב"ד, וגם נגד דעה אחרונה].

וגם יזהר לכתחלה, שיעשה כל תרועה בין של תשר"ת ובין של תר"ת, כשיעור ט' כחות.

[יא]סימן תקצ ס"ד - [יב]ג' שברים צריך לעשותם בנשימה אחת

- דזה אנו עושין בשביל תרועה הכתוב בתורה, ואין להפסיקה לשנים, **וכתבו** רוב הפוסקים, דזהו לעיכובא אפילו בדיעבד.

[יג]אבל ג' שברים ותרועה דתשר"ת, י"א שאינו צריך לעשותם בנשימה אחת - דגנוחי וילולי לא עבדי אינשי בנשימה אחת, **והוא שלא ישהה בהפסקה יותר מכדי נשימה** - ועיין בב"י וב"ח, דבדיעבד גם לדעה זו, אם עשה בנשימה אחת יצא, אלא דלכתחלה ס"ל דאין נכון לעשותם בנשימה אחת.

[יד]וי"א שצריך לעשותם בנשימה אחת - וטעמם, דהא מה שאנו עושין שברים תרועה, הוא מפני דשמא כונת התורה בתרועה לשתיהן דוקא, דאז יוצא ידי תרועה, א"כ אין להפסיק ביניהן בנשימה, דהוי כמו תרועה שנחלקה לשתים, ואינה כלום, וע"כ אפילו בדיעבד אם עשה כן מחזירין אותו, **ומ"מ** לא יתקע שברים תרועה בכח אחד בלתי שום הפסק, דבכה"ג לא מיקרי נשימה אחת, **אלא** יפסיק מעט, רק שלא יהיה בכדי נשימה בינתיים.

[טו]וירא שמים יצא ידי כולם, ובתקיעות דמיושב יעשה בנשימה אחת; ובתקיעות דמעומד יעשה בב' נשימות - אבל איפכא לא, [והיינו במקומות שנוהגין כר"ת, לתקוע רק תשר"ת למלכיות, וכן לזכרונות וכן לשופרות, {דבזה יוצא ממ"נ, אי כונת התורה לשברים לחוד או לתרועה לחוד, ולהפסק לא חיישינן}, **וא"כ** אי עביד שברים תרועה בנשימה אחת, דלמא תר"ת אמת היא, ושברים לאו כלום היא, ואי הוו מתחיל בתרועה באותה נשימה של שברים, לא חשיבה תרועה כלל בכה"ג], **ובמקומות** שנוהגין לתקוע למלכיות תשר"ת תש"ת תר"ת, וכן לזכרונות וכן לשופרות, יכול לעשות ג"כ להיפך, במיושב בשתי נשימות, ובמעומד בנשימה אחת.

הגה: והמנהג הפשוט לעשות הכל בב' נשימות, ואין לשנות - אך יזהר שלא יפסיק יותר מכדי נשימה, כנ"ל, **וע"כ** טוב שיקרא לפניו המקרא "שברים תרועה" בפעם אחת, דאם ימתין התוקע עד שיקרא הקורא לפניו תיבת "תרועה", עלול מאד שיהיה עי"ז הפסק יותר מכדי נשימה.

ובמקומות שנוהגין לעשות בנשימה אחת, גם כן לא ישנו מנהגם.

ואפילו לפי מנהגינו, אם עשה בנשימה אחת יצא, [**א'**, דהרבה פוסקים סוברים, דלכתחילה צריך לעשות בנשימה אחת, **ואפי'** אם נאמר כדעת ר"ת, הא הרבה סוברין, דאפי' לדידיה אם עשאן בנשימה אחת יצא].

[**והנה** הח"א השמיט מה שכתב הרמ"א, דהמנהג הפשוט לעשות הכל בשתי נשימות, **דבאמת** הכרעת השו"ע טובה מאד, דבזה אנו יוצאין ידי כל הדיעות, **וגם** דדעת הב"י, דאפי' לדעת ר"ת, אם עשאן בנשימה אחת יצא, **וא"כ** אם נעשה בנשימה אחת יותר טוב לצאת ידי הדין].

סימן תקצ ס"ה - אם תקע תר"ת בנשימה אחת, [טז]יצא; [יז]ויש מי שאומר שלא יצא

- דאין כאן לא ראש ולא סוף, **וסברא** ראשונה ס"ל, כיון דניכר, סלקי לכל אחד ואחד, **ועיין** בביאור הגר"א שמסכים לדעה הראשונה.

אות ה'*[יח]

תוס' ד"ה שיעור תרועה: וכן בסדר רב עמרם אלא שכתב דבסוף מריע תרועה אחת בלא תקיעה

סימן תקצו ס"א - [יט]לאחר התפלה מריעים תרועה גדולה בלא תקיעה

- כדי לערבב השטן שלא יקטרג עליהם אחר התפילה, שהולכים ואוכלים ושותים ושמחים, לומר שאינם יראים

באר הגולה

[יא] ‹ס"ד-ס"ה מילואים› [יב] טור בשם ר"ת [יג] שם בשם ר"ת ורוב המפרשים והרב המגיד לדעת רמב"ם ושאר פוסקים [יד] שם בשם הרי"ץ גיאות והרא"ש והרמב"ן [טו] תרומת הדשן [טז] ירושלמי והרא"ש לדעת הטור והר"ן [יז] רבינו ירוחם בשם הרא"ש וקצת מפרשים [יח] ‹ע"פ הגר"א› [יט] טור בשם רב עמרם

מאימת הדין, [**אבל** כל זה אינן מעכבות, שאם לא יעשה כן אין עיכוב בדבר, שהרי כבר יצאו ידי חובתן].

אבל אין אנו נוהגין כן, רק בסיום תקיעה אחרונה של השלמת מאה קולות, כמו שנבאר לקמיה, המקרא אומר: תקיעה גדולה, והתוקע מאריך בה יותר משאר תקיעות.

הגה: ויש מקומות נוהגין לחזור ולתקוע ל' קולות (מנהגים ישנים) - ובשל"ה כתב לתקוע ק' קולות, דהיינו ל' דישיבה, והתקיעות של סדרים, ושלשים אחר התפלה, ולהוסיף עוד, שבסך הכל יהיו מאה קולות.

אות ו'

תקע בראשונה ומשך בשניה כשתים, אין בידו אלא אחת

סימן תקצ ס"ו - [כ]אם האריך בתקיעה אחרונה של תשר"ת כשיעור ב' תקיעות, כדי שתעלה לשם תקיעה אחרונה של תשר"ת ובשביל הראשונה של תש"ת, לא עלתה לו אלא בשביל תקיעה אחת - דהיינו האחרונה, לפי שכל תקיעה צריך להיות בה ראש וסוף, [**כן** מוכח בגמרא (דף כ"ז. כ"ח.) [כא]דלא צריכינן להמסקנא לומר "דפסוקי תקיעתא מהדדי לא מפסקינן"]. (דבלא"ה ג"כ אינו יכול להיות נמנה לשנים), **ואם** נחלק תקיעה זו לשני תקיעות כמו שחשב התוקע, אין כאן ראש לתקיעה אחרונה, ולא סוף לתקיעה ראשונה, **ולפיכך** אין אנו הולכין כלל אחר מחשבתו בזה, אלא אנו חושבין תקיעה זו לתקיעה אחת ארוכה, ועולה לו בשביל האחרונה.

המחבר נקט לפי מה שהיו נוהגים במקומו, לתקוע בשביל מלכיות תשר"ת, ובשביל זכרונות תש"ת, כדלקמן בסימן תקצ"ב, והתכוין שיעלה לו גם בשביל הראשונה של זכרונות, **וה"ה** לפי מה שנוהגין במדינתינו, לתקוע בכל פעם תשר"ת, והתכוין באחרונה בשביל הראשונה של זכרונות.

[כב]וי"א שאפילו בשביל אחת לא עלתה לו - טעמם, דאזלינן בתר מחשבתו, ומחלקינן התקיעה לשתים, וממילא אין לו כלום וכנ"ל.

ועיין באחרונים שכתבו, דלדיעה זו הפסיד כל הבבא, דהא הפסיק בקול אחר שהוא שלא כדין, וכמש"כ בס"ח, וצריך לחזור ולתקוע תשר"ת, **אכן** לדינא אין נ"מ בכל זה, דהעיקר כסברא ראשונה.

הגה: ואם תקע תקיעה אחת בין ב' סדרים, והתנה שאיזה מן הסדרים הוא הנכון תעלה לו אותה תקיעה, יצא (ב"י) - ר"ל שתקע תשר"ת ש"ת, והתנה בתקיעה אחרונה של תשר"ת, שאם זה הסדר הוא הנכון, תעלה לו התקיעה בשבילו, ואם הסדר של תש"ת הוא הנכון, יעלה לו תקיעה בשבילו, **כי** הלא מדין התורה סגי בסדר אחד, רק מפני שאין אנו יודעין איזה סדר הוא הנכון אנו תוקעין כולם, וכנ"ל בריש הסימן, ולכן יצא בדיעבד ע"י תנאו, **ומ"מ** לכתחלה לא רצו חז"ל לתקן כך, שיתקע רק תשר"ת ש"ת ר"ת, כדי שלא יטעו לומר שאין צריך אלא ש"ת, או תרועה תקיעה.

[**אבל** אם לא התנה כלל, אלא לאחר שתקע תשר"ת תקע רק ש"ת, בודאי אין אנו יכולין לצרף מחמת ספק התקיעה אחרונה של התשר"ת להש"ת, דהלא לא כיון בשביל זה, והוי כתקע בלא כוונה].

אות ו'* [כג]

מי שבירך ואחר כך נתמנה לו שופר, תוקע ומריע ותוקע שלש פעמים

רמב"ם פ"ג מהל' שופר הי"ג - התקיעות אינן מעכבות את הברכות, והברכות אינן מעכבות את התקיעות.

אות ז'

שליח צבור מוציא את הרבים ידי חובתן

סימן קכד ס"א - [כד]לאחר שסיימו הצבור תפלתן, יחזור ש"צ התפלה, שאם יש מי שאינו יודע להתפלל יכוין למה שהוא אומר ויוצא בו - אבל הבקי אינו יוצא אפילו בדיעבד בתפלת הש"ץ, **ואפילו** בשאינו בקי, אינו יוצא כי אם ביש עשרה בבהכ"נ. **וצריך** שיבין בלשה"ק, דאל"כ לא מהני אף ששומע מש"ץ כל תיבה, **אבל** המתפלל בעצמו בלשה"ק, אפילו אם אינו מבין הלשון, יצא, **ועיין** לעיל סימן ק"א במ"ב, דעכ"פ ברכת "אבות" יראה להבין מה שהוא אומר.

וצריך [כה]אותו שיוצא בתפלת ש"צ לכוין לכל מה שאומר ש"צ מראש ועד סוף, ואינו מפסיק, ואינו משיח, ופוסע ג' פסיעות לאחריו, כאדם שמתפלל לעצמו.

טור סימן תקצא - ומתפללין הצבור בלחש תפלת מוסף, אף על גב דקי"ל כרבן גמליאל דאמר ש"צ פוטרן; דתנן כשם שש"צ חייב כך כל אחד ואחד חייב, רבן גמליאל אומר ש"צ פוטר את הרבים; ואסיקנא הלכה כרבן גמליאל דאמר בר"ה ויוה"כ ש"צ מוציא לכל מי שהוא בבהכ"נ ושמעו ממנו התפלה מראש ועד סוף, אפי' אם הוא בקי ויודע להתפלל; ומי שהוא אנוס ואינו יכול לבא לבית הכנסת, כגון עם שבשדות וזקן וחולה, הוא פוטרו אפילו לא בא לבהכ"נ; מ"מ מוטב שיתפללו יחידים, כי מי שירצה לצאת בתפלת ש"צ צריך שיכוין לכל מה שאומר ש"צ, ואם חסר אפלו מלה אחת שלא כיון לה לא יצא, ואין כל אדם יכול לעמוד בזה;

באר הגולה

כ משנה שם רמב"ם ורמב"ן ורשב"א | כא (עיין ברש"י דפי' משום פסוקי תקיעתא, ועיין ברש"ש דכתב דלא היה צריך לזה) | כב טור בשם ירושלמי | כג (ע"פ מהדורת נהרדעא) | כד ר"ה ל"ג | כה טור בשם הגאונים

וכ"ש לבעל העיטור שכתב שאין ש"צ פוטר אלא מי [כו] **שאינו בקי, אבל בקי אפילו אם הוא בבהכ"נ אינו פוטרו; הלכך טוב הוא שיתפלל כל יחיד ויחיד, וכן נוהגין.**

אות ז'* [כז]

מנין שבשופר, תלמוד לומר והעברת שופר תרועה

רמב"ם פ"א מהל' שופר ה"א - ואף על פי שלא נתפרש בתורה תרועה בשופר בראש השנה, הרי הוא אומר ביובל: והעברת שופר תרועה וכו' תעבירו שופר, ומפי השמועה למדו: מה תרועת יובל בשופר, אף תרועת ראש השנה בשופר.

אות ח'

ומנין שפשוטה לפניה, ת"ל: והעברת שופר תרועה וכו'

סימן תקצ ס"א - וכל תרועה פשוטה לפניה ופשוטה לאחריה - פשוטה לפניה, דכתיב: והעברת שופר תרועה, משמע העברת קול אחד לפני התרועה, **ופשוטה** לאחריה, דכתיב: תעבירו שופר, גמרא.

באר הגולה

כו ‹עיין בדף ל"ה. אות ה' בהערות› כז ‹ע"פ מהדורת נהרדעא›

§ מסכת ראש השנה דף לד. §

אות א'

ביום ולא בלילה

סימן תקפח ס"א - [א]זמן תקיעת שופר ביום ולא בלילה - דכתיב: יום תרועה יהיה לכם, [גמרא], **ואם** נמשך עד בין השמשות, יתקע בלי ברכה, [ואפי' ביום א'].

אות ב'

אתקין רבי אבהו בקסרי: תקיעה שלשה שברים תרועה תקיעה

סימן תקצ ס"ב - [ב]תרועה זו האמורה בתורה, נסתפק לנו אם היא היללה שאנו קורים תרועה, או אם היא מה שאנו קורים שברים, או אם הם שניהם יחד - מדמתרגמינן "תרועה" "יבבא", אלמא שהוא כקול שאדם משמיע כשהוא בוכה ומייליל, [דילפינן מאם סיסרא, דכתיב בה "ותייבב", גמרא ל"ג.], **ועדיין** אין אנו יודעין אם הוא כאדם הגונח מלבו, כדרך החולה שמשמיע קולות קצרים קול אחר קול, ומאריך בהם קצת, והוא הנקרא גונח, והוא דרך הבוכה בתחלת בכייתו, וזהו מה שאנו קורין "שברים", **או** כאדם המייליל ומקונן, שמשמיע קולות קצרות תכופות זה לזה, והוא מה שאנו קורין "תרועה", **או** אם הוא שניהם כאחד.

לפיכך, כדי לצאת ידי ספק צריך לתקוע תשר"ת ג' פעמים, ותש"ת ג' פעמים, ותר"ת ג' פעמים - ואין יוצא במה שתקע תשר"ת, דדילמא כונת התורה על שברים לחוד, וקמפסיק בתרועה בין שברים לתקיעה אחרונה, לכך חוזר ותוקע שברים לחוד, **ומחמת** זה הטעם צריך לתקוע ג"כ תר"ת, ואין יוצא במה שתקע תשר"ת, דדלמא כונת התורה על תרועה לחוד, והפסיק מתחלה בשברים בין תקיעה לתרועה.

[ג]סימן תקפה ס"ב - [ד]ויתקע תשר"ת ג' פעמים, ותש"ת ג' פעמים, ותר"ת ג' פעמים - טעם לסדר זה, עיין לקמן בסימן תקצ סעיף א' וב'.

הגה: וטוב לתקוע בצד ימין - של פיו, **אם אפשר לתקוע בכך (מנהגים)** - משום דכתיב: והשטן עומד על ימינו לשטנו, (עוד שמעתי בשם הגאון מהר"ר מאיר שמחה הכהן טעם נכון, כי בש"ס ר"ה ילפי לה לתקיעת שופר מחצוצרות המלחמה, ובקרא אצל מלחמה בגדעון כתיב: ויחזיקו ביד שמאלם בלפידים, וביד ימינם השופרות לתקוע וכו'), [**ומ"א** כתב עוד טעם, משום דבשמאל התפילין מגינין, וסיים: וא"כ איטר יד יש לתקוע בימין דידיה, **ולא** העתקתי בפנים, דאפשר דלטעם הראשון לא שייך זה, **ועוד** דהחמד משה כתב, דלאו דוקא שהתפילין של יד של התוקע, אלא תפילין דעלמא מגינים על מדת שמאל שהוא הדין, ולפיכך אין חילוק בין איטר לאחר].

ואם אי אפשר לו, אין להקפיד אף אם יעמידנו בצד שמאל, וגם פי השופר לצד שמאל, [**ובסידור** עמודי שמים כתב, בדרך כלל אין להקפיד כ"כ, אלא כל היכי דמתרמי ליה, וניחא ליה לתקוע כפי לימודו, טפי מעלי].

וכן יהפוך השופר למעלה - ר"ל שטוב שיהפוך פי השופר למעלה ולא לצדדין, **שנאמר: עלה אלהים בתרועה (רוקח ומהרי"ל)** - [ובשם הלבוש כתוב, שיגביה מעט פי השופר למעלה].

אות ב'* [ה]

מתקיף לה רב עוירא: ודלמא ילולי הוה וקא מפסיק שלשה שברים בין תרועה לתקיעה

סימן תקצ ס"ח - [ו]אם הפסיק בתרועה בין תקיעה לשברים - היינו בתש"ת הכניס תרועה קודם שברים, **וה"ה** אם הכניסו אחר שברים, ואפילו אם לא גמר התרועה וכנ"ל, (הוי הפסק והפסיד גם תקיעה ראשונה).

וכן בתשר"ת אם עשה התרועה קודם השברים, הפסיד בזה גם תקיעה ראשונה, **ויש** מאחרונים שמקילין בתשר"ת, וס"ל דכיון שתרועה שייכא בזה הסדר אלא שהקדימה, א"צ לחזור לתקיעה ראשונה, אלא גומר שברים תרועה כדרכו תמיד ודיו.

או שהפסיק בשברים בין תרועה לתקיעה - היינו ג"כ בתר"ת הכניס שברים אחר תרועה, וה"ה אם הכניסו קודם תרועה, ובכל זה אפילו לא גמר את השברים וכנ"ל, (והוא מהט"ז, **ושארי אחרונים כתבו, דהדין קאי גם אתשר"ת, וכגון שעשה שברים אחר התרועה, דהפסיד גם התקיעה ראשונה, דכיון שעשה מתחלה השברים תרועה כדין, שוב הוי הפסק ע"י השברים**).

(המשך ההלכות בעמוד הבא)

באר הגולה

[א] משנה מגילה כ' [ב] ברייתא שם (ל"ג:) דפליג אמתניתין וכדאתקין רבי אבהו בקיסרי ר"ה ל"ד [ג] (ע"פ הבאר הגולה והגר"א) [ד] מהא דאתקין רבי אבהו [ה] (ע"פ הב"י והבאר הגולה) [ו] מהא דאתקיף רב עוירא שם ל"ד

עין משפט נר מצוה

נז א מוש"ע א"ח סי' תקפה סעיף א :

נח ב מיי' פ"ג מהל' שופר הל' ב טוש"ע א"ח סי' תקצ סעיף ב :

מסורת הש"ס

[ב"מ סא. סנהדרין מג.]

[סוכה נג:]

[נ"ל מביום]

[לעיל כז:]

[לעיל ל. וש"נ]

שאין ת"ל בחדש השביעי ומה ת"ל בחדש השביעי שיהו כל תרועות החדש השביעי זה כזה ומנין לשלש של שלש שלש ת"ל והעברת שופר תרועה שבתון זכרון תרועה יום תרועה יהיה לכם ומנין ליתן את האמור של זה בזה ושל זה בזה ת"ל שביעי שביעי לגזירה שוה הא כיצד שלש שהן תשע שיעור תקיעה כתרועה שיעור תרועה כשלשה שברים האי תנא מעיקרא מייתי לה בהיקישא והשתא מייתי לה בגזירה שוה הכי קאמר *אי לאו גזירה שוה הוה מייתינא לה בהיקישא השתא דאתיא גזירה שוה היקישא לא צריך והאי תנא מייתי לה בג"ש ממדבר דתניא (במדבר י) ותקעתם תרועה תקיעה בפני עצמה ותרועה בפני עצמה אתה אומר תקיעה בפני עצמה ותרועה בפני עצמה או אינו אלא תקיעה ותרועה אחת היא כשהוא אומר (שם) ובהקהיל את הקהל תתקעו ולא תריעו הוי אומר תקיעה בפני עצמה ותרועה בפני עצמה ומנין שפשוטה לפניה ת"ל (שם) ותקעתם תרועה ומנין שפשוטה לאחריה ת"ל (שם) תרועה יתקעו ר' ישמעאל בנו של ר' יוחנן בן ברוקא אומר אינו צריך הרי הוא אומר ותקעתם תרועה שנית תרועה שנית שאין ת"ל שנית ומה ת"ל שנית זה בנה אב שבכל מקום שנאמר תרועה תהא תקיעה שניה לה אין לי אלא במדבר בר"ה מנין ת"ל תרועה תרועה לגזירה שוה ושלש תרועות נאמרו בר"ה (ויקרא כג) שבתון זכרון תרועה (במדבר כט) יום תרועה (שם כה) והעברת שופר תרועה ושתי תקיעות לכל אחת ואחת מצינו למדין שלש תרועות ושש תקיעות נאמרו בר"ה שתים מדברי תורה ואחת מדברי סופרים שבתון זכרון תרועה והעברת שופר תרועה מדברי תורה יום תרועה יהיה לכם לתלמודו הוא בא רבי שמואל בר נחמני אמר רבי יונתן אחת מד"ת ושתים מדברי סופרים והעברת שופר תרועה מד"ת שבתון זכרון תרועה ויום תרועה יהיה לכם לתלמודו הוא בא מאי לתלמודו הוא בא מיבעי *ביום ולא בלילה ואידך ביום ולא בלילה מנא ליה נפקא ליה מביום הכפורים אי (*ביום) הכפורים יליף נגמור נמי מיניה לפשוטה לפניה ופשוטה לאחריה והעברת תעבירו לא משמע להו אלא מאי דרשי בהו והעברת כדרב מתנא דאמר *רב מתנא והעברת דרך העברתו תעבירו דקאמר רחמנא נעבריה ביד ואידך דרב מתנא מדשני (א) בדיבוריה תעבירו ביד לא מצית אמרת דנגמר עברה עברה ממשה כתיב הכא והעברת שופר תרועה וכתיב התם (שמות לו) ויצו משה ויעבירו קול במחנה מה להלן בקול אף כאן בקול ולהאי תנא דמייתי לה ממדבר אי מה להלן חצוצרות אף כאן חצוצרות ת"ל (תהלים פא) תקעו בחדש שופר בכסה ליום חגנו *אי זהו חג שהחדש מתכסה בו הוי אומר זה ר"ה וקאמר רחמנא שופר באתקין רבי אבהו בקסרי תקיעה שלשה שברים תרועה תקיעה מה נפשך אי ילולי יליל לעביד תקיעה תרועה ותקיעה ואי גנוחי גנח לעביד תקיעה שלשה שברים ותקיעה מספקא ליה אי גנוחי גנח אי ילולי יליל מתקיף לה רב עוירא ודלמא ילולי הוה וקא מפסיק שלשה שברים בין תרועה לתקיעה הדר עביד תקיעה תרועה ותקיעה מתקיף לה רבינא ודלמא גנוחי הוה וקא מפסקא תרועה בין שברים לתקיעה הדר עביד תש"ת אלא רבי אבהו מאי אתקין אי גנוחי גנח הא עבדיה אי ילולי יליל הא עבדיה מספקא ליה דלמא גנח ויליל אי הכי ליעבד נמי איפכא תקיעה תרועה שלשה שברים ותקיעה דלמא יליל וגנח סתמא דמילתא כי מתרע באיניש מילתא ברישא גנח והדר יליל: תקע בראשונה ומשך בשניה כשתים: אמר רבי יוחנן שמע תשע

רש"י

שאין תלמוד לומר בחדש השביעי · דהא כתב לן בכמה מקומות דיום הכפורים בחדש השביעי הוא והכא יוה"כ כתיב : והעברת · פשוטה משמע העברת קול אחד : ביוה"כ תעבירו · הרי העברה תחילה וסוף ותרועה כתיבא בינתים : ומנין שלש של שלש שלש · מכין דהנך פשוטה לפניה ולאחריה ותרועה באמצע עבדינן תלתא זימני למלכיות חדא ולזכרונות חדא ולשופרות חדא : ת"ל . תרועה תלתא זימני לכל אחת פשוטה לפניה ופשוטה לאחריה : ומנין ליתן את האמור של זה בזה כו' · לפי ששלש תרועות הללו לא נאמרו במקום אחד שהשתים נאמרו בראש השנה והאחת ביובל מכין ליתן האמורות בראש השנה ביובל וליתן האמורה ביובל בר"ה שיהו כאן וכאן שלש : שביעי שביעי לג"ש · נאמר בר"ה בחדש השביעי ונאמר ביובל והעברת שופר תרועה בחדש השביעי : והאי תנא מעיקרא מייתי בהיקישא · ללמוד זה מזה מניין שבשופר ופשוטה לפניה ולאחריה גמר ר"ה מיובל בהיקישא דאין ת"ל בחודש השביעי אלא להקיש כל תרועות של חדש השביעי שיהו שוות: ולסוף גמר בג"ש · ליתן האמור של זה בזה הא נמי תיתי בהיקישא דאי כדכתיבן שיהו שתים בר"ה ואחת ביובל אין תרועות של חדש השביעי שוות : ה"ק אי לאו ג"ש · אי לא נאמרה ג"ש זו למשה מסיני לדונה הייתי מביא הכל בהיקישא *כלומר מעצמו : והאי תנא מייתי לה ממדבר · שתהא פשוטה לפניה ופשוטה לאחריה: תקיעה בפני עצמה כו' · דלא תימא חדא היא והכי קאמר היו תוקעין תרועה אלא ה"ק ותקעתם תקיעה ואחריה הריעו תרועה: או אינו · אלא אחת היא והכי קאמר היו תוקעין תרועה : כשהוא אומר תתקעו ולא תריעו · מכלל דבמסעות תתקעו ותריעו קאמר ותרועה לא קרי לה תקיעה הרי על כרחך תקיעה בפני עצמה כו' :

תלמוד לומר ותקעתם · והדר תרועה : שאין ת"ל שנית · שכבר אמר ותקעתם תרועה ונסעו מחנה פלוני כי הדר אמר ותקעתם תרועה ונסעו מחנה פלוני פשיטא דשנית היא : הכא תקיעה שניה לה · והכי קאמר ותקעתם תקיעה שנית לתרועה : ה"ג ושלש תרועות נאמרו בר"ה שבתון זכרון תרועה והעברת שופר תרועה יום תרועה יהיה לכם ושתי תקיעות לכל אחת ואחת מליט למדין לר"ה שלש תרועות ושש תקיעות שתים מדברי תורה ואחת מדברי סופרים והעברת שופר תרועה שבתון זכרון תרועה מד"ת יום תרועה יהיה לכם לתלמודו הוא בא רבי שמואל בר נחמני אומר אחת מד"ת ושתים מד"ס והעברת שופר תרועה מד"ת שבתון זכרון תרועה ויום תרועה יהיה לכם לתלמודו הוא בא מאי לתלמודו הוא בא וכו' : שתים מד"ס. תרי קראי דרוש למכילתא דקתני ולזיל והעברת שופר תרועה שבתון זכרון תרועה מד"ת כלומר מכאן נלמוד שתים יום תרועה יהיה לכם לא תדרשיה למכילתא שהרי לתלמודו הוא בא מופנה לג"ש שדרש תרועה תרועה לג"ש אלא סופרים אמרוה כדי להשוות מלכיות וזכרונות ושופרות לתקיעותיהן : רבי שמואל בר נחמני אומר כו' מאי לתלמודו הוא בא · בשלמא חד לג"ש אידך למאי : לא משמע ליה · למדרש מיניה פשוטה לפניה : דרך העברתו · למעוטי הפכו ותקע בו כדאמרן (לעיל דף כז:): נעבריה ביד · ואי לאו דהדר כתביה לא הוה משמע תעבירו לשון תקיעה: מספקא ליה · ועבד תרוייהו : ודלמא גנוחי הוא · ואין לך לעשות תרועות יבבות וקא מפסקא תרועה בין שברים לפשוטה שלאחריה : ודלמא ילולי הוא · ואין לנו שברים וקא מפסקי שברים דקשר"ק דר' אבהו בין תקיעה ראשונה לתרועה ואין כאן פשוטה לפניה: ברישא גנוחי גנח · גניחות ארוכות קומפליינ"ט בלע"ז : וסדר מילי · רלידי"ר בלע"ז : תשע

נעבריה ביד · פירוש שיאחוז בידו ויתקע ולא שיניחנו על גבי שום דבר ויתקע ופירוש הקונטרס עיקר :

מתשעה

הגהות הב"ח

(א) גמ' ואידך דרב מתנא מדשני קרא בדיבוריה :

גליון הש"ס

רש"י ד"ה ה"ק אי לאו גזירה שוה כו' כלומר מעצמו . עיין סוכה דף נג ע"א רש"י ד"ה לא מקשינן וצ"ע :

רבינו חננאל

כדברי אחד מהן . והיו כל ישראל כולן עושין זה וזה דבריר להו דתרווייהו תרועה היא ונהגו העם לעשות תשר"ת תר"ת תש"ת ג' פעמים ובא ר' אבהו ומצא עיירות תוקעין תש"ת ואחרים [תוקעין תר"ת] ואע"פ שנם שלשה שברים תרועה היא . ואחרים היו תוקעין תשר"ת ודומה שמשום ספק עשו כך . שהיו אומרים אם התשר"ת הוא האמת הרי הפסיק בין התשר"ת השני התר"ת והתש"ת . ותיקן שיהו עושין תשר"ת תשר"ת תשר"ת וכן תר"ת תר"ת תר"ת וכן תש"ת תש"ת תש"ת ואמר איזה מהן ודאי עשינוהו בלי הפסקה ביניהן ואע"פ שכולן תרועה הן השלים ביניהן שיהו הכל נוהגין מנהג אחד ולא תראה חלוקה ואמר להן מכל מקום נמצאו תקיעות זו אחר זו בלי הפסק בינתים ולפיכך נהגו הכל כמנהג הזה לתקוע מיושב כמו שתיקן ר' אבהו ועליהן מברך התוקע ברכת התקיעה ואע"פ שאינו על סדר הברכות וצבור צריכין לתקוע על סדר הברכות שהן ברכות אינן מעכבות אותן התקיעות ומפני שכבר יצאו הצבור ידי חובה לפיכך נהגו לתקוע במלכיות תשר"ת בזכרונות תר"ת בשופרות תש"ת להודיע שהכל אחד הן והכל יצאו ידי חובה ולא נשאר בדבר ספק . והא דאמר ר' יוחנן

ויש מקומות שדרכן לסיים בסוף תרועה בקול ארוך, ועיין בפמ"ג שמפקפק בזה, דאולי נחשב זה לשברים, **וכן** יש מבעלי התקיעה שאינם מומחים במלאכה זו, וכשעושין תרועה מתחילין בו בקול ארוך, ונראה התחלתו כעין שברים, **גם** זה לאו שפיר עבדי.

[ז]**וכן אם הריע ב' תרועות זו אחר זו** - דאף ששתיהם מענינא, מ"מ כיון שכבר גמר אחת בכשרות, תו השניה הויא הפסק, **ודוקא** כשהפסיק ביניהם, דאם עשאן בנשימה אחת, הויא כתרועה אריכתא, וכדלקמיה לענין שברים.

או שתקע אחר התרועה תקיעה כמתעסק שלא לשם תקיעה, והפסיק בה בין תרועה לתקיעה - ומ"א מצדד דיש להקל בזה, דמתעסק לא חשיב תקיעה כלל, והו"ל כאלו שמע קול אחר בנתיים, דלא חשיב הפסק עי"ז, (**ומ"מ** לכתחילה בודאי טוב לחוש לדעת המחבר, **וע"כ** צריך ליזהר במקום שבתי כנסיות תכופין זה אצל זה, **שלא** יתקעו בבהכ"נ אחת עד שיגמרו באחרת, **דאל"כ** לא ישמעו על הסדר, דאף שאין מתכוין לשמוע לשם מצוה, ואין ברצונו כלל לשמוע, מ"מ לדעת המחבר אפילו שמע כמתעסק הפסיד התקיעות ששמע).

או לאחר שתקע שלשה שברים שתק והפסיק ואח"כ תקע שברים אחרים, ואפילו שבר אחד - היינו שהיה בשתי נשימות, דאם היה בנשימה אחת, נחשב כאחת וכשר, דהרי יכול להוסיף כמה שברים, כדלעיל בס"ג, **וה"ה** אם התחיל לתקוע ואין הקול עולה יפה, ומתחיל לתקוע שנית, נחשבת הכל לתקיעה אחת.

בכל אלו הוי הפסק והפסיד גם תקיעה ראשונה - ואם כבר תקע גם תקיעה אחרונה, אותה תקיעה עולה לו במקום תקיעה ראשונה, וגומר משם ואילך על הסדר.

ואם לא נזכר עד שעומד בסימן אחר, כגון שעומד בתש"ת ונזכר שטעה בתשר"ת, גומר כל הסימן, ואח"כ חוזר ותוקע תשר"ת פעם אחרת, **ואע"ג** שהפסיק באמצע הסימן דתשר"ת בקולות אחרות, אין בכך כלום, כיון שבכל בבא בפני עצמו לא היה הפסק בקולות אחרות.

ודע עוד, דבכל זה אפילו טעה בתקיעות דמיושב צריך לחזור, ולא נאמר דנסמוך על תקיעות דמעומד, דכיון שבירך על אלו, צריך לעשותן כהוגן, **וגם** בתקיעות דמעומד צריך לחזור, דהם עיקר, **אבל** אם טעה בתקיעות שאחר התפלה, אין בכך כלום.

[ח]**סימן תקצ ס"ז - [ט]אם טעה בתשר"ת, ואחר שתקע ב' שברים טעה והתחיל להריע, אם נזכר מיד יתקע שבר אחר** - ודי בזה, דלא הפסיד סדרו, כיון שגם התרועה שייכא עכשיו להשברים, ששניהם הם תרועה בתשר"ת, לכך חשבינן ליה רק כמו נתקל בשברים, שאינו מפסיד השברים עי"ז, **ועיין** בביאור הגר"א שמסיק, דדוקא כשהיה בנשימה אחת, (היינו שבין שבר השני להשלישי לא היה הפסק כדי נשימה – שונה הלכות), **ואם** לא היה בנשימה אחת, צריך לחזור ולתקוע ג' שברים ותרועה, **ויש** פוסקים דס"ל, דאפילו היה בנשימה אחת, ג"כ צריך לחזור ולתקוע ג' שברים ולגמור הסדר, כיון שעכ"פ הפסיק באמצע השברים, **וראוי** לחוש לכתחלה להחמיר כדבריהן.

[י]**ואם לא נזכר עד שגמר התרועה שהתחיל בה בטעות** - פי' שעשה ג' כחות, דבזה יצא ידי תרועה לדעה ראשונה הנ"ל בס"ג, **לא הפסיד התקיעה הראשונה שתקע, אלא חוזר ותוקע ג' שברים ומריע ותוקע** - וטעם החילוק בין גמר ללא גמר הוא, דכל זמן שלא נגמר התרועה, הוי קול בעלמא, ונראה שעדיין עסוק בהשברים, שגם התרועה לא גמר, וחוזר להשלים השברים, **משא"כ** בגמר התרועה שהוא קול שלם, נראה שמתחיל אח"כ שברים אחר, ולכך אינו מועיל בהשלמת שבר אחד, אלא ג' שברים מחדש, **ומ"מ** התקיעה הראשונה לא הפסיד גם בזה, שלא הפסיק בקול אחר שאינו מענינא, דשניהם הם מענין תרועה, אלא שלא עשה כתיקונו.

[יא]**אבל אם אירע בתש"ת או תר"ת, הפסיד גם תקיעה ראשונה** - אירע בתש"ת, היינו שהתחיל בשברים, שבר אחד או שתים, ואח"כ עשה תרועה, לא אמרינן דהוא בכלל נתקל, **וכ"ש** אם עשה כל השברים ואח"כ עשה תרועה, כיון שהוא שלא מענינא, קלקל בזה כל הסדר, **וה"ה** אם עשה התרועה קודם השברים, **ואין** חילוק בכל זה בין שגמר התרועה או שלא גמר, בכל ענין הפסיד התקיעה הראשונה.

באר הגולה

[ז] טור בשם רמב"ן מהתוספתא [ח] (מילואים) [ט] טור בשם מעשה במגנצא [י] שם בשם הרמב"ן [יא] (מהא דאתקיף רב עוירא ל"ד א', וכמ"ש בס"ז אם הפסיק כו' או שהפסיק כו' – גר"א)

וכן מש"כ: או תר"ת, ר"ל שהתחיל בתרועה, ובאמצע הפסיק והתחיל לעשות שבר אחד, והכל כנ"ל לענין תש"ת, וה"ה לענין תר"ת, דכיון שאין זה שייך כלל לתרועה שבסדר זה, הפסיד גם תקיעה ראשונה.

[יב]סימן תקצ ס"ט - אם תקע שני תשר"ת, או שני תש"ת, או שני תר"ת כהוגן וטעה בשלישי, [יג]אינו צריך לחזור אלא לאחרון שטעה בו.

[יד]אם תקע בצד הרחב של השופר, לא יצא - דכתיב: והעברת שופר תרועה, וקבלו חז"ל, דר"ל דרך העברתו, כלומר בדרך תמונת גידולו שהאיל מעבירו מחיים בראשו, כך צריך לתקוע בו, דהיינו במקום הקצר, **וגם** רמז לדבר: מן המצר קראתי יה.

הגה: ואחר שתקעו, אומר השליח צבור פסוק: אשרי העם יודעי תרועה, ואשרי, ומחזירין הספר למקומו.

באר הגולה

יב ‹מילואים› יג טור בשם הרמב"ן יד ר"ן מהירושלמי

*תשע תקיעות בתשע שעות ביום יצא *תניא נמי הכי שמע תשע תקיעות בתשע שעות ביום יצא *מט' בני אדם כאחד [לא יצא] תקיעה מזה ותרועה מזה יצא ואפי' בסירוגין ואפי' כל היום כולו ומי אמר רבי יוחנן הכי והאמר ר' יוחנן משום ר' שמעון בן יהוצדק בהלל ובמגילה אם שהה כדי לגמור את כולה חוזר לראש לא קשיא הא דידיה הא דרביה ודידיה לא *והא ר' אבהו הוה שקיל ואזיל בתריה דר' יוחנן והוה קרי קריאת שמע כי מטא למבואות מטונפות אישתיק בתר דחליף אמר ליה מהו לגמור א"ל אם שהית כדי לגמור את כולה חזור לראש הכי קאמר ליה לדידי לא סבירא לי לדידך דסבירא לך אם שהית כדי לגמור את כולה חזור לראש ת"ר תקיעות אין מעכבות זו את זו *ברכות אין מעכבות זו את זו *תקיעות וברכות של ר"ה ושל יוה"כ מעכבות מ"ט *אמר רבה אמר הקב"ה אמרו לפני בר"ה מלכיות זכרונות ושופרות מלכיות כדי שתמליכוני עליכם זכרונות כדי שיבא לפני זכרוניכם לטובה ובמה בשופר: מי שבירך ואח"כ נתמנה לו שופר תוקע ומריע ותוקע: טעמא דלא הוה ליה שופר מעיקרא הא הוה ליה שופר מעיקרא כי שמע להו אסדר ברכות שמע להו רב פפא בר שמואל קם לצלויי אמר ליה לשמעיה כי נהורנא לך תקע לי אמר ליה רבא *לא אמרו אלא בחבר עיר תניא נמי הכי כשהוא שומען *שומען על הסדר ועל סדר ברכות במה דברים אמורים בחבר עיר *אבל שלא בחבר עיר שומען על הסדר ושלא על סדר ברכות *יחיד שלא תקע חבירו תוקע לו ויחיד שלא בירך אין חבירו מברך עליו ומצוה בתוקעין יותר מן המברכין *כיצד שתי עיירות באחת תוקעין ובאחת מברכין הולכין למקום שתוקעין ואין הולכין למקום שמברכין פשיטא הא דאורייתא הא דרבנן לא צריכא דאף על גב דהא ודאי והא ספק: כשם ששליח צבור חייב כך כל יחיד ויחיד וכו': תניא *אמרו לו לרבן גמליאל לדבריך למה צבור מתפללין אמר להם כדי להסדיר שליח צבור תפלתו אמר להם רבן גמליאל לדבריכם למה שליח צבור יורד לפני התיבה אמרו לו כדי להוציא את שאינו בקי אמר להם כשם שמוציא את שאינו בקי כך מוציא את הבקי אמר רבה בר בר חנה אמר ר' יוחנן מודים חכמים לרבן גמליאל ורב אמר עדיין היא מחלוקת שמעה [רבי] חייא בריה דרבה בר נחמני אזל אמרה לשמעתא קמיה דרב דימי בר חיננא אמר ליה הכי אמר רב עדיין היא מחלוקת אמר ליה רבה בר בר חנה נמי הכי קאמר כי אמר רבי יוחנן להא שמעתא אפליג עליה ריש לקיש ואמר עדיין היא מחלוקת ומי אמר רבי יוחנן הכי והאמר רבי חנה ציפוראה אמר רבי יוחנן הלכתא *כרבן גמליאל מכלל דפליגי

כי

רש"י

תשע תקיעות · תרועות נמי קאמר: **מתשעה בני אדם כאחד לא יצא** · הכי פירושה לפי מה שכתוב בספרים ולאו מלתא היא דהא אוקימנא (לעיל דף כז:) תרי קלי מתרי גברי משתמעי (א) והכי גרסינן לה בתוספתא מתשעה בני אדם כאחד יצא ואפי' בסירוגין ואפילו כל היום כולו ולא גרסינן תקיעה מזה ותרועה מזה יצא דהיינו רישא ואי גרסינן לה הכי הוא דגרסי' מט' בני אדם כאחד תקיעה מזה ותרועה מזה יצא ואפי' בסירוגין כו': **אם שהה** · בסירוגו כדי לגמור את כולו חוזר: **לדידי לא סבירא לי** · מה שהפסקת דאית ליה לר' יוחנן במסכת ברכות (דף כד:) היה קורא קריאת שמע והגיע למבואות המטונפות מניח ידו על פיו וקורא ולא סבירא לי נמי דמשום שהה יהא צריך לחזור: **לדידך דסבירא לך** · ואתה הולך עלי בשתיקה דכיון דקא בעית מהו לגמורה מכלל דסבירא לך סירוגין מעכבי קרייה ומבעיא לך בכמה הוי סירוגין: **תקיעות** · וברכות דעלמא כגון תעניות אין מעכבין זו את זו אם בירך ולא תקע: מי שבירך כו': **כי נסיימנא לך** · לסימן שסיימתי הברכה: **אלא בחבר עיר** · חבורת צבור אבל יחיד מברך את כולן ואח"כ תוקע תשע תקיעות: **דהא ודאי והא ספק** · ודאי הוא לו שאם ילך אצל המברכין ימצא שם עשרה ויתפלל ש"צ ויוציאנו ידי חובתו ואם ילך אצל התוקעין שמא כבר עמדו והלכו לביתם: כשם שש"צ וכו': **למה צבור מתפללים** · בלחש: **מודים חכמים** · אחר שנחלקו חזרו והודו: **אמר ליה** · ר' חייא לרב דימי: **רבה בר בר חנה נמי** · למריה דשמעתא הוא: **הכי קאמר** · שנחלקו על רבן יוחנן כשאמר כן:

תוספות

מתשעה בני אדם כאחד לא יצא · כך כתוב בספרים והקשה בקונטרס אמאי לא יצא הא אסיקנא לעיל דתרי קלי מתרי גברי משתמעי ופי' דגרסינן בתוספתא מתשעה בני אדם כאחד יצא ואפי' בסירוגין ונראה לקיים גרסת הספרים מתשעה בני אדם כאחד לא יצא משום דאין כאן בתרועה פשוטה לפניה ופשוטה לאחריה כיון שכולם ביחד והשתא ניחא גרס שפיר תקיעה מזה ותרועה מזה יצא דהיינו זה אחר זה ובסירוגין פי' סירוגין הפסקות הרבה שתוקע ומפסיק ושוהה לעשות התרועה עד לאחר שעה: **לדידי לא סבירא לי** · כלומר שהוא צריך לחזור לראש כששהה כדי לגמור כולה ולא שיהא צריך להפסיק כשמגיע למבואות המטונפות אלא מניח ידו על פיו וקורא ק"ש כדאמר ר' יוחנן בפרק מי שמתו (ברכות דף כד:) והיה נראה דקי"ל כוותיה כששהה כדי לגמור כולה דאין חוזר לראש אע"ג דפליגי עליה רב ושמואל בפרק הקורא את המגילה למפרע (מגילה דף יח:) דקי"ל כרבי יוחנן לגבי רב ושמואל כדמוכח בפ' מי שהוציאוהו (עירובין דף מז:) ומיהו כיון דרבי אבהו פליג היה קצת נראה לפסוק כמותו דהוה בתראה ואע"ג דאשכחנא רב יוסף בההיא דמגילה (שם) דקאמר נקוט דרב בידך דרב אמר אין הלכה כרבי מונא ושמואל אמר הלכה כר' מונא לאו משום דלהוי הלכה כרב לאמוראי קאמר הכי אלא האמת אמר דשמעינן ליה לשמואל דחייש ליחידאה וגם בפרק מי שמתו (ברכות דף כב.) גבי היה עומד בתפלה ומים שותתין על ברכיו דפליגי רב חסדא ורב המנונא ומסיק רב אשי דכ"ע אם שהה חוזר לראש והכא בדלא שהה *) וקשה הדבר מאד שהצבור בבהכ"נ כ"ע אומרים אמת ויציב וממתינין לש"ץ ושוהים עד שיגמור זולתות ומי כמוך שאומר בגאולה ומיהו היכא דאין שוהה כדי לגמור כולה מתחלתה עד סוף אין לחוש **)(כדאביי) בפ' הקורא את המגילה למפרע (דף יח:) ולא (כרב יוסף) דאמר מהיכא דקאי ומשמע דאם כן נתק דבריך לשנויין וצריך לדקדק בתקיעות משום דאמר רב כהנא בפ' החליל (סוכה נג: וסם) אין בין תקיעה לתרועה ותקיעה ולא כלום כרבי יהודה דאמר שלשתן מצוה אחת וכי קאמר התם דוקא באמצע תקיעה תרועה תקיעה אבל בין קר"ק לקר"ק יכול לשהות פחות מכדי לגמור קר"ק ולרבנן דחשבי תקיעה בפני עצמה ותרועה בפני עצמה אין לשהות בין זה לזה כדי תקיעה אחת או תרועה אחת: **כך מוציא את הבקי** · מכאן פסק בה"ג דיחיד שטעה ולא הזכיר של ראש חדש יכוין לבו לתפלתו של שליח צבור מתחלה עד סוף ויוצא אע"פ שהוא בקי ואין ראיה מכאן דהא מסקינן רשב"ג אומר אינו מוציא אלא עם שבשדות דאניסי במלאכה ואינן יכולין להסדיר תפלתם אבל דעיר לא ומיהו בקונטרס משמע לקמן שרוצה לפרש בשלא כוון לבו לבהכ"נ ולא שמע תפלה וכן משמע דומיא דההיא דברכת כהנים ולפירוש זה מצינו למימר דבצבור היכא דשמעו יוצאין וכן משמע בפרק תפלת השחר (ברכות דף כט:) דאמר רב אסי טעה ולא הזכיר גבורות גשמים בתחיית המתים מחזירין אותו שאלה בברכת השנים אין מחזירין אותו וכו' מיתיבי טעה ולא הזכיר כו' שאלה בברכת השנים מחזירין אותו כו' ומשני הא ביחיד הא בצבור אי הכי מפני ששומעה משליח צבור מיבעי ליה ומסיק אידי ואידי ביחיד הא דאידכר קודם שומע תפלה הא דלא אדכר קודם שומע תפלה משמע דבצבור יוצא על ידי ש"צ ואפי' לפי מה שפירש עם שבשדות ששומעין משליח צבור יוצאין אבל דעיר לא יש לחלק בין היכא דהתפלל וטעה להיכא דלא התפלל כלל [וע"ע תוס' ברכות כט: ד"ה טעה]:

אילימא

*) [ועי' תוס' ברכות כב: ד"ה אלא]. **) [נ"ל כרב יוסף].

עין משפט נר מצוה

נט א ב מיי' פ"ג מהל' שופר הל' ו סמג עשין מב טוש"ע א"ח סימן תקפח סעיף ב [רב אלפס כאן ובמגילה פ"ב דף רסא]:

ס ג מיי' פ"ב מהל' ק"ש הלכה יג סמג עשין יח טוש"ע א"ח סי' סה סעיף א וסי' עה וסי' פה סעיף א:

סא ד מיי' פ"ג מהל' שופר הל' ו והלכה ח טוש"ע א"ח סי' תקצג סעיף א ב:

סב ה מיי' שם הלכה ו טוש"ע א"ח סי' תקצב סעיף א:

סג ו מיי' שם הל' יב טוש"ע שם סעיף ב:

ברכות כד:

סד ז טוש"ע א"ח סי' תקצד:

סה ח מיי' שם הל' יג טור ש"ע א"ח סי' תקצה:

רבינו חננאל

שמע ט' תקיעות בט' שעות יצא מט' בני אדם כאחד לא יצא בזה אחר זה יצא. תקיעה מזה ותרועה מזה זה אחר זה יצא ואפילו בסירוגין ואפי' כל היום כולו. והא דאמר ר' יוחנן משום ר' שמעון בן יהוצדק בהלל ובמגילה אם שהה כדי לגמור את כולה חוזר לראש. דחינן לה הכי ההיא דרביה היא. כלומר ולא סבירא ליה: ת"ר תקיעות אין מעכבות ז' את ז' כגון תקיעות שבת*) ותקעתם בחצוצרות על עולותיכם וגו'. ברכות כגון ברכות של ק"ש וכיוצא בהן ובהני אמרי' ברכות אינן מעכבות זו את זו תקיעות וברכות של ר"ה ושל יוה"כ של שנת היובל שצ"ל מלכיות זכרונות ושופרות ביובל כדרך שאומרים בר"ה מעכבות זו את זו מ"ט אמר רבא אמר הקב"ה לישראל אמרו לפני בר"ה מלכיות זכרונות ושופרות. מלכיות שתמליכוני עליכם. זכרונות כדי שיבא זכרוניכם לפני לטובה ובמה בשופר. נמצאת למד שעל ברכות שיש עמהן תקיעות קתני שמעכבות זו את זו. **) מהא דתניא מנין שבשופר ת"ל והעברת שופר תרועה בחדש השביעי שאין ת"ל בחדש השביעי שכבר נאמר ביום הכפורים תעבירו שופר מה ת"ל עוד בחדש השביעי ללמדך שכל תרועות של חדש השביעי בשופר וכתיב בית בר"ה בחדש השביעי באחד לחדש יהיה לכם שבתון וגו'. ומנין שפשוטה לפניה שנאמר והעברת שופר תרועה לשון העברה היא פשוטה והיא התקיעה וכתיב והעברת שופר ואח"כ תרועה ומנין שפשוטה [לאחריה] כלומר ומנין כי צריך תקיעה לאחר התרועה שנאמר ביום הכפורים תעבירו שופר אחר שכתב והעברת שופר תרועה חזר וכתב תעבירו שופר נמצאת כתובה ביובל תרועה ותקיעה לפניה ותקיעה לאחריה ומדכתיב בחודש השביעי ילפינן שכל תרועות בחודש השביעי [שיות] יהן תרועה של ר"ה כתרועת היובל ובשופר ומנין לשלש של שלש שלש שנאמר והעברת שופר תרועה וברה"ה כתיב שבתון זכרון תרועה ועוד כתיב בענינא דמוספים בר"ה יום תרועה יהיה לכם ונטרי יובל מר"ה ור"ה מיובל שביעי שביעי לגז"ש וכאילו ג' תרועות כתיבי בכל חד וחד וכל תרועה יש תקיעה לפניה ויש תקיעה לאחריה נמצאו בר"ה שלש תרועות וכל תרועה תקיעה לפניה ותקיעה לאחריה. הרי שלש של שלש שלש וכן ביובל חייבין לומר מלכיות זכרונות ושופרות וג' תקיעות בכל אחת ואחת. ואקשינן האי תנא מעיקרא גמר תרועות של ר"ה מן היובל בהיקשא. מה ת"ל בחדש השביעי שיהו כל תרועות של חדש השביעי כזה כדאמרינן והשתא הדר מייתי לה בגז"ש ופרקינן אי לאו גז"ש הוה מייתינא לה בהקישא השתא דאתאי ג"ש שהיא גמרא כדקיימא לן אדם דן ק"ו מעצמו ואין אדם דן גז"ש מעצמו אלא אם קיבל אותה מרבו ג"ש עדיפא מהקישא. והאי תנא מייתי לה כי כל תרועה תקיעה לפניה ותקיעה לאחריה ממדבר ומדכתיב ובהקהיל את הקהל תתקעו ולא תריעו. למדנו שהתקיעות זולתי התרועה. ואין לי שצריך בענין הזה כל תרועה צריכה תקיעה לפניה ותקיעה לאחריה אלא במדבר. בר"ה מנין ת"ל תרועה תרועה לגז"ש נאמר תרועה במדבר ונאמר תרועה בר"ה מה תרועה האמור במדבר תקיעה לפניה ותקיעה לאחריה אף תקיעה האמורה בר"ה כן הא כיצד שלש תרועות בר"ה שתים מדברי תורה ואחת מדברי סופרים שבתון זכרון תרועה והעברת שופר תרועה מדברי תורה ואחת מדברי סופרים יום תרועה יהיה לכם לתלמודו בא ולא סלקא סוגיא דשמעתא בהכי ויש נוסחאות אחרות כך הא כיצד ג' תרועות שהן ט' בר"ה ב' מדברי תורה שבתון זכרון תרועה ויום תרועה יהיה לכם מדברי תורה והעברת שופר תרועה מדברי סופרים כלומר בגז"ש נגמר לה מיובל ולא בר"ה עצמה כתוב. ר' שמואל בר נחמני אומר אחת מדברי תורה שבתון זכרון תרועה מדברי תורה ושתים מדברי סופרים והעברת שופר תרועה נמי מדברי סופרים היא כדאמרן אבל יום תרועה יהיה לכם לתלמודו הוא בא ללמד כי תקיעת שופר ביום ולא בלילה ואידך הת"ק דר' שמואל בר נחמני נפקא ליה כי תקיעת שופר בר"ה ביום ולא בלילה מדכתיב ביוה"כ תעבירו שופר בכל ארצכם ואקשי' אי מיום הכפורים יליף ליליף מינית לפשוטה. לפניה ולאחריה אמאי יליף לה ממדבר ופריק והעברת תעבירו לא משמע כלומר זה הלשון לא משמע כי פשוטה היא אלא כדרב מתנא בא דאמר בעניין הרחיב את הקצר וקיצר את הרחב פסול שנאמר והעברת דרך העברתו בעינן בלא שינוי וכבר פירשנוהו שם תעבירו שופר מאי קאמר רחמנא עבריה ביד ותנא דגמר לה בג"ש אמר לך רב מתנא מדשני קרא בדיבוריה הוה ליה למכתב ותתקע שופר תרועה שינה וכתב והעברת תלמוד ממנה זה וזה אבל תעבירו ביד לא יתכן למימר דגמרינן מהעברה דכתיב ויצו משה ויעבירו קול במחנה לאמר מה להלן העברה בקול היא אף כאן העברת שופר בקול היא ואקשינן תוב האי תנא דמייתי לה ממדבר אי מה במדבר חצוצרות אף בר"ה חצוצרות ת"ל תקעו בחדש שופר בכסא ליום חגנו איזהו חג שהחדש מתכסה בו הוי אומר זה ר"ה וקאמר רחמנא שופר. מי שאינו יודע הברכות תוקע ויוצא ידי חובתו ומי שאין לו שופר מברך הברכות ויוצא ידי חובה דהא בר"ה שחל להיות בשבת מברכין ואין תוקעין. אבל ברכות זו את זו מעכבות. דתניא ברכות של ר"ה ושל יוה"כ מעכבות זו את זו: **ירושלמי** אי זו היא תרועה ר' חנינא ור' מנא חד אמר כהדין טרימוטא וחד אמר תרין דקיקין ר' דנגיא חשש על הדא דר' מנא

וכן

*) אולי צ"ל כגון תקיעות שבתמיד דכתיב ותקעתם כו' ואולי צ"ל ג"כ כגון תקיעות שבתענית. **) נראה דרבינו היה גורס בגמרא ותקיעות מעכבות זו את זו ומ"ל דסגיא וכו' והיא סברייתא לעיל ל"ג ע"ב.

מסורת הש"ס

[תוספ' פ"ב] סוכה נג. ערכין י.

[עמ"ש תוס' לעיל לג: סד"ה שיעור]

ס"א נהירנא

[ועי' בפרש"י אלא אלפסי]

[תוספ' פ"ב]

[שבת קי: וש"נ]

הגהות הב"ח

(א) רש"י ד"ה מתשעה בני אדם כאחד כו' מתרי גברי משתמעי. נ"ב סיים בשופר שאלו תניא כדמסיק לעיל דדוקא תרתי כגון מתרי גברי וגם תביב וק"ל ועי' לעיל דף כז:

§ מסכת ראש השנה דף לד:

אות א' - ב'

תשע תקיעות בתשע שעות ביום יצא

מתשעה בני אדם כאחד [לא יצא] תקיעה מזה ותרועה מזה, יצא

סימן תקפח ס"ב - [א]**שמע ט' תקיעות בט' שעות ביום, יצא** - בדיעבד, אם כיון לצאת, ואפילו הסיח דעתו והפסיק בדבור בנתיים, **ונקט** לישנא דגמ' וכפי עיקר הדין, דבעינן רק ט' קולות, דהיינו תקיעה תרועה תקיעה ג' פעמים, ולדידן בשמע הג' סדרים בט' שעות. **ואפילו הם מט' בני אדם, תקיעה מזה ותרועה מזה ותקיעה מזה.**

וכתב המג"א, דכ"ז בששהה ביניהם שלא מחמת אונס, הא בשהה באונס, אם שהה אפילו רק כדי לגמור את כל הסדר, יחזור לראש אותו הסדר, [דכל סדר הוא ענין בפני עצמו], לפי פסק הרמ"א בסימן ס"ה, **ולענין** אם צריך לחזור ולברך בכה"ג, ע"ל סימן ס"ה בבה"ל, שיש בזה מחלוקת בין האחרונים, [**ונ"ל** דה"ה ביו"ט ב' של ר"ה, ג"כ צריך לחזור ולתקוע, ומיהו לא יברך שוב].

(**וקשה לי**, לפי מה שהכריע הרב מג"א בסימן ס"ה, שלא להחמיר בהפסיק מחמת אונס אלא א"כ בשהאונס הוא בגוף הדבר, כגון שלא היה האדם ראוי מחמת גוף נקי, או שלא היה המקום ראוי שלא היה נקי, **א"כ** לכאורה לא שייך זה רק בתפלה או בבהמ"ז ובהלל ומגילה, שעכ"פ אסור להזכיר שם ולאמר דברי תורה במקום מטונף, **משא"כ** בתקיעות שאינה רק מעשה מצוה, והיכן מצינו שאסור לקיים מצוה כשגופו אינו נקי, או במקום שאין נקי, האם אסור ללבוש טלית של ד' כנפות כשגופו או המקום אינו נקי, לא מצינו כן בשום מקום, וצ"ע).

(**ובמטה אפרים** מצאתי שכתב וז"ל: נראה שאם התחיל לתקוע ומים שותתין על ברכיו, פוסק עד שיכלו המים, וחוזר לתקוע מראש להלן על הסדר, **ואם** תקע בשעה שהמים היו שותתין, **או** אפילו מצא צואה במקומו, יצא, ומ"מ יש לו לחזור ולתקוע בלי ברכה, עכ"ל, דימה זה לדינא דק"ש, **ואפשר** שהטעם הוא, דכיון דקי"ל דצריך כונה לצאת ידי המצוה שציונו הש"י, זה גופא ג"כ חשיב כדברי תורה, ולא גרע מהרהור בדברי תורה, **וגם** י"ל בפשיטות, דבשעה שמקיים מצוה בפועל, הוא עבודה, ואין לעשות עבודת ד' דרך בזיון, דהוא בכלל ביזה מצוה, וגדולה מזו אמרו, דאסור לצחצח שופר של ר"ה במי רגלים מפני הכבוד, והוא רק הכשר מצוה, וכ"ש המצוה עצמה).

[ב]**ויש אומרים דדוקא בשלא הפסיק ביניהם בקול שופר שאינו ראוי באותה בבא** - כגון שעומד בתש"ת ושמע תרועה, או שעומד בתר"ת ושמע שברים, **אבל** האחרונים הסכימו, דלפי פסק המחבר לקמן סימן תק"צ ס"ח, דאפילו בהכפיל השברים או התרועה ב' פעמים הוי הפסק, ה"ה הכא בשמע ב' שברים או ב' תרועות זה אחר זה וכיון לצאת, ג"כ מפסיד כל הג' קולות, וצריך לתקוע מחדש.

ס"ל דזה גרע מהיסח הדעת ושיחה, דבעינן שיהיה תרועה באמצע, ולפניה ולאחריה חדא חדא תקיעה, וכשמערב קול אחר מתקלקל הסדר, **ואע"ג** דהוא בעצמו לא תקע, מ"מ הרי כיון לצאת וכתוקע בעצמו דמי, וע"כ אם שמע קול שופר שאינו ראוי באותו סדר, בטלו כל הג' תקיעות, (**עיין** לקמן תק"צ ס"ח בבה"ל, דכתב דאף בשאינו מכוין, הפסיד הסדר, וצ"ע), **ומ"מ** ו' הקולות שמקודם לא בטלו, ויחזור ויתקע, **ומ"מ** לא יברך שוב, [שהרי דין זה אינו לכו"ע].

(**כתב** זה בלשון י"א, משום דר"ת וכן בעה"מ פליגי ע"ז, **אמנם** קשה, שהרי המחבר בעצמו בסימן תק"צ ס"ז וח', סתם להחמיר, ולא הביא שום דעה החולקת, **ואפשר** דנקט בלשון י"א, משום דההפסק הוא רק על ידי שמיעה, וכמו שחילק בזה בלבוש ובמג"א, וצ"ע).

[ג]**סימן תקפח ס"ג** - [ד]**שמע ט' תקיעות מט' בני אדם שתקעו כולם כאחד** - דהיינו שאחד עשה תקיעה, והשני תרועה, והשלישי התקיעה השניה, וכן כולם, **לא יצא, שאין כאן פשוטה לפניה ופשוטה לאחריה** - דבעינן שתהא תרועה באמצע, ולפניה ולאחריה תקיעה, ולא שיהיו כל הקולות בבת אחת, וצריך לתקוע מחדש, **ויש** מי שאומר, דעכ"פ ידי תקיעה אחת יצא, וצריך להשלים עליה ח' קולות מתרועה ואילך, [**ובלבד** שלא האריך בעל התרועה על התקיעה, כדי שלא יהא קול פסול בנתיים], **ויש אומרים** דאפילו ידי תקיעה אחת לא יצא, וצריך להתחיל מחדש כל הט' קולות, [**והסברא** אינו מבואר לכאורה, **ואפשר** לומר, דבעינן שיהא תקיעה אחת לפני תרועה, והכא הרי שומע ששה תקיעות בבת אחת, **או** אפשר דכוונתו, בהיה מכוון לשמוע כולם, וס"ל כסברא ב' דלקמן במ"ב, דבכגון זה לא נפיק בשום אחד].

ומ"מ הברכה לא הפסיד, אם לא הפסיק בדבר אחר, [וכמו בכל מקום שטעה בתקיעתו ותוקע מחדש, דלא הוי הפסק, **ובפרט** לי"א שלתקיעה אחת עולה לו].

באר הגולה

[א] **מימרא דרבי יוחנן ובריית**א **שם וכגירסת הרי"ף** (בנוגע למש"כ השו"ע "ואפילו הם מט' בני אדם תקיעה מזה ותרועה מזה ותקיעה מזה", דיש חידוש יותר כשהוא מט' בני אדם, וכמ"ש התוס': והשתא גרס שפיר תקיעה מזה ותרועה מזה יצא, דהיינו זה אחר זה, וכמ"ש המהרש"א וז"ל: ומרישא דשמע ט' תקיעות בט' כו' לא שמעינן ליה, משום דאיכא לפרושי דוקא מאדם א', ע"כ, וז"ל הרי"ף: תקיעה מזה ותרועה מזה בזה אחר זה יצא, ואפי' בסירוגין ואפילו כל היום כולו, ע"כ, **ודלא** כרש"י וז"ל: ולא גרסינן תקיעה מזה ותרועה מזה יצא, דהיינו רישא) [ב] **הרב המגיד בשם הרמב"ן ושלזה נתכוין הרמב"ם** [ג] (ע"פ מהדורת נהרדעא) [ד] **שם בברייתא וכגירסת הרא"ש והרמב"ם ושאר פוסקים** (ודלא כרש"י, עיין בתוס' שמביא ב' הגירסאות)

הגה: ואם שנים תקעו כאחד כל הסדר, ואפילו אחד תקע בחצוצרות - ואע"ג דהקולות של החצוצרות משונים, **יצא, דיהיב דעתיה על השופר (הג"א וגמרא פ' ראוהו ב"ד)** - ואע"ג דבכל מקום אמרינן דתרי קלי לא משתמעי, שאני הכא שהוא מצוה הבאה לזמן וחביבא ליה, ויהיב דעתיה לשמוע יפה, [גמרא כ"ז. **ומ"מ** אם הוא בעצמו תוקע בחצוצרות, ובשעה זו תקעו בשופר, אפי' כוון לצאת לא מהני, דבודאי לא שמע היטב קול השופר, ויחזור ויתקע].

והיכי שתקעו ג' בני אדם בבת אחת, כל אחד ג' קולות, י"א שיצא בשמיעתו משום ט' קולות, כיון דתרי קלי משתמעי גבי שופר, **ומשום** ששמע כל הג' תר"ת בפעם אחד אין קפידא, דלא קפדינן רק שישמע תקיעה מלפניה ותקיעה מלאחריה ותרועה באמצע, והא שמע, **וכן** ה"ה לדידן שתוקעין תשר"ת ותש"ת ותר"ת, אם שמע אותם מג' בני אדם שכל אחד תקע סדר, שיוצא כל התקיעות בשמיעתו בבת אחת, [**ובלבד** שלא הפסיקו כולם בנשימה אלא ביחד, בענין שלא היתה קול פסול מפסיק בין תקיעה לתרועה].

וי"א דאפילו בשופר אין ב' קלי משתמעי כדי לצאת בשתיהם, ולא יצא אלא באחת מהם, (ונראה לענ"ד, דלדעה זו אם כיון לצאת ידי כולם, גם ידי אחד לא יצא, ו"ידי אחת" דקאמר ‹דקאמר הריטב"א, מקור דעה זו›, כונתו בכיון רק לאחת, אז יצא, משום דהיכי דחביב ליה ויהיב דעתיה, אין קול השני שאינו חפץ בו מפריעו מלשמוע, **משא"כ** בהיכי שצריך לב' הקולות, לא יצא בשום אחד מהם, דאי אפשר לשמוע היטב ב' קולות), **וראוי** להחמיר כסברא זו.

אות ג'

מהו לגמור, אמר לו אם שהית כדי לגמור את כולה חזור לראש

סימן סה ס"א - [ה]קראה סירוגין, דהיינו שהתחיל לקרות והפסיק בין בשתיקה בין בדיבור, וחזר וגמרה, אפילו שהה כדי לגמור את כולה, יצא, אפילו היה ההפסק מחמת אונס - אפילו אם שח במזיד, אף דעשה איסור בזה, אעפ"כ א"צ לחזור רק למקום שפסק, ואפילו כשפסק באמצע ברכה, **וה"ה** כששח באמצע הלל ומגילה ובהמ"ז, או שאר ברכה ארוכה, **ודוקא** כשהוא אומרן בעצמו, דאם שומע מאחר שמוציאו והוא שח בנתיים, ממילא אינו שומע ואיך יצא בזה, **ועיין** בבה"ל שכתבנו, דבק"ש נכון שיחזור הפרשיות עוד הפעם כששח במזיד, כי יש אומרים דצריך לחזור לראש, (**אבל** בבהמ"ז וכ"ש בשאר ברכות, לא יחזור בדיעבד).

הגה: ויש אומרים דאם היה אנוס, והפסיק כדי לגמור את כולה - היינו מראש ועד סוף, אפילו עומד בסוף, **חוזר לראש** - טעמם, דבשלמא אם לא היה אנוס, שאם היה רוצה היה יכול לקרות, לא הוי השתיקה ואפילו הדבור הפסק, אבל באנוס חשיבא השהייה הפסק, כיון שלא היה אז יכול לקרות, **ועיין** במ"א שמסיק, דדוקא אם האונס הוא מחמת שהאיש אינו ראוי, כגון שהוצרך לנקביו, או שהמקום אינו ראוי, כגון שמצא שם צואה או מי רגלים, והוצרך לשהות עד שיוציאום, **אבל** אונס אחר, כגון מחמת ליסטים וכה"ג, הוי כמו ששתק ברצון, דלא חשיב הפסק לדעה זו, **ודוקא** בק"ש וברכותיה וכה"ג, אבל בתפלה חוזר לראש אפילו באונס אחר.

והכי נהוג - וכן פסקו האחרונים, וה"ה בתפלה והלל ומגילה וברכת כהנים.

ומשערין ענין השהייה לפי הקורא, ולא לפי רוב בני אדם - בין להקל בין להחמיר, **וכן הוא לקמן סימן ק"ד.**

סימן עח ס"א - [ו]ואפילו שהה כדי לגמור את כולה, אינו צריך לחזור אלא למקום שפסק. הגה: וי"א דאם שהה כדי לגמור את כולה חוזר לראש, וכן עיקר, וכמו שכתבתי לעיל סי' ס"ה - ר"ל דתלוי העיקר אם הוא אנוס בעת ההפסק חוזר לראש, וה"נ הא אנוס הוא, **ומשערין לפי הקורא.**

סימן פה ס"א - [ז]לא ילך אדם במבואות המטונפות ויניח ידו על פיו ויקרא ק"ש - כלומר שקורא כ"כ בלחש, עד שאינו ניכר כלל שמרחש בשפתיו, ג"כ אסור. **ואפילו אם היה קורא ובא, צריך להפסיק כשיגיע למבוי המטונף** - ר"ל בתוך ד"א, ואם הוא לפניו, אסור כמלא עיניו.

וכשיצא משם, [ח]אפילו שהה כדי לגמור את כולה, [ט]אינו צריך לחזור אלא למקום שפסק. הגה: וי"א שחוזר לראש, וכן עיקר, (וע"ל סימן ס"ה).

באר הגולה

[ה] **ברכות כ"ד לדעת הרי"ף והרמב"ם** [ו] **שם בגמ' לדעת הרי"ף ורמב"ם** [ז] **ברכות כ"ד** [ח] **לדעת הרי"ף ורמב"ם** [ט] ‹בפרק מי שמתו (כב:) עמד בתפלה... אמר רב אשי דכולי עלמא אם שהה כדי לגמור את כולה חוזר לראש. **וכתב** הרי"ף בשם רבינו האי, דהלכה אם שהה כדי לגמור את כולה חוזר לראש. **ובתר** הכי (כד:) אמר ר' אבהו הוה אזיל בתריה דרבי יוחנן והוה קרי ק"ש... **וכתב** שם הרי"ף, וכשהוא חוזר חוזר למקום שפסק ואף על פי ששהה כדי לגמור את כולה, והכין מסקנא בסוף מסכת ר"ה, וכן בתקיעות וכן בהלל וכן במגילה, **אבל** בתפלה בלחוד אם שהה כדי לגמור את כולה חוזר לראש, וכן פסק הרמב"ם, וכן הלכה. **אבל** התוספות כתבו אהא דאמר רב אשי, משמע דהכי הלכתא, וכן לקמן בהדיא א"ר אבהו חוזר לראש. **ותימא** דבמסכת ר"ה, אמר רבי יוחנן שמע תשע תקיעות בתשע שעות ביום יצא, אלמא תקיעות מצטרפות אף על גב דשהה כדי לעשות כולה, וכן במגילה נמי אמר רב אין הלכה כרבי מונא דאמר אם שהה חוזר לראש, דקאמר נקוט דרב בידך. **ואומר** השר מקוצי, דודאי היכא דשהה באמצע כדי לגמור את כולה בלא דיחוי ואונס, אלא שהה מעצמו, ואם היה רוצה מעצמו היה יכול לגמור, בכהאי גוונא אין חוזר לראש, כי ההיא דמגילה, וכן ההיא דראש השנה דשמע תשע תקיעות בתשע שעות ביום, **אבל** היכא דשהה מחמת שהיו מים שותתין על ברכיו ולא היה יכול להתפלל באותה שעה, דכולי עלמא אם שהה כדי לגמור את כולה חוזר לראש, **והשתא** ניחא דקאמר ליה רבי יוחנן לר' אבהו, לדידי לא סבירא לי, כלומר לא סבירא לי להפסיק, הלכך לא היה צריך לחזור לראש, אבל לדידך שהפסקת דסבירא לך שאין המקום ראוי לקרות, אם שהית כדי לגמור את כולה חוזר לראש. **וה"ר** יונה כתב בשם רבני צרפת, דאפילו בתפלה אם שהה כדי לגמור את כולה חוזר למקום שפסק, ולא חילק בין שהה מחמת אונס או שלא מחמת אונס - ב"י סימן סה›

אות ד'

תקיעות וברכות של ראש השנה ושל יום הכפורים מעכבות

סימן תקצג ס"א - [י]ברכות של ראש השנה - היינו של מוסף שיש בו מלכיות זכרונות ושופרות, **ויום הכפורים** - של יובל, שאומרים בו ג"כ מלכיות זכרונות ושופרות, **מעכבות זו את זו, שאם אינו יודע כולם לא יאמר מה שיודע מהם, אלא לא יאמר כלום.**

משמע דבשאר ימות השנה, אם יודע ברכה אחת יאמרה, ואין מעכבות זו את זו «וכן מוכח בגמרא (ל"ד)» - מ"א, **ועיין** בבה"ל שכתבנו.

(דבספר נהר שלום פליג עליו, וז"ל: אם כונתו על הששה ברכות שמוסיפין בתענית, הוא תימה, דלפי פי' הרא"ש והר"ן מבואר זה בהדיא בגמרא ע"ש, ואמאי קאמר דכן מוכח בגמרא, **ואם** דעתו על י"ח ברכות של כל השנה, הוא ג"כ תימה, דלא ניתקנו אלא סמוכות זו לזו, דמשו"ה ליתא בהו פתיחה, ובפרט ג' ראשונות וג' אחרונות כחד חשיבי, וגם שאין משמעות לזה בגמרא, עכ"ל), «והמ"א ס"ל דאין לחלק בין ברכות הנוספות בתענית לשאר ברכות - מחה"ש», **וגם** להמ"א הוא רק רחמי בעלמא, (ויוצא בזה עכ"פ מצות תפלה דמן התורה, דבבקשה אחת סגי), אבל אינו יוצא כלל בזה, דאפילו רק ברכה אחת מן הי"ח אם דילג, קי"ל לעיל בסימן קי"ט ס"ג, דצריך לחזור ולומר כולן כסדר שניתקנו, ואם לאו אינו יוצא בזה ידי תפלה, וכ"ש בזה, **וגם** יראה להסמיכה לאיזה ברכה, כגון ל"אשר יצר" וכדומה, כדי שתהא סמוכה לחברתה.

סימן תקצג ס"ב - [יא]וכן תקיעות מעכבות זו את זו; והני מילי שאינו יודע אלא מקצת הסימן, שלא יעשה אותו מקצת שיודע, [יב]אבל תשר"ת, תש"ת תר"ת אין מעכבין זה את זה, ואם ידע לעשות אחד מהם או שנים, עושה - דהא מדאורייתא בחדא סגי, אלא דלא ידעינן איזהו, לכן יעשה האחד שיודע, שמא יכוין האמת.

(ופשוט דהברכה על התקיעה אין רשאי לברך, עד שיוכל לתקוע כל הסדרים בעצמו, או בצירוף עם אחרים).

(הלשון "או שנים" אינו מדוקדק, שאם יודע תשר"ת, או תש"ת ותר"ת, ממילא הוא יודע לעשות כולם, **ואפשר** שהוא חלש ואין יכול לעשות יותר, א"נ שלוקחים השופר ממנו, א"נ שיודע שצריך לתקוע בבא שלישית, ואינו יודע איך תוקעים).

הגה: אבל הברכות אין מעכבין התקיעות, וכן התקיעות אין מעכבין הברכות, ואיזה מהם שיודע יעשה (טור) - שאם אינן יודעין לברך הברכות האלו, אעפ"כ יתקעו השלשה סדרים, [**ויכול** לברך, וזהו שאנו מברכין על התקיעות דמיושב], **וכן** אם אין יכול לתקוע, אעפ"כ יברך הברכות. **וכן סדרן אינו מעכב (ר"ן)** - אין ר"ל בסדר התפלה שהקדים זכרונות למלכיות, או שופרות לזכרונות, דבזה לא יצא וצריך לחזור ולהתפלל, וכן בסדר התקיעות, אם הקדים תרועה לתקיעה ראשונה, לא יצא, **אלא** ר"ל דסדר הוא להתפלל מוסף ולתקוע בתוך התפלה, ואם שינה הסדר, דהיינו שהתפלל קודם שתקע, יצא בשניהם, **וזהו** שסיים רמ"א: ואם התפלל וכו', והוי"ו יתר הוא, **ואם התפלל קודם שתקע, יצא.**

[**וה"ה** אם תקע תר"ת ותש"ת קודם תשר"ת, נמי יצא].

אות ה'

לא אמרו אלא בחבר עיר

סימן תקצג ס"א - [יג]מחזיר שליח צבור התפלה, ותוקעין על סדר הברכות - יש מקומות שנוהגין לתקוע כשמתפללין בלחש, אבל אין לנהוג כן לכתחלה, שלא לבלבל המתפללים, ומשלימין אותם לאחר התפלה.

ובכל תקיעות של שלשה סדרים הללו, צריכין התוקע והשומעים לעמוד בשעת תקיעות, ולפיכך נקראין תקיעות דמעומד, **ובדיעבד** אם ישבו, יצאו.

למלכיות [יד]תשר"ת פעם אחת, ולזכרונות תש"ת, ולשופרות תר"ת; [טו]ועכשיו נוהגים לתקוע למלכיות תשר"ת שלשה פעמים, ולזכרונות תש"ת שלשה פעמים, ולשופרות תר"ת שלשה פעמים. הגה: ויש אומרים שתוקעים תשר"ת למלכיות פעם אחת, וכן לזכרונות וכן לשופרות (טור בשם ר"ת ומנהגים), וכן המנהג במדינות אלו - הנה כיון שתקנו חז"ל לצאת מידי כל הספיקות שיש להסתפק בתרועה, היה מהראוי גם כאן לתקוע תשר"ת תש"ת תר"ת למלכיות, וכן לזכרונות וכן לשופרות, כדי לצאת כל ספק, **אלא** לפי שאין מטריחין על הצבור, אין נוהגין לתקוע אלא תשר"ת לכל אחד, שהרי בדרך זה הוא עושה כל הספיקות של התרועה,

---

באר הגולה

[י] **ברייתא ר"ה ל"ד** ‹וכתב הר"ן, ברכות של ראש השנה ויום הכפורים מעכבות זו את זו, פירוש לא שיהו הברכות מעכבות את התקיעות, או התקיעות מעכבות את הברכות, דהא תניא מצוה בתוקעין יותר מן המברכין וכו', ותנן מי שבירך ואחר כך נתמנה לו שופר תוקע ומריע ותוקע, **אלא** הברכות מעכבות זו את זו, והתקיעות מעכבות זו את זו קאמר, שאילו יודע אחת מן הברכות, או יודע לתקוע אחת מן התקיעות, ואינו בקי בשאר, אינו מברך ואינו תוקע אפילו אותן שבקי בהן, **אי** נמי לענין סדרן קאמר, שאם הקדים תרועה לתקיעה או זכרונות למלכיות, לא יצא עד שיתקע על הסדר ויברך על הסדר, עד כאן לשונו - ב"י. ‹**ודלא** כרש"י - גר"א› [יא] **שם בברייתא** [יב] **הר"ן וכן משמע מדברי הרא"ש ז"ל** [יג] **ממשמעות המשנה ל"ג** [יד] **הרי"ף והרמב"ם** ‹וקצת נראה ליתן טעם למנהג שלנו, דשמא סבירא לן כמ"ד אחת מדברי תורה ושתים מדברי סופרים, וכיון שנעשו בישיבה כל הספיקות של תורה ושל סופרים, לא חשו לחזור לעשות בשעת תפלה אלא ספיקא דאורייתא מפני טורח ציבור - ב"י› [טו] **ב"י** ‹לא ידעתי טעם למנהג זה, דבשלמא המנהג לתקוע למלכיות תשר"ת ולזכרונות תש"ת ולשופרות תר"ת, וכן מ"ש רמ"א לתקוע לעולם תשר"ת, היינו שלא להטריח את הצבור, אבל לפי מנהג זה שאינם חוששים לטורח, למה לא יתקעו כעיקר הדין תשר"ת תש"ת תר"ת בכל ברכה - נהר שלום›

ואין כאן חשש אלא שמא התרועה אינה אלא תרועה לבד או שברים לבד, ונמצא הוא מפסיק בין תרועה לפשוטה שלפניה או שלאחריה, **אין** אנו חוששין לזה, כיון שכבר יצאנו ידי חובתנו מן התורה בתקיעות מיושב, שבתקיעות ההם יצאנו מכל הספיקות.

ובשל"ה כתב: הדרך המובחר לתקוע תשר"ת תש"ת תר"ת למלכיות, וכן לזכרונות וכן לשופרות, **ואחר** "אנעים זמירות" עוד תשר"ת תש"ת תר"ת, כדי להשלים עד מאה קולות, (בצירוף הל' קולות של אחר התפלה, לקמן תקצ"ו ס"א), **ומ"מ** במקום שנוהגין כמנהגנו אין לשנות.

ונהגו לומר כל פעם אחר שתקעו "היום הרת עולם" - דבתשרי נברא העולם, **ואפילו** למאי דקי"ל כמאן דאמר בניסן נברא העולם, עכ"פ בתשרי עלה במחשבה להבראות, ולא נברא עד ניסן. **ו"ארשת" (מהרי"ל); ואפילו בשבת שאין תוקעין, אומרים: "היום הרת עולם", אבל לא "ארשת" (מנהגים).**

אות ו'

אבל שלא בחבר עיר שומען על הסדר ושלא על סדר ברכות

סימן תקצ ס"ב - [טו]**יחיד אינו מפסיק לתקוע בברכות, ואפילו יש לו מי שיתקע לו** - ר"ל ג"כ אינו מפסיק כדי לשומען, **שלא** תקנו לתקוע על הסדר אלא בצבור.

הגה: אלא תוקעים לו "קודם שיתפלל מוסף, ואין צריכים לתקוע לו שנית (כל בו וב"י בשם א"ח) - ר"ל אם לא שמע התקיעות דמיושב מפי הש"ץ, תוקעים בשבילו קודם שיתפלל מוסף, כדי לערבב השטן שלא יקטרג עליו בשעת תפלתו, **ואם** אין לו מי שיתקע לו קודם תפלתו, יכוין לשומעם אחר תפלתו.

אות ז'

ויחיד שלא תקע, חבירו תוקע לו; ויחיד שלא בירך, אין חבירו מברך עליו

סימן תקצד ס"א - [יח]**יחיד שלא תקע, חבירו יכול לתקוע לו להוציאו י"ח** - ואפילו הוא יכול לתקוע בעצמו. **אבל** [יט]**יחיד שלא התפלל ט' ברכות, אין חבירו יכול להוציאו** - אפילו אם הוא צריך להתפלל אז גם לצורך עצמו בלחש, אלא שהוא מתפלל בקול כדי להשמיע גם לחבירו ולהוציאו, **ואפילו** אם לא יכול להתפלל בעצמו, **דתפלה** צריך כל א' לבקש רחמים על עצמו ולא ע"י שליח, **אא"כ** יש עשרה, ואז הוא ש"ץ.

[**וע"כ** אם הוא אומר מתוך הסידור, וחבירו אומר עמו מלה במלה, לכו"ע שפיר דמי].

[כ]**הגה: ויש חולקין ואומרים דאם לא יכול להתפלל, חבירו יכול להוציאו בתפלתו (ר"ן ומרדכי והג"א).**

אות ח'

כיצד שתי עיירות באחת תוקעין ובאחת מברכין, הולכין למקום שתוקעין ואין הולכין למקום שמברכין

סימן תקצה ס"א - [כא]**מי שאינו בקי בתקיעות ולא בסדר תפלת מוסף, ולפניו שתי עיירות באחת בקיאים בתקיעות ולא בתפלת מוסף, ובאחת בקיאין בתפלת מוסף ולא בתקיעות, הולך למקום שבקיאים בתקיעות** - דתקיעות דאורייתא וברכות דרבנן, **ואפילו** ביום שני, (ח"א ופמ"ג).

(וכתב בפתחי עולם בשם ישועות יעקב, דאם יש כאן ב' מקומות, באחד ישמע סדר הברכות של ב' ימים של ר"ה, ואם ילך למקום שתוקעין, לא יהיה אפשר לו לשמוע רק סדר תקיעות דיום שני, שהוא מקום רחוק שלא יכול לבוא לשם עד ליל שני דר"ה, **הולך** למקום שמברכין, עכ"ל, ויכול להיות שגם הח"א והפמ"ג מודים לו, שלא לדחות הברכות של שני הימים בשביל תקיעות דיום שני, לדידן דבקיאין בקביעא דירחא).

וכ"ש אם יש לפניו מקום שיכול לשמוע תקיעות, אע"פ שגם שם אין מנין ויצטרך להתפלל ביחיד, ויכול לילך למקום שיש שם מנין, רק שאין להם שופר, מוטב לילך לשמוע תקיעות אע"פ שיתפלל ביחיד.

באר הגולה

[טז] **ברייתא שם** [יז] ‹ורש"י שם [ד"ה אלא בחבר עיר] כתב להיפך, [**והכל** בו מביא ראיה ממש"כ: מי שבירך ואח"כ נתמנה לו שופר, ודייק הגמ': טעמא דלא היה לו שופר מעיקרא, הא הו"ל מעיקרא על סדר הברכות שמע ליה כו', הרי בדאיכא שופר התקיעות קודם - דמשק אליעזר], **וראיית** הכל בו אינו מובן, ואדרבה משמע להיפך, דבציבור נתקן אחר הברכות, ויחיד שלא להפסיק אומר [לכאורה צ"ל תוקע] אחר כל הברכות, [**דאם** נימא דביחיד הדין דתוקע ואח"כ מברך, א"כ מנ"ל לדייק: הא הו"ל מעיקרא על סדר הברכות שמע ליה, דלמא הא הו"ל מעיקרא היה תוקע קודם הברכות כמו ביחיד, **אלא** ש"מ דביחיד כיון דאינו תוקע כסדר הברכות, הדין דאומר הברכות ואח"כ תוקע, להכי דייקי: טעמא כו', הא הו"ל מעיקרא על סדר ברכות שמע ליה, דבלא"ה לעולם ברכות קודם, דבציבור נתקן אחר כל ברכה, וביחיד אחר כל הברכות - דמשק אליעזר], **אלא** יש למצוא טעם ע"פ מש"כ שם ט"ז, למה תוקעין כו' כדי לערבב כו', ומזה הטעם ג"כ ביחיד מקודם, וא"צ פעם שני, כי זהו רק בשביל הסדר - גר"א› [יח] **ברייתא ר"ה ל"ד** [יט] **אפי' הוא בור אין הסופר מוציאו בתפלה, טור בשם הרי"ץ גיאות ורב שרירא** [כ] ‹ברייתא בפרק בתרא דראש השנה (לד:) יחיד שלא תקע חבירו תוקע לו, ויחיד שלא בירך אין חבירו מברך לו, וכתב הר"ן: אין חבירו מברך לו פי', דאע"ג דקי"ל (ר"ה כט.) כל הברכות כולן אף על פי שיצא מוציא, כבר הוציאו מכלל זה בברכות דירושלמי (פ"ג ה"ג) ברכת המזון קריאת שמע ותפלה, וטעמא דתפלה, משום דמסתברא שיהא כל אחד מבקש רחמים על עצמו, **ומיהו** ה"מ בשיודע לברך, אבל בשאינו יודע לברך, חבירו מוציאו, כדאמרינן בפרק שלשה שאכלו (ברכות מה:) אחד סופר ואחד בור, סופר מברך ובור יוצא, עכ"ל, וכן כתוב במרדכי, וכן כתבו הגהות אשירי, **וזה** שלא כדברי הרי"צ גיאת ורב שרירא שכתב רבינו - ב"י. ‹**ולענ"ד** דמדברי רשי ז"ל בדין דשתי עיירות הנזכר לקמן סי' תקצ"ה, משמע כדברי רב שרירא ז"ל, שכתב בא' מברכין וכו', דשם ימצא יו"ד ויתפלל ש"ץ להוציא רבים י"ח, ע"כ, משמע בהדיא דדוקא ש"ץ מוציא, וק"ק על מרן והאחרונים שלא הזכירו דבריו לענין זה - מאמר מרדכי› [כא] **ברייתא ר"ה ל"ד, מפני שהתקיעות מן התורה והברכות מדברי סופרים**

אפילו של מוסף ודאי, ושל תקיעות ספק - אם יש שם תוקעין, דספק דאורייתא עדיף מודאי דרבנן, **וה"ה** אם אין יודעין רק סדר אחד, ילך להם.

[**ועיין** בפמ"ג שמסתפק, איך הדין ביום שני לדידן דבקיאין בקביעא דירחא, וגם יש ספק אם ימצאו שם שופר, אם יש לדחות בשביל זה המקום שמתפללין].

ואם יש בעיר אחד שופר, ורוצה לילך למקום שמתפללין, ולשלוח עכו"ם שיביא לו השופר והוא חוץ לתחום, ויכול לקיים שניהם, שרי, דתחומין דרבנן והו"ל שבות דשבות.

הגה: מיהו אם יכול לילך למקום המתפללים, ויש שהות ביום שישמע אח"כ התקיעות במקום שתוקעין, יקיים שתי המצות, דכל היום כשר לתקוע (ב"י בשם ירושלמי) - ולא ילך תחילה למקום שתוקעין, ואח"כ למקום שמתפללין, שתפלת מוסף אין לאחרה יותר משבע שעות, כמש"כ בסי' רפ"ו, ותקיעות זמנה כל היום.

אם באחת נמצא תוקע הגון, אך המתפללים שם אינם הגונים, ובאחת מתפללים הגונים, והתוקע אינו הגון, **ילך** למקום שהתוקע מומחה וכשר, דהתוקע מוציאו ידי חובתו, משא"כ בתפלה אינו מוציאו ידי חובתו.

אות ח'* [כב]

לדבריך למה צבור מתפללין

סימן תקצ"א ס"א - [כג] יתפללו הצבור בלחש תפלת מוסף ט' ברכות - לאפוקי מאיזה פוסקים שסוברין, שבלחש לא יתפללו רק ז' ברכות כמו בשחרית. **[כד] ושליח צבור יתפלל גם כן עמהם בלחש** - מקום שנוהגין שהקהל מתפללין עם הש"ץ בשוה, והש"ץ תוקע, וטעה, אסור לשוח באמצע ולגעור בו, דכבר יצאו בתקיעות דמיושב, **ואף** אם לא שמעו התקיעות דמיושב, יחזרו ויתקעו אחר התפלה אותו סימן שטעה ודיו.

באר הגולה

כב ‹ע"פ הגר"א וז"ל: גמרא ר"ה ל"ד ב' א"ל לדבריך למה צבור כו'› כג טור וכ"כ הרא"ש בתשובה כד הריב"ש בתשובה

§ מסכת ראש השנה דף לה. §

אות א'

פירשה: מודים חכמים לר"ג בברכות של ר"ה [א]ושל יוה"כ

סימן קכד ס"א - [ב]לאחר שסיימו הצבור תפלתן, יחזור ש"צ התפלה, שאם יש מי שאינו יודע להתפלל יכוין למה שהוא אומר ויוצא בו - אבל הבקי אינו יוצא אפילו בדיעבד בתפלת הש"ץ, **ואפילו** בשאינו בקי, אינו יוצא כי אם ביש עשרה בבהכ"נ. **וצריך** שיבין בלשה"ק, דאל"כ לא מהני אף ששומע מש"ץ כל תיבה, **אבל** המתפלל בעצמו בלשה"ק, אפילו אם אינו מבין הלשון, יצא, **ועיין** לעיל סימן ק"א במ"ב, דעכ"פ ברכת "אבות" יראה להבין מה שהוא אומר.

[ג]וצריך אותו שיוצא בתפלת ש"צ לכוין לכל מה שאומר ש"צ מראש ועד סוף; ואינו מפסיק ואינו משיח - היינו אפילו אם שמע מאחרים בתוך כך איזה קדושה או ברכו, וכ"ש דאסור לענות "ברוך הוא וב"ש", **אבל** "אמן" על כל ברכה צריך לענות, וכדלקמן בס"ו, דהוא שייך להתפלה.

ופוסע ג' פסיעות לאחריו, כאדם שמתפלל לעצמו.

טור סימן תקצא- עיין לקמן אות ה'.

אות ב'

כיון שאמר: ובתורתך כתוב לאמר, שוב אינו צריך

סימן תקצא ס"ד - [ד](מיהו אם לא התחיל בשום פסוק, רק אמר: ובתורתך כתוב לאמר, יצא) (טור) - לשון זה לאו דוקא, ‹אף דהוא לשון הגמ', דאינו מובן בלי להמשיך ולהצטט מה שכתוב בתורה, אלא דהוי שיגרא דלישנא, מאמ"ר›, ור"ל שאומר: ככתוב בתורתך, ובזה נחשב כאלו הזכיר אותן הפסוקים בפיו, [ה]**וכתב** המ"א, דצ"ל ג"כ: "וכ"כ בדברי קדשך", "וכן נאמר ע"י עבדיך הנביאים". **עיין** במ"א דדוקא דיעבד, אבל לכתחלה יש ליזהר לומר כולם, ‹דהאידנא שוייה עלייהו כחובה - מ"א›.

[ו]סימן תקצא ס"ב - [ז]המנהג פשוט בכל בני ספרד, שאין מזכירין פסוקי קרבן מוסף כלל - שאין לומר פסוקי מוסף אלא בשבת ור"ח, דרגילי בהו ולא אתי למיטעי, אבל בשאר מועדים דלא רגילי בהו, אתי למיטעי, לכך אין מזכירין אותן, אלא אומרים: ככתוב בתורתך וכו'.

הגה: והמנהג הפשוט באשכנז ובגלילות אלו, לומר פסוקי מוסף ר"ה, ואין אומרים פסוקי מוסף ר"ח - ואפילו בבקר אצל פרשיות הקרבנות אין אומרים אותו, **והטעם** בכ"ז, כדי שלא יאמרו יום ב' דר"ח עיקר כמו בשאר ר"ח, ובאמת אינו כן, דחודש אלול לעולם אינו מעובר, **ועוד** טעם, שלא לתת ליום זה מעלה מצד שהוא ר"ח, שהרי יש לו מעלה גדולה מזו מצד ר"ה, ור"ח נכלל במה שאומרים "זכרון", דקאי גם על ר"ח, **וכתיב**: ביום הכסא, זהו ר"ה שהחדש מתכסה בו.

אלא אומרים: "מלבד עולת החודש ומנחתה ועולת התמיד וכו' ושני שעירים לכפר" - היינו השעיר שהוא לחטאת, והשעיר של ר"ח, **"ושני תמידין כהלכתן" (טור). ואומרים ג"כ "מוספי יום הזכרון" (ר"ן ורבינו ירוחם וכל בו)** - לכלול גם ר"ח, ואע"ג שהמחבר כתב זה בעצמו בס"ג, כתבו הרמ"א פה להודיענו, [ח]דאף למנהגנו שאומרים הפסוקים, יאמר "מוספי".

[ט]סימן תקצא ס"ג - [י]צריך לומר: את מוספי יום הזכרון, כדי לכלול גם מוסף ר"ח; וגם ביום שני יאמר: את מוספי - ר"ל אע"ג דבחודש תשרי היום ראשון הוא העיקר שמונין בו למועדים, אפ"ה אומרים "מוספי", כדי דלא לזלזולי ביה.

‹המשך ההלכות בעמוד הבא›

באר הגולה

[א] ‹ר"ל ביום כפור של יובל, דאמרינן ביה מלכיות זכרונות ושופרות, אבל בשאר יום כפור אינו מוציא - ד"מ› [ב] **ר"ה ל"ג** ‹ואסיקנא דהלכה כרבן גמליאל בברכות של ראש השנה ויום הכפורים, אבל בברכות של שאר ימות השנה הלכה כחכמים {דאינו מוציא רק מי שאינו יודע להתפלל} - ב"י, **ולכאורה** מה שציין העין משפט מהגמ' היה רק ההו"א, ולפי"ז הלכה כר"ג גם בשאר ימות השנה, **אבל** למסקנא, הלכה מכלל דפליגי הוי דוקא בר"ה יוה"כ, ובשאר ימות השנה הלכה כחכמים, וצ"ע למה ציין ההו"א› [ג] **טור בשם הגאונים** [ד] ‹פירש רש"י (ד"ה אין צריך) דאפסוקי קרבנות המוספים קאי, ובשם רבותיו פי' דקאי אפסוקי מלכיות זכרונות ושופרות, והקשה הוא דהוי דלא כרבנן ודלא כרבי יוחנן בן נורי (לב.). **ורבינו** תם (תוס' לה. ד"ה אילימא) תירץ, דהיכא דאתחיל פליגי, דלא יפחות למר כדאית ליה ולמר כדאית ליה, אבל אם אינו רוצה לומר כלל, יפטור את עצמו על ידי ככתוב בתורתך, שאז הוא כולל כולם ביחד, דנביאים וכתובים כולהו איקרו תורה, אבל כשאמר פסוק אחד, גילה בדעתו שאינו רוצה לכלול כולה בכלל ובתורתך כתוב לאמר, ואם כן לא יפחות מן המנין למר כדאית ליה ולמר כדאית ליה, עכ"ל הרא"ש - ב"י› [ה] ‹ולדעת הטור א"צ לומר גם וכן בדברי קדשיך וכו', משום דכולם נכללים בלשון תורה ע"ש - ערוה"ש› [ו] ‹ע"פ הגר"א› [ז] **טור** ‹בסוף מסכת ראש השנה: אמר רב חננאל אמר רב כיון שאמר ובתורתך כתוב לאמר שוב אינו צריך, ופירש רש"י (ד"ה אין צריך), דאפסוקי המוספין קאי, דכיון שאמר: נעשה ונקריב לפניך כמצות רצונך כמו שכתבת עלינו בתורתך, סגי, ואינו צריך לומר מקראות המוספין, **וכתבו** התוספות (ד"ה אילימא), שרבינו תם פירש דאפסוקי מלכיות זכרונות ושופרות קאי, אבל מקראות של מוסף צריך להזכיר לעולם, שהם במקום הקרבנות, אבל מוסף דראש חדש אין צריך להזכיר וכו', **וכתב** הרא"ש: והרבה נחלקו על רבינו תם בזה, כי עשה את הטפל עיקר ואת העיקר טפל, כי פסוקי מלכיות זכרונות ושופרות נשנות במשניות, ופסוקי הקרבנות לא הוזכרו לא במשנה ולא בגמרא אלא שנהגו לאמרם במקום הקרבנות, ואם על מלכיות זכרונות ושופרות אמר רב: כיון שאמר "ובתורתך כתוב לאמר" כאילו הזכירן, כל שכן בקרבנות מוספין דהוי כאילו הזכירם, וקיים "ונשלמה פרים שפתינו", **ונהגו** בספרד שאין מזכירין פסוקי מוספין אלא בשבת וראש חדש דרגילי ולא אתי למיטעי בהו, אבל בכל המועדות אין מזכירין דאתי למיטעי בהו, עכ"ל - ב"י› [ח] ‹דלא כב"ח שנדחק שלא לומר מוספי, דכיון דלמנהג שכתב רמ"א מזכירים פסוקי קרבנות של ר"ה, ושל ר"ח נכלל במה שמסיימים הפסוק מלבד עולת החדש כו', דכל קרבנות מוספי ר"ח היו עולות, מלבד שעיר שהיה חטאת, ולכן צריך לומר ושני שעירים כו', אחד של ר"ה ואחד של ר"ח, א"כ אין לומר מוספי, כיון שכלל בתיבת מוספי גם של ר"ח, והתחיל לפרוט קרבנות של ר"ה צריך לגמור ולהזכיר בפירוש קרבנות של ר"ח, כמו בפסוקי מלכיות זכרונות ושופרות דא"צ להזכיר הפסוקים, ואעפ"כ אם התחיל ואמר פסוק אחד, צריך לומר כולם - מחה"ש› [ט] ‹מילואים›
[י] **ר"ן ורבינו ירוחם שכן היו נוהגים גדולי הדור**

כי סליק רבי אבא מימי *פירשה מודים חכמים לרבן גמליאל בברכות של ר"ה ושל יוה"כ *והלכה מכלל דפליגי בברכות דכל השנה איני והאמר ר' חנה ציפוראה א"ר יוחנן הלכה כרבן גמליאל בברכות של ר"ה ושל יוה"כ **אלא** אמר רב נחמן בר יצחק מאן מודים רבי מאיר והלכה מכלל דפליגי רבנן דתניא ברכות של ר"ה ושל יוה"כ שליח צבור מוציא הרבים ידי חובתן דברי ר"מ וחכ"א כשם ששליח צבור חייב כך כל יחיד ויחיד חייב מאי שנא הני **אילימא** משום דנפישי קראי והאמר רב חננאל אמר רב [ב] כיון שאמר ובתורתך כתוב לאמר שוב אינו צריך אלא משום דאוושי [א] ברכות גופא אמר רב חננאל אמר רב כיון שאמר ובתורתך כתוב לאמר שוב אינו צריך סבור מינה הני מילי ביחיד אבל בצבור לא אתמר אמר ר' יהושע בן לוי אחד יחיד ואחד צבור כיון שאמר ובתורתך כתוב לאמר שוב אינו צריך אמר ר"א לעולם יסדיר אדם תפלתו ואח"כ יתפלל אמר רבי אבא ימסתברא מילתיה דר' אלעזר בברכות של ר"ה ושל יוה"כ ושל פרקים אבל דכל השנה לא איני והא רב יהודה מסדר צלותיה ומצלי שאני רב יהודה כיון דמתלתין יומין לתלתין יומין הוה מצלי כפרקים דמי אמר רב אחא בר עוירא אמר רבי שמעון חסידא פוטר היה רבן גמליאל אפילו עם שבשדות ולא מיבעיא הני דקיימי הכא אדרבה הני אניסי הני לא אניסי *דתני אבא בריה דרב בנימין בר חייא ועם שאחורי כהנים אינן בכלל ברכה אלא כי אתא רבין אמר רבי יעקב בר אידי אמר רבי שמעון חסידא "לא פטר רבן גמליאל אלא עם שבשדות מ"ט משום דאניסי במלאכה אבל בעיר *לא:

הדרן עלך יום טוב וסליקא לה מסכת ראש השנה

רש"י

כי סליק רבי אבא מימי · שהפליג בספינה לים וחזר: **בברכות של ר"ה** · לקמן מפרש מ"ש הני: **מאן מודים** · לו בברכות של ר"ה ויוה"כ ר"מ: **והלכה מכלל דפליגי** · דקאמר ר' יוחנן הלכה כרבן [גמליאל] בהך (א) דמשמע מכלל דעמדו במחלוקתן: **רבנן** · שאר החכמים חוץ מר"מ: **אילימא משום דנפישי קראי** · דאיכא למוספי ר"ה ור"ה ומלכיות וזכרונות ושופרות: **כיון שאמר ובתורתך כתוב** · כלומר כיון שאמר נעשה ונקריב לפניך כמצות רצונך כמו שכתבת עלינו בתורתך: **אין צריך** · לומר מקראות המוספין: **אלא משום דאוושי** · שהרי כאן תשע וארוכות ומטעות דלאין הכל בקיאין בהן וכרוכי מפרשין להא דרב מגמל במלכיות וזכרונות ושופרות וקשיא לי הא דלא כרבנן ולא כר' יוחנן בן נורי דתנן (לעיל דף לב.) אין פוחתין מעשרה מלכיות וכו': **ושל פרקים** · מועדות: **מפלפין לפלפין** · שהיה מחזר תלמודו כל שלשים יום: **פוטר היה כו'** · שש"ץ מוציאם: **אינן בכלל ברכה** · ולאע"פ שעם שבשדות בכלל ברכה הני דמצו למיתי קמי כהנים ויפנו כהנים אליהם ויברכום והם לא באו אינן בכלל ברכה: **אבל דעיר לא** · משום דלא אניסי ויכולין להסדיר תפלתן:

הדרן עלך יום טוב וסליקא לה מסכת ראש השנה

תוספות

אילימא משום דנפישי · פירש בקונטרס דאיכא למוספי ר"ה ולהא שנה ומלכיות וזכרונות ושופרות **כיון שאמר ובתורתך** כתוב לאמר כיון שאמר נעשה ונקריב לפניך כמצות רצונך כמו שכתבת עלינו בתורתך אין צריך לומר מקראות המוספין ובסם רבותינו פירש להא דרב דבנגמל במלכיות זכרונות ושופרות וקשה הא דלא כרבנן ולא כר' יוחנן בן נורי דתנן (לעיל לב.) אין פוחתין מעשרה מלכיות כו' ור"ת פירש דלפסוקי דמלכיות זכרונות ושופרות קאי והיכא דהתחיל פליגי דלא יפחות למר כדאית ליה ולמר כדאית ליה אבל יכול לפטור עצמו לגמרי ע"י בתורתך כתוב לאמר אבל מקראות של מוסף צריך להזכיר לעולם שהם במקום הקרבנות אבל מוסף דר"ח אין צריך להזכיר בר"ה אלא שדי לו במה שאמר מלבד עולת החדש ומנחתה שבזה נכלל כל מוספי ר"ח העולות וכדי להזכיר גם השעיר שהוא חטאת יאמר ושני שעירים לכפר ושני תמידים כהלכתן*:

הדרן עלך יום טוב וסליקא לה מסכת ראש השנה

עין משפט נר מצוה

סו א מיי' פ"ח מהל' תפלה הל' י טוש"ע א"ח סי' קכד סעיף א וטור א"ח סי' תקצא:

סז ב מיי' פ"ג מהל' שופר הל' ט טוש"ע א"ח סי' תקצא סעיף ד בהג"ה:

סח ג מיי' פ"ד מהלכות תפלה הל' יט טוש"ע א"ח סי' ק:

סט ד מיי' פט"ו מהל' נשיאות כפים הל' ח טוש"ע א"ח סי' קכח סעיף כד:

ע ה טור א"ח סי' תקצא:

[עי' תוס' לעיל ח: ד"ה שהאחד ותוס' ביצה טז. ד"ה איתו ותוס' עירובין מ. ד"ה זכרון]

מסורת הש"ס

[שבת קיט:]

סוטה לח:

[פי' אין ע"ן מולין עד דאתו לבי כנישתא ושמעו מש"ץ מתחלה ועד סוף כ"כ סרי"ף ופ"ש בר"ן]

הגהות הב"ח

(א) רש"י ד"ה והלכה כו' כרבן גמליאל בכך שמעתין דמשמע: (ב) בהג"ה הי"ג כו' שמיים בין ביום ובין בלילה בחייר: (ג) בא"ד בשלמא לר' אליעזר היינו דשינה וכו' אלא לר' יהושע מאי שינה:

הגהות הגר"א

[א] גמרא דאוושי (ברכות תו"מ):

הגהה זו שייכא לעיל דף יא ע"ב

הכי גרסינן הלכה זו בפרק ראשון (דף יא:) בראשונה עד שלא הגיה רבינו וכן בספרי רומים וכן הברייתא בסדר עולם וכן עיקר בשנת שש מאות שנה לחיי נח בחדש השני בשבעה עשר יום לחדש ביום הזה נבקעו כל מעינות תהום רבה וארובות השמים נפתחו ר"א אומר אותו היום י"ז במרחשון היה יום שמזל כימה שוקע ומעינות מתמעטין ומתוך ששינו מעשיהם שינה הקב"ה עליהם מעשה בראשית והעלה מזל כימה ביום ונטל שני כוכבים ממנה והביא מבול לעולם · ר' יהושע אומר אותו יום שבעה עשר באייר היה יום שמזל כימה עולה ביום ומעינות מתגברין ומתוך ששינו את מעשיהן שינה הקב"ה עליהם מעשה בראשית ונטל שני כוכבים מכימה והביא מבול לעולם · בשלמא לר' יהושע היינו דכתיב שני אלא לר"א מאי שני שני לדין בשלמא לר"א היינו דשינה אלא לר' יהושע מאי שינה שינה כדרב חסדא. והכין פירושה שנים עשר מזלות קבועין בגלגל ששה מהן למעלה מן "הקרקע וששה למטה כשזה עולה מן הקרקע מלך אחד חבירו שכנגדו שוקע בקרקע בניסן מע"ק גד"ד למעלה בלילה טש"ת סא"ב למטה לאור הבוקר מתחיל טלה לעלות מן הקרקע ומאזנים לשקוע לסוף שעה ראשונה טלה כולו עולה ומאזנים כולו שוקע בארץ שניה שור עולה ועקרב שוקע שלישית תאומים עולה קשת שוקע וכן עושין כל ימי ניסן י"ב מזלות מגלגלין את העולם פעמים בין (ג) ביום ובין בלילה באייר שור עולה בשעה ראשונה של יום ועקרב שוקע שניה תאומים עולה קשת שוקע שלישית סרטן עולה גדי שוקע וכן מגלגלין עד תשלום כל המזלות וחוזרין תחלה פעמים בין היום והלילה וכן עושין השנים עשר מזלות לשנים עשר חדשים לסיון תאומים עולה מן הקרקע בתחלת היום לתמוז סרטן לאב אריה לאלול בתולה לתשרי מאזנים למרחשון עקרב וכן כולם כימה הוא שור ר"א אומר אותו היום שבעה עשר במרחשון היה יום שמזל כימה שוקע ביום כשכימה שהוא שור עולה כבר התחילה חמה לנטות למערב וזהו שקיעתו של כימה שלשעה שביעית של יום עולה שור מן הקרקע שהרי שעה ראשונה של מרחשון עקרב עולה מן הקרקע שניה עולה קשת שלישית גדי רביעית דלי חמישית דגים ששית טלה שביעית שור ובשביעית חמה מתחלת לשקוע לצד מערב ומעינות מתמעטין מחמת הלינה והרוחות ר' יהושע אומר אותו היום שבעה עשר באייר היה יום שמזל כימה עולה מן הקרקע בשעה ראשונה של יום ומעינות מתגברין שבאותו זמן לא חמה ולא לינה להמעיטן בשלמא לר' יהושע הייט דכתיב שני האי בחדש השני הייט אייר שהרי מלינו ניסן נקרא ראשון ראשון הוא לחדשי השנה אלא לר"א דאמר מרחשון היכן מלינו תשרי שנקרא ראשון שני לדין מלינו תשרי שנקרא ראשון לדין מראשית השנה הייט תשרי בשמעתין לעיל והוה ליה מרחשון שני בשלמא לר' (נ) יהושע הייט דשינה שלא היה זמנו של כימה לעלות מן הקרקע עד שעה שביעית ועלה מזל כימה בתחלת היום כדי לעשות בו ארובות ולשפוך עליהן המבול דרך הארובות למהר עליהן פורענות ועוד שיטי אחר שבשאר שנות העולם מעיינות מתמעטין בזה הזמן ועכשיו נתרבו אלא לר"א מאי שינה אין כאן שטי לא במזל כימה ולא בתגבורת המעיינות שינה כדרב חסדא:

רבינו חננאל

וכן הדא דירן (וידה) [והיירא] אמרה ראתקע בראשונה ומשך בשניה כשתים אין בידו אלא אחת. (רבא) [ר' אבא] ב"ר זימנא בשם רבי זעירא אפילו אחת אין בידו למה רישא גבית סיפא מצטרף וסיפא גבית רישא מצטרף לא רישא אית לה סיפא ולא סיפא אית לה רישא. והא דוקיא כתרוע' תוא דמשכת לה בג' שברים אבלבתרועהלא משכחת לה. מי שבירך ואח"כ נתמנה לו שופר תוקע ומריע ותוקע כו'. רב פפא בר שמואלקסצלויי אמר לשמעיה (בי) [כי] נחירנא לך תקע לי ולית הלכתא כוותיה. אלא כי הא דתניא כשהוא שומען שומען על הסדר ועל סדר ברכות בר"א בחבר עיר אבל שלא בחבר עיר שומען על הסדר ולא על סדר ברכות. ויחיד שלא תקע חבירו תוקע לו ויחיד שלא בירך אין חבירו מברך לו ומצוה בתוקעין שהיא מן התורה יותר מן המברכין. כיצד היו לפניו ב' עיירות באחת ודאי מברכין כלומר יש לתן שם חזן ומתפללין בודאי ובאחרת יתכן שיתקעו והוא דבר ספק הולך למקום שתוקעין ואע"פ שהוא ספק שהיא מצוה מן התורה. כשם שהש"ץ חייב כך כל יחיד ויחיד חייב. ר"ג אומר ש"ץ מוציא את הרבים י"ח. תניא אמרו לו (לר') [לר"ג] לדבריך כו'. אמר רבה בר בר חנה א"ר יוחנן מודים חכמים לר"ג. ורב הונא ציפוראה אמר ר' יוחנן הלכתא כר"ג ואקשינן אי מודו ליה לר"ג למה ליה לר' למימר הלכתא כוותיה. לא אמרינן הלכתא אלא היכא דאיכא פלוגתא. ופריק רב נחמן בר יצחק מאן מודי ליה לר"ג ר' מאיר וחכמים חולקין על זה ועל זה דת"ר ברכות של ר"ה ויוה"כ בלבד. אבל דכל השנה אין הלכה כר"ג ומאי שינה ר"ה ויוה"כ מן השנה כולה. אי לימא משום דנפישי בהו קראי והן עשר מלכיות י' זכרונות ועשר שופרות והאמר רב חננאל אמר רב כיון שאמר ובתורתך כתוב לאמר שוב אינו צריך להזכיר הפסוקין אלא משום דאוושי ברכות כלומר בכל שבת ומועד מתפללין שבע ובאלו מתפללין תשע כו'. אמר ר' אלעזר לעולם יסדיר אדם תפלתו ואח"כ יתפלל. וא"ר אבא מסתברא [מילתיה] של ר"ה ושל יוה"כ ושל פרקים אבל של כל השנה כולה לא וכן סוגיא דשמעתא אמר רב אחא בר רב עוירא אמר ר' שמעון חסידא פוטר היה רבן גמליאל אפי' עם שבשדות כו' ואסיקנא אלא כי אתא רבין אמר [ר' יעק]ב בר אידי אמר ר' שמעון חסידא לא פטר ר"ג אלא עם שבכנסת ושומעין מש"ץ והעם שבשדות והן אנוסין שאינן יכולין לבא אבל הני דשכיחי בעיר ולא אתו לא פטר להו ר"ג: ירושלמי רג"א ש"ץ מוציא את הרבים י"ח ר' חונא רבה דצפורין בשם ר' יוחנן הלכתא כר"ג באלין תקיעתא והוא ששנו שם מראש התפלה: הדרן עלך י"ט של ר"ה

סליקו פירושי רבינו חננאל ממסכת ראש השנה. תהלה לשכן מעונה:

[פי'] למה תוקעין כשהן יושבין ותוקעין כשהן עומדין כדי לערבב את השטן יומאי עירבוביא רשמע קל שופרא זמנא חדא בהיל ולא בהיל וכי תניין ליה אמר וודיי ההוא שופרא דתקיע בשופר גדול ממא זמניה למתבלע ומתערבב ולית ליה פנאי למעבד קטיגוריא ומכאן אנו למדין דבעינן תלתין [למ]ה כמו תלתין בישיבה והלין דמתמרין ועברין תלתין כד יתבי ותלתין בלחש ותלתין על הסדר. בירושלמי כתב מאה פעיות פעתה אמית דסיסרא ואלין עשר (או) אינון כשעומדין כל התפלה קל תקעייא דיהודאה מתבעי למהוי עשרה תשר"ת תש"ת תר"ת והן מאה: כי שמע שטן קל מערבביה אלא כתב בירושלמי בלע המות לנצח וכתיב והיה ביום ההוא יתקע בשופר גדול.

ובדיעבד אם אמר "מוסף" א"צ לחזור, אבל ביום ראשון אם אמר "מוסף" חוזר, [הגהות רעק"א, **ונראה** דמה שכתב: ביום א' חוזר, היינו קודם שסיים הברכה, **אבל** לאחר שסיים אין לחזור, דאפי' אם דילג לגמרי, ולא אמר: ואת מוסף יום הזכרון הזה נעשה ונקריב וכו', אלא אמר: ושם נעשה ונקריב וכו', תמידים כסדרם ומוספים כהלכתם ככתוב בתורת משה עבדך וכו', ג"כ יצא].

אות ב*[יא]

משום דאוושי ברכות

סימן תקפב ס"ט - [יב]אף על פי שכל ימות השנה מתפללים בלחש, בראש השנה ויום הכפורים נוהגין לומר בקול רם - והטעם, מפני שעי"ז יוכלו להתפלל יותר בכונה, ומ"מ לא יגביה קולו יותר מדאי, **ולהטעות לא חיישינן, כיון שמצויים בידם מחזורים.**

אות ג'

מסתברא מילתיה דרבי אלעזר בברכות של ראש השנה ושל יום הכפורים ושל פרקים, אבל דכל השנה לא

סימן ק ס"א - [יג]תפלות של מועדות, ושל ר"ח - ר"ל תפלת מוסף, **צריך להסדיר תפלתו קודם שיתפלל, כדי שתהא שגורה בפיו** - והטעם, מפני שאין מתפלל אותן תדיר אלא לפרקים, אין רגיל בהן כ"כ. **(הגה: וי"א דוקא כשמתפללים על פה, אבל כשמתפללין מתוך הסידור, מותר, דהא רואה מה שמתפלל, וכן נוהגין).**

ובפמ"ג בשם הב"ח ופר"ח כתב, דה"ה "יעלה ויבא" דשחרית, או "בימי" וכו' דחנוכה ופורים, ג"כ צריך להסדיר מתחלה, או שיתפלל מתוך הסידור.

ובשיורי כנה"ג תמה על מנהג האנשים שמקילין בכל זה להתפלל בע"פ, ואינם מסדרים מתחלה, שאינו יודע על מה סמכו, **ועיין** בשע"ת, (וז"ל: תשו' הרשב"ש ששמע מאביו, שקיבל שלא נהגו להסדיר תפלת מועדים, לפי שאין להסדיר רק כשהיא כולה תפלה מחודשת כתפלת ר"ה ויוה"כ, **ונראה** דלכך מכ"ש שלא חששו בחנוכה ופורים, כיון דמלתא זוטרתי היא, שגורה היא בפומי דרובא דאינשי, ואף שעבר עליו שנה זוכרים אותה היטב וא"צ סידור), **ולכתחלה** בודאי נכון ליזהר להתפלל בחנוכה ופורים ומועדים ור"ח, עכ"פ תפלה ראשונה מתוך הסידור, ודי.

כתב מחצית השקל, שלא כדין נוהגין העולם, שאומרים ברכת קידוש לבנה בע"פ, ואינם מסדרים אותה מתחלה, ועיין בשע"ת. **ותפילות** ופיוטים שחמור פירושם, צריך להסדיר תחלה, ולא מהני ספר בזה.

אות ד'

עם שאחורי כהנים אינן בכלל ברכה

סימן קכח סכ"ד - [יד]עם שאחורי הכהנים אינם בכלל ברכה - דבעינן דוקא פנים כנגד פנים כמ"ש לעיל, **והיינו** אפילו אינו אחוריהם ממש, אלא משוכים לצדדים, כיון שעכ"פ הוא מאחוריהם, אינו בכלל ברכה, **ואפילו** אינו מפסיק מידי בינם לבין הכהנים.

ולפי"ז אותן העומדים בכותל מזרחי, והאה"ק בולט קצת לביהכ"נ, והכהנים עומדים לפניו, אינן בכלל ברכה, **והב"ח** הליץ בעדם, דעכשיו שכל אחד קונה מקום בביהכ"נ, חשובים כאנוסים, דאינו יכול לילך לדחות את חבירו ממקומו, **אבל** אין זה מספיק, דבקל יוכל למצוא מקום פנוי לעמוד בצדי הכהנים, או באמצע ביהכ"נ על הבימה, או ברוח מערבית של ביהכ"נ.

אבל מלפניהם ובצדיהם אפילו מחיצה של ברזל אינה מפסקת - פי' לא מיבעיא אלו שהם מלפני הכהנים משוכים לצדדים, פשיטא דבכלל ברכה הם, אלא אפילו כנגד צדדי הכהנים ממש, אפ"ה בכלל ברכה הם, (**ומ"מ יש חילוק ביניהם, והוא, דבצדדין שלפניו צריך שיהיה פניו לצד מזרח דוקא, ובצדדין ממש, מסתברא דאינו מועיל לצד מזרח, דפנים נגד פנים ילפינן בגמרא "מאמור להם", כאדם שאומר לחבירו, וזה לא שכיח כלל, ששני אנשים ישבו בשוה ממש ומדברים, וזה יהיה פניו פונה לצד מזרח, וזה יהיה פניו פונה לצד מערב, אלא יצדד פניו לצד דרום, כדי שיהיו פניו נוטים נגד פני הכהנים, ואפשר דאפילו עומד בשוה עם פני הכהנים, דהיינו פניו לצד מערב, ג"כ בכלל ברכה הוא, דזה הוא ג"כ בכלל מאמרם, "כדרך שאומר אדם לחבירו", דמצוי כמה פעמים שבני אדם יושבים בשוה ומדברים).**

(**עיין בא"ר שכתב, דלפי מה דאיתא לעיל בסי' נ"ה ס"כ, לענין עניית קדיש וקדושה ואמן, דבעינן שלא יהא טינוף מפסיק, ה"ה בזה, והנה עתה שיצא לאור ספר האשכול, מצאתי שכתב בהדיא, אחר שהביא דעת רב אחאי גאון דטינוף מפסיק, כתב וז"ל: וחזי לן דוקא לענות אמן הוי הפסק, אבל לענין ברכת כהנים לעם שבשדות שאינם צריכין לענות, לא הוי הפסק, עכ"ל, ואולי כונת הא"ר, היכא שצריך לענות אמן, כגון שעומד בחצר ביהכ"נ, או מבחוץ אך שהיה בסמוך לביהכ"נ, ועיין).**

ולאחריהם נמי, אם הם אנוסים, כגון עם שבשדות, שהם טרודים במלאכתן ואינם יכולים לבא, הם בכלל הברכה - אבל בלא אנוסים, אפילו עומדים בביהכ"נ, אלא שהם אחורי הכהנים, אינם בכלל ברכה, דמראים בעצמם שאין הברכה חביבה להם, מדלא הלכו לקבל הברכה פנים אל פנים, (**ודע דלפי"ז נראה, דהא דאמרינן בש"ס "עם שאחורי הכהנים", לאו דוקא, אלא דה"ה אם הוא**

באר הגולה

יא (ע"פ הגר"א) **יב פסקי תוס' סוף ר"ה** (סוף ר"ה ל"ה א', משום דאוושי, וכפי' הערוך והג"מ בשם תוס', לשון השמעת קול, והטעם משום דאין רגילין בהם לכך מרימין קולם, לכן מוציא י"ח בר"ה ויו"כ, לפי שמגביהין קולם ומטעין זה את זה, ואינן יוצאין י"ח בתפלה בלחש, אלא שעכשיו אין סומכין על הש"ץ, שצריך לישמע מפי הש"ץ מלה במלה, אבל הרמב"ם והרי"ף וש"פ מפרשים כפירש"י שם, וכן עיקר - הגר"א) **יג** ר"ה ל"ה **יד** סוטה שם

בעיר ויושב בביתו ואינו הולך לביהמ"ד, ג"כ אינו בכלל ברכה, ואפילו ביתו היה עומד נגד פני הכהנים, מדאין הברכה חשובה לפניו לבוא ולשמוע, ומה דאיתא בטוש"ע דלפניהם ובצדיהם הם בכלל ברכה אפילו לא אניסי, היינו כשהוא עומד בסמוך לביהכ"נ מבחוץ, ששומע הברכה וחפץ להתברך, אף שלא היה אנוס בדבר, שהיה יכול לבוא מבפנים, אעפ"כ הוא בכלל ברכה כיון שהוא עומד עכ"פ נגד פני הכהנים או בצדיהם, משא"כ בענינינו שאינו רוצה לילך לשמוע, הוא בכלל "עם שאחורי הכהנים", ולא נקט הגמרא "אחורי הכהנים" אלא לרבותא, דאפילו הוא בביהכ"נ ועונה אמן, אינו בכלל הברכה, כיון שהוא אינו רוצה לבוא נגד פניהם כדת).

אות ה'

<u>לא פטר רבן גמליאל אלא עם שבשדות, מאי טעמא משום דאניסי במלאכה, אבל בעיר לא</u>

טור סימן תקצא - ומתפללין הצבור בלחש תפלת מוסף,

אף על גב דקי"ל כרבן גמליאל דאמר ש"צ פוטרן; דתנן כשם שש"צ חייב כך כל אחד ואחד חייב, רבן גמליאל אומר ש"צ פוטר את הרבים; ואסיקנא הלכה כרבן גמליאל דאמר בר"ה ויוהכ"פ ש"צ מוציא לכל מי [טו]שהוא בבהכ"נ ושמעו ממנו התפלה מראש ועד סוף, אפי' אם הוא בקי ויודע להתפלל; ומי שהוא אנוס ואינו יכול לבא לבית הכנסת, כגון עם שבשדות וזקן וחולה, הוא פוטרו אפילו לא בא לבהכ"נ; מ"מ מוטב שיתפללו יחידים, כי מי שירצה לצאת בתפלת ש"צ צריך שיכוין לכל מה שאומר ש"צ, ואם חסר אפלו מלה אחת שלא כיון לה, לא יצא, ואין כל אדם יכול לעמוד בזה; וכ"ש לבעל העיטור שכתב שאין ש"צ פוטר אלא מי שאינו בקי, [טז]אבל בקי אפילו אם הוא בבהכ"נ אינו פוטרו; הלכך טוב הוא שיתפלל כל יחיד ויחיד, וכן נוהגין.

באר הגולה

טו ‹פרש"י ז"ל: אבל דעיר לא משום דלא אניסי ויכולין להסדיר תפלתן, נראה שהוא מפרש דעיר שיכולין לסדר צריכין להתפלל, ותמהני א"כ היאך אמרו לו לר"ג לדבריך למה צבור מתפללין, שהרי צריכין להתפלל ואין ש"צ מוציאן - רמב"ן›. ‹**וכתבו** הרי"ף והרא"ש: עם שבשדות דאניסי ולא מצו למיתי לבי כנישתא בראש השנה שליח צבור מוציאן ידי חובתן, אבל דעיר אין שליח צבור מוציאן ידי חובתן עד דאתו לבי כנישתא ושמעו משליח צבור מתחלה ועד סוף. **וכתב** הר"ן דהכי פירושא, אבל דעיר דלא אניסי, ואפילו הכי לא אתו לבי כנישתא, אין שליח צבור מוציאן, **אבל** כל אותם שהם בבית הכנסת ואפילו של עיר, כיון שהם שומעין מפי שליח צבור, אותם פטר רבן גמליאל, וכדאמרי ליה לדבריך למה ציבור מתפללין, אמר להם כדי להסדיר שליח צבור תפלתו, דאלמא לדברי רבן גמליאל אין ציבור צריכין להתפלל אלא כדי שיסדיר שליח צבור תפלתו - ב"י›

טז ‹יש לתמוה על סברת בעל העיטור, דהא בהדיא פסקינן בגמרא הלכה כרבן גמליאל בראש השנה, ורבן גמליאל הא אמר כשם שמוציא את שאינו בקי כך מוציא את הבקי, **ועוד** דאי לשאינו בקי, לרבנן נמי שליח צבור מוציאו אפילו בשאר ימות השנה, כדאיתא בגמרא, **ושמא** יש לומר דסבר בעל העיטור דכי אמרינן לא פטר רבן גמליאל אלא עם שבשדות אבל דעיר לא, היינו בבאו לבית הכנסת ושמעו מפי שליח צבור, {**כפי'** התוס', דעם שבשדות גם לר"ג אינו מוציאם הש"ץ אלא כשיבאו וישמעו מש"ץ, אלא משום דאניסי במלאכה וא"א להם לסדר תפלתם, לכן אף הבקי הוא כאינו בקי, **ולענ"ד** גם דעת רש"י הכי הוא, כדכתב בלשונו שם בד"ה אבל דעיר לא, משום דלא אניסי ויכולין להסדיר תפלתן, עכ"ל - זיו משנה}, **ואם** כן דעיר כל שהוא בקי לרבן גמליאל נמי אין שליח צבור מוציאו אפילו בבית הכנסת, ודשדות שבאו לבית הכנסת בין בשאר ימות השנה בין בראש השנה אם הם בקיאין אין שליח צבור מוציאן {לחכמים}, ולרבן גמליאל שליח צבור מוציאן, **ואיפסיקא** הלכתא כרבן גמליאל בראש השנה, הילכך דשדות שבאו לבית הכנסת ושמעו מראש ועד סוף, שליח צבור מוציאן אף על פי שהם בקיאין, אבל דעיר אם הם בקיאין, אפילו שמעו מראש ועד סוף מפי שליח צבור, אין שליח צבור מוציאן לכולי עלמא, ובעל העיטור בבני העיר איירי, כנ"ל - ב"י›

מילואים להלכות ראש השנה

§ סימן תקפא – דיני ימי תחנונים וערב ראש השנה §

סעיף א - נוהגים לקום באשמורת לומר סליחות ותחנונים - דסוף הלילה הקב"ה שט בעוה"ז, והוא עת רצון, **מראש חדש אלול ואילך עד יום הכפורים** - שמר"ח עלה משה בהר סיני לקבל לוחות אחרונות, והעבירו שופר במחנה: משה עלה להר, שלא יטעו עוד אחר ע"ז, והוי עת רצון, **ואיכא** אסמכתא מקרא: אני לדודי ודודי לי, ר"ת "אלול", וסוף תיבות עולה מ', כנגד ארבעים יום מר"ח אלול עד יוה"כ, כי באלו ארבעים יום התשובה מקובלת להיות לבו קרוב אל דודו בתשובה, ואז דודו קרוב לו לקבל תשובתו מאהבה, **ועוד** סמך מקרא: ומל ד' אלקיך את לבבך ואת לבב זרעך, ר"ת "אלול".

אבל בר"ח גופא אין אומרים סליחות ותחנונים, וכן הנוהגים לומר תהלים כל אלול עם תחנונים "יהי רצון", אין להתחיל בר"ח.

ונוהגין במדינתינו מר"ח אלול עד יוה"כ, לומר בכל יום אחר גמר התפלה מזמור: לדוד ד' אורי וכו', בוקר וערב, ואומרים אחריו קדיש, **ואנו** נוהגין לומר עד שמיני עצרת, ועד בכלל, **וביום** שיש בו מוסף, אחר גמר תפלת שחרית קודם "אין כמוך", ובערב אחר תפלת המנחה, **ובמקומות** שאומרים אותו אחר גמר התפלה, בר"ח יש להקדים מזמור: ברכי נפשי, **וכן** במקומות שאומרים אותו אחר תפלת שחרית, ונוהגין ג"כ לומר שיר של יום אחר תפלת שחרית, יש להקדים השיר של יום.

הגה: ומנהג בני אשכנז אינו כן, אלא מראש חדש ואילך מתחילין לתקוע אחר התפלה שחרית - יש מתחילין מיום ראשון דר"ח, ויש מתחילין מיום שני דר"ח, וכ"כ בסדור דרך החיים. ויש לתקוע בכל בוקר אחר התפלה, **ויש מקומות שתוקעין ג"כ ערבית.**

נוהגין בכל יום של ימי החול מר"ח אלול ואילך, אחר התפלה אומרים בצבור עשרה מזמורים, וביה"ר שלפני אמירתו יש לדלג תיבות "בהם שבעים שנה". **וכיון** שאין אומרים ספר שלם, י"ל "בזכות מזמורי תהלים שקראנו לפניך וכו'", **ואחר** היה"ר אומרים קדיש, ואם אין עשרה בשעת אמירת תהלים, וממתינין על אחד שישלים המנין, יש לשייר מזמור אחד ואומרוהו אחר שישלימו עשרה, ויאמר קדיש, **ובימי** התשובה שבין ר"ה ליוה"כ, אומרים יותר מעשרה מזמורים, כדי לגמור התהלים פעם שלישית קודם יוה"כ.

ועומדים באשמורות לומר סליחות ביום א' שלפני ר"ה - ר"ל יום ראשון של השבוע שחל לפני ר"ה.

ואף יחיד יכול לומר אותם שאין בהם י"ג מדות, ובסליחה שנזכר י"ג מדות, ידלג אותן תיבות, **וכן** אותם הבקשות שהן בלשון תרגום, כגון: מחי ומסי וכו', ומרן די בשמיא וכו', לא יאמר כשאין שם מנין עשרה.

כשמתחילין סליחות אומרים "אלהינו ואלהי אבותינו", חוץ מסליחה המתחלת בשם א' משמותיו של הקב"ה.

כתב אבודרהם, "ויקרא בשם ד'", יש להפסיק מעט בין "בשם" ובין "ד'".

אם אין מנין בעת אמירת "אשרי", יאמר סליחות, וכשיבואו מנין יאמרו קדיש באמצע סליחות, **ובא"ר** כתב, שיאמרו אח"כ ג' פסוקים כשיש מנין, **ואם** היה מנין בתחלת אמירת הסליחות ולבסוף יצאו מקצתן, י"ל דמ"מ אומר קדיש אחר הסליחות, וכעין מה שנתבאר בסימן נ"ה.

הש"ץ מתעטף בטלית בשעה שאומרים י"ג מדות, אף שהוא קודם אור היום, אבל אז אינו מברך עליו, אף שהוא בגד המיוחד ליום, כיון שלובשו בלילה, ויש דעה דפטור אז מציצית - לבוש, **וט"ז** השיג עליו, דלמה לו להכניס עצמו לדבר שיש בו ספק, וע"כ לא יטול אז טלית שלו, ולא טלית של קהל שהוא ג"כ כשלו, אלא יקח טלית של חבירו, דבזה לכו"ע פטור מציצית, ויכוין שנוטלו רק לכבוד ולא לקנותו, [**ומ"מ** היכא דאין לו טלית אלא שלו, מתעטף בו בלא ברכה, וכשיאור היום ממשמש בציציותיו ויברך].

ואם חל ראש השנה ב' (או) ג', אז מתחילין מיום א' שבוע שלפניו - משום שהרבה נוהגים להתענות עשרה ימים עם יוה"כ, ולעולם יחסרו ד' ימים מר"ה עד יוה"כ שלא יוכלו להתענות, דהיינו ב' ימים ר"ה, ושבת שובה, ועיו"כ, לכך צריך להשלים ד' ימים קודם ר"ה, וכדי שיהיה יום מסויים להתחלה, תקנו יום ראשון בכל פעם, **ועוד** טעם שקבעו ד' ימים, שכן מצינו בקרבנות שטעונים ביקור ממום ד' ימים קודם הקרבה, ובכל הקרבנות בפ' פנחס כתיב: והקרבתם עולה, ובר"ה כתיב: ועשיתם עולה, ללמד שבר"ה יעשה אדם עצמו כאלו מקריב את עצמו, ולכן קבעו ד' ימים, לבקר כל מומי חטאתו ולשוב עליהם.

[**ולפי** טעם הראשון, המתענה בר"ה השני ימים, א"צ להתענות רק שני ימים לפני ר"ה, אע"ג שנהג כבר להתענות ד' ימים קודם שהתחיל להתענות בר"ה, מ"מ יש להקל, דלא היתה כוונתו במה שהתענה ד' ימים

אלא לתשלומין, ועכשיו שמתענה בר"ה א"צ לתשלומין אלא ב' ימים, **אבל** לטעם השני, לעולם צריך ד' ימים לפני ר"ה, ואשרי מי שיוכל].

ואבל אסור לצאת מביתו כדי ליכנס לבה"כ לשמוע הסליחות, מלבד בער"ה שמרבים סליחות, יכול האבל ליכנס לבית הכנסת - ה"ה בעיוה"כ במקום שמרבים בסליחות.

אבל תוך י"ב חודש על אביו ואמו, או תוך שלשים על שאר קרובים, אסור לעבור לפני התיבה בר"ה ויוה"כ, דהא דינם כרגלים לכל מילי, **אבל** בימי הסליחות אפילו בער"ה ועשי"ת, מותר, **ובדליכא** חזן אחר, שרי אפילו בר"ה ויוה"כ.

וכן בימים שאין אומרים תחנון, מותר להתפלל שחרית אם אחר יאמר הלל, אבל מוסף לא יתפלל, **והח"א** כתב, כמדומה שהגר"א לא היה מניח להתפלל אפילו שחרית בר"ח, **אכן** בדליכא אחר, לכו"ע מותר להתפלל אפילו מוסף.

[**ובחנוכה** לא יתפלל לילה הראשונה, משום שאומרים "שהחיינו" על נרות חנוכה, ולזה צריך שמחה יתירה, **ואפשר** אם אחר ידליק, מותר הוא להתפלל].

וידקדקו לחזור אחר שליח צבור היותר הגון והיותר גדול בתורה ומעשים שאפשר למצוא, שיתפלל סליחות וימים נוראים - וכל העוזרים ומסייעים לש"ץ שאינו הגון, כאלו גוזל טוב מן הקהל, ועתידים ליתן את הדין, **והיודע** בעצמו שאינו בקי מאד, ויודע לשמור אפילו משגגה, אין לו להכניס את עצמו בעבודת השם, **ואם** אינו ראוי והגון ובקי, אין ממתינין לו כשאר עונשים, אלא גובין לאלתר.

וראוי שיהיה הש"ץ והתוקע בעלי תשובה גמורה, גם ראוי שילמדו הכונות מהתפלות והתקיעות, והוא מהזוהר, **ונהגו** שמי שהתחיל להתפלל או לתקוע אפילו פעם אחת, אין ליתן המצוה לאחר, **ואם** חלה הוא, ביד הקהל להעמיד אחר, ומ"מ כשחוזר לבריאותו, המצוה חוזרת אל הראשון.

מי שבא בערכאות של גוים, אין ראוי להיות ש"ץ בר"ה ויוה"כ, אא"כ עשה תשובה.

אם רואה שיש מחלוקות בשביל התפלה, לא יתפלל, אע"פ שיתפלל מי שאינו הגון.

נהגו לעבור לפני התיבה פרנסים ומנהיגים שיודעים בצער הדור, והיינו דוקא כשהם נאמנים ומגינים על הדור ומרוצים לעם, ובעוה"ר בדור הזה וכו', **וכדי** לתקן פרצה זו, ראוי שיתפלל הש"ץ הקבוע.

ושיהא בן שלשים שנים - שאז ראוי בן לוי לעבודה, ותפלה הוא כנגד עבודה, [**וכעין** זה משמע בד"מ, אף ששם נזכר מבן כ"ה, היינו שמאותו הזמן יתחיל ללמוד סדר התפילה וקה"ת, כדי שיהא בקי יפה יפה, כמו שהיה צריך ללמוד סדר עבודה מבן כ"ה עד ל', ומשלשים התחיל לעבוד], **וגם** שאז לבו נשבר ונדכה, [ד"מ, **ובאמת** אין לזה שום ביאור, דאדרבה בן ל' לכח, וכשאדם חזק בכח אין לבו נשבר, **ובאורחות** חיים מצאתי שלשונו מתוקן יותר, וז"ל: שאז הוא בחצי ימי הזקנה, ולבו נכנע ונשבר יותר].

גם שיהא נשוי - דומיא דכהן גדול שהיו מכינים לו אשה אחרת, ושתהיה לו אשה לשומרו מן החטא.

ופשוט דאם מזדמן לו שנים, אחד שהוא בן תורה וירא חטא, ואין לו אלו הפרטים, והשני הוא איש פשוט, והוא נשוי ויותר מבן שלשים, הבן תורה קודם.

מיהו כל ישראל כשרים הם, רק שיהיה מרוצה לקהל; אבל אם מתפלל בחזקה, אין עונין אחריו אמן. וכן צריך שיוציא כל אדם בתפלתו; ואם יהיה לו שונא ומכוין שלא להוציאו, גם אוהביו אינם יוצאים בתפלתו.

ויש מקומות נוהגים שהמתפלל סליחות מתפלל כל היום - שחרית ומנחה, שהמתחיל במצוה אומרים לו גמור, **וי"א** דאף ערבית שלפניו, אבל הערבית של היום שלאחריו אין שייך לו, **וכתב** המ"א, דמטעם זה הוא קודם לאבל ולמוהל וליא"צ, דתפלה תליא ברצון הקהל, **והא"ר** מפקפק בזה, ודעתו דיא"צ יש לו להתפלל אם הוא מתענה, **ומן** "למנצח" ואילך יש להניח להתפלל אף לאבל.

סעיף ב - נוהגים להתענות ערב ר"ה - ואפילו התינוקות מתענין - מ"א בשם מהרי"ל, **והתינוקות** לאו דוקא, אלא ר"ל נערים שהגיעו לי"ג לזכר, וי"ב שנים לנקבה, מתענין, **וא"צ** קבלה ולא השלמה, אפי' אין מתענה עשי"ת.

וביום א' דסליחות נהגו רוב הקהל להתענות, ויחיד אומר "עננו" במנחה ב"שומע תפלה", **אבל** הש"ץ אינו אומר "עננו" בחזרת התפלה.

הגה: והמדקדקים נהגו שכל אחד מתענה עשרה ימים, וכן נכון לעשות. וכל אלו התעניות אין צריכין להשלים, ואין קורין בהם ויחל - והיינו אפילו אותן שמתענין וקורין "ויחל" בכל ער"ח, **אפילו ערב ראש השנה** - ואין אומרים "או"א ברכנו בברכה" וכו', לפי שאינו ת"צ, **וע"ל סי' תקס"ב סעיף ב'.**

ואם חל ברית מילה בערב ר"ה, יכולים לאכול - היינו מי שיזמינו בעה"ב, **אבל** השייכים לברית, מצוה לאכול. **אבי** הבן וסנדק ומוהל, כולם נקראים בעלי ברית, ויו"ט שלהם הוא.

עיין לעיל בסי' תקס"ח ס"ב בהג"ה ובמ"ב, שם מבואר ענין זה באריכות קצת.

כתב המ"א, במקום שיש מקצת חולי, יש להקל בכל אלו התעניתים וא"צ התרה, אם לא מי שמתענה יותר ממה שנהגו הצבור, **והש"ך** כתב, דמחמת שאינו בריא, לעולם צריך התרה, [**ואפשר** דאם אינו מוצא מי שיתירנו, יש להקל במקום הדחק].

(ביאור הלכה) [שער הציון] ‹הוספה›

סימן תקפא – דיני ימי תחנונים וערב ראש השנה

ורבים נוהגין לאכול בערב ראש השנה קודם עלות השחר; משום חקות העמים הנוהגים להתענות בערב חגיהם, ויכולין לאכול בלא תנאי אחר שכן נהגו - ר"ל אף דישן שינת קבע, ומבואר לעיל תקסד ס"א דאסור לאכול אחר השינה, אא"כ התנה קודם שישן שאינו מקבל עליו התענית קודם עה"ש, הכא שרי.

והאידנא נהוג עלמא שלא לאכול, רק שישתה קאווע או טיי"א קודם הליכה לביהכ"נ, כי בזמנינו נמשך אמירת סליחות עד אור היום, ופשיטא שמיד שעלה עמוה"ש אסור לאכול ולשתות.

סעיף ג - אין נופלים על פניהם בערב ר"ה בתפלה - דהוא כמו שאר עיו"ט, **אע"פ שנופלים על פניהם באשמורת בסליחות** - היינו אף אם נמשך על היום, מפני דרוב פעמים רגילין לסיים קודם עלות השחר, תקנו לנפול אף אם אירע פעם אחד שממשיך על היום.

ואין תוקעין בערב ראש השנה - להפסיק בין תקיעות דרשות לתקיעות דחובה - **ואף** כשחל יום א' של ר"ה בשבת, ג"כ אין תוקעין בע"ש, [כיון שאומרים "זכרון תרועה", הוי כמו תקיעה] - **ומ"מ** מותר לתקוע להתלמד, דדי כשמפסיק בביהכ"נ, **אבל** במנהגים כתב הטעם, כדי לערבב השטן, א"כ אין לתקוע כלל, **ובא"ר** בשם ספר אמרכל משמע, דלהתלמד שרי בחדר סגור.

סעיף ד - מכבסין ומסתפרין בערב ר"ה - להראות שאנו בטוחין בחסדו ית', שיוציא לצדק משפטינו, **ומ"מ** לא ילבש בר"ה בגדי רקמה ומשי כבשאר יו"ט, דיהא מורא הדין עליו, אלא ילבש בגדים לבנים נאים, **ועיין** במ"א, דבמקום שאין נוהגין ללבוש לבנים, עכ"פ לא ילבש חשובים כ"כ.

(ויש נוהגין לטבול בערב ראש השנה משום קרי) - ואם אינו יכול לטבול משום צינה, יראה לשפוך על גופו ט' קבין מים. **ולא** יקדים לטבול עד שעה קודם חצות היום.

יש מאחרונים שכתבו, שנכון למנוע עצמו מלשמש מטתו בשני לילות של ר"ה, אא"כ היתה ליל טבילה, דאז חייב לקיים עונתו, ויחזור ויטבול בשחרית, **אכן** אלו האנשים האוכלים לשובע בטנם, או ח"ו שנכנס במחשבתו הרהור אשה, יותר טוב שישמש מטתו מח"ו שיבא לידי עבירה, ויחזור ויטבול בשחרית.

ויש מקומות נוהגין לילך על הקברות, ולהרבות שם בתחנות ונותנים שם צדקה לעניים - דביה"ק הוא מקום מנוחת הצדיקים, והתפלה נתקבלה שם יותר, **אך** אל ישים מגמתו נגד המתים, אך יבקש מהש"י שיתן עליו רחמים בזכות הצדיקים שוכני עפר. ויקיף הקברות, ויתן צדקה קודם שיאמר התחנות. **ואין** לילך על קבר אחד ב' פעמים ביום אחד.

§ סימן תקפב – סדר תפלת עשרת ימי תשובה וראש השנה §

סעיף א - בעשרת ימי תשובה אומר: המלך הקדוש, המלך המשפט - משום שעכשיו הם ימי דין, שהקב"ה יושב ודן כל העולם, ומראה מלכותו וממשלתו שהוא בכל משלה.

ואם טעה או שהוא מסופק, אם הוא בהמלך הקדוש, חוזר לראש - דג' ברכות ראשונות חשובות כאחת, ובמסופק חזקה מה שהוא רגיל הוא מזכיר, **והכא** לא מהני שיאמר צ' פעמים, דהכא אינו רשאי לומר "ברוך אתה ד'", דהוי ברכה לבטלה, **ואם** יאמר בלא שם, א"כ בתפלה כשיאמר בשם יחזור ללימודו לומר "האל הקדוש", הלכך לית ליה תקנתא, [**וה"ה** כשיאמר "ברוך אתה השם", ג"כ לא מהני, כיון דבברכה צריך לומר שם ד' כדבעי, והורגל בזה, א"כ יחזור ללימודו].

ואם בר"ה ויוה"כ נודע לו שהתפלל על הסדר לומר "ובכן תן פחדך" וגו', רק שמסופק בגמר הברכה אם סיים "המלך הקדוש", **אפשר** דא"צ לחזור, דאולי לא שייך לומר בזה כהרגל לשונו בכל השנה, מחמת התוספות שמוסיף לומר קודם סיום הברכה.

[**ח"א** הביא בשם הגאון מהר"ר אבלי פאסוועלער, שאם טעה בליל ר"ה ולא אמר "המלך הקדוש", שא"צ לחזור, כדין טעה ולא הזכיר "יעלה ויבא" בליל ר"ח שא"צ לחזור, מחמת שאין מקדשין החודש בלילה, **ולענ"ד** לא נהירא, דזה היה שייך רק אם היה מתפלל תפילת חול, משא"כ בזה שמתפלל תפילת יו"ט, ממ"נ אינו יוצא, **ואולי** דהוא מיירי שנזכר תיכף שסיים "האל הקדוש" לאחר כדי דיבור, ולדידיה צריך לסיים בשל חול, **ואף** זה צע"ג, דאף דבתלמידי רבנו יונה מסתפק דאפשר דיוצא בשל חול בדיעבד, אבל להתיר לכתחילה לסיים בשל חול, זה לא מצינו].

ואם הוא בהמלך המשפט, אם נזכר קודם שעקר רגליו, חוזר לברכת השיבה, ואומר משם ואילך על הסדר; ואם לא נזכר עד שעקר רגליו, (ע"ל סוף סימן קי"ז) - ס"ה וע"ש במ"ב, **חוזר לראש. (ע"ל סימן קי"ח)** - דשם פסק הרמ"א להלכה, דאם אמר "מלך אוהב צדקה ומשפט", כיון שהזכיר "מלך", א"צ לחזור, **וע"ש** במ"ב מה שכתבנו בשם האחרונים.

במהרי"ל כתב, דיש מקומות נוהגין לומר מערבית בשני לילות של ר"ה, **ואין** נוהגין כן במקומינו, לפי שהם שירות ושבחות.

עוד כתב בשם מנהגים, דנוהגין הקהל לומר פסוק: תקעו בחודש שופר וגו', ולא הוי הפסק, דהוי כגאולה אריכתא.

סעיף ב - אם אמר: האל הקדוש, ותוך כדי דיבור נזכר ואמר: המלך הקדוש, אינו צריך לחזור - ותוך כדי דיבור, היינו שלא שהא משגמר "האל הקדוש" רק כדי ג' תיבות, **ואם** שהא יותר משיעור זה, לא מהני חזרתו, **וכ"ז** כשלא התחיל עדיין ברכה אחרת, דאל"ה אפילו תוך כדי דיבור חוזר לראש.

סימן תקפב – סדר תפלת עשרת ימי תשובה וראש השנה

והיינו אפילו לא נזכר שהוא ימי תשובה, ובעת שאמר "ברוך אתה ד'", היה בדעתו ג"כ לסיים "האל הקדוש", אפ"ה כיון שלבסוף נזכר ואמר "המלך הקדוש", מהני.

וכן הדין בהמלך המשפט - אזיל לשיטתיה בסעיף הקודם, **ולפי** מה שפסק הרמ"א בסימן קי"ח, בכל גווני א"צ לחזור, **אם** לא שאמר בפעם הראשון "האל אוהב צדקה ומשפט", ולא הזכיר "מלך".

סעיף ג - בשבת בינתיים, ערבית יאמר בברכת מעין שבע: המלך הקדוש - ואם טעה ואמר "האל הקדוש", יש דעות באחרונים אם צריך לחזור, **ודוקא** אם סיים הברכה, אבל אם נזכר קודם שסיים, יתחיל מן "המלך הקדוש".

הגה: וכ"כ אם חל ר"ה בשבת - ר"ל יאמר ג"כ בברכת מעין שבע שבליל שבת "המלך הקדוש".

וחותם בשל שבת לבד, וכן כשחל יום כפור בשבת - ר"ל ג"כ דאינו חותם בשל יוה"כ רק בשל שבת, וככל יו"ט שחל להיות בשבת, שאינו מזכיר בה של יו"ט.

סעיף ד - יש נוהגים להתפלל בראש השנה ויום הכיפורים בכריעה - לפי שאנו תלוים בדין, לפיכך יכוון להתפלל באימה וביראה, **והנה** מלשון זה משמע כשאר כריעה המוזכר בכתוב אצל דניאל, דהוה "בריך על ברכוהי", וכן בשלמה כתיב: קם מכרוע על ברכיו וגו', **אבל** אין נוהגין כן, אלא יתפלל בכריעת ראשו עם גופו בלבד.

וצריכין הם לזקוף בסוף הברכות - קודם שיאמר "ברוך אתה", וה"ה בתחלת הברכה, **והטעם**, שלא להוסיף על תקנת חכמים, שלא תקנו אלא בתחלת אבות והודאה ובסופן.

סעיף ה - אם לא אמר: זכרנו, ומי כמוך, אין מחזירין אותו - דהגאונים תיקנו בעשי"ת לומר "זכרנו" בברכת אבות, ובגבורות "מי כמוך", ובהודאה "וכתוב", ובשים שלום "בספר", **וע"כ** כיון שאינו אלא תיקון הגאונים, אם שכח לאומרם אין לחזור.

הגה: אפילו לא עקר רגליו עדיין, רק שסיים אותה ברכה - ר"ל שאמר השם של הברכה, אין לחזור משום חשש ברכה לבטלה, **אבל** כל זמן שלא אמר השם של הברכה, יכול לחזור, אע"פ שיש כמה שמות, כגון ב"וכל החיים".

וה"ה אם לא אמר: וכתוב, ובספר, נמי דינא הכי - וכן גם תוספות "ובכן תן" וכו', שאומרין בברכה שלישית, אם לא אמרו כלל, אין מחזירין אותו.

"לחיים" יאמר בשב"א תחת הלמ"ד, ולא יאמר בפת"ח, דלא לישתמע "לאחיים", כלומר "לא חיים", ובימים האלו שהם ימי דין צריך לדקדק ולפרט היטב תפלתו, **אבל** בשאר ימות השנה אנו אומרים, "והעמידנו מלכנו לחיים", בפת"ח תחת הלמ"ד, ואין אנו חוששין, לפי שאחר כונת הלב הן הדברים.

ולא יאמר "לחיים טובים", רק "לחיים", עד שיגיע ל"וכתוב לחיים" וכו', אז יאמר "לחיים טובים", כי המבקש צריך לבקש מתחלה דבר מועט, ואח"כ מוסיף והולך.

אין לומר "באהבה מקרא קודש", רק "יום תרועה מקרא קודש". **אין** לומר "ודברך מלכנו אמת", רק "ודברך אמת".

וכופלין "לעילא" בכל עשי"ת בכל הקדישים שאומרים.

סעיף ו - אומר בתפלה: ותתן לנו את יום הזכרון הזה, ואינו מזכיר ראש חודש - דכשאומרים "יום הזכרון", קאי נמי אר"ח דקרי "זכרון", דכת': ובמועדיכם ובראשי חדשיכם וגו' והיו לכם לזכרון.

§ סימן תקפג – דברים שנוהגים לאכול בליל ראש השנה §

סעיף א - יהא אדם רגיל לאכול בר"ה רוביא דהיינו תלתן - וה"ה מה שנקרא בלשונות אחרים לשון רביה, יאכל, כל מדינה ומדינה כלשונה, **כרתי, סילקא, תמרי, קרא.**

וכשיאכל רוביא יאמר: יה"ר - מלפניך ד' או"א, **שירבו זכיותינו** - וכתב א"ר בשם של"ה, יתעורר אדם בתשובה כשיאמר "יהי רצון", ויתפלל ע"ז בלב שלם.

כרתי: יכרתו שונאינו; סלקא: יסתלקו אויבינו; תמרי: יתמו שונאינו; קרא: יקרע גזר דיננו, ויקראו לפניך זכיותינו.

הגה: ויש נוהגין לאכול תפוח מתוק בדבש - והתפוח עיקר, ומברך עליו ופוטר הדבש, ואף שאוכל התפוח אחר ברכת המוציא, מ"מ צריך לברך עליו, **ואומרים: תתחדש עלינו שנה מתוקה, וכן נוהגין** - ויאמר הבקשה אחר התחלת האכילה, מפני שאסור להפסיק בין ברכה לאכילה. **ויש** נוהגין לטבל המוציא בדבש.

שנה מתוקה - וע"כ יש נמנעים לבשל בר"ה מיני חומץ בארש"ט וכדומה, **והאוכלים** דגים לסימנא שיפרו וירבו כדגים, אין מבשלין אותן בחומץ.

ויש אוכלים רמונים ואומרים: נרבה זכיות כרמון, ונוהגין לאכול בשר שמן וכל מיני מתיקה.

והנה כל אלו הענינים עושין הכל לסימן טוב, ולכן פשיטא שיזהר מאד שלא יכעוס בימים האלו, מלבד גודל האיסור, כדי שיהיה לסימן טוב, רק יהיה שמח לבו ובטוח בד' עם התשובה ומעשים טובים.

סעיף ב - אוכלים ראש כבש - וטוב יותר של איל, **לומר: נהיה לראש ולא לזנב** - וע"כ אם אין לו ראש כבש, יאכל ראש אחר של בהמה או של עוף, **וזכר לאילו של יצחק.**

סימן תקפג - דברים שנוהגים לאכול בליל ראש השנה

הגה: יש מדקדקים שלא לאכול אגוזים, שאגוז בגימטריא חטא, ועוד שהן מרבים כיחה וניעה ומבטלים התפלה.

והולכין אל הנהר לומר פסוק: ותשליך במצולות ים כל חטאתינו וגו' - ולומר "תשוב תרחמנו" וגו', משום דאיתא במדרש, שעבר אברהם אבינו עד צוארו במים כשהלך להקריבו ע"ג המזבח, ואמר "הושיעה כי באו מים עד נפש", ואנו עושין זה זכר לעקידה, **וטוב** למקום שיש בו דגים חיים, לסימן שלא תשלוט בנו עין הרע, ונפרה ונרבה כדגים.

ובכתבים כתב: נהר או באר, וטוב שיהיה מחוץ לעיר, ויש לילך ביום א' אחר מנחה קודם שקיעת החמה, ולומר פסוק "מי אל כמוך" וגו', עכ"ל, **ובקצת** מקומות ראיתי, כשחל יום א' בשבת, הולכין בשני לנהר, ואפשר מפני שהנהר חוץ לעיר, ומשום הוצאה שנושאין ספרים וכדומה, לכך הולכין ביום ב'.

וגם נוהגים שלא לישן ביום ראש השנה, ומנהג נכון הוא - משום דאיתא בירושלמי: מאן דדמיך בריש שתא דמיך מזליה, **והאר"י** ז"ל אמר שאחר חצות מותר לישן, שכבר נתעורר המלאך ע"י תפלות ותקיעות, **וב"ח** כתב שהר"מ היה ישן בר"ה, ויושב בטל כישן דמי, **ועיין** בח"א שכתב, דאחר האכילה יקבע עצמו ללימוד, ואם ראשו כבד עליו, יישן מעט אם אי אפשר לו בלא זה, [דבמקום הדחק בודאי נוכל לסמוך על הנהגת הר"מ], **ויש** נוהגים לגמור כל התהלים.

§ סימן תקפד – סדר קריאת התורה בראש השנה §

סעיף א - אין אומרים הלל בר"ה ויוה"כ - לפי שספרי החיים והמתים פתוחים, ואיך יאמר שירה, **ואע"ג** שאנו בטוחים שנצא זכאים בדין, מ"מ צריך להיות ירא וחרד מאימת הדין, ועל ידי כך נזכר לזכות.

והאומרים תהלים בכל יום, ומתרמי להם הלל ביום ר"ה ויו"כ, שרי לאומרו, כיון שאין אומרים אותו דרך שירה, רק דרך תחנה ובקשה.

הגה: ונוהגין לומר אבינו מלכנו על הסדר - לאפוקי מדעת הרב ב"י, שמדלגין בכל מקום שמזכיר חטא, ולדידיה אין אומרים: א"מ חטאנו לפניך, מפני שאין אומרים וידוי בר"ה, כדי שלא ליתן פתחון פה למקטרג - **ולומר** פסוקים שיש בהם הזכרת חטא, אין קפידא לכו"ע, כיון שאינו דרך וידוי - **ובפירוש** המחזור מפרש, "א"מ חטאנו לפניך", כלומר אבותינו חטאו שעבדו ע"ג, ואנו צריכין להתודות עליהם, כמ"ש: והתודו את עונם ואת עון אבותם, ואנו "אין לנו מלך אלא אתה", לכן "עשה עמנו למען שמך", ובזה נתיישב מנהגינו שאומרים אותו בר"ה.

צ"ל: "מחה והעבר חטאינו ופשעינו", כי פשע גדול הרבה מחטא, וצריך לבקש תחלה על הקל ואח"כ על החמור.

יש לומר כַּלֵה, הכ"ף בפת"ח, והלמ"ד בציר"י.

הט"ז כתב, שיש לומר "רוע גזר" בנשימה אחת, דהיינו שיקרע הוא יתברך הרוע שבגזירה, ומה שנשאר בגזירה יהיה לרחמים.

ואם הוא שבת אין אומרים אותו - הטעם, שאין שואלין צרכים בשבת, **ואף** כשחל ר"ה בערב שבת, במנחה אין אומרים "אבינו מלכנו", [**וה"ה** בע"ש במנחה של שבת שובה, אין אומרים "אבינו מלכנו"].

ומאריכים בפיוטים ותפלות עד חצות - לכל הפחות, ואם חל בשבת אין להאריך יותר מחצות, ובחול יכול להאריך, **במה** דברים אמורים בפיוטים ותפלות, אבל בניגונים אין להאריך.

סעיף ב - ומוציאין ב' ס"ת; באחד קורין ה', מוה' פקד את שרה, עד ויהי אחר הדברים האלה - לפי שבר"ה נפקדה שרה רחל וחנה.

אם טעה וקרא ביום א' בפרשת עקידה, יצא, וקורא ביום שני בפרשה: וד' פקד וגו', וגם פרשת העקידה עד סוף הסדרא, **ומ"מ** אם נזכר בעודו קורא בפ' עקידה שטעה, ועדיין לא בירך האחרון ברכה אחרונה, יגלול ויקרא עמו פרשת: וד' פקד עד סופו, ואח"כ יברך ברכה אחרונה.

ואם טעה והשלים הפרשה בארבעה קרואים או ג', ועדיין לא אמר קדיש, ישלים מנין הקרואים בפרשת עקידה שאחריה, **ואם** אמר קדיש, אם לא חסר ממנין רק אחד, א"צ לקרות, ויסמוך על המפטיר, כ"כ בשערי אפרים, **ובתשובת** חת"ס כתב, דאם השלים הפרשה בארבעה, לא יאמר קדיש עד אחר שיקראו בס"ת שניה, ויהיה המפטיר עולה לחמישי, דקי"ל מפטיר עולה למנין הקרואים.

ואם הוא שבת קורין בו ז' - ומוסיפין לעשות ב' פרשיות, א' "ביום הגמל את יצחק", ב' "באשר הוא שם".

ומפטיר קורא בשני בפרשת פנחס: ובחדש השביעי - עד "אשה לד'".

כתב במט"א, ראוי לכל גבר ירא ד' להשתדל שיהיה לו עליה בימים נוראים, **ואף** במקומות שמוכרין מצות, יקנה אותו בדמים כפי יכולתו, ואדרבה יש עילוי יותר במצוה שבאה אליו בדמים, ממצוה שבאה לו בחנם אין כסף.

ומפטיר: ויהי איש אחד מן הרמתים, עד: וירם קרן משיחו.

הגה: ויש מקומות שנוהגים לקרות התוקע ממנין החמשה העולים לספר תורה - ויש מקומות שנוהגין לקרות גם המתפלל מוסף, וכן ביוה"כ קוראין אותו, **ומי** שנוטל שכר על התקיעה ותפילה, אין נוהגין לקרותם.

סעיף ג - בני אדם החבושים בבית האסורים, אין מביאין אצלם ס"ת, אפילו בר"ה ויום הכפורים. (ועיין לעיל ס"ס קל"ה) - סי"ד בהג"ה, שם נתבאר כמה פרטים שמשתנה זה הדין, וע"ש במ"ב ובה"ל.

סימן תקפד – סדר קריאת התורה בראש השנה

סעיף ד - מלין בין קריאת התורה לתקיעת שופר - דכך הסדר, ברית אברהם, שהיא המילה, ועקידת יצחק, וכדאמרינן בר"ה: למה תוקעין בשל איל, כדי להזכיר אילו של יצחק, **ועוד** דמילה מצוי יותר מתקיעה, וכתדיר דמיא לגבי תקיעה, והוא קודם.

ובמקום שנוהגין למול בבית שהתנוק שם, מלין אחר יציאה מביהכ"נ, כדי שלא יהיה טרחא דצבורא לילך שם ולשהות ולחזור לביהכ"נ, **ומ"מ** אם אין הבית רחוק מביהכ"נ, באופן שלא יהיה שהות הרבה וטורח הצבור, טוב למול קודם תקיעת שופר, כדי שיהיה בידם זכות המילה בעת תקיעת שופר.

ובשבת שאין שם תקיעת שופר, מלין אחר "אשרי", ואחר המילה וברכותיה אומרים "יהללו", **ויש** מי שכתב שגם בשבת מלין קודם "אשרי", כדי שלא יהיה הפסק רב להקדיש.

כשחל מילה בר"ה בשבת, אומרים "יום ליבשה" קודם סיום ברכת הגאולה, שהוא שבח על המילה, **אבל** כשחל ר"ה בחול, אין אומרים "יום ליבשה".

גדול אחד נהג, כשהיה מוהל בר"ה, לא קנח פיו אחר המילה, אלא בפה המלוכלך בדם המילה תקע, לערב מילה בשופר, **ונראה** שאעפ"כ יקנח פיו מבחוץ, וגם ירחץ ידיו משום כבוד הברכה.

§ סימן תקצא – סדר תפלת מוסף ביחיד §

סעיף ז - ועקידת יצחק היום לזרעו תזכור, כך היא הנוסחא המפורסמת; והמדקדק לומר: לזרע יעקב תזכור, משנה ממטבע שטבעו חכמים בברכות, ואינו אלא טועה - דזרע יצחק ג"כ אין עשו בכללו, [שהרי נאמר ליצחק: כי לך ולזרעך אתן את כל הארצות האל, ולא ניתן כי אם ליעקב], **ומ"מ** יצא בדיעבד, דאין זה משנה ממש, **וי"א** דאדרבא יותר טוב לומר: לזרעו של יעקב, דבתפלה בעינן לפרושי טפי כל מה דאפשר, **וע"כ** ינקוט כל אחד לפי מנהג מקומו, דיש לכל אחד על מי לסמוך.

הגה: ואומרים: עלינו, ומלוך, והסליה לצור מוסיף: אוחילה ושאר פיוטים, כל מקום לפי מנהגו.

סעיף ח - לא יתפלל ביחיד תפלת מוסף בראש השנה עד אחר ג' שעות היום - יצוייר דין זה ביחיד שדר בישוב, ואי אפשר לו לילך למקום שיש מנין, **דבעיר**, אף אחר ג' שעות אין לו להתפלל ביחידי.

דבשלשה שעות ראשונות הקב"ה דן את עולמו, ושמא יעיינו בדינו ביחוד, ומי יצדק, אבל כשהוא מתפלל בצבור, "הן אל כביר לא ימאס", **ומה** דנקט ר"ה, אף דבכל יום הקב"ה דן עולמו בג' שעות ראשונות, דשם אינו אלא לפקידה בעלמא לאותו יום, אבל בר"ה הקב"ה דן לכל השנה, ולפעמים לשנים רבות.

ודוקא תפלת מוסף שזמנו כל היום, רגילים העולם לאחרו אחר ג' שעות, אבל תפלת שחרית רגילין העולם להתפלל בבוקר בתוך ג' שעות ראשונות, וע"כ כשהוא מתפלל באותו הזמן, תקובל תפלתו בתוך תפלת הצבור, **ובמקומות** שנוהגין להתפלל שחרית בהשכמה בתוך שעה ראשונה או שניה, יצמצם אז להתפלל תפלתו ג"כ בתוך אותו הזמן.

[**ומה** שנוהגין לומר פיוטים, אין זה מקרי בשעה שהציבור מתפללין, וצריך לצמצם דוקא בעת התפלה, **דהא** אפי' אם הציבור מתפללין שחרית והוא מוסף, ג"כ לא מקרי בשעה שהציבור מתפללין, וכ"ש פיוטים דעלמא - מ"א].

[**ועיין** עוד במ"א שמצדד עוד, דאפי' בשאר ימות השנה טוב ליזהר שלא להתפלל בקיץ בשעה ראשונה על היום, שהוא זמן שאין הציבור מתפללין, ע"ש, **ולענ"ד** יש לעיין בזה למעשה, וצ"ע].

וכן יזהר היחיד שלא יתקע תקיעת מצוה עד אחר ג' שעות על היום, משום דיפקדו בדינו, וכמש"כ בסי' תקפ"ח ס"א במ"ב.

§ סימן תקצב – תפלת מוסף בקול רם וסדר התקיעות §

סעיף ג - לא ישיח, לא התוקע ולא הצבור, בין תקיעות שמיושב לתקיעת שמעומד - דהברכה שמברך קודם התקיעות קאי ג"כ על התקיעות דמעומד, **וגם** הצבור הלא יצאו בברכתו, והוו כאלו בירכו לעצמן.

וה"ה בין התקיעות שמיושב וכן שמעומד גופא, ג"כ אסור להפסיק, [דכל מצוה דהוא עוסק בה, ואינו רשאי להפרד משם עד שיקיים כולה, איסור יש בהפסקתו].

ובשעת התקיעות עצמן, פשיטא דאסור לשוח, **ואפילו** לרוק אסור, [**ונראה** דזה שייך רק לענין הציבור השומעים, אבל לא לענין התוקע גופא], **לפי** שצריך לשמוע כל התקיעה מראשה לסופה, אפי' היא ארוכה הרבה, כמ"ש בסי' תק"צ, **וכ"ש** דאסור להשמיע קול בפיהוק או בנחירת הגרון, שמבלבל גם האחרים השומעים.

(מיהו בענין התקיעות והתפלות אין הפסק) - ר"ל דבין תקיעות דמיושב למעומד שרי לכתחלה להשיח מענינם, **ועיין** בדה"ח שדעתו, דבין הברכה עד סוף תקיעות דמיושב, אסור להפסיק אפילו בתפילות, **לכן** לא יאמר ה"יהי רצון" הנדפס במחזורים בין התקיעות דמיושב, רק יהרהר בלבו ואל יוציא בפיו, או שיאמר ה"יהי רצון" אחר גמר התקיעות דמיושב, [**ודעת** הגאון מהר"י עמדין בסידורו להקל בזה, וע"כ במקום שנוהגין כן, אין למחות בידם].

ואם סח דברים בטלים, אין צריך לחזור ולברך - ולא דמי לסח בין תפילין לתפילין, דהתם שתי מצות הן, משא"כ הכא דכולה חדא מצוה היא, **וע"כ** אפילו שח דברים בטלים בין תקיעות דמיושב עצמן, א"צ לחזור ולברך, **מידי** דהוי מי שמדבר אחר שטעם מעט מברכת המוציא, דא"צ לחזור ולברך, דכולה חדא סעודה היא.

סימן תקצב – תפלת מוסף בקול רם וסדר התקיעות

ומכל מקום מצדדים האחרונים, דמי ששח בתשר"ת בין שברים לתרועה, אף מעניני התקיעה, אף שאין צריך לחזור ולברך, מ"מ לא יצא, וצריך לחזור ולתקוע אותו סדר, [דדלמא כונת התורה על שניהם דוקא, וקלקל בזה התרועה].

ואין צריך לומר שלא ישיחו בין ברכה לתקיעות, אם לא בענין התקיעות - ואף דבסימן קס"ז ס"ו פסק, דלכתחלה לא יפסיק כלל, הכא מיירי שצריך לשוח, כגון שאומר להביא שופר, או לשכשך אותו במים, שלא יכול לתקוע, וכיוצא בו, **ופשוט** דאם שח בין ברכה לתקיעה מענין תפלה, דצריך לחזור ולברך, **ומה** שכתב רמ"א דתפלה לא הוי הפסק, היינו בין תקיעה לתקיעה וכנ"ל, אבל בין ברכה לתקיעה הוי הפסק, **ואף** השומע אם סח בין ברכה לתקיעה צריך לברך, [דהיינו שיברך הברכה לעצמו כדי לצאת ידי חובת הברכה].

סעיף ד - זה שתוקע כשהן יושבין, תוקע על סדר הברכות - דהמתחיל במצוה אומרים לו גמור, **הגה: ומיהו אינו מעכב ויכול אחר לתקוע** - ועומד במקומו, וא"צ לעמוד על הבימה, **אלא שראוי לעשות כך** - וכ"ז מיירי בזמניהם שהיו נותנין לו לתקוע בסתמא, וא"כ זכה מיד בכל התקיעות, **אבל** עכשיו שנוהגין בקצת מקומות ליתן הסדרים לאחר, א"כ מעולם לא זכה בה הראשון, ושרי, **וכבר כתבתי לעיל סימן תקפ"ה.**

§ סימן תקצז – אם מותר להתענות בראש השנה §

סעיף א - אוכלים ושותים ושמחים - ר"ל אף שהוא יום הדין, מ"מ מצוה של "ושמחת בחגך" שייך גם בו, שגם הוא בכלל חג, כדכתיב: תקעו בחודש שופר בכסה ליום חגנו, [ואמרו חז"ל: איזה חג שהלבנה מתכסה בה, הוי אומר זה ר"ה], **ונאמר** בנחמיה ח': אכלו משמנים ושתו ממתקים וגו', כי קדוש היום לאדונינו, ואל תעצבו, כי חדות ד' היא מעוזכם.

ואין מתענין בר"ה ולא בשבת שובה - אם לא בתענית חלום, שגם בשארי יו"ט מתענין ע"ז.

כתב עט"ז, דלכו"ע מותר להתענות בר"ה ולהתפלל עד חצות, אע"ג דבשבת ושאר יו"ט אסור.

אמנם לא יאכלו כל שבעם, למען לא יקלו ראשם, ותהיה יראת ה' על פניהם.

סעיף ב - יש מקומות שקבלה בידם שכל מי שרגיל להתענות בר"ה - היינו ג' פעמים, **ומשנה רגילתו ואינו מתענה, אינו משלים שנתו** - והיינו לענין יום, אבל בלילה של ר"ה בודאי אסור להתענות לכו"ע, כמו בשאר יו"ט.

המתענה בר"ה, ראוי שילמוד כל היום, או יעסוק בתחינות ובקשות, כדי שיהיה כולו לד', [**עיין** במ"א שכתב, דבר"ה חמיר יותר ממי שמתענה בשבת ויו"ט מחמת חלום, דשם התענית עונג הוא לו, ומקיים בזה ה"לכם", משא"כ בתענית ר"ה דאינו בשביל תענוג, ע"כ צריך לקיים הקרא ד"לד'", **אמנם** בא"ר דחה אותו, והביא בשם הכל בו, דמי שמתענה מחמת תשובה, ג"כ יש לו בזה תענוג, וממילא מקיים בתעניתו הקרא ד"לכם", **ולזה** העתקתי לשון הח"א שכתב: ראוי שילמוד כל היום, והיינו שהוא מן הנכון לכתחילה כדי לצאת דעת המחמירין, **וע"כ** אם קשה לו הדבר, יכול לסמוך על דעת המקילין].

כתבו האחרונים, דאף שמבואר לעיל בסימן תקכ"ז ס"כ, דהמתענה אסור לבשל לאחרים, **מ"מ** אשה המשרתת בבית בעה"ב שמשועבדת לו, וה"ה אשה שמשועבדת לבעלה לאפות ולבשל בשבילו, ואין לה אחר לזה, מותרת לבשל בשבילו.

הגה: ומי שאינו ירא לנפשו אין צריך להתענות כל ימיו, רק צריך התרה כמו שאר נדר - עיין יו"ד סימן רי"ד, דמשמע שם, דמנהג של מצוה שנעשה כנדר, הוא רק כשהורגל בה, או אפילו פעם אחת וחשב בשעת מעשה שינהוג כן לעולם, **אבל** בלא"ה אין נעשה כנדר ע"י שעשאה פעם אחת.

סעיף ג - המתענה פעם אחת בראש השנה תענית חלום, אם היה ביום ראשון, צריך להתענות שני הימים כל ימיו - דתרוויהו הן כיום אחד, וכמ"ש בסי' ת"ר, **ואע"ג** דלעיל הוא דוקא בג' פעמים, בתענית חלום אפי' בפעם אחת – שונה הלכות, **ומ"מ** מי שאין ירא לנפשו, א"צ להתענות וכדלעיל.

ואם היה ביום שני, יתענה כל ימיו יום שני בלבד - אבל יום ראשון לא יתענה כלל, לפי שהוא דאורייתא, ואינו נגרר אחר יום שני, **וע"כ** צריך לעשות בו אפי' קידוש של שחרית.

ואם הוא ספק אם הוא מהחלומות שמתענים בשבת, אין להתענות.

הגה: ואין צריך למיתב תענית לתעניתו - אפילו חל בשבת, **דהא יש אומרים דמצוה להתענות בר"ה** - ואף דאין הלכה כן, וכדלעיל בס"א, מ"מ עכ"פ לא נחזיק זה לעבירה שיצטרך אח"כ להתענות ע"ז בחול.

מי שקיבל עליו להתענות בר"ה, אינו דומה למי שקיבל עליו להתענות בשבת ויו"ט דאין קבלתו כלום, הכא צריך התרה, מאחר די"א דמצוה להתענות בר"ה.

ואין אומרים עננו בראש השנה, כמו שאין אומרים ביוה"כ - מאחר שהם ימי דין, ואין שייך כ"כ לבקש לענות ביום צום התענית.

§ סימן תקצח §

סעיף א - ר"ה שחל להיות בשבת, אומרים צדקתך במנחה - כיון שהוא יום הדין אומרים צר"צ, משום צדוק הדין, שהרי אנו אומרים: ויגבה ד' צבאות במשפט והאל הקדוש נקדש בצדקה, **הגה: וי"א שלא לאומרו** - דהא עכ"פ יו"ט הוא ור"ח, **וכן אנו נוהגים.**

§ סימן תקצט §

סעיף א - ליל ר"ה שחל להיות במו"ש, אומרים: ותודיענו - אף שאומרים בו "וחגיגת הרגל", ור"ה אינו רגל, **מ"מ** כי היכי דאמרינן במוצאי יו"ט בהבדלה, "בין יום השביעי לששת ימי המעשה", דאמרינן סדר הבדלות הוא מונה, ה"נ סדר התיקון הוא אומר.

המנהג שמתפללין מתוך הסידור, אף שלא בירכו עדיין ברכת "בורא מאורי האש", **ועיין** בשערי תשובה הטעם, שאין זה הנאה גמורה, דקצת שגורה בפיו, **והמחמיר** יחמיר לעצמו, אבל אין להורות לאחרים.

§ סימן תר – ביצה שנולדה בראש השנה ודיני הקידוש §

סעיף א - ביצה שנולדה ביום טוב הראשון, וכן מה שנצוד בו, וכן מה שנתלש בו, אסור בשני - אע"ג דבשאר יו"ט מותר בשני מכח ממה נפשך, אם יום ראשון הוא קודש, השני הוא חול, ואם השני קודש, הראשון היה חול, **הכא** אסור, דתרווייהו חדא קדושתא היא.

הגה: וכבר נתבאר לעיל סימן תקי"ג סעיף ה' וסימן תקט"ו.

סעיף ב - בקידוש ליל שני (ילבש בגד חדש) או מניח פרי חדש ואומר: שהחיינו - להוציא נפשיה מפלוגתא, משום שי"א שאין אומרים "שהחיינו", דתרווייהו יומי קדושה אחת היא, והרי כבר בירך "שהחיינו" ביום א', **ויש** טועים ליקח אף בשאר ימים טובים פרי חדש, וטעות הוא.

וה"ה אשה בברכת הדלקה ביום שני, תלבש בגד חדש או תניח פרי חדש, ואז תוכל לברך "שהחיינו".

אם יש לו תירוש חדש, יקדש על היין ישן, דהוא מצוה מן המובחר, וכשיגיע ל"שהחיינו", יטול התירוש בידו או יתן עיניו בו - אחרונים.

ואף דבסימן רכ"ג ס"ד פסק, דעל בגד חדש יש לו לברך בשעת הקנין, **התם** מיירי כשקנה מלבוש מוכן, אז השמחה כשקנאו, והכא מיירי שקנה חתיכת בגד ונתן לאומן לתקנו, דאז השמחה כשמשתמש בו.

ובמדינות שאין ענבים מצוין ומביאים ממקומות אחרים, ועל פי הרוב הם בוסר, אין ליקח אותם, שיש בהם ספק ברכה, שאינו יודע אם הגיעו לפול הלבן, דאז מברכים עליהם בפה"א, **וגם** שהם חמוצים, ואין לאכול דברים חמוצים בר"ה, **וגם** מה שלא נגמר פריו אינו סימן טוב.

ובמעשה רב כתב, דאין לאכול ענבים בר"ה, והטעם ע"פ סוד.

ואם אין מצוי (בגד חדש או) פרי חדש, עם כל זה יאמר: שהחיינו - דאף דקדושה אחת היא, מ"מ ב' ימים הם.

סעיף ג - אם חל יום ראשון בשבת - ר"ל שאז אין תוקעין, **אומרים שהחיינו בשופר ביום שני** - לכו"ע, דהא לא אמרו זמן על מצוה זו, והוא כעת מילתא חדתא.

הגה: ויש אומרים לאומרו אפילו אם חל יום ראשון בחול, וכן המנהג במדינות אלו - היינו אפילו בלא בגד חדש ופרי חדש, משום דהא היום אין יוצאין בתקיעה של אתמול, ולא אמרינן יומא אריכתא הוא, וה"ה נמי בברכת התקיעה, [**ולא** אבין היטב, דהא גם לענין קידוש אנו חייבין לעשות ביום שני בפני עצמו, ואפ"ה ס"ל דכיומא אריכתא דמיא], **ומ"מ** לכתחילה טוב שילבש התוקע בגד חדש בשופר, **ועיין** בב"י, דבמקומו נהגו שלא לברך שהחיינו בשופר ביום ב', אכן אנו נוהגין כהרמ"א.

קהל ששלחו לעיר אחרת להביא להם שופר, ונתעכב השליח עד סוף יום ב', ור"ה היה ביום ה' וביום וא"ו, וכשבא עם השופר כבר התפללו של שבת, אבל היה עוד יום גדול, [**אם** נמצא אחד שלא קיבל עליו שבת עדיין, יוכל לתקוע בברכה, אע"פ ששאר השומעים כבר קיבלו שבת], **ואם** אין שם בקי לתקוע שלא קיבל עליו שבת עדיין, אז יתקע מי שקיבל שבת בלא ברכה, ולא יתקע רק תשר"ת תש"ת תר"ת, ולא יותר, **ודוקא** אם עוד היום גדול, אבל אם כבר הוא בין השמשות, אין לתקוע כלל, דביום השני אין חיובו לתקוע אלא מדרבנן, והוי ספיקא דרבנן, **אבל** ביום א' דחיובו מדאורייתא, חייב לתקוע ובלי ברכה. **ולענין** אמירה לעכו"ם, אף בבה"ש דיום א' מותר.

§ סימן תרא – סדר יום שני של ראש השנה §

סעיף א - ביום שני (מתפללים כמו ביום ראשון), וקורים מוהאלהים נסה את אברהם עד סוף סידרא - כדי להזכיר זכות עקידת יצחק, וקורין בזה ה' גברי. **ואם** שכח וקרא פרשה "וד' פקד את שרה" ה' קרואים, יקרא עוד א', ויקרא מתחילת פ' העקידה עד סופה, **ואפילו** אמר קדיש יעשה כן, ויאמר קדיש שנית, **ואם** כבר נסתלק ספר זה, יכול לקרות בספר השני למפטיר פ' העקידה, ויגלול ויקרא ג"כ חובת היום. **ומפטיר קורא כמו אתמול, ומפטיר בירמיה: כה אמר ה' מצא חן במדבר, עד הבן יקיר לי אפרים** - מפני שחובת היום להזכיר זכרונות, וכתיב בההיא קרא "זכור אזכרנו". **ובמוצאי ראש השנה מבדילין כמו במוצאי שבת, אלא שאין מברכין על הבשמים ועל האש.**

סעיף ב - אף בארץ ישראל עושים ר"ה שני ימים - לפי שאפילו בזמן המקדש אירע כמה פעמים שהיו צריכין לעשות שני ימים, וכמו שמבואר בב"י, ולכן גם היום החיוב בא"י לעשות שני ימים, ונחשבין כיומא אריכתא.

ספר

הלכתא ברורה

מסכת יומא

כולל כל הלכות יום הכיפורים

ושאר ההלכות הנמצאות על הדף

שבשו"ע ובמשנה ברורה

בשילוב תמצית דברי הביאור הלכה והשער הציון

מסודרות על הדף ע"פ ציוני ה'עין משפט'

בתוספת מקורות של הבאר הגולה

לאסוקי שמעתתא אליבא דהלכתא

§ מסכת יומא דף ב. §

אות א'

שבעת ימים קודם יום הכפורים מפרישין כהן גדול וכו'

רמב"ם פ"א מהל' יוה"כ ה"ג - שבעת ימים קודם ליום הכפורים מפרישין כהן גדול מביתו ללשכתו שבמקדש, [א]ודבר זה קבלה ממשה רבינו; ומפרישין אותו מאשתו כל שבעת ימים אלו, שמא תמצא אשתו נדה, ונמצא טמא שבעת ימים ואינו יכול לעבוד; ומתקנין לו כהן גדול אחר, שאם יארע בזה פיסול, יעבוד האחר תחתיו.

אות ב'

שבעת ימים קודם שריפת הפרה היו מפרישין כהן וכו'

רמב"ם פ"ב מהל' פרה ה"א - מעלות יתירות עשו בטהרת פרה אדומה, והרחקות גדולות הרחיקו מטומאת המת בכל מעשיה, מפני שהיא כשירה בטבולי יום, חשו שמא יבאו לזלזל בה; ומפני זה כשמפרישין הכהן השורף אותה, מפרישין אותו ללשכה מוכנת בעזרה, ובית אבן היתה נקראת, מפני שכל כליה כלי אבנים שאין מקבלין טומאה, [ב]ובכלי האבן היה משתמש כל שבעת ימי ההפרשה, ולא היו נוגעין בו אחיו הכהנים כדי להרבות בטהרתו.

רמב"ם פ"ב מהל' פרה ה"ב - שבעת ימים קודם שריפת הפרה, מפרישין כהן השורף אותה מביתו, כשם שמפרישין כ"ג לעבודת יוה"כ, [ג]ודבר זה קבלה ממשה רבינו; וכן מפרישין אותו מאשתו, שמא תמצא נדה ויהיה טמא שבעת ימים.

רמב"ם פ"ב מהל' פרה ה"ג - הלשכה שהיה יושב בה כל ז' צפונית מזרחית היתה, [ד]כדי להזכירו שהיא כחטאת הנשחטת בצפון, [ה]אף על פי שהיא נשחטת בחוץ.

אות ג'

מטמאין היו הכהן השורף את הפרה ומטבילין אותו

רמב"ם פ"ב מהל' פרה הי"ד - הצדוקין היו אומרים שאין מעשה הפרה כשר אלא במעורבי שמש, לפיכך היו ב"ד בבית שני מטמאין את הכהן השורף את הפרה בשרץ וכיוצא בו, וטובל ואח"כ עוסק בה, כדי לבטל דברי אלו הזדים שמורים מהעולה על רוחם לא מן הקבלה; וכן כל הכלים שמכניסין לתוכם אפר הפרה, כולם טבולי יום.

§ מסכת יומא דף ג. §

אות א'*[ו]

פז"ר קש"ב

רמב"ם פ"י מהל' תמידין הי"ג - וכל מי שהיה מקריב פר היום לא היה מקריב פר למחר אלא חוזרין חלילה, בשמיני חוזרין לפייס כולן כאחד כשאר הרגלים כמו שביארנו.

אות א'

מי שלא חג ביום טוב הראשון של חג, חוגג והולך כל הרגל כולו, ויום טוב האחרון של חג

רמב"ם פ"א מהל' חגיגה ה"ז - מי שלא חג ביום טוב הראשון של חג הסוכות, חוגג את כל הרגל, וביום טוב האחרון שהוא שמיני, ואף השמיני תשלומי ראשון הוא.

באר הגולה

[א] ‹וכ"כ רבינו בדין הפרה בפ"ב מהל' פרה אדומה, שהוא קבלה, והיינו כסברת ר' יוחנן משמיה דרביה ר' ישמעאל, ודלא כר' יוחנן דידיה דדריש לעשות לכפר זה מעשה יוה"כ, אבל פרה הוייא מעלה דרבנן, כדקאמר התם בש"ס, ורבינו השווה דין יוה"כ ודין הפרה, דמשמע דשניהם מדאורייתא, **והא** דקרי להו קבלה, לפי שאינן מפורשין בכתוב, וכ"כ בפי' המשניות וז"ל, אמר ה' יתברך בשבעת ימי המלואים, ומפתח אהל מועד לא תצאו וגו', ואח"כ אמר כאשר עשה ביום הזה צוה ה' לכפר עליכם, ובאה בקבלה, לעשות זה מעשה פרה, לכפר עליכם זה מעשה יוה"כ, ע"כ, וכ"כ במסכת פרה, **ודלא** כהפר"ח, שנראה מדבריו שהבין דאין הפרשה דכהן והפרה אלא מדרבנן, דליתא לענ"ד, ובזה מתיישבים כל הדקדוקים שדקדק שם הרב יעו"ש, ואין להאריך ודוק. **וכן** מוכח הבנת הרב בעל משנה למלך בפ"ב מהלכות פרה, שדקדק שם למה פסק רבינו כריש לקיש, דשניהם הוו מן התורה, והיה לו לפסוק כר' יוחנן, דפרה מעלה דרבנן הוא, ודוק - לחם יהודה› [ב] ‹רש"י פירש כל מעשיה של פרה, וכבר הקשה ע"ז התוי"ט, **והוא** כתב לפרש דהכוונה על הכלים שהיו מזים ממנו כל יום מז' הימים, אלו הכלים הוו כלי אבנים. **ועיין** ברמב"ם שפי' דבכלי אבן היה משתמש כל שבעה, והיינו דקאזיל על ההשתמשות של הכהן, ולא איירי כלל לענין הזאה, וק"ו לא לענין פרה עצמה - הערות הגרי"ש אלישיב› [ג] ‹נ"ב עיין להרב מל"מ ז"ל רפ"ב מהל' פרה אדומה, שתמה על רבינו דפסק כריש לקיש נגד רבי יוחנן בדף ג', היפך כללין, ועיין להרב קרבן העדה בפי' הירושלמי רפ"ק דיומא, שישב לפי גירסתינו דגרסינן רבי יהושע בן לוי במקום ר"ל, וקי"ל כותיה לגבי ר"י, עיין שם, וכן הגיה מהרש"א ז"ל - ימי שלמה› [ד] ‹ותמיהני על מה שכתב טעם הפרשתו צפונה מזרחה, רק על צפון ולא על מזרח, ובגמ' ריש יומא מפרש על שניהם, על צפון כמ"ש הרמב"ם, ועל מזרח משום דכתיב: אל נוכח פני אהל מועד ע"ש, ולמה השמיט טעם מזרח, וצ"ע - ערוה"ש› [ה] ‹ונראה שרבינו מפרש, שהטעם להזכירו, שלא יקל בה מפני שהיא נשחטת בחוץ - כסף משנה. **ועיין** ברש"י בד"ה וחטאת טעונה צפונה - הגהות עמק המלך› [ו] ‹ע"פ מהדורת נהרדעא›

עין משפט נר מצוה

א א מיי' פ"א מהלכות יוה"כ הלכה ג סמג עשין רט:
ב ב מיי' פ"ב מהלכות פרה הלכה א ב ג סמג עשין רלג:
ג ג מיי' פ"א שם הלכה יד:

מסורת הש"ס

שבעת

שבעת ימים קודם יום הכפורים מפרישין כהן גדול מביתו ללשכת פרהדרין ומתקינין לו כהן אחר תחתיו שמא יארע בו פסול *ר' יהודה אומר אף אשה אחרת מתקינין לו שמא תמות אשתו שנאמר °וכפר בעדו ובעד ביתו ביתו זו אשתו אמרו לו אם כן אין לדבר סוף:

גמ' תנן התם *שבעת ימים קודם שריפת הפרה מפרישין כהן השורף את הפרה מביתו ללשכה שעל פני הבירה צפונה מזרחה ולשכת בית האבן היתה נקראת ולמה נקרא שמה לשכת בית האבן שכל מעשיה בכלי גללים בכלי אבנים ובכלי אדמה מאי טעמא כיון דטבול יום כשר בפרה *דתנן [א]מטמאין היו הכהן השורף את הפרה ומטבילין אותו להוציא מלבן של צדוקין שהיו אומרים במעורבי השמש היתה נעשית תקנו לה רבנן כלי גללים כלי אבנים וכלי אדמה דלא ליקבלו טומאה כי היכי דלא ליזלזלו בה מאי שנא צפונה מזרחה כיון דחטאת היא וחטאת טעונה צפונה וכתיב בה °אל נכח פני אהל מועד תקנו לה רבנן לשכה צפונה מזרחה כי היכי דלהוי לה היכירא *מאי בירה אמר רבה בר בר חנה א"ר יוחנן מקום היה בהר הבית ובירה שמו ור"ל אמר כל המקדש כולו קרוי בירה שנאמר °הבירה אשר הכינותי מנא הני מילי *א"ר מניומי בר חלקיה א"ר מחסיא בר אידי א"ר יוחנן אמר קרא °כאשר עשה ביום הזה צוה ה' לעשות לכפר עליכם לעשות אלו מעשי פרה לכפר אלו מעשי יום הכפורים בשלמא כוליה קרא בפרה לא מתוקם לכפר כתיב ופרה לאו בת כפרה היא אלא אימא כוליה קרא ביום הכפורים כתיב אמרי יליף צוה צוה כתיב הכא צוה ה' לעשות וכתיב התם °זאת חקת התורה אשר צוה ה' לאמר מה להלן פרה אף כאן פרה ומה כאן פרישה אף להלן פרישה ואימא

(ויקרא טז) (במדבר יט) (דה"א כט) (ויקרא ח) (במדבר יט)

רש"י

שבעת ימים קודם יוה"כ מפרישין כ"ג. שכל עבודת יוה"כ אינה כשירה אלא בו כדיליף בהוריות בפרק בתרא (דף יב:) דכתיב גבי יום הכפורים וכפר הכהן אשר ימשח אותו ובגמרא (דף ו:) מפרש למה מפרישין: **ללשכת פרהדרין**. כך שמה ובגמרא *מפרש למה נקראת כן: **ומתקינין לו**. ומזמינין כהן אחר להיות כהן גדול תחתיו אם יארע בו פסול קרי או שאר טומאה המעכבין מלבוא למקדש: **ובעד ביתו**. גבי יוה"כ כתיב באחרי מות: **א"כ**. דחיישת למיתה: **אין לדבר סוף**. שמא גם זו תמות: **גמ' שריפת הפרה**. פרה אדומה: **שעל פני הבירה**. לקמיה מפרש מאי בירה: **צפונה מזרחה**. במקצוע מזרחית צפונית של עזרה היתה: **שכל מעשיה**. של פרה: **כלי גללים** *לפיעי בקר מפרש להו במנחות בפ' ר' ישמעאל (דף סט:): **כלי אדמה**. שאין עשויין ככלי חרס בכבשן אלא מן האדמה היא שהוא כאבן רכה ותוקקין ממנה כלים: **אלא טמאה**. תקנו לה כלים הללו: **דטבול יום**. לקמן יליף בפרק טרף בקלפי (דף מג:) והזה הטהור כו': **כי היכי דלא ליזלזלו בה**. שאמר הואיל וטבול יום כשר בפרה אין צריך להיות זריזין בה בשמירת טהרה לכך עשו בה מעלות הרבה להעלותה וזו אחת מהן: **כיון דחטאת היא**. חטאת נקראת שנאמר (במדבר יט) למי נדה חטאת היא: **וחטאת טעונה צפון**. חטאות הקריבות במזבח נשחטות בצפון ולא שזו טעונה צפון שהרי היא נשחטת בהר המשחה: **וכתיב**. בפרה (שם) אל נכח פני אהל מועד כלומר שהכהן עומד בהר המשחה ומתכוין ורואה פתחו של היכל שהוא בכותל מזרחי: **כי היכי דליהוי היכירא**. לדעת שהפורש שם כדי להטיל עליו עבודת פרה הקריבה חטאת וטעונה מזרח ויתנו לב להיות זריזין במעשיה וסדר עבודותיה: **הבירה אשר הכינותי**. אשר זימנתי לה מקום גורן ארונה לבנותה בו ודוד קאמר ליה להאי קרא בדברי הימים: **מנא הני מילי**. דבעינן פרישה ליוה"כ ולפרה: **כאשר עשה**. במלואים שנה אותם להם מכניסם ז' ימים שנאמר (ויקרא ח) ופתח אהל מועד תשבו יומם ולילה וגו' ובשמיני עבדו שנאמר (שם ט) ויהי ביום השמיני קרא וגו' וכתיב קרב אל המזבח וגו' (א) כאשר וגו' צוה לעשות לדורות לפרוש ז' לפני עבודת יום אחד: *דלפני עשייה. קודם המצוה: ואימא

תוספות

שבעת ימים קודם יוה"כ. יש מקומות ששונה המנין ברישא כמו בכאן ובבבא קמא (דף ב.) ארבעה אבות נזיקין ובפרק קמא דר"ה (דף ב.) ד' ראשי שנים ואיכא דוכתי דתני מניינא לבסוף לפני אידיהן של עובדי כוכבים ג' ימים ברפ"ק דמסכת ע"ז (דף ב.) ובפ"ק דקידושין (דף ב.) האשה נקנית בג' דרכים ושואלין ודורשין בהלכות (החג*) לפני (החג*) שלשים יום (פסחים דף ו.): **וחכ"א** א"כ אין לדבר סוף. דאי איכא למיחש למיתה דחדא ניחוש אפילו למיתה דתרתי ותלת ואע"ג דבפ' ד' אחין (יבמות דף כו:) משמע לסתם מתני' דהתם דלמיתה דחד חיישינן לתרי לא חיישינן וסתם מתני' דהכא ס"ל דאי חיישינן לחדא ניחוש נמי לטובא י"ל דה"ק הכא כהי דחיישינן למיתה דחד לזמן מרובה כמו בההיא דפרק ד' אחין (ג"ז שם.) דילמא אדמייבם חד מיית אידך מכל מקום למיתה לזמן מועט כי הכא לא הוה לן למיחש אלא משום מעלה דכפרה חיישת לזמן מועט אם כן ניחוש אפילו לתרתי ותלת אי נמי התם חששא בעלמא הוא משום ביטול מצות יבמין וליכא איסורא כולי האי אבל הכא משום דכפרת כל ישראל תלוי בזה ניחוש אפילו לתרתי ותלת ואפילו לזמן מועט וא"כ אין לדבר סוף הלכך ליכא למעבד תקנתא להאי חששא וכי פריך בגמ' (לקמן דף יג.) מאי שנא דגבי טומאה דשכיח טפי ממיתה כדאמר בגמרא סגי לתקן לכהן אחר תחתיו והכא חיישינן לתרתי ותלת הוה מצי לשנויי כי האי גוונא דהיא חששא בעלמא היא ולא היה צריך להפריש אחר כי מסתמא ימלאו הרבה שיהו ראויין לעבודה אלא מעלה בעלמא הלכך סגי בחד אלא בלאו הכי משני שפיר*: **להוציא** מלבן של צדוקין. לאו בטומאה דאורייתא מטמו ליה דלא הוי מזלזלי בה כולי האי אדרבה אמרינן בפרק אין דורשין (חגיגה דף יח:) בגדי אוכלי קדש מדרס לחטאת אלא כדתנן בפ"ג דמסכת פרה (מ"ח) סמכו ידיהם על ראשו ואומרים לו אישי כ"ג רד טבול אחת דמחמת שנוגעין בו חשבינן ליה כטמא טומאה דרבנן דאחיו הכהנים חשיבי כטמאים לגבי דידיה *דבגדיהם מדרס לחטאת *כדפרישית: **שכל** מעשיה בכלי אבנים וכו'. דווקא באלו ז' ימים של שריפת הפרה אבל בשעת קידוש התנן בפ"ה דמס' פרה (מ"ה) בכל הכלים מקדשים ואפילו בכלי גללים כו' ואדרבה התם משמע דפשיטא לו דבשאר כלים מקדשין מבכלי גללים וכלי גללים וכלי אבנים אילטריך ליה לאשמועינן דאע"ג דלאו כלים מיקרו לענין טומאה מ"מ הם כלים לענין קידוש וקרינן בהן מים חיים אל כלי*): **ומאי** שנא לשכה מזרחה. וא"ת אמאי לא היו מפרישין נמי כ"ג לפני יוה"כ ללשכה זו שעל פני הבירה וי"ל דלשכת פרה היו קורים לה לשכת בית אבן כי היכי דנהוי לה היכירא שכל מעשיה בכלי אבנים ואי הוו מפרשי נמי להאי לשכה כ"ג לפני יוה"כ או לא הוה ליה היכירא לפרה אי נמי י"ל משום דכ"ג ביוה"כ פרישתו לקדושה שכל עבודתו לפנים ולפני ולפנים היו מפרישים אותו ללשכת פרהדרין שבטיה בקדש אבל פרה שנעשית מחוץ בהר המשחה פרישתו ללשכה שעל פני הבירה שחוץ לעזרה: **אלא** אימא כוליה קרא ביוה"כ כתיב. תימה לי מאי קא פריך דאי כוליה קרא ביוה"כ כתיב אם כן לעשות למה לי וי"ל דסלקא דעתך דמקשה דתרוייהו אילטריך ליוה"כ דאי לא כתב אלא לכפר הוה אמינא כפרה דקרבנות ואי לא כתב אלא לעשות ה"א זה פרה להכי כתב תרוייהו לאשמועינן דווקא יום הכפורים דכתיב ביה תרוייהו: ואימא

*) [וע"ע תוס' סוכה לז. ד"ה נסל ותוס' חגיגה כג. ד"ה שפופרת ותוס' חולין ט: ד"ה טמאה ותוס' נדה מט. ד"ה כשר]

תוספות ישנים

אשר נמצאו בכתב ישן מפי סופרים ומפי ספרים אשר סדרו אבותינו גאוני עולם נ"ע:

[*] **שבעת** ימים קודם יום הכפורים מפרישין. כאן שונה מנין קודם כמעשה וכן אומר (פסחים דף ב.) אור לי"ד בודקין ופעמים שונה המעשה קודם המנין (כתובות דף ב.) בתולה נשאת ליום ד' (קידושין דף ב.) האשה נקנית בשלש דרכים (ע"ז דף ב.) לפני אידיהן של נכרים ג' ימים והרבה כיוצא בכן התנא לא תנא כה אלא שונה הראוי כפיו: **ומתקינין** לו כהן אחר תחתיו. להתקין לו בגדי זהב כמדתו כדאמרינן לקמן פ"ב (דף כג:) וכתמיד נשחט (דף סה:) כמדתו שלא יחסר ולא יותיר ולהזהירו לשמור עצמו בטהרה ודוקא מתקינין אבל לא היו מפרישין כדאמרינן בגמ' (דף ג:) דהפרשה לא מעכבא: **שמא** תמות אשתו. ולשני לא היו מתקינין אשה אחרת דלא מעכבא ומ"מ הכא כראשון מטה מן המובחר בעינן ואפילו מעכבא לשני נמי לא חיישינן שתמות אשת השני כי היכי דלא חיישינן בגמ' למיתת השני: **וחכ"א** אם כן אין לדבר סוף. בגמרא (דף יג.) דייק לימנו איכא לנפשייהו: **מפרישין** כהן השורף את הפרה. אמר רבינו הזקן דאין לדקדק מדקתני כהן השורף דמיירי בכהן הדיוט דהא הכי נמי אי הוה תני כהן השורף עבודה ביוה"כ לא היה מזכיר כהן גדול דמשמע שפיר כהן הידוע השורף או העובד ואפילו אם בכהן הדיוט מיירי לא קשיא לשמואל דלקמן פרק טרף בקלפי (דף מג.) מפיק מולקה הכהן מדמה באלבשו לאהדורי לאלעזר דאיכא למימר דסבר כי האי תנא דתניא בספרי ונתתם אותה אל אלעזר הכהן זו נעשית באלעזר ושאר כל הפרות בכ"ג דברי ר"מ רבי יוסי ב"ר יהודה ורבי שמעון וראב"י אומרים זו נעשית באלעזר ושאר כל הפרות בין בכהן גדול בין בכהן הדיוט וכהא דאמרינן לקמן (דף מב:) חד ליגנא דסיכא דבפי פרת משה אלעזר בעינן לדורות כ"ג הייט כר"מ מיהו בין גמר ובין לגמר היו עושין אותה כהנים גדולים כדתנן שמעון הצדיק עשה שתים וכן כל אותם שעשו פרם היו כהנים גדולים ותשיב להן במס' פרה (פ"ג מ"ה) וזה היה כבודם ותניא נמי בתוספתא (פ"ג) בא לו ריב"ז ואמר לו אישי כ"ג כמה נאה נאה להיות כהן גדול והא דתניא בספרי ושרף את הפרה לעיניו שיהא אחר שורף והוא רואה משמע דור כשר לשרוף היינו דלא כהני אמוראי דערך בקלפי ע"ל שיהא כהן אחר שורף וכהן המפרים רואה. מ"ר: **מפרישין** כהן השורף את הפרה. אבל שאר כהנים שהיו עסוקין באסיפת אפרה ובשאר עסקים כדמשמע לקמן שכבשן היה מסייע לפרה לא היו מפרישין אותן ואפי' למאן דמסיק שריפה בפרה מקרא מוקמינן לקרא בעיקר מעשה הפרה היינו שריפה ולשמואל הוה ליה למינקט הכהן המקבל שהוא עיקר שהיה לדורות באלעזר אלא לפי שעיקרה לאחר שריפה נקט שורף אבל תימה לרב דאמר בפ' טרף בקלפי (שם) שחיטת פרה בזר פסולה ואיכא למאן דבעיא לדורות כ"ג אמאי לא נקט הכהן השוחט שהרי עיקר היא משריפה שהיא בכהן הדיוט לדורות לרב ואין להקשות דלנקטיה עם השורף הואיל והכהן חד הוא דעבד לכן: **שכל** מעשיה בכלי אבנים. יש פירוש מרבינו שלמה שכתוב בכן כגון קיבול דמה ואסיפת אפרה ולא דק דכפרה תנן גלוחים של מי חטאת ופתם גלוחים של חרס והכן נמי (פרה פ"ה מ"ה) בכל מקדשין ועוד תנן (שם מ"ד) ומייתי לה בחגיגה (דף כג.) שפופרת שחתכה לחטאת ר"א אומר יטביל מיד רבי יהושע אומר יטמא ויטביל אלמא לא בעינן כלי גללים מדצריכה טבילה אלמא בת קבולי טומאה היא. עוד אמרינן בפ"ק דמנחות (דף ז:) גבי כהן המזה דם הפרה דמקבת אלבשו בשפת המזרק משמע דהוי כלי שרת דבשביל אותו הטעם לא הוי קרי ליה מזרק וכיון דהוי כלי שרת א"כ הוי של מתכת דקי"ל (לקמן דף נט.) דכלי שרת של עץ לא עבדינן. מיהו על הכיא דמנחות תימה דבספרי משמע שמצות קבלת דמה היה ביד ומסיק ליה מלוג של מצורע שהיה בידו וי"ל דפליגי אי נמי נראה לרב כהר"ש דבספרי מיירי לענין הזאה באצבעו דלא ילפינן מהזאות אזוב שהוא בכלי ומפרש רבינו הזקן דקאי אהזאות שהיו מזין על הכהן באותה לבנה קודם שריפת הפרה וכן משמע לישנא דכל מעשיה דאלשכה קאי והכי תנן במס' פרה (פ"ג) א) אחד זה ואחד זה מזין עליו מכל חטאות שהיו שם כו' חצרות היו בנויות בירושלים ע"ג סלע ותחתיהן חלול מפני קבר התהום והתינוקות יושבין ע"ג וכוסות של אבן בידיהם כו' לא מלאו משבע עושין משם כו' משם חטאות היו מזין עליו: **בכלי גללים**. לפיעי בקר כדפירש בקונטרס דאי כלי אבן כלי גללים בכלל כלי אבן הוו: **מטמאין** היו הכהן השורף את הפרה. שהיו אחיו הכהנים נוגעין בו ועי"ב כך היה טמא כדתנן במסכת פרה (פ"ג מ"ח) סמכו ידיהם עליו ואמרו לו רד וטבול וכך סמיכה נמי לטמאו וכן שנינו בתוספתא פ"ג מעשה בצדוקי אחד שהעריב שמשו לעשות את הפרה וידע בו ריב"ז וסמך שתי ידיו עליו ואמר לו אישי כ"ג מה אתה נאה להיות כ"ג רד וטבול אחת ירד וטבל ועלה ואמרינן נמי בירושלמי ולקמן (דף ח.) מה בין כהן גדול דיוה"כ לכהן השורף את הפרה זה פרישתו לקדושה ואחיו הכהנים נוגעים בו וזה פרישתו לטהרה ואין אחיו הכהנים נוגעים בו וטעמא דמטמאין אותו בנגיעתן משום דבגדי אוכלי קודש מדרס לחטאת ואפילו שמרו עצמן על טהרת חטאת ואומר רבינו הזקן יכולים היו חכמים לעשותן כטמאים ויהיה הכירא בטבילתו לצדוקים כיון שהצריכוהו טבילה מחמת שעשאוהו כטמא מת ביום השביעי שלו צריך הערב שמש וא"ת מ"ש בחגיגה (דף כג:) גבי שפופרת אמרינן שעשאוהו כטמא מת ביום שביעי שלו אע"פ שלא היו מטמאין אותו וכאן לא רצו לעשותו כטמא מת אלא ע"י סמיכה אחיו

הגהות הב"ח

(א) רש"י ד"ה כו' כאשר כאשר עשה וגו' עשה לצוה לעשות לדורות:

גליון הש"ס

רש"י ד"ה כלי גללים. לפיעי בקר. וכ"כ רש"י שבת נח ע"א ד"ה כלי. אבל בשבת דף טז ע"ב כתב רש"י גללים ש"ש:
תוס' ד"ה להוציא וכו' דבגדיהם מדרס לחטאת. כדפרישית. עי' זבחים דף יז ע"ב תוס' ד"ה שריפה:

מסורת הש"ס: (דף ח.) · הוריות יג. · פרה פ"ג מ"ח · חגיגה כג. ע"ש זבחים כא. פרה פ"ג מ"ז ע"ש · זבחים קד: · [לקמן ג:] · [לקמן יד. סוכה כד.] · [נ"א הפסח] [נ"ל הפסח]

[*] זהו לדעת כי רוב ההגהות שכתבנו כאן נלקטו מספר שיח יצחק [גם לפעמים ההגהות הכתובים כמה לא כפי נוסחתינו בגמ'. יחסם כפי נוסחאות ד"י או כ"י].
א) [לפנינו הגי' ומזין עליו כל ז' הימים מכל חטאות שהיו שם וכו'].

ואימא צוה [צוה] דיום הכפורים דכתיב ויעש כאשר צוה ה' את משה דנין צוה דלפני עשיה מצוה דלפני עשיה ואין דנין צוה דלאחר עשיה מצוה דלפני עשיה ואימא צוה דקרבנות דכתיב ביום צותו את בני ישראל דנין צוה מצוה ואין דנין צותו מצוה ומאי נפקא מינה *והתנא דבי רבי ישמעאל ושב הכהן ובא הכהן זו היא שיבה זו היא ביאה הני מילי היכא דליכא דדמי ליה אבל היכא דאיכא דדמי ליה מדדמי ליה ילפינן לכפר אלו מעשה יום הכפורים ואימא כפרה דקרבנות מי ידעינן הי כהן מתרמי דבעי ליה פרישה אמרי אלמה לא ניבעי ליה פרישה לכוליה משמרת בית אב דנין דבר שקבוע לו זמן מדבר שקבוע לו זמן לאפוקי קרבנות דכל יומא איתנהו ואימא רגלים דנין דבר שנוהג פעם אחת בשנה מדבר הנוהג פעם אחת בשנה לאפוקי רגלים דלאו פעם אחת בשנה נינהו ואימא רגל אחד וכי תימא לא ידעינן הי מינייהו אי חג המצות הואיל ופתח בו הכתוב תחלה אי חג הסוכות הואיל ומרובה מצותו אלא דנין פרישת שבעה ליום אחד מפרישת שבעה ליום אחד ואין דנין פרישת שבעה לשבעה מפרישת שבעה ליום אחד ואימא שמיני דפרישת שבעה ליום אחד הוא דנין דבר שאין קדושה לפניו מדבר שאין קדושה לפניו ואין דנין דבר שיש קדושה לפניו מדבר שאין קדושה לפניו ולאו קל וחומר הוא השתא דבר שאין קדושה לפניו בעי פרישה דבר שיש קדושה לפניו לא כל שכן אמר רב משרשיא לא הזה כתיב בזה רב אשי אמר מי איכא מידי דעיקר רגל לא בעי פרישה טפל דידיה בעי פרישה ואפילו למאן דאמר שמיני *רגל בפני עצמו הוא הני מילי לענין פז"ר

רש"י

ואימא צוואה דקרבנות. להצריך כל כהן העובד במקדש פרישה לקרבנות לבור: **זו היא שיבה זו היא ביאה**. לדון גזירה שוה זה מזה מה שיבה חולץ וקוצה וטח אף ביאה חולץ וקוצה וטח: **ואימא כפרה דקרבנות**. כגון קרבנות יחיד דכתיב בהן בכמה מקומות וכפר עליו הכהן: א] **מי ידעינן הי מתרמי**. והלא ע"י פיים היו עובדין כדאמרינן לקמן (דף כב:): **הכי גרסינן אמרי אלמה לא ניבעי פרישה לכולה משמרת בית אב**. אלמה לא בתמיה איזה יכול לומר בכן פרישה הרי יש לומר על כל בית אב של משמרת התלוקין לימי שבת לשמש איש יומו שיפרישו כל בית אב שבעת ימים קודם היום הקבוע לו: **דבר שקבוע לו זמן**. יוה"כ מדבר הקבוע לו זמן המלואים שנאמר (שמות מ) ביום החדש הראשון באחד לחדש תקים וגו' והוא היה שמיני למלואים: **שנוהג פעם אחת בשנה**. מלואים פעם אחת הוא דהוו בשנה: **אי חג המצות**. כלומר יש לך לומר שעל חג המצות נאמר הואיל ופתח בו תחילה בכל מקום או על חג הסוכות הואיל ומרובה מצותו בסוכה ולולב וערבה וניסוך המים: **ליום א'**. בשביל יום שמיני לבדו: **ואימא שמיני**. עצרת: **הזה כתיב**. כאשר עשה ביום הזה: **בזה**. לא הצריך פרישה אלא לדוגמתו: לענין

תוספות

ואימא צוה צוה דיוה"כ. וא"ת ליטני א"כ כל הני קראי למה לי לוה לעשות לכפר ואין נראה לתרץ דהשתא הדר ביה מדרשא דלעשות ולהכי צריכי תרוייהו דאי מלכפר לחודיה ה"א כפרה דקרבנות ואי מצוה לחודיה ה"א פרה נמי להכי כתב תרוייהו דהא מ"מ אכתי תיקשי לך ליטני הכי דלא הדר ביה מלעשות ועוד אי הדר ביה ה"ל למימר אלא ולקמן (דף ג:) נמי מוכח דלא הדר ביה מלעשות דכי קאמר ריב"ל מתני' תרתי קתני קאמר לעשות זה מעשה פרה אלמא דלעולם לא הדר ביה מדרשא דלעשות וי"ל דה"פ מ"מ לא נפקא לן מקרא אלא פרה ויוה"כ אימא צוה זה יוה"כ ואייתר לן לעשות לכפר ונדרוש לעשות זה מעשה פרה לכפר אלו קרבנות דכתיב בהו כמה זימנין לכפר גבי חטאות ואשמות וליכא למימר א"כ ליפטוק מצוה ונידרוש פרה מלעשות ויוה"כ וקרבנות מלכפר דהכי הוי סברת המקשה בסמוך דהא ליתא דאי לא כתב צוה הוה דרשינן לכפר לעשות תרוייהו זה יוה"כ כדפריך לעיל אימא כוליה קרא ליוה"כ והשתא פריך שפיר אימא צוה זה יוה"כ לעשות זה פרה לכפר אלו קרבנות ואם תאמר אם כן לא ליכתוב אלא צוה לכפר ועל כרחך נידרוש צוה זה פרה לכפר זה יוה"כ וקרבנות כסברת המקשה בסמוך דפריך ואימא לכפר אלו קרבנות אלמא דמלכפר דריש יוה"כ וקרבנות דאי דרשת צוה זה יוה"כ לכפר אלו קרבנות אבל פרה לא אם כן צוה למה לי מלכפר הוה נפקא לן שפיר יוה"כ וקרבנות וי"ל אי לא הוה כתב אלא צוה לכפר ה"א יוה"כ לחודיה דכתיב ביה צוה לכפר ודמי ליה טפי מקרבנות אבל השתא דכתב לעשות ולריכין אנו לרבויי פרה מלעשות אע"ג דלא דמיא כולי האי למלואים א"כ נימא נמי דנרבי מלכפר קרבנות דלאו למעוטי קרבנות אלא לרבויי דלא תימא לעשות לכפר זה יוה"כ ותו לא כדפריך מעיקרא ולהכי כתב צוה לרבות יום הכפורים ואייתרו לעשות לכפר לפרה וקרבנות אי נמי כ"ל לפרש אימא צוה לעשות זה יוה"כ דכתב ביה ויעש וכתיב ביה צוה אבל פרה לא דלא כתב בה לשון עשייה ולכפר זה קרבנות ואילטריך לעשות כדי למעט פרה דאי לא כתב אלא צוה לכפר ה"א צוה זה פרה ויוה"כ דהי מינייהו מפקת להכי כתב לעשות לאשמועינן דווקא צוה שכתב אצל עשייה כמו יוה"כ לאפוקי פרה דלא כתב בה עשייה ומשני דנין צוואה שלפני עשייה כו' כלומר אע"ג דלא כתב בפרה לשון עשייה טפי עדיפא למילף מהתם דצוה שלה כתב מקמי עשייה דידה דבתר צוה כתב ויקחו אליך פרה וכל דיני עשייה לאפוקי יוה"כ דדיני עשייתו כתיבא ברישא והדר כתב צוה ותירוץ זה כ"ל יותר מן הראשון וא"ת ולדברי המתרץ דמשני דמדדמי ליה ילפינן למאי אילטריך צוה לעשות לכפר לא הוה לריך למיכתב אלא צוה לכפר ונידרוש צוה זה פרה לכפר זה יוה"כ ואי פרכת אימא צוה זה קרבנות לישני דנין צוה מצוה ואין דנין צותו מצוה יש לומר אי לא כתב אלא צוה לכפר ה"א ע"כ צוה זה יוה"כ כיון דאידי ואידי פרישה לקדושה ולא הוה אמרינן זה פרה דפרישותה לטהרה ולא הוה מני לשטויי כדשנינן דנין צוואה דלפני עשייה מצוואה דלפני עשייה דאדרבה כיון דבמלואים לא הוי כתב לעשות לא הוה ליה צוואה דלפני עשייה אלא לאחר עשייה כאשר עשה צוה כמו ביוה"כ ויעש כאשר צוה להכי אילטריך לעשות ואי לא כתב אלא צוה לעשות ה"א זה פרה דגמרינן צוה דלפני עשייה מצוה דלפני עשייה לאפוקי יוה"כ דלאחר עשייה ואי לא כתב אלא לעשות לכפר ה"א לכפר זה יוה"כ לעשות זה קרבנות דפרישתו לקדושה אבל פרה לא דכן בפרה וכן בקרבנות לא כתב לעשות אלא מייתורא דרשינן מלעשות לרבות וטפי הוה מסתבר לרבויי קרבנות להכי כתב צוה זה פרה אי נמי ה"א לעשות לכפר כוליה קרא ביוה"כ כדפריך הגמרא לעיל ומיהו יותר נראה לי לומר דהדר ביה מדרשא דלעשות ולא דריש אלא צוה לכפר ומתרלי קושיא מוכא שכתבתי ומה שהקשיתי דלא הדר ביה מלעשות לא קשיא דע"כ הדר ביה דמלעשות היכי משמע זה מעשה פרה והא לא כתב בפרה לעשות והא דלא קאמר אלא משום דלא הדר ביה לגמרי אלא ה"ק רבי יוחנן צוה לעשות לדורות בפרה ומלעשות לא דריש מידי אלא משום דאי לא [הוה] כתב לעשות אלא צוה [לא] הוה נפקא לן פרה כמו בתר דכתב לעשות דנפקא לן פרה מדכתב בה צוואה לפני עשייה כמלואים:

הנ"מ היכא (*דאיכא) דדמי ליה. בכמה דוכתי משני הכי ובפ"ק דמנחות (דף ד: ושם) פריך ניגמר שוט דלאם מעון דחטאת ליפסול שלא לשמן וכו' עד והא תנא דבי ר' ישמעאל ושב הכהן ולא משני כי הכא וי"ל דסמיך אעוד ניגמר שוט מעוט דשמיעת קול וכן בפ' המפלת (נדה דף כב: ושם) גבי יצירה דלא משני הכי דסמיך אעוד ניגמר בריאה מבריאה וקשה דביבמות פ' כילד (דף יז:) גבי דנין אחים מאחים משני כי הכא הנ"מ היכא *דאיכא דדמי ליה אע"ג דהדר פריך ונילף אחוה אחוה מלוט וי"ל דהתם לא שייך למיפרך ועוד לילף אחוה מלוט משום דלא דמיא ההיא פירכא לקמייתא דמעיקרא פריך ונילף מעריות ונימא אפילו אשת אחיו מאמו מיהו אשת בן אחיו לא והדר פריך נילף מלוט דאפילו אשת בן אחיו ולהכי אי לא הוה משני הנ"מ היכא דליכא דדמי ליה הוה לריך למיפרך בלשון ועוד כדפריך בפ"ק דמנחות ובפרק המפלת ובפרק הקרבנות וכיון דלא הויא הקושיא השניה מעין הראשונה לא שייך למיפרך ועוד: **אימא** כפרה דקרבנות. פירוש דשאר קרבנות נמי ניבעי פרישה אבל אין לפרש דקרבנות דוקא דהא יוה"כ נמי פרישה דקרבנות הוא: **דנין** דבר שאין קדושה לפניו. אע"ג דשבת לפניו הוא לא קחשיב אלא קחשיב י"ט דתלי בב"ד אבל קדושת שבת קביעא וקיימא ואידי ואידי יש קדושת שבת לפניו: פז"ר

תוספות ישנים

אחיו הכהנים י"ל דלאי כתם כדמפרש דאיכא חשש משום ליטרא דעם הארץ אבל כאן היה מתוק מסור יותר מפאר אחיו הכהנים שלא היו רשאין ליגע בו וא"ת למה לא היו טמאים בו כל שבעה ימים אלא כלא"ה היו מסמאין אותו מפני כואה שהיו מזין עליו דהא דמזה ומזין עליו טהור הייט כשלריך הואה מן התורה אבל הכא משטהור הוא מן התורה הואה מטמאתו וי"ל שעד הערב לא היה מקבל הואה לפי שכל היום היה עובד עבודת כדלקמן בפירקין (דף יד:) ואם היו נוגעין בו שוב לא היה יכול לעבוד כיון דמרינהו רבנן כטמאים לגביה ואחר הואה וטבילה נמי לא היו יכולין ליגע בו שא"כ היה לריך לחזור ולטבול קודם חשכה שמטמאוהו ואפילו בין הואה לטבילה נמי לא היו יכולין ליגע בו שלא יטמאו ליגע בו קודם הואה ואחר טבילה שאז היה טמא כדהכן סמכו ידיו עליו ואמרו לו רד טבול כו' קשה לי מירושלמי דריש מכילתין על אותה דמה בין כהן שבשאתי לעיל ששואל למה כאן נוגעין וכאן אין נוגעין ומשני שלא יטמאוהו אחיו הכהנים ופריך כלא היו טמא מחמת אותיו ומשני שלא יטמאוהו ממנו אחיו הכהנים ושמתא ימה לי מאי פריך כלא היו טמא מחמת אותיו לפי דמפרש שלא היה מקבל הואה עד הערב ותו אין רשאין ליגע בו שלא יטמאוהו וכ"ל לפי מה שתירץ לעיל אתי שפיר ה"ס שלא יטמאו אותו אחיו הכהנים ולא יוכל לעבוד כל אותו היום פריך בלא זה איט טמא מחמת הואתו וא"כ לכל הפחות לאחר הואה יגעו בו ומשני שלא יטמאו אחיו הכהנים ולפי זה לא הולרכנו למה שפירש לעיל שלא היו נוגעין בו אחר הואה פן יבאו ליגע בו קודם הואה אלא הטעם הוא כמו שתירץ בירושלמי שלא יטמאו אחיו הכהנים: **בי** היכי דתיהוי ליה הכירא. שיזכר לעשות הואותיו כשמה: **אימא** כוליה קרא ביוה"כ הוא דכתיב. ולעשות הוא אורחיה דקרא כלומר לעשות פרישה בשביל יום כפרה (ע"כ שייך לע"א): **ואימא** צוואה דיוה"כ. אם נפרש דה"ק ואימא צוואה דיוה"כ ואתא כוליה קרא לענין לפרוש קודם יוה"כ בג"ש דצוה צוה קשה דא"כ לכפר למאי אתא וא"ת שבא לגלות על הג"ש שלא נדונה על פרישת פרה א"כ לשתוק קרא מכולהו צוה ולא לכתוב כ"א לכפר לכך נראה כדברי המפרש ואימא נמי צוואה דיוה"כ שלריך לעשות פרישה אחרי יוה"כ שכתב צוה אחר עשייה ולכפר בא לדרוש פרישה לפני יום הכפורים והפסוק דמיירי בלשון כפרה מוכית שאין לדרוש שום דבר מאותו פסוק אלא לענין יוה"כ כ"למ"ש ור"י פירש דאייתר ליה ולמימר צוואה דקרבנו' ולכפר יבא לדרוש על פרישת יוה"כ לכפר על כפרה דקרבנות והפסוק דמפיק בלשון לכפר מוכיח שאין דאיכא דדמי ליה מדדמי ליה הכי משני שבכל אלו וביוצא בהן

א) מוכיח שאין לדורשו אלא כפרה כדפרישית ועולם בפרישה דלפני יום הכפורים מיירי ואם לא היה אומר אלא לכפר לחוד לא הייתי רואה אלא כפרה דיום הכפורים כדאפרש בסמוך: **אבל** היכא דאיכא דדמי ליה מדדמי ליה ילפינן. וכן מתרץ בעירובין פרק מי שהוציאוהו (דף נא.) אבל בפ"ק דמנחות (דף ד:) ובפרק המפלת בנדה (דף כב:) ובפרק בתרא דמכות (דף יג:) ובפ"ב *) דיבמות (דף יז:) לא מתרץ הכי משני שבכל אלו וביוצא בהן כמו שכתוב שם וכו' ע"ש: **ואימא** כפרה דקרבנות. פי' עם יוה"כ דמסתבר טפי יותר מזה **דנין** דבר הקבוע לו זמן. וכו' ע"כ לעיל אלא הוזכר

*) צ"ל דהוריות דף ח:

פז"ר

עירובין נא. יבמות יז: מ"ר ס. מכות יג: הוריות ח: מנחות ד. מה: חולין פה. כתובות לג. נדה כב:

סוכה מח. וש"נ

הגהות מהר"ל לנדא

א) רש"י ד"ה מי ידעינן וכו' נ"ב עי' לקמן דף כו ע"ב ברש"י ד"ה אם רצה להקריב. ועי' מה שכתבנו שם על הגליון:

[צ"ל דליכא]

[צ"ל דליכא]

*פז"ר קש"ב אבל לענין תשלומין דראשון הוא דהא תנן **מי שלא חג ביום טוב הראשון של חג חוגג והולך כל הרגל כולו ויום טוב האחרון של חג ואימא עצרת דפרישת שבעה ליום אחד הוא א"ר אבא דנין פר אחד ואיל אחד מפר אחד ואיל אחד לאפוקי עצרת דשני אילים נינהו הניחא למאן דאמר יום הכפורים איל אחד הוא אלא למ"ד שני אילים נינהו מאי איכא למימר דתניא *רבי אומר איל אחד הוא האמור כאן הוא האמור בחומש הפקודים ר' אליעזר בר' שמעון אומר שני אילים הם אחד האמור כאן ואחד האמור בחומש הפקודים אפילו תימא ר"א בר' שמעון התם חד לחובת היום וחד למוספין לאפוקי עצרת דתרווייהו חובת היום נינהו ואימא ראש השנה דפרישת שבעה ליום אחד הוא א"ר אבהו דנין פר ואיל שלו מפר ואיל שלו לאפוקי עצרת וראש השנה דציבור נינהו הניחא למ"ד קח לך משלך ועשה

רש"י

(א) לענין פז"ר קש"ב · פיס לעצמו שאין פייס בפרי החג אלא המשמרות שכל המשמרות שוות ומשלשות בהן לפי חשבון סדרן כמו ששנינו במסכת סוכה (דף נה:) אבל פר של שמיני בתחילה מפיסין עליו : זמן לעצמו · לברך שהחיינו : רגל לעצמו · שאין שם חג הסוכות עליו : קרבן לעצמו · שאין קרבנו שוה לכל שאר ימות החג שכולם פרים מרובים ואילים שנים וי"ד כבשים וכאן פר אחד איל אחד ושבעה כבשים : שיר לעצמו · שאין שירו שוה לכל שאר שירות ימי החג כל שיר ימי החג מדבר מעין גזל מתנות עניים ואותן של חול המועד מפורש (שם.) במס' סוכה האמ"כהי ושל שמיני עצרת אינו מעין אסיף ולא פירשו לנו איזהו שירו* : ברכה לעצמו · ברכה שהיו מברכין לתפלת חיי המלך כדמפורש בתוספ' [פ"ד] דסוכה על שם ביום השמיני שלח את העם ויברכו את המלך (מ"א ח) : תשלומין דראשון הוא · אלמא טפל דידיה הוא : דנין פר אחד ואיל אחד · עבודת מוסף יום הכפורים פר אחד ואיל אחד ועבודת שמיני למלואים פר אחד ואיל אחד דכתיב (ויקרא ט) קח לך עגל בן בקר לחטאת וגו' : איל אחד הוא · שהיה קרבן ציבור ביוה"כ הוא האמור כאן באחרי מות ומאת עדת בני ישראל יקח שני שעירי עזים לחטאת ואיל אחד לעולה הוא האמור בפינחס למוספין : הכא חד לחובת היום · ההוא דאחרי מות חובת היום ואינו קרוי מוסף ולא כתיב התם מלבד עולת הבקר כדכתיב בכל המוספין מלבד עולת הבקר דמשמע זה מוסף על דבר יום ביומו : לאפוקי עצרת דתרווייהו חובת היום נינהו · לחובת שתי הלחם (ב) כתיב (שם כג) והקרבתם על הלחם וגו' ואילים שנים ובחובת היום דמלואים איל אחד הוא דהוה : דנין פר (ג) שלו · דמלואים משלו הוא דכתיב קח לך עגל וביוה"כ נמי היכא פר ואיל משלו בזאת יבא אהרן אל הקדש בפר בן בקר וגו' לאפוקי עצרת וראש השנה דציבור נינהו : ועשה

תוספות

פז"ר קש"ב · פירש"י רגל לעצמו שאין יושבין בסוכה קרבן לעצמו שאינו בסדר פרי החג ברכה בפני עצמו דאמרינן ביום שמיני חג העצרת הזה ובתוספתא *משמע שמברכין את המלך שנאמר ביום השמיני שלח את העם ויברכו את המלך והשתא לא הוי האי ברכה כי ההיא דתניא בפרק לולב וערבה (סוכה דף מז.) כשם שז' ימי החג טעונין קרבן שיר ברכה ולינה כך שמיני טעון קשב"ל ומסקינן מאי ברכה ברכת המזון ותפלה ואין לחוש בכך דממה נפשך למאי דבעי למפרש התם ברכה היינו זמן ע"כ לא הוי כי האי דהכא דהא ברכה דהכא לא הוי זמן דזמן חשיב ליה הכא באנפי נפשיה ור"ח מפרש ברכה בפני עצמו ברכת המזון ותפלה כי ההוא דהתם ורגל בפני עצמו מפרש לענין לינה שטעון לינה ליל מוצאי יו"ט האחרון וכל ז' ימי החג טעונין לינה דגמרינן מפסח דכתיב ביה [דברים טז] ופנית בבקר והלכת לאהליך אי אפשר לומר והלכת לאהליך אלא בחוה"מ דביו"ט חייב בראיית פנים בעזרה ולא תיקשי לינה כל ז' מי איכא דיש לומר דמי שלא הביא חגיגתו ביום ראשון והביא באחד משאר הימים צריך ללון בלילה שלאחריו וא"ת תיפוק ליה דטעון לינה משום שלמי שמחה דהוו כל ח' דתנן (שם דף מג:) ההלל והשמחה ח' ואפי' בשאר ימות השנה אם מביא קרבן טעון לינה כדתניא בספרי ופנית בבקר וגו' מלמד שכל הזבחים טעונות לינה פי' זבחים דומיא דפסח מנין לרבות עופות מנחות ועצים ת"ל ופנית כל פינות שאתה פונה לא יהו אלא מבקר ואילך וי"ל דמשכחת לה דלא מייתי קרבן בו ביום כגון שלח שלמיו אתמול דנאכלין לשני ימים ולילה אחד ועוד דבפ"ק דחגיגה (דף ח.) תניא ושמחת בחגך לרבות כל מיני שמחות לשמחה ואמרינן בפסחים פרק אלו דברים (דף עא.) דאפילו בכסות נקיה ויין ישן ובע"א לא משכחת שמחה שמונה כשחל יום ראשון להיות בשבת דבשלמים דאתמול לא משכחת לה דבעינן זביחה בשעת שמחה וליכא אלא כדפירש בכסות נקיה ויין ישן והכי אמר בירושלמי פרק קמא דברכות וטעונה לינה במה דברים אמורים כשאין עמה קרבן אבל יש עמה קרבן בלא כך טעון לינה מחמת הקרבן ובפרק דם חטאת (זבחים צז.) משמע קצת דטעונה לינה כל שבעת ימי הפסח שכולן חשובין כלילה אחד גבי הא דתנן ר' טרפון אומר אם בשל בו מתחלת הרגל יבשל בו בכל הרגל ואמר בגמ' (שם) מ"ט א"ר יצחק ופנית בבקר וגו' הכתוב עשאן כולן בקר אחד ואע"ג דלא קיימא מסקנא הכי דפריך וכי אין נותר ברגל מ"מ לענין לינה מסתבר דעשאן בקר אחד כפשטיה דקרא שאחר הרגל ישוב לביתו וניחא השתא דשמיני עצרת וביכורים דטעונין לינה מתרבו מדכתב ופנית כל פינות שאתה פונה כדדרש בסיפרי וז' ימי החג דמצריך להו היקשא בפ"ק דר"ה (דף ה:) מקיש חג הסוכות לחג המצות מה חג המצות טעון לינה אף חג הסוכות טעון לינה דאי משום דכתיב ופנית ה"א לילה אחד להכי אצטריך היקשא לכל ז' כחג המצות שכל הרגל חשיב בקר אחד וניחא נמי הא דקאמר בפ' לולב וערבה (דף מז.) שכשם שז' ימי החג טעון קרבן לינה מיהו קשה דא"כ מאי קאמר שמיני רגל בפני עצמו לענין לינה אמאי קרי ליה רגל בפני עצמו כיון דכל ז' ימים שלפניו טעונין לינה בלי הפסקה ועוד מדקא מרבה בסיפרי אפי' עופות ומנחות כמו לינה דרגלים א"כ משמע דרגלים נמי יום א' ותו לא והיא דפ' דם חטאת* לא קשה דמעיקרא ודאי ס"ד דלר' טרפון לינה כל ז' דהכתוב עשאו בקר אחד ובמסקנא לא קיימא הכי אלא כדפרישית ור"ת יסד במעריב של שמיני קודש ללינה ושלשים ידחם כאשר אבלים ינחם ומיהו אינו דוחה שלשים דאבילות לגמרי אלא עולה לחשבון ז' ימים כדאמר בפרק בתרא דמועד קטן (דף כד:) יום אחד לפני החג וחג ושמיני שלו הרי כאן כ"א: **שיר** בפני עצמו · במס' סופרים (פ' יט הל' ב') יש שהיו אומרים למנצח על השמינית בבית הכנסת ושמא גם הלוים היו אומרים אותו בבית המקדש : **אלא** למ"ד שני אילים · לא בעי לשנויי דנין שני שעירים קריבין לציבור כגון יוה"כ דאיכא שעיר הפנימי ושעיר החיצון ממלואים שקרבו בו שני שעירים לציבור שעיר מלואים ושעיר ראש חדש לאפוקי עצרת דשעיר אחד דהא עצרת נמי קריבין בו ב' שעירים דשעיר האמור בת"כ אין זה שעיר האמור בחומש הפקודים כדאמר בפ"ק דזבחים (דף ה:) שעירי עצרת למה הן באין וכו' וכן משמע בפ' התכלת (מנחות דף מה:) :

אלא למ"ד שני אילים · תימה לי אפילו לדידיה נמי ליתני דנין פר אחד מפר אחד לאפוקי עצרת דג' פרים נינהו חד לחובת היום בפרשת אמור ושנים למוספים בפרשת פינחס וי"ל כיון דחובת היום דעצרת אינו אלא פר אחד שפיר הייתו דנין עצרת דפר אחד לחובת היום ממלואים דפר א' לחובת היום ואי משום דבעצרת קרבו שני פרים למוסף הא במלואים נמי קרבו שני פרים למוסף שהרי בו ביום קרב מוסף דר"ח דשמיני למלואים אחד בניסן הוה · הא דלא פליגי בעצרת דפליגי ביום הכפורים בפרק התכלת (שם) מפרש טעמא דבעצרת על כרחך האמור בתורת כהנים אינו האמור בחומש הפקודים וטעמא דרבי דהכא מפרש לקמן בפרק בא לו (דף ע:) : **אלא** למ"ד משל ציבור · תימה לי כהי דמשל ציבור מ"מ הוא קרבן שלו ומתכפר בו מעון העגל כדאיתא בת"כ כדכתיב ועשה את חטאתך ואת עולתך וכפר בעדך ועשה את קרבן העם וכפר בעדם ואם כן ניחא דנין פר חטאת שלו שהוא מתכפר בו מפר חטאת שלו שהוא מתכפר בו ודנין איל שלו שהוא סומך עליו מאיל שלו שהוא סומך עליו כדאמר בפרק שני דמסכת ביצה (דף כ.) ויקרב את העולה ויעשה כמשפט לימד על עולת חובה שטעונה סמיכה כמשפט עולת נדבה וי"ל דאין הכי נמי דהוה מצי לשנויי הכי אלא דהאמת מהדרן לו דלכולי עלמא מודו הכא דמשלו הוא מביא כדקא מפרש ואזיל :

לאפוקי

עין משפט נר מצוה

ד א מיי' פ"א מהלכות חגיגה הלכה ז סמג עשין רכט

מסורת הש"ס

סוכה מח. חגיגה יז. ר"ה ד:

[סוכה פ"ד]

[עמ"ש רש"י ר"ה דף ד: ד"ה פז"ר קש"ב במס' מסכת סופרים]

לקמן ע:

[זבחים צז.]

הגהות הב"ח

(א) רש"י ד"ה לענין וכו' ד"ה זמן וכו' ד"ה קרבן וכו' ד"ה שיר וכו' ד"ה ברכה וכו' ד"ה אחד : (ב) שם ד"ה לאפוקי עצרת כו' לחובת שתי הלחם דכתיב כו' : (ג) שם ד"ה דנין פר ואיל שלו · דמלואים משלו הוא :

תוספות ישנים

[illegible]

[illegible]

<ההלכות נמצאות מול דף ב.>

ועשה לך *משלך אלא למ"ד משל צבור
מאי איכא למימר דתניא קח לך משלך
ועשה לך משלך *ויקחו אליך משל צבור
דברי רבי יאשיה ר' יונתן אומר בין קח
לך בין ויקחו אליך משל צבור ומה תלמוד
לומר קח לך כביכול *משלך אני רוצה
*יותר משלהם אבא חנן אמר משום ר'
אלעזר *כתוב אחד אומר °ועשית לך ארון
עץ וכתוב אחד אומר °ועשו ארון עצי
שטים הא כיצד כאן בזמן שישראל עושין
רצונו של מקום כאן בזמן שאין עושין רצונו
של מקום עד כאן לא פליגי אלא בקיחות
דעלמא ועשיות דעלמא קיחות דעלמא °קח
לך סמים עשיות דעלמא °עשה לך שתי
חצוצרות כסף אבל הנך פרושי קא מפרש
דמשלך הוא במלואים מכדי כתיב °ואל
בני ישראל תדבר לאמר קחו שעיר עזים
לחטאת ויאמר אל אהרן קח לך עגל בן
בקר לחטאת למה לי שמע מינה קח לך
משלך הוא ביום הכפורים מכדי כתיב
°בזאת יבא אהרן אל הקדש בפר בן בקר
לחטאת וגו' °ומאת עדת בני ישראל יקח
שני שעירי עזים לחטאת והקריב את פר
החטאת אשר לו למה לי שמע מינה האי *לו
משלו הוא רב אשי אמר דנין פר לחטאת
ואיל לעולה מפר לחטאת ואיל לעולה
לאפוקי ראש השנה ועצרת דתרווייהו עולות
נינהו רבינא אמר דנין עבודה בכהן גדול
מעבודה בכהן גדול לאפוקי כולהו קושייתין
דלאו עבודה בכהן גדול נינהו ואיכא דאמרי
אמר רבינא דנין עבודה תחלה מעבודה
תחלה לאפוקי הני דלאו תחלה נינהו מאי
תחלה אילימא תחלה בכהן גדול היינו
קמייתא אלא עבודה תחלה במקום מעבודה
תחלה במקום כי אתא רב דימי אמר ר' יוחנן
מתני חדא *[רבי יהושע בן לוי] מתני תרתי
ר' יוחנן מתני חדא לעשות לכפר אלו מעשה
יום הכפורים *[וריב"ל] מתני תרתי לעשות
אלו מעשה פרה לכפר אלו מעשה יום
הכפורים ר' יוחנן מתני חדא והא אנן תנן שבעת ימים קודם יום הכפורים
ושבעת ימים קודם שריפת הפרה מעלה בעלמא והא *א"ר מניומי בר
חלקיה א"ר מחסיא בר אידי א"ר יוחנן כאשר עשה ביום הזה צוה ה' לעשות
לכפר עליכם לעשות אלו מעשה פרה לכפר אלו מעשה יום הכפורים
ההוא דרביה דכי אתא רבין אמר רבי יוחנן משום רבי ישמעאל לעשות
אלו מעשה פרה לכפר אלו מעשה יום הכפורים א"ל *ריש לקיש לרבי
יוחנן מהיכא קא ילפת לה ממלואים אי מה מלואים כל הכתוב בהן
מעכב בהן אף הכא נמי כל הכתוב בהן מעכב בהן וכי תימא
הכי נמי והתנן ומתקנין לו כהן אחר *ולא קתני מפרישין וכי תימא
מאי מתקנין מפרישין ליתני או אידי ואידי מתקנין או אידי ואידי
מפרישין *א"ל אלא מר מהיכא יליף לה אמר *מסיני דכתיב °וישכון
כבוד ה' על הר סיני ויכסהו הענן ששת ימים ויקרא אל משה ביום
השביעי מכדי כתיב ויקרא אל משה ביום השביעי מאי ששת ימים זה בנה אב שכל הנכנס במחנה
שכינה טעון פרישת ששה והא אנן שבעה תנן *מתניתין רבי יהודה בן בתירא היא דחייש
לטומאת

תורה אור: משלי ג (ויקרא ט); דברים י; שמות כה; שם ל; במדבר י; ויקרא ט; שם ט; ויקרא טז; שם טז; שמות כד

לאפוקי עצרת ור"ה דתרווייהו עולות נינהו · לא ידענא אמאי לא קאמר הכי לעיל בשיטתא דר' אבהו לאפוקי עצרת ור"ה השנה דצבור נינהו או לימא לאפוקי כולהו קושייתא כדקאמר רבינא בסמוך ושמא לר' אבהו לא הקשו לו אלא מר"ה השנה דעצרת הוה ניחא להו כדשנינן לעיל ולרב אשי הקשו לו בבת אחת מעצרת ומר"ה השנה ותירץ תירוץ אחד על שניהם ולרבינא הקשו לו בבת אחת כולהו קושייתא דלעיל ותירץ בתירוץ אחד: **דרביה** הוא דכי אתא רבין כו' · הוה מצי למימר אמוראי נינהו ואליבא דרבי יוחנן וטובא איכא בהש"ס דכי אתא רב דימי אתא לאיפלוגי אאמורא שלפניו אלא משום דאשכח בהדיא דר' יוחנן משמיה דר' ישמעאל אמר הכי להכי משני הכי וא"ת ור' יוחנן היכי פליג על ר' ישמעאל שהוא תנא וי"ל משום דאשכח ברייתא לקמן (דף ד.) דקאי כוותיה ול"נ בברייתא דקאי כוותיה דר' יוחנן לעשות זה מעשה פרה אלא דה"נ לעשות לכפר זה מעשה יום הכפורים וכן משמע מתוך פרש"י שפי' (שם) וכשם שמפרישין לאו מקרא יליף לה אלא מעלה בעלמא אי נמי י"ל מדקאמר ר' יוחנן משמיה דר' ישמעאל הכי מכלל דרבנן פליגי עליה ואיהו דאמר כרבנן: **זה** בנה אב כל הנכנס למחנה שכינה כו' · תימה לי בשלמא ממלואים גמר שפיר אף לדורות מדכתיב בהדיא כאשר עשה ביום הזה צוה ה' לעשות לכפר אלא מסיני היכי גמר ומדקדק זה בנה אב משמע מיתורא דקרא נפיק כמו זה בנה אב שכל חטאות קודמות לעולות דמיתורא נפיק כדאיתא בפרק כל התדיר (זבחים דף צ.) והכא מאי יתורא איכא וכראה דהכא נמי לא הוה צריך למיכתב אלא ויעל משה אל ההר ויכס הענן את ההר ויקרא ה' למשה ביום השביעי מתוך הענן מאי איצטריך למיכתב ויכסהו הענן ששת ימים אלא לאצטריך לדורות:

רבי יהודה בן בתירא היא דחייש לטומאת ביתו · תימה לי לריב"ב נמי תיסגי בששה ימים גבי פרה כיון דטבול יום כשר בפרה ליטבליה בצפרא ביום השביעי וישרוף בו ביום הפרה דהא מסקינן לקמן (דף ו.) דטבול נדה טבילתו ביום ולמאן דס"ד לקמן דטבילה בלילה הא קאמר דמפרישין ליה שעה אחת סמוך לשקיעת החמה ואם כן מאי טבל בליל ז' וישרוף הפרה למחר וי"ל למאי דפרי' לעיל (דף ב. ד"ה והזאה) דהא דטבול יום כשר בפרה הנ"מ טבול יום דטומאה דרבנן אבל טבול יום דטבול נדה שהוא דאורייתא אסרי רבנן אע"ג דמדאורייתא שרי אפילו טבול יום בטומאה דאורייתא מכל מקום רבנן גזרו בהן לפי זה ניחא ועוד איכא הנך

ועשה לך · כמו עשה לך שתי חצוצרות כסף: **כביכול** · אני שמעתי אם היה ציבור יכול להתכפר בשל יחיד (א) הייתי רוצה ואני אומר לפי שדבר קשה הוא לומר שהקב"ה קנ בישראל אומר כביכול כלומר על כרחינו יאמר כן כאילו (*אי) אפשר לומר כן וכן כל כביכול שבהש"ס: **בזמן שהן עושין רצונו של מקום** · נקראת העבודה על שמם: **עד כאן לא פליגי** · סירוגא הוא: **קח לך למה לי** · דשני קרא בדיבוריה ממה שהתחיל לדבר: **דנין פר לחטאת ואיל לעולה** · ביוה"כ יש פר לחטאת ואיל לעולה בקרבן יחיד דכהן גדול בזאת יבא אהרן וגו' ודשמיני למלואים נמי עגל לחטאת ואיל לעולה: **עבודה בכהן גדול** · ביום הכפורים מעבודה בכ"ג במלואים דכתיב (ויקרא ט) ויקרב אהרן אל המזבח: **אילימא תחלה בכהן גדול** · דנין יום הכפורים שהיא עבודה ראשונה שהוטלה בכהן גדול בקרבנות צבור ביוה"כ הראשון מעבודת שמיני למלואים שהיא עבודה ראשונה שנעשית על ידי כהן גדול מעולם: **תחלה במקום** · יום הכיפורים יש (ב) לו עבודה לפני לפנים שביום הכיפורים הראשון היתה תחלה במקום שקודם לכן לא נכנס אדם שם לעבודה ויום שמיני למלואים היתה עבודה תחלה במזבח החיצון ואם בשביל ששימש משה כל שבעת ימי המלואים אין קרויה עבודה אלא עבודת כהנים שהוא בלבוש בגדי כהונה ושל משה בחלוק *לבן שלא הוכשר אלא לשעה: **ר' יוחנן מתני חדא** · לא דריש מהאי קרא דכאשר עשה ביום הזה אלא חדא פרישה: **מעלה בעלמא** · מפני הקל שהקילו בה לטמא מדעת הכהן השורפה עשו בה מעלות רבות: **מהיכא ילפת לה** · להך פרישה: **אי מה מלואים כל הכתוב** (ג) **מעכב בהן** · כדילפינן לקמן בשמעתין (דף ה.): **ולא קתני מפרישין** · ואם יארע פסול בכהן גדול ישמש זה בלא פרישה: **אלא מר מהיכא יליף אמר ליה מסיני** · שמצינו שפירש משה קודם כניסתו למחנה השכינה: **ויכסהו הענן** · למשה: **ר' יהודה בן בתירא** · לקמן בפרקין (דף ו.) לטומאת

תוספות ישנים

קח לך עגל בן בקר לחטאת נ"ל · שלא נכתב לקחון בשל ישראל שהרי כתוב אחר כך *) ומאת עדת בני ישראל תקח וגם לא בא לומר קח לך לכפרתך שהרבה מוכית באותה פרשה שלצורך כפרתן היה: **אי** מה מילואים כל הכתוב בהן מעכב וכו' · בירושל' מותיב לה מהדא דהא ילפינן (זבחים דף סה.) ומלק והקטיר מה הקטרה בראשו של מזבח אף מליקה בראשו של מזבח וקי"ל (מנחות ד' מט.) א)הקטרה לא מעכבא ולא אמרי' אי מה מליקה מעכבת וכו' עוד מביא שם הרבה דברים שאין מעכבין הלמדין מהמעכבין ואין מתרץ כלום: **זה** בנה אב שכל הנכנס · דילפינן מהכא כמה מליט אי נמי ששת ימים מיותר מדכתיב ויקרא אל משה ביום השביעי: **דחייש** לטומאת ביתו · לכך אנו מוסיפין שביעי על ששה דאורייתא:

*) נ"ל ואל בני ישראל וכו' קחו שעיר עזים:

א) עיין היטב בירושלמי ומפרשיו ונ"ל דברים המעכבים הלמדים מאלים מעכבים (שיח יצחק):

מסורת הש"ס

[ע"ז מד.] [ע"ש עיין של"ה תורה שב ע"פ וכ"ה ברש"י בע"י אפשר] מנחות כח: גיר' ע"י משלך אני רוצה ואיני רוצה משלהם [לקמן עג: ע"ש] [תענית יא: ע"ז לד.] [ל"ה] ס"א ריש לקיש [לעיל ב.] ס"א וריש לקיש [לקמן ד:] [לקמן ה.] [לקמן ו.]

הגהות הב"ח

(א) רש"י ד"ה כביכול · בשל יחיד משלך הייתי רוצה: (ב) שם ד"ה תחלה · יש בו עבודה: (ג) שם ד"ה אי · שכתוב בהן מעכב בכן:

גליון הש"ס

גמ' א"ל אלא מר מהיכא יליף · עיין ערכין דף ה' ע"א תוס' ד"ה והא מר:

לטומאת ביתו אמר ליה ר' יוחנן לריש לקיש בשלמא לדידי דילפינא ממלואים היינו *דתניא זה וזה מזין עליו כל שבעה מכל הטמאות שהיו שם דהואי נמי הזאה במלואים אלא לדידך דילפת מסיני הזאה בסיני מי הואי אמר ליה ולטעמיך מי ניחא במלואים דם הבא מים הא לא קשיא דתני רבי חייא נכנסו מים תחת דם אלא לדידך הזאה בסיני מי הואי אמר ליה מעלה בעלמא תניא כוותיה דרבי יוחנן תניא כוותיה דריש לקיש תניא כוותיה דר' יוחנן °בזאת יבא אהרן אל הקדש במה שאמור בענין מאי היא בענין דמלואים ומה אמור בענין דמלואים אהרן פירש שבעה ושמש יום אחד ומשה מסר לו כל שבעה כדי לדצבו בעבודה ואף לדורות כהן גדול פורש שבעה ומשמש יום אחד ושני תלמידי חכמים מתלמידיו של משה לאפוקי צדוקין מוסרין לו כל שבעה כדי לדנבו בעבודה מכאן אמרו שבעת ימים קודם יוה"כ מפרישין כהן גדול מביתו ללשכת פרהדרין וכשם שמפרישין כ"ג כך מפרישין כהן השורף את הפרה ללשכה שעל פני הבירה צפונה מזרחה ואחד זה ואחד זה מזין עליו כל שבעה מכל הטמאות שהיו שם ואם תאמר במלואים דם הבא מים אמרת נכנסו מים תחת דם ואומר כאשר עשה ביום הזה צוה ה' לעשות לכפר עליכם לעשות אלו מעשה פרה לכפר אלו מעשה יוה"כ והאי בזאת מיבעי ליה לגופיה בפר בן בקר לחטאת ואיל לעולה אמרי אי לקרבן להודיה לימא קרא בזה או באלה מאי בזאת שמעת מינה תרתי מאי ואומר וכי תימא יוה"כ קמא הוא דבעי פרישה כדאשכחן במלואים אבל ביוה"כ דעלמא לא אי נמי כ"ג קמא הוא דבעי פרישה אבל כ"ג בעלמא לא ת"ש כאשר עשה וכו' תניא כוותיה דריש לקיש משה עלה בענן ונתכסה בענן ונתקדש בענן כדי לקבל תורה לישראל בקדושה שנאמר °וישכן כבוד ה' על הר סיני זה היה מעשה אחר עשרת הדברות שהיו תחלה לארבעים יום דברי רבי יוסי הגלילי ר"ע אומר וישכן כבוד ה' מראש חודש

ויכסהו

לקמן ח.

ויקרא ח

שמות כד

לטומאת ביתו · שמא אם יזקק לאשתו ותראה דם בשעת ביאה ותמצא טמא שבעת ימים כמשפט בועל נדה ולא יוכל לעבוד ביום הכפורים: זו ואף · כאן דיום הכפורים וכאן דפרה: כל שבעה · ימי הפרישה: מכל הטמאות שהיו שם · מכל פרה ופרה היו נותנין קצת למשמרת מן האפר כאיל כך שנינו במסכת פרה (פ"ג משנה יא) ואפי' שמעתי אפר פרה של משה לא כלה: דהואי נמי הזאה · בפרישה דמלואים כל ז' דכתיב (ויקרא ח) ויז על אהרן וגו' וכתיב שבעת ימים ימלא את ידם כל ז' עשה להם כחוק יום הראשון: ובמלואים דם · הזאת מלואים של דם כדכתיב: דתני ר' חייא כו' · לקמיה במתניתין מייתי לה: מעלה בעלמא · בפרה כדאמרן וביוה"כ לכבוד כניסת מחנה שכינה: תניא כוותיה דרבי יוחנן · דיליף ממלואים: כריש לקיש · דיליף מסיני: בזאת · קרא יתירא הוא כדלקמן למדרש ביה ודרוש ביה הכי בזאת התורה האמורה בענין במקום אחר יבא אהרן אל הקדש: מאי היא · באיזה ענין: ושימש יום אחד · עבודת שמיני שאמר שנאמר (ויקרא ט) קרב אל המזבח: לאפוקי לדוקים · שהיו מתקנין עבודת קטורת יוה"כ כדלקמן בהוציאו לו (דף נג.) שהיו נותנין הקטורת על האש בחוץ ואחר כך מכניסים: וכשם שמפרישים · לא מקרא יליף לה אלא מעלה בעלמא: לדנבו · ללמדו: אמרת · אמור מעתה: אלו בזאת · לשון נקבה פר ואיל דכתיבי בתריה לאו נקיבות הן: שמע מינה · בענין מלואים ופרישה לשון נקבה: כהן גדול קמא · אהרן לבדו כל ימיו אבל (א) דורות הבאים לא תנהוג שלא נאמר אלא אהרן: זה (ב) מעשה כו'. כלומר אי אתה יכול לומר ויכסהו להר ולא למשה ואלו ששה ימים הן שהיו מראש חדש שבאו לסיני עד יום מתן תורה ואין כאן פרישה כלל למשה שהרי אותן ששה ימים עלה וירד בהשכמה להזהירן על פרישתן מן האשה ומצות הגבלה זאת לא תאמר לפי שזה מעשה היה אחר עשרת הדברות בתחלת ארבעים יום שנכנס למחנה שכינה להיות שם עם ה' לקבל הלוחות ולקמן מפרש מהיכא פשיטא ליה דאחר עשרת הדברות היה ששה ימים הללו: ר"ע אומר · קודם עשרת הדברות היה וששה ימים הללו הם ששה ימים שמראש חדש עד יום מתן תורה ובשביעי קראם ומשה וכל ישראל עומדים לקבל עשרת הדברות כדאמרינן (מכות דף כד.) אנכי ולא יהיה לך מפי הגבורה שמעום ואחר כך עלה כדי לקבל את הלוחות ולא היה שם פרישה כלל:

ויכסהו

תנא בפרק (*הערל) (יבמות דף עה:) דסבירא ליה דאפילו מדאורייתא לא הותר במטבל יום אלא לטמא מת דכתב בההיא פרשה וטבול יום דשכן דאתי בק"ו מטמא מת א"כ לדידיה בועל נדה לא אתי בקל וחומר דאיכא למיפרך מה לטמא מת שאינו מטמא משכב התחתון כעליון כבועל נדה ושמא ריב"ב סוטיה סבירא ליה:

נכנסו מים תחת דם · דלאו לגמרי דרשה גמורה היא הא דגמרי ממלואים אלא אסמכתא בעלמא דעיקר קרא דכאשר עשה ביום הזה יש לפרש דביום ראשון של ז' ימי המלואים אמר להם כאשר עשה ביום הזה צוה ה' לעשות כל ז' ימי המלואים וכן פרש"י פשוטו כפירוש חומש וכיון דאסמכתא בעלמא הוא אין לחוש אי אמרינן נכנסו מים תחת דם: הזאה בסיני מי הוה · וא"ת והא הוה בסיני הזאת דם דכתי' (שמות כד) ויקח משה את הדם ויזרק על העם וי"ל טומאה זריקה לא היתה בשביל טהרה שהרי לא על משה לבדו נזרק אלא על כל העם אלא דם הברית הוה דכתיב (שם) הנה דם הברית אשר כרת ה' עמכם אי נמי ה"ק הזאה כל ז' בסיני מי הוה ותימה לי דלקמן בפירקין (דף ח.) אמרינן אחד זה ואחד זה מזין עליו כל ז' ומסיק דלבד משבת ויש לומר במלואים היא הזאה כל ז' אבל ביום הכפורים בדורות האחרונים גזרו על ההזאה משום שבות ואסרוה בשבת ותימה לי דלקמן מפרש ראשון שמא שלישי שני שמא שלישי וכו' ומנא ליה גמרא דטעמא דרבי מאיר משום חששא לימא משום דגמר ממלואים דהויא הזאה כל ז' ושמא רבי יוסי ברבי חנינא דקאמר הכי לקמן סבירא ליה כריש לקיש דלא גמר ממלואים אלא מעלה בעלמא משום הכי איכא חששא ראשון דילמא שלישי וכו' אי נמי יש לומר אפילו מאן דגמר ממלואים סבירא ליה דקרא אסמכתא בעלמא וא"ל אי לאו דאיכא טעמא קצת לא הוו מגזרי רבנן הזאה להכי איצטריך לפרושי טעמא: תניא כוותיה דריש לקיש · דרבי יוסי הגלילי ס"ל כוותיה תימה לי וכרבי יוחנן נמי מי לא תניא הא ר"ע ס"ל כר' יוחנן דלא יליף מסיני וי"ל כבר איתי לעיל תניא כוותיה דרבי יוחנן דעדיפא מינה דמתניתין סתמא כרבי יוחנן והדר קאמר תניא נמי כוותיה דריש לקיש דאיכא תנא דסבר כוותיה אבל תימה לי מאי קא מייתי מהא דתניא כוותיה דריש לקיש דילמא רבי יוחנן אמר לך תנא דאמר אפילו כרבי יוסי הגלילי דעד כאן לא קאמר ר' יוסי הגלילי אלא בסיני הכי הוה אבל לדורות לא גמרינן מינה לומר דהסגי בפרישת ששה ימים כמו בסיני כדאמר רשב"ל אלא נצרך פרישה שבעה ימים כמו במלואים וי"ל כיון דאשכחן ר' אלעזר דקאמר בסמוך ויקרא אל משה [משה] וכל ישראל עומדים וכו' והיינו כר"ע אלמא כרבי עקיבא דריש ליה לקראי מסתמא משמיה דר' יוחנן רביה אמרה ואף על גב דלא אמרה משמיה דרבי יוחנן אשכחן נמי בס"פ האשה רבה (יבמות דף צו:) כי ההיא גוונא אזל רבי אלעזר אמר לשמעתיה ולא אמרה משמיה דרבי יוחנן איקפד ר' יוחנן וכו' עד אף ר"א תלמידך יושב ודורש והכל יודעים שתורתך היא אם כן רבי יוחנן דריש להו לקראי כר"ע:

במקום

[נ"ל כל טומאות (יז:)]

תוספות ישנים

הזאה בסיני מי הוה · וא"ת לדידיה נמי דלא יליף פרישת פרה מקרא הואיל דבפרה מנא ליה וי"ל דבפרה נמי ילפינן ליה משום דלמה מעלות היו בפרה אבל כהן לא היו מתקנין הזאה מלבם: בזאת יבא אהרן · בירושלמי מפרש דאותה פרשה מדברת במלואים שמזכיר במיתת בני אהרן שמיתה במלואים: ושני תלמידי חכמים · בחד שני אלא שנים הבאים מן אחד: ת"ש כאשר עשה ביום הזה · מכאן לכפר מוקמינן ליה איום הכפורים לדורות:

הגהות הב"ח

(א) רש"י ד"ה כהן כו' אבל בדורות: (ב) שם ד"ה זה היה מעשה כצ"ל:

עין משפט נר מצוה

ה א סמג לאוין ט מג"א סימן קנו :

במקום גילה · כדכתיב עוז וחדוה במקומו (דה"א טז) :
ורבי עקיבא סבר לה כר' יוסי · בלאו הכי לריך לסבור כר' יוסי כיון דס"ל בשבת פרק אמר רבי עקיבא (דף פו.) חמש עונות ומוכח התם דעל כרחך סבר כר' יוסי :

מסייע ליה לרבי אלעזר · לא ידענא מה שייך למימר מסייע ליה במילתא דפליגי תנאי ואדרבה כולהו תנאי דלא כוותיה ר' יוסי הגלילי ר' נתן ורבי מתיא בן חרש לבד מרבי עקיבא לחודיה ושמא משום דהלכה כר' עקיבא מחבירו קאמר מסייע ליה :

משה שמע ישראל לא שמעו · לא מצי לשנויי דההיא אתיא דלא כר"ע אלא כתנאי דפליגי עליה לעיל דאדרבה דקרא דקול לו קול אליו מסתמא ליכא מאן דפליג :

סמיכה

תורה אור

ויכסהו הענן להר ויקרא אל משה [משה] וכל ישראל עומדין ולא בא הכתוב אלא לחלק כבוד למשה רבי נתן אומר לא בא הכתוב אלא למרק אכילה ושתיה שבמעיו לשומו כמלאכי השרת ר' מתיא בן חרש אומר לא בא הכתוב אלא לאיים עליו כדי שתהא תורה ניתנת באימה ברתת ובזיע שנאמר °עבדו את ה' ביראה וגילו ברעדה (תהלים ב) *מאי וגילו ברעדה אמר רב אדא בר מתנה אמר רב במקום גילה שם תהא רעדה במאי קא מיפלגי רבי יוסי הגלילי ור"ע בפלוגתא דהני תנאי *דתניא בששה בחודש ניתנה תורה לישראל רבי יוסי אומר בשבעה בו (א) מאן דאמר בששה בששה ניתנה ובשבעה עלה (דכתיב °ויקרא אל משה ביום השביעי) (שמות כד) מאן דאמר בשבעה בשבעה ניתנה ובשבעה עלה [דכתיב ויקרא אל משה ביום השביעי] רבי יוסי הגלילי סבר לה כתנא קמא דאמר בששה בחודש ניתנה תורה הלכך זה היה מעשה אחר עשרת הדברות °וישכון כבוד ה' על הר סיני ויכסהו הענן ששת ימים למשה ויקרא אל משה ביום השביעי לקבולי שאר תורה דאי סלקא דעתך וישכון כבוד ה' מר"ח ויכסהו הענן להר ויקרא אל משה ביום השביעי לקבולי עשרת הדברות הא קבילו להו משישה והא אסתלק ענן משישה ורבי עקיבא סבר לה כרבי יוסי דאמר בשבעה בחדש ניתנה תורה לישראל בשלמא לר' עקיבא היינו דמשכחת לה *בשבעה עשר בתמוז נשתברו הלוחות עשרין וארבעה דסיון ושיתסר דתמוז מלו להו ארבעין יומין דהוה בהר ובשבסר בתמוז נחית ואתא ותברינהו ללוחות אלא לר' יוסי הגלילי דאמר ששה דפרישה וארבעין דהר עד עשרין ותלת בתמוז לא אתבור לוחות אמר לך ר' יוסי הגלילי ארבעין דהר בהדי ששה דפרישה אמר מר ויקרא אל משה משה וכל ישראל עומדין מסייע ליה לר"א דאמר רבי אלעזר ויקרא אל משה משה וכל ישראל עומדין ולא בא הכתוב אלא לחלק לו כבוד למשה מיתיבי קול אליו קול לו משה שמע וכל ישראל לא שמעו לא קשיא הא בסיני הא באהל מועד ואי בעית אימא (ב) לא קשיא הא בקריאה הא בדבור ר' זריקא רמי קראי קמיה דר' אלעזר ואמרי לה אמר ר' זריקא ר' אלעזר רמי כתיב °ולא יכול משה לבא אל אהל מועד כי שכן עליו הענן (שמות מ) וכתיב °ויבא משה בתוך הענן (שם כד) מלמד שתפסו הקדוש ברוך הוא למשה והביאו בענן דבי ר' ישמעאל תנא נאמר כאן בתוך ונאמר להלן בתוך °ויבואו בני ישראל בתוך הים (שם יד) מה להלן שביל דכתיב °והמים להם חומה (שם) אף כאן שביל : °ויקרא אל משה וידבר (ויקרא א) למה הקדים קריאה לדיבור לימדה תורה דרך ארץ שלא יאמר אדם דבר לחבירו אלא א"כ קורהו מסייע ליה לרבי חנינא דאמר רבי חנינא לא יאמר אדם דבר לחבירו אלא אם כן קורהו לאמר אמר ר' (*מוסיא בר בריה דרבי מסיא משמיה דר' מוסיא) רבה *מניין לאומר דבר לחבירו שהוא בבל יאמר עד שיאמר לו לך אמור שנאמר °וידבר ה' אליו מאהל מועד לאמר (שם) מכלל דתרווייהו סבירא להו מלואים כל הכתוב בהן מעכב בהן דאיתמר מלואים ר' יוחנן ורבי חנינא חד אמר כל הכתוב בהן מעכב בהן וחד אמר דבר המעכב לדורות מעכב בהן שאין מעכב לדורות אין מעכב בהן תסתיים דר' יוחנן הוא דאמר כל הכתוב בהן מעכב בהן מדקאמר ליה *ר' שמעון בן לקיש לר' יוחנן אי מה מלואים כל הכתוב בהן מעכב בהן ולא קא מהדר ליה ולא מידי תסתיים מאי בינייהו
אמר

ויכסהו הענן להר · ולא למשה שהרי כל אותן ששת ימים עלה וירד בהשכמה לומר להם אתם ראיתם אשר עשיתי למצרים (שמות יט) וישב משה את דברי העם אל ה' ולמחר נאמר לו לך אל העם וקדשתם ולמחר (ג) לך רד העד בעם : **ולא בא הכתוב** · לומר ויקרא אל משה לבדו אלא לחלק לו כבוד : **למרק אכילה ושתיה** · ר' נתן סבר לה כר' יוסי הגלילי דפרישה למשה הואי אך לא ללמוד מכאן (ד) לשאר הנכנסין למחנה שכינה פרישה שלא היתה פרישה זו אלא שבששה ימים הללו נתמרקה אכילה שבמעיים להיות כמלאכי השרת אבל בעלמא לא בעינן מירוק : **לאיים עליו** · הוא נמי סבר לה כר' יוסי הגלילי דפרישה למשה (ה) ולהבדילו מבני אדם שתחול עליו אימה בהיותו לבדו יבין וישים לבו ליכנס למחנה שכינה באימה : **במקום גילה** · מתן תורה של לוחות דכתיב (תהלים יט) פקודי ה' ישרים משמחי לב : **במאי קא מיפלגי** · מה ראייה מביאין לדבריהן : **ניתנה תורה** · עשרת הדברות ומקראי ילפי טעמייהו תנא קמא ורבי יוסי במסכת שבת פרק רבי עקיבא : **מ"ד בששה כו'** · כדי נסבא הכא ופירוש היה בספרים כי היכי דלא תיקשי לך לקמן היאך שלמו ארבעים בי"ז בתמוז שנשתברו הלוחות: **בשבעה עלה** · לקבל הלוחות ושהה מ' יום : **ר' יוסי הגלילי סבר לה כתנא קמא** · הלכך על כרחך ששה ימים ויום השביעי (ו) על כרחך אחר עשרת הדברות היו ופירש משה ששה ימים ובשביעי נכנס לקבל הלוחות : **ור"ע סבר לה כרבי יוסי** · הלכך שביעי זה ז' לחודש היה : **בשלמא לר"ע** · דאמר לא הוי פרישה התם מ' יום (ז) הוא ולא יותר ושלמו בי"ז בתמוז כ"ד בסיון שהרי ו' ימים עברו ממנו ובשביעי עלה וכמה שנכנס בתוך השביעי כשעלה נתעכב לירד בתוך י"ז בתמוז (ח) שהוא מ' שלימין : **קול לו קול אליו** · וישמע את הקול מדבר אליו (במדבר ז) לו היה יכול לומר וכתב מדבר אליו ללמדך שאליו לבדו היה נמשך הקול באהל מועד משהוקם המשכן ונדבר עמו מעל הכפורת לא היה הקול נשמע לישראל דהאי קרא דוישמע את הקול באהל מועד כתיב רישיה דקרא ובבא משה אל אהל מועד וגו' : **שהוא בבל יאמר כו'** · תלמוד לומר לאמר לא אמור הדברים אלא אם כן נותן לו רשות : **מכלל דתרווייהו וכו'** · מהדר לעיל מדאמר ליה ריש לקיש לר' יוחנן אי מה מלואים כל הכתוב בהן וכו' ואודי ליה מכלל דתרווייהו כו' : **ותסתיים** · פלוגתא דרבי יוחנן ורבי חנינא דפליגי בהא מילתא בעלמא תסתיים מהכא דרבי יוחנן הוא דאמר כל הכתוב בהן מעכבא בהן :
דבר

מסורת הש"ס

ברכות ל:

שבת פו: ע"ש הגיר' במקום תורה עשרת הדברות

תענית כח: ע"ש ותמצא הגיר' כמו שהגיה כאן רש"א

[תענית כו.]

[בשאלתות איתא מנסיא]

[לעיל ג:]

גליון הש"ס

רש"י ד"ה קול לו כו' ללמדך שאליו · עיין תשובת הר"ם אלשקאר סימן ל"ג :

תוספות ישנים

הא איסתלק ליה ענן מששה · כיון דלא בא אלא לכסות את ההר בשביל מתן תורה ואע"פ שעד שלא הוקם המשכן היתה שכינה מצויה לא היה כל כך ענן כבד כמו אותן ששת ימים דלפני מתן תורה אבל אי אמרי' דויכסהו הענן למשה אם כן מסתמא לא הלך לו הענן כל ארבעים יום :

רש"א מ"ו

רש"א

הגהות הב"ח

(א) גמ' מאן דאמר בששה בששה ניתנה ובשבעה עלה דכתיב ויקרא · נ"ב פי' ובשבעה עלה בימים שאחר עשרת הדברות עלה ביום השביעי דהוא י"ג לחדש דכתיב ויקרא כו' ולמ"ד בז' בשבעה ניתנה ובשבעה עלה דהיינו ו' לחדש וזה שעלה לקבל הלוחות ושהה מ' יום שפי' רש"י להך מ"ד היא : (ב) שם ואי בעית אימא הא והא באהל מועד ולא קשיא כו' רמי קראי אהדדי קמיה : (ג) רש"י ד"ה ויכסהו כו' וקדשתם ולמחר רד העד בעם ותיבת לך נמחק: (ד) שם ד"ה למרק כו'. מכאן פרישה לשאר הנכנסין למחנה שכינה שלא היתה פרישה זו אלא למשה לבדו שבששה ימים הללו כצ"ל : (ה) שם ד"ה לאיים כו' דפרישה למשה הואי ולהבדילו : (ו) שם ד"ה ריה"ג כו' ויום השביעי הכתובים כאן לאחר עשרת הדברות היו כצ"ל : (ז) שם ד"ה בשלומא וכו' מ' יום היו ולא יותר ונשלמו בי"ז : (ח) שם כא"ד בתמוז שהיו מ' שלימים :

§ מסכת יומא דף ד: §

אות א'

<u>מניין לאומר דבר לחבירו שהוא בבל יאמר, עד שיאמר לו: לך אמור, שנאמר: וידבר ה' אליו מאהל מועד לאמר</u>

ספר מצוות גדול לאוין ט' - גרסינן ביומא פרק קמא: אמר רבי מוסיא מניין לאומר לחברו דבר שהוא בבל יאמר, עד שיאמר לו: לך ואמור, תלמוד לומר: מאהל מועד לאמור, [א]לאו אמור בדברים הללו, אלא אם כן נתן לו רשות (רש"י).

מגן אברהם סי' קנו סק"ב - פ"ק דיומא: מנין לאומר לחבירו דבר שהוא בבל יאמר, עד שיאמר לו: לך אמור וכו'- ‹דכתיב בכל תחלת פרשה בתורה: וידבר ה' אל משה לאמר, דבתיבת לאמר צוהו לומר לישראל, אבל לולי תיבת לאמר לא היה רשאי לאומרו לישראל – מחה"ש, וכ"כ מהרש"א עיין בהערה› **ואם האומר מזהיר שלא לומר, אפי' אמרו בפני רבים, יש בו משום לה"ר.**

באר הגולה

א ‹מפרש"י נראה דדריש לאמר במלה מורכבת, לא אמור, והא' מושכת למטה ולמעלה, **ולולי** פירושו נראה דלאמר כמשמעו, דמדאיצטריך לאמר, דהיינו שיאמר לאחרים, שמעינן מיניה דאם לא אומר לו כן, שהוא בבל יאמר, והכא בפ' ויקרא ובכמה כתובים לא איצטריך לאמר, שיאמר לאחרים, דהא כתיב בתר הכי מפורש דבר אל בני ישראל וגו', אלא ללמד דרך ארץ באומר לחברו כו' – מהרש"א›

§ מסכת יומא דף ה. §

אות א׳ – ב׳

ולדורות מנא לן דלא מעכבא

מעלה עליו הכתוב כאילו לא כפר וכפר

רמב"ם פ"ג מהל׳ מעשה הקרבנות הי"ב - והסמיכה שיירי מצוה היא, לפיכך אם לא סמך, כפר ואינה מעכבת, ואף על פי כן מעלין עליו כאילו לא כפר.

אות ג׳

נתרבה שבעה ונמשח יום אחד, נתרבה יום אחד ונמשח שבעה מניין... מכל מקום

רמב"ם פ"א מהל׳ כלי המקדש ה"ח - בבית שני שלא היה שם שמן המשחה, היה כ"ג מתרבה בלבישת בגדים בלבד, שהיה לובש בגדי כהונה גדולה.

רמב"ם פ"ד מהל׳ כלי המקדש הי"ב - וממנין כ"ג, הוא ראש לכל הכהנים, ומושחין אותו בשמן המשחה, ומלבישין אותו בגדי כהונה גדולה, שנאמר: והכהן הגדול מאחיו אשר יוצק וגו׳; ואם אין שם שמן המשחה, מרבין אותו בבגדי כהונה גדולה בלבד, שנאמר: אשר יוצק על ראשו שמן המשחה ומלא את ידו ללבוש את הבגדים, [ב]כשם שמתרבה בשמן המשחה כך מתרבה בבגדים.

אות ד׳

מה ריבוי שבעה, אף משיחה שבעה

רמב"ם פ"ד מהל׳ כלי המקדש הי"ג - כיצד מרבין אותו בבגדים, לובש שמנה בגדים ופושטן וחוזר ולובשן למחר, שבעת ימים יום אחר יום, שנאמר: שבעת ימים ילבשם הכהן תחתיו מבניו; וכשם שרבוי בגדים ז׳ כך משיחה בשמן שבעה יום אחר יום; ואם עבד קודם שיתרבה בבגדים כל שבעה, או קודם שימשח כל שבעה, עבודתו כשירה, הואיל ונתרבה או נמשח פעם אחת נעשה כ"ג לכל דבר.

השגת הראב"ד: ואם עבד קודם. א"א נראה מדבריו, ימים שהיה בהם המשיחה לא היה עובד, ואין זה מן החכמה; אלא כשאמרו נתרבה שבעה ונמשח שבעה דבעינן שבעה לכתחלה, [ג]ה"מ לעבודת יה"כ, אבל לעבודת אותן הימים, בכל יום עובד בשמונה בגדים.

באר הגולה

ב ‹ולא ידעתי אמאי לא הביא מקראי מפורשים מסוגיית הגמרא, משמע שזה שאינו מעכב לדורות היינו שנמשח ונתרבה, אלא שלא נמשח ונתרבה כל שבעה, אבל מדברי רבינו שכתב כשם שמתרבה בשמן המשחה כך מתרבה בבגדים, משמע שאף שלא נמשח כל עיקר עבודתו כשרה, וכן משמע מדבריו שבהלכה י"ג, שכתב הואיל ונתרבה או נמשח פעם אחת, וכ"כ הסמ"ג – שמחת עולם› **ולכאורה** זה היה כוונת העין משפט, להשמיענו נקודה זו› ג ‹ואין בדבריו הכרע לדחות פירושו של רבינו, **והר"י** קורקוס ז"ל כתב, שגם דעת רבינו כהראב"ד, וביאור מש"כ ואם עבד, היינו עבודה שצריך לה כ"ג, דהיינו עבודת יוה"כ, וזהו שסיים וכתב: נעשה כ"ג לכל דבר, כלומר אפילו לעבודת יה"כ – כסף משנה› **ועיין** רש"י ד"ה רבוי שבעה, שדעתו שבכל הז׳ ימים היה עובד בשמונה בגדים, וזהו כדברי הראב"ד – הר המוריה›

אמר רב יוסף סמיכה איכא בינייהו למ"ד כל הכתוב בהן (א) מעכב בהן סמיכה מעכבא למ"ד דבר שאין מעכב לדורות אין מעכב בהן סמיכה לא מעכבא ולדורות מנא לן דלא מעכבא *דתניא °וסמך ונרצה וכי סמיכה מכפרת והלא אין כפרה אלא בדם שנאמר °כי הדם הוא בנפש יכפר ומה ת"ל וסמך ונרצה שאם עשאה לסמיכה שירי מצוה מעלה עליו הכתוב כאילו לא כפר וכפר רב נחמן בר יצחק אמר תנופה איכא בינייהו למ"ד כל הכתוב בהן מעכב בהן מעכבא ולמ"ד דבר שאין מעכב לדורות אין מעכב בהן לא מעכבא ולדורות מנא לן דלא מעכבא *דתניא *°לתנופה לכפר וכי תנופה מכפרת והלא אין כפרה אלא בדם שנאמר כי הדם הוא בנפש יכפר ומה ת"ל לתנופה לכפר שאם עשאה לתנופה שירי מצוה מעלה עליו הכתוב כאילו לא כפר וכפר רב פפא אמר פרישת שבעה איכא בינייהו למ"ד כל הכתוב בהן מעכב בהן מעכבא למ"ד דבר שאינו מעכב לדורות אינו מעכב בהן לא מעכבא ולדורות מנא לן דלא מעכבא מדקא תני מתקנין *ולא קתני מפרישין רבינא אמר ריבוי שבעה ומשיחה שבעה איכא בינייהו למ"ד כל הכתוב בהן מעכב בהן מעכבא למ"ד דבר שאין מעכב לדורות אין מעכב בהן לא מעכבא ולדורות מנא לן דלא מעכבא °דתניא °וכפר הכהן אשר ימשח אותו ואשר ימלא את ידו לכהן תחת אביו מה תלמוד לומר לפי שנאמר °שבעת ימים ילבשם הכהן תחתיו מבניו אין לי אלא נתרבה שבעה ונמשח שבעה נתרבה שבעה ונמשח יום אחד נתרבה יום אחד ונמשח שבעה מניין תלמוד לומר אשר ימשח אותו ואשר ימלא את ידו °מ"מ אשכחן ריבוי שבעה לבתחלה משיחה שבעה לבתחלה מנא לן איבעית אימא מדאיצטריך קרא למעוטה ואיבעית אימא דאמר קרא °ובגדי הקדש אשר לאהרן יהיו לבניו אחריו למשחה בהם ולמלא בם את ידם איתקש משיחה לריבוי °מה ריבוי שבעה אף משיחה שבעה מאי טעמא דמ"ד כל הכתוב בהן מעכב אמר רבי יצחק בר ביסנא אמר קרא °ועשית לאהרן ולבניו *ככה ככה עיכובא הוא תינח כל מילתא

רש"י

דבר שאין מעכב בהן לדורות. לקמיה מפרש לה: **שירי מצוה.** כלומר שלא חש לחשוב אותה מצוה ולא סמך: **כאילו לא כיפר.** מן המובחר: **וכיפר.** (דאין כפרה אלא בדם) כדאמרינן בזבחים (דף ו׳) כיפר לגברא דעיקר כפרה בדם אבל לא כיפר כמי (שלא קיים) מצות קונו מן המובחר: **ולא קתני מפרישין.** תורה אור ואע"פ שלא הופרש אם יארע פסול בראשון יעבוד זה השני שמע מינה פרישה לא מעכבא (בה) עבודה: **ריבוי שבעה.** שישמש כ"ג שבעה ימים רצופים כשממנין אותו בכהונה גדולה וילבש שמונה בגדים בשעת עבודה וריבוי לשון מרבה מרובה בגדים שהוא משמש בשמונה וההדיוט בארבעה: **משיחה שבעה.** [שיתנו שמן המשחה על ראשו ובין ריסי עיניו ז׳ ימים] רצופין: **כל הכתוב בהן.** ז׳ ימים ימלא וגו׳ (ויקרא ח) וכל מילוי ידים האמור שם לבישת בגדים הוא שנאמר (שמות כט) ובגדי הקודש אשר לאהרן יהיו לבניו אחריו למשחה בהן וגו׳ ומשיחה נמי כל שבעה מדאיתקש משיחה לריבוי: **וכפר הכהן אשר ימשח אותו.** גבי יוה"כ באחרי מות כתיב: **מה תלמוד לומר.** אם ללמד שתהיה עבודה בכ"ג והלא כל הפרשה באהרן נאמרה בזאת יבא אהרן ונתן אהרן והקריב אהרן ובא אהרן (ויקרא טז): **לפי שנאמר.** בפרשת ואתה תצוה שבעת ימים ילבשם הכהן תחתיו מבניו העומד תחת אהרן בכהונה גדולה אשר יבא ביום הכפורים אל אהל מועד לשרת בקדש: **אין לי אלא.** שיהא כשר לבא אל אהל מועד ביום הכפורים אלא מי שנתרבה שבעה ונמשח שבעה כשנתמנה ולקמיה בעי משיחה היכא כתיבה: אפילו שעה אחת לא גרסינן:

תוספות

סמיכה איכא בינייהו. תימה לי אמאי לא קאמר נמי שירים מעכבא איכא בינייהו דלמאן דאמר כל הכתוב בהן מעכב מעכבי דכתיב (ויקרא ח) ואת הדם יצק אל יסוד המזבח ובחטאת כתיב (שמות כט) ואת כל הדם תשפוך אל יסוד המזבח ולמאן דאמר דבר שאין מעכב לדורות אין מעכב לא מעכבי וי"ל דלכולי עלמא שירים לא מעכבי בהו דאפילו ד׳ מתנות שבחטאת לא מעכבי בה אלא אחת מהן דכתיב (שם) ונתתה על קרנות המזבח קרנת כתיב וקרן אחת מעכבת בה והוא לא ואפילו למ"ד יש אם למקרא שירים לא מעכבי בה מדכתיב בחטאת ואת כל הדם תשפוך ולא כתיב ושפכת כל הדם אל יסוד המזבח כדכתיב בתחלת המתנות ונתה על קרנת א"כ ניתקן הכתוב ועשאן שירי מצוה לומר שאין מעכבא והכי אמרינן פרק איזהו מקומן (זבחים נב.) גבי פר כהן משיח ואת כל הדם ישפוך אל יסוד המזבח נתקן הכתוב ועשאו שירי מצוה ופירש"י מדשינה בחילוק לשונו דבתחילת מתנות כתיב והזה ונתן והכא כתב ישפך ולא כתב ושפך ואפילו למאן דפליג התם *ואית ליה דשירים הפנימיים מעכבי היינו מדכתיב ביוה"כ (ויקרא טז) וכלה מכפר ודרשינן מיניה אם כלה כפר ואם לא כלה לא כפר וגמרי פנימיים מהדדי התם בפרק ב"ש (זבחים מ.) אבל בשירים החיצונים ליכא מאן דפליג מיהו בירושלמי קאמר סמיכה ושירי הדם שאין מעכב לדורות אין מעכבת כאן ומשמע דפליגי נמי בשירים אבל תימה לי לימא הקטרת אימורים דכתיב בההוא ענינא ואינן מעכבין לדורות איכא בינייהו וי"ל דלכולי עלמא לא מעכבי דהא דאינן מעכבין לדורות היינו משום דכתיב (ויקרא ז) והיה החזה לאהרן ולבניו ודרשינן בר"פ תמיד נשחט (פסחים נט:) יכול נטמאו אימורים או שאבדו לא יהיו כהנים זכאין בחזה ושוק תלמוד לומר והיה החזה לאהרן ולבניו מ"מ וגבי מלואים נמי כתיב גבי חזה והיה לאהרן ולבניו ונדרוש מהתם והיה לאהרן ולבניו מכל מקום:

איתקש משיחה לריבוי. תימה לי לשינויא קמא דמשני דאיצטריך קרא למעוטה ולית ליה האי סברא דאיתקש משיחה לריבוי היכי מיפרשא ברייתא דקתני אין לי אלא שנמשח ז׳ והא כל כמה דלא מייתי קרא דאשר ימשח אותו לא ידעינן משיחה ז׳ אפילו לכתחילה ויש לומר מסברא הוה קי"ל משיחה ז׳ מדאשכחן התם משיחה וריבוי וגלי ביה חד מינייהו שבעה הוא הדין באידך וילמד סתום מן המפורש אבל בתר דמיעט קרא מיבעיא ליה להש"ס משיחת שבעה לכתחילה מנא לן אימא ריבוי דכתיב בהדיא הוי שבעה לכתחילה אבל משיחה נימא כיון דאימעיט אימעוט לגמרי משבעה ולא ניבעי משיחה אלא פעם אחת ומשני מדאיצטריך קרא למעוטי אלמא סברא הוא להשוות משיחה לריבוי ואם כן אע"ג דאמעיטו תרוייהו מעיכובא מ"מ למצוה בעי כל ז׳ להביא:

עין משפט נר מצוה

ה א ב מיי׳ פ"ג מהל׳ מעשה הקרבנות הלכה יב:

ו ג מיי׳ פ"א מהלכות כלי המקדש הלכה ח ופ"ד הלכה יב:

ז ד מיי׳ שם פ"ד הלכה יג:

תוספות ישנים

סמיכה איכא בינייהו. ולא רצה לומר הקטרה שאינה מעכבת איכא בינייהו דהא לא שייך אהרן שלא שימש כל שבעת ימי מלואים: **ולדורות** מנא לן דלא מעכבא. שהרי שנה עליה הכתוב בכמה מקומות: **כאילו** לא כיפר וכיפר. בפרק קמא דזבחים (דף ו.) מפרש דלא תימא שלא עבר כל כך אם לא קיים מצות עשה זו אלא הרבה עבר כאילו לא כיפר ומ"מ כיפר שפטור מקרבן ועוד מפרש התם לשון אחר שעולה מכפרת אחייבי עשה שקודם השחיטה אבל מצות עשה דסמיכה שעד אחר שחיטה לא עבר [שלעולם] הוא בקום וסמוך עד לאחר שחיטה אינה מכפרת: **רב** נחמן בר יצחק אמר כו׳. מר אמר חדא ומר אמר חדא ולא פליגי: **נתרבה** שבעה ונמשח יום אחד. בנתרבה לחוד לא סגי ובפרק בתרא דהוריות (דף יב:) יליף מרובה בגדים מקרא ולא הזכיר כאן אלא מה שצריך דהא אמרינן בפ"ק דמגילה (דף ט:) אין בין כהן משוח למרובה בגדים אלא פר הבא על כל המצות:

מסורת הש"ס

[נ"ל שמקיים]

זבחים ו׳ מנחות לג:

[מנחות שם]

[לעיל ג:]

[לקמן ס:]

[קידושין ד.]

[שם]

הגהות הב"ח

(א) גמ׳ הכתוב בהן מעכב בהן מעכבא כצ"ל וכן בסמוך:

עין משפט נר מצוה

ח א מיי' פ"י מהלכות כלי המקדש הלכה יח :

מילתא דכתיבא בהאי ענינא מילתא דלא כתיבא בהאי ענינא מנא לן אמר רב נחמן בר יצחק יליף פתח פתח רב משרשיא אמר °ושמרתם את משמרת ה' עכובא רב אשי אמר °כי כן צויתי עכובא *ת"ר כי כן צויתי °כאשר צויתי °כאשר צוה ה' כי כן צויתי באנינות יאכלוה כאשר צויתי בשעת מעשה אמר להם כאשר צוה ה' ולא מאלי אני אומר א"ר יוסי בר חנינא מכנסים אין כתובין בפרשה כשהוא אומר °זה הדבר אשר תעשה להם לקדש אותם לכהן להביא המכנסים °ועשירית האיפה בשלמא מכנסים כתיבי בעניינא דבגדים אלא עשירית האיפה מנא לן אתיא זה זה °מזה קרבן אהרן ובניו אשר יקריבו לה' עשירית האיפה א"ר יוחנן משום ר"ש בן יוחאי מניין שאף מקרא פרשה מעכב ת"ל °ויאמר משה אל העדה זה הדבר אשר צוה ה' אפילו דיבור מעכב כיצד הלבישן כיצד הלבישן מאי דהוה הוה אלא כיצד מלבישן לעתיד לבוא לעתיד לבוא נמי לכשיבואו אהרן ובניו ומשה (א) עמהם אלא כיצד הלבישן למיסבר קראי פליגי בה בני ר' חייא ורבי יוחנן חד אמר אהרן *ואח"כ בניו וחד אמר אהרן ובניו בבת אחת אמר אביי בכתונת ומצנפת כולי עלמא לא פליגי דאהרן ואח"כ בניו דבין בצוואה ובין בעשיה אהרן קדים כי פליגי באבנט מאן דאמר אהרן ואחר כך בניו דכתיב °ויחגור אותו באבנט והדר כתיב ויחגור אותם אבנט ומאן דאמר אהרן ובניו בבת אחת דכתיב °וחגרת אותם (ב) ולמאן דאמר אהרן ובניו בבת אחת הכתיב ויחגור אותו באבנט והדר כתיב ויחגור אותם אבנט אמר

תוספות

להביא את המכנסים. מכאן קשה להא דבפ' אלו הן הנשרפין (סנהדרין דף פג:) מפיק מיתה מחוסר בגדים מדדרשינן אין בגדיהן עליהן אין כהונתן עליהן והוו להו זרים והקשה רבינו יעקב מאורליינ"ש הא בהדיא כתיב מיתה בואתה תצוה גבי דהאי קרא איצטריך לשוויינהו זרים אף לענין לחלל עבודה כמו זרים מ"מ ההוא קרא דכתיב במחוסרי בגדים מיתה בהדיא למה לי תיפוק ליה מאין בגדיהם עליהם אין כהונתן עליהן ותירץ דמכנסים לא כתיב הכא ואיצטריך ההוא קרא למחוסר מכנסים דהוי במיתה וקשה לרבי יוסי בר חנינא כיון דנפקא ליה מכנסים מזה הדבר הוה ליה כאלו מכנסים נמי כתיבי הכא ותירץ ריב"א דמיתה דגבי [מכנסים] איצטריך לחייב אפילו בביאה ריקנית לאהל מועד מי שנכנס מחוסר בגדים דכתיב (שמות כח) והיו על אהרן ועל בניו בבואם אל אהל מועד וכן בשלא רחוץ ידים דכתיב (שם ל) בבואם אל אהל מועד ירחצו או בגשתם אל המזבח לשרת מחייב לאהל מועד אפילו לביאה ריקנית והא דקאמר פ"ב דזבחים (דף יט:) אי כתב רחמנא בבואם ולא כתב בגשתם ה"א אפילו לביאה ריקנית כו' משמע דלפי האמת לא מחייב אביאה ריקנית יש לומר היינו למזבח וה"פ אי כתיב בבואם אל אהל מועד או אל המזבח ולא כתיב לשרת ה"א דאפילו למזבח מיחייב אביאה ריקנית קמ"ל דלמזבח לא מיחייב ובתוספתא דמסכת כלים [פ"א] תניא אמר שמעון הצנוע לפני ר"א אני נכנסתי בין האולם ולמזבח בלא רחוץ ידים ורגלים אמר לו מי חשוב אתה או כהן גדול שתק אמר לו בוש אתה לומר (העבודה) שכלבו של כהן גדול יותר חשוב ממך וכו' עד ואפילו כהן גדול מפצעים את מוחו בגיזרין אלא שלא מלאך בעל הפול ומסתמא שמעון הצנוע לא היה משתמש בלא רחוץ ידים כי לא היה טועה בזה אבל רש"י פירש בפירוש חומש בבואם אל אהל מועד להקטיר ולא נהירא אלא כדפרישית* : מאי דהוה הוה. בפ"ק דסנהדרין (דף טו:) מיבעיא לן שור סיני בכמה מי גמר שעה מדורות או לא ולא פריך התם כי הכא מאי דהוה הוה* : בכתונת ומצנפת כולי עלמא לא פליגי. הא דלא נקט נמי מכנסים כדאמר לי משום דמפרש דבין בצוואה בין בעשייה אהרן קדים ומכנסים לא כתיבי לא בצוואה ולא בעשייה ורש"י פי' טעמא אחרינא :

רש"י

מילתא דכתיבא בהאי ענינא. בפרשת צואה דמלואים שנאמר בואתה תצוה : דלא כתיב. בפרשת המלואים בזה הדבר אשר תעשה וגו' לא כתיב שיתן אל החשן אורים ותומים כשהלבישן אבל בפרשת צו את אהרן שנאמרה שם עשיית המלואים כתיב (ג) ויתן עליו את החשן ויתן אל החשן את האורים ואת התומים וא"ת אף בואתה תצוה נאמר ונתת אל חשן המשפט את האורים ואת התומים אין זו מפרשת המלואים אלא עשיית הבגדים וההוא עניינא לא כתיב בהא לעיכובא : פתח פתח. בצואה כתיב (שמות כט) אל פתח אהל מועד [יחירא] וכן בעשייה [בצוואה כתיב] תקריב (ד) פתח אהל מועד ואכל אהרן ובניו את בשר האיל ואת הלחם אשר בסל פתח אהל מועד וכן בעשייה ואת כל העדה הקהילו אל פתח אהל מועד בשלו את הבשר פתח אהל מועד : ורב משרשיא אמר. בפרשת עשייתן נמי עיכובא כתיבא ושמרתם משמרת משמע תשמור ככל הכתוב ולא צריך גזירה שוה : פ"ר כי כן צויתי וכו'. איידי דנקט הכא למידרש כי כן צויתי לעניינא דמלואים דלעיכובא אתא קבעה לה ברייתא הכא למדרש כי כן צויתי דשמיני למאי אתא ולאו ניהו ההוא קרא דעניינא דמלואים דלו את אהרן אלא דיום השמיני דכתיב במנחה (ויקרא י) קחו את המנחה הנותרת מאשי ה' ואכלוה מצות אצל המזבח כי כן צויתי : (ה) כאשר צויתי. גבי שעיר חטאת אשר דרש משה והנה שורף כתיב אכל תאכלו אותה *במקום קדוש כאשר צויתי (שם) : כאשר צוה ה'. גבי שוק התרומה וחזה התנופה כתיב תאכלו במקום טהור וגו' כאשר צוה ה' (שם) ולמה לי חד מכל הני כו' וכי כל הדברים שנאמרו למשה לומר לישראל חזר ואמר (ו) כי כן צויתי : אוננין. על נדב ואביהוא וקדשים אסורין לאונן מקל וחומר ממעשר הקל דכתיב גבי מעשר (דברים כו) לא אכלתי באוני ממנו והוא אמר להן לאכול המנחה הוזקק לומר כי כן צויתי באנינות תאכלוה : כאשר צויתי בשעת מעשה אמר להם. כשמלא מה שטעו ששרפו שעיר החטאת והוא שעיר של ר"ח אמר להם הן לא הובא את דמה וגו' הלא לא אירע בו פסול היה לכם לאוכלו בקודש כאשר צויתי אתכם במנחה שאמרתי לכם בה שמפי הקב"ה נצטויתי : כאשר צוה ה' ולא מאלי אני אומר. היו סומכין ע"פ הדיבור ואכלו אותו אוננין ולא תעשו כאשר עשיתם בחטאת ומשה טעה בדבר שלא נאמר לו אלא במנחה וחזה ושוק ושעיר שמיני ושעיר נחשון שהיו קדשי שעה אבל שעיר ר"ח שהוא קדשי דורות לא הותר לאונן ושלשה שעירים קרבו בו ביום ולא נשרף אלא של ר"ח בלבד שנאמר (ויקרא י) ואותה נתן לכם לשאת את עון העדה זהו של ר"ח הבא על טומאת מקדש וקדשיו כמו שמפורש במסכת שבועות (דף ט:) : אינן כתובין בפרשה. בלבישת הבגדים לא בצוואה ולא בעשייה : כשהוא אומר זה הדבר אשר תעשה להם. וי"ו מוסיף על ענין ראשון המדבר בצוואת עשיית הבגדים ושם כתיב ועשה להם מכנסי בד : ועשירית האיפה. שהכהנים צריכים להביא ביום חינוכם ואפילו הדיוט כדאמרינן במנחות (דף נא:) : בשלמא מכנסים כתיבי בעניינא דבגדים. לעיל מיניה דהאיפה פרשתא היכא לרבויינהו וי"ו מוסיף על ענין ראשון : זה קרבן אהרן ובניו. בעשירית האיפה כתיב שההדיוט מביא ביום חינוכו וכהן גדול בכל יום : מקרא (ז). פרשת מלואים שנצטוה בואתה תצוה אמר להם לציבור בעשייה ושלשה באחד כשהתחילו המלואים והקהיל את העדה אל פתח אהל מועד שנאמר ותקהל העדה וגו' ויאמר משה אל העדה זה הדבר אשר צוה ה' לעשות ומקראות הללו בעשיית המלואים בצו את אהרן : כיצד הלבישן. סדר בגדים לאב ולבנים זה אחר זה : מאי דהוה הוה. ומה צריך לנו לשאול : (ח) למסבר קראי. דלא לירמו אהדדי דבצוואה כתיב (שמות כט) וחגרת אותם אבנט אהרן ובניו משמע חגירתם של אב ובנים בסדר אחד ולא הפסיק לבישת בגד אחר בינתיים ובעשייה כתיב באהרן (ויקרא ח) ויחגור אותו באבנט בסדר לבישת בגדים וגו' והלבישו כל המלבושין ואח"כ הקריב בניו והלבישם [ולא] חגר אהרן ובניו בבת אחת : אביי מפרש לה למילתייהו בכתונת ומצנפת (ט) להכי נקט מצנפת שאין בגדול והדיוט ומכנסים לא הוצרך לומר שהרי הן קודמין לכל כדאמרינן לקמן *מניין שלא יהא דבר קודם למכנסים כו' : כולי עלמא לא פליגי דאהרן ואח"כ בניו. לאהרן הלביש תחלה כל שאר בגדיו חוץ מאבנט ואחר כך התחיל להלביש את בניו. כך כתיב : דבין בצוואה בין בעשייה. כך כתיב : כי פליגי באבנט. שבצוואה נאמר חגירתם כאחת וחגרת אותם אבנט אהרן ובניו ולא נאמרה חגירה באהרן כסדר לבישת בגדים ובעשייה נאמרה חגירתו כסדר שאר בגדיו וחגירת בניו לעצמן כסדר בגדיהם : מאן דאמר אהרן ובניו בבת אחת. אזל בתר צוואה ולקמיה מפרש בבת אחת מי משכחת לה :

אמר

[עי' מיי' פ"י מהלכות כלי המקדש הלכה א]

[עי' תוס' סנהדרין פג. ד"ה ולא משום]

[עיין תוס' סנהדרין מז: ד"ה שור ותוס' חגיגה ו: ד"ה מאי כ"מ]

תוספות ישנים

ולא מלבי אני אומר. שהיו סבורים שטעיתי כמו בשעיר דר"ח אע"פ שהוא כתוב אח"כ אין מוקדם ומאוחר :

מסורת הש"ס

[זבחים קא.]

[דף כג:]

הגהות הב"ח

(א) גמ' ובניו ומשה רבינו יהא עמהם ויאמר אלא כיצד : (ב) שם וחגרת אותם אבנט אהרן ובניו ולמ"ד : (ג) רש"י ד"ה דלא כו'. כתיב וישם עליו : (ד) שם ד"ה פתח כו'. תקריב אל פתח : (ה) שם ד"ה כאשר צויתי סד"א עם ד"ה כאשר צוה ה' : (ו) שם כי כן צויתי סס"ד ואח"כ מ"ה באנינות יאכלוה שהן אוננין על נדב : (ז) שם מקרא פרשה. פרשת מילואים וכו' אמר להם. נ"ב פי' בסדר העשייה אמר לבונן : (ח) שם ד"ה למיסבר סד"א עם ד"ה אביי : (ט) שם ד"ה אביי. ומצנפת וכו' להכי נקט :

§ מסכת יומא דף ה: §

אות א׳

ועשירית האיפה

רמב"ם פ"ה מהל' כלי המקדש הט"ז - אין הכהן עובד תחלה, וכן כ"ג אינו עובד תחלה, עד שיביא עשירית האיפה משלו ועובד בידו, שנאמר: זה קרבן אהרן ובניו אשר יקריבו ליי' ביום המשח אותו; ואם עבד קודם שיביא עשירית האיפה, וכן כהן גדול שעבד בכהונה גדולה קודם שיביא עשירית האיפה, עבודתו כשירה.

§ מסכת יומא דף ו. §

אות א'

<u>אלא שמא יבא על אשתו ותמצא ספק נדה</u>

רמב"ם פ"א מהל' עבודת יוה"כ ה"ג - ומפרישין אותו מאשתו כל שבעת ימים אלו, [א]שמא תמצא אשתו נדה ונמצא טמא שבעת ימים ואינו יכול לעבוד.

אות ב'

<u>אין נדה מטמאה את בועלה</u>

רמב"ם פ"ג מהל' משכב ומושב ה"ח - כל אלו הנשים הטמאות למפרע, בין ראתה דם בין מצאתה כתם, מטמאות משכב ומרכב למפרע לטמא אדם ובגדים, וכן רוקן ומימי רגליהן טמאין למפרע, ואפילו כלי חרש המוקף צמיד פתיל מטמאות אותן למפרע; אבל אינן מטמאות את הבועל למפרע משום בועל נדה, אלא משום נוגע בלבד; אבל הרואה כתם, הבועל אותה מאחר שנמצאת הכתם, טמא משום בועל נדה.

[ב]רמב"ם פ"ה מהל' שגגות ה"ו - אבל אם עבר ובא עליה סמוך לוסת, ודימה שיבעול ויפרוש קודם שתראה דם, וראתה בשעת התשמיש, חייבין בקרבן, שזו היא שגגה; לפיכך אם נמצא דם על עד שלו, שניהם טמאים וחייבין בקרבן; נמצא על עד שלה, אם קנחה עצמה מיד כשפירש הבעל ולא שהתה, שניהם טמאים וחייבין בקרבן; ואם שהתה כדי שתושיט ידה לתחת הכר או לתחת הכסת ותטול עד לבדוק בו, ואחר כך קנחה עצמה, שניהן טמאים בספק ופטורין מקרבן; ואם שהתה כדי שתרד מן המטה ותדיח את פניה, ואח"כ קנחה עצמה ונמצא דם, בעלה טהור.

אות [ג']

<u>כל חייבי טבילות טבילתן ביום, נדה ויולדת טבילתן בלילה</u>

רי"ף מס' שבועות דף ו. - כל חייבי טבילות טבילתן ביום, נדה ויולדת טבילתן בלילה.

[ג]רמב"ם פ"א מהל' מקוואות ה"ו - כל חייבי טבילות טבילתן ביום, חוץ מנדה ויולדת שטבילתן בלילה, כמו שביארנו בענין נדה.

באר הגולה

[א] ‹ושינה בלשונו מלשון הגמרא שם "ספק נדה", דנראה מזה כוונתו לדברי הירושלמי שם, דאף אם היה משמש עם אשתו הטהורה, ואמרה לו נטמאתי וכו', והיינו וודאי נדה – המאיר לארץ› [ב] ‹ע"פ מהדורת נהרדעא› [ג] ‹עין משפט על הרי"ף›

אמר לך ההוא אבנטו של כהן גדול לא זה הוא אבנטו של כהן הדיוט ולמאן דאמר אהרן ואח"כ בניו והכתיב וחגרת אותם אבנט (א) אמר לך ההוא קמ"ל אבנטו של כהן גדול זהו *אבנטו של כהן הדיוט ויחגור אותו (ג) אבנט ויחגור אותם למה לי שמע מינה אהרן ואח"כ בניו ובבת אחת מי משכחת לה לא צריכא דאקדים: מפרישין כהן גדול וכו': למה מפרישין כדקאמרי' אי לר' יוחנן כדאית ליה אי לריש לקיש כדאית ליה הכי קאמר מביתו למה פירש תניא *ר' יהודה בן בתירה אומר שמא תמצא אשתו ספק נדה ויבא עליה *אטו ברשיעי עסקינן *אלא שמא יבא על אשתו ותמצא *ספק נדה אמרוה רבנן קמיה דרב חסדא כמאן כרבי עקיבא דאמר *נדה מטמאה את בועלה דאי רבנן הא אמרי *אין נדה מטמאה את בועלה אמר להו רב חסדא אפילו תימרו רבנן ע"כ לא פליגי רבנן עליה דר"ע אלא באחר אחר אבל בחד אחר מודו ליה אמר ר' זירא שמע מינה בועל נדה אינו כנדה וטובל ביום דאי אמרת בועל נדה כנדה אימת טביל בלילא למחר היכי עביד עבודה והא בעי הערב השמש אלא לאו שמע מינה בועל נדה אינו כנדה רב שימי מנהרדעא אמר אפי' תימא בועל נדה כנדה דמפרישנן ליה שעה אחת סמוך לשקיעת החמה מיתיבי *כל חייבי טבילות [ו] טבילתן ביום נדה ויולדת טבילתן בלילה נדה אין בועל נדה לא נדה וכל דאתי מרבויא מיתיבי *בעל קרי כמגע שרץ בועל נדה כטמא מת מאי לאו לטבילה לא לטומאתן טומאתן בהדיא כתיב בהו האי טומאת שבעה כתיב ביה והאי טומאת שבעה כתיב ביה אלא

רש"י

אמר לך ההוא אבנטו של כהן גדול לא זהו אבנטו וכו' · כלומר לעולם קרא דצוואה דווקא בבת אחת ובעשייה דפליגיהו ללמדנו בא שאין האבנטים שוין שנאמר במעשה האבנט של כהן גדול (שמות לט) ואת האבנט שש משזר תכלת וארגמן ללמד שהוא של כלאים דשש כיתנא ותכלת עמרא ואבנט הבנים לא פירש הכתוב ממה היו ואשמועינן הכא דאבנטו של כהן גדול לא זהו אבנטו של כהן הדיוט שזה של כלאים וזה של בוץ: **זהו אבנטו** · כלומר שניהם של כלאים: **ובבת אחת מי משכחת לה** · שיהא משה לבדו חוגר חמשה בני אדם כאחת: **לא צריכא דאקדים** · לא בבת אחת ממש קאמר אלא זה אחר זה אבל בסדר אחד היו ולא הפסיק בגד אחר בנתיים הלביש לאהרן כל בגדיו ולא חגר אותו אבנט ואח"כ הלביש את בניו מכנסים כתונת ומגבעת ואח"כ נטל את האבנטים וחגר את אהרן ואח"כ בניו ולמאן דאמר אהרן ואח"כ בניו ככתבו האמור בעשייה ויתן עליו את הכתונת ויחגור אותו באבנט וילבש אותו את המעיל ואח"כ ויקרב (ג) את בני אהרן וילבישם כתנות ויחגור אותם באבנט ודברי הכל לאהרן תחילה קודם שהתחיל לבניו: **אי לר' יוחנן כדאית ליה** · דיליף ממלואים אי לרשב"ל כדאית ליה דיליף מסיני: **מביתו למה פירש** · מאשתו למה פירש תבא אשתו עמו שם שהרי על כרחך לשכת פרהדרין לא היתה קדושה שאין ישיבה בעזרה אלא למלכי בית דוד כ"ש שכיבה: הכי גרסינן תניא רבי יהודה בן בתירה אומר שמא תמצא אשתו וכו': **ברשיעי עסקינן** · שיבא על ספק נדה: **אלא שמא יבוא על אשתו ואח"כ תמצא ספק נדה** · שתמצא דם על הסדין שקנחה בו ואין ידוע אם בשעת ביאה היה בה דם זה או לאחר ביאה ובועל נדה טמא שבעת ימים ויהא אסור לבא במקדש ביום הכפורים: **כמאן כרבי עקיבא דאמר הרואה דם מטמאה את בועלה** · למפרע כל מעת לעת כשם שגזרו שמטמאה טהרות מעת לעת למפרע ופלוגתייהו במסכת נדה בפרק כל היד (דף יד:) והכי תנן דרך בנות ישראל משמשות בשני עדים אחד לו ואחד לה נמצא על שלו טמאין שניהן כל שבעה דודאי היה דם בשעת ביאה שאין דרך האיש לצאת ממנו דם נמצא על שלה אותיום והוא לשון מיד בלשון יוני שקנחה בפרישת יציאת השמש מיד טמאים ודאי נמצא (ה) לאחר זמן כלומר שהרחיקה בדיקה טמאים מספק ואיזהו אחר זמן כדי שתרד מן המטה ותדיח את פניה של מטה ואח"כ מטמאה מעת לעת ואינה מטמאה את בועלה והכי פירושה ואם יותר מכאן ששהתה לבדוק ואח"כ בדקה ומצאה הרי היא כשאר נשים לטמא למפרע טהרות של מעת לעת ואינה מטמאה את בועלה שלא גזרו טומאת מעת לעת לענין טומאת בועלה ר"ע אומר אף מטמאה בועלה: **אלא באחר אחר** · ששהתה יותר מאחר זמן שהזמן אותיום ואחר זמן לאחר אותיום בתוך כדי שתרד ותדיח כדקתני איזהו אחר זמן והתם קתני טמאים מספק ולא פליגי עם ר"ע ובאחר אחר זמן פליגי כדקתני ואח"כ מטמאה את בועלה [א] מעת לעת אבל בחד אחר בתוך אחר זמן דהיינו בתוך כדי שתרד מודו: **ש"מ** · מדקתני מפרישין שבעת ימים ואוקימנא טעמא משום חשש טומאת נדה: **בועל נדה אינו כנדה** · שאסורה לטבול בשביעי עד הלילה אלא טובל בשביעי ביום הלכך לא בעי פרישה אלא שבעת ימים ואם בא על ספק נדה ביום הפרישה מונה מקצת היום ככולו כנדה וטובל ערב יוה"כ שהוא שביעי ביום ומעריב שמשו ונכנס במקדש ביוה"כ: **דאי ס"ד בועל נדה כנדה אימת טבל** · זה אם בא על נדה ביום פרישתו בלילה דיוה"כ למחר היכי עביד עבודה: **סמוך לשקיעת החמה** · שמונה ימים לפני יוה"כ והאי דקרי ליה שבעה דמשום ההוא פורתא לא חשיב ליה וטביל אור של ערב יוה"כ ועביד למחר של ערב יוה"כ הערב שמשו: **כל חייבי טבילות טבילתן ביום** · כדיליף במסכת מגילה (דף כ:) מוחטאו ביום השביעי ורחץ במים וגו' (במדבר יט): **נדה ויולדת טבילתן בלילה** · נדה דכתיב (ויקרא טו) שבעת ימים תהא בנדתה כל שבעה ויולדת כימי נדת דותה תטמא (שם יב): **בעל קרי כמגע שרץ** · לטבול ביום טומאתו כדאמרינן בפרק אלו דברים בפסחים [דף סז:] ובועל נדה כטמא מת לטבול ביום שביעי אלמא טובל ביום: **לא לטומאתן** · בעל קרי כמגע שרץ לטומאת ערב וראשון שמטמא לטומאה בועל נדה טומאת שבעה ולא הטומאה כטמא מת: **האי טומאת שבעה כתיב ביה** · ותהי נדתה עליו וטמא שבעת ימים (שם טו):

תוספות

אמר לך אבנטו של כהן גדול לא זהו אבנטו כו' · וא"ת היכי דייק מדכתיב אותו הכתיב נמי אותם ומאותם נימא שהאבנטי' שוין וא"כ קרא לא כמר דייקי ולא כמר דייקי וי"ל סברא הוא לאוקמא קרא דואת האבנט תעשה שש משזר וגו' בכהן גדול דווקא כיון דשאר בגדיו היו נמי דכלאים אפוד (*ומעיל) אבל הדיוט דכל שאר בגדיו דבוץ נימא נמי אבנטו דבוץ ואשכחן נמי כי האי גוונא כהן גדול ביום הכפורים לפי שהיו שאר בגדיו דבוץ היה נמי אבנטו דבוץ וה"ר מנחם מיואני זצ"ל פירש דנפקא ליה מג"ש דרוקם רוקם דכתיב בואתה תצוה *ואת האבנט תעשה מעשה רוקם ובכהן גדול מיירי מדכתיב ולבני אהרן תעשה כתנות ועשית להם אבנטים ומגבעות אם כן קמא דכהן גדול ובפרשת פקודי כתיב בשעת עשייה ואת האבנט שש משזר תכלת וארגמן ותולעת שני מעשה רוקם וילפינן בגזירה שוה דכמו דאותו רוקם כלאים הוה כך ואבנט תעשה מעשה רוקם שכתב בכ"ג כלאים הוה אבל באבנט של כהן הדיוט לא כתב רוקם ולמאן דאמר דתרווייהו של כלאים משוה להן מדכתיב אותם :

מביתו למה פירש · פי' רש"י תבא אשתו עמו שם שהרי על כרחך לשכת פרהדרין לא היתה קדושה *שאין ישיבה בעזרה כ"ש שכיבה וקשיא לן דנהי דלא קדישא כקדושת עזרה מ"מ כהר הבית היתה דאמרי' בפרק פרת חטאת (זבחים דף קטז:) דכל הר הבית מחנה לויה הוא ובעל קרי אינו רשאי ליכנס במחנה לויה דאמר בפסחים פרק אלו דברים (דף סז:) זב וכל זב לרבות בעל קרי אלא יש לפרש מביתו למה פירש הוה לן למימר שיפרישוהו למחילה אחת בהר הבית דאמרי' פרק כיצד צולין (שם דף פו·) דמחילות לא נתקדשו :

סיפא

תוספות ישנים

מביתו למה פירש . פי' הר"י בשם רבינו שלמה מביתו למה פירש ילך לביתו אחר תמיד של בין הערבים וישמש מטתו ויטבול שעה אחת קודם שקיעת החמה ויעריב שמשו ויבוא בלשכה דהא נמי אהרן לן במחנה לויה שעה אחת שהיה המשכן מפורק כמו כן משמע בירושל' דקאמר דאיצטריך דבן בתירה ודר' יוחנן דאי מדרבי יוחנן ה"א יכול לצאת שעה אחת ולשמש ביתו אבל בקונט' פי' מביתו למה פירש שהרי ע"כ לשכת פרהדרין לא היתה קדושה שאין ישיבה בעזרה אלא למלכי בית דוד וכ"ש שכיבה וקשה דהא קי"ל בפסחים פרק אלו דברים (דף סז.) ובתמיד (דף כז:) שבעל קרי משתלח חוץ לשתי מחנות אלא מפרש רבי' הזקן מביתו למה פירש [תהיה] פרישתו למקום שבעל קרי מותר ליכנס ואע"ג דבמילואים כתיב ופתח אהל מועד תשבו ומדקאמר תשבו ע"כ מחנה לויה היה וא"כ פירש מאשתו וי"ל דשאני אהרן שהיה צריך לקבל הזאת דמים כל שבעת ימי המילואים ואע"ג דבמתני' נמי תנן שהיה עובד כל שבעת הימים מ"מ אין זה כ"א מדרבנן וא"ת ומאי קאמר מביתו למה פירש והלא יש לו להיות תדיר במחנה לויה כמו אהרן ובניו שהיו יושבין תמיד פתח אהל מועד מהא דתניא בברייתא דמלאכת המשכן שכל שבעת ימי המילואים היה משה מעמיד המשכן ומפרקו פירוש היה מפרקו ומעמידו מיד אבל אם נפרש מעמידו בערב ומפרקו בבקר ויומם ולילה דכתיבי בקרא לאו דוקא מחנה לויה אלא מקום מחנה לויה ואם כן ה"נ היו יכולין להפרישן במחנה ישראל כמו שבטלה קדושת המשכן כשהיה מפורק כדאמרי' (בתענית) הוגלה הפרוכת היו זבים ומצורעים נכנסים לשם ופירוש ראשון נכון : **אבל** בחד אחר מודו ליה . נרבותא נקטיה דאפילו בחד אחר מודו ליה דהא אף אי לא הוו מודו ליה הוי מצי למינקט נמצא על שלו או על שלה אותיום אי נמי חיישינן לספק נדה אבל ודאי נדה כגון על שלו או על שלה אותיום לא חיישינן ולא הייתו מפרישין אותו בשביל כך . מ"ר : **אימת** טביל ליה בלילה למחר היאך עביד עבודה . והא דתנן (לקמן דף יד.) כל שבעת הימים זורק את הדם הייתו אם הוא טהור ביום הראשון אבל אם שימש מטתו בלילה שלפניו צריך להעריב שמשו :

עין משפט נר מצוה

י א מיי' פ"א מהלכות עבודת יוה"כ הלכה ג:
יא ב מיי' פ"ג מהלכות משכב ומושב הל' ח:
[ג] [רב אלפס שבועות פ"ב דף רלב.]
[צ"ל ומעיל]
[צ"ל ואבנט]
[ע' תוס' נדה טו. סד"ה אמר רב כו']

מסורת הש"ס

[לקמן יב. סנ. חולין קלח. תמיד כז: ע"ש]
[לעיל ג: תוספתא פ"א]
[יבמות לג: כתובות קה. קידושין לג: גיטין ג:]
בנדה דף טו: ומאלה דם הרי: לקמן פח. ע"ש פסחים ה. שבת קכח.
פסחים סז: [זבים פ"ה מ"א]

הגהות הב"ח

(א) גמ' אבנטו של כהן וכו' אהרן ובניו אחר כך: (ב) שם ויחגור אותו באבנט כצ"ל: (ג) רש"י ד"ה לא צריכא וכו' ויקרב משה את בני אהרן וכו' ויחגור אותם כצ"ל: (ה) שם ד"ה כמאן כו' ודאי נמצא לאחר זמן כלו' שהרחיקה וכו':

גליון הש"ס

תוס' ד"ה מביתו וכו' שאין ישיבה בעזרה. עיין לקמן דף ח ע"ב תוס' ד"ה ודאי:

הגהות מהר"ב רנשבורג

[א] ברש"י ד"ה אלא באחר אחר וכו' ואח"כ מטמאה את בועלה. נ"ב ר"ל משום מגע וכדאיתא בנדה דף ט' ע"א:

עין משפט נר מצוה

יב א מיי' פ"ד מהל' ביאת מקדש הלכה יד טו טז :

אלא לאו לטבילתן לא לעולם לטומאתן סיפא אצטריכא ליה אלא שחמור ממנו בועל נדה שמטמא משכב ומושב בטומאה קלה לטמא אוכלין ומשקין ת"ש *דתני רבי חייא הזב והזבה והמצורע והמצורעת ובועל נדה וטמא מת טבילתן ביום נדה ויולדת טבילתן בלילה תיובתא ועד שאתה מפרישו מטומאת ביתו הפרישהו מטומאת המת אמר רב תחליפא אבוה דרב הונא (בר תחליפא) משמיה דרבא זאת אומרת טומאת המת הותרה היא בציבור רבינא אמר אפילו תימא טומאת המת דחויה היא בצבור טומאת המת לא שכיחא טומאת ביתו שכיחא איתמר טומאת המת רב נחמן אמר הותרה היא בציבור ורב ששת אמר דחויה היא *בציבור היכא דאיכא טמאין וטהורין בההוא בית אב כולי עלמא לא פליגי דטהורין עבדי טמאין לא עבדי כי פליגי לאהדורי ולאתויי טהורין מבית אב אחרינא רב נחמן אמר היתר היא בציבור ולא מהדרינן ורב ששת אמר דחויה היא בציבור ומהדרינן איכא דאמרי אפי' היכא דאיכא טהורין וטמאין בההוא בית אב פליג רב נחמן ואמר עבדי נמי טמאין דכל

שמטמא משכב ומושב · אפילו עשר מלעות זו על גב זו וטמא מת אינו מטמא אלא מגעו : **לטמא אוכלין ומשקין** · ולא לטמא אדם וכלים כשאר כל עושה משכב ומושב כגון זב וזבה ונדה ומצורע שטומאתן אב הטומאה לטמא אדם וכלים אבל בועל נדה כתיב ביה (ויקרא טו) כל המשכב אשר ישכב עליו יטמא נתקו הכתוב מטומאה חמורה דמשכב נדה עצמה שמטמא אדם כדכתיב (שם) וכל *אשר יגע במשכבה וגו' והביאו לטומאה קלה לטמא אוכלין ומשקין דאי לטומאה חמורה לישתוק קרא מיניה ואנא ידענא דמשכבה טמא כמשכב נדה דהא כתיב ותהי נדתה עליו (שם): **ועד שאתה מפרישו מטומאת ביתו** · ושאר כל אדם נכנסין ויוצאין אלו הפרישו מטומאת מת ולא יהיו כל אדם נכנסין ויוצאין אצלו שמא ימות מת עליו: **הותרה היא בציבור** · כדכתיב איש נדחה ואין ציבור נדחין וביום הכפורים כוליה קרבן ציבור ואף קרבן שלו דוחה את הטומאה שהרי זמנו קבוע וקרבנו תלוי בו: **דחויה היא בציבור** · אף על פי שהקרבן ציבור דוחה אותה בקושי הותרה ולא היתר גמור (א) וכל מה דמצינו להדורי מהדרינן שיעשה בטהרה: **בההוא בית אב** · שעובד באותו יום דכולי עלמא טהורין עבדי תמידים דההוא יומא אע"פ שקרבן ציבור הן : דכל

סיפא איצטריך ליה אלא שחמור ממנו כו' · בפרק אלו דברים בפסחים (דף סח:) פריך מהכא אילימא לטומאתם האי טומאת ז' כתיב ביה והאי טומאת ז' כתיב ביה אלא לאו למחטותם ומדסיפא למחטותם רישא נמי למחטותם מידי איריא הא כדאיתא והא כדאיתא וגמגמו שם התוס' אמאי משני בדוחק ומוקי רישא וסיפא בתרי טעמי לישני כי הכא לעולם לטומאתן וסיפא איצטריך ליה ונראה לי לתרץ דהכא שינויא דהתם ניחא ליה לתרץ טפי דהיא גופא איצטריך מלומר דסיפא איצטריך ליה ותנא רישא משנה שאינה צריכה משום סיפא והכא לא מצי לשנויי כי התם דמסיפא גופה פריך ואיצטריך לשנויי שינויא דחיקא אי נמי כ"ל דהתם נמי לא מצי לשנויי כי הכא דהא מסקינן הכא דבועל נדה כטמא מת לטבילתו וטובל ביום ורב שימי מנהרדעא סבירא ליה דבועל נדה כנדה לטבול בלילה ומעיקרא פריך ליה מברייתא בועל נדה כטמא מת מאי לאו לטבילתו לא לטומאתו וסיפא איצטריך ליה והדר איתותב מברייתא דתניא בהדיא בועל נדה וטמא מת טבילתם ביום ולהכי לא הוה מצי לשנויי התם לטומאתו דהא על כרחך בועל נדה כטמא מת נמי לטבילתו כדמסקינן הכא והשתא מאי טעמא הוי כטמא מת לטבילתו אלא ש"מ דכנדה הוי לכל מאי דכתיב בהדיא אבל למאי דלא רביגהו קרא יש לנו לדמותו לטמא מת מסברא משום דהוי טומאת מגע כמותו וא"כ ה"ה למחטותם ואע"ג דמעיקרא כי אמר למאי אי לטומאה לא הוה קשה ליה אלא האי טומאת ז' כתיב ביה כו' וי"ל דקושיא הפשוטה נקט ומ"מ אי הוה משני ליה לטומאתו וסיפא איצטריך ליה אכתי הוה פריך ליה והא על כרחך בועל נדה כטמא מת לטבילתו כדמסקינן הכא וכיון דדמי לטבילה דמי נמי למחטותם כדפי': **אלא** שחמור ממנו בועל נדה כו' · תימה לי דטמא מת נמי חמור מבועל נדה שטעון הזאה ג' וז' ומטמא כלי מתכות לעשותם אב הטומאה כיוצא בו כדתנן בריש מסכת אהלות ג' טמאין במת ואדם בכלים טמאים טומאת ז' וכו' ושמא בסיפא דברייתא חשיב כמו להני חומרי דטמא מת מבועל נדה: **שמטמא** משכב ומושב בטומאה קלה · כאן חזר בו רש"י ממה שפירש בפרק אלו דברים בפסחים (דף סז:) דהא דקאמר התם אדרבה זב חמור שכן עושה משכב ומושב וכו' משמע דמצורע אינו עושה משכב ומושב והקשה מדאמר בתורת כהנים וגילח את שערו פרט לבית הסתרים ודין הוא נאמר תגלחת בימי ספרו ונאמר תגלחת בימי גמרו מה תגלחת בימי ספרו פרט לבית הסתרים אף תגלחת האמורה בימי גמרו פרט לבית הסתרים ומקשה אם הקל בימי ספרו שאין מטמא משכב ומושב ואין מטמא בביאה תקל בימי גמרו שמטמא משכב ומושב כו' ותירץ רש"י וגם ר"ת דהכא דאלו דברים דמשמע דזב עושה משכב ומושב ולא מצורע היינו לטמא אדם ובגדים והכא דת"כ מיירי לטומאה קלה לטמא אוכלין ומשקין דאתי בק"ו כדאיתא בריש פרק דם הנדה (נדה דף נה:) ומה זב שאין מטמא בביאה עושה משכב ומושב אבן המנוגעת ומצורע שמטמאים בביאה אינו דין שיעשו משכב ומושב ומיעוטא דהזב ולא אבן המנוגעת ממעט התם מטומאה חמורה והכי נמי ממעט מצורע גופיה מההוא קרא מטומאה חמורה וכאן פרש"י שעושה משכב ומושב לטמא אוכלין ומשקין ולא כשאר משכב ומושב שעושה לטמא אדם וכלים כגון הזב והמצורע וכו' *וה"ר משה מפונטויזא פי' כמו שפרש"י בכאן וההיא דאלו דברים מוקי לה במצורע בימי ספרו וכדמשמע בת"כ שאין עושה משכב ומושב ועוד הארכו בו התוס' באלו דברים (דף סז:) וכאן לא שייך ולי הוקשה על מה שפי' התוס' דמצורע ואבן המנוגעת אתו בק"ו מזב לטומאה קלה והיכי אתו האיכא למיפרך מה לזב שעושה משכב ומושב לטומאה חמורה תאמר בהני ומיהו הא לא קשה דאיכא למימר בועל נדה יוכיח מיהו אכתי איכא למיפרך מה להצד השוה שבהן שמטמאה כלי חרס בהיסט דאף בועל נדה מטמא כלי חרס בהיסט כמו שמוכיח שם ר"ח מדאמר פרק בנות כותים (נדה דף לג.) מה היא מטמאה כלי חרס אף הוא מטמא כלי חרס ומדנקט כלי חרס שאין מטמא מגבו ש"מ בהיסט קאמר אלא נ"ל דטומאה חמורה נמעטיה מהזב וטומאה קלה מטמא בהיקשא דהזב את זובו לזכר ולנקבה ודרשינן בפרק בנות כותים (שם דף לד:) לזכר לרבות מצורע למעיינותיו וכו' ואיתקש מצורע לזב גמור ומן הדין הוה לן למימר דאיתקש לזב אפילו לטומאה חמורה אלא דאתא מיעוטא דהזב ומעטיה ושקי מיעוטא לטומאה חמורה והיקשא לטומאה קלה: **אמר** רב תחליפא משמיה דרבא זאת אומרת טומאה הותרה היא בציבור · תימה דבזבחים ר"פ כל הפסולים (דף לג.) קאמר מכלל דתרוייהו סבירא להו פי' אביי ורבא טומאה דחויה היא בציבור ותירץ ר"י דהא דקאמר רבא הכא טומאה היתר היא זאת אומרת וליה לא ס"ל דס"ל (*כרב) דאמר בסמוך טומאה דחויה היא ול"נ דהאין אנו צריכין לומר דלא ס"ל כסתם מתניתין אלא היינו דהתם לענין פסח איירי דקאי אמאי דקאמר עולא ביאה במקצת שמה ביאה ופריך ליה ממצורע שחל שמיני שלו להיות בערב הפסח וראה קרי אע"פ שאין טבול יום אחר נכנס זה נכנס מוטב יבא עשה שיש בו כרת וידחה עשה שאין בו כ"נ ואי אמרת ביאה במקצת שמה ביאה אידי ואידי עשה שיש בו כרת הוא ת"ל מסמך הואיל והותר לצרעתו הותר לקריו אמר רב יוסף ש"מ דקסבר עולא רובן זבין ונעשו טמאי מתים הואיל והותרו לטומאתן הותרו לזיבתן א"ל אביי מי דמי התם אישתראי זיבה לא אישתראי וכו' דילמא הכי קאמר מר רובן טמאי מתים וכו' ולהכי לא דמי מצורע היתירא הוא טומאה דחויה היא להא אידחאי להא לא אידחאי א"ל רבא אדרבה איפכא מסתברא וכו' וכיון דהתם לענין פסח איירי איכא למימר נהי דפסח כיון דאתי בכינופיא חשיב כקרבן ציבור *ודוחה את השבת ואת הטומאה מ"מ כיון דלאו כל ישראל מייתו חד פסח בשותפות מהדרינן לטהורין אפילו למ"ד טומאה היתר היא בקרבן ציבור גמור הבא בשותפות וכן משמע לקמן בסמוך (דף ז:) דאילו של אהרן אע"ג דזימנה קביעא ליה ודחי את השבת ואת הטומאה כקרבן ציבור מכל מקום כיון דקרבן יחיד הוא מהדרינן לטהורין לכולי עלמא וכ"ש דניחא טפי הא דלאצטריך למידק התם מכלל דתרוייהו סבירא להו טומאה דחויה דמאי נפקא מינה בההוא דיוקא אלא משום דרבא סבירא ליה הכא טומאה היתר היא איצטריך למידק התם דאפילו הכי מודה הוא בפסח וש"מ דשינויא דשנינן הכא בסמוך אליבא דאפילו של אהרן דאפילו למ"ד היתר הוא בקרבן יחיד כמו אינו של אהרן ופסח אע"ג דזימנא קביעא להו ודחו שבת וטומאה מודה הוא דמהדרינן לטהרה:
פריס

תוספות ישנים

זב וזבה טבילתן ביום . וביום השביעי קאמר דמקצת היום ככולו וה"ה נמי שיכול לטבול ליל שביעי אך שאינו יכול או להביא קרבנותיו בשמיני שצריך להעריב שמשו אבל יש שהיו מפרשין דהא א) (דתנן) בפ' בתרא דנדה (דף עב.) ושוין בטבילת לילה בזבה שאינה טבילה דבליל שמיני קאמר ומביאין ראיה מדתניא בספרי מניין שטובלת מבעו"י ת"ל והביאה אותם אל הכהן אל פתח אהל מועד כיצד היא באה אל פתח אהל מועד אם לא העריבה שמשה ואין זה כלום דהתם לא קאמר שטובלת מבעוד יום אלא לומר שאינה צריכה להמתין עד הלילה אבל כל דבן הוא שהטבול אח"כ בליל שמיני אלא שאז לא תוכל להביא קרבנותיה עד התשיעי והיא דנדה מיירי בזבה קטנה משום דספירה לילה לאו ספירה היא כדאמרינן בפרק ב' דמגילה (דף כ:) וכדאמרי' נמי התם בפרק בתרא דנדה (דף עב.) ושוין ברואה תוך אחד עשר וטבלה ושמשה שמטמאה משכב ומושב ותייבת בקרבן והיינו טעמא משום דלא הגיע זמנה עד יום ב' ועוד דהא נמי דידן ספק זבות שוויגו רבנן ואפ"ה לא טובלות עד הלילה. ריב"א: ב) **בעל** קרי כמגע שרץ. בפסחים פרק אלו דברים (דף סז:) מפרש : **הפרישהו** מטומאת מת . פי' בקונטרס שלא ימות מת עליו כו' ואין לפרש שלא יגעו בו בני אדם במת טמאי מתים כן דהא אמרינן לקמן גבי שזה פרישתו לקדושה ואחיו הכהנים נוגעין בו אי כרבי מאיר אי כרבי יוסי ואינהו סבירא להו טומאה דחויה היא בציבור וא"כ אמאי נוגעין בו דלפי זה יש לנו לספק הכהנים בטמאי מתים דאין נראה לומר דסוגיא דלקמן פליגא אדרב תחליפא דהכא אבל לפירוש הקונט' ניחא עפי דלא חשינן נגיעה אלא שלא יתעכב עמו בתוך הבית למ"ד טומאה דחויה היא בציבור ומיהו קלא תקנה עשו לטומאת מת בהתקנת כהן אחר ועיקר פרישתו היא משום טומאת (מת) קרי וזיבה וגם משום נטרא דבכרי כדאמרינן לקמן (דף מז.) במכילתין ואע"ג דנטורא דבכרי מדרבנן :

א) נ"ל דתניא ב) שייך לעמוד שלפני זה

מסורת הש"ס

[נ"ל הנוגע]

לקמן פח. שבת קכא. [פסחים ל:]

[לקמן ז: מו: פסחים עז-עט. פ. זבחים לג.]

[נ"ל כרב ששת]

[לקמן דף נא.]

הגהות הב"ח

(א) רש"י ד"ה דחוי' כו' ולא היתר גמור הוא וכל כו':

גליון הש"ס

תוס' ד"ה שמטמא וכו' והר"ר משה מפונטויזא פי'. עיין בר"ם פ"א מ"ג דכלים :

§ מסכת יומא דף ו: §

אות א'

דחויה היא בציבור

רמב"ם פ"ד מהל' ביאת המקדש הי"ד - **מקצת בית אב טמאים ומקצתם טהורים, אף על פי שרובן טמאי מת, לא יקריבו אלא הטהורים; היה כל בית האב טמאי מת, יביאו בית אב אחר; היתה כל המשמרה טמאי מת, [א]מחזירין על משמרה אחרת; אם היו רוב הכהנים הנכנסין שם בירושלים בזמן הקבוע טמאין, יעשו בטומאה.**

רמב"ם פ"ד מהל' ביאת המקדש הט"ו - **ומפני מה מחזירין על הטהור מבית אב אחר, מפני שהטומאה לא הותרה בציבור, אלא באיסורה עומדת ודחויה היא עתה מפני הדחק, ואין דוחין כל דבר הנדחה אלא במקום שאי אפשר, ומפני זה צריכה ציץ לרצות עליה.**

רמב"ם פ"ד מהל' ביאת המקדש הט"ז - **ומנין שטומאת מת דחויה בציבור, שנאמר: ויהי אנשים אשר היו טמאים לנפש אדם, כך למדו מפי השמועה, שאנשים יחידים הם שידחו לפסח שני אם היו טמאים, אבל ציבור שהיו טמאי מת אינן נדחין, אלא הטומאה תדחה ויעשו פסח בטומאה; והוא הדין לכל קרבן שקבוע לו זמן כפסח, שהוא דוחה את הטומאה.**

באר הגולה

א ‹וסובר רבינו דלמ"ד דחויה היא, אפילו היתה כל המשמרה טמאה, מחזירים על משמרה אחרת, ואף על פי שלא הזכירו בגמרא אלא לחזור על בית אב אחר, לאו דוקא, אלא משום דלרב נחמן אפי' על בית אב אחר אין מחזירין, נקטיה – כסף משנה›

§ מסכת יומא דף ז. §

אות א׳

על מה הציץ מרצה, על הדם ועל הבשר ועל החלב שנטמא, בין בשוגג בין במזיד, בין באונס בין ברצון, בין ביחיד בין בציבור

רמב״ם פ״א מהל׳ פסולי המוקדשין הל״ד - כל הזבחים של יחיד, בין שנטמא בשר והחלב קיים, בין שנטמא חלב והבשר קיים, זורק את הדם; נטמאו שניהן, לא יזרוק, ואם זרק הורצה, שהציץ מרצה על הטומאה; וכן אימורין או איברי עולה שנטמאו והקטירן, הציץ מרצה כמו שביארנו; וכל קרבנות הצבור שנטמא הבשר והחלב כולו, הרי זה זורק את הדם.

רמב״ם פ״ד מהל׳ ביאת המקדש ה״ז - וכן הציץ מרצה על טומאת דברים הקרבין, שנאמר: והיה על מצח אהרן ונשא אהרן את עון הקדשים; אבל אינו מרצה על טומאת הנאכלין, ולא על טומאת האדם שנטמא בטומאה ידועה; [א]אא״כ היתה הטומאה הדחויה בציבור, שהציץ מרצה עליה.

באר הגולה

א ‹הנה מדברי רבינו ז״ל נראה דס״ל, דטומאה הדחויה בציבור הציץ מרצה עליו אפילו על טומאת הגוף, וכן כתב הרב לח״מ ז״ל פ״א מה׳ פסולי המוקדשין, **ושלא** כדעת רש״י ז״ל, שכתב בפרק קמא דיומא דף ז׳ ע״א ד״ה בין בציבור כו׳ וז״ל, ובציבור נדחית טומאת הגוף אצלם ולא ע״י ציץ, מבואר מדבריו דס״ל דטומאת הגוף אין הציץ מרצה אפי׳ על טומאה הדחוייה בציבור - שער המלך›

תורה אור

דכל טומאת מת בציבור רחמנא שרייה
אמר רב ששת מנא אמינא לה *דתניא
היה עומד ומקריב מנחת העומר ונטמאת
בידו *אומר ומביאין אחרת תחתיה ואם
אין שם אלא היא אומרין לו הוי פקח ושתוק
קתני מיהת אומר ומביאין אחרת תחתיה
אמר רב נחמן °מודינא היכא דאיכא שיריים
לאכילה מיתיבי *היה מקריב מנחת פרים
ואילים וכבשים ונטמאת בידו אומר ומביאין
אחרת תחתיה ואם אין שם אלא היא
אומרין לו הוי פקח ושתוק מאי לאו פרים
אילים וכבשים דחג אמר לך רב נחמן לא
פרים פר ע"ז אף על גב דציבור הוא כיון
דלא קביע ליה זמן מהדרינן אילים באילו
של אהרן דאע"ג דקביע ליה זמן כיון דיחיד
הוא מהדרינן כבשים בכבש הבא עם העומר
דאיכא שיריים לאכילה מיתיבי *דם שנטמא
וזרקו בשוגג הורצה במזיד לא הורצה כי
תניא ההיא דיחיד ת"ש *על מה הציץ
מרצה על הדם ועל הבשר ועל החלב
שנטמא בין בשוגג בין במזיד בין באונס
בין ברצון בין ביחיד בין בציבור ואי ס"ד טומאה
היתר היא בציבור למה לי לרצויי אמ' לך רב
נחמן כי קתני הציץ מרצה אדיחיד ואיבעית
אימא אפי' תימא בציבור בהנך דלא קביע
לה זמן מיתיבי °ונשא אהרן את עון (שמות כח)
הקדשים *וכי איזה עון הוא נושא אם
עון פיגול הרי כבר נאמר לא ירצה ואם
עון נותר הרי כבר נאמר לא יחשב
הא

(פסחים פ: [מנחות כה:])

כל טומאת מת בציבור שרייה רחמנא · דכתיב [במדבר ט] איש כי יהיה טמא לנפש יעשה פסח שני איש נדחה לפסח שני ואין צבור נדחין אבל זבין ומצורעין כדוה ויולדות שטומאתו יוצא עליו מגופו לא הותרה ובועל נדה כנדה: **מודינא היכא דאיכא שיריים לאכילה** · דאע"ג דקרבן צבור קרב בטומאה אינו נאכל בטומאה כדאמרי' בכילד צולין (פסחים דף עז:) ובמנחה הנקמצת מודינא דמהדרינן לעשות בטהרה שיהיו שיריים נאכלין: **ואם אין** (א) **אלא היא** · שלא מצא מזומן לכך: **מאי לאו פרים ואילים** (ב) **דחג** · שהן קרבן צבור וזמנו קבוע ומנחת נסכים דוחה טומאה וקתני אומר ומביאין אחרת תחתיה אלמא דחוייה היא בצבור: **פר דע"ז** · לצבור (ג) עולה היא וטעונה נסכים כשלא לך: **אילו של אהרן** · דיום הכפורים: **בכבש הבא עם העומר** · כדכתיב (ויקרא כג) ועשיתם ביום הניפכם את העומר (ד) והיא מנחת כבשים דקתני לאו במנחת נסכים קאמר דכליל היא אלא במנחת העומר עצמו הבאה עמו והיא נקמצת ושיריה נאכלין: **במזיד לא הורצה** · ואע"פ שהציץ מרצה קנסוהו רבנן שלא יהא בשר נאכל אבל בעלים מיהו נתכפרו דלא ניתו חולין לעזרה דהא מדאורייתא חזי ומיהו שמעינן מיניה דלאו היתר היא: **על מה הציץ מרצה** · דכתיב ונשא אהרן את עון הקדשים שירצו לבעלים: **רצון** · הרי הוא בכלל מזיד אלא גבי אונס שייך למיתני רצון: **בין בצבור** · ומדבעי לה לרצויי שמע מינה לאו היתר הוא ומה בין יחיד לצבור שהיחיד אין טומאת הגוף נדחה אלא שאין הציץ מרצה על טומאת הגוף ושל צבור נדחית טומאת הגוף אלא ולא על ידי ציץ מיהו שמעינן מינה מדבעי טומאת בשר ועולין (ה) בצבור לרצויי (מרצה) שמע מינה טומאת הגוף שנדחית אלא בקושי נדחית וכל כמה דמלינן לאהדורי אטהרה מהדרינן: **כי קתני הציץ מרצה אדיחיד קתני** · ולצבור אהכשירה קתני שאף של צבור כשר ולא על ידי ציץ אלא היתר הוא אצלו: **ואי בעית אימא אצבור** · נמי קאי ובהנך קרבנות דלא קבע להו זמן שלא נדחית טומאה אלא ציץ מרצה עליהן: ה"ג אם עון פיגול הרי כבר נאמר לא ירצה ואם עון נותר הרי כבר נאמר לא יחשב והכי פירושו איזה עון יהא בקרבן שיהא הציץ מרצה עליו שיהא כשר אם עון מחשבת חוץ למקומו הקרויה פיגול כדאמרינן בזבחים (דף כח:) שלישי זה חוץ למקומו הרי כבר נאמר בקדושים תהיו פיגול הוא לא ירצה ואוקימנא בחוץ למקומו במסכת זבחים ואם עון מחשבת נותר שחישב בשחיטה על מנת לאוכלו חוץ לזמנו הרי כבר נאמר המקריב אותו לא יחשב ואוקמינן במחשבת חוץ לזמנו: הא

פרים פר דע"ז · פי' דעולה הוא וטעון מנחת נסכים דאע"ג דלצבור הוא מהדרינן והא דאמר אומר לו הוי פקח ושתוק ומביא אותה בטומאה לאו משום דטומאה דחויה בצבור דהא לא דחי שבת כיון דלא קביעא ליה זמן וטומאה נמי לא דחי כדאמר לקמן פרק הוציאו לו (דף ס:) כל שאין זמנו קבוע אינו דוחה לא את השבת ולא את הטומאה אע"פ שהוא קרבן צבור והא דמביאה בטומאה היינו משו' דרצויי ציץ ודווקא טומאת קרבן דמרצה ציץ אבל טומאת הגוף דהכהנים לא אידחו לגבייהו כלל דלגמרי חשיב קרבן יחיד:

כיון דיחיד הוא מהדרינן · הכא ודאי חשוב קרבן צבור לדחות שבת ולדחות הטומאה אפילו טומאה דגברי מיהו לא הותרה בו טומאה אלא דחויה היא כיון דיחיד קא מייתי ליה ותימה לי והא כולהו מקראי נפקי פרק כילד צולין (פסחים דף עז:) וידבר משה את מועדי ה' הכתוב קבע מועד אחד לכולן מאי שנא דיש מהן שהותרה בהן טומאה ויש מהם דחויה וי"ל למאן דאמר טומאה היתר היא בכולהו הותר טומאה מדאורייתא אלא מדרבנן גזרו אהנהו דהוי קרבן יחיד לאהדורי אטהורין ולמ"ד טומאה דחויה היא סבירא ליה דבכולהו דחויה היא מדאורייתא:

דם שנטמא וזרקו במזיד לא הורצה · תימה לי מאי פריך הא לא הורצה דקאמר היינו להתיר בשר באכילה והא מודו כולי עלמא דלאכילה לא אמרינן היתר היא בצבור ועוד לכאורה משמע דלא פריך אלא למ"ד היתר היא בצבור ואמאי אפי' למאן דאמר דחויה ליפרוך כמו למאן דאמר היתר היא דע"כ לא פליגי אלא לאהדורי אטהורין קודם הקרבת הקרבן אבל אם כבר קרב הקרבן בהא לא פליגי וי"ל דפריך שפיר למאן דאמר היתר היא דנהי לאכילה לית ליה היתר היא ה"מ היכא דאיטמו שיריים גופייהו אבל הכא דבשר לא איטמי הוה ליה למישרי אפי' באכילה כיון דמיקל כולי האי דאית ליה טומאה דגברי ודעולין היתר היא אבל למאן דאמר טומאה דחויה ניחא דכיון דמחמיר כולי האי בטומאת עולין ודגברא קודם הקרבה סברא הוא שיש להחמיר בבשר אע"פ שהוא טהור ואפי' לאחר הקרבה:

שנטמא בין בשוגג בין במזיד כו' · הא דלעיל קאמר במזיד לא הורצה והכא קאמר דמרצה אף על המזיד בפרק הקומץ רבה (מנחות דף כה:) מקשה לה הש"ס ואיכא למאן דמשני טומאתו בשוגג אין במזיד לא זריקתו בין בשוגג בין במזיד ואיכא למאן דאמר איפכא ותימה דבפ' האשה רבה (יבמות דף צ.) מקשה מההיא דדם שנטמא וזרקו במזיד לא הורצה למ"ד אין ב"ד מתנין לעקור דבר מן התורה והא הכא דמדאורייתא ארצויי מרצה כדתניא על מה הציץ מרצה על הדם וכו' שניטמא בין בשוגג בין במזיד ואמור רבנן דלא מרצה ומאי פריך הא שנינן פרק הקומץ רבה (מנחות דף כה:) הנך תרי ברייתות חדא בטומאה וחדא בזריקה וא"כ איכא למימר דההיא דדם שנטמא במזיד לא הורצה מדאורייתא נמי קאמר וי"ל דליתא סברא לחלק בדאורייתא בין שוגג למזיד לא בזריקה ולא בטומאה דודאי מדאורייתא מרצה בכל ענין וחילוקא דמפלגינן בין שוגג למזיד היינו מדרבנן למר כדאית ליה ולמר כדאית ליה למר בטומאה לפי שנראה לו יותר להחמיר בנטמא במזיד משום דאתחלתא דפסולא היא ועוד דלא נתכוין לעשות מצוה אבל בזריקה בטומאה לא קנסוהו כיון דלאו תחילת פסולא הוא ועוד במצוה קא עסיק ולמר מסתבר ליה להחמיר יותר בזריקה משום דדבר מגונה ביותר הוא להקריב לגבוה דבר שאינו טהור וא"ת א"כ בפרק הקומץ רבה ליטני דההיא דעל מה הציץ מרצה · איירי מדאורייתא וההיא דדם שנטמא איירי מדרבנן וי"ל אם איתא דמדרבנן אין חילוק בין טומאתו לזריקתו דאידי ואידי הוה אמרינן דלא הורצה במזיד וא"כ ההוא דעל מה הציץ מרצה בין בשוגג בין במזיד מדאורייתא דווקא איירי לא הוה ליה למיתני סתמא הכי כיון דבזמן שנשנית הברייתא לא הוה מרצה במזיד כן פרש"י בפרק האשה רבה (יבמות דף צ. ד"ה והא): **על** הדם ועל הבשר · בפסחים פ"ק (דף טז:) פי' רש"י דאתיא כרבי יהושע דאמר אם אין בשר אין דם מיהו אור"י דאתיא אפי' כר"א דאמר יש דם אע"פ שאין בשר והא דבעי ריצוי ציץ יש לומר היינו כדאמר בפרק כילד צולין (שם דף עח.) לאקבועינהו בפיגול ולאפקינהו מידי מעילה: **אם** עון פיגול הרי כבר נאמר לא יחשב · כך היא הגירסא בכל הספרים אלא שרש"י הגיה איפכא על פי הת"כ ובחנם הגיה דהא מסקינן בפרק שני דזבחים (דף כח:) דתרוייהו מקראי אריכא נפקי ורישיה דקרא דאם האכל יאכל ביום השלישי
לא

מנחות עב.

ס"א אם יש שם אחרת אומ' לו הביא [אמנם בתוס' דמנחות פ"ב איתא כמו שהיא בפנים תוספתא מנחות פ"ב]

פסחים עז: יבמות צ. גיטין נג. זבחים מה. מנחות כה.

זבחים כג. [פסחים עז: מנחות כה.]

יב א מיי' פ"א מהלכות פסולי המוקדשים הלכה לד:

תוספות ישנים

פר דע"ז · ואע"ג דאמרינן בפרק הוציאו לו (דף נ.) דדחיית טומאה תלוי' בקביעות זמן ולא בצבור ויחיד מ"מ כשאין אחרת אלא היא אומרים לו הוי פיקח ושתוק מפני שאין ציץ מרצה וכאילו של אהרן דכסמוך אע"ג שקבוע לו זמן מ"מ אהדורי מהדרינן אטהרה דשל יחיד היא:

הגהות הב"ח

(א) רש"י ד"ה ואם כו' אין שם אלא: (ב) שם ד"ה מאי וכו' ואילים וכבשים דחג: (ג) שם ד"ה פר וכו' עולה היא: (ד) שם ד"ה בכבש כו' את העומר כבש וגו' והאי מנחת: (ה) שם ד"ה בין בצבור וכו' טומאת בשר ועולין. נ"ב פי' בין אכילתם כגון בשר בין אימורים העולין ונקטרין על האישים שאין הציץ מרצה על טומאתן עיין ס' כילד צולין דף ע"ז ע"ב:

גליון הש"ס

גמ' מודינא היכא דאיכא שיריים עיין מנחות טו ע"א תוס' ד"ה ר"י:

* הא אינו נושא אלא עון טומאה שהותרה מכללה בציבור וקשיא לרב ששת תנאי היא *דתניא ציץ בין שישנו על מצחו בין שאינו על מצחו מרצה דברי רבי שמעון ר' יהודה אומר ג'עודהו על מצחו מרצה אין עודהו על מצחו אינו מרצה אמר לו ר"ש כהן גדול ביוה"כ יוכיח שאין עודהו על מצחו ומרצה אמר לו ר' יהודה הנח לכהן גדול ביוה"כ שטומאה הותרה לו בציבור מכלל דר"ש סבר טומאה דחויה היא בציבור אמר אביי בנשבר הציץ דכ"ע לא פליגי דלא מרצה כי פליגי דתלי בסיכתא רבי יהודה סבר °על מצח ונשא ורבי שמעון סבר °תמיד לרצון לפני ה' מאי תמיד אילימא תמיד על מצחו מי משכחת לה מי לא בעי מיעל לבית הכסא ומי לא בעי מינם אלא תמיד מרצה הוא ולרבי יהודה נמי הא כתיב תמיד ההוא תמיד שלא יסיח דעתו ממנו כדרבה בר רב הונא *דאמר רבה בר רב הונא ד'חייב אדם למשמש בתפיליו בכל שעה ושעה ק"ו מציץ ומה

הא אינו נושא וכו' · הא לשון מעתה הוא מעתה אי אתה מוצא שיהא נושא אלא עון קרבן טומאה ומאי שנא דשדינן ליה לקולא הואיל ומצינו בה קל אחר שהותרה לצבור מכלל איסור שביחיד הלכך שדי ביה נמי לקולא שיהא הציץ מרצה הואיל בקרבן יחיד קתני מיהא שהותרה תורה אור בצבור אלמא היתר היא בצבור:

בין שישנו הציץ על מצחו · של כהן גדול כשאירעה טומאה על הקרבן: יוה"כ · אינו על מצחו בשעת עבודת היום הפנימית שאינו נכנס לפנים בבגדי זהב: שטומאה הותרה לו · שכולו קרבן צבור ואינו צריך לרצוי ציץ: מכלל דר"ש סבר דחויה היא · וציץ הוא דמרצה עלה והיינו תנאי: אמר אביי כו' · מילתא באפי נפשיה היא לפרושי פלוגתייהו: בסיכתא · יתד: על מצח ונשא · והיה על מצח אהרן ונשא אהרן את עון הקדשים (שמות כח): אחד

לא ירצה בחוץ לזמנו וכיפיה דפיגול יהיה זה חוץ למקומו א"כ גירסת הספר נכונה ומת"כ אין ראייה דכמה ברייתות נשנו שם לפי מה דס"ד מעיקרא ואיכא למימר דההיא נשנית לפי הטעות דהוה ס"ד מעיקרא בפ"ב דזבחים דנותרי קראי נפקי חוץ למקומו מקרא זוטא דפרשת קדושים וחוץ לזמנו מקרא אריכא דפרשת צו ועוד קשה על פרש"י אמאי קרי לחוץ למקומו פיגול ולחוץ לזמנו נותר דבכל הש"ס חוץ לזמנו קרי פיגול בשלמא לפי' ר"ת משום דחוץ למקומו נפקא לן מדכתיב פיגול יהיה בקרא אריכא להכי קרי ליה פיגול ולכל הפי' קשה אמאי מדכר בברייתא פיגול ברישא והא חוץ לזמנו כתב ברישא וי"ל לפי שהוא קל יותר מחוץ לזמנו דחוץ למקומו אין בו כרת ועוד דהותר מכללו בבמה הוה מהדר ברישא לאוקמא ביה רצוי ציץ טפי מבהוך לזמנו דחמיר וכתר דלא מיתוקמא ליה ביה מהדר לאוקמא בחוץ לזמנו ופרש"י בפ"ק דפסחים (דף טז:) איה דמפרשי פיגול חוץ לזמנו כמו פיגול שבכל הש"ס שהוא חוץ לזמנו אם עון פיגול הרי כבר נאמר לא יחשב ואם עון נותר נותר ממש ולא נהירא דהיכי קאמר הרי כבר נאמר לא ירצה אי לא ירצה הזבח קאמר וכי לאחר שהוכשר יחזור ויפסול ואי האוכלו קאמר וכי אין כפרה לחייבי כריתות ועוד תיפוק ליה מעון הקדשים ולא עון *האוכלין ומורי ה"ר יהודה ממיץ זצ"ל אמר לי מפי ה"ר וויש מהפר"ק זצ"ל אם עון נותר נותר ממש ומה שהקשה רש"י אחר שהוכשר יחזור ויפסל דילמא ההיא כר"ע דאמר בפ"ב דזבחים (דף כט·) לר' אליעזר הא מצינו לזב וזבה ושומרת יום שהן בחזקת טהרה וכיון שראו כתרו אף אתה אל התמה ע"ז אחר שהוכשר יחזור ויפסול ואע"ג דר"א אהדר ליה התם הרי הוא אומר המקריב בהקרבה הוא נפסל ואינו נפסל בשלישי ולכאורה משמע דר"ע קיבלה דאין הזבח נפסל והכא דריש ליה מלא ירצה שהזבח נפסל אם טותר ממנו י"ל דה"ק אם עון נותר וניחא דאית ביה עון בזבח ונידרוש לקרא כר"ע בהוכל מזבחו ביום השלישי הכתוב מדבר וסברא הוא לאוקמא לקרא בהכי לפי שהוא איסור קל שאירע לאחר שהוכשר ולהכי ניחא דהציץ מרצה עליו טפי מעל שאר איסורים הא כבר נאמר לא ירצה הא אין נושא אלא עון טומאה ומהשתא לית לן לאוקמא קרא דואם האכל יאכל ביום השלישי באוכל מזבחו ביום השלישי דהא דהוה ס"ד לאוקמא הכי היינו כי היכי דתיתוקם ביה קרא דרצוי ציץ טפי משום דמיכתבר טפי משום דאירע לאחר שהוכשר והיינו נריכין לומר דקרא דהמקריב הוה דריש ליה לדרשא אחריתא כדדריש ליה בפ"ב דזבחים (דף יג·) לומר לך זריקה בכלל היתה ולמה יצאת להקיש אליה ולומר לך מה זריקה מיוחדת שהיא עבודה המעכבת כפרה ומחשבה פוסלת בה אף כל [כו'] לאפוקי שפיכת שירים והקטרת אימורין אבל כיון דאפי' אי הוה מוקמי' לקרא באוכל מזבחו ביום השלישי אפ"ה לא היה מרצה הציץ עליו שהרי כתוב בו לא ירצה והשתא לא דחקינן בתנם לאוקמא ביה קרא אלא דרשינן מהמקריב בהקרבה הוא נפסל ואין נפסל בשלישי: הא אינו נושא אלא עון טומאה שהותרה מכללה וכו' · תימה לר"ת מאי איצטריך למיתלי טעמא שהותרה מכללה תיפוק ליה משום דאי אפשר לאוקמא קרא בפיגול ונותר וממילא לא מיתוקם אלא בטומאה ותירץ דע"כ לא מוקמינן לקרא אלא במידי דהותר מכללו מדכתיב לרצון להם משמע עון שהוא לרצון בעלמא וכן משמע בהקומץ רבה (מנחות דף כה·) דפריך ואימא עון שמאל שהותר מכללו ביוה"כ ומשני אמר קרא עון שהיה בו ודחיתיו והיינו על כרחך מלרצון להם דאי לאו הכי מנא ליה דבדיחוי מיירי קרא והכי הוה ליה לשנויי אמר קרא עון שהוא עון בכל מקום לאפוקי שמאל שאינו עון ביוה"כ [והא דלא נקט מלרצון] י"ל משום דלא משמע למעוטי שמאל שהרי מרוצה הוא אלא מעון נמי קדריש וה"ק עון שהוא לרצון שהוא מרוצה וטובא פריך התם ולא פריך אלא מהנך דהותרו מכללן וא"ת א"כ פיגול ונותר היכי ס"ד לאוקומי קרא בגווייהו אי לאו דכתיב לא יחשב ולא ירצה תיפוק ליה דלא הותרו מכללו ואור"ת פיגול הותר מכללן בבמה שאין פסול מקום בבמה ונותר כדי נסכה אי נמי הותר בראשו של מזבח אבל קשה למ"ד ליגה מועלת בראשו של מזבח בפרק המזבח מקדש (זבחים דף פז·) מאי איכא למימר ועוד מחשבה נותר לא הותרה והומר ריצב"א דהותרה במנחת כהנים ובמנחת כהן נסוח ובכל דבר שאין לו מתירין דאין חייבין עליו משום פיגול כדתנן בפ' ב"ש (שם דף מג·) ואפי' פסול נמי ליכא מדקאמר התם בפ"ק דזבחים (דף יד·) לר"ש דאמר כל שאינו על מזבח החיצון כשלמים אין חייבין עליו משום פיגול ואמרי' התם מודה ר"ש לפסול מק"ו מצאה לשמן הכשר בשלמים ופסול בחטאת חוץ לזמנו הפסול בשלמים אינו דין שיפסול בחטאת ובדבר שאין לו מתירין ליכא ק"ו דהא צלא לשמן כשר במנחת כהנים ובכל דבר שאין לו מתירין וא"ת חוץ למקומו שהותר בבמה הא לא מיקרי הותר מכללו דבעינן עון דלפני ה' כדמשני התם כי פריך ואימא עון יוצא שהותר בבמה ומשני עון דלפני ה' יש לומר יוצא לאו עון דלפני ה' הוא דפסולו אירע בחוץ אבל מחשבת חוץ למקומו פסולו אירע בפנים שעומד בפנים ומחשב לחוץ ואין לומר דבמה לא מיקרי הותר מכללו כיון דהכשירו בכך כדמשני התם גבי שמאל דלא דמי דשמאל כיון דהכשירו בפנים בשמאל קרי ליה הכשירו בכך אבל חוץ למקומו כיון דבפנים לא אשכחן ליה הכשירו לא חשיב הכשירו בכך מה שהותר בבמה וי"מ דפיגול ונותר אע"ג דלא הותרו מכללן הוה מוקמינן קרא דריצוי ציץ בגווייהו אי לא גלי קרא בהדיא לא יחשב ולא ירצה משום דכתיב בהו עון וכיון כתב עון וגמרינן עון עון מציץ ואי משום דכתיב לרצון להם דמשמע דלא מתוקם אלא במידי דהותר מכללו כדפי' איכא למימר דהוו מוקמי לרצון לדרשא אחריתי כדדריש בפ' הבא על יבמתו (יבמות דף ס:) לרצון להם ולא לפורענות ובפ' הקומץ רבה (מנחות דף כה· ד"ה ואימא) כתבתי אמאי לא מוקמינן לקרא לעון נבילה וטריפה שהותר מכללו במליקה או בעון לילה שהותר מכללו באיברים ופדרים או בעון אותו ואת בנו שהותר מכללו בעופות או עון מחוסר זמן שהותר בעופות וע"ש:

מכלל דר"ש סבר טומאה דחויה היא בצבור · לא ידענא מאי ראייה מייתי ר"ש מיוה"כ דאפי' כשאינו על מצחו דמרצה דלמא לעולם אינו על מצחו אין מרצה ויוה"כ היינו טעמא דכיון דאי אפשר להיות על מצחו ולרצויי דחיא טומאה כיון דקרבן צבור הוא דאתא בטומאה מידי דהוה אטומאת גברא דלא מרצי ציץ עלה ודחיא טומאה וי"ל דה"ק ר"ש כהן גדול ביוה"כ יוכיח דאי נטמא הקרבן בידו אפי' אם יש אחרת טהורה אין אומר לו הבא אחרת תחתיה וע"כ היינו משום דאפי' אין עודהו על מצחו מרצה וכיון דאיכא תרתי רצוי ציץ וקרבן צבור לא מייתי אחריתי דאי אין עודהו על מצחו אינו מרצה לימא ליה הבא אחרת תחתיה כיון דטומאה דחויה היא וא"ת והאמר לעיל גבי היה מקריב מנחת פרים מאי לאו דתנן אלמא למ"ד טומאה דחויה היא אומר לו הבא אחרת תחתיה אפי' בקרבן צבור גמור י"ל דההוא תנא דלעיל סבר כר"י בהא דאין עודהו על מצחו אינו מרצה וכגון שאינו על מצחו אי נמי בנשבר הציץ ואליבא דכולי עלמא:

ומה

סנהדרין יב: פסחים עז.

שמות כח שם

שבת יב. מנחות לו:

ב"י המקדישין

יד א מיי' פ"ד מהל' ביאת המקדש הל' ו וס"א מהלכות פסולי מוקדשין הל' לד ופי"א הלכה יע:

טו ב מיי' פ"ד מהלכות ביאת מקדש הל' ח:

טז ג מיי' פ"ד מהל' תפילין הלכה יד סמג עשין כב טוש"ע א"ח סי' רח סעיף א:

תוספות ישנים

אלא תמיד מרצה הוא. וקשה לר"ת מהא דקידושין פרק האומר (דף סו.) גבי ינאי המלך הקם להם בציץ שבין עיניך אלמא [אפילו] בשעת סעודה היה לובשו ותירץ דשאני ציץ דכתיב ביה תמיד וע"כ היה בכל שעה על מצחו ואע"ג דמספקא ליה לקמן בפרק בא לו (דף סח:) וכתמיד (דף כז:) בבגדי כהונה אי ניתנו ליהנות בהן וכציץ יש הנאה שהוא עליו מ"מ מדכתיב תמיד מותר בכל שעה. מ"ר. אבל קצת קשה א"כ מה שואל הכא תמיד למאי אהא הא לאו איצטריך כדפרישית וי"ל דלרבי יהודה לא היה יכול להעמידו להתירו בכל שעה דהא אפילו בשאר בגדי כהונה נמי מספקא ליה דשמא ניתנו ליהנות בהן ומכל מקום שמעינן שפיר מתמיד היתרן כל שעה אפי' אם השאר אסורין ולר"ש נמי דתמיד משמע כל שעה מ"מ מוקמינן ליה ארינוי. מ"ר:

§ מסכת יומא דף ז: §

אות א'

הא אינו נושא אלא עון טומאה שהותרה מכללה בציבור

רמב"ם פ"ד מהל' ביאת המקדש ה"ז - **וכן הציץ מרצה על טומאת דברים הקרבין, שנאמר: והיה על מצח אהרן ונשא אהרן את עון הקדשים; אבל אינו מרצה על טומאת הנאכלין, ולא על טומאת האדם שנטמא בטומאה ידועה; אלא אם כן היתה הטומאה הדחויה בציבור שהציץ מרצה עליה.**

רמב"ם פ"א מהל' פסולי המוקדשין הל"ד - **כל הזבחים של יחיד, בין שנטמא בשר והחלב קיים, בין שנטמא חלב והבשר קיים, זורק את הדם; נטמאו שניהן לא יזרוק, ואם זרק הורצה, שהציץ מרצה על הטומאה; וכן אימורין או איברי עולה שנטמאו והקטירן, הציץ מרצה כמו שביארנו; וכל קרבנות הצבור שנטמא הבשר והחלב כולו, הרי זה זורק את הדם.**

רמב"ם פי"א מהל' פסולי המוקדשין הי"ט - **קומץ מנחה שנטמא והקטירו, הציץ מרצה, שנאמר: ונשא אהרן; יצא הקומץ חוץ לעזרה והכניסו והקטירו, אין הציץ מרצה; שהציץ מרצה על הטמא ואינו מרצה על היוצא.**

אות ב'

עודהו על מצחו מרצה, אין עודהו על מצחו אינו מרצה

רמב"ם פ"ד מהל' ביאת המקדש ה"ח - [א]**ואין הציץ מרצה אלא בזמן שהוא על מצחו, שנאמר: והיה על מצחו תמיד לרצון להם לפני י"י.**

אות ג'

חייב אדם למשמש בתפיליו בכל שעה ושעה, ק"ו מציץ

סימן כח ס"א - [ב]**חייב אדם למשמש בתפילין בכל שעה, שלא יסיח דעתו מהם** - פי' בכל שעה שנזכר בהם חייב למשמש, דעל ידי כן נזכר עליהן תדיר, ולא יבא לידי היסח הדעת, **ועוד** כדי לתקנם שלא יזוזו ממקומן, **ובעת** התפלה א"צ למשמש בהם.

[ג]**וימשמש בשל יד תחלה** - דהשל יד סמוכה לו למשמשו, ואין מעבירין על המצות, ואחר כך בשל ראש.

ואם בעת משמוש הש"ר מצאהו שנשמט ממקומו, ונודע לו אז שהש"י ג"כ נשמט ממקומו, צריך להחזיר הש"י תחלה על מקומו, מקרא "וקשרתם לאות על ידך", והדר "ולטוטפות בין עיניך".

[ד]**וכשיאמר: וקשרתם לאות על ידך, ימשמש בשל יד, וכשיאמר: והיו לטוטפות בין עיניך, ימשמש בשל ראש.**

באר הגולה

[א] ‹פלוגתא דרבי יהודה ורבי שמעון, ופסק כרבי יהודה. **וכתב** הר"י קורקוס ז"ל דאיכא למידק, דבגמרא אקשו לר"י, ושני דקסבר דטומאה הותרה בצבור, ומאחר שפסק רבינו בסוף הפרק שטומאה דחויה היא בצבור, הוי תרתי דסתרן. **ותירץ** שסובר רבינו שאותה קושיא אינה מוכרחת לומר כן, ותירץ לו כן לרווחא דמילתא, והאריך בדבר להוכיח כן – כסף משנה› [ב] **מנחות ל"ו** [ג] **יומא ל"ג לפי' התוס' בשם רבי אליהו** [ד] **טור בסי' ס"א**

§ מסכת יומא דף ח. §

אות א׳

כהן השורף את הפרה מזין עליו כל שבעה

רמב״ם פ״ב מהל׳ פרה אדומה ה״ד - כל יום ויום משבעת ימי ההפרשה מזין עליו מי חטאת, שמא נטמא למת והוא לא ידע; חוץ מיום רביעי להפרשה שא"צ הזאה, לפי שא"א שלא יהיה לא שלישי לטומאתו ולא שביעי, שאין הזאה בשביעי עולה משום הזאת שביעי עד שיזה בשלישי מלפניה; ומן הדין היה שא"צ הזאה אלא בשלישי ושביעי להפרשה בלבד, וזה שמזין יום אחר יום, מעלה יתירה עשו בפרה.

אות ב׳

אין מזין עליו אלא שלישי ושביעי

רמב״ם פ״א מהל׳ עבודת יוה״כ ה״ד - בשבעת ימים אלו מזין עליו מאפר הפרה בשלישי להפרשתו, ובשביעי שהוא ערב יום הכפורים, שמא נטמא במת ולא ידע; ואם חל יום שבת בשלישי או בשביעי שלו, [א]דוחין את ההזייה.

אות ג׳

לא אמרינן טבילה בזמנה מצוה

יו״ד סי׳ קצז ס״ב - אם בעלה בעיר, מצוה לטבול בזמנה, שלא לבטל מפריה ורביה אפילו לילה אחת – [וזהו אפי׳ למאן דסבירא ליה בטור, טבילה בזמנה לאו מצוה היא, ומ״מ משום פרי׳ ורבי׳ ודאי מצוה היא – ט״ז].

הגה: ומותרת לטבול בליל שבת אם לא יכלה לטבול קודם לכן, ודוקא אם בעלה בעיר, אבל בלאו הכי אסור – [בטור הביא דעת ר״ח, דסבירא ליה טבילה בזמנה מצוה, ולפי זה היה מותר לטבול בשבת, אלא דר״ת סבירא ליה, הלכה טבילה בזמנה לאו מצוה היא מצד הטבילה עצמה, אלא מצד פרי׳ ורבי׳, ומש״ה פסק רמ״א דוקא כשבעלה בעיר – ט״ז].

אות ד׳ – ה׳

הרי שהיה שם כתוב על בשרו, הרי זה לא ירחץ ולא יסוך ולא יעמוד במקום הטנופת

נזדמנה לו טבילה של מצוה, כורך עליו גמי וטובל

רמב״ם פ״ו מהל׳ יסודי התורה ה״ו - כלי שהיה שם כתוב עליו, קוצץ את מקום השם וגונזו; ואפילו היה השם חקוק בכלי מתכות או בכלי זכוכית והתיך הכלי, הרי זה לוקה, אלא חותך את מקומו וגונזו; וכן אם היה שם כתוב על בשרו, הרי זה לא ירחץ ולא יסוך ולא יעמוד במקום הטנופת; נזדמנה לו טבילה של מצוה, כורך עליו גמי וטובל, ואם לא מצא גמי, מסבב בבגדיו; ולא יהדק כדי שלא יחוץ, שלא אמרו לכרוך עליו אלא מפני [ב]שאסור לעמוד בפני השם כשהוא ערום.

באר הגולה

א ‹עיין פרק י״א מהל׳ פרה הלכה ב׳, דרבינו ס"ל דהזה בשלישי ובשמיני עלה לו, ולפי"ז יש לדקדק לדרכו, דנהי דכשחל שלישי בשבת, למה לא יזו עליו בשני ושביעי, ולמה כתב רבינו דוחין את ההזאה, **וי"ל** דכיון דהזייה זו חומרא בעלמא משום היסח הדעת, דיום אחרון נמי מספקינן בהיסח הדעת, וכיון דלא אפשר אין להחמיר – מרכבת המשנה› ‹**יש** לעיין קצת, לדידן שאין מזין על הכ"ג ביו"כ אלא ג׳ וז׳, א"כ י"ל דאם חל א׳ מהם בשבת, אפשר דדוחין השבות, דרבא הכא {בעמוד ב׳} קאי למ"ד דמזין עליו כל ז׳, וכן קושית הגמ׳ הזאה שבות, י"ל ג"כ אי לא חל ג׳ או ז׳ בשבת, אבל הזאת ג׳ וז׳ י"ל דדוחה. **אך** הרמב"ם פסק בפי׳ דאינה דוחה, ולפי"ז כוונת רבא ביוה"כ להשמיענו, דגם אם חל ג׳ וז׳ בשבת מ"מ אין מפרישין קודם ז׳, רק בתלתא בתשרי, ודוחין ההזאה לגמרי, וכמ"ש הרמב"ם, **אך** מלשון רש"י משמע, דרבא קאי למ"ד דמזין כל שבעה, **ובתוס׳** רי"ד כתב, דאי איקלע בשבת מפרישין ח׳ ימים, וצ"ע – שפת אמת› ב ‹כלומר דמטעם מחיקת השם אינו אסור, דכתיב לא תעשון כן לה׳ אלהיכם, עשייה הוא דאסור גרמא שרי – כסף משנה›

ומה ציץ שאין בו אלא אזכרה אחת אמרה תורה על מצחו תמיד שלא יסיח דעתו ממנו תפילין שיש בהן אזכרות הרבה על אחת כמה וכמה ולר"ש דאמר תמיד מרצה והא כתיב על (א) מצחו ונשא ההוא לקבוע לו מקום הוא דאתא ורבי יהודה לקבוע לו מקום מנא ליה נפקא ליה מעל מצחו ור"ש נמי תיפוק ליה מעל מצחו אין ה"נ אלא על מצחו ונשא מאי עביד ליה אמר לך ראוי למצח מרצה שאינו ראוי למצח אינו מרצה לאפוקי נשבר הציץ דלא מרצה ולר' יהודה נשבר הציץ מנא ליה נפקא ליה ממצח מצחו ור"ש מצח מצחו לא משמע ליה נימא הני תנאי כהני תנאי דתניא* אחד זה ואחד זה מזין עליו כל שבעה מכל חטאות שהיו שם דברי רבי מאיר רבי יוסי אומר אין מזין עליו אלא שלישי ושביעי בלבד ר' חנינא סגן הכהנים אומר *כהן השורף את הפרה מזין עליו כל שבעה כה"ג ביוה"כ *אין מזין עליו אלא שלישי ושביעי מאי לאו בהא קא מיפלגי ר"מ סבר טומאה דחויה היא בציבור ור' יוסי סבר טומאה *הותר היא בציבור ותסברא אי סבר רבי יוסי הותר היא בציבור הזאה כלל למה לי אלא דכולי עלמא הני תנאי סברי טומאה דחויה היא בציבור והכא בהא קמיפלגי ר"מ סבר אמרינן טבילה בזמנה מצוה ורבי יוסי סבר *לא אמרינן טבילה בזמנה מצוה וסבר רבי יוסי לא אמרינן טבילה בזמנה מצוה והתניא* *הרי שהיה שם כתוב על בשרו הרי זה לא ירחוץ ולא יסוך ולא יעמוד במקום הטנופת *נזדמנה לו טבילה של מצוה כורך עליו גמי וטובל רבי יוסי אומר יורד וטובל כדרכו ובלבד שלא ישפשף וקיימא לן דבטבילה בזמנה מצוה קא מיפלגי דתנא קמא סבר לא אמרינן טבילה בזמנה מצוה ורבי יוסי סבר אמרינן טבילה בזמנה מצוה אלא דכולי עלמא להני תנאי אמרינן טבילה בזמנה מצוה והכא בהא קמיפלגי רבי מאיר סבר מקשינן הזאה לטבילה ור' יוסי סבר לא מקשינן הזאה לטבילה ורבי חנינא סגן הכהנים אי מקיש הזאה לטבילה אפילו כהן ביוה"כ נמי אי לא מקיש הזאה לטבילה אפי' כהן השורף את הפרה נמי לא לעולם לא מקיש וכהן השורף את הפרה מעלה בעלמא כמאן אזלא הא דתנו רבנן אין בין כהן השורף את הפרה לכהן גדול ביום הכפורים אלא שזה

רש"י

אחד זה ואחד זה · דיוה"כ ופרה: **שלישי ושביעי** · לפרישתו: **כהן השורף כו'** · לקמיה מפרש טעמיה: **דרבי מאיר סבר דחויה היא בציבור** · ובעינן מהדר מעלייתא והזאה בזמנה וכל יומא ויומא איכא לספוקי שמא היום יום שלישי הוא לטומאתו בשלשה ראשונים ובשלשה האחרונים כל יומא ויומא איכא לספוקי מספיקא שהוא שביעי: **ור' יוסי סבר היתר היא בציבור** · דלא מתמרי בה אלא למעלה בעלמא דילפינן ממלואים (ב): **הזאה כלל למה לי** · בתורת שלישי ושביעי: **טבילה בזמנה מצוה** · דכתי' [במדבר יט] וחטאו ביום השביעי וכבס בגדיו ורחץ לא בא זה אלא ללמד על הטבילה שתהא ביום השביעי והזאה נמי מקשינן לטבילה להיות מצוה בזמנה הלכך כל יומא מזינן עליה שמא היום זמנה: **לא אמרינן טבילה בזמנה מצוה** · והאי וחטאו דרשינן ליה במסכת קדושין בפ"ג (דף סב:): **לא ירחץ** · שלא ימחקנו והזהירה למוחק את השם ואבדתם את שמם (דברים יב) וסמיך ליה לא תעשון כן וגו': **טבילה של מצוה** · טבילה מהרה שהטבילה הכתוב עליו: **כורך עליו** · גמי · להגין עליו (ג) חוזק שטף המים: **וקיימא לן** · במסכת שבת (דף קכ:) דבטבילה בזמנה מצוה פליגי ר' יוסי סבר מצוה הלכך דלמא לא משכח גמי ושהה טבילתו ליום אחר: **לא מקשינן** · הזאה בזמנה לאו מצוה היא וכי כתיב שלישי ושביעי לא יקדים ושהה בין הזאה להזאה ארבעה ימים אבל אם השהה הזאתו לזמן מרובה לית לן בה: שזה

תוספות

ומה ציץ שאין בו אלא אזכרה אחת · תימה לי ליפרך מה לציץ שכן הסם הוא בגופו האמר בתפילין שכן מחופין עור ואין לתרץ דה"ל כתיב שדי בתפילין בקמטין חדא דאין זה כתב גמור דדוקא שי"ן של תפילין הלכה למשה מסיני אבל ד' לא ועוד דלציץ איכא שם המיוחד בן ד' אותיות דאמיר טפי וצ"ל דלהוט ק"ו גמור דאורייתא אלא מדרבנן והיק כהן נמי דאיכא אזכרות טפי בציץ כדמפרש מ"מ כיון דאיכא בתפילין כד אזכרות זה טפי שיש בהן אזכרות הרבה סברא הוא הדין יש לחכמים לתקן למשמש בהן כל שעה: **ורבי יוסי סבר טומאה היתר היא בציבור** · תימה לי א"כ גבי פרה אמאי סגי בג' ובשביעי הא לאו קרבן ציבור היא לדחות שבת וטומאה וי"ל דכיון דטבול יום כשר בפרה דכתיב (במדבר יט) והזה הטהור דאמרת טהור כל דהו אם כן מהתם נמי נכשיר כהן השורף הפרה בלא הזאה כלל כיון דלא ברור לן דנטמא והוא הדין דאפילו שלישי ושביעי לא בעי אלא מעלה בעלמא:

אי סבר רבי יוסי טומאה היתר היא בציבור הזאה כלל למה לי · גבי יוה"כ תימה לי ליתא דאיצטריך הזאה משום אילו של אהרן הקרב ביוה"כ דכיון דיחיד הוא מהדרינן אטהרה וי"ל דהא"ת היכא דנטמא בידו טומאה ודאית כדלעיל *אבל בחששא בעלמא כי הכא ודאי למאן דמיקל ואמר היתר היא בציבור לא הוה מצרכי' מידי אפילו בדיחיד כגון אילו של אהרן כיון דחשיב כקרבן ציבור לדחות שבת וטומאה:

וסבר רבי יוסי לא אמרינן טבילה בזמנה מצוה כו' · לא הוה מצי לשנויי ההיא דלעיל רבי יוסי בר' יהודה היא דסבירא ליה בפרק המפלת (נדה דף כט.) לאו מצוה היא וכה"ג משני לקמן סילהי מכילתין (דף פח. ושם) וי"ל דכיון דפליג בהדיה ר"מ שמע מינה דרבי יוסי בר חלפתא הוא שהיה חבירו בר פלוגתיה:

דכולי עלמא להני תנאי אמרינן טבילה בזמנה מצוה · ר"ת פסק דטבילה בזמנה לאו מצוה היא אע"ג דאמר בפרק המפלת (נדה דף ל. ושם) שמע מינה תלת שמע מינה טבילה בזמנה מצוה אין הלכה כן אלא כרבי יוסי בר' יהודה דאמר התם דיה טבילה באחרונה שהרי מעשים בכל יום שאין לך טובלת בזמנה טבילה של נדה ושל זבה ושל שומרת יום ובפרק בתרא דנדה (דף סו: ושם) אמרינן מכדי האידנא כולהו ספק זבות שוינהו רבנן ליטבלינהו ביממא דשבעה משמע שלא היו טובלות ביום בשום פעם ור"ח פסק כב"ש וב"ה דפרק המפלת (שם דף ל· ושם) דסברי טבילה בזמנה מצוה ולאו ראייה היא מדסברי ב"ש וב"ה הכי שיהא הלכה כן דודאי ר' יוסי בר' יהודה לא פליג עלייהו אלא ס"ל לא נחלקו ב"ש וב"ה בדבר זה א"כ מצי למימר דהלכתא כר' יוסי ברבי יהודה ומה שעשה רבינו אליהו הזקן זכרונו לברכה באזהרות שלו טבילה בזמנה ועל ארבע גדילים יחל על אזניך תכסה הגדולים מנהגן היה שלא היה מקפיד לכתוב כהלכתן כמו שיסד על סתם נסקלים לנתס ונתחייב הסקלוהו ויאמר המלך תלוהו והיינו כר"א דפרק נגמר הדין (סנהדרין דף מה:) כל הנסקלין נתלין ודלא כרבנן דאמרי אין נתלה אלא מגדף ועובד עבודת כוכבים ומהא דאמר בשמעתא דכולי עלמא אמרינן טבילה בזמנה מצוה אין להביא ראיה דלא הוה מצי למימר איפכא דכולי עלמא לא אמרינן טבילה בזמנה מצוה דא"כ מאי טעמא דר"מ ועוד ר' יוסי נמי על כרחך סבר טבילה בזמנה מצוה כדשמעינן ליה גבי מי שהיה שם כתוב על בשרו:

מקשינן הזאה לטבילה · תימה אמאי פשיט לאו ספי דטבילה בזמנה מצוה מהזאה יש לומר משום דכתיב (במדבר יט) והזה הטהור על הטמא ביום השלישי וביום השביעי וחטאו ביום השביעי וכבס בגדיו ורחץ במים וטהר בערב ועל כרחך הא דהדר כתיב וחטאו ביום השביעי לאו משום הזאה כתיב דהא כתיב כבר ואי משום לאשמועינן הזאה בזמנה מצוה ליהדר נמי הזאה דג' כדהדר הזאה דשביעי אלא על כרחך משום ורחץ איצטריך לאשמועינן דתכף להזאה טבילה ושמע מינה דטבילה בזמנה מצוה ולמאן דלית ליה טבילה בזמנה מצוה איכא למימר דדריש להאי קרא כדקא דריש ליה בפרק האומר בקידושין (דף סב. ושם) דקאמר וחטאו ביום השביעי למה לי איצטריך סלקא דעתך אמינא הני מילי לקדשים אבל בתרומה בחד נמי סגי קא משמע לן והא

עין משפט נר מצוה

יז א מיי' פ"ב מהלכות פרה אדומה הלכה ד:

יח ב מיי' פ"ו מהלכות עבודת יוה"כ הל' ד:

יט ג טוש"ע י"ד סימן רעו סעיף ג:

כ ד ה מיי' פ"ו מהלכות יסודי התורה הלכה ו סמג עשין ג:

תוספות ישנים

מסורת הש"ס

לעיל ד. פסחים פח. פרה פ"ג מ"ח פ"ש

בכ"י מוחלה: וכן לקמן

לקמן פח. שבת קכ: [תוס' מקואות פ"ב הלכה יב]

הגהות הב"ח

(א) גמרא על מצחו ונשא: (ב) רש"י ד"ה ורבי יוסי כו' דילפינן ממלואים· נ"ב לעיל תחלת דף ד: (ג) שם ד"ה כורך להגין עליו משטף חוזק:

עין משפט נר מצוה

כא א מיי׳ פ״ג מהלכות פרה אדומה הל׳ ה:
כב ב שם הלכה ה:
כג ג שם הלכה ד:
כד ד שם הלכה ה:
כה ח מיי׳ פ״ט מהל׳ מעשר הלכה יב:

שזה פרישתו לקדושה ואחיו הכהנים נוגעין בו וזה פרישתו לטהרה *ואין אחיו הכהנים נוגעין בו כמאן או ר״מ או רבי יוסי דאי ר׳ חנינא סגן הכהנים הא איכא נמי הא מתקיף לה רבי יוסי ברבי חנינא בשלמא ראשון שמא שלישי שני שמא שלישי שלישי שמא שלישי חמישי שמא שביעי ששי שמא שביעי שביעי שמא שביעי אלא רביעי למה לי הזאה כלל לא בשלישי איכא לספוקי ולא בשביעי איכא לספוקי ולטעמיך הזאה כל שבעה מי איכא והא קיימא לן *דהזאה שבות *ואינה דוחה את השבת אלא מאי אית לך למימר שבעה לבר משבת הכא נמי שבעה ׳לבר מרביעי אמר רבא הלכך כהן גדול ביום הכפורים דלא בדידן תליא מילתא אלא בקביעא דירחא תליא מילתא בתלתא בתשרי בעי לאפרושי וכל אימת דמתרמי תלתא בתשרי מפרשינן ליה אבל כהן השורף את הפרה דבדידן תליא מילתא מפרשינן ליה ׳ברביעי בשבת כי היכי דניתרמי רביעי שלו בשבת: ללשכת פרהדרין וכו׳: תניא *רבי יהודה וכי לשכת פרהדרין היתה והלא לשכת בלווטי היתה אלא בתחלה היו קורין אותה לשכת בלווטי ומתוך שנותנין עליו ממון לכהונה ומחליפין אותה כל שנים עשר חודש כפרהדרין הללו שמחליפין אותם כל שנים עשר חודש לפיכך היו קוראין אותה לשכת פרהדרין *תנן התם ׳הנחתומין לא חייבו אותן חכמים להפריש אלא תרומת מעשר וחלה בשלמא תרומה גדולה לא דתניא לפי

שזה פרישתו לקדושה. ליכנס למחנה שכינה ולא יהא לבו זחה עליו ויהא נבדל מכל קטנת ראש שחלה עליו אימה בהבדלתו מן הבריות: **וזה פרישתו לטהרה**. להחמיר בטהרתו מפני קל שעושין בו לטמאו בו ביום להטבילו להוציא מלבן של צדוקים לכך החמירו בטהרתו שלא יהא אדם נוגע בו: **הא איכא נמי הא**. שזה מזין עליו כל שבעה וזה אין מזין עליו כל שבעה: **בשלמא**. יום ראשון מזין עליו שמא היום יום שלישי לטומאתו וכן שני וכן שלישי שמא שעה אחת קודם פרישתו נטמא: **חמישי שמא שביעי**. שאם היה הראשון לפרישה שלישי לטומאה נמצא החמישי שביעי וכן ששי וכן שביעי: **אלא רביעי**. אמאי מזין עליה לא בשלישי איכא לספוקי דהא משפירש לא נטמא במת ולא בשביעי איכא לספוקי שאם היה שביעי לטומאתו הרי יום אחד לפני פרישתו שלישי לטומאה נמצא שלא הזה שלישי והזאת שביעי בלא שלישי אינו כלום: **וכל אימת דמתרמי מפרשינן ליה**. ואע״ג דלא הוי רביעי שלו בשבת ונמצא הזאתו בטלה שני ימים: **דבדידן תליא מילתא**. שאין זמנה קבוע: **דניתרמי רביעי שלו בשבת**. ולא יפסקו הזיותיו אלא יום אחד: **פרהדרין**. פקידי המלך: **לשכת בלווטי**. לשון שרים כך היתה נקראת לשכת שרים: **בתחלה**. כל ימי שמעון הצדיק שהאריך ימים היו קוראין אותה לשכת בלווטי: **מתוך שנותנין ממון לכהונה**. מתוך שכהני בית שני היו עומדין ע״י ממון שנותנין על כהונה גדולה למלכי בית חשמונאי: **מחליפין אותה כל י״ב חדש**. כלומר שרשעים היו ולא היו מוציאין שנתן ומעמידים אחר תחתיו וכל כהן המתחדש בה סותר אותה ובונה בנין נאה מן הראשון שתהא קרויה על שמו ונמצא מתחלפת כל שנה ושנה: **כפרסדרין הללו**. שהמלך מחלפן בכל שנה ושנה חזרו לקרות לשכת פרהדרין: **נחתומין**. הלוקחין תבואה מעם הארץ למכור פת לשוק לא חייבו עליהן להעלות מעשר שני של דמאי לירושלים אלא תרומת מעשר שהוא אחד ממאה וחלה יתן לכהן אבל שאר כל אדם הטילו עליו להעלות מעשר שני של דמאי לירושלים ומעשר ראשון ומעשר עני מפרישין אותן ואין נותנים ובנחתום חבר עסקינן ומתוך שהוא רגיל למכור כל שעה הקילו עליו שאינו צריך להפריש עליו מעשר שני של דמאי לעלות לירושלים [או] *לפדות: לפי

והא דקאמר התם והזה הטהור על הטמא למה לי דאצטריך סד״א שלישי למעוטי שני שביעי למעוטי ששי דקא ממעט ימי טהרה אבל היכא דעבד ברביעי ובשמיני אימא שפיר דמי קמ״ל יש לפרש אפילו למ״ד אין הזאה בזמנה מצוה והוא הוא דקאמר ברביעי או בשמיני כלומר סד״א לו עבד הזאה קמייתא ברביעי והשניה בשביעי או קמייתא בשלישי כמשפטה ובתרייתא בשמיני קמ״ל דבעינן שיהא ד׳ ימים בין הזאה להזאה לא פחות ולא יותר וכן פירש רש״י התם:

דאי ר׳ חנינא סגן הכהנים הא איכא נמי הא. תימה לי הכתי איכא נמי שזה פורש ללשכת פרהדרין וזה פורש ללשכה שעל פני הבירה וי״ל דלא קא חשיב אלא מילתא דחשיבותא שיש מעלה בזה מבזה אבל מה שזה פורש ללשכה זו וזה פורש ללשכה זו לאו מילתא דחשיבותא הוא בהאי טפי מבהאי אי נמי נ״ל לפרש דחדא מילי קחשיב שזה פרישתו לקדושה דהיינו *ללשכת פרהדרין שהיתה בנויה בקודש ואפילו את״ל שהיתה פתוחה לחול ולאו הוה חוכה *חול דאי לאו הכי הא אין ישיבה בעזרה *כ״ש שאין ישנים בה וא״כ לא הוי פרישתו לקדושה יש לומר אפ״ה כיון דהיתה בנויה בקדש בסמוך לעזרה קרי ליה שפיר פרישה לקדושה וזה פרישתו לטהרה ללשכה שעל פני הבירה העומדת בהר הבית שאין בו קדושה יותר מירושלים אלא טהור יותר שהזב ובעל קרי וכל מי שטומאה יוצאה מגופו אין נכנסין לו ויש מפרשין דלשכת פרהדרין היתה פתוחה לקודש ואע״ג דא״כ קדש הוא ואין ישיבה בה יש לומר כיון שבנויה בחול ופתוחה לקדש והכי דתוכה קדש לענין אכילת קדשי קדשים כדמשמע באיזהו מקומן (זבחים דף נו.) מיהו מותר לישב בה ולישן בה דלא קדשה לגמרי כקדושת עזרה דהא אמר בפרק איזהו מקומן (שם) דאין חייבין עליהן כרת טמאים הנכנסין שם והכי נמי מותר לישב ולישן בהם ועוד איכא בינייהו מילתא אחריתי שזה אחיו הכהנים נוגעין בו וזה אין אחיו הכהנים נוגעין בו ולא נהירא כדמשמע לקמן בשילהי פ״ב [דף כה: ושם] גבי זקן יושב במערבה דאין ישיבה בלשכות הבנויות בחול ופתוחות לקדש:

תנן התם הנחתומין לא חייבו אותם להפריש אלא תרומת מעשר וחלה. בפ״ב דמסכת דמאי פריך בירושלמי תמן [פ״ה] תנינן הלוקח מנחתום כילד מעשר נוטל כדי תרומת מעשר וחלה וכו׳ הכא את אמר הלוקח מפריש וכה את אמר נחתום מפריש ר׳ יונה אמר איפלגון ר׳ יוחנן ור״ל חד אמר כאן בעושה בטהרה כאן בעושה בטומאה נראה לפרש מתני׳ דהכא בנחתום עם הארץ העושה בטהרה ששוכר גבל חבר לעשות לו חלתו בטהרה הלכך כיון דטרח כולי האי סמכינן עליה כמי דודאי תקנה ואין צריך הלוקח ממנו להפריש וההיא מתני׳ דמחייבא ללוקח להפריש מיירי בנחתום עם הארץ דלא מפריש וחד אמר כאן במדה דקה כאן במדה גסה ולא ידעין מאן אמר דא ומאן אמר דא וכו׳ ומפרש התם אמתניתין אחריתי טעמא דחילוקא דבין גסה לדקה משום תינוקות שלא יאכלו טבל בשם רבי יוחנן מדה דקה הואיל והמוכר משתכר הוא מפריש מדה גסה לוקח משתכר לוקח מפריש ופריך התם וקשיא על דרבי יוחנן אם בעושה בטהרה יפריש על הכל פי׳ אפילו מעשר שני ונסקוה לירושלים ומשני בדין הוא שלא יפריש כלום שאין מוסרין ודאי לעם הארץ כלומר דאפילו ודאי דאיכא למימר דעם הארץ יעשרנו אפי׳ הכי לא סמכינן עליה דחיישינן דילמא לא מתקן ליה והיינו דקאמר אין מוסרין אפי׳ ודאי לעם הארץ דוקא אבל לחבר שרי ומתניתין בנחתום חבר שמוכר לחבר עסקינן וא״כ בדין הוא דהנחתום לא יפריש לכל הפחות מעשר שני משום דטריחא מילתא טובא לאסוקיה לירושלים פטורים הנחתומין מלהפריש מעשר שני משום דטריחא מילתא ומתוך שהפרהדרין הללו חובטין אותן וכו׳ מיהו חבר הלוקח מהם מפריש מעשר שני ומעלהו ואוכלו בירושלם ואין לפרש שאין מוסרין ודאי לעם הארץ אבל דמאי מוסרין דהא ליתא דבעירובין בפ׳ בכל מערבין (דף לז:) מוכח דאין מוסרין דמאי לעם הארץ גבי עם הארץ שאמר לחבר קח לי אגודה של ירק ובפ׳ המוכר את הספינה (ב״ב דף פח.) גבי הלוקח ירק מן השוק וכו׳ ובפ״ק דחולין (דף ו.) הנותן לחמותו מעשר את שהוא נותן לה ואת שהוא נוטל הימנה ומקשה *נמי על דרבי אלעזר אם במדה דקה יפריש על הכל ולא משני מידי לפי שכבר תירץ לר׳ יוחנן והוא הדין לר׳ אלעזר ובירושלמי

*)[כדאיתא במעשר שני פ״ג מ״ח וכיאו הש״ם פסחים פו.]

מסורת הש״ס

פסחים סה.

[אמר]

דמאי פ״ב מ״ד

(נ״ל נאכל)

גליון הש״ס

תוס׳ ד״ה דאי וכו׳ ללשכת פרהדרין שהיתה בנויה. עיין לקמן דף יט ע״א תוס׳ ד״ה חוץ: בא״ד וכ״ש שאין ישנים בה. עי׳ תוס׳ סוכה דף מג ע״ב תוס׳ ד״ה תכנו:

רבינו חננאל

משעה שהפרישו ודאי נזהר ולא נטמא ואם ניחוש [לרביעי] שמא שביעי הוא התורה אמרה ביום השלישי ואח״כ ביום השביעי *) ולכשיבא הרביעי פרישת שביעי לטמאת השלישי לטומאה קודם הפרישה הוא ביום אחד וכיון שלא הווה בו ביום השביעי אינה מצוה שאינה מצוה אלא בשקדמה הזאה בשלישי ואוקימנא לבר מרביעי וכו׳ ופשוט׳ היא. פירוש לשון (סנהדרין) [פרהדרין] כגון אגרדמים הממונה לשווקים. בולווטי חכמי העצה ושניהן בלשון יון: ת״ר הנחתומין לא חייבום החכמי׳ להפריש אלא תרומת מעשר שהוא חלק אחד ממאה׳ פי׳ (חייב) מי שיש לו ק׳ איפות חייב לתת מהן י׳ איפות ללוי מעשר וחייב הלוי לתת מאלו י׳ איפות איפה אחת לכהן והיא תרומת מעשר נמצאת התרומת מעשר שחייב הלוי לתת לכהן איפה אחת שהיא אחת ממאה איפות (שלישית) והלוקח מע״ה דבר ברור הוא שתרומה שהיא ב׳ ממאה והיא אחת מנ׳ ודאי מפרישין ונותנין אותה לכהן והמעשר יש מי שנותנו אותו ללוי ויש מי שאינו נותן. ומחזיקין אותו (בפסין) **) ושמא לא נתן. ותרומת מעשר זר האוכלו חייב מיתה׳ כמו התרום׳ שהיא אחת מחמשים. לפיכך חייבו חכמים להפריש כל הקונ׳(ונביאה) [תבואה] מע״ה חלק אחד ממאה שהוא שיעור תרומת מעשר ונותנו לכהן:

*) [דברי רבינו אלו כמו שהם לפנינו הם משוללי הבנה ואולי צ״ל ולכשבא נחוש ליום הרביעי לפרישה דרביעי לטומאה הוא השלישי לטומאה הוי ביום אחד קודם פרישה וכיון שלא הוזה וכו׳ כצ״ל]

**) [אולי צ״ל ומחזיקין אותן בפסול ולשמא לא נתן מע״ש]:

תוספות ישנים

שמא אם נמי שביעי לשלישי הרי ככר אמור אלא לימר על שביעי רחוק לשלישי שאמור:

שנותנין עליה ממון לכהונה. שנותנין ממון למלכות בית חשמונאי וכו׳ כך פי׳ בקונטרס ואין נראה שהרי כהן שנמנן היו כהנים גדולים אלא למלכי בית*) דוד היה והא דאמרינן לקמן (דף יח.) תרקבא דדינרי עיילה ליה מרתא בת בייתוס לינאי מלכא אין זו אותו של בית חשמונאי דקדושין פ׳ האומר (דף סו.) אלא אחר היה ולשון דכהונה דקאמר לצורך כהונה קאמר:

*) צ״ל הורדוס

§ מסכת יומא דף ח: §

אות א'

ואין אחיו הכהנים נוגעין בו

רמב"ם פ"ב מהל' פרה אדומה ה"א - מעלות יתירות עשו בטהרת פרה אדומה, והרחקות גדולות הרחיקו מטומאת המת בכל מעשיה, מפני שהיא כשירה בטבולי יום חשו שמא יבאו לזלזל בה; ומפני זה כשמפרישין הכהן השורף אותה, מפרישין אותו ללשכה מוכנת בעזרה, ובית אבן היתה נקראת, מפני שכל כליה כלי אבנים שאין מקבלין טומאה, ובכלי האבן היה משתמש כל שבעת ימי ההפרשה; ולא היו נוגעין בו אחיו הכהנים, כדי להרבות בטהרתו.

אות ב'

דהזאה שבות ואינה דוחה את השבת

רמב"ם פ"ב מהל' פרה אדומה ה"ה - ברביעי בשבת היו מפרישין אותו, כדי שיחול רביעי שלו להיות בשבת, שההזייה אינה דוחה שבת, והרביעי א"צ הזייה.

אות ג'

לבר מרביעי

רמב"ם פ"ב מהל' פרה אדומה ה"ד - כל יום ויום משבעת ימי ההפרשה מזין עליו מי חטאת, שמא נטמא למת והוא לא ידע; חוץ מיום רביעי להפרשה שא"צ הזאה, לפי שא"א שלא יהיה לא שלישי לטומאתו ולא שביעי, שאין הזאה בשביעי עולה משום הזאת שביעי עד שיזה בשלישי מלפניה; ומן הדין היה שא"צ הזאה אלא בשלישי ושביעי להפרשה בלבד, וזה שמזין יום אחר יום, מעלה יתירה עשו בפרה.

אות ד'

מפרשינן ליה ברביעי בשבת

רמב"ם פ"ב מהל' פרה אדומה ה"ה - עיין לעיל אות ב'.

אות ה'

הנחתומין לא חייבו אותן חכמים להפריש אלא תרומת מעשר וחלה

רמב"ם פ"ט מהל' מעשר הי"ב - הנחתומים לא חייבום חכמים להפריש מע"ש מן הדמאי, אלא תרומת מעשר בלבד, כדי שיפרישנה [א]בטהרה עם החלה, [ב]והלוקח מפריש מעשר שני; בד"א במוכר בחנותו או על פתח חנותו, אבל המוכר לפלטר או בחנות הסמוכה לפלטר, [ג]חייב להפריש אף מעשר שני.

באר הגולה

א ‹אבל עושה בטומאה, כגון שלקח מעם הארץ פירות שהוכשרו ונטמאו, לא הטריחוהו להפריש, כיון דלא חזו אלא להסיק תחת תבשילו, ולוקח שיאכל הוא שיפריש – רדב"ז› **ב** ‹מרש"י נראה להדיא דס"ל דאקילו רבנן לנחתום שאין צריך להפריש כלל מעשר שני, ומותר לאכול בלא הפרשת מעשר שני, מטעמא דמפרש עולא בסמוך, וסמכו אהא דרוב עמי הארץ מעשרין הן. **ואני** תמה על זה, דהא משנה שלמה שנינו ריש פרק ה' דדמאי, הלוקח מן הנחתום כיצד מעשר, נוטל כדי תרומת מעשר וחלה וכו', ומעשר שני בצפונו או בדרומו ומחולל על המעות, אלמא הלוקח מן הנחתום צריך להפריש מעשר שני ולפדותו או להעלותו, ואם הלוקח צריך להפריש מעשר שני, הוא הדין הנחתום עצמו כשהוא אוכל שצריך להפריש, שהרי עיקר הטעם שהקילו גבי נחתום הוא מפני שחובטין אותן ואומרין להן מכרו בזול הוא דהוי כדמפרש עולא בסמוך. **ול"נ** לפרש דודאי בין הלוקח מן הנחתום בין הנחתום עצמו אסורים לאכול דמאי בלתי הפרשת מעשר שני, כשאר כל אדם דצריך להוציא מעשר שני מדמאי, אלא דבהא הקילו בנחתום יותר משאר כל אדם דאסורים למכור דמאי עד שיעשרו אפילו מעשר שני, כדתנן במסכת דמאי פרק ג' שאין אדם רשאי למכור דמאי ולא ישלח לחבירו דמאי, אבל גבי נחתום הקילו דמותר למכור דמאי בלתי הפרשת מעשר שני, מטעמא דמפרש עולא בסמוך, ומכל מקום הלוקח ממנו חייב להפריש מעשר שני נמי, ובהכי רווחא שמעתתא ביותר, וכן ראיתי להרמב"ם, וכן עיקר, ואפשר להסב גם פירוש רש"י על דרך זה, אלא שאין פשט לשונו מראה כן – גבורת ארי› **ג** ‹דנחתומין אלו כיון שאין מוכרין לרבים, לא היו ממוני המלך מכין אותן למכור בזול, ולכן לא הקילו בהן רבנן – דרך אמונה›

§ מסכת יומא דף ט. §

אות א'

לפי ששלח בכל גבולי ישראל וראה שאין מפרישין אלא תרומה גדולה בלבד

רמב"ם פ"ט מהל' מעשר ה"א - בימי יוחנן כהן גדול [א]שהיה אחר שמעון הצדיק, שלחו ב"ד הגדול ובדקו בכל גבול ישראל, ומצאו שהכל זהירים בתרומה גדולה ומפרישין אותה, אבל מעשר ראשון ומעשר שני ומעשר עני היו עמי הארץ מישראל מקילין על עצמן ולא היו מפרישין אותן, לפיכך גזרו שלא יהא נאמן על המעשרות אלא אנשים נאמנים, אבל עמי הארץ פירותיהן ספק, ואין נאמנין לומר מעושרין הן, וזהו הנקרא דמאי.

באר הגולה

א ‹וכתב רבינו שהיה אחר שמעון הצדיק, לאפוקי שלא נאמר אותו יוחנן כ"ג ששימש בכהונה גדולה שמונים שנה ולבסוף נעשה צדוקי – כסף משנה›

כו א מיי' פ"ט מהלכות מעשר הלכה א :

*לפי *ששלח בכל גבולי ישראל וראה שאין מפרישין אלא תרומה גדולה בלבד מעשר ראשון ומעשר עני נמי לא המוציא מחבירו עליו הראיה אלא מעשר שני נפרשו ונסקו וניכלוהו בירושלם אמר עולא מתוך שפרהדרין הללו הובטין אותן כל י"ב חדש ואומרים להן מכרו בזול מכרו בזול לא אטרחוהו רבנן מאי פרהדרין פורסי אמר רבה בר בר חנה א"ר יוחנן מאי דכתיב °יראת ה' תוסיף ימים ושנות רשעים תקצרנה יראת ה' תוסיף ימים זה מקדש ראשון שעמד ארבע מאות ועשר שנים ולא שמשו בו אלא [א] י"ח כהנים גדולים ושנות רשעים תקצרנה זה מקדש שני שעמד ד' מאות ועשרים שנה ושמשו בו יותר משלש מאות כהנים צא מהם מ' שנה ששמש שמעון הצדיק *ושמונים ששמש יוחנן כהן גדול עשר ששמש ישמעאל בן פאבי ואמרי לה י"א ששמש ר' אלעזר בן חרסום מכאן ואילך צא וחשוב כל אחד ואחד לא הוציא שנתו (א) *א"ר יוחנן בן תורתא *מפני מה חרבה שילה מפני שהיו בה שני דברים גלוי עריות ובזיון קדשים גלוי עריות דכתיב °ועלי זקן מאד ושמע את כל אשר יעשון בניו לכל ישראל ואת אשר ישכבון את הנשים הצובאות פתח אהל מועד ואע"ג *דאמר ר' שמואל בר נחמני א"ר יוחנן כל האומר בני עלי חטאו אינו אלא טועה מתוך ששהו

תורה אור: משלי י · ש"א ב

[תוספתא מנחות פי"ג]

רש"י

לפי ששלח · יוחנן כהן גדול שגזר על הדמאי בסוטה בפרק עגלה ערופה (דף מח.) : **המוציא מחבירו עליו הראיה** · מכי אפרשיה ואפקעיה משום טבל אין בו אלא ספק גזל לויים ועניים חוץ מתרומת מעשר שבתוך מעשר ראשון אותה יתן לכהן שיש איסור ועון מיתה באכילתה וללוי ועני יאמר הביאו ראיה שלא עישר עם הארץ שלקחתי ממנו : **נפרשו ונסקו** · שהרי יש בו איסור לא תוכל לאכול בשעריך יפרישו כדי לתקן טבלו הואיל ולא פסדי ביה מידי דהא איכא נפשייהו הדר קא אכלי ליה בירושלים : **הובטין אותן** · (מן) הנחתומין כל י"ב חודש משנה לשנה הממונים מתחדשין ומכבידין למלאת עלילות לגבות ממון כשהן מתחדשין : **לא אטרחוהו** · וסמכו לומר שרוב עמי הארץ מעשרין הן : **פורסי** · פקידי המלך :

תוספות

ובירוש' דמאי פ"ה פריך וחלה חייבת בדמאי בתמיה והתנן (פ"א) חלת עם הארץ והמד מע פטור מן הדמאי והוה מצי לשנויי התם בחלה שהפרישה עם הארץ גופיה שתיקן לו גבל חבר בטהרה וכדמפרש עלה התם משום דאימת קדשים עליו ואינו נותן לכהן דבר שאינו מתוקן והא דהכא מיירי בהפרישה חבר אלא ר' אושעיא הוא דמפליג התם הכי אבל סוגיא דירושלמי דפ"ה כר' יוחנן דלא מפליג דפליג על רבי אושעיא ואמר היא הדא היא הדא ומשני בשם ר' יוסי בר' חנינא ב"ש היא ותני כן ר"ש בן יהודה אומר משום ר"ש חלה ב"ש מחייבין ב"ה פוטרים ופריך כלום אמר ב"ש אלא דבר שהוא לזריעה אינו הלוקח לזרע לבהמה קמח לעורות שמן לנר שמא אינו פטור פי' כל הני דתנן להו התם לפטורא בדמאי בפ"ק [משנה ג] ולהכי קשה ליה כלום אמרו ב"ש לחייב להפריש דמאי בחלה אא"כ יאמירו נמי בכל הני להפריש דמאי ומדנקט מתניתין רק חלה ולא נקט כל הני לחיובא ש"מ לאו ב"ש היא ומשני אלא במגבל עיסתו במי פירות פירוש הא דפטרה מתניתין בפ"ק בטורח לגבל במי פירות דלא הוכשרה כדי שלא תקבל טומאה וכיון דטרח טלי האי מסתמא תקוני נמי תקנה ופריך ולא כן א"ר יוסי בר חנינא דר' לעזר איש ברתותא היא הא כרבנן לא פירש רבי לעזר איש ברתותא הוא דפטר בדמאי היכא דנגלה במי פירות אבל רבנן פליגי עליה ואם כן לית לן לאוקמא מתניתין כיחידאה ומשני אלא כר' יוחנן כאן בעושה בטומאה כאן בעושה בטהרה מתניתין דפ"ק שטרח להביא גבל שעושה בטהרה ולכן אתי תקין והדר קאמר אלא כר' לעזר פירוש הי נמי היכא בעושה בטהרה כאן וכאן בעושה בטהרה אלא במתארח אצלו אבל ברבים אינו נאמן עד שיקבל עליו ברבים והא ברבים אנן קיימין כלומר מתניתין דפ"ק דמתארח אצלו דלקיטו רבנן גביה ודלכתנא פרק קמא דחלה בתוספתא הלוקח מן הנחתום ומן האשה שעושה למכור בשוק צריך להפריש חלה דמאי מבעל הבית ומתארח אצלו אין צריך להפריש חלה דמאי אבל חלה של ודאי טבל צריך תיקון כדתניא בירושלמי העושה עיסה מטבל בין שהקדים חלה לתרומה בין שהקדים תרומה לחלה מה שעשה עשוי וחלה לא תאכל עד שיוציא עליה תרומה ותרומה לא תאכל עד שיפריש חלה :

מעשר ראשון ומעשר עני נמי לא המוציא מחבירו עליו הראיה · ולאו דווקא נחתום אלא אפילו כל אדם נמי מפרישין והן שלו כדאמרינן בשילהי מסכת סוטה (דף מח.) עמד והתקין להם הלוקח פירות מעם הארץ מפריש מהן תרומה מעשר וטתנה לכהן ומעשר שני עולה ואוכלו בירושלים ומעשר ראשון ומעשר עני המוציא מחבירו עליו הראיה והא דלא אמרינן נמי בתרומת מעשר מפרישה והיא שלו וימכרנה לכהנים ויטול דמיה י"ל כיון דדבר מועט הוא שאינו אלא חלק אחד מק' ועוד דמיה מועטין שהוא צריך למוכרה בזול שאין לה אוכלין מרובין תקנו רבנן שיתננה לכהנים :

ולא שמשו בו אלא י"ח כהנים · ריב"א גרים שמנה כהנים כדכתיב בהדיא בדברי הימים (א ה) עזריה אשר כהן בבית אשר בנה שלמה אמריה אחיטוב לדוק שלום חלקיה עזריה שריה ויהולדק והוא הלך בהגלות ה' את יהודה אמנם בכל הספרים ובספרי (פרשת *פנחס) ובירושלמי גרסינן י"ח כהנים וצ"ל לקיים גירסת הספרים וט' כהנים גדולים היו עד יהולדק וכו' וסגני כהונה שמתקינין לכל אחד סגן תחתיו הרי י"ח כדאשכחן בסוף מלכים דקא חשיב לכהן גדול וסגן שלו בהדי הדדי דכתיב ויקח רב טבחים את שריה כהן הראש *ומשנהו לפניהו וא"ת א"כ בבית שני ניחשוב נמי סגני כהונה א"כ הוה ליה למימר קרוב לשש מאות כהנים גדולים ששימשו בו וי"ל הא לא קשיא דבבית ראשון נקט ספיר י"ח הן וסגניהון לרווחא דמילתא דאפילו את"ל אי אפשר שלא יארע אונס לכ"ג ביוה"כ אחד מכל השנים הללו שהוא משמש בכהונה גדולה ונמצא סגן משמש תחתיו אעפ"כ לא הוו הללו אלא י"ח וכ"ש דאי אמרינן דלא אירע פסול לכ"ג דבצרי להן אבל בבית שני כיון דכל אחד לא הוציא שנתו נקט ג' מאות לרווחא דמילתא דאפילו את"ל דמסתמא לא שימש הסגן תחתיו כיון שלא היה כ"ג אלא יוה"כ אחד מילתא דלא שכיחא הוא שבו ביום אירעו אונס ושימש סגן תחתיו אפילו הכי לכל הפחות קרוב לג' מאות היו אי נמי כ"ל די"ח כהנים דקאמר הייטו מפנחס ואילך שניתנה לו ולזרעו אחריו וכן משמע בספרי לכן אמור הנני נותן לו וגו' מלמד שעמדו ממנו בבנין ראשון י"ח כהנים נביאים ובבנין שני פ' כהנים וכו' ובנין ראשון קרי ממשכן ואילך עד גלות הארץ וכן יש בירושלמי ברחשונה שהיו משמשין הוא ובנו ובן בנו שימשו י"ח כהנים והא דקאמר הכא בשמעתא זה מקדש ראשון שעמד ד' מאות ועשר ולא שימשו בו אלא י"ח משום דבעי למימר מקדש שני שעמד ד' מאות ועשרים ושימשו בו קרוב לג' מאות נקט נמי מנין בית ראשון ומיהו אותם י"ח כהנים לא שימשו כולם בבית ראשון וה"פ ושימשו בו י"ח כלומר שימשו בו כהנים כל כך עד שהשלימו לחשבון י"ח עם אותם ששימשו מעיקרא וכן מצאתי בדברי הימים אלעזר פנחס אבישוע בקי עזי זרחיה מריות אמריה אחיטוב לדוק אחימעץ עזריה יוחנן עזריה אמריה אחיטוב לדוק שלום חלקיה עזריה שריה יהולדק הרי מאבישוע בן פנחס עד שריה יש י"ח כהנים ולא שריה בכלל לפי ששריה גלה בגלות יכניה ולא קחשיב באותם י"ח כהנים אלא אותם ששימשו כל ימיהם אבל שריה שגלה בגלות יכניה כדאיתא בסוף מלכים ויהולדק שגלה בגלות לדקיה לא קא חשיב והר"ר יעקב בה"ה אמר לנו בש"ר יקותיאל הלוי מורמיש"א דעזריה לא היה בימי שלמה אלא הייטו עזריה שהיה בימי עוזיהו ולפי שמסר נפשו על עבודת בית המקדש כשבא עוזיהו לשרת וחירף אותו כדכתיב בדברי הימים (ב ט) לכך נקרא על שמו ויישר לפניו ושוב מצאתי כן בפי' דברי הימים שפירשו תלמידי רב סעדיה ז"ל והא דבספרי איכא שבבית שני היו שמונים כהנים ובירושלמי איכא נמי הכי ואמרי לה פ"א ואמרי לה פ"ב ואמרי לה פ"ג ובשמעתא אמרי ג' מאות יש לומר התם לא קחשיב אלא כהנים שילאו מפנחס* : ר' מסתמא שימש בכהונה גדולה ואחימעץ בנו תחתיו ותשוב ותמצא שנים עשרה עד יהוצדק ומה שכתוב גבי עזריה הוא אשר כיהן בבית וגו' לא בעי למימר שהיה ראש לכהנים אלא ה"פ הוא אשר עשה אותה גערה שגער [ב]א שהלך על המזבח להקטיר כדכתיב (דה"ב כו) (וילך אליו) [צ"ל ויבא אחריו] עזריהו הכהן ויאמר לו לא לך עוזיהו להקטיר וגו' תימה קצת אמאי לא חשיב יהוידע הכהן בבית ראשון ושמא אחד מהם היה ויהושע בן יהוצדק לא חשיב בהני בבית שני וכן יוחנן בן נרבאי בפ' מקום שנהגו (פסחים דף נז.) ושמא לא האריכו ימים : **רבי יוחנן בן תורתא** · בפסיקתא [רבתי פי"ד] מפרש שנתגייר על ידי פרה אך שם כתוב ר' יהודה בן תורתא :

לא

רבינו חננאל

אבל המעשר שהוא בלאו לא חייבום מספק · וזה מפורש במס' סוטה פרק [עגלה ערופה דף מח]: א"ר יוחנן יראת ה' תוסיף ימים זה מקדש ראשון שעמד ת"י שנה ולא שמשו בו אלא י"ח כהנים · ושנות רשעים תקצורנה זה מקדש שני שעמד ת"כ שנה ושמשו בו יותר מש' כהנים כו' · [משכן שלה] חרבה מפני שהיו בה ב' דברים בזיון קדשים וגלוי עריות כו' · ומפורש במסכת שבת פרק [במה בהמה דף נה]

תוספות ישנים

ולא אטרחינהו רבנן · וא"ת הא דאמרינן בכזהב (דף נג.) הקדש שוה מנה שחיללו על שוה פרוטה מחולל והוא הדין למעשר שני וכיון דלא אטרחינהו לחללו מיהא בשוה פרוטה וי"ל דאפילו מחולל לא ניחא להו לרבנן לתקוניה [אלא] לעשות כן בדברים אחרים מיהו בגיטין בפ' התקבל (דף סה.) הוי משמע קצת דמעשר שני לא מצי לחללו בשוה פרוטה דקאמר מערימין על מעשר שני כיצד אומר אדם לבנו ובתו כו' הא לכם מעות הללו ופדו בהן מעשר שני ודחי דמעשר שני בזמן הזה דרבנן ובזמן הזה מה שנבערה צריך כיון דשוה מנה שחיללו על שוה פרוטה מחולל (אפילו) בזמן הזה כדאי' בערכין (כט.) גבי שהוא גברא דאחרמינהו לנכסיה אך יש לדחות [נ"ל דה"נ מטעמא] (וי"מ דלשינויא) אחריגא דמי ליה התם אבל קשה לרבינו דהכי אמרינן בבכורות פרק עד כמה (דף ל.) דאתחרא דר"י תמירא להו שביעית וחשוד על שביעית חשוד על מעשר והלא יכול לחללו על שוה פרוטה דכי האי גוונא אמרינן בפ"ק דבכורות דגבי תרומה גדולה לא חשידי דאפשר להו למיעבד כדשמואל דחטה אחת פוטרת כל סברי אלא ש"מ דמעשר שני אינו מתחלל על שוה פרוטה אך יש לדחות כי פעמים אין לו שוה פרוטה ולכך יש לחושדו על כך : ולא שמשו בו אלא י"ח כהנים · ר"ת גרים שמונה כהנים ולא גרס עשר כי לא וחשוב מדברי הימים שכתב עזרא שכתוב שמה (דה"א ה) הוא אשר כיהן בבית אשר בנה שלמה בירושלים עד יהוצדק לא תמצא רק שמונה ויהוצדק התשיעי לא קחשיב שהלך בגולה ואמרינן בספרי הנני נותן לו את בריתי שלום שעמדו שמונה נביאים בכל ראש ואו"ר שיש שם כהן שמונה עשר כמו בספרים שלנו מיהו יש גורסים שנים עשר וקחשיב מצדוק שהי' בבנין

מסורת הש"ס

סוטה מח. [תוספ' סוטה פי"ג]

[ברכות כט.]

[עיין בעין יעקב]

שבת נה:

[נ"ל פ' בנק]

[צ"ל ואת לפניהו כהן משנה]

[ועי' תוספות זבחים קא: ד"ה ולידך]

הגהות הב"ח

(א) גמ' לא הוציא שנתו אמר ר' יוחנן בן תורתא וכו' כך נמצא לפי שהיו נוקטין אותה כדאמר ר' אסי תקיפא דהדר

הגהות הגר"א

[א] גמרא ולא שמשו בו אלא שמנה עשר · כצ"ל (ועיין בפירושו על דברי הימים סימן ה' פסוק ל"ו) :

ששהו את קיניהן · שהיו מביאות במלאות ימי לידתן ליטהר לאכול בקדשים והם היו בעלי (ז) גיאות והיו מתרשלין בהקרבתן והנשים ממתינות שם עד שיקריבום ומשתהות מלחזור למקומן אצל בעליהן ומבטלין את הנשים מפריה ורביה: **מהשתרע** · דריש בנוטריקון מהשתרר ריע אחד: **שני ריעים** · (ח) צלם שהעמיד מנשה בהיכל צרה לשון ריעות כשתי נשים לאיש אחד וכעסתה צרתה (שמואל א א) ואשה אל אחותה לא תקח לצרור (ויקרא יח): **ראשיה בשוחד ישפוטו** · סיפיה דקרא ועל ה' ישענו לאמר הלא ה' בקרבנו וגו': **ועליהם** · אמקדש ראשון קאי: **ושלש גזירות** · שדה (ט) עיין ובמות יער ועיין חורבא במשמעות השמד (ישעיה יד) כמו ויעה ברד מחסה כזב (שם כח): **שנתגלה עונם** · לא היו מכסין פשעיהם: **נתגלה קצם** · לפי מלאות לבבל שבעים שנה אפקוד אתכם (ירמיה כט): **אחרונים לא נתגלה עונם** · בני מקדש שני רשעים היו בסתר: **בירה תוכיח** · בית המקדש: **עידיכם בירה** · בנין הבית עד לכם בדבר שלא חזר לנו וחזר לראשונים: **סנינא לכו** · לכל בני בבל שלא עלו בימי עזרא ומנעו שכינה מלבוא מלשוב לשרות בבית שני: **נמשלתם ככסף** · שאינו נרקב כך לא הייתם חסרים שכינה: **כדלתות** · שער שיש שני דלתות פותח אחד וחבירו סוגר כך עליתם לחצאין: **שהרקב שולט בו** · מקצתו תולעת אוכלתו מתוכו ומקצתו קיים כך קצת חזון שכינה היה שם וכולו לא היה: **מאי ארז** · מאי נמשלתם לארז דקאמר: **אמר עולא סססגור** · (י) מכתתו ומגררו מבפנים סססגור שם תולעת: **מאי סססגור** · כלומר למה נמשלו בבית שני לסססגור לענין שריית שכינה: **א"ר אבא בת קול** · נשתייר להו כאשר נשאר מן הארז מקצת מועט: **שדי גברא בינייהו** · או (כ) הרוחץ תחליף או הפושט היד אי ר"ש בן לקיש הוה הרוחץ זעירי פשט לו היד או רבה בר בר חנה פשט לו היד ור"א היה הרוחץ: **כי אתא** · ר"ש בן לקיש לקמיה דר' יוחנן וסיפר לו כך אמרתי לו לפלוני:

ששהו את קיניהן מיהא מעלה עליהן הכתוב כאילו שבבום בזיון קדשים דכתיב (שמואל א ב) °גם בטרם יקטירון את החלב ובא נער הכהן ואמר לאיש הזובח תנה בשר לצלות לכהן ולא יקח ממך בשר מבושל כי אם חי ויאמר אליו האיש קטר יקטירון כיום החלב וקח לך כאשר תאוה נפשך ואמר לו כי עתה תתן ואם לא לקחתי בחזקה ותהי חטאת הנערים גדולה מאד את פני ה' כי נאצו האנשים את מנחת ה': *מקדש ראשון מפני מה חרב מפני ג' דברים שהיו בו ע"ז וגלוי עריות ושפיכות דמים ע"ז דכתיב (ישעיה כח) °כי קצר המצע מהשתרע (א) מאי קצר המצע מהשתרע *א"ר יונתן קצר מצע זה מהשתרר עליו שני רעים כאחד (שם) °והמסכה צרה כהתכנס א"ר שמואל בר נחמני כי מטי רבי יונתן להאי קרא בכי אמר מאן דכתיב ביה (תהלים לג) °כונס כנד מי הים נעשית לו מסכה צרה גלוי עריות דכתיב (ישעיה ג) °ויאמר ה' יען כי גבהו בנות ציון ותלכנה נטויות גרון ומשקרות עינים הלוך וטפוף תלכנה וברגליהן תעכסנה יען כי גבהו בנות ציון *שהיו מהלכות ארוכה בצד קצרה ותלכנה נטויות גרון שהיו מהלכות בקומה זקופה ומשקרות עינים דהוו מליין כוחלא עיניהן הלוך וטפוף תלכנה שהיו מהלכות עקב בצד גודל וברגליהן תעכסנה א"ר יצחק שהיו מביאות מור ואפרסמון ומניחות במנעליהן (ב) וכשמגיעות אצל בחורי ישראל בועטות ומתיזות עליהן ומכניסין בהן יצה"ר כארס (ג) בכעוס שפיכות דמים דכתיב (מ"ב כא) °וגם דם נקי שפך מנשה [הרבה מאד] עד אשר מלא את ירושלם פה לפה (ד) אבל מקדש שני שהיו עוסקין בתורה ובמצות וגמילות חסדים מפני מה חרב *מפני שהיתה בו שנאת חנם ללמדך ששקולה שנאת חנם כנגד שלש עבירות ע"ז גלוי עריות ושפיכות דמים (ה) רשעים היו *אלא שתלו בטחונם בהקב"ה אתאן למקדש ראשון דכתיב (מיכה ג) °ראשיה בשוחד ישפוטו וכהניה במחיר יורו ונביאיה בכסף יקסמו ועל ה' ישענו לאמר הלא ה' בקרבנו לא תבוא עלינו רעה *לפיכך הביא עליהן הקב"ה ג' גזרות כנגד ג' עבירות שבידם שנאמר (שם) °לכן בגללכם ציון שדה תחרש וירושלים עיין תהיה והר הבית לבמות יער ובמקדש ראשון לא הוה ביה שנאת חנם והכתיב (יחזקאל כא) °מגורי אל חרב היו את עמי לכן ספוק אל ירך וא"ר (אליעזר) אלו בני אדם שאוכלין ושותין זה עם זה ודוקרין זה את זה בחרבות שבלשונם ההיא בנשיאי ישראל הואי דכתיב (שם) °זעק והילל בן אדם כי היא היתה בעמי ותניא זעק והילל בן אדם יכול לכל תלמוד לומר היא בכל נשיאי ישראל ר' יוחנן ור"א דאמרי תרוייהו ראשונים שנתגלה עונם נתגלה קצם אחרונים שלא נתגלה עונם לא נתגלה קצם אמר רבי יוחנן טובה צפורנן של ראשונים מכריסו של אחרונים א"ל ריש לקיש אדרבה אחרונים עדיפי אף על גב דאיכא שעבוד מלכיות קא עסקי בתורה אמר ליה *בירה תוכיח שחזרה לראשונים ולא חזרה לאחרונים שאלו את רבי אלעזר ראשונים גדולים או אחרונים גדולים אמר להם תנו עיניכם בבירה איכא דאמרי אמר להם עידיכם בירה ריש לקיש הוי סחי בירדנא אתא רבה בר בר חנה יהב ליה ידא א"ל אלהא סנינא לכו דכתיב (שיר ח) °אם חומה היא נבנה עליה טירת כסף ואם דלת היא נצור עליה לוח ארז אם עשיתם עצמכם כחומה ועליתם כולכם בימי עזרא נמשלתם ככסף שאין רקב שולט בו עכשיו שעליתם כדלתות נמשלתם כארז שהרקב שולט בו מאי ארז אמר עולא סססגור מאי סססגור אמר רבי אבא בת קול כדתניא *משמתו נביאים האחרונים חגי זכריה ומלאכי נסתלקה רוח הקדש מישראל ועדיין היו משתמשין בבת קול וריש לקיש מי משתעי בהדי רבה בר בר חנה ומה רבי (*אליעזר) *דמרא דארעא דישראל הוה ולא הוה משתעי ר"ל בהדיה דמאן דמשתעי ר"ל בהדיה בשוק יהבו ליה עיסקא בלא סהדי בהדי רבב"ח משתעי אמר רב פפא שדי גברא בינייהו או ריש לקיש הוה וזעירי או רבה בר בר חנה הוה ור"א כי אתא לקמיה דרבי יוחנן א"ל לאו היינו טעמא (ו) א"נ סליקו כולהו בימי עזרא לא הוה שריא שכינה במקדש שני דכתיב (בראשית ט) °יפת אלהים ליפת וישכן באהלי שם
אף

[*צ"ל אלעזר]

רבי אלעזר דמרא דארעא דישראל הוה לא הוה משתעי רשב"ל בהדיה · פי' לא היה מתחיל לדבר עמו אבל כשר"א היה מתחיל לדבר עם ריש לקיש היה משיב לו כדאשכחן בפ"ק דזבחים (דף ה.) גבי רמי ר"ל על מעוהי ומקשי אם כשרים הן לירצו כו' שהשיב לו ר"א וגם הוא חזר והשיב לו:
איני

רבינו חננאל

מקדש ראשון הרב על ג' דברים ע"ז ג"ע וש"ד אבל שנאת חנם לא היתה אלא בנשיאיהם ולא בשאר העם' רשעים הם ותלו בטחונם בהקב"ה שנאמר ועל ה' ישענו לאמר' מקדש שני אע"פ שהיתה בהם [תורה ומצות וגמ"ח חרב משום שנאת חנם] ללמד ששקולה שנאת חנם כנגד ע"ז וג"ע וש"ד · פי' אם עלו כולם היו כחומה ולא היו נמאסים כדכתיב הן אל כביר ולא ימאס (איוב לו) והיו נבנים בטירת כסף והיה רוה"ק בהם וכיון שעלו כדלתות נסתלקה מהן רוה"ק ודברי הנבואה באין להן כמלוח ארז שהן ברזי פי' בת קול דאמר מר משמתו חגי זכריה ומלאכי נסתלקה רוח"ק מישראל ועדיין היו משתמשין בבת קול כו' אמאי לא שריא במקדש שני שכינה דכתיב וישכון באהלי שם

תוספות ישנים

לא הוה משתעי ריש לקיש בהדיה · כלומר לא היה פותח לדבר עמו בשום מילתא דבדיחותא אבל מצינו *) בכתובות פרק שני (דף כה:) (ובזבחים פ"ק) (דף ה.) שדיבר עמו שמעת מיליה דבר נפחא כו':

*) צ"ל בכתובות פ"ב שדיבר כו' שמע' מילי דבר נפחא כו' ובמכות פ"ק

הגהות הב"ח

(א) גמרא מהשתרע והמסכה צרה כהתכנס מאי קצר: (ב) שם במנעליהן ומהלכות בשוקי ירושלים וכשמגיעות כו' בועטות בקרקע ומתיזות: (ג) שם כארס דעכנא שפיכות דמים כו': (ד) שם פה לפה רשעים היו אלא שתלו בטחונם וכו' והר הבית לבמות יער אבל מקדש שני שאנו בקיאים בו שהיו עוסקין בתורה כו': (ה) שם ושפיכות דמים ובמקדש ראשון לא הוה ביה שנאת חנם והכתיב כצ"ל והשאר נמחק: (ו) שם דא"נ סליקו: (ז) רש"י ד"ה ששהו כו' בעלי גאוה והיו: (ח) שם ד"ה שני רעים · שהעמיד מנשה צלם בהיכל כצ"ל: (ט) שם ד"ה ושלש גזירות כו' שדה ועיים ובמות יער עיים חורבה: (י) שם ד"ה אמר עולא כו' סססגור. שהסס מכתתו ומגררו מבפנים סס שם התולעת: (כ) שם ד"ה שדי גברי כו' או את הרוחץ תחליף או את הפושט:

[תוספתא מנחות פי"ג]
[סנהדרין קג: ע"ש]
שבת סב: ע"ש
[עיין תוספות ב"מ ל: ד"ה לא]
[שבת קלט.]
[שם]
יחזקאל כא
[נ"ל אלעזר]
שם
[עיין ע"י]
שיר ח
סוטה מח: סנהדרין יא.
[נדה כ: גיטין יט:]
בראשית ט [מגילה ט: ע"ש]

מסורת הש"ס

[גי' ע"י מגוג זו גומתא ומדי כמשמעו יון זו מקדוניא]

כתובות ו:

[ברכות לה:]

דברים טו

סוטה לד:

[ע"ש ל"ג תנא וכ"ה בע"י]

ירמיה מט

[צ"ל אל]

[צ"ל אל]

דניאל ח

שם

[גיר' ע"י כי סליק רבי אבא אמרה וכו']

[צ"ל להו]

סנהדרין צח:

מיכה ה

[צ"ל רבה]

עמוס ג

מעשרות פ"ג מ"ז

עין משפט נר מצוה

כז א מיי' פ"ו מהלכות ס"ת ומזוזה הלכה א והלכה ו:

כח ב מיי' שם הל' ט טוש"ע י"ד סי' רפו סעיף יא:

אף על גב דיפת אלהים ליפת אין השכינה שורה אלא באהלי שם ופרסאי מנא לן דמיפת קאתו דכתיב בני יפת גומר ומגוג ומדי ויון ותובל ומשך ותירס גומר זה[א] גרממיא מגוג זו קנדיא (א) מדי זו מקדוניא יון כמשמעו תובל זה בית אונייקי משך זו מוסיא תירס פליגי בה ר' סימאי ורבנן ואמרי לה רבי סימון ורבנן חד אמר זו בית תרייקי וחד אמר זו פרס תני רב יוסף תירס זו פרס סבתה ורעמה וסבתכא תני רב יוסף סקיסתן גוייתא וסקיסתן ברייתא בין חדא לחדא מאה פרסי והיקפה אלפא פרסי ותהי ראשית ממלכתו בבל וארך ואכד וכלנה בבל כמשמעה ארך זה אוריכות ואכד זה בשכר כלנה זה נופר נינפי מן הארץ ההיא יצא אשור תני רב יוסף אשור זה סילק ויבן את נינוה ואת רחובות עיר ואת כלח נינוה כמשמעו רחובות עיר זו פרת דמישן כלח זו פרת דבורסיף ואת רסן בין נינוה ובין כלח היא העיר הגדולה רסן זה אקטיספון היא העיר הגדולה איני יודע אם נינוה העיר הגדולה אם רסן העיר הגדולה כשהוא אומר ונינוה היתה עיר גדולה לאלהים מהלך שלשת ימים הוי אומר נינוה היא העיר הגדולה ושם אחימן ששי ותלמי ילידי הענק תנא אחימן מיומן שבאחים ששי שמשים את הארץ כשחתות תלמי שמשים את הארץ תלמים תלמים (ב) (ג) דבר אחר אחימן בנה ענת ששי בנה אלוש תלמי בנה תלבוש ילידי הענק שמעניקין החמה בקומתן אמר רבי יהושע בן לוי אמר רבי עתידה רומי שתפול ביד פרס שנאמר לכן שמעו עצת ה' אשר יעץ (*על) אדום ומחשבותיו אשר חשב (*על) יושבי תימן אם לא יסחבום צעירי הצאן אם לא ישים עליהם נוהם מתקיף לה רבה בר עולא מאי משמע דהאי צעירי הצאן פרס הוא דכתיב (ו) האיל אשר ראית בעל הקרנים (הוא) מלכי מדי ופרס ואימא יון דכתיב והצפיר השעיר מלך יון *כי סליק רב חביבא בר סורמקי אמרה קמיה דההוא מרבנן אמר ליה מאן דלא ידע פרושי קראי מותיב תיובתא לרבי מאי צעירי הצאן זוטרא דאחוהי דתני רב יוסף תירס זה פרס אמר רבה בר בר חנה אמר רבי יוחנן משום ר' יהודה ברבי אלעאי עתידה רומי שתפול ביד פרס קל וחומר ומה מקדש ראשון שבנאוהו בני שם והחריבוהו כשדיים נפלו כשדיים ביד פרסיים מקדש שני שבנאוהו פרסיים והחריבוהו רומיים אינו דין שיפלו רומיים ביד פרסיים אמר רב עתידה פרס שתפול ביד רומי אמרו ליה רב כהנא ורב אסי לרב בנויי ביד סתורי אמר להו אין גזירת מלך היא איכא דאמרי אמר (*ליה) אינהו נמי הא קא סתרי בי כנישתא תניא נמי הכי עתידה פרס שתפול ביד רומי חדא דסתרי בי כנישתא ועוד גזירת מלך הוא שיפלו בונין ביד סותרין דאמר רב יהודה אמר רב *אין בן דוד בא עד שתפשוט מלכות רומי הרשעה בכל העולם כולו תשעה חדשים שנאמר לכן יתנם עד עת יולדה ילדה ויתר אחיו ישובון על בני ישראל: ת"ר *כל הלשכות שהיו במקדש לא היו להן מזוזה חוץ מלשכת פרהדרין שהיה בה בית דירה לכהן גדול אמר ר' יהודה והלא כמה לשכות היו במקדש שהיה להן בית דירה ולא היה להן מזוזה אלא לשכת פרהדרין גזירה היתה מ"ט דר' יהודה אמר (*רבא) קסבר רבי יהודה כל בית שאינו עשוי לימות החמה ולימות הגשמים אינו בית איתיביה אביי והכתיב והכיתי (את) בית החורף על בית הקיץ א"ל בית החורף ובית קיץ איקרי בית סתמא לא איקרי איתיביה אביי *סוכת החג בחג ר' יהודה מחייב וחכמים פוטרין ותני עלה ר' יהודה מחייב בעירוב ובמזוזה ובמעשר וכי תימא מדרבנן בשלמא עירוב ומזוזה איכא למימר מדרבנן אלא מעשר מי איכא למימר מדרבנן

דילמא

רש"י

אעפ"י יפיפה אלהים ליפת · שזכו פרסיים לבנות בית שני אין שכינה שורה אלא במקדש ראשון שבנה שלמה שבא מזרעו של שם: **סקיסתן גוייתא וסקיסתן ברייתא** · אסכתה וסבתכא קרי שתמן שוה והם מחוז מוקף הרים והחיצונה מקפת את הפנימית ורחוקה פנימית חוץ מן היקף חיצונה לכל צד מאה פרסי והיקף החיצונה אלפא פרסי: **מן הארץ ההיא יצא** · שלא להיות בעצת דור הפלגה: **ושם אחימן וגו'** · אילידי דלעיל קאי ודריש שמהתא נקט נמי להאי: **שמשים את הארץ כשחיתות** · בפסיעותיו: **ששי** · לשון השאת והסבר (איכה ג) והשי"ן אחד לבדו הוא שורש בתיבה: **תלמים** · כשורות המחרישה: דבר אחר לא גרסינן: **מעניקין את החמה** · דומה שגולגולתו נוקב ועולה בחלון הרקיע: אמר ר' יהושע בן לוי אמר רבי גרסינן: **אמרה קמיה מרבנן** · להא אתקפתא דרבה בר עולא: **נפלו כשדיים ביד פרסיים** · בבלשאצר (ג) ביד דריוש המדי וכורש הפרסי חתנו: **והלא כמה לשכות היו שם** · לשומרי הבית: **גזירה היתה** · לקמיה מפרש גזירה שמא יאמרו כהן גדול חבוש בבית האסורים הוא חבוש: **אינו בית** · וגבי מזוזה בעינן בית חשוב: **רבי יהודה מחייב** · לענין מעשר דקיימא לן *אין הטבל מתחייב במעשר מלאכול ממנו אכילת עראי עד שיראה פני הבית שנאמר *בערתי הקודש מן הבית: **בעירוב** · אם פתוחה לחצר שיש בה שתי דירות אוסרת על (בני) כולם אם לא עירבה עמהן: **ובמזוזה** · ואע"ג דלימות החמה היא עשויה ולא לימות הגשמים:

אלא

תוספות

איני יודע אם נינוה העיר הגדולה וכו' · ותימה לי אמאי לא קאמר נמי איני יודע אם כלח העיר הגדולה כיון דמספקא ליה ברסן וניטה שלפני פניו אם העיר הגדולה שלציה קאי כ"ש דאיכא לספוקי בכלח דמינה קא סליק *וי"ל אדרבה משום דמינה קא סליק אם איתא דעלה קאי לא הוה ליה למימר היא העיר הגדולה אלא העיר הגדולה: **חוץ** מלשכת פרהדרין שבה היתה דירה · ואם תאמר ליחשוב נמי לשכת בית אבן שבה היתה דירה לכהן השורף את הפרה וי"ל לא חשיב אלא לשכות שבמקדש *שבטויות בקודש אבל לשכת בית אבן בהר הבית הוה א"נ כיון דלא הוה בכל שתא אלא אחת לכמה שנים לא חשיב דירה: **וכי** תימא מדרבנן · וא"ת מ"מ אכתי תיקשי לעיל גבי לשכת פרהדרין ליגזרו מהאי טעמא ומאי איצטריך לפרושי טעמא משום שלא יאמרו כהן גדול חבוש בבית האסורים וי"ל דלמאי דס"ד השתא לשכת פרהדרין נמי מחייב ר' יהודה מהאי טעמא ולא מטעמא דשלא יאמרו כ"ג חבוש אבל תימה לי מאי קאמר וכי תימא מדרבנן מכל מקום תיקשי הכי לרבנן אדרבנן מכ"ש דהכא פטרי אפילו מדרבנן ולעיל מחייבי אפי' מדאורייתא וי"ל דרבנן אדרבנן לא קשה דשאני סוכה דדירת עראי היא דבקל יכול להיות שהוא יוצא ממנה כגון אם הוא מצטער או ירדו גשמים והכהנה רבות אבל לשכת פרהדרין שהיה בתוכה בקביעות מחייבי:

דילמא

רבינו חננאל

אין השכינה שורה אלא באהלי שם. ומקדש שני בניוה פרסאי דאתו מיפת דתני רב יוסף תירס זו פרס וכתיב בני יפת גומר ומגוג כו'. א"ר עתידה רומי שתפול ביד פרס שנא' (ירמיה מט) לכן שמעו עצת ה' אשר יעץ אל אדום ומחשבותיו וגו' אם [לוא] יסחבום צעירי הצאן. ופריש לה צעירי הצאן זוטרא דאחוה. ופרסאי מנא לן דמיפת קאתו דכתיב בני יפת גומר ומגוג כו' גומר זו גרמטיא. מגוג זו גינתא. מדי כמשמעו. יון זו מקדוניא. תובל בית איניקי. ואית דגרסי' בע"ז[דף כט] גבינות בית איניקי ותירס זו פרס. ותני רב יוסף תירס זו פרס. מקדש ראשון בנאוהו ישראל שהם בני שם והחריבוהו כשדים נפלו כשדים ביד פרסיים מקדש שני שבנאוהו פרסיים כו': אמר רב עתידה פרס שתפול ביד רומי תניא נמי כו' דאמר רב יהודה אמר רב אין בית דוד בא עד שתפשוט מלכות הרשעה ט' חדשים בכל העולם שנאמר לכן יתנם עד עת יולדה ילדה ויתר אחיו ישובון. ת"ר כל הלשכות שהיו במקדש לא היה בה מזוזה חוץ מלשכת פרהדרין מפני שהיא בית דירה לכ"ג שבעת ימים בשנה א"ר יהודה וכי אין שם בית דירה אלא זו בלבד כו' ואוקמה רבה אליבא דר' יהודה *) לימות החמה ולימות הגשמים. אלא אמרו כל שהיא בית דירה חייבת ושאינה בית דירה פטורה שנאמר וכתבתם על מזוזות ביתך ביתך סתם כתיב. ואע"ג דכתיב בית החורף ובית הקיץ [בית החורף בית הקיץ] איקרי בית סתמא לא איקרי אלא העשוי לדירת ימות החמה וימות הגשמים. ומותיב אביי סוכת החג בחג ר' יהודה מחייב וחכמים פוטרין ותני עלה ר' יהודה מחייב בעירוב במזוזה ובמעשר כלומר בית הוא דהא קי"ל אין חייב [בעירוב] אלא בית.

*) נראה דחסר איזה תיבות וצ"ל דכל בית שאינו עשוי לימות החמה ולימות הגשמים אינו בית אלא אמר כל שהיא בית דירה לכל ימות השנה חייבת וכו'.

תוספות ישנים

זו אקטיספון כך גי' הקונטרס א) ואפילו אי גרס קטיספון בלא אל"ף אין זו קטיספון דגיטין (דף ו' ושם) ועירובין (דף נז:) דהאי מארץ אשור והאיך דהתם בארץ כשדים הוה ועוד אומר רבינו הזקן דשמא י"ל שאשור בנה בניינים כדמשמע קרא אשור יסדה לציים (ישעיה כג) פירוש לצורך בעלי ספינות ואפשר שיסד זה הבנין: **איני** יודע אם רסן גדולה או נינוה. אבל בכלח לא נסתפק אם היא גדולה לפי שסבר שניטה גדולה היא בשביל הפסוק או רסן שבבניינה מדבר הפסוק אבל כלח אינו מדבר אלא מזכירה: **חוץ** מלשכת פרהדרין. וא"ת הא איכא נמי לשכת כהן השורף את הפרה שהיתה בצפונה מזרחה והיא היתה בקודש כדאמרינן (פרה פ"ג מ"ז) שהיו עושין כבש מהר הבית להר המשחה והתן נמי (מדות פ"א מ"ג) שער המזרחי שפרה וכל מסעדיה יוצאין להר המשחה וגמריק ממלואים ואומר רבינו הזקן דהואיל וליתה בכולה שתא לא קחשיב ולשכת בית אבטינס נמי דאמרינן שהיה בית דירה לכהן גדול לא קחשיב שלא היה שם עיקר דירה: **וכי** תימא מדרבנן. תימה דאכתי לא תירץ כלום דלעיל בלשכת פרהדרין לא מחייב רבי יהודה אלא גזירה שמא יאמרו כהן גדול חבוש בבית האסורין והכא מחייב מדרבנן סוכה אטו בית וניכא למימר דגזירה נמי דקאמר לעיל גזרה לשכת פרהדרין אטו בית דהא כמה לשכות היו שם לבית דירה ולא גזרינן בהו אטו בית ואומר רבינו הזקן דבסוכה המסורה לכל גזרינן אטו בית אבל לשכת פרהדרין מסורה לזריזין ובשביל כך לא יניחו מלהניח מזוזה בבתיהם ואיכא דעלמא לא מסקו אדעתייהו שאין שם: **וכי** תימא מדרבנן. תימא ואכתי קשיא דרבנן אדרבנן דלעיל מחייבי והכא פטרי מיהו לא מסיק אדעתא הך קושיא ונמי לא משני ליה:

א) לפנינו ברש"י ליתא ובגיטין דף ו' מביא זה התוס' ד"ה ומבי בכם רש"י גם בגמ' הגי' שם ובעירובין אקטיספון בא' אבל בכ"י הוא בלי א'.

ודילמא

הגהות הב"ח (א) גמ' (מדי כו' כמשמעו) תא"מ ונ"ב ס"א מדי כמשמעו יון זו מקדוניא וכן עיקר: (ב) שם ד"א' תא"מ. ונ"ב רש"י ל"ג ליה: (ג) רש"י ד"ה נפלו כו' בבלשאצר שהיה מכשדים נפל ביד:

הגהות הגר"א [א] גמ' גרממיא. צ"ל גרמניא (ועמ"ש בא"ר רפ"ב דנגעים): [ב] שם (דבר אחר) תא"מ (וכן מחקו רש"י):

גליון הש"ס גמ' בית סתמא לא איקרי. כעין זה חולין קלט ע"ב וש"נ: **תוס'** ד"ה איני יודע וכו' וי"ל אדרבה משום דמינה סליק. עיין תשובת הרא"נ ח"א סימן מ: **ד"ה** חוץ כו' שבטיות בקדש. עיין לעיל ח ע"ב תוס' ד"ה דאי:

<ההלכות נמצאות מול דף י:>

דילמא אתי לאפרושי מן החיוב על הפטור ומן הפטור על החיוב אלא אמר אביי בשבעה דכולי עלמא לא פליגי דמחייבא כי פליגי בשאר ימות השנה רבנן סברי גזרינן שאר ימות השנה אטו שבעה ור' יהודה סבר לא גזרינן א"ל רבא והא סוכת החג בחג קתני אלא אמר רבא בשאר ימות השנה כ"ע לא פליגי דפטורה כי פליגי בשבעה וסוכה טעמא לחוד ולשכה טעמא לחוד סוכה טעמא לחוד רבי יהודה לטעמיה דאמר *סוכה דירת קבע בעינן ומחייבא במזוזה ורבנן לטעמייהו דאמרי סוכה דירת עראי בעינן ולא מחייבא במזוזה ולשכה טעמא לחוד רבנן סברי דירה בעל כרחה שמה דירה ורבי יהודה סבר דירה בעל כרחה לא שמה דירה ומדרבנן הוא דתקנו לה שלא יאמרו כהן גדול חבוש בבית האסורין מאן תנא להא דתנו רבנן כל

[סוכה ז: כח:]

אלא אמר אביי · בשבעת ימים של פרישה לא פליג ר' יהודה דודאי מחייב דומיא דסוכה: **כי פליגי בשאר ימות השנה** · רבנן סברי גזרינן שאר ימות השנה אטו שבעה ור' יהודה סבר לא גזרינן אלא לשכת פרהדרין בשאר ימות השנה היה לה מזוזה כדי שתהא מוחזקת לכל יודעיה כבית דירה גמורה שלא יאמרו על הכהן בשבעת ימי הפרישה בבית האסורין חבוש: **והא סוכת החג בחג קתני** · ופטרי רבנן אלמא בשבעה נמי איכא למאן דפטר: **כי פליגי בשבעה** · בין בלשכה בין בסוכה והפוטר כאן מחייב כאן והחליפו דבריהם: **וסוכה טעמא לחוד כו'** · ר' יהודה לטעמיה דאמר במסכת סוכה (דף ז:) דירת קבע היא והכשיר סוכה גבוה מעשרים אמה שאינה ראויה ליעשות אלא במחיצת קבע הלכך בית חייבת נמי לענין מזוזה: כל

דילמא אתי לאפרושי מן הפטור על החיוב · תימה לי הא איכא טובא דמדאורייתא לא מחייב ורבנן גזרו בהן ולא חיישינן דילמא אתי לאפרושי מן הפטור על החיוב כגון הלוקח מטס הארץ וי"ל כיון דלא תקינו לאפרושי תרומה גדולה ואפילו מעשרות נמי דתקינו לאפרושי מפרישין והן שלו איכא היכירא טובא דהוי מדרבנן ולא אתי לאפרושי מן הפטור על החיוב וכן הא דאמר פ"ק דביצה (דף יג·) הכניס שבולים לעשות מהם עיסה אוכל מהן עראי ופטור אבל אם לאכול קבע חייב מדרבנן כיון דשרו למיכל מיניה עראי בלא מעשר איכא היכירא למידי דמיחייב מדאורייתא אסור לאכול אפי' עראי אחר מירוח כדתנן בפ"ק דמסכת פיאה (מ"ו) מאכילין לחיות ולעופות עד שימרח אבל בתר מירוח לא וכל אכילת בהמה חשיב אכילת עראי וא"ת והא תקנו להפריש על תבואה שלקח מן הנכרי למ"ד יש קנין לנכרי להפקיע מיד מעשר ולא חייש דילמא אתי לאפרושי מן הפטור על החיוב וי"ל בתבואת נכרי ליכא לטעוי וכן יש לתרץ על תבואה חולה לארץ שהיו מפרישין ממנה תרומה ומעשר עד שלא באו הרוכים וביטולה כדאיתא בירושלמי דליכא לטעוי ועליך שאינו נקוב כמו דחייב מדרבנן הא אמרינן בפ' האשה רבה (יבמות דף פט·) גבי משאינו נקוב על הנקוב תרומה ויחזור ויתרום בתרי מני ליית בחד מנה לא ליית אבל הכא אי מחייבינן ליה לאפרושי טעי וסבר דמדאורייתא חייב דמי מפים לידע איזו דירה קבועה דאורייתא דכיון דכהאי שעתא דיירי בה בקבע וחזו דמחייבינן לה במעשר סבר דדירה גמורה חשבינן לה ואתי לאפרושי מן הפטור על החיוב:

רבנן סברי גזרינן שאר ימות השנה · וא"ת שבה היתה דירה שבעה והכי גזרינן בהן שאר ימות השנה אטו הנך ז' אמר רבי יהודה והלא כמה לשכות שהיה בהן בית דירה לפעמים לשום עורך ואפי' הכי לא גזרינן בהן שאר ימות השנה אטו הנך יומי אלא לשכת פרהדרין גזירה אע"ג דלרבנן נמי גזירה היתה כדפי' הכי קאמר ר' יהודה גזירה אחריתי שלא יאמרו כ"ג חבוש בבית האסורין הוא:

רבנן סברי גזרינן ור' יהודה סבר לא גזרינן · כן הוא גי' רש"י ופירוש דלדלעיל קאי אלשכת פרהדרין והשתא לא תיקשי דר' יהודה אדר' יהודה הא דמחייב ר' יהודה בסוכה ואפי' מדאורייתא מדמחייב במעשר היינו בז' ימי החג והא דפטר לעיל מדאורייתא היינו בשאר ימות השנה וקשיא לן מאי איצטריך רבא למפרך מלישנא דברייתא דקתני סוכת החג בחג בלא ברייתא תיקשי ליה לאביי מדברי עצמו דכי היכי דלא תקשה דר' יהודה אדר"י מוקי לברייתא דסוכה בז' ימי החג דלא לא הכי לא הוה מצי מידי ממאי דפרכינן מעיקרא וא"כ בלא לישנא דברייתא דסוכת החג בחג תיקשי לאביי דעל כרחך בחג איירי ועוד דוחק הוא לומר דכי קאמר לעיל וכי תימא מדרבנן לריכא למימר גזירה אטו דירה גמורה קשה א"כ לעיל נמי בלשכת פרהדרין נגמרך לפרש גזירה דר' יהודה אטו דירה גמורה כי הכא ואם כן הוי מסקנא דמפרשינן משום שלא יאמרו כ"ג חבוש הוא ועוד אי גזרינן בלשכת פרהדרין אטו דירה גמורה א"כ בשאר כל הלשכות נמי שהיה בהן בית דירה אמאי לא הוה לכן מזוזה ניגזור אטו דירה גמורה מיהא זה טכל לייתב דהכי פריך והלא כמה לשכות שהיה בהן דירת עראי כגון לשכות שהיו שומרים בלילה ולא ביום שלא היה להם מזוזה ואם איתא דבדירת עראי כזו חייב דאורייתא בשעת דירה א"כ הנך נמי ניחייבו בלילה אלא ע"כ גזירה דרבנן היתה אטו דירה גמורה והך דהיה בה דירת ז' בימתא ובליליא מיחלפא בדירה גמורה אבל הנך לא מיחלפין הלכך לא גזרו בהן ועוד קשה מאי האי דפריך והא סוכת החג בחג קתני דמשמע דלא פריך אלא מדקתני בחג אבל אי הוה תני סוכת החג סתמא לא הוה קשה ליה ולמאי דלעפ"כ תיקשי ליה ההיא דלעיל מחייבי רבנן אף בשאר ימות השנה ולא מצי לחלק בין סוכה ללשכת פרהדרין כמו שחילקתי לעיל דא"כ מאי פריך והא סוכת החג כו' לימא דרבנן אע"ג דגבי לשכת פרהדרין גזרי אפי' בשאר ימות השנה בסוכת החג פטרי אפילו בחג משום דסוכה לא חשיבא דירה כולי האי כלשכת פרהדרין אלא על כרחך אביי ורבא לית להו האי סברא לחלק בין סוכה ללשכת פרהדרין ואדרבה הכי הוה ליה למימר דר' יהודה אדרבי יהודה קשיא דרבנן אדרבנן לא קשיא דמתוך תירוצו של אביי שהוא בא לתרץ לרבי יהודה קשה טפי לרבנן מדמעיקרא דאפילו בלא שינויא דאביי קשיא דרבנן אדרבנן אפילו כי מוקמינן לשני הברייתות בשבעה כ"ש לאביי דאמר דרבנן מחייבי לעיל אפילו בשאר ימות השנה והכא פטרי אפילו בחג ועוד כיון דרבנן דלעיל לא מחייבי אלא משום גזירה ורבי יהודה לא אתא לאיפלוגי עלייהו אלא בהא דאין הטעם משום גזירה דשאר ימות השנה אטו ז' אלא משום שמא יאמרו כהן גדול חבוש הוא אם כן לא הוה ליה למימר בהאי לישנא לשכת פרהדרין גזירה היתה כיון דלרבנן נמי גזירה היתה אלא איבעי ליה לפרושי הגזירה שלא יאמרו כהן גדול חבוש הוא ועוד בכל הספרים ישנים שראיתי גרסי' בהו איפכא דרבנן סברי לא גזרינן ור' יהודה סבר גזרינן ונראה לי כל הסוגיא בע"א דהאי דקאמר וכי תימא מדרבנן הייט משום שמא יאמרו היושב בסוכה בחג חבוש הוא בבית האסורין וכו' עד בשבעה כולי עלמא לא פליגי בין בלשכה בין בסוכה כי פליגי בשאר ימות השנה בין בלשכה בין בסוכה רבנן סברי לא גזרינן והכי פי' גבי לשכה חוץ מלשכת פרהדרין שבה היתה דירה פי' בשעה שבה היתה דירה דהיינו כל ז' ותו לא מיחייבא מדאורייתא אבל גזירה לרבנן לית להו אמר ר' יהודה לדידכו דאמריתו דכל ז' מדאורייתא והלא כמה לשכות שהיה בהן דירת עראי כזו ולא היה להם מזוזה ואפי' בשעה שהיה בהן דירה אלא לשכת פרהדרין גזירה היתה שלא יאמרו כ"ג חבוש וכיון דמההוא טעמא הוא היה לה מזוזה כל השנה כי היכי דתיפרסם מילתא לכל דדירה מעלייתא היא ולא יאמרו כהן גדול בבית האסורים הוא חבוש וגבי סוכה נמי שבעה דחג כולי עלמא לא פליגי דחייב לרבנן מדאורייתא ולרבי יהודה מדרבנן כמו לגבי לשכת פרהדרין כי פליגי בשאר ימות השנה רבנן לא גזרו שאר ימות השנה אטו חג ור' יהודה גזר שלא יאמרו היושב בסוכה בחג חבוש בבית האסורין הוא ויש בדבר גנאי ובזוי מצוה ונראה כאילו הקב"ה מטריח על ישראל וחובשן בבית האסורים להכי חייבת במזוזה כל

רבינו חננאל

וכן במזוזה · והפירות נמי אינן חייבין במעשר עד שיראו פני הבית וא"ת מדרבנן חייב וניחוש דילמא מפריש מזה מעשר על אחר שמחויב מדאורייתא ונמצא מפריש מעשר מן הפטור על החיוב אלמא במעשר ליכא למימר חייב מדרבנן. ומפורש בתחלת סוכה. ופירק רבה בשבעת ימים שכהן דר בה כ"ע לא פליגי דחייב במזוזה כי פליגי בשאר ימות השנה רבנן סברי גזרינן לקבוע בה מזוזה כל השנה אטו שבעת ימים שכ"ג דר בה ור"י סבר לא גזרינן א"ל אביי והא סוכת החג בחג קתני מכלל שחלוקתם כל ימי החג ופירק רבה פירוק אחר ואמר ודאי לא פליגי אלא בהני ז' יומי דדר בה כ"ג ושני לה סוכה מלשכה טעמא דרבי יהודה בסוכה דבעי דירת קבע ודירת לדעתיה דירת קבע כדתניא סוכה שהיא גבוה למעלה מכ' אמה פסולה ור' יהודה מכשיר עד מ' ונ' אמה וכל דירת קבע וכל דירה נמי שהיא לדעתיה חייבת במזוזה, אבל דירת כ"ג בלשכה זו בעל כרחיה הוא לפיכך אינה חייבת במזוזה מדאורייתא. ורבנן הוא דתקינו לה מזוזה שלא יאמרו כ"ג בבית האסורים הוא חבוש. דברי רבא פשוטין הן.

תוספות ישנים

ודילמא אתי לפרושי מן הפטור על החיוב . וא"ת והא בכמה מקומות תקנו מעשר מדרבנן ולא גזרו וי"ל דהכא איכא למיטעי טפי דלא מסקי אטעמא דגזרה היא אלא סברי דבית גמור חשיבא וכי האי גוונא אמרינן בפסחים (דף נא.) גבי אלתא דארזא ניכלה זר באפייהו דילמא אתי לאפרושי מן הפטור על החיוב כו': **דילמא אתי לאפרושי כו'** . תימה דמאי איכא למיחש אם יפריש מזה על אותו שנתחייב וראה פני הבית או מאותו על זה נהי דאיכו מתחייב כלל במעשר עד שיראה פני הבית מ"מ אם הפריש ממנו מעשר בשיבולין שפיר דמי כדקאמר בעלמא (ביצה דף יג:) מעשר שהקדימו בשיבולין פטור מתרומה גדולה וכ"ש אותה שמירחה [קודם] שראה פני הבית ועוד הביא ריב"א ראיה מדתנן במסכת תרומות (פ"א מ"ט) אין תורמין דבר שלא נגמרה מלאכתו על דבר שנגמרה מלאכתו ואם תרם תרומתו תרומה וכל שכן האי שנגמרה מלאכתו אלא שלא ראה פני הבית וי"ל דמ"מ יש לחוש כגון כשהביא התבואה דרך גגות וקרפיפות (לסוכה א) או הכילה דס"ד שמן התורה חייב במעשר אפילו הוא באכילת עראי ויבא להפריש על אותו שהכניס כמון [חייב] במעשר לענין אכילת קבע דלא שרינן אלא לבהמתו בלבד : ה"ג בקונטרס ופירוש ר"ת דרבי יהודה סבר לא גזרינן שאר ימות השנה אטו שבעה ורבנן סברי גזרינן א"ל רבא והא סוכת החג בחג קתני פירוש ופטרי רבנן אפילו בחג והוא הדין לשכת פרהדרין ביוה"כ וא"ת וכי לא היה יודע אביי דקתני בחג וי"ל דודאי ידע והוא לא מיירי אלא בלשכה אבל בסוכה מחייב כל שבעה מדרבנן והיה יכול ודאי דרבנן אדרבנן דפטרי ולעיל מחייבי אלא שהיה יכול לומר דהכי רבנן גינהו ומיהו קשה קצת דאמאי לא הפריך ליה רבא מהכא דר' יהודה אדר' יהודה קשיא דרבנן אדרבנן לא קשיא ועוד קשה קצת דמשמע דאי לא [illegible]

[illegible]

א) נ"ל לסוכה שאינה ביאה וסד"א שמן כו' כצ"ל ועיין ש"י

אידך לרבנן ומוקי לה אליבא כר' יהודה ותדא לרבנן:

ואחר

§ מסכת יומא דף י. §

אות א'

כל הלשכות שהיו במקדש לא היו להן מזוזה, חוץ מלשכת פרהדרין שהיה בה בית דירה לכהן גדול

רמב"ם פ"ו מהל' ס"ת ומזוזה ה"א - **עשרה תנאין יש בבית ואחר כך יתחייב הדר בו לעשות לו מזוזה, ואם חסר תנאי אחד מהן פטור מן המזוזה, ואלו הן: שיהיה בו ארבע אמות על ארבע אמות או יתר, ושתהיינה לו שתי מזוזות, ויהיה לו משקוף, ותהיה לו תקרה, ויהיו לו דלתות, ויהיה השער גבוה עשרה טפחים או יותר, ויהיה הבית חול, [א]ויהיה עשוי לדירת אדם, ועשוי לדירת כבוד, ועשוי לדירת קבע.**

השגת הראב"ד: עשרה תנאים כו' עד ויהיו לו דלתות. כתב הראב"ד ז"ל: א"א שיהיו לו דלתות לא נאמר אלא משום היכר ליר, ובשער שבין שני בתים שיש לנכנס יוצא מכאן ומכאן, ואין ניכרת יציאה לשער האמצעי אלא בהיכר ציר שבו, ולפיכך אמר לו קבע דשי בריטא, עכ"ל.

רמב"ם פ"ו מהל' ס"ת ומזוזה ה"ו - **הר הבית הלשכות והעזרות ובתי כנסיות ובתי מדרשות שאין בהן בית דירה, פטורין, [ב]לפי שהן קדש; בית הכנסת של כפרים שהאורחין דרין בו, חייב במזוזה, וכן בית הכנסת של כרכין, אם היה בו בית דירה חייב. כל השערים שהיו במקדש לא היה להם מזוזות, [ג]חוץ משער נקנור ושלפנים ממנו, ושל לשכת פרהדרין, מפני שהלשכה הזאת היתה בית דירה לכהן גדול בשבעת ימי ההפרשה.**

אות ב'

סוכת החג בחג... וחכמים פוטרין

יו"ד סי' רפו סי"א - **סוכת החג בחג, והבית שבספינה, והחנויות שבשוקים, פטורים** - מפני שהם דירת עראי - ש"ך.

באר הגולה

[א] ‹כוונתו אף לדירת עראי, {עיין בהערה להלן בסמוך} כרפת בקר שהנשים מתקשטות בה לבד, משא"כ של קודש, אינם חייבין במזוזה אלא אם יש בהן דירת קבע לאדם ביום ובלילה, כלשכת פרהדרין לכהן גדול - זיו המשנה› [ב] ‹לכאורה אינו מובן, דאם אין בהן דירה, הרי גם של חול פטורין, וכדאמר בריש דבריו לשני תנאים מחולקין, ויהיה הבית חול, ויהיה עשוי לדירת אדם, **וגם** אההיא קשיא, דהרי בתי כנסיות ובתי מדרשות אם יש בהן בית דירה חייבין במזוזה אע"פ שהן קודש. **אמנם** באמת אתי שפיר, דהרי בתי כנסיות ובתי מדרשות וכן הלשכות והעזרות הרי היו מלאים כל היום אדם רב להתפלל וללמוד ולעבוד העבודה, אשר בכה"ג בשל חול ודאי חייבין במזוזה, וכדאמור בסמוך בהלכה ז' רפת בקר שהנשים יושבות בה ומתקשטות בה חייבת במזוזה, ולזה הוצרך לומר בטעמן דאפ"ה פטורין מפני שהן קודש, ומה שאמר בריש דבריו ויהיה עשוי לדירת אדם, ג"כ כוונתו אף לדירת עראי כרפת בקר שהנשים מתקשטות בה לבד, משא"כ של קודש, אינם חייבין במזוזה אלא אם יש בהן דירת קבע לאדם ביום ובלילה, כלשכת פרהדרין לכהן גדול, ודי למבין - זיו המשנה› [ג] ‹בספרנו {דף יא} גירסא אחרת, והיא: כל השערים שהיו שם לא היו להם מזוזה חוץ משער נקנור שלפנים ממנו לשכת פלהדרין. ואפילו לפי גירסת רבינו, כיון שכל השערים האלו היו פתוחים ללשכת פלהדרין, היו מחוייבים במזוזה - כסף משנה›

§ מסכת יומא דף יא. §

אות א'

כל השערים שהיו שם לא היה להם מזוזה, חוץ משער ניקנור שלפנים ממנו לשכת פרהדרין

רמב"ם פ"ו מהל' ס"ת ומזוזה ה"ו - הר הבית הלשכות והעזרות ובתי כנסיות ובתי מדרשות שאין בהן בית דירה, פטורין, [א]לפי שהן קדש; בית הכנסת של כפרים שהאורחין דרין בו, חייב במזוזה, וכן בית הכנסת של כרכין, אם היה בו בית דירה חייב. כל השערים שהיו במקדש לא היה להם מזוזות, [ב]חוץ משער נקנור ושלפנים ממנו, ושל לשכת פרהדרין, מפני שהלשכה הזאת היתה בית דירה לכהן גדול בשבעת ימי ההפרשה.

אות ב'

אחד שערי בתים ואחד שערי חצירות ואחד שערי מדינות ואחד שערי עיירות, יש בהן חובת מצוה למקום

יו"ד סימן רפו ס"א - אלו המקומות שחייבים במזוזה: אחד שערי בתים ושערי חצרות, מדינות, ועיירות... כולם חייבים.

אות ג'

בית הכנסת שיש בו בית דירה לחזן הכנסת חייבת במזוזה

יו"ד סימן רפו ס"ג - בהכ"נ, אם יש בו דירה לשום אדם, חייב במזוזה. הגה: ואם בית דירה בעזרה שלפני בהכ"נ, העזרה חייבת ובית הכנסת פטור (ב"י בשם רבינו ירוחם).

אות ד'

מזוזת יחיד נבדקת פעמים בשבוע ושל רבים פעמים ביובל

יו"ד סימן רצא ס"א - מזוזת יחיד נבדקת פעמים בשבע שנים; ושל רבים, פעמים ביובל - דכל דבר שהוא של רבים אין להטריח עליהם הרבה, שלא יאמרו כל אחד יעשה חבירו - ש"ך.

(**כתב** ברכי יוסף, מי שיש לו הרבה מזוזות קבועות, ובדק שלש מהן ומצאן כשרות, אפ"ה צריך לבדוק כל שאר המזוזות שקבע בו בפרק במעמד שלשתן הכשרות, דלא כל המקומות שוות, הרב מהר"י מלכו בתשובת כ"י - פת"ש).

(**עיין** בתשו' חת"ס, בענין בית של ג' שותפים שיש בו יותר מארבעים מזוזות הקבועים בפצימי עץ, וכתב דפשוט דבעי בדיקה כשל יחיד, ורש"י פי' בהדיא, דרבים היינו שערי עיר ומדינה. ‹**עיין** ברש"י שכתב גם שערי חצירות, וצ"ע›. **וכתב** עוד, דענין הבדיקה לא בעי מומחה הבקי בחסירות ויתירות, אלא כל אדם יכול לבדקן, אבל עכ"פ צריך לפתחן לעיין בכל אות אם לא נרקב, כיון שעשוי להתרקב ולבלות באורך הימים, ע"ש - פת"ש).

אות ה' – ו'

שמחייבים בסתם   **מחייבין במתקשטות**

רמב"ם פ"ו מהל' ס"ת ומזוזה ה"ז - [ג]בית התבן בית הבקר בית העצים בית אוצרות פטורין מן המזוזה, שנאמר: ביתך, ביתך המיוחד לך, פרט לאלו וכיוצא בהן; לפיכך רפת הבקר שהנשים יושבות בה ומתקשטות בה, חייבות במזוזה, שהרי יש בה יחוד לדירת אדם.

יו"ד סימן רפו ס"ב - [ד]בית התבן, בית העצים ובית הבקר חייבים; ואם הנשים רוחצות בהם, כיון שעומדות שם ערומות, אין כבוד שמים להיות שם מזוזה.

הגה: ודוקא אלו - כלומר דוקא אלו שאינם בית דירה ממש, **אבל חדר** - שהוא בית דירה **ממש, אפי' מקום שאיש ואשה ישנים ומשמשים שם, חייב במזוזה (בתשו' מהרי"ל וכ"כ הב"י). ויש מקילין ואומרים דבכל מקום שנשים שוכבות פטור ממזוזה (ב"י בשם סמ"ק וכל בו ומרדכי)** - כתב הב"ח דהוא הדין היכא דרגילין הנשים לרחוץ בבית החורף או בחדר, כנשי דידן, דאי אפשר לרחיצה אלא אם כן היא ערומה, ואיכא בזיון דכתבי הקדש, **ומשום** הכי נתפשט המנהג שאין עושין מזוזה כי אם בפתח הבית הסמוך לר"ה, והיינו משום דרוחצין בבית החורף בחורף, ובהחדרים בקיץ, ועומדים שם ערומים כו', **ומקרוב** נהגו הלומדים לעשות מזוזות לכל הפתחים שבבית, **ומיהו** צריכין ליזהר שלא יעשו מזוזות במקום שרגילין שם לרחוץ ולכבס טינופת בגדי קטנים, עד כאן, **ומיהו** נראה שיש לתקן מזוזות בכל הפתחים, ויכסה המזוזה, כדלקמן סעיף ה' - ש"ך.

באר הגולה

[א] ‹ועיקר הנ"מ בין כרכים לכפרים, דבכפרים דדיירי בהו אורחין לא דמי למקדש, וקדושתו קלה, משא"כ של כרכים קדושתם חמורה והויין כמקדש, {וע"כ צריך שיהא בו בית דירה, ואינו די לחשוב מקום תורה ותפילה לדירה} - משיב דבר› [ב] ‹בספרנו גירסא אחרת, והיא: חוץ משער נקנור שלפנים ממנו לשכת פלהדרין. ואפילו לפי גירסת רבינו, כיון שכל השערים האלו היו פתוחים ללשכת פלהדרין, היו מחוייבים במזוזה - כסף משנה› [ג] ‹רב יהודה בעא לאוקמי דסתמא לכו"ע פטור, ואיתותב, אלא סתמא תנאי היא. **בענין** שהנשים מתקשטות, כיון דלרב כהנא לכו"ע מיחייב, ולרב יהודה נמי לחד תנא חייב, הכי נקטינן. **ובסתמא**, נראה מהרי"ף שפסק שחייב, שכתב ובית שהנשים רוחצות, הא סתמא חייבין, וכ"כ הרא"ש, וסיים בה: ולא כהרמב"ם שכתב דוקא שהנשים מתקשטות בהם, עכ"ל. **ודעת** רבינו, דכיון דפלוגתא דתנאי היא ולא נזכר שם החולקים לדעת הלכה כדברי מי, ואשכחן דפליגי אמוראי במילתא, כרב יהודה קיימא לן, דכיון דרב כהנא תני קמיה, משמע דתלמידו היה, ואין הלכה כתלמיד במקום הרב. **ולהרי"ף** והרא"ש איכא למימר דס"ל, דלאו דתלמיד הוה, דתלמיד דרב הוה, וחכם גדול היה כדמוכח בסוף בבא קמא, אלא דהכי הוה עובדא דתנא קמיה דרב יהודה - כסף משנה. ‹**ולי** נראה דטעמייהו דהרי"ף והרא"ש, משום דרב יהודה איתותב - מעדני יו"ט›

[ד] **כדתני רב כהנא קמיה דרב יהודה, וכ"כ הרי"ף והטור בשם אביו הרא"ש** ‹**נמצא** דהעין משפט הביא אות ה' לדברי השו"ע, ואות ו' לדברי הרמב"ם›

*כל השערים שהיו שם לא היו להם מזוזה חוץ משער [א] ניקנור שלפנים ממנו לשכת פרהדרין לימא רבנן היא ולא ר' יהודה דאי ר' יהודה *היא גופה גזירה ואנן ניקום ונגזור גזירה לגזירה אפילו תימא ר' יהודה כולה הדא גזירה היא ת"ר בשעריך ׳אחד שערי בתים ואחד שערי חצירות ואחד שערי מדינות ואחד שערי עיירות יש בהן חובת מצוה למקום משום שנא' ׳וכתבתם על מזוזות ביתך ובשעריך א"ל אביי לרב ספרא הני אבולי דמחוזא מ"ט לא עבדו להו רבנן מזוזה אמר ליה הנהו חווק לאקרא דכובי הוא דעבידי א"ל ואקרא דכובי גופה תבעי מזוזה דהא איכא בה דירה לשומר בית האסורין דהא תניא ׳בית הכנסת שיש בו בית דירה לחזן הכנסת חייבת במזוזה אלא אמר אביי משום סכנה דתניא ׳מזוזת יחיד נבדקת פעמים בשבוע ושל רבים פעמים ביובל וא"ר יהודה מעשה בארטבין אחד שהיה בודק מזוזות בשוק העליון של צפורי ומצאו קסדור אחד ונטל ממנו אלף זוז *והאמר ר' אלעזר שלוחי מצוה אין ניזוקין היכא דקביע היזקא שאני דכתיב ׳ויאמר שמואל איך אלך ושמע שאול והרגני ויאמר ה' עגלת בקר תקח בידך ואמרת לזבוח לה' באתי תני רב כהנא קמיה דרב יהודה בית התבן ובית הבקר ובית העצים ובית האוצרות פטורים מן המזוזה מפני שהנשים נאותות בהן ומאי נאותות רוחצות א"ל רב יהודה טעמא דרוחצות הא סתמא חייבין והתניא רפת בקר פטורה מן המזוזה אלא מאי נאותות מתקשטות והכי קתני אע"פ שהנשים מתקשטות בהן פטורין א"ל רב כהנא ושהנשים מתקשטות בהן פטורין והתניא רפת בקר פטורה מן המזוזה ושהנשים מתקשטות בה חייבת במזוזה אלא מאי אית לך למימר מתקשטות תנאי היא לדידי נמי סתמא תנאי היא דתניא ביתך המיוחד לך פרט לבית התבן ולבית הבקר ולבית העצים ולבית האוצרות שפטורין מן המזוזה ויש מחייבין באמת אמרו בית הכסא ובית הבורסקי ובית המרחץ ובית הטבילה ושהנשים נאותות בהן פטורים מן המזוזה רב כהנא מתרץ לטעמיה ורב יהודה מתרץ לטעמיה רב כהנא מתרץ לטעמיה ביתך המיוחד לך פרט לבית התבן ולבית הבקר ולבית העצים ולבית האוצרות שפטורים מן המזוזה בסתם ויש ׳שמחייבים בסתם באמת אמרו בית הכסא ובית הבורסקי ובית המרחץ ובית הטבילה ושהנשים נאותות בהן ומאי נאותות רוחצות פטורין מן המזוזה אי הכי היינו מרחץ אשמעינן מרחץ דרבים ואשמעינן מרחץ דיחיד דס"ד אמינא מרחץ דרבים דנפיש זוהמיה אבל מרחץ דיחיד דלא נפיש זוהמיה אימא ליחייב במזוזה קמ"ל ורב יהודה מתרץ לטעמיה הכי קתני ביתך המיוחד לך פרט לבית התבן ובית הבקר ובית העצים ובית האוצרות שפטורין מן המזוזה אפי' ׳במתקשטות ויש מחייבין אבל סתם דברי הכל פטור באמת אמרו בית הכסא ובית הבורסקי ובית המרחץ ובית הטבילה אע"פ שהנשים מתקשטות בהן פטורין מן המזוזה משום דנפיש זוהמיה ולרב יהודה סתמא דברי הכל פטור והתניא בשעריך אחד שערי בתים ואחד שערי חצירות ואחד שערי מדינות ואחד שערי עיירות ורפת ולולין ומתבן ואוצרות יין ואוצרות שמן חייבין במזוזה יכול שאני מרבה אף בית

כל השערים · שערי מזרח עזרה: **אחד שערי מדינות** · יש מדינה מוקפת הרים ויערים בכמה פרסאות ואין נכנסין לה אלא דרך שערים כגון ארץ הגר: **אבולי דמחוזא** · שערי עיר ששמה מחוזא והיו רובן ישראל: **לאקרא דכובי** · בנין בנוי עליהן ונקרא כובי והשערים תחתיו עשויין ככיפה ובניין הבנוי על גבי כיפין חזק יותר: **ואקרא דכובי גופה** · משום אותו בנין עצמו תבעי השער מזוזה שדרך אותו השער נכנסין לו: **משום סכנה** · שלא יאמר המלך כשפים עשיתם בשערי עירי: **נבדקת** · שמא נרקבה או נגנבה: **ושל רבים** · שערי חצירות ומדינות ועיירות: **פעמים ביובל** · כל דבר שהוא של רבים אין להטריח עליו הרבה שאם תטריח יהא כל אחד אומר יעשו חביריי: **בארטבין** · שם האיש ואמרי לה על שם האומנות: **קסדור** · שם פקידות הוא כגון סרדיוט והוא שוטר: **דקביע היזקא** · עלילות המושל מזומנות תמיד: **איך אלך** · למשוח את דוד ע"פ הדיבור: **בית אוצרות** · של יין ושמן ותבואה ואין אדם דר בו: **מאי נאותות רוחצות** · נאותות לשון הנאה ומשום דמקום נגאי הוא שעומדות שם ערומות אין כבוד שמים להיות שם מזוזה: **אע"פ שהנשים מתקשטות** · שם בבשמים וס"ד אמינא דירה היא אשמעינן דלאו דירה היא: **אלא מאי אית לך למימר** · כי פרשת נאותות מתקשטות שם ותיקשי מתני' אמתני' ונימא תנאי היא: **ויש מחייבין** · והיינו תנאי וכל חד מן אמוראי מתרץ לטעמיה רב כהנא מתרץ דבסתמא פליגי אבל מתקשטות דכ"ע חייבין ורב יהודה מתרץ דבמתקשטות פליגי אבל סתמא דכולי עלמא פטור: **ושהנשים נאותות בהן** · כלומר בית התבן ובית הבקר ובית העצים ושהנשים רוחצות בהן ובית הטבילה אע"ג דאשמעי' מרחץ איצטריך לאשמועינן בית הטבילה אע"ג דליכא זוהמא: **ולולין** · מקום גידול התרנגולין: בית

כל השנה לפרסם הדבר שיהיה נראה לכל כמו דירה חשובה וכן לענין מעשר מיחייבא מדרבנן בין בחג בין בשאר ימות השנה ולא היקשי דילמא אתי לאפרושי מן הפטור כו' דה"מ אי אמרינן דלא מיחייבא אלא בחג בעדילא דאית בה דירה ניחוש דילמא אתי למיטעי כיון דחזי דלא מיחייבא אלא בההיא שעתא אתו למימר דדירה גמורה היא דאורייתא אבל השתא דמחייבא לה אפי' בשאר ימות השנה דליכא דירה בה כלל הכל יודעין דמדרבנן הוא דמחייב לה ולא אתי למיטעי: **והתניא** רפת בקר פטורה מן המזוזה · תימה לי לימא ההיא איירי כשהנשים רוחצות בו וי"ל ברפת בקר אין הנשים רוחצות דדוקא בית הבקר דלעיל דהיינו שעשוי לבקר אבל אין מעמידין בה בהמות בקביעות נשים רוחצות בו אבל רפת בקר משמע שעומד בו בקר בקביעות והוא מלוכלך בזבל הבקר אין הנשים רוחצות בו: **אף** על פי שהנשים מתקשטות בהן · לית מגיה הברייתא דה"ק מפני שהנשים נאותות ומתקשטות רק בהן ואינם דרים בה דירה גמורה והא דקאמר אע"פ שהנשים מתקשטות פי' לא מיבעיא אם לא היו אפילו מתקשטות דפטורין אלא אף על פי שמתקשטות: **יכול** שאני מרבה אף בית שער וכו' · משמע דבית שער פטור מן המזוזה ותימה דבפרק הקומץ רבה (מנחות דף לג:) תניא בית שער אכסדרה ומרפסת חייבת במזוזה וכן משמע בפ"ק דסוכה (דף ח:) דבית שער חייב במזוזה גבי שתי סוכות של יוצרים זו לפנים מזו דפריך ותיהוי חיצונה בית שער ותתחייב במזוזה וי"ל דהכא מדאורייתא קאמר והתם מדרבנן א"נ כ"ל דהכא מיירי בבית שער של אכסדרה ובית שער של מרפסת והא דקתני בית שער אכסדרה פירוש של אכסדרה והאלפסי תירץ התם בפתוחין לבית*: **והתניא** אחד שערי בתים ורפת כו' · לא הוה מצי לשנויי במתקשטות חדא דהא דרפת ליכא מתקשטות כיון דמלוכלך הוא ובהמה עומדת בו בקביעות כדפי' לעיל אי נמי כיון דקתני לה בהדי הנך דלאפי' סתמא חייבת א"כ רפת בקר נמי בסתמא איירי: הכל

[כילה ג. וש"נ]

פסחים ח: קידושין לט: חולין קמב:

הגהות הגר"א

[א] גמ' נקנור נמחק וכ"ב המים:

כט א מיי' פ"ו מהל' ס"ת ומזוזה הל' ו:

ל ב שם הל' ח סמג עשין כג טוש"ע יו"ד סי' רפו סעיף א:

לא ג מיי' שם הל' ו טוש"ע שם סעיף ג:

לב ד שם פ"ו הל' ס טוש"ע יו"ד סי' רפו סעיף א:

לג ה ו שם פ"ו הל' ז טוש"ע יו"ד סי' רפו סעיף ג:

רבינו חננאל

ת"ר בשעריך בין שערי בתים בין שערי חצירות בין שערי מדינות בין שערי עיירות יש בהן מצות למקום שנאמר וכתבתם על מזוזות ביתך ובשעריך על כל שער ושער: והני אבולי כו'. פי' אקרא של מבואות לחיזוק מפני כובד הכובי עשויה שעושין אותם הכובים עליה דירה לשומר המבוי ולא משום צורת פתח ואקשינן גם זה (חיים) חייב. דתניא ביה"כ שיש בה בית דירה לחזן או לשומר ביהכ"נ חייב במזוזה. ופרקינן לעולם כי האי גוונא חייב והני אבולי אמאי לא עבדי בהו מזוזה (א"ל) פעמים שבא לבודקה ורואין אותו הגוים העוברין והשכן ואומרים לו לדעי אתה ומכשפות אתה עושה ואתי לידי סכנה. והיכא דשכיח היזקא ראוי להתרחק ממנה ואע"ג דהיא מצות כדכתיב ויאמר שמואל איך אלך וגו'. תני רב כהגא בית התבן ובית הבקר ובית העצים והאוצרות פטורין מן המזוזה מפני שהנשים ניאותות בהן. ופריש רב כהנא מאי ניאותות רוחצות ממש. הא סתמא חייבין. ואקשינן והתניא רפת בקר פטורין מן המזוזה. ופירק רב יהודה מאי ניאותות מתקשטות והכי קתני ואע"פ שמתקשטות בהן הנשים פטורין ואקשינן עליה והתניא אם נשים מתקשטות בה חייבין א"ל רב כהנא לרב יהודה מאי אית לך למימר מתקשטות תנאי היא יש תנא שמחייב ויש תנא שפוטר לדידי נמי דפרישנא ניאותות רוחצות ממש אבל סתם חייבין תנאי היא דתניא ביתך ביתך המיוחד לך כו'. רב (הונא) [כהנא] מתרץ לטעמיה זו הברייתא ומפרש בה פטור מן המזוזה בסתם ויש שמחייבין בסתם. הנה תנאי נינהו דבסתמא אחד מחייב ואחרים פוטרין ורב [יהודא] מתרץ לטעמיה *)מתחזוות במתקשטות ויש שמחייבין במתקשטות הנה תנאי במתקשטות [פליגי] וסבירא ליה **)שמעתא לרב כהנא רפת וכיוצא בה אם עשויות למרחץ פטורין הא סתמא יש תנא דמחייב במזוזה ולרב יהודה יש תנא שחייב מפני שמתקשט בהן שהן כמו בית דירה אבל בסתם פטורין ויש תנא שאמר אע"פ שמתקשטות בהן פטורין. וכ"ש סתם לדברי הכל (סתם) פטורין והתניא אחד שערי בתים ושערי חצירות ושערי מדינות ושערי עיירות ורפת ולולין ומתבן ואוצרות יין ואוצרות שמן חייבין במזוזה ועלתה תיובתא דרב (כהנא) [יהודא] תיובתא וקי"ל

*) חסר כאן וצ"ל וס"ל כרב כהנא ... **) אולי צ"ל ... מן המזוזה במתקשטות.

תוספות ישנים

[illegible]

א) משם ... ב) אולי צ"ל ...

בית שער אכסדרה ומרפסת ת"ל בית מה בית מיוחד לדירה יצאו אלו שאין מיוחדין לדירה יכול שאני מרבה אף בית הכסא ובית הבורסקי ובית המרחץ ובית הטבילה ת"ל בית מה בית העשוי לכבוד אף כל העשוי לכבוד יצאו אלו שאין עשויין לכבוד יכול שאני מרבה אף הר הבית והלשכות והעזרות ת"ל בית מה בית שהוא חול אף כל שהוא חול יצאו אלו שהן קודש תיובתא תני רב שמואל בר יהודה קמיה דרבא ששה שערים פטורין מן המזוזה בית התבן ובית הבקר ובית העצים ובית האוצרות ושער המדי ושער שאינו מקורה ושער שאינו גבוה י' א"ל פתחת בששה וסלקת בשבעה א"ל שער המדי תנאי היא דתניא *כיפה ר"מ מחייב במזוזה וחכמים פוטרים ושוין שאם יש ברגלה עשרה שחייבת במזוזה אמר אביי דכ"ע גבוהה י' ואין ברגלה ג' ולאו כלום היא א"נ יש ברגלה ג' ואינה גבוהה י' ולאו כלום היא לא נחלקו אלא בגבוהה י' ויש ברגלה ג' ואין ברחבה ד' ויש בה לחוק להשלימה לארבעה *ר"מ סבר חוקקין להשלים ורבנן סברי אין חוקקין להשלים ת"ר בית הכנסת ובית האשה ובית השותפין חייבת במזוזה פשיטא מהו דתימא ביתך ולא ביתה ביתך ולא בתיהם קמשמע לן ואימא הכי נמי אמר קרא למען ירבו ימיכם וימי בניכם הני בעו חיי והני לא בעו חיי אלא ביתך למה לי כדרבא *דאמר רבא דרך ביאתך וכי עקר איניש כרעיה דימינא עקר ברישא תניא אידך *) בית הכנסת ובית השותפין ובית האשה מטמאין בנגעים פשיטא מהו דתימא ובא אשר לו הבית לו ולא לה לו ולא להן קמ"ל ואימא ה"נ אמר קרא בבית ארץ אחוזתכם אלא לו למה לי *מי שמייחד ביתו לו שאינו רוצה להשאיל כליו ואומר שאין לו הקב"ה מפרסמו כשמפנה את ביתו פרט למשאיל כליו לאחרים ובית הכנסת מי מטמא בנגעים והתניא יכול יהיו בתי כנסיות ובתי מדרשות מטמאין בנגעים ת"ל ובא אשר לו הבית מי שמיוחד לו יצאו אלו שאין מיוחדין לו לא קשיא הא ר"מ הא רבנן דתניא בית הכנסת שיש בה בית דירה לחזן הכנסת חייב במזוזה ושאין בה בית דירה ר"מ מחייב וחכמים פוטרין ואיבעית אימא הא והא רבנן ולא קשיא הא דאית בה בית דירה הא דלית בה בית דירה ואי בעית אימא הא והא דלית בה בית דירה והא

*) [תוספתא דנגעים פ"ו]

רש"י

בית שער · בית קטן שעושין לפני שער החצר והכל עושין אותו קפנדריא: **מרפסת** · אלד"ר והוא ארוך לפני פתחי עליות הרבה וכולן עולין לדרך שם: **אכסדרה** · פרוזדור שלפני בתים: **כיפה** · שעושין בכיפה שכן עושין ועל כרחך בתמונה הגלוי היא: **ושער המדי** · תורה אור כמדי: **שאינו מקורה** · שהוא פרוץ מלמעלה לגמרי שאין כיסוי: **וחכמים פוטרין** · שאין שער בלא רוחב ד' וכל כיפה מתקצרת בראשה לפחות מד': **ושוין שאם יש ברגליה י'** · קודם שיתחיל העיגול ותתמעט רחבה שחייבת שאפי' שכלל סתום מד' ולמעלה יש שיעור פתח בגובהה י' ברוחב ד': **גבוהה י'** · בין הכל: **ואין ברגלה ג'** · גובה שנתמעט רוחבה קודם שיגביה גובה ג': **ולאו כלום היא** · דכל פתוח מג' גובה לארעא כמחיצה היא ואין כאן לא שם פתח של ד' ואפי' ר"מ מודה שאין כאן התחלה לומר חקוק והשלם: **א"נ יש ברגלה ג'** · קודם שנתמעט רחבה מד' ואינה גבוהה יו"ד בין הכל ולאו כלום היא: **ויש ברגלה ג'** · ברוחב ד' ואינה רחבה ד' בגובהה י' שקודם שהגביהה י' נתמעט רחבה מד' ויש בה לחוק ולהרחיב החלל למעלה כמדה של מטה שאין החומה הולכת וכלה מבחוץ לפי החלל הפנימי כזה* אלא החומה ארוכה למעלה מבחוץ לחלל כמשפט כזה*: **ר"מ סבר** · הואיל והתחיל בה ג' ברוחב ד' שם פתח עליו ורואין כאילו הוא חקוק למעלה להרחיב כמדתו שלמטה: **למען ירבו ימיכם** · כל החפץ בחיים חייב משמע: **דרך ביאתך** · לימין בבואו לבית ולא מימין לצאתו: **למי שמייחד ביתו לו** · שכלי תשמישו מיוחדין לו ואינו משאילן לשכניו כלומר שהנגעים באים על צרות העין:

תוספות

הכל מודים בגבוהה כו' · תימה דאמר בפ"ק דשבת (דף ז:) זרק למעלה מעשרה והלכה ונחה בחור כל שהוא באנו למחלוקת ר"מ ורבנן דאמר ר"מ חוקקים ור"מ ורבנן דהתם מיירי בחור שהוא ד' על ד' מכפנים לגד רה"י ולגד רה"ר כלה עד כל שהוא דאי הוי כל שהוא מכל לד בהא לא הוה אמר ר"מ חוקקים להשלים כדאמר הכא הכל מודים באין ברגליה ג' אינה גבוהה י' ולא כלום והקשה רבינו שמשון הא דקאמר התם הזורק ד' אמות בכותל למטה מי' כזורק באויר ושל למעלה מי' כזורק בארץ באויר ופריך למטה מי' כזורק בארץ והא לא נח ואר"י יוחנן בדבלה שמינה והדר פריך ולי' ס"ד הוי רה"י כרה"ר למו לוקמא בחור ומשני בכותל דלית בה חור ממאי מדקתני למעלה מי' כזורק באויר וכי"מ דאית ביה חור אמאי כזורק באויר וכי תימא דלית ביה ד' על ד' והאמר רב יהודה כו' עד באנו למחלוקת ר"מ ורבנן דר"מ סבר חוקקין להשלים והשתא מאי פריך לוקמא בדאית ביה חור וכגון שאין בו ד' על ד' אפילו מכפנים ותירץ התם חורים שבכתלים הם רחבים ד' מכפנים כדי להשתמש בהם ומתקצרים לגד רה"ר כדי שלא יקחו משם תפלים בכחותו ולא נהירא לי דאי שכיחא דמי לא משכחת לה טובא חורין שלרים מבית ומתוך ובלא"ה קשיא לן התם לוקמא בכותל דקה שאינה רחבה ולאין בו לחוק ד' על ד' ועוד הקשה שם רש"י מאי פריך לוקמא כרבנן דלית להו חוקקין להשלים ותירץ דהתם מתני' היא בפרק הזורק (שם דף ק) וסתם מתני' ר"מ היא ולי נראה להרץ כולהו קושיות דספר פריך הש"ם דעל כרחך אי מיירי דנח בחור מיירי בחור שיש בה ד' מכפנים ובכותל עב שיש בו לחוק ולהשלים ואתיא כר"מ דאמר חוקקין להשלים דלוהיה כדי, דהזורק למטה מי' כזורק בארץ מיירי נמי בכל כבחור וחייב משום דלית ביה ד' מכפנים וכו' מאי איר לחוקקין להשלים הרי כיון נח ד' על ד' דאי לא תימא הכי כיון דלית ביה ארבעה על ארבעה אמאי חייב ביה לא נח ברשות הרבים אלא במקום פטור: **רבי** מאיר סבר חוקקין להשלים · הא דאמר בפ"ק דשבת (דף ז:) בית שאין תוכו י' אין מטלטלין בתוכו כו' אתיא ככולי עלמא וכיון דאין גבוה י' בשום דוכתא לא אמרינן חוקקין להשלים:

שאין בו בית דירה ר"מ מחייב וחכמים פוטרין · משמע מכאן דבית הכנסת ובית המדרש שאין בו בית דירה דלא בעי מזוזה דמסתמא הילכתא כרבנן והא דאמר פרק הקומץ רבה (מנחות דף לג·) והא ההוא פיתחא דהוה עייל ביה רב הונא לבי מדרשא והוה ליה מזוזה וליכא למימר דהתם מיירי בדאית ביה בית דירה דא"כ מאי פריך מינה התם לפתחא דהוה עייל ביה רבי לבי מדרשא לא הוה ליה מזוזה ליטני דההיא דרבי לא הוה ביה בית דירה ודרב הונא דאית ביה בית דירה י"ל דהתם מיירי בפתח הבית שהיה נכנס ויוצא בו לבית המדרש וכפ' (*הרואה) במסכת ברכות (דף מז·) משמע נמי דהלכתא כמאן דפטר גבי אביי *ורבא דהוו אזלי באורחא וכי מטו לבי כנישתא א"ל (*רבא) לאביי ליעול מר א"ל עד האידנא לאו מר אגא א"ל הכי א"ר יוחנן אין מכבדין בדרכים וכו' עד אין מכבדין אלא בפתח שיש בו מזוזה יש בו מזוזה ס"ד אלא בפתח הראוי למזוזה משמע דפתח בית הכנסת פטור מיהו בירושלמי פ"ג דמגילה משמע דבי מדרשא דר' חנינא ממש הוה ליה מזוזה גבי מזוזה שניתנה בשלים העליון הגע עצמך שהיה השער גבוה א"ל נותנה כנגד כתיפותיו בי מדרשא דר' חנינא עביד כן וי"ל דבי מדרשא דר' ודרב הונא ודר' חנינא שלהם היו ולא של רבים אלא של עצמם*:

רבינו חננאל

וקי"ל כרב כהנא וכי הא מתניתא אבל בית שער אכסדרה ומרפסת פטורין מפני שאין מיוחדין לדירה ובית הכסא ובית המרחץ ובית הבורסקי ובית הטבילה פטורין מפני שאין עשויין לכבוד והר הבית והלשכות והעזרות פטורין שאינן חול כמו ביתך אלא הם קדש. תני ו' שערים פטורין מן המזוזה בית התבן בית הבקר בית העצים ובית האוצרות. ורב כהנא מוקים לה כשהנשים רוחצות בהן ושער המדי ושער שאינה מקורה ושער שאינו גבוה י' טפחים הני ז' הוו. ופרקינן ו' לדברי הכל פטורים שער המדי יש מי שמחייב דתניא כיפה בלשון יון קמרא והוא שער המדי. ר' מאיר מחייב במזוזה וחכמים פוטרין ושוין שאם יש [ברגליה] י"ט שחייבת. אמר אביי כ"ע אם זו הכיפה גבוה י' באמצעה ואין ברגליה ג' אי נמי יש ברגליה ג' ואין באמצעה י' פטורה לא נחלקו אלא בשיש בה גבוה י' ויש ברגליה ג' ואין בתוכה רוחב ד' ויש בה לחקוק ולהשלימה לארבעה. ר' מאיר סבר חוקקין להשלים ורבנן סברי אין חוקקין להשלים ושותפה היא לא כתבנות אלא מפני שיש חילוק בנוסחאות. פי' הא דאמר רבא ביתך דרך ביאתך. וכי עקר איניש דימינה עקר ברישא כלומר חייב לקבוע המזוזה בצד הימין של פתח שבכניסתו לביתו תהיה לו בימינו: ת"ר בית הכנסת ובית האשה ובית השותפין חייב במזוזה פשיטא כו'. וכן כל אלו מטמאין בנגעים פשיטא כו'. ובא אשר לו הבית למי שמייחד ביתו לו

תוספות ישנים

[illegible]

גליון הש"ס

[illegible]

§ מסכת יומא דף יא: §

אות א'

יצאו אלו שאין מיוחדין לדירה

יו"ד סימן רפו ס"ז - [א]מרפסת, שהיא דרך לעלות בה לעליות, ובית שער - הוא בית קטן שעושין לפני שער החצר, [שהשומר יושב שם], והכל עושין אותו קפנדריא, **והגנה, פטורים** - כיון שאינם מיוחדים לדירה, [דכתיב ביתך, מה בית שהוא מיוחד לדירה, אף כל שהוא לדירה], **[ב]ואם בית פתוח לאחד מאלו, חייבים. [ג]וי"א שבית שער חייב** - היינו מדרבנן, **אפי' אין בית פתוח לו (טור והפוסקים בשם ר"י)** - צ"ע, דהא הי"א אלו גם במרפסת וגינה מחיבין, ועב"ח ופרישה - ש"ך. [והטור ושו"ע חדא מנייהו נקטו – וט"ז].

אות ב'

יצאו אלו שאין עשויין לכבוד

יו"ד סימן רפו ס"ד - [ד]בית הכסא ובית המרחץ ובית הבורסקי ובית הטבילה, פטורים, לפי שאינם עשויים לדירת כבוד - פירוש אף אם מכסה המזוזה דלא יהיה משום בזיון כתבי הקדש, מכל מקום כיון דאינם עשויים לדירת כבוד, פטורים מהמזוזה, ואין לעשות בם מזוזה - ש"ך. (**עיין** בתשובת אא"ז פנים מאירות, שאם עשו שינוי מעשה בגופו של מרחץ, ועקרו התנור וכיוצא ועשו אותו בית, מותר לדור בו ולברך ולהניח בפתחו מזוזה, ע"ש - פת"ש). (**וכתב** בס' חמודי דניאל כ"י, מאלץ הויז שעושין ממנו לפעמים מרחץ פעם אחת או ב' בשנה, חייב במזוזה, אלא דיש לכסות בשעוה {עט"ז סק"ה} וכן מותר להתפלל בתוכה, ע"ש - פת"ש).

אות ג'

יצאו אלו שהן קודש

רמב"ם פ"ו מהל' ס"ת ומזוזה ה"ו - עיין לעיל דף יא. אות א'.

אות ד'

ושער שאינו מקורה

יו"ד סימן רפו סי"ד - [ה]בית שאין לו תקרה, פטור. [ו]היה מקצתו מקורה ומקצתו אינו מקורה, אם היה הקירוי כנגד הפתח, חייב במזוזה, [ז]והוא שיהיה במקורה ד' על ד' - או כדי לרבע ד' על ד' להרמב"ם - ש"ך.

(**עיין** בתשובת הר הכרמל שכתב, בחדר שקורין קי"ך, שנכנסין שם להסיק תנורי בית החורף ומחזיקין שם לולין של תרנגולים, חייב במזוזה, **אף** על פי שאינו מקורה כלל, מ"מ כיון שדרכו להיות אינו מקורה, דמי לשערי חצרות דחייב במזוזה מטעם זה, **אבל** אם הוא מקום טינופת, פטור, כיון שאינו בית דירה, כמ"ש הש"ך סק"ב, **אך** אם אין מקום טינופת רק לפעמים, חייב במזוזה, אלא דיש לכסותו, ואף שהדלת מפסיק - פת"ש).

(**ועיין** בשו"ת ארבעה טורי אבן, לענין מה שיש ברוב מקומות חדרים מקורים עם מזוזה, ובסוכות פותחין הקירוי ומסככין בענפים, והמזוזה קבועה בדלת, ואחר הסוכות משליכין הסכך ומקרין עם הקירוי כמקדם, והמזוזה כדקאי קאי, אם יפה הם עושים או לא. **ודעת** גדול אחד, דיש בזה משום תעשה ולא מן העשוי, ע"כ צריך אח"כ ליקח משם המזוזה ולקבוע אותה מחדש ולברך עליה, **וכן** העלה שיש להחמיר אם נשברה הדלת ונתנו אותה לאומן לתקנו, כשחוזר וקובע אותה בהשער שצריך להוציא המזוזה ולקבוע אותה מחדש משום תולמ"ה. **והרב** בעל המחבר חולק עליו, חדא דמעולם לא יצא הסוכה הנ"ל מידי חיוב מזוזה, דאי משום דסוכה דירת עראי, הרי חדר זה דירת קבע כל השנה, וע"כ לא פטרינן סוכת החג אלא כשעושה לשם חג, אף כשעושה אותה דירת קבע פטורה, דמקרי דירת עראי, אבל בחדר זה שהוא דירת קבע כל השנה, ודאי גם בימי סוכות לא נפטרה. **ואין** לפוטרה בשביל שאינו מקורה, הרי דרכו בכך והוי כמו חצר. **ועוד** דפסול תולמ"ה לא הוי אלא כשמתחלה נעשה בפסול, אבל אם מתחלה נעשה בהכשר בחדר שחייב במזוזה, אף שנפטר החדר אח"כ ממזוזה, כגון שמסירין הקירוי וכדומה לזה, מ"מ כשנתקן אח"כ כשירה, ואין בזה משום תולמ"ה, ע"ש באורך - פת"ש).

אות ה'

שאם יש ברגלה עשרה שחייבת במזוזה

יו"ד סימן רפז ס"ב - [ח]בית שיש לו מזוזה מכאן ומכאן, וכיפה כמין קשת על שתי המזוזות במקום המשקוף, אם יש בגובה המזוזות י"ט או יותר, חייב; ואם אין בו י"ט, פטור, מפני שאין לו משקוף – [פי' שבעינן שיהא גבוה עשרה מן הארץ בשוה בלי עיקום, דמן התחלת עיקום אין נחשב בכלל הי"ט, וזה דעת הרמב"ם, **אבל** לרש"י «עירובין י"א» אף העיקום הוא מן צירוף לגובה י"ט, כל שיש בחללו ד"ט, ואפי' אם מתחיל מן הארץ להתעקם, **אבל** אחר שאין שם חלל ד', מיקרי עיקום ולא מצטרף לשיעור גובה י"ט מן הארץ – ט"ז]. **מפני** שאין לו משקוף – [בכ"מ כתב צ"ע, אם הכיפה חשוב משקוף, אפי' אין גובה המזוזה י"ט להתכשר, ואם אין חשוב משקוף, כי הוויין גובה י' מאי הוה, אטו גובה המזוזות משוי לכיפה משקוף, עכ"ל, **ונראה** דלק"מ, דודאי יש בגובה י' יש כאן מזוזות, וממילא יש משקוף על

באר הגולה

[א] ברייתא יומא דף י"א: [ב] ברייתא מנחות דף ל"ג: דבית שער ומרפסת חייבין, ותירצו התוס' שם בשם הרי"ף, דהכא בפתוחה לבית [ג] כתירוץ הראשון שבתוס', התם מדאורייתא והכא מדרבנן, וכן הדין במרפסת [ד] ברייתא שם [ה] מימרא דרבא מנחות דף ל"ג: ותני רב שמואל בר יהודא וכו', יומא דף י"א: [ו] הרמב"ם וכתב הכ"מ מלתא דסברא היא [ז] הר"ר מנוח [ח] לשון הרמב"ם בפ"ו ה"ד, מברייתא עירובין דף י"א: ויומא דף י"א: וכחכמים, וכמ"ש ה"ה בפט"ז מהל' שבת ה"כ, שסובר רבינו דלא בעינן רחב ד' לענין צוה"פ ולענין מזוזה, וע"כ לא הזכירו שם רחב ד' אלא משום ר"מ דאית ליה חוקקין להשלים ואינו סובר כן במה שאינו רחב ד' שאין לו שיעור, אבל בשיש ברגליה י', ודאי א"צ רחבה ד', ושכן נ"ל, והרשב"א לא כתב כן, עכ"ל

מזוזות, משא"כ באין גובה י"ט, אין לך מזוזות, אלא שתאמר מה שמתעקם הוא נחשב למזוזה, וא"כ אין לך משקוף, שכל העיקום כחדא חשבינן ליה, ואין אתה יכול לעשות מזוזות ממנו וגם משקוף, כן נ"ל – ט"ז].

אות ה'* [ט]

אין חוקקין להשלים

סימן שמה ס"י - ומי' ולמעלה, אם הוא רחב ארבעה - היינו ד' על ד', **הוי רה"י; ואם לאו, הוי מקום פטור, אפי' אם יש בו מקום כדי לחוק להשלימו לארבעה** - היינו כגון שהיה העמוד סמוך לכותל ממש, אפ"ה לא אמרינן חוקקין להשלים, וממילא הוי מקום פטור, ומותר להוציא ממנו לרה"י ולר"ה.

אות ו'

ובית האשה ובית השותפין חייבת במזוזה

יו"ד סימן רפו ס"א - [י]ובית האשה - ולא אמרינן ביתך ולא ביתה, אלא כיון דכתיב למען ירבו ימיכם וגו', ונשי נמי בעי חיי כמו גברי, הלכך חייבים - ש"ך, **ובית השותפים, כולם חייבים.**

אות ז'

דרך ביאתך

יו"ד סימן רפט ס"ב - [יא]וצריך לקבעה על ימין הנכנס – [דכתיב ביתך, היינו דרך ביאתך, וסתם אדם עקר כרעא ימינא ברישא – ט"ז], **(ואין חילוק בין אם הוא אטר יד או לא) (במרדכי)** – «זהו מלתא דפשיטא, אבל במקור הדין במרדכי איתא, אפילו הוא אטר רגל, דדרך ביאתו בשמאל דעלמא, מ"מ מניחו בימין דעלמא – רעק"א».

ולא דמי לתפילין, דאטר מניח בימין של כל אדם, וכמו שנתבאר באו"ח סי' כ"ז סעיף ו', **דשאני** מזוזה דהוי לשמור כל בני הבית, משא"כ בתפילין דהוה לדידיה לחודיה, כ"כ הב"י בשם המרדכי, **ונראה** דה"ה אם א' לבדו דר בבית, והוא אטר, או שכל בני הבית אטרים, **דלא** דמי לתפילין שהם מצות שבגופו, לכך אזלינן בתר ימין דידיה, משא"כ מזוזה דאינה אלא חובת הבית, לכך אזלינן בתר ימין של כל האדם, והיינו שלא חילקו בש"ס ופוסקים בין בני הבית אטרים או לא, וכן נראה דעת הרב, שלעולם מניח בימין, וכן נוהגין - ש"ך.

[יב]ואם קבעה משמאל, פסולה.

אות ח' – ט'

בית הכנסת ובית השותפין ובית האשה, מטמאין בנגעים

דאית בה בית דירה

רמב"ם פי"ד מהל' טומאת צרעת הי"ד - בית האשה בית השותפין, בית הכנסת או בית המדרש שיש בהן דירה לחזנין או לתלמידים, מטמאין בנגעים.

אות ט'* [יג]

דאית בה בית דירה

יו"ד סימן רפו ס"ג - [יד]בית הכנסת, אם יש בו דירה לשום אדם, חייב במזוזה. הגה: ואם בית דירה בעזרה שלפני בהכ"נ, העזרה חייבת ובהכ"נ פטור (ב"י בשם רבינו ירוחם).

יו"ד סימן רפו ס"י - [טו]בית המדרש פטור מהמזוזה - (עיין בתוס' פ"ק דיומא דף י"א: סד"ה שאין בו בית דירה, שכתבו, דאם היה בהמ"ד של יחיד ולא של רבים, חייב במזוזה - פת"ש). **[טז]ואם יש בו פתח שרגיל לצאת בו לביתו, חייב במזוזה באותו פתח.**

[יז]וי"א שבית המדרש חייב במזוזה - ולא דמי לבהכ"נ לעיל ס"ג, דאינו חייב במזוזה אא"כ יש בו בית דירה, דבית המדרש כיון שהתלמידים יושבים בו מהבקר ועד ערב, דומה לדירה - ש"ך, [בטור כתוב, וכן עשה הר"מ מרוטנבורג מזוזה לבית המדרש, ואמר כשהיה ישן בו שינת הצהרים היה רוח רעה מבעתו קודם שתיקן בו מזוזה – ט"ז].

ונכון לחוש לדבריהם, אבל לא יברך עליה - והב"ח כתב דנכון הוא כשיקבע מזוזה בפתח הבית ויברך עליה, שיהא דעתו ג"כ על קביעת המזוזה שבבית המדרש, ויקבע אותם זה אחר זה, תחלה בפתח הבית ואח"כ בפתח בית המדרש, וברכה זו חוזרת על שניהם - ש"ך.

---

§ מסכת יומא דף יב. §

אות א' – ב'

ואין ירושלים מטמאה בנגעים

ירושלים לא נתחלקה לשבטים

רמב"ם פי"ד מהל' טומאת צרעת הי"א - ירושלים וחוצה לארץ אין מטמאין בנגעים, שנאמר: בבית ארץ אחוזתכם, וירושלים לא נתחלקה לשבטים; ובתי העכו"ם שבא"י אין מטמאין בנגעים. «המשך ההלכות מול עמוד ב'»

באר הגולה

[ט] «ע"פ מהדורת נהרדעא» [י] גם זה ברייתא שם «יומא דף י"א» [יא] ברייתא שם «מנחות» דף ל"ד. ומייתי לה מקראי [יב] ברמב"ם וכ"כ הטור [יג] «ע"פ מהדורת נהרדעא» [יד] ברייתא שם [טו] מפתחא דעייל בה רבי למדרשה וכו' מנחות ל"ג. ומעובדא דאביי ורבין דהוו אזלי באורחא וכו' ברכות דף מ"ז. [טז] שם מההוא פתחא דהוה עייל בה רב הונא וכו' שם במנחות «ועיין תוס' שם ביומא ד"ה שאין כו' - גר"א» [יז] תוס' שם בשם הירושלמי וכ"כ הטור בשם הר"מ מרוטנבורק

עין משפט נר מצוה

מב א ב מיי׳ פי״ד מהלכות טומאת צרעת הלכה יא ופ״ז מהל׳ בית הבחירה הלכה יד: מג ג מיי׳ פ״ט מהלכות ביאת מקדש הלכה ד:

מסורת הש״ס

מגילה כו. ב״ק פב: · מגילה כו. [אבות דר״נ פרק ל״ה] · מגילה כו. זבחים נג: קיח: · [עי׳ סוטה לז.] · [תוספתא מ״ש פ״א] · [בתוספתא אי׳ בר שמעון] · [לקמן כט. חולין קלח. תמיד כו:] · [שם ולקמן כג:] · שבועות יז: · (שמות לט)

תורה אור · דברים לג · ויקרא יד

והא דרכים והא דכפרים ודרכים אין מטמא בנגעים והתניא *ארוחתכם ארוחתכם מטמאה בנגעים ׳ואין ירושלים מטמאה בנגעים אמר ר׳ יהודה אני לא שמעתי אלא מקום מקדש בלבד הא בתי כנסיות ובתי מדרשות מטמאין בנגעים ואע״ג דרכים נינהו אימא אמר רבי יהודה אני לא שמעתי אלא מקום מקודש בלבד במאי קא מיפלגי תנא קמא סבר ירושלים ׳לא נתחלקה לשבטים ורבי יהודה סבר ירושלים נתחלקה לשבטים ובפלוגתא דהני תנאי *דתניא מה היה בחלקו של יהודה הר הבית הלשכות והעזרות ומה היה בחלקו של בנימין אולם והיכל ובית קדשי הקדשים *ורצועה היתה יוצאה מחלקו של יהודה ונכנסת לחלקו של בנימין ובה היה מזבח בנוי ובנימין הצדיק היה מצטער עליה לבלעה בכל יום שנאמר °חופף עליו כל היום *לפיכך זכה בנימין הצדיק ונעשה אושפיזכן לגבורה שנאמר ובין כתפיו שכן והאי תנא סבר ירושלים לא נתחלקה לשבטים דתניא *אין משכירין בתים בירושלים לפי שאינה שלהן ר׳ אלעזר בר (*צדוק) אומר אף לא מטות לפיכך עורות קדשים בעלי אושפיזכנין נוטלין אותן בזרוע אמר אביי שמע מינה אורח ארעא למישבק איניש גולפא ומשכא לאושפיזיה ודכפרים מי מטמא בנגעים והתניא לאחוזה עד שיכבשו אותה כבשו אותה ולא חלקוה לשבטים חלקו לשבטים ולא חלקו לבית אבות חלקו לבית אבות ואין כל אחד ואחד מכיר את שלו מניין ת״ל °ובא אשר לו הבית מי שמיוחד לו יצא אלו שאין מיוחדין לו אלא מהורתא כדשנין מעיקרא: ומתקינין לו כהן אחר: פשיטא אירע בו פסול קודם תמיד של שחר מחנכין אותו בתמיד של שחר אלא אירע בו פסול אחר תמיד של שחר °במה מחנכין אותו אמר רב אדא בר אהבה באבנטו (א) הניחא *למאן דאמר אבנטו של כהן גדול זה הוא אבנטו של כהן הדיוט אלא למאן דאמר *אבנטו של כהן גדול לא זהו אבנטו של כהן הדיוט מאי איכא למימר אמר אביי לובש שמונה ומהפך °בצינורא וכדרב הונא *דאמר רב הונא ׳זר שהפך בצינורא חייב מיתה ורב פפא אמר

עבודתו

רש״י

דרכים. שהוא מקום שווקים ומתקבלים שם ממקומות הרבה והיא עשויה לכל הבא להתפלל ואין לה בעלים מיוחדים: **דכפרים.** כל בעליו ניכרים והרי הוא כבית השותפין: **ואין ירושלים מטמאה בנגעים.** שאין אחוזה להם קסבר לא נתחלקה לשבט יהודה ובנימין אלא כל השבטים שוין בה: **אני לא שמעתי.** קסבר נתחלקה לשבטים: **אלא מקום מקדש בלבד.** שכשקנה דוד את גורן ארונה היבוסי גבה הכסף מכל שבט ושבט כדאמרינן בספרי ובשחיטת קדשים [זבחים קטז:]: **במאי קא מיפלגי.** ר׳ יהודה ורבנן: **הר הבית והלשכות והעזרות.** לצד המזרחי רוחב הר הבית עזרת נשים כולה ועזרת ישראל כולה (ב) וי״א אמה של מקום דריסת רגלי הכהנים להלן מרגלי ישראל ושם המזבח מתחיל משם ולמערב בחלקו של בנימין אלא שבמקום מושב המזבח יוצאה רצועה מחלקו של יהודה ונכנסה לקרן מזרחית דרומית: **חופף.** כאדם המתחכך מחמת שאינו משיג תאותו לשון נזיר (*לא יחוף ראשו) (נזיר דף מב.): **אושפיזכן.** שהיה הארון נתון בחלקו: **ופלגי תנאי.** לדקמן סבר לא נתחלקה והיינו תנאי: **עורות קדשים.** של שלמי חגיגה ושמחה שעולי רגלים שוחטין ואוכלין שם: **גולפא.** קנקן של חרס: **ומשכא.** עור בהמה שהוא שוחט ואוכל בבית בעל הבית: **לאחוזה.** גבי נגעים כתיב (ויקרא יד) אשר אני נותן לכם לאחוזה לבית אחוזה: **לבית אבות.** למשפחות: **ואין כל אחד ואחד.** שלא חלקו אחוזת המשפחה לגברים: **כדשנין מעיקרא.** דלית ביה דירה: **פשיטא אירע.** בכהן גדול פסול ביוה״כ קודם תמיד של שחר מחנכין אותו לזה המשמש תחתיו בתמיד של שחר שעושה הוא תמיד של שחר בשמונה בגדים ויהא מחונך לכהונה גדולה קודם שיגיע עבודת יום הכפורים: **במה מחנכין אותו.** הרי עבודת יום הכפורים שאחר התמיד בארבעה בגדים היא ובמה הוא ניכר שהוא כהן גדול מעולה והכן יצא מהדיוטות שהא עבודת היום נעשית בכהן גדול: **באבנטו.** בלובשו ד׳ בגדים עצמן יש היכר לכהונה גדולה שאבנטו של כהן גדול בעבודת יוה״כ של בוץ הוא כדכתי׳ (ויקרא טז) ובאבנט בד יחגור וזה עד עכשיו היה רגיל לעבוד בשל כלאים: **הניחא למ״ד אבנטו של כהן גדול.** של כל ימות השנה היה של כלאים כדכתיב* ואת האבנט שש משזר ותכלת: **זהו אבנטו של כהן הדיוט.** שאין חילוק באבנטיהם אלא היכרא ביום הכפורים באבנט לפי שאבנטו של כהן גדול משתנה ביום הכפורים להיות של בוץ: **אלא למאן דאמר.** לקמן אבנטו של כהן גדול בכל השנה לא זהו של הדיוט שההדיוט של בוץ נמצאו אבנטיהם שוין ביום הכפורים ומאי היכרא כהונה גדולה איכא להאי: **אמר אביי.** קודם שיתחיל עבודת היום שהוא בבגדים השוין בהדיוט לובש שמונה בגדים ויהפך במזבח החיצון אחד מאיברי התמיד במזלג של ברזל דקירוב עבודה היא שממהר להתעכל מחמת הפיכה זו ועבודה היא כדרב הונא ונמצא שנתחנך לכהונה גדולה קודם לכן: **בצינורא.** במזלג: **חייב מיתה.** משום והזר הקרב יומת (במדבר יח) אלמא קרובי עבודה הוי עבודה:

תוספות

ירושלים לא נתחלקה לשבטים. תימה דבפרק איזהו מקומן (זבחים דף נג:) אמרינן דקרן דרומית מזרחית לא היה לו יסוד לפי שלא היה בחלקו של טורף ול״מ דלא נתחלקה מאי שנא דשאר מקומות של המזבח היה להם יסוד ומזרחית דרומית לא היה לה יסוד ואין לתרץ דלדידיה היה להם יסוד מכל לדידן דאם כן אל יסוד מזבח העולה מאי עביד ליה דמשמע שיש ליתן אותו במקום שיש לו מכלל דאיכא דוכתא דלא היה לו יסוד וי״ל הכי גמירי שלא לעשות יסוד למזרחית דרומית כדכתיב [הד״א כח] הכל בכתב: **הא דרכים הא דכפרים.** לכאורה תרוייהו כרבנן מוקי להו דאי אידי ואידי כרבי מאיר אם כן כיון דלאיבעית אימא קמא אידי ואידי כרבנן מוקי להו והשתא מוקי תרוייהו כר׳ מאיר הוה ליה למימר ואי בעית אימא אידי ואידי כר״מ ועוד כי פריך לקמן ודכפרים מי מטמא בנגעים והתניא לאחוזה וכו׳ לימא הא רבנן הא ותימה לי אמאי פלוגתייהו דרבי מאיר ורבנן בדרכים ומאי פריך הו מרבי יהודה דאמר אני לא שמעתי אלא מקום מקדש דילמא כר״מ סבירא ליה ועוד קשה לי דעל כרחך מתרוייהו פריך מדמילתא דת״ק נמי דייק ירושלים דוקא אינה מטמאה הא בתי כנסיות ובתי מדרשות מטמאים ואם כן כי משני אימא אלא מקום מקודש בלבד להכי מת״ק תיקשי אלא על כרחך משום הכי לא פריך מת״ק דמצי לשנויי דהכי סבירא ליה א״כ דרבי יהודה נמי לישני הכי מיהו הא לא קשיא דמת״ק ליכא למידק מידי הא בתי כנסיות ובתי מדרשות מטמאים דדילמא נקט ירושלים אע״ג דלא קדישא כולי האי כמו בתי כנסיות ובתי מדרשות לכמה ענינים וכ״ש בתי כנסיות ומדרשות מיהו הא קשיא ומאי פריך מרבי יהודה וי״ל כיון דלא הוזכרו שום תנאים דפליגי בהא מילתא כי אם רבי מאיר ורבי יהודה מסתמא בר פלוגתא דרבי מאיר הוא ר׳ יהודה והיינו רבנן דברייתא דלעיל ובר פלוגתיה דרבי יהודה הוא ר״מ: **במאי קא מיפלגי.** בשלמא מעיקרא כי הוה ס״ד דר׳ יהודה מקום מקדש דוקא קאמר איכא למימר דפליגי בהא ת״ק סבר כל ירושלים אין מטמא בנגעים משום דקדישא לאכילת קדשים קלים ומעשר שני וכיון דמיוחדת לקדשי גבוה לא חשיבא ליה אחוזתכם ורבי יהודה סבר דוקא מקום מקדש שהוא מחנה שכינה לאכילת קדשי קדשים אבל ירושלים מטמאה וכל שכן בתי כנסיות ומדרשות אבל השתא דאמרינן דרבי יהודה אמר אני לא שמעתי אלא מקום מקודש בלבד ובכלל זה יש כמו כן בתי כנסיות ומדרשות אם איתא דטעמא דת״ק הוי משום דירושלים קדושה לאכילת קדשים קלים ומעשר שני לא הוי ליה לר׳ יהודה למימר האי לישנא אלא מקום מקודש כיון דטעמא דת״ק נמי הוי משום דירושלים מקום מקודש היא להכי איצטריך למימר דפליגי במילתא אחריתי:

אלא

רבינו חננאל

ודחינן הא דתניא מטמאין דכפרים והא דתניא אין מטמאין דרכים. והא ירושלים דרכים היא ואמר רבי יהודה אני לא שמעתי אלא בית המקדש בלבד ודייקינן מינה הא בתי כנסיות ובתי מדרשות מטמאין בנגעים. ופרקינן אימא א״ר יהודה אני לא שמעתי אלא מקום מקודש ואפילו בתי כנסיות ובתי מדרשות בכלל. במאי פליגי ת״ק סבר אינה מטמאה אלא אחוזתכם וירושל׳ כולה אינה אחוזה שלא נתחלקה ולפיכך אינה מטמאה בנגעים ור׳ יהודה סבר נתחלקה כדתניא מה היה בחלקו של יהודה הר הבית והלשכות והעזרות ומה היה בחלקו של בנימין אולם והיכל כו׳. ות״ק כי האי תנא. דתניא אין משכירין בתים בירושלים לפי שאינן שלהם כלומר לא נתחלקה ירושלים. ר׳ אלעזר ב״ר צדוק אומר אף לא מטות לפיכך עורות קדשים קלים בעלי אושפיזין נוטלין אותן בזרוע ומפני שנוטלין מהן העורות וקנקנים שמריקים מהן היין לפיכך אין משכירין מטות לישן בהם אלא ישינים במטות בעלי הבית. ואקשינן ודכפרים מטמא בנגעים כו׳. ופרקינן לא קשיא אי אית בה בית דירה מטמאה ואי לית בה בית דירה לא מטמאה: ומתקינין לו כהן אחר תחתיו כו׳. פשיטא אירע בכהן פיסול קודם תמיד של שחר הנה נתרבה בבגדים ועבד עבודה נקבע בכהונה גדולה ועובד עבודות היום כדקיימא לן כל עבודות יוה״כ אינה כשר אלא בכהן גדול אלא אם אירע בו פסול אחר תמיד השחר במה נקבע בכהונה גדולה עבודת היום כו׳ כלים הוא ככהן הדיוט נמצאת עבודת יוה״כ נעשית בכהן הדיוט. אמר רב ארא בר אהבה נקבע בכהונה גדולה ע״י שחגר אבנט של כלאים שהוא מותר בכ״ג והוא אסור בכהן הדיוט.

תוספות ישנים

הא בתי כנסיות ובתי מדרשות מטמאין. וא״ת כל זמן דקיימין דבית המקדש קאמר מ״ש בהמ״ק מירושלים אי משום דירושלים נתלקת לשבטים בית המקדש נמי נחלק [כדתניא] מה היה בחלקו של יהודה כו׳ וי״ל דנהי מתחילה נחלק הוא מ״מ לבסוף [חזרה להן] כדאמרינן במדרש (ילקוט וזאת הברכה ואבות דר״נ פרק ל״ה) שלא חלקו דוקא של ירידתו ליתנה למי שיהא בהמ״ק בנוי בחלקו אי נמי י״ל דטעמא דרבי יהודה כדאמרינן יצאו אלו שהם קדש ולכן ממעט ירושלים אבל אין נראה לומר כן א) (דהא) משום קדושה פטר ר׳ יהודה כל הבית ממזוזה דבעינן ביתך חול וכן ובא אשר לו הבית ניבעי נמי חול א״כ לא היה לגזור שלא יאמרו כהן גדול תבוע כבית [...]ן הוא דליכא למיגזר הכי אלא כשיבא פטור ממזוזה דלשכת פרהדרין משום דדירה בעל כרחיה לא שמה דירה ואם היינו מפרשים שסובר המקשה טעם דרבי יהודה משום דיצאו אלו שהן קדש הכא לא הוה ידע [...]רא: מה היה בחלקו של יהודה כו׳. וא״ת תיקשי מהכא למאן דאמר בסנהדרין פרק חלק (דף קיא:) דאין עושין עיר לשני שבטים דאילו ירושלים נחלקה לשבט יהודה ובנימין וי״ל דע״פ הדיבור היה כן דגמירי

הגהות הב״ח

(א) גמ׳ הניחא למ״ד אבנטו של כ״ג זה הוא אבנטו של כהן הדיוט. כ״ב מ׳ לעיל תחילת דף ו: (ב) רש״י ד״ה הר הבית וכו׳ ישראל כולה וי״א אמה להלן מדריסת רגלי ישראל:

גליון הש״ס

גמ׳ במה מחנכין. עי׳ מנחות דף עח ע״א תוס׳ ד״ה אחת: שם בצינורא. עיין סנהדרין דף יד ע״ב תוס׳ ד״ה צינורא:

א) נ״ל דהאי.

אבנטו

עבודתו מחנכתו מי לא תניא *כל הכלים שעשה משה משיחתן מקדשתן מכאן ואילך עבודתן מחנכתן הכא נמי עבודתו מחנכתו כי אתא רב דימי אמר אבנטו של כהן הדיוט רבי ורבי אלעזר ברבי שמעון חד אמר של כלאים וחד אמר של בוץ תחתיים דרבי הוא דאמר של כלאים דתניא אין בין כהן גדול לכהן הדיוט אלא אבנט דברי רבי ר' אלעזר בר' שמעון אומר אף לא אבנט אימת אי נימא בשאר ימות השנה טובא איכא כהן גדול משמש בשמונה והדיוט בארבעה אלא לאו ביום הכפורים אמרי לא לעולם בשאר ימות השנה והנך דשוין כי אתא רבין אמר אבנטו של כהן גדול ביום הכפורים דברי הכל של בוץ בשאר ימות השנה דברי הכל של כלאים לא נחלקו אלא באבנטו של כהן הדיוט בין בשאר ימות השנה בין ביום הכפורים שרבי אומר של כלאים ורבי אלעזר בר' שמעון אומר של בוץ אמר רב נחמן בר יצחק אף אנן נמי תנינא *על בשרו מה תלמוד לומר ילבש להביא מצנפת ואבנט להרמת הדשן דברי ר' יהודה רבי דוסא אומר להביא בגדי כהן גדול ביום הכפורים שהן כשרין לכהן הדיוט רבי אומר שתי תשובות בדבר חדא דאבנטו של כ"ג ביום הכיפורים לא זה הוא אבנטו של כהן הדיוט ועוד בגדים שנשתמשה בהן קדושה חמורה תשמש בהן קדושה קלה אלא מה תלמוד לומר ילבש לרבות *את השחקין ואודא ר' דוסא לטעמיה *דתניא *והניחם שם מלמד *שטעונין גניזה רבי דוסא אומר שלא ישתמש בהן יוה"כ אחר *ת"ר אירע בו פסול ומינו אחר תחתיו ראשון חוזר לעבודתו שני כל מצות כהונה גדולה עליו דברי ר' מאיר ר' יוסי אומר ראשון חוזר לעבודתו שני אינו ראוי לא לכ"ג ולא לכהן הדיוט אמר ר' יוסי מעשה ביוסף בן אלם (א) בציפורי שאירע בו פסול בכהן גדול ומינוהו תחתיו ואמרו חכמים ראשון חוזר לעבודתו שני אינו ראוי לא לכהן גדול ולא לכהן הדיוט *כ"ג משום איבה כהן הדיוט *משום מעלין בקודש ולא מורידין אמר רבה בר בר חנה א"ר יוחנן הלכה

תוספות

אלא לאו ביום הכפורים. *לפירוש ריב"א דפירש הא דגבי כהן גדול כתב מצנפת ובכהן הדיוט כתב מגבעות לפי שכל כהן גדול היתה קצרה *שהיה צריך להניח תפילין וציץ אבל של כהן הדיוט היתה רחבה שלא היה מניח ציץ אין להקשות א"כ לימא דהא איכא בינייהו די"ל כיון דאידי ואידי ממין אחד אע"ג דזו רחבה וזו קצרה לא קא חשיב ולעיל נמי דפריך במה מחנכין אותו לא בעי לשנויי במצנפת דהא לא חשיב חינוך כיון דשוין הן אלא שזו קצרה וזו רחבה:

ילבש לרבות השחקין. ואיצטריך קרא דלא תימא כי היכי דמטושטשין או מקורעין פסולין בפ' שני דזבחים (דף יח:) דכתב בהו (שמות כח) לכבוד ולתפארת ה"נ שחקים ליפסלו דאין עניות במקום עשירות וסלקא דעתך אמינא דבכל שנה יעשו בגדים חדשים קא משמע לן ובפרק ב' דזבחים (שם) תניא משוחקין כשירים וזה משמע כגירסת רש"י דאיצטריך לאשמועינן דאפילו שחקים כשירים:

כהן גדול משום איבה. הקשה ר"י מדקאמר טעמא משום איבה מכלל דמן הדין ראוי להיות כהן גדול מדאורייתא אלא גזרו ביה רבנן משום איבה ותימה אם כן מאי איצטריך לפרושי טעמא דכהן הדיוט משום מעלין בקדש וכו' תיפוק ליה מדילפינן מקרא בפרק שני דזבחים (דף יח:) דכהן גדול שלבש בגדי כהן הדיוט ועבד עבודתו פסולה משום מחוסר בגדים וליכא למימר דהא דקאמר דלא חזי להיות כהן גדול משום איבה היינו לאחר מיתת הראשון דהא מודה רבי יוסי דאם מת ראשון שני חוזר לעבודתו וי"ל דכהן גדול מתמנה בפה ומסתלק בפה ובירושלמי דריש ליה מקרא ומסתברא שהדבר תלוי במלך ובאחיו הכהנים כדאמר בפרק הבא על יבמתו (יבמות דף סא.) דינאי מלכא אוקמיה ליהושע בן גמלא בכהני רברבי ואמר בתוספתא [פ"א] ובירושלמי ביוסף בן אלם מציפורי שאירע פסול בכהן גדול ושימש תחתיו ולאחר שיצא אמר אדוני המלך פר ושעיר שקרבין היום משל מי משלי או משל כהן גדול אמר לו המלך לא דייך ששימשת שעה אחת לפני מי שאמר והיה העולם וכו' עד וידע שהוסע מן הכהונה*):

*) [צ"ל גדולה]

הלכה

רש"י

עבודתו מחנכתו. עבודת יוה"כ עצמה שאינה כשירה אלא בכהן גדול וזו עבודה מחנכתו לכהונה גדולה: **משיחתן מקדשתן.** כדכתיב (במדבר ז) וימשחם ויקדש אותם מכאן ואילך לא נמשחו כלים חדשים שנעשים שם כדאמרינן במסכת שבועות (דף טו:) אותם במשיחה: הכי גרסינן כי אתא רב דימי אמר אבנטו של כהן הדיוט רבי ור' אליעזר ברבי שמעון כו' ולא גרסינן ביום הכפורים דהא בכהן הדיוט אין חילוק (ג) ביוה"כ לשאר ימים: **אימא אילימא בשאר ימות השנה.** שכהן גדול משמש בשל כלאים וקאמר דחלוקין באבנטיהן דשל הדיוט דבוץ טובא איכא: **אלא לאו ביום הכפורים.** דשל כהן גדול דבוץ (ג) ואשמועינן דשל הדיוט דכלאים והוא הדין להדיוט דכל ימות השנה: **לעולם בשאר ימות השנה.** דכהן גדול בשל כלאים ואשמעינן דשל הדיוט דבוץ ודקאמרת טובא איכא: **בהנך דשוין.** באותן בגדים ששניהם שוין בהם דהיינו כתונת ומכנסים ומצנפת ואבנט אין ביניהם אלא אבנט: **כי אתא רבין כו'.** בין רבין לרב דימי ליכא מידי אלא דרב דימי לא פירש הי מינייהו דאמר של כלאים והי מינייהו דאמר של בוץ ורבין פירש בהדיא רבי אומר של כלאים: **אף אנן נמי תנינא.** דרבי הוא דאמר של כלאים: **על בשרו.** גבי תרומת הדשן כתיב (ויקרא ו) ולבש הכהן מדו בד ומכנסי בד ילבש על בשרו וגו' והוה ליה למיכתב ומכנסי בד על בשרו דהא כתיב ברישיה דקרא ולבש: **ומה ת"ל ילבש להביא מצנפת ואבנט.** משום דלא כתיב אלא מדו בד ובמכנסים כתב ילבש ללמדך שהיא עבודה גמורה וצריכה ארבעה כלים: **ר' דוסא אומר להביא.** ארבעה בגדי כהן גדול שימש בהן לפנים ביום הכפורים שכשרים להדיוט כל ימות השנה שלא תאמר והניחם שם שיהו טעונין גניזה אלא שלא ישתמש בהן ליום הכפורים אחר: **אבנטו של כהן גדול ביום הכפורים לא זהו אבנטו הכשר להדיוט.** שהרי הוא של בוץ ודכהן הדיוט כל הימים דכלאים: **את השחקין.** שאף השחקין כשרים לעבודה ואני שמעתי להביא שחקים דוקא משום בגדים שבשל כהן קדרה לרבו לא ימזוג בהן כוס לרבו ואין נראה בעיני דבשלמא גבי הוצאת הדשן אמרינן לקמן (דף כג:) הכי מפני שהבגדים מתבזים ומתלכלכין בהן אבל תרומת הדשן שאינו אלא מלא מחתה ליום כדאמרינן במסכת תמיד (ד' ד.) ואין שם לכלוך בגדים: **הכי גרסינן ואודא רבי דוסא לטעמיה דתניא והניחם שם וכו'.** גבי בגדי יום הכפורים כתיב ופשט את בגדי הבד אשר לבש בבואו אל הקודש והניחם שם: **כל מצות כהונה גדולה עליו.** לא פורע ולא פורם ואינו מטמא לקרובים ומוזהר על האלמנה ומשמש בשמונה בגדים: **אינו ראוי וכו'.** כלומר אינו משמש במקדש לא בשמונה ככהן גדול ולא בארבעה ככהן הדיוט: **אלא עבר ועבד.** בשמונה בגדים ככהן גדול עבודתו כשירה דהא כה"ג הוא אלא דאמרו רבנן לא לישתמש משום איבה אבל בארבעה ודאי פסולה דהוה ליה חסר בגדים: **שחוזר שני לעבודתו.** לכהונה גדולה: **פשיטא.** דהא משום איבה הוא דאיפסיל: **מהו דתימא.** משום איבה נפסיל אף לאחר מיתת ראשון דאי אמרת ישמש אחריו הויא ליה צרה מחיים כאשה שהיא צרה לחבירתה דאמר זה מצפה מתי ימות וישמש הוא קא משמע לן דלא חיישינן: **הא קא חייש לטמא.** יארע בו פסול: **טומאת שכיבה.** על ידי קרי או על ידי הזזת לטרא מפי עם הארץ: **נימרו אינהו לנפשייהו.**

כיון

רמב"ם פ"ז מהל' בית הבחירה הי"ד - ירושלים מקודשת משאר העיירות המוקפות חומה... ואינו מטמא בנגעים... לפי שלא נתחלקה לשבטים.

אות ב'* [א]

אין משכירין בתים בירושלים לפי שאינה שלהן

רמב"ם פ"ז מהל' בית הבחירה הי"ד - ואין משכירין בתוכה בתים.

אות ג'

זר שהפך בצינורא חייב מיתה

רמב"ם פ"ט מהל' ביאת המקדש ה"ד - כיצד על הקטרה, הקטיר איברים או קומץ או לבונה על המזבח, [ב]אפי' הפך באיברים שלא נתעכלו וקרב שריפתן, חייב מיתה, והוא שהקטיר כזית.

---

§ מסכת יומא דף יב: §

אות א'

עבודתו מחנכתו

רמב"ם פ"א מהל' עבודת יוה"כ ה"ג - ומתקינין לו כה"ג אחר, שאם יארע בזה פיסול יעבוד האחר תחתיו; בין שאירע בו פיסול קודם תמיד של שחר, בין שאירע בו פיסול אחר שהקריב קרבנו, זה שנכנס תחתיו א"צ חינוך, אלא [ג]עבודתו מחנכתו, ומתחיל מעבודה שפסק בה הראשון.

אות ב'

משיחתן מקדשתן

רמב"ם פ"א מהלכות כלי המקדש הי"ב - כל כלי המקדש שעשה משה במדבר לא נתקדשו אלא במשיחתן בשמן המשחה, שנאמר: וימשחם ויקדש אותם; ודבר זה אינו נוהג לדורות, אלא הכלים כולן כיון שנשתמשו בהן במקדש במלאכתן, נתקדשו, שנאמר: אשר ישרתו בם בקודש, בשירות הם מתקדשין.

אות ג'

באבנטו של כהן הדיוט בין בשאר ימות השנה בין ביום הכפורים, שרבי אומר של כלאים

רמב"ם פ"ח מהלכות כלי המקדש ה"א - בגדי כהונה שלשה מינים: בגדי כהן הדיוט, ובגדי זהב, ובגדי לבן. בגדי כהן הדיוט הם ארבעה כלים: כתנת ומכנסים ומגבעות ואבנט, וארבעתן של פשתן לבנים וחוטן כפול ששה, והאבנט לבדו רקום בצמר.

רמב"ם פ"ח מהלכות כלי המקדש ה"ב - בגדי זהב הן בגדי כהן גדול והם שמנה כלים: הארבעה של כל כהן, ומעיל ואפוד וחושן וציץ; ואבנטו של כהן גדול מעשה רוקם הוא, והוא דומה במעשיו לאבנט כהן הדיוט.

אות ד'

לרבות את השחקין

רמב"ם פ"ח מהלכות כלי המקדש ה"ד - בגדי כהונה מצוותן שיהיו חדשים נאים ומשולשים, כדרך בגדי הגדולים, שנאמר: לכבוד ולתפארת; היו מטושטשין או מקורעין, או ארוכין יתר על מדתו, או קצרים פחות ממדתו, או שסלקן באבנט, ועבד, עבודתו פסולה; היו משוחקין, או שהיו ארוכים וסילקן באבנט עד שנעשו כמדתו, ועבד, עבודתו כשרה.

אות ה'

שטעונין גניזה

רמב"ם פ"ח מהלכות כלי המקדש ה"ה - ובגדי לבן שעובד בהם ביום הצום, אינו עובד בהם פעם שניה לעולם, אלא נגנזין במקום שיפשוט אותם שם, שנאמר: והניחם שם, והם אסורין בהנאה.

באר הגולה

א ‹ע"פ מהדורת נהרדעא› ב ‹בפרק שני דשבועות דף י"ז: אמר רב הונא זר שהפך בצינורא חייב מיתה, וקאמר עלה בגמרא ה"ד, אי דלא הפיך לא מעכל להו, פשיטא, ואי דלא הפיך בהו נמי מעכלי, מאי קא עביד, לא צריכא דאי לא הפיך בהו מיעכלי בתרתי שעי, והשתא מיעכל בחד שעתא, הא קמשמע לן דכל קרובי עבודה עבודה היא – כסף משנה› ג ‹קשה קצת, דרבינו ז"ל כיון דפסק דאבנטו של כהן גדול ושל כהן הדיוט שוים, דשניהם מכלאים, א"כ למה הוצרך לומר כאן דעבודתו מחנכתו, **אלא** שי"ל שסובר רבינו ז"ל דרב פפא דאמר הכי והביא ראיה מהברייתא, אפי' למ"ד אבנטו של כהן גדול ושל כהן הדיוט שוים אמר הכי, דאין צריך חינוך האבנט דעבודתו מחנכתו – לחם משנה›

§ מסכת יומא דף יג. §

אות א' - ב' - ג'

הלכה כרבי יוסי

ומודה רבי יוסי שאם עבר ועבד עבודתו כשרה

ומודה רבי יוסי שאם מת ראשון שחוזר לעבודתו

רמב"ם פ"א מהל' עבודת יוה"כ ה"ג - עבר יום הכפורים הרי הראשון חוזר לעבודתו, והשני עובר; [א]וכל מצות כהונה גדולה עליו, אלא שאינו עובד ככהן גדול; ואם עבד עבודתו כשירה; ואם מת הראשון, זה השני מתמנה תחתיו.

אות ד' - ה'

ולא בעד שני בתים **דהדר מגרש לה**

רמב"ם פ"ה מהלכות כלי המקדש ה"י - [ב]ואינו נושא שתי נשים, ואם נשא שתים, אינו יכול לעבוד ביום הצום עד שיגרש לאחת.

אות ו'

הרי זה גיטיך על מנת שלא תשתי יין כל ימי חיי וחייכי, אין זה כריתות; כל ימי חיי פלוני, הרי זה כריתות

רמב"ם פ"ח הל' גירושין ה"י - הרי זה גיטיך על מנת שלא תשתי יין כל ימי חייכי, אינו גט שאין זה כריתות; [ג]כל ימי חיי או כל ימי חיי פלוני, הרי זה גט, שהרי כרת בינו לבינה, ולא תשאר לו עליה רשות כשימות אותו פלוני.

[ד]אה"ע סי' קמג ס"כ - צריך שלא יתנה עליה תנאי שעומדת בו כל ימיה, כגון ע"מ שלא תאכלי בשר או שלא תשתי יין לעולם, או כל ימי חייכי, שאם התנה כך אין זה כריתות; אבל אם אמר לה: כל ימי חיי, או כל ימי חיי פלוני, או עד נ' שנה, הרי זה גט. ויש מי שכתב שאפי' הרחיב הזמן יותר מכדי חיי האדם, כיון שהוא דבר פסוק, ה"ז גט.

באר הגולה

[א] ‹ויש לתמוה על רבינו, שפסק כר' יוסי, ולא שבק מלמינקט לישנא דר"מ, והוי כמזכי שטרא לבי תרי. **וי"ל** דלישנא: דכל מצות כהונה גדולה עליו, כולל שני דברים, אחד שהוא עובד בכ"ג, שני שהוא אסור בדברים שכ"ג אסור בהם, ור' יוסי לא פליג עליה אלא במאי דאמר שהוא עובד בכ"ג, אבל במאי דאמר דאסור בדברים שכ"ג אסור בהם, מודה, דהא מדינא עובד בכ"ג אי לאו משום איבה. **ואכתי** איכא למידק, למה השמיט רבינו שאינו ראוי לכהן הדיוט, **וי"ל** דממ"ש כל מצות כהונה גדולה עליו משמע - כסף משנה› [ב] ‹והנה ברמב"ם כתב (פי"ז מהל' איסו"ב הי"ג) דכהן גדול אינו נושא שתי נשים לעולם כאחת, שנאמר אשה אחת ולא שתים, ע"כ. **ותמוה** דאיך כתב הכא דרק על יוה"כ דאסור לו לעבוד עד שיגרש, דאטו מיירי בכ"ג שעבר עבירה כל השנה, ורק ביוה"כ בא לגרש - שיעורי ר' דוד›. ‹**ובלא"ה** יש לדקדק בלשונו, שדקדק לכתוב: ואינו נושא שתי נשים, ואמאי לא כתב בפירוש: ואסור לישא שתי נשים כאחת. **וגם** קשה לכאורה מש"כ: אינו יכול לעבוד ביום הצום עד שיגרש לאחת, עכ"ל. דמבואר מדבריו דמשגירש אחת כבר הותר בכך לעבודת יוה"כ, ואם איתא דלהרמב"ם ז"ל איכא עבירה דאורייתא לכהן גדול בנשואי שתי נשים, הרי גם אחר שגירש אחת, עדיין לא הוכשר אפילו לעבודה דשאר כל ימות השנה עד שידירוהו ע"ד רבים, וכדתנן (סופ"ז דבכורות מ"ה ע"ב) הנושא נשים בעבירה פסול עד שידור הנאה ע"ש, וכן כתב הרמב"ם ז"ל (בפ"ו מהלכות ביאת מקדש ה"ט) וז"ל: כהן שהיה נושא נשים בעבירה אינו עובד עד שידירוהו ע"ד רבים, כדי שלא יהיה לו הפרה, שלא יוסיף לחטוא, ועובד ויורד ומגרש, עכ"ל ע"ש, ומתבאר מדבריו להדיא דאינו מתכשר לעבודה אפילו בגירושין כל זמן שלא הדירוהו ע"ד רבים. **ולכן** נראה דודאי גם להרמב"ם ז"ל ליכא שום איסור לכ"ג לישא שתי נשים כאחת, וביאור דבריו הוא, דקאי ארישא שכתב דמצות עשה לכ"ג שישא נערה בתולה, ועל זה כתב כאן דאין חיוב זה אלא כשנתמנה בהיותו פנוי בלא אשה, אבל כשהוא נשוי אשה, לא צוה הכתוב שיוסיף וישא נערה בתולה על אשתו הראשונה, ולא מיבעיא כשהיתה אשתו הראשונה בתולה כשנשאה, אלא אפילו לא היתה בתולה כשנשאה, לא מיחייב עכשיו לישא נערה בתולה, משום דגלי קרא יתירא אשה לאפוקי אחת ולא שתים, לומר דלא מתחייב לישא נערה בתולה אלא כשתהא אצלו אחת, שהוא עכשיו פנוי, ולא כשכבר הוא נשוי אשה קודם שנתמנה, שאם יוסיף לישא נערה בתולה תהיינה אצלו שתים. **ובזה** באו דברי הרמב"ם ז"ל מדוקדקים היטב, דמשמע מדבריו דליכא שום חששא בהכי אלא שאינו יכול לעבוד ביום הצום, וזולת זה לא איכפת לן, ושבקינן ליה, והדבר קשה, דהא אם איתא דעביד איסורא בהכי ועובר בלאו הבא מכלל עשה, אטו מי שבקינן ליה, הרי ב"ד חייבין לכופו בע"כ ואפילו בשוטים לגרש אחת, וכדתניא (בפרק האשה רבה) מנין שאם לא רצה דפנו, ת"ל וקדשתו בע"כ. ותניא (ריש פ"ב דסנהדרין י"ח ע"ב), אם עבר על מצות עשה ועל ל"ת הרי הוא כהדיוט לכל דבריו, ע"ש, **אבל** הוא הדבר אשר ביארנו, דבאמת להרמב"ם ז"ל לא עביד שום איסורא בהכי כלל - ביאור על ספר המצות לרס"ג. ‹**ואפשר** שזה היה כוונת העין משפט במה שציין על הגמרא "דהדר מגרש לה", דיש דיוק מהגמרא ליסוד זה, דליכא שום איסור לישא שתי נשים, וכי מגרשה באו הכל על נכון› [ג] ‹עיין בתוס' ד"ה כל ימי חיי› [ד] ‹ע"פ מהדורת נהרדעא›

מסורת הש"ס

כיון דלאמרי לא איכא למיחש חיישינן נמי למיתה דתרתי נימרו נמי בטומאה לא איכא למיחש חיישינן נמי בטומאה דתרי ואין לדבר סוף: זריז הוא. ונשמר מן הטומאה אבל מיתה אין מסורה בידינו: בתקנתא. בהזמנה: הדרא קושיין. דשמא תמות: על מנת שתמותי. ביוה"כ ואם מתה בו ביום נמצא גט למפרע ואין כאן אלא בית אחד ואם לא מתה הוי ומתה חבירתה נשארה לו זאת שאין הגט גט וכל סוגיא זאת אין תירוצין שבה יכולין לעמוד כי יש להן תשובות רבות והוא אלא כי מלמדין אותו (א) ואם תאמר כן יש להשיב כן והוא משיב כל תשובות שיש להשיב כי באותה הוא מסלקו לתרץ בענין אחר עד שהעמידה על מכונה: ודילמא לא מייתא. ואין הגט גט: (ב) ע"מ שלא תמות. ואי לא מתה כדקאמר הוה ליה גיטא למפרע: כהאי גוונא. שהתנאי תלוי בחייה מי הוה גט: אין זה כריתות. שהרי כל ימי חייה קשורה בו ואנן כריתות בעינן: כל ימי חיי פלוני הרי זה כריתות. ותנשא לאחר מיתת פלוני וגם מהיום הוא גט אם קלקלה אין כהן חייב אשם אלא שאינו אלא כחשש שמא תשתה יין בחיי פלוני: שלא תמות חברתיך. ואי לא מתה חבירתה הוה גט למפרע ואין כאן אלא בית אחד:

[עי' תוס' יבמות כו: ד"ה למיתה וכו' ותוס' לעיל ב. ד"ה וחכמים אומרים]

הגהות הב"ח

(א) רש"י ד"ה על מנת שתמותי וכו' מלמדין אותו שאם תאמר כן: (ב) ד"ה ע"מ שלא תמות דבור זה נ"ל קודם ד"ה ע"מ שתמותי:

תורה אור

א* הלכה כר' יוסי ומודה ר' יוסי שאם עבר ועבד עבודתו ב כשרה אמר רב יהודה אמר רב *הלכה כר' יוסי ומודה ר' יוסי ג שאם מת ראשון שחוזר לעבודתו פשיטא מהו דתימא הויא ליה צרה מחיים קמ"ל: ר' יהודה אומר אף אשה אחרת מתקינין לו: ורבנן נמי הא חיישי לשמא אמרי לך רבנן טומאה שכיחא *מיתה *לא שכיחא: אמרו לו א"כ אין לדבר סוף: שפיר קא אמרי ליה לרבי יהודה ורבי יהודה אמר לך למיתה דהדא חיישינן למיתה דתרתי לא חיישינן ורבנן אי איכא למיחש אפילו למיתה דתרתין חיישינן ורבנן נימרו אינהו לנפשייהו אמרי לך רבנן כ"ג זריז הוא אי זריז הוא למה מתקינין כהן אחר כיון דעבדינן ליה צרה כל שכן דמזדרז טפי ומי סני ליה בתקנתא ביתו אמר רחמנא והך לאו ביתו היא דמקדש לה והא כמה דלא כניס לה לאו ביתו היא דכניס לה א"כ *הוה ליה *שני בתים ורחמנא אמר (ויקרא טז) *וכפר בעדו ובעד ביתו *ולא בעד שני בתים *דהדר מגרש לה אי מגרש לה הדרא קושיין לדוכתא לא צריכא דמגרש לה על תנאי דאמר לה הרי זה גיטיך על מנת [שתמותי ודילמא לא מייתא והוה ליה שני בתים אלא דאמר לה הרי זה גיטיך על מנת] שלא תמותי אי לא מיתה מיגרשא לה ואי מיתה הא קיימא הך ודילמא היא לא מיתה והויא ליה גיטא דהאי גיטא ומייתא חברתה וקם ליה בלא בית אלא דאמר לה על מנת שתמות [אחת מכם] מיתה הא קיימא הך הא קיימא הא ודילמא לא מייתא ולא חדא מינייהו והוה ליה שני בתים ועוד כי האי גוונא מי הוי גיטא *והאמר רבא *הרי זה גיטיך על מנת שלא תשתי יין כל ימי חיי וחייכי אין זה כריתות כל ימי חיי פלוני הרי זה כריתות אלא דאמר לה הרי זה גיטיך על מנת שלא תמות חברתיך אי לא מיתה חברתה מיגרשא ואי מיתה הא הא קיימא הא ודילמא מייתא חברתה בפלגא דעבודה ואיגלי מלתא למפרע

(עירובין טו: סוכה כד: גיטין (כח) פג: ע"ש)

גליון הש"ס

גמ' הלכה כר"י. עיין תשובת פנים מאירות ח"ב סי' נג: שם הא"ע כ' בתים. עי' משנה למלך פ"א מה' עבדים:

עין משפט נר מצוה

מט א ב ג מיי' פ"ו מהלכות עבודת יוה"כ הלכה ג: נ ד ה מיי' פ"ה מהל' כלי המקדש הלכה י: נא ו מיי' פ"ח מהלכות גירושין הלכה י:

הלכה כר' יוסי. תימה הילכתא למשיחא דכי ה"ג פריך בזבחים פרק ב"ש (דף מה.) ובפרק ד' מיתות (סנהדרין דף נא:) ויש לומר דהיכא נפקא מינה אפילו בזמן הזה להפרכם הממונה על הציבור ועבר מחמת אונס שכשיעבור האונס חוזר לשררותו וגם נוהגין כבוד בשני כי ההוא מעשה דר"ג ורלב"ע* [ברכות כח.] והיה דבפ' קמא דתעניות (דף ד:) דפסיק כר"ג דאמר בז' במרחשון שואלין הגשמים ומוקי לה בזמן שבית המקדש קיים וי"ל דנפקא מינה אפילו בזמן הזה לבני [בבל דלאית] להו פירי בדברא כדאיתא התם והא דאמר בפסחים פ' אלו דברים (ד' סו:) גבי פסח כלל אמר ר"ע כל מלאכה שאי אפשר לעשות מע"ש דוחה את השבת ופסיק בגמרא (דף סט:) הלכה כר"ע יש לומר דנפקא מינה לענין מילה ואע"ג דגבי מילה נמי פסיק רב יהודה הכי בפרק ר"א דמילה (שבת דף קל.) מ"מ פסיק הכי בתרי דוכתי לאלומי פיסקא דמילה וקשה (*דבפ"ס התכלת (מנחות ד' נב:) פסיק *כר"ש וכאבא יוסי בן דוסתאי גבי חביתי כ"ג* וי"ל דאין הש"ס חושש זה בקשיא הילכתא למשיחא אלא רב יוסף מקשה אותו בפרק ד' מיתות (סנהדרין שם) ובפרק בית שמאי *אבל הש"ס אינו חושש כי היכי דמהדר ליה לרב יוסף בפרק בית שמאי אלא מעתה (*ס') שחיטת קדשים לא ליתני ורבי' חיים כהן ז"ל פי' דלא פריך הכי אלא היכא דלא צריכא אלא למשיחא ועבירה כגון ההיא דפרק ב"ש דלאיירי בפיגול ובפרק ד' מיתות גבי בת כהן שזינתה וכיון דאיכא תרתי מילתא דלא שכיחא היא ולא הוי ליה למיפסק הילכתא במילתא דלא שכיחא כלל*: דמגרש לה על תנאי. המתרץ היה דעתו לתרץ כדמסקינן דלחדא אמר לה הרי זה גיטיך על מנת שלא תמות חברתיך ולחדא אמר לה הרי זה גיטיך על מנת שתכנס לבית הכנסת אלא שבעל הש"ס לא מסיק למילתיה של המתרץ והולך ומדקדק בפירוש דמילתיה דאמר לה על מנת שתמותי כו' כלומר היכי בעית למימר על תנאי אי דאמר לה על מנת שתמותי ודילמא לא מתה והוו להו שני בתים אלא דאמר לה על מנת שלא תמות וכו' אהא נמי איכא למיפרך וכו' עד מסקנא דמילתא כולה מדברי בעל הש"ס שדקדק מעצמו פירושא דמילתא דשינויא דעל תנאי ולא מיתוקמא ליה אלא כדמסיק דלחדא אמר ע"מ שלא תמות חברתיך וכו' ותדע שהוא כן דכל הנך אלא דאמר לה הם מדברי המקשה שהולך ומדקדק מכח קושיות עד שהוא יורד על האמת דבכולם יש דל"ת אלא דאמר ובשינויא בתרא גרס אלא לחדא אמר לה הרי זה גיטיך ע"מ שתכנס לבית הכנסת ולפי שהמקשה בעצמו מסיק כך ואין דעתו להקשות על אותו תירוץ גרסינן לחדא ול"ג דלחדא בדל"ת:

על מנת שתמותי. הוה מצי למיפרך א"כ אמאי מגרש לה י"ל איכא למימר על מנת שתמותי בפלגא דעבודה הלכך מגרשה דלא ליהוו עד ההיא שעתא שני בתים: על מנת שתמות אחת מכם. הוה מצי למיפרך ודילמא מתה לה חדא מינייהו והוה ליה גיטא וקם ליה בלא בית אלא ניחא ליה טפי למיפרך ודילמא לא מתה ולא חדא דהאי שכיח טפי: כל ימי חיי וחייכי כו'. תימה לר"י דבפרק המגרש (גיטין דף פג:) אמרינן אמר רבא ה"ז גיטיך ע"מ שלא תשתי יין כל ימי חיי אין זה כריתות כל ימי חיי פלוני הרי זה כריתות ופריך מאי שנא חיי פלוני דדילמא מיית ומקיימא ליה לתנאיה חיי דידיה נמי דילמא מיית וכו' עד אלא כל ימי חייכי אין זה כריתות כל ימי חיי וחיי פלוני הרי זה כריתות והשתא קשה דסוגיא דהכא איתה לא כדאמר ס"ד מעיקרא התם ולא כמסקנא ועוד הקשה ר"י מאי האי דאי לא תלא אלא בחיי חבירתה לחודא הוי גט ובשביל שתלה או בחייה או בחיי חבירתה מיגרע גרע וי"ל דנקט הכא לישנא דמעיקרא ומסקנא דהתם וה"פ והאמר רבא כל ימי חיי היינו לישנא דמעיקרא וכ"ש כל ימי חייכי אין זה כריתות פירוש בין שאמר כל ימי חיי כדמעיקרא בין שאמר חייכי כדמסקנא דהתם אין זה כריתות והכא כל ימי חייכי הוא וא"כ פריך שפיר לכל לישני דהתם ואע"ג דאילו לא אמר אלא ע"מ שתמות חברתיך הוי גיטא השתא דתלה התנאי נמי במיתתה איכא למימר דמיגרע גרע דכל היכא דאיכא תנאי דאפשר דמקיים במיתתה ויחול קיום התנאי והגט בשעת מיתתה אין זה כריתות והכא נמי אי מייתא איהי ברישא הוי חל קיום התנאי והגט ביחד במיתתה ולא דמי להיכא דאמר על מנת שתמות חברתיך דכי מייתא חבירתה ברישא חייל גיטה בחייה של זאת ואי היא מייתא ברישא לא חל גיטא: [ועי' תוס' גיטין פג: ד"ה כל כו' שסניהו סוגיא זו בקושיא]:

אלא דאמר לה הרי זה גיטיך על מנת שתמות חברתיך. נראה לפרש דאמר לה נמי הא וקאי אמאי דסליק מיניה לשני דאמר ע"מ שלא תמות חברתיך ופריך ודילמא מייתא בפלגא דעבודה כו' ומשני דאמר לה תרוייהו לישני הרי זה גיטיך על מנת שלא תמות חברתיך ואמר לה נמי על מנת שתמות חברתיך בפלגא דעבודה דאי לא אמר לה אלא על מנת שתמות חברתיך הוה ליה למיפרך ודילמא לא מייתא חבירתה והוו ליה שני בתים והא שכיחא טפי דלא מתה כדפי' לעיל [ד"ה ע"מ שתמות] אלא על כרחך מיירי דאמר לה תרוייהו לישני: אלא

[ברכות כח.] [סוטה כג:] [צ"ל דבפ' התכלת (מה:)] [דכפ"ס התכלת [שם דף נב:]] [לפנינו הגי' בפרק ב"ש רבה במקום רב יוסף] [צ"ל כל] [ועי' תוס' סנהדרין נא: ד"ה הלכתא ותוס' זבחים מה. פז. ד"ה הלכתא ותוס' מנחות מה: נב: ד"ה הלכה ותוס' שבת קלג. ד"ה ותנן]:

רבינו חננאל

ראוי לכ"ג משום איבה וגם אינו חוזר לכהן הדיוט שמעלין בקדש ולא מורידין. א"ר יוחנן הלכה כר' יוסי. ומודה ר' יוסי שאם עבר ועבד עבודתו כשרה. אמר רב הלכתא כר' יוסי ומודה ר' יוסי שאם מת ראשון שני חוזר לעבודתו: ר' יהודה אומר אף אשה אחרת מתקינין לו כו'. והא רבנן נמי חיישי לשמא ומתקינין לו כהן אחר תחתיו. ודחי טומאה שכיחא מיתת אשתו לא שכיחא פתאום בלא תעלי סילתא דלא שכיחא היא ומי סני לה בתקנתא נרידא [כיון] דלא קנאה מה הועיל ושקלו וטרו בהא ואוקמה דמקדש לה וכנים לה ומגרש להו לתרווייהו על תנאי ללאה אמר

תוספות ישנים

הלכה כר' יוסי. אין להקשות כאן הלכתא למשיחא כי היכי דפריך בזבחים פרק ב"ש (דף מה.) גבי פיגול ובסנהדרין (דף נא:) גבי שריפת בת כהן דהכא איצטריך בזמן הזה כגון אם העבירו זקן מנשיאותו שנוהגין בו כבוד כי ההוא מעשה דר"ג ור"א בן עזריה בברכות (דף כח.) וכן בקידושין (דף עב:) גבי ממזרים ונתינים כשרים לעתיד לבוא דפסק שמואל כר' יוסי ונפקא מינה למשפחה שנטמעה נטמעה כי אם כל כך ... יתבררו ויתגלו וכן בפ' אלו דברים (פסחים דף סו.) דקאמר ר' עקיבא גבי הזאה שבות כל מלאכה שאפשר לעשותה מערב שבת כו' דמשמע נמי דאפילו מכשירין דאיכא כרת לא דחו שבות אבל יש על הסיא דמנחות בפרק התכלת (דף נב:) דקאמר התם א"ר יוחנן הלכה כאבא יוסי בן דוסתאי דאמר לא שני קמצים והאמר רבי יוחנן הלכה כסתם משנה דתנן חמשה קמצים הן כו' דמאי שייכא בזה ... ושמא לא כא [אלא] לומר נראין דברי אבא יוסי בן דוסתאי והתלמוד הקשה שר' יוחנן רגיל לומר הלכה כסתם משנה אי נמי רב יוסף הוא דמקשי הכי ולא שאר אמוראים ורבינו הר"י שמע בשם רבינו אמר כ"ע דלא שייך למיפרך הלכתא למשיחא אלא היכא שיש עבירה בדבר כגון פסול דזבחים ושריפת דסנהדרין שאין זה הדבר אין רגיל להיות שאינו צריך עד ימות המשיח וגם אז לא יהיה הדבר שיהיו צדיקים אבל קשה לי קצת שמצינו בכמה מקומות שמתמה כך כדאמרינן לעיל כיצד מלבישן לעתיד לבא אהרן ובניו ומשה רבינו עמהם והיינו כמו הלכתא למשיחא שאינו צריך עכשיו כלל לכך וכן פרק בתרא מתים לעתיד לבא צריכין הזאת שלישי ושביעי כו' תיובו התם אינו יודע לתרץ כלום: מיתה לא. ואם תאמר דהכא לא חיישי רבנן למיתה ואילו ביבמות בפ' ד' אחין (דף כו.) קאמר ודילמא אדמייבם הד מיית אידך וקמבטל מצות יבמין וי"ל דמילתא דזמן מרובה חיישינן למיתה דיומא לא חיישינן וא"ת הא דאמרינן בפרק כל הגט (גיטין כח.) דפריך מהך הרי זה גיטך שעה אחת קודם מיתתו אסורה לאכול בתרומה מיד על הסית דהלך למדינת הים הרי זו אוכלת בתרומה בחזקת שהוא קיים ומשני אביי הא ר"מ דלא חייש למיתה והא ר' יהודה דחייש למיתה רבא אמר לשמא מת לא חיישינן שמא ימות תנאי היא אבל אביי דלא מפליג בין שמא מת לשמא ימות משמע דלא חייש לשמא ימות אפילו לזמן מרובה יש לומר דמכל מקום לא חייש אביי לשמא מת לזמן מרובה אבל לשמא ימות לזמן מרובה מיהא חייש אי נמי אביי לית ליה טעם דאין זיקה אלא אית ליה יש זיקה כדהוה ס"ד מעיקרא בד' אחין ולית ליה כלל דבטול מצות יבמין: למיתה דתרתי נמי חיישינן. וא"ת הא אמרינן בפרק ד' אחין אי הכי המסה נמי ומשני למיתה דתרתי לא חיישינן וי"ל דביום אחד כמו כן שיש לחוש למיתה דחדא יש לחוש למיתה דתרתי דהא והא לא שכיחא אבל לזמן מרובה שכיחא טפי מיתה דחדא ממיתה דתרתי אי נמי טעמא כדאמרינן בסוכה בפרק הישן (דף כד.) דמעלה עשו בכפרה ויש לחוש יותר ובסוכה בפרק הישן (דף כג:) פריך על ההיא דאביי אדאביי ומשני איפוך הא ר"מ הא רבי יהודה דלא חייש וטעם דר' יהודה דהכא משום מעלה אבל למסקנא דהתם לא צריכנא תו לטעם דאיפוך ולטעם דמעלה עשו בכפרה א) (מודו) למאי דבעי למימר בפרק הישן דטעם דרבי יהודה משום דמעלה אע"ג דבעלמא לא חייש איכא שלש מחלוקות בדבר דרבי יהודה חייש דוקא בכפרה ור"מ אפילו בעלמא חייש ורבנן דהכא אפי' בעלמא לא חיישי: דעבדינן ליה צרה כ"ש דמזדרז טפי. וא"ת מאי שאני דקאמר לעיל ניחוש לשמא ומשני דחיישינן לטומאה משום דשכיחא מאי קושיא הא הכא קאמר דמתקינין לו כהן משום דלזדרז טפי ועל ידי כך הוא

א) נ"ל מיהו.

נב א מיי' פ"א מהלכות יבום הלכה ט:
נג ב שם הלכה א:
נד ג מיי' פ"ב מהלכות ביאת מקדש הלכה ו:
נה ד שם הלכה ח:
נו ה שם הלכה ו:

רבינו חננאל

לה הרי זה גיטך ע"מ שלא תמות רחל חברתיך ואם מתה רחל לא ליהוי גט ואת אשתי. ולרחל אמר לה הרי זה גיטך ע"מ שאכנס בכנסת. אם אכנס לכנסת הרי את גרושה מעני ואם לא אכנס לא יהא הגט גט אם מתה רחל בטל הגט ונשארת לאה אשתו. ואם מתה לאה נשארת רחל באישות אצלו שהרי לא נכנס בכנסת. מאי איכא למימר דילמא מתה רחל בפלגא דעבודה ונמצא שהיתה ...

ב' נשים לא תתייבם אפילו אחת מהן. והדר יבמתו יבמתו רבה כלומ' היה לו לכתוב *) ועלתה יבמתו ועלתה יבמה השערה. יבמתו דכתב למה לי. אלא אפי' יש שם שתים ועלתה אחת מהן היא יבמתו וחזרין יבמה. ואקשינן תוב כיון דאמר כנים לה והדר מגרש לה על תנאי כלומר אינה נקראת בית עד דכנים לה ארוסה לא תתיבם דהא אינה בית. והדר לא תהיה אשת המת החוצה כתיב החוצה לרבות הארוסה: ת"ר כ"ג מקריב אונן ואינו אוכל. ר' יהודה אומר כל היום ובא רבה לומר כל היום כולו אפילו אם הוא בביתו מביאין אותו ומקריב כל היום איני והא תניא היה עומד ומקריב ע"ג המזבח ושמע שמת לו מת מניח עבודתו ויוצא דברי ר' יהודה ר' יוסי אומר יגמור השתא לר' יהודה אפוקי מפקינן ליה ואת אמרת מייתינן ליה מתוך ביתו כדי להקריב אלא מאי כל היום פי' ר' יהודה בתימה אומר כל היום מקריב

*) נראה דצ"ל היה לו לכתוב ועלתה הצערה ועלתה יבמתו השערה דכתב למה לי וכו'.

למפרע דגיטא דהא לאו גיטא הוא ועביד ליה עבודה בשני בתים אלא דאמר לה הרי זה גיטך על מנת שתמות חברתיך ודילמא מייתא חברתה והוה ליה גיטא דהא גיטא וקם ליה בלא בית אלא דמגרש להו לתרוייהו לחדא אמר לה הרי זה גיטך על מנת שלא תמות חברתיך ולחדא אמר לה הרי זה גיטך על מנת שלא תכנסי לבית הכנסת ודילמא לא מייתא חברתה ולא עיילא היא לבית הכנסת והוה ליה גיטא דתרווייהו גיטא וקם ליה בלא בית אלא לחדא אמר לה הרי זה גיטך על מנת שלא תמות חברתיך ולחדא אמר לה ה"ז גיטך על מנת שאכנס אני לבית הכנסת דאי מייתא הא קיימא הא ואי מייתא הא קיימא הא מאי איכא למימר דילמא מייתא חברתה בפלגא דעבודה ועבד ליה עבודה למפרע בשני בתים אי חזי לה דקא בעיא למימת קדים איהו ועייל לבית הכנסת ומשוי לגיטא דהא גיטא למפרע מתקיף לה רב אשי ואיתימא רב עוירא אלא מעתה שתי יבמות הבאות מבית אחד לא יתייבמו °יבמתו יבמתו ריבה מתקיף לה רבינא ואיתימא רב שרביה אלא מעתה ארוסה לא תתייבם *החוצה לרבות את הארוסה:

*)תנו רבנן כהן גדול מקריב אונן ואינו אוכל **)רבי יהודה אומר כל היום מאי כל היום אמר רבא לא נצרכה אלא להביאו מתוך ביתו אמר ליה אביי השתא לרבי יהודה אפוקי מפקינן ליה דתניא היה עומד ומקריב על גבי המזבח ושמע שמת לו מת מניח עבודתו ויוצא דברי ר' יהודה ר' יוסי אומר יגמור ואת אמרת מייתינן ליה מתוך ביתו אלא אמר רבא מאי כל היום לומד

*) הוריות יב: זבחים צט. תוספתא זבחים פי"א [מו"ק יד: ב"ק קי.] **)בלוגתא דר"י לא נזכר במשנה

אם מתה חבירתה. קיימא הך דלאו גיטא גמור: **שלא תכנסי כו'.** ביום הכפורים: **אלא מעתה.** כיון דאמרינן לעיל ביתו אין כאן שתים במשמע: **שתי יבמות הבאות מאדם אחד.** שהיו לו שתי נשים לא התייבם אפילו אחת מהן דהא בית אחד כתיב: **ארוסה לא תתייבם.** דהא בית כתיב ואת אמרת לעיל כל כמה דלא כנים לה לאו ביתו היא: **מקריב אונן.** דרחמנא שרייה דכתיב (ויקרא כא) ומן המקדש לא יצא ולא יחלל וגו' ודרשינן לה בשחיטת קדשים (זבחים טז:) במת אביו ואמו (א) ואינו לריך לצאת ממקדשו כלל להיות עומד ומקריב כי לא יחלל עבודתו בכך ומינה ילפינן להא כהן הדיוט שלא יצא חולל: **ואינו אוכל.** שלא הותרה כאן אלא עבודה וקדשים אסורין לאונן *קל וחומר ממעשר הקל שאמרה תורה (דברים כו) לא אכלתי באוני ממנו: **להביאו מתוך ביתו.** מלוה היא שיביאוהו למקדש לעבוד כל היום כדי שיפסח לבו מצערו וה"ק ר' יהודה כל היום יהא עסוק בהקרבה: **השתא לרבי יהודה אפוקי מפקינן ליה.** דהדיוט אונן אפילו התחיל בעבודה אלמא לר' יהודה בהקרבה אנינות לחומרא והכי קאמר וגבי כהן גדול החליפו שיטתן: **היה עומד ומקריב.** בכהן הדיוט קאי: לומד

אלא לחדא אמר לה על מנת שאכנס לבית הכנסת. *דלתנ"ב דכבר הקשה לו דילמא לא עיילא לבי כנישתא ה"מ גבי דידה שהנשים עצלניות הן אבל כהנים זריזין הן וכ"ש כהן גדול דזריז טפי ולא ישכח ועוד גבי דידה חיישינן טפי לפי שלא חדירה כלכך לראות אם לא תמות חבירתה שתיכנס היא לבית הכנסת דלמנו בכפפה תלו לה: **לחדא** אמר לה על מנת שלא תמות כו'. פי' לראשונה אמר על מנת שלא תמות חברתיך דמו ליכא למיחש למידי דאי מתה השניה בפלגא דעבודה עייל לבית הכנסת והוה ליה גיטא למפרע וליכא שני בתים ואי לא מייתא לא הא ולא הא הויא ליה דקמייתא גט ולא ליעול לבית הכנסת ואי מייתא קמייתא בפלגא דעבודה כיון דשניה לא מייתא דלמיתה דתרתי לא חיים הויא לה מגורשת למפרע ולא ליעול לבית הכנסת אבל אי לא מגרש אלא לאה ואמר לה על מנת שאכנס לבית הכנסת ולא אמר לרחל מידי דילמא מייתא רחל בפלגא דעבודה והיכי ליעביד אי עייל לבית הכנסת קם ליה מכאן ולהבא בלא בית ואי לא עייל לבית הכנסת הרי עבד מקלת עבודה בשני בתים הלכך לא אפשר בע"א וגם הלשון משמע כן מדקאמר לחדא אמר לה מכלל דאף לשניה אמר והתנה עמה בירושלמי משמע אשה אחרת מתקינין לו מזמנין אותה שאם תמות אשתו ביום הכפורים שיקדש זאת ביוה"כ ופליג אגמרא דידן דפריך התם ויקדש מאתמול דמשמע ליה מתקינין בהזמנה בעלמא ומשני וכפר בעדו ובעד ביתו (ויקרא טז) ולא בעד שני בתים ופריך ולא נמלא כקונה קנין בשבת ומשני משום שבות התירו במקדש א"ר חנינא הדא אמרת הלין דכנסין ארמלן לריך לכונסן מבעוד יום שלא יהא כקונה קנין בשבת כ"ל לפרש בתולה שיש לה חופה מבעוד יום משעה שנכנסה לחופה קנאה לכל דבר להכי מותר לבא עליה בשבת אבל אלמנה שאין לה חופה ואינה נקנית לבעלה ליורשה וליטמא לה ולהפר נדריה אלא ע"י ביאה לריך לבא עליה מבעוד יום שלא יהא כקונה קנין בשבת ואפילו את"ל שיש לאלמנה חופה קודם ביאה כ"ל דיחוד שמתייחדת עמו היינו חופתה וזה יש לעשות קודם השבת אבל בתולה מעילתה בהינומא היא חופה שלה וזה היו רגילין לעשות ביום אבל לא היו מייחדין אלא בלילה סמוך לביאה והשתא קאמר בירושלמי הלין דכנסין ארמלן לריך לייחדן מבעוד יום דיחוד שלה היינו חופה וכן נראה לי יותר לומר דאלמנה כמי אית לה חופה קודם ביאה ויש ליזהר במאי דפריש' שהכונס אלמנה לריך לייחדן מערב שבת אחר ברכת הנשואין: **ולחדא** אמר לה הרי זה גיטך על מנת שלא תכנסי לביהכ"נ. דהשתא אי מייתא בפלגא דעבודה כיון דלא עיילא לביהכ"נ הוה מגורשת למפרע וליכא שני בתים: **ודילמא** לא מייתא חברתה ולא עיילא לבית הכנסת. כ"ל דל"ג דלא עיילא היא דהא מדלא קאמר על מנת שלא תיכנס חברתיך לבית הכנסת אלמא דמיירי דאמר ללאה ע"מ שלא תמות רחל ולרחל אמר על מנת שלא תיכנס היא עלמה לבית הכנסת וא"כ הכי פריך ודילמא לא מתה רחל ולא עיילא רחל לבית הכנסת ואי האי גרס היא משמע ודילמא לא מתה רחל שהיא חבירתה של לאה ולא עיילא היא לאה הא דנקט גבי דידה על מנת שלא תכנסי לבית הכנסת ובסמוך גבי דידיה על מנת שאכנס י"ל דלא הוה מלי למימר גבי דידה על מנת שתכנס בשעה שהיא בריאה דאיכא רשאה ליכנס לבית הכנסת דילמא מייתא חברתה וקם ליה בלא בית וכשתהיה חולה וכמויה למות אינה יכולה ליכנס אע"פ שהיה יכול להתנות תנאי אחר שיוליכוה לבית הכנסת מ"מ השתא מיהת לפי תנאו לא הוה מלי למימר איפכא וגבי דידיה ניחא דמלי למימר על מנת שאלכם ניחא ליה טפי למימר מלמימר שלא אלכם משום דפריך וקם ליה בלא בית והאי ניחא ליה טפי לשניי על מנת שאלכם דליכא למיחש טולי האי דילמא עביד מעשה ועייל וקם ליה בלא בית וקל להבין: **היה** עומד ומקריב ושמע שמת לו מת וכו'. רש"י פירש בכהן הדיוט איירי ודחק עלמו לפרש לפי זה ול"נ דבכהן גדול איירי אף על גב דכ"ג מקריב אונן ה"מ מדאורייתא אבל מדרבנן ס"ל לרבי יהודה מניח עבודה ויולא ולא תתמה דהא מסקינן גזירה שמא יאכל אלמא אע"ג דכ"ג מקריב מדאורייתא נמי איכא למימר מעיקרא דבכ"ג איירי ומדרבנן ועוד לכאורה משמע היה עומד ומקריב אע"ג דלאכתי לא התחיל בעבודה אלא עבודה בידו והיכי קאמר ר' יוסי יגמור והלא כהן הדיוט אונן מחלל עבודה וכן משמע בתוספתא דזבחים (פי"א) דתנא אבל כהן הדיוט שהיה מקריב ומת לו מת מניח עבודה ויולא וליכא מאן דפליג והא דפליגי בשמעתא רבי יהודה ורבי יוסי איכא למימר בכ"ג פליגי: **)**שאינו** עובד עבודה כל היום. וה"פ כל היום שוין אכילה להקרבה כמו שאינו אוכל כך אינו מקריב ואינו אוכל ולא גזרינן דילמא אתא למיכל דאנינות לילה דרבנן והיא גופה גזירה ולא הוה מלי לשניי דכל היום אינו אוכל קאי הא בלילה אוכל דהא ס"ל לר' יהודה בפ' טבול יום (זבחים דף לט:) דאנינות לילה דיום מיתה דאורייתא ודיום קבורה דרבנן והא דמפסיק כל היום אבל לילה לא היינו דיום קבורה דאי דיום מיתה הא שמעינן ליה לרבי יהודה בפ' טבול יום דאנינות לילה דיום מיתה דאורייתא וא"כ ניגזור דילמא אתי למיכל מיניה:

*) צ"ל גזרו **) שייך לדף יד. למזה

תוספות ישנים

הגהות הב"ח

(א) רש"י ד"ה מקריב אונן כו' במת אביו ואמו ואינו צריך לצאת ממקדשו כלל ויכול להיות עומד:

גליון הש"ס

[שבת כה.]

דברים כה

§ מסכת יומא דף יג: §

אות א'

יבמתו יבמתו ריבה

רמב"ם פ"א מהל' יבום וחליצה ה"ט - מי שהיו לו נשים רבות ומת, ביאתה או חליצתה של אחת מהן פוטרת את השאר, ואינו מיבם לשתים, שנ': אשר לא יבנה את בית אחיו, בית אחד הוא בונה ואינו בונה שני בתים; וכן אם היו לו אחים רבים, אחד מהן חולץ או מיבם לאחת מן היבמות, ויותרו שאר הצרות.

אות ב'

לרבות את הארוסה

רמב"ם פ"א מהל' יבום וחליצה ה"א - מצות עשה מן התורה שייבם אדם אשת אחיו מאביו, בין מן הנשואין בין מן האירוסין, אם מת בלא זרע, שנ': ובן אין לו יבמה יבוא עליה.

אות ג'

כהן גדול מקריב אונן

רמב"ם פ"ב מהל' ביאת המקדש ה"ו - אבל כ"ג עובד כשהוא אונן, שנאמר: ומן המקדש לא יצא ולא יחלל, כלומר ישב ויעבוד עבודה שהיה עוסק בה ואינה מתחללת.

אות ד'

ואינו אוכל

רמב"ם פ"ב מהל' ביאת המקדש ה"ח - ואף על פי שכהן גדול עובד אונן, אסור לאכול בקדשים, שנאמר: ואכלתי חטאת היום הייטב בעיני י"י, וכן אינו חולק לאכול בערב.

אות ה'

היה עומד ומקריב על גבי המזבח ושמע שמת לו מת.. יגמור

רמב"ם פ"ב מהל' ביאת המקדש ה"ו - [א]אם כן מפני מה נשנית אזהרה זו בכהן גדול; שכהן הדיוט שהיה במקדש בעבודתו, ושמע שמת לו מת שהוא חייב להתאבל עליו, אף על פי [ב]שאינו יוצא מן המקדש, [ג]אינו עובד, מפני שהוא אונן; ואם עבד והוא אונן של תורה, חילל עבודתו, בין בקרבן יחיד בין בקרבן ציבור. השגת הראב"ד: אף על פי שאינו יוצא. א"א וכיון שהוא חייב להתאבל עליו, למה אינו יוצא, [ד]ודאי יוצא ומטמא בעל כרחו.

באר הגולה

[א] ‹כהן שיצא מן המקדש, בשעת העבודה בלבד, חייב מיתה, בין כהן גדול בין כהן הדיוט, שנאמר: ומפתח אהל מועד לא תצאו פן תמותו, כלומר לא תניחו עבודה ותצאו מבוהלים ודחופים מפני גזירה זו, וכן זה שנאמר בכהן גדול: ומן המקדש לא יצא, אינו אלא בשעת העבודה בלבד, שלא יניח עבודתו ויצא - שם ברמב"ם הלכה ה'›

[ב] ‹ויש לדקדק בדברי רבינו שכתב {בהלכה ה'} שאפילו כהן הדיוט שיצא מן המקדש בשעת עבודה חייב מיתה, משמע שהטעם מפני שנראה כמזלזל העבודה אם יניחנה, שהרי כתב שאינו מוזהר מלצאת אלא בשעת עבודה בלבד, ואח"כ כתב שכהן הדיוט שהיה במקדש בעבודתו ושמע שמת לו מת אינו עובד, נראה שמיד ששמע מפסיק ומסלק ידו מעבודתו, ומאחר שאסור לגמור עבודתו למה אסור לו לצאת מיד, דכך לי שעת עבודה כיון שאינו יכול לעבוד, כמו שלא בשעת עבודה, **ונ"ל** שאע"פ שאינו יכול לגמור עבודתו, אם יצא קודם שתגמר העבודה ע"י אחר, נראה כמזלזל בעבודה, **ועי"ל** שאם היה מותר לו להפסיק עבודתו ולצאת כששמע שמת לו מת, איכא למיחש שמא כשיפסיק העבודה ויצא בבהלה תהיה העבודה בטלה מאין מתעסק בה, עד שיתעוררו שאר הכהנים לבא לגמור, ואין לך זלזול גדול מזה, ולפיכך אסרה לו לצאת עד שתגמר העבודה ע"י אחר - כסף משנה›

[ג] ‹בפ"ק דיומא תניא, היה עומד ומקריב ע"ג המזבח ושמע שמת לו מת, מניח עבודתו ויצא דברי ר' יהודה, ר' יוסי אומר יגמור, {ור' יהודה ור' יוסי, הלכה כר' יוסי}, ופי' התוספות דבכהן גדול מיירי, וכן דעת רבינו - כסף משנה›

[ד] ‹ואיני רואה כאן השגה, שלא כתב רבינו שאסור לו לצאת אלא בשעת עבודה בלבד, ואחר גמר עבודה יצא ויטמא - כסף משנה›

§ מסכת יומא דף יד. §

אות א'

<u>כל שבעת הימים הוא זורק את הדם ומקטיר את הקטורת ומיטיב את הנרות ומקריב את הראש ואת הרגל</u>

רמב"ם פ"א מהל' עבודת יוה"כ ה"ה - כל שבעת הימים מרגילין אותו בעבודות, זורק את הדם ומקטיר את הקטרת ומטיב את הנרות ומקטיר איברי תמיד על המזבח, כדי שיהיה רגיל בעבודה ביום הכפורים.

אות ב' – ג'

<u>ושאר כל הימים אם רצה להקריב מקריב</u>

<u>שכהן גדול מקריב חלק בראש ונוטל חלק בראש</u>

רמב"ם פ"ה מהל' כלי המקדש הי"ב - בכל יום שירצה [א]להקטיר הקטרת, מקטיר, ונוטל חלק בראש בקדשי המקדש כולן; כיצד, כשירצה אומר זו החטאת שלי וזה האשם שלי, ואינו עובד בפייס, אלא כל עת שירצה להקריב מקריב כל מה שירצה; [ב]והרי הוא בקדשי הגבול כשאר הכהנים.

אות ד'

<u>נתכוון להזות על הבהמה והזה על האדם, אם יש באזוב ישנה; נתכוון להזות על האדם והזה על הבהמה, אם יש באזוב לא ישנה</u>

רמב"ם פ"י מהל' פרה אדומה ה"ח - המזה אינו צריך טבילה לכל הזייה, אלא טובל את האזוב ומזה הזייה אחר הזייה עד שיגמרו המים; ומזה הזייה אחת על כמה בני אדם או על כמה כלים כאחת אפילו מאה, כל שנגע בו מן המים כל שהוא, טהור, והוא שיתכוין המזה להזות עליו; טבל את האזוב ונתכוון להזות על דבר שמקבל טומאה או על האדם, והזה מאותה טבילה על דבר שאינו מקבל טומאה או על הבהמה, אם נשארו מים באזוב אינו צריך לחזור ולהטביל, אלא מזה מן השאר על האדם או על הכלים הטמאים, שהרי תחילת טבילתו כשירה היתה; אבל אם טבל את האזוב להזות על דבר שאינו מקבל טומאה או על הבהמה, והזה על האדם או על הכלי הטמא, הזייתו פסולה, עד שיחזור ויטבול פעם שנייה ויתכוין להזות על האדם או על דבר המקבל טומאה.

השגת הראב"ד: [ג]בכשרותו היתה. א"א זה האיש מסרך [ד]ומערבב, והתוספתא מסודרת כך: טבל את האזוב לשום דבר שהוא ראוי להזאה, והזה על דבר שהוא ראוי להזות, מים הנוטפין טמאים וכשרים להזות, ואם יש באזוב ישנה; לשום דבר שהוא ראוי להזאה, והזה על דבר שאינו ראוי להזאה, כגון על הכותי ועל הבהמה ועל עריבה של אבן, המים הנוטפים טהורים ופסולין להזאה, ואם יש באזוב לא ישנה; כך היא התוספתא, ובמשנה יש מחלוקת בין הנוסחא, אלא שיכול אדם להשוותם כפירושה, אבל לפי התוספתא נראה שאע"פ שטבל לשם הראוי להזאה, כיון שהזה על שאינו ראוי, אף מה שנשאר באזוב נפסל ולא יזה ממנו, והנוטפים ממנו טהורים ופסולין להזות, ומה שאמרו במשנה שהנוטפים כשירים להזות ומטמאין, לא אמרו אלא כשטבל והזה על מי שראוי להזאה.

‹המשך ההלכות מול עמוד ב'›

באר הגולה

א ‹ולא הזכיר מהנך עבודות אלא קטרת, משום דאית בה הנאה שמעשרת, כדאיתא ביומא דף כ"ו, וכיון דבזו אם רצה להקריב מקריב, כ"ש לאינך – כסף משנה›
ב ‹כן משמע מדלא אשכחן שיפו כחו בהם – כסף משנה›
ג ‹הולך על מש"כ הרמב"ם: שהרי תחילת טבילתו כשירה היתה
ד ‹ורבינו כתב בפירוש המשנה כלשון הזה: ...ובתוספתא אמרו בתתם סבה לזה ההבדל, הואיל ותחילת טבילתו פסולה, לכך הזאתו פסולה וכו', עכ"ל. ומאחר שרבינו מסתייע בפירוש מהתוספתא, אפשר שנוסחא אחרת היה לו בתוספתא, או אף אם היה לו נוסחת הראב"ד היה מפרשה על דרך זו – כסף משנה›

לומר שאינו עובד כל היום גזירה שמא יאכל א"ל רב אדא בר אהבה לרבא ומי גזר רבי יהודה שמא יאכל והתנן *ר' יהודה אומר אף אשה אחרת מתקינין לו שמא תמות אשתו ואי מייתא אשתו עביד עבודה ולא גזר רבי יהודה שמא יאכל אמר ליה הכי השתא התם כיון דיום הכפורים הוא דכולי עלמא לא קא אכלי הוא נמי לא אתי למיכל הכא דכולי עלמא אכלי הוא נמי אתי למיכל וכי האי גוונא מי חיילא עליה אנינות והא מיגרשא נהי דאנינות לא חייל עליה אטרודי מי לא מיטריד: **מתני'** *כל שבעת הימים הוא זורק את הדם ומקטיר את הקטורת ומטיב את הנרות ומקריב את הראש ואת הרגל ושאר כל הימים אם רצה להקריב מקריב שכהן גדול מקריב חלק בראש ונוטל חלק בראש: **גמ'** מאן תנא אמר רב חסדא דלא כרבי עקיבא דאי ר"ע הא אמר טהור שנפלה עליו הזאה טמאתו היכי עביד עבודה דתניא והזה הטהור על הטמא על הטמא טהור ועל הטהור טמא דברי ר' עקיבא וחכמים אומרים אין הדברים הללו אמורין אלא בדברים המקבלים טומאה מאי היא כדתנן *נתכוון להזות על הבהמה והזה על האדם אם יש באזוב ישנה נתכוון להזות על האדם והזה על הבהמה אם יש באזוב לא ישנה מ"ט דר' עקיבא נכתוב רחמנא והזה הטהור עליו מאי על הטמא שמע מינה על הטמא טהור ועל הטהור טמא ורבנן האי לדברים המקבלין טומאה הוא דאתא אבל הבא קל וחומר הוא אם על הטמא מטהר על הטהור לא כל שכן ור' עקיבא היינו דקאמר שלמה °אמרתי אחכמה והיא רחוקה ממני ורבנן ההוא *למזה ולמזין עליו טהור °ונוגע בהן טמא ומזה טהור והכתיב °ומזה מי הנדה יכבס בגדיו מאי מזה נוגע והכתיב מזה והא כתיב נוגע ועוד מזה בעי כיבוס בגדים נוגע לא בעי כבוס בגדים אלא מאי מזה נושא ונכתוב רחמנא נושא מ"ט כתיב מזה הא קמ"ל דבעינן שיעור הזאה הניחא למ"ד *הזאה צריכה שיעור אלא למ"ד הזאה אין צריכה שיעור מאי איכא למימר אפילו למ"ד הזאה אין צריכא שיעור הני מילי אגבא דגברא אבל במנא צריכה שיעור דתנן *כמה יהא בהן ויהא כדי הזאה °כדי שיטבול

ראשי

לומר שאינו עובד כל היום · עד הלילה אבל בלילה אם בא להקטיר חלבים ואימורים יקטיר : **גזירה שמא יאכל** · כל היום אסור באכילת קדשים מן התורה אבל באנינות הלילה מקבצר המת ביום אינה מדברי תורה אלא מדברי סופרים והכי משמע ליה לר' יהודה במסכת זבחים (דף קא:) והכי קאמר רבי יהודה כל היום הוא באנינות ולא יקריב : **והא מיגרשא** · דהכי אוקימנא דאי חזי לה דמתה קודם ועייל לבית הכנסת ומשוי ליה לגיטא דהוה דמתה גיטא למפרע : **מי לא מיטרד** · ובקדשים בעינן שמחה וגדולה דכתיב (במדבר יח) לך נתתים למשחה כדרך שהמלכים אוכלים (חולין קלב:) : **מתני' הוא זורק את הדם** · של תמידין כדי שיהא רגיל ומזומן בעבודת יוה"כ : **ומטיב את הנרות** · (א) מדשן מן אפר הפתילות שכבו וכן כל יום ויום מטיבין בבקר שנאמר בבקר בבקר בהטיבו את הנרות וכל יום מקטירין קטורת בהיכל פרס בשחרית ופרס בין הערבים : **ושאר כל הימים אם רצה** · להטיב ולהקריב את כל קרבן שירצה מקריב ואין (ב) המשמר יכול לעכב על ידו : **מקריב חלק בראש** · ראשון הוא (ג) להקטיר ולהקריב כל חלק שיבחר : **ונוטל חלק** (ד) · באכילת קדשים : **בראש** · מנה יפה שיבחר לו : **גמ' דלא כרבי עקיבא** · לקמן בשמעתין : **היכי עביד עבודה** · כל שבעה הרי מזין עליו : **על הטמא טהור ועל הטהור טמא** · אם הזה על הטמא נעשה טהור ואם הזה על הטהור נעשה טמא וילף טעמא מעל הטמא יתירה כדמפרש לקמן : **וחכמים אומרים** · על הטמא לדרשה אתא לומר שאין דברי הזאה אמורים אלא בדברים המקבלים טומאה אבל בדברים שאין מקבלים טומאה אין הזאה היגיעות עליהן קרויה הזיה ונפקא מינה שהשיריים שיש באזוב שירי פסולי הן ואין להכשירן להזות: **כדתנן נתכוון וכו' אם יש באזוב ישנה** · כלומר (ה) ראויין השיריים להזות על אדם שצריך הזאה (ו) דלא נתכוון (ט) וחוזר ושונה ואין צריך לחזור ולהטביל : **לא ישנה** · דנפסלו במלאכה דהזאה של בהמה (ז) אין [שם] הזאה עליה והוו להו כמים שנעשית בהן מלאכה : **למזה טהור** · דדריש הכי והזה הטהור אף לאחר שהזה קראו טהור : **הניחא למאן דאמר כו'** · פלוגתא היא בזבחים בפרק התערובת (דף פ.) : **אגבא דגברא** · (ח) כל שהוא שנותן עליו מטהרו : **אבל במנא** · שהוא מטבל ראשי גבעולי אזוב בו צריכה שיעור שיטביל

למזה ומזין עליו טהור ונוגע טמא · קימה מזין עליו אינו טהור עד שיטבול ויערב שמשו טהור וא"כ למאי הוה נוגע טמא ומזה טפי ממזין עליו וי"ל דה"ק מזין עליו ההזאה גורמת לו טהרה ונוגע מי חטאת גורמין לו טומאה אי נמי י"ל מזין עליו טהור היינו טהור שנפל עליו הזאה דהוי טהור לגמרי :

מאי מזה נושא · וא"ת ומנא ליה לגמרא למעקר קרא ממשמעותיה לומר דמזה טהור ומזה דקרא היינו נושא דאמר מזה ממש וי"ל מדכתיב והזה הטהור אלמא דהמזה טהור ואף על גב דדרשינן* מיניה טהור מכלל שהוא טמא לימד על טבול יום שהוא כשר בפרה י"ל תרתי שמע מינה :

אלא מאי מזה נושא · והא קמ"ל דעד דדרי כשיעור הזאה הדר ביה קימה לי א"כ מאי טעמא הדר ביה מתחלה דאמר מאי מזה נוגע אי משום דקשיא ליה והכתיב נוגע והכתיב מזה ועוד מזה בעי כיבוס נוגע לא בעי כיבוס לימא הא דכתב נוגע ולא כתב ביה כיבוס היינו כי לא נגע כשיעור הזאה ומזה דבעי כיבוס היינו כי נגע כשיעור הזאה ואין לתרץ דמש"ה לא מוקמינן ליה בנוגע ובכדפים משום דנוגע לא בעי כיבוס אפילו כי נגע בכשיעור מדכתיב והנוגע במי הנדה יטמא ולא כתב ביה כיבוס ומי הנדה משמע מים הראויין להזות שיש בהן כשיעור דהא ודאי ליתא דמי הנדה לא משמע הכי דאי לא קימא הכי א"כ פריך ונכתוב נושא מאי הא קמשמע לן עד דדרי כשיעור הזאה הכתי תיקשי לך ליכתוב והנושא מי נדה יכבס בגדיו דמי הנדה משמע שיש בהן כדי הזייה ועוד דאי מי הנדה משמע דוקא שיש בהן כדי הזייה לא יטמא במגע כלל והא ליתא דכלים חשיבי משנה מסכת כלים משמע דמטמאי במגע דתנן אבות הטומאות השרץ וכו' עד ומי חטאת שאין בהן כדי הזייה הרי אלו מטמאין אדם וכלים במגע ואין מטמאין במשא ואין לתרץ דה"ק מאי מזה נושא אף נושא והוא הדין במגע דשקולין הן והי מינייהו מפקת דאם כן מאי פריך ולכתוב נושא ליסני אי הוה כתב נושא הוה אמינא דוקא במשא ולא במגע להכי כתב מזה דהשתא אתי תרוייהו ועוד הלשון אינו משמע כן דקאמר עד דדרי כשיעור הזאה ולא קאמר עד דנגע כשיעור הזאה לענין כיבוס בגדים וי"ל דלהכי לא אוקמא במגע ולענין כיבוס דא"כ הוה משמע במגע לענין כיבוס ובמשא טהור גמור והא לא אשכחן טומאה דלא מטמיא אלא במגע לענין כיבוס ובמשא טהורה אע"ג דשרץ מטמא במגע ולא במשא מ"מ לא בעי כיבוס להכי אוקמי במשא דבמשא בעי כיבוס ובמגע לא בעי כיבוס דאשכחן טומאה כיוצא בה דנבילה מטמא אדם ולא בעי כיבוס ובמשא בעי כיבוס אי נמי כ"ל דמי הנדה משמע הכי ומשמע הכי בין יש בהן כשיעור בין אין בהן כשיעור ולהכי לא מצי לאוקמא במגע דהא כתיב והנוגע במי הנדה יטמא ומשמע אפילו בכשיעור יטמא גרידא טומאה קלה בלא כיבוס בגדים והשתא נמי ניחא הא דקאמר עד דדרי כשיעור הזאה דאי הוה כתב והנושא מי הנדה יכבס בגדיו הוה אמינא בין יש בהן כשיעור בין אין בהן :

ורמינהו

רבינו חננאל

לומר שאינו עובד כל היום גזירה שמא יאכל: מתני' כל שבעת [הימים] הוא זורק כו' · אמר רב חסדא מתני' דלא כרבי עקיבא דאי ר' עקיבא הא אמר טהור שנפלה עליו הזאה נטמא · השתא כיון שהוזה על כ"נ נטמא היכי עביד עבודה כו' · ר' עקיבא מאי היא דתניא והזה הטהור על הטמא · הזה על הטמא טהור ועל הטהור טמא דברי ר' עקיבא וחכ"א אין דברים הללו אמורין אלא בדברים שמקבלין טומאה מאי היא כדתנן בפרה פרק י"ב נתכוין להזות על הארם והזה על הבהמה אם יש באזוב ישנה להזות על הבהמה והזה על האדם אם יש באזוב לא ישנה זה הכלל דבר המקבל טומאה הזאתו הזורת עליו ודבר שאינו מקבל טומאה אין הזאתו חוזרת עליו פי' אם נתכוין להזות על אדם או על כלים המקבלין טומאה והזה על (או) הבהמה או כלי אבנים שאין מקבלין טומאת (הזאתו חוזרת עליו טומאה) אין הזאתו חוזרת עליו לטמאו ועדיין פוטר הוא · ואם יש באזוב ישנה שאני קורא בו והזה הטהור · אבל נתכוין להזות על דבר שאינו מקבל והזה על דבר המקבל טומאה הזאתו חוזרת עליו (טמאו) [וטמאו] ואינו יכול לחזור ולהזות ולא עוד אלא שבשבילת אזוב פסולה זה מעם רבנן · אבל המזה על הטהור בטהרתו עומד ולא נטמא · מצאנו בשחיטת קדשים פרק שני בתחלתו פי' דברים הללו תניא שרפה אונן מחוסר כפורים כשרה · יוסף הבבלי אומר אונן כשרת מחוסר כפורים פסולה' ואוקימנא בהאי קרא פליגי והזה הטהור על הטמא · טהור מכלל שהוא טמא מר סבר מכלל שהוא טמא טמאה כולה · מ"ס טומאה דהך פרשה · מ"ם דר' עקיבא מדהו"ל למיכתב והזה הטהור עליו וכתב על הטמא ש"מ על הטמא טהור ועל הטהור טמא

עין משפט נר מצוה

נז א מיי' פ"ה מהלכות עבודת יוה"כ הל' ה:
נח ב ג מיי' פ"ה מהל' כלי המקדש הל' יב:
נט ד מיי' פי"ו מהלכות פרה אדומה הל' ח:
ס ה ו ז מיי' שם פט"ו הלכה א:
סא ח מיי' פי"ו מהלכות פרה הלכה ח:
סב ט מיי' שם פט"ו הלכה א:

[לקמן מג:]

מסורת הש"ס

[לעיל ב. סוכה כה.]

[זבחים ס. נב. נדה ע.]

פרה פי"ב מ"ה

הגהות הב"ח

(א) רש"י ד"ה ומטיב וכו' מדשן מן אפר של פתילות: (ב) שם ד"ה ושאר וכו' ואין אבי המשמר: (ג) שם ד"ה מקריב וכו' ראש הוא להקריב כצ"ל ותיבת להקטיר נמחק: (ד) שם ד"ה ונוטל חלק בראש באכילת קדשים מנה יפה כצ"ל והד"א: (ה) שם ד"ה כדתנן נתכוון וכו' אם יש וכו' כלומר ראויין וכו' ונמ"ב פ"ב דפרה סי' מיפכא: (ו) בא"ד דפכא דלא נתכוון לו וחוזר ושונה אין צריך כצ"ל: (ז) שם ד"ה לא ישנה וכו' בהמה אינה הזאה וכו' והוו כמים: (ח) שם ד"ה אגבא בגבול כל שהוא שנותן עליו מטהרו כצ"ל

תוספות ישנים

ואי מתה אשתו עביד עבודה ולא גזר ר' יהודה שמא יאכל · וא"ת מה ענין זה לשאר ימות השנה דליכא קפידא בכהן גדול אבל הכא דגמרינן ממילואים אין לנו להתקין כהן אחר א) (בשביל כך שלא פירש שנעשה) ואיכא למימר דעדיפא מינה קמשני · ה"ר אלחנן : אטרודי מי לא מיטריד . פירש בקונטרס אכן למשחה כדרך שהמלכים אוכלים בעינן ב) (לדבריו דהכא) פי' וכי האי גוונא מי חיילא עליה אנינות ואפילו הוו אוכלי לא הוה שייך למיגזר שמא יאכל דודאי מותר לאכול ותימה דלא אשכחן האי דרשא על כי האי על אין נאכלין אלא צלי וכחרדל (חולין דף קלב:) ועוד אלא מעתה דטבעה ספינתו בים הכי נמי ך בברכות (דף יח.) על קריאת שמע ועוד דתלמודא הוה ליה לפרושי האי טעמא כיון דהכא לא איירי ג) והכי פירושא וכי האי גוונא מי חיילא עליה אנינות ואפילו הוה שייך למיגזר כיום הכפורים ואע"ג דטולי עלמא לא אכלי הכא לא שייך למיגזר דלאו אונן הוא ומשני איטרודי מי לא מיטריד גרסה אלא על תנאי ולטורך שעה ומלטער הוא על כך הלכך אי הוה שייך למיגזר הוה פריך שפיר דאית למיגזר פן יאכל כשעוסק בעבודה והוא אסור משום יוה"כ וכן פירש הר"ב סור"ת : דאי ר"ע כיון אור שנפלה עליו הזאה כו' עביד עבודה · הקשה ה"ר אלחנן דילמא דתנא דידן [לית] ליה הזאה כל אפילו) [ומשום] הכי עובד א"כ היכי [אתיא] דלא כר' עקיבא : רש"י גרים נתכוון להזות על הבהמה האדם אם יש באזוב ישנה · דכיון דהזה על דבר המקבל טומאה לא נפסלו כהן דלא חיישינן לכוונתו ...
אר"ים דפסול מלאכה לא שייכא אחר שהניח האפר במים דתנן במסכת פרה (פ"ד מ"ד) פרה נפסלת במלאכה עד שתעשה אפר מים נפסלין במלאכה עד שיתן בהן אפר ובספרי מפיק ליה מקרא יכול [אפילו] קדשו ת"ל מי נדה כבר הם מי נדה ושמא יש פסול מלאכה כאן מדרבנן אבל לא תיקשי למה אינו טמא משום נושא כשהזה על הבהמה דכיון שנטלה לצורך הזאה על דבר המקבל טומאה לא הוי כמו שאר נושא אבל רבינו תננאל גורס בע"א להפך וגרים נתכוון להזות על הבהמה לא ישנה פירוש לפי שהאדם טמא משום נושא והמים טמאים וא"ת כיון שהאדם טמא משום נושא מנא ליה שהמים הן פסולין דילמא לא ישנה משום דטמא הוא וי"ל דממילא הן נפסלין כשעוסק בהן טמא הע"פ שאינו נוגע בם ועוד דליסגא לא ישנה משמע ליה שפיר אמי חטאת דאפי' אחר לא ישנה נתכוון להזות על האדם כו' ישנה דאזלינן בתר כוונתו ולא נפסלו בכך : ומאי מזה נושא · וא"ת אימא מזה ממש וי"ל דוהזה הטהור על הטמא משמע שהמזה טהור בכל ענין : ועוד מזה בעי כיבוס בגדים ונוגע לא בעי כיבוס בגדים · פי' ולכך אין להעמיד מזה כנוגע וכמשנה דריש מסכת כלים תני בהדיא דנוגע כמי חטאת לא בעי שיעור הזאה רק נושא מי חטאת לבדו ומקשים כיון דהכא לא מוקמי מזה כנוגע משום דליכא כיבוס בנוגע כמו כמזה א"כ בנגדם כפ' יוצא דופן (דף מב: ושם) גבי והאוכל מנבלתו יכבס בגדיו דכתיב בנבלת בהמה טהורה ומוקמי ליה ליתן שיעור למגע ולטומאת כאוכל ד) כזית והיכי מוקמינן שיעור אכילה בנוגע כיון דלא כתיב ביה כיבוס בגדים כמו כאוכל וכנושא גרידא הוה לן לאוקמי דכתיב ביה כיבוס בגדים ...

א) נ"ל שלא פירש שנעשה כשביל כך : ב) נ"ל ולדבריו סכי : ג) נ"ל ונראה דהכי פירושו : ד) נ"ל דכאוכל :

סב א מיי' פ"ה מהלכות מעשה הקרבנות הלכה ו ופ"א מהלכות תמידין הלכה י'

סד ב מיי' פ"ד מהל' תמידין הלכה ו:

סה ג מיי' שם פ"ג הלכה ד:

ראשי גבעולין ויזה אביי אמר אפילו תימא ר"ע *דעביד עבודה כוליה יומא ולפניא מדו עליה וטביל ועביד הערב השמש: ומקטיר את הקטורת ומטיב את הנרות: אלמא קטורת ברישא והדר נרות ורמינהו *מי שזכה בדישון מזבח הפנימי ומי שזכה במנורה ומי שזכה בקטורת אמר רב הונא מאן תנא תמיד רבי שמעון איש המצפה הוא והא איפכא שמעינן ליה דתנן *בא לו לקרן מזרחית צפונית (א) *נותן מזרחה צפונה מערבית דרומית נותן מערבה דרומה ותני עלה רבי שמעון איש המצפה משנה בתמיד מזרחית צפונית נותן מזרחה צפונה מערבית דרומית נותן מערבה ואחר כך נותן דרומה אלא אמר ר' יוחנן מאן תנא סדר יומא רבי שמעון איש המצפה הוא ורמי סדר יומא אסדר יומא *דתנן *פיים השני מי שוחט מי זורק מי מדשן מזבח הפנימי ומי מדשן את המנורה ומי מעלה אברים לכבש פיים השלישי חדשים לקטורת בואו והפיסו אמר אביי לא קשיא כאן בהטבת שתי נרות כאן בהטבת חמש נרות למימרא דבקטורת מפסיק להו והא *אביי מסדר מערכה משמיה דגמרא בדם התמיד מפסיק להו אמרי לא קשיא ההיא לאבא שאול הא לרבנן דתניא לא ייטיב את הנרות ואח"כ יקטיר אלא יקטיר ואחר כך ייטיב (ג) אבא שאול אומר מטיב ואחר כך מקטיר מאי טעמא דאבא שאול דכתיב °בבקר בבקר בהיטיבו את הנרות והדר יקטירנה ורבנן מאי קאמר רחמנא בעידן

שמות ל

תוספות

ורמינהו מי שזכה בדישון מזבח הפנימי ומי שזכה במנורה וכו'· לא הוה צריך לאתויי מי שזכה בדישון הפנימי אלא מי שזכה במנורה וקטורת כי היכי דלא מייתי הכא מי שזכה לתרום מזבח החיצון ומי שזכה באברים דקתני התם אלא נקט חדא דלעיל מיניה דהיינו דישון מזבח הפנימי שנכנסין בסמוך להם לאשמועינן דמי שזכה במנורה ובקטורת דבבקר איירי דלדישון מזבח הפנימי אינו אלא בבקר ומתני' דהכא נמי בבקר איירי והכי נמי הוה מצי לאקשויי דבמתני' קתני זריקת דם תמיד ברישא ובמס' תמיד (דף ל:) קתני ברישא מי שזכה בדישון מזבח הפנימי והדר מי שזכה במנורה והדר קתני שחיטת התמיד וקבלת דמו וזריקתו והדר העלאת אברים לכבש והדר קטורת והדר הקטרת אברים והעלאתן מכבש למזבח וכי משני רבי שמעון איש המצפה היא אז הכל מתורץ ומנרות דקתני התם ברישא פריך: **מאן** תנא תמיד רבי שמעון איש המצפה היא· רב הונא קיבל דר"ש איש המצפה ורבנן פליגי בסדר העבודה אבל לא ידע היכי סבירא ליה*:

אמר אביי לא קשיא כאן בהטבת שתי נרות כו'· מדלא קאמר אלא אמר אביי מכלל דלא הדר ביה משינויא דסיפא דרומית דמתניתין אלהטבת התמיד וקשיא לן אמאי לא משני נמי הכי דמתניתין דהכא בשתי נרות ומתניתין דתמיד בחמש נרות ונראה לי דאפילו אי הוי משני הכי אכתי פליגא אמתניתין דהתם דזריקת דם התמיד בתר דישון מזבח הפנימי והמנורה והכא קתני זריקה ברישא להכי צריך לאוקמי כתנאי והא דלא קתני במתניתין נמי הטבה דמקמי הקטורת י"ל דלא קא חשיב אלא הטבת שתי נרות שהן גמר העבודה והטבת חמש נרות לא היה עושה כה"ג כדאמר בסמוך אורויי בעלמא קא מורי:

ההיא לאבא שאול וכו'· לעיל כי קאמר מאן תנא יומא רבי שמעון איש המצפה היא הוה מצי למימר מאן תנא תמיד אבא שאול היא דפליג אמתניתין דיומא ומתניתין דיומא כרבנן דפליגי עליה וי"ל דניחא ליה לומר להזכיר שם התנא דמתניתין דהיינו רבי שמעון איש המצפה ועוד משום דאשכחן ליה בהדיא דאתא לאיפלוגי אמתניתין דתמיד דקאמר רבי שמעון איש המצפה משנה בתמיד:

רש"י

שיטביל ראשי גבעולין ויזה· כלומר כדי שיטבילם בהן טבילה שיהא בה להתיז ממנה: (ג) **כל מי שזכה כו'**· שלש משניות הן בסדר התמיד סדורות זו אחר זו כסדר (ד) עבודתו מי שזכה לפיים בדישון מזבח הפנימי נוטל את וכו' וכשסיים סדר מעשה הדישון נקט בתריה מי שזכה במנורה נוטל את הטני כו' ומפרש מעשה הטבת נרות וחוזר ושונה מי שזכה בקטורת ומפרש הלכותיו אלמא כך סידרן: **מאן תנא תמיד רבי שמעון איש המצפה הוא**· דשמעינן ליה בברייתא דאיירי בהלכות סדר התמיד: **והא איפכא שמעינן ליה**· (ה) דבר פלוגתייהו הוא דשמעינן ליה דפליג אסתמיה דמסכת תמיד ולא מיתוקמי סתמיה דתמיד כוותיה: **דתנן**· במסכת תמיד בא לו כהן הזורק את הדם לקרן מזרחית צפונית של מזבח נותן מתנה ראשונה מזרחה לצפונה מתנה אחת כמין גאם יונית ניכרת לצד מזרח ולצפון ומשם מקיף והולך ובא לו לקרן מערבית דרומית ונותן מערבה לדרומה שהעולה טעונה שתי מתנות שהן ארבע בשתי קרנות זו כנגד אלכסונה של זו כדי שיהא מן הדם בארבע רוחות המזבח כארבע מתנות ולקמיה (נו:) מפרש מאי שנא הני תרתי קרנות: **ותני עלה ר' שמעון איש המצפה משנה בתמיד**· במתן דם התמיד ממתן דמי כל שאר עולות דאת ממנו מתנה ראשונה אחת שהיא שתים כמו שאמרנו כמין גאם יונית ובשניה שתים שהן שתים להפסיקה ולאחר מערבה תחלה ואח"כ דרומה כדרך ביאתו שהוא מקיף ובא מן המזרח לדרום וכשמגיע לקרן נותן שתי מתנות בפסוק וטעמא מפרש לקמיה (שם נ"ט): **מאן תנא סדר יומא**· מאן תנא לסדר תמיד דהך מס' דמיירי בסדר יום הכפורים דפליג אמשניות דסדר התמיד רבי שמעון איש המצפה הוא דשמעינן ליה דפליג אסתמיה דתמיד: **פיים השני**· בפירקין דלקמן (כה.) איירי בסדר ארבע פייסות שהיו שם בכל יום וקתני באסיפת קיבוץ פייס שני היו מפייסין שלש עשרה עבודות: **מי שוחט ומי זורק**· את דמו ומי מדשן מזבח הפנימי ומי מעלה אברי תמיד לכבש וסודרן אותן עליו ואחר כך מעלן משם למזבח משום ברוב עם הדרת מלך ומונה והולך שלש עשרה ומתפרדין וחוזרין ונאספין לאחר שעה ומכריזין לפיים שלישי כלומר באסיפה שלישית ולקמן (דף כד:) מפרש למה מתפרדין וחוזרין ונאספין כדי שתהא הרגש קול בעזרה שנאמר (תהלים נה) בבית אלהים נהלך ברגש: **חדשים**· כהנים שלא הקטירו קטרת מימיהם יתקבצו כולן לכאן לגורל הקטרת אבל לא ישנים דאמר לקמן (דף כו.) מעולם לא שנה בה אדם לפי שהיתה מעשרת שנאמר ישימו קטורה באפך (דברים לג) וכתיב בתריה ברך ה' חילו מ"מ שמעינן מינה הטבת הנרות קודמת לקטורת: **כאן בהטבת שתי נרות וכו'**· לקמן בפ' שלישי (דף לג.) אמרינן שמפסיק בהטבת הנרות משהטיב חמש פוסק וממתין עד שנעשה עבודה אחרת בנתים וחוזר ומטיב שתים ופליגא אבא שאול ורבנן איכא למאן דאמר בקטורת מפסיק להו ואיכא למ"ד בשחיטת התמיד וזריקת דמו מפסיק להו ולקמן (שם:) מפרש טעמא דהפסקה והנא דידן סבירא ליה בקטרת מפסיק להו הלכך הא דקתני קטרת ברישא בהטבת שתי נרות קאמר והא דתנן הטבה ברישא בהטבת חמש ראשונות קאמר: **והא אביי**· לקמן בפ' שלישי (שם.) מסדר בגירסי דסדר מערכה עבודת כל יום ויום: **משמיה דגמרא**· דבר מקובל מכל בני הישיבה שקיבלו מרבותיהם: **לא ייטיב**· שבעתן ואחר כך יקטיר אלא יקטיר באמצע ואח"כ יגמור הטבת שתים והא ליכא למימר יקטיר תחלה ואח"כ יתחיל להיטיב קאמרי רבנן דהא קיי"ל דבעי הפסקה וכל עבודות סדורות זו אחר זו על פי הכתובים לקמן במילתא דאביי ואי אפשר להקטיר עד לאחר זריקת דם התמיד ואי אמרת קטרת קודמת להטבת הנרות אין לך עוד עבודה להפסיקן בה: **אבא שאול אומר מטיב**· את כולם קודם להקטרה והפסקה בדם התמיד:

מערב

רבינו חננאל

[illegible]

הגהות הב"ח

[illegible]

תוספות ישנים

[illegible]

אלין

אות ה׳ – ו׳ – ז׳

ונוגע בהן טמא

מאי מזה נושא

דבעינן שיעור הזאה

רמב"ם פט"ו מהל׳ פרה אדומה ה"א - **הנוגע במי חטאת שלא לצורך הזאה, בין אדם בין כלים, טמא, ואינו מטמא בגדים בשעת מגעו, שנאמר: והנוגע במי הנדה יטמא עד הערב, הנה למדת שמי הנדה אב מאבות הטומאות של תורה, ה‹וטומאת מגען בכל שהוא; ואם היה בהן כדי הזאה, מטמאין במגע ובמשא, והנוגע בהן או שנושאן שלא לצורך ו‹מטמא בגדים בשעת מגעו או בשעת משאו עד שיפרוש ממטמאיו, שנאמר: ומזה מי הנדה יכבס בגדיו, אינו מדבר במזה על הטמא, אם טיהר את הטמא קל וחומר שיהיה הוא טהור, מפי השמועה למדו שזה שנאמר בתורה: ומזה מי הנדה, לא נאמר אלא לשיעור, שהנוגע או הנושא מי נדה שיש בהן כדי הזייה שלא לצורך הזאה, טמא ומטמא בגדים דין תורה; וכמה הוא שיעור הזאה, כדי שיטבול ראשי גבעולין של אזוב במים.**

בד"א שמי חטאת מטמאין, בזמן שנגע בהן או נשאן שלא לצורך קודם שיעשו מצותן, אבל אחר שעשו מצותן אינן מטמאין כלל, כיצד, הרי שטבל את האזוב והזה על האדם הטמא או על הכלים, והיו המים שותתין ויורדין מעל הטמא לארץ, וכן המים הניתזין בשעת הזאה על הארץ או על הטהור, הרי אותן המים טהורים, והנוגע בהן והנושאן טהור; הטביל את האזוב להזות על דבר שאינו מקבל טומאה, הרי המים המנטפין כשרין להזות מהן ז‹כמו שביארנו, לפיכך מטמאין טומאת מי חטאת, לפי שלא עשו מצותן, שהרי הטבילה היתה לשם דבר שאינו מקבל טומאה. השגת הראב"ד שאינו מקבל טומאה. א"א כתבתי למעלה מה שנ"ל מן התוספתא.

אות ח׳

אגבא דגברא

רמב"ם פ"י מהל׳ פרה אדומה ה"ח - **המזה אינו צריך טבילה לכל הזייה, אלא טובל את האזוב ומזה הזייה אחר הזייה עד שיגמרו המים; ומזה הזייה אחת על כמה בני אדם או על כמה כלים כאחת אפילו מאה, כל שנגע בו מן המים כל שהוא, טהור.**

אות ט׳

כדי שיטבול

רמב"ם פט"ו מהל׳ פרה אדומה ה"א - **וכמה הוא שיעור הזאה, כדי שיטבול ראשי גבעולין של אזוב במים.**

---

§ מסכת יומא דף יד: §

אות א׳

נותן מזרחה צפונה

רמב"ם פ"ה מהל׳ מעשה הקרבנות ה"ו - **העולה והאשם והשלמים בין של יחיד בין של צבור, זריקת דם שלשתן על גבי המזבח שוה לעולה, וכיצד הוא עושה, כשלוקח הכהן הדם במזרק, זורק ממנו במזרק שתי זריקות על שתי זויות המזבח באלכסון מחצי המזבח ולמטה, על קרן מזרחית צפונית ועל קרן מערבית דרומית, ומתכוין כשיזרק הדם על הקרן שיהיה הדם מקיף על הזויות כמין ג"ם, כדי שימצא הדם של שתי מתנות על ארבעה כתלי המזבח, לפי שנאמר בעולה ובשלמים "סביב", והוא הדין לאשם, ושירי הדם נשפכין על היסוד הדרומי.**

באר הגולה

ה ‹ויש להבין, אטו כשמזין עליו אינו נוגע, וכיון שהוא טהור מן התורה וא"צ הזאה, הלא ממילא נוגע הוא, ומה בין ר"ע לרבנן. **וצ"ל** דמי חטאת שהזה ממנו על דבר שא"צ הזאה, בטל שם מי חטאת מזה, כמבואר במשנה דפרה פי"ב מ"ג והובא ביומא שם, ולכן אינו מטמאה לרבנן, אבל לר"ע גזירת הכתוב הוא דהמזה על הטהור נטמא – ערוה"ש› ו ‹ומה שכתב רבינו שהנוגע במי חטאת מטמא בגדים יש לתמוה, דבריש כלים שם אנבילה ומי חטאת שיש בהם כדי הזאה, שהם מטמאים את האדם במשא לטמא בגדים, וחשוכי בגדים במגע, פירש ר"ש שמנועים הבגדים מטומאה אי איכא מגע בלא משא, **ושמא** י"ל דסבר רבינו דלא קאי האי וחשוכי בגדים אלא אנבילה בלחוד, וקצת משמע כן מדברי רבינו שמשון, אף על פי שה"ר עובדיה כתב דאמי חטאת נמי קאי. **ואחר** כך מצאתי לרבינו שכתב בפ"י משאר אבות הטומאה, מי חטאת שיש בהם כדי הזאה, אף על פי שהם כנבלה וכמרכב שאין מטמאין בגדים אלא הנושאן, הרי הנוגע בהם מטמא בגדים בשעת מגעו משום נושא, שא"א שיגע במים שלא יסיט אותם, ע"כ. **והשתא** מתניתין דוחשוכי בגדים במגע ה"פ, כשנגע במי חטאת אינם מטמאים בגדים מטעם מגע, אלא מטעם משא שבמגעו, שא"א שיגע במים שלא יסיט – כסף משנה› ז ‹פ"י ה"ט: הטביל את האזוב ונתכוון להזות על דבר שאינו מקבל טומאה, המים המנטפים כשירין, לפיכך אם נטפו בכלי וחזר והטביל בהן את האזוב בכוונה להזות על דבר המקבל טומאה, הזייתו כשירה›

רמב"ם פ"א מהל' תמידין ומוספין ה"י - כמעשה תמיד של שחר כך מעשה תמיד של בין הערבים, [א]והכל כמעשה העולה שכתבנו במעשה הקרבנות.

אות ב'

פייס השני: מי שוחט, מי זורק, מי מדשן מזבח הפנימי, ומי מדשן את המנורה, ומי מעלה אברים לכבש

רמב"ם פ"ד מהל' תמידין ומוספין ה"ו - הפייס השני זוכין בו שלשה עשר על סדר עמידתן, כיצד, הממונה אומר להם: הצביעו, ומונה כדרך שביארנו, וזה שיצא בפייס ראשון הוא שוחט תמיד של שחר, והשני שעומד בצדו הוא מקבל את דם התמיד והוא זורקו, והשלישי הסמוך לשני מדשן המזבח הפנימי שהוא מזבח הקטורת, והרביעי שבצדו מדשן את המנורה ומטיב את הנרות, והחמישי מעלה ראש התמיד ורגלו לכבש, והששי מעלה שתי הידים, והשביעי מעלה העוקץ והרגל, והשמיני מעלה החזה והגרה, והתשיעי מעלה שתי הדפנות, והעשירי מעלה הקרבים, והאחד עשר מעלה סולת הנסכים, והשנים עשר מעלה החביתין, והשלשה עשר מעלה היין של נסכים.

אות ג'

יקטיר ואחר כך ייטיב

רמב"ם פ"ו מהל' תמידין ומוספין ה"ד - ואחר כך מפיסין פייס שלישי ורביעי, וזוכה בקטורת מי שזוכה ונכנס ומקטיר, [ב]ואחר כך נכנס זה שזכה בדישון המנורה ומטיב שתי הנרות, ויוצא זה שהקטיר עם מדשן המנורה, ועומד על מעלות האולם הוא ואחיו הכהנים.

---

§ מסכת יומא דף טו. §

אות א'

תן לה מדתה שתהא דולקת והולכת כל הלילה מערב ועד בקר

רמב"ם פ"ג מהל' תמידין ומוספין הי"א - וכמה שמן הוא נותן לכל נר, חצי לוג שמן, שנאמר: מערב עד בקר, תן לו כמדה שיהיה דולק מערב עד בקר; ואין מחנכין את המנורה אלא בהדלקת שבעה נרותיה בין הערבים.

אות ב'

הביאו לו את התמיד קרצו ומרק אחר שחיטה על ידו, נכנס להקטיר את הקטורת ולהיטיב את הנרות

רמב"ם פ"ד מהל' עבודת יוה"כ ה"א - ושוחט בתמיד רוב שנים, ומניח אחר לגמור השחיטה, ומקבל הדם וזורקו על המזבח כמצותו, ואחר כך נכנס להיכל ומקטיר קטורת של שחר ומטיב את הנרות.

אות ג' – ד'

הזה ממנו אחת למעלה ושבע למטה

כמצליף

רמב"ם פ"ג מהל' עבודת יוה"כ ה"ה - ומזה שם א' למעלה ושבע למטה, מפי השמועה למדו, שזה שנאמר: שבע פעמים יזה, יתר על הזייה ראשונה... וכל אלו ההזיות אינו מתכוון בהן להזות לא למעלה ולא למטה, אלא כמצליף.

באר הגולה

[א] ‹פי' דלא כר' שמעון איש המצפה שהיה משנה בתמיד, יומא דף י"ד ע"ב, עיין שם – אור שמח› [ב] ‹אף על גב דבפ"ו דתמיד שנוי הטבת שתי נרות קודם לקטרת, כבר נתבאר בפרק זה דלא קי"ל הכי, אלא כרבנן דאמרי בקטרת היה מפסיק בין הטבת חמש נרות להטבת שתי נרות – כסף משנה›

בעידן הטבה תהא מקטר קטורת · תימה לי אמאי לא קאמר בהטיבו את הנרות היינו חמש נרות ואחר כך יקטיר דקטורת מפסיק להו ויש לומר משום דדרשינן לקמן בפ"ג (דף לג.) בבקר בבקר בהטיבו תלתיהו לשני בקרים פירוש חמש נרות לחודייהו ומפסיק והדר ב' נרות וא"כ בהטיבו הנרות מיירי נמי בשתי נרות ועוד י"ל דשינויא למשני עדיפא ליה דמייתי ראיה לדבריו דקאמר דאי לא תימא הכי :

בעידן הטבה תהא מקטר קטורת דאי לא תימא הכי בין הערבים דכתיב °ובהעלות אהרן את הנרות בין הערבים יקטירנה הכי נמי דברישא מדליק נרות והדר מקטיר קטורת של בין הערבים וכי תימא הכי נמי °והתניא °מערב עד בקר *תן לה מדתה שתהא דולקת והולכת כל הלילה מערב ועד בקר דבר אחר מערב עד בקר אין לך עבודה שכשרה מערב ועד בקר אלא זו בלבד אלא מאי קאמר רחמנא בעידן הדלקה תהא מקטר קטורת הכא נמי בעידן הטבה תהא מקטר קטורת ואבא שאול אמר לך שאני התם דכתיב אותו רב פפא אמר לא קשיא הא רבנן הא אבא שאול במאי אוקימתא למתניתין דהכא כרבנן פיים כאבא שאול אימא סיפא *הביאו לו את התמיד קרצו ומרק אחר שחיטה על ידו נכנס להקטיר את הקטורת ולהיטיב את הנרות אתאן לרבנן רישא וסיפא רבנן ומציעתא אבא שאול אמר לך רב פפא אין רישא וסיפא רבנן ומציעתא אבא שאול בשלמא אביי לא אמר כרב פפא רישא וסיפא רבנן ומציעתא אבא שאול לא מוקים לה אלא רב פפא מאי טעמא לא אמר כאביי אמר לך תנא ברישא הטבת שתי נרות והדר הטבת חמש נרות ואביי אמר לך אורויי בעלמא הוא דקא מורי וסדרא הא הדר תני ליה גופא בא לו לקרן מזרחית צפונית נותן מזרחית צפונית צפונית מערבית מערבית דרומית דרומית מזרחית ותני עלה ר"ש איש המצפה משנה בתמיד בא לו לקרן מזרחית צפונית נותן מזרחית צפונית צפונית מערבית דרומית נותן מערבה ואח"כ נותן דרומה מ"ט דר"ש איש המצפה אמר ר' יוחנן משום חד דבי ר' ינאי אמר קרא °ושעיר עזים אחד לחטאת לה' על עולת התמיד יעשה ונסכו עולה היא ואמר רחמנא עביד בה מעשה חטאת הא כיצד נותן אחת שהיא שתים כמעשה עולה ושתים שהן שתים כמעשה חטאת וליתן שתים שהן ארבע כמעשה עולה וארבע שהן ארבע כמעשה חטאת לא מצינו דמים שמכפרין וחוזרין ומכפרין וכי מצינו דמים שחציין חטאת וחציין עולה אלא ע"כ הקישן הכתוב הכא נמי בעל כרחך הקישן הכתוב התם פיסוק מתנות בעלמא היא וניתיב אחת שהיא שתים למטה כמעשה עולה שתים שהן שתים למעלה כמעשה חטאת לא מצינו דמים שחציין למעלה וחציין למטה ולא והתנן *הזה ממנו אחת למעלה ושבע למטה °כמצליף מאי כמצליף מחוי רב יהודה כמנגדנא ולא *והתנן הזה ממנו על טהרו של מזבח שבע פעמים מאי לאו אפלגיה דמזבח כדאמרי *אינשי טהר טיהרא (א) הוא פלגא דיומא אמר רבה בר שילא לא אגופיה

תורה אור: שמות ל · שמות כז · במדבר כח

רש"י

מערב עד בקר · בנרות כתיב יערוך אותו אהרן ובניו מערב עד בקר : **תן לה** · למנורה מדת שמן כדי שתהא דולקת כל הלילה ושיערו חכמים חצי לוג לכל נר ונר ויש בו כדי להדליק כל הלילה של תקופת טבת ואם יותיר בקצרה יותיר : **אין לך עבודה שכשירה** · כלומר אין לך עבודת יום כשירה אחר הדלקתן דדריש הכי אותו מערב ועד בקר ולא אחר מערב עד בקר : **דכתיב אותו** · כדפרישית ועל כרחך בעידן הדלקה תהא מיקטרא קטורת קאמר אבל שחרית בסדר משמעו של מקרא סדר העבודה בהטיבו והדר יקטירנה : **רב פפא אמר לא קשיא** · סדר יומא דסדר יומא וכו' (א) בהטבת שתי נרות הא דתנן קטורת ברישא רבנן והא דתנן נרות ברישא אבא שאול : **למתניתין דהכא** · דפירקא קמא (יד.) : **פיים** · דמתניתין דפייסות בפרק שני (דף כה.) דקתני קטורת לבסוף כאבא שאול : **אימא סיפא** · דסדר יומא קתני בפ' שלישי (דף לא:) הביאו לו את התמיד לכהן גדול ביום הכפורים : **קרצו** · חתכו חתך גדול כן הכשר שחיטה כרוב שנים ולא כולן לפי שצריך הוא עצמו למהר וליטול מזרק לקבל הדם שכל עבודת יום הכפורים אינה כשירה אלא בו : **להטיב את הנרות** · ועל כרחך בחמש האחרונות קאמר דליכא למ"ד קטורת קודמת לחמש הנרות : **רישא וסיפא** · דסדר יומא רבנן וכו' בתמיה [דכל מסכת זו כמשנה אחת שעשאוה עולה כסדר כמות שהן הפסוקים סדורין והולכין] : **תנא ברישא וכו'** · בתמיה דלוקי אביי מתניתין דפ"ק בהטבת שתי נרות ודפרק שני בהטבת ה' נרות : **ואביי אמר לך** · הא דפ"ק דקתני כל שבעת הימים הוא זורק כו' לאו ביום הכפורים קאי ולא קפיד אסידרא אלא אורויי בעלמא *מיירי ומלמדו שצריך כהן גדול להיות עסוק בעבודה כל שבעה כדי שיהא רגיל ומזומן בה ביום הכפורים וסדרא דיומא הדר תני לה לכך שנה בפרק שני הטבת חמש ובפ"ג שנה הטבת שתים : **לחטאת לה' על עולת התמיד** · מעשה חטאת על עולת התמיד והחטאת טעונה פיסוק מתנות שהרי דמה ניתן על ארבע קרנות אף עולת התמיד יש בה פיסוק מתנות לא שביטלו ממנו מעשה עולה שהרי עולה היא אלא שניהן נוהגין בה : **ארבע שהן ארבע** · על ארבע קרנות : **לא מצינו דמים שמכפרים** · כפרה אחת וחוזרין ומכפרין כפרה אחרת : **פיסוק מתנות בעלמא הוא** · הואיל ושתיהן בקרן אחת אין כאן הוכחת מעשה חטאת : **וניתיב אחת וכו'** · דם עולה ניתן למטה מחוט הסיקרא ודם החטאת למעלה וכיון דהך מתנה בתרייתא המפסקת משום מעשה חטאת עבידא תהוי למעלה כחטאת : **הזה ממנו כו'** · לקמן בפרק חמישי [דף נג:] כשהוא מזה מדם הפר כנגד עובי של כפורת וקא ס"ד אחת מאמצע עוביה למעלה ושבע מאמצעיתה ולמטה : **ומשני כמצליף** · האי למטה ולמעלה דתני לא אאמצעית קאי אלא דאשוכה נתן תחילה כלפי מעלה והשבע תחתיה זו למטה מזו כמצליף : **כמנגדנא** · כשליח ב"ד המכה ברצועה זו למטה מזו שאינו מכה במקום אחד ולשון מצליף לא נודע לי : **הזה על טהרו של מזבח הפנימי שבע פעמים** · כמו שנאמר והזה עליו מן הדם וגו' : **אפלגיה** · (ב) נגד אמצע גובה קירו : **טיהרא** · צהרים פלגא דיומא וכיון דשבע הזאות הזה המזה אי אפשר לצמצם שלא יהא מהן לא למעלה ולא למטה : **אגופיה**

תוספות

אימא סיפא הביאו לו את התמיד קרצו כו' · תימה לי אמאי פריך מההיא דפ"ג (לקמן דף לא:) ליפריך מההיא דפ"ב גופה דקתני (דף כה.) מי שוחט מי זורק והדר מי מדשן מזבח הפנימי והמנורה ואבא שאול סבירא ליה לקמן פרק אמר להם הממונה (דף לג.) גבי אביי מסדר מערכה ואליבא דאבא שאול דדישון מזבח הפנימי קודם להטבת חמש נרות והטבת חמש נרות קודם לדם התמיד *וי"ש לומר דילמא רב פפא פליג עליה דאביי וסבירא ליה אפילו לאבא שאול דם התמיד ברישא והדר דישון מזבח הפנימי :

אורויי בעלמא דקא מורי וסידרא הדר מתני ליה · אין להקשות כיון דלא תנא סידרא במתניתין אם כן לדידיה לא צריכא לשינויא דלעיל (יד:) דמשני ארומית דמתניתין אמציעתא דתמיד דיש לומר דלעולם מאי דקתני במתניתין על הסדר שנה אותו וה"ה הא דלא תנא נמי הטבת ה' נרות משום דלא הויא הלכה בכהן גדול :

במצליף · תימה במאי טעה והא בהדיא תנן בה הכי כמצליף לקמן בפרק הוציאו לו (דף נג:) לא היה מכוין לא למעלה ולא למטה אלא כמצליף ויש לומר דהוה סבר לתרץ דהאי כמצליף היינו כמנגדנא והכל במקום אחד וכמו שפירש בערוך כמנגדנא שמרים ידו ומכה עד שיורד :

מאי לאו אפלגיה דמזבח · ואם כן מצינו דמים שחציין למטה וחציין למעלה דמתחילה נתן על הקרנות ואחר כך על חצי המזבח ורש"י לא פירש כן : ואתא

עין משפט נר מצוה

סו א מיי' פ"ג מהלכות תמידין הלכה יא :

סז ב מיי' פ"ד מהלכות עבודת יוה"כ הל' א:

סח ג ד מיי' פ"ג מהל' עבודת יוה"כ הל' ס:

רבינו חננאל

פשוטין הן : **רב** פפא אמר ל"ק · ולא תימא בקטרת מפסיק להו אלא כ"ע בדם התמיד מפסיק להו ומתני' דהכא רבנן דתני מקטיר ואח"כ מטיב ופיים לאבא שאול דתני מטיב ואחר כך מקטיר איני והתנן בפ' שאחר הפיים הביאו לו את התמיד [דף לא ע"ב] קרצו ומירק אחר שחיטה על ידו ונכנס להקטיר את הקטרת ולהטיב את הנרות אתאן לרבנן אמר רב פפא אין רישא וסיפא [רבנן] ופיים לאבא שאול *) וקשיא ליה לאפסוקינהו בקטרת דאי ס"ד בקטרת מפסיק להו קתני בפ' הראשון מקטיר ומשלים הטבת ב' נרות ועדיין לא שנא הטבת ה' נרות שהן קודם לקטרת (אבל) [אלא] בפר' שאחריו אלא רישא וסיפא רבנן ומציעתא אבא שאול · ואביי אמר לך לעולם מתני' כולה רבנן ובקטרת מפסיק להו והכא הוראה בלבד קתני שכ"ג הוא מקריב [ומקטיר] והוא מטיב. וסדורן אח"כ שונה אותו בפר' השני שנה מטיב ה' נרות ומקטיר ובפר' השלישי שנה מקטיר ומשלים הטבת ב' נרות : **גופא** בא לו לקרן מזרחית צפונית נותן מזרחת צפונת כו' · ותני ר' שמעון איש המצפה משנת בתמיד מזרחית צפונית נותן מזרחת צפונת מערבית דרומית נותן מערבה ואח"כ נותן דרומה · מ"ט דכתיב ושעיר עזים אחד לחטאת לה' על עולת התמיד יעשה עשה מעשה חטאת בעולת התמיד קאמ' רחמנא לפיכך צריך בה לעשות מעשה עולה ומעשה חטאת · הא כיצד נותן בחודו של קרן מזרחית צפונית אחת ונחשבת לו כשתים שכך מעשה ההזאה [כל הזאה הנתנת בחודו של קרן כשתי ההזאות] היא חשובה ודין העולה שתים בחודם של קרנות ונחשבות ארבע והחטאת דינה ארבע מתנות על ד' קרנות לפיכך אח"כ נותן בו (שהן) שתים אחת מערבה ואחת דרומה כמעשה חטאת ואע"ג שדם החטאת נזרק למעלה מחציו של מזבח ודם העולה היה נזרק למטה מחציו של מזבח. כדתנן במדות פ' ג' וחוט של סיקרא

*) נראה דצ"ל דקשיא ליה לר"פ לומר דכולה רבנן דלפסוקינהו בקטורת וכו'.

מסורת הש"ס

פסחים נט. זבחים יח: מנחות פט.

לקמן לג: [חולין כח.]

לקמן נג: זבחים לח.

לקמן נח:

[לקמן נט.]

הגהות הב"ח

(א) גמ' דהוא פלגא : (ב) רש"י ד"ה אפלגיה דמזבח נגד :

גליון הש"ס

תוס' ד"ה אימא סיפא וי"ל דילמא ר"פ פליג · עי' ל"פ מאי ל"ל דאביי ג"ל דאביי ס"ל כר"פ רישא וסיפא רבנן ומציעתא כא"ש וכו' דא"ש לא משכחת לה אלא דס"ל דם התמיד קודם לדשון מזבח הפנימי והמנורה וא"כ דם התמיד ברישא ולא"ש הוי לא יותר כן :

הגהות מהר"ב רנשבורג

[א] רש"י ד"ה רב פפא אמר ל"ק · סדר יומא דסדר יומא וכו' נמחק תיבת סדר יומא וכו' וצ"ל והכל כנ"ל :

תוספות ישנים

אין לך עבודה מערב ועד בקר אלא זו בלבד · פי' שיוכלו לאחר אותה כל כך וכמנחות פריך הרי אברים ופדרים שכשרין כל הלילה ומשני ליה ובתמיד נשחט (דף נט.) איכא מאן דאמר דלא איירי אלא בעבודת כגון קטרת אבל פסח מאוחר אחר נרות ולדידיה איכא למימר הכי נמי באברים ופדרים : תן לה מדתה · פי' בקונטרס שלעולם יתן חצי לוג שמן שכך שיערו חכמים ואם יותיר יותיר והתוס' ריב"א כתב שבליל' תמוז היו עושין פתילות עבות ובלילי טבת ביגוניות ומיהו לשון תן לה מדתה משמע שלכולם היו פתילות ביגוניות וריב"א אומר דאמרינן בירושלמי ר' שמואל בר רב יצחק בעי מעתה בתקופת טבת חצי לוג לכל נר ובתקופת תמוז לוג לכל נר א"ר יוסה אין מן הדא לית שמע כלום בן ביבאי היה ממונה על הפקיע וממזג את הפתילות אלא ליה לנסוי אמורה דעל הפקיע לאו היינו עגלה כדאמר לקמן בפרק שני (דף כג.) : נותן מזרחה לפונה · עזרה שתי מתנות שהן ארבע כדתניא באיזהו מקומן (דף מ:) יכול זורק זריקה אחת ת"ל סביב אי סביב יכול מקיפו בחוט ת"ל וזרקו הא כיצד שתי מתנות שהן ארבע ואיכא סביב בקרנות : הזה ממנו אחת למעלה ושבע למטה · ותימה לר"י אלהבן מאי ס"ד הא בהדיא קתני לקמן בפרק הוציאו לו (דף נג:) והזה ממנו אחת למעלה ולא היה מתכוין להזות לא למעלה ולא למטה אלא כמצליף י"ל דס"ד דהכי קאמר לא למעלה ממש כמשכו של מעלה ולא למטה ממש : כמנגדנא · פי' בקונטרס כמלקה זה שאינו רוצה להכות הארבעים במקום אחד וקשה שאין זה מפורש בשום מקום בתלמוד אבל לא תיקשי מאי אחת למעלה ושבע למטה כיון דזו למטה מזו וי"ל שיש לחלק בין אחת א) לשתים שכהן מגדד גב ידו למעלה וכאן מגדד גב ידו למטה כדאמרינן פרק הוציאו לו (דף נה.) ורבינו הזקן פי' כמנגדנא כשמכה אותו שלוקה מוטה על העמוד ומכין אותו שליש מלפניו ושני שלישים מאחוריו נמצא שאצבעותיו למעלה כשמכה מלפניו ואצבעותיו למטה כשמכה מאחוריו והכי נמי כשהוא מלמעלה אצבעותיו למעלה וגב ידו למטה וכשהוא למטה אצבעותיו למטה וכולן היו נוגעות בקרקע ולא כבפורת כדאמרינן בפרק הוציאו לו (שם) וכן פי' בערוך : במצליף · פי' בערוך יודע כמכיא למעלה כמאן דמצליף בקוסא : הזה על טהרו כו' · פירש בקונטרס על חציו וא"ת א"א שלא תהא אחת למעלה מחציו והאחרות למטה ורבינו חננאל גרים אינו והא תנן בפרק הוציאו (דף נח:) אחר שהזה למעלה [בקרנות] מזבח הזהב תור ומזה על טהרו של מזבח ז' פעמים כו' אלמא מדם אי נותן למעלה בקרנות המזבח ולמטה בחציו ועוד גרס בסר"ת והיכא שיריים שהן למטה אחר שהזה על הקרנות [ומשני] שיריים לא מעכבי ולאן מיירינן במלתא דמעכבא בדם דהיינו עיקר כפרה והיכא שיריים של דם הפר ושל דם השעיר שאינן כפנים [דאיכא מ"ד] דמעכבי א) נ"ל לשבע

עין משפט נר מצוה

סט א מיי' פ"ה מהל' מעשה הקרבנות הלכה ו:

ע ב מיי' פ"ה מהלכות בית הבחירה הל' י:

מסורת הש"ס

רבינו חננאל

[illegible]

אגופיה דמזבח דכתיב °ובעצם השמים לטהר מאי שנא דיהיב עולה ברישא והדר יהיב דחטאת ניתיב ברישא דחטאת והדר ניתיב דעולה כיון דעולה היא היא קדמה ברישא ומאי שנא דיהיב מזרחית צפונית ומערבית דרומית ניתיב דרומית מזרחית והדר צפונית מערבית אמרי *עולה טעונה יסוד וקרן דרומית מזרחית לא הוה ליה יסוד מאי שנא דיהיב ברישא מזרחית צפונית והדר מערבית דרומית ניתיב ברישא מערבית דרומית והדר מזרחית צפונית כיון *דאמר מר כל פינות שאתה פונה לא יהו אלא דרך ימין למזרח ברישא בההוא פגע וממאי דבעולה הוא דקאמר רחמנא עביד בה מעשה חטאת ודילמא בחטאת הוא דקאמר רחמנא עביד בה מעשה עולה לא ס"ד דכתיב °על עולת התמיד יעשה ונסכו מאי קאמר רחמנא מידי דחטאת שדי אעולה תנן התם *אמר להם הממונה צאו והביאו טלה מלשכת בית הטלאים והלא לשכת הטלאים היתה במקצוע צפונית מערבית וארבע לשכות היו שם אחת לשכת הטלאים ואחת לשכת החותמות ואחת לשכת בית המוקד ואחת לשכה שעושין בה לחם הפנים ורמינהו **ארבע לשכות היו לבית המוקד כקטוניות הפתוחות לטרקלין שתים בקודש ושתים בחול וראשי פספסין מבדילין בין קודש לחול ומה היו משמשות מערבית דרומית היא היתה לשכת (א) טלי קרבן

רש"י

אגופיה דמזבח · על גגו ומאי לשון טוהרו על שם שמטהר ומפנה הקטורת שנשרף עליו בבקר ותוחיו אילך ואילך ומזה על מקום הגילוי כדכתיב וכעצם השמים לטוהר כמו לטהר : **עולה טעונה יסוד** · שיהא דמה ניתן במקום שיהא יסוד למטה הימנו דהכי אמרינן בזבחים (דף נג.) אל יסוד מזבח העולה לזבח של עולה יהא יסוד למטה הימנו : **קרן מזרחית דרומית לא היה לה יסוד** · כדאמרינן במסכת מדות (פ"ג משנה א) היסוד היה מהלך על פני כל הצפון ועל פני כל המערב אוכל במזרח אמה אחת כשהצפון כלה לה למזרח ובדרום אמה אחת כשהמערב כלה לה לדרום אלמא לא היה יסוד למזרחית דרומית ואמרינן בזבחים (דף נג:) לפי שלא היתה אמה היסוד של כל המזרח ושל כל דרום בחלקו של בנימין כדמתרגמינן באחסנתיה יתבני *מדבחא (בראשית מט) לפיכך לא היה יסוד לה : **כיון דאמר מר כו'** · ממתניתין דרמי בר יחזקאל הוא לקמן (דף נח:) : **לא יהו אלא דרך ימין למזרח** · הכא לא שייך למזרח אבל בזבחים שייך למימרא דאיירי התם בנתינת כבש המזבח לדרום וילך לה מן מעלותיו פונה קדים מן מעלותיו לדרום כדי שתהא תחלת פיסותיו לקדים כשתפנה לדרך ימין לכל פיסות דרך ימין הן דתני רמי בר יחזקאל עומד על שנים עשר בקר וגו' ואגב ההיא גירסא נקט בכל דוכתי למזרח ולא שייך למימר אלא דרך ימין ותו לא : **ברישא בההוא פגע** · כשעלה בכבש ופונה לימין פוגע בקרן מזרחית דרומית תחילה ושם אי אפשר ליתן משום דאין לה יסוד ומקיף ובא עד מזרחית לפונית ונותן ואע"ג דמתן דם אינו עולה בכבש דהא על הרצפה עומד והכלי בידו וזורק למרחוק דכתיב וזרקו דהא למטה מן החוט הוא נותן אפילו הכי כיון שבחטאת שניתנה בעליונה של קרן צריך לעלות בכבש דרך הדרום ופונה למזרח ה"ה בכל הדמים אע"פ שנותנן למטה מתחיל להקיף מדרך הדרום שהוא פניו של מזבח כפתח כניסת הבית ומשם פונה לימין : **דילמא בחטאת** · דראש חודש אמר רחמנא עביד ביה מעשה עולה : **לא ס"ד דכתיב** · לחטאת על עולת : **תנן התם** · במסכת תמיד ולא שייך למיקבעיה בגמרא דיומא אלא משום דמיירי לעיל (ג) בשיטי כהאי גוונא מאן תנא סדר יומא ר"ש איש המצפה היא לא שמעינן ליה דאמר הכי אלא משום דשמעינן ליה דפליג אסדר תמיד מוקמי לסתמיה דפליגי אתמיד אליביה ואין שיטה כזאת מגויה בגמרא קבעה נמי להך גביה דמתוקמא נמי בהך שיטתא : **הממונה** · הוא הסגן : **והביאו כו'** · לתמיד : **מלשכת הטלאים** · שהיו הטלאים שם מבוקרין כדתנן (ערכין דף יג.) אין פוחתין מששה טלאים המבוקרין בלשכת הטלאים : **והלא** · כמו והרי היא במקום פלוני : **במקצוע לפונית מערבית** · של בית המוקד שהיה טרקלין גדול והיו מסיקין בו מדורות גדולות להתחמם שם הכהנים שהולכים יחפים על רצפת עזרה שהיא של שיש והיו במקצועותיה לשכות פתוחות כקטוניות פתוחות לטרקלין כדקתני לקמן וארבע לשכות היו שם בד' המקצועות אחת לשכת הטלאים וכו' : **לשכת החותמות** · שמניחין שם חותמות של לוקח סלתות ונסכים מן ההקדש בדמים כדתנן במסכת שקלים (דף ז:) ד' חותמות היו במקדש והיה כתוב עליהן עגל גדי זכר חוטא והן סימני כבש ואיל ופר ושלש בהמות של מצורע כל מי שמבקש נסכים בא לו אצל הממונה על החותמות ונותן לו מעות כפי נסכים שהוא צריך ומקבל ממנו חותם של אותם נסכים ובא לו אצל הממונה על הנסכים ומראה לו החותם ומקבל ממנו נסכים וכו' כדמפרש התם : **לשכת בית המוקד** · לשכה קטנה שקרויה בית המוקד ופתוחה לבית המוקד הגדול : **שעושים בה לחם הפנים** · של בית גרמו עושין שם מעשה לחם הפנים שהיו שם : **לבית המוקד** · פתוחות לה : **שתים בקודש ושתים בחול** · של בית המוקד מקצתה בנויה בתוך עזרה מקודשת ומקצתה בחול : **וראשי פספסין** · חתיכות עצים מבדילין לסימן במקום המפסיק בין קודש לחול :

שטיקלוס

תוספות

ואחת לשכת בית המוקד · פר"ח דשני בית המוקד היו ליטול מהם אש לצורך המזבח שמצוה להביא מן ההדיוט שאם היו שלש יכבה האחד יביאו מן השני ואף על גב דלכתחלה מערכה לקיום האש לקמן בפ"ב טרף בקלפי (דף מה.) שמה שלקחן היו לצריכות לקיום האש שאם יכבה האש משני בתי המוקד יקחו מן המערכה העשויה לכך וכפירושו משמע בפ"ק דשבת (דף כ.) ומתחזין האור במדורת בית המוקד מאי טעמא בכל מושבותיכם אי אתה מבעיר אבל אתה מבעיר במדורת בית המוקד משמע לפי שהוא צורך המזבח יכול להבעיר בשבת ורש"י פירש לפי שהכהנים הולכים יחפים דבעינן שלא יהא דבר חוצץ בינן לרצפה כדאיתא בפ"ב דזבחים (דף כד.) היו שני בתי המוקד ואם של מערכה לקיום האש וצריך לומר לפירושו דהתירו להבעיר האש במדורת בית המוקד אע"ג דלא הוה צורך מזבח כיון דבעזרה הוא לא קרינן ביה בכל מושבותיכם :

(א) **אמר** להם הממונה · הכא ולקמן בריש פ"ג (דף כח.) אמר להם הממונה צאו וראו אם הגיע זמן שחיטה פירש רש"י הסגן וליתא דבירושלמי חשיב ה' דברים שהסגן משמש אישי כ"ג הגבה ימינך לקמן בפרק טרף בקלפי (דף לט.) הסגן בימינו וראש בית אב בשמאלו בפ' כ"ג (סנהדרין דף יח.) והניף הסגן בסודרין דסוף מסכת תמיד (דף לג:) והסגן בימינו והעלהו בההיא פירקא נמי לא היה כה"ג מתחמה עד שנכנסה סגן ולא קא חשיב להא בהדייהו אלמא ממונה לאו סגן הוא ב) :

ניתיב דרומית מזרחית · דומיא דחטאת דכשעלה בכבש בא לו לקרן דרומית מזרחית תחלה •ולא הוה מצי לשנויי כיון דעולה נשחטת בצפון וקיבל דמה בצפון יהיב מזרחית לפונית דפגע ביה ברישא שהוא סמוך לו יותר מלקרן מזרחית דרומית חדא דאדרבה כיון דכל פונות דרך ימין נמצא כי קאי בצפון ופניו למזבח ומקיף דרך ימין פגע בקרן דרומית מזרחית ברישא ועוד האמת משיב לו לקרן דרומית מזרחית לא היה לו יסוד :

ניתיב ברישא מערבית דרומית · דכיון דבעיא מעשה חטאת נהי דלא מצי למיתב דרומית מזרחית כחטאת משום דעולה טעונה יסוד מ"מ ניתיב ברישא מערבית דרומית שהיא קרן הסמוכה לכבש שהיה בדרום שהיה עולה בו לתת מתנות דחטאת וקרובה לו טפי ממזרחית לפונית ומשני כיון דאמר מר כל פונות כו' ואף על גב דאי שחיט על ירך המזבח לפונה פגע ברישא דרך ימין לקרן מערבית דרומית מקמי קרן מזרחית לפונית ס"ל לרבי שמעון איש המצפה כמאן דאמר דכל אלי העזרה עד הפתח הויא לפון והיה שוחטו להלן מן המזבח כנגד הפתח וכי מקיף תו דרך ימין פגע מיד בקרן מזרחית לפונית שהיא קרובה לקרן מזרחית דרומית שהיא קרן שנותנין בה תחלה מתנות חטאת טפי מלקרן מערבית דרומית וניחא נמי דנקט דרך ימין למזרח :

דרומית

א) ד"ה אמר שייך קודם ד"ה ואחת ונ"ה שייכים אחר ד"ה ניתיב ברישא ב) [וע"ע תוס' מנחות ק. ד"ה אמר ותוס' סוטה מג. ד"ה סגן]

הגהות הב"ח

(א) גמרא [illegible] (ג) רש"י ד"ה תנן התם וכו' דמיירי לעיל בשיטה כהאי גוונא כו' [illegible]

הגהות הגר"א

[א] גמ' והדר [illegible]

גליון הש"ס

תוס' ד"ה ניתיב דרומית כו' ולא ה"מ לשנויי : עיין תשו' מהרמ"ש ח"ג סימן ט :

[illegible] צפונה מערבה ולא היו הדמים נשפכין על יסוד אלא בקרן מערבית דרומית · דתנן במדות פ' ג' והיסוד היה מהלך על פני כל הצפון ועל פני המערב ואוכל בדרום אמה אחת ובמזרח [illegible] בית דרומית היו ב' נקבין כמין ב' חוטמין דקין שהדמים ניתנין על יסוד מערבי ועל יסוד דרומי כו' · וכבש המזבח היה לדרום המזבח דתנן היה לדרומו של מזבח [ל"ב] אמה על רוחב י"ו אמה [illegible] לבש למזבח ופונה דרך ימינו למזרח בריש פגע בקרן דרומית מזרחית [ושם] לא יכול להוות בו דהוא לית ליה יסוד כדאמרינן וכיון דעבר ליה כי פגע ברישא בקרן מזרחית צפונית פגע ואין [illegible] הילכך מות עליו כו' · תנן התם בתמיד פ"ג אמר להן צאו והביאו טלה מלשכת הטלאים · והרי לשכת הטלאים היתה במקצוע צפונית מערבית וד' לשכות היו שם · אחת לשכת [illegible] שכת החותמות · כדתנן ד' חותמות היו במקדש · ואחת לשכת המוקד ובית המוקד זה היה כיפה ולמה נקרא בית המוקד שלא היתה אש כבה בו לשלם · ומשם היו נוטלין האש ואחת לשכת [illegible] ואקשינן ומקלתם למעלה ומקלתם למטה לא מצאנו והתנן . **) עי' בתוס' ישנים כאן דכ' דרבינו גרים לה הכא אבל בספרים שלנו אינו רק בזבחים דף לח ע"ב נמצא להך גירסא .

עשין

תוספות ישנים

[illegible] בפ"ס הוליאו לו (דף ס:) ובזבחים בשוחט והמעלה (דף קיא.) אלמא יש ממנו בקרנות [illegible] כחד מקום אמרינן וכל זה היה במזבח הפנימי למעלה ובתיכון למטה משמע שכל זה היה [illegible] בספרים שלנו ובזבחים פרק בית שמאי בריש (דף לח:) איתא להך גירסא : **הממונה** · [illegible] וקשה ר' אלחנן דהא בירושלמי מפרש דחמשה דברים סגן משמש ולא חשיב הך דהכא וכן [illegible] דפרק ג' והכי נמי דתמיד ונראה לרבי שממונה על זה היה כי מתמנה היו שם הרבה [illegible] והביאו עלה גר' · ול"נ לי : **בית המוקד** · פי' בקונטרס שהיה בו אש להתחמם לכהנים [illegible] על הרלפה והא דאמרינן בפ"ק דשבת אבל אתה מבעיר במדורת בית המוקד מ"מ לורך [illegible] ואע"ג שלא היה אלא לחמם לכהנים וגם היה בית המוקד קטן בקיטון הפתוח לטרקלין

כדאמר בסמוך שהיה עשוי נמי לצורך כך ור"ח פי' שהיה אש בבית המוקד לקיום האש ואע"ג דאמרינן לקמן בפרק טרף בקלפי (דף מה.) שהיו עושין מערכה לקיום האש מ"מ צריכין היו ב' בתי מוקד אלו לקיום האש וקשה קצת שלא מצינו בשום מקום שהיו לקיום האש : **ורמינהי כו'** · מלשכת טלה קרבן ומלחם הפנים קא פריך דהנהו משני לבסוף שמעתין אבל מאידך אתי להו שפיר אם היו משמשות בני דבריס : **מבדילין בין** עזרת ישראל לעזרת כהנים · שהיא היתה מקודשת יותר דתנן במסכת כלים (פ"א מ"ח) עזרת כהנים מקודשת ממנה שאין זר נכנס לשם אלא לצרכיו ותנופה כו' ולקמן פרק אמר להם הממונה (דף ל.) פלוגתא אם יכול לשחוט קרבנות שבחוץ בצפון מעזרת [כהנים] ומיהו סוגיא דמסכת כלים אתיא אפילו למאן דשרי פעמים שהיתה עזרת ישראל מלאה שוחטין נכנסין לשם :

§ מסכת יומא דף טו: §

אות א'

עולה טעונה יסוד

רמב"ם פ"ה מהל' מעשה הקרבנות ה"ו - **העולה והאשם והשלמים בין של יחיד בין של צבור, זריקת דם שלשתן על גבי המזבח שוה לעולה, וכיצד הוא עושה, כשלוקח הכהן הדם במזרק, זורק ממנו במזרק שתי זריקות על שתי זויות המזבח באלכסון, מחצי המזבח ולמטה, על קרן מזרחית צפונית ועל קרן מערבית דרומית.**

אות א'*[א]

כל פינות שאתה פונה לא יהו אלא דרך ימין למזרח

רמב"ם פי"ד מהל' תפילה הי"ג - **כשמחזירין הכהנים את פניהם לציבור לברכם, וכשמחזירין פניהם מן הציבור אחר שמברכין, לא יחזירו אלא על דרך ימין בכל מקום, וכן כל פינות שיהיה אדם פונה לא יהיו אלא על דרך ימין.**

סימן קכח סי"ז - [ב]**כשמחזירין פניהם, בין בתחלה בין בסוף, לא יחזירו אלא דרך ימין** - פי' בתחלה כשעולין לדוכן ופניהם כלפי ההיכל שהוא במזרח, וקורין להם "כהנים", מתחילין להחזיר פניהם כלפי העם לצד ימין שלהם, שהוא בדרום, ואח"כ למערב נגד הצבור, **ובסוף** כשמתחיל הש"ץ "שים שלום", ומחזירין פניהם כלפי הקודש, מתחילין להחזיר פניהם דרך ימין שלהם שהוא בצפון, ואח"כ לצד המזרח נגד ההיכל, [**וגם** באטר אזלינן בתר ימין דעלמא].

אות ב'

ארבע לשכות היו לבית המוקד כקטוניות הפתוחות לטרקלין

רמב"ם פ"ה מהל' בית הבחירה ה"י - **וארבע לשכות היו בו, שתים קודש ושתים חול, וראשי פספסין מבדילין בין הקדש והחול, ומה היו משמשות: מערבית דרומית לשכת הטלאים, ודרומית מזרחית לשכת עושי לחם הפנים, מזרחית צפונית בה גנזו בית חשמוני אבני מזבח ששקצום מלכי יון, צפונית מערבית בה יורדין לבית הטבילה.**

באר הגולה

א «ע"פ מהדורת נהרדעא» | ב סוטה ט"ו יומא י"ז

§ מסכת יומא דף טז. §

אות א׳ – ב׳

עזרת נשים היתה אורך מאה ושלשים וחמש על רוחב וכו׳

וארבע לשכות היו בארבע מקצועותיה

רמב״ם פ״ה מהל׳ בית הבחירה ה״ז - ולפני העזרה במזרח היתה עזרת הנשים, והיא היתה אורך ק׳ אמה ול״ה על רוחב קל״ה, וארבע לשכות היו בארבע מקצעותיה של ארבעים ארבעים אמה, ולא היו מקורות, וכן עתידין להיות.

אות ג׳

חוץ מכותל מזרחי

רמב״ם פ״ו מהל׳ בית הבחירה ה״ה - נמצא גובה קרקע ההיכל על קרקע שער המזרח של הר הבית [א]כ״ב אמות, [ב]וגובה שער הר הבית כ׳ אמה, לפיכך העומד כנגד שער המזרח אינו רואה פתח ההיכל, ומפני זה עשו כותל שעל גבי שער זה נמוך, כדי שיהא כהן העומד בהר המשחה רואה פתח ההיכל בשעה שמזה מדם הפרה נוכח ההיכל.

אות ד׳

כל הפתחים שהיו שם גובהן כ׳ אמה ורוחבן עשר אמות

רמב״ם פ״ה מהל׳ בית הבחירה ה״ב - וה׳ שערים היו לו, א׳ מן המערב וא׳ מן המזרח וא׳ מן הצפון ושנים מן הדרום, רוחב כל שער י׳ אמות וגובהו כ׳, ויש להם דלתות.

רמב״ם פ״ה מהל׳ בית הבחירה ה״ה - כל שער מהן היה רוחבו עשר אמות וגובהו כ׳ אמה.

אות ה׳ – ו׳

לפנים ממנו סורג

לפנים ממנו החיל עשר אמות

רמב״ם פ״ה מהל׳ בית הבחירה ה״ג - לפנים ממנו סורג מקיף סביב, [גובהו] י׳ טפחים, ולפנים מן הסורג החיל, [ג]גובהו עשר אמות, ועליו הוא אומר בקינות: ויאבל חל וחומה, [ד]זו חומת העזרה.

אות ז׳

ושתים עשרה מעלות היו שם רום מעלה חצי אמה וכו׳

רמב״ם פ״ו מהל׳ בית הבחירה ה״א - המקדש כולו לא היה במישור אלא במעלה ההר, כשאדם נכנס משער מזרחי של הר הבית מהלך עד סוף החיל [ה]בשוה, ועולה מן החיל לעזרת הנשים בשתים עשרה מעלות, רום כל מעלה חצי אמה ושלחה חצי אמה.

אות ח׳

חמש עשרה מעלות עולות מתוכה וכו׳

רמב״ם פ״ו מהל׳ בית הבחירה ה״ב - ומהלך כל עזרת הנשים בשוה, ועולה ממנה לעזרת ישראל שהוא תחלת העזרה בחמש עשרה מעלות, רום כל מעלה חצי אמה ושלחה חצי אמה.

אות ט׳

בין האולם ולמזבח עשרים ושתים אמה

רמב״ם פ״ה מהל׳ בית הבחירה הי״ב - בין האולם ולמזבח שתים ועשרים.

אות י׳

ושתים עשרה מעלות היו שם וכו׳

רמב״ם פ״ו מהל׳ בית הבחירה ה״ד - ומהלך כל עזרת הכהנים והמזבח [ו]ובין האולם ולמזבח בשוה, ועולה משם לאולם בשתים עשרה מעלות, רום כל מעלה חצי אמה ושלחה [ז]חצי אמה, והאולם וההיכל כולו בשוה.

אות כ׳

מעלה היתה שם וגבוה אמה ודוכן נתון עליה וכו׳

רמב״ם פ״ו מהל׳ בית הבחירה ה״ג - ומהלך כל עזרת ישראל בשוה, ועולה ממנו לעזרת הכהנים במעלה גבוהה אמה, ועליה דוכן יש בו שלש מעלות, רום כל מעלה חצי אמה ושלחה חצי אמה, נמצאת עזרת הכהנים גבוהה על של ישראל שתי אמות ומחצה.

באר הגולה

[א] ‹אבל רש״י כתב בפ״ק דיומא דהוי עשרים אמה וחצי, ויראה שטעמו, דגובה הדוכן שהיה אמה וחצי, היה לצד אחד מהמעלה, ואינו מן המנין לענין גובה אלא האמה של המעלה, {**שמפרש** דהדוכן לא הלך על פני כולו הלך - ערוה״ש}, **וזה** א״א, דהא מסיים במתני׳, נמצאת עזרת הכהנים גבוה מעזרת ישראל ב׳ אמות ומחצה, וצ״ע ודוק - מים חיים›. [ב] ‹דכל הפתחים שהיו שם גובהן עשרים אמה› [ג] ‹הנה רבינו מפרש הא דקתני החיל עשר אמות, קאי אגובה דחומה, לא אמקום פנוי כפי׳ רש״י יומא דף י״ז - מעשי למלך› [ד] ‹ומש״כ זו חומת העזרה, קאי על חומה שבכתוב, וי״א דחיל גופיה היינו חומת עזרה - הר המוריה› [ה] ‹גם זה דלא כרש״י שכתב: ושתים עשרה מעלות היו - באותן עשר אמות שההר מגביה› [ו] ‹לרבינו היה בין המזבח והמעלות של האולם קרקע חלקה עשר אמות, ושוב התחילו המעלות - הר המוריה› [ז] ‹בפ״ג דמדות מ״ו, ויש לגמגם על זה, שהרי שנינו בפ״ב דמדות, כל המעלות שהיו שם רום מעלה חצי אמה ושלחה חצי אמה, הרי שמעלות האולם לא היו במדה זו, חוץ משל אולם, והרע״ב כתב גבי מעלות האולם, ה״ג: רום מעלה חצי אמה ושלחה אמה וכו׳ - כסף משנה. ‹**עיין** בגירסא בצד הגמ׳›

דרומית מזרחית היא לשכה שהיו עושין בה לחם הפנים *מזרחית צפונית בה גנזו בית חשמונאי אבני מזבח ששקצום מלכי עובדי כוכבים צפונית מערבית בה יורדין לבית הטבילה אמר רב הונא מאן תנא מדות ר"א בן יעקב היא *דתנן *עזרת נשים היתה אורך מאה ושלשים וחמש על רוחב מאה ושלשים וחמש וארבע לשכות היו בד' מקצועותיה ומה היו משמשות דרומית מזרחית היא היתה לשכת הנזירים ששם נזירים מבשלים את שלמיהן ומגלחין שערן ומשלחין תחת הדוד מזרחית צפונית היא היתה לשכת (א) דיר העצים ששם כהנים בעלי מומין עומדין ומתליעין בעצים שכל עץ שיש בו תולעת פסול לגבי מזבח צפונית מערבית היא היתה לשכת המצורעין מערבית דרומית אמר ר"א בן יעקב שכחתי מה היתה משמשת אבא שאול אומר בה היו נותנין יין ושמן והיא היתה נקראת לשכת בית שמניא ה"נ מסתברא דר"א בן יעקב היא דתנן *כל הכתלים שהיו שם היו גבוהין חוץ מכותל מזרחי שהכהן השורף את הפרה עומד בהר המשחה (ב) ומכוון ורואה כנגד פתחו של היכל בשעת הזאת הדם *ותנן *כל הפתחים שהיו שם גובהן עשרים אמה ורוחבן עשר אמות *ותנן *לפנים ממנו סורג *ותנן *לפנים ממנו החיל עשר אמות ושתים עשרה מעלות היו שם רום מעלה חצי אמה ושלחה חצי אמה *ט"ו מעלות עולות מתוכה היורדות מעזרת ישראל לעזרת נשים רום מעלה חצי אמה ושלחה חצי אמה *ותנן *בין האולם ולמזבח כ"ב אמה ושתים עשרה מעלות היו שם רום מעלה חצי אמה ושלחה *)חצי אמה *ותנן ר"א בן יעקב אומר מעלה היתה שם וגבוה אמה ודוכן נתון עליה ובו שלש מעלות של חצי חצי אמה אי אמרת בשלמא ר"א בן יעקב היא היינו דאיכסי ליה פיתחא אלא אי אמרת רבנן הא איכא פלגא דאמתא דמתחזי ליה פיתחא בגוויה אלא לאו שמע מינה רבי אליעזר בן יעקב היא רב אדא בר אהבה אמר °הא מני רבי יהודה היא *דתניא רבי יהודה אומר המזבח ממוצע ועומד באמצע עזרה ושלשים ושתים אמות היו לו עשר

*)[גיר' סדר המשנה ושלחה אמה ועיין בכ"מ פ"ו מהל' בית הבחירה הלכה ו]

רש"י

שטיקלוס מלכי עובדי כוכבים · שהקטירו עליה לעבודת כוכבים במקדש קתני (ג) בלשכת הטלאים שהוא במערבית דרומית: **מאן תנא מדות** · הא מתניתין דמסכת מדות (ד) היא: **ר"א בן יעקב היא** · דסתמיה דמתניתין דמדות קיימי כוותיה: **היתה אורך** · מן המזרח למערב על רוחב מן הצפון לדרום: **ומשלחין תחת הדוד** · דכתיב (במדבר ו) ונתן על האש אשר תחת זבח השלמים: **לשכת המצורעין** · מפרש בפירקין דלקמן ששם המצורעין טובלין בשמיני לטהרתן כשבאין להכניס ידיהן לבהונות אע"פ שטבל מבערב: **אמר ר"א בן יעקב שכחתי כו'** · מכלל דרישא ר"א בן יעקב קאמר לה: **ה"נ מסתברא** · דסתמא למדות ר"א קאמר לה: **דתנן כל הכתלים וכו'** · ולא מצית מוקמת לה אלא כר"א בן יעקב: **כל הכתלים שהיו שם** · בכל בניני הר הבית היו גבוהין הרבה מאד עד שהיו כל פתחים שבהן גבוהין כ' אמה לבד ממה שעל הפתחים הרבה מאד: **חוץ מכותל מזרחי** · הוא התחתון לרגלי הר הבית שבו נכנסין לחיל שלפני עזרת נשים ומן החיל נכנסין לעזרת נשים ומעזרת נשים לעזרה הגדולה: **שהכהן השורף את הפרה עומד בהר המשחה** · הוא הר הזיתים אשר על פני ירושלים מקדם ופני הכהן למערב: **ומכוין ורואה** · מעל גובה ראש הכותל דרך השערים שלפנים הימנו פתחו של היכל כשהוא מזה בדם כדכתיב (במדבר יט) והזה אל נכח פני אהל מועד וגו' ואם היתה הכותל גבוה אע"פ שהשערים מכוונים זה כנגד זה שער הר הבית כנגד שער עזרת נשים ושער עזרת נשים כנגד שער העזרה הגדולה ושער העזרה כנגד פתח ההיכל לא היה יכול לראות את פתח ההיכל דרך פתחים לפי שההר הולך ומגביה ועולה עד שקרקע פתח ההיכל גבוה כ' אמות יותר מקרקעי רגלי הר הבית ונמצאת אסקופת ההיכל גבוהה ממשקוף פתח הר הבית ולא יוכל לראות חלל פתח היכל דרך אותו פתח: **ותנן כל הפתחים וכו' ותנן לפנים הימנו וכו'** · כל הני תנן ותנן דקא מייתי הכא לפרושי אתי דלא משכחת דאיכסי פיתחא תתאה במעלות הר הבית אלא לר' אליעזר בן יעקב: **גבוהין עשרים אמה** · כיון דגבוהין עשרים אמה לא משכחת שנכסה במעלות ההר לרבנן: **לפנים ממנו סורג** (ה) · היה שם לפנים מכותל מזרחי והיא מחילה העשויה נקבים נקבים כסירוגי מטה של חבלים ועושין אותה בדפי עץ ארוכים וקצרים שקורין לט"ש ומרכיבין אותן זו על גב זו באלכסון וקורין אותן בלע"ז פרודל"י: **לפנים** · מאותו סורג היה מקום פנוי י' אמות והוא נקרא חיל: **ושתים עשרה מעלות היו** · באותן י' אמות שההר מגביה מן הסורג עד שער עזרת נשים רום כל מעלה ומעלה חצי אמה הרי שעלה קרקע עזרת נשים ו' אמות: **ושלחה** · משך רוחב המעלה חצי אמה וארכה בכל רוחב ההר לצפון ולדרום: **ט"ו מעלות** · גובה קרקע עזרת ישראל מעזרת נשים הרי שעלה ההר י"ג אמה וחצי: **ותנן בין האולם למזבח י"ב מעלות** · הרי שגבה קרקע היכל מקרקע הר הבית התחתון תשע עשרה אמה וחצי עדיין נשאר מן הפתח התחתון חצי אמה עליונה לראות דרך שם חצי אמה התחתונה של חלל פתח ההיכל: **ותנן ר"א בן יעקב אומר מעלה היתה** · עוד בעזרת ישראל וגבוהה אמה וארכה ברוחב כל העזרה: **ודוכן** · של לוים בנוי עליה וגבוה אמה וחצי: **ובו ג' מעלות של חצי** (ו) **אמה** · שעולין בהן לדוכן: **אי אמרת בשלמא** · סתמא דקתני דכותל מזרחי נמוך כדי לראות ממעל לו דרך שערי עזרת נשים ועזרת ישראל את חלל פתח ההיכל: **ר"א היא** · דאית ליה מעלה יתירה וגבה קרקע ההיכל מקרקע התחתון כ' אמה וחצי *: **היינו דאיכסי ליה** · פתח התחתון בגובה קרקע ההיכל: **אלא אי אמרת רבנן** · הרי לא עלו המעלות אלא י"ט אמה וחצי ופש ליה פלגא אמתא דמיתחזי ליה פתח ההיכל בגוויה לכהן שבהר הזיתים: **רב אדא בר אהבה אמר הא מני** · דקתני דכותל מזרחי הוצרך להיות נמוך ר' יהודה היא דאמר המזבח עומד באמצע העזרה כנגד הפתחים ונמצא גובהו סותם את הפתח התחתון שהרי עלה קרקע עזרת ישראל מקרקע התחתון י"ג אמה וחצי אמה קודם שהגיע למזבח והמזבח גובהו תשע הרי עשרים ושתים וחצי:

תוספות

דרומית מזרחית היא היתה לשכת לחם הפנים · לקמן (דף יז.) פריך דלעיל במתניתין דתמיד מוכח דהיא היתה בקרן מזרחית לפונית דקא חשיב מלשכת טלאים שהיתה בקרן מערבית לפונית עד לשכת לחם הפנים ד' לשכות וכי מקפת דרך ימין נמלאת לשכת לחם הפנים בלפונית מזרחית ומשני לה וקשיא לן ליפרוך נמי דלעיל קאמר דשאר שתי לשכותיה הוי לשכת החותמות ולשכת בית המוקד והכא קאמר שבאחת גנזו בית חשמונאי כו' ובאחת יורדין לבית הטבילה וי"ל טובא איכא לשכות ומיני כלים שמשמשין שנים ושלשה דברים: **הא** איכא פלגא דאמתא · הא דלא משני שההיכל היה לו אסקופה למטה בפתחו שהיתה גבוה חצי אמה דקים ליה שלא היה כך וא"ת שהיה לו היה לשאר השערים כמו כן וא"כ אכתי איכא פלגא דאמתא דמתחזי פיתחא בגוויה: **הא** מני ר' יהודה דאמר מזבח ממוצע וכו' · ואיכסי ליה פיתחא בגובהו של המזבח העומד בפניו ומפסיקו והכא נמי הוה מצי למימר ר"ש היא דאמר בפרק איזהו מקומן (זבחים דף נג.) כוליה מזבח בצפון קאי דמזבח והכבש מכסין בפני הפתח דאף על פי שהכבש יורד ומשפע לצד הדרום

המדקדק

רבינו חננאל

[עושין בה] לחם הפנים · ורמינן עלה הא דתנן במדות פרק ראשון · ד' לשכות היו בבית המוקד כו' · ומה היו משמשות מערבית דרומית היא היתה לשכת טלה קרבן דרומית מזרחית היא היתה לשכה [שהיו] עושין בה לחם הפנים הנה לשכת טלה קרבן במקצוע מערבית דרומית היא עומדת ואיך שנה התנא של תמיד כי היא במקצוע צפונית מערבית · ומשנינן מאן תנא מדות ר' אליעזר בן יעקב כלומר חולק עליו על התנא ששנה התמיד · דתנן עזרת הנשים היתה אורך קל"ה על רוחב קל"ה וד' לשכות היו בד' מקצועותיה כו' עד מערבית דרומית א"ר אליעזר בן יעקב שכחתי מה היתה משמשת הכי נמי מסתברא דתנא דמדות ר' אליעזר בן יעקב היא דתנן כל הכתלים שהיו במקדש היו גבוהין חוץ לכותל מזרחי שהוא נמוך שהכהן השורף הפרה עומד בהר המשחה ומתכוין ורואה פתחו של היכל בשעת הזאת הדם · ותנן כל הפתחים שהיו שם גובהן כ' אמה · ורחבן י' אמה · ותנן לפנים הימנו החיל כו' ומצאנו י"ב מעלות כל מעלה רומה חצי אמה ומעזרת הנשים לעזרת ישראל ט"ו מעלות ובין האולם להיכל י"ב מעלות · נמצאו ל"ט מעלות כל מעלה גובהה חצי אמה הנה י"ט אמה וחצי ולדברי זה התנא אינו צריך להנמיך הכותל המזרחי אע"פ שיגביהנו ק' אמה (הפתח שעל הכותל) [הכותל שעל הפתח] המזרחי כיון שגבהו [של פתח] כ' אמה נשאר מן הפתח חצי אמה שלאכסוהו המעלות הללו ויכול לראות מתוכו פתח ההיכל אלא כיון ששנה כי כותל המזרחי היה נמוך כדי לראות מעליו פתח ההיכל למדנו שדברי ר' אליעזר בן יעקב הן שמוסיף על המעלות הללו ב' אמות וחצי גובה · דתנן ר' אליעזר בן יעקב אומר מעלה היתה שם וגובהה אמה ודוכן נתון עליה ובו ג' מעלות של חצי חצי אמה שנמצא גובה המעלות והדוכן כ"ב אמה ונתכסה הפתח כולו לפיכך הוצרכו לעשות כותל נמוך · בא רב אדא לאוקמה למדות לרבי יהודה דתני מזבח ממוצע ועומד באמצע עזרה מכוין כנגד היכל וכותליו ודחינן לה דלא

עין משפט נר מצוה

עא א ב מיי' פ"ה מהל' בית הבחירה הל' ז:
עב ג מיי' שם פ"ו הלכה ה:
עג ד מיי' שם פ"ה הל' ז והלכה ח:
עד ה ו שם הלכה ג:
עה ז שם פ"ו הל' א:
עו ח שם הלכה ב:
עז ט שם פ"ה הל' יב:
עח י שם פ"ו הלכה ד:
עט כ שם הלכה ג:

מסורת הש"ס

[ע"ז נב:]
ג"ז שם מ"ג לקמן לח. [זבחים נה:] *[מדות פ"ב מ"ג] שם מ"ה שם פ"ב מ"ו
[שם פ"ג מ"ה ב]
זבחים נח:
פי' תי"ט ד"ה אי

הגהות הב"ח

(א) גמ' לשכת העצים כצ"ל ותי' דיר נמחק: (ב) שם בהר המשחה ומתכוון ורואה: (ג) רש"י ד"ה שטיקלוס קתני מיתה בלשכת: (ד) ד"ה מאן וכו' דמסכת מדות ה"א ר"א ב"י היא הסתמא כצ"ל ותי' היא נמחק והד"א: (ה) ד"ה לפנים ממנו סורג · היה: (ו) ד"ה וכו ג' מעלות של חצי אמה:

גליון הש"ס

גמ' הא מני ר' יהודה היא · עי' לקמן נ"ג ע"ב תוס' ד"ה ר"א:

תוספות ישנים

חוץ מכותל מזרחי · לא בעי למימר שאותו לא היה גבוה יותר מארבעים אמה אבל ארבעים אמה היה גבוה שהרי לעזרת נשים גבה אותה קרקע שש אמות ואותו כותל היה גבוה ארבעים אמה שכולם היו כך וגובה הפתח כ' אמה מן האיסקופה נמצא שהמשקוף של עזרת נשים לא היה גבוה אלא שש אמות יותר ממשקוף כותל שער מזרחי שגובהו היה כ' אמה כמו כן נמצא צריך היה שלא יהא הכותל מזרחי גבוה מעל שער של עזרת נשים ו' אמות שא"כ איך יוכל לראות פתחו של היכל מעל כותל מזרחי דרך שער עזרת נשים נמצא שלא היה כותל מזרחי זה של תחילת הר הבית גבוה כ"ו אמה: **ותנן** בין אולם כו' · ושלחה אמה גר' כדאולם בספרים ישנים וכמס' מדות וכן מוכח נמי התם דתנן כל מעלות שהיו שם שלחן חצי אמה חוץ משל אולם: **אי אמרת** בשלמא ר' אליעזר בן יעקב היא היינו דאיכסי ליה פיתחא · מה שפי' בקונטרס דלר' אליעזר גובה קרקע עזרת כהנים עשרים אמה ומחצה לא דק דבמס' מדות מוכיח בהדיא שאלו המעלות של דוכן היו בכל אורך עזרת כהנים דקתני נמצא עזרת כהנים גבוה משל ישראל שתי אמות ומחצה: (מאן תנא מדות) [הא מני] ר' יהודה היא · לפי [מה] שפי' רבינו שלמה מפי א) (עצמו) קשה היכי מוכח דמדות ר' יהודה היא מדלא אתיא כר' אליעזר בן יעקב ומה הוכחה היא זו דילמא תנא אחרינא הוא דאית ליה לקמן פרק הוציאו לו (דף נט.) ובזבחים (דף נח:) דכוליה מזבח

א) צ"ל רבותיו:

עין משפט נר מצוה

פ א מיי' פ"ה מהל' בית הבחירה הל' יב:

פא ב שם הל' יג יד טו :

מסורת הש"ס

מדות פ"ה מ"א מנחות לו:

[מדות פ"ה מ"ב ע"ש]

רש"א מ"ו

עשר אמות כנגד פתחו של היכל י"א אמה לצפון וי"א אמה לדרום נמצא מזבח מכוון כנגד היכל וכותליו ואי סלקא דעתך מדות ר' יהודה היא מזבח באמצע עזרה מי משכחת ליה והתנן *כל העזרה היתה אורך מאה ושמונים ושבע על רוחב מאה ושלשים וחמש *מן המזרח למערב מאה ושמונים ושבע מקום דריסת רגלי ישראל י"א אמה מקום דריסת רגלי הכהנים י"א אמה מזבח שלשים ושתים בין האולם ולמזבח עשרים ושתים וההיכל ק' אמה וי"א אמה אחורי בית הכפורת *מן הדרום לצפון מאה ושלשים וחמש *הכבש והמזבח ששים ושתים מן המזבח ולטבעות ח' אמות מקום הטבעות עשרים וארבע מן הטבעות לשלחנות ארבע מן השלחנות לננסין ארבע מן הננסין לכותל עזרה ח' אמות והמותר בין הכבש ולכותל ומקום הננסין ואי סלקא דעתך מדות ר' יהודה היא מזבח באמצע עזרה מי משכחת ליה הא רובא דמזבח בדרום קאי אלא

רש"י

עשר אמות כנגד פתחו של היכל · י' אמצעית של רחבו : **אמה עשרה לצפון** · כנגד ה' אמות הנותרים לחלל ההיכל מן המזוזה ולצפון שהרי חלל ההיכל כ' אמה רחב וכנגד ו' של עובי כותל צפונית של היכל וכן לדרום נמצא רוחבו של מזבח מצומצם כנגד היכל וכותליו : **ואי סלקא דעתך מדות רבי יהודה היא וכו'** · פרכא היא דקא פריך הש"ס לרב אדא דאוקמי כרבי יהודה ואי סתמי מדות רבי יהודה ניהו מזבח דאתא באמצע עזרה אליבא דסתמא דמדות מי משכחת לה : **כל העזרה היתה** · הגדולה אורך קפ"ז ובתוך אותו היקף נבנה הבית לצד מערבי והאולם והמזבח במזרחו היכל מאה אורך עם כותל אולם וחללו וכותל היכל וחללו ואמה טרקסין וחלל בית קדשי הקדשים ועובי כותל מערבי וחלל התא אחריו ועובי כותל חיצון הכי מיפרשא במסכת מדות ולקמן מייתי לה בפרק הוציאו לו (דף נב:) : **י"א אמה** · היה מקום פנוי אחורי בית הכפורת בין כותל התא לכותל עזרה : **הכבש והמזבח כו'** · ולא פירש עכשיו מקום פנוי שבין כבש לכותל דרומי של עזרה ובסיפא קתני לה ועכשיו מונה והולך מן הדרום לצפון : **מן המזבח ולטבעות** · (א) קבועים בקרקע בבית המטבחים שבצפון המזבח שנותנים בהן צוארי בהמות כששוחטין קדשי קדשים ששחיטתן בצפון : **שלחנות** · שעליהן מדיחים קרבי קדשים : **ננסין** · עמודים נמוכין התקועין בקרקע ואונקלאות של ברזל קבועין בהן שבהן תולין את הבהמה להפשיט : **והמותר** · ממאה ושלשים וחמש שלא נמנה כאן (ב) ומקום השלחנות שלא הוצרך לפרש שרחבו מפורש בספר יחזקאל (מ) אותו העודף חלקהו חציו לדרום בין כבש לכותל וחציו למקום הננסין : **רובא דמזבח בדרום קאי** · לפי מנין זה שהרי חצי רוחב העזרה ששים ושבעה וחצי וכשתתן מהם מכותל צפונית לננסין שמונה ומן הננסין לשולחנות ד' הרי י"ב (ג) ומקום ד' שולחנות זו אצל זו אינו פחות מד' והן היו ח' שלחנות כדתנן בשקלים (דף ס:) נתונות ד' ברחב ארבע כנגדו ד' זו אצל זו ברוחב הרי ט"ז ומשם לטבעות ארבע הרי כ' ומקום הטבעות כ"ד הרי מ"ד ומן הטבעות ולמזבח ח' הרי נ"ב ומקום הננסין י' אמות ומחצה שהוא חצי העודף הנשאר מהעודף שלא מנה במשנה שהרי מאה ועשר אמות מנה מן הכבש ולצפון נשארו ממאה ושלשים וחמשה של רוחב העזרה כ"ה ונתנו לשלחנות ד' ונשאר כ"א אותן תחלוק למקום הננסין חציין וחציין [השניה] בין כבש לכותל הרי מן המזבח לצפון ס"ב ומחצה כשתתן חמש אמות הצפונית של מזבח עליהם הרי חצי רוחב העזרה שהוא ס"ז ומחצה נמצא כ"ז אמות מן דרומית של מזבח כלין בחצי דרומי של העזרה ונמצא צפונו של מזבח כלה לסוף צפוני של חלל הפתח אלל המזוזה לא ממקום המזבח ב' אמות של כניסת היסוד והסובב נמצא צפון חלל הפתח מגולה למעלה מכניסת הסובב ב' אמות ויכול לראות כהן שבראש הר המשחה דרך אותן ב' אמות את פתח ההיכל דרך פתח התחתון ואם תאמר גובה שש אמות שגבה המזבח עד כניסת הסובב סותם את פתח התחתון אינו כן שהרי קרקע העזרה לא עלה מקרקע הר הבית אלא י"ג ומחצה ושש של גובה הסובב הרי תשע עשרה ומחצה אכתי פש ליה פלגא דאמתא בגובה פתח התחתון אלא לאו ר"א היא ואיכסי ליה במעלה יתירה שמע מינה ולבי מגמגם ביה דיש לומר הואיל ולא פירשה המשנה מקום השלחנות שמא עם מקום הננסין הוא כלול באותו חלק שאתה חולק כ"ה אמות העודפים ברוחב העזרה על מאה ועשר המפורשין נמצא מן הכבש לכותל דרומי י"ב ומחצה והכבש והמזבח ס"ב הרי ע"ד ומחצה לא מהן ב' אמות של כניסת היסוד והסובב לצפון נשארו ע"ב ומחצה ולא נתגלה מחלל הפתח מלא החוט שהרי אמצעו של פתח באמצע רוחב עזרה שהיא לסוף ששים ושבע ומחצה הוסיף עליהן חמש אמות שיהיו שבעים ושתים ומחצה כללתה כאן חמש אמות של חצי הפתח הצפוני ואני כך שמעתי שמקום השלחנות כלול עם מקום הננסין אבל מה ששנינו כאן והמותר בין כבש לכותל ומקום הננסין פירש לי מורי לדק רבינו יצחק בר יהודה ז"ל שנים עשר מן העשרים וחמש (ד) בין כבש לכותל ושלש עשרה למקום הננסין והשלחנות ונתן טעם לדבריו לפי שבין כבש לכותל מקום פנוי וכאן יש צורך תשמיש של שלחנות וננסין ונמצא מחלל הפתח מגולה חצי אמה ולבי מגמגם לפי שהיה לתנא לפרש וכיון שלא פירש צריך אתה לחלקו לחצאין ואם באת להרבות כאן ולמעט כאן יכול אתה לגלות הפתח כמה שתחפוץ או לכסות כמה שתחפוץ לפיכך טוב לי כמו שפירשתי (מלומר כן שבשפת חצי רוחב היכל דרומי כלה המזבח והוא כנגד חלל הפתח) :

תוספות

המדקדק יבין שקודם שירד גובהו שני אמות ומחצה נפקא ליה שיפועו מכנגד הפתח וא"כ הוי מצי לאוקומי כר"ש או כרבי יוסי דלית ליה נמי מזבח ממוצע בפרק קדשי קדשים אלא משום דר' יהודה שמעינן ליה בהדיא וכי האי גוונא איכא בפרק קדשי קדשים (זבחים דף נח:) דאמר רב אדא בר אהבה הא מני רבי יהודה היא דאמר מזבח ממוצע וכו' ופריך וטוקמא כרבי יוסי ובממוצע ומשני משום דרבי יהודה שמעינן ליה בהדיא ומהתם קשיא לן על פירוש רבותיו של רש"י שפי' הא מני רבי יהודה היא הסיא דמדות דא"כ תיקשי ליה דרב אדא בר אהבה גופיה אוקי התם סתמא דתמיד דתנן כירדו משם עלי תאנה וכו' כר' יהודה ולאיהו מוקי הכא סתמי דמדות כוותיה והאמר לעיל דסתמי דתמיד פליגי אדמדות וא"כ ליכא למימר דסתמי תמיד ומדות כרבי יהודה וי"ל דבלאו הכי מקשה ליה שפיר מסתמי דמדות גופייהו וממזבח גופיה דפריך ומי מצית מוקמי לה כרבי יהודה וכו' :

מן השלחנות לננסין ד' · תימה דתנן במסכת תמיד פרק אמר להם הממונה (דף ל:) בית המטבחים היה לצפונו של מזבח ועליו שמנה עמודים ננסין וכו' עד שבהן תולין ומפשיטין על השולחנות של שיש שבין העמודים והכא משמע שיש ריוח ד' אמות ביניהן וי"ל הני אחריני נינהו הני דהתם עומדים בין העמודים שבהן תולין ומפשיטים והבהמה מונחת על השלחנות כדי שלא תהא נגררת על גבי קרקע והני דהכא היינו ח' שלחנות של שיש דאמר פ' לא היו כופתין (תמיד לא:) שהיו מדיחין עליהן הקרביים מיהו קשיא דבפ' לא היו כופתין (שם עמוד א) תנן הקרביים מדיחין אותם במעוטן על שלחנות של שיש שבין העמודים אלמא דהני נמי ביני עמודים הוו קיימי מיהו ר"י בר ברוך גרס התם במעוטה של שלחנות שבבית המטבחים א"כ י"ל אע"פ שהיו רחוקים ד' אמות קרי ליה בין העמודים ואע"פ שרחוקים ד' אמות לא היה בהמה נגררת בארץ שגוף הבהמה גדול ומגיע לשולחנות כדאיתא בבראשית רבה (פ' ס"ה) דכשמרכיבים כבשי התמיד על הגמלים היו נגררים בארץ מצאתי בתוספת תמיד יסוד רבינו רבי ברוך זצ"ל :

רובא דמזבח בדרום קאי · מה שפירש"י שלמעלה מכניסת הסובב מגולה מפתח ב' אמות לרוחב הפתח חצי אמה בגובהו אין לתמוה למה לא פירש למעלה מכניסת היסוד מיד מגולה הפתח אמה דהדין

רבינו חננאל

דלא אשכחן בתם' מדות דמזבח באמצע עזרה עומד דתנן כל העזרה היתה אורך קפ"ז על רחב קל"ה מן המזרח למערב כו' · לדברי האומר רובא דמזבח בדרום קאי מן הצפון לדרום קל"ה · הכבש והמזבח ס"ב מן המזבח לטבעות ח' אמה מקום הטבעות כ"ד אמה מן הטבעות לשלחן ד' אמות · מן השולחנות לננסין ד' · ומן הננסין לכותל העזרה ח' נשארו מן הכבש לכותל העזרה י"ו אמה נמצא מן הדרום י"ו אמה והכבש ל' אמה וכ' אמה וחצי מן המזבח הרי ס"ו אמה וחצי אמה הוא חצי קל"ה · נמצא רובא דמזבח בדרום קאי כי הכבש בדרומו של מזבח הוא · ולדברי מאן דאמר רובה דמזבח בצפון קאי זה חשבונו מכותל עזרה דרומי כ"ה אמה מהו שאמרו בתלמוד והמותר מן הכבש לכותל העזרה ומקום הננסין והכבש ל' אמה והרי נ"ה אמה וי"ב אמה וחצי מן המזבח הרי ס"ו אמה וחצי והוא חצי העזרה שבדרום נמצא כלפי הצפון י"ט אמה וחצי מן המזבח ומ"ח אמה מקום הטבעות והשולחנות והננסין הרי ס"ו אמה וחצי בצפון נמצא רובה דמזבח בצפון קאי ונהירה רב אדא בר אהבה ועמדה בחלוקה · וכי מאן תנא

תוספות ישנים

מזבח בצפון קאי וכוותיה מיתוקמא שפיר :

הגהות הב"ח

(א) רש"י ד"ה מן המזבח ולטבעות · טבעות קבועים : (ב) ד"ה והמותר וכו' שלא נמנה כאן אותו העודף חלקהו וכו' למקום הננסין ומקום השלחנות כו' יחזקאל הס"ד: (ג) ד"ה רובא וכו' ומקום ח' שולחנות וכו' בשקלים שהיו נתונות כו' ארבע כנגד כו' כנגדו כו' ברוחב ארבע הרי ט"ז וכו' (ד) בא"ד בר יהודה ז"ל שנים עשר מן העשרים וחמש מן בין כבש לכותל ושלש עשרה למקום וכו' לפי שהיה לו לתנא כו' מלומר כן הס"ד והשאר נמחק :

§ מסכת יומא דף טז: §

אות א'

מן המזרח למערב מאה ושמונים ושבע

רמב"ם פ"ה מהל' בית הבחירה הי"ב - אורך העזרה מן המזרח למערב קפ"ז, וזהו חשבונו: מכותל מערבי של עזרה עד כותל ההיכל אחת עשרה אמה; ואורך ההיכל כולו מאה אמה; בין האולם ולמזבח שתים ועשרים; המזבח שתים ושלשים; מקום דריסת רגלי הכהנים, והוא הנקרא עזרת כהנים, אחת עשרה אמה; מקום דריסת רגלי ישראל, והוא הנקרא עזרת ישראל, אחת עשרה אמה.

אות ב'

מן הדרום לצפון מאה ושלשים וחמש

רמב"ם פ"ה מהל' בית הבחירה הי"ג - ורוחב העזרה מן הצפון לדרום מאה ושלשים וחמש, וזהו חשבונו: מכותל צפוני עד [א]בית המטבחים שמונה אמות, בית המטבחים [ב]י"ב אמות ומחצה, ושם תולין ומפשיטין את הקדשים בצדו.

רמב"ם פ"ה מהל' בית הבחירה הי"ד - מקום השולחנות שמונה אמות, ובו שולחנות של שיש שמניחין עליהן הנתחים ומדיחין את הבשר לבשלו, ושמנה שלחנות היו; ובצד מקום השלחנות מקום הטבעות כ"ד אמה, ושם שוחטין את הקדשים.

רמב"ם פ"ה מהל' בית הבחירה הט"ו - ובין מקום הטבעות והמזבח שמונה אמות, והמזבח ל"ב, והכבש שלשים, ובין הכבש ולכותל דרומי י"ב אמה ומחצה. [ג]מכותל צפוני של עזרה עד כותל המזבח שהוא רוחב ששים ומחצה, וכנגדו מכותל האולם עד כותל מזרחי של עזרה שהוא אורך שש ושבעים, [ד]כל המרובע הזה הוא הנקרא צפון, והוא המקום ששוחטין בו קדשי קדשים.

באר הגולה

א ‹היינו הנכנסים› ב ‹ונראה מדברי רבינו, שהח' אמות ששנינו עליהם מן הטבעות לשלחנות ארבע מן השלחנות ולננסים ארבע, הם מקום השלחנות, שח' שלחנות היו שם כדתנן בפרק ששי ממסכת שקלים, והיו נתונות בח' אמות אלו. וה"פ מן הטבעות למחצית השלחנות ארבע, ומחצית השלחנות לננסים ארבע, וממה ששנינו והמותר בין הכבש לכותל ומקום הננסים, מפרש רבינו, דחציין דהיינו י"ב אמות וחצי לבין הכבש ולכותל, וי"ב ומחצה למקום הננסים - כסף משנה›

ג ‹ולפי"ז צ"ל דהמשנה דהכא ס"ל רובא בדרום קאי, ולא כולו בצפון ולא כולו בדרום ולא באמצע. **א"כ** א"א לומר דהמשנה דהכא אתי כראב"י, דראב"י ס"ל ביומא ל"ז א' ובזבחים נ"ט א' דכוליה מזבח בדרום קאי, **א"כ** הש"ס דיומא ט"ז ב' דרצה להוכיח דהמשנה דהכא לא אתי כר' יהודה, ועל כרחך גם כראב"י לא אתי וכמש"כ רש"י שם י"ז א', וגרסינן שם אלמא רובא דמזבח בדרום קאי ש"מ, ול"ג אלא לאו ש"מ ר"א היא, **אמנם** לדעת התוס' שם בד"ה רובא וכו', דגרסי לה שפיר אלא לאו ש"מ ראב"י היא, צ"ל דאין בין הכבש ולכותל דרומי כי אם ה' אמות ומחצה, והמותר כולו למקום הננסין, וכמש"כ רש"י שם מתחלה - הר המוריה›

ד ‹דע כי בספרי רבינו שלפני, "מכותל צפוני" וכו' הוא בהלכה ט"ו, והלכה ט"ז מתחילה מתיבות "כל המרובע" וכו', ובאמת אין לו שחר, לכן סדרתי כאשר הוא לפניך, (שהלכה ט"ז מתחלת מתיבות "מכותל צפוני" וכו') - הר המוריה›

§ עניני הלכה שונים הקשורים להדף §

האי לשכה אקצויי מקציא

עיין פי' רש"י. **וז"ל** הרמב"ם בפ"ק דמס' מדות: וענין דבר זה שהיה מקומה בבית המוקד עצמו מערבית דרומית, כמו שהזכיר כאן; וכאשר תראה מקומה ביחס לעזרה, תהיה בעזרה צפונית מערבית כמו שהזכיר בתמיד, כאשר דברו על לשכה זו כשהוא בעזרה.

רש"י ד"ה ומסיינן

והנלענ"ד בס"ד עפ"י מה שאמרו חז"ל (יומא ט"ו ב) כל פינתך שאתה פונה לא יהו אלא דרך ימין. ועיין שו"ע (או"ח סי' תרע"ו סעי' ה') שכתב, יתחיל להדליק בליל ראשון בנר היותר ימיני, ובליל ב' כשיוסיף נר א' סמוך לו יתחיל ויברך על הנוסף שהוא יותר שמאלי כדי להפנות לימין וכו', ע"כ. לפי"ז להפנות דרך ימין שאמרו חז"ל, היינו שיפנה מצד שמאל לצד ימין. ועיין בטו"ז (שם סק"ו) שחולק וס"ל דכוונת חז"ל שיפנה לצד ימין, היינו להתחיל בימין ומשם ילך לצד שמאל עש"ה. **ולענ"ד** מפרש"י (יומא י"ז סוע"א) שכתב, ומני מדרום למזרח וממזרח לצפון ומצפון למערב וממערב לדרום, והבא להקיף סביב כל הבית ומקיף דרך ימין מבחוץ זה סדר הקפתו וכו', עכ"ל, מוכח להדיא דדרך ימין היינו לפנות מצד שמאל לצד ימין, כשיטת מרן המחבר בסי' תרע"ו הנ"ל - שו"ת בצל החכמה חלק ג סימן נג.

אלא לאו שמע מינה רבי אליעזר בן יעקב היא שמע מינה רב אדא בריה דרב יצחק אמר האי לשכה *אקצויי מקציא ודאתי מצפון מתחזיא ליה בדרום ודאתי מדרום מתחזיא ליה בצפון ומסתברא דבמערבית דרומית הואי ממאי מדרמינן לחם הפנים אלחם הפנים ומשנינן אמר רב הונא בריה דרב יהושע מר קא חשיב דרך ימין ומר קא חשיב דרך שמאל אי

רש"י

אלא לאו שמע מינה ראב"י היא · ואיכסי ליה במעלה יתירה ולא במזבח דשמעינן ליה לראב"י בפ' שלישי (לקמן דף לז:) דאמר כוליה מזבח בדרום קאי וכל חצי חלל הפתח מגולה (א) ואי קשיא היכי מתוקמא סתמא מדות אליביה הא שמעינן מהא סתמא שאוכל המזבח שבע אמות בצפון על כרחיך הכי מפרש' הני עשרים וחמשה אמות שאתה נותן שאין בין כבש לכותל אלא חמשה אמות ומחצה והכבש והמזבח ששים ושתים הרי המזבח כולו בדרום קאי וכולו כנגד אמצע עזרה והמותר כולו למקום הנכנסין וא"ת אם כן שלא דקדק התנא לחלקו לחלאין ויש לך להרבות ולמעט להיכן שתרצה כר"י נמי מצית מוקמת לה ויהא מזבח ממוצע באמצע עזרה כילד תן עשרים ואחד ומחצה מהם בין כבש לכותל והכבש שלשים וחצי המזבח ששה עשר כמצא אמצעו של מזבח לסוף ס"ז ומחצה שהוא אמצע עזרה הא לא מצית אמרת שלא יהא מקום השולחנות והנכנסין אלא שלש ומחצה ובעיני נראה לפרש הא דרב אדא בר אהבה וכל הסוגיא בלשון אחר רב אדא בר אהבה אמר הא מני אמתניתין דתמיד אמר להם הממונה קאי דרמיא מדות עילויה מתניתין דתמיד דפליגי אסתמא דמדות ר"י היא דשמעינן ליה דפליג אסתמא דמדות דתניא ר"י אומר מזבח ממוצע וכו' ואי ס"ד מדות ר"י היא מי משכחת לה והא תנן כו' אלמא רוביה דמזבח בדרום קאי שמע מינה ולא גרסינן אלא לאו שמע מינה ר"א היא והכי פירושו שמע מינה מדות לאו ר' יהודה היא : **רב אדא בר יצחק אמר הא לשכת טלאים אקצויי מקציא** · בשתי המקצועות נראית שארוכה היא ועומדת במערב ומארכת לצד הצפון ודרום עד קרוב למקצועות שמכאן ומכאן : **ודאתי מצפון מיתחזיא ליה** · שמשוכה לצד דרום יותר : **ודאתי מדרום מיתחזיא ליה** · משוכה לצד צפון : **מסתברא דבמערבית דרומית הוה** · עפי ומודי בה תנא דתמיד אלא דנקיט סידרא (ב) מדרום לצפון מיתחזי ליה דרך הילוכו כאילו הוא בצפון : **מדרמינן לחם הפנים** · דהוה סלקא דעתיה שהוא מונה והולך דרך ימין מצפון למערב וממערב לדרום ומדרום למזרח לשכת הטלאים בצפונית מערבית לשכת החותמות במערבית דרומית לשכת בית המוקד בדרומית מזרחית לשכת לחם הפנים במזרחית צפונית והוה רמינן עלה מתני' דמדות דקתני דרומית מזרחית היא היתה לשכת לחם הפנים : **ומשנינן אמר רב הונא בריה דרב יהושע** · תנא דמדות קא חשיב דרך ימין כדמפרש בהדיא דקאזיל ומני מדרום למזרח וממזרח לצפון ומצפון למערב וממערב לדרום והכא להקיף סביב כל הבית ומקיף דרך ימין מבחוץ זהו סדר הקפתו ומתניתין דתמיד דלא פירש מידי איכא למימר דדרך שמאל מנה והו לא תיקשי מידי מהשתא : אי

תוספות

דהדין עמו דהתם לא מתחזיא פתחא מחמת י"ב מעלות שבין האולם ולמזבח להכי נקט למעלה מן הסובב לפי שאותם מעלות הם שש אמות והם כלים כנגד כניסת הסובב שהוא כמו כן שש אמות מן הקרקע ומה שהקשה רש"י אמאי לא משני דשולחנות בכלל נכנסין וכי פלגינן בכ"ה אמות י"ב ומחצה בין הכבש לכותל והשאר לשולחנות א"כ הוו ע"ד ומחצה ולא מתחזי פיתחא בכניסת היסוד והסובב לא ידענא מי דחקו לפרש כן שהספר מקשה מהנהו ב' אמות דכניסת היסוד והסובב ומתוך כך הקשה מה שהקשה שהרי טכל לפרש דבפשיטות הוא מקשה והא ר"י אית ליה מזבח ממוצע וסתמא דמדות לית ליה ממוצע ולכל הפחות רוביה בדרום וא"כ סתמא דמדות דלא כוותיה והא דמסיק אלא שמע מינה ר' אליעזר בן יעקב היא דאמר כוליה בדרום ולא קאמרינן דמתניתין דמדות ס"ל דרוביה בדרום ולהכי היה כותל מזרחי נמוך משום דמיכסי פיתחא כשאמר שי"ב אמות ומחצה היה בין כבש לכותל וא"כ לא יהיה לו ראייה מההיא דקיתי כראב"י יש לומר משום דלא אשכחן אלא שלש מחלוקת בהא מילתא איכא למאן דאמר כוליה בצפון ואיכא למ"ד כוליה בדרום ואיכא למ"ד ממוצע וכיון דההיא דמדות לא מצינן לאוקמא כמאן דאמר כוליה בצפון ולא כמאן דאמר ממוצע אין לנו לבדות מלבנו מחלוקת רביעית ולומר דקסבר מתניתין דמדות רוביה בדרום כיון דלא אשכחן תנא דאמר הכי אלא על כרחיך ראב"י היא דאמר כוליה בדרום ומה שפירש רש"י הא מני ר"י היא דקאי אההוא דתמיד אין הלשון משמע כן דהכי הוה ליה למימר מאן תנא תמיד ר"י היא ועוד לשון הא מני רבי יהודה היא משמע דקאי אהך דסליק מינה ועוד כיון דלא אתא לשנויי אלא דלא תקשי סתמא דתמיד אדמדות וקאמר ר"י היא אההיא דתמיד ואין לו כח לאוקמה כוותיה אלא משום דאשכחן דפליג אמדות טפי הוה ניחא למימר מדאשכחן בריש פרק קדשי קדשים (זבחים דף נח:) דסתמא דתמיד קא סברא מזבח ממוצע כרבי יהודה ולא כראב"י דקסבר כוליה בדרום קאי ועוד קשה לימא תנא שאול היא אההיא דתמיד כמו שהוכחתי לעיל דסתמא דתמיד דפליג אסתמא דיומא תנא שאול היא ועוד שהוא מוחק הספרים דבכל הספרים גרס במסקנא אלא לאו שמע מינה ראב"י היא שמע מינה :

ומר קא חשיב דרך שמאל · תימה לי לימא אידי ואידי דרך ימין ותנא דתמיד קא חשיב מגואי דקאי בבית המוקד גדול ופניו כנגד הלשכות ותנא דמדות קאי מאבראי בעזרה ופניו ללשכות וקל להבין וי"ל דבמסכת תמיד פרק אמר להן הממונה (דף ל.) קתני בתר שהיו מפיסין אמר להן הממונה הביאו לי טלה מלשכת וכו' ולקמן בפ"ב (דף כה.) אמר שהיו מפיסין בלשכת הגזית אלמא דקאי מאבראי ולא קאי בבית המוקד והכי לא אוקמא דקאי מגואי :

לפי משמעות הקושיא

צפון			דרום
מזרח			
	לחם הפנים	מוקד	
	בית המוקד הגדול		
	טלאים	חותמות	
	מערב		

ומר קחשיב דרך שמאל · תימה לי אמאי לא משני לאידי ואידי דרך ימין קא חשבי אלא דלשכת לחם הפנים נמי אקצויי מקציא דקיימא במזרח ומאן דאתי מצפון מחזיא בדרום ומאן דאתי מדרום מחזיא בצפון דלשכת טלאים לפונית מערבית ולשכת החותמות דרומית מערבית ולשכת בית המוקד דרומית מזרחית ולשכת לחם הפנים מזרחית לפונית והיינו דמדות נמי מתוקמא לדרך ימין וקל להבין וי"ל דעל כרחך לשכת החותמות ולשכת בית המוקד הם היו אותם שתי לשכות דקא חשיב במסכת מדות (פ"א משנה ו') אחת שבה גנזו בית חשמונאי אבני מזבח ואחת שבה יורדין לבית הטבילה דליכא למימר הני אחריני שהרי לא היה בבית המוקד אלא ארבע לשכות ואי אחריני נינהו א"כ הוו שש לשכות ואי אמרת אידי ואידי דרך ימין קא חשיב אם כן בההיא דתמיד משמע דלשכת החותמות ולשכת בית המוקד אחת בקרן מערבית דרומית ואחת בקרן מזרחית דרומית ובההיא דמדות כי חשבת דרך ימין משמע דאותם שתי לשכות היו אחת בקרן מזרחית לפונית ואחת בקרן מערבית לפונית מיהו הא קשיא לן מנא ליה הא דקאמרינן מסתברא דבקרן מערבית דרומית הואי דילמא לפונית מערבית הואי ואפ"ה מיתרצא שפיר ההיא דלחם הפנים כזה ואין

צפון			דרום
מזרח			
	מוקד	לחם	
	בית המוקד הגדול		
	א טלאי' אקצויי וקרוב לצפון	כ חותמות	
	מערב		

ואתי נמי שפיר הא דקתני בתמיד ולשכת בית המוקד ולשכת החותמות דלא חשיב הכא אלא לשכות שהיו בעזרה ובמדות חשיב לשכה שבה גנזו בני בית חשמונאי אבני מזבח ולשכת בית הטבילה דלא חשיב התם ואין זו קושיא כלל כי אין לו למנות לשכת לחם הפנים ולשכת טלה קרבן בעזרה [illegible] ועוד וכי היו אורך העזרה [illegible] כמו גבי לשכת טלה קרבן : א נ"ל ואתי דלמרי

רבינו חננאל

מדות ר' אליעזר בן יעקב ובא רב אדא בר רב יצחק לאוקמה בלא חלוקה וא' הא לשכה איקצויי מיקצייא מאן דאתי מצפון כו' · פי' איקצויי מיקצייא כלו' עומדות במקצוע [משוכה] מן הזויות כמעט ומאן דקאי לדרומה חזי לה בצפון ומאן דקאי בצפון חזי לה בדרום והאי דקריא צפונית *) צפונית לעזרה · והאי דקרי לה דרומית דרומית לחיל · ולא פליגי ולעולם בקרן דרומית דהני ד' הוו בתרתי מתניתין · ד' לשכות היו שם במקום אחד באמצע מקצועותיו מרובעות שתים כנגד שתים וקיימן לצפון עזרה שתים סמוכות לעזרה ושתים סמוכות לחיל הסמוכות לעזרה בקרש והסמוכות לחיל בחול · ושתים דברי הכל שמותיהן שוין לשכת הטלאין ולשכת שעושין בה לחם הפנים. וב' האחרות האי תנא קרי להו לשכת החותמות ולשכת בית המוקד**) והאי תנא לא פריש לה אלא בסימנין וכולן על שם בית המוקד ומסתברא לשכת הטלאים היא מערבית דרומית לומר שסמוכה היא לעזרה · והשנה צפונית מערבית לומר שסמוכה היא לחיל · ומנ"ל שהיא דרומית מערבית מדרמינן לשכת לחם הפנים אלשכת לחם הפנים · ומשנינן אמר רב הונא משמי' דרב יהושע מר חשיב דרך ימין ומר חשיב דרך

*) עי' תו"י כאן ד"ה האי לשפה ודו"ק. **) ובדברי רבינו אלו יתיישב קושית התוס' לעיל ע"ז ד"ה דרומית מזרחית ע"ש.

תוספות ישנים

האי לשכה אקצויי מיקציא וכו' · הקשה ריב"א למה הולרך לתרץ כן לישני ליה דבית המוקד היה לפונו של עזרה וא"כ היה זה דרום בית המוקד לפון עזרה וא"כ הא דקאמר בתמיד דלשכת טלאים היתה במקצוע לפונית מערבית היינו לפונית מערבית דעזרה שהוא מערבית דרומית של בית המוקד והיינו דקאמר במס' מדות דלשכת טלאים מערבית דרומית דלבית המוקד קאי א (נמי וכהכי אתי נמי) שפיר מלחם הפנים דקחשיב לי' במדות בקרן מזרחית דרומית ובתמיד חשיב ליה רביעית בקרן [מזרחית] לפונית דהא דחשיב ליה במדות בקרן מזרחית דרומית היינו מזרחית דרומית דבית המוקד שהיא לפונית [מזרחית] של עזרה

הגהות הב"ח

(א) רש"י ד"ה אלא לאו וכו' הפתח מגולה שכנגדו תני רוחב היכל דרומי כלה המזבח וכלה כנגד חלי חלל הפתח ואי קשיא וכו' דשמעינן מהא סתמא וכו' כגי עשרים וחמש אמות שאין אלא נותן בין כבש וכו' בדרום קאי וכלה כנגד אמלע עזרה והמותר כולו למקום השולחנות והנכנסין וכו' דאמר להן הממונה וכו' אלמא רובה דמזבח : (ב) שם ד"ה מסתברא סידרא דאתי מדרום לצפון דמיתחזי ליה :

[עי' בערוך ערך קן פי' בשם ר' משה הדרשן]

עין משפט נר מצוה

פב א מיי׳ פ״ה מהל׳ כלי המקדש הל׳ י״ב:

פג ב מיי׳ פ״ד מהל׳ תמידין הלכה יד:

רבינו חננאל

שמאל · ואסיק׳ ש״מ בדרומית מערבית הוות קיימא ש״מ פי׳ האי תנא דקתני דרומית מערבית לשכת טלי קרבן כו׳ נקים דרך ימין וחשיב שניה לה דרומית מזרחית לשכת עושי לחם התמיד · שלישית מזרחית צפונית רביעית מערבית צפונית נמצאת לשכת עושי לחם הפנים שנייה ללשכת הטלאין כי היא מצידה כשפונה דרך ימין למזרח · ואידך תנא חשיב ללשכת עושי לחם הפנים רביעית ללשכת הטלאין · דנקים דרך שמאל כשפונין למזרח ונמצאת לבסוף וזהו מדרמינן לחם הפנים אלחם הפנים דהאי תנא חשיב לה שניה והאי חשיב לה רביעית ומשני רב הונא [מר] קחשיב דרך ימין דהויא [שנייה לה] ומר קא חשיב דרך שמאל דהויא [רביעית לה] *) אלא אי אמרת לשכת הטלאים בצפונית מערבית הוות קיימא היכי מיתרצי לשכת עושי לחם הפנים · שלישית הוות בעי לאוקשובה · הנה נתברר שמצד לשכת הטלאין היא · אלא ש״מ לשכת הטלאין בדרומית מערבי׳ הוות קיימא ש״מ · והאי תנא דתני והלא לשכת בית הטלאין היתה במקצוע צפונית מערבית צפונית מערבית עזרה · וד׳ לשכות היו שם נמצאת לשכת הטלאין היא בסוף המקצוע המערבי לעזרה צפונית · ולד׳ לשכות שהיו שם [היתה] דרומית · ואקשינן והא אמרינן כל פנות שאתה פונה לא יהיו אלא דרך ימין למזרח. ושנינן הני מילי [בעבודה] הכא חשבנא הוא הא רמויא דפריש הכא מדרמינן לחם הפנים אלחם הפנים כו׳ לא מצאנו לה מקום מפורש בתלמוד אלא ודאי כך היתה הגירסא דרמו ופרקו ולא הוצרכו לכתוב ולפרש יותר מזה · ועלתה השמועה דלשכת טלהקרבן היתה במקצוע דרומית מערבית סמוכה לעורה ומיהו אית׳ צפוני׳ מערבית לחיל שכ״ג מקריב חלק בראש כו׳: ת״ר כיצד מקריב חלק בראש אי׳ עולה זו אני מקריב כו׳ · כיצד נוטל חלק בראש אומר חטאת זו אני אוכל כו׳ · ונוטל חלה מב׳ חלות של עצרת׳ **) ר׳ אומר ה׳ מלחם הפנים ר׳ אומר לעולם ה׳ שנאמר והיתה לאהרן ולבניו מחצה לאהרן ולבניו מחצה לבניו · והא דר׳ בפ׳ מי שמת . הא גופה קשיא כו׳ · ופריק אביי רישא ומציעתא רבנן היא דאמרי לא שקיל פלגא אלא פורת והא לא תנן במתניתין נוטל מחצה וגם לא תנן חולק אלא נוטל חלק בראש תנן · ואמאי נוטל חלה מב׳ חלות של עצרת לפי שאינן אלא ב׳ בלבד כדכתיב ממושבותיכם תביאו לחם תנופה שתים שני עשרונים וגו׳ · ונגמר

גמרא

אי אמרת בשלמא במערבית דרומית הואי היינו דמתרץ לחם הפנים אלחם הפנים אלא אי אמרת צפונית מערבית הואי סוף סוף מאי תירוצא דלחם הפנים אלא לאו שמע מינה במערבית דרומית הואי שמע מינה *והאמר מר כל פינות שאתה פונה לא יהיו אלא דרך ימין למזרח הני מילי בעבודה אבל הכא חושבנא בעלמא הוא: שכהן גדול מקריב חלק בראש ונוטל חלק בראש: תנו רבנן כיצד מקריב חלק בראש אומר עולה *זו אני מקריב מנחה זו אני מקריב [א]כיצד *נוטל חלק בראש אומר חטאת זו אני אוכל אשם זה אני אוכל ונוטל חלה משתי חלות ארבע או חמש ממעשה לחם הפנים רבי אומר [א] [ב]לעולם חמש שנאמר °והיתה לאהרן ולבניו *מחצה לאהרן ומחצה לבניו הא גופה קשיא אמרת נוטל חלה אחת משתי חלות מני רבי היא דאמר פלגא שקיל אימא מציעתא ארבע או חמש ממעשה לחם הפנים אתאן לרבנן דאמרי לא שקיל פלגא אימא סיפא רבי אומר לעולם חמש רישא וסיפא רבי ומציעתא רבנן אמר אביי רישא ומציעתא רבנן ומודו רבנן בפרוסה דלאו אורח ארעא למיתבה לכ״ג ומאי

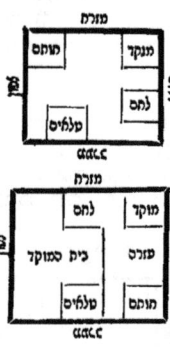

ויקרא כד

רש״י

תורה אור

אי אמרת בשלמא · תנא דתמיד גופיה דתני לשכת הטלאים בלפונית מערבית מודי הוא דלגד מערבית דרומית הואי טפי אלא לפי מראית עינו שנה משנתו ודאתי מדרום מיתחזיא ליה מלפון ולשלם מקרן [דרומית] מערבית בא להתחיל למנות היינו דמתרץ לחם הפנים אלחם הפנים להיות בדרומית מזרחית כדקתני במדות דלא ליקשי אהדדי כילד לשכת הטלאים בדרומית מערבית לשכת החותמות כי אזלת דרך שמאל במערבית לפונית לשכת בית המוקד לפונית מזרחית לשכת לחם הפנים במזרחית דרומית: **אלא אי אמרת** · דוקא תנא לשכת הטלאים במקצוע לפונית מערבית סוף סוף מאי תרלתא לחם הפנים כי מני דרך שמאל הוה לשכת לחם הפנים בדרומית מערבית לפי מנייט: **והאמר מר** · לקמן (דף נח:): **משתי חלות** · של עלרת: **ארבע או חמש** · בכל שבת ושבת ולקמיה מפרש מתי ארבע ומתי חמש: **והיתה לאהרן ולבניו** · בלחם הפנים כתיב: **מחצה לאהרן כו׳** · ואף על פי שהן שנים עשר יש בהן שתי חלות שאינן מתחלקות כדמפרש ואזיל: **אתאן לרבנן** · דאמרי לא שקיל פלגא דאי שקיל פלגא בציר מחמש לא שקיל: **רישא ומציעתא רבנן** · דאמרי לא שקיל פלגא אלא בציר מפלגא ודקשיא לך חלה דשתי לחם דשקיל לה כולה מודו רבנן דלאו אורח ארעא למיפרסיה ולמיתב פרוסה לכ״ג: ומאי

תוספות

אי אמרת בשלמא ואין לתרץ משום דא״כ לא הואי שום לשכה בקרן מערבית דרומית דמה בכך והא לא קתני עלה ארבע לשכות היו בד׳ מקצועותיו אלא סתמא קתני וד׳ לשכות היו לו וי״ל כיון דבלשכת הטלאים קתני שהיתה במקצוע מסתמא כל הנך הוו נמי כל חדא במקצוע בפני עצמה ולא מסתברא שיהיו שתים במקצוע לפונית מערבית ובמקצוע דרומית מערבית לא יהא כלום אבל תימה לימא דלשכת טלאים במקצוע לפונית מערבית ונימא דכולהו אקטויי מקטו כזה

ויש לומר דהיינו דקאמר מסתברא דרומית מערבית הואי ולא קאמר על כרחיך דרומית הואי דאי לאו הכי לא מיתרלא לחם הפנים אלא משום דהוה מצי למימר לפונית מערבית הואי וכדפרישית אלא שנראה לו דוחק קצת לומר דכולהו אקטויי מקטי: **והא** אמר מר כל פינות שאתה פונה לא יהו אלא דרך ימין · פי׳ משום דגמרינן מים שעשה שלמה הקשה רבינו אפרים זצ״ל אדגמרינן מהתם נגמור ממגרש דכתיב (במדבר לה) ומדותם מחוץ לעיר את פאת קדמה אלפים באמה ואת פאת נגב וכו׳ דהיינו דרך שמאל כשהופך פניו לעיר ומקיף מבחוץ ונראה לי לתרץ דמים גמרינן משום דכתיב פונים פונים והכי איתא בהדיא בזבחים פרק קדשי קדשים (דף סב:) דפריך ההוא מיבעי ליה לגופיה פירוש בעלמא מנא לן ומשני א״כ פונים פונים למה לי ומצאתי כתוב שהק׳ ריב״א אמאי לא משני אקושיא דלשכת טלאים דהא דקאמר דהוה במקצוע לפונית מערבית היינו בקרן לפונית מערבית של עזרה דהיינו מערבית דרומית של בית המוקד שהרי משמע במסכת מדות (פ״א משנה ה) דבית המוקד גדול היה ללפון העזרה כזה וקאי התם אעזרה והכא אבית המוקד ועוד דאלחם הפנים נמי הוה מצי לשניי דחשיב נמי התם דרך ימין ונימא דלשכת החותמות ולשכת המוקד דקא חשיב בתמיד ולא חשיב במסכת מדות (שם) לשכות אחרות היו ובתוך העזרה היו אחת במקצוע לפונית מזרחית של עזרה ואחת במקצוע מערבית לפונית של עזרה שהוא דרומי של בית המוקד גדול דכשתמנה מלשכת טלאים דרך ימין ארבע לשכות הויא לחם הפנים רביעית לה דרומית מזרחית של בית המוקד גדול כזה וי״ל דלא מסתבר לומר שהיה אומר על זה ד׳ לשכות היו שם כיון דלא היו שם בעזרה אלא שתים מהם ועוד היאך יתכן קרנות העזרה וקרנות בית המוקד גדול שוות ומסתמא העזרה גדולה יותר מבית המוקד אבל תימה לי מאי דוחקיה דרב הונא בריה דרב יהושע לאוקמה סתמא דתמיד דלא פליגי אהדדי ולאוקמה כחד תנא והא על כרחיך פליגי אהדדי דסתמא דמדות קא סברא או טליה מזבח בדרום או רוביה כדאשכחן הכא וסתמא דתמיד מוכח בריש פרק קדשי קדשים (זבחים דף נח:) דההיא סברה מזבח ממוצע וי״ל אי פליגי במילתא דאשכחן פלוגתא דתנאי בהא לא חיישינן אבל במקום הלשכות לא אשכחן תנאי דפליגי בהדיא:

ומודו רבנן בפרוסה דלאו אורח ארעא · תימה מעיקרא דלא אסיק אדעתא להאי שינויא ארבע או חמש היכי הוה ניחא לרבנן כיון דלרבנן דר״י יהיב לכהן חמש ובציר ליה שתות מפלגא אם כן לרבי יהודה אמאי לא יהיב ליה אלא ארבע דהיינו חומש בציר מפלגא ליתיב ליה ארבע שלימות ופרוסה קטנה דלא ניבציר ליה אלא שתות מפלגא או כיון דלר״י בציר ליה חומשא לרבנן נמי ניבציר ליה חומשא ויש לומר דלעולם אסיק אדעתיה דלאו אורח ארעא למיתב ליה פרוסה ובלבד דנימטייה בציר מפלגא ולהכי גבי לחם הפנים כיון דכי בצרת ליה חדא מפלגא לא מטא ליה כמו לכל אחיו הכהנים יהבינן ליה שלימות ולא מגלגלינן כולי האי להשוות הדבר לר״י ורבנן דלמטייה אליבא דתרוייהו בציר חומשא או בציר שתות מפלגא דלאו אורח ארעא למיתב ליה פרוסה אבל גבי שתי הלחם הוה ס״ד דטפי הוי אורח ארעא למיתב ליה פרוסה מלמיתב ליה פלגא ממש דלאו אורח ארעא כלל ליתב ליה כמו לכל אחיו הכהנים שיהא הוא לבדו שקול כנגד כולם ומשני אפי׳ הכי הא עדיפא להשוותו כנגד כולם מלמיתב ליה פרוסה:

עיילא

[לעיל טו:] [לקמן מה. נח: זבחים סב: סוטה טו:]

[נ״ל זה]

[תוספתא פ״ו]

ב״ב קמג. סנהדרין כח. ע״ז י:

הגהות הגר״א

[א] גמרא לעולם חמש קו עליו למחוק (ואולי משום דכתיבה ...)

*) נראה שחסר כאן וצ״ל ש״מ דבמערבית דרומית הואי דאי אמרת לשכת הטלאים בצפונית מערבית וכו׳. **) נראה דט״ס כאן וצ״ל ארבע או חמש מלחם הפנים.

תוספות ישנים

דאמרי לא שקיל פלגא · ומחצה לאהרן ומחצה לבניו לאו דוקא שיטול כנגד כולם אלא קרוב למחצה:

§ מסכת יומא דף יז: §

אות א'

כיצד נוטל חלק בראש

רמב"ם פ"ה מהל' כלי המקדש הי"ב - בכל יום שירצה להקטיר הקטרת, מקטיר, ונוטל חלק בראש בקדשי המקדש כולן; כיצד, כשירצה אומר: זו החטאת שלי וזה האשם שלי; ואינו עובד בפייס, אלא כל עת שירצה להקריב מקריב כל מה שירצה; והרי הוא בקדשי הגבול כשאר הכהנים.

אות ב'

לעולם חמש

רמב"ם פ"ד מהל' תמידין ומוספין הי"ד - כהן גדול לעולם נוטל מכל משמר [א]חצי החלות שזוכה בהן, שנאמר: והיתה לאהרן ולבניו, מחצה לאהרן ומחצה לבניו; [ב]ואין כהן גדול נוטל פרס שאין זה כבודו.

באר הגולה

[א] ‹היינו שלש חלות מזה ושלש חלות מזה, אף דשם ביומא לכו"ע אינו נוטל יותר מחמש, היינו משום דלכו"ע ס"ל כר' יהודה, דשתים נוטל הנכנס משום הגפת הדלתות, ואילו רבינו לא ס"ל כר' יהודה בזה, רק דהנכנס נוטל שש והיוצא נוטל שש, ופסק דהלכה כרבי, דלעולם נוטל מחצה, משום דבב"ב קמ"ג א' ובסנהדרין כ"א א' ובע"ז י' ב' מבואר דהלכה כרבי, לכן פסק כן, ודברי רבינו אתיין בין לאוקימתא דאביי ובין לאוקימתא דרבא - הר המוריה›

[ב] ‹הכי קאמר אביי שם, ואף רבא לא מצינו דפליג עליה - הר המוריה› ‹**הקשה** הרב בירך יצחק, לרבינו דפסק דלעולם נוטל מחצה כרבי, לא משכחת לה שיעלה לו המחצה בפרוסה, או בלחם הפנים אם בשתי הלחם אי בלחם תודה, וא"כ למאי הלכתא כתבו רבינו ואין כ"ג נוטל מחצה, וצ"ע, ע"כ. **ולעד"נ** דלק"מ, דנ"מ דאם אבדה אחד מן החלות, לא יהיו לו ה' וחצי, וכן שלא יתנו י"ב חצאין, משום דלאו אורח ארעא - חוקי חיים›

§ מסכת יומא דף יח. §

אות א' - ב'

מסרו לו זקנים מזקני בית דין וקורין לפניו בסדר היום

ערב יו"כ שחרית מעמידין אותו בשער מזרח, ומעבירין לפניו פרים ואלים וכבשים, כדי שיהא מכיר ורגיל בעבודה

רמב"ם פ"א מהל' עבודת יוה"כ ה"ה - כל שבעת הימים מרגילין אותו בעבודות, זורק את הדם ומקטיר את הקטרת ומטיב את הנרות ומקטיר איברי תמיד על המזבח, כדי שיהיה רגיל בעבודה ביום הכפורים; ומוסרין לו זקנים מזקני בית דין וקוראים לפניו ומלמדין אותו עבודת היום וסידורה, ואומרין לו אישי כהן גדול קרא אתה בפיך שמא שכחת או שמא לא למדת דבר זה; וערב יום הכפורים בשחרית היו מעמידין אותו בשערי המזרח, ומעבירין לפניו פרים ואילים וכבשים, כדי שיהיה מכיר ורגיל בעבודה.

אות ג'

כל שבעת הימים לא היו מונעין ממנו מאכל ומשתה, ערב יוה"כ עם חשיכה לא היו מניחין אותו לאכול הרבה

רמב"ם פ"א מהל' עבודת יוה"כ ה"ו - כל שבעת הימים לא היו מונעין ממנו מאכל ומשקה, ערב יום הכפורים עם חשיכה לא היו מניחין אותו לאכול הרבה, שהמאכל מביא את השינה, ולא היו מניחין אותו לישן שמא יראה קרי.

אות ד'

שיהא גדול מאחיו בכח בנוי בחכמה ובעושר

רמב"ם פ"ה מהל' כלי המקדש ה"א - כהן גדול צריך שיהיה גדול מכל אחיו הכהנים בנוי בכח בעושר בחכמה [א]ובמראה; אין לו ממון, כל הכהנים נותנין לו משלהן כל אחד לפי עשרו, עד שיעשיר יותר מעשיר שבכולן.

אות ה'

אין מאכילין אותו לא אב"י, ואמרי לה לא אבב"י

רמב"ם פ"א מהל' עבודת יוה"כ ה"ו - ולא היו מאכילין אותו דברים המרגילין לשכבת זרע, כגון ביצים [ב]וחלב חם וכיוצא בהן.

[ג]**סימן תרח ס"ד** - [ד]**בערב יום הכיפורים** - אפי' בסעודת שחרית, **אין לו לאכול אלא מאכלים קלים להתעכל, כדי שלא יהא שבע ומתגאה כשיתפלל** - כתב מהרי"ו, שלא ישתכר בסעודה המפסקת, ולא יאכל אכילה גסה, **ובאמת** אפילו בסעודת שחרית יש ליזהר מזה, כמו שכתב המחבר, וכ"ש בסעודה זו.

הגה: וכן אין אוכלים - בסעודה המפסקת, **דברים המחממים את הגוף** - כגון בשמים, וכרכום שקורין זאפרין, ויין טוב, **שלא יבא לידי קרי** - וביוה"כ הלא אסור לו לטבול.

וכן אין לאכול - כל היום, **מאכלי חלב** - חמה, [ה]**שמרבים זרע** - ועיין בט"ז, דה"ה דיש ליזהר משום וביצים, שהם ג"כ מרבים זרע. **כתב** הפמ"ג, דחלב המעורב בתבשיל, או טיי"א עם חלב, אפשר דבטל ברוב לענין זה. **אך בסעודת שחרית נוהגין לאכלן (מהרי"ל)** - היינו דדברים המרבים זרע היה ראוי להיות נזהר שלא לאכול כל היום, **אכן** העולם נוהגין לאכלן בשחרית, וטעם המנהג לא נתפרש, כ"כ המהרי"ל, ועיין במ"א שמיישב המנהג, **ועיקר** טעם המנהג, משום שהם מאכלים קלים, **אכן** בסעודה מפסקת נהגו לאכול בשר שהיא עיקר הסעודה, ודוקא בשר עוף - מ"א, **ומפמ"ג** משמע, דבזמנינו נהגו לאכול בשר עוף בשחרית.

לא יאכל שומשמין מפני שמעלה גרה, **ואם** אכל הרבה, לא ישים אצבעו בפיו להקיא ביו"כ, שמא יבלע קצת מן הקיאה.

אות ו'

זב תולין לו במאכל וכל מיני מאכל

רמב"ם פ"ב מהל' מחוסרי כפרה ה"ב - הרואה ראיות הזוב הגורמות לו להיות זב מחמת חולי או אונס וכיוצא בהן, אינו זב, שנאמר: זב מבשרו, מחמת בשרו הוא שיהיה טמא, לא מחמת דבר אחר; מכאן אמרו בז' דרכים בודקין את הזב: במאכל, ובמשתה, במשא, ובקפיצה, בחולי, ובמראה, ובהרהור; כיצד, אכל אכילה גסה או שתה הרבה, או שאכל או שתה אוכלין או משקין המביאין לידי שכבת זרע, או שנשא משוי כבד, או שקפץ ממקום למקום, ובכלל דבר זה אם הוכה על גבו, או שהיה חולה, או שראה אשה והתאוה שכיבתה, או שהרהר בעסקי בעילה, אע"פ שלא הרהר בבעילת אשה שהוא מכירה, אם קדם אחד מכל אלו וראה ראייה של זוב, תולין בו ואינו מטמא.

באר הגולה

[א] ‹ונ"ב בש"ס ליתא תיבת במראה, אך בתוספתא דיומא ובירושלמי פ"א דיומא הגירסא כן - מעשה רב. ‹**נוי** הוא תואר, ובמראה הוא מראה הפנים - פני משה›

[ב] ‹בגמ' ליתא חלב חם - ערוה"ש. ‹**מדברי** התוס' ישנים (וכן מרש"י) מבואר, דס"ל דזה ששנינו שאין מאכילין אותו חלב וגבינה, לאו לכ"ג בעיוה"כ קאמר, אלא לענין זב, **אבל** רבינו נראה דמשמע ליה דלענין כ"ג בעיוה"כ - שרשי הים, **וכן** לכאורה נראה מהגהות הגר"א›

[ג] ‹ע"פ הגר"א על "וכן אין לאכול מאכלי חלב"›

[ד] **כל בו בשם הר"מ**

[ה] ‹מבואר דהם ב' ענינים, ועיין רש"י דכתב: לידי חימום - של קרי, שהסלתות וביצים מרבים את הזרע›

ומאי ארבע או חמש לרבנן דאמרי *נכנס נוטל שש ויוצא נוטל שש ושכר הגפת דלתות לא (א) משתים עשרה בעי מיפלג בציר חדא מפלגא חמש שקיל לר' יהודה דאמר נכנס נוטל שבע שתים בשכר הגפת דלתות ויוצא נוטל חמש מעשר בעי מיפלג בציר חדא מפלגא ושקיל ארבע רבא אמר כולה רבי היא וסבר לה כר' יהודה ואלא מאי ארבע הא חמש בעי למשקל לא קשיא הא דאיכא משמר המתעכב הא דליכא משמר המתעכב אי איכא משמר המתעכב משמנה בעי למפלג ושקיל ארבע אי ליכא משמר המתעכב מעשר בעי למפלג ושקיל חמש אי הכי מאי רבי אומר לעולם חמש קשיא:

מתני' *מסרו לו זקנים מזקני בית דין וקורין לפניו בסדר היום ואומרים לו אישי כהן גדול קרא אתה בפיך שמא שכחת או שמא לא למדת ערב יום כפורים שחרית מעמידין אותו בשער מזרח ומעבירין לפניו פרים ואילים וכבשים כדי שיהא מכיר ורגיל בעבודה כל שבעת הימים לא היו מונעין ממנו מאכל ומשתה ערב יוה"כ עם חשיכה לא היו מניחין אותו לאכול הרבה מפני שהמאכל מביא את השינה:

גמ' בשלמא שמא שכח לחיי אלא שמא לא למד מי מוקמינן כי האי גוונא *והתניא °והכהן הגדול מאחיו שיהא גדול מאחיו בכח בנוי בחכמה ובעושר אחרים אומרים מנין שאם אין לו שאחיו הכהנים מגדלין אותו ת"ל והכהן הגדול מאחיו גדלהו משל אחיו אמר רב יוסף לא קשיא כאן במקדש ראשון כאן במקדש שני *דאמר *ר' אסי תרקבא דדינרי עיילא ליה מרתא בת בייתוס לינאי מלכא *על דאוקמיה ליהושע בן גמלא בכהני רברבי: ערב יום הכפורים שחרית וכו': תנא אף השעירים ותנא דידן מאי טעמא לא תנא שעירים כיון דעל חטא קא אתו חלשא דעתיה אי הכי פר נמי על חטא הוא דאתי פר כיון דעליו ועל אחיו הכהנים הוא דאתי באחיו הכהנים אי איכא איניש דאית ביה מילתא מידע ידע ליה ומהדר ליה בתשובה בכולהו ישראל לא ידע אמר רבינא היינו דאמרי אינשי אי בר אחתיך דיילא הוי חזי בשוקא קמיה לא תחליף: כל שבעת הימים לא היו מונעין וכו': תניא רבי יהודה בן נקוסא אומר מאכילין אותו סלתות וביצים כדי למסמסו אמרו לו כל שכן שאתה מביאו לידי חימום תניא סומכוס אומר משום ר' מאיר אין מאכילין אותו לא אב"י ואמרי לה לא אבב"י ויש אומרים אף לא יין לבן לא אב"י לא אתרוג ולא ביצים ולא בשר שמן ולא יין ישן ואמרי לה לא אבב"י לא אתרוג ולא ביצים ולא בשר שמן ולא יין ישן ויש אומרים אף לא יין לבן מפני שהיין לבן מביא את האדם לידי טומאה [א] תנו רבנן זב תולין לו במאכל וכל מיני מאכל אלעזר בן פנחס אומר משום רבי יהודה בן בתירא אין מאכילין אותו לא חגב"י ולא גב"ם ולא כל דברים המביאין לידי טומאה [ב] לא חגב"י לא חלב ולא גבינה ולא ביצה ולא יין ולא גב"ם מי גריסין של פול ובשר שמן ומריים ולא כל דברים המביאין לידי טומאה מאי לאתויי הא דת"ר חמשה דברים מביאים את האדם לידי טומאה ואלו הן השום והשחלים

רש"י

ומאי ארבע או חמש. מאי ארבע ומאי חמש: לרבנן. דפליגי עליה דר' יהודה בפרק החליל (סוכה דף נו.) ואמרי משמר היוצא נוטל שש ומשמר הנכנס נוטל שש חלות ושכר הגפת דלתות לא שקיל משמר הנכנס נמצאו כולן באות (ב) ומחלוקות וכהן גדול חולק עם שתיהן ומשכים עשר בעי מיפלג ומחצה שלם איהו נוטל בציר חדא מפלגא חמש שקיל: לר' יהודה דאמר נכנס נוטל שתים. בלא מחלוקת בשכר שהוא מגיף למולאי שבת דלתות העזרה וחיל והיכל ולשכות שפתחו שחרית משמר שילא לו מעשר בעי מיפלג שאין השתים באות במחלוקת כי שכרם הם: בציר חדא מפלגא. דעשר ושקיל ארבע: כולה רבי היא. דאמר פלגא שקיל: וסבר לה כרבי יהודה. דאין השתים מתחלקות לעולם: אלא מאי ארבע הא חמש בעי למשקל לא קשיא הא דאיכא משמר המתעכב וכו'. פעמים שיום טוב חל בשני בשבת ויש משמר מקדים ובא מערב שבת ומתעכב עד הרגל שכל המשמרות באות ברגל או פעמים שמולאי יום טוב ערב שבת והמשמרות הולכות למקומם בערב שבת ויש משמר שמתעכב שם עד מולאי שבת ותנן במסכת סוכה (דף נה:) שבת שבתוך הרגל היו כל המשמרות שוות בחילוק לחם הפנים וכן י"ט הסמוך לשבת בין מלפניה שאין יכולים לשוב בשבת למקומן בין מלאחריה שעל כרחן הן מקדימין לבא מע"ש היו כל המשמרות שוות בחילוק לחם הפנים שהרי על כרחן שוהין שם והרי היא כשבת שבתוך הרגל חל יום אחד להפסיק ביניהם או מלפניה כגון שכלה המועד בחמישי בשבת או מאחריה שהתחיל המועד בשני בשבת לא היה להם להקדים לבא מלפני השבת אינן שוות אלא משמר המתעכב בשבת בין שהוא משמר אחד בין שהוא משמרות הרבה נוטל שתי חלות והשאר מתחלקות למשמר היוצא ונכנס שזמנו קבוע לאותה שבת: אי הכי. דמליעתא רבי היא מאי לעולם חמש: **מתני'** איש. אדוני: (ג) קורין לפניו בסדר היום. פרשת אחרי מות וכן כל שבעת הימים: שיהא מכיר. מתבונן בבהמות העוברות לפניו לתת אל לבו בהלכות סדר היום: **גמ'** במקדש ראשון. לא העמידו אלא על פי התורה כהנים מהוגנין: מרתא בת בייתוס. אלמנה עשירה היתה וקידשה יהושע בן גמלא ונתנה ממון לינאי המלך ומינהו להיות כהן גדול: תרקבא. חצי סאה תרי *קב: דינרי. זהובים: דיילא. שוטר המולך: בשוקא קמיה לא תחליף. מתוך שהיה מכירך מתחילה בקי הוא בעושרך ובמעשיך למלות עלילה לגבות ממך ממון: מאכילין אותו. ערב יום הכפורים שחרית סלתות וביצים כדי למסמס אכילה שבמעיו לשלשלו שלא יצטרך לנקביו למחרת: לידי חימום. של קרי שהסלתות וביצים מרבים את הזרע: אב"י ואבב"י. סימנים הן ומפרש להו ואזיל: זב תולין לו במאכל. אם אכל מאכל הרבה תלו מין שהוא תולין לומר שמחמת רוב מאכל ראה ואינו זב לטומאת שבעה ולקרבן דכתיב (ויקרא טו) בשרו ולא מחמת אונסו אבל בעל קרי טמא באונס דאין קרי וזוב באים ממקום אחד ואין מראיהם שוה שהזוב *דומה למי בצק של שעורין ואינו קשור אלא כלובן ביצה המוזרת ושכבת זרע קשור כלובן ביצה שאינה מוזרת: אין מאכילין אותו. בימי בדיקתו: השחלים

תוספות

עיילא ליה מרתא בת בייתוס לינאי מלכא. אין זה ינאי המלך (*סברים פ') האומר (קדושין דף סו.) שהרג חכמי ישראל דההוא דהתם כהן גדול הוה דקאמר הקם להם בציץ שבין עיניך ולא היה ממנה אחר במקומו: והאמר

מסורת הש"ס: [סוכה נו.] | תולין קלד: הוריות ט. [תוספתא פ"א] | יבמות סא. | [גיר' ע"י עד] | [צ"ל וקב וכ"ה בערוך] | [נדה לה:] | [גיר' ע"י רב יוסף]

הגהות הב"ח

(א) גמ' ושכר הגפת דלתות לא שקיל משתים עשרה: (ב) רש"י ד"ה לרבנן כו' נמצאו כולן באות במחלוקת וכהן גדול: (ג) ד"ה וקורין לפניו כל שבעת הימים בסדר היום כפ' אחרי מות: ס"ד:

הגהות הגר"א

א] גמ' (ת"ר זב תולין לו במאכל וכל מיני מאכל) תא"מ: [ב] שם המביאין לידי טומאה. נ"ב והוא תולה כהן רע"א תולה בכל מיני מאכל. (ועי' בא"ר פ"ב דזבים מתני' ב' ובפי' הר"ש):

עין משפט נר מצוה

פד א ב מיי' פ"א מהל' עבודת יוה"כ הלכה ס:

פה ג שם הלכה ו:

פו ד מיי' פ"ה מהלכות כלי המקדש הלכה א:

פז ה מיי' פ"א מהלכות עבודת יוה"כ הלכה ו:

פח ו מיי' פ"ב מהלכות מחוסרי כפרה הלכה ב:

רבינו חננאל

ונגאי הוא הדבר לתת לכ"ג פרוסה. לפיכך נותן לו בעצרת אחת שלימה. וד' או ה'. דקתני הכי קאמר אי לרבנן ה'. אי לר' יהודה ד' אי לרבנן דאמרו שכר הגפת דלתות ליכא י"ב חלות כלן בעי למיפלג פוחתין מן החצי אחת נשארו י"א חלות. נגאי הוא לו ליטול חצי חלה מעשר בעי למיפלג הלכך נוטל ה' מן העשר. אי לר' יהודה דתני בסוף מס' סוכה הנכנס נוטל ז' והיוצא נוטל ה' ואוקימנא הני תרתי יתירי שכר הגפת דלתות פי' כיון שמשמרה הראשונה פתחה בשחרית בשבת ויצאה אחר חצי היום ומשמרה הנכנסת [מגיפה] תשעדים שפתחת אותם היוצאות נוטלת בשכרה ב' חלות נשארו י' חלות פחות אחת מן החצי נשארו ט'. *) אין דרך ארץ ליטול פרס חלק בה' וה נוטל ד' ואלו כולן נוטלין(ד') [ו].רבא אמר כולה ר' היא. ור' סבר לה כר' יהודה דאמר הנכנס נוטל ז' כו' אי הכי אמאי ד' הא ר' הוא דאמר פלגא שקיל ה' בעי למשקל. ושנינן בדאיכא משמר [המתעכב] דשקיל משמר הנכנס ב' בשכר הגפת דלתות והמתעכב עוד נוטל ב' אחרות כדתנן בסוף סוכה והמתעכב נוטל ב'. נשארו ח' שקיל החצי ד' משמונה. ואם אין שם משמר המתעכב נוטל משמר הנכנס ב' שכר הגפת דלתות נשארו י' חלות נוטל חציו חמש. אי הכי כי רבי סבר פעמים נוטל ה' ופעמים נוטל ד' אמאי תני לעולם ה' ועלתה בקשיא: מוסרין לו זקנים מזקני ב"ד כו' במקדש ראשון לא היו מעמידין כ"ג אלא מי שהוא גדול מכולן בכח בנוי בעושר בחכמה וכו'. ובמקדש שני היה משחיד ונכנס אפי' אם אין בו המדות הללו. לפיכך היו צריכין לבוחנו. אם יודע אם לאו: פירש דיאלא כגון ממונה במכס ועל הנכנסין והיוצאין והנושאין ונותנין ואם בא אדם להסתיר קרובו יודע בו ואינו יכול לגנוב דעתו. וכן א' בענין הממונים באכילת הפסח בסוף פ' כיצד צולין והוא דרש בהו דיילא: כל שבעת הימים לא היו מונעין ממנו מאכל כו' תניא יהודה בן נקוסא אומר

*) נראה דצ"ל אין דרך ארץ ליטול פרוסה והולך מה' זה נוטל ד' וכו'.

תוספות ישנים

רבא אמר כולה רבי וכו'. וא"ת אביי דמוקי רישא כרבנן וסיפא רבי ומוקי מציעתא א) (דרבי) בפלוגתא דרבי יהודה ורבנן ולוקמה במשמר המתעכב כרבנן וכולה ב) (כרבי) וי"ל דמילתא דלא שכיחא היא ורבא לא ניחא ליה לאפלוגי רבנן ורבי בהא אלא סבירא ליה דמתלה ממש לכולי עלמא כדאשכחן נמי שמת (דף קמג.) גבי אבולי ואסטרוגי ובמסכת ע"ז (דף י:) במעשה דקטיעא בר שלום שנתן כל נכסיו לר"ע: **מרתא** בת בייתוס. אלמנה עשירה היתה וקידשה יהושע קודם שנתמנה ואח"כ נתמנה להיות כהן גדול כדאמרינן ביבמות (דף סא.) עד דאוקמיה ליהושע בן גמלא ואע"פ שחשוב היה כדאשכחן לקמן (דף לז.) שעשה שני גורלות של אשכרוע של זהב ומזכירין אותו לשבח ואמרינן בפרק לא יחפור (דף כא.) מתקנת יהושע בן גמלא ואילך מ"מ היו בעלי תורה ומשובין ממנו ולאוין למנות יותר: **פר** נמי על חטא אתי. וא"ת איכא פר מוסף דעל חטא לא אתי וי"ל דכמתניתין קתני פרים ופר חטאת הוי בכלל: **לא** מאכל ולא משתה. ואע"ג שכהן של בית אב אסור לשתות יין [הכא איירי] אחר עבודה כשהולך לישן ולא כפי' ריב"א שפירש דמשתה באשר משקין דלאו יין קאמר דהא שאר משקין נמי אסירי כגון דבש וחלב ודבילה קעילית: **אין** מאכילין אותו חגב"י. תימה אמאי לא חשיב בכהן גדול יש לומר דלא החמירו בו כל כך ואם תאמר אמאי לא האכילוהו לזב והלא איתו מעמא באונס יש לומר דמכל מקום מיהא סתרא אפילו באונס כדתנן במס' זבים (פ"ב מ"ב) וכנדה בפרק בנות כותים (דף לז.):

א) צ"ל כרבנן. ב) צ"ל כרבנן

עין משפט נר מצוה

מז א טוש"ע א"ח סי' רמ סעיף יג:

צ ב ג מיי' פכ"א מהל' איסורי ביאה הלכה כט סמג לאוין קכו טוש"ע אה"ע סי' ב סעיף יא:

צא ד מיי' פי"א מהל' איסורי ביאה הלכה ט טוש"ע יו"ד סי' קצב סעיף ה:

צב ה מיי' שם הלכה י:

צג ו מיי' פ"א מהלכות עבודת יוה"כ הלכה ז:

צד ז שם הלכה ח:

יבמות לז: נדה סו.

והשחלים והחלגלוגות והביצים והגרגיר ריוצא אחד אל השדה ללקט אורות תנא משמיה דר' מאיר זה גרגיר אמר ר' יוחנן למה נקרא שמן אורות שמאירות את העינים אמר רב הונא (*המוציא) גרגיר אם יכול לאכלו אוכלו ואם לאו מעבירו על גבי עיניו אמר רב פפא בגרגירא מצרנאה אמר רב גידל אמר רב אכסנאי לא יאכל ביצים ולא יישן בטליתו של בעל הבית *רב כי מקלע לדרשיש מכריז מאן הויא ליומא רב נחמן כד מקלע לשכנציב מכריז מאן הויא ליומא *והתניא ר' אליעזר בן יעקב אומר לא ישא אדם אשה במדינה זו וילך וישא אשה במדינה אחרת שמא יזדווגו זה אצל זה ונמצא אח נושא את אחותו (*ואב נושא בתו) וממלא כל העולם כולו ממזרות ועל זה נאמר ומלאה הארץ זמה (ויקרא יט) אמרי רבנן קלא אית להו והאמר רבא תבעוה להנשא ונתפייסה צריכה לישב שבעה נקיים רבנן אודועי הוו מודעו להו מקדם הוו מקדמי ומשדרי שלוחא ואי בעית אימא יחודי הוו מיחדי להו לפי שאינו דומה מי שיש לו פת בסלו למי שאין לו פת בסלו:

מתני' מסרוהו זקני בית דין לזקני כהונה והעלוהו (א) בית אבטינס והשביעוהו ונפטרו והלכו להם ואמרו לו אישי כהן גדול אנו שלוחי בית דין ואתה שלוחנו ושליח בית דין משביעין אנו עליך במי ששכן שמו בבית הזה שלא תשנה דבר מכל מה שאמרנו לך הוא פורש ובוכה והן פורשין ובוכין אם (הוא) היה חכם דורש ואם לאו תלמידי חכמים דורשים לפניו ואם רגיל לקרות קורא ואם לאו קורין לפניו ובמה קורין לפניו באיוב ובעזרא ובדברי הימים זכריה בן קבוטל אומר פעמים הרבה קריתי לפניו בדניאל:

גמ'

השחלים. קרש"ין: **חלגלוגות.** פולפו"ר: **גרגיר.** ארוג"א: **מצרנאה.** הגדל על המיצר שאין סביבותיו זרע אחר שיכחיש כחו: **לא יאכל ביצים.** שמביאין לידי קרי ומתגנה על בני הבית: **לא יישן בטליתו של בעל הבית.** שהוא מתכסה בה ביום שלא ימצא עליה קרי: **כי מיקלע לדרשיש.** שם היה רגיל לילך: **מאן הויא ליומא.** יש אשה שתנשא לי ליומא שאתעכב כאן ותצא לאחר מכאן: **זה אצל זה.** בן שיוליד במדינה זו עם בת שיוליד במדינה אחרת: **רבנן קלא אית להו.** ושמם קרוי על בניהם: **צריכה לישב שבעה נקיים.** מיום שנתרצית שמא מחמת חימוד ראתה דם: **יחודי בעלמא.** ואין נזקקין להן אלא שהנשוי אשה אין מתאוה כמי שאין לו אשה: **מתני' מסרוהו זקני בית דין.** שקראו לפניו בסדר היום: **לזקני כהונה.** ללמדו חפינת הקטורת המוטלת עליו ביום הכפורים שנאמר (ויקרא טז) ומלא חפניו קטורת סמים וגו' ועבודה קשה היא כדלקמן (דף מז:): **בית אבטינס.** היו עושין את הקטורת כותשין אותו ומערבין סממני': **והשביעוהו.** שלא יהא צדוקי לתקן מבחוץ ולהכניס בפנים כדאמרינן בגמרא (לקמן דף יט:): **אישי.** אדוני: **הוא פורש ובוכה.** מפרש בגמ' (שם): **אם היה חכם דורש.** בדבר הלכה כל ליל יוה"כ שלא יישן ויראה קרי: **ואם לאו.** חכם הוא ויודע להבין ולשמוע דבר הלכה ואינו יודע לדרוש דורשין לפניו: **באיוב ובעזרא וכו'.** שהן דברים ממשיכין את הלב לשומען ואין שינה תוקפתו:

והאמר רבא תבעוה להנשא כו'. לא הוה מצי לשנויי קטנות שלא הגיע זמנן לראות הוו דהא מסקינן בפ' תינוקת (נדה דף סו:) דמילתא דרבא אפילו בקטנה דילמא מחמדא ונראה דהיכא דתבעוה לינשא וישבה שבעה נקיים וכל אותם שבעה בדקה שחרית וערבית וטבלה ולא נבעלה אז צריכה לבדוק בכל יום ויום לעולם משתבעוה לינשא היכא לספוקי דילמא חזיא מחמת חימוד עד שיבעל הלכך בעינן שבעה נקיים סמוך לבעילת מצוה וכן פירש רשב"ם בפרק תינוקת (שם): **יחודי** בעלמא הוו מייחדי להו. פרש"י לא היו באין עליהן אלא מתיחדים עמהן ותו לא והקשה ר"י א"כ כיון דאסורין לבא עליה מאי פת בסלו איכא מיהו הא י"ל כיון (ב) דשרי לאחר ז' פת בסלו קרינא ביה ועוד הקשו היכי שרו ליחודי בהדייהו והאמר בפרק קמא דכתובות (דף ד') מי שפירסה אשתו נדה ולא בעל הוא ישן בין האנשים ואשתו ישינה בין הנשים להכי פר"י דכי אמרי מאן הויא ליומא לא אמרי מאן הויא ליומא ליבעל אלא ליחודי בהדה בעלמא וכיון שהיו אומרים להם כך רק לייחד עמהם לא היו רואות דם מחמת חימוד ונראה לי כי מה שהקשה מכתובות דלא קשה דהא דאמר התם הייט דוקא לבחור דלא נשא מעולם דיצרו תוקפו טפי כדמשמע בפ' כל היד (נדה דף יג:) כל האוחז באמה ומשתין כאילו מביא מבול לעולם ומפליג התם כאן בבחור כאן בנשוי בנשוי שרי אע"פ שאין אשתו עמו וע"כ ההיא דכתובות איירי בבחור מדקתני מי שהיה עבנו עבוד ומת אביו של חתן או אמה של כלה וכו' עד ודווקא אביו של חתן או אמה של כלה דליכא אינש דטרחי ומזה מוכיח ר"י התם דאיירי במי שאין לו בנים ולא נשא מעולם שהוא בוש לטרוח בעצמו צורכי חופתו אבל אלמן איהו גופיה מצי טרח והההיא קתני וכן מי שפירסה אשתו נדה ולא בעל הוא ישן בין האנשים וכו' ויכולני לפרש ולא בעל דקאמר הייט לא בעל מעולם אבל אלמן אע"פ שעכשיו אין לו אשה כיון דכבר היה לו אשה אשתו ישינה עמו בחדר וכל שכן רבנן דהכא שאפילו עכשיו היה להם נשים אלא שלא היו בכאן בעיר ואפילו אם תמצא לומר דאלמן כמו כן אסור מכל מקום הכא שרי כיון שהיה להם נשים בביתם ולא תקיף יצרייהו כולי האי ואדרבה טפי הוה ניחא לפירוש רש"י כי לפירוש ר"י קשה הלשון דקאמר יחודי הוו מיחדי דהוה ליה למימר לייחודי בעלמא כלומר היו מודיעים להם שלא היו רוצים אלא לייחוד בעלמא מיהו מצינן למימר דלהכי נקט האי לישנא יחודי בעלמא הוו מייחדי להו משום דאתא לשנויי מה שהקשה לא ישא אדם אשה במדינה זו כו' ולהכי קאמר יחודי בעלמא כו' ולא היו באים עליהן כלל מדלא היו מביאים הנשים עמהם לעירם אלמא לא היו באים עליהם אלא יחודי הוו מייחדי ליתובי יצרייהו שאם היו רוצים היו באים עליהן ואם היו באים עליהם היו מביאים אותן לעירם והשתא אע"פ שחילקתי בין בחור לנשוי גבי פירסה נדה אין לי ללמוד מכאן דמי שמת לו מת ברגל דאשתו ישינה עמו בחדר ולא אמרינן הוא ישן בין האנשים כו' וגימא דהא דאסרינן התם באבילות שבתוך ימי החופה ליכא עמו בחדר הייט בבחור ודאי אין לחלק כך דהא אסרינן התם אפילו בשכבר בעל וכיון דכבר בעל פעם אחת מה לי נשוי מה לי בחור אבל בפירסה נדה מוקי לה דווקא בשלא בעל כי שמעתי בשם מורי ה"ר יחיאל מפרי"ש זצ"ל כיון דדברים של צינעא נוהג ברגל ואסור בתשמיש המטה כל ימי הרגל הוא ישן בין האנשים וכו' ורא"יתו מההיא דכתובות דמסיק טעמא משום דאבילות אקילו ביה רבנן ולהכי קילא ליה ואתי לזלזולי ביה אמטו להכי ישן בין האנשים וא"כ ברגל נמי כיון דאקילו ביה כי התם הוא ישן בין האנשים *אבל ביסודו של רבי' אברהם ב"ר דוד זצ"ל מצאתי בספר בעלי הנפש [שער הפרישה] שכתב להיתר וזה לשונו ולי נראה אי מתרמי לאיניש אבילות ברגל שאין צריך לישן בין האנשים אע"ג דקילא ליה דלא חל עליה אבילות *משום דשבעת ימי המשתה אית בהו משום אפוסי שמחה לשושביניו ולכל בני החופה אבל שמחת הרגל דלית בהו כי האי גוונא לא דהא גבי שבת לא אשכחן מאן דאמר דהוא ישן בין האנשים אע"ג דלא נהגא ביה אבילות עד כאן לשונו וקצת קשה לי א"כ כי פריך התם מאבילות דחתן לאבילות דעלמא ומשני רב אשי מי קא מדמית אבילות דהכא לאבילות דעלמא אבילות דהכא אקילו ביה רבנן פירוש ולהכי הוא ישן בין האנשים אף על גב דכבר בעל הוה מצי למיפלג בין אבילות דהכא לדעלמא משום דחופה אית בה אפוסי שמחה מיהו יש לומר דעדיפא מינה קא משני:

רבינו חננאל

אמר מאכילין אותו סלתות וביצים כדי למעטו כו'. ת"ר אין מאכילין לו באמש ולא מיני מאכל. ואין מאכילין אותו כל דבר שמביא לידי חימום ומרגילו לזיבות: אורות זה גרגיר ומאיר העינים. גרגירא מצרנאה. אכסנאי לא יאכל ביצים ויישן בטלית בעה"ב שמא יראה קרי ויטנף הטלית ויחשדוהו בעה"ב על אשתו. רבנן כגון רב ורב נחמן הוו אמרי מאן הויא ליומא. כלומר איזו אשה היום וכשאצא מן המקום ההוא אגרשנה ואקשינן והתניא ר' אליעזר אומר לא ישא אדם אשה במדינה זו וילך וישא אשה אחרת במדינה אחרת כו' ופרקינן רבנן קלא אית להו. כלומר זה בנו של פלוני חכם. וזה בתו של פלוני. וכשיבא וישאנה ויגרשנה לו כי היא בת פלוני לא ישאנה שיודע שהוא אחותו. ואקשינן ואיך מותר לומר מאן הויא ליומא. כלומר מקדש ומכניס אפי' אינו שוהה במקום אלא יום אחד. והא[אמר] רבא תבעוה להנשא ונתפייסה צריכה לישב ז' נקיים. ופרקינן הני

תוספות ישנים

ואי בעית אימא יחודי הוו מיחדי כו'. ואומר רבי דהאי מילתא קאי שלא היו אומרים להם לינשא מיד אלא מיחדי ולא לא היו מנפות שיראום ולא היו לו רואות מחמת חימוד ולכך היו יכולים לבא עליהם בלא ז' נקיים ויש פת בסלם ואם היו באין עליהן היו מוליכין אותם לעירם וליכא משום ומלאה הארץ זמה והשתא לא צריך תו לטעמיה דמשדרין שלוחא מעיקרא ולכך קבעו כאן התלמוד והשתא לא שייכא כאן הך דכתובות (דף ד:) דתתן כל זמן שלא בעל הוא ישן בין האנשים כו' דהכא לא שייך כלל דם חמוד כדפי' וכן פי' ה"ר יצחק בן רבינו מאיר ביבמות אבל ה"ר יוסף פי' דהך דכתובות פירסה נדה דאיכא איסורא דאורייתא אבל הכא ליכא אלא חומרא דרבנן ולפי דבריו משמע דקאי כאי ולב"א אפירכא בברייתא דוקא כלומר שלא היה שם אלא יחוד ולא היו באין עליהן דליכא ז' נקיים ולא נהירא דהא ליכא פת בסלו אלא כדפי' כך נראה יותר:

מסורת הש"ס

[נ"ל המוציא]

[יבמות לז:]

יבמות לז: (ע"ש בתוס' מז:)

[ביבמות לז: ובילקוט ובהרמב"ם פכ"א מהלכות איסורי ביאה דין כט ובטור וש"ע אה"ע סי' ב ליתא להנהו ג' תיבות]

[לקמן יט. עד: יבמות לז: כתובות כב:-]

הגהות הב"ח

(א) מתני' מסרוהו כו' והעלוהו לעליית בית אבטינס: (ב) תוס' ד"ה יחודי כו' י"ל כיון דשרי כו' נ"ב לספר דאיכא ראיה ברורה מספק אע"פ נגבי מורדת דפריך נדה בת תשמיש היא ופריק אינו דומה מי שיש לו פת בסלו כו':

גליון הש"ס

גמ' והחלגלוגו' ע' ר"ה טו ע"ב: (ג) תוס' ד"ה יחודי בעלמא. אבל ביסודו של כו'. סוכה עוד בשמו בתוס' תענית כה ע"א מס' ע"ג לא ע"א: בא"ד משום דשבעת יס"מ אית בהו כו'. ק"ל הא גם בשבעת ימי אבילות דליכא אפוסי שמחה אסור ביחוד כדקתני כל אותן הימים וכו':

§ מסכת יומא דף יח: §

אות א'

[א]ולא יישן בטליתו של בעל הבית

סימן רמ סי"ג - [ב]אכסנאי אסור לשמש - היינו אפילו כשהבני בית כולם ישנים. **ואם יחדו לו ולאשתו בית** - וה"ה חדר, **מותר** - והיינו שאין לבעה"ב עסק באותו מקום, אלא מיוחד לשניהם לבדם, דאז הו"ל הוא כבעה"ב, **[ג]ובלבד שלא יישן בטליתו של בעה"ב** - שמא יראה קרי עליו.

אות ב' - ג'

לא ישא אדם אשה במדינה זו וכו'

רבנן קלא אית להו

אה"ע סי' ב סי"א - לא ישא אדם אשה במדינה זו וילך וישא אשה אחרת במדינה אחרת, שמא יזדווגו הבנים זה לזה ונמצא אח נושא אחותו. ואדם גדול ששמו ידוע וזרעו מפורסם אחריו, מותר - {הרי"ף והרא"ש לא הביאו את זאת, משמע דלא ס"ל את זאת, ועיין ב"י ביו"ד סי' קצ"ב, **וי"ל** כמ"ש בשם הט"ז, דס"ל לפי התירוץ האחרון יחודי הוי מיחדי, תו לא אמרינן תירוץ קמא שאני רבנן דפקיע שמייהו - ב"ש}.

‹**עיין** בספר בית מאיר שכתב, דבספר בית הלל כתב, דהאידנא דאין נושאין שתי נשים, אין נ"מ גדולה בדין זה. **ואמת** שלשון הגמ' והרמב"ם לא ישא אשה במדינה זו ואשה במדינה אחרת, משמע דוקא בנושא על אשתו, ולא במתה או נתגרשה, אף שיש לו בנים ממנה, **והטעם** י"ל, משום דאז על הרוב מוליך בניו הקטנים עמו, ואין לחוש, ומשום מלתא דלא שכיח, שמניחים אצל הגרושה או קרובי האם, לא גזרו, עכ"ל - פת"ש›.

‹ואין הטעם מספיק, דאטו לא משכחת לה שמניח בניו אצל אשתו המגורשת, **וגם** זה דוחק לומר שמפני שאנו מעטים בין האומות כל אחד נחשב כמפורסם, כמ"ש באו"ח סי' תקמ"ז ע"ש, **דהרי** האידנא במקומות הגדולים נתרבה הישוב מישראל, והרבה ישוב מישראל יש גם מעבר לים אוקינוס, ובכל שנה הרבה נוסעים לשמה, **ונ"ל** טעם אחר בזה, דכיון דהאידנא הבי דואר ממהרת לרוץ בכל יום בכל העולם, וכמעט שזהו רחוק מהמציאות שהאב שהוא במדינה אחרת לא יקבל תדיר מכתבים מזרעו שהניח במדינה אחרת, א"כ ממילא הבנים שיולדו לו בהמדינה האחרת לא יהיה נעלם מהם האחוה שביניהם ובין הבנים שבהמדינה הקודמת - ערוה"ש›.

אות ד'

תבעוה להנשא ונתפיסה צריכה לישב שבעה נקיים

יו"ד סי' קצב ס"א - תבעוה לינשא ונתפייסה, צריכה לישב שבעה נקיים, בין גדולה בין קטנה, ואפילו בדקה עצמה בשעת תביעה ומצאה טהורה, שמא מחמת חימוד ראתה טיפת דם כחרדל ולא הרגישה בו.

אות ה'

יחודי הוו מיחדי להו

רמב"ם פי"א מהל' איסורי ביאה ה"י - וכל הדברים האלו חומרא יתירה שנהגו בה בנות ישראל מימי חכמי הגמרא ואין לסור ממנה לעולם; לפיכך כל אשה שרצתה כשתבעוה להנשא, לא תנשא עד שתספור ותטבול; ואם נשאת לתלמיד חכם מותרת להנשא מיד, ותספור מאחר שנשאתו ותטבול, [ד]שתלמיד חכם יודע שהיא אסורה ונזהר מזה ולא יקרב לה עד שתטבול.

כתב הראב"ד ז"ל: א"א מה שחילק זה בין ת"ח לשאר בני אדם, הוציא אותו ממה שאמרו, כי מיקלע רב נחמן לשכנציב

באר הגולה

[א] ‹וז"ל הר"ח: אכסנאי לא יאכל ביצים ויישן בטלית בעה"ב וכו', אבל לאכול ביצים לחוד משמע דמותר, ולפי"ז ניחא מאי דאין איסור זה מובא בפוסקים›

[ב] **כתובות בס"פ אע"פ** [ג] ‹מלשון המחבר משמע, דקאי על יחדו, דאז משמש עם אשתו, להכי אסור בטליתו של בעה"ב, אבל לא כן משמע לשון הגמ' דמשמע דאף באכסנאי דאסור לשמש, מ"מ אסור אף בעצמו לישן בטליתו של בעה"ב, שלא יראה קרי ויתגנה - דמשק אליעזר›

[ד] ‹וקשה לי לדעת רבינו, דמדלא מפליג גמרא בכלה שפירסה נדה בין ת"ח לע"ה, משמע דת"ח נמי הוא ישן בין האנשים והיא בין הנשים, וכיון דתבעוה להנשא שאין ברור לנו שראתה שרינן לת"ח להתייחד עמה {וכמו שפי' הרה"מ}, ולא חיישינן שיפרוץ גדרן של חכמים, כ"ש דבפירסה נדה לא הו"ל למיחש שיעבור על איסור כרת, והו"ל להתיר לו שיתייחד עמה... וקשה שרבינו הו"ל לכתוב בפירוש דת"ח שפירסה כלתו נדה מותר לו להתייחד עמה. **לכן** נ"ל דבהא דתבעוה להנשא לא התיר רבינו לת"ח להתייחד עמה, כמו שעלה על דעת הראב"ד וה"ה, אלא מפני שהוא ז"ל סובר שאסור לישא כשהיא נדה, כמבואר בדבריו פ"י מהלכות אישות, נ"ל דההיא דהיא ישנה בין הנשים וכו', כשנשאה טהורה ואח"כ פירסה מיירי, דטעמא דאסור לישא אשה נדה אף על פי שהיא תישן בין הנשים והוא בין האנשים, משום דאכתי איכא למיחש שמא באיזו שעה מן היום או מן הלילה לא יזהרו המשמרות ויבא עליה, ולענין זה הוא היתר ת"ח בתבעוה להנשא, שהוא מותר לישא אותה אף על פי שעדיין לא ספרה ולא טבלה, והוא שישן האיש בין האנשים והיא בין הנשים, כדין כלה שפירסה נדה, **ולפיכך** לא הזכיר בהיתר ת"ח לשון יחוד כלל, אלא לשון נישואין, שהרי כתב: ואם נשאת לת"ח מותרת לינשא לו מיד ותספור מאחר שנשאת ותטבול שת"ח יודע שהיא אסורה ונזהר מזה ולא יקרב לה עד שתטבול, עכ"ל, הרי דלענין נישואין בלבד אמורים הדברים ולא לענין יחוד, כי סמך בו על מה שכתב בפכ"ב אצל כלה שפירסה נדה, **ומש"כ** שת"ח יודע שהיא אסורה ולא יקרב לה, היינו לומר שלא יבא לבקש שעה שהמשמרות ישנות או טרודות בדבר אחר ויתייחד עמה אז ויבא עליה, **והא** דקאמר בגמרא לרבנן יחודי מייחדי להו, לא יחוד ממש קאמר, אלא כלומר שהיו הנשים מיוחדות להם, כלומר שהיו נשואות להם כבר, ואף על פי שהיו אסורים לבא עליהן עד שיטבלו ומשמרות שומרות אותם, מ"מ פת בסלו מיקרי. **וא"ת** אכתי קשה למה לא כתב רבינו בפ"י מהלכות אישות, דהא דלא תינשא נדה, היינו לע"ה, אבל לת"ח מותר, י"ל דלא היקלו לת"ח לישא אשה אסורה ולסמוך על המשמרות, אלא בזו שאינה אסורה מן התורה, אבל לא בנדה ודאית, דעבדו בה הרחקה טובא אף לת"ח - כסף משנה› ‹**ודברי** הכ"מ בכאן תמוהין, במ"ש דהטעם שאסור לישא נדה משום איסור ייחוד, דמקפידין לכתחלה אפילו ע"י שמירה הוא בין אנשים והיא בין הנשים. דהא קי"ל פ"י מהל' אישות ה"ב, דלא מהני חופת נדה והיא כארוסה, ועדיין מוכרח שאין זה משום גזרת שמירה, אלא דכיון דצריך שמירה הו"ל ייחוד שאינו ראוי לביאה ולאו שמה חופה, דעיקר חופה היינו יחוד הראוי לביאה דהיינו דליכא שמירה - מרכבת המשנה› ‹**כבר** ידוע שיטת הרב המגיד ומרן ז"ל, דלהרה"מ אף יחוד גמור שרי, ולא חיישינן שמא יבוא עליה, אלא דלפי"ז קשה מש"כ בגמרא דיחודי הוו מיחדי להו, דהו"ל למימר "בהו" בבי"ת, דלשון "להו" משמע יותר כדברי מרן ז"ל, דהכוונה להיות לו לאשה - מעשה רוקח›

הוה אמר מאן הויא ליומא, ואקשו עליה מדרבא, תבעוה לינשא ונתפייסה, ושני דמודע לה מעיקרא, והדר אקשי ליה מדראב"י, כל הנושא אשה במקומות הרבה על זה נאמר ומלאה הארץ זמה, ושני ליה רבנן קלא אית להו, ואבע"א רבנן יהודי בעלמא הוא דמייחדי להו; והוא סובר שמתייחדין היו עמהן אחר נישואין ולא בועלין; ואני איני אומר כן, אלא כיון שהנשים היו מיוחדות להם ולכשירצו ישאום, פת בסלו הוא, ואתרתי קושייתא קא מתרץ לה; והא מעשה דבריה דרבינא בי רב חביבא זורבא מרבנן הוה [ה]וחש ליה לדרבנן; [ו]ועוד חופה דאיסורא היכי הוו עבדי, וכלה שפירסה נדה אסור להתייחד עמה, עכ"ל.

‹כתב הטור סי' קצ"ב, עבר וכנסה תוך זמן זה, לא יתייחד עמה, אלא הוא ישן בין האנשים וכו', בין אם הוא ת"ח או אחר, לאפוקי מדברי הרמב"ם שכתב שת"ח יכול לכנסה מיד ולהתייחד עמה, כי הוא יודע שהוא אסור לבא עליה, עכ"ל – כסף משנה›.

אות ו'

אישי כהן גדול אנו שלוחי ב"ד ואתה שלוחנו ושליח ב"ד

רמב"ם פ"א מהל' עבודת יוה"כ ה"ז - בימי בית שני צץ המינות בישראל, ויצאו הצדוקין, מהרה יאבדו, שאינן מאמינין בתורה שבעל פה, והיו אומרין שקטרת של יום הכפורים מניחין אותה על האש בהיכל חוץ לפרוכת, וכשיעלה עשנה מכניס אותה לפנים לקדש הקדשים, הטעם, זה שכתוב בתורה: כי בענן אראה על הכפרת, אמרו כי הוא ענן הקטורת; ומפי השמועה למדו חכמים, שאין נותן הקטרת אלא בקדש הקדשים לפני הארון, שנאמר: ונתן הקטרת על האש לפני ה'; ולפי שהיו חוששין בבית שני שמא כהן גדול זה נוטה לצד מינות, היו משביעין אותו ערב יום הכפורים ואומרים לו: אישי כהן גדול אנו שלוחי בית דין ואתה שלוחנו ושליח בית דין, משביעין אנו עליך במי ששכן את שמו בבית הזה שלא תשנה דבר שאמרנו לך, והוא פורש ובוכה על שחשדוהו במינות, והן פורשין ובוכין, לפי שחשדו למי שמעשיו סתומין, שמא אין בלבו כלום.

אות ז'

אם הוא היה חכם דורש, ואם לאו ת"ח דורשים לפניו

רמב"ם פ"א מהל' עבודת יוה"כ ה"ח - כל לילי יוה"כ כהן גדול יושב ודורש אם היה חכם, ואם היה תלמיד, דורשים לפניו, אם היה רגיל לקרוא קורא, ואם לאו קורין לפניו, כדי שלא יישן, ובמה קורין לפניו, [ז]בכתבי הקדש.

---

§ מסכת יומא דף יט. §

אות א' – ב'

שש לשכות היו בעזרה שלש בצפון ושלש בדרום

לשכת כהן גדול היתה אחורי שתיהן וגג שלשתן שוה

רמב"ם פ"ה מהל' בית הבחירה הי"ז - [ח]שמונה לשכות היו בעזרת ישראל, ג' בצפון, וג' בדרום. שבדרום: לשכת המלח, לשכת הפרוה, לשכת המדיחין. לשכת המלח, שם נותנין מלח לקרבן; לשכת הפרוה, שם מולחין עורות הקדשים, ועל גגה היתה בית טבילה לכהן גדול ביום הכפורים; לשכת המדיחין, שם היו מדיחין קרבי הקדשים, ומשם מסיבה עולה לגג בית הפרוה. והשלש שבצפון: לשכת הגזית, לשכת הגולה, לשכת העץ. לשכת הגזית, שבה סנהדרי גדולה יושבת, וחציה היה קדש וחציה היה חול, ולה שני פתחים אחד לקדש ואחד לחול, ובחצי של חול היו הסנהדרין יושבין; לשכת הגולה, שם היתה בור שממלאין ממנו [ט]בגולה, ומשם מספקין מים לכל העזרה; ולשכת העץ היתה אחורי שתיהן והיא היתה לשכת כ"ג, [י]והיא הנקראת לשכת פרהדרין, וגג שלשתן שוה. ושתי לשכות אחרות היו שם בעזרת ישראל, אחת מימין שער מזרחי והוא לשכת פנחס המלביש, ואחד משמאלו והוא לשכת עושה חביתין.

‹המשך ההלכות מול עמוד ב'›

באר הגולה

[ה] ‹איני רואה בו קושיא של כלום, דמאן לימא לן דההוא בריה דרבינא הוה צורבא מרבנן, ותו דילמא לא הוה ניחא ליה בייחוד בלבד אלא בביאה, ורצה להמתין עד שתהא ראויה לביאה – מגיד משנה› [ו] ‹ג"כ אינה קושיא, דאשה זו מותרת גמורה היא דבר תורה, שאפילו בראיה שראתה כל שלא הרגישה אינה טמאה, וכ"ש זו שהוא ספק אם ראתה כלל ולא מצאה אפילו כתם, שהיא מותרת גמורה דבר תורה, אלא שחכמים החמירו בזה, ומ"מ אינה חופה דאיסורא, ואינה דומה לכלה שפירסה נדה והיא נדה ודאית, וזה החילוק ברור. ומ"מ דעת הרשב"א ז"ל כדברי הר"א ז"ל – מגיד משנה› [ז] ‹עיין שם בירושלמי איתא וז"ל: במשלי ובתילים מפני שטעמן מפיג את השינה, עכ"ל, נמצא שלפי זה כל כתבי הקדש בכללו, ועיין רפט"ז דשבת שאין קורין בכתבי הקדש בשבת מפני שהן מושכין את הלב, אלמא דכל הכתובים בכלל יעו"ש, וא"כ שפיר כתב רבינו, ומיושב מה שפקפק הלח"מ, יעו"ש היטב – הר המוריה› [ח] ‹ונ"ל דלהכי לא מני תנא הנך ב' לשכות שהיה בעזרה, משום דבאמת היו תוך עובי חומת עזרת ישראל, ואע"ג שהיו פתוחות לעזרת ישראל, עכ"פ מדהיה ריוח שלהן תוך עובי החומה, לא שייך גבייהו לומר שהן בעזרה – תפארת ישראל› [ט] ‹ר"ל בגלגל, וע"ש כן נקראת בור הגולה, ודלא כרש"י – הר המוריה› [י] ‹הא בפ"ק דיומא מספקא לן, ואדרבה אמרינן התם מסתברא בדרום קאי, ואע"ג דדחינן להך מסתברא, מ"מ מידי ספיקא לא נפקא. **ויש** לומר דסובר רבינו, דכיון דכשדוחה המסתברא דחי ליה בהכרח, דקאמר דאי לא תימא הכי ליעבדינהו לתרוייהו בהדי הדדי וכו', משמע דקושטא הוי כמו הדחיה, ובודאי בצפון קאי, ובעי למטרחיה לכ"ג – לחם משנה פ"א מהל' עבודת יוה"כ ה"ז›

גמ' תנא ללמדו חפינה אמר רב פפא שתי לשכות היו לו לכ"ג אחת לשכת פרהדרין ואחת לשכת בית אבטינס אחת בצפון ואחת בדרום אחת בצפון דתנן *[א] ששה לשכות היו בעזרה ג' בצפון וג' בדרום שבדרום לשכת המלח לשכת הפרוה לשכת המדיחין לשכת המלח ששם היו נותנין מלח לקרבן לשכת הפרוה *ששם היו מולחין עורות קדשים ועל גגה היתה בית טבילה לכ"ג ביוה"כ לשכת המדיחין שם היו מדיחין קרבי קדשים ומשם מסיבה עולה לגג בית הפרוה ג' שבצפון לשכת העץ לשכת הגולה לשכת הגזית לשכת העץ אמר ר' אליעזר בן יעקב שכחתי מה היתה משמשת אבא שאול [ב]אומר לשכת כ"ג היתה אחורי שתיהן וגג שלשתן שוה לשכת הגולה שם היה בור הגולה והגלגל נתון עליו ומשם מספיקין מים לכל העזרה לשכת הגזית [ג]שם היה סנהדרין של ישראל יושבת ודנה את הכהנים ומי שנמצא בו פסול היה לובש שחורים ומתעטף שחורים ויצא והלך לו ושלא נמצא בו פסול היה לובש לבנים ומתעטף לבנים ונכנס ומשמש עם אחיו הכהנים אחת בדרום דתנן *[ד]שבעה שערים היו בעזרה ג' בצפון וג' בדרום ואחד במזרח שבדרום שער הדלקה שני לו שער (א) הקרבן שלישי לו שער המים שבמזרח שער נקנור [ה]ושתי לשכות היו שם אחת בימינו ואחת בשמאלו אחת לשכת פנחס המלביש ואחת לשכת עושי חביתין *שבצפון [ו]שער ניצוץ (ג) בנין אכסדרה היה ועלייה בנויה לו על גביו ושם כהנים שומרים מלמעלה ולוים מלמטה (ג) ושלפנים הימנו החיל שני לו שער הקרבן שלישי לו שער בית המוקד ותניא *[ז]חמש טבילות ועשרה קדושין טובל כ"ג ומקדש בו ביום *וכולן בקודש [על גג] בית הפרוה חוץ מזו שהיתה בחול על גבי שער המים ובצד לשכתו היתה ולא ידענא אי לשכת פרהדרין בצפון ולשכת בית אבטינס בדרום או לשכת בית אבטינס בצפון ולשכת פרהדרין בדרום ומסתברא דלשכת פרהדרין בדרום הואי מאי טעמא מקדים קאי ומיסך את רגליו וטביל ואזיל לצפון וגמר חפינה ואתי לבית המקדש *ועביד עבודה כולי יומא לבהדי פניא מדו עליה והדר אזיל לדרום וטביל ונייח דאי אמרת לשכת פרהדרין בצפון מקדים קאי ומיסך רגליו ואזיל לדרום וטביל וגמר חפינה ואתי לבית המקדש ועביד עבודה כוליה יומא לבהדי פניא מדו עליה והדר אזיל לדרום וטביל ובעי מהדר ומיזל לצפון ומינח ומי טרח מטרחינן ליה כולי האי אלמה לא מטרחינן ליה טפי דאי צדוקי הוא ליפרוש אי נמי שלא תזוח דעתו עליו דאי לא תימא הכי נעבדינהו לתרווייהו בהדי הדדי אי נמי תסני ליה בהדא: ואמרו לו אישי כהן גדול וכו': לימא תהוי תיובתא דרב הונא בריה דרב יהושע *דאמר רב הונא בריה דרב יהושע הני כהני שלוחי דרחמנא נינהו דאי אמרת שלוחי דידן נינהו מי

רש"י

גמ' תנא ללמדו חפינה. מוליכין אותו לבית אבטינס ששם הקטרת מצוי: לשכת פרהדרין. לישן שם: ללמוד חפינה: על גגה. היה בית הטבילה מי מעיין היו באין לשם ברומה: מסיבה. בנין אבנים מעלות מגלגלות וסובבות במקיף עמוד כמין עץ גלגל של גת: (ד) לגג בית הפרוה. לעלות לה דרך המסיבה: לשכת הגולה. על שם בור שכרו שם עולי גולה: אחורי שתיהן. ללשכת הגולה וללשכת הגזית: וגג שלשתן שוה. קירוי אחד לשלשתן: שער הדלקה שער הקרבן. לא ידעתי למה נקרא שמם כך: שער המים. שבו מכניסין צלוחית של מים של ניסוך בחג כך מפרש בשקלים (דף יג:): ועשרה קדושין. ידיו ורגליו מן הכיור: כו ביום. ביוה"כ ולקמן (דף לב:) יליף להו מקראי וכולן בקדש כדמפרש: על גג בית פרוה. שהיתה בנויה בתוך עזרה מקודשת: חוץ מזו. טבילה ראשונה שאינה באה בשביל יוה"כ שאף כל ימות השנה שנינו כפ"ב (דף ל.) אין אדם נכנס לעזרה אפילו טהור עד שיטבול אבל טבילות הבאות מחמת יוה"כ בעינן מקום קדוש דהכי כתיב בהו ורחץ את בשרו במים במקום קדוש (ויקרא טז): ובצד לשכתו סיסה. אלמא לשכה יש לו בדרום: ומסתברא לשכת פרהדרין. שהוא ישן שם בדרום הוא אלא בית הטבילה חול: מאי טעמא מקדים קאי כו'. כשהוא משכים לבקר כל שבעה עומד ממטתו: ומיסך רגליו וטביל. התם על גב שער המים שהיא על גבה בעובי החומה מתוקן בית טבילה חול ומעיין משוך שם בלמה מעין עיטם כדלקמן (דף לא.) וכל המיסך רגליו טעון טבילה ליכנס בעזרה ואזיל לצפון ללשכתו השניה ללמוד חפינה ואתי לבית המקדש ועביד עבודה כוליה יומא כדתנן (לעיל דף יד:) כל שבעת הימים הוא זורק את הדם וכו': לבהדי פניא מדו עליה. כדאמרינן בריש פירקין: ואזיל לדרום וטביל. על שער המים כר"ע דאמר (שם) טהור שנפל עליו הזאה טמא(הו): ונייח. הולך ושוכב בלשכת פרהדרין אשר אלא בית הטבילה: דאי אמרת לשכת פרהדרין. שהוא ישן בה הויא בצפון ורחוקה מבית הטבילה הטרחתו כל העמל הזה: מקדים קאי ומיסך רגליו. כלדך כל המשכימין: ואזיל לדרום. לשער המים: וטבל וגמר חפינה. התם בבית אבטינס אשר שם ואזיל לבית המקדש וכו': אלמה לא. קושיא היא כלומר וכי לא טוב לך להטריחו מטרחינן ליה מדעת דאי צדוקי הוא ולאו ירא שמים לקבל עליו תורת המקדש ליפרוש מן הכהונה מתחלה וטוב לנו שהרי כן משנין את עבודה כדלקמן במשנתנו: תזוח. אפילו אדם כשר הוא טוב לנו להטריחו כדי שלא תזוח דעתו עליו להתגאות בכתר כהונה: דאי לא תימא הכי. (ה) דלא בעינן לאטרוחיה ליעבד שתי לשכיותיו בהדי הדדי: לימא תיובתא. מתני' דקתני אתה שלוחנו תיובתא דרב הונא כו': סני כסני. בהקרבת קרבנותיו שלוחי דרחמנא נינהו ולא שלוחינו ונפקא מינה דהא הוא מודר הנאה ממנו מותר לו שיקריב עליו קרבנותיו כדתנן בנדרים (דף לה:). הכי

תוספות

ששם מדיחין (*קדשי) קדשים. הא דאמרינן לעיל (דף טז.) דשולחנות היו בעזרה להדיח עליהן הקדשים וכדכתיב בהדיא ביחזקאל (מ) י"ל דבשר קדשים מדיחין על השולחנות אבל קרבי קדשים שיש בהן פרש ומאוסי מדיחין אותם בלשכת המדיחין*:

לשכת בית הפרוה. וא"ת מאי שנא דכי תנא להו ברישא נקט לשכת המלח ולשכת בית הפרוה ולשכת המדיחין וכי מפרש להו מפרש לשכת המדיחין והדר לשכת הפרוה וי"ל אי הוי מפרש לשכת בית הפרוה ברישא היכי ליתני ועל גגה היה כהן טובל כו' ואכתי לא קתני היכי סליק להתם להכי תנא לשכת המדיחין ברישא ומשם היתה מסיבה לגג בית הפרוה אמנם ראיתי במסכת מדות (פ"ה מ"ג) ושם מפרש לשכת הפרוה ברישא כי סידרא דרישא וגם במקצת ספרים שלנו יש כמו כן בכאן: מי

[נ"ל קרבי] | עי' תוי"ע ד"ה לשכת המדיחין

צה א ב מיי' פ"ה מהל' בית הבחירה הלכה יז:
צו ג מיי' פ"ו מהלכות ביאת מקדש הלכה יא:
צז ד מיי' פ"ה מהלכות בית הבחירה הלכה ד:
צח ה שם הלכה יז:
צט ו שם פ"ח הלכה ח:
ק ז מיי' פ"ב מהלכות עבודת יוה"כ הלכה ב:
קא ח שם הלכה ג:

מסורת הש"ס: מדות פ"ה מ"ג ע"ש | [מנחות כא: וע"ש בתוס'] | תמיד כז: מדות פ"א מ"ד | [תמיד כה: מדו' פ"א מ"ה] | [לקמן ל. לא. עא. זבחים יט:] | [לעיל יד:] | קדושין כג: נדרים לה:

רבינו חננאל

רבנן הוו מקדמי ומשדרי שליח. איבעית אימא ח"ו שיהיו עושין מעשה אלא ייחוד בלבד שאינו דומה מי שיש לו פת בסלו. כלומר מי שיש לו [אין] תאב למאכל כל כך ומי שאין לו לעולם רעב: והוליכוהו זקני כהונה לעליית בית אבטינס. תנא ללמדו חפינה. אמר רב פפא ב' לשכות היו לו לכ"ג אחת לשכת פרהדרין ואחת לשכת בית אבטינס אחת בצפון ואחת בדרום אחת בצפון דתנן בסוף מדות ו' לשכות היו בעזרה ג' בדרום לשכת המלח כו' ג' בצפון לשכת העץ לשכת הגולה לשכת הגזית. לשכת העץ אמר ר' אליעזר בן יעקב שכחתי מה היתה משמשת אבא שאול אומר לשכת כ"ג היתה אחורי שתיהן וגג שלשתן שוה הנה אחת בצפון. ואחת בדרום דתנן במדות פ' ראשון ז' שערים היו בעזרה ג' בצפון וג' בדרום ואחד במזרח שבדרום שער הדלק. שני לו שער הקרבן. שלישי לו שער המים. ותניא ה' טבילות וי' קידושין טובל כ"ג ומקדש בו ביום וכולן בקדש אבית הפרוה חוץ מזו שהיתה בחול ע"ג שער המים ובצד לשכתו היתה. נתברר כי ב' לשכות היו לכ"ג לשכת פרהדרין שהיה דרכה לשבעת הימים שהיו מפרישין אותו מביתו. ולשכת בית אבטינס שהיו מלמדין אותו שם חפינה ולא נתברר לנו בהדיא איזוהי בצפון ואיזוהי בדרום. א"ל אישי כ"ג אנו (ואתה) שלוחי ב"ד ואתה שלוחנו. כו' ואוקימנא משביעין אנו אותך על דעתנו ועל דעת ב"ד. אבל שלוחנו לא דכהני שלוחי דרחמנא אינון ולא שלוחי דידן

הגהות הב"ח

(א) גמ' שני לו שער (הקרבן) תא"מ וכ"כ ס"א הבכורות: (ב) שם שבצפון שער ניצוץ וכמין אכסדרה היה: (ג) שם ולוים מלמטה (ושלפנים ממנה החיל) תא"מ וכ"כ ס"א ופתח היה לו לחיל: (ד) רש"י ד"ה עולה לגג בית הפרוה: (ה) ד"ה דאי לא תימא הכי אלא לא בעינן לאטרוחיה:

תוספות ישנים

לשכת הפרוה ששם מולחין עורות קדשים. הייט לשכת המלח השנויה [בסקומן] רבה (דף כח:) בשלשה מקומות המלח נתונה בלשכת המלח ועל גבי הכבש כו' ואין זו לשכת המלח דהכא שנותנין בו מלח לכל צרכי ספודם. ר' אריי"ס: בצפון דתנן שם לשכות. בדרום גר' בקמייתא גבי לשכת המלח ופרוה ומדיחין ובצפון גר' בבתרייתא לשכת הגולה כו'. וכן מוכחא סוגיא דבסמוך דקאמר אזיל לדרום וטביל [ונייח] אלמא שער המים היה בצד לשכתו וכו' ובמדות גרס איפכא וזו הגירסא נראה לרבי עיקר: שער הדלק. יש לפרש שדרך שם היו מביאין אש למערכה: שער הקרבן. שמא דרך שם היו מביאין קרבנות: לבהדי פניא מדו עילויה. שסובר דהזאתו טימאתו וכרבי עקיבא: דאי ס"ד הני כאני שלוחי דידן נינהו. וא"ת והא בנדרים פרק אין בין המודר (דף לה:) איבעיא לן אי שלוחי דידן אי שלוחי דרחמנא נינהו ולא איפשיטא ואמאי לא פשטיה ליה מהך וי"ל דלא ניחא ליה לפשוט מדברי אמורא וכי האי גוונא פריך בבבא מציעא (דף יז.) ובכתובות (דף סט:) גבי אלמנה מן האירוסין יש לה כתובה שהיה יכול להוכיח כן מדברי אמוראים: והיו

מי איכא מידי דאנן לא מצינן למעבד ושלוחי דידן מצו עבדי הכי קאמרי ליה משביעין אנו עליך על דעתינו ועל דעת בית דין: הוא פורש ובוכה והן פורשין ובוכין וכו': הוא פורש ובוכה *שחשדוהו צדוקי והם פורשין ובוכין *דא"ר יהושע בן לוי כל החושד בכשרים לוקה בגופו וכל כך למה *שלא יתקן מבחוץ ויכניס כדרך שהצדוקין עושין ת"ר *מעשה בצדוקי אחד שהתקין מבחוץ והכניס ביציאתו היה שמח שמחה גדולה פגע בו אביו אמר לו בני אף על פי שצדוקין אנו מתיראין אנו מן הפרושים אמר לו כל ימי הייתי מצטער על המקרא הזה °כי בענן אראה על הכפורת אמרתי מתי יבוא לידי ואקיימנו עכשיו שבא לידי לא אקיימנו אמרו לא היו ימים מועטין עד שמת והוטל באשפה והיו תולעין יוצאין מחוטמו ויש אומרים ביציאתו ניגף דתני רבי חייא כמין קול נשמע בעזרה שבא מלאך וחבטו על פניו ונכנסו אחיו הכהנים ומצאו כבף רגל עגל בין כתפיו שנאמר °ורגליהם רגל ישרה וכף רגליהם ככף רגל עגל: א"ר זכריה בן קבוטל וכו': מתני ליה רב חנן בר רבא לחייא בר רב קמיה דרב א"ר זכריה בן קפוטל ומחוי ליה רב בידיה קבוטל ונימא ליה מימר ק"ש הוה קרי וכי האי גוונא מי שרי והא"ר יצחק בר שמואל בר מרתא הקורא את שמע לא ירמוז בעיניו ולא יקרוץ בשפתותיו ולא יורה באצבעותיו ותניא רבי אלעזר חסמא אומר הקורא את שמע ורומז בעיניו ומקרץ בשפתותיו ומראה באצבעו עליו הכתוב אומר °ולא אותי קראת יעקב לא קשיא *הא בפרק ראשון הא בפרק שני ת"ר °ודברת בם *בם ולא בתפלה ודברת בם בם יש לך רשות לדבר ולא בדברים אחרים רבי אחא אומר ודברת בם עשה אותן קבע ואל תעשם עראי אמר רבא *השח שיחת חולין עובר בעשה שנאמר ודברת בם בם ולא בדברים אחרים רב אחא בר יעקב אמר עובר בלאו שנאמר °כל הדברים יגעים לא יוכל איש לדבר: **מתני'** ‏בקש להתנמנם פרחי כהונה מכין לפניו באצבע *צרדא ואומרים לו אישי כ"ג עמוד והפג אחת על הרצפה ומעסיקין אותו עד שיגיע זמן השחיטה: **גמ'** מאי צרדא אמר רב יהודה צרתה דדא מאי היא גודל מחוי רב הונא ואזל קלא בכולי בי רב: ואומרים לו אישי כ"ג הפג אחת על הרצפה וכו': אמר רב יצחק על חדת מאי היא אמרי ליה אחוי קידה: ומעסיקין אותו עד שיגיע זמן שחיטה (וכו'): תנא לא היו מעסיקין אותו לא בנבל ולא בכנור אלא בפה ומה היו אומרין °אם ה' לא יבנה בית שוא עמלו בוניו בו מיקירי ירושלים לא היו ישנין כל הלילה כדי שישמע כ"ג קול הברה ולא תהא שינה חוטפתו תניא אבא שאול אמר אף בגבולין היו עושין כן זכר למקדש אלא שהיו חוטאין אמר אביי ואיתימא ר"נ בר יצחק תרגומא נהרדעא דא"ל אליהו לרב יהודה אחוה דרב סלא חסידא אמריתו אמאי לא אתי משיח והא האידנא יומא דכיפורי הוא ואבעול כמה בתולתא בנהרדעא אמר ליה הקב"ה מאי אמר ליה לפתח

רש"י

הכי קאמרי ליה. האי דקאמרי ליה אתה שלוחנו לאו בעבודה קאמרי ליה אלא לענין קבלת שבועה כלומר לא לפי מחשבה שבלבך אם באת להעביר בקבלת השבועה אנו משביעין אותך לפי דעתינו ודעת ב"ד: **שחשדוהו (א) לצדוקי.** לתקן הקטורת ולתת אותה על מחתת האש בהיכל ולהכניסה אחרי כן לבית קדשי הקדשים שכן אומרים הצדוקים כדלקמן: **החושד בכשרים לוקה בגופו.** דכתיב (שמות ד) הן לא יאמינו לי וגו' וכתיב והנה ידו מצורעת כשלג: **וכל כך למה.** השבועה הזאת למה: **שלא יתקן.** הקטורת מלא חפנים הניתנת ביה"כ על המחתה כדכתיב (ויקרא טז) ומלא חפניו וגו' ונתן את הקטורת על האש וגו': **מבחוץ.** בהיכל היו נותנין אותה להקטיר על האש ואח"כ מכניסין שהיו דורשין אל יבא כי אם בענן כי בענן אראה (שם) וכתיב ברישא דקרא ואל יבא בכל עת אל הקדש ומשמע כי בענן עשן הקטרת יבא ואז אראה על הכפורת: **מחוטמו.** שהוא ראשון לאברים ליכנס לבית לפי שהוא בולט לפניו כדאמר נמי במס' שבועות (דף יז:) הנכנס לבית המנוגע דרך אחוריו ואפילו נכנס כולו חוץ מחוטמו טהור אלמא הבא דרך אחוריו נכנס חוטמו אחרון: **מפני לים למיא בר רב א"ר זכריה בן קפוטל.** בפ"א ומחוי ליה רב בבי"ת עשה לו סימן שהוא קבוטל בבי"ת: **ירמוז יקרוץ יורה.** כולן לשון אחד הן אלא שזה נופל על העינים וזה נופל על האצבעות שנאמר (משלי ו) קורץ בעיניו מולל ברגליו מורה באצבעותיו: **בפרק ראשון.** צריך בו כוונה שנאמר בו (דברים ו) והיו הדברים האלה על לבבך: **בם.** שיש לך (ג) להשמיע מה שאתה מוציא מפיך: **ולא בתפלה.** שהתפלה בלחש שנאמר (ש"א א) וקולה לא ישמע כך מצאתי בשאלות דרב אחאי גאון*: **בם.** בדברי תורה: **ולא בדברים אחרים** שיחת הילדים וקלות ראש: **לא יוכל איש לדבר.** אין לו רשות: **מתני' אצבע צרדא.** מפרש בגמ': **והפג.** טייל להפיג שינה מעיניך עמוד והפג אחת שחוק לנו פעם אחת על הרצפה להפיג שינתך ובגמרא מפרש מאי היא: **ומעסיקין אותו.** בהפיגותם ובטיוליהם שלא יישן עד שמגיע זמן שחיטת תמיד של שחרית שהוא בהאיר המזרח: **גמ' צרתה דדא.** צרתה של זו אצבע (ג) תהי צרה לזו ומאי היא זו גודל באצבע הסמוכה לגודל היה מחברו לאגודל בחזקה ושומטה ומכה על כפו ונשמע הקול: **בכולים בי רב.** בית המדרש: **על חדת.** דרך חידוש הראה לנו: **אחוי קידה.** טוען גודליו בארץ ושוחה ונושק את הרצפה ועומד כך מפורש במס' סוכה (דף נג.): **אלא בפה.** היו משוררין לפניו: **אם ה' לא יבנה בית וגו'.** כלומר הזהר בעבודתך שתהא לשם שמים שתהא נרצות שאם אינה רצויה אין טורחך עולה לכלום: **שוא עמלו בוניו בו.** בחנם יגעים בבנין שלא יתקיים: **מיקירי ירושלים.** מחשובי ירושלים עושין כך שלא היו ישנים: **אלא שהיו חוטאין.** משחקין אנשים ונשים יחד ובאין לעבירה: **תרגומא.** להאי בגבולים היכא היו חוטאין בנהרדעא: לפתח

תוספות

מי איכא מידי דאנן לא מצינן למעבד כו'. תימה דבפרק אין בין המודר (נדרים דף לה:) מיבעיא לן הני כהני שלוחי דרחמנא נינהו או שלוחי דידן נינהו וקאמר ת"ש ת"ש טובא התם ולבסוף לא איפשיטא ואמאי לא פשיט לה מדרב הונא בריה דרב יהושע דהכא י"ל דלא בעי למיפשט מדברי אמוראים אלא ממתני' וברייתא וכי האי גוונא צ"ל אהא דמיבעיא לן בפ"ק דב"מ (יז: ושם) ובפ' הכותב (כתובות פט:) אי אלמנה מן האירוסין אית לה כתובה ולא איפשיטא אע"ג דבכמה דוכתי בש"ס משמע בפרק נערה (שם מד. ושם) ובפרק האומר (קדושין דף סה. ושם) דאית לה כתובה כמו שהוכיח שם ר"י אלא לא בעי למיפשט אלא ממתני' וברייתא* ולי נראה דלעולם פשיטא ליה מדרב הונא בריה דרב יהושע דשלוחי דרחמנא נינהו דאי ס"ד שלוחי דידן דווקא נינהו ולא שלוחי דרחמנא כלל מי איכא מידי כו' והתם מיבעיא ליה אי שלוחי דידן קאת דהוו להו שלוחי דרחמנא ושלוחי דידן או שלוחי דרחמנא דווקא והא לא מצי למיפשט מדרב הונא דאפילו אי שלוחי דידן נמי הוו מקרבי אע"ג דאנן לא מצינן למיעבד כיון דאף שלוחי דרחמנא נינהו ומילתא דרב הונא בריה דרב יהושע דאמר [לאו] שלוחי דידן נינהו לא נפקא מיניה מידי לענין מודר הנאה דבין אי שלוחי דידן דווקא נינהו בין אי שלוחי דרחמנא נמי נינהו אסור במודר הנאה דקא מהני ליה אלא נראה דנפקא מינה אי אמר בעל הקרבן לא בעינא דלקרביה [כהן] שבאותו משמר אלא כהן אחר אי אמרינן שלוחי דידן דווקא הא אמר לא בעינא ולא נקריב ליה כהן שבאותו משמר בעל כרחו ואי אמרינן שלוחי דרחמנא נינהו נהי כמי דמפרשינן אף שלוחי דרחמנא נינהו עיקרם שלוחי דרחמנא נינהו ולאו כל כמיניה לעכב על ידם שלא יקריבוהו כהני משמר*: **בם** ולא בתפלה. נראה לי *בם שואל מפני היראה ומשיב מפני הכבוד ולא בתפלה דאמרינן (ברכות דף לג:) אפילו מלך שואל בשלומו לא ישיבנו אפי' נחש כרוך על עקיבו לא יפסיק: להיכא

רבינו חננאל

דידן. הוא פורש ובוכה שחשדוהו בצדוקי. והן בוכין שכל החושד בכשרים לוקה בגופו. וכל כך למה שלא יתן את הקטורת על המחתה בהיכל ויכניס לפני ולפני' שדורשין כי בענן אראה על הכפורת. כלומר צריך לתת הקטורת [מבחוץ] ומכניס בבית קדשי הקדשים. והענן כבר עלה. מעשה בצדוקי אחד כ"ג שעשה כדובא מלאך וחבטו על פניו ונכנסו הכהנים [ומצאו] מכה כמין כף רגל עגל בין כתפיו. כדכתיב ורגליהם רגל ישרה וכף רגליהם ככף רגל עגל:

אות ג'

שם היה סנהדרין של ישראל יושבת ודנה את הכהנים

רמב"ם פ"ו מהל' ביאת המקדש הי"א - ב"ד הגדול היו יושבין בלשכת הגזית, ועיקר מעשיהם התדיר שהיו יושבין ודנין את הכהונה ובודקין הכהנים ביוחסין ובמומין; כל כהן שנמצא פסול בייחוסו, לובש שחורים ומתעטף שחורים ויוצא מן העזרה; וכל מי שנמצא שלם וכשר, לובש לבנים ונכנס ומשמש עם אחיו הכהנים.

אות ד'

שבעה שערים היו בעזרה שלשה בצפון וכו'

רמב"ם פ"ה מהל' בית הבחירה ה"ד - לפנים מן החיל העזרה, וכל העזרה היתה אורך קפ"ז על רוחב קל"ה; ושבעה שערים היו לה, ג' מן הצפון הסמוכין למערב, וג' מן הדרום סמוכין למערב, ואחד במזרח מכוון כנגד בית קדש הקדשים באמצע.

אות ה'

ושתי לשכות היו שם אחת בימינו ואחת בשמאלו

רמב"ם פ"ה מהל' בית הבחירה הי"ז - ושתי לשכות אחרות היו שם בעזרת ישראל, א' מימין שער מזרחי והוא לשכת פנחס המלביש, וא' משמאלו והוא לשכת עושה חביתין.

אות ו'

שער ניצוץ

רמב"ם פ"ח מהל' בית הבחירה ה"ח - והיכן היו הלוים שומרים, על ה' שערי הר הבית, ועל ד' פנותיו מתוכו; ועל ד' פינות העזרה מבחוץ שאסור לישב בעזרה, ועל חמשה שערי העזרה חוץ לעזרה, שהרי הכהנים שומרים על שער המוקד ועל שער הניצוץ; הרי שמנה עשר מקום.

אות ז'

חמש טבילות ועשרה קדושין טובל כה"ג ומקדש בו ביום

רמב"ם פ"ב מהל' עבודת יוה"כ ה"ב - כל עת שישנה הבגדים ויפשוט בגדים ולובש בגדים אחרים, טעון טבילה, שנאמר: ופשט את בגדי הבד ורחץ את בשרו במים במקום קדוש ולבש את בגדיו, וחמש טבילות ועשרה קידושין טובל כהן גדול ומקדש בו ביום.

אות ח'

וכולן בקדש על גג בית הפרוה, חוץ מזו שהיתה בחול

רמב"ם פ"ב מהל' עבודת יוה"כ ה"ג - כל הטבילות האלו והקידושין כולן במקדש, שנאמר: ורחץ את בשרו במים במקום קדוש, חוץ מטבילה ראשונה שהוא רשאי לטבול אותה בחול, [א]שאינה אלא להוסיף כוונתו, שאם יזכור טומאה ישנה שבידו, יפרוש ממנה בטבילה זו לשמה.

---

§ מסכת יומא דף יט: §

אות א'

שחשדוהו צדוקי

רמב"ם פ"א מהל' עבודת יוה"כ ה"ז - והוא פורש ובוכה על שחשדוהו במינות, והן פורשין ובוכין, לפי שחשדו למי שמעשיו סתומין, שמא אין בלבו כלום.

אות ב'

הקורא את שמע לא ירמוז בעיניו וכו'

סימן סג [ב]ס"ו - הקורא קריאת שמע: לא ירמוז בעיניו, ולא יקרוץ בשפתיו, ולא יראה באצבעותיו, בפרשה ראשונה שהוא עיקר קבלת עול מלכות שמים, מפני שנראה כקורא עראי, וכתיב: ודברת בם, ודרשינן: [ג]עשה אותם קבע - [ד]ואפילו לדבר מצוה אסור לרמוז, וכ"ש שאסור לשאוף טאבאק בק"ש. **ויש** מחמירין גם בפרשה שניה, [ה]**אך** לדבר מצוה לכו"ע מותר לרמוז בפרשה שניה, אבל להפסיק להדיא לא, עיין לקמן בסימן ס"ו.

(ומ"מ נ"ל דיש להקל בפרשה שנייה, למי שרגיל הרבה בשאיפת טבאק, וא"א לו לכוין מחמת זה).

אות ב'* [ו]

בם ולא תפלה

סימן קא ס"ב - לא יתפלל בלבו לבד, אלא מחתך הדברים בשפתיו, ומשמיע לאזניו בלחש - ויש שכתבו דצריך לחוש לדברי הזוהר, שאף לכתחילה לא ישמיע לאזניו. ‹וכן משמע ברש"י יומא י"ט

באר הגולה

א ‹פ"ג דיומא (דף ל') בברייתא פלוגתא דבן זומא ור"י, ופסק כר"י – כ"מ› ב ‹כן תוקן במהדורת נהרדעא› ג ‹המהרש"א פי' הגמ' לענין ד"ת, שיהיה עיקר דיבורו בהם, וכן פי' תר"י בברכות טז. ורעק"א שם פי' לענין ק"ש, וכדלעיל לענין איסור רמיזה› ד ‹כן משמע קצת ביומא דף י"ט – מ"א› ה ‹וראיה לזה, דהרי הא דאחוי לר"ח ביומא דף י"ט, חשב המ"א לדבר מצוה, וע"ז קאמר הש"ס דבפרק שני מותר, וע"כ דלדבר מצוה מותר בפרק שני – מג"ג› ו ‹ע"פ רעק"א›

ד"ה בם וד"ה ולא בתפלה – רעק"א, אבל בתוס' ישנים יש עוד פשטים. **אבל** המ"א כתב, שאין ראיה מהזוהר, וכ"כ הגר"א, דאף דעת הזוהר הוא כהשו"ע, וכ"כ שארי אחרונים, שטוב יותר לכתחילה שישמיע לאזניו, **ובדיעבד** לכו"ע, אם אמר בלחש כ"כ שאפילו לאזניו לא השמיע, יצא, כיון שמ"מ הוציא בשפתיו.

אות ג'

השח שיחת חולין עובר בעשה

מג"א סי' קנו - השח שיחת חולין עובר בעשה, פי' דבר גנאי וקלות ראש (יומא).

השח שיחת חולין עובר בעשה, פי' דבר גנאי וקלות ראש, שנאמר: ודברת בם ולא בדברים [ז]בטלים, ולאו הבא מכלל עשה עשה - מ"ב שם.

יו"ד סימן רמו סכ"ה - (ואסור לדבר בשיחת חולין). (ועיין באו"ח סימן ש"ז סעיף ט"ז).

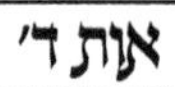

אות ד'

בקש להתנמנם פרחי כהונה מכין לפניו באצבע צרדא

רמב"ם פ"א מהל' עבודת יוה"כ ה"ח - בקש להתנמנם, [ח]פרחי לויה מכין לפניו באצבע צרדה, ואומרים לו: אישי כה"ג עמוד [ט]והצטנן מעט על הרצפה כדי שלא תישן, ומתעסקין עמו עד שמגיע זמן שחיטה; ולא היו שוחטין עד שמכירין שעלה עמוד השחר בודאי, שמא ישחטו בלילה.

אות ד'*

מיקירי ירושלים לא היו ישנין כל הלילה

סימן תריט ס"ו - [יא]נוהגים ללון בבהכ"נ ולומר שירות ותשבחות כל הלילה. הגה: וטוב לישן רחוק מן הארון (מרדכי) - פן יבוא לידי הפחה.

ומי שאינו רוצה לומר תשבחות ושירות בלילה, לא יישן שם (מהרי"ו) - דטעם היתר השינה הוא, משום שלן שם לצורך מצוה, לכן מותר לישן. **ולבוש** כתב: מוטב לילך לישן בביתו, כי מי שניעור בלילה ישן ביום, ואינו אומר בכונה, ואי משום שמירת הנרות, ישכרו שומר.

כתב בשל"ה: קודם שישן יאמר ד' מזמורים הראשונים שבתהילים, שהם שמירה לקרי, והיינו לבד הק"ש שקורין בכל יום, **טוב** שלא יעטוף בכרים וכסתות המחממין, ועכ"פ לא יכסה רגליו.

טוב ללמוד ביוה"כ משניות מסכת יומא, גם ללמוד המאמרים מסוף יומא המדברים מענין התשובה, **ואין** לת"ח לעסוק בתורה ולהשמיט מלומר התפלות והסליחות עם הצבור.

והחזנים המתפללים כל היום, לא יעורו כל הלילה, כי מאבדין קולם כשאינם ישנים (מהרי"ל).

---

§ מסכת יומא דף כ. §

אות א'

בכל יום תורמין את המזבח בקריאת הגבר וכו'

רמב"ם פ"ב מהל' תמידין ומוספין הי"א - אימתי תורמין הדשן בכל יום, [יב]משיעלה עמוד השחר, [יג]וברגלים מתחלת שליש אמצעי של לילה, וביוה"כ מחצות הלילה.

אות ב'

אברים שפקעו מעל גבי המזבח קודם חצות יחזיר וכו'

רמב"ם פ"ו מהל' מעה"ק ה"ג - איברים שפקעו מעל המזבח, [יד]אם יש בהן ממש, אפי' פקעו אחר חצות הלילה יחזיר, שנאמר: על מוקדה על המזבח כל הלילה; ואם אין בהם ממש, אפי' פקעו קודם חצות לא יחזיר; נתחרך הבשר ויבש עליהן כעץ ופקעו, קודם חצות יחזיר, אחר חצות לא יחזיר.

רמב"ם פ"ב מהל' מעילה הי"ב - [טו]עצמות העולה שפקעו מעל המזבח, קודם חצות הלילה מועלין בהן; לאחר חצות אין מועלין בהן; אע"פ שפקעו קודם חצות, כיון שהגיע חצות הלילה נעשו כל האיברים כמי שנתאכלו ונעשו אפר.

באר הגולה

[ז] ‹כן גורס המאירי והגמ"י› [ח] ‹ולפנינו איתא פרחי כהונה וכן הוא בירושלמי – הר המוריה› [ט] ‹נ"ב לא ידעתי מדוע לא כתב רבינו מה שאמרו בגמ' דאחוי קידה, גם לא כתב בהאי דמתעסקין עמו מה שהיו אומרים – הג' עמק המלך› [י] ‹ע"פ הבאר הגולה› [יא] **שם מברייתא מיקירי ירושלים יומא י"ט** ‹לשון הטור: ועוד נהגו ללון בבהכ"נ ואומרים שירות ותשבחות כל הלילה, ונ"ל שלקחו מהא דתנן מיקירי ירושלים לא היו ישנים כל הלילה, ומנהג אבותינו תורה היא› [יב] ‹במשנה בכל יום תורמין את המזבח בקריאת הגבר או סמוך לו בין לפניו בין לאחריו, ואיפליגו בגמ' רב ור' שילא, דרב אמר קריאת הגבר היינו הכורז שמכריז עמדו כהנים לעבודתכם, רב שילא אמר דהוי קריאת תרנגולא. ורבינו ז"ל לא ביאר כלל מזה, אלא סתם משיעלה עמוה"ש, ולא ידעתי למה, ואולי דמשמע ליה דאידי ואידי חד שיעורא הוא – לח"מ› [יג] ‹אמאי שינה מסדר המשנה› [יד] ‹עיין רש"י ד"ה ומועלין, "שיש בו עדיין ממש", וד"ה אחר חצות, "אע"פ שיש בו ממש, וצ"ע דרש"י לכאורה נגד הגמ' זבחים פ"ו. מובא בסמוך› [טו] ‹לישנא דמתני' איברים שפקעו וכו', וצ"ל דעצמות שכתב רבינו לאו דוקא, והרב ברכת הזבח ז"ל הגיה דצ"ל איברים, ע"ש, אך בדפוס מגדל עוז והמבי"ט בקרית ספר כתוב כנוסחתינו – מעשה רוקח. **ויותר** אני תמה, דהתם פריך בגמ': אי דאית בהו ממש אפי' לאחר חצות נמי, ואי דלית בהו ממש אפי' קודם חצות נמי לא, ומתרץ: לא צריכא בשרירי, כלומר שנתקשו מחמת האש ולא נעשו פחם, אלא כעצים יבישים (רש"י), **וכמ"ש** בהל' מעה"ק {הובא לעיל בסמוך}, דאם יש בהם ממש אפי' אחר חצות יחזיר, **ויראה** לי דהרמב"ם מפרש בשרירי, לאו דוקא בשר הנחרך, דה"ה עצמות וקרנים וטלפיים, ואדרבא שם שרירי חל עליהן יותר, דשרירי הוא לשון חזק וקשה, כמו שריר וקיים, **ומה** שלא הזכיר בשר חרוך, דסמך אדלעיל, דכיון דשם פסק בבשר חרוך דקודם חצות יחזיר, לאחר חצות לא יחזיר, ממילא דגם לגבי מעילה כן הוא – ערוה"ש›

לפתח חטאת רובץ ושטן מאי אמר א"ל שטן ביומא דכיפורי לית ליה רשותא לאסטוני ממאי *אמר רמי בר חמא השטן בגמטריא תלת מאה ושיתין וארבעה הוי תלת מאה ושיתין וארבעה יומי אית ליה רשותא לאסטוני ביומא דכיפורי לית ליה רשותא לאסטוני: **מתני'** **בכל יום תורמין את המזבח בקריאת הגבר או סמוך לו בין לפניו בין לאחריו וביוה"כ מחצות וברגלים מאשמורה הראשונה ולא היתה קריאת הגבר מגעת עד שהיתה עזרה מלאה מישראל: **גמ'** תנן התם *אברים שפקעו מעל גבי המזבח קודם חצות יחזיר ומועלין בהן לאחר חצות לא יחזיר ואין מועלין בהן מנה"מ אמר רב כתוב אחד אומר °כל הלילה והקטיר וכתוב אחד אומר °כל הלילה והרים הא כיצד חלקהו חציו להקטרה וחציו להרמה מתיב רב כהנא *בכל יום תורמין את המזבח בקריאת הגבר או סמוך לו בין מלפניו בין מלאחריו וביום הכפורים מחצות וברגלים מאשמורה הראשונה ואי

רש"י

לפתח חטאת רובץ · יצה"ר מחטיאו בעל כרחו : **מתני' תורמין את המזבח** · הדשן שהוא חותה מן הדשן במחתה פעם אחת בין רב למעט ובלבד שלא יפחות ממלא קומץ ונותנו במזרחו של כבש ונבלע במקומו שנאמר (ויקרא ו) והרים את הדשן וגו' ושמו אצל המזבח ולקמן*מוהרים ממנו בקומצו והיא היתה [דף כד:] תחילת עבודת שחרית בהשכמה: **סמוך לו** · סמוך לקריאת הגבר לפני קריאתו או לאחריה : **ביוה"כ** · תורם מחצות : [נדרים לב. ע"ש] **וברגלים מאשמורה הראשונה** · שהיא בשלישית הלילה כדאמר במסכת ברכות (דף ג·) ג' משמרות הוי הלילה ובגמרא מפרש טעמא דכולהו : **ולא היתה קריאת הגבר מגעת** · [זבחים סו:] ברגלים עד שהיתה העזרה מלאה מישראל המביאין קרבנותיהן להיות מזומנים להקריבן אחר התמיד מיד : **גמ' אהיכא קיימי'** · איני יודע לפרשה וה"ג תנן התם אברים שפקעו כו' והיא משנה במס' זבחים (דף פו.) ומתוך [זבחים פו.] פקיעותן קופצין ונופלין מן המערכה: **קודם חצות** · לילה : (א) **ומועלין בהן** · וקודם חצות אינו חשוב עיכול באבר שיש בו עדיין ממש לפיכך צריך להחזירו למערכה וכיון שלא נעשית כל מצותן קדשי ה' קרינן ביה ואית ביה מעילה לנהנין ממנו : **אחר חצות** · [ג"ז שם] אין צריך להחזיר (בו) שהחצות עושה עיכול באברים שמשלה בו האור ואע"פ שיש בו ממש כדיליף לה לקמיה: **ואין מועלין בהן** · כדקיי"ל (פסחים דף כו·) (ב) שנעשית מצותו אין מועלין בו כיון דלית ביה צורך גבוה לא קרינן ביה קדשי ה' ובמעילה כתיב (ויקרא ה) וחטאה בשגגה מקדשי ה' : **מנה"מ** · דחצות עושה עיכול : **כל הלילה והקטיר** · היא העולה על מוקדה כל הלילה אלמא כל הלילה מצוה להיות על מוקדה אלמא כל ליליא הויא הקטרת אברים ואפי' (ג) מה שעל המוקד אם פקע : **וכתוב אחד אומר כל הלילה והרים** · דסמיך ליה להאי קרא ולבש הכהן מדו בד והרים (ד) הדשן אלמא כל הלילה הוא חשיב כעיכול וקרי בשר העולה דשן משמשלה בו האור וכשר להרימו : **חציו להקטרה** · שאינו עיכול ואם פקעו צריך להחזיר להקטיר וחציו להרמה מחצות ולהלן קרוי דשן אלמא חצות משויא ליה עיכול : ואי

תוספות

אהיכא קיימינן אהא דתנן וכו' · רש"י לא גרס ליה אלא הכי גרס תנן התם וכו' ול"נ לפרש אהיכא קיימי' כלומר על איזו תרומה קאי ע"כ לא קאי על תרומת הדשן דההיא פשיטא דהיתה כל שעה סמוך לבקר דפשטיה דקרא משמע הכי על מוקדה על המזבח כל הלילה עד הבקר וגו' והדר כתיב והרים את הדשן אלא בתרומה אחריתי איירי מתני' והיינו דקאמר אהא דתנן אברים שפקעו מנא הני מילי וכו' עד חלקהו חציו להקטרה וחציו להרמה ולפרישית לקמן בשם ריו"ץ הבחור דחצות עושה אותן האברים עיכול שבתחילה יכול להרימם ולהסירם לתפוח וקרי ליה הרמ' ובההיא תרומה איירי מתני' [*ולא שיעשה מהן הרמה דהא דשן כתיב אלא כדפריש' שאם ירצה יאספם לתפוח כדי להוציאם חוץ למחנה אבל אם רוצה להניחן במקום המערכה כדי למרק מצותן שיהא עצמן ראוין להרמת הדשן עדיין מצותן עליהן ולכך תנן יחזיר דמסתבר דחסר מהן מירוק מצותן עדיין כיון דאין ראוין לתרומת הדשן] והא דקאמר חציו להקטרה וחציו להרמה לאו דוקא אלא לישנא דמתני' נקט דקתני קודם חצות יחזיר ועיקר מילתיה דרב עלה איתמר ומדאורייתא אין קפידא לדבר אלא כל אימת דהוו שרירי מותר להרימן ולהולכן לתפוח כפי הצורך דלא מסרן הכתוב אלא לחכמים כמו שנראה להם להקריב לפנות המערכה כדי לחזור ולסדרה כפי מאי דנפישי קרבנות היום שתהא המערכה מזומנת להקטיר עליה בעולות הבקר וכן כהנא פריך עלה ואי ס"ד דאורייתא היכי מקדמינן וכו' דמשמע ליה דמדאורייתא חלקהו ממש חציו להקטרה וכו' ולא כדקא ס"ד מעיקרא דלא מסרן הכתוב אלא לחכמים אלא א"ר יוחנן מתני' כפשטיה אתרומת הדשן ודקשיא לך והא כפשטיה דקרא משמע דהיתה בבקר מהאי קרא נפקא לן דניתן רשות להקדימה ולאחרה כמו שירצו מדכתיב עד בקר והרים תן בקר לבקרו של לילה ומדלא פירש כמה לא מסרן הכתוב אלא לחכמים ובפ' המזבח מקדש (זבחים דף פו·) דקאמר רב כי הכא חציו להרמה משמע ליה לפי המסקנא דהכא דמוקמינן מתני' בתרומת הדשן דבא ליתן טעם נמי לתרומת הדשן מ"ט זימנין הכי וזימנין הכי הלכך פריך רב כהנא התם כי הכא אלא א"ר יוחנן תרומת הדשן מקרא דעד בקר נפקא א"כ י"ל אלא א"ר יוחנן קרא קמא כולו להקטרה וכולו להרמה בדשן מעוכל ושרירי דאמרי' בהו חצות עושה עיכול מעד הבקר נפקא תן בקר לבקרו של לילה והיינו חצות : **אברים** שפקעו מעל גבי מזבח כו' · בפרק המזבח (שם דף פו·) פריך ה"ד אי דאית בהו ממש אפי' לאחר חצות נמי ואי דלית בהו ממש אפי' קודם חצות נמי לא ומוקי לה בשרירי מנה"מ וכו' כי הכא ומפ' רש"י התם חציו להרמה ושרירי נמי ראויין להרמה ור"י פי' דלא הוי ראויין להרמה דלאו דשן נינהו אלא חציו להרמה דקאמר כעין הרמה שאין ראויין להקטרה וכן משמע בפ' שני דמעילה (דף ט:) דדייק התם וכן גחלת שפקעה מע"ג המזבח לא יחזיר הא ע"ג מזבח יחזיר ומקשי מינה לרב ומשני שאני גחלת דאית בה משפא הלכך יחזיר דלא נעשית מצותה משמע דאין ראוי לתרום ממנה דאי ראוי לתרום ממנה א"כ לאחר תרומת הדשן אמאי יחזיר הרי נעשית מצותה מיהו היא גופא קשיא מנא ליה דמיירי לאחר תרומת הדשן דילמא קודם תרומת הדשן איירי דבהא מודה רב דמועלין קודם שנעשה מצותו וי"ל דדומיא דפסולין דקתני בהדה וכולן שפקעו מעל גבי המזבח לא יחזיר בכל ענין ואפילו קודם חצות ה"נ גחלת איירי בכל ענין ועוד דבסיפא גבי אברים הוא דמפליג אבל בגחלת לא הפליג דעיכול חשיבא ולא שייך בה לשון הקטרה ולא לשון מוקדה דהא כבר מתוקדא וקיימא ומ"מ יחזיר דלאו ראוייה להרמה היא דלא חשיבא דשן ואכתי לא נעשית מצותה הלכך ע"ג מזבח יחזיר דהכתי לא נגמרה מצותה וכי פקעה לא יחזיר דעל מוקדה על המזבח משמע דדבר שצריך יקידה יהא על המזבח לעולם ואפי' פקע אבל דבר שא"צ יקידה לא וא"ת כשמאספין האפר להעלותו לתפוח אין יכולין ליזהר שלא יהו גחלים באפר ואסור להוריד גחלת מן המערכה וכדקאמר במעילה דיחזיר וכ"ש דאסור להוציא וי"ל דמן המעוכלות היה נוטל כדמשמע במס' תמיד שהיה חותה מן המעוכלות הפנימיות ואיכא למימר דהנהו לית בהו משפא אבל גחלת חיה דאית בה משפא בההיא אמרינן דיחזיר והא דקאמר במעילה הוא הדין דאפי' אפר לא בעי למימר דהוי כגחלת ממש אפי' לענין חזרה דגחלת מחזיר לעולם אפי' לאחר תרומת הדשן דאין מעלין אותה לתפוח אבל אפר מעלין לתפוח אלא לענין מעילה קאמר דהויא כגחלת ור"י הבחור מיישב פי' רש"י דחציו להרמה דקאמר אפי' בשרירי לענין זה שהרמת הדשן מתירתן לאוספן לתפוח ולא לענין שיעשה מהן תרומת הדשן דהא דשן כתיב והיינו דקאמר ראמנא והרים את הדשן מחצות כדי להתיר אפי' שרירי דמחצות ואילך חשיבי עיכול ואין ראוים להקטרה ואם ירצה יאספם לתפוח כדי להוציאם מחוץ למחנה אבל אם רוצה להניחם במקום המערכה כדי למרק מצותם שיהו ראויין הם עצמם לתרומת הדשן עדיין מצותן עליהן הלכך יחזיר דמסתבר למימר דעדיין חסר מהן מרוק מצוה כיון שעדיין אין ראויין לתרומת הדשן והשתא ניחא דבשעה שהיו מאספים את האפר לא היו צריכין ליזהר מגחלים [אפי'] לוחשות וכן משמע במס' תמיד (דף כח:) ·דקתני האברים *שנתעכלו מבערב סולקין אותן לצד המזבח וכו' עד החלו מעלין באפר על גבי תפוח וכו' אלמא דלא היו מסלקין [אלא] האברים שלא נתעכלו אבל גחלים חשיבי עיכול ואפי' לוחשות:

[נ"א שלא נתעכלו]

היכי

עין משפט נר מצוה

קו א מיי' פ"ב מהל' תמידין הלכה יא :

קו ב מיי' פ"ו מהלכות מעשה הקרבנות הל' ג ופ"ב מהל' מעילה הלכה יב :

רבינו חננאל

לפתח חטאת רובץ. השטן בגימטריא שס"ד עולה והשנה יש בה שס"ה ימים כדי שעור שמו יש לו רשות להסטין יום אחד והוא יוה"כ אין לו רשות להסטין·בכל יום תורמין את המזבח בקריאת הגבר או סמוך לו מלפניו או מלאחריו כו'. תנן התם בשחיטת קדשים פרק ט' אברים שפקעו מעל גבי המזבח קודם חצות יחזיר ומועלין בהן אחר חצות לא יחזיר ואין מועלין בהן. כלומר כבר עבר זמנם ובטלה קדושתן מנהני מילי אמר רב כתוב אחד אומר כל הלילה והרים וכתוב אחר אומר כל הלילה והקטיר· ובענין הוא כתובה זו השמועה בשחיטת קדשים בפרק המזבח מקדש באחריתו

תוספות ישנים

תלת מאה ושיתין וארבע. לפי שנות החמה קאמר : בפי' ר"ח גרס תנן התם אברים כו' כמו שפי' בקונטרס : קודם חצות יחזיר כו'. בזבחים מוקי לה בשרירי ולכך קודם חצות יחזיר שעדיין אינו אסר אבל אחר חצות הוי אסר :

הגהות הב"ח

(א) רש"י ד"ה קודם חצות לילה יחזיר ומועלין בהן דקודם חצות אינו כו' כצ"ל והד"א: (ב) ד"ה ואין מועלין בהן כדקי"ל כל שנעשית מצותו: (ג) ד"ה כל הלילה כו' ואפי' אם פקע מה שעל המוקד וכו"ד: (ד) ד"ה וכתוב אחד כו' והרים את הדשן אלמא:

קה א מיי' פ"ו מהל' כלי המקדש הל' ג :

ואי סלקא דעתך מחצות דאורייתא היא היכי מקדמינן (והיכי מאחרינן) אלא אמר ר' יוחנן משמע שנא' כל הלילה איני יודע שהוא עד הבקר ומה ת"ל עד הבקר תן בקר לבקרו של לילה הלכך בכל יום תורמין את המזבח בקריאת הגבר או סמוך לו בין מלפניו בין מלאחריו סגיא ביוה"כ דאיכא חולשא דכ"ג עבדינן מחצות וברגלים דנפישי ישראל ונפישי קרבנות עבדינן מאשמורת הראשונה כדקתני טעמא לא היתה קריאת הגבר מגעת עד שהית' עזרה מלאה מישראל מאי קריאת הגבר רב אמר קרא גברא רבי שילא אמר קרא תרנגולא רב איקלע לאתריה דרבי שילא לא הוה אמורא למיקם עליה דרבי שילא קם רב עליה וקא מפרש מאי קריאת הגבר קרא גברא אמר ליה רבי שילא ולימא מר קרא תרנגולא א"ל אבוב לחרי זמר לגרדאי לא מקבלות מיניה כי הוה קאימנא עליה דר' חייא ומפרישנא מאי קריאת הגבר קרא גברא ולא אמר לי ולא מידי ואת אמרת לי אימא קרא תרנגולא א"ל מר ניהו רב נינח מר א"ל אמרי אינשי אי אגרת ליה פוץ עמריה איכא דאמרי הכי א"ל *מעלין בקדש ולא מורידין תניא כותיה דרב תניא כותיה דרבי שילא תניא כותיה דרב גביני כרוז מהו אומר °עמדו כהנים לעבודתכם ולוים לדוכנכם וישראל למעמדכם והיה קולו נשמע בשלש פרסאות מעשה באגריפס המלך שהיה *בא בדרך ושמע קולו בג' פרסאות וכשבא לביתו שיגר לו מתנות ואעפ"כ כ"ג משובח ממנו דאמר *מר וכבר אמר אנא השם ונשמע קולו בירידו ואמר רבה בר בר חנה א"ר יוחנן מירושלים לירידו י' פרסי ואע"ג דהכא איכא חולשא והכא ליכא חולשא והכא יממא והתם ליליא דא"ר לוי מפני מה אין קולו של אדם נשמע ביום כדרך שנשמע בלילה מפני גלגל חמה שמנסר ברקיע כחרש המנסר בארזים והאי חורגא דיומא לא שמיה והיינו דקאמר נבוכדנצר °וכל דיירי ארעא (*כלא) חשיבין ת"ר אלמלא גלגל חמה נשמע קול המונה של רומי ואלמלא קול המונה של רומי נשמע קול גלגל חמה ת"ר שלש קולות הולכין מסוף העולם ועד סופו ואלו הן קול גלגל חמה וקול המונה של רומי וקול נשמה בשעה שיוצאה מן הגוף וי"א אף לידה ויש

דניאל ד

רש"י

ואי דאורייתא הוא היכי מקדמינן · גרסינן ולא גרסינן היכי מאחרינן הלא כל אליו ראוי להרמה ומה לנו אם יאחר : **היכי מקדמינן** · אפילו דשן המעוכל יפה והא אמרת אליו להרמה אלמא אין אלי הראשון כשר לכך : **אלא א"ר יוחנן** · לא תימא אליו לכך ואליו לכך אלא הכי דריש הכתוב הכשר כל הלילה בין להקטרה שאין מעוכלין בין להרמה אם יש דשן מעוכל וחלות דעושה עיכול בלבדים שמשלה בהן האור מחצות נפקא ממשמע שנאמר בהקטרה כל הלילה על מוקדה איני יודע שעד הבקר קרוי לילה: **ומה ת"ל עד (א) בקר תן השכמה אחרת לבקרו של לילה** · בוקרו של לילה הוא עלות השחר ונתן לך הכתוב בו בקר אחר לומר שאין צריך להקטיר מן השכמה ואילך וכיון שלא נתן זמן לאותו בקר על כרחך הוא חצות לילה הלכך הואיל וכל הלילה כשר להרמה קבעו חכמים זמנה הכל לפי שעה בכל יום דלא נפישי קרבנות ורב להם היום בקרות הגבר סגי : **ביוה"כ דאיכא חולשא דכ"ג** · שהרי עליו לבדו הוא מוטל צריך להשכים יותר : **דנפישי קרבנות** · ורב הדשן במקום המערכה וצריך להעלות את הדשן לתפוח לאחר ההרמה כדתנן במסכת תמיד (דף כח:) מעלין האפר לתפוח ותפוח הוא גל של אפר כמין תפוח של ענבים הגדלך בגת שהם כנסו אפר של כל ימות החג והוא באמצע המזבח ופעמים שהוא עליו כג' מאות כור לפיכך צריך להקדים לתרום מאשמורה הראשונה : **קרא גברא** · מכריז הממונה על הכרוז ואומר עמדו כהנים לעבודתכם כדקתני בברייתא בשמעתין : **רב איקלע לאתריה דר' שילא** · ולא היו מכירין אותו : **לא הוה אמורא** · מתורגמן העומד לפני חכם הדרשן והחכם לוחש לו לשון עברית והוא מתרגם לרבים לשון שהן שומעין : **וקא מפרש קרות הגבר קרא גברא** · נפל לו בתוך הדרש שלחש לו ר' שילא קרות הגבר לשון עברי והוא תרגם לרבים קרא גברא: **אבוב לחרי זמר** · חליל שהוא חשוב לפני בני חורים זמר נאה וערב : **לגרדאי לא קבלוה מיניה** · בא אצל גרדיים לשורר ולחולל להם לא הוכשר בעיניהם ומשל הוא כלומר פירוש זה שפירשתי לפני שרים רבים פעמים רבות ולא מיחו בידי עכשיו פירשתי לפניך שאינך גדול כמותם ולא קבלתו : **מר הוא רב** · שאתה רגיל לקום ולתרגם לפני ר' חייא שהוא דודך : **נינח מר** · לך ושב בכבודך שאיני כדאי שתהא מתורגמני : **אי מגרת ליה פוץ עמריה** · אם נשכרת אצל אדם למלאכת יום כל מלאכה שיטיל עליך ואפילו היא בזויה כגון ניפוץ למר שהיא מלאכת נשים עשה לו אף אני מאחר שהתחלתי בפעולתיך אגמור : **ולא מורידין** · גנאי הדרשה הוא שארד אני ויקום פחות ממני לגומרה : **גביני כרוז** · גביני המכריז : **דאמר מר** · לקמן בפ"ד (דף לט:) : **ככר אמר אנא השם** · ככר פעם אחת היה מעשה שהיה כ"ג מתודה על פרו ביום הכפורים ואמר אנא השם חטאתי וכו' ונשמע קולו ביריחו : **וליכא חולשא** · דתעניתא : **והכא יממא** · שאין הקול נשמע בו כבלילה : **והאי חירגא לא שמיה** · והאי פסולת הנסורות והוא נראה בעמוד של חמה דיומא ממש ; **לא שמיה** · כן שמו לשון אין :

תוספות

היכי מקדמינן והיכי מאחרינן · רש"י לא גרס היכי מאחרינן ונראה לי דספיר גרס ליה דכיון דזמנו קבוע מחצות ואילך היכי מקדמינן ברגלים ובכל יום היכי מאחרינן דמשמע שלעולם היו רגילים לתרום בקרות הגבר סמוך לו מלפניו או מלאחריו ואמאי והא זריזין מקדימין למצות וכי היכי דתמיד של שחר זמנו עד ד' שעות ואפ"ה היו מקדימין בהכשר המזרח דהיינו מתחילת זמן שקבעה לו תורה ה"נ אמאי מאחרינן ליה לכתחילה עד קרות הגבר : **אלא** א"ר יוחנן משמע שנאמר כו' · בפ' המזבח מקדש (זבחים דף פו:) לא גרס רש"י אלא ופירש דרבי יוחנן מפרש לקראי כרב חלוי להקטרה ואליו להרמה מיהו היינו דוקא בשרירי וגבי הרמה מקרא אחרינא נפקא לן דכתיב עד בקר תן בקר לבקרו של לילה ומוקמינן ליה בהרמה ולא מסרן הכתוב אלא לחכמים להיות מסכימין כל מה שירצו לפי הצורך וקשה דקרא דעד בקר כתיב בהקטרה היכי מוקמינן ליה בהרמה ועוד דבכל הספרים גרס' אלא ויש פירושים אחרים של רש"י שפירש בהם דגרסינן אלא ופירש דרבי יוחנן פליג אדרב וס"ל דכל הלילה קאי להקטרה וקאי אהרמה דכל הלילה כשר להקטרה כשאין דשן וכשר להרמה אם יש דשן מעוכל וגבי הקטרה כתיב בקר מיותר לומר תן בקר לבקרו של לילה והיינו בשרירי דחלות עושה עיכול והכי מידרים קרא תן השכמה אחת לבקרו של לילה ובקרו של לילה הוא עמוד השחר ונתן לך הכתוב בקר אחר לומר שאין צריך להקטיר מן השכמה ואילך וכיון שלא קבע זמן לאותו בקר על כרחך הוא חצות לילה שמע מינה דבשרירי תלוי בחצות ובדשן מעוכל דלית ביה ממשא כל הלילה והכי מוכח וכן פירש רש"י לכאן וכפ' שני דמגילה (דף כ:) דקאמר כל הלילה כשר להקטרה קשה אמאי לא קאמר נמי להרמה וי"ל משום דבשום פעם לא היו רגילין לתרום קודם אשמורה הראשונה לא קתני ליה : **משום** חולשא דכ"ג · משמע דלפי' תרומת הדשן שהיא עבודה הלילה היא כשירה אלא בו והכי מקדמינן ליה כדי שיהא בין עבודה זו לעבודת היום וריב"א פירש דלא גרסי' כ"ג אלא הכי גרסי' משום חולשא דכהן קודם שהכהן התורם

רבינו חננאל

פי' קרא דכתיב הכי לא אשכחנן כי כתב קרא הכי כתב על מוקדה על המזבח כל הלילה ותני בתורת כהנים. מה אני מקיים לא ילין חלב חגי עד בקר זהו האמור ללמד שיהו מעלין מן הארץ האברים שפקעו מע"ג המזבח כל הלילה *) שיהא נותנן מבוא השמש והן מתאכלין ע"ג המזבח כל הלילה. א"כ מה ת"ל עד בקר. אלא אם אינו ענין לאיכול אברים תנהו ענין לתרומת הדשן מלמד שתורמין את המזבח כל הלילה וכיון שהוא מפורש כאן בתורת כהנים. אמר רב קרא הוא שכל הלילה כשר להקטרה וכשר להרמה הא כיצד חלקתו חציו של לילה להקטרה וחציו להרמה. וכיון שמדאורייתא מחצי הלילה הוא הרמה היכי מקדמינן לה והיכי מאחרינן לה ופריק ר' יוחנן משמע שנאמר כל הלילה איני יודע שעד בקר לילה הוא. למה הוצרך עוד לומר עד בקר אלא הכי אמר תן בקר לבקרו של לילה. כלומר אינו ממש כל הלילה אלא בין מקום בין מאחרי כן כשר הלכך בכל יום תורמין את המזבח בקריאת הגבר או סמוך לו סגיא. לפי שדשן המזבח מעט הוא ודיי לו השיעור הזה. ביוה"כ דאיכא חולשא (דכ"ג) [דכ"ג] מקדימין מחצות ברגלים שהיו קרבנותיה רבה והדשן מרובה מקדימין מאשמורת הראשונה. קריאת הגבר רב אמר קרא גברא ר' שילא אמר קרא תרנגולא. תניא כמר ותניא כמר אבוב לחרי זמר גרדאי לא קיבלוה. כמו משל הוא **) אבוב שהיה לשרים גדולים זמר אנשים פעוטים אינו ערב להם אלא מוחירין עליו: וכן אי תגרת ליה פוץ עמריה אמר פעם אחת נשכר ענין בן טובים אצל בעה"ב משובח היה מכירו ונותן לו צמר לנפצו. ובעצם הנשכר שהגיע לזו הפחיתות. הרגיש בעה"ב וא"ל הניחהו. והשיב לו מאחר שנשכר (הנה) ינפץ הצמר: גביני כרוז נשמע קולו בג' פרסאות וכ"ג משובח ממנו דא' וכבר אמר אנא השם ונשמע קולו ביריחו. שהוא [י'] פרסאות וכ"ג איכא חלשא דתענית והוא ביום שאין הקול נשמע ביום כמו בלילה פי' אחרי שהזכיר השם בהשאי בקול נמוך והבליעו בנעימת אחיו הכהנים אמר בקול רם משרבו הפריצים לא היה אומרו אלא בקול נמוך ת"ר ג' קולן הולך מסוף העולם ועד סופו

*) [כתו"כ הגי' שם שיהו מעלין וכו' כל הלילה הא מאי אני מקיים כל הלילה שיהא נותנם מבוא השמש וכו' וכצ"ל כאן]. **) [בערוך ערך אבוב איתא אבוב שהי' לשרים גדולים וזמרו ביה אנשים פעוטים ואינו ערב להן וכו' וכן צ"ל כאן כי ידוע כי דברי הערוך הם דברי קבלה מרבו רבה"ח ז"ל וכתב לשונו ממש].

מסורת הש"ס

[ברכות כח: וש"נ]

גיר' ע"י שהיה מהלך בלילה

לקמן לט:

הגהות הב"ח

(א) רש"י ד"ה ומה ת"ל עד הבקר כו' מן השכמה ואילך כ"ל פי' מן השכמה האחרת :

[צ"ל כלה]

תוספות ישנים

תן בקר לבקרו. אבל לא משמע לפרש ליתן בקר שני לשריפתן שהרי אין מתעכבין כל כך להתעכל :

משום חולשא דכהן גדול עבדינן מחצות. מכאן משמע שהיה כהן גדול עושה תרומת הדשן והא דחשיב עלה לקמן פיים במשנה היינו בכל יום דהתם נמי קתני מי שוחט מי זורק ומי מדשן ואעפ"ם דצריך לקדש ידיו ורגליו לתרומת הדשן ואין זו מתחשבון חמש טבילות ועשרה קידושין זהו לפי שהיתה כעוד לילה קודם שיתחיל עבודת היום היה יכול לצאת חוץ לעזרה והפייס שפייס בסדר יוה"כ שהיה שם פיים לתרומת הדשן לשון המשנה וסדרה תפס שיטת תפלתו והא דקתני מפסיקין אותו עד זמן שחיטה משום דמיכן ואילך מתחיל עבודת היום בלא הפסק ולא כפי' ריב"א שרוצה לפרש מכח אלו הראיות שהיה אז תרומת הדשן כשאר כהנים :

ברגלים דנפישי ישראל ונפישי קרבנות כדקתני לא היתה קריאת הגבר מגעת כו'. וכיון שיש שם רוב קרבנות ורוב עסק והיו דוחקין בעזרה היה ממהר להוציא הדשן ולהכי מסיק טעם דמסיק כדקתני כו' אבל לפי' הקונט' שלא תלה הטעם אלא בנפישי קרבנות לא אתי שפיר טעם דמסיק כדקתני כו'. ריב"א :

והיה קולו נשמע עד ג' פרסאות. וא"ת והתנן (תמיד פ"ג מ"ח) מיריחו היו שומעין קול גביני כרוז ותירץ ה"ר יוסף בר' משה דודאי היה נשמע עד יריחו אבל אגריפס שמע עד ג' פרסאות ולא נהירא דמשמע שלא היה נשמע יותר ור"ת אומר דקול הברה שלו נשמע עד יריחו אבל לא היו שומעין ומבינים הכרוז אלא עד ג' פרסאות ואין נראה לרבי דהא משמע דלא מצאת תשובות דכהן גדול אלא דהואי חולשא ויממא ולא קאמר שקול דבריו של כהן גדול היו מבינים ולא של גביני כרוז ונראה לרבי שמואל שחולקות והכי נמי פליגי הסוגיא דתניא לקמן בפרק טרף בקלפי וסוגיא דתמיד (שם) דקתני מיריחו היו שומעין קול שער הגדול שנפתח ובפרק טרף בקלפי (דף לט:) קאמר עד ח' תחומי שבת ואין לומר דהסוגיא דלקמן בשער א) עזרה והסוגיא דתמיד בשער ב) היכל דהא קתני שער הגדול דהיינו שער היכל שהיו פותחין קודם התמיד ואין לחלק בין זה שער הגדול לקול שער הגדול ועל כן נראה נמי דהכך פליגי :

א) צ"ל היכל : ב) צ"ל עזרה :

<ההלכות נמצאות מול דף כא:>

מסורת הש"ס

ויש אומרים אף רידייא ובעו רבנן רחמי אנשמה בשעה שיוצאה מן הגוף ובטלוה תניא כוותיה דר' שילא היוצא לדרך קודם קריאת הגבר דמו בראשו רבי יאשיה אומר עד שישנה ויש אומרים עד שישלש ובאיזה תרנגול אמרו בתרנגול בינוני אמר רב יהודה אמר רב בשעה שישראל עולין לרגל עומדין צפופין ומשתחוים רווחים ונמשכין אחת עשרה אמה אחורי בית הכפורת מאי קאמר הכי קאמר אף על פי שנמשכין אחת עשרה אמה אחורי בית הכפורת ועומדים צפופין כשהן משתחוין משתחוין רווחים וזה אחד מעשרה נסים שנעשו במקדש דתנן* עשרה נסים נעשו בבית המקדש לא הפילה אשה מריח בשר הקדש ולא *הסריח בשר הקדש מעולם ולא נראה זבוב בבית המטבחים ולא אירע קרי לכהן גדול ביום הכפורים ולא נמצא פסול בעומר ובשתי הלחם ובלחם הפנים עומדים צפופים ומשתחוים רווחים ולא הזיק נחש ועקרב בירושלים מעולם ולא אמר אדם לחברו צר לי המקום שאלין בירושלים פתח במקדש וסיים בירושלים איכא תרתי אחרנייתא במקדש דתניא מעולם לא כבו גשמים אש של עצי המערכה ועשן המערכה אפי' כל הרוחות שבעולם באות ומנשבות בו אין מזיזות אותו ממקומו ותו ליכא והתניא *רב שמעיה *בקלנבו שברי כלי חרס נבלעין במקומן ואמר אביי מוראה ונוצה ודישון מזבח הפנימי ודישון המנורה נבלעין במקומן פסולי תלתא הוו חשבינהו בחד אפיק תרי ועייל תרי אי הכי בלועין נמי תרי הוו חשבינהו בחד חסרו להו איכא נמי אחריתי *דאמר רבי יהושע בן לוי נס גדול היה נעשה בלחם הפנים סלוקו כסדורו שנאמר °לשום לחם חום ביום הלקחו ותו ליכא *והאמר ר' לוי דבר זה מסורת בידינו מאבותינו מקום ארון אינו מן המדה ואמר רבנאי אמר שמואל כרובים בנס היו עומדין ניסי דבראי קא חשיב ניסי דגואי לא קא חשיב אי הכי לחם הפנים נמי ניסי דגואי הוא לחם הפנים ניסי דבראי הוא דאמר *ריש לקיש מאי דכתיב °על השלחן הטהור טהור מכלל שהוא טמא כלי

תורה אור: ש"א כא · ויקרא כד

רש"י

וי"א אף רידייא· מלאך הממונה על השקות הארץ ממטר השמים ממעל ומן התהום מתחת וקורא להן שנאמר תהום אל תהום קורא כדאמרי' במס' [תענית דף כה. ודף כה:] ואמרינן התם דדמי לעגלא ולכך נקרא רידייא לשון שור החורש מתרגימנן לא תחרוש לא תירדי (דברים כב): כוותיה דר' שילא· דאמר קרות הגבר קרא תרנגולא: שילא ייחידי לדרך דמו בראשו· מפני המזיקין: דמו בראשו· עון מותו על ראשו מוטל שהוא המית עצמו: בתרנגול בינוני· שאינו ממהר קריאתו ולא מאחר: צפופים· לשון צף מרוב העם היו נדחקים איש באחיו ואין לו מקום לנטות על צדו לכאן ולכאן וזקוף כקורה אף רגליו ניטלים מעל הארץ: משתחוים רווחים· וכשמשתחוים ונופלים נעשה להם נס והמקום מרחיב עד שיש ביניהן ארבע אמות שלא ישמע איש וידוי של חבירו שלא יכלם: נמשכין אחת עשרה אמה אחורי בית הכפורת· נמשכין מתוך דוחקן ומתפזרין על פני אורך כל י"א אמה של מקום דריסת רגלי ישראל לצפון ולדרום ויוצאין ממקום דריסת רגליהם ונכנסין דרך בית החליפות בין צידי ההיכל לכותלי העזרה לצפון ולדרום ומשם נכנסין למערב באותה עשרה אמה שיש אויר אחורי בית הכפורת עד כותל מערבי של עזרה כדתנן במסכת מדות (פ"ה משנה א) ואמרינן לה לעיל בפרקין (דף טז:): מאי קאמר· מאחר שמשתחוים רווחים ונתרווח המקום על ידי הנס אתה מזקיקו לימשך ולהתפשט אחורי בית הכפורת: הכי קאמר כו'· הא' ונמשכים אחורי כו' ארישא קאי קודם השתחואה והכי קאמר אע"פ שנמשכין אחורי הכפורת והיו צריכין לעמוד צפופים מרוב דוחקן אפילו הכי כשהיו כולם משתחוים באים למזרח המזבח מתוך העזרה ומשתחוים לפני ההיכל ובריוח: לא הפילה אשה· עוברה שנתאותה לאכול מבשר הנצלי כשמעלה ריח: בבית המטבחים· של עזרה: ולא נמצא פסול בעומר· שאם יארע בו פסול אין אחר להביא תחתיו שהוא נקצר בליל מוצאי י"ט ואין מרבין לקצור אלא כפי השיעור של עשרון מנופה בי"ג נפה וכן שתי הלחם נאפין מערב י"ט ואין אפייתן דוחה יום טוב ואם יפסל לא יאפו אחרת בי"ט וכן לחם הפנים שנאפה מע"ש ואם יפסל אין חילוף והשלחן עומד ריקם עד שבת הבאה: צר לי המקום· מזונותי לחוקים דירתי דחוקה: בקלנבו· שם מקום: שברי כלי חרם· שמבשלים בהן קדשי קדשים ובליעתן נאסרת משום נותר וטעונין שבירה כדכתיב (ויקרא ו) וכלי חרש אשר תבושל בו ישבר ושבירתו במקום קדוש כדאמרי' התם בזבחים בפרק דם חטאת (דף צג:) ואם אין נבלעין כמלאו אשפתות של שברים בעזרה: מוראה ונוצה· של עולת העוף: ודישון מזבח הפנימי ודישון המנורה· בכל בקר נותנן עם תרומת הדשן במזרח של כבש כדתנן גבי תרומת הדשן (תמיד פ"א משנה ד) הגיע לרצפה הפך פניו לצפון והולך במזרחו של כבש כעשר אמות מקום שנותנין שם מוראה ונוצה ודישון מזבח הפנימי והמנורה וקרא נמי דמוראה ונוצה הכי כתיב והשליך אותה אצל המזבח קדמה אל מקום הדשן (ויקרא א): פסולי תלתא הוו· פסול עומר ושתי הלחם ולחם הפנים תלת ניסי תשבתינהו: בלועין תרי הוו· דשברי כלי חרס הוה חד ומוראה ועולה וכל הניתנים שם חד הוה: סילוקו כסידורו· כשמסלקין אותו עדיין הוא חם: חום ביום הלקחו· שהוא חם ביום שנלקח משם והאי קרא בלחם הפנים כתיב בספר שמואל: מקום ארון אינו מן המדה· אינו תופס למעט ממדת החלל של בית כלום דתניא ארון שעשה משה יש לו עשר אמות אויר לכל רוח כשניתן באמצע בית הכפורת והרי כל החלל לא היה אלא כ' על כ' שנאמר (מלכים א ו) ולפני הדביר עשרים אמה אורך ועשרים אמה רוחב נמצא שאין מקום הארון ממעט כלום: כרובין בנס היו עומדין· גופי הכרובים שעשה שלמה עומדין בארץ אצל ארון אחד בצפון ואחד בדרום (שם) ובכנפיהם עשרים אמה פרושות מקיר אל קיר כדכתיב כנף הכרוב חמש אמות נמצאו הכנפים מחזיקים את כל החלל נמצא עובי הגוף אינו מן המדה: דבראי· מבחוץ בעזרה נסים הידועים לכל: מכלל שהוא טמא· שמקבל טומאה: עשוי

תוספות

התורם יהא חלש דאי כ"ג תורם א"כ ליחשביה נהא טבילה דטביל בהדי חמש טבילות ועשרה קידושין שכ"ג טובל בו ביום וכן עשה הפייס הוקמו מתלות דשן לנערה כפיים דשן הבערה אלמא שהיו מפייסין ביוה"כ מי תורם ור"י אומר דשפיר גרס כ"ג דלהכי מקדמי לתרום ולסדר מערכה ולסלק האברים שלא נתעכלו כדי שימלא כהן גדול מזומן כל מה שצריך מיד כשיעלה עמוד השחר קודם שיהיה רעב וחלש*: *והיה קולו נשמע בשלש פרסאות· תימה דבפרק שלישי דתמיד (דף ל:) תנן מיריחו היו שומעין קול גביני כרוז דהיינו עשר פרסאות וי"ל דבי' פרסאות לא היו מבינין אלא קול הברה בעלמא וכן יש לפרש ההא דאמרי' ריש פרק טרף בקלפי (לקמן לט:) דצירי דלתות היכל נשמעין בשמונה תחומי שבת והתם תנן מיריחו: נבלעין במקומן· פירש הרב פורת דהוא הדין דישון מזבח החיצון ואין נראה לרבינו תם דמנא ליה האי סברא כיון דלא חשיב ליה בהדי הנך ועוד הא אמרי' בפרק כל שעה (פסחים דף כו.) ובשלהי תמורה (דף לד·) ואפר הקדש לעולם אסור באותן שטעונין גניזה כדתניא ושמו בנחת ושמו שלא יפזר אלמא דלא הוי נבלע במקומן מדטעון גניזה מיהו יש לומר קרא לאו אגניזה סמך וה"ק אי לאו הוה ניסא שיהא נבלע במקומן טעון גניזה אי נמי נראה לי אם חפר שם והוציא אותו קאמר דאפר הקדש לעולם אסור וכן פירש רש"י בסוף תמורה*: כלי

[וע"ע תוס' זבחים דף פו: ד"ה מעשה] · עין משפט אשר · [וע"ע תוס' זבחים דף סד. ד"ה דישון]

מס' ד"א פי"א · אבות פ"ה מ"ה · נ"א התליע · [זבחים נו׳ גירסת ע"י מקלנבו] · חגיגה דף כו: [מנחו' כט׳ לו:] · ב"ב דף צט׳ מגילה דף י: · חגיגה דף כו: מנחות דף נו:

רבינו חננאל

קול גלגל חמה · וקול המונה של רומי · וקול הנשמה כשיוצאה מן הגוף · וי"א קול רידיא' פי' רידיא הא דגרסי' באחרית פרק סדר תעניות האלו תאחרון · אמר רבה בר בר חנה לדידי חזי לי ההוא רידיא ודמי לעיגלא תילתא·ופריקת שפותיה וקאי בין תהומא עילאה לתתאה׳ לתהומא תתאה אמר (בעמיקך) [אבע] ולעילאה אמר נשור סימן שנאמר הנצנים נראו בארץ עת הזמיר הגיע וקול התור נשמע בארצנו פי' התור עגל שהוא שור. היוצא קודם קרות הגבר דמו בראשו׳ אמר רב כשהיו ישראל עולים לרגל היו עומדין צפופין ומשתחוים רווחין. ואף ע"פ שנמשכין י"א אמה אחורי בית הכפרת · וזה אחד מי' נסים שבמקדש דתנן במס' אבות פרק אחרון עשרה נסים נעשו לאבותינו בבית המקדש כו' ואקשינן פתח וא' עשרה נסים שבמקדש · ואו' בבלגן שנים בירושלים הזיק נחש ועקרב · וצר לי מקום · ושני איכא

תרתי אחרנייתא במקדש והן שלא כיבו גשמים אש המערכה ולא הזיזה הרוח עשן המערכה ותו ליכא והא תני רב שמע בקל · פי' כך שמו ומפורשים בזבחים פרק דם חטאת שניתז · וכי עו[illegible] אשמיטתיה הא רב שמע בקל שברי כלי חרס נבלעין במקומן · וכן אמר אביי מוראה ונוצה כו' · ודחי' פסולי תלתא הוו והם עומר ושתי הלחם ולחם הפנים חשבינהו כחד וכן הבלועין נמי תר[illegible] חד עייל נס דלחם הפנים שהיה נשאר בחמימו ח' ימים שנאמר לשום לחם חום ביום הלקחו פי' לחם חום היה מסתלק כיום סדורו ואסיק דלחם הפנים היה מיטלטל עם השלחן מדקתני על השלחן הטהור מכלל שמטמא הא

תוספות ישנים

לא נמצא פסול בעומר · לפי שלא היו יכולין להביא אחר כדפי' בקונטרס ואע"ג דאמרינן לעיל (דף ז׳) גבי עומר אומר ומביאין אחרת תחתיה מ"מ לא שכיח למצוא אחרת : ולא אירע קרי לכהן גדול · אבל מיהא [טומאות אחרות] אירעו כדאשכחן לקמן (דף מז׳) וכהנא דוכתי ונתוה ליוהרא כו׳ אבל פסול קרי דגנאי הוא לא אירע ובירושלמי גר׳ מעשה ולא אירע קרי לכהן גדול ונכנס יוסף בן אולם כו׳ [illegible]

הנאה ואי נבלעת למה טעונה גניזה ושמא אם לא אירע הנס קאמר דהכי נמי מסיק [illegible] (דף יב׳) איסור הנאה בדישון מזבח הפנימי והמנורה מיהו לקמן בפ׳ הוציאו לו (דף נט) [illegible] דהייט קודם דישון ומ"מ אחר דישון קתני לא נהנין ולא מועלין : מקום ארון כו׳ [illegible] מנסים שהיו בבית ראשון כגון ארון [illegible]

א) [illegible] ב) [illegible] ג) [illegible]

עין משפט נר מצוה

קט א מיי' פ"ג מהל' כלים הלכה א:
קי ב מיי' פ"ב מהל' תמידין הלכה א:

מסורת הש"ס

עשוי לנחת · שאינו מיטלטל וכלי עץ לענין טומאה הוקש לשק שנאמר (ויקרא יא) מכל כלי עץ או בגד או עור או שק וגו' מה שק מיטלטל מלא וריקן אף כלי עץ מיטלטל מלא וריקן ואף על גב דשלחן מצופה בזהב בטל ליפוי לגביה כדאמרינן בשילהי חגיגה שאני שלחן דקרייה רחמנא עץ: **שמגביהין אותו** · ומראין אותו לחוץ: **ירעש כלבנון פריו** · ירעש פריו של ישראל כפירי הלבנון אלמא יש פירי בלבנון ולבנון הוא בית המקדש ומהו הרעש כשהרוח נושבת והן מקישין זה לזה רועשים ונשמע קולם: **דקביעי** · קבועים ועומדים תמיד במקומן: **רבוצה כארי** · גחלת שנפלה מן השמים בימי שלמה והיתה על המזבח עד שבא מנשה וסילקה היתה דומה לארי רובץ: **ויש בה ממש** · בשלהבת שלה: **כי קאמרי'** · דמעלה עשן בהדיוט קאמרי' באש הדיוט שהיו מביאין אללה: **וארצה בו ואכבד**. חסר ה"א בנבואת חגי (חגי א) כתיבה וכתיב שני משתמשי קרא: **ארון כפורת וכרובים** · כולה חדא מילתא ושכינה לא שריא בו ורוח הקודש לא היתה בנביאים משנת *שתים לדריוש ואילך: **דחולין** · מן הקדחת שהוא צמא ולמה למים ואינו חפץ לאכול: **דוחה אש** · ממקומה להלן: **דגבריאל** · שירד להציל חנניה מישאל ועזריה שלא את הכבשן מבפנים והקדיח מבחוץ לשרוף את זורקיהן לתוכו כדאמרינן בערבי פסחים (דף קיח.): **הושיט אצבעו** · בסנהדרין הוא בפרק אחד דיני ממונות (דף לח:) גבי בריאת של מלאכים שאמרו לפניו מה אנוש כי תזכרנו: **מוצאי יו"ט האחרון של חג** · שמאתמול נחתם גזר דינם על גשמי שנה כדתנן בחג נידונין על המים: **נוטה כלפי צפון** · שרוח דרומית מנשבת ופירותיהן מרקיבין ואין יכולין להוליך ופותחין ומוכרין אותן בזול: **הכל שמחים** · שרוח מערבית שקולה היא ומביאה גשמים לפי הראוי ולא הפירות מרקיבין ותבואת הזרע מצלחת ואין רעב בעולם: **הכל עצבים** · שהוא רוח המייבשת את הזרעים כדאמרינן במסכת גיטין (דף לא:) אפי' שופתא בקופינא דמרא רפיה: **האי מרבה דידיה** · לפניות מגדלת הראויין לשלחן: **הא לן והא להו** · מזרחית יפה לארץ בבל שהיא ארץ לחה מחמת מימיה לעולם ולארץ ישראל קשה שהיא ארץ הרים ובקעות וממהרת ליבש:

הדרן עלך שבעת ימים

כלי עץ העשוי לנחת · בשילהי מסכת חגיגה (דף כו:) פריך והא מצופה זהב היה ומוכיח ממתני' דמסכת כלים (*פי"א משנה ג) דבתר ליפוי אזלינן ומשני שאני שלחן דקרייה עץ דכתיב (יחזקאל מא) המזבח עץ שלש אמות וכו' עד וכתיב וידבר אלי זה השלחן:
ואורים ותומים · אורים ותומים הוו שאם לא כן היה כהן גדול מחוסר בגדים אלא לא היו משיבין לנשאלין בהן:

[ז"ל פכ"ב מ"א]

כלי עץ העשוי לנחת הוא וכל כלי [עץ] העשוי לנחת *אינו מקבל טומאה והוצ"ע בפני טומאה אלא מלמד שמגביהין אותו לעולי רגלים ואומרים להם ראו חיבתכם לפני המקום שסילוקו כסידורו שנאמר לשום לחם חם ביום הלקחו ותו ליכא *והאמר רב אושעיא בשעה שבנה שלמה בית המקדש נטע בו כל מיני מגדים של זהב והיו מוציאין פירותיהן בזמנן וכשהרוח מנשבת בהן נושרין שנא' ירעש כלבנון פריו וכשנכנסו נכרים להיכל יבש שנאמר ופרח לבנון אומלל ועתיד הקב"ה להחזירו שנאמר פרוח תפרח ותגל אף גילת ורנן כבוד הלבנון נתן לה ניסי דקביעי לא קא חשיב השתא דאתית להכי ארון וכרובים נמי ניסי דקביעי נינהו אמר מר ועשן המערכה ומי הוה עשן במערכה והתניא חמשה דברים נאמרו באש של מערכה רבוצה כארי וברה כחמה ויש בה ממש ואוכלת לחין כיבשין ואינה מעלה עשן כי קא אמרינן בדהדיוט דתניא* ונתנו בני אהרן הכהן אש על המזבח אע"פ שאש יורדת מן השמים מצוה להביא מן ההדיוט רבוצה כארי והתניא א"ר חנינא סגן הכהנים אני ראיתיה ורבוצה ככלב לא קשיא כאן במקדש ראשון כאן במקדש שני ובמקדש שני מי הואי והאמר רב שמואל בר אוניא מאי דכתיב וארצה בו ואכבד וקרינן ואכבדה מאי שנא דמחוסר ה"א אלו חמשה דברים שהיו בין מקדש ראשון למקדש שני ואלו הן ארון וכפורת וכרובים אש ושכינה ורוח הקודש ואורים ותומים אמרי אין מיהוה הוה סיועי לא מסייעא ת"ר שש אשות הן יש אוכלת ואינה שותה ויש שותה ואינה אוכלת ויש אוכלת ושותה ויש אוכלת לחין כיבשין ויש אש דוחה אש ויש אש אוכלת אש יש אש אוכלת ואינה שותה הא דידן שותה ואינה אוכלת דחולין אוכלת ושותה דאליהו דכתיב ואת המים אשר בתעלה לחכה אוכלת לחין כיבשין דמערכה יש אש דוחה אש דגבריאל ויש אש אוכלת אש דשכינה דאמר מר *הושיט אצבעו ביניהם ושרפן ועשן המערכה אפילו כל הרוחות שבעולם אין מזיזות אותו ממקומו *והאמר ר' יצחק בר אבדימי במוצאי יו"ט האחרון של חג הכל צופין לעשן המערכה נוטה כלפי צפון עניים שמחין ובעלי בתים עצבין מפני שגשמי שנה מרובין ופירותיהן מרקיבין נטה כלפי דרום עניים עצבין ובעלי בתים שמחין מפני שגשמי שנה מועטין ופירותיהן משתמרין נטה כלפי מזרח הכל שמחין כלפי מערב הכל עצבין דאזיל ואתי כדיקלי ואבדורי לא הוה מיבדר אמר מר כלפי מזרח הכל שמחין כלפי מערב הכל עצבין ורמינהו מזרחית לעולם יפה מערבית לעולם קשה רוח צפונית יפה לחטין בשעה שהביאו שליש וקשה לזיתים בזמן שהן חונטין רוח דרומית קשה לחטין בשעה שהביאו שליש ויפה לזיתים בזמן שהן חונטין ואמר רב יוסף ואיתימא מר זוטרא *וסימניך שלחן בצפון ומנורה בדרום האי מרבה דידיה והאי מרבה דידיה לא קשיא הא לן והא להו*):

*) [ברכות ס: וש"נ]

תורה אור: שמות כה · ויקרא א · חגי א · תהלים קד · זכריה יא · ישעיה לה · מלכים א יח

[חגיגה כו: מגילה כו: מנחות צו:] · לקמן דף לט: · [ז"ל ארבע (דנבוכריה סי' ז) כתיב ויהי בשנת ארבע לדריוש המלך היה דבר ה' אל זכריה] · לקמן דף נג: עירובין ד' סג: · [סנהדרין לח:] · ב"ב דף קמז. · [ב"ב דף כה: מנחות ד' סו:]

גליון הש"ס
גמ' וכרובים אש ושכינה · במדרש רבה פ' בהעלותך נקט מנורה ולא נקט שכינה:

הדרן עלך שבעת ימים

רבינו חננאל

והא קיימא [לן] דטומאת הכלים מן השק ילפינן דכתיב או בגד או עור או שק ואמרינן מה שק מיטלטל מלא ריקם . אף כל כלי המיטלטל מלא וריקן הוא שמקבל טומאה אבל כל כלי עץ העשוי לנחת כלומר שתשים עליו דבר ולהניחו עליו העשוי לנחת הוא · ופרקינן שלחן מגביהו אותו בלחם הפנים ומראין אותו לעולי רגלים · ואסיקנ' ניסי דקביעי לא חשיב לאפוקי ארון וכרובים ומגדים ולחם הפנים והבלועין ונשארו שלשה המסולין במקטן מנוין שלשה ומשנתנו אחר שבירדו בגמ' זו עשרה נסים שנעשו במקדש נשנית דהא תנינן (בה) ולא כבו גשמים אש של מערכה וכן לא נצחת הרוח את עמוד העשן דחשבינן להו במקום נסים שבירושלים · ולא יתכן שתיהא זו המשנה שנויה כך כלל ואקשינ' ומי הוה עשן המערכה · והתניא ה' דברים נאמרו באש המערכה רבוצה כארי וברה כחמה · ויש בשלהבת שלה ממש · ואוכלת לחים כיבשים ואינה מעלה עשן · ודחינ' האש של הדיוט הוא מעלה עשן · דתניא ונתנו בני אהרן הכהן אש · ואע"פ שהאש מן השמים מצוה להביא מן ההדיוט · במקדש ראשון היתה רבוצה כארי · ובמקדש שני ככלב ולא מסייעת · לפיכך היו עורכין עליה עצים למערכה שבראשון לא היו עורכין אלא ב' גזירין לקיים המצוה · ואקשינן תוב וכי לא היתה הרוח מזיזה עשן המערכה · והאמר רב יצחק בר אבדימי מוצאי יו"ט האחרון של חג הכל צופין בעשן המערכה נוטה כלפי צפון וכו' · ופרקינן האי נוטה דקתני משום דכייף ופשט כדיקלא אבל איבדורי כשאר כל עשן לא הוה מיבדר · ה' דברים היה חסר המקדש האחרון ואלו הן ארון כפרת וכרוב אש ושכינה · ורוה"ק שהיא הנבואה ואורים ותומים · ואש אע"פ שהיתה רבוצה ככלב לא היתה מסייעת ; **ת"ר** שש אשות הן · יש אש אוכלת ואינה שותה הא דידן · כלומר אם תשפוך עליה מים תכבה · אש שותה ואינה אוכלת שעל החולין · אש אוכלת ושותה דאליהו שאכלה הבשר ושתת המים שנא' ואת המים אשר בתעלה לחכה · אש אוכלת לחים כיבשים היינו אש דמערכה · אש דוחה אש דגבריאל · אש אוכלת אש דשכינה · דא' הושיט אצבעו ביניהן ושרפם · פי' המלאכים שהם אש שאמרו לפניו יתברך בעת שבא לבראות האדם מה אנוש כי תזכרנו ושרפן · עשן המערכה נוטה כלפי מזרח הכל שמחין כלפי מערב הכל עצבין · והתניא רוח מזרחית לעולם יפה · ורוח מערבית לעולם קשה · רוח צפונית יפה לחטים בשעה שהביאו שליש כי השלחן בצפון ומרבה החטים לעשות סולת · וקשה לזיתים כשחונטין *) כי המנורה בדרום ומרבה השמן לנרות וקשה לחטים כשהביאו שליש · מ"מ רוח מזרחית יפה ורוח מערבית קשה קשיא לרב יצחק בר אבדימי ופרקינן ל"ק הא לן והא להו · לבני א"י שהיו צופין לעשן המערכה וכשנוטה כלפי מזרח היו הכל שמחים כי רוב רוחות של אותה שנה מערבית היא · וכו' **) מערבית יפה ורוח מזרחית קשה · אבל לבני בבל רוח מזרחית יפה להן שהן שרויין במזרח · ורוח מערבית קשה להן : הדרן עלך שבעת ימים

*) נראה דחסר וצ"ל רוח דרומית יפה לזיתים בזמן שהן חונטין כי המנורה וכו'. **) ואולי צ"ל ונהם שהן שרוין במערב מערבית יפה וכו'.

תוספות ישנים

למ"ד עזרה נגעלת מאליה תנו על ידי נס דהא מיהא ניסא דלא קביע שהיה פוסק : **חמשה** דברים שיש בין מקדש ראשון למקדש שני כו' · בפסוק לגזר יעקב אתן מכלל ושירים כתוב ועודף אחרון כבוד לראשון כתש וכרוב ועוד שלשה דברים ותימה דלהלכה עוז ולא עדף ועוד כי יש לנו להיות שם חדרים רמ"ח כנגד רמ"ח אברים שבאדם כמו שפיינו שם אתן את הודו נקרב עם מיחדו למספר כל נתתים כי עזור ולאן כי אם רמ"ו והגיה רבינו תם ועודף אחרון כבוד לראשון ועמד ארבע מאות ועשרים ונראה בו להכבד אבל לא כאש וכרוב ועוד שלשה דברים וזהו כמו שמשמע כאן כפירוש ושמן המשחה שלא היה בבית שני לא קחשיב דלא חשיב אלא דברים שהיו כאן לצורך המקדש דוקא : בסיימי פרק ראשון . תצרני באישון . והבהק אורי באישון . ותן לי מאתך מענה לשון . ובהורתך האירה עיני . והוד והדר תעטרני . בפרק שני : **הדרן עלך שבעת ימים**

§ מסכת יומא דף כ: §

אות א'

עמדו כהנים לעבודתכם ולוים לדוכנכם וישראל למעמדכם

רמב"ם פ"ז מהל' כלי המקדש ה"ב - כל אחד ואחד מממונים אלו, תחת ידו אנשים הרבה, כדי להכין המלאכה שהוא ממונה עליה; זה שעל הזמנים הוא ואנשיו משמרים את הזמנים, כיון שיגיע עת הקרבן, מכריז הוא או אחד מאנשיו ברשותו ואומר: עמדו כהנים לעבודה ולוים לדוכן וישראל למעמד, וכיון שישמע קולו יבוא כל אחד למלאכתו.

---

§ מסכת יומא דף כא: §

אות א'

וכל כלי [עץ] העשוי לנחת אינו מקבל טומאה וחוצץ

רמב"ם פ"ג מהל' כלים ה"א - כל כלי עץ העשוי לנחת, אפילו אינו מקבל אלא דבר מועט, אינו מקבל טומאה לא מן התורה ולא מדברי סופרים; וכל כלי עץ העשוי להתטלטל מלא וריקן כשק, אפילו היה מחזיק מאה סאה, ואף על פי שיש לו שוליים, הואיל ואינו עשוי לנחת, הרי זה מקבל טומאה דין תורה כשאר כלי קיבול; וכל כלי עץ שהוא סתם, אם היו לו שוליים לישב עליהם על הקרקע כדי שלא יהא נוח להתגלגל, והיה מחזיק ארבעים סאה בלח שהן כוריים ביבש, אינו מקבל טומאה כלל לא מן התורה ולא מדברי סופרים, מפני שחזקתו שעשוי לנחת; ודברים אלו דברי קבלה הן, מפי השמועה למדו, מה שק שהוא מתטלטל מלא וריקן, אף כלי עץ לא יטמא אא"כ היה מיטלטל מלא וריקן, להוציא כלי עץ העשוי לנחת.

השגת הראב"ד: כל כלי עץ העשוי לנחת אפי' כו'. א"א דבר זה איני יודע מאין הוציאו אלא משלחן של מקדש וממנורה, שהקשו עליהם כלי עץ שעשוי לנחת הוא, ואף על פי שאינן מקבלין ארבעים סאה בלח, ואינו מחוור, [א]דהתם איסורא נמי איכא בטלטולם. ‹עיין במקור להמשך דברי הראב"ד›

[ב]**רמב"ם פ"ו מהל' טומאת מת ה"ב** - וכן כלי עץ העשוי לנחת, כגון התיבה והמגדל והכוורת שהן מחזיקין ארבעים סאה בלח, ויהיה להם שולים, אינן מקבלין טומאה כלל לא מדברי תורה ולא מד"ס, ואלו הן הנקראין כלי עץ הבא במדה.

אות ב'

אע"פ שאש יורדת מן השמים, מצוה להביא מן ההדיוט

רמב"ם פ"ב מהל' תמידין ומוספין ה"א - מצות עשה להיות אש יקודה על המזבח תמיד, שנאמר: אש תמיד תוקד על המזבח; אע"פ שהאש ירדה מן השמים, מצוה להביא אש מן ההדיוט, שנאמר: ונתנו בני אהרן הכהנים אש על המזבח.

אות ב* [ג]

ורוח הקודש ואורים ותומים

רמב"ם פ"ד מהל' בית הבחירה ה"א - ואף אורים ותומים שהיו בבית שני לא היו משיבין ברוח הקדש, ולא היו נשאלין בהן, שנאמר: עד עמוד כהן לאורים ותומים, ולא היו עושין אותן אלא להשלים שמנה בגדים לכהן גדול כדי שלא יהא מחוסר בגדים.

השגת הראב"ד: לא היו משיבין. א"א והלא אורים ותומים ורוח הקדש שני דברים הם מן החמשה שחסרו בבית שני, [ד]ולדבריו אינו אלא אחד; וחיסור בגדים שאמר אינו כלום, [ה]שאינו מחשבון הבגדים.

באר הגולה

[א] ‹איני יודע מה איסור יש בטלטולם, ועוד דאפילו אם היה איסור בטלטולם, מ"מ כי ממעטינן משק כלי העשוי לנחת, משום דאין דרכו ליטלטל מלא וריקן הוא, אע"פ שלא יהא איסור בדבר, דומיא דמחזיק ארבעים סאה בלח דממעטינן ליה, אע"ג דליכא איסור בטלטולו – כסף משנה› [ב] ‹ע"פ מהדורת נהרדעא› [ג] ‹ע"פ מהדורת נהרדעא› [ד] ‹ורבינו אפשר דחשיב ארון וכפורת וכרובים בתלתא, ושכינה ורוח הקדש ואורים ותומים לא חשיב להו אלא בחדא, **ואפילו** את"ל דחשיב לארון וכפורת וכרובים בחדא, ושכינה ורוח הקדש ואורים ותומים בתלתא, ל"ק, שרבינו מפרש דרוח הקדש היינו נבואה שנסתלקה מהנביאים משנת שתים לדריוש, {עיין רש"י}, וזהו חסרון גדול בישראל שלא היו נביאים להוכיחם בדבר ה', ועוד היה להם חסרון אחר שחסרו ג"כ תשובת אורים ותומים – כסף משנה› [ה] ‹טעמו, שהוא קורא אורים ותומים לשם המפורש שהיו נותנין בין כפלי החשן, כדכתיב ונתת אל החשן את האורים ואת התומים, ורבינו קורא פה אורים ותומים לחשן בדרך השאלה – כסף משנה› ‹**נמצא** לפי"ז אין כאן מחלוקת, דאפי' להרמב"ם אורים ותומים האמיתי לא היה, ודלא כדמשמע מהכסף משנה הקודמת› ‹**ויותר** נראה דכוונת הרמב"ם, דבלא האורים והתומים אין החשן כשר, אבל אורים ותומים אינו החשן – ערוה"ש›

§ מסכת יומא דף כב. §

אות א'

<u>הממונה אומר להן הצביעו, ומה הן מוציאין אחת או שתים, ואין מוציאין אגודל במקדש</u>

רמב"ם פ"ד מהל' תמידין ומוספין ה"ג - כיצד מפיסין, עומדין בהיקף [א]ומסכימין על מנין, שמונים מאה או אלף או כל מנין שיסכימו עליו; והממונה אומר להם: הצביעו, והן מוציאין אצבעותיהן אחת או שתים, ואם הוציא שלש [ב]מונין לו שלש; ואין מוציאין גודל במקדש מפני הרמאים, שהגודל קצר ונוח להוציאו ולכפותו, והמוציא גודל אין מונין אותו לו; ומתחיל הממונה למנות מן האיש הידוע שהסיר מצנפתו תחילה, ומונה על אצבעותיהן וחוזר חלילה עד שישלים המנין שהסכימו עליו, והאיש ששלם המנין אצל אצבעו, הוא שיצא בפייס ראשון לעבודה.

אות ב'

<u>ארבע פייסות היו שם</u>

רמב"ם פ"ד מהל' תמידין ומוספין ה"ה - ארבעה פייסות היו מפיסין בכל יום בשחרית, הפייס הראשון מי תורם את המזבח, הפיסו וזכה מי שזכה לתרום, והוא מסדר את המערכה, והוא מעלה שני גזרי עצים למזבח, [ג]והוא מכניס מחתה מלאה אש מן המזבח החיצון למזבח הזהב להקטיר עליה קטורת.

אות ג'

<u>קידש ידיו לתרומת הדשן, למחר אין צריך לקדש, שכבר קידש מתחילת עבודה</u>

רמב"ם פ"ה מהל' ביאת המקדש ה"ט - קידש ידיו ורגליו לתרומת הדשן, אף ע"פ שהוא מקדש קודם שתעלה השמש, אינו צריך לחזור ולקדש אחר שהאיר היום, שהרי בתחלת עבודה קידש.

אות ד'

<u>מי שזכה בתרומת הדשן, זכה בסידור מערכה ובשני גזירי עצים</u>

רמב"ם פ"ד מהל' תמידין ומוספין ה"ה - עיין לעיל אות ב'.

באר הגולה

[א] ‹ומ"ש הר"ב והממונה מוצא מפיו סך ומנין כו' וכ"כ רש"י, משמע דנטילת המצנפת ואמירת הסך על ידי ממונה אחד נעשית, **ויותר** נראה דעת הרמב"ם, שכתב ומסכימין על המנין כו', ולא כתב הממונה אלא גבי נטילה, וכמ"ש כ"מ בשם ריטב"א, שכתב בשם התוס', שזה שנוטל המצנפת לא היה יודע סך המנין, והאומר המנין לא היה יודע ממי נטל המצנפת, ע"כ – תוס' יו"ט› ‹**פי'** שיהיו מכוונים ביניהם מנין אחד י' או כ' או מ', וימנו בזה א' בזה ב' בזה ג' כל המנין, ואותו שיסיימו בו המנין שכוונו יתרום, ואם תאמר אם כן יש רמאי, שהממונה ידע בטוב היכן יסיים המנין, וכל מי שרוצה בו יתרום, יש לומר שהממונה היה מונה ולא היו אומרים לו המנין שכוונו ביניהם, וכן פי' בערוך – תוס' ישנים› [ב] ‹העולה מסוגית הגמרא [כ"ג] לפי המסקנא לפירש"י ז"ל, דבריא לא יוציא אלא אחת, אבל החולה יוציא שתים, ומהשתים לא ימנו לו אלא אחת, וכן אם עבר והוציא הבריא שתים, לא ימנו לו אלא אחת, אבל אם הוציא גודל, אין מונין לו כלל. **אבל** דברי רבינו ז"ל אינם עולים כפי גירסתנו כלל, חדא, שלא חילק כלל בין חולה לבריא. ועוד שכתב שאם הוציא שלש מונין לו כל השלש, ואם הוציא גודל אין מונין אותו לו, דמדקאמר אין מונין אותו לו, משמע הגודל אין מונין דוקא, אבל אם הוציא אחר עמו, מונין, **ובגמרא** אמרינן איפכא, דמוקמינן להא דאמר גבי שליש מונין לו, דהוי אחת, מכלל דגבי גודל אין מונין לו כלל, וכן משמע מדברי רש"י ז"ל. **ועוד** מש"כ שלש, גירסתנו אינו אלא שליש, והוא האצבע השלישי, ולא הוציא אלא שתים. מיהו לזה ודאי דגירסתו חלוק מגירסתנו, דגורס שלש, דר"ל שלש אצבעות, אבל מ"מ כל שאר הדברים אין להם מקום לפי גירסתנו, ואולי גירסא אחרת יש לו – לחם משנה› ‹**עיין** בלח"מ, ופשוט הוא לפי מה שכתב רבנו בפי' המשנה, דגריס בברייתא (דף כ"ג) איפכא, דבריא מוציא שתים, כמו שהעיר ע"ז הלח"מ, גם גירסת רבנו שלש ודלא כגירסת רש"י שליש, **ובאמת** לפירוש רש"י דחוק דחולה אינו יכול להוציא אצבע אחת, והוא נגד החוש, ומי שהוא במדרגת חולה כזה, מוטל על ערס דוי ואינו יכול לשאת בכתף רגל בהמה, **וגם** חשש הרמאות דמחזי כתרי גברי דחוק כמו שהרגיש בזה התוס' יום טוב, **ותו** דלפי פרש"י דלעולם מונין אחת אפי' הוציא שתים, א"כ הרי מונה את ישראל, דמה לי מונה גלגלותם דאסור, ומה לי מונה את ידיהם. **אבל** גירסת רבנו: השתא שתים מוציאין אחת מבעיא, אמר רב חסדא לא קשיא כאן בבריא כאן בחולה, והתניא שתים מוציאין אחת אין מוציאין, במה דברים אמורים בבריא, אבל בחולה אפי' אחת מוציאין, והיהירים מוציאין שתים ואין מונין להם אלא אחת, והתניא אין מוציאין לא שלש ולא גודל מפני הרמאים, ואם הוציא שלש מונין לו, גודל אין מונין לו, ולא עוד אלא שלוקה מן הממונה בפקיע, מאי מונין לו נמי, אחת, ע"כ. **וה"פ** השתא שתים מוציאין, דאז עלול טפי שיפול עליו הגורל, אחת מבעיא, ומשני כאן בחולה שקשה עליו העבודה, מוציא רק אחת, והתניא בניחותא, דבריא מוציא דוקא שתים, וחולה אחת, והיהירים אע"פ שהם חולים, מוציאין שתים, ומונין להם אחת, דהיינו שמוציאין גודל ואצבע לסימן שהם חולים ולא ימנו להם אגודל, ופריך והתניא וכו', וקס"ד דבהוציא אגודל אין מונין לו כל עיקר, ומשני דרק את האגודל אין מונין לו, אבל מונין לו אחת – מרכבת המשנה› [ג] ‹תימה דבפ"ב דיומא (דף כ"ה) איפליגו ר' יהודה ורבי אליעזר בן יעקב, דלרבי יהודה לא היה פייס במחתה, אלא כהן שזכה בקטורת אומר לזה שעמו זכה עמי במחתה. ולר' אליעזר בן יעקב איכא פייס במחתה, ורבינו ז"ל שפסק מי שזכה בתרומת הדשן זכה במחתה, לא אתי לא כמר ולא כמר – לחם משנה› ‹**והפר"ח** בשם הרדב"ז ז"ל כתב דטעות סופר הוא – מעשה רוקח›

מסורת הש"ס | בראשונה פרק שני יומא כב | עין משפט נר מצוה

בראשונה *כל מי שרוצה לתרום את המזבח תורם ובזמן שהן מרובין רצין ועולין בכבש כל הקודם את חבירו בארבע אמות זכה ואם היו שניהן שוין *הממונה אומר להן הצביעו ומה הן מוציאין אחת או שתים ואין מוציאין אגודל במקדש מעשה שהיו שניהם שוין ורצין ועולין בכבש ודחף אחד מהן את חבירו ונפל ונשברה רגלו וכיון שראו בית דין שבאין לידי סכנה התקינו שלא יהו תורמין את המזבח אלא בפייס *ארבע פייסות היו שם וזה הפייס הראשון: **גמ'** והא מעיקרא מאי טעמא לא תקינו לה רבנן פייסא מעיקרא סבור כיון דעבודת לילה היא לא חשיבא להו ולא אתו כיון דחזו דקאתו ואתו לידי סכנה תקינו לה פייסא והרי איברים ופדרים דעבודת לילה היא ותקינו לה רבנן פייסא *סוף עבודה דיממא היא האי נמי תחלת עבודה דיממא היא *דאמר ר' יוחנן קידש ידיו לתרומת הדשן למחר אין צריך לקדש שכבר קידש מתחלה לעבודה איכא דאמרי מעיקרא סבור כיון דאיכא אונס שינה לא אתו כיון דחזו דאתו וקאתו נמי לידי סכנה תקינו לה רבנן פייסא והרי איברים ופדרים דאיכא אונס שינה ותקינו לה רבנן פייסא שאני מיגנא ממיקם ותקנתא להך גיסא הואי תקנתא להאי גיסא הואי דתניא *מי שזוכה בתרומת הדשן (*יזכה) בסידור מערכה ובשני גזירי עצים אמר רב אשי שתי תקנות הוו מעיקרא סבור לא אתו כיון דחזו דקאתו ואתו נמי לידי סכנה תקינו לה פייסא כיון דתקינו לה פייסא לא אתו אמרי מי יימר דמתרמי לן הדר תקינו להו מי שזוכה בתרומת הדשן יזכה בסידור מערכה ובשני גזירי עצים כי היכי דניתו וניפייסו: ובזמן שהן מרובין וכו': אמר רב פפא פשיטא לי ארבע אמות דארעא לא רצין ועולין בכבש תנן קמייתא נמי לא רצין ועולין בכבש תנן והדר כל הקודם את חבירו דביני ביני נמי לא דלא מסיימא מילתא פשיטא לי דגבי מזבח תנן בעי רב פפא ארבע אמות שאמרו בהדיה אמה יסוד ואמה סובב או

רש"י

בראשונה כל מי שרוצה לתרום · כל כהן שהיה מאותו בית אב רוצה לתרום הדשן שחרית תורם ולא היה פייס לדבר: **ובזמן שהן מרובין** · הבאים לתרום זה אומר אני תורם וזה אומר אני תורם זה היה משפטו: **רצין ועולין בכבש** · שהיה שלשים ושתים אורך: **וכל הקודם בהן** · ליכנס לתוך ארבע אמות עליונות של כבש הסמוכות לראש המזבח זכה לתרום וזהו גורלם: **ואם היו שניהם שוים** · בכניסתן אין אחד מהן זוכה לתרום אבל ממתין כולם בכאן להטיל גורל ומהו הגורל הממונה על הפייסות אומר לכולם: **הצביעו** · הוציאו אצבעותיכם כל אחד ירצה אצבעו כדמפרש לקמן בפרקין מקיפין ועומדין בעגולה בא הממונה ונוטל מצנפת מעל ראש של אחד מהן וממנו פיים מתחיל לימנות ומונה על כל אחד ואחד אצבעו למנין והממונה אומר לכל שהמנין כלה בו הוא זוכה ומוציא מפיו מנין או מאה או ששים הרבה יותר משהיו שם הכהנים ומתחיל למנות מזה שנטל מראשו המצנפת וסובב והולך ומונה (א) וחוזר חלילה עד סוף המנין ומי שהמנין כלה בו הוא הזוכה וכן לכל הפייסות: **אחת או שתים** · בגמרא פריך לה עלה: **ואין מוציאין אגודל במקדש** · בגמרא מפרש מפני הרמאין כשמקרב המנין לכלות ויכיר מי יכלה יוציא זה העומד לפניו שתי אצבעות כדי שימנה בשני בני אדם ויעבור המנין ממנו והממונה לא יבין לפי שאדם יכול להרחיק אגודל מן האצבע הרבה ונראין כאצבעות ב' בני אדם: **אלא בפייס** · זה שפירשנו: **ארבע פייסות היו שם** · ד' פעמים ביום נאספים לפיים: **גמ' והא** · עבודה זו של תרומת הדשן: **מעיקרא** · קודם שאירע תקלה במרוצתם: **מ"ט לא תקינו לה פייסא** · ככל שאר עבודות דמתני' דתנינן שכל תחילתן בפיים היתה: **מעיקרא סבור** · בית דין: **כיון דעבודת לילה היא** · הואיל והוכשר בלילה לא חשיבא ליה לכהנים ולא אתו לאינצויי עלה: **והא הקטרת איברים** · שהוא כשר כל הלילה ותנן גבי פייסות דמתני' (לקמן דף כה·) מי מעלה איברים לכבש ומן הכבש למזבח: **סוף עבודה דיממא היא** · שהוא גמרו של קרבן שנשחט ביום ונזרק דמו ביום לכך חשובה בעיני הכהנים לבא לריב עליה: **למחר אין צריך לקדש** · אם לא יצא מן המקדש ואפי' לרבי דאמר בשחיטת קדשים (זבחים דף יט:) לינה מועלת בקידוש ידים ורגלים מודה הוא דמקרות גבר עד לפרא לא פסלה לינה: **מתחילת עבודה** · אלמא תחילת עבודה קרי לה: **אימא שכבר קידש מתחילה** · לשם עבודה: **שאני מיגנא ממיקם** · נוח לו לאדם לנגד שינה מעיניו מלילך לישן עד סוף הלילה מלהיות עומד ממטתו בהשכמה שהיא תרומת הדשן: **ותקנתא להאי גיסא הואי** · קושיא היא וכי מפני תקלה שאירעה נתקן לה פיים: **והא להאי גיסא הואי** · בשביל סידור המערכה ושני גזירי עצים שהתורם הוא המסדר וכיון דכולן בכהן אחד יש כאן עבודות חשובות ומעיקרא בעו פיים: **שני גזירי עצים** · שני בקעיות עצים ארוכים כמדת רוחב המערכה וטוען אותן מתעל עצי המערכה ומקרא יליף לה לקמן (דף כו:) ובער עליה הכהן עצים ובער על המערכה העצים שני גזירי עצים דהאי קרא במערכה משתעי רישיה דקרא והאש על המזבח תוקד בו וגו' וכל מוקדה שבענין לשון מערכת מדורה היא: **אמרי מי יימר דמתרמי** · לא חשיבא עלייהו למיטרח עלה מספיקא: **דארעא** · ארבע אמות קרקע הסמוכות קודם עלות לכבש: **קמייתא נמי לא** · ארבע ראשונות שברגל הכבש: **דביני ביני** · לברור ארבע אמות בתוך שלשים ושתים (ב) (לכך): **לא מסיימין** · לא יהא בהן סימן: **פשיטא לי** · דארבע דכבש גבי מזבח תנן מיהו הא מיבעי לי דקי"ל בזבחים (דף סב:) שהכבש פורח אמה על כניסת היסוד ואמה הסובב נמצאו ארבע (ג) הסמוכות לכבש לתחילת יסוד מזבח מלמטה הן שש לסמיכת גג המזבח שהוא משוך מנגד היסוד (מזבח) הראשון שתי אמות ומבעיא ליה ד' אמות דמתני' לגג המזבח נקט להו דהיינו בהדי אמה יסוד ואמה סובב:

תוספות

בראשונה כל מי שרוצה לתרום כו' · שאני מיגנא ממיקם. תימה לי אמאי לא משני דעבודת איברים ופדרים כשירה ביום ולהכי תקינו רבנן פייסא דלא ליתו לאינצויי כיון דכשירה ביום וחביבה להו דלהכי ליכא לאוקמי שינה וצ"ל דספיר פריך דהא כל מי שמעלה איברי תמיד של בין הערבים מכבש למזבח היה צריך להיות ניעור בלילה עד שיתעכלו שלא יפקעו מעל מזבח שיחזירם למערכה ולהכי פריך דא"כ לא חביבי להו ולא שכיחי דלאתו בשביל שיהו צריכין להיות ניעורין זימנין עד חצות כדי לאהדורי פוקעין דידהו: **שתי** תקנות הוו · תימה לי מנא ליה לדשתי תקנות הוו לימא מעיקרא סבור דלא אתו כיון דחזו דלאתו וקאתו נמי לידי סכנה והולכו לתקן פייסא אמרו אם נתקן פייסא א"כ יהו נמנעין מלבא דלימרו מי יימר דמתרמי לן ותקנו בההיא שעתא דתקינו פייסא כל מי שזוכה בתרומת הדשן דליזכי נמי בסידור מערכה ובשני גזירי עצים וי"ל דלאו דוקא קאמר שתי תקנות בתרי זימני אלא דילמא בחד זימנא וקרי להו שפיר שתי תקנות כיון דתקנת הפייס משום דנפישי דלאתו הוה ומשום חששא דילמא לא ליתו תקינו כל מי שזוכה בתרומת הדשן יזכה בסידור מערכה וכו' קרי ליה שפיר שתי תקנות אפילו אי בחד זימנא דתקינו להו ואפ"ה דליכא לדכיון דתקינו פייסא לא אתו משמע דבתר הכי תקינו להו אין לחוש דלא דק טולי האי בלישנא כי רב אשי מפרש הטעמן כאילו הוה בתרי זימני וממילא טקמא נמי בחד זימנא אי נמי כ"ל מדקתני מי שזוכה בתרומת הדשן יזכה וכו' ולא קאמר מי שיזכה בתרומת הדשן יזכה בסידור מערכה וכו' שמע מינה דלאו בחד זימנא ניתקן אלא הכי הוה מעשה כיון דחזו דלא אתו ופעם אחת היה שלא באו אלא מועטין ולא היו לשם כהנים שהיו מסדרין המערכה לאחר *[שזכה מי שזכה בתרומת] הדשן או אמרו מי שזכה בתרומת הדשן יזכה בסידור המערכה:

התם

עין משפט נר מצוה

א א מיי' פ"ד מהל' תמידין הלכה ג:
ב ב שם הלכה ה:
ג ג מיי' פ"ה מהל' ביאת מקדש הלכה ט:
ד ד מיי' פ"ד מהל' תמידין הלכה ה:

רבינו חננאל

פ"ב בראשונה כל מי שרוצה לתרום את המזבח תורם כו' לידי סכנה שהיו דוחפין ושוברין זה את זה · ומפני מה לא תקנו פייס לתרומת הדשן משום דעבודת לילה היא ולא אתו · והרי איברים ופדרים שמקטיר את המזבח בלילה שמחזירין ע"ג המזבח עבודות לילה היא ותקנו [לה] פייס · ודחינן האי סוף עבודה דיממא הוא · האי נמי תחלת עבודת היום היא · דא"ר יוחנן קדש ידיו לתרומת הדשן למחר אין צריך לקדש שכבר קדש מתחלת עבודה · ודחי' אימא שכבר קדש מתחילה לעבודה ולעולם עבודת לילה היא ואיכא דאמרי כו' · שני מיגנא ממיקם ופשוטה היא · שני מגנא ממיקם החשוב איברים ופדרים יושב ושומר ועדיין לא ישן והמבקש להרים תרומת הדשן כבר ישן ורוצה עכשיו לעמוד משנתו וקשה הוא המבקש לעמוד משנתו ממי שיושב ומשמר ובדעתו אחר שעה לישן · ואמרי' וכי מפני שהיו באין הרבה ומשברין זה לזה על זה היתה תקנת הפייס · לא היתה התקנה אלא מפני שלא היו באין · הלא תראה שהוסיפו לה עבודות אחרות דתניא מי שזוכה בתרומת הדשן זוכה בסידור מערכה ובשני גזירי עצים · (אמר רב) אמר רב אשי ב' תקנות היו מעיקרא סבור לא אתו כו' · פשוטה היא · כל הקודם לחבירו בתוך ארבע אמות זכה · (*) י' דברים נאמרו בירושלים כו' בבא קמא בסוף פ' מרובה מידת תשלומין כו' ואוקימנא ד' אמות של כבש הסמוכות למזבח ואיבעיא אמה יסוד ואמה סובב מכלל ארבע אמות הללו הן

*) מתקונים י' דברים וכו' עד פי' תשלומין כו' שייך לדף כ"ג סוף ע"א.

תוספות ישנים

בזמן שהן מרובין רצין בכבש כו' ותימה כיון דעבודה היא דאמרי' בגמרא א"כ איך רצין והאמרינן בירושלמי דכרכים גבי תפלה מי שעומד ומתפלל צריך להשוות רגליו

מסורת הש"ס: תמיד כח· | [לקמן כה·] | [לקמן כו:] | [שם כח:] זבחים כ: כל: ע"ש | [לקמן כו: כח·] | [נ"א זכה]

הגהות הב"ח

(א) רש"י ד"ה הצביעו כו' ומונה לאצבעות וחוזר חלילה: (ב) שם ד"ה דביני · תיבת לכך נמחק: (ג) שם ד"ה פשיטא · ארבע של כבש הסמוכות לתחילת יסוד מזבח:

ה א מיי' פ"ד מהל' תמידין הלכה ד:

או דילמא בר מאמה יסוד ואמה סובב תיקו :
ואם היו שניהן שוין הממונה אומר להם הצביעו וכו' : תנא הוציאו אצבעותיכם למנין ונימנינהו לדידהו מסייע ליה לרבי יצחק דאמר רבי יצחק *אסור למנות את ישראל אפילו לדבר מצוה דכתיב °ויפקדם בבזק מתקיף לה רב אשי ממאי דהאי בזק לישנא דמיבזק הוא ודילמא שמא דמתא הוא כדכתיב °וימצאו *אדוני בזק אלא מהכא °וישמע שאול את העם ויפקדם בטלאים אמר רבי אלעזר כל המונה את ישראל עובר בלאו שנאמר °והיה מספר בני ישראל כחול הים אשר לא ימד *רב נחמן בר יצחק אמר עובר בשני לאוין שנאמר לא ימד ולא יספר אמר רבי שמואל בר נחמני ר' יונתן רמי כתיב והיה מספר בני ישראל כחול הים וכתיב אשר לא ימד ולא יספר לא קשיא כאן בזמן שישראל עושין רצונו של מקום כאן בזמן שאין עושין רצונו של מקום *רבי אמר משום אבא יוסי בן דוסתאי לא קשיא כאן בידי אדם כאן בידי שמים אמר רב נהילאי בר אידי אמר שמואל כיון שנתמנה אדם פרנס על הציבור מתעשר מעיקרא כתיב ויפקדם בבזק ולבסוף כתיב ויפקדם בטלאים ודילמא מדידהו א"כ מאי רבותא דמילתא °וירב בנחל *אמר ר' מני על עסקי נחל בשעה שאמר לו הקב"ה לשאול °לך והכית את עמלק אמר ומה נפש אחת אמרה תורה הבא עגלה ערופה כל הנפשות הללו על אחת כמה וכמה ואם אדם חטא בהמה מה חטאה ואם גדולים חטאו קטנים מה חטאו יצאה בת קול ואמרה לו °אל תהי צדיק הרבה ובשעה שאמר לו שאול לדואג °סוב אתה ופגע בכהנים יצאה בת קול ואמרה לו °אל תרשע הרבה אמר רב הונא *כמה לא חלי ולא מרגיש גברא דמריה סייעיה שאול באחת ועלתה לו דוד בשתים ולא עלתה לו שאול באחת מאי היא מעשה דאגג והא איכא מעשה דנוב עיר הכהנים מעשה דאגג כתיב °נחמתי כי המלכתי את שאול למלך דוד בשתים מאי נינהו דאוריה ודהסתה והא איכא נמי מעשה דבת שבע התם אפרעו מיניה דכתיב °ואת הכבשה ישלם ארבעתים ילד אמנון תמר ואבשלום התם נמי אפרעו מיניה דכתיב °ויתן ה' דבר (*בעם מן הבוקר) ועד עת מועד *) התם לא אפרעו מגופיה התם נמי לא אפרעו מגופיה לאיי אפרעו מגופיה *דאמר רב יהודה אמר רב ששה חדשים נצטרע דוד ופרשו הימנו סנהדרין ונסתלקה הימנו שכינה דכתיב °ישובו לי יראיך וידעי עדותיך וכתיב °השיבה לי ששון ישעך והא אמר רב קבל דוד לשון הרע כשמואל דאמר לא קבל דוד לה"ר ולרב נמי דאמר קבל דוד לה"ר הא איפרעו מיניה *דאמר רב יהודה אמר רב בשעה שאמר לו דוד למפיבושת °אמרתי אתה וציבא תחלקו את השדה יצאה בת קול ואמרה לו רחבעם וירבעם יחלקו את המלכות °בן שנה שאול במלכו *אמר רב הונא כבן שנה שלא טעם טעם חטא מתקיף לה רב נחמן בר יצחק ואימא כבן שנה שמלוכלך בטיט ובצואה *אחזיוהו ליה לרב נחמן סיוטא בחלמיה אמר נעניתי לכם עצמות שאול בן קיש הדר חזא סיוטא בחלמיה אמר נעניתי לכם עצמות שאול בן קיש מלך ישראל אמר רב יהודה אמר שמואל מפני מה לא נמשכה מלכות בית שאול מפני שלא היה בו שום דופי דאמר רבי יוחנן משום רבי שמעון בן יהוצדק אין מעמידין פרנס על הציבור אלא אם כן קופה של שרצים תלויה לו מאחוריו שאם תזוח דעתו עליו אומרין לו חזור לאחוריך אמר רב יהודה אמר רב מפני מה נענש שאול מפני שמחל על כבודו שנאמר °ובני בליעל אמרו מה יושיענו זה ויבזוהו ולא הביאו לו מנחה ויהי כמחריש וכתיב °ויעל נחש העמוני ויחן על יבש גלעד וגו' *°ואמר רבי יוחנן משום ר' שמעון בן יהוצדק כל תלמיד חכם שאינו

*) גי' ע"י הכא איפרעו מגופיה דאמר ר"י אמר רב וכו'.

רש"י

או דילמא · לסמיכת דלפת התחתונה דמזבח נקיט להו לבד מיסוד והסובב שהוא שם קודש לסמיכת גגו : **ונימנינהו לדידהו** · לגלגלותם : **בבזק** · לשון שברי חרסים נטל כל אחד ואחד חרס והשליך לפניו ומנה החרסים : **ויפקדם בטלאים** · צוה לקחת כל אחד טלה מצאן המלך ובאו למרחב ונמנו הטלאים : **כתיב והיה מספר בני ישראל כחול הים** · אלמא אית להו מנין : **כמה לא חלי ולא מרגיש גברא דמרא סייעיה** · כמה סמוך ומובטח ואין צריך לחלות ולדאג מכל רעה מי שהקב"ה בעזרו שהרי מליט שאול נכשל באחת ועלתה לו לרעה לקונסו מיתה לבטל מלכותו ודוד נכשל בשתים ולא עלתה לו לרעה : **דאוריה ודהסתה** · שהוסת למנות את ישראל בסוף ימיו וגרס לבא עליהם דבר : **דבת שבע** · שבא עליה : **ילד** · בנה הראשון : **לשון הרע** · על מפיבשת מפי ציבא : **הא אפרעו מיניה** · מדה במדה הוא הפסידו לחלק נחלתו והוא נפסד נחלת מלכות : **סיוטא** · מלאכי פחד מבהילים אותו : **לא נמשכה** · לאורך ימים : **שלא היה בו שום דופי** · משפחה ויתגאו המלכים היוצאים מזרעו על ישראל אבל דוד מרות המואביה אתא : **קופה של שרצים** · דופי משפחה : **נענש שאול** · לבא לידי דבר שעליו ניטל ממנו מלכות : **מפני** · שמתחילת מלכותו מחל על כבודו וגילה על עצמו שאינו כדאי למלוך : **וכתיב ויעל נחש העמוני** · ומסקנא דמילתא שאמרו ישראל מי האומר שאול ימלוך עלינו בתמיהה תנו (א) (את) האנשים ונמיתם והוא אמר לא יומת איש היום הזה:

שאינו

תוספות

התם איפרועי איפרעו מיניה · תימה מנא לן דלא הוה אותו פירעון נמי בשביל אוריה יש לומר מדלא כתיב אלא ואת הכבשה ישלם ועוד דכתיב ארבעתים דהיינו עבירה אחת דהיינו גילוי עריות דאי אתרוייהו אגילוי עריות דבת שבע ואשפיכות דמים דאוריה נענש בילד אמנון ותמר ואבשלום אם כן לא שילם ארבעתים :
ששה חדשים נצטרע דוד וכו' · תימה לי א"כ שילם יותר מארבעתים ועוד דילמא מאי דנצטרע היינו בשביל מעשה דאוריה אי נמי אם נצטרע בשביל בת שבע נימא דחד מאיך דילד אמנון ותמר ואבשלום בשביל אוריה ומכלן דלא נענש בשביל אוריה וי"ל מדכתיב ואותו הרגת בחרב בני עמון ודרשינן בפרק ב' דקידושין (דף מג·) מה חרב בני עמון אי אתה נענש עליו אף אוריה החתי אי אתה נענש עליו ומה שהקשיתי א"כ הוה ליה טפי מארבעתים דילמא דאמנון ותמר בחד חשיב להו אי נמי דתמר ומה שנצטרע בחד חשיב להו דלא דמו לאחריני דילד ודאמנון ודאבשלום שמתו אבל דתמר לא הוה מיתה ועוד דבת יפת תואר היתה ומה שנצטרע ששה חדשים כיון שנתרפא לא הוה שקול כי הנך להכי איכא למימר דהנך תרתי חד חשיב להו : **והאמר** רב קיבל דוד לשון הרע · הא דלא פריך נמי מהא דחטא שאמר שירה על מפלתו של שאול כדאיתא פרק אלו מגלחין (מו"ק דף טז:) שגיון לדוד אשר שר לה' על דברי כוש בן ימיני וי"ל ההיא כשגגה חשיב ליה דכתיב שגיון לדוד לפי שאין אדם נתפס על צערו שהיה שאול רודפו :

שתים

רבינו חננאל

אי לא ועלתה בתיקו : ירושלמי א"ר יוסי בר בון בפירוש תני לה ר' חייא כל הקודם את חבירו בתוך ארבע אמות למזבח זכה · הממונה אומר להם הצביעו · תנא הוציאו אצבעותיכם למנין · פי' ר' אחר שמוציאין כל אחד ואחד מקצת מאצבעותיו פתוחות והשאר קמוצות פי' קמוצות וכוללן הממונה לחשבון · ומקיפין כמין בכוליאר ונוטל מצנפתו של א' מהן ויודעין שממנו הפיים מתחיל היה אומר להן הוציאו כל אחד ואחד אצבעו כדי לעבור המנין על אצבעות מפלל שגופם אסור למנות כר' יצחק דאמר אסור למנות את ישראל אפי' לדבר מצוה שנאמר ויפקדם בבזק · אלא מהכא וישמע שאול את העם ויפקדם בטלאים וגו' כלומר כל אחד נותן לו טלה ומנה הטלאים וידע מספר בני ישראל' והללו הטלאים משל שאול · כל המונה ישראל עובר בב' לאוין שנאמר לא ימד ולא יספר · והני מילי בזמן שישראל עושין רצונו של מקום · ואם לאו נספרים שנאמר והיה מספר בני ישראל · מכלל שיש מספר בהם · רבי אומר ל"ק בידי שמים והיה מספר בני ישראל · בידי אדם לא ימד ולא יספר · וירב בנחל על עסקי נחל כלומר כבדה עליו גזירת שמים והיה אומר אם נמצא חלל בתרנה מביאין עגלה ערופה כל הנפשות הללו שהרגנו עאכ"ו שצריכין להקריב כדי להתכפר לכן השאיר מיטב בהמה יצתה ב"ק ואמרה לו אל תהי צדיק הרבה · ובשעה שאמר שאול לדואג סוב ופגע בכהנים והמתה וגו' יצתה ב"ק וא"ל אל תרשע הרבה. אמר רב הונא כמה לא חלי ולא מרגיש גברא דמריה סייעיה · שאול באחת כו' · כלומר שאול כיון שעבר מעשה דאגג נענש ואמר הקב"ה נחמתי כי המלכתי את שאול · ואע"פ שהרג נוב עיר הכהנים אח"כ מקודם זה כבר כתיב נחמתי · דוד עבר בשתים במעשה דאוריה · דכתיב ואותו הרגת בחרב בני עמון · ומעשה *) דתמר · ולא נענש עליהן בגופו · מפני שמצא חן בעיני אלהים · אבל מעשה דבת שבע נענש בגופו שנצטרע ו' חדשים · וכשמואל דאמר לא קבל דוד לשון הרע · ובשביל כך נצטרע · **) ואותו גם מבניו אמנון תמר ואבשלום · ולרב דאמר קיבל דוד איפרע מיני' דאמר רב יהודה אמר [רב] בשעה שאמר דוד למפיבושת אתה וציבא תחלקו את השדה יצתה ב"ק וא"ל רחבעם וירבעם יחלקו את המלכות · חלוקת רב ושמואל בשבת [דף נו] · מפני מה לא נמשכה מלכות שאול מפני שלא היה בו שום דופי שאין מעמידין פרנס על הצבור אא"כ קופה של שרצים תלויה לו מאחוריו · שאם תזוח דעתו עליו אומרים לו חזור לאחוריך · אמר רב יהודה אמר רב מפני מה נענש שאול מפני שמחל על כבודו · שנאמר ובני בליעל אמרו מה יושיענו זה ויבזוהו ולא הביאו לו מנחה ויהי כמחריש וכתיב ויעל נחש העמוני וגו' א"ר יוחנן משום רשב"י כל תלמיד חכם

*) נ"ע מאי חטא דוד במעשה דתמר ואולי דט"ס וצ"ל ודהסתה וכמו דאיתא בגמ'. **) אולי צ"ל ונענש גם מבניו ילד אמנון כו'.

גיר' ע"י רב נחמן פתמא

גירסת ע"י רב אסי אמר ל"ק

גיר' ע"י ר' חנינא בר אידי א"ש

[את אדוני בזק]

הגהות הב"ח

(א) רש"י ד"ה וכתיב ויעל כו' תנו את האנשים ט' תיבת את נמחק:

גליון הש"ס

גמ' א"ר כבן שנה. עי' ירושלמי פ"ג דבכורים: שם וא"ר משום ר"ש בן יהוצדק. עיין כ"מ פ"ג הלכה י"ג מהל' ת"ת:

תוספות ישנים

ויפקדם בטלאים · שם מקום הוא לפי פשטו : **שאול** באחת ועלתה בידו מאי היא מעשה דאגג · קשה לרבי בשאול נמי איכא שתים שמתחילה קודם מעשה של אגג כבר ניחם הקב"ה כשהקריב העולה קודם שבא שמואל ואז אמר לו בקש ה' איש כלבבו וגו' (שמואל א יג) והכוונה הוה ליה לאיתויי ואומר רבי דאז לא הפסיד המלוכה לגמרי שלא היה בדעת הקב"ה להעבירה אלא ממנו ולא מבניו אבל במעשה דאגג ניחם אפילו מבניו: [illegible]

קבל הא איפרעו מיניה כו' · תימה הא לא איפרעו מגופיה כמו במעשה דבת שבע דלעיל וא"כ הוה ליה [illegible] דוד בשלג ואומר ה"ר יוסף דלא מסדר לאוקמי רב הונא כרב אלא דמסיים למילתיה דלרב נמי [illegible] ולשון הסוגיא משמע כן דהא סבר שנים כשמואל דאמר לא קבל ובתר הכי קאמר ולרב כו' ועוד [illegible] המלכות מזרעו שייך נמי לגופיה אבל ילד ואמנון לא קרי מגופיה וטעמא דהפסד מלכות שייך לגופו [illegible]

§ מסכת יומא דף כב: §

אות א׳

אסור למנות את ישראל אפילו לדבר מצוה

רמב"ם פ"ד מהל׳ תמידין ומוספין ה"ד - ולמה מונה המנין שהסכימו עליו על האצבעות שהוציאו, ולא היה מונה על האנשים עצמן, לפי שאסור למנות ישראל אלא על ידי דבר אחר, שנאמר: ויפקדם בטלאים.

אות א׳*[א]

כל תלמיד חכם שאינו נוקם ונוטר כנחש אינו תלמיד חכם

יו"ד סי׳ רמג ס"ט - אע"פ שיש רשות לחכם לנדות לכבודו, אינו שבח לת"ח שינהיג עצמו בדבר זה. בד"א, שחירפוהו בסתר, אבל אם חירפוהו בפרהסיא, אסור לו למחול על כבודו, אלא נוקם ונוטר הדבר כנחש, עד שיבקש ממנו מחילה ויסלח לו.

באר הגולה

א ‹ע"פ מהדורת נהרדעא›

§ מסכת יומא דף כג. §

אות א'

נקימה, אמר לו השאילני מגלך, אמר לו לאו וכו'

רמב"ם פ"ז מהל' דעות ה"ז - הנוקם מחבירו עובר בלא תעשה שנאמר: לא תקום, ואע"פ שאינו לוקה עליו, דעה רעה היא עד מאד, אלא ראוי לו לאדם להיות מעביר על מדותיו על כל דברי העולם, שהכל אצל המבינים דברי הבל והבאי ואינן כדי לנקום עליהם; כיצד היא הנקימה, אמר לו חבירו: השאילני קרדומך, אמר לו: איני משאילך, למחר צריך לשאול ממנו, אמר לו חבירו: השאילני קרדומך, אמר לו: איני משאילך כדרך שלא השאלתני כששאלתי ממך, הרי זה נוקם; אלא כשיבוא לו לשאול, יתן בלב שלם ולא יגמול לו כאשר גמלו, וכן כל כיוצא באלו, וכן אמר דוד בדעותיו הטובות: אם גמלתי שולמי רע ואחלצה וגו'.

אות ב'

ואיזו היא נטירה, אמר לו השאילני קרדומך וכו'

רמב"ם פ"ז מהל' דעות ה"ח - וכן כל הנוטר לאחד מישראל עובר בלא תעשה, שנאמר: ולא תטור את בני עמיך; כיצד היא הנטירה, ראובן שאמר לשמעון: השכיר לי בית זה, או השאילני שור זה, ולא רצה שמעון, לימים בא שמעון לראובן לשאול ממנו או לשכור ממנו, ואמר לו ראובן: הא לך הריני משאילך ואיני כמותך לא אשלם לך כמעשיך, העושה כזה עובר בלא תטור; אלא ימחה הדבר מלבו ולא יטרנו, שכל זמן שהוא נוטר את הדבר וזוכרו שמא יבא לנקום, לפיכך הקפידה תורה על הנטירה עד שימחה העון מלבו ולא יזכרנו כלל, וזו היא הדעה הנכונה שאפשר שיתקיים בה יישוב הארץ ומשאם ומתנם של בני אדם זה עם זה.

אות ב*[א]

הנעלבין ואינן עולבין שומעין חרפתן ואינן משיבין וכו'

רמב"ם פ"ב מהל' דעות ה"ג - לפיכך צוו להתרחק מן הכעס עד שינהיג עצמו שלא ירגיש אפילו לדברים המכעיסים, וזו היא הדרך הטובה, ודרך הצדיקים הן עלובין ואינן עולבין, שומעים חרפתם ואינם משיבין, עושין מאהבה ושמחים ביסורים, ועליהם הכתוב אומר: ואוהביו כצאת השמש בגבורתו.

רמב"ם פ"ה מהל' דעות ה"ג - כללו של דבר, יהיה מן הנרדפים ולא מן הרודפים, מן הנעלבים ולא מן העולבים, ואדם שעושה כל המעשים האלו וכיוצא בהן, עליו הכתוב אומר: ויאמר לי עבדי אתה ישראל אשר בך אתפאר.

אות ג'

כל המעביר על מדותיו מעבירין לו על כל פשעיו

רמב"ם פ"ז מהל' דעות ה"ז - עיין לעיל אות א'.

[ב]רמב"ם פ"ב מהל' תשובה ה"י - אסור לאדם להיות אכזרי ולא יתפייס, אלא יהא נוח לרצות וקשה לכעוס, ובשעה שמבקש ממנו החוטא למחול, מוחל בלב שלם ובנפש חפיצה, ואפילו הצר לו וחטא לו הרבה, לא יקום ולא יטור; וזהו דרכם של זרע ישראל ולבם הנכון, אבל העובדי כוכבים ערלי לב אינן כן, אלא ועברתן שמרה נצח, וכן הוא אומר על הגבעונים לפי שלא מחלו ולא נתפייסו: והגבעונים לא מבני ישראל המה.

אות ד'

אין מוציאין לא שליש ולא גודל מפני הרמאים, ואם הוציא שליש מונין לו, גודל אין מונין לו

רמב"ם פ"ד מהל' תמידין ומוספין ה"ג - והממונה אומר להם: הצביעו, והן מוציאין אצבעותיהן אחת או שתים, ואם הוציא שלש [ג]מונין לו שלש; ואין מוציאין גודל במקדש מפני הרמאים, שהגודל קצר ונוח להוציאו ולכפותו, והמוציא גודל אין מונין אותו לו.

אות ה'

מבלאי מכנסי הכהנים ומהמייניהן מהן היו מפקיעין ובהן היו מדליקין

רמב"ם פ"ח מהל' כלי המקדש ה"ו - מכנסי כהנים הדיוטים שבלו ואבנטיהם, היו עושין מהן פתילות ומדליקין בהן במקדש בשמחת בית השואבה; וכתנות כהנים הדיוטים שבלו, היו עושין מהן פתילות למנורת תמיד.

באר הגולה

[א] «ע"פ מהדורת נהרדעא» [ב] «ע"פ מהדורת נהרדעא» [ג] «עיין בדף כ"ב. אות א' בהערה, לגירסת הרמב"ם כאן בגמרא»

מסורת הש"ס

עין משפט נר מצוה

ו א מיי' פ"ז מהלכות דעות הלכה ז סמג לאוין יא:
ז ב שם הלכה ח סמג לאוין יב:
ח ג מיי' שם הלכה ז:
ט ד מיי' פ"ד מהלכות תמידין הלכה ג:
י ה מיי' פ"ח מהלכות כלי המקדש הלכה ו:

הגהות הב"ח

(א) רש"י ד"ה ויחידים וכו' שוכבים או יושבים כ"ב ונ"ב כרוך דיחידים היינו רבנן כדאיתא בתענית דף י' מאן יחידים רבנן ורבנן נקראו' חולים כדאית' בנדרי' דף מט מאן חולים רבנן כו' דאינו לפירושו והכי כבר אמר אבל חולים כו':

שאינו נוקם ונוטר כנחש אינו תלמיד חכם והכתיב לא תקום ולא תטור ההוא בממון הוא דכתיב דתניא איזו היא נקימה ואיזו היא נטירה נקימה אמר לו השאילני מגלך אמר לו לאו למחר אמר לו הוא השאילני קרדומך אמר לו איני משאילך כדרך שלא השאלתני זו היא נקימה ואיזו היא נטירה א"ל השאילני קרדומך אמר ליה לא למחר א"ל השאילני חלוקך אמר לו הילך איני כמותך שלא השאלתני זו היא נטירה וצערא דגופא לא והא תניא הנעלבין ואינן עולבין שומעין חרפתן ואינן משיבין עושין מאהבה ושמחין ביסורין עליהן הכתוב אומר ואוהביו כצאת השמש בגבורתו לעולם דנקיט ליה בליביה והאמר רבא כל המעביר על מדותיו מעבירין לו על כל פשעיו דמפייסו ליה ומפייס: ומה הן מוציאין אחת או שתים וכו': השתא שתים מוציאין אחת מבעיא אמר רב חסדא לא קשיא כאן בבריא כאן בחולה והתניא אחת מוציאין שתים אין מוציאין במה דברים אמורים בבריא אבל בחולה אפילו שתים מוציאין והיחידין מוציאין שתים ואין מונין להן אלא אחת ואין מונין לו אלא אחת והתניא אין מוציאין לא שליש ולא גודל מפני הרמאים ואם הוציא שליש מונין לו גודל אין מונין לו ולא עוד [אלא] שלוקה מן הממונה בפקיע מאי מונין לו נמי אחת מאי פקיע אמר רב פפא מטרקא דטייעי דפסיק רישיה אמר אביי מריש הוה אמינא הא דתנן בן ביבאי ממונה על הפקיע אמינא פתילתא כדתנן מבלאי מכנסי הכהנים ומהמייניהן מהן היו מפקיעין ובהן היו מדליקין כיון דשמענא להא דתניא ולא עוד אלא שלוקה מן הממונה בפקיע אמינא מאי פקיע נגדא: מעשה שהיו שניהן שוין ורצין ועולין בכבש: ת"ר מעשה בשני כהנים שהיו שניהן שוין ורצין ועולין בכבש קדם אחד מהן לתוך ארבע אמות של חבירו נטל סכין ותקע לו בלבו עמד רבי צדוק על מעלות האולם ואמר אחינו בית ישראל שמעו הרי הוא אומר כי ימצא חלל באדמה ויצאו זקניך ושופטיך אנו על מי להביא עגלה ערופה על העיר או על העזרות געו כל העם בבכיה בא אביו של תינוק ומצאו כשהוא מפרפר אמר הרי הוא כפרתכם ועדיין בני מפרפר ולא נטמאה סכין ללמדך שקשה עליהם טהרת כלים יותר משפיכות דמים [א] וכן הוא אומר וגם דם נקי שפך מנשה [הרבה מאד] עד אשר מלא [את] ירושלים פה לפה הי מעשה קדים אילימא דשפיכות דמים קדים השתא אשפיכות דמים לא תקנו פייסא אנשברה רגלו תקינו אלא דנשברה רגלו קדים וכיון דתקינו פייסא ארבע אמות מאי עבידתיהו אלא לעולם דשפיכות דמים קדים ומעיקרא סבור אקראי בעלמא הוא כיון דחזו אפילו ממילא אתו לידי סכנה תקינו רבנן פייסא עמד רבי צדוק על מעלות האולם ואמר אחינו בית ישראל שמעו הרי הוא אומר כי ימצא חלל באדמה אנן על מי להביא על העיר או על העזרות וירושלים בת אתויי עגלה ערופה היא *)והתניא עשרה דברים נאמרו בירושלים וזו אחת מהן אינה

*) כ"ק פב: [ערכין לב: אבות דר"נ סל"ה תוספתא נגעים פ"ו]

ויקרא יט · שופטים ה · [לקמן פו:] ר"ה יז. מגילה כח. · [פי' כריתות] · [תוספתא פ"א] · [ערוך בערך יחיד פי' רבנן] · שקלים פ"ה מ"א · שבת כא. סוכה נא. · [תוספתא פ"א ותוספתא שבועות פ"א] · דברים כא · מלכים ב כא · סוטה מה. · שבת פח: גיטין לו:

רש"י

שאינו נוקם · נקמתו : ונוטר · איבה כנחש בלבו : איני כמותך שלא השאלתני זו היא נטירה · שהדבר שמור בלבו ולא הסיחו מדעתו : דנקיט בליביה · ואם בא אחר לנקום נקמתו בקיום המשפט ישתוק : דמפייסו ליה · לבקש מחילה : חולה · אינו יכול לכבש אצבעותיו וכשמוציא אחת יוצאה חבירתה עמה : ויחידים · בחולין שאינן יושבין עם שאר בני אדם אלא שוכבין או יושבין (א) לבדם : אלא אחד · אין נמנה אלא איש אחד : אין מוציאין · עם האצבע לא שליש ולא גודל דאין מוציאין שתים : ואם הוציא שליש מונין לו · שאינו רמאי לפי שהוא ניכר שאינו משני בני אדם שאין יכול להרחיק זה מזה : גודל · אם הוציא גודל אין מונין לו כלל אלא מוציאין אותו מביניהן : הממונה בפקיע · הממונה על רצועות המלקות : שליש · אצבע שלישי אם הוציא שלישי מונין לו קא סלקא דעתיה מונין לו שנים : מטרקא דטייעי · רצועות ישמעאלים העשויה שוט לבוסים : דפסיק רישיה · לכך קרויה פקיעה שאינה רחבה בראשה כשאר רצועות מלקות אלא מפסקת בראשה לרצועות דקות כדי שירגיש בה הסוס יותר ופקיע לשון פיסוק וסדקים כמו מבלאי מכנסי הכהנים מפקיעין לשון קריעה : דתנן · במסכת שקלים (פ"ה משנה א) : ביבאי · שם האיש : היו מפקיעין · לעשות פתילות לשמחת בית השואבה בחג : נגדא · רצועות מלקות : על מעלות האולם · בהר הבית אולמות הרבה בנה שם הורדוס כמו שכתוב בספר יוסף בן גוריון על מעלות האולם בהר הבית אולמות גרסינן בתוספתא : על מי נביא · משל מי תלקח מן היושבים בעיר או מן הכהנים שומרי עזרה : געו · נעקו : הרי הוא כפרתכם · מיתתו תכפר עליכם : ארבע אמות מאי עבידתייהו · גבי מרוצת שפיכות דמים : עשרה דברים · בבבא קמא חשיב להו בפרק מרובה (דף פב:) : איכה

תוספות

שתים מוציאין אחת מבעיא · אע"ג דבכמה דוכתי קתני לא זו אף זו מ"מ היכא דאיכא שיטויא אתיינא קאמר ליה ועוד דהיכא דהוי זה בכלל זה לגמרי לא הוה ליה למיתניי' והא דלא פריך הכי בריש פ"ק דעירובין (דף ב:) ובריש פרק קמא דסוכה (דף ב:) דקאמר ר' יהודה מכשיר עד ארבעים וחמשים אמה השתא חמשים מכשיר ארבעים מיבעיא יש לומר דכל היכא דלא הוי דווקא אלא הוא הדין יותר לא פריך הכי כדמשני בריש מפנין (שבת דף קכו:) ארבע וחמש קופות ארבעה וחמשה כדאמרי אינשי אבל המקשה שהקשה התם חמש מפנין ארבע מיבעיא הוה סלקא דעתיה דדוקא הוה ומשני ליה דלאו דווקא הוי ובפרק בנות כותים (נדה דף לז:) דקושי מטהר ארבעים וחמשים יום פריך ליה משום דדוקא הוא דאין קושי מטהר לעולם ובפרק אלמנה ניזונית (כתובות דף נו.) דקאמר אלמנה ששהתה שתים ושלש שנים ולא תבעה מזונותיה איבדה מזונותיה ופריך ליה אע"ג דהתם לאו דווקא דכ"ש אם שהתה יותר דאיבדה יש לומר משום דהתם הוי שתים ושלש זו ואין צריך לומר זו והלכך פריך ליה וכן בסוף בבא קמא (דף קיח:) גבי לוקח מן הרועים ארבע וחמש לאן אבל לא שתים ושלש ופריך השתא ארבע זבנינן חמש מיבעיא התם נמי הוי זו ואין צריך לומר זו ובפרק במה אשה (שבת ד' ס:) גבי סנדל המסומר פריך ליה משום דפשיטא ליה דהוו דוקא ד' או חמש אבל לא טובא ובריש פרק אע"פ (כתובות ד' נז.) משהה אדם אשתו שתים ושלש שנים וגבי תינוק יונק והולך ארבע וחמש שנים (שם ד' ס:) איכא למימר דפשיטא ליה דהוא הדין טובא הלכך לא פריך ליה אי נמי בההיא דתינוק יונק ארבע וה' שנים י"ל דדוקא קאמר ד' לבריא וה' לכחוש*:

וירושלים איכה מביאה עגלה ערופה כו' והתניא כו' · תימה לי מאי פריך לימא דכרבי יהודה ס"ל דאמר לעיל בפ"ק (דף יב.) דירושלים נתחלקה לשבטים ואפי' עזרות איכא למ"ד התם דנתחלקו לשבטים ויש לומר דבלאו הכי צריך לשנויי כדי להרבות בבכיה דהא לא שייך עגלה ערופה אלא היכא דלא נודע מי הכהו והכא הרי נודע ועוד דקאמר על העיר או על העזרה פשיטא דעל העזרה לא מייתינן דהא העיר הקרובה כתיב ועזרה לאו עיר הוא אלא לאפושי בבכיה בעלמא הוא דקאמר הכי: יש

[ע"ש ברש"י ד"ה ותלמוד]

רבינו חננאל

שאינו נוקם ונוטר כנחש אינו ת"ח · איני והא כתיב לא תקום ולא תטור · ודחינן ההוא בממון כדתניא איזו היא נקימה השאילני מגלך א"ל לאו למחר אמר לו זה השאילני קרדומך כו' · כגון אלו דברים שהן של ממון אסור אבל צערא דגופא כגון בזיון וכיוצא בו מותר · איני והתניא הנעלבים ואינם עולבין שומעין חרפתם ואינן משיבין עושין מאהבה ושמחים ביסורין עליהם הכתוב אומר ואוהביו כצאת השמש בגבורתו ודחינן אפילו הכי נקיט בליביה [קשיא לי לא תשנא את אחיך שבקי] והאמר רבא המעביר על מדותיו מעבירין לו על כל פשעיו ופרקינן דמפייסו ליה ומפיים: ומה הן מוציאין אחת או שתים ומתמהינן השתא שתים מוציאין אחת מבעיא ופריק רב חסדא האי דקתני אחת בבריא שתים בחולי שאינו מתאמץ להוציא אחת ושתים שמוציא תחולה אין מונין אותם לו אלא אחת · והתניא כרב חסדא אחת מוציאין שתים אין מוציאין ויחידים מוציאין ב' ואין מונין לו אלא א' לומר שאין באין לידי ערמה יחידים הללו הן רבנן שנקראו יחידים ונקראו חולים יחידים כדתנן בתעניות (דף י') התחילו היחידים להתענות . ואמרינן התם מאן יחידים אמר רב הונא רבנן · *) רבא לטעמיה דאמר כמאן מצלינן האידנא אקצירי ומריעי כהאי תנא קצירי קצירי ממש מריעי רבנן · ואקשינן וכי המוציא שתים אחת מונין לו והתניא אין מוציאין לא שלש ולא גודל במקדש מפני הרמאין ואם הוציא שלש מונין לו גודל אין מונין לו ולא עוד אלא שהמוציא גודל או שלש לוקה מן הממונה בפקיע ופרקינן מאי מונין לו דקתני אחת · וזה כולו לענין המצביעין למנין כאשר אמרנו למעלה · אבל המצביעין לפיים המוציא אחת מונין לו אחת והמוציא ב' מונין לו ב' ומצאנו זה הדבר מפורש בתלמוד א"י מהו אצביעו · הוציאו אצבעותיכם הוציא אחת מונין לו שתים **)ובעו התם מהו אין מונין לו כל עיקר או אין מונין לו את היתירה ושמה אין מונין לו את היתירה ועוד אמרו כיצד היה מפיים מהלך לימין או לשמאל · א"ר בון בר חייא ממה דתני מי שזוכה בקטורת אומר לזה של ימינו אף אתה עמי למחתה · הוא אומר לימין הפיים מהלך . תלמידו דר' יונה בשם ר' בון בר חייא לשמאל הפיים מהלך וזה שזוכה לימין מוטב שיזכה מי שעבר עליו הפיים אלא פעם אחת ש"מ כשמוציאין אצבעותיהן לפיים מי שמוציא אחת או שתים מונין לו מה שהוציא ומי שהוציא יותר אין מונין לו אלא שתים ומונה וכולל הכל ומעמידין כמין כוליאר ונוטל מצנפת אחת מהן ומוציאין כל אחד אצבעו ועובר הסגן על האצבעות והוא מונה והולך ובמקום שמשלים החשבון הוא הזוכה · פקיע מדולרתא והיא מטרקא והיא כמין חבל מפתיל תלוי במקל כגון הרצועה שב"ד מכין בה' פי' הממונה

*) נראה דחסר כאן כל' רבינו וצ"ל ואמרינן [נדרים מט] רבא אמר מאן חולים רבנן רבא לטעמי' וכו' . **) בירושלמי הגי' שתים מונין לו שלש אין מונין לו .

תוספות ישנים

השתא שתים מוציאין אחת מיבעיא · וליכא למימר אחת או שתים ואפילו טובא דהא פשיטא שאין יכול להוציא כל אצבעותיו ובשבת פרק במה אשה (דף ס:) האריכתי בכך מילתא דאיכא דוכתא דפריך ליה ואיכא דוכתא

הגהות מהר"ב רנשבורג [א] גמ' וכן הוא אומר וגם דם נקי וכו' · כ"כ עיין מהרש"א בח"א :

אינה מביאה עגלה ערופה ועוד °לא נודע מי הכהו כתיב והא נודע מי הכהו אלא כדי להרבות בבכיה בא אביו של תינוק ומצאו כשהוא מפרפר אמר הרי הוא כפרתכם ועדיין בני קיים [כו'] ללמדך שקשה עליהם טהרת כלים יותר משפיכות דמים איבעיא להו שפיכות דמים הוא דזל אבל טהרת כלים כדקיימא קיימא או דילמא שפיכות דמים כדקיימא קיימא אבל טהרת כלים היא דחמירא ת"ש מדקא נסיב לה תלמודא וגם דם נקי שפך מנשה שמע מינה שפיכות דמים הוא דזל וטהרת כלים כדקיימא קיימא ת"ר °ופשט ולבש בגדים אחרים והוציא את הדשן שומעני כדרך יום הכפורים שפושט בגדי קודש ולובש בגדי חול תלמוד לומר ופשט את בגדיו ולבש בגדים אחרים מקיש בגדים שלובש לבגדים שפושט מה להלן בגדי קודש אף כאן בגדי קודש א"כ מה תלמוד לומר אחרים פחותין מהן רבי אליעזר אומר אחרים והוציא לימד על הכהנים בעלי מומין שכשרין להוציא הדשן אמר מר אחרים פחותין מהן כדתנא דבי רבי ישמעאל *דתנא דבי רבי ישמעאל בגדים שבשל בהן קדרה לרבו לא ימזוג בהן כוס לרבו אמר ריש לקיש כמחלוקת בהוצאה כך מחלוקת בהרמה ורבי יוחנן אמר מחלוקת בהוצאה אבל בהרמה דברי הכל עבודה היא מאי טעמא דריש לקיש אמר לך אי ס"ד עבודה היא יש לך עבודה שכשירה בשני כלים ור' יוחנן גלי רחמנא בכתונת ומכנסים והוא הדין למצנפת ואבנט ומאי שנא הני מדו בד *מדו °כמדתו מכנסי בד לכדתניא *מנין שלא יהא דבר קודם למכנסים שנאמר °ומכנסי בד ילבש על בשרו וריש לקיש מדו כמדתו מדאפקיה רחמנא בלשון מדו שלא יהא דבר קודם למכנסים מעל בשרו נפקא נימא כתנאי על בשרו *מה תלמוד לומר ילבש להביא מצנפת ואבנט להרמה דברי רבי יהודה *רבי דוסא אומר לרבות בגדי כהן גדול ביום הכפורים שכשירין לכהן הדיוט אמר רבי שתי תשובות בדבר חדא דאבנטו של כהן גדול לא זה הוא אבנטו של כהן הדיוט ועוד בגדים שנשתמשת בהן קדושה חמורה תשתמש בהן קדושה קלה אלא מה תלמוד לומר ילבש לרבות

רש"י

אינה מביאה עגלה ערופה · דכתיב (דברים כא) כי ימצא חלל באדמה וגו' לרשתה ואין ירושלים ירושה דקסבר לא נתחלקה לשבטים: **תלמודא** · ראייה: הכי גרסינן בתורת כהנים ופשט ולבש יכול במצות יום הכפורים ת"ל בגדיו בגדים וגירסא שבהש"ס הארוכה אור בלשונה שומעני כדרך יום הכפורים פושט בגדי קודש ולובש בגדי חול תלמוד לומר כו' וזהו פירושה ופשט ולבש האמור בהוצאת הדשן שבתפוח אל מחוץ למחנה הכתוב אחר תרומת הדשן ופשט את בגדיו ולבש בגדים וגו' יכול שמוטל עליו חובה לשנות בגדיו בין תרומה להוצאה אם בא להוציא דשן שעל התפוח אחר ההרמה מיד כדרך שהיא חובה על כהן גדול בחמש עבודות שביום הכפורים שמשנה בגדיו בכל העבודות בין זו לזו ראשונה בבגדי זהב שניה בבגדי לבן שלישית בשל זהב רביעית בבגדי לבן אף זה ישנה וזה שאין לשנות מבגדי לבן לבגדי זהב שהרי הדיוט הוא ואינו משמש בבגדי זהב ישנה בבגדי קודש שהרים בהן כמו שנא' ולבש הכהן מדו בד ויפשוט אותם וילבש בגדי חול שלו ויוציא הדשן: **תלמוד לומר בגדיו בגדים ומה תלמוד לומר אחרים פחותין מהן** · כגון שחקים לא מפשטן שאינו מוזהב ואין המדים יקרים שהאפר מלכלכם כשנושאו חוץ למחנה גנאי למלך שיהא משמש בהן על המזבח בעבודת כלילה: **אחרים והוציא לימד על הכהנים בעלי מומין** · האי אחרים אכהן קאי כלומר כהנים שהן אחרים מרוחקים משאר עבודות כשירין לעבודה זו: **לא ימזוג כהן לרבו** · לפי שנתעשטו ונתלכלכו בבישול קדירה אף כאן לענין הוצאת הדשן אין כבוד המלך לשרת בהן שירות אחר: **כמחלוקת בהוצאה** · כשם שר' אליעזר מכשיר בעלי מומין להוצאה כך מכשירן להרמה: **שכשירה בשני כלים** · והכא מדו בד ומכנסי בד הוא דכתיב: **גלי רחמנא בכתונת ומכנסים** · ולימדך שאינה כשירה בבגדי חול שלו ומאליך אתה למד שהיא עבודה וצריכה אף מצנפת ואבנט: **מאי שנא הני** · דנקט מאחר שצריכין כלן לשתוק מינייהו ולא ידענא מדכתיב בהו כהן עבודה היא: **מדו כמדתו** · כאן לימדך שיהא כתונת כמדת כהן קומתו לא גגרדום ולא מסולקות והכי אמרינן בזבחים (דף יח.): **ילבש על בשרו** · משמע שלובש בעודו ערום שאין עליו אלא בשרו דאי לא תימא הכי על בשרו למאי כתביה: **ולרשב"ל** · דאמר דווקא כתביהו ולמימרא דאינה צריכה ארבעה נפקא ליה הנך תרתי דרשות מלשון המקרא ששינה בלשונו שלא כתיב כתונת למימרא מדו כמדתו ושלא יקדים דבר למכנסים מעל בשרו יתירה נפקא ליה: **על בשרו מה ת"ל** (א) · גבי הרמת הדשן כתיב ולבש הכהן וגו' והוה ליה למכתב ומכנסי בד על בשרו ומהדר נמי אולבש דרישיה דקרא מה ת"ל שוב ילבש במכנסים לרבות עוד לבישה כיוצא בה ומרבה שני בגדים החסרים כאן מכהונת הדיוט: **רבי דוסא אומר** · להביא ארבעה בגדי לבן ששמש בהן כהן גדול ביום הכפורים שכשרין להדיוט כל השנה ואתיא ילבש מהתם דלא תימא והניחם שם כתיב בהו לומר שטעונין גניזה דס"ל לר' דוסא והניחם שם שלא ישתמש בהן ליום הכפורים אחר כדאמרינן בפ"ק (דף יב:): **אבנטו של כהן גדול** · ביום הכפורים שהוא של בוץ לא זהו אבנטו של כהן הדיוט לעולם לפי שאינו משמש אלא בשל כלאים:

לרבות

תוספות

יש עבודה שכשרה בשני כלים · אבל איפכא לא תקשי לך יש לך דבר שאינו עבודה וטעונה בגדי כהונה כלל דהא לא קשה דגזירת הכתוב הוא להחמיר שהרי אין בזה איסור אם לובש בגדי כהונה שלא בעידן עבודה דמסקינן לקמן בריש פרק בא לו (דף סט.) דבגדי כהונה ניתנו ליהנות בהן וגדולה מזו אמרינן לר' יוחנן דבין הוצאה בין הרמה בארבעה כלים בין לתנא קמא בין לר"א דתרוייהו מודו דמקיש בגדים שלובש לבגדים שפושט ואפי' הכי לר' אליעזר בעלי מומין כשרים להוצאה דלאו עבודה היא אע"ג דטעונה ארבעה כלים וקשה לי לריש לקיש דמוכח דלאו עבודה היא מדלא אצרכה קרא ארבעה כלים א"כ למה לי קרא לרבי אליעזר להכשיר בעלי מומין ומאי טעמא דתנא קמא דפסל בעלי מומין להוצאה ויש לומר משום דבעל מום חשיב כמו זר דס"ד אמינא וכי תעלה על דעתך שזר ובעל מום קריבים לגבי המזבח ולהכי צריך קרא לר"א והיינו טעמא דתנא קמא דפסל: **מניין** שלא יהא דבר קודם כו' · אף על גב דגבי כהן גדול נמי כתיב בפרשת אחרי מות ומכנסי בד *ילבש על בשרו איצטריך למיהדר ולמיכתביה בכהן הדיוט דלא הוה ילפינן להו מהדדי כיון דחלוקים הם לכמה ענינים: **ילבש** לרבות מצנפת ואבנט להרמה · פירוש דהכי קאמר קרא לרבות לבישה אחרת כיוצא בה דההיא לבישה דקרא דכתיב ולבש הכהן מדו בד וגו' דהיינו שני בגדים אחרים וקשה לי גבי הוצאה מנלן דבעי ארבעה בגדים כיון דגבי הרמה לא נפקא לן אלא מהיקשא א"כ הדרינן ומקשינן לבישה דהוצאה לפשיטה דהרמה כדלעיל ואמרינן בפרק איזהו מקומן (זבחים דף מט:) דבקדשים דבר הלמד בהיקש אינו חוזר ומלמד בהיקש °ויש לומר דשמא לא מיקרי קדשים אלא גופי הקרבנות אבל בגדי כהונה חוזרין ומלמדין בהיקש אי נמי ילבש ריבויא הוא ולא הוי היקש אלא אתא לרבות לבישה אחרת וכיון דלא פירש במה בגדים הוא מרבה אם אחד או שנים אין זה אלא גלוי מילתא בעלמא דשני בגדים קאמר כדכתיב בקרא אי נמי כמאן דאמר בפרק איזהו מקומן (ג"ז שם*) הימנו ודבר אחר לא הוי היקש דכיון דגמרינן הוצאה מהרמה למאי דכתיב ביה גמרינן נמי מיניה מאי דאתיא ליה מהיקשא:

מתרומת

עין משפט נר מצוה

יא א מיי' פ"ז מהלכות בית הבחירה הלכה יד ופ"ט מהלכות רוצח הלכה ד:

יב ב מיי' פ"ב מהל' תמידין הלכה י:

יג ג מיי' פ"ח מהל' כלי המקדש הלכה ד:

יד ד מיי' פ"י מהלכות כלי המקדש הל' א:

רבינו חננאל

המזמנה בפקיע' המזמנה להבות בזה הפקיע: ש"מ שפיכות דמים הוא דזל שרבו הרצחנים [וטהרת כלים] כדקיימא קיימא: ת"ר ופשט ולבש שומע אני כדרך שפושט ביוה"כ בשעה שרוצה לצאת בגדי קודש ולובש בגדי חול ת"ל ופשט ולבש מקיש בגדים שלובש לבגדים שפושט מה בגדים שפושט בגדי קודש אף בגדים שלובש בגדי קדש א"כ מה ת"ל אחרים · אחרים פחותין מהם ר' אליעזר אומר אחרים והוציא לימד על הכהנים בעלי מומין שהן כשרים להוציא את הדשן · אמר מר אחרים פחותין מהן (מאי משמע) דתנא דבי ר' ישמעאל בגדים שבישל בהן קדרה לרבו אל ימזוג בהן כוס לרבו ופשוטה היא . אמר ריש לקיש כמחלוקת בהוצאת הדשן שת"ק סבר עבודה היא ובעלי מומין פסולין בה ור' אליעזר סבר אינה עבודה וכהנים בעלי מומין כשרים בה כך מחלוקת בהרמת הדשן ור' יוחנן אמר מחלוקת בהוצאה אבל בהרמה הכל עבודה היא והאי דאמרת אין לך עבודה שכשרה בשני כלים גלי רחמנא בכתונת ומכנסים וה"ה במצנפת ואבנט ומאי שני דפריש הני אצטריך מדו בד מדו כמדתו לא ארוך ולא קצר ומכנסי בד ילבש על בשרו ללמד שלא יהא דבר מקדים על בשר למכנסים כו' · לימא כתנאי ומכנסי בד ילבש על בשרו מה ת"ל ילבש לרבות מצנפת ואבנט להרמה דברי ר' יהודה קסבר עבודה היא לפי' צריך שאר בגדים · ר' דוסא אומר לרבות בגדי כ"ג של יוה"כ שהן בד שכשרין לכהן הדיוט · מאי לאו בהא קמפלגי ת"ק סבר עבודה היא · ור' דוסא סבר לאו עבודה היא · ודחינן לא כ"ע עבודה היא · ות"ק סבר צריך קרא לרבויי · לפיכך כתיב ילבש לרבות מצנפת ואבנט ·

מסורת הש"ס

דברים כא · ויקרא ו · [שבת קיד.] · [פסחים ס: זבחים לה.] [לקמן כה.] סנהדרין מט:] · ויקרא ו · [יומא לב.]

הגהות הב"ח

(א) רש"י ד"ה על כו' ת"ל ילבש · נ"ב:

גליון הש"ס

תוס' ד"ה ילבש וכו' וי"ל דשמא לא מיקרי קדשים · עיין לקמן דף נב ע"א תוס' ד"ה מה לגיסה:

תוספות ישנים

וכתא דלא פריך ליה: **יכול** כמצות יום הכפורים שפושט כ"ג בגדי קדש ולובש בגדי כהונה · נראה לרבי דלא"ג ליה דמאי שייך זה לכה"ג ביום הכפורים ואי משום שמשנה מבגדי זהב לבגדי לבן ומבגדי לבן לבגדי זהב אלו ואלו קדש הם ואי גרס שפושט בגדי קדש ולובש בגדי חול ול"ג כמצות כ"ג ביום הכפורים אתי שפיר וקאי על האי כהן דהרמה שהוא משנה מבגדי קדש לבגדי חול: **א"כ** מה ת"ל אחרים · כלומר דמשמע בגדי חול משמע דאי לא מקשינן פשיטה ללבישה הוה משמע נמי בגדי חול ותימה דא"כ אמאי איצטריך הדרך שכ"ג עושה שפושט בגדי קודש ולובש של חול והא מאחרים משמע נמי הכי יש לומר שאינו מביאו אלא דמיון בעלמא כלומר כדרך שכהן גדול עושה דכתיב נמי ופשט ולבש ולמאי דל"ג ליה אתי שפיר כדפירשתי: **אחרים** והוציא לימד על כהנים בעלי מומין כו' · ולא סבירא להו לרבי יהודה דלא קמא אלא דריש מדסמכיה אחרים להוציא דקאי נמי אכהנים כי אע"פ שפחותין משאר כהנים שכשרים: **כך** מחלוקת בהרמה · דכהנים בעלי מומין נמי כשירין לה דלאו עבודה היא כיון דסגי לה בשני כלים ודלא כרבי יהודה מיהא דבעי לה ד' כלים ומרבי מצנפת ואבנט להרמה ואחרים והוציא דקאמר לא בעי למימר אחרים שלא עשו תרומת הדשן דהא שתיהן שוות אלא אחרים לשאר עבודות קאי ומ"מ בהוצאת הדשן דוקא בעינן פחותין: **חדא** דאבנטו של כהן כו' · וא"ת דמוקי ליה לריבויא לכל הני דמצי לריבויי לבד מאבנט דכי מוקמי ליה נמי לרבות מצנפת ואבנט לא מוקמי ליה בכולהו יש לומר דאמילתיה פריך דקאמר לרבות בגדי כהן גדול כו' משמע דאכולהו קאי וא"ת ומאי דפריך ליה רבי מאבנט הא איהו לא מיירי באבנט כיון דמכשיר הרמה בשני כלים לאו קושיא היא שהוא לא לרבות שבגדי כ"ג כשירין לכהן הדיוט בכל עבודות שיש שם ד' בגדי כהונה:

מתרומת

§ מסכת יומא דף כג: §

אות א'

אינה מביאה עגלה ערופה

רמב"ם פ"ז מהל' בית הבחירה הי"ד - ואלו דברים שנאמרו בירושלים... ואינה מביאה עגלה ערופה, לפי שלא נתחלקה לשבטים.

רמב"ם פ"ט מהל' רוצח ה"ד - ואין מודדין לירושלם, שאין ירושלם מביאה עגלה ערופה, לפי שלא נתחלקה לשבטים, ונאמר: באדמה אשר ה' אלהיך נותן לך לרשתה.

אות ב'

בגדים שלובש לבגדים שפושט

רמב"ם פ"ב מהל' תמידין ומוספין ה"י - הרמת הדשן מעל המזבח בכל יום מצות עשה, שנאמר: והרים את הדשן, והיא עבודה מעבודות כהונה; [א]ובגדי כהונה שתורם בהן הדשן יהיו פחותין מן הבגדים שמשמש בהם בשאר עבודות, שנאמר: ופשט את בגדיו ולבש בגדים אחרים והרים את הדשן, אינו אומר אחרים שיהיו בגדי חול, אלא שיהיו פחותין מן הראשונים, לפי שאינו דרך ארץ שימזוג כוס לרבו בבגדים שבישל בהם קדרה לרבו.

אות ב'* [ב]

מחלוקת בהוצאה, אבל בהרמה דברי הכל עבודה היא

רמב"ם פ"ב מהל' תמידין ומוספין הט"ו - [ג]ואף על פי שאין הוצאתו לחוץ עבודה, אין בעלי מומין מוציאין אותו.

אות ג'

כמדתו

רמב"ם פ"ח מהל' כלי המקדש ה"ד - בגדי כהונה מצוותן שיהיו חדשים נאים ומשולשים כדרך בגדי הגדולים, שנאמר: לכבוד ולתפארת; היו מטושטשין או מקורעין, או ארוכין יתר על מדתו, או קצרים פחות ממדתו, או שסלקן באבנט, ועבד, עבודתו פסולה; היו משוחקין או שהיו ארוכים וסילקן באבנט עד שנעשו כמדתו, ועבד, עבודתו כשרה.

אות ד'

מנין שלא יהא דבר קודם למכנסים

רמב"ם פ"י מהל' כלי המקדש ה"א - כיצד סדר לבישת הבגדים, לובש המכנסים תחלה, וחוגר את המכנסים למעלה מטיבורו מעל מתניו, ואחר כך לובש הכתונת, ואחר כך חוגר את האבנט כנגד אצילי ידיו ומקיפו כרך על כרך עד שגומר וקושר.

באר הגולה

א ‹בפ"ב דיומא דף כ"ג, אלא שלא אמרו שם כן אלא על הוצאת הדשן לא על תרומת הדשן, וגם דקרא דופשט את בגדיו ולבש בגדים אחרים, אוהוציא את הדשן כתיב לא אוהרים את הדשן, ויש לתמוה על רבינו ששינה. **ומצאתי** כתוב בשם הריטב"א בפ"ק דיומא, דתרומת הדשן צריכה בגדים פחותים משאר עבודות, מדכתיב ולבש הכהן מדו בד ומכנסי בד ילבש על בשרו, דהל"ל ומכנסי בד על בשרו, ואמרו שם בגמרא ילבש לרבות את השחקים, פירוש בגדי כהונה פחותין, לפי שאינו דרך ארץ שימזוג כוס לרבו בבגדים שבישל הקדרות, עכ"ל. **וע"פ** זה אפשר ליישב דברי רבינו, דמדכתיב ילבש ילפינן דתרומת הדשן הויא בבגדים פחותים משום דרך ארץ, א"כ כי כתיב ופשט את בגדיו ולבש בגדים אחרים, לא אהוצאת הדשן בלבד קאי, אלא אף אהרמת הדשן, והו"ל כאילו כתיב והרים את הדשן וכבר קודם לכן פשט את בגדיו ולבש בגדים אחרים, ומש"ה תפס רבינו הכתוב כאילו כתיב ופשט את בגדיו ולבש בגדים אחרים קודם והרים את הדשן, ולא הוצרך רבינו לכתוב גבי הוצאת הדשן שיהיו בגדיו פחותים, דמהרמת הדשן הוא נלמד, וכל שכן נמי הוא – כסף משנה› ב ‹ע"פ מהדורת נהרדעא› ג ‹פסק כת"ק ביומא שם כ"ג ב', וכו"ע מודו דלת"ק אין בע"מ מוציאין אותו, ומש"כ כסף משנה, ופסק כת"ק אליבא דר"י, עכ"ל, יש לעיין בזה, הא גם ר"ל מודה בזה דלת"ק אין בע"מ מוציאין אותו. **ועיין** מל"מ מה שתמה על מש"כ רבינו דלאו עבודה היא, והוכיח מהתוס' שם ד"ה יש לך וכו', דלר"י אליבא דת"ק הוי הוצאה עבודה, יעו"ש היטיב, ובאמת כ"כ שם התוס' בהדיא שם כ"ז ב' ד"ה איכא דאמרי וכו', שהוצאה לת"ק אליבא דר"י הויא עבודה יעו"ש, **אמנם** שיטת רבינו י"ל דהוא לא ס"ל כתוס', וס"ל דהוצאה לכו"ע לאו עבודה היא, ומ"מ ס"ל לת"ק דפסילי בע"מ להוצאה, מאחר דהצריכו הכתוב בגדי כהונה, ור"א ס"ל כיון דלאו עבודה היא, אף דהצריכו הכתוב בגדי כהונה, מ"מ בע"מ לא פסילי, דזה גזיה"כ דניבעי בגדי כהונה, ור"ל ס"ל דכו"ע בין הרמה בין הוצאה לאו עבודה ומשו"ה פליגי בתרוייהו. **ולכאורה** פשט הש"ס משמע כוותיה בזה, דלכאורה אין הלשון צודק כ"כ, דקאמר אבל בהרמה ד"ה עבודה היא, ולכאורה היכן הוזכר מתחלה אי הוי עבודה אי לא הוי עבודה דקאמר ד"ה עבודה היא, והכי הו"ל לומר ד"ה בע"מ פסולין, **אלא** ע"כ ה"פ, אבל בהרמה ד"ה, ר"ל לד"ה בע"מ פסולין, וקאמר הטעם למה הוא כן, עבודה היא, ר"ל לפי שהיא עבודה, אבל הוצאה לאו עבודה היא לכו"ע, לכן פליגי בזה, ור"ל ס"ל אי עבודה היא וכי כשרה בשני כלים, אלא ודאי לכו"ע לאו עבודה, ולכן פליגי בהרמה נמי, והבן – הר המוריה›

§ מסכת יומא דף כד. §

אות א'

לרבות את השחקים

רמב"ם פ"ח מהל' כלי המקדש ה"ד - היו משוחקין או שהיו ארוכים וסילקן באבנט עד שנעשו כמדתו, ועבד, עבודתו כשרה.

רמב"ם פ"ב מהל' תמידין ומוספין ה"י - הרמת הדשן מעל המזבח בכל יום מצות עשה, שנאמר: והרים את הדשן, והיא עבודה מעבודות כהונה; ובגדי כהונה שתורם בהן הדשן יהיו פחותין מן הבגדים שמשמש בהם בשאר עבודות, שנאמר: ופשט את בגדיו ולבש בגדים אחרים והרים את הדשן, אינו אומר אחרים שיהיו בגדי חול, אלא [א]שיהיו פחותין מן הראשונים, לפי שאינו דרך ארץ שימזוג כוס לרבו בבגדים שבישל בהם קדרה לרבו.

אות ב'

שטעונין גניזה

רמב"ם פ"ח מהל' כלי המקדש ה"ה - כל בגד מבגדי כהונה שנעשו צואין, אין מלבנין אותן ואין מכבסין אותן, אלא מניחן לפתילות ולובש חדשים; ובגדי כהן גדול שבלו, גונזין אותן; ובגדי לבן שעובד בהם ביום הצום, אינו עובד בהם פעם שניה לעולם, אלא נגנזין במקום שיפשוט אותם שם, שנאמר: והניחם שם, והם אסורין בהנאה.

אות ג'

ארבע עבודות זר חייב עליהן מיתה: זריקה והקטרה וניסוך המים וניסוך היין

רמב"ם פ"ט מהל' ביאת המקדש ה"ב - ואין הזר חייב מיתה אלא על ארבע עבודות בלבד: על הזריקה, ועל ההקטרה, ועל ניסוך המים בחג, ועל ניסוך היין תמיד.

אות ד'

עבודת מתנה ולא עבודת סילוק

רמב"ם פ"ט מהל' ביאת המקדש ה"ח - הרמת הדשן צריכה כהן, שנאמר: ולבש הכהן מדו בד וגו'; ואם הרים ישראל, לוקה ואינו חייב מיתה, אף על פי שאין אחריה עבודה, שנאמר: עבודת מתנה, עבודת מתנה הוא שתהיה בכהן לבדו ואם קרב לה הזר חייב מיתה, אבל עבודת סלוק אין חייבין עליה מיתה; וכן אם דישן מזבח הפנימי והמנורה אינו חייב מיתה.

אות ה'

ועבדתם, עבודה תמה ולא עבודה שיש אחריה עבודה

רמב"ם פ"ט מהל' ביאת המקדש ה"ב - אף על פי שהזרים מוזהרין שלא יתעסקו בעבודה מעבודות הקרבנות, אין חייבין מיתה אלא על עבודה תמה, לא על עבודה שיש אחריה עבודה.

אות ו'

שבע הזאות שבפנים ושבמצורע

רמב"ם פ"ט מהל' ביאת המקדש ה"ג - כיצד על הזריקה, בין שזרק בפנים בין שזרק [ב]בחוץ, בין שהזה הזאה אחת מכל הזיות הדם, בין שהזה הזאה אחת מכל הזיות קרבנות המצורע, הרי זה חייב מיתה.

באר הגולה

[א] ‹בפ"ק דיומא דף י"ב, על ברייתא דילבש לרבות את השחקים, כתב רש"י ז"ל: שאף השחקים כשרים לעבודה, ואני שמעתי להביא שחקים דוקא, משום בגדים שבישל בהם קדרה לרבו לא ימזוג בהם כוס לרבו, ואין נראה בעיני, דבשלמא גבי הוצאת הדשן אמרינן לקמן הכי, מפני שהבגדים מתבזין ומתלכלכין בהן, אבל תרומת הדשן שאינו אלא מלא מחתה ליום כדאמרינן במסכת תמיד אין שם לכלוך בגדים, ע"כ. **ורבינו** ז"ל מפרש כפירוש "ואני שמעתי", וכ"כ הרב בעל כ"מ ז"ל בשם הריטב"א - לחם משנה› ‹**בפ"ב** דיומא דף כ"ג, אלא שלא אמרו שם כן אלא על הוצאת הדשן לא על תרומת הדשן, וגם דקרא דופשט את בגדיו ולבש בגדים אחרים, אוהוציא את הדשן כתיב לא אוהרים את הדשן, ויש לתמוה על רבינו ששינה. **ומצאתי** כתוב בשם הריטב"א בפ"ק דיומא, דתרומת הדשן צריכה בגדים פחותים משאר עבודות, מדכתיב ולבש הכהן מדו בד ומכנסי בד ילבש על בשרו, דהל"ל ומכנסי בד על בשרו, ואמרו שם בגמרא ילבש לרבות את השחקים, פירוש בגדי כהונה פחותין, לפי שאינו דרך ארץ שימזוג כוס לרבו בבגדים שבישל הקדרות, עכ"ל. **וע"פ** זה אפשר ליישב דברי רבינו, דמדכתיב ילבש ילפינן דתרומת הדשן הויא בבגדים פחותים משום דרך ארץ, א"כ כי כתיב ופשט את בגדיו ולבש בגדים אחרים, לא אהוצאת הדשן בלבד קאי, אלא אף אהרמת הדשן, והו"ל כאילו כתיב והרים את הדשן וכבר קודם לכן פשט את בגדיו ולבש בגדים אחרים, ומש"ה תפס רבינו הכתוב כאילו כתיב ופשט את בגדיו ולבש בגדים אחרים קודם והרים את הדשן, ולא הוצרך רבינו לכתוב גבי הוצאת הדשן שיהיו בגדיו פחותים, דמהרמת הדשן הוא נלמד, וכל שכן נמי הוא - כסף משנה› [ב] ‹לאו בחוץ קאמר, דהיאך יתחייב על זריקה בחוץ משום זר שעבד, אלא בפנים היינו לפני לפנים, ובחוץ היינו בהיכל - כסף משנה› ‹**ודברי** מרן ז"ל הללו הם הפלא ופלא, דכפי דבריו לא יתחייב זר על זריקת הדם במזבח הקרבנות, שהיא זריקת דם בעזרה שנקראת חוץ כלפי ההיכל - לחם יהודה› ‹**ונ"ל** דמש"כ רבינו שזרק בפנים, היינו על מזבח הזהב, ובין שזרק בחוץ, היינו על מזבח העולה, **ומש"כ** בין שהזה הזאה אחת מכל הזיות הדם, היינו שהזה על הפרכת ולפני ולפנים, כן נראה לענ"ד בזה, ודלא כמש"כ מרן - הר המוריה›

לרבות את השחקים *והניחם שם מלמד שטעונין גניזה ר' דוסא אומר ראוין הן לכהן הדיוט ומה תלמוד לומר והניחם שם שלא ישתמש בהן יום הכפורים אחר מאי לאו בהא קא מיפלגי דמר סבר עבודה היא ומר סבר לאו עבודה היא לא דכולי עלמא עבודה היא והכא בהא קא מיפלגי מר סבר צריכא קרא לרבויי ומר סבר לא צריכא קרא לרבויי בעי ר' אבין תרומת הדשן בכמה מתרומת מעשר ילפינן לה או מתרומת מדין ילפינן לה תא שמע דתני ר' חייא נאמר כאן והרים ונאמר להלן והרים מה להלן בקומצו אף כאן בקומצו אמר רב ארבע עבודות זר חייב עליהן מיתה זריקה והקטרה וניסוך המים וניסוך היין ולוי אמר אף תרומת הדשן וכן תני לוי במתניתיה אף תרומת הדשן מאי טעמא דרב דכתיב ואתה ובניך אתך תשמרו את כהונתכם לכל דבר המזבח ולמבית לפרוכת ועבדתם עבודת מתנה אתן את כהונתכם והזר הקרב יומת עבודת מתנה ולא עבודת סילוק עבודתם עבודה תמה ולא עבודה שיש אחריה עבודה ולוי רבי רחמנא לכל דבר המזבח ורב ההוא לאתויי שבע הזאות שבפנים ושבמצורע ולוי נפקא ליה מדבר וכל דבר ורב דבר וכל דבר לא דריש ואימא לכל דבר המזבח כלל עבודת מתנה פרט כלל ופרט אין בכלל אלא מה שבפרט עבודת מתנה אין עבודת סילוק לא אמר קרא ולמבית

רש"י

לרבות השחקים. שכשירין לכל עבודה ובלבד שלא יהו מקורעין והכי קאמר בזבחים (דף יח.) ואודא רבי דוסא לשיטתיה דלא שייך הכא למימר דהא טלה מלתא אגב גררא נסבה: רבי יהודה ורבי דוסא בהא פליגי דר"י דדריש ילבש להביא מלנפת ואבנט ור' דוסא סבר לאו עבודה היא ולא בעי מלנפת ואבנט: **צריכא קרא לרבויי.** דלא תימא האי דזוקא ולמימרא דלאו עבודה: **ומר סבר לא צריכא לרבויי לא מקראי.** דכיון דגלי בה כתונת בד קדש ומכנסי קדש אשמעינן דעבודה היא ובעיא כולהו וכי אתא קרא לרבויי לבגדי יוה"כ אתא: **מתרומת מעשר ילפינן לה.** דהא והרים כתיב לשון והרמותם ממנו (במדבר יח) והויא כאומד אחד *מעשרה בדשן המערכה: **או מתרומת מדין.** דכתיב (שם לא) והרמות מכס לה' וגו' אחד נפש מחמש המאות: **מה להלן בקומצו.** דמתרומה קומץ ילפינן לה לא יפחות מאומד מלא הקומץ ואם רצה להוסיף יוסיף דהא ליכא למימר דווקא קאמר דהא לא אפשר לפשוט ברמץ גחלים רותחות ידיו לקמן: **ארבע עבודות כו'.** אע"פ שכולן מוזהר עליהן זר אין חיוב מיתה אלא בארבע אלו כדמפרש ואזיל: **ואתה ובניך אתך וגו'.** סיפיה דקרא והזר הקרב יומת: **עבודת מתנה.** שאתה נותן על המזבח ולא עבודת סילוק שאתה מסלק וסר מעל המזבח כגון תרומת הדשן: **עבודת תמה.** עבודה שהיא גומרת ומתממת את הדבר ולא שיש אחריה עבודה כגון שחיטה וקבלה והולכה שיש אחריה זריקה אבל זריקה עבודה אחרונה שבדם וכן הקטרה בקומץ מנחה ובאברים ופדרים וכן ניסוך היין בכל השנה וכן המים בחג: **לכל דבר המזבח.** לרבות עבודת סילוק אם עבודה תמה היא כגון תרומת הדשן: **שבע הזאות שבפנים.** שמזה על הפרוכת מפר העלם דבר ופר משיח ושל יוה"כ ושבמצורע שמזה מלוג שמן בהיכל כדכתיב (ויקרא יד) והזה מן השמן באצבעו וגו' דסלקא דעתך אמינא לאו דבר המזבח הוא להכי רבי לכל: **ולוי נפקא ליה.** מיניה מדבר לכל דבר דהא דבר המזבח גופיה יתירה הוא ובעגמר מיניה תרומת הדשן ומריבויא דלכל דריש ביה הזאות הפנימיות: ולמבית

תוספות

מתרומות מעשר ילפינן לה כו'. תימה לי אמאי לא מספקא ליה נמי אי מתרומה גדולה ילפינן לה ויש לומר משום דבתרומת הדשן כתיב והרים ובתרומת מעשר נמי כתיב והרמותם ובתרומת מדין נמי כתיב והרמות מכס אבל בתרומה גדולה לא כתיב במלות טויה לשון הרמה אלא כתיב *ראשית דגנך וגו' עד תתן לו והא דכתיב (במדבר טו) כתרומת גורן כן תרימו אותה תרימו דכתיב בחלה כתיב וא"ת ואמאי לא מבעיא ליה אי ילפינן מחלה יש לומר דוהרים מהרמותם או מוהרמות ילפינן אבל והרים מתרימו לא ילפינן דלא דמו טובי האי להדדי אי נמי יש לומר דילפינן תרומה קמייתא מתרומה קמייתא דנהי דתרומת מעשר יש תרומה גדולה קודם לה מ"מ בלוים למשמעי קרא זו היא תרומה קמייתא דחייביהו קרא לאפוקי חלה שיש תרומה גדולה קודמת אי נמי יש לומר כיון דתרומה גדולה וחלה אין להם שיעור מפורש ילמד סתום מן המפורש דהיינו מתרומת מעשר או מתרומת מדין ואין להקשות תרומה גדולה וחלה גופייהו אמאי לא גמרינן בהאי גזירה שוה דיהא להם שיעור ויש לומר כיון דכתיב בהו ראשית דגנך ואפילו דגן אחד וכן בחלה נמי כתיב ראשית עריסותיכם ומה שפירש רש"י מתרומת מדין אחד מחמש מאות אע"ג דהוה נמי התם אחד מחמשים נראה לו מחמש מאות ילפינן משום דכתיב אצל *והרמותם ולי היה נראה יותר ללמד ממדין אחד מנ' כדדרשינן *בירושלמי ביטנית אחד מחמשים דכתיב אחד אחוז מן החמשים כל שאתה אוחז ממקום אחר יהא כזה ותימה לי מאי מספקא ליה אי גמרינן מתרומת מעשר או ממדין פשיטא *דיותר סברא הוא ללמוד מתרומת מעשר דורות מדורות מללמוד ממדין דורות משעה ולפי מה שפירש דמאחד אחוז מן החמשים גמרינן ניחא דמשמע כל שאתה אוחז ממקום אחר יהא כזה ואפילו לפרש"י ז"ל דוהרים שהוא מלשון יחיד מוהרמות שגם הוא לשון יחיד גמרינן אבל מוהרמותם שהוא מלשון רבים לא ניחא ליה למילף אי נמי תרומת הדשן שהיא מלוה עבודה ליבור מתרומת מדין דשייכא בכל ישראל גמרינן אבל תרומת מעשר בלוים לחודייהו: תימה לי מאי שנא דלא נסתפק לו מוהרים ממנו בקומצו גמרינן דדמיא ליה טפי מסולת ולמבית דבהדי והדי כתיב והרים וי"ל משום דלא מליט למיגמר גמרי כי התם שיתרים תרומת הדשן בקומצו כמו שפרש"י להכי לא הוה ס"ד למילף מיניה ואפילו הכי פשיט דגמרינן מיניה כיון דדמי ליה דבהדי והדי והרים כתיב: **ולוי** רבי רחמנא לכל דבר המזבח. הכל לא הוה מצי למיפרך ומה ראית לרבות עבודת סילוק ולמעוטי עבודה שאינה תמה דיש לומר עבודת סילוק דבר המזבח היא אבל עבודה שאין תמה אינה במזבח אבל קשה לי אם כן ליחייב אסידור מערכה כמו זה דהא עבודת מזבח נמי היא ומה ראית למעט אותה ולרבות עבודת סילוק אלא יש לומר תרומת הדשן עדיפא שקודמת לכל: **לאתויי** שבע הזאות שבפנים ושבמצורע. תימה הוא דקא חשיב ארבע עבודות שזר חייב עליהם וקא חשיב ניסוך היין וניסוך המים בתרתי ולא חשיב הזאת דם והזאות דשמן לפנים נמי בתרתי וי"ל דניסוך המים והיין חשיבי ומשכחת להו שהן באין בגלל עצמן להכי חשבינהו באפי נפשייהו אבל הזאות דשמן באות בגלל זבח שיש עמהן מיני דמים ולהכי הוה בכלל זריקה: **אין** בכלל אלא מה שבפרט. תימה לי א"כ לכל דבר המזבח למה לי כדקאמר דבר לכל דבר [ואפילו אם תמלא לומר דלכל מרבה הזאות שבפנים ושבמצורע מ"מ קשיא כיון דלכל משמע כללא] אדרבה לפרוך לאידך גיסא דהוה לן למימר דלכל דבר המזבח הוה לאו שני כללות הסמוכין זה לזה והטל פרט ביניהם ועבדתם עבודת מתנה ודונם בכלל ופרט וכלל ולכל חשיב כלל כמו בכל כדדרשינן בכל אשר תשאלך נפשך כלל והכי אמרינן בפ' שור שנגח את הפרה (ב"ק דף נד:) ובר"פ מרובה (שם דף סד:) בכל כללא וא"כ נרבי מכעין הפרט אפילו דבר שאין עבודה תמה ואפילו עבודת סילוק ואע"ג דלא דמי כללא בתרא לכללא קמא הא דיינינן באלו טריפות (חולין דף סו:) כי האי גוונא ונראה דשאני בכל ולכל לחודיה לא חשיב כללא אלא כשיש שום תיבה מפורשת מאותו ענין אלו כמו התם דכתיב בכל אשר תאוה נפשך בבקר ובצאן וביין ובשכר וכן בדברות דכתיב וכל בהמתך והאי דפרק שלשה מינין (נזיר דף נה:) *חמור או שור או שה פרט וכל כלל בהמה חזר ופרט י"ל ההיא ר"א היא אי נמי שאני התם דכתיב ברישא חמור או שור והדר וכל אבל הכא דכתיב ברישא דעניינא לכל הוה ליה כלל שאינו מלא ואין דנין אותו בכלל ופרט וכי האי גוונא אמרינן בריש פ"ק דזבחים (דף ד:) אימא יעשה כלל זבח פרט ומשני אי הוה כתיב יעשה שלמים זבח כדקאמר"ת השתא דכתיב יעשה זבח שלמים הוה ליה כלל שאין מלא וכו': אלא

רבינו חננאל

ור' דוסא סבר לא צריך קרא לרבויי. בעי ר' אבין תרומת הדשן בכמה מתרומת מעשר ילפינן לה והוא חלק אחד מעשרה כדכתיב והרמותם ממנו תרומת ה' מעשר מן המעשר. או מתרומת מדין כדכתיב אחד אחוז מן החמשים, ופשטנא לא מזה ולא מזה ילפינן אלא מתרומת המנחה והוא תרומת קומץ. אמר רב ד' עבודות זר חייב עליהן מיתה. ואלו הן זריקה והקטר נסך המים וניסוך היין. שנאמר ואתה ובניך אתך תשמרו וגו' ועבדתם עבודת מתנה ולא עבודה שיש אחריה עבודה. עבודת מתנה ולא עבודת סילוק על זה כתיב והזר הקרב יומת. הילכך בעינן עבודת (סילוק) [מתנה]. ועבודה תמה שאין אחריה עבודה. ולוי אמר אף זה שהורים תרומת הדשן חייב מיתה שנא' דבר המזבח. ואפי' זה. ורב כתב רחמנא דבר המזבח ואפילו לרבויי ר' הזאות שבפנים ושבמצורע כו'. ופשוטה היא בעיא דרבא לשמעיה דלוי היא דרב לא שנא בפנים ול"ש בחוץ עבודת מתנה הוא דחייב מיתה אבל עבודת סילוק לא. ולוי הוא דשני ליה ומשום הכי בעי

תוספות ישנים

תורה אור

ולמבית לפרוכת ועבדתם אל מבית לפרוכת
הוא דעבודת מתנה ולא עבודת סילוק הא
בחוץ אפילו עבודת סילוק אי הכי ועבדתם
נמי אל מבית לפרוכת הוא דעבודה תמה
ולא עבודה שיש אחריה עבודה הא בחוץ
אפילו עבודה שיש אחריה עבודה ועבדתם
הדר עריביה קרא בעי רבא עבודת סילוק
בהיכל מהו לפנים מדמינן ליה או לחוץ
מדמינן ליה הדר פשטא מבית ולמבית אלא
מעתה זר שסידר את השלחן ליחייב איכא
סידור בזיכין סידר בזיכין ליחייב איכא סילוק
והקטרה זר שסידר את המנורה ליחייב איכא
נתינת פתילה נתן פתילה ליחייב איכא נתינת
שמן נתן שמן ליחייב איכא הדלקה הדליק
ליחייב הדלקה לאו עבודה היא ולא והתניא
ויקרא א °ונתנו בני אהרן הכהן אש על המזבח וערכו
עצים על האש *לימד על הצתת אליתא
שלא תהא אלא בכהן כשר ובכלי שרת
הצתת אליתא עבודה היא הדלקה לאו
עבודה היא אלא מעתה זר שסידר את
המערכה ליחייב איכא סידור שני גזירי עצים
סידר שני גזירין ליחייב איכא סידור אברים
והא אמר רב אסי *אמר רבי יוחנן *זר שסידר
שני גזירי עצים חייב בהא פליגי מר סבר
עבודה תמה היא ומר סבר לאו עבודה תמה
היא תניא כוותיה דרב תניא כוותיה דלוי
תניא כוותיה דרב עבודות שזר חייב עליהם
מיתה זריקת דם בין לפנים בין לפני ולפנים
והמזה בחטאת העוף והממצה והמקטיר
בעולת העוף והמנסך שלשה לוגין מים
ושלשה לוגין יין תניא כוותיה דלוי עבודות
שזר חייב עליהן מיתה המרים את הדשן
ושבע הזאות שבפנים ושבמצורע והמעלה
על גבי המזבח בין דבר כשר בין דבר
פסול (א) למה מפיסין למה מפיסין
כדאמרן אלא למה מפיסין וחוזרין ומפיסין
אמר רבי יוחנן כדי *להרגיש כל העזרה
תהלים נה שנאמר °אשר יחדיו נמתיק סוד בבית אלהים
נהלך ברגש במה מפיסין רב נחמן אמר
בבגדי חול ורב ששת אמר ׳בבגדי קדש
רב נחמן אמר בבגדי חול דאי אמרת בבגדי קדש איכא בעלי זרועות
דחמסי ועבדי רב ששת אמר בבגדי קדש דאי אמרת בבגדי חול אגב
חביבותיה מיקרו ועבדי אמר רב נחמן מנא אמינא לה דתנן *ג׳מסרון לחונין
והיו מפשיטין אותן את בגדיהן ולא היו מניחין עליהן אלא מכנסים בלבד
מאי

ולמבית לפרוכת . אפסיק בין כללא לפרטא מבית לפרוכת הוא דעבודת מתנה כגון הזאות שבין הבדים דיום הכפורים ונתינת קטורת על האש : **ולא עבודת סילוק** . כגון הוצאת כף ומחתה שהכהן גדול מכניס שם לקטורת יוה״כ ומניח בין הבדים ואח״כ חוזר ומוציאן : **אי הכי ועבדתם נמי מבית לפרוכת (ב) דעבודה תמה** . כגון נתינת קטורת על האש : **ולא שיש אחריה עבודה** . הולכת כף ומחתה שיש אחריה חפינה והקטרה : **ועבדתם הדר ערביה** . לענין עבודה תמה שהוי״ו מוסיף לענין ראשון אבל עבודת מתנה לא מיהדר אלא אמבית לפרוכת דלקמיה דלא כתיב ביה וי״ו : **עבודת סילוק בהיכל** . והיא עבודה תמה כגון דישון מזבח הפנימי והמנורה ללוי מהו : **מבית לפרוכת הוה ליה למיכתב** . וכתיב ולמבית לפרוכת לעשות היכל כבית קדשי הקדשים ופטור על עבודת סילוק : **אלא מעתה** . דעבודת *מתנה מיחייב בהיכל זר דמרביה ולמבית : **זר שסידר** . לחם ליחייב מיתה ואמאי אמרינן לעיל ד׳ עבודות ותו לא : **איכא סידור בזיכין** . בתריה כדכתיב (ויקרא כד) ונתת על המערכת לבונה זכה ולאו עבודה תמה היא : **איכא סילוק והקטרה** . עדיין לא נגמרה עבודתה עד שבת הבאה שיסלקנה ויקטיר הבזיכין : **שסידר את המנורה** . בבוקר היו מסלקין את הנרות של זהב מן המנורה לנקות אפרן יפה וחוזרין וקובעין אותם בה והרי עבודה תמה : **הצתת אליתא** . האתת קיסמים דקים אם הוצרך להצית על המזבח באחת מן המערכות כגון שקרבה מערכה לכלות שנשרפה כל המדורה : **ובכלי שרת** . שיהא לובש בגדי כהונה ארבעה אם כהן הדיוט הוא ואם כהן גדול הוא שמונה שהרי נאמר כהן הכהנים וכל מקום שנאמר בני אהרן הכהנים בכהונם משמע בבגדי כהונתם : **שסידר המערכה** . עצים : **איכא בתרה סידור שני גזירין** . דילפינן להו לקמן (דף כה:) מקראי : **איכא סידור אברים** . דתמיד בתריה וכל זה מעבודת הסידור הוא : **בהא פליגי** . רב ורבי יוחנן רבי יוחנן סבר סידור שני גזירין עבודה תמה היא שסידור מערכת עצים תמה וגומרת היא בה וסידור האברים תחילת סידור אחר הוא ורב סבר לאו עבודה תמה דהם סידור אחד הוא : **זריקת דם** . המזבח בחוץ : **בין לפנים** . הזאה שעל הפרוכת : **בין לפני ולפנים** . שעל בין הבדים דיום הכפורים : **בחטאת העוף** . כתיב הזאה והזה מדם החטאת על קיר המזבח (ויקרא ה) : **בעולת העוף** . כתיב מיצוי ומלק את ראשו והקטיר המזבחה ונמצה דמו על קיר המזבח (ויקרא א) : **והמקטיר** . שהעולה כליל היא : **והמנסך שלשה לוגין** . שהיא פחות שבנסכים רביעית ההין לכבש ואילו תרומת הדשן לא קתני והיינו כרב : **בין דבר פסול** . בהנך פסולין שפסולן בקודש דאם עלו לא ירדו משום הכי חשיבא הקטרה : **כדאמרן** . שהיו באים לידי מחלוקת : **למה מפיסין וחוזרין ומפיסין** . למה מאספין לפייס ארבעה פעמים ביום כדתנן במתניתין יפיסו על כולן באסיפה ראשונה מי יזכה לזה ומי לזו : **להרגיש** . להשמיע קול המון עם רב כמה פעמים שהוא כבוד למלך שנאמר בבית אלהים וגו׳ : **במה מפיסין** . מה היו לובשין אותם הנאספין לפיים בגדי חול או בגדי קדש : **בבגדי חול** . והזוכה לעבודה פושט ולובש בגדי קדש : **דחמסי ועבדי** . אף על פי שלא זכו בגורל : **מקרו ועבדי** . עבודה בבגדי חול אותן שזכו לפיים : **לחונים** . שמשין : **כאותם** שלא

אלא מעתה זר שסידר את המערכה ליחייב . לא ידענא למאן פריך ומאי אי אמרת בשלמא יש כאן וכו׳ נראה לי דפריך אהא דקאמר לעיל דאזריקה מיחייב אע״ג דאיכא בתרה הקטרה ומכל מקום מחייבת עלה כיון דבדם מיתה עבודה תמה היא א״כ סידור מערכה ליחייב דליכא בתרה בסידור עלי מערכה מידי ומשני איכא סידור שני גזירין וכן יש לפרש כל הסוגיא והא דפריך לעיל גבי זר שסידר את השלחן ליחייב יש לפרש כן וקול להבין ומשני איכא בזיכין והכי חשיבי כולהו כחד ולא דמו לזריקה והקטרה דהקטרה לא מעכבא :

והמזה בחטאת העוף . משום דלא דמיא לאחרים שאין לו קבלה בכלי אלא אוחז בראש ובגוף ומזה ועוד שאין למזבח אלא דמה להכי נקטה באפי נפשה :

והמקטיר בעולת העוף . תימה לי אמאי לא קאמר נמי והממלה בעולת העוף ועוד קשיא לי דליתני המקטיר בכל הקדשים ובתוספתא דזבחים עייניתי וקתני סתמא והמקטיר וקתני בה נמי והממלה בעוף ותוספתא שלי מוטעת היא וצ״ע בתוספתא אחרת ולפי הספרים שלי נראה לי דהכי פירושו והמקטיר בעולת העוף ואף המקטיר אף בעולת העוף ומשום דבחטאת העוף לא מיחייב אלא בהזאה דמה דלית בה הקטרה מה שאין בכל הקדשים קאמר דבעולת העוף אף המקטיר דלא מיבעיא במילוי דמה דליתא נמי בחטאת העוף אלא אפילו בהקטרתה דליכא דסוכה בחטאת העוף ולא מיבעיא בהקטרה דשאר זבחים דשייך בכל הזבחים אלא אפילו בעוף דליכא חטאת העוף דלית בה הקטרה אפילו הכי בעולת העוף חייב :

זריקת דם בין לפנים בין לפני ולפנים והמזה בחטאת העוף . כחד חשיב להו ומקטיר בעולת העוף הרי תרי וניסוך היין והמים הרי ארבע :

והמעלה על גבי המזבח בין דבר כשר כו׳ . בכלל זה יש זריקה והזאות והקטרות וניסוך היין והמים שהרי כולן עולין על גבי המזבח :
מאי

עין משפט
נר מצוה

כא א מיי׳ פ״ט מהלכות ביאת מקדש הלכה ה :
כב ב מיי׳ פ״ד מהלכות תמידין הלכה א :
כג ג שם הלכה ב :

רבינו חננאל

עבודת סילוק בהיכל לפנים מדמינן ליה ואינו חייב מיתה או לעבודת דלחוץ מדמינן ליה וחייב ופשטה רבלפנים מדהוה ליה למכתב מבית לפרכת וכת׳ ולמבית לרבויי אפי׳ בהיכל . אלא מעתה כיון שאפי׳ בהיכל בעבודת מתנה הוא דחייב . זר שסידר לחם הפנים בשלחן ליחייב . ודחינן בעינן מלאכה תמה . וזו אינה מלאכה תמה . דהא נשאר סידור בזיכים של לבונה . סידר בזיכין כו׳ בענין הזה . תניא כוותיה דרב עבודות שזר חייב עליהן מיתה זריקה בין לפנים בין לפני ולפנים והמזה בחטאת העוף . והמזה והמקטיר בעולת העוף . והמנסך ג׳ לוגין יין וג׳ לוגין מים . תנא כוותיה דלוי עבודות שהזר חייב עליהן מיתה המרים את הדשן . וז׳ הזאות שבפנים ושבמצורע . והמעלה על המזבח בין דבר כשר בין דבר פסול : למה מפיסין כלומר למה מפיסין וחוזרין ומפיסין עד ד׳ פייסות . א״ר יוחנן כדי להרגיש העזרה . במה מפיסין . רב נחמן אמר בבגדי חול ואמר מנא אמינא לה ודחי לה רב ששת ואמר הוא בבגדי קודש מפיסין ואמר מנא אמינא לה . ואע״ג דדחי לה רב נחמן כיון דאיסורא היא כרב ששת מוקמינן לה כדקיי״ל הלכתא כרב ששת

תוספות ישנים

ולא דמי נמי לזר שסידר לחם הפנים דלא נגמרה המלאכה עד סידור הבזיכין דכתיב ונתן על המערכת לבונה זכה ולא דמי נמי לסידור בזיכין שעדיין חסרין הקטרה ובהזאות של מצורע נמי כתיב והזה מן השמן באצבעו ז׳ פעמים וגו׳ ומיתר השמן אשר על כפו יתן הכהן על תנוך אוזן וגו׳ הלכך איצטריך לאשמועינן דעבודות תמות נינהו ולהכי לא ממעט להו מועבדתם עבודת מתנה פרט עבודת מתנה אין עבודה שיש אחריה עבודה לא אלא ש״מ דעבודות תמות נינהו . ה״ר יוסף . ועוד י״ל שלזה לא הוצרך פסוק דפשיטא דעבודות תמות הן אלא בא להשמיענו דאע״ג דלא שייכי כולי האי למזבח אפ״ה תשובות הן עבודות כיון שצורך מזבח הן : **לאתויי** ז׳ הזאות . ורב לא חשיב להו דבכלל זריקה הן : **עבודת** מתנה אין עבודת סילוק לא . ותימה א״כ לכל למה לי דהא תרי ריבויי איתא מדבר לכל דבר לרבות עבודת סילוק וז׳ הזאות מדהוה ליה למכתב לישנא אחרינא דלא הוה מרבי מידי אבל השתא דדרשת כלל ופרט חד אתא לז׳ הזאות אבל אידך למאי אתא ושמא השתא איצטריך דורש מדבר לכל דבר שני ריבויין : **עבודת** סילוק לא . בלא כלל ופרט לא מצי לאקשויי מידי עבודת מתנה למאי אתא דאיכא למימר דאתא למעוטי הוצאת הדשן ועבודת סילוק בהיכל דממעט לקמן : **אמר** קרא ולמבית לפרוכת כו׳ . תימה לר׳ אלחנן לרב אמאי איצטריך למבית לפרוכת י״ל דס״ד כיון שעבד לפני ולפנים יהא חייב דאפי׳ בביאה ריקנית יש לו לזר להתחייב אם היה מזיד וכן פי׳ ה״ר יוסף : (ע״כ שייך לע״א)

הא בחוץ אפילו עבודת סילוק . תימה לרב רבי אלחנן כיון דבחוץ לא כתיב כלל מיעוטא לעבודת סילוק אפילו בהוצאת הדשן ליתחייב בה זר וי״ל כיון דלאו עבודה חשובה היא אין נט לחייב בה זר בלא מיעוט כמו שמפרש רבי לקמן בסוף פירקין גבי עבודת לילה : **עבודת** סילוק בהיכל מהו . תימה לרבי אמאי לא פשיט דפטור מדלא חשיב להו לוי לעיל וליכא למימר משום דלא איירי אלא במזבח החיצון דהא פריך בסמוך זר שסידר השלחן ליתחייב אלא פשיטא דלא מיחייב מדלא מני ליה : **איכא** סידור בזיכין . ואף על פי שבלחם הפנים הסידור עצמו אין עבודה אח״כ מ״מ סידור לחם הפנים עבודת סידור השלחן היא ועבודת סידור השלחן לא נגמרה עד שיסדר הבזיכין ולא דמי למקטיר כזית שחייב מיתה שכל זית הקטר חשוב בפני עצמו הוא : **הצתת** אליתא עבודה היא . ומ״מ לא מיחייב דאיכא בתרה סידור שני גזירין : **הדלקה** לאו עבודה היא . שהשלהבת עולה מאליה אבל הנחת כאליתא איכא אם גדול אבל תימה לה״ר יוסף כיון דהדלקה לאו עבודה היא אמאי כתיב בה כהן דכתיב (במדבר ח) דבר אל אהרן ואל בניו בהעלותך את הנרות וגו׳ : **והמזה** בחטאת העוף . הכי נמי הוי מצי למימר והמולה בחטאת העוף אלא דפליגי בה אמוראי בפרק שני דמעילה (דף ח:) אם מעכב בה מיצוי : **תניא** כוותיה דלוי ז׳ הזאות . וה״ה זריקה :
מאי

מסורת הש״ס

ס״א תמה
[לקמן מה.]
[לקמן כח.]
[לקמן לג:]
תמיד פ״ה מ״ג

הגהות הב״ח

(א) גמ׳ בין דבר פסול ארבע פייסות היו שם וכו׳ : למה מפייסין :
(ב) רש״י ד״ה אי הכי כו׳ מבית לפרוכת הוא דעבודה תמה :

§ מסכת יומא דף כד: §

אות א'*[א]

הדלקה לאו עבודה היא

רמב"ם פ"ט מהל' ביאת המקדש ה"ז - וכן הדלקת הנרות [ב]כשירה בזרים, לפיכך אם הטיב הכהן את הנרות והוציאן לחוץ, מותר לזר להדליקן. השגת הראב"ד: והוציאן לחוץ מותר וכו'. א"א [ג]הפליג כשאמר מותר לזר להדליקן, אלא שאם הדליקן כשירות.

אות א'

זר שסידר שני גזירי עצים חייב

רמב"ם פ"ט מהל' ביאת המקדש ה"ה - והמסדר שני גזרי עצים על המערכה, הרי הוא כמקטיר איברים וחייב מיתה, [ד]שהעצים קרבן הוא.

אות ב'

בבגדי קדש

רמב"ם פ"ד מהל' תמידין ה"א - כל העבודות האלו שעושין בכל יום, בפייס היו עושין אותן, וכיצד היו עושין, כל כהני בתי אבות של יום נכנסין ללשכת הגזית אחר שיעלה עמוד השחר, ומלובשין הן בבגדי כהונה, והממונה שעל הפייסות עמהן, והן עומדין בהקפה, והממונה נוטל מצנפת מעל ראשו של אחד מהן [ה]ומחזירה, והוא האיש שמתחילין למנות ממנו, ומפיסין כמו שיתבאר.

אות ג'

מסרון לחזנין והיו מפשיטין אותן את בגדיהן, ולא היו מניחין עליהן אלא מכנסים בלבד

רמב"ם פ"ד מהל' תמידין ה"ב - ויוצאין לעבודה אנשים שעובדין בו, ושאר הכהנים מוסרין אותן לחזנין ומפשיטין אותן את בגדי הקדש, ולא היו מניחין עליהן אלא המכנסים בלבד, עד שלובשין בגדי חול, וחוזרין ופושטין את המכנסיים של קדש, ומחזירים החזנים את הכלים לחלונות.

באר הגולה

[א] ‹ע"פ מהדורות נהרדעא› [ב] ‹ופירש"י: דהא כיון שהדליק ברוב היוצא השלהבת עולה מאליה, אבל הצתת אש עבודה שיש בה טורח היא, שצריך להצית האור בעצי המערכה. {כ"כ הריטב"א בשמו, ולא מצאתי, ועיין בתוס' ישנים}. **וכ'** הריטב"א: תימה, דהא כתיב: דבר אל אהרן וכו' בהעלותך את הנרות, ואפשר לומר דלהכי לא אפקיה בלשון חיוב "דבר אל אהרן ויעלה את הנרות", לומר דלאו עבודה היא לחייב עליה מיתה בזר, כשם שאין חיוב בעבודה שאינה תמה, עכ"ל - כסף משנה. ‹**לדברי** הריטב"א אפשר דגם בהדלקה פסולה אם הדליק זר, ועכ"פ מוכח דלכתחלה צריך כהן להדליק, וכדעת הראב"ד - אבן האזל. וטעם הרמב"ם כדלהלן› [ג] ‹וטעמו של רבינו, דכיון דלאו עבודה היא, מישרא נמי שרי, כמו שחיטה שהיא כשירה בזרים - כסף משנה. ‹**וביאור** ההשגה נראה, דר"ל דנהי דהדלקה לאו עבודה היא ולא מיפסל בה זר, אבל מ"מ מצותה בכהן, וכדכתיב בקרא בהעלותך את הנרות וגו', וע"כ אסור לזר להדליק לכתחלה, ורק דכיון דפסולא דזר ליתא גבה, ע"כ אם הדליקן כשרות בדיעבד. **ואשר** יראה לומר בזה, דבאמת גם הרמב"ם ס"ל כן, דיסוד הך מצוה דהדלקת הנרות היא דוקא בכהן לכתחלה, אכן כל זה הוא במדליק בפנים, משא"כ בהוציאן לחוץ, דעצם מעשה ההדלקה בשעתה לא הויא עוד מעשה המצוה כלל, דמצותה דוקא בהיכל, וכיון דרק אח"כ כשהיא עומדת דלוקה בהיכל במקומה אז הוא דהוי קיום מצותה ודיניה, ע"כ ממילא דלא שייך מצות כהונה האמור בהדלקה רק כשמדליקה במקומה, אבל כשהוציאן לחוץ והדליקן, בזה ס"ל להרמב"ם דמותר גם לזר להדליקן לכתחלה, כיון דאינה עוד בכלל הדלקת המנורה כלל - חידושי ר' חיים הלוי› [ד] ‹ודברים הללו אינם מובנים לי... דמקשה הש"ס אמאי לא חשב סידור שני גיזרי עצים, ומתרץ דרב דפוטר דלאו עבודה תמה היא, דאיכא אחריו סידור אברים, ור"י מחייב, חזינן דלאו בכלל מקטיר הוא, דלרב מקטיר חייב, אלא הוא עבודת סידור ככל עבודה, רק סובר דלאו עבודה תמה היא, ואפי' עבודת קרבן פטור באינו עבודה תמה, ור"י סובר דעבודה תמה היא, דסידור אברים הוא התחלת עבודה אחרת, והר"ם פסק כר"י, אבל לא מחמת הקטרה - מנחת חינוך מצוה ש"צ› [ה] ‹משמע דתכף מחזירה, **אמנם** התוס' כתבו דף כ"ה. ד"ה והא בעינן וכו', תימה דאמאי לא היו מפייסים בעזרה דקדש טפי, ואומר ר"ת כיון דנוטל מצנפתו של א' מהם, גנאי הוא לעמוד בלא מצנפת בעזרה, ע"כ, נראה מדבריהם שלא היה מחזירה מיד, **ולכך** י"ל כיון דהיה לו פתח לפתוח לקדש, גנאי לעמוד כך, ולכך היה מחזירה תכף - מעשה רוקח›

§ מסכת יומא דף כה. §

אות א'*[א]

לשכת הגזית

רמב"ם פ"ד מהל' תמידין ה"א - כל העבודות האלו שעושין בכל יום, בפייס היו עושין אותן, וכיצד היו עושין, כל כהני בתי אבות של יום נכנסין ללשכת הגזית אחר שיעלה עמוד השחר, ומלובשין הן בבגדי כהונה, והממונה שעל הפייסות עמהן, והן עומדין בהקפה, והממונה נוטל מצנפת מעל ראשו של אחד מהן [ב]ומחזירה, והוא האיש שמתחילין למנות ממנו, ומפיסין כמו שיתבאר.

אות א' – ב'

לשכת הגזית חציה בקדש וחציה בחול

שני פתחים היו לה אחד פתוח בקדש ואחד פתוח בחול

רמב"ם פ"ה מהל' בית הבחירה הי"ז - והשלש שבצפון: לשכת הגזית, לשכת הגולה, לשכת העץ; לשכת הגזית, שבה סנהדרי גדולה יושבת, וחציה היה קדש וחציה היה חול, ולה שני פתחים אחד לקדש ואחד לחול, ובחצי של חול היו הסנהדרין יושבין.

אות ב'*[ג]

אין ישיבה בעזרה אלא למלכי בית דוד בלבד

רמב"ם פ"ז מהל' בית הבחירה ה"ו - ואסור לכל אדם לישב בכל העזרה, ואין ישיבה בעזרה אלא למלכי בית דוד בלבד, שנאמר: ויבא המלך דוד וישב לפני ה'; והסנהדרין שהיו יושבין בלשכת הגזית, לא היו יושבין אלא בחציה של חול.

רמב"ם פי"ד מהל' סנהדרין הי"ב - בתחילה כשנבנה בית המקדש היו בית דין הגדול יושבין בלשכת הגזית שהיתה בעזרת ישראל, והמקום שהיו יושבין בו חול היה, [ד]שאין ישיבה בעזרה, אלא למלכי בית דוד.

אות ג'

הלשכות הבנויות בחול ופתוחות לקדש, תוכן קודש

רמב"ם פ"ו מהל' בית הבחירה ה"ח - היו בנויות לחול ופתוחות לקדש, תוכן קדש לאכילת קדשי קדשים, אבל אין שוחטין שם קדשים קלים, והנכנס לשם בטומאה פטור; וגגותיהן חול לכל דבר.

אות ד'

בנויות בקדש ופתוחות לחול, תוכן חול

רמב"ם פ"ו מהל' בית הבחירה ה"ז - הלשכות הבנויות בקדש ופתוחות לחול, אם היו גגותיהן שוין עם קרקע העזרה, תוכן חול וגגותיהן קדש; ואם אינן שוין, אף גגותיהן חול, שהגגות והעליות לא נתקדשו, לפיכך גגים אלו אין אוכלין שם קדשי קדשים ולא שוחטין קדשים קלים.

אות ה'

הפייס השני מי שוחט מי זורק וכו'

רמב"ם פ"ד מהל' תמידין ה"ו - פייס השני זוכין בו שלשה עשר על סדר עמידתן, כיצד, הממונה אומר להם הצביעו ומונה כדרך שביארנו, וזה שיצא בפייס ראשון הוא שוחט תמיד של שחר, והשני שעומד בצדו הוא מקבל את דם התמיד והוא זורקו, והשלישי הסמוך לשני מדשן המזבח הפנימי שהוא מזבח הקטורת, והרביעי שבצדו מדשן את המנורה ומטיב את הנרות, והחמישי מעלה ראש התמיד ורגלו לכבש, והששי מעלה שתי הידים, והשביעי מעלה העוקץ והרגל, והשמיני מעלה החזה והגרה, והתשיעי מעלה שתי הדפנות, והעשירי מעלה הקרבים, והאחד עשר מעלה סולת הנסכים, והשנים עשר מעלה החביתין, והשלשה עשר מעלה היין של נסכים.

באר הגולה

א ‹ע"פ מהדורת נהרדעא› **ב** ‹משמע דתכף מחזירה, **אמנם** התוס' כתבו שם ד"ה והא בעינן וכו', תימה דאמאי לא היו מפייסים בעזרה דקדש טפי, ואומר ר"ת כיון דנוטל מצנפתו של אחד מהם, גנאי הוא לעמוד בלא מצנפת בעזרה, ע"כ, נראה מדבריהם שלא היה מחזירה מיד, **ולכך** י"ל כיון דהיה לו פתח לפתוח לקדש, גנאי לעמוד כך, ולכך היה מחזירה תכף – מעשה רוקח› **ג** ‹ע"פ מהדורת נהרדעא› **ד** ‹בפרק חלק דף ק"א על ענין ירבעם, אמרו גמירי דאין ישיבה בעזרה אלא למלכי בית יהודה, ופירש"י גמירי הלכה למשה מסיני ולא מקרא – כסף משנה. ‹**אך** בפ"ב דיומא דף כ"ה, ובפ"ז דף ס"ט, כתב אין ישיבה בעזרה, דכתיב לעמוד ולשרת העומדים שם לפני ה' כו', אלמא מקרא נפקא לן. **ומיהו** יש ליישב, דהני קראי אסמכתא נינהו, **אך** מאי דקשיא לי הוא מש"כ רש"י פ"ז דסוטה דף מ', אין ישיבה בעזרה דאין כבוד שמים בכך, ואפי' מלאכי השרת אין להם ישיבה כו', נראה דס"ל דמדרבנן הוא איסור זה. **ומיהו** יש ליישב, דבא לתת טעם למה אסרה תורה הישיבה – משנה למלך›

מסורת השדס

[לעיל כג: סנהדרין מב:] [תוספתא פ"א ותוספתא סוכה פ"ד] [נ"ל כתליאר כ"ה בערוך ובתוספתא ועי' תוס' כ"ב קט. ד"ה ככיכרין] לקמן לה: פ"ש

לקמן סנ: סוטה מ: מה: קידושין נב: סנהדרין קא: תמיד כו.

עין משפט נר מצוה

כד א ב מיי' פ"ה מהל' בית הבחירה הלכה יז:

כה ג שם פ"ז הלכה ח:

כו ד שם הלכה ו:

כז ה מיי' פ"ד מהלכות תמידין הלכה ו:

מאי לאו באותן שזכו לפיים אמר רב הונא בר יהודה אמר רב ששת לא באותן שלא זכו לפיים הכי נמי מסתברא דאי ס"ד באותן שזכו לפיים לא היו מניחין עליהן אלא מכנסים בלבד והתניא *מניין שלא יהא דבר קודם למכנסים תלמוד לומר °ומכנסי בד יהיו על בשרו ואידך הא ל"ק הכי קתני עד שעודן עליהן בגדי חול מלבישין אותן מכנסי קדש והיו מפשיטין אותן בגדי חול ולא היו מניחין אלא מכנסים בלבד אמר רב ששת מנא אמינא לה דתניא *לשכת הגזית כמין בסילקי גדולה היתה פיים במזרחה וזקן יושב במערבה והכהנים מוקפין ועומדין כמין *כבוליאר והממונה בא ונוטל מצנפת מראשו של אחד מהן ויודעין שממנו פיים מתחיל ואי סלקא דעתך בבגדי חול מצנפת בבגדי חול מי איכא אין *כדתני רב יהודה ואיתימא רב שמואל בר רב יהודה כהן שעשתה לו אמו כתונת עובד בה עבודת יחיד אמר אביי שמע מינה *לשכת הגזית חציה בקדש וחציה בחול ושמע מינה *שני פתחים היו לה אחד פתוח בקדש ואחד פתוח בחול דאי סלקא דעתך כולה בקדש זקן יושב במערבה *והאמר מר אין ישיבה בעזרה אלא למלכי בית דוד בלבד ואי סלקא דעתך כולה בחול פיים במזרחה והא °בבית אלהים נהלך ברגש וליכא אלא שמע מינה חציה בקדש וחציה בחול ואי סלקא דעתך פתח אחד יש לה ופתוח לקודש זקן יושב במערבה והתנן *הלשכות הבנויות בחול ופתוחות לקדש תוכן קודש ואי סלקא דעתך פתוח לחול פיים במזרחה והתנן *בנויות בקדש ופתוחות לחול תוכן חול אלא לאו ש"מ שני פתחים היו לה אחד פתוח בקדש ואחד פתוח לחול:

מתני' *הפייס השני מי שוחט מי זורק מי מדשן מזבח הפנימי ומי מדשן את המנורה ומי מעלה אברים לכבש הראש והרגל ושתי הידים העוקץ והרגל והחזה והגרה ושתי הדפנות והקרבים והסלת והחביתין והיין שלשה עשר כהנים זכו בו אמר בן עזאי לפני ר' עקיבא משום ר' יהושע דרך הלוכו היה קרב:

גמ' איבעיא להו כשהן מפייסין לעבודה אחת מפייסין או דילמא לכל עבודה ועבודה הן מפייסין תא שמע *ארבע פייסות היו שם ואי סלקא דעתך לכל עבודה הן מפייסין טובא הוו אמר רב נחמן בר יצחק הכי קאמר ארבע פעמים נכנסין להפיס ולכל חדא וחדא היו בה טובא פייסות תא

ויקרא ו / תהלים נה / [לעיל כב.] / [לקמן כו:]

רש"י

אלא זכו לפיים. היו מפשיטין בגדי קדש שהפשיטו כהן: דאי סלקא דעתך באותן שזכו. והפשטה זו בגדי חול ולהלבישן בגדי קדש וקתני לא היו מניחין עליהן אלא מכנסי חול אלמא מלבישין אותן בגדי קדש על מכנסי חול ואח"כ פושטין מכנסי חול ולובשין למכנסי קדש והתניא כו': מלבישין אותן מכנסי קדש. כדי שלא יעמדו ערומים כשהפשיטום: לשכת הגזית. ששם היו מפיסין: בסילקי. בית גבוה שעל עליה: פיים במזרחה. קבולת היקף המפיסין במזרחה היתה: וזקן. של ב"ד המורה להן סדר הפייסין יושב במערבה: כבוליאר. כמין עגול שקורין טשק"א: שממנו מתחיל. מנין חשבון הפיים כמו שפירשנו בראש הפרק: כדתני רב שמואל בר יהודה. לקמן בפרק ג' (דף לה:) שהיו אמותיהן של כהנים עושות לבניהם משלהם כמין בגדי כהונה להראות שמחתן שעסקן וגוי מלאכתן וכמה הן מהדרות מצות דקתני כהן שעשתה לו אמו כתונת לובשה ועובד בה עבודת יחיד: אין ישיבה בעזרה. שנאמר (דברים יח) לעמוד לשרת העומדים שם לפני ה': אלא למלכי בית דוד. שמצינו בהן ישיבה שנאמר (שמואל ב ז) ויבא המלך דוד וישב לפני ה' ויאמר מי אנכי ומי ביתי וגו': והא בעינן בית אלהים נהלך ברגש. אלמא פיים צריך להיות בבית אלהים: **מתני'** מי שוחט. את התמיד: הראש והרגל. של ימין בכהן אחד ושני הידים בכהן שני: העוקץ. הוא הזנב והרגל של שמאל בכהן שלישי: החזה. הוא (א) השומן הרואה את הקרקע ומתכין אותו מכאן ומכאן בלא ראשי צלעות: והגרה. הוא הצואר וקנה (ב) מחובר הקנה והכבד והלב והחזה והגרה בכהן רביעי: (ג) ושתי הדפנות. בחמישי: והקרבים. בששי: והסולת. עשרון למנחת נסכו של תמיד (ד): והחביתים. חצי (ה) עשרון של כ"ג שקרב עם התמידין בכל יום שנאמר (ויקרא ו) מחציתה בבקר ומחציתה בערב וסמוך ליה על מחבת בשמן תעשה לכך קרוי חביתין: והיין. שלש לוגין של ניסוך לכבש התמיד (ו): י"ג כהנים זוכין בו. בפייס זה [האחד] שלש עשרה עבודות לכהנים מטילין כאן: דרך הילוכו. כשהיו הכבש קרב התמיד ובגמרא מפרש לה: **גמ'** לעבודה אחת מפייסין. כגון מי שוחט ולכשיזכה מי זוכה לשחיטה שוב אין פיים לשאר י"ב עבודות אלא כהנים שמוקפין לימינו מושכין אחריו כפי סדר משנתנו שני לזריקה שלישי לדישון מזבח הפנימי רביעי למנורה וכן כולן: או דילמא לכל עבודה ועבודה. היו חוזרין ומוליכין אלבשותיהן למנין והזוכה זוכה:

לא

תוספות

מאי לאו באותן שזכו לפיים. תימה הוא מאי מייתי רב נחמן מהכא כיון דרב ששת מצי דחי לה ואדרבה טפי יש ראיה לרב ששת מכאן כדקאמר הכי נמי מסתברא ורב נחמן איצטריך לשנויי בדוחק וי"ל משום דלעיל מיניה איירי בזוכין בעבודה דקתני ראב"י אומר המעלה אברים לכבש הוא מעלה על גב המזבח והדר קתני מסרון לחזנים והיינו נמי דקאמר רב ששת בסמוך מנא אמינא לה ולא מייתי מהא דהכא דקאמר איהו גופיה ה"נ מסתברא אלא מהא ליכא למשמע מינה דדייקא כמר וכמר:

נוטל מצנפת של אחד מהם. מכאן קשה לפירוש ריב"א* דפירש דשל כהן הדיוט קרויה מגבעת לפי שהיא רחבה ושל כ"ג מצנפת שהיא קצרה לפי שהיה צריך להניח תפילין ואין °וי"ל לשון תורה לחוד ולשון חכמים לחוד דבלשון תורה קרי לשל כ"ג מצנפת בכל דוכתא וכי ההיא דאמרינן בפ' קמא דגיטין (דף ז.) הסר המצנפת והרם העטרה בזמן שמצנפת בראש כ"ג ישנה לעטרה בראש כל אדם נסתלקה מצנפת מראש כ"ג נסתלקה עטרה מראש כל אדם:

אין ישיבה בעזרה. תימה דאמר בפ"ב דזבחים (דף טז:) ומה יושב שאוכל אם עבד חילל וכו' והיכי אכיל והא אין ישיבה בעזרה וי"ל שאוכל בקדשים קלים הנאכלין בכל העיר אי נמי אור"י בר אברהם דאף על גב דאין ישיבה בעזרה אלא למלכי בית דוד הנ"מ לדברים דלאו צורך עבודה *אבל אכילה צורך עבודה היא דכתיב ואכלו אותם אשר כופר בהם שהכהנים אוכלים ובעלים מתכפרים מישרא שרי ואתי שפיר נמי הא דפריך בפרק שני דזבחים (דף יט:) גבי קידוש ידים ורגלים מן הכיור דפריך וליתיב מיתב אע"ג דבעזרה הוה צורך עבודה שרי אבל פיים דהכא לא חשיב צורך עבודה דאפשר בלא פיים אי נמי י"ל היינו טעמא דמותר לישב ולאכול קדשים דבאכילת קדשים כתיב באו למשחה לגדולה כדרך שהמלכים אוכלין והיינו מיושב אבל אין לתרץ דמותר לאכול מיושב בלשכות הבנויות בחול ופתוחות לקודש שהן כעזרה לאכילת קדשי קדשים דהתורה ריבתה תגרות הרבה ולישב שם מותר כמו שאין חשובין כעזרה להתחייב עליהם משום טומאה כדאיתא באיזהו מקומן (זבחים דף נו.) דהא בשמעתין משמע דלישב נמי הוי כעזרה עצמה ואסור לישב בה*):

והא בעינן בית אלהים נהלך ברגש. תימה כיון דבעינן פיים בקודש אמאי לא היו מפייסין בעזרה עצמה דקדיש טפי ואור"ת כיון דנוטל מצנפתו של אחד מהן גנאי היה לעמוד בלא מצנפת בעזרה והר"ר יצחק בר ברוך פי' משום דהוי קיימי כבכולייאר ואם היו מפייסים בעזרה היה אחוריהם אל היכל ה':

*) [וע"ע תוס' לעיל ח: ד"ה דאי וכו' ותוס' זבחים טז. ד"ה מיושב]

[לעיל דף יב: וע' תוס' סוכה ה. ד"ה ואל ותוס' גיטין ז. ד"ה כמין]

[לקמן סח: אימא הא דאכילה לורך עבודה היא]

פסחים סו. זבחים נו. [מ"ש פ"ג מ"ח]

שם

הגהות הב"ח

(א) רש"י ד"ה החזה הוא שומן החזה וכו' בלא ראשי צלעות: (ב) ד"ה והגרה כו' הוא מחובר הקנה הריאה: (ג) ד"ה ושתי הדפנות: (ד) ד"ה והסולת כו' של תמיד בבקר: (ה) ד"ה והחביתין חצי עשרון למנחת של כ"ג וכו' לכך קרוי חביתין: (ו) ד"ה והיין כו' לכבש התמיד:

גליון השדס

תוס' ד"ה נוטל מצנפת וכו' וי"ל דלשון תורה לחוד. חולין קלז ע"ב:

רבינו חננאל

באפורי ואמר רב ששת מנא אמינא לה דתניא לשכת הגזית כמין בסילקי גדולה היתה פיים במזרחה וזקן יושב במערבה והכהנים מקיפין ועומדין כמין כוליאר הממונה בא ונטל מצנפתו של אחד מהן ויודעין שממנו הי' הפיים מתחיל. ואי ס"ד בבגדי חול כו'. אמר אביי ש"מ לשכת הגזית חציה שבמזרח בקודש היתה מפני שמפיסין בה. וחציה שבמערב בחול מפני שהזקן יושב בה. ואמר מר אין ישיבה בעזרה אלא [למלכי] בית דוד בלבד. וב' פתחין היו בה אחד במזרח לקדש ואחד במערב לחול. דתנן במעשר שני פרק ג' הלשכות הבנויות בקדש ופתוחות לחול. תוכן חול כו'. הבנויות בקדש ובחול ופתוחות לקדש ולחול מכנגד הקדש ולקדש קדש. ומכנגד החול ולחול חול. איבעיא להו לכל עבודה ועבודה מפיסין כלומר מי שוחט מי זורק מי מקריב האברים. מי קומץ ומקטיר וכיוצא בהן או דילמא לעבודה אחת מפיסין ופשטנה ת"ש דתני ר' חייא לא לכל עבודה ועבודה מפיסין אלא כהן שזוכה בתמיד י"ב אחיו הכהנים נמשכין עמו. ד' פייסות היו שם. הפיים הראשון תרומת הדשן. הפיים השני מי שוחט כו'. י"ג כהנים זוכין בו השוחט הוא ראשון. שני זורק. שלישי המדשן מזבח הפנימי. רביעי המדשן המנורה. חמישי המעלה הראש והרגל. ו' המעלה ב' ידים. ז' המעלה העוקץ והרגל. ח' (המקריב) [המעלה]

תוספות ישנים

מאי לאו באותן שזכו לפיים. שהיו מניחין עליהם מכנסי חול עד שילבשו בגדי קדש דאי באותם שלא זכו קאמר שהלבישום בגדי קדש לעשות פיים ואח"כ הפשיטו אותם אפילו מכנסי קדש לא היו מניחין עליהן אלא היו מפשיטין הכל ומשני באותם שלא זכו כו': חציה בקדש וחציה בחול ושני פתחים היו לה אחד פתוח לקדש ואחד פתוח לחול. ואומר רבי דהאי בנויה בקדש והאי בנויה בחול לפיכך פתח של חול היה מושך לחול הבנוי בחול וכן פתח של קדש מושך לקדש הבנוי בקדש אבל אם היה שליש בקדש וב' שלישים בחול אין פתח של קדש מושך לקדש אלא הבנוי בו והכי משמע הכא דקאמר חציה בחול וחציה בקדש וכן משמע נמי במסכת מעשר שני (פ"ג מ"ח) דקתני הלשכות הבנויות בקדש ופתוחות לחול תוכן חול כו' בנויות בקדש ובחול ופתוחות לקדש ולחול תוכן וגגותיהן מכנגד הקדש ולקדש קדש מכנגד החול ולחול חול משמע דוקא מה שבנוי בקדש מושך פתח של קדש ולא של חול מדלא קתני בין שבנויות לקדש בין שבנויות לחול ופתוחות לקדש ולחול מכנגד הקדש ולקדש כו' ובתוספתא דמ"ש (פ"ב) קתני לשכה בנויה בקדש ופתוחה לחול כו' בנויה בקדש ופתוחה לקדש ולחול כולה קדש משמע כדפי' שאין פתח של קודש מושך אלא הבנוי בו אבל בסמוך קתני בנויה בחול ופתוחה לקדש ולחול כגון לשכת בית המוקד מכנגד הקדש לקדש כו' ונראה לרבי שחסר שם ויש לנו לגרוס בנויה בקדש ופתוחה לקדש ולחול כולה קדש וגרס בתר הכי בנויה בקדש ובחול ופתוחה לקדש ולחול כגון לשכת בית המוקד מכנגד הקדש וכן מוכח ליתנא דמכנגד הקדש שאינה בנויה בקדש כדפי': מי שוחט מי זורק ומי מדשן מזבח הפנימי כו'. תימה אמאי נקט שחיטה וזריקה מקמי דישון מזבח הפנימי והמנורה שהיה קודם לשחיטת התמיד כמו ששנה הסדר במסכת תמיד שאחר סדר הדישון בא לשחוט סדר שחיטת התמיד וכן לקמן בפ"ג (דף לג.) דמסדר אביי מערכה משמיה דגמרא מקדים דישון מזבח הפנימי והמנורה לסדר התמיד ואומר רבי כיון שהן עיקר עבודת היום היו מפיסין קודם להם ורבי שמואל פירש שמתחלה נמי קודם דישון מזבח הפנימי והמנורה היו מבינין ורואין אם יש בו מום כדמפרש בתמיד שהיו רואין אותו לאור אבוקות ולכך [הכי] מפיסין לו קודם: מי שוחט מי זורק. מי מקבל לא קתני דשוחט הוא זורק הוא מקבל שלא תיקנו לקבלה ולהולכה כהן בפני עצמו: הראש והרגל. הראש בימין והרגל בשמאל וכן כל סדר אברים אלו היאך מוליכין אותן מפורש בסדר תמיד:

או

בח א ב מיי' פ"ד מהל' תמידין הלכה ו:

תורה אור

תא שמע *רבי יהודה אומר לא היה פיים למחתה אלא כהן שזוכה בקטרת אומר לזה שעמו זכה עמי במחתה שאני מחתה וקטרת דחדא עבודה היא איכא דאמרי דוקא מחתה וקטרת דחדא עבודה היא אבל שאר עבודות בעי פיים מחתה אצטריכא ליה סלקא דעתך אמינא הואיל ולא שכיחא ומעתרא נתקין לה פיים בפני עצמה קמ"ל ת"ש דתני ר' חייא לא לכל עבודה ועבודה מפייסין אלא כהן שזוכה בתמיד *שנים עשר אחיו הכהנים נמשכין עמו שמע מינה: פיים השני וכו': איבעיא להו מי מקבל שוחט מקבל דאי אמרת זורק מקבל אגב חביבותיה לא מקבל ליה לכוליה דם או דילמא זורק מקבל דאי אמרת שוחט מקבל זימנין דשחיט זר ת"ש *בן קטין עשה י"ב דד לכיור כדי שיהיו י"ב אחיו הכהנים העסוקין בתמיד מקדשין ידיהן ורגליהן בבת אחת ואי סלקא דעתך שוחט מקבל תליסר הוי אלא לאו ש"מ זורק מקבל שמע מינה אמר ליה רב אחא בריה דרבא לרב אשי אף אנן נמי תנינא *שחט השוחט וקבל המקבל ובא לו לזרוק שמע מינה: אמר בן עזאי לפני רבי עקיבא וכו': ת"ר כיצד דרך הלוכו הראש והרגל החזה והגרה ושתי ידים ושתי דפנות העוקץ והרגל ר' יוסי אומר דרך הפשטו היה קרב כיצד דרך הפשטו הראש והרגל העוקץ והרגל ושתי דפנות ושתי הידים החזה והגרה ר"ע אומר דרך ניתותו היה קרב כיצד דרך ניתותו הראש והרגל ושתי ידים החזה והגרה ושתי דפנות והעוקץ והרגל רבי יוסי הגלילי אומר דרך עילויו היה קרב כיצד דרך עילויו הראש והרגל החזה והגרה ושתי הדפנות והעוקץ והרגל ושתי הידים (א) והכתיב °כל נתח טוב ירך וכתף (יחזקאל כד) ההיא בכחושה אמר רבא בין תנא דידן ובין ר' יוסי בתר עילויא דבשרא אזלינן מר אזיל בתר אברא דבישרא ומר אזיל בתר שמנא דבישרא מ"ט סלקא רגל בהדי רישא משום דרישא נפישי ביה עצמות קרבא רגל בהדיה דכולי עלמא מיהת ראש קרב ברישא מנא לן *דתניא מניין לראש ופדר שקודמין לכל האברים ת"ל °את ראשו ואת פדרו וערך (ויקרא א) ואידך פדר (ג) אחרינא למאי

רש"י

לא היה פיים למחתה. כשהיו מפיסין לקטורת כדתנן מתניתין חדשים לקטורת באו והפיסו והקטורת צריכה שני כהנים א' שמוליך הקטורת להיכל ומקטירו ואחד שחותה גחלים מעל המזבח החיצון ומכניס להיכל ונותן על המזבח הפנימי להקטיר את הקטורת עליהן כדילפינן לקמן (דף מה:) מקראי שגחלי מזבח הפנימי ניטלין ממזבח החיצון בכל יום וקאמר ר' יהודה לא היו מפיסין מי שזוכה במחתה אלא מי יזכה בקטורת ומי שזוכה בה אומר לזה שבימינו זכה עמי במחתה אלמא לאו לכל עבודה ועבודה מפיסין: **הואיל ולא שכיחא.** הקטורת אלא פעמיים ליום שאין הקטרת באה נדבה: **ומעתרא.** ומעשרת את העוסקין בה כדאמרינן לקמן בפרקין (דף כו.): **מי מקבל.** דם התמיד כיון דלא מנה לה במתני' כהן שמע מינה חד מהני עביד לה: **אגב חביבותיה.** דזריקה שהיא עבודת מזבח לא מקבל ליה לכוליה דם ואמרינן לקמן (דף מח.) צריך שיקבל את כל הדם שנאמר (ויקרא ד) ואת כל (*הדם) ישפך: **זימנין דשחיט זר.** שהשחיטה כשרה בזר והקבלה פסולה בו שנאמר (ויקרא א) ושחט את בן הבקר והקריבו הכהנים את הדם מקבלה ואילך מצות כהונה לימד על השחיטה שכשירה בזר: **בן קטין.** כ"ג היה: **י"ב דדים.** שהוא יוצא בהן מים: **תליסר הוי.** שהרי שלש עשרה עבודות נמנו במשנתנו בעבודות פיים התמיד אלא שהשחיטה אינה טעונה קידוש ידים ורגלים אפילו כשהיא בכהן לפי שהיא עבודה שהיא כשירה בזר ואי אמרת שוחט מקבל נמצא שהוא צריך לקדש ידיו ורגליו בשביל הקבלה: **אף אנן נמי תנינא.** במסכת תמיד ובא לו לזרוק גרסינן: **דרך הלוכו.** של צד הראש קודמין הקודם קודם: **הראש והרגל.** של ימין לדברי הכל קודמת ומקרא יליף לה לקמן: **דרך הפשטו.** מצד הרגלים נגד הראש: **דרך ניתוחו.** כסדר שמנתחין אותו לאחר הפשטו אבר אחר אבר וסדר ניתוחו מפורש במס' תמיד (ד' לא.) כמו שהוא סדור כאן כיצד דרך ניתוחו כו' וכשהוא מנתח נותן כל אבר ואבר למי שזוכה בו וכולן עומדים שם עד שיקבלו שם כולן והולכין ומוליכין אותן לכבש זה אחר זה ובסדר הולכתן פליגי הני תנאי מר אמר הכי ומר אמר הכי: הכי גרסינן כיצד דרך ניתוחו הראש והרגל ושתי ידיו והחזה והגרה ושתי הדפנות עוקץ והרגל: **דרך עילויו.** דרך מיטב שלו ומובחר נתחיו המובחר קודם: ה"ג כיצד דרך עילויו הראש והרגל החזה והגרה ושתי דפנות והעוקץ והרגל ושתי ידים: **והכתיב כל נתח** טוב ירך וכתף. אלמא ירך מעלי מכתף: **בכחושה.** ירך מעלי דאלים: **תנא** דידן. תנא דמתניתין קאמר כחד מנייהו: **מר אזיל בתר אברא.** תנא דידן הולך אחר עילוי גודל האיברים ור' יוסי הולך אחר עילוי השמן: **ואידך פדר.** קרא אחרינא כתיב את הנתחים את הראש ואת הפדר

למאי

תוספות

תא שמע רבי יהודה אומר לא היה פיים למחתה כו'. תימה מאי מייתי מר' יהודה לייתי מתנא קמא דאפילו ת"ק לא פליג עליה אלא בקטרת משום דלא שכיחא ומעתרא אבל בעלמא מודה אי נמי נ"ל דלר' יהודה הזוכה במחתה לא היה זוכה כלל מכח פיים מחמת שזכה זה בקטרת וזכה זה שאצלו לימינו במחתה אלא בדעתו דכהן שזוכה בקטרת תליא מילתא אי בעיא איהו עביד הכל שקיל קטורת ושקיל מחתה כדאשכחן ביוה"כ דכ"ג לחודיה עביד לכולה מילתא אע"ג דהתם טריחא מילתא טובא דבעי לאחויי בחפניו כדאיתא לקמן בפ' הוציאו לו (דף מז.) כ"ש הכא דלא טריחא מילתא דמצי עביד לה לכולי מילתא לחודיה מיהו משום דטריחא מילתא קצת אורחא דמילתא הוה שהיה אומר לאחר זכה עמי במחתה ורגיל היה לומר לאותו שעומד אצלו לימינו משום איבה שלא יקפידו האחרים עליו ומיהו אם ירצה לשנות הרשות בידו לעשות הוא בעצמו הכל או לומר למי שעומד בשמאלו או לאחר שאינו עומד אצלו כלל זכה עמי וכן משמע הלשון כהן שזוכה במחתה אומר כו' ולא קאמר העומד אצלו נמשך עמו כדקאמר בסמוך י"ב אחיו הכהנים נמשכין עמו וכן משמע בתוספתא [פ"א] דקתני בתר מילתא דר' יהודה דהכא דברי ראב"י דמייתי בסמוך לא היה פיים לאברים אלא המעלה אותן לכבש מעלה אותן למזבח אלמא דומיא דראב"י איירי ר' יהודה דלא הוה שום צד זכיית פיים במחתה והשתא מייתי שפיר מר' יהודה דע"כ לא פליגי רבנן עליה אלא דלא ס"ל דבדעת הכהן הזוכה בקטורת תליא מילתא ומיהו מודו דאין חוזרין ומפיסין אלא דהעומד לימינו זוכה מכח פיים וע"כ לא פליג ראב"י עליה לקמן דס"ל שחוזר ומפיס לצורך מחתה אלא כדי להשלים ד' פייסות כי שום טעם יש שאין לפחות מד' פייסות ומדקא פריך לקמן (דף כו.) כמה זימנין א"כ בצרי להו פיים וא"כ בפיים השני כולי עלמא מודו כיון דבפעם אחת מפייסו דלא לכל עבודה מפייסו: **מניין** לראש ופדר שקודמים כו'. תימה לי א"כ אמאי לא חשיב במתני' פדר בהדי ראש וי"ל כיון דאי אפשר להקטיר הראש בלא פדר וזהו דרך כבוד בכלל הראש הוא:

***נותן** פדר על בית השחיטה ומעלהו. וא"ת מהאי קרא תיפוק לן שהפדר קודם לכל הנתחים דכיון דהראש קודם פדר שעליו נמי קודם יש לומר דסלקא דעתך אמינא חופה הפדר על בית השחיטה עד שמעלהו לראשו של מזבח ואז מסיר הפדר ומניחו ומקטיר הראש בפני עצמו והפדר מקטיר עם הקרבים אי נמי י"ל אי לא כתב הך קרא לא הוה דרשינן ליה אלא נומר שראש ופדר קודמין לכל הנתחים ובפרק השוחט (חולין דף כז.) כתבתי יותר וכאן אין שייך:

יהודה

רבינו חננאל

החזה והגרה. פ' בשתי דפנות. י' בקרביים. י"א בסולת המנחה. י"ב בחביתי כהן [גדול]. י"ג ביין נסך: **איבעיא** להו שוחט מקבל או זורק ומשנינן זורק מקבל. דרך הילוכו היה קרב: **ירושלמי** הראש והרגל. א"ר מנא משם ראשיה עקר רגליה. ת"ר כיצד דרך הילוכו. הראש והרגל כולי עלמא ראש ורגל ברישא לא נחלקו אלא בשאר האברים החזה והגרה. כלומר אחרי הראש החזה. ואחרי החזה הידים. ואחרי הידים הדפנות. ואחרי הדפנות העוקץ והרגל ר' יוסי אומר דרך הפשטו היה קרב. העוקץ והרגל כו' דבריו פשוטין הן. ר' עקיבא אומר דרך ניתותו היה קרב הראש והרגל שתי ידים וכו'. פי' ניתותו מפורש בתמיד פרק ר' הוא כדברי ר' עקיבא. ר' יוסי אומר דרך עילוי היה קרב כיצד אחר הראש הדפנות כו' והא דכתיב כל נתח טוב ירך וכתף. ההוא בכחושה. כלומר אין בה שומן הכל עצמות היא אין בשר אלא בירך ובכתף. אמר רבא בין תנא דידן ובין ר' יוסי תרוייהו בתר עילויא אזלי. מיהו תנא דידן דקתני שתי ידים וכו' הכתפים אזיל אברא דבשרא כי הבשר בירך ובכתף הוא לפיכך אחר הידים מזכיר העוקץ והרגל שהן הירכות. אבל ר' יוסי דקתני ב' דפנות אזיל בתר שומנא. כי השומן כולו בדפנות הוא ע"כ הצלעות. וקשיא תרי לישני דר' יוסי אדר' יוסי. ויש מי שאומר ב' תנאי שנו לה אליבא דר' יוסי

תוספות ישנים

או דילמא זורק מקבל. וא"ת ולמאי לא פשיט ליה מהתנן לקמן בפ"ב (דף לג.) קרצו ומירק אחר שחיטה על ידו משמע דוקא כ"ג אבל בשאר ימים אין אחר ממרק אלא השוחט ממרק לפי שאחר היה מקבל וי"ל דה"ה נמי באחר שצריך למרק שחיטתו אף על גב דלא תני ליה ועוד דבכהן גדול איצטריך למיתנייה לפי שיש פסול אם אין עבודות נעשות בו כי מי י"ל משום הולכה

[לקמן כו. תוספתא פ"א] [דם ספר] לקמן לז. זבחים כ. תמיד ל:

הגהות הב"ח

(א) גמ' והעוקץ והרגל ושתי הידים [illegible]

דכ"ע מירק אחר ולא משום שלא היה יכול לקבל אם היה ממרק: דרך הלוכו הראש והרגל. לכולהו קודם ראש ורגל כדמפרש טעם לקמן ולא משום דרך הלוכו כך ודרך הפשטו כך כדמוכח בפרק כל כתבי (דף קיז:) א) [illegible]

שולה

א) משם מוכח רק דדרך הפשטו הוא מן הרגלים וע"ש ברש"י ובתו' מנחות ס"ג ע"א אבל מדרך הלוכו לא מוכח התם מידי. ועיין ש"י:

§ מסכת יומא דף כה: §

אות א׳ – ב׳

שנים עשר אחיו הכהנים נמשכין עמו

זורק מקבל

רמב"ם פ"ד מהל׳ תמידין ה"ו - פייס השני זוכין בו שלשה עשר על סדר עמידתן, כיצד, הממונה אומר להם הצביעו ומונה כדרך שביארנו, וזה שיצא בפייס ראשון הוא שוחט תמיד של שחר, והשני שעומד בצדו הוא מקבל את דם התמיד והוא זורקו, והשלישי הסמוך לשני מדשן המזבח הפנימי שהוא מזבח הקטורת, והרביעי שבצדו מדשן את המנורה ומטיב את הנרות, והחמישי מעלה ראש התמיד ורגלו לכבש, והששי מעלה שתי הידים, והשביעי מעלה העוקץ והרגל, והשמיני מעלה החזה והגרה, והתשיעי מעלה שתי הדפנות, והעשירי מעלה הקרבים, והאחד עשר מעלה סולת הנסכים, והשנים עשר מעלה החביתין, והשלשה עשר מעלה היין של נסכים.

אות ב׳*[א]

לראש ופדר שקודמין לכל האברים

רמב"ם פ"ו מהל׳ מעשה הקרבנות הי"א - הראשון בראש וברגל, הראש בימינו וחוטמו כלפי זרועו, וקרניו בין אצבעותיו, ובית שחיטה למעלה והפדר עליה, והרגל של ימין בשמאלו ובית עורה לחוץ.

באר הגולה

א ‹ע"פ מהדורת נהרדעא›

§ מסכת יומא דף כו. §

אות א'

נותן את הפדר אבית השחיטה ומעלהו

רמב"ם פ"ו מהל' מעשה הקרבנות ה"ה - **ונוטל את הפדר ונותנו על הראש מלמעלה על בית השחיטה.**

רמב"ם פ"ו מהל' מעשה הקרבנות הי"א - **הראשון בראש וברגל, הראש בימינו וחוטמו כלפי זרועו, וקרניו בין אצבעותיו, ובית שחיטה למעלה והפדר עליה, והרגל של ימין בשמאלו ובית עורה לחוץ.**

אות ב'

הפייס השלישי חדשים לקטרת באו והפיסו

רמב"ם פ"ד מהל' תמידין ה"ז - **הפייס השלישי: אומר להן הממונה לכל אנשי בית אב של אותו היום: מי שלא הקטיר קטורת מימיו יבא ויפיס, ויתקבצו אצל הממונה ויפיסו, ומי שיצא בפייס זה ראשון, הוא שיזכה להקטיר קטורת.**

אות ג' – ד'

והרביעי חדשים עם ישנים מי מעלה אברים מן הכבש למזבח

אין מפייסין על תמיד של בין הערבים, אלא כהן שזוכה בו בשחרית זוכה בו ערבית

רמב"ם פ"ד מהל' תמידין ה"ח - **הפייס הרביעי: מתקבצין כולן ומפיסין לידע מי מעלה איברים מן הכבש למזבח, הפיסו וזכה מי שזכה. תמיד של בין הערבים אין מפיסין לו פייס אחר, אלא כל כהן שזכה בעבודה מן העבודות שחרית, יזכה בין הערבים; חוץ מן הקטורת שהן מפיסין לה [א]פייס אחר בין הערבים, ויבוא כל מי שלא הקטיר קטורת מעולם מאנשי אותו בית אב ויפיסו עליה; ואם כבר הקטירו כולן מימיהן, מפיסין להן כולן בשחרית בפייס שלישי, וזה שזכה בה שחרית מקטירה בין הערבים.**

אות ה'

בשבת עסקינן הואיל ומשמרות מתחדשות

רמב"ם פ"ד מהל' תמידין ה"ט - **בשבת שיש שם תמידין ומוספין ושני בזיכי לבונה, כיצד הם עובדין, מפיסין בשחר אנשי אותו בית אב של משמר היוצא, ומקריבין תמיד של שחר ושני כבשי עולה של מוספין, וכל שזכה בעבודה מעבודת התמיד של שחר, הוא זוכה בה בשני כבשי מוסף; והמשמר האחר שנכנס בשבת, מפיסין פייסות אחרות לתמיד של בין הערבים; ואלו ואלו חולקין בלחם הפנים.**

אות ו'

[ב]כולהו מצפרא אתו, דזכי ביה שחרית זכי, דזכי בערבית זכי

רמב"ם פ"ד מהל' תמידין ה"ח - **עיין אות ג'- ד'.**

באר הגולה

א ‹א"כ נפישי להו פייסות, צ"ל הא דקתני ד' פייסות היה, היינו מלתא דפסיקא, דהיכא דכבר הקטירו כולם לא היה פייס לקטורת בין הערבים – רעק"א›

ב ‹לכאורה אינו מובן השייכות לגמ' זה, והא למסקנא לא היו מפייסין עוד פייס בשביל בין הערבים, **וי"ל** דרוצה להראנו דאף לענין קטורת, דבעצם יש פייס אחר, והיה מקום לומר דבשביל שלא יהא נפישי פייסות יעשה שניהם בבקר, וכדמשני הגמ', אעפ"כ קאמר הרמב"ם דעבדינן אותו בין הערבים, וכנ"ל דזה לא חשיבי נפשי פייסות כיון דלא פסיקא›

למאי אתא לכדתניא *כיצד היה עושה °נותן את הפדר אבית השחיטה ומעלהו וזה הוא דרך כבוד של מעלה: **מתני'** °הפייס השלישי חדשים לקטרת באו והפיסו °הרביעי חדשים עם ישנים מי מעלה אברים מן הכבש למזבח: **גמ'** תנא מעולם לא שנה אדם בה מ"ט א"ר חנינא מפני שמעשרת א"ל רב פפא לאביי מ"ט אילימא משום דכתיב °ישימו קטורה באפך וכתיב בתריה °ברך ה' חילו אי הכי עולה נמי הכתיב °וכליל על מזבחך א"ל הא שכיחא והא לא שכיחא אמר רבא לא משכחת צורבא מרבנן דמורי אלא דאתי משבט לוי או משבט יששכר לוי דכתיב °יורו משפטיך ליעקב יששכר דכתב *(ובני) °יששכר יודעי בינה לעתים לדעת מה יעשה ישראל ואימא יהודה נמי דכתיב °יהודה מחוקקי אסוקי שמעתא אליבא דהילכתא קאמינא א"ר יוחנן °אין מפייסין על תמיד של בין הערבים אלא כהן שזוכה בו בשחרית זוכה בו ערבית מיתיבי כשם שמפייסין שחרית כך מפייסין בין הערבים כי תניא ההיא בקטורת והתניא כשם שמפייסין לו שחרית כך מפייסין לו ערבית אימא לה והתניא כשם שמפייסין לו שחרית כך מפייסין לו ערבית וכשם שמפייסין לה שחרית כך מפייסין לה ערבית אמר רב שמואל בר רב יצחק הבא °בשבת עסקינן הואיל ומשמרות מתחדשות ולמאי דסליק אדעתין מעיקרא נפישי להו פייסות° מיתי כולהו מצפרא אתו דזכי ביה שחרית זכי דזכי בערבית זכי: הרביעי חדשים עם ישנים וכו': מתניתין דלא כרבי אליעזר בן יעקב דתנן *רבי אליעזר בן יעקב אומר המעלה איברים לכבש הוא מעלה אותן למזבח במאי קמיפלגי מר סבר °ברב עם הדרת מלך ומר סבר מקום שכינה לאו אורח ארעא אמר רבא לא רבי אליעזר בן יעקב אית ליה דרבי יהודה *ולא רבי יהודה אית ליה דרבי אליעזר בן יעקב דא"כ בצרו להו פייסות ואי משכחת תנא דתני חמש ההוא

רש"י

למאי אתא. הא אף הם בכלל הנתחים דבשלמא הראש דרשינן ליה בשחיטת חולין (דף כז:) דאיצטריך לפי שנאמר והפשיט ונתח אין לי בכלל עריכה אלא נתחים שהן בכלל הפשט מניין לרבות הראש שכבר הותז בשחיטה ולא היה בשעת הפשט ת"ל את הראש אלא פדר בכלל המופשטים הוא ולמאי כתבי': **דרך כבוד.** לפי שבית השחיטה מלוכלך בדם הראש: **מתני' חדשים לקטורת.** (א) מי שלא זכה לקטורת מימיו ובגמ' מפרש מאי שנא חדשים וכך היו מכריזין קול בעזרה: **גמ' מפני שמעשרת.** לפיכך לא היו מניחין אותו לשנות: **והא כתיב וכליל על מזבחך.** בההוא קרא גופיה: **הא לא שכיחא.** °ומסתברא דכי כתיב עושר אדלא שכיחא דאם לא כן נמצאו הכל עשירים: **דמורי.** שמורה הוראות בישראל: **אליבא דהילכתא.** להורות כדת וכהלכה: **שזוכה בו שחרית.** איש איש שזוכה בעבודה: **כי תניא ההיא בקטרת.** לפי שלא שנה אדם בה: **הואיל ומשמרות מתחדשות.** ומשמר שעבד שחרית אינו עובד בין הערבים: **ולמאי דסליק אדעתין.** שהיו מפייסין בין הערבים נפישי להו פייסות: **כולהו מצפרא** (ב). ושם מפייסין מי יזכה לשל שחרית ומי לשל בין הערבים: **הוא מעלה** (ג) **לגבי המזבח.** אותו איש שזכה בו להוליכו לכבש חוזר ומעלהו לאחר זמן למזבח וכשהיו מוליכין אותו מניחין אותו מחציו של כבש ולמטה כדי שלא יצטרך להוליכו כל הכבש והולך ועולה בכבש וכשמגיע למקום שהאיברים שם טוענן והכי תנן במסכת שקלים (דף יג:) איברי תמיד ניתנין מחצי כבש ולמטה במזרח: **לאו אורח ארעא.** למיתחזי כמאן דטריח ליה מילתא: **לא ר"א בן יעקב אית ליה דר' יהודה.** דאמר לא היה פיים למחתה וטעין ראב"י פיים למחתה תחת פיים מן הכבש ולמזבח: דלא

תוספות

יהודה מחוקקי. יש מקשה אמאי לא מייתי מדכתיב בתורה לא יסור שבט מיהודה ומחוקק מבין רגליו (בראשית מט) וי"ל דההיא בברכה הוא דכתיב אבל מהאי קרא מייתי שבך היה שביהודה יש מחוקקים: **אלא** כהן שזוכה בו שחרית זוכה בו ערבית. תימה לי והא ע"כ היה צריך להפיס ערבית בשביל סידור שני גזירין שאותם של בוקר היו בכהן הזוכה בתרומת הדשן ושני כהנים זוכין בהן בערב ואין לתרץ דמודה הוא דבשבילם מפייסין לערב ולא אתא לאשמועינן אלא דבהנך עבודות שיש דוגמתן בבקר לא היו מפייסין דאם כן כי פריך בסמוך ולמאי דס"ד מעיקרא נפישי להו פייסות לר' יוחנן לרשב"י נמי תיקשי כיון דמפייסי בערב בשביל שני גזירי עצים א"כ נפישי להו פייסות ודוחק הוא לומר דהנך תרי מדשן מזבח הפנימי ומנורה שהיו בפיים של תמיד השחר ולא היו בערב הם היו זוכין בגזירין בערב נמצא שלא היו צריכין להפיס בשביל הגזירין לערב כי דוחק הוא לבדות דבר זה מדעתינו אלא נראה דלרבי יוחנן פשיטא ליה דמצפרא מפיסין נמי על שני גזירין של בין הערבים כיון דאותו פיים שמפיסין לתמיד השחר מהני נמי לבין הערבים סברא הוא שיפיסו אז כמו כן לצורך גזירין של בין הערבים והא דלא חשיב להו במתני' בפיים השני י"ל דלא חשיב אלא י"ג כהנים הזוכין בו בפיים השני לצורך תמיד של שחר אבל למאי דס"ד מעיקרא דלכל עבודה של בין הערבים חוזרין ומפיסין הוה ס"ד שבערב מפיס בו דלמאי מפיסין בו שחרית כיון דלא מהני פיים דשחרית לשל בין הערבים מידי ועוד לישנא דברייתא דקתני כך מפייסין בו ערבית משמע שבערב מפייסין וא"כ נפישי להו פייסות: **והתניא** כלך שמפייסין בו שחרית. פי' והכא לא מצי לשנויי בקטורת מדקתני בו לשון זכר אלמא לתמיד קאמר דאי בקטורת הוה ליה למיתני לה לשון נקבה: **דתנן** ראב"י אומר המעלה איברים כו'. דהכי גרסינן משנה היא בתמיד פ"ה [מ"ב] (דף לג:) ולעיל בפ"ק (דף יד:) דפריך סתמא דתמיד אדיומא ומשני מאן תנא יומא ר"ש איש המצפה היא משום דאשכחן דפליג אחדא סתמא דתמיד דתניא ר"ש איש המצפה משנה בתמיד לא הוה מצי למימר ראב"י הוא דפליג הכא אסתמא דתמיד דקא תני ברישא הרביעי חדשים עם ישנים מי מעלה איברים מכבש למזבח והדר קתני ראב"י אומר המעלה איברים וכו' דהא אסתמא דיומא נמי פליג דבמתניתין נמי קתני הרביעי מי מעלה איברים ואוקמה דלא כראב"י ואע"ג דאיכא נמי סתמא דמתני' כראב"י דקתני תמיד קרב בתשעה ופרש"י דסתמא כראב"י אין נראה לפרש כן דא"כ ה"ל להש"ס לאקשויי רישא רבנן וסיפא ראב"י ולשני אין רישא רבנן וסיפא ראב"י והי דמרישא דרישא דקתני י"ג כהנים זוכין בו לא קשיא לן דלרבנן הוו להו י"ד עם המעלה איברים מכבש למזבח וא"כ תקשי רישא וסיפא ראב"י ומליעתא רבנן דההיא איכא לשנויי דאתיא אפילו כרבנן ולא קא חשיב אלא י"ג כהנים הזוכין בפיים השני אבל מעלה איברים מכבש למזבח ההוא פיים רביעי באפי נפשיה הוא מיהו הא קשיא רישא רבנן וסיפא ראב"י כדפרישית ונראה דתמיד קרב בט' לא הויא סתמא כראב"י אלא משום דבעי למימר לא פחות ולא יותר קאמר ליכא למ"ד שיהא תמיד קרב בפחות מט' אבל י' לא הוי כל שעתא דזימנין דבהעלאת איברים מכבש למזבח זכה אחד מהנך שזכו להוליך לכבש אבל בלא"ה מט' לא הוו וכחג בליר מי' לא הוו וכן טלה אבל אין לפרש דלא קא חשיב אלא הולכת איברים לכבש דהא קא חשיב נמי לנוסך מים ובזיכין וגזירין מיהו מצי למימר דלא קא חשיב אלא תחילת הולכות בין דאיברים בין דלנוסך מים בין דבזיכין אבל גמר הולכת איברים מכבש למזבח לא קא חשיב ולשון ראשון נראה יותר:

מקום שכינה לאו אורח ארעא. אפילו ראב"י דקסבר הכא דלאו אורח ארעא נראה דמודה הוא בההיא דתמיד [נשחט] (דף סד.) בערב הפסח שחט ישראל וקיבל הכהן נותנו לחבירו וחבירו לחבירו וכו' עד והכהן הקרוב אצל המזבח זורקו זריקה אחת כנגד היסוד ומפרש בגמרא טעמא משום ברוב עם הדרת מלך דהתם לא שייך למימר לאו אורח ארעא שהרי כשהיה נותנה לחבירו לא היה הולך לו אלא חוזר ומקבל ומושיט שהרי רוב פסחים היה להם אבל הכא שמוליך עד לכבש והולך לו ההוא ודאי לאו אורח ארעא: **ואי** משכחת תנא דתני חמש כו'. תימה לי לימא דההוא תנא סבירא ליה דחוזרין ומפייסין לתמיד של בין הערבים בערב דהשתא איכא ה' פייסות וי"ל דה"ק אי משכחת תנא דתני חמש בשחרית אי נמי י"ל אי קסבר דחוזרין ומפייסין לתמיד של בין הערבים אף על גב דהפיסו לתמיד של שחר א"כ היו חוזרין ומפיסין נמי להקטרת של בין הערבים ונפישי להו פייסות טפי מחמש:

ההוא

מסורת הש"ס

[חולין כז:] [צ"ל ומבני] תמיד לג: משלי יד [לעיל כה:]

דברים לג — שם — שם — דה"י א יב — תהלים ס

הגהות הב"ח

(א) רש"י ד"ה חדשים לקטורת כך היו מכריזין קול בעזרה כלומר מי שלא זכה לקטורת מ"מ חדשים הס"ד: (ב) ד"ה כולהו מצפרא אתו וכו' מפייסין: (ג) ד"ה הוא מעלה אותן לגבי מזבח:

גליון הש"ס

רש"י ד"ה הא לא שכיחא ומסתברא כו'. עי' מנחות נ. תוס' ד"ה דלא שכיח. פ"ג מ"ה אלא כדברי תוספות ישנים כאן:

עין משפט נר מצוה

כט א מיי' פ"ו מהלכות מעשה הקרבנות הלכה ה והלכה יא:

ל ב מיי' פ"ד מהלכות תמידין הלכה ז:

לא ג שם הלכה ח:

לב ה שם הלכה ט:

לג ו שם הלכה ח:

רבינו חננאל

נותן הפדר שהוא החלב על בית השחיטה כדי לכסות בו מינוף הדם שעל בית השחיטה. וזהו דרך כבוד של מעלה: הפייס השלישי חדשים לקטרת. ירושלמי מעשה באחד שיבשה זרועו ולא הניח לקיים מה שנאמר ישימו קטורה באפך וכליל על מזבחך ברך ה' חילו ופועל ידיו תרצה. מיכן אמרו ב' כהנים מתברכין בכל פעם התרומה וסכנים במותרת והמקטיר. תנא מעולם לא שנה אדם בה משום שמעשרת מי שכבר הקטיר. לפיכך היו אומרים חדשים לקטרת. עולה אע"ג דכתיב בה כליל בנביאים שנאמר ויקח שמואל טלה חלב אחד ויעלה עולה כליל לה' ויזעק שמואל אל ה' כו'. שכיחא. הקטרת לא שכיחא. אמר רבא לא משכחת חכם שמורה אלא אי מלוי דכתיב יורו משפטיך ליעקב. אי מישכר דכתיב ובני יששכר יודעי בינה לעתים. אבל שבט יהודה אע"פ דכתיב יהודה [מחוקקי] שמעתא אליבא דהלכתא לא סלקא להו. א"ר יוחנן אין מפייסין על תמיד של בין הערבים אלא מי שזוכה בו בשחרית הוא יזכה בו ערבית. ומותבינן עליה והתניא כשם שמפייסין לו שחרית כך מפייסין לו ערבית ושנינן בשבת הואיל ומשמרות מתחדשות כדתנא *) דבי שמואל משמר היוצא עושה תמיד של שחר ומוספין והנכנס עושה תמיד של בין הערבים והבזיכין כו'. וכיון שמתחלפין צריכין להפיס. הקטרת מפיסין לה בשחרית ובין הערבים. ולמאי דסליק אדעתין כי מפיסין בזה ובזה הוא כר' יוחנן נפישא להו פייסות. ואנן לא תנן אלא ד' פייסות בלבד. ופרקינן בקיבוץ אחד. היינו אומרים שמפיסין זה ולזה. הפיס הרביעי מי מעלה אברים מן הכבש למזבח. דלא כר' אליעזר בן יעקב דתני בתמיד פרק ה' המעלה אברים לכבש הוא מעלן ע"ג המזבח ולא היה להן פיס בפ"ע. א"כ לר' אליעזר בן יעקב חסרו הפייסות ואינם אלא שלשה. ואמרינן אית ליה פיס אחת למחתה. והא ר' יהודה תני לא היה פיס למחתה אלא כהן שזוכה בקטורת אומר לזה שעמו זכה עמי במחתה. אמר רבא ר' אליעזר לית ליה הא דר' יהודה אומר לא היה פיס למחתה אלא פליג עליה ואמר אית ליה פיס למחתה בפ"ע. ולא ר' יהודה אית ליה הא דר' אליעזר דאמר לא היה פיס לאברים להעלותם מן הכבש למזבח אלא אומר היה להן פיס בפ"ע. ולמחתה לא היה לה פיס. שאם יש אחד מהן שאומר לא היה פיס למחתה ולא לאברים שעל הכבש לא תמצא אלא ג' פייסות. ואם תמצא תנא ששנה ה' פייסות ואומר

*) לפנינו בגמ' ליתא כאן רק הוא בסוכה דף נו ע"ב.

תוספות ישנים

עולה נמי כתיב בה כליל. פר"ח דכתיב בשמואל ויקח טלה חלב אחד ויעלהו עולה כליל כו': **עולה** נמי כתיב בה כליל. פי' א"כ ישימו עליה כחדשים ומשני דהא שכיחא א) דיכולנו כל אחד ואחד להתנדב עולה ולשכיחא אבל קטורת אין יכולין להתנדב אלא אותה של ציבור וכשעשרם פירש שולה שכיחא ואין הכל ראוין להתעשר ולדבריו קא פריך עולה אמאי לא מעשרת ואין זה טעם מסורש כל כך כי למה לא יתעשרו כיון שיש בה כליל כמו בקטורת: **דכתיב** יהודה מחוקקי. הכי נמי הוה מצי לאתויי מחוקק מבין רגליו אי נמי הוי מצי למימר בגניזה ורואה הגולה שבאו מדוד כדדרשינן בסנהדרין (קד:) ודוד נמי ב) מלוי קאתי: **אלא** כהן כו'. תימה שהיה ערבית בשני כהנים כדתנן בפירקין ושחרית לא היה אלא בכהן אחד כדאמרינן מי שזוכה בתרומת הדשן היה זוכה בשני כו' יש לומר שכהן שהיה זוכה שחרית זוכה בו ערבית והיה אומר לכהן שעמו זכה עמי בשני: **הבא** בשבת עסקינן כו'. וכולהו שינויי לא צריכי כיון דבשבת מיירי והוי כמו אלא: **מידא** אתו מצפרא. וא"ת ולמאי דאסיקנא לא ניחא אם לא הפרש דאתו כולהו מצפרא כי בקטורת לא היה פיים אלא כהן (אבל) הזוכה בה שחרית היה זוכה בה ערבית. ה"ר יוסף: **הרביעי** מי מעלה כו'. דקטורת קודם לאברים כדמפסקינן לקמן בפרק ג' (דף לג.) מקרא: **ומר** סבר מקום שכינה לאו אורח ארעא. שניית זה בעבודה וילך לו ויעשה אחרת אבל ודאי כולי עלמא מודו שהיו מוליכין האברים על הכבש כשמלתם כמו שמפורש במס' תמיד וכמה דוכתי:

א) נ"ל דיכוליס: ב) נ"ל מיהודה:

תמיד

עין משפט נר מצוה

מסורת הש"ס

רבינו חננאל

הגהות הב"ח

גליון הש"ס

הגהות מהר"י לנדא

תוספות ישנים

תורה אור

ההוא דלא כרבי אליעזר בן יעקב ודלא כר' יהודה: **מתני'** תמיד קרב בתשעה בעשרה באחד עשר בשנים עשר לא פחות ולא יותר כיצד *עצמו בט' בחג ביד אחד צלוחית של מים הרי כאן עשרה בין הערבים באחד עשר הוא עצמו בתשעה ושנים בידם שני גזירי עצים בשבת באחד עשר הוא עצמו בתשעה ושנים בידם שני בזיכי לבונה של לחם הפנים ובשבת שבתוך החג ביד אחד צלוחית של מים: **גמ'** אמר ר' אבא ואיתימא רמי בר חמא ואיתימא ר' יוחנן *אין מנסכין מים בחג אלא בתמיד של שחר ממאי מדקתני ובשבת שבתוך החג ביד אחד צלוחית של מים ואי סלקא דעתך בתמיד של בין הערבים מנסכין בחול נמי משכחת לה אמר רב אשי אף אנן נמי תנינא *ולמנסך אומר לו הגבה ידיך שפעם אחד נסך על גבי רגליו ורגמוהו כל העם באתרוגיהן שמע מינה תניא רשב"י אומר מניין לתמיד של בין הערבים שטעון שני גזירי עצים בשני כהנים שנאמר °וערכו עצים אם אינו ענין לתמיד של שחר דכתיב °ובער עליה הכהן עצים בבקר בבקר וערך עליה תנהו ענין לתמיד של בין הערבים ואימא אידי ואידי בתמיד של שחר ואמר רחמנא עביד והדר עביד א"כ נימא קרא ובער ובער (א) אי כתב רחמנא ובער הוה אמינא חד אין תרי לא קמ"ל דנעביד חד ונעביד תרי א"כ נימא קרא ובער ובערו א"נ וערך וערכו מאי ובער וערכו שמע מינה כדקא אמרינן תני ר' חייא פיים פעמים י"ג פעמים י"ד פעמים ט"ו פעמים ט"ז והתניא י"ז ההיא דלא כר"א בן יעקב אלא כרבי יהודה: **מתני'** איל קרב באחד עשר הבשר בחמשה הקרביים והסולת והיין בשנים שנים פר קרב בעשרים וארבעה הראש והרגל הראש באחד והרגל בשנים העוקץ והרגל העוקץ בשנים והרגל בשנים החזה והגרה החזה באחד והגרה בשלשה שתי ידים בשנים ושתי דפנות בשנים הקרביים והסולת והיין בשלשה שלשה בד"א בקרבנות ציבור אבל בקרבן יחיד אם רצה להקריב מקריב הפשיטן וניתוחן של אלו ואלו שוין: **גמ'** תנא הפשיטן וניתוחן שוין בזר אמר חזקיה מניין להפשט וניתוח ששה בזר שנאמר °ונתנו בני אהרן הכהן אש על המזבח נתינת אש בעיא כהונה הפשט וניתוח לא בעיא כהונה האי

§ מסכת יומא דף כו: §

אות א'*[א]

<u>ושנים בידם שני בזיכי לבונה של לחם הפנים</u>

רמב"ם פ"ד מהל' תמידין הי"א - [ב]ואחר קרבן המוספין מקטירין שני הבזיכין, ושני כהנים מקריבין את שני הבזיכין.

אות א'

<u>אין מנסכין מים בחג אלא בתמיד של שחר</u>

רמב"ם פ"י מהל' תמידין ה"ו - כל שבעת ימי החג מנסכין את המים על גבי המזבח, ודבר זה הלכה למשה מסיני, [ג]ועם ניסוך היין של תמיד של שחר היה מנסך המים לבדו.

אות ב'

<u>ולמנסך אומר לו הגבה ידיך</u>

רמב"ם פ"י מהל' תמידין ה"ח - זה שמנסך המים היו אומרין לו: הגבה ידך, שפעם אחת נסך אחד על רגליו ורגמוהו כל העם באתרוגיהן, שאמרו צדוקי הוא, שהן אומרין אין מנסכין מים.

אות ג'

<u>תניהו ענין לתמיד של בין הערבים</u>

[ד]**רמב"ם פ"ב מהל' תמידין ה"ב** - בבקר עורכין עצים, ועורכין בראש המזבח מערכה גדולה של אש, שנאמר: ובער עליה הכהן עצים בבקר בבקר; וכן מצוה להעלות שני גזרים של עץ עם תמיד של שחר יותר על עצי המערכה, שנאמר: ובער עליה הכהן עצים בבקר; וכן מוסיפין שני גזרים עם תמיד של בין הערבים, שנאמר: וערכו עצים על האש, מפי השמועה למדו שבתמיד של בין הערבים הכתוב מדבר.

רמב"ם פ"ב מהל' תמידין ה"ג - שני גזרים של בין הערבים מעלין אותן שני כהנים, כל אחד ואחד בעץ יחידי בידו, שנא': וערכו, הרי כאן שנים, אבל של שחר בכהן אחד.

אות ד' – ה'

<u>איל קרב באחד עשר וכו'</u>

<u>פר קרב בעשרים וארבעה וכו'</u>

רמב"ם פ"ו מהל' מעשה הקרבנות הי"ז - נמצאת למד שהכבש או העז מוליכין אותו [ה]שמונה למזבח, והאיל מוליכין אותו אחד עשר.

רמב"ם פ"ו מהל' מעשה הקרבנות הי"ח - השור מוליכין אותו ארבעה ועשרים: הראשון מוליך את הראש; והשני והשלישי מוליכין הרגל של ימין; והרביעי והחמישי מוליכין את העוקץ; והששי והשביעי מוליכין את הרגל של שמאל; והשמיני מוליך את החזה; והגרה מוליכין אותה שלשה, תשיעי ועשירי ואחד עשר; ומוליכין שתי הידים בשנים; ושתי הדפנות בשנים; והקרבים והסולת והיין בשלשה שלשה, הרי ארבעה ועשרים.

אות ו'

<u>בד"א בקרבנות ציבור, אבל בקרבן יחיד וכו'</u>

רמב"ם פ"ו מהל' מעשה הקרבנות הי"ט - ולמה לא יחלקו האבר הגדול של שור לחלקים, שנאמר: ונתח אותה לנתחיה, ולא נתחיה לנתחים. במה דברים אמורים בעולות הצבור, [ו]אבל עולות היחיד, אם רצו להוליך נתחיה בפחות מאלו או ביותר, מוליכין.

אות ז'

<u>הפשיטן וניתוחן שוין בזר</u>

רמב"ם פ"ט מהל' ביאת מקדש ה"ו - שחיטת הקדשים כשירה בזרים אפי' קדשי קדשים, בין קדשי יחיד בין קדשי צבור, שנאמר: ושחט את בן הבקר לפני י"י והקריבו בני אהרן, מקבלה ואילך מצות כהונה. וכן ההפשט והניתוח והולכת עצים למזבח כשירה בזרים, [ז]שנאמר באיברים: [ח]והקטיר הכהן את הכל המזבחה, זו הולכת איברים לכבש, הולכת איברים היא שצריכה כהונה, ולא הולכת עצים.

באר הגולה

א ‹ע"פ מהדורת נהרדעא› ב ‹עיין תוס' ישנים וז"ל: האי תנא {דידן} סבר בזיכין קודמין למוספין, דאי מוספין קדמי, משמר היוצא מקריב תמיד של שחר ומוספין, ומשמר הנכנס מקריב בזיכין, א"כ אין ענינם לתמיד של שחר כלום, ואין יכולין להיות בפייס הב' כלל, ע"כ. **נמצא** דהרמב"ם {דכתב דבזיכין אחר המוספין} פסק דלא כמשנתינו, אלא כמשנה דפסחים, עיין גבורת ארי› ג ‹בפרק שני דיומא דף כ"ו: אין מנסכין מים בחג אלא עם תמיד של שחר, ובתוספתא דסוכה פ"ג: מאימתי מנסכין אותן עם איברי תמיד, ומשמע לרבינו דהיינו בשעת ניסוך היין – כסף משנה› ד ‹ע"פ מהדורת נהרדעא› ה ‹חוץ ממי שמוליך החביתין, דזה ליתא גם באיל ושור› ו ‹מתוך דבריו נראה, דכל האי ילפותא דולא נתחיה לנתחים, נאמר רק בקרבן ציבור – הערות הגרי"ש אלישיב› ז ‹מביא מקור רק להולכת עצים ולא להפשט וניתוח, ומקור להפשט הוא דוקא מהפסוק של "והקטיר", שמביא הרמב"ם להולכת עצים, ודלמא יש חסרון כאן› ח ‹ט"ס, וצ"ל: והקריב הכהן את הכל – אור שמח›

§ מסכת יומא דף כז. §

אות א׳ – ב׳* [א]

שחיטה בזר כשירה

מקבלה ואילך מצות כהונה

רמב"ם פ"ט מהל׳ ביאת מקדש ה"ו - שחיטת הקדשים כשירה בזרים אפילו קדשי קדשים, בין קדשי יחיד בין קדשי צבור, שנאמר: ושחט את בן הבקר לפני י"י והקריבו בני אהרן, מקבלה ואילך מצות כהונה.

רמב"ם פ"ה מהל׳ מעשה הקרבנות ה"א - כבר ביארנו ששחיטת הקדשים כשירה בזרים, ומקבלת הדם ואילך מצות כהונה.

רמב"ם פ"א מהל׳ פסולי המוקדשין ה"א - כל הפסולין לעבודה מותרין לשחוט קדשים לכתחלה, ואפילו קדשי קדשים; חוץ מן הטמא שאינו שוחט לכתחלה, ואף על פי שהוא חוץ לעזרה ופשט ידיו ושחט בעזרה, גזירה שמא יגע בבשר.

אות א׳

הולכת עצים לא בעיא כהונה

רמב"ם פ"ט מהל׳ ביאת מקדש ה"ו - וכן ההפשט והניתוח והולכת עצים למזבח כשירה בזרים, [ב]שנאמר באיברים: [ג]והקטיר הכהן את הכל המזבחה, זו הולכת איברים לכבש, הולכת איברים היא שצריכה כהונה, ולא הולכת עצים.

אות ב׳

למדנו לטלה שטעון ששה

רמב"ם פ"ו מהל׳ מעשה הקרבנות ה"י - בכמה מוליכין את האיברים לכבש, אם מן הצאן היא העולה, מוליכין אותה ששה.

באר הגולה

א ‹ע"פ מהדורת נהרדעא›

ב ‹מביא מקור רק להולכת עצים ולא להפשט וניתוח, ומקור להפשט הוא דוקא מהפסוק של "והקטיר", שמביא הרמב"ם להולכת עצים, ודלמא יש חסרון כאן›

ג ‹ט"ס, וצ"ל: והקריב הכהן את הכל המזבחה – אור שמח›

בראשונה פרק שני יומא כז

גמ' האי מבעיא ליה לגופיה. דניבעי כהן מיעוטא מנא לן להפשט וניתוח: **דהוה מסבר ליה לבריה.** הא דחזקיה והכי מסבר ליה ניהליה דתניא בתורת כהנים ושחט שחיטה בזר כשירה: **וכי מאין באת.** לישנא דמתני' הוא וכי מאין באת להביא מקרא להכשירה: **מכלל שנאמר כו'.** ומתוך אותו כלל הייתי בא לפסול: **תלמוד לומר ושחט והקריבו הכהנים.** ומדכתיב כהן בקבלה ובשחיטה לא כתיב מכלל דושחט אבעלים קאי וסמך ידו ושחט לימד על השחיטה שכשירה בזר עכ"ל משנה ומינה הוה מסבר אביי לבריה הא דחזקיה הכי: **מכדי.** למדנו כאן דמקבלה ואילך מצות כהונה והך נתינת אם בתר קבלה כתיבה למה לי למכתב בה כהונה: **למעוטי הפשט וניתוח.** דלא כתיב בה כהן ותילף מהכא דדוקא כתיב קרא ואי לא ונתנו הוה אמינא האי דלא כתיב כהן בהפשט וניתוח משום דלא אצטריך הוא דגלי ליה דבעי כהונה מקבלה ואילך: **דלא מעכבא כפרה.** דאין כפרה אלא בדם: **אלא מהכא וערכו בני אהרן הכהנים**(ד). הרי למדנו מקבלה[א] שאין צריך כהונה אלא למעוטי הפשט וניתוח: **אימא למעוטי סידור שני גזירי עצים.** דבין הערבים דלא כתיב בהו הכהנים אבל בצפרא בהדיא כתיב ובער עליה הכהן: **לא סלקא דעתך.** דלא ניבעי סידור גזירין כהונה מדאיצטריך למעוטי הולכת עצים מכלל דסידורן בעי כהן: **הולכת עצים לא בעי כהונה.** דהאי כהן דכתיב בהולכת אברים על כרחך למעוטי הולכה אחרת בעי דאי לגופיה לא איצטריך דהא אשמעינן מקבלה ואילך מצות כהונה: **וערכו למה לי.** דכתיב בהן כהונה: **למעוטי הפשט וניתוח.** וכהונה דונתנו לגופיה כדאמרינן דלא תימא כיון דלא מיעכבא כפרה לא תיבעי כהונה ומדגלי בה דבעיא כהונה (ה) לא איצטריך למיהדר למיכתב כהונה בהערכת נתחין ואע"ג דלא מיעכבא ועל כרחך למעוטי כתבי': **שמעון ששה.** הבשר בחמשה והקרבים באחד: **וניחא ליה.** הדר מתני ליה הכי על העצים אשר על האש קרא יתירא הוא דהכתיב ונתנו אש וערכו עצים וערכו נתחים למה לי תו על העצים אשר על האש

האי מיבעי ליה לגופיה אמר רב שימי בר אשי אשכחתיה לאביי דהוה מסבר ליה לבריה ושחט שחיטה בזר כשירה וכי מאין באת מכלל שנאמר ואתה ובניך אתך תשמרו את כהונתכם (א) שומע אני אפילו שחיטה ת"ל ושחט את בן הבקר לפני ה' והקריבו בני אהרן הכהנים את הדם *מקבלה ואילך מצות כהונה וסמך ידו ושחט לימד על השחיטה שכשירה בזר מכדי מקבלה ואילך מצות כהונה ונתנו בני אהרן (ג) למה לי למעוטי הפשט וניתוח ואכתי איצטריך סלקא דעתך אמינא כיון דלאו עבודה דמעכבא כפרה היא לא תיבעי כהונה קמ"ל דבעי כהונה אלא מהכא וערכו בני אהרן הכהנים את הנתחים את הראש ואת הפדר מכדי מקבלה ואילך מצות כהונה (ג) וערכו למה לי למעוטי הפשט וניתוח ואימא למעוטי סידור שני גזירי עצים מסתברא דיבחא דכותיה ממעט אדרבה סדור דכותיה ממעט לא ס"ד *דאמר מר והקריב הכהן את הכל המזבחה זו הולכת אברים לכבש הולכת אברים לכבש הוא דבעיא כהונה הא הולכת עצים לא בעיא כהונה הא סידור שני גזירי עצים בעיא כהונה וערכו למה לי למעוטי הפשט וניתוח [א] ואימא הכי נמי לגופיה אלא והקטיר הכהן את הכל למאי אתא [ב] למעוטי הפשט וניתוח והקריב הכהן את הכל המזבחה זו הולכת אברים לכבש הוא דבעיא כהונה הולכת עצים לא בעיא כהונה הא סדור שני גזירי עצים בעיא כהונה ונתנו לגופיה וערכו שנים בני אהרן שנים הכהנים שנים למדנו לטלה שמטון ששה אמר רב המנונא קשיא ליה לר"א האי בן הבקר כתיב ובן הבקר עשרים וארבעה בעי וניחא ליה על העצים אשר על האש אשר על המזבח איזהו דבר שנאמר בו עצים אש ומזבח

והקריבו בני אהרן מקבלה ואילך וכו'. בפ"ק דזבחים (ד' ד.) פרש"י הא דאמרינן והקריבו זו קבלת הדם ולא עבודה אחרת משאר עבודות דם כגון הולכה או זריקה משום דכתיב ושחט והקריבו ואיזו היא עבודה שהיא אחר שחיטה לאלתר הוי אומר זו קבלה והקשה ר"י דבספ"ק דזבחים* איכא טעמא אחרינא כדתניא התם והקריבו זו קבלת הדם או אינו אלא זריקה כשהוא אומר וזרקו הרי זריקה אמור הא מה אני מקיים והקריבו זו קבלת הדם אלמא דלאו היינו טעמא והא דלא אמרינן זו הולכה משום דלא מסתברא לאוקמיה בהולכה ולומר מהולכה ואילך מצות כהונה משום דאפשר לבטלה דאפשר עומד בצד מזבח ושוחט דלא בעי להוליך: **אלא** מהכא וערכו בני אהרן הכהנים. בפ' ב' דזבחים (ד' יח.) דריש הכהנים בכיהונם כהן הדיוט שלבש בגדי כ"ג ועבד עבודה עבודתו פסולה והכא דריש מדכתיב בני אהרן ואין להקשות מאי איצטריך קרא לעריכת נתחים למילפה מדקאמר מקבלה ואילך מצות כהונה תיפוק ליה מוכי תעלה על דעתך שזר קרב אצל המזבח די"ל דאפשר דקאי בארעא וזריק להו למזבח כדאי' לקמן בס"פ טרף בקלפי *גבי הגחת איניחא אפשר דקאי אארעא ועביד במפוחא: **הולכת** עצים לא בעי כהונה הא סידור שני גזירין בעי כהונה. וא"ת מנא לן דאיכא למידק הכי דילמא מהאי קרא ממעטין הולכת עצים ומהאי קרא דהכא נמעט סידור שני גזירין וי"ל מדאיצטריך למעוטי הולכת עצים שמע מינה דסידור שני גזירין בעי כהונה דאי לא בעי כהונה למה לי קרא למעוטי הולכת עצים השתא אפילו סידור שני גזירין שהם ע"ג המזבח לא בעי כהונה כ"ש הולכת עצים וליכא לאקשויי אי לא כתב אלא קרא דלעיל לא הוה ממעטינן מיניה סידור שני גזירין אלא הולכת עצים דמסתבר טפי די"ל אפילו אי לא הוה כתב אלא קרא דוערכו

עין משפט נר מצוה

מסורת הש"ס

הוי אומר זה טלה א"ר אסי אמר רבי יוחנן זר שסידר את המערכה חייב כיצד הוא עושה פורקה וחוזר וסודרה מאי אהני ליה אלא *פורקה זר וסודרה כהן מתקיף לה ר' זירא וכי יש לך עבודה שכשירה בלילה ופסולה בזר ולא והרי אברים ופדרים סוף *עבודה דיממא היא והרי תרומת הדשן תחלת עבודה דיממא היא *דא"ר אסי א"ר יוחנן קידש ידיו לתרומת הדשן למחר אינו צריך לקדש שכבר קידש מתחלת עבודה ואלא קשיא אלא כי איתמר הכי איתמר א"ר אסי א"ר יוחנן זר שסידר שני גזירי עצים חייב הואיל ועבודת יום היא מתקיף לה רבא אלא מעתה תיבעי פיים אשתמיטתיה הא דתניא *מי שזכה בתרומת הדשן זכה בסדור מערכה ובסדור שני גזירי עצים למימרא דעבודת יום בעיא פיים עבודת לילה לא בעיא פיים והרי אברים ופדרים סוף עבודה דיממא היא והרי תרומת הדשן משום מעשה שהיה למימרא דעבודת יום ושזר חייב עליה מיתה בעיא פיים אין זר חייב עליה מיתה לא בעיא פיים והרי שחיטה שאני שחיטה דתחלת עבודה היא אמר מר זוטרא ואיתימא רב אשי והא אנן לא תנן הכי *אמר להם הממונה צאו וראו אם הגיע זמן השחיטה ואילו זמן שני גזירי עצים לא קתני הך דלית לה תקנתא קתני הך דאית לה תקנתא לא קתני וא"ד מתקיף לה רבי זירא וכי יש לך עבודה שיש אחריה עבודה ופסולה בזר והרי

רש"י

הוי אומר זה טלה. תמיד של שחר הזקוק הכתוב בו למערכת עצים חדשה בכל בקר (א) ואש על המזבח תוקד בו והך מוקדה סידור המערכה היא כדתניא לקמן בפ"ג ובער עליה הכהן עצים בבקר וערך עליה העולה ואמר מר העולה עולה ראשונה אבל שאר קרבנות לא הוזקקו לחידוש מערכה והנך עצים ואש דכתיבי בבן בקר לאו לאצרוכי סידרי עצמו אלא משום דעדיין לא נאמרה פרשת סידור המערכה הכתובה בצו את אהרן וכאן התחיל לדבר בצרכי עולה והוצרך לומר האיך מיתנן כתב בן כהן ונתנו אש וערכו עצים דסידור מערכה דשחרית קאי: **חייב**. מיתה: **פורקה**. הזר אין צריך כהן לסדור סידורה אלא הזר בעצמו: **והרי אברים ופדרים**. הקטר חלבים שהוא כל הלילה ושויוה לעיל [כד.] מארבע עבודות שהזר חייב עליהן מיתה: **והרי תרומת הדשן**. דכתיב כהונה: **אלא קשיא**. וכי יש לך עבודה שכשירה בלילה שפסולה בזר: **ועבודת יום היא**. דכתיב ובער עליה הכהן עצים בבקר בבקר: **אלא מעתה**. דחשיבא כולי האי שהיא עבודת יום וזר חייב עליה: **למימרא דעבודת יום בעי פיים**. מדאתקיף רבא אלא מעתה תבעי פיים מכלל (ב) דהך עבודה היא בעיא: **והא אנן לא תנן**. שיהא סידור שני גזירין עבודת יום: **אם הגיע זמן השחיטה**. אם האיר המזרח ועת לשחוט את התמידין שהשחיטה פסולה בלילה דכתיב (ויקרא יט) ביום זבחכם: **דלית ליה תקנתא**. אם נשחט בלילה: **דאית ליה תקנתא**. אם סידרן בלילה פורקן וחוזר וסודרן ביום לכך לא הטריחו לעלות לגג ולראות אם הגיע (ג) שאותו הטורח לא הטריחו אלא שבפעם אחת עלה מאור הלבנה ודימו שהאיר המזרח ושחטו את התמיד כדקתני לה בפ"ג [דף כח.] אבל סידור גזירין סידורו בקרקע עזרה משהאיר המזרח ואם טעה במאור הלבנה לא איכפת לנו שהרי יש תקנה בדבר: **שיש אחריה**. סידור עבודה סידור שני גזירין ופסולה בזר להתחייב מיתה: והרי

תוספות

למימרא דעבודת יום בעי פיים וכו' עד והרי תרומת הדשן. תימה לי מאי קפריך אמאי לא משני תחילת עבודת יום היא כדשנינן לעיל וי"ל דהכא אתי למימר דבעינן תרוייהו עבודת יום ומיתה בזר דלכאורה משמע ליה דרבא דפריך אלא מעתה ה"ק אלא מעתה דקמחייבת בזר תיבעי פיים ומשמע נמי אלא מעתה דקרית לה עבודת יום אלמא דבעינן תרוייהו לענין פיים הרי אברים ופדרים דנהי דזר חייב עליהם מ"מ עבודת לילה היא והדר פריך מתרומת הדשן אי ס"ל כרב דלא מיחייב זר אעבודת סילוק אלמא אע"ג דלא מיחייב זר עלה בעי פיים וכן פרש"י למימרא דעבודת יום וחיוב מיתה בזר בעיא פיים ולא נהירא מה שפי' דבדרך את"ל דסבר כרב *דהא בירושלמי יש זר שתרם רבי יוחנן אמר חייב אלא י"ל דפריך לליסנא קמא דלעיל דקאמר עבודת לילה היא:

אין זר חייב מיתה לא בעיא פיים. וא"ת הרי דישון מזבח הפנימי והמנורה י"ל כדמשני דשחיטה תחילת עבודה היא ה"נ נימא דישון מזבח הפנימי תחילת עבודה דהקטרה היא ודישון מנורה תחילת הדלקה היא וא"ת לרבנן דר"א בן יעקב דאמרי המעלה אברים לכבש אין מעלה אותם למזבח א"כ אין זר חייב עליהן מיתה כיון דיש אחריה עבודה וא"כ למה מפיסין וי"ת דהא דאמר דהיכא דאין זר חייב עליה דאין מפיסין היינו פיים בפני עצמו אבל הני עיקר פיים היינו בשביל השחיטה וי"ב אחיו הכהנים נמשכים עמו ולא נהירא וי"ל כיון דאין אחריהן עבודה אלא מעכין גמר הולכת אברים לא גריעא בכך לענין פיים: **איבא** דאמרי מתקיף לה רבי זירא וכו'. נ"ל לפרש דאדלעיל קאי דא"ר יוחנן זר שסידר את המערכה חייב וכו' ואקשי ליה רבי זירא וכי יש לך עבודה שכשירה בלילה ופסולה בזר והשתא קאמר איכא דאמרי דהכי אקשי ליה רבי זירא וכי יש לך עבודה שיש אחריה עבודה כי הא שיש אחריה סידור שני גזירין ופסולה בזר ומתמה הגמ' אאתקפתא דר' זירא ולא והרי אברים כו' פי' אטו כל כהאי גוונא לאו עבודה תמה היא הרי אברים ופדרים דאע"ג דיש אחריהם תרומת הדשן שהיא זקוקה לעיכול איברים ופדרים כדכתיב (ויקרא ו) היא העולה על מוקדה דהיינו איברים ופדרים וכתיב בתריה והרים את הדשן אשר תאכל האש את העולה אלמא אף על גב דתרומת הדשן זקוקה לה וגמר עבודת עיכול איברים היא אפ"ה חשיבא עבודה תמה וזר חייב עליה כיון דלאברים ופדרים זמנם מתחיל מבעוד יום ואי בעי מקטר להו אתמול אי בעי מקטר להו בלילה ותרומת הדשן זמנה אינה אלא בלילה כדאמר לעיל [כ.] כל הלילה והרים כ"ש סידור מערכה כיון דזמנה רק בלילה כדכתיב על מוקדה על המזבח כל הלילה ומינה נפקא לן לקמן בפ"ג (דף מג:) סידור מערכה וסידור שני גזירי עצים לא הויא אלא ביממא כדכתיב ובער עליה הכהן עצים בבקר ומינה נפקא לן לקמן בפ"ג (שם) סידור שני גזירין דדוקא עבודת יום שיש אחריה עבודת יום לא חשיב תמה כגון קבלה והולכה שיש אחריה זריקה ואידי ואידי עבודת יום נינהו אבל חדא בלילה וחדא ביום נימא שפיר דעבודה תמה היא. ומשני סוף עבודה דיממא לעולם סידור מערכה לאו עבודה תמה כיון שיש אחריה סידור שני גזירין דהוו גמר הסידור ואע"ג דהא הויא בליליא והא הויא ביממא ודקשיא לן מאברים ופדרים שאני התם דתרומת הדשן לא שייכא לה ואינה גמר עבודתה וטפילה לה דאדרבה העלאת אברים עצמה טפילה לגמר עבודת יום שלפניה היא והרי תרומת הדשן שיש אחריה עבודה הוצאת הדשן דחשיבא עבודה לר' יוחנן גופיה אליבא דת"ק דר"א דפסיל בה בעלי מומין ואפ"ה זר חייב עליה ללוי ואפילו רב לא פטר אלא משום דעבודת סילוק היא אבל עבודה תמה מיקרי ואמאי הא יש אחריה הוצאה אלא על כרחך כיון דתרומת הדשן דוקא בלילה והוצאה אי בעי ביממא אי בעי בליליא איקרי שפיר עבודה תמה •כ"ש סידור מערכה דהוא בליליא דווקא דעבודה תמה היא אע"ג דיש אחריה סידור ב' גזירין כיון דהאי דוקא בליליא והאי דוקא ביממא ומשני תחילת עבודה דיממא היא כלומר הוצאה לא שייכא לה ולא גמר עבודתה היא דתרומת הדשן היא תחילת עבודת יום דלאי בעי לא עביד שום עבודה אחריה אלא עבודת יום דהוצאת דשן אינה עבודה בכל יום אלא כשהיו צריכים דאמר בפ"ב דתמיד וברגלים לא היו מדשנין אותו מפני שהוא נוי למזבח מתקיף לה רבא ותיבעי פיים כל זה מאיכא דאמרי לעיל איכא דאמרי ליסנא אחרינא באתקפתא דרבא והא דלליסנא קמא לא פריך כי הכא יפיסו לה בפני עצמה היינו משום דהכא משמע לן דקאמר מפני שהיא עבודה תמה שאין אחריה עבודה לעולם וקס"ד דוקא עבודה הדומה לה שאין אחריה עבודה בשום פעם בו ביום ולהכי פריך כיון דחשובה כל כך יפיסו לה בפני עצמה והיינו דקא פריך למימרא דעבודת אחריה בעי פיים הא לאו הכי לא והרי אברים ופדרים דזמנין כשנעשין בלילה יש אחריהן תרומת הדשן

רבינו חננאל

תוספות ישנים

הדרן עלך בראשונה

§ מסכת יומא דף כז: §

אות א'

פורקה זר וסודרה כהן

רמב"ם פ"ט מהל' ביאת המקדש ה"ט - סידר המערכה, פורקה וחוזר הכהן וסודרה, [א]**מפני שסידורה פסול.**

באר הגולה

א ‹בספ"ב דיומא, אמר ר' אסי אמר ר' יוחנן זר שסידר את המערכה חייב, כיצד הוא עושה פורקה וחוזר הכהן וסודרה, מתקיף לה רבי זירא וכי יש לך עבודה שכשירה בלילה ופסולה בזר וכו', אלא כי איתמר הכי איתמר, אמר רבי אסי אמר רבי יוחנן זר שסידר שני גיזרי עצים חייב, הואיל ועבודה תמה היא. **ומשמע** דסידור מערכה כשירה בזר, וכאתקפתא דרבי זירא, ואם כן יש לתמוה על רבינו שפסק דסידור מערכה בזר פסולה, **ושמא** יש לומר דמשמע ליה דלא מתמה ר' זירא, וכי יש עבודה שכשירה בלילה וכו', אלא משום דמחייב ליה מיתה, אבל משום פיסולא בלא חיוב מיתה לא הוה מתמה, וכן פירש"י אהא דמתקיף לה רבי זירא, וכי יש לך עבודה שיש אחריה עבודה ופסולה בזר להתחייב מיתה, עכ"ל, **וטעמא**, משום דכיון דאמאי דאמר רבי אסי אמר רבי יוחנן זר שסידר את המערכה חייב מתקיף, ע"כ לומר דמחיוב מיתה מתקיף - כסף משנה› ‹**והוא** תמוה, דרש"י (ד"ה שיש אחריה) פירש כן על איכא דאמרי, דר"ז אקשי ליה דהוא עבודה שיש אחריה עבודה, ולכן פריך רק איך חייב מיתה, אבל מלקות אתי שפיר דחייב, כמו בכל עבודה שיש אחריה עבודה, כמ"ש רבינו בהלכה ה', אבל בלישנא קמא, דאקשי ר"ז מהא דכשרה בלילה ולאו עבודה היא, ע"ז פירש"י בפירוש בד"ה אלא קשיא, וכי יש לך עבודה שכשרה בלילה ופסולה בזר - בית אל {אביו של השואל ומשיב}›

§ מסכת יומא דף כח. §

אות א'

הרואה אומר ברקאי

רמב"ם פ"א מהל' תמידין ומוספין ה"ב - ואימתי זמן שחיטתן של בקר, שוחטין אותו קודם [א]שתעלה החמה [ב]משיאור פני כל מזרח. ופעם אחת דחקה השעה את הצבור בבית שני, והקריבו תמיד של שחר בארבע שעות ביום.

אות ב'

כל המיסך את רגליו טעון טבילה, וכל המטיל מים טעון קידוש ידים ורגלים

רמב"ם פ"ה מהל' ביאת המקדש ה"ה - וכל המסיך את רגליו טעון טבילה, וכל המטיל מים טעון קידוש ידים ורגלים.

באר הגולה

א ‹לכאורה ר"ל הנץ החמה, ולא מצאתי כן בפירוש בהמפרשים, אבל כן הוא המשמעות›

ב ‹ועיין בפי' רבינו למשניות ביומא ובתמיד, שלת"ק די בהאיר כל שהוא במזרח, משא"כ למתתיה בן שמואל בעינן דהאיר כל המזרח, והלכה כוותיה. **ועיין** במגילה דף כ. דדבר שמצותו ביום לכתחלה בעינן שיהא לאחר הנץ החמה, י"ל דבמקדש לא שייך זה דכהנים זריזים הם - הר המוריה› ‹**ולכאורה** פלא על העין משפט דמציין דברי הרמב"ם על שיטת ת"ק›

‹**בקביעת** זמנו של האיר המזרח, נחלקו ראשונים ואחרונים: **יש** סוברים שהוא עמוד השחר, וכן אמרו: משיאור המזרח עד שתנץ החמה ארבעה מיל, והוא השיעור שמעמוד השחר עד הנץ החמה, וכן שנינו: אוכלים ושותים {בתענית צבור} עד שיאור המזרח, והוא עד עמוד השחר. **ויש** סוברים שהאיר המזרח הוא הנץ החמה, **אלא** שיש מהאחרונים מפרשים שאין כוונתם להנץ החמה שבכל מקום, שהוא מהלך ארבעה מילים אחר עמוד השחר, אלא קודם לכן, בין עמוד השחר להנץ החמה. **וכן** יש שנראה מדבריהם שהאיר המזרח הוא באמצע, בין עמוד השחר להנץ החמה {עיין מ"ב ובה"ל סי' נ"ח ס"ד}.

בזמן שחיטת התמיד נחלקו תנאים: **ת"ק** אמר כשהרואה על הגג או על החומה אומר ברקאי, היינו כשמתחילים בבוקר פני המזרח להשתנות, רואים בצד מזרח מתחיל האור להבריק בנקודה ממנו, והוא הנקרא ברקאי, והוא זמן של האיר המזרח. **ר' עקיבא** אומר עלה ברקאי, שהאיר יותר מברק ברקאי. **מתיא** בן שמואל אומר האיר פני כל המזרח עד שבחברון, היינו שנראה הצוהר עד חברון, שרואים באור ההוא עד חברון, ושיעור זה גדול מברקאי, ומאוחר ממנו, ואין מספיק שהבריק השחר כנקודה בלבד. **הלכה** כמתיא בן שמואל, ושוחטים משיאור פני כל המזרח. **מן** הדין כשר משעלה עמוד השחר, ולא הוצרכו להמתין עד שהאיר כל פני המזרח עד שבחברון, אלא משום שפעם אחת עלה מאור הלבנה וכו', ולכן לא היו שוחטים עד שמכירים שעלה עמוד השחר בודאי שמא ישחטו בלילה.

תפלת השחר, שזמנה כזמן התמיד, כתבו ראשונים, שאע"פ שלכתחילה מצוה להתפלל עם הנץ החמה, אם התפלל משעלה עמוד השחר והאיר המזרח יצא, והיינו האיר כל המזרח, ולא די שהבריק השחר כנקודה בלבד. **בדיעבד**, אם התפלל מעמוד השחר, נחלקו אחרונים: יש סוברים שיצא, כיון שרק משום חשש טעות אמרו משהאיר פני המזרח, וי"א אף בדיעבד לא יצא לפני שהאיר המזרח, {עיין מ"ב ובה"ל סי' פ"ט} - אנציקלופדיה תלמודית›

מסורת הש"ס

[לעיל כו: פ"ש וש"נ]

[לעיל כד:]

[לעיל כב. כו:]

אלא רש"ל

עין משפט נר מצוה

א א מיי' פ"ו מהלכות תמידין הלכה ב סמג עשין קצ:

ב ב מיי' פ"ה מהלכות ביאת מקדש הלכה ה:

והרי [א] אברים ופדרים סוף עבודה דיממא היא והרי תרומת הדשן תחילת עבודה דיממא היא דא"ר יוחנן *קדש ידיו לתרומת הדשן למחר אינו צריך לקדש שכבר קדש מתחלת עבודה אלא קשיא אלא אי אתמר הכי אתמר *א"ר אסי א"ר יוחנן זר שסידר שני גזירי עצים חייב הואיל ועבודה תמה היא מתקיף לה רבא אלא מעתה תבעי פיים ולא בעיא פיים והתניא *מי שזוכה בתרומת הדשן יזכה בסידור שני גזירי עצים ה"ק יפייסו לה בפני עצמה *כדאמרינן [ב]למימרא דעבודה תמה וזר חייב עליה מיתה בעיא פיים אין זר חייב עליה מיתה לא בעיא פיים והרי שחיטה שאני שחיטה דתחילת עבודה דיממא היא [ג]למימרא דעבודה תמה בעי פיים עבודה שיש אחריה עבודה לא בעי פיים והרי אברים ופדרים סוף עבודה דיממא היא הרי תרומת הדשן משום מעשה שהיה אמר מר זוטרא ואיתימא רב אשי אף אנן נמי תנינא אמר להם הממונה צאו וראו אם הגיע זמן השחיטה ואילו זמן סידור גזירי עצים לא קתני הך דלית לה תקנתא קתני הך דאית לה תקנתא לא קתני:

הדרן עלך בראשונה

אמר *להם הממונה *צאו וראו אם הגיע זמן השחיטה אם הגיע *הרואה אומר ברקאי *מתיא בן שמואל אומר האיר פני כל המזרח עד שבחברון והוא אומר הן ולמה הוצרכו לכך שפעם אחת עלה מאור הלבנה ודימו שהאיר מזרח ושחטו את התמיד והוציאוהו לבית השריפה הורידו כ"ג לבית הטבילה זה הכלל היה במקדש *כל המסיך את רגליו טעון טבילה וכל המטיל מים טעון קידוש ידים ורגלים:

גמ'

רש"י

והרי איברים ופדרים. לא גרסינן לכוליה הך גירסא דאיברים ודתרומת הדשן הכא דהא (א) מוקמינן להו לגבי פלוגתייהו דרב ולוי בעבודה שאין אחריה עבודה ואגב שיטפא דריהטא דגירסא דלעיל דלישנא קמא דרבי זירא הדר וגרסינהו בלישנא בתרא וה"ג יש לך עבודה שיש אחריה עבודה ופסולה בזר אלא אי איתמר כו': **הואיל ועבודה תמה.** דשלים ליה סידור: למימרא דעבודה תמה בעי פיים כו' עד משום מעשה שהיה לא גרסינן: **אף אנן נמי תנינא.** דסידור גזירין עבודה תמה היא כרבי יוחנן ודלא כרב ולוי דלא מט לה בעבודה שזר חייב עליה משום דיש אחריה סידור איברים: **ואילו זמן שני גזירין לא קתני.** אלמא עבודת לילה היא והוא גמר סידור מערכה וסידור האיברים שהוא עבודת יום תחילת עבודה אחרת היא ולא גמר סידור המערכה היא:

הדרן עלך בראשונה

אמר להם הממונה. הוא הסגן: **צאו וראו.** על החומה או על הגג: **זמן השחיטה.** שחיטת התמיד כלומר אם האיר המזרח שהשחיטה פסולה בלילה כדכתיב (ויקרא יט) ביום זבחכם: **הרואה.** זה שעלה לגג: **ברקאי.** לשון זוהר כמו למען (*היות לה ברק (יחזקאל כא) האירו ברקים (תהלים עז): **עד שבחברון.** עד שנראה הזוהר עד חברון: **והוא אומר לשון הן.** מפרש בגמרא: **למה הוצרכו לכך.** לעלות לגג ולראות: **עלה מאור הלבנה.** לפני זוהר הלבנה סמוך לשחרית: **ודימו.** וחשבו: **והוציאוהו לבית השריפה.** כשהביט שנשחט בלילה: **הורידו כ"ג כו'.** מפרש לה בגמ': **מיסך רגליו.** נקביים הגדולים ולשון מיסך כמו אין המיסך על הארץ (נזיר דף נז:) לפי שהצריך לנקביים גדולים כורע על ברכיו (ב) ומכסה גופו את רגליו וכן בשאול כתיב (שמואל א כד) ושם מערה ויבא שאול להסך את רגליו: **קידוש ידים ורגלים.** מן הכיור:

תוספות

הדשן ולא ליבעי פיים ומשני סוף עבודה דיממא נינהו אפילו כשנעשין בלילה לא שייכא להו תרומת הדשן כדפרי' לעיל והרי תרומת הדשן דנהי דזימנין לא הויא הולאה בתרה מ"מ כיון דכשהיו צריכין היו מוליאין אחר תרומת הדשן כדכתיב בתר הרמה (ויקרא ו) ופשט את בגדיו ולבש בגדים אחרים והוליא את הדשן וגו' א"כ לאו עבודה תמה היא דלא מקרי עבודה תמה אלא עבודה שאין אחריה עבודה לעולם כדפרישית ומשני משום מעשה שהיה כך כ"ל לפרש גירסת הספרים שיהו רש"י ל"ג ליה ולפי מה שפירשתי לא יקשה מה שהקשה רש"י:

אף אנן נמי תנינא וכו'. ואילו שני גזירין לא קתני אלמא עבודת לילה נינהו ואע"ג דכתיב בבקר בבקר י"ל כיון דכתיב בבקר בבקר תרי זימני נימא תן בקר לבקרו של לילה: **יפייסו** לה בפני עצמה. כיון דעבודה תמה היא דעבודת לילה היא ועבודת התמיד שהן עבודת יום לא שייכא ליה הא דלא פריך מזריקה דעבודה תמה היא ואין מפיסין לה בפני עצמה י"ל נהי דאין אחריה עבודה לפי שהקטרת אימורין שאחריה לא מעכבי וזימנין דליתא כגון שנטמאו אימורין או שאבדו מ"מ כיון דכי איתנהו מעכבי לא חשיבא זריקה [עבודה] תמה כ"כ להפיס לה בפני עצמה ולהכי פריך והרי תרומת הדשן דאע"ג דהוצאת הדשן שהיא אחריה זימנין דליתא מ"מ כיון דזימנין דאיתא לא מיחשב להפיס לה בפני עצמה כדפרישית בזריקה א"נ י"ל שאני זריקה שיש אחריה עבודה בו ביום מה שאין כן בסידור שני גזירין שאין עוד עבודה כל הלילה וא"ת קטורת כיון דיש אחריה עבודה בו ביום אמאי מפייסים עליה בפני עצמה י"ל שאני קטורת משום דבעי כל שעתא חדשים ומאיכא דאמרי עד יפיסו לה בפני עצמה הוי הכל מאיכא דאמרי ועתה נחזור לסוגיא דלעיל מכח קושיא דרבא דפריך ויפיסו לה בפני עצמה אלא אי איתמר הכי איתמר א"ר אסי א"ר יוחנן זר שסידר שני גזירין חייב מפני שהיא עבודת יום כו' כדלעיל אלא שהש"ס מאריך לדקדק יותר במילתיה דרבא למימרא דעבודה תמה בעיא פיים ואף אנן נמי תנינא דקא מסייע למילתיה דרבי יוחנן וכיון דדחי ליה לסייעתא תו לא מתוקמא מילתיה דרבי יוחנן מכח קושיא דרבא להכי נ"ל אלא אי איתמר הכי איתמר כדלעיל לפי שהיא עבודת יום והשתא לא מצי למיפרך יפיסו לה בפני עצמה דטובא איכא עבודת יום שאין מפיסין לה בפני עצמה וא"ת ה"נ איכא ניסוך היין והמים שהן עבודות תמות ואין מפיסין להן בפני עצמן י"ל כיון דיש אחריהן כמה עבודות בו ביום אין מפיסין להו בפני עצמם אבל סידור שני גזירין אין אחריהן עבודה עד כל אותה הלילה ולהכי הוה לן למימר דחשיבא טובי האי להפיס עליה בפני עצמה ופריך והרי איברים ופדרים כו' ומשני סוף עבודה דיממא היא ואין עוד עבודה אחריה בו ביום ולהכי מפיסין לה בפני עצמה לפי דבפיים דשחרית היו מפיסין נמי לאיברי תמיד של בין הערבים והנך איברים אין אחריהם עבודה כל אותו היום ופריך והרי שחיטה דמפיס לה בפני עצמה דעיקר הפיים הוה [מי] שוחט ושאר אחיו הכהנים נמשכין עמו אגב גררא דידיה:

הדרן עלך בראשונה

אמר להם הממונה נאו וראו כו'. *שנאמר וישכם אברהם בבקר. בפ"ק דפסחים (דף ד. ושם) פריך וניבדוק מצפרא מי לא תניא כל היום כשר למילה אלא שהזריזין מקדימין שנאמר וישכם אברהם וגו' ותימה היכי גמר מהכא דאין זריזין מקדימין מאורתא דלמא מה שאברהם לא עמד בלילה משום דת"ח לא יצא יחידי בלילה כדאמר בפרק גיד הנשה (חולין דף צא.) וי"ל דמסתמא לא היה אברהם נמנע מלהשכים בלילה כיון דשלוחי מצוה אינן ניזוקין מיהו קשה דהיא גופה דלא יצא יחידי בלילה מוישכם אברהם בבקר יליף התם ועוד קשיא כיון דשלוחי מצוה אינן ניזוקין למה נמנע מלהשכים בלילה מתוך דת"ח אל יצא יחידי וי"ל דתרי וישכם כתיבי חד בעקידה וחד כשהתפלל על סדום והכא מייתי קרא דעקידה הלכך פריך שפיר מינה בפסחים דאי זריזין מקדימין למצות מאורתא א"כ אברהם נמי לקדום באורתא שהרי לא היה ירא כלום חדא דשלוחי מצוה אינן ניזוקין ועוד דשני נעריו עמו הוו ובפרק גיד הנשה (שם) מייתי קרא דסדום דהתם יחידי הוה שלא יראו במפלתה של סדום כדאשכחן באשתו של לוט ולא הוה נמי שליח מצוה כי לא היה חפץ הקב"ה שישא בעדם רנה ותפלה:

אלא

רבינו חננאל

והרי תרומת הרשן כו' אמר רב אשי והא אנן לא תנינן לה רשני גזירין עבודת יום הוא דתנן אמר להם הממונה צאו וראו אם הגיע זמן השחיטה ואלו זמן ב' גזירין לא קתני. ופרקינן השחיטה דלית ליה תקנה שאחר שישחט' לא יתכן לו להחזירו קתני. אבל סידור גזירין שיכול לפורקו לא קתני: איכא דאמרי הכי אקשו ליה. וכי יש עבודה שיש אחריה עבודת בלילה ופסולה בזר ולא והרי אברים ופדרים שיש אחריה עבודה דלרבנן צריך להחזירן למערכה גדולה ולר' מאיר עביד לה מערכה בפ"ע. ודחי סוף עבודה דיממא היא. והרי תרומת הדשן שיש אחריה הוצאה חוץ למחנה וסידור המערכה ופרקינן תחלת עבודה דיממא היא כר' יוחנן דאמר קדש ידיו לתרומת הדשן למחר אין צריך לקדש שכבר קדש מתחלת עבודה וקשיא לן ואמאי לא דחי הכי אימא שכבר קדש מתחלה לעבודה

*) הגה ועבודת לילה ופסולה בזר אלא העלה בקושיא. ופרקינן משום דבתחלת הפרק נדחת זו השינויא וא' איבעית אימא לעולם תחלת עבודת יום הוא ואמאי לא תקנו לה פיים מעיקרא סבור כיון דאיכא אונס שינה לא אתו כיון דחזו דאתו ואתו נמי לסכנה תקינו לה פייסא. ותריצנא לר' יוחנן הכי זר שסידר ב' גזירין חייב הואיל ועבודה תמה היא אי הכי תיבעי פיים בפ"ע ופרקינן האי כבר שנינן לה כדאמרינן בתחלת הפרק כיון דתקינו פיים לתרומת הדשן לא הוו אתו שהיה כבד עליהן להניח השינה ולעטור דהוו אמרי מי יימר דמיתרמי לי הדר תקינו מי שזוכה בתרומת הדשן יזכה בסידור המערכה ובשני גזירין כלומר הוסיפו אלו העבודות כדי שיבואו למימרא דעבודה תמה בעיא פיים כו' כענין הראשון: הדרן עלך בראשונה כל מי שרוצה

הגהות הב"ח

(א) רש"י ד"ה והרי איברים כו' הדשן הכא דהא אוקימנא להו לגבי פלוגתיהו דרב: (ב) ד"ה מיסך רגליו כו' כורע על ברכיו מכסה את גופו ואת רגליו:

לעיל כו: מנחות ק.

[מנחות ק. איתא מתיתיא]

יבמות כ:

[עי' תוס' מנחות ק. ד"ה אמר להם ותוס' לעיל טו: ד"ה אמר ותוס' סוטה מג. ד"ה סגן]

הגהות הגר"א

[א] גמ' והרי אברים כו' עד אלא קשיא. תא"מ (וכן מחקו רש"י): [ב] שם למימרא דעבודה תמה בעיא כו' עד מעשה שהיה. תא"מ (וכן מחקו רש"י):

[עיין לעמוד ב]

*) אולי צ"ל ועבודת לילה היא ופסולה בזר.

תוספות ישנים

פ"ג אמר להם הממונה. פירש בקונטרס גם כאן ממונה הוא הסגן ואינו נראה כדפירשתי לעיל אלא אדם אחר היה שהיה ממונה על כך: **מתיא** בן שמואל אומר האיר. פירש"י במנחות פרק [illegible]

לרבי דהא מסתמא אותו שהיה ממונה על הפייסות הוא שעומד אארעא ואומר להם נאו וראו כו' וא"כ תפשוט לא דמיבעיא לן בגמרא מי אומר האיר פני מזרח אי דקאי אארעא אי דקאי אאיגרא ותפשוט דהיינו דקאי [illegible]

עין משפט נר מצוה

ג א מיי' פ"א מהלכות מילה הלכה ח:

ד ב מיי' פ"א מהלכות תמידין הלכה ט:

ה ג מיי' פ"ה מהלכות חמץ ומצה הלכה יב:

גמ' תניא ר' ישמעאל אומר ברק ברקאי ר"ע אומר עלה ברקאי נרזמא בן אפקשיון אומר אף ברקאי בחברון *מתיא בן שמואל (אומר) הממונה על הפייסות אומר האיר פני כל המזרח עד שבחברון רבי יהודה בן בתירא אומר האיר פני כל המזרח עד בחברון ויצאו כל העם איש איש למלאכתו אי הכי נגה ליה טובא לשכור פועלים קאמרינן אמר רב ספרא צלותיה *דאברהם מכי משחרי כותלי אמר רב יוסף אנן מאברהם ניקום וניגמר אמר רבא תנא גמר מאברהם ואנן לא נגמרינן מיניה *דתניא °וביום השמיני ימול בשר ערלתו *מלמד שכל היום כשר למילה אלא *שזריזין מקדימין למצות שנאמר °וישכם אברהם בבקר ויחבוש וגו' (א) אלא אמר רבא רב יוסף הא קא קשיא ליה *דתנן חל ערבי פסחים להיות בע"ש נשחט בשש ומחצה וקרב בשבע ומחצה ונשחטיה מכי משחרי כותלי (ג) מאי קושיא ודילמא כותלי דבית המקדש בשש ומחצה משחרי משום דלא מכווני טובא א"נ שאני אברהם *דאיצטגנינות גדולה היתה בלבו א"נ משום דזקן ויושב בישיבה הוה דא"ר חמא בר' חנינא מימיהן של אבותינו לא פרשה ישיבה מהם היו במצרים ישיבה עמהם שנאמר °לך ואספת את זקני ישראל היו במדבר ישיבה עמהם שנאמר °אספה לי שבעים איש מזקני ישראל אברהם אבינו זקן ויושב בישיבה היה שנאמר °ואברהם זקן בא בימים יצחק אבינו זקן ויושב בישיבה היה שנאמר °ויהי כי זקן יצחק יעקב אבינו זקן ויושב בישיבה היה שנאמר °ועיני ישראל כבדו מזוקן אליעזר עבד אברהם זקן ויושב בישיבה היה שנאמר °ויאמר אברהם אל עבדו זקן ביתו המושל בכל אשר לו א"ר אלעזר שמושל בתורת רבו °הוא דמשק אליעזר א"ר אלעזר שדולה ומשקה מתורתו של רבו לאחרים אמר רב *קיים אברהם אבינו כל התורה כולה שנאמר °עקב אשר שמע אברהם בקולי וגו' א"ל רב שימי בר חייא לרב ואימא שבע מצות הא איכא נמי מילה ואימא שבע מצות ומילה א"ל א"כ מצותי ותורותי למה לי אמר (*רב) ואיתימא רב אשי קיים אברהם אבינו אפילו עירובי תבשילין שנאמר תורותי אחת תורה שבכתב ואחת תורה שבעל פה: מתיא בן שמואל אומר וכו': והוא אומר הן: מאן אמר הן אילימא הך דקאי אאיגרא הוא חלים והוא מפשר אלא הך דקאי אארעא מנא ידע איבעית אימא הך דקאי אאיגרא איבעית אימא הך דקאי אארעא איבעית אימא הך דקאי אאיגרא אמר איהו האיר פני כל המזרח וא"ל הך דקאי אארעא עד שבחברון וא"ל איהו הן ואיבעית אימא הך דקאי אארעא אמר איהו האיר פני כל המזרח וא"ל עד שבחברון וא"ל הן: ולמה הוצרכו לכך וכו': ומי מיחלף והתניא רבי אומר אינו דומה תימור של לבנה לתימור של חמה תימור של לבנה מתמר ועולה כמקל תימור של חמה מפציע לכאן ולכאן תנא דבי רבי ישמעאל יום המעונן היה ומפציע לכאן ולכאן אמר רב פפא שמע מינה יומא דעיבא כוליה שמשא למאי נפקא מינה לשטוחי עורות אי נמי *לכדדרש רבא אשה לא תלוש לא בחמה ולא בחמי חמה אמר *)רב נחמן *) זוהמא דשימשא קשי משימשא וסימניך דנא דחלא שברירי דשימשא קשי משימשא וסימניך דילפא הרהורי

*) [כעי' אי' וזהרא וכן בערוך ערך זה וז"ל שם וזהרא דשמשא כו' פי' חמות השמש אחר שסר ועבר השמש מאותו המקום וסימנך דנא דחלא כלומר אחר שמריק החומץ ממנו ריחו חזק יותר מן החומץ עצמו]

רש"י

גמ' עלה ברקאי. האיר יותר מברק: לשכור פועלים. האי ויצאו איש למלאכתו לאו על הפועלים קאי אלא בעה"ב שהוא משכים ביותר למצוא פועלים לשכור: צלותיה דאברהם. תפלת הערב שלו: מכי משחרי כותלי. חומות הפונות למזרח שהלבינו מנגה החמה הבאה מן המזרח ונוטלת עליהן ובתחילת שבע שעות שהחמה באמצע הרקיע בראשם כל אדם אינה עושה עמוד אלא תחתיהן משחירין אותן הכתלים לפי שאין חמה נוטלת אלא בראשם הכותל בעוביו ומילא חודו של שפת עוביו על זקיפת הכותל ומשחרת מהזיה שבפאת נוטים לצללי ערב (ג) וקרוי ערב: אנן מאברהם ניקום וניגמר. *בתמיה ללמדנו להיות זריזין כאברהם: חל להיות בערב שבת. הולכך למהר תמיד של בין הערבים ככל יכולת לפי שפסחים נשחטו אחריו וצריך לצלותן מבעוד יום ומדוזין הכא מוקמינן ליה לדיליה מכי ינטו לצללי ערב וקתני נשחט התמיד בשש ומחצה ואי מכי משחרי כותלי מיקרי בין הערבים נשחטיה מכי משחרי דהיינו מתחלת שבע: דלא מכווני. לא הוו זקופים באמצע ולפי שהחומה היתה רחבה מלמטה והולכת ומתקצרת ועולה ולפיכך אין חודו של שפת עוביו למעלה מילא על זקיפתו להשחירו עד שימשך חמה למערב: איצטגנינות. להיות בקי בהליכות המזלות ותחילות השעות דהכי תניא בבבא בתרא (דף טז:) וה' ברך את אברהם בכל איצטגנינות גדולה היתה בלבו וכל מלכי מזרח ומערב משכימין לפתחו לשאול במזלות: דולה ומשקה. טורקוקי של דמשק: שבע מצות. שנצטוו לשאר כל בני נח אבל תורה לא נתנה לו: אפילו עירובי תבשילין. שאינו הלכה למשה מסיני אלא תקנת סופרים שעתידין לתקן: ואיהו מפשר. פותר החלום כלומר הוא שואל הוא משיב: אמר איהו. זה שעל הגג: עד שבחברון. שאלה היא: ואיבעית אימא הך דקאי אארעא. אמר הן כיצד אמר הא דקאי אארעא האיר הורה אור פני כל המזרח בלשון שאלה וזה אומר לו עד שבחברון האיר וא"ל האי דקאי אארעא הן כך אני שואל ומפורש בתלמוד ירושלמי (פ"ג ה"א) כדי להזכיר זכות אבות מזכירין חברון: ומי מיחלף. לימות תימור חמה בלימות תימור לבנה: תימור של חמה. עמוד השחר שנבקע ונראה כתמר זקוף בלשון ותמרות עשן (יואל ג) על שם שזוקף ועולה: יום המעונן. הרקיע קשור בעבים ואין התימור נראה כעמוד ערפל אלא במקום פיזור העבים במקומות הרבה בין עב לעב: שמע מינה. מדקאמר ביום המעונן נבקע במקומות הרבה: יומא דעיבא כוליה שימשא. אפילו במקום שהחמה נוקבת בכל מקום ואינה יוצאת דרך חלון כנגד חלונות שהעבים עומדים בפניה והיא מתפשטת עליהם ובוקעת בכל פיסוק שבהן: לשטוחי עורות. לייבש: לא תלוש. בפסח: וזוהמא דשמשא. אותו חום של יום המעונן: דנא דחלא. שפיה סתום יפה שלא יצא ריחו ויחלוש וכשאתה נוקב נקב קטן יוצא שם ריח חזק מאד כך יום המעונן מתוך שהחמה מכוסה וחום שלה כבוש נוקבת בכח דרך נקב העבים: שברירי דשמשא. סנורים (בראשית יט) מתרגמינן שברירי שמש הנוקבת בכח דרך נקב העבים קטנים הטוען עיניו כנגד הנקב קשה לו הסנורים יותר מן המסתכל בחמה שבאויר: וסימניך דילפא. קשה דלף היורד על האדם משאם כולם על גופו למים: הרהורי

מסורת הש"ס

[עי' גירס' הרא"ש מנחות]

פסחים ד. מגילה כ.

[ר"ה לב:]

פסחים נח:

בראשית כד

קידושין פב.

בראשית כו

[צ"ל רבא]

פסחים מג. *) [כעי' איתא אמר רפרם וזיהרא דשימשא כשמשא]

הגהות הב"ח

(א) גמ' שנאמר וישכם אברהם בבקר ויחבוש:

(ג) שם מכי משחרי כותלי ומאי קושיא ודילמא:

(ג) רש"י ד"ה מכי משחרי כו' נוטים לצללי ערב נ"ב ירמיה ו':

רבינו חננאל

פ"ג אמר להם הממונה צאו וראו אם הגיע זמן השחיטה כו' תניא ר' ישמעאל אומר ברק ברקאי. כלומר האיר ר' עקיבא אומר עלה כו' וכיון שהורה הבוקר תזכיר עוד הצהרים: אמר רב ספרא צלותיה דאברהם כו' פי' תפלת האבות כולן לא הזכיר אברהם אלא מפני שהוא העיקר ואמר מכי משחרי כתלי. ויש מי שאומר תחלת שעה שביעית משחרי כתלי כלומר כיון שינטו ערב והוא משעה שביעית משיכנס השמש במערב ולמעלן מתחילין הכתלים להשחיר מפני שהלך השמש מן המזרח ובא הצל והיא תפלת הצהרים כדכתיב ערב ובוקר וצהרים אשיחה וגו' וזו השיחה היא כדכתיב באבות ויצא יצחק לשוח בשדה לפנות ערב. וזו השיחה היא תפלת הצהרים כדת המסורה לו מאביו. ואמר לפנות ערב משעה שיכנס השמש במערב. ובאותה העת מתחילין הכתלים שבמזרח [illegible] אמר רב יוסף אנן מאברהם נגמור אברהם קיים כלומר אברהם קיים המצות ועדיין לא נתנה התורה ואין לנו ללמוד ממנהג הנביאים אלא כגון דניאל וכיוצא בו מפני שנהגו כהלכה למשה מסיני אחרי [illegible] התורה א"ל רבה והא תנא גמר מאברהם דתניא וביום השמיני וגו' כלומר שאברהם היה מקיים המצות כהלכתן. ואקשינן אי הכי כי תפלת המנחה והיא תפלת הצהרים מכי משחרי כותלי הוא ק"ל כי [illegible] נתקנו כנגד התמידין. תפלת השחר כנגד תמיד של שחר ותפלת המנחה כנגד תמיד של בין הערבים. ולמה היה תמיד של בין הערבים נשחט בזמן שחל ערב פסח להיות בע"ש בשש שעות ומחצה [illegible] אלא בתר שעה שביעית מכי משחרי כותלי ופרכינן ודלמא כותלי ביהמ"ק בשש ומחצה הוה משחרי משום דהוו מכווני טובא כדגרסינן בתלמוד דא"י בעירובין פרק כיצד מערבין. א"ר יוסי מי [illegible] יודע לכוון הרוחות יראה ממקום שהחמה זורחת באחד בתקופת תמוז. עד מקום שהיא זורחת. באחד בתקופת טבת אלו פני מזרח עד כמה יגעו הנביאים הראשונים לעשות שער המזרחי שתהא [illegible]

תוספות ישנים

צלותיה דאברהם מכי משחרי כותלי כו' [illegible]

[illegible]

§ מסכת יומא דף כח: §

אות א'

שכל היום כשר למילה, אלא שהזריזין מקדימין למצות

רמב"ם פ"א מהל' מילה ה"ח - אין מלין לעולם אלא ביום אחר עלות השמש, בין ביום השמיני שהוא זמנה, בין שלא בזמנה שהוא מתשיעי והלאה, שנאמר: ביום השמיני, ביום ולא בלילה; מל משעלה עמוד השחר כשר; וכל היום כשר למילה, ואעפ"כ מצוה להקדים בתחלת היום, שזריזין מקדימין למצות.

[א]**יו"ד סי' רסב ס"א - אין מלין עד שתנץ החמה ביום השמיני ללידתו** - [הטעם, שאז יצא ודאי מספק לילה – ט"ז], **(ומשעלה עמוד השחר יצא)** - ולפי שאין הכל בקיאין בעה"ש, לכן צריכין להמתין עד הנץ – ערוה"ש.

וכל היום כשר למילה, אלא שזריזין מקדימים למצות ומלין מיד בבקר - ודע דבמשנה דמגילה דחשיב כל מצות פרטיות שכשרים כל היום, ולא חשיב מילה בהדייהו, ע"ש, **ונ"ל** דבכוונה שבקה התנא, דודאי גם במילה כן הוא, אלא שבשארי מצות אין קפידא כל כך אם נאחר מעט, אף שבודאי מצוה להקדים, **אבל** במילה שהוא חותם ברית קודש ובזה נכנס לקדושה, יש קפידא גדולה שלא לאחרה, ולכן גם בברייתא לא תני הך דזריזין מקדימין רק למילה. **ויש** לנו לצווח על מנהג זמנינו שמאחרין המילה כמה שעות ביום מפני שטותים, שלא באו כל הקרואים וכדומה שטותים כאלה, ויש מקומות שמאחרין עד אחר חצות היום, והוא עון פלילי. **ואין** לתמוה דכיון דזריזין מקדימין למצות, למה לא ימולו קודם התפלה, דזה א"א, חדא דתפלה היא מצוה תדירית, ויש בה הרבה מצות ציצית ותפילין וק"ש ותפלה, ועוד שהרי מצוה לעשות סעודה, וקודם התפלה לא יוכלו לטעום, **אמנם** זהו ודאי, אם הקהל כבר התפללו והמוהל או הסנדק או אבי הבן לא התפללו עדיין מאיזו סיבה, ימולו ואח"כ יתפללו, **ומילה** קודמת למת מצוה – ערוה"ש.

(**עיין** בתשו' שבות יעקב, שכתב דיש למחות בחזנים שמאריכין בשבת וי"ט כשיש מילה בבהכ"נ עד אחר חצות, והם מבטלין מצות זריזין - פת"ש).

(**ועיין** בתשובת נו"ב, ע"ד תינוק שלא נימול בזמנו מחמת חולי, ושוב חזר לבריאותו, ואביו רוצה לעכב למולו עד שיגיע ערב פסח, כדי שיאכלו הבכורים על הסעודה, **וכתב** דזה מעשה מגונה מאד, חדא שעובר מצות זריזין, גם יש לחוש אולי ח"ו ימות הולד ונדחית המצוה לגמרי, **ולכן** יש לאסור אף אם כבר לא מלוהו והגיע ע"פ, שלא למולו, שזה עצת חטאים, ויש לגזור משום פעם אחרת שמא ישהה, **ועוד** מהיכי תיתי להתיר לכתחלה לשהות מילה שלא בזמנה למול בע"ש, שיש לחוש שיבא לידי חילול שבת, **ועוד** מי התיר לבכורים לאכול בע"פ בסעודת מילה שלא בזמנה, ע"ש - פת"ש).

ואפי' מילה שלא בזמנה - כגון חולה ושאר דברים שיתבארו לקמן - ש"ך, **אינה אלא ביום** - (עיין בשאילת יעב"ץ שכתב, דהיכא שנאנסו או נתעצלו ביום ח' עד ביה"ש ולא מלו, עדיף למול בין השמשות שהוא ספק שמיני ספק תשיעי, מלמולו שלא בזמנו בודאי יום - פת"ש).

אות ב'

חל ערבי פסחים להיות בערב שבת, נשחט בשש ומחצה

רמב"ם פ"א מהל' תמידין ה"ה - ערבי פסחים בין בחול בין בשבת, היה התמיד נשחט בשבע ומחצה וקרב בשמונה ומחצה, כדי שיהיה להם פנאי לשחוט פסחיהם; ואם חל ערב פסח להיות ערב שבת, היו שוחטין אותו בשש ומחצה בתחילת זמנו, וקרב בשבע ומחצה, כדי שיהיה להם ריוח לצלות קודם שיכנס שבת.

אות ג'

אשה לא תלוש לא בחמה ולא בחמי חמה

רמב"ם פ"ה מהל' חמץ ומצה הי"ב - לא תשב אשה תחת השמש ותלוש, ולא תחת הרקיע ביום העבים אפילו במקום שאין השמש זורחת בו.

[ב]**סימן תנט ס"א - [ג]אין לשין במקום השמש** - שהשמש מחמם העיסה, וקרוב להחמיץ, **ודעת** ח"י, שכל שאינו מתקרב ללוש במקום השמש ממש, רק שהוא קרוב אל השמש, אין לחוש, **אבל** דעת כמה אחרונים להחמיר גם בזה, ואין מותר רק במקום הצל.

ואפילו בתוך הבית, כל שהחלון פתוח כנגד השמש, אסור, **והיכי** שהחלון אינו פתוח, רק שהשמש מזהיר דרך זכוכית החלונות, כתב בח"י שאין להחמיר בזה, **אבל** כמה אחרונים חולקים עליו בזה, שהחמה מבעיר גם דרך הזכוכית, **וכן** נהגו לכסות החלונות בסדינין בשעה שהשמש מזהיר.

[ד]**וביום המעונן אסור תחת כל אויר הרקיע** - ר"ל אפילו במקום שאלו היתה החמה בעולם, בזה המקום זו העת צל הוא ואין בו חמה, **משום דיומא דעיבא כוליה שמשא** - שטבע החמה אז להגביר חומה בכל מקום, **ומיהו** כ"ז ביום, אבל בבין השמשות אין לחוש לזה, שהרי כבר שקעה החמה.

(**עיין** בחידושי מהר"ם חלאווה בשם הרמב"ן, דדוקא כשהוא מעונן גמור, אבל כשהעננים עוברים ושבין, פעם נגלין ופעם נכסין, אין בכך כלום, וכן עשה מעשה, וכן עיקר, עכ"ל, **ומיהו** אפשר דכ"ז מעיקר דינא דש"ס, אולם לפי מנהג שהביא בהג"ה בסמוך, יש ליזהר גם בזה, דאפשר דהעננים יתפשטו בחוזק ולאו אדעתיה, וכן משמע מפר"ח).

באר הגולה

א (ע"פ מהדורת נהרדעא) | ב (ע"פ מהדורת נהרדעא) | ג מימרא דרבא פסחים מ"ב | ד יומא כ"ח

§ עניני הלכה שונים הקשורים להדף §

הרהורי עבירה קשו מעבירה

כבר ידעת אמרם הרהורי עבירה קשין מעבירה, ולי בפירושו פירוש נפלא מאד, והוא שהאדם כשימרה אמנם ימרה מצד המקרים הנמשכים אחר החמר שלו כמו שבארתי, שהאדם לא יעשה מרי רק בבהמיותו, אבל המחשבה היא מסגולות האדם הנמשכים אחר צורתו, וכשיחשוב במרי ובעברה, ימרה בנכבד שבשני חלקיו, ואין חטא מי שעבר והעביד עבד סכל, כחטא מי שהעביד בן חורין חשוב, כי זאת הצורה האנושית וכל סגולותיה וכל כחותיה אין צריך להשתמש בהן אלא במה שהן ראוין לו להתדבק בעליונים לא לרדת להשיג השפל, וכבר ידעת גודל האיסור שבא אצלנו בנבלות הפה, וזה ג"כ מחוייב שזה הדבור בלשון הוא מסגולת בני אדם וטובה גמלה השם לאדם להבדילו בה משאר בעלי חיים, כמו שאמר מי שם פה לאדם, ואמר הנביא ה' אלהים נתן לי לשון למודים, ואין צריך שנשתמש בטובה ההיא אשר נתנה לנו לשלמות ללמוד וללמד, בגדולה שבחסרונות ובחרפה השלמה, עד שנאמר מה שיאמרוהו הגוים הסכלים הזונים בשיריהם ודבריהם הנאותים בהם, לא כמי שנאמר להם ואתם תהיו לי ממלכת כהנים וגוי קדוש, וכל מי שישתמש במחשבתו או בדברו בדבר מעניני החוש ההוא אשר הוא חרפה לנו, עד שיחשוב במשתה או במשגל ביותר מן הצריך לו, או יאמר בו שירים, כבר לקח הטובה אשר גמלו השם אותה והשתמש בה ונעזר בה במרי הגומל אותו ועבור על מצותיו, ויהיה כמי שנאמר בהם וכסף הרביתי לה וזהב עשו לבעל - ספר מורה הנבוכים חלק ג פרק ח.

ואני רוצה לעוררך על עיקר גדול, ואמסור לך מתנה גדולה בסוד המחשבה היאך היא פועלת הצורה בדבר שהיא נתקבלה ממנו. הנה רבותינו ז"ל אמרו (יומא כט א) הרהורי עבירה קשים מעבירה, ובמקום אחר אמרו (קידושין מ א) מחשבה רעה אין הקדוש ב"ה מצרפה למעשה חוץ מע"א שנאמר (יחזקאל יד) למען תפוש את בית ישראל בלבם. והנני מאיר עיניך בדברים סתומים באו בגמרא. הנה אז"ל (ויקרא רבה טז, ד) בן עזאי היה יושב ושונה והיתה האש מלהטת סביבותיו, ורבי אלעזר יושב ודורש וקרנותיו יוצאות כקרנותיו של משה רבינו ע"ה. ותצטרך לדעת כי כל אלו הדברים כוונה אחת להם, והנני מבאר. כי מעין המים בהיותו נמשך ממקום גבוה למקום נמוך, יש כח להעלות אותם המים אל מקום אחר גבוה כנגד גובה המים שיוצאין ממנו. וכן ידוע לבעלי הקבלה כי מחשבת האדם היא ממקור הנפש השכלית שנמשכה מן העליונים, ויש כח במחשבה להתפשט ולעלות ולהגיע עד מקום מוצאה, ובהגיע אל המקור אז היא נדבקה בסוד העליון, שמשם נמשכת ונעשית היא והוא דבר אחד. וכשהמחשבה חוזרת להמשך ממעלה למטה, נעשה הכל כדמיון קו אחד, ואותו האור העליון נמשך למטה בכח המחשבה שמושכת אותה למטה, [ונמצאת שכינה למטה] ואז האור הבהיר נמשך ומתפשט באותו המקום שבעל המחשבה יושב שם. וכן היו חסידים הראשונים מדבקין מחשבתן בעליונים ומושכין האור העליון למטה, ומתוך כך היו הדברים מתוספין ומתרבין כפי כח המחשבה. וזהו סוד השמן של אלישע עליו השלום וכד הקמח וצפחת השמן של אליהו.

ואחר שהדבר כן, הוצרכו רבותינו ז"ל לומר כי בהתחבר האדם לאשתו ומחשבתו נדבקת בעליונים, הרי אותה המחשבה מושכת אור עליון למטה והוא שורה על אותה טפה שהוא מתכוין עליה ומהרהר בה, כענין הצפחת, ונמצאת אותה טפה נקשרת לעולם באור הבהיר. וזהו סוד בטרם אצרך בבטן ידעתיך, מפני שכבר נקשר האור הבהיר בטפת אותו צדיק בעת החבור לפי שהמחשבה נקשרת בעליונים, ומשכה האור הבהיר.

והבן זה עד מאד. ותבין ממנו סוד גדול בענין אלהי אברהם אלהי יצחק ואלהי יעקב. [כי זהו הסוד, שלא היה מחשבתם נפרדת אפילו שעה אחת ורגע אחד מן האור העליון. ונמצאו האבות כעבדים הקנויים לאדון קנין עולם, ולפיכך אמר אלהי אברהם אלוהי יצחק ואלוהי יעקב]. ושם נאמר כי בעת שהיו עוסקים במאכל ובמשתה ובמשגל ובשאר עסקי הגוף, דברי תורה מה תהא עליהם, והיתה התשובה כי גם בכל עסקי הגוף כל כוונתם היתה לשם שמים. ולא היתה מחשבתם נפרדת מן האור העליון אפילו רגע אחד. ומתוך כך זכה יעקב להוליד י"ב שבטים כלם צדיקים גמורים ותמימים היו, וראויין להיות כדמיון סדרי עולם נושאי כלי ה', לפי שלא היתה מחשבתם נפרדת מהאור העליון אפילו בשעת החבור. ולכן אמר שלמה ע"ה (משלי ג) בכל דרכיך דעהו, [אמרו חז"ל (ברכות סג ב) בכל דרכיך דעהו אפ' לכל צרכי הגוף קטן וגדול. ומה שאמר דעהו כבר ידעת] ידיעה זו היא חבור הנפש השכלית ודבוקה באור העליון [כאשר חבור האדם באשה נקרא ידיעה, כן דבוק הנפש בעולם השכל נקרא ידיעה, וכבר ידעת שלא] נקרא האדם יודע דבר פלוני עד שנדבק המשכיל במושכל. [והבן זה מאד. א"כ התבונן סוד אומרו בכל דרכיך דעהו, וסמיך ליה והוא יישר ארחותיך, כי האור העליון יהיה נדבק במעשיו ויהיו כולם בסדר נכון וקיים. וזהו מאמר חז"ל (אבות פ"ב מי"ב) וכל מעשיך יהיו לש"ש].

ואחר שהודענוך זה, התבונן בהיות הרהורי עבירה קשים מעבירה, כי בהיות אדם מחשב בדברי רשע וטנוף מחשבתו נדבקת בטנופה בעליונים, והרי נפשו מחוייבת לשמים שהרי היא מטמאה במגע, אבל אלו עשה עבירה למטה ולא נגע משפטה לשמים, יקל מעליו יותר מהרהור הרע [שהוא נדבק בעליונים] והוא קרוב לקצץ בנטיעות.

ומכאן תבין סוד מהרהר עבירה בשעת תשמיש כי אותה המחשבה המטונפת חלה על הטפה ומיסדה ממנה יסוד רשע ועול וטנוף, ונקראת זרה. [והבן זה אם בעל נפש אתה] - איגרת הקודש (מיוחס לרמב"ן) פרק ה.

תורה אור

הרהורי עבירה קשו מעבירה וסימניך ריחא דבישרא שלהי דקיטא קשיא מקיטא וסימניך תנורא שגירא אישתא דסיתוא קשיא מדקיטא וסימניך תנורא קרירא מיגמר בעתיקתא קשיא מחדתא וסימניך טינא בר טינא א"ר אבהו מ"ט דרבי דכתיב °למנצח על אילת השחר מה אילה זו קרניה מפצילות לכאן ולכאן אף שחר זה מפציע לכאן ולכאן א"ר זירא למה נמשלה אסתר לאילה לומר לך *מה אילה רחמה צר וחביבה על בעלה כל שעה ושעה כשעה ראשונה אף אסתר היתה חביבה על אחשורוש כל שעה ושעה כשעה ראשונה א"ר אסי למה נמשלה אסתר לשחר לומר לך מה שחר סוף כל הלילה אף אסתר סוף כל הנסים והא איכא חנוכה *ניתנה לכתוב קא אמרינן הניחא למאן דאמר אסתר ניתנה לכתוב אלא למאן דאמר *אסתר לא ניתנה לכתוב מאי איכא למימר מוקים לה כר' בנימין בר יפת אמר ר' אלעזר דאמר רבי בנימין בר יפת אמר רבי אלעזר למה נמשלו תפלתן של צדיקים כאילת לומר לך מה אילה זו כל זמן שמגדלת קרניה מפצילות אף צדיקים כל זמן שמרבין בתפלה תפלתן נשמעת: שחטו את התמיד: אימת אילימא בשאר ימות השנה לא סגיא דלאו כהן גדול אלא ביום הכפורים מאור הלבנה מי איכא הכי קאמר וביום הכפורים כי אמר ברק ברקאי הורידו כ"ג לבית הטבילה *תני אבוה דרבי אבין לא זו בלבד אמרו אלא אף מליקת העוף וקמיצת מנחה בלילה תשרף בשלמא עולת העוף מאי דהוה הוה אלא קומץ נהדרה

תהלים כב

רש"י

הרהורי עבירה. תאות נשים קשים להכחיש את בשרו יותר מגופו של מעשה: **ריחא דבישרא.** המריח בשר ולא אכלו קשה לו ריח מאד ממאכלו לו: **שלהי דקיטא.** אבל שהוא סוף הקיץ קשה מקיטא קשה חומו מחום הקיץ של תמוז לפי שכבר נתחמם כל האויר וגוף הבריות בחום הקיץ שעבר עליו תמיד מתחמם הוא עתה בחום קל ומזיקו: **וסימניך תנורא שגירא.** תנורא שהוסק ביום פעמים ושלש חם הוא ונוח להסיקו בעצים מועטים: **אישתא דסיתוא.** קדחת של ימות החורף (א) מחממת את החולה בידוע שהוא קשה מאד יותר מקדחת המתגברתו בימות הקיץ: **וסימניך תנורא קרירא.** צריך עצים מרובים להסיקו אף זה שהאויר צונן והגוף צונן והחולי מבעירו בידוע שהוא חולי קשה: **מיגמר בעתיקתא קשה מחדתא.** מי שלמד והסיח דעתו ושכח קשה לחזור וללמוד מה ששכח יותר ממה שלא למד: **וסימניך טינא בר טינא.** טיט שגובלים אותו מטיט חומר כותל ישן קשה לגבלו יותר מטיט של עפר חדש: **מאי טעמא דרבי.** דאמר זימור של חמה מפצע: **אילה זו.** לאו דווקא נקט שהרי אין קרנים לנקיבה*: **למה נמשלה אסתר כאילה.** במס' מגילה (ד' טו:) אמרינן דאסתר אמרה מזמור זה כיון שהגיעה לבית הצלמים נסתלקה הימנה שכינה אמרה אלי אלי למה עזבתני: **ניתנה לכתוב.** פלוגתא במסכת מגילה (דף ז.) איכא למאן דאמר מטמאה את הידים ואיכא למ"ד דאינה מטמאה את הידים דלאו ספר היא: **מוקים לה כרבי בנימין בר יפת.** כלומר דריש להאי שחר כר' בנימין בר יפת: **למה נמשלה תפלתן של צדיקים כו'.** דהאי שחר לשון תפלה הוא דריש ליה כמו רוחי בקרבי אשחרך (ישעיה כו) למגלת על התפלה שהיא כאילה שכל זמן שמגדלת קרניה מפצילות בכל שנה ושנה נוסף בה פיצול אחד: **אימת אילימא כו'.** קא סלקא דעתיה הורידו כהן גדול לבית הטבילה סיפא דמתניתין הוא וביום שטעו לשחוט את התמיד בלילה קאמר הורידו כ"ג לבית הטבילה לשחוט תמיד אחרי הטבילה אימת הוה האי טעות: **אי נימא בשאר ימות השנה.** דלאו יוה"כ ובסוף אחד מן החדשים כשהלבנה זורחת סמוך לעלות השחר: **לא סגי דלאו כהן גדול.** לא ריי עבודת שאר ימים דלאו בכהן גדול: **מאור הלבנה מי איכא.** ללמות סמוך לשחר: **ה"ק וביום הכפורים כי אמר ברק ברקאי כו'.** והוציאוהו לבית השריפה מסקנא דמילתא הוא והורידו כ"ג מילתא באפיה נפשיה היא ומהדר לאורויי בסדר עבודה דיוה"כ והכי קאמר כשהרואה אומר ברקאי היו מורידין כ"ג ביוה"כ לבית הטבילה שחרית: **לא זו בלבד.** לא זבח לבדו שנשחט בלילה אמרו ישרף: **אלא אף מליקת העוף וקמיצת המנחה בלילה תשרף.** דגמרי להו משחיטה דמליקת העוף וקמיצת מנחה במקום שחיטת הזבחים הם: **מאי דהוה הוה.** אי אפשר להחזירה:

תוספות

אלא אפילו עולת העוף שנמלקה ומנחה שנקמצה תלא לבית השריפה. משמע דמשום דנעשו בלילה ותימה תיפוק ליה משום דקרבו קודם לתמיד של שחר ואמרינן (לקמן דף לד.) מניין שלא יהא דבר קודם לתמיד של שחר דכתיב העולה עולה ראשונה וכן בפ"ק דעירובין (דף ב.) דאמר שלמים ששחטן קודם פתיחת דלתות ההיכל פסולין שנאמר ושחטו פתח אהל מועד ולמה לי קרא תיפוק ליה דקודם תמיד שחטן דכיון דלא נפתחו דלתות היכל א"כ לא נשחט התמיד דאע"ג דלא כתיב ביה ושחטו פתח אהל מועד משלמים גמרי' דלא לשחוט ליה אלא בזמן שהוא פתוח כדתנן בתמיד (דף ל:) לא היה השוחט שוחט עד שהיה שומע קול שער הגדול שנפתח מיהו יש לדחות ההיא כשנפתחו הדלתות ושחטו התמיד ושוב סוגרו דלתיים וי"ל דאילטריך קרא למיפסל משום שחיטה דאי משום קודם התמיד ההוא בהקטרה דווקא איירי כדמוכח בר"פ תמיד נשחט (פסחים דף נט.) ועוד דכוליה קרא דוערך עליה העולה איירי בהקטרה ועוד אור"י דהא דאמר שלא יהא דבר קודם לתמיד היינו למצוה והכי איתא בהדיא בפ' התכלת (מנחות דף מט:) והא דלא פסלינן בשמעתא משום דהוי קודם פתיחת דלתות ההיכל י"ל דלא מיפסל אלא בשחיטה כדכתיב ושחטו אבל במליקה וקמיצה לא והשתא למאי דאמרינן דהעולה עולה ראשונה אינו אלא למצוה א"כ עליה השלם כל הקרבנות נמי לא הוה אלא למצוה ותימה דאמר בס"פ אלו דברים (פסחים דף עג:) שחטו ונודע שמשכו הבעלים את ידם יצא לבית השריפה ואי אמרת לא בעי עקירה פסולו מחמת מאי קא הוי משום דשחטו אחר תמיד של בין הערבים וכו' הא אמרינן דלמצוה בעלמא וי"ל אם הקריבו כשר אבל אסור להקריב האימורים אחר התמיד ולהכי יצא הבשר לבית השריפה וא"ת ויעלה וילין אותו בראשו של מזבח ויש לומר דסבר כמ"ד לינה מועלת בראשו של מזבח דפלוגתא דאמוראי היא בפרק המזבח מקדש (זבחים דף פז.) ודילמא ההוא אמורא דאמר התם לא בעי עקירה סבר כוותיה ואם תאמר אכתי אמאי יצא לבית השריפה נשתרי בשר בזריקת דם בלא הקטרת אימורים דכיון דלא אפשר להקטירם נימא עשאום כמי שנטמאו או שאבדו וכי האי גוונא קאמר בר"פ תמיד נשחט (פסחים דף נט.) לר' ישמעאל בנו של ר' יוחנן בן ברוקא דאמר מחוסר כפורים כל ימות השנה טובל ומייתי כפרתו אחר התמיד ואוכל בקדשים לערב וקאמר התם דמלינה בראשו של מזבח ופריך מכדי כל כמה דלא אתקטרי איברים לא מתאכיל בשר וכו' עד שעשאום כמי שנטמאו אימורים או שאבדו וי"ל שאני הכא דכיון דמשכו הבעלים את ידם לא חזו מעיקרא אימורים להקרבה הלכך לא משתרי בשר בזריקת דם לתודיה אבל התם כיון דהוה חזי להקריבו קודם התמיד אע"פ שהמתין עד אחר התמיד והשתא לא מצי לקרוביה אמרינן שפיר עשאום כמי שנטמאו או שאבדו אי נמי התם דשחטו ונודע שמשכו הבעלים ידם אסור לזרוק הדם מדרבנן גזירה דילמא אתו להקטיר אחר התמיד ורבי ישמעאל בנו של רבי יוחנן בן ברוקא לית ליה ההיא גזירה ולפי תירוץ זה הכל הקרבן פסול מחמת שאסור לזרוק הדם לכתחילה משום גזירה ניחא מה שמקשה ריב"א דבפרק התכלת (מנחות דף מט:) משמע דליתא אלא למצוה ובתוספתא [פ"ד] דפסחים תניא כל הקדשים שהקריבן קודם תמיד של שחר או שעכבן אחר תמיד של בין הערבים פסולין והשתא אי אמרינן דההיא פסול דרבנן ניחא ועוד תנן בפרק תמיד נשחט (פסחים דף נט.) דקאמר ר"ש ושאר כל הזבחים ששחטן על האמהן בזמן

פסח

רבינו חננאל

כלומר בתימה כלומר תכם וראה בטוב שלא תטעה: ירושלמי ועד אחר נאמן שנייא היא הכא שאת יכול לעמוד עליו. כלומר כיון שאתה יכול לעבו' עליו הדבר עכשיו אינו משקר. אמר עד אחד נולד בן לפלוני בשבת מלין אותו על פיו. חשכה מוצאי שבת מטלטלין על פיו. ולמה עד שבחברון כדי להזכיר זכות אבות שהן ישנים בחברון. ולמה הוצרכו לכך. פעם אחת עלה מאור הלבנה כו': ירושלמי ומי מחלף מאור הלבנה מתמר ועולה כמקל. ותימור של חמה פוסה על פני כל המזרח. *) ואוקימנא למתניתין יום המעונן הוה והיה אור הלבנה מפצע לכאן ולכאן כלומר היה פוסה על פני כל המזרח. ש"מ מדקתני כי היה אור הלבנה מפצע בכל מקום כך השמש ביום המעונן אורו וכוחו בכל מקום ואפילו במקום שאילו היתה החמה בעולם בזה המקום זו העת צל הוא ואין בו חמה עכשיו ביום המעונן אפילו במקום הצל כח חמה וחמות גם באותו המקום היא. ואסור ללוש ביום המעונן בכל מקום ואפילו במקום הצל. זוהמא דשימשא. פי' חמות השמש אחרי שכבר עבר השמש מאותו מקום. וסימ' דנא דחלא כלומר אחרי שתריק החומץ ממנו ריחו חזק יותר מריח החומץ עצמו. שברירי דשימשא. פי' שמש הנכנס מן החור וכיוצא בו כו'. שלהי דקיטא. פי' אחרית הקיץ כלומר העולם כולו חם ואפילו תוסיף עכשו חמות שורף. אישתא דסיתוא פי' חמות של סתיו אילולי שהיא חזקה [לא היתה] מתגברת על הקרות שיש בעולם. כמין התנור הצונן אילולי שתבעירהו בעצים הרבה ואש חזקה אינו מתחמם: מנא ליה שתימור החמה מפצע לכאן ולכאן שנאמר למנצח על אילת השחר נמשל השחר כאילה מה אילה קרניה מפצילין לכאן ולכאן כך השחר מפצע לכאן ולכאן: ירושלמי א"ר חנינא מאילת השחר עד שיאיר המזרח אדם מהלך ד' מילין. ומשיאיר המזרח עד הנץ החמה אדם מהלך ד' מילין שנאמר השמש יצא על הארץ ולוט בא צוערה וא' לדידי חזי לי ההוא אתרא והוי ד' מילין וכמו השחר עלה ויאיצו המלאכים. היה לו לומר כמו השחר עלה וכתב וכמו מלה דדמיא לחברתה כשם שמשיאיר המזרח מהלך ד' מיל **) שחטו את התמיד והוציאו לבית השרפה פי' מעו ראו תימור של לבנה ודימו שהאיר

המזרח ושחטו את התמיד והיה לילה וכתיב את הכבש אחד תעשה בבקר ולא לילה לפיכך נפסל. והוציאוהו לבית השרפה. ואוקימנא למתני' דלית יוה"כ כי לא תמצא הלבנה עולה למזרח קרוב ליום אלא [בסוף] החדש אלא

*) כך אוקימתא איתא בירושלמי רק בסוגיא זו. **) נראה דצ"ל כך מאילת השחר עד שיאיר המזרח ד' מילין.

[עירובין מ: כ"ב טו:]

[ע' תוס' מגילה ו. ד"ה נלחמה] [מגילה ז.] [אלא מין אילה קאמר כ"ה ברש"י כת"י]

מנחות ק.

הגהות הב"ח

(א) רש"י ד"ה אישתא כו' של ימות החורף המתחממת את החולה:

תוספות ישנים

ריחא דביסרא. בשר שמן קשה להסריח כו' ואינו אוכלו יותר מדאכלו: **אלא אף** מליקה לא ניתנה ליכתב כו'. [illegible]

תצא לבית השריפה. [illegible]

ומנחה שנקמצה [illegible]

ניכרדיה

נהדריה ונהדר ונקמצה ביממא הוא תני לה והוא אמר לה כלי שרת מקדשין אפילו שלא בזמנו מיתיבי *זה הכלל כל הקרב ביום קדוש ביום וכל הקרב בלילה קדוש (א)בלילה [א]וכל הקרב בין ביום ובין בלילה קדוש בין ביום ובין בלילה קתני מיהת כל הקרב ביום קדוש ביום ביום אין בלילה לא דילמא אינו קדוש ליקרב אבל קדוש ליפסל מתיב רבי זירא *סידר את הלחם ואת הבזיכין אחר השבת והקטיר את הבזיכין בשבת פסולה כיצד יעשה יניחנו לשבת הבאה *שאפילו עמדה על השלחן ימים רבים אין בכך כלום ואמאי תקדוש ותיפסל אמר רבא מאן דקא מותיב שפיר קא מותיב ואבוה דר' אבין נמי מתניתא קאמר וקסבר *לילה אין מחוסר זמן יום מחוסר זמן כי מטי בי שמשי תקדוש ותפסול אמר *רבינא שקדם וסלקו מר זוטרא ואיתימא רב אשי אמר אפילו תימא בשלא קדם וסלקו כיון שסדרו שלא כמצותו נעשה כמו שסדרו הקוף: זה הכלל היה במקדש: בשלמא רגלים משום ניצוצות אלא ידים מאי טעמא אמר רבי אבא זאת אומרת מצוה

רש"י

סול פני לא. להא *מתניתין והוא אמר לה הא תיובתא מדעתו: **כלי שרת מקדשין שלא בזמנו.** והקומץ טעון מתן כלי וכיון שקידש הקומץ בכלי לשם קומץ אינו חוזר להיות טבל כמנחה שלא נקמצה ועל כרחיה מאחר שזה קרוי קומץ איך הוו שירים. **כל הקרב ביום.** כגון המנחות (ג) והלבונה והדם והקטורת: **קדוש.** בכלי שרת ביום ויקדש קדושת הגוף: **כל הקרב בלילה.** כגון מנחת נסכים דאמר מר (מנחות מד:) ומנחתם ונסכיהם אפילו בלילה: **קדוש.** בכלי שרת קדושת הגוף אם נתנו בהן בלילה: **קתני מיהת כל הקרב ביום קדוש ביום אבל בלילה לא.** אינו קדוש: **ליקרב.** להיות כשר ליקרב אבל קדוש להיות מוכשר באותה קדושה ליפסל בטבול יום ובמחוסר כפורים אם נגע בו וביוצא אם יצא ובלינה אם לן וזו גם היא נפסלת בלינה דקי"ל בזבחים (דף פו:) עמוד השחר עושה לינה ונפסלת קמילה לילה שאין תורת עוד לטבלה: **פסולה.** שלא נסדרה בשבת לעמוד שם שבעה ימים כמשפטם והרי היא מחוסרת זמן [*ול"נ דל"ג פסולה דהא מסקינן דשמעתין לא חשיב סידור יום ראשון סידור אלא כסידרו הקוף וכמונח בקופסא דמי ולמה יפסול הלחם בהקטרת הבזיכין והלא לא קידש השלחן ללחם כלל אלא"כ פירקו בשבת הבאה ויחזור ויסדרנו והכי מוכח נמי מדקתני כיצד יעשה אלמא יש תקנה לדבר וה"נ גרים בפירוש ר"ח אי"ש רומי מתיב רבי זירא כו' והקטיר הבזיכין בשבת כיצד יעשה וכו' ורבותא הוא דנקיט אע"ג דהקטיר הבזיכין בשבת כמו שרגילין לעשות יביא בזיכין אחרים ויסדר עם הלחם]: **כיצד יעשה יניחנו.** על השלחן עד שבת הבאה: **תיקדש ותיפסל.** כיון דכלי שרת מקדשין שלא בזמנו ליפסל ויקדש השלחן את הלחם מאחד בשבת ליפסול בסידור שלא בזמנו: **אמר רבא האי דקא מותיב שפיר קא מותיב ואבוה דרבי אבין.** דמותבי ליה מיניה לאו שמעתתא דאמוראי אמר דנימא דליתותב אלא מתניתא תנא ותרוייהו אתו לייתב דלא ליקשו מתניתא אהדדי ותרלינהו הכי קסבר תנא דאבוה דר' אבין לילה לא הוי חסרון זמן הואיל והיתה ראויה ליקדש בכלי שרת שהתיר הלכך כלי שרת מקדשין הקומץ בלילה: **אבל יום מחוסר זמן.** דבר שאין זמנו היום עד מחר והרי הוא מחוסר זמן יום שלם הוי חסרון זמן וכ"ש זה שאינו זמנו לקדש עד יום השבת: **כי מטי בי שמשי.** דלילי שבת שהיא ראויה לקדש מחר תקדש על השלחן דקאמרת לילה אין מחוסר זמן ותיפסל משום סידור לילה ולשחרית נפסל בלינה: **שקדם וסילקו.** סמוך לחשיכה ערב שבת: **שלא כמצותו.** בחסרון זמן: **נעשה כמו שסדרו הקוף.** שלא מדעתו שהרי נסדר קודם ליל שבת על השלחן בשעה שהוא מחוסר זמן (ג) דלא דמי לקומץ שנקמץ בלילה ולחם שנסדר בליל שבת דלאו מחוסר זמן הוא וקדוש ליפסל (*ועתה בשבת כשמגיע זמן עריכת לחם הפנים הכהן יכנס שחרית ויסלק ויסדר שנית) וכשמגיע זמנו אין השלחן מקדשו עד שיסלקנו ממנו ויחזור ויסדרנו:

מטה

תוספות

פסח בין לשמו בין שלא לשמו לשמן פטור ומפרש טעמא בגמ' (שם סד:) דבזמן דמחייב אזבח לא מיחייב אזבחים ומאי איצטריך לההוא טעמא תיפוק ליה דפטור משום דזבחים פסולין הן כיון דשחטן בזמן פסח דהוי בתר תמיד של בין הערבים כי היכי דפטר התם פסח ששחטו במועד לשמו על החמץ משום דזבח פסול הוא אבל לשמה לפריש' דכששחטו הזבח קודם התמיד של שחר או אחר תמיד של בין הערבים שאמרו חכמים לזרוק הדם משום גזירה ומשום דמפסל דזבח הוא נמי אבל לשון התוספתא משמע דאפילו אם זרק הדם בדיעבד ונעשה כל מצותו אפילו הכי פסולין דקתני שהקריבן ולא קתני ששחטן ואי מדרבנן אמאי פסולין ונראה דפסולין דקאמר היינו הבשר מלאכול אבל בעלים נתכפרו כדאשכחן כי האי גוונא בפ"ב דזבחים (דף כו:) נתנו על גבי הכבש שלא כנגד היסוד וכו' עד פסול ואמר שמואל פסול הבשר אבל בעלים נתכפרו והיה נראה לדקדק דלא מיפסל אחר התמיד כדתנן בפ"ש מי שהיה טמא (פסחים דף נח.) פסח שנתערב בבכור אם חבורת כהנים יאכלו ונתערב מחיים קאמר מדפריך עלה בגמ' והא אין מביאין קדשים לבית הפסול אלמא לא מיפסיל אחר תמיד מיהו מצינו לדחות דפסח דהתם היינו מותר פסח דהוי שלמים ושחטו לאו קודם לתמיד של בין הערבים *והא דפריך והא אין מביאין קדשים לבית הפסול היינו שממעט באכילת מותר פסח שנאכל לזרים ואוכלו כבכורים שאין נאכלים אלא לכהנים והוה לן למימר ירעה ולשון חבורה קשה דמשמע פסח ממש שנימנין עליו חבורות חבורות ועוד אמר בפרק האשה בפסחים (דף פח:) גבי ה' שנתערבו עורות פסחיהן ונמצא יבלת באחד מהן כו' דפטורין מלעשות פסח שני משום דלא אפשר ופריך לייתי פסח וליתני בשלמים ומאי קושיא לישני משום דאפילו פסח שני זמניה בתר תמיד דכתיב ביה בין הערבים כמו פסח ראשון ועוד דלא חשיב להא התם בפרק מי שהיה טמא (שם דף צה.) בדברים שבין ראשון לשני וא"כ לא אפשר לאתויי בשלמים דפסולין אחר תמיד של בין הערבים וליכא למימר משום דאתי עשה דפסח שיש בו כרת ודחי עשה דהשלמה דלית ביה כרת כדאמר בר"פ תמיד נשחט (שם נט.) דהא ליכא הכא כרת דבכל חדא וחדא מינייהו איכא למימר שמא הוא מן הרוב שסבר יגלו ומיהו אפילו לא יהא נפסל אחר התמיד קשה דמ"מ לכתחילה אסור מדאורייתא ואי אמרינן דפסח שני מצי לאקדומיה לתמיד כיון דלא כתיב בערב אלא בין הערבים דהיינו טעמא דפסח ראשון קרב אחר התמיד דדרשינן יאוחר דבר שנאמר בו בערב ובין הערבים לדבר שלא נאמר בו אלא בין הערבים אבל פסח שני הי מינייהו דבעי קדים ועביד ברישא והא דלא חשיב בהדי דברים שבין ראשון לשני יש לומר תנא ושייר דהא נמי שייר כרת דאיכא למ"ד (שם דף צג.) חייב כרת על הראשון ולא על השני ואיכא למ"ד) נשים בראשון חובה בשני רשות או ניחא הא דפריך לייתי וליתני:

נהדריה ונקמליה ביממא וכו' כלי שרת מקדשין שלא בזמנו. קשה מגליה דמקדשי שלא בזמנו והא לא קתני אלא נקמלה וכיון דלאו מוסיפין על הברייתא שיקדש הקומץ א"כ טסיף נמי ונימא דמיירי שהקטיר הקומץ בלילה ולהכי תנא לבית השריפה אבל משום קידוש קומץ לחודיה לא הוי אמרינן תנא לבית השריפה וי"ל אי מיירי כשנקמלה וקידש קומליה ותו לא או קאמר שפיר ולא זו בלבד דכתיב ביה בהדיא ביום ובחכם יאכל אלא אפילו מליקה ולא מיבעיא מליקה דדמיא קצת לזבח שכן מיני דמים אלא אפילו נקמלה וקידש הקומץ בלילה דאע"ג דלא כתיב בה ביום בהדיא תנא לבית השריפה אבל אי הוה אמרינן ... בלילה עד שתיפסל בעמוד השחר אבל השתא דנקמלה בלילה הוה אתי לאכשורה לבית השריפה ולא בעי עיבור צורה: **כמו שסדרו הקוף.** הא דלא אמרינן נמי הכי ... יום דומיא דמתניתין שעלה מאור הלבנה וכו' אבל הכא כיון דבכוונה עשה וידע שסידרו שלא כמצותו נעשה כמו שסידרו הקוף:

עין משפט נר מצוה

ו א מיי' פ"ה מהלכות תמידין הלכה יג:

רבינו חננאל

מסורת הש"ס

הגהות הב"ח

(א) גמ' וכל הקרב בלילה קדוש בין ביום ובין בלילה כו'

גליון הש"ס

תוספות ישנים

הגהות מהר"ב רנשבורג

§ מסכת יומא דף כט: §

אות א'*[א]

כל הקרב ביום קדוש ביום

רמב"ם פ"ג מהל' פסולי המוקדשין הכ"א - כלי שרת מקדשין שלא בזמנן להפסל אבל לא להקרב, כיצד, דבר שמצותו ביום שנתקדש בכלי שרת בלילה, [ב]נפסל וישרף, אבל אינו קרב, כגון שקמץ מנחה בלילה ונתן קומצה לכלי שרת, הרי זו נשרפת.

אות א'

סידר את הלחם ואת הבזיכין אחר השבת והקטיר את הבזיכין בשבת

רמב"ם פ"ה מהל' תמידין הי"ג - כיצד יעשה בלחם ובזיכין שסדרן לאחר השבת, יניחם שם על השולחן עד [ג]שיעבור עליהן יום השבת והן מסודרין, ואחר כך יקטיר הבזיכין לשבת הבאה, אחר השבת שעברה עליהן והן מסודרין, שאפילו נשאר הלחם עם הבזיכין על השולחן כמה שבתות אין בכך כלום.

באר הגולה

א ‹ע"פ מהדורת נהרדעא› ב ‹ע"כ לומר הא דנפסל משום לינה, דאי לאו הכי מאי פסול איכא - עיני אברהם› ג ‹היה לו לרבינו להזכיר שצריך לחזור ולסדרו, כמ"ש רש"י, אמנם אחר העיון נראה דרבינו לא פירש כרש"י דצריך לחזור ולסדרו, וס"ל דכל שנעשה כמו שסדרו הקוף, לא נפסל, אבל הן מתקדשין מאיליהן כשמגיע זמנם - שו"ת שואל ומשיב מהדורה תניינא חלק ד סימן נו›

§ מסכת יומא דף ל. §

אות א' - ב'

צואה במקומה אסור לקרות קריאת שמע

צואה על בשרו או שהיו ידיו בבית הכסא, רב הונא אמר מותר לקרות ק"ש, ורב חסדא אמר אסור לקרות ק"ש

[א]**סימן קע ס"ד** - [ב]**היתה צואה על בשרו ומכוסה בבגדיו** - (עיין בפמ"ג שכתב, דלא נתבאר שיעור הבגד המכסה, אי בעינן ג' טפחים, או די בג' אצבעות, **ולא** אבין כונתו, דהלא איתא בס"ו, דצואה כל שהוא יכול לבטלה ברוק, אלמא לא בעינן שיעור להכיסוי, ומקרא מלא הוא: וחפרת בה ושבת וכסית וגו', **ולומר** דהכא גרע משום דבשרו מטונף מצואה, זה אינו, דא"כ מאי מהני אם הוא כיסוי גדול).

או שהכניס ידיו בבית הכסא דרך חור - [ג]ר"ל מחיצה יש בינו לבין בה"כ, ופשט ידו לפנים מן המחיצה, **דאלת"ה** הלא י"א בסימן פ"ג, דאסור לקרות כנגד מחיצת בה"כ, דכצואה דמיא. **ואינו מריח ריח רע,** [ד]**יש מתירים לקרות** - דכתיב: כל הנשמה תהלל יה, דהיינו הפה והחוטם בכלל ההילול, אבל לא שאר איברים, דאפילו אינם נקיים שרי.

[ה]**ויש אוסרים** - טעמם, דכתיב: כל עצמותי תאמרנה ה' מי כמוך, בעינן שיהיו כולם נקיים, **ופשוט** דלפי"ז ה"ה אם אחד מאיבריו הוא בתוך ד' אמות של הצואה, ג"כ אסור מטעם זה.

ואם הצואה היא על בגדיו ומכוסה מלמעלה ג"כ, לכו"ע שרי, **ומ"מ** יזהר כל אדם שיהיו תמיד בגדיו נקיים, ובפרט בעת התפלה.

[ו]**וי"א שלא התיר המתיר בצואה על בשרו, אלא במקום שהיא נכסה מאליה בלא מלבוש, כגון אצילי ידיו** - ר"ל אז מהני כיסוי בגד.

ונכון לעשות כדברי המחמיר - ובעת הדחק יש לסמוך אדברי המתירין, שדוקא הפה והחוטם הוא בכלל ההילול, אבל לא שאר איברים.

סימן קע ס"ה - [ז]**צואה בפי טבעת, אפי' היא מכוסה, אסור לקרות לדברי הכל** - ר"ל אפילו לדברי המתיר בס"ד בצואה על בשרו ומכוסה, שאני הכא דבמקומה נפיש זוהמא טפי, **ע"כ** יש לו לאדם להתעורר ולראות תמיד שיהא נקי פי הטבעת שלו, ולרחצו במים או ברוק, כדי שלא ישאר שמה אפי' משהו מצואה.

ובדיעבד אם קרא ק"ש, חוזר וקורא, **אך** לענין תפלה צ"ע אם יחזור ויתפלל, כך כתב הח"א, **אבל** הרבה אחרונים כתבו, שצריך לחזור ולהתפלל.

אפילו אינה נראית כשהוא עומד, ונראית כשהוא יושב - אבל אם אינה נראית אפילו כשהוא יושב, מותר, שלא ניתנה תורה למלאכי השרת.

אות ג' - ד'

הלכה בסעודה אדם יוצא להשתין מים, וכו'

אבל לאכול נוטל מבחוץ ונכנס, דמידע ידיע דאנינא דעתיה

סימן קע ס"א - [ח]**היו מסובין בסעודה ויצא אחד להטיל מים, נוטל ידו אחת ששפשף בה** - ואם שפשף בשתי ידיו, צריך ליטול שניהם, וצריך לברך ענט"י אם רוצה לאכול - מ"א, [**דאם** רוצה רק לשתות א"צ ברכה, כיון דעיקר הנטילה הוא רק משום חשש בעלמא שמא יאכל, **ובמאמ"ר** חולק עליו בזה]. **ועיין** מש"כ לעיל בסוף סי' קס"ד במ"ב בזה.

ואיתא בגמרא, דמצוה לשפשף הניצוצות של מי רגלים אם נתזו על רגליו, שלא יראה ככרות שפכה, וכנ"ל בסי' ג', [**ובלא"ה** הלא צריך לברך "אשר יצר" וגם ברהמ"ז, וכשמי רגלים על רגליו הלא אסור לברך].

ואינו נוטל אלא בפני כולם, שלא יחשדוהו שלא נטל. הגה: ואם לא שפשף, אינו נוטל כלל - בין לאכילה בין לשתיה, **אם לא נגע במקום טנופת** - (בלבוש איתא: אם יודע שלא נגע וכו', וכן איתא בהגהת אשר"י).

[**ולא** חיישינן שיחשדוהו ששפשף בידיו, דא"כ אף ביוצא לחוץ ולא הטיל מים כלל, יוצרך ג"כ נטילה, שיחשדוהו שהטיל מים].

אבל אם עשה צרכיו, ודאי צריך נטילה - ולענין ברכת ענט"י, יש מהאחרונים שכתבו שלא לברך גם בזה, **ולעיל** בסימן קס"ד הכרענו כדעת הח"א, דבזה צריך לברך, עי"ש.

וה"מ לשתות - פי' שחוזר לביתו רק לשתות, דאף לזה צריך נטילה, שמא יבוא לאכול, וכדלקמיה בהג"ה, **אבל לאכול, נוטל אפילו בחוץ, דמידע ידעי דאנינא דעתיה, (פי' שמתטרפת ומתבלבלת דעתו), ולא אכל בלא נטילה.**

אות ה'

אין אדם נכנס לעזרה לעבודה אפילו טהור עד שיטבול

רמב"ם פ"ה מהל' ביאת המקדש ה"ד - וזה הכלל היה במקדש, אין אדם נכנס לעזרה [ט]**לעבודה אף על פי שהוא טהור עד שהוא טובל.**

<המשך ההלכות נמצאות מול עמוד ב'>

באר הגולה

[א] <הוספה, ואינו מובן אמאי לא הביאו העין משפט כיון שציין הגמ', והביא רק ס"ה> [ב] לפי' הרא"ש <בצואה על בשרו> [ג] <מ"א דמדייק כן מרש"י הכא, מדכתב מחיצה מפסקת, ולא כתב מחיצות יש לבה"כ - מחה"ש> [ד] הרי"ף והרא"ש ור' יונה וכרב הונא [ה] ר"ח וא"ז וכרב חסדא [ו] הרא"ש ורבי יונה שם בשם י"א [ז] יומא ל' [ח] יומא ל' [ט] <כן הוא לשון המשנה, והכריחו רש"י והתוס' ז"ל דלאו דוקא דלעבודה - מעשה רוקח. <ומרבינו כאן משמע דס"ל דוקא לעבודה, ומפרש שם דקאי כל הסוגיא דוקא לעבודה - הר המוריה>

מצוה לשפשף מסייע ליה לרבי אמי דאמר רבי אמי אסור לאדם שיצא בניצוצות שעל גבי רגליו מפני שנראה ככרות שפכה ומוציא לעז על בניו שהן ממזרים אמר רב פפא *צואה במקומה [א] אסור לקרות ק"ש היכי דמי אי דנראית פשיטא אי דלא נראית *לא ניתנה תורה למלאכי השרת לא צריכא דיושב ונראית עומד ואינה נראית ומאי שנא מצואה על בשרו *דאיתמר ^צואה על בשרו או שהיו ידיו בבית הכסא רב הונא אמר מותר לקרות ק"ש ורב חסדא אמר אסור לקרות ק"ש במקומה נפיש זוהמא שלא במקומה לא נפיש זוהמא ת"ר *הלכה בסעודה אדם יוצא להשתין מים נוטל ידו אחת ונכנס דיבר עם חבירו והפליג נוטל שתי ידיו ונכנס וכשהוא נוטל לא יטול מבחוץ ויכנס מפני חשד אלא נכנס ויושב במקומו ונוטל שתי ידיו ומחזיר הטפיה על האורחין א"ר חסדא לא אמרן אלא לשתות *אבל לאכול נוטל מבחוץ ונכנס דמידע ידיע דאנינא דעתיה אמר רב נחמן בר יצחק ואנא אפילו לשתות נמי מידע ידעי דאנינא דעתאי: **מתני'** *אין אדם נכנס לעזרה לעבודה אפילו טהור עד שיטבול *חמש טבילות ועשרה קדושין טובל כ"ג ומקדש בו ביום *וכולן בקדש על בית הפרוה חוץ מזו בלבד פרסו סדין של בוץ בינו לבין העם (קידש ידיו ורגליו): **גמ'** *שאלו את בן זומא טבילה זו למה אמר להם ומה המשנה מקודש לקודש וממקום שענוש כרת למקום שענוש כרת טעון טבילה המשנה מחול לקודש וממקום שאין ענוש כרת למקום שענוש כרת אינו דין שטעון טבילה רבי יהודה אומר *סרך טבילה היא זו כדי שיזכור טומאה ישנה שבידו ויפרוש במאי קא מיפלגי באחולי

רש"י

מצוה לשפשף בידו. ניצוצות של מי רגלים הניתזין על רגליו שלא יראו בהן חוץ ונראה ככרות שפכה שאין מי רגליו מקלחין אלא שותתין וכרות שפכה אינו מוליד ואומרין על בניו שאינם שלו: **במקומה.** בנקב פי הטבעת אסור זה לקרות ק"ש: **ידיו בבית הכסא.** מחיצה מפסקת ובית הכסא לפנים ממחיצה וזה הכניס ידיו דרך חור שבמחיצה: **ורב חסדא אמר אסור.** משום כל עצמותי תאמרנה וגו' (תהלים לה) טעמא משום כל עצמותי אבל משום זוהמא ליכא וקשיא לרב פפא מתרווייהו: **במקומה נפיש זוהמא.** שמתוך שהיא שלא יצאה לאויר ולא נתפסד ריחה: **הלכה בסעודה.** כלומר הלכה זו אמרו בהלכות סעודה: **אדם.** שיצא מתוך הסעודה להשתין מים נוטל ידו אחת אותה שמשפשף בה ניצוצות: **והפליג.** שהה: **נוטל שתי ידיו.** דכיון שהפליג שעה אחת לא שמים הסיח דעתו מסעודתו ולא נזהר לשמור ידיו והן עסקניות: **לא יטול מבחוץ.** שלא יאמרו עליו לא נטל: **ומחזיר הטפיה על האורחין.** ה"ג לה בתוספתא [פ"ד] דברכות טפיה כף שיוצקין ממנו מים על הידים מחזירו על האורחים המסובין והשמש מחזירו עליהן ואומר יש בכם הצריך ליטול ולאו זאת אלא להודיע שנטל זה *שהמכים את ידיו: **לא אמרן.** דלא יטול בחוץ אלא שאינו צריך עוד לאכול אלא לשתות הוא נכנס שהיו רגילין להצריך לשתות בשתיה לאחר המזון ומיהו צריך ליטול שמא יתן פרוסה לתוך פיו: **מידע ידיע דאנינא דעתיה.** ולא חשדי ליה: **מתני' לעבודה.** לאו דוקא דאין אדם נכנס לעזרה עד שיטבול וטעמא מפרש בגמרא: **חמש טבילות וכו'.** ילפינן לה בגמרא: **על בית הפרוה.** על גג לשכת בית הפרוה: **חוץ מזו.** הראשונה שהיא באה חובה ליום הכפורים דהא כל יומא נמי איתא אבל טבילה הבאה חובה ליוה"כ כתיב בהן במקום קדוש בענינא דאחרי מות: **גמ' טבילה זו.** של שחרית למה לטהור: **ומה המשנה מקודש וכו'.** כהן גדול בחמש עבודות ביוה"כ המשתנות מתוך לפנים ומפנים לחוץ שני המקומות קדש ועל שניהן ענוש כרת הנכנס בטומאה: **בין עבודה לעבודה** כדיליף בפרקין (דף לב:) וזה הבא מביאתו לעזרה שהוא מחול אל הקדש וכו': **סרך טבילה היא זו.** אין כאן חובה מן התורה אלא לסרך ולתשוש בשם טבילה כדי לעלות על לב שאין טבילה אלא לטמאין ולתת ללבו אם יש טומאה עליו ויזכור טומאה ישנה שיש עליו ושכחה ויפרוש מלבא לעזרה היום עד שיעריב שמשו אחר הטבילה ולא יעבוד היום:

תוספות

מצוה לשפשף. תימה דמאי צריך לשפשף והא מסתמא קיימא לן *כרבנן דר"ל דאסור לאחוז באמה ואמרו ליה רבנן והלא ניצוצות ניתזין על רגליו וכו' אלמא דכשאוחז באמה אין ניצוצות ניתזין על רגליו וי"ל דאע"פ שאי אפשר שלא יהו מעט ניתזין על רגליו דומיינן מיקלו ולאו אדעתיה לאחוז באמה עד דבעי לבסוף אי נמי דרבנן מודו לבסוף לדברי ר"ל הדע דבפ' כל היד (נדה דף יג.) פריך שמואל דאמר ליה לרב יהודה שיננא אחוז באמה והשתין ור"ל אומר כל האוחז וכו' וכן בפרק כירה (שבת דף מא.) ואלו רבנן פליגי אמאי פריך מיהו יש לדחות זה דהתם רבנן לא שרו אלא שלא יוציא לעז על בניו הא לאו הכי לא ... ומשום האי מילתא לא הוו שרו רבנן ... (נדה דף מ:) ... אחוז באמה ומשתין ... ולא בכדי ... (שם דף יג:) ... סמוך לגופו וכו' ... ולא מגעת אלא להגנת ... לא מחייב ... (ומנ"ח):

אין אדם נכנס לעבודה אפילו טהור עד שהוא טובל. לאו דוקא לעבודה אלא אפילו לשחיטה דלאו עבודה היא מוכח לקמן דבעי טבילה ואפילו בלאו עבודה רק שנכנס לעזרה וכן מוכח בירושלמי דקאמר לא סוף דבר לעבודה אלא אפילו שלא לעבודה וכן מוכח לקמן כמו שאפרש בסמוך:

ומה המשנה בין קדש לקדש ט'. תימה לי היכא למפרך מה להתם שכן רוצה לעבוד עבודה אבל טהור הנכנס שלא לעבודה מניין וי"ל דודאי הק"ו אינו אלא בטהור הנכנס כדי לעבוד אלא דמדרבנן גזרו אפילו בנכנס שלא לעבוד גזירה שמא יעבוד וא"ת אכתי ליפרך מה ליום הכפורים כשהוא משנה מקודש לקודש שכן טובל במקום קדוש די"ל דבשאר ימות השנה נמי יטבול במקום קדוש מהאי דינא אבל קשה אם כן כי קאמר בסמוך במאי קא מיפלגי לימא דבהא פליגי דלבן זומא טביל במקום קדוש ולר' יהודה לא ועוד דאכתי איכא למפרך מה ליום הכפורים שהוא חמור שלא הוכשרה עבודת יום בכהן הדיוט אלא בכהן גדול או ליפרך שכן מרובה כפרתו של יום כדפריך בפ"ק דשבועות (דף ס.) אלא נ"ל דבן זומא לא מחשיב להא פירכא דאדרבה אלימי אלים לק"ו ע"י כך ונימא הכי ומה המשנה מקודש לקודש אע"פ שטבל כבר טבילה חשובה במקום קדוש ואע"פ שהוא כהן גדול דקדוש טפי ואע"פ שאופלה עליו כל עבודת היום וזריז וזהיר טפי מתוך כך ומחמת שכפרת היום מרובה אפ"ה צריך טבילה המשנה מחול לקודש לא כ"ש והאי דלא טביל במקום קדוש סברא הוא כיון דהכי לא נתקדש בבגדי קודש שיטבול בחול:

*) [וע"ע תוס' נדה יג. ד"ה אותו וד"ה והלא].

עין משפט נר מצוה

ז א ב מיי' פ"ג מהלכות ק"ש הלכה יא [טור ש"ע א"ח ס' עו סעיף ה רב אלפס ברכות פ"ג דף יח:]

ח ג ד מיי' פ"ז מהלכות ברכות הל' ח [טוש"ע א"ח סי' קע סעיף א רב אלפס סוף פ"ח דברכות דף מו:]

ט ה מיי' פ"ב מהלכות ביאת מקדש הלכה ד:

י ו מיי' פ"ב מהל' עבודת יוה"כ הלכה ב:

יא ז ח שם הלכה ג:

רבינו חננאל

ואקשינן כיון שאמרת הלילה אינו מחוסר זמן וכל דבר שמצותו ביום והקדים ותתנו בכלי שרת בלילה נקדש ונפסל. כי מטו לילי שבת יקדיש השלחן הלחם ויפסל ודחי רבינא כגון שקדם וסילקו קודם ביאת השמש ע"ש וחזר וסידרו בשבת. רב אשי אמר כיון שסידרו כו'. וזה הכלל היה במקדש כו' ואוקימנא המטיל מים צריך קידוש ידים משום דמצוה לשפשף הניצוצות הניתזין על רגליו כששותין ורגליו משום הניצוצות עצמן ואיסורא נמי איכא מפני שנראה כאילו מי רגלים אינן יוצאין בקילוח אלא בשתיתות ככרות שפכה. לפיכך ניתזות הניצוצות על רגליו ומי שהוא כרות אינו מוליד ונמצא מוציא לעז על בניו שהן ממזרים. אמר רב פפא צואה במקומה. כלומר [במקום] המטנפת בחורי של אדם שיוצאה ממנו אפילו אם אינה נראית אלא כשיושב לעשות צרכיו אסור לקרות ק"ש כנגדה משום דנפיש זוהמא ולא דמיא לצואה על בשרו: ת"ר הלכה בסעודה אדם יוצא להשתין נוטל ידו אחת ונכנס. דיבר עם חבירו והפליג נוטל ב' ידיו ונכנס. ה"מ לסעודת אכילה *) אבל לשתיה נכנס ויושב במקומו ואח"כ נוטל ידיו: [מתני'] אין אדם נכנס לעבודה אפילו הוא טהור עד שטובל כו'. שאלו לבן זומא כיון שהוא טהור טבילה זו למה. אמר להם ומה כ"ג ביוה"כ שטבל ועשה תמיד של שחר כשיבא לעשות עבודת היום הוא טובל עוד טבילה אחרת **) מפני שצריך טבילה. ור' יהודה אומר סרך טבילה זו. כלומר סנהג תרמיה עליו כדי שישים בלבו ואולי יזכור שיש בידו טומאה ויפרוש.

*) ר"ל וה"מ דיטול ליטול מבחוץ לסעודת אכילה. **) אינו מובן ואולי נ"ל הנכנס לעזרה לעבודה שלא טבל מתחלה אינו דין שצריך טבילה.

מסורת הש"ס

[ברכות כה: קידושין לג. מגילה יח:]

ברכות כה.

[תוספ' ברכות פ"ד]

נ"ל שהמכים

[לעיל יט. לקמן לא. עח. זבחים יט:]

[תוספ' פ"א]

הגהות הב"ח

הגהות מהר"ב רנשבורג

[א] גמ' אמר ר"פ צואה במקומה. כ"ב מסיפי רבינו מאמרו של רבינו [illegible]

תוספות ישנים

מצוה לשפשף. אומר ר"ת כי מיכן יש ללמוד שהנכנס להשתין מים אין צריך ליטול ידיו אם לא שיפשף ואם שיפשף מיהא נראה דאין צריך לברך על נטילת ידים מידי דהוי אנוגע ידיו במקום המטונפת או כיו רגלים מלוכלכות בטיט וכטנפה ואפילו אשר יצר לא היה רבים מאיר רגיל לברך אך רבי רגיל לברך אשר יצר סר"ל אלחנן היה רוצה לדחות דהא כל המטיל מים טעון קידוש דמשמע אפי' ליכא כלל ניצוצות דלא פלוג רבנן בקידוש ה"ם גבי א) טבילה אך י"ל דמ"מ גבי דבעי קידוש ידים לא פלוג רבנן נטילה לתפלה מיהא לא מצינו שהצריכו בכל ענין והילכך לא צריך ומיהו היכא דשיפשף ודאי צריך ליטול אותו יד כדאמרינן בסמוך גבי סעודה אדם יוצא להשתין מים נוטל ידו אחת וכו' והוא הדין לתפלה ולדברי תורה אבל אין צריך לברך כדפירשתי: **צואה** על בשרו כו'. במקום שמכוסה (בטיבא) מיירי דאי במקום מגולה אפי' על הקרקע צריך להרחיק ד' אמות: **לא** אמרן אלא לשתות. פירש ריב"א דאנטל ידו אחת קאי צריך ליטול בפנים מן יתשחדו שלא נטל אבל לאכול נוטל מבחוץ דאין כאן חשד דודאי נטל ב): **אנינא** דעתיה. ליתן פרוסה לתוך פיו אם לא נטל: **אמר** רב נחמן אנא אפילו לשתות מידע ידעי דאנינא דעתאי. שלא הייתי שותה בלא נטילה לאחר שיפשף מי רגלים אבל מתוך פירוש הקונטרס משמע דקאי אהפליג דנוטל שתי ידיו אפילו נכנס לשתות שמא יתן פרוסה לתוך פיו אבל משום שתיה לא דהנוטל ידיו לפירות הרי זה מגסי הרוח מ"מ נראה כדפירש ריב"א ומכן שמעתא שמפיק דכל אדם שהשתין מים ושפשף בידו צריך ליטול מיד אותו יד ששפשף והיכא דהפליג שעה אחת או שתים לפירוש הקונטרס צריך ליטול שתי ידיו ואע"פ שלא שהה כל כך שילמדך שיתור ברכה למפרע כדאמרינן בערבי פסחים (דף קג.) ואפילו היכא שנכנס לשתות יש לחוש שמא יתן פרוסה לתוך פיו לפירוש הקונטרס דהכא: **אין** אדם נכנס לעזרה כו'. פירש הקונטרס לעבודה לאו דוקא מיהו בכל הספרים שלנו וגם בפר"ח גרס אין אדם נכנס לעבודה ומאי נקט זה והכי נמי משמע

גמ' דלא מסיק ליה בן זומא אלא מקל וחומר דכהן גדול ביום הכפורים שמשנה מבגדי קדש לבגדי קדש ט' דהיינו לצורך עבודה ואפילו ר' יהודה לא פליג עליה דליכא בינייהו אלא לענין למיקם בעשה אבל אין הכי נמי כפ' לצורך עבודה אבל קשה לרבי מדהאמרינן בגמרא ומי איכא ליה לר' יהודה הך סברא והתניא מצורע עומד וטובל בשער ניקנור ר' יהודה אומר אינו צריך לטבול שכבר טבל ט' ומצורע והאי לא עביד עבודה י"ל דהכנסת ידיו לבהונות הוי לצורך עבודה אבל קשה לרבי מדהאמר לקמן איבעיא ליה מהו שיעשה הכין ארוכה לבתוש בו תיבעי לרבנן עד כאן לא קאמרי רבנן התם אלא דלא עביד עבודה פי' והיינו רבנן דר' יהודה דאמר שהם מצורעין טובלין משום דדייני בטומאה אבל שאר אדם לא מכלל דר' יהודה מצריך לטבול שאר אדם אפילו אין שם עבודה ואומר רבי דכל אדם דמחייב רבי יהודה לטבול מיירי שיש שם כעין עבודה דהכנסת ידים לבהונות כגון סמיכה ותנופה שבעלים נכנסין לסמוך או לקריאה והנחה דביכורים ופשיטא לן דמשכחת לה בכל אדם כגון מכניס ידיו לבהונות והא דאמר בירושלמי לא סוף דבר לעזרה הכי פירושו לא סוף דבר לעבודה גמורה ג) ואפילו למתן בהונות וסמיכה צריך: **ומה** המשנה מקדש לקדש ט'. פי' בקונטרס היינו ממקום קדוש למקום קדוש וקשה והא היינו דמסיק בתר הכי ממקום שענוש כרת למקום ט' ותרי זימני למה לי ועוד ליבעי דמקדש לקדש לא משמע הכי דהוה ליה למימר בין קדש לקדש ע"כ נראה לרבי דמקדש לקדש היינו שמשנה מבגדי קדש לבגדי קדש דהיינו מבגדי זהב לבגדי לבן ומבגדי לבן לבגדי זהב: **אמר** להם קל וחומר ומה המשנה כו'. תימה לריב"א (דמפרש) לבן זומא דמפיק ליה מק"ו ליבעי נמי קידושין לפני הטבילה ולאחריה כמו כהן גדול ביוה"כ. גי'. ושמא אין זה אלא גילוי מילתא בעלמא מיהו לפי הקונטרס הגרס מקדש לקדש לא אבגדי קדש קאי ניחא דלא היו הקידושין אלא צורך פשיטה ולבישה ומיהו למה שפירש לקמן דבן זומא לא אצריך טבילה מן התורה אלא בכהן שלובש בגדי קדש וכל אדם לא איצריך אלא מדרבנן אתי שפיר מיהו שלא צריך שני קידושין אך מכל מקום לא אשכחיך

א) נ"ל נטילה. ב) דודאי נטל דאנינא דעתיה וכו'. אמר רב נחמן וכו' סה"ח: ג) אלא אפילו:

יב א מיי' פ"ב מהלכות עבודת יוה"כ הלכה ג ופ"ה מהלכות ביאת מקדש הלכה ז:

יג ב מיי' פ"ה מהלכות ביאת מקדש הלכה א:

יד ג מיי' פ"ד מהלכות מחוסרי כפרה הלכה א:

טו ד שם הלכה ג:

טז ה שם הלכה א:

באחולי עבודה קא מיפלגי לבן זומא מחיל עבודה לר"י לא מחיל עבודה ולבן זומא מי מחיל *והתניא *כהן גדול שלא טבל ולא קידש בין בגד לבגד ובין עבודה לעבודה עבודתו כשרה אחד כהן גדול ואחד כהן הדיוט ישלא קידש ידיו ורגליו שחרית ועבד עבודתו פסולה אלא למיקם בעשה קא מיפלגי לבן זומא קאי בעשה לר' יהודה לא קאי בעשה ומי אית ליה לר' יהודה האי סברא *והתניא *מצורע טובל ועומד בשער ניקנור רבי יהודה אומר אינו צריך טבילה שכבר טבל מבערב ההוא בדתני טעמא שכבר טבל מבערב ודקארי לה מאי קארי לה משום דקא בעי למרמא אחריתי עליה לשכת המצורעין ששם מצורעין טובלין ר"י אומר לא מצורע בלבד אמרו אלא כל אדם לא קשיא הא דטביל הא דלא טביל אי דלא טביל הערב שמש בעי אלא אידי ואידי דטביל הא דאסח דעתיה הא דלא אסח דעתיה אי אסח דעתיה הזאת שלישי ושביעי בעי דאמר *ר' דוסתאי בר מתון אמר רבי יוחנן הסח הדעת צריך הזאה שלישי ושביעי אלא אידי ואידי דלא אסח דעתיה ולא קשיא הא דטביל על דעת ביאת מקדש הא דלא טביל על דעת ביאת מקדש ואב"א תני לא מצורע אמרו אלא כל אדם אמר רבינא אמר רבי יהודה לדבריהם דרבנן קאמר להו לדידי מצורע אין צריך טבילה לדידכו אודו לי איזו מידת דלא מצורעין בלבד אמרו אלא כל אדם ורבנן מצורע דדייש בטומאה כל אדם לא דדייש בטומאה א"ל אביי לרב יוסף נימא רבנן דפליגי עליה דר"י כבן זומא סבירא להו והאי דקתני מצורע להודיעך כחו דר"י או דילמא שאני מצורע דדייש בטומאה א"ל שאני מצורע דדייש בטומאה א"ל אביי לרב יוסף (*לר"י דאמר סרך) טבילה (היא) זו

חוצץ

רבי יהודה אומר לא מצורע בלבד אמרו אלא כל אדם. לפרש"י דפירש לעיל בפ"ק (דף יא:) רב אדא בר אהבה אמר הא מני ר' יהודה היא דלתמיד משום דלא לשכן דפליג אסתמי דמדות ומייתי ברייתא דשמעינן ליה לרבי יהודה דאמר מזבח ממולע וסתמא דמדות לית ליה מזבח ממולע מהא דהכא הוה מצי לאתויי דפליג אסתמא דרישא י"ל מהא דהכא לא מצי לאתויי ראיה דאיכא למימר שאני הכא דפליג בהדיא במשנה אבל היכא דלא הוזכרה במשנה דפליג דילמא לא פליג והכי מייתי מהיאך דמזבח ממולע ועוי"ל דמהכא לא הוה שמעינן דפליג דאיכא למימר כולה ר"י היא ומשום דקתני ברישא שהלשכה קרויה לשכת מצורעין ופירש למה נקראת כך לפי ששם מצורעים טובלים ומעיקרא ניתקנה בשביל זה קאמר ר"י דלאחר שנתקנה הרגילו לטבול בה כל אדם טהור הרוצה ליכנס לעזרה:

אי דלא טביל הערב שמש בעי. תימה לי מאי קפריך הא בימי ספרו אינו אסור ליכנס אלא במחנה שכינה ולשכת מצורעים לא היתה בקודש מדנכנסו לה מחוסרי כפורים וי"ל דהכי פריך כיון דלא מצי להכניס ידיו לבהונות היום עד שיעריב שמשו א"כ דעי"ל בהר הבית לטבול שם בשלמא אי בשמיני אידי וכבר טבל מבע"י טביל התם כדי שלא יסיח דעת שיזכור לו להכניס ידיו מיד אי נמי י"ל כהי דמדאורייתא מותר ליכנס בהר הבית כל ימי ספרו מ"מ מדרבנן גזרו שלא יכנס דבפרק בתרא דנגעים [מ"ב] קאמר דלאחר תגלחת ימי [גמרו] הרי הוא כשרץ ובפ"ק דכלים [מ"ח] תנן עזרת נשים מקודשת הימנו שאין שם טבול יום נכנס לשם ולשכת מצורעים היתה עומדת בעזרת נשים והיא אחת מארבע לשכות שבארבע מקצעותיה:

היסח הדעת שלישי ושביעי בעי. טמא שרץ וטבילה וכל הכך דלא מרכינן להו הזאת שלישי ושביעי י"ל כגון דלא אסחו דעתייהו:

נימא רבנן דפליגי עליה דר"י כבן זומא ס"ל. פרש"י ונימא דהני רבנן לאו היינו רבנן דפליגי עליה במדות ותימה לי א"כ מאי מספקא ליה לאביי דפשיטא דלית לן למימר דפליגי ארבנן דמסכת מדות דהא כן קשה דרבנן אדרבנן דבכמה דוכתי פריך הכי דר"י אדר"י קשיא דרבנן לר"ק ומשני וכו' ולא משתמיט לשנויי בשום דוכתא תרי רבנן נינהו אלא נ"ל דאפילו אי ס"ל כבן זומא לא פליגי ארבנן דר"י דמסכת מדות דאיכא למימר נמי התם הוא הדין שאר כל אדם והא דנקט מצורעין משום דעיקר הלשכה נתקנה בשביל כך שיש בהן צורך לטבול והכנים ידיהם לאלתר לבהונות א"נ נקט מצורע להודיעך כחו דר"י דפליג ואמר לא מצורע אמרו אלא שאר כל אדם דוקא א"נ דוקא נימא דבהא פליגי דת"ק סבר דלשאר כל אדם הנכנס לעזרה היה במקום אחר ור"י סבר דלא מצורעים בלבד טובלין שם בלשכה אלא אף כל אדם הנכנס לעזרה א"נ איכא למימר כולה ר"י היא ומשום דקאמר מעיקרא שהלשכה נקראת לשכת מצורעים לפי שניתקנה תחילה לטבילת מצורעים הוצרך לחזור ולפרש לא מצורע בלבד טעון טבילה אלא אף שאר כל אדם:

כבן זומא סבירא להו. הוא הדין דכר"י נמי סבירא להו דעד כאן לא פליגי בן זומא ור"י אלא אי דאורייתא אי דרבנן אבל תרוייהו מודו דטהור הנכנס לעזרה בעי טבילה אלא נקט בן זומא משום דעיקר השאלה נשאלה ממנו ומשיב דבעי טבילה:

באחולי עבודה. אם לא טבל שחרית ועבד: **לבן זומא.** דאמר דאורייתא היא שהרי ניתן ק"ו לידרש הויא עבודתו מחוללת: **לרבי יהודה.** דאמר דרבנן היא לא מחיל: **ולבן זומא מי מחיל.** והא מכהן גדול ביום הכפורים יליף לה והוא עצמו שלא טבל ולא קדש ביוה"כ בין בגדי זהב לבגדי לבן שהוא משנה בה עבודתו כשירה: **אחד כ"ג כו' עבודתו פסולה.** בפרק שני דזבחים (דף יט:) ילפינן דכשלא רחוץ ידים ורגלים מחלל עבודה: **לבן זומא קאי עליה בעשה.** מק"ו דכ"ג שטובל בשעה* כדכתיב (ויקרא טז) ורחץ (א) את בשרו במים ולבשם: **ומי אית ליה לר' יהודה הך סברא.** דמתני' שיהו כל הנכנסין לעזרה צריכין טבילה: **מצורע.** בשמיני שלו אע"פ שטבל בשביעי כדכתיב (שם יד) והיה ביום השביעי יגלח וגו' חוזר וטובל בשמיני כשמביא קרבנותיו: **ועומד בשער ניקנור.** להכניס ידיו ורגליו בפנים למתן בהונות מדם האשם ושמן הלוג: **כדתני טעמא שכבר טבל בערב.** רבי יהודה לטעמיה דאמר אין טבילת שחרית הבאים לעזרה אלא לזכור טומאה ישנה וזה אין צריך לכך שהרי טבל אמש לכל טומאה שעליו: **ודקארי לה מאי קארי לה.** מי שעוסק במשנה זו להשיב ממנה בבית המדרש למה נתעסק הלא טעם מפורש בה: **לשכת מצורעין.** למה נקראת לשכת מצורעים: **ששם מצורעים טובלין.** בשביל שמכניסין בהונותיהן לעזרה: **אלא כל אדם.** הנכנס לעזרה מדקאמר בלבד מכלל דאית ליה טבילה במצורע: **דלא טביל.** מבערב לצרעתו: **אסח דעתיה.** משמירת גופו צריך הזאה שמא נכנס לאהל המת ולא שם אל לבו: **לדידי מצורע אין צריך טבילה.** שכבר טבל: **דייש בטומאה.** אותה טומאה והורגל עד עכשיו ליגע בטומאה לפיכך הוא בחשש טומאות שמא אחר טבילה נגע: **נימא רבנן דפליגי עליה דר"י.** במתני' קמייתא דקתני מצורע טובל ועומד וכו' כבן זומא סבירא להו דאמר דאורייתא היא לכל אדם הילכך לא שנא טבל [א] מבערב ול"ש לא טבל ולאו היינו רבנן דמתני' דפליגי עליה במשנה דמדות או דילמא חדא תנא היא ושאני מצורע דדייש בטומאה:

חוצץ

זבחים יט: תוספתא פ"א דמנחות פ"א [תוספתא פ"א] <צ"ל בעשה>

[תוספ' נגעים פ"ח]

הגהות הב"ח (א) רש"י ד"ה ורחץ כו' ורחץ במים את בשרו ולבשם:

[זבחים לג. פ"ש]

הגהות מהר"ב רנשבורג [א] רש"י ד"ה נימא רבנן וכו' הלכך ל"ש טבל מבערב וכו' מלת מבערב נמחק ונ"ב על דעת ביאת מקדש הזק:

[בנגעים פי"ד מ"ח איתא כזה והגהת הר"ש שם הגיה בתימה דלא מייתי הש"ס הכא ממשנה ולמ"ש תוס' נפסקים ק"ס: ד"ה מיתיבי כו' ניחא דמייתי הברייתא ולא המשנה משום דלא נקיט בה שכבר טבל מבערב]

רבינו חננאל

ואם לא טבל ועבר ואומ' רמאי אנפשאי ולא אידכר עבודתו כשרה. ולבן זומא מי שלא טבל מחיל עבודתו. ואקשינן עליה והתניא כ"ג שלא טבל כו' עבודתו כשרה אבל קידוש *) שנאמר ורחצו ידיהם ורגליהם ולא ימותו. אם עבד בלא קידוש עבודתו פסולה. ופרקינן אלא למיקם בעשה שנאמר ורחץ את בשרו במים במקום קדוש ולבש את בגדיו ויצא ועשה את עולתו וגו'. לבן זומא קאי בעשה. כדאמרן כל המשנה צריך טבילה לר' יהודה לא קאי בעשה. ואקשינן וכי ר' יהודה מצריך ליכנס בעזרה בטבילה משום סרך והתניא מצורע טובל ועומד בשער נקנור כדי להזות עליו. ר' יהודה אומר אינו טובל שכבר טבל מבערב ופרק ההוא כדקתני טע' שכבר טבל מבערב כלומר אילו לא טבל בערב היה מצריכו טבילה כטעמיה. ואקשינן וכי ר' יהודה לא אצטריך טבילה למצורע. והתניא לשכת המצורעין ששם מצורעין טובלין ור' יהודה אומ' לא מצורעין בלבד אמרו אלא כל אדם מכלל שגם המצורעין טובלין ופרקינן הא דתני כי ר' יהודה מצריך למצורע טבילה בדלא טביל עדיין כלל. ודחי להאי ולפירוק' נמי דפריק צריך טבילה בדאסח דעתיה דחייש שמא נגע בטומאה ולא ידע גם זו נדחת דהיסח הדעת הזאה שלישי ושביעי בעי. ואמרינן אלא לעולם דלא אסח דעתיה והאי דקתני אינו טובל בשטבל בערב על דעת ביאת מקדש. והאי דקתני צריך טבילה בשלא טבל על דעת ביאת מקדש והאי **) דקתני דקי"ל כי הטובל לדבר אע"פ שנטהר אינו טהור לחמור ממנו כדתנן במס' חגיגה פ"ב הטובל לתרומה והוחזק לתרומה אסור לקדש. הטובל לקדש והוחזק אסור להזאת. איבעית אימא לא תימא בהא מתני' בלבד אלא הכי קתני ר' יהודה אומר לא מצורעים אמרו אלא כל אדם זולתי המצורעין. שהמצורעים נרידא אינו צריך טבילה שכבר טבל. איבעית אימא ר' יהודה בהא מתנית' לדברי' דרבנן קאמר להו לדידי מצורע לא בעי טבילה דהא טבל אלא לדידכו אודו לי דלא מצורעין בלבד אמרו אלא כל אדם כדי שיזכור טומאה ישנת שבידו ויפרוש ורבנן לא מצורע שני דדייש בטומאה. ואסיקנא דרבנן דפליגי על ר' יהודה לאו משום דסבירא להו כבן זומא דמצרכי טבילה לכל מאן דעייל מחול לקודש אלא מצורע בלבד משום דדייש בטומאה והאי דאצרכוה טבילה אע"ג

דמדרבנן

*) נראה דצ"ל אבל קידוש ידים ורגלים של שחרית שנאמר ורחצו כו'. **) נראה דצ"ל והאי דלא מטבי דקי"ל כו'.

תוספות ישנים

השכתינן אפילו כ"ג שלובש בגדי קדש אם לא נאמר שנלמד שאר אדם מכהן גדול וכהן שלובש בגדי קדש ניגף מקישא דשאר אדם לענין שלא יעברך שני קידושין א) בין בגד לבגד פירוש בגדי חול ובגדי קדש ובין עבודה לעבודה מבגדי לבן לבגדי זהב ותרי מילי נינהו ודלא כפירוש הקונטרס: **רבי** יהודה אומר כו'. דליה להאי קל וחומר דבן זומא ושמא אית ליה שום פירכא עליה (ע"כ שייך לע"א): ומי מחיל והתניא כהן גדול כו'. מספקא ליה לרב אר"ש מנא ליה דמיתוקמא כבן זומא דילמא ר"י היא וי"ל דהויא פשיטא ליה דמתוקמא ככולי עלמא: **אי** אסח דעתיה הזאת שלישי ושביעי בעי. היינו מועיל היסח הדעת לענין הזאה אבל בטומאת שרץ ושאר טומאות לא אשכחינן שיהא צריך הזאה ... **הא** דטביל על דעת ביאת מקדש כו'. נראה דלבן זומא דיליף לה מקל וחומר לרבק אפי' ... על דעת ביאת מקדש צריך עכשיו לחזור ולטבול כמו שצריך כהן גדול ועוד דאמר לקמן א) הוא התחלת דיבור בס"ש:

לימא רבנן דאמרי מצורע עומד וטובל ואפילו טבל מבערב והוא הדין שאר כל אדם כבן זומא סבירא להו אלמא דצריך לחזור ולטבול וא"ת אמאי לא קאמר איכא בינייהו דטבל מבערב דלבן זומא צריך טבילה ולר"י לא צריך וי"ל דלא אשכחן בהדיא דלבן זומא צריך טבילה שנית ואע"ג דמקל וחומר דכהן גדול נפקא אלא מסברא אמריק הכי. ריב"א: **כבן** זומא סבירא להו. הכי נמי הוה מצי למימר כרבי יהודה סבירא להו בשאר כל אדם דמצריך טבילה משום טומאה ישנה אלא רבותא נקט דאפילו כבן זומא דמחייב מן התורה סבירא להו או דילמא אפילו מדרבנן לא מצרכי טבילה אפילו בשאר כל אדם: **נימא** רבנן דפליגי עליה דר"י כבן זומא סבירא להו. ואם תאמר הא לא אשכחן דמחייב בן זומא אלא ככהן גדול שלובש בגדי קדש אבל שאר כל אדם לא כדפירש' לעיל יש לומר בן זומא מחייב מדרבנן ומסברא ידע לה תלמודא:

מכו

אות ו'

<u>חמש טבילות ועשרה קדושין טובל כה"ג ומקדש בו ביום</u>

רמב"ם פ"ב מהל' עבודת יוה"כ ה"ב - כל עת שישנה הבגדים ויפשוט בגדים ולובש בגדים אחרים, טעון טבילה, שנאמר: ופשט את בגדי הבד ורחץ את בשרו במים במקום קדוש ולבש את בגדיו, וחמש טבילות ועשרה קידושין טובל כהן גדול ומקדש בו ביום; כיצד, בתחלה פושט בגדי חול שעליו וטובל ועולה ומסתפג ולובש בגדי זהב ומקדש ידיו ורגליו, ושוחט את התמיד, ומקטיר קטורת של שחר של כל יום, ומטיב את הנרות, ומקטיר איברי התמיד עם החביתין והנסכים, ומקריב הפר ושבעה כבשים של מוסף היום; ואחר כך מקדש ידיו ורגליו ופושט בגדי הזהב וטובל ועולה ומסתפג ולובש בגדי לבן, ומקדש ידיו ורגליו ועובד עבודת היום, כל הוידויים עם ההגרלה, וזריקת הדמים בפנים, והקטרת הקטורת בקודש הקדשים, ומוסר השעיר למשלחו לעזאזל, ומוציא אימורי הפר והשעיר הנשרפים ומוסר שארן לשריפה; ואחר כך מקדש ידיו ורגליו ופושט בגדי לבן וטובל ועולה ומסתפג, ולובש בגדי זהב ומקדש ידיו ורגליו, ומקריב שעיר חטאת של מוסף היום ואילו ואיל העם, והם עולות, ומקטיר אימורי פר ושעיר הנשרפין, ומקריב תמיד של בין הערבים; ואחר כך מקדש ידיו ורגליו ופושט בגדי זהב, וטובל ועולה ומסתפג ולובש בגדי לבן, ומקדש ידיו ורגליו, ונכנס לקדש הקדשים, ומוציא משם את הכף ואת המחתה; ואחר כך מקדש ידיו ורגליו ופושט בגדי לבן, וטובל ועולה ומסתפג, ולובש בגדי זהב ומקדש ידיו ורגליו, ומקטיר קטרת של בין הערבים של כל יום, ומטיב את הנרות בין הערבים; ומקדש ידיו ורגליו, ופושט בגדי זהב ולובש בגדי חול ויוצא. הגהת הראב"ד: ומטיב את הנרות וכו'. א"א אמת כך הוא לשון המשנה, אבל לא היה בין הערבים הטבה אלא לנר המערבי בלבד שהיה דולק מערב לערב.

אות ז' – ח'

<u>וכולן בקדש על בית הפרוה חוץ מזו בלבד</u>

<u>סרך טבילה היא זו כדי שיזכור טומאה ישנה שבידו ויפרוש</u>

רמב"ם פ"ב מהל' עבודת יוה"כ ה"ג - כל הטבילות האלו והקידושין כולן במקדש, שנאמר: ורחץ את בשרו במים במקום קדוש; חוץ מטבילה ראשונה שהוא רשאי לטבול אותה בחול, שאינה אלא להוסיף כוונתו, שאם יזכור טומאה ישנה שבידו [יא]יפרוש ממנה בטבילה זו לשמה; וכל כהן שלא טבל בין בגדים לבגדים, או שלא קדש בין בגד לבגד ובין עבודה לעבודה, ועבד, עבודתו כשירה.

§ מסכת יומא דף ל: §

אות א'

<u>כה"ג שלא טבל ולא קידש בין בגד לבגד וכו'</u>

רמב"ם פ"ב מהל' עבודת יוה"כ ה"ג - ע"ל אות ז'- ח'.

רמב"ם פ"ה מהל' ביאת המקדש ה"ז - כה"ג שלא טבל ולא קידש ידיו ורגליו בין בגדים לבגדים ובין עבודה לעבודה ביה"כ ועבד, עבודתו כשירה, הואיל ואותן הטבילות והקידושין אינן שוים באהרן ובניו, ונאמר: ורחצו אהרן ובניו ממנו, דבר השוה בכל הכהנים מעכב, שהוא קידוש ראשון.

אות ב'

<u>אחד כה"ג ואחד כהן הדיוט שלא קידש ידיו ורגליו וכו'</u>

רמב"ם פ"ה מהל' ביאת המקדש ה"א - מצות עשה לקדש כהן העובד ידיו ורגליו ואח"כ יעבוד, שנאמר:

באר הגולה

[י] ‹כוונת הראב"ד, שהוא סבור שפירוש בהטיבו את הנרות, אינו הדלקת הנרות, כמ"ש רבינו בפרק שלישי מתמידין ומוספין, אלא הטבת הנרות היינו דישונן ותיקון הפתילות החדשות, וכסברת האחרונים שנתבאר בתשובות הרשב"א סימן ש"ט, שהם סוברים שלא היה מדליק הנרות אלא בין הערבים בלילה, ובבקר היה מטיבן ולא מדליקן, זולת נר המערבי שלא היה מטיבו בבקר לפי שצריך שיהיה דולק תמיד, ובין הערבים היה מטיבו ומדליקו, ועליו קתני ומטיב את הנרות. **ורבינו** סבור שגם בבקר היה מדליק הנרות, דבהטיבו היינו בהדליקו, כמ"ש בפ"ג מתמידין ומוספין, וא"כ בין הערבים היה נכנס לדשנן ולתקנן ולהדליקן, ולדידיה אתי שפיר לישנא דמתני' דקתני בין הערבים: ומטיב את הנרות, כלישנא דכתיב בבקר בהטיבו את הנרות – כסף משנה› [יא] ‹יפרוש אטומאה קאי, שיפרוש ממנה בטבילה זו לשמה, ודבריו צריכין ביאור. **ונ"ל** משום דקשה ליה להרמב"ם מה שפרש"י, דא"כ משמע עכ"פ דטבילה זו טובה ומעולה לטהר אף אם יזכור שהיה טמא, דאחר הערב שמש טהור הוא, וא"כ מאי קמבעיא ליה אם טבילה זו חוצץ, הא פשיטא דחוצץ כיון דטבילה מעליא היא, שהרי מהני לטהר. **ולדברי** רש"י צ"ל, דהאיבעיא היא כיון דלא נזכר אפשר דלא פסלה ביה חציצה. **ולהרמב"ם** זה דוחק, ולהכי מפרש הרמב"ם דוודאי לא חיישינן שהיה טמא, דזה לא חיישינן, אלא דחיישינן שטבל לטומאה ישנה שלא לשמה, דלא טבל על דעת ביאת מקדש, {דטבל סתם ולא נתכוין למעשר ותרומה וקדשים, הרי זה טהור לחולין וטמא כשהיה אפילו למעשר}, **לפיכך** צריך טבילה עכשיו לשמה, ואם היה טומאה ישנה שלא טבל לשם ביאת מקדש, הרי עכשיו טובל לשם ביאת מקדש, {ולפי"ז א"צ להמתין עד שיעריב שמשו} – יד דוד›

ורחצו אהרן ובניו ממנו את ידיהם ואת רגליהם; וכהן שעבד ולא קידש ידיו ורגליו שחרית, חייב מיתה בידי שמים, שנאמר: ירחצו מים ולא ימותו, ועבודתו פסולה, בין כ"ג בין כהן הדיוט.

אות ג'

מצורע טובל

רמב"ם פ"ד מהל' מחוסרי כפרה ה"א - כשיתרפא הצרוע מצרעתו, אחר שמטהרין אותו בעץ ארז ואזוב ושני תולעת ושתי צפורים, ומגלחין את כל בשרו ומטבילין אותו, אחר כל זאת יכנס לירושלים, ומונה שבעת ימים, וביום השביעי מגלח תגלחתו שניה כתגלחת הראשונה וטובל, והרי הוא טבול יום, ומעריב שמשו, ולמחר בשמיני טובל פעם שנייה ואח"כ מקריבין קרבנותיו; ומפני מה טובל בשמיני אחר שטובל מאמש, [א]מפני שהיה רגיל בטומאה בימי חלוטו ואינו נזהר משום טומאה, ושמא נטמא אחר שטבל, לפיכך טובל בשמיני בעזרת הנשים בלשכת המצורעים ששם, אף על פי שלא הסיח דעתו.

אות ד'

ועומד בשער ניקנור

רמב"ם פ"ד מהל' מחוסרי כפרה ה"ב - כיצד עושין לו, המצורע עומד חוץ לעזרת ישראל כנגד פתח מזרחית באסקופת שער ניקנור, ופניו למערב, ושם עומדים כל מחוסרי כפרה בעת שמטהרין אותן, וכו'.

אות ה'

שאני מצורע דדייש בטומאה

רמב"ם פ"ד מהל' מחוסרי כפרה ה"א - עיין לעיל אות ג'.

§ מסכת יומא דף לא. §

אות א'

בהונות יוכיחו

רמב"ם פ"ג מהל' ביאת המקדש הי"ח - וכן טמא שהכניס ידו למקדש, מכין אותו מכת מרדות. השגת הראב"ד: א"א שמעתין דזבחים קשיא עליה, דעולא אמר ריש לקיש טמא שהכניס ידו למקדש לוקה, ואמרינן התם [ב]עשה שיש בו כרת הוא; ואי משום שמעתא דמסכת יומא, אדרבה מהתם משמע דאפילו בטבילת מעלות אמרינן ביאה במקצת שמה ביאה, דהא בעי טבילה [ג]לבהונות, (ואפילו פטור מכרת מלקין אותו).

אות ב' – ג' – ד'

מים שכל גופו עולה בהן

וכמה הן אמה על אמה ברום שלש אמות

ושיערו חכמים מי מקוה ארבעים סאה

יו"ד סימן רא ס"א - אין האשה עולה מטומאתה ברחיצה במרחץ, ואפי' עלו עליה כל מימות שבעולם, עדיין היא בטומאתה וחייבין עליה כרת, עד שתטבול כל גופה בבת אחת במי מקוה או מעיין שיש בהם מ' סאה; ושיעורם, אמה על אמה על רום שלש אמות במרובע, באמה בת ששה טפחים וחצי אצבע; ואם הוא רחב יותר ואינו גבוה כ"כ, כשר אם יכולה להתכסות כל גופה בהן בבת אחת; וצריך שיעלה בתשבורת מ"ד אלף וקי"ח אצבעות בגודל ועוד חצי אצבע; וצריך שיהיה החריץ שבו המים גדול יותר משיעור זה, כדי שכשתכנס הטובלת ויתפחו המים, ישארו שם מ' סאה.

באר הגולה

[א] ‹א"כ רבינו פסק דלא כר"י, דאילו לדידיה מצורע א"צ טבילה, משום דטבל מבערב, **ודלא** כרבנן, דלדידהו בכל אדם א"צ טבילה רק במצורע משום דדייש בטומאה, {וכבר פסק בהל' ביאת מקדש פ"ה ה"ד, דכל אדם צריך טבילה, ע"ל דף ל. אות ה'}, וכמו שהקשה הלח"מ, **וגם** דלא כבן זומא דס"ל דהכל צריכים טבילה, דהא לעיל פ"ב מהל' עבודת יוה"כ ה"ג כתב טעמא דר"י יעו"ש, {ע"ל דף ל. אות ז'–ח'}. **והנה** מסקנת הלח"מ, דרבינו פסק כרבנן, דדוקא מצורע טעון טבילה, ולא כל אדם משום דלא דיישי בטומאה, ורק בנכנס לעבודה טעון טבילה, {וכמ"ש לעיל באות ה' הנ"ל, דלעבודה דוקא}, מטעם דבן זומא, **אבל** לפ"ז לכאורה לא אתי שפיר טעמא דכתב בהל' עבודת יום הכפורים – הר המוריה› [ב] ‹ונ"ל דה"ק, שמעתא דזבחים קשיא עליה, דאמר ר"ל טמא שהכניס ידו למקדש לוקה, וקס"ד התם לומר דכרת נמי איכא, משמע מדאורייתא הוא, הילכך אע"ג דאסיק רבינא דלא לענין כרת אמרה ר"ל אלא לענין מלקות, ע"כ מלקות דאורייתא קאמר, ולא מכת מרדות דרבנן כדקאמר הרמב"ם, **ומ"מ** במה שכתבתי נסתלקה השגתו, {דבתר הכי אמרינן כי אתא רבין אמר רבי אבהו לענין טמא שנגע בקדש איתמר, ופירש"י לא יליף ר"ל מלקות מההוא קרא אלא לטמא שנגע בקדש, ולא איירי בביאת מקדש כלל, עכ"ל. וסובר רבינו דכיון דלרבי אבהו לא איירי ר"ל בביאת מקדש כלל, אין לנו לחייבו מלקות משום ביאת מקדש כיון דפלוגתא היא, ומיהו מדרבנן מיתסר ומכין עליו מכת מרדות}, **ומש"כ** ואי משום שמעתא דיומא, דא"ל אביי לרבי יוסף ביאה במקצת שמה ביאה או לא, א"ל בהונות יוכיחו, שהם ביאה במקצת, ותניא מצורע טובל וכו', ופירש"י שמה ביאה לענין טבילה זו, וצריך לטבול אם בא להכניס אחד מאבריו לעזרה, עכ"ל. **וחשש** הראב"ד, שמא משם למד רבינו לומר דביאה במקצת אינה אלא מדרבנן, דכיון דלענין טבילה לנכנס בעזרה שהיא דרבנן איבעיא, כי פשיט ממצורע, נמי מדרבנן היא, וכן הוא דעת התוס', **ודחה** הראב"ד ראיה זו, וכתב דאדרבה משם ראיה דביאה במקצת דמצורע דאורייתא, דאל"כ לא היו מחמירים במעלות דרבנן, **ואני** אומר שאין טענה זו מוכרחת, ועוד שמלבד זה כבר כתבתי טעם רבינו – כסף משנה› [ג] ‹לבהונות, כן הוא בדפו"י – קרית מלך›

חוצץ או אינו חוצץ אמר ליה *כל דתקון רבנן כעין דאורייתא תקון אמר ליה אביי לרב יוסף *ביאה במקצת שמה ביאה או לא א"ל *בהונות יוכיחו שהן ביאה במקצת ותניא מצורע טובל ועומד בשער ניקנור איבעיא להו מהו שיעשה סכין ארוכה וישחוט תיבעי לבן זומא תיבעי לרבנן דפליגי עליה דר' יהודה תבעי לבן זומא עד כאן לא מחייב בן זומא אלא לגואי אבל לבראי לא או דילמא אתי לאימשוכי תיבעי לרבנן דפליגי עליה דרבי יהודה ע"כ לא קאמרי רבנן התם דלא קא עביד עבודה אבל הכא דקא עביד עבודה לא או דילמא לא שנא תיקו: חמש טבילות ועשרה קידושין טובל כ"ג ומקדש בו ביום וכולן בקודש בבית הפרוה חוץ מראשונה שהיתה בחול ע"ג שער המים ובצד לשכתו היתה אמר אביי שמע מיניה עין עיטם גבוה מקרקע עזרה עשרים ושלש אמות דתנן *כל הפתחים שהיו שם גובהן עשרים אמה ורחבן עשר אמות חוץ משל אולם *ותניא °ורחץ (ויקרא טז) בשרו במים במי מקוה כל בשרו °(שם) מים שכל גופו עולה בהן וכמה הן אמה על אמה ברום ג' אמות ושיערו חכמים מי מקוה ארבעים סאה

והא

רש"י

חוצץ או אינו חוצץ. לר' יהודה דאמר מפני סרך טבילה בעלמא היא פסלה בה חציצה כשאר טבילות או דילמא כיון דאינה באה אלא להזכירו על הטומאה ישנה ולא לטהר בה היא באה לא פסלה בה חציצה: **שמה ביאה.** לענין טבילה זו וצריך לטבול אם בא להכניס אחד מאיבריו לעזרה: **מהו שיעשה סכין ארוכה.** לפטור עצמו מן הטבילה ויעמוד חוץ לעזרה ויושיט ידו לפנים וישחוט מי מיפטר בהכי מן הטבילה או דילמא בעי טבילה ולענין הכשירה דקרבן לא קא מיבעיא ליה דאף על גב דעמד מבחוץ ושחט כשירה דתניא בזבחים (דף לב:) בן הבקר לפני ה' ולא שוחט לפני ה': **תיבעי לבן זומא.** דמחמיר בה: **תיבעי לרבנן דפליגי עליה דר"י.** ואמרו כל אדם לא בעו טבילה: **לגואי.** הנכנס לה: **עין עיטם.** ממנו באה אמת המים לבית טבילת שער המים שעל החומה ולפי ענין המקראות נראה לי שהוא מעיין מי נפתוח האמור בספר יהושע (טו) שמשם הגבול משפע ויורד למזרח ולמערב והוא *הגבוה בכל ארץ ישראל והך מילתא דאביי משום דאמרינן בזבחים (דף נד:) סבור למיבנייה לבית המקדש בעין עיטם אמרי ניתתי ביה פורתא דכתיב (דברים לג) ובין כתפיו שכן דשמעינן מיניה שהוא גבוה מן הכל ולא פריש מנא ליה ופריש ליה אביי הכא: **גבוה מקרקע עזרה עשרים ושלש אמות.** כמדת גובה שער המים ובנין כלי של שלש אמות מלמעלה להחזיק ארבעים סאה שאי אפשר למים לעלות יותר ממקום שנובעין שם: **חוץ משל אולם.** שגבהו ארבעים ורחבו עשרים:

והאיכא

תוספות

או אינו חוצץ. פרש"י דלר"י קא מיבעיא ליה וקשה לי דאם כן הוה ליה למימר בהדיא לר"י אלא נראה דבין לבן זומא בין לר"י ובטבילה שהוא טובל כשאינו בא לעבוד אלא ליכנס ביאה ריקנית דבהא מודה בן זומא דלא הויא אלא דרבנן שמא יעבוד כדפי' לעיל והא דקא מיבעיא ליה הכא חוצץ או אינו חוצץ טפי מבכל טבילות דרבנן כגון י"ח דבר וכיוצא בהן יש לומר משום דהא טבילה מעלה יתירה היא שהרי טהור גמור הוא ואין כאן צד חשש טומאה אלא מעלה בעלמא וחומרא יתירה היא ולהכי מיבעיא ליה דילמא אינו חוצץ: **ותניא** מצורע טובל ועומד בשער ניקנור. לפרש"י שפירש דלרבי יהודה מיבעיא ליה מאי קא פשיט מהכא הא ההיא לאו ר"י דר' יהודה פליג עלה לעיל וי"ל אעפ"כ פשיט שפיר דמדרבנן דאמרי דעביד מעלה אפילו בשביל ביאת מקצת ה"ה לר"י בטבילת כל אדם דהויא דרבנן צריך לטבול אפילו לביאת מקצת: **או** דילמא אתי לאימשוכי. הא דאמר ר"פ הכל שוחטין (חולין דף ב: ושם) ור"פ כל הפסולים (זבחים דף לב.) דטמאין במוקדשין לכתחילה לא ישחטו בסכין ארוכה שמא יגעו בבשר ולא קאמר טעמא דילמא אתי לאימשוכי ואע"ג דהכא מספקי' ליה אי גזרינן דילמא אתי לאימשוכי או לא הני מילי בטהור אבל בטמא דליכא כרת ליכא למיחש טפי וי"ל אדרבה היא הטעות התם כיון דטמא הוא זהיר טפי ולא עייל אבל טהור איכא למיחש טפי דילמא אתי לאימשוכי: **וכולן** בקודש בגג בית הפרוה. תימה לי והא גגין ועליות לא נתקדשו וי"ל גג בית הפרוה היה שוה לקרקע עזרה דכי האי גוונא משני בסוף פ' כילד צולין (פסחים דף פו.) והא דפריך מהלשכות הבנויות בקודש ופתוחות לחול תוכן חול וגגותיהן קודש בשגגותיהן שוין לקרקע עזרה אבל תימה לי אי גג בית הפרוה שוה לקרקע עזרה מסיבה למה לי דאמר בפ"ק (דף יט.) לשכת המדיחין כו' עד משם מסיבה עולה לגג בית הפרוה וי"ל דגג בית הפרוה אע"ג דשוה לקרקע עזרה לא היה לו פתח לעזרה משום צניעות לפי שכהן גדול טובל שם אלא היו נכנסין לו דרך לשכת המדיחין שהיתה תחת הקרקע ומשם מסיבה עולה לגג בית הפרוה וצ"ל דלשכת המדיחין תוכה קודש דאי לא תימא הכי הוה ליה גג בית הפרוה כמו לשכות הבנויות בקודש ופתוחות לחול דאמר לעיל דתוכן חול אלא על כרחך לשכת המדיחין שגג בית הפרוה פתוח לה תוכה קודש ואע"ג דפרישית דלשכת המדיחין מחילה היא וא"ר יוחנן בפרק כילד צולין (פסחים דף פו.) מחילות לא נתקדשו הא אוקימנא התם … בפתוחות לעזרה … ואין להקשות כי פריך התם מהלשכות … ואוקמינן בשגגותיהן שוין לקרקע עזרה והדר פריך מסיפא … וא"ר יוחנן מחילות לא נתקדשו … ממתני' דמדות … דמסכת מעשר שני (מ"ח) ולהכי ניחא ליה למיפרך מינה טפי ממתני' דהכא ודמדות לפי שהיא שנויה בסדר זרעים שהוא קודם לסדר מועד וסדר קדשים ועוד משום דפריך שתי קושיות מינה מרישא ומסיפא:

עין עיטם גבוה מקרקע עזרה כ"ג אמות. תימה לי ומנלן דבית הטבילה היתה גבוהה שלש אמות דילמא לא היתה גבוהה אלא אמה ומחצה והכהן היה מיסב שלש אמות והכהן היה מכסה עצמו בתוכו אי נמי לא היתה גבוהה אלא שתי אמות והכהן גדול יושב וטובל ויש לומר מסתמא כל מה שהיו יכולין להקל עליו משום חולשה לכהן גדול הוו עושין ולכך עמידה היה טובל כי זה נקל לו יותר לעשות:

אמה על אמה ברום שלש אמות. אין לומר דגובהו של אדם מראשו עד רגליו אינו אלא שלש אמות דהא"כ גבי היזק ראייה דבעי ארבע אמות בפ"ק דבבא בתרא (דף ב:) למה לי כולי האי אלא י"ל דעד כתיפיו הוא שלש אמות ואף על פי שאין טוהרו וראשו מחזיק אמה כיון דאפיקתיה משלש אמות אוקמא אארבע אמות ועוד דאי אפשר לקרקע שתלקט במלקט והיסטי ופעמים שיש גבשושית פחות מג' טפחים סמוך לכותל ודמכין כמי שעומד על אגבעות רגליו ורואה מעבר לכותל וגבי סוכין בפרק המוכר פירות (שם דף ק: ושם) דארכו ארבע אמות הייט בין ראשו ובין דפי הארון שלמעלה ולמטה ועוד צריך שיהא בריוח והא דסגי הכא גבי מקוה בשלש אמה הייט משום דכשעומק המים שלש אמות כשנכנס בהן לפו מים על ראשו ועולין למעלה גם יכול לכוף ראשו קלת עד שיתכסה כל גופו במים ומה שיש בתרגום של מגילת אסתר פרשנדתא איצטלב על צליבא דתלת אמין דלפון אמין וכו' יש לומר כולם קטועי ראש היו שנהרגו ואח"כ נתלו וכן משמע בפרק המצניע (שבת דף לב: ושם) דהא דאמר גופו של אדם ג' אמות דלאו הייט עם הראש דקאמר התם האשה מגוי למעלה מעשרה חייב שכן משא בני קהת דאמר מר ארון ט' וכפורת טפח וגמירי דכל טוענא דמידלי במוטות תילתא מלעיל ותרי תילתי מלתתא והשתא אי אמרת בשלמא דעד הכתף הוא שלש אמות דהייט י"ח טפחים או מוכח שפיר כי בכתף ישאו נמצא שהיה מן הארון למטה מן הכתף ו' טפחים וב' שלישים נמצא דהאי היה גבוה מן הקרקע י"ד טפחים ושליש אבל אי האי עם הראש

עין משפט נר מצוה

יז א מיי' פ"ג מהלכות ביאת מקדש הלכה יט:

יח ב ג ד מיי' פ"א מהלכות מקוואות הלכה א סמג עשין רמח טור ש"ע יו"ד סי' רא סעיף א:

רבינו חננאל

תוספות ישנים

א) נ"ל לנגדי: ב) ות"ח עבודה היא דהא בעי"ח היא כנ"ל:

עין משפט נר מצוה

יט א מיי' פ"ד מהלכות עבודת יוה"כ הלכה א:

כ ב מיי' שם פ"ב הלכה ג:

כא ג מיי' שם פ"ד הלכה א:

כב ד מיי' שם פ"ב הלכה ד:

תורה אור

והא איכא אמה תקרה ואמה מעזיבה שערים דבית המקדש כיון דשישא נינהו במשהו עבדי להו והא איכא האיך משהו כיון דלא הואי אמתא לא חשיב לה: פרסו סדין של בוץ וכו': מאי שנא של בוץ *כדאמר רב כהנא "כדי שיכיר שעבודת היום בבגדי בוץ הכא נמי שיכיר שעבודת היום בבגדי בוץ: **מתני'** "פשט ירד וטבל עלה ונסתפג הביאו לו בגדי זהב ולבש וקידש ידיו ורגליו *הביאו לו את התמיד קרצו "ומירק אחר שחיטה על ידו קבל את הדם וזרקו נכנס להקטיר קטורת של שחר ולהיטיב את הנרות ולהקריב את הראש ואת האברים (א) והחביתין ואת היין קטורת של שחר היתה קריבה בין דם לאברים של בין הערבים בין איברים לנסכים "אם היה כ"ג זקן או איסטניס מחמין לו חמין ומטילין לתוך הצונן כדי שתפיג צינתן: **גמ'** אמרוה רבנן קמיה דרב פפא הא דלא כר"מ דאי ר"מ כיון דאמר תרי קדושי אלבישה עביד להו הכא נמי ליעביד תרי קידושי אלבישה אמר להו רב פפא בין לר"מ בין לרבנן חד אפשיטה דבגדי קודש וחד אלבישה והכא בהא קא מיפלגי "ופשט ורחץ (ורחץ) ולבש ר"מ סבר מקיש פשיטה ללבישה מה לבישה לובש ואח"כ מקדש אף פשיטה פושט ואח"כ מקדש ורבנן סברי מקיש פשיטה ללבישה מה לבישה כשהוא לבוש מקדש אף פשיטה כשהוא לבוש מקדש אמרו ליה רבנן לרב פפא ומי מצית אמרת הכי והתניא פרסו סדין של בוץ בינו לבין העם פשט וירד וטבל עלה ונסתפג הביאו לו בגדי זהב ולבש וקידש ידיו ורגליו רבי מאיר אומר פשט וקידש ידיו ורגליו וירד וטבל עלה ונסתפג הביאו לו בגדי זהב ולבש וקידש ידיו ורגליו אמר להו *אי תניא תניא בשלמא לרבי מאיר היינו דמשכחת לה

ויקרא טז

עשרה

רש"י

והאיכא אמה. עובי תקרה על חלל השער וחול מגובל יחד להיות המים נוחין שם לבד עומק החלל שלש אמות שחשבת: **במשהו עבדי ליה.** תקרה שלהן של שיש: **שעבודת היום בבגדי בוץ.** שיש היום עליו עבודה שהיא בבגדי בוץ לפי שאינו רגיל לשרת בלא שמנה בגדים ויש מהן של זהב כגון ציץ וחשן ואפוד ופעמוני המעיל: **מתני' ונסתפג.** מתנגב באלונטית של בגד לספוג מים שעל בשרו ונסתפג ונתקנח: **וקידש ידיו ורגליו.** מן הכיור כדיליף לקמן (דף לב.) שלריך לכל חליפות בגדי היום קידוש לפשיטה (ב) קידוש ללבישה וטבילה ראשונה זו שפשיטתה של בגדי חול היא לא הולרך לקדש על הפשיטה: **קרצו.** מפרש בגמרא: **ומירק אחר.** וגמר כהן אחר שחיטה לפי שאין קבלת הדם כשירה אלא בכהן גדול ולריך למהר ולקבל: **על ידו.** בשבילו כמו קולץ אדם ע"י עלמו (ב"מ דף מב:) אי נמי על ידו לשון אחריו וסמוך לו והרבה יש בספר עזרא על ידו החזיק פלוני את החומה (נחמיה ג): **קטורת של שחר (ג) היתה קריבה וכו'.** בגמ' מפרש: **מחמין לו חמין.** מבערב יום הכפורים ומטילין ביום הכפורים לתוך חקק בכון בית טבילתו: **שתפיג.** להמיר מיד צינתו במקצת כמו ויפג לבו (בראשית מה) מפיגין טעמן (ביצה דף יד.) וריחו לא נמר (ירמיה מח) מתרגמינן וריחו לא פג: **גמ' רבנן.** תלמידי דרב פפא אמרו כך לפניו: **הא.** מתני' דלא תנן בה שני קידושים בטבילה ראשונה: **דלא כר"מ.** דפליג במתני' בטבילה שניה אדרבנן שהיו מקדימין קידוש לפשיטה והוא הקדים פשיטה לקידוש דתנן ר' מאיר אומר פשט וקידש ושמעינן מיניה דס"ל דשני קידושין שהולרך הכתוב בין בגד לבגד כדיליף לקמן תרוייהו משום לבישת בגדים המתחלפים תחת הראשונים הוא וקאמרי מתני' לאו דכוותיה תנן דלאי ר"מ בטבילה ראשונה נמי ניבעי תרי קידושי דהא בגדי קדש הוא בא ללבוש: **חד אפשיטה.** והלכך הכא דפשיטה דבגדי חול היא לא בעיא קידוש והכא גבי טבילה שניה שנחלק ר' מאיר להקדים פשיטה לקידוש לאו משום דס"ל קידוש ראשון [א] שכל טבילה מחמת לבישה בא אלא בגזירת הכתוב פליגי: **ופשט ורחץ ורחץ ולבש.** ופשט את בגדי הבד אשר לבש וגו' וסמיך ליה ורחץ את בשרו במים במקום קדוש ולבש את בגדיו והטיל הכתוב רחילה בין פשיטה ללבישה והאי ורחץ דרשינן ליה לקמן לענין קידוש וילפינן מיניה תרי קידושי דהדין ורחץ אופשט ואולבש כאילו כתיב ורחץ תרי זימני: **ר"מ סבר מקיש.** קידוש פשיטה לקידוש של לבישה מה לבישה לובש ואח"כ מקדש קידוש השני כדאמרינן לקמן הכל מודים בקידוש שני כשהוא לבוש מקדש ויליף לה מקראי אף קידוש של פשיטה פושט ואח"כ מקדש ורבנן סברי מה לבישה כשהוא לבוש מקדש ולדברי הכל קידוש בתרא אחר לבישה אף פשיטה כשהוא לבוש בגדים שהוא בא לפשוט מקדש ואח"כ פושט: **ומי מצית אמרת.** דלא מצריך ר"מ לטבילה ראשונה תרי קידושי: **והתניא כו'.** (ד)[ג] וגם טבילה ראשונה תניא מדלא מצרכו ליה רבנן אלא חד קידוש אלא טעמא דר"מ משום דקסבר תרוייהו משום בגדים שהוא לובש הוה: **אמר להו אי תניא.** בהדיא דמצריך ליה תרי קידושי תניא ומההיא איכא למשמע דטעמא דר"מ משום תרוייהו אלבישה אבל אי לא אשכחיתו מתני' בהדיא לא הוה שמעינן ליה מפלוגתא דטבילה שניה דמתני' (ה) איכא לפרושי כדאמרינן להו:

עשרה

תוספות

הרא"ש י"ח טפחים והלא הגולר הוא יותר מטפח ושליש ליסתכל דלרון למטה מי' ובפרק מי שהוליאוהו (עירובין ד' מח.) נמי אמרינן דמקומו של אדם ד' אמות ומפרש דגופו ג' אמות ואמה כדי שיטול חפץ אחת מרלשותיו כו' היינו נמי גופו ג' אמות שלימות ואמה העודפת בשביל ראשו וכדי שיפשוט ידיו למעלה מראשו ולא"ת א"כ היה עין עיטם גבוה יותר מכ"ג שאם לא היה אלא כ"ג א"כ היו המים יולאין לחוץ הא לא קשיא דודאי עין עיטם לא היה אלא כ"ג אבל החקק של בית הטבילה היה גבוה יותר מג' אמות אף על פי שהמים עולים למעלה כשנכנס לתוכו לא היו יולאין לחוץ אי נמי אפילו אם היו יולאים היו מיד באים אחרים תחתיהן מעין עיטם ואין להקשות דכיון דאמר בכל דוכתא דמקום האדם הוי רוחב אמה היכי טביל בכלי שאינו אלא אמה על אמה דלאמתא באמתא היכי יתיב וי"ל הא דקאמר מקום האדם הוא דהוי רחב אמה היינו כשהוא לבוש חלע דגבי כוכין אמרינן רחבו ו' טפחים והכא מכניסין הארון והמת בארון*: **כיון** דשישא הוא במשהו עבדי ליה. למעזיבה וכיון למעזיבה דשישא דקה היא מאד לא בעי נמי אמה תקרה אלא משהו:

[וע"ע תוס' פסחים קט: ד"ה אמה]

כדאמר רב כהנא כדי שיכיר כ"ג שעבודת היום של בוץ. לקמן גבי הביאו לו בגדי לבן תימה מאי שנא דאמרה למילתיה אסיפא ולא ארישא וי"ל דארישא לא חשש לאומרו דפשיטא דלריך היכירא שלא יטעה וילבש כל ח' בגדים כדרך שהוא עושה כל ימות השנה כשהוא פושט בגדי חול שהוא לובש כל ח' בגדים ולכך פרסו בגדי בוץ כדי שיכיר שהיום אין לו ללבוש בגדי בוץ עם בגדי זהב אלא בפני עלמם אבל בסיפא שהוא פושט בגדי זהב ויש לו ללבוש בגדים אחרים סד"א דלא הוה לריך היכירא דודאי לא אתי למיטעי ועוד סד"א כיון דכבר פירסו פעם אחת סדין של בוץ כדי שיכיר וכו' סגי בהכי להכי אילטריך רב כהנא לפרש דהרי היכירא הוו עבדי: **ופשט** ורחץ ורחץ ולבש. וה"ג אמרי' בפ' איזהו נשך (ב"מ ד' סא.) את כספך לא תתן לו בנשך ובמרבית לא תתן אכלך ותימה דבפ"ק דקידושין (ד' לב:) אמרינן ות"ק אי ס"ד כדאמר ר"י הגלילי לכתוב רחמנא מפני שיבה תקום והדרת פני זקן וכו' ולמאי לא נימא אע"ג דלא כתיב תקום והדרת אלא חד זימנא נימא דקאי לפניו ולאחריו כי הכא וי"ל התם לא שייך תקום על פני אלא על מפני כמו לא תוכל לקום מפני (בראשית לא) והדרת לא שייך אמפני אלא על פני כדכתיב (איכה ה) פני זקנים לא נהדרו והיא דחמשה פסוקים שאין להם הכרע לקמן אפרש בפרק הוליאו לו (דף נב.): גמירי

רבינו חננאל

שער המים: **פרסו** סדין של בוץ כו'. כדי שיהא זכור שעבודת היום בבגדי בוץ. סוגיא דשמועה זו ה' טבילות וי' קדושין הן לרבנן כשהוא לבוש בגדי קדש בין בגדי זהב בין בגדי לבן עומד בבגדי הקדש עליו מקדש ידיו ורגליו ופושט וטובל ועולה ולובש ומקדש ידיו ורגליו ועובד עבודתו. ולר' מאיר תרי קידושי אלבישה עביד להו. כיצד פושט ומקדש וטובל ולובש ומקדש על כל טבילה ב' קדושין מיהו לרבנן בטבילה הראשונה כשפושט בגדי חול ולובש בגדי קודש אינו מקדש אלא קדוש אחד בלבישה בלבד. נשאר להן קדוש אחד תשלום העשרה כשמשלים העבודה כולה וצריך לפשוט בגדי קדש מקדש ידיו ורגליו ואח"כ פושט בגדי קדש ולובש בגדי

תוספות ישנים

כדאמר רב כהנא כדי שיכיר שעבודת היום בבגדי בוץ. לקמן בפירקין קאמר לה רב כהנא נמי (גבי) א) הך מילתא [גבי סיפא] והא דלא אמרה הכא ב) משום דדרך עבודת תמיד לעשות בבגדי זהב והך דלקמן מיירי בבגדי בוץ ואתי שפיר טפי למימר לקמן מ"מ כולן היו מענין אחד: **פושט** ואח"כ מקדש. דלא מסתברא ליה לרבי מאיר שיעשה הקידוש קודם שמעשה שיהא עשל קודש לעיקר ולרבנן לא מסתברא שיעשה קידוש ערום בעזרה אבל לרבי מאיר לריך הוא לעשותו בעזרה אלא שיכסה עלמו בשום דבר ג) ואין קידוש אלא בכלים כדאמר קדש בכלי שרת בחוץ או בכלי חול כשרים ועבד עבודתו פסולה: **מה** לבישה לובש ואח"כ מקדש. כדאמר רב אחא בר יעקב לקמן הכל מודים בקידוש שני שלובש ואח"כ מקדש כו': **אי** תניא תניא. תימה כיון דרבי מאיר פליג ארישא מ"ט לא פליג בסדיא ברישא בברייתא וי"ל דמההיא ברייתא לא הוה ש"מ יעשה שני קידושין בפשיטה הראשונה שהיה לבוש בגדי קודש תחילה דהתיא לעיל מיירי שלובש היה בגדי חול ד):

מסורת הש"ס

לקמן לה.

לעיל טו. חולין כט.

[לקמן לד:]

[שבת קטז: וש"נ]

הגהות הב"ח

(א) גמ' את הראש ואת האברים ואת החביתין: (ב) רש"י ד"ה וקידש כו' קידוש לפשיטה וקידוש ללבישה: (ג) ד"ה קטורת של שחר היתה כו' נ"ב עיין בתוס' (ד) ד"ה והתניא כו' וגבי טבילה ראשונה: (ה) ד"ה אמר להו כו' טבילה שניה דמתני' דאיכא לפרושי:

הגהות מהר"ב רנשבורג

[א] רש"י ד"ה חד אפשיטה וכו' לאו משום דס"ל קידוש ראשון שכל טבילה. נ"ל שלפני טבילה: [ב] ד"ה והתניא וכו' וגבי טבילה ראשונה וכו' אלא חד קידוש אלא טעמא דר"מ וכו' כצ"ל:

א) נ"ל כהך : ב] נ"ל משום דהכך עבודה דינם לעשות כו' : ג) נ"ל דאין : ד) עיין בריטב"א שהדברים מבוארים שם · ועי' ש"י :

למה

§ מסכת יומא דף לא: §

אות א'

<u>כדי שיכיר שעבודת היום בבגדי בוץ</u>

רמב"ם פ"ד מהל' עבודת יוה"כ ה"א - כשיגיעו לשחוט את התמיד, פורסין סדין של בוץ בין כהן גדול ובין העם, ולמה של בוץ, כדי שיכיר שעבודת היום בבגדי בוץ.

אות ב'

<u>פשט ירד וטבל עלה ונסתפג</u>

רמב"ם פ"ב מהל' עבודת יוה"כ ה"ב - כיצד, בתחלה פושט בגדי חול שעליו וטובל, ועולה ומסתפג ולובש בגדי זהב ומקדש ידיו ורגליו, ושוחט את התמיד, ומקטיר קטורת של שחר של כל יום, ומטיב את הנרות, ומקטיר איברי התמיד עם החביתין והנסכים, ומקריב הפר ושבעה כבשים של מוסף היום.

אות ג'

<u>ומירק אחר שחיטה על ידו</u>

רמב"ם פ"ד מהל' עבודת יוה"כ ה"א - ופושט בגדי חול וטובל ולובש בגדי זהב ומקדש ידיו ורגליו, ושוחט בתמיד רוב שנים, ומניח אחר לגמור השחיטה, ומקבל הדם וזורקו על המזבח כמצותו.

אות ד'

<u>אם היה כהן גדול זקן או איסטניס, מחמין לו חמין ומטילין לתוך הצונן, כדי שתפיג צינתן</u>

רמב"ם פ"ב מהל' עבודת יוה"כ ה"ד - היה כהן גדול זקן או [א]חולה, [ב]מלבנין עששיות של ברזל באש מבערב, ולמחר מטילין אותן במים כדי להפיג צינתן, שאין שבות במקדש, או מערבין מים חמין במי המקוה עד שתפיג צינתן.

באר הגולה

א ‹לשון המשנה זקן או אסטניס, ורבינו העתיק חולה, נראה שנתכוון לאשמועינן דאסטניס דקתני היינו שיחלה על ידי טבילה במים קרים דוקא, הא לאו הכי אין מחממין כלל, דלא התירו השבות אלא היכא דלא אפשר, **ובזה** תתורץ קושית הריב"ן פורנה שהביא הרב לחם יהודה וכ"כ בס' צרור החיים ז"ל, דרבינו פסק בפ"ד דקידוש החודש, דאין מושיבין כהן גדול בעיבור שנה משום צנה, דהיינו ביום הכיפורים, והרי היו מחממין לו הטבילה, **והדבר** מבואר, דדוקא לזקן או חולה התירו להחם ולא לאחריני, ולא רצו לחלק בעיבור השנה – מעשה רקח› ב ‹ברייתא דף ל"ד:›

§ מסכת יומא דף לב. §

אות א׳

כי פשיט בגדי קדש ולביש בגדי חול, עביד ליה התם

רמב״ם פ״ב מהל׳ עבודת יוה״כ ה״ב - ומקדש ידיו ורגליו, ופושט בגדי זהב ולובש בגדי חול ויוצא.

תורה אור

עשרה קידושין אלא לרבנן תשעה הוו אמרי לך רבנן קידושא בתרא *כי פשיט בגדי קדש ולביש בגדי חול עביד ליה התם *ת"ר °ובא אהרן אל אהל מועד למה הוא בא אינו בא אלא להוציא את הכף ואת המחתה (*שכל) הפרשה כולה נאמרה על הסדר חוץ מפסוק זה מאי טעמא אמר רב חסדא גמירי *חמש טבילות ועשרה קידושין טובל כהן גדול ומקדש בו ביום ואי כסדרן לא משכחת להו אלא שלש טבילות וששה קידושין תניא אמר ר' יהודה מנין לחמש טבילות ועשרה קידושין שטובל כהן גדול ומקדש בו ביום ת"ל ובא אהרן אל אהל מועד ופשט את בגדי הבד ורחץ בשרו במים במקום קדוש ולבש את בגדיו ויצא ועשה הא למדת שכל המשנה מעבודה לעבודה טעון טבילה אמר רבי מנין לחמש טבילות ועשרה קידושין שטובל כהן גדול ומקדש בו ביום שנאמר °כתונת בד קודש ילבש ומכנסי בד יהיו על בשרו ובאבנט בד יחגור ובמצנפת בד יצנוף בגדי קדש הם ורחץ במים את בשרו ולבשם הא למדת שכל המשנה מעבודה לעבודה טעון טבילה ואומר בגדי קדש הם הוקש כל הבגדים כולן זה לזה וחמש עבודות הן תמיד של שחר בבגדי זהב עבודת היום בבגדי לבן אילו ואיל העם בבגדי זהב כף ומחתה בבגדי לבן תמיד של בין הערבים בבגדי זהב ומנין שכל טבילה וטבילה צריכה שני קידושין ת"ל ופשט ורחץ ורחץ ולבש ר"א ברבי שמעון אומר ק"ו ומה במקום שאין טעון טבילה טעון קידוש מקום שטעון טבילה אינו דין שטעון קידוש אי מה להלן קידוש אחד אף כאן קידוש אחד ת"ל °ובא אהרן אל אהל מועד ופשט את בגדי הבד אשר לבש *מה ת"ל אשר לבש כלום אדם פושט אלא מה שלבש אלא להקיש פשיטה ללבישה מה לבישה טעון קידוש אף פשיטה טעון קידוש א"ר יהודה מנין לחמש טבילות ועשרה קידושין שטובל כהן גדול ומקדש בו ביום תלמוד לומר ובא אהרן אל אהל מועד ורחץ את בשרו במים במקום קדוש הא למדת שכל המשנה מעבודה לעבודה טעון טבילה אשכחן מבגדי לבן לבגדי זהב מבגדי זהב לבגדי לבן מנין

תנא

ויקרא טז | שם | שם

רש"י

עשרה קידושין. לחמש טבילות: **חמשה הוו**. דחסרא ליה טבילה ראשונה חד קידוש: **אמרי לך רבנן**. קידוש עשירי החסר כאן **קידושא בתרא**. כשגמר עבודת כל היום ופושט בגדי קודש ולובש בגדי חול: **עביד ליה התם**. כשבא לפשוט בגדי קודש דלדידן סבירא לן קידוש חד לפשיטה וחד ללבישה ולר' מאיר לא מקדש מידי שהרי אינו בא ללבוש בגדי קודש: **ובא אהרן אל אהל מועד**. נאמר אחר שגמר הקטרה ומתן דמים פר ושעיר: **למה הוא בא**. אל ההיכל הרי גמר עבודותיו אף במקרא זה לא פירש מה יעשה לשם: **אינו בא אלא להוציא כף ומחתה**. שהניח בין הבדים כדכתיב ונתן את הקטרת על האש וגו': **שכל הפרשה**. נאמרו המקראות על סדר העבודות (א) המתחלפות כסידרן בפרשה כך סדר עבודתם חוץ ממקרא זה שכתב הוצאת כף ומחתה עם עבודות הפנימיות ולא הפסיק עבודת אילו ואיל העם בנתיים והיה לו לכתוב בתחילה ויצא ועשה את עולתו וגו' ואח"כ ובא אהרן להוציא כף ומחתה ואח"כ ופשט את בגדי הבד והניחם שם ורחץ את בשרו במים ולבש את בגדיו שמונה של כל השנה ועשה המוספין ותמיד של בין הערבים: **מאי טעמא**. צריך להפסיק באילו ואיל העם בין עבודת היום להוצאת כף ומחתה: **אמר רב חסדא גמירי**. הלכה למשה מסיני: **חמש טבילות**. בו ביום: **ואי כסידרן**. של עבודות כתיב מקרא זה: **לא משכחת בהן אלא שלש טבילות**. אחת לתמיד של שחר ואחת ביה ובין עבודת היום כולה עם הוצאת כף ומחתה ואחת בין הוצאת כף ומחתה לאילו ואיל העם ועמהם המוספין ותמיד של בין הערבים לפיכך צריך להפסיק אילו ואיל העם בין עבודת היום להוצאת כף ומחתה והוצאתן תפסיק בין אילו ואיל העם לתמיד של בין הערבים הרי חמש תמיד של שחר בבגדי זהב עבודת היום בבגדי לבן אילו ואיל העם בבגדי זהב על המזבח החיצון הוצאת כף ומחתה בבגדי לבן ומוספין ותמיד של בין הערבים בבגדי זהב: **ולבש את בגדיו**. שמונה בגדים המיוחדים לו כל ימות השנה: **מעבודה לעבודה**. מעבודת פנים לעבודת חוץ וה"ה מחוץ לפנים ולקמן מסיים מילתיה וקתני חמש עבודות הוו הרי חמש טבילות: **כתונת בד קודש ילבש ורחץ במים וגו'**. הרי כשהוא משנה מעבודת התמיד להתחיל בעבודת היום שהיא פנימית כדכתיב בתריה ולקח את שני השעירים וגו' וכוליה ענינא: **ואומר בגדי קדש הם**. בתוך מקרא זה עצמו (ב) לדרוש יש לך שלש תיבות הללו שהן יתירות סלן ולקמיה מפרש מאי דרשה: **וחמש עבודות הן**. אתיא בין לרבי בין לר"י: **ת"ל ופשט ורחץ וגו'**. הך מילתא רבי קאמר לה דגמר טבילות מורחץ במים דכתיב בבגדי לבן ואייתר ליה האי קרא דר"י ודריש לה לקידושין ופשט ורחץ ורחץ ולבש הטיל הכתוב ורחץ בין ופשט ולבש ליתן רחילה לפשיטה ורחילה ללבישה: **מה מקום שאין טעון טבילה**. כל ימות השנה הבא לעבוד אין טעון טבילה מן התורה אלא מדברי סופרים לזכור טומאה ישנה: **טעון קידוש**. דכתיב (שמות מ) בבואם אל אהל מועד ובקרבתם אל המזבח ירחצו: **מקום שטעון טבילה**. ביוה"כ לכל חליפות בגדים: **מה לבישה טעון קידוש**. דנפקא לן מק"ו מטבילה כדאמרן ומופשט ורחץ לא דריש ר"א בר"ש שטעון קידושין דמיבעי ליה לטבילה (ג) להחליף בבגדי זהב כר' יהודה:

תוספות

גמירי חמש טבילות וכו'. תימה לי אי הלכתא קרא למה לי לקמן וי"ל אי לאו קרא הוה אמינא חמש טבילות יטבול אפילו בזה אחר זה כולם ביחד להכי אצטריך קרא דכשהוא משנה מעבודה לעבודה טבל להו ואי לאו הלכתא הוה אמינא אינו משנה מעבודה לעבודה אלא ג' פעמים דהוו להו ג' טבילות ותו לא: **ואי** כסדרן לא משכחת להו ה' טבילות. וא"ת ומנלן דהאי קרא שלא על הסדר נאמר טפי משאר קראי דילמא קטורת דיום הכפורים שלא על הסדר נאמר ומשכחת לה ה' עבודות תמיד של שחר בבגדי זהב קטורת דיוה"כ בבגדי לבן אילו ואיל העם בבגדי זהב עבודת היום בבגדי לבן מוספין ותמיד של בין הערבים בבגדי זהב וי"ל אם איתא דלא הוה הפסק בין הוצאת כף ומחתה לעבודת היום שלפניה למה נאמר בה ובא אהרן והא התם קאי אלא ש"מ משום דאפסקה בעבודה חיצונה להכי כתב ובא וא"ת א"כ לימא משום דכתיב ובא אהרן ש"מ שלא על הסדר נאמר ומאי איצטריך רב חסדא למימר טעמא משום דגמירי ה' טבילות וי"ל דה"א גזירת הכתוב הוא שיוציא כף ומחתה לאחר גמר עבודת פנים ושוב חוזר לפנים ופושט את בגדי הבד והניחם שם ושוב יוצא ועושה אילו ואיל העם ומוספין ותמיד של בין הערבים וא"ת ואימא דהאי ובא אהרן לאו להוציא כף ומחתה אלא להפסיק בעבודת פנים ונימא ובא אהרן להקטיר קטורת או להזאת פר ושעיר ואי משום ה' טבילות נימא דמפסיק באילו ואיל העם בין קטורת להזאות אבל הוצאת כף ומחתה מנלן דעבודה היא להצריך לה טבילה בפני עצמה י"ל משום דבכך כתב בכולהו עבודות היום ובא והביא אבל הוצאת כף ומחתה לא כתיב להכי איכא למימר דבהוצאת כף ומחתה איירי: **ומה** במקום שאין טעון טבילה טעון קידוש וכו'. ליכא למימר טמא ליכנס לעזרה יוכיח שטעון טבילה ואין טעון קידוש די"ל מה להתם שאינו עובד תאמר ביוה"כ שהוא רוצה לעבוד: **מה** לבישה טעון קידוש אף פשיטה. ואם תאמר והא לבישה גופה בק"ו אתיא ובעיא היא בפרק איזהו מקומן (זבחים דף נ:) למ"ד בתר מלמד אזלינן אי דבר הבא בק"ו חוזר ולמד בהיקש בקדשים וי"ל דהני מילי בקדשים °כגון קרבנות גופייהו:

תנא

עין משפט נר מצוה

כג א מיי' פ"ב מהלכות עבודת יוה"כ ה"ב:

רבינו חננאל

תול: אמר רב חסדא גמירי ה' טבילות וי' קידושין כ"ג טובל ומקדש בו ביום ואם תעשה העבודות כמה דכתיבי קראי בשחר כשיוצא לעשות תמיד של שחר בגדי זהב צריך טבילה כמו בכל יום ויום כדכתיב בבואם אל אהל מועד *) ירחצו מים ולא ימותו או בגשתם אל המזבח לשרת להקטיר אשה לה'. הנה טובל בתמיד של שחר. בא לעשות עבודת היום בבגדי לבן צריך טבילה אחרת כדכתיב כתונת בד קודש ילבש ומכנסי בד יהיו על בשרו וגו' עד בגדי קודש הם ורחץ במים את בשרו ולבשם הנה ב' טבילות. ולובש בגדי לבן ועובד כל עבודת היום. וכתיב ובא אהרן אל אהל מועד ופשט את בגדי הבד אשר לבש בבואו אל הקודש והניחם שם ורחץ את בשרו במים במקום קדוש. הנה ג' טבילות. ולבש את בגדיו ויצא ועשה את עולתו ואת עולת העם וגו' שלמה עבודת יוה"כ בין עבודת פנים בין עבודת חוץ אלא ובא אהרן אל אהל מועד שלא על הסדר הוא כתוב. וכך סידור הענין תמיד של שחר בבגדי זהב. עבודת היום בבגדי לבן. אילו ואיל העם בבגדי זהב על מזבח החיצון. ואח"כ ובא אהרן אל אהל מועד להוציא את הכף ואת המחתה בבגדי לבן. תמיד של בין הערבים והקטרת והנרות בבגדי זהב. הנה ה' עבודות. וכל המשנה מעבודה לעבודה צריך טבילה הנה ה' טבילות. ומנ"ל שעל כל טבילה ב' קידושין שנאמר ופשט ורחץ ורחץ ולבש דרוש הרחיצה עם הפשיטה ועם הלבישה כלומר תן רחיצה לפשיטה ותן רחיצה ללבישה. פי' מקום שאין טעון טבילה כגון בשעת העלאת אברין לכבש וכן מן הכבש למזבח וכיוצא

*) הדבר צ"ע דהלא קרא בקידוש מיירי אבל בטבילה דשחרית אינו מפורש בכתוב כלל ועי' לעיל ל' דלר"י אינו אלא סרך טבילה ומדרבנן ומצוה ליישב.

תנא

מסורת הש"ס

[לקמן ע:]

[צ"ל וכל]

[לקמן עא. וש"נ] (זבחים יט:)

לקמן עא.

הגהות הב"ח

(א) רש"י ד"ה אינו בא כו' על סדר העבודות המתחלפות כסידרן: (ב) ד"ה ואומר בגדי קדש הם. בתוך מקרא זה עצמו יש לך שלש תיבות הללו שהן יתירות לדרוש כו' ולקמיה מפרש: (ג) ד"ה מה לבישה כו' דמיבעי ליה לטבילה כשבא להחליף מבגדי לבן לבגדי זהב כר' יהודה:

גליון הש"ס

תוס' ד"ה מה לבישה וכו' כגון קרבנות גופייהו. עי' לעיל דף כג ע"ב תוס' ד"ה ולבש:

תוספות ישנים

למה הוא בא. כי אין לומר שבא שם כדי לפשוט בגדיו ולהניחם לפנים דהא ודאי מסתמא אין מצוה להניח בגדיו ולפושטם לפנים דוהניחם שם אינו משמע שיניחם שם אלא שלא

כפרתן

ישתמשו בהם עוד דהא איכא נמי דאמר שכשרין לכהן הדיוט: ה"ג וכל הפרשה. ול"ג שבכל הפרשה: גמירי חמש טבילות כו'. לאו הכי גמירי להו דחמש הן דמקרא נפקא אלא שינוי עבודות גמירי להו וממילא יש בין כל אחת ואחת טבילה אבל בהלכה למשה מסיני לא הוזכר טבילות: מקום שטעון טבילה אינו דין שטעון קידוש. וליכא למימר דאדרבה טבילה במקום קידוש דכיון שיש טבילה לא יצטרך קידוש דהא טבילה איכא במים כמו קידוש שהיה במי הכיור: מה לבישה טעון קידוש כו'. פי' בקונטרס כדאמר בק"ו דלבישה טעון קידוש ואין נראה לר' שמואל דדבר הלמד בק"ו אי חוזר ומלמד בהיקש איבעיא לן בפרק איזהו מקומן (דף נ:) (מה א) דלים ליה לרב ספא דהתם ולא איפשיטא אלא ה"פ מה לבישה של שחרית טעון קידוש כדאמרינן לעיל ונפיק לן מקרא דלקמן בשמעתין בבואם אל אהל מועד ובקרבתם אל המזבח ירחצו וגו' ור"ת אומר דלאו קושיא היא דכל אותם שאומר שם בתלמוד בריש איזהו מקומן אינו אלא בקדשים דוקא ולא בגדי קודש:

א) צ"ל דלים.

עין משפט נר מצוה

כד א מיי' פ"ד מהלכות עבודת יוה"כ הלכה א:

כה ב מיי' פ"א מהלכות שחיטה הלכה ט סמג עשין סג טור ש"ע י"ד סי' כא סעיף א:

כו ג מיי' פ"א מהלכות עבודת יוה"כ הלכה ב:

תנא דבי רבי ישמעאל קל וחומר מה בגדי זהב שאין כהן נכנס בהן לפני ולפנים טעון טבילה בגדי לבן שנכנס בהן לפני ולפנים אינו דין שטעון טבילה איכא למפרך מה לבגדי זהב שכן כפרתן מרובה אלא נפקא ליה מדרבי אמר רבי מנין לחמש טבילות ועשרה קידושין שטובל כהן גדול ומקדש בו ביום ת"ל כתנת בד קודש ילבש הא למדת שכל המשנה מעבודה לעבודה שטעון טבילה אשכחן מבגדי זהב לבגדי לבן מבגדי לבן לבגדי זהב מנין תנא דבי רבי ישמעאל ק"ו מה בגדי לבן שאין כפרתן מרובה טעונין טבילה בגדי זהב שכפרתן מרובה אינו דין שטעונין טבילה איכא למפרך מה לבגדי לבן שכן נכנס בהן לפני ולפנים היינו דקתני ואומר בגדי קודש הם ורחץ את בשרו במים ולבשם וחמש עבודות הן תמיד של שחר בבגדי זהב עבודת היום בבגדי לבן אילו ואיל העם בבגדי זהב כף ומחתה בבגדי לבן תמיד של בין הערבים בבגדי זהב ומנין שכל טבילה וטבילה צריכה ב' קידושין תלמוד לומר ופשט ורחץ ורחץ ולבש האי בטבילה כתיב אם אינו ענין לטבילה דנפקא ליה מבגדי קדש הם תנהו ענין לקידוש וליכתביה רחמנא בלשון קידוש הא קמ"ל דטבילה כקידוש מה קידוש במקום קדוש אף טבילה במקום קדוש ורבי יהודה קידוש מנא ליה נפקא ליה מדרבי אלעזר בר' שמעון אמר רב חסדא הא דרבי מפקא מדר' מאיר ומפקא מדרבנן מפקא מדרבנן דאילו רבנן אמרי כשהוא לבוש מקדש ואיהו אמר כשהוא פושט מקדש ומפקא מדר' מאיר דאילו ר"מ אמר הך קידוש בתרא כשהוא לבוש מקדש ואיהו אמר כשהוא פושט מקדש *אמר רב אחא בר יעקב הכל מודין בקידוש שני שלובש ואחר כך מקדש מ"ט דאמר קרא °או בגשתם אל המזבח °מי שאינו מחוסר אלא גישה יצא זה שמחוסר לבישה וגישה א"ל רב אחא בריה דרבא לרב אשי לא רב חסדא אית ליה דרב אחא ולא רב אחא אית ליה דרב חסדא דאם כן לרבי הוו ליה חמשה קידושין: הביאו לו את התמיד קרצו וכו': מאי קרצו אמר עולא לישנא דקטלא הוא אמר רב נחמן בר יצחק מאי קרא °עגלה יפהפיה מצרים קרץ מצפון בא בא מאי משמע כדמתרגם רב יוסף מלכא יאי הוה מצרים עממין קטולין מציפונא ייתון עלה קרצו בבמה אמר עולא ברוב שנים וכן אמר ר' יוחנן ברוב שנים ואף ריש לקיש סבר ברוב שנים *דאמר ריש לקיש וכי מאחר ששנינו רובו של אחד כמוהו למה שנינו רוב אחד בעוף ורוב שנים בבהמה לפי ששנינו הביאו לו את התמיד קרצו ומירק אחר שחיטה על ידו וקיבל את הדם וזרקו יכול לא מירק יהא פסול אם כן הויא ליה עבודה באחר (*ותנן) *כל עבודות יום הכפורים אינן כשרות אלא בו הכי קאמר יכול יהא פסול מדרבנן לכך

*[נ"ל ותניא]

תורה אור: שמות ל · ירמיה מו

רש"י

כפרתן מרובה. שמשמש בהן כל ימות השנה אבל עבודת פנים דיום הכפורים אינה מכפרת אלא על טומאת מקדש וקדשיו כדאמרינן בשבועות (דף ז:): נפקא ליה מדרבי. כתונת בד קדש ילבש ורחץ במים ולבשם: א"ר וכו'. לפרושי מתניתא דלעיל קא מהדר: היינו דקתני. במילתא דרבי ואומר בגדי קדש הם והכי דריש ליה תלה הכתוב טעם הטבילה בשביל שהם בגדי קדש ללמדך שכל חליפות בגדי קדש בו ביום טעונין טבילה ובגדי זהב גם הם קדש: האי בטבילה כתיב. דהא כתיב בשרו: הכי גרסינן אם אינו ענין לטבילה דנפקא ליה מבגדי קדש הם תנהו לענין קידוש: הא קמ"ל. מדאפקי' בלשון טבילה דילפינן טבילה מיניה: מה קידוש במקום קדוש. כדכתיב בה במקום קדוש אף טבילות הבאות מחמת מחלפות היום במקום קדוש אבל טבילה ראשונה לא ילפת מיניה דהא לאו דאורייתא היא: ור' יהודה. דמפקא ליה להאי קרא לטבילת בגדי זהב לא דריש בגדי קדש הם קידוש מנא ליה: אמר רב חסדא כו'. קסבר רב חסדא דוקא א"ר ופשט ורחץ ורחץ ולבש שני קידושין בין פשיטה ולבישה אחד לפני טבילה ואחד לאחריה קודם לבישה: מפקא מדר' מאיר. מולאת היא מכלל דבריו של ר"מ לא סבירא ליה כר"מ דאע"ג דאמרינן במתניתין פשט וקידש ידיו ורגליו דס"ל קידוש שלפני הטבילה אחר פשיטה הוא פליג עליה מיהא בקידוש שני דקאמר אחר לבישה הוא כדקתני ברייתא דר"מ לעיל לבש קידוש ידיו ורגליו: הכל מודים. ואפילו רבי שהקידוש הסמוך לפני העבודה כשהוא לבוש מקדשו: לא רב חסדא. דאמר מילתיה דרבי דוקא בעי שני קידושין בין פשיטה ללבישה: אית ליה דרב אחא. דאמר קידוש אחר לבישה בעינן: לא רב אחא. דבעי קידוש סמוך לעבודה: אית ליה דרב חסדא. דבעי לרבי שני קידושין כשהוא ערום דאם כן דאית להו בהדדי הוו ליה לרבי ג' קידושין בכל טבילה ב' כשהוא ערום ואחד כשהוא [לבוש]: ברוב שנים. הכשר שחיטה בגלמוס: וכי מאחר ששנינו. בשחיטת חולין ורובו של אחד כמוהו ממילא שמעינן רוב שנים כשנים: למה שנינו. בגמרא רוב אחד בעוף וכו': יכול יהא פסול מדרבנן. הואיל וכל עצמו לדם הוא צריך פסול וכי תנן רובו של אחד כמוהו בחולין תנן: לכך

תוספות

תנא דבי ר' ישמעאל ק"ו מה בגדי זהב כו'. תימה ותנא דבי רבי ישמעאל גופיה הכא גמר בגדי לבן מבגדי זהב ולקמן תנא דבי רבי ישמעאל [איפכא וי"ל דתנא דבי רבי ישמעאל] גמר טבילה מבגדי לבן לבגדי זהב כר"י ומבגדי זהב לבגדי לבן כרבי וקאמר למה לי תרי קראי ניכתוב חד וניתי אידך מיניה והייט דקא דייק הי ניכתוב אי כתב בבגדי זהב לא אתו בגדי לבן בקל וחומר ומה בגדי זהב וכו' דאיכא למיפרך וכן איפכא:

נפקא ליה מדרבי אלעזר ברבי שמעון. ואם תאמר אם כן מאי איצטריך לעיל למימר דר"י נפקא ליה מדרבי טבילה בבגדי לבן ניתי נמי מדר' אלעזר ברבי שמעון להיקישא דמקיש פשיטה ללבישה ונימא הכי מה לבישה דבגדי זהב שהוא לובש טעון טבילה כדנפקא ליה לר"י מורחץ אף בגדים שהוא פושט (כהם) שהם של לבן כשהוא לובשן יהא טעון טבילה וי"ל אי אמרינן היקישא כי האי גוונא אז לא מצינו למיגמר מיניה קידוש לפשיטה דנימא הכי מה שהוא לובש שהם של זהב כשהוא לובשן טעון קידוש אף של לבן שהוא פושט כשהוא לובשן טעון קידוש ולא צריכא להאי דרשא דהאי קידוש ללבישת בגדי לבן מק"ו אתיא כמו קידוש לבגדי זהב וא"כ לא הוה דרשינן היקישא אלא לטבילת בגדי לבן אבל קידוש לפשיטה לא הוה נפקא לן הילכך איצטריך קרא לטבילה וממילא דרשינן היקישא לקידוש כדאמרן לעיל:

אם כן הויא לה עבודה באחר. ה"נ הוה מצי למיפרך אם כן הוי לה שחיטה בשנים כיון דאם לא מירק פסול ואם שנים שוחטין זבח אחד אפילו בזה אחר זה פסול כדמוכח בפרק השוחט (חולין דף כט.) וא"ת ומאי קשיא ליה מעבודה באחר הא בפ' טרף בקלפי (לקמן דף מב.) איכא מאן דמכשיר אפילו שחיטת פרו בזר ואפילו מאן דפסל הייט דוקא פרו דאתי לחובת היום דקאי עליה אהרן וחוקה אבל תמיד דלא שייך לחובת יום הכפורים לא קאי עליה אהרן וחוקה בשחיטה כיון דלאו עבודה היא ויש לומר דמכל מקום פסול מדרבנן וי"מ משום דמריקה צורך קבלה ולא נהירא דמי עדיף מיעוט סימן בתרא מרוב קמא ועוד י"מ כיון דהא דאמר שחיטה לאו עבודה היא הייט כמו שפירש רבינו יעקב מאורלינ"ש* לפי שנוהגת אף בחולין והאי מירוק אינו מעכב' בחולין א"כ הוי עבודה ולא יהא כשר אלא בו: למה

רבינו חננאל

בהן מן העבודות טעון קדוש ידים ורגלים וכו' בגדי זהב כפרתן מרובה כל השנה כולה בגדי לבן פעם [אחת] בשנה. דבי ר' ישמעאל מפיק לכל טבילה ב' קדושין. ובא אהרן אל אהל מועד ופשט וגו' ורחץ את בשרו ולבש זו רחיצה לפשיטה ורחיצה ללבישה ואקשינן האי ורחץ טבילה כל בשרו כדכתיב ורחץ את בשרו במים. ופרקינן אם אינו ענין לטבילה דנפקא ליה לטבילה מורחץ דכתיב בענין כתונת בד קדש. תנהו ענין זה הפסוק לקידוש ונכתביה רחמנא בלשון קידוש כלומר הוה ליה לקרא למכתב ורחץ ידיו ורגליו שהן לשון קידוש ונמר קדוש בפשיטה מן הלבישה. מ"מ כתב ורחץ את בשרו שהוא לשון טבילה ללמד כי *) הקידוש כטבילה מה טבילה במקום קדוש אף קידוש במקום קדוש. ור' יהודה גמר ב' קדושין לכל טבילה בק"ו כר' אלעזר ב"ר שמעון. אמר רב חסדא הא דרבי דדריש ופשט ורחץ ורחץ ולבש כלומר אחר שיפשוט בגדיו והוא עומד ערום מקדש ידיו ורגליו וטובל ועודנו ערום עוד מקדש ידיו ורגליו ואח"כ לובש נמצא לרבי ב' קדושין שעל הפשיטה ושעל הלבישה כשהוא ערום מקדש לפיכך אמרינן הא דרבי לא כרבנן דאוו דרבנן תרי קדושי כשהוא לבוש מקדש ולא כר' מאיר דאילו ר' מאיר מצריך ב' קדושין חד אפשיטה כשהוא ערום. מיהו השני שהוא על הלבישה אחר הלבישה מקדש. כדתנן ר' מאיר אומר פשט קידש ידיו ורגליו הביאו לו בגדי לבן ולבש וקידש ידיו ורגליו ומצאו לר' מאיר ה' קדושין פשוט וה' לבוש ור' אומר שניהם כשהוא פשוט מקדש לפיכך הא דרבי מפקא מדרבנן ומפקא מדר' מאיר. אמר רב אחא בר יעקב הכל מודים בקדוש שלאחר הטבילה כשהוא לבוש מקדש דאמר קרא בבואם אל אהל מועד ירחצו מים ולא ימותו או בגשתם אל המזבח לשרת. מי שאינו מחוסר שירות אחר קידוש ידים ורגלים אלא גישה אל המזבח. וא"ת פשוט מקדש יצא זה שמחוסר לבישה וגישה. ואסיקנא רב חסדא לית ליה הא דרב אחא בר יעקב דאמר הכל מודים דקידוש בתרא כשהוא לבוש מקדש. ולא רב אחא בר יעקב אית ליה הא דרב חסדא דא"כ הוו לרבי בה' טבילות בכל טבילה ב' קדושין כשהוא פשוט וקידוש אחר כשהוא לבוש הרי על כל טבילה ג' קדושין נמצא בה' טבילות ט"ו קידושין: הביאו את התמיד קרצו. פי' קרצו שחטו כדכתיב קרץ מצפון. קרצו ברוב שנים כלומר שחטו ברוב שני סימנים הוושט והקנה הוכשר ואפילו בקדשים ולית ביה שמץ פסול אפילו מדרבנן ומפני מה שנינו ומירק אחר שחיטה על ידו מכלל שאע"פ ששחט כ"ג רוב שנים צריך אחר למרק. כלומר להשלים לחתוך מיעוט הסימנים הנשארים משום דמצוה למרק. כלומר מצוה לחתוך תשלום הנותר בסימנים ולא נחתך.

*) נמ' הגי' להיסך דטבילה בקידוש ודברי רבינו צ"ע דבקידוש לא צריכן להקישא דבהדיא כתיב במקום קדוש וצ"ע.

מסורת הש"ס: זבחים יט: · חולין כט: · [לקמן עג. חולין כט: הוריות יב:]

גליון הש"ס

גמ' מי שאינו מחוסר אלא גישה. כעין זה חולין דף קלח ע"א וש"נ:

תוספות ישנים

תנא דבי ר' ישמעאל ק"ו. ולקמן קאמר ליה איפכא ותנא דבי רבי ישמעאל ידע שיש להקשות לאידך גיסא ולאידך גיסא ויש לו פסוקים ללמוד: שכן כפרתן מרובה כו'. פי' שכן מכפרים כרבה כל הבנה כולה והקומצים פי' שמכפרים על כל עבירות של (אשם זב וחטאת) כל השנה לא אתי שעיר דהא איכא שעיר כמשתלח שהגרלתו ווידוין הוו כבגדי לבן מכוון שמכפר על כל עבירות. ריב"א. האי דקאמר הכא ק"ו אליבא דרבי יהודה אע"ג דלית ליה לעיל ק"ו דר"א דילמא היינו דמשום דיוה"כ גופיה אית לן למיעבד ק"ו ותדא מילתא היא כדפי' לעיל: הביאו לו תמיד. אע"ג שיש שאר עבודות שהם לפני שחיטה ואינן כשרות אלא בכה"ג כדאמר לקמן (מ"ח א) נקט בסדר התמיד מילתיה: להיטיב את הנרות. פני כרות ואליבא דרבנן דאמרי כפ"ק (דף יד:) דקטורת מפסיק להו: את הראש והאברים. ראש לא הוי בכלל אברים כדתניא ונתח לותה לנתחיו ולא את הראש שכבר הותו בשחיטה: ואת החביתים. ומנחה וסולת בכלל חביתים: לישנא דקטלא. ולפי שלא גמר כל שחיטה נקט האי לישנא: דכל עבודות יום הכפורים אינן כשרות אלא בו. ומדרבנן אפילו שחיטה ב) מיירי ולא בתרומת הדשן דמקמה כל כך לא שייכא לעבודת התמיד:

א) צ"ל נקט תמיד מילתא דמשיכא טפי: ב) אפי' שחיטה הפ"ד ולא מיירי בתה"ד דמקמה דלא שייכא כ"ב לעבודת התמיד כצ"ל ועי' ש"י.

§ מסכת יומא דף לב: §

אות א'

ברוב שנים

רמב"ם פ"ד מהל' עבודת יוה"כ ה"א - ושוחט בתמיד רוב שנים, ומניח אחר לגמור השחיטה.

אות ב'

רובו של אחד כמוהו

יו"ד סימן כא ס"א - כמה הוא שיעור השחיטה (של) הקנה והוושט; השחיטה המעולה, שיחתכו שניהם בין בבהמה ובין בעוף, לזה יתכוין השוחט; ואם שחט רוב אחד מהם בעוף, ורוב שנים בבהמה ובחיה, שחיטתו כשרה, ובלבד כשימדדו אותו ימצאו שהנשחט הוא רוב; וכיון שימצאו שהנשחט יותר מחצי, אפילו כחוט השערה, דיו -

‹וכתב בט"ז, מאחר דהרבה פוסקים ס"ל דלא מהני מדידה, רק רוב הנראה לעינים, יש להחמיר במקום שאין הפסד מרובה, **ועיין** פר"ח ובה"י שהחמירו אפי' בהפסד מרובה - באר היטב›.

אות ג'

כל עבודות יום הכפורים אינן כשרות אלא בו

רמב"ם פ"א מהל' עבודת יוה"כ ה"ב - עבודת כל חמש עשרה בהמות אלו הקריבין ביום זה, [א]אינה אלא בכהן גדול בלבד, אחד כהן המשוח בשמן המשחה או המרובה בבגדים; ואם היתה שבת, אף מוסף שבת אין מקריב אותו אלא כהן גדול, וכן שאר העבודות של יום זה, כגון הקטרת הקטורת של כל יום, והטבת הנרות, הכל עשוי בכהן גדול; נשוי, שנאמר: וכפר בעדו ובעד ביתו, ביתו זו אשתו.

באר הגולה

א ‹כתב הריטב"א בפ"ק דיומא בשם הרמב"ם, דמדאורייתא אין חובה בכ"ג אלא בעבודת היום ממש, אבל תמידין ועבודות של כל יום כשירות בכהן הדיוט, אלא דמצוה בכ"ג, **ור"ש** כתב דאפי' תרומת הדשן שהיתה עבודת לילה, אינה כשירה אלא בכ"ג, **ולדעת** ר"ש והרז"ה אין פייסות ביוה"כ, לפי שכל העבודות בכ"ג, **אבל** הגאונים בפיוטיהם הזכירו פייסות ביוה"כ, **לכן** כתב הרמב"ן בספר המלחמות, דאף ביוה"כ היו פייסות, אחד לתרומת הדשן והשני מי מדשן מזבח הפנימי והמנורה, דמכשירי עבודה הם ונעשים בכהן הדיוט, וסידור המערכות ושני גזרי עצים הכל נעשה בכהן הדיוט, שהם מכשירי עבודה, השלישית מי מוליך מחתה למזבח פנימי להקטיר, וכ"ג מקטיר, וזה מוליך המחתה גחלי אש, עכ"ל - כסף משנה› ‹**ולדידי** הדבר קשה, דא"כ איך כתב הרמב"ם עבודות כל ט"ו הקריבין ביום זה אינו אלא בכ"ג, דמשמע דהוא לעיכובא, היפך מש"כ הריטב"א ז"ל בשם הרמב"ם - בית המלך› ‹**ובדברי** הכ"מ ודאי ט"ס, דבריטב"א מפורש שזהו מדברי הרמב"ן, שכתב מקודם: ומורי הרב ז"ל תירץ, וזהו הרא"ה, ואח"כ כתב: ובשם רבינו הגדול רבו ז"ל אמר לי שהיה סובר דמדאורייתא אין חובה בכה"ג אלא בעבודת היום ממש וכו', ובודאי הכ"מ לא היה מפרש שזהו הרמב"ם, שלא היה רבו של הרא"ה, והלח"מ הביא מדברי הכ"מ שזהו שיטת הרמב"ם, וכנראה לא ראה דברי הריטב"א בפנים, **והלח"מ** מפרש דברי הריטב"א, שגם להלכה אין צריך כה"ג אלא למצוה, ולא ראה דברי הריטב"א, דאחר שכתב אלא דמצוה בכה"ג, כתב עוד, ורבנן שוו חובה בכה"ג וכו' - אבן האזל›

§ מסכת יומא דף לג. §

אות א'

<u>מערכה גדולה קודמת למערכה שניה של קטורת וכו'</u>

רמב"ם פ"ו מהל' תמידין ה"א - ואחר כך מסדר מערכה גדולה, ואחר כך מסדר מערכה שנייה, ואחר כך מעלה שני גזרי עצים ומניחן על מערכה גדולה להרבות האש; ואחר כך נכנסין ללשכת הכלים ומוציאין כל כלי השרת הצריכין להן כל היום, ומשקין את התמיד מים, וזה שזכה בשחיטתו מושכו לבית המטבחים, והולכין אחריו הכהנים שזכו להעלות האיברים ושוהין שם עד שפותחין שער ההיכל הגדול, ובשעת פתיחת השער [א]שוחטין את התמיד; ואחר כך נכנסין להיכל שני כהנים, האחד שזכה בדישון המזבח הפנימי, והשני שזכה בדישון המנורה.

אות א*[ב]

<u>והטבת חמש נרות קודם לדם התמיד</u>

רמב"ם פ"ו מהל' תמידין ה"ו - [ג]ואחר שזורקין את הדם מטיב זה שבהיכל חמש נרות, ויוצאין שניהן מן ההיכל.

אות ב'

<u>ואברים למנחה, ומנחה לחביתין, וחביתין לנסכין</u>

רמב"ם פ"ו מהל' תמידין ה"ה - ואח"כ מעלה זה שזכה באיברים את האיברים מן הכבש למזבח, ואחר שמעלין את האיברים, מתחילין אלו שעל מעלות האולם ומברכין ברכת כהנים ברכה א' בשם המפורש כמו שביארנו במקומה, ואח"כ מעלין סלת הנסכים, ואחר הסלת מקטיר החביתין, ואחר החביתין מעלין את היין לניסוך.

אות ב'*[ד]

<u>ומוספין לבזיכין</u>

רמב"ם פ"ד מהל' תמידין הי"א - ואחר קרבן המוספין מקטירין שני הבזיכין, ושני כהנים מקריבין את שני הבזיכין.

רמב"ם פ"ו מהל' תמידין הי"א - בשבת מקטירין את שני בזיכי לבונה [ה]עם המוספין, קודם ניסוך היין של מוספין.

אות ג'

<u>עליה השלם כל הקרבנות כולן</u>

רמב"ם פ"א מהל' תמידין ה"ג - תמיד של בין הערבים שוחטין אותו משיאריך הצל ויראה לכל שהאריך, והוא מו' ומחצה ומעלה עד סוף היום; ולא היו שוחטין אותו בכל יום אלא בשמונה שעות ומחצה וקרב בתשע ומחצה; ולמה מאחרין אותו שתי שעות אחר תחילת זמן שחיטתו, מפני הקרבנות של יחידים או של צבור, לפי שאסור להקריב קרבן כלל קודם תמיד של שחר, ולא שוחטין קרבן אחר תמיד של בין הערבים; חוץ מקרבן פסח לבדו, [ו]שאי אפשר שיקריבו כל ישראל פסחיהן בשתי שעות.

אות ד'

<u>אין מעבירין על המצות</u>

רמב"ם פ"ד מהל' תפילין ה"ח - עיין לקמן עמוד ב' אות ב'.

באר הגולה

[א] ‹ולכאורה צ"ב דאה"נ דפסק הרמב"ם כרבנן דאבא שאול {עיין בהכסף משנה בהערה הסמוך}, וקטרת מפסיק בין ההטבות, מ"מ מש"כ דדם התמיד הוה אחר דישון מזבח הפנימי [עיין בסמוך ה"ו] צ"ב מנ"ל להרמב"ם בדעת רבנן כן, **ועוד** צ"ב דאי ס"ל כן בדרבנן, מנ"ל לחלק דשחיטת התמיד היה בשעת דישון, {דממשיך שם בה"ב, והמדשן את המזבח ודשנו בשעה שהשוחט שוחט את התמיד}, משא"כ זריקת הדם היה לאחר מכן. **ונראה** דס"ל להרמב"ם דכיון דנקטינן כרבנן, א"כ סברת ר"פ לעיל שרירא וקימא, דמקשה לאביי ואימא חד שדייה לדישון מזבח הפנימי דנקדמיה לדם התמיד, דהכא תלתא והכא תרי, וחד שדיה לדם התמיד וכו', ודחאה אביי דא"כ אפסוקי במאי מפסקי להו, וכל האי דחיה שייך לאבא שאול דהפסקה בקטרת לא שייך, דהרי מטיב והדר מקטיר וכדפירש"י, אבל לרבנן דמפסיק להו בקטרת, א"כ שפיר הדרינן לטעמיה דרב פפא, הדישון קודם לדם התמיד, משום דשדיה לבבקר דשני גזירי עצים חדא אדישון וחד אדם התמיד, ותלתא קדים לתרי, ובזה ביארנו הא דדישון קודם לדם התמיד. **ומה** שכתב הרמב"ם דשחיטת התמיד היה באותו זמן של דישון מזבח הפנימי, נראה דהמקור לחלק ביניהם הוא ממשנה המפורשת, ששנינו לעיל (כח א) אמר להם הממונה צאו וראו אם הגיע זמן השחיטה, הרי מפורש דזמן השחיטה היה מיד בבקר, וזה אינו, דהרי בדישון הקודם לה נמי כתיב ביה בבקר וא"א להקדימו, וא"כ מה קדם, אע"כ דשחיטת התמיד היה באותה שעה שדישן מזבה"פ, ורק הדישון קדם לזריקת התמיד שהוא עיקר הקרבתו, והאי תעשה בבקר דאיירי הכא דשדי חד בבקר עליו, קאי אזריקת הדם, כך נראה מדברי הרמב"ם. **והנה** לעיל באביי מסדר סדר המערכה, פירש {רש"י} דדם התמיד היינו שחיטת התמיד וזריקת הדם, ונראה דכיון דאין שום הכרח לומר דאבא שאול פליגי ארבנן בהאי מילתא, והרי מבואר דשחיטת התמיד היה מיד בבקר, אפשר דמה שכתב רש"י שחיטה לאו דוקא הוא - הערות הגרי"ש אלישיב› [ב] ‹ע"פ מהדורת נהרדעא› [ג] ‹בפ"ק דף י"ד: אמרינן, דהא דמפסיק בין הטבת חמש נרות להטבת שתי נרות בדם התמיד, פליגי רבנן עליה ואמרי דלא הוה מפסיק בינייהו אלא בקטרת, ופסק רבינו כרבנן, {ודלא כהציון}, ולפי זה כך הוא הסדר: דישון מזבח הפנימי קודם לדם התמיד, ודם התמיד קודם להטבת חמש נרות, והטבת חמש נרות קודמת לקטרת, וקטורת קודמת להטבת שתי נרות - כסף משנה› [ד] ‹ע"פ מהדורת נהרדעא› [ה] ‹ורבינו שכתב עם המוספין קודם ניסוך יין של מוספין, היינו לומר שבזיכין אחר המוספין, והכי דייק לישניה שכתב קודם ניסוך היין של מוספין, ומ"מ צריך למוד מנין לו שהיו קודם לניסוך היין - כסף משנה› [ו] ‹דברי רבינו תמוהים, וכמו שתמה ע"ז הלח"מ יעו"ש, {דהטעם בפרק תמיד נשחט, הוא מפני שראוי לאחר פסח, שנאמר בערב ובין הערבים, משא"כ בתמיד שלא נאמר אלא בערב}, **ואי** לא מסתפינא אמינא כי ט"ס הוא, וצ"ל חוץ מערב פסח וכו', וקאי על מש"כ מתחלה ולא היו שוחטין אותו בכל יום אלא בשמונה שעות ומחצה וכו', וע"ז אמר חוץ מערב פסח לבדו לפי שא"א שיקריבו כל ישראל פסחיהן וכו', ולכן הקדימו בע"פ לתמיד שעה אחת, וזה נכון יותר משנפרש כוונה רחוקה ברבינו אשר אין דרכו בזה - הר המוריה›

לכך שנינו רוב אחד בעוף ורוב שנים בבהמה וכי מאחר דאפילו פסולא מדרבנן ליכא למה לי למרק מצוה למרק אביי *מסדר מערכה משמיה דגמרא ואליבא דאבא שאול *מערכה גדולה קודמת למערכה שניה של קטורת מערכה שניה של קטורת קודמת לסידור שני גזירי עצים וסידור שני גזירי עצים קודם לדישון מזבח הפנימי ודישון מזבח הפנימי קודם להטבת חמש נרות והטבת חמש נרות *קודם לדם התמיד ודם התמיד קודם להטבת שתי נרות והטבת שתי נרות *קודם לקטורת וקטורת *קודם לאברים ואברים למנחה ומנחה לחביתין וחביתין לנסכין ונסכין למוספין *ומוספין לבזיכין ובזיכין קודמין לתמיד של בין הערבים שנאמר והקטיר עליה חלבי השלמים *עליה השלם כל הקרבנות כולן אמר מר מערכה גדולה קודמת למערכה שניה של קטורת מנא לן דתניא *היא העולה על מוקדה על המזבח כל הלילה זו מערכה גדולה ואש המזבח תוקד בו זו מערכה שניה של קטורת ואיפוך אנא מסתברא מערכה גדולה עדיפא שכן כפרתה מרובה אדרבה מערכה שניה עדיפא שכן מכניסין ממנה לפנים אפ' הכי כפרתה מרובה עדיפא ואיבעית אימא אי לא משכח עצים למערכה שניה מי לא מעייל ממערכה גדולה מערכה שניה של קטורת קודמת לסידור שני גזירי עצים מנא לן דכתיב ובער עליה הכהן עצים בבקר בבקר עליה ולא על חברתה (א) מכלל דאיתא לחברתה והאי עליה מיבעי ליה לגופיה תרי עליה כתיבי סידור שני גזירי עצים קודם לדישון מזבח הפנימי אע"ג דהכא כתיב בבקר בבקר והכא כתיב בבקר בבקר אפי' הכי מכשיר עדיף מכשיר מאי ניהו שני גזירי עצים והא אמרת שני גזירי עצים למערכה גדולה אזלי אמר רבי ירמיה שום עצים רבינא אמר הואיל והתחיל במערכה גומר רב אשי אמר אי לא משכח עצים למערכה שניה מי לא מעייל ממערכה גדולה ודישון מזבח הפנימי קודם להטבת חמש נרות מאי טעמא אמר אביי גמרא גמירנא סברא לא ידענא ורבא אמר בריש לקיש דאמר *) ריש לקיש אין מעבירין על המצות וכי

*) [לקמן נח. ע. פסחים סד: מגילה ו: מנחות סד: ע"ש]

עבורי

רש"י

לכך שנינו כו' · במשנה יתירה חדא בחולין וחדא בקדשים מדקאמר ר"ש בן לקיש דלפרושה הך דסדר יומא תנן לה דשחיטת חולין שמע מינה קרא דהכא ברוב שנים: **מצוה למרק** · כדי להוציא את הדם יפה: **אביי מסדר מערכה משמיה דגמרא** · מנה סדר עבודות של כל יום ויום: **משמיה דגמרא** · דשמועה ישיבה דרבנן דבי מדרשא: **ואליבא דאבא שאול** · דאמר בפ"ק *הטבת כל הנרות קודמת (לכל) לקטורת: **מערכה גדולה** · שעליה יקטירו כל (ב) הקטורות: **קודמת** · לסדר לפני המערכה שניה שעושין בקרן מערבית דרומית משוך מן הקרן ד' אמות לצד צפון כדתנן במסכת תמיד (דף כט·): **של קטורת** · שממנה חותין גחלים להכניס למזבח פנימי שחרית וערבית להקטיר עליה קטורת תמיד פרס שחרית ופרס בין הערבים: **לסידור שני גזירין** · שמסדרין על מערכה גדולה ולהלן טעמי מפרש לקמיה: **לדם התמיד** · לשחיטה ולזריקה: **קטורת** · של מזבח הפנימי קודמת לאברים להקטיר אברי התמיד על מזבח החיצון: **למנחה** · מנחת נסכו של תמיד (ג) ונסכיהן דכתיב (במדבר כח) ועשירית האיפה סולת למנחה וגו': **לנסכין** · לנסך יינו של תמיד: **ונסכין למוספין** · אם שבת הוא: **שנאמר והקטיר עליה חלבי השלמים** · ודרש ליה לשון השלמה עליה על העולה תמיד של שחר האמורה בראש המקרא שנאמר וערך עליה העולה והקטיר והוסיף והשלים אחריה כל הקרבנות ולא על שבין הערבים למד על תמיד של בין הערבים שהוא אחרון לכל הקרבנות: **מוקדה** · לשון מדורת עצים וכן תוקד: **זו מערכה שניה** · ולימדך שהאש על מזבח החיצון ומשם יכניסו גחלים על הפנימי: **ואיפוך** · להקדים מערכה של קטורת [א] (ד) [וקרא] כסידורה דהא בהקטר כל הלילה קאי: **כפרתה מרובה** · שעליה מקטירים כל הקטורות חוץ מן הקטורות הנכנסת לפנים להיכל: **מי לא מעייל כו'** · כשאלת אף הגדולה ראויה לפנים: **ובער עליה** · אמערכה גדולה קאי דסמיך ליה וערך עליה (ה) עליה ב' עלים: **ולא על חברתה** · של קטורת: **והכא כתיב** · בבקר בבקר בהיטיבו את הנרות יקטירנה (שמות ל) קאי למידרשיה אדישון פנימי והטבה והקטורת דכתיב יקטירנה ואין קטורת אלא לאחר דישון: **מכשיר עדיף** · המכשיר ומתקן את הדבר הזה קודם ועלים מכשירי קטורת הם שהרי עלים הן המכשירין את הקטורת: **מכשיר מאי ניהו** · מכשיר דהכא במאי עסקת בשני גזירי עלים: **והא למערכה גדולה אזלי** · ואינם מכשירי קטורת: **שום עלים** · אף על גב דהני לאו לקטורת אזלי שם עלים מכשירי קטורת הן: **גמרא גמירנא** · שכן סידרן: **סברא לא ידענא** · לתת טעם לדבר מדעתי: **אין מעבירין** · הפוגע במצוה לא יעבור ממנה ונפקא לן במכילתא מושמרתם את המצות קרי ביה את המצוות לא תחמיץ לה שתחמיץ ותיישן: וכי

תוספות

למה לי למרק · תימה והלא אפי' בחולין מוכח בפרק השוחט (חולין דף כז:) שיש לשחוט לכתחילה כל הסימנין ולא סגי ברובה דילמא לא אתי למיעבד רובה וי"ל ה"מ בחד גברא אבל בתרי גברי דכבר שחט כ"ג ונסתלק לא אתי לאחריה וממרק נראה כשהיה ונראה כאלו נשחט כולו שנשחט לא מזכה בשנים הוה לן למיסר למרק ומשני מצוה למרק כדי לקבל כל הדם:

אביי מסדר מערכה כו' · תימה לי אמאי לא קא חשיב נמי תרומת הדשן דהיא נמי תחילת עבודה דיממא וי"ל משום דזימנין מקדימין לה מאשמורת הראשונה ומלאות הלכך לא קא חשיב לה שכן הפסק גדול בינה ובין הני דקא חשיב אבל הנך דקא חשיב הוו רגילין לעשותן בזה אחר זה אי נמי יש לומר תרומת הדשן עיקר מצותה רק בלילה אבל הני *אי בעי למעבדינהו ביממא הרשות בידם:

מכלל דאיתא לחברתה · תימה לי אם כן למה לי קרא דלעיל ואש המזבח תוקד בו למערכה שניה תיפוק ליה מהאי קרא *וי"ל דאי מהכא הוה אמינא יעשו מערכה שניה על מזבח הפנימי כדרך שעושין מערכה גדולה על מזבח החיצון כיון דלהיות לצורך קטורת למזבח הפנימי להכי איצטריך ואש המזבח תוקד בו על מזבח החיצון במקום מערכה גדולה:

אפילו הכי מכשיר עדיף · תימה לי לימא טעמא משום דתדיר ושאינו תדיר תדיר קודם וסידור גזירין הוא תדיר שני פעמים בכל יום ודישון מזבח הפנימי אינו אלא פעם אחת ויש לומר דלא גמרינן מנלבד עולת הבוקר אשר לעולת התמיד דתדיר קודם אלא היכא דתרווייהו שוו דזו מתנה דומיא דתמידין ומוספין אבל כי האי גוונא דחד הוי עבודת מתנה וחד עבודת סילוק לא:

אין מעבירין על המצות · בפרק איזהו מקומן (זבחים דף נא·) גבי שירי הדם היה שופך על יסוד מערבי קאמר בגמרא מ"ט דכתיב (ויקרא ד) אל יסוד מזבח העולה אשר פתח אהל מועד הואיל דפגע ביה ברישא ומשמע משום דאין מעבירין על המצות אבל רש"י ל"ג דהוא לא פגע ביה ברישא אלא מפתח אהל מועד קא גמר לה דיסוד מערבי של מזבח הוי כנגד הפתח והכן ומשמע התם בגמרא גבי שירי הדם היה שופך על יסוד דרומי ומפרש משום דילמד ירידתו מן הכבש לירידתו מן ההיכל בסמוך לו דהיינו יסוד מערבי אף ירידתו מן הכבש בסמוך לו דהיינו יסוד דרומי ולמאן מעבירין על המצות קא יליף לפנימיים דנשפכין על יסוד מערבי דאמאי הא אידי ואידי שייך בהו טעמא דאין מעבירין על המצות וכן משמע ר"פ קדשי קדשים (שם דף נח:) דפריך שירי הדם בהדיא כתיב בהו אשר פתח אהל מועד ואם תאמר ולמה לי קרא אמאי לא נפקא מדריש לקיש דאין מעבירין על המצות *ויש לומר דלא שייכא דריש לקיש אלא היכא דבעינן למעבד תרווייהו שיש להקדים ההוא דפגע ביה ברישא אבל היכא דלא עבדינן אלא חד לא גמרינן מיניה ונעביד לתדיר לחודיה ולא נעביד לשאינו תדיר: [ועי' תוס' מגילה ו: ד"ה מסתבר]

עין משפט נר מצוה

כז א מיי' פ"ו מהל' תמידין הלכה א:

כח ב מיי' שם הלכ' ה:

כט ג מיי' פ"א שם הלכה ג:

ל ד מיי' פ"ד מהל' תפילין הלכה ח:

רבינו חננאל

אביי מסדר מערכה משום דגמרא אליבא דאבא שאול דתניא מערכה גדולה קודמת למערכה שניה של קטורת ומערכה שניה כו' עד עליה השלם כל הקרבנות· מערכה גדולה קודמת למערכה שניה של קטורת ואוקימנא מערכה גדולה קודמת שכן כפרתה מרובה · פי' הקרבנות חטאות ואשמות וכיוצא בהן כולן למערכה גדולה עולין לפיכך קודמת · מערכה שניה של קטורת קודמת לסידור ב' גזירי עצים מדהוה לקרא למכתב ובער עצים וכתיב ובער עליה שמעינן מינה מכלל שיש שם מערכה אחרת והוהירה התורה עליה ולא על האחרת שיש שם סידור ב' גזירין קודמין לדישון מזבח הפנימי ואע"ג דכתיב בבקר בבקר בהיטיבו את הנרות יקטירנה הנה [כתיב] ב' בבקר וכתיב נמי ובער עליה הכהן עצים בבקר בבקר ב' בקרים השקולין הן · אפי' הכי המכשיר עדיף והם הגחלים שאלו אין הגחלים הקטורת לא היתה מתקטרת · לפיכך העצים אע"פ שהגזירין אינן עולין למערכה של קטורת. אסיק שום עצים קודמין לדישון מזבח הקטורת ודישון מזבח הפנימי קודם להטבת ה' נרות · דקי"ל אין מעבירין על המצות והכהן הבא להיכל והולך ממזרח למערב בהיכל כי פגע ברישא במזבח הזהב פגע ברישא · כדתניא בהדיא כי השלחן בצפון והמנורה בדרום והמזבח נתון בינתיהם · משוך קימעא כלפי חוץ· ולמה הוא משוך כלפי חוץ דבעינן שלחן נוכח המנורה · דחזו להדדי · וכיון שמושך המזבח מעט כלפי חוץ נמצא צד השלחן והמנורה הנוטה למערב רואין זו את זו · אמר רבא ש"מ מדריש לקיש אין מעבירין על המצות ·

תוספות ישנים

קודמת לשני גזירי עלים · צ"ע דלמאי לא קתני סידורי עלים בסדר התמיד במסכת תמיד: **עליה** השלם כל הקרבנות כולם · לכאורה משמע דלמצוה הוא דהוי הכי כדדרשינן נמי לקמן העולה עולה ראשונה ואמריק במנחות בפרק התכלת (דף מט:) דלמצוה וקשה לרבי מדתנן בפסחים בסוף פרק אלו דברים שחטו ונודע שמשכו בעלים את ידיהם וכו' ותני עלה בחול ישרף מיד כו' ודייק פסולו מחמת מאי אי אי מחמת ששחטו אחר התמיד של בין הערבים פסולו מחמת דבר אחר וטעון עיבור צורה אלמא אינו ראוי כלל להקרבה מדקרי ליה פסול וטעון עיבור צורה ויש לדחות דעליה השלם איכא פסול שעבר על עשה דהשלמה ואינו ראוי עוד להקרבה באותו יום אבל לא יצא דבר קודם לתמיד של שחר הוי למצוה בעלמא שביום זה לאחר התמיד מיד ראוי להקרבה ולכך לא מיפסל בהכי וקשה לרבי מדתניא בתוספתא דפסחים (פ"ד) כל הקדשים שהקריבן [קודם] לתמיד השחר פסולין משמע שלא היו קריבין כלל וי"ל דהקרבתם יחיד מיירי כגון נדרים ונדבות א"נ י"ל דפסולין הוו מדרבנן והכי משמע מדוקא בפסחים בפרק תמיד נשחט דליכא פסול אחר תמיד של בין הערבים אלא מדרבנן דתנן (דף סב.) ר' שמעון אומר השוחט פסח בי"ד על החמץ לשמו חייב ושאר כל הזבחים בין לשמן בין שלא לשמן פטור ומפרש בגמרא טעמא דכל היכא דמיקרי ביה זבח לא מיחייב אזבחי ואין הטעם צריך תיפוק ליה משום שהן פסולין אחר התמיד שכל שחיטת הפסח אחר התמיד והוי כפסח במועד לשמו דפטר ר' שמעון התם אלא ש"מ דליכא פסולא אלא מדרבנן ועוד ראיה מדאמר בתמיד נשחט (דף סג:) וכן השוחט אחרים לשם פסח בזמנו רבי אליעזר פוסל ור' יהושע מכשיר ואמאי מכשיר כיון שנשחט לשם פסח א"כ נשחט אחר תמיד הערב אלא ש"מ דליכא פסולא אלא מדרבנן עוד ראיה מדתנן בפ' מי שהיה טמא (דף צח.) נתערב בבכורות אם חבורות הכהנים יאכלו וכיוצא שחטום אחר התמיד אלא ש"מ דכשרים מן התורה אחר שחיטת התמיד אך יש לדחות דאיירי כולן קודם שחיטת התמיד כדתנן בתמיד נשחט (דף סא.) שחטו קודם לתמיד כשר וא"ת למה פסל בעליה השלם אפילו מדרבנן והלא יכול להעלותו ולסלינו בראשו של מזבח כדאמרי' בריש תמיד נשחט י"ל דלא אמרינן הכי אלא לצורך כגון גבי מחוסר כפורים פרק תמיד נשחט (דף נט.) · מ"ר · אך קשה לרבי מדאמרינן בפרק בתרא דר"ה השנה (דף ל:) פעם אחת נשתהו העדים וקלקלו הלוים בשיר וקאמר שאמרו שיר של חול עם התמיד של בין הערבים ואמאי נקט שקלקלו הלוים בשיר ותיפוק ליה שקלקלו במוסף שלא הקריבוהו כלל עיקר י"ל שהקריבום אחר תמיד של בין הערבים דאתי עשה דרבים ודחי עשה דהשלמה וה"ר אלחנן היה אומר שהיו יכולין להקריב מוספין אחר תמיד של בין הערבים כיון שאירע כן ממילא דהא תנן בפ' התכלת (מנחות מט.) התמידין אין מעכבין המוספין והמוספין אין מעכבין כו' ומפרש התמידין של שחר אם לא קרבו אין מעכבין המוספין והמוספין שלא קרבו אין מעכבין התמידין של בין הערבים שלאחריהן אלא יכולין ליקרב התמידין תחילה כי אין לפרש דקאי על תמיד השחר שהמוספין שלא קרבו [אין] מעכבין אותו כי זהו דבר פשוט שלא יעכבוהו אלא ש"מ כדפרי' ואם כן הכא נמי כיון שקרב א"כ תמיד הערב היו יכולין להקריב א"כ המוספין ואין כאן שום קלקול מוספין ועוד נראה לי דכיון דאין פסול זה אלא מדרבנן ומן התורה כשר אם הקריב אחר תמיד של בין הערבים גם עכשיו הוא כשר להקריב כיון שקרב התמיד · מ"ר · ור' יעקב מקורביי"ל תירץ דבמוספין לא קלקלו לפי שקרב על התנאי תמיד של בין הערבים שאם יבואו עדים יהיה למוסף ואם לאו יהא לתמיד וא"ת למה נתקלקלו בשיר והלא היו יכולין לאומרו על כבש האחר הבא י"ל דאמנו להכי קאמר דנתקלקלו לפי שלא אמרו השיר על המוסף שהיה להם לאומרו אבל קשה קצת דקאמר התם שאמרו שירה של חול עם התמיד של בין הערבים דעם כבש של מוסף הוה ליה למימר שלפי האמת מוסף היה כיון שע"פ תנאי קרב ובאו עדים לבסוף אבל אין לתרץ שהקריבו כל קרבנות של אותו היום על תנאי שאם לא יהיו עולה לקיץ המזבח דהא איכא למימר באו הכי ועל פשטא דהתם קשה בין למר בין למר למה נתקלקלו בשיר והלא יוכלו להמתין הנסכים אחר הקרבת התמיד עד שידעו אם יבואו עדים דאמר מר ומנחתם ונסכיהם

מסורת הש"ס

[דף יד:]

לעיל דף יד:

הגהות הב"ח

(א) גמ' דכתיב ובער עליה הכהן כו' מכלל דאיתא לחברתה · נ"ב בטעם שמסדר שני גזירין וק"ל: (ב) רש"י ד"ה מערכה גדולה כו' כל הסקטורות: (ג) ד"ה למנחה · מנחת נסכו של תמיד דכתיב כו' כצ"ל ומינח ונסכיהן נמחק: (ד) ד"ה ואיפוך כו' של קטורת וקרא דלאו כסידורה: (ה) ד"ה ובער עליה כו' וערך עליה העולה הס"ד ואח"כ מה"ד עלים כו':

גליון הש"ס

תד"ה אביי וכו' אי בעי למעבדינהו ביממא · עיין לעיל דף כו ע"ב תוס' ד"ה איכא דאמרי: שם ד"ה מכלל וכו' וי"ל דאי מהכא · עיין לקמן דף מ"ה ע"ב וצ"ע: שם ד"ה אין מעבירין וכו' וי"ל דלא שייכא דריש לקיש · עיין מג"א סי' קמז ס"ק י"א:

הגהות מהר"ב רנשבורג

[א] רש"י ד"ה ואיפוך · להקדים מערכה של קטורת · נ"ב עי' ש"י בל' הגמ' בד"ה שם מנלן דתניא וכו' ושם ביאר כוונת רש"י בזה:

לא א מיי' פ"ח מהל' בית הבחירה הל' ז:

לב ב מיי' פ"ד מהל' תפילין הלכה ח:

וכי עייל להיכל במזבח פגע ברישא דתניא *שלחן בצפון *משוך מן הכותל שתי אמות ומחצה ומנורה בדרום משוכה מן הכותל שתי אמות ומחצה מזבח ממוצע ועומד באמצע ומשוך כלפי חוץ קימעא ונקמיה להדדייהו כיון דכתיב °ואת המנורה נכח השלחן בעינן דחזו אהדדי אמר רבא ש"מ מדריש לקיש °עבורי דרעא אטוטפתא אסור היכי עביד מדרעא לטוטפתא והטבת חמש נרות קודם לדם התמיד ודם התמיד קודם להטבת שתי נרות מאי טעמא אמר אביי הוא בבקר בבקר דשני גוזרי עצים דלא צריכי שדינהו להכא חד שדייה להטבת חמש נרות דליקדמי לדם התמיד וחד שדייה לדם התמיד דנקדמיה להטבת שתי נרות חד שדייה להטבת חמש נרות דליקדמי לדם התמיד דהכא תלתא והכא תרי וחד שדייה לדם התמיד דנקדמיה להטבת שתי נרות אע"ג דהכא תרי והכא תרי מכפר עדיף אמר ליה רב פפא לאביי ואימא חד שדייה לדישון מזבח הפנימי דנקדמיה לדם התמיד דהכא תלתא והכא תרי וחד שדייה לדם התמיד דנקדום להטבת חמש נרות דאף על גב דהכא תרי והכא תרי מכפר עדיף אם כן אפסוק במאי מפסקת להו הניחא לריש לקיש דאמר למה מטיבין וחוזרים ומטיבין *כדי להרגיש כל העזרה כולה שפיר אלא לרבי יוחנן דאמר בבקר בבקר הלקהו לשני בקרים מאי איכא למימר אמר ליה רבינא לרב אשי האי בבקר בבקר דעצים מי מייתר הא מיבעי ליה לגופיה דקאמר רחמנא נקדמו למערכה שניה של קטורת אמר ליה ולאו מי אוקמנא עליה ולא על חברתה מכלל דאיתה לחברתה מאי שנא דעביד הטבת חמש נרות ברישא נעביד הטבת שתי נרות ברישא כיון דאתחיל בהו עביד רוב' ונעביד שית אמר קרא °בהיטיבו את הנרות יקטירנה ואין נרות פרותות משתים והטבת שתי נרות קודמת לקטורת דאמר קרא בהיטיבו את הנרות והדר יקטירנה וקטורת לאברים דתניא יוקדם דבר שנאמר בו בבקר בבקר לדבר שלא נאמר בו אלא בקר אחד בלבד ואברים למנחה דתניא מניין *שלא יהא דבר קודם לתמיד של שחר ת"ל

רש"י

וכי עייל להיכל במזבח פגע ברישא · קודם שיגיע למנורה שהמזבח משוך כלפי מזרח קימעא: **משוך מן הכותל** · מרוחק מן הכותל לפנים שתי אמות ומחצה שיעור דרך שני כהנים זה אצל זה המסדרין שתי מערכות של לחם הפנים בשבת ומצותו לסדרן ולסלקן יחד וארבעה נכנסין שנים מצד זה של שלחן לסלק את המערכה הישנה של לחם הפנים ושנים מצד זה לסדר החדשה: **משוכה מן הכותל שתי אמות ומחצה** · כמדת השולחן דהא כתיב (שמות כו) נכח השלחן זה כנגד זה: **כלפי חוץ** · כלפי מזרח לצד פתח ההיכל: **ונקמיה כסדייהו** · מכוון בינייהו ולמה נמשך לחוץ: **מדריש לקיש** · דאמר אין מעבירין על המצות: **עבורי דרעא אטוטפתא** · לאחר תפילין שבזרוע בשביל תפילין של ראש אסור דהא בזרוע פגע תחילה: **היכי עביד מדרעא לטוטפתא** · מן הזרוע יניח שבזרוע תחילה ואח"כ של ראש: **בבקר בבקר דשני גוזרין** · דלא צריך: **שדינהו להכא** · שזו מדה בתורה דבר שאינו ענין לו תנהו ענין לחבירו: **דהכא תלתא והכא תרי** · הכא תלתא בהטבת נרות כתיב בבקר בבקר והאי דשדינן עליה חד הא תלתא ובתמיד כתיב (שמות כט) את הכבש האחד תעשה בבקר והאי דשדינן עליה כדאמר חד שדי לדם התמיד: **אע"ג דהכא תרי והכא תרי** · האי מכפר שהעולה מכפרת על עשה ועל לא תעשה שניתק לעשה לקמן בפירקין (דף לו.): **א"כ** · דמקדמת ליה להטבת הנרות אפסוקה במאי פסקת ליה בהטבת הנרות לאבא שאול כיון דלית ליה מיטיב ואח"כ יקטיר דם התמיד מקדים והקטורת לאחר ובהיו עבודה מפסיקו ואי"ה מאי איכפת לך הניחא לר"ש בן לקיש דאמר אין מפסיקין אלא להרבות הרגש מהלך פסיעות וקול תחילה עבודות בעזרה: **שפיר** · יש לך לומר יפסיק ביניהם להמתין בין אלו לאלו ולנכנס ולא תהא עבודה בינתיים: **אלא לרבי יוחנן** · דדריש בבקר בבקר בהיטיבו חלקהו לב' נרות לשני בקרים אלו יקדמו לעבודה אחת אלמא יש עבודה ביניהם והא ליכא למימר אפסקיה בדישון מזבח הפנימי דא"כ דמקדים הטבת ה' נרות לדישון הוה ליה מעביר על המצות ועבודה נמי ליכא להקדים מקומה לתתה ביניהם שסלם סדורות כאן ע"פ המקראות: **לדבר שלא נאמר בו אלא בקר אחד** · התמיד נאמר בו תעשה בבקר ואי"ה הא שדינן עליה חד מהנך דשני גוזרין אדם התמיד הוא דשדינן עליה ולא על האברים ואם תאמר מכפר עדיף אין כפרה אלא בדם: **מניין שלא** **יהא דבר** · ניתן על מערכה גדולה קודם לאברי התמיד:

תוספות

עבורי דרעא אטוטפתא · פרש"י להניח תפילין בראש קודם שיניח תפילין של יד דפגע ברישא בזרוע קודם שיגיע לראש וקשה לפי' דמאי איריא מדריש לקיש תיפוק ליה דאמר על מצות תפילין דבפרק הקומץ רבה (מנחות דף לו.) כשהוא מניח מניח של יד ואח"כ של ראש דכתיב וקשרתם לאות על ידך והדר והיו לטוטפות בין עיניך ומפרש רבינו תם בשם רב האי גאון זצ"ל דאיירי בשעה שחולץ תפילין ומניחן בתיק שלא יעביר אותן של יד ויניחם בתיק תחילה ואח"כ של ראש למעלה דא"כ כשיבא להניח יפגע בשל ראש תחילה ויצטרך להעביר על המצות משום דשל יד יש להניח תחילה כדפי' לפיכך צריך להניח בתיק של ראש תחילה ואח"כ של יד למעלה ורבי אליהו זצ"ל מפרש דלענין משמוש איירי דחייב אדם למשמש בתפילין כל שעה *ק"ו מציץ והשתא קאמר דבשל יד ממשמש תחילה משום דפגע בהן ברישא ואח"כ ממשמש בשל ראש: **ואימא** חד שדייה לדישון מזבח הפנימי דנקדמיה לדם התמיד · וא"ת נישדי תרוייהו בבקר אדם התמיד דניקדום לדישון מזבח הפנימי דהכא תלתא והכא תרי וי"ל דהא לאו סברא היא דנישדי תרוייהו אהיכא דלא כתב אלא חד ואדישון פנימי דכתיב ביה תרי לא נישדי מידי יליבא בארעא וגיורא בשמי שמיא אי נמי י"ל דא"כ לא לכתוב גבי גוזרין אלא חד בבקר ונשדייה אדם התמיד דנקדים לדישון מזבח הפנימי ואע"ג דהכא תרי והכא תרי מכפר עדיף ומדכתיב תרי בבקר ש"מ דאיצטריך למימר דנישדי חד אדישון מזבח הפנימי: **הכא** תלתא והכא תרי · אין להקשות הא מוכא בבקר בבקר כתיבי בתמיד בפרשת ואתה תצוה ובפרשת פינחס וי"ל הני טולהו כחד חשיב להו כיון דלא כתיבי בהדי הדדי כמו בגוזרין ונרות דכתיב בבקר בבקר והוי כמו פרשה שנאמרה ונשנית: **יוקדם** דבר שנאמר בו בבקר בבקר לדבר שלא נאמר בו אלא בבקר · דאע"ג דאמר לעיל דתמיד כתיב ביה תרי בבקר הייט דם התמיד דווקא וקשה לי נימא תרי בבקר דגוזרי עצים חד שדייה אדם התמיד דנקדמיה לדישון הפנימי דאע"ג דהכא תרי והכא תרי מכפר עדיף וחד שדייה אאברי תמיד דניקדמו להטבת שתי נרות דאע"ג דהכא תרי והכא תרי נקדמו כי היכי דליהוי הפסק בנרות דרחמנא אמר ליפסקינהו ואי לא מפסיק להו באברים במאי מפסיק להו וי"ל דאיכו סברא לשווי תרוייהו בבקר כתמיד כדפרישית לעיל ואע"ג דחד בדם וחד באברים מ"מ כיון דבחד זיבחא הוא לא מסתבר למימר כן:

רבינו חננאל

[illegible]

[illegible]

תוספות ישנים

ונכנסים בלילה ומתחממים ונכנסים תפילין למחר י"ל דהכינם מצוה בשעתה ולא רצו לאחרם כל כך: [illegible]

§ מסכת יומא דף לג: §

אות א'

שלחן בצפון משוך מן הכותל שתי אמות ומחצה, ומנורה בדרום משוכה מן הכותל שתי אמות ומחצה

רמב"ם פ"א מהל' בית הבחירה ה"ז - המנורה בדרום משמאל הנכנס, ושולחן מימין שעליו לחם הפנים, ושניהם בצד קדש הקדשים מבחוץ, ומזבח הקטורת משוך מבין שניהם לחוץ.

אות א'* [א]

מזבח ממוצע ועומד באמצע ומשוך כלפי חוץ קימעא

רמב"ם פ"ג מהל' בית הבחירה הי"ז - מזבח הקטרת היה מרובע אמה על אמה, והוא נתון בהיכל מכוון בין הצפון לדרום משוך בין השלחן והמנורה לחוץ, ושלשתן היו מונחין משליש ההיכל ולפנים כנגד הפרוכת המבדיל בין הקדש ובין קדש הקדשים.

אות ב'

עבורי דרעא אטוטפתא אסור, היכי עביד מדרעא לטוטפתא

רמב"ם פ"ד מהל' תפילין ה"ח - [ב]כשחולץ אדם תפיליו להצניען בכלי, לא יניח של יד מלמטה ושל ראש מלמעלה, מפני שבשעה שהוא רוצה ללובשן יפגע בשל ראש תחלה, ונמצא שמניחה ומוציא של יד, לפי שאין לובשין של ראש קודם של יד, ואסור לאדם להניח מצוה ולעבור ממנה למצוה אחרת, אלא מצוה שתבוא לידו של אדם בתחלה בה הוא מתעסק, לפיכך צריך להניח של יד למעלה כדי שיפגע בה תחלה וילבש על הסדר.

[ג]**סימן כח ס"א - [ד]חייב אדם למשמש בתפילין בכל שעה, שלא יסיח דעתו מהם** - פי' בכל שעה שנזכר בהם חייב למשמש, דעל ידי כן נזכר עליהן תדיר, ולא יבא לידי היסח הדעת, **ועוד** כדי לתקנם שלא יזוזו ממקומן, **ובעת** התפלה א"צ למשמש בהם.

[ה]**וימשמש בשל יד תחלה** - דהשל יד סמוכה לו למשמשו, ואין מעבירין על המצות, ואחר כך בשל ראש.

ואם בעת משמוש הש"ר מצאהו שנשמט ממקומו, ונודע לו אז שהש"י ג"כ נשמט ממקומו, צריך להחזיר הש"י תחלה על מקומו, מקרא "וקשרתם לאות על ידך", והדר "ולטוטפות בין עיניך".

[ו]**וכשיאמר: וקשרתם לאות על ידך, ימשמש בשל יד, וכשיאמר: והיו לטוטפות בין עיניך, ימשמש בשל ראש.**

סימן כח ס"ב - [ז]תפילין של ראש חולץ תחלה, משום דכתיב: והיו לטוטפות בין עיניך, כל זמן שבין עיניך יהיו שתים - וחולץ הש"ר אחר שמסיר ג' כריכות מהאצבע.

[ח]**צריך לחלוץ תפילין של ראש מעומד** - ה"ה הסרת הכריכות של האצבע, **ולמנהגינו** שמניחין של יד ג"כ מעומד, צריך ג"כ לחולצן מעומד, דכהנחתן כך חליצתן.

ויש מהחכמים שהיו נוהגין לחלוץ התש"ר ביד שמאל שהיא ביד כהה, להראות שקשה עליו חליצתן, **ואם** הוא איטר יד שכל מלאכתו בשמאלו, חולצן בימינו כדי שלא לעשות החליצה במהירות.

[ט]**ויניח בתיק של ראש, ועליו של יד, כדי שכשיבא להניחם יפגע בשל יד תחלה** - ולא יצטרך להעביר על המצוה, **כתב** הב"ח וכן הט"ז, דהיינו שיעשה תיק ארוך וצר, שיהיו מונחים זה על גבי זה, **והמ"א** כתב, דיותר טוב ליתן התפילין זה בצד זה, וכן נוהגין, ומה שכתב המחבר: ועליו של יד, פירושו, שיתנו קצת לצד מעלה, כדי לפגוע בהם תחלה, **ובספר** שולחן שלמה כתב, דטוב שיהיו התש"י בצד ימין של התיק ג"כ מטעם זה, **ויש** נוהגין לעשות שני כיסין אחד לשל יד ואחד לש"ר, אך גם בשני כיסין, יותר טוב שיזהר ליתן הכיס של יד קצת לצד מעלה, כדי שיפגע בהם תחלה ולא יעביר על המצות, דדעת הט"ז דגם ע"י כיס שייך מעביר על המצוה.

אותן בני אדם הנוהגין לעשות תיקין להתפילין, יש להם לסמן איזה שייך לש"ר ואיזו לשל יד, כדי שיזהר בהם, ולא יוציא הש"ר תחלה מהתיק, **גם** דכיון דש"ר קדושתו חמורה, יזהר עי"ז שלא לשנות אח"כ התיק ליתן בו של יד, אלא א"כ התנה מתחלה.

ונכון ליזהר, שלא יחלוץ של יד עד שיניח של ראש בתוך התיק, כדי שלא ישכח ויניח של יד תחלה בתוך התיק.

באר הגולה

[א] ‹ע"פ מהדורת נהרדעא› [ב] ‹ומפרש רבינו כמו שפי' התוספות בשם רבינו האי - כסף משנה› [ג] ‹סעיף א' וב' ע"פ הבאר הגולה› [ד] **מנחות ל"ו** [ה] **יומא ל"ג לפי' התוס' בשם רבי אליהו** [ו] **טור בסימן ס"א** [ז] **מנחות שם** [ח] **מערכת אלקות** [ט] **תוס' מההיא דיומא** ‹כפי' ר"ת {בשם רב האי} - גר"א›

§ מסכת יומא דף לד. §

אות א'

העולה היא עולה ראשונה

רמב"ם פ"א מהל' תמידין ה"ג - תמיד של בין הערבים שוחטין אותו משיאריך הצל ויראה לכל שהאריך, והוא משש ומחצה ומעלה עד סוף היום; ולא היו שוחטין אותו בכל יום אלא בשמונה שעות ומחצה וקרב בתשע ומחצה; ולמה מאחרין אותו שתי שעות אחר תחילת זמן שחיטתו, מפני הקרבנות של יחידים או של צבור, לפי שאסור להקריב קרבן כלל קודם תמיד של שחר, ולא שוחטין קרבן אחר תמיד של בין הערבים; חוץ מקרבן פסח לבדו, [א]שא"א שיקריבו כל ישראל פסחיהן בשתי שעות.

אות ב'

מוספין קודמין לבזיכין

רמב"ם פ"ו מהל' תמידין הי"א - בשבת מקטירין את שני בזיכי לבונה [ב]עם המוספין, קודם ניסוך היין של מוספין.

[ג]רמב"ם פ"ד מהל' תמידין הי"א - ואחר קרבן המוספין מקטירין שני הבזיכין, ושני כהנים מקריבין את שני הבזיכין.

באר הגולה

[א] ‹דברי רבינו תמוהים, וכמו שתמה ע"ז הלח"מ יעו"ש, {דהטעם בפרק תמיד נשחט, הוא מפני שראוי לאחר פסח, שנאמר בערב ובין הערבים, משא"כ בתמיד שלא נאמר אלא בערב}, **ואי** לא מסתפינא אמינא כי ט"ס הוא, וצ"ל חוץ מערב פסח וכו', וקאי על מש"כ מתחלה ולא היו שוחטין אותו בכל יום אלא בשמונה שעות ומחצה וכו', וע"ז אמר חוץ מערב פסח לבדו לפי שא"א שיקריבו כל ישראל פסחיהן וכו', ולכן הקדימו בע"פ לתמיד שעה אחת, וזה נכון יותר משנפרש כוונה רחוקה ברבינו אשר אין דרכו בזה - הר המוריה› [ב] ‹ורבינו שכתב עם המוספין קודם ניסוך יין של מוספין, היינו לומר שבזיכין אחר המוספין, והכי דייק לישניה שכתב קודם ניסוך היין של מוספין, ומ"מ צריך למוד מנין לו שהיו קודם לניסוך היין - כסף משנה› [ג] ‹ע"פ מהדורת נהרדעא›

מסורת הש"ס

[פסחים נח: כתובות קו: ב"ק קיא. ב"מ נה. זבחים קג. מנחות מט: תמיד כח:]

[פסחים נח.]

עין משפט נר מצוה

לג א מיי' פ"ו מהל' תמידין הלכה ג:

לד ב מיי' פ"ו מהל' תמידין הלכה יא:

ת"ל °וערך עליה העולה ואמר רבא *העולה היא עולה ראשונה ומנחה לחביתין עולה ומנחה וחביתין לנסכים שום מנחה ונסכים למוספין זבח ונסכים ומוספין לבזיכין והתניא בזיכין קודמין למוספין תנאי היא אמר אביי מסתברא כמאן דאמר *מוספין קודמין לבזיכין לאו מי אמרת בבקר בבקר להקדים הכא נמי ביום ביום לאחר מ"ט דמאן דאמר בזיכין קודמין למוספין גמר חוקה חוקה מחביתין אי מהתם גמר ליגמרה כולה מילתא מהתם להכי אהני ביום ביום לאחר: קטורת של שחר היתה קריבה בין דם לאיברים וכו': מני אי רבנן בין דם לנרות מיבעי ליה אי אבא שאול בין נרות לאיברים מיבעי ליה לעולם רבנן היא ובסידרא לא קא מיירי: ושל בין הערבים היתה קריבה בין איברים לנסכים וכו': מנא הני מילי אמר ר' יוחנן דאמר קרא °כמנחת הבקר וכנסכו תעשה מה מנחת הבקר קטורת קודמת לנסכים אף כאן קטורת קודמת לנסכים אי מה להלן קטורת קודמת לאיברים אף כאן קטורת קודמת לאיברים מי כתיב כאיברי הבקר כמנחת הבקר כתיב ולא כאיברי הבקר [א] תנו רבנן °ונסכו רביעית ההין ילמד של שחרית משל ערבית רבי

רש"י

ס"ל וערך עליה העולה וגו' · העולה משמע תהא ראשונה דאי לאורויי בעלמא אתא שיקטירו עליה עולה ושלמים נכתוב וערך עליה: **עולה ומנחה** · להקריב אשה לה' עולה ומנחה זבח ונסכים דבר יום ביומו (ויקרא כג) עולה ומנחה לימדך שתהא מנחת העולה אחר העולה מיד ולא יפסיקו חביתין בין עולה למנחת התמיד: **שום מנחה** · הואיל וחביתין אף הן מנחה והוקקש הכתוב עם התמיד דכתיב בה (במדבר כח) ועשירית האיפה סולת למנחה תמיד אף היא תהא סמוכה לתמיד אחר מנחת נסכים כדכתיב עולה ומנחה: **זבח ונסכים** · למדנו שלא יפסוק קרבן אחר בין זבח לנסכים: **תנאי היא** · רבי ישמעאל ורבי עקיבא פליגי בה בפסחים בפרק תמיד נשחט (דף נח.): **ביום** · ביום השבת יערכנו (ויקרא כד) ולשון ביום משמע באור היום ולא בבקרו: **חוקה חוקה** · בחביתין כתיב (שם ו) חק עולם לה' כליל תקטר ובבזיכין כתיב (שם כד) קדש קדשים הוא לו מאשי ה' חק עולם ותרוייהו מילתא קלי ומגמרין מינייה שתקדים למוספין כחביתין: **וליגמרה לכולה מילתא** · להקדימן אף לנסכים: **אי רבנן** · דאמרי בפ' קמא (דף טו:) בקטורת מפסיק להטבת נרות: **בין דם לנרות מיבעי ליה** · בין עבודת הדם לעבודת הנרות קודם שיגמרם: **לעולם רבנן היא** · וכסידרא ניחא ליה לאוקמה כרבנן: **ובסידרא לא קא מיירי** · לא דק: **בין איברים לנסכים** · למנחת נסכים: **כמנחת הבקר** · תהא מנחת ערב: **מה מנחת הבקר** · תהא מאוחרת לקטורת שהרי אף איברים מאוחרים לה: **אף מנחת הערב** · קטורת קודמת לה: **מי כתיב כאיברי הבקר** · כן יהיה איברי הערב ותידוק מינה מה איברי הבקר מאוחרים לקטרת אף איברי הערב מאוחרים לה: **כמנחת הבקר** · תהא מנחת הערב: **ולא כאיברי הבקר** · איברי הערב: **ונסכו רביעית ההין לכבש האחד** · גבי תמידין כתיב ולימד על האחד שטעון נסכים ומיהו האחד הוא של ערבית דהא מיניה סליק דכתיב לעיל מיניה ואת הכבש השני תעשה בין הערבים ועשירית האיפה סולת וגו' עולת תמיד העשויה וגו' ונסכו רביעית ההין: **ילמד שחרית משל ערבית** · מה זה טעון נסכים אף זה טעון נסכים:

תוספות

העולה עולה ראשונה · תימה למה לי קרא תיפוק ליה מלבד עולת הבקר אשר לעולת התמיד דנפקא לן מיניה בפרק כל התדיר (זבחים דף פט.) כל התדיר מחבירו קודם את חבירו וכי תימא דההוא למוספין והאי לנדרים ונדבות וליכא דמוספין [קבוע] להם זמן ונדרים ונדבות שכיחי בכל יום והא בפרק התכלת (מנחות דף מט.) מייתי לקרא דהעולה לתמידין קודמין למוספין דקאמר היכי דמי אילימא דלית ליה והתניא העולה כו' ועוד קשה טפי דבס"פ הגוזל קמא (ב"ק דף קיא.) דרש מדכתיב (במדבר ה) מלבד איל הכפורים מכלל דכסף ברישא ופריך אלא מעתה מלבד עולת הבקר מכלל דמוספין ברישא והתניא העולה וכו' הוה ליה למיפרך ממתני' דכל התדיר (זבחים דף פט.) דאדרבה ממלבד נפקא ליה דתדיר קודם ולימא נמי דאיצטריך מלבד לגזור שאין להם תמידין ומוספין אלא כדי אחר מהם דהא מתני' דכל התדיר לא איירי אלא בקדם דומיא דדם חטאת קודם לדם עולה דקתני התם בההיא וליכא למימר נמי חד למצוה וחד לעכב דעיכובא ליכא כדאמר בפרק התכלת (מנחות דף מט:) וי"ל דהעולה עולה ראשונה להקדמה דהקטרה קרא דבהקטרה איירי וקרא דמלבד להקדמת שחיטה שתעשו את אלה בעשיית דם איירי והשתא ניחא דמייתי בפ' התכלת (ג"ז שם) מהעולה לאשמועי' בהקטרה דלא תנן בפ' כל התדיר (זבחים דף פט.) דתמיד קודם אי נמי משום הוה ס"ד דמקשה שהוא מעכב הלכך פריך מברייתא דלשון שלא יהיה דבר קודם משמע טפי עיכובא מלישנא דמתני' דכל התדיר וניחא נמי דלא מייתי בהגוזל קמא מהעולה דכל התדיר לאותובי [על מלבד איל הכפורים דלא הוי] כסף ברישא דליכא למימר לעולם כסף ברישא והדר איל כסדר שנכתבו בפרשה אבל בכל התדיר איירי בעשיית דם וה"ק קרא מלבד עולת הבקר שבעשיית עבודת הדם כבר תעשו את אלה אבל הקטרה דכתיב מקמי קרא דמלבד תהא קודם התמיד דכולי קראי דקמיה בהקטרה משתעי דכתיב בהו (במדבר כח) אשה ריח ניחוח להכי אצטריך לאיתויי העולה דאפילו בהקטרה תמיד קודם אע"ג דהקטר מוספין כתיב ברישא אפ"ה תמיד קודם הכא נמי נימא דאע"ג דכסף כתיב ברישא איל הכפורים קדים מיהו תימה למה לי קרא דהעולה ומלבד לאשמועינן דתמידין קודמין למוספין תיפוק ליה דבתמידין כתיב בבקר ובמוספין כתיב ביום ויוקדם דבר שנאמר בו בבקר לדבר שנאמר בו ביום ואמרי' נמי מוספין בשש ואז אינו בקר וי"ל דאי לאו קרא דהעולה הייתי מאחרין הקטרת התמיד עד אחר הקטרת המוסף כדמשמע בהגוזל קמא (ב"ק דף קיא.) מדכתיב מלבד ותעשה בבקר הוה מוקמינן ליה לעבודת דם אבל קשה עדיין כיון דכתיב העולה לאפוקי מהאי סברא למה לי קרא דמלבד לאשמועינן דתמיד קודמת למוספין בעבודת דם תיפוק ליה מדכתיב בבקר בתמיד ובמוספין ביום וי"ל דאיצטריך מלבד למיגמר בעלמא דבכל מקום תדיר קודם דמאי טעמא כתב אשר לעולת התמיד פשיטא דעולת הבקר היא עולת התמיד אלא טעמא קא יהיב קרא למילתיה מאי טעמא אמרי לך מלבד עולת הבקר שהיא תקדום לפי שהיא עולת התמיד וכל דבר שהוא תדיר קודם לדבר שאינו תדיר וכן משמע בפ' כל התדיר דגמר מהכא בכל דוכתא דקתני כל התדיר מחבירו קודם כו' עד שנאמר מלבד: **העולה** עולה ראשונה. י"מ שהיא עולת התמיד שכתובה ראשונה לכל הקרבנות בפרשת פינחס אי נמי קסבר עולה שהקריבו אבותינו לפני הר סיני עולת תמיד הואי והיא היתה ראשונה לכל הקרבנות ליבור ופלוגתא היא בפ"ק דחגיגה (דף ו.) דאיכא למ"ד עולת תמיד הוה ואיכא למ"ד עולת ראייה הוה (וע' תוס' ב"מ נה.): **חביתין** לנסכים שום מנחה · הא דלא קאמר טעמא משום דבחביתים כתיב מחליתה בבקר משום דבנסכים כתיב נמי בבקר כמנחת הבקר וכנסכו (במדבר כח):

נסכים למוספין זבח ונסכים · תימה לי אמאי לא קאמר טעמא יוקדם דבר שנאמר בו בבקר לדבר שנאמר בו ביום ובלאו הכי איצטריך קרא לזבח ונסכים לדרשא אחריתי בפרק התודה (מנחות דף עט.) אין הנסכים מתקדשין אלא בשחיטת הזבח שנאמר זבח ונסכים וצ"ל דאיצטריך למילף מהאי קרא כדי ליישב אותו אפי' למאן דאמר בזיכין קודמין למוספין אע"ג דהכא כתיב ביום והכא כתיב תרי ביום אלמא דלא משמע ליה ביום לאחר להכי מייתי קרא דזבח ונסכים אין להקשות מנלן דמנחה קודמת לנסכים אי משום דכתב עולה ומנחה אימא דנסכים קודמין למנחה דכתיב זבח ונסכים דהא לא קשה כלל דבכל דוכתא כתיב מנחה ברישא ואח"כ נסכים ובההוא קרא גופיה כתיב מנחה ברישא דכתיב עולה ומנחה זבח ונסכים:

לעולם רבנן היא · הא דלא קאמר אי בעית אימא אבא שאול ובסידרא לא קא מיירי י"ל משום דרישא דלא כאבא שאול דקתני ונכנס להקטיר קטורת ולהטיב הנרות כדאמר בפ"ק (דף יד:):

רבינו חננאל

לאברי התמיד שהקטורת כתיב בה בבקר בבקר והתמיד אין כתיב בו אלא בקר אחד. אברי התמיד קודמין למנחה שאין לך דבר קודם על המערכה לתמיד של שחר שנאמ' וערך עליה העולה ואמר רבא העולה בלשון ידוע כי היא עולה ראשונה. מנחה לחביתין שנאמר עולה ומנחה. כלומר אחר העולה מנחה. חביתין לנסכין. פי' מצאנו שהמנחה קודמת לנסכין שנאמר עולה ומנחה זבח ונסכים והחביתין אע"פ שאינן מנחת זבח הן מנחת כהן שנאמר על מחבת בשמן לפיכך אמר כל ששם מנחה עליה קודמת לנסכין. נסכין למוספין שנאמר זבח ונסכים כלומר התמיד ועמו נסכין ואחריו המוספין מוספין קודמין לבזיכין דאע"ג דאיכא למימר בזיכין נמרי חק חק מן החביתין כתיב בבזיכין קדש קדשים הוא לה' מאשי ה' חק עולם וכתיב בחביתין והכהן המשיח תחתיו מבניו יעשה אותה חק עולם לה' כליל כשם שקודמין החביתין למוספין כך קודמין הבזיכין. כיון דכתיב בבזיכין ביום השבת ביום השבת ובמוספין אינו כתיב אלא וביום השבת פעם אחת ארוני ביום שכתב בבזיכין לאחר: קטורת של שחר היתה קריבה בין דם לאברים וכו' אוקימנא כרבנן כדתנן כל שבעת הימים הוא זורק את הדם ומקטיר את הקטורת ומטיב את הנרות הנה הקטורת בין דם לנרות ומתניתין דהכא לא דקדק לשנותו על הסדר והא דאבא שאול פשוטה היא כדמסדר המערכה אביי משמא דגמרא אליבא דאבא שאול. ותני נרות קודמין לקטורת וקטורת קודמת לאברים הנה הקטורת בין נרות לאברים וקטורת של בין הערבים קריבה בין אברין לנסכין גמר מה קטורת של שחר כתיב בה בבקר בבקר בהטיבו את הנרות יקטירנה הנה בבקר בבקר סמוכה ואחר הקטורת [מקטר אברי] התמיד ומנחתו ונסכו. כך תמיד של בין הערבים אחר הקטורת נסכין ואקשינן כיון שאתה למד תמיד של בין הערבים מתמיד של שחר למוד אותו לכל

רבי

דבר ותהיה הקטורת קודמת אפילו לאיברים והיינו מי כתיב כאברי הבקר וכנסכו כתיב למנחה ולנסך הקישו ולא לאיברים : ת"ר ונסכו רביעית ההין וגו' ילמד של שחרית משל ערבית נסוך היין דהוזה קרא בשל

הגהות מהר"ב רנשבורג

[א] גמ' ת"ר ונסכו וכו' משל ערבית. נ"ב דהכי מנחה ונסכים [illegible]

תוספות ישנים

[illegible]

עין משפט נר מצוה

לה א מיי' פ"ג מהל' עבודת יוה"כ הל' ד:

לו ב מיי' פ"א מהל' שבת הלכה ה סמג לאוין סה טוש"ע א"ח סי' שלו סעיף א:

לז ג מיי' פ"א מהלכות מילה הלכה ט ופ"י מהלכות טומאת צרעת הלכה ט סמג עשין כח טוש"ע י"ד סי' רסו סעיף א:

לח ד מיי' פ"ב מהל' עבודת יוה"כ הל' ג:

לט ה ו מיי' פ"ח מהל' כלי מקדש הל' ג:

רבי אומר ערבית משל שחרית בשלמא לרבנן האי בתמיד של בין הערבים כתיב (א) אלא ר' מ"ט אמר רבה בר עולא אמר קרא °לכבש האחד איזהו כבש שנאמר בו אחד הוי אומר זה תמיד של שחר ורבנן *מאי אחד מיוחד שבעדרו ורבי °ממבחר *נדריך נפקא ורבנן חד בחובה וחד בנדבה וצריכי: אם היה כ"ג זקן או איסטניס וכו': תניא א"ר יהודה *עששיות של ברזל היו מחמין מערב יוה"כ ומטילין לתוך צונן כדי שתפיג צינתן והלא מצרף אמר רב ביבי שלא הגיע לצירוף אביי אמר אפי' תימא שהגיע לצירוף *דבר שאין מתכוין מותר ומי אמר אביי הכי *והתניא °בשר ערלתו *אפי' במקום שיש שם בהרת יקוץ דברי ר' יאשיה והוינן בה קרא ל"ל ואמר אביי לר' יהודה דאמר דבר שאין מתכוין אסור הני מילי בכל התורה כולה אבל הכא צירוף דרבנן הוא:

מתני' הביאוהו לבית הפרוה ובקדש היתה פרסו סדין של בוץ בינו לבין העם *קידש ידיו ורגליו ופשט ר"מ אומר פשט קידש ידיו ורגליו ירד וטבל עלה ונסתפג הביאו לו בגדי לבן לבש וקידש ידיו ורגליו בשחר היה לובש פלוסין של שנים עשר מנה בין הערבים הנדויין*) של שמונה מאות זוז דברי ר' מאיר וחכמים אומרים בשחר היה לובש של שמונה עשר מנה ובין הערבים של שנים עשר מנה *הכל שלשים מנה אלו (ג) משל ציבור *ואם רצה להוסיף מוסיף משלו: גמ'

*) [עי' תוס' לה. ד"ה הנדוין]

רש"י

רבי אומר של ערבית משל שחרית · דלכבש האחד לדשחרית קאי שנאמר בו את הכבש אחד תעשה בבקר: וצריכי · יש לך נדבה שהנדבה צריך לייפותה כדי שתתרצה לדורון והקבלת פנים ויש לך חובה שהחובה המוטלת צריך לפרוע חובו משלם: עששיות · ואף לשון חכמים מטרה כמו עשת הנעשת (מנחות דף כח:) משי"ן בלע"ז: והלא מצרף · הנותן ברזל מן האש למים מצרפו מחזקו ומקשהו: שלא הגיע לצירוף · כבר היה מלובן במקצת אף על פי שהיו *[מונחין בגחלים כתוך] נחלים לחשום לוחשום היו מלובן כל כך שיהא לו חזוק ע"י מים: מי אמר אביי הכי · דדבר שאינו מתכוין מותר: קרא ל"ל · בשר לרבות המטנע דמלי למכתב ימול ערלתו וכתב בשר לרבות בשר האמור בנגעים (ויקרא יג) אדם כי יהיה בעור בשרו ל"ל קרא הא דבר שאינו מתכוין הוא: ואמר אביי וכו' · אלמא ס"ל לאביי דקרא מסייע ליה לר' יהודה מדאצטריך קרא למשריה: בכל התורה · באיסורא דאורייתא כגון קוצץ בהרת דכתיב (דברים כד) השמר בנגע הצרעת ואמר מר בקוצץ בהרתו הכתוב מדבר. ואין שבות במקדש לא גרסינן דהא תלה טעמא בשאין מתכוין: **מתני'** הביאוהו לבית הפרוה · לטבול טבילה שניה שהיא טעונה קידוש קודם כדפרישית לעיל*: ר"מ אומר · פשט תחלה ואח"כ קדש והוא פליג ארבנן: פלוסין · לעיל פרישית פלוגתייהו: בשחר · בגדים שלובש בטבילה זו היו מפשתן של (ג) מדינת פילוסין שהוא חשוב ומעולה: ובין הערבים · בגדים שלובש להוצאת כף ומחתה: הנדוין · שהיו מפשתן של ארץ הינדוין והיא ארץ כוש כדמתרגם יונתן בן עוזיאל (ירמיה יג) היהפוך כושי עורו הינדואה:

*) נ"ל נתונין גמ'

תוספות

רבי אומר של ערבית משל שחרית · כ"ל דאיכא בינייהו ליבור שלא היו להם נסכים אלא לאחד מהן למאן דאמר דגמר של ערבית משל שחרית א"כ שחרית עיקר ויקריבוס שחרית ולמאן דאמר גמר שחרית מערבית יקריבוס ערבית: הני מילי באיסורא דאורייתא אבל הכא צירוף דרבנן · ה"ג רש"י ולא גרסי' אין שבות במקדש ומפרש כיון דאפי' אי הוה מתכוין ליכא איסורא דאורייתא כי לא מיכוין לא גזרו ביה רבנן אפילו במדינה וקשה לר"י דא"כ משמע דבצירוף דרבנן לא אסר ר' יהודה ובפרק כירה (שבת דף מא:) משמע דאסר דקאמר אביי גופיה התם המיחם שפינה ממנו מים לא יתן לתוכו מים כל עיקר מפני שמצרף ור' יהודה היא דאמר דבר שאין מתכוין אסור מיהו הא לא קשיא דמצי לשנויי דצירוף עששיות דווקא דרבנן שאינם כלים ועומדין לעשות מהם כלים לבסוף וצירוף דהשתא לאו היינו גמר מלאכתו אבל מיחם שהוא כלי וצירוף שלו הוא גמר מלאכתו הוי דאורייתא מיהו קשה דבס"פ כירה (שם דף מו:) אמרי' כל היכא דכי קא מיכוין איכא איסורא דאוריי' כי לא מיכוין גזר ר"ש וכל היכא דכי קא מיכוין ליכא איסורא דאוריי' כי לא מיכוין לא גזר פי' כגון גורר מטה וספסל וכסא דהויא חורש כלאחר יד א"כ ר' יהודה דפליג עליה אסר אפי' בכי האי גוונא דכי מיכוין ליכא איסורא דאורייתא ועוד מאי פריך מברית דלא מצי למיפרך אלא מברייתא וממילתא דאביי דאיתמר עלה ליפרך ממתני' דפ"ב דמסכת ביצה (דף כג:) ר' יהודה אומר כל הכלים אין נגררין חוץ מן העגלה מפני שהיא כובשת אלמא דבר שאין מתכוין אסור נהי דמצי למימר דניחא ליה למיפרך דאביי אדאביי טפי הוה ליה לאתויי ממילתא דר' יהודה דמתני' בהדיא ועוד שהוא מוחק כל הספרים דגרס בהו הני מילי בכל התורה כולה אבל הכא צירוף דרבנן ואין שבות במקדש על כן נראה לר"י אביי אמר אפי' תימא שהגיע לצירוף דבר שאין מתכוין מותר פירוש מן התורה ואע"ג דמדרבנן אסור אין שבות במקדש ופריך מי אמר אביי דדבר שאין מתכוין לא מיתסר אלא מדרבנן והתניא וכו' ומדאיצטריך קרא ש"מ דדבר שאין מתכוין אסור מדאורייתא ומשני הני מילי בכל התורה כולה אסור שאין מתכוין כמתכוין אבל הכא פירוש בשבת דכתיב ביה מלאכת מחשבת בעינן שיחשב לעשות המלאכה שהוא עושה הלכך צירוף דהכא הוי כלא מתכוין דרבנן ואין שבות במקדש ויש ספרים דגרסינן בהו בהדיא אבל הכא מלאכת מחשבת אסרה תורה וזה כפר"י והשתא אוכחן דלר' יהודה דבר שאין מתכוין מותר מדאורייתא גבי שבת ותימה דבפרק ספק אכל (כריתות דף כ:) אמר רב אשי כגון שנתכוין לכבות העליונות והובערו התחתונות מאליהן ור"א בר צדוק סבר לה כר' יהודה דאמר דבר שאין מתכוין אסור אלמא לר' יהודה דבר שאין מתכוין חייב מה"ת ויש לומר דהתם פסיק רישיה הוא שא"א בשום ענין כשתותה שלא יובערו התחתונות וכיון דהוי פסיק רישיה כמתכוין דמי ואע"ג דלא צריך להבערתו והויא לה מלאכה שאינה צריכה לגופה סבר לה נמי בהא כר' יהודה דאמר מלאכה שאינה צריכה לגופה חייב עליה והא דפטר ליה ר"ש לאו משום דלא חשיב ליה מלאכת מחשבת דהא כי היכי דלר' יהודה הויא מלאכת מחשבת הכי נמי לר"ש כיון דהוי פסיק רישיה ועוד דר' שמעון מחייב מקלקל בהבערה אע"ג דבשאר מלאכות פטור משום מלאכת מחשבת כדאיתא בספ"ק דחגיגה (דף י:) ומתעסק נמי דפטור בשאר מלאכות מטעם מלאכת מחשבת מחייב ר' שמעון בחבורה והבערה כדאמר פ' ספק אכל (כריתות דף יט:) הנח לתינוקות הואיל ומקלקל בחבורה חייב מתעסק נמי חייב אלא היינו טעמא דרבי שמעון דפטר משום דבעינן מלאכה הצריכה לגופה דילפינן ממשכן ואפילו בחבורה והבערה ס"ל דבעינן צריכה לגופה כדמוכח בר"פ אלו הן הנחנקין (סנהדרין דף פה:) והאי דנקט בכריתות לישנא דמתכוין ואין מתכוין ולא נקט הא ר' יהודה דאמר מלאכה שאין צריכה לגופה חייב עליה הא ר' שמעון משום רבותא דר' יהודה נקט ליה דלאע"פ שאין מתכוין להבעיר התחתונות מאחר שהוא פסיק רישיה חייב דסד"א דר' יהודה לא מחייב מלאכה שאינה צריכה לגופה אלא בדבר שהוא מתכוין בידים כגון מפיס מורסא שהוא מתכוין לפתח וכן חס על הנר שמתכוין לכבות ומוציא המת במטה וכן כולם שמתכוין לעשות המלאכה בידים אלא שאינה צריכה לגופה אבל בדבר שאין מתכוין לעשות בידים כגון נתכוין לכבות העליונות והובערו התחתונות מאליהן דלא נתכוין למלאכת הבערה כלל אלא לכיבוי אע"ג דהוי פסיק רישיה סד"א דלא ליחייב ר' יהודה קמ"ל אבל בההיא [illegible]

רבינו חננאל

ערבית כתיב שנאמר ואת הכבש השני תעשה בין הערבים ואחר כך כתיב ונסכו רביעית ההין וגו' כלומר כל מה שכתוב בפרשה אחר זה בתמיד של בין הערבים הוא דכתיב [illegible]

[illegible] דרי רק בלא תעשה . בכאן מותר לטול אע"פ שהוא קוצץ הבהרת בעת שמולה והוינן בה למה לי קרא פשיטה דבר שאין מתכוין הוא ופריך אביי כי איצטריך קרא לר' יהודה דאמר דבר שאין מתכוין אסור

מסורת הש"ס

[לקמן ע. מגילה כח.] [נ"ל נדריכם]

שבת קלג.

הגהות הב"ח

(א) גמ' בשלמא לרבנן האי בתמיד של בין הערבים כתיב [illegible]

(ג) [illegible]

תוספות ישנים

[illegible]

§ מסכת יומא דף לד: §

אות א'

<u>עששיות של ברזל היו מחמין מערב יום הכפורים ומטילין לתוך צונן כדי שתפיג צינתן</u>

רמב"ם פ"ב מהל' עבודת יוה"כ ה"ד - היה כ"ג זקן או חולה, מלבנין עששיות של ברזל באש מבערב, ולמחר מטילין אותן במים כדי להפיג צינתן, [א]שאין שבות במקדש, או מערבין מים חמין במי המקוה עד שתפיג צינתן.

אות ב'

<u>דבר שאין מתכוין מותר</u>

סימן שלז ס"א - דבר שאין מתכוין, מותר - זה לשון הרמב"ם:

דברים המותרים לעשותן בשבת, ובשעת עשייתן אפשר שתיעשה בגללן מלאכה אחרת, ואפשר שלא תיעשה, אם לא נתכוון לאותה מלאכה מותר, וכן כוונת המחבר, **והוא שלא יהא פסיק רישיה** - פירוש, שבודאי תיעשה המלאכה האחרת.

הלכך גורר אדם מטה, כסא וספסל, בין גדולים בין קטנים, ובלבד שלא יתכוין לעשות חריץ. ומותר לרבץ הבית, כיון שאינו מתכוין להשוות גומות, אלא שלא יעלה האבק.

אות ג'

<u>אפילו במקום שיש שם בהרת יקוץ</u>

יו"ד סימן שסו ס"א - מילה, בין בזמנה בין שלא בזמנה, דוחה צרעת; שאם יש בהרת בעור הערלה, אע"פ שיש בקציצת הבהרת לא תעשה, חותכה עם הערלה; אבל אם לאחר שנימול גדל בשר במילתו עד שאינו נראה מהול וצריך לחותכו, אם יש בהרת באותו הבשר אסור לחתכו, כיון שא"צ למולו פעם אחרת אלא מדרבנן.

אות ד'

<u>קדש ידיו ורגליו ופשט</u>

רמב"ם פ"ב מהל' עבודת יוה"כ ה"ב - ואחר כך מקדש ידיו ורגליו ופושט בגדי הזהב, וטובל ועולה ומסתפג ולובש בגדי לבן, ומקדש ידיו ורגליו ועובד עבודת היום.

אות ה' - ו'

<u>הכל שלשים מנה</u>

<u>ואם רצה להוסיף מוסיף משלו</u>

רמב"ם פ"ח מהל' עבודת יוה"כ ה"ג - בגדי לבן הם ארבעה כלים שמשמש בהן כ"ג ביוה"כ: כתנת, ומכנסים, ואבנט, ומצנפת; וארבעתן לבנים וחוטן כפול ששה ומן הפשתן לבדו הם; [ב]ושתי כתנות אחרות היו לו לכהן גדול ביוה"כ, אחת לובשה בשחר ואחת בין הערבים, ושתיהם בשלשים מנה משל הקדש; ואם רצה להוסיף מוסיף משלו, [ג]ומקדיש התוספת ואחר כך עושה בה הכתנת.

באר הגולה

א ‹ורבינו ז"ל שכתב ואין שבות במקדש, נראה דגורס כגירסת התוס' ז"ל, ורש"י ז"ל לא גריס ואין שבות במקדש, אלא דאיסורא אפי' דרבנן ליכא כיון דהוי דבר שאינו מתכוין והוי צירוף דרבנן, **ותימה**, דלפי' התוס', לר"י דבר שאינו מתכוין בשבת אסור מדרבנן ולר"ש מותר גמור, וכיון דרבינו ז"ל פסק כר"ש בפ"א מהל' שבת, דדבר שאין מתכוין מותר, א"כ הכא נמי ליכא איסורא כלל ולא שבות, והיכי קאמר ואין שבות במקדש. **ונראה** דרבינו ז"ל מפרש דהך צירוף דעששיות הוי פסיק רישיה, דא"א שלא יצרף, ויש הכרח לזה, מדמדמי ליה להויא דבשר ערלתו דהוי פס"ר, כדאמרינן בפ' ר"א דמילה, **ותירץ** אביי, דדבר שאינו מתכוין מותר ואע"ג דהוי פס"ר, והקשו, דקשיא אביי מדידיה אדידיה, דאע"ג דאית ליה לאביי מעיקרא קודם שקבל מרבא דלר"ש פס"ר מותר, כדאמרי' בפ' ר"א דמילה, מ"מ לר"י הוי פס"ר אסור, כדאמר גבי ההיא דבשר ערלתו לא נצרכה אלא לר"י, וא"כ הכא דקיימינן אליבא דר"י, דאיהו אמר בברייתא הא דעששיות, איך תירץ אפי' אליביה דפס"ר מותר, **ותירצו**, כי אמר אביי התם דפס"ר אסור, הוי באיסור מן התורה, אבל הך איסור צירוף הוי דרבנן, כלומר כשאינו מתכוין אע"ג דפס"ר, לא הוי אסור אלא מדרבנן, אע"ג דבמתכוין אסור מן התורה, {שהרי אינו רוצה לעשות ממנו כלי, שכל שהוא מפני תיקון כלי, מי שאינו מתקנו פטור - לשון המ"מ}, ומשו"ה תלה אביי טעם ההיתר בדבר שאינו מתכוין, משום דאז ליכא אלא איסורא דרבנן כיון דהוי פס"ר, ואין שבות במקדש, אבל במתכוין אסור מן התורה - לח"מ› **ב** ‹ונראה מדבריו שהיו לו לכ"ג ביום הצום ג' כתנות, הא' היא המוזכרת עם בגדי לבן, וב' אחרות, ולא ידעתי הא היכא איתא, דממתניתין דפ"ג דיומא (דף ל"ד) לא מוכח אלא שהיו לו לכ"ג ב' כתנות מיוחדים ליום זה, **ועוד** אני תמיה, דב' כתנות הללו דשויונם שלשים מנה, לא היה לובש אותם אלא בעבודות הצריכות בגדי לבן, וכמבואר במתני' דקתני הביאו לו בגדי לבן, והנה ביום הצום לא היה עובד בבגדי לבן כי אם ב' פעמים, אחת בשחר בשחיטת פרו והקטורת, ואחת בין הערבים בהוצאת הכף והמחתה, וכמבואר כל זה בדברי רבינו בהלכות עבודת יום הכפורים, ואם כן יש לתמוה, הכתונת שכתב רבינו בהדי בגדי לבן, לאיזה תכלית היתה נעשית, שהרי לא היתה משמשת כלום, **ולומר** דבעבודות דבגדי לבן יש מהם שהיתה בכתונת דבגדי לבן, ויש מהם בכתונות הללו דשלשים מנה, ונמצא שהיה פושט בגדי לבן וחוזר ולובש בגדי לבן, דבר זה לא ראיתי בשום מקום, וזה לא ניתן להאמר, ודברי רבינו צריך עיון. **עוד** אני תמיה, דמנ"ל לרבינו שינוי זה בכתונת, דהא מפשטא דמתני' נראה דעל כל ארבעה בגדי לבן מיירי, וכן פירש"י שם וז"ל בגדים שלובש בטבילה זו וכו' ובין הערבים בגדים שלובש וכו', ע"כ, ובגמרא אמרינן מנא לן, אמר ר"ה בד בד בד מובחר בבד, והני ד' בד בד' בגדים כתיבי, ואם כן מנא לן שהכתונת נשתנה דינו משאר בגדי לבן, וגם זה צריך אצלי תלמוד - משנה למלך› ‹**נלע"ד** שתיבת "אחרות" הוא ט"ס, וצ"ל: ושתי כתנות היו לו, ומ"ש כתנות הוא לאו דוקא, אלא כוונתו אכל ד' בגדי לבן, ומאחר שהתחיל למעלה בכתנות כתב גם כאן כתנות, ולפ"ז אתי הכל שפיר, ואף שהוא דוחק מאוד לפרש כן, מ"מ שלא יהיה דברי רבינו תמוהין, מוכרחני לפרש כן לענ"ד - טורי אבן› **ג** ‹כתב מהר"י קורקוס ז"ל וז"ל: ולכן נראה דרבינו לאו בדוקא נקט הכי, דמקדיש ואח"כ עושה הכתונת, אלא הכוונה שיקדיש אותה וימסרנה לצבור קודם שיעבוד בה, **ואפשר** לקיים לשון רבינו שיהא כפשוטו, שיש לחלק ולומר שכשעושה היחיד כל הכתונת, אף אם יקדיש אותה אחר עשייתה, אין בכך כלום, והכא כשהשלים מנה משל ציבור והוא מוסיף עליהם מיירי, ובכהן גדול אין לעשות הכתונת עד שיקדיש התוספת, כי אינו בדין שיערב שלו עם של צבור ושל קדש, עד שיקדש שלו וימסרנו לצבור, וגם אפשר שלא ירצה למוסרו אח"כ, אלא שלא מצאתי זה מבואר לא בגמ' ולא בתוס' ולא בירושלמי, מ"מ הדבר בעצמו נכון ומתקבל, עכ"ל - שמחת עולם›

§ עניני הלכה שונים הקשורים להדף §

מאי פרוה אמר רב יוסף פרוה אמגושא

בית הפרוה נקרא על שם האיש שבנה אותו, שהיה שמו פרוה והיה מכשף – רש"י. **ויש** מוסיפים שבנה אותו במכשפות – רע"ב. [**ועי"ש** בתוי"ט שתמה, דאיך יתכן לקיים בקדש בנין הנעשה ע"י כישוף, ועיין תפא"י שם שהיה באומנות נפלאה ונראה כאילו הוא בכישוף]. **י"א** שהיה ישראל שחזר בתשובה, שנכרי לא בנה שום דבר בהר הבית, משום לא לכם ולנו לבנות בית אלהינו – מאירי. **ויש** אומרים שמכשף זה לא בנה אותו, אלא חפר מחילה מתחת לקרקע, כדי לראות את עבודת הכהן הגדול ביום הכפורים, ומצאוהו בלשכה זו והרגוהו, או שנעשה להם נס ומת שם, וקראו הלשכה על שמו, ערוך מאירי – אנציקלופדיה תלמודית.

תוס' ד"ה הני מילי. בא"ד: ובערוך... כיון שאין נהנה כלל... שרי אפילו לכתחילה אע"ג דהוה פסיק רישיה

סימן שכ סי"ח - חבית שפקקו בפקק של פשתן לסתום נקב שבדפנה שמוציאין בו היין - היינו שכורכין סביבות הברזא חתיכת בגד או נעורת של פשתן, ופוקקים בה הנקב שבדופן החבית, [א]**יש מי שמתיר** - להסיר אותה בשבת או להחזירה, **אע"פ שא"א שלא יסחוט** - שע"י סתימת הברזא בהנקב או הסרתו, נסחט משקה הבלוע בהנעורת, **והוא שלא יהא תחתיו כלי** - דממילא היין הנסחט הולך לאיבוד, כיון שהנקב בדופן החבית בצדה, **דכיון שאינו נהנה בסחיטה זו, הוי פסיק רישא (פי' איסור נמשך בהכרח מדבר מה, כמו המות הנמשך בהכרח מהתזת הראש) דלא ניחא ליה, ומותר** – (הנה בענינינו לא ניחא ליה כלל בהסחיטה, ואדרבה היה רוצה שלא יסחט, כי הולך לאיבוד, **אבל** באמת אפילו רק היכא שאין נהנה כלל בהפעולה שנעשה על ידו, ואין לו שום נ"מ בזה, נקרא ג"כ פ"ר דלא ניחא ליה, כיון דהוא אין מכוין להפעולה).

אבל אם היה תחתיו כלי שנוטף בה טיפת הנטיפה, וכן אם היה הפקיקה בסתימת הנקב שלמעלה, שהיין הנסחט יורד לתוך החבית, **בכל** זה הוא איסור דאורייתא להדק או להסיר הפקיקה, גם לשיטה זה, [דהוא פ"ר דניחא ליה, דקימ"ל דחייב מן התורה].

וחלקו עליו, ואמרו דאע"ג דלא ניחא ליה, כיון דפסיק רישא הוא, אסור - מדרבנן, אבל חיובא ליכא בפסיק רישא דלא ניחא ליה לכו"ע, **וכ"ז** הוא לענין שבת דבעינן שיהא מלאכת מחשבת, **אבל** לענין שארי איסורי תורה, דעת הרא"ש דפ"ר דלא ניחא ליה לכו"ע אסור, ואיסורו הוא מן התורה.

באר הגולה

א טור בשם הערוך וכן הסכים רבינו ירוחם

דאמרי תרוייהו מודה רבי שמעון בפסיק רישיה ולא ימות ומשני לא נצרכא דעביד בארעא דחבריה שאינו נהנה כלום ומכל מקום אסור לכתחילה כמו שאפרש בסמוך אלא שאין חייב חטאת ומשמע הא בארעא דידיה חייב חטאת ואע"ג דאין מתכוין לייפות קרקע חייב כיון דהוי פסיק רישיה ונהנה הוא ולא דמי לחותה את הגחלים להתחמם בהן והובערו מאליהן דהוי מלאכה שאינה צריכה לגופה ופטור לרבי שמעון שאין נהנה כלל בהבערה זו שבלא תוספת הבערה יש כל כך גחלים שיוכל להתחמם בהן וא"כ בברור לא נתכוון להבעיר אבל בההיא דהבונה (שבת דף קי:) כיון שהוא נהנה אנן סהדי שהוא מתכוין לייפות מיהו קשה דבשמעתין משמע דלדבר שאין מתכוין אפי' פסיק רישיה לא הוי דאורייתא לענין שבת אליבא דר' יהודה דע"כ לירוף עששיות פסיק רישיה הוא מדפריך עלה מההיא דהבערה אפי' הכי אמר דמדרבנן הוא ובההיא [דכריתות] מחייבין לרבי יהודה בההיא דהחותה את הגחלים שנתכוון לכבות העליונות והובערו התחתונות אף ע"ג דלא מכוין להבעיר התחתונות וי"ל דלירוף עששיות לא הוי פסיק רישיה ואפילו הכי פריך שפיר מדמשני אביי לא נצרכא אלא לר' יהודה דאמר דבר שאין מתכוין אסור מכלל דלא שאני ליה בין מתכוין לשאין מתכוין דלאי שני ליה אפילו כרבי שמעון אתיא ונהי דלבסוף הדר ביה כדמשמע בפרק ר' אליעזר דמילה (שם דף קלג.) מ"מ מדמשני הכי מעיקרא מכלל דלרבי יהודה דבר שאין מתכוין אסור מדאורייתא אע"ג דלא הוי פסיק רישיה ובערוך* פי' בע"א ההיא דהבונה לא צריכא דעביד בארעא דחבריה כיון שאין נהנה כלל בייפוי קרקע חבירו שרי אפילו לכתחילה אע"ג דהוה פסיק רישיה והא דאמר מודה רבי שמעון בפסיק רישיה ה"מ בדבר שהוא נהנה כגון בארעא דידיה וקולץ בהרת בנו שהוא נהנה ומתוך כך התיר ברזא הכרוכה בפשתן למשוך ממנו בשבת אע"פ דקא עביד סחיטה והוי פסיק רישיה הואיל ואינו נהנה כההיא סחיטה דקא חזיל לאיבוד ומותר ולא ראיה היא מההיא דקעביד בארעא דחבריה לכתחילה דהתם לענין שלא יהא חייב חטאת קאמר דאין חייב חטאת ומיהו איכא למימר דלאסור לכתחילה ועוד ההיא דערוך ראייה לדבריו מדאמר פ' ר' אליעזר דמילה (שם שם) ולאביי אליבא דרבי שמעון הא בשר מאי עביד ליה כאומר אבי הבן להקן בהרת בנו הוא מתכוין ופריך ולאי איכא אחר ליעביד כדריש לקיש ומשני דליכא אחר אבל אי איכא אחר היה מותר לכתחילה אלמא שרי רבי שמעון פסיק רישיה לכתחילה בדבר שאינו נהנה ואין זו ראיה דהא דמוקי ליה אביי כאומר אבי הבן כו' היינו מקמי דשמע מרבא דמודה רבי שמעון בפסיק רישיה כדקא מסיק התם לבתר דשמע מרבא סברה והכי פריך ולאביי אליבא דר"ש כיון דפליג אף בפסיק רישיה וא"כ לא שנא פסיק רישיה משאר שאינו מתכוין הא בשר מאי עביד ליה אבל לבתר דשמע מרבא נמי מודה בפסיק רישיה וא"כ אבוי ליה אחר ועוד מה ראיה היא מהתם דילמא התם מדאורייתא שרי אבל מדרבנן איכא למימר דלאסור מיהו איכא למימר דהכי מייתי ראיה כיון דבשאר [איסורי] דלא בעינן מלאכת מחשבת מותר מן התורה אין סברא לאסור גבי שבת אפי' מדרבנן ודאי אי בשאר איסורי אסור מדאורייתא משום דלא בעינן בהו מלאכת מחשבת היה ראוי לגזור גבי שבת מדרבנן להשוותו לשאר איסורי אע"ג דמדאורייתא שרי משום מלאכת מחשבת מיהו למאי דפרישית לבסוף הדר ביה וע"כ דמודה ר"ש בפסיק רישיה ובקולית בהרת אסור מדאורייתא אע"ג דלא מיכוין וא"כ בשבת אסרינן לכתחילה כי"ש אביו וליש אחר ולדרכה משם קשה לפי' הערוך מדלא קאמר אלא לאביי הא בשר מאי עביד ליה אבל לרבא לא קשיא ליה מודה ר"ש בפסיק רישיה לא שני ליה בין אביו בין אחר כיון דסבירא ליה בשבת דמדרבנן [אסור] פסיק רישיה אע"ג דמדאורייתא שרי משום מלאכת מחשבת מכלל דבשאר איסורי אסור מדאורייתא ועוד מייתי ראייה מפרק כל כתבי (שם דף קיז:) דשקיל ליה בברזו ואע"ג דמודה ר"ש בפסיק רישיה הואיל ואין נהנה מותר ואינו ראייה כמו שפי' שם רש"י דלאו מלאכה היא דלאין דרך הפשט בכך עוד יש לפרש דשקיל ליה בחתיכות קטנות כל כך שאין בהם כזית ועוד דאין נהנה על פי הפשט עוד הביא ראייה מהא דאמר פ' לולב הגזול (סוכה דף לג:) אין ממעטין אותו בי"ט משום ר' אלעזר בר"ש אמר ממעט ופריך הא קא מתקן מנא ומשני כגון שלקטן לאכילה ודבר שאין מתכוין מותר ופריך והא מודה ר"ש בפסיק רישיה ולא מוקי ליה בשאין נהנה כמאי דעסקינן לאכילה אע"ג דהוי כפסיק רישיה ואין נהנה דלית ליה הושענא אחריתי דהשתא הוי לא מתקן כיון דלאו מתקנה לשם מצוה דאם כן מאי דוחקיה למימר ר' אלעזר בר"ש סבר ליה כותיה דאמר דבר שאינו מתכוין מותר אפי' כר' יהודה מלי לאוקמי מאי טעמא מיהו יש לדחות מאחר שאותו תיקון אינו במתכוין אינו אסור אלא מדרבנן *דמיעוט ענבים אין נראה תיקון כל כך שיחשב תיקון מן התורה לא גזרו ביה רבנן כיון שאין נהנה ולדברי הערוך אתי שפיר הא דאמר בפ' כל התדיר (מנחות דף לו:) המהלך יין מגביה ומלפתו על גבי האושים ופריך והא קא מכבה ומוקי לה כר"ש דאמר דבר שאין מתכוין מותר ואפי' דהוי פסיק רישיה כאשר לכבות לכתחילה מחמת שאין נהנה מיהו יש לדחות דהתם נמי התם כערוך דעביד דבאושים מותר פסיק רישיה מיחייב ר"ש *לא כאשר מחוק הוה לפטור מה מסנן גמור אבל משום לעבירה דלמאי דמשמע אע"פ ש' שאינו נהנה כלל ואינו מתכוין כלל לבנין הפתח וכן קשה ממחש של מה יד ליטול לה הקוץ ומפרש לה בסנהדרין (דף פה.) אליבא דר"ש דאמר מלאכה שאינה צריכה לגופה פטור עליה ודוקא משום לצרה דגופה הא לאו הכי לא אע"ג דלא מיכוין לעשות חבורה כי אם להוציא הקוץ ולפי זה צריכין אנו ליישב ההיא דכל התדיר דלאו פסיק רישיה הוא שמלפתו בטיפים דקות אי נמי על גבי האיברים דאפשר שלא יכבה את האש: פרוזה אמגושא · פי' בערוך וזה לשונו יש מן החכמים שאומרים כי חפר מחילה תחת הקרקע בקדש עד שיראה עבודת כהן גדול והרגישו הכהנים בחפירה ומצאוהו וקראו אותה הלשכה על שמו: *)הנדווין של ח' מאות זוז · לא ידענא אמאי לא קאמר של ח' מנה כדקאמר ברישא של י"ב מנה ועוד ק"ל אמאי לא קא תני במילתיה דר"מ שהן עשרים מנה כדקתני בסיפא במילתייהו דרבנן שהן שלשים מנה מיהו הא לא קשה דמשום דברישא לא תנא כולה מילתא בלשון מנה להכי לא קתני נמי בסיפא בסך הכל לא בלשון מנים ולא בלשון זוזים מיהו (ממנה) היא גופה תימה לי אמאי לא קתני ברישא הכל בלשון מנים וליכא למימר דח' מאות זוז דקאמר זוזי פשיטי נינהו כי ההיא דס"פ אע"פ (כתובות דף סד:) ונותן לה כלים של נ' זוז דמפרשה התם* נ' זוז פשיטי זוזי מדינה שהן שמינית של דינרי צורי וכן ההיא דפ' מגילת האשה (שם דף סז:) דהמשיא יתומה לא יפחות לה מנ' זוז חדא דמאי נפקא מינה ולימא הנדווין של מנה כדהכל י"ב מנה ועוד מסתמא בזוזי צורי איירי דהוו להו של שחרית עדיפי מנייהו רק שליש דומיא דרבנן ושמא י"ל אין הלשון נופל בטוב לומר שמונה מנה: בד בד בד · נראה לי חד לגופיה וחד בד לשון לבד שאין לובש עמהן בגדי זהב כדרך שהוא עושה כל ימות השנה ובד שלישי לומר יותר טוב מבד של שאר ימות השנה והרביעי לומר שטוב משל ערבית אי נמי בד שלישי ורביעי מדריש הכי בד המובחר שבבד:

גמ' מאי פרוה אמר רב יוסף *פרוה אמגושא: פרסו סדין של בוץ: מאי שנא של בוץ *אמר רב כהנא כדי שיכיר שעבודת היום בבגדי בוץ: בשחר היה לובש פלוסין של שמונה עשר וכו': ותנא מניינא אתא לאשמועינן הא קמ"ל דבציר מהני לא נעביד הא אי בציר מהני וטפי אהני לית לן בה דכולי עלמא מיהת דשחר עדיפי מנא לן אמר רב הונא בריה דרב עילאי אמר קרא °בד בד בד בד מובחר בבד: מיתיבי

תורה אור: °ויקרא טז

גמ' פרווה אמגושא · מכשף אחד בנאה ושמו פרווה: תנא מניינא אתא לאשמועינן · דקתני הכל שלשים מנה וכי אין אנו יודעין ששמונה עשר ושנים עשר הרי שלשים: הא קמ"ל · להכי הדר כייליהו לאשמועינן דהא דשלשים מנה סך הכל הוא דיהיב שיעורא ליטול מן ההקדש ובציר משלשים מנה לא ליעביד סך הכל: הא אי בציר מהני · דשחרית משמונה עשר וטפי אהני דערבית משנים עשר לית לן בה: בד בד · ארבעה זימני כתיב בלבישת בגדי שחרית למימר דהוי בד בד המובחר בבד:

ניחוש

רבינו חננאל

ופרקינן אליבא דאביי הני מילי דסבר ר' יהודה דבר שאין מתכוין אסור בכל התורה אבל הכא ביוה"כ צירוף כי האי גוונא דרבנן היא מ"ט לאו מלאכה שצריכה לגופ' היא. ובשבת מלאכת מחשבת אסרה תורה. פי' פרוה שם אדם מגושי ויש מן החכמים שאומרים כי חפר מחילה תחת הקרקע בקודש עד שיראה עבודת כ"ג ביו"כ והרגישו הכהנים בחפירה באותו מקום וחפרו ומצאוהו ונקראת אותה הלשכה על שמו: פרסו סדין של בוץ ולמה של בוץ אמר רב כהנא שיכיר שעבודת היום בבגדי בוץ. פילוסין והנדווין שניהן לשון מלבוש הן בלשון [יון]. הכל ל' מנה כלומר אילו נוטל מן ההקדש כו' ולדברי הכל של שחר מעולין משל ערבית

תוספות ישנים

לכל מעשיו והיכי תיקדום לכל מעשיו מעשה הא לא משמע ועשה אלא אעבודת הדם כדפרי' וי"ל דה"פ יכול יקדמו כל מעשה עולה (א לכל חטאת דדם עולה יקדים הוכה מעשה והקטרה תקדים ב) לכל חטאת אם ירצה ת"ל ושר השני ועוד י"ל דכיון דגלי קרא דועשה שדם חטאת קדים לשל עולה ואשכחן בתמידין הקודמין למוספין שאין חילוק בין עבודת אברים לדם והוא הדין הכא נמי כיון דגלי גלי וקצת קשה לי למאי דאמר בזבחים כיון דגלי גלי לא אמרינן ועוד י"ל דמוהקריב את אשר לחטאת ראשונה ג) דרשינן (זבחים דף צ.) שיהו כל חטאות קודמות לעולה הבאה עמהם איכא למישמע שיהו כל מעשה חטאות קודמין לשל עולה ואפילו דהקטרה ועוד יש לומר ד) דכלל משמעות דעשיה דקרא דמלבד עולת הבקר אשר לעולת התמיד תעשו את אלה איתא להקטרה בכלל עבודת הדם כל כמה דליתא קרא לאפוקיה ממשמעותיה וכן במשמעות של ועשה האחד חטאת שסוכרנו למעלה אבל לכך הוצרך לכתוב העולה עולה ראשונה להקדים הקטרת התמיד להקטרת המוסף אע"ג דכתיב מלבד כדי שלא נמעט משם הקטרת התמיד שלא תקדים על ידי שמלבד שכתב אחר הקטרה הוא משמע להקדים הקטרת המוספין ומעתה העולה עולה ראשונה גלי לן הכא שלא נלמוד איחור כמה שיהיה כתב בשום מקום מלבד לבסוף כמו מלבד אי"ל הכסורים כי אין משמעות

שיהיה לבסוף כל כך פשוט שיהיה איחור שיש לנו לומר שלא נלמוד לזה דגלי ביה הכתוב דלא גלי ביה והשתא לא תיקשי כלל מתעשה בבקר ומועשה האחד חטאת אך קשה לרבי למה לי העולה לאקדומי תמידין [illegible]

[חולין סב:] [לעיל לג:] [פרק כל ושבת מ"ו] [שבת קו.] [וע"ש תוס' שבת מה: ד"ה מיתסן שייך לעיל במשנה] [דף סה:]

גליון הש"ס: תוס' ד"ה הנ"ה בערוך וכו'. דמשמע עוניו דאין נראה תיקון כ"כ.

מיתיבי °ולבשו בגדים אחרים ולא יקדשו את העם בבגדיהם מאי לאו אחרים חשובין מהן לא אחרים פחותים מהן תני *רב הונא בר יהודה ואמרי לה רב שמואל בר יהודה "אחר שכלתה עבודת ציבור כהן שעשתה לו אמו כתונת לובשה ועובד בה עבודת יחיד ובלבד שימסרנה לציבור *פשיטא מהו דתימא ניחוש שמא לא ימסרנה יפה יפה קמ"ל אמרו *עליו על רבי ישמעאל בן פאבי שעשתה לו אמו כתונת של מאה מנה ולובשה ועובד בה עבודת יחיד ומסרה לציבור אמרו עליו על ר' אלעזר בן חרסום שעשתה לו אמו כתונת משתי ריבוא ולא הניחוהו אחיו הכהנים ללובשה מפני שנראה כערום ומי מתחזי והאמר מר *חוטן כפול ששה אמר אביי כחמרא במזגא ת"ר "עני ועשיר ורשע באין לדין לעני אומרים לו מפני מה לא עסקת בתורה אם אומר עני הייתי וטרוד במזונותי אומרים לו כלום עני היית יותר מהלל אמרו עליו על הלל הזקן שבכל יום ויום היה עושה ומשתכר בטרפעיק חציו היה נותן לשומר בית המדרש וחציו לפרנסתו ולפרנסת אנשי ביתו פעם אחת לא מצא להשתכר ולא הניחו שומר בית המדרש להכנס עלה ונתלה וישב על פי ארובה כדי שישמע דברי אלהים חיים מפי שמעיה ואבטליון אמרו אותו היום ערב שבת היה ותקופת טבת היתה וירד עליו שלג מן השמים כשעלה עמוד השחר אמר לו שמעיה לאבטליון אבטליון אחי בכל יום הבית מאיר והיום אפל שמא יום המעונן הוא הציצו עיניהן וראו דמות אדם בארובה עלו ומצאו עליו רום שלש אמות שלג פרקוהו והרחיצוהו וסיכוהו והושיבוהו כנגד המדורה אמרו ראוי זה לחלל עליו את השבת עשיר אומרים לו מפני מה לא עסקת בתורה אם אומר עשיר הייתי וטרוד הייתי בנכסי אומרים לו כלום עשיר היית יותר מרבי אלעזר אמרו עליו על רבי אלעזר בן חרסום שהניח לו אביו אלף עיירות ביבשה וכנגדן אלף ספינות בים ובכל יום ויום נוטל נאד של קמח על כתיפו ומהלך מעיר לעיר וממדינה למדינה ללמוד תורה פעם אחת מצאוהו עבדיו ועשו בו אנגריא אמר להן בבקשה מכם הניחוני ואלך ללמוד תורה אמרו לו חיי רבי אלעזר בן חרסום שאין מניחין *אותך ומימיו לא הלך וראה אותן אלא יושב ועוסק בתורה כל היום וכל הלילה רשע אומרים לו מפני מה לא עסקת בתורה אם אמר נאה הייתי וטרוד ביצרי*) (היה) אומרים לו כלום**) נאה היית מיוסף אמרו עליו על יוסף הצדיק בכל יום ויום היתה אשת פוטיפר משדלתו בדברים בגדים שלבשה לו שחרית לא לבשה לו ערבית בגדים שלבשה לו ערבית לא לבשה לו שחרית אמרה לו השמע לי אמר לה לאו אמרה לו הריני חובשתך בבית האסורין אמר לה °ה' מתיר אסורים הריני כופפת קומתך °ה' זוקף כפופים הריני מסמא את עיניך °ה' פוקח עורים נתנה לו אלף ככרי כסף לשמוע אליה לשכב אצלה להיות עמה ולא רצה *לשכב אצלה בעוה"ז להיות עמה לעוה"ב נמצא הלל מחייב את העניים רבי אלעזר בן חרסום מחייב את העשירים יוסף מחייב את הרשעים:

מתני' *"בא לו אצל פרו ופרו היה עומד בין האולם ולמזבח ראשו לדרום ופניו למערב והכהן עומד במזרח ופניו למערב וסומך שתי ידיו עליו ומתודה וכך היה אומר אנא השם עויתי פשעתי חטאתי לפניך אני וביתי אנא השם כפר נא לעונות ולפשעים ולחטאים שעויתי ושפשעתי ושחטאתי לפניך אני וביתי ככתוב בתורת משה עבדך °כי ביום הזה יכפר וגו' והן עונין אחריו ברוך שם כבוד מלכותו לעולם ועד:

גמ'

*) [נ"ל הייתי] **) כע"י כלום היה טרוד ביצרו יותר מיוסף וכו'

§ מסכת יומא דף לה: §

אות א'

<u>אחר שכלתה עבודת ציבור, כהן שעשתה לו אמו כתונת, לובשה ועובד בה עבודת יחיד, ובלבד שימסרנה לציבור</u>

רמב"ם פ"ח מהל' כלי המקדש ה"ז - כל בגדי הכהנים אינן באים אלא משל ציבור; ויחיד שהתנדב בגד מבגדי כהונה, מוסרו לציבור ומותר; וכן כל כלי השרת ועצי המערכה שמסרן יחיד לציבור, הרי הן כשרין; אף כל קרבנות הציבור שהתנדב אותן יחיד משלו, כשרים, ובלבד שימסרם לציבור.

אות ב'

<u>עני ועשיר ורשע באין לדין</u>

רמב"ם פ"א מהל' ת"ת ה"ח - כל איש מישראל חייב בתלמוד תורה, בין עני בין עשיר, בין שלם בגופו בין בעל יסורין, בין בחור בין שהיה זקן גדול שתשש כחו; אפילו היה עני המתפרנס מן הצדקה ומחזר על הפתחים, ואפילו בעל אשה ובנים, חייב לקבוע לו זמן לתלמוד תורה ביום ובלילה, שנאמר: והגית בו יומם ולילה.

[א]יו"ד סימן רמו ס"א - כל איש ישראל חייב בתלמוד תורה, בין עני בין עשיר, בין שלם בגופו בין בעל יסורים, בין בחור בין זקן גדול; אפילו עני המחזר על הפתחים, אפילו בעל אשה ובנים, חייב לקבוע לו זמן לתלמוד תורה ביום ובלילה, שנאמר: והגית בו יומם ולילה.

ובשעת הדחק, אפילו לא קרא רק קריאת שמע שחרית וערבית, "לא ימושו מפיך" קרינן ביה.

ומי שא"א לו ללמוד, מפני שאינו יודע כלל ללמוד, או מפני הטרדות שיש לו, יספיק לאחרים הלומדים. הגה: ותחשב לו כאילו לומד בעצמו.

ויכול אדם להתנות עם חבירו שהוא יעסוק בתורה והוא ימציא לו פרנסה, ויחלוק עמו השכר - כלומר שכר תורה, ושכר מה שירויח זה, יהיה בין שניהם ביחד - ש"ך.

אבל אם כבר עסק בתורה, אינו יכול למכור לו חלקו בשביל ממון שיתנו לו (תא"ו) - וכתב שם: ומסתברא שהעוסק אבד שכרו, שכבר ביטל חלקו, כ"כ המפרשים, עכ"ל - רעק"א.

(וה"ה חלק כל דהו אינו יכול למכור, פר"ח בליקוטים).

אות ג'

<u>בא לו אצל פרו, ופרו היה עומד בין האולם ולמזבח</u>

רמב"ם פ"ב מהל' עבודת יוה"כ ה"ו - זה שנאמר בתורה: וכפר בעדו ובעד ביתו ובעד כל קהל ישראל, מפי השמועה למדו שזה וידוי דברים. נמצאת למד שהוא מתודה ביום זה שלשה וידויים: אחד על ידי עצמו תחילה; וידוי שני על ידי עצמו עם שאר הכהנים, ושניהם על פר החטאת אשר לו; והוידוי שלישי על ידי כל ישראל על שעיר המשתלח. ומזכיר את השם בכל וידוי מהן שלש פעמים, כיצד הוא אומר: אנא השם חטאתי עויתי ופשעתי לפניך, אנא השם כפר נא לחטאים ולעוונות ולפשעים שחטאתי ושעויתי ושפשעתי וכו', שנאמר: כי ביום הזה יכפר עליכם לטהר אתכם מכל חטאתיכם לפני ה' תטהרו, הרי שלש פעמים הזכיר את השם, וכן בכל וידוי מהן; וכשהוא נותן את הגורל על שעיר החטאת אומר: להשם חטאת, נמצא מזכיר את השם ביום זה עשר פעמים; ובכולם הוא מזכיר ככתבו שהוא השם המפורש; בראשונה היה מגביה את קולו בשם, כיון שרבו פרוצין, חזרו לאומרו בקול נמוך, ומבליעו בנעימות עד שלא יכירו בו אפילו חביריו הכהנים.

רמב"ם פ"ד מהל' עבודת יוה"כ ה"א - ובא לו אצל פרו, ופרו היה עומד בין האולם ולמזבח, ראשו לדרום ופניו למערב, והכהן עומד במזרח ופניו למערב, וסומך שתי ידיו על ראש הפר ומתודה, וכך היה אומר: אנא השם חטאתי עויתי פשעתי לפניך אני וביתי, אנא השם כפר נא לחטאים ולעונות ולפשעים שחטאתי ושעויתי ושפשעתי לפניך אני וביתי, ככתוב בתורת משה עבדך לאמר: כי ביום הזה יכפר עליכם לטהר אתכם מכל חטאתיכם לפני ה' תטהרו.

אות ג'*[ב]

<u>והן עונין אחריו: ברוך שם כבוד מלכותו לעולם ועד</u>

רמב"ם פ"ב מהל' עבודת יוה"כ ה"ז - כל הכהנים והעם העומדים בעזרה, כשהם שומעים את השם המפורש יוצא מפי כהן גדול בקדושה ובטהרה, היו כורעים ומשתחוים ונופלים על פניהם ואומרים: בשכמל"ו, שנאמר: כי שם ה' אקרא הבו גודל לאלהינו; ובשלשת הוידויים היה מתכוין לגמור את השם כנגד המברכין, ואומר להן: תטהרו.

באר הגולה

א (ע"פ מהדורת נהרדעא) ב (ע"פ מהדורת נהרדעא)

§ מסכת יומא דף לו. §

אות א׳

<u>רבי מוסיף אף מקום דריסת רגלי הכהנים ואף מקום דריסת רגלי ישראל</u>

רמב"ם פ"ה מהל׳ בית הבחירה הט"ז - [א]כל המרובע הזה הוא הנקרא צפון, [ב]והוא המקום ששוחטין בו קדשי קדשים.

אות ב׳ – ג׳

<u>כיצד סומך, הזבח עומד בצפון ופניו למערב, והסומך עומד במזרח ופניו למערב, ומניח שתי ידיו בין שתי קרנות של זבח, ובלבד שלא יהא דבר חוצץ בינו לבין הזבח, ומתודה על חטאת עון חטאת, ועל אשם עון אשם, ועל עולה עון לקט שכחה ופאה ומעשר עני</u>

<u>אין עולה באה אלא על עשה ועל לא תעשה שניתק לעשה</u>

רמב"ם פ"ג מהל׳ מעשה הקרבנות הי"ד - וכיצד סומך, אם היה הקרבן קדש קדשים, מעמידו בצפון ופניו למערב, והסומך עומד במזרח ופניו למערב, ומניח שתי ידיו בין שתי קרניו, ומתודה על חטאת עון חטאת, ועל אשם עון אשם, ועל העולה מתודה [ג]עון עשה ועון לא תעשה שניתק לעשה.

[ד]רמב"ם פ"ג מהל׳ מעשה הקרבנות הי"ג - וצריך הסומך לסמוך בכל כחו בשתי ידיו על ראש הבהמה, שנאמר: על ראש העולה, לא על הצואר ולא על הצדדין, ולא יהיה דבר חוצץ בין ידיו ובין הבהמה.

באר הגולה

[א] ‹ז"ל הרמב"ם בהלכה ט"ו: מכותל צפוני של עזרה עד כותל המזבח שהוא רוחב ששים ומחצה, וכנגדו מכותל האולם עד כותל מזרחי של עזרה שהוא אורך שש ושבעים, ע"כ. וכתב ספר הר המוריה וז"ל: דע כי בספרי רבינו שלפני הוא בהלכה ט"ו, והלכה ט"ז מתחילה מתיבות "כל המרובע" וכו׳, ובאמת אין לו שחר, לכן סדרתי כאשר הוא לפניך {בהלכה ט"ז}, ע"כ› [ב] ‹צ"ע בדבריו, שהוא מונה והולך מכותל צפונית של עזרה עד כותל המזבח רוחב ששים ומחצה, וברפ"ה דמדות תנן שרוחב העזרה קל"ה, נמצא שמחציתו ס"ז ומחצה, וא"כ הוה ליה להוסיף בצפון העזרה הכשירה לשחיטת קדשי קדשים עד ס"ז ומחצה. **ונ"ל** ליישב, דס"ל להרמב"ם דרבי דמוסיף לא הוסיף בכולי צפון, אלא כל שכנגד בין המזבח ולכותל, וטעמא משום דס"ל כרבי יוסי בר יהודה בחדא ופליג עליה בחדא, דר"י בר"י סובר דדוקא כנגד כל המזבח, וטעמו, דבעינן על ירך המזבח צפונה, בהא דס"ל על ירך כלומר מקיר המזבח כו׳ מודה ליה רבי, **ופליג** עליה דס"ל דכל שכנגד הירך למערב ולמזרח נמי בכלל צפון, וניחא ליה להרמב"ם להשותן בכל מה שנוכל, ודוקא ר"א בר"ש דנקט בלישניה אף בין האולם ולמזבח, לדידיה ודאי צ"ל דס"ל אף כנגד המזבח במערב, כל שהוא בצפון הכל כשר, אבל רבי נוכל לומר דמודה לר"י בחדא כדאמרן, **והיינו** נמי טעמא דבעינן בגמרא למוקים מתני׳ דבין האולם ולמזבח כר"א בר"ש, משום דאיהו נקט הך לישנא, אבל רבי אף על גב דמרחיב הצפון למערב ולמזרח, מ"מ אפשר דס"ל דוקא בכנגד מה שבין כותל מזבח לכותל צפונית העזרה, **אלא** דבעי תלמודא אפילו תימא רבי כו׳, וסובר הרמב"ם דדחויא הוא, ולפי האמת לרבי אינו כשר אלא כנגד מה שבין הקיר וכו׳, ומשום דהלכה כרבי מחבירו פסק כמותו, והשוהו לר"י בר יהודה מה שיוכל. {**ומוכח** דס"ל להרמב"ם, דמזבח בצפון נמי קאי, ודלא כראב"י, ודלא כאוקימתא דגמ׳ בדף ל"ז. וטעמו, דאזיל בתר סתמא דסוף מדות, דלפום ההוא חושבנא מזבח בצפון נמי קאי, ולפיכך פוסק כאותו סתם} – תוס׳ יו"ט מסכת יומא פ"ג מ"ט› [ג] ‹כר"ע – כסף משנה. ‹**ועיין** איך פירש"י המחלוקת אליבא דר׳ ירמיה ואביי. **ואם** רבינו ז"ל מפרש כן קשה עליו, דכיון דהוא פסק כר׳ עקיבא, איך פסק בפ"א מהל׳ מתנות עניים, דאינו לוקה על לאו זה מפני שניתק לעשה אא"כ עבר כל הקציר, דאז לא יוכל לקיים העשה, הא לר"ע בין לתירוצא דאביי בין לתירוצא דר׳ ירמיה, לוקה על לאו דלקט שכחה ופאה דאינו ניתק לעשה. **לכך** נראה דרבינו ז"ל מפרש כפירוש התוס׳, דלר׳ ירמיה דאמר בלאו דנבילה קא מיפלגי, מודה ר"ע לר"י דלאו דלקט שכחה ופאה דאינו לוקה משום דהוי ניתק לעשה, אלא משום דשמעיה לר"י הגלילי דאמר אפי׳ בלאו דנבילה, משום דאיכא עשה אחריו אף על גב דלאו ניתק הוא לתקן הלאו שכבר עבר, פליג עליה בלאו דנבילה דוקא, ולהכי נקט בגמרא לאו דנבילה, ולא נקט לאו דלקט שכחה ופאה, דבהא מודה ר"ע, וכמו שהאריכו שם התוס׳, נמצא לפי פי׳ זה, לר׳ ירמיה מכפר לר"ע ג"כ אלאו של לקט שכחה ופאה משום דהוי ניתק לעשה, ואף על גב דאביי אינו סובר כן, אלא לר"ע לקי משום דתעזוב מעיקרא משמע, פסק רבינו ז"ל כר׳ ירמיה, דלר"ע לא לקי על לקט שכחה ופאה, ועולה מכפרת עליו, ובאו על נכון כל דבריו – לחם משנה› [ד] ‹ע"פ מהדורת נהרדעא›

עין משפט נר מצוה

מג א מיי' פ"ה מהל' בית הבחירה הל' טו:

מד ב ג מיי' פ"ג מהל' מעשה הקרבנות הלכה יד:

מסורת הש"ס

[לקמן מא.]

זבחים כ.

[תוספתא מנחות פ"י]

גמ' מאן שמעת לי' דאמר בין האולם ולמזבח צפון רבי אלעזר ברבי שמעון היא דתניא *איזהו צפון מקיר של מזבח צפוני ועד כותל העזרה וכנגד כל המזבח כולו צפון דברי ר' יוסי בר' יהודה ר' אלעזר בר"ש מוסיף אף בין האולם ולמזבח "רבי מוסיף אף מקום דריסת רגלי הכהנים ואף מקום דריסת רגלי ישראל אבל מן החליפות ולפנים הכל מודים שפסול לימא רבי אלעזר ברבי שמעון היא ולא רבי אפילו תימא רבי (א) ורבי השתא אדרבי יוסי ברבי יהודה מוסיף אדרבי אלעזר ברבי שמעון לא מוסיף אנן הכי קא אמרינן אי רבי היא נוקמיה בכולה עזרה אלא מאי רבי אלעזר ברבי שמעון היא ונוקמיה בין מזבח ולכותל אלא מאי אית לך למימר משום חולשא דכהן גדול לרבי נמי משום חולשא דכהן גדול: ראשו לדרום ופניו למערב: היכי משכחת לה אמר רב בעוקם את ראשו ונוקמיה להדיא אמר אביי גזירה שמא ירביץ גללים תנו רבנן *"כיצד סומך הזבח עומד בצפון ופניו למערב והסומך עומד במזרח ופניו למערב ומניח שתי ידיו בין שתי קרנות של זבח* ובלבד שלא יהא דבר חוצץ בינו לבין הזבח ומתודה על חטאת עון חטאת ועל אשם עון אשם ועל עולה עון לקט שכחה ופאה (ב) ומעשר עני דברי רבי יוסי הגלילי רבי עקיבא אומר "אין עולה באה אלא על עשה ועל לא תעשה שניתק לעשה במאי קא מיפלגי אמר ר' ירמיה בלאו

רש"י

מאן שמעת ליה דאמר בין האולם ולמזבח · קרוי צפון לשחיטת קדשי קדשים מתני' פתח ההיכל וללפון בין האולם למזבח (ג) דתנן במתני' ופרו היה עומד בין האולם ולמזבח ותנן בפרק דלקמן (דף מא:) שבמקום וידוי שחטו דקתני בא לו אצל פרו שניה וסמך שתי ידיו כו' שחטו וקיבל במזרק כו'*: **וכנגד כל המזבח כולו** · שלשים ושתים אמה שכנגד המזבח בצפון קרוי צפון לשחיטת קדשי קדשים אבל שלא כנגד המזבח לצד מערב וכלפי מזרח אע"פ שהוא לצפון העזרה אינו צפון לשחיטה דבעינן על ירך המזבח כדכתיב (ויקרא א) ושחט אותו על ירך המזבח צפונה: **אף בין האולם למזבח** · כל חלק לפוני לצד מערב אע"פ שאינו ירך ממש אבל חלק לפוני שמן המזרח ולמזבח (ד) לא (שמן מזבח): **רבי מוסיף** · אף כל לפון העזרה שבאחת עשרה אמה של מקום דריסת רגלי הכהנים עד כותל מזרחי של עזרה: **אבל מן החליפות ולפנים** · רוחב האולם עודף על רוחב ההיכל ט"ו אמה ללפון וכנגדו לדרום ומשך אותו עודף אינו אלא עשר אמות ממזרח לצד מערב ואותו עודף קרוי בית החליפות שהיו בהן עשרים וארבע חלונות חלון לכל משמר ששם גונזים סכינים של קודש וסכין קרוי חילוף בלשון ערבי ואויר שאחורי אותו עודף למערב ואויר שבין לפון שכותל העודף לבין כותל העזרה קרוי לפנים מן החליפות: **הכל מודים שפסול** · דכיון שאין המזבח נראה שם אינו קרוי ירך המזבח: **לימא** · דוקא רבי אלעזר כרבי שמעון היא ולא רבי: **השתא ר' אדרבי יוסי מוסיף וכו'** · כלומר מאי תיבעי לך פשיטא דלאו דוקא קא אמרי וכי (ה) רבי דמוסיף את לפון של צד מזרח שהוא מרוחק מקדושת היכל אדרבי יוסי הוא דמוסיף לה אבל דרבי אלעזר לית ליה אפשר לומר כן המרוחק כשר והמקורב פסול: **אנן הכי קאמרינן** · כלומר הא ודאי פשיטא לן דרבי נמי אית ליה בין האולם ולמזבח לפון והאי דקא אמרי מתני' לימא דלא כרבי הכי קשיא לן דתנא דמתניתין לית ליה דרבי דמכשיר כל לפון העזרה דאי כרבי למה לי לקרוביה לבין האולם ולמזבח נוקמיה בחלק לפוני (ו) דכל העזרה באיזה מקום שירלה: **אלא מאי רבי אלעזר כרבי שמעון נוקמיה בין כותל מזבח לפוני לכותל עזרה לפונית** · דהא לכולי עלמא עיקר לפון דירך המזבח ממש התם הוא: **אלא מאי אית לך למימר** · אמאי מקרב ליה כולי האי: **משום חולשא דכהן** · שלא יכבד עליו משוי מזרק הדם מרחוק: **לרבי נמי** · אע"ג דכל עזרה כשירה בלפון שלה מקרב ליה לגד הפתח משום חולשא דכהן: **ונוקמיה להדיא** · אחוריו למזבח ופניו להיכל: **שמא ירביץ גללים**. וגנאי הוא להראות בית הריעי שלו לגד המזבח והכי שפיר טפי להיות זנבו ללפון וראשו לדרום כמלא זנבו שלא כנגד המזבח שאינו מושכו לגד דרום כל אורך הפר אלא שיהא מקלת גופו בין האולם ולמזבח: **כילד סומך** · כל סמיכת קדשי קדשים: **עומד בלפון** · שקדשי קדשים טעונין לפון: **ופניו למערב** · ואחוריו למזרח: **והסומך** · הבעלים: **עומד במזרח** · אחוריו למזרח: **עון חטאת** · אותו חטא שהוא מביא עליו: **ועל עולה עון לקט שכחה ופאה** · שאין להן וידוי הכי גרסינן לה בתוספתא דמנחות (פ"י) ולא גרסינן בה מעשר עני דהא יש לו וידוי וגם נתתיו ללוי זה מעשר ראשון ליתום ולאלמנה זה מעשר עני (מעשר שני פ"ה משנה י): **רבי עקיבא אומר אין עולה באה כו'** · טעמא מפרש בתוספתא על מה עולה באה אם על כריתות ומיתות ב"ד הרי עונשן אמור אם על לא תעשה הרי עונשן אמור מלקות הא אין עולה באה אלא על עשה ועל לא תעשה שניתק לעשה שאין לוקין עליו: בלאו

תוספות

נוקמיה בין המזבח ולכותל · תימה מאי קס"ד דהמקשה דקאמר לימא דלא כרבי כיון דלר"א בר"ש נמי קשה נוקמיה בין המזבח טלו ויש לומר דס"ד דבשלמא לר"א בר"ש כיון דעל ירך המזבח הוי מקום נכסין וטבעות ושולחנות לא מוקמי ליה התם שאין לשם מקום פנוי כולי האי ועוד שמא ירבין גללים ואצל המזבח גנאי הוא אבל לר' לוקמיה רחוק משם אצל הפתח ומכל מקום מהדר ליה דטפי הוה עדיפא לאוקמיה אצל המזבח מלקרבו כל כך להיכל אלא משום חולשא דכהן גדול:

ומעשר עני · לא ידענא אמאי לא גרס ליה רש"י דאף על גב דבתוספתא דמנחות ליתא דילמא ברייתא אחריתי היא ואי משום דיש לו וידוי כדכתיב וגם נתתיו ללוי לגר וגו' מ"מ כיון דאין לו וידוי בפני עצמו אלא אגב מעשר שני כמו תרומה דאין מתודה עליה בפני עצמה כדתנן במסכת ביכורים (פ' ב' משנה ב) ומייתי לה בפרק *(הזהב דף נג) ובמסכת מעשר שני (פ"ה משנה י) תנא וגם נתתיו לרבות את התרומה וכו' להכי מתודה כמי עון מעשר עני על העולה ועוד דוידוי דהתם הייתו כשעשה כדין והכא מתודה עון מעשר עני:

על עשה ועל לא תעשה שניתק לעשה · לא ידענא אמאי לא קא חשיב כל לאוי דלא לקו עלייהו כגון לאו שבכללות ולאו שאין בו מעשה ונראה לי מדכתיב (ויקרא א) ונרלה לו משמע שיש לו תקנה ורלוי במקום אחר והייתו עשה שבידו לתקן לעשות סוכה ותפילין וכיוצא בהן ואם עבר יום או יומים עולה מכפרת עליו וכן לא תעשה הניתק לעשה וכן על חייבי מיתות ועל חייבי כריתות וחייבי לאוין חמורין היתה מכפרת אלא שיש להן כפרה אחרת שעונשן אמור אבל הגי אין להם רילוי ותקנה במקו' אחר: לאו

[גליון: צ"ל [דיעבמות פ' ...]]

רבינו חננאל

מתניתין דלא כרבי' דתניא ושחט אותו על ירך המזבח צפונה. איזהו צפון המזבח הכשר בשחיטת קדשי קדשים מקיר צפוני עד כותל עזרה צפוני כנגד כל המזבח דברי ר' יוסי ב"ר יהודה ר' אלעזר בר' שמעון מוסיף כלפי המערב אף בין לאולם ולמזבח ר' מוסיף מקצה המזבח ולחוץ כ"ב אמה והם מקום דריסת הכהנים י"א אמה ומקום דריסת רגלי ישראל [י"א] אמה נמצאת לר' יוסי ב"ר יהודה צפון ל"ב אמה בלבד והוא ארך המזבח ולר' אלעזר ב"ר שמעון אורך נ"ד אמה הנה משנתנו אינה לר' יוסי ב"ר יהודה דהא לית ליה מקום כשר לשחיטה אלא כנגד המזבח בלבד ומתני' קתני שוחט הפר בין האולם ולמזבח ולר' נמי ליתה דהא אפילו מכנגד המזבח ולחוץ ונמצא לר' כשר בשחיטה ע"ב אמה והוא מכותל מזרחי עד כותל ההיכל נוקמיה בכל העזרה ואמר אלא מתני' ראב"ש לוקמי' בין מזבח לכותל העזרה ולדברי הכל צפון הוא אלא למה קרבו לשחוט קרוב להיכל. לפי שכ"ג חלישות יש בו ואינו יכול לבוא ברם הפר מרוחק כך לרבי אע"פ שכל העזרה כולה כשר הוא משום חולשא דכ"ג קרבו מקום בית החליפות הן מ"ו אמה שהאולם עודף מפה ומפה על ההיכל וכותליו והאויר וכתליו והמסיבה וכותליה: ראשו לדרום ופניו למערב אוקימנא בעוקם ראשו של פר ולמה לא היה מעמידו *)אחוריו למערב(שפתח ההיכל במערב גזירה שמא ישליך גללים: ת"ר כיצד סומך הזבח עומד בצפון ופניו למערב בעוקם והסומך עומד במזרח וכו' ומתודה על חטאת עון חטאת ועל אשם עון אשם ועל עולה עון לקט שכחה ופאה ומעשר עני דברי ר' יוסי הגלילי ר' עקיבא אומר אין עולה באה אלא על עשה ועל ל"ת שניתק לעשה ואמרינן ר' יוסי הגלילי נמי הכי קאמר דכולהו ל"ת שניתק לעשה

*) נראה דצ"ל אחוריו למזבח ורגלו למערב שפתח ההיכל וכו'

הגהות הב"ח

(א) גמ' אפילו תימא רבי השתא רבי אדר' יוסי כו' יהודה מוסיף: (ב) שם ועל עולה עון לקט שכחה ופאה (ומעשר עני) תא"מ ונ"ב רש"י לא גרס ליה: (ג) רש"י ד"ה מאן שמעת כו' בין האולם ולמזבח קדשים דתנן במתני' ופרו: (ד) ד"ה אף בין האולם כו' שמן המזרח ולמזבח לאו שמן ומזבח: (ה) ד"ה השתא רבי כו' קא אמרי וכי אמר רבי דמוסיף את: (ו) ד"ה אלא מאי כו' נוקמיה בחלק צפוני של כל העזרה:

תוספות ישנים

[illegible]

מאן שמעת ליה בין האולם ולמזבח צפון. [illegible]

פילוסין [illegible]

לובשה [illegible]

א) במקום הזה יש גירסאות שונות בספרים שונים ועי' בש"ס: ב) צ"ל נוה: ג) צ"ל לכבות: ד) צ"ל כותל: ה) צ"ל עני: ו) צ"ל אע"פ שאין: ז) צ"ל עולתו:

בלאו דנבילה קא מיפלגי ר"ע סבר לאו מעליא הוא ורבי יוסי הגלילי סבר לאו לאו מעליא הוא אביי אמר דכ"ע לאו דנבילה לאו מעליא הוי והכא בתעזוב קא מיפלגי דרבי עקיבא סבר תעזוב מעיקרא משמע ורבי יוסי הגלילי סבר השתא משמע ת"ר *כיצד מתודה עויתי פשעתי וחטאתי וכן בשעיר המשתלח הוא אומר °והתודה עליו את כל עונות בני ישראל ואת כל פשעיהם לכל חטאתם וכן במשה הוא אומר °נושא עון ופשע וחטאה דברי ר' מאיר וחכ"א *עונות אלו הזדונות וכן הוא אומר °הכרת תכרת הנפש ההיא עונה בה *פשעים אלו המרדים וכן הוא אומר °מלך מואב פשע בי ואומר °אז תפשע לבנה בעת ההיא לכל חטאתם אלו השגגות וכן הוא אומר °נפש כי תחטא בשגגה ומאחר שהתודה על הזדונות ועל המרדים חוזר ומתודה על השגגות [א]אלא כך היה מתודה חטאתי ועויתי ופשעתי לפניך אני וביתי וכו' וכן בדוד הוא אומר °חטאנו עם אבותינו העוינו הרשענו וכן בשלמה הוא אומר °חטאנו (*והרשענו ומרדנו) וכן בדניאל הוא אומר °חטאנו (*והעוינו) והרשענו ומרדנו *אלא מהו שאמר משה נושא עון ופשע וחטאה אמר משה לפני הקב"ה רבש"ע בשעה שישראל חוטאין לפניך ועושין תשובה עשה להם זדונות כשגגות אמר רבה בר שמואל אמר רב הלכה כדברי חכמים פשיטא *יחיד ורבים הלכה כרבים מהו דתימא מסתבר טעמיה דר' מאיר דקמסייע ליה קרא (א) [א] דמשה קמ"ל ההוא דנחית קמיה דרבה ועבד כר"מ א"ל שבקת רבנן ועבדת כר"מ א"ל כר"מ סבירא לי כדכתיב בספר אורייתא דמשה: ת"ר *וכפר בכפרת דברים הכתוב מדבר אתה אומר בכפרת דברים או אינו אלא כפרת דמים הרי אני דן נאמרה כאן כפרה ונאמרה להלן כפרה מה כפרה האמורה בשעיר דברים אף כפרה האמורה בפר דברים ואם נפשך לומר הרי הוא אומר °והקריב אהרן את פר החטאת אשר לו וכפר בעדו ובעד ביתו ועדיין לא נשחט הפר מאי ואם נפשך לומר וכי תימא נילף משעיר הנעשה בפנים שכפרתו בדמים הרי הוא אומר וכפר ועדיין לא נשחט הפר ומנין

§ מסכת יומא דף לו: §

אות א'

אלא כך היה מתודה: חטאתי ועויתי ופשעתי לפניך אני וביתי וכו'

רמב"ם פ"ב מהל' עבודת יוה"כ ה"ו - **כיצד הוא אומר: אנא השם חטאתי עויתי ופשעתי לפניך, אנא השם כפר נא לחטאים ולעוונות ולפשעים שחטאתי ושעויתי ושפשעתי וכו', שנאמר: כי ביום הזה יכפר עליכם לטהר אתכם מכל חטאתיכם לפני ה' תטהרו.**

רמב"ם פ"א מהל' תשובה ה"א - **כל מצות שבתורה בין עשה בין לא תעשה, אם עבר אדם על אחת מהן בין בזדון בין בשגגה, כשיעשה תשובה וישוב מחטאו חייב להתודות לפני האל ברוך הוא, שנאמר: איש או אשה כי יעשו וגו' והתודו את חטאתם אשר עשו, זה וידוי דברים, וידוי זה מצות עשה; כיצד מתודין, אומר: אנא השם חטאתי עויתי פשעתי לפניך ועשיתי כך וכך, והרי נחמתי ובושתי במעשי, ולעולם איני חוזר לדבר זה, וזהו עיקרו של וידוי, וכל המרבה להתודות ומאריך בענין זה הרי זה משובח.**

[א]סימן תרכא ס"ה - [ב]**סדר הוידוי: חטאתי, עויתי, פשעתי** - חטא שוגג, עון מזיד, פשע מרד, וצריך לומר הקל תחלה.

אות א'*[ג]

ההוא דנחית קמיה דרבה

סימן תרכא ס"ד - [ד]**במוסף אומר ש"צ סדר עבודה** - דעיקר עבודה של כהן גדול היה במוסף, ולכך אנו אומרים ג"כ, כדי לקיים: ונשלמה פרים שפתינו.

באר הגולה

א ‹ע"פ מהדורת נהרדעא› ב **ברייתא שם ל"ב וכחכמים, טור בשם הרי"ף ובה"ג ורב פלטוי ור"ח** ‹דרב פסק שם כחכמים, ואע"ג דאמר שם ההוא דנחית כו', וכן סתם מתני' כר"מ, מ"מ לא שבקינן הא דרב משום ההוא גברא, ואף רבא ס"ל כרב כמ"ש שם שבקת כו', ומשום דיהיב טעמא למילתיה לא אהדריה, אבל לכתחלה ס"ל כחכמים, וכן ס"ל לסוגיא דגמ' שם דפריך פשיטא כו' - הגר"א› ג ‹ע"פ הבאר הגולה› ד **טור ושאר פוסקים מההוא דנחית קמיה דרבא** ‹נ"א רבה› **יומא ל"ו ונ"ו** ‹שמעינן שמנהגם היה להזכיר ולומר סדר עבודתו של כהן גדול ביום הכפורים - ב"י, וכ"כ ברש"י›

§ מסכת יומא דף לז. §

אות א'

הכהנים אומרים כפר לעמך ישראל

רמב"ם פ"ט מהל' רוצח ה"ג - ועורפין אותה שם בקופיץ מאחריה, ובית דין של אותה העיר עם כל זקני העיר, אפילו הם מאה, הכל רוחצין את ידיהן שם במקום עריפתה של עגלה; ואומרים שם בתוך הנחל בלשון הקודש: ידינו לא שפכה את הדם הזה ועינינו לא ראו, כלומר שלא בא לידינו הנהרג הזה ופטרנוהו בלא מזונות, ולא ראינוהו והנחנוהו בלא לויה; והכהנים אומרים בלשון הקודש: כפר לעמך ישראל אשר פדית ה' ואל תתן דם נקי בקרב עמך ישראל, והולכין להן; והקב"ה מכפר על הדם שנאמר: ונכפר להם הדם.

אות ב'

בא לו למזרח העזרה לצפון המזבח, הסגן מימינו וראש בית אב משמאלו, ושם שני שעירים

רמב"ם פ"ג מהל' עבודת יוה"כ ה"ב - היכן מגריל, במזרח העזרה בצפון המזבח, מניחין שם הקלפי, ומעמידין שני השעירים פניהן למערב ואחוריהם למזרח, וכהן גדול בא לשם והסגן מימינו וראש בית אב משמאלו, ושני השעירים לפניו אחד לימינו ואחד לשמאלו.

אות ג'

ועשאן בן גמלא של זהב

רמב"ם פ"ג מהל' עבודת יוה"כ ה"א - ושל עץ היו, ובבית שני עשו אותם של זהב.

אות ד' – ה'

עשה שנים עשר דד לכיור

שלא יהיו מימיו נפסלין בלינה

רמב"ם פ"ג מהל' בית הבחירה הי"ח - הכיור היו לו י"ב דד, כדי שיהיו כל הכהנים העוסקים בתמיד מקדשים ממנו כאחד; ומוכני עשו לו, שיהיו בה המים תמיד, והיא חול, כדי שלא יהיו המים שבה נפסלין בלינה, שהכיור מכלי הקדש ומקדש, וכל דבר שיתקדש בכלי קדש אם לן נפסל.

השגת הראב"ד: ומוכני עשו לו. א"א [א]דברים זרים אני רואה בכאן, ואנו מקובלים שהמוכני אינו מקבל מים, והוא גלגל שהיו קושרים בו את הכיור בחבל ומשקעין אותו הוא ומימיו בבור העזרה בערב, כדי שיהיו מימיו מחוברים ולא יפסלו בלינה, ומפורש כל זה ביומא ובזבחים.

רמב"ם פ"ה מהל' ביאת המקדש הי"ד - מי כיור נפסלין בלינה כמו שביארנו, וכיצד היו עושין, [ב]משקעים אותו במי מקוה או במעיין, ולמחר מעלין אותו, או ממלאין אותו בכל יום בבקר.

‹המשך ההלכות מול עמוד ב'›

באר הגולה

[א] ‹ורבינו כתב בפירוש המשנה, הכיור מכלל כלי שרת, וכשהיו בו מים נתקדשו ונפסלו בלינה, וזה עשה כלי סביב לכיור והיו בו המים תמיד, והיו שותתין מאותו כלי לכיור כדי הצורך ראשון ראשון, ואותו הכלי היה נקרא מוכני, עכ"ל. וכך הם דבריו כאן, **ונראה** שהוא מפרש גלגלא דהוה משקעא ליה, היינו לומר שעשה כלי עגול כגלגל סביבות הכיור שהיה הכיור משוקע בתוכו, וכשהיו רוצים היו פותחין פי אותו כלי, והמים שותתין ממנו לכיור כדי הצורך ראשון ראשון. **והראב"ד** הורגל על פירוש רש"י, ולכך תמה על דברי רבינו, וכתב עליו בהשגות: דברים זרים אני רואה בכאן וכו', **ויש** לתמוה עליו, דאטו מפני שהוא מקובל כפי' רש"י, מי שפירש פירוש אחר, דבר זר יאמר לו, **וגם** על מה שכתב מפורש ביומא ובזבחים, יש לתמוה, שאין פירושו מפורש בגמרא יותר מפירוש רבינו – כסף משנה› [ב] ‹נראה מדבריו אלה שהם כפירוש רש"י והראב"ד, ואפשר שרבינו מפרש שני הפירושים, וכאן כתב האחד ושם כתב האחר – כסף משנה› ‹**זה** דוחק לומר כן, לפי ששני הפירושים אינם עולין כאחד, ונמצא הרמב"ם יהיה כמסתפק. **והתיו"ט** כתב בתמיד פ"א משנה ד', דאשתמיטתיה להכ"מ מה שכתב רבינו בפירושו משנה ח' פ"ג דמכילתין, וז"ל: בגמ' יומא דל"ז נתבאר, שהמוכני שעשה בן קטין, הוא כלי העולה ויורד על ידי גלגל, והוא אמרם מאי מכני גלגלא דהוה משקעי ליה, והיה נשמע בסבוב אותו הגלגל קול גדול, ע"כ, דלפי פירוש זה מוכח שדבריו עולין בסגנון אחד, שהיה כלי סביב, ושהיו משקעים אותו הכלי, ע"ש – הגהת כסף משנה›
‹**ותירוצו** זה של התוס' יום טוב לא מובן כלל לפענ"ד, דלשם מה היו צריכים לשקע את המוכני, הא הרי הרמב"ם בה' בית הבחירה שם כותב בהדיא דהמוכני היתה של חול, ובמתכוון עשו שתהא כן כדי שלא יפסלו המים שבה בלינה, וא"כ לשם איזו מטרה היו צריכים עוד גם לשקע את כלי המוכני הזה בבור, **ועוד** זאת, דהרמב"ם בה' ביאת מקדש שם כותב בהדיא דמטרת השיקוע במי מקוה או מעין היה כדי שלא יפסלו המים שבכיור בלינה, ולשם מה היו צריכים לכך מאחר שהיו נתונים בכלי המוכני שהיה חול ולא פסל בכלל בלינה. **וזה** למעלה מכ' שנה שאמרתי ליישב דברי הרמב"ם בפשוטו והוא, בהקדם מה שיש לדקדק בדברי הרמב"ם בה' ביאת מקדש שם, שלא מזכיר בכלל מהך דמוכני, ומדבר בסגנון כזה כאילו לא היה מוכני בכלל, כי אם כיור בלבד ומימיו שבתוכו, ושכדי שלא יפסלו מימיו שבו בלינה כותב שהיו עושים ב' עצות, או שהיו משקעין את הכיור עם מימיו במי מקוה או במעיין ולמחר מעלין אותו, או שהיו ממלאים אותו בכל יום בבקר. **על** כן נראה לומר דהרמב"ם שם בה' ביאת מקדש מדבר בדרך כלל איך שהיו עושים עם מימי הכיור מאז ומעולם ומקודם שבא בן קטין ועשה את המוכני, דהרי המוכני אינו מעכב, ואינו דין שצריך להיותו יחד עם הכיור, וכשם שלפני בן קטין לא היה זה, כך יכול להיות גם לעתיד שלא יעשוהו ויהיה הכיור לבדו, וע"ז הוא שבא הרמב"ם ומפרש שהדרכים הכלליים שנקטו ושיש לנקוט שלא יפסלו בלינה מימי הכיור, הוא, או לשקעו בבור, או למלאותו בכל בקר. **ולפי"ז** אין ממילא כל סתירה מדברי רמב"ם אלה לדבריו בה' בית הבחירה, בהיות דבכאן אינו מדבר כלל ממציאות של מוכני, ורק בבית הבחירה שם הוא שהזכיר מהמצאה של המוכני, ופירשה בגוונא אחריתא ממה שפירש"י, והיינו שעם המצאתה ע"י בן קטין לא היו צריכים כבר בכלל לשקע מימי הכיור בבור או למלאותה מים בכל בקר, אלא מימי הכיור היו נמצאים תמיד במוכני שעשו לו לכיור מסביב, והוא היה חול ולכן לא היו בכלל נפסלין מימיו. **ועל** כן רואים באמת שהרמב"ם בה' בית הבחירה שם לא הזכיר בכלל מהשקעה שהיו עושים או ממילוי מים בכל יום, והיינו מפני שעם המצאת המוכני לא היו צריכים לכך יותר, באופן שאין כל סתירה בין דברי הרמב"ם בה' בית הבחירה לבין דבריו בה' ביאת מקדש, וגם פירושו באופן סידור המוכני אחד הוא ולא שנים – ציץ אליעזר› ‹**ומה** יעשה עם הפי' המשניות שהביא התוס' יו"ט, וצ"ע›

ומנין שבאנא נאמר כאן כפרה ונאמר להלן בחורב כפרה מה להלן באנא אף כאן באנא ומנין שבשם נאמר כאן כפרה ונאמרה בעגלה ערופה כפרה מה להלן בשם אף כאן בשם אמר אביי בשלמא חורב מעגלה ערופה לא יליף מאי דהוה הוה אלא עגלה ערופה תיליף מחורב וכי תימא ה"נ והתנן *הכהנים אומרים °כפר לעמך ישראל ואילו באנא לא קא אמר קשיא : והן עונין אחריו : *תניא רבי אומר °כי שם ה' אקרא הבו גודל לאלהינו אמר להם משה לישראל בשעה שאני מזכיר שמו של הקב"ה אתם הבו גודל ר' חנניה בן אחי ר' יהושע אומר °זכר צדיק לברכה אמר להם נביא לישראל בשע' שאני מזכיר צדיק עולמים אתם תנו ברכה :

מתני' בא לו למזרח העזרה לצפון המזבח הסגן מימינו וראש בית אב משמאלו ושם שני שעירים וקלפי היתה שם ובה שני גורלות של אשכרוע היו ועשאן בן גמלא של זהב והיו מזכירים אותו לשבח בן קטין עשה י"ב דד לכיור שלא היה לו אלא שנים ואף הוא עשה מוכני לכיור שלא יהיו מימיו נפסלין בלינה מונבז המלך היה עושה כל ידות הכלים של יוה"כ של זהב הילני אמו עשתה נברשת של זהב על פתח (א) היכל *ואף היא עשתה טבלא של זהב שפרשת סוטה כתובה עליה נקנור נעשו נסים לדלתותיו והיו מזכירין אותן לשבח :

גמ' מדקאמר לצפון המזבח מכלל דמזבח לאו בצפון קאי מני ראב"י היא דתניא *°צפונה לפני ה' שיהא צפון כולו פנוי דברי ראב"י והא רישא ר"א בר"ש היא ותני בין האולם ולמזבח : הסגן בימינו וראש בית אב בשמאלו : אמר רב יהודה *המהלך לימין רבו הרי זה בור תנן הסגן בימינו וראש בית אב בשמאלו ועוד *תניא *)שלשה שהיו מהלכין בדרך הרב באמצע גדול בימינו וקטן משמאלו וכן מצינו בשלשה מלאכי השרת שבאו אצל אברהם מיכאל באמצע גבריאל בימינו ורפאל בשמאלו תרגומא רב שמואל בר פפא קמיה דרב אדא כדי שיתכסה בו רבו והתניא המהלך כנגד רבו הרי זה בור אחורי רבו הרי זה מגסי הרוח דמצדד אצדודי : וקלפי היתה שם ובה שני גורלות : ת"ר °ונתן אהרן על שני השעירים גורלות [גורלות] של כל דבר יכול יתן שנים על זה ושנים על זה ת"ל גורל [א] אחד לה' וגורל [ב] אחד לעזאזל **) אין כאן לשם אלא גורל אחד ואין כאן לעזאזל אלא אחד יכול יתן של שם ושל עזאזל על זה ושל שם ושל עזאזל על זה ת"ל גורל אחד [לה' אין כאן לה' אלא אחד ואין כאן לעזאזל אלא א'] א"כ מה ת"ל גורלות שיהו שוין שלא יעשה אחד של זהב ואחד של כסף אחד גדול ואחד קטן גורלות של כל דבר פשיטא לא צריכא לכדתניא לפי שמצינו בציץ שהשם כתוב עליו והוא של זהב יכול אף זה כן ת"ל גורל גורל ריבה ריבה של זית ריבה של אגוז ריבה של אשכרוע : בן קטין עשה שנים עשר דד לכיור וכו' : תנא *כדי שיהיו שנים עשר אחיו הכהנים העסוקין בתמיד מקדשין ידיהן ורגליהן בבת אחת תנא שחרית במילואו מקדש ידיו ורגליו מן העליון ערבית בירידתו מקדש ידיו ורגליו מן התחתון : ואף הוא עשה מוכני לכיור וכו' : מאי מוכני אמר אביי גילגלא דהוה משקעא ליה : מונבז המלך עשה כל ידות הכלים וכו' : נעבדינהו לדידהו דוהב אמר

**) אין כתיב כ' אלא על א' ואין כתיב כו' כצ"ל (וכ"ה בילקוט)

רש"י

ומנין שבאנא · יהא וידוי זה : נאמר כפרה בחורב · במעשה עגל (שמות לב) אולי אכפרה בעד חטאתכם : מה להלן באנא · אנא חטא העם הזה וגו' : ומנין שבשם · אנא ה' : בעגלה ערופה · כפר לעמך ישראל אשר פדית ה' (דברים כא) : בשלמא חורב מעגלה לא יליף · לומר שיהא שם הזכרת השם : מאי דהוה הוה · כבר עבר ולא אפשר לחזור : אלא עגלה ערופה ניליף מחורב · ותיבעי אנא : והתנן · בהדי' מעשה עגלה ערופה במסכת סוטה (דף מו·) הכהנים אומרים כו' : הכי גרסינן בשעה שאני מזכיר שמו של הקב"ה כו' : **מתני'** בא לו למזרח · חוזר אחוריו לצד מזרח סמוך לפתח שלא היו מכניסין השעירים (ג) להגרילן אלא שיהיו בתוך חלל העזרה דכתיב (ויקרא טז) והעמיד אותם לפני ה' אבל לא לקרבן כל כך לצד ההיכל עד שהוא בא לשוחטו הוו מקריבין אותו כדתנן לקמן (דף מג:) הביאו לו את השעיר שחטו וכו' : לצפון המזבח · כלומר משוך מכנגד המזבח לצד לצפון שיהא כנגד אויר שבין מזבח לצפון דאע"ג דלא שחיט ליה הכא מ"מ כל מעשיו טעונין צפון ואשמועינן שאין צפון כנגד מזרחו של מזבח : קלפי · אשקור"ן בלע"ז : של אשכרוע · ברוש : יהושע בן גמלא · כשנתמנה בכהונה גדולה : בן קטין · כ"ג היה : עשה י"ב דד · ליציאת המים : מוכני · מפרש בגמרא גלגל לשקעו (ג) בו בבור שיהו מימיו מחוברים למימי הביור ואי לא הוו מיפסלי בלינה לפי שקדשו בכלי ולא כבור קדשים הוא ליפסל מים קדושים : נברשת · מנורה ודומה לו בספר (דניאל ה) לקבל נברשתא דדהבא במעשה בלשאצר : שפרשת סוטה כתובה עליה · ולא יצטרך להביא תורה לכתוב ממנו מגילת סוטה במקדש : נקנור נעשו נסים לדלתותיו · שם האיש נקנור וגם שנו מפורש בגמרא : **גמ'** מדקאמר לצפון המזבח · שהוצרך למושכו מכנגד המזבח ולצפון : מכלל דמזבח לאו בצפון הוי קאי · אין כלום מן המזבח בצפון העזרה ואי הוו קיימי כנגד מזרחה של מזבח פורתא לאו בצפון קיימי : צפונה על ירך המזבח · צפונה לשון אויר משמע כך ה' (ד) יתירה אל צפון שהוא האויר הפנוי : והא רישא ר"א בר"ש (ס) · דאמר מזבח מקצתו בצפון שהכשיר שחיטת הפר בין האולם ולמזבח : כולה ראב"י (ו) ותני · ברישא פר היה עומד בין האולם ולמזבח סמוך לבין האולם ולמזבח אלא מקצוע צפונית של מזבח שהיה מקרבן אלא הפתח בכל יכולת משום חולשא דכהן ויותר מכאן לא יכול לקרבן [א] דאי מעייל ליה כנגד מזרח המזבח לאו בצפון הוא : הרי זה בור · אפי' בדרך ארץ אינו בקי : ג' שהיו מהלכין בדרך · לא ילכו זה אחר זה אלא בשורה אחת וכן מצינו במלאכי השרת דכתיב (בראשית יח) שלשה נצבים עליו מכלל שבשורה אחת הוו קיימי זה אצל זה דאי זה אחר זה קיימי אין נצבים עליו אלא ראשון : כדי שיתכסה בו רבו · הא דקתני מימינו לא שילך אצלו אלא מאחוריו ומיהו גדול לימין וקטן לצד שמאל אלא גדול ושניהם אחורי הרב ממש : ה"ג והתניא המהלך כנגד רבו הרי זה בור אחורי רבו הרי זה מגסי הרוח : דמצדד אצדודי · לא אצל ממש ולא אחורי ממש אלא שיכסה בו רבו מקצת לצד רבו : יכול יתן שנים על זה ושנים על זה · והכי קאמר קרא ונתן על כל אחד משניהם גורלות דמשמע שנים : ת"ל גורל אחד לה' · אין כתיב שם אלא על אחד מהם ואין כתיב עזאזל אלא על אחד מהם : יכול יתן של שם ושל עזאזל על זה · לקיים ונתן גורלות שנים על כל אחד משניהם ואיזה שירצה יעשה לשם : ת"ל אחד · ממשמע שנאמר גורל לה' יודע אני שהוא אחד וכי כתיב אחד לדרשה כתביה : יכול אף זה כן · גורל שהשם כתוב עליו : לדידהו · לכלים :

בידות

תוספות

יכול יתן שנים על זה · משמע דהכי פי' שנים שכתוב עליהם לשם ושנים של עזאזל על של עזאזל אבל בירושלמי פריך אהא דקאמר יכול יתן של שם ושל עזאזל על זה ועל זה ולאו דא היא קמייתא משמע דב' על זה וב' על זה היינו של שם ועזאזל על זה ועל זה ומתרץ הכי יכול משהוא נותן של שם על של שם ושל עזאזל על של עזאזל יחליף ויתן של שם על של עזאזל ושל עזאזל על של שם : **ת"ל** גורל גורל ריבה · מיהו תימה לי דמעיקרא קאמר דמגורלות נפקא לן והדר מייתי ברייתא דמגורל גורל נפקא ליה ועוד דלעיל דרשינן מדכתיב גורלות שיהו שניהן שוין וי"ל דהא דקתני גורלות של כל דבר לאו ממשמעות דגורלות נפקא ליה אלא ה"ק תנא גורלות שאמרה תורה של כל דבר הן לאו מהכא נפקא אלא מגורל גורל ריבה : **יכול** יתן של שם ושל עזאזל על זה כו' · פירש"י ויברור איזה שירצה לשם ואיזה שירצה לעזאזל וא"ל לפרש כן דנמצא שלא היה הגורל קובעת אלא השם וקרא כתיב ועשהו חטאת ודרשינן מיניה בפרק טרף בקלפי (לקמן מ:) דלא השם עושהו חטאת אלא הגורל אלא נ"ל לפרש יכול יתן של שם כו' כמו שיש בירושל' לאחר שנתן של שם על של שם ושל עזאזל על של עזאזל יחליף ויתן של זה על של זה לקיים מה שנאמר גורלות דמשמע גורלות על כל א' וא' כמו לאחר שנקבעו יביא עוד ב' גורלות של שם ושל עזאזל ויניח של שם על של שם ושל עזאזל על של עזאזל :

עין משפט נר מצוה

מו א מיי' פ"ט מהל' רוצח הלכה ג :
מז ב מיי' פ"ג מהל' עבודת יוה"כ הל' ב :
מח ג שם הלכה א :
מט ד ה מיי' פ"ג מהל' בית הבחירה הלכה יח ופ"ה מהלכות ביאת המקדש הל' יד :
נ ו מיי' פ"ז מהלכות ת"ת הל' ה טוש"ע י"ד סי' רמב סעיף יז
נא ו מיי' שם פ"ה: הל' ו טוש"ע שם סעיף טז :
נב ח ט מיי' פ"ג מהל' עבודת יוה"כ הל' א :
נג י מיי' פ"ג מהלכות בית הבחירה הל' יח :

רבינו חננאל

(היא שנינו) [הא דשנינו] במשנתנו סידור הוידוי אנא השם כו' . מנ"ל . כתיב הכא כפרה וכפר בעדו ובעד ביתו . וכתיב בחורב כפרה שנאמר אתם חטאתם חטאה גדולה ועתה אעלה אל ה' אולי אכפרה בעד חטאתכם וכתיב וישב משה אל ה' ויאמר אנא חטא העם הזה חטאה וגו' מה להלן בחורב וידוי כפרה באנא אף הכא באנא . ומנ"ל כי הוידוי בשם נמי כפרה מעגלה ערופה מה להלן בעגלה ערופה בשם שנאמר כפר לעמך ישראל אשר פדית ה' ואל תתן דם נקי וגו' אף כפרה האמורה כאן בשם . ואקשינן דתגמור עגלה ערופה מחורב בכפרה שכפרה שתהא אנא בוידוי ועלתה בקושיא : תניא רבי אומר כי שם ה' אקרא הבו גודל לאלהינו אמר משה לישראל בשעה שאני מזכיר את שמו של הקב"ה אתם המקשיבים ושומעין הבו גודל לאלהינו כלומר אמרו בשכמל"ו : ירושלמי כשהיה כ"ג מזכיר את השם הקרובים היו נופלין על פניהם והרחוקים אומרים בשכמל"ו : בא לו למזרח העזרה לצפון המזבח וכו' ודייקינן מתני' מדקא' לצפון המזבח מכלל דמזבח לאו בצפון קאי מני ר' אליעזר בן יעקב היא דאוקימנא בפרקין קמא דרובא דמזבח בדרום קאי אליבא דר' אליעזר בן יעקב והוא מפורש בזבחים תחלת פרק איזהו מקומן של זבחים דתניא ר' אליעזר בן יעקב אומר צפונה *)שהוא פנוי מן הכלים ואפי' ממזבח והא רישא דמתני' דקתני בא לו אצל פרו ופר היה עומד בין האולם ולמזבח אוקימנא לר' אליעזר בר' שמעון ופרקינן כולה ר' אליעזר בן יעקב היא ותני בין האולם ולמזבח ולא בין האולם ולמזבח ממש כלומר לא צריכין צפון ממש : הסגן מימינו אמר רב יהודה המהלך לימין רבו הרי זה בור . ואקשינן עליה ממתני' דקתני הסגן מימינו ומדתניא ג' שהיו מהלכין בדרך הרב באמצע גדול מימינו וקטן משמאלו וכן מצינו במלאכים מיכאל באמצע גבריאל מימינו רפאל משמאלו ופרקינן לא בצידו שהוא כנגדו ממש שהעושה כן הרי זה בור וגם המהלך אחורי רבו הרי זה גס רוח אלא דמצדד אצדודי פי' מקצתו כנגדו ומקצתו לאחוריו : ירושלמי חמשה דברים היה הסגן משמש א' הסגן מימינו ב' הסגן אומר לו אישי כ"ג הגבה ימינך ג' בתמיד אחז הסגן בימינו והעלהו ד' הניף הסגן בסודרין ה' לא היה מתמנה בכהונה גדולה עד שהוא נעשה סגן וקלפי היתה שם ובה ב' גורלות של אשכרוע מהו אשכרוע ספקינן : י' פעמים היה כ"ג מזכיר השם בו ביום ששה בפר ג' בשעיר ואחד בגורלות הקרובים היו נופלים על פניהם והרחוקים היו אומרים בשכמל"ו ואלו ואלו לא היו זזין משם עד שהיה מתעלם מהם שנאמר זה שמי לעולם לעלם כתיב : בראשונה היה אומר בקול רם משרבו הפריצים היה אומרו בקול נמוך : בן קטין עשה י"ב דד לכיור כו' תני כדי שיהו י"ב אחיו הכהנים העסוקים בתמיד מקדשי' ידיהן ורגליהן בבת אחת . כבר פירשנוהו למעלה כי בפייס השני בתמיד של שחר י"ג זכין בו הוא

*) שם בזבחים נ"ע איתא שיהא פנוי מכלום ואפי' ממזבח :

מסורת הש"ס

סוטה מו. · מכילתא פ' בא · [זבחים נט.] · [חולין מא.] · *) מס' דרך ארץ פ"ד · [עירובין נד:]

הגהות הב"ח

(א) גמ' נברשת של זהב על פתח היכל : (ב) רש"י ד"ה בא לו כו' שלא היו מכניסין השעירים בין האולם למזבח להגריל אלא : (ג) ד"ה מוכני כו' גלגל לשקעו בבור כצ"ל ותיבת בו נמחק : (ד) ד"ה צפונה כו' כך ה' יתירה אל צפון : (ה) ד"ה והא רישא ר"א בר"ש היא דאמר : (ו) ד"ה כולה ראב"י היא ותני כו' בין האולם :

הגהות הגר"א

[א] גמ' ושנים על זה ת"ל גורל (אחד) תז"מ : [ב] שם וגורל (אחד) תז"מ :

גליון הש"ס

גמ' מרב באמצע. עיין מנחות דף לח ע"ב תד"ה שלמעלי : שם יכול יתן שנים על זה. עיין חגיגה דף ג ע"א תד"ה מרס ובתשובת הרשב"א סי' תקע"ג ובספר הון עשיר פ"ד מ"א דפרק ובכורי אבן ס' ה"ד מגילה דף ז ע"א :

תוספות ישנים

מה להלן באנא כו' · וא"ת תרתי אנא מנלן וי"ל דנתרא לא צריך קרא שהוא לשון תפלה א"כ ליכתב דקרא אנא ה' הושיעה נא אנא ה' נא לפשע עבדי כו' אבל קמא דאינו לשון תפלה צריך קרא מיהו אפי' לא הוי אלא בתרא הוי צריך קרא מנלן שתהא לאומרו אבל מכל מקום לא נפיק מקרא כיון שאינו אלא לשון תפלה . ה"ר יוסף : מאי דהוה הוה . כלומר משה אמר תפלתו כמו שתקן : והם עונין אחריו ברוך שם

הגהות מהר"י לנדא א] רש"י ד"ה כולה ראב"י וכו' דאי מעייל ליה כנגד מז"ח המזבח . נ"ל כנגד מערב המזבח :

עין משפט נר מצוה

נד א מיי' פ"ח מהל' ק"ש הלכה יב:

נה ב מיי' פ"ז מהלכות ס"ת הל' יד טוש"ע י"ד סי' רפג סעיף ג:

גמרא

אמר אביי בידות סכינין מיתיבי אף הוא עשה כני כלים ואוגני כלים וידות כלים וידות סכינין של יום הכפורים של זהב תרגומא אביי בקתתא דנרגי וחציני: הילני אמו עשתה נברשת של זהב וכו': תנא *בשעה שהחמה זורחת ניצוצות יוצאין ממנה והכל יודעין שהגיע זמן קריאת שמע מיתיבי הקורא את שמע שחרית עם אנשי משמר ואנשי מעמד לא יצא מפני שאנשי משמר משכימין ואנשי מעמד מאחרים אמר אביי *לשאר עמא דבירושלים: ואף היא עשתה טבלא: שמעת מינה *כותבין מגילה לתינוק להתלמד בה אמר ר"ל משום רבי ינאי באלף בית מיתיבי כשהוא כותב רואה וכותב מה שכתוב בטבלא אימא רואה וכותב כמה שכתוב בטבלא מיתיבי כשהוא כותב רואה וכותב מה שכתוב בטבלא ומה כתוב בטבלא °אם שכב איש אותך [ואם לא שכב] אם שטית אם לא שטית התם בסירוגין

°במדבר ה

רש"י

בידות סכינין. שלא הפסיד לעשות סכינין עצמן של זהב: כני כלים. בסיסי מושבן: ואוגני כלים. בית אחיזתן: וידות סכינין וידות כלים. קתני סכינין וקתני כלים: בקתתא דנרגי וחציני. ידות הקרדומות ומגלות: נולגות. זהורית שהחמה זורחת מן המזרח ונכה על פתח ההיכל שהוא לצד מערבי: משכים. זמן ק"ש. כדתניא (ברכות דף ט:) מלותה עם הנץ החמה: שאנשי משמר. שהכהנים שהעבודה מוטלת עליהם מקדימין לקריאה קודם היום שמא תמשך עליהן העבודה וימנעו לקרות: ואנשי מעמד. ישראל העומדים בשליחות הצבור על הקרבן שנאמר (במדבר כח) תשמרו להקריב לי מלמד שיהיו משמרים ועומדים על קרבנם הכי דריש ליה בספרי ובמסכת תענית (דף כו:): מאחרין. לקרות עד כלות עבודת התמיד: לשאר עמא. הבאים בעזרה הוא סימן להודיע זמן קריאת שמע: שמע מינה כו'. ופלוגתא היא במסכת גיטין בפרק הניזקין (דף ס.): באלף בית. אותיות של ראשי הפסוקים: כשהוא כותב. כהן הכותב את המגילה להשקותה: כמה שכתוב בטבלא. לפי סימני האותיות: בסירוגין

[תוספ' פ"ב] · שבת קיד: · גיטין ס. · [ברכות ט: אי' לתפילין]

תוספות

אמר אביי לשאר עמא דבירושלים. קימה דאביי גופיה אמר בפרק קמא דברכות (דף ט:) לקריאת שמע כוותיקין דא"ר יוחנן ותיקין גומרין אותה עם הנץ החמה והיינו קודם הנץ כדמשמע בפרק מי שמתו (שם דף כב:) דתנן גבי בעל קרי ירד לטבול אם יכול לעלות ולהתכסות עד שלא תהא הנץ החמה יעלה ויקרא וקאמר בגמרא (דף כה:) לימא תנן סתמא כר"א דאמר עד הנץ החמה אפילו תימא ר' יהושע דילמא כוותיקין דא"ר יוחנן כו' אלמא דגומרין אותה עם הנץ החמה היינו קודם הנץ דמוקי מתניתין דהתם דמוכחא דצריך לקרותה קודם הנץ כוותיקין ועוד קשה על מה אנו סומכין שאנו קורין אותה אחר הנץ הרבה דאע"ג דא"ר יהושע עד ג' שעות ואמר רב יהודה אמר שמואל התם הלכה כר' יהושע נראה דהלכה כאביי דאמר לק"ש כוותיקין דהוא בתרא ואומר ר"י דוותיקין נמי מודו דזמנה עד ג' שעות אע"פ שהיו ממהרין לקרותה עם הנץ החמה וכן משמע בפ' מי שמתו (שם דף כב:) דקאמר אפילו תימא ר' יהושע דילמא כוותיקין כו' משמע בהדיא שהם סוברים כרבי יהושע ואביי נמי לא נקט לק"ש כוותיקין אלא לומר דאע"ג דהלכה כאחרים לק"ש צריך לאחרו מעט עד סמוך להנץ כוותיקין כדי לסמוך גאולה לתפלה ומן הדין זמן ק"ש מתחיל כאחרים ונמשך זמנה עד ג' שעות כרבי יהושע אלא שוותיקין מקדימין למצות ומשכימין לקרותה קודם הנץ כדי שתהא תפלה ביום אחר הנץ כדכתיב (תהלים עב) ייראוך עם שמש שהוא אחר זריחת השמש ומן הדין היה להקדימה כאחרים שאז הוא זמן קימה וכן לתפילין דקאמר התם *לתפלה כאחרים פירוש לתפילין שאז הוא זמן קימה ותו לא חיישינן שמא יפיח בהן אלא שממהרין ק"ש מעט עד סמוך להנץ כדי לסמוך גאולה לתפלה ונמצא מתפלל ביום וכן משמע בירושלמי דקאמר מאן דאמר כדי שיהא רואה את חבירו ברחוק ד' אמות ויכירו כו' עד אבל אמרו מצותה עם הנץ החמה כדי שיסמוך כו' ובפרק תפלת השחר (דף כט:) משמע דקאי ייראוך עם שמש אתפלה גבי מתפלל עם דמדומי חמה דכתיב ייראוך עם שמש וגו' ולא התחיל דעם הנץ החמה מפרשינן קודם ועם שמש מפרשינן אחר זריחה דעם משמע בסמוך לו או מלפניו או מלאחריו והשתא למאי דפרישית ניחא דקאמר הכא לשאר עמא דבירושלים למצוה היא להקדים עם הנץ החמה ולפי שאין הכל בקיאין לעשות כוותיקין נקבע אותו זמן מיד אחר זריחה לשאר עמא דבירושלים שאין יודעין לכוין כוותיקין וא"ת והא אמרינן בפ"ק דברכות (דף ח:) א"ר שמעון בן יוחי משום ר"ע פעמים שאדם קורא ק"ש ב' פעמים ביום אחת קודם הנץ החמה ואחת לאחר הנץ החמה ויוצא בה אחת משום לילה ואחת משום יום ופסיק רבי יהושע בן לוי כוותיה אלמא קודם הנץ לילה הוא ותחלת זמנה דיום הוי אחר הנץ החמה כמתניתין דהכא וי"ל אפילו אי פליג רבי יהושע בן לוי אאביי קיימי לן כאביי דהוא בתרא ועוד י"ל דלא פסיק רבי יהושע בן לוי כר' שמעון אלא בהא דסבר קודם הנץ יוצא בשל לילה כדמוכח בתר הכי דקאמר מכללא אתמר דההוא זוגא דרבנן דאשתכור כו' אבל במה שמתחיל זמנו דיום אחר הנץ בהא לא פסיק כלל אי נמי י"ל דאפילו רבי שמעון מודה שזמן ק"ש של יום קודם הנץ והא דלא קאמר פעמים שאדם קורא ק"ש שתי פעמים קודם הנץ ויוצא בשל יום ובשל לילה דהוה רבותא טפי יש לומר דבעי לאשמועינן שאין יוצא בשל לילה אלא אחר הנץ ואפילו נאמר דרבי שמעון סבר דזמן ק"ש אחר הנץ אין להעמיד מתניתין דהכא כוותיה ודלא ככל הני תנאי דאם כן הוה ליה לגמרא לדקדק ולאוקמי כוותיה בהדיא ורבינו תם פירש דזמן ק"ש הוי אחר הנץ החמה כמתניתין דהכא וכרבי שמעון והוותיקין היו מתפללין שלא כדין קודם הנץ החמה בשביל חובת התפלה כדי לסמוך גאולה לתפלה שתהא עם שמש אע"ג דתפלות כנגד תמידין תקנום והתמיד היה קודם הנץ בעמוד השחר מ"מ זמן תפלה בשעת הנץ והיינו דפריך בפרק תפלת השחר (ברכות דף כו:) ורמינהו מצותה עם הנץ החמה כדי שיסמוך כו' פירוש ולא עד חצות אלמא דעיקר חביבות התפלה בשעת הנץ ולהכי קורין ק"ש שלא כדין בשביל חביבות התפלה ולהכי לא פריך ליה גבי ק"ש שהיה יודע שהיו קורין אותו שלא כדין בשביל חביבות וממהרין אותו קודם זמנו שהוא אחר הנץ כמתניתין דהכא וכר"ש שאמר משום ר"ע וקשה דמצותה עם הנץ החמה משמע דזה עיקר מצות ק"ש ועוד קשה לומר שלא יהא הלכה כאביי דהוא בתרא מיהו רבינו תם פי' דאביי נמי הכי ס"ל והא דקאמר לק"ש כוותיקין סימנא בעלמא כלומר סמוך להנץ כוותיקין ולא כוותיקין לגמרי דהיו וותיקין מקדימין ואנו מאחרין אחר הנץ ועוד הביא ראיה מפרק שני דמגילה (דף כ.) וכן שומרת יום כנגד יום לא תטבול עד הנץ החמה וכולן שעשו מעלה עמוד השחר כשר אלמא דבר שזמנו ביום מצותו אחר הנץ והרב פור"ת פירש כפר"י והר"ר חננאל פירש דוותיקין גומרין אותה עם הנץ החמה מיד ומפרש גומרין קורין ומפרש ייראוך עם שמש היינו קבלת מלכות שמים דהיינו ק"ש וקשה דלישנא דכדי שיסמוך גאולה לתפלה משמע דאיירי בעיקר תפלה ועוד דקרא דייראוך עם שמש מוקמי ליה גבי תפלה בפרק תפלת השחר ועוד דלשון גומרין משמע *שמתחילין לקרות קודם הנץ ומכוונין כך שגומרין אותה בתחלת הנץ כדי שיתפללו בתחלת הנץ: **אם** שכב אם לא שכב. בפרק הניזקין (גיטין דף ס.) מייתי לה וגרסינן התם בכל הספרים אם שכב אם לא שכב ואם שטית ואם לא שטית אע"ג דקראי לאו הכי [כתיבי] דברישא כתיב [אם לא שכב] ואם לא שטית ואם שכב לא כתיב כלל: *בסירוגין. הא דאמר בפרק שני דמגילה (דף יח:) אסור לכתוב אפילו אות אחת שלא מן הכתב כיון דכתיבי ראשי תיבות וראשי פסוקים ועוד שהיא פרשה קטנה שרי כדשרינן התם תפילין ומזוזות משום דמיגרס גריסן:

דלא

[עי' תוס' סוכה מד: ד"ה כאן במקדש] · עיין לקמן לח.

רבינו חננאל

וי"ב *) הרי י"ג מקדש הוא ואחריו מקדשי' הי"ב כל אחד מדד אחד נמצאו י"ב מקדשין בבת אחת: תנא שהרית במילואו כלומר בעליית הכיור מבית שיקועו והוא מלא מקדשין מן הדד העליון ערבית שחסרו מי הכיור מקדשין מן התחתון. מוכני גלגל. והוא כדתנן בסוף עירובין ומשלאין מבור הגולה בגלגל בשבת ודייקינן במקדש אין במדינה לא. דאלודי קלא בשבת אסור ווה יש לו קול. כדתנן עד שהיו שומעים קול העץ שעשה בן קטין מוכני לכיור והן א' הגיע כו' ומפורש בפ' שני בשחיטת קדשים (דף כה) והוא שהיה מושך ומסלק הכיור מלא מים מתוך הים שעשה שלמה שהיה משוקע בו כל הלילה שלא יפסלו מימיו בלינה וגרסי' בירושלמי הים הזה בית טבילה לכהנים היה שנא' (דה"ב ד) והים לרחצה לכהנים בו ואקשינן ולאו כלי הוא ופרקינן כההיא דאריב"ל אמת המים היתה מושכת לו מעין עיטם והיו רגלי השוורים פתוחים כרמונים ומחלפין תשעה ועשרים א"ר סימון אלו הסכינים כדתניא בפ' מרות היא היתה נקראת בית החליפות ששם היו גונזים את סכיניהם. פרק ב' בשחיטת קדשים. ת"ר כיצד מצות קידוש מניח ידו הימנית על רגלו הימנית וידו השמאלית על רגלו השמאלית ומקדש ר' יוסי בר' יהודה אומר מניח ב' ידיו זו ע"ג זו וב' רגליו זו ע"ג זו ומקדש אמרו לו הפלגתה אי אפשר לעשות כן שפיר אמרו ליה אמר רב יוסף וחביריו מסייעו מאי בינייהו אמר אביי (מה) [עמידה מן] הצד איכא בינייהו ומ"ס לא מקדשי מיושב דאמר קרא לעמוד לשרת מעומד: הילני עשתה נברשת של זהב. פי' נברשת נר כדתרגמי' (צפניה א) אחפש את ירושלים בנרות כמה דבלשין בנברשתא כגון מנורת זהב כדכתיב (דניאל ה) לקבל נברשתא: ירושלמי תרין אמוראין חד אמר מנרתא וחד אמר קונברתא תרגם עקילס לקבל נברשתא לקבל למפרש: תנא בשעה שהחמה זורחת כמין נצוצות יוצאות ממנה ויודעין העם שבירושלים הוותיקין שזו עונת גמירת ק"ש אבל אנשי משמר היו משכימין וקורין קודם זו העת. כדתנן בתמיד אמר להם הממונה צאו וראו אם הגיע זמן השחיטה אם הגיע הרואה אומר ברקאי כו' ואותה העת שרטו התמיד וניתחוהו והעלוהו לכבש ובאו ללשכת הגזית לקרות את שמע ואנשי המעמד מאחרין לפיכך תני הקורא את שמע עם אנשי משמר ואנשי מעמד לא יצא שאנשי משמר משכימין ואנשי מעמד מאחרין: אף היא עשתה טבלא כו' ודייקינן מינה שכותב מגילה לתינוק כלומר כותבין לו פרשה מן התורה להתלמד בה ולא אטרינן אסור עד שיכתוב כל התורה כולה ואוקימנא באלף בית ובסירוגין וכבר

*) דברי רבינו צ"ע דהא מסוגיא לא מי' צריך קידוש כלל דכשר בזר וכ"כ הרע"ב. ועי' כ"מ ב':

תוספות ישנים

שם כבוד מלכותו לעולם ועד. בתענית בפרק (אלו) סדר תעניות (דף טז:) אמריק דאין עונין אמן במקדש ומפיק ליה מקראי כתם והכהנו לא מייתי הכא בגמ' משום דקאי אהזכרת השם כבתבו: **בא** לו למזרח עזרה. לצד שער נקנור כדפי' בקונטרס שלא היה רוצה להכניסן ממש בעזרה לפנים כנגד המזבח (להחזירן) שום היה בנגלי [להחזיר] והכי משמע לישנא מדלא קאמר בצפון המזבח והכי תניא בת"כ על השעירים מעמידין אותם בשער נקנור דכתיב והעמיד אותם לפני ה' פתח אהל מועד וכתיב בתריה ונתן אהרן על שני השעירים גורלות וגו': **מדקאמר** לצפון המזבח מכלל דמזבח לאו בצפון קאי. דהא פשיטא על ירך המזבח צפונה בצפון עזרה קאמר דאפילו ר' יוסי בר' יהודה דלא מכשר לעיל אלא כנגד המזבח היינו משום דצריך ירך המזבח ואם כן אם מזבח בצפון קאי לא הוה צריך לצפון המזבח: **והאמרת** ר"א בר"ש היא. דמכשר בין האולם למזבח אלמא מן המזבח היה בצפון וא"ת אמאי לא מוכח דלא כר' אלעזר בר"ש מדקאמר למזרח עזרה דהיינו בשער נקנור כפי' רש"י מן המזבח ולחוץ ור' אלעזר לא מכשר אלא מן המזבח ולמעלה כנגד בין האולם ולמזבח וכי תימא למזרח העזרה לאו היינו בשער נקנור ממש אלא מקום דריסת רגלי הכהנים כלפי צפון המזבח א"כ אתיא שפיר כר"א בר"ש דדילמא לא נקט לצפון המזבח אלא לאפוקי מדרבי [וי"ל דודאי מלמזרח העזרה דלא כר"א בר"ש היא ומ"מ כרבי מיתוקמא אבל לצפון המזבח אתא לאפוקי מדרבי ור"א בר"ש דנקט משום דאיירי בבין האולם ולמזבח אבל נראה לרבי דהא למזרח עזרה לא אתא מ"מ לאפוקי מר"א בר"ש דהא הגרלה בצפון לא אשכחן בקרא אלא מדרבנן היא כדי להזכיר שחיטתו של שעיר בצפון ולפי זה יכול לעשות הגרלה בצפון העזרה כלפי מזבח כיון שאין טעון צפון להגריל אלא מדרבנן טוב לעשותה שם מלהכניסו כנגד המזבח א) ולהוירו ועוד אומר רבי דלא אשכחן הגרלה בצפון כפירש"י אלא נראה דודאי לא קפדינן אצפון אלא כלפני ה' דהגרלה כתיב והעמיד אותם לפני ה' וגו' ונתן אהרן על שני השעירים גורלות וגו' ודייק מדקתני לצפון המזבח מכלל דמזבח לאו בצפון קאי דאי בצפון קאי לא היה צפוט לפני ה' כנגד הפתח ופריך והאמרת ר"א בר"ש היא דאמר בין האולם למזבח לצפון ומדלא מפרש עד כמה ש"מ מזבח כולו בצפון דלא דמי [לדרבי] דמוסיף אף מקום דריסת רגלי כהנים ולא פירש דוקא לצפון דהתם ליכא למיטעי אבל בבין האולם ולמזבח אי לא מכשר ליה כוליה הוה ליה לפרושי וכיון שכל המזבח בצפון לא הוי צפון המזבח לפני ה' לעולם ר' אליעזר בן יעקב ותני בבין האולם ולמזבח אבל לא בעי למימר בין האולם ולמזבח ממש וכגון שסוף המזבח בצפון ולא כולו דוקא למ"ד לעיל בפ"ק שאינו לא כולו ב) כדאמר ולא כולו בצפון אלא דהוי כר"א בר"ש במאי דמכשר צפון דבין האולם ולמזבח דהא לעיל במסקנא בפ"ק אוקמא כר' אליעזר בן יעקב ולא אשכחן תנא דסובר דסוף בצפון אלא כולו בדרום קאי כדאית ליה הכא אך צ"ע אם יש תנא שסובר כך ועוד למה היה לו לילך בין האולם ולמזבח מאחר שאפילו היה בין האולם ולמזבח בצפונית מערבית של מזבח היה כנגד פתח ההיכל ולא תיקשי למאי דפריך דר"א בר"ש סבר דכוליה מזבח בצפון קאי אמאי לא חשיב ליה בזבחים פרק קדשי קדשים בהדי שאר תנאי ור"י הגלילי דאית להו דכולה מזבח בצפון קאי דה"נ איכא תנא אחרינא באותו פרק ולא מייתי ליה התם:

שלשה שהיו מהלכין בדרך כו'. קשה לרבי דהכא משמע שצריכין לכבד זה לזה וה"נ משמע פרק במה בהמה יוצאה (שבת נא:) גבי חמור שמעקיו רעים כגון זו מהו לצאת בפרומביא בשבת ואלו בברכות בפרק שלשה שאכלו (דף מז.) תניא אין מכבדין לא בדרכים ולא בגשרים אלא בפתח שיש בו מזוזה ומסקינן בפתח הראוי למזוזה ואומר רבי דבמקום שהולכין מתחלה יחד ויצאו מבתיהם יחד ללכת לדרך אחד מכבדין זה את זה אבל היכא שהולך כל אחד ואחד לדרכו ופגעו זה בזה אין מכבדין והמלאכים מתחלה נעשו יחד לבוא לבית אברהם: **יכול** יתן של שם ושל עזאזל על זה כו'. פי' כבר מיעטנו שלא ישים שניהם של שם על [של] שם וכו' של עזאזל על [של] עזאזל יכול יתן כו' וא"ת א"כ איזה גורל יהיה זה אם ישים של שם ושל עזאזל על כל אחד י"ל תחילה יגריל כהלכה ואח"כ יקיים מצות נתינה ליתן שניהם על כל אחד וכן מפרש בירושלמי:

גורלות

א) נ"ל ולהחזירו: ב) נ"ל בדרום:

אות ו'

שלשה שהיו מהלכין בדרך, הרב באמצע, גדול בימינו, וקטן משמאלו

יו"ד סימן רמב סי"ז - [ג]**שלשה שהיו מהלכים בדרך, הרב באמצע, הגדול לימין** - לאחוריו ומצדד עמו לצדדין, **והקטן לשמאל** - וחוץ לד' אמות הכל מותר, טור.

הגה: והא דאין מכבדים בדרכים אלא בפתח הראויה למזוזה - ‹ובכלל זה בהכ"נ ובהמ"ד - רעק"א›, **היינו שכל א' הולך לדרכו ואינן בחבורה אחת, אבל אם הם בחבורה אחת, מכבדים בדרכים. ובמקום סכנה, א"צ לכבד כלל.**

אות ז'

דמצדד אצדודי

יו"ד סימן רמב סט"ז - ולא יתפלל לפניו ולא לאחריו ולא בצדו - הטעם בכל זה, שלא ישוה עצמו לרבו, **והתוספות** כתבו, דאחורי רבו טעמו דנראה כמשתחוה לרבו, **והר"ר** יונה כתב הטעם משום הפסקה - ש"ך, [דשמא יצטרך רבו לפסוע ג' פסיעות לאחריו בעוד שזה מתפלל, ולא יוכל לפסוע, **ורש"י** פי' הטעם דיוהרא הוא – ט"ז].

וכתב ב"י בשם שבולי לקט בשם רב האי, דהא דאסור להתפלל כנגד רבו, היינו אצל רבו כדפירש"י וטור, לא אמרו אלא ביחיד, **אבל** בצבור אין לו לחלוק כבוד לרבו, ומותר להתפלל כנגדו, ע"כ, ומביאו ד"מ - ש"ך.

ולא לאחריו ולא בצדו - אמרינן בש"ס פ' תפלת השחר, דתלמיד חבר מותר, וכ"כ המחבר באו"ח סי' צ' סכ"ה, **ובבית** יוסף שם דלהתפלל ואחוריו לרבו, אפי' תלמיד חבר נמי לא, דביזוי גדול הוא - ש"ך.

ואין צריך לומר שאסור להלוך בצדו, אלא יתרחק לאחר רבו; ולא יהא מכוון כנגד אחוריו, אלא יצדד עצמו לצד אחר, בין כשמתפלל עמו בין כשהולך עמו.

וחוץ לד' אמות, הכל מותר. (ועיין באו"ח סי' נ') - כתב בית יוסף באו"ח ס"ס צ', ומיהו משמע דלא מהני ריחוק ארבע אמות אלא להתפלל אחורי רבו כנגדו, **אבל** להתפלל ואחוריו לרבו, אפי' רחוק כמה לא, **אבל** מדברי הטור שם נראה, דברחוק ד' אמות אפילו אחוריו לרבו שרי, וכ"כ הב"ח שם, דהו"ל רשות אחרת בפני עצמו - ש"ך.

אות ח' – ט'

[גורלות] של כל דבר

שיהיו שוין, שלא יעשה אחד של זהב ואחד של כסף, אחד גדול ואחד קטן

רמב"ם פ"ג מהל' עבודת יוה"כ ה"א - שני הגורלות אחד כתוב עליו להשם ואחד כתוב עליו לעזאזל, והם כשרים מכל דבר, בין מן העץ בין מן האבן בין מן המתכת; אבל לא יהיה אחד גדול ואחד קטן, אחד כסף ואחד זהב, אלא שניהם שוין; ושל עץ היו, ובבית שני עשו אותם של זהב; ומניחין שני הגורלות בכלי אחד המחזיק שתי הידים, כדי שיכניס שתי ידיו ולא יתכוין; וכלי זה חול הוא, ושל עץ היה, וקלפי שמו.

אות י'

כדי שיהיו שנים עשר אחיו הכהנים העסוקין בתמיד מקדשין ידיהן ורגליהן בבת אחת

רמב"ם פ"ג מהל' בית הבחירה הי"ח - עיין לעיל אות ד'.

---

§ מסכת יומא דף לז: §

אות א'

הקורא את שמע עם אנשי משמר ואנשי מעמד, לא יצא

רמב"ם פ"א מהל' ק"ש הי"ב - [א]**מי שהקדים וקרא ק"ש של שחרית אחר שיעלה עמוד השחר,** [ב]**אע"פ שהשלים קודם שתנץ החמה, יצא י"ח, ובשעת הדחק כגון שהיה משכים לצאת לדרך, קורא לכתחלה משעלה עמוד השחר.**

[ג]**סימן נח ס"ג - ומי שהוא אנוס, כגון שהיה משכים לצאת לדרך** - פי' שאין לו פנאי להמתין ולהתעכב עד הזמן משיראה, כגון שצריך לצאת לדרך, וה"ה שאר ענינים כיוצא בזה שאין לו פנאי,

---

באר הגולה

ג **ברייתא יומא דף ל"ז.** א ‹וכתב ה"ר מנוח הא דאמרינן פ' אמר להם הממונה, הקורא עם אנשי משמר לא יצא י"ח, פי' דה"ק לא יצא י"ח ק"ש בעונתה, אבל א"צ לחזור ולקרות, א"נ התם במי שרגיל לקרות עמהם שלא במקום אונס, וקנסוהו שלא יצא כדי שלא יהא רגיל בכך, ואנשי משמר שאני שהיו טרודים בקרבנות והוי כשעת הדחק, **וכתב** דכגון שהיה הולך לדרך הרשות חשיב שעת הדחק, ועדיף לקרות כן משעלה עה"ש בכוונה, מלקרות אחר כך בלא כוונה, ואם יש בעיר קבורת מת או מילה, וכן יום ערבה דמפשי ברחמי, יכולים לקרות תיכף משעלה עמוד השחר, עכ"ל - כסף משנה› ב ‹שעיקר זמן ק"ש מן התורה מעט קודם הנץ, באופן שיגמור הברכה אחרונה של ק"ש והיא ברכת גאל ישראל ממש עם הנץ, בכדי שיתחיל תפלת שמ"ע תיכף אחר הנץ – ערוה"ש› ג ‹פשוט, ס"ג וס"ד›

במקום גדודי חיה ולסטים, שלא יוכל לעמוד ולא לכוין, אפי' פרשה ראשונה, ואפי' עד [על] לבבך, או שבני השיירא (קראואנא בלע"ז) הולכים מהרה ולא ימתינו לו כלל - אם ירצה לקרות באמצע הדרך, **ומיירי** דזמן הליכתו עם השיירא, או בכל כיוצא בזה, ימשך עד סוף זמן ק"ש.

יכול לקרותה עם ברכותיה משעלה עמוד השחר, דכיון שעלה עמוד השחר שפיר קרינן ביה "ובקומך".

וה"ה כשיש קבורת מת בעיר, או מילה, או יום ערבה דמפשי ברחמים, וצריך להקדים את עצמו, יכול לקרותה משעלה עה"ש.

וגם שפיר מקרי יוצר אור - והמ"א ופמ"ג פסקו דאין לומר "יוצר אור" כ"כ בהשכמה, עד שיכיר בין תכלת ללבן, והוא הזמן דעד שיראה חבירו ברחוק ד"א הנ"ל, גם בביאור הגר"א מצדד כהמ"א, **ובלא"ה** צריך לכתחילה להמתין אם יוכל מחמת מצות תפילין וכנ"ל.

אבל אם אינו במקום גדודי חיה וליסטים, וגם אין בני השיירא נחפזים כ"כ, אפילו יוצא לדרך אחר שעלה עמוד השחר, אינו קורא עד שיגיע זמנה.

סימן נח ס"ד - אם קראה משעלה עמוד השחר אעפ"י שלא היה אנוס, יצא בדיעבד - דמקצת אנשים קמים באותו הזמן, וקרינן ביה "ובקומך", ובדיעבד העמידוהו על דין תורה, **ודוקא** באקראי בעלמא, דהיינו פעם אחת בחודש, הוא דיוצא בדיעבד, **אבל** אם הוא רגיל לעשות כן, [ד]אמרו חכמים שאפי' בדיעבד לא יצא, וצריך לחזור ולקרותה, **מיהו** אם שעת הדחק הוא, אפילו רגיל טובא שרי, דמאי הו"ל למיעבד.

אות ב'

באל"ף בי"ת

יו"ד סימן רפג ס"ב - לא יכתוב מגילה בפני עצמה שיהיו בה פרשיות, ואין כותבין מגילה לתינוק להתלמד בה - כלומר מה"ט שאין כותבין התורה מגילה בפני עצמה, אין כותבין מהתורה מגילה לתינוק אפילו להתלמד, דדוקא חומש בפני עצמו שרי, אבל לא מגילה מגילה - ש"ך.

[**זה דעת הרמב"ם**], ודעת הרי"ף והמרדכי והאגודה ושאר פוסקים, דמותר משום עת לעשות לה' הפרו תורתך, שהרי אין הכל יודעים בעל פה, ואין לכל העולם חומשים בבהכ"נ, ויבואו לידי ביטול ק"ש ותפלה, וכ"כ הב"ח, וכתב שכך המנהג פשוט בכל המדינות - ש"ך. [**ותימה** על רמ"א שלא כתב על זה כלום, **אבל** מ"מ אין היתר אלא כדי להתלמד בו משום עת לעשות לה' וגו', **אבל** אותן שכותבין פסוקים על הכותל לאיזה סימן טוב, לאו שפיר עבדי, דתורה חתומה נתנה – ט"ז].

ואם דעתו להשלימה לחומש, מותר.

(**עיין** בתשב"ץ שכתב, דמה שאפשר להתיר בזה, הוא שיכתוב התיבות חסירות בסופן, כגון זה וידב' ה' א' מש' לאמ' דב' א', או באמצעיתן, כגון ברשי"ת ברש"ן בלא א', או שיכתוב התיבות מלאות, לאמור מושה אהרון, דכה"ג לאו ספר מקרי אלא אגרת, או שיכתוב האותיות קטועות, או האל"ף והלמ"ד מחוברות, וישנה כל האותיות שינוי זה, עד שלא יהיה ג' תיבות סמוכות בלא שינוי בא' מן השינויים הנזכרים, או יכתוב בכתב מאשי"ט כו', **זה** הכלל כל כתיבה שיפסול בה ס"ת, מותר לכתוב המגילה הזאת, **ומיהו** דוקא פיסול שהוא באיכות הכתיבה, אבל פיסול אחר לא. **וכתב** עוד, דנראה לו להתיר בכל ענין כדעת הרי"ף ז"ל, דהאידנא מותר לכתוב מגילה לתינוק להתלמד בו משום עת לעשות גו' - פת"ש).

---

§ מסכת יומא דף לח. §

אות א'

בסירוגין

יו"ד סי' רפג ס"ג - [ה]כתב מגילה שלש שלש תיבות בשיטה אחת, מותר – [פירוש כותב שלש תיבות כאן, ושלש תיבות רחוקות מהן בשיטה שנייה, שאינם נקראות עם הראשונה, כדרך זה מותר, לפי שאין נראה ככותב מגילה אחת – ט"ז]. **שכיון** שיש בה שינוי, אינו דומה למגילה מס"ת - ש"ך.

אות ב'

נחשת קלוניתא היתה והיתה מאירה כשל זהב

רמב"ם פ"ה מהל' בית הבחירה ה"ה - כל שער מהן היה רוחבו עשר אמות וגובהו כ' אמה, והיו לו דלתות מחופות זהב, חוץ משער מזרחי שהיה מצופה נחושת דומה לזהב, ושער זה הוא הנקרא שער העליון והוא שער ניקנור.

באר הגולה

ד ‹והוא שלא יהא רגיל לעשות כן – טור. **וז"ל** הב"ח: נראה דרבינו הוציא דין זה מדקשה מהא דתניא ביומא, הקורא עם אנשי משמר לא יצא מפני שהן מקדימין, אלמא דהקורא לאחר עמוד השחר לא יצא בדיעבד, **ורבינו** סובר דליכא קושיא, דהתם הקורא עם אנשי משמר קאמר, דהיינו דקורא עמהם בכל יום, החמירו בו חכמים דלא יצא דיעבד וצריך לקרותה פעם שניה, כדי שלא יהא רגיל בכך, אבל באקראי בעלמא פעם אחת בחדש יצא בדיעבד, **והכי** נקטינן, ולא הביאו השלחן ערוך לפי שהוא דבר פשוט, **והא** ודאי, דדוקא אמי שקרא בדיעבד יצא קאמר רבינו שלא יהא רגיל בכך, אבל אם הוא שעת הדחק שצריך להחזיק בדרך וכו', אפילו רגיל טובא שרי, כיון דאנוס הוא מאי הוה ליה למיעבד, עכ"ל›

ה **שם מהא דמשני הכא במאי עסקינן בסירוגין שם וביומא דף ל"ח ע"א וכפי' הרמב"ם וכ"כ בהדיא בתשובה הביאו ר' ירוחם** ‹ופי' רבינו בתשובה... {הט"ז העתיקו}, ולא בחר רבינו בפי' רש"י ז"ל, כי דחוק הוא עיין עליו – מעשה רוקח›

בסירוגין: ניקנור נעשו נסים לדלתותיו:
ת"ר *מה נסים נעשו לדלתותיו אמרו כשהלך ניקנור להביא דלתות מאלכסנדריא של מצרים בחזירתו עמד עליו נחשול שבים לטבעו נטלו אחת מהן והטילוה לים ועדיין לא נח הים מזעפו בקשו להטיל את חברתה עמד הוא וכרכה אמר להם הטילוני עמה מיד נח הים מזעפו והיה מצטער על חברתה כיון שהגיע לנמלה של עכו היתה מבצבצת ויוצאה מתחת דופני הספינה ויש אומרים בריה שבים בלעתה והקיאתה ליבשה ועליה אמר שלמה °קורות בתינו ארזים רהיטנו ברותים אל תיקרי ברותים אלא *ברית ים *לפיכך כל השערים שהיו במקדש נשתנו להיות של זהב חוץ משערי ניקנור מפני שנעשו בו נסים ויש אומרים *מפני שנחושתן מוצהבת היתה ר' אליעזר בן יעקב אומר [ג]נחשת קלוניתא היתה והיתה מאירה כשל זהב: **מתני'** ואלו לגנאי של בית גרמו לא רצו ללמד על מעשה לחם הפנים של בית אבטינס לא רצו ללמד על מעשה הקטורת הוגרס בן לוי היה יודע פרק בשיר ולא רצה ללמד בן קמצר לא רצה ללמד על מעשה הכתב על הראשונים נאמר °זכר צדיק לברכה ועל אלו נאמר °ושם רשעים ירקב: **גמ'** ת"ר *בית גרמו היו בקיאין במעשה לחם הפנים ולא רצו ללמד שלחו חכמים והביאו אומנין מאלכסנדריא של מצרים והיו יודעין לאפות כמותן ולא היו יודעין לרדות כמותן שהללו מסיקין מבחוץ ואופין מבחוץ והללו מסיקין מבפנים ואופין מבפנים הללו פיתן מתעפשת והללו אין פיתן מתעפשת כששמעו חכמים בדבר אמרו כל מה שברא הקב"ה לכבודו בראו שנאמר °כל הנקרא בשמי ולכבודי בראתיו וחזרו בית גרמו למקומן שלחו להם חכמים ולא באו כפלו להם שכרן ובאו בכל יום היו נוטלין שנים עשר מנה והיום עשרים וארבעה *ר' יהודה אומר בכל יום עשרים וארבעה והיום ארבעים ושמונה אמרו להם חכמים מה ראיתם שלא ללמד אמרו להם יודעין היו של בית אבא שבית זה עתיד ליחרב שמא ילמוד אדם שאינו מהוגן וילך ויעבוד עבודת כוכבים בכך ועל דבר זה מזכירין אותן לשבח מעולם לא נמצאת פת נקיה ביד בניהם שלא יאמרו ממעשה לחם הפנים זה ניזונין לקיים מה שנאמר °והייתם נקיים מה' ומישראל: של בית אבטינס לא רצו ללמד על מעשה הקטורת: ת"ר *בית אבטינס היו בקיאין במעשה הקטורת ולא רצו ללמד שלחו חכמים והביאו אומנין מאלכסנדריא של מצרים והיו יודעין לפטם כמותם ולא היו יודעין להעלות עשן כמותן של הללו מתמר ועולה כמקל של הללו מפציע לכאן ולכאן וכששמעו חכמים בדבר אמרו (א) כל מה שברא הקב"ה לכבודו בראו שנאמר *°כל פעל ה' למענהו וחזרו בית אבטינס למקומן שלחו להם חכמים ולא באו כפלו להם שכרן ובאו בכל יום היו נוטלין שנים עשר מנה והיום עשרים וארבעה ר' יהודה אומר בכל יום עשרים וארבעה והיום ארבעים ושמונה אמרו להם חכמים מה ראיתם שלא ללמד אמרו יודעין היו של בית אבא שבית זה עתיד ליחרב אמרו שמא ילמוד אדם שאינו מהוגן וילך ויעבוד עבודת כוכבים בכך ועל דבר זה מזכירין אותן לשבח מעולם לא יצאת כלה מבושמת מבתיהן וכשנושאין אשה ממקום אחר מתנין עמה שלא תתבסם שלא יאמרו ממעשה הקטורת מתבסמין לקיים מה שנא' והייתם נקיים מה' ומישראל תניא אמר ר' ישמעאל פעם אחת הייתי מהלך בדרך ומצאתי אחד מבני בניהם אמרתי לו אבותיך בקשו להרבות כבודן ורצו למעט כבוד המקום עכשיו כבוד מקום במקומו ומיעט כבודם אמר ר' עקיבא (*פעם אחת) סח לי ר' ישמעאל בן לוגא פעם אחת יצאתי אני ואחד מבני בניהם לשדה ללקט עשבים וראיתי (*ששחק ובכה) אמרתי לו מפני מה בכית אמר לי כבוד אבותי נזכרתי ומפני מה שחקת אמר לי שעתיד הקב"ה להחזירה לנו ומפני מה נזכרת אמר לי מעלה עשן כנגדי הראהו לי אמר לי שבועה היא בידינו שאין מראין אותו לכל אדם אמר ר' יוחנן בן נורי פעם אחת מצאתי זקן א' ומגילת סממנין בידו אמרתי לו מאין אתה אמר לי מבית אבטינס אני ומה בידך אמר לי מגילת סממנין הראהו לי אמר לי כל זמן שבית אבא היו קיימין לא היו מוסרין אותו לכל אדם ועכשיו הרי הוא לך והזהר בה וכשבאתי וסחתי דברי לפני ר"ע אמר לי מעתה אסור לספר בגנותן של אלו מכאן אמר בן עזאי בשמך יקראוך ובמקומך יושיבוך ומשלך

רש"י

בסירוגין · אם לא שכב אחריו ראשי תיבות עד סוף המקרא ואם כי שטית ואחריו ראשי תיבות עד סוף המקרא יתן ה' אותך ואחריו ראשי תיבות עד סוף המקרא ובאו המים ואחריו ראשי תיבות [א] (אם שכב ואם כי שטית): **להביא דלתות** · לשער המזרח של העזרה ושל נחושת היו: **נחשול** · סערה: **והטילום לים** · להקל לספינה: **וכרכה** · חבקה: **לנמלה** · פורט"ו מקום שהספינות נמשכות שם ליבשה: **רהיטנו** · לשון דלת שהוא רץ ונועל רץ ופותח: **אלא ברית ים** · כאילו כרתו ברית זו עם זו ויש אומרים בריית ים: **נשתנו** · כשהעשירו: **קלוניתא** · מזוקקת וכן שם מין נחושת והוא נחושת קלל: **מתני' בן לוי** · כלומר מן הלוים: (ג) **פרק** · הכרעת קול נעימה: **על מעשה הכתב** · קושר ד' קולמוסין בד' אצבעותיו וכותב שם בן ארבע אותיות כאחד: **גמ' לרדות** · מן התנור: **שהללו** · שבאו מן אלכסנדריא לפי שלא יודעים לרדות מן התנור שלא יהא נשבר לפי שהוא עשוי כמין תיבה (ג) פרוצה כמין ספינה היו יראים לדבקם מבפנים לתנור ואופין אותן מבחוץ: **כפלו להם שכרם** · מתרומת הלשכה: ועל דבר זה מזכירים אותם לשבח שמעולם כו': **לפטם** · לכתוש הסמנין ולערבם יפה כמו שנאמר (שמות ל) ממולח: **להעלות עשן** · שלא היו מכירין בעשב שהוא מעלה את העשן זוקף ומתמר כמקל: **מיעט כבודם** · בחורבן ביתו: **מעלה עשן** · עשב שהוא מעלה עשן ראיתי כנגדי: **מגילת סמנין** · שכתובין בה שמות סמני הקטורת: **מכאן אמר בן עזאי** · ממעשה בית גרמו ובית אבטינס שבקשו חכמים לדחותם ממקומם ולא יכלו: (ד) **בשמך יקראוך** · לא ידאג אדם לומר פלוני יקפח פרנסתי כי על כרחך בשם יקראוך לבא ולשוב במקומך ומשלך

תורה אור

מסורת הש"ס

[תוספתא פ"ב] · [מדות פ"ב מ"ג] · [שם] · מש' י · ישעיה מג · [עיין סנהדרין כע"י ותמצא שם כמה שנויים] · במדבר לב · [תוספתא פ"ב] · משלי טז · [פי' פעל ה' ונתן חכמה זו יותר מזה למענהו כדי שלא תהא המלאכה אלא בידי מי שחפץ ערוך בשם ר"ח בערך פעל] · [כע"י ליתא] · [נ"ל שבכה וישחק וכ"א בע"י] · שקלים פ"ה [תוספ' פ"ב] · [בע"י בריתים חדא תיבה וזה הוא כפי' רבינו של רש"י] · ע"פ אמר

עין משפט נר מצוה

נו א מיי' פ"ז מהלכות ס"ת הל' יד טוש"ע יו"ד סי' רפא סעיף ג:
נז ב מיי' פ"ה מהל' בית הבחירה הל' ה:

רבינו חננאל

פירשנות בגמ': ואלו לגנאי בית גרמו לא רצו ללמד על מעשה לחם הפנים ולא היו יודעים לרדות פי' רדן בשולי המחתה [כתמיד סו] וכמו שאומרים [שבת קיז] יצא רדיית הפת שהיא חכמה ואינה מלאכה וכן בן אבטינס דברים פשוטין הן. כל פעל ה' למענהו. פי' פעל ה' ונתן חכמה לזה יתר מזה למענהו כדי שלא יהיה המלאכה אלא בפי שחפץ: מעלה עשן. הסם שנותן בקטורת מעלה עשנה כמקל שאינה מפצעת לכאן ולכאן. וכיון שהגיד ר' יוחנן בן נורי מה שא"ל אותו זקן שהיה מבית אבטינס. א"ר עקיבא כיון שכוונתם לש"ש היתה אסורה לספר בגנותן וכן אמר בן עזאי בשמך יקראוך ובמקומך יושיבוך

תוספות ישנים

גורלות של כל דבר. ואין זה אלא דברי התנא דלאו מגורלות נפיק אלא מקרא דגורל גורל ריבה כדמפרש בכריי' דכסמוך: דהוו משקען ליה בגלגלא. פר"ת ומפרש

הגהות הב"ח

(א) גמ' כל מה שברא הקב"ה לכבודו בראו

גליון / הערות

שנאמר כל פעל ה' למענהו כ"כ וקשה למה להם טעם זה ת"ל משום מעלה עשן דהוה ליה ביאה ריקנית ואם חיסר אחת מכל סממניה חייב כדאיתא פ' ה' דף נ"ג: (ב) רש"י ד"ה פרק בשיר הכרעת קול: (ג) ד"ה שהללו כו' כמין תיבה פרוצה או כמין ספינה רוקדת היו יראים לדבקם: (ד) ד"ה בשמך יקראוך כלומר לא ידאג וכו' על כרחם בשמך יקראוך לבוא ולישב במקומך:

כס"ע דשחיטת קדשים (דף כח:) שהיה מושך ומדלה הכיור אלא מים מן הים שעשה שלמה שהיה בו כל הלילה שלא יפסלו מימיו בלינה וגרסי' בירושלמי הים היה בית הטבילה לכהנים שנאמר הים לרחצה לכהנים כו' ואקשינן לאו כלי הוא ופרקינן כההיא דא"ר יהושע בן לוי אמת המים היתה מושכת לו מעין עיטם והיו רגלי השוורים פתוחים כרמונין ולא ידענא אם היה ים של שלמה בבית שני*): בקתתא דנרגי ותליני. וא"ת כי כלים ואוגני כלים גופייהו תיקשי לך ליעבדו לכלים גופייהו של זהב י"ל שמתחילה היו של זהב הכלים עצמן והיו רגילין לעשות הכלים ואוגנין פתוחים מן גוף הכלי אבל ידות הכלים אין לומר כן שאין לעשותן של כסף בשתוף הכלי של זהב. ה"ר יוסף**): עמד נחשול כו'. לא מפני שעשה עבירה כשהלך למצרים כדאמרינן בספרי לגור שם אי אתה חוזר אבל אתה חוזר לסחורה ולכיבוש הארץ: והללו פתן מתעפשת. ואע"ג שהיה הלחם חם כיום הלקחו מ"מ מה שאפשר בידי אדם לא היה הקב"ה רוצה לתקן: שנאמר כל פעל ה' למענהו. הכא לא מייתי קרא דלכבודי בראתיו שאין כל כך גנאי אם היה מפצע ואין זה אלא יתרת בעלמא דבעינן משום דכתיב כל פעל וגו': ה"ג בספרים ישנים ובכמה ספרים ומה ראית והזכרת מעלה א) העשן כנגדו. פי' אותו עשב שמעלה עשן כנגדו ואינו מפצע לכאן ולכאן אלא מתמר ועולה כמקל ראיתי שלא היה שום אדם מכיר אלא הם אבל עשב אחר שאמו מעלה עשן היו מכירין אנשי אלכסנדריא שאם חיסר בקטורת חייב מיתה דלספרים שמוגה בהם מעלה עשן כנגדי אין הלשון מכוון דהוה ליה למימר ראיתי או מעלה עשן אלא מיהו יש ספרים שכתוב בם במסכת שקלים (פרק ה) מעלה עשן עומד לנגדי ובתוספתא (דיומא פ"ב) כתוב ראיתי כנגדי מיהו אותם ספרים דגרסי גירסא ראשונה יש לפרש כדפרישית ויש תוספתא שנאמר בה מעלה עשן לנגדי ולא כתוב בה לא עומד ולא ראיתי ודומה שהגיהו עומד או ראיתי לתקן הלשון וכדפרישית עיקר. ה"ר אלחנן:

*) ע"כ שייך לדף לו ע"א. **) ע"כ שייך לדף ל"ו ע"ב. א) נ"ל תמרו: סונרם

הגהות מהר"ב רנשבורג [א] רש"י ד"ה בסירוגין וכו' (אם שכב ואם כי שטית) נ"ב השיטה יצחק עשה ממנו דבור בפ"ע וקאי אדלעיל בסוף העמוד דאמר הש"ס אם שכב ומפרש רש"י דטייט מה דכתיב ואם כי שטית דאם שכב לא כתיב בקרא. יעוש"ה כי האמת אתו:

מסורת הש"ס

[גבי אנים (מלכים א ט"ו) ושם אמו מעכה]

דלא מסקי בשמייהו · בפרק בתרא דכתובות (דף קד:) גבי שני דייני גזירות (ז) אדמון וחנן בן אבישלום °גרים ר"ת אבישלום משום דאמר ר"מ בחלק (סנהדרין דף קג:) אבשלום אין לו חלק לעוה"ב ואשכחן שם אדם אבישלום כדכתיב (*אביה) בת אבישלום וכן בפ"ק דשבת (דף יג:) גרסי' הלל ושבנא דשבנא רשע היה וי"מ דתרי שבנא הוו כדכתיב בישעיה (כב) לך בוא אל הסוכן הזה אל שבנא אשר על הבית וכתיב בתריה מה לך פה וגו' משמע שהיה רשע וכתיב בתריה *ויהי כשמוע המלך חזקיהו ויקרע וגו' עד ואת שבנא הסופר ואת (ח)הזקנים מתכסים בשקים אלמא אחר הוא וכיון דאחד היה צדיק מסקינן בשמיה מיהו נראה דהכל אחד דעל כרחך ההוא שבנא בתרא שנתכסה בשק כשחירף רבשקה במעשה דסנחריב רשע הוה כדמשמע בפרק זה בורר (סנהדרין כו) אבל אין מוקדם ומאוחר בתורה ואף ע"ג דהכא קרי ליה סופר (ע) והכא על הבית על כרחך הכל אחד כדפרישית:

ומשלך יתנו לך · כלומר לא משלהם (ג) הוא מתנה אלא מזונות קצובים לך מן השמים: **ואין מלכות נוגעת בחברתה** · משהגיע זמן המלכות ליפול ותעמוד אחרת לא יאחר זמן כמלא נימא אלא מי שזמנה ליפול בלילה נופלת בלילה שנאמר (דניאל ה) ביה (ג) **בליליא** איתקטל בלשצר ושזמנה ביום נופלת ביום שנאמר תורה אור (יחזקאל ל) ובתחפנחס חשך היום: **בין הגימין** · בין חליקת גימת השפה נגד מחילת החוטם: **נזקרים בבת ראש** · נרתעין מהכרעת הקול: **רקיבות** · רדולי"א חלודה (ד) בכלי ברזל שאין משתמשין בו: **דלא מסקי בשמייהו** · לא יקרא אדם לבנו שם אדם רשע: **מודדתו בטפחים** · לידע כמה נוסף בו מיום ליום ונותנת המשקל אומד התוספת: **כהן ונביא** · זכריה בן יהוידע הכהן אלמא מסקינן בשמייהו דהא דואג האדומי רשע היה וזה קראו לתינוק בשמו: **חזי מאי דסליק ביה** · ראה מה עלתה ביה שנשחט: **צדיק מעצמו** · ע"י מעשיו נזכר לטובה: **רשע אף ע"י חבירו** · נזכר לרעה: **שם רשעים** · ולא כתיב שם רשע: **המכסה אני מאברהם** · וכיון שהזכיר שמו ברכו וסמיך ליה ואברהם היו יהיה וגו': **עובדיה** · היה דר בין אחאב ואיזבל: **מברכתן של צדיקים כו'** · במקום שהקב"ה מברך את הצדיקים שם מקלל את הרשעים: **וירא את האור** · ראה בדעתו להתקיים האור של עולם בשביל הצדיק שהוא טוב: **וישת עליהם תבל** · פיזרן בכל הדורות להיות שתות וקיום ויסוד לקיים תבל: **רגלי חסידיו** · בשביל חסידיו כמו ויברך ה' אותך לרגלי (בראשית ל): **שוב אינו חוטא שנא' רגלי חסידיו ישמור** · סופי חסידיו ישמור: **פעם ראשונה ושנייה כו'** · רגלי חסידיו משהגיע בחסד שני רגלים כמו זה שלש רגלים (במדבר כב) פעמים ישמור אותו מן החטא: **כיון שבא אדם לטמא** · (ה) להיות רשע: **פותחין לו** · פתח הטומאה ליכנס (ו) בו מספיקין בידו ואין מונעין ממנו מן השמים לעכבו: **אם ללצים הוא יליץ** · אם ללצים הוא בא להתחבר הוא יליץ לא ימנעוהו ולא יעזרוהו: **אם לענוים** · הוא בא להתחבר יתן לו חן מי שבידו ליתן:

בא

ומשלך יתנו לך אין אדם נוגע במוכן לחבירו *ואין מלכות נוגעת בחברתה אפי' כמלא נימא: הוגרס בן לוי וכו': תניא כשהוא נותן קולו בנעימה מכניס גודלו לתוך פיו ומניח אצבעו בין הגימין עד שהיו אחיו הכהנים נזקרים בבת ראש לאחוריהם ת"ר בן קמצר לא רצה ללמד על מעשה הכתב אמרו עליו שהיה נוטל ד' קולמוסין בין אצבעותיו ואם היתה תיבה של ד' אותיות היה כותבה בבת אחת אמרו לו מה ראית שלא ללמד כולן מצאו תשובה לדבריהם בן קמצר לא מצא תשובה לדבריו על הראשונים נאמר °זכר צדיק לברכה ועל בן קמצר וחביריו נאמר °ושם רשעים ירקב מאי ושם רשעים ירקב אמר ר' אלעזר רקביבות תעלה בשמותן *דלא מסקינן בשמייהו מתיב רבינא מעשה בדואג בן יוסף שהניחו [אביו] בן קטן לאמו בכל יום היתה אמו מודדתו בטפחים ונותנת משקלו (א) של זהב לבית המקדש וכשגבר אויב טבחתו ואכלתו ועליה קונן ירמיה °אם תאכלנה נשים פרים עוללי טפוחים משיבה רוח הקדש ואומרת אם יהרג במקדש ה' כהן ונביא חזי מאי סליק ביה אמר ר' אלעזר צדיק מעצמו ורשע מחבירו צדיק מעצמו דכתיב זכר צדיק לברכה ורשע מחבירו דכתיב ושם רשעים ירקב אמר ליה *רבינא לההוא מרבנן דהוה מסדר אגדתא קמיה מנא הא מילתא דאמור רבנן זכר צדיק לברכה א"ל דהא כתיב זכר צדיק לברכה °מדאורייתא מנא לן דכתיב °וה' אמר המכסה אני מאברהם אשר אני עושה וכתיב °ואברהם היו יהיה לגוי גדול ועצום מנא הא מילתא דאמור רבנן שם רשעים ירקב א"ל דהא כתיב ושם רשעים ירקב מדאורייתא מנא לן דכתיב °ויאהל עד סדום וכתיב ואנשי סדום רעים וחטאים לה' מאד אמר ר' אלעזר צדיק *דר בין שני רשעים ולא למד ממעשיהם רשע דר בין שני צדיקים ולא למד ממעשיהם צדיק דר בין שני רשעים ולא למד ממעשיהם עובדיה רשע דר בין שני צדיקים ולא למד ממעשיהם זה עשו (*אמר) ר' אלעזר מברכתן של צדיקים אתה למד קללה לרשעים ומקללתן של רשעים אתה למד ברכה לצדיקים מברכתן של צדיקים אתה למד קללה לרשעים דכתיב °כי ידעתיו למען אשר יצוה וגו' וכתיב בתריה °ויאמר ה' זעקת סדום ועמורה כי רבה ומקללתן של רשעים אתה למד ברכה לצדיקים דכתיב ואנשי סדום רעים וחטאים לה' וה' אמר אל אברם אחרי הפרד לוט מעמו (*אמר) ר' אלעזר אפי' בשביל צדיק אחד עולם נברא שנאמר °וירא אלהים את האור כי טוב *ואין טוב אלא צדיק שנאמר °אמרו צדיק כי טוב (*אמר) ר' אלעזר כל המשכח *דבר מתלמודו גורם גלות לבניו שנאמר(א) ותשכח תורת אלהיך אשכח בניך גם אני ר' אבהו אמר מורידין אותו מגדולתו שנאמר(ג) כי אתה הדעת מאסת ואמאסך מכהן לי אמר ר' חייא בר אבא אמר ר' יוחנן *אין צדיק נפטר מן העולם עד שנברא צדיק כמותו שנאמר °וזרח השמש ובא השמש עד שלא כבתה שמשו של עלי זרחה שמשו של שמואל הרמתי (*אמר) ר' חייא בר אבא א"ר יוחנן ראה הקדוש ברוך הוא שצדיקים מועטין עמד ושתלן בכל דור ודור שנא' °כי לה' מצוקי ארץ וישת עליהם תבל (*אמר) ר' חייא בר אבא א"ר יוחנן אפי' בשביל(ג) צדיק אחד העולם מתקיים שנאמר °וצדיק יסוד עולם ר' חייא דידיה אמר מהכא °רגלי חסידיו ישמור חסידו כתיב (*אמר) ר' חייא בר אבא אמר ר' יוחנן כיון שיצאו רוב שנותיו של אדם ולא חטא שוב אינו חוטא שנאמר רגלי חסידיו ישמור דבי ר' שילא אמרי כיון שבאה לידו דבר עבירה פעם ראשונה ושניה ואינו חוטא שוב אינו חוטא שנאמר רגלי(ד) חסידיו ישמור אמר(ה) ריש לקיש(ו) מאי דכתיב °אם ללצים הוא יליץ ולענוים יתן חן בא לטמא פותחין לו בא לטהר מסייעין אותו תנא דבי רבי ישמעאל משל לאדם שהיה מוכר נפט ואפרסמן

בא

א) הושע ד ג) שם ג) [עי' חגיגה יב:] ד) הקרי חסידיו והכתיב חסידו ה) ע"ז נה. שבת קד. מנחות כט: ו) [בע"י ר' שמעון בן לוי]:

משלי י / איכה ב / בראשית יח / שם / שם יג / שם יח / שם / בראשית א / ישעי' ג / קהלת א / שמואל א ב / משלי י / שמואל א ב / משלי ג

[ברכות מח: שבת ל. מו"ק כח. תענית ה.] [בע"י מאי היא אמר רבינא דלא וכו'] [בע"י רב המנונא] [סנהדרין לט:] [נ"ל ואמר] [נ"ל ואמר] [חגיגה יב:] [נ"ל ואמר] [עי' אדר"נ ספכ"ג] קדושין מ: [נ"ל ואמר] [נ"ל ואמר] [נ"ל ואמר]

רבינו חננאל

ומשלך יתנו לך. אין מלכות נוגעת בחברתה ולא אדם במוכן לחבירו כמלא נימא: הוגרוס בן לוי היה יודע פרק בשיר כלומר אומנות וגם זה הביא טעם לדבריו אבל בן קמצר לא מצא תשובה כו'. פי' שם רשעים ירקב. שאין אדם נקרא בזה השם ומצליח. א"ר אלעזר צדיק מעצמו. כלומר כשנזכר הצדיק מתברך הוא בעצמו כדכתיב זכר צדיק לברכה. רשע אפילו מזכיר רשע אחד מתקללין כל הרשעים שנאמר ושם רשעים ירקב ומנ"ל מן התורה שהצדיק כיון שהוא נזכר מתברך שנאמר וה' אמר המכסה אני מאברהם וגו' כיון שהזכירו ברכו מיד שנאמר ואברהם היו יהיה לגוי גדול וגו' וכן הרשע כיון שהזכיר ויאהל עד סדום כתיב ואנשי סדום רעים וחטאים וגו' צדיק דר בין שני רשעים עובדיה דר בין אחאב ואיזבל ולא למד ממעשיהם. ועשו הרשע דר בין יצחק ורבקה ולא למד ממעשיהם. וברכת הצדיק גורמת זכרון הרשעים שנאמר למען הביא ה' על אברהם את אשר דבר עליו. וכתיב בתריה ויאמר ה' זעקת סדום ועמורה וגו' וכן קללת הרשעים גורמת זכרון הצדיקים בברכה שנאמר ואנשי סדום רעים וחטאים וגו' וכתיב בתריה ויאמר ה' אל אברם אחרי הפרד לוט מעמו עד קום התהלך בארץ לארכה ולרחבה כי לך אתננה. בשביל צדיק אחד העולם נברא שנאמר וירא אלהים כי טוב וגו' וכל המשכח דבר אחד מתלמודו גורם גלות לבניו שנאמר ותשכח תורת אלהיך אשכח בניך גם אני. אין צדיק נפטר עד שנברא צדיק כמותו שנאמר וזרח השמש וגו' ראה הקב"ה כי הצדיקים מועטין ושתלן בכל דור ודור שנאמר כי לה' מצוקי ארץ וישת עליהם תבל ואפילו בשביל צדיק אחד העולם מתקיים שנאמר וצדיק יסוד עולם. וכן מי שיצאו רוב שנותיו בלא חטא או מי שבא לידו דבר עבירה פעם ופעמים ולא חטא שוב אינו חוטא שנאמר רגלי חסידיו ישמור חסידו כתיב אם ללצים הוא יליץ בא ליטמא פותחין לו ולענוים יתן חן בא ליטהר מסייעין לו:

הדרן עלך אמר להם הממונה

תוספות ישנים

הוגרס בן לוי כו'. בתוספתא (שם) מפרש נמי עליה ששאלו לו מה ראית אמר להם יודעין בית אבא כו': **לא** מצא תשובה לדבריו. דגבי ע"ז לא שייך כבוד של כתיבה אלא שהם היו כותבין כך לפי שסבירא להו שאסור לספר בכתיבתו כמו שמצינו במסכת סופרים (פרק ה' הלכה ו'): **מעשה** בדואג כו'. וא"ת למ"ד [סנהדרין קד.] אין אברהם מציל את ישמעאל ואית ליה למימר שלא עשה ישמעאל תשובה ואיך קראו לשם צדיק י"ל דישמעאל הקב"ה קראו כך ומסקינן בשמיה שפיר. ס"ר אלחק: **מדאורייתא** מנלן. דליכא מידי דלא רמוזה משה באורייתא כדאמרינן בתענית (דף ט.): **רגלי** חסידיו ישמור. וא"ת הרי יוחנן כ"ג (ברכות כט.) ששימש בכהונה גדולה שמונים שנה ולבסוף נעשה צדוקי י"ל דודאי אם בא ליטמא אין נועלין לפניו לגמרי אלא הרבה מכריעין אותו מכאן ואילך בלא עמל ליטהר ולהתקדש. מ"ר:

הדרן עלך אמר להם הממונה

סליק

הגהות הב"ח (א) גמ' מודדתו בטפחים ונותנת משקלו זהב כצ"ל ותיבת של נמחק: (ב) רש"י ד"ה ומשלך כו' כלומר לא משלהם יתנו לך מתנה אלא מזונות הקצובים לך: (ג) ד"ה ואין. בליליא קטיל כצ"ל: (ד) ד"ה רקביבות רדולי"א חלודה דהויא בכלי ברזל: (ה) ד"ה כיון כו' לטמא ולהיות רשע: (ו) ד"ה פותחין כו' ליכנס בה כלומר מספיקין בידו ואין מונעין אותו מן השמים: (ז) תוס' ד"ה דלא כו' שני דייני גזרות היו בירושלים דהוי נמי שם אדם כדאמר בסוטה אלא כשבנא וכהלל ולא גרסי' ושבנא דשבנא רשע הוה וי"מ: (ח) בא"ד ואת זקני הכהנים מתכסים: (ט) בא"ד דהכא קרי ליה סופר והתם על הבית:

גליון הש"ס גמ' מדאורייתא מנא לן. עיין רש"י בחומש ר"פ נח: **שם** א"ר נחמן בר יצחק חסידו כתיב. כעין זה לקמן דף עח ע"ב ומגילה דף טו ע"ב: **תוס'** ד"ה דלא מסקי בשמייהו. גרים ר"ת אבישלום. עיין מגילה דף י' ע"ב תוס' ד"ה רבה בר עפרן:

בא · הלוקח למדוד נפט מפני שריחו רע אומר לו המוכר מדוד לעצמך : מטמטמת · אוטמת וסותמת מכל חכמה : ונטמתם · חסר א' : מטמאין אותו הרבה · מניחין אותו לטמא הרבה והכי קאמר קרא אל תטמאו בהן ולא תטמאו סוף ונטמאתם · מעט והייתם קדושים הרבה הבא ליטהר מסייעין אותו :

בא למדור נפט אומר לו מדוד אתה לעצמך בא למדור אפרסמון אומר לו המתן לי עד שאמדוד עמך כדי שנתבסם אני ואתה תנא דבי רבי ישמעאל עבירה מטמטמת לבו של אדם שנאמר ולא תטמאו בהם ונטמתם בם אל תקרי ונטמאתם אלא ונטמטמתם תנו רבנן (*אל) תטמאו בהם ונטמתם בם אדם מטמא עצמו מעט מטמאין אותו הרבה מלמטה מטמאין אותו מלמעלה בעולם הזה מטמאין אותו לעולם הבא תנו רבנן והתקדשתם והייתם קדושים אדם מקדש עצמו מעט מקדשין אותו הרבה מלמטה מקדשין אותו מלמעלה בעולם הזה מקדשין אותו לעולם הבא :

הדרן עלך אמר להם הממונה

טרף בקלפי והעלה שני גורלות אחד כתוב עליו לשם ואחד כתוב עליו לעזאזל הסגן בימינו וראש בית אב משמאלו אם של שם עלה בימינו הסגן אומר לו אישי כהן גדול הגבה ימינך ואם של שם עלה בשמאלו ראש בית אב אומר לו אישי כ"ג הגבה שמאלך נתנן על שני השעירים ואומר לה' חטאת רבי ישמעאל אומר לא היה צריך לומר חטאת אלא לה' והן עונין אחריו ברוך שם כבוד מלכותו לעולם ועד : **גמ'** למה לי טרף בקלפי כי היכי דלא ניכוון ולישקול אמר רבא קלפי של עץ היתה ושל חול היתה ואינה מחזקת אלא שתי ידים בשלמא אינה מחזקת אלא שתי ידים כי היכי דלא ליכוון ולישקול אלא של חול נקדשה אם כן הוה לה כלי שרת של עץ ובכלי שרת דעץ לא עבדינן ונעבדה דכסף ונעבדה דזהב התורה חסה על ממונן של ישראל מתניתין דלא כי האי תנא דתניא רבי יהודה אומר משום רבי אליעזר הסגן וכהן גדול מכניסין ידן בקלפי אם בימינו של כהן גדול עולה הסגן אומר לו אישי כהן גדול הגבה ימינך ואם בימינו של סגן עולה ראש בית אב אומר לו לכהן גדול דבר מילך ונימא ליה סגן כיון דלא סליק בידיה חלשא דעתיה במאי קא מיפלגי מר סבר ימינא דסגן עדיף משמאליה דכהן גדול ומר סבר כי הדדי נינהו ומאן האי תנא דפליג עליה דרבי יהודה רבי חנינא סגן הכהנים הוא דתניא רבי חנינא סגן הכהנים אומר למה סגן (א) מימינו שאם אירע בו פסול בכהן גדול נכנס סגן ומשמש תחתיו תנו רבנן ארבעים שנה ששמש שמעון הצדיק היה גורל עולה בימין מכאן ואילך פעמים עולה בימין פעמים עולה בשמאל והיה לשון של זהורית מלבין מכאן ואילך פעמים מלבין פעמים אינו מלבין והיה נר מערבי דולק מכאן ואילך פעמים דולק פעמים כבה והיה אש של מערכה מתגבר ולא היו כהנים צריכין להביא עצים למערכה חוץ משני גזירי עצים כדי לקיים מצות עצים מכאן ואילך פעמים מתגבר פעמים אין מתגבר ולא היו כהנים נמנעין מלהביא עצים למערכה כל היום כולו ונשתלחה ברכה בעומר ובשתי הלחם ובלחם הפנים וכל כהן שמגיעו כזית יש אוכלו ושבע ויש אוכלו ומותיר מכאן ואילך נשתלחה מאירה בעומר ובשתי הלחם ובלחם הפנים וכל כהן מגיעו כפול הצנועין מושכין את ידיהן והגרגרנין נוטלין ואוכלין ומעשה באחד שנטל חלקו וחלק חבירו והיו קורין אותו בן חמצן

רש"י

הדרן עלך אמר להם הממונה

טרף בקלפי · שנינו בפרק שלמעלה (דף לו:) וקלפי היתה שם : **טרף** · פתאום בטריפה ובחטיפה : **והעלה שני גורלות** · אחד בימין ואחד בשמאל והשעירים עומדים אחד לימין ואחד בשמאל ונותן גורל שעולה בימין לשעיר של ימין : **והן עונין אחריו** · כשמזכיר את השם : **גמ' דלא ניכוון** · שלא ימשמש להבין במשמושו איזה של שם ויעלנו בימין לפי שהוא סימן יפה כשהוא עולה בימין : **ושל חול היתה** · אינה מקודשת : **התורה חסה כו'** · שנאמר (ויקרא יד) וצוה הכהן ופנו את הבית וגו' על מה חסה תורה על פכין של כלי חרס שאין להם טהרה במקוה א"כ חסה על ממון קל כ"ש על ממון חשוב א"כ חסה על ממונן של (*לירועין) קל וחומר על ממונן של צדיקים : **ואם בימינו של סגן עלה ראש בית אב אומר לו לכהן גדול דבר מילך** · דבר דבריך לה' חטאת : **כיון דלא סליק בידיה** · דכהן גדול וביד הסגן סליק חלש דעתיה דכהן גדול אי אומר לו סגן : **למה סגן מימינו כו'** · שהולך תמיד לימינו כך אמרו בשם ר' יצחק הלוי ולא שמעתי מרבינו יצחק בר יהודה למה סגן ממונה שאם יארע פסול אבל כל זמן שלא יארע בו פסול אין הסגן עובד שום עבודה בעולם : **לשון של זהורית** · למר סרוק ומשוך כמין לשון וצבוע אדום וקושרין אותו בראש שעיר המשתלח והיה מלבין מאליו והוא סימן שמחל הקב"ה לישראל שנאמר (ישעיה א) אם יהיו חטאיכם כשנים כשלג ילבינו : **והיה נר מערבי דולק** · לאחר שכבו שאר כל הנרות ואע"פ שממנו מתחיל להדליק ערבית בו היה מסיי' הטבת נרות שחרית והוא עדות שהשכינה שורה בישראל כדכתיב מחוץ לפרוכת העדות ואמרינן במסכת שבת (דף כב:) עדות היא לכל באי עולם שהשכינה שורה בישראל ואמרינן (שם) מאי עדות זה נר מערבי שנותן בה שמן כמדת חברותיה וממנה היה מתחיל ובה היה מסיים ואיזהו נר מערבי למאן דאמר (מנחות דף צח:) שבעת הנרות כדורים מזרח ומערב קרי נר מערבי נר שני שסמוך לראשון שבמזרח כדתנן (תמיד פ"ו משנה א) (ג) נכנס אחד ומצא שתי נרות מזרחיות דולקות וכו' למאן דאמר כו' צפון ודרום נתונין היו אמצעיתן פניו מסובין כלפי מערב והוא קרוי מערבי ושאר הנרות מצדדין פניהם כלפי אמצעי כדכתיב (במדבר ח) אל מול פני המנורה היא אמצעית יאירו נרות של ששה קנים : **והיה אש המערכה מתגבר** · ודולק מאליו בלא תוספת עצים ולא היו צריכין להביא עצים משסדרוהו שחרית : **חוץ משני גזירין** · של בין הערבים שהן חובה כדאמרי (ג) בפרקין לעיל : **נשתלחה מאירה** · שאינו משביעו : **וכל כהן מגיעו כפול** · שאינו כזית מאחר שברכו שאינו משביע הצנועין מושכין ידיהן *) (ואם יותר לא היו מושכין את ידיהן) ובימי שמעון את מי שמגיע כפול לא היו מושכין ידיהם :

*) רש"א מ"ז

תוספות

טרף בקלפי וכו' · וקראו אותו חמצן כל ימיו · אף ע"ג שגם גרגרנין אחרים חוטפים ואוכלים כמותו הלא דקראו אותו חמצן טפי מאחריני י"ל לפי שהוא חטף מחמצן אחר לא כמו אחרים לא הקפידו כשהיו חוטפין זה מזה אבל זה כשזה חטף מידו הקפיד :

עין משפט נר מצוה

א א מיי' פ"ג מהלכות עבודת יוה"כ הל' א :
ב ב מיי' שם פ"ג הל' ו :
ג ג מיי' שם פ"ג הל' א :
ד ד מיי' פ"א מהלכות בית הבחירה הל' יח :

[פי' ערבב ערוך וכ"כ הרשב"ם ב"ב קסב. ד"ה טרף עירבבם כמו בילים טרופות]

רבינו חננאל

תנו רבנן והתקדשתם והייתם קדושים אדם מקדש עצמו מעט מקדשין אותו הרבה

הדרן עלך אמר להם הממונה

פ"ד טרף בקלפי · והעלה ב' גורלות . פי' טרף ערבבם . כי היכי שלא יתכוין ויעלה שם שם בימינו . אמר רבה קלפי של עץ ושל חול היתה שאין עושין כלי שרת של עץ ואינה מחזקת פיה אלא ב' ידים כדי שלא יתכוין . הא דתני ר' יהודה הסגן וכ"ג מכניסין ימינם בקלפי כו' . ר' חנניה סגן הכהנים חולק עליו ואומר למה סגן *) ממונה שאם אירע פסול בכ"ג משמשתחתיו אבל כל זמן שלא אירע בו פסול אינו משמש כלל : **ת"ר** [מ'] שנה ששמש שמעון הצדיק היה הגורל עולה בימין ולשון זהורית מלבין.והיה נר מערבי דולק והיתה אש של מערכה מתגברת והיתה [ברכה] בעומר ובשתי הלחם ובלחם הפנים כו' מעשה באחד שחטף חלק חבירו והיו קורין אותו חמסן .

*) כ"ה גי' רבינו ז"ל למה סגן ממונה וכן הוא הגי' להדיא בסוטה מ"ב ע"א וכ"מ ג"כ בנזיר מז וע"ש בתוס' ד"ה למה.

תוספות ישנים

טרף בקלפי. בת"כ מפיק מקרא דבעינן קלפי דקתני התם אשר עלה עליו הגורל לה' יכול יתן על גביו ת"ל אשר עלה עליו שעלה לשמו מתוך קלפי ובירושלמי לא סוף דבר קלפי אלא אפילו קלחות ולמה אמרו קלפי כדי לעשות פומבי לדבר ויביא שני חוטין אחד שחור ואחד לבן ויקשור עליהם ויאמר זה לשם וזה לעזאזל ת"ל גורל לה' שיהא ניכר לה' וגורל לעזאזל שיהא ניכר לעזאזל וכן צריך משני גרורות אחד שחור ואחד לבן ומשני הכי דבעינן כתיבה ממש : **ואומר לה' חטאת**. הקשה ה"ר אלחנן אמאי לא קאמר חטאת לה' ... השם מאוחר כדאמרינן בפ"ק דנדרים (דף י.) לא לימא איניש לה' קרבן אלא קרבן לה' דילמא פשע ומדכר שם שמים לבטלה ואומר רבי דשאני הכא דכתיב אשר עלה עליו הגורל לה' [וסדר] ועשהו חטאת : **אינו** צ"ל חטאת לה'. דהכי משמע ליה ליתנא דקרא אשר עלה עליו הגורל לה' ועשהו שלא יזכיר יותר : **כי** היכי דלא נכוין ונישקול . וא"ת א"כ לא עשה מצות הגרלה י"ל דודאי לפי שהוא רוצה שיביא של שם בשל ימין מטריד ושוכח ... : **אלא** של חול אמאי ליקדשיה . לפי שכבוד המצוה בשל קדש וא"ת לרב יהודה דאמר מצות ליהמנה ניתנו (כר"ה דף כח.) כיון שעושה בשל קדש מצוה שיכול לעשות בשל חול דהגרלה לאו עבודה היא אם כן יכנס משל ... יש לומר כיון שכבוד המצוה הוא יכול לעשות בשל קדש : **א"כ** הוה ליה כלי שרת כו' . וא"ת איך הוא כלי שרת והלא כלי שרת גמורין עבודתן מחנכתן וזה אין בו שום עבודה דהגרלה לאו עבודה היא ואיך יהיה כלי ... י"ל דה"ק הוה ליה כלי שרת שירצו העולם שהוקדש ויסברו שיכולין לקדש בו מנחה או לקבל דם בשעת צורך ויבא לעשות כלי שרת של עץ וכלי שרת של עץ לא עבדינן דפלוגתא היא דרבי ור' יוסי בר' יהודה בסוכה פרק ... (דף נ:) ובמנחות (דף כח:) ורבי פוסל ואפילו לרבי יוסי בר' יהודה דמכשר מדרבנן מיהא לכתחילה בעינן של מתכות : **הסגן** אומר לו כו' . וא"ת עלה בימין הסגן למה אין אומר לו הגבה ימינך י"ל שלא היה טרוד ... ולא יסכה ועוד שהיה מבייש כ"ג תימה לרבי איך מכניס הסגן ידו להגריל והא מסקינן לקמן בשמעתין דלר' יהודה הגרלה מעכבת ואם עבודה היא אינה כשרה אלא בכ"ג ואומר רבי שאין כל כך עבודה שהרי ע"י ... מתכרכין השעירין ואמרי' נמי הגרלה לאו עבודה היא ואע"ג דאמרינן לקמן מה אחד מהם מביא חבירו שלא בהגרלה כר"ש אבל לרבנן דידיה מגריל מ"מ אין ההגרלה חשובה כל כך עבודה אבל התם הוי טעמא משום ... הגריל כלל על האחד אבל אין לומר שעבודתו מחנכתו לסגן וה בכ"ג שא"כ לא ישמש עוד אלא בח' כלים : **כי** הדדי נינהו . ובשרה עבודה זו בשמאל כמו הולאת כף ומחתה בכ"ג דיה"כ שצריך לו שתי ידים לפי שא"א ... הוא כוה : **למה** סגן מימינו . הקשה ה"ר אלחנן כי משוח מלחמה היה משמש בח' כלים ומוזהר על [האלמנה] ככ"ג והרבה דברים יש בו ככ"ג. לקמן בפרק בא לו (דף עג:) לרב דימי דהתם ואם כן למה היו ממנים ... הכהן ואשכחן שממנין סגן אף בבית ראשון שהיה שם משוח מלחמה כדאמר' בנזיר ס' כ"ג (דף מז:) דבעי התם סגן ומשוח מלחמה הי מנייהו עדיף כו' ואומר רבי דמשוח מלחמה היה קלה איבה הואיל ומעתה משמש בח' ... כמותו : **שמגיעו** כפול הצנועין מושכין ידיהם . אומר רבי דדוקא מגיעו כפול אבל בכזית לא היו מושכין ידיהם כי דימו לקיים מצות אכילה אבל כאן לא היה מצות אכילה לגמרי כיון שאין שם אלא כפול ולא היו ... וא"ת היכא דמגיעין [כפול ושביעין] כדאמרינן בריש פסחים (דף ג:) אין מקיימא מצות אכילה י"ל דלא בעי כזית לגמרי אלא כזית עדיף והשיבה אכילה ולכולם לא היו יכולין לחלק בשוה : **והגרגרנין** חולקין. חוטפין ואוכלין כדמפרש בפ"ב דקידושין (דף נג.) :

מסורת הש"ס

[צ"ל ולא]

הגהות הב"ח

(א) גמ' למה סגן מימינו שאם אירע: (ב) רש"י ד"ה והיה נר כו' דתנן נכנס ומצא שתי נרות מזרחיים דולקים וכו' למאן דאמר צפון ודרום נתונין היה האמצעי פניו מוסב כלפי מערב וכו' פני המנורה הוא אמצעי יאירו : (ג) ד"ה חוץ משני כו' כדאמרינן בפירקין דלעיל. נ"ב דף כ"ז ולא הבנתי דהרי אף בשחרית כן חובה כדמבואר שם ובדף כ"ז :

גליון הש"ס גמ' וכלי שרת דעץ לא עבדינן. סוכה דף ג' ע"ב ·

עין משפט נר מצוה

ה א מיי' פ"ג מהלכות עבודת יוה"כ הל' ו: ו ב שם פ"ב הל' ג:

וציר דלתות ההיכל היה נשמע בשמונה תחומי שבת · תימה דבמסכת תמיד פ"ג (משנה ח) תנן מיריחו היו שומעין קול שער גדול שנפתח ומוכח התם דהוא שער היכל ויש לומר דלירי דלתות לא היו נשמעין אלא ח' תחומי שבת אבל השער עצמו נשמע ביריחו אי נמי מתוך ח' תחומי שבת היו מרגישין קול לירי הדלתות שכל אדם יכול להרגיש שהוא קול לירים ומיריחו היו שומעין קול הברה בעלמא אבל מי שלא היה יודע ולא היה מרגיש מה קול היה זה וכן פירשתי בס"פ ק (דף כ: ד"ה והיה) גבי גביני כרוז: **כלה** שבירושלים לא היתה צריכה להתבשם מריח הקטורת. תימה דאמר פרק כל שעה (פסחים דף כו.) קול ומראה וריח אין בהן משום מעילה ודייק מעילה הוא דליכא הא איסורא איכא מאי לאו לאותן העומדין בפנים דלא אפשר וקא מיכוון והכי לאותו שבחוץ א"כ לאבי היו עושין איסור בכל יום ויש לומר אינו אסור אלא שלא יקרבו עצמן לעזרה כדי להריח יותר: **דתנא** ביה קרא אשר עלה כו' · ומאן דאמר לא מעכבא סבירא ליה כיון דלא כתב גורל תנא"ג דתנא ביה קרא לא מעכבא מידי דהוה אבלילה דתנן (מנחות דף יח:) אם לא בלל כשר אע"ג דכמה זימנין כתיב בלילה בלילה אלא כיון דלא כתיב בלשון צוו לא מעכבא ולמאן דאמר מעכבא לא דמי לבלילה דהכא דלהאי חוקה קצת כיון דמחוקה גמרינן לעיכובא לשאר מילי שבפרשה גמרינן נמי מינה להגרלה כיון דתנא בה קרא כל דהו:

רבינו חננאל

וכל אותן מ' שנה היה מזדמן לו ביוה"כ זקן לבוש לבנים ועטוף לבנים נכנס ויוצא עמו. ואותה שנה שמת נזדמן לו זקן לבוש שחורים ועטוף שחורים נכנס עמו ולא יצא עמו. וכיון שראה כך אמר בשנה זו מת חלה אחר הרגל (ח') [ז'] ימים ומת ונמנעו אחיו הכהנים מלברך בשם. ארבעים שנה [קודם] חורבן הבית היו דלתות ההיכל נפתחות מאליהן עד שגער בהן ריב"ז ואמר כבר נתנבא עליה זכריה בן עידו ואמר פתח לבנון דלתיך (אשר בארץ) נקרא לבנון מפני שמלבין עונותיהם של ישראל נקרא יער שהיה מלבלב ומוציא פירות כיער: ת"ר י' פעמים מזכיר כ"ג השם בו ביום. ג' בוידוי ראשון וג' בוידוי שני וג' בשעיר המשתלח וא' בגורלות וכבר אמר אנא השם בקול נמוך ואח"כ הרים קולו ונשמע קולו ביריחו א"ר יוחנן מירושלים עד יריחו י' פרסאות. תנא ציר ההיכל הוה נשמע בח' תחומי שבת כו'. א"ר ינאי עליית גורל מתוך קלפי מעכבת. הנחה על ב' השעירים אינה מעכבת ור' יוחנן אמר אפי' עלייה אינה מעכבת. ומה נתינה דכתיב ונתן אהרן אינה מעכבת עליה דלא כתוב בה והעלה הכהן לא כ"ש שאינה מעכבת ואם הקדים מעשה לחבירו כגון שחיטת הפר אם הקדימה להגרלה אינה מעכבת אליבא דר' יהודה דאמר דברים הנעשין בבגדי לבן בחוץ לא מעכבי כ"ע לא פליגי אליבא דר' נחמיה כו'. חלוקת ר' יהודה ור' נחמיה מפורשת באחרית פרק הוציאו לו את הכף. וכולי עלמא וידוי הפר והשעיר והגורלות עלייתן ונתינתן על השעירים והפינת הקטורת ונתינת על הכף והתיית הגחלים בבגדי לבן בחוץ הן. איכא דאמרי אליבא דר' נחמיה דאמר מעכבת כ"ע לא פליגי כלומר ר' ינאי ור' יוחנן מודו דמעכבת כי פליגי אליבא דר' יהודה. ר' יוחנן כר' יהודה ור' ינאי אמר לך בהא אפילו ר' יהודה מודה דעליית גורל אע"פ שהוא בחוץ מעכבת מדכתיב ב' פעמים אשר עלה אשר עלה הכתוב שנה עליו לעכב. מיתיבי לר' ינאי מצוה להגריל *) כשר

*) נ"ל ואם לא הגריל כשר

חמצן עד יום מותו אמר רבה בר (*בר) שילא מאי קרא °אלהי פלטני מיד רשע מכף מעול וחומץ רבא אמר מהכא °למדו היטב דרשו משפט *אשרו חמוץ אשרו חמוץ ואל תאשרו חומץ *תנו רבנן אותה שנה שמת בה שמעון הצדיק אמר להם בשנה זו הוא מת אמרו לו מניין אתה יודע אמר להם בכל יום הכפורים *היה מזדמן לי זקן אחד לבוש לבנים ועטוף לבנים נכנס עמי ויצא עמי והיום נזדמן לי זקן אחד לבוש שחורים ועטוף שחורים נכנס עמי ולא יצא עמי אחר הרגל חלה שבעה ימים ומת *ונמנעו אחיו הכהנים מלברך בשם תנו רבנן ארבעים שנה קודם חורבן הבית לא היה גורל עולה בימין *ולא היה לשון של זהורית מלבין ולא היה נר מערבי דולק והיו דלתות ההיכל נפתחות מאליהן עד שגער בהן רבן יוחנן בן זכאי אמר לו היכל היכל מפני מה אתה מבעית עצמך יודע אני בך שסופך עתיד ליחרב וכבר נתנבא עליך זכריה בן *עדוא °פתח לבנון דלתיך ותאכל אש בארזיך אמר רבי יצחק בן טבלאי למה נקרא שמו לבנון שמלבין עונותיהן של ישראל אמר רב זוטרא בר טוביה למה נקרא שמו יער דכתיב °בית יער הלבנון לומר לך מה יער מלבלב אף בית המקדש מלבלב *דאמר רב הושעיא בשעה שבנה שלמה בית המקדש נטע בו כל מיני מגדים של זהב והיו מוציאין פירות בזמניהן וכיון שהרוח מנשבת בהן היו נושרין פירותיהן שנאמר °ירעש כלבנון פריו ומהן היתה פרנסה לכהונה וכיון שנכנסו עובדי כוכבים להיכל יבשו שנאמר °ופרח לבנון אומלל ועתיד הקב"ה להחזירה לנו שנאמר °פרוח תפרח ותגל אף גילת ורנן כבוד הלבנון נתן לה: **נתנן על שני השעירים**: *תנו רבנן *עשר פעמים מזכיר כהן גדול את השם בו ביום ג' בוידוי ראשון ושלשה בוידוי שני ושלשה בשעיר המשתלח ואחד בגורלות *וכבר אמר *השם ונשמע קולו ביריחו אמר רבה בר בר חנה מירושלים ליריחו עשרה פרסאות וציר דלתות ההיכל נשמע בשמונה תחומי שבת עזים שביריחו היו מתעטשות מריח הקטורת נשים שביריחו אינן צריכות להתבשם מריח קטורת *כלה שבירושלים אינה צריכה להתקשט מריח קטורת אמר רבי א)(יוסי ב)דולגאי) עזים היו לאבא ג) בהרי ד) (מכמר) והיו מתעטשות מריח הקטורת אמר רבי חייא בר אבין אמר רבי יהושע בן קרחה סח לי זקן אחד פעם אחת הלכתי לשילה והרחתי ריח קטורת מבין כותליה אמר ר' ינאי °עליית גורל מתוך קלפי מעכבת הנחה אינה מעכבת ורבי יוחנן אמר אף עלייה אינה מעכבת אליבא דרבי יהודה דאמר *דברים הנעשין בבגדי לבן מבחוץ לא מעכבא כולי עלמא לא מעכבא כי פליגי אליבא דר' נחמיה מ"ד מעכבא כר' נחמיה ומאן דאמר לא מעכבא הני מילי עבודה הגרלה לאו עבודה היא איכא דאמרי אליבא דרבי נחמיה דאמר מעכבא כולי עלמא לא פליגי דמעכבא כי פליגי אליבא דר' יהודה מאן דאמר לא מעכבא כרבי יהודה ומאן דאמר מעכבא שאני הכא *דתנא ביה קרא אשר עלה אשר עלה תרי זימני מיתיבי מצוה להגריל ואם לא הגריל כשר בשלמא להך לישנא דאמרת אליבא דרבי יהודה כולי עלמא לא פליגי דלא מעכבא הא מני רבי יהודה היא אלא

א) תמיד ל: ב) [עי' אליעזר בן דלגאי] ג) במשנה שבמשניות איתא בהרי ד) [נ"ל ...] [illegible]

חמצן · גזלן: **אשרו חמוץ** · החזיקו הנגזל: **ולא חומץ** · לא שייך הכא אלא [בסנהדרין] (דף לה:) שלמדנו מכאן שמזקקין לתובע תחילה: **מלברך בשם** · מלברך ברכת כהנים את העם בשם המפורש *שלא היו כדאי: **נפתחות מאליהן** · סימן לאויבים לבא וליכנס: **וכבר נתנבא עליך** · שהפתיחה זו היא סימן להורבן: **בשלשה בוידוי ראשון** · של פר לפני ה' תטהרו: **ואחד בגורלות** · לה' חטאת: **וכבר אמר** · כלומר וכבר היה מעשה שהלך קולו עד יריחו: **כלה** · דרכה להתקשט בבשמים: **בהרי מכמר** · שם המחוז: **והרחתי ריח קטרת** · מקטורת שנעשה בו בעוד המשכן בשילה: **עליית גורל מתוך קלפי מעכבת** · עבודה שאין השעירים מתפרשין זה לשם וזה לעזאזל אלא ע"פ הגורל לפיכך צריך לראות איזה עלה בימין ויהא שעיר של ימין נקבע בו ולאי זה עלה בשמאל ויהא שעיר של שמאל נקבע בו: **אבל הנחה** · של גורל על השעיר אינה מעכבת אפילו לא הניחו עליו שהרי הוקבע של ימין בגורל שעלה בימין וכן שעיר השמאל לגורל שמאל: **אף עלייה אינה מעכבת** · ואם יקרא הכהן שם חטאת על האחד ושם עזאזל על חבירו הוקבעו כלא הגרלה שאין הגרלה מעכבת אלא שחיסר מצוה: **אליבא דרבי יהודה כו'** · בפרק הוציאו לו (לקמן דף ס:) פליגי ר' יהודה ור' נחמיה אם שינה בסדר עבודות להקדים את המאוחר ואמר ר' נחמיה כל סדר העבודות שנעשות בבגדי לבן בין בפנים כגון לפני ולפנים בין מבחוץ כגון בהיכל או בעזרה מעכב דחוקה דכתיבה בענינא דאחרי מות עליהו כתיבה ור' יהודה אומר לא כתיבה חוקה אלא בדברים הנעשים בבגדי לבן מבפנים הלכך הגרלה שהיא אינה נעשית מבפנים אלא מבחוץ לר' יהודה דאמר הדברים שנעשים מבחוץ לא כתיבה חוקה: **דכולי עלמא לא פליגי** · דאפילו ר' ינאי מודה דלר' יהודה לא מעכבא דהא לא כתיב בהו עיכובא: **כי פליגי אליבא דרבי נחמיה** · דאמר חוקה אכל דברים הנעשים בבגדי לבן כתיבה וזו בבגדי לבן היא דכתיב בענינא: **הני מילי** · דכתיב חוקה לעיכובא בעבודה הוא דאתא לעיכובא (*עד כאן לא קאמר רבי נחמיה דכתיב חוקה בעבודה לעכבה כגון קבלות חפינות נטילת גחלים מן המזבח ושחיטת פר עבודות כיהו ופסולות בכהן אחר אבל הגרלה דלאו עבודה היא שכשרה בסגן ולמאן דאמר לעיל הסגן וכ"ג מכניסים ידיהן של ימין בקלפי קיימא הכא מודה ר' נחמיה דלא מעכבא): **כולי עלמא לא פליגי דמעכבא** · דקאמר חוקה עליהו כתיב: **שאני הכא דתנא ביה קרא** · אף על גב דחוקה לאו עלה קיימא לעכב מעכבת שהרי שנה עליו הכתוב ומקרא יתירה נפקא לה עיכובא:

מסורת הש"ס: [נ"ל רב וכ"א בקידושין נג.] [סנהדרין לה.] מנחות קט: [תוספ' סוטה פי"ג] [וע' תוס' מנחות קט: ד"ה נזדמן] [הטעם לזה ע' תוס' סוטה לח. ד"ה הרי] [ר"ה לא:] [נ"ל עדוא דברים זכריה כתיב זכריה בן ברכיה בן עדו וכ"א בע"י] לעיל כח: לקמן ס. [זבחים מ.] [ע' תוס' כתובות סו: ד"ה לא נאמרו] רש"ל מ"ז [מנחות יח: וש"נ]

תוספות ישנים

נכנס עמי ויצא עמי. בירושלמי פריך והכתיב וכל אדם לא יהיה באהל מועד ודרשינן אפילו אותם שכתוב בהם ופניהם פני אדם ומתרץ כבוד הקדוש ברוך הוא היה: **עשר** פעמים מזכיר כ"ג את השם כו'. היינו השם המפורש דאי שם של ד' אותיות היה מזכיר כמה פעמים ביום בתפלתו וכן מפרש נמי בירושלמי: **רציר** דלתות ההיכל היה נשמע עד ח' תחומי שבת. ופליגא אהך משנה דתמיד דקתני דמיריחו היו שומעין קול שער הגדול שנפתח כדפרי' לעיל בפ"ק (דף כ: ד"ה והיה): **כלה** שבירושלים אינה צריכה להתבשם. אבל כלה שביריחו צריכה להתבשם שהכלות מתבשמות יותר משאר נשים. ושל בית אבטינס דאמרו לעיל (דף לח.) שהיו מתנין לנשותיהן שלא יתבשמו יש לומר שלא היו עומדין בירושלים וגם רחוק מיריחו היו והא דאמרינן בכתובות פרק מציאות האשה (דף סו:) התתן מקבל עליו עשרה דינרים לקופה של בשמים בירושלים פי' שהיו מתבשמות יותר משאר נשים י"ל שעשירות שבהן היו מתבשמות אע"פ שלא היו צריכות וא"ת ואיך היו מריחין והא אמרינן בפסחים בפרק כל שעה (דף כו.) קול ומראה וריח אין בהן מעילה ומוקי לה התם אחר שעלה תימרתו הא איסורא איכא י"ל דהוי כמו לא אפשר ולא קמכוין דהא ממילא היתה כל העיר מתבשמת אבל איסורא איכא במתכוין ומהאי טעמא נמי [עפי] איכא למימר קודם שתעלה תימרתו ובית אבטינס נמי כשהיו מפטמין היה מותר להריח מהאי טעמא דפרישית ה"ר אלחנן. ורבי אומר כי בית אבטינס היו פותמין נחירותם יפה שלא היו מריחין בשעת פיטום כדתניא בכל שעה (שם) והמריח בה פטור אלא שמעל אך א"נ דניחא כדפי': **בהרי** מכמר. הרי הגלעד בתרגום של כתובים קורי מכמר פי' דרכן של עזים להיות רצות א) כדכתיב כעדר העזים שגלשו מהר גלעד: **הנחה** אינה מעכבת. וא"ת לאי ליתנא קמא דלית ליה עלייה מעכבא מטעמא דתנא ביה קרא אלא מטעמא דסבר ליה כרבי נחמיה מנא ליה דלא מעכבא הנחה הלא בהדיא כתיב ונתן אהרן על שני השעירים גורלות ולקמן נמי בשמעתין פשיטא לן דצריך הנחה לכל הפחות למצוה ולמה לא תעכב וי"ל הואיל והם ככר מבוררין שניהם אין סברא שתעכב הנחה ותימה היכי חשיב הכא הגרלה דברים הנעשין בבגדי לבן מבחוץ והא בסוף הוציאו לו חשיב חפינה דברים הנעשים בבגדי לבן בפנים הואיל ונורך פנים הוא ותירץ ה"ר אלחנן דהאי הגרלה שהיא כמו כן נורך תוך לשעיר המשתלח ועוד תירץ דטעמא דהגרלה לאו עבודה היא מהני לענין זה הטעם דנורך פנים כפנים דמי ואפילו נחשוב שחיטה כצורך פנים לר' יהודה כמו חפינה בסוף פרק הוציאו לו כדפירש"י על פלוגתא דר' יהודה ור' נחמיה דלקמן ואע"ג דשחיטה לאו עבודה היא מכל מקום שחיטה עדיפא דשייך בה פגול וחייבין עליה בחוץ אבל הגרלה אינה רק במקום ב) קריאה ולא שייכא מידי לעבודה ורבי תירץ דהגרלה נמי חוץ היא לשעיר הנעשה בפנים לשחיטה וקבלה שעושין תחילה:

א) נ"ל שם: ב) נ"ל קריאה שם:

גליון הש"ס רש"י ד"ה מלברך בשם כו'. שלא היו כדאי. עי' סוטה דף לח ע"א תוס' ד"ה הרי הוא אומר:

§ מסכת יומא דף לט. §

אות א'

טרף בקלפי והעלה שני גורלות, אחד כתוב עליו לשם, ואחד כתוב עליו לעזאזל

רמב"ם פ"ג מהל' עבודת יוה"כ ה"א - שני הגורלות אחד כתוב עליו להשם ואחד כתוב עליו לעזאזל.

אות ב'

ואומר לה' חטאת

רמב"ם פ"ב מהל' עבודת יוה"כ ה"ו - וכשהוא נותן את הגורל על שעיר החטאת אומר: להשם חטאת.

אות ג'

קלפי של עץ היתה, ושל חול היתה, ואינה מחזקת אלא שתי ידים

רמב"ם פ"ג מהל' עבודת יוה"כ ה"א - והם כשרים מכל דבר, בין מן העץ בין מן האבן בין מן המתכת; אבל לא יהיה אחד גדול ואחד קטן, אחד כסף ואחד זהב, אלא שניהם שוין; ושל עץ היו, ובבית שני עשו אותם של זהב; ומניחין שני הגורלות בכלי אחד המחזיק שתי הידים, כדי שיכניס שתי ידיו ולא יתכוין; וכלי זה חול הוא, ושל עץ היה, וקלפי שמו.

אות ד'

וכלי שרת דעץ לא עבדינן

רמב"ם פ"א מהל' בית הבחירה הי"ח - המנורה וכליה והשולחן וכליו ומזבח הקטורת וכל כלי שרת, אין עושין אותן אלא מן המתכת בלבד; ואם עשאום של עץ או עצם או אבן או של זכוכית, פסולין.

אות ד'*[א]

הצנועין מושכין את ידיהן והגרגרנין נוטלין ואוכלין

יו"ד סימן סא סי"א - אין לו לכהן לחטוף המתנות, ואפילו לשאול אותם בפה, אלא אם יתנם לו דרך כבוד, יטלם. ובזמן שהם כהנים רבים במטבחיים, [ב]הצנועים מושכין ידיהם והגרגרנים נוטלים. ואם היה צנוע זה במקום שאין מכירין שהוא כהן, יטול כדי שידעו שהוא כהן.

---

§ מסכת יומא דף לט: §

אות א'

עשר פעמים מזכיר כהן גדול את השם בו ביום, שלשה בוידוי ראשון, ושלשה בוידוי שני, ושלשה בשעיר המשתלח, ואחד בגורלות

רמב"ם פ"ב מהל' עבודת יוה"כ ה"ו - זה שנאמר בתורה: וכפר בעדו ובעד ביתו ובעד כל קהל ישראל, מפי השמועה למדו שזה וידוי דברים. נמצאת למד שהוא מתודה ביום זה שלשה וידויים: אחד על ידי עצמו תחילה; וידוי שני על ידי עצמו עם שאר הכהנים, ושניהם על פר החטאת אשר לו; והוידוי שלישי על ידי כל ישראל על שעיר המשתלח. ומזכיר את השם בכל וידוי מהן שלש פעמים, כיצד הוא אומר: אנא השם חטאתי עויתי ופשעתי לפניך, אנא השם כפר נא לחטאים ולעוונות ולפשעים שחטאתי ושעויתי ושפשעתי וכו', שנאמר: כי ביום הזה יכפר עליכם לטהר אתכם מכל חטאתיכם לפני ה' תטהרו; הרי שלש פעמים הזכיר את השם, וכן בכל וידוי מהן; וכשהוא נותן את הגורל על שעיר החטאת אומר: להשם חטאת; נמצא מזכיר את השם ביום זה עשר פעמים. ובכולם הוא מזכיר ככתבו שהוא השם המפורש; בראשונה היה מגביה את קולו בשם, כיון שרבו פרוצין, חזרו לאומרו בקול נמוך ומבליעו בנעימות, עד שלא יכירו בו אפילו חביריו הכהנים.

אות ב'

עליית גורל מתוך קלפי מעכבת, הנחה אינה מעכבת

רמב"ם פ"ג מהל' עבודת יוה"כ ה"ג - טרף בקלפי והעלה שני הגורלות בשתי ידיו לשם שני השעירים, ופותח ידיו, אם של שם עלה בימינו, הסגן אומר: אישי כהן גדול הגבה ימינך, ואם בשמאל עלה, ראש בית אב אומר לו: אישי כה"ג הגבה שמאלך; ונותן שני הגורלות על שניהם, של ימין על ימין, ושל שמאל על של שמאל, ואם לא נתן לא עיכב אלא שחיסר מצוה; שההנחה מצוה שאינה מעכבת, וההגרלה מעכבת אע"פ שאינה עבודה; לפיכך ההנחה כשירה בזר, והעליית הגורלות מן הקלפי פסולה בזר.

באר הגולה

א «ע"פ מהדורת נהרדעא» | ב מהא דתניא הצנועים מושכין ידיהם

§ עניני הלכה שונים הקשורים להדף §

ואזדו לטעמייהו

נ"ב עיין תוס' (ב"ק ורשב"ם ותוס' ב"ב סה.) דכל מקום שמוזכר בש"ס ואזדו לטעמייהו, צריכין לומר וצריכי, כדי שלא תקשו הרי פליגי חדא זימנא, ע"ש, וכאן לא נזכר וצריכי, **ועיין** יד מלאכי כלל רמ"ג דהביא כלל מחודש בשם בעל גופי הלכות, דהיכא דפליגי אליבא דנפשייהו פריך והא איפליגא חדא זימנא, [**וז"ל**: כתב בזה כלל מחודש מוהר"ש אלגאזי בספר גופי הלכות כלל רט"ז בשם ספר החכמה, דהיכא דפליגי בפירושא דמתני' או ברייתא, אז שייך למימר ואזדו לטעמייהו, כלומר מה שזה פירש כך וזה פירש כך משום דאזדו לטעמייהו, **והיכא** דפליגי בסברא דנפשייהו פריך והא איפליגו בה חדא זימנא, **והיכא** דפליגי בסברא דנפשייהו וקאמר ואזדו לטעמייהו, מסיק בגמרא צריכה, עכת"ד, **וכ"כ** רשב"ם והתוס' בפרק המוכר את הבית דף ס"ה א', דדרך הגמרא הוא לומר ואזדו לטעמייהו וצריכא, כי היכי דלא תיקשי והא איפליגו בה חדא זימנא, ע"כ], **ומכאן** קשה, דר"י ור"ש פליגי בסברא או בדרשת המקרא, ולא קאמר הש"ס כאן וצריכי, והרב יד מלאכי לא התעורר מזה, וצע"ג - מהר"ץ חיות.

אלא להך לישנא דאמרת פליגי בשלמא למאן דאמר לא מעכבא הא מני ר' יהודה היא אלא למ"ד מעכבא הא מני תני מצוה להניח ת"ש מצוה להגריל ולהתודות לא הגריל ולא התודה כשר וכי תימא הכי נמי להניח איתא סיפא רבי שמעון אומר לא הגריל כשר לא התודה פסול מאי לא הגריל אילימא לא הניח מכלל דרבי שמעון סבר הגרלה מעכבא *והתניא מת אחד מהן מביא חבירו שלא בהגרלה דברי רבי שמעון ר' שמעון *לא ידע מאי קאמרי רבנן והכי קאמר להו אי הגרלה הגרלה ממש קא אמריתו פליגנא עלייכו בחדא אי הגרלה דקאמריתו היינו הנחה פליגנא עלייכו בתרתי (א) ת"ש פר מעכב את השעיר ושעיר אין מעכב את הפר במתנות שבפנים בשלמא פר מעכב את השעיר דאי אקדמיה לשעיר מקמי פר לא עבד ולא כלום אלא שעיר אין מעכב את הפר מאי ניהו אילימא דאי אקדים מתנות דפר בהיכל מקמי מתנות דשעיר בפנים חוקה כתיב בהו אלא לאו דאקדים מתנות דפר בפנים מקמי הגרלה ומדסדרא לא מעכבא עיקרא הגרלה נמי לא מעכבא [א] לא דאקדים מתנות דפר במזבח מקמי מתנות דשעיר בהיכל ורבי יהודה היא דאמר דברים הנעשין בבגדי לבן בחוץ לא מעכבי והא במתנות שבפנים קתני אלא הא מני רבי שמעון היא דאמר הגרלה לא מעכבא ואיבעית אימא לעולם רבי יהודה היא ונהי דבסדרא לא מעכבא הגרלה מיהא מעכבא ואזדו לטעמייהו דתניא יעמד

רש"י

אלא להך לישנא דאמרת · אליבא דרבי יהודה פליגי ואמר רבי ינאי מעכבא וכל שכן לרבי נחמיה הא מני לא רבי יהודה ולא רבי נחמיה : **תני מצוה להניח** · ואם לא הניח כשר (ג) והא כולי עלמא מודו דבהנחה לא תנא בה קרא אלא חדא זימנא הוא דכתיב ונתן אהרן וגו' אבל בעלייה תנא בה קרא דכתיב והקריב אהרן את השעיר אשר עלה עליו וגו' וכתיב והשעיר אשר עלה (ג) · **ולהתודות** · על שעיר המשתלח כדכתיב והתודה עליו וגו' : **אילימא לא הניח** · בההוא הוא דקאמר רבי שמעון כשר אבל עלייתו מתוך קלפי לא ליה לרבי שמעון דמעכבא : **והתניא מת אחד מהן** · לאחר הגרלה דלא אפשר עוד להגריל אלא אם כן יביא שנים אחרים וילך אחד לאיבוד כדאמרי' בפ' שני שעירי (לקמן דף סב.) מביא אחד מן השוק תחת זה שמת ויהא חבירו של זה העומד (ד) ואין צריך להגריל : **רבי שמעון לא ידע כו'** · לעולם לא הגריל דקאמר תנא קמא כשר לא הניח הוא ודקשיא לך היכי קאמר ר"ש עלה לא הגריל כשר הא הגרלה זו היינו הנחה משמע דאי לא עלה פסול לרבי שמעון לא תקשי דלא הגריל דקאמר ר' שמעון לא הגריל ממש קאמר ולא הוה ידע דלא הגריל דקאמר ת"ק הנחה הוא דקאי והכי קאמר להו ר' שמעון לרבנן אי לא הגריל כשר דקאמריתו היינו בעלייה דהיא הגרלה ממש פליגנא עלייכו בחדא דלדידי כלא התודה : **ואי הגרלה דקאמריתו היינו הנחה** · אבל עלייה לדידכו מעכבא פליגנא בתרתי דלדידי הגרלה לא מעכבא כלל ואודויי מעכב ולקמן מפרש טעמא דתרוייהו ביודו : **פר מעכב את השעיר** · אם הקדים אחת מן העבודות של שעיר המאוחרות לשל פר ועשאה קודם לפר הפר שהוא ראוי ליקדם לה מעכבא ופוסלה ואינה עולה לו וצריך לחזור ולעשותה לאחר הפר (ה) וסדר עבודותיהן כך היה בפרשה בתחילה מתודה על הפר וידוי ראשון ואח"כ מגריל על השעיר ואחר כך מתודה על הפר וידוי שני ושחטו ומכניס כף ומחתה ונותן את הקטורת על האש (וגו') ונותן מדם הפר על הכפורת ואחר כך שוחט את השעיר ונותן ממנו על הכפורת ואחר כך נותן מדם הפר על הפרוכת ואחר כך מדם השעיר ואחר כך מערב דמים ונותן על מזבח הפנימי : **אבל השעיר אינו מעכב את הפר** · אם הקדים עבודת הפר והוא מן המאוחרות לשל שעיר ועשאה לפני שעיר אין השעיר שהיה ראוי ליקדם לה פוסלה : **במתנות שבפנים** · קאמרי דסדר הפר מעכב את השעיר : **אי אקדמיה לשעיר** · על בין הבדים מקמי פר לא עשה כלום : **אלא שעיר אינו מעכב את הפר מאי ניהו** · איזה עבודה מצינו בשעיר הקודמת לשל פר במתנות פנים דנימא עלה שאם שינה להקדים את של פר לפניה אין השעיר הראוי ליקדם לה פוסלה : **בהיכל** · על הפרוכת : **חוקה כתיבא בהו** · דהא אפילו רבי יהודה מודה לדברים הנעשין בפנים כתיב חוקה והרי שינה זה בעבודות פנים שהרי הקדים לה את של חוץ שהיא מאוחרת לה : **אלא לאו דאקדים מתנות דפר בפנים מקמי הגרלה** · דשעיר דעל כרחך אינך מוצא עבודות שעיר קודם מתנות דפר בפנים אלא זו וקתני דלא מעכבא : **ומדסידרא לא מעכבא הגרלה נמי לא מעכבא** · אפילו עקר לה לגמרי אלמא איכא למאן דאמר הגרלה לא מעכבא וקשיא למאן דאמר אפילו לרבי יהודה מעכבא וכל שכן לרבי נחמיה הא מני : **דאקדים מתנות דפר** · על מזבח הפנימי כדכתיב (ויקרא טז) ולקח מדם הפר ומדם השעיר וגו' והיה לו לאחרו עד גמר מתנות הפרוכת : **ונהי דבסדרא לא מעכבא** · הגרלה דהא לרבי יהודה לא כתיבה חוקה אדברים הנעשים בחוץ הגרלה מיהא כי עקר לה לגמרי מעכבא (ו) דתנא בה קרא כדאמרן : **ואזדו לטעמייהו** · אפלוגתא דלא התודה קאי ומיקמי תא שמע פר מעכב את השעיר גרסינן ליה : יעמד

תוספות

תני מצוה להניח · ה"נ הוה מצי לשנויי הא מני רבי שמעון היא דאמר הגרלה לא מעכבא ואח"כ מלתי ברייתא זו שנויה בתוספתא [פ"ג] וסמיך לה שנויה פלוגתא דבסמוך דרבי יהודה ורבי שמעון יעמד חי וכו' ומסיק דברי רבי יהודה ורבי שמעון אומר וכו' ומדמפלגי ר"ש רישא לאו רבי שמעון : **הא** דקאמר תני מצוה להניח לאו מגיה הברייתא אלא פירושי קא מפרש מאי לא הגריל לא הניח הגורל : **רבי** שמעון לא ידע וכו' · ואם תאמר לימא דספיר ידע ולא הגריל דרבי שמעון היינו עלה כי היכי דמפרשי נמי הנחה דלא הגריל דידיה עלה לא"כ לא הגריל דרבנן מספקא ליה אי הוי הניח או עלה וי"ל אי רבי שמעון פשיטא ליה דלא הגריל דרבנן היינו לא הניח א"כ הוה ליה למימר איהו לא עלה הגורל אבל הנחה ניחא משום דמספקא ליה דילמא רבנן אמרי לא עלה וקרו ליה לא הגריל נקטו נמי לא הגריל : **ואזדו** לטעמייהו דתניא יעמד חי ס' · פרש"י דאזדו קאי אלא שיש לגרום אותו לעיל קודם ת"ש פר מעכב את השעיר ול"נ כגירסת הספרים וקאי אהגרלה ומשום דקאמר אי בעית אימא ר"ש דאמר הגרלה לא מעכבא ולאי בעית אימא רבי יהודה כה דבסידרא לא מעכבא היכא דלא עלה הגורל כלל ס' ואזדו לטעמייהו לכי היכי דפליג ר' יהודה ארבי שמעון היכא דלא עלה הגורל משום הכא נמי פליג היכא דעלה הגורל ומת המשתלח קודם דמים דשעיר הפנימי דסבירא ליה לרבי יהודה ישפך הדם ויביא שנים אחרים ויגריל עליהם בתחילה דתניא יעמד חי עד מתי יהא זקוק לחיות עד מתן דמים של חבירו ולכפר עליו דקרא האי פירוש עד שיכפרו בחבירו ור' שמעון סבר אין צריך ולכפר עליו אשעיר המשתלח קאי וה"ק והשעיר אשר עלה עליו הגורל לעזאזל יעמד חי עד שיכפר עליו בוידוי ואם מת קודם וידוי מביא אחר בלא הגרלה ואם מת אחר וידוי אין צריך להביא אחר אף ע"פ שלא שילחו עדיין דשילוח אינו מעכב ואם מת המשתלח קודם וידוי וקודם זריקת דמי חבירו יזרק הדם של חבירו ומביא שעיר אחר בלא הגרלה ומתודה עליו ולא יגריל אפילו למטה דאין הגרלה אלא בשנים כדכתיב על שני השעירים ואם היה מביא שנים היה צריך לשפוך הדם או לאבד את השני *(עמו) שיעלה עליו הגורל לשם וכמו שפירש' דלרבי יהודה כשמת המשתלח צריך להביא שנים אחרים ולהגריל עליהם בתחילה הכי תנן לקמן בפרק שני שעירי (ד' סב:) ומסיים עלה והשני ירעה עד שיסתאב רבי יהודה אומר תמות ועוד א"ר יהודה מת המשתלח ישפך הדם ובת"כ נמי איכא בהדיא מת אחד מהם משהגריל יביא שנים אחרים ויגריל דברי רבי יהודה ומהאי קרא נפקא לן לרבי יהודה דמיד בתר פלוגתא דרבי יהודה ורבי שמעון גרסינן התם לשלח אותו שאם נשפך הדם ימות המשתלח מת המשתלח ישפך הדם והאי מילתא אתאן לרבי יהודה דרבי שמעון סבירא ליה מת אחד מהן מביא חבירו בלא

רבינו חננאל

והא ר' ינאי דאמר דברי הכל עליית גורל מעכבת הא מתניתא כמאן מוקים לה. ודאי לא תימא מצוה להגריל דמשמע עליית גורל מתוך קלפי אלא אימא מצוה להניח ואם לא הניח כשר: ת"ש מצוה להגריל ולהתודות לא הגריל ולא התודה כשר. [ר"ש א' לא הגריל כשר] לא התודה פסול האי דקתני ר' שמעון לא הגריל מהו אם תאמר לא הניח הוא כמו שהעמדת הברייתא האחרת מכלל דר' שמעון הנחה לא בעי הגרלה בעי והתניא בהדיא מת אחד מהן מביא חבירו שלא בהגרלה. דברי ר' שמעון ודחי ר' ינאי הכי לעולם הגרלה זו הנחה היא. ור' שמעון לא ידע האי הגרלה דתנו רבנן מאי היא והכי קאמר להו אי האי דקאמריתו מצוה להגריל הנחה (זו) היא וזו היא מצוה אבל עליית הגורל מעכבת פליגנא עלייכו בתרתי שהגרלה אינה מעכבת ואם לא התודה פסול ואי הגרלה עליית גורל קאמריתו שהיא מצוה בהא מודינא לכו דהגרלה אע"פ שאינה מעכבת מצוה מיהא איתא ופליגנא עלייכו בהתודה שאם לא התודה פסול ת"ש פר מעכב את השעיר. ושעיר אינו מעכב את הפר כו' סדר עבודת יוה"כ מתודה בפרו ומגריל ונותן הגורלות על השעירים ומתודה שנה בעדו ובעד ביתו בפרו ושוחטו ונותן הדם למי שממרס בו וחותה בגחלים וחופן הקטורת ומכניס ומקטיר וחוזר ולוקח דם הפר ממי שממרס בו ומכניס ומזה על הכפורת ולפני הכפורת ויוצא ושוחט השעיר ומכניס דם השעיר ומזה כאשר הזה מדם הפר וחוזר ונוטל דם הפר ומזה ממנו אחת למעלה וז' (למטה) פעמים בהיכל על פני הפרוכת ויוצא ונותנו למי שממרס בו ונוטל דם השעיר ומזה ממנו כאשר הזה מדם הפר ויוצא ומערה דם הפר לתוך דם השעיר ומזה על המזבח *)פי' במתנות שבפנים בשלמא פר מעכב לשעיר שאם הקדים הזאת השעיר להזאת הפר לא עשה כלום משום דמתנות שבפנים הן ולדברי הכל מתנות של בפנים מעכבי אלא שעיר אינו מעכב לפר מאי ניהו שאם (ניהו) הקדים הזאת של פר בהיכל קודם הזאת השעיר לפני ולפנים חוקה כתיבה ובעינן הדברים ככתבן אלא דאי אקדים מתנות של פר בפנים קודם שיגריל בשעיר מה שעשה עשוי ומדכסידרן [של] ההגרלה אינה מעכבת מכלל שאינה עבודה ואע"פ שלא יגריל כלל כשר. קשיא לר' ינאי ודחי

היא וכגון שהקדים דם הפר במזבח קודם מתנות של שעיר בהיכל וכיון דעבודת חוץ מקדש הקדשים היא אע"ג שהוא בבגדי לבן לר' יהודה לא מעכבת ואקשי' והא מתנות של בפנים קתני ופריק אלא לעולם הגרלה היא והא מני ר"ש היא דסבר הגרלה אינה מעכבת כלל **) עמדה כי לר"ש הגרלה לא מעכבא כלומר ההגרלה אינה מעכבת שחיטת הפר אלא אם שחט מה שעשה עשוי ויגריל

*) אולי צ"ל פי' במתנות שבפנים כהגהות שמה בפנים. **) ר"ל כי לאוקימתא דאמא עמדססוגיא כי לר"ש וכו'

מסורת הש"ס

[לקמן סב.] [כריתות כה. תמורה ו:]

[גיטין לו: תמורה לב:]

הגהות הב"ח

(א) גמ' היינו הנחה פליגנא עלייכו בתרתי ואזדו לטעמייהו דתניא יעמד חי כו' ת"ש פר כו' [illegible] (ב) רש"י ד"ה תני מצוה כו' [illegible] (ג) בא"ד והשעיר אשר עלה [illegible] (ד) ד"ה מביא כו' של זה העומד אלמא אין צריך : (ה) ד"ה פר מעכב כו' וצריך לחזור ולעשותה לאחר הפר [illegible] (ו) ד"ה ונהי דבסידרא [illegible] לגמרי מעכבא [illegible] בה קרא :

הגהות הגר"א

[א] גמ' (לא דאקדים כו' עד שבפנים קתני) תא"מ (ועי' בת"י) :

תוספות ישנים

[illegible]

עין משפט נר מצוה

ז א מיי' פ"ד מהלכות עבודת יוה"כ הל' א :

ח ב מיי' שם פ"ג הל' ו :

רבינו חננאל

ולעולם בעי הגרלה על ב' השעירים ואזדו לטעמייהו דתניא יעמד חי עד מתי יהא זקוק להיות חי עד שעת מתן דמו של חבירו דברי ר' יהודה דייק מדקתני של חבירו מכלל שהיה לו חבר בהגרלה ונתברר שזה לה' וזה לעזאזל . ר' שמעון אומר עד שעת וידוי דברים כלומר עד שיתודה עליו שאפילו לא הוגרל עליו ולא היה לו חבר בגורל כשר . במאי פליגי כדתניא בכפרת דברים הכתוב מדבר כו' פשוטה היא שאלו את ר' עקיבא עלה הגורל הכתוב בו לה' בשמאל ונתברר העומד בשמאלו כנגדו הוא חטאת לה' ושל ימין לעזאזל כו' ותריצנה הכי מהו שיחזור *) של שמאל לימין והגורל של שמאל לימין שנמצא הגורל שהוא לה' בימין ויניחהו על [השעיר] שהחזירו לימין . ואמר להו אל תתנו מקום למינים לרדות . כלומר כיון שתעשו כן יאמרו כי עזאזל רשות אחרת היא מיהו אחת גדולה לפיכך הצריך לכבדו בימין שהיא משובחת והן אינן יודעין כי גורת הקב"ה הא ואין להן להרהר על זה . ת"ש ועשהו חטאת הגורל עושה חטאת ואין השם עושה חטאת. פי' אין קריאתך על השעיר שם חטאת בלא גורל קובעהו חטאת אלא הגורל קובעו שנאמר והקריב אהרן את השעיר אשר עלה עליו הגורל לה' ועשהו חטאת כלומר עליית הגורל לה' הוא עשהו חטאת וזו הברייתא היא שנויה סתמא בתורת כהנים שנקרא ספרא מפני שהוא ויקרא לבדו וקי"ל כר' יוחנן דאמר בפרק אלו הנחנקים בתחלתו סתם משנה ר"מ סתם תוספתא ר' נחמיה

*) נ"ל דצ"ע מהו שיחזור השעיר שעומד בשמאל לימין וכו'.

תוספות ישנים

לכפר בכפרת דמים הכתוב מדבר . והיא ברייתא דלעיל (דף לו:) דילפא וידוי כפר מהשעיר המשתלח מה להלן כפרת דברים אף כאן כפרת דברים הא דלא כר' יהודה ור' יהודה הוא יליף ליה מדמסיק לעיל הכי הוא אומר והקריב וכפר ועדיין לא נשחט הפר : **אף** כאן בכפרת דמים . וא"ת אמאי לא יליף מפר דלעיל שהוא כפרת דברים כדלעיל מוקריב

°**יעמד** חי לפני ה' לכפר עליו עד מתי יהא זקוק לעמוד חי עד שעת מתן דמו של חבירו דברי רבי יהודה רבי שמעון אומר *עד שעת וידוי דברים במאי קא מיפלגי כדתניא לכפר בכפרת דמים הכתוב מדבר וכן הוא אומר °וכלה מכפר את הקדש מה להלן בכפרת דמים אף כאן בכפרת דמים דברי רבי יהודה ר' שמעון אומר לכפר עליו בכפרת דברים הכתוב מדבר ת"ש *שאלו תלמידיו את רבי עקיבא עלה בשמאל מהו שיחזור לימין אמר להן אל תתנו מקום לצדוקים *לרדות טעמא דאל תתנו מקום לצדוקים לרדות הא לאו הכי מהדרינן ליה והא אמרת הגרלה מעכבא וכיון דקבעתיה שמאל היכי מהדרינן ליה אמר רבא הכי קאמרי עלה הגורל בשמאל מהו שיחזירו לו ולשעירו לימין אמר להם אל תתנו מקום לצדוקים לרדות ת"ש אילו נאמר את השעיר אשר עליו הייתי אומר יניחנו עליו ת"ל עלה כיון שעלה שוב אינו צריך למאי אילימא למצוה מכלל דהנחה מצוה נמי לא אלא לעכב ושמע מינה הגרלה מעכבא הנחה לא מעכבא אמר רבא הכי קאמר אילו נאמר אשר עליו הייתי אומר יניחנו עליו עד שעת שחיטה ת"ל אשר עלה כיון שעלה שוב אינו צריך ת"ש °ועשהו חטאת *הגורל עושהו חטאת ואין השם עושהו חטא' שיכול והלא דין הוא ומה במקום שלא קידש הגורל קידש השם מקום שקידש הגורל אינו דין שיקדש השם ת"ל ועשהו חטאת הגורל עושה חטאת ואין השם עושה חטאת

סתם

ויקרא טז · שם · שם

יעמד חי · על כרחך ללמדך שאם מת אחד מהן לריך להביא אחר דאי לא למאי אתא אם אמר שלא ישלחנו עד לאחר מתן דמים ליכתוב יעמד לפני ה' לכפר עליו חי למה לי אלא שאם מת לריך להביא אחר : **ועד מתי זוקקו לעמוד חי עד שעת מתן דמים של חבירו** · כדכתיב לכפר עד שיכפר בדמו של חבירו אבל משעת מתן דמים ואילך אע"פ שעדיין לא התודה לפי סדר המוקדשות וכלה מכפר וגו' (ויקרא טז) וסמך אהרן וגו' אם מת אין לריך אחר אלמא וידוי לא מיעכב : **רבי שמעון אומר כו'** · כדפריש טעמא לקמן ואי שמעתי ואזדו לטעמייהו בהגרלה מיעכבא ולא מיעכבא ואי אפשר להעמידה : **וכן הוא אומר וכלה מכפר את הקודש** · הוא מתן דמים והקריב את השעיר החי עד כאן לריך להיות חי : **לכפר עליו** · בכפרה המוטלת עליו הכתוב מדבר והוא הוידוי : **עלה בשמאל** · גורל שם : **אל תתנו מקום לצדוקים** · תלמידים החולקים על התורה לרדות ולמשול בכן לקפח אתכם בדברים שיאמרו לפי רלונם הם עושים הכל : **הא לאו הכי מהדרינן** · של עזאזל לשם : **כיון שעלה** · מתוך קלפי ויודע איזו לשם ואיזו לעזאזל [א] שוב אינו לריך להיות מונח עליו ואפילו למצוה אבל עלייה והנחה מצוה (היא) מיהא איכא : **ואין השם** · אם קרא לו שם בלא גורל : **במקום שלא קידש הגורל** · בשאר קרבנות הלריכין פירוש כגון קיני זבין וזבות ויולדות שאחד מהן חטאת ואחד מהן עולה שלא קידש הגורל אם כתב על שני גורלות על אחד חטאת ועל א' עולה והניחן עליהם לא מלינו שהגורל קובעם ולא יטול לשנותן : **קידש השם** · מאחר שקרא לזו חטאת ולזו עולה אין הכהן רשאי לשנותן כדאמרינן לקמן (דף מא·) מולקחה שתי תורים או שני בני יונה אחד לעולה ואחד לחטאת בשעת לקיחה הן נקבעין זו לעולה וזו לחטאת (ג) כאן שמלינו שהגורל קובען אינו דין שהשם קובען :

סתם

בלא הגרלה אלא ודאי רבי יהודה היא ודריש יעמד חי כדי לכפר בו כיון שאם מת המשתלח לא יוכל לכפר עוד בחבירו אלא ישפך הדם ודריש נמי לכפר עליו לשלח אותו שאם רוצה לשלח אותו אינו יכול לשלחו אלא אם כן כפר בחבירו אבל אם נשפך הדם ימות המשתלח וכיון דלר' יהודה מיעכבי אהדדי ולריך להביא שנים אחרים כל היכא דקרינן ביה ולקחו שני השעירים קרי ביה נמי ונתן על שני השעירים גורלות אבל לר' שמעון דדריש עד שעת כפרת דברים דאינן תלויין זה בזה אלא שעיר המשתלח תלוי במעשה שבגופו ואם נשפך הדם לא ימות המשתלח אלא יתודה עליו כיון שהוא חי מביא אחר שלא בהגרלה דלא קרינן ביה ולקח את שני השעירים לא קרינן ביה נמי ונתן על שני השעירים גורלות וא"ת אם כן תיקשי מכאן למ"ד דאיכא לר' יהודה דהגרלה לא מעכבא וי"ל דאיכא למימר הא דישפך הדם כשמת המשתלח לאו היינו משום הגרלה אלא משום דבעינן ולקח את שני השעירים שיהו ניקחין כאחת א"נ כיון דאוקבעו כבר כאחת אם מת אחד מהן גם השני ידחה הלכך לריך להביא שנים אחרים וכיון דלא סגי דלא מייתי אחריני מגריל עליהם למצוה ולר' שמעון נמי לא כיון דסבירא ליה דאינו מביא אלא אחד אין שייך בו הגרלה :

כיון דקבעתיה שמאל כו' · ולא בעי לאוקמא ר"ע כרבי שמעון כיון דלר' יהודה ור' נחמיה נמי היו תלמידיו כדאיתא בפרק הבא על יבמתו (דף סב:) :

ועשהו חטאת הגורל עושהו חטאת וכו' וא"ת ניהדר ונילף בעלמא מהכא שיקדש הגורל מק"ו ומה במקום שלא קדש השם קדש הגורל במקום שקדש השם אינו דין שיקדש הגורל וי"ל דכי היכי דדרשינן מועשהו חטאת הגורל עושהו חטאת ואין השם עושהו חטאת כל שכן דנדרוש ועשהו חטאת לזה ולא לאחר תדע דבפ"ק דקדושין (דף טו:) אמרינן גבי עבד עברי הנמכר לנכרי שיהא נגאל בשש מק"ו ומה מי שאין נגאל באלה פי' בקרובים כגון עבד עברי הנמכר לישראל נגאל בשש מי שנגאל באלה אינו דין שיהא נגאל בשש ומשני ת"ל באלה באלה הוא נגאל ואינו נגאל בשש ופריך ואי ס"ד יליף שכיר שכיר אמאי אינו נגאל באלה נילף שכיר שכיר ומשני שאני התם דאמר קרא יגאלנו לזה ולא לאחר אלמא אף על גב דפשיטא ליה דדרשינן מיעוטא דיגאלנו לזה ולא לאחר ולהכי לא ילפינן נמכר לישראל בק"ו מנמכר לנכרי אפילו הכי הוה יליף נמכר לנכרי ליגאל בשש בק"ו ולא קא ממעט ליה מיגאלנו ולמידרש דודו ובן דודו או משאר בשרו יגאלנו ולא בדבר אחר אבל תימה מאי שנא דהכא ממעטינן תרוייהו מועשהו דהכא לא מקדש השם ובעלמא לא מקדש הגורל והתם לא ממעט מיגאלנו אלא דבעלמא לא מהני גאולת קרובים אבל דהכא אינו נגאל בשש יליף לה מקרא אחרינא מואם לא יגאל באלה באלה הוא נגאל ואינו נגאל בשש ושמא יש לומר דשאני הכא דכיון דכתיב ועשהו חטאת וכתב נמי חוקה אתא ועשהו דכתיב בגורל לגלויי אחוקה דקאי נמי אהגרלה דאע"ג דלרבי יהודה חוקה לא קיימא אהגרלה ועשהו מגלי לן דחוקה נמי קאי אהגרלה א"נ משום דתנא ביה קרא תרי זימני אשר עלה ובהא נמי ניחא מאי דק"ל דמסיק תיובתא למ"ד הגרלה לא מעכבא אבל למ"ד מעכבא ניחא ואמאי לדידיה נמי תיקשי דהכא יליף עיכובא מועשהו ואיהו יליף ליה לעיל מדתנא ביה קרא ולמאי דפרישית ניחא דאי לאו ועשהו דמשמע מיעוטא אע"ג דתנא ביה קרא הוה דרשינן ק"ו לומר דהגרלה לא מעכבא כיון דלא תנא ביה קרא בלשון לווי להכי איצטריך ועשהו ואי לא תנא ביה קרא לא הוה דרשינן ועשהו אלא למעוטי דלא מהני הגרלה בעלמא כי היכא דיגאלנו כדפירש' להכי איצטריך דתנא ביה קרא מיהו בלאו הכי מלי למימר דלא פריך למ"ד מעכבא דאיכא למימר טעמיה מהכא והא דקאמר טעמא לעיל משום דתנא ביה קרא אין זה מדבריו אלא בעל הגמרא קא מפרש לטעמא הכי למאי דלא ידע אהכי ברייתא דועשהו וכי האי גוונא יש בפ"ג דשבועות (דף כה·) גבי פלוגתא דרב ושמואל בשבועה שזרק פלוני לרור ליס* : **מה** במקום שלא קידש הגורל כו' · הקשה מורי הר"ר שמואל בר מנחם זצ"ל היכי גמר מהכא והא יום הכפורים דבר שהיה בכלל כל הקרבנות שקידש בהם השם ויצא לידון בדבר החדש בגורל אי אתה יכול להחזירו לכללו ולכולי עלמא איהו לא גמר מכלליה באיזהו מקומן (זבחים מט·) ונראה לי דאפילו יצא לידון בדבר החדש גמרי מהדדי בקל וחומר או במה מלינו אם אין להשיב אבל אם יש להשיב לא גמרינן אבל דבר שהיה בכלל ויצא מן הכלל לא ללמד על עצמו יצא כו' כמו הבערה וכיוצא בה גמרינן מיניה אפי' אם יש להשיב אין משיבין כמו על ג"ש והיקש שאין משיבין עליהן תדע דבפרק קמא דיבמות (דף ז·) פריך מאי איצטריך עליה למיסר עריות לייבם מהיכא תיתי דלישתרו דאיצטריך עליה למיסר קא ס"ד תיתי מאשת אח דהוה ליה דבר שהיה בכלל ויצא ללמד וכו' ופריך הא לא דמי אלא ליצא לידון בדבר החדש וכו' עד אלא סד"א תיתי אחות אשה במה מלינו מאשת אח והשתא כיון דאמר כבר דהוה ליה דבר החדש היכי הדר תו קאמר תיתי מאשת אח אלא על כרחך מעיקרא הוה ס"ד למימר דניגמר מאשת אח כמו מדבר שהיה בכלל ויצא ללמד דאפילו איכא פירכא לא פרכינן ופריך והלא דבר החדש הוא ואם כן אי איכא למיפרך לא גמרינן מיניה והדר קאמר ואע"ג דדבר החדש הוא ניגמר מיניה במה מלינו דהא ליכא למיפרך מיניה מידי ולהכי פריך מי דמי התם חד איסורא הכא תרי איסורי והיינו פירכא וכיון דאיכא למיפרך לא גמרינן מיניה כיון דדבר חדש הוא :

סתם

וכפר יש לומר דעיקר כפרה בדם וא"ת לן למילף טפי כפרת דמים מכפרת דברים : **אלא** לאו לעכב וש"מ הגרלה מעכבא . וקשיא למ"ד דאפילו לר' נחמיה לא מעכבא ולמ"ד לא [מעכבא] לר' יהודה יש להקשות משתם [סיפרא] שפיר כדלקמן : **ואין** השם עושה חטאת . ומ"מ [לריך] לקרות [שם] באומר לה' חטאת כדאמרינן לעיל כדתניא בתורת כהנים אלא שהגורל הוא עושה החטאת : **ומה** במקום שלא קידש הגורל כו' . וא"ת לא יקדש השם בשאר מקומות מק"ו ומה במקום שקידש הגורל לא קידש השם כדמפקינן ליה מועשהו חטאת מקום שלא קידש הגורל אינו דין שלא יקדש השם י"ל דאיכא שום קרא דמרבי שיקדש השם ושמא מולקחה ועשה דאין מתפרשין א) כו נשקל : **ה"ל** ועשהו חטאת כו' . וא"ת דמסיק מהכא דהגרלה מעכבא והא מפיק ליה לעיל מאשר עלה תרי זימני דתני ביה קרא לעכב י"ל דאי לאו אשר עלה הוה מפקינן מועשהו חטאת דאפילו הנחה מעכבא קמ"ל אשר עלה דוקא עלייה ואי לא כתיב אלא אשר עלה לא הוה מפלגינן נמי בין עליית גורל להנחה כתב רחמנא ועשהו ואייתר ליה אשר עלה לגלויי [דדוקא] עלייה מעכבא :

א) נ"ל כו' :

סתם

מסורת הש"ס

[לקמן סה. עא. תוספתא פ"ג]

[תוספתא פ"ב]

[ע' ערוך ערך רד ו פי' ע"ז]

קדושין יד. חולין כד. [כריתות כח.]

[וע"ע תוס' נדה לג: ד"ה כי]

הגהות הב"ח

(א) רש"י ד"ה כיון שעלה כו' ואיזה לעזאזל היכי מהדר ליה והא שוב אינו לריך: (ב) ד"ה קידש השם כו' וזו · לחטאת הס"ד ואח"כ מה"ד מקום שקידש הגורל כיון שמלינן שהגורל קובען כו' :

הגהות מהר"ב רנשבורג

[א] רש"י ד"ה כיון שעלה וכו' ואיזו לעזאזל כאן הס"ד ואח"כ מתחיל הדבור שוב . ועי' ש"י .

§ מסכת יומא דף מ: §

אות א'

<u>עד שעת וידוי דברים</u>

רמב"ם פ"ד מהל' עבודת יוה"כ [א]ה"ב - [ב]ואחר כך בא אצל שעיר המשתלח וסומך שתי ידיו על ראשו ומתודה, וכך הוא אומר: אנא השם חטאו עוו ופשעו לפניך עמך בית ישראל, אנא השם כפר נא לחטאים ולעונות ולפשעים שחטאו ושעוו ושפשעו לפניך עמך בית ישראל ככתוב בתורת משה עבדך: כי ביום הזה יכפר עליכם וגו', ואחר כך משלח את השעיר למדבר.

אות ב'

<u>בכפרת דברים הכתוב מדבר</u>

רמב"ם פ"ב מהל' עבודת יוה"כ ה"ו - [ג]זה שנאמר בתורה: וכפר בעדו ובעד ביתו ובעד כל קהל ישראל, מפי השמועה למדו שזה וידוי דברים.

אות ב'*[ד]

<u>הגורל עושהו חטאת ואין השם עושהו חטאת</u>

רמב"ם פ"ג מהל' עבודת יוה"כ ה"ג - ונותן שני הגורלות על שניהם, של ימין על ימין ושל שמאל על של שמאל, ואם לא נתן לא עיכב אלא שחיסר מצוה; שההנחה מצוה שאינה מעכבת, וההגרלה מעכבת אף על פי שאינה עבודה.

באר הגולה

א ‹תוקן ע"פ מהדורת נהרדעא› ב ‹וצ"ע איך ראה העין משפט מרמב"ם זה כדברי ר"ש› ג ‹לכאורה קשה דבגמ' דף ל"ו ע"ב אמרו, דוכפר האמורה גבי פרו של כהן היא כפרת דברים מכח שני טעמים, או דנילף בגזירה שוה כפרה כפרה משעיר המשתלח, דהתם ליכא כפרת דמים, או דנילף מיניה וביה, דכתיב בתריה ושחט את פר החטאת, אלמא כפרה דכתיבא קודם היא קודם שחיטה והיינו כפרת דברים. אבל כפרה דכתיבא גבי שעיר הנעשה בפנים, היא כפרת דמים יעו"ש. **וא"כ** האי קרא דכתיב ביה ובעד כל קהל ישראל, דמיירי כפי סדר הכתובים בשעיר הנעשה בפנים, על כרחין דאינה אלא כפרת דמים, והיכי דריש רבינו מיניה וידוי דברים, ולא היה לו להביא אלא קרא דלא כתיב ביה ובעד כל קהל ישראל. **מיהו** דברי רבינו מיוסדים ע"פ הא דאיתא בגמ' דף מ"ד, וכפר בעדו ובעד ביתו ובעד כל קהל ישראל, כפרתו קודמת לכפרת ביתו, כפרת ביתו קודמת לכפרת אחיו הכהנים, וכפרת אחיו הכהנים קודמת לכפרת כל קהל ישראל. **א"כ** לפי"ז אע"ג דקרא איירי בשעיר הנעשה בפנים, מ"מ כיון דמייתר דרשינן ליה להאי דרשא לסדר הכפרות מי קודם, וכפרות אלו ודאי דהויין וידוי דברים, דהא שעיר הנעשה בפנים אינו מכפר אלא על ישראל דוקא על טומאת מקדש וקדשיו, ולא פליגי תנאי במס' שבועות אלא בכפרה דשעיר המשתלח דמכפר על שאר עבירות אי כהנים הוו בכלל אותה כפרה או לא, ונמצא דמקרא זה ילפינן שני דברים, בין לוידוי בין לסדר הוידויים, ולכן נקטיה רבינו ודוק - לחם יהודה›. ‹**אבל** תימה על העין משפט, דמה שייך זה להפסוק דאיירי ביה הברייתא "יעמד חי לפני ד' לכפר עליו", דאיירי בשעיר המשתלח› ד ‹ע"פ מהדורת נהרדעא›

§ מסכת יומא דף מא. §

אות א'

אין הקינין מתפרשות אלא או בלקיחת בעלים או בעשיית כהן

רמב"ם פ"ה מהל' פסולי המוקדשין הי"א - כל חייבי קינין שבתורה שהפרישו מעות לקיניהן, רצה להביא בכל המעות חטאת העוף לבדה, יביא, רצה להביא בהן עולת העוף לבדה, יביא; אפילו אמר: [א]אלו דמי חטאתי ואלו דמי עולתי, יש לו לערב המעות וליקח בהן כאחד חטאתו ועולתו, או ליקח בכל חטאת או עולה, שאין הקינין מתפרשות אלא בלקיחת הבעלים או בעשיית כהן.

[ב]רמב"ם פ"ח מהל' פסולי המוקדשין ה"ח - שנים שלקחו קיניהן בעירוב, או שנתנו דמי קיניהן לכהן, לאיזה שירצה הכהן יקריב חטאת, ולאיזה שירצה יקריב עולה, שאין הקינין מתפרשין אלא בלקיחת הבעלים או בעשיית הכהן כמו שביארנו.

אות ב'

לא יצא

רמב"ם פ"י מהל' שגגות הי"ג - עני שהקריב קרבן עשיר יצא, ועשיר שהקריב קרבן עני לא יצא.

רמב"ם פ"ה מהל' מחוסרי כפרה ה"י - שני מצורעים שנתערבו קרבנותיהן, ונזרק דם אחת משתי החטאות שלהן, ואחר כך מת אחד מן המצורעים, כיצד עושה זה המצורע החי: להביא חטאת בהמה אינו יכול, שמא זו שנזרק דמה חטאתו היא, ואין מביאין חטאת בהמה על הספק; ולהביא חטאת העוף אינו יכול, [ג]שעשיר שהביא קרבן עני לא יצא; וכיצד יעשה, יכתוב כל נכסיו לאחר ונמצא עני, ויביא חטאת העוף מספק, ולא תאכל כמו שביארנו, ונמצא אוכל בקדשים.

באר הגולה

[א] ‹ותמהו האחרונים, א"כ האי מילתא דכתב הרמב"ם הוה נגד הגמ' כאן, דמבואר דאם היה קובע בשעת הפרשת הדמים, שפיר הוה נקבע דמעות אלו לחטאת ואלו לעולה, מבלי יכולת לשנות, {עיין רש"י ד"ה אלא: דהפרשה במעות כשעת לקיחת העופות}, **ונראה** בזה, דהנה באחד שלקח לכתחילה מעות ולקח בהן עולה או חטאת, ודאי חלו על המעות דין עולה או דין חטאת, דאין כאן דבר שצריך שיתברר, וה"נ אם לקח מעות ואמר לכתחילה מעות אלו לחטאת העוף ומעות אלו לעולת העוף, ולא אמר לכתחילה דמפריש מעות אלו לקינין, הרי ודאי דחלין הדברים כמו שאמר, דמעולם לא היה כאן דבר סתום שצריך לברר, דהרי לכתחילה קבע דזה המעות לחטאת ואלו המעות לעולה, ובמקום שלא חסר בירור, אין הבירור צריך וחל הדבר, וא"כ ודאי דס"ל להרמב"ם דשעת הפרשת הדמים נמי קובע, **וכל** דברי הרמב"ם נראה דאיירי, כמו שכתב הוא עצמו בפירוש, כשאמר לכתחילה שמפריש מעות אלו לקינין, ואלו המעות יהיה לחטאת ואלו לעולה, הרי כיון דלכתחילה הוציא מפיו דמפריש הדמים לקינין, ועכשיו צריך לברר, ואמר באותו מעמד בתוכ"ד, דאלו לחטאת ואלו לעולה, מ"מ כיון דחל על דמים אלו דין בירור שצריך לבררם, בזה כתב הרמב"ם דאין יכול לבררם, דכבר אין מיקרי זה שעת לקיחה, ולא שייך כאן מילתא דתוכ"ד שחוזר בו, דאין כאן חזרה, אלא בא לפרש ודו"ק. **ואפשר** דרש"י כאן יחלוק על סברא זו, ויסבור דכיון דבירר בתוכ"ד, ה"נ עדיין שעת לקיחה הוה, אע"פ שכבר בא לברר מה שסתם הוא עצמו בתוכ"ד הקודם, מ"מ עדיין שעת הפרשה ושעת לקיחה הוה - הערות הגרי"ש אלישיב› [ב] ‹ע"פ מהדורת נהרדעא› [ג] ‹אינו מובן אמאי מביא העין משפט הלכה זו הכא במטמא מקדש, ולא בעמוד ב' בענין קרבן מצורע›

עין משפט נר מצוה

ט א מיי' פ"ה מהל' פסולי המוקדשין הלכה יא :

י ב מיי' פ"י מהלכות שגגות הלכה יג ופ"ה מהל' מחוסרי כפרה הלכה י :

מסורת הש"ס

[עירובין נו: וש"נ]

כריתות כח. עירובין נו. נזיר כו:

[כריתות כח.]

*סתם ספרא מני רבי יהודה וקא תני הגורל עושה חטאת ואין השם עושה חטאת אלמא הגרלה מעכבא תיובתא דמאן דאמר הגרלה לא מעכבא תיובתא *אמר רב חסדא *אין הקינין מתפרשות אלא או בלקיחת בעלים או בעשיית כהן אמר רב שימי בר אשי מ"ט דרב חסדא דכתיב *ולקחה *ועשה או בלקיחה או בעשייה מיתיבי *ועשהו חטאת הגורל עושה חטאת ואין השם עושה חטאת שיכול והלא דין הוא ומה במקום שלא קידש הגורל קידש השם מקום שקידש הגורל אינו דין שיקדש השם ת"ל ועשהו חטאת הגורל עושה חטאת ואין השם עושה חטאת והא הכא דלאו שעת לקיחה ולאו שעת עשייה היא וקתני דקבע אמר רבא הכי קאמר מה במקום שלא קידש הגורל ואפילו בשעת לקיחה ואפילו בשעת עשייה קידש השם בשעת לקיחה ובשעת עשייה מקום שקידש הגורל שלא בשעת לקיחה ושלא בשעת עשייה אינו דין שיקדש השם בשעת לקיחה ובשעת עשייה ת"ל ועשהו חטאת הגורל עושה חטאת ואין השם עושה חטאת ת"ש מטמא מקדש עני והפריש מעות לקינו והעשיר ואח"כ אמר אלו לחטאתו ואלו לעולתו מוסיף ומביא חובתו מדמי חטאתו ואין מוסיף ומביא חובתו מדמי עולתו והא הכא דלאו שעת לקיחה ולאו שעת עשייה היא וקתני דקבע אמר רב ששת ותסברא והאמר ר' אלעזר אמר ר' הושעיא מטמא מקדש עשיר והביא קרבן עני לא יצא וכיון דלא יצא היכי קבע אלא מאי אית לך למימר *שכבר אמר מעניותו ה"נ שכבר אמר משע' הפרשה ולר' חגא א"ר יאשיה דאמר יצא מאי

רש"י

סתם ספרא · תורת כהנים רבי יהודה היא הכי קאמר בסנהדרין (דף פו.) והא בתורת כהנים היא דהא קרא הכי בספר ויקרא כתיב : **אין הקינין מתפרשות** · איזו לעולה ואיזו לחטאת אלא או בלקיחת בעלים כו' אם כשקנאן אמר זה אני לוקח לעולה ואת זה לחטאת שוב אין הכהן יכול לשנותן בעשייתן ואם שינה פסול ואם כשקנאן לא פירש אף על פי שקרא להם שם [לאחר מיכן] אין שם חל עליהם ויכול הכהן לשנותן : **ולקחה ועשה** · ביולדת כתיב ולקחה שתי תורים או שני בני יונה אחד לעולה ואחד לחטאת וכן במצורע וגבי זב(א) ועשה הכהן אחד חטאת ואחד עולה אלמא או בשעת לקיחה נקבעין או בשעת עשייתן אבל בינו בינו לא : **והא הכא כו'** · מדקתני כאן (ב) שקידש הגורל אינו דין שיקדש השם וקא סלקא דעתיה דקידוש השם בשעת קידוש גורל קאמר שאינו לא שעת לקיחה ולא שעת עשייה הכי גרסינן והא הכא דלאו שעת לקיחה ולאו שעת עשייה היא וקתני דקבע : **מטמא מקדש** · הנכנס למקדש טמא והוא בקרבן עולה ויורד עשירות ודלות ודלי דלות האמורה אצל שבועת בטוי ושבועת קול אלה והתם נמי כתיב (ויקרא ה) או (ג) נפש כי תגע וגו' ואוקמינן לה בשבועות (דף ז.) בטומאת מקדש וקדשיו שאחר שנטמא נכנס למקדש או אכל קדשים : **והעשיר** · וצריך להביא בעשירות : **ואחר כך** · חולק המעות ופירש ואמר אלו לחטאתו ואלו לעולתו אע"ג שאין קרבן עני עכשיו עליו חובה אלא קרבן עשיר ואין בקרבן עשיר [עולה אלא] חטאת בהמה כשבה לב"ד יאמרו לו ב"ד קרבן עשיר תביא : **מוסיף** · מביאו עד דמי בהמה ומביא חובתו בהמה מדמים שקרא להם שם חטאת : **ואין מוסיף ומביא** · חטאת בהמה מדמי עולתו שאין יכול לשנותן למעות שהפרישן שקרא להן שם עולה ליקח מהן חטאת : **והא הכא** · דלאחר שהפרישן פירש ואין זו לא לקיחה ולא עשייה : **וקתני דקבע** · עליהם השם ואין רשאי לשנותן : **ותסברא** · הך מתרלתא היא והאמר **ר"א וכו'** · וכיון דאין קרבן עני ראוי לו אפילו בדיעבד היכי קבע ליה שם עולה עלייהו משהעשיר הרי אינו מחויב עולה : **אלא מאי אית לך למימר** · על כרחך מיבעיא לשבושה ולמימר דהאי ואח"כ דקתני שיבוש הוא אלא הכי מיבעיא ליה למיתני ואמר אלו לחטאת ואלו לעולה ואח"כ העשיר דבשעת שקבען הוה קרבן חזי ליה וכיון דעל כרחך משבשתא היא לרב חסדא נמי הכי תרלה שכבר אמר משעת הפרשה ותני הכא מטמא מקדש עני שהפריש מעות לקינו ואמר בשעת הפרשה אלו לחטאת ואלו לעולה ואח"כ העשיר מוסיף ומביא דהפרשה במעות כשעת לקיחת העופות : **ולרבי חגא** · דאמר מטמא מקדש עשיר והביא קרבן עני יצא ומשום הא לא משתבש ומתרלתא היא וכיון דחזי ליה האי קרבן בדיעבד מאי למיתני דקבע : מאי

תוספות

סתם ספרא מני רבי יהודה · תימה לר"י בפ"ק דקדושין (ד' יז.) דפריך וכל היכא דכתיב חוקה לא דרשינן קל וחומר והא גבי יוה"כ וכו' עד וטעמא דכתיב ועשהו חטאת הא לאו הכי דרשינן קל וחומר והשתא מאי פריך והא סתם סיפרא רבי יהודה ולדידיה חוקה לא קיימא אהגרלה(ד) ותירץ רבינו שמשון מקוצי דפריך מדאיצטריך זאת ואחת לקמן בפרק הוציאו לו (דף ס:) למעוטי דלא קיימא חוקה אדברים הנעשים בבגדי לבן בחוץ ש"מ דדרשינן ק"ו אפי' היכא דכתיב חוקה דאי לא תימא הכי לשתוק מיניה מאי אמרת אי לא כתב זאת ואחת הוה אמינא דחוקה קיימא אכל מילי א"כ כיון דהוה קיימא נמי אהגרלה א"כ לשתוק מועשהו אלא ע"כ אי לא כתב ועשהו ה"א אע"ג דחוקה הוה קיימא אכל מילי הגרלה מיהא לא מעכבא מק"ו אלמא אע"ג דכתיב חוקה דרשינן ק"ו אבל קשה על תירוץ זה דאפילו כי קיימא חוקה אכל מילי ולא הוה דרשינן קל וחומר היכא דכתב חוקה לא סגי דלא כתב ועשהו למעוטי (ה) בעלמא שלא יקדש הגורל כדפי' לעיל ועוד אפילו קיימא חוקה אכל מילי איצטריך ועשהו לגורל דהגרלה לאו עבודה היא (ו) ויכולנא לשנויי דלאו דווקא נקט התם חוקה דעיכובא אחרינא איתא דתנא ביה קרא תרי זימני דהוי כמו חוקה והכי פריך וכל היכא דכתב עיכובא לא דרשינן ק"ו והא גבי יוה"כ דכתיב גורל וכתיב חוקה דמשמע עיכובא לרבי נחמיה ולרבי יהודה איכא עיכובא אחרינא דתנא ביה קרא וטעמא דכתב רחמנא ועשהו הא לאו הכי הוה דרשינן קל וחומר אע"פ שהיה ראוי לדרוש אשר עלה אשר עלה לעיכובא אף על גב דלא כתב בלשון צווי ונראה כמו סיפור דברים בעלמא מכל מקום כיון דכתיב חוקה היה סברא לומר דמעכבא מכח חוקה ומכח הרי אשר עלה אלא דאתא קל וחומר ועקר ליה מהאי סברא ואוקמינן חוקה לשאר מילי ואשר עלה אמרינן סיפור דברים בעלמא הוא הכא נמי גבי יבמה דכתיב ככה לעיכובא כימא קל וחומר דתנא בגט ועיכובא דככה לשאר מילי :

מטמא מקדש וכו' · הא דלא נקט שמיעת קול דכתיב ברישא יש לומר מילתא דשכיחא טפי נקט :

ולרבי חגא אמר רבי יאשיה דאמר יצא מאי איכא למימר · וכולי עלמא אית להו דרב חסדא דאין הקינין מתפרשות וכו' : והאי

רבינו חננאל

סתם ספרא ר' יהודה סתם סיפרי ר' שמעו' וקא מפרש דהגרלה מעכבא דקתני הגורל עושה חטאת ואין השם עושה חטאת והוא לר' יהודה ועלתה בתיובתא למאן דמוקים לרבי יהודה דסבר הגרלה לא מעכבא והוא רבי יוחנן : **ירושלמי** הכתיבה שעל הגורלות חקוקים הן : אמר רב חסדא אין הקינין מתפרשות אלא בלקיחת בעלים או בעשיית כהן פי' קינין התורים ובני היונה נקראין קינין · כגון כי יקרא קן צפור לפניך כלומר עופות מהן קרבן שמביאין מן העופות כגון הזב והזבה והיולדת וכיוצא בהן שמביאין תורים ובני יונה · וכתיב בהו אחד לעולה ואחד לחטאת בא רב חסדא לפרש שאינן מתפרשות איזו היא חטאת ואיזו היא עולה אלא או בשעה שלקחום בעליהן אם יפרש זו לחטאת וזו לעולה או אם לקחם סתם הכהן בשעת עשייתן כלומר בשעה שרוצה להקריבם יאמר זה לחטאת וזה לעולה ודייק רב חסדא דכתיב בזב וביום השמיני יקח לו שתי תורים וגו' וכן בזבה דכתיב וביום השמיני תקח לה שתי תורים וגו' הנה לקיחה בבעלים ובכהן כתב ועשה הכהן את האחד חטאת ואת האחד עולה כלומר הפרשתם בבעלים בלקיחה אבל בכהן בעשייה כדכתיב קראי ואותיבנן עליה מן השעיר שאינה עת ההגרלה לא שעת לקיחה כי מאתמול הם בלקיחתם ולא שעת עשייה שעדיין נשאר לו אחר ההגרלה שחיטת הפר והקטרה והזאת דם הפר ואחר כך יעשה השעיר ותני בברייתא בכי האי גוונא דמקדש השם כלומר אם יאמר זה חטאת כי קראו שם חטאת נקדש לחטאת אע"פ שאינה לא שעת לקיחה ולא עשייה ותריץ לה רבה הכי

הגהות הב"ח

(א) רש"י ד"ה ולקחה כו' במצורע וגבי זב וכתיב וגבי כהן ועשה הכהן את האחד חטאת ואת האחד עולה: (ב) ד"ה והא הכא כו' מדקתני כאן מקום שקידש הגורל : (ג) ד"ה מטמא כו' או נפש אשר תגע : (ד) תוס' ד"ה סתם כו' ולדידיה חוקה לא קיימא אהגרלה. נ"ב כדאיתא פרק הוציאו לו : (ה) בא"ד לא סגי דלא כתיב ועשהו למעוטי שלא יקדש הגורל בעלמא כדפי' לעיל : (ו) בא"ד ויכולנא לשנויי. נ"ב כ"ל על קושיא הנ"ל ועיין קדושין דף י"ד :

גליון הש"ס

גמרא שכבר אמר מעניותו. עיין חולין דף לג ע"ב וצ"ע :

ומה שלא קידש הגורל אפילו בשעת לקיחה ובשעת עשייה קידש השם בשעת עשייה וכו' : [illegible]

תוספות ישנים

סתם ספרא מני ר' יהודה כו' אלמא הגרלה מעכבא כו' · [illegible]

עין משפט נר מצוה

יא א מיי׳ פ״ס מהל׳ פסולי המוקדשין הלכה י׳:
יב ב מיי׳ פ״ד מהלכות עבודת יוה״כ הל׳ א׳:
יג ג מיי׳ פ״ג מהלכות פרה הלכה ג׳:

רבינו חננאל

והעשיר עכשיו מוסיף ומביא חטאתו מדמי חטאתו כו׳ ולר׳ תנא דאמר יצא תריץ הכי לא תימא ואח״כ אמר אלא אימא ואח״כ לקח כלומר קנה עוף אם מדמי העולה קנאו ונשארו דמי החטאת מוסיף על אלו המעות וקונה כשבה או שעירה ואם בדמי החטאת קנה זה העוף הנקנה לחטאת אולא למיתה ובדמי העולה קינה מהן עולה נדבה: גופא אמר רבי אלעזר א״ר הושעיא מטמא מקדש עשיר והביא קרבן עני לא יצא ור׳ תנא א״ר יאשיה יצא · מיתיבי מצורע עני שהביא קרבן עשיר יצא ועשיר שהביא קרבן עני לא יצא תיובתא לר׳ תנא ופריק שני מצורע דכתיב ביה זאת תהיה כלומר זאת כמו שהוא עכשיו אם הוא עשיר לא יביא קרבן עני כמו שהוא כתוב לא תוסיף ולא תגרע · ואקשינן אי הכי רישא נמי והוא עני שהביא קרבן עשיר אמאי יצא קרי ביה זאת תהיה ועכשיו עני הוא ודחינן רבי רחמנא תורת כלומר תורת המצורע בג׳ בהמות ב׳ כבשים וכבשה · והנה תניא כך דתניא תורת לרבות מצורע עני שהביא קרבן עשיר יכול אף עשיר שהביא קרבן עני

והאי עולה אזלא לנדבה · לאו לנדבת צבור קאמר לקיץ המזבח דהאמר בפ״ק דשבועות (דף יב:) דאין מקילין בעולת העוף אלא לנדבת יחיד קאמר מיהו הלשון קשה דקאמר אזלא לנדבה דבכל דוכתא אמרינן לנדבה היינו לשופרות לנדבת צבור וי״ל הא דאין מקילין בעולת העוף היינו דאין לוקח לכתחלה מן המעות של הנדבה שופות להקין אבל אי מתרמי ממילא כי הכא מקילין בו* אבל קשה אמאי לא מייתי ליה עולת יחיד כי ההיא דתנן בנזיר פרק מי שאמר הריני נזיר ושמע (דף כד.) האשה שנדרה בנזיר והפרישה את בהמתה והפר לה בעלה וכו׳ עד החטאת תמות העולה תקרב עולה ושלמים יקרבו שלמים וי״ל שאני התם כיון דכבר הפרישה כל קרבנותיה הוקבעו לה לשמה אבל הכא דלא לקח כל קרבנותיו לא הוקבעו לו להכי אזלא לנדבת צבור אי נמי כ״ל דהכא קאמר סתמא אזלא לנדבה ולא קאמר תקרב עולה כדקאמר התם לפי שאין נפקותא בדבר ואין חילוק בין עולת העוף הבאה בשביל צורך לאותה שהיא באה נדבת צבור דאידי ואידי אין טעונין סמיכה ולא נסכים דעוף אין טעון נסכים ולא סמיכה אבל עולת בהמה שהיא באה בשביל יחיד טעונה נסכים משלו ואם היא קרבן אנשים טעון סמיכה וכשהיא באה נדבת צבור נסכיה קריבין משל צבור ואין טעון סמיכה ואם היה כהן עבודתה ועורה שלו כשהיא באה בשביל יחיד אבל כשבאה נדבת צבור עבודתה ועורה לאנשי משמר הכי מפורש בתמורה בפרק ואלו קדשים (דף כ:) ואף על גב דאיכא נפקותא לענין עבודתה שמקריבה אפילו במשמר שאינו שלו כיון דאם אין כהן לא נפקא מיניה מידי קאמר סתמא אזלא לנדבה:

שלש לשונות · הא דלא נקט נמי של שעיר הפנימי כ״ל משום דההיא לא הוה אלא כדי שלא יתערב לא הוה לה שיעור כלל אבל הני כיון דיש בהן צורך הוה להו שיעור וזה של שעיר המשתלח היה בו צורך לידע אם הלבין כדכתיב כשלג ילבינו (ישעיה א): כי

מאי איכא למימר · והא הכא לאו בשעת לקיחה ולאו שעת עשייה הוא וקבע ליה: **לא תימא ואחר כך אמר אלא ואח״כ לקח ואמר** · זו לחטאת וזו לעולה דעבדי תנאי דמחסרי תיבה אחת על ידי שכחה ומיחלף להו בין ואחר כך לקח לואחר כך אמר: **ופרכינן לקח** · אם כן מוסיף ומביא חובתו בהמה מדמי חטאתו מאי ניהו הרי אינו מעות שכבר לקח העוף: **דפריק ליה** · ומוליאו לחולין ומוסיף מביתו וקונה מן המעות בהמה: **והא אין פדיון לעוף** · דהכי תנן במסכת מנחות (דף ק:) אבל העופות והלבונה והכלי שרת אין להם פדיון שלא נאמר אלא בבהמה: **כגון [שלקח] פרידה אחת** · גוזל אחד לקח מן הגזורין דמעות והכי קאמר תנא אי עולה זבן הני מעות דקיימי חטאת ניניהו ומוסיף עליהן ומביא חובתו והאי עולה דזבן אזלא לנדבה: **אי חטאת זבן** · הוקבעו מעות לצור השני לעולה על ידי לקיחה זו ואין מוסיף עליהן ומביא מהן חובתו אלא מביא מן המעות עולת נדבה והחטאת שלקח תמות ומביתו יביא מעות ויקח בהמה: **שאני מצורע** · דכתיב (ויקרא יד) זאת תהיה תורת המצורע ולא אחרת: **רישא נמי** · עני שהביא קרבן עשיר: **הכא הא רבי רחמנא** (א) · תורה אחת לכל המצורעין כולן יוצאין בקרבן עשיר: **והתניא** · בניחותא: **ונילף מינה** · לטמא מקדש: **ואם דל הוא** · מישעט הוא מצורע הוא דעשיר שהביא קרבן עני לא יצא אבל שאר חייבי קרבן עולה ויורד לא: **מתני׳ כנגד בית שילוחו** · כנגד שער שהוליאוהו בו: **ולנשחט** · מפרש בגמרא: **גמ׳ אקשירה קאי** · דקושר לו לשון כנגד צוארו: **או אהעמדה קאי** (ב) · והכי קאמר ואת שעיר החטאת העומד לשחיטה מעמיד כנגד מקום בית שחיטתו: **שפיר** · דהא לא מערבי אהדדי שזה קשור בראשו וזה בצוארו ולא באחרים שאינו קשור עליהן לשון ושל אחרים אינו קשור: **אלא אי אמרת** · ולנשחט אהעמדה הוא דקאי ומשום [א] דקשירת שעיר המשתלח לחודיה קאמר שלא יתערבו זה בזה ולא באחרים בשלמא במשתלח לא מיערב (ג) שעיר הפנימי דהאי קטיר ביה והאי לא קטיר ביה אלא באחריני אמאי לא מיערב שעיר הפנימי הא שעיר פנימי ואחרים אין לשון קשור עליהם: **שתי לשונות שמעתי** · על שתי לשונות של זהורית שמעתי חילוק ביניהם אחת של פרה אדומה שכתוב בה (במדבר יט) ולקח הכהן עץ ארז ואזוב ושני תולעת: **אחת צריכה שיעור** · ושיעורה מפרש לקמן: **ואחת אין צריכה שיעור** · שכשירה בכל שהוא: **דבעי חלוקה** · כדתנן לקמן (דף סז.) מה היה עושה המשלח את השעיר חולק לשון זהורית חציו קשר בסלע וחציו קשר בין קרניו: **בעי כובד** · שתהא כבידה ותפול לתוך עומק האור כדכתיב (שם) אל תוך שרפת הפרה: **תנאי היא** · לקמן בשמעתין: **כיצד הוא עושה** · במסכת פרה (פ״ג משנה יא) תנן לה: **כורכן** · לעץ ארז ואזוב: [**בשירי הלשון** · מדקתני שירי מכלל דאיכא תנו]: **נתהבהב הלשון** · נחרכה במקצת ונעשית קלויה לראש האחד כמין זגג: **שקלטתן שלהבת** · ולא נפלו לתוך שריפת הפרה אלא נתהבהבו באויר: **ומקדש** · כלומר ונותן שם · כל מעשה פרה קרי לה קידוש: **בקולחת** · אם שיש עליה עמוד שלהבת זקוף למעלה כקלח של עשב גבוה לריך להביא אחר והא דאמר רבי חנין כשירה בנכפפת אם שלהבת (ד) נמוכה וכפופה וסמוכה לגחלתה וקרינן ביה אל תוך: **כדי שיהו כולן באגודה אחת** · דבעינן שיהו נלקחין בבת אחת דכתיב ולקח עץ ארז ואזוב ושני תולעת: **ואחת של מצורע** · דכתיב ביה נמי ושני תולעת ואזוב: **ואין לי לפרש** · ואיני יודע לפרש איזו גדולה ואיזו קטנה ואיזו בינונית: של

מאי איכא למימר לא תימא ואח״כ אמר אלא אימא ואחר כך לקח ואמר לקח מוסיף ומביא חובתו מאי ניהו דפריק ליה והא *אין פדיון לעוף אמר רב פפא כגון שלקח פרידה אחת אי עולה זבן מוסיף ומביא חובתו מדמי חטאתו והאי עולה אזלא לנדבה אי חטאת זבן אין מוסיף ומביא חובתו מדמי עולתו והאי חטאת אזלא למיתה גופא א״ר אלעזר א״ר הושעיא מטמא מקדש עשיר והביא קרבן עני לא יצא ורבי תנא א״ר הושעיא יצא מיתיבי *מצורע עני שהביא קרבן עשיר יצא עשיר שהביא קרבן עני לא יצא שאני התם דכתיב °זאת אי הכי רישא נמי הא רבי רחמנא תורה והתניא תורת לרבות מצורע עני שהביא קרבן עשיר יכול אפילו עשיר שהביא קרבן עני ת״ל זאת ונילף מינה מיעט רחמנא °ואם דל הוא:

מתני׳ *קשר לשון של זהורית בראש שעיר המשתלח והעמידו כנגד בית שלוחו ולנשחט כנגד בית שחיטתו בא לו אצל פרו שניה וסומך שתי ידיו עליו *ומתודה וכך היה אומר אנא השם (*חטאתי עויתי ופשעתי) לפניך אני וביתי ובני אהרן עם קדושך אנא השם כפר נא לעונות ולפשעים ולחטאים שעויתי ושפשעתי ושחטאתי לפניך אני וביתי ובני אהרן עם קדושך ככתוב בתורת משה עבדך °כי ביום הזה יכפר עליכם לטהר אתכם מכל חטאתיכם לפני ה׳ תטהרו והן עונין אחריו ברוך שם כבוד מלכותו לעולם ועד:

גמ׳ איבעיא להו ולנשחט אקשירה קאי או אהעמדה קאי ת״ש דתני רב יוסף קשר לשון של זהורית בראש שעיר המשתלח והעמידו כנגד בית שלוחו ולנשחט כנגד בית שחיטתו שלא יתערב זה בזה ולא יתערב באחרים אי אמרת בשלמא אקשירה קאי שפיר אלא אי אמרת אהעמדה קאי נהי דבחבריה לא מיערב דהאי קטיר ביה והאי לא קטיר ביה באחריני מיהת מיערב אלא לאו שמע מינה אקשירה קאי שמע מינה

א״ר יצחק שתי לשונות שמעתי אחת של פרה ואחת של שעיר המשתלח אחת צריכה שיעור ואחת אינה צריכה שיעור ולא ידענא הי מינייהו אמר רב יוסף ניחזי אנן של שעיר המשתלח דבעי חלוקה בעי שיעור ושל פרה דלא בעי חלוקה לא בעי שיעור מתקיף לה רמי בר חמא דפרה נמי בעי כובד א״ל רבא כובד תנאי היא ופרה לא בעי חלוקה איתיביה אביי *)כיצד הוא עושה *כורכן בשירי לשון אמר רב עץ ארז ושני תולעת שקלטתן שלהבת כשרה מיתיבי נתהבהב הלשון מביא לשון אחר ומקדש לשון אחר אמר אביי ל״ק כאן בקולחת כאן בנכפפת רבא אומר כובד תנאי היא דתניא למה כורכן כדי שיהו כולן באגודה אחת דברי רבי *רבי אלעזר בר׳ שמעון אומר כדי שיהא בהן כובד ויפלו לתוך שריפת הפרה כי אתא רב דימי א״ר יוחנן שלש לשונות שמעתי אחת של פרה ואחת של שעיר המשתלח ואחת של מצורע אחת משקל עשרה זוז ואחת משקל שני סלעים ואחת משקל שקל ואין לי לפרש כי אתא רבין פירשה משמיה דרבי יונתן של

*) [כיצד הוא עושה ליתא במשנה דפרה]

§ מסכת יומא דף מא: §

אות א'

אין פדיון לעוף

רמב"ם פ"ה מהל' פסולי המוקדשין ה"י - הפריש בהמה ונפל בו מום, תמכר ויביא בדמיה עוף; אבל אם הפריש עוף ונפסל, לא יביא בדמיו עשירית האיפה, שאין לעוף פדיון, כמו שביארנו באיסורי המזבח.

אות ב'

קשר לשון של זהורית בראש שעיר המשתלח והעמידו כנגד בית שילוחו

רמב"ם פ"ד מהל' עבודת יוה"כ ה"א - ואחר כך מגריל על שני השעירים, וקושר לשון של זהורית בראש המשתלח ומעמידו כנגד בית שלוחו, [א]ולנשחט כנגד בית שחיטתו; ובא לו אצל פרו שנייה וסומך שתי ידיו על ראשו ומתודה וידוי שני, וכך הוא אומר: אנא השם חטאתי עויתי פשעתי לפניך אני וביתי ובני אהרן עם קדושיך, אנא השם כפר נא לחטאים ולעונות ולפשעים שחטאתי ושעויתי ושפשעתי לפניך אני וביתי ובני אהרן עם קדושיך, ככתוב בתורת משה עבדך: כי ביום הזה וגו'.

[ב]רמב"ם פ"ג מהל' עבודת יוה"כ ה"ד - וקושר לשון זהורית משקל שתי סלעים בראש שעיר המשתלח, ומעמידו כנגד בית שלוחו, ולנשחט כנגד בית שחיטתו, ושוחט את פר החטאת אשר לו, ואת השעיר שעלה עליו הגורל לשם.

אות ג'

כורכן בשירי לשון

רמב"ם פ"ג מהל' פרה ה"ב - וכורך האזוב עם הארז בלשון של שני.

באר הגולה

א ‹פירש"י דקושר לנשחט לשון כנגד צוארו. ויש לתמוה על רבינו שסתם במקום שהיה לו לפרש - כסף משנה. **ועיין** בדף ס"ז. תירוץ לזה› מהדורת נהרדעא›

ב ‹ע"פ

§ מסכת יומא דף מב. §

אות א'

<u>של פרה משקל עשרה זוז</u>

רמב"ם פ"ג מהל' פרה ה"ב - וצמר צבוע בתולעת משקל [א]חמשה סלעים.

אות ב'

<u>ושל שעיר המשתלח משקל שני סלעים</u>

רמב"ם פ"ג מהל' עבודת יוה"כ ה"ד - וקושר לשון זהורית משקל שתי סלעים בראש שעיר המשתלח.

אות ג'

<u>ושל מצורע משקל שקל</u>

רמב"ם פי"א מהל' טומאת צרעת ה"א - ושני תולעת משקלו שקל.

אות ד'

<u>שחיטת פרה בזר פסולה</u>

רמב"ם פ"א מהל' פרה הי"א - [ב]אף כהן הדיוט כשר לשרפת הפרה, שנאמר: ונתתם אותה אל אלעזר הכהן, [ג]ועדיין אהרן היה קיים, ומפי השמועה למדו, זו נעשית באלעזר, ושאר כל הפרות בין בכהן גדול בין בכהן הדיוט.

רמב"ם פ"ד מהל' פרה הי"ז - כל מעשה הפרה מתחלה ועד סוף אינו אלא ביום, ובזכרי כהונה.

באר הגולה

א ‹בפירוש המשנה (פרה פ"ג מ"י) פירש רבינו, דעשרה זוז הוא של יהודה, שהוא בגליל עשרים זוז, והם חמש סלעים כמבואר בתרומות פ"י - אור שמח›

ב ‹בפרק טרף בקלפי (דף מ"ב ע"ב) ונתתם אותה אל אלעזר, אותה לאלעזר ולא לדורות לאלעזר, איכא דאמרי לדורות בכ"ג, וא"ד לדורות בכהן הדיוט, ובפ"ד דפרה (משנה א) תנן: ושלא בכ"ג פסולה, ר' יהודה מכשיר. **ויש** לתמוה למה פסק דלא כת"ק - כסף משנה. ‹**ולענ"ד** נראה דפסק רבינו כר' יהודה משום דאיתא התם ביומא דף מ"ב, איתמר שחיטת פרה ופרו, רב ושמואל, חד אמר פרה פסולה פרו כשרה, וחד אמר פרו פסולה פרה כשרה, תסתיים דרב הוא דאמר פרה פסולה, דאמר ר' זירא שחיטת פרה בזר פסולה, ואמר רב עלה אלעזר וחוקה שנינו בה, ע"כ. **משמע** דבזר הוא דפסולה הא בכהן הדיוט כשרה, ש"מ דדריש הא לדורות בין בכ"ג בין בכהן הדיוט, ומכיון דרב ס"ל הכי, הכי קי"ל, וכ"כ התוס' שם דף מ"ג ד"ה לרב הוי ע"ש - כרוב ממשח. ‹**ולפי"ז** ניחא מה דהביא העין משפט רמב"ם זה כאן›

ג ‹לכאורה הוא מיותר, דמ"מ אמרינן אותה לאלעזר ולדורות אף בכהן הדיוט, ואפשר דפרה ראשונה היתה פסולה בין בכה"ג בין בכהן הדיוט, ודוקא בסגן, ולדורות בין בכה"ג בין בכהן הדיוט, ולפיכך הזכירו רבינו שהיתה בסגן - חזו"א›

תורה אור

*של פרה משקל עשרה זוז *ושל שעיר המשתלח משקל שני סלעים *ושל מצורע משקל שקל אמר ר' יוחנן פליגי בה ר"ש בן חלפתא ורבנן בפרה חד אמר משקל עשרה וחד אמר משקל שקל וסימניך *אחד המרבה ואחד הממעיט אמר ליה ר' ירמיה מדיפתי לרבינא לא בפרה פליגי אלא בשעיר המשתלח פליגי והדהוא יומא נח נפשיה דרביא בר קיסי ואנחו בה סימנא רביא [בר] קיסי מכפר כשעיר המשתלח אמר ר' יצחק שתי שחיטות שמעתי אחת של פרה ואחת של פרו אחת כשרה בזר ואחת פסולה בזר ולא ידענא הי מינייהו [א] איתמר שחיטת פרה ופרו רב ושמואל חד אמר פרה פסולה פרו כשרה וחד אמר *פרו פסולה פרה כשרה תסתיים דרב הוא דאמר פרה פסולה *דאמר ר' זירא [א] *שחיטת פרה בזר פסולה ואמר רב עלה אלעזר וחוקה שנינו בה ורב מאי שנא פרה דכתיב אלעזר וחוקה פרו נמי הא כתיב אהרן וחוקה *שחיטה לאו עבודה היא אי הכי פרה נמי שאני פרה *דקדשי בדק הבית היא ולאו כל דכן הוא אמר רב שישא בריה דרב אידי מידי דהוה אמראות נגעים דלאו עבודה היא ובעיא כהונה ולשמואל דאמר פרו פסולה מאי שנא פרו דכתיב אהרן וחוקה פרה נמי הא כתיב אלעזר וחוקה שאני התם דכתיב (במדבר יט) ושחט אותה לפניו *שיהא זר שוחט ואלעזר רואה ורב שלא יסיח דעתו ממנה ושמואל שלא יסיח דעתו מנא ליה נפקא ליה (שם) מושרף את הפרה לעיניו ורב חד בשחיטה וחד בשריפה וצריכא דאי כתב רחמנא בשחיטה משום דתחילת עבודה היא אבל שריפה אימא לא צריכא ואי כתב רחמנא בשריפה משום דהשתא הוא דמתכשרא פרה אבל שחיטה אימא לא צריכא למעוטי מאי אילימא למעוטי [ב] אסיפת אפרה ומילוי מים לקידוש למשמרת

רש"י

של פרה משקל עשר זוז · דבעיא כובד : **של שעיר** · דבעיא חלוקה משקל שני סלעים ודייה בכך : **של מצורע** · דלא הא ולא הא סגי ליה בשקל : הכי גרסינן פליגי בה ר"ש בן חלפתא ורבנן בפרה : **וסימן** · שלא תטעה לומר שאחד היה אומר משקל שני סלעים משנה זו תהא לך סימן ששנינו (מנחות דף קי.) אחד המרבה ואחד הממעיט ובלבד שיכוין לבו לשמים בסימן זה תזכור לומר שהאחד נתן בה שיעור המרבה מכולן והאחד נתן בה שיעור וקא ממעט מכולן אבל שיעור בינוני לא הוזכר כאן : **לא בפרה פליגי** · בלשון של פרה: **והסוא יומא** · דאיפליגי בה נח רביא בר קיסי · שם חכם : **מכפר** · מיתת לדיקים מכפרת כדאמר בעלמא (מועד קטן דף כח.) למה נסמכה מיתת אהרן לבגדי כהונה לומר לך מה בגדי כהונה מכפרין אף מיתת לדיקים מכפרת : **של פרו** · פר כהן גדול של יוה"כ : **אלעזר וחוקה** · אלעזר כתיב בה ונתתם אותה אל אלעזר הכהן וגו' (במדבר יט) וכתיב (שם) זאת חקת התורה וכל היכא דכתי' חוקה עיכובא הוא: **אהרן וחוקה** · דכתיב (ויקרא טז) והקריב אהרן את פר החטאת אשר לו וכפר וגו' ושחט את פר החטאת אשר לו וגו' וכתיב באחרי מות בעניינא (שם) והיתה זאת לכם לחקת עולם לכפר על בני ישראל: **שחיטה לאו עבודה היא** · ולא קיימא חוקה אשחיטה : **שאני פרה דקדשי בדק הבית היא** · כלומר אין בה קדושת המזבח אלא קדושת דמים בעלמא שהרי שחיטתה בחוץ המחנה הלכך אין לך עבודות נחלקות בה וכל העבודות שוות בה : **ולא כל דכן הוא** · בתמיה אשחיטת פרו דקדושת הגוף היא לא כתיבא חוקה ואשחיטת פרה כתיבה חוקה ומיפסלא בזר : **אמראות נגעים** · דכתיב (ויקרא יג) (*כנגע נראה) והובא אל אהרן הכהן : **ושחט אותה לפניו** · מדכתיב לפניו מכלל דהשחיטה לאו אאלעזר קאי אלא ושחט אותה אחר לפני אלעזר : **ורב** · לעולם אלעזר שחטה ומאי לפניו שלא יסיח דעתו משמירתה: **דהשתא הוא דמתכשרא פרה** · שהרי כל עצמה אינה עשויה אלא לאפרה : **למעוטי מאי** · דלא פסיל בה היסח הדעת במעשה פרה : **אסיפת אפרה** · ואסף איש טהור וגו' (במדבר יט) : **ומילוי מים** · לתת *לתוך אפר להזות : **לקידוש** · היא נתינת מים *על האפר ומערבן יחד : **למשמרת**

תוספות

כי אתא רבין פירשה משמיה דר' יונתן של פרה משקל י' סלעים · משום כובד אע"ג דר' יונתן לא חייש לכובד כדאמר רבא תנאי היא דלר' יונתן לית ליה כובד שמא רבין ס"ל כשיטיא דאביי דאמר כאן בקולחת כאן בנכפפת ואפי' לספרים דגרסי כי אתא רבין פירשה משמיה דר' יונתן צריך לתרץ כן דמ"מ אליבא דר' יונתן פירשה דאיהו אמר ג' לשונות שמעתי אי נמי י"ל ג' לשונות שמעתי דקאמר אליבא למאן דאית ליה כובד ושמעתי קאמר וליה לא סבירא ליה :

שחיטה לאו עבודה היא · בכל דוכתא פרש"י משום דכשירה בזר ותימה הוא דבפ"ק דזבחים (דף יד:) פריך והרי שחיטה דלא"א לבטלה וכשירה בזר ומשני שחיטה לאו עבודה היא והשתא מה תשובה היא זו שהרי הקשה שהיה לה ליפסל בזר כיון דלא"א לבטלה ופירש רבינו יעקב מאורלייני"ש דלאו עבודה היא דנוהגת אפי' בחולין וקשה א"כ מאי פריך עלה התם והאמר רב שחיטת פרה בזר פסולה בשלמא לפרש"י פריך שפיר אבל לפירוש רבינו יעקב מאי פריך נהי דשחיטת פרה פסולה בזר מ"מ לאו עבודה היא כיון דנוהגת נמי בחולין והיה נראה ליישב פרש"י כן ולפרש שחיטה לאו עבודה היא כיון דהוכשרו בה כל הפסולין ואפי' נשים ועבדים וטמאים מסתמא לא חשיבא עבודה לפני המקום מאיזה טעם שיהא או משום דנוהגת נמי בחולין או משום טעמא אחרינא והדר פריך מנא לך דלאו עבודה היא מדהוכשרו בה כל הפסולין והלא יש שחיטה שהיא פסולה בזר כגון שחיטת פרה ורבינו שמשון מפרש לאו עבודה דגבי קבלה בעינן שהמקבל יעמוד בפנים ובשחיטה אם עמד והושיט ידו לפנים ושחט כשר כדדרשינן בפרק כל הפסולין (שם דף לב:) בן הבקר לפני ה' ולא השוחט לפני ה' והוא בעצמו הקשה לשמעון התימני דפליג התם ואמר שיהו ידיו של שוחט לפנים מן האשחט מאי איכא למימר מיהו מצי למימר דאפי' לשמעון התימני שחיטה לאו עבודה היא שהרי בקדשי קדשים צריך שיעמוד המקבל בצפון כדדרשינן בפרק איזהו מקומן (שם דף מח.) מולקח לו יקח ובשוחט לא בעינן שיעמוד השוחט בצפון וכי פריך בפ"ק דזבחים (דף יד:) ובפ"ק דמנחות (דף ו:) והאמר רב שחיטת פרה בזר פסולה ומשני שאני פרה דקדשי בדק הבית היא תימה ליפרך מפרו של אהרן למאן דאמר פסולה בזר ולא הוה מצי לשנויי הכי ואמר לי מורי הרב ר' שמואל בר שלמה בשם הר' יוסף קלגון זצ"ל דמהתם ליכא למיפרך דהתם לאו משום דעבודה היא דהא פסולה אפי' בשאר הכהנים אלא בכ"ג לחודיה אלא גלי רחמנא דבעינן בעלים מידי דהוה אסמיכה דלאו עבודה היא דבעינן בעלים :

שאני פרה דקדשי בדק הבית היא · והכי נמי אמרינן בפ"ק דזבחים (דף יד:) ובפ"ק דמנחות (דף ו:) ובפ"ק דשבועות (דף יא:) וקשה מכאן לפרש"י שפירש בריש פ' אין מעמידין (ע"ז דף כג: ושם) גבי ש"מ פרה קדשי מזבח היא דאי קדשי בדק הבית היא מי מיפסלא ברביעה אלא מעתה תיפסל ביוצא דופן אלמה תניא ופסולה ביוצא דופן ור"ש מכשיר אלא אי פרה הואיל והמום פוסל בה דבר ערוה ועבודת כוכבים פוסל בה ופרש"י דלרבנן קדשי מזבח היא ולהכי מיפסלא ברביעה וביוצא דופן ולר"ש קדשי בדק הבית היא ולהכי לא מיפסלא ביוצא דופן והאי דמודה ר"ש דמיפסלא ברביעה משום דכיון דהמום פוסל בה דבר ערוה ועבודת כוכבים פוסלין בה וקשה לפי' דא"כ כל סתמי דהש"ס בכמה דוכתי דקאמר פרה קדשי בדק הבית היא כר"ש ולא כרבנן ושם מפורש ובפרק קמא דחולין (דף יא. ד"ה חטאת) בשמעתא דמנא הא מילתא דאזלי בתר רובא הארכתי :

למעוטי מאי אילימא למעוטי אסיפת אפרה כו' · תימה לי מאי קאמר למעוטי מאי וכי חובה הוא שיש לי למעט וליכא למימר משום דהוי שחיטה ושריפה שני כתובים הבאים כאחד ואין מלמדין דאדרבה אינן באין כאחד דהא מיצרך צריכי ונראה דע"כ היסח הדעת לא פסיל בכולהו דאי פסיל בכולהו מאי איצטריך למיכתב בשחיטה ובשריפה דלא אתו מהדדי ליכתביה גבי אסיפת אפרה או מילוי מימיה או אחת מן השאר שאינן תחילת עבודה ולא עבודה דהשתא הוא דמתכשרא פרה וניתו כולהו וניגמר מינה למאי הילכתא כתביה בתרתי שיש בכל חדא מילתא דחשיבותא אלא שמע מינה למעוטי עבודה שאין לה שום חשיבותא דלא פסל בה היסח הדעת והיינו דקאמר למעוטי מאי :

עין משפט נר מצוה

יד א מיי' פ"ג מהלכות פרה הלכה ב :

טו ב מיי' פ"ג מהלכות עבודת יום הכפורים הלכה ד :

טז ג מיי' פ"א מהל' טומאת צרעת הלכה א סמג עשין רלו רלז :

יז ד מיי' פ"א מהלכות פרה הלכה יא ופ"ד הלכה יז :

מסורת הש"ס

[ברכות ה: יז. שבת ע. שבועות טו. מנחות קי.]

[יבמות לג:]

מנחות ו: זבחים יד: סח: ע"ש

[זבחים יד: סח: מנחות ה. ו:]

[ע"ז כג: שבועות יא: זבחים יד: סח: מנחות ו: בכורות כה. תמורה כ.]

הגהות הגר"א

[א] גמ' דאמר ר' זירא · נ"ב אמר רב :

[ב] שם אילימא למעוטי מילוי מים וקידוש למשמרת למי נדה כתיב אלא למעוטי אסיפת אפרה והשלכת עץ כו' כצ"ל :

[צ"ל לתוכה]

[ועי' תוספות לקמן מג. ד"ה הכל כשרין כו']

הגהות מהר"ב רנשבורג

[א] גמרא איתמר שחיטת פרה ופרו כו' · עי' מיי' פ"א מהלכות פסולי המוקדשין הלכה כ :

רבינו חננאל

ולנשחט (כנשחט) כנגד בית שחיטתו (קשר) [פי' דקשרו] גם בשעיר הנעשה בפנים לשון של זהורית בצוארו כנגד בית שחיטתו כמו של קשר בראש שעיר המשתלח או דילמא העמידו לנשחט כנגד בית שחיטתו' ופשטנה *קשר בצוארו של שעיר הנעשה בפנים · לשון של זהורית כו' פי' שירי לשון כגון שחלקו ונטל ממנו והנותר נקרא שירי לשון ופריק אימא כרכם בזנב הלשון כלומ' הלשון הזה הוא ארוך והקצר היוצא ממנו נקרא זנב ומחזיר וכורך בו · כי אתא רב דימי א"ר יונתן ג' לשונות של זהורית שמעתי והוא שכתוב בתורה ושני תולעת של פרה אחת ושל שעיר המשתלח אחת ושל מצורע אחת · של פרה שנאמר ולקח הכהן עץ ארז ואזוב ושני תולעת והשליך אל תוך שרפת הפרה · של שעיר הא דתנן קשר לשון של זהורית בראש שעיר המשתלח · של מצורע שנאמר ולקח למטהר שתי צפרים חיות טהורות ועץ ארז ושני תולעת ואזוב אחת משקלה עשרה זוז ואחת משקלה ב' סלעים · ואחד משקלה שקל ואין לי לפרש·מצאנו בתלמ' א"י כי עשרה זוזין הן ב' סלעים ומחצה וכך כתוב [שם] ר' שמואל בר נחמני בשם ר' יונתן ג' לשונות הן של שעיר בסלע של מצורע בשקל של פרה בב' סלעים · ר' חונייא דבית חוורן ר' אבא בר זבדא בש"ר שמעון בן חלפתא של פרה בב' סלעין ומחצה ואית דמפקין לה לישנא בעשרה זוזין חלוקת ר' שמעון בן חלפתא ודב' בתלמ' א"י **היא ותנן בסוף כריתות המפריש ב' סלעים כו' עד לקח בהן ב' אילים לתלין אחד יפה ב' סלעים ואחד יפה עשרת זין היפה ב' סלעים יקרב לאשמו והשני למעילתו כו' ופרשוה בגמ' דהאי עשרה זין אינון ב' סלעים ותושיהן והן ב' סלעים וחצי סלע ידוע דמשמע מלבר · איתמר שחיטת פרה אדומה ושחיטת פר כ"ג ביוה"כ בזה פליגי רב ושמואל חד אמר פרה פסולה ופרו כשר · וחד אמר פרו פסול ופרה כשרה ואסיק' רב אמר שחיטת פר יוה"כ כשרה בזר דשחיטה לאו עבודה היא אבל שחיטת פרה בזר פסולה מ"ט אלעזר וחוקה כתיב בה אלעזר דכתיב ונתתם אותה אל אלעזר הכהן והוציא אותה אל מחוץ למחנה ושחט אותה לפניו ואע"ג דשחיטה בכל

*) אולי צ"ל דקשרו קשר גם בצוארו וכו' · **) אינו מובן ואולי צ"ל וחלוקת ר' שמעון בן חלפתא ודבר פלוגתי' בתלמוד א"י הוא כתוספתא מלבר דתנן בריש כריתות וכו' ·

תוספות ישנים

באגודה אחת · פירש ה"ר יוסף לפי שהן דברים קטנים והידור מצוה הוא זה וריב"א פי' שמא ילפינן מאגודת [illegible]

ביוה"כ דכהן הדיוט פסול והא דנקט פסולה בזר משום דנקט זר גבי כשרה נקטיה גבי פסולה א"נ בזר אלא קאמר והכי אמרינן בפ"ס ד' אתין בשמעתא דזר שמשמש בשבת קאמר יש כאן משום זרות כו' ומוקי לה [illegible]

[illegible]

עין משפט נר מצוה

יח א ב מיי' פ"ד מהל' פרה הלכה ב ועי' כ"מ סמג עשין רלג :

יט ג שם פ"ו הל' ג :

כ ד מיי' שם פ"ג הלכה ב :

כא ה מיי' שם פ"ב הלכה יא :

כב ו מיי' שם פ"ב הל' ו סמג עשין שם :

°למשמרת למי נדה כתיב אלא למעוטי השלכת עץ ארז ואזוב ושני תולעת דלאו גופה דפרה נינהו איתמר שחיטת פרה בזר ר' אמי אמר כשרה ור' יצחק נפחא אמר פסולה עולא אמר כשרה ואמרי לה פסולה מתיב ר' יהושע בר אבא לסועיה לרב אין לי אלא הזאת מימיה שאין כשרין באשה כבאיש ואין כשרין אלא ביום מנין לרבות שחיטתה וקבלת דמה והזאת דמה ושריפתה והשלכת עץ ארז ואזוב ושני תולעת ת"ל תורה יכול שאני מרבה אף אסיפת אפרה ומילוי מים וקידוש ת"ל זאת ומה ראית לרבות את אלו ולהוציא את אלו אחר שריבה הכתוב ומיעט אמרת הרי אנו למדין כולן מהזאת מימיה מה הזאת מימיה אינן כשרין באשה כבאיש ואין כשרין אלא ביום אף אני אביא שחיטתה וקבלת דמה והזאת דמה ושריפתה והשלכת עץ ארז ואזוב ושני תולעת הואיל ואין כשרין באשה כבאיש אין כשרין אלא ביום ומוציא אני אסיפת אפרה ומילוי מים וקידוש הואיל וכשרין באשה כבאיש כשרין נמי ביום ובלילה והאי מאי תיובתא אילימא מדפסולין באשה פסולין נמי בזר הזאת מימיה תוכיח שפסולין באשה וכשרין בזר אמר אביי היינו תיובתיה אשה מאי טעמא אלעזר ולא אשה זר נמי אלעזר ולא זר אמר עולא כל הפרשה כולה משמע מוציא מיד משמע ומשמע ממילא °ונתתם אותה אל אלעזר הכהן אותה לאלעזר ולא לדורות לאלעזר איכא דאמרי לדורות בכהן גדול ואיכא דאמרי לדורות בכהן הדיוט בשלמא למ"ד לדורות בכהן הדיוט שפיר אלא למאן דאמר לדורות בכהן גדול מנא ליה גמר חוקה חוקה מיום הכפורים והוציא אותה שלא יוציא אחרת עמה כדתנן *לא היתה פרה רוצה לצאת אין מוציאין עמה שחורה שלא יאמרו שחורה שחטו ואין מוציאין עמה אדומה שלא יאמרו שתים שחטו *ר' אומר לא מן השם הוא זה אלא משום שנאמר °אותה לבדה ות"ק הא כתיב אותה מאן ת"ק ר"ש היא *)דדריש טעמיה דקרא מאי בינייהו דאפיק

*)[קדושין סח: וש"נ]

תורה אור: במדבר יט · שם · שם

רש"י

למשמרת למי נדה · משמע דצריכי שימור עד שיזה מהן : **לסיועיה לרב** · דאמר פרה שחיטתה בזר פסולה : **הזאת מימיה אין כשירה באשה** · לקמן מפרש לה : **ואין כשירה אלא ביום** · דכתיב (במדבר יט) הוא יתחטא בו ביום השלישי : **מניין לרבות שחיטתה וקבלת דמה והזאת דמה ושריפתה והשלכת עץ ארז ואזוב ושני תולעת** · דלא יהיו כשרין אלא ביום דאילו לענין באשה כבאיש (א) איתו אצטריך לרבויי דכולהו כתיב בהו או אלעזר או כהן : **והזאת דמה** · אל נוכח פני אהל מועד שבע פעמים : **ת"ל תורה** · זאת חקת התורה (שם) תורה אחת לכל עבודתה : **ת"ל זאת** · את הכתוב כאן קיים ואל תוסיף : **אחר שריבה הכתוב ומיעט** · ולא פירש מאי ריבה ומאי מיעט מעתה לא מסרן אלא להתבונן בה את האמת ואת הישר : **אמרת הרי אנו למדין כולן מהזאת מימיה** · שפסול הלילה מפורש בו : **שאין כשרים באשה כבאיש** · כדלקמן ולקח אזוב וטבל במים איש טהור וגו' (שם) : **והאי מאי תיובתא** · לשמואל אי נימא מדקתני שחיטה פסולה באשה פסולה נמי בזר : **אשה מאי טעמא** · מנא ליה דשחיטה פסולה באשה בשלמא קבלת דמה והזאת דמה כתיב ולקח אלעזר הכהן מדמה היינו קבלה והזה אל נוכח פני אהל מועד היינו הזאתה ושריפה נמי לעיל מינה כתיב כהן והדר ושרף את הפרה לעיניו דאלעזר והשלכת עץ ואזוב כהן כתיב אלא שחיטה מהיכא : **אלעזר ולא אשה** · ועל כרחך ושחט אותה לפניו אאלעזר קא דריש ליה תנא כרב דאי שיהא אחר שוחט ואלעזר רואה כדדריש שמואל מהיכא ממעט אשה אלא מאלעזר דריש ליה תנא וכי היכי דממעט אשה מהכא ממעטינן נמי זר : **כל הפרשה כולה** · של פרה כמו שעבודותיה סדורות זו אחר זו : **משמע מוציא מיד משמע ומשמע ממילא** · כשמדקדק בה איך יכול להשוות שיטת הפרשה בשוה שיהיו כל מקראותיה שוים זה עם זה אלא יש בהן שמשמע מקרא זה מוציא מכלל משמע מקרא שלפניו מה שפסל זה הכשיר זה או מה שהכשיר זה פוסל זה[א] ויש בה מקראות משמעות שמתקיימין ממילא משמעותו שהמשמע עומד במקומו ואינו מוציא מכלל חבירו ולפי סידורן יש לך להבין מהו המוציא מכלל חבירו ומי משמע ממילא ועכשיו דורש והולך את כולה : **לאלעזר** · שהוא סגן : **בשלמא למאן דאמר לדורות בכהן הדיוט שפיר** · דכיון דלא קבע לה קרא בהדיא סגן או כהן גדול כל כהנים כשרין בה : **שלא יאמרו שתים שחטו** · וקי"ל שכל מלאכות הנעשות עמה פוסלות אותה כדתנן (פרה פ"ד משנה ד') כל העוסק בפרה מתחילה ועד סוף פוסלין אותה במלאכה ולקמן (דף מג.) נמי אמרינן ושחט אותה שלא ישחוט אחרת עמה : **משום שנאמר אותה** · והוציא אותה : **דדריש טעמא דקרא** · כבבא מציעא (דף קטו.) אלמנה עשירה ממשכנין אותה עניה אין ממשכנין אותה מפני שאתה צריך להחזיר לה ואתה משיאה שם רע בשכינותיה :

תוספות

למשמרת למי נדה כתיב · תימה לי א"כ מאי איצטריך קרא בשחיטה ובשריפה ובהכי הוי חדא מתרתי ותלת וליכא למימר דאין הכי נמי דלא צריכי אלא הוו להו שני כתובין הבאין כאחד ואין מלמדין והא דקאמר למעוטי השלכה משום דג' כתובים הבאין כאחד ואין מלמדין חדא דמשמע דקאמר אלא למעוטי השלכת עץ ארז [דומיא] דלמעוטי אסיפת אפרה דמעיקרא דההוא מכח יתור קאמר והשתא אלא מכח ב' כתובים הבאין כאחד כדפרישית ועוד אי מכח ג' כתובים קא ממעט השלכת עץ ארז א"כ מאי איצטריך למימר טעם לדבר דלאו גופה דפרה נינהו וי"ל דשחיטה לא אתיא מכולהו דמה לכולהו שאינן נוהגין בחולין תאמר בשחיטה דלאו עבודה היא שנוהגת בחולין והכי נמי איכא למיפרך היסח הדעת כמו בחולין ושריפה נמי לא אתיא מכולהו דמה לכולהו דין הוא שיפסול בהן היסח הדעת דחזו מיד להזאה דמיד בשעת שחיטה מקבל הדם כדי להזות וכן באסיפת אפרה ומילוי מימיה [וקידוש] דאין לאחר להזאה משא"כ בשריפה ואסיפת אפרה ומילוי מימיה וקידוש איצטריך למיכתב בהו למשמרת דמשלהו לא אתו דמה לכולהו שפסולים באשה ובלילה ואין להקשות אמאי איצטריך למיכתב בכל שלשתן באסיפת אפרה ומילוי מים וקידוש [לכתוב] בחד מינייהו וניתו אינך מיניה די"ל דאיזה מהם שלא היה נכתב הייתי ממעטו ולא הייתי ממעט השלכת עץ ארז דממעטינן השתא כיון דהני כשירין באשה כבאיש והשלכת עץ ארז פסול באשה :

אף אני אביא שחיטה וכו' עד והשלכת עץ ארז · תימה לי אמאי לא קאמר מה הזאת מימיה מיוחדת לעבודת גופה דפרה נינהו אף כל דגופה דפרה וגרעי אסיפת אפרה ומילוי מימיה וקידוש ונמעט השלכת עץ ארז ואזוב דלאו גופה דפרה נינהו כדה"ג אמרינן לעיל גבי היסח הדעת וי"ל דסברא הוא לרבויי השלכת עץ ארז ואזוב ושני תולעת טפי מאסיפת אפרה ומילוי מימיה וקידוש כיון דהנהו כשירים אפי' באשה והנך חשיבי כולי האי דקבעי להו כהן ולעיל נמי גבי היסח הדעת אי לאו דפסיל קרא היסח הדעת בהדיא באסיפת אפרה ומילוי מים וקידוש הוה מוקמינן בהן מיעוטא ולא בהשלכת עץ ארז תדע דקאמר לעיל מעיקרא אילימא למעוטי אסיפת אפרה כו' :

רבינו חננאל

מקום בשרה בזר ואפילו בפר יוה"כ דשחיטה לאו עבודה היא שני הכא דכתב ושחט אותה מידי דהוה אבראשית ובביאה לאו עבודה היא ובביא כהן להודות לסכא או לסחר הכא נמי בשחיטת פרה אדומה אע"ג דלאו עבודה היא בעיא כהן [דכתיב] חוקה שנאמר זאת חוקת התורה וגו' ושמואל א' שחיטת פרה פסולה בזר ... אדומה כשר בזר שנא' ושחט אותה לפניו ... זר שוחט ואלעזר רואה ורב לפניו מבעי לי' שלא יסיח דעתו ממנו ללמד כי היסח הדעת פוסל בה ושמואל אמר ... ושרף את הפרה לעיניו ... ושני תולעת דלאו גופא דפרה נינהו אבל אסיפת אפר ומילוי מים וקידוש ... פסולה בזר ... אין לי אלא הזאת מימיה שאין כשרין באשה כבאיש ואין כשרין אלא ביום ת"ל ... שחיטתה וקבלת דמה והזאת דמה ושריפתה והשלכת עץ ארז ואזוב ושני תולעת ת"ל חקת התורה יכול שאני מרבה אף אסיפת אפרה ומילוי מים וקידוש שלא יהיו כשרים אלא ביום ת"ל זאת ומה ראית לרבות את אלו ולהוציא את אלו אחר שריבה התורה ומיעט זאת אמרת הרי אנו למדין כולן מהזאת מימיה מה הזאת מימיה ... שאין כשרין באשה כבאיש

[פרה פי"ב מי"ב] הכל כשרין להזות חוץ מטומטום ואנדרוגינוס ואשה · ותינוק שאין בו דעת האשה מסעדתו כו' ואין כשרין אלא ביום שנא' והזה הטהור על הטמא ביום השלישי וביום השביעי אף אני אביא

מסורת הש"ס

פרה פ"ג מ"ז

[במשנה איתא רבי יוסי אומר לא משום זה אלא משום שנא' והוציא אותה לבדה ... דהכא ד"ס משום וכו' מוכח דסיה לפניהם כגר' הספר]

הגהות הב"ח

(א) רש"י ד"ה מנין כו' כבאיש לא איצטריך לרבויי :

הגהות מהר"ב רנשבורג

[א] רש"י ד"ה משמע מוציא מיד משמע וכו' ויש בה מקראות משמעות שמתקיימין ממילא משמעותו שהמשמע כו' נ"ל ויש בה משמעות מקראות שמתקיימין ממילא שהמשמע הראשון כו' כנ"ל :

תוספות ישנים

אפילו לר"ש וכ"ת ר"ש לית ליה כו' אלא שאני פרה הואיל ומום פוסל בה כו' משמע שסותר טעמא דחטאת קרייה רחמנא ובא לומר דלר"ש דמכשיר ביוצא דופן הויא קדשי בדק הבית ולרבנן הוי קדשי מזבח והשתא קשה דבשמעתין דהכא משמע דקדשי בדק הבית היא אפילו לרבנן דר"ש וכן בספ"ק דשבועות (דף יא:) קאמר ... נסדית על כל פסול שבה כו' שאני פרה דקדשי בדק הבית היא מקמי דלוקי לה התם כר"ש וגם בכל התלמוד דאמרינן פרה קדשי בדק הבית בפ"ק דזבחים (דף יד:) ובפרק א) המזבח מקדש ובפ"ק דמנחות ובפ"ג דבכורות (דף כה.) [גבי] ר' יוסי בן המשולם ובתמורה פרק אלו קדשים וכי נעמיד כל התלמוד ... רבנן דר"ש ע"כ נראה לרבי דה"ם התם אלא מעתה תפסל ב) כונה כלומר כיון דפסל' בה רביעה בין ... דהתם לעיל בין לרבנן דידיה אי מטעם דקדשי מזבח אי מטעם דחטאת קרייה רחמנא תיפסל ביוצא ... אלמה תניא כו' ור"ש מכשיר ומשמע אינו חולק על ר"א ורבנן ג) ורבותיו דפסלי לה לעיל ברביעה והוא ... אלא הואיל ומום פוסל בה כו' כלומר לעולם קדשי בדק הבית היא לכ"ע ולר"ש [הוי] טעמא משום ... דמום פוסל בה כו' ולרבנן טעמא משום דחטאת קרייה רחמנא והשתא א"ש הא דאמרינן בפ"ק דחולין ... לן דאזלינן בתר רובא דחטאת קרייה רחמנא דהיינו כרבנן דר"ש ותיהו אף ר"ש גופיה יכול להודות ... התם דרשא דהא בספרי מפקינן נמי פסול שלא לשמה דהוי פסול בגופה ומיהו י"ס דגרסי גירסא אחרת ... ע"ז פרק אין מעמידין ומשמע מינה כפירוש ראשון אלא מעתה תיפסל ביוצא דופן כו' עד מודה ר"ש ... קדשים שאינו קדוש ואלא מאי קדשי מזבח היא תיפסל ביוצא דופן אלמה תניא ור"ש מכשיר האי מאי ... בשלמא קדשי מזבח היא היינו דפליגי ר"ש ורבנן אלא אי אמרת קדשי בדק הבית היא מי פסל' בה ... כו' לעולם אימא לך קדשי בדק הבית היא ולענין רביעה אפילו ר"ש מודה דפסולה דכתיב כי משחתם ... וגו' וזה משמע כפירוש ראשון שפירש וגם בפ"ק דשבועות בסוגיא שהבאתי לעיל בתר דמסיק התם אלא ... פרה הואיל ודמיה יקרים [גרים] והאי תנא דס"ל קדשי מזבח היא מני רבנן היא דפליגי עליה דר"ש בפ' ... מעמידין ופירוש משובש הוא בספרים ואין זה לשון תלמוד דלא מוכח התם מידי שצריך לסבור דפרה קדשי ... היא כי מה שצ"ל שם טעמא דדמיה יקרים לאו משום דהויא קדשי מזבח כדס"ד מעיקרא דהא לבסוף ... כר"ש דאית ליה קדשי בדק הבית ובספר רבינו יעקב בע"ז שאני פרה הואיל ובמום כו' ואין כתוב ... שאני כו' וכן ניחא לפירוש זה שפירש בלא אלא דהא לא הדר ביה מטעמא דחטאת קרייה רחמנא

א) נ"ל חטאת העוף דף סח: ב) נ"ל ביוצא דופן : ג) נ"ל רבותיו :

ואפילו לפי הספרים שכתוב בהם אלא שפיר אתא דאליבא דר"ש תוזר : **ורב** חד בשחיטה וחד בשריפה וצריכי · תימה לרב דאית ליה לקמן דאפילו בכהן הדיוט כשר מסואה ואילך לוקמא לקרא כפשטיה שיהיה כהן שורף ואלעזר רואה וי"ל דאה"נ אלא ניחא ליה למידרשינהו כולהו בחדא גוונא · ה"ר אלחנן · והא דתניא בספרי ושרף את הפרה לעיניו שיהא אחר שוחט ואלעזר רואה היינו דלא כרב ושמואל דהכא : **למעוטי מאי** · וא"ת למה יש לנו לומר שבא למעט אדרבה אית לן למילף מינייהו י"ל שהמקשה היה יודע דדרשינן היסח הדעת מלמשמרת אלא לא הוה ידע דמוקמינן ליה לאסיפת אפרה ומילוי מים וקידוש א"נ הוה מיבעיא ליה דהא קרא דלמשמרת והני תרי קראי שני כתובין הבאים כאחד נינהו ועל כרחין בלו למעט · ריב"א (ע"כ שייך לע"א): **למשמרת** כתיב בהו · דמילוי מים וקידוש נפקי מלמשמרת למי נדה ואסיפת אפרה נפקא ליה מואסף איש טהור וגו' והיתה לעדת בני ישראל למשמרת וגו' : **אלא** למעוטי השלכת עץ ארז כו' · דאי לאו מיעוטא הוה ס"ד לרבוינהו מאורה או מק"ו דאסיפת אפרה ומילוי מים דאמרינן לקמן שכשירין באשה כבאיש ובלילה כביום כ"ש השלכה שאינה כשירה בכל אלו וגם בעיא כהן ולכך צריך קרא למעוטי : ה"ג אין לי אלא הזאת מימיה שאין כשירין אלא ביום כו' · וכן בפירוש ר"ח ול"ג שאין כשירין באשה כבאיש ואין כשירין אלא ביום : **מנין** לרבות שחיטתה כו' · וא"ת ל"ל קרא שאין שחיטתה כשירה אלא ביום תיפוק ליה דחטאת קרייה רחמנא דלעיל פירש גבי פסול גופה דסבירא לכ"ע דחטאת קרייה רחמנא וי"ל דלענין כמה דברים לא אמרינן דחטאת קרייה רחמנא דהא תנא בתוספתא (דפרה פ"ג) שחטה היום ושרפה למחר כשירה · ה"ר אלחנן : **מה** הזאת מימיה מיוחדין כו' · וא"ת אימא מה הזאת מימיה מיוחדין שהיסח הדעת פוסל בה אף כל שהיסח הדעת פוסל בה יצאו השלכת עץ ארז ואזוב ושני תולעת שאין היסח הדעת פוסל בהן וי"ל דהזאת מימיה גופה לא אשכחן שיפסול בה היסח הדעת שאם הזה על הטמא ולא נתכוון לטהרו שלא הועיל הזאה · ה"ר יוסף : **גמר** חוקה חוקה מיוה"כ · ומהאי טעמא ילפינן בספרי שבבגדי לבן היתה נעשית : **איכא** דאמרי לדורות בכהן הדיוט כו' · פלוגתא היא בספרי ובמסכת פרה (פ"ד מ"א) אי בכהן הדיוט אי בכ"ג : **שלא** יאמרו שתים שחטו · פרש"י וקי"ל כל מלאכה הנעשית עמה פוסלתה כדתנן בפרה (שם מ"ד) שכל העסוקין בפרה מתחלה ועד סוף פוסלין במלאכה וטעמא שפוסלין אותה במלאכה אומר ריב"א דהוי משום היסח דעת שע"י מלאכה שנתכוין לה הסיח דעתו [ממנה] (מזאת) אבל אם אינו מתכוין לאותה מלאכה כשירה כדאמרי' בהבוחע

דף

§ מסכת יומא דף מב: §

אות א' – ב'

אין לי אלא הזאת מימיה שאין כשרין באשה כבאיש, ואין כשרין אלא ביום, מניין לרבות שחיטתה, וקבלת דמה, והזאת דמה, ושריפתה, והשלכת עץ ארז ואזוב ושני תולעת ומוציא אני אסיפת אפרה

רמב"ם פ"ד מהל' פרה ה"ז - כל מעשה הפרה מתחלה ועד סוף אינו אלא ביום, ובזכרי כהונה, והמלאכה פוסלת בה עד שתעשה אפר; אבל משתעשה אפר, אם כנס אפרה בלילה, או שכנסתו אשה, או שעשה מלאכה אחרת בשעת כניסתו, ה"ז כשירה; ומנין שאסיפת האפר בכל אדם מישראל חוץ מחרש שוטה וקטן, שנאמר: ואסף איש טהור, [א]מכלל שאינה צריכה כהן, וכאילו אמר אדם טהור, בין איש בין אשה.

אות ג'

ומילוי מים וקידוש

רמב"ם פ"ו מהל' פרה ה"ב - הכל כשרים למלאות המים חוץ מחרש שוטה וקטן, והכל כשרין לקדש חוץ מחרש שוטה וקטן; ואין ממלאין ואין מקדשין אלא בכלי, ואין מזין אלא מכלי, והמילוי והקידוש כשרין בלילה.

אות ד'

הזאת מימיה תוכיח שפסולין באשה וכשרין בזר

רמב"ם פ"י מהל' פרה ה"ו - הכל כשירין להזות, חוץ מאשה וטומטום ואנדרוגינוס, [וח"ש] וקטן שאין בו דעת; אבל קטן שיש בו דעת כשר להזות; והערל כשר להזות, שאין הערל טמא.

אות ה'

לדורות בכהן הדיוט

רמב"ם פ"א מהל' פרה הי"א - אף כהן הדיוט כשר לשרפת הפרה, שנאמר: ונתתם אותה אל אלעזר הכהן, [ב]ועדיין אהרן היה קיים, ומפי השמועה למדו, זו נעשית באלעזר, ושאר כל הפרות בין בכהן גדול בין בכהן הדיוט.

אות ו'

לא היתה פרה רוצה לצאת, אין מוציאין עמה שחורה, שלא יאמרו שחורה שחטו; ואין מוציאין עמה אדומה, שלא יאמרו שתים שחטו

רמב"ם פ"ד מהל' פרה ה"ב - לא רצתה פרה לצאת, אין מוציאין עמה שחורה, שלא יאמרו שחורה שחטו; ולא אדומה, שלא יאמרו שתים שחטו.

באר תגולה

[א] ‹בפרק טרף בקלפי (דף מ"ג): ואסף איש טהור וכו' והניח, "איש" להכשיר את הזר, פירוש דלעיל כתיב בכולה מילתא "כהן", והכא כתיב "איש", להשמיענו שכשר בכל איש, "טהור" להכשיר את האשה, פירוש דאי למעט טמא לא איצטריך, דחטאת קרייה רחמנא, "והניח" מי שיש בו דעת להניח, יצאו חרש שוטה וקטן וכו', ויש לתמוה על רבינו שהשמיט ראיות אלו – כסף משנה›

[ב] ‹לכאורה הוא מיותר, דמ"מ אמרינן אותה לאלעזר ולדורות אף בכהן הדיוט, ואפשר דפרה ראשונה היתה פסולה בין בכה"ג בין בכהן הדיוט, ודוקא בסגן, ולדורות בין בכה"ג בין בכהן הדיוט, ולפיכך הזכירו רבינו שהיתה בסגן – חזו"א›

§ מסכת יומא דף מג. §

אות א'

בכיהונו

רמב"ם פ"א מהל' פרה הי"ב - והעושה אותה לובש [א]ארבעה כלים של כהן הדיוט, בין שעשאה כהן הדיוט בין שעשאה כ"ג.

אות ב'

איש להכשיר את הזר, טהור להכשיר את האשה, והניח מי שיש בו דעת להניח, יצאו חרש שוטה וקטן שאין בהן דעת להניח

רמב"ם פ"ד מהל' פרה הי"ז - אבל משתעשה אפר, אם כנס אפרה בלילה, או שכנסתו אשה, או שעשה מלאכה אחרת בשעת כניסתו, ה"ז כשירה; ומנין שאסיפת האפר בכל אדם מישראל חוץ מחרש שוטה וקטן, שנאמר: ואסף איש טהור, [ב]מכלל שאינה צריכה כהן, וכאילו אמר אדם טהור, בין איש בין אשה.

אות ג'

הכל כשרין לקדש חוץ מחרש שוטה וקטן

רמב"ם פ"ו מהל' פרה ה"ב - והכל כשרין לקדש חוץ מחרש שוטה וקטן.

אות ד'

כתב רחמנא ולקחו ונתן דאפילו שקלי תרי ויהיב חד

רמב"ם פ"י מהל' פרה ה"א - [ג]הממלא מים לקידוש, אינו צריך שיהיה הוא עצמו המקדש והמזה, אלא מקדש אחד ומזה אחד.

אות ה'

הכל כשרין להזות חוץ מטומטום ואנדרוגינוס ואשה, וקטן (שיש) בו דעת, אשה מסייעתו ומזה

רמב"ם פ"י מהל' פרה ה"ו - הכל כשירין להזות, חוץ מאשה וטומטום ואנדרוגינוס, [וח"ש] [ד]וקטן שאין בו דעת; [ה]אבל קטן שיש בו דעת כשר להזות; והערל כשר להזות, שאין הערל טמא. קטן [ו]שיש בו דעת שהזה והאשה מסעדתו, כגון שאחזה לו המים בידו, הזאתו כשירה; ובלבד שלא תאחוז בידו בשעת הזאה, ואם אחזה בידו בשעת הזייתו, פסולה.

באר הגולה

[א] ‹בפ"ד דפרה: ובכלי לבן היתה נעשית, ובתוספתא יליף לה בג"ש, וכתבה רבינו שם - כסף משנה› [ב] ‹בפרק טרף בקלפי: ואסף איש טהור וכו' והניח, "איש" להכשיר את הזר, פירוש דלעיל כתיב בכולה מילתא "כהן", והכא כתיב "איש", להשמיענו שכשר בכל איש, "טהור" להכשיר את האשה, פירוש דאי למעט טמא לא איצטריך, דחטאת קרייה רחמנא, "והניח" מי שיש בו דעת להניח, יצאו חרש שוטה וקטן וכו', ויש לתמוה על רבינו שהשמיט ראיות אלו - כסף משנה› [ג] ‹דהא אפילו בקידוש עצמו לא בעי דשקיל חד ויהיב הוא עצמו במים, אלא אפילו תרי, כדכתיב: ולקחו לטמא, כדאיתא פרק טרף בקלפי - קרית ספר› [ד] ‹י"ל הטעם מפני שאין לו כוונה, וקטן שיש בו דעת יש בו כוונה - ערוה"ש› [ה] ‹כדתנן פרק בתרא דפרה ובפרק טרף לרבנן, וטבל במים איש טהור, "איש" ולא אשה, "טהור" להכשיר את הקטן שיש בו דעת להזות - קרית ספר› [ו] ‹בגירסתינו במשנה גרסינן "ותינוק שאין בו דעת האשה מסעדתו" וכו', וגירסת רבינו נראית, דלאידך גירסא כיון שהקטן שאין בו דעת פסול להזות, כדקתני ברישא חוץ מחרש שוטה וקטן, והאשה נמי פסולה, איך בהצטרף השני פסולין יכשר - מעשה רוקח›

דאפיק חמור בהדה °וישחט אותה שלא ישחוט אחרת עמה לפניו לרב *שלא יסיח דעתו ממנה לשמואל שיהא זר שוחט ואלעזר רואה ולקח אלעזר הכהן מדמה באצבעו לשמואל לאהדוריה לאלעזר לרב הוי *מיעוט אחר מיעוט *ואין מיעוט אחר מיעוט אלא לרבות דאפילו כהן הדיוט °ולקח הכהן עץ ארז ואזוב ושני תולעת לשמואל דאפי' בכהן הדיוט לרב אצטריך סלקא דעתך אמינא כיון דלאו גופה דפרה נינהו לא ליבעי כהן קא משמע לן °וכבס בגדיו הכהן *בכיהונו וטמא הכהן עד הערב כהן בכיהונו לדורות הניחא למאן דאמר לדורות בכהן הדיוט שפיר אלא למאן דאמר לדורות בכהן גדול השתא כהן גדול בעינן בכיהונו מיבעיא אין *מילתא דאתיא בקל וחומר טרח וכתב לה קרא °ואסף איש טהור את אפר הפרה והניח *איש להכשיר את הזר טהור להכשיר את האשה והניח מי שיש בו דעת להניח יצאו חרש שוטה וקטן שאין בהן דעת להניח תנן התם *הכל כשרין לקדש חוץ מחרש שוטה וקטן ר' יהודה מכשיר בקטן ופוסל באשה ובאנדרוגינוס מאי טעמא דרבנן דכתיב °ולקחו לטמא מעפר שריפת החטאת הנך דפסלי לך באסיפה פסלי לך בקידוש והנך דאכשרי לך באסיפה אכשרי לך בקידוש ורבי יהודה אם כן לימא קרא ולקח מאי ולקחו דאפי' קטן דפסלי לך התם הכא כשר אשה מנא ליה ונתן ולא ונתנה ורבנן אי כתב רחמנא ולקח ונתן ה"א עד דשקיל חד ויהיב חד °כתב רחמנא ולקחו ואי כתב רחמנא ולקחו ונתנו הוה אמינא עד דשקלי תרי ויהבי תרי כתב רחמנא ולקחו ונתן דאפילו שקלי תרי ויהיב חד ולקח אזוב וטבל במים איש טהור לרבנן איש ולא אשה טהור להכשיר את הקטן ולר' יהודה איש ולא קטן טהור להכשיר את האשה מיתיבי *הכל כשרין להזות חוץ מטומטום ואנדרוגינוס ואשה וקטן (שיש) [נ"א שאין] בו דעת אשה מסייעתו ומזה ולא

רש"י

דאפיק חמור בהדה · דלתגא קמא שרי דליכא שמא יאמרו לרבי אסור דהא אותה כתיב : ולקח אלעזר הכהן · בקבלת דמה : לשמואל · דדייק לפניו לומר שהזר כשר לשחיטה איצטריך למיכתב בקבלת דמה אלעזר לאהדורה לאלעזר דלאו לאלעזר דאי כתב ולקח מדמה (*והזה כאלעזר) הוה משמע דאשוחט קאי : לרב · נמי דאמר שחיטה באלעזר היא לא הוה ליה למיכתב בקבלה אלעזר וכי כתיב הוי מיעוט אחר מיעוט לאלעזר ולא אחר ואין מיעוט אחר מיעוט כו' : ולקח הכהן עץ ארז לשמואל · דאמר קבלה והזאה באלעזר הואי כתיב בה כהן לאכשורי השלכת עץ ארז בכהן הדיוט הוי האי משמע מוליא מיד משמע וכן כל הני דאמרינן ולרב דמכשר קבלה בכהן הדיוט הוי האי משמע ממילא ואינו מוליא מכלל מקרא שלפניו ואיצטריך למיכתב ביה כהן דאי כתב ולקח עץ ארז ולא כתיב כהן הוה אמינא ולקח כל מי שירצה ולא הוה מוקמינן ליה אכהן דקבלה סלקא דעתך אמינא הואיל ולאו גופה כו' : הכהן בכיהונו · האי כהן קרא יתירא הוא דלא הוה ליה למיכתב אלא וכבס בגדיו וגו' ואנא ידענא (א) דהאי דאיירי ביה קאי אלא למסמך כהן אבגדיו כלומר שבבגדי כהונה נעשית ולא בבגדי חול : וטמא הכהן עד הערב · ללמד על פרה הנעשית לדורות שצריכה בגדי כהונה : הניחא למאן דאמר · לעיל לדורות בכהן הדיוט ולא גמר חוקה (ב) מיום הכפורים איצטריך למיכתב כהן הכא ללמד על של דורות שתעשה בבגדי כהונה : איש להכשיר זר · משום דלעיל מיניה איירי בכהן כתיב הכא איש להכשיר את הזר דאי כתב ואסף את אפר הפרה הוה אמינא [א] כהן דלעיל מיניה איירי בכהן כתב הכא איש : להכשיר את האשה · דאי למעוטי טמא פסולה דחטאת קרייה רחמנא : לקדש · לתת מים על האפר בכלי חרס : ולקחו לטמא · בתר ואסף איש טהור כתיב זו היא עבודה שאחר אסיפה וכתיב ולקחו (ג) אותם הנאמרים באסיפה זר ואשה ולא חרש שוטה וקטן : א"כ · הואיל אדלעיל קאי נימא ולקח דהא גבי אסיפה בלשון יחיד כתביה : אשה מנא ליה · וכן אנדרוגינוס משום ספק אשה : ורבנן · אמרי לך לעולם אדלעיל קאי והא דלא כתיב ולקח לשון יחיד דאי כתיב ולקח ונתן הוי אמינא עד דשקיל חד האפר והוא עצמו יתנהו על המים כתיב ולקחו דאפילו שקלי תרי : ולקח אזוב · דכתיב בהזאת מימיה והיא עבודה שאחר הקידוש : לרבנן · דאמרי הקידוש נעשה באותן של אסיפה ובאסיפה כתיב איש טהור דהיינו זר ואשה על כרחך איש טהור דהכא לאו לאכשורי זר ואשה ולמיפסל קטן ולהוי משמע ממילא דאם כן לשתוק קרא מיניה ונכתוב ולקח אזוב וטבל במים והזה ואנא ידענא דבההוא דלעיל מינה קאי וכי כתבינא למדרש איש ולא אשה על כרחך משמע זה מוליא מיד משמע : טהור להכשיר קטן · דפסליה בקידוש : ולרבי יהודה · דאמר אשה פסולה בקידוש וקטן כשר אתא האי למימרא איפכא איש ולא קטן טהור להכשיר אשה דע"כ ליכא למימר דמשמע ממילא דאם כן לישתוק מיניה : כיון

תוספות

לרב הוי מיעוט אחר מיעוט ואין מיעוט אחר מיעוט אלא לרבות · על כרחך צ"ל לרבות כהן הדיוט שיהא כשר בקבלה והזאה אבל בהולאה ושחיטה דווקא אלעזר דהא לכולהו לישני אמרינן לעיל אותה לאלעזר והא דאמר ר' זירא אמר רב לעיל שחיטת פרה בזר פסולה דמשמע הא בכהן כשירה ואפי' בכהן הדיוט יש לומר לדורות קאמר וסבירא ליה כההוא לישנא דאותה לאלעזר הכהן הא לדורות בכהן הדיוט :

הכל כשרין לקדש · פירש רש"י המים על האפר ובמסכת פרה בכמה דוכתי משמע שהיו נותנין האפר על המים והא דכתיב ולקחו לטמא מעפר שריפת החטאת ונתן עליו מים חיים אל כלי דמשמע מים על האפר [ב] יש לפרש *ונתן עליו בשבילו יתן מים חיים אל כלי ואדרבה משמע שהמים נוגעים בכלי והאפר נותן עליהם מלמעלה :

מאי ולקחו לטמא דאפילו קטן דפסלי לך התם הכא כשר · והא דמכשיר טפי בקטן מבחרש ושוטה יש לומר משום דאתי לכלל דעת : ונתן ולא נתנה · אע"ג דכל התורה כולה בלשון זכר נאמרה ואפילו הכי לא ממעטינן אשה °אלא היכא דכתיב איש בהדיא יש לומר דשאני הכא מדשני קרא בדיבוריה דכתיב ולקחו לשון רבים והדר כתיב ונתן להכי דרשינן ולא ונתנה [וע"ע תוס' יבמות עב: ד"ה ונתן] :

עד דשקיל חד ויהיב חד · פי' ההוא גופיה דשקיל ליה מערב ליה במים (ד) :

הכל כשירין להזות חוץ מטומטום ואנדרוגינוס כו' · תימה לי דהני תרי משניות דהכל כשרין לקדש ולהזות מיתנן במסכת פרה (פ"ה מ"ד ובפי"ב מ"י) מ"ש דבקידוש לא קתני טומטום בהדי אשה ואנדרוגינוס כדקתני גבי הזאה וי"ל דת"ק דרבי יהודה נמי פסיל ליה לטומטום לקדש מפני שהוא ספק ערל כדאמר בפ' הערל (יבמות עב:) טומטום שקידש קידושו פסול מפני שהוא ספק ערל וערל שקידש קידושו פסול אנדרוגינוס שקידש קידושו כשר מפני שהוא ספק אשה רבי יהודה פוסל באשה ואנדרוגינוס ות"ק דרבי יהודה דמתניתין היינו ת"ק דרבי יהודה דברייתא דפרק הערל (גם זה שם) דסבירא ליה כר' עקיבא דמרבי לערל כי טמא והא דלא קתני ת"ק חוץ מטומטום יש לומר אין למידין מן הכללות אפילו במקום שנאמר בהן חוץ ותנא חוץ מחרש שוטה וקטן ושייר ערל וטמא וטומטום והא דלא פריך ממתניתין למאן דאמר ערל שהזה הזאתו כשירה ופריך מברייתא י"ל משום דבברייתא קתני בהדיא דהזאתו פסולה להכי ניחא ליה למיפרך מינה :

אשה מסעדתו · בפרק בתרא דמסכת פרה *)בתוספתא מפרש כילד מסעדתו אוחזת לו המים אפילו בשעת הזאה ולא מבעיא בשעת טבילת האזוב דהזאה חשיב טפי רבותא מטבילת האזוב משום דקרא דמכשרי' מיניה קטן בטבילה כתב דכתיב וטבל במים איש טהור ודרשינן מיניה טהור להכשיר הקטן וילפינן הזאה מטבילה דאיתקשו להדדי כדאיתא בסוף פרק ב' דמגילה (דף כ.) ובמתניתין דפרק בתרא דפרה (משנה י) מכייס עלה ואם אחזה בידו אפילו בשעת הזייה פסול ור"י מסימפונ"ט גימגס בזה דבתוספתא משמע דהזאה הוי רבותא

*) [ליתא בתוספתא] [ואולי צ"ל בסיפא וכן לקמן גימגס בזה דבתוספתא צ"ל דבסיפא ועיין בר"ש]

עין משפט נר מצוה

כג א מיי' פ"ה מהלכות פרה הלכה יב :

כד ב מיי' שם פ"ד הלכה יז :

כה ג מיי' שם פ"ו הלכה ב :

כו ד מיי' שם פ"י הלכה א :

כז ה מיי' שם הלכה ו :

רבינו חננאל

אביא שחיטה וקבלת דמה כו' הא מתני' כר' ישמעאל דמכשיר אסיפת אפרה באשה דתניא ואסף איש טהור איש להוציא את הקטן טהור להביא את האשה דברי ר' ישמעאל רבי עקיבא אומר איש להוציא את האשה · הזאת מימיה כשרין בזר דתנן הכל כשרין להזות כו' ודייקינן מינה שחיטתה מ"מ אינה כשרה באשה משום דכתיב ונתתם אותה אל אלעזר הכהן וגו' וכתיב ושחט אותה לפניו ואמרינן אלעזר ולא אשה נימא אלעזר ולא זר מ"הא תיובתא לשמואל וסייוע לרב · אמר עולא כל הפרשה כולה משמע מוציא מיד משמע כלומר מה שמרבה זה המקרא ממעט האחר מה שממעט האחר מרבה האחר ונתתם אותה אל אלעזר הכהן אלעזר היה באותה העת סגן וא' אותה הפרה נעשית בסגן אבל לדורות אינה נעשית בסגן אלא או כ"ג או בכהן הדיוט והוציא אותה שלא יוציא אחרת עמה הנה אותה של נתינה מיעטה הסגן ואותה של הוצאה מיעטה אחרת ושחט אותה לפניו לרב כדאיתיה ולשמואל כדאיתיה ולקח אלעזר הכהן מדמה ללמד שהזאה באלעזר ולרב דאמר כי השחיטה נמי באלעזר הוי מיעוט אחר מיעוט והיא שחיטה באלעזר ולא בזר' הזאה באלעזר ולא בזר מיעוט אחר מיעוט לרבות כהן הדיוט*) פי' כהן בכיהונו בלא מים ולא טמאה בכיהונו במכנסים הכהונה בבגדים שהוא מתוקן לעבודה · ואסף איש טהור את אפר הפרה והניח להכשיר הזר כלומר כל איש ואפי' זר טהור להכשיר את האשה והניח מי שיש בו דעת להניח

חרש שוטה וקטן · תנן התם במס' פרה פרק ה' הכל כשרים לקדש חוץ מחשו"ק ר' יהודה מכשיר בקטן ופוסל באשה ובאנדרוגינוס מ"ט דרב דכתיב ולקחו לטמא מעפר שריפת החטאת ונתן עליו מים חיים איתקש נתינת מים חיים אל כלי לעפר שרפה מה עפר שרפה הכל כשרין באסיפה חוץ מחשו"ק אף קדושין כן ור"י אמר לך א"כ היה לך לכתוב ולקח לטמא דשמעינן הוא שאסף את האפר הוא שישול ויתן החיים אל כלי לקדש מ"ט כתיב ולקחו ללמד דאפילו קטן דפסול באסיפה כשר בקידוש ולקח אזוב וטבל במים איש טהור לרבנן דמכשירי אשה בקידוש פסלי הכא בהזאה את האשה טהור להכשיר הקטן בקידוש לר' יהודה איש ולא קטן טהור להכשיר את האשה ומה שפסל בקידוש הכשיר בהזאה ואקשינן איני והתנן בפרה בפרק האחרון בסופו הכל כשרין להזות

*) נראה דצ"ל וכבס בגדיו הכהן כהן בכיהונו פי' בכיהונו .

מסורת הש"ס

רש"א מ"ז

[לעיל מב.]

[ע' תוס' לקמן סו. ד"ה תרי מיעוטי]

[מגילה כג: ב"ק יד. סנהדרין סו. מו. סו. מכות ט: שבועות ז: מנחות ט: סו. חולין קלב.]

[עי' סוטה סז: ובתמורה יב: וגע"ק וכן התוס' התי"ט פ"א מ"ה דתמורה והגיה בהפלא וכן תמה מהרש"א בסוטה שם: ד"ה גמרא ורבנן כו']

שבת קנז. ערכין ג. יבמות עב: פרה פ"ה מ"ד

פרה פי"ב מ"י ערכין ג.

הגהות הב"ח

(א) רש"י ד"ה הכהן כו' ואנא ידענא דהאי אכהן דאיירי ביה : (ב) ד"ה כהונה כו' ולא גמר חוקה חוקה מיוה"כ : (ג) ד"ה ולקחו כו' וכתיב ולקחו אותם שנאמרו באסיפה זר ואשה : (ד) תוס' ד"ה עד כו' מערב ליה במים · נ"ב ע' ביבמות דף ק"ד ע"ב דיבור זה לבדיו :

גליון הש"ס

תוס' ד"ה ונתן וכו' אלא היכא דכתיב איש בהדיא · עיין סוטה דף כג ע"ב תוס' ד"ה האיש :

הגהות מהר"ב רנשבורג

[א] רש"י ד"ה איש להכשיר וכו' א"נ כהן דלעיל וכו' נ"ב ה"א אכהן קאי דלעיל. [ב] תוס' ד"ה הכל כשרין לקדש וכו' יש לפרש ונתן עליו. נ"ב עיין בפירוש ר"ש פ"ו מ"ה דפרה ובפי' ר"ע מברטנורה שם :

תוספות ישנים

(דף לב.) חתך דלעת עמה בכוונה דברי הכל פסולה שלא בכוונה דברי הכל כשירה אבל שחיטה היא פסולת אפי' אין מתכוין לה מגזירת הכתוב למאן דמכשיר התם שחיטה כשאין מתכוין כדאמרינן התם שחט אחרת דברי הכל פרה פסולה בהמה כשירה בלא כוונה לר' נתן דמכשיר שחיטת בהמה שלא בכוונה פרה בהמה כשירה ולרבנן דפסלי שחיטה שלא בכוונה פרה כשירה בהמה פסולה · בתוספות ריב"א : שלא ישחוט עמה אחרת · וסייעו עמה ממש בסכין ארוכה דלאו (לאחריה א) מאי איכא : כהן גדול בעינן · ק"ו הוא בכל עבודותיו בגדי כהונה : ונתן ולא ונתנה · ומיותר הוא ומלשון זכר לא דייק שכל התורה כולה בלשון זכר נאמרה : כתב רחמנא ולקחו ונתן דאפילו שקלי תרי ויהיב חד · דאי כתבינהו תרווייהו בלשון יחיד ה"א דהכי עדיף טפי דשקיל חד ויהיב חד מדשקלי תרי ויהיב חד ב) (ואמרינן דאי) הוה כתיבא בתרווייהו לשון רבים הוה ס"ד דרבים עדיפי וא"ל השתא דכתב בלקיחה תרי ובנתינה חד [לאו] לאשמועינן דדוקא בעינן תרי בלקיחה אלא משמע ליה לתלמודא שבא לומר דלא קפדינן בין תרי לחד ובין אותו שעשה הלקיחה לאדם אחר ואי הוה כתב ונתנו ולקח ה"א דנתינה עדיפא ובעיא תרי : אשה מסייעתו ומזה · במסכת פרה (פי"ב מ"י) תנן אשה מסייעתו ומזה ואוחזת לו במים וטובל ומזה פירוש שלא אחזה אלא במים דוקא

א) צ"ל היסח דעת מיהא איכא ·

ב) צ"ל ואי ·

עין משפט נר מצוה

כח א מיי' פ"א מהל' פרה הלכה יג :

כט ב מיי' פ"ד מהל' עבודת יוה"כ הלכה א :

ל ג מיי' שם פ"ב הלכה ה :

לא ד מיי' שם פ"ד הלכה א :

לב ה ו מיי' שם פ"ב הלכה ה : [ופ"א]

לג ו מיי' שם פ"ד הלכה א :

[להכשיר טבול יום כ"ס שם ביבמות כתוב ותוי"ט פ"ג דפרה מ"ז ד"ה במחוסרי]

[פי' תוס' זבחים סד. ד"ה מן וכו' דלתנו דלא גרס הכא מן המאוכלות הפנימיות עתי"ע]

ולא פליג רבי יהודה אמר אביי כיון דאמר מר משמע מוציא מיד משמע ומשמע ממילא פליג °והזה הטהור על הטמא טהור *מכלל שהוא טמא לימד על טבול יום *שכשר בפרה אמר ר' אסי כי הוו בה ר' יוחנן וריש לקיש בפרה *לא מסקי מינה אלא כמאי דמסיק תעלא מבי כרבא אלא אמרי משמע מוציא מיד משמע ומשמע ממילא [א] תני תנא קמיה דר' יוחנן כל השחיטות כשרות בזר חוץ משל פרה אמר ליה ר' יוחנן °פוק תני לברא לא מצינו שחיטה בזר פסולה ור' יוחנן לא מיבעיא לתנא דלא צייתי אלא אפי' לרביה לא צייתי דאמר ר' יוחנן משום ר"ש בן יהוצדק שחיטת פרה בזר פסולה ואני אומר כשירה לא מצינו שחיטה שפסולה בזר: בא לו אצל פרו שניה: מ"ש בוידוי ראשון דלא אמר ובני אהרן עם קדושך ומ"ש בוידוי שני דאמר ובני אהרן עם קדושך *תנא דבי ר' ישמעאל כך היא מדת הדין נותנת מוטב יבא זכאי ויכפר על החייב ואל יבא חייב ויכפר על החייב: **מתני'** °שחטו וקבל במזרק את דמו ונותנו למי שהוא ממרס בו על הרובד הרביעי שבהיכל כדי שלא יקרוש *נטל מחתה ועלה לראש המזבח ופנה גחלים אילך ואילך וחותה *מן המעוכלות הפנימיות ויורד והניחה על הרובד הרביעי שבעזרה °בכל יום היה חותה בשל כסף ומערה בתוך של זהב והיום חותה בשל זהב ובה היה מכניס בכל יום חותה בשל ארבעת קבין ומערה (א) לתוך שלשת קבין והיום חותה בשלשת קבין ובה היה מכניס ר' יוסי אומר בכל יום חותה בשל סאה ומערה בתוך שלשת קבין והיום חותה בשלשת קבין ובה היה מכניס בכל יום היתה כבדה והיום קלה בכל יום היתה ידה קצרה והיום ארוכה בכל יום היתה זהבה ירוק והיום אדום דברי רבי מנחם בכל יום מקריב פרס בשחרית ופרס בין הערבים °והיום מוסיף מלא חפניו בכל יום היתה דקה והיום דקה מן הדקה °בכל יום כהנים עולין במזרחו של כבש ויורדין במערבו (ג) *והיום כ"ג עולה באמצע ויורד באמצע ר' יהודה אומר לעולם כהן גדול עולה באמצע ויורד באמצע בכל יום כהן גדול מקדש ידיו ורגליו מן הכיור *)והיום מן הקיתון של זהב ר' יהודה אומר לעולם כ"ג מקדש ידיו ורגליו מן הקיתון של זהב בכל יום היו שם ארבע מערכות והיום חמש דברי רבי מאיר רבי יוסי אומר °בכל יום שלש והיום ארבע רבי יהודה אומר בכל יום שתים והיום שלש: **גמ'** והכתיב °וכל אדם לא יהיה באהל מועד אמר רב יהודה תני °של היכל תנו רבנן וכל אדם לא יהיה באהל מועד יכול

*) [עי' תוספות לקמן מד: ד"ה והיום]

במדבר יט · ויקרא טז

רש"י

כיון דאמר כו' · דאת על כרחך לא מלית למימר בהאי [ג] דמשמע ממילא הוא ועל כרחך פליגי: **והזה הטהור** · האי טהור יתירא הוא דהא בטהור קאי: **מכלל שהוא טמא** · שיוצא מכלל טומאה: **כי הוו** · כי מדקדקי: **לא מסקי מינה** · כלומר לא היו מעלין מתוכה דבר חידוש להיות יכולין לאחוז בשיטתה להשוות שיהא מקראותיה כולם מוציאים זה מיד זה או כולם מתקיימים זה אחר זה: **כמה דמסיק תעלא מבי כרבא** · כמה שמעלה השועל ברגליו כשדורס על שדה ניר: **מדת הדין נותנת** · כלומר כך יפה לומר שאחר שהתודה על עצמו ויהא זכאי ראוי לכפר על אחרים: **מתני' למי שהיה ממרס בו** · מיגס בו: **שלא יקרוש** · כששהה עד שתעשה עבודת הקטורת כמו שסדורות בפרשה: **על הרובד הרביעי** · כל הרצפה עשויה שורות שורות טבלאות אבני שיש וכל שורה ושורה קרויה רובד וקא סלקא דעתיה דעל שורה רביעית שמפתח ההיכל ולפנים קאמר (ג): **וחותה** · גחלים והניחם עד שיחפון קטורת ויתן לתוך הכף ואח"כ יכנים כף ומחתה לפנים: **בכל יום** · כשחותה גחלים ממערכה שניה של קטורת להכנים על המזבח הפנימי לקטורת שחרית וערבית: **חותה בשל כסף** · מפרש טעמא בגמ': **והיום חותה וכו'** · טעמא דיוה"כ בכולהו משום חולשא דכהן גדול: **והיום ארוכה** · כדי שיתן ידו למטה מזרועו ותהא זרועו מסייעהו: **פרס** · חצי מנה: **מוסיף מלא חפניו** · שמכנים לפני ולפנים לבד מפרס שחרית ושל ערבית הניתן על מזבח הפנימי: **והיום דקה מן הדקה** · זו שהיה מכנים לפני ולפנים היה מחזיר ערב יוה"כ למכתשת ושוחקה הדק: **בכל יום כהנים** · העולים למזבח עולים בשפת מזרחו של כבש שהמזרח הוא לימין העולה שהרי פניו לצפון כשעולה בכבש שהוא בדרום וכיון דכל תחילת פיטותיו לימין אין נאה שיהא מקיף שלא לצורך ורוחב הכבש שש עשרה אמה עולה במזרח ומקיף את המזבח לעבודתו ויורד לצד שמאל בשפת מערב: **והיום** · כהן גדול מראה כבודו וחיבתן של ישראל שהוא שלוחן ועושה עצמו כבן בית ואם בא לעלות למזבח להקיף כגון למתן דמים תמידין ומוספין ואילו ואיל העם מקיף את כל הכבש לצורך ושלא לצורך: **ארבע מערכות כו'** · מפרש בגמרא: **גמ' והא כתיב וכל אדם וגו'** · ומוקמינן לה לקמן בשמעתין בשעת הקטורת ואת אמרת ממרס בו על הרובד רביעי שבהיכל: **תני של היכל** · כשיוצא מן ההיכל לעזרה מונה את הרובדין והוי האי רביעי להיכל:

תוספות

רבותא טפי להכשיר ואם כן במתניתין גבי פסול הוה ליה למיתני אפי' בשעת טבילה ונראה לי דלא קשיא דהא דפסלינן היכא דהאשה אחזה בידו הייט משום דהוי כאילו האשה עשתה אותו והא ודאי הוי פשוט טפי לפסול אשה בטבילה מבהזאה דקרא דממעטינן מיניה אשה בטבילה כתיב ולגבי הכשר קטן הויא רבותא טפי בהזאה משום דקרא דמכשרינן מיניה קטן בטבילה כתיב:

ולא פליג ר' יהודה · תימה הוא דבתוספתא דמסכת פרה *תניא בהדיא ר' יהודה [א] מכשיר בקטן ושמא המקשה לא שמיע ליה הברייתא: **לימד** על טבול יום שכשר בפרה · תימה למה לי קרא מהיכא תיתי לפוסלו אי משום דחטאת קרייה רחמנא הא הזאה לאו עבודה היא כיון שזר כשר בה ואי משום דכתב טובא טהור בפרשה ואסף איש טהור וטבל במים איש טהור הא אצטריך לדרשא כולהו בשמעתין וי"ל ס"ד מדכתיב והניח במקום טהור בעינן נמי גברא שיהא טהור גמור קא משמע לן ואם תאמר והיכי גמרינן שאר עבודות דפרה דפסול בזר *מהזאה היכא למיפרך מה להזאה שכשירה בזר וי"ל דאפי' הכי כיון דעיקר טהרה בהזאה קאתי ואכשר בה רחמנא טבול יום כל שכן בשאר עבודות וא"ת ואימא לרבות מחוסר כפורים אבל טבול יום לא וי"ל דמוקמינן קרא בטומאה דאותה פרשה כגון טומאת מת דלא שייכא בה כפרה והכי אמרינן בפ"ב דזבחים (דף יז:) דלמאן דאמר במחוסר כפורים כשירה קסבר טומאה דכל התורה כולה וכיון דמכשרינן טמא מת דאיירי באותה פרשה ה"ה כל טבול יום אפילו אותו שמחוסר כפרה ומאן דאמר מחוסר כפורים פסול קסבר טומאה דאותה פרשה דהיינו טבול יום דמת דלאו מחוסר כפרה אבל דוב ומצורע לא אפילו העריב שמשו כיון דמחוסר כפורים:

אמר רב יהודה תני של היכל · והא דאמר לקמן דפורשין נמי מבין האולם ולמזבח הא מסקינן לקמן דה"מ בשעת הקטרה דהיכל ובשעת מתן דמים דהיכל אבל בשעת הקטרה לפני ולפנים לא והכא איירי בהקטרת קטרת דלפני ולפנים ומיד אחר הקטרת קטרת דלפני ולפנים נטל הדם מיד הממרס ולקמן כי בעי לאוכוחי דפורשין מבין האולם ולמזבח אף בשעת הקטרה דלפני ולפנים מברייתא דר' יוסי הוה מצי לאוכוחי ממתניתין דאין פורשין והוה ליה למימר אדמקשת לי מברייתא דר' יוסי תביא לי סייעתא ממתניתין וי"ל דממתניתין לא הוה מצי לאיתויי סייעתא דאיכא למימר כיון דהפרשה דמבין האולם ולמזבח איננה אלא מדרבנן דמדאורייתא אין פורשין אלא מאהל מועד לא גזרו אלא על העומדים שם שלא לצורך וא"ת א"כ אמאי לא קאמר דהא מילתא איכא נמי בין היכל לבין האולם ולמזבח דאילו מהיכל פרשינן אפי' לצורך ומבין האולם ולמזבח לא פרשינן אלא שלא לצורך וי"ל דהמקשן דלקמן סבירא ליה דאפי' מהיכל נמי לא פרשינן לצורך עבודה והוא לא היה מגיה במתניתין מידי אלא הוה תני שבהיכל דכיון דלצורך עבודה הוא שרי אף בהיכל:

רבינו חננאל

להוות חוץ מטומטום ואנדרוגינוס ואשה וקטן כו' ולא פליג ר' יהודה ומכשיר באשה וטומטום. ופרקינן כיון דאמר מר כל הפרשה כולה משמע מוציא מיד משמע דבר ברור הוא מה שפסלו בפסוק אחר הכשירו בפסוק אחר · והזה הטהור על הטמא טהור מכלל שהוא טמא טמא לתרומה בלבד · לימד על טבול יום שכשר בפרה פי' הטהור מכל טומאה והוא שהזה עליו וטבל ולא נשאר עליו אלא הערבת שמש לאכילת תרומה כדתניא בספרי ולקח אזוב וטבל במים איש טהור רבי עקיבא אומר טהור למה נאמר עד שלא יאמר יש לי בדין ומה אם האוסף האפר בעינן טהור המזה לא כ"ש · הא מה ת"ל טהור שהוא טהור מכל טומאה ואיזה זה זה טבול יום. מכדי כתיב ולקח אזוב וטבל במים איש טהור והזה על האהל ותנ' והזה הטהור על הטמא הוי מיעוט אחר מיעוט טהור ולא טבול יום טהור ואין מיעוט אחר מיעוט אלא לרבות אפי' טבול יום לימד שכל הטהור שבפרה טבול יום הוא: ר' יוחנן אומר שחיטת פרה בזר כשרה ואע"ג דתני תנא קמיה פסולה לא צאית ליה ואפי' לרביה דאמר שחיטת פרה בזר פסולה *) אלא אמר אי לא צאית לא מצינו שחיטה פסולה בזר · בא לו אצל פרו שניה כו' תנא דבי ר' ישמעאל כך מדת הדין נוהגת יבא זכאי ויכפר על

*) נראה דצ"ל בזר פסולה לא צאית אלא אמר לא מצינו וכו'.

מסורת הש"ס

[יבמות עג. זבחים יז:]

לקמן מו. זבחים סד. [תמיד כח:]

הגהות הב"ח

(א) מתני' בשל ארבעת קבין ומערה בתוך של שלשת קבין והיום חותה בשל שלשת קבין כצ"ל ונ"ב בסמוך: (ג) שם ויורדין במערבו (והיום כ"ג עולה באמצע ויורד באמצע) תא"מ ונ"ב ס"א והיום עולין באמצע ויורדים באמצע וכן הוא ברמב"ם: (ג) רש"י ד"ה על הרובד כו' ולפנים קאמר סה"ד ואח"כ מה"ד וחותה את הגחלים והניחם:

גליון הש"ס

גמרא פוק תני לברא. שבת דף קו ע"א עירובין דף ט ע"א ביצה דף יב ע"ב:

[גיר' ירושלמי ורמב"ם והיום עולים באמצע ויורדים באמצע וכ"ה גיר' גמ' לקמן מה. בסיפא והיום וכו']

הגהות מהר"ב רנשבורג

[א] גמ' תני תנא קמיה דר' יוחנן כל השחיטות כשרות בזר מיי' פ"א מהל' פסה"מ הלכה כ: [ב] רש"י ד"ה כיון דאמר וכו' דמשמע ממילא הוא · נ"ב דא"כ לבתוך מיני' וכמ"ש רש"י בדבור הקודם סוף ע"א:

תוספות ישנים

אבל אם אחזה בידו הואתו פסולה: **לימד** על טבול יום שכשר בפרה · בפרק שני דזבחים (דף יז:) לא אמרינן מחוסר כפורים דוקא: *בא לו אצל פרו שניה כו' עד אני וביתי ובני אהרן כו' · וא"ת אני וביתי כיון שאמרו בוידוי קמא וכ"ת כיון שבא בשביל שהכהנים יש לכלול עצמו עמהם והא לקמן (דף סו.) גבי שעיר המשתלח איכא מ"ד שמכפר על הכהנים וא"פ"ה אינו מזכיר בוידוי עליו אלא ישראל ושמא כיון שנתודה כבר על פר זה עונותיו מזכיר עצמו פעם שנית עליו כיון שלא נמחק הפר ולא נגמרה כפרתו עדיין אבל בשעיר המשתלח אין להזכיר כהנים כיון שנתחט כבר ספר שנתודה עליו ואם מכפר זה עוד עליהם

*שייך למשנה מח ע"ב

§ מסכת יומא דף מג: §

אות א'

<u>לימד על טבול יום שכשר בפרה</u>

רמב"ם פ"א מהל' פרה הי"ג - כל העוסקין בפרה מתחלה ועד סוף שהיו טבולי יום, כשירים למעשה הפרה ולקדש ולהזות מאפרה, ואף ע"פ שעדיין לא העריב שמשן, שזה שנאמר בכל הפרשה: איש טהור, [א]הוא הטהור למעשר שני, אף על פי שאינו טהור לתרומה עד שיעריב שמשו, הרי זה טהור לפרה.

אות ב'

<u>שחטו וקבל במזרק את דמו, ונותנו למי שהוא ממרס בו על הרובד הרביעי שבהיכל, כדי שלא יקרוש</u>

רמב"ם פ"ד מהל' עבודת יוה"כ ה"א - ואחר כך שוחט את הפר ומקבל את דמו, ונותנו למי שהוא מנדנדו שלא יקרש, (ומניחה) על הרובד הרביעי של היכל מבחוץ; ונוטל את המחתה וחותה בה אש מעל המזבח מן הסמוך למערב, שנאמר: מעל המזבח מלפני ה', ויורד ומניחה על [ב]הרובד שבעזרה.

אות ג'

<u>בכל יום היה חותה בשל כסף ומערה בתוך של זהב, והיום חותה בשל זהב ובה היה מכניס; בכל יום חותה בשל ארבעת קבין ומערה לתוך שלשת קבין, והיום חותה בשלשת קבין ובה היה מכניס</u>

רמב"ם פ"ב מהל' עבודת יוה"כ ה"ה - בכל יום מי שזכה במחתה חותה במחתה של כסף ומערה האש למחתה של זהב, והיום חותה כהן גדול במחתה של זהב ובה נכנס להיכל, שלא ליגעו בתוספת עבודה; וכן מחתה של כל יום מחזקת ארבעה קבין, ושל היום שלשה קבין; ובכל יום היתה כבידה והיום קלה, ובכל יום ידה קצרה, והיום ארוכה, כדי להקל על כהן גדול שלא ייגע.

אות ד'

<u>והיום מוסיף מלא חפניו; בכל יום היתה דקה, והיום דקה מן הדקה</u>

רמב"ם פ"ד מהל' עבודת יוה"כ ה"א - ומוציאין לו את הכף וכלי מלא קטרת דקה מן הדקה, וחופן ממנה מלא חפניו, לא מחוקות ולא גדושות אלא טפופות, הגדול לפי גדלו והקטן לפי קוטנו, ונותן לתוך הכף.

אות ה' – ו'

<u>בכל יום כהנים עולין במזרחו של כבש ויורדין במערבו, והיום כהן גדול עולה באמצע ויורד באמצע</u>

<u>בכל יום שלש והיום ארבע</u>

רמב"ם פ"ב מהל' עבודת יוה"כ ה"ה - בכל יום כה"ג מקדש ידיו ורגליו מן הכיור כשאר הכהנים, והיום מקדש מקיתון של זהב משום כבודו; בכל יום הכהנים עולים במזרחו של כבש ויורדין במערבו, והיום [ג]עולים באמצע ויורדין באמצע לפני כהן גדול כדי להדרו... בכל יום ויום היו על המזבח שלש מערכות של אש, והיום היו שם ארבע, מוסיפין מערכה [ד]כדי להדר המזבח ולעטרו.

אות ז'

<u>של היכל</u>

רמב"ם פ"ד מהל' עבודת יוה"כ ה"א - ואחר כך שוחט את הפר ומקבל את דמו, ונותנו למי שהוא מנדנדו שלא יקרש, (ומניחה) על הרובד הרביעי של היכל מבחוץ.

באר הגולה

א ‹כן פירש"י בפ' הערל דף ע"ג. ועיין רש"י כאן› ב ‹הרביעי - ערוה"ש› ג ‹לפנינו איתא במשנה: והיום כ"ג עולה באמצע ויורד באמצע, וכמש"כ הלח"מ, אבל בירושלמי שם איתא וז"ל: בכל יום הכהנים עולין במזרחו ויורדין במערבו, והיום עולין באמצע ויורדין באמצע - הר המוריה. **עיין** בהגהות הב"ח, ובהג' בצד הגמ', ובגמרא דף מ"ה. שיש חילופי גירסאות› ד ‹מצאתי בהגהות כתב יד להרמ"ע מפאנו וז"ל: ורש"י דף מ"ה. פי' כדי ליטול ממנה גחלים לקטורת שלפני ולפנים, והכי איתא בתוספתא דיומא פ"ב, ואפשר דהא והא איתא, ע"כ - מעשה רוקח›

§ מסכת יומא דף מד. §

אות א׳ - ב׳ - ג׳

פורשין מבין האולם ולמזבח בשעת הקטרה

לא שנו אלא בשעת הקטרה דהיכל, אבל בשעת הקטרה דלפני לפנים, מהיכל פרשי, מבין האולם ולמזבח לא פרשי

כשם שפורשין מבין האולם ולמזבח בשעת הקטרה, כך פורשין בשעת מתן פר כהן משיח ופר העלם דבר של ציבור ושעירי עבודה זרה

רמב״ם פ״ג מהל׳ תמידין ה״ג - **בעת שמקטירין הקטורת בהיכל בכל יום, פורשין כל העם מן ההיכל ומבין האולם ולמזבח, לא יהיה שם אדם עד שיצא זה שהקטיר הקטרת; וכן בשעה שיכנס בדם חטאות הנעשות בפנים, פורשים הכל מבין האולם ולמזבח עד שיצא, שנאמר: וכל אדם לא יהיה באהל מועד בבואו לכפר בקודש וגו׳, [א]בנין אב לכל כפרה שבקודש שלא יהא שם אדם.**

רמב״ם פ״ד מהל׳ עבודת יוה״כ ה״ב - **[ב]בשעת הקטרת הקטורת בקדש הקדשים, כל העם פורשים מן ההיכל בלבד; ואינן פורשים מבין האולם ולמזבח, שאין פורשים מבין האולם ולמזבח אלא בשעת הקטרה בהיכל בכל יום, ובשעת מתן דמים בהיכל, כמו שביארנו בהלכות תמידין.**

באר הגולה

[א] ‹ומה שכתב רבינו ז״ל שיה״כ הוי בנין אב, אע״ג דבגמרא {עמוד ב׳} אמרו דג״ש הוי, אפשר דהוא מפרש ד״אתיא כפרה כפרה״ לא ג״ש גמורה הוי, לתרץ קושית התוס׳ ז״ל, שהקשו דפר כהן משיח לא כתיב ביה כפרה, ולכך מפרש דהך ״אתיא כפרה כפרה״ הוי כמו בנין אב, כלומר כיון דהך הוי כפרה, למדנו הדבר מיה״כ שהוא כפרה, ואותה הכפרה היא בנין אב לכולם - לחם משנה›

[ב] ‹ולא כתב שפורשין בשעת מתן דמים דלפני ולפנים, והרב בעל כ״מ ז״ל הרגיש בזה - לחם משנה›

עין משפט נר מצוה

לד א ב ג מיי' פ"ג מהל' תמידין הל' ג ופ"ד מהלכות עבודת יום הכפורים הלכה ג:

מסורת השס

יכול אפי' בעזרה ת"ל באהל מועד אין לי אלא באהל מועד שבמדבר שילה ובית עולמים מנין ת"ל בקודש אין לי אלא בשעת הקטרה בשעת מתן דמים מנין ת"ל בבואו לכפר אין לי אלא בכניסתו ביציאתו מנין ת"ל עד צאתו וכפר בעדו ובעד ביתו ובעד כל קהל ישראל כפרתו קודמת [א] לכפרת ביתו כפרת ביתו קודמת לכפרת אחיו הכהנים וכפרת אחיו הכהנים קודמת לכפרת כל קהל ישראל אמר מר אין לי אלא בשעת הקטרה מאי משמע אמר רבא וכן א"ר יצחק בר אבדימי וכן א"ר אלעזר אמר קרא °וכפר בעדו ובעד ביתו ובעד כל קהל ישראל איזהו כפרה ששוה לו [ב] ולביתו ולאחיו הכהנים ולכל קהל ישראל הוי אומר זה הקטרת הקטורת וקטורת (א) מכפרת אין דהא תני ר' חנניא *למדנו לקטורת שמכפרת שנאמר °ויתן את הקטורת ויכפר על העם ותנא דבי ר' ישמעאל על מה קטורת מכפרת על לשון הרע יבא דבר שבחשאי ויכפר על מעשה חשאי תנן התם **פורשין מבין האולם ולמזבח בשעת הקטרה א"ר אלעזר °לא שנו אלא בשעת הקטרה דהיכל אבל בשעת הקטרה דלפני לפנים מהיכל פרשי מבין האולם ולמזבח לא פרשי מתיב רב אדא בר אהבה ואמרי לה כדי ר' יוסי אומר כשם שפורשין מבין האולם ולמזבח בשעת הקטרה °כך פורשין בשעת מתן פר כהן משיח ופר העלם דבר של ציבור ושעירי עבודת כוכבים (ב) הא מה מעלה יש בין ההיכל לבין האולם ולמזבח אלא שבהיכל פורשין בין בשעת הקטרה ובין שלא בשעת הקטרה ומבין האולם ולמזבח אין פורשין אלא בשעת הקטרה מיהא פרשי מאי לאו בשעת הקטרה דלפני לפנים לא בשעת הקטרה דהיכל אי הכי הא מה מעלה ותו לא הא איכא הא מעלה דאילו מהיכל פרשי בין בשעת הקטר' דידיה בין בשעת הקטרה דלפני לפנים ואילו מבין האולם ולמזבח לא פרשי אלא בשעת הקטרה דהיכל הא קתני אלא שבהיכל פורשין בין בשעת הקטרה ובין שלא בשעת הקטרה ומבין האולם ולמזבח אין פורשין אלא

רש"י

יכול אף בכל העורים · לא יהא אדם עומד כשהכהן מקטיר קטרת לפני ולפנים: אין לי אלא בשעת הקטרת קטורת · לקמיה מפרש מאי משמע: הוי אומר זו הקטרת קטרת · דאילו מתן דמים אין שוה בכולם שהפר מכפר עליו ועל הכהנים והשעיר על ישראל: על לשון הרע · כי היכי דקרבת תורה אור לשון הרע הוה דכתיב (במדבר יז) אתם המיתם את עם ה' וסתם לשון הרע בחשאי הוא: מבין האולם ולמזבח · מכל אויר כ"ב אמות שביניהם: לא שנו אלא בשעת הקטרה דהיכל · דמזבח הפנימי שחרית וערבית שהרי סמוך לו: אבל בשעת הקטרה דלפני ולפנים · מהיכל שהוא סמוך לו פרשי אבל מבין האולם ולמזבח שהוא מרוחק לא פרשי: בשעת מתן פר כהן משיח · הבא על אחת מכל המצות שטעה בהוראת עצמו ועשה ומתן דמו על הפרוכת ועל מזבח הזהב: ושעירי עבודת כוכבים · ציבור שעבדו ע"ז בהוראת בית דין מביאים פר לעולה ושעיר לחטאת כדכתיב בפרשת שלח לך אנשים (שם טו) ואותו שעיר מתן דמו על הפרוכת והוא נאכל כדילפינן בספרא וספרי ובמסכת זבחים (דף מז.): הא מה מעלה יש כו' · האי הא כמו הרי כלומר מעלה [מה] מעלה יש בפרישה בין היכל לבין אולם ולמזבח: בין בשעת הקטרה כו' · קא סלקא דעתיה בין בשעת הקטרה דלפני ולפנים בין שלא בשעת הקטרה דלפני ולפנים אלא בשעת מתן דמים לפני ולפנים: ומבין אולם ולמזבח אין פורשין · משום לפני ולפנים אלא בשעת הקטרה אבל לא בשעת מתן דמים: מאי לאו כו' · כדפרישית: לא בשעת הקטרה דהיכל · קאמר דפורשים מבין האולם ולמזבח והכי קתני כשם שפורשים מבין האולם ולמזבח בשעת הקטרה דהיכל כך פורשין בשעת מתן פר כהן משיח דהוי נמי בהיכל: אי הכי · דכשם שפורשין בשעת הקטרה אהיכל קאי ולא אדלפני ולפנים הא מה מעלה יש בתמיה וכי אין עוד מעלה אלא הא דשלא בשעת הקטרה דקתני שבהיכל פורשין בין בשעת הקטרה בין דהיכל בין לפני לפנים בין שלא בשעת הקטרה אלא בשעת מתן דמים בין דהיכל בין לפני ולפנים ומבין האולם ולמזבח לא פרשינן אלא בשעת הקטרה דהיכל דהא אפילו בשעת הקטרה יש מעלה דאילו מהיכל פרשי כו': הא קתני · בניחותא ה"ג קאמר האי (ג) שלא בשעת הקטרה דקאמר שלא בשעת הקטרה דהיכל קאמר אלא בשעת הקטרה היא לפני לפנים: בין בשעת הקטרה · [דהיכל] והא שלא בשעת הקטרה דקתני תנא שלא בשעת הקטרה דידיה אלא בשעת הקטרה דלפני ולפנים:

בקדושה

תוספות

בשילה ובית עולמים מנין · וכי האי גוונא אמרינן לקמן בפרק הוציאו לו (דף ..) גבי מעלה עשן ובפרק שני שעירי (לקמן דף סז:) תניא (*מדבר) המדבר לרבות נוב וגבעון שילה ובית עולמים ובפרק שני דסוטה (דף טז. וסם) גבי עפר סוטה ומן העפר אשר יהיה בקרקע המשכן קאמר שילה ובית עולמים מנין וכו' ובפ"ב דשבועות (דף טז:) דקאמר מכדי מקדש איקרי משכן ומשכן איקרי מקדש לימא לא אידי ואידי משכן או אידי ואידי מקדש אלמא אע"ג דמקדש איקרי משכן ומשכן איקרי מקדש איצטריך תרי קראי חד למקדש וחד למשכן ולא גמירי מהדדי וקשה דבפרק קמא דחולין (דף כד.) גבי שנים שפסולים בלוים קאמר יכול אף בשילה ובית עולמים כן ת"ל (*זאת) ובפ"ק דעירובין (דף ב.) שלמים ששחטן קודם פתיחת דלתות ההיכל פסולין במקדש מנא לן אשכחן מקדש דאיקרי משכן וי"ל בההיא דעירובין שמא איכא שום פסוק להשוות מקדש למשכן להיות מילתא וכן בפ' קמא דחולין ובתר דמעטינן שילה ובית עולמים (*מזאת) או טוקי אותו פסוק לדרשא אחרינא ורי"א גרס בפרק שני דשבועות תרי קראי למה לי ולי נראה אע"ג דמקדש איקרי משכן כו' אפי' הכי בההיא דשבועות דאיירי לענין טומאה סד"א לחלק ביניהו כיון דחלוקין הן לענין טומאה דאי כתב מקדש ה"א דין הוא דטמא שנכנס למקדש חייב שהרי איסורו איסור עולם ואפילו בתר דנפל מחיצה חייבין על המקום משום טומאה אבל במשכן לאחר שנסעו משם ופירקוהו והעמידוהו במקום אחר אין חייבין על מקומו הראשון ואי כתב משכן ה"א דין הוא שחייב עליו לפי שנמשח בשמן המשחה ואסור ליגע בו בטומאה אפילו כשהוא מפורק אבל אבני היכל שנסתרו מותר ליגע בהם בטומאה והא נמי מיתרצא הא דמצרכינן קרא בפרק היה מביא (סוטה דף טז.) לרבות בית עולמים משום דאפקיה קרא בלשון טומאה דכתיב ונסתרה והיא נטמאה וכל הלכות ספק טומאה גמרינן מסוטה להכי סד"א כיון דמקדש ומשכן חלוקים לענין טומאה כדפרי' לענין טומאת סוטה נמי יהא חילוק ביניהם ותדע דהיינו טעמא דאיסי בן יהודה *דמצריך קרא לרבות שילה ובית עולמים מדפליג עליה התם איסי בן מנחם ואמר אינו צריך ק"ו הוא ומה בטומאות קלות לא חילק הכתוב בין שילה ובית עולמים טומאת אשה המורה לא כ"ש פירוש טומאות קלות הנכנס למשכן ולמקדש בטומאת הגוף חייב כרת אתרווייהו אע"ג דיש חילוק ביניהן כדפרישית אפילו הכי השוה אותם לענין כרת הנכנס להם ומשום האי חילוק אין נראה לו לחלק *ומדבר המדבר סד"א דווקא במשכן כשהיו ישראל במדבר סמוכין למדבר ומעלה עשן משום דכתיב בההוא קרא אהרן והאי קרא דשמעתא סד"א משום דכתיב אהל מועד ולא איקרי אהל מועד אלא במדבר ומקרא יתירא הוא דלא הוה צריך למיכתב אלא וכל אדם לא יהיה בבאו לכפר בקדש וסד"א דאתא למעוטי שילה ובית עולמים ובתר דמרבינן שילה ובית עולמים אהל מועד דכתב רחמנא למעוטי עזרות איצטריך:

כך פורשין בשעת מתן פר כהן משיח · ה"ה הוה מצי למימר בשעת מתן פר ושעיר של יוה"כ בהיכל אלא לא פסיקא ליה משום דיש מתן נמי לפני לפנים: מה מעלה יש בין היכל וכו' · טובא איכא דמזבח הזהב ומנורה ושלחן ומתן דמים בהיכל מה שאין כן בין האולם ולמזבח אלא לענין פרישה קאמר: מאי לאו בשעת הקטרה דלפני ולפנים · תימה לי מ"ש דגזרו לפרוש מבין האולם ולמזבח בשעת הקטרה דלפני ולפנים ולא בשעת הזאה והא בין הקטרה בין הזאה מחד קרא נפקא לעיל וי"ל בהקטרה דכתב בקרא בהדיא טפי גזרו בה רבנן ולא בהזאה דמייתורא דלכפר נפקא:

דאילו

רבינו חננאל

על החייב כו': פי' על הרובד הרביעי של היכל מבחוץ · ת"ר וכל אדם לא יהיה באהל מועד בבואו לכפר בקדש עד צאתו ודרישניה דפריש אפילו בשעת הקטרה · ומיבעיא לן כפרה בהקטרה מנ"ל ואמרינן מדכתיב הכא כפרה שנאמר לכפר בקודש וכתיב ביו"כ וכפר בעדו ובעד ביתו ובעד כל קהל ישראל איזהו היא כפרה ששוה לו ולביתו ולאחיו הכהנים ולכל ישראל הוי אומר זו הקטורת שאם תאמר כפרת דמים חלוקה כפרתם הוא וביתו ואחיו הכהנים מתכפרים בפרו וכל קהל ישראל בשעיר · וקטורת מי מכפרה אין דכתיב ויתן את הקטורת ויכפר על העם · ותני רב חנניה מיכן למדנו לקטורת שמכפרת ותנא דבי רבי ישמעאל על מה הקטורת מכפרת על לשה"ר יבא דבר שבחשאי ויכפר על מעשה חשאי ועיקר זו השמועה בזבחים סוף פ' המזבח מקדש (פח:) ובערכין פרק יש בערכין להקל ולהחמיר (טז.) ומפרש התם בבירור מבואר כי בגדי כהונה מכפרין דאמר למה נסמכה בגדי כהונה לקרבנות לומר לך מה קרבנות מכפרין אף בגדי כהונה מכפרין · כתונת מכפרת אשפיכות דמים מכנסים מכפרים על ג"ע · מצנפת מכפרת על גסי הרוח · אבנט מכפר על הרהורי הלב · מעיל מכפר על לשון הרע · חשן מכפר על הדינין · אפוד מכפר על ע"ז · ציץ מכפר על עזי פנים · קשיא להא"ר אלהא"ר ופרקינן להא"ר בצניעות קטורת מכפרת לשה"ר בפרהסיא מעיל מכפר · תנן התם בפרק ראשון במסכת כלים פורשין מבין האולם ולמזבח בשעת הקטרה א"ר אלעזר לא שנו שפורשין מבין האולם ולמזבח אלא [בשעת] הקטרה דהיכל אבל כשמקטיר לפני ולפנים מהיכל פרשי מבין האולם [ולמזבח לא פרשי] ומותבינן עליה מיהא דתני מה מעלה יש [בין ההיכל] לבין האולם ולמזבח אלא שבהיכל פורשין בין בשעת הקטרה בין שלא בשעת הקטרה · ומבין האולם ולמזבח לא פרשי אלא בשעת הקטרה בשעת הקטרה מיהת פרשי ואפי' בהקטרה דלפני ולפנים ופרקינן

תוספות ישנים

טליהם מ"ש מכל עזרי הטולות שבכל שנה · שילה ובית עולמים מנין כו' · הקשה רבי דהכא משמע דלריך קרא

[ערכין טז. זבחים פח:]

כלים פ"א מ"ט

הגהות הב"ח

(א) גמרא הוי אומר זה הקטרת הקטורת וקטורת מי מכפרת:

הגהות הגר"א

[א] גמרא (לכפרת ביתו כפרת ביתו קודמת) תא"מ: [ב] שם (ולביתו) תו"מ:

לה א מיי' פ"ב מהל' עבודת יוה"כ הל' ה:
לו ב מיי' פ"ב מהלכות תמידין הלכה ה:
לז ג מיי' פ"ב מהלכות עבודת יוה"כ הל' ה:

אלא בשעת הקטרה והא איכא הא מעלה דאילו מהיכל פרשי בין בקדושה דידיה בין בקדושה דלפני ולפנים ואילו מבין האולם ולמזבח לא פרשי אלא בקדושה דהיכל אמר רבא שם פרישה אחת היא אמר מר כך פורשין בשעת מתן פר כהן משיח ופר העלם דבר של צבור ושעירי עבודת כוכבים מנא לן א"ר פדת אתיא כפרה כפרה מיוה"כ אמר רב *אחא בר אהבה שמע מינה מעלות דאורייתא והכי גמירי להו דאי ס"ד דרבנן מאי שנא בין האולם ולמזבח דילמא מיקרו ועיילי מכולה עזרה נמי נפרשי דילמא מיקרו ועיילי בין האולם ולמזבח כיון דלא מפסיק מידי לא מינכרא מילתא עזרה כיון דאיכא מזבח החיצון דמפסיק מינכרא מילתא אמר רבא ש"מ *קדושת אולם והיכל חדא מילתא היא דאי ס"ד שתי קדושות נינהו אולם *גופיה גזירה וניקום ונגזור גזירה לגזירה לא אולם ובין האולם ולמזבח חדא קדושה היא היכל ואולם שתי קדושות: בכל יום היה חותה בשל כסף וכו': מ"ט *התורה חסה על ממונן של ישראל: והיום חותה בשל זהב ובה היה מכנים: מ"ט *משום חולשא דכ"ג: בכל יום בשל ארבעת קבין וכו': תנא *נתפזרו לו קב גחלים מכבדן לאמה תני חדא קב ותניא אידך קביים בשלמא הך דתני קב רבנן אלא הך דתני קביים מני לא רבנן ולא רבי יוסי אמר רב חסדא רבי ישמעאל בנו של ר' יוחנן בן ברוקה היא דתניא ר' ישמעאל בנו של ר' יוחנן בן ברוקה אומר בשל קביים היה מכנים רב אשי אמר אפילו תימא רבי יוסי והכי קאמר בכל יום היה חותה בשל סאה מדברית ומערה לתוך שלשת קבין ירושלמיות: בכל יום היתה כבידה והיום קלה: תנא בכל יום היתה גלדה עבה והיום רך בכל יום היתה קצרה והיום ארוכה מ"ט *כדי שתהא זרועו של כ"ג מסייעתו תנא *בכל יום לא היה לה ניאשתיק והיום היה לה ניאשתיק דברי בן הסגן: בכל יום היה זהבה ירוק: א"ר חסדא שבעה זהבים הן זהב וזהב טוב וזהב אופיר וזהב מופז וזהב שחוט וזהב סגור וזהב פרוים זהב וזהב טוב דכתיב °וזהב הארץ ההוא טוב זהב אופיר דאתי מאופיר זהב מופז שדומה

רש"י

בקדושה · מתן דמים : **שם פרישה אחת** · (א) כולה חדא מעלה היא דמהיכל פרשי [משום] לפני ולפנים בין בשביל הקטרה ובין בשביל מתן דמים ומבין האולם ולמזבח לא [פרשי] בשביל לפני לפנים כלל וכיון דלאשמועינן משום הקטרה דלפני ולפנים לא פרשי לא איצטריך לאשמועינן משום מתן דמים : **מעלות דאורייתא** · מעלות שמנו חכמים במשנה במסכת כלים בפ"ק (משנה ח) דקאמר התם הר הבית מקודש מירושלים והחיל מהר הבית ועזרת נשים מן החיל ועזרת ישראל משל נשים ושל כהנים משל ישראל ובין האולם ולמזבח מן העזרה וההיכל מבין האולם ולמזבח דאורייתא נינהו הלכה למשה מסיני והכי גמירי להו הלכך לענין פרישה (ב) נמי דקרא לא איצטריך פרישה אלא מהיכל כדכתיב וכל אדם לא יהיה באהל מועד ואתו רבנן וגזור בין האולם ולמזבח דילמא מיקרי ועייל להיכל ולא נמשכה שאר עזרה לאותה גזירה שהרי בין האולם ולמזבח קדושה אחת היא ושאר כל העזרה קדושה אחת ובין האולם למזבח גופה גזירה והויא לה שאר עזרה גזירה לגזירה ואי סלקא דעתך מעלות דקתני התם דרבנן נינהו אבל מדאורייתא בין האולם ולמזבח וכל העזרה חדא קדושה היא מ"ש כו' : **מכולה עזרה נמי** [**נפרשו**] · משום הא גזירה גופה דהא כולה חדא גזירה : **ש"מ** · מדגזר בין האולם ולמזבח פרישה : **קדושת היכל ואולם חדא היא** · ואולם נמי אהל מועד מקרי ועביד הרחקה לפרוש מבין האולם ולמזבח (ג) פרישה לכל העזרה דילמא עייל לאולם וקא עבר אלא יהיה באהל מועד : **אולם ובין האולם ולמזבח חדא היא** · וכי גזור אולם אטו היכל אימשיך האויר דבין האולם בההיא גזירה : **חסה על ממונן** · ואכן נמי חסינן ואתיא גחלים שוחקת את הכלי ומחסרתו : **משום חולשא** · שטורח הוא לערות מכלי אל כלי : **קב גחלים** · כשמערה של ארבעת קבין לתוך של שלשה מתפזר לו קב גחלים הוא מכבדו °לתוך אמה סילון של עזרה היוצאת לנחל קדרון : **ולא רבי יוסי** · דהא ר' יוסי שלשה מתפזרין : **בשל קביים היה מכנים** · וחותה בשל ד' קבין כרבנן שאמרו בשל ד' קבין היה חותה : **סאה מדבריות** · ששת קבין מדבריות וכשבאו לירושלים הוסיפו שתות על המדות ונעשות ששת קבין מדבריות חמש ירושלמיות וכשחותה בשל סאה מדברית ומערה לתוך שלשת קבין ירושלמיות נתפזרו לו (ד) קביין ירושלמיות : **היה גלדה עבה** · דופנה עבה לכך היתה כבדה : **רך** · דק : **ניאשתיק** · טבעת בראשה שמקשקש ומשמיע קול משום ונשמע קולו בבואו וגו' (שמות כח) : **וזהב הארץ ההוא טוב** · מכלל דאיכא זהב סתמא : שדומה

תוספות

דאילו מהיכל פרשי בין בקדושה דידיה · הכי פירושא לדידך לא הוה ליה למתני האי לישנא דבין בשעת הקטרה וכו' אלא הכי איבעי ליה למתני שבהיכל פורשין בין בקדושה דידיה בין בקדושה דלפני ולפנים דמשמע בין דקטרת בין דמתן דמים ובין האולם ולמזבח אין פרישה אלא בקדושה דהיכל דקטרת ודמתן דמים ואמאי נקט הקטרת דמשמע הקטרת ותו לא בשלמא לדידי דאמרי דפורשין בין האולם ולמזבח אף בשעת הקטרה לפני ולפנים ולא במתן דמים דלפני ולפנים ניחא הא דנקט הקטרה ומשני שם פרישה אחת היא ותנא הקטרה משום דעיקר קרא איירי בה והוא הדין במתן דמים :

אתיא כפרה כפרה מיוה"כ · תימה לי בשלמא שעירי עבודת כוכבים כתיב בהן כפרה בפרשת שלח אבל פר כהן משיח דלא כתב ביה כפרה אע"ג דאיתקש לפר העלם דבר מנלן למאן דאמר בפרק איזהו מקומן (זבחים דף נ.) דדבר הלמד בג"ש אין חוזר ומלמד בהיקש והא פר העלם גופיה בגזירה שוה דכפרה כפרה גמר ויש לומר למאן דאמר בזבחים פרק בית שמאי (דף מא:) לפר זה פר העלם ואע"ג דקרא בדידיה איירי איצטריך למיהוי מאי דאתיא ליה מהיקשא כמאן דכתב בגופיה לדידיה ניחא הכא דאיכא למימר כי היכי דאמרינן דאהני לפר זה פר העלם למאי דילפינן ליה בהיקשא מפר כהן משוח למיהוי כמאן דכתב בגופיה הכי נמי אהני להאי מילתא דהכא דגמרינן מיוה"כ למיהוי כמאן דכתב בגופיה ולמאן דאמר לפר זה פר יום הכפורים יש לומר דלדידיה לא קשיא דהא כיון דדריש ועשה לפר זה פר יום הכפורים כאשר עשה לפר זה פר כהן משיח הרי איתקשו פר יוה"כ ופר כהן משיח להדדי וגמר מפר יוה"כ לפרישה דאף על גב דשעירי עבודת כוכבים דילפינן להו התם מדכתב החטאת בפר העלם ודרשינן מיניה שעירי עבודת כוכבים לא חשיב להו התם כאילו הוקשו לפר כהן משיח אלא לפר העלם דכתב ביה קרא שאני התם דהחטאת ייתורא בעלמא הוא ואין במשמעותו שיהא מוקש לפר כהן משיח אבל פר כהן משיח ופר יום הכפורים בהלוך לישנא דקרא משמע שהוקשו זה לזה ועשה לפר זה דהיינו פר כהן כאשר עשה לפר יום הכפורים וכן פירש שם ריצב"א אמילתא אחריתי :

בכל יום לא היה לה ניאשתיק · פרש"י טבעת להשמיע קול כדכתיב ונשמע קולו בבואו אל הקודש ובירושלמי גרסינן כרתק שלא יכווה ונראה לריב"א כעין כרתק של עור היה עשוי סביב ידה של מחתה לאחוז בה שלא יכווה משום דכל כלי מתכות חם מקצתו חם כולו ולפיכך היה צריך היום כרתק יותר מבשאר ימים לפי שהיו הגחלים שוהים במחתה זמן מרובה עד שהיתה חמה הרבה ושוב מוליא אותה שהיא אחת מהעבודות הולכת כף ומחתה ופריך בירושלמי ואיתו חולץ ומשני קובעו במסמר כלומר על ידי מסמרין היה נקבע אותו כרתק לבית יד שיהא בטל ויחשב כגוף המחתה : **זהב** טוב · מפרש בירושלמי כשצורפים אותו אינו נחסר כלום זהב מופז על שם מקומו : *והיום מקיתון של זהב · דאמר בפרק שני דזבחים (דף כב.) דבכל כלי שרת מקדש דכתיב ירחצו לרבות שאר כלי שרת · ריב"א :

שייך למשנה לעיל דף מג:

§ מסכת יומא דף מד: §

אות א'

משום חולשא דכהן גדול

רמב"ם פ"ב מהל' עבודת יוה"כ ה"ה - בכל יום מי שזוכה במחתה חותה במחתה של כסף ומערה האש למחתה של זהב, והיום חותה כהן גדול במחתה של זהב ובה נכנס להיכל, שלא ליגעו בתוספת עבודה.

אות ב'

קב גחלים מכבדן לאמה

רמב"ם פ"ג מהל' תמידין ה"ה - וכיצד חותה, זה שזכה במחתה לוקח מחתה של כסף ועולה לראש המזבח ומפנה את הגחלים אילך ואילך, ונוטל מן הגחלים שנתאכלו במערכה שניה, ויורד ומערן לתוך מחתה של זהב, אם נתפזרו מן הגחלים כמו קב או פחות מכבדן לאמה, ובשבת כופה עליהן הפסכתר; ואם נתפזר יותר על קב, חוזר וחותה.

השגת הראב"ד: וכיצד חותה וכו' עד שנתאכלו במערכה. [א]א"א אין זה בנוסחא המדויקת לענין קטרת אלא לענין תרומת הדשן.

אות ג'

כדי שתהא זרועו של כהן גדול מסייעתו

רמב"ם פ"ב מהל' עבודת יוה"כ ה"ה - וכן מחתה של כל יום מחזקת ארבעה קבין, ושל היום שלשה קבין; ובכל יום היתה כבידה והיום קלה, ובכל יום ידה קצרה, והיום ארוכה, כדי להקל על כהן גדול שלא ייגע.

באר הגולה

[א] ‹ואני אומר פשטא דמתני' שבפרק הנזכר משמע דלענין קטרת מיתניא, ואיני יודע נוסחא אחרת - כסף משנה. ‹**הר"א** ז"ל השיג על רבינו ז"ל, דלא נאמר זה לפי הנוסחא האמיתית אלא בתרומת הדשן, וטעמו, דהתם בענין שיהיה הגחלים מאוכלות שיהו קרובות לדשן, וגם התם צריך שיפנה אילך ואילך כדי שיקח מהגחלים של איברים שנשרפו ולא מהעצים, **אבל** כאן אין טעם לשום אחד מהדברים, דלמה לי כאן מאוכלות, וגם למה צריך שיפנה אילך ואילך, זהו טעמו של הר"א ז"ל - לחם משנה. **ועיין** במשנה דף מ"ג: דיש חילופי גירסאות›

§ מסכת יומא דף מה. §

אות א'*[א]

כל פינות שאתה פונה לא יהו אלא דרך ימין למזרח

סימן קכח סי"ז - כשמחזירין פניהם, בין בתחלה בין בסוף, לא יחזירו אלא דרך ימין - פי' בתחלה כשעולין לדוכן ופניהם כלפי ההיכל שהוא במזרח, וקורין להם "כהנים", מתחילין להחזיר פניהם כלפי העם לצד ימין שלהם, שהוא בדרום, ואח"כ למערב נגד הצבור, **ובסוף** כשמתחיל הש"ץ "שים שלום", ומחזירין פניהם כלפי הקודש, מתחילין להחזיר פניהם דרך ימין שלהם שהוא בצפון, ואח"כ לצד המזרח נגד ההיכל, [**וגם** באטר אזלינן בתר ימין דעלמא].

אות א' – ב'

משום כבודו דכהן גדול

משום כבודו דכהן גדול

רמב"ם פ"ב מהל' עבודת יוה"כ ה"ה - בכל יום כהן גדול מקדש ידיו ורגליו מן הכיור כשאר הכהנים, והיום מקדש מקיתון של זהב משום כבודו; בכל יום הכהנים עולים במזרחו של כבש ויורדין במערבו, והיום [ב]עולים באמצע ויורדין באמצע לפני כהן גדול כדי להדרו.

אות ג'

בכל יום שלש והיום ארבע

רמב"ם פ"ב מהל' תמידין ה"ד - שלש מערכות של אש עושין בראש המזבח בכל יום: ראשונה מערכה גדולה, שעליה מקריבין התמיד עם שאר הקרבנות; שניה בצדה קטנה, שממנה לוקחין אש במחתה להקטיר קטורת בכל יום; שלישית אין עליה כלום אלא [ג]לקיים מצות האש, [ד]שנאמר: אש תמיד תוקד.

רמב"ם פ"ב מהל' עבודת יוה"כ ה"ה - בכל יום ויום היו על המזבח שלש מערכות של אש, והיום היו שם ארבע, מוסיפין מערכה [ה]כדי להדר המזבח ולעטרו.

אות ד' – ה'

[ו]ואחת של קיום האש

אמר קרא: היא העלה על מוקדה על המזבח כל הלילה, זו מערכה גדולה, ואש המזבח תוקד בו, זו מערכה שניה של קטורת

רמב"ם פ"ב מהל' תמידין ה"ה - מפי השמועה למדו שזה שנאמר: על מוקדה על המזבח, זו מערכה גדולה; ואש המזבח תוקד בו, זו מערכה שניה של קטרת; והאש על המזבח תוקד בו, זו מערכה שלישית של קיום האש; אבל איברים ופדרים שלא נתאכלו מבערב, נותנין אותן בצדי מערכה גדולה.

אות ו'

מניין להצתת אליתא שלא תהא אלא בראשו של מזבח, תלמוד לומר: והאש על המזבח תוקד בו

רמב"ם פ"ב מהל' תמידין ה"ט - מערכה שלישית של קיום האש עושה אותה בכל מקום שירצה מן המזבח, [ז]ומצית בה את האש; ולא יצית האש למטה ויעלה אותה למזבח, אלא במזבח עצמו מציתין, [ח]שנאמר: ואש המזבח תוקד בו, מכאן להצתה שלא תהיה אלא בראשו של מזבח.

אות ז'

מהדר להו למערכה גדולה

רמב"ם פ"ב מהל' תמידין ה"ה - אבל איברים ופדרים שלא נתאכלו מבערב, [ט]נותנין אותן בצדי מערכה גדולה.

באר הגולה

[א] ‹ע"פ מהדורת נהרדעא› [ב] ‹לפנינו איתא במשנה: והיום כה"ג עולה באמצע ויורד באמצע, וכמ"ש הלח"מ, אבל בירושלמי שם איתא וז"ל: בכל יום הכהנים עולין במזרחו ויורדין במערבו, והיום עולין באמצע ויורדין באמצע – הר המוריה. **עיין** בגמ' שיש חילופי גירסאות, ובהג' הב"ח דף מ"ג› [ג] ‹פירש"י ז"ל שאם אין אש של מערכה גדולה מתגבר, מוסיפין עליו מזה, ע"כ. **אבל** רבינו ז"ל נראה שמפרש לקיום האש, לקיים מצות האש, שנאמר אש תמיד תוקד, משמע ששאר המערכות הם לקרבנות, וזו היא לקיים המצוה לבד – לח"מ. ‹**ומ"מ** בוודאי גם הרמב"ם מודה, דאם נחלש האש בהמערכה הגדולה, דנוטלין מכאן, ואין כאן מחלוקת – ערוה"ש› [ד] ‹נראה לומר דכיון דלא נ"מ כלל לענין דינא, רבינו ז"ל לא קפיד, אלא מביא הפסוק שנראות הדרשא הפשוטה יותר, אע"פ שהוא דלא כהלכתא, וקרא דאש תמיד משמע פשוטו הוא שידליקו האש שם תמיד, אע"ג דבגמ' דרשינן ליה לדרשא אחריתי, מ"מ פשוט הכתוב הכי משמע – לח"מ› [ה] ‹מצאתי בהג' כתב יד להרמ"ע מפאנו וז"ל: ורש"י פי' כדי ליטול ממנה גחלים לקטורת שלפני ולפנים, והכי איתא בתוספתא דיומא, ואפשר דהא והא איתא, ע"כ – מעשה רוקח› [ו] ‹לכאורה מה שציין על דברי רבי מאיר, ולא על רבי יוסי, הוי לאו דוקא› [ז] ‹לא ידעתי אמאי כתב זה רק על המערכה השלישית, וכי על שתים הראשונות לא היה מצית את האור, ויותר נראה שצ"ל: ומצית בהן את האש, וקאי על כל שלש המערכות – הר המוריה. **עיין** ברש"י ד"ה להצתת האליתא: להצית בהן אור מערכה גדולה› [ח] ‹רבינו ז"ל פסק כר' יוסי דג' מערכות בכל יום, דהלכה כר' יוסי לגבי ר' יהודה, וכ"ש לגבי דר"מ. **ויש** לתמוה על רבינו ז"ל, דכיון דהוא פסק כר' יוסי, למה הביא להצתת אליתא פסוק של ואש המזבח תוקד בו, דהא לא הוי אלא לר' יהודה, אבל לר' יוסי נפקא ליה הצתת אליתא מקרא דונתנו בני אהרן הכהן אש על המזבח, **ולא** עוד אלא שלא הביא אפי' הפסוק של ר' יהודה, דהיינו והאש על המזבח תוקד בו, אלא ואש המזבח תוקד, דהך קרא לכו"ע הוי למערכה שניה של קטורת – לח"מ ה"א› [ט] ‹איני יודע למה כתב רבינו בצדי המערכה ומנין לו, ונראה שסובר דסברא הוא, שעל המערכה היו נותנין אברי התמיד, וא"כ מה שלא נתאכל בלילה נותן אותם בצדי המערכה, שתשאר אמצע המערכה פנויה – מהר"י קורקוס›

מסורת הש"ס | עין משפט נר מצוה

שדומה לפז °זהב שחוט שנטוה כחוט °זהב סגור בשעה שנפתח כל החנויות נסגרות °זהב פרוים שדומה לדם הפרים רב אשי אמר חמשה הן וכל חד וחד אית ביה זהב וזהב טוב תניא נמי הכי בכל יום היה זהב ירוק והיום אדום והיינו זהב פרוים שדומה לדם הפרים: בכל יום מקריב פרס שחרית וכו' בכל יום היתה דקה והיום דקה מן הדקה: תנו רבנן דקה מה ת"ל והלא כבר נאמר °ושחקת ממנה הדק אלא להביא דקה מן הדקה: בכל יום כהנים עולין במזרחו של כבש: דאמר מר *כל פינות שאתה פונה לא יהו אלא דרך ימין למזרח: והיום [נ"א עולין] (*עולין) באמצע [נ"א יורדין] (*יורדין) באמצע: מאי טעמא °משום כבודו דכהן גדול: בכל יום כהן [גדול] מקדש ידיו ורגליו מן הכיור וכו': מאי טעמא °משום כבודו של כהן גדול: בכל יום היו שם ארבע מערכות: תנו רבנן *בכל יום היו שתים מערכות והיום שלש אחת מערכה גדולה ואחת מערכה שניה של קטורת ואחת שמוסיפין בו ביום דברי רבי יהודה רבי יוסי אומר °בכל יום שלש והיום ארבע אחת של מערכה גדולה ואחת מערכה שניה של קטורת ואחת של קיום האש ואחת שמוסיפין בו ביום רבי (*מאיר) אומר בכל יום ארבע והיום חמש אחת של מערכה גדולה ואחת של מערכה שניה של קטורת °ואחת של קיום האש ואחת לאיברים ופדרים שלא נתעכלו מבערב ואחת שמוסיפין בו ביום דכולי עלמא מיהת תרתי אית להו מנלן °אמר קרא °היא *העולה על מוקדה על המזבח כל הלילה זו מערכה גדולה ואש המזבח תוקד בו זו מערכה שניה של קטורת ורבי יוסי קיום האש מנא ליה נפקא ליה מוהאש על המזבח תוקד בו ור' יהודה ההוא להצתת אליתא הוא דאתא דתניא היה רבי יהודה אומר °מניין להצתת אליתא שלא תהא אלא בראשו של מזבח תלמוד לומר °והאש על המזבח תוקד בו אמר רבי יוסי מניין שעשה מערכה לקיום האש תלמוד לומר והאש על המזבח תוקד בו ורבי יוסי הצתת אליתא מנא ליה נפקא ליה מהיכא דנפקא ליה לרבי שמעון דתניא °ונתנו בני אהרן הכהן אש על המזבח *לימד על הצתת אליתא שלא תהא אלא בכהן כשר ובכלי שרת דברי ר' יהודה אמר לו רבי שמעון וכי תעלה על דעתך *שזר קרב לגבי מזבח אלא לימד על הצתת אליתא שלא תהא אלא בראשו של מזבח ורבי יהודה אי מהתם הוה אמינא קאי ארעא ועביד במפוחא קמ"ל ורבי מאיר איברים ופדרים שלא נתעכלו מבערב מנא ליה נפקא ליה מואש ורבנן *וא"ו לא דרשי ורבנן איברים ופדרים שלא נתעכלו מבערב מאי עביד להו °מהדר להו למערכה גדולה דתניא מניין לאיברים ופדרים שלא נתעכלו מבערב שסודרן

רש"י

שדומה לפז · מלהיב כמרגלית: **שנטווה כחוט** · מפני שהוא רך: **כל החנויות נסגרות** · שאין מכר לזהב אחר מפני זה: **תניא נמי הכי** · דעל שם שדומה לדם הפרים נקרא זהב פרוים בדברי הימים (ב ג): **והלא כבר נאמר** · בשל כל ימות השנה ושחקת ממנה הדק: **אלא דרך ימין** · שהוא למזרח שהרי הכבש בדרום לכך עולה במזרחו של כבש שסמוך ליפנות לימין: **משום כבודו** (א) · להראות חשיבותו שהוא כהן בית ומקיף לצורך ושלא לצורך: **שמוסיפין בו ביום** · ליטול ממנה גחלים לקטורת של לפני ולפנים אבל קטורת של מזבח הפנימי הרי הוא כקטורת של כל השנה: **של קיום האש** · שאם אין אש של מערכה גדולה מתגבר מוסיפין עליו מזה: **שלא נתעכלו** · שלא ניתנו על מערכה או ניתנו ולא הספיקו להתעכל: **להצתת אליתא** · להצית בהן אור מערכה גדולה: **אליתא** · קיסמים דקים: **ורבי יוסי הצתת אליתא מנא ליה** · שתהא בראשו של מזבח ולא יצית על הרצפה ויעלם כשהן דולקין על המזבח: **ובכלי שרת** · בלבוש בגדי כהונה: **וכי תעלה על דעתך** · מאחר שאתה למד מן האש על המזבח כלום הוצרכנו למקרא זה להטעינה כהן וכי תעלה על לב שזר קרב לגבי מזבח והלא נאמר (במדבר יח) אך אל כלי הקדש ואל המזבח לא יקרבו: **אלא לימד על הצתת האליתא שלא תהא אלא על ראש המזבח** · והדך קרא לקיום האש אתא כרבי יוסי והכהונה דכתיב בהאי קרא לגופיה אצטריך לה שנתינת אש צריכה כהן ולא יטלנה זר ויזרקנה למזבח: **ורבי יהודה** · אמר לך: **אי מהתם** · מהאש על המזבח הו"א דשמעינן מינה שהצתה בראש המזבח לא שמעינן דפסולה לזר הוה אמינא קאי זר אארעא ועביד במפוחא: **מנא ליה** · דבעי מערכה: **נפקא ליה מואש** · ואו"ו דריש: אחר

תוספות

רבי יוסי אומר בכל יום ג' והיום ד' · תימה בפרק שני דתמיד (דף כט.) תנן בירכו משם עלי תאנה וכו' ומוקי להאי מתניתין כר' יוסי בפרק קדשי קדשים במסכת זבחים (דף נח.) והיכי מתוקמא כרבי יוסי והא קתני סיפא והליתו שתי מערכות ירדו ובאו ללשכת הגזית ולרבי יוסי הא קאמר בכל יום היו שם שלש ודוחק הוא לומר סבר ליה כוותיה בחדא ופליג עליה בחדא וי"ל דהכתי הואי חדא לקיום האש ולא קא חשיב אלא הנך תרתי דדמיין להדדי ומליתין אותן ביחד ומחד קרא מפיק להו והקשה רבי אלחנן במזבח האחשת שלא היה מקום מערכה אלא אמה כדאמר בפרק קדשי קדשים (דף סב:) ואמרינן נמי התם גיזרין שעשה משה ארכן ורחבן אמה א"כ כל הני מערכות היכא הוו קיימי וצריך לומר באמה של הילוך רגלי הכהנים והיו מסבבין המערכה גדולה עד הני מערכות: **וכי** תעלה על דעתך [נ"א ויורד]שזר קרב אצל המזבח · הקשה רש"י לדידיה נמי תקשי דמוקי קרא להצתת אליתא הכהן למה לי וכי תעלה על דעתך שזר קרב כו' ותירץ דאיצטריך משום דדרשינן לעיל בסוף פרק קמא (דף כא:) ונתנו בני אהרן הכהן אש על המזבח אע"פ שהאש יורדת מן השמים מצוה להביא מן ההדיוט וסד"א שיהא כשר בזר ואפשר דקאי אארעא וזריק אש של הדיוט למעלה וקשיא לן א"כ מנא ליה דאתא קרא להצתת אליתא דילמא כוליה קרא לנתינת אש דהדיוט וי"ל דא"כ לכתוב קרא ונתנו בני אהרן הכהן אש וערכו עצים על האש והנא ידענא דנתינת האש על המזבח הוה מדכתיב וערכו עצים על האש דמערכה בראש המזבח היא על המזבח למה לי אלא למידרש אש על המזבח להצתת אליתא שמבעירין אותה על המזבח ותימה לי והא ר"ש לית ליה סברא דאפשר דקאי אארעא ועביד במפוחא א"כ לא הוה צריך הכהן לנתינת אש ההדיוט דליכא למימר כמו שפרש"י דאפשר דקאי אארעא וזריק דהא ר"ש לית ליה האי סברא וי"ל דבאש ההדיוט שפיר אית ליה דאפשר דקאי אארעא וזריק לה כיון דשל הדיוט היא אבל הצתת אליתא שהבערתה על המזבח לאו אורח ארעא למיעבד במפוחא ברחוק וקשה לי לר' יהודה והאש על המזבח תוקד בו להצתת אליתא שהבערתה על המזבח למה לי תיפוק ליה מונתנו בני אהרן אש על המזבח דהא רבי יהודה גמר מהתם הצתת אליתא שתהא בכהן כשר וכלי שרת וי"ל אי לא כתב והאש על המזבח תוקד בו לא הוה דרשינן מונתנו אלא נתינת האש דהדיוט על המזבח ושתהא בכהן כשר וכלי שרת אבל הצתת אליתא לא דרשינן אבל השתא דנפקא מוהאש על המזבח הצתת אליתא שתהא בראשו של מזבח גמרינן שפיר מונתנו הצתת אליתא ונתינת אש דהדיוט שלא יהא אלא בכהן כשר וכלי שרת דמסתמא בני אהרן דנפקא לן מיניה כהן כשר וכלי שרת קאי אכל מצות שעל המזבח: סודרן

עין משפט נר מצוה

לח א ב מיי' פ"ב מהל' עבודת יוה"כ הל' ס:

לט ג מיי' פ"ב מהלכות תמידין הלכה ד ופ"ב מהל' עבודת יוה"כ הלכה ס:

מ ד מיי' פ"ב מהלכות תמידין הלכה ס:

מא ה מיי' שם:

מב ו שם הלכה ע:

מג ז שם הלכה ס:

°עיין לעיל במתניתין דף מג: מה שכתבנו על הגליון

הגהות הב"ח

(א) רש"י ד"ה משום כבודו של כהן גדול להראות חשיבותו:

גליון הש"ס

(א) גמ' זהב שחוט · מ"ל כו: (ב) שם זהב סגור מ"ל · כח: (ג) שם זהב פרוים · דה"ב ג ו:

[לעיל טו: זבחים סב: לקמן נח: סוטה טו:]

[תוספ' פ"ב]

[כתוב' ליתא]

[לעיל לג.]

[זבחים סב. מנחות כ.]

[יבמות סח: כט. עב. סוטה כח. סנהדרין כח. נא: מנחות נב: סז:]

רבינו חננאל

רב אשי אמר חמשה הן ובכל אחד יש בו זהב וזהב טוב: בכל יום היה מקריב פרס כו' פרס הוא חצי מנה כי בכל יום היה מקטיר במזבח הקטרת מנה חציו בשחרית וחציו בין הערבים דגרסינן בכריתות פרק א' ת"ר קטרת דהיתה נעשית שס"ח מנה שס"ה מנה כנגד ימות החמה מנה בכל יום · ג' מנין שמהן כ"ג מכנים מלא חפנים ביוה"כ והשאר ניתנין לאומנין בשכרן · ת"ר קטרת היו מכניסין אותה למכתשת פעמים בשנה בימות החמה בזורה כדי שלא תתעפש · בימות הגשמים צוברת כדי שלא תפוג ריחה: בכל יום היו שם ד' מערכות והיום ה' דברי ר' מאיר כו' · תנו רבנן בכל יום היו שם ד' מערכות והיום ה' מערכה גדולה ומערכה של קטרת ומערכה של קיום האש ומערכה לאברים ופדרין שלא נתעכלו מבערב ומערכה שמוסיפין בו ביום · כ"ע ר' יהודה ור' יוסי ור' מאיר כלהו שוין בב' מערכות שנא' העולה על מוקדה על המזבח כל הלילה זו מערכה גדולה ואש המזבח תוקד בו זו מערכה שנית של קטרת ור' יוסי ור"מ דאית ליה מערכה שלישית לקיום האש *) מפיק להאי קרא להצתת האליתות והיא הלהבת עצי המערכה שלא תהיה אלא בראשו של מזבח שנאמר והאש על המזבח תוקד בו לא תכבה · פי' קאי אארעא ועביד במפוחא · כגון שעומד אדם בקרקע העזרה ומנפח במפוח ארוך של נחושת וכיוצא בו ממערכה שע"ג המזבח ומשלהבה · ור' מאיר דאית ליה מערכה רביעית לאברים ופדרין שלא נתעכלו מבערב דריש ו' דואש מדהוה ליה למכתב אש וכתיב ו' ורבנן ו' לא דרשי אלא אברים ופדרין

*) נראה דחסר כאן וצ"ל מפקי ליה מקרא דוהאש על המזבח וגו' ור' יהודה מפיק להאי קרא וכו'.

תוספות ישנים

נתפזרו לו קב גחלים מכבדן לאמה · הקשה רבינו נסים גאון היכי מכבדן לאמה ומפסיד קדש והלא קדשו בכלי שרת ותנן (עדיות פ"ח מ"א) העיד ר"ע על קטרת ולבונה וגחלים שנגע טבול יום במקצתן שפסל את כולן וי"ל שאין כלי שרת מקדשין שלא מדעת כן פירש רבינו יעקב אבל קשה לה"ר אלחנן דהא פלוגתא דאמוראי היא בסוכה בפ' לולב וערבה (דף נ.) אי כלי שרת מקדשין שלא מדעת אי לא ובפ"ק דמנחות (דף ז.) יש שאומר על ברייתות זאת אומרת כלי שרת מקדשין וזאת אומרת אין מקדשין כו' אבל פלוגתא דתנאי מיהא לא אשכחן בהדיא ומשמע צריך לתרץ אליבא דכולהו מיהו כיון שמחלוקת בברייתות הוא בכך אין לחוש ועוד יש לתרץ דמיירי הכא שמחתה של כסף אינה כלי שרת כי אם השניה שהיא מערה לתוכה אבל קשה לרבי אלחנן דבפרק חומר בקודש דחגיגה מוקי לה כר"ע בגחלים של יוה"כ שבה היה חותה ומכניס א) ומיהו לא מכבדן לאמה והכי איתא בירושלמי דחגיגה גחלים מהו א"ר אבין תפתר בגחלים של יום הכפורים שבמה שהוא חותה הוא מכניס אבל של כל יום לא כדתנן קב גחלים היה מכבדן לאמה ואיתמר נמי מפני שנזוקקה לכליין פירוש מחתה זו של זהב שהיא כליין [כסף] שאינה כליין לא מרפתן אבל מחתה של [כסף] שאינה כליין לא מרפתן ורבי אומר לפרש בירושלמי גחלים מאי למה פוסל את כולם כיון שאין צריכין לכלי דהא מפסוד מסם לארץ א"כ ע"כ שאין קדשין ומוקי לה בשל יוה"כ וה"מ למחתה שניה של כל יום אלא מילתא דפסיקא ליה נקט ואע"ג דאמרי' בפ' חומר בקודש דחגיגה דמדרבנן מצרף אע"פ שא"צ לכלי איכא למימר דהתם מיירי למ"ד צירוף דאורייתא אבל למ"ד דרבנן יכול לטות דאין מועיל אלא מה שצריך לכלי וקושיא דרבינו נסים אינה קושיא דאין כאן הפסד קדש כיון שאין המקדש צריך להם וכדי שתהא השניה מלאה יפה תקנו לחתות בגדולה ולערות בקטנה ב): **מכבדן לאמה** · וא"ת והא קא עבר משום לא תכבה ואמרינן בסוף פירקין (דף מו:) המוריד גחלת מע"ג המזבח וכיבה חייב וי"ל דלרבות אחי שפיר דספר לקמן היכא דנתקיים למצותיה ואפי' לאביי דמחייב סבר הכא כיון דנתקיים למצותיה הוצרך לשופכו ולפזרו על הרצפה א"כ השפיכה אינה כיבוי ולאחר שכבו שמא היה מפורן לאמה מיהו לא ליכא למימר דא"כ הא דקתני בתמיד (דף לג.) ובשבת כופה עליו פסכתר אפילו בחול נמי כיון שלא יכבה יכוו בהם שהולכים יחפים על הרצפה ועוד אומר ה"ר אלחנן כיון שנעשית כל מצותן אין בהם עוד כלל איסור לא תכבה: **בכל יום לא היה נרתק** · פירש"י כמין מכבש וריב"א פי' כמו נרתק וכן פי"ה והביא ראיה מבר' רבה (פ"ו) שחמה יש לה נרתק שנאמר לשמש שם אהל בהם ואמרינן נמי הקב"ה מערטלה חמה מנרתקה וריב"א הביא ראיה מן ירושלמי דגרים בכל יום לא היה נרתק ביום היה לה נרתק כדי שלא יכוה נראה פירוש לפי שבית ידה מתחמם מן הגחלים דמחתה דאמרינן דחם מקצתו חם כולו ולפיכך עשה נרתק שמובדל מן הכלי וצריך והלא חוצן ומשני קובעו במסמר *): **היום עולין באמצע** · כהן ראש בית אב וסגן שעולין עם כהן גדול או אחר כהנים לסייעו לספק כנמורה או שום צורך: **ואחת של אברים ופדרים שלא נתעכלו מבערב** · והא דאמרי' בפ"ק (דף כ.) דלאחר חצות לא יחזיר משום דחצות משויא ליה עיכול היינו בנתעכלו ולא נתעכלו לגמרי דמוקי לה בפ' (שני) [ע] דזבחים (דף פו.) בבשרי אבל היכא שלא נתעכלו כלל לא מהני חצות עיכול ועוד דלעיל מיירי בפקעו מעל המזבח אבל לא פקעו נשרפין שם לגמרי כמו ששנינו בתמיד דהאברים שכן על האש נשרפין למחר: **אלא לימד על הצתת האליתא שלא תהא אלא בראשו של מזבח** · וכהן דכתיב בנתינת אש פירש"י דקמ"ל שלא יזרקם זר על המזבח ואין צריך כאן לנקשום לפני מלך ב"ו אין עושין כן כו' ורבי אומר כפ"ב דזבחים (דף יח.) דרשינן

א) נ"ל ומסס : ב) עיין בתוס' חגיגה כג: ד"ה שאם נגע כו' כי שם הדברים מבוארים · ש"י :

*) ע"כ שייך לדף מד.

עין משפט נר מצוה

מד א מיי' פ"ג מהל' תמידין הלכה כ :

מה ב שם הל' ה ופ"ב הל' ד והלכה ח :

מו ג שם פ"ג הל' יג :

שסודרן על גבי מזבח ואם אין מחזיקן שסודרן על הכבש או ע"ג סובב עד שיעשה מערכה גדולה וסודרן ת"ל °אשר תאכל האש את העולה על המזבח ור' מאיר עיכולי עולה אתה מחזיר °ואי אתה מחזיר עיכולי קטורת דתני *ר' חנניא בר מניומי דבי ר' אליעזר בן יעקב אשר תאכל האש את העולה על המזבח עיכולי עולה אתה מחזיר ואי אתה מחזיר עיכולי קטורת דכולי עלמא מידת מוספין בו ביום אית להו מנא להו נפקא להו °מהאש ואפילו למאן דלא דריש *וא"ו וא"ו ה"א דריש אש תמיד למאי אתא מבעי ליה לכדתניא [א] °אש תמיד תוקד על המזבח לא תכבה °לימד על מערכה שניה של קטורת °שלא תהא אלא על המזבח החיצון אש מחתה ומנורה מניין ודין הוא נאמרה אש בקטורת ונאמרה אש במחתה ומנורה מה להלן על מזבח החיצון אף כאן על המזבח החיצון או כלך לדרך זו נאמרה אש בקטורת ונאמרה אש במחתה ומנורה מה להלן בסמוך לו אף מחתה ומנורה בסמוך לו ת"ל אש תמיד תוקד על המזבח לא תכבה °אש תמיד שאמרתי לך לא תהא אלא בראשו של מזבח החיצון למדנו אש למנורה אש למחתה מניין ודין הוא נאמרה אש במחתה ונאמרה אש במנורה מה להלן על גבי מזבח החיצון אף כאן על מזבח החיצון או כלך לדרך זו נאמרה אש בקטורת ונאמרה אש במחתה מה להלן בסמוך לו אף כאן בסמוך לו תלמוד לומר °ולקח מלא המחתה גחלי אש מעל המזבח מלפני ה' איזהו מזבח שמקצתו לפני ה' ואין כולו לפני ה' הוי אומר זה מזבח החיצון ואיצטריך למיכתב מעל המזבח ואיצטריך למיכתב מלפני ה' דאי כתב רחמנא מעל המזבח הוה אמינא מאי מזבח מזבח פנימי כתב רחמנא מלפני ה' ואי כתב רחמנא מלפני ה' הוה אמינא דוקא מלפני ה' אבל

אשר תאכל את העולה · את הוא ענין לתחילתה דהא כתיב העולה על מוקדה תנהו לענין סופה: **עיכולי עולה** · פוקעין שפקעו מעל האש וקרי ביה אשר תאכל את העולה על המזבח: **אש תמיד תוקד למאי אתא** · כיון דדרשת כל מוקדות דענינא: **שלא תהא אלא על מזבח החיצון** · דהאי קרא במזבח העולה כתיב: **אש מחתה ומנורה** · אש דיוה"כ דלפני ולפנים ואש דמנורה להדלקת נרות דכל יומא מניין שתהא נוטלת מעל המזבח החיצון: **הכי גרסינן נאמר כאן אש בקטורת** · דכתיב יקטירנה ואין הקטרה בלא אש: **מה להלן בסמוך לו** · במזבח החיצון הסמוך לפנימי שעליו הקטורת נקטר אף מחתה ומנורה טול מן הסמוך לו והוא מזבח הפנימי הסמוך למנורה ולפני ולפנים: **אש תמיד** · אש שאמרתי לך בה תמיד והוא של מנורה שנאמר בה להעלות נר תמיד: **נאמר אש בקטורת** · של כל יום: **ולקח מלא המחתה מעל המזבח** · (ויקרא טז) והיכן מלפני ה' מלד מערב: **הכי גרסינן איזהו מזבח שמקצתו לפני ה' ואין כולו לפני ה' הוי אומר זה מזבח החיצון** · איזהו מזבח שיש לחלק בו מה ממנו לפני ה' שהוזקק הכתוב לומר מלפני ה' הוי אומר זה מזבח החיצון דאילו פנימי כולו לפני ה': **דוקא מלפני ה'** · כנגד הפתח ממש: אבל

סודרן על גבי כבש או על גבי סובב · אבל על גבי יסוד לא דא"כ היה נפסל בלינה אם ירד אבל סובב שהוא מחצי המזבח ולמעלה הרי הוא כמזבח ואין לינה מועלת בראשו של מזבח וכן כבש ריב"א ועוד אפשר דאיסור יש להורידו מן המזבח אבל כשסודרן על הסובב והכבש לא מיקרי ירידה :

נאמרה אש בקטורת · נ"ל דכתיב גבי קרח אתה ואהרן איש מחתתו ותנו בהן אש ושימו עליהן קטורת :

תמיד שאמרתי לך לא תהא אלא על מזבח החיצון · תימה לי א"כ ליבעי לה מערכה בפני עצמה כי היכי דמצרכינן מערכה לקטורת בפני עצמה וא"כ נפישי להו מערכות וי"ל כיון דלא היה צריך ליקח שום גחלים למנורה אלא להדליק הפתילות בעלמא לא מסתבר שיעשו בשביל זה מערכה ולא מסרן הכתוב אלא לחכמים ועוד י"ל מדכתיב תמיד ש"מ שמדליקין אותה מאש הדולקת תמיד והיינו ממערכה גדולה דאי עבדינן לה מערכה בפני עצמה מאי איצטריך שתהא דולקת תמיד :

הוי אומר זה מזבח החיצון · ואין להקשות א"כ מאי איצטריך קרא לקטורת דהיכל שנוטלין לה גחלים ממזבח החיצון נגמר מקטורת דלפני ולפנים די"ל דאיצטריך לאשמועינן דעושין לה מערכה בפני עצמה דאי הוה גמרינן מהכא ה"א ביוה"כ סגי בחדא מערכה לקטורת דהיכל ודלפני ולפנים אי נמי מהכא לא מצינו למילף דשאני קטורת דכל יומא כיון דמקטירין אותה על מזבח הפנימי יעשו לה מערכה כמו כן על מזבח הפנימי קמ"ל : **הוה** אמינא דוקא מלפני ה' · הקשה ר"י מאי שנא דהכא אמרינן לפני ה' כנגד הפתח במערבה וכן בנר מערבי פרק שתי הלחם (מנחות דף נח.) וגבי תנופה פרק כל המנחות באות מצה (שם דף סא.) אמרינן לפני ה' במזרח וגבי שחיטה נמי כתיב לפני ה' ושרינן בכל מקום בעזרה ותירץ ר"י דגבי שחיטת קדשים קלים כתיב לפני ה' למעוטי בחוץ אע"ג דנאכלין בכל העיר שחיטתן לפני ה' בפנים במזרח וכן גבי תנופה אבל בהני מזבח ומנורה לא אתי לאשמועינן במערב לפני ה' למה לי והקשה רבינו יצחק הבחור מ"מ מאי שנא דתנופה במזרח ושחיטה בכל מקום בעזרה ותירץ דודאי לפני ה' במזרח כדדרשינן בספרי בפרשת נשא גבי תנופת איל נזיר לפני ה' במזרח בכל מקום שנאמר לפני ה' הוי אומר במזרח עד שיפרט לך הכתוב וגבי שחיטת קדשים קלים לא כתיב לפני ה' אלא בסמיכה ושמא סמיכה היא במזרח ואח"כ שוחט במזרח דילמא הייט טעמא דגמרינן מקל וחומר משחיטה או מהיקישא דסמוך ושחט ושחיטה הויא בכל מקום כדגמרינן באיזהו מקומן (זבחים דף נה.) מקרא להכשיר כל הרוחות ואפשר דאפילו סמיכת עולה היא בכל מקום בעזרה כיון דשירי מנחה היא גמרינן קל וחומר משחיטת שלמים וקרא דלפני ה' דסמיכה לאפוקי חוץ לעזרה וכ"ת בת"כ דדרים לפני ה' וסמך דגבי עולה אע"ג שסמך בחוץ יחזור ויסמוך בפנים והא דכתיב ושחט את בן הבקר לפני ה' גבי עולה לא מיי לגמרי במזרח דהא פרט לך הכתוב צפון ודרשינן מיניה בן בקר לפני ה' ולא שוחט בן בקר בכל הפסולין (שם דף לב.) ולפני ה' דכתיב בפר כהן משיח ובפר העלם דבר דרשינן בת"כ לקבוע להם צפון והיינו שפירט לך הכתוב והא דדרשינן ליה לצפון ולא למזרח משום דלאשכחן שאר קדשי קדשים טעונין צפון ואע"ג דאמר בפרק איזהו מקומן (שם דף מח:) זה בנה אב לכל חטאות טעונות צפון נראה לי דשמא איצטריך משום דכתיב בפר כהן משיח כאשר יורם משור זבח השלמים ולהקטרת אימורים לא איצטריך למילף משלמים שהרי הכל מפורש בגופיה וסד"א דלאיצטריך לאקושיה לשלמים להכשיר כל הרוחות לשחיטתו ופר העלם איתקש לפר כהן משיח ואע"ג דדבר הלמד בהיקש אינו חוזר ומלמד בהיקש אין זה אלא גילוי מילתא להכי איצטריך לאהדרינהו לכלל שאר חטאות להטעינן צפון [אי נמי] סד"א כיון דמצות שריפתן חוץ לשלש מחנות לא ליבעו צפון קמ"ל לפני ה' וגבי נר מערבי לא קשה מידי שכשאתה אומר לפני ה' במזרח לא אתא לאפוקי אלא צפון ודרום שלא כנגד היכל או צפון ודרום שלא יעמוד במזרח ויהפוך פניו לצד צפון ודרום וגבי גחלים לא שייך למימר הכי שהרי צפונו ודרומו של מזבח היה כל כך כנגד היכל וכתליו כמו מזרחו ואם כן לפני ה' לאפוקי מאי אי לאפוקי שלא יעמוד החותה במזרח ויהפוך פניו לצפון ולדרום א"כ דאגברא קאי הוה ליה למיכתב לפני ה' מדכתיב מלפני ה' שמע מינה דאגחלים קאי ואי גחלים דמזרחו דמזבח קאמר מאי קרי לה לפני ה' טפי מדלפונו ודרומו אלא שמע מינה במערב קאמר והיינו כמו פרט הכתוב כדאיתא בספרי בנרות עולם לפני ה' בין אדם בין נרות אלא שמע מינה נר מערבי קאמר : אבל

מסורת הש"ס

מנחות כו: [זבחים סג:]

[יבמות עב: מנחות נא: סו:]

תורה אור

הגהות הגר"א

[א] גמרא לכדתניא · (אש תמיד תוקד על המזבח לא תכבה) תא"מ וז"ב ואש המזבח תוקד בו (וכ"ה בתורת כהנים וכמ"ש לעיל עמוד א' וכדף נג א')

גליון הש"ס

גמרא שלא תהא אלא על המזבח החיצון · עיין לעיל דף נג ע"א תוס' ד"ה מכלל

רבינו חננאל

ופודרין שלא נתעכלו מבערב סודן בצידי המזבח עד שיסדר המערכה גדולה ואח"כ מחזירן עליה שנאמר אשר תאכל האש את העולה על המזבח כלו' מחזירם ע"ג המערכה שבמזבח ור' מאיר האי קרא אשר תאכל האש מפיק לה לדרשא אחרינא כדתני רב חנניא בר מניומי בדבי אליעזר בן יעקב אשר תאכל האש את העולה על המזבח עיכולי עולה אתה מחזיר על המזבח ואי אתה מחזיר עיכולי קטורת וכר' ינאי דאמר קטורת שפקעה ממזבח הקטרת אפילו קרטין שבהן אין מחזירין אותה ע"ג המזבח · דכ"ע מידת שוין שמוסיפין ביוה"כ מערכה יתירה על כל הימים · מנא להו ופרשינן מהאש היה לו לכתוב אש ולמה כתב והאש אלא לומר שמוסיפין ביוה"כ מערכת אש אחרת. הנה דרשנו הני קראי ואש המזבח תוקד בו · והאש על המזבח תוקד·האי קרא אחרינא אש תמיד תוקד על המזבח לא תכבה למאי אתא לכדתניא ואש המזבח תוקד בו לימד על מערכה שניה של קטרת שתהיה במזבח החיצון · אש מחתה · שנאמר ולקח מלא המחתה גחלי אש · ומנורה דכתיב בה להעלות נר תמיד והיא הדלקת נרות באש · מנא לן שהיא ממזבח החיצון ולמד כהן מן הדין בזה הדרך נאמר תן אש בקטרת ונאמר תן אש במחתה ומנורה כו' ודחינן כלך לדרך זו כו' כלומר כך למוד מהמזבח הקטרת האש שאתה נותן ומקטיר עליה אינך מכניסה אלא מן הסמוך לה דהוא מזבח החיצון כמו שאמרנו במסכת זבחים בפ' קדשי קדשים (נח) ר' יוסי היא דתניא ר' יוסי אומר כל הניטל מבחוץ ליתן בפנים אינו נותן אלא בסמוך שלפנים· וכן אמרו למעלה בענין סידור המערכה כריש לקיש דאמר אין מעבירין על המצות · וכי עייל בהיכל במזבח הקטורת פגע ברישא· כדכתיב שלחן בצפון משוך מן הכותל כו' · וכבר פירשנוהו שם בפרק אמר להם הממונה כן אש מחתה ומנורה לא תהיה אש אלא ממזבח הזהב הסמוך להם לכך בא זה אש תמיד תוקד על המזבח ללמד כי האש אשר כתבתי לך תמיד והיא אש של מנורה כדכתיב להעלות (אש תמיד ובמנורה כתיב להעלות) *) נר תמיד אש מחתה מניין ולא אשכחנא בה טעם אלא כגופה שנאמר ולקח מלא המחתה גחלי אש מעל המזבח מלפני ה' ודייקינן מדכתיב לפני ה' שמעינן מינה דבעינן אש מזבח שאין כולו לפני ה' ואמרינן איזהו מזבח שאין כולו לפני ה' הוי אומר זה מזבח החיצון אבל מזבח הפנימי כולו לפני ה' הוא שנאמר ויצא אל המזבח אשר לפני ה' זה מזבח החיצון יש בו לב"ב ופתח ההיכל אינו רחב אלא כ' אמה ומה שהוא כנגד הפתח הוא לפני ה' והשאר לא וכבר אמרו מזבח ממוצע באמצע עזרה וזה דבר ברור הוא ועניין הוא פרק היה מביא מנחתה (דף יד ע"ב) ואצטריך למיכתב מלפני ה' לטעם מזבח הפנימי שהוא כולו לפני ה' ואצטריך למיכתב מעל

*) פי' אלו המוקפין נכלפין מיותרין וצ"ע.

תוספות ישנים

דבעינן מיה כהן בכיהונו ול"ת לרבי יהודה דמאי איצטריך תרי קראי מהאי קרא דונתנו פירש כולה מילתא דכתיב כיה כהונה ולאשו מזבח וי"ל דעל המזבח דהאי קרא אתא לדרשה אחריתי: *ורבנן וי"ו לא דרשי פירש רבי יהודה ורבי יוסי ומה שמקשין דרבי יהודה דריש ו"ו בעלמא ונכלל לא דריש לה פי' בסנהדרין ובערכין ובתמורה :

*) שייך לע"ל

§ מסכת יומא דף מה: §

אות א'

ואי אתה מחזיר עיכולי קטורת

רמב"ם פ"ג מהל' תמידין ה"ב - וקטרת שפקעה מעל המזבח, אפילו קרטין שבה, אין מחזירין אותן.

אות ב'

לימד על מערכה שניה של קטורת שלא תהא אלא על המזבח החיצון

רמב"ם פ"ג מהל' תמידין ה"ה - וכיצד חותה, זה שזכה במחתה לוקח מחתה של כסף ועולה לראש המזבח ומפנה את הגחלים אילך ואילך, ונוטל מן הגחלים שנתאכלו במערכה שניה.

רמב"ם פ"ב מהל' תמידין ה"ד - שלש מערכות של אש עושין בראש המזבח בכל יום: ראשונה מערכה גדולה, שעליה מקריבין התמיד עם שאר הקרבנות; שניה בצדה קטנה, שממנה לוקחין אש במחתה להקטיר קטורת בכל יום; שלישית אין עליה כלום אלא לקיים מצות האש, [א]שנאמר: אש תמיד תוקד.

רמב"ם פ"ב מהל' תמידין ה"ח - ואחר שמסדר מערכה גדולה, חוזר ובורר עצי תאנה יפים ומסדר מערכה שניה של קטורת, מכנגד קרן מערבית דרומית משוכה מן הקרן כלפי צפון ארבע אמות, ובה כמו חמש סאין גחלים; ובשבת עושין בה כמו שמונה סאין גחלים, מפני שעליה מקטירין בכל שבת שני בזיכי לבונה של לחם הפנים.

אות ג'

אש תמיד שאמרתי לך לא תהא אלא בראשו של מזבח החיצון

רמב"ם פ"ג מהל' תמידין הי"ג - נר מערבי שכבה, אין מדליקין אותו אחר דשונו אלא ממזבח החיצון, אבל שאר הנרות כל נר שכבה מהן, מדליקו מנר חבירו.

השגת הראב"ד: נר מערבי. א"א נראה מדבריו, שהוא עכוב לנר מערבי שלא להדליקו אלא ממזבח העולה; ואני אומר כשאמרו מאלו שכבה מדשנו ומדליקין ממזבח העולה, מפני שלא היה במנורה נר דולק, שכבר הטיב את כולה, והתורה אמרה אש תמיד תוקד על המזבח, אש שיש לו תמיד לא יהא אלא ממזבח העולה, שלא יביא ממזבח הפנימי ולא מבית הכירים; אבל בזמן שיש נר דולק במנורה ומלא המערבי כבה, מדליקו מן הדולק; [ב]ומשנה שלימה היא: נכנס ומלא שני נרות מזרחיים דולקים, מדשן את השאר ומניח אלו דולקים במקומן, שממנו מדליק המנורה בין הערבים, מלאן שכבו, מדשנן ומדליקן מן הדולקין, ואח"כ מדשן את השאר; אלמא כל היכא דאפשר, מיניה וביה טפי עדיף.

באר הגולה

[א] ‹נראה לומר דכיון דלא נפקא מיניה כלל לענין דינא, רבינו ז"ל לא קפיד, אלא מביא הפסוק שנראות הדרשא הפשוטה יותר, אע"פ שהוא דלא כהלכתא, וקרא דאש תמיד משמע פשוטו הוא שידליקו האש שם תמיד, אע"ג דבגמרא דרשינן ליה לדרשא אחריתי, מ"מ פשוט הכתוב הכי משמע – לחם משנה›

[ב] ‹והנה בתמיד (פ"ו מ"א) תנן נכנס ומצא שתי נרות מזרחיים דולקים, מדשן את המזרחי ומניח את המערבי דולק, שממנו היה מדליק את המנורה של בין הערבים, מצאו שכבה, מדשנו ומדליקו ממזבח העולה, **והנה** יש מחלוקת בראשונים איזה נר נקרא נר מערבי, אם הנר האחרון ביותר שלצד מערב, או הנר השני שממזרח למערב, (עי' רש"י במנחות צח ע"ב ושבת כב ע"ב), **וזה** יהיה תלוי בגירסת המשנה בפ"ו דתמיד, דהרמב"ם דגרס נרות מערביים, היינו האחרונים, סובר דנר מערבי הוא האחרון, **אבל** הראב"ד גורס מזרחיים, וכיון דהמשנה מיירי הכא בנר מערבי, דהא קתני שממנו היה מדליק, וזהו נר מערבי, וא"כ מוכח דהנר השני הוא נר מערבי, **וכיון** שכן י"ל דכל מחלוקתתם יהיה תלוי בגירסא זו, דהרמב"ם כיון דגריס מערביים, א"כ רק הנר האחרון נקרא מערבי, **וא"כ** המשנה דפ"ג דקתני מזרחית, מיירי במזרחית ממש, ואהא קתני מצאן שכבו מדשנן ומדליקן מן הדולקים, **והמשנה** השניה בפ"ו דגרס מערביים דקתני מצאו שכבה לנר מערבי מדליקו ממזבח העולה, ולמה לו להדליק ממזבח העולה, ידליקו מן השאר, לשיטתו דגם שאר הנרות היו דולקים כל היום, אלא מוכח דגם היכא שיש ממה להדליקו, מדליק נר מערבי ממזבח העולה כדדריש לה מקרא, **אבל** הראב"ד דגריס הכא מזרחיים, וסובר דנר מערבי נקרא נר השני, א"כ במשנה דפ"ג ג"כ מיירי בנר מערבי, והא דקתני מצאן שכבו מדשנן ומדליקן מן הדולקים, קאי על נר מערבי, וגם על הנר השני משום היכר או משום טעם הרשב"א, (אבל להרמב"ם אין צריך לכל זה, דהא לדידיה קאי על כל הנרות) – חי' הגרי"ז זבחים שף י"א: ‹**וידוע** דרבינו פוסק שהמנורה היתה מצפון לדרום, כמ"ש פ"ג דבית הבחירה הל' ח', וקורא לנר האמצעי מערבי, ולכך לא הזכיר דין המשנה דמצא שתי נרות מזרחיים דולקין וכו', דההיא אתיא כמ"ד דממזרח למערב היתה, וכמ"ש הרע"ב ז"ל – מעשה רוקח›

§ מסכת יומא דף מו. §

אות א' - ב'

תמיד תחילתו דוחה סופו אינו דוחה דוחה את הטומאה ואינו דוחה את השבת

רמב"ם פ"א מהל' תמידין ה"ז - איברים של תמיד דוחין את הטומאה [ג]ואין דוחין את השבת, אלא בערב שבת בלבד מקטירין איברי תמיד של ערב שבת, שהתמיד תחילתו דוחה שבת וסופו אינו דוחה.

באר הגולה

ג ‹ואין אברי תמיד של ערב שבת דוחין את השבת›

עין משפט נר מצוה

מו א ב מיי' פ"א מהל' תמידין הלכה ז :

מסורת הש"ס

אבל מהאי גיסא ומהאי גיסא אימא לא צריכא א"ר אלעזר משום בר קפרא אומר היה רבי מאיר איברי עולה שנתותרו עושה להן מערכה בפני עצמה ושורפן *ואפילו בשבת מאי קמ"ל תנינא בכל יום היו שם ארבע מערכות א"ר אבין לא נצרכה אלא לפסולין ודוקא שמשלה בהן האור אבל לא משלה בהן האור לא איכא דאמרי אחד כשירין ואחד פסולין אי משלה בהן האור אין ואי לא לא ואפילו בשבת תנינא והיום חמש אמר רב אחא בר יעקב איצטריך סלקא דעתך אמינא הני מילי היכא דחל יום הכפורים להיות אחר השבת *דחלבי שבת קרבין ביוה"כ אבל באמצע שבת לא קמ"ל אמר רבא *מאן האי דלא חייש לקמחיה הא בכל יום תנן קשיא ופליגא דרב הונא דאמר רב הונא *תמיד תחילתו דוחה סופו אינו דוחה מאי אינו דוחה רב חסדא אמר דוחה את השבת ואינו דוחה את הטומאה (*ורבא) אמר דוחה את הטומאה ואינו דוחה את השבת אמר ליה אביי (*לרבא) לדידך קשיא ולרב חסדא קשיא לדידך קשיא מאי שנא טומאה דכתיב במועדו *ואפי' בטומאה שבת נמי במועדו ואפי' בשבת ולרב חסדא קשיא מאי שנא שבת דכתי' במועדו אפי' בשבת טומאה נמי במועדו ואפי' בטומאה אמר ליה לא לדידי קשיא ולא לרב חסדא קשיא לדידי לא קשיא סופו כתחילתו טומאה

אבל מהאי גיסא · דפתח לא ולצ"ג דלד מערבי הוא: הכי גרסינן אומר היה ר"מ איברי עולה שנתותרו כו' · ולא גרסינן עולה (א) חול דלאו גרס' ליה מאי תנינא דקא פריך ליה הא אתא לאשמועינן שבת ולאו הכי פריך ליה בכל יום תנן ואפילו בשבת דהא הדר פריך ליה תו אפילו בשבת תנינא בסיפא מערכה אחריתי: מאי קמ"ל · דקאמר עושה להן מערכה בחול תנינא בכל יום היו שם ד' מערכות וחדא מינייהו לאיברים שניתותרו: לפסולין · הנך דאם עלו לא ירדו: שמשלה בהן האור · דמהשתא שנעשו לחמו של מזבח: תנינא היום חמש · והרי יוה"כ בשבת וקתני דאיברי תמיד של ערב יוה"כ עושה להן מערכה ביוה"כ: בכל יום · היו ארבע מערכות תנן ואפילו שבת במשמע: ופליגא דרב הונא · אדבר קפרא ואדרבא דאמר בכל יום שבת במשמע ואי כרב הונא סבר בכל יום לבר משבת: תחילתו דוחה · תמיד של שבת נשחט בשבת וקרב בשבת: סופו אינו דוחה · תמיד של ערב שבת אין אבריו נקטרין משתחשך אלא מעלן מבעוד יום: הכי גרסינן גופא אמר רב הונא כו': מאי אינו דוחה · אינו דוחה את הטומאה הקטר חלבים ואימורין אלא זריקה דמו בלבד לישנא אחרינא תחילתו הקטר חלבים סופו איברים שניתותרו מבערב וזה שמעתי והראשון נראה בעיני: טומאה

אבל דהאי גיסא ודהאי גיסא אימא לא צריכא · כהי דמסיק הכא דאפי' דהאי גיסא ודהאי גיסא כשר הני מילי דיעבד אבל לכתחילה בעינן כנגד הפתח כדמשמע בזבחים ר"פ קדשי קדשים (דף נח.) וא"ת מאי איצטריך קרא למימר דלא מעכב אי שקיל להו שלא כנגד הפתח מהיכא תיתי עיכובא והלא לא שנה עליו הכתוב לעכב ולא מדכתיב חוקה לרבי יהודה דאמר (לקמן דף ס.) לא קאי חוקה אלא אדברים הנעשים בבגדי לבן בפנים למה לי קרא וי"ל כיון דהוו לורך פנים כפנים דמי מידי דהוה אקטורת שחפנה קודם שחיטת הפר דלא עשה ולא כלום אפי' לר' יהודה דלורך פנים כפנים דמי: אבל לא משלה בהן האור לא · לאו דוקא פסולין הוא הדין אפי' כשרין אי לא משלה בהן האור לא דקאמר *עולת שבת בשבתו ולא עולת חול בשבת ומקשים והאמר בפ"ק דשבת (דף כ.) בכל מושבותיכם למישרי איברים ופדרים הוא דאתא ועל כרחך היינו איברים ופדרים דחול דאי של שבת מעולת שבת בשבתו נפקא ותירץ הרב רבי יוסף פור"ת זצ"ל דלמישרי איברים ופדרים היינו של שבת דאי מעולת שבת בשבתו ההיא מיירי בשחיטה וזריקה ולא נהירא לר"י דא"כ היכי גמרינן מיניה בפרק אלו קשרים (שם דף קיז.) דחלבי שבת קריבין ביו"ט או ביוה"כ ואי קרא בשחיטה וזריקה איירי אטו קרבן שבת נשחט בי"ט וביוה"כ אלא על כרחך אהקטרת תמיד דשבת דרשינן גופיה מקרא כדדרשינן בפרק אלו דברים (פסחים דף סו.) עולת שבת על עולת התמיד מכלל דתמיד דחי שבת ומסתמא בכל קרבנותיו קאמר ומיתורא דבשבתו דרשינן חלבי שבת קריבין ביו"ט או ביוה"כ למר כדאית ליה ולמר כדאית ליה אלא נראה לריב"א ולר"י דהא דאמר ולא עולת חול בשבת היינו בלא משלה כהן אור והאוה דלמישרי איברים ופדרים הוא דאתא במשלה בהן האור וא"כ הא דקאמר הכא ללישנא קמא דווקא משלה בהן האור ודווקא פסולין אבל כשרין לא לא בעי למימר אבל כשרין אפילו לא משלה בהן האור אלא ה"ק אבל כשרין לא איצטריך למימר דשרי היכא דמשלה בהן האור ומיהו אפי' ללישנא קמא לא שרי אפילו בכשרים אלא במשלה בהן האור דווקא ומיהו יכולני ליישב שלא יקשה לפירוש הרב פורת דודאי אי לא הוה כתב קרא דלא תבערו למישרי איברים ופדרים מקרא דעולת שבת בשבתו לא הוה דרשינן אלא שחיטה וזריקה דמעכבי אבל הקטרה לא כיון דיכולין להמתין עד הלילה והא דכתיב עולת שבת בשבתו הוה דרשינן ליה הכי אם נאכסו ולא שחטו תמיד של שבת ושחטו אותו ביוה"כ ולמר ביו"ט היכא דחל יוה"כ או יו"ט אחר השבת אבל בתר דנפקא לן מלא תבערו למישרי איברים ופדרים בתמיד של שבת מהשתא מוקמינא קרא דעולת שבת בשבתו אף לאיברים ופדרים לומר דחלבי שבת קריבין ביוה"כ או ביו"ט למר כדאית ליה ולמר כדאית ליה וצריך לומר לפי' כמו כן דמודה הוא דלפי' דחול שרי בשבת היכא דמשלה בהן האור כדמשמע בשמעתין לכ"ע ולכל הפי' כ"ל דוחק שלנו צריכין לפרש ללישנא קמא דהכא דקאמר לא נצרכה אלא לפסולין דנקט לאו דווקא וה"ה כשרין אלא דבכשרין לא איצטריך לאשמועינן ונראה לי דהא דאמר ולא עולת חול בשבת ולא עולת חול ביו"ט היינו בליל שבת או בליל יו"ט דלא ניתנו שבת ויו"ט לדחות בההיא שעתא אבל שום קרבן והא דאמר למישרי איברים ופדרים הוא דאתא היכא לאוקמי קרא לדמיסתבר דהיינו סמוך לבקר כי מסדר מערכה דיומיה וכיון דבלאו הכי מבעיר אש המערכה לצורך תמידין דיומא אמרינן דקרא דלא תבערו אתא למישרי איברים ופדרים דחול שניתותרו ואפי' לא משלה בהן האור כשרין ללישנא קמא דהכא ופסול במשלה בהן האור ולאידך דאמרי אחד *כשירה ואחד פסולה דווקא משלה בהן האור והא דאמר חלבי שבת קריבין ביוה"כ וביו"ט היינו אפילו בתחילת הלילה מעלן ומקטירן מה שאין כן בעולת חול ביוה"כ וביו"ט: **תחילתו** דוחה וסופו אינו דוחה רב חסדא אמר דוחה את השבת כו' · פרש"י תחילתו תמיד שחיטה וזריקה דוחה את הטומאה סופו דהיינו הקטרתו אינו דוחה הטומאה אבל שבת דוחה אפילו סופו ורבה אמר תחילתו דוחה תמיד של שבת שחיטה וזריקה דוחה את השבת וקרב בשבת סופו תמיד של ערב שבת אינו דוחה דאין איברים נקטרים משתחשך אלא מעלן מבעוד יום וזה הפי' תופס עיקר והקשה ר"י דהתנן בפרק כיצד צולין (פסחים דף עו:) חמשה דברים באין בטומאה ועל כרחך אפילו הקטרת אימורים קאמר מדקאמר ואינן נאכלין בטומאה מכלל דכל השאר בא בטומאה שחיטה וזריקה והקטרה ועוד דהקתני בהדייהו עומר דהיינו הקטרה ולעיל נמי בפ"ק (דף ו.) אמרינן היה מקריב מנחת פרים ואילים וכבשים ונטמאת בידו וכו' עד אומרים לו הוי פקח ושתוק אלמא הקטרה היא בטומאה מיהו י"ל דלא קשה דהקטרת קומץ דמנחה במקום זריקת דם דזבח וכי היכי דזריקה דוחה טומאה הכי נמי הקטרת קומץ כדאמר בזבחים בפ"ק (דף יג:) מקטיר נמי היינו זורק ומאין נאכלין בטומאה ניחא דיש לומר דנקט לישנא דשייך בכולהו דכולהו אין נאכלין בטומאה אבל לענין הקטרה יש מהן שנקטרת בטומאה כגון מנחת העומר ומיהו קשה דרב חסדא מפרש למילתא הכל בתמיד דכל יומא ויומא תחילתו שחיטה וזריקה דוחה הטומאה סופו אינו דוחה טומאה דהיינו הקטרה ולא מיירי באיברים שניתותרו ורבה מפרש תחילתו דוחה שבת תמיד דשבת סופו אינו דוחה איברים שניתותרו ועוד מאי קאמר תחילתו דוחה שבת שחיטה וזריקה אפי' סופו נמי דחי שבת הקטרה דתמיד דשבת ועוד דלרבה דתחילתו דוחה שבת

[פי' תוספות מנחות מה: ד"ה תכלת]

[שבת קיז. סוכה נה:]

[פסחים סד. ע"ש פרש"י סוכה נד. ע"ש פרש"י יבמות מב: ע"ש פרש"י]

[נ"ל רבה וכ"א בתוס' דכלל ד"ה תחלתו] [נ"ל לרבה]

[פסחים עז. מנחות עב:]

נ"ל קרבנותיו

[פסחים סג: ע"ש תוס' ד"ה ולא · וכאן בתו"י]

רבינו חננאל

מעל המזבח לרבות כל הגחלים שבמזבח ואפי' אותן שבצדדין שאינן מכוונין כנגד פתח ההיכל שהוא לפני ה': א"ר אלעזר משום בר קפרא אומר היה רבי מאיר אברי עולות שנתותרו עושה להן מערכה בפני עצמן ושורפן ואפילו בשבת מאי קמ"ל תנינא כו' אמר רבינא לא נצרכה אלא לפסולין כו' ודברים פשוטין הן ובא רב אחא ואמר אצטריך סד"א הא דתנינן היום ה' מערכות אחת מהן לר' מאיר לאברין ופדרין שלא נתאכלו מבערב היכא דחל יוה"כ להיות אחר השבת. דחלבי שבת קרבין ביוה"כ אבל באמצע שבת אם חל יוה"כ אימא לא א"ר מאיר שעושה מערכה לאברים ופדרין קמ"ל ר' אלעזר אפילו בשבת ובא רבא ואמר זה הטעם אין צורך להיאמר דהא בכל יום תנן בין בשבת בין בחול הדין אחד · ואמרינן כי האברין של עולות הנותרין מן החול עושה להן מערכה בפני עצמן ושורפו ואפילו בשבת פליגא עליה הא דרב הונא דאמר תמיד תחילתו דוחה סופו אינו דוחה ואלו האברים שנותרו סופו הן מאי סופו אינו דוחה רב חסדא אמר אינו דוחה טומאה אבל שבת דוחה רבה אמר סופו אינו דוחה שבת אבל טומאה דוחה · ואקשינן עלייהו והא במועדו כתיב ביה בתמיד מ"ש טומאה מ"ש שבת אי דחי הא דחי הא · ופריק רבה לדידי האי דכתיב במועדו בתמיד ל"ק אנא אקישנא סופו לתחלתו מה תחלתו אע"פ שהוא תמיד של חול דוחה טומאה דכתיב ביה במועדו ואפילו בטומאה כך סופו דוחה טומאה ואינו דוחה שבת

הגהות הב"ח

(א) רש"י ד"ה ה"ג אומר כו' ולא גרסינן עולה חול דלאי גרסינן ליה :

נ"ל כשרין ואחד פסולין

גליון הש"ס

גמרא אמר ליה אביי לרבא לדידך קשיא · כעין זה עירובין דף מו ע"ב פסחי' דף נג ע"ב כ"ב דף קכד ע"ב :

תוספות ישנים

אבל מהאי גיסא ומהאי גיסא לא צריכא · וא"ת מדאמרינן בזבחים פרק קדשי קדשים (דף נח.) בירכו מהם עלי האגם יפין למערכה שניה של קטורת כנגד מערבית דרומית משוך קימעא כלפי צפון כו' ומוכח התם דבעינן שתהא המערכה מכוונת ממש כנגד פתח של היכל לפני ה' ממש ומאינו למימר דהתם למצוה ומיהו ר"ש יפה פי' דס"ד דבההיא מערכה גופה שהיא לפני ה': **אפי'** בשבת · הקשה רבינו יעקב מדתניא בשבת בפרק במה מדליקין (דף כד:) ובפרק (כל כתבי) [ר"א דמילה דף קלג.] ובפסחים פרק כיצד צולין (דף סג:) עולת שבת בשבתו ולא עולת חול ביום טוב ועוד קשה על הך ברייתא דכיצד צולין מהך דרשא דספ"ק דשבת (דף כ.) דמוקמי ליה לקרא דלא תבערו אש בכל מושבותיכם למישרי אברים ופדרים שנתותרו מבערב אלמא עולת חול בשבת שרי ועל הך קושיא דשבת תירץ ה"ר יוסף דקרא דסוף פ"ק דשבת דבכל מושבותיכם לא אתא אלא למישרי אברים ופדרים של תמיד דשבת עצמו דס"ד כיון שיכול להמתינם עד הלילה של מוצ"ש שלא ידחו שבת עצמו ואין נראה דקשה משמעתין דהכא כדפרי' ועוד דפשט עולת שבת בשבתו משמע שיכולין להקטיר כל אברי התמיד בשבת ולא צריך קרא אחרינא ואפילו רבה ורב חסדא דפליגי לקמן בשמעתין היינו דוקא לענין מערכה בפני עצמן אבל בדחיית שבת במערכה גדולה לא אשכחן דפליגי ואומר רבי יעקב וכן פירש ריב"א דלא קשה מידי דהכא והכיא דספ"ק דשבת מיירי לענין אברים ופדרים שמשלה בהם האור מע"ש דנעשו לחמו של מזבח כדאמרינן הכא במשלה בהם האור ואפילו ללישנא דמפליג בין כשרים בין פסולין לענין משלה בהם האור היינו לענין מערכה בפ"ע אבל לא לענין דחיית שבת וא"ת האי דקאמר בסמוך במועדו ואפי' בשבת ולא מייתי קרא דבמושבותיכם י"ל דמהתם לא שמעינן עיקר דחיית התמיד אלא מג"ש דבמועדו במועדו ילפינן ליה בפ' אלו דברים (דף סו.) וממושבותיכם שמעינן דכיון שמשלה בהם האור נעשו לחמו של מזבח כתמיד עצמו: **ואפי'** בשבת תנינא · מדקאמר ואפילו בשבת משמע ליה דתרי מילי נינהו א) תנינא ואפי' דתנינן בכשרין ולא בפסולין מ"מ כיון דאשכחן דכי משלה בהם ב) (תנינא): **ופליגא** דרב הונא כו' · אליבא דרבא דמפרש דוחה את הטומאה ולא את השבת קאמר דפליגא אבל לרב חסדא דמפרש דוחה את השבת לא פליגא: **תחילתו** דוחה · פירש"י בשם רבותיו תחילתו הקטרת אבריו סופו אברים שנתותרו וקשה לרש"י מדקאמר לקמן בסמוך תחילתו דעיקר כפרה דחי והיכי קרי עיקר כפרה להקטר אברים כלא אין כפרה אלא בדם ואין נראה לרבי קושיא דהא קרי ליה שפיר עיקר כפרה כיון שהוא מקטיר גוף הקרבן ועיקרו וה"נ אשכחן לעיל ס"פ שני (דף כו:) גבי מנין להפסט וניתוח שכשרין בזר ואכתי איצטריך סד"א כיון דלאו עבודה דמעכבת כפרה היא לא תיבעי כהונה קמ"ל דבעיא כהונה משמע אבל הפסט וניתוח דמעכבא כפרה ודאי בעו כהונה ואפילו לפי' אחר שפירש לעיל שאין מהם ראיה מ"מ כיון שהקטרה הוא עיקר גוף הקרבן ודחי גם טומאה קרי ליה שפיר מעכב כפרה אבל רש"י פי' מפי עצמו תחלתו כגון שחיטה וזריקה של תמיד השבת סופו כגון אברים שנתותרו מערב שבת דתמיד של שבת [לא] קאמר דהא אין שום אמורא חולק דפשיטא דדחי כדאמרינן באלו דברים (דף סה:) שאברי הקטר חלבים ואברים כשרין כל הלילה ואין ממתינים להם עד שתחשך גבי פסח שחל להיות בשבת ועוד [מאי] קאמר שבת דתחילתו לאו בר מידחי שבת כו' אלא בשל ע"ש מיירי אבל קשה לרבי דקאמר סופו דלאו עיקר כפרה הוא לא דחי טומאה והא תנן בפרק כיצד צולין (דף עו:) ה' דברים באין בטומאה ואין נאכלין בטומאה אלמא אפילו הקטרה דוחה טומאה ותניא נמי לעיל בפ"ק (דף ז.) היה מקריב מנחת פרים אילים וכבשים ונטמאת בידו כו' אומר לו הוי פיקח ושתוק וע"ק כי לפירש"י לא סוי בההיא סופו דלענין טומאה כנתותרו כמו לענין שבת דהכל אין לסקבות אם אין הקרבתו דוחה טומאה אין יזרק הדם

א) תנינא הוא התחלת דבור בפ"ע: ב) דחי שבת כ"ה פסולין כצ"ל:

עין משפט נר מצוה

מח א ב ג מיי' פ"ג מהל' תמידין הל' ז:

מסורת הש"ס

שבת היינו אפילו סופו הקטרתו ולרב חסדא תחילתו דוחה טומאה היינו דווקא שחיטה וזריקה וליכא למימר דלרבה נמי תמיד דשבת תחילתו דוחה שבת שחיטה וזריקה סופו הקטרתו אינו דוחה דהאמר בפרק אלו דברים (פסחים דף סח:) גבי ורבה כמה חביבה מצוה בשעתה שהרי הקטר חלבים ואימורים כשרים כל הלילה ואין ממתין להם עד שתחשך ועוד מאי קאמר רבה שבת תחילתו לאו בר מידחי שבת הוא סופו נמי לא דחי ואי סופו אין דחי דקאמר אפילו בתמיד דשבת מאי קאמר דלאו בר מידחי שבת הוא הא בר מידחי שבת הוא על כן נראה לר"י פירוש שני שפירש"י תחילתו וסופו הכל על הקטר חלביו קאי וקאמר רב חסדא הקטר חלביו שלא ניתותרו דוחין טומאה סופו איברים שניתותרו אין דוחין הטומאה לעשות להם מערכה בפני עצמן ולהקטיר בטומאה אלא מקטירן בטומאה על המערכה גדולה דכיון דטמאים הן אין דוחין הטומאה דלא חשיב כתמיד דיומיה ודוחה את השבת כדגמרינן (שבת כ.) מבכל מושבותיכם ועושין להם מערכה בפני עצמן כיון דכשירים הן ורבה ס"ל תחילתו דוחה את השבת איברים דתמיד דיומיה סופו איברים שניתותרו אין דוחין שבת לעשות מערכה בפני עצמן אפילו אם הן טהורין אבל דוחה את הטומאה אם ניתותרו בחול עושין להם מערכה בפני עצמן ומקטירן בטומאה והיינו פלוגתא דלעיל קאמר אפילו פסולין עושין להם מערכה בפני עצמן ואפילו בשבת והיינו פלוגתא דרב הונא בין לרבה בין לרב חסדא ורבה דלאמר סופו אינו דוחה שבת ליה פירכא* דרבה דלאמר בכל יום תנן אלא סבירא ליה לבר משבת ומה שכתב רש"י הראשון עיקר נראה כי הוקשה לו על פירוש שני דקאמר תחילתו דעיקר כפרה ואי איברים קאמר הני לאו עיקר כפרה נינהו ומיהו לא קשה דהקטרה נמי איכא כפרה ועיקר כפרה קרי לתמיד דיומיה וגדולה מזו אמרינן לעיל בפ"ב (דף כז:) אילטריך ס"ד אמינא כיון דעבודה דלא מעכבא כפרה היא כו' אבל הפשט וניתוח דמעכבא כפרה בעי כהונה אלמא אפילו הפשט וניתוח קרי עיקר כפרה לגבי נתינת אש הדיוט אף על גב דעיקר כפרה בדם היא כל שכן בהקטרה דיומיה ניחא דקרי ליה עיקר כפרה לגבי איברים דניתותרו:

טומאה דתחילתו בר מידחא טומאה הוא סופו נמי דחי שבת דתחילתו לאו בר מידחא שבת הוא סופו נמי לא דחי לרב חסדא לא קשיא סופו כתחילתו (תחילתו) לית ליה שבת דהותרה היא בציבור סופו נמי דחי טומאה דדחויה *היא בציבור תחלתו דעיקר כפרה דחי סופו דלאו עיקר כפרה לא דחי איתמר המכבה אש מחתה ומנורה אביי אמר חייב רבא אמר פטור דכבייה בראשו של מזבח דכולי עלמא לא פליגי דחייב כי פליגי דאחתיה אארעא וכבייה אביי אמר חייב אש המזבח הוא רבא אמר פטור כיון דנתקה נתקה אלא הא דאמר *רב נחמן אמר רבה בר אבוה המוריד גחלת מעל גבי המזבח וכיבה חייב כמאן כאביי אפילו תימא כרבא התם לא אינתיק למצוותה הכא אינתיקה למצוותה איכא דאמרי דאחתיה אארעא וכבייה דכולי עלמא לא פליגי דפטור כי פליגי דכבייה בראשו של מזבח אביי אמר חייב אש המזבח הוא *רבא אמר פטור כיון דנתקה נתקה אלא הא דאמר רב נחמן אמר רבה בר אבוה [ב]המוריד גחלת מעל גבי המזבח וכבה חייב כמאן לא כאביי ולא כרבא התם לא אינתיק למצוותה [ג]הכא אינתיק למצוותה:

הדרן עלך טרף בקלפי

טומאה (א) דתחילתו · מה תחילתו בר מידחי טומאה הוא אם אין כהן טהור לזרוק דמו: **שבת דתחילתו** · דתמיד דערב שבת לאו בר מידחא שבת שהרי בין הערבים נשחט ודם נפסל בשקיעת החמה: **דחויה היא בציבור** · בקושי הותרה וכל כמה דאפשר מהדרינן לטהורין: **המכבה אש מחתה ומנורה** · לאחר שחתה גחלים למחתה או למנורה כיון: **חייב** · משום לא תכבה: **אינתיק למצותה** · לשום (ב) למחתה ותו לא קרינן ביה אש המזבח: **דכבייה בראשו של מזבח** · לאחר שניתקה ממערכתה:

[לעיל ו: וש"נ]

[זבחים נח:]

הדרן עלך טרף בקלפי

כי פליגי דאחתיה אארעא וכבייה אביי אמר חייב · הקשה רבינו שמחה דאמר לעיל (דף מה:) נתפזר הימנה קב גחלים מכבדן לאמה ופרש"י לאמה המים שבעזרה וקשה לאביי ופי' דלאמה דלעיל אין זה האמה המים אלא מקום הוא ולי נראה דלא קשיא דלא מחייב משום דכיון דבמחתכין חותה בשל ד' קבין ומערה לשל ג' קבין ונתפזר מהן קב ומה שנתפזר אינו עומד לאוספן ואפי' אביי מודה כיון דלאיתנתיק אינתיק אבל אש דמחתה ודמנורה מיירי דלאחתה אארעא ובכלי וחזי למצוותה והכי חייב לאביי ולרבא פטור דלא מחייב אלא או בראש המזבח או אפילו למטה היכא דקאי להדוריה כמו המוריד גחלת וכיבה דחזיא להדורה ושוב מצאתי בתוספ' תמיד של רבי ברוך ברבי יצחק שהקשה הקושיא ותירץ כמו שתירצתי עוד תירץ דמכבדן לאמה לאחר שכבו וכתב שרבינו נסים ז"ל הקשה אותה במגילת סתרים וזהו לשונו הא דתנן כדתנן (חגיגה דף כג:) הוסיף ר"ש הסלת והלבונה והגחלים שאם נגע טבול יום במקצתן פסל את כולן וא"כ היך מכבדן לאמה והלא מפסיד קדשים ותירץ דבירושלמי מקשה זאת הקושיא בפרק בתרא דחגיגה וה"ג התם מיגו קטורת ולבונה גחלים מאי פירוש דאמאי פסל את כולן והלא אינם קדושים אמר רבי בון בר רב כהנא תיפתר בגחלים של יום הכפורים שבמה שהוא חותה את כולן הוא מכנים אבל גחלים של כל יום לא כהונה דתנן נתפזר הימנה קב גחלים מכבדן לאמה פי' גחלים של יום הכפורים בכלי שחותה בו הוא מכנים להכי הכלי מצרפן אבל מחתה של כסף שאין כליין לא מצרפן להו ואינן קדושים ולכן מכבדן לאמה ומיהו רבינו ברוך פירש פירוש הירושלמי בע"א דבעי למה פסל את כולן והלא אינו צריך לכלי שהרי נתפזר מהן קב גחלים ואפילו למאן דאמר בחגיגה (דף כד.) דכלי מצרף אפילו שאין צריך לכלי היינו למאן דאמר צירוף דאורייתא דאו הוסיפו חכמים אפילו שאין צריך לכלי אבל למ"ד צירוף דרבנן לא וכדמוכח בפרק הקומץ רבה (מנחות דף כד.) ומשני בשל יוה"כ שהיו כולם קדושים והוא הדין בשאר ימות השנה לא נתפזר כלל ורבינו תם משיב להרב רבי יעקב ישראל בע"א דלכך מכבדן לאמה דכלי שרת אין מקדשין אלא מדעת ולא מיקדשי הנך גחלים וקשה דאם כן תקשה מכאן למאן דאמר פרק לולב וערבה (סוכה דף מט:) כלי שרת מקדשין שלא מדעת ומיהו בפרק קמא דמנחות (דף ז.) דייק רבי יוחנן מברייתא זאת אומרת כלי שרת אין מקדשין אלא מדעת ושמא סבור כהאי ברייתא והכי נמי אין לומר דמחתה ראשונה של ד' קבין לא היתה כלי שרת דהא כתיב ולקח מלא המחתה גחלי אש משמע שהיתה כלי שרת ולא יתכן לומר דווקא דיום הכפורים קדושה דביום כפור כתיב קרא ועוד כיון דהוו על המזבח מקדש את הראוי לו ודוחק לומר דהיינו דווקא בקרבנות*:

[ועי' תוספות חגיגה כג: ד"ה שאם]

הדרן עלך טרף בקלפי

רבינו חננאל

כתחלתו מה תחלתו תמיד של ע"ש אם נאנסו ולא הקריבוהו אינו קרב בשבת עם תמיד של שבת כך סופו אינו דוחה שבת לרב חסדא נמי האי דכתיב במועדו ל"ק סופו כתחלתו לית ליה שבת דהותרה בצבור שנאמר וביום השבת שני כבשים סופו נמי דוחה שבת טומאה דדחויה היא בצבור כדאסיקנא בפרק ראשון לרב ששת דדחויה היא תחלתו דעיקר כפרה היא דחי סופו דלאו עיקר כפרה לא דחי: מאחר שנתברר כי לא בא זה הפסוק אש תמיד תוקד על המזבח לא תכבה אלא לאש מחתה ומנורה · אתמר המכבה אש הנלקח מעל המזבח למחתה או להדליק המנורה אביי אמר חייב אע"ג דאחתה לארעא וכבייא אש המזבח קרינן ביה · וכתיב לא תכבה רבא אמר כיון דאחתה נעתקה מאש המזבח ופטור · ואקשינן אלא הא דאמר רב נחמן המוריד גחלת מעל המזבח וכיבה חייב · כמאן כאביי כלומר הלכתא כרב נחמן וקי"ל אביי ורבא הלכתא כרבא וקשיא הלכתא אהלכתא ופרקינן התם לגבי רב נחמן אפילו רבא מודה שחייב כיון דשלא לשם מצוה הורידה אש המזבח קרינא ביה וחייב · כי קאמינא דפטור היכא דנתקה למצוה למחתה או למנורה (דכיון דנתקה למצוה למחתה או למנורה) דכיון דנתקה למצותה לאו אש מזבח היא · ובמנורה ובמחתה לא אשכחנן לה קרא לא תכבה · איכא דאמרי היכא דאחית גחלת לארעא וכביה דברי הכל פטור כי פליגי במכבה גחלת למזבח אביי אמר חייב אש מזבח היא · רבא אמר פטור כיון דנתקה למחתה או להדלקת המנורה יצאה מתורת אש מזבח ונעשית אש מחתה ומנורה:

הדרן עלך טרף בקלפי

הגהות הב"ח

(א) רש"י ד"ה טומאה סופו כתחילתו מה תחילתו: (ב) ד"ה אינתיק למצותה לשום אותו למחתה:

תוספות ישנים

הדם לרבי יהושע דאמר אם אין בשר אין דם דמצינו למימר דנטמא חלב קודם זריקה אז דוחה טומאה אפי' סקרבתו אבל נטמא אחר זריקה שנגמרו עבודות הדם אז לא ידחה טומאה וכפירוש רבותיו של רש"י היא עיקר: **במועדו** ואפילו בשבת · תימה לרבי דהכא ובפרק אלו דברים (דף סו.) מפיק ליה מבמועדו ואילו בפרק כיצד צולין (דף עו:) חמשה דברים באין בטומאה מפיק ליה מבמועדיכם ולא ידענא מאי קשה דתמיד ופסח מפקי התם ודאי מבמועדו אבל שאר קרבנות לבור נפקא לן מבמועדיכם: **במועדו** ואפילו בשבת · לאו ממשמעותא דריש הכי אלא מעולא שבת בשבתו נפקא לן בפרק אלו דברים (דף סו:) דתמיד דחי שבת ופסח ילפינן מגזירה שוה מועדו מועדו ושאר קרבנות לבור ילפינן מבמועדיכם*: **המוריד** גחלת מעל המזבח וכיבה חייב · הקשה ה"ר אלחנן מהא דתנן בפ' המזבח מקדש (דף פו.) גחלת שפקעה מעל המזבח לא יחזיר וכיון דלא יחזיר בשלמה מצוה ואיך חייב [משום] מכבה וי"ל לומר שיש חילוק בין פקעה מעל המזבח לאורידה:

הדרן עלך טרף בקלפי

*ע"כ שייך לע"א

§ מסכת יומא דף מו: §

אות א' - ב' - ג'

רבא אמר פטור כיון דנתקה נתקה המוריד גחלת מעל גבי המזבח וכבה חייב הכא אינתיק למצותה

רמב"ם פ"ב מהל' תמידין ה"ו - המכבה אש המזבח לוקה, שנאמר: לא תכבה, אפילו גחלת אחת, ואפילו הורידה מעל המזבח וכבה לוקה; אבל אש מחתה ואש מנורה שהכינה במזבח להדליק ממנה, אף על פי שכבה אותן בראש המזבח, פטור, שהרי נתקה למצוה אחרת, ואין אני קורא בהן אש המזבח.

§ מסכת יומא דף מז. §

אות א' - ב' - ג'

את הכף ואת המחתה

זו מרובה וזו מועטת

זו חמה וזו צוננת

רמב"ם פ"ד מהל' עבודת יוה"כ ה"ה - כבר ביארנו שהולכה בשמאל פוסלת בדם הקדשים ושאר העבודות, ולפיכך היו מן הדין שיוליך [א]המחתה בשמאלו וכף הקטורת בימינו, אבל מפני כובד המחתה ועוד שהיא חמה, אינו יכול לסובלה בשמאלו עד הארון, [ב]לפיכך נוטל המחתה בימינו וכף הקטורת בשמאלו.

אות ד'

הא כיצד, חופה שלש אצבעותיו על פיסת ידו וקומץ

רמב"ם פי"ג מהל' מעשה הקרבנות הי"ג - כיצד קומצין מנחות הנקמצות, כדרך שקומץ כל האדם, [ג]פושט אצבעותיו על פס ידו וקומץ.

באר הגולה

א ‹וא"ת וכי יוליך כף בימינו ומחתה בשמאלו עדיין היה קשה, דהולכת מחתה עבודה היא ואיך היתה כשרה בשמאל, וי"ל דלא דמי להולכת הקטורת דדמי להולכת הדם שהוא הדבר הנזרק, וכן הקטורת הוא הדבר הנקטר - לחם משנה› ב ‹וק"ל כיון שהולכה בשמאל פוסלת, היאך הכשירו כאן מפני טעמים הללו, **ואפשר** דהולכה בשמאל לא פסלה אלא מדרבנן, **א"נ** אע"ג דהולכה בשמאל בדם פסלה מדאורייתא, משום דא"א שלא בהילוך בקטרת, לא פסלה, ובהכי אכשר רחמנא - כסף משנה› **‹וא"ת** א"כ מאי פשיט רב ששת בפ' הוציאו (דף מ"ח) דהולכה בשמאל כשרה מהא דנוטל את הכף בשמאל, נימא דשאני התם מפני שהמחתה כבדה וחמה, וכמו שנתן טעם רבינו ז"ל, **וי"ל** דרב ששת היה סבור דאם הולכה בשמאל פוסלת לא היה לנו להכשיר מפני הטעמים הללו, וכמו שהקשה הרב בעל כ"מ ז"ל, אבל לפי האמת כפשוטו מברייתא אחרת דהולכה בשמאל פסולה, הוצרך רבינו ז"ל לחלק בין ההיא דכף להולכה דדם כי היכי דלא תיקשי אהדדי, וטעמו פירש הרב בכ"מ ז"ל - לחם משנה› ג ‹וכתב הר"י קורקוס ז"ל: יש לתמוה על רבינו שלא כתב ג' אצבעות, וכתב כאשר קומץ אדם, כי לא נתבאר בגמרא כוונת לשון זה, והוא היפך מסקנת הגמרא {מנחות דף י"א. כד בעי אביי לרבא כיצד קומצין, ואמר לו כדקמצי אינשי, דמשמע בכל האצבעות, אותיב ליה מהברייתא שקרא לאצבע שאצל הקטן קמיצה, מפני שמשם מתחילין לקמוץ, אלמא דהקומץ אינו בכל האצבעות, ומשני שכן הוא האמת שאין הקומץ אלא בג' אצבעות}, **גם** יש לתמוה למה לא כתב שזו מעבודות הקשות שבמקדש, **וראיתי** שכתב בפירוש המשנה: האמת בסדר הקמיצה והוא מה שלמדנו מהגמרא מה שאמר מלא קמצו כדקמצי אינשי, ונדחו דברי האומר שהוא מהעבודות הקשות, עכ"ל, נראה שסמך על מה שאמר רב פפא בתר הכי, פשיטא לי כדקמצי אינשי, וחולק על מש"כ בשלש אצבעות לבד ושמוחק ושיש בה קושי, **ומ"מ** איני יודע איך יחלוק רב פפא על הברייתא, ואיך נפסוק כרב פפא הפך הברייתא, עכ"ל. **ואני** אומר שאפשר לומר דכיון דחזינן דרב פפא דבתרא אמר פשיטא לי כדקמצי אינשי, ממילא משמע דאיהו ידע דהאי מתניתא משבשתא היא, ולא מיתניא בי ר' חייא ור' אושעיא - כסף משנה›

הוציאו לו את הכף ואת המחתה חפן מלא חפניו ונתן לתוך הכף הגדול לפי גדלו והקטן לפי קטנו וכך היתה מדתה נטל את המחתה בימינו ואת הכף בשמאלו:

גמ' מחתה (א) תנא ליה *נטל את המחתה ועלה לראש המזבח וחותה ויורד התם מחתה דגחלים והכא מחתה דקטורת דתניא הוציאו לו (ב) כף ריקן מלשכת הכלים ומחתה גדושה של קטורת מלשכת בית אבטינס: חפן מלא חפניו ונותן לתוך הכף הגדול לפי גדלו והקטן לפי קטנו וכך היתה מדתה: כף ביום הכפורים למה לי °מלא חפניו והביא אמר רחמנא משום דלא אפשר דהיכי נעביד נעייל והדר נעייל הבאה אחת אמר רחמנא ולא שתי הבאות נשקליה לקטורת בחופניו ונחתיה [למחתה] (ג) עלה וליעול כי מטי התם היכי לעביד נשקליה בשיניה ונחתיה למחתה *השתא לפני מלך בשר ודם אין עושין כן לפני מלך מלכי המלכים הקב"ה על אחת כמה וכמה הלכך לא אפשר וכיון דלא אפשר עבדינן כדאשכחן בנשיאים: נטל את המחתה בימין ואת הכף בשמאל: *יציבא בארעא וגיורא בשמי שמיא (ד) זו מרובה וזו מועטת ואפילו בזמן ששניהן שוין וכמעשה דרבי ישמעאל בן קמחית (ה) זו חמה וזו צוננת אמרו עליו על רבי ישמעאל בן קמחית שהיה חופן ארבעת קבין במלא חפניו ואומר כל הנשים זרדו וזרד אימא עלה לגג איכא דאמרי בערסן וכדרבה בר יונתן דאמר *רבה בר יונתן אמר רבי יחיאל ערסן יפה לחולה ואיכא דאמרי בשכבת זרע וכדרבי אבהו *דרבי אבהו רמי כתיב °ותזרני [חיל] למלחמה וכתיב °ותאזרני חיל למלחמה אמר דוד לפני הקב"ה רבש"ע זריתני וזרזתני אמרו עליו על רבי ישמעאל בן קמחית *פעם אחת סיפר דברים עם ערבי אחד בשוק ונתזה צינורא מפיו על בגדיו ונכנס ישבב אחיו ושמש תחתיו וראתה אמן שני כהנים גדולים ביום אחד ושוב אמרו עליו על רבי ישמעאל בן קמחית פעם אחת יצא וסיפר עם אדון אחד בשוק ונתזה צינורא מפיו על בגדיו ונכנס יוסף (עם) אחיו ושמש תחתיו וראתה אמן שני כהנים גדולים ביום אחד ת"ר שבעה בנים היו לה לקמחית וכולן שמשו בכהונה גדולה אמרו לה חכמים מה עשית שזכית לכך אמרה להם מימי לא ראו קורות ביתי קלעי שערי אמרו לה הרבה עשו כן ולא הועילו ת"ר °בקומצו שלא יעשה מדה לקומץ איבעיא להו מהו שיעשה מדה לחפינה התם הוא דכתיב בקומצו אבל הכא דלא כתיב בחפניו אלא °מלא חפניו קטורת סמים דקה לא או דילמא יליף מלא מלא מקומצו ת"ש וכך היתה מדתה מאי לאו שאם רצה לעשות מדה (ו) אחרת עושה לא ה"ק וכך היה חוזר וחופנה לפנים שמעת מינה *חופן וחוזר וחופן דילמא שאם רצה לעשות מדה עושה אי נמי שלא יחסר ושלא יותיר ת"ר *מלא קומצו יכול מבורץ ת"ל בקומצו אי בקומצו יכול אפילו בראשי אצבעותיו תלמוד לומר מלא קומצו כדקמצי אינשי *הא כיצד חופה שלש אצבעותיו על פיסת ידו וקומץ ובמחבת

א) [צ"ל ותאזרני] ב) [תוספתא פ"ב ע"ש]

רש"י

הוציאו לו · מלשכת הכלים: **וכך היתה מדתה** · מפרש בגמ': **גמ' מחתה דקטורת** · לחפון מתוכה: **נעייל** · מחתה והדר נעייל קטורת בחפניו: **הבאה אחת אמר רחמנא** · בגחלים ובקטורת ולא שתי הבאות דכתיב (ויקרא טז) ולקח [א] (ו) הכהן מלא המחתה גחלי אש מעל המזבח ומלא חפניו וגו' והביא מבית לפרוכת: **כדאשכחן בנשיאים** · כף אחת עשרה זהב מלאה קטרת: **מרובה** · וכבידה ליקח לריכה ימין: **אפי' בזמן ששניהן שוין** · כהן שחפניו גדולים וחופן שלשה קבין אפילו הכי כיון דברוב כהנים גדולים גחלים מרובים מחפניו נוטל כף בשמאל: **קמחית** · שם אמו: **עלה לגג** · גבר על כולן: **איכא דאמרי** · האי זרד בערסן קאמר ויפה הוא לחולה וסתם נשים מעוברות חולות ואוכלות (ז) זריד וערסן שהן מיני מאכל חיטין כדאמרינן במסכת (*ברכות (דף לז.)) חילקא טרגיס טיסני דמיתברי בחסיטא לתרי תלתא תלתא זריד לארבעה ערסן לחמש חמש והכי קאמר כל הנשים מעוברות תקנו להם זריד וערסן להברות אותן והעוברים ואותן של אמי גבר על כולן: (ח) **איכא דאמרי בשכבת זרע** · קאמר שאין יצירת הוולד אלא מן הטיפה הבירור שבה זרד לשון חבילי זרדים טודי"ל כלומר בירור טיפה שקלטה אמי הזרד (ט) גדל ועלה לגג: **וזרזתני** · לשון זורה את גורן השעורים (רות ג) מבורר את הטיפה: **ווירזתני** · הזרתני מן הבירור שבה: **פעם אחת** · יוה"כ היה: **צינורא** · רוק: **לא ראו קורות ביתי כו'** · ראיתי בהש"ס ירושלמי כל כבודה בת מלך פנימה ממשבצות זהב לבושה אשה לנועה ראויה לצאת ממנה כהן גדול הלבוש משבצות זהב: **שלא יעשה מדה לקומץ** · הכי גרסינן תנו רבנן בקומצו שלא יעשה כלי למדת קומצו וימדוד בו קומץ מן המנחה והרים ממנו בקומצו ולא שיעשה כלי למדת קומצו: **אבל הכא לא כתיב בחפניו** · ולא משמע עשה מדה מחזקת חפניו מלא חפניו והביא קרינן ביה: **יליף מלא** · דכתיב קרא אחריכא וקמץ משם מלא קומצו (ויקרא ב) מה להלן בקומצו יקמוץ ולא בתדה אף כאן בחפניו: **מאי לאו** · וכך היתה מדתה דקתני הכי קאמר אם בא לעשות מדה לחפינה כן יעשה הגדול לפי גדלו והקטן לפי קטנו: **לא הכי קאמר וכך היה חוזר וחופנה לפנים** · מערה אותה לתוך חפניו מן הכף ונותנה על הגחלים שבמחתה: **שמעית מינה כו'** · ולקמן (דף מט·) בעינן לה: **דילמא שאם רצה כו'** · כלומר לא הא ולא הא תפשוט מינה דדחיקנן לך להכא ולהכא: **אי נמי** · הכי קאמר כך היתה מדתה מלא חפניו מלומלמין: **מבורץ** · מבלבלין מכל לד ויולא: **אי בקומצו** · דדייקינן יכול בראשי אצבעותיו יקמוץ מעט וכל כמה דמחוסר טפי מעלי ת"ל מלא:

תוספות

הוציאו לו · השתא לפני מלך בשר ודם אין עושין כן · תימה לי והאמר לקמן (דף מט:) נוטל הבזך בראשי אצבעותיו ויש אומרים בשיניו והיכי עביד הכי השתא לפני מלך בשר ודם אין עושין כן ויש לומר דהתם אינו אלא מושך הבזך אלא והבזך אינו מונח באויר אלא על ידו הוא מונח ומושכו אלא בשיניו כדי לחפון פעם אחרת אבל לימשוך למחתה בשיניו ולאחותה אארעא לאו אורח ארעא אבל תימה לי לעביד למחתה בית יד ארוך דבלאו הכי אמרינן לעיל דביום הכפורים ידה ארוכה ויעשה לה בית יד ארוכה שתגיע עד בית השחי ויתפוש אותה בבית השחי וראש המחתה תהא מונחת על ידיו או על זרועו השמאלי וכי מטי לפנים ישלשל ידיו עד הרצפה וישמוט ידיו בנחת מתחת המחתה ויושיב המחתה על הרצפה וי"ל כיון דבעינן מלא המחתה גחלי אש אי אפשר שלא יפזר מהן קצת אי הוה עביד הכי אי נמי י"ל לפני מלך בשר ודם אין עושין כן כו':

וכך היתה מדתה מאי לאו שאם רצה לעשות מדה עושה כו' · תימה אמאי לא קאמר כך היה מדתה של הכף כשיעור חפניו של כל כהן גדול הגדול לפי גדלו והקטן לפי קטנו היו עושין כל שעה כף אחת כפי אותו שיעור יש לומר דלמה היה להם לעשות כן אדרבה עפי ניחא אם הכף היתה גדולה יותר דאי שוה למלא חפניו היתה אם כן כשמערה מחפניו לתוכה אי אפשר שלא יתפזר ויפול לארץ מעט:

*__וזו__ היא עבודה קשה שבמקדש · סבירא ליה כמאן דאמר בפרק אלו מנחות (דף עה:) שהיה קופל אחד לשנים ושנים לארבעה אבל לתנא דבי רבי ישמעאל דאמר פותתן עד שמחזירן לסולתן איכא עבודה קשה יותר מאשר מנחות: הדר

עין משפט נר מצוה

א א ב ג מיי' פ"ד מהל' עבודת יוה"כ הל' א:
ב ד מיי' פי"ג מהלכות מעשה קרבנות הל' יג:

מסורת הש"ס

לקמן מח: לעיל מג: זבחים סד. [תמיד כח:]
[צ"ל מו"ק יג:]
[לקמן מט.]
מנחות יא.

הגהות הב"ח

(א) גמ' מחתה הא תנא ליה נטל כו': (ב) שם הוציאו לו את הכף ריקן מלשכת: (ג) שם בשיניה ונחתיה למחתה דגחלים עלוים וליעול כי מטי להתם היכי לעביד: (ד) שם וכמעשה דרבי ישמעאל בן קמחית (ו) חמה וזו צוננת תא"מ וג"ב מס' רש"י מצמא דלא נגרס ליה: (ה) שם מאי לאו שאם רצה לעשות מדה עושה כצ"ל ותיבת אחרת נמחק: (ו) רש"י ד"ה הבאה כו' דכתיב ולקח מלא המחתה וכו' כצ"ל ותיבת הכהן נמחק: (ז) שם ד"ה איכא דאמרי האי כו' ואוכלות (וזריד) תו"מ ונ"ב ס"א ואוכלות מעשה קדרה זריד וערסן: (ח) שם ד"ה איכא דאמרי כצ"ל: (ט) שם בשכבת אמי הזרד גבר ועלה לגג:

רבינו חננאל

פ"ה הוציאו לו את הכף ואת המחתה כו' ואוקימנא למחתה דמתניתין מחתה של קטורת כדתניא ומחתה גדושה מלאה קטורת מלשכת בית אבטינס · כף למה לי ומלא חפניו כתיב ואסיקנא משום דלא אפשר כו' ופשוטה [היא]: יציבא בארעא וגיורא בשמי שמיא משל הוא כלומר האורח למטה והתגר למעלה · הגחלים בימין והקטרת בשמאל ושנינן מחתת הגחלים כבידה שיש בה גחלים ג' סאין ועוד היא [חמה] וצריך כח לנושאה והקטורת מלא חפניו וצוננת. פי' זרד ורדו לשון זרד הן עשבים כגון חבילי זרדין כלומר *) דבתי חבילת קמחית עלה לגג · דת"ר התולש עשבים והמזרד זרדין אם לאכילה כגרוגרת אם לבהמה כמלא פי הגדי ומפני מה היו בניה בעלי כח · י"א שגדלתן בערסן שהוא שני לסלת ומאמץ הכח וי"א בשכבת זרע כמו שהיתה עושה בת שבע אם שלמה (כדאיתא בסנהדרין) כדכתיב ותזרני חיל למלחמה · כלומר זריתני דכתיב זורה את גורן השעורים ווירזתני אמצתני · כל העולם נוצרים מן הברור שבטיפה של ש"ז ואני מן הברור שבברור ואמר זכיתי לשבעה בנים הללו כי לא ראו קורות ביתי קלעי שער ראשי שהיתה צנועת ביותר · תנו רבנן (מלא קומצו) [בקומצו] שהוא קומץ ונוטל בקומצו שלא יעשה מדה לקומץ ויהיה קומץ בה אלא לעולם לא תהיה קמוצה אלא ביד של כהן · איבעיא להו מהו לעשות מדה לחפינה · ת"ש מדתנן וכך היתה מדתה ש"מ שאם רוצה לעשות לה מדה עושה ודחינן לא הכי קתני וכך היתה מדתה בפנים כדרך שמדידתה בחוץ ואקשינן וכי החופן בחוץ חוזר עוד וחופן בפנים להקטיר ודחינן לא דלמא שאם רצה לעשות מדה מקום כדי שיהא מודד באותה מדה עושה אי נמי שלא יחסר ושלא יותיר אלא יכנים מלא חפניו. ולעולם אם חפן בחוץ אינו חוזר וחופן בפנים **) על המחתה אלא בחפניו: ת"ר וקמץ משם מלא קומצו מסולת המנחה ומשמנה יכול מבורץ כלומר יהיה שותת יורד מאחרי אצבעותיו ומחוץ של אצבעותיו תלמוד לומר והרים ממנו בקמצו מסולת המנחה · כלומר אין לך אלא מה שבתוך הקומץ · הא כיצד חופה שלש אצבעותיו על פיסת ידו וקומץ במנחת

*) נראה דצ"ל זרדי חבילת קמחית. **) לשון רבינו בכאן הוא משולל הבנה ואולי נפל איזה ט"ס בדבריו וצ"ע.

תוספות ישנים

פרק חמישי הבא מחתה דקטורת · הקשה ה"ר אלחנן דהכא משמע [illegible]

[illegible]

הגהות מהר"ב רנשבורג [א] רש"י ד"ה הבאה אחת וכו' ולקח הכהן · מלת הכהן [illegible] ונ"ב עי' [illegible]:

ג א מיי' פי"א מהלכות פסולי המוקדשין הלכה כ:
ד ב מיי' פי"ג מהלכות איסורי מזבח הל' ה:
ה ג מיי' פי"ג מהלכות מעשה הקרבנות הלכה יג:
ו ד מיי' פי"ג מהלכות עבודת יוה"כ הל' כח:

ובמחבת ובמרחשת מוחק בגודלו מלמעלה ובאצבעו קטנה מלמטה וזו *היא עבודה קשה שבמקדש זו היא ותו לא והא איכא מליקה והא איכא חפינה אלא זו היא מעבודות קשות שבמקדש א"ר יוחנן בעי רבי יהושע בן עוזאה בין הבינים של מלא קומצו מהו א"ר פפא דגואי לא תיבעי לך דודאי קומץ הוא דבראי לא תיבעי לך דודאי שירים הוא כי תיבעי לך דביני ביני מאי א"ר יוחנן הדר פשטה (א) יהושע [בן] עוזאה בין הבינים ספק נינהו היכי עביד אמר רבי חנינא מקטיר קומץ לחודיה תחלה והדר בין הבינים דאי אמרת בין הבינים ברישא דילמא שירים נינהו והוו להו שירים שחסרו בין קמיצה [להקטרה] ואמר מר **שירים שחסרו בין קמיצה להקטרה אין מקטירין עליהן את הקומץ אי הכי השתא נמי איקרי כאן *כל שממנו לאשים הרי הוא בבל תקטירו א"ר יהודה בריה דר"ש בן פזי דמקטיר ליה לשום עצים כרבי אליעזר דתניא *רבי אליעזר אומר °לריח ניחוח אי אתה מעלה אבל אתה מעלה לשום עצים הניחא לרבי אליעזר אלא לרבנן מאי איכא למימר אמר רב מרי דקמצי שמיני השתא דאתית להכי רבי אליעזר נמי לכתחילה דקמצי שמיני: (בין הביניי"ם פש"ט ומח"ץ ופו"ר וחש"ב בחפינ"ת חביר"ו סימן) בעי רב פפא בין הבינים של מלא חפניו מהו מאי קא מבעיא ליה אי גמר מלא מלא מהתם היינו הך רב פפא הכי בעי ליה מלא חפניו והביא בעינן והא איכא °או דילמא ולקח והביא בעינן והא ליכא תיקו אמר *רב פפא פשיטא לי מלא קומצו כדקמצי אינשי בעי רב פפא קמץ ^בראשי אצבעותיו מהו מלמטה למעלה מהו מן הצדדין מהו תיקו אמר רב פפא פשיטא לי מלא חפניו כדחפני אינשי בעי רב פפא ^חפן בראשי אצבעותיו מהו מלמטה למעלה מהו מן הצד מהו חפן בזו ובזו וקרבן זו אצל זו מהו תיקו בעי רב

רש"י

ובמחבת ובמרחשת · שהוא מיני טיגון שהן אפויות תחלה וחוזר ופותתן וקשה קמילתן מלהוות מבוללת יותר מקמילת מנחת סולת שבירוליה טפלין מאליהן לריך להיות מוחק בגודלו בירולין של מעלה ובאלבעו קטנה בירולין של מטה: והאיכא מליקה · דתניא בה נמי וזו היא עבודה קשה (*בהכל שוחטין): והא איכא חפינה · שבפנים דתניא בה נמי לקמן בפירקין (דף מט:) וזו היא עבודה קשה: הכי גרסינן אלמה זו היא מעבודות קשות שבמקדש: בין הבינים · הנכנס בין אלבעות מהו קומץ הן או שיריים הן: דאמר מר · במנחות בפ"ק (דף ט.): שחסרו · שנתפזרו מהן: אין מקטירין כו' · דתניא (מנחות דף ט.) מן המנחה פרט לשחסרה היא או שחסר קומלה: כל שממנו לאשים · מאחר שנתן לאש כל משפטו הרי השיריים בבל תקטירו דכתיב (ויקרא ב) לא תקטירו ממנו אשה לה' לא תקטירו דבר שניתן ממנו לאשים: דמקטיר ליה לשום עלים · דמתנה ואומר אי שיריים נינהו הרי הן כאשר עלים: כרבי אליעזר · דפליג במס' זבחים (דף עז:) באיברי חטאת שהן שיריים מאחר שהוקטרו אימורים ונתערבו איברי חטאת באיברי עולה שהן כליל ר' אליעזר אומר יתן הכל למעלה ורואה אני את בשר חטאת למעלה כאילו הן עלים ויליף טעמא מהאי קרא ואל המזבח לא יעלו וגו' בתריה דהאי קרא לא תקטירו ממנו כתיב: דקמצי שמיני · כהנים שמינים שבשר אלבעותיהן בולט ודוחק זה לתוך זה ואין שם בין הבינים: נר' לאליעזר נמי לכתחילה דקמצי שמיני · שלא התיר רבי אליעזר להעלות שיריים לשם עלים אלא מפני התערובת איברי עולה שלא ילאו לבית השריפה כדקאמרי רבנן: אי גמר מלא מלא · מה קומץ בירולו אינו נקטר אף חפינה בירוליה פסולין: היינו הך · דבעינן לעיל מהו שיעשה מדה לחפינה דהאי תרווייהו חדא טעמא הוא דבירולין ומדה לקומץ מקומלו נפקא לן כדאמרינן לעיל בקומלו שלא יעשה מדה לקומץ וגבי בירולין נמי תניא לעיל יכול מבורץ ת"ל בקומלו ואי איפשט לן דמייתינן לחפינה דרשה דבקומלו בגזירה שוה כאילו כתיב בחפניו תרווייהו מיפשטי מינה: רב פפא הכי בעי · להא בלא גזירה שוה דמלא מלא איכא למיבעיא להא אי נמי לא מייתי בחפניו לגבי חפינה (ב) אבל ההיא דלעיל לעשות מדה לחפינה ליכא למיבעיא אלא מגזירה שוה דמולקח לא שמעינן שלא יעשה מדה לקומץ דלקיחה על ידי דבר אחר שמה לקיחה במסכת סוכה (דף לז.): והא ליכא · שמאליו נכנס לבין הבינים והוא לא נתכוון: כדקמצי אינשי · לידו של אלבעותיו למטה: בראשי אלבעותיו · פס ידו למטה ותחב אלבעותיו בסלת וקמץ קומץ שלם עד שמילא כל אורך פס ידו: מלמטה למעלה · שהפך גב ידו למטה והעלה הקומץ בראשי אלבעותיו לתוך פס ידו: מן הצד · כלומר שלא כדרך הקומלין (ג) גב ידו למטה ולא תחב אלבעותיו בסלת אלא מוליך [א] על גב ידו בדוחק והסלת נכנס בפס ידו דרך אלבעותיו: כדחפני אינשי · חודה של פס היד למטה:

תוספות

הדר פשטה בין הביניים ספק · לא ידענא מאי קאמר הדר פשטה הא מעיקרא נמי כי הוה מיבעי ליה ספק הוא ושמא יש לומר דמעיקרא מספקא והוה סלקא דעתך למפשטא דאי בכלל קומץ הוא או בכלל שיריים והדר פשטה דספק הוא ולית לה לחזור ולפשוט הבעיא אי ודאי קומץ אי ודאי שיריים אלא ודאי ספק הוא ואין אדם יכול לעולם לעמוד עליו אי נמי נראה לי דמעיקרא מיבעיא ליה אי טיבלא הוי כדמעיקרא אי ספק הוי ספק קומץ ספק שיריים אי טיבלא הוי כמו מרבה במעשרות דאמר (קדושין דף נא.) פירותיו מתוקנין ומעשרותיו מקולקלות דכל מאי דשקיל עפי מדיניה ולית נראה בחוץ בדעתיה *דלכאן תליא מילתא ואין דעתו שיהא קומץ אלא דגואי ומה שנשאר בכלי ומאי דבראי להוו שיריים אבל דביני ביני טיבלא הוי כדמעיקרא קודם קמילה או דילמא פשיטא דטיבלא לא הוי אלא ספק או קומץ או שיריים הדר פשטה דספק הוא ונפקא מינה אי טיבלא הוי אם נתערב בחולין שבעזרה הנאכל עם המנחה כדאמר בהקומץ רבה (מנחות דף כא:) יאכלו שיאכלו עמה חולין כדי שתהא נאכלת על השובע לא בטיל וטבל במשהו ואי ספיקא הוי בטיל: ואמר מר שיריים שחסרו בין קמילה להקטרה אין מקטירין עליהן את הקומץ · ואפי' רבי יוחנן דאמר פ"ק דמנחות (דף ט.) מקטיר קומץ עליהן מודה הוא דאותם שיריים אסורים באכילה כדיליף התם מקרא והכי קאמר אין מקטירין עליהן כלומר אין מקטירין בשבילן את הקומץ כדי להתירן באכילה ולהכי שני בלישניה דהתם קאמר אין מקטירין קומץ עליהן דסמיך לשון הקטרה אצל הקומץ דעיקר הקטרה דהתם בשביל קומץ היא והכא יש ברוב ספרים אין מקטירין עליהן *כו' ולהכי קאמר דלא לקטיר בין הבינים ברישא דא"כ מפסיד להו לשיריים מאכילה: אלא רב פפא הכי קא מבעיא ליה מלא חפניו אמר רחמנא · פי' את"ל דגבי קומץ פסול משום דכתיב וקמץ הכהן ולא בין הבינים דלאו כהן קומץ אלא ממילא עייל להתם אבל בחפינה לא כתיב ולקח מלא חפניו אלא מלא חפניו דמשמע אפי' בא ממילא לתוך חפניו דקרא ולקח גבי גחלים כתיב ולא אקטרת או דילמא ולקח והביא כלומר ולקח דרישיה דקרא קאי נמי אקטרת כמו אגחלים:

קמץ בראשי אלבעותיו מהו · לאו היינו כמו ההוא דלעיל יכול אפי' בראשי אלבעותיו דההוא דלעיל היינו שאין לו סלת אלא בראשי אלבעותיו והכא בעי למימר שהתחיל לקמוץ בראשי אלבעותיו ונטל סלת כל כך עד שחופה אלבעותיו על פס ידו: מלמטה למעלה מהו · פרש"י שהכניס ראשי אלבעותיו בסלת וגב ידו כנגד הקמח וקמץ ואין זה בראשי אלבעותיו דקא מיבעיא ליה מעיקרא דההוא הוי פירוש שקמץ בראשי אלבעותיו ופס ידו כנגד הקמח:

חפן בראשי אלבעותיו מהו · אין להקשות כיון דבדבר איבעיא לן גבי קמילה מאי הדר הו מבעיא ליה בחפינה היינו הך כדפריך לעיל וי"ל דפשיטא גוף החפינה והקמילה אינם שוה להדדי דהאי כדקמצי אינשי והאי כדחפני אינשי ולהכי הדר הו מיבעיא ליה אפי' את"ל דרך קמילה בכך דרך חפינה בכך או לא:

רבינו חננאל

במנחת מחבת ומרחשת שהן קשין כדתניא מרחשת עמוקה ומעשיה רוחשים ומחבת צפה ומעשיה קשים מוחק בגודלו מלמעלה ותותך היוצא למעלה מאצבעותיו ובאצבעו הקטנה תותך היורד היוצא חוץ מן הקמיצה' וזו היא עבודה קשה מעבודות קשות שבמקדש · פי' מבורץ שהוא הנמשך ושופע יוצא ויורד אחרי אצבעותיו וכמו שפירשנו הוא מפורש במנחות פרק שתי מדות של יבש [דף פ] (כלומר הלכתא) מדות הלח ביריחים קודש מדות היבש ביריחים חול כו' ע' ר' יוסי לא מן השם הוא זה אלא שהלח נעקר אחרי שנכנס בכלי ונקדש נעקר ונשתת לאחוריו לפיכך הוא קדש שכבר קדש' והיבש אינו נעקר וכיון שנתבורר כי אינו קדוש ביורץ הקומץ מיבעיא לן המתקבק מן המנחה בין האצבעות בין[סרק] הנראה כמו נקב מפלש מהו מן הקומץ חשוב או לא ופשטנא לכתחלה לא קמצי אלא כהנים בעלי בשר שמנים שאצבעותם עבות מלמטה וכשפושטם אצבעותיו וקומץ ואין שם סדק כלל ואם קמצו כוהנים לר' אליעזר ההוא דביני ביני מעלה לשום עצים *) ומקטיר הקומץ ואוכל המנחה אבל לרבנן ספק הוא יש לומר שיריים הוא וכל שממנו לאשים השיריים שלו אסורין להקטיר מהן כי קומץ אמרה תורה הקטר ולא שיריים ויש לומר קומץ הוא ואין המנחה ניתרת אלא אחרי לפיכך אין לה תקנה היכי דמי כל שממנו לאשים הרי הוא בבל תקטירו כגון חטאת ואשם שיש אימורין לגבוה שהוא לאשים אם אמר אעלה את עולה עובר בבל תקטירו אבל עולה שכתב בה והקטיר הכהן את הכל המזבחה וכן כל המנחות כולן מקטירין מהן קומץ אם הוא הקטירן עובר בבל תקטירו' אבל חביתי כ"ג שכתוב בהן כליל תקטר' וכן קומץ לבונה כדאמרי' **) בהוציאו לו ואיבעיא לן ביני ביני של מלא חפניו מהו ולחתה בתיקו · ועוד בעי מי שקמץ בראשי אצבעותיו או מן הצדדין של אצבעותיו מהו וכן מי שחפן בראשי אצבעותיו או מקצת אצבעותיו עד שמעלה לתוך חפניו או חפן בידו אחת ובידו אחת או אצל זו מהו ועלו כולן בתיקו

*) בגמ' איתא דמקטיר הקומץ ואח"כ מעלה השיריים לשום עלים ואפשר דרבינו לא גריס כלל רק ר"ל דלר"א הקטרה יכול לקטיר כולן. **) נראה דצ"ל כדתנן (זבחים דף קט ע"ב) מקטיר את כולן.

מסורת הש"ס

[נ"ל בפ' קדשי קדשים (דף סד:)] זבחים סד: [לקמן מט.] [מנחות יא.]
מנחות ט. ט
סוטה כג מנחות כח יבמות ק זבחים עז:
[שם]
[מנחות יא.]

הגהות הב"ח

(א) גמ' א"ר יוחנן הדר פשטה ר' יהושע בן עוזאה: (ב) רש"י ד"ה רב פפא כו' בחפניו לגבי חפינה כמו בקומצו גבי קמילה אפ"ה יש סברא לאסור בין הבינים אבל היא דלעיל: (ג) ד"ה מן הצד כו' הקומצין שגב ידו למטה:

גליון הש"ס

גמרא או דילמא ולקח והביא בעינן. עיין לקמן דף מט ע"א תוס' ד"ה בעי רב פפא:

הגהות מהר"ב רנשבורג

[א] רש"י ד"ה מן הצד כו' אלא מוליך על גב ידו מלת על נמחק.

תוספות ישנים

למשיה · פי' יוסף: הדר פשטה בין הביניים ספק · מה שנראה בספנים דבראי מה שנראה בחוץ: דגואי לא תבעי לך · מה שנראה בין הביניים ספק הוא · תוספתא אם · ליה לרבינו דזה לא דמ"מ ספק הוא לתומרא ולא מפסיק מלא מלא קמיצה פסוק אי לא דמבריסה ויש לו סין אלא ילפינן מלא מלא מקומלו פירוש ולחוש אי דהכי גבי קמיצה אין נפסל ... חפן בראשי אלבעותיו מהו · ואם מאי קמילה אי יליף מלא מלא מקומלו ויש לומר דמקמיצה לאגמר בין הביניים ויש לומר דהכא בעי אינן נוסף על בעיותיו חפן בזו וזו וקרבן זו אצל זו כו' · א) צ"ל דמחסרין:

§ מסכת יומא דף מז: §

אות א'

שירים שחסרו בין קמיצה להקטרה, אין מקטירין עליהן את הקומץ

רמב"ם פי"א מהל' פסולי המוקדשין ה"כ - קמץ את המנחה ואחר כך נטמאו שיריה כולן, או נשרפו או יצאו חוץ לעזרה או אבדו, לא יקטיר הקומץ; [א]ואם הקטיר הורצה. נשאר מעט מן השירים בכשרותן, [ב]יקטיר הקומץ; ואותן השירים שנשארו אסורין באכילה.

אות ב'

כל שממנו לאשים הרי הוא בבל תקטירו

רמב"ם פ"ה מהל' איסורי מזבח ה"ה - וכן אסור להקטיר על המזבח דבר מכל דברים אלו שאינן ראויין להקטרה, כגון בשר חטאות ואשמות ושירי מנחות וכיוצא בהן, מפי השמועה למדו, שכל דבר שמקצתו לאישים, הרי שאריתו בבל תקטירו.

אות ב'*

לריח ניחח אי אתה מעלה, אבל אתה מעלה לשום עצים

רמב"ם פ"ה מהל' איסורי מזבח ה"ג - העלה שאור או דבש בפני עצמן למזבח לשם עצים, פטור, שנאמר: ואל המזבח לא יעלו לריח ניחוח, לריח ניחוח אי אתה מעלה, אבל אתה מעלה לשם עצים.

אות ג'

בראשי אצבעותיו מהו, מלמטה למעלה מהו, מן הצדדין מהו, תיקו

רמב"ם פי"ג מהל' מעשה הקרבנות הי"ג - כיצד קומצין מנחות הנקמצות, כדרך שקומץ כל האדם, פושט אצבעותיו על פס ידו וקומץ; [ד]קמץ בראשי אצבעותיו או מן הצדדין, לא יקטיר, ואם הקטיר הורצה; ואם הוסיף בקומץ, כגון שהרחיק אצבעותיו וקמץ, הרי זה פסול.

אות ד'

חפן בראשי אצבעותיו מהו, מלמטה למעלה מהו, מן הצד מהו, חפן בזו ובזו וקרבן זו אצל זו מהו, תיקו

רמב"ם פ"ה מהל' עבודת יוה"כ הכ"ח - חפן בראשי אצבעותיו, או מן הצדדין, או ממטה למעלה, או שחפן בידו זו ובידו זו וקרב זו לזו... כל אלו ספק ולא יקטיר, ואם הקטיר הורצה.

באר הגולה

א ‹משנה מנחות (דף כ"ו), נטמאו שיריה נשרפו שיריה אבדו שיריה, כמדת רבי אליעזר כשירה, וכמדת ר' יהושע פסולה, ופירש"י: כמדת ר' אליעזר דאמר בפ' כיצד צולין, דם אע"פ שאין בשר, ה"נ קומץ אע"פ שאין שירים כשירה להקטיר הקומץ. כמדת ר' יהושע דאמר אם אין בשר אין דם אם אין דם אין בשר. ובגמ' אמר רב והוא שנטמאו כל שיריה, אבל מקצת שיריה לא, ואסיקנא דה"ה לנשרפו ואבדו. ובתוספתא פ"ד דמנחות תניא, דה"ה ליצאו חוץ לקלעים. ופירש"י והוא שנטמאו כל שיריה הוא דאמר ר' יהושע דפסול להקטיר הקומץ, וידוע דהלכה כרבי יהושע. **ומש"כ** ואם הקטיר הורצה. תוספתא בפרק ד' דמנחות – כסף משנה› ‹**בפרק** כיצד צולין דף ע"ח אמרו, ולר' יוסי מזכי שטרא לבי תרי הוא, דתניא אמר ר' יוסי רואה אני את דברי ר' אליעזר בזבחים ודברי ר' יהושע בזבחים, ודברי ר"א במנחות ודברי ר' יהושע במנחות, דברי ר"א בזבחים וכו', ואסיקו במסקנא דה"ק, רואה אני דברי ר' יהושע לכתחילה ודברי ר' אליעזר בדיעבד, והיינו באבוד ושרוף דבדיעבד מהני, ע"כ נראה דפסק כר' יוסי דבדיעבד מהני, ולהכי כתב שם הורצה – לחם משנה› ב ‹והא דאיתא: שירים שחסרו בין קמיצה להקטרה אין מקטיר קומץ עליהם, ע"כ הוא כמש"כ התוס' ביומא מ"ז ב' בד"ה ואמר וכו – הר המוריה› ג ‹ע"פ מהדורת נהרדעא› ד ‹ואסיקנא בתיקו, ומש"ה נקיט לה רבינו בדיעבד לקולא. **ודע** דתו איבעיא לן התם, ממטה למעלה מאי, וסלקא בתיקו, ויש לתמוה למה השמיטה רבינו – כסף משנה› ‹**ואע"פ** דכל הספיקות הוה ספק דאורייתא, ולמה נימא דמספק הורצה. **ובפשטות** צ"ל דפסק הרמב"ם דספק דאורייתא לקולא מדאורייתא, א"כ הוה זה בכלל הקולא דמספק הורצה – הערות הגרי"ש אלישיב›

§ מסכת יומא דף מח. §

אות א' – ב'

<u>דבקיה לקומץ בדופניה דמנא מאי</u>

<u>אפכיה למנא ודבקיה לקומץ בארעיתיה דמנא מהו</u>

רמב"ם פ"א מהל' פסולי המוקדשין הכ"ה - [א]**הדביק הקומץ לדופן הכלי וקמץ, או שהפך הכלי על ידו** [ב]**וקמץ מתוכו ופיו למטה, לא יקטיר, ואם הקטיר הורצה.**

אות ג'

<u>מלא חפניו שאמרו לא מחוקות ולא גדושות אלא טפופות</u>

רמב"ם פ"ד מהל' עבודת יוה"כ ה"א - **ומוציאין לו את הכף וכלי מלא קטרת דקה מן הדקה, וחופן ממנה מלא חפניו, לא מחוקות ולא גדושות אלא טפופות, הגדול לפי גדלו והקטן לפי קוטנו, ונותן לתוך הכף.**

אות ד'

<u>נשפך הדם על הרצפה ואספו פסול, מן הכלי וכו'</u>

רמב"ם פ"א מהל' פסולי המוקדשין הכ"ה - **נשפך מן הכלי על הרצפה ואספו, כשר; אבל אם נשפך מצואר הבהמה על הרצפה ואספו ונתנו לכלי השרת, נפסל הזבח.**

אות ה'

<u>מדם הנפש ולא מדם העור ולא מדם התמצית</u>

רמב"ם פ"א מהל' פסולי המוקדשין הכ"ו - **נשפך מקצת הדם מצואר בהמה על הארץ ולא אספו, וקבל מקצתו מצואר בהמה,** [ג]**הרי זה כשר, ובלבד שיהיה זה הדם שנתקבל דם הנפש, לא דם התמצית ולא דם העור.**

אות ו'

<u>המקבל צריך שיקבל את כל דמו של פר</u>

רמב"ם פ"ד מהל' מעשה הקרבנות ה"ח - **וכל הזבחים שקיבל מדמם פחות מכדי הזייה, לא נתקדש הדם; וצריך להתכוין לקבל כל הדם, כיצד הוא עושה, אוחז הסימנים בידו ומוציאן עם הורידין לתוך המזרק, ושוחט שנים או רוב שנים כדי שיתקבל הדם כולו בכלי; ומגביה הסכין למעלה כדי שלא ירד הדם מעליה אלא מן הצואר, ודם שבסכין מקנחו בשפת המזרק.**

אות ז'

<u>נתפזר הקטורת ממלוא חפניו מהו</u>

רמב"ם פ"ה מהל' עבודת יוה"כ הכ"ח - **או שנתפזרה קטורת מידו על הארץ ואספה... כל אלו ספק ולא יקטיר, ואם הקטיר הורצה.**

אות ז'* [ד]

<u>(הקומץ) [הסולת] והקטורת והלבונה והגחלים וכו'</u>

רמב"ם פ"ח מהל' טומאת אוכלין ה"ט - **הסולת של מנחות והלבונה והקטורת והגחלים שנגע טבול יום במקצתן פסל את כולן; בד"א בגחלים שחותה במחתה ביום הכפורים, שהמחתה שחותה בה נכנס להיכל; אבל גחלים שחותה בכל יום, כשהוא מערה במחתה של כסף לשל זהב אם נתפזרו מן הגחלים, אין בהן קדושה, אלא מכבדן לאמה. השגת הראב"ד: מכבדן לאמה. א"א אמת הוא שכך אמרו בירושלמי במסכת חגיגה,** [ה]**אבל סוף השמועה עלתה אפילו בגחלים דכל יום, מפני שנזקקו לכלים מתחלה קודם שעירה אותן, וכל זמן שלא עירה אותן אם נגע במקצתן פסל את כולן.**

אות ח'

<u>פסלה נמי מחשבה</u>

רמב"ם פ"ה מהל' עבודת יוה"כ הכ"ז - **חפינת הקטורת עבודה, והמחשבה פוסלת בה.**

באר הגולה

[א] ‹ומבואר דמפרש הבעיא כולה על הקמיצה, שלא קמץ מכל העשרון, אלא שהיה אותו הקומץ מבורר ומדובק לכלי, והוא קמץ ממנו. **וכן** בבעיא השניה שהיה הכלי הפוך וקמץ ממנו בשעה שפי הכלי למטה. **וא"כ** מפרש הרמב"ם הנחה בתוכו כתיקונו בעינן, על הנחת העשרון בכלי ראשון, ולא על הנחת הקומץ בכלי שני שלא נזכר בתורה כלל, אלא על ההנחה הראשונה דכתיב וקמץ משם, דמשמעו מהכלי שהעשרון מונח שם, דזה ודאי אם שפך את העשרון מכלי שרת על הרצפה וקמץ מן הרצפה פסול, כמבואר במנחות דף ז' ב' קומצין מכלי דוקא מיהת, ומעתה שפיר בעי אם היה ההנחה של העשרון בביסא שלא כדרכו מהו – מרומי שדה› ‹**ועיין** לקמן בדף נ"ח. הניח סיב, דפי' הרמב"ם שם ג"כ באותו הענין› [ב] ‹ודלא כפרש"י במנחות, ומתורץ קושיית התוס' בד"ה בעי וכו' – הר המוריה›

[ג] ‹ומשמע לרבינו דכל שאינו מדם העור ולא מדם התמצית, אע"פ שנשפך מקצתו בארץ, כשר, **ואע"ג** דאמרי' התם, השוחט צריך שיקבל את כל דמו של פר, **י"ל** דהיינו לכתחלה דוקא, **אי** נמי ההיא בשלא נשפך דם מצואר לארץ, אבל אם נשפך מקצת דם מצואר לארץ, הדם הנשאר היינו כל הפר, והיינו דתנן נשפך על הרצפה ואספו פסול, הא אם לא אספו לא נפסל הזבח, דמקבל דם הנשאר בצואר כשר – כסף משנה› [ד] ‹ע"פ מהדורת נהרדעא› [ה] ‹בירושלמי פרק חומר בקדש, אהא דתנן הכלי מצרף מה שבתוכו לקדש: תמן תנינן הוסיף ר"ע הסולת והקטורת והלבונה והגחלים שנגע טבול יום במקצתן שפסל את כולן וכו', מאי גחלים, אמר רבי בון בר כהנא תפתר בגחלים של יוה"כ, שבמה שהוא חותה הוא מכניס, אבל בגחלים שבכל יום לא, כההיא דתנינן, נתפזר ממנו כקב גחלים היה מכבדן לאמה. **והתם** מסיים בה: אמר ר' מתניה וכי סלת וקטורת וכו', **יש** לומר שרבינו יפרש שאינו מסקנא אלא פלוגתא, ופסק כמאן דמיקל בדרבנן – כסף משנה›

עין משפט נר מצוה

ז א ב מיי' פי"א מהל' פסולי המוקדשין הל' כה:
ח ג מיי' פ"ד מהלכות עבודת יוה"כ הל' א:
ט ד מיי' פ"א מהלכות פסולי מוקדשין הלכה כה:
י ה שם הלכה כו:
יא ו מיי' פ"ט מהלכות מעשה הקרבנות הלכה ח:
יב ז מיי' פ"ה מהלכות עבודת יום הכפורים הלכה כח:
יג ח שם הלכה כז:

רב פפא * ידבקיה לקומץ בדופניה דמנא מאי תוך כלי בעינן והא איכא או דילמא הנחה בתוכו כתקנו בעינן והא ליכא תיקו בעי מר בר רב אשי יאפכיה למנא ודבקיה לקומץ בארעיתיה דמנא מהו הנחה בתוכו בעינן והא איכא או דילמא הנחה כתקנו בעינן וליכא תיקו בעי רב פפא מלא חפניו שאמרו מחוקות או גדושות א"ל רבי אבא לרב אשי ת"ש ימלא חפניו שאמרו לא מחוקות ולא גדושות אלא טפופות תנן התם *נשפך הדם על הרצפה ואספו פסול *מן הכלי על הרצפה ואספו כשר מה"מ דת"ר *ולקח מדם הפר *מדם הנפש ולא מדם העור ולא מדם התמצית מדם הפר דם מהפר יקבלנו דאי סלקא דעתך מדם הפר מדם ואפילו מקצת דם והאמר *רב יהודה המקבל צריך שיקבל את כל דמו של פר שנאמר ואת כל דם הפר ישפוך אל יסוד מזבח אלא ש"מ מאי מדם הפר דם מהפר יקבלנו וקסבר גורעין ומוסיפין ודורשין בעי רב פפא נתפזר הקטורת ממלוא חפניו מהו ידו כצואר בהמה דמי ופסולה או דילמא ככלי שרת דמי ולא פסולה תיקו בעי רב פפא חישב בחפינת קטורת מהו מי אמרינן יליף מלא מלא ממנחה מה התם מהניא בה מחשבה הכא נמי מהניא בה מחשבה או לא א"ל רב שימי בר אשי לרב פפא ת"ש *הוסיף רבי עקיבא (*הקומץ) והקטורת והלבונה והגחלים שאם נגע טבול יום במקצתן פסל את כולן קא סלקא דעתך מדפסל טבול יום פסלה נמי לינה ומדלינה פסלה יפסלה נמי מחשבה בעי רב פפא חישב

[מנחות יא.] [זבחים כה.] [שם לג.] [שם כה.] [ויקרא ד] [לקמן נו: זבחים כה. ע"ש] [תגיגה כג: פסחים יט. עדיות פ"ח מ"ח]

רש"י

דבקיה לקומץ בדופניה דמנא · קי"ל במסכת מנחות (דף ט.) שהקומץ טעון מתן כלי וקומץ מתוך כלי זה ומקדשו לתוך כלי אחר ואם לא נתנו בשוליו ונתנו בדופניו ודבקו מהו: טפופות · לשון דבר קל בגובה מעט כמו על דאטפת אטפוך (אבות פ"ב משנה ו): נשפך הדם על הרצפה · ולא נתקבל בכלי: מן הכלי כו' · משנה היא לעולמה בפרק אחר (דף נג.) ואינן זו בצד זו ושתיהן במסכת זבחים: מנא הני מילי · דבעינן שירד מצואר בהמה לכלי: מדם הנפש · דם קילוח שהנפש יוצאה בו: גורעין · אות מתיבה זו ומוסיפין על תיבה זו ודורשין: חישב בחפינת קטורת · על מנת להקטירה למחר: מי יליף מלא מלא ממנחה · מה התם מהניא מחשבה בקמיצתה דנפקא לן במנחות (דף פג.) מזאת התורה לעולה ולמנחה וגו' הוקשו לשלמים מה שלמים מפגלין ומתפגלין אף מנחה וכו': הכא נמי מהניא מחשבה · בחפינה או לא והכא ליכא לאקשויי היינו הך כדאקשי לעיל דהנהו תרוייהו בעיי הוו להו כחד טעמא [א] לאיתויי הכא בחפניו כדהתם בקומצו אבל הך מילתא אחריתי היא ואי נמי לא דרשי גזירה שוה לענין בקומצו דילמא דרשי לה לענין מחשבה: פוסל את כולם · שזו היא מאחת עשרה מעלות שאמרו בחומר בקודש (חגיגה דף כ:) שהכלי מצרף כל מה שבתוכו להיות כאלו נגע בכולו: קס"ד מדפסיל טבול יום · אלמא קידשה הכלי קדושת הגוף פסלה נמי לינה וכיון דפסלה לינה פסלה נמי מחשבת לינה כשחישב להקטירה למחר וקשיא לי דשבקיה למתניתין דמעילה (דף י.) דתנן בה בהדיא הקומץ והקטורת ומנחת כהנים מועלין בהן משהוקדשו קדשו בכלי הוכשרו ליפסל בטבול יום ובמחוסר כפורים ובלינה והכא דחיק לאיתויי בקא ס"ד מטבול יום: חישב

תוספות

בעי רב פפא דבקיה לקומץ בדופניה דמנא וכו' · בתר הכי גרס בעי מר בר רב אשי אפכיה למנא ודבקיה לקומץ בארעיתיה דמנא מאי הנחה בתוכו בעינן והא איכא או דילמא כתיקון בעינן והא ליכא תיקו וברוב ספרים ליתא דמר בר רב אשי אבל בפרק קמא דמנחות (דף יא.) איתא בכל הספרים וכיון דמייתי לכולה מילתא דהתם הכא אגב גררא נראה דגרסינן נמי לבעיא דמר בר רב אשי ותימה לי דבפרק המזבח מקדש (זבחים דף פח.) אמר שמואל כלי שרת אין מקדשין אלא בפנים ופרש"י למעוטי חקק משכו מבחוץ ושמא יש לומר דהוא היה מפרש כאן שהופך הכלי כי כיתונא ונעשה תוכו ברו וברו תוכו שפיר מקדש ורש"י פי' שם אלא בפנים בעזרה וקשה דהוה ליה למימר בקודש כדתנן התם:

גורעין ומוסיפין ודורשין · לא שייך למיפרך סכינא חריפא דמפסקא לקראי כדפריך בפ' יש נוחלין (ב"ב דף קיא:) התם [נמי] כתיב ו"ו דנחלתו ולמ"ד דלאחריו ועושה תיבה בפני עצמה · בפ"ב דזבחים (דף כה.) גרס אמר רב יהודה אמר שמואל השוחט צריך שיגביה הסכין למעלה שנאמר ולקח מדם הפר ולא מדם הפר ודבר אחר ותימה מדממעטינן דם הסכין כל שכן שעל הרצפה וי"ל דילמא דם הסכין גרע טפי שנתקבל בפסול כדאמרינן התם לא בכל כשר ואם בללה חוץ לחומת העזרה איכא למאן דאמר פסולה בפ"ק דמנחות (דף ט.) אי נמי אי לאו טעמא דגורעין ומוסיפין ודורשין ה"א דמדם הפר ודבר אחר אתא למעוטי שעל הרצפה אבל דסכין שפיר דמי הא דלא מיבעיא לן הכא אין לי אלא קדשי קדשים קדשים קלים מניין כדקא מיבעיא בפרק שני דזבחים (דף כה:) גבי הגורס אוזן הפר ואחר כך קיבל דמו פסול שנאמר הפר שהיה כבר דכיון דגלי בחד מינייהו דה"ה קדשים קלים הכי נמי באידך:

או דילמא ככלי שרת דמי ולא פסולה · תימה לי תיפשוט מדקא מייתי ליה לפני ולפנים בכף ולא מייתי ליה בחפניו ואמר לעיל משום דלא אפשר ואי ידיו ככלי שרת דמו נעייל בחפניו ונכנה למחתה עילויה וכי ממטי התם ירפה קצת ידיו זו מזו ויניח לקטורת ליפול על הרצפה והמחתה תשאר עדיין בידיו ולישקלה למחתה ולותבה אארעא והדר יגביה הקטורת מן הקרקע ויתננה על הגחלים כיון דידיו ככלי שרת דמו וי"ל אפילו את"ל דידיו ככלי שרת דמו ולא מיפסיל אי נפלה אארעא ואספה מכל מקום לאו אורח ארעא לעשות כן לכתחילה בכל שנה ושנה השתא לפני מלך ב"ו אין עושין כן לפני מלך מלכי המלכים הקב"ה עאכ"ו:

מי יליף מלא מלא מהתם · פירש"י ומנחה מתפגלת בקמיצה דילפא בהיקשא זאת התורה לעולה ולמנחה וגו' דהוקשה לשלמים שמפגלין ומתפגלין ותימה לי והאמרינן בפרק איזהו מקומן (זבחים דף מט:) דדבר הלמד בהיקש אינו חוזר ומלמד בג"ש בקדשים וי"ל לפרש דפשיטא ליה דשייך בה פיגול בהליכתה ובהקטרתה למ"ד במנחה הקטרה מפגלת בפרק הקומץ זוטא (מנחות דף יז.) כיון דכל הני עבודות דמו לגמרי לעבודת המנחה ואע"ג דלא איתקש לשלמים הא כתב בתר קרא דזאת התורה ביום צוותו את בני ישראל להקריב את קרבניהם (ויקרא ז) ודרשינן מיניה זה בכור מעשר ופסח וכל מידי דשייך ביה הקרבה והקטרה עד שאני מרבה לוג שמן של מצורע דמוכח בפרק הקומץ רבה (מנחות דף כח.) דבעינן לשמו ושאל הרב רבי יום טוב הקדוש את ריצב"א מנלן והשיב לו מביום צוותו להקריב את קרבניהם נפקא דהיא נמי איקרי קרבן כדכתיב (ויקרא יד) והקריב אותו לאשם ואת לוג השמן ודרשינן בפרק בית שמאי (זבחים דף מד:) כל קרבנם (במדבר יח) לרבות לוג שמן של מצורע כ"ש קטורת דאיהי גופה קריבה לאשים וכתב בה לשון הקטרה ולא מיבעיא ליה הכא אלא אי חשיבא חפינה עבודה כמו קמיצה דבקמיצה פשיטא לן דהיא עבודה ומפגלין בה כמו שחיטה בזבח שהשחיטה היא מפרשת חלק גבוה הדם מחלק הדיוט כך קמיצה מפרשת הקומץ מן המותר אבל בחפינה לא שייך למימר הכי דאפילו מה שנשאר במחתה הוא חלק גבוה ובפעם אחרת מקריב אותה אבל מספקא ליה אי גמר מלא מלא וחשיבא כמו קמיצה או לא ופשיט רב שימי בר אשי מדפסלה בה לינה פסלה בה מחשבה ככל עבודה שהזקיק לה הכתוב ואם כן בחפינה נמי פסלה בה מחשבה:

מדפסיל בה טבול יום פסלה בה לינה · תימה האמר בפ"ק דשבועות (דף יא:) נתנה למכתשת נפסלת בטבול יום ואפילו הכי לא פסלה בה לינה שהרי היו משהין אותה כל השנה כולה וי"ל ההוא פסולה דפסיל בה טבול יום אינו אלא מדרבנן ולהכי לא פסלה בה לינה אבל האי דהכא מדאורייתא כמו שמפרש הקשה רש"י אמאי מייתי מדיוקא מדפסיל בה טבול יום פסל בה לינה לייתי ממתניתין דפ"ב דמעילה (דף י.) דקתני בהדיא הקומץ והלבונה והקטורת מנחת כהנים ומנחת כהן משוח ומנחת נסכים מועלין בהן משהוקדשו קדשו בכלי הוכשרו ליפסל בטבול יום ובמחוסר כפורים ובלינה ולא תירץ וריב"א תירץ דההיא דהתם איכא למימר דלאיירי

רבינו חננאל

דבקיה לקומץ בדפניה דמנא או בארעיתו מהו ועלו בתיקו · תניא מלא חפניו לא מחוקות ולא גדושות ולא מצופות. תנן התם נשפך הדם מבית הצואר של פר על הרצפה ואספו פסול כו' מנ"ל דת"ר ולקח מדם הפר (ומדם) [מדם] הנפש ולא מדם העור כו' ואסיקנא מדם הפר קרי ביה דם מהפר כלומר כדם שכתוב בפסוק קח הכ"ם ממנו ונשאר דם והוסף אותו על הפר שנמצא הפסוק דם מהפר קסבר גורעין המ"ם ומוסיפין אותו על הפר ודורשין אותו דם מהפר · וזהו שאמר רב יהודה השוחט צריך לקבל כל דם הפר מהפר . ואם קבל דם הפר בכלי ונשפך מן הכלי ואספו כשר כי הכלי קדשו כבר . וזה שמועה מפורשת בשחיטת קדשים פ"ב [ד' כה] נתפזרה הקטורת ממלא חפניו מהו תיקו

תוספות ישנים

דבקיה לקומץ בדופניה דמנא · בפ"ק דמנחות (דף יא.)

*חישב בחתיית גחלים מהו מכשירי מצוה כמצוה דמו או לא תיקו בעי מיניה מרב ששת הולכה בשמאל מהו אמר להו רב ששת תניתוה *נטל את המחתה בימינו ואת הכף בשמאלו ונפשוט להו מהא דתנן *הרגל של ימין בשמאל ובית עורה לחוץ אי מהתם הוה אמינא הני מילי הולכה דלא מעכבא כפרה אבל הולכה דמעכבא כפרה לא קמשמע לן מיתיבי

חישב בחתיית גחלים · מהו להפסיל הקטורת: **כמצוה דמי** · והוי ליה כמחשב בעבודה לשון אחר חישב בחתיית גחלים מהו שיפסלו גחלים במחשבה זו מלהקטיר עליהן · ליכא שמעינן דפסלה בהו מדפסיל טבול יום כדתנן לעיל מיהו הא מיבעיא לן אי הוי חתייתן עבודה למיפסל בה מחשבה: **מכשירי מצוה כמצוה דמו** · וכי היכי דמחשבת חפינה פסלה בקטורת מחשבת חתייה נמי פסלה בגחלים: **הולכה בשמאל מהו** · הולכת הדם מיבעי ליה קבלה וזריקה דכתיב בהו כהונה פשיטא לן דכל מקום שנאמר אצבע וכהונה אינה אלא ימין אבל הולכה לא כתיב בהדיא ומדאפקה רחמנא לקבלה בלשון הולכה דתניא והקריבו זו קבלת הדם נפקא לן במסכת חגיגה (דף יא.) שהיא עבודה ומיהו שמאל איכא למימר דלא פסיל דהא לא כתב בה כהונה בהדיא: **את הכף בשמאלו** · אלמא כשירה בשמאל: **ונפשוט ליה מהא** · דבגופו של מזבח קמיירי: **הרגל של ימין בשמאל** · מי שזכה להעלות לכבש הראש והרגל מקבל מיד המנתח את הראש בימינו ואת רגל הימנית של תמיד מקבל בשמאלו: **ובית עורה לחוץ** · ומקום חתך לפנים כלפי כהן וכן נאה: **הני מילי הולכה וכו'** · הולכת אברים דלא מעכבא כפרה שאין כפרה אלא בדם והוא עצמו שלא הוקטרו אבריו כשר: **אבל הולכה דם דדם מעכב כפרה הוא** · אימא לא נתכשר בשמאל:

דאיירי בקטורת דכל השנה דחשיבא קידוש כלי דידה לאיפסולי בטבול יום ובמחוסר כפורים ובלינה מדקתני (א) קדשו בכלי אלמא דאיירי בההיא שהיא צריכה כלי כדי לקדשה קידוש גמור אבל קטרת דיוה"כ דלא חשיבא קידוש כלי דידה דמן הדין הוה לן למימר שלא תהא בכלי אלא נעייל בחפניו אלא משום דלא אפשר כדאמר לעיל אימא דלא תיפסל בלינה בקדושת כלי דידה דבההיא ודאי לא איירי התם מדקתני קדשו בכלי דמשמע שנותנין אותה בכלי כדי לקדשה בכלי וההיא דיום הכפורים אינה כן דאדרבה טפי הוה עדיף בלא כלי אלא משום דלא אפשר אבל מהכא מייתי ראיה שפיר דמדקתני קטורת סתמא בכל מיני קטורת איירי אי נמי אומר ר"י דמההיא ליכא למידק מדפסלה בה לינה פסלה בה מחשבה דדילמא לינה לא פסלה בה אלא מדרבנן ואע"ג דקתני סיפא וחייב עליהן משום נותר וטמא היינו נמי מדרבנן כדתנן בפרק אמרו לו (כריתות דף יב:) אכל אוכלים טמאים ושתה משקין טמאין ונכנס למקדש חייב אע"פ דפסול גוייה הוי מדרבנן כדאיתא בפרק בתרא דיומא (דף פ:) (ב) ולהכי לא הוי מחמרינן כולי האי דליטמא אפילו על ידי צירוף אבל הכא דייק שפיר מדפסל בה טבול יום דאורייתא פסל בה לינה והמחשבה נמי דאורייתא והקשה ריצב"א והא אשכחן צירוף כלי במילתא דרבנן דקתני רישא במס' עדיות (פרק ח מ"א) העיד (ג) ר"ש בן בתירא על אפר חטאת שנגע טמא במקצתו טימא את כולו אע"ג דאפר חטאת אין לו טומאה דאורייתא ואי משום חיבת הקדש הא לא שייכא בה כשנעשית אפר כדמשמע ס"פ התכלת (מנחות דף נא:) גבי ועל הפרה שלא יהו מועלין באפרה מיהו יכילנא לשנויי דנהי דבטמא גזרו רבנן בטבול יום דקליפה טומאתו לא הוי גזרי' ואדרבה יש ראיה משם מדקתני ברישא גבי אפר חטאת טמא ובסיפא קתני טבול יום ורבינו יצחק בן אברהם מפרש דהכא דייק מדפסיל ביה טבול יום ע"י צירוף ש"מ דצריך לכלי הוא דאי לא צריך לכלי לא היה כלי מצרפו כדאיתא בפרק בתרא דחגיגה (דף כד.) ואע"ג דאמר התם דהוי דרבנן וכגון שנשברו על גבי קטבלייא ודאורייתא יש לו תוך דווקא ואתו רבנן וגזור אפי' אין לו תוך היינו דעשו דאין לו תוך כיש לו תוך אבל לא עשו אין לו תוך יותר חשוב מיש לו תוך ולעולם צריך לכלי בעינן וכיון דצריך לכלי פסלה (ד) ביה לינה כדאמר בפרק התכלת (מנחות דף נא.) על מחבת בשמן מלמד שטעונה כלי ואי אפיה לה מאתמול איפסלא (ה) לה בלינה וכיון דפסלה בה דאורייתא פסלה בה מחשבה ולהכי לא מייתי מההיא דמעילה אע"ג דקתני קדשו בכלי הוה אמינא מדרבנן ואע"ג דכתיב כף אחת לא הוה ילפינן דורות משעה אי נמי משום דלא כתב בלשון ליווי ה"א דאינה טעונה כלי ומיהו (קשה) למאי דאוכחן ממתניתין דמסכת עדיות (ו) דטעונה כלי מהתם ילפינן מדכתיב כף אחת ול"נ דלא הוה מצי לאיתויי ממתניתין דמעילה דהוי אמר הא דקתני קדשו בכלי הוכשרו ליפסל בטבול יום ובמחוסר כפורים ובלינה לא קאי אקטורת אלא אסאחרא ולהא מילתא לחודה הוא קתני התם קטורת לענין דמועלין בה משהוקדשה ותדע דלא קאי אקטורת דקתני קדשו בכלי הוכשרו ליפסל בטבול יום (ז) *וקטורת נפסלת בטבול יום מיד שנתנה במכתשת כדאמר בפ"ק דשבועות (ד' יא.) ומיהו הא לאו ראיה היא דשאני התם דנהי דקטורת מיפסלא מעיקרא משנתנה למכתשת מ"מ נקט קדשו בכלי הוכשרו כו' דאפי' בקטורת שייך האי לישנא דבקדושת כלי דמכתשת מיפסלא בטבול יום ובמחוסר כפורים ובקדושת כלי דנותנה מיפסלא בלינה מיהו בלא זה איכא טובא בהש"ס דקאמר אסאחרא היכא דלא מצי קאי אכל מאי דקתני והא דפריך בפ"ק דשבועות (גם זה שם) אלא מאי קדושת הגוף היא תיפסל בלינה אלמה תנן הקומץ והלבונה והקטורת כו' קדשו בכלי אין לא קדשו לא ממה נפשך דייק שפיר אי אקטורת נמי קאי אם כן משמע לא קדשו בכלי לא מיפסלי בלינה ואי לא קאי אקטורת דבקטורת אפילו קדשו בכלי לא מיפסלא בלינה אף לאחר שקדשו בכלי כל שכן קשה טפי אמאי לא מיפסלא (ח) כדמפרש הכא בקא סלקא דעתך ולמאי דדייקינן הכא דמיפסלא בלינה בההיא דהוסיף ר"ע או נימא נמי דההיא דמעילה דקיימא נמי אקטורת קדשו בכלי הוכשרו ליפסל בלינה מיהו לענין טבול יום לאו דווקא קדשו בכלי דאפילו מעיקרא נמי משנתנה למכתשת נפסלת בטבול יום והאי דנקט קדשו בכלי ולא נקט אפילו קודם קידוש כלי משום הנך דמיתנך בהדה דלא מיפסלי קודם קידוש כלי:

חישב בחתיית גחלים מהו · הקשה רש"י אמאי לא פשיט לה ממאי דהוסיף נמי מההיא דהוסיף רבי עקיבא מדפסל בהו טבול יום פסיל בהו לינה ופסיל בהו מחשבה ולי נראה דנהי דלינה פסלה בה אי לא חשיבא עבודה לא פסלה בה מחשבה תדע שהרי קידוש מנחה והנחתה בכיסה פסלה בה טבול יום ולינה ואפ"ה אם חישב בשעת הנחתה לא פסלה בה מחשבה וכן בשעת יציקה ובלילה לא פסלה בה מחשבה אלא בד' עבודות שבמנחה שיש כנגדן בזבח ולהכי מיבעיא ליה אמ"ל חפינת קטורת חשיבא עבודה כמו קמיצה חתיית גחלים מהו מכשירי מצוה כמצוה דמו ותפינה אריכתא היא והויא חתיית גחלים וחפינה במקום קמיצה או לא · בס"פ טבול יום (זבחים דף ק:) בעי רבי ירמיה לינה מהו שתועיל בבשר פרים הנשרפים ושעירים הנשרפים וכו' עד ושוין שאם חישב באכילת פרים ובשריפתן לא עשה ולא כלום מאי לאו מדמחשבה לא פסלה לינה נמי לא פסלה ודחי לה מחשבה לא פסלה לינה פסלה ותימה א"כ היכי פשיט הכא מדפסלה בהו לינה בחפינה פסלה בה מחשבה וי"ל הכא כיון דאכילת מזבח היא מדפסלה בה לינה פסלה בה מחשבה אבל בשר פרים ושעירים הנשרפים שנשרפים חוץ לג' מחנות נהי דלינה פסלה בהו דילמא מחשבה לא פסלה בהו וא"ת דהכא מסקינן דמחשבה פסלה בקטורת ובזבחים פרק בית שמאי (דף מב:) תנן אלו דברים שאין חייבין עליהן משום פיגול הקטורת כו' יש לומר דאין חייבין דקתני התם היינו להתחייב כרת האוכלן מיהו מיפסל על ידי מחשבת פיגול דלהכי אהני גזירה שוה דמלא מלא ממנחת חוטא וכי האי גוונא אמרינן בסוף פרק קמא דזבחים (דף יד.) ר"ש אומר כל שאין על מזבח החיצון אין חייבין עליו משום פיגול ואפילו הכי קאמר התם מודה רבי שמעון ליפסול מקל וחומר דשלא לשמן:

הולכה בשמאל מהו · תימה אי לא אסיק אדעתא למיפשטא מלקח את הכף בשמאלו מאי קמבעיא ליה האמר בפ"ק דזבחים (דף ד.) דלכל מילי הולכה לא נפקא מכלל קבלה וי"ל דהיא גופה מספקא להו אי גמרינן מכף או איכא שום סברא שאין ללמוד משם וניחא הולכה לא תפקא מכלל קבלה ופשיט להו רב ששת דגמרינן מינה דכיון דכתב רחמנא הבאה אחת בקטורת ואי אפשר לעשות בהבאה אחת א"כ יוליך הכף בשמאלו אלמא הולכה בשמאל כשירה ועפי הוי סברא למיגמר הולכה מהולכה מלמיגמר הולכה מקבלה:

זר

עין משפט נר מצוה

יד א מיי' פ"ה מהל' עבודת יוה"כ הל' כז:

טו ב מיי' פ"ו מהלכות מעשה הקרבנות הלכה יא:

רבינו חננאל

מחשבה וכן המחשב בחתיית גחלי המחתה מהו ופשטינן לה מהא דתנן בעדיות פרק ה' הוסיף ר' עקיבא הסולת והקטורת והלבונה והגחלים שאם נגע טבול יום במקצתן פסל את כולן ומדפסיל בהו טבול יום פסיל בהו נמי לינה ומדפסלה בהו לינה פסלה בהו נמי מחשבה' בעו מיניה מרב ששת הולכת הדם בשמאל כדי להוציא (טובה) [על המזבח] מהו · ופשט מתניתין דקתני ואת הכף בשמאלו · שמע מינה אפילו הולכת הקטורת דמעכבא כפרה כדאמרן קטורת מכפרת שנאמר ויתן את הקטורת ויכפר על העם וכו' הולכת אברים שאין בהם כפרה(אין) [שאין] כפרה אלא בדם שנא' כי הדם הוא בנפש יכפר

תוספות ישנים

נעשה כדם אבל הכא קמילה וחפינה במקום עבודות קיימן:

חישב בחתיית גחלים מהו · וא"ת תפשוט ליה מדלעיל דקתני גחלים ומדפסיל טבול יום פסלה נמי לינה ומדפסלה לינה כו' וי"ל דווקא במילי דהקרבה הוא דפשיטא הכי אבל לא בגחלים שאין גוף הקרבן:

מסורת הש"ס

[לעיל מז.]

זבחים כד. מנחות י: תמיד לא:

רש"א מ"ו

[והא אפילו נתנו במכתשת הוכשרה לפסול בטבול יום כדאמר בפ"ק כל"ן] רש"א

הגהות הב"ח

(א) תוס' ד"ה (בע"א) מדפסיל כו' ובלינה מדקתני קדשו בכלי: (ב) בא"ד כדאיתא בפ"ב דיומא אבל הכא דייק שפיר מדפסל בה טבול יום דאורייתא פסל בה לינה ובמחשבה נמי דאורייתא דאי דליטמא מחמרי כולי האי דליטמא אפילו על ידי צירוף והקשה ריצב"א כצ"ל: (ג) בא"ד העיד ר' יהושע בן בתירא וכו' במקצתו טימא את כולו: (ד) בא"ד פסלה בה לינה דאורייתא כדאמר בפרק: (ה) בא"ד ואי אפי לה מאתמול איפסלה בלינה וכיון דפסלה בה לינה דאורייתא: (ו) בא"ד דאוכחן ממתני' דמסכת עדיות מהתם ילפינן דטעונה כלי מדכתיב כף: (ז) בא"ד הוכשרו ליפסל בטבול יום ובברייתא קתני נתנה במכתשת נפסלה בטבול יום כדאמר בפ"ק דשבועות כצ"ל והשאר נמחק: (ח) בא"ד דקשה טפי אמאי לא מיפסל בלינה אף לאחר שקדשו בכלי ולמאי דדייקינן הכא דמיפסלה בלינה מההיא דהוסיף ר"ע או ניחא נמי דההיא כו' כצ"ל:

§ מסכת יומא דף מח: §

אות א'

חישב בחתיית גחלים מהו

רמב"ם פ"ה מהל' עבודת יוה"כ הכ"ז - [א]וכן חתיית הגחלים לקטורת נפסלת במחשבה, שמכשירי קרבן כקרבן.

אות ב'

הרגל של ימין בשמאל ובית עורה לחוץ

רמב"ם פ"ו מהל' מעשה הקרבנות הי"א - הראשון בראש וברגל, הראש בימינו וחוטמו כלפי זרועו, וקרניו בין אצבעותיו, ובית שחיטה למעלה והפדר עליה, והרגל של ימין בשמאלו ובית עורה לחוץ.

באר הגולה

א ‹שם בעיא דלא איפשיטא ופסק לחומרא, ולא כתב שהיא ספק כמ"ש באינך בעיי דבסמוך, משום דלא שייך למימר ביה לא יחתה לכתחלה, דיחזור ויחתה לכתחלה שפיר דמי – כסף משנה›

§ מסכת יומא דף מט. §

אות א׳

זר

[א]רמב״ם פ״ט מהל׳ ביאת המקדש ה״א - **זר שעבד במקדש עבודתו פסולה וחייב מיתה בידי שמים, שנאמר: והזר הקרב יומת, מפי השמועה למדו שאין חיוב זה אלא לקרב לעבודה; והיכן הזהיר עליו, וזר לא יקרב אליכם; אי זהו זר, כל שאינו מזרע אהרן הזכרים, שנאמר: וערכו בני אהרן, והקטירו בני אהרן, בני אהרן ולא בנות אהרן.**

רמב״ם פ״ט מהל׳ ביאת המקדש ה״ה - **והמסדר שני גזרי עצים על המערכה, הרי הוא כמקטיר איברים וחייב מיתה, שהעצים קרבן הוא; אבל היוצק והבולל והפותת והמולח והמניף והמגיש, ומסדר את לחם הפנים או את הבזיכין על השלחן, והמטיב את הנרות, והמצית אש במזבח, והקומץ והמקבל דמים, אף על פי שנפסלו והרי הוא מוזהר על כל אלו ולוקה, אינו חייב מיתה, מפני שכל אחת מהן עבודה שאחריה עבודה ואינה גמר עבודה.**

רמב״ם פ״ט מהל׳ ביאת המקדש הט״ו - **נמצאו כל הפסולין לעבודה שמונה עשר ואלו הן: העובד ע״ז, הזר, בעל מום, הערל, הטמא, טבול יום, מחוסר כפורים, האונן, השכור, מחוסר בגדים, יתר בגדים, פרום בגדים, פרוע ראש, שלא רחץ ידים ורגלים, היושב, מי שיש בין ידו ובין הכלי דבר חוצץ, מי שיש בין רגלו ובין הארץ דבר חוצץ, מי שעבד בשמאלו; כל אלו פסולין לעבודה ואם עבדו חללו, חוץ מפרוע ראש וקרוע בגדים והשוחט לע״ז בשוגג, שאם עבדו עבודתן כשירה.**

[ב]רמב״ם פ״א מהל׳ פסולי המוקדשין הכ״ז - **כל הזבחים שקיבל דמם אחד מן הפסולין לעבודה, או שהוליך את הדם למזבח, או שזרקו למזבח כהלכתו, נפסל הזבח.**

אות ב׳

ואונן

רמב״ם פ״ט מהל׳ ביאת המקדש הט״ו - עיין לעיל אות א׳.

רמב״ם פ״ב מהל׳ ביאת המקדש ה״ז - **ומניין שעבודת האונן פסולה, מקל וחומר, אם בעל מום שאוכל בקדשים אם עבד חילל, אונן שהוא אסור בקדשים שנאמר: לא אכלתי באוני ממנו, דין הוא שיחלל.**

אות ג׳

שיכור

רמב״ם פ״א מהל׳ ביאת המקדש ה״א - **כל כהן הכשר לעבודה אם שתה יין אסור לו להכנס מן המזבח ולפנים, ואם נכנס ועבד, עבודתו פסולה וחייב מיתה בידי שמים, שנאמר: ולא תמותו; והוא ששתה רביעית יין חי בבת אחת מיין שעברו עליו מ׳ יום; אבל אם שתה פחות מרביעית יין, או שתה רביעית והפסיק בה, או מזגה במים, או ששתה יין מגיתו בתוך מ׳ אפילו יתר מרביעית, פטור ואינו מחלל עבודה; שתה יתר מרביעית מן היין, אף על פי שהיה מזוג ואף ע״פ שהפסיק ושהה מעט מעט, חייב מיתה ופוסל העבודה. השגת הראב״ד: ופוסל העבודה. א״א [ג]לא מחוור מן הגמרא שיהא חייב מיתה ויפסול עבודה אלא שהוא באזהרה.**

רמב״ם פ״ט מהל׳ ביאת המקדש הט״ו - עיין לעיל אות א׳.

אות ד׳

ובעל מום

רמב״ם [ד]פ״ו מהל׳ ביאת המקדש ה״א - **כל כהן שיש בו מום, בין מום קבוע בין מום עובר, לא יכנס למקדש מן המזבח ולפנים, שנאמר: אל הפרוכת לא יבוא ואל המזבח לא יגש; ואם עבר ונכנס, לוקה אף ע״פ שלא עבד; ואם עבד במקדש, פסל וחילל עבודה, ולוקה אף על העבודה, שנאמר: אשר יהיה בו מום לא יקרב, מפי השמועה למדו שאזהרה זו שלא יקרב לעבודה.**

רמב״ם פ״ט מהל׳ ביאת המקדש הט״ו - עיין לעיל אות א׳.

אות ה׳

וכן יושב

רמב״ם פ״ה מהל׳ ביאת המקדש הט״ז - **כיצד מצות קידוש, מניח ידו הימנית על גבי רגלו הימנית וידו השמאלית על גבי רגלו השמאלית ושוחה ומקדש; וכל החוצץ בטבילה חוצץ בקידוש ידים; ואינו מקדש כשהוא יושב מפני שהוא כעבודה, ואין עבודה אלא מעומד, שנאמר: לעמוד לשרת.**

‹המשך ההלכות מול עמוד ב׳›

באר הגולה

[א] ‹ע״פ מהדורת נהרדעא› [ב] ‹ע״פ מהדורת נהרדעא› [ג] ‹טעמו, משום דכיון דלא אשכחן לגמרא דמפליג בין רביעית ליותר מרביעית אלא בענין הוראה, כמו שכתבתי בסמוך, מהי תיתי לן לחייב מיתה ולפסול עבודה, **וטעם** רבינו, דאע״ג דעל ענין הוראה הוא נאמר חילוק זה, מ״מ משמע דר׳ אליעזר אף לענין עבודה פטר בהפסיק בו או נתן לתוכו מים, ומאחר שלמדנו שאין דבריו אמורים אלא ברביעית, ממילא משמע דיותר מרביעית כדקאי קאי לחיוב מיתה ולפסול עבודה – כסף משנה› [ד] ‹תוקן ע״פ מהדורת נהרדעא›

מיתיבי זר ואונן שיכור ובעל מום בקבלה ובהולכה ובזריקה פסול וכן יושב וכן שמאל פסול תיובתא והא רב ששת הוא דאותבה דאמר ליה רב ששת לאמוריה דרב חסדא *בעי מיניה מרב חסדא הולכה בזר מהו אמר ליה כשירה ומקרא מסייעני וישחטו הפסח ויזרקו הכהנים מידם והלוים מפשיטים ומותיב רב ששת זר ואונן שיכור ובעל מום בקבלה ובהולכה ובזריקה פסול וכן יושב וכן שמאל פסול בתר דשמעה הדר אותבה והא רב חסדא קרא קאמר דעבוד מעשה איצטבא בעי רב פפא חפן חבירו ונתן לתוך חפניו מהו מלא חפניו בעינן והא איכא או דילמא ולקח והביא בעינן והא ליכא תיקו בעי רבי יהושע בן לוי חפן ומת מהו שיכנס אחר בחפינתו א"ר חנינא בא וראה שאלת הראשונים למימרא דרבי יהושע בן לוי קשיש והאמר רבי יהושע בן לוי התיר לי רבי חנינא לשתות שחליים בשבת לשתות פשיטא דתנן *כל האוכלין אוכל אדם לרפואה וכל המשקין שותה (א) אלא לשחוק ולשתות שחליים בשבת היכי דמי אי דאיכא סכנתא משרא שרי ואי דליכא סכנתא מיסר אסיר לעולם דאיכא סכנתא והכי קא מבעיא ליה מי מסיא דניחול עלייהו שבתא או לא מסיא ולא ניחול עלייהו שבתא ומאי שנא רבי חנינא משום דבקי ברפואות הוא דאמר ר' חנינא *מעולם לא שאלני אדם על מכת פרדה לבנה וחיה והא קא חזינן דחיי אימא וחיית והא קא חזינן דמיתסי בסומקן אינהו והדורן ריש ברעיהו קאמרינן מכל מקום שמע מינה דרבי חנינא קשיש אלא הכי קאמר שאלתן כשאילה של ראשונים ומי אמר רבי חנינא הכי והאמר רבי חנינא בפר ולא בדמו של פר *ואמר רבי חנינא קטורת שחפנה קודם שחיטת הפר לא עשה ולא כלום הכי קאמר מדקא מיבעיא ליה הא מכלל דקסבר בפר ואפילו בדמו של פר ולמאי דסבירא ליה שאילתו כשאילת הראשונים מאי הוי עלה אמר רב פפא אי חופן חוזר וחופן חבירו נכנס בחפינתו דהא מקיימא חפינה אי אין חופן וחוזר וחופן תבעי לך אמר ליה רב הונא בריה דרב יהושע לרב פפא אדרבה אי חופן וחוזר וחופן לא יכנס אחר בחפינתו אי אפשר שלא יחסר ושלא יותיר ואי אין חופן חוזר וחופן תיבעי לך דאיבעיא להו *חופן חוזר וחופן או לא תא שמע כך היתה מידתה מאי לאו כשם שמדתה מבחוץ כך מדתה מבפנים לא דילמא שאם רצה לעשות מדה עושה אי נמי שלא יחסר ושלא יותיר תא שמע כיצד

זר ואונן שיכור ובעל מום. כולהו נפקי לן מקראי דמחלי עבודה בפ"ב דזבחים (דף טז:): **וכן יושב**. דבעי לעמוד לשרת (דברים יח): **והא רב ששת הוא דאותבה**. להא מתני' לאמוריה דרב חסדא כדמפרש ואזיל אלמא שמיעא ליה והיכי טעי למיפשט דכשרה בשמאל: **ויזרקו הכהנים (ב) מדם**. מידם של שוחטים שהם זרים (ג) וחזרו וקבלו הדם מיד הכהן המקבל והוליכוהו אל הזורק: ומתיב רב ששת גרסינן: **בתר דשמעה**. דאותבוה ניהליה הכא הדר אותבה איהו לרב חסדא: **מעשה איצטבא**. המקבלים היו מושיבים את הדם ביד הזרים ואין הזרים מקרבין אותו לצד המזבח כלל אלא מושיבים הדם על ידם כאשר על גבי איצטבא: **או דילמא ולקח והביא**. דלוקח נמי המלא חפניו קאי: **מהו שיכנס אחר**. כהן המשמש תחתיו מהו שיכנס לפנים בחפינה זו שנתן הראשון לתוך הכף ואין צריך לחזור ולחפון: **א"ר חנינא**. לתלמידים בא וראה שהדור האחרון זוכה להתחכם כדורות הראשונים שאף אני הייתי שואל שאלה זו ועכשיו שאלה רבי יהושע בן לוי שהוא מן הראשונים: **שחליים**. קרשו"ן: **לשחוק** ולשתות: **אימא וחיית**. המכה: **שמע מינה**. דרבי יהושע בן לוי לא הוה קשיש מדקרי ליה רבי דקאמר לי התיר רבי חנינא ולא היה דרך הזקנים לומר על הבחורים רבי אלא לי התיר חנינא היה אומר כלומר לי אמר חנינא שהיא רפואה: **אלא הכי קאמר**. ר' חנינא לתלמידיו בא וראה ששאלתן של אחרונים כשאלתי שאני מן הראשונים שאף אני הייתי מתקשה: **ומי אמר רבי חנינא הכי**. מי מספקא ליה אי נכנס אחר בחפינתו אי לא: **בפר ולא בדמו של פר**. בזאת יבא אהרן אל הקדש בפר (ויקרא טז) ולא בדמו של פר שאם שחט פרו ומת אין המשמש תחתיו נכנס באותו דם לפנים אלא צריך להביא פר אחר ולשחוט וכיון דצריך להביא פר אחר צריך לחפון לאחר שחיטתו: (ד) **ואמר רבי חנינא קטורת שחפנה קודם שחיטה לא עשה ולא כלום**. שכן סדר העבודות [א] בענין חפן ומת נמי אי אפשר שלא שחט פרו תחילה וזה הבא אחריו צריך להביא פר אחר ואי אמרת יכנס בחפינתו של ראשון נמצאת חפינה זו קודם שחיטת פרו של שני: **הכי קאמר רבי חנינא**. מדקא מבעיא ליה לרבי יהושע בן לוי הא מכלל דס"ל דאין צריך להביא פר אחר דאם כן הוי"ל לה קטורת שחפנה קודם שחיטת הפר: (ה) **ולמאי דס"ל**. יפה שאל כשאילת הראשונים אותן שנחנקו עלי בפר ואפילו בדמו של פר אף להן נשאל שאילה זו: **מאי הוי עלה**. חפן ומת מהו שיכנס אחר בחפינתו: **אי חופן חוזר וחופן**. אי מפשטא לן בעיין דאיבעיא לן גבי חפינת פנים אם צריך לחזור ולחפון או לא ותימצי לומר דצריך לחזור ולחפון חבירו נכנס בחפינתו דהא מיקיימא חפינה: **אדרבה אי חופן וחוזר וחופן**. אז אין חבירו נכנס בחפינתו שאי אפשר שלא יחסיר חבירו ושלא יותיר (ו) *חפניו של ראשון שוין לחפניו של שני:

זר ואונן ושיכור. בספ"ק דזבחים (דף יד:) נמי מייתי לה ופירש שם רש"י שיכור שתוי יין והקשה רבינו חיים כהן זצ"ל דבס"פ אלו מומין (בכורות דף מה:) תנן החרש והשוטה והשיכור פסולין באדם וכשרים בבהמה וכו' ופריך בגמ' שיכור אחולי מחיל עבודה ובהדי מומי בעי למיחשביה ומוקי לה בשאר דברים המשכרים ודלא כרבי יהודה דלאמר חייב מיתה אף בשאר דברים המשכרים על כן פירש רבינו חיים דהכא נמי מיירי בשאר דברים המשכרים וריצב"א פי' דפרש"י עיקר ואדרבה מהתם יש ראיה לפירושו מדפריך סתמא שיכור אחולי מחיל עבודה וכו' אלמא דסתם שיכור מיירי בשתוי יין והתם דקשיא ליה בהדי מומין בעי למיחשביה להכי מוקי ליה בשאר דברים המשכרים אבל הכא דקתני ליה בהדי מחללי עבודה נוקמיה בשתוי יין כמו סתם שיכור דבכל דוכתא: **בעי** רב פפא חפן חבירו ונתן לתוך חפניו מהו מלא חפניו בעינן וכו'. תימה לי הא איבעיא ליה לעיל ככר כי האי גוונא גבי בין הבינים וי"ל בא"ת קאמר את"ל בין הבינים לא דלא קרי ביה ולקח והביא כיון דלא אתי מכח גברא הכא מאי מי אמרינן אע"ג דלאו איהו חפן מ"מ כיון דמכח גברא קאתי שפיר דמי ושפיר קרינן ביה ולקח הלוקח מי שהוא ויהיה בחפניו של כ"ג והדר נעייל הוא וקרי ביה מלא חפניו והביא או דילמא ולקח והביא בעינן שהלוקח יביא: **אי** חופן וחוזר וחופן נכנס חבירו בחפינתו. תימה אי חובה הוא לחפון פעמיים אחד מבחוץ ואחד מבפנים היכי עייל חבריה בחפינתו מ"מ הרי לא חפן כהן אחד תרי זימני ונראה דה"פ אי חופן וחוזר וחופן לפי שמן התורה אין לדבר קצבה שיכול לחפון כל כך פעמים כמו שירצה ובלבד שלא יחסיר ולא יותיר ולהכי תקינו רבנן שיחזור ויחפון בפנים שמא נתפזר לו מן הקטורת בדרך ונחסר קצת וא"כ אם חפן ונתן לתוך הכף ומת בחוץ חוזר חבירו וחופן פעם שנית וחוזר ונותן לכף ונכנס דקרינן ביה מלא חפניו והביא דליכא אלא הבאה אחת ואי אין חופן וחוזר וחופן משום דמשמע מלא חפניו חד אמר רחמנא ולא תרי זימני מלא חפניו א"כ אין חבירו נכנס בחפינתו: והאיכא

עין משפט נר מצוה

טז א מיי' פ"ט מהלכות ביאת מקדש הלכה ה והלכה טו סמג לאוין שט:

יז ב מיי' שם הלכה טו ופ"ב הלכה ז סמג לאוין שג:

יח ג מיי' פ"א שם הלכה א ופ"ט הלכה טו סמג לאוין שו:

יט ד מיי' שם פ"ז הלכה א ופ"ט הלכה טו סמג לאוין שו:

כ ה מיי' שם פ"ה הלכה טו יז ופ"ט הלכה טו:

כא ו מיי' שם פ"ה הלכה יח ופ"ט הלכה טו ופ"ד מהלכות עבודת יוה"כ הלכה א:

כב ז ח מיי' פ"ה מהל' עבודת יוה"כ הלכה כח:

כג ט מיי' פכ"א מהל' שבת הלכה כב סמג לאוין סה טוש"ע א"ח סי' שכח סעיף לז:

רבינו חננאל

ומותבינן עליה הא דתני זר ואונן שכור ובעל מום בקבלה ובהולכה ובזריקה פסול וכן יושב וכן שמאל תיובתא ואקשינן וכי רב ששת לא הוה ידע להא מתניתא דהא רב ששת דאותבה לרב חסדא במס' שחיטת קדשים באחרית פרק א' בעידנא דפשים הולכה בזר כשרה ומקרא מסייעני וישחטו הפסח ויזרקו מידם והלוים מפשיטים. דייקינן מדכתיב ויזרקו הכהני' מידם מכלל שלא היתה הולכה בכהנים אלא בזריקה בלבד. ואותביה רב ששת הא מתני' ופרקינן בתר דאיתותב בה רב ששת הדר הוא ואותבה לרב חסדא. ואוקימנא לרב חסדא דעביד מעשה אצטבא כלומר כולם עומד בשורה זה מושט לזה וזה מושיט לזה. והולכה שלא ברגל כי האי גוונא *)ואין הולכה בהן כלל. חפן כהן אחר ונתן בחפני כ"ג מהו להביא ולהקטיר בהן או צריך לחפון הוא תיקו. בעי ריב"ל חפן ומת מהו ליכנס אחר בחפינתו כו'. א"ר חנינא בוא וראה שאילת הראשונים ואקשינן למימר דריב"ל קשיש מר' חנינא (הוא) והאריב"ל התיר לי ר' חנינא לשחוק שחלים בשבת דהוי סכנה ובעאי מיניה משום דהוה בקי ברפואות מי מאסו שחלים דניחול שבתא ונשחקינהו אי לא וא"ל מאסו. הנה ר' חנינא יותר זקן מריב"ל. ופרקינן הכי קאמר ר' חנינא לתלמידיו שאילתן כשאלת הראשונים מכם כלומר שאלוהו תלמידיו זו השאלה ואמר להן כבר שאלו את הגדולים מכם והוא ריב"ל ולא אפשיטא ליה. ומי מספקא ליה הא לר' חנינא. והא מדאמר ר' חנינא קטורת שחפנה קודם שחיטת הפר לא עשה כלום ואמר נמי בזאת יבא אהרן אל הקדש בפר בן בקר ולא בדמו של פר. כלומר אם שחט כ"ג פרו ומת אין אחר נכנס בדם וזה הפר אלא צריך להביא פר אחר ולשחטו וליכנס בדמו ממילא שמעינן דאפילו אי חפן איהו קמיה שחיטת פרו ולא עשה כלום כ"ש אם חפן כהן אחר שלא עשה כלום. וא"כ מאי לא פשט להו משמעתי' ושנינן ה"ק מדקא מיבעיא ליה לריב"ל הא ש"מ דקסבר בפר ואפי' בדמו של פר וחפינה הוא דקא מיבעיא ליה ולמאי דסבירא ליה [שאילתו] כשאילת הראשונים כלומר מן דסבר בפר ואפילו בדמו של פר מאי הוי עלה אמר רב פפא אי חופן וחוזר וחופן נכנס השני בחפינתו של ראשון דהא לא אפשר דלא חפן ליה השני בשעת הקטורה וקא מקיימא חפינה בכהן המשמש בקטורת אי אין חופן וחוזר וחופן תיבעי לך. ואקשינן עליה אדרבא אי חופן בחוץ חוזר וחופן בפנים. לא תיבעי לך דודאי אינו נכנס השני בחפינת הראשון שאי אפשר שלא יחסיר ושלא יותיר ובעינן להכנים מלא חפניו של מקטיר ממש לא פחות דהא מלא חפניו כתיב ולא יתר דהא חפניו כתיב אי אין חופן בחוץ חוזר וחופן בפנים אלא מערה הקטורת מן הכף אל המחתה והיו תבעי לך דאיבעיא להו החופן בחוץ חוזר וחופן בפנים אי לא. ת"ש

*) נ"ל דצ"ל לא הויא הולכה ואין הולכה כזו פוסל בזר כלל.

מסורת הש"ס

זבחים יד.

חולין ז.

[לקמן ס:]

[לעיל מז.]

הגהות הב"ח

(א) גמ' וכל המשקין שותה אדם לרפואה אלא לשחוק: (ב) רש"י ד"ה ויזרקו הכהנים מידם כו' ותיבת דם נמחק: (ג) בא"ד שהם זרים שחזרו וקבלו: (ד) ד"ה בפר כו' לאחר שחיטתו דאמר ר' חנינא כצ"ל: (ה) ד"ה הכי קאמר כו' קטורת שחפנה כו' הפר ס"ד ואח"כ מה"ד ולמאי כו' שנתנקו עלי בפר כו' דס"ל ואפילו בדמו של פר: (ו) ד"ה אדרבה כו' שיהיו יותר חפניו של ראשון

הגהות מהר"ב רנשבורג

[א] רש"י ד"ה ואמר ר' חנינא וכו' בענין חפן. נ"ב נ"ל בעיין דחפן וכ"ב ס"י:

תוספות ישנים

ושיכור. אפילו לא הוי שתוי יין כגון שלא שתה בעיין ביאה: **וכן שמאל קשיא**. וממתניתין אין ראיה דהיינו משום דלא אפשר וקריאה לה נמי בהקומץ רבה (מנחות כה.) הותר מכללו אלא יוה"כ: **והלוים מפשיטין**. הפשט וניתוח כשירין בזר כדנפקא בסוף פ"ב לעיל (דף כו:) מקרא ומדברי קבלה לא ילפינן ליה: **בעי רב פפא חפן חבירו כו'**. תימה אמאי לא קמיבעיא ליה הכי בהאך בעיות דרב פפא דלעיל ועוד דהיכא נמי כי הך בעיא לעיל בין הכינים כו' והביא בעינן כו': **חפן ומת כו'**. ה"ג הוה מצי למיבעי חפן ונטמא א"נ כיון שכ"ג קיים יכול ליכנס אחר בעבודתו הואיל ועדיין הוא קיים וראוי לעבודה ויש כאן חפינה של כ"ג אבל כשמת אין כאן חפינה משום אדם בעולם. מ"ר יוסף: **חבירו נכנס בחפינתו**. דקא מקיימא חפינה ותע"ג דלא מקיימא חפינה ראשונה אע"פ שהיא עיקר דמחשבה פסלה בה א) וכדאמרינן נמי לעיל דמש"ה אינו יכול לעשות מדה לחפינה ואפילו יכול לעשות מדה [הא] פי' לעיל שצריך לחפון מ"מ כיון שכ"ג חפן חפינה ראשונה וכ"ג שיכנס יחפון עוד סברא הוא שלא הקפיד הכתוב באותו כהן עצמו דהכי סבר רב פפא. מ"ר יוסף: שחט

א) נ"ל ולאמרן:

עין משפט נר מצוה

כד א ב ג מיי' פ"ד מהל' עבודת יוה"כ הלכה א:
כה ד מיי' שם פ"ה הלכה יג:
כו ה מיי' פ"ב מהלכות קרבן פסח הלכה יד:
כז ו מיי' פי"ב מהלכות בכורים הלכה ח:

כיצד הוא עושה *אוחז את הבזך בראש אצבעותיו ויש אומרים בשיניו [א] ומעלה בגודלו עד שמגעת לבין אצילי ידיו וחוזר ומחזירה לתוך חפניו וצוברה *כדי שיהא עשנה שוהה לבוא ויש אומרים מפוזרה כדי שיהא עשנה ממהרת לבוא וזו *היא עבודה קשה שבמקדש זו היא ותו לא והא איכא מליקה והא איכא קמיצה אלא זו היא עבודה קשה מעבודות קשות שבמקדש שמע מינה חופן וחוזר וחופן שמע מינה איבעיא להו שחט ומת מה הוא שיכנס אחר בדמו מי אמרינן בפר ואפילו בדמו של פר או דילמא בפר ולא בדמו של פר רבי חנינא אומר *בפר ולא בדמו של פר וריש לקיש אמר בפר ואפילו בדמו של פר רבי אמי אמר בפר ולא בדמו של פר רבי *יצחק אמר בפר ואפילו בדמו של פר איתיביה רבי אמי לרבי יצחק נפחא *נמנין ומושכין ידיהן ממנו עד שישחט ואם איתא עד שיזרוק מיבעי ליה (א) שני התם דכתיב °מהיות משה מחיותה דשה מתיב מר זוטרא *אין פודין לא בעגל ולא בחיה ולא בשחוטה ולא בטריפה ולא בכלאים ולא בכוי אלא בשה שאני התם דיליף שה שה מפסח *אי מה להלן זכר תם ובן שנה אף כאן זכר תם ובן שנה ת"ל °תפדה תפדה ריבה אי תפדה תפדה ריבה אפילו כולהו נמי אם כן שה מאי אהני ליה

איתיביה

כיצד הוא עושה. חפינה שניה שבפנים מן הבזך לתוך חפניו אוחז את ראש הבזך בראשי אלבעותיו לאחר שהניח את המחתה בארץ וידה של בזך כלפי בין זרועותיו ומעלה בשני גודליו ומושך את ידה בגודליו לצד גופו מעט מעט עד שמגיע ראש ידה לבין אצילי ידיו וראש הבזך מגיע לגובה פס ידו וחוזר ומחזירה דרך לדה לתוך חפניו וצוברה על הגחלים: **נימנין.** על הפסח מי שרוצה לימנות ומושך ידיו ממנו מי שרוצה לימשך עד שישחט: **ואם איתא.** דלאחר שחיטה נמי קרינן ביה על השה עד שיזרק מיבעיא ליה: **ואם ימעט הבית.** אם בעו מניין להימעט ולמשוך את ידיהם: **מהיות משה.** בעוד שהווייתו קיימת יתמעטו ולא משישחט: **אין פודין.** פטר חמור: **לא בעגל ולא בחיה.** דשה כתיב: **ולא בשחוטה.** דשה שחוטה: **ולא בכלאים.** דעז ורחל ולא"ג דמשני לדדיו הוא שה: **ולא בכוי.** דתיש ולבי' קתני מיהת ולא בשחוטה אלמא שחוטה לאו שה הוא:

והאיכא קמילה. ומה שמקשה ר"י דבפ' קמא דמנחות (דף יא.) אמרינן גבי מנחת מחבת ומרחשת זו היא עבודה קשה שבמקדש ובפרק כל המנחות באות מצה (שם דף נד:) אמרינן אין לך שקשה לקמילה יותר ממנחת חוטא נראה לי דהנך ג' דקא חשיב הכא עבודות קשות הם לכהן לעשות שיש בהן לער מליקה למלוק בלפורנו לחתוך המפרקת וכן קמילה דמנחת מחבת שיש לו לער לכהן למחוק בגודלו מלמעלה ובאלבע קטנה מלמטה ולהשוות דבר קשה וכן בחפינה כדמפרש שנוטל הבזך בשיניו ועוד מפרש לקמן שהיה לריך ליזהר מאד שלא יכוה מחום הגחלים אבל גבי מנחת חוטא לא קאמר אין לך עבודה קשה יותר ממנחת חוטא אלא קשה לקמילה קאמר לפי שאין מגובלת אין יכול להשוות בשעת קמילה אבל לער אין לו:

שאני התם דיליף שה שה מפסח. מכאן יש לדקדק דהא דקאמר רבא במרובה (ב"ק דף עז:) זה בנה אב כל מקום שנאמר שה אינו אלא להוציא את הכלאים היינו שה [דפסח] כדאמרינן הכא דילפינן מיניה שה דפטר חמור ובמרובה מסקינן דבנין אב דרבא לפטר חמור איצטריך וכדתנן אין פודין לא בעגל וכו' ולא כמו שפירש"י בפרק אותו ואת בנו (חולין דף עח:) דבנין אב דרבא משה כשבים ושה עזים עד שיהא אביו ואמו שניהם כשבים או שניהם עזים ועוד קשה לפירושו מההיא דמרובה גופה דפריך התם ולרבי אלעזר דמתיר בכלאים מפני שהוא שה בנין אב דרבא למאי אתא ומשני לטמא שנולד מן הטהור ועיבורו מן הטמא ולא כרבי יהושע דאי רבי יהושע משה כשבים ושה עזים נפקא שמע מינה דבנין אב דרבא לא הוי משה כשבים ושה עזים על כן נראה כמו שפירשתי דמשה דפסח נפקא אבל תימה דרבא קרי ליה בנין אב ובן בג בג פ"ק דבכורות (דף יב.) קרי ליה גזירה שוה דקאמר נאמר כאן שה ונאמר להלן שה מה להלן פרט לכל השמות הללו וכו' ועוד מאי שנא דנקט רבא להוציא כלאים טפי מטריפה ושחוטה ועוד דבאותו ואת בנו דכתיב ביה שה למעט טריפה כמו שהיינו ממעטי' כלאים אי לאו דכתיב או שה לרבות הכלאים כדאיתא בפ' אותו ואת בנו ובמרובה אלמה תנן* אותו ואת בנו נוהג בטריפה ואפילו ר"ש לא פטר בטריפה אלא משום דשחיטה שאינה ראויה לא שמה שחיטה אבל ממשמעות שה לא פטר לא באותו ואת בנו ולא בתשלומי ד' וה' וכן רבי יוחנן* אמאי מחייב בד' וה' מוכר את הטריפה ועוד רבי אלעזר דמתיר בכלאים לפדות ומוקי בנין אב דרבא לטמא שנולד מן הטהור מנא ליה דאין פודין בשחוטה וטריפה ועוד כי פריך במרובה לרבי אלעזר בנין אב דרבא ל"ל לימא דאיצטריך למעוטי שחוטה וטריפה וליכא למימר דהני בלא בנין אב נפקא ממשמעותא דשה דהכי לאו שה נינהו דהאמר בשמעתא דפר שחוט נמי מיקרי פר וי"ל דבנין אב דרבא וגזירה שוה לאו חדא מלתא היא אלא דתרוייהו נפקי מפסח דכתיב* שה תמים זכר בן שנה יהיה לכם מן הכבשים ומן העזים תקחו והשתא בנין אב דרבא נפיק מיתורא דמן הכבשים ומן העזים דמשמע עד שיהא אביו כבש ואמו כבשה דמגזירה שוה לא הוה מסתבר למעוטי כלאים דהוה שרינן לה כרבי אלעזר אי לאו משום בנין אב מפני שהוא שה והוה מרבינן ליה מתפדה תפדה ריבה ולא"ג דטריפה ושחוטה מיקרו שה ולא מרבינן להו כלאים מסתבר להו לרבויי אבל מבנין אב דמן הכבשים ממעיט שפיר דלגופיה דפסח לא איצטריך דמשאר קדשים נפקא דממעטינן בהו כלאים משור או כשב או עז ולא"ג דהאי קרא דמן הכבשים במצרים נאמר ועדיין לא נאמרו קדשים מ"מ בתר דנכתבו קדשים לא איצטריך למיכתב להאי קרא אלא זה בנה אב שכתב שה וכתב אלו מן הכבשים כל מקום שנאמר שה אינו אלא להוציא הכלאים ואם תאמר תמים דכתיב בהאי קרא למה לי תיתי משאר קדשים נראה לי דאיצטריך לכדדרשינן בפרק שני דזבחים (דף כה:) הגורם אוזן הפר ואחר כך קיבל דמו פסול שנאמר ולקח מדם הפר הפר שהיה כבר אין לי אלא קדשי קדשים קדשים קלים מניין דכתיב זכר תמים בן שנה יהיה לכם שיהו כל הוויותיו תם ובן שנה ואף על גב דפריך עלה מכל הזבחים שנשתייר בהם כזית חלב זורק הדם אלמא לא בעינן שלם בשעת זריקה ומשני תרגמא אבן שנה נהי דלכל הוויותיו לא בעינן שיהא תם קבלה מיהו גמר מיניה דילמד סתום מן המפורש כיון דגלי לן בפר דבעינן שיהא תם בשעת קבלה והשתא ניחא לרבי אלעזר אע"ג דשרי בכלאים ולא מוקי בנין אב לפטר חמור אסר באחריני מגזירה שוה והא דקאמר התם נאמר כאן שה ונאמר להלן שה מה להלן פרט לכל השמות הללו לאו דווקא דכלאים לא מגזירה שוה נפקא אלא מבנין אב אלא ניחא ליה לכלול כולם יחד דהא עגל וחיה נמי לא נפקי מגזירה שוה אלא ממשמעות דשה וניחא נמי הא דאותו ואת בנו נוהג בטריפה וכן תשלומי ד' וה' דבנין אב לא הוי אלא מכלאים וא"ת מכל מקום ליתי בגזירה שוה דשה שה כדילפינן פדיון פטר חמור יש לומר דשה דידהו לא מופנה לגזירה שוה ותימה דקא דייק במרובה בנין אב דרבא למה לי אי לקדשים בהדיא כתב בהו ומשמע דאי לא הוה כתב בהו בהדיא אלא ילפינן בנין אב דרבא הוה ניחא ליה ולמאי הא אי לא כתב בקדשים אז לא היה מיותר מן הכבשים ומן העזים דהוה צריך למעוטי כלאים בגופיה ולומר ר' יצחק דדרך הגמרא להקשות כן [illegible] מילף מקדשים אלא מקרא אחריני אפילו אי אמרינן הכי לא ניחא דהא בהדיא כתב בהו וכי האי גוונא איכא בכתובות בפרק נערה (כתובות דף מו:) וברים מסכת קידושין (דף ג:) גבי כסף קידושיה מנלן דאבוה הוא אי מבושת ופגם ואף על גב דבושת ופגם גופייהו לא ק"ל בכתובות בפרק אלו נערות (כתובות דף מ: ושם) [illegible]

[illegible]

רבינו חננאל

כיצד הוא עושה אוחז הכף בראשי אצבעותיו וי"א בשיניו ומעלה בגודלין עד שמעלה לבין אצילי ידיו וחוזר ומרכינו ומערה לחפניו וצוברה על גחלי המחתה כדי שתהא מצובה על הגחלים שיהא עשנה שוהה לעלות וי"א מפוזרה כדי שיהא עשנה ממהרת לבוא וזו היא מעבודות הקשות שבמקדש ואסיקנא ש"מ חופן וחוזר וחופן בפנים ש"מ. שחט ומת מהו שיכנס אחר בדם זה הפר פליגי בה ר' חנינא ור"ל ור' אמי ור' יצחק נפחא ומותבינן למ"ד בפר ואפילו בדמו של פר הא דתנן בפסח נמנין ומושכין ידיהם ממנו עד שישחוט. ואם דמו כמותו עד שיזרק הדם היה לומר. ודחינן שאני התם משה דדרשינן ביה מהיותה דשה. תוב מותבינן הא דתנן אין פודין פטר חמור לא בעגל כו'

תוספות ישנים

[illegible]

מסורת הש"ס

[לקמן נג:]
[לעיל מז: זבחים סד: מנחות יא.]
[מנחות עז.]
[צ"ל יצחק נפחא]
גיטין כה.
פסחים פ: פט.
שמות יב
ב"ק עח. ע"ש בכורות יב.
[חולין עד:]
שמות יג
[חולין פא:]
[ב"ק עז:]
[שמות יב]

הגהות הב"ח

(א) גמ' שאני התם דכתיב:

הגהות הגר"א

[א] גמ' בשיניו ומערה בגודלו לתוך חפניו. כצ"ל ובכתבי יד מצאתי בשגגות (ועיין רמב"ם הלכות עבודת יוה"כ פ"ד הלכה א' ובלח"מ שם):

[illegible]

א) צ"ל עד שיזרק קשה דמיניה כו'

ולשמיד

רמב"ם פ"ה מהל' ביאת המקדש הי"ז - וכל העובד והוא יושב, חילל ועבודתו פסולה, ואינו לוקה, מפני שאזהרה שלו מכלל עשה היא.

רמב"ם פ"ט מהל' ביאת המקדש הט"ו - עיין לעיל אות א'.

אות ו'

וכן שמאל פסול

רמב"ם פ"ה מהל' ביאת המקדש הי"ח - ואין עבודה אלא בימין, ואם עבד בשמאל פסולה ואינו לוקה.

רמב"ם פ"ט מהל' ביאת המקדש הט"ו - עיין לעיל אות א'.

רמב"ם פ"ד מהל' עבודת יוה"כ ה"א - כבר ביארנו שהולכה בשמאל פוסלת בדם הקדשים ושאר העבודות, ולפיכך היו מן הדין שיוליך המחתה בשמאלו וכף הקטורת בימינו, אבל מפני כובד המחתה ועוד שהיא חמה, אינו יכול לסובלה בשמאלו עד הארון, לפיכך נוטל המחתה בימינו וכף הקטורת בשמאלו.

אות ז' – ח'

חפן חבירו ונתן לתוך חפניו מהו

חפן ומת מהו שיכנס אחר בחפינתו

רמב"ם פ"ה מהל' עבודת יוה"כ הכ"ח - או שחפן חבירו ונתן לחפניו, או שחפן ומת ונכנס שני במה שחפן ראשון, כל אלו ספק ולא יקטיר, ואם הקטיר הורצה.

אות ט'

כל האוכלין אוכל אדם לרפואה וכל המשקין שותה

סימן שכח סל"ז - כל אוכלים ומשקים שהם מאכל בריאים, מותר לאכלן ולשתותן, אע"פ שהם קשים לקצת בריאים - צ"ל "לקצת דברים", וכלומר אע"פ שהדבר הזה מזיק קצת לשאר אברים שבגוף, **ומוכחא מלתא דלרפואה עביד, אפילו הכי שרי** - כגון הטחול, שיפה לשיניים וקשה לבני מעיים, וכה"ג, וא"כ מוכחא מילתא שעושה כן לרפואה לשיניים, דאל"ה לא היה אוכל כיון שהוא מזיק למעיים, אפ"ה שרי, דמ"מ אוכל הוא.

---

§ מסכת יומא דף מט: §

אות א' – ב' – ג'

אוחז את הבזך בראש אצבעותיו, ויש אומרים בשיניו

וחוזר ומחזירה לתוך חפניו

וצוברה כדי שיהא עשנה שוהה לבוא

רמב"ם פ"ד מהל' עבודת יוה"כ ה"א - ואוחז שפת הכף בראשי אצבעותיו או בשיניו, [א]ומערה הקטורת בגודלו לתוך חפניו עד שמחזירה למלוא חפניו כשהיתה, [ב]וזו היא עבודה קשה שבמקדש; וצובר את הקטורת על גבי הגחלים בידו לפנים במחתה, כדי שתהיה הקטורת קרוב לארון ורחוקה מפניו, שלא יכוה.

אות ד'

בפר ואפילו בדמו של פר

רמב"ם פ"ה מהל' עבודת יוה"כ הי"ג - פר יוה"כ אע"פ שכה"ג קונה משלו, שנאמר: פר החטאת אשר לו, המקום הפקיר ממונו בו לכל אחיו הכהנים, שאילו לא היה להן בו שותפות לא היו מתכפרין בו; לפיכך אם מת כה"ג קודם שישחט הפר, הכהן שעומד תחתיו אינו מביא פר אחר, אלא שוחט את של ראשון, ואינו חטאת שמתו בעליה שתמות, שאין חטאת הרבים מתה; שחט את הפר ומת קודם שיכפר בדמו, הכהן האחר נכנס בדם זה ומכפר בו.

אות ה'

ומושכין ידיהן ממנו עד שישחט

רמב"ם פ"ב מהל' קרבן פסח הי"ד - עד כמה נמנים על הפסח, עד שיהיה בו כזית לכל אחד ואחד; ונמנין עליו ומושכין את ידיהן ממנו עד שישחט, כיון שנשחט אינו יכול למשוך את ידו, שהרי נשחט עליו.

באר הגולה

[א] ‹עיין רש"י, ועיין גירסת הגר"א שהוא גירסת הרמב"ם›, ‹**דאין** לפי' רש"י קיום והעמדה, דמה צורך לאחוז בראשי אצבעותיו ולהיות מעלה לבזך בגודליו לשיגיע ראש ידה לבין אצילי ידיו, יתן יד הבזך תחת אצילי ידיו בתחילה, ובכח גופו שמטהו לבזך על חפניו מערה כל הקטורת לתוך ידיו – בן ידיד› [ב] ‹למה שינה כאן ולא כתב כלשון הגמרא "אלא זו היא עבודה קשה מעבודות קשות שבמקדש", וכמ"ש במעשה הקרבנות, והרב לח"מ שם הניחו בצ"ע. **ולענ"ד** נראה עם מש"כ התוס' שם, שמלבד שהיה צריך ליטול הבזך בין שיניו, עוד היה צריך ליזהר מאד שלא יכוה מחום הגחלים, הרי שהיא קשה טפי מאינך, **ובגמרא** לא מתרץ הכי, משום דלא קאי התם אלא אנטילת הבזך בשיניו, וההיא דחום הגחלים קאמר לה בתר הכי בדף נ"ג, אמנם רבינו שהזכיר כאן שניהם, כתב שזו היא עבודה קשה, כלומר מכל עבודות שבמקדש – מעשה רוקח›

אות ו'

אין פודין לא בעגל ולא בחיה וכו'

רמב"ם פי"ב מהל' ביכורים ה"ח - אין פודין לא בעגל ולא בחיה ולא בשה שחוט ולא בטריפה ולא בכלאים ולא בכוי, שנאמר: תפדה בשה, [ג]ואין קרוי שה אלא כבשים ועזים חיים בלבד.

[ד]יו"ד סימן שכא ס"א - אין פודין לא בעגל ולא בחיה ולא בשה שחוט ולא בטריפה ולא בכלאים ולא בכוי.

---

§ מסכת יומא דף נ. §

אות א'

וחטאת שמתו בעליה למיתה אזלא

רמב"ם פ"ד מהל' פסולי המוקדשין ה"א - ולד חטאת, ותמורת חטאת, וחטאת שמתו בעליה, וחטאת שאבדה ונמצאת אחר שכיפרו הבעלים, הרי אלו ימותו.

אות ב'

כל שזמנו קבוע דוחה את השבת ואת הטומאה אפילו ביחיד, וכל שאין זמנו קבוע אינו דוחה לא את השבת ולא את הטומאה ואפילו בצבור

רמב"ם פ"ז מהל' תמידין ה"ד - וזמנו קבוע ולפיכך דוחה את השבת ואת הטומאה.

רמב"ם פ"ד מהל' ביאת המקדש ה"ט - כל קרבן שאין קבוע לו זמן, אינו דוחה לא את השבת ולא את הטומאה, שאם לא יקריב היום יקרב למחר ולמחרת מחר; וכל קרבן שקבוע לו זמן, בין קרבן ציבור בין קרבן יחיד, דוחה את השבת ודוחה את הטומאה; ולא כל הטומאות הוא דוחה אלא טומאת המת לבדה.

אות ג'

ירעו עד שיסתאבו וימכרו ויפלו דמיהן לנדבה

רמב"ם פ"ד מהל' ביאת המקדש ה"ב - פר ושעיר של יום הכפורים שאבדו והפריש אחרים תחתיהן, וכן שעירי ע"ז שאבדו והפריש אחרים תחתיהן, ירעו עד שיפול בהן מום וימכרו ויפלו דמיהן לנדבה, שאין חטאת הצבור מתה; ולמה לא יקרבו עצמן נדבה שהרי זכרים הם, גזרה לאחר כפרה משום לפני כפרה.

אות ד'

שאין חטאת השותפין מתה

רמב"ם פ"ה מהל' עבודת יוה"כ הי"ג - פר יום הכפורים אף על פי שכהן גדול קונה משלו, שנאמר: פר החטאת אשר לו, המקום הפקיר ממונו בו לכל אחיו הכהנים, שאילו לא היה להן בו שותפות לא היו מתכפרין בו; לפיכך אם מת כהן גדול קודם שישחט הפר, הכהן שעומד תחתיו אינו מביא פר אחר, אלא שוחט את של ראשון, ואינו חטאת שמתו בעליה שתמות, [א]שאין חטאת הרבים מתה; שחט את הפר ומת קודם שיכפר בדמו, הכהן האחר נכנס בדם זה ומכפר בו.

באר הגולה

[ג] ‹משמע {מהל' עבודת יוה"כ פ"ה הי"ג, עיין לעיל} דאית לן בפר ואפי' בדמו של פר, ושם הקשו (בדף נ"ח) מפטר חמור דאמר קרא תפדה בשה, ותירצו דשאני התם דיליף שה שה מפסח וכו', משמע דשה סתמא אפי' שחוט הוי, אלא משום דהכא גלי קרא מג"ש, **וא"כ** קשה קצת על דברי רבינו ז"ל, שכתב בהלכות בכורים פי"ב, אין פודין לא בעגל וכו' שנאמר תפדה בשה ואין קרוי שם אלא כבשים ועזים חיים בלבד, ע"כ, משמע דכללא כייל רבינו ז"ל, ואינו כן, דאדרבה שם שחוט נמי מקרי שה, אלא דשאני התם דאיכא ג"ש. **ואולי** מש"כ אין קרוי שה, ר"ל שה זה אינו קרוי אלא כבשים וכו', והוא מהכרח הג"ש, ולא חש רבינו ז"ל להאריך - לחם משנה פ"ה מהל' עבודת יוה"כ הי"ג› [ד] ‹ע"פ מהדורת נהרדעא› [א] ‹שם ביומא נ' א' מסקינן דחטאת השותפין הוא ואין חטאת השותפים מתה, יעו"ש היטב - הר המוריה›

איתיביה רבי יצחק נפחא לר' אמי °והוציא את כל הפר שיוציא את כולו ואת פר החטאת ואת שעיר החטאת אמר רב פפא בעור ובשר ופרש דכולי עלמא לא פליגי כי פליגי בדם מר סבר דם איקרי פר ומר סבר דם לא איקרי פר אמר רב אשי מסתברא °כמאן דאמר דם איקרי פר דכתיב °בזאת יבא אהרן אל הקדש בפר בן בקר אטו בקרניה מעייל ליה אלא בדמו וקרי ליה פר ואידך במה הוכשר אהרן לבא אל הקדש בפר בן בקר לחטאת ותיפוק ליה דחטאת שמתו בעליה היא *°וחטאת שמתו בעליה למיתה אזלא א"ל רבין בר רב אדא לרבא אמרי תלמידיך אמר רב עמרם חטאת צבור היא ולא למיתה אזלא *דתנן *אמר לו ר"מ והלא פר יום הכפורים וחביתי כהן גדול ופסח דקרבן יחיד הוא ודוחה את השבת ואת הטומאה לאו מכלל דאיכא למאן דאמר דצבור ולטעמיך דקתני *אמר לו רבי יעקב והלא פר העלם דבר של צבור ושעירי עבודת כוכבים וחגיגה דקרבן צבור ואין דוחין לא את השבת ולא את הטומאה מכלל דאיכא למאן דאמר דיחיד אלא לתנא קמא קא מהדר ליה דשמעיה דקאמר קרבן צבור דוחה את השבת ואת הטומאה וקרבן יחיד אינו דוחה לא את השבת ולא את הטומאה אמר לו רבי מאיר קרבן יחיד כללא הוא והלא פר יום הכפורים וחביתי כהן גדול ופסח דקרבן יחיד הוא ודוחין את השבת ואת הטומאה ואמר לו רבי יעקב קרבן צבור כללא הוא והלא פר העלם דבר של צבור ושעירי עבודת כוכבים וחגיגה דקרבן צבור הוא ואין דוחין לא את השבת ולא את הטומאה אלא *נקוט האי כללא בידך *)°כל שזמנו קבוע דוחה את השבת ואת הטומאה אפילו ביחיד וכל שאין זמנו קבוע אינו דוחה לא את השבת ולא את הטומאה ואפילו בצבור איתיביה אביי *פר ושעיר של יום הכפורים שאבדו והפריש אחרים תחתיהן כולם ימותו וכן שעירי עבודת כוכבים שאבדו והפריש אחרים תחתיהן כולם ימותו דברי רבי יהודה רבי (*אליעזר) ורבי שמעון אומרים ירעו עד שיסתאבו וימכרו ויפלו דמיהן לנדבה שאין חטאת צבור מתה אמר ליה מאי פר פר העלם דבר של צבור והא של יוה"כ קתני כי קתני ארשעיר *והתניא פר של יוה"כ ושעיר של יום הכפורים שאבדו והפריש אחרים תחתיהן כולם ימותו דברי רבי יהודה רבי (*אליעזר) ורבי שמעון אומרים ירעו עד שיסתאבו וימכרו ויפלו דמיהן לנדבה שאין חטאת צבור מתה לא תימא שאין חטאת צבור מתה אלא אימא °שאין חטאת השותפין מתה ומאי נפקא מינה דלא מייתו כהנים פר בהוראה ת"ש דבעי ר' (*אליעזר) לדברי

[צ"ל אלעזר]

רש"י

והוציא את כל הפר. אלמא לאחר שחיטה פר קרי ליה: **שיוציא את כולו.** תירוצא הוא כלומר לאו דאיקרי פר אלא הכי קאמר יוציא את כל הנשאר ממנו: **ואת פר החטאת.** קושיא הוא והכתיב (ויקרא טז) ואת פר החטאת גבי יום הכפורים ולאחר מתן דמו משתעי קרא להוציאם לשריפה: **בעור ובשר ופרש.** היכא דמשתעי קרא בגוף הפר שעורו ובשרו ופרשו קיים כולן יחד כי התם כולי עלמא לא פליגי דמיקרי פר: **כי פליגי.** לגבי ביאת פנים שאינו מכניס שם אלא הדם: **במה הוכשר לבא.** מה יעשה כדי שיהא רשאי ליכנס יביא פר חי לעזרה ויעשה עבודות שבפנים: **ותיפוק ליה.** בעיין דבעינן לעיל דעל כרחין אין אחר נכנס בשחיטתו דהא חטאת שמתו בעליה היא: **חטאת צבור היא.** הואיל ועליו ועל אחיו הכהנים בא (ועל כל קהל ישראל) דכתיב וכפר בעדו ובעד ביתו (ובעד כל קהל ישראל) (שם): **אמר לו רבי מאיר.** במס' תמורה (דף יד.) היא: **לאו מכלל דאיכא למאן דאמר דצבור.** לאו מכלל דשמעיה לתנא קמא דאמר דצבור היא והיינו טעמא דדחי: **אמר לו רבי יעקב.** לתנא קמא דר' מאיר תרוייהו לחד תנא קמהדרי דאמר קרבן צבור דוחה קרבן יחיד אינו דוחה: **חגיגה.** מפרש לקמיה (א) מאי טעמא קרי ליה קרבן צבור: **חביתי כהן גדול.** זמנן קבוע בכל יום כתמיד חגיגה אין זמנה קבוע לדחות שבת שהרי יש לה תשלומין כל שבעה: **כולן ימותו.** דהויא לה חטאת שכפרו בעליה וחמש חטאות מתות ולד חטאת ותמורת חטאת וחטאת שמתו בעליה ושכפרו בעליה ושעברה שנתה: **שאין חטאת צבור מתה.** וכי גמירי חמש חטאות מתות ביחיד גמירי: **לנדבה.** לקיץ המזבח והיא קרויה נדבת צבור ובאה מן המותרות של כל הרעות האמורות בכל מקום: ה"ג והתניא פר יום הכפורים ושעיר יום הכפורים: **שאין חטאת השותפין מתה.** דרבי שמעון סבר חמש חטאות המתות בחד מקום אגמרינהו רחמנא למשה מה תמורת חטאת מתה ליתא בשותפות שאין קרבן השותפות עושה תמורה דכתיב ואם המר ימיר (ויקרא כז) לשון יחיד אף כולן אינן מתות בצבור ולא בשותפין אפילו המנויות בהן והכי מפרש בהוריות (ו.): **ומאי נפקא מינה.** כיון דסוף סוף לאו למיתה אזיל ושפיר תריץ רב עמרם לעיל הא דקשיא לן תיפוק לי דחטאת שמתו בעליה היא מאי נפקא ליה לרבא לסלוקיה לרב עמרם ממאי דקרייה חטאת צבור ולאוקמי' בחטאת השותפין: **דלא מייתי כהנים פר בהוראה.** כלומר בבעיין ודאי (ג) מודינן דמתגלי בין אי איקרי חטאת צבור בין אי איקרי חטאת השותפין אבל לא ניחא ליה לרבא לקרותן צבור כדי שלא יאמרו התלמידים שאם הורו בית דין [א] של כהנים לעבור על אחת מן המצות ועשו כהנים על פיהם שיהו מביאין פר העלם דבר כאחד מכל השבטים דקיימא לן (הוריות דף ה:) שבט אחד איקרי קהל כהנים ודאי לאו איקרו קהל אלא אותן שנטלו נחלה: לדברי

תוספות

איתיביה רבי יצחק נפחא לרבי אמי והוציא את כל הפר. הכא משמע דלמאן דאמר אפילו בדמו של פר מיקרי פר אפילו לאחר זריקה דהא קרא לאחר זריקה איירי והא דפריך לעיל גבי פסח עד שיזרק מיבעי ליה לאו משום דלאחר זריקה לא מיקרי פסח אלא משום דבתר זריקה דכבר נעשה עיקר כפרה במה יהא נמנה עליו ותו לא מיקרי בעליו:

ואת פר החטאת ואת שעיר החטאת. והכא ליכא למימר שיוציא את כולו כל מה שנשאר מן הפר שהיה כבר דהא לא כתב כל כדכתיב בפר כהן משיח והא דלא פריך מולקא מדם הפר דהא איצטריך לכדדרשינן בפ"ב דזבחים (דף כה:) השוחט אוחז הפר ואח"כ קיבל דמו פסול שנאמר מדם הפר הפר שהיה כבר פירוש מחיים: **חטאת** צבור היא ולאו למיתה אזלא. תימה לי אכתי תיקשה ליה נהי דלא אזלא למיתה הא רועה היא דהא ר"ש דאמר לקמן דאין חטאת צבור מתה קאמר ירעו עד שיסתאבו ונראה לי דיש לומר דההיא רעייה דרבנן היא ולא גזור אלא כעין ההיא דלקמן דנתכפרו בעליה באחר לגמרי כיון דכיולא בה בחטאת יחיד מתה אבל הכא דלא מתו כל בעליה לגמרי שהרי אחיו הכהנים קיימין ועוד דכהן גדול אחר ממונה תחתיו דלא דמו למתו בעליה דחטאת יחיד לא גזרו: **פר** העלם של צבור ושעירי עבודת כוכבים. בכל דוכתא נקט פר לשון יחיד ושעירי עבודת כוכבים לשון רבים ותימה הוא אמאי אי כמאן דאמר בפ"ק דהוריות (דף ה.) דכל שבט ושבט מביא שעיר בעבודת כוכבים ולהכי נקט לשון רבים אם כן נימא נמי פרי העלם דבר דסבירא ליה דבשאר מצות כל שבט ושבט מביא פר ונראה לי דסבירא ליה כל שבט ושבט מביא שעיר והא דלא נקט פרי העלם דבר משום דלא פסיקא ליה דאתי למיטעי למימר דאיירי נמי בפר שמביא צבור בעבודת כוכבים וזה אינו *)דההיא עולה הוי הלכך נקט פר דלא ניתו למיטעי:

והתניא פר של יום הכפורים ושעיר של יום הכפורים כו'. ה"ג רש"י ובספרים ישנים יש והא קתני ולהכי ל"ג ליה דוהא קתני משמע והא קתני בברייתא דאייתינן כבר וזה אינו דאי מיתני' הכי פר של יוה"כ ושעיר של יום הכפורים במאי טעי מעיקרא דשני ליה אשעיר אלא ודאי והתניא גרסינן וברייתא אחריתי היא בעלמא דתניא הכי ולאו ההיא דלעיל היא:

ונפקא מינה דלא מייתו כהנים פר בהוראה. הא דלא קאמר דנפקא מינה לאהדורי אשאורים דאי קרבן צבור הוא לא מהדרינן למ"ד טומאה הותרה היא בצבור ואי דשותפין הוא מהדרינן כדמשמע בפ"ק (דף ו:) דדווקא בצבור היתר היא ותו לא לא בשל יחיד ולא בשל שותפין ורבא דהכא סבירא ליה התם טומאה היתר היא בצבור וי"ל משום דר"ש קאמר הכא אין חטאת צבור מתה וצריך להגיה נמי בדבריו אין חטאת שותפים מתה ולדידיה לא נפקא מינה מידי דלטעמיה דסבירא ליה בפרק קמא (דף ו:) טומאה דחויה היא בצבור: לדברי

*) [illegible]

עין משפט נר מצוה

כח א מיי' פ"ד מהלכות פסולי המוקדשין הל' א:

כט ב מיי' פ"ו מהלכות תמידין הלכה ד ופ"ד מהל' ביאת מקדש הלכה ט:

ל ג מיי' פ"ד מהלכות פסולי המוקדשין הל' ב:

לא ד מיי' פ"ה מהלכות עבודת יוה"כ הלכה יג:

רבינו חננאל

ופשוטה היא. ומותבינן תוב והוציא את כל הפר כו' ופריק רב פפא בעור ובשר ופרש כ"ע לא פליגי דאקרי פר כי פליגי בדם הפר. ר' חנינא ור' אמי אמרי לא אקרו פר ור"ל ור' יצחק נפחא אמרי דם נמי אקרי פר. ואע"ג דאמר רב אשי מסתברא כמ"ד דם נמי אקרי פר הא דחו רבי חנינא ור' אמי ואמרי במה הוכשר אהרן לבא אל הקדש בפר בן בקר לחטאת ולעולם כדאמרי' בפר ולא בדמו של פר. ואקשינן למ"ד בפר ואפילו בדמו של פר היאך מקריבין זה הפר וכבר מת בעליו וקי"ל בחטאת שמתו בעליה למיתה אזלא ולא קריבה כלל. א"ל רבין בר רב אדא לרבה הכי אמרי תלמידיך אמר רב עמרם זה הפר חטאת צבור הוא וחטאת צבור לא (להלה) [אולא] למיתה אלא קריבה משום דלא אפשר שימות צבור כולו. דתנן בתמורה פרק ב' א"ר מאיר והלא פר יוה"כ וחביתי כ"ג ופסח דקרבן יחיד הן ודוחין את השבת ואת הטומאה לאו מכלל דאיכא תנא דתני דאנון קרבן צבור ואתמהינן ולטעמיך הא דתניא א"ר יעקב והלא פר העלם דבר של צבור ושעירי ע"ז וחגיגה דקרבן צבור הן ואין דוחין לא את השבת ולא את הטומאה מכלל דאיכא תנא דתני הני דקרבן יחיד נינהו אלא ר"מ ור' יעקב תרוייהו [קמהדרי] להאי תנא דתני במתניתין במסכת תמורה יש בקרבנות הצבור מה שאין בקרבנו' היחיד. שקרבנות הצבור דוחין השבת והטומאה וקרבנות יחיד אין דוחין לא שבת ולא טומאה וא"ל ר' מאיר כללא הוא ביחיד. והרי פר יוה"כ כו'. וא"ל ר' יעקב כללא הוא בצבור והרי פר העלם דבר של צבור כו' אלא אמר שמע לך כללא. האי כללא כל שזמנו קבוע דוחה שבת ודוחה טומאה ואפילו קרבן יחיד וכל שאין זמנו קבוע לא דוחה לא שבת ולא טומאה. אפילו קרבן צבור [איתיביה אביי] וכו' (אין) [מי לא מצינו] מי ששנה כי פר יוה"כ קרבן צבור הוא. והתני פר של יוה"כ או שעיר ע"ז שאבדו כו' ר"א ור"ש אומרים ירעו עד שיסתאבו וימכרו ויפלו לנדבה. שאין חטאת צבור מתה. הנה אלו התנאים אומרים כי פר יוה"כ חטאת צבור הוא. ודחינן מאי פר פר העלם דבר של צבור כו' התניא בהדיא פר של יוה"כ ושעיר של יוה"כ ותריצנא לא תימא שאין חטאת צבור מתה אלא תני שאין חטאת השותפין מתה. למאי נפקא מינה דלא מייתי כהנים פר בהוראה כדגרסינן (בהוריות) [בהוראה]

תוספות ישנים

[illegible]

עין משפט נר מצוה

לב א מיי' פ"ו מהלכות ערכין הלכה ד:

לג ב מיי' פ"א מהלכות תמורה הלכה ד:

לד ג מיי' פ"ד מהלכות תרומות הלכה ב:

לה ד ה מיי' פ"ג מהל' תמורה הלכה ה:

לו ו מיי' שם פ"א הלכה י:

צ"ל אלעזר

לז ז מיי' פ"ד מהלכות פסולי המוקדשין הלכה א ופ"ג מהלכות תמורה הלכה א:

לדברי האומר פר יום הכפורים קרבן יחיד עושה תמורה או אינו עושה תמורה לאו מכלל דאיכא למאן דאמר דצבור לא מכלל דאיכא למאן דאמר דשותפין גופא בעי רבי (*אליעזר)לדברי האומר פר יוה"כ קרבן יחיד עושה תמורה או אינו עושה תמורה מאי קא מיבעיא ליה אי בתר מקדיש אזלינן אי בתר מתכפר אזלינן פשיטא דבתר מתכפר אזלינן דא"ר אבהו א"ר יוחנן *המקדיש מוסיף חומש והמתכפר עושה בה תמורה והתורם משלו על של חבירו טובת הנאה שלו לעולם פשיטא ליה דבתר מתכפר אזלינן והכי קא מיבעיא ליה אחיו הכהנים בקביעותא מתכפרי או דילמא בקפיא מתכפרי ת"ש חומר בזבח מבתמורה וחומר בתמורה מבזבח חומר בזבח שהזבח נוהג *ביחיד *כבצבור ודוחה את השבת ואת הטומאה ועושה תמורה מה שאין כן בתמורה חומר בתמורה מבזבח שהתמורה חלה על בעל מום קבוע ואינה יוצאה לחולין ליגזז וליעבד משא"כ בזבח האי זבח היכי דמי אילימא דיחיד מי דחי שבת וטומאה אלא דצבור מי עושה תמורה אלא לאו דפר ודוחה את השבת ואת הטומאה דקביע ליה זמן ועושה תמורה דקרבן יחיד הוא אמר רב ששת לא באילו של אהרן הכי נמי מסתברא דאי סלקא דעתך דפרו תמורה דפר שבת וטומאה הוא דלא דחיא הא בחול מקריב קרבה הא תמורת חטאת היא ותמורת חטאת למיתה אזלא לא לעולם פרו ומאי תמורה שם תמורה אי הכי זבח נמי שם זבח שם זבח לא קתני ממאי מדקתני חומר בתמורה שהתמורה חלה על בעל מום קבוע ואינה יוצאה לחולין ליגזז וליעבד ואי סלקא דעתך מאי זבח שם זבח והא איכא בכור

לדברי האומר פר יום הכפורים קרבן יחיד עושה תמורה או אינו עושה תמורה כו'. מכלל דאיכא מאן דאמר דהוי קרבן דשותפות. אף על גב דאיכא למימר דהא דקרי ליה רבי מאיר קרבן יחיד לא אתא אלא לאפוקי מת"ק דקא סתים למילתיה וקאמר קרבנות צבור דוחה שבת וטומאה וקאמר ליה רבי מאיר דלא היה לך לומר בהאי לישנא דאין הדבר תלוי בזה כדאמר לעיל אבל מודה הוא דקרבן שותפין הוי ואינו עושה תמורה לדידיה כמו לת"ק ור' *אליעזר משמע ליה דקרבן יחיד ממש הוי מדקרי ליה קרבן יחיד דאי לא אתא אלא לאפוקי מת"ק הכי הוה ליה למימר והלא פר יום הכפורים וחביתי כהן גדול ופסח שאינן קרבן צבור ודוחה שבת וכו' ולמסקנא דמסקינן דרבי *אליעזר מיבעיא ליה האי מקיבעא מכפרי או מקופיא הייט ספיקי דמספקא ליה אי קרבן יחיד הוי ר"מ דווקא או לאו דווקא אלא לאפוקי מת"ק קאמר כדפי': **אחיו** הכהנים בקביעותא מכפרי או בקופיא מכפרי. הכא משמע אי מקופיא מכפרי אי עושה תמורה אע"ג דאיכא טובא דמכפרי בה מקופיא לא חשיב קרבן שותפין ועושה תמורה ותימה דאמרינן בזבחים בפ"ק (דף ה:) הניח בהמה לשני בניו ומת קריבה ואין ממירין בה משום דאין שותפין עושין תמורה אע"ג דמסיק התם דיורש לא מכפר אלא מקופיא ויש לומר התם דליכא אלא יורשין דמכפרי ביה מקופיא חשיב קרבן שותפין אבל הכא דאיכא כהן גדול דמכפר ביה מקיבעא לא חשיבא כפרה דידהו כלום וכמאן דליתא דמי ולא חשיב קרבן שותפין ומימר בה*: **או** דילמא מקופיא מכפרי. וכיון נמי מקופיא מכפרי דאי לאו הכי הויא ליה דשותפין ואין עושין תמורה: **חומר** בתמורה כו'. תימה לי אמאי לא חשיב שהתמורה חלה אפילו בטעות דאמר יהיה (ויקרא כז) לרבות שוגג כמזיד מה שאין כן בזבח דהקדש טעות אינו הקדש בלותו זבח שדוחה שבת וטומאה ואע"ג דמעשר בהמה נמי ישנו בטעות שאם קרא לתשיעי עשירי ולעשירי תשיעי ולאחד עשר עשירי שלשתן מקודשין הכא לא איירי במעשר שהרי אינו דוחה שבת וטומאה ויש לומר דשמא תנא ושייר דאיכא נמי מילי אחריני אי נמי לא קא חשיב אלא מילי דאידי ואידי חיילא אלא דהאי עדיף וחמור מהאי אבל בטעות דתמורה חיילא וזבח לא חייל כלל לא קא חשיב: **תמורת** חטאת היא ותמורת חטאת למיתה אזלא. ולא מצי לשנויי רבי שמעון היא *דלית ליה מיתה בחטאת שותפות דמ"מ רעייה אית ליה: **ואי** ס"ד מאי זבח שם זבח האיכא בכור ומעשר וכו'. הא דלא אוקמה בזבח שלמים דנוהגין בצבור כביחיד דאיכא שלמי צבור ואיכא שלמים דדחו שבת וטומאה כגון כבשי עצרת ואיכא שלמים דעושין תמורה כגון שלמי יחיד יש לומר כיון דלא שוו להדדי שלמי צבור דזה ליום ולילה ולפנים מן הקלעים לזכרי כהונה וקדשי קדשים ושלמי יחיד לשני ימים ולילה אחד ובכל העיר לכל אדם וקדשים קלים הן לא הוה כייל להו תנא למיקרינהו זבח סתמא ובעולה או בחטאת לא אוקמיה שבאין בצבור כביחיד ויש מהן מן העולות והחטאות שדוחין שבת וטומאה ויש מהן עושין תמורה יש לומר כיון שאין כל אלו הדרכים נוהגין בכל העולות לא הוה קרי ליה תנא זבח בסתם:

לדברי האומר וכו'. רבי מאיר קרייה לעיל קרבן יחיד: **מאי קמיבעיא ליה.** הא ודאי פשיטא לן דאחיו הכהנים מתכפרים בו וקרבן השותפין אין עושין תמורה ומאי מספקא ליה בגוה: **אי בתר מקדיש אזלינן.** לענין תמורה והאי יחיד אקדשיה דמשלו הוא בא ולא משל שותפות: **אי בתר מתכפר אזלינן.** והרבה מתכפרים בו: **פשיטא.** דלענין תמורה מתכפר הוי בעלים: **דאמר ר' אבהו אמר ר' יוחנן.** שלשה דברים בנותן משלו את חובת חבירו: **המקדיש.** בהמתו לכפרת חבירו הוא חבירו שאינו המקדיש הוי בעלים לענין תוספת חומש אם המקדיש בא לחללה אבל אם בא המתכפר לחללה אינו צריך להוסיף חומש דגבי חומש כתיב (ויקרא כז) ואם המקדיש יגאל וגו' מקדיש ולא מתכפר: **והמתכפר עושה בה תמורה.** אבל המקדיש אם המיר בה אינה תמורה דאין ממירין בשל אחרים והאי לאו בעלים דידיה הוא: **והתורם משלו על של חבירו טובת הנאה שלו.** בידו ליתנה לכל כהן שירצה ואם בא אחר ואמר הילך סלע זה ותן תרומה זו לבן בתי כהן של זה היא שתרומה שלו שנאמר כי תכלה לעשר את כל מעשר תבואתך [וגו'] ונתתה ללוי וגו' (דברים כו) תלה הכתוב הנתינה במי שמעשרה משלו: **בקביעותא מתכפרי.** כשאר המתכפרים שהפרישו אחרים עליהן שהקנו להם הבהמה לכפרה אף כאן נקנה להן חלק בו והויא לה חטאת השותפין לענין תמורה: **או דילמא בקופיא מתכפרי** · כלומר אין כפרתן קבועה בו אלא צפה על גב כפרת כהן גדול כדבר הצף על פני המים ואין הקרבן נקרא על שמם וקרבן יחיד הוא ויצף הברזל (מ"ב ו) מתרגמא וקפא פרזלא: **חומר בזבח.** שכל תחילת הקדש מבתמורה שהומרה בו: **שהזבח וכו'.** ולקמיה מפרש ואזיל בהי זבח משכחת לה: **מה שאין כן בתמורה.** שהתמורה אינה בצבור ואינה דוחה שבת שאין זמנה קבוע ואינה עושה תמורה דכתיב והיה הוא ותמורתו ולא תמורת תמורתו: **שהתמורה חלה.** עלה קדושת הגוף אפילו היא בעלת מום קבוע בשעת התמורה ואם באה לחללה אינה יוצאה לחולין אלא לענין זביחה ואכילה בלבד אבל לא ליגזז וליעבד שאין חילוק בה בין תם לבעל מום דכתיב (ויקרא כז) *רע בטוב או טוב ברע ואם המר ימיר וגו': **משא"כ בזבח.** שהזבח אם קדם הקדישו את מומו אין יוצא בפדיונו לחולין ליגזז וליעבד דכתיב בפסולי המוקדשין (דברים יב) תזבח ואכלת בשר תזבח ולא גיזה בשר ולא חלב אבל קדם מומו להקדישו הרי הוא כמקדיש עצים ואבנים לדמי עולה שאין קדושת הגוף עליהן אלא קדושת דמים בלבד ויוצאין בפדיונן לחולין גמורין כדתנן בבכורות (דף יד:) ובשחיטת חולין (דף קל:): **אלא לאו דפר.** יום הכפורים נוהג בצבור כביחיד דחטאת היא וחטאת נוהגת בצבור ועושה תמורה אלמא פר יום הכפורים עושה תמורה: **באילו של אהרן.** דיום הכפורים: **מאי תמורה שם תמורה.** לעולם בפר והאי חומר בזבח מבתמורה דקתני לאו אתמורה דידיה קאי אלא הכי קאמר חומר בזבח משם תמורה שאין לך דבר ששמו תמורה דוחה שבת ואפילו התמורות הקריבות: **אי הכי.** דשם קתני זבח נמי שם זבח קתני וכיון דשם זבח תני תנא מאי דוחקיך לאוקומי בחד זיבחא דתשמע מינה דבפרו של אהרן או באילו מיירי דילמא הכי קאמר תנא חומר בדבר ששמו זבח מדבר ששמו תמורה שיש זבח נוהג בצבור כביחיד ויש זבח (תמורה) שדוחה שבת כגון טוקמה לצבור או דיחיד שזמנו קבוע ויש זבח שעושה תמורה כגון קרבן יחיד: **שם זבח לא קתני.** האי תנא אלא בחד זיבחא נקט למילתיה: בכור

רבינו חננאל

פרק ראשון [דף ו.]. א"ל אביי לרב יוסף שמענא ליה לר' שמעון דאמר חטאת השותפין לא אזלא למיתה. דתניא פר ושעיר של יוה"כ שאבדו והפריש אחרים תחתיהן כולן ימותו דברי ר' יהודה ר' אלעזר ור' שמעון אומרים ירעו עד שיסתאבו א"ל רב יוסף כהנים קאמרת שני כהנים דכהנים עם לעצמן אקרו שנאמר ועל הכהנים ועל כל עם הקהל יכפר. אלא מעתה לייתו פר בהוראה וכי תימא הכי נמי אי הכי נפישו להו פרים כו'. ושמעה היא. בעי ר' אלעזר לדברי האומר פר של יוה"כ קרבן יחיד הוא עושה תמורה או לא כלומר אם ימירו כ"ג נתפסה תמורתו אי לא. *) ולעולם ר' אלעזר היא דא"ר אלעזר המקדיש כשפודה הקדשו מוסיף חומש והמתכפר הוא הממיר. התורם משלו על של חבירו טובת הנאה שלו כלומר נותנו לכל כהן שירצה. הא דא"ר יוחנן פשיטא ליה לר' אלעזר מיהו הכי קמיבעיא ליה לר' אלעזר אחיו הכהנים בקביעותא מתכפרים וכיון שנקבעו בזבח נעשה זבח של שותפין ואינו יכול המקדיש להמיר שהרי גם אחרים מתכפרים בו. ותנן (לא) [דאין] השותפים עושים תמורה או דלמא בתיקיפא מתכפרים כלומר אין לאחיו הכהנים בפר כ"ג כלום עד שעת הקפת הוידוי וכשמתקבצים ביוה"כ לאזין הוידוי באותה שעה מתכפרים ואם מימר מקודם לכן תמורתו תמורה אי לא. ת"ש מהא דתני בתוספתא בתמורה חומר בזבח מבתמורה שהזבח דוחה שבת וטומאה ונוהג ביחיד כבצבור ועושה תמורה משא"כ בתמורה ותנינן בסוף ת"כ והיה הוא. הוא הקודש עושה תמורה ולא תמורתו עושה תמורה ומוקים לה להאי זבח דקתני הכא פר כ"ג הוא ודחי שבת וטומאה משום דקביע ליה זמן ותנינן כל הקבוע לו זמן מן התורה דחי שבת ודחי טומאה ועושה תמורה דקרבן יחיד הוא. ש"מ בהיקפא מתכפרי. ודחי רב ואמר הכי האי זבח לא יכלת למימר דפר כ"ג הוא אלא האי זבח אילו של כ"ג הוא שהוא עולה ותמורת עולה אע"ג דקרבה עולה. כדתנן תמורת עולה

*) [נראה דצ"ל ופרכינן הא דר"א דר"י הוא דאמר ר' יוחנן המקדיש וכו'].

מסורת הש"ס

[צ"ל אלעזר]

תמורה ב: ו. זבחים ו. נדרים לה:

ובצבור רש"ל

הגהות מהר"ב רנשבורג

[צ"ל טוב ברע או רע בטוב]

תוספות ישנים

וא"כ לר"ש מת אחד מב"ד חייבין אבל לר' יהודה דאמר ימותו יש חילוק דחטאת שותפין מתה ולכך מת אחד מב"ד פטורין אבל גבי צבור אין מיתה בצבור דלר"י נמי אמרינן לעיל האי טעמא וא"כ ע"כ כ"מ טובא לר"י ועוד לר"ש גופיה נמי תימה דמשמע דלדידיה נמי יש חילוק בין חטאת שותפין לשל צבור והיכי דס"ל דחטאת שותפין אינה מתה אלא רועה כשנתכפרו בעליה מ"מ יש חילוק דהיכא דמת אחד מהם ס"ל שפיר שאינה קריבה אבל בצבור אינה נדחית בשביל מיתת האחד אבל בשותפין נדחית דמהיכא תיתי לן דקריבה ועוד תימה מנא ליה לאביי התם דלר"ש נמי מת אחד מבית דין חייבין משום דאית ליה בהך ברייתא דאין חטאת שותפין מתה והלא מ"מ לא [קרבה] ותירו אומר רבי דהתם [א] איכא למימר דמעיקרא בהוריות בכר טעמא דר"ש משום דאין חילוק בין שותפין לצבור אבל לפי מסקנא דספ"ק דהוריות מצינו למימר דלר"ש נמי רת א' מן השותפין פטורין ומוקמינן לה להך ברייתא דהתם כר"ש כדמוקמא רב יוסף לעיל והשתא קשה דר"מ טובא בין השותפין לשל צבור ואפילו לר"ש כדפריכנא ומה דוחק כאן התלמודא לאשכוחי נפקותא ונראה לרבי דהכא בשמעתין לא מצי משכח הך נפקותא דודאי גבי חטאת כרת כגון פר הבא על חטאת הלב ודם יש חילוק בין מת אחד מב"ד למת אחד מן (השותפין) הצבור אבל גבי פר חטאת דיוה"כ שאינו בא על [ב] חטא אין מניחין מלהביאה בשביל אותו כ"ג שמת דאית לן למימר דבין לר"י בין לר"ש ראויה היא להקרבה ואינה נדחית כלל בשביל מיתת האחד ואין חילוק בין ציבור לשותפין בזה ואף על גב דבעי לאיתויי ראיה התם לעיל מבשעיר ראש חדש שבא מתרומת הלשכה שאינו בא על חטא מכופר ואע"ג דאיכא איניש דמיית ומייתינן ליה מדידיה ולא אמרינן דאין מיתתו דוחה אותו התם והאי יש לחוש כי שמא כל המעות שלו וכי האי גוונא ודאי קפדינן אבל כשאין לו אלא חלק בו לא קפדינן כי הכא נכפרו של אהרן ול"ג דלא קמיה ולא מידי דנהי דודאי כ"מ בין צבור לשותפין הייט כגון שני בני אדם או ג' או כגון ב"ד שימולין למות כולן וכיון שמת אחד מהן נדחה הקרבן אבל פר הבא על כל השבט בהא ודאי לא כ"מ אי מיקרו שותפין או צבור דאין חטאת צבור מתה לפי שאין מיתה בצבור הוא הדין נמי בשבט אחד מהאי טעמא דצבור נינהו בבבא בתרא (דף קטו:) גמירי דלא כלה שבטא וקרינא בהן שפיר ראויה כפרה זו שתכפר על יוצאי מצרים דקאמר אביי בסוף פרק קמא דהוריות (דף ו.) דחטאת השותפין (מתה) שמעינן ליה לרבי שמעון דלא למיתה ומייתי הברייתא דפר ושעיר של יום הכפורים כו' ודחי ליה רב יוסף כהנים קאמרת שאני כהנים דעם וחטאת צבור נינהו אבל אביי סיה סבור דשותפין נינהו ול"ג התם שעירי ע"ז כי הכא דהאי גרס ליה לא היה למימר דלא מייתי ראיה מפר של יום הכפורים דההוא ודאי של צבור מיקרי אלא מייתי ראיה משעירי ע"ז לר"ש דבית דין נמי מייתי והילכך קרי ליה חטאת השותפין ומשום בית דין אבל פר של יום הכפורים צבור הוא והשתא א"ש דלא תיקשי דמאי שנא דקרי ליה אביי הכא חטאת צבור והא התם קאמר ליה לרבי שמעון דאמר חטאת השותפין לא למיתה אזלא כו' וקרי ליה חטאת השותפין דהתם קאי אשעירי ע"ז דמייתי ב"ד והכא קאי אפר יום הכפורים אבל התם אין לגרוס שעירי ע"ז ולומר דצריך מיהו אמר רב יוסף כהנים קאמרת ומההוא טעמא נראה לי דל"ג ליה הכא דאי גרס ליה היה יכול אביי (תימה) לו מששעירי ע"ז דב"ד מייתי אם לא דאמר דקאמר אהני דמשל צבור מיהו שמעינן אתיא שפיר דקאמר

§ מסכת יומא דף נ: §

אות א׳

המקדיש מוסיף חומש

רמב״ם פ״ז מהל׳ ערכין ה״ד - קדשי מזבח שנפל בהם מום ונפדו, אם פדה המקדיש עצמו, מוסיף חומש כשאר ההקדשות; והמקדיש שפדה לעצמו הוא שמוסיף חומש, לא המתכפר בה שפדאה.

אות ב׳

והמתכפר עושה בה תמורה

רמב״ם פ״א מהל׳ תמורה ה״ד - המתכפר הוא שעושה תמורה, אבל לא המקדיש, כיצד, הקדיש בהמה שיתכפר בה חבירו, כגון שהקדיש קרבנות נזיר שיתכפר בהם פלוני הנזיר, אותו הנזיר הוא שעושה בהן תמורה, אבל לא זה שהקדיש, לפי שאינן שלו.

אות ג׳

והתורם משלו על של חבירו טובת הנאה שלו

רמב״ם פ״ד מהל׳ תרומות ה״ב - אבל התורם משלו על של אחרים, הרי זו תרומה ותיקן פירותיהם, וטובת הנאה שלו, שנותנה לכל כהן שירצה.

אות ד׳ – ה׳

שהתמורה חלה על בעל מום קבוע

ואינה יוצאה לחולין ליגזז וליעבד

רמב״ם פ״ג מהל׳ תמורה ה״ה - כל התמורות שהיו בעלי מומין קבועין מתחילתן, הרי אלו יפדו, ואינן יוצאין לחולין לכל דבר, כדי שיהיו מותרין בגיזה ועבודה אחר פדיונן, שהקדושה חלה בתמורה על בעלת מום קבוע, שנאמר: או רע בטוב, ורע האמור כאן הוא בעל מום וכיוצא בו שאינו ראוי לקרבן, ואף על פי כן כתוב בו: יהיה קודש.

אות ו׳

באילו של אהרן

רמב״ם פ״א מהל׳ תמורה ה״י - אילו של כהן גדול עושה תמורה, אבל [א]פרו אינו עושה תמורה אף על פי שהוא משלו, הואיל ואחיו הכהנים מתכפרין בו, הרי הם בו כשותפין.

אות ז׳

תמורת חטאת היא ותמורת חטאת למיתה אזלא

רמב״ם פ״ד מהל׳ פסולי המוקדשין ה״א - ולד חטאת, ותמורת חטאת, וחטאת שמתו בעליה, וחטאת שאבדה ונמצאת אחר שכיפרו הבעלים, הרי אלו ימותו.

רמב״ם פ״ג מהל׳ תמורה ה״א - תמורת החטאת תמות, כמו שביארנו בפסולי המוקדשין.

באר הגולה

א ‹לכאורה משמע שם דהויא בעיא דלא איפשיטא, ואולי י״ל כיון דמסיק שם נ״א ב׳, דרחמנא אפקריה לגבי אחיו הכהנים, משמע ליה דפשיטא ליה דאין עושה תמורה. **שוב** ראיתי דלק״מ, דהאיבעיא שם אזלא אליבא דר״מ, דאית ליה פר של יוה״כ הוא קרבן יחיד, והא מסקינן שם נ׳ א׳, דהוי של שותפין, יעו״ש ופשוט – הר המוריה›

§ מסכת יומא דף נא. §

אות א' – ב'

דחלין על בעל מום קבוע

ואין יוצאין לחולין ליגזז וליעבד

רמב"ם פ"א מהל' מעילה ה"ט - בהמת הקדש שנפל בה מום ונפדת כמו שביארנו, אינה מותרת בגיזה ועבודה, והרי היא באיסורה עד שתשחט, נשחטה אחר פדיונה, הותרה באכילה; במה דברים אמורים כשקדם הקדשן את מומן, או קדם מום עובר להקדשן; אבל המקדיש בעלת מום קבוע למזבח, אינה אסורה בגיזה ועבודה אלא מדבריהם, נפדת, הרי זו כחולין לכל דבר ותצא לחולין להגזז ולהעבד; חוץ מן הבכור והמעשר, שהקדושה חלה על גופן אף על פי שהן בעלי מומין קבועין מתחילתן, ואינן יוצאין לחולין להגזז ולהעבד לעולם; ואסור להרביע בבכור או בפסולי המוקדשין.

אות ג'

דדוחה את השבת

רמב"ם פ"א מהל' קרבן פסח הי"ח - שחיטת הפסח וזריקת דמו ומיחוי קרביו והקטר חלביו דוחין את השבת, שאי אפשר לעשותן קודם השבת, שהרי קבוע לו זמן שנאמר: במועדו.

אות ד'

ואת הטומאה

רמב"ם פ"ז מהל' קרבן פסח ה"א - רבים שהיו טמאי מת בפסח ראשון, אם היו מיעוט הקהל, הרי אלו נדחין לפסח שני כשאר הטמאים; אבל אם היו רוב הקהל טמאי מת, או שהיו הכהנים או כלי שרת טמאים טומאת מת, אינן נדחין, אלא יקריבו כולן הפסח בטומאה הטמאים עם טהורים, שנאמר: ויהי אנשים אשר היו טמאים לנפש אדם, יחידים נדחים ואין הצבור נדחה; ודבר זה בטומאת המת בלבד כמו שביארנו בביאת המקדש.

אות ה' – ו'

פסח שני דוחה את השבת

ואינו דוחה את הטומאה

[א]רמב"ם פ"ה מהל' קרבן פסח ה"א - מי שהיה טמא בשעת שחיטת הפסח שאין שוחטין עליו, או שהיה בדרך רחוקה, או נאנס באונס אחר, או ששגג ולא הקריב בראשון, הרי זה מביא פסח בארבעה עשר לחדש השני בין הערבים, ושחיטת פסח זה מצות עשה בפני עצמו ודוחה את השבת, שאין השני תשלומין לראשון, אלא רגל בפני עצמו, לפיכך חייבין עליו כרת.

רמב"ם פ"י מהל' קרבן פסח הט"ו - מה בין פסח ראשון לפסח שני... אבל פסח שני... ואינו בא בטומאה, ושניהם דוחין את השבת.

באר הגולה

א (ע"פ מהדורת נהרדעא)

בכור ומעשר *דהלין על בעל מום קבוע ואין יוצאין לחולין ליגזז וליעבד אלא שם זבח לא קתני ומאי שנא תמורה שם תמורה אחת היא זבח נמי איכא בכור ואיכא מעשר ולרב ששת דמוקים לה באילו של אהרן לוקמה בפסח דדוחה את השבת ואת הטומאה ועושה תמורה דקרבן יחיד הוא קסבר *אין שוחטין הפסח על היחיד ונוקמיה בפסח שני מי דחי טומאה אמר ליה רב הונא בריה דרב יהושע לרבא ותנא מ"ש פסח דקרי ליה קרבן יחיד ומ"ש חגיגה דקרי לה קרבן *ציבור אי משום דאתי בכנופיא פסח נמי אתי בכנופיא איכא פסח שני דלא אתי בכנופיא אמר ליה אם כן יהא דוחה את השבת ואת הטומאה אמר ליה אין כמאן דאמר דחי דתניא *פסח שני דוחה את השבת ואינו דוחה את הטומאה ר' יהודה אומר אף דוחה את הטומאה מ"ט דתנא קמא אמר לך מפני טומאה דחיתו ויעשה בטומאה ורבי יהודה אמר לך אמר קרא ככל חקת הפסח יעשו אותו ואפילו בטומאה התורה החזירה עליו לעשותו בטהרה לא זכה יעשנו בטומאה ותיפוק

רש"י

בכור. קדושתו מרחם הם בין בעל מום ואין לו שום פדיון דכתיב ביה (במדבר יח) אך בכור שור לא תפדה ובמעשר בהמה נמי כתיב (ויקרא כז) לא יבקר בין טוב לרע אלמא חל על בעל מום ופדיון אין לו דכתיב (שם) לא יגאל: **אלא שם זבח לא קתני.** אלא בחד זבחא נקט למילתיה וקאמר חומר בו מה שאין בשם תמורה וחומר בשם תמורה שאין באותו זבח שאנו עסוקין כאן: **מאי שנא.** דלינקוט הנא מילתיה בהדי גווני: **שם תמורה אחת היא.** כל התמורות שוות בכל הנך דקתני הכא בציבור ובדחיית שבת ובעשיית תמורה ובגיזה ובעבודה אבל זבח לא מצי למיתני שם דהא קתני גיזה ועבודה דלא מצי למימר מה שאין כן בשם זבח דהא איכא בכור ומעשר: **קסבר אין שוחטין פסח על היחיד.** כר' יהודה דאמר הכי במסכת פסחים (דף צא.) ויליף לה מלא תוכל לזבוח את הפסח באחד וכיון דאינו בא אלא בשותפות אין עושה תמורה: **מי דחי טומאה.** איכא למאן דאמר לקמן בשמעתין דלא דחי: **ותנא מאי שנא חגיגה וכו'.** הואיל הנא דתמורה דברי רבי מאיר ורבי יעקב דלאייתי לעיל (א): **בכנופיא.** ברגלים: ותיפוק

תוספות

נוקמה בפסח · נראה משום דחטאת ועולה של אהרן לא הוה ליה למיתנייהו בלשון זבח שמא דלא תשכחן דאיקרי זבח אבל פסח כתיב זבח פסח הוא תימה לי לוקמה בפסח ראשון ונימא דהכי קאמר חומר בזבח שיש זבח אחד דשייך ביה כל הני מילי דקא חשיב דהכא ביחיד כבציבור ודוחה שבת וטומאה ועושה תמורה אם לא קרב בזמנו דהוה ליה מותר פסח וממירין בו אפילו למאן דאמר דאין שוחטין הפסח על היחיד אם משכו בעליו ידיהם ולא נשאר עליו אלא אחד עושה תמורה כדאמרי' בפרק מי שהיה טמא (פסחים דף צו:) דפסח בשאר ימות השנה עושה תמורה מה שאין כן בשום תמורה חומר בתמורה שכן חלה על בעל מום קבוע ואינו יוצא לחולין ליגזז וליעבד מה שאין כן בזבח פסח שאמרנו וי"ל דמותר פסח נמי חל על בעל מום קבוע דאם הפריש פסח והומם ועבר עליו הפסח הוי מותר פסח ואין יוצא לחולין ליגזז וליעבד כיון דקדוש להקדישו דפסח לממונו: **דוחה** שבת ואין דוחה טומאה. נ"ל דכן רבי יהודה וכן רבנן גמרי מככל חקת הפסח ובהא סברא פליגי דלתנא קמא ככל חקת פסח ראשון אין דוחה טומאה אלא ברוב ציבור אבל במיעוט ציבור נדחה מפני הטומאה אף פסח שני ורבי יהודה סבר ה"ק מה פסח ראשון אין בטל מכל וכו' אבל מבמועדו במועדו בגזירה שוה לא גמרינן חדא דלמה לי ג"ש הא איתא שפיר מככל חקת הפסח ועוד אי מגזירה שוה מאי טעמא דתנא קמא דלא דחי טומאה ניגמר מגזירה שוה דדחי שבת וטומאה וליכא למימר דלדרבה גמרינן מפסח ראשון מה פסח ראשון לא דחי טומאה ביחידים אף פסח שני דאם כן מנלן דפסח דחי שבת אפילו בשבת היכא דאתי ביחיד כגון שרוב ציבור זבין ומיעוטן טמאין ואת הראשון בשבת מנלן מתמיד ליכא למיגמר אלא בשכל ישראל עושין פסח דומיא דתמיד דהוי קרבן של כל ישראל ונימא דיו לבא מן הדין להיות כנדון מה להלן כל ישראל אף כאן כל ישראל דווקא אלא על כרחך כיון דגמרינן בג"ש הכי גמרינן מה להלן במועדו אפילו בשבת ואינו בטל בשביל שבת אף בפסח לא יתבטל בשבת ואם כל ישראל זבין ואתי לגבי דרך רחוקה חוץ מאחד או שנים ואתי בשבת אי אמרת לא דחי שבת ביחיד הרי הוא בטל לגמרי הכי נמי יימא גבי פסח שני שלא יתבטל מפני הטומאה כמו פסח ראשון שאין בטל לגמרי בשביל טומאה וליכא למימר דת"ק סבירא ליה דבמועדו קאי אפסח ראשון כרבי נתן בפרק מי שהיה טמא (פסחים דף צג.) ואי בפסח שני לא כתב במועדו ונגמר מככל חקת הפסח אבל כר' יהודה גמר שפיר מבמועדו דככר דאפסח שני קאי דהא במטעתה קאמר ורבי יהודה אמר לך אמר קרא ככל חקת אלמא מככל חקת נפקי ליה נמי לר' יהודה על כן נראה לי דכי קרבן ה' לא הקריב במועדו (במדבר ט) לא מיכתב ככל לדרוש אותו לגזירה שוה אליבא דשום תנא דלא דמי לאחינך שכתבו בלשון צווי תשמרו להקריב לי במועדו (שם כח) ויעשו בני ישראל את הפסח במועדו (שם ט) אלא תעשו לה' במועדיכם (שם כט) וידבר משה את מועדי ה' אל בני ישראל (ויקרא כג) לעשות המועדות אבל האי קרא כתב כי קרבן ה' לא הקריב במועדו אבל מככל חקת הפסח גמרינן שפיר ובסברא פליגי כדפי' וא"ת והא פסח ראשון לא נפקא לן דדחי שבת אלא מגזירה שוה מתמיד והיכי גמר פסח שני מיניה בהיקישא הניחא למאן דאמר דבר הלמד בגזירה שוה חוזר ומלמד בהיקש אלא למאן דאמר אינו חוזר ומלמד מאי איכא למימר ויש לומר דסבירא ליה הימנו ודבר אחר לא הוי היקש כיון דמככל חקת הפסח גמרינן דברים שבגופו כפסח ראשון גופיה גמרינן מיניה נמי מידי דגמרינן בה בגזירה שוה אבל קשה למאן דאמר בס"פ איזהו מקומן (זבחים דף נז:) הימנו ודבר אחר הוי היקש וליכא למימר דלדידיה סבירא ליה דבר הלמד בגזירה שוה חוזר ומלמד בהיקש דה"א מאי טעמא פליגי בה במורלה בפ' איזהו מקומן (שם דף נ:) תיפשוט דחוזר ומלמד בהיקש מדר' ישמעאל דאית ליה הימנו ולריכין אנו לומר לדידיה דדבר הלמד בגזירה שוה חוזר ומלמד בהיקש ודוחק הוא לומר דלר' ישמעאל פסח שני אינו דוחה לא שבת ולא טומאה דא"כ הוו להו שלש מחלוקות בדבר וי"ל כיון דכתיב ככל חקת הפסח יעשו אותו לריכים אנו ללמוד כמו כן ממנו דבר שלמדו בו בגזירה שוה שאם לא כן אינך מקיים ככל חקת הפסח וכי האי גוונא משני לקמן בפירקין (דף נז:) חוץ מבפגים בחד זימנא גמר מכלל דמי מועד בפר כל מה שעשה לפני ולפנים וכן בשעיר ואפילו דבר שלמדו בהיקש וכן יש להם פירוש בפסחים שמועה מוכה בגזירה שוה וכן כמלא בספרי כי קרבן ה' לא הקריב במועדו לא למדו הכתוב ולימד על פסח שני שדוחה את השבת ואינו ידחה את הטומאה אמרת על עצמו אינו בא אלא בשביל הטומאה וסתמא כרבנן וצריך אני ליישב מהא שהקשיתי לעיל דודאי פסח גמר שפיר מתמיד דאפילו יחיד עביד בשבת דהא תמיד כל שעה יבא בשבת אף פסח כל שעה יבא בשבת ואפילו יחיד ואע"ג דתמיד לא אתו ביחיד בשבת היינו משום דלא משכחת ליה ביחיד כלל אבל פסח שהוא בא ביחיד יש לך ללמוד הימנו דניתי בשבת בין ביחיד בין בציבור אבל בטומאה כיון דפסח ראשון גופיה זימנין דלא דחי טומאה כגון במיעוט ציבור דעבדי בטהרה ולא עבדי בטומאה הכי נמי פסח שני וא"ת למה לי גזירה שוה הא אתיא מככל חקת הפסח יש לומר דסבירא ליה דמימעיט מכעין הפרט דמלות ומרורים מה הפרט מפורש מלות עשה דלא דחי לא תעשה שיש בו כרת אף כל למעוטי שלא ידחה שבת שהוא לא תעשה שיש בו כרת מיהו לר' נתן דאמר במועדו אפסח ראשון קאי צריך לומר דפסח שני דדחי שבת נפקא ליה מככל חקת הפסח כרבי יהודה דשמעתין דנפקא ליה נמי מהתם ואפשר דרבנן דרבי יהודה נמי סבירא להו הכי כרבי נתן ולא כתב במועדו אפסח שני ונפקא להו מככל חקת או סבירא להו כר' חנניא בן עקביא ורבי דדרשי במועדו בפסח שני ונפקא להו מבמועדו כדאיתא בסיפרי מיהו קשה לי דבספרי קאמר מעיקרא כי קרבן ה' לא הקריב במועדו על פסח ראשון ענוש כרת אתה אומר על פסח ראשון או אינו אלא על פסח שני אמרת איזהו מועדו זה ראשון ובתר הכי קאמר דבמועדו בפסח שני כתב ושמא היינו דקאמר דבר אחר בא הכתוב ולימד על פסח שני שדוחה השבת ודרשא קמייתא למאן דאמר דאפסח ראשון קאי ודבר אחר דקאמר למאן דאמר דאפסח שני קאי מיהו קשה דא"כ הוה ליה למימר בא הכתוב ולימד על פסח שני לענין כרת דאיירי ביה מעיקרא מאי טעמא שבקיה לכרת ונקט מילתא אחריתי כיון דלמאן דאמר דאשני קא איירי והא איכהו פליגי לענין כרת בפרק מי שהיה טמא (פסחים דף צג.) ועוד אני סבור שיש כי האי גוונא בשום מקום בברייתא אחת שדורש שתי דרשות בסתם שסותרין

תוספות ישנים

דקאמר הכא מאי נ"מ אי קריבן לפר של יוה"כ חטאת שותפין או חטאת לבור א] דלענין אין מיתה בלבור לא נפקא לן מידי דלבור כינהו כדפרי' וכן משמע הסוגיא דהוריות דכהנים קאמרת כו' זה נראה עיקר וזה הגהת רבי וחזרתי להרץ הסוגיא דהכא לבין הסוגיא דהוריות בע"א דסוגיא דהוריות כ"ל דאית ליה דמייתי ר"ש טעמא לפר יוה"כ דחטאת השותפין אינה מתה במאי דקי"ל הלכה למשה מסיני דאין חטאת צבור מתה אלמא פשיטא ליה דשותפין לענין דין חטאת כלבור דמי וא"כ כי היכי דאין מיתה בלבור אין מיתה בשותפין ואין לדחות ראיה זו ולומר שום דאי יש ללמוד בחטאת שותפין מחטאת לבור דאין חטאת שותפין מתה כי כפרו בעליה כמו שהטאת יחיד מתה לפי שהטעם הגורם לחטאת לבור שאינה מתה דהיינו משום דלא משכחת בה ולד חטאת ותמורת חטאת וכולהו בחד מקום גמיר להו גורם כמו כן לחטאת השותפין שלא תמות דהם נמי לא משכחת ולד חטאת ותמורת חטאת אבל אחד מן השותפין [שמת] שלא תזיק לענין חטאת אין ללמוד ממיתת אחד מן הלבור דגבי לבור לא דגלי קרא דהויה כפרה על יולאי מצרים ולא גבי שותפין דהא לאו דיהודא היא דהא טעמא לא הוי משום דלא משכחת לה בלבור ובשותפין ולד חטאת ותמורה לא תכא תקאתם מתה כי לא נאמר בסיני אלא כך חטאת מתות ביחיד ואין חטאת מתה בלבור אלא רועה ושכתו באיזה נאמרה הלכה למות ובאיזה לרעות כדמוכח בפרק שני דתמורה (דף טז:) ומודע להם על ידי דהוה קים להו שבמקום שנאמרה מיתה יש ה' מיתות ולד חטאת ותמורת חטאת וחטאת שמתו בעליה וכיפרו בעליה ועברה שנתה מתוך כך נתברר להם שביחיד נאמרה מיתה ובלבור רעייה אבל הטעם של רעייה לא תלאו הקב"ה בסיני לא בולד ולא בתמורה שאין בלבור ולא בשותפות דמסתמא כענין שנאמרה בסיני אר"ש בברייתא והוא תלה הטעם כמו שאין חטאת לבור מתה א"כ כך נאמר בסיני חטאת יחיד מתה וחטאת לבור רועה שאם נאמר בסיני חטאת לבור ושותפין רועה כך היה לו לומר לר"ש שאין חטאת לבור ושותפין מתה הו"ל ונאמר בסיני שאין חטאת [מתה] אלא במקום שתמצתן יכולין להיות בענין זה כמו כן היה לו לר"ש לשנות אלא ודאי לא נתלה הטעם של רעייה בסיני אלא במה שהיא של לבור ומדמייתי ראיה מחטאת לבור שנאמרה בה רעייה בסיני לחטאת השותפין אלמא חטאת לבור וחטאת שותפין שוות ושמעינן מינה דה"ה כמו שבחטאת לבור אין מיתת אחד לא מעלה ולא מוריד לענין החטאת וגם בחטאת השותפין כמו כן ודאי רב יוסף התם בהוריות דלא מייתי ר"ש ראיה מינה לשותפין אלא כהנים גופייהו שהפר של יוה"כ מכפר עליהם והוו לבור דאיקרו קהל לגבי הפר דאיפקש לקהל לענין כפרת פר יוה"כ ומדמסיק ובעי מאי הוי עלה אי כאביי דאמר דמייתי ר"ש ראיה מלבור לשותפין ונלמוד מהם שחטאותיהם שוין גם לענין שאין מועלת בשותפין כמו שאינה מועלת בלבור אי כרב יוסף דאמר דפר יוה"כ תשיב דלבור ולא דשותפין ומסקינן כאביי דבחד מקום גמיר להו אלמא חטאת דב"ד נמי אינה מתה וב"ד ליכא למימר [דחשיבי כלבור] אלא ודאי חטאת שותפין כחטאת לבור ירעה. הכי אתיא שפיר סוגיא דהוריות. וה"נ בשמעתין אתי שפיר להאי פירושא דלא מצי למימר השתא אליבא דר"ש נפקותא בין אי הוי פר יוה"כ המתה לבור בין אי הוי חטאת שותפין אלא לענין איתויי פר הוראה אבל

הגהות מהר"ב רנשבורג בתו"י א] דלענין אין מיתה בלבור לא קשה לן מידי דלבור כינהו וכו' והוזרת לתרץ בין הסוגיא דהכא וכו' כנ"ל.

מסורת הש"ס

[פסחים צא. לג. קידושין מג.]

[פי' תוס' חגיגה ז. ד"ה קרבן יחיד]

פסחים לג:

במדבר ט

עין משפט נר מצוה

לח א ב מיי' פ"א מהל' מעילה הלכה ט:

לט ג מיי' פ"א מהלכות קרבן פסח הלכה ח:

מ ד מיי' שם פ"ז הלכה א:

מא ה ו שם פ"ז הלכה טז:

הגהות הב"ח

(א) רש"י ד"ה ותנא כו' דלאייתי לעיל. נ"ב בדף נ ע"א:

רבינו חננאל

ולדרותיה הרי הן כעולה טעונה הפשט וניתוח אינה דוחה לא שבת ולא טומאה דלא קביע לה זמנא. אבל חפר של כה"ג ביוה"כ חטאת היא ותמורת חטאת למיתה אולא דתנן בתמורה בתחלת פרק ד' ולד חטאת ותמורת חטאת וחטאת שמתו בעליה כולן ימותו וכיון דלמיתה אזלו [למאי] הוצרך לומר שאינ' דוחה לא שבת ולא טומאה. ופרקינן מאי תמורה שם תמורה. פי' לעולם פר כ"ג הוא ודאי דאמרת תמורתו למיתה אזלא ודאי הכי הוא אלא האי דקתני משא"כ בתמורה לאו אהאי דא' ועושה תמורה קאי אלא אתמורה דעלמא דהיילא עלייהו תמורה עלה תני אינה דוחה את השבת ולא את הטומאה. ואקשינן אי הכי האי דקתני[זבח] נוקמה שם זבח ולא פר כ"ג וא"ל לא יכלת למימר שם זבח קתני דקתני סיפא דהא כתניתא חומר בתמורה שהתמורה חלה על בעל מום קבוע ואין יוצא לחולין ליגזז וליעבד מה שאין כן בזבח. ואי ס"ד שם זבח הא איכא בכור ומעשר דחלין על בעל מום קבוע ואין יוצאין לחולין ליגזז וליעבד אלא שם זבח לא קתני. ומ"ש. ושנינן כל שם תמורה אחת היא. אבל זבח האיכא זבח והאיכא בכור. והאיכא שלמים והאיכא מעשר. ואקשינן ולרב ששת ארמוקים לה באילו של אהרן נוקמה בפסח כו' ושנינן פסח אינו קרבן יחיד דקתני אין שוחטין את הפסח על היחיד ופסח שני נמי לא דחי טומאה דתניא הראשון דוחה טומאה השני אינו דוחה טומאה ואקשינן לר' יעקב מ"ש פסח דקרי ליה קרבן יחיד. וחגיגה קרי ליה קרבן צבור. אי משום דאתי בכנופיא כלומר נבוא כל ישראל לחוג. פסח נמי בכנופיא אתי דהא כל ישראל חייבין לעשות הפסח. ודחי האי פסח דקתני ר' יעקב פסח שני הוא דליתיה בצבור. ומי דחי טומאה סבר לה כר' יהודה דתניא השני דוחה שבת ולא את הטומאה דהאי מפני טומאה דחיתו יחזור ויעשנו בטומאה. ר' יהודה אומר דוחה אף את הטומאה התורה הזהירה עליו לעשות בטהרה לא זכה יעשנו בטומאה שנאמר ככל חקת הפסח יעשו אותו

ותיפוק לי "דאשר לו אמר רחמנא משלו הוא מביא דתניא אשר לו *משלו הוא מביא ולא משל ציבור יכול לא יביא משל ציבור שאין הציבור מתכפרין בו אבל יביא משל אחיו הכהנים שהרי אחיו הכהנים מתכפרים בו ת"ל אשר לו יכול לא יביא ואם הביא כשר ת"ל שוב *אשר לו *שנה הכתוב עליו לעכב ולטעמיך אחיו הכהנים אי לאו דקנו בגויה היכי מכפר להו (א) אלא שאני בי גזא דאהרן דאפקריה רחמנא גבי אחיו הכהנים הכא [גבי תמורה] נמי שאני בי גזא דאהרן דאפקריה רחמנא גבי אחיו הכהנים (ב):

מתני' "היה מהלך בהיכל עד שמגיע לבין שתי הפרוכת המבדילות בין הקדש ובין קדש הקדשים וביניהן אמה ר' יוסי אומר לא היתה שם אלא פרוכת אחת בלבד שנאמר "והבדילה הפרוכת לכם בין הקדש ובין קדש הקדשים: גמ' שפיר קאמר להו רבי יוסי לרבנן ורבנן אמרי לך הני מילי במשכן אבל במקדש שני כיון דלא הואי אמה טרקסין "ובמקדש ראשון הוא דהואי ואיסתפקא להו לרבנן בקדושתיה אי כלפנים אי כלחוץ "ועבוד שתי פרוכת תנו רבנן בין המזבח למנורה היה מהלך דברי ר"מ ר' יהודה אומר בין שלחן לכותל ויש אומרים בין שלחן לכותל מאן *יש אומרים אמר רב חסדא רבי יוסי היא דאמר *פיתחא בצפון קאי ורבי יהודה אמר לך *פיתחא בדרום קאי ורבי מאיר כמאן סבירא ליה אי כרבי יהודה סבירא ליה ניעול כר' יהודה אי כרבי יוסי סבירא ליה ניעול כר' יוסי לעולם כרבי יוסי סבירא ליה ואמר לך *שולחנות צפון ודרום מונחין ומפסקא ליה שלחן ולא מתעייל ליה ואיבעית אימא "לעולם מזרח ומערב מונחין ומשום שכינה לאו אורח ארעא למיעל

רש"י

ותיפוק לי. בעיא דרבי אלעזר דלעיל דפר יוה"כ דהכהנים בקופות הוא דמתכפרי ביה דהא אשר לו כתב ביה תלתא זימני למעוטי ציבור ואחיו הכהנים דלא מידריה אחי תלתא אשר לו כתיבי ביה בהאי קרא והקריב אהרן וגו' והקריב ושחט את פר החטאת אשר לו: אלא שאני בי גזא וכו' גרסינן: לגבי אפקריה. לגבי כפרה:

מתני' מהלך בהיכל. בהכנס ומהלך לתוכו למערב: שתי פרוכות. פרוסות מן הצפון לדרום אחת חיצונה ואחת פנימית: וביניהן. אויר אמה: גמ' אמה טרקסין. כך נקראת כותל מחיצה *שהפסיק במקדש ראשון אבל במקדש שני שהיה גבוה (*מאה) אמה לא עשאוהו לפי שלא היו שוכיה אלא מאה ואינה יכולה לעמוד בגובה (*מאה) אמה והוסיף על עוביה אי אפשר דכתיב הכל בכתב מיד ה' עלי השכיל (דה"א כח): ואיספקא להו. במקום המחיצה אי כלפנים אי כלחוץ: ועבוד שתי פרוכת. לקלוט ביניהן אויר מקום המחיצה: בין המזבח ולמנורה היה מהלך. כשבא ליכנס היה הולך בהיכל לדרך הדרום להלך בין מזבח הפנימי ולמנורה שהיה בדרום והולך עד הפרוכת: בין שולחן ולכותל. לדרך הצפון: רבי יוסי היא. דאמר במתני' לא היתה שם אלא פרוכת אחת ואצל הכותל הצפוני היה ראשה כפול ופרופה בקרס זהב כלפי החוץ ובו נכנסין לפני ולפנים כדתנן מתני' אליבא דרבנן החיצונה פרופה מן הדרום והפנימית מן הצפון ורבי יוסי דאמר אין שם אלא אחת פריפה בצפון היא דהא לא פליג דכניסתו לתוך חלל בית קדשי הקדשים בצפון הוא: פיתחא בדרום קאי. דשתי פרוכת היו והחיצונה פרופה מן הדרום כדתנן מתני' ולקמן פריך לר' יהודה ניעול בין מנורה לכותל: שולחנות לצפון ולדרום מונחין. עשר שולחנות עשה שלמה שנאמר (דה"ב ד) חמש מימין וחמש משמאל ותניא במנחות (צח:) אי אפשר לומר חמש מימין הפתח וחמש משמאל הפתח שאם אתה אומר כן מניחו שולחן בדרום והתורה אמרה והשולחן תתן על צלע צפון (שמות כו) אלא של משה באמצע חמש מימינו וחמש משמאלו ופליגי בה תנאי איכא למאן דאמר מזרח ומערב מונחין ואיכא למאן דאמר לצפון ולדרום מונחין ור"מ סבירא ליה כמאן דאמר לצפון ולדרום ראשי שולחנות מן הצפון לדרום היו חמש בשורה אחת פוטת ראשה של זו לראשה של זו והשולחן אמתים ארכו הרי עשר אמות ועל כרחך צריך היה לסמוך ראש השולחן הצפוני לכותל שאם אתה מושכו להלן מן הכותל נמצא מן השולחן הדרומי מקצתו יושב בדרום שההיכל רחבו עשרים אמה נמצא לצפון שלו עשר אמה ואי אפשר להיות כלום מן השולחן בדרום הלכך מפסקי שולחנות את הדרך ולא מתעייל ליה בין שולחן לכותל ואם תאמר אף בין המזבח לשולחן אין דרך שהרי המזבח באמצע ההיכל וראש השולחן הדרומי סמוך למזבח הא אמרן בפרק אמר להם הממונה (לעיל דף לג:) שאין המזבח מכוון כנגד השולחן אלא משוך קימעא כלפי חוץ: למיעל

תוספות

מסותרין זו את זו ובתרי תנאי ובהרבה מקומות יש דבר אחר אחר דבר אחר דמקרא אחד יוצא לכמה טעמים אבל כי האי גוונא לא אשכחן ונראה לי דהיינו דרשה דספרי כרבי אתיא וה"פ או אינו אלא על פסח שני כלומר שלא יתחייב כרת אראשון להודיה אלא אפסח שני משום דקרא בפרשת פסח שני כתיב ונימא דאפסח שני חייב כרת אפילו היכא דשגג בראשון והזיד בשני ולא אראשון אפילו הזיד בראשון ושגג בשני תלמוד לומר איהו במועדו זה ראשון כלומר אית סברא כלל לומר דאשני קאי ולא אראשון דעיקר במועדו בראשון כתיב ויעשו בני ישראל את הפסח במועדו וא"כ קאי נמי אראשון ואי לא כתב חטאו ישא הוה אמינא אראשון להודיה קאי השתא דכתיב חטאו ישא דריש ליה נמי בפסח שני כדאיתא בפ' מי שהיה טמא וגלי לן חטאו ישא דבמועדו אתרוייהו קאי ואי לא כתיב במועדו הוה אמינא דכרת אפסח שני להודיה קאי והשתא קאמר שפיר דבר אחר במועדו איצטריך למימר דפסח שני דוחה שבת עוד נראה לקיים הכל דהא דדחי שבת נפקא לן מכלל חוקת ומבמועדו דאי מכלל חוקת איכא למימר כדפרישית לעיל ואי מבמועדו איכא למימר כפר' לעיל להכי צריכי תרווייהו ובא זה ולימד על זה ובא זה ולימד על זה מיהו לרבי נתן מכלל חוקת להודיה נפקא:

תיפוק לי דאשר לו אמר רחמנא משלו הוא מביא דתניא כו'. תימה לי מאי איצטריך לאתויי ברייתא לומר דדרשינן הכי משלו הוא מביא כל שכן אי לא דרשינן הכי אי לא הוה דרשינן אשר לו שהוא מתכפר לו דתקשי לך טפי ועוד דבכל הספרים ישנים גרסינן בסמוך שאני בי גזא דאהרן ול"ג אלא אלא פרש"י גרס אלא ונראה לי דהכי פירושו תיפוק לי דאשר לו אמר רחמנא דמשמע שהוא מתכפר בו ומשמע אבל אחריני לא מכפרי ומשני האי אשר לו דרשינן משלו הוא מביא אבל לעולם אימא לך דאינהו נמי מכפרי מקיבעא כדתניא וכו' והדר פריך ולטעמיך הא דמייתי מברייתא דלא דרשינן ליה להאי אשר לו לומר שהוא לבדו מתכפר בו אלא לומר משלו הוא מביא ומברייתא משמע דאחיו מתכפרין בו מה תירצת לי בזה והא הא בהא תליא כיון דמודית לי דמשלו הוא מביא א"כ אחיו הכהנים לא מכפרי ביה דאי לאו דקנו ליה בגויה היכי מכפרי ביה ומשני שאני בי גזא וכו':

טרקסין. פרש"י פנים[וחוץ] וי"מ טרקסין מלשון טרוקו גלי (ברכות מח:) שסגור היה לפנים הימנו הלוחות שניתנו בסיני*):

ועבוד שתי פרוכת. תימה וליעבוד פרוכת אחת שעוביה אמה ולי נראה דמשמע להו לרבנן פי' דקרא והבדילה הפרוכת לכם בין הקדש וגו' (שמות כו) שמצד חיצון של פרוכת יהא קדש ומתחילת עוביה ולפנים יהא הכל קדש קדשים ולהכי לא מצי למיעבד פרוכת אחת שעוביה אמה ולאוקומה במקום אמה טרקסין דילמא קדושתה כלחוץ ונמצא דמתחילת עוביה ולפנים אינו הכל קדש קדשים אע"ג דבמקדש ראשון אוקמוה התם אמה טרקסין ע"פ הדבור עביד כדכתיב הכל בכתב ואי בעו למיעבד פרוכת צריכין לעשות כמו שעשו במשכן כדאיתא בפ' קמא דבבא בתרא (דף ג:) גמירי או כוליה בפרוכת או כוליה בבנין הכי נמי גמירי דאי בעי למיעבד פרוכת ליעבדו כי היכי דעבדו במשכן דמתחילת עובי הפרוכת ולפנים הוה קדש קדשים אבל השתא דעבוד שתי פרוכת ניחא דהוקמוה בתחילת מקום אמה טרקסין והשנייה בסוף אמה טרקסין בקדש הקדשים בסוף חלל העשרים של קודש הקדשים לצד החוץ דבוקה למקום סוף אמה טרקסין דאי מקום אמה טרקסין כלפנים הרי מעובי הפרוכת החיצונה ולפנים הוה קדשי הקדשים הכל ואי מקום אמה טרקסין כלחוץ מעובי הפרוכת השניה ולפנים הוי קדשי הקדשים אבל רבי יוסי סבירא ליה והבדילה הפרוכת היינו בין חלל לחלל שחולה בין קדש וחלל שלפנים הימנה קדשי הקדשים דלעביד עוביה אמה אי נמי דילמא פשיטא ליה דקדושת אמה טרקסין כלפנים נמצא דלדידיה דמתחילת עוביה ולפנים הוי קדש קדשים:

*) [עי' תוס' ב"ב ג. ד"ה טרקסין] [illegible]

עין משפט נר מצוה

מב א ב מיי' פ"ה מהלכות עבודת יוה"כ הלכה יג:

מג ג שם פ"ד הלכה א:

מד ד ה מיי' פ"ד מהל' בית הבחירה הלכה כ:

מה ו מיי' שם פ"ג הלכה יב:

רבינו חננאל

ותיפוק ליה בפר כ"ג אשר לו אשר לו כתוב ביה הכתוב שנה אשר לו לעכב שלא יביא משל צבור ולא משל אחיו הכהנים אלא משלו ממש ואמרינן ואי לא קנו להו לכהנים בפר היכי מתכפרי ביה אלא משום דאמרינן בי גזא דכ"ג אפקריה רחמנא גבי כהנים ש"מ קניה אית להו בגויה: היה מהלך בהיכל וכו'. סוגיא דשמעתא במשכן היתה פרוכת אחת מבדלת בין הקדש ובין קודש הקדשים. במקדש ראשון היה במקום הפרוכת כותל ורחבו אמה במקדש שני נסתפק להן זו האמה מקום הכותל אי כלפנים קדושתה או כהיכל לפיכך עשו ב' פרוכת וביניהם אמה והיתה נקראת אמה טרקסין והוא לשון יון פנים וחוץ. וכך מפורש בתלמוד א"י. ור' יוסי פשיטא ליה דקדושתה כקדושת ההיכל. ת"ר בין המזבח למנורה היה מהלך כ"ג בשעה שהיה נכנס לבית קודש הקדשים *) דברי ר' מאיר מ"ט קסבר פתח הקדש בכותל טרקסין בדרום היה פתוח והמנורה נתונה בדרום לפיכך כיון שהיה נכנס בהיכל [illegible]

[illegible]

הגהות הב"ח

(א) גמ' היכי מכפר להו אלא שאני בי גזא: (ב) שם [illegible]

הגהות מהר"ב רנשבורג

א) תוס' ד"ה תיפוק לי וכו' [illegible]

תוספות ישנים

[illegible]

§ מסכת יומא דף נא: §

אות א' – ב'

משלו הוא מביא ולא משל ציבור

דאפקריה רחמנא גבי אחיו הכהנים

רמב"ם פ"ה מהל' עבודת יוה"כ הי"ג - פר יום הכפורים אף על פי שכהן גדול קונה משלו, שנאמר: פר החטאת אשר לו, המקום הפקיר ממונו בו לכל אחיו הכהנים, שאילו לא היה להן בו שותפות לא היו מתכפרין בו; לפיכך אם מת כהן גדול קודם שישחט הפר, הכהן שעומד תחתיו אינו מביא פר אחר, אלא שוחט את של ראשון, ואינו חטאת שמתו בעליה שתמות, שאין חטאת הרבים מתה; שחט את הפר ומת קודם שיכפר בדמו, הכהן האחר נכנס בדם זה ומכפר בו.

אות ג'

היה מהלך בהיכל עד שמגיע לבין שתי הפרוכת המבדילות בין הקדש ובין קדש הקדשים, וביניהן אמה

רמב"ם פ"ד מהל' עבודת יוה"כ ה"א - ומהלך בהיכל עד שהוא מגיע לקדש הקדשים, מצא [א]הפרוכת פרופה נכנס לקדש הקדשים עד שהוא מגיע לארון.

אות ד' – ה'

ובמקדש ראשון הוא דהואי

ועבוד שתי פרוכות

רמב"ם פ"ד מהל' בית הבחירה ה"ב - בבית ראשון היה כותל מבדיל בין הקדש ובין קדש הקדשים עביו אמה, וכיון שבנו הבית שני נסתפק להם אם עובי הכותל היה ממדת הקדש או ממדת קדש הקדשים, לפיכך עשו קדש הקדשים עביו עשרים אמה תמימות, ועשו הקדש ארבעים אמה תמימות, [ב]והניחו אמה יתירה בין הקדש ובין קדש הקדשים ולא בנו כותל בבית שני, אלא עשו שתי פרוכות אחת מצד קדש הקדשים ואחת מצד הקדש, וביניהן אמה כנגד עובי הכותל שהיה בראשון; אבל במקדש ראשון [ג]לא היתה שם אלא פרכת אחת בלבד, שנאמר: והבדילה הפרכת לכם וגו'.

אות ו'

לעולם מזרח ומערב מונחין

רמב"ם פ"ג מהל' בית הבחירה הי"ב - השלחן היה ארכו שנים עשר טפח ורחבו ששה טפחים, והיה מונח ארכו לאורך הבית ורוחבו לרוחב הבית, וכן שאר כל הכלים שבמקדש אורכן לאורכו של בית ורחבן לרוחב הבית; חוץ מן הארון שהיה אורכו לרוחב הבית, וכן נרות המנורה כנגד רוחב הבית בין הצפון ובין הדרום. **השגת הראב"ד:** רוחב הבית בין הצפון וכו'. א"א זהו מחלוקת התנאים [ד]וסדר התמיד אינו כן, שהרי שנינו מלא שתי נרות מזרחיות דולקים, וזהו לענין מזרח ומערב מונחים.

באר הגולה

[א] ‹מכאן משמע שפרוכת אחת היתה וכרבי יוסי, ולעיל פ"ד מהל' בית הבחירה ה"ב פסק כרבנן דשתי פרוכות היו שם, **אבל** לק"מ, דהכא מיירי בבית ראשון מדכתב עד שהוא מגיע לארון, **אבל** לכאורה זה אינו, דהא במקדש ראשון לא הוי פרוכת, וכדאיתא שם נ"ב ב', **אבל** לק"מ דהא הוי פרוכת דבבי וכדאיתא התם נ"ד א', וכמש"כ רבינו שם וכמש"כ שם – הר המוריה› ‹**ולכן** הביא העין משפט הלכה זו על דברי ת"ק, כיון דלמעשה פסק כוותיה הרמב"ם בהל' בית הבחירה, הגם דהרמב"ם כאן אינו עוסק בב' פרוכות דבית שני, או דהציון היה רק על המלים "היה מהלך בהיכל"›

[ב] ‹ודבריו מופלאים מאד לפי קט שכלי, ראשונה מה שכתב והניחו אמה יתירה, דמבואר מדבריו דבמקדש ראשון היה הכותל מן המדה, רק שהיה או ממדת קדש הקדשים ולא היה חלל קדש הקדשים רק י"ט אמה, או שהיה ממדת הקודש ולא היה חלל הקודש רק ל"ט אמה, וא"כ איך היה מותר להוסיף מבחוץ בבית שני אמה, הא עזרא לא היה יכול להוסיף כלום על המדה באורך ורוחב ממה שהיה בבית ראשון, דהא לא היה מלך ולא אורים ותומים דבכל אלו תנן, כמו שכתב הרמב"ם, **ועוד** למה נסתפק להם על זה, הא היו יכולין להכיר יסוד של החומה, וכמו שאמרו בש"ס (זבחים סב), **ועוד** תימה רבה, שהוא נגד דברי הש"ס במקומו (יומא שם נב), אלא קדושתו אי כלפנים אי כלחוץ ע"ש. ומפורש שלא כדברי הרמב"ם – שו"ת בית שלמה חלק אורח חיים סימן כח›

[ג] ‹נראה דלמשכן קרי מקדש ראשון, דאילו בבית ראשון לא היה פרוכת אלא כותל – כסף משנה› ‹**אבל** מדברי רבינו בפי' המשניות מבואר דגם במקדש ראשון היה פרוכת כנגד הפתח, וכן מבואר ביומא נ"ד א', דהיה במקדש ראשון פרוכת נגד כל פתח יעו"ש, ועיי"ש בתוס' נ"ז א' ד"ה אני וכו' יעו"ש היטיב, וא"כ דברי רבינו כאן אמת ויציב כפשוטם, **ומ"מ** יש ליישב לשון מרן, דאותו הפרוכת לא בא להבדיל בין קדש לק"ק, רק היה לצניעותא בעלמא – הר המוריה›

[ד] ‹ואין מזה השגה על רבינו, שהוא סובר שמשנה זו כרבי ולא קי"ל כוותיה, וכ"כ רבינו בפירוש המשנה – כסף משנה›

§ מסכת יומא דף נג. §

אות א׳

ההיכל מאה על מאה ברום מאה

רמב״ם פ״ד מהל׳ בית הבחירה ה״ג- ההיכל שבנו בני גולה היה מאה אמה על מאה אמה על רום מאה; וכן היתה מדת רומו: בנו גובה שש אמות אטום סתום כמו יסוד לו, ורום כותלי הבית ארבעים אמה, ורום הכיור שבתקרה אמה, ועל גביו גובה שתי אמות פנוי שיכנס בו הדלף והוא הנקרא בית דילפא, ועובי התקרה שעל גבי בית דילפא אמה, ומעזיבה גובה אמה, ועלייה בנויה על גביו גובה כותליה ארבעים אמה, ובגגה גובה אמה כיור, ואמתים גובה בית דילפא, ואמה תקרה ואמה מעזיבה, וגובה המעקה שלש אמות, וטס של ברזל כמו סייף גובהו אמה על גבי המעקה סביב, כדי שלא ינוחו עליו העופות, והוא הנקרא כלה עורב, הרי הכל מאה אמה.

השגת הראב״ד: ורום הכיור. א״א לא האיר ולא הזהיר ולא היה כיור בתקרה, אלא טוח בכותל חזק מבפנים בסיוד וכיור כדי שלא יכנסו מים שבגגות התאים בכותלי ההיכל, ואמתים בית דילפא כמו מרזבות קבועות בכותלים ובולטות לקבל דלף התקרה ולשופכו לחוץ, [א]ואיך אפשר להיות מש״כ ועדיין לא הגיע לתקרה.

באר הגולה

[א] ‹ואני אומר שהמנהג בארץ תוגרמה בבנין בית השרים לעשות גג מנסרים מצויירים בציורים, והוא הנקרא טבא״ן, ולמעלה ממנו התקרה העיקרית שהיא מגולית לאויר השמים, וחלל בין הטבא״ן ובין אותה תקרה העיקרית, ואם לפעמים תדלף אותה תקרה העיקרית ירד הדלף באותו חלל על גבי הטבא״ן, ולכך נקרא אותו חלל בית דילפא, והטבא״ן נקרא כיור והיה גובהו אמה, וכן כתב רבינו בעצמו בפירוש המשנה, היה נהוג אצלם בבניינם לעשות לבית שני קירויים קירוי למעלה מחבירו, ונותנים בין שניהם מעט הרחקה וקורים אותו החלל בית הדילפא על שם הדלף, כדי שאם יטיף הקירוי העליון יעמדו המים באותו החלל – כסף משנה› ‹**ולהסביר** מחלוקתם, נראה דלהראב״ד פשוט דדלף היינו טפות הגשמים, וכמאמר הכתוב: דלף טורד ביום סגריר, וכלשון הגמ׳, ולכן הקשה דכיון דמיירי עכשיו בהכיור שתחת התקרה הראשונה, ועל גבה עליה כמש״כ הרמב״ם אח״כ, א״כ איך הגיע למטה דלף של הגשמים, וזהו כונתו במה שכתב ועדיין לא הגיע לתקרה, היינו תקרה העליונה, **לכן** פי׳ הראב״ד דאין הכונה שתחת כל התקרה היה בית דילפא, דלא היה מקום שם לדלף הגשמים, אלא לפי שהגשם שמגגות התאים המחוברים לכותל ההיכל ילכו על הכותל וירטיבו, לכן צריך לעשות טוח חזק בכותל מבפנים שלא יתקלקל, **אבל** כל זה אם נפרש דילפא דהוא דוקא מדלף גשמים, והרמב״ם סובר דשייך לפרש דילפא על כל נטיפת מים, וכמו שמביא הערוך מכתובות דף ס׳ הוי לה בני דולפני, ולכן כיון שיהיה צריך לרחוץ רצפות העליות, יכנסו המים מתוך התקרה, ולכן עשו תחת התקרה בית דלפא, ובודאי היו מרזבות שיצאו משם המים, אבל עיקר הבית דילפא היה תחת כל התקרה – אבן האזל›

למיעל להדיא ורבי יוסי אמר לך חביבין ישראל שלא הצריכן הכתוב לשליח ור' יהודה נמי ניעול בין מנורה לכותל משחרי מאניה א"ר נתן אמה טרקסין לא הכריעו בו חכמים אי כלפנים אי כלחוץ מתקיף לה רבינא מ"ט ואילימא משום דכתיב °והבית אשר בנה המלך שלמה לה' ששים אמה ארכו ועשרים רחבו ושלשים אמה קומתו וכתיב °וארבעים באמה היה הבית הוא ההיכל לפני וכתיב °ולפני הדביר עשרים אמה אורך ועשרים אמה רוחב ועשרים אמה קומתו ולא ידעינן אמה טרקסין אי מהני עשרים ואי מהני ארבעים ודילמא לא מהני עשרין ולא מהני ארבעין וחללא קא חשיב כותלים לא קא חשיב תדע דכל היכא דקא חשיב כותלים חשיב ליה לדידיה *דתנן *ההיכל מאה על מאה ברום מאה כותל אולם חמש והאולם אחת עשרה כותל ההיכל שש *וארכו ארבעים אמה ואמה טרקסין וכ' אמה בית קדשי הקדשים כותל ההיכל שש והתא שש וכותל התא חמש אלא קדושתיה אי כלפנים אי כלחוץ והיינו דאמר רבי יוחנן בעי יוסף איש הוצל °ודביר בתוך הבית מפנימה הכין לתתן שם את ארון ברית ה' איבעיא להו היכי קאמר קרא ודביר בתוך הבית מפנימה הכין לתתן שם או דילמא הכי קאמר ודביר בתוך הבית מפנימה ומי מספקא ליה והתניא איסי בן יהודה אומר *חמש מקראות בתורה אין להן הכרע

שאת

רש"י

למיעל להדיא. ליכך אלא הכותל הצפוני כל אורך ההיכל וכל שעה עיניו כוונות מבית קדשי הקדשים דרך הפריפה שכנגדו: **ור' יוסי אמר לך חביבין ישראל שלא הצריכן הכתוב לשליח.** אלא כל אחד ואחד מתפלל על עצמו שנאמר אשר ידעון איש נגע לבבו ופרש כפיו אל הבית הזה (מלכים א ח) הלכך חביב הוא שלוחן ליכנס לפנים: **משחרי מאניה.** בגדיו משחירין מעשן המנורה שהשחיר את הכותל: **טרקסין.** לשון פנים וחוץ הוא כך ראיתי בתלמוד ירושלמי ונראה לדבר חסידים הראשונים היו מכניסין פירותיהן דרך טרקסמון כדי לחייבן במעשר (ברכות דף לה:) למדנו שטרקסין לשון כניסה פנים הוא: **דביר.** היא המחילה לפני הדביר חלל בית קדשי הקדשים שהוא לפנים מן המחילה: **קחשיב (א) לדידיה.** למקום המחילה לבד מן העשים: **כותל אולם.** כותל החיצון למטה רוחב היסוד והאסקופה ולמעלה מגובה כיפת הפתח עובי החומה שעולה עד ק' אמה לבד רוחב כיפת האולם שהוא י"א אמה לבד רוחב (ב) כיפת עובי החומה: **והתא שש.** יציע שאחורי בית הכפרת: **היכי קאמר קרא.** מי אמרינן ה"ק ודביר בתוך הבית מחילה עשה שמפסקת בתוך הבית מפנימה הכין. ולפנים מאותה מחילה הכין מקום חללה והמינו לתת שם את הארון אלמא דביר גופיה לאו מקודשת פנים הוא: **או דילמא ה"ק ודביר בתוך הבית מפנימה.** דמקום הדביר גופיה משל פנים הוא ואותו הכין לתתו שם באותה כניסה את הארון: **אין להם הכרע.** לדעת היכן הן נוטין: שאת

תוספות

ועשרים אמה קומתו. רש"י פי' בפ' מלכים הא דאמר לעיל ושלשים אמה קומתו היינו כל הבית עד הגג והא דכתיב ועשרים אמה קומתו היינו עד עלייה בית קדשי הקדשים ובב"ב פרק המוכר פירות (דף נח:) פריך ליה ומשני עשרים אמה קומתו משפת כרובים ולמעלה שהכרובים שעשה שלמה העומדים בקרקע משני לדי הארון גבהם עשר אמות: **כותל ההיכל שש והתא שש וכותל התא חמש.** ותימה והכתיב היציע התחתונה חמש באמה רחבה (מלכים א ו) וי"ל דהכא מיירי באמה האמצעי דכתיב והתיכונה שש באמה רחבה כי מגרעות נתן לבית סביב ופר"י ה"פ דקרא שעובי כותל ההיכל לא היה שוה בכל מקום שאם כן היו צריכות לנקב החומה לתחוב בה ראשי הקורות של התא וזה לא רצו לעשות פן ירקבו אלא עשו את חומת ההיכל במערב למטה שבעה אמות והוצרכו לגרוע ממנה אמה כנגד תקרת התא האמצעי להניח ראשי הקורות על אותה כניסה ושוב הוצרכו לגרוע עוד אמה כנגד תקרת תא השלישי לפיכך התחתונה חמש באמה רחבה והתיכונה ו' באמה רחבה והג' ז' באמה רחבה והיינו דתנן במס' מדות [פ"ד מ"ד] התחתונה רחבה חמש והרובד ששה רובד ששה היינו התקרה המפסקת בינה לתא התיכונה שעל גבה והאמצעית שש והרובד ז' והקשה ר"י בר מרדכי אי למטה קא חשיב הכא לשם לא היתה התא שם אלא חמש ואי בתיכונה קא חשיב מאי קאמר כותל ההיכל שש והא כבר נגרע ממנה כנגדה ולפי מה שפירשנו ניחא דכותל ההיכל כנגד תא התחתונה היה עוביה ז' וכנגד התיכונה עוביה ו' כי כבר נגרע ממנה אמה והכא כנגד התיכונה קא חשיב דהוי התם כותל ההיכל ו' והתא ו' וא"ת ואמאי לא קא חשיב למטה כותל ההיכל ז' והתא ה' ואידי ואידי חד שעורא הוא וי"ל דניחא ליה למיחשב במקום שהיה כותל ההיכל ו' כמו כותל מזרחי של היכל שהיה כמו כן ו' אי נמי נראה לר"י שהמגרעות היו בכל הכתלים בכותל ההיכל ובשלשת כותלי התא וכותל ההיכל היה למטה ו' אמות ומחצה וכותל התא ה' אמות ומחצה וכשהיה מגרע חצי אמה מכל כותל כדכתיב כי מגרעות נתן לבית סביב נמצא התא התחתונה חמש על חמש והתיכונה שש על שש והשלישית שבע על שבע והא דקתני רובד שש ורובד שבע אור"י דהיינו אורך המגרעת הראשונה היא שש והמגרעת השניה ארכה שבעה וקרי להו רובד לפי שהמגרעת כעין שורה בולטת כעין ששנינו במסכת תמיד בפ"ק (דף כה:) בית גדול היה ומוקף רובדים וקאמר בגמ'* רובדים מאי ניהו *גורתא דאיצטוותא דסלקי בהו לאיצטוותא שהיו עושין כעין איצטוואות סטיו לפנים מסטיו מעלותם של אבנים שקורין דגריד ולשון רובד הוא שורה עוד פר"י דנראה לו דכותל ההיכל שש והתא שש דלמטה לגמרי קא חשיב ואע"ג דכתיב במשכנה דמלכים חמש באמה רחבה של מסכת מדות דבית שני היו חלוקין משל שלמה כמו שהיו חלוקין ממשכנה דיחזקאל דיחזקאל לעתיד דכתיב ביחזקאל (מא) בתר דפריש היכל ובית קדשי הקדשים כתיב ורחב הצלע ד' אמות וצלע הייני תא כדאמר פ' המוכר הבית (ב"ב דף סא.) וכתיב נמי התם (שם) והצלעות צלע אל צלע *שלשים ושלש פעמים אלמא דלא הוו בההיכל אלא ל"ג תאים ובמסכת מדות [פ"ד מ"ג] תנן ל"ח תאים היו שם ט"ו בצפון וט"ו בדרום ושמנה במערב והר' יצחק בר מרדכי פי' דלא בהיכל היו המגרעות אלא בתא היו והא דתנן רובד שש היינו שורות אבנים עליונים של כותל היציע התחתונה שעליה מונחים ראשי הקורות וכשהיתה אותה שורה רחבה שש נמצאת שהיתה בולטת אמה שעובי כותל התא לא היה אלא ה' אמות ולכך בולטת אמה מבחוץ לפי שהיו צריכין לכנוס אמה מקום הנחת הקורות לבלתי אחוז בקירות הבית ונמצא דעכשיו נמי כשהיו כונסין אמה היתה החומה מכל מקום עדיין עובי ה' אמות לפי שבמקום אמה הכניסה נתוספה אמה מבחוץ ולא נהירא לר"י דלמה היו מוסיפין אמה אי מחמת חוזק החומה כדי שתהא בכל מקום לכל הפחות ה' אדרבה אותה תוספת היא גרעון שהיה בנין העליון בולט אמה חוץ לתחתון ומכביד עליו ועוד קשה התינח רובד שש אבל רובד שבע למה וכשהיה רובד שלמעלה ז' נמצא שהיה בולט חוץ לחומה שתי אמות שעובי החומה חמש ומה היו צריכין לבליטת שתי אמות והלא לא היו כונסין בילוע השלישית אלא אמה שהיה שבע אמות רחבה אמה אחת יותר מן התיכונה ועוד לפי דבריו היו נוקבין כותל ההיכל ויותר היה נכון לנקוב כותלי התא ועוד דלישנא דקרא כי מגרעות נתן לבית משמע היכל ולא תאים דלא איקרו בית מיהו הא לא קשיא דמליט למימר מגרעות נתן לדביר שהיה לבית סביב דהיינו לכותלי התאים ואני שמעתי בשם רבינו יצחק הבחור שלא היה בכותל ההיכל לא מגרעות ולא כניסה ולא בליטה וראשי הקורות היו מונחין בכותל תא לכותל תא שכנגדו ובמקום הנחת הקורות היה כניסה בכותל התא חצי אמה מזה וחצי אמה מזה וכל התאים היו שוים ממזרח למערב שש אמות בין התחתונה [בין] התיכונה בין השלישית וכותל התא חמש אבל מצפון לדרום התחתונה ה' והתיכונה ו' והשלישית שבע וניחא כותל ההיכל שש והתא שש וכותל התא [חמש] דבין התחתונה בין התיכונה בין השלישית היו שש ממזרח למערב וכותל היכל שש וכותל התא חמש בין למטה בין למעלה: שאת

עין משפט נר מצוה

מו א מיי' פ"ד מהלכות בית הבחירה הלכה ג:

[וע"ע תוס' סוכה ה: ד"ה כשלים]

רבינו חננאל

עד שיטה מעט לפיכך מטה כמעט ומהלך. ור' יוסי אמר לך חביבין ישראל שלא הצריכן (הק')[הכתוב] לזה. הלא תראה כי בכל השנה הצריכו(הק')[הכ'] לכהן במקום שליח הקשת הרמונים בתוך הפעמונים כי בשעה שיבא אל הקדש ללבוש המעיל שהוא כשליח המגיד כלומר רוצה ליכנס כדכתיב והיה על אהרן לשרת ונשמע קולו בבואו אל הקודש וגו' ועכשיו ביוה"כ בבואו לפני ולפנים לא הצריכו לזה המעיל לפיכך לא חיישינן להא דקאמר ר' יהודה: א"ר נתן אמה טרקסין לא הכריעו בו חכמים אי כלפנים אי כלחוץ ופשוטה היא. ואסיקנא קדושת זו האמה איני יודע אי כקדושת ההיכל היא אי כקדושת קודש הקדשים היא והיינו דא"ר יוחנן בעי ר' יוסי איש הוצל כתיב ודביר בתוך הבית מפנימה וגו' היכי פשטיה ודביר בתוך הבית מפנימה הכין לתתם שם ארון ברית ה' דמשמע שהדביר כלחוץ. או דלמא הכי קאמר ודביר בתוך הבית מפנימה הכין לתתן שם ארון ברית ה' *) דמשמע מבפנים. ואמרינן ומי מספקא לית לר' יוסי איש הוצל פשטיה דהאי קרא. והתניא איסי בר יהודה אומר ה' מקראות בלבד אין להם הכרע מן התורה

*) נראה דצ"ל דמשמע דמקום הדביר גופיה הוא מבפנים.

תוספות ישנים

תפסלנו לרבי יהודה. לשון רבי. ושוב כתב מה שכתבתי לעיל שהלכה נאמרה חטאת המתה ביחיד ולא בצבור אינו מיושב שאם כן לא היה להם להסתפק בימי אבנו של משה בולד חטאת ותמורת חטאת ומתו בעליה כי באחת מאותן לא היה ראוי לשנות ביחיד נאמרה ולא בצבור דהא ליתא בצבור כלל וכתב רבי כי שוב פירשה בענין אחר ואותו ענין לא ראיתי אבל כדפרישנא לעיל הוא נכון ונראה: איכא לפי אלו חטאת השותפין מתה. ואביי קרי להו לכתחלה

הגהות הב"ח

(א) רש"י ד"ה קחשיב ליה לדידיה: (ב) ד"ה כותל כו' י"א אמה לבד רוחב עובי החומה כצ"ל ותיבת כיפת נמחק:

גליון הש"ס

גמ' חמש מקראות בתורה אין להם הכרע. עיין ירושלמי פרק אין מעמידין:

מסורת הש"ס

מדות פרק ד משנה ו' וז' | ס"א ותוכו | [שם כו:] | [לאצטוותא גורתא] | [צ"ל שלוש ושלשים]

*שאת משוקדים מחר ארור וקם (א) *והתניא הוא יוסף איש הוצל הוא יוסף הבבלי הוא איסי בן יהודה הוא איסי בן גור אריה הוא איסי בן גמליאל הוא איסי בן מהללאל ומה שמו איסי בן עקיבא שמו בדאורייתא ליכא ברבנאי איכא ובדאורייתא ליכא והא איכא *דבעי רב חסדא °וישלח את נערי בני ישראל ויעלו עולות כבשים ויזבחו זבחים שלמים *פרים או דילמא אידי ואידי פרים לרב חסדא מספקא ליה לאיסי בן יהודה פשיטא ליה:

מתני' החיצונה היתה פרופה מן הדרום ופנימית מן הצפון מהלך ביניהן עד שמגיע לצפון הגיע לצפון הופך פניו לדרום מהלך לשמאלו עם הפרוכת עד שהוא מגיע לארון °הגיע לארון נותן את המחתה בין שני הבדים °צבר את הקטרת על גבי גחלים ונתמלא כל הבית כולו עשן *°יצא ובא לו בדרך בית כניסתו *ומתפלל תפלה קצרה בבית החיצון °ולא היה מאריך בתפלתו שלא להבעית את ישראל:

גמ' במאי עסקינן אילימא *במקדש ראשון מי הוו פרוכת אלא במקדש שני מי הוה ארון והתניא *°משנגנז ארון נגנזה עמו °צנצנת המן °וצלוחית שמן המשחה °ומקלו של אהרן ושקדיה ופרחיה וארגז ששגרו פלשתים דורון לאלהי ישראל שנאמר *°וכלי הזהב אשר השיבותם לו אשם תשימו בארגז מצדו ושלחתם אותו והלך ומי גנזו °יאשיהו גנזו מה ראה שגנזו ראה שכתוב °יולך ה' אותך ואת מלכך אשר תקים עליך עמד וגנזו שנאמר °ויאמר ללוים המבינים לכל ישראל הקדושים לה' תנו את ארון הקודש בבית אשר בנה שלמה בן דוד מלך ישראל אין לכם משא בכתף עתה עבדו את ה' אלהיכם ואת עמו ישראל ואמר ר' אלעזר אתיא שמה שמה ואתיא דורות דורות ואתיא משמרת משמרת לעולם במקדש שני ומאי הגיע לארון מקום ארון והא קתני נתן את המחתה °לבין שני הבדים אימא כבין שני הבדים: צבר את הקטרת על גבי גחלים: תנן כמאן דאמר צוברה תני חדא צוברה פנימה שהיא חוצה לו ותניא אידך צוברה חוצה שהיא פנימה לו אמר אביי תנאי היא ואמר אביי מסתברא כמאן דאמר °פנימה שהיא חוצה לו °דתנן *מלמדין אותו הזהר

שלא

רש"י

שאת. הלא אם תיטיב שאת (בראשית ד) ולשון סליחה הוא או שאת אם לא תיטיב ולשון נשיאות עון הוא: **משוקדים.** ארבעה גביעים משוקדים (שמות כה) או משוקדים כפתוריה ופרחיה: **מחר.** ולא הלחם בעמלק מחר (שם יז) או צא והלחם בעמלק מיד ומחר אנכי נצב והיום אי אתה צריך לתפלתי: **ארור.** וברצונם עקרו שור (בראשית מט) ארור שור של שכם שהוא מארור כנען או ארור אפם כי עז: **וקם.** הנך שוכב עם אבותיך וקם (דברים לא) וכאן *רמז לו תחיית המתים או וקם העם הזה וזנה: **ויעלו עולות כבשים.** וכ"ת לפסוק כאן את הטעם באתנחתא או דילמא אידי ואידי פרים ואין אתנחתא בטעם עולות אלא טעם גרש ויעלו עולות כדי שיתחבר לגל אחריו: **מתני' החיצונה פרופה מן הדרום.** רבנן קאמרי לה: **פרופה.** ראשה כפולה לצד התוך ואחוזה בקרס של זהב להיות פתוחה ועומדת: **מהלך ביניהן.** נכנס בפריפת הדרום ומהלך ביניהן עד שמגיע לפריפת הצפון: **הגיע לצפון.** ומשנכנס לתוך (ג) החלל הפך פניו לדרום לילך עד בין הבדים שהם באמצע החלל כדאמר מר (ב"ב דף צט.) ארון שעשה משה היה לו אויר עשרה אמות בבית קדשי הקדשים לכל רוח ורוח: **מהלך לשמאלו עם הפרוכת.** שהמהלך מצפון לדרום שמאלו למזרח והפרוכת היתה לו למזרח החלל א] לבין שני הבדים והבדים היו ארוכים עד הפרוכת ראשן אחד למערב והשני למזרח אחד בראש הארון לצפון ואחד בראשו לדרום ואורך אמתים וחצי של ארון ביניהן: **דרך כניסתו.** כשם שנכנס כשהלך לדרום עד שהגיע לארון פניו כלפי דרום כך כשיצא לא הסב את פניו לצאת אלא יוצא דרך אחוריו ופניו לארון: **בבית החיצון.** בהיכל: **גמ' מי הוו פרוכת.** אמה טרקסין הוה: **תשימו בארגז מצדו.** אלמא גבי ארון הוה קאי וממילא שמעינן דעמו נגנז: **יולך ה' אותך.** ודאג שמא יגלה לבבל: **תנו את ארון הקדש בבית.** והא התם קאי אלא גניזה היא: **אתיא שמה שמה וכו'.** כתיב בארון אשר אועד לך שמה (שמות ל) וכתיב בצנצנת המן ותן שמה מלא העומר (שם טז) ואתיא לגנוזיה מצנצנת המן: **דורות דורות.** כתיב בצנצנת למשמרת לדורותיכם (שם) וכתיב בצלוחית שמן משחת קודש יהיה זה וגו' (שם ל) ואתיא מקלו של אהרן מצנצנת במשמרת משמרת דכתיב ביה למשמרת לאות לבני מרי (במדבר יז): **כבין שני הבדים.** כאילו היו שם ונותנה ביניהם: **תנן.** מתני' כמ"ד בברייתא דלקמן [דף מט:] צוברה כדי שיהא עשנה שוהה לבא: **תני חדא צוברה פנימה שהיא חוצה לו.** מתחיל לצוברה בראש המחתה של צד פנים שאותו ראש המחתה אינו לצד ידו אליו וצובר תמיד במשיכה עד ראש המחתה השני אשר אצל בית ידה: **ותניא אידך.** מתחיל לצוברה בראש השוכה חוצה לצד ההיכל שהיא פנימה לו בצד גופו והולך וצובר תמיד הלאה עד ראש המחתה השני:

שלא

תוספות

שאת משוקדים מחר ארור וקם. תימה הוא דלא נקטינהו כסדר שהן כתובים בתורה והכי הוה ליה למימר שאת ארור מחר משוקדים וקם וא"ת אמאי לא דרשינהו נמי לפניהם ולאחריהם כמו בנסך ובמרבית (ויקרא כה) דדרשינן ליה בפרק איזהו נשך (ב"מ סא.) לפניו ולאחריו וכמו ורחץ דדרשינן ליה בפ' אמר להם הממונה (לעיל דף לא:) אופשטו ואולבש וי"ל גבי שאת אי קאי אאם תיטיב אז הוא לשון סליחה ואי קאי אואם לא תיטיב אז הוא לשון נשיאות עון וכן ארור אי קאי אשור לא קאי אשכם שהוא ארור כנען דכתיב ארור כנען ואי קאי אאפס אז קלל אפס וכן מחר אי קאי אמלחמה ואנכי נצב על ראש הגבעה היום להתפלל קודם המלחמה כדכתיב היערוך שועך לא בצר (איוב לו) אי קאי אאנכי נצב מחר להתפלל וכן וקם ולפי שאין פירושם שוה ע"כ אין להם הכרע אבל אמשוקדים קשה וי"ל משום דליכא אתנחתא בגביעים ובמנורה ארבעה גביעים ומשמעו משוקדים כפתוריה ופרחיה וקרא אחרינא מוכחא דמשוקדים לא קאי אלא אגביעים דכתיב שלשה גביעים משוקדים ולהכי אין לו הכרע והא דפליגי תנאי בזבחים בפ' שני (דף כד.) גבי ולקח הכהן מדם החטאת באצבעו ונתן (ויקרא ד) דאיכא דמוקי באצבעו אלקיחה ואיכא דמוקי אנתינה ואיכא דמוקי אתרוייהו יש לפרש טעמא דמאן דמוקי ליה אתרוייהו משום דפשטא דקרא אלקיחה דלפניו קאי ומוקמינן ליה נמי אנתינה כדאשכחן במלואים כדכתיב ולקחת מדם הפר ונתתה על קרנות המזבח באצבעך (שמות כט) והתם על כרחך קאי אנתינה ומאן דלא מוקי ליה אלא אלקיחה כמשמעותיה ומאן דמוקי ליה אנתינה יליף ממלואים דהתם לא קאי אלא אנתינה דלפניו ולאו אלקיחה דלפניו פניו*:

הוא יוסף הבבלי כו'. והא דאמר ליה רב אסי לרבי שילא בפ' בנות כותים (נדה דף לו:) אנא הוא איסי בן יהודה דהוא איסי בן גור אריה דהוא איסי בן גמליאל דהוא איסי בן מהללאל אסיתא דנחשא דלא שליט ביה רוקבא ולא קאמר נמי דהוא יוסף הבבלי דהוא יוסף איש הוצל שהרי כל השמות הללו היה לו כדמשמע הכא י"ל דלא קא חשיב התם אלא שמות דאיסי דדמיא לשמו של רב אסי*): **יצא** ובא לו דרך כניסתו. אע"ג דביאה דרך אחוריו לא שמה ביאה כדאמר פ' שני דשבועות (ד' יז:) הנכנס לבית המנוגע אפילו נכנס כולו חוץ מחוטמו טהור מדאצטריך והבא אל הבית (ויקרא יד) דרך ביאה אסרה תורה יציאה דרך אחוריו שמה יציאה כדאמר הכא דאע"ג דכתיב ויצא אל המזבח (ויקרא טז) יוצא דרך אחוריו כתלמיד הנפטר מרבו**):

שלא

*) [וע"ע תוס' נדה לו: ד"ה איסי] **) [וע"ע תוס' חולין י: ד"ה כ"ג]

תוספות ישנים

שאת דמשמע ליה דקאי אאם תיטיב או לשון שאת סליחת עון או שאת אם לא תטיב לשון נשיאות עון ווי"ו של ואם יתירה ובירושלמי ראיתי שכתוב עוד מקרא וכי יעקב בא מן השדה כשמעם או כשמעם וגו': וקם עמם. הקשה דבחלק (דף צ:) משמע מדר' יהושע דקאי אתרוייהו דקאמר שאלו רומיים את ר' יהושע מנין שהקב"ה מחיה מתים ויודע מה שעתיד להיות אמר להם הנך שוכב עם אבותיך וקם ודילמא וקם העם מיכה פלגא בידך משמע דקאי אדלעיל ואדלרע וי"ל דפשיטא ליה דלא קאי אלא אדלעיל להיות פשיט להו מדכתיב וזנה אחרי אלהי נכר: או דילמא אידי ואידי פרים. ובפ"ק דחגיגה (דף ו:) מפרש למאי נפקא מינה: החיצונה פרופה מן הדרום. אבל איסכא לא מצינו למיעבד שתהא החיצונה פרופה מן הצפון והפנימית מן הדרום דאם כן שמאלו כלפי ארון ואין זה דרך כבוד. ריב"א: והתניא משנגנז הארון כו'. הוה מצי לאיתויי ברייתא דלקמן דהארון גלה לבבל דס"ל נהי משנה כוותה דקתני בה משניטל הארון: מקלו של אהרן שקדיה ופרחיה. תמהני למה מזכיר ופרחים והלא גמל שקדים ונראה כי מקלת הפרחים נשארו שלא גמלו שקדים ונשארו פרחים: אתיא שמה שמה. וא"ת למה לי ג"ש הא כתיב ויניחהו אהרן לפני העדות משמע שלעולם צריך שיהא סמוך לו ויש לומר דהוה אמינא לפני העדות היינו מרחוק קמ"ל ג"ש דבעי שלעולם בעינן סמוך לו. ה"ר יוסף:

ופירוש

רבינו חננאל

ואלו הן שאת משוקדים מחר ארור וקם. ותניא הוא יוסף איש הוצל הוא איסי בן יהודה. ופרקינן בדאורייתא ליכא אבל בנביאי איכא קראי טובא דלית להו הכרע. והא דבעי רב חסדא כתיב וישלח את נערי בני ישראל ויעלו עולות וגו' האי בעיא בחגיגה היא בפרק ראשון. ואמרינן בה למאי נפקא מינה מר ומרא אמר לפיסוק טעמא ...

עין משפט נר מצוה

מו א ב ג ד מיי' פ"ד מהלכות עבודת יוה"כ הלכה ג:
מז ה ו ז ח מיי' פ"ד מהל' בית הבחירה הלכה א:
מח י מיי' פ"ד מהלכות עבודת יוה"כ הלכה א:
נ ב כ מיי' שם ופ"ג מהל' תמידין הלכה ח:

הגהות הב"ח

(א) גמ' והתניא הוא יוסף איש הוצל: (ב) רש"י ד"ה הגיע לצפון ומשנכנס לתוך חלל בית קדש הקדשים הפך פניו לדרום כו':

הגהות מהר"ב רנשבורג

א] רש"י ד"ה מהלך לשמאלו וכו' והפרוכת היתה לו למזרח החלל כו'.

מתני' [החיצונה [היתה] פרופה מן הדרום כו'. תנן סתמא כר' מאיר דאמר בין המזבח למנורה היה מהלך. *)סוגיא נא במקדש ראשון היה בו הארון והיה כותל ולא היה בו פרוכת ובמקדש שני לא היה בו ארון כי יאשיהו גנזו שנאמר ויאמר ללוים המבינים לכל ישראל הקדושים לה' תנו את ארון הקודש בבית שלמה בן דוד מלך ישראל אין לכם משא בכתף עתה עבדו את ה' אלהיכם ואת עמו ישראל. ותניא משנגנז ארון נגנזה עמו צנצנת המן וצלוחית שמן המשחה ומקלו של אהרן ושקדיה ופרחיה וארגז ששגרו הפלשתים דורון לאלהי ישראל וכל כלי הזהב וא"ר אלעזר אתיא שמה שמה בארון והבאת שמה מבית לפרוכת את ארון העדות ובצנצנת נאמר קח צנצנת ותן שמה ונאמר במקלו של אהרן והנחתם באהל מועד לפני העדות אשר אועד לכם שמה ... ישראל תדבר לאמר שמן משחת קודש יהיה זה לי לדורותיכם. ובמטה אהרן נאמר ויאמר ה' אל משה השב את מטה אהרן למשמרת לדורותיכם: צבר את הקטורת ע"ג הגחלים. תנן

*) אולי צ"ל סוגיא דשמעתא במקדש הראשון.

§ מסכת יומא דף נב: §

אות א׳ - ב׳ - ג׳ - ד׳

הגיע לארון נותן את המחתה בין שני הבדים

צבר את הקטרת על גבי גחלים ונתמלא כל הבית כולו עשן

יצא ובא לו בדרך בית כניסתו ומתפלל תפלה קצרה בבית החיצון

ולא היה מאריך בתפלתו שלא להבעית את ישראל

רמב"ם פ"ד מהל׳ עבודת יוה"כ ה"א - נכנס לקדש הקדשים עד שהוא מגיע לארון, הגיע לארון נותן המחתה בין שני הבדים, ובבית שני שלא היה ארון היה מניחה על אבן השתייה; ואוחז שפת הכף בראשי אצבעותיו או בשיניו, ומערה הקטורת בגודלו לתוך חפניו עד שמחזירה למלוא חפניו כשהיתה, וזו היא עבודה קשה שבמקדש; וצובר את הקטרת על גבי הגחלים בידו לפנים במחתה, כדי שתהיה הקטורת קרוב לארון ורחוקה מפניו שלא יכוה; וממתין שם עד שיתמלא הבית עשן ויצא, והוא מהלך אחורנית מעט מעט פניו לקדש ואחוריו להיכל עד שיצא מן הפרוכת; ומתפלל שם בהיכל אחר שיצא תפלה קצרה, שלא להבעית את העם, שמא יאמרו מת בהיכל, וכך היה מתפלל: יהי רצון מלפניך ה׳ אלהינו שאם תהיה שנה זו שחונה תהיה גשומה, ולא יסור שבט מבית יהודה, ולא יהיו עמך בית ישראל צריכין לפרנסה, ואל תכנס לפניך תפלת עוברי דרכים.

אות ה׳ - ו׳ - ז׳ - ח׳ - ט׳

משנגנז ארון

צנצנת המן

וצלוחית שמן המשחה

ומקלו של אהרן ושקדיה ופרחיה

יאשיהו גנזו

רמב"ם פ"ד מהל׳ בית הבחירה ה"א - אבן היתה בקדש הקדשים [א]במערבו שעליה היה הארון מונח, ולפניו [ב]צנצנת המן ומטה אהרן; ובעת שבנה שלמה את הבית וידע שסופו ליחרב, בנה בו מקום לגנוז בו הארון למטה במטמוניות עמוקות ועקלקלות, ויאשיהו המלך צוה וגנזו במקום שבנה שלמה, שנאמר: ויאמר ללוים המבינים לכל ישראל הקדושים ליי׳ תנו את ארון הקדש בבית אשר בנה שלמה בן דויד מלך ישראל אין לכם משא בכתף עתה עבדו את י"י אלהיכם וגו׳, [ג]ונגנז עמו מטה אהרן והצנצנת ושמן המשחה; וכל אלו לא חזרו בבית שני.

אות י׳

פנימה שהיא חוצה לו

רמב"ם פ"ד מהל׳ עבודת יוה"כ ה"א - וצובר את הקטרת על גבי הגחלים בידו לפנים במחתה, כדי שתהיה הקטורת קרוב לארון ורחוקה מפניו, שלא יכוה.

אות כ׳

דתנן מלמדין אותו הזהר שלא תתחיל מפניך שמא תכוה

רמב"ם פ"ד מהל׳ עבודת יוה"כ ה"א - כנ"ל אות י׳.

רמב"ם פ"ג מהל׳ תמידין ה"ח - ואומרין לזה המקטיר: הזהר שלא תתחיל מלפניך, שלא תכוה.

באר הגולה

[א] ‹משמע מכאן דהארון שהיה עומד עליה היה במערב קדשי הקדשים, **ועיין** תוס׳ ב"ב כ"ה א׳ ד"ה וצבא וכו׳, שכתבו בשם ריצב"א דהארון היה במזרח קדשי הקדשים, יעו"ש, ועיין ביומא נ"ד א׳, שאיתא שם דהיו בדי הארון דוחקין בפרוכת יעו"ש, וכן איתא במנחות צ"ח ב׳, וא"כ משמע כהתוס׳ דב"ב, **אמנם** התוס׳ במנחות שם ד"ה דוחקין וכו׳ כתב, דהיה עומד באמצע בית קה"ק, (וכ"כ כאן ברש"י), והא דדוחקין בפרוכת מעשה נסים, **ועיין** ברשב"ם ב"ב צ"ט א׳ ד"ה ארון וכו׳, דמשמע כדברי רבינו יעו"ש - הר המוריה›

[ב] ‹ויש להעיר, מדוע בראש דבריו לא נקט דלפני הארון היה מונח גם שמן המשחה, דגם הוא היה מונח אצל הארון, כמבואר בפרק הוציאו לו (יומא דף נ"ב ע"ב). **והנה** עצם הגניזה הרי אינו שום דין דצריך לעשות ילפותא ע"ז, רק דהילפותא היא דצריך שיהיה שמן המשחה במקום הארון בקדש הקדשים, וזהו דילפינן מקרא דשם שם, וממילא כשנגנז הארון נגנז גם שמן המשחה, כיון דצריך להיות במקום הארון, א"כ הרי צ"ע למה לא כתב הרמב"ם בראש דבריו גם שמן המשחה. **ונראה** דצנצנת המן ומטה אהרן עיקר דינם הוא לפני העדות, ורק דצריך (אולי צ"ל כאן "ממילא") שיהא נמצא במקום שהארון שם, וזה הוא דקדוק לשון הרמב"ם שם שכתב לפני העדות, (דלמא ר"ל "היה הארון מונח ולפניו וכו׳"), משום דזהו מעיקר דינו דצריך שיהיו מונחים לפני הלוחות, **משא"כ** בשמן המשחה אין שום נפקותא אם הוא מונח לפניו או אצלו, רק דצריך שיהא נמצא במקום הארון, וע"כ כשנגנז הארון נגנז גם שמן המשחה, ומשום דגם כשנגנז תורת ארון עליו - גר"ח›

[ג] ‹רבינו השמיט ארגז ששיגרו פלשתים, מפני שאין לו ענין לדינין אלו - מעשה רוקח›

§ מסכת יומא דף נג. §

אות א'

להוציא מלבן של צדוקין שאומרים יתקן מבחוץ ויכניס

רמב"ם פ"א מהל' עבודת יוה"כ ה"ז - **בימי בית שני צץ המינות בישראל, ויצאו הצדוקין מהרה יאבדו שאינן מאמינין בתורה שבעל פה, והיו אומרין שקטרת של יום הכפורים מניחין אותה על האש בהיכל חוץ לפרוכת, וכשיעלה עשנה מכניס אותה לפנים לקדש הקדשים, הטעם, זה שכתוב בתורה: כי בענן אראה על הכפרת, אמרו כי הוא ענן הקטורת; ומפי השמועה למדו חכמים שאין נותן הקטרת אלא בקדש הקדשים לפני הארון, שנאמר: ונתן הקטרת על האש לפני ה'.**

אות ב'

מלמד שנותן בה מעלה עשן

רמב"ם פ"ב מהל' כלי המקדש ה"ב - **אחד עשר סממנים נאמרו לו למשה מסיני, והם שעושין אותה במשקל מכוון, ומוסיפין עמהן בלא משקל [א]מלח סדומית וכפת הירדן, ועשב אחד שמעלה עשן, ולא היו יודעים אותו אלא אנשים ידועים, והוא היה הלכה בידם איש מפי איש.**

רמב"ם פ"ב מהל' כלי המקדש ה"ג - **וזהו משקל י"א סמניה: נטף, ושחלת, וחלבנה, ולבונה, מכל אחד משקל שבעים מנה, והמנה מאה דינרין; ומור, וקציעה, ושבולת נרד, וכרכום, מכל אחד ששה עשר מנה; קושט שנים עשר מנה; קנמון תשעה מנים; קילופה שלש מנים; משקל הכל שלש מאות וששים ושמונה מנה, שחוקין הכל הדק; מוסיפין לה רובע הקב מלח סדומית, וכפת הירדן ומעלה עשן כל שהוא.**

אות ג'

הא לא נתן בה מעלה עשן או שחיסר אחת מכל סמניה חייב מיתה

רמב"ם פ"ה מהל' עבודת יוה"כ הכ"ה - **חסר מן הקטרת אחד מסמניה או מעלה עשן, חייב מיתה עליה, שנאמר: ולא ימות כי בענן אראה על הכפורת.**

[ב]רמב"ם פ"ב מהל' כלי המקדש ה"ח - **חיסר אחד מסממניה חייב מיתה, שהרי נעשית קטרת זרה.**

אות ד' – ה' – ו'

דקא מעייל ביאה ריקנית

כגון ששגג בביאה והזיד בהקטרה

כגון דעייל שתי הקטרות

רמב"ם פ"ה מהל' עבודת יוה"כ הכ"ה - **חסר מן הקטרת אחד מסמניה או מעלה עשן, חייב מיתה עליה, שנאמר: ולא ימות כי בענן אראה על הכפורת, וכן חייב מיתה על ביאתו בלא מצוה; לפיכך אם שגג בביאה והזיד בקטרת, או שנכנס בקטרת שלימה עם החסירה, חייב מיתה.**

אות ז'

אף על פי שהאש יורד מן השמים מצוה להביא מן ההדיוט

רמב"ם פ"ב מהל' תמידין ה"א - **מצות עשה להיות אש יקודה על המזבח תמיד, שנאמר: אש תמיד תוקד על המזבח; אף על פי שהאש ירדה מן השמים, מצוה להביא אש מן ההדיוט, שנאמר: ונתנו בני אהרן הכהנים אש על המזבח.**

אות ח' – ט' – י'

כהנים בעבודתן... ולוים בדוכנן... וישראל במעמדן

רמב"ם פ"ז מהל' בית הבחירה ה"ד - **כל שהשלים עבודה ונסתלק לו, אינו יוצא ואחוריו להיכל, אלא מהלך אחורנית [ג]מעט מעט, ומהלך בנחת על צדו עד שיצא מן העזרה; וכן אנשי משמר ואנשי מעמד ולוים מדוכנן כך הם יוצאין מן המקדש, כמי שפוסע אחר תפלה לאחוריו, כל זה ליראה מן המקדש.**

אות כ' – ל'

וכן תלמיד הנפטר מרבו לא יחזיר פניו וילך, אלא מצדד פניו והולך

כד הוה מיפטר מיניה דרבי יוחנן וכו'

יו"ד סימן רמב סט"ז - **[ד]וכשנפטר מלפניו לא יחזיר לו אחוריו, אלא נרתע לאחוריו, ופניו כנגד פני רבו... וחייב לעמוד מפניו, משיראנו מרחוק מלא עיניו עד שיתכסה ממנו שלא יראה קומתו, ואח"כ ישב** - או עד שישב ‹רבו›, כדלקמן סי' רמ"ד ס"ט - ש"ך.

באר הגולה

[א] ‹ורובע הקב {דהלכה ג'}, אינו שיעור משקל, אלא שיעור מדה – כסף משנה› [ב] ‹ע"פ מהדורת נהרדעא› [ג] ‹ומשמע דמצדדין דקתני, היינו משום דא"א לאדם לילך לאחוריו לגמרי, וכן א"א לו לילך לאחוריו אלא מעט מעט אף על פי שהוא מצדד, ולפיכך כתב רבינו מעט מעט. **ומש"כ** בנחת איני יודע לו טעם, דבכלל מעט מעט הוא, וסמ"ג השמיטו – כסף משנה› [ד] **יומא דף נ"ג ע"א**

שלא תתחיל מפניך שמא תכוה ת"ר ונתן את הקטורת על האש לפני ה' *שלא יתקן מבחוץ ויכניס *להוציא מלבן של צדוקין שאומרים יתקן מבחוץ ויכניס מאי דרוש כי בענן אראה על הכפורת מלמד שיתקן מבחוץ ויכניס אמרו להם חכמים והלא כבר נאמר ונתן את הקטורת על האש לפני ה' אם כן מה ת"ל כי בענן אראה על הכפורת מלמד שנותן בה מעלה עשן ומניין שנותן בה מעלה עשן שנאמר וכסה ענן הקטורת את הכפורת הא לא נתן בה מעלה עשן *או שחיסר אחת מכל סמניה חייב מיתה ותיפוק ליה דקא מעייל ביאה ריקנית אמר רב ששת הבא במאי עסקינן כגון ששגג בביאה והזיד בהקטרה רב אשי אמר אפילו תימא הזיד בזו ובזו כגון דעייל שתי הקטרות אחת שלימה ואחת חסירה אביאה לא מיחייב דהא עייל ליה שלימה אהקטרה מיחייב דקא מקטר קטורת חסירה אמר מר ומניין שנותן בה מעלה עשן ת"ל וכסה קרא לקרא אמר רב יוסף הכי קאמר אין לי אלא עלה מעלה עשן עיקר מעלה עשן מניין ת"ל וכסה א"ל אביי והא איפכא תניא דתניא נתן בה עיקר מעלה עשן היה מתמר ועולה כמקל עד שמגיע לשמי קורה כיון שהגיע לשמי קורה ממשמש ויורד בכותלים עד שנתמלא הבית עשן שנאמר והבית ימלא עשן אלא אמר אביי הכי קאמר אין לי אלא עיקר מעלה עשן עלה מעלה עשן מניין ת"ל וכסה רב ששת אמר אין לי אלא אהל מועד *שבמדבר שילה ובית עולמים מניין ת"ל וכסה האי מוכן יעשה לאהל מועד השוכן אתם נפקא אלא הכי קאמר אין לי אלא ביום הכפורים בשאר ימות השנה מניין ת"ל וכסה רב אשי אמר חד למצוה וחד לעכב רבא אמר חד לעונש וחד לאזהרה תניא ר"א אומר ולא ימות עונש כי בענן אראה אזהרה יכול יהיו שניהם אמורין קודם מיתת בני אהרן ת"ל אחרי מות שני בני אהרן יכול יהיו שניהם אמורים אחר מיתת שני בני אהרן ת"ל כי בענן אראה על הכפורת הא כיצד אזהרה קודם מיתה ועונש אחר מיתה מאי תלמודא אמר רבא אמר קרא כי בענן אראה ועדיין לא נראה ואלא מ"ט איענוש *כדתניא ר"א אומר לא מתו בני אהרן אלא על שהורו הלכה בפני משה רבן מאי דרוש ונתנו בני אהרן הכהן אש על המזבח אע"פ *שהאש יורדת מן השמים מצוה להביא מן ההדיוט: יצא ובא לו דרך כניסתו: מנא הני מילי א"ר שמואל בר נחמני א"ר יונתן אמר קרא ויבא שלמה לבמה אשר בגבעון ירושלים וכי מה ענין גבעון אצל ירושלים אלא מקיש יציאתו מגבעון לירושלים לביאתו מירושלים לגבעון מה ביאתו מירושלים לגבעון פניו כלפי במה כדרך ביאתו אף יציאתו מגבעון לירושלים פניו כלפי במה כדרך ביאתו וכן כהנים בעבודתן ולוים בדוכנן וישראל במעמדן כשהן נפטרין לא היו מחזירין פניהן והולכין אלא מצדדין פניהן והולכין וכן תלמיד הנפטר מרבו לא יחזיר פניו וילך אלא מצדד פניו והולך כי הא דר' אלעזר כד הוה מיפטר מיניה דר' יוחנן כד הוה בעי ר' יוחנן לסגויי הוה גחין קאי ר' אלעזר אדוכתיה עד דהוה מיכסי ר' יוחנן מיניה וכד הוה בעי ר' אלעזר לסגויי הוה קא אזיל לאחוריה עד דמכסי מיניה דרבי יוחנן רבא כד הוה מיפטר מיניה דרב יוסף הוה אזיל לאחוריה עד *דמנגפן כרעיה ומתווסן אסקופתא דבי רב יוסף דמא אמרו

רש"י

שלא תתחיל מפניך. לגבור ולילך הלאה: שמא תכוה. שהקטורת שלפניו בוערת תמיד וזרועך המתפשט והולך לפנים נכוה בתימור העשן: כי בענן. אל יבא כי אם בענן של עשן הקטורת: מעלה עשן. עשב שגורם לעשן לעלות וזקוף כמקל: ומנין שנותן בה וכו'. לקמן פריך ל"ל הא נפקא ליה: הא לא נתן וכו'. הא למדנו מכאן שנאמר ולא ימות שאם לא נתן וכו': או שחיסר. דכתיב הקטורת שלימה ולא חסירה: ותיפוק ליה. דלא נמי לא כתב הכא ולא ימות מיחייב מיתה אקטורת חסירה דאשכח דעייל ביאה ריקנית שלא לצורך וכתיב ואל יבא בכל עת ולא ימות: ששגג בביאה. ריקנית אבל ידע שיש מיתה במקטיר קטורת חסירה ואין עונש מיתה על השוגג: דעייל שתי הקטורות. בביאה אחת: קרא לקרא. הא נפקא ליה מכי בענן: עיקר. שורש: ועלה. שהשורש יפה מן העלין: לשמי קורה. לשון שמים: ממשמש בכתלים. כן דרך העשן כשאינו יכול לעלות מתפשט למעלה תמיד עד שמתמלא חלל הבית למעלה מכותל לכותל וכשאין לו עוד מקום ממשמש ויורד אל הכתלים: האי מוכן יעשה לאהל מועד השוכן אתם נפקא. אל מקום שיהא שכינה אתם יעשו כן: חד לעונש וחד לאזהרה. ואל יבא כי בענן אזהרה וכסה ענן ולא ימות זה עונש ואילו לא ימות דלא יבא לא אחסרון ענן כתיב אלא אביאה ריקנית: ר' אלעזר אומר. וכסה ולא ימות זה עונש מעלה עשן: יכול יהו שניהם אמורים קודם מיתת בני אהרן. ועדיין לא נראה. אראה משמע לעתיד אלמא כשנאמר מקרא זה עדיין לא נראה ולא לאחר מיתתן כבר נראה בו ביום שנאמר ויצאו ויברכו את העם וירא כבוד ה' אל כל העם (ויקרא ט): מצוה להביא מן ההדיוט. ואע"פ שהורו כדאי נטלו שלא נטלו רשות: לבמה אשר בגבעון לירושלים. היה לו לכתוב מירושלים לבמה אשר בגבעון דהיתה קדושה ששם מזבח שעשה משה והיה הולך ומקריב שם: מקיש יציאתו מגבעון לירושלים לביאתו מירושלים לגבעון. והכי משמע קרא ויבא שלמה לבמה אשר בגבעון לדרך הליכתו וכן לירושלים בשובו מגבעון היתה כביאה להשונה: וישראל במעמדם. העומדים בעזרה במקום כל ישראל על קרבן התמיד דכתיב תשמרו להקריב לי (במדבר כח) הוו עומדים ומשמרים על קרבנם: עד דהוה מכסי מיניה ר' יוחנן. שאין ר' אלעזר רואהו (א): מיניה דר' יוחנן. שאין ר' יוחנן רואהו מחזיר פניו:

תוספות

שלא תתחיל מפניך שמא תכוה. לא ידענא מאי קאמר מסתברא כמאן דאמר מדתניא הכא טותיה דילמא הא ברייתא איתא כמי תני לה כמו ההיא דלעיל ולאי מייתי ראיה מן הטעם המפורש בה שלא תכוה ולהכי קא מסתברא כמאן דאמר בלא ברייתא כמי הוי מלי למימר האי טעמא ונימא דמהאי טעמא מסתברא טותיה ושמא י"ל דלאו בברייתא לא הוה אמרינן טותיה סברא לומר לעשנה קלה כל כך שמא יכוה אי נמי י"ל הנך תרי ברייתות דמייתי מעיקרא לא מייתי בי רבי חייא ורבי אושעיא ומייתי מהא דמתניא בי ר' חייא ור' אושעיא: חד למצוה וחד לעכב. תימה לי מאי איצטריך קרא לעכב הא חוקה כתיב בפרשה וי"ל דחוקה לא קאי אלא איום הכפורים אבל קטורת דכל השנה איצטריך קרא לעכב ואין זה מענין הזיון דמעיקרא קאמר דחד קרא ליום הכפורים וחד קרא לשאר ימות השנה והשתא קאמר דהדרייהו בין ביוה"כ (כ) בין בשאר ימות השנה: שהורו הלכה בפני משה רבן. בת"כ איכא פלוגתא דתנאי טובא מ"ט איענשו איכא מאן דאמר מסיני נטלו [ואית דאמרי מפני] שאמרו מתי ימותו שני זקנים הללו ואני ואתה ננהיג את הדור וכו' ובפ' ד' מיתות (סנהדרין דף נב.) נמי מייתי לה ואיכא מאן דאמר פרועי ראש היו ואיכא מ"ד שתויי יין היו ואיכא מאן דאמר מחוסרי בגדים היו: וכי

עין משפט נר מצוה

נא א מיי' פ"ה מהלכות עבודת יוה"כ הלכה ו:

נב ב מיי' פ"ב מהלכות כלי המקדש הלכה ג סמג עשין קמו:

נג ג ד ה ו מיי' פ"ה מהלכות עבודת יוה"כ הלכה כה:

נד ז מיי' פ"ב מהלכות תמידין הלכה א:

נה ח מיי' פ"ז מהל' בית הבחירה הלכה ד:

נו כ ל מיי' פ"ה מהלכות ת"ת הלכה ו וטוש"ע י"ד סי' רמב סעיף טז

רבינו חננאל

...ואל תתחיל מלפניך שמא תכוה מן השלהבת העולה ומן העשן: ת"ר ונתן את הקטורת על האש לפני ה' כלומר הבא אש לפני ה' ואח"כ תן עליה הקטורת. כי בענן אראה על הכפורת מלמד שנותן בקטורת סם שהוא מעלה עשן להוציא מלבן של צדוקים שנאמר כי בענן אראה על הכפרת מלמד שמתקן מבחוץ ומכניס כשהעשן עולה כולה ותריצנה הכי ונתן את הקטורת על האש לפני ה' כי בענן אראה על הכפורת אין לי אלא עיקר מעלה עשן כלומר השרש שהוא חזק שהוא מתמר ועולה כמקל עד שמגיע לשמי קורה וכיון שהיה מגיע לשמי קורה היה ממשמש בכתלים ויורד עד שנתמלא הבית עשן שנא' וימלא הבית את הענן ונו' אין לי אלא עיקר מעלה עשן [עלה] מעלה עשן שרוקה מנ"ל ת"ל וכסה ענן הקטורת וגו' כלומר כיון שהיא שרוקה נתערבה ונתכסת ואסקה רב אשי הני תרי קראי חד למצוה וחד לעכב. רבא אמר כי בענן אראה על הכפורת לאזהרה. וכסה ענן הקטורת את הכפורת אשר על העדות ולא ימות לעונש...

וכי תימא אורחא דמילתא למיתב לימין. כ"ל לפרש כלומר אדרבה כי היכי דהכא יהב קודשא בריך הוא מימינו הכא נמי המתפלל יתן שלום לימין שלו ברישא ת"ש יפול מצדך אלף אלמא דיש לבקש על נגד השמאלי ברישא והדר אימין וטעמא הוי דהוי לימין הקב"ה ברישא:

תנן כמאן דאמר ארון גלה לבבל. תימה דרבי יהודה אומר במקומו נגנז ופליג בספא גבי בן ולא פליג ברישא אהרן וי"ל פליג בברייתא ברישא אהרן:

ופליגא דעולא. דאמר לר"ש גלה לבבל פליגא דעולא דאמר לר"ש לארון נגנז:

כרובים

אמרו ליה לרב יוסף הכי עביד רבא אמר ליה יהא רעוא דתרום רישך אכולה כרכא אמר רבי אלכסנדרי אמר רבי יהושע בן לוי *המתפלל צריך שיפסיע שלש פסיעות לאחוריו ואחר כך יתן שלום אמר ליה רב מרדכי כיון שפסע שלש פסיעות לאחוריו התם איבעיא ליה למיקם משל לתלמיד הנפטר מרבו אם חוזר לאלתר דומה לכלב ששב על קיאו תניא נמי הכי המתפלל צריך שיפסיע שלש פסיעות לאחוריו ואחר כך יתן שלום ואם לא עשה כן ראוי לו שלא התפלל ומשום (א) שמעיה אמרו ב שנותן שלום לימין ואחר כך לשמאל שנאמר °מימינו אש דת למו ואומר °יפול מצדך אלף ורבבה מימינך מאי ואומר וכי תימא אורחא דמילתא היא למיתב בימין ת"ש יפול מצדך אלף ורבבה מימינך רבא חזייה לאביי דיהיב שלמא לימינא ברישא א"ל מי סברת לימין דידך לשמאל דידך קא אמינא דהוי ימינו של הקב"ה אמר רב חייא בריה דרב הונא חזינא להו לאביי ורבא דפסעי להו שלש פסיעות בכריעה אחת: ומתפלל תפלה קצרה בבית החיצון: *מאי מצלי רבא בר רב אדא ורבין בר רב אדא תרוייהו משמיה דרב אמרי יהי רצון מלפניך ה' אלהינו שתהא שנה זו *ג שומה ושחונה שחונה מעליותא היא אלא אימא ג אם שחונה תהא גשומה ד רב אחא בריה דרבא מסיים בה משמיה דרב יהודה לא יעדי עביד שולטן מדבית יהודה ולא יהיו עמך ישראל צריכין לפרנס זה מזה ולא תכנס לפניך תפלת עוברי דרכים רבי חנינא בן דוסא הוה קא אזיל באורחא שדא מטרא עליה אמר רבש"ע כל העולם כולו בנחת וחנינא בצער פסק מיטרא כי אתא לביתיה אמר רבש"ע כל העולם כולו בצער וחנינא בנחת אתא מיטרא א"ר יוסף מאי אהניא ליה צלותיה דכהן גדול לגבי ר' חנינא בן דוסא תנו רבנן *מעשה בכהן גדול אחד שהאריך בתפלתו ונמנו אחיו הכהנים ליכנס אחריו התחילו הם נכנסין והוא יוצא אמרו לו מפני מה הארכת בתפלתך אמר להם קשה בעיניכם שהתפללתי עליכם ועל בית המקדש שלא יחרב אמרו לו אל תהי רגיל לעשות כן שהרי שנינו לא היה מאריך בתפלתו כדי שלא להבעית את ישראל:

מתני' ה משניטל ארון *אבן היתה שם מימות נביאים ראשונים ושתייה היתה נקראת גבוה מן הארץ שלש אצבעות ועליה היה נותן ו נטל את הדם ממי שהיה ממרס בו נכנס למקום שנכנס ועמד במקום שעמד *והזה ממנו ז אחת למעלה ושבע למטה ח ולא היה מתכוון להזות לא למעלה ולא למטה אלא כמצליף ט וכך היה מונה אחת אחת ואחת ואחת ושתים אחת ושלש אחת וארבע אחת וחמש אחת ושש אחת ושבע י יצא והניחו על כן הזהב שבהיכל כ הביאו לו את השעיר שחטו וקבל במזרק את דמו נכנס למקום שנכנס ועמד במקום שעמד והזה ממנו אחת למעלה ושבע למטה [א](ג) וכך היה מונה אחת אחת ואחת ושתים וכו' ל יצא והניחו על כן הזהב השני שבהיכל רבי יהודה אומר לא היה שם אלא כן אחד בלבד נטל דם הפר והניח דם השעיר והזה ממנו על הפרוכת שכנגד הארון מבחוץ אחת למעלה ושבע למטה ולא היה מתכוון וכו' וכך היה מונה וכו' נטל דם השעיר והניח דם הפר והזה ממנו על הפרוכת שכנגד הארון מבחוץ אחת למעלה ושבע למטה וכו' *ס עירה דם הפר לתוך דם השעיר ונתן את המלא בריקן:

גמ' משנגנז לא קתני אלא משניטל תנן כמאן דאמר ארון גלה לבבל דתניא *רבי אליעזר אומר ארון גלה לבבל שנאמר °ולתשובת השנה שלח המלך נבוכדנאצר ויביאהו בבלה עם כלי חמדת בית ה' רבי שמעון בן יוחאי אומר ארון גלה לבבל שנאמר °לא יותר דבר אמר ה' אלו עשרת הדברות שבו רבי יהודה (*בן לקיש) אומר ארון במקומו נגנז שנאמר *°ויראו ראשי הבדים מן הקדש על פני הדביר ולא יראו החוצה ויהיו שם עד היום הזה ופליגא דעולא דאמר עולא שאל רבי מתיא בן חרש את רבי שמעון בן יוחאי ברומי וכי מאחר שרבי אליעזר מלמדנו פעם ראשונה ושניה ארון גלה לבבל ראשונה הא דאמרן °ויביאהו בבלה עם כלי חמדת בית ה' שניה מאי היא דכתיב °ויצא מבת ציון כל

אמרו ליה לרב יוסף. שהוא היה מאור עינים ולא היה מכיר בדבר: **תרום רישך**. תהיה ראש ישיבת הכרך: **התם מיבעי ליה למיקם**. במקום שהפסיעות כלות ולא לחזור לאלתר: **ואם לא עשה כן**. נראה כמו שלא נטל רשות להיפטר: **ראוי לו שלא התפלל**. ראוי לו שלא התפלל גרסינן כלומר נוח היה לו אם לא התפלל כמו ראוי לו שלא בא לעולם: **מימינו אש דת**. אלמא ימין עדיפא: **ורבבה מימינך**. הימין סובלת רבבה מזיקין: **וכי תימא אורחא הוא**. שהימין מוכנת להשתמש בה לכך ניתנו הלוחות בימין ולאו חשיבותא דימין היא: **לשמאל דידך**. דהיא ימינו של הקב"ה שהמתפלל רואה עצמו כאילו שכינה למול פניו שנאמר שויתי ה' לנגדי תמיד (תהלים טז): **שחונה**. חמה: **עביד שולטן**. עושה ממשלה: **עוברי דרכים**. מתפללים שלא ירדו גשמים: **וחנינא בנחת**. שאין לי זריעה בשדות:

מתני' **נביאים ראשונים**. דוד ושמואל מפרש במס' סוטה (דף מח:): **ושתייה היתה נקראת**. מפרש בגמ': **למקום שנכנס**. לבית קדשי הקדשים: **במקום שעמד**. בין הבדים: **ולא היה מתכוון להזות לא למעלה וכו'**. שתהא אחת למעלה בחודה של כפורת העליון והשבע למטה מאמצעה (ג) שהרי לא על הכפורת נוגעים אלא לארץ נופלות: **אלא כמצליף**. כשורה זו תחת זו כל שמונה הזאות כמצליף לא ידעתי לשונו: **וכך היה מונה**. בגמרא מפרש טעמא: **נטל דם הפר תחילה והניח דם השעיר**. מסקנא דמילתיה דר' יהודה היא דאמר לא היה שם אלא כן אחד וצריך ליטול דם הפר תחילה (ד): **על הפרוכת**. כדכתיב וכן יעשה לאהל מועד (ויקרא טז): **עירה דם הפר וכו'**. כדכתיב במתנות המזבח ולקח מדם הפר ומדם השעיר מדם שניהן יחדיו: **ונתן המלא וכו'**. בגמרא מפרש חוזר ומערה מזרק מלא לתוך הריקן כדי לערבן יפה:

גמ' **ויביאו בבלה**. ליהויכין: **עם כלי חמדה** (ה). הוא ארון: **ויאריכו הבדים וגו'**. סיפיה דקרא ויהיו שם עד היום הזה: **ופליגא דעולא**. הא דתניא ר' שמעון אומר ארון גלה לבבל: **ראשונה ושניה**. כלומר משני מקראות:

כל

רבינו חננאל

תוספות ישנים

§ מסכת יומא דף נג: §

אות א׳ - ב׳

המתפלל צריך שיפסיע שלש פסיעות לאחוריו ואחר כך יתן שלום

שנותן שלום לימין ואחר כך לשמאל

סימן קכג ס״א - [א]**כורע ופוסע ג׳ פסיעות לאחריו,** [ב]**בכריעה אחת** - כעבד הנפטר מרבו, **ושיעור** הכריעה כבר כתבתי לעיל בסימן קי״ג בבה״ל, שהוא כדי שיתפקקו כל חוליותיו שבשדרה.

עיין בב״י כמה טעמים לג׳ פסיעות, **ועוד** כתבו טעם, משום דאחז״ל, דבזכות ג׳ פסיעות שרץ נבוכדנצר לכבוד הש״י, זכה להחריב בית המקדש, ולכן אנו פוסעים ג׳ פסיעות, ומתפללין שיבנה בית המקדש.

ואחר שפסע ג׳ פסיעות בעודו כורע, קודם שיזקוף, כשיאמר: עושה שלום במרומיו, הופך פניו לצד שמאלו - שהמתפלל רואה עצמו כאלו שכינה מול פניו, ושמאל האדם הוא צד ימינו של הקב״ה, **ולא** כאותן שאומרין "עושה שלום" בעוד שפוסעין, דאין נכון לעשות כן, וכן הדין ב"עושה שלום" דקדיש.

וכשיאמר: הוא יעשה שלום עלינו, הופך פניו לצד ימינו - דלא כהאומרים "עלינו ועל כל ישראל", אלא "ועל כל ישראל" יאמר כשמשתחוה לפניו.

ואח״כ ישתחוה לפניו, כעבד הנפטר מרבו.

הגה: ונהגו לומר אח״כ: יה״ר שיבנה בית המקדש כו׳, כי התפלה במקום העבודה, ולכן מבקשים על המקדש שנוכל לעשות עבודה ממש (ד״ע).

אות ג׳ - ד׳ - ה׳

אם שחונה תהא גשומה

רב אחא בריה דרבא מסיים בה משמיה דרב יהודה וכו׳

משניטל ארון, אבן היתה שם מימות נביאים ראשונים ושתייה היתה נקראת, גבוה מן הארץ שלש אצבעות, ועליה היה נותן

רמב״ם פ״ד מהל׳ עבודת יוה״כ ה״א - הגיע לארון נותן המחתה בין שני הבדים, ובבית שני שלא היה ארון היה מניחה על אבן השתייה... וכך היה מתפלל: יהי רצון מלפניך ה׳ אלהינו שאם תהיה שנה זו שחונה תהיה גשומה, ולא יסור שבט מבית יהודה, ולא יהיו עמך בית ישראל צריכין לפרנסה, ואל תכנס לפניך תפלת עוברי דרכים.

אות ו׳

נטל את הדם ממי שהיה ממרס בו נכנס למקום שנכנס ועמד במקום שעמד

רמב״ם פ״ד מהל׳ עבודת יוה״כ ה״ב - ואחר כך נוטל דם הפר מזה שהוא מנדנדו, ונכנס בו לקדש הקדשים ומזה ממנו שם שמונה הזיות בין בדי הארון, ויוצא ומניחו בהיכל על כן הזהב שהיה שם.

אות ז׳ - ח׳ - ט׳

והזה ממנו אחת למעלה ושבע למטה

ולא היה מתכוון להזות לא למעלה ולא למטה וכו׳

וכך היה מונה: אחת, אחת ואחת, אחת וכו׳

רמב״ם פ״ג מהל׳ עבודת יוה״כ ה״ה - ומכניס דמן להיכל ומזה מדם שניהן ביום הזה ארבעים ושלש הזיות, ואלו הן: מזה תחילה מדם הפר שמונה הזיות בקדש הקדשים בין בדי הארון [ג]**קרוב לכפורת בטפח, שנאמר: ולפני הכפורת יזה וגו׳, ומזה שם אחת למעלה ושבע למטה, מפי השמועה למדו שזה שנאמר: שבע פעמים יזה, יתר על הזייה ראשונה; וכך היה מונה: אחת, אחת ואחת, אחת ושתים, אחת ושלש, אחת וארבע, אחת וחמש, אחת ושש, אחת ושבע... וכל אלו ההזיות אינו מתכוין בהן להזות לא למעלה ולא למטה, אלא כמצליף.**

רמב״ם פ״ה מהל׳ מעשה הקרבנות הי״ב - והיכן מזין מדמן, וכמה מזה מהם: פר ושעיר של יום הכפורים דם כל אחד מהן טעון שמונה הזיות על בין הבדים, ושמונה על הפרוכת, ומערב דם הפר והשעיר ומזה משניהם ארבע הזאות על ארבע קרנות מזבח הזהב שבהיכל, ושבע הזיות על אמצעו של מזבח זה, כמו שיתבאר בהלכות עבודת יום הכפורים; ואם לא כיון בהזיות שבפנים כשרות.

אות י׳

יצא והניחו על כן הזהב שבהיכל

רמב״ם פ״ד מהל׳ עבודת יוה״כ ה״ב - עיין לעיל אות ו׳.

באר הגולה

[א] יומא נ״ג ומביאו הרי״ף והרא״ש מרדכי [ב] ‹א״ר חייא בריה דרב הונא חזינא להו לאביי ורבא דפסעי להו שלש פסיעות בכריעה אחת, ולכן כתב רבינו וכורע ופוסע שלש פסיעות לאחוריו בכריעה אחת - ב״ח. **והעין** משפט לא ציין מימרא זו› [ג] ‹שם נ״ה א׳ כשהוא מזה לא היה מזה על הכפורת אלא כנגד עובייה של כפורת, ועובייה היה טפח, כדאיתא בשבת צ״ב. עירובין ד: סוכה ה. סנהדרין ז. נדה כ״ו: יעו״ש, וזה שכתב קרוב לכפורת בטפח, ר״ל קרוב לשטח העליון של הכפורת בטפח - הר המוריה›

אות כ׳

הביאו לו את השעיר שחטו וקבל במזרק את דמו, נכנס למקום שנכנס ועמד במקום שעמד, והזה ממנו אחת למעלה ושבע למטה, וכך היה מונה: אחת, אחת ואחת, אחת ושתים וכו׳

רמב״ם פ״ג מהל׳ עבודת יוה״כ ה״ה - ואחר כך מזה מדם השעיר בין בדי הארון שמונה, אחת למעלה ושבע למטה, ומונה כדרך שמונה בדם הפר.

אות ל׳ – מ׳

יצא והניחו על כן הזהב השני שבהיכל

עירה דם הפר לתוך דם השעיר ונתן המלא בריקן

רמב״ם פ״ד מהל׳ עבודת יוה״כ ה״ב - ואחר כך יוצא מן ההיכל ושוחט את השעיר ומקבל את דמו ונכנס בו לקדש הקדשים, ומזה ממנו שם שמונה הזיות בין בדי הארון, ויוצא ומניחו על כן הזהב שני שבהיכל; ואחר כך נוטל דם הפר מעל הכן ומזה ממנו על הפרוכת כנגד הארון שמונה הזיות; ומניח דם הפר ונוטל דם השעיר ומזה ממנו על הפרוכת כנגד הארון שמונה הזיות; ואחר כך מערה דם הפר לתוך דם השעיר, ומחזיר הכל למזרק שהיה בו דם הפר, כדי שיתערבו יפה יפה.

רמב״ם פ״ג מהל׳ עבודת יוה״כ ה״ה - וחוזר ומזה בהיכל על הפרוכת מדם הפר שמונה, אחת למעלה ושבע למטה, שכך נאמר בדם הפר: על הכפורת ולפני הכפורת, ומונה כדרך שמונה בפנים; וחוזר ומזה מדם השעיר כן על הפרוכת שמונה הזיות אחת למעלה ושבע למטה, שנאמר בדם השעיר: ועשה את דמו כאשר עשה לדם הפר, ומונה כדרך שמונה בפנים... ואחר כך מערב שני הדמים דם הפר ודם השעיר ומזה משניהם ארבע הזיות על ארבע קרנות מזבח הזהב שבהיכל, ושבע הזיות על אמצעו של מזבח זה.

תורה אור

כל הדרה מאי כל הדרה חדרה אתה מאי אתה אומר אמר לו שאני אומר ארון במקומו נגנז שנאמר ויאריכו הבדים *וגו' אמר ליה רבה לעולא מאי משמע דכתיב °ויהיו שם עד היום הזה וכל היכא דכתיב עד היום הזה לעולם הוא והכתיב °ואת היבוסי יושב ירושלם לא הורישו בני בנימין וישב היבוסי את בני בנימין בירושלם עד היום הזה הכי נמי דלא גלו והתניא *ר' יהודה אומר חמשים ושתים שנה לא עבר איש ביהודה שנאמר °על ההרים אשא בכי ונהי ועל נאות מדבר קינה כי נצתו מבלי איש עובר ולא שמעו קול מקנה מעוף השמים ועד בהמה נדדו הלכו בהמה בגימטריא חמשין ושתים הוו ותניא ר' יוסי אומר שבע שנים נתקיימה גפרית ומלח בארץ ישראל ואמר רבי יוחנן מאי טעמא דרבי יוסי אתיא ברית ברית כתיב הכא °והגביר ברית לרבים שבוע אחד וכתיב התם °ואמרו על אשר עזבו את ברית ה' אלהי אבותם אמר ליה הכא כתיב שם התם לא כתיב שם וכל היכא דכתיב שם לעולם הוא מיתיבי °ומהם מן בני שמעון הלכו להר שעיר אנשים חמש מאות ופלטיה ונעריה ורפיה ועוזיאל בני ישעי בראשם ויכו את שארית הפליטה לעמלק וישבו שם עד היום הזה וכבר עלה סנחריב מלך אשור ובלבל כל הארצות שנאמר °ואסיר גבולות עמים °ועתודותיהם שושתי תיובתא אמר רב נחמן תנא וחכמים אומרים ארון בלשכת דיר העצים היה גנוז אמר רב נחמן בר יצחק אף אנן נמי תנינא *מעשה בכהן אחד שהיה מתעסק וראה רצפה משונה מחברותיה ובא והודיע את חבירו ולא הספיק לגמור את הדבר עד שיצתה נשמתו וידעו ביחוד ששם ארון גנוז מאי הוה עביד אמר רבי חלבו מתעסק בקרדומו היה תנא דבי רבי ישמעאל שני כהנים בעלי מומין היו מתליעין בעצים ונשמטה קרדומו של אחד מהם ונפלה שם ויצתה אש ואכלתו רב יהודה רמי כתיב °ויראו ראשי הבדים וכתיב °ולא יראו החוצה הא כיצד נראין ואין נראין תניא נמי הכי *ויראו ראשי הבדים יכול לא יהו זזין ממקומן ת"ל ויאריכו הבדים יכול יהו מקרעין בפרוכת ויוצאין ת"ל ולא יראו החוצה הא כיצד דוחקין ובולטין ויוצאין בפרוכת ונראין כשני דדי אשה שנא' °צרור המור דודי לי בין שדי ילין אמר רב קטינא בשעה שהיו ישראל עולין לרגל *מגללין להם את הפרוכת ומראין להם את הכרובים שהיו מעורים זה בזה ואומרים להן ראו חבתכם לפני המקום כחבת זכר ונקבה מתיב רב חסדא °ולא יבואו לראות כבלע את הקדש ואמר רב יהודה אמר רב בשעת הכנסת כלים לנרתק שלהם אמר רב נחמן משל לכלה כל זמן שהיא בבית אביה צנועה מבעלה כיון שבאתה לבית חמיה אינה צנועה מבעלה מתיב רב חנא בר רב קטינא מעשה בכהן אחד שהיה מתעסק וכו' אמר ליה נתגרשה קא אמרת נתגרשה חזרו לחיבתה הראשונה במאי עסקינן אי נימא *במקדש ראשון מי הואי פרוכת אלא במקדש שני מי הוו כרובים לעולם במקדש ראשון ומאי פרוכת פרוכת דבבי דאמר רבי זירא אמר רב *שלשה עשר פרוכות היו במקדש שבעה כנגד שבעה שערים שתים אחת לפתחו של היכל ואחת לפתחו של אולם שתים בדביר ושתים כנגדן בעליה רב אחא בר יעקב אמר לעולם במקדש שני וכרובים דצורתא הוו קיימי דכתיב °ואת כל קירות הבית מסב קלע (א) פתוחי מקלעות כרובים ותמרות ופטורי ציצים וצפה זהב מיושר על המחוקה וכתיב °כמער איש ולויות מאי כמער איש ולויות אמר רבה בר רב שילא כאיש

(מ"א ח, יהושע טו, ירמיה ט, דניאל ט, דברים כט, דה"א ד, ישעיה י, מ"א ח, שם, שה"ש א, במדבר ד, מ"א ו, שם, שם ז)

כל הדרה. הגנוז בחדרי חדרים: **נ"ב שנה.** הי' מחרבות ירושלים בגלות לדקיהו עד פקידת כורש שעלו לבנות הבית שהרי לסוף ע' לגלות יהויקים היתה הפקידה כמו שפירש במגילה (דף יא:) וי"ח שנה היה מכיבוש יהויקים עד חרבות ירושלים דאמר מר גלו בשבע גלו בשמונה גלו בשמונה עשרה גלו בתשע עשרה ופירושו גלה יכניה בשבע לכיבוש יהויקים שהוא שמונה לנבוכדנלר גלו לדקיהו וגלותו בחרבות ירושלים בשמונה עשר לכיבוש יהויקים שהוא תשע עשרה לנבוכדנלר דאמר מר שנה ראשונה כיבש נינוה שניה עלה וכיבש יהויקים: **עד בהמה.** בהמה בגימטריא חמשין ותרין: **והגביר ברית לרבים.** בספר דניאל כתיב והכי מפרש ליה ר' יוחנן אותו ברית האמור בגפרית ומלח שנאמר בו על אשר עזבו את ברית הגבירו האויב על ישראל שבוע אחד: **לרבים.** לשרים כמו כל רבי מלך בבל (ירמיה לט): **מתעסק.** בטיול ושחוק: **רצפה משונה.** אחת מן הטבלאות של שיש שברצפה ראה גבוהה מחברותיה והבין שסילקוה מאחר שנסדרה שם: **ביחוד.** בברור: **מתליעין בעצים.** דתנן (מדות פ"ב משנה ה) כל עץ שיש בו תולעת פסול למזבח: **בעלי מומין.** שאין ראויין לעבודה אחרת: **נראין ואין נראין.** כדמפרש ואזיל בברייתא שהיו דוחקין ובולטין בפרוכת ונראין כשני דדי אשה שבולטין מתחת חלוקה: **ויוצאין בפרוכת.** הפרוסה כנגד פתח שבמחילת אמה טרקסין והפתח באמצע אמה טרקסין היה במקדש ראשון: **הכרובים.** מדובקין זה בזה ואוחזין ומחבקין זה את זה כזכר האוחז את הנקבה: **מעורים.** לשון דיבוק כמו (עוקצין פ"ג משנה ח) אילן שנפשח ומעורה בקליפה ובמס' בילה (דף ז:) אם היו מעורות בגידין אסורות: **ולא יבאו לראות.** הלוים שבמדבר אף על פי שהיו נושאין כלי הקודש בכתף לא היו רשאין ליכנס בשעת סילוק מסעות שהיו מפרקין את הארון והמזבח להסיעו ממקומו עד שהיו אהרן ובניו מכסין אותו בנרתיקין כמו שכתוב בפרשה וכסו אותו במכסה עור תחש ולקחו בגד תכלת וכסו וגו' כבלע לשון כיסוי: **בבית אביה.** כארוסה אף ישראל במדבר עדיין לא היו נשין בשכינה: **נתגרשה קאמרת.** האי מעשה בבית שני הוה לאחר שנתגרשו וחזרו: **לחיבתה ראשונה.** לתחילת חיבתן שאין נשין זה בזה: **במאי עסקינן.** האי מגללין להן הפרוכת ומראין להן הכרובים: **מי הוו כרובים.** דקס"ד בכרובים שעשה שלמה אצל הארון מזה ומזה קאמר: **דבבי.** שכנגד הפתחים פתח אולם והיכל ובית קדשי הקדשים: **שלש עשרה פרוכות היו במקדש שני.** שבעה לשבעה שערי העזרה שתים בדביר במקום אמה טרקסין ושתים כנגדן לחוץ בין עליית ההיכל לעליית בית קדשי הקדשים וכי היכי דבמקדש שני היו פרוכות כנגד הפתחים הכי נמי במקדש ראשון: **כרובים דצורתא.** מצויירין בכותל במיני סממנים או חקוקין בקירות העץ מלפנים מכותלי האבנים: **מסב קלע.** צורות רשתות וקליעות: כלים

כרובים דצורתא. נשאלתי על אותם שמציירים במחזורים צורות חיות ועופות אם יפה עושים אם לאו והשבתי כ"ל דודאי לא יפה עושים שמתוך שמסתכלים בצורות הללו אין מכוונין לבם לאביהם שבשמים מיהו אין כאן איסור דלא תעשה לך פסל וגו' (שמות כ) דהא מסקינן בפרק כל הצלמים (ע"ז דף מג:) שאני רבן גמליאל דאחרים עשו לו ואפילו חשדא ליכא בצורים

דמשנה דלקמן לרבי אחאי ומקום ארון שלא היה מן המדה לא היו מכירין שלא היו מגביהין להם כל כך וגם לא היו [מודדין] ונוף הכרובים שלא היו מן המדה שהיו כונסים ה' אמות מימין וה' אמות משמאל גם בזה לא היו מכירין כל כך. מ"ר

רבינו חננאל

ראשונה הא דאמרן שנאמר ולא יותר דבר אמר ה' אלו עשרת הדברות שבתוכו [שניה מאי דכתיב] ויצא מבת ציון כל הדרה ופליגא דעולא דאמר דרבי מתיא שאל לרשב"י וא"ל ארון במקומו נגנז שנאמר ויאריכו הבדים ויראו ראשי הבדים מן הקדש אל פני הדביר ולא יראו החוצה ויהיו שם עד היום הזה. איני והכתיב ואת היבוסי יושב ירושלם לא הורישו וגו' ועלתה בתיובתא דמקשה וכל היכא דכתיב עד היום הזה לעולם הוא. והתניא ר' יהודה אומר נ"ב שנה לא עבר איש ביהודה שנאמר על ההרים אשא בכי ונהי וגו' בהמה בגימטריא נ"ב הוי. ותניא ז' שנים נתקיימה גפרית ומלח בא"י שנא' על אשר עזבו את ברית ה' וגו' וכתיב והגביר ברית לרבים שבוע [אחד] מה ברית זו שבוע אף ברית זו שבוע. אמר רב נחמן תנא ארון בלשכת דיר העצים הוא גנוז דתנן בשקלים מעשה בכהן אחד שהיה מתעסק וראה זו הרצפה משונת מחברותיה כו'. תנא ב' כהנים מתלעין בעצים היו ונפל קרדום אחד מהן ויצאה ואכלתו. תניא כיצד היו הבדים נראים בארונהיו דוחקין ובולטים ויוצאים בפרוכת ונראית כב' דדי אשה שנאמר בין שדי ילין וכשהיו ישראל עולין לרגל היו מגללין הפרוכת ומראין להן הכרובים מעורים זה בזה שנאמר כמער איש ולויות ואיך מראין להן הכרובים והכתיב ולא יבואו לראות כבלע את הקדש ומתו ואמרינן בשעת הכנסת כלי הקדש לנרתקן כו' ואמרינן

תוספות ישנים

מתעסק. שוחק בקרדומו היה: דוחקין ובולטין בפרוכת כו'. במקדש ראשון מיירי ופרוכת דבבי שהיה פתח בית קדשי הקדשים מכוון באמצעיתו וגם היה פרוכת כדלקמן אבל במקדש שני לא היה ארון: ומראין להם שהיו מעורין. וא"ת אמאי לא חשיב להו בפ"ק (דף כא.) בהדי ניסי [ברא'] כיון שהיו מראין אותן לעולי רגלים א) למאי דס"ד שהן הכרובים שעשה שלמה מזה ומזה מראים כמו שאנו אומרים לעיל גבי לחם הפנים י"ל שאותם שהיו מעורין זה בזה אין זה נס שכך עשאם שלמה כמו הני

מסורת הש"ס: [נ"ל ויראו ראשי הבדים] [שבת קמה:] [שקלים פ"ו מ"ב] [תוספתא פ"ב ע"ש מנחות' כח. ע"ש] *[בע"י איתא נהיסף ויראו וכו' יכול יהו מקרעין וכו' ויאריכו וכו' יכול לא יהיו זזין וכו'] [לעיל נב:] [כתובות קו.] [עי' היטב בפסוקים הללו ומצוה ליישב]

הגהות הב"ח: (א) גמ' דכתיב ואת כל קירות הבית מסב קלע פתוחי מקלעות כרובים ותמרות ופטורי ציצים וכתיב וצפה זהב מישר:

גליון הש"ס גמ' ועתודותיהם שושתי תיובתא. עיין סוטה דף מו ע"ב ברש"י ד"ה ויקרא שמה וכו':

א) נ"ל דלמאי דס"ל:

כאיש המעורה בלוייה שלו אמר ריש לקיש בשעה שנכנסו נכרים להיכל ראו כרובים המעורין זה בזה הוציאון לשוק ואמרו ישראל הללו שברכתן ברכה וקללתן קללה יעסקו בדברים הללו מיד הזילום שנאמר °כל מכבדיה הזילוה כי ראו ערותה: ושתיה היתה נקראת: תנא *שממנה הושתת העולם תנן כמאן דאמר מציון נברא העולם דתניא רבי אליעזר אומר עולם מאמצעיתו נברא שנאמר °בצקת עפר למוצק ורגבים ידובקו רבי יהושע אומר עולם מן הצדדין נברא שנאמר °כי לשלג יאמר הוי ארץ וגשם מטר וגשם מטרות עוזו רבי יצחק (*נפחא) אמר אבן ירה הקב"ה בים ממנו נשתת העולם שנאמר °על מה אדניה הטבעו או מי ירה אבן פנתה *וחכמים אומרים מציון נברא שנאמר °מזמור לאסף אל אלהים ה' ואומר מציון מכלל יופי ממנו מוכלל יפיו של עולם תניא ר' אליעזר הגדול אומר °אלה תולדות השמים והארץ בהבראם ביום עשות ה' אלהים ארץ ושמים תולדות שמים משמים נבראו תולדות הארץ מארץ נבראו וחכמים אומרים אלו ואלו מציון נבראו שנאמר מזמור לאסף אל אלהים ה' דבר ויקרא ארץ ממזרח שמש עד מבואו ואומר מציון מכלל יופי אלהים הופיע ממנו מוכלל יופיו של עולם: נטל את הדם ממי שממרס בו וכו': מאי *כמצליף אמר רב יהודה כמנגדנא

[תוספ' פ"ג] [נ"ל הוא כצ"י ליתא וכו"ל] [ובילקוט איוב רמז תתקכ"ד איתא ר' יהודה אומר מציון כו'] לעיל מו. [(לקמן נז.) זבחים לח.]

רש"י

כאיש המעורה בלויה שלו. המדבק וחבוק באשתו בין זרועותיו: סוליאוס לשוק. קיפלוס מן הכותל: מציון נברא. ציון נבראת תחילה וסביביה נדבקו רגבים עד סוף העולם מכל צד: בצקת עפר למוצק. מוצק אחד היה לו ומשם נדבקו רגבים סביביו: מן הצדדין נברא. ארבע מוצקות היו לו ומתח והלך מכל צד עד שנדבק באמצעיתו: כי לשלג יאמר הוא ארץ. תעשה ארץ ומהיכן גשם מטר וגשם מטרות מארבע צדדין הורידו והגשימו להעשות ארץ: מציון מכלל יופי. בתריה כתיב: תולדות שמים. מאורות וכוכבים: איכא ה"ג תולדות השמים משמים נבראו ותולדות הארץ מן הארץ נבראו: כמנגדנא

תוספות

בציורים שם מיני צבעים בעלמא ואין בהם ממשות כלל דלא חיישינן לתקלה אלא בחותם בולט ולא בחותם שוקע וכל שכן בדבר זה שאינו לא שוקע ולא בולט אלא מין צבע בעלמא ונראה לי דאפילו ישראל מותר לצייר צורות במיני צבעים ואין בזה משום לא תעשה לך פסל דלא אסר אלא פרצוף גמור חקוק כבשר אבל במיני צבעים מותר כדאמר בחזקת הבתים (ב"ב דף נד:) הגר שמת ובזבזו ישראל נכסיו הצר צורה קנה לא קנה אלא כלמה כנגד הפתח ומירך דהתם לא הוו צורת בריה אלא ציורין בעלמא מעשה לנענועים ופרחים אבל צורת חיה או עוף חשיבה ולא בעינן אמה כנגד הפתח אלמא דרב צייר צורת חיה ועוף אלא ודאי במיני צבעים מותר והא דתניא במכילתא לא תעשה לך פסל וכו' עד לא יעשה לו גלופה אבל יעשה לו אטומה תלמוד לומר וכל תמונה וכו' עד אפילו בהמה חיה ועוף ודגים ותנינים ואפילו הכוכבים ואפילו הסורזירים כו' נראה לי דהכי פירושו גלופה היינו צורה בולטת אטומה צורה שוקעת ואשר במים מתחת לארץ להביא את הבובייה פי' שעושה צורה וחוקק דמות בבואה שבמים דסד"א דוקא אשר בשמים ממעל ואשר בארץ מתחת לרקיע אבל צורת דמות בבואה שבמים לא תלמוד לומר ואשר במים ויש אומרים להביא הסורזירים נראה שהוא מין שד שבמים שקורין נינס בלשון אשכנז וכל אילו אין אסורין לעשותם אלא פרצופים חקוקין אבל לא ממין הצבעים כמו שהוכחתי ואמנם על כסא שלמה אני תמיה דכתיב ושנים אריות עומדים אצל הידות ושנים עשר אריים וגו' (מלכים א י) ואין לומר דעל פי הדיבור הוה דכתיב וישב שלמה על כסא ה' למלך (דה"א כט) שהרי אין נביא רשאי לחדש דבר מעתה ואיכא למימר בהא מיגדרא מילתא שאני התם דאליהו בהר הכרמל ושמא בהא מילתא נמי איכא למיגדר מילתא שכשהיו עדים באים להעיד בפניו היו אריות שואגים וטהמים כמו שיש במדרש ומתוך כך היו מפחדים להעיד עדות שקר אי נמי יש לומר אחרים עשו לו וחשדא ליכא דרבים שכיחי גביה כדאמר גבי ר"ג ומה שעשו בכותלי היכל וקדשי קדשים ציורים חקוקים בכותל סביב פני הכפיר אל התימורה מפה ופני אריה אל התימורה מפה יש לומר על פי הדיבור הכל בכתב (דה"א כח) אי נמי יש לומר דלא שייך לא תעשה לך פסל אלא בתלוש אבל על הכותל במחובר לא דאינו אלא לנוי בעלמא ובטל לגבי הכותל ואע"ג שאני מדמה לא הייתי עושה מעשה כמו זה התירוץ האחרון ועוד נראה לי דלפי סוגיית פרק כל הצלמים (ע"ז דף מג:) מוכח דכל מיני פרצופין מותר לעשות אפילו חקוקין וחותמה בולט חוץ מפרצוף אדם לחודיה או דמות ארבעה פרצופין בהדי הדדי שבכסא הכבוד אדם אריה שור נשר ודמות שמשין שבמדור העליון ושבמדור התחתון ותשמישי מקדש לעשות כמותו בית תבנית היכל אכסדרה תבנית אולם כמדתן בארכו ורחבו שולחן תבנית שולחן מנורה תבנית מנורה אבל מילי אחריני שרי תדע דאמר אביי התם לא אסרה תורה אלא שמשין שאפשר לעשות כמותן והדר אמר אביי לא אסרה תורה אלא דמות ארבעה פנים בהדי הדדי והדר אמר אביי לא אסרה תורה אלא שמשין שבמדור העליון ופריך ושבמדור התחתון מי שרי והתניא אשר בשמים (שמות כ) לרבות חמה ולבנה כוכבים ומזלות ממעל לרבות מלאכי השרת ומשני כי תניא ההיא לעובדם ופריך לעבדם אפילו שלשול קטן נמי ומשני אין הכי נמי ומסיפא דקרא נפקא אשר בארץ לרבות ימים ונהרות הרים וגבעות מתחת לרבות שלשול קטן ופריך ועשייה גרידתא מי שרי והתניא לא תעשון אתי לא תעשון כדמות שמשיי המשמשין לפני כו' ומשני שאני רבן גמליאל דאחרים עשו לו וכו' והשתא מדלא קאמר אלא *ככל הנך שנויי שמע מינה דלא הדר ביה מכל מאי דשני מעיקרא ולא מסרו הכתוב אלא לחכמים ושמשין שבמקדש לא אסירי אלא כמותן דוקא כמדת ארכו ורחבו דאי לאו הכי לא יוכל שום אדם לעשות בית ושלחן וכלים לפי שהיו במקדש אלא ודאי לא אסרה תורה אלא כמותן ממש ועוד כיון דאפשר לעשות כמותן מסתמא לא אסרה אלא כיוצא בהן אבל שמשין שברקיע שאי אפשר לעשות כמותן אסרה תורה לעשות דוגמתן ואע"פ שאינו עושה כמדת ארכו ורחבו לפי שאי אפשר ושמשין שבמדור העליון כגון חיות שרפים ואופנים ומלאכי השרת אסור אפילו היכא דאחרים עשו לו ואפילו ליכא חשדא היכא דשכיחי רבים גביה משום דכתיב לא תעשון לא תעשון תרי זימני לדרשה לא תעשון אתי שמשין שאתי דהיינו שבמדור העליון לא תעשון כלל וקרי ביה לא תעשון אותי ולהכי פרצוף אדם לחודיה אסור וארבעה פרצופין אדם אריה שור ונשר אסור ולעבור עליו בשתים משום פרצוף אדם ומשום ארבעה פרצופין בהדי הדדי דהיינו דמות החיות ולא תעשו לכם איצטריך לשמשין שבמדור התחתון כגון חמה ולבנה כוכבים ומזלות ודוקא לכם לעצמכם אבל אחרים עושין לכם אי נמי דרשינן איפכא כי מן השמים דברתי עמכם וסמיך ליה לא תעשון דהיינו כל שמן השמים לא תעשון דהיינו אפילו שמשין שבמדור התחתון ודוקא אתם לא תעשון אבל אחרים עושין לכם ואת אלהי כסף ואלהי זהב לא תעשו לכם נדרוש לשמשין שבמדור העליון לאסור אפילו כשאחרים עושין לכם דמשמע לכם לא ימצא לכם וכי האי גוונא דריש בתורת כהנים בפרשת קדושים תהיו אלהי מסכה לא תעשו יכול יעשו אחרים תלמוד לומר לכם והא דתניא אשר בשמים לרבות חמה ולבנה כוכבים ומזלות ממעל לרבות מלאכי השרת ומוקי לה לעובדם היינו אפילו כשאחרים עשו לו לעובדם לעבור עליהם משעת עשיה ואע"ג דמלאכי השרת עובר בלא תעבדם אפילו כשאחרים עשו לו (דהיינו פרצוף אדם) יש לומר לעבור עליו בשתים אי נמי אפילו אם הוא של פרקים דמשום עשייה לחודה לא עבר כדאיתא בפרק כל הצלמים (ע"ז דף מג:) מכל מקום כי עביד להו לעובדם חייב: אלו ואלו מציון נבראו. פירוש שאמצעיתן של עולם והצדדין מציון נבראו:

[נ"ל ככל] רמ"א מ"ו

רבינו חננאל

כאיש המעורה בלויה שלו. ובשעה שנכנסו נכרים להיכל מצאו כרובים מעורים זה בזה אמרו הללו הן שברכתן ברכה וקללתן קללה הזילום דכתיב כל מכבדיה הזילוה כי ראו ערותה ואסיקנא במקדש ראשון שהיה הארון והכרובים ומאי פרוכת. פרוכת של פתח פתוח בכותל הנקרא מרקסין היו בו פרוכת בר' זירא דא' י"ג פרוכות הם במקדש ז' בז' שערים. וא' בפתח ההיכל וא' בפתח האולם וב' בדביר אלו שאמרנו שהיו בפתח שנכנסין בו לקודש הקדשים וב' כנגדו בעליה: רב אחא אמר במקדש שני ומאי כרובים. כרובים מצויירים בקיר דכתיב וקלע עליהן מקלעות כרובים. ותימורות ופטורי ציצים וגו': כשניטל הארון. ירושלמי תני עד שלא ניטל הארון היה נכנס ויוצא לאורו של ארון ומשניטל היה מגשש ונכנס. מגשש ויוצא. אבן היתה שם ושתיה היתה נקראת שממנה העולם נשתת: תנן חכמים שאומרים מציון נברא העולם שנאמר אל אלהים ה' דבר ויקרא ארץ וגו' מציון מכלל יופי אלהים הופיע וכתיב לכן כה אמר ה' הנני יסד בציון אבן וגו' תניא אידך ר' אליעזר אומר אלה תולדות השמים והארץ מן השמים נבראו תולדות השמים ומן הארץ נבראו תולדות הארץ. וחכ"א אלו ואלו מציון נבראו שנאמר מזמור לאסף אל אלהים ה' דבר וגו' מציון הוכלל יופיו של עולם כל אלו הדברים פשוטין הן: נטל את הדם ממי שהוא ממרס כגון בוחש כדאמרינן שבוחשין את השתית

תוספות ישנים

שברכתן ברכה וקללתן קללה. דכתיב אורריך ארור ומברכיך ברוך ותשובתן גדול כל כך: וחכמים אומרים אלו ואלו מציון נבראו. לאמצע עולם ואבן פנה שבתהום קאי שהתחיל כנגד ציון וס"ד יוסף לא היה גורס בהך ברייתא קמייתא אלו ואלו: ולא היה מתכוין להזות לא למעלה כו'. לעיל בפ"ק (דף טו.) פירש במשנה דכל ז' ימים זורק כו' (אינו אלא פני קדים):

גליון הש"ס תוס' ד"ה כרובים כו' ונראה לי דאפילו ישראל מותר ק"ל דלפי דסברי תחלה דלישראל אסור לצייר אף ע"י אחרים ליאסר דאמירה לנכרי שבות עי' תוס' ר"ה כד ע"ב ד"ה שאני ר"ג ואחרים עשו לו דהידנו במקום מצוה שאני והכא דל"ש כן ליאסר:

עין משפט נר מצוה

סו א ב ג מיי' פ"ג מהלכות עבודת יוה"כ הלכה ה:

מסורת הש"ס

כמנגדנא תנא *כשהוא מזה אינו מזה על הכפורת אלא כנגד עוביה של כפורת כשהוא מזה למעלה מצדד ידו למטה וכשהוא מזה למטה מצדד ידו למעלה מנא הני מילי אמר רב אחא בר יעקב אמר רבי זירא אמר קרא °והזה אותו על הכפורת ולפני הכפורת לא יאמר למטה בשעיר דלא צריך דגמר ממטה דפר למה נאמר לאקושי על ללפני מה לפני דלאו על אף על דלאו על אדרבה לא יאמר למעלה בפר דלא צריך דגמר ממעלה דשעיר למה נאמר לאקושי לפני לעל מה על ממש אף לפני על ממש האי מאי אי אמרת בשלמא למטה דשעיר לאקושי למעלה דפר מיבעי ליה לכדתנא דבי רבי אליעזר בן יעקב *דתנא דבי רבי אליעזר בן יעקב °על פני הכפורת קדמה זה בנה אב כל מקום שנאמר פני אינו אלא קדים אלא אי אמרת למעלה דפר לאקושי למטה דשעיר למאי אתא תנו רבנן והזה אותו על הכפורת ולפני הכפורת למדנו כמה למעלה בשעיר אחת למטה בשעיר איני יודע כמה הריני דן נאמרו דמים למטה בפר ונאמרו דמים למטה בשעיר מה למטה בפר שבע אף למטה בשעיר שבע או כלך לדרך זו נאמרו דמים למעלה בשעיר ונאמרו דמים למטה בשעיר מה למעלה בשעיר אחת אף למטה בשעיר אחת נראה למי דומה דנין מטה ממטה ואין דנין מטה מלמעלה אדרבה דנין גופו מגופו ואין דנין גופו מעלמא תלמוד לומר °ועשה את דמו כאשר עשה לדם הפר שאין תלמוד לומר כאשר עשה ומה תלמוד לומר כאשר עשה שיהיו כל עשיותיו שוות כשם שלמטה בפר שבע כך למטה בשעיר שבע למדנו כמה למטה בפר ובשעיר שבע למעלה בפר איני יודע כמה והריני דן נאמרו דמים למעלה בשעיר ונאמרו דמים למעלה בפר מה למעלה בשעיר אחת אף למעלה בפר אחת או כלך לדרך זו נאמרו דמים למטה בפר ונאמרו דמים למעלה בפר מה למטה בפר שבע אף למעלה בפר שבע נראה למי דומה דנין מעלה ממעלה ואין דנין מעלה ממטה אדרבה דנין גופו מגופו ואין דנין גופו מעלמא תלמוד לומר ועשה את דמו כאשר עשה לדם הפר שאין תלמוד לומר כאשר עשה ומה ת"ל כאשר עשה שיהיו כל עשיותיו שוות כשם שלמטה בפר שבע כך למטה בשעיר שבע וכשם שלמעלה בשעיר אחת כך למעלה בפר אחת: **אחת אחת ואחת אחת ואחת ושתים:** ת"ר *אחת אחת ואחת אחת ושתים אחת ושלש אחת וארבע אחת וחמש אחת ושש אחת ושבע דברי רבי *מאיר ר' יהודה אומר אחת אחת ואחת שתים ואחת שלש ואחת ארבע ואחת חמש ואחת שש ואחת שבע ואחת ולא פליגי *)מר כי אתריה ומר כי אתריה דכולי עלמא מיהת הזאה ראשונה צריכה מנין עם כל אחת ואחת מאי טעמא רבי אלעזר אמר שלא יטעה בהזאות רבי יוחנן אמר קרא °ולפני הכפורת יזה שאין תלמוד לומר יזה ומה ת"ל יזה לימד על הזאה ראשונה שצריכה מנין עם כל אחת ואחת מאי בינייהו איכא בינייהו דלא מנה ולא טעה: **יצא והניחו על כן הזהב שבהיכל:** *תנן התם רבי יהודה אומר **)לא היו שופרות לקיני חובה מפני התערובות מאי מפני התערובות אמר רב יוסף מפני תערובת חובה בנדבה אמר ליה אביי ונעביד תרי ונכתוב עלייהו הי חובה והי נדבה רבי יהודה לית

*) [פסחים ג. וש"נ] **) שקלים פרק ששי הלכה ו.

ויקרא טז | שם | מנחות כז. | שם | שם | [תוס' פ"ב וש"נ גי' אחרת] | [בילקוט איתא דברי ר' יהודה ר' מאיר אומר אחת כו' וע"ש] | [ליתא במשנה אמנם בירושלמי משקלים איתא וכן בתוספתא פ"ג]

רש"י

כמנגדנא. כמכה ברצועה שמתחיל מן הכתפים ומכה והולך למטה: **אינו מזה על הכפורת.** על גגה אלא כנגד עוביה ולא היו דמים נוגעין בה: **כשהוא מזה.** אחת למעלה מצדד גב ידו למטה ומזה כלפי למעלה וכשהוא מזה השבע למטה מצדד ידו למעלה ומזה לנגד פניו אחת גבוהה ואחת בנמוך הימנה וכולן נופלות לארץ: **מנא הני מילי.** דאינו מזה על הכפורת אותן שתים אחת של מעלה בפר ואחת של מעלה בשעיר על גג הכפורת ממש: **לא יאמר למטה בשעיר.** לא יאמר ולפני הכפורת דהיינו למטה דשעיר דכתיב ביה והזה אותו על הכפורת ולפני הכפורת דלא צריך דסוף סוף גמר ממטה דפר שהרי לא פירש בו כמה הזאות וילפינן ליה לקמן ממטה דפר דכתיב ביה ולפני הכפורת יזה שבע פעמים וכיון דסוף סוף גמר מיניה לשתוק קרא מיניה וליגמריה לכולה מילתא דמטה דשעיר ממטה דפר דאיתקש להדדי דכתיב ועשה את דמו כאשר עשה לדם הפר דבשלמא למעלה דידיה אצטריך דמפורש בו אחת דכתיב והזה אותו על הכפורת ואותו חדא משמע ובמעלה דפר לא פירש אחת: **למה נאמר.** למטה דשעיר לאקושי ליה מעלה דשעיר ולומר על הכפורת כלפני הכפורת מה לפני דלאו ממש נוגע בכפורת דהא לפני על הארץ משמע אע"ג דלא ממש נוגע בכפורת אלא לענין שיהא מצדד ידו למטה: **אדרבה לא יאמר למעלה בפר דלא צריך.** דסוף סוף גמר לקמן ממעלה דשעיר שפירש בו אחת: **למה נאמר לאקושי.** לפני דפר לעל דפר שאמופנה לא ללמד: **מה על ממש.** דהא על פני הכפורת כתיב אף לפני על ממש שיהו דמים נוגעים בעביה של כפורת: **אי אמרת בשלמא למטה דשעיר לאקושי.** כדאמרן למעלה דפר דקשיא לך לא יאמר מיבעי ליה לכדתניא וכו': **למדנו למעלה בשעיר אחת.** דאותו חדא משמע: **שאין תלמוד לומר וכו'.** שהרי אף כאן פורש והזה ועל ולפני: **מר כי אתריה וכו'.** באתריה דרבי מאיר מונין מנין כלל תחילה ואחר כך פרט כגון עשרים ואחת עשרים ושתים ובאתריה דרבי יהודה פרט תחילה שתים ועשרים שלש ועשרים: **שלא יטעה.** שיהא לו שהות בנתיים לתת לבו למנין שלא יטעה: **לימד על הזאה וכו'.** וכתיבא חוקה לעיכובא: **לא היו שופרות לקיני חובה.** שופר לתת לתוכו מעות מי שעליו קן חובה של זב וזבה ויולדת או מטמא מקדש כשם שהיו שופרות לקן נדבה כדתניא לקמן במתניתין והכהנים לוקחין במעות קינין ומקריבין אותן: **מפני תערובת חובה בנדבה.** שמא יתחלף שופר בשופר ויקריב ממעות שופר החובה נדבה או משל נדבה חובה ותיפסל שהחובה אחת לחטאת ואחת לעולה והנדבה כולן עולות ואין מעשה עולה ומעשה חטאת שוין: ליה

תוספות

אלא אי אמרת למעלה דפר לאקושי כו'. ואם תאמר ומנלן דאחת למעלה דפר לא נגע אלימא מהיקש דשעיר כדלקמן והא שעיר גופיה גמר בהיקשא דאיתקש על ללפני ודבר הלמד בהיקש אינו חוזר ומלמד בהיקש וי"ל גילוי מילתא הוא דעל דהכא כדהתם אי נמי כיון דאשכחן דעל דשעיר לאו דווקא מקשינן נמי גבי פר על ללפני:

מפני תערובת חובה בנדבה. אבל תערובת חובה בחובה ליכא למיחש שיקח מקצת ממעות רחל ומקצת ממעות לאה ויקריב בשביל לאה דאפשר דכל אחת נותנת מעותיה לעצמה ונותנת בשופר וכך עושין לרבנן דרבי יהודה דסבירא להו שופרות היו לקיני חובה וכשהכהן לוקח מכל לגרור קן אחד מקריב כל קן וקן לשם מי שהוא:

מפני תערובת חובה בנדבה. אין להקשות לומר איפכא לא היו שופרות לנדבה מפני התערובות אבל לחובה תקנו שופרות די"ל דלנדבה נפישי ועוד דזימנין שלא היו מקריבין נדבה ימים רבים כשלא היה המזבח בטל ובתוך כך היו מוטרים מעות הנדבה להיי צריכי שופר אבל חובה יכולין להקריב לאלתר: קינין

רבינו חננאל

כמצליף כמנגדנא, פירוש כגון המכה שתים ידו ואינו מכה עד שיוריד:*) ירושלמי כמצבר. פי' יש מי שאומרים שמטה ידו עד מכורו. ת"ר כשמזה אינו מזה על גגה של כפרת אלא כנגד ספחת של כפרת הוא עוביה והוא **) מצחה הכל אחר הוא שיש נוסחאות מתחלפות לפיכך הוצרכו להודיע שהכל טעם אחר הם. כשהוא מזה למעלה מצדד ידו למטה וכשמזה למטה מצדד ידו למעלה מנ"ל שמזה למעלה ומזה למטה. ופרשינן מדכתיב והזה (עליו) באצבעו על פני הכפרת קדמה ולפני הכפרת יזה שבע פעמים כל מקום שנאמר על הוא למעלה וכ"מ שנא' לפני הוא למטה והכל במקום אחד הן אלא הצדדת [היד] היך היא כיצד כשמזה למעלה מצדיד ידו למטה. פי' נותנו כף היד למטה ואצבעותיו כלפי מעלה ומזה וההזאה שהוא מזה שלה למעלה מן הכפרת כנגד הכפרת מחוץ הכפרת וחוזר ונופל למטה בקרקע [וכשהוא מזה למטה] מצדיד ידו למעלה כלומר כף היד למעלה ואצבעותיו למטה ומזה כנגד עוביה של כפרת שהיא מצחה והיא ספחת כדגרסינן ארון מ' וכפרת ספח הרי עשרה. וההזאה שמזה יורדת ונופלת בקרקע מחוץ של ארון כנגדו. ואמרינן לא יאמר למטה בשעיר כו' כלומר לא היה צריך לכתוב בשעיר לפני הכפרת דמשמע כי מזה מדם השעיר למטה דנמר מטה דשעיר ממטה דפר שכבר כתביה בשעיר ועשה את דמו כאשר עשה לדם הפר. למה נאמר לפני הכפרת בשעיר להקיש על הכפרת שכתוב בשעיר ללפני הכפרת שכתוב בו. מה לפני שכתוב בו למטה הוא ולא למעלה אף על נמי שכתוב בו למטה היא ולא למעלה פי' זה שכתבתי לך בשעיר והזה אותו על הכפרת. אינו על הכפרת ממש אלא כמו ולפני הכפרת כשם שלפני למטה כך על הכפרת שכתב למטה הוא כמו שפירשנו כבר. למה נקרא זה למעלה וזה למעלה בהצדדת הכף היד והגבהת אצבעות והורדת אצבעותיו בלבד דלאו דם נוגע בכפרת כלל ולא למעלה ממש הוא ואמרינן אדרבה לא יאמר ולקח מדם הפר והזה באצבעו על [illegible]

ליה

פני הכפרת קדמה שהוא למעלה בפר שאינו צריך אתו דגמר ממעלה דשעיר שהרי הכתוב הקישם שנא' ועשה [illegible]
לאקושי (על לפני) [לפני לעל] מה על של ממש אף פני פני ממש. ובעינן דנגע בכפרת. נוסח אחר מה פני פ' [illegible]
ולמדנו שאין זה למעלה ממש לא בזה ולא בזה שהקישן הכתוב זה [לזה] ולמה בא למעלה דפר ללמד שכל מקום ש[illegible]
מקום שכתוב בו על למעלה ממש הוא וכ"מ שכתוב בו לפני למטה ממש הוא ותראהו על גופא של כפרת כבר [illegible]
התזאות במקום אחד הן והכל בקרקע: ת"ר והזה אותו על הכפרת וגו' דייקינן דוקיא דקרא מדכתיב אותו [illegible]
למעלה הזאה אחת ומצאנו למטה בפר ז' הזאות שנאמר ולפני הכפרת יזה שבע פעמים וגמרי מהדדי דהא הקיש[illegible]
ז' כן למטה בשעיר ז' וכשם של מעלה בשעיר אחת כך למעלה בפר אחת ופשוטה היא כולה: ת"ר אחת. [illegible]
אומר כדי שלא יטעה ר' יוחנן אומר מן התורה. מאחר שכתוב והזה באצבעו על פני הכפרת קדמה. לא היה [illegible]
ל"ל ללמד על ההזאה ראשונה שצריכה להימנות עם כא"א ואמרינן מ"ם תרוייהו אית להו האי סברא דצריכה לה[illegible]
ואחת ולא טעה. לר' אלעזר יצא ידי חובה. לר"י לא עשה כלום: יצא והניחו על כן השני כו'. תנן התם [illegible]

*) עי' תוס' זבחים ל"ח ד"ה כמגליף ובערוך ערך מגלף. **) עי' ירושלמי כאן הלכה ד' יכול על [illegible]

תוספות ישנים

מר כי אתריה ומר כי אתריה. וגם בלשון המקרא פעמים שמקדים חשבון מועט למרובה ופעמים איפכא: **לימד** על הזאה ראשונה שצריכה מנין. מפרש בת"כ מדכתיב שבע פעמים ולא כתיב שבע טיפין פעמים משמע ליה שם מנין א) שלא יטעה בהזאות ואומר ריב"א דהכא אתי למיטעי שאם לא ימנה הזאה ראשונה של מעלה לעצמה עם כל שבע של מטה יבא ויטעה ויכלול הזאה ראשונה בכלל אלו לחשבון שבע של מטה ויתחיל לומר בהזאה ראשונה שלמטה שנים ולאו אדעתיה להפסיק ולהתחיל פעם שניה אחת במתנות שלמטה ואת"ת אי נהא חיישינן למה לא יכלול הזאה ראשונה לכלל אלו שבע דלמטה וימנה עד ח' ולא אתי למיטעי י"ל דהא לא אפשר דמצוה להפסיק במתנות שלמטה מתוך ז' ולא מתוך ח' וה"נ משמע בירושלמי דגרס התם א"ר יוחנן כדי שלא יטעה א"ר זעירא כדי שיגמור הזאתו מתוך שבעה משמע שרוצה לומר כן כמו שפירשנו שאין לו למנות עד שמונה אלא עד שבעה וראשונה מונה עם כולן שלא יטעה ריב"א: **לא** היו שופרות לקיני חובה. כשאר קרבנות ב) נדבות לא היה צריך לומר שלא היו שופרות שהרי כיון שהן של בהמה
א) מנין הס"ד ואח"כ שלא יטעה הוא התחלת דבור בס"ע: ב) נ"ל חובות: ג) נ"ל על:

טעונין סמיכה ואינו יכול לסמוך ביד כהן לקנות לו קרבנו: **מפני** תערובת חובה בנדבה. [illegible]

עין משפט נר מצוה

מה א מיי' פ"ב מהל' שקלים הלכה ב :

מו ב מיי' פ"ד מהלכות פסולי מוקדשין הלכה יד :

לית ליה כתיבה דתנן רבי יהודה אומר לא היה שם אלא כן אחד בלבד תרי מאי טעמא לא משום דמחלפי ונעביד תרי וליכתוב עלייהו הי דפר והי דשעיר אלא לרבי יהודה לית ליה כתיבה מיתיבי *שלש עשרה שופרות היו במקדש והיה כתוב עליהן תקלין חדתין ותקלין עתיקין וקינין וגוזלי עולה ועצים ולבונה וזהב לכפורת וששה לנדבה תקלין חדתין אלו שקלים של כל שנה ושנה תקלין עתיקין מי שלא שקל אשתקד ישקול לשנה הבאה קינין הן תורין גוזלי עולה הן בני יונה וכולן עולות דברי ר' יהודה כי אתא רב דימי אמר אמרי במערבא גזירה משום חטאת שמתו בעליה ומי חיישינן והתנן *השולח חטאתו ממדינת הים מקריבין אותה בחזקת שהוא קיים אלא משום חטאת שמתו בעליה ודאי *ונברור ארבעה זוזי ונשדי במיא והנך נישתרו רבי יהודה *לית ליה ברירה מנא לן אילימא מהא דתנן *הלוקח יין מבין הכותיים ערב שבת עם חשכה עומד ואומר שני לוגין שאני עתיד להפריש הרי הן תרומה עשרה

רש"י

לית ליה כתיבה. אין סומכין על כך דזמנין דלאו אדעתיה לעיוני בכתבא: **משום דמחלפי.** אי עביד תרי מניח מזרק השעיר על זה ושל פר על זה וכשבא לקחת את דם הפר פעמים שנתחלף לו ונוטל את של שעיר הלכך כי ליכא אלא חד לא מנח האי עד דשקיל האי ונמצאו העבודות כסדרן של שעיר אחר פר בפנים ושל פר אחריה בהיכל ואחר כך של שעיר: **תקלין חדתין.** על האחד תקלין עתיקין על השני קינין על השלישי גוזלי עולה על הרביעי עצים על החמישי לבונה על הששי זהב לכפורת על השביעי וששה היה כתוב עליהן נדבה: **תקלין חדתין אלו שקלים של כל שנה ושנה.** מי שעליו להביא שקלי שנה זו שלא הביאן באדר מביאן כל שעה שירצה ונותנם בשופר של תקלין חדתין והגזברים נותנים אותן בלשכה ותורמין מהם שלש הקופות בפרוס הפסח ובפרוס העצרת ובפרוס החג (א): **ישקול לשנה הבאה.** ונותן לשופר של תקלין עתיקין והגזברין נותנים אותן לשירי לשכה של אשתקד שמהן בונים חומת העיר ומגדלותיה כדתנן בשקלים (פ"ד משנה ב): **קינין הן תורין.** ממעות שבו אין לוקחין אלא תורין: **כולן עולות.** ר' יהודה לטעמיה דאמר לא היו שופרות לקיני חובה ועצים ולבונה וזהב לכפורת מפרש במס' שקלים (פ"ו מ"ו) המתנדב עצים נותן מעות לתוכו שופר ולא יפחות משני גזירין והמתנדב לבונה מביא מעות ונותן לתוך שופר לבונה ולוקחים מהן לבונה ומקטירין אותן נדבה על המזבח החיצון זהב לכפורת המתנדב זהב נותן מעות לתוך שופר ולוקחין מהן זהב לכלי שרת והן המזרקות הקרויין כפורי זהב בעזרא (א) ודברי הימים (א כח): **וששה לנדבה.** לקין המזבח לתת לתוכן מעות שלוקחין מכל הרוטות של מותר אשמות וחטאת שנגיע בהן ירעה וימכר ויפלו דמיו לנדבה ובפרק בתרא דמנחות (דף קז:) ששה שופרות כנגד ששה בתי אבות שבכל משמר ומשמר וכל אחד ואחד מכיר את של יומו ואם היה מזבח בטל ביומו שאין איש מביא קרבנות לוקחין בני בית אב מעות שופר שלהן ולוקחין מהן עולות והוא קיץ המזבח שמע מינה מיהא דר' יהודה אית ליה כתיבה דקתני והיה כתוב עליהן: **גזירה משום חטאת שמתו בעליה.** שמא מת אחד מן הבעלים שנתנו מעות בשופר וכיון דיש בהן חטאות הוה להו מעות חטאת שמתו בעליה והן הולכות לים המלח ונמצאו מעורבות עם הכשרות ופוסלות אותן והיינו מפני התערובות: **שמתו בעליה ודאי.** שאנו יודעין בו שמת משנתן מעות לשופר ועדיין לא קרבן: **ונברור ארבע זוזי.** דמי החטאת ווזי פשיטי קאמר זוזי מדינה שיש ח' מהן בזוזי צורי והן דמי פרידה אחת דתנן עמדו קינין בו ביום ברבעתים (כריתות ח.) והרובע הוא חצי דינר צורי שהוא ארבעה זוזי מדינה: **לית ליה ברירה.** לא סמכינן אברירה למשרי איסורא: **הלוקח יין מבין הכותיים.** קודם שגזרו עליהם ואין לו כלים להפריש לתוכן תרומות ומעשרות: **הרי הן תרומה.** בתוכו: ומיחל

תוספות

קינין הן תורין. המתנדב תורין מביא ונותן בשופר שכתוב עליו קינין והמתנדב בני יונה נותן מעות לתוך שופר שכתוב בו גוזלי עולה: **והתנן** השולח חטאתו ממדינת הים מקריבין אותה בחזקת שהוא קיים. תימה לי והאמר התם בפרק כל הגט (גיטין דף כח.) בגמ' לא שנו אלא שלא הגיע לגבורות אבל הגיע לגבורות לא ואם כן נימא דמשום דילמא איכא זב וזבה ומצורע ומטמא מקדש ושמיעת קול וביטוי שפתים שהגיעו לגבורות דחיישינן בהו שמא ימות אחד מהם וי"ל דאינו סברא דליחוש כולי האי דלא שכיחא הוא אי נמי יש לומר דהא דקאמר התם אבל הגיע לגבורות לא ה"מ במביא גט משום חומר דאשת איש אבל בשולח חטאתו אין חילוק בין הגיע ללא הגיע ותדע דאמתני' דהמביא גט קאמר לה התם ולא אמתניתין דהשולח חטאתו: **אלא** בחטאת שמתו בעליה ודאי. תימה מאי טעמא הדר ביה נימא לעולם טעמא דילמא ימות אחד מהן והא דתנן מקריבין אותן בחזקת שהוא קיים הא אמר התם שמא מת לא חיישינן שמא ימות חיישינן דהא חזינן דחייש רבי יהודה לבקיעת הנוד *וי"ל כיון דשמא מת לא חיישינן אם כן נעביד שופרות לקיני חובה וכל שעתא ושעתא לישתרי לאקרובי כיון דשמא מת לא חיישינן ולא דמי להא דפרק כל הגט (גם זה שם) דהרי זה גיטך קודם למיתתי אסורה לאכול בתרומה מיד משום שמא ימות בזאת השעה דהתם כי אמרינן שמא ימות בזאת השעה אסורה לאכול שהרי אמר שעה אחת קודם למיתתו אבל הכא לא הויא חטאת שמתו בעליה אלא לאחר מיתה מיד ממש ואם כן אפילו כי אמר כל שעתא שמא ימות בזו השעה השתא מיהא לא שכיב ושרי לאקרובי': **ונברור** ד' זוזי. פירש רש"י משום דאמר פרק קמא דכריתות (דף ח.) ועמדו קינין בו ביום ברבעתים ור' זוזי הם דמי החטאת משמע מתוך פי' דבעי למימר דשני הפרדים עמדו ברובע שלם שזהו דינר צורי שהם ח' זוזי מדינה נמצא החטאת בד' זוזי ובספ"ב דכריתות (דף י:) אינו משמע כן דקאמר מדחס רחמנא עליה בדלות חד מיתסר בעשירות דבעשירות מייתי כשבה או שעירה בסלע ובדלות ברבעתים בדלי דלות נמי מייתי חד מי"ו דדלות אלמא רבעתים רובע דינר קאמר דהיינו חד מי"ו בסלע והא דנקט הכא ד' זוזי לאו דוקא קאמר אלא אורחיה דגמרא הוא למימר הכי וכי האי גוונא איכא בערכין בפרק המקדיש שדהו (דף כט.) גבי ההוא גברא דאחרמינהו לניכסיה אתא לקמיה דרב יהודה אמר ליה זיל שקול ארבע זוזי אחיל עלייהו ושדי בנהרא וכן בפרק כל הצלמים (ע"ז דף מט:) ההוא גברא דאיערב ליה חביתא דחמרא דאיסורא בחמריה אתא לקמיה דרב חסדא אמר ליה זיל שקול ד' זוזי ושדי בנהרא: **הלוקח** יין מבין הכותיים. דתניא גרסינן ולא גרסינן דתנן שאינה משנה בשום מקום ובמסכת דמאי פ"ז (משנה ד) יש משנה אחת שלא נשנו בה אלא דברי רבי מאיר סתמא ואע"ג דרבי מאיר גזר על יינן בפרק קמא דחולין (דף ו.) הכא קודם גזירה איירי ור' יוסי ור' שמעון אף על גב דסבירא להו במנחות פרק ר' ישמעאל (דף סו:) תורמין משל כותים על של נכרים ומשל נכרים על של כותים דכותים גרי אריות הן מכל מקום כיון דפורשין מע"ז יותר מנכרים ומחזיקין בתורה שבכתב גם את אלהיהם היום עובדים כמו שהיו עושין בבית ראשון משום הכי כשגזרו על סתם יינן של נכרים לא גזרו על של כותיים אף על פי שגזרו על פיתן כמו לר"מ קודם שגזר עליהם שהיה יינן מותר ופיתן אסור אי נמי הכא מיירי במטהר יינו ודוקא נקט מבין הכותים אבל מבין עם הארץ דין אחר יש לו כדקתני במס' דמאי בסיפא דבדמאי לא קתני שני לוגין שאני עתיד להפריש לפי שעמי הארץ לא נחשדו על התרומה כדאיתא בשלהי מסכת סוטה (דף מח.) אף על גב דאמר בפרק שלשה שאכלו (ברכות דף מז:) אי כותאי עשורי מעשרי דבמאי דכתב באורייתא מזהר זהירי האי מילי כשהם בעצמם אוכלין אבל כשמוכרין לאחרים לא חיישי על לפני עור לא תתן מכשול ואף על פי שאינן חשודים על הגזל עמי הארץ נמי לא חשידי על הגזל ואפילו הכי חשידי על המעשרות דלא חשיב להו גזל לפי שהוא ממון שאין לו תובעין ועוד כל כמה דלא אפרש לא חשיב להו גזל ועוד סומכים הכותים אהא דדרשינן פרק השוכר את הפועלים (ב"מ דף פח:) ואכלת ולא מוכר ועוד יש חילוק אחר בין דמאי לודאי דבדמאי קתני שאני עתיד להפריש למחר ובודאי לא קתני למחר לפי שבערב שבת איירי כמו שפירש רש"י וכמו שמוכחת הרישא במסכתא דמאי ובשבת לא מצי להפריש ואע"ג דדמאי נמי אין מפרישין אותו בשבת אלא בספק חשיכה כדתנן פרק במה מדליקין (שבת דף לד.) ובמסכת דמאי (פ"א משנה ד) נמי תנן כי האי גוונא ומייתינן לה פרק במה מדליקין (שבת דף ע.) הדמאי מפריש אותו ערום ובין השמשות אבל בשבת לא ה"מ היכא דלא קרא שם מבעוד יום אבל ודאי אפילו קרא לו שם מערב שבת אסור להפרישו בשבת

רבינו חננאל

[uncertain reading] ואקשינן ונכתוב עלייהו האי דחובה והאי דנדבה ופרקינן ר' יהודה לית ליה כתיבה בכלים שבמקדש ודייקינן ממתני' דקתני לא היה שם אלא כן א' כדי שיהא נוטל אחד ומניח אחר אבל אינו עושה שניהם שמא יתחלפו לו. ואמרינן ויכתוב מזרק באחד פר ובאחד שעיר. אלא ש"מ דלית ליה לר' יהודה כתיבה. איני דלית ליה והתנן בשקלים פ"ו שלש עשרה שופרות. פירוש אלו השופרות תיבות הן שמניחין בהן מעות. וי"ג היו במקדש והי' כתוב עליהן תקלין חדתין כו' עד דברי ר' יהודה הא אית ליה כתיבה. ופרקינן לאו משום דחייש ר' יהודה לתערובת חובה בנדבה ד"א חייש משום תערובת [אלא] גזירה שמא מתו בעליה ... ואקשינן ... והתנן בגט' גיטין פ"ג (כח.) השולח חטאתו ממדינת הים מקריבין אותה בחזקת שהוא קיים. הנה לא חיישינן. ופרקינן משום תערובת חטאת דודאי מתו בעליה ואקשינן ולישקול ד' זוזי של השופר וישליכם בנהר ויאמר אלו הן המעות שמתו בעליהן והשאר יקרבו. ודחינן ר' יהודה לית ליה ברירה כלומר מי יברר לנו שאותן ד' זוזי שלקח והשליכם בנהר שהן עצמם הוו לאותו האיש המת. שמא אותן שהשליך מעות של אחרים הוו ומעות של מת בשופר נשארו ואמרינן מנ"ל דלית ליה לר"י ברירה אילימא מהא דתנן הלוקח יין מבין הכותים אומר ב' לוגין כבר פירשנוהו בכמה מקומות מיהו דייקינן מדקתני ר' יהודה אוסר לשתות מן הנוד עד שיפריש שאמר התרומה והמעשר שאני עתיד להפריש הרי הן בנוד. לא אמרינן מבורר שהיו שתות החולין הן. וכי אינו התרומה ש"מ דלית ליה ברירה. אלא מדתני בסס' עירובין פ"ג דתני אי

תוספות ישנים

קינין הן תורין. שהמתנדב בני יונה והביא תורין לא יהיו ידי חובתו ... [illegible]

מסורת הש"ס

שקלים פ"ו מ"ה

גיטין כח.

[עיין תוספות סוטה יח. ד"ה חזר וכו' ותוס' תמורה ג. ד"ה ולידך]

גיטין כה. כח. ב"ק סט: [דמאי פ"ז מ"ד] סוכה כג: עירובין לו: מעילה כב. חולין יד. תוספ' דמאי [פ"ח]

הגהות הב"ח

(א) רש"י ד"ה תקלין כו' ובפרוס החג ומי שלא שקל אשתקד ישקול לשנה הבאה. כצ"ל וס"ל:

גליון הש"ס

תוס' ד"ה אלא בחטאת וכו' וי"ל כיון דשמא מת לא חיישינן. עיין קדושין דף סה ע"ב תוס' ד"ה אמר:

[illegible]

א) נ"ל לכפורת : ב) נ"ל פי' כיון : ג) נ"ל ע"כ נתנה : ד) נ"ל איתי מהמתה : ה) נ"ל ביתוך :

בשבת עוד חילוק אחר דגבי דמאי קתני ושאר מעשר סמוך לו זה שעשיתי מעשר עשוי תרומת מעשר עליו פי' מדה אחת שאני עתיד להפריש למחר יהא מעשר ושאר מעשר דהיינו ט' יהא סמוך לו אותה מדה שעשיתי תחלה מעשר יהא תרומת מעשר על הט' ומפריש למחר אותה מדה של תרומת מעשר ושותה הכל ואפילו אותם התשעה שהן מעשר למאן דאמר מעשר ראשון מותר לזרים ולרבי מאיר דאמר אסור לזרים אם הוא לוי שותהו אבל בודאי לא יועיל לו שהרי אינו יכול להפריש אותה מדה בשבת ובלא הפרשה אינו יכול לשתות אותם התשעה כדקתני אי אתה מודה שמא יבקע

עשרה מעשר ראשון תשעה מעשר שני ומיחל ושותה מיד דברי רבי מאיר רבי

ומיחל. מעשר שני על המעות דמה שיש בידו לתקן יתקן ושותה מן התערובת וכשיהיו לו כלים יפריש בם התרומה ומעשר דסמכינן אברירה ולומר זה היה התרומה והוא שתה חולין : הנוד ונמצא שותה טבלים למפרע ואם כן אם היה שותה המעשר כל כמה דלא אופרש הוה ליה כבקיעת הנוד אי נמי בודאי טבל הוא וזקוק לכשיבקע : ליתן המעשר ללוי לקיים מצות נתינה עוד יש חילוק דגבי דמאי קתני מעשר שני בצפונו או בדרומו וגבי כותים לא קתני אלא תשעה מעשר שני ואיקבעו להם מקום והיינו טעמא דקביעת מקום האי כמו הפרשה ובבין השמשות איירי כדקתני בתוספתא (דמאי פ"ח) *וקדש עליו היום וכספק חשיכה מעשרין את הדמאי לא את הודאי ומהאי טעמא נמי לא קתני גבי כותים כדקתני התם ומחולל על המעות אלא ומיחל ושותה מיד פי' מתחיל או כמו שפירש הר"ר משולם ז"ל ומיחל בה"י מזוג מלשון סבאך מהול במים (ישעיה א) אבל לחלל אינו יכול כיון שלא קבע לו מקום כדתניא בתוספתא דמסכת מעשר שני [פ"ג] מע"ש שבחפץ זה יהא מחולל על איסר זה ולא קבע לו מקום ר' שמעון אומר קרא שם וחכ"א עד שיאמר לצפונו או לדרומו ומייתי התם עובדא דרשב"ג ורבי יהודה ורבי יוסי שנכנסו אצל בעל הבית אחד בכזיב והיה מחלל בענין זה ואמרו לו לא ואכול מעותיך השכרת מעות איבדת נפשות ואפילו רבי שמעון דאמר קרא שם י"ל דמיירי כגון שאמר בתוכו דחשיב כקביעות מקום דהוי כעין פלוגתייהו דפליגי במסכת תרומות (פ"ג משנה ה) ומייתי לה בפרק בכל מערבין (עירובין דף לז:) האומר תרומת הכרי זה בתוכו רבי שמעון אומר קרא שם ומפרש התם דכי אמר בתוכו כאילו אמר באמצעיתו דקבע מקום ולא כמו שפרש"י ומיחל מחלל דאינו יכול לחלל כדפרישית ועוד אם היה שותהו בחילול בלא הפרשה היה שותה טבלים למפרע כדפרישית לעיל וכן משמע הלשון דקאמר שאני עתיד להפריש אלמא כולהו צריך סופו להפריש וליכא למימר דשאני עתיד להפריש לא קאי אלא אתרומה דלא הוה חיילא בלא הפרשה אם כן היתה מדמעת ואוסרת הכל אם כן מעשר ראשון נמי (*דכתיב) ביה תרומת מעשר וליכא למימר דאתרומה ומעשר ראשון קאי ולא אמעשר שני דמאיזה טעם הוה לן למימר הכי הא לא קתני אלא חדא זימנא שאני עתיד להפריש ואי קאי אהאי קאי אכולהו ועוד בתוספתא *קתני עשרה הבאים אחריהם תשעה הבאים אחריהם משמע אתריהן מן החבית ומיהו ההיא ראיה דתוספתא ודמסכת תרומה יש לדחות דכיון דמזכיר שם התרומה והמעשר חשיב קריאת שם שפי ולא בעינן קביעות מקום ואיכא נמי למאן דאמר במסכת תרומות פ' שלישי (מ"ס) [האומר] תרומת הכרי ממנו עליו קרא שם ועוד תנן במסכת מעשר שני פרק רביעי (משנה ז) הפודה מעשר שני ולא קרא שם רבי יוסי אומר דיו ומיהו שאר הקושיות קשו לפרש"י ועוד דהך משנה גופה בעיא קביעות מקום מדקתני סיפא בצפונו או בדרומו :

[נפרש ליתא אלא כמו שכיבלה סנפ'] נ"ל דפסיכה [פ"ח דדמאי]

עשרה מעשר ראשון תשעה מעשר שני. לאו דווקא שהרי כיון שכבר נטל מן הק' שני לוגין לתרומה אינו עולה י' שלימים למעשר ראשון ותשעה למעשר שני מן הנותרים ואין לומר דחיישינן שמא הכותי תרם תרומה גדולה ולהכי אין למעט בשביל התרומה ממעשר ראשון וממעשר שני וצריך לתקן עדיין אותם שני לוגין דשמא כבר הורמה התרומה ונמצא שהם זקוקים למעשר והמעשרות נמי צריך לחזור ולתקן דילמא הוה ליה מרבה במעשרות אין לומר כן דאם תיקן הכותי תיקן כראוי ואם לא תיקן לא תיקן כלל כדפי' לעיל :

דברי ר' מאיר. משמע הכא דלית ליה לר' מאיר ברירה ובפ' יש בכור (בכורות דף מח.) אמר דסבירא ליה כרב אסי דאמר האחין שחלקו מחצה יורשים ומחצה לקוחות דמספקא ליה אי כלקוחות אי כיורשים אלמא מספקא ליה אי אית ברירה אי לא ויש לחלק בין הכא שמתנה ומברר דבריו לההיא דהאחין שחלקו שאין מתנין ומבררין כלום ובהא מיתרצא דרבא מוקי התם ר' מאיר ור' יהודה כרב אסי ובפ' כל הגט (גיטין דף כה:) קאמר רבא דתרוייהו אית להו ברירה וכן יש לתרץ דשמואל דאמר בפ' בתרא דביצה (דף לז:) דאפילו בדרבנן לית להו ברירה גבי שנים שלקחו חבית ובהמה בשותפות ובפרק מי שאחזו (גיטין דף עה:) אתקין שמואל בגיטא דשכיב מרע אם לא מתי לא יהא גט ואם מתי יהא גט ואם לא מתי וכו' ולכי מיית הוי גיטא אלמא דאפילו בדאורייתא אית ליה ברירה דכי האי גוונא דייקינן בר"פ כל הגט (שם דף כה:) ופרש"י שם הטעם דחשיב ליה ברירה משום דלאו זה כשאר תנאים שאדם מתנה בגט שבידו לקיימו כשהוא מתנה עליהם וכשנתקיים התנאי הוי גט למפרע דהתם לאו משום ברירה הוי גט אבל הכא הלאו בידו ובשעת התנאי הוא ספק והתנאי מתקיים מאליו אי לאו משום ברירה לא הוי גט עכ"ל והא דפריך בפ' בכל מערבין (עירובין דף לז:) אלא מעתה היו לפניו שני רמונים של טבל ואמר אם ירדו גשמים היום יהא זה תרומה על זה [ואם לאו יהא זה תרומה על זה] הכי נמי דלא הוי תרומה דמשמע שפשוט לו דהויא תרומה למאן דאית ליה ברירה קאמר אי נמי אפילו למאן דלית ליה ברירה קאמר כיון דמתנה בין ירדו בין לא ירדו חשיב שפי והשתא לפי החילוק שחילקנו בין היכא שמברר דבריו להיכא דלא קאמר מידי ניחא נמי דשמואל דבההיא דחבית ובהמה לא קאמר מידי וא"ת א"כ מאי פריך במרובה (ב"ק דף סט:) דר' יוחנן אדר' יוחנן דאית ליה ברירה בההיא דכל המתלקט ובההיא דהאחין שחלקו לית ליה ברירה לישני דיש חילוק בין היכא שמברר דבריו כההיא דכל המתלקט וחוזר בו הגמרא מתוך קושיא זו יש לומר משום דניחא ליה למימר לעולם כל הנלקט כדקתני במשנה וניחא ליה נמי למימר לא תיפוך ועוד כי הוה משני נמי הכי אכתי הוה קשה ליה מההיא דכל הגט (גיטין דף כה.) דדייקינן התם דרבי יוחנן לית ליה ברירה דאמר אף אחרון נמי אין פוסל אע"ג דהתם נמי מברר דבריו ומתנה לאיזה שתרצה אגרש בו ומיהו כי עביד התם צריכותא בתרי מילי דר' יוחנן הוה מצי למימר אי איתמר ההיא דהאחין שחלקו ה"א התם הוא דאין ברירה משום דלא מברר דבריו אלא בלאו הכי עביד צריכותא שפיר ועוד יש לתרץ ההיא דשמואל בענין אחר דבגיטין הדבר עומד להתברר שהרי או יחיה או ימות אבל ההיא דחבית ובהמה שמא לא יחלקו לעולם וכן אנו צריכין לומר דלא תיקשי דר' יוסי דהכא אדרבי יוסי בפרק מי שאחזו (שם דף עג.) דקאמר מה היא באותן הימים ר' יוסי אומר מגורשת ואינה מגורשת ולכי מיית הוי גיטא אלמא יש ברירה ומיהו בלאו הכי לא קשה דמצי לחלק בין היכא דתולה בדעת עצמו לית ליה ברירה אבל היכא דתולה בדעת אחרים בהקדוש ברוך הוא שחייו ומותו תלוי בידו יש ברירה ולמאן דלא מפליג בין דעת עצמו לתולה בדעת אחרים לישני דטעמא דר' יוסי הכא משום בקיעת הנוד אבל קשה למאן דלא מפליג דשמעינן לרבי יוסי דלית ליה ברירה אע"פ שמתנה ומברר דבריו בפ' בכל מערבין (עירובין דף לז:) האומר מעשר שני שיש לי בבית יהא מחולל על סלע שתעלה בידי מן הכיס רבי יוסי אומר לא חילל ולפי תירוץ שני שתרצנו ניחא דשמואל דבפרק מי שאחזו עומד להתברר או יחיה או ימות אבל התם שמא לא תעלה סלע בידו מן הכיס דשמא יגנב או יניח אותו כך לעולם ומה שהוצרכנו לחלק אליבא דשמואל דבפרק מי שאחזו (גיטין דף עג:) אית ליה ברירה היינו לפרש"י דפי' דבכי האי גוונא נמי שייך ברירה ולא דמי לשאר תנאי דעלמא אבל אי אמרינן דכל דבר שהוא כעין תנאי לא שייך ביה ברירה כי ההיא דשמואל דמי שאחזו (שם) לא קשה מידי והא דדייק בפרק כל הגט (שם דף כה:) מההיא דמה היא באותן הימים וכו' ולכי מיית הוי גיטא אלמא יש ברירה היינו משום דמוקמינן לה בפרק מי שאחזו (שם דף עג:) באומר מעת שאני בעולם כלומר שעה אחת קודם למיתתו אם ימות ואם כן בשעה שיש לו נגט לחול לא מוכחא מילתא אם חייל אם לא אלא שלאחר מיתה אמרינן הוברר הדבר למפרע שזו היתה שעה אחת קודם למיתתו ומיהו קשה מההיא דאם בא חכם למזרח שהוא דרך תנאי וקרי ליה ברירה ויש לחלק לפי שמניח שני עירובין ואין נראה ועוד קשה הא דאמר בפרק כל הגט (שם דף כה:) הריני בועליך על מנת שירצה אבא שהוא [illegible] : רבי

[illegible]

[illegible]

עין משפט נר מצוה

סז א מיי' פ"ד מהלכות עבודת יוה"כ הלכה ג:

סח ב ג מיי' שם פ"ג הלכה ה:

גמרא

רבי יהודה ורבי יוסי ורבי שמעון אוסרין אלמא אין ברירה ממאי דילמא שאני התם *כדקתני טעמא אמרו לו לר' מאיר אי אתה מודה שמא יבקע הנוד ונמצא שותה טבלים למפרע ואמר להם לכשיבקע אלא מדתני *דתניא ר' יהודה אומר אין אדם מתנה על שני דברים כאחד אלא אם בא חכם למזרח עירובו למזרח למערב עירובו למערב אבל לכאן ולכאן לא והוינן בה מאי שנא לכאן ולכאן דלא דאין ברירה למזרח ומערב נמי אין ברירה ואמר ר' יוחנן כשכבר בא חכם והשתא דאמרינן לרבי יהודה אין ברירה הא כתיבה אית ליה יום הכפורים נמי נעביד תרי ונכתוב עלוייהו משום חולשא דכהן גדול לאו אדעתיה דאי לא תימא הכי בלא כתיבה נמי האי נפיש והאי זוטר וכי תימא לא מקביל ליה כוליה והאמר רב יהודה השוחט צריך שיקבל את כל דם הפר שנאמר *ואת כל דם הפר ישפוך אל יסוד *המזבח וכי תימא דילמא משתפיך מיניה האי חוור והאי סומק אלא משום חולשא דכ"ג לאו אדעתיה הכא נמי משום חולשא דכהן גדול לאו אדעתיה ההוא דנחית קמיה דרבא אמר יצא והניחו על כן שני שבהיכל נטל דם הפר והניח דם השעיר אמר ליה חדא כרבנן וחדא כרבי יהודה *אימא הניח דם השעיר ונטל דם הפר: והזה ממנו על הפרוכת כנגד ארון מבחוץ: תנו רבנן °וכן יעשה לאהל מועד מה תלמוד לומר *כשם שמזה לפני לפנים כך מזה בהיכל מה לפני לפנים אחת למעלה ושבע למטה מדם הפר כך מזה בהיכל וכשם שלפני לפנים אחת למעלה ושבע למטה מדם השעיר כך מזה בהיכל °השוכן אתם בתוך טומאתם אפילו בשעה שהן טמאים שכינה עמהם אמר ליה ההוא צדוקי לר' חנינא השתא

רש"י

לכשיבקע. נתנו לו כלומר לא חיישינן לשמא יבקע דאפשר דמשמר ליה לשומר: אין אדם מתנה על שני דברים. להניח שני עירובין אחד למזרח ואחד למערב שמא אם יבאו שני חכמים אחד למזרח ואחד למערב ולומר לאי זה מהן שארצה אלך למחר לפי שקניית עירוב בין השמשות היא וכשזה בורר למחר אותו שירצה לא סמכינן אברירה לומר הוברר שהעירוב לצד חכם זה קנה שביתה אמש אלא אם לא על חכם אחד ולא ידע לאיזה רוח יבא הוא מתנה אם בא למזרח עירובי של מזרח יקנה ואם בא למערב עירובי של מערב יקנה ואלו לכאן ולכאן על שני חכמים למקום שארצה אלך לא דאין ברירה: והוינן בה. דקס"ד בין השמשות עדיין חכם לא בא והוא באלכסון ויכול לבא משתחשך למזרח ולמערב ובא לו לאחד מהן: מזרח ומערב נמי. כשתלה זה עירובו בדעת החכם לומר יקנה עירוב לרוח שהחכם בא לו אין ברירה שמא בין השמשות היה בדעתו של חכם לרוח שכנגדה: ואמר רבי יוחנן כשכבר בא חכם. בין השמשות דקנה עירוב לאותו הרוח שכך התנה זה מבעוד יום: והשתא דאמרת. טעמא דר' יהודה בקני תוכה משום דברירה ליה לא אבל כתיבה אית ליה: יום הכפורים. דקאמר לא היה שם אלא כן אחד ליעביד תרי וכו': לאו אדעתיה. לעיוני בכתיבה: דם הפר. סומק כדאמרינן בהאיך פירקין (דף מח.) שדומה לדם הפרים: ההוא. שליח צבור דנחית קמיה דרבא והיה אומר סדר יום הכפורים בתפלה כמו שאנו אומרים: חדא כרבנן. דאמרת כן השני: וחדא כרבי יהודה. דאמרת נטל תחלה להניחו לכך הוצרך ליטול תחלה: ולאחר כך הניחו אלמא לא היה כן שני להניחו: לכך הוצרך ליטול תחלה:

תוספות

רבי יהודה ור' יוסי ור' שמעון אוסרין. תימה מנא ליה דטעמייהו משום דאין ברירה הא קתני בהדיא טעמייהו משום בקיעת הנוד וי"ל דלא היה נ"ל שזה יהא עיקר טעם לחוש לבקיעת הנוד ליום אחד ומה שהקשו לו מבקיעת הנוד אע"ג דאינהו גופייהו לית להו האי טעמא י"ל שהיו רוצין מחזירין אותו והיו מקשים לו כל מה שהיו יכולין רק שיחזור בו וכי האי גוונא הויא ההיא דפ' התערובות (זבחים דף עז:) דקאמר רבי אליעזר לרבנן גבי איברי בעל מום שנתערבו באיברים תמימים ונתנן למעלה כו' לדידי מדכתב מום בם הוא דלא ירצו הא על ידי תערובת ירצו אלא לדידכו דדרשיתו מום בם לדרשה אחריתי אודו לי מיהא דבשר בעלת מום כעצים דמי אע"ג דאיהו גופיה לא סבירא ליה האי טעמא מדמצריך קרא וכי האי גוונא איכא בספ"ק דגיטין (דף יד:) הולך מנה לפלוני רב אמר חייב באחריותו ואם בא לחזור [*אינו] חוזר ושמואל אמר מתוך שחייב באחריותו אם בא לחזור (אינו) חוזר ומפרש דבהולך כזכי דמי קא מיפלגי דלשמואל הולך [*לאו] כזכי והא דקאמר מתוך שחייב באחריותו אם בא לחזור (אינו) חוזר לדבריו דרב קאמר אע"ג דאיהו גופיה לא הוה סבירא ליה כרב (דלאו) כזכי דמי לא הוה אמר (אינו) חוזר מהאי טעמא וכי האי גוונא איכא בפ"ג דשבועות (דף כט:) בפלוגתא דר' שמעון ורבנן בשבועה שלא אוכל ואכל כל שהוא וכן בפרק בתרא דמכות (דף יז:) בפלוגתא דרבי שמעון ורבנן באוכל טבל כל שהוא ומה שמקשין לרבי יהודה דלית ליה ברירה וסבירא ליה בפ' החובל (ב"ק דף צ:) גבי דין יום או יומים קנין פירות לאו כקנין הגוף דמי היינו מלא ידיו ורגליו דלא מסכת דמייתי ביכורים אלא חד בר חד עד יהושע בן נון וכן לרבי יוסי דמספקא ליה התם אי כקנין הגוף דמי ואת"ל לאו כקנין הגוף היינו מלא ידיו ורגליו דכי האי גוונא פריך לרבי יוחנן בס"פ השולח (גיטין דף מח.) מפורש בפרק השולח ואין להאריך כאן בזה: מאי שנא לכאן ולכאן [דלא] דאין ברירה. על כרחך רבי יוחנן לא מפליג בין תולה בדעת עצמו לתולה בדעת אחרים דאי מפליג מאי פריך לימא לכאן ולכאן תולה בדעת עצמו הוא ומזרח ומערב תולה בדעת אחרים הוא אבל רב דקאמר בפרק בכל מערבין (עירובין דף לו:) ליתא למתניתין דהתם דאית ליה לרבי יהודה ברירה ופריך אדרבה ליתא לדאיו מקמי מתניתין ומשני ליתא למתניתין מקמי [*ברייתות] דהלוקח ודאיו דסמי חדא מקמי תרתי ומקשים לשם אדרבה ליתא להאיא דהלוקח ודאיו מקמי מתניתין דעירובין ומתני' דגיטין (דף עג.) מה היא באותן הימים וברייתא דמרובה (ב"ק דף סט.) דשחרית בעל הבית אומר כל שילקטו עניים היום יהא הפקר דבהנך אית ליה לרבי יהודה ברירה ויש לומר דרב ודאי מחלק בין תולה בדעת עצמו לתולה בדעת אחרים והאיא דגיטין ודמרובה תולה בדעת אחרים היא ואם כן לרבי יוחנן דלא מפליג סבירא ליה ליתא לדאיו ודהלוקח מקמי [*הני מתניתות] ואע"ג דבפ' משילין (ביצה דף לז:) פריך ההא דקאמר דלר' יוחנן בדרבנן אית ליה ברירה מדפריש רבי יוחנן מילתיה דאיו אלמא הכי סבירא ליה והדר ביה מכח ההיא קושיא אלמא דלרבי יוחנן איתא לדאיו יש לומר דלאו מכח ההיא קושיא הדר ביה ובלאו הכי ניחא ליה לשטייה לעולם לא תיפוך ותימה אליבא דמאן קמייתי בשמעתא מדאיו אי אליבא דרב מאי מייתי מדאיו דהוי תולה בדעת עצמו להאיא דשופרות דהוי תולה בדעת אחרים דאדרבה כתולה בדעת אחרים אית ליה לרבי יהודה ברירה ואי אליבא דרבי יוחנן קא מייתי הא לדידיה ליתא לדאיו וי"ל דאליבא דרב קאמר הכא והאיא דשופרות חשוב כתולה בדעת עצמו כיון דאין הקינין מתפרשות אלא בלקיחת בעלים אי [נמי] בעשיית כהן תלייה שדעת כהן המקריב חשוב כמו היא עצמה ובהא נמי מיתרצא מאי דק"ל מאי קאמר ליתא למתניתין מקמי דאיו ודהלוקח והא מלתא דר"י איגה משנה בההיא דהלוקח אלא ברייתא היא ואמאי סמינן מתניתין דעירובין מקמי תרי ברייתות דכי לא שנאה רבי חייא מניין לו אדרבה סמי אפילו ברייתות טובא מקמי חדא מתני' והיה נראה לי לתרץ דרב לטעמיה דאמר בפרק הגוזל קמא (ב"ק דף צו:) בגמ' הומר לו בעבדים הרי שלך לפניך סגי מתני' מקמי תרי ברייתות ולפי מה שפי' דההיא דשופרות חשיב תולה בדעת עצמו ניחא דבלאו הכי איכא למימר ליתא למתני' דעירובין מקמי מתני' דשופרות ודהלוקח ודאיו והא דלא מייתי לה התם משום דאינה פשוטה כל כך שיהא טעמו שלרבי יהודה משום דאין ברירה דהא דייקינן עלה טובא בשמעת' ומהשתא נמי ניחא דלא נצטרך לדחוק ולומר דרבי יוחנן פליג על רב וקסבר ליתא לדאיו כי זהו דוחק ועוד דקשיא מההיא דשילהי ביצה כדפרישי' אלא נימא דלרבי יוחנן נמי מדקא מפרש למלתיה דאיו אלמא קסבר כותיה וסבירא ליה דליתא למתני' דעירובין וברייתא דכל סילקטו מקמי מתני' דשקלים דשופרות ומקמי ההיא דהלוקח ודאיו וההיא דמה היא באותן הימים סבירא ליה לרבי יוחנן דלא דייקינן מינה דיש ברירה משום דלכי מיית הוי גיטא דילמא לכי מיית זקוקה ליבם וחוללת ולא מתייבמת וכל זמן שבעלה חי הרי היא כאשת איש לכל דבריה ולפ"ז מייתי שפיר בשמעתא מדאיו בין לרב בין לרבי יוחנן דתרוייהו אית להו שפיר דאיו ורבינו אלחנן תירץ דאליבא דרב קאמר דלא קאמר מידי כגון ההוא דלעיל דרבא ומדמי ברירה דתולה בדעת אחרים להיכא דאמר ומברר דבריו מתחלה כמו ההוא דאיו אף על גב דתולה בדעת עצמו הוי:

הגהות הב"ח

(א) רש"י ד"ה וחדא כר' יהודה כו' היה כן שני להניחו עליו לכך הוצרך:

רבינו חננאל

ר' יהודה אומר אין אדם מתנה על ב' דברים כאחת אלא אם בא חכם למזרח עירובו למזרח למערב עירובו למערב אבל לכאן ולכאן לא. (ואמר רבי) [והוינן בה] מ"ש דלכאן ולכאן דלא דאין ברירה למזרח ולמערב נמי אין ברירה. ופרקינן ר' יוחנן כבר בא חכם ש"מ דלר' יהודה לית ליה ברירה. אבל כתיבה אית ליה ולמה אינו עושה ביוה"כ שנים וכותב באחד פר ובשני שעיר משום חולשא דכ"ג דלמא לא דייק ואתי לאחלופי ליה. ההוא שליח צבור דנחית קמיה דרבה דאמר יצא והניח על כן השני שבהיכל משמע כרבנן דאמרי שנים הוו. ונטל דם [הפר]והניח דם השעיר משמע כר' יהודה דאמר שלא היה כן אחד לפיכך הוצרך ליטול קודם דם הפר. ואח"כ נתן במקומו דם שעיר. וא"ל רבה דבריך חציים כרבנן וחציים כר' יהודה אימא יצא והניחו על כן השני שבהיכל. הניח דם הפר בכן האחד ונטל דם השעיר מן האחר: ת"ר וכן יעשה לאהל מועד וגו' כשם שמזה לפני ולפנים כך מזה בהיכל דגמר לאהל מועד ממה שנאמר מבית לפרכת. וכשם שמזה אחת למעלה ושבע למטה מדם הפר וכן עוד מדם השעיר. כך מזה בהיכל מדם הפר ומדם השעיר אחת למעלה ושבע למטה.

תוספות ישנים

אלו עשרה שלמין והוו שני לוגין ספק כולן תרומה ספק מעשר מעורב בכהן ומתקן לכהן מיהו זה התירוץ אינו נראה לר"י אלחנן דהא אמרינן בפ' שלשה שאכלו (דף מז:) דמאי דכתיב באורייתא מוכר זהירי ואם הפרים נמאכלו אם כן הפרים הכל ואין צריך לעשר כלל ואם ימכור לא הפרים כלום וצריך לחזור ולהפרים הכל אלא והאי עשרה קטנים קאמר ועוד קשה דהא לרבי שמעון אית ליה בפרק השומר במנחות (דף סו:) דכותים גרי אריות הן ואית ליה במסכת תרומות ומייתי לה בפרק שני דקידושין (דף מא:) דנכרי ליתא בתרומה דנפשיה אם כן מה מועיל מה שהפריש על כן נראה תירוץ ראשון והא דנקט כותים לפירוש זה דליתיה בתרומה דנפשיה אפילו טבל גמור נמי איכא למימר משום דכי מאיר נקטינהו דאית ליה התם גירי אמת הן אבל זו קושיא אחרונה אין נ"ל דכותים שאני ממאי דתנן הכותי והנכרי שתרמו תרומתן תרומה ותנן בדוכתא אחריתי תרומת נכרי מדמעת ורבי שמעון פוטר ולא מדכר כותי ש"מ דמודה בה דתרומתו מדמעת וטעמא כיון שגר הוא בידו לתקן עצמו מיד וכבני ברית קרינן ביה: ומיחל ושותה מיד. פירש רש"י מחלל מעשר שני שיש לו בתוך ביתו דכל מה דאפשר לתקן יתקן ואין נראה לר"י כי מה חילול תופס כאן כיון שלא הפריש כלום עד למוצאי שבת ולא בירר מקום או לצפונו או לדרומו הא תנן בפרק ג' דתרומות (מ"א) התורם קישות ונמצאת מרה כו' עד האומר תרומת כרי זה בתוכו כו' וחכמים אומרים עד שיאמר לצפונו או לדרומו ואפילו לרבי שמעון נמי א) כיון דקרא שם כדאמר בפרק בכל מערבין (עירובין לז:) שאני התם דאיכא סביביו ועוד הקשה מדתניא בתוספתא דמעשר שני (פ"ג) המוליך פירות מעשר שני ממקום היוקר כו' עד [האומר] כו' וחכמים אומרים עד שיקבע מקום לצפונו או לדרומו ועוד קתני בסיפא מעשה ברשב"ג ור' יהודה ורבי יוסי שנכנסו אצל בעל הבית לכזיב אמרו לו נראה היאך בעל הבית מתקן פירותיו כיון שהרגיש בהם הביא להם דלוסקמא מלאה דינרי זהב אמר להם כך אני עושה מעשר שני שבהכלל זה מחולל על איסר זה אמרו לו לא ואכול מעותיך נשכרת מעות ואיבדת כנשות פירות מעותיך חולין כיון שלא קבעת מקום לצפונו אך י"ל זו משום דהאיסר אינו מבורר ומעורב בין מעות אחרות ומפרש ר"י דהכא מיירי שקבע לו מקום או לצפונו או לדרומו וגם פירש רבינו יעקב דמיחל לשון חילול כדתנן במסכת (דשביעית פ"א מ"ח) עד שיחולו ומפרש בירושלמי עד שיעשו חולין ואין נראה לרבי דאם כן ליתני סתם לצפונו ולדרומו כמו בסאה בנות בפרק בתרא דדמאי וכ"ת משום דידע בישורה דמכין סלוגין הוי כמו שקבע מקום אין זו סברא כלל ועוד דמסכת דמאי בפ' בתרא קתני היו לו תאנים של טבל כו' וקתני מה שאני עתיד להפריש והקתני בתר הכי היו של דמאי כו' וקתני בה לצפונו או לדרומו אע"ג שמשמע דקאי אמכינה ששנה לעיל גבי טבל ודאי ואע"פ שלא שנה אותו בכא וע"ק [דבתוספתא] קתני שני לוגין שאני עתיד להפריש כו' הבאין אחריהן מעשר שני משמע בהדיא דקאי אמעשר שאני עתיד להפריש ואין כאן בירור מקום ואין לפרש דהכי קאמר ב) (להפריש כו') הבאין אחריהן היינו הסמוכין להם שהוא בירור מקום כמו דלא משמע הכי ועוד הבאין אחריהן דמעשר ראשון היינו ב) שיריק אחריהן למוצאי שבת דליכא לפרושי בסמוכין להם דכעיו שבי יהערט בכל החבית ונמצא שותה טבלים ע"כ נראה לרבי כמו שפי' רבי ... בן רבינו מאיר מיהל לשון מתחיל כמו על העיר אבל נקרא שמי עליה אבל מהל וגו' (ירמיה כב) ובערוך גרס בשם רב האי גאון מוהל ושותה מיד כלומר מוזג ושותה כמו סבאך מהול ונראה דקמ"ל דמוזג ויכול לשתות דאין מזיגה קובעת למעשר כדאיתא בפ"ק דשבת (דף יא:) מיהא אי שבת קובעת מן התורה אין זה חידוש ולא נקט מזיגה בשביל כך וא"ת מאי שנא דהכא לא קתני לצפונו ודרומו ומחולל על המעות כי היכי דקתני בכמה משניות

א) נ"ל כגון : ב) נ"ל תשעה : ג) נ"ל שיפרים :

גליון הש"ס

גמ' אימא הניח דם השעיר. עי' מג"א סימן קמו ס"ק יא:

§ מסכת יומא דף נה. §

אות א' - ב' - ג'

כשהוא מזה אינו מזה על הכפורת, אלא כנגד עוביה של כפורת

תנו רבנן אחת, אחת ואחת, אחת ושתים... דברי רבי מאיר שלא יטעה בהזאות

רמב"ם פ"ג מהל' עבודת יוה"כ ה"ה - ומכניס דמן להיכל ומזה מדם שניהן ביום הזה ארבעים ושלש הזיות, ואלו הן: מזה תחילה מדם הפר שמונה הזיות בקדש הקדשים בין בדי הארון [א]קרוב לכפורת בטפח, שנאמר: ולפני הכפורת יזה וגו', ומזה שם אחת למעלה ושבע למטה, מפי השמועה למדו שזה שנאמר: שבע פעמים יזה, יתר על הזייה ראשונה; וכך היה מונה: אחת, אחת ואחת, אחת ושתים, אחת ושלש, אחת וארבע, אחת וחמש, אחת ושש, אחת ושבע; ולמה מונה ככה, [ב]שמא ישכח וימנה הזייה ראשונה מכלל השבע... וכל אלו ההזיות אינו מתכוין בהן להזות לא למעלה ולא למטה אלא כמצליף.

§ מסכת יומא דף נה: §

אות א'

שלש עשרה שופרות היו במקדש

רמב"ם פ"ב מהל' שקלים ה"ב - ובמקדש היה לפניהם תמיד שלש עשרה תיבות, כל תיבה כמין שופר. ראשונה לשקלי שנה זו; שניה לשקלי שנה שעברה; שלישית לכל מי שיש עליו קרבן שתי תורים או שני בני יונה, [ג]אחד עולה ואחד חטאת, משליך דמיהן לתיבה זו; רביעית לכל מי שיש עליו עולת העוף בלבד משליך דמיה לתיבה זו; חמישית למי שהתנדב מעות לקנות בהן עצים למערכה; ששית למי שהתנדב מעות ללבונה; שביעית למי שהתנדב זהב לכפורת; [ד]שמינית למותר חטאת, כגון שהפריש מעות לחטאתו ולקחו חטאת והותיר מן המעות, ישליך השאר לתוכה; תשיעית למותר אשם; עשירית למותר קיני זבים וזבות ויולדות; אחת עשרה למותר קרבנות נזיר; שתים עשרה למותר אשם מצורע; שלש עשרה למי שהתנדב מעות לעולת בהמה.

אות ב'

השולח חטאתו ממדינת הים, מקריבין אותה בחזקת שהוא קיים

רמב"ם פ"ד מהל' פסולי המוקדשין הי"ד - השולח חטאתו ממדינת הים, מקריבין אותה בחזקת שהוא קיים; במה דברים אמורים בחטאת העוף, או בחטאת בהמה של אשה שאינה בת סמיכה, כמו שביארנו.

§ מסכת יומא דף נו: §

אות א'*[ה]

רבי יהודה ורבי יוסי ורבי שמעון אוסרין

רמב"ם פ"ז מהל' מעשר ה"א - מי שהיו לו מאה לוג של יין טבול מן התורה, ואמר: שני לוגין שאני עתיד להפריש מהן הרי הן תרומה, ועשרה מעשר ראשון, וט' מעשר שני, לא יתחיל וישתה עד שיניח בסוף שיעור תרומה ומעשרות, אלא יפריש ואח"כ ישתה; ואין אומרין זה שהניח בסוף כאילו נברר תחלה, מפני שחיוב תרומה ומעשרות מן התורה, [ו]ואין אומרין בשל תורה נחשוב כאילו נברר עד שיברור.

באר הגולה

[א] ‹ועובייה היה טפח, וזה שכתב קרוב לכפורת בטפח, ר"ל קרוב לשטח העליון של הכפורת בטפח - הר המוריה› [ב] ‹ורש"י פי': שיהא לו שהות בנתים לתת לבו למניין שלא יטעה, עכ"ל, כלומר שלכן מאריך בשני מספרים אחת ואחת וכו', דבזה קרוב יותר שלא יטעה - ערוה"ש› [ג] ‹כחכמים ודלא כר' יהודה› [ד] ‹ע"פ הירושלמי, עיין כסף משנה› [ה] ‹ע"פ מהדורת נהרדעא› [ו] ‹בביצה פרק בתרא איפסיקא הלכתא בהדיא כרבי אושעיא, דבדרבנן יש ברירה ובדאורייתא אין ברירה, וכן כתב רי"ף, ולכך כתב רבינו של טבל טבול מן התורה, לאפוקי דמאי שיכול לעשות זה כאשר יתבאר. **ודעת** רבינו, דלטעמיה דרבי מאיר הוא דאמרי ליה שמא יבקע הנוד, אבל לדידהו משום אין ברירה הוא, וזהו שאמרו לו אי אתה מודה וכו', כלומר אע"ג דבאין ברירה פלוגתא עלן, אי אתה מודה דאיכא למיחש לשמא יבקע הנוד, ואמר להו דלא, וכבר כתבו הראשונים דאיכא דוכתי טובא שאין התלמוד חושב לעיקר טעם אותו טעם המפורש. **ומדברי** רבינו אתה למד, שהוא מפרש מה שאמרו במשנה מיחל ושותה, כמו מתחיל ושותה, ורש"י פי' כמו מחלל, כלומר שיחלל המעשר שני על המעות בדיבור - ר"י קורקוס›

אות א'

אימא הניח דם השעיר ונטל דם הפר

רמב"ם פ"ד מהל' עבודת יוה"כ ה"ב - ואחר כך יוצא מן ההיכל ושוחט את השעיר ומקבל את דמו ונכנס בו לקדש הקדשים, ומזה ממנו שם שמונה הזיות בין בדי הארון, ויוצא ומניחו על כן הזהב שני שבהיכל, ואחר כך נוטל דם הפר מעל הכן ומזה ממנו על הפרוכת כנגד הארון שמונה הזיות.

אות ב' – ג'

כשם שמזה לפני לפנים כך מזה בהיכל, מה לפני לפנים אחת למעלה ושבע למטה מדם הפר, כך מזה בהיכל וכשם שלפני לפנים אחת למעלה ושבע למטה מדם השעיר, כך מזה בהיכל

רמב"ם פ"ג מהל' עבודת יוה"כ ה"ה - ומכניס דמן להיכל ומזה מדם שניהן ביום הזה ארבעים ושלש הזיות, ואלו הן: מזה תחילה מדם הפר שמונה הזיות בקדש הקדשים בין בדי הארון קרוב לכפורת בטפח, שנאמר: ולפני הכפורת יזה וגו', ומזה שם אחת למעלה ושבע למטה, מפי השמועה למדו שזה שנאמר: שבע פעמים יזה, יתר על הזייה ראשונה; וכך היה מונה: אחת, אחת ואחת, אחת ושתים, אחת ושלש, אחת וארבע, אחת וחמש, אחת ושש, אחת ושבע; ולמה מונה ככה, שמא ישכח וימנה הזייה ראשונה מכלל השבע; ואחר כך מזה מדם השעיר בין בדי הארון שמונה אחת למעלה ושבע למטה, ומונה כדרך שמונה בדם הפר; וחוזר ומזה בהיכל על הפרוכת מדם הפר שמונה, אחת למעלה ושבע למטה, [ז]שכך נאמר בדם הפר: על הכפורת ולפני הכפורת, ומונה כדרך שמונה בפנים; וחוזר ומזה מדם השעיר כן על הפרוכת שמונה הזיות אחת למעלה ושבע למטה, שנאמר בדם השעיר: ועשה את דמו כאשר עשה לדם הפר, ומונה כדרך שמונה בפנים.

---

§ מסכת יומא דף נז. §

אות א'

נותן אחת למעלה ושבע למטה לשם הפר, וחוזר ונותן אחת למעלה ושבע למטה לשם השעיר

רמב"ם פ"ה מהל' עבודת יוה"כ ה"י - נתערב לו דם הפר בדם השעיר [א]קודם שיגמור ההזיות, נותן אחת למעלה ושבע למטה לשם פר, וחוזר ונותן אחת למעלה ושבע למטה לשם שעיר.

באר הגולה

ז ‹ודברים מתמיהים הם, דקרא דהביא בפר, נאמר בשעיר. **ועוד** דקאי אהזיות דבקדש הקדשים, והביאו אדהיכל. **וכן** נמי הך קרא דהביא בשעיר, נאמר בהזיות דקדש הקדשים. **וראוי** הוא להגיה, דקודם "וחוזר ומזה בהיכל", צ"ל: שנאמר בדם השעיר ועשה את דמו וגו'. **ובמקומו** כאן נגיה: שנאמר וכן יעשה לאהל מועד. **וזש"כ** "שכך נאמר בדם הפר" וכו', אין לו מקום כלל, וצריך למוחקו מן הספר, ואני מתמיה שהכ"מ לא העיר בכל זה – תוס' יו"ט פ"ה מ"ד דיומא› א ‹פירש"י נתערב וכו' קודם שנתן בפנים כלום. **והקשה** הר"י קורקוס ז"ל שא"כ איך יתן אחת למעלה ושבע למטה לשם פר וכן לשם שעיר, שא"כ נמצא ששחט שעיר קודם שנתן דם הפר, וכבר נתבאר שהוא פסול, {וכעין זה הקשה תוס' עמוד ב' ד"ה נותן}, אלא ע"כ מיירי כשנתן כבר מתנות לפני ולפנים ובא ליתן מתנות ההיכל, וכמו שתירצו בגמרא {דף ס"א} מתני' דהקדים דבסמוך {דף ס}, לכך כתב רבינו קודם שיגמור ההזיות, כלומר אבל נתן מקצתן, עכ"ל – כסף משנה›

השתא ברי טמאים אתון דכתיב °טומאתה בשוליה אמר ליה תא חזי מה כתיב בהו °השוכן אתם בתוך טומאתם אפילו בזמן שהן טמאין שכינה שרויה ביניהן *וכי דבר הלמד בהיקש חוזר ומלמד בהיקש *האי הימנו ודבר אחר הוא ולא הוי היקש *תניחא למאן דאמר לא הוי היקש אלא למאן דאמר הוי היקש מאי איכא למימר מקומות הוא דגמרי מהדדי אי בעית אימא חוץ מבפנים בחדא זימנא גמר תנא כשהוא מזה אינו מזה על הפרוכת אלא כנגד הפרוכת *אמר ר' אלעזר בר' יוסי אני ראיתיה ברומי והיו עליה כמה טיפי דמים של פר ושעיר של יום הכפורים ודילמא דפר העלם דבר של צבור ושעירי ע"ז הוו דחזא דעבידי כסדרן ותנן נמי גבי פר העלם דבר של צבור כי האי גוונא כשהוא מזה לא היו נוגעין בפרוכת ואם נגעו נגעו אמר רבי אלעזר ברבי יוסי אני ראיתיה ברומי והיו עליה כמה טיפי דמים של פר העלם דבר של צבור ושעירי ע"ז ודילמא דפר ושעיר של יום הכפורים נינהו דחזנהו דעבידי שלא כסדרן נתערבו לו דמים בדמים אמר רבא נותן אחת למעלה ושבע למטה ועולה לו לכאן ולכאן אמרוה קמיה דרבי ירמיה אמר *בבלאי טפשאי משום דדיירי בארעא דחשוכא אמרי שמעתא דמחשכן הא קא יהיב למעלה דשעיר מקמי מטה דפר והתורה אמרה °וכלה מכפר את הקדש כלה דם הפר ואחר כך כלה דם השעיר אלא אמר רבי ירמיה *נותן אחת למעלה ושבע למטה לשם הפר וחוזר ונותן אחת למעלה ושבע למטה לשם השעיר נתערבו לו דמים בדמים במתנות האחרונות סבר רב פפא קמיה דרבא למימר נותן שבע למטה לשם פר ולשם שעיר וחוזר ונותן אחת למעלה לשם שעיר אמר ליה רבא עד השתא קרו לן טפשאי והשתא טפשאי דטפשאי דקא מגמרינן להו ולא גמירי והא קא יהיב מטה דשעיר מקמי מעלה דשעיר והתורה אמרה תן למעלה ואחר כך למטה אלא

רש"י

טומאתה בשוליה. דאלמא טמאים אתון ואין שכינה ביניכם שורה בטומאה: **וכי דבר הלמד בהיקש.** כגון פר שלמד במתנות פנים אחת למעלה מן השעיר בהיקש והשעיר שבע למטה מן הפר חוזרין ומלמדין מתנות שבפנים על מתנות הפרוכת בהיקש דוכן יעשה לאהל מועד וקיימא לן במסכת זבחים (דף מט:) דאין למדין בקדשים היקש מן היקש: **הימנו ודבר אחר.** היקש הראשון לאו היקש הוא שהרי בין בפר בין בשעיר כתיב מעלה ומטה ולא הוצרכו ללמוד זה מזה אלא למנין הלכך כל חד וחד מעצמו למד מקצת ודבר אחר מסייעו במקצת ואין זה למד בהיקש והיכי דמי היקש שאין חוזר ומלמד כגון אם לא נאמר למטה בשעיר כלל או למעלה בפר לא נאמר כלל ולמדוה הבהמות זו מזו הוי היקש שאינו חוזר ומלמד בהיקש: **תניחא למאן דאמר וכו'.** פלוגתא בזבחים בפרק איזהו מקומן (דף נ.): **מקומות הוא דגמרי מהדדי.** אין זה היקש שלמד מן היקש שהרי בהיקש הראשון למדו בהמות זו מזו ועשה את דמו כאשר עשה לדם הפר ובהיקש השני לא הוקש שום דבר לאחת מן הבהמות ללמוד ממנה מה שלמדה בהיקש מחבירתה אלא המקומות הוקשו זה לזה וכן יעשה לאהל מועד כאשר עשה בקודש ...

... מה שירלה ולא היה חפץ אלא ליטול משם איגרות שכתבו גזירות שגזרו על ישראל ומלאם וקרעם °ושם ראה כלי בית המקדש באוצר: **כסדרן.** מלמעלה למטה °כמצליף: **דמים בדמים.** של פר ושל שעיר קודם שנתן בפנים כלום: **בארעא דחשוכא.** בבבל שהיא מצולה: **הא קא יהיב למעלה דשעיר.** שנותן אחת למעלה לשם פר ולשם שעיר: **וכלה מכפר.** כלה הכפרות כמו שהן אמורות בענין: **במתנות אחרונות.** אחר שנתן אחת למעלה מן הפר:

תוספות

הימנו ודבר אחר לא הוי היקש. לההי שיטיה קשה הא דקאמרינן לעיל בברייתא לא יאמר למטה בשעיר וכו' דא"כ לא הוה יליף אלא מהיקשא דפר דהשתא לא הוי הימנו ודבר אחר וי"ל דברייתא לעיל סבירא לה דהימנו ודבר אחר הוי היקש וקל להבין:

חוץ מפנים בדבר אחד גמר. פי' רש"י אידי דניתן היקש לידרש בדברים המפורשין בפנים כגון למטה בפר ומעלה בשעיר נלמוד בבת אחת אף הלמד בהיקש עמו ותימה הוא לומר כן דהא יותרת הכבד ושתי הכליות דגמרינן שעירי ע"ז מפר העלם ופר העלם גמר מפר כהן משיח חשיב היקש מהיקש בזבחים פרק ב"ש (זבחים דף מא.) אע"ג דגמרינן שעירי ע"ז מפר העלם לענין הזאות דכתיבן בגופיה וכן בפ' איזהו מקומן (שם דף נ.) דלא גמרינן זבחי שלמי צבור שהן קדשי קדשים ובעי צפון מדאיתקש לחטאת ואע"ג דנפקא לן מהיקשא שאין נאכלין אלא לזכרי כהונה דכתיב בחטאת (ויקרא ו) בגופיה וכן אשם לא יליף התם צפון מדאיתקש לחטאת אע"ג דגמרינן נמי מההוא היקשא סמיכה דכתיב בגופיה דחטאת מיהו כל זה כ"ל לתרץ דלא דמו להא דהכא דהכא כל ההזאות חשיב חד ענינא וכיון דגלי מקצת בגופיה גמרינן נמי בחד זימנא אפילו מאי דיליף בהיקש אבל הנך לאו חד ענינא נינהו ור"י פי' דמאחת למעלה דכתב בשעיר יליף מכחוץ בין בפר בין בשעיר ומשבע למטה דפר יליף בחוץ בין בפר בין בשעיר דהכי משמע ליה וכן יעשה באהל מועד בשתי הבהמות כמו שעשה אחת למעלה בשעיר בפנים וכן כאשר עשה בפר בפנים למטה יעשה לשתי הבהמות באהל מועד ולא נהירא לריב"א לשון בחד זימנא גמר דהכי הוה ליה למימר פר בחוץ למעלה משעיר גמר ושעיר בחוץ למטה מפר גמר ונראה לו פי' רש"י ולא דמי לכל הנך שהביא ר"י דהכא כיון דכתיב וכן יעשה באהל מועד מסתמא קאי אהזאות דכתיב בגופייהו דהיינו אחת למעלה דשעיר ושבע למטה דפר שהרי לא היה עושה לפני ולפנים אלא הזאות ואהא כתב וכן יעשה וא"כ צריכין אנו ללמוד בחד זימנא גם מה שלמדנו בהיקש °שאם לא כן אז לא הייתי מקיים וכן יעשה דמשמע לגמרי יעשה באהל מועד כמו לפני ולפנים וקרובים תירוץ זה ותירוץ שכתבתי אני למעלה להיות שוין°): **אני** ראיתיה ברומי והיו עליה כמה טפי דמים מפר העלם דבר. הקשה ריב"א והא בבית ראשון לא הוו פרוכת ובבית שני דהוו פרוכת לא היו מקריבין פר העלם דבר כדתנן בפ"ק דמגילה (דף ט:) אין בין כהן משיח למרובה בגדים אלא פר הבא על כל המצות דכהן משיח מקריבו ולא מרובה בגדים וכפרוכת דבבי איירי ור"י תירץ דבבית ראשון הוה וכפרוכת דבבי איירי ור"י תירץ דבבית שני הוה והאי דמגילה איירי בהוראת כהן משיח לעצמו כהוראת בית דין לצבור דמייתי פר אם טעה ועשה כהוראה עצמו ודוקא משיח דכתיב ואם הכהן המשיח אבל מרובה בגדים הרי הוא כשאר יחיד ומייתי כשבה או שעירה אבל פר העלם דבר של צבור אפילו כהן הדיוט מצי לאקרוביה כדאיתא בת"כ וכן מוכח דבבית שני איירי דאי בבית ראשון נימא של פר כהן משיח אלא ע"כ בבית שני איירי ולהכי לא קאמר נמי של פר כהן משיח דכהן משיח בבית שני לא הוה דיאשיהו גנזו שמן המשחה [לעיל נב:]:

כלה דם הפר ואח"כ כלה דם השעיר. לא ידענא מאי איצטריך לאיתויי האי קרא תיפוק ליה מדכתיב מתנות דם הפר ברישא וכתיב חוקה ושמא י"ל דלהכי אייתי האי קרא דלאו מדכתיב חוקה ה"א מחוקה לא ילפינן אלא היכא דשינה הסדר של מעשה שלם כגון אם הקדים כל עבודת שעיר דבחד מקום מקמי מתנת דפר אבל כי האי גוונא שאינו מקדים אלא אחת ממתנות דשעיר מקמי שבע מתנות דפר לא מעכב להכי מייתי מדכתיב וכלה התורה אמרה כלה דם הפר לגמרי ואח"כ כלה דם השעיר והוי כמו שינה הכתוב עליו לעכב:

אלא אמר רבא נותן שבע למטה לשם פר וחוזר ונותן אחת למעלה ושבע למטה לשם שעיר נתערבו לו כוסות בכוסות (א) נותן וחוזר ונותן וחוזר ונותן שלשה פעמים מקצת דמים נתערבו לו ומקצת דמים לא נתערבו [לו] פשיטא כי יהיב מדאין יהיב מיהו הנך שירים הוו וליסוד אזלי או דילמא דחויין הוו ואזלי לאמה אמר רב פפא אפילו למאן דאמר כוס אחד עושה חבירו שירים הני מילי היכא דאי בעי למיתב מצי יהיב אבל האי דאי בעי למיתב לא מצי יהיב לא אמר ליה רב הונא בריה דרב יהושע לרב פפא אדרבה אפילו למאן דאמר כוס אחד עושה חבירו דחוי הני מילי דדחויה בידים (ג) אבל היכא דלא דחויה בידים לא דתניא למעלה הוא אומר ואת דמו ישפוך ולמטה הוא אומר ואת כל דמה ישפוך מניין לחטאת שקבל דמה בארבע כוסות ונתן מזה אחת ומזה אחת שכולן נשפכין ליסוד ת"ל ואת כל דמה ישפוך יכול אפילו נתן ארבע מתנות מאחת מהן ת"ל ואת דמו ישפוך הוא נשפך ליסוד והן נשפכין לאמה רבי אליעזר בר"ש אומר מניין לחטאת שקבל דמה בארבע כוסות ונתן ארבע מתנות מאחד מהן שכולן נשפכין ליסוד ת"ל ואת כל דמה ישפוך ולרבי אליעזר בר"ש הא כתיב ואת דמו ישפוך אמר רב אשי למעוטי שירים שבצואר בהמה: עירה דם הפר לתוך דם השעיר: תנן כמאן דאמר מערבין לקרנות דאיתמר רבי יאשיה ורבי יונתן חד אמר מערבין וחד אמר אין מערבין תסתיים דר' יאשיה הוא דאמר מערבין דאמר אע"ג דלא כתיב יחדיו כמאן דכתיב יחדיו דמי אפילו תימא רבי יונתן הוא שאני הכא דכתיב אחת תניא דלא כשניין ולקח מדם הפר ומדם השעיר שיהיו מעורבין דברי רבי יאשיה רבי

§ מסכת יומא דף נז: §

אות א'

נותן שבע למטה לשם פר, וחוזר ונותן אחת למעלה ושבע למטה לשם שעיר

רמב"ם פ"ה מהל' עבודת יוה"כ ה"י - [א]נתערבו במתנה אחרונה, נותן אחת למטה לשם פר, וחוזר ונותן אחת למעלה ושבע למטה לשם שעיר.

אות ב'

נתערבו לו כוסות בכוסות, נותן וחוזר ונותן וחוזר ונותן שלשה פעמים

רמב"ם פ"ה מהל' עבודת יוה"כ הי"א - נתחלפו הכוסות ולא ידע אי זה הוא כוס דם הפר ואי זה הוא כוס דם השעיר, נותן מאחד מהן אחת למעלה ושבע למטה, ונותן מן השני אחת למעלה ושבע למטה, וחוזר ונותן מן הראשון אחת למעלה ושבע למטה, נמצא מכל מקום שנתן מדם הפר ואחריו מדם השעיר.

אות ג'

אמר רב פפא אפילו למאן דאמר כוס אחד עושה חבירו שירים, הני מילי היכא דאי בעי למיתב מצי יהיב, אבל האי דאי בעי למיתב לא מצי יהיב, לא

רמב"ם פ"ה מהל' עבודת יוה"כ הי"ב - קיבל דם הפר בשתי כוסות, [ב]וקיבל דם השעיר בשתי כוסות, ונתערבו מקצת הכוסות, [ג]ולא נודע כוס דם הפר מכוס דם השעיר, הרי זה מזה כל ההזיות כמצותן מן הכוסות שלא נתערבו, ושופך שירי אלו שהזה מהן על היסוד כמצוה, ואותן הכוסות שנתערבו ישפכו לאמה.

אות ד' – ה'

מניין לחטאת שקבל דמה בארבע כוסות, ונתן מזה אחת ומזה אחת, שכולן נשפכין ליסוד

הוא נשפך ליסוד והן נשפכין לאמה

רמב"ם פ"ב מהל' פסולי המוקדשין הכ"א - חטאת שקיבל דמה בארבעה כוסות, ונתן מתנה אחת מכל כוס וכוס, שיירי ארבעתן נשפך על היסוד, שנאמר: ואת כל דמה ישפוך; נתן ארבע המתנות מכוס אחד, שיירי אותו הכוס נשפך על היסוד, ושאר הכוסות נשפכין לאמה.

באר הגולה

[א] ‹פירש"י במתנות אחרונות, אחר שנתן אחת למעלה מדם הפר. **ורבינו** גורס נתערבו לו דמים בדמים במתנה אחרונה, {כלומר שלא גמר למטה רק שש הזיות – ערוה"ש}, נותן אחת למטה לשם פר, וחוזר ונותן אחת למעלה ושבע למטה לשם שעיר – כסף משנה. וכן הוא בהגה בצד הגמ'› [ב] ‹עיין רש"י דלא פירש הגמרא כן, ורש"י היה מוכרח לפרש כן לפי גירסתו בגמרא, עיין בהג' הב"ח, משא"כ הרמב"ם אי גריס כמו שכתוב בגירסיתנו, לכאורה היה יכול לפרש הציור באיזה מב' האופנים ולאו דוקא› [ג] ‹עיין בערוה"ש שגורס "שלא נודע מי של פר ומי של שעיר", והוי נתינת טעם על מה שנתערבו›

§ מסכת יומא דף נח. §

אות א'

או אינו חוצץ

רמב"ם פ"א מהל' פסולי המוקדשין הכ"א - **נתן מזרק לתוך מזרק וקיבל, כשר, [א]מין במינו אינו חוצץ.**

אות ב'

היה עומד על גבי כלי או על גבי רגל חבירו, פסול

רמב"ם פ"ה מהל' ביאת המקדש הי"ז - **וכן כל העוסק בעבודה מעבודת המקדש צריך שיהיה עומד על הרצפה, ואם היה דבר חוצץ בינו ובין הקרקע, כגון שעמד על גבי כלים או בהמה או על רגלי חבירו, פסל; וכן אם היה דבר חוצץ בין ידו ובין הכלי שעובד בו, פסל.**

אות ג' – ד'

בדם כשר

בקומץ פסול

רמב"ם פ"א מהל' פסולי המוקדשין הכ"א - **הניח סיב בתוך המזרק וקיבל, כשר, מפני שהסיב חלול והרי הדם יורד לתוך המזרק ואין כאן חציצה; אבל אם עשה כן בקמיצת המנחה [ב]וקמץ מתוך הסיב, פסולה.**

באר הגולה

[א] ‹כפ' הוציאו לו בעא מיניה רמי בר חמא מרב חסדא... ובעא למיפשטה ודחי ליה, ואעפ"כ כיון דאשכחן לרבא דאמר בפרק לולב הגזול (דף ל"א) דמין במינו אינו חוצץ, פסק רבינו כן. **ועוד** דאמרינן בפ' הוציאו לו: איכא דאמרי הכי בעא מיניה דרך שירות בכך או אין דרך שירות בכך, ת"ש דתנא דבי ר' ישמעאל ואת כלי השרת אשר ישרתו בם בקדש, שני כלים ושירות אחת – כסף משנה›

[ב] ‹רש"י ז"ל לא פירש כן, אלא כתב שם גבי קומץ, דהיינו אחר הקמיצה שנותן הקומץ בכלי אחר, ובאותו הכלי נתן הסיב ונתן לתוכו הקומץ, ולפירושו הוי ממש כדם, שבכלי שהוא מקבל נותן הסיב, וכן בקומץ, בכלי שהוא נותן בו הקומץ נותן הסיב, ומפני שאמרו בדם כשר בקומץ פסול, פירש"י ז"ל הענין בחד גוונא, ולענין הדין אין ביניהם חילוק – לחם משנה. ‹**ועיין** לעיל בדף מ"ח. דבקיה לקומץ בדופני דמנא, דפי' הרמב"ם שם ג"כ כמו שפי' כאן›

רבי יונתן אומר מזה בפני עצמו ומזה בפני עצמו אמר לו רבי יאשיה והלא כבר נאמר אחת אמר לו רבי יונתן והלא כבר נאמר מדם הפר ומדם השעיר אם כן למה נאמר אחת לומר לך אחת ולא שתים מדם הפר אחת ולא שתים מדם השעיר תניא אידך ולקח מדם הפר ומדם השעיר שיהיו מעורבין זה בזה או אינו אלא מזה בפני עצמו ומזה בפני עצמו תלמוד לומר אחת וסתמא כרבי יאשיה: נתן את המלא בריקן וכו': בעא מיניה רמי בר חמא מרב חסדא הניח מזרק בתוך מזרק וקבל בו את הדם מהו מין במינו חוצץ או אינו חוצץ אמר ליה תניתוה נתן את המלא בריקן מאי לאו הושיב מזרק מלא לתוך מזרק ריקן לא עירה מזרק מלא לתוך מזרק ריקן הא תנא ליה רישא עירה דם הפר לתוך דם השעיר כדי לערבן יפה יפה תא שמע *היה עומד על גבי כלי או על גבי רגל חבירו פסול *שאני רגל דלא מצי מבטל ליה איכא דאמרי הכי בעי מיניה דרך שירות בכך או אין דרך שירות בכך תא שמע דתנא דבי רבי ישמעאל °את כל כלי השרת אשר ישרתו בם בקודש שני כלים ושירות אחת בעא מיניה רמי בר חמא מרב חסדא *הניח סיב בתוך המזרק וקבל בו את הדם מהו מין בשאינו מינו חוצץ או אינו חוצץ כיון דמחלחל לא חייץ או דילמא לא שנא אמר ליה תנינא *זולף והולך עד שמגיע לספוג שאני מיא דקלישי איכא דאמרי הכי פשט ליה *בדם כשר *בקומץ פסול:

מתני'

רש"י

וקבל בו את הדם. כל קבלות של כל ימות השנה קמבעיא ליה: **מין במינו.** מזרק במזרק: **חוצץ.** ונמצא שאין קבלה זו בכהן שהרי אינו אוחז במזרק שהדם בו: **מאי לאו הושיב מזרק המלא בתוך סריקן.** שעירה ממנו והא הכא נמי ולקח כתיב ולקח מדם הפר ומדם השעיר והך לקיחה לאחיזת המזרק היא: **לא עירה מזרק מלא.** לאחר שעירה דם הפר לדם השעיר חזר ועירה מזרק מלא לתוך מזרק ריקן: **עומד על גבי כלים וכו'.** דתנא דבי רבי ישמעאל הוא ולקמה מקדשת וכלי שרת מקדשים מה כלי שרת לא יהא דבר חוצץ ביני ובין כלי שרת אף רצפה לא יהא דבר חוצץ ביני ובין הרצפה כמס' זבחים (דף כד.): **על גבי רגל חבירו.** אלמא מין במינו חוצץ: **דלא מבטל ליה.** חבירו את רגלו עד שיגמור עבודתו: **כלי השרת.** שני כלים במשמע ושירות אחת: **סיב.** הגדל סביב הדקל וכרוך עליו סביב כמין לולבין בנפנים והוא רך וסופג את הדם והדם יוצא מכל עבריו והוא חוצץ כל כך מי הוי כי האי גוונא חציצה או לא: **זולף והולך וכו'.** רישא דמתני' הכי (פרה פ"ו מ"ג) המקדש בשוקת והיה ספוג לתוכו מים שבספוג פסולין כיצד יעשה זולף והולך עד שמגיע לספוג שוקת היא אבן חלולה על שפת המעיין והמים נכנסין לה דרך חור שבדופנה ומשקין בה הבהמות ומקדשין בה אפר חטאת לתוך מים חיים והוא הכלי מים שבספוג פסולין דחיים אל כלי בעינן שיהו המים נוגעין בכלי כילד הוא עושה כשבא ליטול את המים וליתנם בצלוחית ובשפופרת זולף וגומר את כל המים אשר בשוקת עד שמגיע לספוג זולף *שואף עד המלוי אגוטי"ר בלע"ז וכדאמרינן במועד קטן (דף יא:) זולף וגומר כדרכו אלמא ספוג לא חייץ ולא פסיל אלא הנבלעים בתוכו והוא הדין לסיב: **שאני מיא דקלישי.** ויוצאות מכל עבריו ונכנסות ביני לבין הכלי אבל דם עב הוא: **בדם כשר.** דקליש: **בקומץ פסול.** בקידוש שהקומץ טעון להתקדש בכלי לאחר הקמילה והוא כנגד קבלה בדם פסול דחייץ:

תוספות

רבי יונתן אומר מזה בפני עצמו ומזה בפני עצמו. תימה לי והא רבי יונתן לית ליה דמשמע שניהן כאחד ומשמע אחד אחד בפני עצמו והכא משמע דאית ליה דווקא מזה בפני עצמו ומזה בפני עצמו ונראה לי כיון דמשמע הכי ומשמע הכי ילמד סתום מן המפורש כי היכי דלפני ולפנים ובהיכל טתן מזה בעצמו ומזה בעצמו ה"נ לקרנות דכתיב מדם הפר ומדם השעיר מסתמא מזה בעצמו ומזה בעצמו ובהא נמי מיתרצא מאי דק"ל דמייתי בסמוך תניא אידך וכו' עד תלמוד לומר אחת וסתמא כרבי יאשיה והיכי אתיא כרבי יאשיה והא לרבי יאשיה בלא אחת נמי סבירא לי' כמאן דכתיב יחדיו דמי בשלמא הא דאמר ליה ר' יאשיה לר' יונתן והלא כבר נאמר אחת איכא למימר לדר' יונתן קאמר ליה אבל לדידיה בלא אחת נמי אלא יש לומר אע"ג דמעיקרא הוה סלקא דעתך דלרבי יאשיה מערבין בלא קרא דאחת בתר דאייתי קרא דאחת הדר ביה וסבירא ליה דאי לאו אחת ה"א אין מערבין דומיא דלפני ולפנים ודהיכל דילמד סתום מן המפורש כדפי' ובהא נמי מיתרצא מאי דק"ל הא דקאמר לעיל תסתיים דרבי יאשיה הוא דאמר מערבין ודחי אפילו תימא רבי יונתן שאני הכא דכתיב אחת והשתא תימה לי מאי קא דחי אפילו תימא לרבי יונתן מערבין אם כן כל שכן לרבי יאשיה מערבין והא ע"כ חד מינייהו אמר אין מערבין דקאמר ר' יונתן ורבי יאשיה חד אמר מערבין וחד אמר אין מערבין אבל למאי דפרישית ניחא דה"ק שאני הכא דכתיב אחת דאי לא כתיב אחת סברא הוא דאפילו לר' יאשיה ה"א אין מערבין דילמד סתום מן המפורש כדפרי' ואם כן מאן האי תנא דאמר מערבין אלא ע"כ מדכתיב אחת ומאן לימא לן דרבי יאשיה דריש אחת להאי דרשא ולא רבי יונתן דילמא רבי יונתן דריש ליה ורבי יאשיה דריש ליה לדרשא אחרת כדדרשי' ליה בפרק קמא דשבועות (דף ח:) כפרה זו לא תהא אלא פעם אחת בשנה אי נמי כפרה אחת הוא מכפר ואינו מכפר שתי כפרות ומיהו מה שהקשיתי ממאי דקאמר סתמא כרבי יאשיה בלאו הכי ניחא דהא לא קאמר רבי יאשיה היא אלא כרבי יאשיה פירוש דסבירא ליה כ...

מתני' זה מזבח סוסב. דאינו מזבח החיצון דאו לפני ה' הוא: מתחיל מחטא ויורד. משום דסבירא ליה דאי תנא הקפה ברגל כדאמר בגמרא וכל מתנה ומתנה היתה בקרן שלפניו וסמוך לו וצריך ליתן מלמעלה למטה כי היכי דלא נתווסי מלגיה שהמזבח גבוה אמתים ואי אפשר לגדד ראשי אצבעותיו למטה ולחת המתנה בקרן מלמטה למעלה ועל כרחו ראשי אצבעותיו למעלה וכשהוא נותן באצבע כנגד חודה של קרן ונותן מתנה ארוכה ומשוכה אם מושך מלמטה למעלה הדם זב לתוך בית יד כתונת שלו וצריך ליתן מלמעלה למטה נקט לשון מחטא ויורד מחטא לשון ירידה היא כדאמרינן במנחות [סו:] טעמא עולה ומתחתא: מקום שסוף מתחיל בחטאת על מזבח החיצון. דהיינו בקרן דרומית מזרחית כדתנן באיזהו מקומן (זבחים דף נג.) שם גומר על מזבח הפנימי וטעמא אמרי' בגמ': ר' אליעזר אומר. לא היה מקיפו ברגליו שהרי כולו אינו אלא אמה על אמה מרובעת וכיון שאין שלשת הקרנות סמוכות לו יכול ליתן מלמטה למעלה: חוץ מזו. שהוא עומד אצלה שהיא לפניו שאי אפשר לו לגדד ראשי אצבעותיו למטה אלא למעלה וצריך למשוך המתנה מלמעלה למטה שאם מושכה מלמטה למעלה הדם זב לתוך בית יד כתנתו: טוה על טהרו. אחר שגמר מתנות הקרנות מזה עליו שבע פעמים כדכתיב (ויקרא טז) והזה עליו מן הדם וגו': טהרו. מפ' בגמ': על מזבח החיצון. שירי דמי חטאות החיצונות היה שופך על יסוד דרומי וטעמא מפרש בגמרא: אלו ואלו. דמים החיצוני' והפנימיים הנשפכים על יסוד מזבח העולה היו שותתין ונופלים מן היסוד על הרצפה: ומתערבין באמה. סילון שבעזרה הולך לנחל קדרון: לגננין. בעלי גנות: ומועלין בהן. יש בהן איסור ליהנות בלא דמים: גמ' תנו רבנן וכו'. הכי גר' לה בת"כ ויצא אל המזבח מה ת"ל אמר רבי נחמיה לפי שמצינו בפר הבא על כל המצות שהוא עומד חוץ למזבח ומזה על הפרכת בשעה שהוא מזה יכול אף זה כן ת"ל ויצא אל המזבח היכן היה לפנים מן המזבח תניא אידך לפני ה' מה תלמוד לומר אמר רבי נחמיה לפי שמצינו בפר יום הכפורים שהוא עומד לפנים מן המזבח ומזה על הפרכת בשעה שהוא מזה יכול אף זה כן תלמוד לומר מזבח קטרת סמים (א) (אשר) לפני ה' ואין הכהן לפני ה' הכי גרסינן נמי לקך גבי פר כהן משיח בת"כ והכי פירושה דתרווייהו ויצא אל המזבח מה תלמוד לומר היה לו לכתוב וכפר על המזבח אשר לפני ה' מה ת"ל ויצא אמר רבי נחמיה לפי שמצינו בפר כהן משיח ופר העדה שהכהן עומד חוץ למזבח כשהוא מזה הזאות שעל הפרוכת ואינו עומד בין המזבח לפרוכת כדקתני בהך אידך ברייתא לקמן תלמוד לומר ויצא אל המזבח למדנו שעד עכשיו היה עומד בפנים מן המזבח תניא אידך גבי פר כהן משיח לפני ה' מה תלמוד לומר ליכתוב ונתן הכהן מן הדם על קרנות מזבח קטרת הסמים יודע אני שהיא לפני ה' מה תלמוד לומר לפני ה' מזבח לפני ה' ואין כהן לפני ה' המזבח מפסיק בין הכהן לפרוכת בשעת מתן הקרנות וכשהזה על הפרוכת באותו מעמד עצמו היה שהרי לא נאמרה יציאה בינתיים למדנו שהיה עומד חוץ למזבח ומזה ואם תאמר והלא לא כתיב אשר לפני ה' אלא לפני ה' ואיכא למימר דאנתינה קאי והכהן לפני ה' אי אפשר לומר כן שהרי בפר העדה נאמר אשר לפני ה' ועל כרחיך אמזבח קאי ועבודת שניהן היא שוה: מהיכן מתחיל מקרן מזרחית דרומית. קסבר שתי פרוכת היו והחיצונה פרופה מן הדרום כדתנן במתניתין וכשילא מבית קדשי הקדשים דרך הדרום הזה על הפרוכת וכשהשלים בא לו למזבח לדרומית מערבית שהיא ראשונה לו ושם לא היה נותן כדאמרינן לקמן דבעינן ויצא עד דנפיק מכוליה מזבח לפיכך יולא למזרחית דרומית ומתחיל שם וחוזר דרך שמאל למערבית דרומית ולקמן פריך לקיף דרך ימין: ר"י הגלילי אומר כו'. סבר לה כרבי יוסי דמתני' דאמר לא היתה שם אלא פרוכת אחת ופרופה מן הצפון וכשגמר מתנות פנים ויצא דרך הצפון פגע תחילה בצפונית מערבית דמזבח ושם לא נתן עד שילא ובא לו למזרחית צפונית ונתן שם וחוזר לצפונית מערבית דרך ימין: דכולי עלמא וכו'. דהא ע"כ מן המערב הוא בא ובמערבה של מזבח פוגע תחילה: לימא. רבי עקיבא שמקיף לשמאל ורבי יוסי הגלילי המקיף לימין בדרמי בר יחזקאל קא מיפלגי: עומד על שנים עשר בקר. בים של נחושת שעשה שלמה כתיב שלשה פונים (*לפון) וגו' (דה"ב ד) מקרא זה מונה והולך דרך ימין המקיף את הים ובא מלפון למערב וממערב לדרום ומדרום למזרח דרך ימין מקיפה: דרך ימין למזרח. לא שייך למתני הכא למזרח אלא במס' זבחים דמייתי לה להא מתניתא על הכבש שהוא בדרום והעולה לו ופונה לימין למזרח הוא פונה ואגב ריהטא דההיא גירסא נקיט לה בכולה הש"ס:

ואי

מתני' ויצא אל המזבח אשר לפני ה' זה מזבח הזהב התחיל מחטא ויורד מהיכן הוא מתחיל מקרן מזרחית צפונית צפונית מערבית מערבית דרומית דרומית מזרחית מקום שהוא מתחיל בחטאת על מזבח החיצון *משם היה גומר על מזבח הפנימי רבי אליעזר אומר במקומו היה עומד ומחטא ועל כולן היה נותן מלמטה למעלה חוץ מזו שהיתה לפניו שהיה נותן מלמעלה למטה הזה על טהרו של מזבח שבע פעמים ושירי הדם היה שופך על יסוד מערבי של מזבח החיצון ושל מזבח החיצון היה שופך אל יסוד דרומי אלו ואלו מתערבין באמה ויוצאין לנחל קדרון ונמכרין לגננין לזבל ומועלין בהן: גמ' תנו רבנן ויצא אל המזבח מה תלמוד לומר אמר רבי נחמיה לפי שמצינו בפר הבא על כל המצות שכהן עומד חוץ למזבח ומזה על הפרוכת בשעה שהוא מזה יכול אף זה כן תלמוד לומר ויצא אל המזבח היכן היה לפנים מן המזבח תניא אידך לפני ה' מה תלמוד לומר אמר רבי נחמיה לפי שמצינו בפר ושעיר של יום הכפורים שכהן עומד לפנים מן המזבח ומזה על הפרוכת בשעה שהוא מזה יכול אף זה כן תלמוד לומר מזבח קטרת הסמים לפני ה' אשר באהל מועד מזבח לפני ה' ואין כהן לפני ה' הא כיצד עומד חוץ למזבח ומזה: התחיל מחטא ויורד וכו': תנו רבנן התחיל מחטא ויורד מהיכן היה מתחיל מקרן מזרחית דרומית מערבית מערבית צפונית צפונית מזרחית דברי רבי עקיבא רבי יוסי הגלילי אומר מקרן מזרחית צפונית צפונית מערבית מערבית דרומית דרומית מזרחית מקום שרבי יוסי הגלילי מתחיל שם רבי עקיבא פוסק מקום שרבי עקיבא מתחיל שם רבי יוסי הגלילי פוסק דכולי עלמא מיהא בההוא קרן דפגע ברישא לא עביד מאי טעמא אמר שמואל דאמר קרא ויצא אל המזבח עד דנפיק מכוליה מזבח ולרבי עקיבא נקיף דרך ימין לימא בדרמי בר יחזקאל קא מיפלגי דאמר רמי בר יחזקאל *ים שעשה שלמה עומד על שנים עשר בקר שלשה פונים צפונה ושלשה פונים ימה ושלשה פונים נגבה ושלשה פונים מזרחה והים עליהם מלמעלה וכל אחוריהם ביתה הא למדת *שכל פינות שאתה פונה לא יהו אלא דרך ימין למזרח מר אית ליה דרמי בר יחזקאל ומר לית ליה דרמי בר יחזקאל לא דכולי עלמא אית להו דרמי בר יחזקאל והכא בהא קא מיפלגי מר סבר ילפינן פנים מחוץ ומר סבר לא ילפינן פנים מחוץ ורבי עקיבא נהי דלא יליף פנים מחוץ אי בעי הכי נעביד אי בעי הכי נעביד אמר לך רבי עקיבא מדינא בההוא קרן דפגע ברישא בההוא עביד ברישא דאמר ריש לקיש *אין מעבירין על המצות ואמאי לא עביד משום דכתיב ויצא אל המזבח עד דנפיק מכוליה מזבח וכיון דיהיב בההוא קרן הדר אתי להההוא קרן דאיחייב למיתב ברישא

ואי

רבינו חננאל

§ מסכת יומא דף נח: §

אות א׳ – ב׳

ויצא אל המזבח אשר לפני ה׳, זה מזבח הזהב

מהיכן הוא מתחיל: מקרן מזרחית צפונית, צפונית מערבית, מערבית דרומית, דרומית מזרחית

רמב״ם פ״ד מהל׳ עבודת יוה״כ ה״ב - ועומד [א]לפנים ממזבח הזהב [ב]בין המזבח והמנורה, ומתחיל להזות מדם התערובת על קרנות מזבח הזהב, והוא מסבב והולך ומזה על הקרנות מבחוץ, ומתחיל מקרן מזרחית צפונית, לצפונית מערבית, למערבית דרומית, לדרומית מזרחית.

רמב״ם פ״ה מהל׳ מעשה הקרבנות הי״ד - וכל הדמים הניתנין על מזבח הזהב, כשהוא נכנס עומד בין [ג]המזבח למנורה והמזבח לפניו, ונותן על קרנות המזבח מבחוץ, מתחיל מקרן מזרחית צפונית, לצפונית מערבית, למערבית דרומית, לדרומית מזרחית.

אות ג׳

מקום שהוא מתחיל בחטאת על מזבח החיצון

רמב״ם פ״ה מהל׳ מעשה הקרבנות ה״י - ומנין הוא מתחיל, עולה בכבש ופונה לימינו ומהלך על הסובב ונותן בקרן דרומית מזרחית תחילה.

אות ד׳

ועל כולן היה נותן מלמטה למעלה, חוץ מזו שהיתה לפניו שהיה נותן מלמעלה למטה

רמב״ם פ״ד מהל׳ עבודת יוה״כ ה״ב - ועל כולן הוא נותן מלמטן למעלן, [ד]חוץ מן האחרונה שהיתה לפניו שהוא נותן מלמעלן למטן, כדי שלא יתלכלכו כליו.

אות ה׳ – ו׳

הזה על טהרו של מזבח שבע פעמים

ושירי הדם היה שופך על יסוד מערבי של מזבח החיצון

רמב״ם פ״ד מהל׳ עבודת יוה״כ ה״ב - וחותה הגחלים והאפר שבמזבח הזהב הילך והילך עד שמגלה זהבו, ומזה מדם התערובת על טהרו של מזבח שבע פעמים בצד הדרום, במקום ששלמו מתנות קרנותיו, ויוצא ושופך שירי הדם על יסוד מערבי של מזבח החיצון.

רמב״ם פ״ג מהל׳ עבודת יוה״כ ה״ה - ואחר כך מערב שני הדמים דם הפר ודם השעיר, ומזה משניהם ארבע הזיות על ארבע קרנות מזבח הזהב שבהיכל, ושבע הזיות על אמצעו של מזבח זה.

רמב״ם פ״ג מהל׳ עבודת יוה״כ ה״ו - ושירי הדם שופך על יסוד מערבי של מזבח החיצון.

רמב״ם פ״ה מהל׳ מעשה הקרבנות הי״א - כל החטאות הנשרפות דמם נכנס לפנים להיכל ומזין ממנו שם כאשר מפורש בתורה, ושירי הדם שופכן על יסוד המערבי של מזבח החיצון, שהוא פוגע בו תחילה בצאתו מן ההיכל.

רמב״ם פ״ה מהל׳ מעשה הקרבנות הי״ב - והיכן מזין מדמן, וכמה מזה מהם: פר ושעיר של יוה״כ דם כל אחד מהן טעון ח׳ הזיות על בין הבדים וח׳ על הפרוכת, ומערב דם הפר והשעיר ומזה משניהם ד׳ הזאות על ד׳ קרנות מזבח הזהב שבהיכל, וז׳ הזיות על אמצעו של מזבח זה, כמו שיתבאר בהל׳ עבודת יוה״כ; ואם לא כיון בהזיות שבפנים כשרות.

אות ז׳

ושל מזבח החיצון היה שופך אל יסוד דרומי

רמב״ם פ״ה מהל׳ מעשה הקרבנות ה״י - ועל יסוד אותה הקרן שהשלים בה המתנות הוא שופך שירי הדם, שנאמר: ואת כל הדם ישפך אל יסוד מזבח (העולה), זה יסוד דרומי.

באר הגולה

א ‹הקשה הרדב״ז, כיון שאינו מתחיל להזות מקרן דרומית מערבית שפגע בו תחילה, למה עומד לפנים ממזבח הזהב, {דמשמע למערבו של מזבח}, **וכתב**: נ״ל שיש טעות בלשון, וכך צריך להיות: ועומד לפני מזבח הזהב וכו׳. **ועיין** בדף נ״ט. בהערה לשאר דברי הרדב״ז› ב ‹כתוב בתשובת הרשב״א בסימן ש״צ שנשאל על מש״כ רבינו שהיה עומד בין מזבח למנורה, והלא המזבח משוך היה כלפי חוץ והוא צריך לצאת מכל המזבח, ותשובתו כתבתי בהל׳ עבודת יוה״כ פ״ד. **והר״י** קורקוס כתב, אפשר שרבינו מפרש עד דנפק מכוליה, היינו שלא יעמוד בין מזבח לפרוכת, אלא יוצא לצד ימינו עד שיצא מכנגד כל המזבח, וזהו שכתב בין מזבח למנורה, ונמצא עומד מהמזבח ולפנים מכנגד הצד הדרומי – כסף משנה. ‹**והנה** ראיתי בס׳ שיח יצחק שהביא בשם הפר״ח, הוא ט״ס יעו״ש – הר המוריה. ‹**ועיין** בדף נ״ט. בהערה לתירוץ הרדב״ז. ‹**משמע** דהוה אתי בדרום ועומד שם, וכדאמרינן (דף נ״א) דמ״ד בין המזבח למנורה היה מהלך אית ליה פתחא בדרום קאי, וממ״ש רבינו ז״ל שמתחיל ההזאה ממזרחית צפונית וכו׳, משמע דהיינו לר׳ יוסי, דסבר דלא היה שם אלא פרוכת אחת ופתחה בצפון קאי, אבל לר״ע דסבר כרבנן דשתי פרוכות ופתחא בדרום קאי, מתחיל מדרומית מזרחית, וכיון דקי״ל כרבנן דשתי פרוכות היו, וכדכתב רבינו ז״ל בהלכות בית הבחירה, איך פסק כאן דמצפונית מזרחית מתחיל – לחם משנה. ע״ש אריכות גדול. ועיין בדף נ״ט. בהערה לתירוץ הרדב״ז› ג ‹עיין לעיל› ד ‹והקשה הרדב״ז, דהא פסק הרמב״ם כר׳ יוסי הגלילי דמתחיל מקרן מזרחית צפונית, ומשמע דבמקום שהיה מתחיל שם היה עומד, והוא ז״ל כתב שהיה עומד בקרן דרומית מזרחית, שהיא אחרונה שהיתה לפניו, ועיין בדף נ״ט. בהערה לשאר דברי הרדב״ז›

אות ח'

אלו ואלו מתערבין באמה ויוצאין לנחל קדרון

רמב"ם פ"ב מהל' בית הבחירה הי"א - ובקרן מערבית דרומית היו שני נקבים כמין שני חוטמין דקין, והן הנקראין שיתין, [ה]שהדמים יורדין בהן ומתערבין באותה הקרן באמה ויוצאין לנחל קדרון.

אות ט' – י'

ונמכרין לגננין לזבל **ומועלין בהן**

רמב"ם פ"ב מהל' מעילה הי"א - כל דמי שחיטת הקדשים אין מועלין בו בין לפני כפרה בין לאחר כפרה, עד שיצא לנחל קדרון, יצא לנחל קדרון מועלין בו, מפני שהיה נמכר לגנות ודמיו הקדש. **השגת הראב"ד: יצא לנחל קדרון. א"א אותה מעילה אינה אלא מדרבנן, והכי איתא ביומא.**

אות כ'

לפנים מן המזבח

רמב"ם פ"ד מהל' עבודת יוה"כ ה"ב - [ז]ועומד לפנים ממזבח הזהב בין המזבח והמנורה.

§ מסכת יומא דף נט. §

אות א' – ב' – ג'

הקפה ברגל

אלא חותה גחלים אילך ואילך ומזה

בצד דרומי הוא נותן

רמב"ם פ"ד מהל' עבודת יוה"כ ה"ב - [ח]ועומד לפנים ממזבח הזהב בין המזבח והמנורה, ומתחיל להזות מדם התערובת על קרנות מזבח הזהב, והוא מסבב והולך ומזה על הקרנות מבחוץ, ומתחיל מקרן מזרחית צפונית, לצפונית מערבית, למערבית דרומית, לדרומית מזרחית; ועל כולן הוא נותן מלמטן למעלן, חוץ מן האחרונה שהיתה לפניו שהוא נותן מלמעלן למטן, כדי שלא יתלכלכו כליו; וחותה הגחלים והאפר שבמזבח הזהב הילך והילך עד שמגלה זהבו, ומזה מדם התערובת על טהרו של מזבח שבע פעמים בצד הדרום במקום ששלמו מתנות קרנותיו.

אות ד'

[ט]אין מועלין בהן

רמב"ם פ"ב מהל' מעילה הי"א - כל דמי שחיטת הקדשים אין מועלין בו בין לפני כפרה בין לאחר כפרה, עד שיצא לנחל קדרון, יצא לנחל קדרון מועלין בו, מפני שהיה נמכר לגנות ודמיו הקדש. **השגת הראב"ד: יצא לנחל קדרון. א"א אותה מעילה אינה אלא מדרבנן, והכי איתא ביומא.**

באר הגולה

ה ‹שדרך הנקבים הנ"ל יורדים הדמים לחלל קטן שתחת המזבח שם, שנקרא שית כלקמן, ומשם שותתין תחת הרצפה במזחילה, אל הנחל הרחב אמה שעובר בעזרה – תפארת ישראל מס' מידות פ"ג מ"ב, וכן נראה מרמב"ם, **ודלא** כמו שפי' רש"י דנפל הדם על הרצפה› ו ‹כתב הכ"מ על מש"כ הראב"ד: והכי איתא ביומא, דהוא בפ' הוציאו לו דף נ"ט, ע"כ. **משמע** מדבריו דהרמב"ם אינו חולק בזה, וזה תימה, דהא במעילה דף ב: על הא דאמר מאי מועלין בהן מדרבנן, אמר הגמ' מאי איכא בין דאורייתא לדרבנן, דאורייתא משלמין חומש, דרבנן לא, וא"כ איך כתב הרמב"ם בסתם דמועלין בהן, דבסתמא משמע דמדאורייתא מועלין ומשלמין חומש – אבן האזל› ז ‹והא הברייתא איירי בשעת הזאות הפרוכת, והרמב"ם איירי בשעת מתן קרנות, ועיין ברדב"ז לקמן, דס"ל דיש דין לעמוד שם לפנים מהמזבח אחר הזאות הפרוכת› ח ‹הקשה הרדב"ז: וקשה לך, חדא דכיון שאינו מתחיל להזות מקרן דרומית מערבית שפגע בו תחילה, למה עומד לפנים ממזבח הזהב, **ותו** דבתחלת לשונו משמע דפסק כר' יוסי הגלילי דהקפה ברגל, שכתב והוא מסבב והולך, וסוף לשונו משמע דפסק כר' עקיבא דאמר הקפה ביד, שכתב ועל כולן הוא נותן מלמטה למעלה וכו', וזה לא שייך אלא למאן דאמר הקפה ביד, דאי למ"ד ברגל, כל קרן וקרן הוא כמו לפניו, ובכולם היה נותן מלמעלה למטה. **ותו** דפסק כר' יוסי הגלילי דמתחיל מקרן מזרחית צפונית, ומשמע דבמקום שהיה מתחיל שם היה עומד, והוא ז"ל כתב שהיה עומד בקרן דרומית מזרחית שהיא אחרונה שהיתה לפניו. **ותו** דבפי' המשניות כתב ואין הלכה כר' אליעזר, ומשמע דהלכה כת"ק, ות"ק סבר הקפה ברגל, דתנן ובכולן היה מחטא ויורד מלמעלה למטה, והוא ז"ל כתב ובכולן הוא נותן מלמטה למעלה וכו', והוא סברת ר' אליעזר אליבא דר' יהודה. **ותירץ**, דפסק הרב דשתי פרוכות היו, ודלא כר' יוסי, וכדתנן נמי החיצונה היתה פרופה מן הדרום והפנימית מן הצפון, וא"כ דרך הדרום היה נכנס, וכי היכי דבכניסתו להיכל היה נכנס מן הדרום בין המזבח והמנורה, הכי נמי ביציאה היה יוצא בין המנורה והמזבח דרך דרום, דתנן יצא ובא לו דרך כניסתו ומתפלל וכו', וכיון שהגיע לבין המנורה והמזבח לפנים מן המזבח, היה צריך לעמוד שם לקיים ויצא אל המזבח, מכלל שהיה לפנים מן המזבח, ולא הוצרך הרב לבאר שהיה יוצא מלפני המזבח, שהרי כתב והוא מסבב והולך, ומשמע בהדיא שיצא מלפני המזבח, {ואינו בא לומר שסיבב את המזכח ברגל, שאין הרמב"ם סובר כן וכדמפרש להלן, ורק לומר דיצא מלפני המזבח} **זה** כתבתי ליישב לשון הכתוב בספרים, אבל נ"ל שיש טעות בלשון, וכך צריך להיות: ועומד לפני מזבח הזהב וכו'. **והרב** ז"ל פסק בחדא כר"ע ובחדא כר' יוסי הגלילי, פסק כר' עקיבא ביד ולא ברגל, דהכי מסתבר טפי כיון שכל המזבח אמה על אמה, ולמה לו לסבב אותו ברגל דכולו מזבח פנימי במקום חדא קרן דמזבח חיצון קאי, והכי אסיקנא בגמ' לדעת ר' עקיבא, ופסק נמי כר' עקיבא דפתחה בדרום, והיה יוצא דרך הדרום, דסתמא דמתני' הכי איתא, דשתי פרוכות היו, והקרן דפגע ברישא אחר שיצא אל המזבח הוא קרן דרומית מזרחית, והוא עומד לפניו, ולא היה נותן עליו אלא באחרונה, שלא היה מתחיל אלא מקרן מזרחית צפונית, דבהא פסק כר' יוסי הגלילי, כסתם מתני' דקתני מהיכן הוא מתחיל מקרן מזרחית צפונית, והוי כסתם מתניתין ומחלוקת בברייתא דר' אליעזר שמותי הוא, ולגבי ההתחלה כתב בפי' המשנה אין הלכה כר' אליעזר, אבל לגבי הקפה ביד הלכה כר' אליעזר דקאי כר' עקיבא – רדב"ז› ט ‹ובלקוטי הלכות כתב: איכא מרבוותא דמפרשי דהאי ברייתא קאי איצא לנחל קדרון, אבל קודם לזה אפילו רבי מאיר ורבי שמעון סברי דאין מעילה בדמים אפילו מדרבנן, ולפי זה אתיא מתניתין דקתני: יש בהן מעילה, כרבי מאיר ורבי שמעון, דלדעת חכמים בכל גווני לית בה מעילה כלל. **ואית** מרבוותא {עיין בפי' ר"ח, והעין משפט} דמוכח מינייהו קצת, דמפרשי דהאי ברייתא קאי אלפני זריקה, ולפי זה אפשר דרק בההיא פליגי רבנן וסברי דאין בו מעילה כלל, אבל ביצא לנחל קדרון גם הם מודים דיש בו מעילה מדרבנן, ולפי זה אתיא מתניתין דידן כרבנן›

מסורת הש"ס

ואי בעית אימא אי סבירא לן הקפה ברגל דכולי עלמא לא פליגי דילפינן פנים מחוץ והכא בהא קא מיפלגי מר סבר הקפה ביד ומר סבר *הקפה ברגל ואי בעית אימא דכ"ע הקפה ביד והכא בהא קא מיפלגי מר סבר ילפינן יד מרגל ומר סבר לא ילפינן וסבר ר' יוסי הגלילי הקפה ביד והא מדקתני סיפא ר' אליעזר אומר במקומו היה עומד ומחטא מכלל דתנא קמא לא סבירא ליה אלא מהורתא כדשנינן מעיקרא מר סבר הקפה ביד ומר סבר הקפה ברגל [א] ואי בעית אימא [ב] בהא קא מיפלגי מר סבר סביב דמזבח פנימי כסביב דמזבח החיצון ומר סבר כוליה מזבח פנימי במקום חדא קרן דמזבח חיצון קאי תניא אמר ר' ישמעאל שני כהנים גדולים נשתיירו במקדש [ג] ראשון זה אומר בידי הקפתי וזה אומר ברגלי הקפתי זה נותן טעם לדבריו וזה נותן טעם לדבריו זה נותן טעם לדבריו סביב דמזבח פנימי כסביב דמזבח החיצון וזה נותן טעם לדבריו כוליה מזבח פנימי במקום חדא קרן דחיצון קאי: רבי אליעזר אומר במקומו היה עומד ומחטא: מתניתין מני ר' יהודה היא דתניא ר' מאיר אומר רבי אליעזר אומר במקומו עומד ומחטא ועל כולן היה נותן ממעלה למטה חוץ מאותה שבאלכסון שנותן ממטה למעלה רבי יהודה אומר ר' אליעזר אומר במקומו עומד ומחטא ועל כולן הוא נותן מלמטה למעלה חוץ מזו שהיתה לפניו ממש שנותן ממעלה למטה כי היכי דלא ניתוסן מאניה: הזה ממנו על טהרו של מזבח: מאי *טהרו אמר רבה בר רב שילא פלגיה דמזבח כדאמרי אינשי טהר טיהרא והוי פלגיה דיומא מיתיבי *כשהוא מזה אינו מזה לא ע"ג האפר ולא ע"ג הגחלים *אלא חותה גחלים אילך ואילך ומזה אלא אמר רבה בר רב שילא על גלויה דמזבח כדכתיב °ובעצם השמים לטוהר תניא תניא אומר בצד צפוני הוא נותן רבי יוסי אומר ‡בצד דרומי הוא נותן במאי קמיפלגי מר סבר *פיתחא בדרום קאי ומר סבר *פיתחא בצפון קאי ודכ"ע מיהא היכא דתנמן מתנות דקרנות התם יהיב על גגו מאי טעמא אמר קרא °וטהרו וקדשו מקום שקדשו שם מטהרו: שירי הדם היה שופך על יסוד מערבי של מזבח החיצון: דאמר קרא °ואת כל דם הפר ישפך וכי נפיק בההוא פגע ברישא: ושל מזבח החיצון היה שופך על יסוד דרומית: *ת"ר °יסוד המזבח זה יסוד דרומית אתה אומר יסוד דרומית או אינו אלא יסוד מערבית אמרת ילמד ירידתו מן הכבש מיציאתו מן ההיכל מה יציאתו מן ההיכל בסמוך לו ואי זה זה יסוד מערבי אף ירידתו מן הכבש בסמוך לו ואי זה זה יסוד דרומי תניא ר' ישמעאל אומר זה וזה יסוד מערבי ר' שמעון בן יוחאי אומר זה וזה יסוד דרומי בשלמא ר' ישמעאל קסבר ילמד סתום ממפורש אלא ר' שמעון בן יוחאי מאי טעמא אמר רב אשי קסבר פתחא בדרום קאי תנא דבי רבי ישמעאל כדברי שמעון בן יוחאי זה וזה יסוד דרומית וסימניך משכוה גברי לגברא: אלו ואלו מתערבין באמה ויוצאין וכו': תנו רבנן *מעלין בדמים דברי ר' מאיר ור' שמעון וחכ"א *אין מעלין בהן עד

תורה אור: שמות כד · ויקרא טז · שם · ויקרא ד · שם

רש"י

ואי בעית אימא אי סבירא לן · דהקפה במזבח הפנימי ברגל היא כהקפה דחיצון דכולי עלמא ילפינן פנים מחוץ לענין ימין אלא סבירא להו להאי תנא דהקפה ביד ובמקומו עומד ומחטא לכל הקרנות לפי שאינו צריך להקיף ברגל שהרי כולו אינו אלא אמה על אמה: **מכלל דת"ק** · לא שני ליה בין הקפת פנימי לחיצון אלא שניהן ברגל ותנא קמא דמתני' רבי יוסי הגלילי היא דהא טוחיה קאמר בברייתא: **סביב דמזבח הפנימי** · דכתיב ביה על קרנות המזבח סביב (ויקרא טז): **כסביב דמזבח החיצון** · מה זה ברגל אף זה ברגל: **במקום חדא קרן** · שהקרן של חיצון אמה על אמה: **מסניפין רבי יהודה היא** · דשמעינן ליה דאמר משום רבי אליעזר הכי: **ועל כולן הוא נותן מלמעלה למטה** · כזו שלפניו על כרתו כדי שלא יזוב הדם לתוך בית ידו דהאי ונגוה היא יותר מידו צריך להיות ראשי אצבעותיו למעלה ואם מושך מלמטה למעלה הדם זב לתוך בית ידו ובאותן של לדדין נותן כדרך שהתחיל בזו חוץ מאותה שבאלכסון שהיא רחוקה ואם בא למשוך מלמעלה למטה טורח הוא לו להיות כפוף ופושט זרועו עד כלות המתנה אלא משפשף גופו ופושט זרועו מתחיל למטה וזוקף והולך למעלה: **ועל כולן נותן מלמטה למעלה** · שכך טוב לו לכל הרחוקות: **דלא ניתוסי מאניה** · כדפרישית: **פלגיה דמזבח** · באמצע גובה כתלו: **טהר טיהרא** · תרגום של צהרים (בראשית מג) שהוא בחצי היום: **מגניס אומר בצד צפוני הוא נותן** · כל שבע הזאות חנניה סבר פתח דפרוכת בדרום וכי נפיק במערבית דרומית פגע והתם לא יהיב ברישא חיטוי דקרנות כדאמרן עד דנפיק למזרחית דרומית ויהיב והדר למערבית דרומית לשמאל משום דבהא איחייב ברישא כדאמרן לעיל ומשם למערבית לפונית לפונית מזרחית והתם דגמריה לחיטוי יהיב שבע הזאות: **ורבי יוסי סבר פתח בצפון** · כדקאמר במתני' הלכך במזרחית לפונית מתחיל ובדרומית מזרחית מסיים והתם יהיב להזאות: **במקום שקידשו** · בקרנותיו שם טהרו בהזאות: **דאמר קרא** · גבי פר כהן משיח ואת כל דם הפר וגו' (ויקרא ד) ותניא בתורת כהנים הפר לרבות פר יום הכפורים שיהא שיריו נשפכין ליסוד אשר פתח אהל מועד זה יסוד מערבי: **יסוד המזבח** · האמורה בעולת החיטנה: ה"ג אמרת ילמד ירידתו מן הכבש וכו' ירידתו מן הכבש בחיטנות ליציאתו מן ההיכל ושירים הפנימיים בידו: **זה וזה** · חיצונות ופנימיות: **ילמד סתום** · חיצונות שלא פורש בהן לאיזה יסוד: **מן המפורש** · מן הפנימיות שכתוב בהן אל יסוד המזבח אשר פתח אהל מועד (שם) והוא יסוד מערבי: **קסבר פיתחא** · דהיכל בדרומו של מזבח קאי הלכך יסוד אשר פתח אהל מועד היינו דרומי: **תנא דבי רבי ישמעאל כדברי ר' שמעון בן יוחאי זה וזה יסוד דרומי** · בבית מדרשו של ר"ש בן יוחאי היו שונין משנת רבי ישמעאל וגורסין בה זה וזה יסוד דרומי לומר זו רבי ישמעאל: **וסימן** · שלא תטעה לומר זה וזה יסוד מערבי היו שונין: **משכוה גברי לגברא** · תלמידי ר' שמעון משכו את ר' ישמעאל לומר כדבריהן

תוספות

דאמר קרא אל יסוד מזבח העולה אשר פתח אהל מועד · ולא גרסינן בההוא פגע ביה ברישא ולעיל בפרק אמר להם הממונה (דף לג.) פי' אין מעבירין על המצות גרסינן: **משכוה** גברי לגברא · כפי' איזהו מקומן (זבחים דף נג:) איתא נמי וגרס רש"י התם זה וזה יסוד מערבי וסימן משכוה גברי לגברא ומפרש רש"י וזה לשון תלמידי רבי ישמעאל שהן רבים משכו את ר"ש בן יוחי לומר כדבריהם ולא נהירא לר"י דבפרק בתרא דזבחים (דף קיט:) פליגי נמי רבי ישמעאל ור"ש בקרא דאל המנוחה ואל הנחלה דר' ישמעאל אומר זו וזו שילה ור' שמעון אומר זו וזו ירושלים תנא דבי ר' ישמעאל כדבי רבי שמעון זו וזו ירושלים וסימן משכינהו גברא לגברי ומפרש רש"י ר' שמעון בן יוחי שהוא יחידי משך את תלמידי ר' ישמעאל להגיה דברי רבם והשתא קשה חדא אין זה סימן דאדרבה דרך הוא שרבים מתגברין ומושכין את היחיד וא"כ אתי למיטעי ולומר איפכא גברי לגברא א"כ מה סימן הוא ועוד דהא באיזהו מקומן אי איפכא גברי לגברא א"כ אתי למיטעי ע"כ נראה כמו שפרש"י כאן זה וזה יסוד דרומית מיהו ה"ג משכו גברי לגברא פירוש ר"ש בן יוחי שהוזכר שמו ושם אביו משך תלמידי רבי ישמעאל שהוזכר שמו ולא שם אביו לומר כדבריו וה"ג נמי בפרק בתרא דזבחים (ג"ז שם) וכן פי' בערוך בערך משך ואפילו אי גרסינן בתרוייהו גברא לגברי כגירסת רש"י דהתם נראה דלא קשה מה שהקשיתי הא אתי למיטעי ולהפך הסי' ולומר גברי לגברא די"ל דזה היה ידוע שרבי שמעון הוצרך ימים אחר רבי ישמעאל ותלמידי רבי ישמעאל נמשכו ללמוד לפניו אחר פטירת רבם ואורחא דמילתא הוא כל הנמשך אחר חבירו לביתו בין שהם רבים בין שהוא יחיד יש לו לומר כדברי מי שהוא נמשך אצלו:

עד

עין משפט נר מצוה

פה א ב ג מיי' פ"ד מהל' עבודת יוה"כ הל' ב:
פו ד מיי' פ"ב מהלכות מעילה הלכה יא:

רבינו חננאל

איבעית אימא אי סבירא לן הקפה ברגל כולי עלמא ילפינן פנים מחוץ והכא בהא פליגי ר' יוסי סבר סביב דמזבח הפנימי בעינן דרך ימין כסביב דמזבח החיצון. ור"ע סבר (סביב דמזבח) [כוליה מזבח] הפנימי במקום חדא דקרן מזבח החיצון קאי כולו מזבח הפנימי אמה הוא וקרן מזבח החיצון אמה: תניא ב' כהנים נשתיירו ששימשו במקדש ראשון אחד אומר בידי הקפתי ואחד אומר ברגלי הקפתי כלומר אירע קרי באחד מהן ונכנס השני ושימש תחתיו תשתיירו שניהן. ר' אלעזר אומר במקומו היה עומד ומחטא ועל כולן היה נותן ממטה למעלה חוץ מזו שהיתה לפניו שנותן ממעלה למטה. מתניתין מני ר' יהודה היא דתניא ר' יהודה אומר ר' אלעזר אומר על כולן הוא נותן ממטה למעלה חוץ מזו שהיתה לפניו ממש שנותן ממעלה למטה כי היכי דלא נתווסו מאניה כלומר אם יזה ממטה למעלה חיישינן שמא יפול הדם על בגדיו ויטנפו כליו: הזה על טהרו של מזבח ז' פעמים כו' אוקימנא לאוקימיה פלגא דמזבח ונדחית ואוקימנא גילויא דמזבח וכיון שהעמידו מהרו של מזבח גילויו כלומר אינו מזה ע"ג הגחלים ולא ע"ג אפר אלא חותה אלו ואלו ומגלה גוף המזבח ומזה על הזהב עצמו ובאיזה המקום במזבח מזה. תניא ר' חנניא אומר בצד דרומו היה מזה ר' יוסי אומר בצפונו ולדברי הכל הקפה ביד ולא ילפינן הקפה מרגל. ור' חנניא סבר פתחא בדרום קאי ומוקמא דנפיק התם מזי. ור' יוסי סבר פתחא בצפון קאי כו' ודכ"ע מיהא היכא דנמרן מתנות דקרנות התם יהיב ברישא מ"ט אמר שמואל דאמר קרא וטהרו וקדשו במקום שמקדשו שם מטהרו. שירי הדם היה שופך אל יסוד מערבי דקי"ל אין מעבירין על המצות וכי נפיק מן ההיכל ביסוד מערבי פגע ברישא ושל מזבח החיצון ביסוד דרומי כדתנן שהכבש היה לדרומו של מזבח. וכי נחית מן הכבש ליסוד דרומי פגע ברישא פי' הא דאמר מפורש הוא דם הפר שנשפך ביסוד מערבי שנאמר ואת כל הדם ישפוך אל יסוד מזבח העולה אשר פתח אהל מועד. הנה מפורש ביסוד המזבח שהוא כנגד פתח אהל

תוספות ישנים

דכתי' תקלח תמח ולח שני תמזין. ע"כ: ומחטא כרבי ילמוד סי'. ולתח...

הגהות הגר"א

[א] גמ' (ואי בעית אימא) [ב] שם נמחק ז"ל וכו': [ג] שם (ראשון) תו"מ (ופי' פ"י):

זבחים נח: · לעיל מו. · [תוספ' פ"ג] · [לעיל נח:] · [סב] · זבחים נג. · שם מו. מגילה יח.

[illegible]

עד כאן לא פליגי אלא מדרבנן אבל מדאורייתא אין מועלין · דהא מדאורייתא לא ילפו מידי מעילה היכא נמכרין לגננין לזבל : **הוא** לפני כפרה כלאחר כפרה · הקשה רבינו תם דבמסכת מעילה פרק ולד חטאת (דף יב.) אמר *זעירי המקיז דם לבהמת קדשים מועלין בו ומעילה בו לא היא לימא דהכי מעילה מדרבנן דהתנן בפרק ולד חטאת (שם יא:) דם מתחילה אין מועלים בו יצא לנחל קדרון מועלין בו ומעילה דיוצא לנחל קדרון הויא דרבנן מכלל דמעיקרא אפילו מדרבנן ליכא מעילה ותירץ דהא דאמרינן הכא לפני כפרה כלאחר כפרה היינו לאחר שחיטה דשייכא ביה כפרה אבל מחיים לא והא דפריך בריש מסכת מעילה (דף ב:) ומי איכא מעילה דרבנן ומשני אין כדעולא דאמר עולא קדשים שמתו יצאו מידי מעילה דבר תורה הוא מאי קא מותיב מדם לאחר שיצא לנחל קדרון דמועלין בו מדרבנן אלא משום דקדשי קדשים ששחטן בדרום קאמר התם כמתן דתקנוהו רמי ופריך מי איכא מעילה דרבנן בדבר דלא הוו צריכין לגזור דבלאו הכי בדילי מינייהו ומייתי מקדשים שמתו דדמו להדדי והא דפריך בשילהי תמורה (דף לג:) גבי מקדיש עולה לבדק הבית מועלין בה שתי מעילות ומוקי לה מדרבנן ומי איכא מעילה דרבנן ה"פ כיון דאיכא מעילה בלאו הכי מדאורייתא משום עולה ובלאו הכי בדילי מיניה אמאי תקנו רבנן מעילה אחריתי ומשני ראוי למעול בו שתי מעילות דתיקון רבנן מעילה אטור משום דליכא מעילה מדאורייתא אלא בבשר ורבינו חיים זצ"ל פירש דיצא לנחל קדרון מועלין בו מדאורייתא לפי שבית דין מקדישין אותו וקשה אם כן במעילה פרק ולד חטאת (דף יב·) דקאמר ומי איכא מידי דמעיקרא לית ביה מעילה ולבסוף אית ביה מעילה ופריך ולא והרי דם דמעיקרא לית ביה מעילה וכו' ומאי פריך לימא שאני התם לפי שבית דין מקדישין אותו ועוד דמה תיקן בזה אכתי אשכחן מעילה מדרבנן בפרק התכלת (מנחות ד' נב·) דקאמר מעיקרא תקינו מעילה גבי אפר פרה והתם ליכא למימר תקינו ביה מעילה מחמת שהיו מקדישין אותו דאם כן הוי הקדש גמור ואיך היו מזין ממנו : **אין** לך דבר שנעשית מצותו ומועלין בו · וא"ת אדרבה נימא איפכא לאחר כפרה כלפני כפרה דאין לך דבר שלא נעשית מצותו ואין מועלין בו וכי תימא האיכא קדשים קלים דלית בהו מעילה אלא באימורין לאחר זריקת דמים התם משום דלאו קדשי ה' נינהו וי"ל איכא עגלה ערופה דקודם מצותה מותרת אבל מדשן אין להביא ראיה דקודם תרומת הדשן אין מועלין בו דאדרבה במעילה פ"ב (ד' ט·) משמע הנהגה מאפר תפוח קודם תרומת הדשן לכולי עלמא מועלין בו* : **והרי** תרומת הדשן · הקשה ר"י דהכא משמע דתרומת הדשן מועלין בו לאחר שנעשית מצותו ובפרק ולד חטאת במעילה (ד' יא:) תנן דישון מזבח הפנימי והמנורה לא נהנין ולא מועלין וקאמרינן בגמרא בשלמא מזבח החיצון דכתיב ושמו אצל המזבח וכו' והשתא קשה דמשמע דמזבח החיצון נמי לא נהנין ולא מועלין ומפרש ר"י משום דקתני דישון מזבח הפנימי והמנורה לא מועלין משמע דווקא בתר דישון לפי שהדישון מוציאו מידי מעילה לפי שנעשית מצותו אלמא מצוה לדשנו והא קאמר בשלמא מזבח החיצון מצוה לדשנו דכתיב ושמו אצל המזבח ואדרבה אפילו מעילה אית ביה מדכתיב ושמו ודרשינן בסוף תמורה (ד' לד·) ושמו בנחת ושמו שלא יתפזר אבל מזבח הפנימי מנלן שמצוה לדשנו וריצב"א מפרש דלאו אדיוקא קאי אלא אלא נהנין ולא מועלין מדאורייתא קאי דליכא למימר לא נהנין מדרבנן כמו לא נהנין שבהש"ס דבירושלמי דיומא פרק שני מוכח דלא נהנין מדאורייתא דגרסינן התם מניין לדישון מזבח הפנימי דכתיב והשליך אותה אצל המזבח קדמה אל מקום הדשן שאינו צריך אם לקבוע לה מקום פירוש למזרחה וטלה כבר כתוב אצל המזבח ואם ללמדך שתהא במזרחו של כבש כתיב קדמה ואף הוא דרש אצל אצל פירוש ואם ללמד שתהא תרומת הדשן במזרחו של כבש מדכתיב אל מקום הדשן ונימא הרי זה בא ללמד ונמצא למד דהא לא איצטריך דתיפוק לן מגזירה שוה נאמר כאן אצל המזבח ונאמר בתרומת הדשן אצל המזבח מה כאן במזרחו אף להלן אם כן אל מקום הדשן למה לי ש"מ למזבח הפנימי שהוא אסור (לו) בהנאה אל מקום טהור שיהא מקומו טהור ואיכא דמפיק ליה בקל וחומר ומה מזבח החיצון אסור בהנאה מזבח הפנימי לא כל שכן אלמא דאסור בהנאה מדאורייתא במזבח החיצון והשתא הכי פירושו בשלמא מזבח החיצון אסור בהנאה מדאורייתא מדכתיב ושמו אלא מזבח הפנימי מנלן שיהא אסור בהנאה לאחר שנידשן ואפילו קודם דישון מנלן שיהא אסור דאפילו גופיה לא ידעינן שיהא מצוה לדשנו ואם כן משנעשה אפר נימא דנעשית מצותו ויהא מותר בהנאה ומשני דמדשן נפקא וא"ת מאי קא פשיט ליה מדשן אכתי תיבעי לך מנלן דאסור בהנאה וי"ל דגמרא דידן לא חשש אלא להביא פסוק שצריך דישון ומסברא ידע דכל הדשנים שוין ליאסר בהנאה או מקל וחומר כדאיתא בירושלמי או משום דעיקר פשטיה דקרא בדשן מזבח החיצון אלא דמחמת ייתור לא צריך למיכתביה ומוקמינן ליה בפנימי ומנורה וחשיב ליה כמין היקש דאיתקוש כולהו לחיצון ואם תאמר אם כן לימא הכא משום דהוה ליה מזבח החיצון ופנימי ומנורה שלשה כתובין הבאין כאחד וי"ל דאין כאן פסוק מיותר דהא איצטריך למצות דשן להניח אצל המזבח ועוד נראה דלאחר שלמדנו מצות דישון פנימי ומנורה להניח אצל המזבח חשיב כל הדשנים כמו דבר אחד דהא"כ היכי נפיק בירושלמי מק"ו הא שני כתובין הבאין כאחד אין מלמדין ואל תתמה על מה שפי' דתרומת הדשן לית בה מעילה אלא איסור הנאה אע"ג דהכא קאמר מועלין כו' הא קאמר נמי עגלה ערופה מועלין בה וההיא לית בה מעילה אלא איסור הנאה קאמר וכה"ג איכא נמי במעילה פ' ולד חטאת (דף יב:) חלב המוקדשין וביצי תורין לא נהנין ולא מועלין וקאמר בגמ' *דגמר אמו אמו מבכור מה בכור מועלין בו אף חלב המוקדשין מועלין בו ובכור הוא קדשים קלים ולית ביה מעילה וחלב המוקדשין נמי לית ביה מעילה כדתנן התם דלאו קדשי ה' מיקרי אלא מועלין דקאמר לאו דוקא אלא איסור הנאה וא"ת כיון דפרישית דיש בו איסור הנאה מדאורייתא היכי קתני בפרק ולד חטאת (מעילה דף יא:) המקדיש דישון בתחלה מועלין בו והיכי חייל עליה הקדש כיון דאיסור הנאה מדאורייתא י"ל דלאו בדישון מזבח איירי מדקאמר בתחלה משמע דאיירי בדבר שלא הוקדש מעולם אלא במקדיש דשן כירתו וכן פרש"י ואיצטריך לאשמועינן דקדושה אף על גב דאינו ראוי לא למזבח ולא לבדק הבית כדקתני התם בסיפא כל הראוי למזבח כו' אי נמי אפילו את"ל דלאו בדשן כירה איירי דאם כן לא הוה ליה למימר דאיירי בדשן מזבח לאחר שהוציאוהו חוץ לשלש מחנות ואשמעינן דלא הוי כשאר דשן ליאסר לעולם ולמאי דפרישית דליכא מעילה בתרומת הדשן ניחא הא דתנן במעילה (דף יט:) אין מועל אחר מועל אלא בהמה וכלי שרת בלבד ומקשים ליחשב נמי תרומת הדשן דיש בו מועל אחר מועל ומתרץ ר"י דהוי בכלל בהמה דמאפר קדשים הוא בא ומיהו גם לפי' ריצב"א נ"ל תירוץ ר"י דנהי דבתרומת הדשן ליכא מעילה מ"מ ליחשב אפר תפוח דלכולי עלמא אמר בפ"ב דמעילה (שם דף ט.) דמועלין בו קודם תרומת הדשן וא"ת מאי שנא דדישון מזבח הפנימי אפילו קודם דישון לית ביה מעילה כדאמר בפרק כל שעה (פסחים דף כו·) דקטרת לאחר שתעלה תימרותו אין בו משום מעילה ודשן מזבח החיצון מועלין בו לכולי עלמא קודם דישון וי"ל דבדשן מזבח החיצון מועלין בו כיון שמחוסר עבודה שצריכה בגדי כהונה כדכתיב ולבש הכהן מדו בד וגו' אבל דישון מזבח הפנימי אע"פ שמחוסר דישון אין זה חסרון עבודה דלא אשכחן שיהא צריך בגדי כהונה ואע"פ שהשוינו כל הדשנים היינו לאחר שהניחם אצל המזבח דאז נעשית מצות כולן דאפילו בתרומת הדשן אין בה עוד שום עבודה ואפילו הכי אסורה בהנאה כדכתיב ושמו אצל המזבח אלא דמעילה לית בה דלאו קדשי ה' קרינן ביה כיון דלא מיחסר ביה תו שום עבודה וה"ה בדישון מזבח הפנימי דאסור בהנאה מק"ו כדפרישית אבל לענין שיהא צריך בגדי כהונה אין לעשות ק"ו כיון דלא אשכחן בו שום עבודה אחר שנעשה דשן רק מצות דישון כדאשכחן בחיצון דצריך הרמה והשתא נמי ניחא הא דאמר בשילהי מסכת תמורה (דף לד·) עולת העוף שנמצאה דמה מורלא וטלה יצאו מידי מעילה ואמאי והא לא נעשית מצותה דהכתי מחוסר השלכה אצל המזבח ולמאי דפרישית ניחא דכיון דהשלכה לא אשכחן דבעי בגדי כהונה כנעשית מצותו חשבינן ליה ור"י תירץ דשאני התם שעבודת הדם מתירות אותם. כ"ז דקדק ריצב"א :

תורה אור

עד כאן לא פליגי אלא מדרבנן אבל מדאורייתא אין מועלין בהן מנא הני מילי אמר *עולא אמר קרא °לכם שלכם יהא דבי רבי *שמעון תנא °לכפר לכפרה נתתיו ולא למעילה ור' יוחנן אמר א"ק °הוא לפני כפרה כלאחר כפרה מה לאחר כפרה אין בו מעילה אף לפני כפרה אין בו מעילה ואימא לאחר כפרה כלפני כפרה מה לפני כפרה יש בו מעילה אף לאחר כפרה יש בו מעילה *אין לך דבר שנעשית מצותו ומועלין בו ולא והרי תרומת הדשן משום

אלא מדרבנן · מאן דאמר מועלין מדרבנן קאמר ושלם קרן אבל מדאורייתא להוסיף חומש לא : **מנא הני מילי** · דאין מעילה בדמים : **לכם** · ואני נתתיו לכם (ויקרא יז) : **הוא** · כי הדם הוא בנפש יכפר (שם) הוא (א) כהוייתו לפני כפרה כלאחר כפרה אין בו מעילה דכיון דנעשית מצותו הוא לא קרינן ביה קדשי ה' : **והרי תרומת הדשן** · דכתיב בו (שם ו) ושמו אצל המזבח דטעון גניזה אלמא אסור בהנאה וכיון דבהנאה אסור משום קדושתו מעילה נמי אית ביה :

ובגדי

[מעילה יא. זבחים מו. חולין קיז.]

[סוכה מח:]

הגהות הב"ח

(א) רש"י ד"ה הוא כו' הוא כהוייתו יהא לפני כפרה :

[עי' תוס' חולין קיז. ד"ה אין לך וכו']

[דף יג.]

חוספות ישנים

משום

משום דהוי תרומת הדשן ובגדי כהונה *שני כתובין הבאין כאחד וכל שני כתובין הבאין כאחד אין מלמדין *הניחא לרבנן דאמרי והניחם שם מלמד שטעונין גניזה אלא לרבי דוסא דאמר בגדי כהונה ראוין הן לכהן הדיוט מאי איכא למימר משום דהוי תרומת הדשן ועגלה ערופה שני כתובין הבאין כאחד וכל שני כתובין הבאין כאחד אין מלמדין הניחא למ"ד אין מלמדין אלא למ"ד מלמדין מאי איכא למימר תרי מיעוטי כתיבי ושמו העריפה *והני תלתי קראי בדם ל"ל חד למעוטי *מנותר וחד למעוטי ממעילה וחד למעוטי *מטומאה אבל מפיגול לא צריך למעוטי קרא *דתנן *כל שיש לו מתירין בין לאדם בין למזבח חייבין עליו משום פיגול ודם עצמו מתיר הוא:

מתני' כל *מעשה יוה"כ האמור על הסדר אם הקדים מעשה לחבירו לא עשה כלום *הקדים דם השעיר לדם הפר יחזור ויזה מדם השעיר לאחר דם הפר *ואם עד שלא גמר את המתנות שבפנים נשפך הדם יביא דם אחר ויחזור ויזה בתחילה מבפנים וכן בהיכל וכן במזבח הזהב שכולן כפרה בפני עצמן רבי אלעזר ור"ש אומרים *ממקום שפסק משם הוא מתחיל:

גמ' ת"ר *כל מעשה יוה"כ האמור על הסדר *אם הקדים מעשה לחבירו לא עשה כלום א"ר יהודה *אימתי בדברים הנעשין בבגדי לבן מבפנים אבל דברים הנעשין בבגדי לבן מבחוץ אם הקדים מעשה לחבירו מה שעשה עשוי רבי נחמיה אומר בד"א בדברים הנעשים בבגדי לבן בין מבפנים בין מבחוץ אבל בדברים הנעשים בבגדי זהב מבחוץ מה שעשה עשוי אמר ר' יוחנן ושניהם מקרא אחד דרשו *והיתה זאת לכם לחוקת עולם אחת בשנה רבי

רש"י

ובגדי כהונה · ארבעה בגדי לבן דכ"ג ביום הכפורים דכתיב בהו והניחם שם (ויקרא טז) : **ראוין הן לכהן הדיוט** · וקיימא לן* בגדי כהונה אין בהן מעילה מפני שלא ניתנה תורה למלאכי השרת שיהו זריזין לפושטן מיד : **עגלה ערופה** · כתיב בה שם שם תהא גניזתה : **ערופה** · זו ולא אחרת : **תלתא קראי** · **כתיבי** · לכם לכפר הוא : **חד למעוטי מנותר** · שאם אכל דם נותר בשוגג אינו חייב אלא אחת משום דם וכן אם אכל דם קדשים בטומאת הגוף שהיא בכרת במזיד אינו חייב אלא אחת משום דם וכן אם נהנה ממנו בדם והזיד באחת מאלו פטור מכרת : **אבל מפיגול לא צריך למעוטי** · שאם אכל דם מקרבן פיגול ממילתא אחריתי נפקא לן דפטור מכרת דפיגול : **בין לאדם בין למזבח** · שאחרים מתירין אותן או לאכילת אדם כגון בשר קדשים הנאכל שהוא בזריקת הדם שכל זמן שלא נזרק אסור באכילה כדכתיב ודם זבחיך ישפך (דברים יב) והדר והבשר תאכל או מתירין למזבח כגון אימורין שזריקת הדם מכשרתן למזבח כדכתיב (ויקרא יז) וזרק הכהן את הדם על מזבח ה' והדר והקטיר החלב לריח ניחוח חייבין עליו משום פיגול אם אכל מהן מקרבן מפוגל חייב כרת דכתיב (שם ז) והנפש האוכלת ממנו עונה תשא : אבל מתיר את אחרים כגון הדם והקומץ אין חייבין עליו משום פיגול דגמרי' משלמים דפיגול בשלמים כתיב ושלמים יש להן מתירין למזבח ומתירין לאדם שהדם מתיר את אימוריהן למזבח ובשרם לאכילה : **מתני' שלפניו על הסדר** · במשנתנו : **וכן בהיכל** · כגון מקצת מתנות על הפרוכת ונשפך הדם יביא פר אחר ויתחיל מתנות הפרוכת ואין צריך לחזור ולהתחיל בכפורת : **שכולן כפרה בפני עצמן** · לפיכך כפרה שנגמרה נגמרה : **ממקום שפסק** · ואפילו לא נגמרה אותה כפרה אין צריך לחזור וליתן מה שכבר נתן : **גמ' מבפנים** · לפני ולפנים : **בבגדי לבן מבחוץ** · כגון הגרלה וידוי ושפיכת שירים וכל מתנות הפרוכת ומזבח הזהב אם הקדים להן דבר מאוחר אין אלו מעכבין עליו לפוסלו אלא בשחיטה ובהזאה מודה הוא דעיכוב פנים כפנים דמי : **בבגדי זהב מבחוץ** · כגון אילו ואיל העם שהקדים להן הוצאת כף ומחתה אין מעכבין עליו לפסול : **אחת בשנה** · אלמא כי כתיב חוקה לעיכובא אחת בשנה כתיב רבי

תוספות

משום דהוי להו תרומת הדשן ובגדי כהונה כו' · ובמעילה פרק ולד חטאת (דף יא:) קאמר משום דהוו תרומת הדשן ואיברי שעיר המשתלח וכו' ופריך הניחא למאן דאמר אין נהנין אלא למאן דאמר נהנין מאי איכא למימר :

אלא למאן דאמר מלמדין מאי איכא למימר · הוה מצי לשנויי דמאן דאמר מלמדין סבר לה כרבנן דרבי דוסא דהוו להו השתא שלשה כתובין אלא בעי לשנויי אפי' אם תמצא לומר דסבר כרבי דוסא : **תרי** מיעוטי כתיבי · בחד הוה סגי וכן בסוף פרק כל הבשר (חולין דף קיג:) גבי עזים העזים וכו' וי"ל דאי לא כתיב אלא חד מיעוטא ה"א נהי דאי לא כתיב מיעוטא לא ממעטינן מידי דשני כתובין הבאין כאחד מלמדין מכל מקום השתא דכתיב מיעוטא בחד מינייהו הוו להו שלשה כתובין הבאין כאחד והני דשלשה כתובין אין מלמדין הני מילי כי לא כתיבי בחד דוכתא אבל הכא דתרי מינייהו כתיבי בחד דוכתא הוה ליה מיעוט אחר מיעוט ואין מיעוט אחר מיעוט אלא לרבות להכי איצטריך אידך מיעוטא ואין להקשות היכי הוה ס"ד לומר אין מיעוט אחר מיעוט אלא לרבות דא"כ לישתוק מינייהו לגמרי ומהיכא תיתי למעוטי דאיצטריך מיעוט אחר מיעוט לרבות י"ל הא לא קשיא דבכל דוכתא דאיצטריך מיעוט אחר מיעוט מקשה רבינו שמואל כך ומתרץ דשמא הוה בנין אב להכי איצטריך מיעוט אחר מיעוט לרבות כן יש לתרץ כמו כן בכאן וזה אין להקשות אי דרשי ליה למיעוט אחר מיעוט אידך קרא שלישי למאי אתא די"ל כמו פרשה שנאמרה ונשנית לא נשנית אלא בשביל דבר שנתחדש בה כמו כן יש לומר שני כתובין הבאין כאחד מלמדין היכא דליכא אלא שני כתובים כתוב שני למאי איצטריך אלא ע"כ י"ל כדפרישית אי נמי אי לא כתיב שלישי לא הוה דרשינן להו הכך תרי מיעוט אחר מיעוט דלאו מיעוט הוא דאי לא כתיב אלא תרומת הדשן ומיעוט שלה תרומת הדשן לא הוה מיעוטא הוא אבל השתא מכח דכתיב עגלה ערופה השתא הוו להו שלשה כתובין הוה ליה כל חד מיעוט אחר מיעוט*: **חד** למעוטי מנותר וחד למעוטי מטומאה · תימה דבחד קרא סגי דלימעוט חד מינייהו ילפינן אידך מיניה בג"ש דחילול חילול כדילפינן להו מהדדי בפרק כיצד צולין (פסחים דף פג.) גבי קדשי כהנים

ולי קשה דלא הוה צריך קרא לא לנותר ולא לטומאה דכיון דפיגול לא צריך קרא דהוה ליה דבר שאין לו מתירין ניתו בק"ו ומה פיגול שהוא בקטנות ובידיעה אחת ואין הותר מכללו אינו חייב עליו טומאה שהיא בעולה ויורד ובשתי ידיעות דוקא והותר מכללו לא כל שכן וכיון דנפקא לן טומאה בקל וחומר מפיגול הדר ילפינן נותר בחילול חילול דדבר הלמד בק"ו חוזר ומלמד בג"ש כדאיתא בפרק איזהו מקומן (שם דף נ:) וצריך לי לאתויי דעביד גמרא קל וחומר ופריך עליה מק"ו לאחר זריקה ושאין פסול טהר לאחר זריקה ושאין לו מתירין משום טומאה דשייכא אפילו לאחר זריקה לא למיפרך מה לפיגול שכן נוהג באחר זריקה ופסול בגופו ושכן מטמאה והא דעביד התם האי קל וחומר עיקרו הג"ש סמיך למילף חילול חילול מנותר ונותר עון עון מפיגול והא דילוף לה מק"ו ולא קאמר בהדיא מג"ש י"ל משום דס"ד למילף בג"ש מהיקשא דלאתוקשו לאכילת קודש קדשים בטומאה כדפירש ר"י שם בריש פ"ב דזבחים (דף טו: ד"ה אלא) וסד"א כי היכי דעיקר שימוש בטומאה הוי אף בדבר שאין לו מתירין הכי נמי אכילת קודש בטומאה ואע"ג דג"ש עדיפא שאני הכא כיון דהיקשא לא איצטריך למילי אחריני וג"ש איצטריך למילי אחריני היקשא עדיפא ולהכי קאמר קל וחומר דכיון דפיגול חמור בכמה ענינים ואינו חייב אלא בדברים שיש לו מתירין א"כ מיסתברא למיגמר טומאה מיניה בג"ש ולא נידרוש היקשא כלל דאינו כל כך היקש גמור כיון שלא הוזכרו בהדיא בקרא דוינזרו אכילה ושימוש אבל הא קשיא לי מאי איצטריך למימר אבל פיגול לא צריך קרא משום דהוה ליה דבר שאין לו מתירין לימא דלא צריך קרא משום דגמר עון עון מנותר אלא [י"ל] דגזירה שוה דעון ועון וחילול חילול לא ניתנה אלא למאי דכתיב בהדיא אבל הכי דרשות דלכם והוא לכפר לא משמע אלא לאפוקינהו ממעילה והא דדרשינן מינייהו נותר וטומאה הייט בהאי אינו ענין למעילה וכיון דלא נפקי אלא בהאי אינו ענין לא גמרינן מינייהו בגזירה שוה: הכא

רבינו חננאל

משום דהויא היא ובגדי כהונה שני כתובים הבאים כאחד. פי' הכא כתיב ושמו אצל המזבח בבגדי כהונה כתיב והניחם שם · וכיון דאשכחן בתרווייהו כתוב גניזה לא גמרינן מינייהו דקי"ל דכל ב' כתובין הבאין כאחד אין מלמדין שהיה לו לכתוב באחד וללמד השני ממנו שכן התורה נדרשת וכיון שכתיב עוד פעם אחרת גילה לנו שזה הדין בא לו בלבד ולא בזולתם. ודחי' כי בגדי כהונה לר' דוסא אין טעונין גניזה. ואוקימנא עגלה ערופה במקומה שנאמר וערפו שם את העגלה וגו'. ולמ"ד מלמדין מאי איכא למימר. כלומר קשיא לר' יוחנן ופריק [תרי] מיעוטי כתיבי ואינך יכול ללמד מהן. בתרומת הדשן כתיב ושמו זו אפי' נעשת מצוותה בקדושתה קיימא ומועלין בה ולא זולתה וכן הערופה כמותה זו ולא זולתה. והני ג' קראי בדם לכם ולכפר. והוא חד למעוטי מנותר שאין דין נותר בדם. ולא דין מעילה ולא דין טומאה כמו בשר קדשי' וחלבם אבל שאין בו דין פיגול אין צריך קרא למעוטי דהא תנן כל שיש לו מתירין בין לאדם בין למזבח חייבין עליו משום פיגול. פי' מתירין בשר הקדש לאדם והחלב למזבח כי אין מותרין הבשר ולא החלב עד שיזרק הדם אבל הדם הוא מתיר ואין אחרים מתירין אותו: **מתני'** כל מעשה יוה"כ כו'. ת"ר כל מעשה יוה"כ האמור על הסדר אם הקדים מעשה לחבירו לא עשה כלום. פי' אם שינה מן הסדר שכתב בתורה והקדים המאוחר לא עשה כלום אמר ר' יהודה בד"א בדברים הנעשים בבגדי לבן לפני ולפנים. אבל דברים הנעשים בבגדי לבן בחוץ כמו שחיט' והגרלה וביוצא בהן ואפי' בהיכל מה שעשה עשוי א"ר נחמיה בד"א בדברים הנעשים בבגדי לבן בין בחוץ בין בפנים. אבל הנעשים בבגדי זהב אם הקדים מעשה לחברו מה שעשה עשוי א"ר יוחנן ושניהן מקרא אחד דרשו והיתה זאת לכם לחקת עולם לכפר על בני ישראל אחת בשנה

עין משפט נר מצוה

פז א ב מיי' פ"ח מהל' פסולי המוקדשין הלכה יז :

פח ג שם הלכה ז :

פט ד מיי' פ"ה מהל' עבודת יוה"כ הל' ד:

צ ה שם הלכה ה :

צא ו שם הלכה ח :

מסורת הש"ס

[קידושין נד.] · [קידושין כד. וש"נ] · [לעיל יב: כד. פסחים כו. חולין קיז. כריתות ו. מעילה יא: זבחים מו.] · [זבחים שם חולין קיז:] · זבחים מג. [וש"נ] · סנהדרין מט: · זבחים מג. קיז: [לעיל לט: זבחים מ.] · [תוספ' פ"ג]

גליון הש"ס

מתני' הקדים דם השעיר. עיין מנחות דף פ ע"א תוס' ד"ה ואי אין ממשכן ומכן מעכבין מעשה לחבירו · עיין סוטה דף י"ז ע"ב תוס' ד"ה קודם שתקבל : [ועי' תוס' פסחים כו. ד"ה כתיב ותוס' מעילה יא. ד"ה הרי כתנו מיעוטי אחרים אכל בחולין קיז. ד"ה שעוים ודקי:] ד"ה תרי ונזכחים מו. ד"ה הכי כתיב מיעוטא דכתב מיעוטא סג']

ריב"א

תוספות ישנים

כלל מן התורה ודייק בגמרא בעלמא מזבח החיצון יש בו מעילה קודם דישון וגם לאחר תרומת הדשן אסור בהנאה כו' אלא דישון מזבח הפנימי והמנורה שמועלין בהן קודם דישון אף לאחר שנעשו אסר מנא לן ומשני התם וא"ת מ"ש דמועלין בדישון מזבח הפנימי והמנורה אף אחר שנעשו אסר קודם דישון ואלו גבי קטורת אמרינן בפרק כל שעה (דף כו.) דמשתעלה תימרתו אין מועלין בו וי"ל שבריח אין בו מעילה שלא ניתנה תורה למלאכי השרת שא"א שלא יהנו ממנו בהסינה ובפיטום ובהולכה ובהקטרה ולכן הוא דגזרו ביה אבל אחר שנעשית מצותו לא גזרו ביה מידי אי נמי ריח אין בו ממש כמו קול ומראה אבל דישון מזבח הפנימי והמנורה יש בו ממש כי אין נראה לומר שיהא בריח יותר ממש מקול ומראה לפי שנכנס בגוף ולפי טעם זה המריח הדם של הקדש לא מעל אבל ללשון ראשון מעל דלא שייך ביה טעמא דלא ניתנה תורה למלאכי השרת ולהאי טעמא מועלין בדישון מזבח הפנימי והמנורה כמו בשל חיצון ותדע שכן הוא שמועלין בהן דהא אפילו במזבח החיצון פלוגתא דאמוראי היא בפרק חטאת העוף (דף ט.) במעילה דאיכא למ"ד עד הוצאת הדשן ואיכא למאן דאמר עד תרומת הדשן אבל קודם תרומת הדשן לכ"ע מועלין וא"כ בדישון מזבח הפנימי והמנורה למה לא ימעלו כמו כן באסר קודם שהוא מדשן (של קטורת) מ"ר א)*: **משום** דהוו תרומת הדשן ובגדי כהונה

ימעלו בהן וכ"ת דאיכא תרי מיעוטי בערופה ושמו הא תינח למ"ד דהוו שני כתובין ומלמדין אלא למ"ד דהוו שני כתובים ואין מלמדין אין אנו צריכין להני מיעוטי ואומר רבי דנפקא ליה מהתוספות המחות דדרשי' בת"כ שאין מועלין בהם שאינן למצוה כ"ש דבר שנעשית מצותו אין מועלין בו. מ"ר : **והרי** תרומת הדשן כו'. אומר רבי דתנן פרק ולד חטאת (דף יא:) דישון מזבח הפנימי והמנורה לא נהנין ולא מועלין ואמרינן בגמרא בשלמא מזבח החיצון דכתיב ושמו אלא מזבח הפנימי מנא לן כו' ומשמע לכאורה דה"ש בשלמא מזבח החיצון [דאין] מועלין כו' אלא מזבח הפנימי [מנ"ל כו' משמע דאין מועלין בתרומת הדשן, ונראה לר"י דה"ש דישון מזבח הפנימי] לא נהנין מן התורה ולא מועלין [והשתא ה"ק בשלמא מזבח החיצון אסור בהנאה מדאורייתא דכתיב ושמו אלא מזבח הפנימי מנ"ל שאסור בהנאה מן התורה ומשני דמדשן נפקא וא"ל א"כ לימא הכא דה"ל מזבח החיצון ופנימי ומנורה ג' כתובים הבאים כאחד די"ל דאחר שלמדנו דישון מזבח הפנימי ומנורה כו' חשיבי כולהו כדבר אחד ומועלין דקאמר הכא בתרומת הדשן לאו דוקא אלא איסור הנאה קאמר] ואע"ג דליכא מעילה איסורא איכא דבעגלה ערופה ליכא נמי אלא איסורא בעלמא ואומר רבי כי נראה דה"ש דבדישון מזבח הפנימי והמנורה יש בהם מעילה קודם דישון ולאחר דישון שהניחם במקומם אין בהם מעילה

א) פי' בתוס' חולין קי"ז א וזבחים מ"ז א ומעילה י"א ב ובתוס' דסוגיין ויתבארו דברי הת"י. ובסוף נ"ל כמו כן באסר כיון שהוא מדשן . ועיין ש"י : * ע"כ שייך לדף נט ע"ב

ס'

צב א ב מיי׳ פ״ה מהל׳ עבודת יוה״כ הלכה ב:

רבי יהודה סבר מקום שמתכפרין בו פעם אחת בשנה ור׳ נחמיה סבר דברים המתכפרין בהן פעם אחת בשנה אמו לר׳ יהודה מקום כתיב אלא היינו טעמיה דרבי יהודה כתיב זאת וכתיב אחת חד למעוטי בגדי לבן מבחוץ וחד למעוטי בגדי זהב ור׳ נחמיה חד למעוטי בגדי זהב וחד למעוטי שירים דלא מעכבי ור׳ יהודה אי מעכבי מעכבי ואי לא מעכבי לא מעכבי *כדתניא *וכלה מכפר את הקודש (ויקרא טז) אם כפר כלה ואם לא כפר לא כלה דברי ר׳ *עקיבא אמר לו ר׳ יהודה מפני מה לא נאמר אם כלה כפר ואם לא כלה לא כפר שאם חיסר אחת מן המתנות לא עשה ולא כלום *ואמרינן מאי בינייהו רבי יוחנן ור׳ יהושע בן לוי חד אמר משמעות דורשין [א] איכא בינייהו וחד אמר *שירים מעכבי איכא בינייהו ומי אמר ר׳ יוחנן הכי והאמר רבי יוחנן *תנא ר׳ נחמיה כדברי האומר שירים מעכבי קשיא *אמר *רבי חנינא *קטורת שחפנה קודם שחיטתו של פר לא עשה ולא כלום כמאן דלא כר׳ יהודה דאי ר׳ יהודה האמר כי כתיבא חוקה בדברים הנעשים בבגדי לבן מבפנים הוא דכתיבא אפי׳ תימא ר׳ יהודה צורך פנים כפנים דמי תנן אם עד שלא גמר מתנות שבפנים נשפך הדם יביא דם אחר ויחזור ויזה בתחילה מבפנים ואם איתא יחזור ויחפון מבעי ליה בקטורת

רש״י

רבי יהודה סבר · למקום שכפרתו אחת בשנה כתיבא חוקה לכל ההיכל ולעזרות אחד׳ דברים הנעשים בבגדי לבן אלא אין כפרתן בכהן גדול אלא אחת בשנה לא כתיבא חוקה: **דברים שמתכפרים בהן אחת בשנה** · בין למקום בין לבגדים: **כתיב זאת** · משמע חוקה על זאת כתיבה ולא על אחרת: **למעוטי שירים** · שפיכת שירים דלא מעכבי דבר המאוחר להם אם הקדימו להם ואע״פ שהן נעשין בבגדי לבן אין סדרן מעכב: **ור׳ יהודה אי מעכבי** · שאר דברים הנעשים בבגדי לבן מכחוץ בכסדרן מעכבי אף שירים כסדרן: **ואי לא מעכבי** · שאר דברים הנעשים בבגדי לבן לא מעכבי הני דלאיהו נמי עבודה המעכבת כפרה היא ומאי חזית למעוטה: **כדתניא** · דלרבי יהודה שירים מעכבי כפרה כשאר המתנות אי עקר להו לגמרי הלכך אי חוקה דאשארא כתיבא אדידהו נמי כתיבא: **מפני מה לא נאמר** · מי מעכב על ידינו שלא נדרוש בלשון זה אם כלה כפר ואם לא כלה לא כפר: **ואמרינן** · באיזהו מקומן (זבחים דף נב:): **משמעות דורשין** · מר משמע ליה הכי ומר משמע ליה הכי: **שירים מעכבי איכא בינייהו** · רבי עקיבא סבר שירים לא מעכבי והכי קאמר אם כפר עיקר המתנות כלה ואפי׳ לא שפך שירים ורבי יהודה סבר מעכבי והכי קאמר אם כלה הכל אז כפר ואם לא (א) כפר הכל אין הכפרה של מתנות כפרה: **ומי אמר רבי יוחנן הכי** · דלרבי נחמיה שירים לא מעכבי דקאמרינן לעיל שניהן מקרא אחד דרשו ומסקנא לר׳ נחמיה חד למעוטי שירים דלא מעכבי: **והאמר רבי יוחנן** · במסכת זבחים בפרק השוחט והמעלה בחוץ (שם קיא.) תנא רבי נחמיה כדברי האומר שירים מעכבי דקאמר רבי נחמיה התם שירי הדם שהקריבן בחוץ חייב אלמא עבודה הן בפנים וקרינן בהו (ויקרא יז) ואל פתח אהל מועד לא יביאנו וגו׳ ונכרת: **יביא דם אחר ויתחיל** · והרי כבר נקטר הקטורת וזה שוחט פר* בקטורת

תוספות

תנא רבי נחמיה כדברי האומר שירים מעכבי · משמע דוקא משום דמעכבי הא אי לא מעכבי לא מיחייב עלייהו בחוץ וקשיא דמשמע בזבחים פרק בית שמאי (דף לח:) דרבי נחמיה בשירים החיצונים איירי והתם מייתי ברייתא דמים הנשפכים למה אין חייבין עליהן בחוץ ואין טעון כיבוס ואין מחשבה פוסלת בהן ואין טעון כיבוס וצריך ליפלוג וליתני בדידה אפילו בדמים כשירים בשלש מתנות שבתחלה דלאו טעון כיבוס ואין מחשבה פוסלת בהן ואין חייבין עליהן בחוץ ומשני הא מני רבי נחמיה היא דאמר שירי הדם שהקריבן בחוץ חייב ולא מיתני ליה תלתא פטורי דהדרי חיובי אלמא לרבי נחמיה שלשה מתנות שבתחלתא אין טעון כיבוס ואין מחשבה פוסלת בהן א״כ הוא הדין נמי דלא מעכבי ואפי׳ הכי הקריבן בחוץ חייב אם כן הוא הדין שירים אע״ג דלא מעכבי ליחייב עלייהו בחוץ ועוד איך יתכן זה דלרבי נחמיה שלשה מתנות שבתחלתא לא מעכבי ושירים מעכבי ועוד דמשמע בריש פרק בית שמאי (שם לח:) ולעיל בפ״ק (דף טו:) דלא מצינו דמים מחלקין למטה וחציין למעלה בחד מקום שיהו מעכבין ולפי זה הרי מצינו לרבי נחמיה ועוד הקשה רבינו יעקב מאורליינ״ש דבפרק בית שמאי (נז״ש) משמע דבחיצונים איירי ובפרק השוחט והמעלה (שם דף קיא:) מתרינן והשתא דאמר רב אדא בר אהבה אינה מחלוקת בשירים הפנימיים אבל בשירים החיצונים דברי הכל אין מעכבין כי קאמר ר׳ נחמיה בשירים הפנימיים ועוד דבסוף פרק השוחט והמעלה (שם דף קיב) גבי חטאת שקיבל דמה בשני כוסות דמוקי לה כרבי נחמיה וקאמר משל למה הדבר דומה וכו׳ ומוקי לה בשעיר נשיא אלמא רבי נחמיה בחיצונים איירי דומיא דשעיר נשיא מיהו הא לא קשיא דאע״ג דהמשל הוי בשעיר נשיא איכא למימר רבי נחמיה בפנימיים איירי מכל מקום שאר הקושיות תיקשי לן ואין לתרץ דסוגיא דריש פרק בית שמאי (שם דף לח:) דלא כרבי יוחנן כיון דבפרק השוחט והמעלה (שם קיא·) במסקנא מיתוקמא מילתא דרבי יוחנן בתר דאמר רב אדא בר אהבה כו׳ ותירץ רבינו חיים כהן זצ״ל דה״ק רבי יוחנן תנא רבי נחמיה כדברי האומר שירים הפנימיים מעכבין ואילו היה עושה אותן בחוץ חייב א״כ יש לחייב בחיצונים בחוץ אע״ג דלא מעכבין דגמרינן מאיברים ופדרים דאי פרכת מה לאברים ופדרים שכן תחילת עבודה שירים הפנימיים יוכיחו ואי פרכת מה לשירים הפנימיים שכן מעכבין איברים ופדרים יוכיחו ולא נהירא לריצב״א דהיכי קאמר שירים הפנימיים יוכיחו שהן סוף עבודה והלא תחילת עבודה קורא אותם בהשוחט והמעלה למאן דאמר פנימיים מעכבי על כן פירש ריצב״א דלמסקנא דמסקינן דשירים החיצונים לרבי נחמיה לא מעכבי ה״פ תנא רבי נחמיה כדברי האומר שיריים הפנימיים מעכבין וכיון דמעכבין מסתבר לעשות חיצונים כמו תחילת עבודה לכל הפחות ולדמות לאיברים ופדרים דכיון דרחמנא אחשביניהו כולי האי לפנימיים דמעכבי יש לנו לעשות חיצונים כתחילת עבודה כיון דלא הוו במקום המתנות אלא ע״ג אילעבת היסוד הוו להו תחלת עבודה אחרת ואין סוף עבודה ראשונה ואע״ג דלא מעכבי חייב עליהם בחוץ מידי דהוה אאברים ופדרים דלא מעכבי וחייבין עליהם בחוץ והיינו דאמר פרק בית שמאי (דף נח:) אימור דשמעת ליה לרבי נחמיה לענין העלאה בחוץ מידי דהוה אאיברים ופדרים דמאיברים ופדרים לחודייהו יליף כדפרישית ואע״ג דפרכיה רבי עקיבא לא אם אמרת באיברים ופדרים שכן תחילת עבודה ולא אהדר ליה ולא מידי היינו משום דלא צריך דפירכא דר׳ עקיבא לא הויא פירכא אלא אליבא דנפשיה דקסבר שירים הפנימיים אינן מעכבין והא דפריך ליה מעיקרא נמי רבי עקיבא והלא שירי הדם שירי מצוה הן אליבא דנפשיה קאמר פי׳ אפילו בפנימיים ורבי נחמיה השיבו איברים ופדרים יוכיחו ולדבריו דרבי עקיבא קאמר כדמפרש התם ולא לגמרי לדבריו דאפי׳ לדברי עצמו צריך ראיה מאיברים ופדרים אלא בהא הוא לדבריו דמשמע דמודי ליה במאי דקרי ליה שירי מצוה ואיהו לא ס״ל הכי אלא ס״ל דפנימיים מעכבין ומינייהו יליף חיצונים לחייב בחוץ כדפרי׳ והשתא אתי שפיר דקתני שירי הדם סתמא במתני׳ ובברייתא דחייב דמשמע דבכולהו מחייב ר׳ נחמיה ומאותו טעם שפירש׳ דתחילת עבודה חשיב לחייב בחוץ וגמרינן להו מאיברים לפי שאינן במקום תחילת המתנות אלא על גב היסוד מההוא טעמא הוה ס״ד מעיקרא דמעכבין חיצונים דאם לא כן מאיזה טעם הוה סבור לומר דמעכבי מקמי דלייתי מילתא דרב אדא והוה ס״ד דאפילו חיצונים מעכבי והא ליכא קרא אלא בפנימיים וכלה מכפר אם כלה כפר אלא ע״כ מטעמא דפרישית ור״ת פירש בע״א וקשה טובא לפי׳ לכן לא כתבתיו ובזבחים פרק בית שמאי (נז״ש) מפורש בתוספות:

וכפר את מקדש הקודש זה לפני ולפנים · פרש״י אטומאה דלפני ולפנים ולא נהירא דהא המתנות דלפני ולפנים והיכל מייתי לה לומר דכל מתנות דלפני ולפנים חדא חשיבי דאם נשפך הדם קודם שגמר כל מתנות לפני ולפנים מביא פר אחר ומתחיל בתחילה אלא י״ל לענין נשפך הדם קאמר זה לפני ולפנים דכולהו כחדא מתנה חשיבי דהיכל כחדא מתנה וכן דמזבח מיהו נוכל לייסב פירוש רש״י דה״ק זה לפני ולפנים דמתנות דלפני ולפנים חדא חשיבי ומכפר על טומאה שאירעה שם וכן בהיכל חדא חשיבי ומכפר על טומאה שאירעה בהיכל מזבח כמשמעו חדא חשיבי ומכפר על שנטמא בפנים ולא שהה כשיעור השתחויה ועבד עבודה ומשום דפשטיה דקרא מיירי בכפרה שמכפר על מקדש הקודש על הכהנים ועל עם הקהל כו׳ על כן פירש רש״י כן : דברי

רבינו חננאל

ר׳ יהודה סבר *) זו חקה היא כלומר זו עבודה שבפנים אם שינה מעכב דכי כתיבה חקת עולם אהא כתיבה אבל עבודה שבחוץ אפילו בבגדי לבן אחת בשנה נמי כלומר עבודה שאינה כשרה אלא פעם אחת בשנה והיא עבודה בבגדי לבן למעוטי עבודה הנעשית בבגדי זהב שאינה אחת בשנה ור׳ נחמיה חד למעוטי בגדי זהב וחד למעוטי שירי הדם שאם איחר או שינה שפיכתן על היסוד לא מעכבי. ואקשינן ומי א״ר יוחנן כר׳ נחמיה דסבר שירי הדם לא מעכבי והתנן בשחיטת קדשים פרק השוחט והמעלה בחוץ חייב ר׳ נחמיה אומר שירי הדם שהקריבן בחוץ חייב וא״ר יוחנן בגמרא ר׳ נחמיה כדברי האומר שירים מעכבי תני לה להא מתניתין ועלתה בקשיא לר׳ יוחנן סדבריו על דבריו דמוקי׳ ליה לר׳ נחמיה הכא דסבר שירים לא מעכבי והתם קאמר בהדיא דר׳ נחמיה סבר כמ״ד שירים מעכבי **) ומותבינן התם למ״ד כר׳ עקיבא סבר קרבן נסכים במדבר מיתיבי שירי הדם שהקריבו בחוץ חייב דברי ר׳ נחמיה א״ל ר׳ עקיבא והלא שירי הדם שירי מצוה הן א״ל הקטר חלבים יוכיחו שהן שירי מצוה פירוש שכבר הקדימו וריקת הדם. והקריבו בחוץ חייב. א״ל לא אם אמרת בהקטר חלבים שהן תחלת עבודה תאמר בשירי הדם שהן סוף עבודה כלומר כבר נורק מן הדם הזה בעצמו ואלונשארו׳ ואם איתא נסכים נמי תחלת עבודה נינהו תיובתא. ואסקנא התם כי קתני ר׳ נחמיה חייב בשירים הפנימים והא בשירים החיצונים ולדברי ר׳ עקיבא קאמר ור׳ יהודה שירים אי מעכבי מעכבי ואי לא מעכבי לא מעכבי מהך קרא נפקא. וכלה מכפר את הקודש. אם כיפר כלה ואם לא כיפר לא כילה דברי ר׳ עקיבא א״ל ר׳ יהודה מפני מה לא נאמר אם כילה כיפר שאם חיסר אחת מכל המתנות לא עשה כלום. חד אמר משמעות דורשין איכא בינייהו זה אומר כך פירוש זה הפסוק וזה אומר כך פירושו אבל לדברי הכל שירים לא מעכבי וחד אמר שירים מעכבי איכא בינייהו דר׳ עקיבא סבר שירים לא מעכבי ור׳ יהודה סבר מעכבי דהא בהדיא קתני שאם חיסר אחת מכל המתנות לא עשה כלום. דייקינן מינה דשירים מעכבי: א״ר חנינא קטורת שחפנה קודם שחיטת הפר לא עשה כלום [כמאן] דלא כר׳ יהודה דהא שחיטת הפר עבודת חוץ היא ולא מקום ר״י ואמר כי כתיבה חוקה אלא בדברים הנעשים בבגדי לבן בפנים. אבל עבודת חוץ לית בה חוקה ופרקינן אפי׳ תימא ר׳ יהודה צורך פנים כלפנים הוא ושחיטה צורך פנים הוא ואקשינן עלה דר׳ חנינא דאמר קטורת שחפנה קודם שחיטת הפר לא עשה כלום תנן ואם עד שלא גמר

*) לשון רבינו הוא מגומגם קצת ונראה דצ״ל ר״י סבר זאת חוקה מיעוטא היא כלומר וכו׳ אפילו בגדי לבן אלא אחת בשנה נמי מיעוטא היא כלומר עבודה וכו׳. **) לפנינו שם בזבחים ליתא כלל כהך לישנא ע״ש וגירסת רבינו שם צ״ע רב.

מסורת הש״ס

זבחים מ. נב: · [ילקוט איתא דברי ר׳ יהודה אמר לו ר׳ נחמיה מפני מה וכו׳] [שם נב:] · [מנחות טו:] · זבחים נב: קיא. [לעיל מט.] · עיין רש״י לעיל דף מט. ד״ה פר · שייך לדף סא.

הגהות הב״ח

(א) רש״י ד״ה שירים כו׳ ואם לא כלה הכל אין הכפרה וכו׳:

הגהות מהר״ב רנשבורג

א] גמ׳ חד אמר משמעות דורשין. נ״ב עש״י דלעיל זה לכ״ע שיריים לא מעכבי ולמד כך מכ״ש בזבחים דף נב ע״ב:

תוספות ישנים

[illegible]

§ מסכת יומא דף ס. §

אות א׳ – ב׳

חד למעוטי מנותר וחד למעוטי ממעילה וחד למעוטי מטומאה

רמב״ם פי״ח מהל׳ פסולי המוקדשין ה״ז - כבר נתבאר לך שאף דברים שאין חייבין עליהן משום פגול, חייבין עליהן משום נותר וטמא; כיצד, דברים שאין להם מתירין אין חייבין עליהן משום פגול, וחייבין עליהם משום נותר וטמא; וכן המתירין עצמן, אע״פ שאין חייבין עליהם משום פגול, כמו שביארנו, חייבין עליהן משום נותר וטמא; חוץ מן הדם, שאין חייבין עליו לעולם אלא משום דבר אחד בלבד.

אות ג׳

כל שיש לו מתירין בין לאדם בין למזבח וכו׳

רמב״ם פי״ח מהל׳ פסולי המוקדשין ה״ו - אין חייבין כרת אלא על אכילת דברים שהותרו בין לאדם בין למזבח; אבל אם אכל מן המתיר עצמו אינו חייב כרת, אלא לוקה כאוכל פסולי המוקדשין שאין בהם פגול. כיצד, מנחה שנתפגלה, האוכל כזית משיריה במזיד חייב כרת; אבל אם אכל מן הקומץ שלה או מן הלבונה אינו חייב כרת, לפי שהן הן המתירים את השירים לאדם. וכן זבח שנתפגל, האוכל כזית מבשרו או מאימוריו או מבשר העולה חייב כרת; אבל אם אכל כזית מן הדם אינו חייב עליו משום פגול; שהדם מתיר את האימורין ליקרב למזבח, [א]והאימורין מתירין את הבשר לאדם, ודם העולה מתיר בשרה למזבח, ודם חטאת העוף מתיר בשרה לכהנים, ודם עולת העוף מתיר בשרה למזבח, ודם חטאות הנשרפות מתיר אימוריהם למזבח, לפיכך חייבין על אימוריהן משום פגול; הקומץ והלבונה מתירין השירים לכהנים, שני כבשי עצרת מתירין שתי הלחם לכהנים, וכן שני בזיכי לבונה מתירין לחם הפנים לכהנים; אבל דברים שאין להם מתירין, כגון בשר חטאות הנשרפות ומנחות הנשרפות, אינן מתפגלין לעולם.

אות ד׳

הקדים דם השעיר לדם הפר, יחזור ויזה מדם השעיר

רמב״ם פ״ה מהל׳ עבודת יוה״כ ה״ד - הקדים דם השעיר לדם הפר בקדש הקדשים [ב]קודם שיגמור עבודתו, יזה מדם הפר כמצותו, ואחר כך יביא שעיר אחר וישחוט אותו ויזה מדמו בקדש הקדשים כמצותו, ויפסל הראשון.

אות ה׳

ואם עד שלא גמר את המתנות שבפנים נשפך הדם וכו׳

רמב״ם פ״ה מהל׳ עבודת יוה״כ ה״ה - נשפך הדם עד שלא גמר מתנות שבקדש הקדשים, יביא דם אחר ויחזור ויזה בתחילה בקדש הקדשים.

אות ו׳

אימתי בדברים הנעשין בבגדי לבן מבפנים

רמב״ם פ״ה מהל׳ עבודת יוה״כ ה״א - כל עבודות שעובד בבגדי לבן בפנים [ג]בהיכל, צריך לעשותן על הסדר שביארנו, ואם הקדים בהן מעשה לחבירו, לא עשה כלום.

---

§ מסכת יומא דף ס: §

אות א׳ – ב׳

קטורת שחפנה קודם שחיטתו של פר, לא עשה ולא כלום צורך פנים כפנים דמי

רמב״ם פ״ה מהל׳ עבודת יוה״כ ה״ב - קטרת שחפנה קודם שחיטת הפר, לא עשה כלום, אף על פי שהחפינה בעזרה, צורך פנים כעבודת פנים היא.

באר הגולה

א ‹לא ידעתי לאיזו סיבה כתב דברים הללו, דאדרבא מכח שהם מתירים היה לנו לומר שלא יהיה בהם פיגול, שהרי המתיר אינו נפגל, **והתוס'** הוצרכו לתת טעם למה יש באימורים דין פגול מאחר שהם מתירין, וכתבו דלא חשיבי מתירין כיון דאם נטמאו או נאבדו שרי בשר באכילה. **ואי** כוונת רבינו היא דמש"ה חשיב הבשר דבר שיש לו מתירין, ומתיריו הם האימורין, **הא** ליתא, דמתירי הבשר לא הוי אלא זריקת הדם, כדכתיב הדם ישפך והבשר תאכל, **ואי** הקטרת האימורים חשיבי מתירי הבשר, א"כ לא היה נקבע לפיגול עד שיקטיר האימורין, דהא בעינן שיקרבו מתיריו – משנה למלך›

ב ‹ר"ל לאו דוקא שהקדים קודם שהתחיל ליתן מהפר, אלא אפי' התחיל ליתן מדם הפר ולא גמר עבודתו והתחיל ליתן מדם השעיר, אזי נפסל, דבעינן שיקדים כל מתנות הפר לשחיטת השעיר – הר המוריה›

ג ‹פירש"י ז"ל מבפנים, לפני ולפנים, אבל רבינו ז"ל שכתב בפנים בהיכל, משמע דאינו מפרש כפירוש רש"י ז"ל, אלא בפנים הוי פירושו בהיכל, ובחוץ אית ליה דפירושו בעזרה. **וקשה** על דברי רבינו ז"ל, דבגמרא אמרו שם טעמו של ר' יהודה, אחת בשנה, מקום שמתכפרים בו אחת בשנה, והך לא הוי אלא לפני ולפנים דוקא, כפירוש רש"י ז"ל, דאי היכל הרי כמה פעמים נכנסים בו בשנה. **וי"ל** דרבינו ז"ל יפרש, דנהי כדאמרינן דטעמא דר' יהודה הוי משום הא, ודאי דדברי רבי יהודה לא הוי אלא לפני ולפנים, אבל כד דחינן במסקנא הך, ואמרינן דטעמיה משום דכתיב אחת וכתיב זאת, חד למעוטי בבגדי לבן מבחוץ וחד למעוטי בגדי זהב, א"כ דברי רב יהודה אמורים אפילו בהיכל, משום דאל"כ תקשי לך, כיון דאם לאו מיעוטי הוה מוקמינן עיכובא דחוקה אכולה פרשה, אפי' הגרלה דהוי בעזרה, השתא נוקי מיעוטי בדבר הפחות יותר, ונאמר דחד מיעט בגדי לבן בעזרה, וחד מיעט בגדי זהב, אבל היכל כלפני ולפנים הוי, ולכך מפרש רבינו ז"ל, דלהך טעמא קושטא דמילתא הכי הוי, דלר' יהודה לא מיעט קרא אלא עזרה, אבל היכל כלפני ולפנים הוי – לחם משנה›

[ד]רמב"ם פ"ה מהל' עבודת יוה"כ ה"ח - ואם דם הפר הוא שנשפך קודם שיגמור כל המתנות, הרי זה מביא פר אחר, ויחפון קטרת פעם שנייה [ה]קודם שחיטת הפר, ויקטיר הקטורת, ואחר כך יביא דמו ויזה ממנו.

§ מסכת יומא דף סא. §

אות א'

<u>שעיר ששחטו קודם מתן דמו של פר, לא עשה ולא כלום</u>

רמב"ם פ"ה מהל' עבודת יוה"כ ה"ב - **וכן שעיר ששחטו קודם מתן דמו של פר, לא עשה כלום, אף על פי שהשחיטה בעזרה, הרי דמו נכנס לפנים.**

אות ב'

<u>גמר את המתנות שבפנים ונשפך הדם, יביא דם אחר ויתחיל בתחלה במתנות שבהיכל וכו'</u>

רמב"ם פ"ה מהל' עבודת יוה"כ ה"ו - **גמר מתנות שבקדש הקדשים והתחיל במתנות שבהיכל ונשפך הדם עד שלא גמר, יביא דם אחר ויתחיל מתחילת הזיות שבהיכל.**

אות ג'

<u>גמר מתנות שבהיכל ונשפך הדם, יביא דם אחר ויתחיל בתחילה במתנות המזבח וכו'</u>

רמב"ם פ"ה מהל' עבודת יוה"כ ה"ז - **גמר מתנות שבהיכל והתחיל ליתן על מזבח הזהב ונשפך הדם עד שלא גמר, יביא דם אחר ומתחיל מתחילת מתנות המזבח, שכולן כפרה בפני עצמן הן.**

אות ד'

<u>גמר מתנות שבמזבח ונשפך הדם, דברי הכל לא מעכבי</u>

רמב"ם פ"ה מהל' עבודת יוה"כ ה"ח - **גמר מתנות המזבח ואחר כך נשפך הדם, אינו צריך להביא דם אחר, ששפיכת השירים על מזבח החיצון אינה מעכבת.**

אות ה' – ו' – ז' – ח'

<u>נתן מקצת מתנות שבפנים ונשפך הלוג, יביא לוג אחר ויתחיל בתחילה במתנות שבהיכל</u>

<u>גמר מתנות שבהיכל ונשפך הלוג, יביא לוג אחר ויתחיל בתחילה במתנות שבבהונות</u>

<u>נתן מקצת מתנות בבהונות ונשפך הלוג, יביא לוג [אחר] ויתחיל בתחילה במתנות שבבהונות</u>

<u>גמר מתנות שבבהונות ונשפך הלוג, דברי הכל מתנות הראש לא מעכבות</u>

רמב"ם פ"ה מהל' מחוסרי כפרה ה"ה - **יצק מן השמן לכפו והתחיל להזות ונשפך הלוג, אם עד שלא גמר מתן שבע נשפך הלוג, יביא אחר ויתחיל במתן שבע; גמר מתן שבע ונשפך הלוג, יביא אחר ויתחיל לכתחילה בבהונות; התחיל בבהונות ונשפך הלוג קודם שיגמור, יביא אחר ויתחיל לכתחילה בבהונות; גמר הבהונות ואחר כך נשפך הלוג קודם שיתן שאר השמן שבכפו על ראש המטהר, אינו צריך להביא לוג אחר, שמתנת הראש אינה מעכבת, שנאמר: והנותר בשמן, ומיתר השמן.**

באר הגולה

ד ‹ע"פ הכסף משנה› ה ‹שם אהא דאמר ר' חנינא קטרת שחפנה קודם שחיטתו של פר לא עשה ולא כלום, תנן אם עד שלא גמר מתנות שבפנים נשפך הדם יביא דם אחר ויחזור ויזה בתחילה בפנים, ואם איתא יחזור ויחפון מיבעי ליה, בקטרת לא קא מיירי. ופירש רש"י, ומיהו ודאי צריך להקטיר קטרת אחרת אחר שחיטת פר זה. **וא"כ** יש לתמוה על רבינו שכתב: ויחפון קטרת פעם שנייה קודם שחיטת הפר. **והנגיד** רבינו יהושע מבני בניו של רבינו כתב, ששאלו ממנו שמאחר שרבינו כתב בתחלת הפרק, קטרת שחפנה קודם שחיטת הפר לא עשה כלום, היאך כתב כאן שיחפון קטורת פעם שנייה קודם שחיטת הפר. **והשיב** מאחר ששחט פר בתחלה ולא קרה לו מה שיפסידוהו, הנה יותר חפינת הקטרת קודם שחיטת הפר השני, מאחר שהוא אחר שחיטת הפר הראשון שלא אירע בו פיסול, עכ"ל. **ולשון** הגמרא דקאמר: בהקטרה לא קא מיירי, קשה, דמשמע דודאי צריך לחפון אחר שחיטת פר שני, וצריך לדחוק ולומר, שרבינו מפרש: בקטרת כה"ג לא קא מיירי רבי חנינא, כלומר אין כאן צורך לחפינת קטורת אחר שחיטת פר שני, דקודם לו שפיר דמי – כסף משנה. ‹**ובעניי** לא זכיתי להבין, ודבריו שגבו ממני, דאי נימא דלא בעי שיהיה החפינה אחר שחיטת פר השני, וסגי במה שהוא חופן אחר שחיטת הפר הראשון, א"כ חפינה זו השניה למה, הרי כבר חפן אחר שחיטת פר הראשון והוא קודם שחיטת הפר השני – חסד לאברהם. ‹**דברי** הנגיד ז"ל הנזכר אין להם טעם, מאחר שאנחנו מצריכין אותו להביא קטורת פעם שנית, דחשבינן לקמא כמאן דליתיה, א"כ ה"ה לענין חפינה צריך למבעי הכי – תורה לשמה. ‹**ול"נ** דטעות סופר יש כאן, וצריך להגיה ולכתוב "אחר" במקום "קודם" – כסף משנה›

הוציאו לו פרק חמישי יומא סא

בקטורת לא קא מיירי אמר עולא °שעיר ששחטו קודם מתן דמו של פר לא עשה ולא כלום תנן הקדים דם השעיר לדם הפר יחזור ויזה מדם השעיר אחר דם הפר (א) ואם איתא יחזור וישחוט מבעי ליה תרגמא עולא במתנות שבהיכל וכן אמר ר' אפס במתנות שבהיכל: וכן בהיכל וכן במזבח וכו': ת"ר °וכפר את מקדש הקודש זה לפני ולפנים אהל מועד זה היכל מזבח כמשמעו יכפר אלו עזרות הכהנים כמשמען עם הקהל אלו ישראל יכפר אלו הלוים הושוו כולן לכפרה אחת שכולן מתכפרין בשעיר המשתלח בשאר עבירות *דברי ר' יהודה ר"ש אומר כשם שדם השעיר הנעשה בפנים מכפר על ישראל בטומאת מקדש וקדשיו כך דם הפר מכפר על הכהנים בטומאת מקדש וקדשיו וכשם שוידוי של שעיר המשתלח מכפר על ישראל בשאר עבירות כך וידוי של פר מכפר על הכהנים בשאר עבירות ת"ר °וכלה מכפר את הקודש זה לפני ולפנים אהל מועד זה היכל מזבח כמשמעו מלמד שכולן כפרה בפני עצמן מכאן אמרו *נתן מקצת מתנות שבפנים ונשפך הדם יביא דם אחר ויתחיל בתחלה במתנות שבפנים רבי אלעזר ורבי שמעון אומרים אינו מתחיל אלא ממקום שפסק גמר את המתנות שבפנים ונשפך הדם יביא דם אחר ויתחיל בתחילה במתנות שבהיכל נתן מקצת מתנות שבהיכל ונשפך הדם יביא דם אחר ויתחיל בתחילה בהיכל רבי אלעזר ור' שמעון אומרים אינו מתחיל אלא ממקום שפסק גמר מתנות שבהיכל ונשפך הדם יביא דם אחר ויתחיל בתחילה במתנות המזבח נתן מקצת מתנות שבמזבח ונשפך הדם יביא דם אחר ויתחיל בתחילה במתנות המזבח רבי אלעזר ורבי שמעון אומרים ממקום שפסק הוא מתחיל גמר מתנות שבמזבח ונשפך הדם דברי הכל לא מעכבי אמר ר' יוחנן ושניהם מקרא אחד דרשו °מדם חטאת הכפורים אחת בשנה רבי מאיר סבר חטאת אחת אמרתי לך ולא שתי חטאות רבי אלעזר ורבי שמעון סברי חטוי אחד אמרתי לך ולא שני חטויין תניא אמר רבי לי חלק ר' יעקב בלוגין ולא והתניא נתן מקצת מתנות שבפנים ונשפך הלוג יביא לוג אחר ויתחיל בתחילה במתנות שבהיכל רבי אלעזר ור"ש אומרים ממקום שפסק הוא מתחיל גמר מתנות שבהיכל ונשפך הלוג יביא לוג אחר ויתחיל בתחילה במתנות שבבהונות נתן מקצת מתנות שבבהונות ונשפך הלוג יביא לוג [אחר] ויתחיל בתחילה במתנות שבבהונות רבי אלעזר ורבי שמעון אומרים ממקום שפסק הוא מתחיל גמר מתנות שבבהונות ונשפך הלוג דברי הכל מתנות הראש לא מעכבות אימא לי שנה ר' יעקב בלוגין אמר מר מתנות הראש אין מעכבות מאי טעמא אילימא משום דכתיב °והנותר מן השמן אלא מעתה °והנותרת מן המנחה הכי נמי דלא מעכבי שאני התם דכתיב °ומיתר והנותר אמר רבי יוחנן

אשם

רש"י

בקטורת לא קא מיירי · ומיהו ודאי לריך להקטיר קטורת אחרת אחר שחיטת פר זה: **הקדים דם השעיר** · קא סלקא דעתך במתנות שבפנים קאמר דהוה ליה שעיר ששחטו קודם מתן דמו של פר: **תרגמא עולא** · במתנות שבהיכל קאמר אבל שחיטת השעיר במקומה היתה לאחר מתן דם הפר בפנים: **זה לפני ולפנים** · כפר בדמים הללו על טומאה שאירעה לפני ולפנים אם נכנס אדם שם בטומאה ואין בה ידיעה בסוף אבל יש בה (ב) ידיעה בתחלה וילפינן מקראי בפ"ק דשבועות (דף ז:) ששעיר זה תולה עליה להגין מן היסורין עד שיודע לו ויביא בעולה ויורד: **זה היכל** · על טומאה שאירעה בהיכל: **ולא מזבח כמשמעו** · על טומאה שאירעה לאדם במזבח ושהה כדי השתחויה שזהו שיעור שהייה למי שנטמא בעזרה: **הושוו כולן** · בהאי יכפר בתרא כהנים לוים וישראלים ובטומאת מקדש וקדשיו אי אפשר להשוותן שהרי הפר מכפר על הכהנים והשעיר הנעשה בפנים על ישראל ובלוים כפרה הושוו מלמד שכולם מתכפרים בוידוי של שעיר המשתלח בשאר עבירות דברי רבי יהודה: **ר"ש אומר כשם שדם השעיר הנעשה בפנים מכפר על ישראל בטומאת מקדש וקדשיו** · ואין עמו וידוי: **כך דם הפר** · בלא וידוי מכפר על הכהנים בטומאת מקדש וקדשיו: **וכשם שוידוי של שעיר המשתלח מכפר על ישראל בשאר עבירות כך וידוי של פר מכפר על הכהנים** · ובמס' שבועות (דף יג:) פרכינן ולר"ש הא ודאי הושוו ומשנינן הושוו דבני כפרה נינהו מיהו כל חד מכפר בדידיה: **וכלה מכפר את הקודש זה לפני ולפנים** · אלו הזאות של בין הבדים: **זה היכל** · הזאות שעל הפרוכת: **מכאן אמרו וכו'** · לאו אנתן מקצת מתנות קאי אלא אגמר מתנות שבפנים ונשפך הדם (ג) דאמר מכאן דאין צריך לחזור ולעשות את זאת שנגמר שהרי כפרה בפני עצמה היא: **חטאת אחת אמרתי לך** · להתכפר הכפרה בה ולא לעשות כפרה אחת משתי בהמות: **ולא שני חטויין** · לעשות ההזאות שתי פעמים: **לי חלק רבי יעקב בלוגין** · לי נתן רבי יעקב חילוק בלוג שמן של מצורע שלא הושוו למתן דמים של יוה"כ ושנה לי לא נחלקו ר"מ ורבי אלעזר ור"ש בעבודות החלוקות בו שבע הזאות שבפנים ומתן בהונות דלא אמרינן ממקום שפסק משם הוא מתחיל דכתיב לוג אחד שמן (ויקרא יד) לוג אחד אמרתי לך להיות הכפרה בו ולא שני לוגין דהתם הוא דאיכא למידרש חיטוי אחד אמרתי לך אבל הכא ליכא למימר הכי: **מקלת מתנות שבפנים** · דכתיב (שם) והזה מן השמן באצבעו שבע פעמים: **ויתחיל בתחילה בבהונות** · שהיא עבודה שניה כדכתיב (שם) ומיתר השמן אשר על כפו יתן הכהן וגו': **מתנות הראש** · והנותר בשמן אשר על כף הכהן יתן על ראש המטהר (שם): **לי שנה ר' יעקב** · את המחלוקת הזה שבמשנתנו בלוגין של מצורע: **אילימא משום דכתיב והנותר** · דקרי להו שיריים: **ה"נ דלא מעכבי** · והאמר מר (מנחות דף ט׳) שיריים שחסרו בין קמילה להקטרה אין מקטירין את הקומץ עלייהו: **שאני הכא דכתיב ומיתר השמן והנותר** · מתנות בהונות קרויין שיריים דכתיב בהו ומיתר השמן וגו' ומתנות הראש קרויין שירי שיריים דכתיב בהו והנותר בשיריים הראשונים יתן על ראש המטהר:

אשם

תוספות

דברי הכל מתנות הראש אינו מעכב · מכאן קשה למה דאמרי' פ"ק דזבחים (דף ו:) והנותר בשמן יתן על ראש המטהר אם נתן כפר ואם לא נתן לא כפר דברי ר"ע ר' יוחנן בן נורי אומר מעלה עליו כאילו לא כפר וכפר ומפרש התם מאי כאילו לא כפר וכפר מתן בהונות לא כפר מתנות הראש ופירש רש"י ויביא אחר ויתחיל במתנות הראש ולר"ע אף מתנות בהונות שנתן לא עלו לו ויביא לוג אחר ויתחיל בבהונות וקשה דה"כ [*וזהו דלא כתנאי דהכא וע"כ נראה] רבי יוחנן בן נורי דאמר התם דמתנות הראש שירי מצוה הן סבר כתנא דהכא והכי פירושו מעיקרא כי בעי למימר כפר נגרא לא כפר קמי שמיא כפר נגרא שהיא מגלגלתו ולא כפר קמי שמיא מעונש שבידו והדר קאמר אפילו מעונש שבידו איכפר ליה אלא לא כפר מתן מתנות הראש שחסר מצוה ולא עשאה כמאמרה ויש מפרשים למעיקרא סלקא דעתך לא כפר קמי שמיא מתן בהונות עצמן ואע"פ שנתן אין כהן רילוי גמור אע"ג דמתנות הראש לא מעכבי והדר קאמר לא כפר מתנות הראש רילוי גמור אבל מתן בהונות כפר רילוי גמור:

אלא מעתה והנותרת מן המנחה · הכי נמי הוה מצי למיפרך מומיתר השמן דקאי ביה אלא ניחא ליה למיפרך מהנותרת דהוי דומי' דוהנותר:

אשם

רש"א

עין משפט נר מצוה

צג א מיי' פ"ה מהל' עבודת יוה"כ הל' ג:
צד ב שם הלכה ו:
צה ג שם הלכה ז:
צו ד שם הלכה ח:
צז ה ו ז ח מיי' פ"ד מהל' מחוסרי כפרה הלכה ה:

מסורת הש"ס

שבועות יג: מנחות כב. חולין קלא.
[לקמן סו.]
[תוספ' פ"ג]

תורה אור

ויקרא טז · שם · שם · ויקרא יד · שם · שם יד

הגהות הב"ח

(א) גמ' ואם איתא יחזור וישחוט מיבעי ליה: נ"ב וכאן בשחיטה לא קמיירי כדמשני לעיל בקטורת ... ואמר יחזור ויזה מדם השעיר ולא אמר יביא דם אחר ויחזור ויזה כמו שאמר בנשפך הדם קודם שגמר מתנות שבפנים אע"ג דהוא יחזור ויזה ... קאמר וק"ל: (ב) רש"י ד"ה זה לפני כו' אבל יש בה ידיעה בתחלה: (ג) ד"ה מכאן אמרו כו' ונשפך הדם וקאמר מכאן דאין צריך לחזור:

רבינו חננאל

מתנות שבפנים נשפך הדם כו' ומשני האי תנא כפר קא מיירי בקטורת לא קא מיירי: אמר עולא שעיר ששחטו קודם מתן דם הפר לא עשה כלום. כמאן דלא כר' יהודה אפי' תימא ר' יהודה צורך פנים הוא כו'. תנן הקדים דם השעיר לדם הפר יחזור ויזה מדם השעיר אחר דם הפר. ואם איתא לדעולא יביא אחר וישחוט מבעי ליה ומשני עולא הא דקתני הקדים דם השעיר במתנות שבהיכל שהיא עבודת חוץ כי קאמינא אנא במתנות שבפנים: וכן בהיכל וכן במזבח הזהב שכולם כפרה כו' ת"ר וכפר את מקדש הקודש זה לפני ולפנים. אהל מועד זה היכל · מזבח כמשמעו מיכן אמרו חכמים אם עד שלא גמר מתנות שבפנים נשפך הדם יביא אחר ויתחיל מבפנים. ר' אלעזר ור' שמעון אומרים ממקום שפסק משם מתחיל גמר מתנות שבפנים כו' עד גמר מתנות שבמזבח ונשפך הדם דברי הכל שיריים לא מעכבי א"ר יוחנן ושניהם מקרא אחד דרשו מדם חטאת הכפורים אחת בשנה. ר' מאיר סבר חטאת אחת · כלומר מחטאת שתתן בפנים ממנה תהא מזה *) בהיכל ולמזבח. ר' אלעזר ור' שמעון סברי חיטוי אחד כלומר הזאה אחת והן אחת למעלה ושבע למטה בין מחטאת אחת בין משתים לא תוסיף הזאה על זה המנין: תניא אמר ר' לא חלק לי רבי יעקב בלוגין כלו' לא שנה לי בהן חלוקה אלא הכל מודים ואמרינן ולא והתניא אם עד שלא גמר שבע [הזות] כדכתי' במצורע והזה מן השמן באצבעו שבע פעמים לפני ה' נשפך הלוג יביא אחר ויתחיל בתחלה במתן שבע לפני ה' ר' אלעזר ור' שמעון אמרו ממקום שפסק משם מתחיל כו'. תנה חלוקתם בלוגין כאשר חלוקתם בדמים של יוה"כ. ומשנינן מאי לא חילק לי בלוגין לא שינה לי בלוגין. כלומר לא שנה לי בהן חלוקה בין הלוגין לדמים של יוה"כ. אלא כדרך שחולקין בדמים כך הן חולקין בלוגין: מתנות הראש של מצורע לא מעכבי מ"ט מכדי כתיב ומיתר השמן אשר על כפו יתן הכהן וגו' למה לי למיכתב עוד והנותר בשמן אשר

תוספות ישנים

מי לא תניא אחד עץ שנתלה כו' משמע מאחר שטעונין קבורה אסורין בהנאה וא"כ הכא נמי מאחר שעגלה ערופה טעונה קבורה ממילא דאסורה בהנאה וי"ל דשאני התם דאיתקש למת מקבור תקברנו וכן ע"ז שטעונה גניזה דדרשינן ליה במסכת ע"ז פרק ר' ישמעאל (דף נב:) מושם נסתר והיינו נמי איסור הנאה והא דקאמר בפרק קמא דכריתות וערפו שם מלמד שטעונה גניזה לאו משום דמשם שמעינן איסור הנאה א) כדפרי' אלא לפי האמת נקט שאסורה בהנאה. מ"ר. וא"ת אמאי לא דרשינן שם שם מעגלה ערופה ויטענו בגדי כהונה גניזה לר' דוסא וי"ל דג"ש אינה אלא משום מיתה בעלמא דעריפה ומיתה חדא אי נמי הכא שם דבגדי כהונה אינו מופנה ואמרינן בפרק המסלת (דף כב:) דבעינן מופנה מצד אחד ועבדינן ג"ש ממופנה משני צדדין א"כ הכא דעגלה אינו מופנה ואינו מופנה אלא הוא דמת גרידא. מ"ר:

ועגלה ערופה שני כתובים כו'. לאו במעילה כי לא מצינו דשייכא מעילה בעגלה ערופה [אלא] איסור הנאה מן התורה קאמר ואפילו היה שם מעילה ממש לא תיקשי דנילף במת נמי מגש שם בעגלה דבמת לא שייכא בו מעילה שאינו הקדש הקשה ה"ר אלחנן דאמאי לא חשיב נמי הכוא דפ"ק דכריתות (דף ז.) דתני רב הנכיה כהן גדול שנטל משמן המשחה שעל ראשו ונתן על בני מעיו חייב שנאמר על בשר אדם לא ייסך אלמא אע"פ שנעשית מצותו מועלין בו ואמאי לא חשיב ליה הכא ג' כתובים ואומר רבי דלעולם אין נעשית מצותו עד שיתייבש השמן המשחה שעל ראשו ול"נ דלא מצינו למימר הכי דהא רב יהודה הוא דאית ליה בפרק ד' מיתות בסנהדרין (דף סז:) דשני כתובין מלמדין ואית ליה בפ"ק דכריתות נמי דסך לכהנים ולמלכים פטור משום דלא הוו זרים מעיקרא וא"כ אע"פ שכהן גדול שסך משמן המשחה שעל ראשו דחייב אע"פ שנעשית מצותו מכל מקום לא הוו ג' כתובים הבאין כאחד דאיכא למיפרך שזה יאיסור אינו שוה בכל שהם נמשחו ממנו מלך וכהן גדול פטורין וכ"ת ליכתוב הני וכ"ש תרומת הדשן ועגלה ערופה איכא למיפרך מה לשמן המשחה שכן חייב כרת: **הניחא** למ"ד כו'. והוי מצי לשנויי דסבירא ליה כרבנן דרבי דוסא אלא לכ"ע בעי לשנויי: **תרי** מיעוטי כתיבי. אבל מחד מיעוטא לא הוו ממעטי והכי איתא נמי בפרק כל הבשר (דף קיג:) גבי בשר בחלב כל מקום שנאמר בתורה גדי סתם אפילו פרה ורחל במשמע וקאמר תרי מיעוטי כתיבי עזים העזים וכן בקידושין פרק האיש מקדש (דף נח.) גבי ע"ז ושביעית דאוסרין דמיהן איכא תרי מיעוטי דמחד מיעוטא לא הוה ממעט בעלמא ומיהו במסכת ע"ז פרק ר' ישמעאל (דף נד:) לא מייתי התם אלא חד מיעוטא לפי שלא היה צריך אלא להוציא מאותו שדורש שם היא ולא מליפי הליפין ואותו סובר דלכא לא איצטריך אלא למימר דלא ילפינן מע"ז ושביעית הקיסה דמים כשאר אבל לעולם תרי מיעוטי צריך וכן בפ"ב דקידושין (דף מג.) גבי טביחה ומכירה. מ"ר: (**הבא כתיב**)(ובמו)הערופה. בפ"ק דחולין (דף כד.) דרים טובא מהערופה ואיכא למידרש מגופא דקרא ומיתורא דה"י ומשמיכה התיבות. מ"ר: **חד** למעוטי מטהר וחד למעוטי מטומאה. הקשה ה"ר אלחנן למה לי תרי קראי ליכתוב חד למעוטי טהר וטומאה נילף חילול מטהר והא ג"ש ילפינן כן בפרק בית שמאי (דף מה.) ובכמה דוכתי ואין לומר דלא ניתנה כן ג"ש לקולא דהא קדשי נכרים מימעטי התם בהך גזירה שוה בפרק בית שמאי כו' ואומר רבי דילפינן בפרק בית שמאי ב) הטומאה בדברים שאין בהם פיגול מאשר יקדישו ויליף נמי התם מותר מטומאה לאותרה ולא מפיגול ולהכי אי לא כתיב הכא אלא הדא מיעוטא הוה מוקמינן ליה בנותר דלא ניליף מטומאה אבל בטומאה גופה דכתיב בה ריבויא הוה מחייבינן ולהכי צריך תרי מיעוטי. מ"ר: **אבל** בדברים הנעשים בבגדי זהב מבחוץ. פירש רש"י כגון הקדיש סולחת כף ומחתה לאילו ואיל העם סקשה ריב"א א"כ לא משכחת לה אלא בלבה טבילות וששם קידושין

א) אלא כדפרי' ולפי כו' : ב) נ"ל חיוב טומאה :

*) לכאורה תמוה דהא בהדיא איתא בברייתא דאפי' לר"מ אם גמר מתנות שמכפנים יתחיל במתנות שבהיכל. ואולי ג"' אחרת היה לו וצ"ע.

צח א מיי' פ"ה מהל' מחוסרי כפרה הל' ב:
צט ב מיי' פ"ח מהל' נזירות הלכה ה ועיין שם בכ"מ נראה שנעלם הימנו הגי' כאן:
ק ג מיי' פ"ה מהל' מחוסרי כפרה הל' ח:
קא ד ה ו שם פ"ד הלכה ה:
קב ח מיי' פ"ה מהל' עבודת יוה"כ הל' ה:

אשם מצורע ששחטו שלא לשמו באנו למחלוקת ר' מאיר ור' אלעזר ור' שמעון ר' מאיר דאמר יביא אחר ויתחיל בתחילה הכא נמי יביא אחר וישחוט ולר' אלעזר ור' שמעון שאומרים ממקום שפסק משם הוא מתחיל הכא אין לו תקנה מתקיף ליה רב חסדא והא °אותו כתיב קשיא תניא כוותיה דרבי יוחנן *אשם מצורע ששחטו שלא לשמו או שלא נתן מדמו לגבי בהונות הרי זה עולה לגבי מזבח וטעון נסכים וצריך אשם אחר להכשירו ורב חסדא אמר לך מאי צריך צריך ואין לו תקנה ותני תנא *צריך ואין לו תקנה אין *והתניא נזיר ממורט ב"ש אומרים אין צריך העברת תער וב"ה אומרים צריך העברת תער וא"ר אבינא כשאומרים בית שמאי צריך ואין לו תקנה ופליגא דר' פדת דאמר רבי פדת בית שמאי ורבי אלעזר אמרו דבר אחד בית שמאי הא דאמרן רבי אלעזר (*דתניא) *אין לו בוהן יד ובוהן רגל אין לו טהרה עולמית רבי אלעזר אומר נותן על מקומו ויוצא רבי שמעון אומר אם נתן על של שמאל יצא *תנו רבנן °ולקח מדם האשם יכול בכלי ת"ל ונתן מה נתינה בעצמו של כהן אף לקיחה בעצמו של כהן יכול אף למזבח כן ת"ל °כי כחטאת האשם הוא מה חטאת טעונה כלי אף אשם טעון כלי נמצאת אתה אומר אשם מצורע שני כהנים מקבלים את דמו אחד ביד ואחד בכלי זה שקבל בכלי בא לו אצל מזבח וזה שקיבל ביד בא לו אצל מצורע [א] תנן התם *וכולן מטמאים בגדים ונשרפין אבית הדשן דברי ר"א ור' שמעון *וחכמים אומרים אין מטמאין בגדים ואין נשרפין אבית הדשן אלא האחרון הואיל וגמר בו כפרה בעא מיניה רבא מרב נחמן כמה שעירים משלח א"ל וכי עדרו משלח אמר לו וכי

אשם מצורע ששחטו שלא לשמו · תמה ריב"א מאי קא מדמי דכיון דלא נשחט לשמו ולא עלה לבעלים לשם חובה מאי שייך הכא אשם אחד אמר רחמנא כמו לעיל חטאת אחד אמר רחמנא והא כל מה שנתן ממנו כמאן דליתיה דמי על כן נראה לו כגירסת ר"ח אשם מצורע שנשפך דמו קודם מתן בהונות באנו למחלוקת ר"מ ורבי אלעזר ור"ש והא דמי לפר שנשפך דמו קודם שגמר מתנותיו וקמ"ל כי היכי דפליגי במתנות השמן דלא כתיב אותו הכא נמי פליגי במתן דם אשם אע"ג דכתיב אותו דמשמע אחד ואו לא אפילו הכי מביא אחר ומטמא הוי כמו שהפסק בסמוך ופריך והא אותו כתיב וכן לר"מ וכן לרבי אלעזר ור"ש לא הוה ליה לאתויי אחרים והא דמייתי תניא כוותיה לאו מדקתני אשם ששחטו שלא לשמו דההוא כולי עלמא מודו אלא מהאי שלא נתן מדמו על הבהונות צריך אשם אחר להכשירו אלמא אע"ג דכתיב אותו איכא מאן דאמר מביא אשם אחר ותימה והא רבי יוחנן גופיה קאמר לעיל דטעמא דרבי אלעזר ור"ש גבי פר יוה"כ משום דהיינו אחד אמר רחמנא והכא דלא מצינו למידרש הכי מאי טעמייהו ושמא מהתם גמרי כי היכי דהתם איכא כמה מיני מתנות גלי לן קרא ממקום שפסק מתחיל הכי נמי בין בלוג שמן בין באשם:

נזיר ממורט בש"א צריך העברת תער · בפרק שלשה מינין (נזיר דף מו:) גרס איפכא בכל הספרים בש"א אין צריך ובה"א צריך והתם והלכות הפוכות הוא כי ההיא דידים שאין מוכיחות דאיפלוגו אביי ורבא בפ"ק דנדרים (דף ה:) ובפרק בתרא דנזיר (דף סב:) הפכו דבריהם וכן בפ"ק דבכורות (דף ג:) בפלוגתא דרב הונא *) (ורבה) ורב חסדא בדבר שטומאה אותה כבילה וטריפה דפליגי בטריפה חיה ואינה חיה ובפ"ק דתמורה (דף יא:) איפכא והגהה רבות בהש"ס **) והם כמו איכא דאמרי:

מה נתינה בעצמו של כהן · ברים פרק איזהו מקומן (זבחים דף מז:) פירש רש"י דכתיב אצבע גבי שמן ויליף דם מיניה ואין זה אלא כמו ילמד סתום מן המפורש דאי בנין אב הא בעיא היא התם *אי דבר הלמד בבנין אב חוזר ומלמד בהיקש:

אף לקיחה בעצמו של כהן · ואע"ג דגבי חטאת נמי כתיב ולקח ונתן ולא דרשינן הכי יש לומר דהתם נמי הוה לן למימר הכי אלא משום דולקח טובא כתיבי בשעיר נשיא וכשבה ושעירה וכיון דלא מליע למידרש כולהו לא דרשינן להו:

מה חטאת טעונה כלי · פירש רש"י *דילפא מעולת סיני בגזירה שוה דקיחה קיחה ותימה דבעיא היא בפרק איזהו מקומן (זבחים דף נ·) אי דבר הלמד בגזירה שוה חוזר ומלמד בהיקש או לא למ"ד בתר מלמד אזלינן ותיפשוט מהכא דחטאת הלמודה בגזירה שוה חוזרת ומלמדת בהיקש על אשם מצורע ואומר ריצב"א כיון דבלאו גזירה שוה הוה נפקא לן חטאת מהיקשא דזאת התורה כדאיתא בסוף פרק דם חטאת (זבחים דף צז:) מה עולה טעונה כלי מאי היא אילימא מזרק בזבחי שלמי ציבור נמי כתיב וכו' וכיון דמהיקשא יליף אם כן הויא לה גזירה שוה כמאן דכתיב בגופה וילפינן שפיר אשם מחטאת ולמ"ד דבר הלמד בג"ש חוזר ומלמד בהיקש מ"מ איצטריך היקש לשאר קרבנות ובלאו גזירה שוה לא סגי דא"כ הויא היקש מהיקש ולא הוי מצי למילף אשם מחטאת הקשה ריצב"א לר"ש דסבר זרק בשמאל כשר בפרק ב' דזבחים (דף כד:) דס"ל כהונה בעיא אצבע ולמאי

*) [צ"ל ורבא] **) [עי' תוס' מנחות נח: ד"ה ואיכא מ"ש]

אשם מצורע ששחטו שלא לשמו · כגון לשם עולה או לשם שלמים ולאמר מר (זבחים דף ב·) כל הזבחים שנשחטו שלא לשמן כשרין אלא שלא עלו לבעלים לשם חובה: **באנו** · לדבר זה לתוך מחלוקתן של ר"מ ורבי אלעזר יש לנו ללמוד שכשם שחולקין בזה כך חולקין בזה: **לר"מ** · דאמר עבודה שלא נגמרה הרי היא כמי שלא התחיל אף זו הואיל ולא נגמרה שהרי לא עלתה לשם חובה אע"פ שנתן ממנו לבהונות הרי היא כמי שלא התחיל ויביא אשם אחר: **ולרבי אלעזר ור"ש דאמרי ממקום שפסק משם מתחיל** · אלמא לא אמר כמאן דליתא דמיא הכא נמי חשיבה היא ולאי אפשר לגומרה באחר דהא כתיב (ויקרא יד) כבש אחד אשם אחד אמרינן לך ולא שתי אשמות והכא ליכא לדחויי כדאמרינן לעיל חטוי אחד אמרינן לך כו' הלכך אין לו תקנה: **והא אותו כתיב** · והקריב אותו לאשם אותו שהוא עם הלוג ולא אחר ואפי' לר"מ נמי אין לו תקנה: **תניא כוותיה דרבי יוחנן** · דליכא למ"ד יביא אחר: **להכשירו** · למצורע זה לטהרו לאכול בקדשים: **ותני תנא וכו'** · בתמיה וכי יש תנאים שונים צריך בדבר שאין לו תקנה: **נזיר ממורט** · ביום מלאת ימי נזרו והכתיב (במדבר ו) תער לא יעבור על ראשו עד מלאת אבל ביום מלאת יגלח בתער וזה אין לו שיער וקתני צריך: **ואמר רבי אבינא וכו' ופליגא** · הא דרבי אבינא אדר' פדת דלאו רבי פדת צריך ויש לו תקנה קאמר שיעבירנו על מקום השיער דלאו ע"כ דכתיב וגלח הנזיר לא בעינן קרא דכתיב היכא דלא אפשר: **אין לו טהרה עולמית** · דבעינן קרא כדכתיב ופליגי (א) בסנהדרין בפרק נגמר הדין: **ולקח** · באשם מצורע כתיב ולקח הכהן מדם האשם וכל לקיחה האמורה בדם הכף לשחיטה לשון קבלה הוא: **יכול אף למזבח כן** · דקיימא לן אשם מצורע טעון מתן דמים לגבי מזבח כשאר אשמות וזה דבר שהיה בכלל ויצא לידון בדבר החדש והחזירו לך הכתוב לכללו בפירוש בפ"ק דיבמות (דף ז·) לכך נאמר בו כי כחטאת האשם הוא לכהן מה חטאת טעונה מתן דמים ואימורים אף זה טעון מתן דמים ואימורים יכול אף דם הניתן על המזבח לא יתקבל בכלי ת"ל כי כחטאת האשם הוא לכהן: **מה חטאת טעונה כלי** · לקבלת דמה דכל הקרבנות נפקי לן בהיקישא (זבחים דף צז:) דזאת התורה לעולה ולמנחה לחטאת ולאשם ובעולה ובשלמים כתיב וישם באגנות (שמות כד) ואשם נמי מהיכא דגמר חטאת גמר איהו אלא אשם מצורע משום דיצא לידון בדבר החדש בבהן יד ובהן רגל ואזן ימנית הוצרך להחזירו לכללו בהיקישא דכחטאת האשם: **וכולן מטמאין בגדים** · כל הפרים והשעירים השנויים במשנתנו גבי נשפך הדם לאחר כפרה זו והביא פר שני לפרכת וגמר מתנות הפרכת ונשפך הדם והביא שלישי למתנות המזבח כולן נשרפין חוץ לשלש מחנות אבית הדשן ומטמאין בגדים העסוקין בשריפתן כדכתיב (ויקרא טז) ואת פר החטאת ואת שעיר החטאת אשר הובא את דמם וגו' והשורף אותם יכבס בגדיו (ב) במים: **כמה [שעירים] משלח** · אם נשפך דם השעיר לאחר שגמר מתנות פנים והולך להביא שנים ולהגריל עליהן ושחט את של שם ונתן מתנות הפרוכת ונשפך הדם והולך עוד להביא שנים ולהגריל עליהן ושחט את של שם למתנות המזבח הרי כאן שלשה שעירי עזאזל משלשה זוגות: **וכי עדרו משלח** · לא הזקיק הכתוב לשלח אלא אחד:
וכי

מנחות ס:
[כריתות טז: וש"נ]
נזיר מו: ע"ש תוספ' נזיר פ"א
סנהדרין מה: פח. נזיר מו: נגעים פי"ד מ"ט
[זבחים מו:]
שם מז:

הגהות הב"ח
(א) רש"י ד"ה אין לו טהרה כו' ופליגי בה בסנהדרין: (ב) ד"ה והשורף אותם יכבס בגדיו ורחץ את בשרו במים:

הגהות הגר"א
[א] גמ' תנן התם. נ"ל ת"ר: [illegible]

רבינו חננאל
על כף הכהן יתן על ראש המטהר וגו' ללמד שאם[לא]נשאר כלום לא מעכבי. א"ר יוחנן אשם מצורע שנשפךדמו קודם מתן דם הבהונות באנו למחלוקת. ר"מ דאמר יביא ויתחיל בתחילה בפנים האי נמי מביא [אשם אחר]לר'אלעזר ור' שמעון דאמרו ממקום שפסק משם מתחיל הכא אין לו תקנה. פי' כל אשם שלא נזרק דמו ד' מתנות *) על ד' קרנות לא הוכשר לאכילה כמו החטאת שנאמר כי כחטאת האשם הוא לכהן. ואקשי רב חסדא עליה דר' יוחנן ולר' מאיר מי ניחא והא והקריב אותו לאשם כתיב אותו אחד ולא שנים. קשיא. תניא כר' יוחנן אשם מצורע ששחטו שלא לשמו או שלא נתן מדמו על בהונות הרי זה עולה על המזבח וטעון נסכים. וצריך אשם אחר להכשיר את המצורע ואמר אי הכי תיהוי תיובתא דרב חסדא דאמר אחד ולא שנים ומשני מי קתני מביא אשם אחר צריך קתני צריך ואין לו תקנה. ואקשינן ומי קתני תנא כי האי גוונא ואמר אין דתניא נזיר ממורט כלומר כל שאין לו שיער כלל בש"א צריך העברת תער ובה"א אינו צריך וא"ר אבינא אף כשאמר: ב"ש צריך ואין לו תקנה. וזו דר' אבינא פליגא על ר' פדת דאמר ב"ש כר' אלעזר דכמו דא"ר אלעזר מצורע שאין לו בוהן יד ובוהן רגל ואוזן ימנית יתן על מקומו ויוצא כך ב"ש מצריכין העברת תער. אע"פ שאין שם שיער: ת"ר ולקח הכהן מדם האשם יכול (אף) בכלי כו'. נמצאת אומר אשם מצורע ב' כהנים מקבלין דמו אחד ביד ובא לו אצל מצורע ואחד בכלי ובא לו אצל המזבח: ת"ר וכולן מטמאין בגדים וכו'. פי' נשפך הפר והזה מדמו וקודם שישלים נשפך הדם מביא אחר ושוחט ומתחיל ומזה וכן אם נשפך עוד מביא אחר ושוחט ומזה אלו כולן נשרפין לדברי ר' אליעזר ור' שמעון שאמרו השני מתחיל ממקום שפסק דמו של ראשון נמצאת בכולן כפרה לפיכך כולן נשרפין אבל לר"מ שאמר כי בדם השני מתחיל בהזאות בפנים כבר בטל הראשון אינו נשרף בבית הדשן אלא אחרון שנגמרה בו הכפרה משא"כ

תוספות ישנים

[illegible] כדאמרינן לעיל בפרק שמונה כל הפרשה כולה נאמרה כסדר מיהו בפרק שמונה קאמר דכהן גדול שלא קידש וטבל בין עבודה לעבודה לא מחיל אלא בשחרית בלבד ועוד פימה קלת שהרי שמה עבודת פנים שלא כסדר שנשה כולאת כף ומחתה קודם אילו ואיל העם ובפירקין דלעיל (דף מ.) אמרינן דהי דפר בהיכל מקמי מתנות דשעיר בפנים חוקה כתיב ביה וה"ע סקדים עבודת פנים שלא כדין עבודת פנים אין לחוש כמו מתנות דפר דעבדינהו לפני הגרלה דלא מעכב הסדר אע"ג מעכבת נאיכא דאמרי לעיל א"נ הוצאת כף ומחתה לא תמירי כשאר עבודת פנים שאיכה חוקה גבי כפרה כתיבא מיהו בהנם דחק רש"י שהיה יכול לפרש בשאר עבודות שנעשין בחון. מ"ל :* והחד למעוטי שיריים דלא מעכבי. פירש רש"י דלא מעכבי סדרן ואין נראה לא מעכבי לר' נחמיה מדפריך לקמן והא"ר יותנן תנא רבי נחמיה כדברי האומר שיריים כפירוש רש"י מה פריך הא מודה ר' נחמיה דאינהו גופייהו מעכבי אלא דסדרן לא מעכב אלא מעכבי כלל לרבי נחמיה. מ"ל : אי מעכבי מעכבי ואי לא לא כו'. כלומר דמואי קרא ליכא מידי דלאו להכי טוה דהאמ מיהו לא ידעינן לר' יהודה אי שיריים מעכבי אי לא דפלוגתא דר' [illegible]
ע"כ שייך לדף ס' ע"א

*) דברי רבינו המוגהים כזה דהא אשם אינו טעון רק שתי מתנות שהן ד' וגם אינו נזרק על הקרנות [illegible]

§ מסכת יומא דף סא: §

אות א'

אשם מצורע ששחטו שלא לשמו, או שלא נתן מדמו לגבי בהונות, הרי זה עולה לגבי מזבח, וטעון נסכים, וצריך אשם אחר להכשירו

רמב"ם פ"ה מהל' מחוסרי כפרה ה"ב - אשם מצורע ששחטו שלא לשמו או שלא נתן מדמו על גבי בהונות, הרי זה עולה למזבח וטעון נסכים כנסכי אשם מצורע, וצריך המצורע אשם אחר להכשירו.

[א]רמב"ם פט"ו מהל' פסולי המוקדשין הי"ז - אשם מצורע ששחטו שלא לשמו, או שלא נתן מדמו על גבי בהונות, טעון נסכים, שאם יקרב בלא נסכים נמצא כמקריב נדבה, ואין האשם בא נדבה.

אות ב'

ובית הלל אומרים אין צריך העברת תער

רמב"ם פ"ח מהל' נזירות ה"ה - נזיר ממורט [ב]אינו צריך להעביר תער, ואף על פי שאין לו שער או שאין לו כפים, הרי זה מקריב קרבנותיו וישתה ויטמא.

אות ג'

אין לו בוהן יד ובוהן רגל אין לו טהרה עולמית

רמב"ם פ"ה מהל' מחוסרי כפרה ה"א - אין לו בוהן יד ימנית או בוהן רגל ימנית או שאין לו אזן ימנית, אין לו טהרה עולמית.

אות ד' - ה' - ו' - ז'

אף לקיחה בעצמו של כהן

אף אשם טעון כלי

נמצאת אתה אומר אשם מצורע שני כהנים מקבלים את דמו, אחד ביד ואחד בכלי

זה שקבל בכלי בא לו אצל מזבח, וזה שקיבל ביד בא לו אצל מצורע

רמב"ם פ"ד מהל' מחוסרי כפרה ה"ב - ואחר כך מביא את האשם של מצורע עד הפתח, ומכניס שתי ידיו לעזרה וסומך עליו, ושוחטין אותו מיד, ומקבלין שני כהנים את דמו, אחד מקבל בכלי וזורקו על גבי המזבח, ואחד בידו הימנית ומערה לידו השמאלית ומזה באצבעו הימנית; ואם שינה וקבל בשמאל תחילה, פסל; הכהן שקיבל מקצת הדם בכלי מוליכו וזורקו על המזבח תחילה, ואחר כך יבא הכהן שקיבל הדם בכפו אצל המצורע.

אות ח'

וחכמים אומרים אין מטמאין בגדים ואין נשרפין אבית הדשן אלא האחרון הואיל וגמר בו כפרה

רמב"ם פ"ה מהל' עבודת יוה"כ ה"ט - [ג]ואין מטמא בגדים ואין נשרף בבית הדשן אלא הפר הזה האחרון שבו נגמרה הכפרה.

באר הגולה

א ‹ע"פ מהדורת נהרדעא› ב ‹הא דאמר ר' פדת ב"ש ור' אליעזר אמרו דבר אחד, דת"ק סבר אין לו טהרה עולמית, ור"א אמר נותן על מקומו ודיו, אבל ת"ק סבר הנתינה על מקומו לא מעלה ולא מוריד, וכמאן דלא עביד כלום, {ומעכב}, ור"א ס"ל דמהני, ולכך ב"ש ס"ל גם כאן דצריך להעביר על ראשו תער, וב"ה ס"ל דהעברת תער בלא העברת שער לא מהני מידי, ולכך ס"ל דא"צ, ותגלחת לא מעכבא, ובזה עולים פסקי הרמב"ם כהוגן, דפסק כאן כב"ה, ובפ"ה ממחוסרי כפרה פסק כת"ק דר"א – בית אל. אביו של השואל ומשיב› ג ‹פשיטא ליה להש"ס דבעיא דרבא לא קאי רק אליבא דר"א דאמר כולן נשרפין, ולדידיה איכא לספוקי אי כולהון משתלחין אי לא משום דכתיב אותו, ולהכי שפיר מקשה דכי עדרו הוא שורף, **אבל** לרבנן דס"ל דאחרון נשרף, ליכא לספוקי כלל בשילוח, דהואיל וכל המצות הנאמרים בפנימי על האחרון נאמרו, מזה אנו למידין דגם מה דכתיב יעמד חי קאי על האחרון, ואין כאן ספק כלל, **ובזה** מיושב מדוע השמיט רבינו ז"ל דינא דאיזהו מהן משלח, דאפלגי ביה בש"ס אי ראשון או אחרון, ולהנ"ל אתי שפיר, דס"ל לרבינו ז"ל דעיקר הספק איזה מהן משתלח הוא רק לרבי אלעזר, אבל לדידן דקי"ל כרבנן דאחרון נשרף, אין ספק כלל בזה, דהוא הדין דאחרון משתלח – חסד לאברהם›

§ מסכת יומא דף סב. §

אות א'

שלש קופות של שלש שלש סאין שבהם תורמין את הלשכה, והיה כתוב עליהם אב"ג

רמב"ם פ"ב מהל' שקלים ה"ז - שלש קופות הקטנות שהוא תורם בהם ומוציאן לחוץ כתוב עליהן אלף בית גימל, כדי שיסתפקו מן הראשונה עד שתכלה, ואחר כך מסתפקין מן השניה, ואחר כך מסתפקין מן השלישית.

אות ב'

המפריש פסחו ואבד והפריש אחר תחתיו, ואחר כך נמצא הראשון והרי שניהן עומדין, אי זה מהן שירצה יקריב

רמב"ם פ"ד מהל' קרבן פסח ה"ו - מי שאבד פסחו ומצאו אחר שהפריש פסח אחר, והרי שניהן עומדין, יקריב אי זה מהן שירצה לשם פסח, [א]והשני יקרב שלמים. השגת הראב"ד: מי שאבד פסחו עד והשני יקרב. א"א זה שיבוש, אלא ירעה עד שיסתאב ויביא בדמיו שלמים.

אות ג' – ד' – ה'

שני שעירי יום הכפורים מצותן שיהיו שניהן שוין במראה ובקומה ובדמים ובלקיחתן כאחד

ואף על פי שאינן שוין כשרין

לקח אחד היום ואחד למחר כשרין

רמב"ם פ"ה מהל' עבודת יוה"כ הי"ד - שני שעירי יום הכפורים מצותן שיהיו שוין במראה ובקומה ובדמים, ולקיחתן כאחת; אף על פי שאינן שוין כשירין, לקח אחד מהן היום ואחד למחר כשירים.

אות ו' – ז' – ח'

מת אחד מהם, אם עד שלא הגריל מת, יקח זוג לשני

ואם משהגריל מת, יביא זוג אחר ויגריל עליהם בתחילה, ויאמר אם של שם מת, זה שעלה עליו הגורל לשם יתקיים תחתיו; ואם של עזאזל מת, זה שעלה עליו הגורל לעזאזל יתקיים תחתיו, והשני ירעה עד שיסתאב וימכר ויפלו דמיו לנדבה

שאין חטאת צבור מתה

רמב"ם פ"ה מהל' עבודת יוה"כ הט"ו - מת אחד מהן, אם עד שלא הגריל מת, יקח זוג לשני; ואם משהגריל מת, יביא שנים ויגריל עליהן בתחילה, ורואה אי זהו שמת, אם היה של שם, אומר: זה שעלה עליו הגורל לשם יתקיים תחתיו, ואם היה המת של עזאזל, יאמר: זה שעלה עליו הגורל לעזאזל יתקיים תחתיו; והשני מן השנים שהגריל עליהן בסוף ירעה עד שיפול בו מום וימכר ויפלו דמיו לנדבה, שאין חטאת הצבור מתה.

באר הגולה

א ‹ודבריו תמוהים, שזהו היפך ממשנה דפסחים (צו, ב) דתנן: הפסח שנמצא קודם שחיטת הפסח, ירעה עד שיסתאב וימכר ויביא בדמיו שלמים, ואיך פסק דהוא עצמו קרב שלמים, וכבר השיגו הראב"ד וז"ל: זה שיבוש אלא ירעה וכו', **ויש** שרוצה לומר דגם כוונתו כן הוא, יקרב שלמים על ידי רעייה, ודברי תימה הם, עיין כסף משנה ותוי"ט – ערוה"ש›

וכי עדרו שורף מי דמי התם לא כתיב אותו הכא כתיב אותו איתמר רב פפי משמיה דרבא אמר ראשון משלח ורב שימי משמיה דרבא אמר אחרון משלח בשלמא רב שימי (בר אשי) משמיה דרבא דאמר אחרון משלח קסבר הואיל וגמר בו כפרה אלא רב פפי משמיה דרבא מאי קסבר סבר לה כרבי יוסי דאמר מצוה בראשון הי רבי יוסי אילימא ר' יוסי דקופות דתנן (רבי יוסי אומר) *שלש קופות של שלש שלש סאין שבהם תורמין את הלשכה והיה כתוב עליהם אב"ג ותניא א"ר יוסי למה כתוב עליהן אב"ג לידע איזה מהן נתרמה ראשון להביא הימנה ראשון שמצוה בראשון דילמא בעידנא דאיתחזאי קמייתא לא איתחזאי בתרייתא אלא רבי יוסי דפסח (*דתנן) *המפריש פסחו ואבד והפריש אחר תחתיו ואחר כך נמצא הראשון והרי שניהן עומדין אי זה מהן שירצה יקריב דברי חכמים רבי יוסי אומר מצוה בראשון ואם היה שני מובחר ממנו יביאנו:

הדרן עלך הוציאו לו

שני שעירי יום הכפורים מצותן *שיהיו שניהן שוין במראה ובקומה ובדמים ובלקיחתן כאחד *ואף על פי שאין שוין כשרין לקח אחד היום ואחד למחר כשרין *מת אחד מהם אם עד שלא הגריל מת יקח זוג לשני ואם משהגריל מת יביא זוג אחר ויגריל עליהם בתחילה ויאמר אם של שם מת זה שעלה עליו הגורל לשם יתקיים תחתיו ואם של עזאזל מת זה שעלה עליו הגורל לעזאזל יתקיים תחתיו *והשני ירעה עד שיסתאב וימכר ויפלו דמיו לנדבה *שאין חטאת צבור מתה רבי יהודה אומר תמות ועוד אמר רבי יהודה *נשפך הדם ימות המשתלח מת המשתלח ישפך הדם:
תנו

רש"י

וכי עדרו שורף · רבה קא מהדר ליה לרב נחמן ולטעמיך וכי עדרו הזקיקו הכתוב לשרוף ותנן וכולן נשרפין לבית הדשן: **שלח כתיב אותו** · לשלח אותו לעזאזל (ויקרא טז): **אם מלשכה** · שהעליהו לתוכה שקלים שבכולו בחדר ומחללין הנזברין מהן שלש קופות לתרומה לקנות מהן קרבנות צבור תמידין ומוספין: **בעידנא דאיתחזאי** · קופה קמייתא להקריב ממנה: **לא איתחזאי בתרייתא** · שהראשונה נראית להקרבה משנתרמה אבל שעיר של זוג ראשון לא נראה לשלוח עד שנגמרו כל מתנות הדמים וכשנגמרו נראה אחרון כראשון: **ואחר כך נמצא הראשון** · או קודם חצות דלרבנן עשרה לאחר חצות וקא אמר רבי יוסי מצוה בראשון ואף על פי שהופרש השני קודם חצות וכי מטא חצות תרוייהו איחזו כי הדדי דהא כל כמה דלא מטא זמן שחיטת הפסח לא איחזי קמא:

הדרן עלך הוציאו לו

שני שעירי: **במראה** · שניהן לבנים או שחורים (א) או מנומרים: **ויאמר אם של שם מת וכו'** · הכי מיפרש אם של שם מת יאמר זה שעלה וכו' ואם של עזאזל מת יאמר זה שעלה וכו': **והשני** · אם של עזאזל מת ועכשיו יש כאן שנים לשם אחד שנשאר מזוג ראשון ואחד מזוג שני (ב) באחד יתכפר והשני ירעה וכן אם של שם מת והרי יש כאן שנים לעזאזל האחד ישתלח והשני ירעה ובגמרא מפרש איזהו שני אם שני שבזוג שני אם שני שבזוג ראשון: **שאין חטאת צבור מתה** · דכי גמירי חמש חטאות מתות ביחיד גמירי וטעמא מפורש בהוריות (דף ו.) ובתמורה (דף טו.) מה מלינו ולד חטאת ותמורת חטאת וחטאת שמתו בעליה שלא תמלאס בצבור אף (ג) שכפרו בעליה ואע"פ שאפשר להיות בצבור לא נאמרה אלא ביחיד: **ועוד אמר רבי יהודה** · בגמרא מפרש מאי אתא לאוסופי: **ימות המשתלח** · ויביא שנים ויגריל עליהן בתחילה:
גמ'

תוספות

ואמאי תהוי זריקת אשם מצורע בימין דמן הדין הוה לן למימר דבין קבלה ובין זריקה דאשם מצורע בימין דומיא דמתן שמן אי לאו דאהדריה קרא מדכתיב כחטאת כאשם והתינח קבלה אבל נתינה דבחטאת גופיה בימין נימא דבאשם מצורע נמי תיהוי בימין ותירץ כיון דאהדריה קרא דכתיב כחטאת כאשם הוא ודרשינן כאשר אשמות יהא איכא למימר דאהדריה לגמרי עוד הקשה למאן דאמר דבר הלמד בגזירה שוה חוזר ומלמד בהיקש ליהוו כל אשמות בימין לרבי שמעון מהיקישא דכחטאת כאשם או מהיקישא דזאת התורה ונראה לי דע"כ לרבי שמעון זריקת אשמות בשמאל מדכתיב כחטאת כאשם ודרשינן בפרק שני דזבחים (דף כה:) לר' שמעון גבי מנחה באת לעובדה ביד עובדה בימין כחטאת באת לעובדה בכלי עובדה בשמאל כאשם וע"כ היינו זריקה דאי בקבלה אפילו בחטאת נמי היא בשמאל לרבי שמעון כדאיתא בהדיא פרק שני דזבחים (דף כה:):

הדרן עלך הוציאו לו

שני שעירי וכו': *אחד למראה ואחד לקומה ואחד לדמים · נראה לי דהייט אליבא דר' יהודה דאי אליבא דר' שמעון הא דריש ליה לדרשה אחריתי בפ"ק דשבועות (דף יג:) ולקח את שני השעירים מקיש שעיר המשתלח לשעיר הפנימי *מה שעיר הפנימי אינו מכפר על ישראל בשאר עבירות אף שעיר המשתלח אינו מכפר על הכהנים בשאר עבירות וקאמר התם ורבי יהודה להכי איתקוש שיהו שוין במראה ובקומה ובדמים וקשה רבי שמעון מנא ליה דבעינן שיהו שוין וליכא למימר משום דאין היקש למחצה ונקיש להו לכל מילי דא"כ מנא ליה להש"ס דר' יהודה לית ליה היקישא אלא למראה וקומה ודמים נימא דר' יהודה אית ליה היקישא איפכא מקיש פנימי למשלח מה משלח אינו מכפר על ישראל בטומאת מקדש וקדשיו אף פנימי אינו מכפר על הכהנים בטומאת מקדש וקדשיו וליכא לשנויי דלהא לא איצטריך קרא דמאשר לעם נפקא התם דמכל מקום היא גופה תיקשי אשר לעם למה לי תיפוק ליה מהיקישא כדפרי' שלא יתכפרו כהנים בשעיר הפנימי מיהו הא איכא לשנויי דלרבי יהודה לית ליה היקישא כי האי גוונא מה שעיר המשתלח אינו מכפר על ישראל בטומאת מקדש וקדשיו אף שעיר הפנימי אינו מכפר על הכהנים בטומאת מקדש וקדשיו כיון דלא מצי למילף דומה לדומה מה משתלח אינו מכפר על ישראל אף פנימי אינו מכפר על ישראל אבל לר"ש דדריש היקישא בכה"ג אע"ג דלא הוה ממש דומה לדומה ואע"ג דהוי מצי למידרש היקישא למילתא אחריתי למראה וקומה ודמים אפי' הכי דריש נמי הא משום דאין היקש למחצה ה"נ נדרוש הא שלא יתכפרו כהנים בשעיר הפנימי בטומאת מקדש וקדשיו מהיקש דשעיר המשתלח דאין היקש למחצה וא"כ אשר לעם לר"ש ל"ל לאפוקי כהנים כדאיתא התם והיא ברייתא מוקמינן לה התם כרבי שמעון ונראה לי דתלתא קראי דאיתקשו בהו שעיר הפנימי ושעיר המשתלח סבירא ליה לר' שמעון דמחד מינייהו גמרינן מראה וקומה דשקולין הם ודמים מחד קרא נפקא ואייתר ליה חד לענין כפרה למידרש מה שעיר הפנימי אין מכפר על ישראל בשאר עבירות וכו' וכיון דלאו היקש גמור הוא שהרי לא מדמינן להו לגמרי דלא אמרינן מה זה אינו מכפר על ישראל אף זה אינו מכפר על ישראל ולא הוה לן לאקושינהו בכי האי גוונא אלא משום דמייתר לן קרא להכי די לנו אם נקיש אותם בדבר אחד ואם כן אי לא הוה כתיב אשר לעם לא הוה מקשינן פנימי למשתלח ומשתלח לפנימי אלא דוקא פנימי למשתלח אבל משתלח לא הוה מקשינן לפנימי לומר שלא יתכפרו בו כהנים כיון דמשתלח מרובה כפרתו והשתא נמי ניחא מאי דקשיא לן אמאי מייתי התם קרא דולקח את שני השעירים הוה ליה לאתויי מקרא קמא דומאת עדת בני ישראל יקח שני שעירי עזים ולמאי דפרישית ניחא דקרא קמא איצטריך שיהו שוין בדמים כיון דההוא קרא איירי בדמים דגמרינן מיניה דמדעם ליהוי ואי לא הוה כתיב אלא תרי קראי הוה דרשינן חד שיהו שוין בדמים דביה איירי קרא ומיתורא דרשינן לפנימי למשלח מקיש שעיר המשתלח לפנימי אבל לומר שיהו שוין במראה וקומה לא הוה דרשינן כלל כיון דלא אשכחן בשאר זבחים שיהו שוין במראה וקומה אלא מדמייתר לן קרא בתרא דרשינן שוין במראה וקומה:
הא

עין משפט נר מצוה

קג א מיי' פ"ג מהל' שקלים הלכה ז:

קד ב מיי' פ"ד מהל' קרבן פסח הל' ו:

א ג ד ה מיי' פ"ה מהל' עבודת יוה"כ הל' יד:

ב ו ז ח שם הלכה טו:

רבינו חננאל

בשעיר המשתלח ואפי' לר' אלעזר ור' שמעון דאמר כולן נשרפין בשעיר המשתלח אם אבד והביא אחר ואח"כ נמצא הראשון אחד משלח לדברי הכל. שנא' ושלח אותו לעזאזל אותו אחד ולא שנים. איזה משלח רב פפי משמיה דרבא [אמר] ראשון משלח סבר לה כר' יוסי דאמר מצוה בראשון כו':

הדרן עלך הוציאו לו

שני שעירי יוה"כ מצותן שיהו שוין כו'. מנ"ל דבעינן שוין

שייך לע"ב

תוספות ישנים

מצריך קראי לכל הני שבפנים ועוד גבי מזבח היכי שייך לאדכורי טומאה אם שימש בטומאה [טמא] ששימש אינו מתכפר בשעיר שסרי אינו מכפר [אלא] על טומאת מקדש וקדשיו ולא על כהנים המשמשין בטומאה ואי שהה על המזבח כדי השתחויה מאי שייך זה למזבח הא לא שייך זה אלא להיכל ועוד דקאמר בפ"ק דשבועות (דף ז:) יש לי בענין זה להביא ג' טומאות ע"ז וגילוי עריות ושפיכות דמים ומפרש אמאי לא מוקי בהן קרא והיכי מיתוקם בהן קרא כיון דמיירי בטומאה ע"כ נראה לרבי לפרש דמיירי בטומאות ולענין עיכובא מיירי דלמאנו נפקא לן מדכתיב והזה על הכפורת ולפני הכפורת ז' פעמים וה"ה זו לפני ולפנים שמזה על בין הבדים זה היכל שמזה על הפרוכת. מזבח כמשמעו שהיה מזה על מזבח הזהב שהיה בהיכל יכפר אלו העזרות שירי הדם היה שופך על יסוד מערבי של מזבח החיצון ועזרות דנקט לשון רבים לפי שהעזרה חלוקה היתה בקדושתה עזרת כהנים ועזרת ישראל וכן משמע כאן דמתני קך ברייתא גבי הואה דמכיתין מיהו לפי' רש"י איכא קושיא שהרי אינו מביא אלא פסוק שבכל כפרה אתה היה ולא"ת למה לי האי [illegible]

הגהות הב"ח

(א) רש"י ד"ה במראה כו' שחורים או מנומרים כצ"ל ... (ב) ד"ה והשני כו' מזוג שני באחד יתכפר ... (ג) ד"ה שאין כו' בצבור אף חטאת שכפרו בעליה:

הגהות מהר"ב רנשבורג

[א] רש"י ד"ה במראה וכו' או מנומרים. כצ"ל.

[illegible]

גמ' ת"ר יקח שני שעירי עזים מיעוט שעירי שנים מה תלמוד לומר שני שיהיו שניהן שוים מניין אע"פ שאין שניהן שוין כשירין תלמוד לומר שעיר שעיר ריבה טעמא דרבי רחמנא הא לא רבי רחמנא הוה אמינא פסולין עיכובא מנא לן סלקא דעתך אמינא שני שני שני כתיב והשתא דרבי רחמנא שעיר שעיר שני שני למה לי חד למראה וחד לקומה וחד לדמים תניא נמי הכי גבי כבשי מצורע יקח שני כבשים מיעוט כבשים שנים מה תלמוד לומר שני שיהיו שניהן שוין ומנין שאף על פי שאין שניהן שוין כשירין תלמוד לומר כבש כבש ריבה טעמא דרבי רחמנא הא לא רבי רחמנא הוה אמינא פסולין עיכובא מנא לן סלקא דעתך אמינא תהיה כתיב והשתא דרבי רחמנא כבש כבש תהיה למה לי לישאר הויתו של מצורע (ותנן) נמי גבי מצורע כי האי גוונא צפרים מיעוט צפרים (*שנים) מה תלמוד לומר שתי שיהיו שתיהן שוות ומנין שאע"פ שאינן שוות כשרות תלמוד לומר צפור צפור ריבה טעמא דרבי רחמנא הא לא רבי רחמנא הוה אמינא פסולות עכובא מנא לן סלקא דעתך אמינא תהיה כתיב והשתא דרבי רחמנא צפור תהיה למה לי לישאר הויתו של מצורע אי הכי גבי תמידין נמי נימא כבשים מיעוט כבשים שנים מה תלמוד לומר שנים שיהיו שניהן שוין ומנין שאע"פ שאין שניהן שוין כשרין תלמוד לומר כבש כבש ריבה ולמצוה הכי נמי דבעינן ההוא מיבעי ליה לכדתניא *שנים ליום כנגד היום אתה אומר כנגד היום או אינו אלא חובת היום כשהוא אומר את הכבש אחד תעשה בבקר ואת הכבש השני תעשה בין הערבים הרי חובת היום אמור ומה אני מקיים שנים ליום כנגד היום כיצד *תמיד של שחר היה נשחט על קרן צפונית מערבית על טבעת שניה ושל בין הערבים היה נשחט על קרן מזרחית צפונית על טבעת שניה מוספין של שבת ודאי צריכין שיהיו שניהן שוין תנו רבנן שני שעירי יום הכיפורים ששחטן בחוץ עד שלא הגריל עליהן חייב על שניהם משהגריל עליהן חייב על של שם ופטור על של עזאזל עד שלא הגריל עליהם חייב על שניהם למאי חזו אמר רב חסדא הואיל וראוי לשעיר הנעשה בחוץ ומאי שנא לשעיר הנעשה בפנים דלא דמחוסר הגרלה לשעיר הנעשה בחוץ נמי לא חזי דמחוסרי עבודת היום קסבר רב חסדא *אין מחוסר זמן לבו ביום אמר רבינא השתא דאמר רב חסדא מחוסר הגרלה כמחוסר מעשה דמי הא דאמר רב יהודה אמר שמואל *) שלמים ששחטן קודם שנפתחו דלתות ההיכל פסולין שנאמר ושחטו פתח אהל מועד בזמן שהוא פתוח ולא בזמן שהוא נעול שחטן

תוספות

הא מה אני מקיים שנים ליום כנגד היום · תימה לי אכתי שנים ל"ל אפילו אי לא כתיב אלא כבשים בני שנה תמימים ליום עולה תמיד הוה דרשינן כבשים שנים ליום כנגד היום וי"ל אי לא כתיב שנים הוה דרשינן ליום אקרא דבתריה ליום עולה תמיד את הכבש אחד תעשה בבקר כלומר כבש של בקר יש לשחוט כנגד היום ותו לא מדלא כתיב עולות תמידין הוה אמינא רק עולת תמיד אחד ליום כנגד היום להכי איצטריך למיכתב שנים ליום דתרוייהו כנגד היום:

על טבעת שניה · נראה לי דמן הדין היה לו לשחוט על טבעת ראשונה אלא לא רצו להקריבו כולי האי למזבח בלי הפסק גזירה שמא יטיל גללים:

מוספין ודאי שנים למצוה · הכי גרס רש"י אבל בספרים כתיב שנים לעיכובא והקשה רש"י עיכובא מנלן ונראה לי משום דבתר דכתיב וביום השבת שני כבשים כו' כתיב עולת שבת בשבתו דהוי כמו שנה עליו הכתוב לעכב ואע"ג דדרשינן ליה בס"פ אלו קשרים (שבת דף קיד.) לדרשה אחריתי לימד על חלבי שבת שקרבין ביום טוב או ביום הכפורים למר כדאית ליה ולמר כדאית ליה דרשינן ליה נמי לומר שנה עליו הכתוב לעכב דאין מקרא יוצא מידי פשוטו וליכא למימר דכוליה להא דרשה אתא דאם כן לא הוה למיכתב בהאי לישנא שבת בשבתו אלא הוה מצי לשנות עליו בענין אחר וא"ת והא פריך לעיל אי הכי גבי תמידין נמי פי' ואם איתא הוה ליה למתנייה בשום דוכתא א"כ מוספין נמי אם איתא דבעינן שיהו שוין הוה ליה למיתנייה וי"ל דלעיל דוקא פריך שפיר משום דכל סדר התמיד תנן ליה במסכת תמיד (דף כט.) והתם הוה לן למיתנייה אבל כל סדר המוספין לא תנינן ליה בשום דוכתא:

שלמים

רש"י

[...] משום דכתיבא חוקה הא בין לרבי יהודה [...] כתיבה חוקה אלא על דברים שהן מן העבודה [...] היא מתמול שלשום: **סד"א שני שני שני** · [...] הכתוב לעכב: **חד למראה וכו'** · ולמצוה [...] איר ולא לעכב: **הסים כתיב** · זאת תהיה תורת המצורע דמשמע בהוייתו תהא פרשה זו ככל הכתוב בה: **ולמצוה ה"נ דבעינן** · שיהו שניהן שוין והלא לא שנינו זאת אצל תמידין: **כנגד היום** · כנגד זריחת השמש: **או אינו אלא חובת היום** · ובא ללמד שיהו שנים לכל יום: **על קרן מערבית צפונית** · של מזבח שהשמש באה מן המזרח לפיכך מושכו השוחט לצד מערב להרחיקו מן כותל המזרח בכל יכולת מפני שהכתלים גבוהים והחמה שחרית בשיפולו של רקיע וגל הכותל עומד כנגדה ולפונית משום דקדשי קדשים שחיטתן על ירך המזבח לפונה ושם היה בית המטבחיים והטבעות קבועות ברצפה לתת ראש הבהמה לתוכן והן עשרים וארבעה כמנין המשמרות ומקומן עשרים וארבע אמות על עשרים וארבע קבועות בששה סדרים: **על טבעת שניה** · לא בטבעת שאצל המזבח אלא בשניה לה המשוכה לצד לפון ופני השוחט ואחר הבהמה באלכסון לצד מזרחית לפונית שמשם השמש באה שחרית וטעמא דטבעת שניה לא ידענא ואני שמעתי כדי שתהא הראשונה מסייעתו לאחוז בה רגלי הבהמה שלא תהפך ושל בין הערבים שהחמה באה מן המערב מושך עצמו לצד מזרח בכל יכולת ופניו למערב דרום באלכסון שזריחת החמה באה משם: **ומוספין של שבת** · שנאמר בהם שני כבשים ודאי שנים שוים לעיכובא מדלא הדר כתב בהו (א) אחד לרבות אע"פ שאינן שוין להכשיר כך שמעתי וקשיא לי עיכובא מנלן ונראה בעיני דהכי גרס מוספין ודאי שנים למצוה מלותן להיות שוין ולא גרסי' מדלא כתיב אחד אחד ושיטתא דתלמידי *תרביצאי היא: **שני שעירי יום הכפורים** · שמשלקחן הם קדושים שהרי מתרומת הלשכה באו ושחטן בחוץ לעזרה: **חייב על שניהן** · משום שחוט חוץ ולקמן פריך [...]

§ מסכת יומא דף סב: §

אות א' - ב'

שיהיו שתיהן שוות

ומנין שאף על פי שאינן שוות כשרות, תלמוד לומר צפור צפור ריבה

רמב"ם פ"א מהל' טומאת צרעת ה"ח - ומצוותן שיהיו שתיהן שוות במראה בקומה ובדמים ולקיחתן כאחת, אף ע"פ שאינן שוות או שלקח אחת היום ואחת למחר, כשירות.

אות ג'

תמיד של שחר היה נשחט על קרן צפונית מערבית על טבעת שניה, ושל בין הערבים היה נשחט על קרן מזרחית צפונית על טבעת שניה

רמב"ם פ"א מהל' תמידין הי"א - תמיד של שחר היה נשחט על קרן צפונית מערבית [א]של בית המטבחים על טבעת שנייה, ושל בין הערבים על קרן צפונית מזרחית ממנה על טבעת שנייה, כדי שיהיה כנגד השמש, דברי קבלה הן שיהיו נשחטין כנגד השמש.

אות ד'

שני שעירי יום הכיפורים ששחטן בחוץ, עד שלא הגריל עליהן חייב על שניהם, משהגריל עליהן חייב על של שם ופטור על של עזאזל

רמב"ם פי"ח מהל' מעשה הקרבנות הי"א - שני שעירי יום הכפורים ששחטם בחוץ, אם עד שלא התודה עליהם, חייב כרת על שניהן, הואיל וראויין לבוא לפני השם לוידוי; ואם אחר שהתודה, פטור על המשתלח, שהרי אינו ראוי לבוא לפני השם. השגת הראב"ד: שני שעירי וכו' עד אם לא התודה. א"א אני שונה בברייתא עד שלא הגריל עליהם חייב על שניהם, ופירש רב חסדא הואיל וראויים לשעיר הנעשה בחוץ, משהגריל עליהם חייב על של שם ופטור על של עזאזל; אלמא אפילו קודם שהתודה כיון שהגריל ועלה עליו הגורל לעזאזל פטור עליו בחוץ, אף על פי שעתיד להתודות עליו, שאין ראוי לבא לפתח אהל מועד ויהא מיוחד לשם אלא שיהא ראוי לזריקה ולהקטרה, שנאמר לה', וחיי ראשי [ב]שמעתא דזבחים הטעהו שלא ירד לפירושה ומלאה משובשת.

אות ה'

שלמים ששחטן קודם שנפתחו דלתות ההיכל, פסולין

רמב"ם פ"ה מהל' מעשה הקרבנות ה"ה - שלמים ששחטן קודם שיפתחו דלתות ההיכל, פסולין, שנאמר: פתח אהל מועד, בזמן שפתוח, אפילו היו דלתותיו מוגפות הרי זה כנעול, אבל הפרוכת שעליו אינה פוסלת.

באר הגולה

[א] ‹על קרן צפונית מערבית: פי' המורה {רש"י} על קרן צפונית מערבית של מזבח, משום דקדשי קדשים שחיטתן על ירך המזבח צפונה, ושם היה בית המטבחים כו'. **ואינו** נ"ל דכיון דכולהו טבעות קיימינן בצפון מזבח, מה לו צפונית מערבית, היה לו לומר על קרן מערבית, דהא כולהו לצפון המזבח קיימי, אלא ודאי האי דתני על קרן מערבית צפונית, על מקום הטבעות קאי, שהיה כטבלה מרובעת כ"ד אמות על כ"ד אמות, או כ"ד אמות על ל"ב אמות באורך המזבח, ומן המזבח לצד צפון היו כ"ד אמות, כדתנן במדות, ובקרן מערבית צפונית של מקום הטבעות היה שוחט, למה, כדי שיתרחק מן המזבח, מפני שצל המזבח היה מושך בבקר, ולא היה בא כנגד השמש, מש"ה היה מרחיק מן המזבח ככל מה שיכול, ולא היה שוחט בטבעות הקרובות למזבח. **על** טבעת שניה: פי' המורה כדי שתהא הראשונה מסייעתן להיאחז בה רגלי הבהמה שלא תהפך. **ואינו** נ"ל, דהכי תנן במדות, ששה סדרים של ארבע ארבע, ויש אומרים ארבע של שש שש, ואם היו ארבעה סדרים יבואו שש אמות בין סדר לסדר, ואם היה ששה סדרים, יבואו ארבע אמות בין סדר לסדר, א"כ רחוקות היו הטבעות זו מזו, שלא יוכל להיאחז של רגלי התמיד, **וטעמא** דמילתא נ"ל, שלא היה רשאי להתקרב אצל המזבח מפני צילו, ולא יתקיים כנגד, הילכך מושבו כנגד הטבעות רחוק מן המזבח בצפון הטבעות, ולמה טבעת שניה ולא היה שוחט על טבעת דמקצוע צפונית מערבית, משום דבעינן כנגד היום, ואין השמש מכה אלא בחצי מקום הטבעות, אלא מן המזבח שלא יעשה צל, היינו מרחיקים, ובטבעת דמקצוע לא היינו שוחטים, שאין זה כנגד היום, מש"ה היה שוחט על טבעת שניה - תוס' רי"ד›

[ב] ‹ואני אומר שמעתא הכי איתא בפרק בתרא דזבחים, אהא דתנן שעיר המשתלח שהקריבו בחוץ פטור, שנאמר: ואל פתח אהל מועד לא הביאו, וכל שאינו ראוי לבא אל פתח אהל מועד אין חייבין עליו, אמרינן בגמ' (דף קי"ג) ורמינהו קרבן שומע אני אפילו קדשי בדק הבית וכו', ת"ל ולפתח אהל מועד לא הביאו וכו', יכול שאני מוציא שעיר המשתלח, תלמוד לומר לה' לרבות שעיר המשתלח, ל"ק כאן קודם הגרלה כאן לאחר הגרלה, אחר הגרלה נמי הא איכא וידוי, אלא אמר רבי מני ל"ק כאן קודם וידוי כאן לאחר וידוי, ופירש"י הא איכא וידוי דבעי ליכנס להתודות עליו, עכ"ל. **ופירוש** ברייתא זו לדעת רבינו מבואר, ורש"י פירש בע"א. {**ודברי** הכ"מ אינם מדוקדקים, וצ"ל ורש"י "גורס" בע"א, דגירסתנו וגירסת רש"י הוא: אוציא את אלו שאינם ראויים, ולא אוציא שעיר המשתלח, ת"ל לה' להוציא שעיר המשתלח - אבן האזל}. **ומה** שהקשה הראב"ד על רבינו ממה ששנו בברייתא פרק שני שעירי: עד שלא הגריל עליהם, יש לומר דלמאי דמסיק בפרק בתרא דזבחים, צריך לשנויי דתנא לוידוי הגרלה קרי ליה - כסף משנה›. ‹**והקשה** הלח"מ, דלמה הוצרך רב חסדא לומר למאי חזי לשעיר הנעשה בחוץ, והא אחר הגרלה חזי למילתיה דהיינו לשעיר המשתלח, {לוידוי}, **אבל** לפימש"כ מיושב, דאין כונת הכ"מ דהגרלה היינו וידוי, "ועד שלא הגריל עליהם" היינו "עד שלא התודה", דזה א"א, דהגרלה אינו וידוי, אלא ד"משהגריל עליהם" היינו שנגמר ענין ההגרלה, אבל "עד שלא הגריל עליהם" ודאי הוא כפשוטו, שגם ההגרלה לא היה, וא"כ שניהם אינם ראויים לא לשם ולא לעזאזל, ולכן פריך שפיר למאי חזו, וכדאמר שם דמה דמחוסר הגרלה מעכב, שאינו ראוי לא לשם ולא לוידוי, ולכן משני דראוי לשעיר הנעשה בחוץ - אבן האזל›

§ מסכת יומא דף סג. §

אות א׳ – ב׳

שחטן בחוץ קודם שנפתחו דלתות ההיכל, פטור

פסח ששחטו בחוץ בשאר ימות השנה, בין לשמו בין שלא לשמו, חייב

רמב״ם פי״ח מהל׳ מעשה הקרבנות הי״ב - השוחט שלמים בחוץ קודם שיפתחו דלתות ההיכל, פטור, שהרי הן מחוסרים מעשה, ואח״כ יהיו ראויין ליקרב לפני השם כמו שביארנו; והשוחט את הפסח בחוץ אפילו בשאר ימות השנה, בין לשמו בין שלא לשמו, חייב, שהפסח בשאר ימות השנה שלמים הוא.

אות ג׳ – ד׳

הזב והזבה והיולדת והמצורע שהקריבו חטאתם ואשמם בחוץ, פטורין

עולותיהן ושלמיהן בחוץ חייבין

רמב״ם פי״ח מהל׳ מעשה הקרבנות ה״ט - ואי זהו מחוסר זמן בבעלים, קרבן שעדיין לא הגיע זמן בעליו להקריבו, כיצד, הזב והזבה והיולדת ששחטו חטאתם בחוץ [בתוך] ימי ספירה, פטורין, וכן מצורע ששחט חטאתו ואשמו בחוץ בתוך ימי הספירה, פטור, שעדיין לא נראו בעלי הקרבנות האלו לכפרה; אבל אם שחטו עולותיהן בחוץ בתוך ימי הספירה, חייבין, שהעולה דורון היא, והחטאת והאשם היא עיקר הכפרה; וכן נזיר ששחט חטאתו בחוץ בתוך ימי נזירותו, פטור, הקריב עולתו או שלמיו בחוץ חייב, שהחטאת היא המעכבתו והיא עיקר הנזירות.

*שחטן בחוץ קודם שנפתחו דלתות ההיכל פטור מ"ט מחוסר פתיחה כמחוסר מעשה דמי *ומי אית ליה לרב חסדא הואיל והאמר רב חסדא פסח ששחטו בחוץ בשאר ימות השנה לשמו פטור שלא לשמו חייב טעמא דשלא לשמו הא סתמא לשמו הוא ופטור ואמאי לימא הואיל וראוי שלא לשמו בפנים הכי השתא התם בעי עקירה האי לא בעי עקירה רבה בר שימי מתני להו בדרבה וקשיא ליה דרבה אדרבה ומשני כדשנינן כי אתא רב דימי אמר ר' ירמיה אמר ר' יוחנן פסח ששחטו בחוץ בשאר ימות השנה בין לשמו בין שלא לשמו פטור אמר רב דימי אמריתה לשמעתא קמיה דר' ירמיה בשלמא לשמו דהא לא חזי ליה אלא שלא לשמו אמאי הא חזי שלא לשמו בפנים ואמר לי עקירת חוץ לאו שמה עקירה כי אתא רבין אמר רבי ירמיה אמר רבי יוחנן פסח ששחטו בחוץ בשאר ימות השנה בין לשמו בין שלא לשמו חייב ואפי' לשמו והתנן *מחוסר זמן בין בגופו בין בבעלים ואיזהו מחוסר זמן בבעלים הזב והזבה והיולדת *והמצורע שהקריבו חטאתם ואשמם בחוץ פטורין עולותיהן ושלמיהן בחוץ חייבין ואמר *רב חלקיה בר טובי לא שנו אלא לשמו אבל שלא לשמו חייב לשמו מיהא פטור אמאי נימא הואיל וראוין שלא לשמו בפנים הכי השתא התם בעי עקירה הכא בשאר ימות השנה שלמים נינהו רב אשי מתני חייב כדאמרינן רב ירמיה מדפתי מתני פטור קסבר פסח בשאר ימות השנה בעי עקירה ועקירת חוץ לאו שמה עקירה ופליגא דרב חלקיה בר טובי אמר מר משהגריל עליהן חייב על של שם ופטור על של עזאזל תנו רבנן (ויקרא יז) איש איש מבית ישראל אשר ישחט שור או כשב או עז במחנה או אשר ישחט מחוץ למחנה ואל פתח אהל מועד לא הביאו להקריב קרבן לה' אי

רש"י

ומי אית ליה לרב חסדא הואיל · לחייב על קרבן שאינו ראוי לשם מה שהופרש בפנים ושחטו בחוץ דנימא חייב משום הואיל וראוי לשם קרבן אחר: **לשמו פטור** · דאינו ראוי לשמו בפנים: **שלא לשמו** · אלא לשם שלמים חייב דראוי הוא לשם שלמים בפנים: הכי גרסי' טעמא דשלא לשמו הא סתמא לשמו הוא ופטור ואמאי נימא וכו': **בעי עקירה** · אינו ראוי בפנים לשלמים אלא אם כן עקר שם פסח ממנו בשחיטתו הלכך לאו מתקבל הוא כל כמה דלא עקריה: **האי לא בעי עקירה** · ואע"פ שלקחו לשם שעיר הנעשה בפנים זה חטאת וזה חטאת שניהן שוין בשמותיהן: **מתני להו בדרבה** · הני תרתי שמעתתא דרב חסדא הא דאמר לעיל הואיל ולאו לשעיר הנעשה בחוץ והא דאמר רב חסדא פסח ששחטו בחוץ בשאר ימות השנה וכו' מתני לה בדרבה דרבה אמרינהו: **פסח ששחטו בחוץ** · גרס בכולה: **עקירת חוץ** · עקירת שם בשחיטת חוץ לא שמה עקירה אם הכשיר הכתוב פסח בשאר ימות השנה בשלמים לא הכשירו אלא בפנים ובעקירת השם אבל בחוץ לעולם שמו עליו: **חייב** · עליו משום הואיל וראוי שלא לשמו בפנים: **והא תנן** · במסכת זבחים: **מחוסר זמן** · פטור על שחיטת חוץ בין שהוא מחוסר זמן בגופו בין שהוא מחוסר זמן בבעלים בגופו כגון בתוך שמונה ללידתו: **ואיזהו מחוסר זמן בבעלים הזב והזבה וכו'** · שיש זמן להבאת קרבנותיהם לסוף ספירת שבעה והיולדת לסוף מלאת ימי טהרה: **שהקריבו** · לפני הזמן חטאתן ואשמן בחוץ פטורין שאין מתקבלים בפנים לא לחובה ולא לנדבה לחובה משום דלא מטא זמנייהו ולנדבה שאין חטאת ואשם באין לנדבה והאי אשם במצורע הוא דאיכא בזב וזבה ויולדת ליכא אשם: **עולותיהן ושלמיהן חייבין** · שעולה ושלמים באים נדבה ומתקבלין נדבה בפנים ובמסכת זבחים *פרכינן והני בני שלמים נינהו ומשנינן תני נזיר בהדייהו ואף מצורע לא שנינו במשנה ופרכינן התם הני בני אשמות נינהו ומשנינן תני מצורע בהדייהו: **ואמר רב חלקיה לא שנו** · דאם בחוץ מחוסר זמן בבעלים פטור אלא לשמו דאינו ראוי לשמו בפנים אבל שלא לשמו כגון לשם עולה או לשם שלמים חייב שכן ראוי לפנים כיוצא בו בפנים דכל הזבחים שנזבחו שלא לשמן כשרין אלא שלא עלו לבעלים לשם חובה חוץ מן הפסח בזמנו והחטאת בכל זמן: **ואמאי** · לשמו פטור לימא הואיל כדקאמרת: **שלמים** · הוה סתמיה בלא עקירה ומקראי ילפינן לה במסכת פסחים ובפ"ק דזבחים: **רב אשי מתני חייב** · בהא דכי אתא רבין: **ורב ירמיה מתני פטור** · בין לשמו בין שלא לשמו כרב דימי: **ופליגא דרב חלקיה** · דאמר עקירת חוץ שמה עקירה: אי

תוספות

שלמים ששחטן בחוץ קודם פתיחת דלתות ההיכל פטור · תימה דא"ר יוחנן פרק השוחט והמעלה (זבחים דף קז:) המעלה בזמן הזה בחוץ חייב ואמאי הא אינו ראוי אל פתח אהל מועד כיון דנהרס המזבח דהא' נפגם המזבח אמרי' בפ' קדשי קדשים (שם נט. ודף סב:) כל הקדשים שנשחטו שם פסולין והוה ליה מחוסר זמן ואפילו מחוסר פתיחת דלתות פטור כל שכן מחוסר מעשה גדול ותנן בפרק בתרא דזבחים (דף קיב:) אותו ואת בנו ומחוסר זמן בחוץ אפילו לא תעשה אין בו לרבנן דרבי שמעון ועוד אמרינן בפ"ק דע"א (דף יג.) אם הקדיש והעריך והחרים בזמן הזה בהמה תעקר ופריך ונשחטיה מישחט ופירש רש"י משום שחוטי חוץ ליכא דבקדשי בדק הבית מיירי ולא נהירא לר"י דאם כן כי פריך ונשווייה גיסטר' היכי משני מפני שמטיל מום בקדשים אלא מפרש ר"י דמיירי בקדשי מזבח ולא מחייב משום שחוטי חוץ דהוה ליה מחוסר זמן ודוחק לומר דההיא דמסכת ע"ג אתיא כמאן דאמר הותרו הבמות חדא דמנא ליה לאוקמי כמאן דאמר הותרו הבמות כדי להקשות ונשחטיה מישחט כיון דלמאן דאמר לא הותרו לא קשיא ועוד דהא סתם מתניתין היא בפרק בתרא דזבחים (דף קיב:) דירושלים אין אחריה היתר ובגמרא פריך מינה למ"ד בפ"ק דמגילה (דף י.) שמעתי שמקריבין בבית חוניו וי"ל דר' יוחנן דמחייב במעל' בחוץ מיירי בהעלאת קטרת דלא בעי מזבח דאמרי' בפרק קדשי קדשים (זבחים דף נט·) מזבח שנעקר מקטיר קטרת במקומו אי נמי בהעלאת מנחה דדוקא במיני דזבחים אמרינן כשנפגם המזבח שפסולין דנפקא לן מוזבחת עליו בזמן שהוא שלם ולא בזמן שהוא חסר וניחא נמי דנקט רבי יוחנן המעלה טפי משחיטה וזריקה אי נמי יש לומר דמיירי שבנוי מזבח במקומו והעלה בחוץ דס"ל קדשה לעתיד לבא אבל אין להרץ דר' יוחנן כר' יהודה סבירא ליה דאמר קדשי קדשים שרי להקטיר על הרצפה דנהי דשרי להקטיר על הרצפה מכל מקום בעי שיהא מזבח במקומו אבל נפגם המזבח לא הוי שרי להקטיר בשום דוכתא תימה אמאי פטור בשלמים ששחטן בחוץ קודם פתיחת דלתות ההיכל לפי מה שפרש"י בפרק קדשי קדשים (שם דף סא·) גבי קודם שיעמידו לויים את המשכן ולאחר שיפרקו דדוקא שלמים ששחטן בפנים קודם דלתות ההיכל פסולים אבל שאר קדשים לא אם כן כיון דפסולו בקודש שיש לו היתר בשאר קדשים אם עלו לא ירדו מידי דהוה אפסח וחטאת ששחטן שלא לשמן בחוץ דחייב עליהם כדאיתא בפרק בתרא דזבחים (דף קטו·) משום דמתקבל בפנים שיש לו היתר בשאר זבחים ויש לומר דהתם הבהמה ראויה לשחטה בפנים בההיא שעתא לשמה אבל הכא אינם ראוים לפנים קודם פתיחת הדלתות:

טעמא דשלא לשמו הא סתמא פטור · תימה לר"ת נידוק מרישא איפכא טעמא דלשמו הא סתמא חייב ודוחק הוא לומר דלשמו דרישא היינו סתמא משום דאמרינן ריש פ"ק דזבחים (דף ב:) דסתם זבחים לשמן הן עומדין דהני מילי בזמנן אבל פסח בשאר ימות השנה סתמיה לאו לשמו קאי אלא נראה כספרים דלא גרסי טעמא דשלא לשמו ואיכא למימר דמרישא דייק לשמו אמאי פטור דס"ד דלא בעי עקירה וא"כ אמאי פטור והא אי בעי שחיט סתמא בפנים דסתמא שלא לשמו קאי ומשני דבעי עקירה וכי האי גוונא איכא בפרק תמיד נשחט (פסחים סד·) וכמועד לשמו פטור שלא לשמו חייב וגרס רש"י שם כמו בכאן טעמא דשלא לשמו הא סתמא פטור וקשיא נמי התם כמו שהקשינו בכאן אלא יש לפרש שם כדפירשתי הכא: **ופליגא** דרב חלקיה בר טובי · בלאו הכי נמי הוה מצי למימר ופליגא דרב דימי אדרב חלקיה אלא משום דהשתא פליגא דרב דימי ודרבין אדרב חלקיה: וכל

מסורת הש"ס

[פסחים סב. ע"ש]

זבחים קיב:

[גם פרש"י כאן ובזבחים כתב דלא גרסי' מכל מקום כתב הרש"ש דאין למחוק וע"ש טעמו]

[דף קיד:]

עין משפט נר מצוה

ז א ב מיי' פי"ח מהל' מעשה הקרבנות הלכה יב:

ח ג ד שם הלכה ט

רבינו חננאל

כמחוסר מעשה דמי · גם שלמים ששחטן קודם פתיחת דלתות ההיכל פסולין הן. שנאמר ושחטו פתח אהל מועד בזמן שהוא פתוח ולא בזמן שההיכל נעול ומחוסר פתיחה כמחוסר מעשה דמי. ומקשינן מי אית ליה לרב חסדא הואיל והא הוא דאמר פסח ששחטו בשאר ימות השנה לשמו בחוץ פטור ואמאי לימא חייב הואיל וראוי שלא לשום פסח אלא לשום שלמים לפנים. ודחי פסח בעי עקירה משם פסח לשום שלמים. ומחוסר עקירה כמחוסר מעשה דמי. פסח ששחטו [בחוץ] בשאר ימות השנה בין לשמו בין שלא לשמו [פטור] *) רב אשי מתני חייב ואקשינן עליה ואפי' על שמו. והתנן בשחיטת קדשים פרק פרת חטאת. מחוסר זמן בין בגופו בין בבעלים. איזהו מחוסר זמן בבעלים הזב והזבה היולדת והמצורע שהקריבו חטאתם ואשמם בחוץ פטורין. עולותיהן ושלמיהן בחוץ חייבין. ומקשה עליה בגמ' והני בני אשמות נינהו [אמר זעירי תני מצורע בהדייהו] תוב אקשינן הני בני שלמים נינהו **) אמר רב ששת תני נזיר בהדייהו. דזעירי קבעוה תנאי ותני בהדייהו במשנה הזב והזבה והיולדת והמצורע כמו שאמר זעירי אבל נזיר לא קבעוהו במשנה כמו שאמר רב ששת אע"ג דהיא כרב ששת: קתני מיהא חטאתם בחוץ פטורין ואמר רב חלקיה בר טובי לא שנו שהוא פטור אלא השוחט לשמה בחוץ אבל השוחט שלא לשמו בחוץ חייב הואיל וראוי שלא לשמו בפנים כדתנן כל הזבחים שנזבחו שלא לשמן כשרין אלא שלא עלו לבעלים לשום חובה. אמאי אפי' לשמן בחוץ יהא חייב הואיל וראוי שלא לשמו בפנים. ודחי הכי השתא התם בעי עקירה ומחוסר עקירה כמחוסר מעשה דמו משום הכי לא תני לשמו בחוץ חייב הואיל וראוי שלא לשמו בפנים אבל פסח בשאר ימות השנה שלמים הוא ולא בעי עקירה: רב אשי מתני חייב כדאמרן. רב ירמיה מדפתי מתני פסח בשאר ימות השנה בין לשמו בין שלא לשמו פטור קסבר פסח בשאר ימות השנה בעי עקירה ועקירת חוץ ששחטו שלא לשם פסח לאו שמה עקירה ופליגא עליה דרב חלקיה בר טובי דאמר לא שנו שפטור אלא בשוחט לשמו אבל בשוחט שלא לשמו בחוץ חייב הנה עקירת חוץ עקירה היא ושנינן הא דרב חלקיה כגון

*) נראה דצ"ל כי אתא רבין מתני חייב וכו'. **) כ"ה הלשון בגמ' דזבחים דף קי"ד ע"ב ע"ש.

תוספות ישנים

לעכב אמאי איצטריך לעיל פרק טרף בקלפי (דף מא:) זאת לעכב במצורע עשיר שהביא קרבן עני מתחיה נפקא ואומר רבי דסברא הוא כיון דעני תם רחמנא עילויה להביא קרבן עני יכול דגם זה. א) (יביא) כן דהוה מרבה ליה מתורת להכי איצטריך זאת למעוטי: **גבי תמידין כו'**. הקשה ה"ר אלחנן הא כתיב בשל שחרית אחד המיוחד שבעדרו כדדרשינן לעיל שבבקר יקח המובחר שבלשכת הטלאים אם כן אינן שוין יש לומר דה"א דאם יקנה מעדר אחד שני תמידין יקח שנים מובחרין שבעדר ולעולם מובחרין בעינן ושוין זה כזה: ומבין שאע"פ שאין שוין כשרין כו'. תימה הכא נמי עיכובא מנ"ל דאיצטריך קרא למעוטי כדפרכינן לעיל גבי שני שעירי ותירץ ה"ר יוסף כיון דמסלקינא ליה בקושיא אחריתי לא חש להקשות על דרשה זו: **שנים ליום** כנגד היום. ולא"ת בלא שנים נמי הוה מצי למיכתב תמימים ליום דמשמע שסיר מיניה שניהם כנגד היום ואומר ה"ר יוסף דהוה אמינא דלא קפיד אלא בתמיד של שחר דוקא שהוא תחלת עבודת היום והוא עם זריחת השמש אבל כיון העריבים לא להכי כתיב שנים: **מיבעי ליה** כדתניא שנים ליום כו'. וכבש כבש אחד לדרשה אחריתי: **על** טבעת שנים. פירש רש"י הטעם לפי שהראשונה משייעתו להאחז בה רגלי הכבשים וקשה לה"ר אלחנן שאין זו סברא שיספכו רגליה כלפי המזבח אלא חוץ למזבח שמא ירבץ גללים

א) נ"ל אם הביא : ב) נ"ל אבל : ג) נ"ל המישעט :

כדאמר לעיל מיהו הך קושיא איכא אלא א"כ היו הטבעות ממזרח למערב ששה סדרים כמו שאיתא במסכת מדות אבל אם היו מצפון לדרום מכל מקום הוי ראשו כלפי מזבח ונראה לרבי נראה לפרש הטעם דבקבעת שנים היינו כלפי המזבח לפי שעל הטבעת ראשונה מיצל כותל המזבח וכן פי' ה"ר יוסף: **עד שלא הגריל עליהם** חייב על שניהם. תימה לרבי מדאמר בפרק בתרא דזבחים (דף קיב.) דממעט התם במשנה פרת חטאת ושעיר המשתלח מקרא דאל פתח אהל מועד שאין ראוין לפתח אהל מועד ופריך בגמ' ושעיר המשתלח לא ראוי לפתח אהל מועד והתניא אי קרבן כו' כדאיתא בברייתא לקמן דקתני ולא אוציא שעיר המשתלח שהוא ראוי לפתח אהל מועד תלמוד לומר לה' לטוליא שעיר המשתלח ומשני כאן קודם הגרלה כאן לאחר הגרלה פי' דלאחר הגרלה ודאי אינו ראוי לפתח אהל מועד ב) (מכל מקום) קודם הגרלה אינו ממעט אלא מלה' דלהכתי ראוי לפתח אהל מועד כדי להגריל עליו והכא משמע דקודם הגרלה חייב על שניהם ולא ממעט מלה' וגם על ג) (הששע) דלהם קשה לרבי סוכי ממעט מלה' כיון שאינו מגורל שלא יהא לה' ואי מספיקא פטרת ליה גם שעיר של שם נמי יפטור מהאי טעמא קודם הגרלה והתם משמע דלא פטר אלא בשעיר המשתלח לחוד מיהו בהא איכא למימר שאין לו להזכיר של שם אלא קשה משמעין דהכא דמחייבין עליהם כמון קודם הגרלה ואומר רבי

עין משפט נר מצוה

ט א מיי' פי"ח מהל' מעשה הקרבנות הלכה ו:

י ב שם פי"ט הל' ז:

יא ג מיי' פ"ג מהלכות איסורי מזבח הל' ח והל' י סמג עשין קמח:

יב ד מיי' פ"ה מהל' עבודת יוהכ"פ הל' יז:

יג ה מיי' פ"א מהל' איסורי מזבח הל' ד:

יד ו מיי' פ"ה מהל' עבודת יוהכ"פ הל' יז:

[וע"ע תוס' זבחים דף קיג: ד"ה יצאו]

אי קרבן שומע אני *אפילו קדשי בדק הבית שנקראו קרבן כענין שנא' °ונקרב את קרבן ה' ת"ל °ואל פתח אהל מועד לא הביאו **כל הראוי לפתח אהל מועד חייב עליו בחוץ כל שאינו ראוי לפתח אהל מועד אין חייבין עליו בחוץ אוציא אלו שאין ראוין לפתח אהל מועד ולא אוציא פרת חטאת ושעיר המשתלח שהוא ראוי לבוא אל פתח אהל מועד ת"ל לה' מי שמיוחדין לה' °יצאו אלו שאין מיוחדין לשם ולה' להוציא הוא ורמינהו °ירצה לקרבן אשה לה' אלו אישים **מנין שלא יקדישנו מחוסר זמן ת"ל קרבן לה' לרבות שעיר המשתלח אמר רבא התם מענינא דקרא והכא מענינא דקרא התם דאל פתח לרבות לה' להוציא הבא דאשה להוציא לה' לרבות טעמא דרבי רחמנא הא לא רבי הוה אמינא שעיר המשתלח קדוש במחוסר זמן והא *אין הגורל קובע אלא בראוי לשם אמר רב יוסף הא מני חנן המצרי היא דתניא *חנן המצרי אומר אפילו דם בכוס מביא חבירו ומזווג לו אימר דשמעת ליה לחנן המצרי דלית ליה דחויין דלית ליה הגרלה מי שמעת ליה דילמא מייתי ומגריל אלא אמר רב יוסף הא מני רבי שמעון היא דתניא *מת אחד מהן מביא חבירו שלא בהגרלה דברי רבי שמעון רבינא אמר כגון שהומם וחיללו על אחר ומנא תימרא דפסיל ביה מומא דתניא *°ואשה לא תתנו מהם אלו החלבים אין לי אלא כולן מקצתן מנין ת"ל מהם מזבח זו זריקת דמים לה' לרבות שעיר המשתלח ואיצטריך למיכתב בעל מום ואיצטריך למיכתב מחוסר זמן דאי כתב רחמנא מחוסר זמן משום דלא מטי זמניה אבל בעל מום דמטי זמניה אימא לא ואי כתב רחמנא בעל מום משום דמאיס אבל מחוסר זמן דלא מאיס אימא לא צריכא

רבא

רש"י

אי קרבן שומע אני וכו' · רישא דברייתא בתורת כהנים הכי איתא יכול השוחט חולין בפנים יהא חייב ודין הוא וכו' ת"ל קרבן על הקרבן הוא חייב ואינו חייב על החולין אי קרבן שומע אני וכו' כלומר או אינו אומר קרבן להוציא את החולין בפנים אלא להביא קדשי בדק הבית ששחטן בחוץ שיהא חייב שהרי אף הם נקראו קרבן כענין שנאמר ונקרב את קרבן ה' איש אשר מצא והאי ודאי בדק הבית הוא: **הראוי לפתח וגו'** · וקדשי בדק הבית לא היו עתידים לבא לפתח אהל מועד ואני שמעתי שאין ראוין לפתח אהל מועד שסתם קדשי בדק הבית בעלי מומין הן דאמר מר (תמורה דף ז:) המתפיס תמימים לבדק הבית עובר בעשה ולא להעמידה כן במקומה כמס' זבחים: **ולא אוציא פרת חטאת** · לא גרסינן שאף היא אינה ראויה לבא לאהל מועד אלא ולא אוציא שעיר המשתלח שהוא ראוי לבא לאהל מועד להגריל ולהתוודות עליו הכי מפרש לה בזבחים: **ולה' להוציא הוא** · בשעיר המשתלח שהוא ראוי לבא בתמימה: **אלו אישים** · שלא יתן מהן על אש של מערכה: **מנין שלא יקדישנו מחוסר זמן ת"ל קרבן** · ממשמעות הקדשו קרוי קרבן: **התם דאל פתח לרבות** · שעיר המשתלח דלא ממעט מאל פתח שהרי ראוי לבא אל פתח: **לה' להוציא** · אתא דאילו לרבות לא אילטריך וכי אתא להוציא אתא ולמדרש מי שמיוחדין לשם יצא זה שאינו מיוחד: **הכא דאשמעתן להוציא** · שעיר המשתלח שהרי אינו עולה לאישים: **לה' לרבוי** · אתא ולמדרש לה' כל דלה': **והא אין הגורל קובע** · לשם אלא את הראוי לשם וכיון דלא ידע על איזה מהן יעלה הגורל לשם ה"ל להיות אחד מהן מחוסר זמן: **חנן המצרי היא** · דלית ליה הגרלה משהגריל ומת אחד מהן הלכך כשמת שעיר המשתלח ומביא אחר שלא בהגרלה הוצרך ללמד מן המקרא שלא יביא מחוסר זמן: **אפי' דם** · של שעיר הפנימי בכוס שכבר נשחט ומת המשתלח מביא חבירו מן השוק: **ומזווג** · לדם ומשלחו: **דלית ליה דחויין** · דלית ליה שיהא הדם דחוי בשביל חבירו שמת לומר ישפך הדם כדקאמר רבי יהודה במתני' מת המשתלח ישפך הדם: **דילמא מייתי ומגריל** · וירעה אותו שיפול עליו גורל של שם ויתכפר בדם של ראשון ולעולם שנים צריך להביא ומגריל ואכתי פשיטא דמחוסר זמן לא דאין גורל קובע אלא בראוי לשם: **רבינא אמר** · כי אילטריך קרא דמחוסר זמן כגון שהומם המשתלח משהגריל עליו וחיללו על אחר וזה אין צריך להגריל שהרי מכח הראשון בא: **ואשה לא תתנו וגו'** · בבעלי מומין כתיב: **מקצתן** · כזית מהן:

רבה

תוספות

וכל שאין ראוין לפתח אהל מועד אין חייבין עליו · מה שפירש רש"י שיש מפרשים משום דהתם קדשי בדק הבית בעלי מומין הן דהמתפיס תמימים לבדק הבית עובר בעשה וכתב שאי אפשר לו להעמידה כן במקומה בזבחים פרק חטאת ולא פי' מה היה קשה לו ובפרק פרת חטאת פי' דתנן בפרק פרת חטאת (זבחים דף קיג.) פרת חטאת ששחטה חוץ מגיתה וכן שעיר המשתלח ששחטו בחוץ פטור משום דלאו ראוין לבא אל אהל מועד אלמא פרת חטאת אע"ג דתמימה היא כיון דאין סופה לבא אל פתח אהל מועד פטור הכי נמי בקדשי בדק הבית פטור ואפילו תמימים:

ולא אוציא פרת חטאת ושעיר המשתלח · רש"י לא גרים פרת חטאת דפרת חטאת לא אתיא כלל לפתח אהל מועד והדין עמו דאי משום דכתיב בה והזה אל נכח פני אהל מועד מדמה אם כן כי פריך בזבחים ושעיר המשתלח נמי ראוי אל פתח אהל מועד הוא ופריך מזאת הברייתא דקרי ליה ראוי אל פתח אהל מועד ומשני ליה כאן קודם הגרלה כאן לאחר הגרלה ולי בעינן אימא כאן קודם וידוי וכו' ליפרוך מפרת חטאת ולא הוה מצי לשנויי כדמשני על כן נראה דלא גרס פרת חטאת בברייתא ודוחק הוא דבברייתא גרסינן שהן ראויים וכו' עד יצאו אלו שאינן מיוחדין בלשון רבים וצריך לגרוס שהוא ראוי יצא בלשון יחיד כיון דלא גרסינן אלא שעיר המשתלח ונראה לי ליישבו והכי פירושו ולא אוציא פרת חטאת ואפילו אם תמצא לומר שאוציא נמי פרת חטאת כיון דלאו לא אתיא פתח אהל מועד מכל מקום לא אוציא שעיר המשתלח ת"ל לה' והשתא ניחא דכי פריך בפרק פרת חטאת (זבחים דף קיד.) משעיר המשתלח לא פריך מפרת חטאת משום דבהאי ברייתא נמי את"ל קאמר דפרת חטאת אינה ראויה לפתח אהל מועד לה' לשעיר המשתלח דההוא ודאי ראוי לפתח אהל מועד הוא ולהכי לא פריך התם אלא משעיר המשתלח:

זריקת דמים על המזבח · הקשה מורי קרובי הכהן ה"ר יהודה זצ"ל דבפרק השוחט המעלה (זבחים דף קז:) אמרינן דלא הוה צריך למיכתב זריקה בחוץ דאתיא לה שפיר מביניהו משחיטה והעלאת חוץ אלא לגלויי לך אקבלה דלא תיתי מבינייהו ובבעלי מומין אמאי אילטריך למיכתב תיתי מבינייהו וליכא למימר לגלויי אקבלה דלא תיתי דמהיכא תיתי אי משחיטה והעלאה איכא למיפרך מה להנך שכן חייבין עליהם בחוץ תאמר בקבלה ודנתי לפניו דאיכא למימר מקדיש בעלי מומין יוכיח שפטור בחוץ וחייב בבעלי מומין עוד הקשה לר' יוסי ברבי יהודה דמחייב אף בקבלה בבעלי מומין אמאי אילטריך קרא להקטרה זריקה וקבלה ליתי כולהו מבינייהו משוחט ומקדיש גם בזה דנתי לפניו דאילטריך לגלויי אקמיצה דלא תיתי והא דמיבעי פ' כל הקרבנות (מנחות פה:) אי לוקה משום בעלי מומין בסולת שהתליע מליט למימר דהיינו דווקא במקדיש אבל קמיצה לא אי נמי ההיא לרבנן דר' יוסי בר' יהודה אי נמי י"ל דאי לא כתיב קרא לזריקה הוה מוקמינן חד לא תקריבו לזריקה ואידך לקבלה דהא אשחיטה ומקדיש לא מיתוקם אלא כאם אינו ענין ואזריקה וקבלה משמע שפיר טפי דלשון הקרבה הוי זריקה וקבלה כדאשכחן ספ"ק דזבחים (דף יג.) והקריבו זו קבלת הדם או אינו אלא זריקה ואם כן מקדיש ושוחט לא הוה נפקא לן ומבינייהו נמי לא דמה להנך דעבודה ניכהו ולא שייכי בחולין וגבי על החמץ הקשה בפרק תמיד נשחט (פסחים דף סג:) למה לי קרא לזריקה תיתי מבינייהו דלגלויי אקבלה לא אתיא משחיטה והקטרה כדפרישית דמה להנך שכן חייבת בחוץ ודנתי לפניו מולק יוכיח שפטור בחוץ וחייב על החמץ כדאיתא בפרק תמיד נשחט (ג"ז שם) וכן הקשה בע"ז למה לי קרא לזריקה ניתי מבינייהו דלגלויי אקבלה לא אילטריך דאיכא למיפרך כדפרישית וכן בזה דנתי לפניו דלא אייתר לן שום קרא לזריקה אלא מדברי קבלה ילפינן לה מדכתיב בל אסיך נסכיהם מדם ועוד אפי' לפי דבריו אילטריך לגלויי אקבלה דלא תיתי דהוי פרכא כדפרכינן איכא למימר השתחואה יוכיח שפטור בחוץ וחייב לע"ז מיהו האמת הוא דלא אילטריך קרא לגלויי אקבלה דלא תיתי דכיון דלא אשכחן קרא שעובדין בקבלה לע"ז אין לחייב עליה כדפרש"י בפרק ד' מיתות (דף ס:) אהא דפריך וליחשוב נמי זורק ופרש"י בשלמא מקבל ומוליך לא קשיא לן דכיון דלא אשכחן שעובדין לשם ע"ז בכך אף על גב דהוי כעין פנים פטור בשלא כדרכה על כן נראה כתירוץ הראשון עוד הקשה היכי קאמר התם דקבלה הוה אתיא מבינייהו משחיטה והעלאה אי לא היה כתיב זריקה לגלויי עלה דלא תיתי והאיכא למיפרך מה להנך שחייבין (בע"ז) ובבעלי מומין תאמר בקבלה דפטור לרבנן דרבי יוסי ב"ר יהודה וליתי לומר מנסך יוכיח

ולא

רבינו חננאל

ששחט שלא לשמו מיעוט סימנים בחוץ וגמר רובו בפנים משום דלא עקירת חוץ היא . משהגריל עליהן שחטן בחוץ חייב על של שם ופטור על של עזאזל דלא קרינא ביה לה': ת"ר ואל פתח אהל מועד לא הביאו להקריב קרבן שומע אני אפי' קדשי בדק הבית . פי' כגון בהמה טמאה וכיוצא בה שאין ראוין למזבח כדכתיב ונקרב את קרבן ה' איש אשר מצא כלי זהב וגו' הנה נקרא קרבן . דברים שאינן ראוין למזבח . ת"ל ואל פתח אהל מועד לא הביאו בעינן דבר הראוי לפתח אהל מועד וליכא . פרה אדומה ושעיר המשתלח מנין שאין חייבין עליהן משום שוחט חוץ . ת"ל לה' מי שמיוחדים לה' יצאו אלו שאין מיוחדין לה' אלא פרה למי נדה ושעיר לעזאזל . ואקשינן ולה' להוציא שעיר המשתלח אתא והכתיב ומיום השמיני והלאה ירצה לקרבן אשה לה'. אשה אלו אשים מנין שאינו קדוש ת"ל קרבן לה' לרבות שעיר המשתלח דלא קבע ליה על מחוסר זמן שהוא פחות מח' ימים . ומשני רבא הכללפי ענין הכתוב דריש בו התם דאל פתח לרבות כל בהמה כשרה לה' בא להוציא דאילו לא בא להוציא אלא לרבות הרי כבר נתרבה כל בהמה טהורה הוה ליה לקרא לשתוק ואנא ידענא דהכל במשמע למה בא להוציא הכא דמשמע קרבן להוציא שעיר המשתלח שאינו קרבן הייתי אומר קדוש במחוסר זמן בא לה' לרבותו שלא יהיה קדוש במחוסר זמן . ואקשינן ולמה הוצרך לומר לרבות שעיר המשתלח שאינו קדוש במחוסר זמן והא בעי הגרלה ואין הגורל קובע אלא בראוי לשם דלא ידעינן באיזה מהן יעלה הגורל לה' . ואוקימנא להא מתניתא לר' שמעון דלית ליה הגרלה לעכב דתני מת אחד מהן מביא חבירו שלא בהגרלה דברי ר' שמעון רבא אמר אפי' תימא דברי הכל וכגון שהגריל על השעירים הללו והשעיר אשר עלה עליו הגורל לעזאזל נפל בו מום וחללו על שעיר שהוא פחות מבן ח' ימים סד"א ליקדוש קמ"ל דלא קדוש והמום נמי שפוסל בשעיר המשתלח גמר לה מדכתיב ואשה לא תתנו מהם על המזבח לה'. ופשוטה היא . רבינא אמר פחות

מסורת הש"ס

תמורה ז: זבחים קיג:

תמורה ז: יג

[תמורה ו: חולין יא:]

זבחים לד: ע תמורה ו:

לעיל ת.

תמורה ו: ע"ש

גליון הש"ס

גמ' מנין שלא יקדישנו מחוסר זמן. עיין זבחים דף קיד ע"א תוס' ד"ה היתר כמה: רש"י ד"ה ולא אוציא וכו' להגריל ולהתודות עליו. עיין תוס' ישנים ד"ה עד שלא הגריל ובתמורה דף ו ע"ב תוס' ד"ה ולא אוציא:

רש"א מוחק זה

תוספות ישנים

רכי דמלי פריך התם על ההיא דינויא שאין לו להיות פטור קודם הגרלה כדמשמע הכא אלא דפריך ליה מגופה דלהכתיב לפתח אהל מועד קודם הוידוי וכמסקנא דמסיק התם אלא לא קשיא כאן קודם וידוי כאן לאחר וידוי אתי שפיר דמחייב [קודם] הגרלה דהתם היינו קודם ההנחה שהוא נמר הגרלה דספר מלה' לפי שהוא מבורר כבר שאינו לה' אבל קודם ההגרלה שאינו מבורר מחייבין ליה כי ספק . מ"ר . ולי נראה לתרץ דהא דמחייבים הכא קודם הגרלה היינו משום דראוי הוא לשעיר הנעשה בחוץ כדמפרש הכא והא דממעטי ליה קודם הגרלה מלה' היינו כדפי' לעיל שכבר נתקדש שעיר החיצון מיירי ולכך אינו ראוי בכלל להתקדש לשעיר החיצון וממעיט מלה' אע"פ דראוי הוא לפתח אהל מועד כי שמא יתקדש לשם מכל מקום עדיין אינו לה' אבל היכא שיוכל להתקדש לשעיר הנעשה בחוץ לה' קרינא ביה . וא"ע : הכא נמי מחסרי עבודת היום . כדאמר לקמן בפרק בא לו (דף ע.) דלב"ע שעיר הנעשה בחוץ בהר עבודת היום והתם מפרש טעמא : (ע"כ שייך לדף סב ע"ב)

מתוספ

§ מסכת יומא דף סג: §

אות א'

כל הראוי לפתח אהל מועד חייב עליו בחוץ, כל שאינו ראוי לפתח אהל מועד אין חייבין עליו בחוץ

רמב"ם פי"ח מהל' מעשה הקרבנות ה"ו - אינו חייב אלא על שחיטת קדשים הראויין ליקרב לגבי מזבח, אבל השוחט בחוץ אחד מאיסורי מזבח או מחטאות המתות, הרי זה פטור, שנאמר: [א]לפני משכן ה', וכל שאינו ראוי לבוא אל משכן ה' אין חייבין עליו.

אות ב'

יצאו אלו שאין מיוחדין לשם

רמב"ם פי"ט מהל' מעשה הקרבנות ה"ז - פרה אדומה ששרפה חוץ ממקום שריפתה, וכן שעיר המשתלח שהקריבו בחוץ [ב]אחר שהתודה עליו, פטור, שנאמר: ואל פתח אהל מועד לא יביאנו, כל שאינו ראוי לבא אל פתח אהל מועד אין חייבין עליו; אבל קדשים פסולין שהיה פיסולן בקודש, אם העלה מהן בחוץ חייב, כיצד, כגון הלן והיוצא והטמא ושנפסל במחשבת העובד, שכולן נשרפין כמו שיתבאר בהלכות פסולי המוקדשין, אם עבר והעלה מהם בחוץ, חייב, שנאמר: לעשות אותו לה', כל הנעשה לה' חייבין עליו, ואלו נעשו לשם.

אות ג'

מנין שלא יקדישנו מחוסר זמן

רמב"ם פ"ג מהל' איסורי מזבח ה"ח - [ג]מצות עשה להקריב כל הקרבנות מיום השמיני והלאה, שנאמר: והיה שבעת ימים תחת אמו ומיום השמיני והלאה ירצה, וכל שבעת הימים נקרא מחוסר זמן; ואף על פי שמחוסר זמן פסול, אם עבר והקריבו אינו לוקה, מפני שהוא לאו הבא מכלל עשה, ולא נרצה הקרבן.

רמב"ם פ"ג מהל' איסורי מזבח ה"י - וכן המקדיש מחוסר זמן הרי זה כמקדיש בעל מום עובר, ואינו לוקה כמו שביארנו.

אות ד'

לה' לרבות שעיר המשתלח

רמב"ם פ"ה מהל' עבודת יוה"כ הי"ז - המום פוסל בשעיר המשתלח אפילו מום עובר; וכן אם נעשה מחוסר זמן נפסל, כגון שנשחטה אמו לחולה ביום הכפורים, שדחייתו לעזאזל היא שחיטתו.

אות ה'

ואשה לא תתנו מהם אלו החלבים

רמב"ם פ"א מהל' איסורי מזבח ה"ד - השוחט בעל מום לשם קרבן, לוקה, שהרי נאמר בבעלי מומין: לא תקריבו אלה לה', ומפי השמועה למדו שזה אזהרה לשוחט; וכן הזורק דם בעלי מומין על המזבח, לוקה, שהרי נאמר בהן: לא תקריבו (אלה) לי"י, מפי השמועה למדו שזה אזהרה לזורק; וכן המקטיר אימורי בעלי מומין על המזבח, לוקה, שנאמר: ואשה לא תתנו מהם על המזבח, אלו החלבים; נמצאת למד שאם הקדיש בעל מום ושחטו וזרק דמו והקטיר אימוריו, לוקה ארבע מלקיות.

אות ו'

לה' לרבות שעיר המשתלח

רמב"ם פ"ה מהל' עבודת יוה"כ הי"ז - המום פוסל בשעיר המשתלח אפילו מום עובר; וכן אם נעשה מחוסר זמן נפסל, כגון שנשחטה אמו לחולה ביום הכפורים, שדחייתו לעזאזל היא שחיטתו.

באר הגולה

[א] ‹משנה פרק בתרא דזבחים (דף קי"ב) - כסף משנה. **והקשה** הגמרא התם: הרובע והנרבע, והא נמי תיפוק לי מפתח אהל מועד. ותירץ: בשלמא רובע ונרבע משכחת ליה דאקדשינהו מעיקרא והדר רבעו, ופרש"י: דאיצטריך למעוטינהו מלהקריב, דאקדשינהו והדר נרבעו, וכיון דחזו כבר ואידחו, ראויים קרינא בהו, שנראו כבר, ולא מימעטי מאל פתח, דאיכא למימר הכי אמר קרא, ואל פתח אהל מועד לא הביאו בשנראה לבא, ואחר כך שחטו בחוץ חייב› [ב] ‹מפורש בדברי הרמב"ם, דמ"מ קודם וידוי יהא חייב, דראוי הוא לפתח אהל מועד מצד הוידוי, ובהא דזבחים גרס איפכא, ת"ל לה' לרבות שעיר המשתלח, ולא גרס כרש"י להוציא שעיר המשתלח, וא"כ לדבריו קודם וידוי יהא חייב דראוי הוא לפתח אהל מועד הוה, דהרי בעינן לעשות בו וידוי. **ומה** דמבואר בדף ס"ג: דנתמעט שעיר המשתלח, צ"ל דסוגיות חלוקות הן - הערות הגרי"ש אלישיב› [ג] ‹ולא ידעתי למה לא ביאר רבינו, דכשם דאסור להקריב מחוסר זמן כך אסור להקדיש מחוסר זמן, דהכי תניא בר"פ שני שעירי (דף ס"ג) ירצה לקרבן אשה לה', אלו אישים, מנין שלא יקדישנו מחוסר זמן, ת"ל קרבן - משנה למלך› ‹**ואחר** המחילה רבה אני תמיה עליו, איך כתב שלא ביאר רבינו דאסור להקדיש מחוסר זמן, שהרי באותו פרק בה"י {לקמן בסמוך}, פסק וז"ל: וכן המקדיש מחוסר זמן ה"ז כמקדיש בעל מום עובר ואינו לוקה כמו שביארנו - דובר מישרים› ‹**ואינו** מובן למה הביא העין משפט הלכה זה על ענין של מקדיש מחוסר זמן›

§ מסכת יומא דף סד. §

אות א׳ – ב׳

רבא אמר כגון שהיה לו חולה בתוך ביתו ושחט אמו ביום הכפורים

דחיתו לצוק זו היא שחיטתו

רמב״ם פ״ה מהל׳ עבודת יוה״כ הי״ז - המום פוסל בשעיר המשתלח אפילו מום עובר; וכן אם נעשה מחוסר זמן נפסל, כגון שנשחטה אמו לחולה ביום הכפורים, שדחייתו לעזאזל היא שחיטתו.

אות ג׳

שני שבזוג ראשון יקרב, שני שבזוג שני ירעה

רמב״ם פ״ה מהל׳ עבודת יוה״כ הט״ו - מת אחד מהן, אם עד שלא הגריל מת, יקח זוג לשני; ואם משהגריל מת, יביא שנים ויגריל עליהן בתחילה ורואה אי זהו שמת, אם היה של שם, אומר: זה שעלה עליו הגורל לשם יתקיים תחתיו; ואם היה המת של עזאזל, יאמר: זה שעלה עליו הגורל לעזאזל יתקיים תחתיו; והשני מן השנים שהגריל עליהן בסוף, ירעה עד שיפול בו מום וימכר ויפלו דמיו לנדבה, שאין חטאת הצבור מתה.

אות ד׳

בעלי חיים אינן נידחין

רמב״ם פט״ו מהל׳ מעשה הקרבנות ה״ד - בהמת השותפין שהקדיש אחד מהן חצייה שלו, וחזר ולקח חצייה האחר והקדישו, הרי זה קדשה וקריבה, אף על פי שמתחילתה דחויה היתה כשהקדיש חציה, אין הדחוי מעיקרו דחוי, [א]ואף על פי שהוא קדושת דמים, הואיל והיא בעלי חיים, אין בעלי חיים נדחים, והרי נראית כולה להקרבה, לפיכך תקרב ועושה תמורה.

רמב״ם פ״ו מהל׳ פסולי המוקדשין ה״א - כל הזבחים שנתערב בהן אחת מחטאות המתות, או שור הנסקל, אפילו אחד ברבוא, כולן ימותו, לפי שבעלי חיים חשובין הן ואינם בטלין; ואם הקריב הורצה, שאין בעלי חיין נדחין.

אות ה׳

אפילו קרבו כולן חוץ מאחד מהן, יצא לבית השריפה

רמב״ם פ״ו מהל׳ פסולי המוקדשין הכ״א - אבר של בעלי מומין שנתערב באיברי קדשים, אפילו אבר באלף איברים, יצאו הכל לבית השריפה, ואפילו קרבו כולן חוץ מאחד מן התערובת, הרי זה ישרף בעזרה במקום ששורפין פסולי המוקדשין.

באר הגולה

א ‹הקשה הלח״מ, דלמה הוצרך הרמב״ם להוסיף הטעם בשביל שהיא בע״ח אין בע״ח נדחין, ולמה אינו מספיק הטעם משום דדיחוי מעיקרא לא הוי דיחוי, כמו שכתב בפ״י מהל׳ שגגות גבי עשיר שהפריש קן, שכתב רק משום דדיחוי מעיקרא לא הוי דיחוי, **ותירץ**, דהרמב״ם סובר דקדושת דמים שהיא קלה שייך יותר דיחוי מקדושת הגוף, ואפי׳ דיחוי מעיקרא צריך להיות דיחוי, ולכן הוצרך לטעמא דבע״ח אינם נדחים, דזה מהני אפי׳ בקדושת דמים – אבן האזל›

רבא אמר כגון שהיה לו חולה בתוך ביתו ושחט אמו ביום הכפורים וכי האי גוונא מי אסיר °לא תשחטו אמר רחמנא והא לאו שחיטה היא הא אמרי במערבא דחייתו לצוק זו היא שחיטתו: אם של שם מת זה שעלה עליו וכו': אמר רב *שני שבזוג ראשון יקרב שני שבזוג שני ירעה רבי יוחנן אמר *שני שבזוג ראשון ירעה שני שבזוג שני יקרב במאי קא מיפלגי *רב סבר *בעלי חיים אינן נידחין ורבי יוחנן סבר בעלי חיים נידחין מאי טעמא דרב דיליף ממחוסר זמן מחוסר זמן לאו אע"ג דהשתא לא חזי כי הדר מיחזי שפיר דמי הכא נמי לא שנא °מי דמי התם לא איתחזי כלל הכא נראה ונדחה אלא היינו טעמא דרב דיליף מבעל מום עובר בעל מום עובר לאו אע"ג דלא חזי השתא כי הדר מיחזי שפיר דמי הכא נמי לא שנא והתם מנא לן דכתיב °כי משחתם בהם מום בם מום בם הוא דלא ירצו הא עבר מומן ירצו ור' יוחנן מיעט רחמנא בהם הם הוא דכי עבר מומן ירצו הא כל דחויין הואיל ונדחו נדחו ורב ההוא בהם בעינייהו הוא דלא מירצו *הא ע"י תערובות מירצו דתנן *איברים תמימים באיברים בעלי מומין ר"א אומר אם קרב הראש של אחד מהן יקריבו כל הראשים כולן כרעיו של אחד מהן יקריבו כל הכרעיים כולן וחכ"א *אפילו קרבו כולן חוץ מאחד מהן יצא לבית השריפה ואידך בם בהם לא דריש ולרב נהי נמי דבעלי חיים אינן נדחין אי בעי האי נקריב אי בעי האי נקריב אמר רבא רב סבר לה כרבי יוסי דאמר *מצוה בראשון הי רבי יוסי אי נימא רבי יוסי דקופות דתנן *שלש קופות של שלש שלש סאין שבהן תורמין את הלשכה וכתוב עליהן אלף בית גימל ותניא אמר רבי יוסי למה כתוב עליהן אלף בית גימל לידע איזה מהן נתרמה ראשון להביא הימנה ראשון שמצוה בראשון דילמא שאני התם דבעידנא דאתחזי קמייתא לא אתחזי בתרייתא אלא רבי יוסי דפסח (*דתנן) *המפריש פסחו ואבד והפריש אחר תחתיו ואחר כך נמצא הראשון והרי שניהן עומדין איזה מהן שירצה יקרב דברי חכמים רבי יוסי אומר מצוה בראשון ואם

רש"י

רבא אמר · מחוסר זמן דלא מצריך קרא לשעיר המשתלח כגון שהיה לו למי שמוכן לעיתי חולה בתוך ביתו שמותר לחלל עליו יום הכפורים ושחט את אמו של שעיר שנעשה מחוסר זמן משום אותו ואת בנו לאחר שהגריל עליו: מי אסיר · להוליכו לצוק משום אותו ואת בנו: אין נדחין · אם אירעה להם שעת פסול עדיין יכולין להתקן כשיזדווג לו אחר ולא אמרי' הואיל ונדחה ידחה אלא בשחוטין כגון מת המשתלח שנשפך הדם: הא על ידי תערובת ירצו · כרבי אליעזר: איברים · של עולה תמימה שנתערבו בהן איברי בעלת מום אחת: אם קרב ראשו של אחד מהן · קודם שהרגישו בדבר: יקריבו כל הראשין כולן · ותולין האיסור באותו שקרב כבר ותלינן לקולא דהואיל ונתערבו אין כאן ספק איסור דאורייתא אלא לחומרא דלא הוזהרה תורה עליהן אלא כשהן בעצמן שנאמר בהם כי משחתם בהם מום בם הם כי איתנהו בעינייהו: מבם בהם · ממאי למיכתב בם וכתב בהם: בעידנא דאיתחזי קמייתא לא איתחזי בתרייתא · אבל האי לא איתחזי קמא עד דאיתחזי בתרא שאף על פי שהגריל עליו אינו ראוי לישחט עד לאחר מתן דם הפר ובתוך כך מת חבירו והביאו שנים והגרילו עליהן וכשהגיע זמן שחיטת השעיר כבר זה האחרון עומד: אלא רבי יוסי דפסח · דהא הכא לא איתחזו קמא עד דאתחזי בתרא שהרי אין זמן שחיטת פסח אלא לאחר תמיד וקודם לכן אבד ראשון והפריש שני ונמצא ראשון והרי שניהן עומדים כשהגיע זמן שחיטה ואפילו הכי קאמר רבי יוסי מצוה בראשון: יתקיים

תוספות

ולא נהירא ליה דהא בעיא היא בפ' כל הקרבנות (מנחות דף פו:) אי לקי משום בעל מום על יין הפסול לנסכים ועלתה בתיקו מיהו יש לומר מנסך מים יוכיח דחייב בחוץ אף על גב דלא אשכחן שילקה עליהם משום בעל מום ולי הוקשה היכי קאמר דאתיא מביניהו משחיטת חוץ ומהעלאה וממנסך ניפרוך שחייבין בע"ז ויש לומר דלאו דוקא נקט לגלויי אקבלה דלא תיתי דלקבלה לא איצטריך אלא לגלויי אקמילה דלא תיתי דבקמילה ליכא למיפרך דפרכינן דהא חייבין עליה בע"ז כמו שחייבין על השחיטה דקמילה דמנחה במקום שחיטה דזבח לכל מילי וא"ת בקמילה נמי איכא למיפרך מה להנך שכן חייבין על החמץ תאמר בקמילה כדמוכח בפ' תמיד נשחט (פסחים דף סג:) יש לומר מנסך יוכיח דפטור על החמץ וחייב בחוץ וא"ת כיון דסוף סוף לא אתיא מביניהו אלא אם כן נימא מנסך יוכיח מאי איצטריך למימר תיתי מביניהו הא ממנסך לחודיה אתו דליכא למיפרך מידי וי"ל איכא למיפרך מה למנסך שכן קבע לו רחמנא של מזבח תאמר בקמילה ותאמר בזריקה שעומד על הרצפה וזורק הדם למטה מחוט הסיקרא: **דחייתו** לצוק זו היא שחיטתו · הקשה הר"ר משה מפונטייז"א זצ"ל דבפרק אותו ואת בנו (חולין דף פא:) *תנן השוחט עגלה ערופה ושור הנסקל וכו' חייב ור"ש פוטר פירוש דה"ל שחיטה שאינה ראויה ופריך בגמרא [שם דף פב.] והתנן נמצא ההורג עד שלא נערפה העגלה תצא ותרעה בעדר אלמא לא מיתסרא מחיים ולמאי פוטר ר' שמעון ומשום הכי קאמר עלה עגלה ערופה איכא משנה ולמאי לא קאמר השוחט דמתניתין היינו עורף ורבי שמעון פוטר משום דלא חזיא לאכילה וחייב לרבנן דעריפתה זו היא שחיטתה כדאמרי' הכא דחייתו לצוק זו היא שחיטתו ובפרק חטאת העוף בזבחים (דף ע:) אמרינן דעריפה מטהרת מידי נבילה ופריך ר"ל דלא הוה ליה למתני השוחט אלא העורף ודוחק הוא דדילמא תנא שוחט משום פרת חטאת ושור הנסקל דמיתתו בהדה כדאשכחן ריש פרק השוחט (חולין דף כט:) דקאמר סיפא בקדשים ודקאמר שחיטתן כשרה מליקתן כשירה מיבעי ליה איידי דסליק מבהמה תנא שחיטתן כשירה וכן הא דקתני התם *)השוחט **)חיה ועוף ולא יצא מהם דם וכו' וקאמרינן בגמרא אי סלקא דעתך בקדשים חיה בקדשים מי איכא אבל לא פריך אי בקדשים שחיטה בעוף מי איכא אלא משום בהמה וחיה נקט השוחט: **התם** לא איתחזאי כלל הכא נראה ונדחה הוא · ואפילו לרבי יוחנן דסבירא ליה בפרק קמא דקידושין (דף ז:) ובפ"ק דזבחים (דף יב:) דיחוי מעיקרו הוי דיחוי ואפילו בבעלי חיים גבי בהמה של שני שותפין הקדיש חציה וחזר ולקחה והקדיש חציה קדושה ואינה קריבה ולא דמי למחוסר זמן דהתם משעה שהקדישה היתה דחויה ואף על גב דגבי מחוסר זמן נמי אמרינן לילה מקדשה יום להרצאה אלמא אף ע"ג דבעידנא דאקדשיה לא חזיא להקרבה אפ"ה כי חזי למחר מקריב ליה ולא אמר דיחוי מעיקרו הוא וכן כל קרבן שהקדישו ביום ועבר עליה לילה אחת שלא הקריבו תו לא לקרביה דהוה ליה נראה ונדחה ואין לתרץ לילה לאו מחוסר זמן ולא חשיב נדחה דהא הכא חשיב נדחה אע"ג דהדר חזי ביומיה וי"ל כיון שאינו מחוסר מעשה בגופו לא חשיב נדחה ועוד דלילה לא חזיא להקרבת שום קרבנות אבל הכא שצריך להביא שנים אחרים ולהגריל עליהם דהוי כמחוסר מעשה ועוד דהוא זמן הקרבה ואפ"ה לא מצי לאקרוביה הלכך חשיב דיחוי: **הא** על ידי תערובת מירצו כדתנן כו' · וסבירא ליה כרבי אליעזר א"כ אפילו כרבנן אע"ג דפליגי עליה רבנן התם בברייתא רבנן דמתני' שרו מדאורייתא כדמשמע לישנא דמתניתין דלא אסרו אלא אחר הנשאר אבל אותם שקרבו ועלו למערכה לא ירדו ומדרבנן הוא דאסרי לכתחילה כדמשמע לישנא דמתניתין אפי' קרבו כולם חוץ מאחד מהם יצא לבית השריפה: **ואידך** נפקא ליה מבם בהם · והשתא איכא שלשה דרשות הא עבר מומם ירצו ואידך הא כל דחויין הואיל ונדחו ידחו ואידך הא על ידי תערובת מירצו והא דלא מייתי התם בפ' התערובת (זבחים דף עז:) דרשא דרבי (*יוחנן) משום דלא בעי לאתויי אלא הנך שתי דרשות דאפי' רב מודה בהו והא דמשמע התם דדרשא *דר' יוחנן מה"א דבהם אין לחוש בזה דלא נחת גמרא לדקדק בזה: ואם

*) דף לג: **) [נ"א בהמה חיה וכו']

רבינו חננאל

מבן ח' ימים לא איצטריך קרא דהוא פשיטא היא דלא קדוש כי איצטריך קרא כגון שהיה לו חולה מסוכן ושחט לו שעירה ביוה"כ ויש לו בן ראוי לקרבן לאותה השעירה והיה מוזמן עם שעיר אחר והגריל עליהן מקודם שתשחט אמו ועלה עליו הגורל לעזאזל. ותנא אסור לשחוט ביום אחד עם אמו כמחוסר זמן סד"א כבר נקדש וישתלח קמ"ל דלא. ואקשינן עליה וכי האי גוונא אסיר אותו ואת בנו לא תשחטו אמר רחמנא ושעיר המשתלח אינו נשחט ודחי הכי דחייתו לצוק היא שחיטתו: ויאמר אם של שם מת כו'. פי' כגון שהגריל על שני השעירים ומת אחד והביא שנים אחרים והגריל עליהן. יאמר אם של שם מת זה שעלה עליו הגורל לשם יתקיים תחתיו. ואם של עזאזל מת זה שעלה עליו הגורל לעזאזל יתקיים תחתיו. והוא העומד במקום המת. נשארו שנים האחד הראשון שמת חבירו והאחד שעמד חבירו במקום המת וחלקו בה רב אמר שני שבזוג ראשון שמת חבירו הוא יקרב. דבעלי חיים אין נידחין ויליף לה מבעל מום עובר התם לאו אע"ג דאינה (לא) חזיא להקרבה דהא אית ביה מום כי עבר ליה מומא והדר חזי שפיר דמי. הכא נמי לא שנא. וסבר לה רב נמי כר' יוסי דאמר מצוה בראשון לפיכך אמר שני שבזוג ראשון יקרב. ור' יוחנן אמר שני שבזוג שני יקרב אבל שני שבזוג ראשון ירעה כי כבר נדחה. והא דיליף רב מבעל מום עובר שאני התם דכתיב כי משחתם בהם מום בם ודייקינן משחתם בהם לא ירצו כלומר כל זמן שבהם מום פסול הא עבר המום שבהם כשר. וילפינן מינה דכל הדחויין אע"ג דהדר חזו פסולין מדכתיב הכא בהם בא לו זה הדין ולא בכיוצא בהם כי האי גוונא פסול והדר חזו. ורב אמר לך האי בהם לא אתא אלא ללמד ב"ז שהמום בהם לא ירצו אי איתנהו בעינייהו אבל אם נתערבו מירצו כדתנן בזבחים פרק ח' נתערבו אברים באברים בעלי מומין ר' אליעזר אומר אם קרב הראש של אחד מהן יקריבו כל הראשים כרעיו של אחד מהן יקריבו כל הכרעים וחכ"א אפי' קרבו כולן חוץ מאחד מהן יצא לבית השריפה ומפרש בגמ'

עין משפט נר מצוה

טו א ב מיי' פ"ה מהל' עבודת יוה"כ הל' יז:
טז ג מיי' שם הל' טו:
יז ד מיי' פט"ו מהל' מעשה קרבנות הל' ד ופ"ג מהל' פסולי מוקדשין הלכה א:
יח ה מיי' שם הל' כא:

תוספות ישנים

מחוסר פתיחה כמחוסר מעשה דמי . וכיון שעל גוף הקרבן נאמרה הוי כמו שהיא בגוף הקרבן כדפי' רש"י. א"נ הואיל ובשעת שחיטת הקרבן צריך שיהא השער פתוח הוי כמו בגופו אבל שאר עבודת היום לא שייכי בגוף השעיר. מ"ר. כך סוגיא דמחוסר זמן פי' בפ"ק דמנחות (דף ה.) ובפ"ק דזבחים (דף יב.) ותימה לרבי דהכא משמע דלית ליה לרב חסדא הואיל אפילו לחומרא היכא שמחוסר מעשה דלא בעי למימר הואיל וראוי לשעיר שנעשה בפנים דמחוסר הגרלה ואילו בפסחים פרק תמיד נשחט (דף סב.) קאמר גבי שחטו למולים לזרוק דמו לערלים דפליגי התם רבה ורב חסדא וקאמר רב חסדא הואיל ואי בעי מתקן נפשיה ופריך ומי אית ליה לרב חסדא הואיל כו' אלא לרב חסדא קשיא ומשני כי לית ליה לקולא אבל לחומרא אית ליה אלמא אית ליה הואיל לחומרא אפי' היכא דמחוסר מעשה. גי'. וה"ר אלחנן תירץ דהתם כיון שכל שעה שבידו לתקן עצמו ובאיסור כרת הוא עומד הילכך לא חשיב כמחוסר מעשה: **אביי** נימא הואיל ורחוי לא לשמו חייב כו'. רש"י פירש דגרס טעמא דשלא לשמו הוא הא סתמא לשמו הוא ופטור ולא נודע למה גרס רבינו שלמה כן דהא לא מקשה לא אסיק אדעתיה טעמא דעקירה כלל ובתמיד נשחט איתא לנסך גירסא זו כיון רש"י כאן ומחקה שם ורבינו יעקב מקיימה כמו שפירש כאן אבל כאן אין צריך להגיה כלום:
*שייך לדף סג ע"א

והתנן מחוסר זמן כו'. השתא ס"ד דמטעמא דהואיל מחייב ליה בלשמו: **ואמר** רב חלקיה בר טובי כו'. בלאו רב חלקיה בר טובי קשיא ליה מתני' שפיר דעל כרחין שלא לשמו חייב כאשם הואיל ועקירת תוך שמה עקירה ופטור דקתני גבי אשם היינו בלשמו ואם כן תיקשי ליה דאפילו לשמו אמאי מחייב הא משנה זו סתרה אלא משום דמשכח הך משנה ופירשה רב חלקיה בר טובי מייתי מילתיה ויותר מזה יש בתלמוד הרבה שכמה פעמים מביא דברי האמורא שמפרש המשנה שמביא להקשות ממנה ואע"פ שאינו צריך למימרא כגון ההיא דשמואל דבכורות (דף מג.) דאמר שמואל לא קדושין בתמורה ולא מקדישין בעוטי תמורה וכן בפ"ק דחולין נמי איכא כי האי גוונא. מ"ר *):

ולא אוציא פרת חטאת ושעיר המשתלח כו'. פרת חטאת ל"ג כדפירש רש"י דהא פרת חטאת ממעטינן מאל פתח אהל מועד: **יצאו** אלו שאין מיוחדין לה'. וא"ת למה לי למעוטי שעיר המשתלח [אחר] וידוי בפרק בתרא דזבחים (דף קיג:) מדאיצטו לאוי לפתח אהל מועד תיפוק ליה דממעיט שפיר מלה' יש לומר ואל פתח אהל מועד עיקרו בא משום [פרת] חטאת אי נמי לא הוה ממעטינן ליה נמי א) (אחר) הגרלה מאל פתח אהל מועד אי לאו אשכחן דממעיט מלה': **אבל** בעל מום דמטא זימניה אימא לא. וא"ת אסיפא

*) עי' שייך לדף סג ע"א א) נ"ל קודם :

ואם היה השני מובחר ממנו יביאנו אמר רבא דיקא מתניתין כוותיה דרב ובריי[תא] כוותיה דר' יוחנן מתניתין כוותיה דרב דקתני אם של שם מת זה שעלה עליו הגורל לשם יתקיים תחתיו ואידך כדקאי קאי ברייתא כוותיה דר' יוחנן דקתני שני איני יודע אם שני שבזוג ראשון אם שני שבזוג שני כשהוא אומר יעמד חי ולא שחבירו מת מאי משמע יעמד חי ולא שכבר עמד תנן ועוד אמר רבי יהודה נשפך הדם ימות המשתלח מת המשתלח ישפך הדם בשלמא לרבי יוחנן דאמר בעלי חיים נדחין משום הכי ימות המשתלח אלא לרב דאמר בעלי חיים אינן נדחין אמאי ימות המשתלח אמר לך רב אליבא דרבי יהודה לא קא אמינא כי אמינא אליבא דרבנן בשלמא לרב בהא פליגי רבי יהודה ורבנן אלא לר' יוחנן במאי פליגי אמר רבא הא אמרינן דייקא מתני' כוותיה דרב תנן שאין חטאת צבור מתה הא דיחיד כי האי גוונא מתה בשלמא לרבי יוחנן כדרבי אבא אמר רב דאמר *רבי אבא אמר רב הכל

רש"י

יתקיים תחתיו · אינו נותן תמורה אלא לזה שמת אבל לחי אינו נותן תמורה להפסל הוא ובזה תחתיו: **כדקאי קאי** בקדושתיה ולא אמרינן ידחה: **שני איני יודע וכו'** · אמתני' קאי שני שבעינו עליו ירעה איני יודע וכו': **הכי גרסינן ולא שחבירו מת** · ולא זה שמת חבירו: **יעמד חי ולא שכבר עמד** · ונדחה על ידי מיתת חבירו ועכשיו הוא בא לחזור ולעמוד יעמד חי עמידה אחת ולא שתי עמידות: **ימות המשתלח** · אלמא בעלי חיים נדחין: **כי קאמר אליבא דרבנן** · מדקאמר ר' יהודה ועוד לאשמועינן דבעלי חיים נדחין *מכלל דשמעינהו לרבנן דאמרי שני שבזוג ראשון קרב דבעלי חיים אין נדחין ושני שבזוג שני ירעה שאין חטאת צבור מתה ואתא לאפלוגי עלייהו בתרתי דקא אמריתו אין חטאת צבור מתה אני אומר תמות ועוד לא כזה שאמרתם עליו ירעה אני אומר ימות אלא הוא יקרב ושני שבזוג ראשון ימות: **בשלמא לרב בהא פליגי רבי יהודה ורבנן** · בהאי ועוד דסיפא: **אלא לרבי יוחנן** · דאמר רבנן נמי בשני שבזוג ראשון אמרו ירעה במאי פליג ר' יהודה עלייהו בהך סיפא דקתני ועוד: **בשלמא לר' יוחנן** · דאמר ירעה דמתניתין אשני שבזוג ראשון קאמר משכחת לה דאילו דיחיד כי האי גוונא תמות משום חטאת שכפרו בעליה: **כדרבי אבא** · דאמר במסכת תמורה (דף כג:) גבי פלוגתא דרבי ורבנן שנחלקו במפריש חטאתו ונאבדה והפריש אחרת תחתיה ונמצאת הראשונה והרי שתיהן עומדות דקאמר ר' מתכפר באחת מהן והשניה תמות וחכמים אומרים אין חטאת שכפרו בעליה מתה אלא שנמצאת לאחר שכפרו הבעלים אבל נמצא קודם כפרה ולאחר הפרשה רועה ואמר ר' אבא עליה הכל מודים שאם נתכפר בשניה אבודה דהיינו שניה שהופרש אחרון אבודה מתה שכך נאמרה הלכה למשה מסיני חטאת שאבדה ונתכפרו בעליה באחרת הראשונה מתה לא נחלקו אלא שנתכפר בראשונה והשניה עומדת ובהא פליגי רבי סבר מפריש לצורך תשלומי אבוד כאבוד דמי ורבנן סברי לאו כאבוד דמי וגבי מתניתין הכא בשלמא לר' יוחנן דאמר שני שבזוג ראשון קתני מתניתין ירעה היינו דיהיב טעמא משום דאין חטאת צבור מתה הא דיחיד תמות דהוה ליה נתכפר בשניה אבודה והדחויה קיימת והכל מודים שמתה: אלא

[תמורה כג.]

תוספות

ואם היה שני מובחר ממנו יביאנו · ובמתניתין נמי נימא הכי אי נמי שמא לא שייך הא מילתא אלא בגבולין או בכנסים בעזרה אבל בשעיר המשתלח ובשעיר הפנימי הנשרף חוץ לשלש מחנות אפילו אם היה שני מובחר ממנו מצוה בראשון:

יעמד חי ולא שחבירו מת · לעיל כי קאמר דטעמא דר' יוחנן משום דכתיב בהם לא הוה מלי למימר דטעמא משום דכתיב יעמד חי ולא שכבר עמד ואע"ג דלא ידע לברייתא מכל מקום טעמא דידיה מאי קרא ובשאר קרבנות מודה לרב דילפינן ממום עובר דהא אפילו בשאר קרבנות פליג עליה דרב דסבירא ליה בעלי חיים נדחין ואפילו דיחוי מעיקרו הוי דיחוי כההיא דבהמה של שני שותפין וצריך לומר דהכא כוותיה דרבי יוחנן ולא מטעמיה דטעמא דר' יוחנן מבהם כדלעיל דסבירא ליה בעלי חיים נדחין והאי תנא סבר אין דיחוי אלא בשחוטין דיליף מבעל מום עובר כרב בשאר קרבנות לבד מהכא דגלי קרא יעמד חי:

ברייתא כוותיה דרבי יוחנן · תימה לי הא איכא נמי מתניתין דדייקא כרבי יוחנן ועדיפא מיניה דאפילו דיחוי מעיקרו הוי דיחוי בפרק מי שהיה טמא (פסחים דף צז:) תנן המפריש נקבה לפסחו תרעה עד שתסתאב ותימכר ויביא בדמיה שלמים ואמרינן עלה בגמרא *שמע מינה תלת שמע מינה בעלי חיים נדחין ושמע מינה דיחוי מעיקרו הוי דיחוי וכו' ויש לומר דלא דמי דהתם הוי דחייה גמורה דלעולם נקבה לא חזיא לקרבן שהופרשה לשמו דהיינו פסח ובהא נמי מיתרצא מה שמקשים גבי בהמה של שני שותפין *ומאי קא משמע לן ר' יוחנן מתניתין היא ההיא דהמפריש נקבה לפסחו ואע"ג דאיכא למימר דתמורה כיוצא בה אתא לאשמועינן דלא שמעינן ממתניתין מכל מקום הש"ס דדייק ממילתיה דרבי יוחנן שמע מינה תלת לידוק ממתניתין ומאי איצטריך למידק ממילתיה דרבי יוחנן אלא יש לומר אי ממתניתין הוה אמינא שאני התם דלא חזיא לעולם לפסח שהופרשה לשמו ולהכי הוי' דחויה לעולם אפילו למותר פסח דהוי שלמים לא תיקרב היא גופה אלא דמיה*):

האמר רבא דיקא מתניתין כוותיה דרב · תימה לי מאי קאמר דיקא כוותיה דרב אדרבה תיקשי מינה לרבי יוחנן דלא מיתוקמא כלל אליביה ובמאי טעה מעיקרא דקאמר בשלמא לרבי יוחנן הא לא מיתוקם כלל ועוד אמר רבי יהודה אליביה ועוד דלאיכא דאמרי דבסמוך מסיק לרבי יוחנן בקשיא וללישנא קמא לא מסיק קשיא ונראה לי דמעיקרא דקאמר בשלמא לרבי יוחנן לא אסיק אדעתיה דתיקשי ליה ועוד אמר רבי יהודה דאיכא לפרושי דבתרתי פליגי מעיקרא פליג דקאמר תנא קמא ירעה אמר איהו ימות והדר קאמר ועוד אמר ר' יהודה כו' דשמעי' לת"ק דקאמר אם של עזאזל מת וכו' והשני ירעה אלמא דאיירי שמת של עזאזל קודם שנשחט של שם ואיכא למימר דאיירי כגון שמת קודם וידוי וטעמא דמת קודם וידוי הא מת לאחר וידוי אין צריך להביא שנים אחרים ולהגריל דס"ל בהא כרבי שמעון דאמר לעיל פרק טרף בקלפי (דף מ:) עד מתי זקוק להיות חי עד כפרת דברים והא אתא רבי יהודה נמי לפלוגי אם מת המשתלח ישפך הדם ומביא שנים אחרים ואתא לאשמועינן דבכפרת דמים תלוי הדבר ורבי יהודה לטעמיה דאמר לעיל עד מתי זקוק להיות חי עד שעת מתן דמו של חבירו ואין הדבר תלוי בוידוי כלל דאפילו אם הקדים וידוי שעיר המשתלח למתן דם שעיר הפנימי ומת המשתלח ישפך הדם והשתא ניחא הא דקתני ועוד ומכל מקום הדר קאמר דיקא מתניתין כוותיה דרב דלא ניחא ליה לפרושי ועוד כדפרישית משום דלישנא דמתניתין לא משמע ליה הכי דאתא לאשמועינן הא ומשום דאיכא למימר הכי ואיכא למימר כדמעיקרא כדקא סלקא דעתך דמקשה לא מסיק קשיא אבל לאיכא דאמרי דלא קאמר מעיקרא בשלמא לרבי יוחנן אלא פריך מיד לרבי יוחנן דלא משמע ליה כלל לפרושי אועוד כדפריש' ללישנא קמא לדברי המקשה דקאמר בשלמא לרבי יוחנן להכי מסיק קשיא:

*) ועי' תוס' זבחים יב: ד"ה ש"מ

הכל

רבינו חננאל

יזוא מתניתין דר' אליעזר איה ליה האי סברא דרב דאמר ע"י תערובת ירצו. אמר רבא דייקא מתני' כרב דקתני אם של שם מת זה שעלה לשם יתקיים תחתיו ואם של עזאזל מת זה שעלה עליו הגורל לעזאזל יתקיים תחתיו. ולא קתני וחבירו יקרב ש"מ דאידך כדקאי קאי. ודייקא מתניתא כר' יוחנן דקתני השני ירעה איני יודע אי שני שבזוג ראשון אי שני שבזוג שני כשהוא אומר יעמד חי ולא שכבר עמד. מכלל משכבר עמד נדחה. ואקשינן על רב תנן ר' יהודה אומר נשפך הדם כו'. כלומר נשפך דם השעיר הנעשה בפנים קודם שיזה ממנו ימות המשתלח שכבר נדחה מאחר שנשפך דם חבירו ויביא שנים אחרים ויגריל ודחי רב ואמר אליבא דר' יהודה לא קאמינא דר' יהודה ודאי אית ליה בעלי חיים נידחין. כי קאמינא לרבנן. ופלקא שמעתא כרבא דאמר דייקא מתני' כוותיה דרב והוא הת"ק שחולק עליו ר' יהודה ת"ק סבר בעלי חיים אין נידחין ור' יהודה סבר נידחין. ואקשינן ממתני' דתנן שאין חטאת צבור מתה הא דיחיד כי האי גוונא כגון שהפריש ואבדה והפריש אחרת תחתיה והרי שתיהן עומדות מתה הניחא לר' יוחנן דאמר שני שבזוג שני קרב נמצא השני שבזוג (שני) [ראשון] שאחר שמת חברו נדחה כאילו הוא אבוד. וכיון שנתכפרו בשני שבזוג שני דין הוא שימות השני שבזוג ראשון דהא נתכפרו בשאינה אבוד מי שהיה אבוד ונמצא ימות אלא ק"ל שאין חטאת צבור מתה הא דיחיד כי האי גוונא מתה כר' אבא אמר רב

גליון הש"ס

רש"י ד"ה כי קאמר וכו' מכלל דשמעינהו לרבנן. כעין זה בב"ק דף לא ע"ב ברש"י ד"ה ר"י היינו ת"ק:

תוספות ישנים

לא כתיב כגון מום הוה [illegible] מומה [illegible] כמאי [illegible] אלא [illegible] אחר [illegible] ממש [illegible] אלא [illegible] י"ל חזינן

דפסיל ביה מומה לא הוה מוקמי' ליה לנך דרשא דהומס והיללו על אחר אלא מוקמינן ליה לדרשא אחריתי. מ"ר *): דחייתו לנוק זו היא שחיטתו . ולא דמי לנמחר ומעקר שאין מלוהו בכך והקשה ה"ר משה מפונטייזא ז"ל על הא דפסקי' ר"ש במשנה (חולין דף פה:) השוחט עגלה ערופה ופריך בגמרא עגלה ערופה שחיטה ראויה היא דתנן נמצא ההורג עד שלא תערף העגלה תצא ותרעה בעדר אלמא אינה נאסרת עד שעת עריפה שחיטה לה שחיטה ראויה היא ומשני עגלה ערופה אינה משנה דודאי לא סבר לה ר"ש ואמאי לא נוקים לה נמי בטריפה גופה וטריפה זו היא שחיטתה כדאמרינן הכא דחייתו לנוק זו היא שחיטתו חזיא לאכילה ורבנן מתייבי] שטריפה שהיא בשחיטה ראויה אוסרת והשיב לו רבי' יעקב דהא דקתני במשנה השוחט פרת חטאת ושור הנסקל ועגלה ערופה משמע שטעגלה נמי בשחיטה ואין ית חטאת ושור הנסקל תנא שחיטה דהא הכי נמי אמרינן בפ"ב דחולין (דף כט.) בגמרא רוב אחד בעוף ורוב שנים בבהמה דסיפא דקתני רוב אחד בעוף ורוב שנים בבהמה בבהמה שחיטתו כשיר א קתני מליקתו איידי דקתני שחיטה בבהמה דסליק מינה והכי נמי התם איידי דסליק מפרת החטאת ושור הנסקל תנא נמי בעגלה ערופה השוחט אלא אומר רבי דפשיטא ליה לתלמודא ד היא צריך כלל למימר התם פטור דהא פשיטא שחיטה שאינה ראויה דלאי לאפוקי ממ"ד דחייב פשיטא כיון דשחיטה שאינה ראויה א) שמה שחיטה אית ליה וזה לא הוה צריך לשנות א"כ מאן דסט א ס"ל כי היכי דדחייתו לנוק זו היא שחיטתו [גם עריפתה] זו היא שחיטתה. מ"ר. ול"ע : **שני** שבזוג שני ירעה. וה"ה דפליגי בשעיר המשתלח דרב סבר שני שבזוג ראשון ישתלח והאחר לא: **רב** סבר בעלי חיים אינן נדחין . הא דתנן במי שהיה טמא (פסחים צו:) המפריש נקבה לפסחו תרעה דדחוי הוא אתיא שפיר אפילו אליבא דרב דהכא דהיינו משום דדחייה בידים וכן פי' מתני' דהפסח שנמצא קודם שחיטה ירעה לפי שנראה ונדחה הוי נמי דחייה בידים כששחט האחד והניח את זה . מ"ר : **מי** דמי התם לא איתחזי כלל כו'. וא"ת רבי יוחנן מיהא אמאי לא יליף ממה חזי כלל והוי דחוי מעיקרא הא רבי יוחנן אית ליה דהוס דחוי בפ"ק דקידושין (דף ז:) ובפרק בתרא דכריתות (דף כח.) ובס"פ מי שהיה טמא (פסחים צח.) אמרינן נמי על המשנה ש"מ דחוי מעיקרו לא הוה יליף ממחוסר זמן משום דהוי נראה מאליו אבל מבעל מום ילפינן שפיר בסמוך דאפילו עובר ע"י הם אכשרים רחמנא ואפילו עובר כלא הם דחוי הוא יותר ממחוסר זמן דהא צריך לה מחוסר מעשה ועוד אומר רבי כי יש לומר דאפילו דחוי מעיקרא ממעטי מדרשא דר' יוחנן דבסמוך דמיעט רחמנא גם הוא שעבר מומו ירצו הא כל הדחויין הואיל ונדחו ידחו ואפילו היכא שלא נר ום דאיכא נמי כהן שלא נראה מעולם כגון הומם כמעי אמו או קודם שמונה והשתא ניחא דלא נקט הכא אלא טעמא דלא איתחזי כלל ולא הוצרך לטעמא דנראה מאליו כדפרי' לעיל. מ"ר ב) : **דיליף** תימה לרבי יוחנן דלא יליף דבעלי חיים אין נדחין מבעל מום עובר ואית ליה דנדחין וא"כ אותו ואת בנו של קדשים אין ראוי לעולם כששחטו את אמו וכי תימא הכי נמי והתנן בפרק בתרא דזבחים (ק אותו ואת בנו (חולין דף פא.) אותו ואת בנו ומחוסר זמן פטור ר"ש אומר כל שראוי לבוא לאחר זמן הרי הוא בלא תעשה ואין בו כרת ואומר רבי ג) דהואיל דאית ליה לרבי יוחנן כל הדחויין שבתורה הו דחוי מעיקרא בכללם ומ"מ מחוסר זמן לא היו בכללם וכן בעל מום אע"פ שנראה ונדחה יכול לחזור ולראות אותו ואת בנו נמי לא ממעטינן דהוי בכלל מחוסר זמן והוי כמו בעל מום עובר . מ"ר : רצו כדתנן ר' אליעזר אומר אם קרב הראש כו'. יש תימה דהכא משמע לטעמא דהך משנה מגזירת הכתוב א"כ אפילו לא קרב ראשו של אחד מהן נמי [ועוד] אי מגזירת הכתוב פשיטא אית לן למימר דוקא בחים פרק התערובות מוכח נמי דלא ילפינן מינה תערובת רובע ונרבע דמאיסי טפי והואיל וכן היכי אמרינן בס' התערובות (זבחים עד.) דרב אמר טבעת של ע"ז שנתערבה באלף טבעות ונפלה אחת נן ס"ל כרבי אליעזר דאמר אם קרב ראשו של אחד מהם כו' התם גזירת הכתוב היא כדלא ילפינן התם בברייתא רובע ונרבע ונראה לי דה"ש בעינייהו הוא דלא נירצו הא ע"י תערובת נירצו כדתנן ר ראשו של אחד מהם יקרבו כל הראשים כולן וחכמים אומרים אפילו קרבו כולן חוץ מאחד מהם יצא לבית השריפה ומדאמרינן בין לרבנן בין לר"א דהנהו דקרבו קרבו ולא ירדו שמעינן דאית להו הך ד מדרבנן דאי לית להו ה"ל למיסר אפילו בדיעבד (אם נתערבו אחד באחד) והואיל וכן נראה כי נתערב נמי אבר אחד של בעל מום ברוב איברים התמימים היה לנו לאסור בדיעבד אפילו אותם שעלו דירדו שום דבריה תערובת מדאורייתא דהא [בטלה] הוא סובר דלא בטלי וסברא הוא כיון דאמרי רבנן דלא יבטלו משום דדרכו למנות לית לן למישרי ע"י ביטול ברוב בדיעבד משום דעלו אבל כי קילי ה כלא ביטול סברא הוא למישרי בדיעבד משום דעלו אפילו מדרבנן [אבל אם נתערבו אחד באחד] דלא הוה ביטול ברוב ירדו דבאותן אין נקל אפילו בדיעבד כיון דמדרבנן לא בטלי והא דקאמר בהם כם בהם לא דרשי ולא בעי למימר דרבנן נמי אית להו הך דרשא אלא לכתחלה אסרי להקריב מדרבנן כי תנאי דמתני' משום דמשמע ליה דלא יקריבו דרבנן מדאורייתא כמו דלא יקריבו דרובע ונרבע דרי ירדו דאי בדיעבד לא ירדו הוה ליה לפרושי בהדיא דדוקא לכתחלה דלא נטעי לפרושי לא יקריבו אפילו בדיעבד כי ההוא דרובע ונרבע ומאי דפרישית השתא אתי שפיר דלא שבקי אמוראי דהכא רב ר ואתי נמי שפיר האי דמסיים הכא מלתייהו דרבנן אבל אי מדרבי אליעזר מייתי ראיה לא היה לו להביא כאן רק דבריו ד) ובלאו הכי לאו קושיא היא דרב סבר בהתערובות (זבחים עד.) כר' אליעזר סבירא להו דעל ידי תערובת ירצו כרבנן דמתני' דזבחים דרשי הכי כדפירש' אע"ג דרבנן דברייתא לא דרשי הכי כי המשנה עיקר ובזבחים דריש מכם בהם עבר מום וע"י תערובת לרבי אליעזר דמתני' וקיימי רב ור' יוחנן בשיטתייהו לאכשורי על ידי תערובת מן התורה וסוגיא דהתם דדרש בם בהם כרבי יוחנן ואייתר בהם לדרשא הא כל דחויין הואיל ונדחו ידחו והא דדריש הכא טעמא ד

*) ע"כ שייך לדף סג ע"ב . א) נ"ל לא שמה : ב) עיין ש"י : ג) נ"ל דהא דאית : ד) נ"ל מיהו בלאו :

עס"א

מסורת הש"ס

עין משפט נר מצוה

יט א מיי' פ"ד מהל' פסולי מוקדשין הלכה ה :

כ ב ג ד מיי' פ"ג מהל' שקלים הלכה ח ט :

תורה אור

הכל מודים *שאם נתכפר בשאינה אבודה אבודה מתה אלא לרב הוה ליה כמפריש שתי חטאות לאחריות *וא"ר אושעיא *הפריש שתי חטאות לאחריות מתכפר באחת מהם והשניה תרעה כיון דאמר רבא רב סבר לה כרבי יוסי דאמר מצוה בראשון מעיקרא במפריש לאיבוד דמי בשלמא לרבי יוחנן דאמר שני שבוע ראשון ירעה לרבי יהודה ימות מתכפר בשני שבוע שני אלא לרב דאמר שני שבוע שני ירעה לרבי יהודה ימות לרבי יהודה במאי מיכפר מי סברת רבי יהודה אשני שבוע שני קאי רבי יהודה אשני שבוע ראשון קאי ואיכא דקא מותיב הכי ועוד אמר ר' יהודה נשפך הדם ימות המשתלח מת המשתלח ישפך הדם בשלמא לרב רישא פליגי בחטאת צבור וסיפא פליגי בבעלי חיים אלא לרבי יוחנן מאי ועוד קשיא: ועוד אמר רבי יהודה נשפך הדם ימות המשתלח: בשלמא נשפך הדם ימות המשתלח דאכתי לא איתעביד מצותיה אלא מת המשתלח אמאי ישפך הדם הא איתעביד ליה מצותיה אמרי דבי ר' ינאי אמר קרא *יעמד חי לפני ה' לכפר *עד מתי יהא זקוק להיות חי עד שעת מתן דמים של חבירו *תנן התם *בני העיר ששלחו את שקליהן ונגנבו או שאבדו אם נתרמה תרומה נשבעין לגזברין ואם לאו נשבעין לבני העיר ובני העיר שוקלין אחרים תחתיהן *נמצאו או שהחזירום הגנבים אלו ואלו שקלים הם ואין עולין להן לשנה הבאה ר' יהודה אומר עולין להן לשנה הבאה מ"ט דר' יהודה אמר רבא קסבר רבי יהודה חובות של שנה זו קריבות לשנה הבאה איתיביה אביי *פר ושעיר של יום הכפורים שאבדו והפריש אחרים תחתיהן וכן שעירי ע"ז שאבדו והפריש אחרים תחתיהן כולן ימותו דברי רבי יהודה רבי *אליעזר ורבי שמעון אומרים ירעו עד שיסתאבו וימכרו ויפלו דמיהם לנדבה שאין חטאת צבור מתה א"ל

קרבנות

רש"י

אלא לרב · דאמר בשני שבוע שני קתני מתני' דירעה וראשון שנתכפר יתכפר אמאי הא דיחיד תמות לא מיבעי לרבנן דלא מתה דהא כתכפר בדחוייה ולינהו אמרי מפריש לאבוד לא כאבוד דמי אלא אפי' לר' לא מתה שהרי לא הופרש לתשלומי אבוד שהרי מתחילה היה ראשון קיים ובשביל המשתלח שמת הוצרך להביא שנים וכיון דאין בעלי חיין נדחין מעיקרא לא בעי האי מקריב והוה ליה כמפריש שתי חטאות לאחריות שאם יאבד אחד מהן יקריב את חבירו : **ואמר ר' אושעיא** · שני ירעה אפי' לרבי שהרי לא הופרש לאיבוד : **כיון** · דמצוה בראשון מעיקרא כי אפרשינן להאי שני אדעתא דאיבוד אפרשינן ולא גרע ממפריש לאבוד ומתני' רבי היא והכי אמרינן במסכת תמורה דלרב כרבי מוקי לה למתני' : **תנן רבי יהודה אומר תמות** · קס"ד בההיא דקאמרי רבנן ירעה אמר רבי יהודה תמות ועל כרחך לרבי יהודה בעלי חיים נדחין כדקתני נשפך הדם ימות המשתלח : **בשלמא לרבי יוחנן דאמר בשני שבוע ראשון** · תנן ירעה ואמר רבי יהודה עליה תמות מיכפר בשני שבוע שני : **אלא לרב** · דאמר ירעה דמתני' בשני שבוע שני תנן ועליה אמר רבי יהודה תמות : **במאי מיכפר** · דאלו בראשון לר' יהודה לא מיכפר דהאמר בעלי חיין נדחין : **מי סברת וכו' אשני שבוע ראשון קאי** · ובתרתי פליג כדפרישית לעיל : **ואיכא דמותיב הכי** · הך תיובתא קמייתא דאותיבנא לעיל (א) ועוד אמר רבי יהודה וכו' דאותיבנא לעיל לרב איכא דמותיב לה מעיקרא לרבי יוחנן והכי מותיב לה : **בשלמא לרב** · דאמר לתנא קמא בעלי חיין אין נדחין ובשני שבוע שני קאמר ירעה ורבי יהודה לאו עליה קאמר ימות היינו דהדר קאמר ועוד לאשמועינן דבעלי חיין נדחין סבירא ליה ותמות דקאמר ברישא לאו אההוא דקאמרי רבנן ירעה קאי ובתרתי אתא לאפלוגי ברישא פליג אחטאת צבור דקאמרי רבנן ירעה ואמר [רבי יהודה] ימות וסיפא מיפליג בבעלי חיין דקאמרי רבנן אין נדחין ויתכפר בראשון ואתא איהו למימר הוא ימות והשני יקרב : **אלא לרבי יוחנן מאי ועוד** · הא רבנן נמי אמרי ראשון ידחה : **קשיא** · כדאמרן דיקא מתני' כוותיה דרב : **בשלמא נשפך הדם ימות המשתלח דלא איתעביד מצותיה** · דדם וחוקה בדברים הנעשים בבגדי לבן כתיבא וצריך להביא דם אחר ואי אפשר בלא הגרלה וכיון דאית ליה בעלי חיים נדחים ימות המשתלח הראשון : **אלא מת המשתלח** · למה לו תשלומין שאתה מזקיקו לו להביא שנים ולהגריל ולשפוך דם הראשון הא איתעביד מצותיה דשעיר המשתלח כל דבר המעכב בו אינו אלא הגרלה בלבד לקבוע גורל של שם על שלו דהא שמעי' ליה לר' יהודה דאמר לא התודה כשר וכל שכן דשילוח דלא מעכב לדברי הכל דכי כתיב חוקה אדברים שהכהן עושה בבגדי לבן ולא על דברים הנעשים ע"י איש עתי : **להיות חי** · שלא ימות עד שעת מתן דמו של חבירו הא אם מת קודם לכן אין כפרת הדם כלום לכך צריך תשלומין ובלא הגרלה אי אפשר וזקוק לשנים וראשון ידחה דהכל מודין בשחוטין שנדחין : **בני העיר ששלחו** · ע"י שליח שקליהן לירושלים למקדש : **אם נתרמה תרומה** · ג' קופות קודם שנודע שאבדו : **נשבעין** · השלוחין שבועת שומרין לגזברין שהרי ההפסד להקדש שאין הבעלים חייבים לשקול עוד (*דתנן) (כתובות דף קח·) תורמין על האבוד שלא נודע : **ואם לאו** · שלא נתרמה התרומה אין ההפסד להקדש אלא של בעלים לפיכך נשבעין לבני העיר : **נמצאו** · קאי אאבדו : **החזירום הגנבים** · קאי אנגנבו : **ואין עולין להם** · לבעלים וצריכין לשקול לשנה הבאה : **חובות של שנה זו** · שהופרשו לחובת שנה זו : **שעירי ע"ז** · צבור שחטאו בע"ז בהוראת ב"ד מביאין פר לעולה ושעיר לחטאת : **והפריש אחרים תחתיהן** · ולא אמרינן יקרבו לשנה הבאה : **כולן ימותו** · ונמצאו הראשונים :

תוספות

הכל מודים שאם נתכפר בשאינה אבודה אבודה מתה · והא דאמרי רבנן אין חטאת מתה אלא שנמצאת לאחר שכיפרו בבעלים תימה כיון דסבירא להו דאפילו נמצאת קודם כפרה אבודה מתה אמאי נקט דווקא שנמצאת לאחר שכיפרו שאבדה והקריב אחרת תחתיה ונמצאת הראשונה תמות ובתמורה פרק ולד חטאת (דף כג:) פריך כי האי גוונא תנן המפריש חטאתו ואבדה והקריב אחרת תחתיה ונמצאת הראשונה תמות טעמא דהקריב הא לא הקריב לא קשה לתרווייהו פי' לר' אבא ולרב הונא דהתם דאמר הכל מודים שאם משך אחת מהן והקריב שהשניה תמות לא נחלקו אלא בבא לימלך וכו' ומשני מילתא דפשיט קתני דלא פשיט לא קתני פירוש מילתא דפשיט קתני שנמצאת לאחר הקרבה אז אין צריך להאריך ולפרש כלום אבל נמצאת קודם הקרבה זימנין מתה זימנין רועה אם מתכפר בשאינה אבודה השניה מתה ואם מתכפר באבודה שאין אבודה רועה לרבנן והכי נמי הוה מצי למיפרך ממילתא דרבנן גופייהו כדפי' אלא ניחא ליה למפרך מההיא דוהקריב שהיא שנויה ברישא ואתיא כרבנן : **הוה** ליה כמפריש שתי חטאות לאחריות · תימה לי הוה מצי לשנויי הא מני ר' שמעון היא דלית ליה רועה כלל בחטאת יחיד ואפילו בהפריש שתי חטאות לאחריות כדמשמע בתמורה (דף טו:) ובפרק התודה (מנחות דף פ·) ובפ' מי שהיה טמא (פסחים דף צז:) ויש לומר דמתניתין לא מתוקמא כוותיה דקתני מתניתין מת אחד מהם מביא שנים אחרים ומגריל עליהם ואיהו אמר לעיל מביא חבירו שלא בהגרלה : **אמר** רבי ינאי אמר קרא יעמד חי עד מתי זקוק לחיות עד שעת מתן דמו של חבירו · תימה לי אמאי לא מייתי ברייתא דלעיל דבפרק טרף בקלפי (דף מ:) דקתני בהדיא הכי אליבא דר' יהודה ויש לומר דאי מההיא הוה אמינא אם מת קודם מתן דמי חבירו יביא אחר אבל לא ישפך ורבי ינאי אתי לאשמועינן דאף הדם ישפך : **נשבעים** לגזברין · פרש"י דתנן תורמין על האבוד וכו' ובפרק הזהב (ב"מ דף נח·) פרש"י על האבוד שבא ליד שליח ואבד ולא נודע לבעלים קודם התרומה ועל הגבוי שהוא עדיין ביד שליח ולא אבד וקשה דאם כן הוה ליה זו ואין צריך לומר זו דכיון דתנא תורמין על האבוד שיש לו חלק אף על פי שאבד ולא יגיע לעולם ללשכה ואפילו הכי יש לו חלק בקופות כל שכן על הגבוי שסופו שיגיע ומפרש ר"י על האבוד שבא ללשכה ואבד קודם שנתרמה התרומה ולא מיבעי זה דכבר בא ללשכה אלא אפילו על הגבוי שבשעת התרומה היה ביד שליח ואפילו סופו נאבד ולא הגיע ללשכה ואותם שנים אין הבעלים חייבין באחריותו ועל העתיד לגבות שלא נתן עדיין לשליח והא דאמר בפ"ב דכתובות (דף קח·) המודר הנאה מחבירו שוקל שקלו דתנן תורמין על האבוד וכו' פירוש דלא קא מהני ליה מידי דבלאו הכי לא היה חייב לשקול מאבוד וגבוי מייתי דלא מחייב באחריותו אבל בעתיד לגבות לא איירי דכיון דחייב לשקול א"כ כששוקל לו שקלו קא מהני ליה : **וכן** שעירי ע"ז שאבדו · לא ידענא אמאי לא נקט נמי פר העלם דבר של צבור ונראה לי משום דלא פסיקא ליה דאיכא נמי פר העלם דבר של כהן משיח שטעה ועשה בהוראת עצמו דהוראת כהן משיח לעצמו כהוראת ב"ד לצבור וההוא לא הוי פליגי ר"א ור' שמעון ומשום

רבינו חננאל

הכל מודין ר' ורבנן שאם נתכפר בשאינה אבודה אבודה מתה . אלא לרב דאמר שניהם ראויין להקריב ולמה אמר שני שבוע ראשון יקרב משום דמצוה בראשון מאחר ששניהן ראויין ואיזה מהן שיקריב יצא ידי חובתו הוה ליה כמפריש ב' חטאות לאחריות כלומר אם תאבד אחת מהן תהיה חברתה תחתיה וא"ר הושעיא הפריש ב' חטאות לאחריות מתכפר באחת מהן ושניה רועה ולמה שנינו תמות . ופרקינן כיון דסבר רב מצוה בראשון נתברר כי מעיקרא שהפריש השני שבוע שני לאיבוד הפרישו לפיכך ליהוי כי האי גוונא מתה השניה היא שנתכפר כי לאיבוד הופרשה לפיכך אמרינן עליה אבודה מתה וזו השמועה מפורשת בתמורה פרק ולד חטאת ת"ש ר' יהודה אומר תמות [וכו'] ופשוטה היא . איכא דמותיב הכי ועוד א"ר יהודה נשפך הדם ימות המשתלח כו' בשלמא לרב רישא פליגי בחטאת צבור ת"ק אומר רועה כי אין חטאת צבור מתה ור' יהודה אומר תמות סיפא פליגי בדחויין ת"ק סבר נשפך הדם יביא אחר ויגריל עליו ויעשהו לשם ושלחה הראשון . ור' יהודה סבר הראשון כבר נדחה משעה שנשפך הדם ואין מתכפרין בדחויין לפיכך א"ר יהודה ימות . אלא לר' יוחנן דאמר לא שנה ר' יהודה תמות אלא מפני שנדחית כמו האבודה ומאי ועוד *) היא קשיא : מת המשתלח אמאי תני ר' יהודה ישפך הדם כלומר נתקיימה המצוה כלומר הגריל עליהן והשעיר של שם שעשאו חטאת ואין דבר תלוי בינתיים . ושנינן כתיב יעמד חי לפני ה' לכפר . כלומר יהיה זה עומד חי עד שיכפר הקרב לפני ה' ובמה מכפר בדמו . תנן התם במס' שקלים פ"ב בני העיר ששלחו שקליהן ונגנבו או אבדו אם נתרמה התרומה נשבעין לגזברין כו' . ת"ר אין עולין להן לשנה הבאה ר' יהודה אומר עולין מאי טעמא דר' יהודה קסבר ר' יהודה חובות של שנה זו קריבות לשנה הבאה ואותבינן עליה אי הכי דטעמיה דר' יהודה משום דסבר חובות

*) נ"ל דל"ל הא סיא קשיא.

הגהות הב"ח

(א) רש"י ד"ה ואיכא דמותיב כו' דאותיבנא לעיל מדתנן ועוד אמר :

תמורה כג. / שם כב. פסחים צז: [מנחות פ.] / [לעיל מ: לקמן עא.] / שבועות יא. לעיל נ. הוריות ו. / נ"ל אלעזר / [נ"ל דתניא]

תוספות ישנים

[illegible]

[illegible]

<ההלכות נמצאות מול עמוד ב'>

עין משפט נר מצוה

כא א מיי' פ"ד מהל' שקלים הלכה יא:

כב ב מיי' פרק י"ב מהלכות שמיטה הלכה א:

רבינו חננאל

דשנה זו קריבות בשנה הבאה. אמאי תני ר' יהודה בפר ושעיר של יוה"כ שאבדו והפריש אחרים תחתיהן כולן ימותו נישהינהו ונקרבינהו לשנה הבאה ושנינן שאני קרבנות צבור דבעינן לאיתויינהו מתרומה חדשה וכדר' טבי. ואקשינן התינח שעיר שהוא בא משל צבור וצריך מתרומה חדשה הפר שאינו לא משל צבור ולא *) קרבן שהרי כ"ג מביאו מממונו. ודחינן גזירה פר אטו שעיר. כלומר מי שיראה כי משהין הפר להקריבו לשנה הבאה ישהה הוא גם השעיר ואמרינן ואי משהי ליה לשעיר מה בכך. הא דר' טבי משום מצוה היא. ואמרינן אם הביא מן הישן יצא אלא שחיסר מצוה ופריק רב זירא שמא יאמרו הגורל קובע משנה לחברתה. התינח שעיר שצריך גורל. פר מאי איכא למימר גזירה פר אטו שעיר ומשום גזירה ימותו כו'. שעיר בן שנה הוא כשר. ואם תגיעהו מיוה"כ זה ליוה"כ אחר אי אפשר שיהא ביום הכפורים זה **) פחות מבן ח' ימים ליוה"כ אחר עברה שנתו. ודחי הכי ר' יהודה [כרבי] ס"ל דתני בענין ואם לא יגאל עד מלאת לו שנה תמימה ר' אומר מונה שס"ה ימים כמנין ימות החמה

קרבנות צבור קא אמרת שאני קרבנות צבור כדרבי טבי אמר רבי יאשיה *דאמר רבי טבי אמר רבי יאשיה אמר קרא °זאת עולת חדש בחדשו אמרה תורה חדש והבא לי קרבן מתרומה חדשה הא תינח שעיר פר מאי איכא למימר גזירה פר אטו שעיר ומשום גזירה ימותו ועוד הא דרבי טבי אמר רבי יאשיה גופה מצוה היא דאמר רב יהודה אמר שמואל *קרבנות צבור הבאין באחד בניסן מצוה להביא מן החדש ואם הביא מן הישן יצא אלא שחסר מצוה אלא אמר רבי זירא לפי שאין הגורל קובע משנה לחברתה ונייתי ונגריל גזירה שמא יאמרו הגורל קובע משנה לחברתה הא תינח שעיר פר מאי איכא למימר גזירה פר אטו שעיר ומשום גזירה ימותו אמרוה רבנן קמיה דאביי גזירה משום חטאת שמתו בעלי' הא תינח פר שעיר מאי איכא למימר גזירה שעיר אטו פר ומשום גזירה ימותו אלא גזירה משום חטאת שעברה שנתה גזירה היא גופה חטאת שעברה שנתה היא הא לא קשיא כרבי דתניא *°שנה תמימה מונה שלש מאות וששים וחמשה יום כמנין ימות החמה דברי ר' וחכ"א °מונה שנים עשר חדש מיום ליום ואם

רש"י

קרבנות צבור. הבאין מתרומת הלשכה קאמרת: **שאני קרבנות צבור.** מראש חדש ניסן ואילך אין באין מן הישנה: **כדרבי טבי.** במסכת ר"ה [דף ז.]: **חדש בחדשו.** לחדשי חידושין יתירי כתיבי לדרשה לומר לך יש חדש שאתה צריך לחדש הקרבנות ולהביאם מתרומה חדשה וגמר שנה שנה מניסן דכתיב ראשון הוא לכם וגו': **הא תינח שעיר.** דאתי מתרומת הלשכה: **פר מאי איכא.** ולאו עיטב: **אין גורל.** של שנה זו קובע לשם שנה אחרת: **ומשום גזירה ימותו.** בתמיה דיו אם ירעה: **משום חטאת שמתו בעליה.** שמא ימות הכהן בשנה זו: **אלא גזירה משום חטאת שעברה שנתה.** שמא עד יום הכפורים הבא תעבור שנה על השעיר הזה משנולד וקיימא לן בכל שעירי חטאת שפסולין לאחר שנה דהכי גמירי בתורת כהנים גבי חטאת יחיד תורה אחת יהיה לכם וגו' הרי כל התורה עולה כעז"מ חטאת ע"ז בת שנתה אף כאן בת שנתה כשהוא אומר יהיה לרבות שעירי רגלים כשהוא אומר לכם לרבות שעירי ע"ז לעושה לרבות שעיר נשיא: **ופרכינן גזירה היא גופה חטאת שעברה שנתה.** מאי גזירה דקאמרת הא ודאי חטאת שעברה שנתה היא לשנה הבאה: **הא לא קשיא.** משכחת לה דלא עברה שנתה כרבי דאמר אין השנה שלימה מיום הכפורים ליום הכפורים מפני שאנו מונין ללבנה ושנת החמה עודפת עליה אחד עשר יום וצריך אתה ליתן לכל שנה את עיבורה מה שנת החמה יתירה עליה: **דתניא שנה תמימה.** האמורה בבתי ערי חומה להיות חלוטה ללוקח: **רבי אומר מונה שס"ה ימים.** בין שעיברו ב"ד את השנה בין שלא עיברוה שאין לך למנות אלא לימות החמה: **וחכמים אומרים.** הכל כמו שישראל מונין י"ב חדש מיום ליום אם פשוטה היא: ואם

תוספות

ומשום גזירה ימותו · תימה דבפ' שני דמסכת קנים [מ"ג] תנן אחת לזו ושתים לזו שלש לזו וארבע לזו ה' לזו ו' לזו ז' לזו פירוש ז' נשים לזו יש לה אחת שסתמה שלא פירשה אם חטאת ולזו עולה ולזו שתי קינין ולזו שלש קינין וכו' ופרח גוזל אחד מאותו קן יהודי לשניה ולא נודע איזה הוא ומשניה פרח לשלישית ומשלישית לרביעית לחמישית לששית לשביעית וחזר פסול ופוסל אחד בהליכתו ואחד בחזירתו הראשונה והשניה אין לה כלום פירוש פסול ופוסל אחד בן זוגו הנשאר משום דמיד כשפרח מראשונה לשניה הרי בשניה יש בה ה' פרידין אין להקריב ממנה אלא ארבע ב' חטאות וב' עולות ופוסל אותו אחר בן זוגו שנשאר בראשונה דלא מקרבי ליה לאותו שנשאר אם יעשוהו חטאת יהא נקבע בן זוגו שפרח לשניה בעולה והוה ליה עולה שנתערבה בד' פרידין סתומים ולא היה כשר להקריב ממנה אלא שתי עולות אבל חטאת אפילו אחת לא דילמא עביד להויא עולה למטה ושלש עולות למעלה לא דילמא עביד הלין ג' עולות מן אותם ד' פרידין שבשניה משל אשה אחת ומן הדין אין לעשות מהם אלא שתי עולות וכן כשפרח משניה לשלישית וכן כולם הפורח נפסל וכן זוגו הנשאר מטעם דלעיל וכן כשחזר ופרח אחד מן השביעית לששית ומן הששית לחמישית ורביעית לשלישית ושניה לראשונה פסול ופוסל להכי הראשונה והשניה אין להן כלום השלישית יש לה אחת הרביעית שתים החמישית שלש וכו' והשתא תימה כיון דפוסל בן זוגו הנשאר בראשונה מיד בפריחה ראשונה כשפרח מראשונה לשניה אם כן כשחזר ופרח אחד מהן משביעית לששית לחמישית לרביעית לשלישית לשניה לראשונה אמאי פסול כל שבשניה יקריבו ממנה שני פרידין כי מיד כשפרח בראשונה משניה לשלישית פסול גוזל הפורח ופוסל בן זוגו הנשאר בשניה ואין כשר בשניה אלא זוג אחד חטאת ועולה כשחזר נמי משניה לראשונה אמאי מיפסל בן זוגו הנשאר אי משום דלאי מקריב ליה חטאת יהא נקבע הפורח לראשונה לעולה ואי עולה יהא נקבע הפורח לראשונה לחטאת ומה בכך והלא בלאו הכי הראשונה אין לה כלום ומה בכך אם יהא נקבע בן זוגו בחטאת או בעולה ולא יוכשר להקריב מן הראשונה אלא חטאת אחת אם יהא נקבע גוזל הפורח לתוכה בעולה וכן קשה השלישית אמאי אין לה [אלא] אחת והרביעית שתים והחמישית ג' והששית ד' בחזרה והשביעית ו' משום דכל חדא מפסדת קן אחד בהליכה ואחד בחזרה ואמאי כיון דשניה אין לה כלום א"כ השלישית לא תפסיד בחזרה כלום ויהיה לה שתי קנין כשירות בה וכן בסיפא דקתני חזר עוד ופרח וחזר ופרח השלישית והרביעית אין לה כלום החמישית יש לה אחת ואמאי הרביעית יהא לה אחת כיון דשלישית אין לה כלום וכיון דאמרי' רביעית אין לה כלום החמישית יהא לה שתים וכן בסיפא דחזר עוד ופרח וחזר ופרח דקתני החמישית והששית אין להם כלום השביעית יש לה אחת יש להקשות כי האי גוונא וי"ל משום גזירה דגזרינן הכי דפרח לבין שאינן קריבות דמן הדין לא היה להם להפסיד אטו פרח לבין הקריבות והקשה רבינו יעקב מאורלייג"ש דמשום גזירה ימותו כדפריך בשמעתא ותירץ דדוקא בבהמה דאית לה תקנתא ברעייה פריך הכי דהוה לן למיעבד תקנתא ברעייה אבל בעופות דלית להו תקנתא ברעייה שאין פדיון לעופות ליכא למיפרך הכי והקשה ר"י הא בבהמה נמי אמרינן ימותו משום גזירה בפ' התערובת (זבחים עג:) דאמר כל הזבחים שנתערב בהן שור הנסקל אפילו אחד בריבוא ימותו כולן ופריך ונכבשינהו דניידו וניזיל כל דפריש מרובא פריש ומשני גזירה שמא יקח מן הקבוע ואור"י דהכא פריך הכי דדוקא משום גזירה פר אטו שעיר דשעיר גופיה אינו אלא למצוה בעלמא מתרומה חדשה ימותו ולקמן נמי פריך משום גזירה פר אטו שעיר דשעיר גופיה גזירה שמא יאמרו הגורל קובע משנה לחבירתה ימותו אי נמי נראה לי דפריך ומשום גזירה כזו פר אטו שעיר דלא דמי כולי האי להדדי דהאי פר והאי שעיר האי קרבן יחיד והאי קרבן צבור ימותו אבל עופות בעופות דדמי להדדי בכל מילי מיחלף וגזרינן שפיר מיתה: **גזירה** משום חטאת שמתו בעליה · דילמא מיית אחד מן הכהנים *דאפילו את"ל דמקופיא מכפרי ראוי לגזור בפר כשמת אחד מן הכהנים משום חטאת שמתו בעליה אבל מה שפרש"י דילמא מיית כהן גדול לא נהירא לי דזה דבר הנראה לעינים ואפשר לעמוד עליו אי מיית או לא אבל משום חד מכל הכהנים איכא למיחש שפיר דלא אפשר לידע שפיר אי מיית חד מינייהו או לא:

משום חטאת שעברה שנתה כו' עד תינח שעיר פר מאי איכא למימר · תימה לי מאי פריך הא בפר נמי דדינו הוא להיות בן שלש שנים ותו לא אי עברו שנותיו פסול ותו לא חזי להקרבה כדתנן בפ"ק דמסכת פרה [מ"ג] ר' יוסי הגלילי אומר פרים בני שתים וחכמים אומרים אף בני שלש רבי מאיר אומר אף בני ארבע וחמש אלא שאין מביאין זקנים מפני הכבוד אלמא דלרבנן טפי משלש לא ויש לומר נהי דפסול להקרבה לא הוה לן למימר ימותו דשמא לא גמירי הלכתא דחטאת שעברה שנתה אלא בחטאת שהיא כשבה או שעירה או שעיר דהוו בני שנה ובהכי שייך למיגזר משום עברה שנתה דהלכתא גמירי לה דלמיתה אזלא אבל בפרים דהוו בני שלשה לא גמירי הלכתא דימותו כשעברו שלש שנים ולהכי לא שייך למיגזר בהו והוה לן למימר ירעה אי נמי הכא פריך אליבא דרבי מאיר דמדקא דחקת לשנויי גזירה משום עברה שנתה והוית מצי לשנויי בלא גזירה לרבנן דרבי הויא חטאת שעברה שנתה ממש אלא כדי לאוקמי ככולי עלמא אפילו כרבי מאיר דאמר בפר אף בני ארבע וחמש והוא הדין טפי מאי מתרצת:

אין

§ מסכת יומא דף סה. §

אות א׳

הפריש שתי חטאות לאחריות, מתכפר באחת מהם והשניה תרעה

רמב"ם פ"ד מהל׳ פסולי המוקדשין ה"ה - **המפריש שתי חטאות לאחריות, מתכפר באי זו שירצה, והשניה תרעה עד שיפול בה מום ויפלו דמיה לנדבה.**

אות ב׳ - ג׳ - ד׳

בני העיר ששלחו את שקליהן ונגנבו או שאבדו, אם נתרמה תרומה, נשבעין לגזברין; ואם לאו, נשבעין לבני העיר, ובני העיר שוקלין אחרים תחתיהן

נמצאו או שהחזירום הגנבים, אלו ואלו שקלים הם

ואין עולין להן לשנה הבאה

רמב"ם פ"ג מהל׳ שקלים ה"ח - **מי שאבד שקלו, חייב באחריותו עד שימסרנו לגזבר. בני העיר ששלחו את שקליהן ביד שליח ונגנבו או אבדו, אם שומר חנם הוא, הרי זה נשבע להם ונפטר כדין כל שומרי חנם, [א]והן חוזרין ונותנין שקליהן פעם שניה; ואם אמרו אנשי העיר הואיל ואנו משלמין שקלינו, אין רצוננו שישבע השליח שהוא נאמן לנו, אין שומעין להן, לפי שתקנת חכמים היא שאין הקדש יוצא בלא שבועה; נמצאו השקלים הראשונים אחר [ב]שנשבע השליח, אלו ואלו שקלים הם, ואין עולין להן לשנה אחרת, והראשונים יפלו לשקלי השנה, [ג]והאחרונים יפלו לשקלי שנה שעברה.**

רמב"ם פ"ג מהל׳ שקלים ה"ט - **שלחו את שקליהם ביד שומר שכר, שהרי הוא חייב בגניבה ואבידה, ואבדו ממנו באונס, כגון שלקחום לסטים מזויינים, שהוא פטור, רואין: אם אחר שנתרמה התרומה נאנס, נשבע השליח לגזברים ובני העיר פטורין, שהתורם תורם על הגבוי ועל העתיד לגבות וברשות הקדש הן, ובני העיר מה היה להן לעשות הרי לא מסרום אלא לשומר שכר שהוא חייב בגניבה ואבידה, אבל האונס אינו מצוי; [ד]ואם אבדו קודם שנתרמה התרומה, עדיין ברשות בני העיר הם, והשליח נשבע לפני אנשי העיר והן משלמין; נשבע וגבו שקלים שנית ואחר כך החזירום הליסטים, אלו ואלו שקלים ואין עולין להן לשנה אחרת, והשניים יפלו לשקלי שנה שעברה. יש מי שאומר שהשקלים הראשונים שיפלו לשקלי השנה, הם השקלים שנגנבו בתחלה ואבדו או נאנסו וחזרו, ויש מי שאומר שהשקלים הראשונים הן שהגיעו ליד הגזבר תחלה.**

הגהת הראב"ד: יש מי שאומר שהשקלים הראשונים שיפלו לשקלי השנה. א"א בירושלמי (פ"ב סה"א) מחלוקת אמוראים.

---

§ מסכת יומא דף סה: §

אות א׳

חדש והבא לי קרבן מתרומה חדשה

רמב"ם פ"ד מהל׳ שקלים הי"א - **משיגיע ראש חדש ניסן אין מקריבין קרבנות הצבור אלא מתרומה חדשה, ואם לא באה החדשה, לוקחין מן הישנה; לפיכך אם הגיע ראש חדש ניסן ויש עמהן בהמות לתמידים מתרומה ישנה, פודין אותן ויוצאין לחולין, אף על פי שהן תמימין, ויפלו דמיהן לתרומה ישנה שמקיצין בה את המזבח, שתנאי בית דין הוא על כל הבהמות שלוקחין לתמידין, שאם לא יהיו צריכין להן יצאו לחולין.**

אות ב׳

מונה שנים עשר חדש מיום ליום

רמב"ם פי"ב מהל׳ שמיטה ה"א - **המוכר בית בתוך עיר המוקפת חומה, הרי זה גואלה כל י"ב חודש [ה]מיום שמכר בכל עת שירצה, ואפילו ביום שמכר; וכשרוצה לפדות, נותן כל הדמים שלקח ואינו גורע ללוקח כלום.**

באר הגולה

[א] ‹ממה שסתם רבינו כאן וכתב: והם חוזרים ונותנים שקליהם פעם שניה, ולא חילק בין נתרמה תרומה ללא נתרמה, ולקמן גבי ש"ש כתב: ובני העיר מה היה להם לעשות הרי לא מסרו אלא לש"ש, משמע בהדיא שהוא סובר שאם שלחום ביד ש"ח, אף על פי שנתרמה תרומה, שוקלין שקלים אחרים תחתיהם, מפני שפשעו במה ששלחו ביד ש"ח, וכ"כ בהדיא בפירוש המשנה – כסף משנה› [ב] ‹וצ"ב מדוע תלה הרמב"ם דין זה בשבועת השליח, הו"ל לומר נמצאו השקלים הראשונים לאחר שהפרישו את השניים, וצ"ב – מתנת שלמה› [ג] ‹וכאן לא הביא מחלוקת כדבסמוך הלכה ט', דכיון דכאן לא נתרמה התרומה עליהן פשיטא דהראשונים קודמין, דמצוה בראשון – שקל הקודש› [ד] ‹ולפי רש"י בב"מ נ"ז: נ"ח. וביומא ס"ה. תלוי בביאתן לב"ד, אם באו לב"ד או נודע להם קודם שנתרמה התרומה או אח"כ – שקל הקודש› [ה] ‹ואמרינן בגמרא, די"ב חדש מעת לעת בעינן, ויש לתמוה למה השמיטו רבינו – כסף משנה›

§ מסכת יומא דף סו. §

אות א'

ואם נתעברה נתעברה למוכר

רמב"ם פ"ב מהל' שמיטה ה"ה - **היתה שנה מעוברת אינו נחלט עד סופה, שנאמר: עד מלאת לו שנה תמימה, להביא חדש העיבור.**

אות ב'

חטאת שעברה שנתה, רואין אותה כאילו היא עומדת בבית הקברות ורועה

רמב"ם פ"ד מהל' פסולי המוקדשין ה"ז - **המפריש חטאתו ועברה שנתה, תרעה עד שיפול בה מום ותמכר ויביא בדמיה אחרת; וכן אם הפריש חטאתו ונפל בה מום, יביא בדמיה אחרת.**

אות ג' – ד' – ה'

אין מקדישין ואין מעריכין ואין מחרימין בזמן הזה

ואם הקדיש והעריך והחרים, בהמה תיעקר וכו'

ואי זה הוא עיקור, נועל דלת לפניה והיא מתה מאליה

רמב"ם פ"ח מהל' ערכין ה"ח - **אין מקדישין ולא מעריכין ולא מחרימין בזמן הזה, שאין שם מקדש בחטאינו כדי לחזק את בדקו; ואם הקדיש או העריך או החרים, אם היתה בהמה, נועל דלת בפניה עד שתמות מאליה; ואם היו פירות או כסות או כלים, מניחין אותן עד שירקבו; ואם היו מעות או כלי מתכות, ישליכן לים המלח או לים הגדול כדי לאבדן. השגת הראב"ד: ואם היו מעות או כלי מתכות יוליכם לים המלח או לים הגדול כדי לאבדן. א"א כשאינו רוצה לפדותן, [א]אבל אם ירצה לפדותם, יפדה אותם בפרוטה ויוליך פדיונם לים המלח.**

אות ו'

בא לו אצל שעיר המשתלח וסומך שתי ידיו עליו ומתודה

רמב"ם פ"ד מהל' עבודת יוה"כ ה"ב - **ואחר כך בא אצל שעיר המשתלח וסומך שתי ידיו על ראשו ומתודה, וכך הוא אומר: אנא השם חטאו עוו ופשעו לפניך עמך בית ישראל, אנא השם כפר נא לחטאים ולעונות ולפשעים שחטאו ושעוו ושפשעו לפניך עמך בית ישראל ככתוב בתורת משה עבדך: כי ביום הזה יכפר עליכם וגו', ואחר כך משלח את השעיר למדבר.**

אות ז'

והכהנים והעם העומדים בעזרה וכו'

רמב"ם פ"ב מהל' עבודת יוה"כ ה"ז - **כל הכהנים והעם העומדים בעזרה כשהם שומעים את השם המפורש יוצא מפי כהן גדול בקדושה ובטהרה, היו כורעים ומשתחוים ונופלים על פניהם ואומרים: בשכמל"ו, שנאמר: כי שם ה' אקרא הבו גודל לאלהינו; ובשלשת הוידויים היה מתכוין לגמור את השם כנגד המברכין, ואומר להן: תטהרו.**

[ב]סימן תרכא ס"ד - **הגה: ונוהגין ליפול על פניהם כשאומרים: "והכהנים והעם", גם ב"עלינו לשבח"** - ועיין סימן קל"א, דיש להשתטח עשבים על הרצפה, משום דאסור לשטוח אפיו על הרצפה, או יחוץ בטליתו.

אבל ש"צ אסור לעקור ממקומו בשעת התפלה כדי ליפול על פניו, ויש למחות ביד העושים כן - דהרי שנינו: אפילו נחש כרוך על עקבו לא יפסיק, **אבל** כבר פשט המנהג שגם הש"ץ עושה כן, ונראה שהם סומכין, דהליכה לא מקרי הפסק, **וכעת** פשט המנהג, שנותנין עוד שטענדע"ר לפניו, ובעבודה מסלקין אותו השטענדע"ר, ואין עוקר רגליו, [**ושמש** הכנסת מגביהו ומעמידו על רגליו, בענין שלא יצטרך לעקור רגליו ממקומו].

אות ח' – ט'

מסרו למי שהיה מוליכו

הכל כשרין להוליכו, אלא שעשו הכהנים גדולים קבע

רמב"ם פ"ג מהל' עבודת יוה"כ ה"ז - **ואחר כך משלח את השעיר החי ביד איש המוכן להוליכו למדבר, והכל כשרים להוליכו, אלא שעשו כהנים גדולים קבע ולא היו מניחים את ישראל להוליכו.**

אות י'

וכבש עשו לו מפני הבבליים

רמב"ם פ"ד מהל' שקלים ה"ח - **כבש היו בונין מהר הבית להר המשחה שעליו מוציאין פרה אדומה, וכן היו עושין כבש שמוציאין עליו שעיר המשתלח, ושניהם נעשין משירי הלשכה.**

באר הגולה

[א] ‹אין בזה השגה על רבינו, שרבינו העתיק לשון הברייתא כמנהגו, ודין הפדיון כבר הזכירו לקמן בסמוך. **ומש"כ** הראב"ד יפדה אותם בפרוטה, הוא מעיקרא דדינא, אבל חכמים אמרו שיפדה בארבע זוזים, כמו שכתב רבינו בסמוך – כסף משנה› [ב] ‹ע"פ הגר"א›

מסורת הש"ס · **עין משפט נר מצוה**

כג א מיי' פי"ב מהל' שמיטה ויובל הל' ח: כד ב מיי' פ"ד מהל' פסולי מוקדשין הלכה ו: כה ג ד ה ו מיי' פ"ח מהל' ערכין הל' ח סמג עשין קלג: כו ו מיי' פ"ד מהלכות עבודת יוה"כ הל' ב: כז ז מיי' שם פ"ב הל' ז: כח ח ט מיי' שם פ"ג הלכה ז: כט י מיי' פ"ד מהל' שקלים הלכה ח:

*ואם נתעברה נתעברה למוכר התינח שעיר פר מאי איכא למימר גזירה פר אטו שעיר ומשום גזירה ימות ועוד חטאת שעברה שנתה לרעיה אזלא דאמר *ריש לקיש חטאת שעברה שנתה רואין אותה כאילו היא עומדת בבית הקברות ורועה אלא אמר רבא גזירה משום תקלה (*דתנן) *אין מקדישין ואין מעריכין ואין מחרימין בזמן הזה ואם הקדיש והעריך והחרים בהמה תיעקר פירות כסות וכלים ירקבו מעות וכלי מתכות יוליך הנאה לים המלח ואי זה הוא עיקור נועל דלת לפניה והיא מתה מאליה תקלה דמאי אי תקלה דהקרבה אפילו כל רעיות נמי אי תקלה דגיזה ועבודה אפילו כל רעיות נמי לעולם תקלה דהקרבה והנך דלאו בני הקרבה נינהו לא טריד בהו הך דבת הקרבה היא טריד בה *ותקלה עצמה תנאי היא דתניא חדא פסח שלא קרב בראשון יקרב בשני בשני יקרב לשנה הבאה ותניא אידך לא יקרב מאי לאו בתקלה פליגי לא דכ"ע [*לא] חיישינן לתקלה והכא בפלוגתא דרבי ורבנן קא מיפלגי ולא קשיא הא רבי הא רבנן והדתניא וכן המעות אלא לאו שמע מינה בתקלה פליגי שמע מינה: **מתני'** בא לו אצל שעיר המשתלח וסומך שתי ידיו עליו ומתודה וכך היה אומר אנא השם (א) חטאו עוו פשעו לפניך עמך בית ישראל אנא (ב) השם כפר נא לחטאים ולעונות ולפשעים שחטאו ושעוו ושפשעו לפניך עמך בית ישראל ככתוב בתורת משה עבדך לאמר כי ביום הזה יכפר עליכם לטהר אתכם מכל חטאתיכם לפני ה' תטהרו [א] והכהנים והעם העומדים בעזרה כשהיו שומעים שם המפורש שהוא יוצא מפי כהן גדול היו כורעים ומשתחוים ונופלים על פניהם ואומרים ברוך שם כבוד מלכותו לעולם ועד *מסרו למי שהיה מוליכו הכל כשרין להוליכו אלא שעשו הכהנים *גדולים קבע ולא היו מניחין את ישראל להוליכו אמר רבי יוסי מעשה והוליכו *ערסלא (ג) וישראל היה וכבש עשו לו מפני הבבליים שהיו מתלשים בשערו ואומרים לו טול וצא טול וצא: **גמ'** ואילו בני אהרן עם קדושך לא קאמר מאן תנא אמר ר' ירמיה דלא כרבי יהודה דאי כרבי יהודה הא אמר *יש להם כפרה בשעיר המשתלח אביי אמר אפילו תימא רבי יהודה אטו כהנים לאו בכלל עמך ישראל נינהו: מסרו למי שמוליכו: ת"ר *איש להכשיר את הזר עתי שיהא

רש"י

ואם נתעברה נתעברה למוכר · ולא תחלוט עד שיגיע באותו יום באותו חדש שמכרה לו ולרבי משכחת לה כגון שהקדישו כיום שמיני ללידתו בערב יום הכפורים בשנה פשוטה וכי מטו יום הכפורים הבא לא שס"ד (ד): **פר מאי איכא למימר** · שהוא בן שלש: **רואין אותה** · בכל מקום שהיא כאילו עומדת בבית הקברות שאין הכהן יכול ליקרב אליה אבל לא מחטאות המתות היא אלא שאינה קריבה הלכך רועה עד שיפול בה מום ותימכר: **משום תקלה** · לקמן מפרש מאי תקלה: **אין מקדישין** · דחיישינן לתקלה: **אין מקדישין** · שום דבר שסתם הקדש לבדק הבית ואין להן תקנה: **ואין מחרימין** · קסבר סתם חרמים לבדק הבית ופלוגתא היא במסכת ערכין (דף כט:): **כל רעיות** · כל הני דאמר רבנן ירעו עד שיסתאבו ניחוש שמא יקריבם: **והנך דלאו בני הקרבה נינהו** · שאר רועות אינן עומדות ליקרב הני עצמן אלא דמיהן: **לא טריד בהו** · אינו מהרהר בהקרבתן ומסיח דעתיה מהקרבה דידהו: **הך דבת הקרבה היא** · ליוה"כ הבא טריד בהו לבו על הקרבתו ודילמא מקריב לה מקמי יוה"כ: **תנאי היא** · איכא דחייש ואיכא דלא חייש: **יקרב בשני** · בפסח שני ימכר לשלמים ושהיה בדרך רחוקה: **לא יקרב** · דלאמר מפסח לפסח אפשר לו שלא עברה שנתו ואע"פ שהופרש לאחר שמונה ללידתו דלאו מחוסר זמן לא קדים: **וכן המעות** · שהפרישן לפסח אל יקרבו לשנה הבאה ואיכא דמתני דלאמר יקרבו: **מתני' בא לו אצל שעיר** · השתא הדר הכא למילתיה לאורויי בסדר העבודה וקאמר דלאחר שגמר כהן גדול מתן דמים של פר ושעיר כדסליק פירקין דהוציאו לו בא לו הכהן אצל שעיר המשתלח במקום שהעמידו שם כנגד בית שילוחו כדאמרינן בפ' טרף בקלפי (לעיל ד' מ:): **אלא שעשו כהנים קבע** · שהרגילו לעשות את הכהנים קבע להיות מוליכים אותו ולא היו בית דין של כהנים מניחין את ישראל להוליכו: **ערסלא** · שם האיש: **וכבש** · כמין מעלה עשו לו שהוא גבוה ויוצא דרך אותו הכבש חוץ לעזרה וחוץ לעיר כדי שלא יוכלו הבבליים ליגע במשולח לפי שהיו רגילין לתלשו בשערו ואומרים לו טול מהר ולא ולא תשהה עוונותינו אצלנו עוד: סיהא

תוספות

אין מקדישין · משום דחיישינן לתקלה והכי נמי אמרינן בבכורות בפרק מעשר בהמה (דף נג.) דלאחר חורבן בטלו מעשר בהמה משום תקלה ותימה דבפ' במה בהמה (שבת דף נד:) ר' אלעזר בן עזריה הוה מעשר מעדריה תריסר אלפי עגלי בכל שתא ושתא ואיך יתכן זה להיות והא רבי יוחנן בן זכאי חי לאחר חורבן קצת מדתנן משחרב בית המקדש התקין רבי יוחנן בן זכאי והוא היה נשיא ואחריו רבן גמליאל ולכל הפחות היה שנתים נשיא עד שנתמנה רבי אלעזר בן עזריה כדמשמע בפרק תפלת השחר (ברכות דף כז:) דקאמר אשתקד לעזריה וכו' ואם כן היה רבי אלעזר בן עזריה לכל היותר בשעת חורבן בן ט"ו שהרי בן י"ח היה כשנתמנה נשיא וזה היה שלש שנים אחר חורבן לכל הפחות כדפרישית וקטן הוה בימי הבית רק שנתים לפני החורבן וקטן לאו בר אפרושי מעשר הוא ובשביל אותם שנתים שהגדיל לפני החורבן שאז היה מפריש לא הוה ליה למימר כל שתא ושתא ויש לומר אפוטרופוס שלו היה מפריש אי נמי לא בטלו מעשר בהמה לאלתר בתר חורבן אי נמי י"מ הוה מעשר למלך ולא נהירא דלא הוה ליה למימר בהאי לישנא* :

ואין מחרימין · פירש רש"י כמאן דאמר סתם חרמים לבדק הבית ור"י מפרש דאתיא אפי' כמאן דאמר לכהנים ואע"ג דשרו ולא שייך בהן תקלה הני מילי בתר דמטו ליד כהן אבל קודם לכן לא כדאמר בפ' כל פסולי המוקדשין (בכורות דף לב:) חרמים כל זמן שהם ביד בעלים הרי הן כהקדש לכל דבריהם ומועלין בהם ואם תאמר אי הכי מאי איריא בזמן הזה אפילו בזמן הבית נמי ויש לומר בזמן הבית דשכיחי קדשים היו בקיאין וזהירין במילי קדושה אבל השתא דלא שכיחי לא זהירי אי נמי בזמן הבית שכיחי כהנים ולא היו צריכין הבעלים להשהותו בידם ונותנין אותו לאלתר לכהן:

פירות כסות וכלים ירקבו · תימה דבערכין פרק המקדיש (דף כט.) אמרינן ההוא גברא דאחרמינהו לנכסיה בפומבדיתא אתא לקמיה דרב יהודה אמר ליה זיל שקול ד' זוזי ושדי בנהרא ואמאי לא קאמר ליה כדתניא הכא פירות כסות וכלים ירקבו וכו' ויש לומר התם מיירי במקרקעי ואותם אין להם תקנה אלא בחילול דאי אמרינן יניחנה בורה ולא תיעבד ולא תזרע שדות בורות איכא טובא וליכא היכירא ואתי בה לידי תקלה וא"ת והא על כרחך מטלטלי נמי הוו מדפריך התם והא עובדא דפומבדיתא קרקע נמי הוה מכלל דמטלטלי נמי הוה מיהו לא עשו תקנה בחילול אלא מקרקעי אבל מטלטלי עבוד להו כדמפרש הכא וכ"ש דניחא טפי דמקשה הש"ס בפשיטות במקרקעי נמי הוו ומנא ליה דילמא רק במטלטלי אלא על כרחך מקרקעי נמי הוו מדעבד תקנה בחילול* :

ותקלה עצמה תנאי היא · הכא לא מייתי הנאי דפליגי בספ"ק דפסחים (דף כ:) בתקלה והתם לא מייתי הני תנאי דהכא משום דמייתי דמי לדמי:

אמר רבי ירמיה דלא כרבי יהודה · מכאן אני מתרץ מאי דפליגי ר' יהודה ור' שמעון בפ"ק דשבועות (דף יג:) דרבי יהודה סבר כהנים מתכפרין בשעיר המשתלח בשאר עבירות ולר"ש לית להו כפרה כלל בשעיר המשתלח וקאמר התם מ"ט דר' שמעון והוקשה לי אמאי לא קאמר טעמא דר"ש מדכתיב בפר שני וידויין ודם פר כדאמר בתר הכי בשלמא לר' שמעון היינו דבעינן שני וידויין ודם פר [illegible]

רבינו חננאל

ומשכחת לה דמ"ס יוה"כ אחר ולא שלטו ליה שס"ה ימים. ואקשינן תוב והא כל חטאת שעיברה שנתה לרעייה אזלא. ומשני רבא לא תני ר' יהודה כולם ימותו אלא משום דחייש לתקלה. כדתניא אין מקדישין ואין מעריכין ואין מחרימין בזמן הזה ואם הקדיש או העריך או החרים תיעקר נועל דלת בפניה ומתה מאליה. כסות וכלים ירקבו. מעות וכלי מתכות יוליכם לים המלח. ותקלה עצמה תנאי היא וכו'. והדברים פשוטין הן כו': בא לו אצל שעיר כו'. ואילו בני אהרן לא קתני בוידוי דשעיר המשתלח. ואסיקנא אמר כהנים נפקי מכלל ישראל כיון דמתחלה המאי עסקי בית ישראל בהכהנים בכלל עמך בית ישראל הן: מסרו למי שהוליכו כו'. ת"ר והתודה עליו את כל עונות בני ישראל ושלח ביד איש עתי. הכתוב הסדרבה איש להכשיר כל איש ואפי' זר

*) המרים בהמה תיעקר כצ"ל:

תוספות ישנים

[illegible]

הגהות הגר"א · **הגהות הב"ח**

[illegible]

שהוא מזומן עתי ואפילו בשבת עתי ואפי' בטומאה איש להכשיר את הזר פשיטא מהו דתימא כפרה כתיבא ביה קמ"ל עתי ואפילו בשבת למאי הלכתא אמר רב ששת לומר שאם היה חולה מרכיבו על כתפו כמאן דלא כרבי נתן דאי רבי נתן *האמר חי נושא את עצמו אפילו תימא רבי נתן חולה שאני אמר רפרם *זאת אומרת עירוב והוצאה לשבת ואין עירוב והוצאה ליום הכפורים עתי ואפי' בטומאה למאי הלכתא אמר רב ששת לומר שאם נטמא משלחו נכנס טמא לעזרה ומשלחו *שאלו את רבי אליעזר חלה מהו שירכיבהו על כתפו אמר להם יכול הוא להרכיב אני ואתם חלה משלחו מהו שישלחנו ביד אחר אמר להם אהא בשלום אני ואתם דחפו ולא מת מהו שירד אחריו וימיתנו אמר להם °כן יאבדו כל אויביך ה' וחכמים אומרים חלה מרכיבו על כתפו חלה משלחו ישלחנו ביד אחר דחפו ולא מת ירד אחריו וימיתנו *שאלו את ר' אליעזר פלוני (א) מהו לעולם הבא א"ל לא שאלתוני אלא על פלוני (ב) מהו להציל רועה כבשה מן הארי אמר להם לא שאלתוני אלא על הכבשה מהו להציל הרועה מן הארי אמר להם לא שאלתוני אלא על הרועה ממזר מה הוא לירש מהו ליבם מהו לסוד את ביתו מהו לסוד את קברו *לא מפני שהפליגן בדברים אלא מפני שלא אמר דבר שלא שמע מפי רבו מעולם שאלה אשה חכמה את ר' אליעזר מאחר שמעשה העגל שוין מפני מה אין מיתתן שוה אמר לה אין חכמה לאשה אלא בפלך וכן הוא אומר °וכל אשה חכמת לב בידיה טוו איתמר רב ולוי חד אמר זיבח וקיטר בסייף גפף ונישק *במיתה שמח בלבבו בהדרוקן וחד אמר עדים והתראה בסייף עדים בלא התראה במיתה לא עדים ולא התראה בהדרוקן אמר רב יהודה א) שבטו של לוי לא עבד עבודת כוכבים שנאמ °ויעמוד משה בשער המחנה ב) וגו' יתיב רבינא וקאמר להא שמעתא איתיביה בני ר' פפא בר אבא לרבינא °האומר לאביו ולאמו לא ראיתיו אביו אבי אמו מישראל ג) אחיו אחיו מאמו מישראל בניו °בני בתו מישראל: וכבש עשו לו כו': ד) אמר רבה בר בר חנה לא בבליים היו אלא אלכסנדריים היו ומתוך ששונאים את הבבליים היו קורין אותן על שמן ה) תניא רבי יהודה אומר לא בבליים היו אלא אלכסנדריים היו אמר לו רבי יוסי *תנוח דעתך שהנחת את דעתי: טול וצא: תנא מה שהי צפירא דין וחובי דרא סגיאין: **מתני'** מיקירי ירושלים היו מלוין אותו עד סוכה הראשונה עשר סוכות מירושלים ועד צוק

א) [בע"י אמר ר"י אמר שמואל] ב) ויאמר מי לה' אלי ויאספו אליו כל בני לוי כצ"ל וכ"ג רש"י ד"ה כל בני לוי] ג) [בע"י גרסי' גמי אמו אמו מישראל] ד) [מנחות ס.] ה) [צ"ל תניא נמי הכי וכ"ה במנחות ס.]

תשעים

אמר ליה ר' יוסי תנוח דעתך כו' · וא"ת בס"פ שתי הלחם (מנחות דף ק.) גבי חל להיות יום הכפורים ערב שבת שעיר החיצון של יום הכפורים אוכלין אותו כשהוא חי תניא בגמרא איפכא רבי יוסי אומר לא בבליים היו כו' עד אמר לו רבי יהודה תנוח דעתך שהנחת דעתי ויש לומר מר מאי דשמיע ליה קאמר ומר מאי דשמיע ליה קאמר ר' יהודה קיבל דההיא דהכא לא בבליים הן ור' יוסי קיבל בההוא דהתם:

*) [שבת ט.]

נכנס טמא לעזרה · ... **פלוני מהו לעולם הבא** · על אדם אחד שאלוהו מה מעשיו בעיניך ויש פותרים על שלמה בן דוד שאלוהו: **אלא על פלוני** · שמא על אבשלום שאלתוני: **אלא על הרועה** · אם מותר להצילו מפני הארי: **ממזר מהו לירש** · את אביו: **אמר להם מהו ליבם** · אשת אחיו שאלתם אותי: **מהו לסוד את ביתו** · בזמן הזה מי אסור מפני זכר חורבן הבית: אמר להם לא שאלתוני אלא מהו לסוד את קברו: **לא שהפליגן** · והפריסן לדברים אחרים

§ מסכת יומא דף סו: §

אות א'

<u>לומר שאם היה חולה, מרכיבו על כתפו</u>

רמב"ם פ"ה מהל' עבודת יוה"כ הי"ט - חלה השעיר ואין יכול להלך, מרכיבו על כתפו, ואפילו בשבת.

אות ב'

<u>לומר שאם נטמא משלחו, נכנס טמא לעזרה ומשלחו</u>

רמב"ם פ"ה מהל' עבודת יוה"כ הכ"א - נטמא המשלח, הרי זה נכנס למקדש ונוטלו ויוצא, שנאמר: ביד איש עתי המדברה, ביד זה שהוכן אפילו נטמא.

אות ג'

<u>חלה משלחו ישלחנו ביד אחר</u>

רמב"ם פ"ה מהל' עבודת יוה"כ ה"כ - חלה המשלח, הרי זה משלחו ביד אחר.

אות ד'

<u>דחפו ולא מת ירד אחריו וימיתנו</u>

רמב"ם פ"ה מהל' עבודת יוה"כ הכ"ב - דחפו ונפל השעיר ולא מת, ירד אחריו וימיתנו בכל דבר שממיתו; ואיברי שעיר זה מותרין בהנייה.

§ מסכת יומא דף סז. §

אות א׳ – ב׳ – ג׳ – ד׳ – ה׳

על כל סוכה וסוכה אומרין לו הרי מזון והרי מים ומלוין אותו מסוכה לסוכה, חוץ מאחרון שבהן שאינו מגיע עמו לצוק

אלא עומד מרחוק ורואה את מעשיו

מה היה עושה, חולק לשון של זהורית, חציו קשור בסלע וחציו קשור בין שני קרניו, ודחפו לאחוריו והוא מתגלגל ויורד, ולא היה מגיע לחצי ההר עד שנעשה אברים אברים

בא וישב לו תחת סוכה אחרונה עד שתחשך

רמב״ם פ״ג מהל׳ עבודת יוה״כ ה״ז - וסוכות היו עושין מירושלים [א]עד תחלת המדבר, ושובת איש אחד או אנשים הרבה בכל סוכה וסוכה מהן כדי שיהיו מלוין אותו מסוכה לסוכה; על כל סוכה וסוכה אומרין לו: הרי מזון והרי מים, אם כשל כחו וצריך לאכול אוכל, ומעולם לא הוצרך אדם לכך; ואנשי הסוכה האחרונה עומדין בסוף התחום ורואין את מעשיו מרחוק, כיצד היה עושה, חולק לשון של זהורית [ב]שבקרניו, חציו קושר בסלע וחציו קושר בין שתי קרניו, ודוחפו לאחוריו והוא מתגלגל ויורד, לא היה מגיע לחצי ההר עד שהוא נעשה איברים איברים, ובא ויושב לו תחת סוכה האחרונה עד שתחשך.

אות ו׳

ומאימתי מטמא בגדים, משיצא חוץ לחומת ירושלים

רמב״ם פ״ה מהל׳ פרה אדומה ה״ו - ומאימתי מטמא בגדים המשלח את השעיר, משיצא חוץ לחומת ירושלים עד שעת דחייתו לעזאזל; אבל אחר שדחהו אם נגע בכלים ובבגדים, טהורים. השגת הראב״ד: אבל אחר שדחהו. א״א דבריו סתומין, לא נודע אם יאמר שהמתעסק בו אחר דחייתו אינו מטמא כלים ובגדים, מפני שנגמר שילוחו, ואם נתכוון, לכך למה ליה למימר כלים ובגדים, אפילו אוכלין ומשקין נמי לא מטמא, שהרי לא נתעסק בשילוח כלל; [ג]ואולי יאמר על הדוחה עצמו שדחהו, אחר דחייתו אינו מטמא כלים ובגדים, שאינו מטמא אלא בשעה שמתעסק בו, אבל כשפירש, ולד הטומאה הוא ואינו מטמא כלים, ודבר זה יש לו פנים במשנת זבים; ולא תימא לאחר דחייתו, [ד]אלא אפילו קודם דחייתו אם פירש הוא ועשהו אחר, אחר פרישתו אינו מטמא כלים, כל זה צריך לפנים.

אות ז׳

תנא מעולם לא הוצרך אדם לכך

רמב״ם פ״ג מהל׳ עבודת יוה״כ ה״ז - על כל סוכה וסוכה אומרין לו: הרי מזון והרי מים, אם כשל כחו וצריך לאכול אוכל, ומעולם לא הוצרך אדם לכך.

באר הגולה

[א] ‹שהיה רחוק ב׳ מיל מהצוק, שנשאר ארץ גזירה בלי סוכה וישוב – תפארת ישראל› [ב] ‹הוסיף על לשון המשנה תיבות "שבקרניו", להורות כי זה הוא הלשון שכתב כאן שהיה בראש שעיר המשתלח, הוא עצמו שהיה בין קרניו, וז״ל ד״ה חילק לשון וכו׳: ובמסכת שקלים פרק התרומה מוכח, **ודלא** כהתוס׳ ישנים כאן, דהאי לשון של זהורית דהכא, אין זה לשון של זהורית שהיו קושרין במקדש בראש שעיר המשתלח, לעיל פרק טרף בקלפי, דקתני פרה ולשון של זהורית שבראש שעיר המשתלח, באין מתרומת הלשכה, כבש שעיר ולשון שבין קרניו באין משיורי הלשכה, עכ״ל. **אמנם** לפנינו הגרסא במשנה שם, פרה ולשון של זהורית באין מתרומת הלשכה וכו׳, ולשון שבין קרניו באין משיורי הלשכה, ולא גרסינן ברישא דמתניתין "שבראש שעיר המשתלח". ולפי״ז אין מהכרח לפרש כהתוס׳ ישנים, אלא כמו שפי׳ הרע״ב שם, דזה הלשון דרישא מיירי בשני התולעת שמשליכין תוך שרפת הפרה, וה״ה לעץ ארז ואזוב, ונקט לשון של זהורית בלבד כדי לחלק בין זה ללשון של זהורית של שעיר המשתלח, עכ״ל. **ובזה** מיושב דברי הרמב״ם ה״ד וז״ל: וקושר לשון זהורית משקל שתי סלעים בראש שעיר המשתלח ומעמידו כנגד בית שלוחו. **ועיין** במרן שתמה, שלא פירש שקשר לו {לנשחט} בצוארו, {כדמבואר בגמרא דף מ״א:}, וכן תמה הרא״ש על סדר "אתה כוננת" יעו״ש, **ולפי״ז** ניחא, דמשו״ה דחו סוגיא זו מהלכה, דהא ברייתא דידן דלא כסוגיא דהתם, דמבואר מברייתא זו דמתחלה לא היו קושרין כלל על ראש שעיר המשתלח ג״כ, ואח״כ הוא שהתקינו כן, א״כ קשה קודם התקנה למה לא היו חוששין שלא יתערב השעיר המשתלח בשאר השעירים ובשעיר הפנימי, אלא על כרחך צריכין אנו לומר דלא חיישינן כלל לשמא יתערבו, דהא כהנים זריזין הם, ובפרט בעבודת יוה״כ דמצותו בכהן גדול דזריז טפי, וסתמא דברייתא זו דלא כסוגיא דהתם, לכן השמיטו הרמב״ם ובעל סדר "אתה כוננת" סוגיא דהתם מהלכה, ופירשו דמתניתין דהתם דתני דקשרו לשון של זהורית בראש שעיר המשתלח, מיירי אחר התקנה ולא משום דשמא יתערבו כדאוקים לה הש״ס התם, וכמו דתנן סתמא דמתניתין ביומא דף ס״ז אחר התקנה – הר המוריה› [ג] ‹ול״נ דפשיטא שכוונת רבינו כפירוש השני – כסף משנה› [ד] ‹וי״ל שאע״פ שהדין כן הוא, שמאחר שפירש מדחייתו שוב אינו מטמא כלים, מ״מ רבינו אורחא דמילתא נקט, שאין דרך להניח מצותו שיעשנה אחר – כסף משנה›

מסורת הש"ס

תשעים ריס שבעה ומחצה לכל מיל ·על כל סוכה וסוכה אומרין לו הרי מזון והרי מים ·ומלוין אותו מסוכה לסוכה חוץ מאחרון שבהן שאינו מגיע עמו לצוק ·אלא עומד מרחוק ורואה את מעשיו מה היה עושה חולק לשון של זהורית חציו קשור בסלע וחציו קשור בין שני קרניו ודחפו לאחוריו והוא מתגלגל ויורד ולא היה *מגיע לחצי ההר עד שנעשה אברים אברים ·בא וישב לו תחת סוכה אחרונה עד שתחשך ·ומאימתי מטמא בגדים משיצא חוץ לחומת ירושלים ר' שמעון אומר משעת דחייתו לצוק: **גמ'** תנו רבנן *עשר סוכות ושנים עשר מילין היו דברי ר' מאיר ר' יהודה אומר תשע סוכות ועשרה מילין ר' יוסי אומר חמש סוכות ועשרה מילין היו וכולן על ידי עירוב אמר רבי יוסי סח לי אלעזר בני אם על ידי עירוב יכולני לעשות אפילו שתי סוכות ועשרה מילין כמאן אזלא הא דתניא חוץ מאחרון שבהן שלא הגיע עמו לצוק אלא עומד מרחוק ורואה את מעשיו כמאן כר' מאיר: על כל סוכה וסוכה אומרים לו הרי מזון והרי מים: תנא מעולם לא הוצרך אדם לכך *אלא שאינו דומה מי שיש לו פת בסלו למי שאין לו פת בסלו: מה היה עושה חולק לשון של זהורית: ונקטריה כוליה בסלע כיון דמצוה בשעיר דילמא קדים ומלבין ומיתבא דעתיה ונקטריה כוליה בין קרניו זמנין דנמיש ליה לרישיה ולאו אדעתיה ת"ר *בראשונה היו קושרין לשון של זהורית על פתח האולם מבחוץ הלבין היו שמחין לא הלבין היו עצבין ומתביישין התקינו שיהו קושרין על פתח אולם מבפנים ועדיין היו מציצין ורואין הלבין היו שמחין לא הלבין היו עצבין התקינו שיהו קושרין אותו חציו בסלע וחציו בין קרניו אמר ר' נחום בר פפא משום רבי אלעזר הקפר בראשונה היו קושרין לשון של זהורית על פתח אולם מבפנים וכיון שהגיע שעיר למדבר היה מלבין וידעו שנעשית מצותו שנאמר °אם יהיו חטאיכם כשנים כשלג ילבינו: לא היה מגיע למחצית ההר: איבעיא להו אותן אברים מה הן בהנאה רב ושמואל חד אמר *מותרין וחד אמר אסורין מאן דאמר מותרין דכתיב

[ישעיה א]

רש"י

תשעים ריס · היו מירושלים ועד (א) צוק הר גבוה וחזק כדאמרי' בבבא מציעא* עלתה לראשי צוקין ונפלה: **שבעה ומחצה ריס לכל מיל** · הרי לתשעים ריס י"ב מיל והם י"א מסעות מירושלים לסוכה הראשונה מסע אחד ומסוכה לסוכה עד י' סוכות ט' מסעות הרי י' מסעות ומסוכה אחרונה לצוק מסע אחד הרי לכל מסע ומסע מיל חוץ מאחד מהן שיש בו ב' מילין היינו דקתני ומלוין אותו מסוכה לסוכה שהמיל הוא תחום שבת חוץ מאחרון שהוא רחוק ב' מילין ומלויהו מיל ועומד מרחוק ורואה את מעשיו והחשבון הזה אינו שוה לחשבון שיסד רבי אלעזר *קליר ובשלשים קנים הוא קצב הרים אותו חשבון אינו עולה לאלפים אמה המיל אבל בברייתא דהאזינו בספרי מצינו שם מידת חלוקת ארץ ישראל לעתיד לבוא רוחב גבול כל שבט ושבט שבעים וחמשה מיל וגם רבי אלעזר קליר יסד כן בפיוט אלהיך בקיוון כפות* ברוחב ע"ה מיל תריסותיה וגם כ"ה אלף קנים שבספר יחזקאל (מה) שנאמר ומן המדה הזאת תמוד וגו' וכל קנה ו' אמות הרי ק"נ אלף אמה הן לכל אלפים אמה מיל הרי ע"ה מיל: **הרי מים והרי מזון** · בגמרא מפרש אינו דומה מי שיש לו פת בסלו למי שאין לו: **שאינו מגיע עמו לצוק** · כמו שפירשתי לפי שהוא רחוק ב' מילין: **חולק לשון של זהורית** · בגמרא מפרש טעמא: **בא וישב לו** · חוזר עד סוכה האחרונה אע"פ שיצאה חוץ לתחום אפילו ברשות אין לו אלא אלפים אמה ממקום שיצא לשם ברשות לזה התירו לפי שהוא מעונה וחלש ועוד שירא לעמוד יחידי במדבר משתחשך: **מאימתי מטמא בגדים** · דכתיב והמשלח את השעיר יכבס בגדיו (ויקרא טז): **גמ' חמש סוכות ועשרה מילין** · וכל אחד מלויהו יותר ממיל או עד הסוכה על ידי עירוב: **סח לי אלעזר בני** · בלשון שחוק על דבריו ואמר לי אם ע"י עירוב די לנו בב' סוכות שיהיו בני ירושלים מלוין אותו שני מילין ומסוכה ראשונה יצאו לקראתו ב' מילין הרי ד' מילין שאדם יכול להרחיק הסוכה מירושלים וסוכה השניה לסוף ארבעה מילין של ראשונה ויהיו מקצת בני הראשונה מערבין לצד השניה ומקצת יערבו לצד ירושלים וכן בני שניה מקצתן מערבין לצד הראשונה ללכת לקראתו ב' מילין ומקצתן מערבין לצד צוק ללוותו ב' מילין: **כמאן כרבי מאיר** · דאילו לרבי יהודה ורבי יוסי אף האחרון מגיע לצוק: **לא הוצרך אדם לכך** · לא נצרך אדם לאכול בדרך אלא מה טעם אמרו לו כן שאינו דומה מי שיש לו פת בסלו להיות רעב כמי שאין לו: **כיון דמצוה בשעיר** · לדחפו לאחוריו כדכתיב אל ארץ גזירה דבר המתגזר ויורד אי אמרת נקטריה כוליה בסלע זמנין דקדים ומלבין קודם דחיפת השעיר ומיתבא דעתיה משמחת ליבון החטאים ולא איכפת ליה לקיים מצות השעיר לפיכך קושר באחרונה חציה בין קרניו ועיניו תלוין בו ומאחר שהוא עסוק בו באחרונה לא יניח מלדחפו והיא לא תלבין לחטאים עד שתגמר מלאכת כולה: **דנמיש ליה לרישיה** · יכוף ראשו תחת גופו כשיפול לאחוריו ולא יוכל לראות הלשון אם הלבין:

דכתיב

[דף נג:]

[כפי שקלים בסילוק המתחיל אז ראית]

[ליום ב' של סוכות בסילוק המתחיל כי לקח מועד]

[לעיל יח. וש"נ]

ר"ה לא:

[מגילה יא:]

תוספות

רבי יהודה אומר תשע סוכות ועשרה מילין · יש ספרים שיש בהן עשר סוכות אם כן לפי זה האחרונה היתה עומדת בצוק ושמא משום תוספת דמפלגת כדי שלא יצטרך לחזור וילין שם: **וכולן על ידי עירוב** · מכאן מקשים מה דאמר בפרק מי שהוציאוהו (עירובין דף נח.) כזה יהא כל מוכחי שבת פירוש אלפים לתחום שבת ומעביר ד' אמות ברשות הרבים טלטו נותנין להם אלכסונן ומפר"ת דבכל צד שילך נותנין לו אלכסונן ויכול לילך בשבת אלכסונן של אלפים ובכל מקום שמזכיר בגמרא עמוד הרחב ד' על ד' לאו דווקא אלא בעי שיהא ריבועו כשיעור אלכסונן של ד' על ד' דהיינו ה' טפחים ושלש חומשין וגבי כוורת בפ"ק דשבת (דף ח.) דנקט רחבה ו' ולא נקט רחבה ד' משום דבכל דוכתא דאיירי במרובע לא הוה צריך למינקט אלא ד' וממילא דעגלה כמו שהוא באלכסונו כן הוא בכל מקום אבל משום כוורת עגולה היא ואי הוה נקט רחבה ד' הוה משמע מכל צד כי כוורת אין לה אלכסון וקשה לפי' מכאן משמע דתחום שבת מיל והיינו אלפים ותו לא כמו שהוכיח רש"י מיהו יש לומר דסימנא בעלמא הוא מיל כמו בכל דוכתא דנקט אלפים אף על גב דיהבי' ליה אלכסון הכי נמי הכא נקט מיל אף על גב דיהבי' ליה אלכסון מיהו קשה לפירושו דהא פאות דשבת ילפינן מערי לוים וערי לויים אין נותנין אלא לפאות העולם כדאיתא בפרק כיצד מעברין (עירובין דף נו:) על כן פירש רבינו שמואל דההולך ממזרח העולם למערבו או מצפון לדרום אין נותנין לו פאות אבל ההולך מקרן דרומית מערבית של עולם למזרחית צפונית נותנין לו פאות ועמוד ברה"ר גבוה י' ורחב ד' על ד' אם העמיד ריבועו לריבועו של עולם וזרק ונח על גביו חייב ואם אלכסונו עומד לריבוע העולם אינו חייב עד שיהא ריבועו ה' טפחים וג' חומשין*): **כמאן** אזלא הא דתניא חוץ מאחרון שבהן כו' · תימה לי אמאי לא קאמר כמאן אזלא הא דתנן חוץ מאחרון שבהם דהא במתניתין נמי קתני לה וליכא למימר דגרסינן דתנן כמו יש ספרים שהוגה בהן דתנן ולמתני' קאי דאם כן אמאי מיבעי ליה אסיפא מרישא הוה מצי לאוכוחי דמתני' אתיא כרבי מאיר דקתני מירושלים עד צוק צ' ריס ז' ומחצה לכל מיל דהיינו כרבי מאיר דאמר י"ב מיל ונראה לי דגרס דתניא וסיפא דהאי ברייתא דאתיין עלה היא ובתר פלוגתא דרבי מאיר ור' יהודה ורבי יוסי קתני לה ועל כן מתמה גמרא אף על גב דרבי מאיר הוזכר ברישא ובתר הכי ר' יהודה ובתר הכי רבי יוסי לבסוף הוה משמע דמסקנא דמילתא דר' יוסי היא להכי איצטריך לאשמועינן דאתאן לת"ק דהיינו רבי מאיר וכי האי גוונא איכא בפ"ק דסנהדרין (דף ו:) דן את הדין אתאן לת"ק ובפרק לא יחפור (ב"ב דף כה:) נמי איכא כי האי גוונא:

*) וע"ע תוס' עירובין נח. ד"ה כזה]

אטו

עין משפט נר מצוה

לד א ב ג ד ה מיי' פ"ג מהל' עבודת יוה"כ הלכה ז:
לה ו מיי' פ"ט מהלכות פרה הלכה ו:
לו ז מיי' פ"ג מהלכות עבודת יוה"כ הל' ז:

רבינו חננאל

צפירה זו זעיר והוכי דדרא סניאין כלומר מהר וצא שעיר זה קטן וחטאות הדור מרובין: ת"ר י' סוכות וי"ב מילין היו דברי ר' מאיר ר' יהודה אומר ט' סוכות וי' מילין היו. ר' יוסי אומר ה' סוכות וי' מילין היו פשוטין הן כולן *) אצל זה שאומר וכולן ע"י עירוב. א"ר יוסי שח לי אלעזר בני אם ע"י עירוב יכול אני לעשות בשתי סוכות וי' מילין צריך פירוש וזה פירושו עושה ברחוק ארבעה מילין מירושלים סוכה. ומרחיק ד' מילין ועושה סוכה אחרת והמבקש ללוות המוליך שעיר המשתלח יוצא מירושלים לערב בסוף מיל והוא אלפים אמה שהן תחום שבת כדי שיהא רשאי עוד לילך מיל אחר שהוא אלפים אמה אחרות נמצא מהלך ב' מילין מירושלים שהן ד' אלפים אמה והשוכנים בסוכה יוצאין מיל כלפי ירושלים ומערב כדי להלך מיל אחר נמצאו היוצאין מירושלים הולכין עמו ב' מילין ומוציאין שם האנשי' שיצאו מן הסוכה וחוזרין האנשים שבאו עמו מירושלים והולכין עמו הם שבאו מן הסוכה מיל ע"י עירוב ומיל תחומם הנה ד' מילין וכן בין סוכה לסוכה ד' מילין בענין הזה. אחרים מערבין לצד זה ואחרים מערבין לצד זה הנה ח' מילין נשארו ב' מילין יוצאין עוד היושבים בסוכה השניה הם שלא עירבו בצד האחר שבין סוכה לסוכה הולכין עמו מיל תחומם ומיל ע"י עירוב הרי י' מילין. אבל אליבא דר' מאיר דאמר י"ב מיל נשארו ב' מילין עומד מרחוק ורואה מעשיו שחולק לשון של זהורית חציו קשר בסלע דחייש דילמא כייף לרישיה זה השעיר ולא יראהו יראה מה שבסלע ולמה היה קושר בין קרני השעיר אמרי' **) וכו מתכפרין דלמא

*) אינו מובן ואולי דצ"ל אבל זה שאומר וכולן ע"י עירוב אמר ר"י שח לי וכו'. **) נראה דצ"ל אמרינן כיון דמצוה בשעיר וכו מתכפרין דלמא קדים ומלבין ולא יקיים מצות הדחיפה.

תוספות ישנים

הערה לגבות איכא ריעותא שלא נגבת כלל עיכובא שיגיע ללשכה והא דאמר בפרק כתרא

[illegible]

הגהות הב"ח

(א) רש"י ד"ה תשעים ריס כו' מירושלים ועד צוק הר גבוה:

עין משפט נר מצוה

לז א מיי' פ"ג מהל' עבודת יוה"כ הל' כב:
לח ב מיי' פ"ח מהל' מעילה הלכה ח:
לט ג ד ה מיי' פ"ג מהל' עבודת יוה"כ הל' ו ופ"ד הל' ב:
מ ו מיי' פ"ה מהל' פרה הלכה ה:
מא ז מיי' פ"ז מהל' מעשה קרבנות הל' ב ופ"ג מהלכות עבודת יוה"כ הלכה ז:

רבינו חננאל

קרים ושלבין *)כדכתיב אם יהיו חטאיכם כשנים כשלג ילבינו. ולא היה כניע למחצית ההר עד שנעשה אברים אברים. איתמר אברין רב ושמואל חד אמר מותרים בהנאה הן כלומר להאכילן לבהמות. וחד אמר אסורין ואסיקנא אמר רבא מסתברא כמ"ד מותרין דלא אמרה תורה שלח לתקלה. כלומר דבר שיבא בו לידי תקלה: ת"ר עזאזל שיהא עז וקשה כדכתיב ואת אילי הארץ לקח. יכול בישוב ת"ל המדברה [ומנין שבצוק ת"ל] אל ארץ גזרה שמתגזר ויורד. שמא תאמר מעשה תוהו הם ת"ל אני ה' גזרתיו ואין לך רשות להרהר בו: ת"ר את משפטי תעשו. דברים שאלו לא נכתבו דין הוא שיכתבו ואלו הן ע"ז וג"ע וש"ד וגזל וברכת השם. ואת חקותי תשמרו. דברים שיצה"ר מקטרג עליהן ואומות העולם משיבין עליהן. ואלו הן אכילת חזיר ולבישת שעטנז וחליצת יבמה ושעיר נזיר וצפורי מצורע ושעיר המשתלח והרבעת כלאים ושור הנסקל וספר המור ועגלה ערופה ובשר בחלב ושמא תאמר מעשה תוהו הוא אני ה' חקקתים גזירה [היא] ואין לך רשות להרהר בהן. מאימתי מטמאין בגדים כו' ת"ר המשלח השעיר מטמא בגדים ולא המשלח את המשלח וכו'. עד ר' שמעון אומר משעת דחייתו וזורקו בבת ראש לעזאזל יכבס בגדיו. בא לו אצל הפר ואצל השעיר קרען כו'. מגס קערה כדמתרגמינן קערת כסף מגיסא דכסף. נתן את האימורין והחלבים במגס כדי

*)נראה דחסר כאן וצ"ל מ"ר מתם כדכתיב היו חטאיכם וכו' דכתיב אם יהיו וגו'.

גמרא

דכתיב °במדבר ומאן דאמר אסורין דכתיב °גזירה ומאן דאמר אסורין האי מדבר מאי עביד ליה מיבעי ליה לכדתניא °המדברה °המדברה °במדבר לרבות *נוב וגבעון שילה ובית עולמים ואידך האי גזירה מאי עביד ליה מיבעי ליה לכדתניא גזירה אין גזירה אלא חתוכה דבר אחר אין גזירה אלא דבר המתגזר ויורד דבר אחר גזירה שמא תאמר מעשה תהו הוא ת"ל אני ה' אני ה' גזרתיו ואין לך רשות להרהר בהן אמר רבא *מסתברא כמאן דאמר מותרין לא אמרה תורה שלח *לתקלה תנו רבנן עזאזל שיהא עז וקשה יכול בישוב ת"ל במדבר ומנין שבצוק ת"ל גזירה תניא אידך עזאזל קשה שבהרים וכן הוא אומר °ואת אילי הארץ לקח תנא דבי ר' ישמעאל עזאזל שמכפר על *מעשה עוזא ועזאל ת"ר °את משפטי תעשו דברים שאלמלא (לא) נכתבו דין הוא שיכתבו ואלו הן עבודת כוכבים *וגלוי עריות ושפיכות דמים וגזל וברכת השם את חוקותי תשמרו דברים שהשטן משיב עליהן* ואלו הן אכילת חזיר ולבישת שעטנז וחליצת יבמה וטהרת מצורע ושעיר המשתלח ושמא תאמר מעשה תוהו הם ת"ל °אני ה' אני ה' חקקתיו ואין לך רשות להרהר בהן: אימתי מטמא בגדים: ת"ר המשלח מטמא בגדים ואין השולח את המשלח מטמא בגדים יכול משיצא חוץ לחומת עזרה ת"ל המשלח אי המשלח יכול עד שיגיע לצוק תלמוד לומר והמשלח הא כיצד *משיצא חוץ לחומת ירושלים דברי ר' יהודה רבי יוסי אומר עזאזל וכבס עד שהגיע לצוק ר' שמעון אומר °והמשלח את השעיר לעזאזל יכבס בגדיו זורקו בבת ראש ומטמא בגדים:

מתני' °בא לו אצל פר ושעיר הנשרפין קרען והוציא את אימוריהן °נתנן במגיס והקטירן על גבי המזבח °קלען *במקלעות והוציאן לבית השריפה °ומאימתי מטמאין בגדים משיצאו חוץ לחומת העזרה ר' שמעון אומר משיצית האור ברובן:

גמ' והקטירן סלקא דעתך אלא אימא *להקטירן על גבי מזבח: קלען במקלעות: אמר רבי יוחנן כמין קליעה °תנא לא היה מנתחן ניתוח בשר עולה אלא עור על גבי בשר מנא הני מילי *דתניא רבי אומר נאמר כאן עור ובשר ופרש ונאמר להלן °עור ובשר ופרש מה

רש"י

דכתיב במדבר · ושלח את השעיר במדבר הוא למדרש שיהא הפקר כמדבר: **גזירה** · לשון חומר ואיסור: **המדברה המדברה במדבר** · שלש מקראות בענין ושלח אותו לעזאזל המדברה ושלח ביד איש עתי המדברה ושלח את השעיר במדבר: **המוכס** · צוק חתוך בזקיפה ולא משופע כל כך: **דבר המתגזר ויורד** · השעיר מתגזר בה איברים איברים: **שמא תאמר מעשה תהו הם** · מה כפרה יש בשילוח זה ומה יש ביד צוק זה להועיל: **לתקלה** · שימצאם אדם ויהנה מהם שלא ידע שהיו מן השעיר: **עזאזל** · לשון קשה: **ומנין שבצוק** · הר זקוף: **גזירה** · חתוכה: **עוזא ועזאל** · מלאכי חבלה שירדו לארץ בימי נעמה אחות תובל קין ועליהם נאמר ויראו בני האלהים את בנות האדם (בראשית ו) כלומר על העריות מכפר: **משפטי** · משמע דברים המיושרים והדין נותן לעשותן: **חוק** · משמע שאינו אלא גזירת מלך כמו ושימה לחוק (שמואל א ל) וישם אותה יוסף לחוק (בראשית מז): **השטן** · יצר הרע משיב עליהן תשובה להטעות את ישראל ולומר שהתורה אינה אמת כי מה תועלת בכל אלו לכך נכתב בהן חוק אני ה' גזרתי עליכם: **תלמוד לומר אני ה'** · אחוקותי קאי דמינייהו סליק את חוקותי תשמרו אני ה' חקקתים גזרתים: **השולח את המשלח** · המלוים אותו מירושלים: **ת"ל והמשלח** · משמע שסילוחו כבר לצד המדבר: **זורקו בבת ראש** · קסבר דחיפתו וזריקתו היא שילוחו:

מתני' בא לו אצל פר וכו' · חזר לו התנא לסדרו הראשון שהוא מסדר עבודת כ"ג וקתני בא לו כהן גדול אצל פר ושעיר העומדים לישרף אחר שמסר את (א) המשתלח למי שהוא מוליכו בא לו אצלם וקרעם והוציא האימורין: **ונתנם במגס** · בקערה של כלי שרת והקטירן כדכתיב (ויקרא טז) ואת חלב החטאת יקטיר המזבחה ובגמרא פריך הא אכתי לא חזי להקטירן: **קלען במקלעות** · כמין קליעה ארבעה בני אדם נושאין שני מוטות שנים לפנים שנים לאחור ומהלכים מוט אצל מוט והפר והשעיר נתונים עליהן מורכבין זה על זה וכופפן זה תחת זה כמין קליעה ושלימין הן אלא שנקרע כריסן להוציא אימוריהן כדתניא בגמרא שמוליכן שלמים: **ומוליכן לבית השריפה** · חוץ לירושלים: **מאימתי מטמאים בגדים** · העסוקין בהן כדכתיב והשורף אותם יכבס בגדיו (שם): **משיצאו חוץ לחומת העזרה** · בגמרא מפרש טעמא: **גמ'** ה"ג והקטירן ס"ד אלא אימא להקטירן ולא גרס (ב) במגס מקטיר להו וגירסא משובשת היא כאן ובמסכת פסחים (דף סה:) ובמסכת סוטה (דף טו:) דשפיר הוה שייך למיתני לתנא והקטירן במגס דבמגס מעלה אותן למזבח דדסוטה תנינן מעלו ומקטירו בכלי שרת (סוטה דף יד:) מעלו ומקטירו בהמיט* אלא הכי קשיא ליה והקטירן ס"ד וכי עכשיו הוא מקטירן והלא עודנו לבוש בגדי לבן ועדיין עליו לקרות הפרשה בבגדים הללו ואח"כ יטבול וילבש בגדי זהב לאילו ואיל העם ויטבול שניה להוציא כף ומחתה ויטבול שלישית למוספין ואמורי חטאת הללו ותמיד של בין הערבים כדקתני בפרקין דלקמן אלא אימא להקטירן נתנן למגס להקטירן בו למזבח כשיגיע זמנן: **לא היה מנתחן** · השורפן כניתוח בשר עולה שהוא מופשט מן העור קודם ניתוח כדכתיב והפשיט ונתח (ויקרא א) אלא עור על גבי בשר ואינו מפשיטן: **נאמר כאן** · בפר ושעיר את עורותם ואת בשרם ואת פרשם: **ונאמר** · בפר כהן משיח עור ובשר ופרש ואת עור הפר ואת כל בשרו על ראשו ועל כרעיו וקרבו ופרשו (ויקרא ד): מה

תוספות

אמר במגס מקטיר ליה · כך היה כתוב בספרים כאן ובס"פ תמיד נשחט (פסחים דף סה:) ורש"י מחקו לפי שהיה קשה לו דבכמה דוכתי במנחות קתני מעלה ומקטירה בכלי שרת ולא פריך הכי אטו בכלי שרת מקטיר ליה וגרס רש"י והקטירו ס"ד וכי היה יכול להקטירו מיד והלא היה לבוש עדיין בגדי לבן והקטרה הוא בבגדי זהב מבחוץ ומשני נתנו במגס להקטירו לכשיגיע זמנו ובפ' תמיד נשחט (גו"ס) מפרש הקטירו ס"ד אטו הוא גופיה מקטיר ליה והא בזר קיימינן דלעיל מיניה איירי בהפשטה דכשירה בזר ומשני נתנו במגס להקטיר על ידי כהן ור"ת *אומר דאין צריך להגיה הספרים והא דלא פריך הכי גבי מנחה בכלי שרת ס"ד שאני התם כיון דמנחה בעיא קידוש כלי אגב דמקדש בכלי שרת מעלה למזבח בכלי שרת שהיא נתונה בו להקטירה אבל הכא ובפרק תמיד נשחט פריך שפיר במגס ס"ד וכי חובה הוא שיהיה בכלי שרת כלל והקשה הר"ר שמואל מורדון דבפרק שני דסוטה (דף טו:) דפריך הכי גבי מנחה דקתני מעלה ומקטירה בכלי שרת ומקטיר לה ומשני אימא להקטירה ומשמע התם דאין צריך למחוק הספרים דאיכא למימר כיון דפריך לה חדא זימנא בסוטה גבי מנחה שוב לא חש להקשות במנחה זימנא אחריתי אע"ג דבזבחה פריך לה בתמיד נשחט (פסחים דף סה:) והדר פריך לה הכא התם כבשים והכא פרים אבל גבי מנחות שם מנחה אחת היא ולספרים דגרסינן בסוטה בבריתא מעלן ומקטירן בכלי שרת ומולחו ונותנו על גבי האשים ניחא *(לפר"ח) דהכי פריך מקטירו בכלי שרת ס"ד פירוש וכי כמו שהיא בכלי שרת בלא מליחה מקטירו ומשני אימא להקטירו פירוש לאחר מליחה ולי נראה דגרסי' שפיר במגס ס"ד ופריך וכי חובה הוא שיוליכו במגס למזבח נהי נמי דבשקרען והוציא אימוריהן נותנו במגס ולא על גבי רצפה שלא יהו קדשי שמים מוטלים כנבלה מ"מ כשמעלן למזבח יכול להעלותן בידיו ומדקתני ליה גבי סדר יום הכפורים משמע דבכך הוא הסדר ובענין אחר אין לעשות והכי פריך וכי חובה הוא לעשות כן להעלותם במגס ובפרק תמיד נשחט נמי דקתני כל סדר הפסח שחיטתו וקבלת דמו והולכתו וזריקתו והפשיטו והקטרתו להכי מתמה מדקתני הכי גבי סדר הפסח אלמא דחובה הוא להקטירו במגס וכן בפרק ב' דסוטה* דקתני סדר מנחות כיצד אדם מביא מנחתו מתוך ביתו וכל סדר המנחה קתני עד מעלה ומקטירה בכלי שרת להכי פריך מדקתני הכי גבי סדר מנחה אלמא חובה היא אבל בשאר דוכתי לא פריך הכי:

מסורת הש"ס

[ע' תוס' לעיל מד. ד"ה כשילה]
[קדושין נז: חולין קמב.]
[כע"י עון]
[תוספתא פ"ג]
[מנחות כו.]
[זבחים נ.]

הגהות הב"ח

(א) רש"י במתני' ד"ה בא לו כו' אחר שמסר את השעיר המשתלח למי: (ב) שם ד"ה והקטירן כו' ולא גרסי' במגס וכו' דשפיר הוה שייך למתני נתנן במגס והקטירן דבמגס מעלה וכו' טובה מעלה וכו' בכלי שרת מעלה:

תוספות ישנים

[illegible]

[illegible]

§ מסכת יומא דף סז: §

אות א'

מסתברא כמאן דאמר מותרין

רמב"ם פ"ג מהל' עבודת יוה"כ הכ"ב - דחפו ונפל השעיר ולא מת, ירד אחריו וימיתנו בכל דבר שממיתו; ואיברי שעיר זה מותרין בהנייה.

אות ב'

את משפטי תעשו דברים שאלמלא (לא) נכתבו דין הוא שיכתבו

רמב"ם פ"ח מהל' מעילה ה"ח - ראוי לאדם להתבונן במשפטי התורה הקדושה ולידע סוף ענינם כפי כחו, ודבר שלא ימצא לו טעם ולא ידע לו עילה, אל יהי קל בעיניו, ולא יהרוס לעלות אל ה' פן יפרוץ בו, ולא תהא מחשבתו בו כמחשבתו בשאר דברי החול; בוא וראה כמה החמירה תורה במעילה, ומה אם עצים ואבנים ועפר ואפר כיון שנקרא שם אדון העולם עליהם בדברים בלבד נתקדשו, וכל הנוהג בהן מנהג חול מעל בה', ואפילו היה שוגג צריך כפרה, ק"ו למצוה שחקק לנו הקדוש ברוך הוא, שלא יבעט האדם בהן מפני שלא ידע טעמן, ולא יחפה דברים אשר לא כן על השם, ולא יחשוב בהן מחשבתו כדברי החול; הרי נאמר בתורה: ושמרתם את כל חקותי ואת כל משפטי ועשיתם אותם, אמרו חכמים ליתן שמירה ועשייה לחוקים כמשפטים, והעשיה ידועה והיא שיעשה החוקים, והשמירה שיזהר בהן ולא ידמה שהן פחותין מן המשפטים, והמשפטים הן המצות שטעמן גלוי וטובת עשייתן בעולם הזה ידועה, כגון איסור גזל ושפיכות דמים וכיבוד אב ואם, והחוקים הן המצות שאין טעמן ידוע; אמרו חכמים: חוקים חקתי לך ואין לך רשות להרהר בהן, ויצרו של אדם נוקפו בהן ואומות העולם משיבין עליהן, כגון איסור בשר חזיר ובשר בחלב ועגלה ערופה ופרה אדומה ושעיר המשתלח; וכמה היה דוד המלך מצטער מן המינים ומן העכו"ם שהיו משיבין על החקים, וכל זמן שהיו רודפין אותו בתשובות השקר שעורכין לפי קוצר דעת האדם, היה מוסיף דביקות בתורה, שנאמר: טפלו עלי שקר זדים אני בכל לב אצור פקודיך, ונאמר שם בענין: כל מצותיך אמונה שקר רדפוני עזרני; וכל הקרבנות כולן מכלל החוקים הן, אמרו חכמים: שבשביל עבודת הקרבנות העולם עומד, שבעשיית החוקים והמשפטים זוכין הישרים לחיי העולם הבא; והקדימה תורה ציווי על החוקים, שנאמר: ושמרתם את חקותי ואת משפטי אשר יעשה אותם האדם וחי בהם.

אות ג' - ד' - ה'

בא לו אצל פר ושעיר הנשרפין, קרען והוציא את אימוריהן

נתנן במגיס והקטירן על גבי המזבח

קלען במקלעות והוציאן לבית השריפה

רמב"ם פ"ג מהל' עבודת יוה"כ ה"ז - ואחר שמשלח את השעיר ביד מוליכו, חוזר אצל הפר והשעיר שהזה דמן לפנים, וקורען ומוציא את אימוריהן ונותנם בכלי [א]ומקטירן על גבי המזבח, [ב]ומחתך שאר בשרן [ג]חתיכות גדולות מעורות זו בזו [ד]כמין קליעה ואינו מפרק אותן, ומשלחן ביד אחרים להוציאן לבית השריפה, ומנתחין אותן שם בעורן כמו שביארנו.

רמב"ם פ"ד מהל' עבודת יוה"כ ה"ב - ואחר כך משלח את השעיר למדבר, ומוציא אימורי פר ושעיר שהכניס דמן לפנים ונותנן בכלי, ומשלח השאר לבית הדשן לשריפה.

אות ו'

ומאימתי מטמאין בגדים, משיצאו חוץ לחומת העזרה

רמב"ם פ"ה מהל' פרה אדומה ה"ה - מאימתי מטמאין בגדים הנושאין פרים ושעירים הנשרפים, משיצאו בהן חוץ לחומת העזרה.

אות ז'

תנא: לא היה מנתחן ניתוח בשר עולה, אלא עור על גבי בשר

רמב"ם פ"ז מהל' מעשה הקרבנות ה"ב - וכיצד מעשה חטאות הנשרפות, שוחט וזורק דמם כמו שביארנו, ואח"כ קורעם ומוציא האימורים ונותנן בכלי ומולחן וזורקן על גבי האשים, ומוציא שאריתן חוץ לעיר, ומנתחין אותן שם כנתחי העולה בעורן, ושורפין אותן שם בבית הדשן.

רמב"ם פ"ג מהל' עבודת יוה"כ ה"ז - ומנתחין אותן שם בעורן כמו שביארנו.

באר הגולה

[א] ‹לישנא דמתניתין נקט, והיה ראוי לכתוב להקטירן, כדמגיה בגמרא, ולא חש מפני שסמך על מש"כ בפ"ד כיצד הוא הסדר - כסף משנה› [ב] ‹עיין מים חיים שהקשה הרי בש"ס מבואר דבשעת הוצאתן צריך שיהיה שלם, רק בשעת שריפה מנתחין, וברמב"ם משמע דמיד בשעת הוצאתן לבית השריפה היו מנתחין, וצ"ל שלא היו מפרידם לגמרי עד אח"כ, אבל ברש"י לא משמע כן, ע"ש - פתח הבית› [ג] ‹עיין בעמוד הבא מה שהבאנו מהמקדש דוד› [ד] ‹כן מפרש הך וקלען במקלעות שם - הר המוריה›

§ עניני הלכה שונים הקשורים להדף §

אף כאן על ידי ניתוח ולא על ידי הפשט

ושריפת הפרים היא ע"י נתוח שלא בהפשט, וזה דצריך להיות ע"י נתוח מפקינן לה ביומא (ס"ח א) בגז"ש ראשו וכרעיו מעולה ע"ש, **אך** נראה דמ"מ אין הנתוח צריך להיות כמו נתוח של עולה שמנתחין אותה לו' איברים כמבואר במס' תמיד (ל"א:), דהרמב"ם ז"ל פ"ג מהל' עיוה"כ ה"ז כתב רק דמחתכן לחתיכות גדולות – מקדש דוד קדשים סימן כג.

אף להלן חוץ לשלש מחנות

ויש לעיין בשילה ונוב וגבעון אם היו יכולים מדינא לעשות פרה, כיון דבעינן נוכח פתח אהל מועד. ובספרי [חוקת פיסקא קכ"ג] והזה אל נוכח פני אהל מועד, שאם לא הוקם המשכן או אם קיפלה הרוח את היריעה, לא היתה פרה נעשית חטאת, **ועל** "אל מחוץ למחנה" איתא בספרי להר המשחה, וכן בפרש"י בחומש [במדבר י"ט ד' מהגמ' יומא ס"ח ע"א] במזרחו של ירושלים וכו', הרי שדברו רק מהמשכן וירושלים.

ולענין אי מקרי אהל מועד האריכו התוס' בכמה מקומות, עיין סוטה ט"ז ע"א בד"ה ובית העולמים בחד תירוצא, דעיקר ריבוייא אצטריך לנוב וגבעון, והביאו מיומא מ"ד, דמשמע דשילה ובית עולמים אינם בכלל אהל מועד, ומריש עירובין דבית עולמים בכלל אהל מועד, עיין שם, ובחולין כ"ד ע"א בתוד"ה יכול, ושבועות ט"ז ע"ב בתוד"ה או אידי ודו"ק.

ובמגילה ט' ע"ב וזבחים קי"ז ע"א, ר"ש אומר אף ציבור לא הקריבו אלא פסחים וחובות שקבוע להם זמן, וסתמא דמשנה דמגילה שם כוותיה דר"ש דכעין פסחים, וא"כ אפשר דגם פרה לא. **אמנם** י"ל דזה דייקא בנקרבים בפנים, ולא במה שנעשה בחוץ, ואולי אין לחלק ודו"ק.

ועוד גם זאת, דבזבחים דף קי"ב ע"ב, בגלגל שילה ונוב וגבעון קדשים קלים בכל מקום, ופרש"י ורע"ב ועוד ראשונים דכיון דבטלו הדגלים וכו' בטלה קדושת מחנה ישראל, ובשילה היו נאכלין בכל הרואה, ובנוב וגבעון בכל ערי ישראל, עיין שם, וכיון דביומא ס"ח ע"א יליף לה מפרים הנשרפין דבעי חוץ לג' מחנות דייקא, עיין שם, **לזה** במשכן שבמדבר ובירושלים דהיו ג' מחנות היו יכולים לעשות פרה, אבל לא בשילה ונוב וגבעון דלא היו ג' מחנות. ועיין בתוס' שבועות ט"ז ע"ב סוד"ה או אידי, וברמב"ם פ"ז מבית הבחירה הי"א. ולזה נקט בספרי הנ"ל משכן וירושלים דייקא ודו"ק – שו"ת דברי יציב חלק חושן משפט סימן קכא.

מה להלן על ידי ניתוח ולא על ידי הפשט אף כאן על ידי ניתוח ולא על ידי הפשט והתם מנא לן דתניא וקרבו ופרשו והוציא מלמד שמוציאו שלם יכול ישרפנו שלם נאמר כאן ראשו וכרעיו ונאמר להלן (ראש וכרעים) מה להלן על ידי ניתוח אף כאן על ידי ניתוח אי מה להלן על ידי הפשט אף כאן על ידי הפשט תלמוד לומר וקרבו ופרשו מאי תלמודא אמר רב פפא כשם שפרשו בקרבו כך בשרו בעורו: מאימתי מטמאין בגדים: תנו רבנן ויוציא אל מחוץ למחנה ושרפו להלן אתה נותן להם שלש מחנות וכאן אתה נותן להם מחנה אחת אם כן למה נאמר מחוץ למחנה לומר לך כיון שיצא חוץ למחנה אחת מטמאים בגדים והתם מנא לן דתניא והוציא את כל הפר חוץ לשלש מחנות אתה אומר חוץ לשלש מחנות או אינו אלא חוץ למחנה אחת כשהוא אומר בפר העדה אל מחוץ למחנה שאין ת"ל שהרי כבר נאמר ושרף אותו כאשר שרף את הפר הראשון ומה ת"ל אל מחוץ למחנה ליתן לו מחנה שניה וכשהוא אומר בדשן שאין ת"ל שהרי כבר נאמר אל שפך הדשן תן לו מחנה שלישית ור"ש האי מחוץ למחנה מאי עביד ליה מיבעי ליה לכדתניא ר"א אומר נאמר כאן מחוץ למחנה ונאמר להלן מחוץ למחנה מה כאן חוץ לשלש מחנות אף להלן חוץ לג' מחנות ומה להלן במזרחה של ירושלים אף כאן במזרחה של ירושלים ורבנן היכא שריף להו כדתניא היכן נשרפין לצפונה

רש"י

מה להלן וכו' · כדמפרש ואזיל · בת"כ ה"ג לה ואת עור הפר ואת כל בשרו על ראשו ועל כרעיו וקרבו ופרשו והוליא מלמד שמוליאו שלם: **ונאמר להלן ראש וכרעים ס"ג** · ומעולה גמר שנאמרו בה ראש וכרעים בהקטרתה שנאמר וערכו את הנתחים את הראש ואת הפדר ולהלן נאמר והקרב והכרעים: **כשם שפרשו בקרבו כו'** · שנאמר ואת עור הפר ואת כל בשרו הקיש הולאת עור ובשר להולאת קרבו ופרשו מה פרשו בקרבו אף בשרו בעורו וכתיב והוליא ושרף מה הולאתו בשרו (א) בעורו אף שריפתו כן: **ת"ר נאמר כאן מחוץ למחנה וכו'** · הגירסא הזו משובשת היא ולא אפשר להעמידה ובמסכת זבחים ובת"כ הכי איתא ת"ר להלן אתה נותן להן ג' מחנות וכאן אתה נותן להן מחנה אחת א"כ למה נאמר אל מחוץ למחנה לומר לך כיון שילאו חוץ למחנה אחת מטמאין בגדים וגבי פר יום הכפורים תניא לה בת"כ יוליא אל מחוץ למחנה ושרפו וגו' וקמתמה תנא ואמר הכי להלן בפר העדה וכהן משיח אתה נותן להן לשריפתן חוץ לג' מחנות עזרה והר הבית וירושלים כדיליף לקמן וכאן אתה אומר אל מחוץ למחנה ושרפו דמשמע שנשרפין חוץ למחנה שכינה מיד במחנה לויה והלא אף אלו פנימיים ואיתקשו להדדי לשריפה ולטומאת בגדים כדאמרינן גבי פר העלם דבר ועשה לפר כאשר עשה לפר החטאת וכוליה לדרשא ודרשינן לפר זה פר יום הכפורים במס' זבחים (נט.) ובמסכת מנחות (כז.) מייתינן לה ועיקר בת"כ וגבי פר יוה"כ נמי כתיב החטאת החטאת ואת פר החטאת ואת שעיר החטאת מה תלמוד לומר חטאת חטאת לפי שלא למדנו שיהו מטמאין בגדים ונשרפין אבית הדשן אלא אלו בלבד מניין לרבות פר משיח ופר העדה ושעירי ע"ז ת"ל חטאת חטאת אלמא כי הדדי נינהו א"כ למה נאמר כאן מחנה אחת לא נאמרה אלא על טומאת הבגדים הכתובה אחריה והשורף אותם יכבס בגדיו ולומר לך כיון שילאו חוץ למחנה אחת מטמאין בגדים ואף של פר כהן משיח מכאן למד שהרי לא נכתבה בו טומאת בגדים ומריבויא דחטאת חטאת אתיא כדפרישית וה"ג אמר מר להלן אתה נותן להם ג' מחנות וכו': **מחוץ למחנה בדשן** · בהולאת הדשן המזבח והוליא את הדשן אל מחוץ למחנה שאין [ת"ל] אינו מלמד כלום דהא ידעינן דלא מחוץ למחנה מוליאין אותו דכתיב בפרים הנשרפים אל שפך הדשן וכתיב בהו מחוץ למחנה: **ורבי שמעון** · דאמר במתניתין אין מטמאין בגדים עד שיולת האור ברובן האי מחוץ למחנה דכתיב בפר ושעיר של יום הכפורים מאי עביד ליה: **נאמר כאן** · בפר יום הכפורים ונאמר להלן בפרה אדומה והוליא אותה אל מחוץ למחנה (במדבר יט): **מה כאן** · בפרים הנשרפין חוץ לג' מחנות אף שחיטת פרה אדומה חוץ לג' מחנות: **ומה להלן** · בפרה אדומה במזרחה של ירושלים דכתיב בה אל נכח פני אהל מועד (שם) אלמא עומד במזרח ופניו למערב כנגד פתחו של היכל שהוא בכותל [מערבי] ופתוח למזרח אף כאן וכו': **ורבנן** · דמפקי ליה לקרא לטומאת בגדים ולית להו גזירה שוה: **היכא שריף להו** · לאיזו רוח של ירושלים: לצפונה

תוספות

כשם שפרשו בקרבו כך בשרו בעורו · פירש"י ואיתקש שריפה להולאה ותימה לי והא בקדשים אין למדין היקש מהיקש והכא כיון דהולאה גופה נמי למדינן בהיקש מדאיתקש עור ובשר לפרש היכי הדר מו גמרינן מינה שריפה בהיקש ואין להאריך כיון דנשרפין חוץ לשלש מחנות לא חשיבי עור ובשר שלהם קודש לענין זה שלא יחזרו וילמדו בהיקש אלא חוזרין שפיר ומלמדין בהיקש דהא בפ' איזהו מקומן (זבחים דף נ:) מייתי הא ברייתא דהכא וגמר מינה דבר הלמד בג"ש חוזר ומלמד בג"ש בקדשים אלא יש לומר דשריפה גופה איתקש לפרש כשם שפרשו בקרבו בשעת שרפה כך בשרו בעורו דושרף קאי על בשרו וראשו וכרעיו וקרבו ופרשו ששורף הכל וכשם שפרשו בקרבו דגנאי היה לשרוף הפרש בפני עצמו אף בשרו בעורו מיהו יכולני ליישב פירש"י: **תן לו מחנה שלישית** · תימה בפר העדה מנלן שלש מחנות אי מפר כהן משיח הא איהו גופיה גמר בהיקש מדשן ודבר הלמד בהיקש אינו חוזר ומלמד בהיקש ולמאן דאמר הימנו ודבר אחר לא הוי היקש ניחא דאגב דגמרי מיניה מחנה הכתוב בו גמרינן נמי מחנה דגמר בהיקשא וכן קשה בפרק נגמר הדין (סנהדרין דף מב:) דיליף מקלל דסקילתו חוץ לשלש מחנות מגזירה שוה דפרים הנשרפים ואמאי והא דבר הלמד בהיקש אינו חוזר ומלמד בגזירה שוה למאן דאמר באיזהו מקומן דבתר מלמד אזלינן אע"ג דלמד חול הוא וכן בשמעתא דקאמר להלן אתה נותן להם שלש מחנות וכאן מחנה אחת פירוש הא גמרי מהדדי בג"ש דחטאת חטאת בשילהי התערובת (זבחים דף פב.) וקשה והא דבר הלמד בהיקש אינו חוזר ומלמד בגזירה שוה וכן קשה לר' שמעון דגמר פרה מפר יום הכפורים חוץ לשלש מחנות בגזירה שוה ופר יום הכפורים גופיה בהיקש מפר כהן משיח כדפירש רש"י מדדרשי לפר זה פר יום הכפורים דאיתקש בההוא קרא לפר כהן משיח ולפר העלם ובקרא אחריתי דכתיב ואת פר החטאת ואת שעיר החטאת שאין תלמוד לומר החטאת החטאת אלא החטאת יתירא לאשר נשרפין הוא דאתא הרי איתקשו להדדי וכל שכן דקשה טפי הכא דגמר פרה בגזירה שוה מפר יום הכפורים ופר יום הכפורים בהיקש מפר כהן המשיח דאיהו גופיה יליף בהיקש בשלמא מזרחה של ירושלים דגמר יום הכפורים מפרה אי הדר לגמגמר מפר כהן משיח לרב פפא דפרק איזהו מקומן דאמר בתר מלמד אזלינן ומלמד חולין הוא דפרה קדשי בדק הבית היא אבל היכי מלמד יום הכפורים על פרה כיון דמלמד קודש הוא ויש לומר דפר יום הכפורים ופר כהן משיח לא בהיקש נמרי בהדדי אלא בגזירה שוה דעור ובשר ופרש כדלעיל או בג"ש דהחטאת החטאת מהדדי דבכולהו כתיב החטאת ולא כמו שפירש רש"י דהיקש הוא והשתא ניחא דהוה ליה דבר הלמד בגזירה שוה חוזר ומלמד בגזירה שוה ופר העלם נמי למאן דאמר הימנו ודבר אחר הוי היקש לאו בהיקש יליף אלא בגזירה שוה דהחטאת החטאת ואפילו לר' מאיר דפליג בס"פ התערובות (נס זה שם) אההוא דרשא דחטאת וקאמר אינו צריך הרי הוא אומר לכפר כו' לאו משום דלית ליה גזירה שוה אלא ה"ק אינו צריך גזירה שוה לטומאת בגדים דמקרא דלכפר נפקא אי נמי יליף שריפה חוץ לג' מחנות מגזירה שוה דמחוץ למחנה כרבי שמעון וקשה אמאי איצטריך לרבי שמעון מחוץ למחנה מיותר ללמד על פרה שלש מחנות נגמר לה מפרים הנשרפים כדגמר מקלל בר"פ נגמר הדין (סנהדרין דף מב:) ויש לומר דסמא לרבי שמעון מקלל כמו מפר יוה"כ גמר כמו פרה ועוד תימה לדידן נגמר מקלל שיהא חוץ למחנה מיום הכפורים דמטמא בגדים חוץ למחנה אחת ולא נגמר חוץ לג' מחנות משריפה פרים ויש לומר מסתברא מפרים דאית לן למיגמר להדדי ולדי הכשירו שם מקלל לקולא ופרים לשרפן אבל טומאת בגדים שחוץ למחנה אחת איכן הכשירו אבל יומא מאי איצטריך קרא בפ' השוחט והמעלה (זבחים דף קז:)

רבינו חננאל

לעלותן ע"ג המזבח להקטירן. קלען במקלעות א"ר יוחנן כמין קליעה תנן כלומר היו תולין במוטות כמו קלע כדכתיב ואת נפש איביך יקלענה בתוך כף הקלע. תנא לא היה מנתחן ניתוחי עולה לא ע"י הפשט אלא עור ע"ג בשר היה מנתחן דילפי מפר העלם דבר של צבור שנא' בו בפר העלם דבר של צבור על ראשו ועל כרעיו וקרבו ופרשו ונאמר בעולה קרבו ראשו וכרעיו מה להלן ע"י ניתוח שנאמר והפשיט את העולה ונתח אותה לנתחיה: אף פר העלם דבר ע"י ניתוח. אי מה העולה ניתוחה אחרי הפשט עורה מבשרה. אף זה הפר ניתוחו אחרי הפשיטו ת"ל וקרבו ופרשו שכשם שפרשו בקרבו כך בשרו בעורו למדנו שלא היה מפשיט העור מן הבשר אלא היה מנתחם בעודנו העור דבוק על הבשר. תוספתא [כפ"ג] היכן שורפין אותן אבית הדשן הגדול חוץ לירושלים ולצפונה של ירושלים חוץ לג' מחנות והקיפין של כהנים היו מעמידין מפני דוחק העם כדי שלא יהו קופצין לראות ונופלין לתוך המדורה וכו': מאימתי מטמאין בגדים וכו'. ת"ר להלן בפר כהן משיח אתה נותן חוץ לג' מחנות וכאן חוץ למחנה אחת. א"כ מה ת"ל אל מחוץ למחנה ללמד כיון שיצאו חוץ לחומת העזרה מטמאין בגדיהן המוציאין אותן לשורפן כדתנן בזבחים סוף פרק טבול יום. היו סיבלין אותן במוטות יצאו הראשונים חוץ לחומת העזרה והאחרונים לא יצאו. הראשונים מטמאין בגדים ואחרונים אין מטמאין עד שיצאו כו'. והתם בפר כהן משיח מנ"ל דחוץ לג' מחנות. דתניא והוציא את כל הפר אל מחוץ למחנה חוץ לג' מחנות וכו'. ופשוטה בפר כהן משיח כתיב אל מחוץ למחנה אל שפך הדשן למדנו ששפך הדשן הוא חוץ למחנה למה כתיב והוציא את הדשן אל מחוץ למחנה להוסיף לו חוץ למחנה אחר. עוד בפר העדה כתיב ושרף אותו כאשר שרף את הפר הראשון. והוא פר כהן משיח. וממילא ידעינן דחוץ למחנה ישרף למה כתב בו [אל מחוץ למחנה] ליתן מחנה אחר הרי ג' מחנות. וכתיב והשליך אותה אצל המזבח קדמה אל מקום הדשן. ש"מ ששפך הדשן במזרח היה. הנה למדנו שפר כהן משיח היה נשרף חוץ לג' מחנות למזרח ירושלים. וכן פר העדה ור' שמעון דאמר משיצת האור ברובן דאיתייר

תוספות ישנים

[כשולה ראש וכו' עי' רש"י זבחים נ. ד"ה ונאמר להלן וכו']

זבחים נ.

[נ"ל ראשו וכרעיו]

זבחים קה:

שם סנהדרין מב:

[כל הענין זבחים קה: קו. ע"ש]

הגהות הב"ח

(א) רש"י ד"ה כשם שפרשו כו' מה הולאתו בשרו בעורו אף:

עין משפט נר מצוה

מב א מיי' פ"ז מהל' מעשה הקרבנות הלכה ד:
מג ב ג ד ה מיי' פ"ה מהל' פרה הל' ד:
מד ו מיי' פ"ג מהל' עבודת יוה"כ הל' ז:
א ז ח מיי' שם הל' ט:
ב ט י מיי' שם הלכה י:
ג כ מיי' שם הלכה ח:
ד ל מיי' פ"ח מהלכות בית הבחירה הל' ו:
ה מ מיי' פ"י מהלכות מעשה הקרבנות הל' א:

במחנה לרבות אפילו חוץ למחנה אחת דלא תימא חוץ לג' מחנות כמו פרים הנשרפים בלאו קרא. גמגמר מחוץ למחנה לטומאת בגדים דדמו להדדי בתרוייהו לאו מכשירים נינהו ונראה לי דאי לאו כתב במחנה הוה גמרינן מפרה דאף על גב דהאי מכשיר והאי לאו מכשיר הוא מכל מקום כיון דאידי ואידי בשחיטתן חוץ איירי דכתיב גבי פרה והוציא אותה אל מחוץ למחנה ושחט אותה לפניו וגמרינן להו מהדדי ופרה גמרינן מפרים הנשרפין משריפתן ולא מטומאתן דלשריפתן דמיא לאידי מכשיר הוא אבל לטומאתן לא דמיא כלל:

הדרן עלך שני שעירי

לצפונה של ירושלים וחוץ לשלש מחנות ר' יוסי אומר אבית הדשן נשרפין אמר רבא מאן תנא דפליג עליה דר' יוסי ר' אליעזר בן יעקב הוא דתניא *אל שפך הדשן ישרף שיהא לשם דשן רבי אליעזר בן יעקב אומר שיהא מקומו משופך אמר ליה אביי ודילמא במקומו משופך הוא דפליגי ת"ר והשורף השורף מטמא בגדים ולא המצית את האור ולא המסדר את המערכה ואי זהו השורף זה המסייע בשעת שריפה יכול אף משנעשו אפר מטמאין בגדים ת"ל אותם אותם מטמאין בגדים ולא משנעשו אפר מטמאין בגדים ר"א ברבי שמעון אומר הפר מטמא ניתך הבשר אינו מטמא בגדים מאי בינייהו א) איכא בינייהו דשויה חרוכא: **מתני'** אמרו לו לכהן גדול הגיע שעיר למדבר ומניין היו יודעין שהגיע שעיר למדבר דירכאות היו עושין ומניפין בסודרין ויודעין שהגיע שעיר למדבר אמר ר' יהודה והלא סימן גדול היה להם מירושלים ועד בית חדודו שלשה מילין הולכין מיל וחוזרין מיל ושוהין כדי מיל ויודעין שהגיע שעיר למדבר [א] (א) ר' ישמעאל אומר והלא סימן אחר היה להם לשון של זהורית היה קשור על פתחו של היכל וכשהגיע שעיר למדבר היה הלשון מלבין שנאמר אם יהיו חטאיכם כשנים כשלג ילבינו: **גמ'** אמר אביי ש"מ בית חדודו במדבר קיימא והא קמ"ל [ב] דקסבר רבי יהודה כיון שהגיע שעיר למדבר נעשית מצותו:

הדרן עלך שני שעירי

בא לו כהן גדול לקרות אם רצה לקרות בבגדי בוץ קורא ואם לאו קורא באצטלית לבן משלו חזן הכנסת נוטל ספר תורה ונותנו לראש הכנסת וראש הכנסת נותנו לסגן והסגן נותנו לכהן גדול וכהן גדול עומד ומקבל (ב) וקורא ג) אחרי מות ואך בעשור וגולל ספר תורה ומניחו בחיקו ואומר יותר ממה שקראתי לפניכם כתוב כאן ובעשור שבחומש הפקודים קורא על פה ומברך עליה שמונה ברכות על התורה ועל העבודה ועל ההודאה ועל מחילת העון (ג) ועל המקדש [ג] בפני עצמו ועל ישראל בפני עצמן ועל ירושלים בפני עצמה ד) ועל הכהנים בפני עצמן ועל שאר התפלה *הרואה כהן גדול כשהוא קורא אינו רואה פר ושעיר הנשרפין והרואה פר ושעיר הנשרפין אינו רואה כ"ג כשהוא קורא ולא מפני שאינו רשאי אלא שהיתה דרך רחוקה ומלאכת שניהן *שוה כאחת: **גמ'** מדקתני באצטלית לבן משלו מכלל דקריאה לאו עבודה היא וקתני אם רצה לקרות בבגדי בוץ קורא שמעת מינה בגדי כהונה ניתנו ליהנות בהן דילמא שאני קריאה דצורך עבודה היא דאיבעיא לן בגדי כהונה ניתנו ליהנות בהן או לא ניתנו ליהנות בהן ת"ש **לא היו ישנים בבגדי קודש שינה הוא דלא הא מיכל אכלי דילמא שאני אכילה דצורך עבודה היא כדתניא ואכלו אותם אשר כופר בהם מלמד שהכהנים אוכלים ובעלים מתכפרין שינה הוא דלא הא הלוכי מהלכי בדין הוא דהלוכי נמי לא

וסיפא

א) [בערוך ערך חרך גרס אמר רבא דשויה חרוכא איכא בינייהו] ג) [גי' סדר המשנה וירושל' עומד ומקבל וקורא עומד וקורא וכו'] ב) [עי' במשנה שבמשניות ובתי"ט] ד) פסחים נט. יבמות מ. ל.

רש"י

לצפונה של ירושלים · שכל מעשה חטאת בצפון: אבית הדשן · לריך שיקדים לשם דשן המזבח שיהא נקרא קודם לכן מקום שפך הדשן מכלל דלתנא קמא לא לריך: רבי אליעזר בן יעקב הוא · דאמר לא אשמועינן אלא שיהא מקומו מדרון שיהא דשנו משתפך: ודילמא במקומו משופך הוא דפליגי · ומודה רבי אליעזר בן יעקב שיקדים שם דשן אלא דבעי נמי מקומו משופך: השורף · המתעסק בצרכי שריפתן כגון דכתיב אותם כגון המסייע בשעת שריפה והאי תנא אית ליה כרבי שמעון דאין מטמאין בגדים עד שיוצת בהן האור: דשויה חרוכא · דהוי ניתך הבשר ואפר מיהו לא הוו לתנא קמא מטמאין עד שיעשו אפר דאותם קרינא ביה לרבי אלעזר ברבי שמעון שוייה חרוכא לא מטמא דלא פר מיקרי: **מתני'** אמרו לו לכהן גדול וכו' · שאינו רשאי להתחיל בעבודה אחרת עד שהגיע שעיר למדבר שנאמר ושלח את השעיר במדבר ואחר כך ואת חלב החטאת יקטיר המזבחה: דירכאות · בני אדם עומדים מירושלים לצוק בכדי שיראה זה סימנו של זה ומניפין אותם הסמוכין למדבר בסודרין וזה הסמוך לו רואה ומניף גם הוא ורואה חבירו הסמוך לירושלים דירכאות בלע"ז רידר"יגרדש: עד בית חדודו · הוא ראש המדבר ושם נתקיים ושלח את השעיר במדבר: הולכין מיל · כדאמרן לעיל (סו:) מיקרי ירושלים מלוין אותו עד סוכה הראשונה: **גמ'** נעשית מצותו · ומתחיל לקרות הפרשה:

הדרן עלך שני שעירי

בא לקרות · את הפרשה דילפינן ממלואים דאמרינן בפ"ק (דף ה:) מניין שאף מקרא פרשה מעכב וכו': אם רצה לקרות בבגדי בוץ · שהוא לבוש עכשיו שעבד בהן עבודת היום: אצטלית · לבוש כמין חלוק: בית הכנסת · היה סמוך לעזרה בהר הבית: חזן הכנסת · שמש: ראש הכנסת · על פיו נחתכין צרכי הכנסת מי מפטיר מי פורס על שמע מי עובר לפני התיבה: ואך בעשור · שבפרשת אמור אל הכהנים: ואומר יותר ממה שקריתי וכו' · בגמרא מפרש טעמא: שבחומש הפקודים · ספר וידבר שמתחיל במנין של ישראל ופרשת פינחס בתוכו כפר ושם המוספין אמורין: קורא על פה · טעמא מפרש בגמרא: על התורה · ברכה של אחריה אשר נתן לנו וכו': ועל העבודה · רצה בעמך ישראל והשב העבודה לדביר ביתך וכו' שאותך לבדך ביראה נעבוד: ועל ההודאה · מודים אנחנו לך עד הטוב לך להודות על העבודה מברך בשביל העבודה שעבד והודאה סמוכה לעבודה דכתיב זובח תודה יכבדנני (תהלים נ) אחר עבודה תודה והיא הודאה: על מחילת העון · מחול לעונותינו ביום הכפורים הזה וכו' עד מלך מוחל וסולח לעונותינו וכו': על המקדש · מתפלל על המקדש וחותם ברוך שבחר במקדש: ועל הכהנים · מתפלל על הכהנים וחותם ברוך שבחר בזרעו של אהרן וכן על ישראל: ועל שאר התפלה · מפרש בגמרא: **גמ'** נתנו ליהנות · נתן רשות ליהנות בהן בלא שעת עבודה: שינה הוא דלא · שמא יפיח:

וסיפא

רבינו חננאל

ליה אל מחוץ למחנה טופני גמיר ביה ג"ש מפר כהן משיח. כדתניא ר' אליעזר אומר נאמר בו מחוץ למחנה כו'. ורבנן דמפקי אל מחוץ למחנה דחוץ לחומת עזרה [מטמא בגדים] תני היכא הוה שריף להו אמרינן שריף להו לצפון ירושלים חוץ לג' מחנות כדתניא כו'. אמר רבא מאן תנא דפליג על ר' יוסי הגלילי ר' אליעזר בן יעקב היא דתניא על שפך הדשן ישרף שיהא שם דשן שיקדים שם דשן. ר' אליעזר בן יעקב אומר שיהא מקומו משופך ידחי אביי ודילמא במקומו משופך פליגי ולאו דלא בעי ר' אליעזר בן יעקב על שפך הדשן משום מאן דאמר ניתך הבשר והחלב כהיתוך מים אין מטמא בגדים. החריכה נמי כמו היתוך הוא שהרי לא נותר בשר. ואינו מטמא בגדים. ומי שאמר משנעשו אפר החריכה אינה אפר ומטמא בגדים. אמרו לכ"ג הגיע שעיר למדבר כו'. אמר אביי ש"מ קא סבר ר' יהודה בית חדודו מדבר הוא. קמ"ל כיון שהגיע למדבר נעשה מצותו:

הדרן עלך שני שעירי

פ"ז **בא** לו כ"ג לקרות אם רוצה בבגדי בוץ קורא כו'. דייקינן מתני' דקריאה לאו עבודה היא. ומדקרי בבגדי בוץ ש"מ דבגדי כהונה ניתנו ליהנות בהן. ואע"ג דאיבעיא לן לשמעתא כי ניתנו ליהנות בהן דחי ליה שני קריאה דצורך עבודה היא הכי נמי דתנן שלא היו ישנים בבגדי קדש הא מיכל אכלי בהו. דילמא שני אכילה דאית בה כפרה כעבודה היא דתניא ואכלו אותם אשר כופר בהן מלמד כיון שהכהנים אוכלין אותם בעלין מתכפרין איכא דאמרי שינה הוא דלא הא הילוך בהו שרי. ודחינן אפילו הילוך אסיר

מסורת הש"ס

סוטה מ:
[מגילה כד.]

הגהות הב"ח

(א) מתני' ר' ישמעאל אומר והלא סימן אחר כו' נ"ב ברייתא היא: (ב) מתני' וכהן גדול עומד ומקבל וקורא. נ"ב ס"א עומד וקורא: (ג) שם ועל המקדש (בפני עצמו) ועל ישראל (בפני עצמן) ועל הכהנים (בפני עצמן) ועל שאר התפלה כצ"ל ותיבות ירושלים בפני עצמה נמחק ותיבות בפני עצמן מוקפין וכ"ב ס"א על הכהנים ועל ישראל ועל שאר התפלה:

הגהות הגר"א

[א] במשנה (ר' ישמעאל כו' כשלג ילבינו) תא"מ: [ב] (דקסבר ר' יהודה) תא"מ: [ג] במשנה ועל המקדש ועל הכהנים ועל ישראל בפני עצמן ועל שאר התפלה. כצ"ל:

גליון הש"ס

מתני' קורא על פה. עיין ברבינו יונה פ"ה דברכות דף ז ע"ב:

[גי' ירו' סיפה נעשית כאחת]

הגהות מהר"ב רנשבורג

א) מתני' על הכהנים ועל שאר התפלה. נ"ב עי' בברייתא לקמן דף ע' ע"א ת"ר על התורה וכו' ועי' תוי"ט ד"ה על התורה כו' ודו"ק:

תוספות ישנים

יד הוא כדאמרינן בפסחים בריש אלו דברים גבי הכין ובמסכת שקלים פרק התרומה (מ"ב) מוכח דהאי לשון של זהורית דהכא אין זה לשון זהורית שהיו קושרין במקדש בראש השעיר המשתלח לעיל בפרק טרף בקלפי (דף מא:) דקתני פרה ולשון של זהורית שבראש שעיר המשתלח באין מתרומת הלשכה כבש שעיר ולשון שבין קרניו באין משירי הלשכה א): מלבין ויודעין שנעשית מצותו. ואע"פ שהיה כמה פעמים מלבין קודם עשיית המצוה מ"מ סמוך לעשייתו היה מלבין: *)כאן דאמר מותרין דכתיב במדבר. ואע"פ דמעגלה ותרומת הדשן לא ילפי' לשו דהוה שני כתובים הבאים כאחד מ"מ איצטריך ליה במדבר דלא תילף ב) לאסור משום גזירה (שוה) שמא ולמ"ד אסורין הוי מצי למימר לעיל דהוה שלשה כתובים אלא דהוה מצי למיפרך הניחא למ"ד כו' כדפריך במעילה פ' ולד חטאת (דף יא:) כדפרישית לעיל: אכילת חזיר ולבישת שעטנז כו'. וכן יש הרבה אפר פרה וכיסוי הדם וכיוצא בהן: הקטירן ס"ד אתו במגס מקטר להו. ומתקו רש"י כאן ובפסחים פרק תמיד נשחט (דף סה:) ובפ' שני דסוטה (דף טו.) גבי מנחה משום דקשיא ליה דדוכתא תנינן טובא במנחות מעלהו ומקטירו בכלי שרת מעלהו ומקטירו בהמיינו והכי פריך הכא והקטירו ס"ד וכי הוא מקטירן עכשיו והלא עודנו לבוש בגדי לבן ועליו עוד לקרות הפרשה ואח"כ יטבול וילבש בגדי זהב לאילו ואיל העם ואח"כ יטבול להוציא כף ומחתה ויטבול שלישית למוספין ואימורי חטאת הללו כדאמרינן בפירקין דלקמן ובתמיד נשחט נמי פריך הקטירן ס"ד והלא בפסחא ונתותו קאי והן כשרין בזר והוא לא מקטר להו ורבינו יעקב היה רוצה לפרש הכא ובפסחים דגרס ליה וה"ק אתו במגס מקטיר להו דעל כרחין לא היה נותנן במגס כדי לקדשן בה כי השחיטה מקדשתן ולא דמי לכלי שרת דמנחות דכלי שרת מקדשם ומיהו בההיא דסוטה אין ליישב לפי דבריו דפריך ליה גבי מנחה על כן נראה לרבי דודאי הכי נמי הוי מצי לאקשויי במנחה בכל מקום שהוא אלא אחר שהקשה בסוטה אין לו לחזור להקשות בכל מקום ולספרים דגרסינן בסוטה מעלהו ומקטירו בכלי שרת ומולחו ונותנו על גבי האשים ג) ופריך וכי לפני המליחה מקטירו וזה היה ניחא לפי שיטת רש"י אבל יש ספרים דלא גרסינן הכי. מ"ר. וקשה לפי פירוש רבי דהכא ובפסחים למה הקשה אותו כיון שהקשה כן ופירש במקום אחד ונראה לי דלא קשיא מידי ושפיר גרסי' ליה דבכל דוכתא לא פריך הכי אלא במקום ששונה הסדר כגון הכא ששונה כל סדר יום הכפורים ואינו מחסר כלום משמע שכך היה הסדר שנותנן במגס ומקטירן וכן בפסחים ששונה שם כל הסדר של פסחים כמו שהיה קרב א"כ משמע שכך הוא היה הסדר שנותן במגס והקטירן שם וכן ההיא דסוטה דקתני התם בפרק שני (דף יד:) סדר מנחה [כיצד] אדם מביא מתוך ביתו כו' ולכך סבור דכך הוא הדין והסדר שמקטירן בכלי שרת אבל בהכי דמנחות [אין שונה הסדר ולכך] ידע שהוא רוצה לומר שמעלהו בהמיינו או במקידה של חרס והקטירו על גבי המזבח.

כן נראה עיקר: **אלא** אימא להקטירן. ואין מקטירן עכשיו עד שהוא מקריב מוספין כדפירש"י על כן הגיה ר"ת בסידור אתה כוננת קרבן והוציא חלבם והקטיר דגרס להקטיר לפי שעתה לא היה מקטירן עד אחר קריאת הפרשה והקרבת אילו ואיל העם ושמא לשון המשנה תפס לו הפייט כך: (ע"כ שייך לדף סו ע"ב) **בעדרו** בעורו. דאיתקש עור הפר ואת כל בשרו דבריפיה דקרא לקרבו ופרשו דכתיב בתריה: **במזרחה** של ירושלים. בכל מקום שנאמר פני אינו אלא פני קדים שעומד כנגד המזרח ומזה כנגד פתחו של היכל שהוא במערב: (דף סח ע"ב) **רבי** אליעזר בן יעקב היא. דלא בעי שיהיה שם דשן ומ"מ גמר שלש מחנות ד) ושפך הדשן במקום שפיכת הדשן: **וקמ"ל** דקסבר רבי יהודה כיון שהגיע שעיר לראש המדבר נעשית מצותו. ואז היה קורא מיד הפרשה משמע לכאורה דפליג ה) אתנא קמא דאמר לעיל (דף סז) כשהגיע שעיר למדבר מלבין ויודעין היו שנעשית מצותו וזהו כשהגיע [להצוק] שעד אותה שעה לא היה מלבין כדקאמר לעיל דילמא קדים ומלבין כו' ומיהו דנמיש ליה לרישיה כו' אלמא לא היה מלבין עד שעת דחיפה לגמרי ולפי שפי' התלמוד המשנה לעיל ו) לימא ליה לר' יהודה שהיו קושרין אותו חציו בסלע וחציו בין קרניו כיון שמלבין ז) היה מגיע למדבר: **פ"ז בא** לו כהן גדול לקרות כו'. הכא הואיל והפסיק עבודת היום וגם עשה עיקר עבודות בפרס יש לו לקרות ולברך על המחילה ועל סדר הברכות בירושלמי מנין לקרות הפרשה רבי אידי בשם רבי יוחנן ויעש מה תלמוד לומר כאשר צוה ה' מכאן לקריאת הפרשה: **אם** רצה לקרות בבגדי בוץ קורא. אבל בבגדי זהב אין לקרות שאין ללבוש בתחילה בגדי זהב אם לא לצורך עבודה ואמרינן לעיל בפרק הממונה (דף לג.) שכל המשנה מעבודה לעבודה טעון טבילה וטעון שתהא טבילה סמוך לעבודה חשובה: **מכלל** דקריאה לאו עבודה היא. מדלא בעינן שימסרנה לגיזבר לכל הפחות ועוד דאצטלית אינו כתונת וחלוק כפירוש רש"י אלא הוא כמו סדין להתעטף בה כמו אדרת שנער איצטלא דמילתא בסנהדרין ואיצטלא דפרסוס אמיתנא וכן היה לבוש איצטלא בת מאה וכן נותנין לו כל ימות הרגל ולאיצטלתו וכן תרגם ירושלמי דויקח שם ויפת את השמלה משמע שהוא כעין סדין ולא חלוק וכתונת ולכאורה משמע שאינו בגדי כהונה כזה הענין ולא כפי' רבותיו של רש"י שפי' לעיל בפ' הממונה (דף לה:) דכהן שעשתה לו אמו כתנת בת מאה מנה לובשה ועובד בה עבודת יחיד דהיינו מקרא פרשה באיצטלית לבן מאלו דהא פריש הכא שאינו כתונת וגם הקשה רש"י שם עליהם דלא קתני בה הכא ובלבד שימסרנה לגיזבר וגם הפייט יסד את הכתונת סובר ח) שאינו בגדי כהונה ועוד דהא אמרינן מכלל דקריאה לאו עבודה היא ואי עבודה חשיבה ואפילו של יחיד לא הוי מקשה כאן כלום:

*) ע"כ שייך לדף סו ע"א   א) במשנה שלפנינו שם ג"י אחרת ועיין ב"י: ב) י"ג כמ"ד: ג) יש לפרש דפריך: ד) נ"ל מעל שפך: ה) נ"ל אר' אליעזר דקסבר: ו) נ"ל לית: ז) נ"ל כשמגיע: ח) נ"ל שכן:

§ מסכת יומא דף סח: §

אות א'

רבי יוסי אומר אבית הדשן נשרפין

רמב"ם פ"ז מהל' מעשה הקרבנות ה"ד - והמקום השני בהר הבית ושמו בירה, ובו שורפין חטאות הנשרפות אם אירע בהן פסול אחר צאתן מן העזרה, והמקום השלישי חוץ לירושלים [א]והוא הנקרא בית הדשן, ושם שורפין חטאות הנשרפות בזמן שהן נשרפות כמצוותן.

אות ב' - ג' - ד' - ה'

ולא המצית את האור

ולא המסדר את המערכה

ואי זהו השורף, זה המסייע בשעת שריפה

אותם, אותם מטמאין בגדים ולא משנעשו אפר וכו'

רמב"ם פ"ה מהל' פרה אדומה ה"ד - ולא הפרה בלבד, אלא כל החטאות הנשרפות מן הפרים ומן השעירים, השורפם מטמא בגדים בשעת שריפתו עד שיעשו אפר, שהרי הוא אומר בפר ושעיר של יוה"כ: והשורף אותם יכבס, מפי השמועה למדו שזה בנין אב לכל הנשרפים שיהו מטמאין בגדים עד שיעשו אפר... וכן המתעסק בהן משיעשו אפר אינו מטמא בגדים, ואי זהו שורף, זה המסייע בשריפה, כגון המהפך בבשר, והמשליך עצים, והמהפך באש, והחותה גחלים כדי שתבער האש, וכיוצא בהן; [ב]אבל המצית האור והמסדר את המערכה, טהור.

אות ו'

ומניין היו יודעין שהגיע שעיר למדבר, דירכאות וכו'

רמב"ם פ"ג מהל' עבודת יוה"כ ה"ז - ודרכיות היו עושין ומניפין בסודרין, כדי שידעו שהגיע שעיר למדבר.

אות ז' - ח'

אם רצה לקרות בבגדי בוץ קורא

ואם לאו קורא באצטלית לבן משלו

רמב"ם פ"ג מהל' עבודת יוה"כ ה"ט - קריאה זו אינה עבודה, לפיכך אם רצה לקרות בבגדי חול לבנים משלו קורא, ואם רצה לקרות בבגדי לבן קורא, [ג]שבגדי כהונה ניתנו ליהנות בהן שלא בשעת עבודה כמו שביארנו.

אות ט' - י'

חזן הכנסת נוטל ספר תורה ונותנו לראש הכנסת וכו'

ובעשור שבחומש הפקודים קורא על פה

רמב"ם פ"ג מהל' עבודת יוה"כ ה"י - כיצד הוא קורא, יושב בעזרת הנשים וכל העם עומדין לפניו, וחזן הכנסת נוטל ספר תורה ונותנו לראש הכנסת, וראש הכנסת נותנו לסגן, והסגן נותנו לכהן גדול, וכהן גדול עומד ומקבל עומד וקורא "אחרי מות" ו"אך בעשור" שבפרשת מועדות עד סוף הענין, וגולל את התורה ומניחה בחיקו ואומר: יותר ממה שקראתי לפניכם כתוב כאן, "ובעשור" שבחומש הפקודים עד סוף הענין קורא אותו על פה, ולמה קורא על פה, שאין גוללין ספר תורה בציבור, ולמה לא יקרא בספר אחר, לפי שאין אחד קורא בשני ספרים משום פגם ראשון.

[ד]סימן תרכא ס"א - מוציאין שני ספרים, [ה]בראשון קורים ששה - מפני שקדושתו יותר משאר יו"ט, שאסור בכל מלאכה, לפיכך מוסיפין אחד, ואין מוסיפין יותר, **בפרשת [ו]"אחרי מות", עד "ויעש כאשר צוה ה'"** - איתא בזוהר, כל מי שמצטער על מיתת בני אהרן, או מוריד דמעות עליהם, מוחלין לו עונותיו, ובניו אינם מתים בחייו, **והעיקר** בזה, שעי"ז יתן לב לשוב מעבירות שבידו, אם בארזים נפלה שלהבת, מה יעשו איזובי הקיר.

ואם חל בשבת, קורים שבעה - כמו בשאר שבתות, **ועיין** במ"א דלכתחלה אין כדאי להוסיף על ז', **ואפשר** במקום שנותנין העולין הרבה מעות לצדקה, המיקל לא הפסיד. **ומפטיר קורא בשני בפינחס: "ובעשור לחודש", ומפטיר בישעיה: "ואומר סלו סלו פנו דרך", עד "כי פי ה' דבר"** - בהפטרה אין אומרים "מלך מוחל וסולח", רק "ודברך אמת וקיים לעד בא"י" וכו'.

אות כ'

הרואה כה"ג כשהוא קורא אינו רואה פר ושעיר וכו'

רמב"ם פ"ג מהל' עבודת יוה"כ ה"ח - כיון שהגיע שעיר למדבר יצא כהן גדול לעזרת הנשים לקרות בתורה, ובזמן קריאתו שורפין הפר והשעיר בבית הדשן, לפיכך הרואה כהן גדול כשהוא קורא אינו רואה פר ושעיר הנשרפין; ושריפתן כשירה בזר כמו שביארנו.

באר הגולה

[א] ‹במאי דקאמר ת"ק דראב"י שיהיה לשם דשן, פליגי בה הרא"ם ובעל קרבן אהרן, דהרא"ם ס"ל שצריכין שיבוא דשן ממקום אחר ויניחנו שם כדי שיהא השריפה על הדשן, {וכעין שפי' רש"י}, **וקרבן** אהרן כתב שאין הכונה שישים שם דשן, אלא שיהא המקום ההוא נקרא שפך הדשן, וא"כ רבינו פסק כרבי יוסי, ולפיכך כתב והוא הנקרא בית הדשן – מעשי למלך› [ב] ‹וכתב רש"י ז"ל, והאי תנא אית ליה כר"ש דאין מטמאין בגדים עד שיוצת בהן האור, ע"כ. **אבל** רבינו ז"ל אף שפסק בה"ה דלא כר"ש, דמטמא בגדים משיצא חוץ לחומת העזרה, ואעפ"כ פסק דהמצית האור והמסדר את המערכה טהור, ע"כ דס"ל דרישא ככו"ע אתיא, דהנושא והשורף שני ענינים הם, והנושא מטמא לת"ק משיצא חוץ למחנה, ובשעת שרפה אינו מטמא המצית האור, דלא נקרא שורף עדיין, רק המסייע בשעת שריפה – שוהם וישפה, כתר המלך› [ג] ‹לכאורה אפי' בלא זה, אלא משום דקריאה צורך עבודה היא, כמ"ש הגמ'› [ד] ‹מילואים› [ה] **משנה מגילה כ"א** [ו] **ברייתא שם ל"א** ‹והא דבזמה"ז קורין רק "ובעשור", ולא "אך בעשור", משום דבכמה דברים נשתנו ענין קריאה בין זמנם לזמנינו – באר יהודה›

אות ל׳

לא היו ישנים בבגדי קודש

רמב"ם פ"ח מהל׳ ביהב"ח ה"ו - לא היו הכהנים השומרים ישנים בבגדי כהונה, אלא מקפלין אותן ומניחין אותן [ז]כנגד ראשיהן, ולובשין בגדי עצמן, וישנים על הארץ, כדרך כל שומרי חצירות המלכים שלא יישנו על המטות.

אות מ׳

מלמד שהכהנים אוכלים ובעלים מתכפרין

רמב"ם פ"י מהל׳ מעשה הקרבנות הי"א - אכילת החטאת והאשם מצות עשה, שנאמר: ואכלו אותם אשר כופר בהם, הכהנים אוכלים ובעלים מתכפרים, והוא הדין לשאר הקדשים שאוכלין אותן הכהנים שאכילתן מצוה.

---

§ מסכת יומא דף סט. §

אות א׳ – ב׳

לא יעלה עליך אבל אתה מותר להציעו תחתיך אבל וכו׳

אפי׳ עשר מצעות זו על גב זו וכלאים תחתיהן אסור וכו׳

יו"ד סימן שא ס"א - [א]מותר מן התורה לישב על מצעות של כלאים, שנאמר: לא יעלה עליך, אבל אתה מציעו תחתיך. [ב]ומדברי סופרים, אפילו עשר מצעות זו על גבי זו והתחתון שבהם כלאים, אסור לישב על העליון, שמא תכרך נימא על בשרו.

אות ג׳

כנגד ראשיהן

רמב"ם פ"ח מהל׳ ביהב"ח ה"ו - לא היו הכהנים השומרים ישנים בבגדי כהונה, אלא מקפלין אותן ומניחין אותן כנגד ראשיהן, ולובשין בגדי עצמן.

אות ד׳

כי הא דאמר רב הונא בריה דרב יהושע האי נמטא וכו׳

[ג]יו"ד סימן שא ס"א - בד"א, ברכין, כגון יריעות ושמלות, [ד]אבל כרים וכסתות שהם קשים, וליכא למיחש שמא תכרך נימא עליו, מותר לישן עליהם, ובלבד שלא יהא בשרו נוגע בהם. בד"א, כשהם ריקנים ונתונים על גבי איצטבא של עץ או של אבן, אבל אם הם מלאים, או אפי׳ ריקנים אם הם נתונים על גבי מטה, או על גבי תבן, אסור, לפי שנכפף תחתיו ונכרך על בשרו.

הגה: וי"א דכל זה איירי בכלאים דאורייתא, אבל בכלאים דרבנן והם קשים, מותר לישב עליהם בכל ענין – [פי׳ אף על גב דנכפף תחתיו והוה כמו לבישה, וה"ה לבישה ממש דשרי בלבדים קשים, וכמ"ש רמ"א עצמו בסמוך אח"כ – ט"ז], **דהואיל וכשרכים הם אינו רק דרבנן, בקשים לא גזרו** - צ"ע מאי וי"א, דהא ליכא מאן דפליג בהא כמבואר בב"י וכל הפוסקים, דלכו"ע כלאים דרבנן מותר לישב עליהם בקשים, ואפי׳ ללבוש שרי בקשים, וכן מוכח מדברי הרב גופיה בס"ב, דכתב הלבדים הקשים מותרים בלבישה, הואיל ואפי׳ רכים אינם אלא מדרבנן, **ואפי׳** היש מחמירין התם בלבדים, היינו משום דס"ל דלבדים אסורים נמי מדאורייתא, אבל בכלאים דרבנן שרי לכו"ע, **ונראה** שגם מש"כ הכל בו שלכתחלה לא יעשה מכלאים שמא יבא לכסות בהן, איירי בכלאים דאורייתא, וצ"ע - ש"ך.

ומ"מ לכתחילה לא יעשה של כלאים (כל בו) – ‹מפני שפעמים מוציא מה שבתוכם ומתכסה בהם, ומשמע דמיירי בכלאים דאורייתא – גר"א›.

יו"ד סימן שא ס"ב - הגה: כל בגדים הקשים - אע"פ שיש בהם כלאים דאורייתא, **מותרים בהצעה מתחתיו** - והיינו דוקא כשאין בשרו נוגע בהן, כדלעיל ס"א, והרב קיצר בדבריו, **ואסור ללבשן** - לשונו קשה, דהו"ל למימר רבותא, דאסור לישב עליהן ממש - ש"ך. **והלבדים הקשים, מותרים אפילו בלבישה, הואיל ואפילו רכים אינם אלא מדרבנן. ויש מחמירין בלבישת הלבדים** - וה"ה להציען תחתיו כשבשרו נוגע בהן - ש"ך.

אות ה׳

בין בשעת עבודה בין שלא בשעת עבודה מותר

רמב"ם פ"ח מהל׳ כלי המקדש הי"א - בגדי כהונה מותר ליהנות בהן, לפיכך לובשם ביום עבודתו ואפילו שלא בשעת עבודה, חוץ מן האבנט מפני שהוא שעטנז.

באר הגולה

ז ‹הוא כאוקימתא דרב פפא, ואע"ג דבתר הכי משמע דבגדי כהונה ניתנו ליהנות מהם, איכא למימר דההיא דרך לבישה דוקא - כסף משנה›

א לשון הרמב"ם מברייתא ביצה דף י"ד: יומא דף ס"ט.

ב מימרא דר"ש בן פזי וכו׳ משום קהלא קדישא דבירושלים שם

ג ‹ע"פ הבאר הגולה›

ד **שם דף ט"ו. ויומא שם האי נמטא גמדא דנרש שריא, ופי׳ רש"י נמטא בגד שקורין פלטר"א בלע"ז, גמדא קשה, דנרש מקום, שריא לישיבה** ‹לא שיהא דין קשין ונמטא שוין, אלא כי היכי דשרי לבישת לבדין קשים, לפי שלבישת הרכים אינה אלא מדרבנן, ה"נ שרי הצעת בגדים קשים, לפי שהצעת הרכים אינה אלא מדרבנן, והם דברי התוס׳, **ורש"י** (סט. ד"ה קשין הם) חולק, ואומר דכי אמרינן בגדי כהונה קשים הם, היינו לומר דשרו לגמרי אפילו בהעלאה, **ורש"י** עצמו בסוף פ"ק דיום טוב (ד"ה בקשין וד"ה שריא) כתב בהיפך, דדוקא לישיבה, ולכן אין דעתו של רש"י ידוע לנו - ב"י›

עין משפט נר מצוה

ו א ב מיי' פ"י מהלכות כלאים הלכה יב סמג לאוין רפג טוש"ע יו"ד סימן שא סעיף א:

ז ג מיי' פ"ח מהלכות בית הבחירה הלכה ו:

ח ד טוש"ע יו"ד סימן שא סעיף ב בהג"ה:

ט ה מיי' פ"ח מהל' כלי המקדש הלכה יא:

וסיפא איצטריכא ליה פושטין ומקפלין ומניחין תחת ראשיהן: פושטין ומקפלין ומניחין אותן תחת ראשיהן: *שמעת מינה בגדי כהונה ניתנו ליהנות בהן אמר רב פפא לא תימא תחת ראשיהן אלא אימא כנגד ראשיהן אמר רב משרשיא שמעת מינה תפילין מן הצד שפיר דמי הכי נמי מסתברא דכנגד ראשיהן דאי סלקא דעתך תחת ראשיהן ותיפוק לי משום כלאים דהא איכא אבנט ונהי נמי דניתנו ליהנות בהן הא מתהני מכלאים *הניחא למ"ד אבנטו של כהן גדול (א) (בשאר ימות השנה)[א] זה הוא אבנטו של כהן הדיוט אלא למאן דאמר אבנטו של כ"ג לא זה הוא אבנטו של כהן הדיוט מאי איכא למימר וכי תימא כלאים בלבישה והעלאה הוא דאסור בהצעה שרי והתניא °לא *יעלה עליך אבל אתה מותר להציעו תחתיך אבל אמרו חכמים אסור לעשות כן שמא תיכרך נימא אחת על בשרו וכ"ת דמפסיק ליה מידי ביני ביני והאמר ר"ש בן פזי אמר ר' יהושע בן לוי אמר רבי משום קהלא קדישא שבירושלים *אפי' עשר מצעות זו על גב זו וכלאים תחתיהן אסור לישן עליהן אלא לאו שמע מינה *כנגד ראשיהן שמע מינה רב אשי אמר °לעולם תחת ראשיהן והא קא מתהני מכלאים בגדי כהונה קשין הן *כי הא דאמר *רב הונא בריה דר' יהושע האי נמטא גמדא דנרש שריא ת"ש בגדי כהונה היוצא בהן למדינה אסור ובמקדש *בין בשעת עבודה בין שלא בשעת עבודה מותר מפני שבגדי כהונה ניתנו ליהנות בהן ש"מ ובמדינה לא והתניא בעשרים וחמשה [בטבת] יום הר גרזים [הוא] דלא למספד יום שבקשו כותיים את בית אלהינו מאלכסנדרוס מוקדון להחריבו *ונתנו להם באו והודיעו את שמעון הצדיק מה עשה לבש בגדי כהונה ונתעטף בבגדי כהונה ומיקירי ישראל עמו ואבוקות של אור בידיהן וכל הלילה הללו הולכים מצד זה והללו הולכים מצד זה עד שעלה עמוד השחר כיון שעלה עמוד השחר אמר להם מי הללו אמרו לו יהודים שמרדו בך כיון שהגיע לאנטיפטרס זרחה חמה ופגעו זה בזה כיון שראה לשמעון הצדיק ירד ממרכבתו והשתחוה לפניו אמרו לו מלך גדול כמותך ישתחוה ליהודי זה אמר להם דמות דיוקנו של זה מנצחת לפני בבית מלחמתי אמר להם למה באתם אמרו אפשר בית שמתפללים בו עליך ועל מלכותך שלא תחרב יתעוך עובדי כוכבים להחריבו אמר להם מי הללו אמרו לו כותיים הללו שעומדים לפניך אמר להם הרי הם מסורין בידיכם מיד נקבום בעקביהם ותלאום בזנבי סוסיהם והיו מגררין אותן על הקוצים ועל הברקנים עד שהגיעו להר גרזים כיון שהגיעו להר גרזים חרשוהו וזרעוהו כרשינין כדרך שבקשו לעשות לבית אלהינו ואותו היום עשאוהו יו"ט אי בעית אימא ראויין לבגדי כהונה ואי בעית אימא °עת לעשות לה' הפרו תורתך: חזן הכנסת נוטל ספר תורה: ש"מ *חולקין כבוד לתלמיד במקום הרב אמר אביי כולה משום כבודו דכ"ג היא: וכהן גדול עומד: מכלל *שהוא יושב והא אנן *)תנן אין

*) [אין זה במשנה בשום מקום והכונה כדאיתא לעיל כה. ובסוטה מ: מא: ובתמיד כז. והאמר מר]

וסיפא איצטריך ליה · שינה דנקט משום סיפא דבעי לאשמועינן שמותר ליתנן תחת ראשיהן ותו לא איכפת לן אם יפיח מאחר שפשטן: כנגד ראשיהן · אצל ראשיהן: שמע מינה · מדמותר להניחן אצלו לא חיישינן שמא יפיח: תפילין מן הצד · להניחן אצלו כשהוא ישן: הניחא · האי דלא חייש לכלאים למאן דאמר אבנטו של כהן גדול ביום הכפורים שהוא של בוץ זהו אבנטו של הדיוט כל ימות השנה ואין כלאים בבגדי כהן הדיוט שפיר: לא זהו וכו' · דשל הדיוט כל השנה של כלאים: קשין הן · ואינן מתחממין לפיכך אין בהן משום כלאים: נמטא · לבד *פלטר"א בלע"ז: גמדא · קשה: שרי · אין בו משום כלאים דהעלאה דומיא דלבישה דאית בה הנאת חימום הוא דאיתסר: למדינה אסור · שנוהג בה דרך חול: הר גריזים · מקום מושבן של כותים: עת לעשות לה' · כשבא עת לעשות דבר לשמו של מקום מותר להפר בו תורה: לתלמיד במקום הרב · לראש הכנסת ולסגן בפני כהן גדול ואינו כמתמעט כבוד הרב: כולה משום כבודו דכהן גדול · מראין אותו שיש שררות הרבה למטה ממנו אבל בעלמא אין חולקין: אין

ופיוח מן הצד שריין · פירש רש"י ולא חיישינן שמא ייסן בהן ויפיח אבל בפ"ק דתמיד (דף כז.) מפרש טעמא אחרינא דלא חיישינן דילמא מגנדר ונפל עלייהו ואיכא בזיון תפילין: אלא למאן דאמר לא זהו אבנטו של כהן הדיוט מאי איכא למימר · אע"ג דפלוגתא דתנאי היא בפרק קמא (דף יב.) הוא רוצה ליישב מתניתין דפ"ק דתמיד (דף כה:) דהיא דמקפלין ומניחין תחת ראשיהן אליבא דכולי עלמא:

קשין הן · תימה א"כ מאי היא דאמר בפ"ק דערכין (דף ג.) *הכל חייבין בכלאים כהנים לוים וישראלים ופריך פשיטא ומשני כהנים איצטריך ליה סד"א הואיל ואישתרי לגבייהו כלאים בעבודה שלא בעידן עבודה נמי לישתרו קמ"ל וכו' והשתא כיון דקשין הן לא אישתרו כלאים לגבייהו ותירץ ר"ת דלבישה והעלאה דהוו דאורייתא אסירי אפילו בקשין אבל הצעה דמדרבנן לא גזרו בקשין ודלא כפרש"י שפירש קשין הן ומותרין בלבישה והעלאה ובספ"ק דיום טוב (דף יד:) דתנן מקלחין בי"ט כלאים ופריך כלאים למאי חזו ומשני בקשין מיירי נמי בהצעה ואם תאמר והצעה היכי שרי והא כיון דהוו כלאים דאורייתא לענין לבישה והעלאה ליתסרו אפי' למוכרו לעובד כוכבים כדתניא (*בתוספת' דכלאים (פרק ה)) הבגד שאבד בו כלאים הרי זה לא ימכרנו לעובד כוכבים ולא יעשנו מרדעת לחמור וכל שכן להציע תחתיו יש לומר ההיא איירי דווקא באבד וחיישינן שמא יקרע בגדו ויחזור ויתפרנו על גבי בגדו כדאמר במס' ע"ז (דף לב.) גבי עודות העובדי כוכבים שאסור לעשות מהן שטיחין לחמור שמא יבקע עודו ויחזור ויתפרנו על גב עודו אבל אם היו הכלאים ניכרים מותר כדתנן במסכת כלאים (פ"ט משנה ד) תכריכי המת ומרדעת החמור אין בהם משום כלאים ואם תאמר והאמר הכא אפי' י' מצעות זו על גבי זו וכלאים תחתיהן אסור לישן עליהם וכן קשה הא דתנן במסכת כלאים (פ"ט משנה ב) הכרים והכסתות אין בהם משום כלאים וי"ל דבמצעות שייך כריכה להכי חיישינן שמא תכרך לו נימא אבל במרדעת החמור ובכרים וכסתות לא שכיחא שתיכרך נימא ולהכי לא גזרו מיהו אם בשרו נוגע בהן אסור כדתנא בהדיא גבי כרים וכסתות ובלבד שלא יהא בשרו נוגע בהן והוא הדין במרדעת ובלבישה והעלאה אסירי בכל ענין ואף על פי שאין בשרו נוגע בהן כדתנן לא יתן אדם מרדעת של כלאים על כתיפו אפי' להוציא זבל ומה שהשיב ר"י לה"ר שמעון מיגבילי"א על אותם קוסט פורפיטייר"ש שיש בהן כלאי בגדים ומוכין של למר אע"פ שהבגדים שעליהן הן של פשתן יש להתיר כדאיתא בספ"ק דבילה (דף טו. ושם) לשון ר"י:

בגדי כהונה היוצא בהן למדינה אסור · וכן משמע בפרק האיש מקדש (קדושין דף נד.) דאפי' בעזרה אסור לכתחילה ללובשן שלא לצורך עבודה דקאמר בגדי כהונה אין בהן מעילה לפי שלא ניתנה תורה למלאכי השרת פי' שיוכלו להזהר להסיקן מיד אחר עבודה ומשמע הא לכתחילה ללובשן אסור דבזה אפשר להזהר וא"ת הא אמרינן בפרק האומר בקידושין (דף סו.) גבי ינאי המלך הקם להם בציץ שבין עיניך אלמא שמותר להניחו אפילו חוץ למקדש וליכא למימר דמיד נזרקה בו מינות דהתם משמע דאכתי לא נזרקה בו מינות עד בתר הכי דקאמר ותורה שבכתב מה תהא עליה ולא אמר נמי התורה שבעל פה ומיהו למאן דאמר (לעיל ז:) דווקא עודהו על מצחו מרצה יכול להניחו כל שעה ולר"ת דלכולי עלמא יכול להניחו כל שעה מדכתיב ביה והיה על מצחו תמיד (שמות כח) ואף על גב דאיצטריך לדרשא אחריתי לעיל בפרק קמא (דף ז:) שלא יסיח דעתו ממנו ושמא יש לומר מדכתיב תרי זמני והיה על מצח אהרן והיה על מצחו נפקא ויותר היה נראה לומר דשלא כדין עשה שהניח הציץ מיהו הכא לא הוה מצי לאוכוחי דנזרקה בו מינות שכפר בכל התורה שבעל פה עד בתר הכי דדייק מדלא קאמר אלא תורה שבכתב מה תהא עליה:

אין

רבינו חננאל

והאי דקתני שינה משום סיפא דקתני פושטים ומקפלים ומניחים אותם תחת ראשיהם ואמרינן ומינה את שמע דניתנו ליהנות דהא נותנין אותן תחת ראשיהן · ודחי' לא תימא תחת אלא אימא ומניחין אותם כנגד ראשיהן ולא ראשיהן עליהן · ש"מ כשם שבגדי ק"ש מותר לישן כנגדן כך התפילין מותר לישן כנגדן אם הם נתונים לו מן הצד · וברור לן דשינויא דשנינן שינויא הוא דאי אפשר לישן על בגדי כהונה דאבנט כלאים הוא ומדאורייתא אסור בהעלאה עליו · ומדרבנן אסור להציעו תחתיו ולישן עליו ואפילו י' מצעות זו על זו וכלאים תחתיהן אסור לישב עליהן כך על זה הדרך סוגיא דשמעתא זו סלקא · ואמר רב אשי אפילו תימא תחת ראשיהן כיון שהן קשין דהא תוטן כפול עשה אין נימא נשמטת מהן ונכרכת בבשרו כדרב הונא בריה דר' יהושע דאמר נמטא גמדא דנרש שריא · כלומר כיון שהוא קשה מותר לישן עליו וכי הא קי"ל: ת"ש בגדי כהונה היוצא [בהן] למדינה אסור ובמקדש בין בשעת עבודה בין שלא בשעת עבודה מותר מפני שבגדי כהונה ניתנו ליהנות בהן ש"מ. ואקשינן ובמדינה אין יוצאין בבגדי כהונה · והתניא כי שמעון הצדיק לבש בגדי כהונה ויצא עד אנטיפטרס אצל אלכסנדרוס · ושנינן לאו בגדי כהונה אלא בגדים חדשים שאינם מקודשין ולפה קורא אותן בגדי כהונה שהן ראוין לכהונה איבעית תימא עת לעשות לה' הפרו תורתך כלומר עת סכנה היתה ואין למידין מסכנה: חזן הכנסת נוטל ס"ת ונותנו לראש הכנסת ש"מ חולקין כבוד לתלמיד במקום הרב ודחי אביי כולו משום כבוד כ"ג הוא כלומר שיהא ראש הכנסת מחזר לפניו ובפרק יש נוחלין גרסינן והלכתא אין חולקין כבוד לתלמיד במקום הרב ואם חלק לו רבו חולקין לו: ירושלמי בכל אתר איתמר הולכין אצל התורה והכא מוליכין את התורה אצלו אין ע"י שהן אנשים גדולים התורה מתעלה בהם. והא תמן מוליכין אורייתא גבי ריש גלותא. א"ר יוסי בר בון תמן ע"י זרעו של בית דוד משקע שם אינון עבדין כמנהג אבהתהון: וכ"ג עומד ומקבל וקורא · ודייקינן מדקתני עומד עכשיו מכלל שהיה יושב והאמר מר אין

[הך מלתא הכל חייבין בכלאים ליתא בערכין ולא בשום מקום בש"ס ודע דתוס' כיוה עו. ד"ה אלא וכו' כתבו הכל חייבין בציצית וכו' ואמרו לא לחייבו בציצית וכו' עיין שם והוא הנכון וכצ"ל כאן]

מסורת הש"ס

[תמיד כז.] ע"ש

[בערוך פירש לבד כגון וקמים והוא קשה]

[שם: ע"ש] לעיל ו. יב. חולין קלח.

[כילה טו.]

בפ"י ונתנו להם רשות

תהלים קיט

[ב"ב קיט: סוטה מ: מא:]

[סוטה שם]

הגהות הב"ח

(א) גמ' כהניא למ"ד אבנטו של כ"ג ביוה"כ זה הוא אבנטו של כהן הדיוט בשאר ימות השנה אלא למ"ד אבנטו של כ"ג ביוה"כ לא זה הוא כצ"ל:

הגהות הגר"א

[א] גמרא (בשאר ימות השנה) תא"מ:

גליון הש"ס

גמרא שמעת מינה בגדי כהונה ניתנו ליהנות · עיין פ"א מ"ס דכלים בר"ש: שם לעולם תחת ראשיהן · עי' בתר סוף סוריות ד"ה דמניח כליו:

תוספות ישנים

ש"מ תפילין מן הצד שרי · פירש רש"י ולא חיישינן להפחה ולא דק דבפ"ק דתמיד (דף כז.) מפרש בהדיא טעמא דלא חיישינן דילמא מיגנדר ונפיל עלייהו פי' ואיכא בזיון שמוכב עליהם וא"ת היכי פשיט מידי מהך ספא דהא איכא גופיה דתוי מדחי ליה יש לומר דפשיטא ליה הכי מדלא קאמר רב ספא דילמא כנגד ראשיהן ועוד דפריך מילתא דרב משרשיא היא לפי האמת דפשטינן כנגד ראשיהן הוה דקאמר · מ"כ: תיפוק לי משום כלאים · תימה על מה שפירש רבינו יעקב דכלאים בציצית שהותרו ביום הותרו גם בלילה אע"פ שאין הציצית [illegible]

משמע דציצית של כלאים מותר בלילה וכשמעתא קמייתא דערכין אמרינן הכל חייבין בציצית בין כהנים לוים וישראלים כו' פשיטא סד"א הואיל ואישתרו כלאים לגבייהו לא ליחייבו קמ"ל דסלקא דאישתרו בעידן עבודה שלא בעידן עבודה מיהא לא אישתרו מיהו הויא קושיא היא דמיירי בבגדי חול דלא אישתרו בכלאים כמו שפי' ר"ת אבל מהך דהכא תיקשי לך אלא אומר רבי דלית שהיא עשוים להנאתו בכל שעה שירצה קאמר רחמנא דליעבד בה ציצית ומשתמש בה בכל שעה שירצה אבל בגדי כהונה אינן אלא לצורך עבודה ולכך לא [illegible]

עין משפט נר מצוה

ו א ב ג מיי' פ"ב מהל' תפלה הלכה ח והלכה יג סמג עשין יט טוש"ע א"ח סי' קמד סעיף א:

מסורת הש"ס

אין ישיבה בעזרה · דכתיב לעמוד לשרת (דברים יח) העומדים שם לפני ה' (שם) ולא מלינו בה ישיבה: **אלא למלכי בית דוד שנאמר ויבא המלך דוד וישב וגו'** · כשאמר לו נתן הנביא אתה לא תבנה הבית כי ימלאו ימיך וגו': **ויברך עזרא וגו'** · בההוא ענינא דויקרא לפני הרחוב כתיב ברוך ה' אלהים וגו' כך תיקנו באותו היום לומר במקדש בסוף כל ברכה וברכה כדאמרינן במסכת תענית (דף טז.): **בגבולין** · כל חוץ לעזרה קרי גבולין: **בייא בייא** · לשון זעקה וקובלנה: **האי דאחרביה לבית המקדש** · מבקשין רחמים שימסר בידם יצר הרע של עבודת כוכבים: **לקבולי אגרא** · שנכוף אותו ונקבל שכר: **פיתקא** · כתב: **אמת** · כלומר מסכים אני עמכם: **אמר להו נביא** · זכריה בן עדו: **ביניתא** · שיער: **בדודא דאברא** · בסיר של עופרת: **זאת הרשעה** · וישלך אותה אל תוך האיפה (ויתן) את אבן העופרת אל פיה: **שאיב קלא** · נכנס הקול לתוך העופרת ואינו יוצא ממנו: **כליא עלמא** · יכלה העולם שלא תהא פריה ורביה: **ביעתא בת יומא** · ביצה הנולדה בו ביום לפי שפסק החימום מן המעים ואפילו אותן שעיברה התרנגולת כבר אין מתבשלין במעיה: **לפלגא** · שיהא שולט באדם ליזקק לאשתו ולא לאחרת: **כחלינהו** · סימו את עיניו ע"י כחול: **האל הגדול הגבור והנורא** · אשר לא ישא פנים: **עובדי כוכבים מקרקרים בהיכלו** · שראה שרי נבוכדנצר נכנסין להיכל ומריעים בו ככל רצונם: **לא אמר נורא** · בפרשת הנה חנמאל כתיב עושה חסד לאלפים ומשלם עון אבות אל חיק בניהם אחריהם האל הגדול והגבור ה' צבאות שמו (ירמיה לב): **דניאל לא אמר גבור** · בתפלתו בספרו (דניאל ט): **עובדי כוכבים משתעבדים בבניו** · זה שבעים שנה: **זו היא גבורתו** · שכובש יצרו כל השנים הללו שנשתעבדו בהן ומאריך אפו על כל הגזירות שגוזרים על בניו: **ואלו הן נוראותיו שאלמלא מוראו וכו'** · מן יום החורבן אתה למד נוראותיו שכל האומות נאספו להשמידם ונתקיימו מהן: **ורבנן** · ירמיה ודניאל: **שהוא אמתי** · מסכים על האמת ושונא את השקר: **כאן בכדי שיפסיק התורגמן** · הא דקתני אין מדלגין בפרשה הרחוקה מזה שקודם שגולל ספר תורה עד מקום הדילוג יפסיק התורגמן המתרגם פסוק שקרא הקורא ונמצאו צבור יושבין ומצפין אין זה כבוד לצבור אבל אך בעשור סמוכה היא לאחרי מות ויכול לגלול שם קודם שיפסיק התורגמן: **בענין אחד** · כגון הכא ששתי הפרשיות מדברות בענין יוה"כ מדלגינן ובכדי שלא יפסיק התורגמן והא דקתני דאפילו בכדי שלא יפסיק נמי לא ידלג בשני ענינים לפי שדברי תורה הן אזהרות ועונשין ומצות וצריך שיכנסו בלב השומעין וכשאדם יוצא משיטה (ז) לשיטה אחרת אינו נוח להתבונן: **והתניא** · בניחותא:

אין ישיבה בעזרה · פירשתי לעיל בפרק שני (דף כה.) גבי זקן יושב במערבה:

ועד כמה הוא מדלג בכדי שלא יפסיק התורגמן · לא בעי לשנויי דלאורויי קאי משום דבעי אין מדלגין בתורה הדר קא מפרש ועד כמה מותר לדלג בתורה בכדי שלא יפסיק התורגמן והא דאסרו בריש בכדי שיפסיק התורגמן וי"ל דלאו הכי נמי דהוה מצי לשנויי הכי אלא אביי מתרץ לה אהאמת כאן בענין אחד כאן בשני ענינין כדתניא וכו': ובלבד

*אין ישיבה בעזרה אלא למלכי בית דוד בלבד שנאמר ויבא המלך דוד וישב לפני ה' כדאמר רב חסדא בעזרת נשים והיכא איתמר דרב חסדא אהא [א] *מיתיבי דתניא היכן קורין בו בעזרה ראב"י אומר בהר הבית שנאמר ויקרא בו לפני הרחוב אשר לפני שער המים ואמר רב חסדא בעזרת נשים ויברך עזרא את ה' האלהים הגדול *מאי גדול אמר רב יוסף אמר רב שגדלו בשם המפורש רב גידל אמר ברוך ה' אלהי ישראל מן העולם ועד העולם אמר ליה אביי [ב] לרב דימי ודילמא שגדלו בשם המפורש א"ל אין אומרים שם המפורש בגבולים ולא (א) והכתיב [ג] ויעמוד עזרא הסופר על מגדל עץ אשר עשו לדבר ואמר רב גידל שגדלו בשם המפורש הוראת שעה היתה *) [ד] ויצעקו אל ה' אלהים בקול גדול מאי אמור אמר רב ואיתימא ר' יוחנן בייא בייא היינו האי דאחרביה למקדשא וקליה להיכליה וקטלינהו לכולהו צדיקי ואגלינהו לישראל מארעהון ועדיין מרקד בינן כלום יהבתיה לן אלא לקבולי ביה אגרא לא איהו בעינן ולא אגריה בעינן נפל להו פיתקא מרקיעא דהוה כתב בה אמת אמר רב חנינא שמע מינה *חותמו של הקב"ה אמת אותיבו בתעניתא תלתא יומין ותלתא לילואתא מסרוהו ניהליהו נפק אתא כי (ב) גוריא דנורא מבית קדשי הקדשים אמר להו נביא לישראל היינו יצרא דעבודת כוכבים שנאמר ויאמר זאת הרשעה בהדי דתפסוה ליה אשתמיט ביניתא ממזייא ורמא קלא ואזל קליה ארבע מאה פרסי אמרו היכי נעביד דילמא חס ושלום מרחמי עליה מן שמיא אמר להו נביא שדיוהו בדודא דאברא וחפיוהו לפומיה באברא דאברא משאב שאיב קלא שנאמר ויאמר זאת הרשעה וישלך אותה אל תוך האיפה וישלך את אבן העופרת אל פיה אמרו הואיל ועת רצון הוא נבעי רחמי איצרא דעבירה בעו רחמי ואמסר בידייהו אמר להו חזו דאי קטליתו ליה להאוא (ג) כליא עלמא חבשוהו תלתא יומי ובעו ביעתא בת יומא (ד) בכל ארץ ישראל ולא אשתכח אמרי היכי נעביד נקטליה כליא עלמא ניבעי רחמי אפלגא פלגא ברקיעא לא יהבי כחלינהו לעיניה ושבקוהו ואהני דלא מגרי ביה לאיניש בקריבתה במערבא מתנו הכי רב גידל אמר (ה) גדול שגדלו בשם המפורש ורב מתנא אמר האל הגדול הגבור והנורא והא דרב מתנא [ה] מטייא לדרבי יהושע בן לוי דאמר רבי יהושע בן לוי למה נקרא שמן אנשי כנסת הגדולה שהחזירו עטרה ליושנה אתא משה אמר האל הגדול הגבור והנורא אתא ירמיה ואמר נכרים *) מקרקרין בהיכלו איה נוראותיו לא אמר נורא אתא דניאל אמר נכרים משתעבדים בבניו איה גבורותיו לא אמר גבור אתו אינהו ואמרו אדרבה זו היא (ו) גבורת גבורתו שכובש את [ו] יצרו שנותן ארך אפים לרשעים ואלו הן נוראותיו שאלמלא מוראו של הקב"ה היאך אומה אחת יכולה להתקיים בין האומות ורבנן היכי עבדי הכי ועקרי תקנתא דתקין משה אמר רבי אלעזר מתוך שיודעין בהקב"ה שאמתי הוא לפיכך לא כיזבו בו: וקורא אחרי מות ואך בעשור: ורמינהי *מדלגין בנביא ואין מדלגין בתורה לא קשיא *כאן בכדי שיפסיק התורגמן כאן בכדי שלא יפסיק התורגמן והא עלה קתני מדלגין בנביא ואין מדלגין בתורה ועד כמה מדלג בכדי שלא יפסיק התורגמן הא בתורה כלל כלל לא אמר אביי לא קשיא כאן בענין אחד כאן בשני ענינין והתניא מדלגין בתורה בענין אחד ובנביא בשני ענינין כאן וכאן בכדי שלא יפסיק התורגמן ואין מדלגין מנביא לנביא ובנביא של שנים עשר מדלגין ובלבד

*) [בע"י איתא מרקדין] *) סנהדרין סד.

רבינו חננאל

אין ישיבה בעזרה אלא למלכי בית דוד בלבד שנאמר ויבא המלך דוד וישב לפני ה'. ושנינן כדאמר רב חסדא כי עזרא דכתיב ביה ויקרא בו לפני הרחוב אשר לפני שער המים בעזרת הנשים קרא. כך כ"ג בעזרת הנשים היה קורא ומותר לו לישב שם: כתיב ויברך עזרא את ה' אלהים מאי אמר. אמר רב יוסף ברוך המבורך. א"ל אביי לרב דימי אימא שבירכו בשם המפורש א"ל אין אומרים שם המפורש בגבולין כלומר אין מברכין בשם המפורש חוץ לעזרה. ולא והכתיב ויעמוד עזרא הסופר על מגדל עץ אשר עשו לדבר ואמר רב יהודה אמר רב שגידלו בשם המפורש והגה זה בגבולין הוה. ושנינן הוראת שעה היתה. דכתיב ויצעק בקול גדול אל ה' האלהים. מאי אמרו אר"י ואיתימא רבי נתן בייא בייא כו' רב מתנא אמר ויברך עזרא את ה' האלהים הגדול שגידלו בשם המפורש *)אמר ברוך ה' האלהים אלהי ישראל מן העולם ועד העולם. במערבא מתנו [רב] גידל אמר שגידלו בשם המפורש. רב מתנא אמר. אמר האל הגדול הגבור והנורא. והא דרב מתנא מסייא לדר' יהושע בן לוי דאמר למה נקראו אנשי כנסת הגדולה שהחזירו עטרה ליושנה כאשר אמר משה רבינו האל הגדול הגבור והנורא. כי בא ירמיה ולא אמר גבור בא דניאל ולא אמר נורא. באו אלו ואמרו אדרבה זהו גבורתו שכובש אפו ומאריך לרשעים. נורא שאלמלא נוראותיו אין אומה אחת מתקיימת בין ע' אומות. וירמיה ודניאל הנביאים הללו איך באו לעקור דברי משה רבינו. ושני רבי יצחק מתוך שיודעין בהקב"ה שהוא אמת לא כיזבו: וקורא אחרי מות ואך בעשור מכלל דמדלגי ותתנן מדלגין בנביא ואין מדלגין בתורה ושנינן הא דתני אין מדלגין בשני ענינין מענין לענין אחר והא דתני מדלגין בענין אחד. והתניא כך מדלגין בתורה בענין אחד ובנביא אפילו בשני ענינין. וזה הוה בכדי שלא יפסיק התורגמן ואין מדלגין מנביא לנביא ובנביא של שנים עשר

*) אולי צ"ל ורב גידל אמר ברוך ה' וכו'.

הגהות הב"ח

(א) גמ' שם המפורש בגבולין ולא והכתיב ויצעקו בקול גדול אל ה' אלהים ואמר רב גידל שגדלו בשם המפורש שעה היתה ויזעקו בקול גדול אל ה' אלהים מאי אמור כו' כצ"ל ותיבות ויעמוד עזרא על מגדל עץ אשר עשו לדבר נמחק: (ב) שם נפק אתא כי גוריא. נ"ב פירש"י בפרק ארבע מיתות ארי קטן: (ג) שם דאי קטליתו ליה להאי הוא כליא עלמא. נ"ב ורש"י גורס כליא עלמא: (ד) שם ביעתא בת יומא לחולה בכל א"י: (ה) שם מתנו הכי רב גידל אמר ויזעקו בקול גדול שגדלו: (ו) שם אדרבה זו היא גבורתו שכובש כצ"ל: (ז) רש"י ד"ה בענין אחד כו' וכשאדם יוצא משיטה אחת לשיטה אחרת:

הגהות הגר"א

[א] גמרא (מיתיבי) תז"מ: [ב] שם (לרב דימי) תא"מ: [ג] שם (ויעמוד עזרא הסופר על מגדל עץ אשר עשו לדבר) תא"מ וכ"כ ויזעקו בקול גדול: [ד] שם (ויצעקו אל ה' אלהים) תא"מ וכ"כ ויזעקו: [ה] שם מטייא. נ"ל מסייע: [ו] שם יצרו. נ"ל רצונו:

הגהות מהר"ב רנשבורג

[א] גמרא מיתיבי דתניא היכן קורין בו בעזרה. נ"ב עיין מהרש"א וש"י ולענ"ד למחוק מלת מיתיבי כאן וכן במסכת סוטה דף מ ע"ב. ואע"כ אתיא הכא בפשיטות שפיר וכיכא איתמר דר"ח אהא דתניא וכו' וכן בסוטה נ"ל דתניא תחת מלת מיתיבי ועפ"ז יובנו דברי הת"י כאן שפירשו דאהקהל קאי ותמה הש"י דבסוטה פריך מינה אמתני' דכ"ג ואי נ"ג מיתיבי אתי שפיר על נכון ודו"ק:

גליון הש"ס

גמרא ויצעקו וכו' ויזעקו בקול גדול אל ה' אלהים כצ"ל:

תוספות ישנים

הא הלוכי מהלכי ש"מ ניתנו ליהנות בהם ולא קשיא ליה איסור כלאים עד לבסוף גבי הלצה וכן שמעון הצדיק שלבש בגדי כהונה במדינה ופריך מינה על ברייתא דקתני בה במדינה אסור אבל במקדש ניחא ליה דמותר אפילו שלא בעידן עבודה וכן בסוף תוספתא דכלאים בגדי כהן גדול שיוצא בהן במדינה חייב ובמקדש בין לשרת ובין שלא לשרת פטור מפני שהן ראוין לעבודה וקתני נמי התם בגדי כהונה ובגדי כהן גדול אין בהם משום כלאים ושלא בעידן עבודה איצטריך למימר הכי ובמנחות בפרק התכלת (מג.) ובחולין פרק כל הבשר (דף קי:) דקדקנו עדיין בסירוס ברייתא זו של תוספתא. מ"ר: ותיפוק לי משום כלאים. תימה מאי שנא דאיסור כלאים פשיטא ליה דאיכא ונבי מעילה מספקא ליה אי ניתנו ליהנות בהם אי לא וטעמא דלב ב"ד מתנה עליהם לא שייך הכא לומר שיהו קדושין לתלאין י"ל דלאו קדשי ה' נקראו לענין מעילה כיון שניתנו ליהנות בהם דלא ניתנה תורה למלאכי השרת והוו להו כלאו דמעילה דומיא דקדשים קלים וקדשי מזבח דלא חזו להקרבה לא הן ולא דמיהן. מ"ר: אלא לאו כנגד האשכן ש"מ. בפ"ק דתמיד (דף כז:) דחי ולאיבעית אימא כאותם שאין בהם כלאים פי' דלא מיירי באבנט והנא בתרא דפשיט מיניה הכא דניתנו ליהנות בהם לא מייתי התם כלל: בגדי כהונה קשין הן דאמר רב הונא כו'. פי' רש"י דנמצא גמדה דנרש שריא וכן בגדי כהונה שרי והקשה רבינו יעקב מדאמר בריש ערכין ובהתכלת (דף מג.) סד"א הואיל ואישתרי כלאים לגבייהו כו' אלמא איסור כלאים מן התורה יש בהן ומפרש רבינו יעקב בגדי כהונה קשים הם ולכך לא גזור בהו רבנן לאוסרן להציען תחתיו דאמר לו הונא בריה דרב יהושע האי נמטא גמדה דנרש שריא פי' לכדים קשים לפי שאין בהן איסור אלא מדרבנן כדתנן (כלאים פ"ט מ"ט) הלבדין אסורין מפני שהן שועים וכיון דקשים הם לא אסרום חכמים הכא נמי אפילו בבגדים שיש בהן איסור לבישה מן התורה בקשין כיון דהצעה תחתיו [אינו] אלא מדרבנן לא גזרו חכמים מיהא בקשין כיון שאינם כשאר בגדים ולא חיישינן נמי שמא תכרך נימא אחת על בשרו: ובמקדש מותר כו'. והיינו בכל הכי בית דדייקינן לעיל שיהא הוא דלא הא הלוכי כו' משמע דהשתא דאסקינן דמותר ליהנות בהם דהיינו במקום השינה מותרת שם מותר ולכך דהיינו אפילו בהר הבית א) ובעזרה אין מותר לישן דאין ישיבה בעזרה: ביון שהגיעו להר גרזים מיד הרשוהו כו'. תימה נס"ל אלהן וכי היו עובדין להר גרזים מימות שמעון הצדיק והלא לא נתחדו עד ר' מאיר כדאמר בחולין (דף ו.) דמות יונה מצאו להם בהר גריזים כו' ויקרך דמיירי הכא קודם שנתגיירו כמו שמפרש רבינו יעקב שנעשו גרי אמת אותן שכתוב בהן את ה' היו יראים ואת אלהיהם היו עובדין ושוב בימי ר' מאיר מצאו שחזרו לקלקולם הראשון: איבעית אימא ראוין לבגדי כהונה כו'. תימה דאמר בקדושין פרק האומר (דף סו.) גבי ינאי המלך הקם להם בציץ שבין עיניך ואומר רבינו יעקב דשאני ציץ דכתב ביה תמיד ולעיל בפ"ק (דף ז: ד"ה אלא) פי': (ע"כ שייך לע"א) מיתיבי היכן קורין בו בעזרה כו'. ולפרשת הקהל קאי וס"ה הכא: ברוך ה' אלהי ישראל מן העולם ועד העולם. לפי פי' רש"י משמע שאמר שאותו היום תיקנו לומר כן אבל במקדש ראשון לא היו אומרים אותו אלא עונין אמן במקדש ומיהו משמע שלעולם לא ענו אמן במקדש אלא נראה לפרש מן העולם ועד העולם לפי שקלקלו המינין והכותים שהיו

א) נ"ל דבעזרה.

§ מסכת יומא דף סט: §

אות א' - ב' - ג'

כאן בכדי שיפסיק התורגמן, כאן בכדי שלא יפסיק התורגמן

מדלגין בתורה בענין אחד

ובנביא בשני ענינין

סימן קמד ס"א - [א]מדלגין בנביא - היינו לפי מה שידוע, דמדינא אין על הפטרה בנביא פסוקים מיוחדים, רק שצריך להיות מעין הסדרא, **ואשמועינן** דמותר להמפטיר בנביא לדלג מפרשה זו לפרשה אחרת, **וכן** המנהג בכמה הפטרות, שמוסיפין להם פסוקים מפרשיות אחרות.

ואין מדלגין בתורה מפרשה זו לפרשה אחרת - היינו בשני וחמישי, דצריך מדינא לקרוא רק עשרה פסוקים לתלתא גברי, או ביו"ט דצריך לקרות ה' גברי, אין לקרותם לכתחלה בדלוג רק כסדר, [**דבשחרית** בשבת לא שייך האי דינא, דהא צריך לקרות כל הסדר, **ואולי** שייך גם על שחרית, שלא ידלג איזה פסוקים אפי' ע"מ לחזור ולהשלימם אח"כ].

וה"מ בשתי ענינים, דחיישינן שמא תתבלבל דעת השומעים - לפי שד"ת דברי אזהרות ועונשין ומצות, וצריך שיכנסו בלב השומעים, וכשאדם יוצא [ב]משיטה לשיטה אינו נוח להתבונן, משא"כ בנביאים, [רש"י].

אבל בחד ענינא, כגון: "אחרי מות" ו"אך בעשור" שכהן גדול קורא ביום הכפורים, מדלגין - ר"ל אע"פ שיש [ג]הפסק רב ביניהן, שזה בפרשת "אחרי", וזה בפרשת "אמור", אפ"ה כיון דתרוויהו מענין יוה"כ, מותר לדלג ולקרותם יחד, **וה"ה** מה שנוהגין בת"צ, כשקורין "ויחל" בפרשת תשא, שמדלגין ל"פסל לך", והיינו ג"כ מטעם שהם ענין אחד, [**והפמ"ג** כתב עוד טעם, משום דהוא תרי גברי, ולא ידעתי מנ"ל דבתרי גברי מותר לדלג בשני ענינים].

והוא שלא יקרא על פה, שאסור לקרות שלא מן הכתב אפי' תיבה אחת - ר"ל דלכך התירו לדלג ולגלול הספר להפרשה השניה, אף דהוא מנכר מילתא, כדי שלא יבוא לקרוא השניה בע"פ, וזה אסור, [**דאל"ה** מה שיאטה דוקא הכא].

ובנביא מדלגין אפי' בשני ענינים, והוא שלא ישהה בדילוג בענין שיעמדו הציבור בשתיקה - בזמניהם היו רגילין לתרגם בין פסוק לפסוק, ואשמועינן שיהיו קרובים הענינים זה לזה כ"כ, עד שלא ישהא הדלוג יותר מכדי שיפסוק התורגמן, שאין כבוד לצבור שיעמדו בשתיקה וימתינו.

והני מילי בנביא אחד, אבל מנביא לנביא אין מדלגין - דאיכא טירוף הדעת ביותר מדאי, ‹כיון שיש בזה שהיה מרובה – פמ"ג›, ודוקא בשני ענינים, אבל בענין אחד מדלגין.

ובתרי עשר מדלגין מנביא לנביא - שהם חשובים כנביא אחד לענין זה, מפני שהם קצרים, ‹ולית שהיה כ"כ – פמ"ג›.

ובלבד שלא ידלג מסוף הספר לתחלתו - ר"ל לצד תחלתו שהוא למפרע, ואפילו הם סמוכים זה לזה, [דאילו לתחילתו ממש, אפי' מתחילתו לסופו נמי לא, דהא איכא בכדי שיפסיק התורגמן].

והנה יש דעות בין הפוסקים, י"א דדוקא מנביא לנביא אין מדלגין בזה, [ואפי' בענין אחד], ואפילו בנביא של תרי עשר, **אבל** בנביא אחד מדלגין אפילו למפרע, אם הם סמוכין ולא יצטרכו הצבור לעמוד בשתיקה, **והמ"א** מצדד וכן פסק בא"ר, דאפילו בנביא אחד אין לדלג למפרע, **ועיין** בפמ"ג שמצדד, דבענין אחד בנביא אחד מותר לקרות למפרע.

וכתבו הפוסקים, דבזמנינו שאין רגילין לתרגם, נמי שרי ‹לדלג›, כיון שכל ההפטרות כתובים בזמנינו בקונטרס בפני עצמן, או בחומשין, הלא יכול לסמן ולחפש מהר כל הפסוקים השייכים להפטרה זו, ולא יהיו הצבור צריכין לעמוד בשתיקה עי"ז, ולכן שרי, **ומטעם** זה מותר בזמנינו אפי' כשהפסוקים הם מב' נביאים, ואפי' רחוקים זה מזה הרבה.

באר הגולה

[א] **מגילה כ"ד יומא ס"ט** **[ב]** ‹ולא העתיק כלשון רש"י "משיטה לשיטה אחרת"› **[ג]** ‹באלפסי ואשר"י כתוב: אף על פי שהן מרוחקין זה מזה, וקשה דהא בגמרא איתא בכדי שלא יפסיק המתורגמן שהרי סמוכין הן, **וי"ל** דהתם קאמר לענין הגלילה, שאין רחוק לגלול מן אחרי מות לאמור, אבל כאן מיירי שבס"ת הם רחוקים זה מזה, כי אינה בפרשה אחת, ומו"ח ז"ל טרח בחנם לתרץ קושיא זו – ט"ז. ‹**תירץ** הב"ח ז"ל, דהשמיענו דלאו דוקא אך בעשור דקרוב וסמוך לאחרי, אפילו רחוקים הרבה, כל שהגולל אומן ומהיר, יע"ש, ואך בעשור לומר דהם מענין אחד. **ולט"ז** קשה קצת, למה השמיענו זה, דידוע שהם רחוקים ואינם בפרשה אחת, וצ"ע – פמ"ג›

§ מסכת יומא דף ע. §

אות א'

ובלבד שלא ידלג מסוף הספר לתחילתו

סימן קמד ס"א - ובלבד שלא ידלג מסוף הספר לתחלתו - ר"ל לצד תחלתו שהוא למפרע, ואפילו הם סמוכים זה לזה, [דאילו לתחילתו ממש, אפי' מתחילתו לסופו נמי לא, דהא איכא בכדי שיפסיק התורגמן].

והנה יש דעות בין הפוסקים, י"א דדוקא מנביא לנביא אין מדלגין בזה, [ואפי' בענין אחד], ואפילו בנביא של תרי עשר, **אבל** בנביא אחד מדלגין אפילו למפרע, אם הם סמוכין ולא יצטרכו הצבור לעמוד בשתיקה, **והמ"א** מצדד וכן פסק בא"ר, דאפילו בנביא אחד אין לדלג למפרע, **ועיין** בפמ"ג שמצדד, דבענין אחד בנביא אחד מותר לקרות למפרע.

אות ב' – ג'

לפי שאין גוללין ספר תורה בציבור מפני כבוד ציבור

משום פגמו של ראשון

סימן קמד ס"ג - [א]אין גוללין ס"ת בצבור, מפני כבוד הצבור - שיהו מצפין ודוממין לכך, [רש"י], **ובשבת** שקורין בשני ס"ת, יכולין לגלול אחת בעוד שקוראין הראשונה, **ויותר** טוב כמו שנוהגין עתה, שגוללין ומחפשין בעת שאומרים הקהל פסוקי דזמרה, וכמו שכתב בד"מ, [משום בלבול הדעת].

[ב]ואם אין להם אלא ס"ת אחד, והם צריכים לקרות בשני ענינים - כגון בשבת של ר"ח, או ביו"ט מפני המפטיר, **גוללין, וידחה כבוד הצבור** - ר"ל ולא אמרינן דמשום זה יקרא פרשה של המפטיר בע"פ, או בחומש, [ג]דמסתמא הצבור מוחלין על כבודם כדי לקיים קריאת המפטיר כדין.

סימן קמד ס"ד - [ד]אין קורין לאדם א' בשני ספרי תורה, משום פגמו של ראשון, (פי' שנראה כפוגם ומטיל דופי בראשון) - בין בענין א' ובין בשני ענינים, כגון בשבת ר"ח או ביו"ט, דדינא הוא שקורין למפטיר בספר אחר הנגלל מכבר ומוכן לאותו מקום, כדי שלא יצטרכו לגלול בצבור את הספר ראשון, וכנ"ל בס"ג, **אין** לקרות למי שעלה באחרונה, שיעלה הוא ג"כ למפטיר בספר השני, אפילו אין שם אחר שיודע להפטיר, דנראה כמטיל דופי בס"ת ראשונה, מפני שהיא חסרה או שאר פסול, **אלא** יגללו הס"ת ראשונה עד שיגיעו לשם.

(**ופשוט** דדוקא כשהקריאה היתה תכופה, אבל מי שעלה לס"ת בבהכ"נ במנין ראשון, מותר לעלות עוד בבה"כ במנין שני, **אפי'** בס"ת אחרת, דהו"ל קריאה חדשה).

ואם ירצו לקרות למפטיר מהקרואים שקודם האחרון, המ"א מתיר, דאין שייך פגם אלא כשקורא בשניהם זה אחר זה, דיאמרו למה לא קרא בראשון, אלא שחסר הפרשה בו, אבל כשהפסיק בינתים באיש אחר, הו"ל עתה כקורא מחדש, **והב"ח** אוסר, וכן מצדד הא"ר לדינא, מטעם דאכתי יאמרו דנודע עתה פסולו של הספר ראשון, ולכך קרא באחרת, **ואך** בשמחת תורה מצדד הא"ר דיש להקל בזה כהמ"א, דמותר לקרות לחתן בראשית מי שעלה כבר בס"ת ראשונה, מחמת דיש לו עוד סניפים להתיר שם.

אות ד'

ראש חודש טבת שחל להיות בשבת מביאין שלש תורות

סימן תרפד ס"ג - אם חל ר"ח טבת בשבת, מוציאין ג' ספרים, וקורין ו' בפרשת השבוע - וה"ה אם רוצים לקרות בה ז' או יותר מן ז', ג"כ שרי, והעיקר דבין כולם לא יפחות משבעה. **כשגומר** פרשת השבוע, מניחין הס"ת הב', ואין אומרין קדיש, רק מגביהין הראשונה וגוללין אותה, ופושטין השניה וקורא בה, **וכשאומרין** קדיש על השניה, מניחין השלישית אצלה.

ובשני קורא אחד בשל ר"ח - דתדיר קודם, **ומתחיל "וביום השבת", ובג' קורא מפטיר בשל חנוכה.**

אות ד'* [ה]

תלתא גברי בתלתא ספרי ליכא פגמא

סימן קמד ס"ד - אבל שלשה גברי בשלשה ספרים, כגון: ר"ח טבת שחל להיות בשבת - שאחד קורא בענינו של יום, והשני בשל ראש חודש, והשלישי בשל חנוכה למפטיר, **ליכא משום פגם** - אפי' בענין אחד. **וה"ה** תרי גברי בתרי ספרים. **ואם** ירצה הראשון מהשלשה לקרות בס"ת שלישית למפטיר, תליא בפלוגתת הב"ח ומ"א שכתבתי מתחלה.

‹המשך ההלכות מול עמוד ב'›

באר הגולה

א יומא ע' ב **הריטב"א שם ובהגהות מרדכי דגיטין** ג ‹צ"ע, דהא בכהן גדול התירו לקרות ע"פ ולא התירו לגלול בצבור, ש"מ דלא אמרינן ידחה כבוד הצבור אפי' היכא דלא אפשר בענין אחר, וא"כ ה"נ יקרא ע"פ כמ"ש ב"י בשם הרשב"א, **וצ"ל** דבשלמא במקדש היו כל ישראל ולא מחלו, משא"כ בבהכ"נ דיש מתי מעט, ומסתמא מוחלין על כבודם כדי לקיים קריאת המפטיר דשבת ור"ח ומפטיר דיו"ט, דהוא תקנת הגאונים - מ"א› ד **יומא שם** ה ‹ע"פ מהדורת נהרדעא›

גמרא

תורה אור

*ובלבד שלא ידלג מסוף הספר לתחילתו : וגולל ספר תורה וכו' : *וכל כך למה כדי שלא להוציא לעז על ספר תורה : ובעשור של חומש הפקודים קורא על פה : אמאי נגלול וניקרי *אמר רב הונא בריה דרב יהושע אמר רב ששת 'לפי שאין גוללין ספר תורה בציבור °מפני כבוד ציבור ונייתי אחרינא ונקרי רב הונא בר יהודה אמר 'משום פגמו של ראשון וריש לקיש אמר *משום ברכה שאינה צריכה ומי חיישינן לפגמא והאמר ר' יצחק נפחא *'ראש חודש טבת שחל להיות בשבת מביאין שלש תורות וקורין אחת בענינו של יום ואחת של ראש חודש (טבת) ואחת של חנוכה תלתא גברי בתלתא ספרי ליכא פגמא חד גברא בתרי ספרי איכא פגמא : ומברך עליה שמונה ברכות : ת"ר *על התורה כדרך שמברכים בבית הכנסת על העבודה ועל ההודאה ועל מחילת העון כתיקנה ועל המקדש בפני עצמו ועל הכהנים בפני עצמן ועל ישראל בפני עצמן ועל שאר תפלה ת"ר *ושאר התפלה רנה תחינה בקשה מלפניך על עמך ישראל שצריכין להושע והותם בשומע תפלה ואח"כ כל אחד ואחד מביא ספר תורה מביתו וקורא בו כדי להראות חזותו לרבים : הרואה כהן גדול כו' לא מפני שאינו רשאי : פשיטא מהו דתימא כדריש לקיש דאמר ריש לקיש *אין מעבירין על המצות ומאי מצוה °ברב עם הדרת מלך קמ"ל :

מתני' אם בבגדי בוץ קורא קדש ידיו ורגליו "פשט ירד וטבל עלה ונסתפג והביאו לו בגדי זהב ולבש וקדש ידיו ורגליו ויצא ועשה את אילו ואת איל העם ואת שבעת כבשים תמימים בני שנה דברי ר' אליעזר רבי עקיבא אומר עם תמיד של שחר היו קרבין ופר העולה ושעיר הנעשה בחוץ [א] היו קרבין עם תמיד של בין הערבים 'קדש ידיו ורגליו ופשט וירד וטבל ועלה ונסתפג הביאו לו בגדי לבן ולבש וקדש ידיו ורגליו 'נכנס להוציא את הכף ואת המחתה קדש ידיו ורגליו ופשט וירד וטבל עלה ונסתפג הביאו לו בגדי זהב ולבש וקדש ידיו ורגליו "ונכנס להקטיר קטורת של בין הערבים ולהטיב את הנרות וקדש ידיו ורגליו ופשט (*וירד וטבל עלה ונסתפג) הביאו לו בגדי עצמו ולבש °ומלוין אותו עד ביתו ויום טוב היה עושה לאוהביו בשעה שיצא בשלום מן הקודש :

גמ' איבעיא להו היכי קאמר עם תמיד של שחר היו קרבין ופר העולה ושעיר הנעשה בחוץ עם תמיד של בין הערבים או דילמא הכי קאמר עם תמיד של שחר היו קרבין ופר העולה בהדייהו ושעיר הנעשה בחוץ עם תמיד של בין הערבים ותו פר העולה לרבי אליעזר דשייריה אימת עביד ליה ותו בין לרבי אליעזר בין לרבי עקיבא אימורי חטאת אימת עביד להו אמר רבא לא משכחת לה מתקנתא אלא או לרבי אליעזר דתנא ברבי שמואל או לרבי עקיבא כדתוספתא דתנא דבי שמואל [ב] רבי אליעזר אומר יצא ועשה אילו ואיל העם ואימורי חטאת אבל פר העולה ושבעת כבשים ושעיר הנעשה בחוץ עם תמיד של בין הערבים רבי עקיבא דתוספתא מאי היא דתניא רבי עקיבא אומר 'פר העולה ושבעת כבשים עם תמיד של שחר היו קרבין שנאמר °מלבד עולת הבקר אשר לעולת התמיד ואחר כך עבודת היום ואח"כ

במדבר כח

רש"י

מסוף ספר לתחילתו · למפרע : וכל כך למה · למה צריך לומר יותר ממה שקריתי לפניכם כתוב כאן : שלא להוציא לעז על ספר תורה · כשרואין אותו קורא פרשה שלישית על פה יהו סבורים שספר תורה חסר אותה פרשה : מפני כבוד ציבור · שיהו מלפין ודוממין לכך : ונייתי אחרינא · שיהא נגלל לפרשה שלישית : משום פגמו וכו' · שלא יאמרו חסר הוא : ברכה שאינה צריכה · שיהא צריך לחזור ולברך : כתיקנה · כמו שאנו אומרין אותן בתפלה : תנו רבנן שאר התפלה · השויה במשנה כך היא רנה תחינה בקשה מלפניך על עמך ישראל שצריכים להושע : להראות חזותו לרבים · להראות טיו של ספר תורה ותפארת בעליה שטרח להתנאות במצוה שנאמר (שמות טו) זה אלי ואנוהו התנאה *לפניו במצות לולב נאה ספר תורה נאה בקלף נאה בדיו נאה בלבלר אומן ומעורב יום הכפורים הביאום שם : אין מעבירין על המצות · ומהו דתימא האי נמי מעבורי הוא שמניח זו והולך לראות זו : ומאי מצוה · יש בראייתן יש כאן מצוה משום ברוב עם הדרת מלך : קמ"ל · דלאו מעבר הוא מאחר שאינו עסוק בה : מתני' שבעת כבשים · של מוסף הן בחומש הפקודים (במדבר כט) : ופר העולה · נמי דמוסף עם תמיד של בין הערבים בטבילה חמישית : גמ' היכי קאמר · רבי עקיבא : ותו פר העולה לרבי אליעזר דשייריה · ולא איירי ביה אימת עביד ליה והוא הדין נמי דאיכא לאקשויי אשעיר אלא ריש מילתא נקט : אימורי חטאת · דתנא באידך פירקין* נתנם במגס עד שיקטירם : לא משכחת לה · לסדר עבודת היום מתקנתא במשנתינו אלא משכחת לה מתקנתא לרבי אליעזר דתנא דבי שמואל דאיירי בכולהו או לרבי עקיבא דתוספתא שפירש שם את דבריו יפה בדרבי עקיבא לא גרסינן יצא ועשה : עם תמיד של שחר · בלבישה ראשונה שנאמר במוספי כל הרגלים מלבד עולת הבקר אלמא מוספין עם עולת הבקר נעשית בסמוך להן וילמוד יום הכפורים מהם : ואח"כ עבודת היום ואחר כך שעיר הנעשה בחוץ · ואף על פי שהוא מן המוסף לא יכול להקדימו לעבודת היום לפי שנאמר (א) בו ושעיר חטאת אחד מלבד חטאת הכפורים למדנו ששעיר חטאת הפנימי קדמו : ואחר

תוספות

ובלבד שלא ידלג מסוף הספר לתחילתו · אין לפרש מסוף הספר לתחילתו דאם כן אפילו מתחילתו לסופו נמי לא דהיינו בכדי שיפסיק התורגמן אלא מסוף הספר לצד תחילתו כלל כלל לא : ושעיר הנעשה בחוץ עם תמיד של בין הערבים · תימה לי מאי מספקא ליה (אם מספקא ליה) אם איתא דשעיר הנעשה בחוץ לחודיה קרב עם תמיד של בין הערבים אם כן לא ליתני במתניתין היו קרבים עם תמיד של בין הערבים בלשון רבים אלא ליתני היה קרב וי"ל משום דשייר אימורי חטאת דילמא אמורי חטאת נמי קרב עם תמיד של בין הערבים ולהכי קתני היו : דתנא דבי שמואל · ה"ג רבי אליעזר אומר יצא ועשה אילו ואיל העם ואימורי חטאת אבל פר העולה וז' כבשים תמימים ושעיר הנעשה בחוץ עם תמיד של בין הערבים ויש ספרים שאין בהם אבל פר העולה אלא כתוב בהן יצא ועשה אילו ואיל העם ואימורי חטאת ופר העולה וז' כבשים ושעיר וכו' ולא נהירא אותה גרסא דאם כן תנא דבי שמואל נמי לאו מתקנתא היא דאיכא למיבעי עלה כמו אמתניתין : ואחר

עין משפט נר מצוה

יא א מיי' פי"ב מהל' תפלה הל"ח וסל' יג סמג עשין יט טוש"ע א"ח סי' קמד סעיף א :

יב ב ג (מיי') טוש"ע שם סעיף ג ד ומיי' פ"ג מהל' עבודת יוה"כ הלכה י [רב אלפס פ' הקורא את המגילה עומד דף רעב.]

יג ד מיי' פי"ג מהל' תפלה הלכה כד סמג עשין שם טוש"ע א"ח סי' תרפד סעיף ג :

יד ה ו ז ח מיי' פ"ד מהל' עבודת יוה"כ הלכה ב :

טו ט מיי' שם :

טז י מיי' שם הל' א :

רבינו חננאל

מדלגין ובלבד שלא ידלג מסוף הספר לתחלתו כלומר למפרע לא : ואומר יותר ממה שקריתי כאן כתוב כאן ולמה כל זה כדי שלא יאמרו זה הס"ת חסר הוא כו' ואסיקנא לר"ל אינו פותח בס"ת אחר לקרות בו עד שיברך ואע"פ שבירך בס"ת האחר שקרא בו וכי תלתא גברי בתלתא סיפרי לא הוה פגמא לספרים חד גברא בתרי סיפרי פגמא : ירושלמי ומברך עליה ח' ברכות על התורה · בא"י הבוחר בתורה · ועל העבודה בא"י שאותך [לבדך] ביראה נעבוד · על ההודאה בא"י הטוב לך להודות · על מחילת העון · בא"י מוחל עונות עמו ישראל · על המקדש בא"י הבוחר במקדש *) · בא"י שומע תפלה : הרואה כ"ג כשהוא קורא כו' · ש"מ דמצוה היא לישב בכנסת בשעה שקורין בס"ת שנאמר ברוב עם הדרת מלך : יצא ועשה את אילו ואת איל העם כו' · איבעיא להו ר' עקיבא היכי קאמר שבעת כבשים תמימים עם תמיד השחר היו קריבין ופר העולה כו' ושחיטת פרו והקטרת והזאת דם הפר לפני הכפרת ושחיטת השעיר והזיית דמו בפנים והזיית מדם הפר לפני הפרכת · והזיית מדם השעיר לפני הפרכת · עירוב דם הפר בדם השעיר והזייה בקרנות מזבח הזהב והזיית על טהרו · וידוי על שעיר המשתלח · ושילוח השעיר · והוצאת הכף והמחתה · והוצאת פר ושעיר לשריפה · וקריאת בתורה · והקרבת אילו ואיל העם · וחלבי פרו · וחלבי השעיר הנעשה בפנים · ופר העולה ושבעת כבשים תמימים ושעיר של חטאת ותמיד של בין הערבים · ואמר רבא לא תמצא בסדר הזה אחרי עבודת היום שדברי הכל שוין בה · אלא אי ר' אליעזר רבי שמואל דתנן דבי שמואל ר' אליעזר אומר יצא [ועשה] אילו ואיל העם ואימורי חטאות . ופר העולה ושבעת כבשים תמימים ושעיר הנעשה בחוץ (ותמיד) [עם] של בין הערבים . אי ר' עקיבא דתוספתא · דתני בתוספתא ר' עקיבא אומר תמיד של שחר ועמו עולת המוסף והן פר ושבעת כבשים שמציט

מסורת הש"ס

[סוטה מא.]

[שם ע"ש]

[ברכות לג. סוטה מא.]

[שם]

פסחים סד: [לעיל לג. וש"נ]

הגהות הב"ח

(א) רש"י ד"ה ואח"כ עבודת כו' לפי שנאמר שעיר עזים אחד חטאת מלבד חטאת הכפורים:

הגהות הגר"א

[א] מתני' הנעשה בחוץ (היו קרבין) תא"מ (ומחק) ד"ה ושעיר ונכ"ו: [ב] גמרא דתנא דבי שמואל כו' ר' אליעזר אומר יצא ועשה כו' . כ"ה אבל כל' בתוספתא ר' אליעזר אומר פר העולה ושעיר הנעשה בחוץ עם קרבן עם תמיד של שחר והמחלה לא כביאה משום דחסר שם אימורי חטאת אבל ודאי לכ"ע עם אלו ואיל העם בשבת לחמירין קרבי ובורו:

ר"ל זו דברי ר"א ור' עקיבא אבל תכ"א כולן היו קרבין עם תמיד של בין הערבים קרי לדתני שמואל בלשון חכמים :

גליון הש"ס גמרא מפני כבוד צבור · (שבת דף קלג ומגילה [כ"ג ע"א] כד ע"ב וגיטין דף ס ע"א וסוטה דף לט ע"ב :

*) חסר כאן ובירושלמי הכי איתא על ישראל הבוחר בישראל על הכהנים הבוחר בכהנים על שאר תפלה ותחינה וכו' בא"י שומע תפלה .

תוספות ישנים

שבין אומרים שאין עולם אלא אחד ותיקנו לומר מן העולם ועד העולם לומר שני עולמות יש והכי אמר פ' הרואה (דף נד.) תיקנו לומר מן העולם ועד העולם מפני המינין והיינו גדול שגדול בעולם הזה ובעולם הבא · בכל ארעא דישראל · לאו דוקא בכל ארעא דישראל אלא כמו שיכולו לחפש בשלשה ימים מכל צד : ירמיה אמר גוים מקרקרין כו' · גבי ירמיה גרס ולא אמר נורא וגבי דניאל גרס ולא אמר גבור וכן הוא במקרא כדפי' רש"י וגירסת הספרים איפכא שיבוש : שאילמלא מוראו היאך אומה אחת יכולה כו' · משמע דאילמלא מוראו קאי אירמיה שלא רצה לומר נורא אדרבה משם יש ללמוד נוראותיו ומיהו אומר רבי דבירושלמי משמע דאילמלא מוראו קאי אדניאל ואילמלא גבורתו קאי אירמיה דאמר התם ירמיה ראה את בית המקדש שנאמר נורא אלהים ממקדשיך ולא אמר נורא ולמה אמר גבור לו נאה לקרותו גבור שרואה חורבן ביתו ושותק דניאל אמר האל הגדול והנורא אמר בניך מסורין בקולרין היכן היא גבורתו אמר נורא לזה נאה להקראות נורא בנוראות שעשה לנו בכבשן האש משמע מהתם שירמיה אמר גבור אלמא מטעם שאמרוהו אנשי כנסת הגדולה שרואה חורבן ביתו ושותק ונותן ארך אפים לרשעים ודניאל אמר נורא ומטעם שאמרוהו אנשי כנסת הגדולה שקיים חנניה מישאל ועזריה בכבשן האש וא"כ לפי הירושלמי ירמיה מטעם שמר ביתו מלומר נורא יש לנו לאומרו אלא מטעם שאמרו דניאל וכן גבור מטעם שאמרו ירמיה אבל כפירושו כראשון נראה יותר · מ"ר : היאך אומה אחת יכולה להתקיים בין כל האומות · במדרש רבה אדריינוס שאל את רבי יהושע גדולה הכבשה שעומדת בין שבעים זאבים אמר לו גדול הרועה שמצילה : (ע"כ שייך לעמוד הקודם)

ובעשור שבחומש הפקודים קורא על פה · והא דאמר בגיטין (דף ס:) דברים שבכתב אי אתה רשאי לאומרן על פה אומר רבי דמטעם מן המובחר הוא לקרות אותו שבכתב בכתב ושבעל פה בעל פה ומשום כבוד צבור לא הצריכוהו לגלול וריב"א פי' ותמר הואיל ואינו מגיד אלא עבודת היום יכול לקרות בעל פה כעין תפלת המוספין שאנו קורין בעל פה ומביא ראיה מן הירושלמי דקאמר התם במכילתין אין גוללין ספר תורה ברבים כו' והשתא קורין אחרי מות ואך בעשור כו' שנייא היא שהיא סידרו של יום תדע דאמר ריש לקיש בכל אתר אסור לקרות בעל פה וכאן קורין בעל פה אך קשה לרבי על פרשת קרבנות שאנו אומרים בכל יום בעל פה ואינו סידרו של יום ואומר רבי דהיינו טעמא שאינו מוציא רבים ידי חובתן אבל אם היה להוציא רבים ידי חובתן היה אסור כיון שאינו סידרו של יום וא"ת והלא אומר הלל בעל פה ואע"פ שהוא להוציא רבים ידי חובתן כדאמר בלולב הגזול (דף לח:) וי"ל שכיון שאינו אלא דברי שבח והודאה בעלמא תו ליכא למיחש למידי ובהם הכב רבי אליעזר ממיץ שמעתי שהיה מביא ראיה לפירוש זה מדאמר בפרק בתרא דתענית (דף כח.) גבי מעמדות בשחרית ובמוסף נכנסין לביהכ"נ וקורין בתורה כדרך שקורין כל השנה כולה ובמנחה יחיד קורא אותה בעל פה א"ר יוסי וכי היאך היחיד יכול לקרות אותה על פה בצבור פי' כיון שהוא להוציא את הצבור אלא כולן קורין אותה על פיהן כקורין את שמע משמע שכיון שהוא להוציא את הרבים אסור אבל היחידים שלא להוציא הרבים מותר מתוך כך נהגו נהוג שליח צבור לקרות את שמע בלחש וכן הפסוקים של ברוך ה' לעולם אמן ואמן ועל ידו נהגו כולן וכן מי כמוך באלים ואומר ה' ימלוך לעולם ועד באמת ואמונה אבל כי פדה ה' את יעקב וגו' וכן אומר לעושה אורים גדולים ביוצר אור אומר בקול רם לפי שנתקנו שם לצורך חתימה מעין פתיחה ותפלות של ראש השנה כגון מלכיות וזכרונות ושופרות אומר בקול רם לפי שאינו אלא תפלות ובכת למקום מעניט של יום · מ"ר : ונגלול וניקרי כו' · תימה לעיל הוה קשיא ליה אמאי מדלגין בתורה אפילו מאחרי מות לאך בעשור והשתא קשיא ליה איפכא נגלל וניקרי ואומר ה"ר יוסף דהשתא בעי טעמא דאמאי אמרינן לעיל דאין מדלגין ועל המשנה נוח לו לפרש כטעם : משום ברכה שאינה צריכה · מכאן יש ללמוד דהשוחט הרבה בהמות או עופות ביחד אסור לספיק בין שחיטת עוף לחבירו כדי לחזור ולברך כיון שיכול לצאת בברכה ראשונה : שמנה ברכות · כולן מפורשות בירושלמי : ולא מפני שאינו רשאי סמיכה · והעי"ג דאמר בברכות (דף ח.) ועוזבי ה' יכלו זה המניח ספר תורה ויוצא וכין פסוקא לפסוקא מיבעי לן התם מ"מ יכול לילך

ואח"כ [א] שעיר הנעשה בחוץ שנאמר °שעיר עזים אחד חטאת מלבד חטאת הכפורים ואח"כ אילו ואיל העם ואח"כ אימורי חטאת ואח"כ תמיד של בין הערבים מאי טעמא דרבי אליעזר עביד כדכתיב עביד ברישא דתורת כהנים והדר עביד דחומש הפקודים ורבי עקיבא כדקתני טעמא °מלבד עולת הבקר אשר לעולת התמיד אלמא מוספין עם תמיד של שחר עביד להו ורבי אליעזר האי מלבד חטאת הכפורים מאי עביד ליה ההוא מיבעי ליה *על מה שזה מכפר זה מכפר רבי יהודה אומר משמו אחד קרב עם תמיד של שחר וששה עם תמיד של בין הערבים רבי אלעזר בר' שמעון אומר משמו ששה קרבין עם תמיד של שחר ואחד עם תמיד של בין הערבים מאי טעמייהו דרבנן תרי קראי כתיבי כתיב מלבד עולת הבקר וכתיב °ויצא ועשה את עולתו הלכך עביד מנייהו הכא ומנייהו הכא במאי קא מיפלגי ר' יהודה סבר עביד חד כדכתיב מלבד עולת הבקר והדר עביד עבודת היום דילמא חולשא חליש כהן גדול ור' אלעזר בר' שמעון סבר כיון דאתחיל עביד ששה דילמא פשע דלגבי עבודת היום זריז הוא דכולי עלמא מיהת חד איל הוא כמאן כר' דתניא *ר' אומר איל אחד האמור כאן הוא האמור בחומש הפקודים ר' אלעזר בר' שמעון אומר שני אילים הן אחד האמור כאן ואחד האמור בחומש הפקודים מאי טעמא דרבי דכתיב אחד ורבי אלעזר בר' שמעון *מאי אחד מיוחד שבעדרו ורבי נפקא ליה ממבחר *נדריך ורבי אלעזר ברבי שמעון חד בחובה וחד בנדבה וצריכי: קידש ידיו ורגליו: ת"ר *°ובא אהרן אל אהל מועד למה הוא בא להוציא את הכף ואת המחתה שבל

(במדבר כט) (ויקרא טז) (שם)

רש"י

ולאחר כך אילו ואיל העם ולאח"כ אימורי חטאת · כל אלו בטבילה שלישית: ולאחר כך תמיד של בין הערבים · בטבילה חמישית ולא איירי הכא בהוצאת כף ומחתה דפשיטא לן דבתר אילו ואיל העם היא כדתניא לקמן שכל הפרשה נאמרה על הסדר וכו': עביד כדכתיב · תורת כהנים כתיבא ברישא הלכך אילו ואיל העם ואימורי חטאת בתר עבודת היום והדר הוצאת כף ומחתה ואחר כך מוספין ותמיד של בין הערבים דכתיבי לבסוף בחומש הפקודים: מלבד חטאת הכפורים · דמשמע דשעיר החיצון קודם לאילו ואיל העם מאי עביד ליה: מלבד עולת הבקר לאו ביום הכיפורים כתיב ומרגלים לא יליף דסמיך לסידרא למיעבד הני דתורת כהנים ברישא אלא האי דלא כתב ביום הכפורים גופיה מאי עביד ליה: על מה שזה מכפר וכו' · במתניתין דפ"ק דשבועות (דף ב.) דריש ליה הכי ועל שיש בה ידיעה בסוף ואין בה ידיעה בתחילה שעיר הנעשה בחוץ מכפר שנאמר (א) ושעיר חטאת אחד מלבד חטאת הכפורים על מה שזה מכפר זה מכפר מה פנימי אינו מכפר אלא על דבר שיש בו ידיעה כדמפרש התם אף חיצון אינו מכפר וכו': משמו · של ר' עקיבא: אחד · מן שבעת כבשים: עביד חד · כדכתיב מלבד עולת הבקר לסמוך מקצת המוספין לעולת התמיד: והדר עביד עבודת היום · דלאי אמרת כל המוספין יקריב עם תמיד של שחר דילמא חליש ולא מצי למיעבד עבודת היום והוא עיקר הכפרה: דילמא פשע · ולא עביד להו אחר עבודת היום ולאחר דחייש דילמא חליש ליכא למיחש דלגבי עבודת היום זריז הוא ומחליף כח וכולהו מוספין לא עביד דתורת כהנים קדים ולריך לקיים זו וזו סדר הכתוב ומדרשי המקראות: דכולי עלמא מיהא · בין לר' אליעזר בין לר' עקיבא חד איל הוא דליכור דכולהו אמרי איל העם ולא איירי באיל הכתוב בחומש הפקודים כלל: האמור כאן · בתורת כהנים ואיל אחד לעולה: וצריכי · שיש דעת טועה לומר נדבה מובחרת כדי שתהא מקובלת ברצון ויש דעת טועה לומר חובה תהא מובחרת כדי שילא ידי חובתו יפה:

שכל

תוספות

ואחר כך שעיר הנעשה בחוץ ואח"כ אילו ואיל העם ואח"כ אימורי חטאת · פרש"י כולהו בטבילה שלישית ולא נהירא לי דנהי דאמרינן לעיל דמתני' לאו מתקנתא מ"מ לאו משבשתא היא והא דלא קרא לה מתקנתא לפי שאין הסדר מפורש בה ולפרש"י ברייתא ע"כ פליגא אמתני' דבמתני' קתני היו קריבים עם תמיד של בין הערבים ולפירש"י לא היה דבר קרב עם תמיד של בין הערבים ועוד דלקמן בסמוך פריך ודילמא בשעיר הנעשה בחוץ מפסיק להו והשתא על כרחך לרבי אליעזר לא פריך דהא כיון דסבירא ליה עביד כדכתיב אם כן על כרחך באילו ואיל העם כדכתיב מקמי שעיר מפסיק להו כדתניא הכא אלא ע"כ לר' עקיבא פריך דילמא בשעיר לחודיה מפסיק להו מנלן דמפסיק להו נמי באילו ואיל העם דילמא אילו ואיל העם עם תמיד של בין הערבים עביד להו והשתא לפרש"י כי משני ויצא ועשה את עולתו ואת עולת העם כו' אכתי מ"מ תיקשי לך ודילמא בשעיר הנעשה בחוץ ואילו ואיל העם דוקא מפסיק להו מנלן דמפסיק להו באימורי חטאת ועוד ק"ל אמאי קרי לה מתקנתא האיכא למיבעי טלה כמו אמתניתין אי אימורי חטאת קריבין בטבילה שלישית בהדי אילו ואיל העם או בהדי תמיד של בין הערבים על כן נראה לי דאימורי חטאת *קריבין עם תמיד של בין הערבים ודברי ר' עקיבא דמתניתין ה"פ עם תמיד של שחר היו קריבין הכבשים ופר העולה ושעיר הנעשה בחוץ קרב אח"כ בזמנו עם אילו ואיל העם והאי דלא קתני אילו ואיל העם משום דר"א מודה לו בהו דבטבילה שלישית הוו ומאי דתני היו קריבין עם תמיד של בין הערבים ה"ק עוד הקרבות אחרות קריבין עם תמיד הערב והא דלא קתני להו לא בדברי ר' אליעזר ולא בדברי רבי עקיבא שמא משום דלאו קרבן שלם ניהו דכבר נזרק הדם בטבילה שניה הלכך לא חיישי למיחשביה כיון דאינו אלא גמר קרבן ולא עבודה דמעכבי כפרה דאיכא עגמן שלא הוקטרו אימורין כשר ודברי רבי אליעזר דמתני' יש לפרש דלא פליג אתנא דבי שמואל וה"ק ויצא ועשה אילו ואיל העם וה"ה אימורי חטאת אלא דשייריכהו מטעמא דפרישית והא דקתני ז' כבשים תמימים ושעיר פר העולה ושעיר הנעשה בחוץ יש לומר משום דרבי עקיבא ס"ל דקריבין עם תמיד של שחר אתא רבי אליעזר למימר אתה מקדים אותם לכל היותר שאתה יכול ואי מאחר אותם כל מה שאתה יכול וממילא ידענא דהיינו טעמא דכתיבי לבסוף בפרשת פינחס ואם כן ה"ה פר העולה ושעיר הנעשה בחוץ דכתיבי לבסוף וניחא ליה למינקט כבשים משום דאית בהו פלוגתא טובא לרבי עקיבא כולהו בבקר ולרבי יהודה אליבא דרבי עקיבא אחד בבקר וששה עם תמיד של בין הערבים ולר' אלעזר בר רבי שמעון איפכא:

ואח"כ שעיר הנעשה בחוץ ואחר כך אילו ואיל העם · ואף על גב דכתיב ויצא ועשה את עולתו ואת עולת העם ודייקינן מינה בסמיך יציאה ראשונה ומשמע דמיד ביציאה ראשונה עביד להו והכא קאמר דשעיר הנעשה בחוץ עביד ברישא ויש לומר דהכי קאמר מכל מה שכתב בפרשת אחרי מות לא היה דבר קודם לאילו ואיל העם ביציאה ראשונה ושעיר הנעשה בחוץ לא כתיב התם:

עביד חד כדכתיב והדר עביד ששה דחומש הפקודים · ואם תאמר אמאי מפסיק בכבשים מקצתן בבקר ומקצתן בערב יקריב כולן בבקר מדכתיב מלבד ואי משום דכתיבי לבסוף הלכך בעינן שיקריב מהן בערב והא פר העולה נמי כתיב לבסוף אפילו הכי מקריבו בבקר ולא אמרינן שיזרוק דמו והקטרתו בערב ואם כן נימא דפר העולה יהא בבקר והכבשים כולן בערב ויש לומר דקרא דמלבד דגמרינן מיניה להקריב המוספין בבקר עיקר טעם הוא הלכך כל כמה שטכל לעשות בבקר מן המוספין עבדינן ומשום דכתיבי מוספין לבסוף יש להניח קצת מן המוספין להקריב בערב וכיון דמשיירין מן הכבשים לערב למר ששה ולמר חד סגי: דכולי עלמא מיהת חד איל הוא כמאן כרבי · ואף על גב דרבי אלעזר ברבי שמעון נמי איירי בברייתא דלעיל ומשמע דמודה לתנא קמא דקאמר אילו ואיל העם דמשמע דלא הוי אלא חד איל יש לומר דודאי מודה לתנא קמא דלרבי עקיבא לא הוה אלא חד איל דרבי אלעזר בר"ש דברייתא משמע דאליבא דרבי עקיבא קאמר אבל אליבא דנפשיה שני אילים הן:

נכנס

רבינו חננאל

שמצינו בכל מקום כי המוספין עם תמיד של שחר קריבין כדכתיב מלבד עולת הבקר אשר לעולת התמיד תעשו את אלה וגו' עד עולת התמיד יעשה · ולמה לא עשה עמהם איל העם כדרך שעושה כל השנה מפני שכתוב מפורש ביוה"כ ויצא ועשה את עולתו ואת עולת העם ללמד שאין נעשין אלא לאחר עבודת היום · ואח"כ עושה עבודת היום · ואחר עבודת היום השעיר הנעשה בחוץ שנאמר שעיר עזים אחד לחטאת מלבד חטאת הכפורים ללמד כי אחר שעיר שבפנים קרב מיד שעיר הנעשה בחוץ ואח"כ אילו ואיל העם שנאמר ויצא ועשה את עלתו וגו' ואח"כ אימורי חטאות ואח"כ תמיד של בין הערבים ור' אלעזר אמר לך הני מילי דקרבי מוספין עם תמיד של שחר היכא דליכא עבודת היום אבל היכא דאיכא עבודת היום היא קדמה והאי מלבד חטאת הכפורים מיבעי ליה ללמד על מה שזה מכפר בדבר שאין בה ידיעה בתחלה ויש בה ידיעה בסוף כך זה מכפר ומפורש בתחלת שבועות: ר' יהודה אומר משמו כו' פשוטה

[קריבין עם תמיד של בין הערבים ומתני' דקתני היו קריבין עם תמיד של בין הערבים ה"פ עם כו' דבטבילה שלישית הוו והיו קריבין עם כו' כצ"ל] רש"א

תוספות ישנים

לינך בשעה שגולל מאחרי מות לאך בעשור אע"פ שאין המתורגמן מפסיק

מסורת הש"ס

[שבועות ב.]

לעיל ג.

לעיל לד. [מגילה כח.] [צ"ל נדריכם]

לעיל לג.

הגהות הב"ח

(א) רש"י ד"ה על מה כו' מכפר שנאמר שעיר עזים אחד חטאת מלבד חטאת הכפורים:

הגהות הגר"א

[א] גמ' ואח"כ אילו ואיל העם ואימורי חטאת ואח"כ שעיר הנעשה בחוץ שנאמר שעיר עזים אחד חטאת מלבד חטאת הכפורים ואח"כ תמיד כו' כצ"ל:

אות ה' – ו' – ז' – ח'

פשט ירד וטבל עלה ונסתפג, והביאו לו בגדי זהב ולבש

וקדש ידיו ורגליו, ויצא ועשה את אילו ואת איל העם

קדש ידיו ורגליו ופשט וירד וטבל ועלה ונסתפג, הביאו לו

בגדי לבן ולבש וקדש ידיו ורגליו

נכנס להוציא את הכף ואת המחתה

ונכנס להקטיר קטורת של בין הערבים ולהטיב את הנרות

רמב"ם פ"ד מהל' עבודת יוה"כ ה"ב - [ו]ואחר כך מקדש ופושט בגדי לבן וטובל, ולובש בגדי זהב ומקדש ידיו ורגליו, ועושה השעיר הנעשה בחוץ, שהוא מכלל קרבנות מוסף היום, ומקריב אילו ואיל העם, שנאמר: ויצא ועשה את עולתו ואת עולת העם, ומקטיר האימורין של פר ושעיר הנשרפין, [ז]ומקריב תמיד של בין הערבים; ואחר כך מקדש ידיו ורגליו ופושט בגדי זהב וטובל, ולובש בגדי לבן ומקדש, ונכנס לקדש הקדשים ומוציא את הכף ואת המחתה; ואחר כך מקדש ופושט בגדי לבן וטובל, ולובש בגדי זהב ומקדש, ומקטיר קטרת של בין הערבים ומטיב את הנרות של בין הערבים כשאר הימים.

אות ט'

ומלוין אותו עד ביתו, ויום טוב היה עושה לאוהביו בשעה שיצא בשלום מן הקודש

רמב"ם פ"ד מהל' עבודת יוה"כ ה"ב - ואחר כך מקדש ידיו ורגליו ופושט בגדי זהב ולובש בגדי עצמו, ויוצא לביתו וכל העם מלוין אותו עד ביתו, ויום טוב היה עושה על שיצא בשלום מן הקדש.

אות י'

פר העולה ושבעת כבשים עם תמיד של שחר היו קרבין

רמב"ם פ"ד מהל' עבודת יוה"כ ה"א - ואחר התמיד מקריב הפר ושבעת הכבשים של מוסף היום.

[ח]רמב"ם פ"ב מהל' עבודת יוה"כ ה"ב - ושוחט את התמיד ומקטיר קטורת של שחר של כל יום, ומטיב את הנרות, ומקטיר איברי התמיד עם החביתין והנסכים, ומקריב הפר ושבעה כבשים של מוסף היום.

---

§ מסכת יומא דף ע: §

אות א*[ט]

איל אחד האמור כאן הוא האמור בחומש הפקודים

רמב"ם פ"י מהל' תמידין ה"א - ביום הכפורים מקריבין מוסף כמוסף ראש השנה, פר ואיל, ואיל זה נקרא איל העם, ושבעה כבשים כולן עולות, ושעיר חטאת, והוא נאכל לערב.

רמב"ם פ"א מהל' עבודת יוה"כ ה"א - ביום הצום מקריבין תמיד בשחר ותמיד בין הערבים כסדר כל יום ויום; ומקריבין מוסף היום, פר ואיל ושבעה כבשים כלם עולות, ושעיר חטאת נעשה בחוץ, והוא נאכל לערב; ועוד מקריבין יתר על מוסף זה, פר בן בקר לחטאת והוא נשרף, ואיל לעולה, ושניהם משל כהן גדול; ואיל הבא משל צבור האמור בפרשת אחרי מות, הוא האיל האמור בחומש הפקודים בכלל המוסף, והוא הנקרא איל העם; ועוד מביאין משל צבור שני שעירי עזים, אחד קרב חטאת והוא נשרף, והשני שעיר המשתלח. נמצאו כל הבהמות הקרבים ביום זה חמש עשרה: שני תמידין, ופר, ושני אילים, ושבעה כבשים, כולם עולות; ושני שעירים חטאת, אחד נעשה בחוץ ונאכל לערב, והשני נעשה בפנים ונשרף, ופר כהן גדול לחטאת והוא נשרף.

באר הגולה

ו ‹פלוגתא דתנאי ופסק כר"ע – כסף משנה. **עיין** בתוס', דאליבא דרש"י ר"ע דברייתא ע"כ פליגא אמתניתין, משא"כ לפי הרמב"ם, עיין בסמוך בלחם משנה›

ז ‹נפל מחלוקת בין רבינו ורש"י ז"ל בענין הכף והמחתה, דלרש"י ז"ל בפרק שלישי דיומא, {וכ"כ רש"י הכא}, הכף והמחתה מפסיק בין אילו ואיל העם לתמיד של בין הערבים, ולרבינו ז"ל היה אחר תמיד של בין הערבים – לחם משנה›

ח ‹ע"פ מהדורת נהרדעא›

ט ‹ע"פ מהדורת נהרדעא›

§ עניני הלכה שונים הקשורים להדף §

מחייה חיים עשינו שליחותו

עיין חי' אגדות שנדחק על תואר זה בכאן. **ואולי** יל"פ עפ"י שהביא החי' אגדות לעיל (סו:) בשם החזקוני שהביא מדרש, שהמשלח היה מת באותה שנה, {**וז"ל** המדרש על הפסוק (ויקרא טז, כא) 'איש עתי': 'עתי' מזומן למות אותה שנה, שהמשלח השעיר היה מת, ולכן היה מזומן מאתמול, וחפשו איזה איש אשר ידעו מצד החכמה אשר בלבם שימות באותו שנה, דאיש אחר לא ירצה - ערבי נחל}, **ולכן** אמר מחייה חיים, ור"ל שיוכל השי"ת לעשות שאשאר בחיים - רש"ש.

שבל הפרשה כולה נאמרה על הסדר חוץ מפסוק זה מאי טעמא אמר רב חסדא גמירי *חמש טבילות ועשרה קידושין טובל כהן גדול ומקדש בו ביום ואי אמרת כסדרן כתיבי לא משכחת לה אלא שלש טבילות וששה קידושין מתקיף לה רבי זירא ודילמא מפסיק ליה בשעיר הנעשה בחוץ אמר אביי אמר קרא ויצא ועשה את עולתו מיציאה ראשונה עביד אילו ואיל העם רבא אמר אמר קרא ופשט (א) את בגדי הבד שאין ת"ל *אשר לבש כלום אדם פושט אלא מה שלובש אלא מה תלמוד לומר אשר לבש שלבש כבר מתקיף לה רבה בר רב שילא ואימא דמפסיק ליה בשעיר הנעשה בחוץ הכתיב ויצא ועשה וכל הפרשה כולה נאמרה על הסדר והא קראי כתיבי °ואת חלב החטאת יקטיר המזבחה והדר ואת פר החטאת ואת שעיר החטאת ואילו אנן תנן *הרואה את כהן גדול כשהוא קורא אינו רואה פר ושעיר הנשרפין ואילו אמורי חטאת בתר הכי מקטיר להו אימא חוץ מפסוק זה ואילך ומאי חזית דמשבשת קראי שביש מתניתא אמר אביי אמר קרא והמשלח והשורף מה משלח דמעיקרא אף שורף דמעיקרא אדרבה מה שורף דהשתא אף מישלח דהשתא והמשלח דמעיקרא משמע רבא אמר אמר קרא °יעמד חי *עד מתי יהא זקוק לעמוד חי עד שעת כפרה ואימתי שעת כפרה בשעת מתן דמים ותו לא אתי משלח מצאו בשוק לכהן גדול אומר לו אישי כ"ג עשינו שליחותך מצאו בביתו אומר לו מחיה חיים עשינו שליחותו אמר *רבה כי מיפטרי רבנן מהדדי בפומבדיתא אמרי הכי מחיה חיים יתן לך חיים ארוכים וטובים ומתוקנין °אתהלך לפני ה' בארצות החיים אמר רב יהודה זה מקום שווקים °כי אורך ימים ושנות חיים ושלום יוסיפו לך וכי יש שנים של חיים ויש שנים שאינן של חיים אמר רבי אלעזר אלו שנותיו של אדם המתהפכות עליו מרעה לטובה °אליכם אישים אקרא אמר רבי ברכיה אלו תלמידי חכמים שדומין לנשים ועושין גבורה כאנשים ואמר רבי ברכיה הרוצה לנסך יין על גבי המזבח ימלא גרונם של תלמידי חכמים יין שנאמר אליכם אישים אקרא ואמר רבי ברכיה אם רואה אדם שתורה פוסקת מזרעו יישא בת תלמיד חכם שנאמר °אם יזקין בארץ שרשו ובעפר ימות גזעו מריח

תורה אור: ויקרא טז · שם · תהלים קטז · משלי ג · שם ה · איוב יד

רש"י

שכל הפרשה נאמרה על הסדר וכו' · ואי כסדרן כתיבי וכן הסדר שמוציאן בלבישה ראשונה ואין עבודה חיצונה של בגדי זהב מפסקת בין עבודת היום להוצאת כף ומחתה לא משכחת לה וכו' ככר פרשתיה בפרק אמר להם הממונה (לעיל דף לב:): בשעיר הנעשה בחוץ · כדכתיב (במדבר כט) מלבד חטאת הכפורים והוא אינו כתוב כאן אבל אילו ואיל העם דווקא כתבינהו קרא אחר הוצאת כף ומחתה ולא איצטריך לן לשבש סדרא דקראי: אמר קרא ויצא ועשה וגו' · וזו יציאה ראשונה האמורה בפרשה הילכך על כרחך מקמי הוצאת כף ומחתה עביד להו בהפסקה שביניהם לעבודת היום: אשר לבש כבר · אלמא זו היא פשיטה שניה שמע מינה יש הפסקת חילוף בגדים בין עבודת היום להוצאת כף ומחתה ורבא לא אתקפתיה דרבי זירא קאי אלא לפרושי טעמא דמתניתא דמשבשא קראי: ה"ג קראי כתיבי וכו' · ולא גרס תרי: אינו רואה פר ושעיר הנשרפים · אלמא שריפתן בעוד שכהן גדול לבוש בגדי בוץ היא: ואילו אימורי חטאת · לדברי הכל בתר הכי עביד להו (כשטובל) בטבילה שלישית עם אילו ואיל העם: אימא חוץ מפסוק זה ואילך · לא נכתבה על הסדר: שביש מתניתא · ואימא שריפת הפר והשעיר אחר טבילה שלישית: אמר קרא והמשלח את השעיר וגו' · ובאותו לשון עלמו נאמר והשורף אותם דמשתעי בשריפת הפר ושעיר ושניהן כתובין אחר ואת חלב החטאת ועל כרחך שילוח השעיר מקמי הקטרת אימורים הוה כדכתיב ושלח את השעיר במדבר והדר ואת חלב החטאת על כרחך והמשלח דכתיב בתריה כאדם שהפסיק הענין שהיה מדבר בו וחוזר ומסיימו ואומר ואותו שילוח שאמרתי לך למעלה המשלחו מטמא בגדים ובאותו לשון עלמו נאמר והשורף: מה המשלח · אף על פי שנכתב אחר אימורי חטאת דמעיקרא הוא אף והשורף אף על פי שנכתב אחריהן מעיקרא הוא: אדרבה מה שורף דהשתא · שהרי לוי עיקר שריפתן אחר אימורי חטאת נאמר כדכתיב ואת חלב החטאת וגו' והדר ואת פר החטאת יוליא ושרפו: אף המשלח דהשתא · דווקא כתב אחר אימורין ושילוח שעיר האמור למעלה מהם הכי קאמר ונשא השעיר עליו את (ג) עונותם ושלחו המדברה כשיגיע זמן שילוחו: והמשלח מעיקרא משמע · כאדם שחוזר לענין שהפסיק בו וכמו שפירשתי ושילוח שעיר במקומו נכתב מדלא הדר וכתב אחר אימורין ושלח השעיר והמשלחו יכבס בגדיו: רבא אמר · לא מלית אמרת דשילוח שעיר לא במקומו נאמר דהא לא הזקיקו לעמוד שם אלא עד שעת כפרה והיא עבודת היום דמתן דמים: אתי משלח · ליום המחרת: מלאו בשוק · מכבדו לפני הבריות ואומר לו אישי כהן גדול וכו': מחייה חיים · הוא הקדוש ברוך הוא עשינו שליחותו: מפטרי מהדדי · שהיה אחד נוטל רשות מחבירו לשוב לביתו: אתהלך וכו' · איידי דאיירי בחיים מתוקנים נקט לה: זה מקום שווקים · שאדם מולא לקנות מזונותיו ולפי שהיה דוד מטלטל נע ונד היה מתפלל על הדבר: שמתהפכות עליו · מי שהיה עני בילדותו ונעשה עשיר לעת זקנותו דומה לו כאילו עכשיו נעשה חי מתוך מיתה: אליכם אישים אקרא · *כרחם פרשת ושנות חיים הוא להכי נקט ליה: שדומין לנשים · עטותנין ותשושי כח: אישים · לשון אשה מדלא כתיב אנשים: (°שנסך) יין וכו' · אישים לשון קרבן אשה: מריח

תוספות

*נכנס להקטיר קטורת של בין הערבים ולהטיב את הנרות · תימה הוא דלא קתני תמיד של בין הערבים ושמא יש לומר משום דכבר תנא ליה ברישא במילתיה דר"ע: ולהטיב את הנרות · הא דלא תנא להדליק את הנרות שהיתה בין הערבים אבל הטבה בלפרא הואי נ"ל דדילמא בימי שמעון הלדיק נשנית משנה זו וכן מתניתין דתמיד (דף לג.) דתנן מי שזכה בדישון המנורה נכנס ומלא שתי נרות מזרחיות דולקות מדשן את האחר ומניח את אלו זה היה כמו כן בימי שמעון הלדיק מלאן שכבו פי' משמת שמעון הלדיק מדשנו כו' ואם כן בימי שמעון הלדיק היו דולקין אותן שתי נרות מזרחיות עד הערב והיה לריך להטיב אותם ברישא ואחר כך היה עושה הדלקה ולהכי נקט ולהטיב את הנרות ולא קתני להדליק משום דהטבה היתה קודם כדפרישית: לא משכחת לה אלא ג' טבילות · לעיל פ' אמר להם הממונה (דף לב. ד"ה ואי) פירשתי:

*ד"ה נכנס וד"ה ולהטיב שייך למתניתין

רבינו חננאל

היא איל אחד האמור כאן שנאמר ומאת [עדת] בני ישראל יקח שני שעירי עזים לחטאת ואיל אחד לעולה הוא האמור בפרשת פינחס בענין ובעשור לחדש השביעי: אמר רב חסדא גמירי ה' טבילות וי' קידושין ואי כסדרן כלומר כמו שכתובה בעבודת היום לא תמצא אלא שלשה טבילות וזה פירושו טבילה לתמיד של שחר שהוא קודם *) לעולה ואח"כ כתיב כשבא ללבוש בגדי לבן (כתיב) בגדי קדש הם ורחץ במים את בשרו ולבשם וכתיב מפורש כל סדר עבודת היום · ובסוף עבודה כתיב ובא אהרן אל אהל מועד ופשט את בגדיו אשר לבש וגו' וכתיב בתריה ורחץ את בשרו במים במקום קדוש וגו' ויצא ועשה את עולתו וגו' · שלמו העבודות באלו שלש טבילות אלא היה עושה עבודת היום ומניח הכף והמחתה ויוצא טובל ועושה אילו ואיל העם כו' ואח"כ טובל עוד ונכנס ומוציא המחתה ויוצא וטובל ומשלים לפיכך אמר רב חסדא כל הפרשה נאמרה על הסדר אלא מובא אהרן אל אוהל מועד ואילך · כשבא המשלח אומר לכ"ג מחיה חיים עשינו שליחותנו בפומבדיתא כי הוו מפטרי רבנן מהדדי אמרי הכי מחיה חיים יתן לך חיים ארוכים טובים ומתוקנים שנאמר כי ארך ימים ושנות חיים ושלום יוסיפו לך · ומה הן שנות חיים השנים המשתנין לו לאדם מרעה לטובה · אתהלך לפני ה' בארצות החיים זה מקום שווקים · אליכם אישים אקרא אלו ת"ח (שיושבין) [שדומין] כנשים ועושין גבורה כאנשים והרוצה להביא יין על המזבח ישקה ת"ח שנקראו אישים ואם ראה שהתורה פוסקת מזרעו ישא בת תלמיד חכם · שנאמר אם יזקין בארץ שרשו

*) נ"ל שהוא קודם לעבודת היום.

הגהות הב"ח

(א) גמ' רבא אמר קרא ופשט · נ"ב אחר הולאת כף ומחתה כבגדי לבן: (ב) רש"י ד"ה אף המשלח כו' ונשא השעיר עליו את כל עונותם ושלחו:

מסורת הש"ס

[לעיל יט. ג. לג. זבחים יט:] · לעיל לג. · [לעיל סח:] · [לעיל מ: סה.] · [עיין בעי' יתמא שינוי נוסחאות] · [ברכות יהלה שמפסוקים אלו מזה כי פרשת ושנות חיים] · [נ"ל לנסך]

[משלי ג' פסוק ב' ופרשת אליכם אישים אקרא כתיב שם ח' פסוק ד' וכבן מגוה לכוון דעת רש"י ועי' ת"א]

תוספות ישנים

ואומר רבינו תם שסובר שהיו עם תמיד של שחר ממש כר"ע וכבר הזכיר זה שכתב הניכיו יגישו את תמיד השחר קרבו וקיבל דמו במזרק חילק פירוש שהקטיר קטורת הטיב נרות הקריב ראש ונתחים ופי' ר"ת שעשה פר טעולה ושבעה כבשים עם תמיד של שחר ושעיר המוסף עשה אחר עבודת היום קודם אילו ואיל העם וזהו חילוק שחילק המוספין של חומש הפקודים שאין קריבין יחד והשתא ניחא אבל יש שהיו מפרשין דשעיר גרסינן והכליל אילו עם מוספי יום ולפי השמי במשנה לקח שיטתו ששנה ויצא ועשה אילו ואיל העם ושבעה כבשים תמימים דברי רבי אליעזר וסיינו הכליל אילו עם הו' כבשים ואיל העם שהם מוספי יום ואין נראה דודאי מתניתין לא מיפרשינן כמשמעה דא"כ פליג אדרבי אליעזר דבריייתא ועוד שאין טעם זה מפורש במתניתין אלא עטמא דרבי אליעזר ור' עקיבא דגמרא וא"כ על כרחין היינו נמי רבי אליעזר דגמרא מדלא מפרש בה טעמא אחרינא: (ע"כ שייך לדף ע ע"א): ופר ושעיר חטאת אחד מלבד חטאת הכפורים · וא"ת היכי דריש מיניה הכי והא [איצטריך] דלא תימא שהוא שעיר הנעשה בפנים כדאמרינן בסמוך דלרבי איצטריך למכתב איל אחד דלא תימא שני אילים הוו דת"כ ודחומש הפקודים וא"כ ה"נ א) צריך מלבד מדכתיב ושעיר חטאת אחד י"ל דהלא לא ס"ד כיון שכל קרבנות האמורין כאן ב) וכחומש הפקודים הן נעשין בחוץ על מזבח החיצון לא אתי למיעטי שהוא שעיר אבל שני אילים הן נעשין בחוץ וסולקא נ"ל ג) דאחד הוא [אלא נעשה] · מה"ר יוסף: (ע"כ שייך לע"ב) דילמא מפסיק להו בשעיר הנעשה בחוץ · ואפילו לרבי אליעזר דאמר שכל המוספין היו עם תמיד של בין הערבים אחר עבודת היום יפסיקם בשעיר ד) הפנימי לבד ויעשהו קודם הולאת כף ומחתה והוא הדין נמי אחד מן המוספין ושעיר דנקט משום דר"ע שאומר שהיה מקריבו קודם אילו ואיל העם · ה"ר יוסף: אמר קרא ויצא ועשה את עולתו וגו' · וזו היא יציאה ראשונה של עבודה חוץ שיציאה שכתובה שם כדי לשמוע שעיר הפנימי אין זו יציאה של עבודה חוץ כי שכל לורך עבודת פנים: כלום אדם פושט אלא מה שלובש כו' · תימה דלעיל פרק אמר להם הממונה (דף לב.) היכא דדריש גבי ה' טבילות וי' קידושין כלום אדם פושט אלא מה שלובש לא מקים פשיטה ללבישה כו' וי"ל דהכא דריש מדכתיב אשר לבש ולעיל דריש מסיקא · מ"ר ועוד תימה לריב"א דהלא אמרינן לעיל פרק הממונה (דף לד:) כשהיה לבוש פילוסין כו' ובערב היה לבוש כו' א"כ לאו היינו לבש כבר י"ל [דמ"מ] בגדי בד הן כולן אע"ג דמקרא משקינן לעיל שפותין מכן: והא תרי קראי כתיבי ואת חלב החטאת וגו' ואת פר החטאת וגו' · תימה כלאו הכי תיקשי ליה דשריפת פר ושעיר כתובה היא אחר אילו ואיל העם והיא היתה קודם כמו שבינו לעיל י"ל כי משום הך קושיא אין לריך לתרין מפסוק זה ואילך שכל זה תלוי בפסוק זה דובא אל אהל מועד ויצא ועשה את עולתו דסדר הולאת כף ומחתה ואילו ואיל העם לא נאמר כסדר מתרי טעמי תדא דאילו ואיל העם מקמי כף ומחתה ועוד דשריפת פר ושעיר היתה לפניהם אבל אימורי חטאת ושריפת פר ושעיר תרי קראי כאלפי נפשייהו · ה"ר יוסף: אף שורף דמעיקרא · ולכן מוקמינן ליה קודם אילו ואיל העם אחר שילוחו של שעיר מיד: זה מקום שווקים · שהיה מתפלל על עלמו שהיה ה) כעבד וגם על ישראל כשיגלו שימלאו ארץ מלאה כל טוב ויוכלו

א) נ"ל ה"א שהכל אחד מדכתיב כו': ב) נ"ל כחומש: ג) נ"ל דחד חיל הוא מונה: ד) נ"נ המוספין: ה) נ"ל נע ונד:

עין משפט
נר מצוה

יז א מיי' פ"ח מהלכות כלי המקדש הלכה א :
יח ב שם הלכה כ :
יט ג שם פ"י הלכה יב :
כ ד ה מיי' שם פ"ח הלכה יד :
כא ו שם פ"ט הל' ג :
כב ז שם פ"ז הל' טז:
כג ח שם פ"ט הל' ס :

מריה מים יפריח ועשה קציר כמו נטע : ויום טוב היה עושה לאוהביו : ת"ר מעשה בכהן גדול אחד שיצא מבית המקדש והוו אזלי כולי עלמא בתריה כיון דחזיונהו לשמעיה ואבטליון שבקוהו לדידיה ואזלי בתר שמעיה ואבטליון לסוף אתו שמעיה ואבטליון לאיפטורי מיניה דכהן גדול אמר להן ייתון בני עממין לשלם אמרו ליה ייתון בני עממין לשלם דעבדין עובדא דאהרן ולא ייתי בר אהרן לשלם דלא עביד עובדא דאהרן : מתני' כהן גדול משמש בשמונה כלים וההדיוט בארבעה בכתונת ומכנסים ומצנפת ואבנט מוסיף עליו כ"ג חשן ואפוד ומעיל וציץ באלו נשאלין באורים ותומים [א]ואין נשאלין אלא למלך ולאב ב"ד ולמי שהציבור צריך בו : גמ' ת"ר דברים שנאמר בהן שש חוטן כפול ששה משזר שמונה מעיל שנים עשר פרוכת עשרים וארבעה חושן ואפוד עשרים ושמונה חוטן כפול ששה מנא לן דאמר קרא ויעשו את הכתנת שש ואת המצנפת שש ואת פארי המגבעות שש ואת מכנסי הבד שש משזר חמשה קראי כתיבי חד לגופיה דכיתנא ניהוו וחד שיהא חוטן כפול ששה וחד שיהו שזורין וחד לשאר בגדים שלא נאמר בהן שש וחד לעכב מאי משמע דהאי שש כיתנא הוא אמר רבי יוסי ברבי חנינא דאמר קרא בד דבר העולה מן הקרקע בד בבד ואימא עמרא עמרא איפצולי מיפצלא כיתנא נמי איפצולי מפציל כיתנא אגב לקותיה מפציל רבינא אמר מהכא פארי פשתים יהיו על ראשם ומכנסי פשתים יהיו על מתניהם אמר ליה רב אשי הא מקמי דאתי יחזקאל מאן אמרה ולטעמיך הא דאמר רב חסדא דבר זה מתורת משה רבינו לא למדנו מדברי יחזקאל בן בוזי למדנו כל בן נכר ערל לב וערל בשר לא יבא אל מקדשי (לשרתני) הא מקמי דאתי יחזקאל מאן אמרה אלא גמרא גמירי לה ואתא יחזקאל ואסמכה אקרא הכא נמי גמרא גמירי לה ואתא יחזקאל ואסמכה אקרא משזר שמונה מנא לן דכתיב ויעשו על שולי המעיל רמוני תכלת וארגמן ותולעת שני משזר ויליף משזר משזר מפרוכת מה להלן עשרים וארבעה אף כאן עשרים וארבעה דהוה כל חד וחד תמני ונילף מחשן ואפוד מה להלן עשרים ושמונה אף כאן עשרים ושמונה דנין דבר שלא נאמר בו זהב מדבר שלא נאמר בו זהב לאפוקי חשן ואפוד שנאמר בהן זהב אדרבה דנין בגד מבגד לאפוקי פרוכת דאהל הוא אלא דנין מאבנט ודנין בגד ודבר שלא נאמר בו זהב מבגד ודבר שלא נאמר בו זהב ואין דנין דבר שאין בו זהב מדבר שיש בו זהב רב מרי אמר תעשנו כתיב תעשנו לזה ולא לאחר רב אשי אמר ועשית כתיב שיהיו כל עשיות שוות והיכי נעביד נעביד תלתא דעשרה עשרה הוו להו תלתין נעביד תרי דתשעה תשעה וחד דעשרה אמר קרא ועשית שיהו כל עשיותיו שוות מעיל שנים עשר מנא לן דכתיב ועשית את מעיל האפוד כליל

תורה אור
איוב כ"ב | שמות לט | יחזקאל מד | שם | שמות לט | שמות כח

רש"י

מריה מים · בני תורה : לסוף אתו שמעיה ואבטליון לאיפטורי · מיניה · ליטול רשות ממנו ולפרוש לצד ביתן : ייתון בני עממין לשלם · לשון גנאי הוא לפי שבאו מבני בניו של סנחריב כדאמרינן במסכת גיטין (דף נז:) : דעבדי עובדא דאהרן · רודפי שלום : דלא עבד עובדא דאהרן · שהוניתו אונאת דברים ואמר מר (ב"מ נח:) לא (א) תונו איש את עמיתו (ויקרא כה) באונאת דברים הכתוב מדבר אם היה בן גרים לא יאמר לו זכור מעשה אבותיך : מתני' בכתונת ומכנסים וכו' · אהדיוט קאי : באלו נשאלים · כהן הנשאל באורים ותומים צריך ללבוש שמונה בגדים : גמ' דברים שנאמר בהן שש · כולה מפרש לקמן : חוטן כפול ששה · ששה כל מין ומין שבו : משזר · בלא שש ואין זאת אלא רמונים : שמונה · כל חוט של כל מין שבו כפול שמונה ועל פי חשבון זה מעיל שכולו מין אחד חוטו כפול י"ב פרוכת חוטו כפול כ"ד שכל מינין שבה כפולין יחד וכולה מפרש לה לקמן : חמשה קראי כתיבי · גבי הדדי והוה סגי ליה בחד וכתביה לבסוף : ס"ג ויעשו את הכתנות שש ואת המצנפת שש ואת פארי המגבעות שש ואת מכנסי הבד שש משזר · וכד הוא שש הרי חמשה והיא דאבנט צריך למיכתב על כרחך דאיכא מיני אחריני בהדיה : שיהו שזורין · יחד כולן ששה : לשאר בגדים שלא נאמר בהן שש · שיהא אף הן חוטן כפול ששה ולקמן מפרש מאי ניהו : דבר העולה מן הקרקע בד בד · הפשתן והקנבוס אין להן בדים וענפים כעלים אלא עלין ואין הפשתן בא אלא מן הקנה האמצעי : מפצל · יש בו כימא מתחלקת לשתים ולא תתמה שאף בשער זקן התחתון מצוי כן : כיתנא נמי מפציל · כשכותשין אותו נחלק לכמה פיצולין : אגב לקופיה · שמקישין עליו : פארי פשתים · ובתורה כתיב ואת פארי המגבעות שש : בן נכר · שנתנכרו מעשיו לאביו שבשמים שהוא ערל לב וכן ערל בשר שמתו אחיו מחמת מילה לא יבא אל המקדש: מאן אמר' · מאין למדו דבר זה ששנינו בפרק שני זבחים (דף טו:) שהכהן ערל עבודתו פסולה : מה להלן עשרים וארבעה · שהרי ד' מינין יש בה וכל מין ומין כפול שש אף כאן כ"ד וכאן ג' מינין יש דהוו להו כל חד וחד תמני : אלא מאבנט · דיש בו נמי ארבע מינין וכל אחד כפול ששה וכשמחברן יחד הוו להו כ"ד : תעשנו כתיב · בחשן לפיכך אין למידין ממנו : ועשית · כתיב ברמונים שיהו עשוית כל המינין שבו שוות הלכך לא אפשר בכ"ח דהיכי ליעביד וכו' : כליל

תוספות

ואימא עמרא · מדלא פריך ואימא קנבוס שגם הוא עולה בד בבד היה מדקדק רבינו אפרים ז"ל דמה שאנו קורין קנבוס הוא פשתן ואסור לתפור בו בגדי צמר ורבינו חיים כהן ז"ל דוחה דהא דלא פריך ואימא קנבוס משום דבגדים כתיב וכל בגדים סתם שבתורה צמר ופשתים והקשה ריצב"א התינח לתנא דבי ר' ישמעאל דסבר הכי אבל לרבנן דפליגי עליה ומחייבי כל בגדים בציצית מאי איכא למימר וליכא למימר דכ"ע אית להו דתנא דבי רבי ישמעאל אלא דגבי ציצית דוקא מחייבים כל בגדים דמרבינן להו מדכתיב הכנף מין כנף *א"כ מאי פריך בריש פ"ק דיבמות (דף ד:) והא תנא דבי רבי ישמעאל לית ליה דרבא ומנא ליה הא אי משום דקאמר בפרק במה מדליקין (שבת דף כז:) אף כל צמר ופשתים ומסיק התם דלציצית איצטריך לימא דאיצטריך אף כל צמר ופשתים לאיתויי כלאים ואע"ג דכלאים בהדיא כתיב בהו צמר ופשתים נימא דאיצטריך אף כל כדי לאפנויי צמר ופשתים למאי דלא ידע אכתי התם דהפנאה משמעתו נפקא עד מסקנא אלא ע"כ הכנף הוי פי' הבגד וכאילו כתב הבגד ולהכי פריך ע"כ תנא דבי רבי ישמעאל לית ליה דרבא דאם איתא דמחייבי בציצית כל בגדים מיתורא דהכנף אם כן מאי האי דקאמר ופרט באחד מהם צמר ופשתים אף כל צמר ופשתים אדגמר מנגעים דהוי צמר ופשתים נגמר מציצית דכתיב הכנף דהוי כמו הבגד ומיירי אפי' בשאר בגדים ולא דמי לאו בגד דמרבינן מיתורא דאו דכתיב גבי שרצים שאר בגדים אפי' לתנא דבי ר' ישמעאל בפרק במה מדליקין (ג"ז שם) ואפילו הכי לא פרכינן אדגמר ר' ישמעאל מנגעים ליגמר משרצים דאפילו שאר בגדים דהתם גבי שרצים משמעות בגד איתו אלא צמר ופשתים ומאו הוא דמרבינן לשאר בגדים להכי ליכא למילף משרצים סתם בגדים הכתובים בתורה ולימא דכל בגדים בכלל אבל הכא הכנף כמו הבגד ואי סבירא ליה דרבא נגמר מהכנף לומר דכל היכא דכתיב בגדים בסתם כל בגדים בכלל. ולמאי דפרשינן פ' שני דזבחים* (דף יח:) דמכל גרעין של פשתן עולה קנה אחד ולא שני קנים מגרעין אחד ניחא דלא הוה מצי למיפרך ואימא קנבוס דקים ליה לגמרא דכמה קנים עולים מגרעין אחד · כל זה דקדק ריב"א :

ויליף משזר משזר מפרוכת מה להלן כ"ד וכו' · אין להקשות אדרבה נילף הכי מה להלן חוטן כפול ששה אף כאן כל חד ששה הרי י"ח ותו לא די"ל דתיבת משזר גמר ממשזר דהתם מה להלן השזירה כ"ד אף כאן השזירה כ"ד כי התם אי נמי י"ל אם איתא דלא הוה אלא י"ח מאי איצטריך שש יתירא למעיל שלא נאמר בו שש שיהא חוטו כפול ששה תיפוק ליה דנילף תכלת תכלת מפרוכת מה להלן תכלת שלה ששה אף מעיל שכולו תכלת חוטו כפול ששה ולא הוה מצי למיפרך כדפרכינן לקמן אדרבה נילף משוליו דשוליו כמי אין חוטן כפול אלא ששה :

נעביד

[נ"ל רא"כ]

רבינו חננאל

ונו' מריה מים יפריח : אתו שמעיה ואבטליון למיהב שלמא לכ"ג · א"ל ייתי בר אהרן לשלם · אמר להו ייתון בני עממין לשלם כו' : ירושלמי[למה]משמש בפנים בבגדי בד · א"ר חייא בר אבא כשירות של מעלה מה למעלה ואיש אחד בתוכם לבוש בדים . אף משרת למטה כתנת בד קדש ילבש · ולמה בחוץ בח' א"ר חנינא כנגד המילה שהיא לח' ימים כדכתיב בריתי היתה אתו · ולמה אינו נכנס לפנים בבגדי זהב · א"ר לוי אין קטיגור נעשה סניגור · כ"ג משמש בח' כלים כו' · ת"ר בגדים שנאמר בהן שש חוטן כפול ששה משזר ח' נמצא המעיל י"ב · והפרכת כ"ד והחשן ואפוד כ"ח חוטן כפול ששה מנ"ל ופשטנא שיתא שש כתיבי בבגדי לבן · ואלו הן ושבצת הכתנת שש · ועשית מצנפת שש · ויעשו את הכתנות שש מעשה אורג כו' · ואת המצנפת שש ואת פארי המגבעות שש · ואת מכנסי הבד שש משזר · ואת האבנט שש משזר ומצנפת ומגבעת אחת היא · קרא אחת לגופיה שיהיו של בוץ והוא פשתים · גמרא גמירי לה דהואי בד פשתים הוא ואתא יחזקאל ואסמכה אקרא ומכנסי פשתים · וחד שיהו שורין וחד שיהא חוטן כפול ששה וחד לשאר בגדים שלא נאמר בהן שש · וחד לשאר מינין שיהו גם הן חוטן כפול ששה · וחד לעכב שאם אינן חוטן כפול ששה פסולין הן · שש חוטן כפול ששה כמשמעו · אלא משזר שמונה מנ"ל · ואמרינן כתיב בשולי המעיל שלשה מינין תכלת וארגמן ותולעת שני משזר וכתיב בפרכת שש משזר ארבעה מינין · והן בכל אחד ו' הרי כ"ד ויליף שולי המעיל מפרכת משזר משזר בג"ש · מה בפרכת כ"ד חוטין אף שולי המעיל כ"ד חוטין · ובשולי המעיל ג' מינין נמצאו ח' חוטין בכל מין · ח' בתכלת · ח' בארגמן · וח' בתולעת שני ואמאי לא יליף שולי המעיל מן האפוד והחשן דאינן כ"ח חוטין משום דכתיב בהו זהב ושולי המעיל ופרכת לא

מסורת הש"ס

סנהדרין מט.
[לעיל נה:]
[זבחים יח:]
סנהדרין כב: סב: תענית יז: מו"ק ... זבחים יח: כב:
[ליומי' בקרא]

הגהות הב"ח

(א) רש"י ד"ה דלא עבד כו' ואמר מר לא תונו (ע"ש כאן) :

הגהות הגר"א

[א] מתני' ואין ... (illegible)

תוספות ישנים

ויוכלו לפסוק בתורה : אמר ר' זירא אמר קרא כו' חמשה קראי כתיבי כו' · בפי' ר"ת גרים שיהא שש כתיבי ואלו הן ושבצת הכתונת שש ועשית מצנפת שש ויעשו [את הכתנות שש ואת] המצנפת שש ואת פארי המגבעות שש ואת מכנסי הבד שש משזר חד קרא לגופיה וחד שיהא שזורין וחד שיהא חוטן כפול ששה וחד לשאר בגדים שלא נאמר בהן שש וחד לשאר מינין שיהא חוטן כפול ששה והשתא כולה שש מיותרין דכתוי כי כתר שש ובעבייה כולן מיותרין תון א) מכד דכתיב גבי מכנסים שלא הוזכר כלוי וכפי' רש"י נראה דמפיק כל יתורי מחד קרא מדלא כתיב הכל תעשה משש אומר ריב"א כי מצנפת ומגבעות וכל אחד ותוכחין שהיא אלא המצנפת היא בראש כ"ג וחשובה יותר כמו לניף מלוכה ומגבעות היא מצנפת של כהנים הדיוטים כדאמר בזמן שהמצנפת בראש כ"ג כו' ולהכי כתיב מצנפת לשון יחיד ומגבעות לשון רבים ולכך קורא לה נמי מצנפת שהיא [אינה] דומה לשל כהן הדיוט לפי שהיה צריך להניח על ראשו ציץ ותפילין וכהן הדיוט לא היה מניח אלא תפילין בלבד ולא היה מכסה אלא הראש ומיהו קשה לי לפירושו למה היה בגדי כ"ג של יוה"כ מצנפת דהם לא היה לא ציץ ולא תפילין י"ל שלא חילקו במצנפת ואע"פ שאבנטו היה חלוק משל שאר ימות השנה אבל קשה לי לרבי דוסא דאמר לעיל (דף כג:) אבל כשרין לכהן הדיוט הא איכא מצנפת י"ל לבד ממצנפת קאמר ואת"ת הא אמר לעיל (דף כה.) נוטל מצנפתו של אחד מהם אלמא גבי כהן הדיוט נמי קרי ליה מצנפת י"ל דודאי כלשון תלמוד אין חילוק ומשונה הוא מלשון המקרא דלשון חכמים לעצמו שהרי כמו כן מצינו כשוק של שלמים דפליגי על ר' יהודה בסוף משנה דפרק הזרוע (דף קלד:) שהיא מן הארכובה ולמעלה אף על פי שבכל מקום בתלמוד קורא שוק מן הארכובה ולמטה כדאמר במנות חלילה (דף קג.) דהוה ליה איסתוירא מעל ושוקא מעל דמעל וכן שוק דרים אהלות חשיב ליה למטה מן הארכובה ולפירושו זה משמע שסובר ריב"א שהלין הוא על ראשו במקום שער ולא על פדחת ואע"ג דכתיב על מצח היינו מעל המצח א"כ היינו מצח ומצח קרוי ראש בלשון תורה ולא פדחת ואע"פ שבלשון תלמוד מצח היינו פדחת כדאמר במסכת (דף כג:) המצח והגביניים והעינים כו' דלשון תורה לחוד כדפרי' גבי מצנפת ולא כפרש"י שפי' שהלין היה על פדחת שהלין על מצח ממש ואומר
א) נ"ל משש :

§ מסכת יומא דף עא: §

אות א'

כהן גדול משמש בשמונה כלים, וההדיוט בארבעה: בכתונת ומכנסים ומצנפת ואבנט

רמב"ם פ"ח מהל' כלי המקדש ה"א - **בגדי כהונה שלשה מינים: בגדי כהן הדיוט, ובגדי זהב, ובגדי לבן. בגדי כהן הדיוט הם ארבעה כלים: כתנת ומכנסים ומגבעות ואבנט, וארבעתן של פשתן לבנים, וחוטן כפול ששה, והאבנט לבדו רקום בצמר.**

אות ב'

מוסיף עליו כהן גדול: חשן ואפוד ומעיל וציץ

רמב"ם פ"ח מהל' כלי המקדש ה"ב - **בגדי זהב הן בגדי כה"ג והם שמונה כלים: הארבעה של כל כהן, ומעיל ואפוד וחושן וציץ; ואבנטו של כהן גדול מעשה רוקם הוא, והוא דומה במעשיו לאבנט כהן הדיוט; ומצנפת האמורה באהרן היא המגבעת האמורה בבניו, אלא שכהן גדול צנוף בה כמי שלופף על השבר, ובניו צונפין בה ככובע [א]ולפיכך נקראת מגבעת. השגת הראב"ד: ולפיכך נקראת מגבעת. א"א אני אומר [ב]אין מעשהו של זה כמעשהו של זה, מצנפת ארוך הרבה וכורך אותו כריכות הרבה ככריכות הישמעאלים, אבל מעשה המגבעות כעין הכובעין שלנו חדין מלמעלה וכן קצרין.**

אות ג'

ואין נשאלין אלא למלך ולאב ב"ד ולמי שהציבור צריך בו

רמב"ם פ"י מהל' כלי המקדש הי"ב - **ואין נשאלין בהן להדיוט, אלא או למלך או [ג]לבית דין או למי שצורך הציבור בו, שנאמר: ולפני אלעזר הכהן יעמוד וגו, "הוא" זה המלך, "וכל בני ישראל" [ד]זה הוא משוח מלחמה או מי שצורך הציבור בשאילתו, "וכל העדה" אלו ב"ד הגדול.**

אות ד' – ה'

דברים שנאמר בהן שש חוטן כפול ששה

משזר שמונה

רמב"ם פ"ח מהל' כלי המקדש הי"ד - **כל מקום שנאמר בתורה "שש" או "שש משזר", צריך שיהיה החוט כפול ששה; ומקום שנאמר "בד", אם היה חוט אחד לבדו, כשר, [ה]ומצוה מן המובחר שיהיה כפול ששה; ומקום שנאמר בו "משזר" בלבד, צריך שיהיה חוטן כפול שמונה.**

אות ו'

מעיל שנים עשר

רמב"ם פ"ט מהל' כלי המקדש ה"ג - **המעיל כולו תכלת, וחוטיו כפולין שנים עשר.**

אות ז'

פרוכת עשרים וארבעה

רמב"ם פ"ז מהל' כלי המקדש הט"ז - **וחוטי הפרוכת כפולין ששה ששה, וארבעה מינין היו בה: שש ותכלת וארגמן ותולעת שני, וכל אחד מהן כפול ששה, הרי כ"ד חוטין.**

אות ח'

חושן ואפוד עשרים ושמונה

רמב"ם פ"ט מהל' כלי המקדש ה"ה - **הזהב שבאריגת האפוד והחושן האמור בתורה ככה הוא מעשהו: לוקח חוט אחד זהב טהור ונותנו עם ששה חוטין של תכלת, וכופל השבעה חוטין כאחת, וכן הוא עושה חוט זהב עם ששה של ארגמן, וחוט אחד עם ששה של תולעת שני, וחוט אחד עם ששה של פשתים, נמצאו ארבעה חוטי זהב, ונמצאו כל החוטים שמונה ועשרים, שנאמר: וירקעו את פחי הזהב וגו' לעשות בתוך התכלת ובתוך הארגמן ובתוך תולעת השני ובתוך השש, מלמד שחוט הזהב כפול בתוכן.**

באר הגולה

[א] ‹נ"ל שטעמו לומר כדברי הרמב"ן שאכתוב בסמוך, שאותיות גיכ"ק מתחלפות, והו"ל כאילו כתיב מקבעת, והוא מלשון קובע, וכן תירגם המתרגם, מגבעות: כובעין – כסף משנה› [ב] ‹והרמב"ן כתב בפרשת תצוה וז"ל: כתב רש"י שהמצנפת כמין כובע, שהרי במקום אחר קורא לה מגבעת, ומתרגמינן כובעין, **וזה** אינו, שהרי אמרו שהמצנפת ארכה י"ו אמה, והרי היא כעין צניף שצונף בה ראשו מגלגל ומחזיר סביב ראשו כפל על כפל, ומצנפת של כ"ג אינה קרויה מגבעת בשום מקום, **אבל** בכהן הדיוט אמר הכתוב מגבעת, ואף היא מצנפת היא, אלא שקושר בה כל ראשו, ומעלה הכפלים עליו כעין מגבעת שהוא כובע כדברי אונקלוס, כי מגבעת כמו מקבעת כאשר אמרתי בחילופי הגימ"ל והקו"ף, אלא שהמגבעת כמו המצנפת, ולכך יזכירו חכמים תדיר בכ"ג והדיוט מצנפת, עכ"ל. **ודבריו** מסכימים לדברי רבינו – כסף משנה› ‹**והנה** יש בזה כמה שיטות: **לדעת** רש"י ז"ל בחומש שניהם היו כמין כובע, **ולהראב"ד** מצנפת היא סודר ארוך כעין של ישמעאל שמעטפין ראשם, ומגבעת של כהן הדיוט היא ככובע, **ולרבינו** וכן להרמב"ן בתורה, הן כעין סודר ארוך, רק שיש חילוק ביניהם בענין הצניפה – הר המוריה› [ג] ‹עיין בגירסת הגר"א בצד הגמ'› [ד] ‹במשנה שם איתא ולאב בי"ד ולמי שהציבור צריך בו, ומשוח מלחמה לא נזכר שם (ע"ג), ובש"ס שם איתא וכל בני ישראל אתו זה משוח מלחמה, וס"ל לרבינו דהאי משוח מלחמה לאו דווקא, אלא כל מי שהציבור צריך בו, ומשוח מלחמה בכלל – הר מוריה› [ה] ‹בפרק שני דזבחים אמרו: בגדים שנאמר בהם בד צריכין שיהיו של בוץ, חדשים, שזורין, ושיהיו חוטן כפול ששה, יש מהם למצוה ויש מהם לעכוב, **ונראה** שרבינו מפרש יש מהם למצוה, היינו שיהיה כפול ששה, ויש מהם לעכוב, היינו חוט אחד, **ורש"י** לא פירש כן, וגם פשטא דשמעתא לא משמע הכי – כסף משנה›

§ מסכת יומא דף עב. §

אות א'

המקרע בגדי כהונה לוקה

רמב"ם פ"ט מהל' כלי המקדש ה"ג - והקורע פי המעיל לוקה, שנאמר: לא יקרע, [א]והוא הדין לכל בגדי כהונה שהקורען דרך השחתה לוקה.

אות ב'

המזיח חושן מעל האפוד

רמב"ם פ"ט מהל' כלי המקדש ה"י - ואחר כך מכניס קצות העבותות של חושן בטבעות שלמעלה בכתפות האפוד, ומכניס שני פתילי התכלת שבשולי החושן בשתי הטבעות שלמעלה מחשב האפוד, ומורידין את השרשרות שבטבעות כתפות האפוד עד טבעות החושן העליונות, כדי שידבקו זה בזה ולא יזח החושן מעל האפוד; וכל המזיח חושן מעל האפוד ומפרק חיבורן דרך קלקול, לוקה.

אות ב'* [ב]

והמסיר בדי ארון לוקה

רמב"ם פ"ב מהל' כלי המקדש הי"ג - כשנושאים אותו על הכתף נושאין פנים כנגד פנים, ואחוריהם לחוץ ופניהם לפנים, ונזהרים שלא ישמטו הבדים מן הטבעות, שהמסיר אחד מן הבדים מן הטבעות לוקה, שנאמר: בטבעות הארון יהיו הבדים לא יסורו ממנו.

באר הגולה

[א] ‹שאר בגדי כהונה דהקורען לוקה, ילפי לה נמי מלא יקרע דכתיב גבי מעיל, דס"ל להו בגמ' דהוקשו בגדי כהונה זה לזה, וכיון דעל המעיל יש לאו, מינה לכל הבגדים נמי, דמאי שנא מעיל. **אך** צריך להבין, לשון רבינו דדקדק ואמר בשאר בגדי כהונה הקורען דרך השחתה דוקא, מריהטיה דלישניה משמע דבמעיל לוקה אפי' שאינו דרך השחתה, ובשאר בגדים דוקא דרך השחתה, וצריך לדעת מנין הוציא חילוק זה - קרבן חגיגה› [ב] ‹ע"פ מהדורת נהרדעא›

כד א מיי' פ"ט מהל' כלי המקדש הלכה ג סמג לאוין רלח:
כה ב שם הלכה י [וס"כ הלכה יג]:

רבינו חננאל

כתיב בהן זהב אדרבה דנין כלי מכלי לאפוקי פרכת דאהל הוא ושנינן אלא שולי המעיל מן האבנט נגמר דאית ביה ד' מינין וכתיב ביה נמי [זהב]. רב אשי אמר שולי המעיל מן האפוד לא יתכן ללמד ממנו להיות חוטין כ"ח כי בשולי המעיל ג' מינין אם תעשה בכל מין ח' לא יבואו אלא כ"ד חוטין אם נעשה י' בכל מין הנה ל' לעשות שנים מהן ח' ח' ואחד י' ועשית כתיב שיהיו כל החוטין שוין הלכך לא אפשר ולפיכך לא גמר מיניה. מעיל י"ב חוטין הוא מין אחד תכלת שנאמר ועשית את מעיל האפוד כליל תכלת. ואינו כתיב בו שש ואסיקנא חד קרא לשאר מינין דלא כתיב בהו שש, נמצא התכלת של מעיל ששה חוטין וכתיב ביה כליל כלומר תכללהו לשנים נמצאו י"ב חוטין. פרכת כ"ד. ד' דשיתא שיתא הא כ"ד. חשן ואפוד ד' מינין ו' בכל אחד הרי כ"ד חוטין וחוט של זהב בכל מין הרי כ"ח חוטין. המקרע בגדי כהונה עבר בלאו שנאמר לא יקרע. וכן המזיח החשן מן האפוד שנאמר ולא יזח החשן וגו'. וכן המסיר בדי ארון שנאמר לא יסורו ממנו. והכתיב והבאת את הבדים בטבעות מכלל שהיה מסירם. ושנינן מתפרקין ולא היו נשמטין אלא כגון תלויין היו. תניא כשנויין: עצי שטים עומדים שעומדים [דרך] גדילתן. כלומר אינו רשאי להפכן: בגדי שרד אלו בגדי כהונה שמכפרין על עונות ישראל כמו שכתבנו

תוספות ישנים

ואומר ר' אלחנן כי פי' ריב"א זה משמע בפ"ב דזבחים (דף יט.) דקאמר שערו היה נראה בין ציץ למצנפת ששם היה מניח תפילין משמע שהציץ היה מונח על הראש שאם על הפדחת מה לשון הוא זה שערו נראה בין ציץ למצנפת והלא כל תחילת הראש מגולה לצד הפנים ממקום הנחת תפילין דהיינו מקום שמוחו של תינוק רופס כיון שהציץ אינו מכסה השער כלל ועוד מדקאמר ששם היה מניח תפילין משמע שלא היה מגולה אלא שיעור הנחת תפילין ואם היה הציץ מונח על הפדחת א"כ היה נשאר הרבה מגילוי שער יותר ממקום הנחת תפילין כי מקום שמוחו של תינוק רופס אינו ממש סמוך לפדחת אלא רחוק הרבה מיהו אין זה ראיה אלא אם כן נאמר דמקום הנחת

מסורת הש"ס

הגהות הב"ח

(א) גמ' ותרי דחד חד ועשית כתיב שיהיו כל: (ב) שם וכתיב (והובא את בדיו בטבעות) תא"מ ונ"ב גי' רש"י והבאת את הבדים בטבעות:

גליון הש"ס

גמרא מי כתיב שלא יקרע. בספר קרבן חגיגה סימן ס"ח הק' הא אמרינן בסנהדרין דף כא ע"א בקרא דלא ירבה לו נשים ולא יסור לבבו דה"ק לא ירבה לו נשים משום שלא יסור ולא מקשינן מי כתיב שלא יסור:

בא לו כהן גדול פרק שביעי יומא

כליל · גדול ואין גדול פחות מששה: **ואין דנין כלי מתכשיט** · כלי רמונים קשוטו של מעיל הן: **ארבעה דשיתא שיתא** · ארבעת מינין של שש שש דהא נאמר בו שש ואמר מר דברים שנאמר בהן שש חוטן כפול ששה: **לא דינא ולא דיינא** · אין ספק וערעור בדבר: **וקצץ פתילים** · פתילים משמע תרין וכשקוצץ כל אחד לשנים הוה להו ד': **רב אשי אמר** · היינו טעמא דזהב ו' לא אפשר דכתב ביה לעשות אותו בתוך התכלת ובתוך הארגמן משמע שיערב ממנו עם כל מין ומין: **ניעביד ארבעה** · המינין דהדרי תרי חוטין של זהב הוו להו תמניא של זהב: **חדקינהו** · קשרם יפה ועל הטבעות והבדים אומר שיתנם בטבעות בדוחק: **כתב לא יסורו** · אלמא אין זזין מהן וכתיב (שמות כה) והבאת אלמא הולכים ובאים בתוכן: **מתפרקין ואין נשמטים** · בראשיהם היו עבים והבדים ראשן אחד בדוחק בטבעת ובאמצען היו דקין הלכך לא היו נדחקין בטבעות אלא מתפרקין והולכין לכאן ולכאן אבל אינן נשמטין לגמרי מהן לפי שהן עבים בראשיהן: **דרך גדילתן** · העליון למעלה והתחתון למטה: **שמעמידין את ציפויין** · ליפוי הזהב מעמידין ע"י מסמרות לשון אחר שלא הלחלו ולא נפל ליפויין: **שמא תאמר** · מסגנזו אבד סברן שלא שובו עוד: **ובטל סכויין** · מה שאנו סוכין וטופין להן: **שרד** · לשון שריד · אלמלא

תורה אור

כליל תכלת ויליף תכלת תכלת מפרוכת מה להלן ששה אף כאן ששה ונילף משוליו ורמוניו מה להלן שמונה אף כאן שמונה דנין כלי מכלי ואין דנין כלי מתכשיט כלי אדרבה דנין גופו מגופו ואין דנין גופו מעלמא היינו דאמרינן לשאר בגדים שלא נאמר בהן שש פרכת עשרים וארבעה ד' דשיתא שיתא לא דינא ולא דיינא חושן ואפוד עשרים ושמונה מנא לן דכתיב ועשית חשן משפט מעשה חושב כמעשה אפוד תעשנו זהב תכלת וארגמן ותולעת שני ושש משזר ארבעה דשיתא שיתא הא עשרין וארבעה זהב ארבעה הא עשרין ותמניא ואימא זהב נמי ששה אמר רב אחא בר יעקב אמר קרא וקצץ פתילים פתיל פתילים הרי כאן ד' רב אשי אמר אמר קרא לעשות בתוך התכלת ובתוך הארגמן היכי נעביד נעביד ארבעה דהדרי תרי ותרי דחד חד הוו להו תמניא נעביד תרי דהדרי תרי ותרי דחד חד ועשית (א) שיהיו כל עשיותיו שוות אמר רחבא אמר רב יהודה המקרע בגדי כהונה לוקה שנאמר לא יקרע מתקיף לה רב אחא בר יעקב ודילמא הכי קאמר רחמנא נעביד ליה שפה כי היכי דלא ניקרע מי כתיב שלא יקרע (*ואמר) [נ"ל אמר] ר' אלעזר המזיח חושן מעל האפוד והמסיר בדי ארון לוקה שנאמר לא יזח ולא יסורו מתקיף לה רב אחא בר יעקב ודילמא כי קאמר רחמנא חדקינהו ועבדינהו שפיר כדי שלא יזח ולא יסורו מי כתיב שלא יזח ושלא יסורו רבי יוסי בר' חנינא רמי כתיב בטבעות הארון יהיו הבדים לא יסורו ממנו וכתיב (ב) והובא את בדיו בטבעות הא כיצד מתפרקין ואין נשמטין תניא נמי הכי בטבעות הארון יהיו הבדים יכול לא יהיו זזין ממקומן ת"ל והובא את בדיו בטבעות אי והובא את בדיו יכול יהיו נכנסין ויוצאין ת"ל בטבעות הארון יהיו הבדים הא כיצד מתפרקין ואין נשמטין אמר רבי חמא ברבי חנינא *מאי דכתיב עצי שטים עומדים שעומדים דרך גדילתן דבר אחר עומדים שמעמידין את צפויין ד"א עומדים שמא תאמר אבד סברן ובטל סכויין ת"ל עומדים שעומדין לעולם ולעולמי עולמים (*אמר) [נ"ל ואמר] רבי חמא בר חנינא מאי דכתיב את בגדי השרד לשרת בקודש אלמלא

נעביד ארבעה דהדרי תרי הוו להו תמניא · ואם תאמר אין הכי נמי נעביד זהב תמניא מכלן ארבעה והו לא יש לומר פתילים כתיב מיעוט פתילים שנים וכשנקצן כל אחד הוו להו ד' ולי אמרת תמניא א"כ אין לדבר סוף *אימא ק' ואימא אלף ותפסת מרובה לא תפסת והא דפריך ואימא זהב נמי ו' היינו כי היכי דליהוי דומיא דשאר מינין שבו ולעיל כי פריך ואימא כ"ח לא בעי לשנויי תפסת מועט תפסת דהתם לא מצי למימר טפי מכ"ח וכיון דהוו דבר שיש לו קלבה לא שייך למימר תפסת מרובה לא תפסת ואדרבה יש לתפוס המרובה דיש בכלל מאתים מנה ואע"ג דבפ"ק דר"ה (דף ד:) אמר מקיש חג השבועות לחג המלות מה להלן יש לו תשלומין כל שבעה כו' ופריך ולקיש לחג הסוכות מה להלן ח' כו' ומשני תפסת מרובה לא תפסת והתם נמי יש לדבר קלבה י"ל דהתם קאמר לחומרא תפסת מרובה לא תפסת דעד ז' יש לו תשלומין ממה נפשך אבל טפי דילמא מחג המלות ילפינן ובפרק קמא דקידושין (דף יז.) גבי הענקה נמי קאמר תפסת מרובה לא תפסת ואע"ג דממה נפשך יש לדבר קלבה יש לומר התם נמי קאמר דתפסת מרובה לא תפסת דמספיקא לא מפקינן ממונא מן הלדון:

כתיב בטבעות הארון וכו' וכתיב והובא את בדיו בטבעות · קשיא לי טובא אמאי מייתי האי קרא דוהובא *דכתיב גבי מזבח הנחשת ושביק קרא דוהבאת דכתיב גבי הארון ועוד שמעתי מקשים דבשעת סילוק מסעות כתיב ובא אהרן ובניו בנסוע המחנה והורידו את פרוכת המסך וכסו בה את ארון העדות וגו' (במדבר ד) עד ופרשו עליו בגד כליל וגו' עד ושמו בדיו משמע דבנסוע המסעות היו משימין אותן בדים וקשה והא כתיב לא יסורו ממנו ורבינו יעקב מאורליינ"ש מתרץ דהא דושמו בדיו על כתפי הנושאים קאמר להוליכן ולבי מהסם שהרי בני קהת לא היו שם עדיין עד לאחר שהיו מכוסין כל הכלים כדכתי' ולא יבואו לראות כבלע את הקדש וגו' (שם) ויותר היה נראה לפרש דהאי ושמו בדיו היינו שמושכין הבדים לצד חוץ לפי שהיו כהנים בולטין בפרוכת כמין שני דדי אשה: מיהו קושיא קמייתא שהקשיתי דבוהבאת קיימא ודוחק הוא לשבש הספרים דבכולהו גרס והובא את בדיו ובמקצת ספרים גרסינן בברייתא והבאת אבל בתוספתא דר' יוסי בר' חנינא גרסינן בכולהו *והובא ואי לאו דמסתפינא מחברייא הוה אמינא דח' טבעות היו בארון וכן מוכיח הפסוק דכתיב ויצקת לו ארבע טבעות זהב ונתת על ארבע פעמותיו דהיינו ארבע קרנותיו כדמתרגמינן זויתיה והדר כתיב ושתי טבעות על צלעו האחת ושתי טבעות על צלעו השנית משמע דלבד טבעות היו על שתי צלעותיו לבד מאותם ד' שעל ד' פעמותיו ב' טבעות מהם היו בדים קבועין לא יסורו ובארבעה מהם שהיו למטה או למעלה מאותן טבעות היו משימין בדים בשעת סילוק המסעות לשאת את הארון בהם והיינו הנך דכתב בהו ושמו בדיו ואם תאמר מאי פריך הכא רבי יוסי בר' חנינא לישני דשני מיני בדים היו יש מהם קבועין ויש מהם נכנסין ויוצאין כדפרישית יש לומר דע"כ לא קאי אלא אהנך שהיו משימין במסעות אם כן הוה ליה למימר נמי והבאת את הבדים בטבעות שהרי לא פירש מתי הכניס אותם הבדים הקבועים אלא כתב בטבעות הארון יהיו הבדים ותחילה היה לו לפרש שהכניסם ואדרבה הבדים ומשמע ליה דבשעה שהיו קבועין בהן לא היו קבועין ממש במקומם אלא שלא יהו זזין כלל ממקומן והכי מייתי נמי קרא דוהובא דכתב במזבח לגלויי אדוהבאת דארון לא יסורו ממנו והכי נמי והבאת לארון לא היו ממש קבועין לגמרי ואם תאמר לפי מה שפירש דלאסוקי ד' בדין קאי קשה מאי כתב ביה בההיא קרא לשאת את הארון בהם ואין לתרץ דבכולהו ארבעה בדים היו עשאן ושנים מהם היו ארוכין ושנים האחרים קצרים מהם דבפרק שתי הלחם (מנחות דף לח:) משמע דבארבעה גברי הוו דרו להו ותו לא ונראה לי דוהבאת לא קאי אלא אהנך בדים הקבועין שהרי אותם בדים שאינן קבועין מה הוצרך להזכירן כאן לומר והבאת והלא לא היו מכניסין אותן אלא אהרן ובניו בשעת המסעות תדע שהרי בכולהו כתב ונשא בם את השלחן וכן במזבח הנחשת כתיב והובא את בדיו בטבעות וגו' בשאת אותו ובמזבח הזהב כתב נמי לבתים לבדים לשאת אותו בהמה אבל לא כתב בהן והבאת בלווי ובעשייה לא כתב ויבא כדכתיב גבי ארון בין בלווה בין בעשייה ואע"ג דבברייתא דמלאכת המשכן תניא ד' טבעות היו מקבעות בו שתים בלפונו ושתים בדרומו שכיון שהיו נותנין הבדים לא היו זזים משם לעולם שנאמר בטבעות הארון וכו' י"ל דלא חשיב אלא אותם ד' טבעות שהבדים קבועין בהן אבל אותם שלא היו הבדים קבועין בהן ולא נעשו אלא לצורך שעת המסעות לא קא חשיב תדע דלא קא חשיב התם טבעות של שלחן ושל מזבח הנחשת והזהב וצריך עיון: **שמעמידין** ליפויין · נ"ל דאפי' ליפוי זהב שעליהן בטל לגבי דידהו דבכל דוכתא העץ בטל לגבי המתכת לענין טבילה ולכל מילי דאמר הכא אחר המעמיד ובעלי שטים איגו כן שהרי שלחן של עלי שטים היה ומצופה זהב ואפי' הכי תורת כלי עליו שאליפוי בטל לגבי העץ כדאיתא בשלהי חגיגה (דף כו:) ויליף לה התם מקרא:

*) [וכרש"י דהכא ד"ה כתב לא יסורו וכו' משמע להדיא דהיה גרסתו והבאת את הבדים בטבעות (תרומה כה פי"ד)]

[אכן ברש"י שכתב בד"ה כתב לא יסורו וכו' נראה שגם בתוספתא דר' חנינא גרס והבאת]

תפילין הוי דוקא במקום שמוחו של תינוק רופס אבל אם מתחיל מתחילת הראש במקום כינוס שער שפיר קאמר שערו נראה בין ציץ למצנפת אפילו היה הציץ על פדחתו דקאמר שהיה תחילת הראש מגולה ששם היה מניח תפילין וכן פי' במנחות ובעירובין ועוד היה מביא ה"ר אלחנן ראיה שהיה על הראש מדאמר גבי ינאי הקם להם בציץ שבין עיניך משמע שעל הראש כמו בין עיניך דתפילין אך קשה לרבי אמאי לא מייתי בפ"ב דזבחים ההיא דמקום יש בראש להניח בו שני תפילין כי היכי דמייתי לה בפרק בתרא דעירובין (דף צה:) ובמסכת ע"ז בפרק כל הצלמים (דף מג.) כיון שהציץ על הראש ואומר ה"ר אלחנן דהיינו טעמא לפי שלא הזכיר שם בהדיא שהציץ מונח על הראש אלא אנן דייקינן ליה ואומר רבי כי מכאן יש לדקדק שיעור רוחבן של תפילין לפירוש ריב"א דכיון שהציץ היה בתחילת הראש במקום שמניחין בו תפילין כדפי' בעירובין דמקום הנחת תפילין הוא בתחילת הראש והציץ היה רוחבו שני אצבעות כדאמרינן בפרק במה אשה (דף סג:) ושערו היה נראה בין ציץ למצנפת ששם היה מניח את התפילין ואמר מקום יש בראש להניח בו שני תפילין א"כ יש ללמוד כי שתפילין רוחבן יותר מאצבע לכל הפחות שאם לא היו רחבים אלא אצבע א"כ מקום יש בראש להניח בו ג' תפילין ואם היינו מפרשים מקום יש בראש להניח שם שני תפילין ולא יותר כלל אפילו חצי אצבע או אנו יכולין לומר וללמוד מכאן דשיעור התפילין שני אצבעות מיהו למאי דמפרשינן בעירובין ובמנחות ששיעור מקום תפילין הוי מתחילת הראש עד מקום כינוס שער יש לתמוה על שיעורן דמשמע שהם גדולים הרבה שזה שיעור גדול · בשימושא רבה דתפילין כתוב אמר רבא האי מאן דבעי למיעבד תפילין מייתי אטא עבה ב' אצבעי על ב' אצבעי ואי הוה טפי שפיר דמי ואי בציר לא הוה פסול ואין מימרא זו בתלמוד ויש שם הרבה מימרות של האמוראים שאינם בתלמוד · מ"ר: **שיהו** שזורין · דממשזר לא נפיק דמשזר היינו א) שהשני עצמו שזור ולא איירי שכן כולן שזורין כולן יחד וא"ת משזר למאי אתא כיון דכתיב שחוטן כפול ששה וכתיב נמי שיהו שזורין כולן יחד יש לומר דס"ד שכל כ"ד חוטין שבפרוכת ששה מכל מין כפול (ששה) בלא שזירה קמ"ל שזור כל ששה וששה בפ"ע ואח"כ שזורין כל המינין יחד · ה"ר יוסף: **מאי** משמע דהאי שש לישנא דכיתנא הוא · להכי נקט בעייתו כשם ואע"ג דמיכפיא

נ"ס

א) נ"ל שהששה:

עין משפט נר מצוה

כו א מיי' פ"ח מהלכות כלי המקדש הל' טו :
כז ב שם הלכה יז :
כח ג מיי' שם הל' טו :
כט ד מיי' שם פ"ד הלכה כא :

אלמלא בגדי כהונה לא נשתייר משונאיהן של ישראל שריד ופליט רבי שמואל בר נחמני אמר דבי ר"ש תנא בגדים שגורדין אותן בבריתן מבליהן ומשרדין מהן כלום מאי היא ריש לקיש אמר אלו מעשה מחט מיתיבי *בגדי כהונה אין עושין אותן מעשה מחט אלא מעשה אורג שנאמר °מעשה אורג אמר אביי לא נצרכה אלא לבית יד שלהם כדתניא *בית יד של בגדי כהונה נארגת בפני עצמה ונדבקת עם הבגד °ומגעת עד פיסת היד אמר רחבה אמר רב יהודה שלש ארונות עשה בצלאל אמצעי של עץ תשעה פנימי של זהב שמונה חיצון (א) עשרה ומשהו והתניא אחד עשר ומשהו לא קשיא הא כמ"ד יש בעביו טפח הא כמ"ד אין בעביו טפח *ומאי משהו זיר א"ר יוחנן שלשה זירים הן של מזבח ושל ארון ושל שלחן של מזבח זכה אהרן ונטלו של שלחן זכה דוד ונטלו של ארון עדיין מונח הוא כל הרוצה ליקח יבא ויקח שמא תאמר פחות הוא ת"ל °בי מלכים ימלוכו רבי יוחנן רמי כתיב זר וקרינן זיר זכה נעשית לו זיר לא זכה זרה הימנו ר' יוחנן רמי *כתיב °ועשית לך ארון עץ וכתיב °ועשו ארון עצי שטים *מכאן לתלמיד חכם שבני עירו מצווין לעשות לו מלאכתו °מבית ומחוץ תצפנו אמר רבא *כל תלמיד חכם שאין תוכו כברו אינו תלמיד חכם (אמר) אביי ואיתימא רבה בר עולא *נקרא נתעב שנאמר °אף כי נתעב ונאלח איש שותה כמים עולה אמר רבי שמואל בר נחמני אמר ר' יונתן מאי דכתיב °למה זה מחיר ביד כסיל לקנות חכמה ולב אין אוי להם לשונאיהן של תלמידי חכמים שעוסקין בתורה ואין בהן יראת שמים מכריז ר' ינאי חבל על *דלית ליה דרתא ותרעא לדרתיה עביד אמר להו רבא לרבנן במטותא מינייכו לא תירתון תרתי גיהנם אמר רבי יהושע בן לוי מאי דכתיב °וזאת התורה אשר שם משה זכה נעשית לו סם חיים לא זכה נעשית לו סם מיתה והיינו דאמר רבא *דאומן לה סמא דחייא דלא אומן לה סמא דמותא אמר רבי שמואל בר נחמני רבי יונתן רמי כתיב °פקודי ה' ישרים משמחי לב וכתיב °אמרת ה' צרופה זכה משמחתו לא זכה צורפתו ריש לקיש אמר מגופיה דקרא נפקא זכה צורפתו לחיים לא זכה צורפתו למיתה °יראת ה' טהורה עומדת לעד *א"ר חנינא זה הלומד תורה בטהרה מאי היא *)נושא אשה ואחר כך לומד תורה עדות ה' נאמנה אמר רבי חייא בר אבא נאמנה היא להעיד בלומדיה °מעשה רוקם °מעשה חושב אמר רבי אלעזר שרוקמין במקום שחושבין *תנא משמיה דרבי נחמיה רוקם מעשה מחט לפיכך פרצוף אחד חושב מעשה אורג לפיכך שני פרצופות: באלו נשאלין באורים ותומים: כי אתא רב דימי אמר בגדים שכהן גדול משמש בהן משוח מלחמה משמש בהן שנאמר °ובגדי הקודש אשר לאהרן יהיו לבניו אחריו למי שבא בגדולה אחריו מתיב רב אדא בר אהבה ואמרי לה כדי יכול יהא בנו של משוח מלחמה משמש תחתיו כדרך שבנו של כהן גדול משמש תחתיו תלמוד

*) [עי' קדושין נב:]

רש"י

אלמלא בגדי כהונה · שעל ידיהן מקריבין הקרבנות המכפרין על ישראל : שגורדין אותן בבריתן מבליהן · כשהיו מוציאין אותן בגדים שלהן מתוך כלי אריגתן היו עושים כברייתן חלוקין כדרך לבישתן ולא כשאר יריעה שצריך שוב לחתכה למדת הלבוש ולתפור במחט : ומשרדין מהם כלום · ומשיירין מהן מקלת שאינו ארוג עמהן וזהו לשון שרד : מאי היא · אותו שיור : אלו מעשה מחט · מקלתו היה נארג בפני עצמו ומחברו במחט : שלש ארונות · שנאמר מבית ומחוץ תצפנו ושל עץ באמצע והושיבו בתוך של זהב וחזר ונתן של זהב שני בתוך של עץ וחיפה שפתו העליונה בזהב נמצא מצופה מבית ומחוץ : תשעה · גבהו תשעה טפחים מבחוץ שנאמר אמה וחצי קומתו (שמות כה) ורגלים לא היו לו אלא עץ חלול היה : פנימי של זהב ח' · טפחים גבהו מבחוץ עם עובי שוליו ועובי שולי העץ של אמצעי טפח נמצא פנימי ממלא חללו של אמצעי : וחיצון · של זהב : י' ומשהו · תשעה כנגד גובה האמצעי ומשהו עובי שולי זהב של חיצון וטפח עשירי עולה למול עובי הכפורת שהוא טפח ומכסה חיבור הכפורת והארון : והתניא אחד עשר ומשהו · ומשני הא כמאן דאמר יש בעובי שולי הזהב טפח כאשר יש בעובי שולי העץ : הא כמאן דאמר אין בעוביו טפח · אלא משהו ולא ידענא היכא איפליגו בה : ומאי משהו · דקתני בברייתא בתרייתא : זיר · העולה היה עודף למעלה על עובי הכפורת משהו בגובה החיצון להיות זר לכפורת סביב ומשהו דקאמר רב יהודה בעובי שולי החיצון קאמר וכזר לא איירי כלל : שלשה זירין · נעשו בכלי הקודש של מזבח סימן לכתר כהונה ושל ארון סימן לכתר תורה ושל שולחן סימן לכתר מלכות שהשולחן הוא סימן לעושר מלכים : הכי גרסינן של מזבח זכה אהרן ונטלו של שלחן זכה דוד ונטלו · שהכהונה נתנה לאהרן ברית מלח (במדבר יח) וכן המלכות לדוד ולזרעו (תהלים יח) : כי מלכים ימלוכו · וגדול הממליך מן המלך והתורה אמרה מקרא זה : זכה · ללמוד לשמה ולקיימה : זרה · משתכחת ממנו : מצווין לעשות מלאכתו · שהרי בתחילה הטיל הכתוב המלאכה על משה ואח"כ הטילו על הציבור ואע"ג דקראי לאו בהאי סידרא כתיבי אסמכתא בעלמא הוא דקאמר : איש שותה · תורה כמים ויש בו עולה : דרתא · חצר : ותרעא לדרתיה עביד · שהתורה אינה אלא שער ליכנס בה ליראת שמים לכך צריך שתקדים לו יראת שמים : תרתי גיהנם · להיות יגעים ועמלים בתורה בעולם הזה ולא תקיימוה ותירשו גיהנם במותכם ובחייכם לא נהניתם בעולמכם : צורפתו · ביסורין ובגיהנם : נושא אשה · ניצול מהרהור עבירה : להעיד בלומדיה · מי קיים ומי לא קיים : שרוקמין במקום שחושבין · בתחילה מתקן האורג על הבגד על ידי לבע ואחר כך רוקמה במחט : חושב מעשה אורג · שיש לה ליריעה שתי קירות ושתי צורות על שתי קירותיה אין דומות זו לזו פעמים שמצד זה ארי ומצד זה נשר כמו לחגורות של משי והיינו ב' פרצופים אבל רוקם כצורתו מכאן כך צורתו מכאן : משוח מלחמה · כהן שמשחוהו למלחמה לדבר דברי מערכי המלחמה שנאמר ונגש הכהן ודבר אל העם (דברים כ) : משמש כהן · אם בא לעבוד בבית המקדש לובש ח' בגדים : יהיו לבניו אחריו · האי אחריו קרא יתירא הוא למדרש בה כל גדולות נוהגות בזרעו אחריו ומשוח מלחמה גדולה היא : יכול יהא בנו של משוח מלחמה משמש תחתיו וכו' · יכול תהא גדולת משוח מלחמה ירושה להיות בנו קודם לכל אדם כדרך שבנו של כהן גדול משמש תחתיו רישא דברייתא הכי תניא לה בת"כ גבי עשירית האיפה והכהן המשיח אין לי אלא משיח מרובה בגדים מניין תלמוד לומר והכהן יכול שאני מרבה אף משוח מלחמה תלמוד לומר תחתיו מבניו מי שבנו עומד תחתיו יצא משוח מלחמה שאין בנו עומד תחתיו ומניין למשוח מלחמה שאין בנו עומד תחתיו תלמוד לומר שבעת ימים ילבשם הכהן וגו' יצא זה שאין ראוי לבוא אל אהל מועד (ב) לכפר בקודש וגבי כהן גדול תניא בדוכתא אחריתי בתורת כהנים לכהן תחת אביו מלמד שהבן קודם לכל אדם יכול אף על פי שאין ממלא את מקומו ת"ל ואשר ימלא : ת"ל

מסורת הש"ס

[זבחים פח.] [סוכה ה.] [לעיל ג: ע"ש ועי' תוס' חולין לג. ד"ה כיון] [ברכות כח.] [נ"ל אשר נקרא כ"א בע"י] שבת נא: [שבת פח: ע"ש] תהלים יט שם יט מנחות קי. שמות כו שם שם כט

הגהות הב"ח

(א) גמ' פנימי של זהב שמונה חיצון של זהב עשרה ומשהו : (ב) רש"י ד"ה יכול יהא כו' לבוא אל אהל מועד לכפר בקודש :

רבינו חננאל

למעלה לא נשתייר משונאיהן של ישראל שריד ופליט · רבי שמואל בר נחמני אמר בגדים המשרדים אותן מתוך כליהן*) ר"ל אמר מעשה מחט. איני והתני' בגדי כהונה אין עושין אותן מעשה [מחט] אלא מעשה אורג · ומשני אביי הא דאמר ר"ל לבית יד שלהן · דתניא בגדי כהונה בית יד שלהן נארגת בפני עצמה ונדבקת עם הבגד ומגעת עד פיסת היד : אמר רחבה א"ר יהודה ג' ארונות עשה בצלאל אמצעי של עץ ט' טפחים פנימי ח' נשאר מן הארון של עץ טפח מגולה עשה החיצון עשרה להסיר טפח ממטו לכסות הטפח הנותר מבפנים מגולה · ומי שאומר גבהו י"א טפחים קסבר יש בעביו טפח · וטפח להחזירו בפנים הרי י"א ומשהו לזר · א"ר יוחנן ג' זירין הן של מזבח זכה אהרן ונטלה כלומר לקח הכהונה. של שלחן זכה דוד ונטלו כלומר זכה למלכות · של ארון היא התורה כל הרוצה ליטול יבא ויטול · והוא הגדול שנאמר בי מלכים ימלוכו ורוזנים יחוקקו צדק · כתיב זר וקרינן זיר · זכה זיר · לא זכה זר · ועשו ארון מיכן לת"ח שבני עירו מצווין לעשות מלאכתו · מבית ומחוץ תצפנו · כל ת"ח שאין תוכו כברו אינו ת"ח · ולא עוד אלא שקרוי תועבה שנאמר אף כי נתעב ונאלח איש שותה כמים עולה · ואין מים אלא תורה · למה זה מחיר ביד כסיל לקנות חכמה ולב אין · אוי להם לת"ח שעוסקין בתורה ואין בהן יראת שמים מכריז ר' ינאי חבל על דלית ליה דרתא ותרעא לדרתא עביד · כלומר הוא רע ואין לו חלק עם ת"ח · קריאתו רעה היא לך שיודע הדין ועושה הילופו · אמר רבא לרבנן לא תירתו תרתי גיהנם · התורה נקראת סם · שנאמר וזאת התורה אשר שם משה · זכה נעשית לו סם חיים · לא זכה סם המות · עדות ה' נאמנה נאמנת להעיד בלומדיה אם קיימוה אם לאו · מעשה רוקם אלו מעשה מחט · לפיכך פרצוף אחד מעשה חושב אלו מעשי אורג לפיכך שני פרצופות · כי אתא רב דימי אמר משוח מלחמה משמש בח' שנאמר ובגדי הקדש אשר לאהרן יהיו לבניו אחריו · למי שבא בגדולה אחריו · איני והתניא יכול יהא בן [של] משוח מלחמה עומד תחתיו כדרך שבן

*) אולי צ"ל מאי היא ר"ל אמר אלו מעשה מחט .

תוספות ישנים

ליה בגד משום דממילא כי פשט דברים העולה בד בבד דהיינו פשתן א"כ שם נמי פשתן הוא דהא כתיב מכנסי בד שש משזר אבל אם נקט בפייתו בבד לא פירש עדיין שיש לו לידע מה הוא שש אע"ג שהיינו יודעים אותו : ואימא עמרא כו' · תימה אמאי לא קאמר ואימא קנבוס שהוא ממש כעין פשתן שעולה בד בבד ולא מיפליג [וי"ל] דהא ודאי אינו כשר לבגדי כהונה שלא מצינו כשר לשם אלא בוץ דוקא ויש שרוצים ללמוד מכאן אסור לתפור בגדי צמר בחוטי קנבוס דהיינו מין פשתן שעולה בד בבד כדאמר הכא והא דאמר במשניות (כלאים פ"ט מ"א) הפשתן והקנבוס שטרפן זה בזה כו' דמשמע דאינו מין פשתן היה אומר ה"ר אפרים כי אותו קנבוס שבמשניות אינו קנבוס שלנו דבכ"פ דכלאים (מ"ס) תנן שהוא עושה אחת לשלש שנים ואותו שלנו עושה בכל שנה ושנה כמו פשתן ורבי אומר שאין לנו לבטל המנהג שרגילים העולם לתפור בחוטי קנבוס שקורין קנבה וכך שמעתין דהכא מיפרשא שפיר דפשיטא ליה לתלמודא דכל בגדים האמורים בתורה סתם אינו אלא צמר ופשתים כדאמרינן במנחות (דף לט:) וביבמות (דף ד:) ובשבת (דף כו:) דתנא דבי ר' ישמעאל הואיל ונאמרו בגדים בתורה סתם ופרט לך הכתוב באחד מהן צמר ופשתים אף כל צמר ופשתים א"כ פשיטא ליה דלאו היינו קנבוס אפילו לרבנן דפליגי על תנא דבי ר' ישמעאל כדאמר בריש יבמות א) הוא דמספקי ליה מקרא דבסמוך [illegible] פשתים ועוד דלא פליגי עליה אלא גבי ציצית דוקא משום דוקיא דרבא דהכנף מין כנף אבל בעלמא אית לכו לכ"ע דרשא דצמר ופשתים כדפי' בשבת וביבמות · מ"ר · וכן נמצא בשם רבינו שמואל אלא שלא הביא רבנן דפליגי עליה : נילף מחשן ואפוד · אבל לא בעי למיפרך דנילף מכתונת דלא יוכיח כתונת שאין בו אלא מין אחד ב) : (ע"כ שייך לדף עא ע"ב)

ואין דנין כלי מתכשים · ופרוכת תשיב כלי יותר מרמון והוה מצי למימר נמי דיליף כנ"ל תכלת מדכתיב ופרשו עליו בגד תכלת אלא לא מיירי אלא בבגדים חשובים כי הוא לא הוה אלא כיסוי בעלמא ג) : וכתיב והבאת את הבדים בטבעות · משמע שהולכין ובאין בתוכן כך כתוב בפירש"י ותימה אמאי לא מייתי ושמו בדיו דכתיב במדבר סיני גבי ארון אלמא היו נשמטין כשהיו משימין אותן בשעת מסעות ולמה יש לו [illegible] מה שהוא כתוב בפעם ראשון וה"ר יוסף פירש דוהבאת מיותר דבטבעות הארון יהיו הבדים הכי ויש ס[illegible] דגרס ושומא את בדיו בטבעות מיהו אלו קרא אינו כתיב גבי ארון כי אם גבי מזבח הזהב · הגה"ה [illegible] מתפרקין ואין נשמטין · פירש"י שהיו עבין לגד ראשן שאין יכולים להוציאן ואם השמיטן אע"פ שאין י[illegible] להוציא שראשן עב אפ"ה לוקה ורבי מפרש דאין נשמטין לגמרי אבל יכולין הן להישמט בדוחק (ע"כ שייך לע[illegible]) אלא לבית יד שלהם · שאחר שהבית יד נארגת לבד תופרין אותה במחט עם שאר הבגד : הא כמאן ד[illegible] יש בעוביו טפח · הלי תנא דאמר אחד עשר לית ליה הא דאמרי' בפ"ק דסוכה (דף ד:) ובשבת בהמצניע [illegible] נב.) וכמה דוכתי דארון תשעה וכפרת טפח לפי' רש"י דהכא אבל ר"ת פי' בע"א דמ"ד עשר ומשהו סבר [illegible] בעוביו טפח בשל זהב עם דופן הכותל של עץ ובשוליים נמי מיירי שכן היו משהו ואלא דשל עץ היה [illegible] לתשעה והזהב לא היה מכסה בפנים אלא שמונה דהחיצון של זהב הפנימי לא היה אלא שמונה והשלמת [illegible] טפח היה בעובי הכותל מלמעלה אבל השוליים של עץ ושל זהב היה דק דק ואינו אוכל כל כך מארון ו[illegible] דב"ב (דף יד.) דקא חשיב כמה לוחות אוכלות בארון כו' לא חשיב כמה היה פנימי אוכל בשל עץ כי [illegible] הוא מלך ומאן דאמר אחד עשר ומשהו סבר דעוביה של כותל דשל עץ היה טפח הכי עביה וטפח לכסות [illegible]

א) נ"ל הכא מודו דמספקי כו' · ב) פי' בריטב"א ותמצא הגירסא הנכונה · ועיין ש"י : ג) נ"ל יותר מרמונים והוה מצי למימר נמי כנ"ל תכלת דנגד כסוי ארון דכתיב ופרשו וכו' ועיין ש"י : ד) עי' בהג' דס[illegible] הגירסא הנכונה ועיין בש"י שהאריך בזה :

§ מסכת יומא דף עב: §

אות א'* [א]

בגדי כהונה אין עושין אותן מעשה מחט אלא מעשה אורג

רמב"ם פ"ח מהל' כלי המקדש הי"ט - ובגדי כהונה כולן אין עושין אותן מעשה מחט אלא מעשה אורג, שנאמר: מעשה אורג.

אות א'

בית יד של בגדי כהונה נארגת בפני עצמה ונדבקת עם הבגד

רמב"ם פ"ח מהל' כלי המקדש הט"ז - וכיצד מעשה הבגדים, הכתונת בין של כ"ג בין של כהן הדיוט משבצת היתה, שהיא בתים בתים באריגתה כמו בית הכוסות, כדרך שעושין האורגין בבגדים הקשים; ובית יד שלה נארג בפני עצמו, ומחברין אותו עם גוף הכתונת בתפירה.

אות ב'

ומגעת עד פיסת היד

רמב"ם פ"ח מהל' כלי המקדש הי"ז - אורך הכתונת עד למעלה מן העקב, ואורך בית יד שלה עד פס ידו, ורוחבו כרוחב היד.

אות ב'* [ב]

שלשה זירים הן וכו'

רמב"ם פ"ג מהל' תלמוד תורה ה"א - בשלשה כתרים נכתרו ישראל: כתר תורה, וכתר כהונה, וכתר מלכות. כתר כהונה זכה בו אהרן, שנאמר: והיתה לו ולזרעו אחריו ברית כהנת עולם; כתר מלכות זכה בו דוד, שנאמר: זרעו לעולם יהיה וכסאו כשמש נגדי; כתר תורה הרי מונח ועומד ומוכן לכל ישראל, שנאמר: תורה צוה לנו משה מורשה קהלת יעקב, כל מי שירצה יבא ויטול; שמא תאמר שאותם הכתרים גדולים מכתר תורה, הרי הוא אומר: בי מלכים ימלוכו ורוזנים יחוקקו צדק בי שרים ישורו, הא למדת שכתר תורה גדול משניהם.

אות ג'

תנא משמיה דרבי נחמיה: רוקם מעשה מחט לפיכך פרצוף אחד, חושב מעשה אורג לפיכך שני פרצופות

רמב"ם פ"ח מהל' כלי המקדש הט"ו - כל מקום שנאמר בתורה "מעשה רוקם", הוא שתהיינה הצורות הנעשות באריגה [ג]נראות מצד אחד בפני האריג; "ומעשה חושב", הוא שתהיה הצורה נראית משני צדדין פנים ואחור.

אות ד'

יכול יהא בנו של משוח מלחמה משמש תחתיו כדרך שבנו של כהן גדול משמש תחתיו

רמב"ם פ"ד מהל' כלי המקדש הכ"א - משוח מלחמה אין בנו מתמנה תחתיו לעולם, אלא הרי הוא כשאר הכהנים, אם נמשח למלחמה נמשח, ואם לא נמשח לא נמשח.

באר הגולה

א ‹ע"פ מהדורת נהרדעא› ב ‹ע"פ מהדורת נהרדעא› ג ‹ומפרש לה רבינו כפשטה. **ורש"י** מפרש בע"א – כסף משנה. **והוא** מחלוקת בירושלמי שקלים דף כ"א›

§ מסכת יומא דף עג. §

אות א'*[א]

וכל עבודות יום הכפורים אינן כשירות אלא בו

רמב"ם פ"ח מהל' כלי המקדש הי"ט - עבודת כל חמש עשרה בהמות אלו הקריבין ביום זה אינה אלא בכהן גדול בלבד, אחד כהן המשוח בשמן המשחה או המרובה בבגדים, ואם היתה שבת אף מוסף שבת אין מקריב אותו אלא כהן גדול, [ב]וכן שאר העבודות של יום זה כגון הקטרת הקטורת של כל יום והטבת הנרות, הכל עשוי בכהן גדול נשוי, שנאמר: וכפר בעדו ובעד ביתו, ביתו זו אשתו.

אות א' - ב' - ג' - ד' - ה' - ו'

כיצד שואלין, השואל פניו כלפי נשאל, והנשאל פניו כלפי שכינה, השואל אומר: ארדף אחרי הגדוד הזה

רבי יהודה אומר א"צ לומר: כה אמר ה', אלא: עלה והצלח

אין שואלין בקול

ולא מהרהר בלבו

אין שואלין שני דברים כא', ואם שאל, אין מחזירין אלא א'

ואין מחזירין לו אלא ראשון

רמב"ם פ"י מהל' כלי המקדש הי"א - וכיצד שואלין, עומד הכהן ופניו לפני הארון, [ג]והשואל מאחריו פניו לאחרי הכהן, ואומר השואל: "אעלה" או "לא אעלה", ואינו שואל בקול רם, ולא מהרהר בלבו, אלא בקול נמוך, כמי שמתפלל בינו לבין עצמו; ומיד רוח הקדש לובש את הכהן ומביט בחושן ורואה בו במראה הנבואה "עלה" או "לא תעלה" באותיות שבולטות מן החושן כנגד פניו, והכהן משיבו ואומר לו: "עלה" או "לא תעלה".

רמב"ם פ"י מהל' כלי המקדש הי"א - ואין שואלין על שני דברים כאחד, ואם שאל, משיבין על הראשון בלבד.

באר הגולה

[א] ‹ע"פ מהדורת נהרדעא› [ב] ‹כתב הריטב"א בפ"ק דיומא בשם הרמב"ם, דמדאורייתא אין חובה בכ"ג אלא בעבודת היום ממש, אבל תמידין ועבודות של כל יום כשירות בכהן הדיוט, אלא דמצוה בכ"ג, **ור"ש** כתב דאפי' תרומת הדשן שהיתה עבודת לילה אינה כשירה אלא בכ"ג, ולדעת ר"ש והרז"ה אין פייסות ביוה"כ לפי שכל העבודות בכ"ג, **אבל** הגאונים בפיוטיהם הזכירו פייסות ביוה"כ, לכן כתב הרמב"ן בספר המלחמות, דאף ביוה"כ היו פייסות, אחד לתרומת הדשן, והשני מי מדשן מזבח הפנימי והמנורה, דמכשירי עבודה הם ונעשים בכהן הדיוט, וסידור המערכות ושני גזרי עצים הכל נעשה בכהן הדיוט, שהם מכשירי עבודה, השלישית מי מוליך מחתה למזבח פנימי להקטיר, וכ"ג מקטיר, וזה מוליך המחתה גחלי אש, עכ"ל - כסף משנה. ‹**ולדידי** הדבר קשה, דא"כ איך כתב הרמב"ם עבודות כל ט"ו הקריבין ביום זה אינו אלא בכ"ג, דמשמע דהוא לעיכובא, היפך מש"כ הריטב"א ז"ל בשם הרמב"ם - בית המלך›. ‹**ובדברי** הכ"מ ודאי ט"ס, דבריטב"א מפורש שזהו מדברי הרמב"ן, שכתב מקודם: ומורי הרב ז"ל תירץ, וזהו הרא"ה, ואח"כ כתב: ובשם רבינו הגדול רבו ז"ל אמר לי שהיה סובר דמדאורייתא אין חובה בכה"ג אלא בעבודת היום ממש וכו', ובודאי הכ"מ לא היה מפרש שזהו הרמב"ם, שלא היה רבו של הרא"ה, והלח"מ הביא מדברי הכ"מ שזהו שיטת הרמב"ם, וכנראה לא ראה דברי הריטב"א בפנים, **והלח"מ** מפרש דברי הריטב"א, שגם להלכה אין צריך כה"ג אלא למצוה, ולא ראה דברי הריטב"א, דאחר שכתב אלא דמצוה בכה"ג, כתב עוד, ורבנן שוו חובה בכה"ג וכו' - אבן האזל› [ג] ‹פרש"י "פניו כלפי נשאל" כלפי כהן, "כלפי שכינה" כלפי אורים ותומים ושם המפורש שבתוך החשן, עכ"ל. **ורבינו** לא בחר בפירוש רש"י, משום דאם כן מאי והנשאל פניו כלפי שכינה דקתני, כיון דלאורים ותומים קרי שכינה, הרי האורים ותומים היו על לבו, ולא שייך למיתני פניו כלפי שכינה, דמשמע דאפשר שלא יהיו פניו כלפי החשן, **ועוד** שאם השואל פניו כלפי הנשאל קאמר, הל"ל השואל פניו כלפי שכינה, מאחר דלאורים ותומים קרי שכינה, **ולפיכך** פירש דלארון קרי שכינה, וע"פ זה הוכרח לפרש דהשואל פניו כלפי נשאל דקתני, שפניו פונות למקום שפונים פני הנשאל, נמצא שהשואל לאחורי נשאל, דאילו כלפי פני נשאל, הל"ל השואל והנשאל פניהם כלפי שכינה - כסף משנה›

מסורת הש"ס

עין משפט נר מצוה

ל א ב ג ד ה ו מיי' פ"י מהלכות כלי המקדש הלכה יא יב :

תלמוד לומר אשר יבא אל אהל מועד מי שראוי לבא אל אהל מועד · (א) לכפר בקודש ביום הכפורים עליו אני אומר לך תחתיו מבניו שבע יהיה תחתיו ילא זה שאינו ראוי וכו' דלאו כהן גדול הוא : ואם איתא · דבח' בגדים הוא משמש כל השנה הוי נמי מיחזא חזי דכתיב ביוה"כ וכפר הכהן אשר ימשח אותו ואשר ימלא את ידו וכל מילוי ידים על ידי הבגדים הוא כדכתיב ובגדי הקדש אשר לאהרן (שמות כט) משום איבה · אבל מדאורייתא חזי : דלית ליה איבה · דלא חייש לאיבה : ולא קמשמש · כלומר וקאמר דלא משמש משוח מלחמה בשמונה : פר כהן משיח לא גרסינן · דהיינו פר הבא על כל המצות כהן משיח שחטא בהעלם דבר ועשה דבר שחייבין על זדונו כרת מביא פר וההדיוט מביא כשבה או שעירה כשאר יחיד שבישראל : ועשירית האיפה · שבכל יום כדכתיב הכהן המשיח תחתיו מבניו יעשה אותה (ויקרא ו) : לא פורע · ראשו לגדל שיער מחמת אבילות : מלמטה · שיפולי בגדיו : ואינו מטמא לקרוביו · אבל הדיוט מטמא לאותן האמורין בפרשה : ומצווה על הבתולה · בעשה : ומוזהר על האלמנה · בלאו : ומחזיר את הרוצח · במיתתו : ומקריב אונן · דכתיב ומן המקדש לא יצא (ויקרא כא) כדפרישית בפרק קמא (דף יג:) : ואינו אוכל · כלומר אף על פי שהוא חלוק מן ההדיוט לענין הקרבה שוה הוא לו לענין אכילה : ואינו חולק · כשהוא אונן לאכול לערב כשתעבור אנינות דאמרינן בזבחים פרק טבול יום (דף צט.) הראוי לאכילה חולק שאינו ראוי לאכילה אינו חולק : ומקריב חלק בראש · מפורש בפ"ק (דף יד.) : ופטור על טומאת מקדש · בהוריות נפקא לן מקרא בפרק בתרא וכולה הך מתניתא מפרש לה התם : מרובה בגדים · כהנים גדולים ששימשו מיום שנגנז שמן המשחה שלא היה להם לכהונה גדולה אלא בריבוי בגדים : חוץ מפר הבא על כל המצות · דמשיח כתיב ביה ואע"ג דגבי עשירית האיפה נמי משיח כתיב איתרבי נמי מרובה בגדים כהן משיח בה' אבל הכהן דכתיב גבי פר הבא על כל המצות אינטריך לגופיה כדתניא בת"כ משיח יכול זה מלך ת"ל הכהן : וכולן נוהגות במשוח שעבר · כגון אם אירע לו פסול בכהן גדול ומינו אחר תחתיו ולאחר זמן חזר ראשון לעבודתו ועבר זה ממשיחותו כולן נוהגות בו : חוץ מפר יום כפורים ועשירית האיפה · שהם חובה קבועה וחדא אמר רחמנא דתיקרב ולא שתים : שאמורין בפרשה · גבי והכהן הגדול מאחיו (ויקרא כא) דהתם איתרבי נמי משוח מלחמה כדמפרש בהוריות (דף יב:)

תורה אור

תלמוד לומר °שבעת ימים ילבשם הכהן תחתיו מבניו אשר יבא אל אהל מועד מי שראוי לבא אל אהל מועד ואם איתא מיחזא חזי אמר רב נחמן בר יצחק הכי קאמר כל שעיקר משיחתו לאהל מועד יצא זה שעיקר משיחתו למלחמה מיתיבי משוח מלחמה אינו משמש לא בארבעה ככהן הדיוט ולא בשמונה ככהן גדול אמר ליה אביי אלא זר משיח ליה אלא ככהן גדול משום איבה ככהן הדיוט *משום מעלין בקדש ולא מורידין אמר ליה רב אדא בר אבא לרבא והאי תנא דלית ליה איבה ולא קא משמש דתניא *דברים שבין כהן גדול לכהן הדיוט פר [א] כהן משיח ופר הבא על כל המצות ופר יום הכפורים ועשירית האיפה לא פורע ולא פורם אבל פורם הוא מלמטה וההדיוט מלמעלה ואין מטמא לקרוביו ומצווה על הבתולה ומוזהר על האלמנה ומחזיר את הרוצח ומקריב אונן ואינו אוכל ואינו חולק ונוטל חלק בראש ומקריב חלק בראש ומשמש בשמנה כלים ופטור על טומאת מקדש וקדשיו *וכל עבודות יום הכפורים אינן כשירות אלא בו וכולן נוהגות במרובה בגדים חוץ מפר הבא על כל המצות וכולן נוהגות במשוח שעבר חוץ מפר יום הכפורים ועשירית האיפה וכולן אין נוהגות במשוח מלחמה חוץ מחמשה דברים האמורין בפרשה לא פורע ולא פורם ולא מטמא לקרוביו ומצווה על הבתולה ומוזהר על האלמנה ומחזיר את הרוצח כדברי רבי יהודה וחכמים אומרים אינו מחזיר כי לית ליה איבה בדכוותיה בדזוטר מיניה אית ליה יתיב רבי אבהו וקאמר לה להא שמעתא משמיה דרבי יוחנן אהדרינהו רבי אמי ורבי אסי לאפייהו איכא דאמרי רבי חייא בר אבא אמרה ואהדרינהו רבי אמי ורבי אסי לאפייהו מתקיף לה רב פפא בשלמא רבי אבהו משום יקרא דבי קיסר אלא לרבי חייא בר אבא נימרו ליה מימר לא אמר רבי יוחנן הכי כי אתא רבין אמר נשאל איתמר תניא נמי הכי בגדים שכ"ג משמש בהן משוח מלחמה נשאל בהן ת"ר *כיצד שואלין השואל פניו כלפי נשאל והנשאל פניו כלפי שכינה השואל אומר °ארדוף אחרי הגדוד הזה והנשאל אומר *כה אמר ה' עלה והצלח °רבי יהודה אומר אין צריך לומר כה אמר ה' אלא עלה והצלח *אין שואלין בקול שנאמר °ושאל לו °ולא מהרהר בלבו שנאמר *ושאל לו לפני ה' אלא כדרך שאמרה חנה בתפלתה °שנאמר °וחנה היא מדברת על לבה *אין שואלין שני דברים כאחד ואם שאל אין מחזירין אלא אחד ואין מחזירין אלא ראשון שנאמר °היסגירוני בעלי קעילה בידו הירד שאול וגו' ויאמר ה' ירד והא אמרת אין מחזירין אלא ראשון דוד שאל שלא

וכולן נוהגות במשוח שעבר · תימה דתנן בפרק אלו הן הגולין (מכות דף יא:) ומייתי ליה בסנהדרין ר"פ כהן גדול (דף יח:) ההורג כ"ג או כ"ג שהרג אינו יוצא משם לעולם *ולמאי לא הדר במיתת משוח שעבר אף לרבנן כי משוח מלחמה לר' יהודה שגם הם מחזירים הרוצח ושמא י"ל דכ"ע עיקר וכיון דהוה כ"ג בשעה שהרג לא הדר במיתת הני לא במיתת כהן גדול אחר שעמידו תחתיו והא דקתני מחזירין הרוצח היינו כגון דלא הוה כהן גדול בשעה שהרג ח"ע הא דקתני אינו יוצא משם לעולם כגון דלא הוו משוח שעבר ומשוח מלחמה :

[מעין זו איתא במכות יא: וכולה בס"ם להוכיח דמיתת כולן הוא חוזר ודחי הש"ם בדליכא ע"ש וסיינו כתי' שני דתוס' דהכא ודחי הש"ם בדליכא ע"ש וסיינו כתי' שני דתוס' דהכא ומנוה לייבג]

הדרן עלך בא לו

שלא לשחור יולך (ויקרא כא) ואלו הן חמשה דברים לא פורע ולא פורם ואינו מטמא לקרובים ומצווה על הבתולה ומוזהר על האלמנה אבל לא מקריב אונן ואף על גב דכתיב בההיא פרשתא דהכי תניא בהוריות יכול יקריב אונן תלמוד לומר עליו ולא על חבירו : ומחזיר את הרוצח כדברי רבי יהודה · דמרבי ליה במסכת מכות (דף יא.) מקראי ופליגי רבנן עליה אלמא האי תנא לית ליה איבה מדקתני כולן נוהגות במשוח שעבר [בח'] בגדים ואפילו הכי משוח מלחמה לא דקתני כולן אין נוהגות במשוח מלחמה : כי לית ליה איבה בדכוותיה · משום שעבר גדול היה כמותו אבל משוח מלחמה דזוטר מיניה חושש לאיבתו : לא משמעא · דכי אתא רב דימי : אהדרינהו לאפייהו · כלומר לא אמרה ר' יוחנן : רבי אבהו · חשוב היה בבית המלך כדאמרינן במסכת חגיגה (דף יד.) נשוא פנים כגון ר' אבהו בי קיסר ובסנהדרין (דף יד.) נמי אמרינן דנפקי אמהתא דבי קיסר לאפיה ומשרו ליה : נימרו ליה מימר בהדיא לא אמרה רבי יוחנן : כי אתא רבין אמר · כי היכי דקאמר לא משמש בהן איתמר בהן משמש כהן גדול משוח מלחמה נשאל כשואלו למלחמה ונשאל באורים ותומים : השואל · מלך או אב בית דין : פניו כלפי נשאל · כלפי כהן : כלפי שכינה · כלפי אורים ותומים ושם המפורש שבתוך החושן : ושאל לו · משמע לו לבדו שאין שומע אלא הוא : אינו מהרהר בלבו · אלא יוציא בשפתיו מה הוא שואל כמשמעו ושאל לו במשפט האורים וסמיך ליה על פיו יצאו מכאן קרי ביה הכי ושאל לו השואל על פיו שמוציא דברים בפיו : שני דברים כאחד · אלא לאחר שהשיבו לו על הראשון שואל לו על השני : שלא

[לעיל יב: וש"נ]

הוריות יב: [ע"ש]

[לעיל נב: וש"נ]

[סי' מ"א]

[בע"י שנאמר על פיו יצאו]

הגהות הב"ח

(א) רש"י ד"ה תלמוד לומר כו' שראוי לבא אל אהל מועד לשרת בקדש:

הגהות הגר"א

[א] גמרא שבין כ"ג לכהן הדיוט פר הבא כו'.

גליון הש"ס

גמ' שנאמר וחנה היא מדברת על לבה · עיין ברכות דף לא ע"א:

רבינו חננאל

שבן כ"ג עומד תחתיו כו' ואם איתא משוח מלחמה נמי בא אל אהל מועד שהוא משמש בח' בגדים · ושני רב נחמן בר יצחק ה"ק מי שעיקר משיחתו לאהל מועד יצא זה שעיקר משיחתו למלחמה · ואותבינן תוב והתניא משוח מלחמה אינו משמש לא בשמנה ולא בארבעה ודחינן כי תניא ההיא דחייש משום איבה דכ"ג · לפיכך תני אינו משמש בח' · והא האי תנא דלא חייש לאיבה דקתני וכולן אלו י"ו דברים שבין כ"ג המשוח בשמן המשחה לכהן הדיוט והן פר הבא על כל המצות ופר יוה"כ · ועשירית האיפה לא פורע ולא פורם אבל (פורע) [פורם] מלמטה וכהן הדיוט מלמעלה · ואין מטמא לקרוביו · ומצווה על הבתולה · ומוזהר באלמנה ומחזיר הרוצח ומקריב אונן ואינו אוכל ומקריב חלק בראש ונוטל חלק בראש ומשמש בח' ופטור על טומאת מקדש וקדשיו וכל עבודות יוה"כ אינה כשירה אלא בו · וכולן נוהגות במרובה בגדים כהן במקדש שני שלא היה להן שמן המשחה והיה בהן כ"ג מתמנה בריבוי בגדים(הוא)והיה נקרא מרובה בגדים · אבל פר הבא על כל המצות דכתיב בה בפירוש אם הכהן המשיח לא היה נוהג בהן בו · וכולן נוהגין בו במשוח שעבר כגון שאירע בו פסול ונתמנה אחר תחתיו ה:זה"כ חזר הראשון לעבודתו · כל אלו נוהגין בכהן משיח שעבר חוץ מפר יוה"כ ועשירית האיפה · ואלו כולן אין נוהגות במשוח מלחמה חוץ מה' דברים האמורים בפרשה לא פורע ולא [פורם] מלמעלה אלא מלמטה ואין מטמא לקרובין כו' הנה האי תנא לא חייש לאיבה דתני וכולן נוהגין במשוח שעבר ותני אין נוהגין במשוח מלחמה והיינן כי לא הויא ליה איבה במשוח שעבר אבל משוח מלחמה דזוטר מיניה אם יראהו שמשמש בח' כלים ישמור לו איבה · כי אתא רבין אמר נשאל בח' בגדים איתמר כדתניא בגדים שכ"ג משמש בהן משוח מלחמה נשאל

תוספות ישנים

הוכב שכהן המגולה שנכפים עם עוני סכותל למעלה הרי כאן אחד עשר ומאי משהו זר אתרוייהו קאי ואותו זר היה מכפנים אותו טפח ממש ולכך חשיב ליה כאילו הוא בגובה שחושב טפח זה שנכפף בפנים כאילו הוא למעלה אבל אם היה אותו זור כאמצע הארון למה יש לחושבו כאילו היה זקוף ולפי' ר"ת זה כולהו סבירא להו ארון תשעה וכפורת טפח דהשתא בגובה מיירי א) : לא זכי תיהוי ליה שמא דמותא · כגון שלא לשמה ואיכא שלא לשמה דמתוכה כא לשמה דאמר במקום שמאו (דף נ:) כתיב כי גדול מעל שמים חסדך וכתיב עד שמים ל"ק כאן לשמה וכאן שלא לשמה והאי שלא לשמה דהכא כגון שעוסק ואינו מקיים כלל ואינו לומד אלא להתגדר ולקנטר את חבירו ועליה אמרינן בפ"ב דברכות (דף יז.) נוח לו שלא נברא · מ"ר : נאמנת היא להעיד בלומדים · מי קיים ומי לא קיים כדפירש"י ועוד תנינו לפרושי נאמנת היא להעיד שכל שעוסק בתורה מבפנים תורתו מכרזת עליו מבחוץ כדדרשי' במועד קטן (דף טז:) ב) מכרתוכות תתן קולה : א"ר יוחנן זה לומד תורה בטהרה נושא אשה ואח"כ לומד תורה · מכאן קשה לי על פירש"י בפ"ק דקידושין (דף כט:) גבי דא"ר יוחנן רחיים בצוארו ושא יעסוק בתורה ובפ"ק דשבת (דף ט:) פי' גבי הא לן והא להו : *) כהן הדיוט משום מעלין בקדש ולא מורידין כו' · תימה אדרבה לימא טעמא משום דהוי מחוסר בגדים וכשלמא לעיל פ"ק (דף יב:) גבי משוח שעבר לא ק"ל משום דהכיד בית דין להורידו כדפריש' לעיל אבל ה"ה למה יורידוהו ואומר רבי כגון שהוא זקן הוה ואינו יכול עוד לצאת ולבא למלחמה מושחין כהן אחר ולכך אין סה:זו משמש בארבעה כלים אלא משום מעלין בקדש ולא מורידין : פר כהן משיח ופר הבא על כל

כמצות · רש"י לא גרס פר כהן משיח דהיינו פר הבא על כל המצות ופרין עמו דבסיפא לא הזכיר אלא פר הבא על כל המצות וליכא למימר דפר הבא על כל המצות היינו פר העלם דבר של ציבור שבא על כל המצות דהא [בת"כ מרבינן] דמייתי לה אפילו כהן הדיוט ותנן נמי במגילה (דף ט:) אין בין כהן משוח למרובה בגדים אלא פר הבא על כל המצות ולא גרסינן פר כהן משיח ופר הבא על כל המצות וגם בתוספתא דהוריות (פ"ב) גרס כגירסת רש"י ובגמרא דפרק בתרא דהוריות (דף יב.) מוכח דפר הבא על כל המצות שנוהג שם במשנה שחלוקין בו כהן משוח ומרובה בגדים הייט פר דכהן גופיה מביא לכפרתו הגי' מ"ר : וכולן נוהגות במשוח שעבר · ובפ"ק (דף יב: ד"ה שני) פי' לריב"א דאמר אפילו באותו יום שנה שימש פר ספר משל ראשון א"כ אמאי נקט שעבר אפילו לא עבר נמי הוי משל ראשון : חוץ מפר יוה"כ · תנא פרו והוא הדין לאילו : ומצווה על הבתולה · לאפוקי בעולה דלאו הבא מכלל עשה עשה : ומוזהר על האלמנה · בלאו : ומקריב אונן ואינו אוכל ואינו חולק לאכול בקדשים לערב · כולה חדא מילתא היא אינו אוכל ואפילו חולק אינו כדי לאכול ומעלה הוא במה שמקריב : כדברי ר' יהודה · אמחזיר הרוצח לבד קאי ולספרים דגרס דברי ר' יהודה דמשמע דאכולה מילתא קאי לא תיקשי מדקאמר בפרק קמא (דף יג:) ר' יהודה אומר כל היום פי' כל היום אסור לאכול אונן גזירה שמא יאכל דהתם מדרבנן והכא איירי מן התורה : ושאל לו · כלומר שלא ישמע אלא הכהן : לא מהרהר בלבו דכתיב על פיו · ואע"ג דמשמעות דקרא קאי אכהן דכתיב על פיו יצאו וגו' מ"מ דריש הכי מדסמכיה ליה ושאל לו ולא כתיב הוא וכל בני ישראל אתו על

א) עי' בחידושי הריטב"א ועיין ס"י : ב) [צ"ל מהכמות בהון תרונה] : *) (ע"כ שייך לדף עב ע"ב)

שלא כסדר · היה לו לשאול תחלה הירד שאול ויסגירוני לפיכך השיבוהו על הראשון לשאול ראשון: **ואם הוצרך לשנים** · כגון שהיה הדבר נחוץ ואין שהות להמתין כגון הארדוף האשיגנו דצקלג: **גזירת נביא חוזרת** · כגון של יונה בן אמיתי: **שנאמר במשפט** · כדין שאינו חוזר: **שמאירין את דבריהם** · מפרשין את דבריהן: **משלימין את דבריהן** · כלומר אין גזירתן חוזרת: **לא השלימו** · שאמרו עליהן בשני ימים הראשונים עלו אליו ונפלו: **הם שלא ביחנו** · אורים ותומים לא פירשו להם בשני ימים הראשונים עלו אליו והעליהו אלא עלו אליו אם לנצח אם להגלות: **באחרונה** · פירשו להם כי מחר אתננו בידך: **בולטות** · האותיות בולטות כגון עי"ן משמעון למ"ד מלוי ה"י מיהודה לומר עלה לא כל אחת ואחת אינה זזה ממקומה אלא בולטות ממקומה והוא מצרפן: **והא לא כתב צד"י** · בכל השבטים ואם צריך לה כגון והא תניא מהיכן באה: **שהרי שאל לצדוק** · כשהיה דוד בורח מפני אבשלום: **שנאמר ויעל אביתר עד תום כל העם לעבור** · ותניא בסדר עולם ושאל באורים ותומים ולא עלתה לו ונסתלק מן הכהונה שנאמר ויעל אביתר מדקתני דבעי כהן המדבר ברוח הקודש אלמא לא בולטות ולא מצטרפות היו דאם כן למה לי רוח הקודש: **סיועי הוה מסייע** · כהן בהדי אורים ותומים הלכך אם כהן כשר היה וראוי לשרות שכינה עליו האותיות בולטות או מצטרפות על ידו כשאלו בו ואם לאו לא בולטות ולא מצטרפות: **הוא זה מלך** · דהא ביהושע משתעי קרא: **וכל בני ישראל אתו** · מי שכל בני ישראל אתו לצאת למלחמה אחריו:

יום הכפורים כו' · סדר המסכתא תחילה נקט ז' ימים קודם יום הכפורים והדר נקט ליל יום הכפורים והדר נקט סדר עבודת היום והשתא נקט הלכות היום לענין איסור והיתר: כיון

שלא כסדר והחזירו לו כסדר וכיון שידע ששאל שלא כסדר חזר ושאל כסדר שנאמר °היסגירוני בעלי קעילה אותי ואת אנשי בידו שאול ויאמר ה' יסגירו ואם הוצרך הדבר לשנים מחזירין לו שנים שנאמר °וישאל דוד בה' לאמר הארדוף אחרי הגדוד הזה האשיגנו ויאמר (ה') לו רדוף כי השג תשיג והצל תציל ואף על פי שגזירת נביא חוזרת גזירת אורים ותומים אינה חוזרת שנאמר °במשפט האורים למה נקרא שמן אורים ותומים אורים שמאירין את דבריהן תומים שמשלימין את דבריהן וא"ת בגבעת בנימין מפני מה לא השלימו *הם שלא ביחנו אם לנצח אם להנצח ובאחרונה שביחנו הסכימו שנאמר °ופנחס בן אלעזר בן אהרן עומד לפניו בימים ההם לאמר האוסיף עוד לצאת למלחמה עם בני בנימין אחי אם אחדל ויאמר ה' עלו כי מחר אתננו בידך כיצד נעשית רבי יוחנן אומר *בולטות ריש לקיש אומר מצטרפות והא לא כתיב בהו צד"י [א] אמר רב שמואל בר יצחק אברהם יצחק ויעקב כתיב שם והא לא כתיב טי"ת אמר רב אחא בר יעקב שבטי ישורון כתיב שם מיתיבי *כל כהן שאינו מדבר ברוח הקודש ושכינה שורה עליו אין שואלין בו *שהרי שאל צדוק ועלתה לו אביתר ולא עלתה לו שנאמר °ויעל אביתר עד תום כל העם וגו' סיועי הוה מסייע בהדייהו: ואין שואלין אלא למלך: מנא הני מילי *אמר רבי אבהו דאמר קרא °ולפני אלעזר הכהן יעמד ושאל לו במשפט האורים וגו' הוא זה מלך וכל [בני] ישראל אתו זה משוח מלחמה וכל העדה זו סנהדרין:

הדרן עלך בא לו כהן גדול

יום הכפורים אסור באכילה ובשתיה וברחיצה ובסיכה ובנעילת הסנדל ובתשמיש המטה °והמלך והכלה ירחצו את פניהם °והחיה תנעול את הסנדל דברי רבי אליעזר וחכמים אוסרין *°האוכל ככותבת הגסה כמוה וכגרעינתה °והשותה מלא לוגמיו חייב °כל האוכלים מצטרפין לככותבת וכל המשקין מצטרפין *למלא לוגמיו °האוכל ושותה אין מצטרפין: **גמ'** אסור ענוש כרת הוא אמר רבי אילא ואיתימא רבי ירמיה לא נצרכה אלא לחצי שיעור הניחא למאן דאמר חצי שיעור אסור מן התורה אלא למאן דאמר חצי שיעור מותר מן התורה מאי איכא למימר דאיתמר חצי שיעור רבי יוחנן אמר *אסור מן התורה ריש לקיש אמר מותר מן התורה הניחא לרבי יוחנן אלא לריש לקיש מאי איכא למימר מודה ריש לקיש שאסור מדרבנן אי הכי לא ניחייב עליה קרבן שבועה אלמא *תנן °שבועה שלא אוכל ואכל נבילות וטריפות שקצים ורמשים חייב ורבי שמעון פוטר והוינן בה אמאי חייב מושבע ועומד מהר סיני הוא רב ושמואל ורבי יוחנן דאמרי בכולל דברים המותרים עם דברים האסורין וריש לקיש אמר אי אתה מוצא אלא במפרש חצי שיעור ואליבא דרבנן או בסתם ואליבא

הדרן עלך בא לו

יום הכפורים אסור באכילה ובשתיה וכו' · מפרש בגמרא דכל הני איקרו עינוי וגבי יוה"כ ה' עינויי' כתיבי והני ה' הוו דשתיה בכלל אכילה: **מלך** · דרכו ושבחו להיות נאה שנאמר (ישעיה לג) מלך ביפיו תחזינה עיניך: **וכלה** · צריכה נוי עד שתתבע על בעלה וכל שלשים יום לחופתה היא קרויה כלה: **והחיה** · יולדת: **תנעול את הסנדל** · שהצנה קשה לה: **דברי רבי אליעזר** · אסלוקו קאי מלך וכלה וחיה: **גמ' לחצי שיעור** · כגון פחות מכותבת הגסה שהיא שיעור ליוה"כ כדתנן מתני' וכי לא שיעור כרת ליכא איסורא איכא: **חצי שיעור** · כלומר פחות מכשיעור אסור מן התורה לקמן בשמעתא דריש ליה מכל חלב: **שאסור מדרבנן** · ומתני' נמי מדרבנן קאמר: **אי הכי** · דלריש לקיש אסור מיהא מדרבנן לא ניחייב עליה קרבן שבועה הנשבע שלא יאכל חצי שיעור מדבר אסור ואכל לא ניחייב עליה קרבן שבועת ביטוי דהא קיימא לן במסכת שבועות (דף כז.) נשבע לקיים את המצוה ולא קיים פטור או נשבע לבטל ולא בטל פטור: **ורבי שמעון פוטר** · מקרבן שבועה: **מושבע ועומד הוא** · והוה ליה נשבע לקיים את המצוה: **בכולל** · שבועה שלא אוכל לא בשר שחוטה ולא בשר נבילה דמגו דחיילא אהתירא חיילא נמי אאיסורא ורבי שמעון פוטר דלית ליה איסור כולל ולא אמרינן מגו: **וריש לקיש אמר אי אתה מוצא** · שיהא חייב קרבן שבועה על הנבילה אם אכל כזית שהוא מושבע עליו מהר סיני אלא באוכל חצי שיעור שאינו מושבע עליו מסיני ובשבועתו נאסר עליו: **במפרש** · שלא אוכל אפילו חצי שיעור: **ואליבא דרבנן** · דאמרי בשבועות (דף יט:) דהנשבע שלא אוכל סתם אוסר עצמו בכשיעור: **או בסתם** · מלית לאוקומה ומיהו כשאכל לא אכל אלא חצי שיעור שאינו מושבע עליו מסיני ועל ידי שבועה שלא אוכל סתם נאסר בו: ואליבא

עין משפט נר מצוה

לא א מיי' פ"י מהל' כלי המקדש הלכה יא:
לב ב מיי' שם הל' י:
א ג מיי' פ"א מהלכות שביתת עשור הלכה ד סמג לאוין סט ועשין לב טוש"ע א"ח סימן תריא סעיף א:
ב ד מיי' שם פ"ג הלכה א סמג וטוש"ע שם סימן תריג סעיף י:
ג ה מיי' שם הלכה ח וסמג שם טוש"ע שם סימן תריד סעיף ג:
ד ו ז ח ט מיי' שם פ"ב הלכה א סמג לאוין שם טוש"ע שם סימן תריב סעיף א ג וסעיף ה:
ה י מיי' שם הלכה ג:
ו כ מיי' פ"ה מהלכות שבועות הלכה ה:

מסורת הש"ס

[שבועות לה:]
סוטה מח. ע"ש
סנהדרין טז. ע"ש
[כלים פי"ז מי"ב]
[חולין לג. ועי' תוספות פסחים מד. ד"ה לענין ותוס' שבועות כג: ד"ה כל שמעון]

הגהות הגר"א

[א] גמ' בהו צד"י · נ"ב ות' וק' · וכ"ה בירושלמי:

רבינו חננאל

נשאל בהן: כיצד שואלין השואל פניו כלפי הנשאל והנשאל כלפי השכינה · השואל אומר הארדוף אחרי הגדוד הזה האשיגנו · והנשאל אומר לו כה אמר ה' עלה והצלח · ואין שואל בקול אלא כדרך שכתוב בחנה רק שפתיה נעות וקולה לא ישמע ואין שואלין על ב' דברים כאחד · ואם שאל אין מחזירין לו אלא הראשון בלבד שנאמר ויאמר דוד ה' אלהי ישראל שמוע שמע עבדך וגו' · ואסיקנא דוד שאל שלא כסדר · וכיון שהרגיש חזר ושאל כסדר שנאמר ויאמר דוד היסגירו בעלי קעילה אותי ואת אנשי וגו' · ואם הוצרך הדבר לשנים מחזירין לו על שניהם שנאמר וישאל דוד בה' לאמר ארדוף אחרי הגדוד [האשיגנו] ויאמר לו רדוף כי השג תשיג והצל תציל ואע"פ שגזירת נביא חוזרת גזירת אורים ותומים אינה חוזרת שלא נקראו תומים אלא מפני שמשלימים דבריהן א"כ מפני מה לא השלימו בגבעת בנימין לפי שהן לא ביחנו אם לנצח אם לינצח · באחרונה שביחנו הסכימו על ידו שנאמר פינחס בן אלעזר בן אהרן עמד לפניו בימים ההם · כיצד נעשית · ר' יוחנן אומר האותיות היו בולטות והיו כתוב בהן אברהם יצחק ויעקב ושבטי ישורון להשלים צד"י וטי"ת שלא היו בשמות השבטים · ומיתבינן עלייהו והתניא כל כהן שמדבר ברוה"ק ושכינה שורה עליו שואלין בו · ומעשה ושאל צדוק ועלתה · שאל אביתר ולא עלתה לו שנאמר ויעל אביתר כו' ומשנינן סיועי מסייע הנשאל בהדי אורים ותומים: ירושלמי וישאל דוד בה' לאמר הארדוף אחרי הגדוד הזה האשיגנו דוד ביקש רחמים ה' אלהי ישראל הגד נא לעבדך תדע לך שהוא כן שהרי ב' שאל והשיבוהו ג' שנאמר ויאמר לו רדוף כי השג תשיג והצל תציל · אית תנא תני הקול היה שומע שנאמר וישמע את הקול מדבר אליו ואית תנא תני הכתב היה בולט והיה כתוב בהן אברהם יצחק ויעקב כל אלה שבטי ישורון היה חקוק עליהן: ואין נשאלין אלא למלך ולב"ד ולמי שצורך הצבור בו מנ"ל ולפני אלעזר הכהן יעמוד · הוא זה המלך אתו זה משוח מלחמה וכל העדה זו סנהדרין: הדרן עלך בא לו כהן גדול:

יוה"כ אסור באכילה כו' · אוקימנא למתניתין קתני אסור באכילה חצי שיעור · אבל האוכל כשיעור חייב כרת · תניא בהדיא כשאמר אסור באכילה לא אמרו אלא כבחצי שיעור אבל כשיעור ענוש כרת · ואין ענוש

תוספות ישנים

על פיו יצאו וגו': **והא** לא כתיב צ' · ה"ג הוה מצי למיבעי והא לא כתיב ח' כגון כי מחר אתננו בידך יהודה בתחילה וכן הוה מצי לאקשויי והא לא כתיב ק"ף ועל זה יתרץ אברהם יצחק ויעקב כתוב שם ובירושלמי בעי לה הכי הא לא כתוב חנ"ק ומתרץ אברהם יצחק ויעקב כתוב שם: הדרן עלך פרק בא לו

פרק ח יום הכפורים אסור באכילה ובשתיה וברחיצה ובסיכה כו'. לכאורה משמע שכל אלו העטיים חוץ מאכילה ושתיה מדרבנן מדליכא בהו כרת רק באכילה ושתיה כדאמרינן בגמרא וגם מדצריך למלך וכלה לרחוץ ויש תמיהין כראשו סך כדרכו ואינו חושש ולמי שידיו מלוכלכות בטיט ובצואה לרחוץ מיהו כל הני איכא לדחויי שאין כרת אלא באכילה ובשתיה שיש בו איבוד נשמה כדאמרינן בגמרא אע"פ שכולן הן מן התורה וגם אין אסור מן התורה אלא רחיצת כל גופו וסיכת כל גופו והילכך מדרבנן לא גזור בהני והא דדרשי' להו בגמרא לכולהו משבתון שבות היא אסמכתא בעלמא אבל עיקריהו נפקי מדדרשינן לקמן הכי ה' עינויים כנגד מי מיהו מדקדק הא לישנא דחמשה עינויין כנגד מי ולא נקט מהיכא נפקא או מנא לן משמע שאותן פסוקים אינן אלא אסמכתא בעלמא ותדע דמסיק (ה') עינויין מיניה ואכילה ושתיה ועל כרחין לאו מסכות קרא נפקא ועוד מדאמר הכא והחיה תנעול את הסנדל דברי ר' אליעזר וחכמים אוסרין על כורחין ליכא סכנה מדאסרין רבנן א"כ היכי שרי ר' אליעזר כיון שנעילת הסנדל אסור מה"ת ואין נ"ל דבהכי פליגי דרבנן אסרי נעילת הסנדל מה"ת ור' אליעזר שרי וגם אין נראה לומר דודאי נעילת מנעל אסור מה"ת אבל סנדל אינו אסור אלא מדרבנן ולהכי פליגי ביה בחיה ולהכי לא נקט מנעל אלא סנדל [ועוד] (דהא) דתניא לקמן בגמרא (דף עח:) תינוקות מותרין בכולן חוץ ממנעל וסנדל ומסקינן דכל מידי דחית ביה ריכתא לתינוק לא גזרי רבנן משמע שאין כאן איסור אלא מדרבנן דאי מדאורייתא גבי תינוק לא שתמירו הוה ליה למימר אלא מדרבנן היא וגבי תינוק לא שייך גזירה כן נ"ל לדקדק מכל אלו כדפי' דחמשה העינויין אינן אלא מדרבנן. **אלא** למאן דאמר מותר מן התורה מאי איכא למימר · דס"ד דאפילו מדרבנן מותר ואיידי דנקט ר' יוחנן אסור מן התורה נקט ר"ל לקיש מותר מן התורה: **מודה** ר"ל לקיש דאסור מדרבנן · ומתני' דנקט איסורא דרבנן ושבק כרת לאשמועינן דבכל דהו איכא איסורא דרבנן: **ור"ל לקיש אמר אי אתה מוצא כו'.** בפ"ג דשבועות (דף כג:) מפרש דאיכא לא סבירא להו כר"ל לקיש דמוקי למתני' כדברי הכל ואע"ג דאיכא מאן דלית ליה איסור כולל כגון רבי שמעון התם מכל מקום טוב להם להעמידה כדברי כל התנאים שבמשנה אבל ר"ל לקיש מוקי לה או כרבי עקיבא או כרבנן ועוד [דכיון] דמוקי טעמא דרבי שמעון דפטר משום דאית ליה טעמים דלית ליה איסור כולל (א"כ) דברי הכל היא חוץ מרבי שמעון דפליג עליה בהדיא ותימה אמאי [לא] קאמר התם דלא מוקי ליה כוותיה משום דס"ל דחצי שיעור אסור מן התורה וכרבי יוחנן דהכא י"ל דכיון דליכא אלא [איסורא בעלמא] חיילא עליה שבועה כדמשמע פ"ג דשבועות (דף כג:) דבעי רב אשי נזיר שאמר שבועה שלא אוכל תרגן בכמה כיון דמושבע ועומד עליו דעתיה אמשהו פירוש וחיילא עליו שבועה או דילמא כו' ויש ספרים דגרסי כי מישתבע אהיתירא קא מתבע ודעתיה אמשהו וטעמא כיון דליכא אלא איסורא בעלמא לרבי יוחנן ולא מלקות כמו שפי' קרי ליה היתירא אך מכל מקום קשה לרבי דהוה מצי למימר דלא אמר כר"ל לקיש ולהעמיד המשנה דהתם בחצי שיעור והא בעינן דמשכחת לאו והן פי' שיוכל לישבע שבועה שלא אוכל ושבועה שאוכל והכא נמי דקרי ליה היתרא לענין שאינו מושבע ועומד מהר סיני (גבי שבועה שלא אוכל ושבועה שאוכל) מיהא לא מצי למימר דמשכחת לה לאו וכן כיון שיש איסורא · מ"ר ול"ע: **אלא** אי בדמפרש כו' · ורבי שמעון דפטר משום דאית ליה כל שבועה למכות לא חיילא עליה קרבן שבועה: רבי

§ מסכת יומא דף עג: §

אות א'

בולטות

רמב"ם פ"י מהל' כלי המקדש ה"א - וכיצד שואלין, עומד הכהן ופניו לפני הארון, והשואל מאחריו פניו לאחרי הכהן, ואומר השואל: "אעלה" או "לא אעלה", ואינו שואל בקול רם ולא מהרהר בלבו, אלא בקול נמוך כמי שמתפלל בינו לבין עצמו; ומיד רוח הקדש לובש את הכהן, ומביט בחושן ורואה בו [א]במראה הנבואה "עלה" או "לא תעלה" באותיות שבולטות מן החושן כנגד פניו, והכהן משיבו ואומר לו: "עלה" או "לא תעלה".

אות א*[ב]

אברהם יצחק ויעקב כתיב שם

רמב"ם פ"ט מהל' כלי המקדש ה"ז - ומפתח על האבנים שמות השבטים כתולדותם, ונמצא כותב על האודם "ראובן", ועל ישפה "בנימין", וכותב בתחלה למעלה מראובן: "אברהם יצחק ויעקב", וכותב למטה מבנימין: "שבטי יה", כדי שיהיו כל האותיות מצויות שם.

אות ב'

כל כהן שאינו מדבר ברוח הקודש ושכינה שורה עליו, אין שואלין בו

רמב"ם פ"י מהל' כלי המקדש ה"י - עשו בבית שני אורים ותומים כדי להשלים שמנה בגדים, ואף על פי שלא היו נשאלין בהן; ומפני מה לא היו שואלין בהן, מפני שלא היתה שם רוח הקודש, וכל כהן שאינו מדבר ברוח הקודש ואין שכינה שורה עליו, אין נשאלין בו.

אות ג'

יום הכפורים אסור באכילה ובשתיה וכו'

סימן תריא ס"א - [ג]יום הכיפורים לילו כיומו לכל דבר - דכתיב: מערב עד ערב.

ומה הם הדברים האסורים בו: מלאכה, אכילה, שתיה, רחיצה, סיכה, נעילת הסנדל, תשמיש המטה - בגמרא ילפינן להו מכמה קראי, דכל הני נקרא עינוי, וממילא כולהו בכלל: ועניתם את נפשותיכם.

[ד]**סימן תרטו ס"א - יום הכיפורים אסור בתשמיש המטה,** [ה]**ואסור ליגע באשתו כאלו היא נדה** - בין בלילה בין ביום, **וגם** לא ירבה עמה בדברים, וכן בכל הפרטים שנתבאר ביו"ד סימן קצ"ה. **וכן** [ו]**אסור לישן עם אשתו במטה** - אפי' הוא בבגדו והיא בבגדה.

אות ד'

והמלך והכלה ירחצו את פניהם

רמב"ם פ"ג מהל' שביתת עשור ה"א - אסור לרחוץ ביום הכפורים בין בחמין בין בצונן, בין כל גופו בין אבר אחד, אפילו אצבע קטנה אסור להושיטה במים; והמלך והכלה רוחצין את פניהן, כלה כדי שלא תתגנה על בעלה, והמלך כדי שייראה ביפיו, שנאמר: מלך ביפיו תחזינה עיניך; ועד כמה נקראת כלה, עד שלשים יום.

סימן תריג ס"י - [ז]כלה, כל שלשים יום - אחר נשואיה, **מותרת לרחוץ פניה** - כדי שלא תתגנה על בעלה, **כתב** הח"א, נראה שזה היה בזמניהם, שלא היו בבהכ"נ כל היום, אבל בזה"ז שאינו רואה אותה כל היום, לא שמעתי שנוהגין בזה היתר.

אות ה'

והחיה תנעול את הסנדל

סימן תריד ס"ג - [ח]החיה, כל שלשים יום מותרת לנעול את הסנדל - דעד אותו הזמן הצינה קשה לה, [ט]**והחולה כיוצא בה אע"פ שאין בו סכנה;** [י]**וכן מי שיש לו מכה ברגליו** - דהצינה קשה להם.

אות ו' – ז' – ח' – ט'

האוכל ככותבת הגסה כמוה וכגרעינתה

והשותה מלא לוגמיו חייב

כל האוכלים מצטרפין לככותבת, וכל המשקין מצטרפין למלא לוגמיו

האוכל ושותה אין מצטרפין

סימן תריב ס"א - [יא]האוכל ביום הכיפורים ככותבת הגסה, חייב - אע"ג דבכל איסורי התורה משערינן בכזית, **כל** זה היכי

באר הגולה

[א] ‹עיין בפי' רש"י, ומדקדוק לשונו נראה דתחלה היתה בולטת אות עי"ן ואחריה אות למ"ד ואחריה אות ה"א, דמסדר בליטתן יודע לצרפן ראשון ראשון קודם, דאי לאו הכי א"א להבין מהסברא אמיתות התשובה, **משא"כ** לדעת רבינו דהיה מתלבש ברוח הקדש לא יצטרך לזה, דאפילו האותיות מהופכות הוא יבין ממראה הנבואה – לחם יהודה› [ב] ‹ע"פ מהדורת נהרדעא› [ג] טור מהא דמפסיקין מבע"י וציינתיו בסימן תר"ח [ד] ‹ע"פ מהדורת נהרדעא› [ה] בשם ספר אגודה [ו] הגהות מרדכי [ז] משנה וכרבי אליעזר הסכמת הפוסקים [ח] משנה וכרבי אליעזר [ט] הסכמת הפוסקים [י] רמב"ם מדין החיה, רבינו ירוחם [יא] משנה יומא ע"ג

דכתיבי "אכילה", משא"כ ביו"כ דלא כתיב "אכילה", אלא מנע הכתוב את האכילה בלשון "עינוי", כדכתיב: הנפש אשר לא תעונה, **וקים** להו לחכמים דבפחות מככותבת לא מייתבא דעתיה כלל, והרי הוא רעב ומעונה כבתחלה [גמרא (פ.)].

סימן תריב ס"ב - [יב]"כל האוכלים מצטרפים לשיעור זה, [יג]"אפילו מלח שעל הבשר, וציר שעל ירק - דבאין להכשיר את האוכל, וכל דבר שבא להכשיר את האוכל חשוב כאוכל, **וה"ה** בשרה פתו ביין או במים, מצטרף היין או המים להפת.

[יד]"אבל אכילה ושתיה אינן מצטרפות - שאם אכל פחות מככותבת, ושתה ג"כ פחות מכשיעור, אינן מצטרפות ביחד לחייבו, דקים להו לחכמים, שאין דעתו מתיישבת בכך.

סימן תריב ס"ט - [טו]"השותה ביוה"כ מלא לוגמיו (פירוש מלא פיו), חייב - דקים להו לרבנן, דבשיעור זה מתיישב דעתו של אדם, ואזל ממנו העינוי.

[טז]"ומשערים בכל אדם לפי מה שהוא, הגדול לפי גדלו, והקטן לפי קטנו - ר"ל דכאן אין השיעור שוה לכל אדם, כמו באכילה בס"א, **משום** דלענין שתיה קים להו לחכמים, דלא מייתבא דעתיה של אדם אלא במלא לוגמיו דידיה [גמרא (פ:)].

..."וכל המשקים מצטרפים לכשיעור.

אות י'

חצי שיעור... אמר אסור מן התורה

רמב"ם פ"ב מהל' שביתת עשור ה"ג - אכל או שתה פחות משיעור זה, אינו חייב כרת, אף על פי שהוא אסור מן התורה בחצי שיעור, אין חייבין כרת אלא על כשיעור; והאוכל או השותה חצי שיעור, מכין אותו מכת מרדות.

רמב"ם פי"ד מהל' מאכלות אסורות ה"ב - ושיעור זה עם כל השיעורין הלכה למשה מסיני הם; ואסור מן התורה לאכול כל שהוא מדבר האסור, אבל אינו לוקה אלא על כזית; ואם אכל כל שהוא פחות מכשיעור, מכין אותו מכת מרדות.

אות כ'

שבועה שלא אוכל, ואכל נבילות וטריפות שקצים ורמשים, חייב

רמב"ם פ"ה מהל' שבועות ה"ה - שבועה שלא אוכל... אכל דברים האסורין מן התורה באכילה, כגון שאכל כזית נבלות וטרפות שקצים ורמשים, [יז]"פטור משום שבועת בטוי.

§ מסכת יומא דף עד. §

אות א'

למעוטי משחק בקוביא

רמב"ם פ"י מהל' שבועות ה"א - היו עדיו או אחד מהן פסול או קרוב, ואפילו מפסולי עדות של דבריהם, או שהיה המלך אחד מעדיו שאינו ראוי להעיד, או שהיו עד מפי עד, וכפרו ונשבעו, פטורין משבועת העדות, שאילו העידו לא היו מחייבין בעדותן ממון.

אות ב'

אף על פי שאמרו אסור בכולן, לא אמרו ענוש כרת אלא על האוכל ושותה ועושה מלאכה בלבד

סימן תריא ס"א - ואין חיוב כרת אלא על מלאכה ואכילה ושתיה - אבל אינך אין בהם אלא איסורא גרידא, **מ"מ** יש אומרים שהוא מן התורה, דהא ילפינן להו בש"ס מקראי, **וי"א** שאינן אלא מדרבנן, וקראי אסמכתא בעלמא נינהו, [וכן דעת רש"י בדף ע"ד בד"ה שבתון], **ונ"מ** לענין איזה ספק, ולמעשה ראוי להחמיר.

אות ג'

כשאמרו אסור, לא אמרו אלא בכחצי שיעור

סימן תריב ס"ה - [יט]"הא דבעינן שיעור - היינו בין לענין אכילה, בין לענין שתיה, כדלקמן ס"ט, **היינו לחיוב כרת או חטאת, אבל איסורא איכא בכל שהוא** - מן התורה.

אות ד'

כוי... הואיל ואינו בעונש

יו"ד סימן פ ס"ו - כלאים הבא מבהמה טהורה עם חיה טהורה, הוא הנקרא כוי, חלבו אסור ואין לוקין עליו, ומכסין את דמו.

באר הגולה

[יב] משנה שם [יג] שם בגמרא דף פ: [יד] שם במשנה (ע"ג.) והא דציר מצטרף, דאכשורי אוכלא הוא וחשיב כאוכלא [טו] משנה שם ע"ג [טז] משנה י"א פ' י"ז דכלים [יז] שם במשנה (יומא ע"ג) [יח] (למדנו ז"ל דשבועה שלא אוכל לא הוי בכולל עד שיפרש, דאי לא תימא הכי, אמאי פטור משבועת ביטוי, נימא מיגו דחיילא אדברים המותרים חיילא אנבלות וטרפות, אלא ודאי לא חיילא עד שיפרש שלא אוכל נבלות ושחוטות - רדב"ז) [יט] יומא דף ע"ג וכר' יוחנן

מסורת הש"ס

שבועות ל. [שם לה.] [כריתות כא.] [נדרים ס:]

עין משפט נר מצוה

ז א מיי' פ"י מהלכות שבועות הלכה א סמג לאוין רמא :

ח ב מיי' פ"א מהלכות שביתת עשור הלכה ה טוש"ע א"ח סימן תריא סעיף א :

ט ג מיי' פ"ב מהלכות שביתת עשור הלכה ג סמג לאוין סט טוש"ע א"ח סימן תריב סעיף ה :

י ד מיי' פי"א מהלכות מאכלות אסורות הל' יג טוש"ע י"ד סימן פ סעיף ו :

ואליבא דרבי עקיבא דאמר אדם אוסר עצמו בכל שהוא וכי תימא כיון דאית ליה היתר מן התורה קא חייל קרבן שבועה והתנן *שבועת העדות אינה נוהגת אלא בראויין להעיד והוינן בה *למעוטי מאי רב פפא אמר למעוטי מלך רב אחא בר יעקב אמר *למעוטי משחק בקוביא והא משחק בקוביא מדאורייתא מיחזי חזי ורבנן הוא דפסלוהו ולא קא חיילא עליה שבועה שאני התם דאמר קרא °אם לא יגיד והאי לאו בר הגדה הוא וכל היכא (א) דתני ענוש כרת לא תני אסור והתניא *אע"פ שאמרו אסור בכולן לא אמרו ענוש כרת אלא על האוכל ושותה ועושה מלאכה בלבד הכי קאמר כשאמרו אסור לא אמרו אלא בכחצי שיעור אבל כשיעור ענוש כרת ואף על פי שענוש כרת אין ענוש כרת אלא אוכל ושותה ועושה מלאכה בלבד ואב"א כי קתני אסור אשארא דתנו רבה ורב יוסף בשאר סיפרי דבי רב מנין ליוה"כ שאסור ברחיצה בסיכה ובנעילת הסנדל ובתשמיש המטה ת"ל °שבתון שבות: גופא חצי שיעור רבי יוחנן אמר אסור מן התורה ריש לקיש אמר מותר מן התורה רבי יוחנן אמר אסור מן התורה כיון דחזי לאיצטרופי איסורא קא אכיל ריש לקיש אמר מותר מן התורה אכילה אמר רחמנא וליכא איתיביה ר' יוחנן לריש לקיש אין לי אלא כל שישנו בעונש ישנו באזהרה כוי וחצי שיעור הואיל ואינו בעונש יכול אינו באזהרה ת"ל °כל חלב מדרבנן וקרא אסמכתא בעלמא הכי נמי מסתברא דאי סלקא דעתך דאורייתא *כוי ספיקא הוא איצטריך קרא לאתויי ספיקא אי משום הא לא איריא קסברי כוי

(ויקרא ה) (שם טז) (שם ז)

רש"י

ואליבא דר' עקיבא דאמר · במס' שבועות (דף יט:) אדם הנשבע שלא אוכל סתם אוסר עצמו בכל שהוא דהכי תנן שבועה שלא אוכל ואכל כל שהוא ר' עקיבא מחייב וחכמים פוטרים הלכך הא דקתני חייב אי כרבנן סבירא ליה מוקמינן ליה במפרש ואי כרבי עקיבא סבירא ליה מוקמינן ליה אפי' בסתם ורבי שמעון פוטר ר' שמעון לטעמיה דאמר בכל שהוא נמי מושבע מסיני הוא דתניא במסכת מכות (דף יז.) ר' שמעון אומר כל שהוא למכות ולא אמרו כזית אלא לענין קרבן ואי סבירא ליה לריש לקיש דחצי שיעור אסור מדרבנן היכי מוקי לה להא דתני חייב באוכל חצי שיעור והרי אף עליו מושבע משום לאו דלא תסור (דברים יז) : וכי תימא כיון דאית ליה היתר מן התורה · אין זה מושבע מסיני וכי משתבע עליה חיילא שבועה ומיחייב עלה : שבועת העדות · שחייב הכתוב עליה קרבן שבועה שנאמר (ויקרא ה) ושמעה קול אלה : והוינן בה למעוטי מאי · דלא תנן במתני' בהדיא הא תנא ליה רישא נוהגת באנשים ולא בנשים ברחוקים ולא בקרובים בכשרין ולא בפסולין : למעוטי מלך · דתנן ביה (סנהדרין דף יח.) לא מעיד ולא מעידין אותו : למעוטי משחק בקוביא · בעירבון דהוי גזלן מדרבנן ופסול לעדות : מדאורייתא מיחזא חזי · דלא הוי גזלן דאורייתא אלא שגזל מידו כמו ויגזל את החנית מיד המצרי (ש"ב כג) כך מפרש בב"ק (דף עט:) : אם לא יגיד · משמע מי שהגדה שלו מועלת לבעל הדין והאי לא מהניא הגדה דידיה הואיל ולא מקבלינן לה מדרבנן : וכל היכא דענוש כרת לא תני אסור · דקשיא לך לעיל אסור ענוש כרת הוא : איבעית אימא כי קתני · מתניתין (ב) אשארא משום רחיצה וסיכה דליכא כרת תנא אסור : שאר סיפרי · דלאו תורת כהנים ספר וידבר ואלה הדברים : שבתון · וגבי עינוי כתיב וכי היכי דשבתון האמור בשבת אסמכו ביה רבנן שאר מלאכות שלא היו במשכן ואינה מלאכה גמורה ה"נ שבתון דגבי עינוי דכתיב שבתון הוא לכם ועניתם להוסיף על עינוי אכילה ושתיה קאתי : אין לי אלא שישנו בעונש ישנו באזהרה · גבי חלב קאי דעונשו ואזהרתו סמוכים זה לזה כל חלב שור וכשב ועז לא תאכלו הרי אזהרה וסמיך ליה כי כל אוכל חלב מן הבהמה (ג) הרי עונש אין לי שיהא מוזהר אלא על כשיעור שהוא ענוש עליו כרת דגבי עונש לא כתיב כל החלב אלא האוכל דכתיב כי כל אוכל חלב : כוי · שהוא ספק ואין בו כרת וחצי שיעור שאינו בעונש מנין שהוא באזהרה : תלמוד לומר כל חלב · לא תאכלו הכא כתיב כל החלב כלומר אפילו כל שהוא :

אתא

תוספות

כיון דחזי לאצטרופי איסורא קאכיל · תימה לי אמאי לא קאמר מטעמא דבסמוך דכל חלב לרבות חצי שיעור דהא ר' יוחנן ידע להאי ברייתא דהא בסמוך קא מותיב מינה וי"ל דלהכי איצטריך ליה לר' יוחנן לפרושי האי טעמא משום דאי מקרא דכל חלב הוה אמינא עיקר קרא לכוי איצטריך וחצי שיעור מדרבנן ואסמכוה אקרא אבל השתא דקאמר טעמא דחזי לאצטרופי סברא הוא מהאי טעמא דדרשה גמורה היא (ד) לחצי שיעור :

כוי ספיקא הוא כו' · תימה אמאי לא הכריעו בו חכמים אי חיה אי בהמה נבדוק בקרניה שבזה ניכר אי חיה אי בהמה כדאיתא באלו טריפות (חולין דף נט:) וי"ל דשמא היו טועין בסימנא דחרוקות (ה) בעינן והוא דמיבלע חירקייהו והיינו ספיקא דעיזא דכרכוז ואפילו למאן דשרי תרבא דעיזא דכרכוז אפשר דעיזא דכרכוז מחשיב ליה מיבלע חירקייהו ובכוי איסתפקא להו :

איצטריך קרא לרבויי ספיקא · ואע"ג דאמר פ"ט דבכורות (דף נח:) עשירי ודאי ולא עשירי ספק וכן בשילהי מסכת נזיר (דף סה:) דאמרינן ספק בהרת קדמה ספק שער לבן קודם טהור ויליף לה מקרא דכתיב לטהרו או לטמאו פתח הכתוב בטהרה תחילה ולא פרכינן איצטריך קרא למעוטי ספיקא י"ל דהכא פריך שפיר איצטריך קרא [לאתויי] ספיקא דקמי שמיא גליא שהוא שוה כל שעה דהוה מצי למימר לן אי חיה אי בהמה דאי חד מינייהו חיה כולהו חיות ואי חד מינייהו בהמה כולהו בהמות וכן בפ"ק דשחיטת חולין (דף כג:) גבי פרט לתחילת הגאוב שבזה ושבזה פריך אי אמרת ספיקא הוי איצטריך קרא למעוטי ספיקא דקמי שמיא גליא שכל שעה שוה דכל תחילת הגאוב גדולים נינהו או קטנים נינהו אבל בספק עשירי לא הוה מצי למימר כולהו עשירי דיש מהן שהם תשיעי ויש מהן עשירי וכן בספק בהרת קודמת זימנין שער לבן קודם ובס"פ על אלו מומין (בכורות דף מא:) דתניא כשהוא אומר למטה זכר שאין תלמוד לומר להוציא טומטום ואנדרוגינוס ופריך מני אילימא ת"ק איצטריך קרא למעוטי ספיקא לאו מטומטום פריך שאין כולן שוין יש מהם זכר כשיקרע וימצא זכר ויש מהם נקבה אלא מאנדרוגינוס פריך דכולהו שוין דקמי שמיא גליא או כולהו זכרים או כולהו נקבות והא דקאמר התם אמר רב חסדא מחלוקת באנדרוגינוס אבל טומטום דברי הכל קדוש מספיקא דלא אתא קרא למעוטי טומטום אע"ג דלאו קמי שמיא גליא מכל מקום כיון דאיכא לאוקמי מיעוט לאנדרוגינוס שיש בו נקבות לא מסתבר לאוקמיה בטומטום דשמא יקרע וימצא זכר דטפי מסתבר לאוקמי באנדרוגינוס מבטומטום ולהכי פריך אלא מעתה בערכין יערך אלמה תניא הזכר ולא טומטום ואנדרוגינוס והוה לן לאוקמ' קרא דהזכר רק באנדרוגינוס ומשני סמי מכאן טומטום ובפרק קמא (דחגיגה דף ד.) תניא זכורך ולא טומטום ופריך איצטריך קרא למעוטי ספיקא יש לומר דהתם פריך משום דבלאו קרא הוה ידעינן דמספיקא לא לייתי דהיכי ניעביד לסמוך דילמא אשה הוי וקא עביד עבודה בקדשים לא ליסמוך דילמא גברא הוא וקא מבטל סמיכה ואע"ג דסמיכה לא מעכבא מכל מקום לא מייתי קרבן לכתחילה כדי לבטל סמיכה כדאמר בפסחים בפרק האשה (דף פח:) גבי ה' שנתערבו עורות פסחיהן ונמצא יבלת באחת מהן כולן פטורין מלעשות פסח שני משום דלא אפשר דלא מייתי ומתני במותר פסח משום דפסח לא בעי סמיכה ומותר פסח בעי סמיכה והא דאמר במסכת שקלים (דף יא:) ומייתי לה בפרק האיש מקדש (קדושין דף נה.) בהמה שנמצאת מירושלים למגדל עדר זכרים עולות נקבות זבחי שלמים ומקריבין אותן בלא סמיכה לפי שאין מכירין בעליהן שאני התם דכבר הוקדשו ואין להם תקנה בע"א אם לא נקריבם בלא סמיכה וספק מצורע דמייתי אשם בפ' התערובות (זבחים דף עו:) וקא מבטל סמיכה למאן דאמר סמיכת אשם מצורע לאו דאורייתא תקוני גברא שאני ואם תאמר והא רב דסבר בס"פ המפלת (נדה דף כח.) דאנדרוגינוס ספיקא הוי מדטמא בלובן ואודם ומדפסיק בס"פ הערל (יבמות דף פג.) כרבי יוסי דאמר לא הכריעו בו אם זכר אם נקבה ובריה בפני עצמה הוא דקאמר רבי יוסי התם בברייתא לאו דוקא

ואפילו

הגהות הב"ח

(א) גמ' וכל היכא דענוש כרת לא תני כו' כצ"ל ותיבת דתני נמחק : (ב) רש"י ד"ה איבעית אימא כי קתני מתני' אסור אשארא : (ג) ד"ה אין לי כו' כי כל אוכל חלב מן הבהמה וגו' ונכרתה הרי עונש : (ד) תוס' ד"ה כיון כו' דדרשה גמורה היא נמי לחצי שיעור : (ה) ד"ה כוי כו' בסימנא דחרוקות דבעינן והוא דמיבלע :

רבינו חננאל

ענוש אלא האוכל והשותה והעושה מלאכה בלבד וכיון דאמר חצי שיעור אסור מדרבנן אבל איסורא דאורייתא לית ביה · אקשינן עלה מהא דתנן בשבועות שבועת העדות אין נוהגת אלא בראויין להעיד והוינן בה למעוטי מאי · רב פפא אמר למעוטי מלך כדכתיב בית דוד דינו לבקר משפט · ואין עד נעשה דיין · רב אחא בר יעקב אמר למעוטי משחק בקוביא · והא משחק בקוביא מדאורייתא הוא ראוי ורבנן גזרו ביה ואע"ג דרבנן הוא דגזרו ביה לא חיילא עליה שבועת העדות · ושנינן שני עדות דכתיב בה אם לא יגיד ונשא עונו · מי שמגיד והגדתו מתקיימת הוא מוזהר בשמיעת קול אלה יצא מלך וגם זה משחק בקוביא שאפילו מגידים אין עדותן מתקיימת לפיכך פטורין משבועת העדות: חצי שיעור · ר' יוחנן אומר אסור מן התורה · דכיון דחזו לאיצטרופי אכילה קרינא ביה · ר"ל אמר אסור מדרבנן · אכילה אמרה רחמנא וליכא' איתיביה שיטול כל שישנו בעונש [ישנו] באזהרה כוי וחצי שיעור שאינו בעונש יכול לא יהו באזהרה ת"ל כל חלב ומשני ר"ל לעולם מדרבנן[וקרא] אסמכתא

תוספות ישנים

רבי יוחנן אמר אסור מן התורה משום דחזי לאיצטרופי · מיהו עיקר טעמא דר' יוחנן דדריש ליה נקמן מקרא דכל חלב [וא"כ מלקי נמי לקי] דהכי משמע דמיירי קרא דכל חלב מדקאמר אין לי אלא כל שישנו בעונש ישנו באזהרה כו' [וקשה] דהוה ליה למימר לרבי יוחנן הלכה כרבי שמעון ולריש לקיש כרבנן ועוד דרבי יוחנן גופיה קאמר בגמרא פרק שלשה מינין (דף לה:) ופרק אלו עוברין (דף מג:) כל איסורים שבתורה אין היתר מצטרף לאיסור חוץ מאיסורי נזיר כו' ואי חצי שיעור לקי צירוף למה לי ואומר רבי דלאו קושיא היא דכולהו כרבנן סבירא להו מדלא שני ליה ריש לקיש הכא היא כרבי שמעון ואלא דאמרי אלא ע"כ הכא לענין איסורא דקרא דכל חלב לא מיירי אלא באיסור בעלמא ובסוף פרק גיד הנשה (דף קג:) בעי ר' יוחנן שיעור שלם למלקות דאמרינן התם אבר מן החי שחלקו מבחוץ פטור מכניסים בתוך פיו רבי יוחנן אמר חייב שהרי נהנה גרונו בכזית כו' מיהו קשה לה"ר אלחנן דמאי שנא דהכא לא יליף מכל חלב אלא איסור אזהרה בעלמא ולא מלקות ואילו בפסחים בפרק אלו עוברין (דף מג:) יליף מכל מחמצת לא תאכלו לאו גמור ע"י תערובות ומקשה בעיניה בלאו דמאי שנא כל מחמצת לא תאכלו מכל חלב לא תאכלו ויש לחלק בדרשות כו' : דאי סלקא דעתך דאורייתא כוי ספיקא הוא איצטריך קרא לרבויי ספיקא · נראה דהוה מצי לדייק איסכא דבעלמא אי חצי שיעור אסור מן התורה עיקר קרא לחצי שיעור אבל אי חצי שיעור מדרבנן קרא דכל חלב למאי אתא מיהו שמא יש לטעמידו לדרשה אחרת :

קסבר

רבינו חננאל

בעלמא · הא דרב אידי בר אבין דאמר כל לאתויי כוי מפורש בכריתות פרק דם שחיטה בבהמה ובחיה כו' · בתחלתו ואסיקנא קסבר האי תנא כוי בריה בפ"ע הוא : ת"ר תענו את נפשותיכם יכול ישב בחמה ובצנה כדי שיצטער ת"ל כל מלאכה לא תעשו מלאכה ועינוי אסרתי לה מה מלאכה שחייבין עליה ממקום אחר ואיזה זה פיגול ונותר כו' עד אם נפשך לומר בעריות משתעי קרא · הרי הוא אומר והאבדתי את הנפש ההיא איזהו דבר שיש בו איבוד נפש הוי אומר זו אכילה ושתיה דבי ר' ישמעאל תנא כאן תענו את נפשותיכם ונאמר ויענך וירעיבך מה להלן עינוי רעבון אף כאן ביוה"כ עינוי רעבון כתיב ביוה"כ תענו את נפשותיכם וכתיב [תהלים לה] עניתי בצום נפשי ועוד כתיב [ישעיה נח] למה צמנו ולא ראית ענינו נפשנו ולא תדע · מיכן שהצום נקרא עינוי נפש: כתיב המאכילך מן למען ענותך · פי' כיון שאינו ניתן לו המן אלא יום ביום אע"פ שעתה אוכל אכילתו עינוי הוא לו · ללמדך כל מי שאין לו פת בסלו לעולם אינו שבע כאילו בעינוי הוא וכן כל שאינו רואה מה שאוכל אינו שבע מיכן לסומים שאוכלין ואינן שביעים :

תוספות ישנים

קסבר בריה בפני עצמה היא · לא כוי כמו ההיא דר' יוסי בפ' אותו ואת בנו (דף פ.) דכוי בריה בפני עצמה היא ולא הכריעו עליה חכמים כו' דההוא בריה דהתם ספיקא הוי כדפי' בפרק אותו ואת בנו בחולין ובנדה בפרק המפלת (דף כח:) וביבמות פרק הערל (דף פג.) : **כרבה** את הסיגולין והכותרות כו' · פי' ה"ר יוסף דהני חמשה עינויים דמייתי הכא חמש פעמים תענו את נפשותיכם ריבה (לאוא) היינו חמשה עינויים דאמר לקמן (דף עו.) הני חמשה עינויים כנגד מי וקאמר כנגד חמשה עינויים שבתורה אלא כולהו מלשון ועניתם קאמר לחודיה וזוה מצי למימר ולמיפרך דלאו איתא כתיבי אלא חמשה אלא דלא. רצה לדקדק דעיקרייהו צריכי לדרשא דלקמן דהני ה' עינויים כנגד מי כו' והומר רבי כי אין צריך לכך דמתענו ועניתם נפקי כולהו ובכי האי גוונא איכא במעילה פרק הנהנה מהקדש דמפיק מממעול מעל ריבה דרשות טובא' מ"כ: **איזה** דבר שיש בו איבוד נשמה כו' מדכתיב ל' איבודולא כתיב היכרת: **טוב** מראה עינים באשה יותר כו' · הילכך צריך ליזהר מאד ממנו :

תוספות

ואפי' הכי ממעטא ליה רב לענין ביאת מקדש מדכתיב מזכר ועד נקבה זכר ודאי נקבה ודאית ולא טומטום ואנדרוגינוס והיכי אתי קרא למעוטי ספיקא וי"ל דבההיא דרב תרי מיעוטי כתיבי דהוה מצי למיכתב מזכר ועד אדם או מנקבה ועד אדם ואתא חד מינייהו לאנדרוגינוס וחד לטומטום ואי אנדרוגינוס זכר הוא אתי מזכר למעוטי ואי נקבה הוא אתי ועד נקבה למעוטי מטעם שהוא משונה ובבכורו' פרק על אלו מומין (דף מא:) גבי הא דממעט אנדרוגינוס מהזכר יתירה דכתיב גבי עולה ופריך מני אי רבנן קסברי ספיקא הוי ואיצטריך קרא למעוטי ספיקא התם פריך שפיר דאם בא למעוטי אפי' הוא זכר מפני שהוא משונה משאר זכרים אם כן מדממעטינן ליה מהזכר שמע מינה זכר הוא ולא ספיקא אלמא לא אתא כת"ק דאמר ספיקא הוי ולפי מה שפירש' אית ליה לרב דהמפלת (נדה דף כח.) שפיר ההיא דרב חסדא דאית ליה גבי בכור דטומטום קדוש מספיקא דחד מיעוטא כתב בבכור ולית ליה לאוקמינן אלא באנדרוגינוס ולא בטומטום שאם הוא זכר הוי זכר גמור וא"ת א"כ מאי קא פריך התם לרב חסדא מערכין דממעטינן מערך איש ומערך אשה טומטום ואנדרוגינוס ומשני סמי מכאן טומטום ומאי קושיא התם איכא תרי קראי הזכר ואם נקבה הלכך ממעטי' ליה כמו ההיא דהמפלת ויש לומר דהתם צריכי תרוייהו שפיר לאנדרוגינוס דאי לא כתב אלא הזכר הוה ממעטינן ליה מערך זכר אבל יהא בערך אשה דלא גרע מאשה והא דפריך מאם זכר אם נקבה להוציא טומטום ואנדרוגינוס מאי קושיא הא גבי שלמים איכא תרי מיעוטי אם זכר אם נקבה ויש לומר דגרסינן התם זכר או נקבה דכתיב בויקרא גבי שלמי צאן דמיניה דריש ליה בת"כ אבל אם זכר אם נקבה דכתיב בשלמי בן בקר דריש התם פרק אלו קדשים (תמורה דף יז:) לרבות ולד בעלי מומין ותמורת בעלי מומין והשתא פריך שפיר לרב חסדא דבהאי קרא לא כתב אלא חד מיעוט והוי או למעט כמו כשב או עז פרט לנדמה ואם תאמר הא אשכחן דכתב קרא כדי שלא נטעה דפריך בפרק אלו טרפות (חולין דף סו:) מכדי אתן אקשקשת סמכינן סנפיר דכתב רחמנא למה לי ומשני אי לא כתב רחמנא סנפיר הו"א מאי קשקשת [*סנפיר] ואפילו דג נמי כתב רחמנא סנפיר עד דאיכא סנפיר וקשקשת וי"ל דלשון קשקשת משמע דבר שאינו שוה וחלק שהיד מסכסכת בו וסנפיר נמי כך הוא ונופל בו לשון קשקשת :

כוי בריה בפני עצמו הוא · האי בריה בפני עצמו דהכא היינו שאינו ספק חיה או בהמה אבל הא דאמר רבי יוסי בפרק אותו ואת בנו (חולין דף פ.) כוי בריה בפני עצמו הוא ולא הכריעו בו חכמים אי מין חיה או מין בהמה ההוא הוי פירוש שהוא ספק חיה ספק בהמה דהא שמעינן לרבי יוסי דאמר בפרק כסוי הדם (שם דף פד:) כוי אין שוחטין אותו ביום טוב ואם שחטו אין מכסין את דמו ואי הוה בריה לן שהוא בריה ולא הוה לא חיה ולא בהמה יהא מותר לשחטו לכתחילה דהא לאו בר כיסוי הוא [וע"ע תוס' כריתות כא · ד"ה כוי] :

מסורת הש"ס

[חולין פ. כריתות כא.] [שם.]

[פי' לעבור עליו בשתים וקי"ל דחייבי כריתות ישנו בכלל מלקות ארבעים עיין מכות יג:]

הגהות הב"ח

(א) גמ' אף כל לאתויי כוי ואי כוי ספיקא הוא : (ב) שם ואימא היכא דיתיב בשימשא וחמים ליה : (ג) שם הרי הוא אומר והאבדתי את הנפש : (ד) רש"י ד"ה מה מלות מלאכות שב ואל תעשה כו' כצ"ל ותיבת שבת נמחק : (ה) ד"ה ס"ג המאכילך כו' אלא קרא קא מפרש :

[illegible]

[לעיל יח: וש"נ]

[לקמן עה:]

גמרא

*כוי בריה בפני עצמה היא דאי לא תימא הכי הא דאמר רב אידי בר אבין *אף כל לאתויי כוי (א) כוי ספיקא הוא איצטריך קרא לרבויי ספיקא אלא בריה שאני הכא נמי בריה שאני ת"ר °תענו את נפשותיכם יכול ישב בחמה או בצנה כדי שיצטער תלמוד לומר °וכל מלאכה לא תעשו מה מלאכה שב ואל תעשה אף ענוי נפש שב ואל תעשה ואימא היכא דיתיב בשימשא (ב) והחים ליה לא נימא ליה קום תוב בטולא יתיב בטולא וקריר ליה לא נימא ליה קום תוב בשימשא דומיא דמלאכה מה מלאכה לא חלקת בה אף ענוי לא תחלוק בו תניא אידך תענו את נפשותיכם יכול ישב בחמה ובצנה ויצטער ת"ל וכל מלאכה לא תעשו מה מלאכה דבר שחייבין עליו במקום אחר אף ענוי נפש שחייבין עליו במקום אחר ואי זה זה *פגול ונותר אביא פגול ונותר שהן בכרת ולא אביא את הטבל שאינו בכרת ת"ל תענו ועניתם את נפשותיכם ריבה אביא הטבל שהוא במיתה ולא אביא את הנבילה שאינה במיתה ת"ל תענו ועניתם את נפשותיכם ריבה אביא את הנבילה שהוא בלאו ולא אביא את החולין שאינן בלאו ת"ל תענו ועניתם את נפשותיכם ריבה אביא החולין שאינן בקום אכול ולא אביא את התרומה שהיא בקום אכול ת"ל תענו ועניתם את נפשותיכם ריבה אביא את התרומה שאינה בבל תותירו ולא אביא את הקדשים שהן בבל תותירו תלמוד לומר תענו ועניתם את נפשותיכם ריבה ואם נפשך לומר הרי הוא אומר °והאבדתי את הנפש ההיא °ענוי שהוא אבידת הנפש ואי זה זה אכילה ושתיה מאי ואם נפשך לומר וכי תימא בעריות קא מישתעי קרא הרי הוא אומר והאבדתי (ג) הנפש ענוי שיש בו אבידת נפש ואי זה זה אכילה ושתיה דבי רבי ישמעאל תנא נאמר כאן ענוי ונאמר להלן ענוי מה להלן ענוי רעבון אף כאן ענוי רעבון ונילף °מאם תענה את בנותי דנין ענוי דרבים מענוי דרבים ואין דנין ענוי דרבים מענוי דיחיד ונילף מענוי דמצרים דכתיב °וירא את ענינו ואמרינן זו פרישות דרך ארץ אלא דנין ענוי בידי שמים מענוי בידי שמים ואין דנין ענוי בידי שמים מענוי בידי אדם °*המאכילך מן במדבר למען ענותך רבי אמי ורבי אסי חד אמר *אינו דומה מי שיש לו פת בסלו למי שאין לו פת בסלו וחד אמר אינו דומה מי שרואה ואוכל למי שאינו רואה ואוכל אמר רב יוסף מכאן רמז לסומין שאוכלין ואין שבעין אמר אביי *הלכך מאן דאית ליה סעודתא לא ליכלה אלא בימָמא א"ר זירא מאי קרא °טוב מראה עינים מהלך נפש אמר ר"ל טוב מראה עינים באשה יותר מגופו של מעשה שנאמר טוב מראה עינים מהלך נפש °כי יתן בכוס עינו יתהלך במישרים ר' אמי ור' אסי חד אמר כל הנותן עינו

תורה אור: ויקרא טז · שם · שם כג · [illegible] · דברים כו · דברים ח · קהלת ו · משלי כג

רש"י

אלא קרא לרבויי ספיקא · בתמיה אטו קמי שמיא ספיקא הוא אי בהמה הוי אי חיה הוי : הא דאמר רב אידי בר אבין · בכריתות בפרק דם שחיטה (דף כא.) אף כל לאתויי כוי דקתני התם כל דם לא תאכלו לעוף ולבהמה מה עוף ובהמה מיוחדים וכו' : מה · מלות מלאכות (ד) שבת שב ואל תעשה הוא אף מלות עינוי שב ואל תעשה דבר המבטל ממך את העינוי הוא ואין זו אלא כגון הני דמתניתין לא יאכל ולא ישתה ולא ירחץ : מה מלאכה לא חלקת בה · בכל לדדיה אסורה אף עינוי נמי שאיסורו בכל לדדיו קאמר יאלו חמה ולנה שאם ישב הרי הוא בעינוי ואם לא ישב אינו מלוה לישב : מה מלאכה דבר שחייבין עליו במקום אחר · כרת כי הכא כגון בשבת אף עינוי בדבר אכילה קאמר שמלינו שחייב עליו במקום אחר כגון פיגול ונותר : ואם נפשך לומר · ואם יש בידך להשיב על זה הרי ראיה אחרת דקרא של תענו את נפשותיכם עינוי שהוא אבידת הנפש בתוך חלל הגוף מיירי : וכי תימא בעריות קמשתעי קרא · כלומר עינוי · דתשמיש קא משתעי קרא דתשמיש נמי אקרי עינוי כדלקמן (דף עז.) וחייבין עליו כרת במקום אחר כגון עריות : ונאמר להלן עינוי · ויענך וירעיבך (דברים ח) : ונילף מואם תענה את בנותי · דמוקי ליה לקמן (שם.) אתשמיש : עינוי דרבים · יוה"כ לכל ישראל ואכילת המן לכל ישראל : עינוי בידי שמים · יום הכפורים מלות מלך היא וכן עינוי המן : ס"ג המאכילך מן במדבר וגו' רבי אמי ורבי אסי וכו' · ולית הכא רומיא דקראי אלא קרא (ה) מפרש המאכילך למען ענותך אוכל ומעונה : אין לו פת בסלו · אוכל היום ודואג על למחר : אינו רואה ואוכל · אכילת המן טועם טעם כל המינים ואינו רואה אלא מן : עינו

הגי

גליון הש"ס

גמרא עינוי שהוא אבידת הנפש · עיין נדרים דף פ ע"ב ובר"ן שם ד"ה כי רחיץ:

א) לכו היינו המכה כו' ולא כולה בלשון תענו אלא קמא לחודי' וכו' אלא לא חש לדקדק וכו' והומר ר' כי אין לורך לפירושו דמתענו קמא נפקי כלהו ובכס"ג וכו' כצ"ל ועי' ש"י :

עינו בכוסו (א) עריות כולן דומות עליו כמישור וחד אמר כל הנותן עינו בכוסו כל העולם כולו דומה עליו כמישור *°דאגה בלב איש ישחנה רבי אמי ורבי אסי חד אמר ישחנה מדעתו וחד אמר *ישיחנה לאחרים °ונחש עפר לחמו ר' אמי ורבי אסי חד אמר אפילו אוכל כל מעדני עולם טועם בהם טעם עפר וחד אמר אפילו אוכל כל מעדני עולם אין דעתו מיושבת עליו עד שיאכל עפר תניא אמר רבי יוסי בוא וראה שלא כמדת הקב"ה מדת בשר ודם מדת בשר ודם מקניט את חבירו יורד עמו לחייו אבל הקב"ה אינו כן קלל את הנחש עולה לגג מזונותיו עמו יורד למטה מזונותיו עמו קלל את כנען אוכל מה שרבו אוכל ושותה מה שרבו שותה קלל את האשה הכל רצין אחריה קלל את האדמה הכל ניזונין הימנה °זכרנו את הדגה אשר נאכל במצרים חנם רב ושמואל חד אמר דגים וחד אמר עריות מאן דאמר דגים דכתיב נאכל ומאן דאמר עריות דכתיב חנם ולמאן דאמר עריות הא כתיב נאכל *)לישנא מעליא נקט דכתיב °אכלה ומחתה פיה ואמרה לא פעלתי און ולמאן דאמר דגים מאי חנם דהוו מייתין להו מהפקירא *דאמר מר כשהיו ישראל שואבין מים הקב"ה מזמין להם בתוך המים דגים קטנים בכדיהן בשלמא למאן דאמר דגים אבל עריות לא פריצי בהו היינו דכתיב °גן נעול אחותי כלה [גו'] אלא למ"ד עריות מאי מעין חתום מהנך דאסירן לא פריצי בהו בשלמא למאן דאמר עריות היינו דכתיב °וישמע משה את העם בוכה למשפחותיו *על עסקי משפחותיו שנאסרו להם לשכב אצלם אלא למאן דאמר דגים מאי בוכה למשפחותיו הא והא הואי °את הקשואים ואת האבטיחים רבי אמי ורבי אסי חד אמר טעם כל המינין טעמו במן טעם חמשת המינין הללו לא טעמו בו וחד אמר טעם כל המינין טעמו טעמן וממשן והללו טעמן ולא ממשן °(*והמן) כזרע גד לבן (וטעמו) אמר ר' אסי עגול כגידא ולבן כמרגלית (*תניא נמי הכי) גד שדומה לזרע פשתן בגבעולין אחרים אומרים *גד שדומה להגדה שמושכת לבו של אדם כמים תניא אידך גד שמגיד להם לישראל אי בן תשעה לראשון ואי בן שבעה לאחרון לבן שמלבין עונותיהן של ישראל תניא ר' יוסי אומר כשם שהנביא היה מגיד להם לישראל מה שבחורין ומה שבסדקין כך המן מגיד להם לישראל מה שבחורין ומה שבסדקין כיצד שנים שבאו לפני משה לדין זה אומר עבדי גנבת וזה אומר אתה מכרתו לי אמר להם משה (ב) לבוקר משפט למחר אם נמצא עומרו בבית רבו ראשון בידוע שזה גנבו אם נמצא עומרו בבית רבו שני בידוע שזה מכרו לו וכן איש ואשה שבאו לפני משה לדין זה אומר היא סרחה עלי והיא אומרת הוא סרח עלי אמר להם משה (ג)לבקר משפט למחר (אם נמצא עומרה בבית בעלה בידוע שהיא סרחה עליו נמצא עומרה בבית אביה בידוע שהוא סרח עליה) כתיב °וברדת הטל על המחנה לילה [ירד המן עליו] וכתיב °ויצא העם ולקטו וכתיב °שטו העם ולקטו הא כיצד צדיקים ירד על פתח בתיהם בינונים יצאו ולקטו רשעים שטו ולקטו כתיב לחם וכתיב עוגות וכתיב וטחנו הא כיצד צדיקים לחם בינונים עוגות רשעים טחנו בריחים °או דכו במדוכה א"ר יהודה אמר רב ואיתימא ר' חמא בר' חנינא מלמד שירד להם לישראל עם המן תכשיטי נשים דבר שנידוך במדוכה °ובשלו בפרור א"ר חמא מלמד שירד להם לישראל עם המן ציקי קדירה °והם הביאו אליו עוד נדבה בבקר בבקר מאי בבקר בבקר א"ר שמואל בר נחמני א"ר יונתן מדבר שירד להם בבקר בבקר מלמד שירדו להם לישראל אבנים טובות ומרגליות עם המן(ד) °והנשיאים הביאו את אבני השהם תנא נשיאים ממש וכן הוא אומר °נשיאים ורוח וגשם אין °והיה טעמו כטעם לשד השמן א"ר אבהו (ה) מה שד זה תינוק טועם בה כמה טעמים אף המן כל זמן שישראל אוכלין אותו מוצאין בו כמה טעמים א"ד לשד ממש מה שד זה מתהפך לכמה גוונין אף המן מתהפך לכמה טעמים °ויאמר משה בתת ה' לכם בערב בשר לאכול ולחם בבקר לשבוע תנא משמיה דר' יהושע בן קרחה בשר ששאלו שלא כהוגן ניתן להם שלא כהוגן לחם

*) [יבמות יא: וש"נ] כתובות יג. סס:

מסורת הש"ס

סוטה מב: · [סנהדרין ק:] · [פי' כדי שיבקשו עליו רחמים · ערוך ערך שח ו] · משלי יב · ישעיה סה · במדבר יא · משלי ל · סוטה יא: · שיר השירים ד · במדבר יא · שבת קל. · במדבר שם · שמות טז · [נ"ל תנו רבנן כ"ה בע"י] · *[מכילתא פ' בשלח] · במדבר יא · שמות טז · במדבר יא · שם · שם · שמות ל · שם לה · משלי כה · במדבר יא · שמות טז

רש"י

עינו בכוסו · אוהב שכרות: **כל העולם דומה עליו למישור** · ממון אחרים דומה לו היתר: **ישיחנה לאחרים** · שמא ישיאוהו עצה: (ו) **דאגה** · פחד שדואג על הפסד שום דבר פן יבואהו: **יורד עמו לחייו** · בכל דבר שהוא יכול להקניטו ולהפסידו הוא יורד: **עריות** · דנאסרו להם במדבר ודגה לשון תשמיש כמו וידגו לרוב (בראשית מח): **ומחתה פיה** · מקנחת פיה של מטה כמו כאשר ימחה הצלחת (מלכים ב כא) כמי שמקנח את הקערה: **דאמר מר** · במסכת סוטה בפרק קמא (דף יא:): **לא פרצי בהו** · לא היו פרוצים בעריות במצרים: **הנך דאסירן** · אותן שהיו נאסרות לבני נח כגון הנך דאמרינן בסנהדרין (דף נז:) ערוה שב"ד של ישראל ממיתין עליה בן נח מוזהר עליה והן בכו על התוספות: **הללו לא טעמו** · שהן קשין לעוברות ומיניקות כדאמרינן בספרי משל אומר לאשה לא תאכלי בצל מפני התינוק: **והוא כזרע גד לבן אמר רבי אסי** · זרע הגד אינו לבן אבל עגול הוא והכי קאמר קרא והוא עגול כזרע גד ולבן כמרגלית: **כגידא** · גרעין של אלייכדרי: **שדומה לזרע פשתן** · שגם הוא עגול: **שמלבין עונותיהן** · מתוך שהיו דואגים שמא לא ירד מן למחר היו משעבדים לבם למקום: (ז) **אם בן תשעה וכו'** · לפי שנאמר (שמות טז) וימודו בעומר בין שליקט הרבה בין שליקט מעט מולא עומר לגולגולת ואם נמלא יתר בבית הראשון בידוע שבן תשעה לראשון הוא ואם בבית האחרון בידוע שבן האחרון הוא: **הוא סרח עלי** · ותובעתו כתובתה: **ירד המן עליו** · אלמא בתוך המחנה יורד וכתב ויצא העם ולקטו יציאה מחוץ למחנה משמע וכתיב שטו משמע למקום רחוק כמו משוט בארץ (איוב א): **לחם** · משמע אפוי: **עוגות** · משמע קודם אפייה: **תכשיטי נשים** · בשמים שהן דוכות במדוכה ומתקשטות בהן להיות ריחן ערב לבעליהן: **ציקי קדירה** · תבלין לתבשיל ערב ומבושם: **שירדו להן אבנים טובות** · הביאו נדבה ממה שמוצאין בבקר בבקר כשיוצאין ללקוט את המן שנאמר וילקטו אותו בבקר בבקר: **נשיאים ממש** · עננים היו: **שד זה התינוק מוצא בו כל מיני טעמים** · שהאם אוכלת: לחם

רבינו חננאל

ואסיקנא ירד להן לישראל תכשיטי נשים וציקי קדירה ואבנים טובות ומרגליות עם המן:

תוספות ישנים

עולה לגג מזונותיו עמו. יש אומר בבראשית רבה שאינו אוכל עד שמגיע למקום של קרקע כתולה לאכול: **אי הוי בן ט' לראשון כו'** · ועדיין לא גזרו שצריכות להמתין שלשה חדשים משום הבחנה כי לא הוצרכו עדיין שהמן בודק:

הגהות הב"ח

(א) גמרא עינו בכוסו כל העריות כולן דומות: (ב) שם א"ל משה דינו לבוקר משפט וכן לקמן: (ג) שם אמר להם משה דינו לבוקר משפט למחר (אם נמצא עומרה וכו' שהוא סרח עליה) תא"מ וכ"כ ס"א אם נמצא עומרה בבית בעלה בידוע שהוא סרח עליה נמצא עומרה בבית אביה בידוע שהיא סרחה עליו: (ד) שם אבנים טובות ומרגליות עם המן שנאמר והנשיאים הביאו: (ה) שם כטעם לשד השמן אמר ר' אבהו אל תקרא לשד אלא שד מה שד זה מתהפך לכמה גוונים אף המן מתהפך לכמה טעמים איכא דאמרי לשד זה דד מה דד זה תינוק טועם בה וכו' מוצאין בו כמה טעמים ויאמר משה בתת כו' כצ"ל ועל תיבת לכמה גוונין נ"ב נראה דס"ל לתלמודא הא דכתיב להט החרב המתהפכת שדרז"ל שהם מתהפכין פעמים אנשים פעמים נשים פעמים רוחות כו' לאו אמלאכי עליון להודיה קאי אלא אף אשדים שהם נקראים כרובים במקום זה נמי קאי שהם מתהפכין לכמה גוונין כו': (ו) רש"י ד"ה דאגה ל"ל קודם ד"ה ישיחנה: (ז) ד"ה אם בן תשעה כו' ואם נמצא עומר בבית ראשון כו' בידוע שבן שבעה לאחרון הוא הס"ד ומה"ד שמלבין וכו' למקום הס"ד ואחר כך מה"ד היא סרחה עלי · והכוונתי כתובתה הס"ד ואח"כ מה"ד הוא סרח עלי וכו':

‹ההלכות נמצאות מול עמוד ב'›

עין משפט נר מצוה

יא א מיי' פ"א מהלכות שחיטה הל' ד והל' ט טוש"ע יו"ד סימן א :

לחם ששאלו כהוגן ניתן להם כהוגן מכאן
למדה תורה דרך ארץ שלא יאכל אדם בשר
אלא בלילה והאמר אביי *האי מאן דאית
ליה סעודתא לא לאכל' אלא בימכא כעין
יממא קא אמרינן אמר רב אחא בר יעקב
בתחלה היו ישראל דומין כתרנגולים
שמנקרין באשפה עד שבא משה וקבע להם
זמן סעודה °הבשר עודנו בין שיניהם וכתיב
°עד חדש ימים הא כיצד בינונים לאלתר
מתו רשעים מצטערין והולכין עד חדש
ימים וישטחו אמר ריש לקיש אל תקרי
וישטחו אלא וישחטו מלמד שנתחייבו
שונאיהן של ישראל שחיטה שטוח תנא
משמיה דרבי יהושע בן קרחה אל תיקרי
שטוח אלא שחוט מלמד שירד להם
לישראל עם המן דבר שטעון שחיטה אמר
רבי וכי מכאן אתה למד והלא כבר נאמר °וימטר עליהם כעפר שאר וכחול (*הים) עוף כנף *ותניא *רבי אומר
°וזבחת כאשר צויתיך מלמד שנצטוה משה על הושט ועל הקנה על רוב אחד בעוף ועל רוב שנים בבהמה
אלא מה תלמוד לומר שטוח מלמד שירד להם משטיחין משטיחין כתיב לחם וכתיב שמן וכתיב °דבש אמר
רבי יוסי ברבי חנינא לנערים לחם לזקנים שמן לתינוקות דבש כתיב שליו וקרינן סליו אמר רבי חנינא צדיקים
אוכלין אותו בשלוה רשעים אוכלין אותו ודומה להן כסילוין א"ר חנן בר רבא ד' מיני סליו הן ואלו הן שיכלי
וקיבלי *ופסיוני ושליו מעליא דכולהו שיכלי גריעא דכולהו שליו והוי כציפורתא (א) ומותבינן לה בתנורא ותפח
והוה מלי תנורא ומסקינן ליה אתליסר ריפי ואחרונה אינה נאכלת אלא ע"י תערובת רב יהודה משתכח ליה בי
דני רב חסדא משתכח ליה בי ציבי רבא מייתי ליה אריסיה כל יומא (ב) יומא חד לא אייתי אמר מאי האי סליק
לאיגרא שמעיה לינוקא דקאמר °שמעתי ותרגז בטני אמר שמע מינה נח נפשיה דרב חסדא *ובדיל רבה אכיל
תלמידא כתיב °ותעל שכבת הטל וכתיב °°וברדת הטל אמר רבי יוסי ברבי חנינא טל מלמעלה וטל מלמטה
ודומה כמו שמונה בקופסא דק מחוספס אמר ר"ל דבר שנימוח על פיסת היד רבי יוחנן אמר דבר שנבלע
במאתים וארבעים ושמונה אברים מחוספס טובא הוי אמר רב נחמן בר יצחק *מחספס כתיב תנו רבנן °לחם
אבירים אכל איש לחם שמלאכי השרת אוכלין אותו דברי ר"ע וכשנאמרו דברים לפני רבי ישמעאל אמר להם
צאו ואמרו לו לעקיבא עקיבא טעית וכי מלאכי השרת אוכלין לחם והלא כבר נאמר °לחם לא אכלתי ומים
לא שתיתי אלא מה אני מקיים אבירים לחם שנבלע במאתים וארבעים ושמונה אברים אלא מה אני מקיים
°*ויתד תהיה לך על אזנך (*ויצאת שמה חוץ) דברים שתגרי אומות העולם מוכרין אותן להם ר"א בן פרטא
אומר אף דברים שתגרי אומות העולם מוכרין להן מן מפיגן אלא מה אני מקיים ויתד תהיה לך על אזנך
לאחר שסרחו אמר הקב"ה אני אמרתי יהיו כמלאכי השרת עכשיו אני מטריח אותם שלש פרסאות דכתיב
°ויחנו על הירדן מבית הישימות עד אבל השטים ואמר רבה בר בר חנה *לדידי חזי לי ההוא אתרא
והויא תלתא פרסי ותנא כשנפנין אין נפנין לא לפניהן ולא לצדדיהן אלא לאחוריהן °ועתה נפשנו יבשה
אין כל אמרו עתיד מן זה (ג) שתיפח במעיהם כלום יש ילוד אשה שמכניס ואינו מוציא [א] וכשנאמרו דברים לפני
ר' ישמעאל אמר להם אל תקרי אבירים אלא איברים דבר שנבלע במאתים וארבעים ושמונה איברים אלא
מה אני מקיים ויתד תהיה לך על אזנך בדברים שבאין להם ממדינת הים דבר אחר לחם אבירים אכל איש
זה

○) שמות טז ○○) במדבר יא *)[בקרא הוא קודם ויתד ועי' ובילקוט ליתא]

לחם ששאלו כהוגן · שאי אפשר להיות בלא לחם : **ניתן להם כהוגן** · בבוקר שיש שהות להכינו : **בשר ששאלו שלא כהוגן** · מתוך כרס מלאה שהרי מקנה רב היה להם : (ד) **שלא כהוגן** · ירד להם עם חשיכה שעה שאינה ראויה לתקן אותה עד שעת הסעודה : **כעין יממא** · באור האבוקה : **וקבע להם זמן סעודה** · בבקר ובערב : **שירד להם דבר שטעון שחיטה** · ומלמד שהשליו דבר שטעון שחיטה היה : **וזבחת כאשר צויתיך** · ולא מצינו בתורה ציווי הזביחה היאך מכאן אתה למד שנמסרו לו הלכות שחיטה על פה : **משטיחין** · השליו היה עשוי לפניהן על הארץ משטיחין ליטריד"ש בלעז : לחם יפה לבחורים ושמן לזקנים ודבש לתינוקות כתיב שמן כטעם לשד השמן ואין זה לשון שומן אלא לשון שמן לפיכך טעמו נקוד למעלה ומ"ס שלו נקוד פתח קטן ולפי שהוא סוף פסוק נהפך הזי"ן לינקד בקמץ גדול : **כסילוים** · קוליס בלשון ארמי : **ומותבינן לה בתנורא** · כך מנהגם (ה) לגלות שפודיהם בתנור : **ותפח** · מרוב שומנו הוא נתפח ונעשה עב :

אתליסר ריפי · זו על זו ריפי ככרות : **ותחתונה אינה נאכלת** · מרוב השומן הנבלע בה וכל שכן העליונות : **משתכח ליה** · היו נמצאות לו בין חביותיו שהיו ממליחין לו מן השמים : **רב חסדא** · חמוה דרבא הוה ורבו הוה : **ובדיל רבה** · בזכות הרב היה אוכל התלמיד : **כתיב ותעל שכבת הטל** · והנה על פני המדבר כשהיה הטל עולה מן הארץ לקראת החמה כדרכו היה נראה על פני המדבר (ו) דק מחספס למדנו שהיה הטל מכסה את המן עד שעה שהטל עולה לקראת החמה וכתיב ירד המן עליו אלמא טל מלמטה : **קופסא** · אשקרו"ן בלעז : **נימוח על פיסת היד** · מחוספס נוטריקון : **נבלע באיברים** · אינו יוצא מן המעיים : **לאחר שסרחו** · שנתלוננו על כך שאמרו בלחם הקלוקל (במדבר כא) : **לא לפניהם ולא לצידיהם** · שאין יודעים לאיזה צד עננים הולכים : **אלא לאחוריהם** · דיודעים הם שלא יחזרו לאחוריהן ואותן שלפנים צריכין לצאת לסוף המחנה מאחור :

תורה אור

מסורת הש"ס: [לעיל עד:] · תהלים עח [נ"ל ימים] · חולין כז. פה: · דברים יב · [שמות טז] · [קדושין לא. ב"ק נה.] · חבקוק ג עמ' והיינו דאמרי אינשי בדיל וכו' · תהלים עח · דברים ט · שם כג [ע' ברכות כה.] · במדבר לג [עירובין נה. ע"ש] · במדבר יא · במדבר יא · שם

רבינו חננאל

לימדה תורה ד"א שכל מי שיש לו סעודה לא ניכלה אלא *) ביממא כעין ליליא לא יאכל אדם בשר בערב שנאמר בתת ה' לכם בשר לאכול כו' · בתחלה היו ישראל דומין כתרנגולין שמנקרין באשפה עד שבא משה ותיקן להן זמן סעודה · תניא ר' אומר מה ת"ל כאשר ציויתיך ואכלת מלמד שנצטוה משה על הושט ועל הקנה ועל רוב אחד בעוף ורוב שנים בבהמות ומה ת"ל שטוח שירד להן משטוחין משטוחין **) [כתיב ביוה"כ תענו את נפשותיכם וכתיב התם עניתי בצום נפשי מיכן שהצום נקרא עינוי] כתיב לחם וכתיב שמן וכתיב דבש הא כיצד לנערים לחם לזקנים שמן לתינוקות דבש · כתיב שליו וקרינן סליו לצדיקים בשלוה ולרשעים כסילוה פי' קוצים : השליו היה יורד · לרב יהודה אבי דני. לרב חסדא אבי ציבי' (רבה) [רבא] הוה מייתו ליה ההוא ציידא בכל יומא מאגמא יומא חד לא אשכח סליק ההוא ציידא לאיגרא שמע להההוא ינוקא דקאמר שמעתי ותרגז בטני וגו' אמר ש"מ נח נפשיה דרב חסדא ובשביל רבה הוה אכיל תלמידא' מחספס אמר ריש לקיש דבר שנימוח על פיסת היד · ר' יוחנן אמר מחספס חסר ו' כתיב בגימטריא רמ"ח הרי מיכן שהיה המן נבלע ברמ"ח אברים : ת"ר לחם אבירים אכל איש · לחם הנבלע באיברים · אבל המלאכים אינן אוכלין כלל : ואפילו דברים שתגרי האומות מוכרין להן ואוכלין אותן היה המן מפיגן ולא היו צריכין לנקביהן ומה אני מקיים ושבת וכסית את צאתך לאחר שסרחו אמר להן הקב"ה אני אמרתי תהיו לפני כמלאכים עכשיו הריני מטריחכם ג' פרסאות עד שתצאו חוץ למחנה' ואמר רבה בר בר חנה לדידי חזי לי ההוא דוכתא והוו ג' פרסי אורך וג' פרסי רוחב ·

*) הדבר נראה לעין דע"ס נפל ככאן וצ"ל לא ניכלה אלא בלילה כעין יממא ולא יאכל אדם בשר אלא בערב שנאמר וכו' . **) דברי רבינו אלו אין להם שייכות הכא ומקומם לעיל דף עד ע"ב :

הגהות הב"ח

(א) גמ' גריעא דכולהו שליו והויא כציפורתא ומלאו ליה ומותבינן לה בתנורא ותפח ורכי עד דמלי תנורא ומסקין ליה אתליסר ריפי ובתרייתא דכולהו אינה נאכלת אלא ע"י : (ב) שם מייתי ליה אריסיה כל יומא מאגמא יומא חד לא אייתי ליה אמר מאי האי : (ג) שם אמרו עתיד מן זה שיתפח במעיהם ויהרגם כלום יש ילוד אשה : (ד) רש"י ד"ה בשר כו' היה להם הס"ד ואח"כ מה"ד ניתן להם שלא כהוגן : (ה) ד"ה ומותבינן כו' מנהגם לתת שפודיהם : (ו) ד"ה כתיב כו' נראה על פני המדבר המן דק :

הגהות הגר"א

[א] גמרא (וכשנאמרו כו' עד ממדינת הים) תא"מ :

גליון הש"ס גמ' מחספס כתיב · כעין זה לעיל לח ע"ב ובמגילה טו ע"ב שבת כח ע"ב סוכה ט ע"ב יבמות סח ע"ב הוריות ד ע"א :

תוספות ישנים

מלמד שנצטוה משה על השחיטה על כו' · קשה ס"ד אפרים דהכא משמע יש שחיטה לעוף מן התורה אליבא דרבי ואילו בנזיר בסוף פרק הכיני נזיר (דף כט.) פליגי התם ר' יוחנן וריש לקיש המדיר בנו בנזיר אי הוי מהלכה למשה מסיני או כדי לחנכו במצות וקאמר כתנאי עד מתי האיש מדיר את בנו בנזיר עד שיביא שתי שערות דברי רבי כו' וקאמר דכ"ע כדי לחנכו במצות א) ובמופלא הסמוך לאיש קמיפלגי וכיון דלית ליה לרבי כדי לחנכו במצות אין שחיטה לעוף מן התורה אית ליה מדקאמר אוכל כהן מליקה ותירץ רבי דהכי קאמר התם דכ"ע כדי לחנכו במצות ולעולם לא תיפשוט מידי מזאת סבריתא אבל ודאי מוכח מברייתא אחרת שסובר רבי דיש שחיטה לעוף מן התורה ועוד תירץ דשמא היה סבור דלא קאכיל כהן מליקה כמו חטאת העוף הבא על הספק דמפיק התם מקרא דאינה נאכלת · מ"ר : **אף** דברים שתגרי אומות העולם מוכרין להן מן מפיגן כו' · ולית ליה להאי תנא הא דאמרינן לעיל בריש מכילתין (דף ד:) ויכסהו הענן ששת ימים כדי למרק אכילה ושתיה בתוך מעיו לשומו כמלאכי השרת כי לא היה

א) נ"ל ובמופלא הסמוך לאיש דרבנן וכיון כו'.

§ מסכת יומא דף עה. §

אות א'[א]

על עסקי משפחותיו

רמב"ם פכ"ב מהל' איסורי ביאה הי"ח - אין לך דבר בכל התורה כולה שהוא קשה לרוב העם לפרוש אלא מן העריות והביאות האסורות, אמרו חכמים בשעה שנצטוו ישראל על העריות, בכו וקבלו מצוה זו בתרעומות ובכיה, שנאמר: בוכה למשפחותיו, על עסקי משפחות.

---

§ מסכת יומא דף עה: §

אות א'

רבי אומר: וזבחת כאשר צויתך, מלמד שנצטוה משה על הושט ועל הקנה, על רוב אחד בעוף ועל רוב שנים בבהמה

רמב"ם פ"א מהל' שחיטה ה"ד - זביחה זו האמורה בתורה סתם, צריך לפרש אותה ולידע באי זה מקום מן הבהמה שוחטין, וכמה שיעור השחיטה, ובאי זה דבר שוחטין, ומתי שוחטין, והיכן שוחטין, וכיצד שוחטין, ומה הן הדברים המפסידין את השחיטה, ומי הוא השוחט; ועל כל הדברים האלו צונו בתורה ואמר: וזבחת מבקרך וגו' כאשר צויתיך ואכלת בשעריך וגו', שכל הדברים האלו על פה צוה בהן כשאר תורה שבעל פה, שהיא הנקראת מצוה כמו שביארנו בתחלת חבור זה.

רמב"ם פ"א מהל' שחיטה ה"ט - וצריך השוחט שישחוט באמצע הצואר, ואם שחט מן הצדדין שחיטתו כשרה; וכמה הוא שיעור השחיטה שני הסימנין שהן הקנה והושט, השחיטה המעולה שיחתכו שניהן בין בבהמה בין בעוף, ולזה יתכוין השוחט, ואם שחט רוב אחד מהן בעוף ורוב השנים בבהמה ובחיה, שחיטתו כשרה.

באר הגולה

א ‹ע"פ מהדורת נהרדעא›

§ מסכת יומא דף עו. §

אות א'

אכל דבילה קעילית ושתה דבש וחלב ונכנס למקדש חייב

רמב"ם פ"א מהל' ביאת המקדש ה"ב - היה שכור משאר משקין המשכרין, אסור להכנס למקדש, ואם נכנס ועבד והוא שכור משאר משקין המשכרין, אפילו מן החלב או מן הדבלה, הרי זה לוקה ועבודתו כשרה; שאין חייבין מיתה אלא על היין בשעת עבודה, ואין מחלל עבודה אלא שכור מן היין.

עין משפט נר מצוה

יב א מיי' פ"א מהלכות ביאת מקדש הל' ג:

זה יהושע שירד לו מן כנגד כל ישראל כתיב °קח לך את יהושע בן נון איש אשר רוח בו ואימא משה דכתיב °והאיש משה ענו מאד דנין איש מאיש ואין דנין איש מהאיש שאלו תלמידיו את רבי שמעון בן יוחי מפני מה לא ירד להם לישראל מן פעם אחת בשנה אמר להם אמשול לכם משל למה הדבר דומה למלך בשר ודם שיש לו בן אחד פסק לו מזונותיו פעם אחת בשנה ולא היה מקביל פני אביו אלא פעם אחת בשנה עמד ופסק מזונותיו בכל יום והיה מקביל פני אביו כל יום אף ישראל מי שיש לו ארבעה וחמשה בנים היה דואג ואומר שמא לא ירד מן למחר ונמצאו כולן מתים ברעב נמצאו כולן מכוונים את לבם לאביהן שבשמים דבר אחר שהיו אוכלין אותו כשהוא חם דבר אחר מפני משאוי הדרך *וכבר היה רבי טרפון ורבי ישמעאל וזקנים יושבין ועוסקין בפרשת המן והיה רבי אלעזר המודעי יושב בוניהן נענה רבי אלעזר המודעי ואמר מן שירד להן לישראל היה גבוה ששים אמה אמר לו רבי טרפון מודעי עד מתי אתה *מגבב דברים ומביא עלינו אמר לו רבי מקרא אני דורש °חמש עשרה אמה מלמעלה גברו המים ויכסו ההרים וכי חמש עשרה אמה בעמק (*חמש עשרה בשפלה) חמש עשרה בהרים וכי מיא שורי שורי קיימי ועוד תיבה היכי סגיא אלא(א) נבקעו כל מעינות תהום רבה עד דאשוו מיא בהדי טורי והדר חמש עשרה אמה מלמעלה גברו המים *וכי אי זה מדה מרובה *מדה טובה או מדת פורענות הוי אומר מדה טובה (ב) ממדת פורענות במדת פורענות הוא אומר °וארובות השמים נפתחו במדה טובה הוא אומר °ויצו שחקים ממעל ודלתי שמים פתח וימטר עליהם מן לאכול ודגן שמים נתן למו (ג) כמה ארובות יש בדלת ארבע ארבע הרי כאן שמונה ונמצא מן שירד להם לישראל גבוה ששים אמה תניא איסי בן יהודה אומר מן שירד להם לישראל היה מתגבר ועולה עד שרואין אותו כל מלכי מזרח ומערב שנאמר °תערוך לפני שלחן נגד צוררי [*וגו' כוסי רויה] אמר אביי ש"מ כסא דדוד לעלמא דאתי מאתן ועשרין וחד לוגא מחזיק שנא' כוסי רויה רויה בגימטריא הכי הוי הא לא דמיא התם בארבעין יומין הכא חדא שעתא התם לכ"ע הכא לישראל לחודיה ונפיש להו טפי (ד)ר' אלעזר המודעי פתיחה פתיחה גמר: אסור באכילה: הני חמשה ענויין כנגד מי אמר רב חסדא כנגד ה' ענויין שבתורה °ובעשור °ואך בעשור °שבת שבתון °ושבת שבתון °והיתה לכם הני חמשה הוו ואנן שיתא תנן *שתיה בכלל אכילה היא דאמר ריש לקיש מנין *לשתיה שהיא בכלל אכילה שנאמר °ואכלת לפני ה' אלהיך מעשר דגנך תירושך ויצהרך תירוש חמרא הוא וקרי ליה ואכלת ממאי ודילמא דאכליה על ידי אניגרון דאמר רבה בר שמואל *אניגרון מיא דסילקא אכסיגרון מיא דכולהו שלקי אלא אמר רב אחא בר יעקב מהכא °ונתתה הכסף בכל אשר תאוה נפשך בבקר ובצאן ביין ובשכר שכר (ה) שתיה הוא וקרייה רחמנא ואכלת ממאי ודילמא הכא נמי דאכליה על ידי אניגרון שכר כתב מידי דמשכר ודילמא דבילה קעילית *דתניא *אכל דבילה קעילית ושתה דבש וחלב ונכנס למקדש חייב

רש"י

זה יהושע · שעלה עם משה עד תחומי ההר שנאמר (שמות כד) ויקם משה ויהושע משרתו ויעל משה אל הר (ו) סיני והמתין לו יהושע שם כל מ' יום שנאמר וישמע יהושע את קול העם ברעה למדנו שלא היה עמהם ושם היה יורד לו מן כנגד כל ישראל: עד מתי אתה מגבב דברים ומביא עלינו · מאין לך: חמש עשרה אמה מלמעלה · אם תאמר מלמעלה לארץ ולא פירש בהר או בבקעה וכי חמש עשרה בהר וכו': היכי סגיא סגיא · היאך עלתה לראשי ההרים אלא על כרחך מלמעלה דקרא מן *השמים הוא והכי קאמר על ידי גשמים גברו ט"ו אמה ומן התהום יצאו תחלה למלאות הבקעות והשפלות עד שהשוו לראשי ההרים: מרובה · רבה על חברתה מדה טובה מרובה על הרעה חמש מאות בה שבמדה טובה נאמר (שם לד) נוצר חסד לאלפים ובמדת פורענות הוא אומר על שלשים ועל רבעים אף כאן מדת הטוב של ירידת המן רבתה על ירידת המבול: במדת פורענות הוא אומר וארובות השמים · לא ירד מבול אלא דרך שתי ארובות: ובמדה טובה הוא אומר ודלתי שמים פתח · ותנא כמה ארובות יש בארוך דלת ארבע הרי לב' דלתות ח' ארובות ואחרי שתי ארובות הורידו גשמים גובה ט"ו אמה ח' ארובות הורידו מן ששים אמות שהרי אמרת מדה טובה מרובה על של פורענות וכ"ש שהיא ממועטת הימנה: הא לא דמיא · אר"א אלעזר המודעי קאי: פתיחה פתיחה גמר · מה פתיחה האמורה בארובות המבול ט"ו לב' ארובות אף פתיחה האמורה בדלתות המן ט"ו אמה לכל ב' ארובות: ובעשור · דחומש הפקודים ואך בעשור דשור לא כתב שבת שבתון וגו' בכולהו כתיב תענו ועניתם: אניגרון · מין מאכל שנותנין בו יין וכמה מקומות שנינו בתוספ' אניגרון ואכסיגרון שנותנין בו יין ושמן: מיא דסילקא · מים שנשלקו בהן תרדין: דכולהו שלקי · של שאר מיני ירקות: מידי דמשכר · ואין שכרות אלא דרך אכילה: קעילית · שם מקום: חייב

תוספות

הני חמשה ענויין כנגד מי · תימה לי דהכא קאמר סתמא דהש"ס דחמשה הויין ובסמוך פריך סתמא דהש"ס ואנן שיתא תנן וי"ל דהא דקאמר הכא הני ה' ענויין כנגד מי לאו סתמא דהש"ס קאמר לה אלא מילתיה דרב חסדא היא הכל וכי האי גוונא איכא בריש פרק אלו מציאות (ב"מ דף כא.*) [וכו] דמיבעיא ליה וכמה א"ר יצחק קב בארבע אמות ובתר הכי פריך אי דרך נפילה אפילו טובא נמי כו' וי"ל מאי קמיבעיא ליה מעיקרא וכמה לימא דרך נפילה ואפילו טובא אלא רבי יצחק הוא דקאמר וכמה וכה"ג יש לפרש בפרק לא יחפור (ב"ב דף כב:) גבי וכמה [א"ר ייבא] כמלא רחב תנור*:

ובעשור אך בעשור שבת שבתון ושבת שבתון והיתה לכם · כך היא הגירסא ברוב ספרים ודבר תימה הוא מאד דלא מייתי להו כסדר שהם כתובים בתורה אלא לגמרי מלמטה למעלה קא מייתי להו ובעשור בפרשת פינחס ואך בעשור שבת שבתון בפרשת אמור אל הכהנים ושבת שבתון והיתה לכם באחרי מות אלא שוהיתה לכם כתיב ברישא וי"ל דלהכי מייתי ובעשור ברישא משום דמיניה נפקא לן לעיל (דף עד:) פירושו דעינוי דלאמר לעיל יכול ישב בחמה ובצנה וילמטר ת"ל כל מלאכה לא תעשו והיינו ההוא קרא דובעשור דכתיב ביה ועניתם את נפשותיכם כל מלאכה לא תעשו וכיון דכתיב לבסוף קא מייתי לטולה מלמטה למעלה ויש ספרים שגורסין שבת שבתון אך בעשור ובעשור והיתה לכם ועל אותה גירסא אין אדם יכול ליתן טעם:

הני חמשה הוו ואנן שיתא תנן · תימה לי דבקראי נמי כתיבי שיתא חדי באחרי מות ושלש באמור אל הכהנים וחד בפינחס וי"ל דכי כל הנפש אשר לא תעונה לא קא חשיב דלא קחשיב אלא לויוין תענו ועניתם אבל האי דלא לויוי הוא לא קא חשיב:

גמר

מסורת הש"ס

שמות כד · במדבר כז · שם יב · נ"א ההרים · בראשית ז · שם · תהלים עח · תהלים כג · סנהדרין ק · במדבר כט · ויקרא כג · שם טז · שם כג · [נדה לב.] · דברים יד · ברכות לה: [שבועות כג.] · דברים שם · נזיר ד. [שבועות כג. סנהדרין ע: כריתות יג: בכורות מה:] · שבועות כב:

[ועי' תוספות פסחים נג. ד"ה תנן ותוספות בכורות כט. סד"ה פיסא ותוספות נזיר ל. ד"ה פסיעות ותוספות ב"ב לח. ד"ה ואמר רבי יוחנן]

[עמ"ש תוספות סוטה יא. ד"ה ולעולם ד"ה מרים]

[בע"י ל"ג לה ועי' בילקוט]

הגהות הב"ח

(א) גמ' ועוד תיבה היכי סגיא אלא מעיקרא כתיב נבקעו כל מעינות: (ב) שם הוי אומר מדה טובה מרובה ממדת פורענות: (ג) שם ודגן שמים נתן למו ותנא כמה ארובות: (ד) שם ונפיש להו טפי אלא ר"א המודעי: (ה) שם ויין ובשכר שכר ויין שתיה הוא וקרייה: (ו) רש"י ד"ה זה יהושע וכו' אל הר האלהים וממתין:

רבינו חננאל

תנא כשהן נפנין לא נפנין לא [לפניהם ולא] לאחוריהן אלא לצדיהן: ולמה לא היה המן יורד להן פעם אחת בשנה, ואסיקנא מפני שיהו מכוונים לבם לאביהם שבשמים בכל יום · שמי שהיה לו כמה בנים היה דואג ואומר אם לא ירד המן למחר הרי אני ובני מתים ברעב · ונמצא תמיד מכוין לבו לשמים · ד"א מפני משוי הדרך · במבול כתיב וארובות השמים נפתחו. וכתיב חמש עשרה אמה מלמעלה גברו המים. ובמן כתיב ודלתי שמים פתח · ומיני דארבע ארובות שיעור הדלת · דתנא כמה ארובות יש בדלת ארבע וכתיב במן ודלתי שמים ויומטר עליהם מן לאכול נמצא בב' ארובות ט"ו אמה על כל ארובה ז' אמה וחצי · ובב' דלתות ח' ארובות על כל ארובה ז' וחצי · נמצא גובהו של מן ששים אמה · ואסיקנא ר' אלעזר בג"ש גמר מה פתיחה דהתם ז' אמות ומחצה על כל ארובה · אף פתיחה דהכא ז' אמות ומחצה על כל ארובה · תניא איסי בר יהודה אומר מן שהיה יורד לישראל היה מתגבר ועולה עד שרואין אותו מלכי מזרח ומערב · שנאמר תערוך לפני שלחן נגד צוררי וגו' ודייק אביי מהא דאיסי דאמר המן היה מתגבר ועולה בחשבון תערוך כדי שיראו אותו הכל · כסא דדוד לעלמא דאתי שיעורו כחשבון רויה רכ"א לוג: יוה"כ אסור באכילה ובשתיה וברחיצה ובסיכה ובנעילת הסנדל ובתשמיש המטה · אוקימנא לאכילה ושתיה חד והני ד' הא חמשה כנגד עינויין שבתורה · חד *) בעשור וחד ובעשור ג' אך בעשור ד' שבת שבתון ה' ושבת שבתון · בהני כולהו כתיב ענוי חמשה כנגד חמשה · ואסיקנא דשתיה בכלל אכילה היא שנאמר כל נפש מכם לא תאכל דם · ותוב מדכתיב ונתתה הכסף בכל אשר תאוה נפשך בבקר ובצאן וביין ובשכר

*) הייתו קרא דוהיתה לכם נחוקת עולם בעשור לחודש דכתיב בפ' אחרי מות וגירסת רבינו היא המתוקנת מכל הגירסאות שנמצאו כאן.

תוספות ישנים

היה צריך לכך עד שחטאו כמן: דנין איש מאיש · והא דכתיב משה איש האלהים אין דנין אלא מאיש: מאתן ועשרים וחד לוגא · שהיא מדה קטנה שבכולם הכתוב בתורה דכתיב ולוג שמן: א"ב נפיש להו טפי · שהיה גובהו יותר מששים אמה שהרי מחנה ישראל ג' פרסאות וכמ' יום יש תתק"ם שעות ... תתק"ם שעות נפל לכל העולם כולו כמדת ט"ו אמה לב' ארובות א"כ חשוב כמה נפל לכל אחת מן השעות כמהלך ג' פרסאות לח' ארובות שהעולם מהלך ה' מאות שנה וכל יום ויום יש מהלך י' פרסאות והוא יותר מס' אמה לפי חשבון זה: הני חמשה עינויין כנגד מי כו' · לעיל במשנה פירש שהם מדרבנן וכן משמע נמי מדלעיל מסמך לכולהו אקרא דשבתון שבות והכא בעי כנגד מי משמע דאין להם עיקר מן התורה:

אתיא

עין משפט
נר מצוה

יג א טוש"ע י"ד סימן ריז סעיף טו:

יד ב מיי' פ"ט מהלכות נדרים הלכה א סמג לאוין רמב טוש"ע י"ד סימן ריז סעיף א:

[בכריתות איתא לוקה]

רבינו חננאל

ובשכר וגו' הא שתיה וקא קרי ליה ואכלת כו' עד אמר רבא חמרא וריחני פקחין · אכילה ושתיה מנ"ל דאיקרי עינוי שנא' עניתי בצום נפשי · רחיצה וסיכה מנ"ל דאיקרי עינוי שנאמר לחם חמודות לא אכלתי ובשר ויין לא בא אל פי וסוך לא סכתי וגו' · וכתיב מן היום הראשון אשר נתת את לבך להבין ולהתענות וגו' · ודייק רב אשי מדכתיב וסוך לא סכתי כל סיכה בין סיכת מים שהיא רחיצה בין סיכת שמן אחד זה ואחד זה לא סכתי · מאי ואני באתי בדבריך דכתיב ושבעים איש מזקני בית ישראל ויאזניהו בן שפן וגו' ואחריהם אל היכל ה' וגו'

(*חייב) אלא יליף שכר שכר מנזיר מה להלן יין אף כאן יין ותירוש חמרא הוא והתניא *הנודר מן התירוש אסור בכל מיני מתיקה ומותר ביין ולאו חמרא הוא והכתיב °ותירוש ינובב בתולות דבר הבא מן התירוש ינובב בתולות והכתיב °ותירוש יקביך יפרוצו דבר הבא מן התירוש יקביך יפרוצו והא כתיב °זנות ויין ותירוש יקח לב אלא דכולי עלמא תירוש חמרא הוא ובנדרים *הלך אחר לשון בני אדם ואמאי קרי ליה יין ואמאי קרי ליה תירוש יין שמביא יללה לעולם תירוש שכל המתגרה בו נעשה רש *רב כהנא רמי כתיב תירש וקרינן תירוש זכה נעשה ראש לא זכה נעשה רש (*והיינו דרבא דרבא) רמי כתיב ישמח וקרינן ישמח זכה משמחו לא זכה משממו והיינו דאמר רבא *חמרא וריחני פקחין רחיצה וסיכה מנא לן דאיקרי עינוי דכתיב °לחם חמודות לא אכלתי ובשר ויין לא בא אל פי וסוך לא סכתי מאי לחם חמודות לא אכלתי אמר רב יהודה בריה דרב שמואל בר שילת אפילו נהמא דחיטי דכייתא לא אכל ומנא לן דחשיב בעינוי דכתיב °ויאמר אלי אל תירא דניאל כי מן היום הראשון אשר נתת את לבך להבין ולהתענות לפני אלהיך נשמעו דבריך ואני באתי בדבריך (כי חמודות אתה) אשכחן סיכה רחיצה מנא לן אמר רב זוטרא ברבי טוביה אמר קרא °ותבא כמים בקרבו וכשמן בעצמותיו ואימא כשתיה דומיא דשמן מה שמן מאבראי אף מים מאבראי והא תנא איפכא קא נסיב לה דתנן *מנין לסיכה שהיא כשתיה ביום הכפורים אף על פי שאין ראיה לדבר זכר לדבר שנאמר °ותבא כמים בקרבו וכשמן בעצמותיו אלא אמר רב אשי רחיצה מגופיה דקרא שמיע ליה דכתיב וסוך לא סכתי מאי ואני באתי בדבריך היינו דכתיב °ושבעים איש מזקני [בית] ישראל ויאזניהו בן שפן עומד בתוכם עומדים לפניהם ואיש מקטרתו בידו ועתר ענן הקטורת עולה* °וישלח תבנית יד ויקחני בציצת ראשי ותשא אותי רוח בין הארץ ובין השמים ותבא אותי ירושלימה במראות אלהים אל פתח שער הפנימית הפונה צפונה אשר שם

רש"י

חייב · משום שכר אל תשת (ויקרא י): אף כאן יין · וביין אין שכרות אלא בשתייה: אסור בכל מיני מתיקה · בפירות חדשים כתפוחים ענבים: ומותר ביין · בן ארבעים*: ותירוש ינובב בתולות · זה יין טוב שהוא משכר את האדם לגלות סתרי לבו האטומים כבתולה: הבא מן התירוש · מן הענבים והכי קאמר קרא הענבים יוציאו לכם דבר אשר ינובב בתולות: ותירוש יקביך יפרוצו · וכל יקב שבמקרא הוא הבור שלפני הגת ושם אין הענבים נתונים אלא היין: דבר הבא מתירוש וכו' · והכי קאמר קרא ענבים יהיו לך והמפריכים יקביך ביין ולעולם אין היין נקרא תירוש אלא הענבים: והכתיב יין ותירוש יקח לב · ואכילת ענבים אינה משכרת: הלך אחר לשון בני אדם · ואין דרכן לקרות את היין תירוש לכך מותר ביין: שמביא יללה · ע"י היין רב הגיאוף ופורענות באה לעולם · יין לשון תאניה ויללה: רש · לשחות לפי מדה: נעשה ראש · שמפקח לבו בחכמה: כתיב ישמם · בשי"ן לשון שממה וקרינן יין ישמח לשון שמחה: פקחין · פקחוני עשאוני פקח: דחיטי דכייתא · חטים נאות ונקיות כדמתרגמינן את בגדי עשו החמודות (בראשית כז) דכייתא: דומיא דשמן · מים בקרבו דכתיבי בקרא דומיא דשמן בעצמותיו מה שמן מבחוץ סכין אותו ונבלע בעצמותיו אף מים בקרבו הנבלעות דרך החוץ על ידי רחיצה: שתיה כשמים · אלמא מים דקרא שתיה הוא ושמן הוא דיליף ממים ולא ילפת מים משמן: אלא אמר רב אשי רחיצה מגופיה דקרא · דדניאל דגבי סיכה נפקא לן מריבויא דלישנא וסוך לא סכתי ומאי למכתב ולא סכתי: ואני באתי בדבריך · סיפיה דההוא קרא דלעיל אל תירא דניאל וגו' ואני באתי בדבריך נכנסתי לתוך הפרגוד בשבילך: מאי ואני באתי · מתי נגרש מתוכו שהולך ליכנס לבוש

תוספות

שכר שכר מנזיר · ואם תאמר לרבי יהודה דלא יליף גזירה שוה בברייתא פרק אמרו לו (כריתות דף יג:) מנא ליה דשתיה בכלל אכילה יש לומר מסברא כדאמרינן בפ"ג דשבועות (דף כג.) איבעית אימא סברא איבעית אימא קרא איבעית אימא סברא כדאמרי אינשי תא ונטעום מידי ואזלו ואכלי ושתו וא"ת נראה לי נהי דלגבי ביאת מקדש לא יליף שכר שכר מנזיר לחייב אפי' בשאר משכרין הכא גבי מעשר שני הוה יליף גזירה שוה דהתם טעמא רבה היכא דלא יליף משום דשתויי יין גנאי הוא ליכנס שכור לפנים דאפילו לפני מלך בשר ודם אין עושין כן כ"ש לפני מלך מלכי המלכים הקב"ה וכיון דטעמא מש"ה הוא מה לי יין מה לי שאר משכרין אבל בעלמא מודה דגמרינן מנזיר תדע דהא הכא אליבא דמ"ד אכל דבילה קעילית ונכנס למקדש חייב דהיינו רבי יהודה מסקינן גמר שכר שכר מנזיר אלמא דמודה רבי יהודה הכא כדפרי' וניחא נמי הא דקשה אדגמרת מנזיר נגמר ממקדש אפילו שאר משכרין אלא ודאי לא גמרינן מקדש מעלמא ולא בעלמא גמרינן מינה דטעמא דהתם הוי כדפרי' והא לא שייך בעלמא* ואם תאמר דהשתא מסקינן הכא דדבילה קעילית אין נקחת בכסף מעשר ובפרק בכל מערבין (עירובין דף כז:) לא משמע הכי דדרשינן ביין לרבות שלוקחין יין אגב קנקנו בשכר מלמד שלוקחין תמד משהחמיץ ומפרש התם דצריכי דאי כתב רחמנא בשכר ה"א דבילה קעילית [*כתב רחמנא יין ע"ג קנקנו וכ"ש דבילה קעילית] ואייתר לן בשכר לתמד משהחמיץ וע"ק מנלן התם למידרש כל הני דרשות ביין שלוקחין יין אגב קנקנו בשכר לתמד משהחמיץ בבקר ע"ג עורו בצאן ע"ג גיזותיו והא צריכי למידרש מינייהו כללי ופרטי לכל הפחות תרתי מינייהו צריכי חד בעלי חיים וחד שאינן בעלי חיים דאי כתב רחמנא יין ושכר ה"א גידולי קרקע ממש דווקא ואי כתב רחמנא בבקר ובצאן ה"א בעלי חיים אין שאין בעלי חיים לא כדאמרינן בפרק קמא דקדושין (דף יז.) גבי הענקה וי"ל דהתם לאו מביין ושכר ובבקר ובצאן קא דריש אלא מיתורא דביתי"ן דהוה מצי למיכתב יין ושכר בקר וצאן והשתא ניחא בשמעתא דבכלל שכר דקרא לא הוי דבילה קעילית וא"ת ולמה לי לרבויי התם דבילה קעילית תיפוק ליה מכעין הפרט דהוי פרי מפרי וגידולי קרקע וי"ל דשמא אינה ראויה לאכילה ולא חשיבא פרי כולי האי וא"ת הכא דפריך ואימא דבילה קעילית לישני מיין אגב קנקנו (דאינה) דנקחת נפקא כדאיתא בפ' בכל מערבין (עירובין דף כז:) ונראה לי דשפיר פריך דאי מיין אגב קנקנו נימא דאינה נקחת דבילה קעילית בפני עצמה מכסף מעשר אלא בהבלעה דומיא דיין אגב קנקנו כדמשמע התם דכל הנך דמרבינן מדרש' דביתי"ן אינה נקחת בעינייהו אלא בהבלעה והכי פריך ואימא דשכר גופיה מיירי בדבילה קעילית ותהיה נקחת בפני עצמה בלא הבלעה וא"ת אמאי לא גמרינן דשתיה בכלל אכילה מדכתיב בשכר ודרשינן מיניה תמד משהחמיץ ואמר רחמנא ואכלת וי"ל ע"י אניגרון אי נמי יש לומר ואכלת לא קאי אלא אגופיה ולא אמאי דמרבינן מדרש' דביתי"ן תדע דהא יין אגב קנקנו ובקר אגב עורו וצאן אגב גיזותיו לא שייך בהו אכילה ואם תאמר כי גמרינן שכר שכר מנזיר דשכר חמרא הוא מגלן דשתיה בכלל אכילה היא דילמא ביין קרוש הבא משגיר להכי כתב ואכלת וכי האי גוונא פריך בפרק קמא דסוכה (דף יב.) בגמ' דזה הכלל וכו' ויש לומר דילמא לא חזי לאכילה אלא שורין אותו במים ושותין ועוד מאי קמ"ל קרא ועוד דגמרינן מנזיר מה התם בכל מיני יין אסור דכתיב מכל אשר יעשה מגפן וגו' אף שכר דהכא: ומנלן דחשיבא עליה כעינוי דכתיב אל תירא דניאל וגו' · ואין

§ מסכת יומא דף עו: §

אות א'

הנודר מן התירוש, אסור בכל מיני מתיקה, ומותר ביין

יו"ד סימן ריז סט"ז - [א]**הנודר מהתירוש** - בלשון הקדש, **לדידן** - דמשתעינן בלשון לע"ז, **אסור ביין ומותר בכל מיני מתיקה** - ‹אע"פ שבטור כתב להיפך - ערוה"ש›, דאנן לא קרינן תירוש אלא ליין כלשון תורה, עכ"ל ר"ן, **וה"ה** אם נדר מתירוש בל' לע"ז, אינו אסור אלא ביין ולא בשאר מיני מתיקה, דאינם בכלל לשון - ש"ך.

אות ב'

ובנדרים הלך אחר לשון בני אדם

רמב"ם פ"ט מהל' נדרים ה"א - **בנדרים הלך אחר לשון בני אדם באותו מקום ובאותו לשון ובאותו זמן שנדר או נשבע בו; כיצד, נדר או נשבע מן המבושל, אם דרך אותו מקום באותו לשון באותו זמן שקוראין מבושל אפילו לצלי ולשלוק, ה"ז אסור בכל; ואם אין דרכם לקרות מבושל אלא לבשר שנתבשל במים ובתבלין, הרי זה מותר בצלי ובשלוק; וכן המעושן והמבושל בחמי טבריא וכיוצא בהן, הולכין בו אחר הלשון של בני העיר.**

יו"ד סימן ריז ס"א - **נדר או נשבע מהמבושל, אם דרך אותו מקום באותו לשון ובאותו זמן שקוראין מבושל אפי' לצלי ולשלוק, הרי זה אסור בכל; ואם אין דרכם לקרות מבושל אלא לבשר שנתבשל במים ובתבלין, הרי זה מותר בצלי ובשלוק; וכן המעושן והמטוגן והמבושל בחמי טבריא וכיוצא בהם, הולכים בו אחר הלשון של בני העיר.**

באר הגולה

א הר"ן שם, ודלא כהתוספתא הביאה הרא"ש והר"ן, דתנא שם בהיפוך, והביא הר"ן ראיה ע"ז מהירושלמי

§ עניני הלכה שונים הקשורים להדף §

אין משיבין על הקלקלה

אין משיבין על הקלקלה, דוקא כשתוכל לומר לא נפקא לן מינה, אבל כשיש דברים שאם יגיד הקלקלה יכול להיות תקנה לדבר, כגון ויבא הפליט ויגד לאברם העברי (בראשית י״ד י״ג), ואם לא היה מגיד, יותר היה חוטא, וכן אם לא יגיד על החולה לאוהבו, לא יחקור אחר רפואה, כמו ויאמר ליוסף הנה אביך חולה (שם מ״ח א׳), כדי שיביא את בניו עמו; וכן רבן יוחנן בן זכאי לר׳ חנינא בן דוסא שיתפלל על בנו, הרי לתקנתו יכול להגיד; או להעיד על מת בשביל אשתו להשיאה ולעשות תקנת יתומים. **א״כ** התך למה לא השיב למרדכי, **כי** היה רע בעיניו שלא רצתה לבא אל המלך ולמסור עצמה למות ללכת למלך אחשורוש; ועוד (אמר שיש) למסור עצמה למלך להיות נבעלת לו ותהיה אסורה למרדכי, כי עד עתה באונס היתה נבעלת, ועתה ממציאה את עצמה לערל ברצון - ספר חסידים סימן תתב.

ומעתה תימה על מ״ש השו״ע ביו״ד סי׳ ת״ב, דמי שמת לו מת ולא נודע לו, אין חובה שיאמרו לו, ומותר להזמינו לסעודת אירוסין וכל שמחה, יע״ש, **וביותר** קשה להרב בעל בני חיי שהביא משם מהר״ש הלוי, דמותר הבעל לשמש מטתו עם אשתו כל זמן שלא נודע לה שמת אביה או שאר קרוביה, יע״ש, ואמאי, והא אפי׳ באיסורין דרבנן איכא משום ולפני עור, ובפרט אם היה יום מיתה וקבורה דהוי דאורייתא. **דאע״ג** דלאו דלפני עור ליתיה אלא במושיט או במסייע, לא בשותק ורואה חבירו שעושה איסור, דאין החיוב אלא מטעם אפרושי מאיסורא דכל ישראל ערבין זה לזה, **מ״מ** בתשמיש מיהא שעל ידו נגמר האיסור, עדיף ממושיט כוס יין לנזיר, **ואפשר** לומר דהכא איכא תרתי לטיבותא, חדא משום האומר, דאם מודיע לאבל הא עביד איסורא, דקי״ל אין משיבין על הקלקלה, כדאיתא ביומא דף ע״ז ובכתובות דף ק״ד ובע״ז דף י׳ בעובדא דר׳ חנינא בר חמא יע״ש, וכיון דכן, לא ליעבוד איסורא בשביל להציל חבירו מאיסור אחר, והוי כעין הא דאמרינן בעלמא, אין אומרים לאדם חטוא כדי שיזכה חבירך, **ולא** דמי להא דערובין דף ל״ב, דניחא ליה לחבר דליעבד איסורא זוטא ולא ליעביד ע״ה איסורא רבא, כמו שמחלקין שם התוספות, דהתם החבר גורם לו לעבור, יע״ש, **ועוד** דמאן לימא לן דאיסור אבילות הוא חמור מאיסור השבת הקלקלה, תרוייהו איסור דרבנן. **ועוד** טעם אחר, דבעלמא בין אם היה העובר יודע או שוגג שלא ידע מהאיסור, מ״מ אי לא מפרשינן ליה עביד איסורא ואיכא עונש עילויה, דאפי׳ שוגג צריך כפרה דאיבעי ליה לעיוני, **אבל** בזה שמת לו מת, מהיכן היה עולה על דעתו שמת לו מת שיזהר מהאיסור, הא ודאי אנוס הוא, ובאנוס קי״ל דא״צ כפרה דלא עביד כלום - שו״ת בית יהודה חלק יורה דעה סימן יז.

שם מושב סמל הקנאה המקנה °ויבא אותי אל חצר בית ה' הפנימית והנה פתח היכל ה' בין האולם ובין המזבח כעשרים וחמשה איש אחוריהם אל היכל ה' ופניהם קדמה והמה *משתחוים קדמה לשמש ממשמע שנאמר *ופניהם קדמה איני יודע שאחוריהם אל היכל ה' אלא מה ת"ל אחוריהם אל היכל ה' מלמד שהיו פורעין עצמן והיו מתריזין כלפי מטה אמר לו הקב"ה למיכאל מיכאל סרחה אומתך אמר לפניו רבונו של עולם דיו לטובים שבהם אמר לו אני שורף אותם ולטובים שבהם מיד °ויאמר (*לאיש) לבוש הבדים ויאמר בוא אל בינות לגלגל אל תחת לכרוב ומלא חפניך גחלי אש מבינות לכרובים וזרוק על העיר ויבא לעיני מיד °וישלח הכרוב את ידו מבינות לכרובים אל האש אשר בינות הכרובים וישא ויתן אל חפני לבוש הבדים ויקח ויצא אמר רב חנא בר ביזנא אמר ר' שמעון חסידא אילמלא לא נצטננו גחלים מידו של *כרוב לידו של גבריאל לא נשתיירו משונאיהן של ישראל שריד ופליט וכתיב °והנה האיש לבוש הבדים אשר הקסת במתניו משיב דבר לאמר עשיתי כאשר צויתני *)[א"ר יוחנן באותה שעה הוציאו לגבריאל מאחורי הפרגוד ומחיוהו שיתין פולסי דנורא אמרו ליה אי לא עבדת לא עבדת אי עבדת אמאי לא עבדת כדפקדוך ועוד דעבדת לית לך *אימשיבין על הקלקלה אייתוהו לדוביאל שרא דפרסאי ואוקמיה בדוכתיה ושמש עשרים ואחד יום היינו דכתיב °ושר מלכות פרס עומד לנגדי עשרים ואחד יום והנה מיכאל אחד השרים הראשונים בא לעזרני ואני נותרתי שם אצל מלכי פרס יהבו ליה עשרין וחד מלכי ופרוותא דמשהיא אמר כתיבו לי לישראל באכרגא כתבו ליה כתיבו לי רבנן באכרגא כתבו ליה בעידנא דבעו למיחתם עמד גבריאל מאחורי הפרגוד ואמר °שוא לכם משכימי קום מאחרי שבת אוכלי לחם העצבים כן יתן לידידו שנא מאי כן יתן לידידו שנא א"ר יצחק אלו נשותיהן של תלמידי חכמים שמנדדות שינה בעולם הזה וזוכות לעולם הבא ולא השגיחו עליו אמר לפניו רבש"ע אם יהיו כל חכמי אוה"ע בכף מאזנים ודניאל איש חמודות בכף שניה לא נמצא מכריע את כולם אמר הקב"ה מי הוא זה שמלמד זכות על בני אמרו לפניו רבש"ע גבריאל אמר להם יבא שנאמר °ואני באתי בדבריך אמר להו ליעול עיילוהו אתא אשכחיה לדוביאל דנקט ליה לאיגרתיה בידיה בעא למרמא מיניה בלעה איכא דאמרי מיכתב הוה כתיבא מיחתם לא הוי חתמא איכא דאמרי אף מיחתם נמי הוה חתמא כדבלעיה מחיק לה מיניה היינו דבמלכותא דפרס איכא דיהיב כרגא ואיכא דלא יהיב כרגא °ואני יוצא והנה שר יון בא עוי עוי וליכא דאשגח ביה]: ואי בעית אימא רחיצה דאיקרי ענוי מנא לן מהכא דכתיב °ולאביתר הכהן אמר המלך ענתות לך על שדך כי איש מות אתה וביום הזה לא אמיתך כי נשאת [את] ארון *ה' לפני דוד אבי וכי התענית בכל אשר התענה אבי וכתיב ביה בדוד °כי אמרו העם רעב ועיף וצמא במדבר רעב מלחם וצמא ממים עיף ממאי לאו מרחיצה ודילמא מנעילת הסנדל אלא אמר ר' יצחק מהכא °מים קרים על נפש עיפה ודילמא משתיה מי כתיב בנפש עיפה על נפש עיפה כתיב ונעילת הסנדל מנא לן דכתיב °ודוד עולה במעלה הזיתים עולה ובוכה וראש לו חפוי (*והולך) יחף ממאי לאו מנעילת הסנדל ודילמא מסוסיא (א) ומרטקא אלא אמר רב נחמן בר יצחק מהכא °לך ופתחת השק מעל מתניך ונעלך תחלוץ מעל רגליך וכתיב °ויעש כן הלוך ערום ויחף יחף ממאי לאו מנעילת הסנדל ואימא במנעלים המטולאים דאי לא תימא הכי ערום ממש אלא *בבגדים בלויים הכא נמי במנעלים המטולאים אלא אמר רב נחמן בר יצחק מהכא °מנעי רגלך מיחף וגרונך מצמאה מנעי עצמך מן החטא כדי שלא יבא רגלך לידי יחוף מנעי לשונך מדברים בטלים כדי שלא יבא גרונך לידי צמאה תשמיש המטה דאיקרי ענוי מנא לן דכתיב °אם תענה את בנותי ואם תקח נשים

[גליון: יחזקאל ח · שם י · שם ט · דניאל י · [מגילה טו:]]

*) כל מאמר מכאן עד וליכא דאשגח ביה נשמט בכל הגמרות ונמצא רק בדפוסי' וכו'.

רש"י

לבוש הבדים · הוא גבריאל כבספר דניאל : [פולסי דנורא · מקלות של אור : אי לא עבדת · כלל : לא עבדת · והיינו מלדיקים אותך לומר דוחה הוא את הדבר אולי ישוב הקב"ה מחרונו ויחמלה להם : כדפקדוך · שהיה לו ליטול הגחלים מכוות לכרובים ולהם אמרת אל הכרוב ליתנם לך : בדוכתיה · במקומו : עומד לנגדי · גבריאל אמר כן לדניאל : ופרוותא דמשהיא · כמו שקורין פורעין : דמשהיא · דבר מלכות בלשון פרסי לפי שהוא מעלה שם מרגליות כדאמרינן בר"ה : אכרגא · כסף גולגלתא : שוא לכם וכו' · כלומר כלום הגוים האומות להיות החכמים מסורים בידם והלא המקרה משכחן שאף כשותים מנדדות שינה מעיניהם שוא לכם בעלי אומנות המשכימים ומאחרים למלאכתם אוכלי לחם בעצב ובגיעה כן יתן הון את העולם מזונות ופרנסה לידידו שנא למי שנדד שינה בשבילו : באתי בדבריך · על שדברתי בך : אשכחיה לדוביאל הוה נקט איגרתא : ואני יוצא והנה שר יון בא · וכשהגיע זמן מלכות יון לבא אלא על כרחו שכבר עגורה גזרה ושר יון יבא במקומו : עוי עוי · לעק ולוה גבריאל על זאת שלא ימשלו מלכי יון בישראל] : ולאביתר הכהן וגו' כי נשאת את ארון ה' לפני דוד אבי · כשהיה בורח מפני אבשלום : וכי התענית בכל אשר התענה אבי · למדנו שנקראת בריחתו של דוד מפני אבשלום עינוי וכתיב כי אמרו העם רעב ועיף וצמא במדבר : מים קרים על נפש עיפה · אלמא מרחילה מיקרי עיף ולא מנעילת הסנדל וקרי ליה עינוי דכתיב בכל אשר התענה אבי : מרטקא · שוט הסוס : ויעש כן · בישעיה כתיב ישעיה לא היה רגיל במרכבת סוסים ויחף דידיה בנעילת סנדל הוא והוא יגלה על יחוף דדוד נמי דמנעילת הסנדל הוא : שלא יבא רגלך לידי יחוף · כלאחך בגולה : אם

תוספות

ואין להקשות דילמא להתענות דקרא לאו אסיכה קאי אלא אלחם חמודות לא אכל שהיה מענה נפשו באכילה וי"ל האי לאו עינוי הוא מי שאינו אוכל לחם חמודות ואוכל לחם אחר ואינו שותה יין ושותה משקה אחר אלא ודאי אסיכה קאי שלא היה סך כלל :

דתנן מניין לסיכה שהיא כשתייה דכתיב ותבא כמים בקרבו וגו' · בפרק אמר ר' עקיבא בשבת (דף פו.) קאמר עלה אע"פ שאין ראיה לדבר זכר לדבר ותבא כמים בקרבו ותימה דבפרק בנות כותים (נדה דף לב. ושם) מייתי ברייתא דתניא ולא יחללו את קדשי בני ישראל לרבות את הסך כשותה ואי בעית אימא מהכא ותבא כמים בקרבו וגו' והשתא קשה דמעיקרא מייתי ראיה מדאורייתא והדר מייתי ראיה מדברי קבלה שאינו אלא זכר לדבר וי"ל דה"ק אפי' לא היה לנו פסוק לאסור סיכה דאורייתא הוה לן למיסרי' מדרבנן מקרא דותבא אי נמי קרא דולא יחללו נמי אסמכתא בעלמא דעיקרו לאו להאי דרשא אתא אלא לכדדרשינן בפרק קמא דזבחים (דף ג:) קדשים מחללין קדשים ואין חולין מחללין קדשים ובס"פ אלו הן הנשרפין (סנהדרין דף פג.) ילפינן מיני' אוכל טבל דבמיתה ופר"ת דכל עינויים דיוה"כ ליתנהו אלא מדרבנן וקראי אסמכתא בעלמא לבר מאכילה ושתיה °דהאמר לקמן ואם היה מלוכלך בטיט ובצואה רוחץ כדרכו ואינו חושש מי שיש לו חטטין בראשו סך כדרכו ואינו חושש ובמסכת כריתות בפ"ק (דף ז.) אמרינן כהן שסך שמן של תרומה (למעים) בן בתו ישראל מתעגל בו ואינו חושש ואי הוי דאורייתא היה אסור בכל ענין אלא מדרבנן ומותר אדם לסוך בחלב דלא אשכחן דאתסר סיכה כשתיה אלא ביוה"כ ובתרומה ובאיסורי הנאה כי ההיא דפרק כל שעה (פסחים דף כה:) רבינא סייך לברתיה בגוהרקי דערלה וכו' עד אמר ליה שלא כדרך הנאתו קא עבידנא וחלב חי של שור הנסקל על גבי מכתו פטור הא מהותך אסור משום דאיסורי הנאה נינהו אבל חלב דהתירי הנאה מותר ובתרומה אסור משום דאיכא אסמכתא דולא יחללו וביוה"כ אסרו משום תענוג אבל משום רפואה שרי או ידיו מלוכלכות כללא דמילתא היכא דאינו בשביל תענוג שרי :

*מניין לסיכה שהיא כשתיה דכתיב ותבא וגו' · תימה לי אמאי איצטריך הש"ס למיגמר סיכה מוסוך לא סכתי הא מהאי קרא נפקא מותבא כמים בקרבו וכו' ומתני' היא בשבת בפרק אמר ר' עקיבא (דף פו.) ונראה לי דאצטריך דאי לא כתיב אלא האי קרא דותבא כמים בקרבו וכו' הייתי אוסרין אפי' סיכה שאינה של תענוג כשתיה להכי אייתי מקרא דדניאל דמשמע שלא נמנע אלא מסיכה של תענוג מדכתיב להתענות ואי לא כתיב אלא קרא דדניאל לא הוה אסרי' סיכה דכמה עינויין של צער שהיה מענה ומצער נפשו ולא גמרינן מהתם דדילמא חד משאר עינויין שעשה הוה אסרינן אבל סיכה לא קא משמע לן מקרא דותבא כמים וגו' דסיכה כשתיה ועוד דמקרא דותבא איצטריך לן למילף גבי תרומה דסך כשותה בתרומה לא שייך למיגמר מקרא דדניאל : משום

רבינו חננאל

אמר הקב"ה למיכאל · מיכאל סרחה אומתך אמר לפניו רבש"ע דיי הטובים שבהם · א"ל ומפני מה לא מיחו הריני שורף הכל. מיד אמר אל האיש לבוש הבדים בוא אל בינות לגלגל [וגו'] וישא ויתן אל חפני לבוש הבדים · אילו לא נצטננו הגחלים מיד הכרוב לידו של גבריאל לא נשתייר משונאי ישראל שריד ופלים · והנה האיש לבוש הבדים אשר הקסת •במתניו משיב דבר לאמר עשיתי ככל אשר צויתני א"ר יוחנן באותה שעה אפיקו גבריאל לאחורי הפרגוד ומחיוה כו' · אמרו ליה אי לא עבדת שפיר ואי עבדת אמאי לא עבדת כדפקדוך · ותוב לית לך אין משיבין על הקלקלה אוקמוה לדוביאל שר פרס בדוכתיה כ"א יום. כדכתיב ושר מלכות פרס עומד לנגדי עשרים ואחד יום והנה מיכאל אחד השרים הראשונים בא לעזרני ואני נותרתי שם אצל מלכי פרס' אמר להן כתבו לי ישראל וטולתו רבנן באכרגא כתבו ליה כי ממא למחתם פתח גבריאל ואמר שוא לכם משכימי קום וגו' ולא אשגחו ביה · אמר רבון כל העולמים אם יהיו כל חכמי אומות העולם בכף מאזנים ודניאל בכף שניה לא נמצא מכריע את כולם · אמר הקב"ה מי הוא המלמד זכות על בניי [א"ל] גבריאל [א"ל] יבא מיד בא היינו דכתיב ואני באתי בדבריך: נעילת הסנדל מנ"ל דאיקרי ענוי ופשמנא מהכא מנעי רגלך מיחף וגרונך מצמאה · איתקש יחיפה לצמאה · ובצמאה כתיב כי אמרו העם רעב ועיף וצמא במדבר · ומצאנו שאמר שלמה לאביתר כי התענית בכל אשר התענה אבי · נמצאת הצמאה שנקרית ענוי ויחיפה כיוצא בה · וזה מדרש הוא · אמר נביא לכנסת ישראל מנעי רגלך מחטא כדי שלא תבא לידי יחוף · וסור מדברים בטלים כדי שלא יבא גרונך לצמאה · מניעת תשמיש המטה מנ"ל דהוא ענוי שנאמר אם תענה את בנותי שלא תתן להן העונה שלהן · ואם תקח

תוספות ישנים

הריני שורף את הטובים שבהם · לפי שלא מיחו כדאמרינן בכמה דוכתי (דף פח.) שנענשו על שהיה בידם למחות : יהבו ליה עשרים וחד מלכי · כנגד כ"א יום ששימש : ודילמא משתיה · לריך עיון דא"כ לא הוי מים קרים על נפש עיפה כמו עיף דדוד דהתם ליכא לפרושי דילמא משתיה דהא כתיב וצמא ומשמע כחד גוונא נינהו : מאי לאו מנעילת סנדל · וליכא למימר מסוסיא ומרטקא דהא כתיב ונעלך תחלוץ מעל רגליך ודלא כפירוש רש"י שפירש דישעיה לא היה רגיל במרכבת סוסים : שלא יבוא רגלך לידי יחוף · כהולכי גולה דגולים הולכים יחפים

[עי' תוס' שבת פו. ד"ה שאע"פ שאין וכו' ועי' תוס' נדה לב. ד"ה וכשמן]

מסורת הש"ס

[דף כג.] משתחוים · קדושין סב: סוכה נג: · [נ"ל אל האיש] · [גי' ע"י מידו של מיכאל לידו של גבריאל] · תהלים קכז · דניאל י · שם · מלכים א ב · [נ"ל ה' אלהים] [שמואל ב טו] · משלי כה · ש"ב טו · [נ"ל והוא הולך] · ישעיה כ · שם · [ע' שבת קיד:] · ירמיה ב · בראשית לא

הגהות הב"ח

(א) גמרא ודילמא מסוסיא ומרטקא אלא אמר :

גליון הש"ס תוס' ד"ה דהתם וכו' דהאמר לקמן ואם היה מלוכלך · עי' ברבינו יונה פ"ס דברכות סי' נ' ד"ה מתני' רחץ בלילה כו' :

משום שיבתא · פרש"י רוח רעה השורה על הידים שלא נטלן שחרית ור"ת מפרש דבלא נטילת פת לתינוק מותר ליטול ידיו שחרית ביום הכפורים דלא גרע ממלוכלכות בטיט ובצואה דאמרינן שרוחץ כדרכו ואינו חושש ואין לך מלוכלך בטיט ובצואה יותר מזה שלא נטל ידיו שחרית שאינו רשאי ליגע לפיו ולחוטמו ולאזניו ולעיניו כדאמר בפרק שמונה שרצים (שבת דף קח:) יד לפה תקצץ וכו' משום בת מלך ושיבתא דהכא ענין אחר הוא (ב) ששורה על האוכל כשבא ליתן פת לתינוק כגון ד' וה' שנים ותוקפתו אם לא נטל ידיו באותה שעה אף על פי שכבר נטלן שחרית ומה שהעולם אין נזהרין עכשיו בזה לפי שאין אותה רוח רעה שורה בלאו המלכיות כמו שאין נזהרין על הגילוי ועל הזוגות:

אם תענה מתשמיש ואם תקח מצרות ואימא אידי ואידי מצרות מי כתיב אם תקח ואם תקח כתיב ואימא אידי ואידי מצרות חד לצרות דידיה וחד לצרות דאתיין ליה מעלמא דומיא דאם תקח מי כתיב אם תקח ואם תענה אם תענה ואם תקח כתיב א"ל רב פפא לאביי הא תשמיש גופה איקרי עינוי דכתיב וישכב אותה ויענה א"ל התם שעינה מביאות אחרות ת"ר אסור לרחוץ מקצת גופו ככל גופו ואם היה מלוכלך בטיט ובצואה רוחץ כדרכו ואינו חושש אסור לסוך מקצת גופו ככל גופו ואם היה חולה או שהיו לו חטטין בראשו סך כדרכו ואינו חושש תנא דבי מנשה רשב"ג אומר מדיחה אשה ידה אחת במים ונותנת פת לתינוק ואינה חוששת אמרו עליו על שמאי הזקן שלא רצה להאכיל בידו אחת וגזרו עליו להאכיל בשתי ידים מ"ט אמר אביי משום שיבתא ת"ר ההולך להקביל פני אביו או פני רבו או פני מי שגדול ממנו עובר עד צוארו במים ואינו חושש איבעיא להו הרב אצל תלמיד מאי ת"ש דאמר רב יצחק בר בר חנה אנא חזיתיה לזעירי דאזל לגבי רב חייא בר אשי תלמידיה רב אשי אמר ההוא רב חייא בר אשי הוא דאזל לגביה דזעירי רביה רבא שרא לבני עבר ימינא למעבר במיא לנטורי פירי א"ל אביי לרבא תניא דמסייע לך שומרי פירות עוברין עד צוארן במים ואין חוששין רב יוסף שרא להו לבני בי תרבו למעבר במיא למיתי לפירקא למיזל לא שרא להו א"ל אביי א"כ אתה מכשילן לעתיד לבא איכא דאמרי שרא להו למיתי ולמיזל א"ל אביי בשלמא למיתי לחיי אלא למיזל מאי טעמא כדי שלא תהא מכשילן לעתיד לבא רב יהודה ורב שמואל בר רב יהודה הוו קיימי אגודא דנהר (פפא) אמברא דחצדד והוה קאי רמי בר פפא מהך גיסא רמא להו קלא מהו למיעבר למיתי לגבייכו למשאל שמעתא א"ל רב יהודה רב ושמואל דאמרי תרוייהו עובר ובלבד שלא יוציא ידו מתחת חפת חלוקו איכא דאמרי א"ל רב שמואל בר רב יהודה תנינא עובר ובלבד שלא יוציא ידו מתחת חפת חלוקו מתקיף לה רב יוסף ובחול כי האי גונא מי שרי והכתיב וימד אלף באמה ויעבירני במים מי אפסים מכאן שמותר לעבור עד אפסים וימד אלף ויעבירני במים מים ברכים מכאן שמותר לעבור עד ברכים וימד אלף ויעבירני מי מתנים מכאן שמותר לעבור עד מתנים מכאן ואילך וימד אלף נחל אשר לא אוכל לעבור אמר אביי שאני נחל דרדיפי מיא יכול בסיתוי ת"ל כי גאו המים מי שחו מאי שחו מי שיטא שכן קורין לשייטא סייחא יכול יעבירנו בבורני קטנה ת"ל בל תלך בו אני שיט יכול יעבירנו בבורני גדולה ת"ל וצי אדיר לא יעברנו מאי משמע כדמתרגם רב יוסף לא תזיל ביה בספינת צידין ובורני רבתי לא תגוזינה אמר ר' יהודה בן פזי אף מלאך המות אין לו רשות לעבור בתוכו כתיב הכא בל תלך בו אני שיט וכתיב התם משוט בארץ אמר ר' פנחס משום רב הונא צפוראה מעין היוצא מבית קדשי הקדשים בתחילה דומה לקרני חגבים כיון שהגיע לפתח היכל נעשה כחוט של שתי כיון שהגיע לאולם נעשה כחוט של ערב כיון שהגיע אל פתח עזרה נעשה כפי פך קטן והיינו דתנן ראב"י אומר מים מפכין

אם תענה מתשמיש · להשביע עונתן : **ואם תקח מצרות** · השביעו כשמשו שלא יוסיף להן צרות : **ה"ג ואימא אידי ואידי מצרות מי כתיב אם תקח אם תקח ואם תקח כתיב ואימא אידי ואידי מצרות חד לצרות דידיה וחד לצרות דאתיין ליה מעלמא דומיא דואם תקח מי כתיב אם תקח ואם תענה אם תענה ואם תקח כתיב** · והכי פירושא ואימא אידי ואידי מצרות וה"ק אם תענה את בנותי ליקח נשים עליהן מי כתיב אם תענה אם תקח דליהוי אם תקח פי' דאם תענה ואם תקח כתיב מילתא אחריתי היא : **ואימא אידי ואידי מצרות חד לצרות דידיה** · שלא יעשה בלהה וזלפה גבירות שוות לאמהותיהן והדר אשבעיה אם תקח נשים דהיינו צרות דאתיין להו לבתר הכי מעלמא והכי מסתברא דומיא דואם תקח : **מי כתיב אם תקח ואם תענה** · צרות דעלמא קשות להן מן הראשונות ובריש הוה ליה לאשבועיה אצרות דעלמא והדר הוה ליה לאשבועיה אצרות דידיה דלא מיפסקי אינש הכי להזהירו תחילה על הקל ולבסוף על הקשה : **מביאות אחרות** · שהיתה מתאוה לו ולא בא עליה בטובתה בימים שעמדה אצלו ואני שמעתי שעינה מביאות אחרות שבא עליה שלא כדרכה וקשיא לי א"כ אימא אם תענה את בנותי נמי הכי אשבעיה שלא יענה אותן מביאות אחרות ועוד שעינה בביאות אחרות מיבעי ליה : **מדיחה את ידה** · לפי שרוח רעה שורה על הלחם הנלקח בידים שלא נטלן שחרית ושם השד שיבתא : **שלא רצה להאכיל בידו אחת** · אפי' ידו אחת לא היה נוטל לתת פת לבנו קטן ביום הכפורים : **ואינו חושש** · משום רחיצה : **לנטורי פירי** · שהיו להם פרדסים בעבר הנהר : **בי תרבו** · שם הכפר : **לפירקא** · שהיו דורשין ביוה"כ : **לעתיד לבא** · לשנה אחרת לא יבואו הואיל ולא התרת' לעבור את המים ולחזור : **אמברא דחצדד** · מקום מעבר הנהר מול חצדד : **מתחת חפת** · שפת חלוקו להגביה שולי חלוקו על זרועו דאינו נראה כמלבוש אלא כמשאוי על כתיפו ואמר מר (שבת דף קמז.) היוצא בטלית מקופלת על כתיפו בשבת חייב חטאת : **כי האי גוונא** · דקתני לעיל עד צוארו במים והאיכא סכנה שלא ישטפוהו המים : **וימד אלף** · המלאך הראה ליחזקאל נחל היוצא מבית קה"ק תחילתו כחוט והולך וגדל וכל אלף אמה אורך מסילה חוץ לירושלים לא היה עמוק אלא מי אפסים מי קרסולין : **וימד אלף** · שניות והעמיקו עד ברכים : **מכאן ואילך** · קרי ליה אשר לא אוכל לעבור אלמא אסור לעבור למעלה ממתנים : **שאני נחל** · היוצא מבית קה"ק שהיו מימיו רודפים הולכים מהר ושוטפים : **בסיתוי** · בשייט : **ת"ל כי גאו המים מי שחו** · ראויות לשוט : (א) **לפתח בית דוד** · היא ציון חוץ לירושלים :

מפכין

מכאן

עין משפט נר מצוה

טו א ב מיי' פ"ג מהל' שביתות עשור הלכה א ב סמג לאוין סט ועשין לב טוש"ע א"ח סימן תריג סעיף א :

טז ג ד מיי' שם הלכה ט וסמג שם טוש"ע א"ח סי' תריד סעיף ד :

יז ה מיי' שם הל' ב :

יח ו מיי' שם הלכה ו סמג לאוין שם טוש"ע א"ח סימן תריג סעיף ה וסימן תקנד סעיף יב וסימן שא סעיף ד :

יט ז טוש"ע שם סימן תריג סעיף ז :

כ ח מיי' שם הלכה ו סמג שם טוש"ע שם סעיף ח :

כא ט י מיי' שם טוש"ע שם סעיף ה וסימן שא סעיף ד :

כב כ ש"ע שם סימן תריג סעיף ה :

מסורת הש"ס

תורה אור

חולין קז:

[שם ע"ב]

[צ"ל ידיו מלוכלכות כו' כן הגירסא בהרא"ש ובכל הפוסקים וכן בהרא"ש פרק אלו מגלחין סימן לז]

[תוספתא פ"ד]

[ועי' בפירש"י בחומש שכתב ויענה שלא כדרכה]

[בערוך ערך גד ז' א' פרת]

[תוספת' סוכה פ"ג]

[מדות פ"ב מ"ו]

הגהות הב"ח

(א) רש"י בסוף העמוד ד"ה לפתח כו' נ"ל בדפסא"ו אחר ד"ה מפכים כו': (ב) תוס' ד"ה משום כו' ושיבתא דהכא ענין אחר הוא' נ"ב ובמסכת תענית כ מבמע כפירוש רש"י:

רבינו חננאל

נשים שתביא עליהן צרות : ת"ר אסור לאדם לרחוץ מקצת גופו ככל גופו ואם היו ידיו מלוכלכות בטיט או בצואה רוחץ כדרכו ואינו חושש · ואסור לסוך מקצת גופו ככל גופו ואם היה חולה או שהיו לו חטטין בראשו סך כדרכו ואינו חושש · תנא דבי מנשה רשבג"א מדיחה ידה אשה במים ונותנת פת לתינוק · שמאי הזקן לא רצה להאכיל בידו אחת וגזרו עליו להאכילו בשתי ידיו · מ"ט משום שיבתא פי' רוח רעה : ת"ר ההולך להקביל פני רבו או אביו או מי שגדול ממנו עובר עד צוארו במי' ואינו חושש' רב אצל תלמיד מאי ולא איפשיטא בה"יא דהא רב אשי [אמר] דרב חייא בר אשי הוא דאזל לגבית זעירי רביה רבא שרא להו לבני עבר ימינה למעבר לנטורי פירי · תניא כוותיה שומרי פירות עוברים עד צוארם במים ואינם חוששין · רב יוסף שרא להו לבני בי רב למעבר כדי למיתא בפירקא · ושרא להו נמי למיהדר כדי שלא תהא מכשילן לעתיד לבא · כלומר אם תאסרהו לחזור לביתו לא יבא פעם אחרת · אמר רמי בר פפא לרב יהודה ולרב שמואל מהו למעבר במיא ומיתי קמי רבנן למשאל בשמעתא אמרו ליה תנינא עובר ובלבד שלא יוציא ידו מתחת חפת חלוקו ומתמהינן וכי האי גונא בחול מי שרי והכתיב וימד אלף באמה ויעבירני במים מי אפסים · מיכן שמותר לעבור עד אפסים · וימד אלף ויעבירני במים מים ברכים מיכן שמותר לעבור עד ברכים · וימד אלף ויעבירני (במים) מי מתנים · מיכן שמותר לעבור עד מתנים · מיכן ואילך נחל אשר לא יעבור · כלומר (לא) [אם] יהיו מים למעלה ממתנים נקראין נחל אשר לא יעבר · ושנינן שני נחל

משום

גליון הש"ס

גמרא אמר אביי משום שיבתא · עיין תענית דף כ ע"ב ברש"י ד"ה מילתא דשיבתא: תוס' ד"ה משום שיבתא וכו' כגון ד' וה' שנים ותוקפתו · בערוך איתא מבן ב' חדשים עד ז' שנים והרוח רעה אוחזת התינוק בצוארו כמפרקת בגידים שאחורי הצואר ומייבשת אותם ומתנונה והולך עד שימות וממה היא בטעה אמו כלי מבית הכסא או מנהר ומינקת לבנה לאלתר :

תוספות ישנים

לגמרי : **סך** כדרכו ואינו חושש · כיון שיש בו רפואה קצת כדתנן בפרק שמונה שרצים (דף קיא.) החושש במתניו לא יסוך בהן יין וחומץ אבל סך הוא את השמן מיהו משום שחיקת סממנין ליכא למיגזר מידי . **להאכיל** בידו אחת · פירוש ליטול ידו אחת להאכיל לתינוק וגזרו עליו שיאכיל בשתי ידיו משום שיבתא : **משום** שיבתא · אומר ר"ת נראה לו כפירוש הערוך שפירש שהוא רוח רעה שהיא חונקת התינוק כשנותנין לו לחם בלא נטילת ידים ובימי חכמים היה קשה לתינוק ועכשיו אין נזהרין בכך ולאו היינו בת מלך דשמונה שרצים (דף קח.) דהתם איירי בנטילת שחרית והכא מיירי כל שעה אפילו בחצי היום ונראה לר"ת שמותר ליטול ידיו ביוה"כ כדאמר הכא היו ידיו מלוכלכות בטיט ובצואה רוחץ כדרכו ואינו חושש ואמרינן נמי בפרק שמונה שרצים (דף קח:) דהיכא שלא נטל ידיו שחרית יד לפה תקצץ יד לעיניו תקצץ כו' ואמרינן נמי התם בת מלך היא זו ומקפדת עד ג"פ וגם יש סכנה שאי אפשר שלא יגע כל היום באחד מאלה וכן אם הסיך (מי) רגליו מותר לרחוץ ידיו משום הכון לקראת אלהיך ישראל והיינו כמו ידיו מלוכלכות בטיט ובצואה וכן פירש רבינו שמואל וריב"א מיהו היכא שהוצרך לקטנים ולא שפשף בידיו שאין צריך לנטילת ידים כדפרישית לא ידע ה"ר אלחנן אי חשבינן ליה כידיו מלוכלכות בטיט ומסתברא לי דיכול ליטול דכיון שמנקה עצמו טוב שייך בהו הכון והא דאמרינן לקמן (דף עח.) שורין לה מפה במים לאו היינו נטילת ידים לשחרית אלא לקרר בעלמא ולהעבירה על גבי עיניו ולקמן לא איירי אלא בהכי ולא לנטילת ידים ואם תאמר כיון דצריכין הכא לרחוץ היכא דידיו ורגליו מלוכלכות בטיט ובצואה אם כן חילקת ברחיצה ואמרינן לעיל (דף עד:) גבי עינוי דומיא דמלאכה מה מלאכה לא חילקת בה אף עינוי לא תחלוק בו וי"ל דהיכא שרוחץ בשביל טינוף אין זו רחיצה כלל דרחיצה של עונג בעינן ולמאי דפרישית לעיל (בריש פירקין) דרחיצה אינה אסורה אלא מדרבנן אתי שפיר דלא מדמי התם לענין שלא תחלוק בו אלא עינוי אכילה ומלאכה דחרווייהו דאורייתא : **עובר** עד צוארו במים ואינו חושש · ולא חיישינן לסחיטה כמו דאמרינן באלו קשרים (דף קיג:) גבי מהלך בדרך ופגע באמת המים כו' היכי ליעבד ליעבור במיא איתותבן מאניה ואתי לידי סחיטה דמשום מטה או לנטורי פירי שרו רבנן והתם מיירי לדבר הרשות אך קשה קצת דאין לך דבר הרשות יותר מלנטורי פירי וכי משום הפסד יש לך להתיר אלא נראה לרבי דהואיל ולא הותרה לו אלא על ידי מלבוש זכור הוא כדאמר לקמן ובלבד שלא יוציא ידו מתחת חפת חלוקו וכי האי גוונא אמרינן בפרק שני דביצה (דף יח.) גבי נדה דהואיל ולא הותרה לה אלא ע"י מלבוש זכורה היא · מ"ר · אך קשה לרבי דנהי דלא גזרינן משום סחיטה הא איכא כיבוס וליכא למימר כדאמר בזבחים פרק דם חטאת דבגד שרייתו זהו כיבוסו ואין לומר דהכא ודבילה בבגדים של עור דשרייתו לאו היינו כיבוסו כדמוכח התם פרק דם חטאת (דף צד:) וכדתנן נמי בפרק נוטל (דף קמב:) היתה עליו לשלשת על הכר מקנחה בסמרטוט היתה של עור נותן מים עליה עד שתכלה ולא אמרינן שרייתו זהו כיבוסו זה אין לומר דהתם בבגדים לאו עור נינהו ואומר רבי דהיכא דליכא דם או דבר טינוף על הבגד התם דוקא שרייתו זהו כיבוסו דבסוגיא דם מיירי התם בפרק דם חטאת אבל היכא שהבגד שחור מחמת שנלכלך בו או מחמת שנשתמשו בו או שהיה לבן לגמרי ואין בו שום טינוף אלא שצריך ללבן עדיין לא אמרינן שרייתו זהו כיבוסו ול"ע פרק דם חטאת דלא תיקשי מידי אהאי תירוצא ולפי מה שפירש בספר הישר שיש חילוק בבגדים שיש שמתכבסין מהרה ויש שצריך לפרוח בהם הרבה כעין שלנו לפי זה היינו יכולין להעמיד כן דהכא בבגדים שאינם מתלכלכים מהרה כעין שלנו ועוד פלא רבי מוגה בספר הישר דלא אמרינן שרייתו זהו כיבוסו (אלא) בדבר שהוא כעין לכלוך כמו ססוג ואלונטית וקינוח ידים במפה וכמו כן זה אינו אלא דרך לכלוך שהולכין במים לנוסים ואין שרייה זו דרך כקיון וליבון וגם אינו מתכוין לנקות ולהסיר הטינוף על ידי מים וטעמים שמתלכלך עוד בכך · מ"ר · ולפי

זה

§ מסכת יומא דף עז: §

אות א׳ - ב׳

אסור לרחוץ מקצת גופו ככל גופו

ואם היה מלוכלך בטיט ובצואה רוחץ כדרכו ואינו חושש

תריג ס״א - [ב]**אסור לרחוץ ביום הכיפורים,** [ג]**בין בחמין בין בצונן; ואפי׳ להושיט אצבעו במים, אסור.** [ד]**ואם היו ידיו או** [ה]**רגליו או שאר גופו מלוכלכים בטיט או בצואה,** [ו]**או שנטף דם מחוטמו, מותר לרחצם** - ומ״מ צריך ליזהר שלא ירחץ אלא מקום המטונף, **ואם** גופו מלוכלך בכמה מקומות, והוא טורח לרחוץ מקומות המטונפים כל אחד בפני עצמו, מותר לכנוס במים לרחוץ כל גופו בפעם אחת בכדי להסיר הלכלוך שעליו.

וכשרוחץ מחמת טינוף, יכוין שאינו להנאת רחיצה, רק להעביר הלכלוך, וכדלקמן בסוף ס״ב.

שלא אסרו אלא רחיצה של תענוג - מלשון זה משמע, דאם הזיעה הרבה, ורוצה לרחוץ להעביר הזיעה, מותר, כיון שאינה רחיצה של תענוג, **ומ״מ** מי שאינו איסטניס, וא״צ לרחיצה זו כ״כ, נכון להחמיר שלא לרחוץ בשביל העברת הזיעה, [**לחוש** לדעת הב״ח והט״ז והפר״ח שמחמירין בזה, ולדעתם הא דקאמר הטוש״ע: שלא אסרו אלא רחיצה של תענוג, לאו דוקא, ואתי רק לאפוקי היכי דרחיצה היה רק להעביר הלכלוך], **כמו** שאסור לסוך בשמן להעביר הזוהמא, כמו שמבואר בסימן תרי״ד.

[ז]**תריג ס״ג** - [ח]**אם הטיל מים ושפשף בידו, או עשה צרכיו** [ט]**וקנח, מותר לרחוץ, דהוה ליה ידיו מלוכלכות, (ורוחץ עד סוף קשרי אצבעותיו).**

מלשון זה משמע, דאם לא קינח בגדולים, ולא שפשף בקטנים, אסור לו לרחוץ, **ובאמת** יש מחלוקת הפוסקים בזה, די״א דאפילו לא קינח ושפשף יש לו לרחוץ ידיו, משום "הכון לקראת אלקיך ישראל", דהא צריך לברך "אשר יצר", **וע״כ** הסכימו האחרונים, דנכון לכתחלה לקנח ולשפשף, כדי להוציא נפשיה מפלוגתא, דבזה לכו״ע מותר לרחוץ.

בד״א בליל יוה״כ אחר התפלה, אבל ביום שמתפללין כל היום, אם הטיל מים אע״פ שלא שפשף, או שעשה צרכיו אף שלא קינח, מותר ליטול ידיו עד סוף קשרי אצבעותיו, וכדלקמיה, [**ור״ל** דהא יהיה צריך להתפלל מוסף ומנחה ונעילה. **ומשום** שאר דברי קדושה, כגון תפילות ופיוטים שאנו אומרים, או משום לברך "אשר יצר" בלבד, כבר כתב דטוב שישפשף כדי להוציא נפשיה מפלוגתא].

[י]**ואם רוצה להתפלל, אפילו לא קנח, נמי מותר ליטול עד סוף קשרי אצבעותיו** - ולא יותר, אפילו עשה צרכיו וקינח, [והיינו אם אינו מלוכלך למעלה ממקום זה]. **ועיין** בדה״ח, דה״ה אם נגע בגופו במקומות המכוסים, ששם הוא מקום זיעה, אפילו לא נגע רק באצבע אחת, צריך לרחוץ כל ידו עד קשרי אצבעותיו, **ואם** נגע בידו בטיט או ברפש, א״צ לרחוץ רק מקום המלוכלך בלבד, והיינו אפילו לתפלה.

משמע מזה, דאם לא עשה צרכיו כלל, אין לו ליטול ידים בשביל תפלה בלבד, **אף** דמבואר לעיל בסי׳ רל״ג ס״ב, דבשביל תפלה בלבד מצוה ליטול ידים, **הכא** משום חומר יוה״כ, חשש לאותן הפוסקים דסברי, דבשביל תפלה בלבד לא תקנו ליטול ידים, כי אם בשחרית משום דנעשה כבריה חדשה, [**ובפרט** בזמנינו שאנו כל היום בביהכ״נ, י״ל בפשיטות, דבשביל שעוסק תמיד בתפילות ופיוטים, הרי הוא משמר ידיו וא״צ ליטול מחדש].

(**ודע**, דאם יצא מביה״כ קבוע, אפילו לא עשה שם צרכיו, מצדד במשב״ז דצריך ליטול ידיו, דהא רוח רעה שורה על ידיו, ודומיא דנט״י שחרית, **ואפילו** שלא לתפלה יהיה מותר מטעם זה לרחוץ ידיו, **אכן** בביאורו למ״א נסתפק בזה, וכן בחידושי רע״א נסתפק בזה, **אכן** במטה אפרים מצדד למעשה, דלא יטול ידיו אם נשארו נקיים כבתחילה, רק יש לו לנקותם בצרור או בכותל, לפי שהיה במקום מטונף שמא נגע באיזה דבר ויצא מלבו, **ואם** לבו תוהא עליו בשביל שאינו נוטל, רשאי הוא ליטול כדי שיהיה יכול להתפלל בדעה מיושבת).

הגה: וכן כהן העולה לדוכן נוטל ידיו, אף ע״פ שהן טהורות - והנטילה הוא עד הפרק, כמבואר לעיל בסימן קכ״ח ס״ו.

דכל רוב רחיצה שאינו מכוין בה לתענוג, מותרת (הג׳ מיימוני ומהרי״ל) - עיין במאמר מרדכי שנתקשה על תיבת "רוב", וגם בהגהות מיימוני ליכא תיבת "רוב", **ולכן אפילו בא מן הדרך ורגליו כהות, מותר לרחצן (ב״י בשם הג׳ מיימוני וסמ״ג וטור).**

תריג ס״ד - [יא]**מי שהוא אסטניס ואין דעתו מיושבת עליו עד שיקנח פניו במים, מותר. הגה: ונהגו בזה להחמיר, ואפי׳ ברחיצת העינים, שהיא קצת רפואה, נהגו להחמיר (מהרי״ל)** - ואם פניו מלוכלך קצת, או שיש לו לפלוף על עינו, יכול ללחלח אצבעו במים ולרחוץ במקום הלכלוך, או בכדי להעביר הלפלוף, **רק** יזהר שלא לרחוץ רק מקום המלוכלך בלבד.

אבל משום רפואה גמורה מותר לרחוץ, במקום שאין איסור משום רפואה בשבת, [**והיינו** שע״י חולי העין נמשך הכאב לכל הגוף, או דמיירי בסכנת אבר, או סתם חולי כל הגוף אף שאין בו סכנה, דהותר בכל זה לעשות רפואה שאין בה מלאכה], **דלא** גרע ממי שבא מן הדרך ורגליו כהות. [**אבל** משום חולי עינו בלבד, כל זמן שאין בו הפרטים המבוארים בסי׳ שכ״ח ס״ט, אין מחללין בשום מלאכה אפילו שבות, משום גזרה דשחיקת סמנים]. (**וביש** בו סימנים הללו, כבר הוא חולה שיש בו סכנה).

באר הגולה

ב משנה יומא ע״ג | ג מממשמעות הגמרא שם ע״ח ובפסחים נ״ד | ד ברייתא יומא ע״ז (עיין בגירסא הצד בגמ׳) | ה הגהות מיימוני מהתוספתא | ו רוקח | ז (סעיף ג׳-ד׳ ע״פ הגר״א, וז״ל: הכל על דרך הנ״ל שלא אסרו כו׳) | ח הרא״ש | ט טור | י ב״י | יא טור בשם גאון

ואסור לרחוץ פיו ביוה"כ, כמו שנתבאר לעיל סי' תקס"ז ס"ג - שמא יבלע קצת בגרונו.

אות ג' – ד'

אסור לסוך מקצת גופו ככל גופו

ואם היה חולה או שהיו לו חטטין בראשו, סך כדרכו ואינו חושש

סימן תריד [יב]ס"א - אסור לסוך אפילו מקצת גופו, ואפילו אינו אלא להעביר הזוהמא - ר"ל דאף שהוא שלא לשם תענוג, אסור.

אבל אם הוא חולה, [יג]אפילו אין בו סכנה, או שיש לו חטטין בראשו, מותר - והיינו דוקא במקום שנוהגין לסוך בחול אפילו איש בריא, **אבל** במקום שאין נוהגין לסוך בחול איש בריא, אסור לסוך ע"ג חטטין, בין ביו"ט ובין בשבת, דמוכח דהוא משום רפואה.

אות ה'

מדיחה אשה ידה אחת במים

רמב"ם פ"ג מהל' שביתת עשור ה"ב - [יד]ומדיחה אשה ידה אחת במים ונותנת פת לתינוק.

[טו]סימן תריג ס"ב - [טז]נוטל אדם ידיו שחרית - כדרכו בכל השנה ג' פעמים, כיון דבלא זה לא יכול ליגע בידיו לפה ולעינים ולאוזן משום סכנה, לא גרע מאם היה מלוכלך בטיט וכו', [**וגם** דסתם ידים מלוכלכות הן בבקר, שהרי אינו נזהר כל הלילה ממגע בית הסתרים].

ומברך על נטילת ידים, ויזהר שלא יטול אלא עד סוף קשרי אצבעותיו, (ולא יכוין להנאת רחיצה, רק להעביר הרוח רעה מעל הידים) (הגהות מיימוני) - אבל פניו לא ירחץ כלל, ועיין לקמן בס"ד.

אות ה*[יז]

ונותנת פת לתינוק

סימן תריב ס"י - הגה: מותר ליגע ביו"כ באוכלין ומשקין וליתן לקטנים, ולא חיישינן שיאכל או ישתה אם יגע (תה"ד) - ולא דמי לחמץ בפסח שאסור ליגע בו, משום שמא יבוא לאכלו, **משום** שבפסח הוא אוכל שאר דברים, לכך חיישינן שיאכל גם את זה, משא"כ ביוה"כ דבדיל מכל דבר אכילה ושתיה, **ועוד** דאימת יום הדין עליו, לכך לא חיישינן שישכח, **ואפילו** אם התינוק יכול ליטלו בעצמו, ג"כ אין להחמיר בזה.

אות ו'

ההולך להקביל פני אביו או פני רבו או פני מי שגדול ממנו, עובר עד צוארו במים ואינו חושש

סימן תריג ס"ה - [יח]ההולך לבית המדרש, או להקביל פני אביו או רבו, או מי שגדול ממנו בחכמה - אבל בשוין אסור, **או לצרכי מצוה, יכול לעבור במים עד צוארו** - ואינו חושש משום איסור רחיצה ביוה"כ, כיון דהוא לדבר מצוה, ואינו מכוין כלל להנאת רחיצה.

ודוקא כשאין לו דרך אחרת להגיע שם למחוז חפצו.

סימן תקנד סי"ב - [יט]ההולך להקביל פני רבו או אביו, או מי שגדול ממנו - אפילו בחול, דאף דחיובא ליכא להקביל פניו בחול, מ"מ מצוה איכא, שמא ישמע ממנו איזה דבר תורה, **או לצרכי מצוה, עובר במים עד צוארו ואינו חושש; [כ]וכן בחזרה, מותר** - דאם יהא אסור לחזור, ימנע מלילך לדבר מצוה.

ודוקא תלמיד ההולך אצל הרב, אבל לילך הרב אצל תלמיד, לא התירו לעבור במים, שאם יצטרך לו תלמידו, ילך הוא אצל רבו, **וכן** בששניהן שוין ג"כ אסור.

סימן שא ס"ד - [כא]היה הולך לדבר מצוה, כגון: להקביל פני רבו או פני מי שגדול ממנו בחכמה - וה"ה פני אביו, **יכול לעבור בה** – (היינו אפילו כשהוא לבוש, ואפילו הוא עד צוארו במים, ודוקא היכא דלא רדיפי מיא – גמרא).

באר הגולה

[יב] ‹תוקן ע"פ מהדורת נהרדעא› [יג] **כן פי' הרא"ש שם** [יד] ‹בגמרא אמרו משום שיבתא, ופירש"י רוח רעה השורה על הלחם הנלקח בידים שלא נטלן שחרית. **והתוס'** ד"ה משום פירשו בענין אחר, {דאי כפירש"י אפי' בלא נתינת פת לתינוק מותר ליטול ידיו שחרית, דהא תניא היו ידיו מלוכלכות בטיט וצואה רוחץ כדרכו ואינו חושש, ואין לך מלוכלכות יותר מזה שאינו יכול ליגע בידיו לא בפיו ולא בחוטמו ולא בעיניו, **לפיכך** פירש ר"י שיבתא היינו שד השורה על התינוק וחונקו כשנותנים לו פת בלא נטילת ידים, אפילו אם נטלן שחרית}, **ואמרו** בתוס' דלפי פירושם אין אנו צריכים ליזהר, דאותה רוח רעה אינה מצויה בינינו. **אבל** ודאי לפי פירוש רש"י ז"ל דהוי רוח רעה של שחרית, מצוי ומצוי, **אלא** שקשה קצת על רבינו ז"ל, דבהלכות תפלה פ"ד כשהזכיר נטילת שחרית לא משמע דחייש לרוח רעה, מדלא הזכיר עירוי על הידים שלש פעמים כדכתב הטור ז"ל באורח חיים סימן ד', דלהעביר רוח רעה שעליהם צריך לערות עליהם שלש פעמים, ונפקא ליה מהא דאמר רבי נתן בפ' ח' שרצים, בת חורין היא זו וכו', ומדרבינו ז"ל לא הזכיר כן בהל' תפלה, משמע דלא חייש לרוח רעה, דאין אותו רוח רעה מצויה בינינו, וא"כ כיון שהוא סובר כן לא היה לו לכתוב האי דינא דמדיחה אשה ידה אחת וכו', שהוא בא על אותו השורש דקאמרו משום שיבתא, ולפירוש רש"י ז"ל הוי רוח רעה של שחרית, ואם הוא מפרש כפירוש התוספות קשה טפי, דלדידהו אין אותה רוח רעה מצוי – לחם משנה› [טו] ‹ע"פ הבאר הגולה› [טז] **תוס' שם** ‹הנ"ל **מהא דיד לפה תיקצץ שבת ק"ט** ‹ובסי' תקנ"ד ס"י כתב המ"ב: ועיין בביאור הגר"א {בס' תרי"ג ס"ב} שמפקפק על דין זה, {ליטול ידיו משום רוח רעה}, ולכן נ"ל שלא יברך ענט"י בשחרית אחר הנטילה, רק אחר שעשה צרכיו יטול ידיו עד סוף קשרי אצבעותיו, ואז יברך ענט"י משום תפלה› [יז] ‹ע"פ הגר"א› [יח] **ברייתא יומא ע"ז** ‹ההולך לבה"מ: שם רב יוסף שרא כו' – גר"א› [יט] **ברייתא יומא ע"ז** [כ] **מהא דרבא שם** [כא] **יומא ע"ז**

לאפוקי הרב אצל תלמידו דאסור, **ואם** הוא תלמיד שצריך לו רבו באיזה דברים, הן מצד חדודו וחריפותו, הן מצד שיש לו שמועות מגדולים אחרים, כתב הט"ז דמותר לו לעבור בנהר, דעכ"פ גדול ממנו באיזה דברים, **ובספר** תוספת שבת אסר בזה, **ואם** הרב מסתפק באיזה דבר, והולך לשאול את תלמידו שיודע בזה, מסתבר בזה כהט"ז, דלא גרע מלשאר דבר מצוה.

ועיין במג"א שכתב, דאיש ואשה שוין במצות הקבלת פנים, **ונראה** דאשה היינו דוקא ברשות בעלה.

(**עיין** במ"א שמחלק בין רגל לשבת, דבשבת רק מצוה, וברגל חיובא, והוא דוחק גדול להמעיין בהש"ס, **אכן** מבואר בריטב"א שכתב, ובאמת הקבלה הוא כפי קירובו לרבו, כי אם הוא בעיר, חייב לראותו בכל יום, ולא סגי בלא"ה, ואם הוא חוץ לעיר במקום קרוב, פעם אחת בשבוע או בחודש, וזהו הענין בשונמית, ואם הוא במקום רחוק, יש לו לראותו פעם אחת ברגל עכ"פ).

אות ז'

הרב אצל תלמיד מאי

סימן תריג ס"ז - [כב]**הרב אסור לעבור במים כדי לילך אצל תלמידו.**

אות ח'

שומרי פירות עוברין עד צוארן במים ואין חוששין

סימן תריג ס"ח - [כג]**ההולך לשמור פירותיו, מותר לעבור במים בהליכה** - משום הפסד ממון, [כד]**אבל לא בחזרה.**

הגה: וכל מקום דמותר לעבור במים, אפילו היה לו דרך שיכול להקיף ביבשה, מותר לעבור, דלמעט בהילוך עדיף טפי (א"ז) - והאחרונים הסכימו, דמוטב להקיף ולא לעבור.

אות ט' – י'

ושרא להו למיזל

עובר ובלבד שלא יוציא ידו מתחת חפת חלוקו

סימן תריג ס"ה - בין בהליכה בין בחזרה - דאם לא כן אתה מכשילו לעתיד לבוא, שלא ירצה שוב לילך, [גמרא].

[כה]**ובלבד שלא יוציא ידיו מתחת שפת חלוקו, להגביה שולי חלוקו על זרועו** - דעי"ז אינו נראה כמלבוש, אלא כנושאה על כתפו, ואמר מר: היוצא בטלית מקופלת בשבת, חייב חטאת, רש"י.

[**ויש** מן הפוסקים שכתבו טעם אחר, דהצריכו לעשות שנוי שלא יוציא ידו מתחת שפת חלוקו, אפי' להגביה חלוקו מעט, כדרך שעושין כל עוברי המים בחול, **כדי** שע"י השינוי יזכור שהיום אינו חול, ולא יבא לסחוט את בגדיו].

סימן שא ס"ד - ובלבד שיעשה שינוי, כגון שלא יוציא ידו מתחת שפת חלוקו, [כו]**כדי שיזכור ולא יבא לידי סחיטה.**

(וע"ל סי' תרי"ג סעיף ה' ובס"ח בהג"ה) - היינו דשם מבואר, דאפילו אם איכא דרכא אחרינא להקיף, מוטב יותר לעבור במים מלהרבות בהילוך, כיון דהוא עובר לדבר מצוה, **אבל** האחרונים הסכימו שם, דכיון דיכול להקיף, טוב יותר להקיף מלעבור במים.

אות כ'

נחל דרדיפי מיא

סימן תריג ס"ה - [כז]**והוא שלא יהיו המים רודפים, דאם כן אף בחול אסור מפני הסכנה, אפילו אם אינם מגיעים אלא עד מתנים** - לאו דוקא, אלא מעט למעלה מהם.

[כח]**סימן תריג ס"ו** - [כט]**הא דשרי לעבור בגופו במים לדבר מצוה, דוקא לעבור בגופו במים עצמן; אבל לעבור בספינה קטנה,** [ל]**יש מי שאוסר** - וכ"ש לשוט ממש דאסור, **דרחיצה** שאינה אסורה אלא ביוה"כ, התירו, אבל לשוט דאסור בכל שבתות השנה, לא התירו, **ועוד** דרחיצה שאני, שיכול לעשות ע"י שינוי, דהיינו מה שאינו מוציא ידו מתחת חלוקו, ואית ליה היכרא וכנ"ל, **משא"כ** בשיטה, שאין יכול לעשות היכר שם, ויש גזירה שמא יעשה חבית של שייטין לשוט עליה, [**ועוד** טעם, דרחיצה שאינה של תענוג אינו איסור כ"כ, משא"כ שיטה].

ואפילו אין העכו"ם המוליכה עושה מלאכה בזה בעבור ישראל, ג"כ אין להקל. [**ועיין** פמ"ג שכתב, דלעבור בספינה קטנה בשבת לצורך מנין עשרה, י"ל דאסור].

באר הגולה

[כב] **בעיא שם ולא איפשטא ופסקו הפוסקים לחומרא** [כג] **ברייתא שם** [כד] **מהא דרב יוסף ואביי שם** ‹אינו מפורש שם, אלא ממה שאמרו שם דשרי למיעבר במיא למיתי לפירקא ומיזל, כדי שלא תהא מכשילן לעתיד לבוא, משמע דדוקא היכא דאיכא למיחש שלא תהא מכשילן, דהיינו היכא דהוי דבר מצוה, הוא דשרי למיזל, אבל היכא דלא הוי דבר מצוה, דליכא למיחש לשלא תהא מכשילן לעתיד לבוא, דכיון דלאו דבר מצוה הוא אי לא אתו לית לן בה, אסור למיזל – ב"י› [כה] **מימרא דרב ושמואל שם וכפי' רש"י שם, דאינו נראה כמלבוש אלא כנושאו על כתפיו** [כו] **לפירוש הרא"ש והר"ן** [כז] ‹ובעיקר דין זה צ"ע לי על הב"י ושו"ע וכל אחרונים, דמה דקאמר בש"ס שאני נחל דרדיפי מיא, מיירי דוקא בנחל היוצא מבית קדשי הקדשים כדאמר בש"ס שם, דאפילו ספינות אי אפשר לילך לשם, וכן משמע מפרש"י שם, וראיה לזה מרי"ף ורמב"ם וכל הפוסקים שכתבו סתמא דמותר עד צוארו, ולא חילקו בכך, וכן מסתימת הש"ס שם מבואר כך, וצ"ע – א"ר› [כח] ‹מילואים› [כט] **טור בשם בה"ג** [ל] ‹רחיצה שהיא אסורה מאסמכתא דקרא, התירו, אבל מעבר לשוט שהיא מדרבנן, ואין לה סמך בתורה, לא התירו›, **דחכמים עשו חיזוק לדבריהם שאין לה סמך מן התורה, יותר משל תורה, ב"י**

§ מסכת יומא דף עח. §

אות א'*[א]

שצריכה לישב עד צוארה במים, ולית הילכתא כוותיה

יו"ד סימן קצח סל"ו - [ב]**צריך שיהיה המקוה גבוה ממעל לטיבורה זרת, לפחות** - (עיין באר הגולה שכתב, שהוא חצי אמה של ו' טפחים, **ועיין** בספר לבושי שרד שכתב, דזה אינו ברור כ"כ, כי מבואר בירושלמי דיש שני מיני זרת כו', **לכן** בעת תיקון המקוה ראוי לדקדק שיהא דוקא י"ב גודלין, שהוא חצי אמה, ואח"כ בהזדמן שמתמעטין המים, לא יפחות עכ"פ מי' גודלין, **וכתב** עוד, דראוי לכל מורה להשגיח ע"ז, כי לדעת הש"ך בסעיף ל"ה, יש בזה חשש פסול דיעבד, ע"כ ראוי שיתן לאשה העומדת על הנשים בעת טבילה, מדה של עשרה גודלין, למען תדע ליזהר בדבר, ויזהירנה שאם לא יהיה כ"כ ממעל לטבורה של הטובלת, לא תטבול, אא"כ תוכל לשכב לארץ בתוך המים כמו דף, לא שתקפל קצתה על קצתה, ויהיו המים עולין למעלה מכל גופה, **וגם** בכל דיני הטבילה, החיוב מוטל על כל מורה, להזהיר תמיד להאשה העומדת על הטבילה, ולא יסמוך במה שהזהירה פ"א, רק יהיה רגיל בכך - פת"ש).

אות א' - ב'

ועברוה דרך מלבוש

סנדל לכתחלה לא

סימן שא ס"ד - [ג]**ואסור לעבור בסנדלו, דכיון דאינו יכול להדקו ולקשרו יפה, חיישינן דלמא נפל ואתי לאתויי; אבל במנעלו, מותר.**

אות ג' - ד' - ה' - ו'

אסור לישב על גבי טינא ביום הכפורים

ובטופח על מנת להטפיח

מותר להצטנן בפירות | [ד]**כסא דכספא**

סימן תריג ס"ט - [ה]**אסור להצטנן בטיט לח, אם הוא טופח ע"מ להטפיח** - לאו דוקא בידים, אלא אפילו לישב, גמרא, **והטעם**, כיון שיש בו טופח ע"מ להטפיח, עובר הלחלוחית ומתענג, ולהכי אסור, [רש"י]. [ו]**ואסור להצטנן בכלים שיש בהם מים, אפילו הם חסרים** - וכ"ש מלאים, שיש לחוש שיתזו המים עליו, [ז]**בין של חרס בין של מתכות; אבל אם הם רקים, מותר;** [ח]**וכן בפירות ובתינוק.**

אות ז'

ושורה אותה במים ועושה אותה כמין כלים נגובין, ולמחר מקנח בה פניו ידיו ורגליו

סימן תריג ס"ט - הגה: [ט]**ואסור לשרות מפה מבעוד יום ולעשותה כמין כלים נגובים ולהצטנן בה ביוה"כ, דחיישינן שמא לא תנגוב יפה ויבא לידי סחיטה (הגהות מיימוני ומרדכי וסמ"ק ומנהגים)** - אבל מותר לקנח ידיו ורגליו עיוה"כ במפה, ולמחר מעבירה על עיניו, דהיא עדיין לחה קצת מקינוח ידים דאתמול, דבזה לא חיישינן לסחיטה, [מג"א בשם הרי"ף].

[י]**החולה רוחץ כדרכו, אע"פ שאינו מסוכן (רמב"ם).**

אות ח'

בערב תשעה באב מביאין לו מטפחת ושורה אותה במים ומניחה תחת מראשותיו, ולמחר מקנח פניו ידיו ורגליו

סימן תקנד סי"ד - הגה: ומותר לשרות מפה במים בערב תשעה באב, ומוליכה מן המים [יא]**והיא מתנגבת** - עד שאין בה טופח ע"מ להטפיח, הא לא"ה אסור, **ומקנח בה פניו ידיו ורגליו; אפילו אינו עושה רק לתענוג, שרי, כיון שהיא נגובה.**

אות ט'

הלכה כרבן שמעון בן גמליאל

יו"ד סימן שיד ס"ג - כהן שהעיד לכהן אחר שמום זה מאליו נפל, נאמן, ואין חוששין להם שמא הם גומלים זה את זה.

באר הגולה

א ‹ע"פ הגר"א› **ב** ‹דאל"כ תשחה הרבה, וצריך כדרך גדילתה, כנ"ל בסל"ה. **ועיין** ביומא ע"ח א', וצ"ל דעד צוארה דוקא א"צ - גר"א› **ג** **שם בגמ'** **ד** ‹ואינו מובן למה ציין כסא דכספא דרב פפא, ולא דרב אשי דהלכתא כוותיה, ודלמא ט"ס הוא› **ה** **שם ע"ח וכאביי** **ו** **שם וכרב אשי** ‹כן הוא הגירסא המובא בצד הגמ' בשם הרא"ש והרי"ף והב"י› **ז** ‹בשל חרס חיישינן דמשחיל, פי' פולט מים שבולע, ובשל כסף חיישינן שמא ישמט מידו וישפכו המים שבו, ט"ז› **ח** **כרב יהודה ורבה שם** **ט** ‹ר"ל אף שמדינא דגמרא מותר בכה"ג, מ"מ יש לאסור שמא כו', וכמ"ש שם איפכא אמרת כו', {לכאורה ר"ל, דהגמ' שם עוסק בחששות דסחיטה, והפוסקים החמירו עוד יותר}, **ועיין** רש"י ורי"ף שיש גירסאות אחרות ע"ש וקל"ל, {דלדידהו הוי כן מעיקר הדין} - גר"א. ‹**לפי** פי' ראשון ברש"י, אי עשאן ככלים נגובים, אע"ג דעדיין לחים קצת, מ"מ תו ליכא למיחש לסחיטה ושפיר דמי, **אבל** ללישנא אחרינא דכתב רש"י, אפילו לשרות במים ולעשות כמין כלים נגובים אסור משום סחיטה, אבל לקנח ידיו במפה יבשה ערב יוה"כ ולהעבירה ע"ג עיניו ביוה"כ, גם ללשון זה מותר. **והעתיק** מ"א מסקנת הרי"ף: ערב יוה"כ מקנח בה פניו ידיו ורגליו ולמחר מעבירה ע"ג עיניו, אבל אין שורה במים מעיקרא, דחייש לסחיטה בשעה שהוא מעבירה ע"ג פניו, וכן הלכתא, עכ"ל הרי"ף, **אך** לשון זה של הרי"ף קשה להולמו, דדברי הרי"ף {ע"ש} הם כגירסא דאית ליה ללישנא קמא של רש"י, **מ"מ** דברי מ"א הם אמת לפי הגירסא ששמע רש"י. **אך** מכל זה אין ראיה להקל נגד הגהות מיימוניות וסמ"ק, {אפי' א"ת דהך "ואסיקנא" הנמצא ברי"ף, לאו מדברי הרי"ף הם}, דנהי דמדינא שרי, מ"מ דבריהם אמורים מצד חומרא, דיש להחמיר לדידן אע"ג דמדין הש"ס מותר - מחה"ש› **י** ‹וכתב הרב המגיד, זה למד רבינו מדין הסיכה, שאמרו (עז:) ואם היה חולה סך כדרכו - ב"י› **יא** ‹לכאורה היינו כלישנא אחרינא ברש"י, דללישנא קמא בט"ב אינו צריך כלים נגובים, **אבל** זהו לשון הב"ח: נראה דרבינו בא לבאר, שלא נפרש דמפה זו יש בה טופח על מנת להטפיח, דא"כ ודאי רחיצה גמורה היא ואסור כשעושה כך לתענוג, וזהו שכתב והיא מתנגבת, כלומר שאין בה כדי טופח על מנת להטפיח, ע"כ, **וא"כ** שייך שזה אליבא דכו"ע, ואין זה ענין לכלים נגובים›

(ג) **מפכין** · כמין הפך הן כשמגיעין למפתן ההיכל · מדלא קרי ליה רלוי לנדה עד שמתגבר כנחל שוטף שמגיע לפתח בית דוד רמז שלריכה לטבילת מים עמוקים שתשב בהן עד לוארה ואע"ג דלא רמיז קרא עד לוארה רמיז מיהא דליהוו עמוקים עומק הראוי וזה כראוי · **סכינת יום הכפורים לא גרסינן וה"ג שבת דליכא מנעל מאי** · מי שרי לעבור במים או דילמא חיישינן דילמא (ג) נפקי מכרעיה ואתי לאיתויינהו · **ועברוה דרך מלבוש** · בכעליהם עברו אותו · **סנדל מאי** · שאינו יכול להדקו ולקשרו יפה ברגלו כמו מנעל : **איקלע לסנגרוניא** · ושבת שם : **לפירקא** · לדרשה דריש גלותא : **מדעתיה דריש גלותא** · שלא ישנהו : **איבעי לך למירמא סנדל** · שהוא רחב : **על גבי טינא** · שלחלוחית הטיט הוי עונג קרוב לרחילה : **מטפחת** · מקיחה מים : **מלא אסור** · שמא ישפכו מים על בשרו : **מתחיל שמיל** · פולט מים שבולע טריסקריס"א בלע"ז: **דמזדיב** · מתליק ונשמט מידו ושפכו המים עליו : **מטפחת** · סודר כמין כלים נגובים ולאי שמעתי דה"ג ערב יום הכפורים מביאין לו מטפחת ומקנח בה ידיו ולמחר פושטה ומעבירה על עיניו והיא לחה קלת מקנות הידים דאתמול : **איפכא אמרת לן** · בתשעה באב עושה אותן כמין כלים נגובים ובערב יוה"כ לא אמרת עושה אותן כמין כלים נגובים ולאותיבנך סחיטה לשון שמעתתי הכי קאמר איפכא אמרת לן ערב תשעה באב מקנח בה ידיו ולמחר פושטה וכו' ובערב יום הכפורים שורה אותה במים ועושה אותה כמין כלים נגובים ולאותיבנך סחיטה דכמין כלים נגובים עדיין יש כדי לסחוט : **שאלו את רבי אלעזר** · גרסינן והוא רבי אלעזר בן פדת : **זקן ויושב בישיבה וכו'** · אמרינן בסנהדרין (דף ה.) שאין חכם מתיר את הבכור ביחיד לראות את מומו אלא אם כן נטל רשות מן הנשיא פעם אחת והכא מיבעיא להו דאם זקן יושב בישיבת סנהדרין הוא מי לריך רשות או לא והא דנקט לה הכא משום דבעי למימר ותו קמבעיא להו מהו ללאת בסנדל של שעם ביוה"כ : **דבר זה** · נטילת הרשות : **להסנהדר** · לשון גדולה : **למעלה מזקנו של זה** · לפני זקינו של נשיא זה שבדורנו : כהנים חשודין על מומי הבכור להתיר את האסור ואף להטיל בו מום לפי שהבכור בזמן הזה אין לו תקנה אלא אם כן יש בו מום ועל הכהן ליטפל בו משנתהו לו לשומרו ולזוטו דרבי מאיר ודרבנן שמעון במסכת בכורות (דף לה.) : **ופו קמבעיא להו** · קמיה דרבי אלעזר : שעם

הגהות הב"ח

(א) גמ' רב יהודה מלטנן בקרא רבה מלטנן בינוקא רבה מלטנן בכסא דכספא אמר רבה כסא דכספא מלא · (ב) רש"י ד"ה מספים נ"ל מסכים קודם ד"ה לפסח · (ג) שם ד"ה סכינת כו' חיישינן דילמא נפל מכרעיה :

מפכין עתידין להיות יוצאין מתחת מפתן הבית מכאן ואילך היה מתגבר ועולה עד שמגיע לפתח בית דוד כיון שמגיע לפתח בית דוד נעשה כנחל שוטף שבו רוחצין זבין וזבות נדות ויולדות שנאמר °ביום ההוא יהיה מקור נפתח לבית דוד וליושבי ירושלם לחטאת ולנדה אמר רב יוסף מכאן רמז לנדה שצריכה לישב עד צוארה במים ולית הילכתא כוותיה (תינח יום הכפורים דליכא מנעל) שבת דאיכא מנעל מאי אמר נחמיה חתניה דבי נשיאה אנא חזיתיה לרבי אמי ורבי אסי דמטו עורקומא דמיא °ועברוה דרך מלבוש תינח מנעל סנדל מאי איכא למימר אמר רב ריחומי אנא חזיתיה לרבינא דעבר דרך מלבוש רב אשי אמר °סנדל לכתחלה לא ריש גלותא איקלע להגרוניא לבי רב נתן רפרם וכולהו רבנן אתו לפירקא רבינא לא אתא למחר בעי רפרם לאפוקי לרבינא מדעתיה דריש גלותא אמר ליה מאי טעמא לא אתא מר לפירקא אמר ליה הוה כאיב לי כרעאי איבעי לך למיסם מסאני גבא דכרעא הוה איבעי לך למרמא סנדלא אמר ליה עורקמא דמיא הוה באורחא איבעי לך למעבריה דרך מלבוש אמר ליה לא סבר לה מר להא דאמר רב אשי סנדל לכתחלה לא תני יהודה בר גרוגרות °אסור לישב על גבי טינא ביום הכפורים אמר רבי יהושע בן לוי ובטינא מטפחת אמר אביי °ובטופח על מנת להטפיח אמר רב *יהודה °מותר להצטנן בפירות רב יהודה מצטנן בקרא (א) רבה מצטנן בינוקא רבא מצטנן בכסא דכספא אמר רב *פפא °כסא דכספא מלא אסור חסר שרי דפחרא אידי ואידי אסור משום דמישחל שחיל רב (*פפא) אמר כסא דכספא חסר נמי אסור משום דמזדיב זעירא בר חמא אושפיזכנין דרבי אמי ורבי אסי ורבי יהושע בן לוי ודכולהו רבנן דקיסרי הוה אמר ליה לרב יוסף בריה דרבי יהושע בן לוי *בר אריא תא אימא לך מילתא מעליותא דהוה עביד אבוך מטפחת היה לו *בערב יום הכפורים °שורה אותה במים ועושה אותה כמין כלים נגובין ולמחר מקנח בה פניו ידיו ורגליו ערב תשעה באב שורה אותה במים ולמחר מעבירה על גבי עיניו *וכן [א] כי אתא רבה בר מרי אמר °בערב תשעה באב מביאין לו מטפחת ושורה אותה במים ומניחה תחת מראשותיו ולמחר מקנח פניו ידיו ורגליו בערב יום הכפורים מביאין לו מטפחת ושורה אותה במים ועושה אותה כמין כלים נגובין ולמחר מעבירה על גבי עיניו אמר ליה ר' יעקב לרבי ירמיה בר תחליפא איפכא אמרת לן ואותיבנך סחיטה אמר רב מנשיא בר תחליפא אמר רב עמרם אמר רבה בר בר חנה שאלו את רבי אלעזר זקן ויושב בישיבה צריך ליטול רשות להתיר בכורות או אינו צריך מאי קא מיבעי להו כי הא דאמר רב אידי בר אבין דבר זה הניחו להם לבי נשיאה כדי להתגדר בו צריך ליטול רשות או דילמא כיון דזקן ויושב בישיבה אין צריך עמד ר' צדוק בן חלוקה על רגליו ואמר אני ראיתי את רבי יוסי בן זימרא שזקן ויושב בישיבה היה ועמד במעלה מזקנו של זה ונטל רשות °להתיר בכורות אמר ליה ר' אבא לא כך היה מעשה אלא כך היה מעשה ר' יוסי בן זימרא כהן היה והכי קא מיבעיא ליה הלכה כר"מ דאמר *החשוד בדבר לא דנו ולא מעידו או דילמא הלכה כרבן שמעון בן גמליאל דאמר *נאמן הוא על של חבירו ואינו נאמן על של עצמו ופשט ליה °הלכה כרשב"ג ותו קא מבעיא להו מהו לצאת בסנדל של שעם

זכריה יג

תורה אור

מכאן רמז לנדה שלריכה לישב עד לוארה במים · שאלו מקמי רב יהודה גאון ז"ל טבילת נדה מדאורייתא מנלן והשיב קל וחומר ממגעה ור"ת פירש דנפקא מדכתיב במי נדה ודרשינן במסכת עבודת כוכבים (דף עה:) מים שהנדה טובלת בהן ור"י פירש מדכתיב והדוה בנדתה ודרשינן בפ' במה אשה (שבת דף סד:) בנדתה תהא עד שתבא במים* :

הקיטע

בכורות לו. [שם]

[בכורות לו.] בכרא"ש ליתא [נ"ל רב אשי כ"א בכרא"ש ובכרי"ף ובכ"י] [כרכות יב.] [פי' מטפחת הרי"ף ורא"ש] [ג"ז פ"ש]

הגהות הגר"א

[א] גמ' וכן. רשום קו עליו למחקו :

כג א ב טוש"ע א"ח סימן תה סעיף ד :

כד ג ד ה ו מיי' פ"ג מהל' שביתת עשור הלכה ד סמג לאוין סט טוש"ע א"ח סימן תריג סעיף ט :

כה ז מיי' שם הלכה ה טוש"ע שם בהג"ה :

כו ח טוש"ע שם סימן תקנד סעיף יד בהגה"ה :

כז ט מיי' פ"ב מהלכות בכורות הלכה יז סמג עשין ריח טוש"ע י"ד סימן שיד סעיף ג :

[ועי' תוספות חגיגה יא. ד"ה לא נלרכה ותוספות יבמות מז: ד"ה במקום]

רבינו חננאל

משום דשטפי מימיו חייש דילמא ישטפוהו אבל כגון אגמים מים דליכא חששא לשטפא אפילו המים עד צוארו עובר כו' : כתיב ביום ההוא יהיה מקור לבית דוד וליושבי ירושלים לחטאת ולנדה · אמר רב יוסף מיכן רמז לנדה שצריכה לישב עד צוארה במים ולית הלכתא כוותיה · תינח ביוה"כ דליכא מנעל עובר במים · בשבת דאיכא מנעל מאי · ואסיק' היכא דאיכא מנעל מעבר להו דרך מלבוש ושרי · פירוש כשהוא לבוש בהן ברגליו · ויש מי שאומר דרך מלבוש ואפי' שלא ברגליו · רב אשי אמר סנדל לכתחלה לא · תני ר' יהודה [בר] גרוגרות פי' שם אדם · אסור לישב ע"ג טיט ביוה"כ ואוקמא אביי בטופח ע"מ להטפיח · וכבר פירשנוה פעמים רבות · מותר להצטנן בפירות וכן בקרא וכן בינוקא בכולהו שרי אבל במני דפחרא בין מלא בין חסר אסור משום דשחלי פי' שואבין המים ומקיאין אותן בחוץ ונמצא המצטנן בהן שהמים המתקבצין רוחצין את גופו · ומני דכספא ומני מתכות משום דמזדרבי · פי' כשמנענעים הכלים ניתזין מן המים שבתוכן ונופלין על בשרו של אדם המצטנן בהן : ירושלמי [ר' זעירא וכו' בשם ר' יהושע] בן לוי בתענית צבור מרחיץ פניו וידיו כדרכו ובט' באב מרחיץ ידיו ומעבירן על פניו · וביוה"כ מרחיץ ידיו ומקנחן במפה ומעביר המפה על פניו · ר' יונה הוה תרי מרטופאא ויהיב לה תיתיבו היה הולך אצל רבו או מי שגדול ממנו עובר בים או בנהר ואינו חושש נפנפו רגליו מרחיצן במים ואינו חושש · הורה ר' אחא בבא מן הדרך והיו רגליו קיהות עליו מותר להרחיצן במים · אבל ומנודה המהלכין בדרך מותר בנעילת הסנדל לכשיבואו לעיר יחלוצו · וכן בט' באב וכן בתענית צבור · סיכה בין סיכה של תענוג בין סיכה שאינה של תענוג אם בשבת מותר אם ביוה"כ אסור · בט' באב ובתענית צבור של תענוג אסור שאינה של תענוג מותר · כל אלו שאמרו אסורין בנעילת הסנדל יצא לדרך נועל הגיע לכרך חולץ · אית תנא תני יוצאין באפליא ואוקימנא באפליא של בגד ביוה"כ · אית תנא תני אין יוצאין · ואוקימנא באמפליא של עור · ריב"ל נפיק לביש סליסיה ביוה"כ אומר אסטנס [אנא] חד תלמיד מן דר' מנא הורי לחד מן קריבוי דנשיא דמלביש סיליסיה דהוה אסתנס מן הדה דריב"ל : הא דריב"ל תריצנא הכי ערב יוה"כ היה מקנח ידיו ורגליו במטפחת ולמחר ביוה"כ היה מעבירה ע"ג עיניו ואינו חושש · ערב ט' באב היה שורה מטפחת ומניחת מראשותיו ובט' באב היה מקנח בה פניו ידיו ורגליו ואינו חושש : **שאלו** לר' אלעזר זקן יושב בישיבה צריך ליטול רשות להתיר בכורות אי לא כדגרסינן בסנהדרין [דף ס] א"ל ר' חייא לר' בן אחי יורד לבבל יורה ידין יתיר בכורות וכו' וא"ר יצחק חקולא אני ראיתי ר' יוסי בן זמרא כהן והכי קא מיבעיא ליה הלכתא כרשב"ג דאמר נאמן אדם על של חבירו ואינו נאמן על של עצמו או הלכתא כר' מאיר דאמר החשוד על דבר לא דנו ולא מעידו ופשטו ליה הלכתא כרשב"ג הואיל ותנן סתמא

תוספות ישנים

זה סיס נראה שהרוחץ בשבת בנהר מותר לרחוץ בבגדיו וליכא למיחש לגיגון מיהו יש לאסור משום סחיטה דהא פריטים לעיל [ד"ה משום] דלא שרינן אלא משום מלוה או משום טעם הואיל ולא התרת לו אלא על ידי מלבוש זכור הוא והאי טעמא לא שייך הכא ועל תינוק שלכלך בגדי אמו במי רגלים שמע רבי מרבינו יעקב שהתיר להאם לקנח בגדיה כדי שתוכל להתפלל בהן מטעמא שפירשתי לעיל שמותר לקנח ידים במפה לפי שהוא דרך לכלוך ולא נראה לרבי דכיון שמתכוונת לעבור הלכלוך לרחיצה וליכון היא מתכוונת · מ"ר : א"ל לא סבר מר להא דאמר רב אשי סנדל לכתחילה לא · ק"ל הא רב רחומי הוא דאמר לעיל אנא חזיתיה לרבינא דעבר דרך מלבוש ושמא זה ראיה לפירוש רבי שרגיל לפרש דתרי רבינא הוו אי נמי דתויי דחי ליה רבינא אבל לא סובר כן : **יהודה** גרוגרות · כך שמו : **כסא** דכספא נמי כו' · מיכן יש ליזהר שלא לצנן עצמו בכלי חרס אע"פ שאין בו מים עכשיו משום דשחולי שחיל ולא כשום טיט שהוא טופח על מנת להטפיח לא יד ורגל וכן כתוב שיש בו לחלוחית מים וכיוצא בו : **ערב** תשעה באב · כשאילתות גרס איפכא וכן פי' רש"י : **איפכא** אמרת לן · כי היה סובר שיש להחמיר בט"ב יותר מיוה"כ כדאמרי' בעלמא דדברי סופרים צריכין חיזוק יותר : **ופשטו** ליה כרשב"ג · פי' ר"ח דקי"ל כרשב"ג הואיל וסתם לן תנא כוותיה במס' נגעים (פ"ב מ"ה) כל הנגעים אדם רואה חוץ מנגעי עצמו : *)**ואמינא** ליה בתענית צבור מאי · דדילמא דברי סופרים צריכין חיזוק ויש להחמיר יותר : **רבא** נפק בדיקולי · ובפירש"י כתב בדיכלי ופירש שם עשבים : **הקיטע** יוצא בקב שלו דברי ר"מ ור' יוסי אוסר · פירש"י בפרק במה אשה יוצאה (דף סו.) דלר' יוסי לאו מנעל הוא ולא דק דלקמן מסיק רבא דבין לר"מ בין לרבי יוסי מנעל הוא וכו' : **יוצא** בקב שלו · בשבת פי' **דיני קב** וסמוכות שלו לפירוש רש"י וה"ר יוסף ואין לי להאריך כאן : **ואם** יש לו בית קיבול כתיתין טמא · לפי שאין מיטלטל אלא וריקן אבל מה שהשוק בתוכו לא קרינן ביה מיטלטל מלא וריקן אלא השוק מיטלטל [הכלי] כדפירש"י בשבת ולא דמי לקלקלי וחבק דאמרינן בפ' במה אשה יוצאה (שבת דף סד.) דעמא היינו טעמא דמיטלטל מלא וריקן שהבהמה מיטלטלת ומתנהגת ממקום אל מקום על ידו וכן אריג כל שהוא טמא פירש רשב"ם שמיטלטל הוא מלא וריקן כמו שק דילפינן ליה מיניה בבמה אשה וסייעו שיכול לקשור בו טבעת אבל אין נראה לפרש ואם יש לו בית קבול כתיתין לאו דוקא כתיתין אלא יש לו בית קיבול בעלמא קאמר והקיטע מניח שוקו בתוכו וכתיתין דנקט לאו דוקא אלא אורחא דמילתא שרגילין להניח בו דלא משמע כלל לפרושי הכי · מ"ר : **אלא** אמר רבא בין לר"מ בין לר' יוסי כו' · אע"ג דרבא לא ידע בבמה אשה יוצאה היכי תנן אי הקיטע או אין הקיטע תנן מ"מ שוב ידע המסקנא דהתם א"נ הד מן ליסני נקט : **בין** לר"מ בין לר' יוסי מנעל הוא · וא"ת מנא ליה דטעמא דכ"ע שוין ביוה"כ דאסור משום דחשיבי ליה מנעל דילמא טעמא דאסר ליה ר' יוסי משום דילמא מיפסק ואתי לאתויי ארבע אמות וי"ל שמא משמע דמחד טעמא אסרי ליה ולר"מ דשרי קב הקיטע היינו אסור אלא משום מנעל ביוה"כ ועוד דמשום ר"מ לא איצטריך למיתני דאסור דאפילו לחליצה שרי כדמוכח בפרק במה אשה וא"כ לר' יוסי הוא דאיצטריך ואי הטעם דילמא מיפסק א"כ אמאי נקט יום הכפורים שבת הוה ליה למינקט · מ"ר א) : **בין** לר"מ בין לר' יוסי מנעל הוא · תימה לרבי מדאמרינן במסכת שבת סוף פ' במה אשה (דף סו.) וביבמות פ' מצות חליצה (דף קג.) דתנן חלצה במנעל שאינו שלו בסנדל של עץ או בל שמאל בימין חליצתה כשירה ואמרינן סנדל של עץ מאן תנא ואמר שמואל ר"מ היא דאמר הקיטע יוצא בקב שלו משמע ר"מ ולא ר' יוסי ואילו הכא קאמר בין לר"מ בין לר' יוסי מנעל הוא ובפ' מצות חליצה (דף קב:) מדמינן בסדיא מנעל דיוה"כ למנעל חליצה ואומר רבי דלר' יוסי דחייש דילמא נפיל ואתי

*) מכאן שייך לע"ב

א) דברי התו"י לריכים ביאור עיין ש"י :

שעם ביום הכפורים עמד רבי יצחק בר נחמני על רגליו ואמר אני ראיתי את רבי יהושע בן לוי שיצא בסנדל של שעם ביוה"כ ואמינא ליה בתענית צבור מאי א"ל לא שנא אמר רבה בר בר חנה אני ראיתי את רבי אלעזר דמן נגוה שיצא בסנדל של שעם בתענית צבור ואמינא ליה ביום הכפורים מאי א"ל לא שנא רב יהודה נפיק בדהיטני אביי נפיק בדהוצי רבא נפיק *(בדיבלי) רבה בר רב הונא *כריך סודרא אכרעיה ונפיק מתיב רמי בר חמא *הקיטע יוצא בקב שלו דברי רבי מאיר ור' יוסי אוסר ותני עלה ושוין שאסור לצאת בו ביום הכפורים *אמר אביי התם דאית ביה כתיתין ומשום תענוג אמר ליה רבא ואי לאו מנא הוא כתיתין משוי ליה מנא ועוד כל תענוג דלאו מנעל הוא ביוה"כ מי אסור והא רבה בר רב הונא הוה כריך סודרא אכרעיה ונפיק ועוד מדקתני סיפא אם יש לו בית קבול כתיתין טמא מכלל דרישא לאו בדאית ליה כתיתין עסקינן אלא אמר רבא לעולם דכ"ע מנעל הוא ובשבת בהא פליגי מר סבר גזרינן דילמא משתמיט ואתי לאתויי ד' אמות ומר סבר לא גזרינן תנו רבנן *תינוקות מותרין בכולן חוץ מנעילת הסנדל מאי שנא נעילת הסנדל דאמרי אינשי עבדו ליה הנך נמי אמרי אינשי עבדו ליה רחיצה וסיכה אימר מאתמול עבדי ליה סנדל נמי אימר מאתמול עבדי ליה סנדל לא אפשר דמאתמול עבדי ליה דאמר שמואל האי מאן דבעי למיטעם טעמא דמיתותא ליסיים מסאני וליגני והא מותרין לכתחלה קתני אלא הנך דרביתיהו הוא לא גזרו בהו רבנן הנך דרביתיהו הוא לא גזרו בהו רבנן דאמר אביי *אמרה לי אם רביתיה דינוקא מיא חמימי ומשחא גדל פורתא ביעתא בכותחא גדל פורתא תבורי מאני כי הא דרבה זבין להו מאני גזיזי דפחרא לבניה ומתברי להו: המלך והכלה ירחצו את פניהם: מתני' מני ר' חנניא בן תרדיון היא דתניא המלך והכלה לא ירחצו את פניהם רבי חנניא בן תרדיון אומר משום רבי אליעזר המלך והכלה ירחצו את פניהם החיה לא תנעול את הסנדל רבי חנניא בן תרדיון אומר משום ר' אליעזר החיה תנעול את הסנדל (א) מ"ט *מלך משום דכתיב °)מלך ביפיו תחזינה עיניך כלה מאי טעמא כדי שלא תתגנה על בעלה אמר ליה רב לר' חייא כלה עד כמה אמר ליה כדתניא *אין מונעין תכשיטין מן הכלה כל שלשים יום החיה תנעול את הסנדל משום צינה אמר שמואל *אם מחמת סכנת עקרב מותר: האוכל ככותבת הגסה: בעי רב פפא ככותבת

°)ישעיה לג

שעם · מין גומא שקורין פו"י: **בתענית צבור** · הגוזר על הגשמים דתנן במסכת תענית (דף יב:) אסור בנעילת הסנדל: **בדהיטני** · מין שעם: **בדסולי** · סנדל של כפות תמרים: **בדיבלי** · של עשבים: **יוצא בקב שלו** · בשבת קב אשקצ"א: **ורבי יוסי אוסר** · (ב) קסבר אורלאו מנעל הוא הואיל ואינו שוה בכל ואפילו הכי שוין שאסור לצאת בו ביום הכפורים אלמא אף על גב דלרבי יוסי לאו מנעל הוא אפי' הכי אסיר והוא הדין לשל שעם: **כפיפין** · חתיכות בגדים קטנות שהם טחות לו לסמוך שוקו עליהם: **טמא** · מקבל טומאה דלאו פשוטי כלי עץ הוא: **מנעל הוא** · הלכך ביוה"כ אסור אבל דהיטני ודהוצא לאו מנעל נינהו: **מותרין בכולן** · בכל הני דמתניתין אכילה ושתיה ורחיצה וסיכה: **אינשי עבדו ליה** · גדולים עשו לו והתורה הזהירה גדולים על הקטנים שלא יעשו להם בידים דבר האסור כדאמרינן במסכת יבמות (דף קיד.) לא תאכלום לא תאכילום להזהיר גדולים על הקטנים: **לא אפשר מאתמול** · ויהא ישן כל הלילה והם ברגליו: **הא מותרין לכתחלה קתני** · שאם בא לימלך אומרים לו האכילהו ורחוץ אותו והאי שפיר ידע דהיום עשאו לו: **מיא חמימי** · לרחיצה: **ומשחא** · לסוך: **ביעתא בכותחא** · ביצים בכותח: **תבורי מאני** · להפקיר לו כלים לשבר ולמלאות תאותו: **מאני גזיזי דפחרא** · כלים סדוקים של חרס בדמים קלים: **אין מונעין תכשיטין וכו'** · ברייתא היא ומייתינן לה ברים בתולה נישאת בכתובות הרי שהיה טבחו טבוח ויינו מזוג ומת אביו של חתן או אמה של כלה מכניסין את המת לחדר ואת החתן ואת הכלה לחופה ובועל בעילת מצוה ופורש ואחר כך קוברין את המת ואין מונעין תכשיטין מן הכלה מחמת האבל כל שלשים יום אלמא כל שלשים בעי' טוי: **אם מחמת סכנת עקרב** · מקום שיש לחוש לעקרבים מותר כל אדם לנעול: בגרעינתא

הקיטע יוצא בקב שלו דברי רבי מאיר ורבי יוסי אוסר · בפרק במה אשה (שבת דף סו.) פרש"י משום דלאו תכשיט הוא ומשמע דאסר ליה משום דחשוב כמשוי ולא הוי מנעל אלא של עור אבל של עץ לא וכן משמע בגמרא התם דקאמר דלרבי מאיר חללה בקב הקיטע חליצה כשירה דחשיב מנעל ולרבי יוסי חליצה פסולה דלא חשיב מנעל ור"ת הקשה דהא מסקינן הכא דפליגי אי חיישינן דילמא משתמיט ואתי לאתויי ארבע אמות אבל לכולי עלמא מנעל הוי והא דקאמר התם דלרבי מאיר חולצין בו ולר' יוסי אין חולצין [illegible] טעמא דרבי יוסי דכי היכי דחייש דילמא נפיל לפי שהוא רחב מאחר טעמא נמי אין חולצת בו כדאמר בפרק מצות חליצה (יבמות דף קג:) נעלו הראוי לו פרט לגדול שאינו יכול להלך בו והקשה רבינו שמשון מדמוקמינן בפרק מצות חליצה חלצה בקב הקיטע חליצה כשירה באנפליא של בגד חליצה פסולה ופריך קב הקיטע מני רבי מאיר היא דתנן הקיטע יוצא בקב שלו דברי רבי מאיר ורבי יוסי אוסר באנפליא של בגד אתאן לרבנן משמע אתאן לרבנן דהיינו רבי יוסי דפליג על רבי מאיר והיכי משמע ליה דאתאן לרבי יוסי טפי מלרבי מאיר והא הא דלא חשיב ר' יוסי קב הקיטע כמנעל היינו משום דדרכו ליפסק וליפול אבל אנפליא של בגד דליכא למימר הכי דילמא אפילו רבי יוסי מודה ותירץ ר"י דודאי המקשה הוה ס"ד דטעמא דרבי יוסי משום הא דלא חשיב מנעל אלא של עור דבע"א לא מיתוקמא ליה הא דקתני באנפליא של בגד חליצה פסולה דאי לרבי יוסי נמי מנעל הוי ההיא מני לא רבי מאיר ולא רבי יוסי ובמסקנא דקאמר (ג) כולה רבי מאיר היא וטעמא דפסיל באנפליא משום דלא מגינה מצי למיהוי שפיר טעמא דרבי יוסי משום דילמא מיפסיק *וא"ת כיון דמעיקרא ס"ד דטעמא דרבי יוסי משום דילמא מיפסיק מאי קא משני (ד) מדסיפא רבנן רישא נמי רבנן וריש א במתופה עור אמאי שרי אפילו מחופה עור נמי איכא למיחש דילמא מיפסיק וי"ל במחופה עור דקאמר היינו בפנים שמתוך כך הוא מתקלר ומתיישב למדת רגלו אי נמי ע"י שהוא מחופה הוא יכול לכופלו ולקושרו כדי שיעמוד בחוזק סביב רגלו:

הקיטע יוצא בקב שלו · פרש"י פרק במה אשה מי שנקטעה רגלו עושה לו כמין דפוס רגל וחוקק בו מעט להשים ראש שוקו בתוכו ולא נהירא להרב פור"ת דקשיא ליה א"כ אמאי רבי יוסי אוסר והא אינו יכול לילך בע"א אע"ג דמסקינן הכא דטעמא דרבי יוסי משום דילמא מיפסיק ואתי לאיתויי והא אי נפיל אינו יכול לזוז משם עד שיחזור וינעלנו ועוד הקשה דהאמר אביי בפרק במה אשה (שבת דף סו.) דאין טמא מדרס משום דלא סמיך עילויה ואי כפרש"י והלא אין סמך גדול מזה ומיהו אור"י דלא קשה כולי האי שאין אותו קב לריך לו כל כך שהוא נשען על מקלות שבידיו כדרך החגרין ואינו נשען כלל על הקב והיינו סמוכות שלו דקתני התם יוצאין בהן בשבת לדברי הכל ולא כמו שפרש"י שעושה עור לראשי שוקיו וגורר שוקיו בקרקע כשנקטעו שתי רגליו ומהאי טעמא נמי אתי שפיר דאביי לא חשיב ליה מדרס שאינו נשען עליו אלא פעמים הוא נשען עליו קלת ופעמים אינו נוגע בקרקע כלל אבל הרב פור"ת פי' מי שנקטעה רגלו עושה לו קב כמין סנדל ומניחו במקום הרגל ונראה כאלו יש לו רגל ויכול ללאת בו בשבת כמו במנעליו וכופה שוקו לאחוריו וקושר סמוכות של עץ מכף ירכו שקוריו אשקצ"א וסומך בו שוקו ומהלך בה והיינו סמוכות שלו דקתני התם סמוכות שלו טמא מדרס ויוצאין בהן בשבת ונכנסין בהן לעזרה ואותו קב שמניח במקום פרסת רגלו אינו אלא כדי שיהו סבורין הרואים שרגל שלימה יש לו ומפני האחולי אינו יכול לדרוך עליו ואם יש באותו קב בית קיבול כתיתין היינו גמי או מוכין או כל דבר רך שהוא נותן בקב להגלתו כדי שלא יכאב לו כשינע רגלו בקב טמא איכא מאן דאמר בגמרא טמא טומאת מת ואיכא מאן דאמר טומאת מדרס לפי שהוא נשען עליו

[illegible]

[ג"י' סעדין בריקלי] [יבמות קב:] שבת סה. יבמות קג. [שם קב:] [תוספ' פ"ד ע"ש] [קדושין לא:, וע"ע] [גי' רי"ף ורא"ש מלך מ"מ אמר רבי אבא בר זבדא אמר רב וכו' כלה מ"מ אמר רב וכו']

הגהות הב"ח

(א) גמ' מ"ט תנעול את הסנדל מלך מ"ט משום דכתיב: (ב) רש"י ד"ה ור' יוסי אוסר קס"ד קסבר לאו: (ג) תוס' ד"ה הקיטע כו' מני לא ר"מ ולא רבי יוסי ובמסקנא דקאמר רבא כולה רבי מאיר: (ד) בא"ד מאי קא משני אביי מדסיפא רבנן:

רבינו חננאל

[illegible]

תוספות ישנים

[illegible]

גליון הש"ס

[illegible]

§ מסכת יומא דף עח: §

אות א' - ב' - ג'

שיצא בסנדל של שעם ביום הכפורים

אמר לי לא שנא

כריך סודרא אכרעיה ונפיק

סימן תקנד סט"ז - [א]נעילת הסנדל, דוקא של עור; אבל של בגד או של עץ או של שעם [ב](פי' קליפי עץ), וגמי, מותר - ר"ל אע"ג דמגין על רגלו, וגם עשוי בצורת מנעל ממש, שרי, דלא נקרא מנעל אלא של עור.

[ג]**ושל עץ מחופה עור** - מלמעלה, ואף דהשולים הם ג"כ של עץ, מ"מ **אסור** - וה"ה אם היה של בגד ומחופה בעור מלמעלה, או השולים הם של עור.

והנה אע"פ שאסור בט"ב וביוה"כ בנעילת הסנדל, **מ"מ** הסכימו הרבה אחרונים, שיכול לברך ברכת "שעשה לי כל צרכי".

סימן תריד ס"ב - [ד]אבל של גמי או של קש, או של בגד או של שאר מינים - גם בכל זה מיירי כשאינו מחופה עור לא למעלה ולא למטה, **מותר** - דכל שאינו של עור אינו נקרא מנעל אלא מלבוש, (**ואפילו אם הוא עשוי כתמונת מנעל ממש בצורתו, כיון שאין בו עור לא למעלה ולא למטה, וכ"ש פוזמקאות שלנו דשרי).**

אפילו לצאת בהם לרשות הרבים - ר"ל דאף שבכל שבתות השנה אסור לצאת בו לר"ה, כיון שאינו דרך מלבוש, **מ"מ** ביוה"כ כיון שאסור בנעילת הסנדל, וא"א לו לנעול מנעל של עור, נקרא זה דרך מלבוש לאותו היום.

[ה]**ויש** מאחרונים שמחמירין בשל עץ, אפילו אינו מחופה עור, [ו]**וכן יש** מחמירין שלא לצאת במנעל העשוי מלבדים, שקורין וואליק, ועשוי כמנעל שלנו, והוא מגין על רגל ואינו מרגיש כלל שהוא יחף, ולאו בכלל עינוי הוא, **ולפי"ז** ה"ה קאלאשין של גומא יש להחמיר, [**וע"כ** העצה כשילך ברחוב ילך בלבדים רכים, באופן שירגיש הקרקע למטה ברגליו, ומרגיש שהוא יחף]. **והנה** אף שאין למחות ביד המקילין, אחרי שהשו"ע ורוב אחרונים מקילין בזה, מ"מ מי שאפשר לו נכון להחמיר בזה, ולילך באנפלאות של בגד כנהוג, **אכן** אם צריך לצאת החוצה, נכון יותר שילבש אלו הלבדים או הקאלאשין, ולא מנעלים של עור שיש בהם איסור מדינא, משא"כ אלו שהם רק משום חומרא.

(ומותר לעמוד על כרים וכסתות של עור - שאין זה הנאת דרך נעילה, ולא אסרו אלא כשהוא מנעילו ברגליו, **ומ"מ המחמיר תבא עליו ברכה) (מרדכי ותה"ד).**

ופר"ח הסכים לדעת הרדב"ז המובא במ"א, [ז]דאין כאן בית מיחוש כלל, **בד"א** שלא בשעת תפלת י"ח, אבל בשעה שמתפלל תפלת י"ח, אסור לעמוד ע"ג כרים וכסתות, אפילו אינן של עור, משום שנראה כמתגאה אם יעמוד אז על כרים וכסתות, ואפילו אינן גבוהין ג"ט, [דבכרים וכסתות הוא דרך גאוה]. **אבל** מותר לעמוד כשהוא איש מצונן, על מעט עשבים להפסיק בין הקרקע, [דבזה לא שייך גאוה כלל].

אות ד'

אוסר

סימן שא סט"ז - אין הקיטע יוצא בקב שלו, דהיינו שעושה כמין דפוס של רגל וחוקק בו מעט לשום ראש שוקו בתוכו, ואינו עושה זה להלך בו, שעל כל פנים צריך הוא למקלו, אלא כוונתו כדי שלא יראה חסר רגל אלא נכה רגל, כיון דאינו צורך הילוכו, אסור - היינו דעל כן חיישינן דילמא משתליף מרגלו ואתי לאתויי ד"א.

אות ה'

ושוין שאסור לצאת בו ביום הכפורים

סימן תריד ס"ב - [ח]אסור לנעול סנדל או מנעל של עור - עור אתרווייהו קאי, אלא דסנדל הוא של עור קשה, ומנעל הוא של עור רך.

(**וע"כ** צריך לחלוץ מבע"י, והיינו שגם בזה צריך ליתן מעט תוספות קודם בין השמשות כמו באכילה, וה"ה ברחיצה וסיכה ותשמיש).

(**כתב הרמב"ם**, דאפילו לנעול מנעל ברגל אחד אסור, וכמו שאסור ברחיצה יד אחד).

ואסור אפילו לטייל בו בבית ממטה למטה.

‹המשך ההלכות בעמוד הבא›

באר הגולה

א **ממשמעות הגמרא ע"ח וכן פסקו הרי"ף ורא"ש ורמב"ם** ב ‹ודלא כרש"י, עיין לקמן בסמוך› ג **טור יו"ד סימן שפ"ב** ד **הרי"ף ורא"ש ממסקנא דגמרא ע"ח** ה ‹שיטת רש"י {ד"ה מנעל הוא}, דמנעל של עץ אסור, וכן נראה מדברי התוס' בסוגיא דיומא ד"ה הקיטע, אבל של גמי ושל שעם וקש ובגד ושארי מינים מותר, **אך** באמת סוגיא דשבת [ס"ו:] וביבמות שם סותרת סוגיא דיומא, דבשם מוכח להדיא דלרבנן לא מקרי מנעל דקיטע שהוא של עץ מנעל, וצ"ל כמ"ש הרמב"ן שם, דביומא הוי רק לר"מ ולר' יוסי ולא לרבנן, והלכה כרבנן ע"ש, ולכן הרי"ף לא הביא זה כלל - ערוה"ש› ‹**וקשה** מה שהעין משפט מביא באות ה', הדין דאינו אסור אלא כשמחופה בעור, מהא דתני ושוין שאסור לצאת בו ביוה"כ, והא מזה מבואר דאסור אפי' של עץ לבד, וע"כ הוי שלא אליבא דהלכתא וכנ"ל› ו ‹שיטת בעל המאור דלמסקנא דבא כל המינים אסורים כשעשויים כעין מנעל - ערוה"ש› ז ‹דאין טעם לחומרא זו, ומותר לכתחלה כיון שאינו מנעל, **אך** לדברי הרמב"ם אתי שפיר, {וז"ל: ומותר לצאת בסנדל של שעם ושל גמי וכיוצא בהן, וכורך אדם בגד על רגליו ויוצא בו, שהרי קושי הארץ מגיע לרגליו ומרגיש שהוא יחף, עכ"ל, טעמו נ"ל, דכיון דיוה"כ הוי טעמא משום עינוי, לכן כל שאינו מתענה ואינו מרגיש שהולך יחף, אסור}, דהתורה הקפידה שהרגל תרגיש בקושי הארץ - ערוה"ש› ח **הרי"ף ורא"ש ממסקנא דגמרא ע"ח**

אפילו קב הקיטע - שנקטעה רגלו, עושה כמין דפוס רגל, ויש בה בית קבול קטן, ומכניס שם ראש שוקו, והוא קרוי קב, **ומיירי** המחבר בעשאו של עור, וה"ה אם הוא של עץ ומחופה עור, וכדלקמיה, **וכיוצא בו, אפילו של עץ ומחופה עור, אסור.**

אות ו'

תינוקות מותרין בכולן חוץ מנעילת הסנדל

סימן תרטז ס"א - [ט]**התינוקות מותרים בכל אלו** - ברחיצה וסיכה ואכילה ושתיה, שלא גזרו על הקטנים. [י]**ומותר** לגדול להאכילו ולהשקותו ולסוכו ולרחצו, **ודוקא** רחיצה בצונן, אבל לא ירחצנו בחמין כל גופו, אפילו הוחמו מבע"י, **שהרחיצה** בחמין אינה אסורה משום מצות עינוי בלבד, שהרי גם בכל שבתות השנה אסור לרחוץ בחמין.

חוץ מבנעילת הסנדל, שאין חוששין כל כך אם לא ינעלו - ר"ל שאין זה עינוי לקטן אם לא ינעול, ולאפוקי אכילה ושתיה ורחיצה וסיכה, שהם מועילים לגידול התינוק, שכן היה המנהג בזמנם, [גמ'], **ואם** הקטן נועל מעצמו אם צריך למחות בידו, נתבאר בסי' שמ"ג.

הגה: ומותר לומר לנכרי לרחון ולסוכן - ר"ל אפילו לרחצן בחמין שהוחמו בו ביום, דסתם תינוק הוא כחולה אצל חמין, **אבל** אסור לומר לעכו"ם שיחמם אותן, **אבל להאכילם, אפי' בידים שרי (טור).**

וכתבו האחרונים, דעכשיו שאין נוהגין לרחוץ ולסוך את הקטן בכל יום, ואין מניעת הרחיצה והסיכה נחשבת לו לעינוי כלל, אין לרחצו ולסוכו ביוה"כ אפילו ע"י עכו"ם.

אות ז'

אין מונעין תכשיטין מן הכלה כל שלשים יום

יו"ד סימן שפא ס"ו - כלה שאירעה אבל תוך שלשים יום לחופתה, מותרת להתקשט אפילו תוך ז'.

אות ח'

אם מחמת סכנת עקרב מותר

סימן תריד ס"ד - [יא]**מותר כל אדם לנעול סנדל מחמת עקרב וכיוצא בו, כדי שלא ישכנו, אם מצוים שם עקרבים או דברים הנושכים** - ואפילו אינו הולך לדבר מצוה, אלא לצרכי עצמו.

הגה: ואם ירדו גשמים ורוצה לילך לביתו מבית הכנסת או להיפך, והוא איסטניס, מותר לנעול מנעליו עד שמגיע למקומו (מהרי"ל) - איסטניס הוא איש מצונן, (**ועיין** מש"כ הגר"א בשם הרשב"א, דהוא איש מצונן ומסוכן מחמת הצינה, ר"ל שיכול להזיק לו הצינה, וכמו שהתיר ר"א לחיה מטעם זה, **ודלא** כמו שכתב הלבוש, דהיינו שאם לא ינעול יצטער, דזה אינו בכלל איסטניס).

(**ואיש** כזה, אפילו בלא ירדו גשמים מותר לנעול סוליס, והיינו סנדל בלא עקב, **והנה** מה שזכר רמ"א "אם ירדו גשמים", אפשר דבא לדיוקא, דבלא איסטניס אפילו ירדו גשמים אסור).

וה"ה אם הוא איש חלש, ויכול להזיק לבריאותו כשילך במקום הגשמים בלא מנעלים.

ולא יגע בהמנעלים כי אם ע"י בגד, ואם נגע בהם שלא ע"י בגד, צריך ליטול ידיו במקום שנגע בהן, **וישלחם** לביתו, או יניחם במקום מוצנע בביהכ"נ, לפי שלכלוך של המנעלים הוא זלזול לביהכ"נ ביום קדוש הזה, שחייבים לכבדו בכסות נקיה ובכל דבר טהרה.

אבל מי שאינו איסטניס, לא ינעול מנעליו אם צריך לו לילך, אפילו אם ירדו גשמים, ובפרט שהולכים באנפלאות, א"כ אין להם צער כ"כ בלא מנעלים, **אם** לא שיש שם בארץ רפש וטיט, דאז כו"ע כאיסטניס בזה.

וה"ה אם רוצה לילך לבית הכסא, ויודע שילכלך שם רגליו במקום מטונף, מותר לנעול מנעליו, **אבל** תיכף כשיוצא משם צריך להסיר אותם, **וכן** איסטניס, תיכף כשיבוא למקום שאין לו צער צריך להסיר אותם, **דלא** כאותן שנוהגין שהולכין בסנדל ברחוב, ואפילו בבהכ"נ עד שיושבין על מקומם, ואיסור גדול הוא, **ואפילו** במקום שמותר לנעול, יראה עכ"פ [יב]לחלוף של ימין בשמאל ושל שמאל בימין, [**וטוב** יותר אם יכול להשיג לנעול סנדל בלא עקב, **ודוקא** באיסטניס, אבל בלא זה אינו מועיל כלל].

(**ואם** צריך לילך לדבר מצוה, והוא מפונק ואין יכול לילך בלא מנעלים, דעת הבה"ג דאסור, ואינו דומה נעילה לרחיצה, דהתירו לעבור במים כדי לקבל פני רבו, **ודעת** הטור להתיר בזה, **והט"ז** כתב דחלילה להטור להתיר בזה, **ועיין** בפמ"ג דמפרש להט"ז, דמיירי באפשר לו על פי הדחק לילך בלא מנעלים, הלא"ה גם הט"ז מודה דשרי, **ומדברי** יד אפרים משמע, דלהט"ז בכל גווני אסור, ומוטב שיתבטל המצוה ולא ללבוש מנעלים, **וצ"ע** למעשה).

כתבו האחרונים, דאם צריך לילך לבין הנכרים, אעפ"כ אסור לנעול סנדל, אף דאיכא למיחש שילעיגו עליו, כיון די"א שהוא דאורייתא.

באר הגולה

ט בררייתא יומא ע"ח | י ‹אע"ג דאסור להאכיל לקטן איסור בידים כמ"ש סי' שמ"ג.. יש חילוק בין אכילת איסור לאכילת היתר בזמן האסור – מ"א סי' רס"ט›
יא רמב"ם וטור מהא דשמואל שם | יב ‹מרימר ומר זוטרא מחלפי דימינא לשמאלא ודשמאלא לימינא – תענית דף י"ב›

והאי דלא קתני גבי קב אי נכנס בו לעזרה אם לאו כדקתני גבי סמיכות יש לומר מילתא דפשיטא היא שאין נכנסין בו לעזרה כיון דלא צריך ליה כולי האי אי נמי כיון דגבוה מן הקרקע ואינו מטלטל מילתא דפשיטא היא דנכנסים בו ולפרש"י יש ראיה להתיר למי שנכווצו גידי שוקיו לילך במקלות בשבת דהיינו סמוכות שלו דכולי עלמא יוצאין בהן בשבת ולפי' הרב פור"ת יש ראיה להתיר למפרק סמוכות שלו שתי רגליו על הסמוכות ואי אפשר לו לילך בלא מקלות ולפי' הכי לא אסר להו ועוד יש ראיה מסיפא דקתני כסא וסמוכות שלו טמאין מדרס ואין יוצאין בהן בשבת ופירש"י מי שנכווצו גידי שוקיו או גידי ירכותיו טומן עגבותיו בקב ויושב בו וקושר הקב בגופו ויש לו שני ספסלים קטנים בשתי ידיו ונשען עליהם בגבוה והדין בהן והספסלים לא הוצרך התנא להזכיר שהרי אינו יכול לילך בכסא בלא ספסלים ויוצאין בכל אלו בשבת והא דקתני אין יוצאין בהן בשבת היינו בסמוכות שלו דהיינו סמוכות של עור או של עץ שעושה לרגליו התלויין באויר ואינן נוגעין בארץ.. ופעמים נסמך עליהם בקרקע גבוה ולכך אין יוצאין בהן בשבת לפי שאין צריך לו אי נמי זימנין דמשתלפי לפי שאין נוגעין בארץ ואתי לאתויינהו אלמא דספסלים שבידיו מותר לצאת בהן והוא הדין למקלות וגם ר"ת התיר לאחד שכווצו גידי שוקיו לצאת במקלות לרשות הרבים:

כותבת שאמרו בגרעינתה או בלא גרעינתה בעי רב אשי *עצם כשעורה בקליפתה או בלא קליפתה בלחה או ביבשה רב אשי לא מבעיא ליה הא דרב פפא גסה איתמר כל כמה דגסה *רב פפא לא מבעיא ליה הא דרב אשי להה שבולת מיקרי שלא בקליפתה *אושלא מיקרי אמר (*רבא) אמר רב יהודה כותבת הגסה שאמרו יתירה מכביצה *וקים להו לרבנן דבהכי מיתבא דעתיה בציר מהכי לא מיתבא דעתיה מיתיבי *מעשה והביאו לרבן יוחנן בן זכאי לטעום את התבשיל ולרבן גמליאל שתי כותבות ודלי של מים ואמרו העלום לסוכה *ותני עלה לא מפני שהלכה כך אלא שרצו להחמיר על עצמן *וכשנתנו לו לר' צדוק אוכל פחות מכביצה נטלו במפה ואכלו חוץ לסוכה ולא בירך אחריו הא

רש"י

בגרעינתה או שלא בגרעינתה · והא דקתני מתניתין וכגרעינתה מיבעיא ליה היכי קאמר כמוהו וכגרעינתה יחד או דלמא הכי קאמר כמוה (א) כגרעינתה: אושלא קרי לה · הלכך יבישה בקליפתה הוא דמקרי' שעורה: קים להו לרבנן וכו' · ולענ"ג דכל שיעור אכילת איסור בכזית היא הני מילי היכא דכתיב אכילה אבל הכא אסר לא תעונה כתיב וכל כמה דלא מיתבא דעתיה ענוי הוא: נטלו במפה ואכלו וכו' · שלשה קולין נהג בו אחת שלא נטל ידיו אלא במפה כך ידיו משום מיעוט הדעת וחוץ לסוכה אכלו ולא בירך אחריו:

תוספות

כותבת הגסה בגרעינתה או שלא בגרעינתה · פירש"י אינו מיושב דמאי קא מיבעיא ליה אי שלא בגרעינתה קאמר והאכן כגרעינתה תנן ואי מספקא ליה אי וכגרעינתה ממש קאמר או דילמא או כגרעינתה כמו חלב ועשה מאמר דפרק ר"ע (יבמות דף כ.) דהוי פירוש חלב או עשה מאמר ואם כן כותבת הגסה דרישא היינו בלא גרעינתה מ"מ מאי מספקא ליה תפשוט דעל כרחך וכגרעינתה קתני דבתרוייהו משערינן דלאו כגרעינתה מכדי לא שוו להדדי דאי אפשר לצמצם שיהו שוין כותבת בלא גרעין וגרעין בלא כותבת (ב) ואם כן לימא השיעור הפחות חייב וכ"ש אי אכל שיעורא רבה ונראה לי לפרש דמיבעיא ליה כותבת הגסה דקתני היא וגרעינתה דהיינו כותבת כברייתה עם הגרעין וכגרעינתה דקתני היינו פירוש ועוד גרעין אחר בלא כותבת דהוו תרי גרעינין וכותבת או דילמא כותבת הגסה דקתני בלא גרעין משמע וכגרעינתה היינו גרעין שבאותו כותבת ותו לא ובערוך פירש בערך כותבת בשם רב נסים גאון ז"ל גרס בגמרא דבני מערבא א"ר יוסי זאת אומרת שהוא צריך למעך את חלה פי' שאם לא כן ליתני כמוה וכגרעינתה וכחלה והכין פירושא למילתא כי כותבת הגסה אינה דבוקה בגרעינתה אלא יש בין גרעינתה לגופה חלל ולהכי איצטריך למיתנא כותבת הגסה כמוה וכגרעינתה לחומרא דלא תטעי ותשער כמו שלימה דנפיש שיעורא אלא מאי אכיל כמוה וכגרעינתה בלחוד בלא חללה מחייב והיינו דאמר ר' יוסי זאת אומרת צריך למעך חללה כדי שידבק גופה של כותבת בגרעינתה ולא ישאר בה חלל ובתר הכין משערין בה אכילה של יום הכפורים משום הכין איצטריך כמוה וכגרעינתה למעוטי חללה עכ"ל והיינו דקא מיבעיא ליה הכא בגרעינתה או שלא בגרעינתה פי' כברייתה ממש קודם שנתמעך חללה או לאחר שנתמעך חללה:

נטלו במפה · בפרק הישן (סוכה דף כו:) פרש"י משום נקיות ובתוס פי' כן דר' צדוק כהן היה דמוכח בפרק מי שמתו (ברכות דף יט:) ובפרק כל פסולי המוקדשין (בכורות דף לו.) והיה אוכל על טהרת תרומה וידים שניות ופוסלין את התרומה ואפילו פחות מכביצה מקבל טומאה: ולא בירך אחריו · סבר ליה כרבי יהודה דלקמן בשמעתא דדריש ואכלת ושבעת אכילה שיש בה שביעה דהיינו כביצה ונראה לר"י דהלכה כרבי מאיר דאמר בכזית מדאמר פרק כילד מברכין (ברכות דף לח:) אמר ר' חייא בר אבא אני ראיתי את ר' יוחנן שאכל כזית ובירך עליו תחלה וסוף ועוד אומר בפרק שלשה שאכלו (שם דף מח.) לעולם אינו מוציא אחרים ידי חובתן עד שיאכל כזית דגן ובירושלמי משמע *דבברייתא לא בעינן כזית דאפילו פרידה אחת של ענב או של רימון טעונה ברכה לפניה ולאחריה דגרסינן בירושלמי בר"פ כילד מברכין ר' *חייא נסב זיתא ובירך עליה לפניו ולאחריו והוה רבי חייא בר' אבא מסתכל ביה אמר ליה בבלאה מה את מסתכל בי לית לך כל שהוא ממין שבעה טעון ברכה לפניו ולאחריו אית ליה למה צריכא ליה מפני שגרעינתו ממעטתו מה עביד ליה ר' יוחנן משום בריה מילתא דר' יוחנן אמרה כן אפי' פרידה אחת של רימון שהיא טעונה ברכה לפניה ולאחריה ובגמרא דידן איכא כי האי עובדא פרק כילד מברכין (שם דף לח:) דאמר רבי חייא אני ראיתי רבי יוחנן שאכל זית מליח ובירך עליו תחלה וסוף אמר ליה רבי ירמיה לרבי זירא היכי בירך רבי יוחנן אזית מליח כיון דשקלתא לגרעינתה בצר ליה שיעוריה אמר ליה מי סברת כזית גדול בעינן כזית בינוני בעינן והההוא זית דאתא לקמיה דר' יוחנן זית גדול הוה דאע"ג דשקליה לגרעינתה פש ליה שיעוריה והשתא אי עובדא דגמרא דידן היינו ההוא עובדא דירושלמי אם כן פליג הירושלמי אגמרא דידן [אבל שמא שני מעשים היו וההיא דירושלמי היה זית שלם ואכלו עם הגרעין דהוי בריה אבל ההוא דתלמוד שלנו] לא הוה בריה דלא הוה ביה גרעין וי"ל סתם זית מליח בלא גרעין הוא ולא הוה בריה ולכך הוצרך לתרץ דגדול הוה וזית דירושלמי זית קטן מזית בינוני הוא והרוצה להוציא עצמו מספיקא צריך שיאכל כזית אפילו מדבר שהוא בריה ודווקא לענין ברכה של אחריו אבל לפניו מברך אפילו בפחות מכזית בכל דבר דלפניו לא בעינן שיעורא דאסור ליהנות מן העולם הזה בלא ברכה כדמשמע מהאי עובדא דרבי צדוק דלא בירך אחריו הא לפניו בירך ואמר בירושלמי ר"פ כילד מברכין כל שאומר אחריו שלש ברכות אומר לפניו המוציא לחם מן הארץ התיבון הרי פחות מכזית מעתה דאין אומר אחריו ג' ברכות מעתה לא יאמרו לפניו המוציא כו' אמר רבי אחא בר יעקב לשאר מינין נצרכא פירוש לא אתא לחלק בין דבר שיש בו כשיעור לדבר שאין בו כשיעור אלא אתא לחלק בין פת לשאר מיני מאכל של ה' המינין כגון מעשה קדירה שאין אומר אחריו ג' ברכות וכן כובא דארעא ופת הבאה בכיסנין כי לא קבע סעודתיה עליה ופת אורז שאין מברכין עליהן המוציא כיון דאין מברכין אחריהן ג' ברכות ואע"ג דבריש כילד מברכין (שם דף לה.) נפקא לן ברכה לכתחילה בק"ו מבסוף כשהוא שבע מברך כשהוא רעב לא כל שכן מכל מקום לא שייך למימר דיו ובמשהו מברך עליו תחלה אע"ג דלא מברך עליו בסוף דהאי קל וחומר ליתיה אלא גלוי מילתא בעלמא דברכה לפניו לאו דאורייתא כדתנן פרק מי שמתו (שם דף כ:) בעל קרי מברך על המזון לאחריו ואין מברך לפניו וכן בפרק היה קורא (שם דף טז.) תניא הפועלים שהיו עושין מלאכה אצל בעל הבית אוכלין פתן ואין מברכין לפניהם אבל מברכין לאחריהן שתי ברכות ולענין שתיה *נראה שמברכין אכזית יין לאחריו על הגפן ועל פרי הגפן אע"ג דגבי יום הכפורים משערי' כמלא לוגמיו לא ילפינן להו מהדדי תדע דלענין אכילה ביום הכפורים משערין בכותבת ולענין ברכה בכזית כרבי מאיר כדמפרש ואיכא למאן דאמר בפרק ערבי פסחים (פסחים דף קז.) דלענין קידוש לא בעי מלא לוגמיו הכי נמי לענין ברכה לכולי עלמא לא גמרינן מיום הכפורים ומיהו קצת היה נראה לדקדק דמודה רבי מאיר לענין שתיה דבעי כבילה דלקמן דריש רבי מאיר ואכלת זו אכילה ושבעת זו שתיה ור' יהודה דריש אכילה שיש בה שביעה ואיזו זו כביצה אלמא דלשון שביעה הוי כביצה ואם כן ר' מאיר דדריש ושבעת לשתיה בעי כביצה ושמא יש לחלק בין שביעה דאכילה לשביעה דשתיה הוי פחות מכביצה דכל הני שיעורי הוו מדרבנן כדמוכח פרק מי שמתו (ברכות דף כ:) דקאמר הכא במאי עסקינן דאכל שיעורא דרבנן פי' כזית או כביצה דמדאורייתא בעינן שביעה גמורה והא דאמרינן בפרק שלשה שאכלו (שם דף מח.) שמעון בן שטח לגרמיה הוא דעביד דלהוציא אחרים עד

תוספות ישנים

טעם ראוי לחלוק י"ל דסתם בקשה והכא ברך א"נ הסוה דטעם ימידאה היא כי היכי דאמרינן סתם גבי מוק דאינו מגין כעץ ופסול מה"ת לחליצה לר' מאיר אי נמי הכיא דסנדל של טעם לא קאי רמי בר חמא לפרוכי עלם דלא מיתרלא במסקנא כי אתא א) רב לפלוגי בין של עץ להכי דלעיל ור' יהושע בן לוי ודאי דלא כר"מ אי נמי י"ל דכל הני אמוראי דלעיל כר' יוחנן בן נורי דפסיל סנדל של עץ לחליצה ודלא כר' מאיר וקושיא דרמי בר חמא דמוקים עלייהו משני עלה אביי ולא אתא רבא לפלוגי עלה במסקנא בין קב הקיטע ובין סנדל של טעם וסיומי וסולא ודיקולי אלא לסתור תירוצו של אביי ולאוכיח כי מה שמותר טעם וכל סני משום דהלכתא כר' יוחנן בן נורי ולא הוצרך לפרש כר"י בן נורי הוא דברי דכיון דסתר שינויא דאביי שמע מינה כרבי יוחנן בן נורי הוא דברי ומיהו מקרי רבנן בפרק מצות חליצה משום דסייעו לא הודו לו ב) דר' עקיבא ומיתני בלשון רבים · מ"ר · אך קשה כי לפי זה משמע דהלכה כרבי יוחנן בן נורי ולעיל פר"י דהלכה כר"מ משום דסתם לן כוותיה גבי חליצה: כל מידי דאית ביה רביתא לינוקא לא גזור בהו רבנן · והיינו רחיצה וסיכה דאמר ר' יוחנן (חולין דף כד:) ג) שמן וחמין שסכתני אמי בילדותי עמדו לי בזקנותי: כתני' מני ר' חנניא בן תרדיון היא כו' · ואיפליגו רבנן עליה דר' אליעזר: המלך והכלה ירחצו פניהם כו' · לאו לאיפלוגי אדרבנן אתא [אלא] אתנא קמא דמיירי אפילו לרבי אליעזר אבל [במתני'] פליגי רבנן אכולהו כמו שאמר בהדיא בירושלמי והכי קאמר דמתני' רבי חנניא בן תרדיון הוא דשרי ליה משום רבי אליעזר ות"ק דידיה אסר ליה אפי' לרבי אליעזר אבל כ"ע מודו מיהא [דלרבנן] אסור אם כן אסור נכלה לרחוץ פניה דרבי אליעזר שמותי הוא ולא סבירא לן כוותיה והא דבעי מאי טעמא אדר' אליעזר קאי ואע"ג דלא מפרש מאי טעמא דרבי אליעזר משום דעליה קא מסדר וכן נראה דאין לנו לומר שחולק הירושלמי על תלמוד שלנו כיון שאנו יכולין ליישבו אבל מדבעא מיניה רב מרבי חייא עד אימת מיקריא כלה משמע שהיה שואל לענין זה אלמא הכי הלכתא ורפיא בידי אם מותר לכלה לרחוץ פניה מהני טעמי דפריש': (ע"כ שייך לעמוד הקודם):

כותבת גסה שאמרו כמוה וכגרעינתה · תימה לי מאי קמיבעי ליה יותר משאר מקומות דתנן שיעור זית ובפרק כילד מברכין (ברכות דף לח:) אמרינן [כיון דשקיל] לגרעיניה כו' ופשיטא ליה דם

רבינו חננאל

וכגרעינתה חייב ושקלי וטרו ופשוט' היא

מסורת הש"ס

[כריתות יג.]

[ג"י סעודה חרשלא]

סוכה כו:

[עיין תוספות עמוד ב' ד"ה לא מפני שהלכה כן וכו' עד סוף הדיבור נראה שלא גרסו שתי מינות בללו ותני עלה]

[יבמות דף כ.]

פ"ק רבי יוחנן

רש"א

הגהות הב"ח

(א) רש"י ד"ה בגרעינתה כו' או דלמא הכי קאמר כמוה או כגרעינתה: (ב) תוס' ד"ה כותבת כו' וגרעין בלא כותבת בלא לימא דבשיעור הפחות:

גליון הש"ס

גמרא ר"פ לא מיבעיא ליה הא דר"א · פי' פגולא שור יו"ד סי' נב: רש"י ד"ה קים להו לרבנן · עיין ר"ם דף יג ע"א:

[ועי' תוספות ברכות מה: ד"ה רבי מאיר]

...נמי בעינן וי"ל דמיבעיא ליה משום דקתני כמוה וכגרעינתה דמשמע ליה כמוה לבד או כגרעינתה לבד אבל גבי זית לא תנן הכי ואי"ם א"כ מדלא תנן הכי אלא הכא תיפשוט דכמוה או כגרעינתה [illegible] ... בעל זה אומר בירושלמי צריך למעך את חללה והכי מיבעי ליה מי אמרינן כמוה או כגרעינתה דוקא או דילמא כמוה וכגרעינתה כמו בזית בעינן והא דתני ליה הכא משום דבכותבת צריך למעך חללה ... [illegible] ... ומאי לא בעי בעלמא גבי זיתים ונגרוגרות בלתין או ביבשין י"ל דזיתים אינן אלא לחים ונגרוגרת נמי אינה מתייבשת כל כך א"נ מיבעיא ליה משום דהכא דייק אי בלא גרעין קאמר בעי נמי אי ביבשה קאמר ... [illegible] ... ותבת משמע ליה (דף ד) וזית ונגרוגרת לא משמע ליה אלא יבשה · ככ"ל: ואכלו חוץ לסוכה ולא בירך אחריו · אבל לפניו בירך ואע"ג דאית ליה כמ"ד עד כזית ולא סבירא לן כוותיה כמו שאמר מ"מ בהא ... [illegible] ... דלפניו צריך לברך ואפילו אין בו כשיעור דטעמא דאסור ליהנות מן העולם כו' ואמרינן נמי בירושלמי דכילד מברכין כל שאומר אחריו ג' ברכות טעון לפניו המוציא מיתיבי הרי פחות מכזית ... [illegible] ... מעתה לא יאמרו לפניו המוציא א"ר יעקב בר אחא לשאר מינים נצרכה פירוש לשאר [מיני מאכל כשלא קבע סעודתיה] עלייהו שאין אומרים אחריו ג' ברכות אין אומר לפניו המוציא לחם מן הארץ ... [illegible]

א) נ"ל רבה: ב) נ"ל נ"ש: ג) [ושם איתא ר' חנינא]: ד) נ"ל ויגעם: ה) נ"ל דאלו סיפקא לא לשכבן:

עין משפט נר מצוה

לד א מיי' פ"ו מהלכות סוכה הל' ו טוש"ע א"ח סי' תרלט סעיף ג:

לה ב מיי' פ"ב מהל' שביתת עשור הלכה א סמג לאוין סט טוש"ע א"ח סי' תריב סעיף א:

[שייך לעמוד א]

לו ג מיי' פ"ה מהלכות ברכות הלכה ה סמג עשין כז טוש"ע א"ח סימן קפד סעיף ו וסי' קנו סעיף ד:

מסורת הש"ס

תורה אור

הא כביצה בעי סוכה ואי סלקא דעתך כותבת הגסה שאמרו יתירה מכביצה השתא שתי כותבות בלא גרעינן לא הוו כביצה כותבת הגסה וגרעינתה מי הויא יתירה מכביצה אמר ר' ירמיה אין שתי כותבות בלא גרעינתן לא הוו כביצה כותבת הגסה וגרעינתה הויא יתירה מכביצה אמר רב פפא היינו דאמרי אינשי תרי קבי דתמרי חד קבא דקשייתא וסריח רבא אמר התם היינו טעמא משום דהוו ליה פירי *ופירי לא בעו סוכה מיתיבי אמר רבי כשהיינו לומדים תורה אצל רבי אלעזר בן שמוע הביאו לפנינו תאנים וענבים ואכלנום אכילת עראי חוץ לסוכה אכילת עראי אין אכילת קבע לא אימא אכלנום כאכילת עראי חוץ לסוכה איבע"א אכלנום אכילת קבע ואכלנו פת אכילת עראי בהדייהו חוץ לסוכה לימא מסייע ליה *לפיכך אם השלים במיני תרגימא יצא ואי סלקא דעתך פירי בעו סוכה ליתני פירות מאי מיני תרגימא פירות ואיבעית אימא באתרא דלא שכיחי פירי רב זביד אמר כותבת הגסה שאמרו חסרה מכביצה דתנן *בית שמאי אומרים שאור בכזית וחמץ בככותבת *והוינן בה מ"ט דב"ש נכתוב רחמנא חמץ ולא בעי שאור ואנא אמינא ומה חמץ שאין חמוצו קשה אסור בכזית שאור שחמוצו קשה לא כל שכן מדפלגינהו רחמנא לימדך לך שיעורו של זה לא כשיעורו של זה שאור בכזית וחמץ בככותבת ואי ס"ד כותבת הגסה שאמרו יתירה מכביצה מכדי ב"ש אשיעורא דנפיש קא מהדרי ליתני כביצה ואי נמי כי הדדי נינהו ליתני כביצה אלא לאו שמע מינה כותבת הגסה פחותה מכביצה ממאי דילמא לעולם אימא לך כותבת הגסה שאמרו יתירה מכביצה *הא סתמא כביצה ואי נמי כי הדדי נינהו(א) *והדא מינייהו נקט אלא מהכא *עד כמה מזמנין *עד כזית דברי ר' מאיר רבי יהודה אומר עד כביצה במאי קא מיפלגי ר' מאיר סבר *ואכלת זו אכילה ושבעת זו שתיה ור' יהודה סבר ואכלת ושבעת אכילה שיש בה שביעה ואיזה זה כביצה ואי ס"ד כותבת הגסה שאמרו יתירה מכביצה השתא כביצה שבועי משבעא דעתא לא מיתבא אלא לאו שמע מינה כותבת הגסה שאמרו פחות מכביצה כביצה משבעא כותבת מיתבא דעתיה תניא רבי אומר כל

הא כביצה בעי סוכה · אלמא שתי כותבות דאמרן לעיל לא שהלכה כן פחותות הן מכביצה: **שתי כותבות בלא גרעינין** · שאכלן רבן גמליאל בסוכה ואמרו עליהו לא שהלכה כן: **תרי קבי דתמרי** · בגרעינתהון הוו קבא דקשייתא: **וסריח** · יש בהן קב גרעינין ויותר אלמא הגרעינין יותר מן הכותבת וסריח לשון עודף כמו סרח העודף על אחורי המשכן (שמות כו): **אם השלים** · י"ד סעודות שאדם חייב לאכול בסוכה לדברי רבי אליעזר במסכת סוכה: **תרגימא** · ליפתן: **שאור בכזית** · לענין בל יראה ובל ימצא: **שיעורו של זה לא כשיעורו של זה** · על כרחך דחמץ נפיש מכזית ולהכי כתב שאור דאי לא כתביה וגמר מחמץ הוה אמינא דיו לבא מן הדין להיות כנדון ולא מיחייב עליה אלא בשיעורא רבה להכי כתביה רחמנא לחיוביה אכזית דאילו בפחות מכזית ליכא למימר דלא תהא ראיה חמורה מאכילה דסתם אכילה בכזית על כרחך החמור בכזית והקל ביותר מכזית: **מכדי בית שמאי** · לא אמרו כותבת אלא משום דבעו שיעור חמץ טפי משל שאור שהוא בכזית מדאיצטריך קרא למכתבינהו ואם מלאו שיעור פחות מכותבת והוא יתר על כזית היו משערין בו ואם כביצה פחותה מכותבת ליתני כביצה ואי נמי כי הדדי נינהו ליתני כביצה שהוא שגור במשנה יותר מכותבת לענין טומאת אוכלין: **כותבת סתמא כביצה** · ובית שמאי כותבת סתמא אמור: **מזמנין** · מברכין על המזון אחריו: כל

שיאכל כזית דגן מכלל דאי אכל שמעון בן שטח כזית דגן שפיר עבד שהוציא המלך והמלכה אע"פ שמסתמא הם אכלו ·כדי שבען והוא אכל שיעורא דרבנן והיכי אתי דרבנן ומפיק דאורייתא דפריך בפרק מי שמתו (ברכות דף כ:) גבי קטן היכי מפיק אחרים ידי חובתן יש לומר דלא דמי דגדול אפילו לא אכל כלל ראוי הוא להוציא אחרים ידי חובתן מדאורייתא וכן פרש"י התם:

לא מפני שהלכה כן כו' · אין זה במשנה אלא גמרא פריך עלה התם בפרק הישן (סוכה דף כו:) ומשני לה הכי הלכך מייתי לה הכא בהאי לישנא כאילו שנוי כן במתניתין:

הא כביצה בעי סוכה · בפרק הישן (שם דף כז.) פריך מינה לרב יוסף ואביי דאמרי אוכלין עראי חוץ לסוכה ומפרש רב יוסף תרתי תלת ביעי ואביי מפרש כדקא טעים בר בי רב ואזיל לכלה ומשני לא הא כביצה בעי נטילת ידים וברכה ולא משתרי במפה דחיישינן דילמא נגע כדאמר בפר' כל הבשר (חולין דף קז:) ותימה והא רבי צדוק כהן הוה ואמר בפרק כל הבשר (שם) התירו מפה לאוכלי תרומה ולא התירו מפה לאוכלי טהרות יש לומר דלא התירו מפה *אלא לאוכלי תרומה בשעת אכילת תרומה דזהירי ביה טפי אבל לא התירו לאוכלי טהרות אפילו כהנים האוכלין על טהרת תרומה והכא לאו תרומה הוה*):

מיני תרגימא · בפ' הישן (סוכה דף כז.) גבי אם השלים י"ד סעודות שחייב אדם לאכול בסוכה במיני תרגימא יצא פרש"י כגון פירות וכיסנין וקפלוטות מבושלין והכא משמע דמיני תרגימא לאו פירות נינהו ואין ללמוד מכאן שיועילו מיני תרגימא להשלים שלש סעודות של שבת מדקאמר הכא אם השלים במיני תרגימא יצא דשאני התם דילפינן להו *מדכתב תלתא זימנין היום גבי מן שהוא במקום פת ואפילו אי הוה אמרינן דנפיק בג' סעודות במיני תרגימא כמו גבי סוכה מכל מקום בפירי לא נפיק דלא מהני נמי בסוכה:

לומר לך שיעורו של זה לא כשיעורו של זה · תימה ונימא שאור בכזית וחמץ כגרוגרת דנפישא כדמשמע ריש פרק המצניע (שבת דף צא.) גבי זרק כזית תרומה לבית טמא דפריך אי לענין שבת כגרוגרת בעינן ולא סגי בכזית וכותבת סתמא הוא כביצה או מעט פחות מכביצה כדמשמע בשמעתא ואילו גרוגרת הויא בציר טובא מכביצה כדמשמע בעירובין בפרק חלון (דף פ:) כמו שאפרש בסמוך ושמא יש לומר כיון דאפיקתיה מכזית אוקמינן אשיעורא דיום הכפורים מכאן קשה דקאמר בסמוך דחמץ בכותבת לאו היינו ככותבת הגסה דיום הכפורים ואפילו הכי מספקא ליה אי חמץ בכותבת הוי כביצה או לא אמאי מספקא ליה פשיטא דהוי כביצה דמכדי בית שמאי אשיעורא דנפיש מכזית מהדרי טקמה אכגרוגרת ויש לומר דלא מיסתבר להו לאוקמה אכגרוגרת משום דלית להו דרשה דר' חנן דאמר בפרק קמא דסוכה (דף ה:) ודעירובין (דף ד.) ארץ חטה ושעורה וגו' כל הפסוק הזה לשיעורין נאמר ודריש תאנה דקרא להוצאת שבת כדתנן כגרוגרת להוצאת שבת ולא מסתבר להו לאוקמא קרא דתאנה להוצאה ולאכילה אלא הכל להוצאה כיון דאכילה והוצאה לאו חד ענינא להכי מוקמי להו בכותבת דנפקא לן מדבש דההוא קרא דהיינו דבש תמרים בכותבת הגסה ביום הכפורים דהיינו מידי דאכילה ומיניה נמי גמרינן חמץ בכותבת ואפילו מאן דבעי למימר בסמוך דחמץ לאו ככותבת הגסה מכל מקום שפיר גמרינן מינה תרוייהו דלא מסרן הכתוב אלא לחכמים גבי יום הכפורים בגסה משערינן דבהכי מיתבא דעתיה וגבי חמץ בכותבת בינונית ולא בגסה שלא יהא מופלג יותר מדאי משאור ואף על גב דפריך טקמה אכביצה אף על גב דלא כתב בההוא קרא בזה אין לחוש דהא בכעדשה נמי לא כתב בההוא קרא אבל בכגרוגרת לא מוקמינן דלא מוקמינן תאנה דקרא באכילה והוצאה כדפרישית ועוד בכביצה מוקמינן שפיר כיון דהיינו שיעור אוכל הנאכל בבת אחת אבל בכגרוגרת ליכא טעמא כולי האי תימה לי אמאי לא קאמר דבהלכה למשה מסיני פליגי דקיימא לן שיעורין הלכה למשה מסיני מר סבר הכי גמירי שאור בכזית וחמץ בככותבת ומר סבר דהכי גמירי זה וזה בכזית והשתא לא תיקשי ליה ליתני כביצה ויש לומר דבפרק קמא דביצה (דף ז:) מוכחי דבקראי פליגי דטעמא דבית שמאי לאו מכח הלכתא דמייתי התם ברייתא דתניא ולא יראה לך חמץ ולא יראה לך שאור זה הוא חילוק שבין ב"ש וב"ה שבית שמאי אומרים שאור בכזית וכו' ומדמייתי קרא ש"מ דמכח קראי קא דרשי ליכתוב רחמנא שאור ולא בעי חמץ:

*) [עי' תוס' סוכה כו. ד"ה הא כביצה ותוס' חולין קז. ד"ה מאי לאו]

ועונשין

רבינו חננאל

ואוקמוה דכותבת הגסה פחותה מכביצה היא ויתובי מיתבא דעתיה · אבל שבועי לא משבעה: תניא רבי אומר

תוספות ישנים

דבכל מינים של פת מברכין לאחריו בכזית ואף על פי שלענין יום הכפורים בעינן כותבת וכן פסק בשאלתות דרב אחאי גאון פרשת א) וסים שקב דהלכה כרבי מאיר בכזית וכן לענין שתיה נמי אומר רבי שיש להחמיר ולברך על היין אפילו שתה פחות ממלא לוגמיו ואע"ג דלענין יוה"כ בעינן מלא לוגמיו לענין ברכת היין לא בעינן הכי כמו שפירש לענין אכילה וגם בטעים דקידוש אמרי' בערבי פסחים (פסחים דף קו.) דבעי' מרביעית בעי' ואפילו למאן דאמר דאכילה בכביצה יש לחלק בין שביעה דאכילה לשתיה · מ"ר: **הא** כביצה בעי סוכה ואי ס"ד כו' · תימה לי מאי קושיא מ"מ לעולם אימא לך גדולה מכביצה ולא תידוק הא כביצה בעי סוכה אלא הא כביצה בעי נטילת ידים וברכה דהכי דייקינן בסוכה פ' הישן (דף כז.) על אביי ורב יוסף דאמרי התם אכילת עראי דסוכה תרתי תלת ביעי או כדטעים דבי רב ועייל לכלה דהיינו טובא יותר מכביצה ושמא ניחא ליה לישנא בלאו הכי · מ"ר · וצ"ע: **מיני** תרגימא נמי פירי נינהו · ב) אבל העיקר שאין קורא מיני תרגימא אלא מעשה קדירה ויש בו מחמשת מינים כדאמר בתוספתא (דברכות פ"ד) הביאו לפניו מיני תרגימא מברך עליו בורא מיני מזונות

הגהות הב"ח

(א) גמ' ואי נמי כי הדדי נינהו חדא מינייהו נקט כצ"ל:

גליון הש"ס

גמ' הא סתמא כביצה · עי' תוס' ד"ה לומר:

§ מסכת יומא דף עט: §

אות א'

ופירי לא בעו סוכה

סימן תרל"ט ס"ב - ומותר לשתות מים ויין ולאכול פירות (ואפי' קבע עלייהו) חוץ לסוכה - הטעם, דאכילת פירות אפילו הרבה בקביעות, חשיב רק כאכילת עראי דפת, **וה"ה** אכילת בשר ודגים וגבינה ושאר מיני מאכל, חשובים כפירא לדעת השו"ע, **ולא** החמיר בסוף רק בתבשיל העשוי מחמשת המינים.

והסכימו כמה אחרונים, דנכון להחמיר מלאכול בשר ודגים וגבינה חוץ לסוכה, ודוקא בקביעות, [ואפי' באופן זה לא יברך], **אבל** שלא בקביעות אין להחמיר כלל, [ובפירות יש להקל אפי' בקביעות].

אות ב'

כותבת הגסה שאמרו חסרה מכביצה

סימן תרי"ב ס"א - [א]האוכל ביום הכיפורים ככותבת הגסה, חייב - אע"ג דבכל איסורי התורה משערינן בכזית, **כל** זה היכי דכתיבי "אכילה", משא"כ ביו"כ דלא כתיב "אכילה", אלא מנע הכתוב את האכילה בלשון "עינוי", כדכתיב: הנפש אשר לא תעונה, **וקים** להו לחכמים דבפחות מככותבת לא מייתבא דעתיה כלל, והרי הוא רעב ומעונה כבתחלה, [גמרא].

(**מתבאר** בש"ס דככותבת היינו עם גרעינתה, ולכאורה דאם אכל הכותבת עצמה פטור, שהרי חסר מקום הגרעין, והגרעין בעצמו אין לצרפו, שהרי קשה הוא ואין ראוי כלל לאכילת אדם, **ולפי"ז** אפילו בלעו ביחד עם הפרי לכאורה אינו מועיל, שהרי בעינן לאתוביה דעתיה, ובציר משיעור לא מייתבי דעתיה, **אלא** דאינו מיושב לפי"ז קצת, דנקט תנא שיעורא דאכילה ביוה"כ בככותבת, וכותבת עצמה אינה בכלל, **אמנם** אח"כ מצאתי ברי"ף, דיש תמרים רכים שנאכלים עם הגרעינים, והיינו אפילו לאדם).

[ב]והוא פחות מכביצה מעט - ר"ל ביצה בינונית, **ועיין** בדגול מרבבה שכתב, דכביצה האמור כאן הוא בלי קליפה, **ובתשובת** בנין ציון החדשות חולק עליו.

ושיעור זה שוה לכל אדם, [ג]בין לננס בין לעוג מלך הבשן - דקים להו לחכמים, דבשיעור זה מייתבא דעתיה דכל אדם מעט או הרבה, ובבציר מזה לא מייתבא דעתיה דשום אינש, [גמרא].

והנה מה שהורה לנו המחבר השיעור לענין חיוב, אף דאיסורו הוא אפילו בכל שהוא, **משום** דנ"מ מזה אודות חולה, דמאכילין אותו פחות מכשיעור, וע"כ צריכין אנו לידע השיעור של חיובא.

אות ג'

עד כזית

סימן קפ"ד ס"ו - שיעור אכילה לברך עליה ברכת המזון, בכזית - היינו מדרבנן, אבל מדאורייתא אינו חייב לברך בהמ"ז כי אם כשאכל דוקא שיעור שביעה, שנאמר: ואכלת ושבעת וברכת, (**ולא** ברירא כולי האי, דיש מן הראשונים שסוברים דמן התורה סגי בכזית, **דכל** הראשונים פסקו כר' מאיר דאמר בכזית, **ותלוי** אי פלוגתייהו מדרבנן, וקראי אסמכתא בעלמא, או דבקראי פליגי, וא"כ למאי דפסקינן כר"מ, מן התורה בכזית סגי).

ואע"ג דברכה ראשונה צריך לברך אפילו על כל שהוא, התם משום דאסור ליהנות מעוה"ז בלי ברכה.

סימן קצ"ו ס"ד - אין מזמנין על מי שאכל פחות מכזית.

באר הגולה

[א] משנה יומא ע"ג [ב] מסקנא דגמרא שם (ע"ט:) [ג] שם (פ:) וכאביי

§ מסכת יומא דף פ. §

אות א'

כל השיעורין כולן בכזית

רמב"ם פי"ד מהל' מאכלות אסורות ה"א - כל איסורי מאכלות שבתורה שיעורן בכזית בינוני, בין למלקות בין לכרת בין למיתה בידי שמים; וכבר ביארנו שכל המחוייב כרת או מיתה בידי שמים על מאכל, לוקה.

אות ב'

טומאת אוכלין כביצה

רמב"ם פ"ד מהל' טומאת אוכלין ה"א - כמה שיעור אוכלין לטומאה, לטומאת עצמן, [א]כל שהן, אפילו שמשום או חרדל מתטמא, שנאמר: כל האוכל אשר יאכל, כל שהוא; ואין אוכל טמא מטמא אוכל אחר או משקין או ידים, עד שיהיה בו כביצה בלא קליפתה; וכן האוכל אוכלין טמאים, אינו נפסל עד שיאכל כביצה ומחצה, וזהו חצי פרס.

אות ג'

שיעורים של עונשין הלכה למשה מסיני

רמב"ם פי"ד מהל' מאכלות אסורות ה"ב - ושיעור זה עם כל השיעורין הלכה למשה מסיני הם, ואסור מן התורה לאכול כל שהוא מדבר האסור, אבל אינו לוקה אלא על כזית, ואם אכל כל שהוא פחות מכשיעור, מכין אותו מכת מרדות.

אות ד'

לא מלא לוגמיו ממש

סימן תרי"ב ס"ט - [ב]השותה ביוה"כ מלא לוגמיו (פירוש מלא פיו), חייב - דקים להו לרבנן, דבשיעור זה מתיישב דעתו של אדם, ואזל ממנו העינוי, [גמרא].

[ג]ומשערים בכל אדם לפי מה שהוא, הגדול לפי גדלו, והקטן לפי קטנו - ר"ל דכאן אין השיעור שוה לכל אדם, כמו באכילה בס"א, **משום** דלענין שתיה קים להו לחכמים, דלא מייתבא דעתיה של אדם אלא במלא לוגמיו דידיה, [גמרא].

[ד]ולא מלא לוגמיו ממש, אלא כדי שיסלקנו לצד אחד בפיו ויראה כמלא לוגמיו - ר"ל דלא בעינן שיהא שני הלחיים מלאין משקה, אלא די שיהא אחד מלא ובולט, אלא שאז יראה ממילא כאלו שניהם מלאין, [**ומבואר** בגמ', דבעינן מלא לוגמיו בריוח].

[ה]והוא פחות מרביעית באדם בינוני - משמע דהוא קרוב לרביעית, **אמנם** בסימן רע"א סי"ג כתב, דהוא רובו של רביעית, ועיין בבה"ל שם.

ולפעמים המלא לוגמיו ברביעית או יותר מרביעית, כגון באדם גדול ביותר, [גמרא], **ולהיפך** באדם קטן, דמלא לוגמיו דידיה הוא פחות מרוב רביעית, ג"כ חייב, כיון דמייתב דעתיה עי"ז.

[ו]וכל המשקים מצטרפים לכשיעור.

[ז]סימן רעא סי"ג - צריך לשתות מכוס של קידוש כמלא לוגמיו - ואם לאו לא יצא, דבעינן שיעור חשוב שתתישב דעתו עי"ז, (והאי דנקט לישנא דלכתחלה, נראה דבא לאשמועינן, דאפי' לכתחלה די בזה, ולא בעינן שישתה כל הכוס, כמו לקמן לענין ד' כוסות בסי' תע"ב), **דהיינו כל שיסלקנו לצד אחד בפיו ויראה מלא לוגמיו** - ר"ל ולא בעינן שיהא מלא פיו ממש משני הצדדים.

והוא רובו של רביעית - היינו באדם בינוני מחזיק שיעורו כך, ושיעור זה די אפילו אם היה הכוס גדול שמחזיק כמה רביעיות, **אבל** באדם גדול ביותר, משערינן כמלא לוגמיו דידיה לפי גדלו, ומ"מ לא בעי לשתות טפי מרביעית.

(רובו של רביעית, הוא שיטת התוס' וש"פ, **אבל** בסימן תרי"ב ס"ט העתיק המחבר, דשעורו הוא פחות מרביעית, והוא כדעת הר"ן, ותימה למה לא הביא המחבר כאן דעת הר"ן אפילו בשם י"א, **ואפשר** לומר דשם דמיירי לענין חיוב חטאת, נקט השעור דהוא חייב לכו"ע, דלענין איסורא אפילו כל שהוא אסור מן התורה, **אבל** הכא לענין קידוש, דשיעור הטעימה הוא מדרבנן, סמך אתוס' ושארי פוסקים, דדי ברוב רביעית לאדם בינוני, דזהו שעורו).

(ומשמע דבקטן לפי קטנו אף שהוא בן י"ג שנה, ולא בעינן אפי' רוב רביעית, **ולענ"ד** יש לעיין בזה, ואינו ראיה מיוה"כ, דשם טעם החיוב הוא משום יתובי דעתיה, משא"כ לענין קידוש, אפשר דתקנת חכמים הוא כך, שישתה דוקא רוב הכוס שהוא מקדש עליו, וצ"ע).

(**ודע** דלענין קטן ממש, כשמקדש משום מצות חינוך, בודאי יש לסמוך להקל דדי במלא לוגמיו דידיה, שהוא פחות מרוב רביעית).

(**ודע עוד**, דמש"כ הפוסקים דבגדול כמלא לוגמיו הוא כמלא לוגמיו דידיה, הוא דוקא מרווח ולא דחוק, **ולענין** יותר מרביעית אין נ"מ מזה, כמ"ש במ"ב דדי ברביעית בכל אדם, ונ"מ רק לענין פחות מרביעית).

באר הגולה

א ‹בת"כ: מכל האוכל, מלמד שמטמא בכל שהוא, יכול יטמא לאחרים בכל שהוא, ת"ל אשר יאכל, אוכל הנאכל והיינו כביצה. וכתבו רש"י בפרק כל שעה עלה ל"ג, והתוספות חלקו עליו שם, וכתבו שגם רש"י חזר בו בפרק אותו ואת בנו, וגם שם בפרק כל שעה כתב בסוף דבריו: ואני שמעתי דאף לקבל טומאה בעי כביצה, מ"מ דעת רבינו הוא כפשטא דהיא דת"כ – כסף משנה› ב משנה שם ע"ג ג משנה י"א פרק י"ז דכלים ד מימרא דשמואל ה שם בגמרא ו שם במשנה ז ‹ע"פ מהדורת נהרדעא›

מסורת הש"ס

עין משפט נר מצוה

לז א מיי' פי"ד מהלכות מאכלות אסורות הל' א סמג לאוין קמו וקמח:
לח ב מיי' פי"ד מהלכות טומאת אוכלין הל' א:
לט ג מיי' פי"ד מהלכות מאכלות אסורות הלכה ב:
מ ד מיי' פ"ב מהלכות שביתת עשור הלכה א סמג לאוין סם טוש"ע או"ח סי' תריב סעיף ט:

[ועי' תוס' עירובין ד: ד"ה הלכתא ובסוכה ו. ד"ה אלא הלכתא]

[עיין לעיל קודם ד"ה עונשין]

*כל השיעורין כולן בכזית חוץ מטומאת אוכלין ששינה הכתוב במשמען ושינו חכמים בשיעורן וראיה לדבר יוה"כ מאי שינה הכתוב במשמעו °מלא תעונה ומאי שינו חכמים בשיעוריה ככותבת ומאי ראיה לדבר יוה"כ דאי מהתם הוה אמינא אורחא דקרא הוא טומאת אוכלין בכביצה מנלן א"ר אבהו א"ר אלעזר דאמר קרא °מכל האוכל אשר יאכל אוכל הבא מחמת אוכל ואיזה זה ביצת תרנגולת ואימא גדי מחוסר שחיטה ואימא בן פקועה טעון קריעה ואימא ביצת בר יוכני *תפסת מרובה לא תפסת תפסת מועט תפסת ואימא ביעתא דציפורתא דזוטר טובא רבי אבהו דידיה אמר מכל האוכל אשר יאכל אוכל שאתה אוכלו בבת אחת ושיערו חכמים אין בית הבליעה מחזיק יותר מביצת תרנגולת א"ר אלעזר האוכל חלב בזמן הזה צריך לו שיעור שמא יבא בית דין אחר וירבה בשיעורין מאי ירבה בשיעורין אי נימא דמחייבי קרבן אכזית קטן והתניא *°אשר לא תעשינה בשגגה ואשם השב מידיעתו מביא קרבן על שגגתו לא שב מידיעתו אין מביא קרבן על שגגתו אלא דלא מחייבי קרבן עד דאיכא כזית גדול ולמאי דסליק ארעתיה מעיקרא דמחייבי קרבן אכזית קטן מאי ירבה בשיעורין שמא ירבה בקרבנות מחמת שיעורין א"ר יוחנן *שיעורין ועונשין הלכה למשה מסיני עונשין מכתב כתיבי אלא הכי קאמר (°אמר רבי יוחנן) שיעורים של עונשין הלכה למשה מסיני תניא נמי הכי שיעורין של עונשין הלכה למשה מסיני אחרים אומרים בית דינו של יעבץ תיקנום והכתיב *אלה המצות שאין נביא רשאי לחדש דבר מעתה אלא שכחום וחזרו ויסדום: השותה מלא לוגמיו: אמר רב יהודה אמר שמואל לא מלא לוגמיו ממש אלא כל שאילו יסלקנו לצד אחד ויראה כמלא לוגמיו והא אנן תנן מלא לוגמיו אימא כמלא לוגמיו מיתיבי כמה ישתה ויהא חייב ב"ש אומרים רביעית וב"ה אומרים מלא לוגמיו רבי יהודה אומר משום ר"א כמלא לוגמיו רבי יהודה בן בתירא אומר כדי גמיעה מי עדיפא ממתניתין דאוקימנא כדי שיראה הכי נמי כדי שיראה אי הכי היינו ר"א איכא בינייהו מלא לוגמיו דחוק *מתקיף לה רב הושעיא אם כן הוה ליה מקולי ב"ש ומחומרי ב"ה אמר ליה כי

כל השיעורין. האמורין באוכלין: **ששינה הכתוב.** לקמן קמפרש ליה: **וראיה לדבר.** למה שאמרתי שלפי ששינה הכתוב במשמען שינו חכמים בשיעורן יש ראיה מיום הכפורים שאף בו שינו חכמים בשיעורן מפני ששינה בו הכתוב במשמעו: **אשר לא תעונה.** ולא כתיב אשר תאכל: **מאי ראיה.** למה לו להביא ראיה מאי אולמא דהאי מהאי (א) מה פירש ביום הכפורים במשנה להודיענו שהטעם משום דשינה הכתוב הוא יותר משלא פירשו התם בטומאה נמי חזינן דשינה הכתוב במשמעו ושינו חכמים בשיעורא: (ב) **אי מהתם.** מדשינה הכתוב בטומאה הוה אמינא אין זה שינוי הכתוב דאורחיה הוא למיכתב מכל האוכל אשר יאכל כי היכי דכתיב גבי משקה אשר ישתה קא משמע לן יום הכפורים דהתם ודאי שינה הכתוב במשמעו ושינו חכמים בשיעורן אמור מעתה אף ששינו בטומאה נמי משום טעמא דשינה הכתוב הוא דאשר יאכל שינוי משמעו חשיב להו: **מחוסר שחיטה.** כשילא מתוך האוכל שעבר בו לאו אוכל מיקרי לענין טומאה לא הוא ולא אמו דהא מחסרי שחיטה: **ואימא בן פקועה.** שנמצא בתוך בהמה שנשחטה דקיימא לן (חולין דף עד.) שחיטת אמו מטהרתו: **טעון קריעה.** דתנן (שם) קורעו ומוציא את דמו: **דבר יוכני.** עוף גדול הוא כדאמרינן בבכורות (דף נז:) שטבעה ביצתו ששים כרכים: זוטר טובא לא גרסינן אלא ה"ג ואימר כביעתא דציפרתא: **רבי אבהו דידיה אמר וכו'.** פירש במשמעו של מקרא פירוש אחר שלא פירש בו ר' אלעזר רבו ואין להשיב עליו: **האוכל חלב בזמן הזה וכו'.** מפרש לה ואזיל: **אי נימא דמחייבי קרבן אכזית קטן.** והכי קאמר האוכל פחות מכזית בזמן הזה יכתוב בשיעור זה אכלתי שמא יבנה בית המקדש בימיו ויתחדש בית דין ויתחדש הלכה ויאמרו שחייב קרבן על כזית קטן ולקמן פריך א"כ ימתין בשיעורין מבעי ליה: **וסגנו וכו'.** כלומר וכי אתי ב"ד ומחדש הלכה מי מחייב האי דאכל קודם שנתחדשה הלכה והא הא הידנא לאו שב מידיעתו הוא דאי הוה ידע דחלב הוא דהוה אכיל ליה דהא השתא קים לן (ברכות דף לט.) דלא מחייבה תורה אלא על כזית אגוזי שהוא כזית בינוני: **אשר לא תעשינה.** משמע שאילו ידע לא עשה אבל בשגגה עשה ואשם: **אלא דלא מחייבי קרבן עד דאיכא כזית גדול.** והכי קאמר האוכל כזית בינוני אל יכתוב מחוייבני חטאת אלא יכתוב כזית בינוני אכלתי שמא יבא בית דין ויפטרוהו מקרבן ונמצא מביא חולין לעזרה: **ה"ג עונשין מיכתב כתיבי אלא הכי קאמר שיעורין של עונשין וכו'.** שיעורי עונשין שעל ידן הוא ענוש הלכה למשה מסיני באיזה שיעור הוא ענוש: **יעבץ.** הוא עתניאל בן קנז: **כמה ישתה.** מדבית הלל קפריך: **הכי גרסינן איכא בינייהו כמלא לוגמיו דחוק.** לבית הלל בעינן כדי שיסלקנו לצד אחד ויראה כמלא לוגמיו ולרבי אליעזר כמלא לוגמיו דחוק: **אם כן.** דלבית הלל מיחייב בכדי שיסלקנו וכו' הוה ליה בציר מרביעית והויא לה מקולי בית שמאי וליתנייה במסכת עדיות גבי קולי בית שמאי שמנן שנויות שם:

עונשין מיכתב כתיבי. ה"ג רש"י אבל בספרים היה כתוב שיעורין מיכתב כתיבי פירוש מדכ' ארץ חטה ושעורה ואמר בפ"ק דסוכה (דף ה:) כל הפסוק הזה לשיעורין נאמר ומשני שיעורין של עונשין והדין עמו דל"ג ליה חדא דמאי משני שיעורין של עונשין דמכל מקום אכתי תיקשי לך שיעורין של עונשין מיכתב כתיבי ועוד בכל דוכתא דפריך הכי בפרק קמא דסוכה (שם) ודעירובין (ד' ד:) מייתי כל מילתא דרבי חנן והכא לא מייתי לה ועוד אמאי לא משני הכא כדמשני התם קרא אסמכתא בעלמא ועוד ליפרוך נמי עונשין מיכתב כתיבי אלא שמע מינה דהכי פריך עונשין מיכתב כתיבי אבל משיעורא לא פריך דסמיך אשינויא דשנינן התם*:

הכי נמי כמלא לוגמיו. הא דאמר פרק חלון (עירובין דף עט:) המקדש אם טעם מלא לוגמיו יצא ואם לאו לא יצא אור"ת דהתם נמי כמלא לוגמיו וטעם הוי דבעינן יתובי דעתא דאי מלא לוגמיו ממש קאמר אם כן הוי טפי מרביעית כדמוכח הכא כי מוקי לה כמלא לוגמיו אז פריך אם כן הוה ליה מקולי בית שמאי אבל מעיקרא דקאמר מלא לוגמיו לא קשיא ליה א"כ היכי בעינן כולי האי והאמר בפרק ערבי פסחים (פסחים דף קח:) דד' כוסות שיעורן ברביעית וכוס של קידוש אחד מהם וא"כ היכי נפיק ידי קידוש כיון דבעי טעימה מלא לוגמיו ועוד אי סלקא דעתך מלא לוגמיו אם כן הוה טפי מייתובי דעתא דייתובי דעתא הוי כמלא לוגמיו ולמאי שיערו בכל חד וחד בדידיה בשלמא אי הוי בכמלא לוגמיו ניחא כדמשני בסמוך קים להו לרבנן דבהכי מיתבא דעתא כל העולם טובא עוג מלך הבשן פורתא:

ושיערו חכמי' זו בילת תרנגול'. הקשה ר"ת דבפ' חלון (עירובין דף פ:) אמרינן דשתי סעודות דככר דעירוב י"ח גרוגרות הויין ובפרק כילד משתתפין (שם דף פב:) תנן רבי שמעון אומר שתי ידות לככר משלש לקב דהיינו שתי סעודות שהם ה' בילים ושליש בילה שהככר הוא ח' בילים וכרבי שמעון קיימא לן דבכל דוכתא אמרינן כבילה לטמא טומאת אוכלין ולרבי שמעון עולה השיעור לכבילה אבל לשאר תנאי אינו כן ואכולהו תנאי קאי תני תליה לטמא טומאת אוכלין כדמוכח סוגיא התם וכשתחלק י"ח גרוגרות לחמש בילים ושליש דזה וזה שתי סעודות תמצא לכל בילה ג' גרוגרות ושלש שמיניות של גרוגרת דבה' בילים ושליש בילה יש ט"ז שליש בילים ועולה לכל שליש בילה גרוגרת אחת ושמינית וגרוגרת

רבינו חננאל

כל איסורין שבתורה בכזית חוץ מטומאת אוכלין שהרי שינה הכתוב במשמעו. ושינו חכמים בשיעורן. וראיה לדבר יוה"כ ששינה הכתוב במשמעו. דלא כתיב לא תאכל ביוה"כ *) אלא לא תעונה. ובמקום שהיה לו לכתוב כי כל הנפש אשר לא תעונה וגו'. ושינו חכמי' בשיעורן בכותבת. ומאי ראיה לדבר יוה"כ דאי לאו יוה"כ הוה אמינא אורחיה דקרא הוא אלא למדנו דבר זה מיוה"כ ומהו ששינה הכתוב בטומאת אוכלין מדהוה ליה למיכתב כל אוכל שיבא עליו [מים] יטמא. וכתב אשר יאכל שמעינן מינה דלא שינה בו אלא להוציא מכשיעור שאר איסורין שבאכילה כגון הנותר והפיגול והנבלה וביוצא בהן. ודייקינן מדוקייה דקרא דכתיב מכל האוכל אשר יאכל הבא מחמת אוכל ואיזה זה ביצת תרנגולת כו'. פי' בן פקועה כגון בהמה שנשחטה ובקעו כריסה ומצאו בתוכה ולד. כדתנן השוחט את הבהמה ומצא בה בן שמונה חי או מת או בן ט' מת קורעו ומוציא את דמו. והא דר' אבהו עדיף מדר' אלעזר דאמר אשר יאכל. אוכל שאתה יכול לאוכלו בבת אחת. ואיזה. זה ביצת תרנגולת. שיערו חכמים שאין בית הבליעה מחזקת יותר מביצת תרנגולת. א"ר אלעזר האוכל חלב בזמן הזה צריך לכתוב שיעורו שמא יבא ב"ד אחר ויאמר דלא מיחייב עד דאיכא כזית גדול: א' ר' [יוחנן] שיעורין של עונשין בכזית הלכה למשה מסיני. תניא נמי הכי שיעורין של עונשין הל"מ. אחרים אומרים בית דינו של יעבץ תקנום. ומקשה אלה המצות כתיב שאין נביא רשאי לחדש דבר מעתה. ושנינן היו הל"מ ושכחום וחזרו בית דינו של יעבץ ותקנום: השותה מלא לוגמיו חייב. אוקימנא למתני' מלא לוגמיו כל שאילו יסלקם לצד אחד ויראה כמלא לוגמיו. ותני מתני' כמלא לוגמיו. ואותבינן עלה כמה ישתה ויהא חייב. ב"ש אומרים רביעית ובה"א מלא לוגמיו. ושנינן תני כמלא לוגמיו. ואסיקנ'

*) נראה דצ"ל דלא כתיב לא תאכל וכתיב ועניתם ובמקום שהיה לו לכתוב כי כל הנפש אשר תאכל כתיב אשר לא תעונה.

הגהות הב"ח

(א) רש"י ד"ה מאי ראיה כו' דהאי מהאי דמה פירש ביום הכפורים במשנה להודיענו יותר שהטעם משום דשינה הכתוב הוא משלא פירשו כצ"ל: (ב) ד"ה דאי מהתם כו' ושינו חכמים בשיעורו אמור כו' דאשר יאכל שינוי חשיב להו כצ"ל ותיבת משמעו נמחק:

תורה אור: ויקרא כג · ויקרא יא · ויקרא ד

מסורת הש"ס: [ר"ס ד: וש"נ] · חולין ה. · סוכות ב. יא: [שבת סה. שבועות כו:] · עירובין ד. סוכה ה: · [עלם מכות הללו נראין מיותרין וכ"ה מהרש"א ד"ה ב"ג וכו' אלא הכי קאמר שיעורין וכו'] · שבת קד. מגילה ב: [תמורה טז.] · [זבחים לח: חולין כג: קה. בכורות נ: ערכין כו:]

תוספות ישנים

כל השיעורין בכזית חוץ מטומאת אוכלין כו'. לפי' רש"י שרגיל לפרש דלטמא אחרים איירי נמי הכא לטמא אחרים ולפירוש רשב"ם ורבינו יעקב דמיירי נמי הכא לטומאת עצמן וכל מעשה תקפס וגבורתם פי' בשבת פרק המצניע (דף צא.) ובפסחים פרק אלו עוברין (דף מו.): **שאין** בית הבליעה מחזקת יותר מבילת תרנגולת. הקשה ריב"א דאמרינן בכריתות פרק אמרו לו (דף יד.) גבי יש אוכל אכילה אחת כו' שאין בית הבליעה מחזיק יותר משני זיתים ואם כן לכל היותר אינו מחזיק ג' זיתים ואילו בעירובין פרק חלון (דף פ:) אמרי' ואגב אורחא קמ"ל דשתי סעודות הוו י"ח גרוגרות ובפ' כילד משתתפין (שם דף פב:) קאמר ר' שמעון א) דמשמע דשיעור שתי סעודות לעירוב הוו שתי ידות ככר מג' לקב ואותו ככר הוי ח' בילים שהקב הוא ארבעה ועשרים בילים ושני שלישי הככר הם ה' בילים ושליש אין מחזיקין לכל היותר אלא ע"ז זיתים ג' לכל בילה ואם כן לא יהיה שתי סעודות של חמש בילים ושליש יותר מע"ז זיתים לכל היותר ובפרק חלון קאמר י"ח גרוגרות הא כע"ז הוי וגרוגרת גדול מכזית כדאמרינן בפרק המצניע (שבת דף צא.) גבי ורק כזית תרומה לבית טמא כו' וקאמר אי לענין שבת כגרוגרת בעינן אי לענין טומאה כבילה בעינן ואומר רבינו יצחק דבעירובין מיירי בגרוגרות שהן בלא גרעין ועל ידי כך נמעכות ונדרסות בבת אחת יותר מג' זיתים או שנים שהן עם הגרעין ואין נראה לרבי דהא הא דקאמר אין בית הבליעה מחזיק יותר מג' זיתים בכבר קאמר ליה בכריתות שהיא רכה הרבה ונוחה לאכול ועוד דגרוגרת בפרק המצניע נמי היא בלא גרעינתה מיהו יכול לומר דהכי גרוגרת דפרק המצניע [לא] הוו נמעכות ונדרסות ורבי תירץ דודאי הך ברייתא די"ח גרוגרות לא מיתוקמא כרבי שמעון דאע"ג דקיימא לן כוותיה בכבילה ליטמא טומאת אוכלין היינו משום דלא אשכחן דפליג עליה בפרק כילד משתתפין אלא לרבי יוחנן בן ברוקה אבל כולהו תנאי דהתם אולי בשיטתיה והם בברייתא אבל מכל מקום בשיעור מזון שתי סעודות לא קיימא לן כוותיה אלא סבירא לן כמתניתין דחלון דאמר י"ח גרוגרות כר"מ או כרבי יהודה דכילד משתתפין ורב יהודה דאמר כתם פרתי רישא איכרייתא חדא שיעורא הוא. מ"ר. וקי"ל על זה דאם כן הוה ליה לתלמודא לפרושי בהדיא דלא פליגי דאידי ואידי חד שיעורא הוא וצ"ל לארץ דהסית דחלון מיירי

בית טמא כו' וקאמר אי לענין שבת כגרוגרת בעינן אי לענין טומאה כבילה בעינן

א) נ"ל במשנה

עין משפט
נר מצוה

מא א מיי' פ"ב מהל' שביתת עשור הל"א סמג לאוין סט טוש"ע או"ח סי' תריב סעיף ט:
מב ב מיי' פ"ח מהל' אבות הטומאה הלכה י:
מג ג ד מיי' פ"ב מהל' שביתת עשור הלכה ו סמג לאוין סט טוש"ע א"ח סי' תריב סעיף ג:
מד ה טוש"ע שם סעיף ו:
מה ו ז מיי' פ"י מהל' תרומות הל' ח:

וגרוגרת גדולה מכזית כדמוכח בר"פ המצניע (שבת דף צא.) כדפרשינן לעיל ואע"ג היכי אמרינן בכריתות פרק אמרו לו (דף יד:) גבי יש אוכל אכילה אחת דאין בית הבליעה מחזיק יותר משני זיתים ואור"י דהכי דקיימא לן כר' שמעון דהא דכביצה לטמא טומאת אוכלין בשתי סעודות לעירוב לא קיימא לן כוותיה אלא או כר' מאיר או כרבי יהודה כדמוכח התם דרב יוסף ורבה כרבי מאיר קיימי ואינהו נמי מודו דכביצה לטמא טומאת אוכלין כרבי שמעון דחציה לבית המנוגע ואחי חציה לפסול גויה ואחי חצי חציה לטומאת אוכלים לאו ארבי מאיר ור' יהודה קאי אלא ארבי שמעון וארבי יוחנן קאי שהזכירו שיעור הככר תדע דהא קתני התם בברייתא בגמרא כמה שיעור חצי פרס שתי ביצי' חסר קימעא דברי ר' יהודה ש"מ דקאי בשיטתיה דר' שמעון דקאמר חצי חציה לפסול הגויה בשתי ביצים ור"ת מירץ בע"א וזה לשונו דגרוגרות בלא גרעינין קאמר הכא ולמעטות ונדרסות טפי ומוסיף להשמין בבית הבליעה וזיתים יש בהם גרעינין וקשין הן ועגולין ואינן נדבקין בבית הבליעה ולכך הוי שיעור ב' זיתים קטן כשיעור ג' גרוגרות ועוד דרכין ונותנין לאכול וכותבת הגסה עדיפא מכזיתוגרוגר' ובגירלת מכביצה (וכו') ולא נהירא לר"י דגרוגרות אין בהן גרעין שהם תאנים שנדרסו והאיה דכריתות (דף יד.) נמי דאין בית הבליעה מחזיק יותר משני זיתים בבשר איירי דלא שייך ביה גרעין וקשה ועגולין: **וחצי** פרס בכדי אכילת פרס. תימה לריב"א בפ"ק דשבת (דף יד.) מפרש טעמא דפסול גויה משום דזימנין דאכיל אוכלין טמאין ושדי משקה דתרומה לפומיה ומטמא להו וא"כ בכביצה ליפסל גופיה כיון דאית בהן שיעור לטמא טומאת אוכלין *ותירץ כיון דגזרי משום דילמא שדי משקה תרומה לפומיה וקים להו לרבנן דבבציר מאכילת שתי ביצים אין אדם צמא לשתות והוא בעצמו הקשה לדבריו שותה משקין טמאין אמאי אינו טמא עד שישתה רביעית כדאיתא פ' קדשי מזבח במסכת מעילה (דף יז:) הא משקה מטמא אחרים במשהו כדמוכח בפ"ק דפסחים (דף יד.) ובברכות פרק אלו דברים (דף נב.) מיהו לפר"ת שפירש דמדאורייתא לא מטמאו אלא ברביעית ומדרבנן הוא דגזור במשהו ניחא דלא רצו לגזור אלא במשקין דמטמו מדאורייתא ור"ת פי' דשתי גזירות הוו דמעיקרא גזר בשתי ביצים דנפסל גופיה מלאכול בתרומה אבל מותר ליגע וכן משמע לישנא דפסול גויה ולאו טעמא דמפרש פ"ק דשבת (דף יד.) אלא מטעם אחריצא כמו דאמרי כיון דהאוכל אוכלין טמאין מותר לאכול בתרומה אף על גב דנגעי בהדי הדדי בתוך הגוף ואתי למימר מה לי דנגעי בגופו מה לי בחוץ ואתי למישרי להגיע תרומה לאוכלים טמאין וא"ת א"כ בכביצה לגזור ויש לומר משום דכי אכיל כביצה אין נכנס למעיו כביצה שא"א שלא ישאר קצת בין השיניים והחניכיים וכיון דאפיקת' מכביצה אוקמה אשתי ביצים אבל משקין סגי ברביעית שאין נשארים בין החניכיים והשיניים ור"י הוסיף על דבריו לפרש טעמא לשתי ביצים כיון דאפיקתיה מכביצה אוקמה אחצי שיעור פרס סעודה דבית המנוגע למר כדאית ליה ולמר כדאית ליה כדמשמע בפרק כילד משתתפין (עירובין דף פג.) והשתא גזירה דשתי ביצים גזירה קדמונית היתה קודם י"ח דבר טובא תדע דהוה ס"ד הכא דהיא דאורייתא דפריך מונטמתם בם מיכן לפסול גויה מן התורה ואי לא גזור אלא בי"ח דבר במאי טעי והא י"ח דבר ידועים לכל ופשט איסורן כדאיתא בפרק אין מעמידין (ע"ז דף לו.) ועוד א"כ חסר להו מי"ח דבר לדברי המקשה ובי"ח דבר גזרו כתר הכי האוכל אוכל ראשון וכו' אפי' בכביצה ומטעמא דהתם אפילו ליגע בתרומה נפסל גופו:
כל

[נ"ל כזית וכ"ה בערוך ערך גוה א]
[עי' מבואר יותר בתוס' סוטה ל. ד"ה אם וכו' ספר הישר וכו']
[פסחים לג: ב"מ נג: מעילה יט.]

כי אתשיל בעוג מלך הבשן אתשיל דהדו ליה בית שמאי לחומרא מתקיף לה ר' זירא מ"ש אכילה דכל חד וחד בכותבת ומ"ש שתיה דכל חד וחד *בדידיה א"ל אביי (א) קים להו לרבנן בכותבת דבהכי מיתבא דעתיה בציר מהכי לא מיתבא בשתיה בדידיה מיתבא דעתיה בדחבריה לא מיתבא דעתיה מתקיף לה רבי זירא וכל העולם כולו בכותבת ועוג מלך הבשן בכותבת א"ל אביי קים להו לרבנן דבהכי מיתבא דעתיה בציר מהכי לא מיתבא דעתיה מיהו כולי עלמא טובא ועוג מלך הבשן פורתא מתקיף לה רבי זירא בשר שמן בכותבת ולולבי גפנים בכותבת א"ל אביי קים להו לרבנן דבהכי מיתבא דעתיה בציר מהכי לא מיתבא דעתיה מיהו בשר שמן טובא לולבי גפנים פורתא מתקיף לה רבא כזית בכדי אכילת פרס וכותבת בכדי אכילת פרס א"ל אביי קים להו לרבנן דבהכי מיתבא דעתיה בטפי מהכי לא מיתבא דעתיה מתקיף לה רבא (*בכותבת) בכדי אכילת פרס (ב) חצי פרס בכדי אכילת פרס א"ל רב פפא *הנח לטומאת גויה דלאו דאורייתא היא ומי אמר רב פפא הכי והכתיב °ולא תטמאו בהם ונטמתם בם וא"ר פפא מכאן שטומאת גויה דאורייתא *מדרבנן וקרא אסמכתא בעלמא: כל האוכלין: א"ר פפא ג'אכל אומצא ומילחא מצטרף ואע"ג דלאו אכילה היא כיון דאכלי אינשי מצטרפין אמר ריש לקיש *ד'ציר שעל גבי ירק מצטרף לכותבת ביוה"כ פשיטא מהו דתימא משקה הוא קמ"ל כל אכשורי אוכלא אוכלא הוא אמר ריש לקיש *ה'האוכל *אכילה גסה ביוה"כ פטור מ"ט °אשר לא תעונה כתיב פרט למזיק א"ר ירמיה אמר ר"ל ו'זר שאכל תרומה אכילה גסה משלם את הקרן ואינו משלם את החומש °כי יאכל *פרט למזיק אמר רבי ירמיה אמר רבי יוחנן ז'זר
שבוסס

כי איתשיל. בבי מדרשא הך דלעיל כמה ישתה ויהא חייב לענין עוג מלך הבשן כלומר לענין אדם כענקים איתשיל והוו להו בית שמאי לחומרא דממיהי ברביעית: **כזית בכדי אכילת פרס.** קים לן (כריתות דף יב:) בכל חלבין ואיסורין דשיעורן בכזית ובלבד שלא שהה בין תחילת אכילתו לסוף אכילתו יותר מכדי אכילת פרס אין מצטרף עד שיאכל כל השיעור בתוך כדי שהיית סעודה והיא אכילת חצי ככר שמשערו בו את העירוב שהוא מזון ב' סעודות כדתנן *חציה לבית המנוגע שתלה הכתוב שהייתו לטמא בגדים בשיעור אכילה: **כבותבת בכדי אכילת פרס.** בתמיה יום הכפורים ששיעור אכילתו בכותבת אף הוא שיעורו (ג) לצירוף אכילתו בכדי אכילת פרס ואם שהה יותר מכאן אין מצטרף ופטור והא כיון דשיעורו גדול בעי שהוי' טפי לצירוף אכילתו והשתא קולא דפטרי ליה: **בטפי מהכי.** אם שהה יותר מיכן לא מייתבא דעתיה ויוה"כ ביישוב הדעת תליא מילתא דכתיב אשר לא תעונה (ויקרא כג): **חצי פרס.** ששיעורו לפסול את הגויה לאוכל אוכלין טמאין חצי פרס נפסל גופו מלאכול בתרומה וחצי פרס שיעור גדול הוא כשתי ביצים שוחקות כדאמרי' בעירובין (דף פג.) ואף ביה משוערין שהיית לירופו בכדי אכילת פרס והוא לא (ד) כיון דשיעורא רבה הוא בטפי מהכי ליצטרף: **הנח לטומאת גויה דלאו דאורייתא.** **ולא תטמאו בהם.** גבי אכילה כתיב אל תשקצו את נפשותיכם דהיינו אכילה ולא תטמאו בהם לא זו היא אזהרת טומאה שהרי *אין ישראל מוזהרין מליטמא דכתיב אמור אל הכהנים וגו' (ויקרא כא) כהנים מוזהרין ואין ישראל מוזהרין אלא אזהרת אכילתן(ה) וכתיב ונטמתם בם משמע שעל ידי אכילתן תטמאו: **מכאן לטומאת גויה.** על ידי אוכלין טמאין דאורייתא: **מדרבנן.** דקרא לאו לטומאה אתא שאין לך דבר מטמא אדם על ידי אכילה אלא נבלת עוף טהור: **אלא אסמכתא בעלמא.** ועיקר קרא דרשינן בפרק אמר להם הממונה (לעיל דף לט.) אדם מטמא עצמו מעט מטמאין אותו הרבה: **אומצא ומילחא.** שעליה: **אכשורי אוכלא.** משקה הבא למתק את האוכל אוכלא הוא: **אכילה גסה.** שאכל לילי יום הכפורים על השבע שהיה שבע מסעודה שהפסיק בה וכל מה שאכל משתיכה אכילה גסה היתה ושלא להנאה: **פרט למזיק.** לזה שאינו מבטל ממנו שום עינוי על ידי אכילה זו אלא מזיק הוא את האוכלין ואת עצמו: **זר שאכל תרומה.** בשוגג שחייבו הכתוב תשלומי קרן וחומש פטור אם אכלה על השבע: **פרט למזיק.** את התרומה:
שבוסס

מסורת הש"ס
[עירובין פג:]
חולין קכ.
[עי' תוס' יבמות מ. ד"ה אכילה ותוס' ב"ק קי. ד"ה אכילה ותוס' נזיר כג. ד"ה פסח ותוס' פסחים קז: ד"ה דילמא]

הגהות הב"ח
(א) גמ' אמר ליה אביי באכילה קים להו לרבנן: (ב) שם בכותבת בכדי אכילת פרס וחצי פרס בכדי: (ג) רש"י ד"ה כבותבת כו' אף הוא שיעורו לצירוף אכילתו כו' והשתא קולא הוי דפטרי ליה: (ד) ד"ה חצי פרס כו' בכדי אכילת פרס והוא לא וכיון דשיעורא: (ה) ד"ה ולא תטמאו כו' אלא אזהרת אכילתן הוא וכתי' ונטמתם:

גליון הש"ס
גמ' מדרבנן וקרא אסמכתא בעלמא. עי' חולין דף לד ע"ב תוס' ד"ה והשלישי: רש"י ד"ה ולא תטמאו כו' אין ישראל מוזהרים מליטמא. תמוה לי הא גם כהנים אין מוזהרין בפ' אמור רק בטומאת מת ולא בשרץ:

רבינו חננאל
כי איתשיל בעוג מלך הבשן איתשיל דטלא לוגמיו יתר מרביעית דהוה ליה ב"ה לקולא. ואקשינן מ"ש אכילה דכו"ע בשיעורא חדא כבותבת. ובשתיה שיעורא דכל חד וחד כמלא לוגמיו דידיה ושנינן קים להו לרבנן דבשתיה דכל חד וחד לא מייתבא דעתייהו *) מיהו לכ"ע טובא לעוג מלך הבשן פורתא. בשר שמן בכותבת מייתבא טובא לולבי גפנים בכותבת פורתא. פי' פרס חצי חלה שהיא **) כל האוכלין מצטרפין לפסול את הגויה בכחצי פרס. כלומר אם אכל מעט לחם טמא ומעט בשר טמא אם יש בשניהם שיעור חצי פרס מטמא גופו מליכל בתרומה וזו היא טומאת גויות. ועל זה התקיף רבינא אם שהה מתחילת אכילתו יותר או פיגול שאיסורן כזית ואכל מעט מעט עד שהשלימו לכזית בשיעור פרס נצטרפו כל האכילות וחייב ואם שהה יותר מזה אין מצטרפין אלא בטל המיעוט במיעוטו ואכילת אוכלין טמאין חצי פרס מעט מעט כשיעור שהיית אכילת פרס מצטרפין ומטמא הגוף ואם הוא שיהוי יותר מזה בטלו האוכלין. וכי שיעור אחד לכזית שיעור אחד לחצי פרס. ופריק לי' רב פפא הנח לטומאת גויות [דאינה] מן התורה. טומאת גויות מדרבנן היא לפיכך מקילין בה והאי קרא דכתיב אל תטמאו בהם ונטמתם בם מיכן לטומאת גויות מן התורה. טומאת גויות מדרבנן היא וקרא אסמכתא בעלמא. אמר רב פפא אומצא ומלחא דעלה מצטרפין לכותבת אע"ג דמלחא לבדיה לאו מאכל הוא כיון דאורחא דאינשי מיכל אומצא במלחא מצטרף. וכ"ש שאר אוכלין שמצטרפין ואם אכל ממיני מאכל הרבה מעט מעט עד שהשלים לכותבת חייב. וכן ציר שעל ירק מצטרף מהו דתימא משקה הוא קמ"ל כל אכשורי אוכלא אוכלא הוא. אבל אכל אכילה גסה ביוה"כ דהוא מצטער כמה שאכל הרבה ומוסיף על מנהגו פטור. מ"ט אשר לא תעונה כתיב. וזה

*) נראה דחסר איזה תיבות וצ"ל לא מייתבא דעתייהו כי אם דדידהו אבל באכילה קים לנו דבכותבת מייתבא דעתייהו לכ"ע מיהו לכ"ע טובא וכו'. **) נראה דחסר כאן איזה תיבות ואולי דר"ל דבככר הוה פליגי תנאי בעירובין דף פב ע"ב ע"ש.

תוספות ישנים

מיירי בשיתוף כמו שפי' שם רבינו שמואל ומיירי בשאר סילום דהוי מזון שתי סעודות שלא הוזכר שיעורן בפרק בכל מערבין כגון מעשה אילפס אבל סוגיא דפרק כילד משתתפין מיירי בפת דוקא שאין צריך שיעור גדול כל כך למזון שתי סעודות: **אמר** ר' יוחנן שיעורין ועונשין הלכה למשה מסיני עונשין מיכתב כתיבי כו'. כך גרס רש"י אבל בספרים היה כתוב שיעורין מיכתב כתיבי דא"ר חנין כל הפסוק הזה לשיעורין נאמר ארץ חטה כו' ומתקן רש"י משום דקשיא ליה דהא אמרינן בעירובין (דף ד.) ובסוכה (דף ה:) דקרא דר' חנין אינו אלא אסמכתא ועוד מאי שנא דלא מייתי נמי לכולה מילתא דר' חנין כמו שמביא בריש עירובין ובפרק קמא דסוכה ואני רגילתי לומר דלא קשיא מידי דבברכות משמע דהלכה אמורה דאית ליה דהוו מדאורייתא לרבי חנין דקאמר התם רבי יצחק כל המוקדם בפסוק זה מוקדם לברכה ופליגא דרבי חנין דא"ר חנין כל הפסוק הזה לשיעורין נאמר כו' ואידך ותיסברא שיעורין מי כתיבי משמע דלרבי חנין מיהא הוו מן התורה והא דפריך שיעורין מיכתב כתיבי אית הדין דהוה מצי למיפרך מעונשין אלא לרבותא נקטיה והא דלא מסיים מילתיה דר' חנין בזה מלינו בהערל יבמות עח.) דמייתי התם מילתא דר' יצחק דרובו ואינו מקפיד עליו כו' ואינו מביא כולה ואין רבי מודה דודאי (לי' עלמא אית להו דשיעורין לא כתיבי ומ"מ קאמר בברכות דכיון דהאסמכינהו אקרא אין לנו ללמוד משם שנכתבו כסדר המוקדם בפסוק מוקדם לברכה: **אם** כן הוה ליה מקולי ב"ש ומחומרי ב"ה. אבל אי הוה מלא לוגמיו ממש או אולי ב"ש לחומרא דהוי יותר מרביעית ומיכן יש ללמוד דהא דאמרינן בפסחים פרק בתרא (דף קז.) גבי קידוש ואם טעם מלא לוגמיו יצא היינו כמלא לוגמיו דכוס של ברכה אין צריך אלא רביעית כדאמרינן בשבת בפ' המוציא (דף עו:): *) **מדרבנן** וקרא אסמכתא בעלמא. מיכן היה מביא רבינו יעקב ראיה דגזירת גוויה אין זה גזירה דהאוכל אוכל ראשון די"ח דבר דפ"ק דשבת (דף יד.) מדבעיא תלמודא למימר הכא שהיא מן התורה וגזרה די"ח דבר פשוט לכל דאינו כי אם דרבנן ועוד הארכתי בה הרבה בשבת ובפ"ק דעירובין ובפ' כילד משתתפין (דף פב:): **קמ"ל** כל אכשורי אוכלא אוכלא הוא. ואע"ג דלענין שאר דברים הוא כדאמרי' בערבי פסחים (פסחים קטו.) כל שטיבולו במשקה צריך נטילת ידים פי' לפי שאל הפוסל את התרומה ויטמא משקין לגויות תחילה ומשמע אפי' ציר ומורייס מ"מ לענין יום הכפורים כל דבר אכילה הוא: **האוכל** אכילה גסה ביום הכפורים פטור. והא דאמרינן בנזיר (דף כג.) ובהוריות (דף י:) גבי שני בני אדם שצלו פסחיהן אחד אכלו לשם אכילה גסה ואחד אכלו לשם מצוה זה שאכלו לשם אכילה גסה ופושעים יכשלו בם הא"ל דהאי רשע קרית ליה נהי דלא עביד מצוה מן המובחר מצוה מיהא עביד אלמא אכילה גסה שמה
אכילה

*) ע"כ שייך לע"א.

§ מסכת יומא דף פ: §

אות א'

בדידיה

סימן תריב ס"ט - [א]השותה ביוה"כ מלא לוגמיו (פירוש מלא פיו), חייב - דקים להו לרבנן, דבשיעור זה מתיישב דעתו של אדם, ואזל ממנו העינוי, [גמרא].

[ב]ומשערים בכל אדם לפי מה שהוא, הגדול לפי גדלו, והקטן לפי קטנו - ר"ל דכאן אין השיעור שוה לכל אדם, כמו באכילה בס"א, **משום** דלענין שתיה קים להו לחכמים, דלא מייתבא דעתיה של אדם אלא במלא לוגמיו דידיה, [גמרא].

אות א'*[ג]

וכל העולם כולו בככותבת

סימן תריב ס"א - [ד]האוכל ביום הכיפורים ככותבת הגסה, חייב, [ה]והוא פחות מכביצה מעט.

ושיעור זה שוה לכל אדם, [ו]בין לננס בין לעוג מלך הבשן - דקים להו לחכמים, דבשיעור זה מייתבא דעתיה דכל אדם מעט או הרבה, ובבציר מזה לא מייתבא דעתיה דשום אינש, [גמרא].

אות א'**[ז]

כזית בכדי אכילת פרס, וכותבת בכדי אכילת פרס

סימן תריב ס"ג - [ח]אכל וחזר ואכל, אם יש מתחלת אכילה ראשונה עד סוף אכילה אחרונה כדי אכילת פרס, מצטרפין - וה"ה אם אוכל בלי הפסק, [ט][רש"י ביומא דף פ:], אלא שפירר את האוכל לפירורים קטנים ואכלם, ועי"ז נשתהא באכילתו הרבה, ג"כ בעינן שיהא מתחלת אכילתו עד סופו רק כדי אכילת פרס.

ואם לאו - ר"ל ששהא באכילתו יותר משיעור אכילת פרס, **אין מצטרפין** - תחלת אכילה לסופה להתחייב כרת, [וכמו בכל מקום לענין שיעור כזית, **ואע"ג** דשיעורא דיוה"כ גדול טפי, מ"מ שיערו חכמים, דגם בזה לא מייתבא דעתיה ביותר משיעור דאבילת פרס].

[י]סימן תריב ס"י - שתה מעט וחזר ושתה, אם יש מתחלת שתיה ראשונה עד סוף שתיה אחרונה [יא]כדי שתיית רביעית, מצטרפין לכשיעור; ואם לאו, אין מצטרפין - (מוכח מזה, דמה ששהא בשעת השתיה הוא בכלל השיעור, וא"צ שישהא שיעור שתיית רביעית בין שתיה לשתיה, אלא כל ששהא בין השתיות והשהיות יותר מרביעית פטור, ודין זה הוא אפי' לא הפסיק כלל, אלא ששתה מעט מעט עד ששהא עי"ז יותר משתיית רביעית, פטור).

[יב]ויש אומרים ששיעור צירוף השתיות כדי אכילת פרס, כמו צירוף אכילות - מלשון המחבר משמע, דהעיקר כדעה א', **אבל** הפר"ח והגר"א כתבו, דהעיקר כדעה השניה.

אות א'***[יג]

רש"י ד"ה: חצי פרס - כשתי ביצים שוחקות

סימן תריב ס"ד - שיעור אכילת פרס, [יד]יש אומרים ד' ביצים; [טו]ויש אומרים ג' ביצים - ולענין הלכה, כל שהוא בשל תורה הלך אחרי המחמיר, וכל שהוא בשל דבריהם הלך אחרי המיקל. [טז]**(שוחקות)** - כל ביצה במילוי ובריוח ולא בצימצום.

אות ב'

הנח לטומאת גויה דלאו דאורייתא היא

רמב"ם פ"ח מהל' שאר אבות הטומאה ה"י - וכן גזרו חכמים על כל אדם שיאכל אוכלין טמאין, בין שאכל אוכל ראשון או אוכל שני, ועל כל השותה משקין טמאים, שיהיה שני לטומאה עד שיטבול, ואם נגע באוכלין עשאן שלישי; ואם נגע במשקין, אפילו משקה חולין, עשאן תחלה לטמא אוכלין ומשקין אחרים; אבל לא לטמא כלים, הואיל ועיקר טומאת אדם זה מדבריהם; ומפני מה גזרו טומאה על האוכל אוכלין טמאים, שמא יאכל אוכל ראשון או שני וישתה עליו משקה תרומה, ונמצא המשקה תרומה טמא באוכל שבפיו; וכן השותה משקין טמאים, שמא יאכל עמהן אוכל תרומה, ונמצא טמא במשקין שבפיו, וכבר ביארנו בתרומות שאסור לאכול תרומה טמאה. השגת הראב"ד: אבל לא לטמא כלים. א"א [יז]ולא אפילו לטמא אוכלין של חולין, שלא גזרו אלא לתרומה.

באר הגולה

[א] משנה שם ע"ג [ב] משנה י"א פרק י"ז דכלים [ג] ‹ע"פ הבאר הגולה› [ד] משנה יומא ע"ג [ה] מסקנא דגמרא שם ‹ע"ט:› [ו] שם ‹פ:› [ז] ‹ע"פ הב"י והגר"א והבאר הגולה› [ח] טור בשם הרמב"ם והתוספתא שם ושם בגמרא פ' וכאביי [ט] ‹ד"ה כזית "שאם שהה בין תחילת אכילת השיעור לגמר אכילתו", משמע אפי' בלי הפסק› [י] ‹מילואים› [יא] רמב"ם מהתוספתא [יב] טור בשם הראב"ד מברייתא דכריתות י"ג [יג] ‹ע"פ הב"י והבאר הגולה› [יד] רש"י שם כרבי שמעון במשנה עירובין פ"ב [טו] רמב"ם והרשב"א כרבי יוחנן בן ברוקא [טז] פי' גדולות, כאדם שפיו גדול כששוחק [יז] ‹ואני אומר שזה דבר פשוט ומבואר בדברי רבינו בסמוך - כסף משנה›

אות ג׳ – ד׳

אכל אומצא ומילחא מצטרף

ציר שעל גבי ירק מצטרף

סימן תריב ס״ב - [יח]כל האוכלים מצטרפים לשיעור זה, [יט]אפילו מלח שעל הבשר, וציר שעל ירק - [כ]דבאין להכשיר את האוכל, וכל דבר שבא להכשיר את האוכל חשוב כאוכל, **וה״ה** בשרה פתו ביין או במים, מצטרף היין או המים להפת.

אות ה׳

האוכל אכילה גסה ביום הכפורים פטור

סימן תריב ס״ו - [כא]או שאכל אכילה גסה, כגון מיד על אכילה שאכל ערב יום הכיפורים - דאל״כ האיך משכחת לה אכילה גסה, דעכ״פ חייב למה שאכל תחלה באיסור, קודם שיבא לידי אכילה גסה, **עד שקץ במזונו** - שאוכל עכשיו, **פטור** - דאכילה גסה לא שמה אכילה, **ומ״מ** לכתחילה יש איסור בזה, וכן באוכלים שאינם ראוים לאכילה, יש איסור לכתחלה מדרבנן, [ומכין אותו מכת מרדות], **ואפילו** בחצי שיעור מהן ג״כ יש ליזהר לכתחלה.

ולאפוקי אם אינו קץ, ורק שהיה שבע ואינו מתאוה לאכול, ואעפ״כ הוא מרגיש טעם כשאוכל, חייב.

הגה: ואם אכל מאכלים מבושמים או מתובלים על אכילתו, חייב, דרווחא לבסומי שכיחא (כל בו) - והב״ח כתב, דאם אכל עד שקץ במזונו, אפילו בזה פטור, **אכן** באמת הכל תלוי לפי מה שהוא מרגיש בנפשו, דבסתם תלינן דבמאכל מתובל כשהוא אוכל, אפילו אם היה מתחלה שבע ביותר, אינו קץ בה, ובזה מיירי הרמ״א, **ואעפ״כ** אם מרגיש בנפשו שכואב לו האכילה וקץ בה, פטור.

ואסור ביו״כ לטעום דבר לפלוט - אפי׳ פחות מכשיעור, ואפי׳ אם יודע שיכול לעמוד על עצמו שלא יבלע כלום, [דהוא איסור מחמת עצמו]. **אפילו עלי בשמים** - שהוא עץ בעלמא, דמ״מ כשלועסו מרגיש טעם, **אבל** מותר להריח למלאות מנין מאה ברכות, וכל זמן שלא הסיח דעתו מלהריח אסור לחזור ולברך, דהוי ברכה שא״צ, **ויש** אנשים שמריחים במים המריחים, שקורין שפירטוז, ואין מברכים עליו כלל, ועושים איסור, **אבל** כשאינו מריח, אין צריך לברך עליו כלל.

[**ועוד** עושין איסור, שקושרין קשר בפאטשייל״א, ושופכין עליו שפירטוז, **והנה** הקשר בקצה א׳ הוא מלאכה, **ומה** ששופכין עליו שפירטוז ג״כ הוא איסור, שמולידין בו ריח].

וע״ל סימן תקס״ז סעיף ג׳ בהג״ה.

אות ו׳ – ז׳

זר שאכל תרומה אכילה גסה, משלם את הקרן ואינו משלם את החומש

זר שכוסס שעורים של תרומה, משלם את הקרן ואינו משלם את החומש

רמב״ם פ״י מהל׳ תרומות ה״ח - היה שבע וקץ במזונו והוסיף על שבעו באכילת תרומה, אינו משלם את החומש, שנאמר: כי יאכל, לא שיזיק את עצמו; וכן הכוסס את השעורים פטור מן החומש, מפני שהזיק עצמו.

---

§ מסכת יומא דף פא. §

אות א׳

זר שבלע שזפין של תרומה והקיאן ואכלן אחר וכו׳

רמב״ם פ״י מהל׳ תרומות ה״ט - זר שבלע שזפין של תרומה והקיאן, ובא אחר ואכלן גם הוא בשגגה, הראשון משלם קרן וחומש, והשני משלם דמי עצים לראשון.

אות ב׳

כל שטומאתו ושיעורו שוה, מצטרף, וכו׳

רמב״ם פ״ד מהל׳ טומאת אוכלין הי״א - כל שטומאתו ושיעורו שוין, מצטרפין זה עם זה; היו טומאתן שוין אבל לא שיעורן, שיעורן אבל לא טומאתן, אין מצטרפין ואפי׳ לטמא כקל שבשניהן; כיצד טומאתו ולא שיעורו, כגון בשר המת ורקב שלו; שיעורו ולא טומאתו, כגון בשר המת ובשר הנבילה; וא״צ לומר שאם לא היו שוים לא בשיעור ולא בטומאה, כגון בשר נבילה ובשר השרץ, שאין מצטרפין.

אות ג׳

אכל ושתה בהעלם אחד אינו חייב אלא חטאת אחת

רמב״ם פ״ו מהל׳ שגגות ה״ה - האוכל ושותה ביום הכפורים בהעלם אחת, אינו חייב אלא חטאת אחת, אכילה ושתייה אחת היא.

‹המשך ההלכות מול עמוד ב׳›

באר הגולה

[יח] משנה שם [יט] שם בגמ׳ דף פ׳ ‹ובשר עם מלח, אפילו נמס והיה למים – ערוה״ש› [כ] ‹לכאורה מש״כ טעם זה בנוגע מלח, היינו כמו שפי׳ הערוה״ש הנ״ל, דאי במלח בעין, בזה הטעם מפורש בגמ׳, כיון דאכלי אינשי מצטרפין› [כא] מימרא דריש לקיש שם

עין משפט נר מצוה

מו א מיי' פ"י מהל' תרומות הל' ט:

מז ב מיי' פ"ד מהל' טומאת אוכלין הלכה יא:

מח ג מיי' פ"ו מהל' שגגות הלכה ה:

מט ד מיי' פ"ב מהל' שביתת עשור הל' ה סמג לאוין סט טוש"ע או"ח סי' תריב סעיף ו:

נ ה מיי' וסמג שם טוש"ע שם סעיף ט בהג"ה:

תוספות

כל שטומאתו ושיעורו שוה מצטרפין. שמעתי מקשה מאי איצטריך קרא לרבי עקיבא בפרק קמא דסנהדרין (דף ד.) לרביעית דם הבא משני מתים שמטמא באהל ומאי טעמא דרבנן דפליגי והא קיימא לן כל שטומאתו ושיעורו שוה מצטרפין ומתרצא דמיירי ברביעית דם הבאה משני כפלים שאין לא בזה ולא בזה רביעית מתחילה אבל שני מתים שיש בכל אחד טפי מרביעית לדברי הכל מצטרפין חצי רביעית מזה וחצי רביעית מזה וכן שמעתי שיש להיות בתוספתא אמנם לא מצאתי אותו: **השמר** דעשה עשה. אע"ג דרבי יוחנן אית ליה בפ' הקומץ רבה (מנחות דף לו:) השמר דעשה נמי לאו הכא אליבא דריש לקיש דהוא מרא דשמעתא משני:

מסורת הש"ס

כ"מ דף נט: מעילה דף יח: [פסחים לב:]

[עי' תוס' מנחות סט. ד"ה דבלע כו' כתבו הטעם משום שכבר נתחללה ע"ש]

מעילה דף יז.

כריתות דף יג:

שם

[ברכות דמש: שבתות ד' מנן:]

[עירובין דף צו. מנחות דף לו:]

[נ"ל תענו את נפשותיכם וכל מלאכה לא תעשו דכך פסוק מוקדם בתורה ויקרא כג]

[נ"ל שבספרי אמור ובעשור שבחומש הפקודים]

גמרא

שכוסס שעורים של תרומה משלם את הקרן ואינו משלם את החומש °כי *יאכל פרט למזיק אמר רב שיזבי א"ר יוחנן *זר שבלע שופין של תרומה והקיאן ואכלן אחר ראשון משלם (את) קרן וחומש °שני *אין משלם אלא דמי עצים לראשון בלבד: האוכל והשותה אין מצטרפין: מאן תנא אמר רב חסדא במחלוקת שנויה ור' יהושע היא דתנן *כלל א"ר יהושע °כל שטומאתו ושיעורו שוה מצטרף טומאתו ולא שיעורו שיעורו ולא טומאתו ולא טומאתו ולא שיעורו אין מצטרפין רב נחמן אמר אפילו תימא רבנן עד כאן לא קא אמרי רבנן התם אלא לענין טומאה דשם טומאה חד היא אבל הכא משום יתובי דעתא הוא והאי לא מיתבא דעתיה וכן אמר ר"ל במחלוקת שנויה ורבי יהושע היא דתנן כלל א"ר יהושע כו' ורבי יוחנן אמר אפילו תימא רבנן עד כאן לא קאמרי רבנן התם אלא לענין טומאה אבל הכא משום יתובי דעתיה הוא והאי לא קא מיתבא דעתיה: **מתני'** *אכל ושתה בהעלם אחד אינו חייב אלא חטאת אחת אכל ועשה מלאכה חייב (שני) חטאות °אכל אוכלין שאינן ראוין לאכילה ושתה משקין שאינן ראוין לשתיה (א) *ושתה ציר או מורייס פטור: **גמ'** אמר ר"ל מפני מה לא נאמרה אזהרה בעינוי משום דלא אפשר היכי נכתוב נכתוב רחמנא לא יאכל *אכילה בכזית נכתוב רחמנא לא תעונה קום אכול משמע מתקיף לה רב הושעיא נכתוב רחמנא השמר פן לא תעונה א"כ נפישי להו לאוי מתקיף לה רב ביבי בר אביי נכתוב רחמנא השמר במצות עינוי אם כן *השמר דלאו לאו השמר דעשה עשה מתקיף לה רב אשי נכתוב אל תסור מן העינוי קשיא ותנא מייתי לה מהכא *°ועניתם את נפשותיכם וכל מלאכה לא תעשו יכול יהא ענוש (ג) על תוספת מלאכה ת"ל °וכל הנפש אשר תעשה כל מלאכה בעצם היום הזה על עיצומו של יום ענוש כרת ואינו ענוש כרת על תוספת מלאכה יכול לא יהא ענוש כרת על תוספת מלאכה אבל יהא ענוש כרת על תוספת עינוי ת"ל °כי כל הנפש אשר לא תעונה בעצם היום הזה ונכרתה על עיצומו של יום ענוש כרת ואינו ענוש כרת על תוספת עינוי יכול לא יהא בכלל עונש אבל יהא מוזהר על תוספת מלאכה ת"ל °וכל מלאכה לא תעשו בעצם היום הזה על עיצומו של יום הוא מוזהר ואינו מוזהר על תוספת מלאכה יכול לא יהא מוזהר על תוספת מלאכה אבל יהא מוזהר על תוספת עינוי ודין הוא ומה מלאכה שנוהגת בשבתות וי"ט אינו מוזהר עליה עינוי שאינו נוהג בשבתות וי"ט אינו דין שלא יהא מוזהר עליו אבל אזהרה לעינוי של יום עצמו לא למדנו מנין לא יאמר עונש במלאכה דגמר מעינוי ומה עינוי שאינו נוהג בשבתות וי"ט ענוש כרת מלאכה שנוהגת בשבתות וימים טובים לא כל שכן למה נאמר מופנה להקיש ולדון ממנו גזרה שוה נאמר עונש בעינוי ונאמר עונש במלאכה מה מלאכה לא ענש אלא אם כן הזהיר אף עינוי לא ענש אלא אם כן הזהיר איכא למיפרך מה לעינוי שלא הותר מכללו תאמר במלאכה שהותרה מכללה אלא לא יאמר עונש בעינוי דגמר ממלאכה מה מלאכה שהותרה מכללה ענוש כרת עינוי שלא הותר מכללו לא כל שכן למה נאמר מופנה להקיש ולדון ממנה גזרה שוה נאמר עונש בעינוי ונאמר עונש במלאכה מה מלאכה ענש והזהיר אף עינוי ענש והזהיר איכא למיפרך מה למלאכה שכן נוהגת בשבתות וימים טובים תאמר בעינוי שאינו נוהג בשבתות וימים טובים אמר רבינא האי תנא עצם עצם גמר מופנה דאי לא מופנה איכא למיפרך כדפרכינן לאיי אפנויי מופנה (ג) חמשה קראי כתיבי במלאכה חד לאזהרה דיממא וחד לאזהרה דליליא וחד לעונש דיממא וחד לעונש דליליא וחד לאפנויי למגמר עינוי ממלאכה בין דיממא בין דליליא דבי ר' ישמעאל תנא נאמר כאן עינוי ונאמר להלן עינוי מה להלן לא ענש אלא אם כן הזהיר אף כאן לא ענש אא"כ הזהיר רב אחא בר יעקב אמר יליף שבת שבתון משבת *בראשית מה להלן לא ענש אלא אם כן הזהיר אף כאן לא ענש אלא אם כן הזהיר רב פפא אמר

הוא

רש"י

שכוסס. כל דבר שהוא אוכלו שלא כדרך אכילתו קרי ליה כוסס: **שופין.** פרונ"ש בלע"ז שבלע בלא כסיסה: **ראשון משלם קרן וחומש.** שאף היא דרך אכילתן: **ושני משלם דמי עצים לראשון.** שהרי קנאן הראשון ונתחייב בתשלומיהן והן אינן ראויות עוד אלא להסקה: **במחלוקת.** השנויה במקום אחר תורה אור שנויה במשנתנו ולא דברי הכל היא אלא רבי יהושע היא: **שטומאתן ושיעורן שוה.** כגון שני חלאי זיתים משני מתים או משתי נבילות או שתי חלאי עדשה משני שרצים שזמן טומאתן שוה ושיעורן שוה לטמא בשיעור אחד: **טומאתו ולא שיעורו.** כגון שרץ ונבילה ששניהן טומאת ערב אבל אין שיעורן שוה לטמא שזה בכזית וזה בכעדשה: **שיעורו ולא טומאתו.** כגון מת ונבילה ששניהן בכזית וזה טומאת שבעה וזה טומאת ערב: **מתני'** אינו חייב אלא חטאת אחת. דחד שמא הוא דאכילה ושתיה מחד קרא נפקי: **אכל ועשה מלאכה.** תרי שמות נינהו דמתרי קראי נפקי: **גמ'** אכילה בכזית. משמע והתורה לא חייבה עליו אלא ביישוב הדעת: **השמר פן לא תעונה.** השמר פן תבא לידי לא תעונה: **א"כ נפישי להו לאוי.** השמר ופן שניהן לא תעשה הן ואנן לאו אחד אמרינן שמא לא רצה להרבות בו לאוין: **השמר דלאו.** כגון השמר בנגע הצרעת (דברים כד) שלא יקוץ בהרתו: **השמר דעשה.** השמר שתתענה: **ותנא מייתי.** אזהרה בעינוי מהכא: **על תוספת מלאכה.** אם לא הוסיף מחול על הקודש להפסיק מן המלאכה מבעוד יום: **יכול יהא מוזהר.** בלאו: **מה לעינוי וכו'.** כלומר עונש דמלאכה לאו מופנה הוא שאם בא ללמדו מעינוי יש להשיב מלאכה הותרה מקלתה אצל גבוה: **חמשה קראי כתיבי במלאכה.** ארבעה לאוין וכרת אחד באחרי מות ובפ' אך בעשור (שבחומש הפקודים): **וחד לעונש דליליא.** דאם איתו ענין לאזהרה תנהו לענין עונש: **ונאמר להלן** עינוי

רבינו חננאל

אכילתו עינוי הוא. איש כי יאכל פרט למזיק כגון הכוסס שעורים של תרומה. וכן האוכל תרומה אכילה גסה משלם הקרן ואינו משלם את החומש. מ"מ איש כי יאכל כתיב פרט למזיק. א"ר יוחנן זר שבלע שופין של תרומה והקיאן דרך בית הרעי ובא אחר ואכלו הראשון משלם קרן וחומש והשני אינו משלם אלא דמי עצים לראשון בלבד. האוכל והשותה אין מצטרפין כלומר המאכל והמשקה אין מצטרפין. אוקימנא רב חסדא למתניתי' לר' יהושע ות"ק חולק עליו דתנן במעילה פרק ד' כלל א"ר יהושע כל שטומאתו ושיעורו שוין מצטרפין זה עם זה. שיעורו ולא טומאתו. טומאתו ולא שיעורו אין מצטרפין. וביוה"כ כיון שהאוכלין שיעורן ככותבת' והמשקין שיעורן כרביעית שיעורו של זה לא שיעורו של זה לפיכך אין מצטרפין ובר פלוגתייהו דר' יהושע חולק. וא"ר יוחנן וגם רב נחמן קאי כותיה דמתניתין דברי הכל היא ולא פליגי אלא לגבי טומאה דשם טומאה אחת היא. אבל הכא אי איכול אכילה ככותבת או שתו כרביעית מייתבא דעתיה. אבל חצי כותבת אוכלין וחצי רביעית משקין לא מייתבא דעתיה: **אכל** ככותבת ושתה כרביעית בהעלם אחד אינו חייב אלא חטאת אחת. א' ר"ל מפני מה לא נאמרה אזהרה בעינוי משום דלא אפשר היכי נכתוב לכתוב לא יאכל אכילה בכזית היא לכתוב לא תעונה אכול משמע מתקיף לה רב אשי נכתוב לא תסור מן העינוי קשיא. ותנא מייתי לה אזהרה לעינוי מהכא דתניא יכול יהא ענוש כרת על תוספת היום שמוסיפין ביוה"כ מחול על הקדש ת"ל כל מלאכה לא תעשו בעצם היום הזה. וכתיב וכל הנפש אשר לא תעונה בעצם היום הזה על עצמו של יום ענוש כרת. ואין ענוש כרת על התוספת' יכול יהא מוזהר על התוספת. ואסיקנא ד' קראי כתיבי במלאכה חד לעונש היום וחד לעונש הלילה. וחד לאזהרת היום. וחד לאזהרת הלילה. וחד לאקושי עינוי למלאכה. מה מלאכה לא ענש אלא אם כן הזהיר אף עינוי לא ענש אא"כ הזהיר. תנא

הגהות הב"ח

(א) מתני' משקין שאינן ראוין לשתיה פטור שתה ציר: (ג) גמ' יכול יהא ענוש כרת על תוספת מלאכה כו' כל מלאכה בעצם היום הזה והאבדתי את הנפש ההיא מקרב עמה על עיצומו כו' ונכרתה מאמתי על עיצומו: (ג) שם לאיי אפנויי מופנה מכדי חמשה קראי כתיבי: (ה) כל השבתות קרויין שבת בראשית משום דכל מועדות נמי כתיב בהן שבת שבתון הלכך קרי ליה שבת בראשית שמוקדשת וקבועה מששת ימי בראשית דכשבת בראשונה כתיב בו כדכתיב ויקדש אותו לשון קדשים כ"ב קבא ע"א ד"ה שבת בראשית]:

גליון הש"ס גמ' שני אין משלם אלא דמי עצים. עיין מנחות דף סט ע"א תוס' ד"ה דבלע וכתובות דף ל ע"ב בתוי"ט ד"ה (ומתחייב) [ואולי צ"ל בתוס' ד"ה לא צריכא]:

תוספות ישנים

אכילה ואומר רבי שיש חילוק באכילות שיש אכילה גסה מאד שקץ לאכול ויש לך שאינה גסה כל כך. מ"ר: זר שבלע שופין של תרומה והקיאן כו' והשני אינו משלם אלא דמי עצים בלבד. תימה לרבי דהכא משמע כשהקיאן ביעבן ולא חזו למיכל כלל אלא כמו עצים בעלמא הוו ואילו בשלוחי ביד הכהן (חולין קג:) אמרינן דאכל חצי זית והקיאו וחזר ובלעו דחייב שהרי נהנה גרונו בכזית ומצינו למימר דהתם מיירי שלא כפניו כגון שלא ידע שהקיאו כדאמר בפרק כמה המקשה (שם עא.) דגבי כפניו לא חזי שלא כפניו מיחזי חזי וה"ר חיים כהן תירץ דהכא מיירי בתרומה שנתחללה באכילת הראשון ונפקא ליה מתורת תרומה כדאמרינן בפ"ק דכריתות (דף ז.) כהן שאכל שמן של תרומה כן כהו ישראל מתעגל בו ואינו חושש דכתיב ומתו בו כי יחללוהו פרט לזו שמחוללת ועומדת להכי פטור השני אבל בחולין מיירי גבי חלב ואין נראה לחלק בין סך כו כהן שנעשה כדבר בהיתר לבלעו זר דבמה הכתי קאי וקיימא באיסורא אבל אין נראה לרבי דהאי טעמא משום חילול ישלם השני קרן לראשון לכל הפחות כמו פירות ולמה לא ישלם אלא דמי עצים ועוד דבכולה סוגיא דהכא מיירי בדברים שאינן ראויין לאכילה בקלקלוס כגון אכילה גסה וכוסס שעורין על כן נראה כדפרי' וכן היה אומר רבי דטעמא משום דלא חזו לאכילה עוד מביקיא אותן. מ"ר: חד לעונש דיממא וחד לעונש דליליא. לא ידענא אי בעינן בכל דוכתא עונש דיממא ולילא במלאכה כגון שבתות וימים טובים ותוש"מ:

מעלה

הוא גופיה שבת איקרי דכתיב תשבתו שבתכם בשלמא רב פפא לא אמר כרב אחא בר יעקב דקרא דכתיב בגופיה עדיף אלא רב אחא בר יעקב מאי טעמא לא אמר כרב פפא מיבעי ליה לכדתניא *ועניתם את נפשותיכם בתשעה לחודש יכול יתחיל ויתענה בתשעה ת"ל בערב אי בערב יכול משתחשך ת"ל בתשעה הא כיצד *מתחיל ומתענה מבעוד יום מכאן שמוסיפין מחול על הקודש ואין לי אלא בכניסתו ביציאתו מנין ת"ל מערב עד ערב ואין לי אלא יוה"כ (*ימים טובים) מנין ת"ל תשבתו אין לי אלא (*ימים טובים שבתות) מנין ת"ל שבתכם הא כיצד כל מקום שנאמר שבות (*מכאן שמוסיפין) מחול על הקודש ותנא דעצם עצם האי בתשעה לחודש מאי עביד ליה מיבעי ליה לכדתני חייא בר רב מדיפתי דתני חייא בר רב מדיפתי *ועניתם את נפשותיכם בתשעה וכי בתשעה מתענין והלא בעשור מתענין אלא לומר לך כל האוכל ושותה בתשיעי מעלה עליו הכתוב כאילו התענה תשיעי ועשירי: אבל אוכלין שאין ראוין לאכילה: *אמר רבא כס פלפלי ביומא דכפורי פטור כס זנגבילא ביומא דכפורי פטור מיתיבי *היה רבי מאיר אומר ממשמע שנאמר *וערלתם ערלתו את פריו איני יודע שעץ מאכל הוא אלא מה תלמוד לומר עץ מאכל עץ שטעם עצו ופריו שוה הוי אומר זה פלפלין ללמדך שהפלפלין חייבין בערלה ואין ארץ ישראל חסרה כלום שנא' *לא תחסר כל בה ל"ק *הא ברטיבתא והא ביבישתא א"ל רבינא למרימר והאמר רב נחמן *האי *הימלתא דאתי מבי הנדואי שריא ומברכינן עליה בורא פרי האדמה לא קשיא הא ברטיבתא והא ביבישתא ת"ר *אכל עלי קנים פטור *לולבי גפנים חייב *אלו הן לולבי גפנים אמר רבי יצחק מגדלאה כל שלבלבו מר"ה ועד יוה"כ ורב כהנא אמר כל שלשים יום תניא כוותיה דר' יצחק מגדלאה אכל עלי קנים פטור ולולבי גפנים חייב אלו הן לולבי גפנים כל שלבלבו מר"ה ועד יוה"כ: שתה ציר או מורייס פטור: הא חומץ חייב מתני' מני רבי היא דתניא ר' אומר חומץ משיב את הנפש דרש רב גידל בר מנשה מבירי דנרש אין הלכה כרבי לשנה נפקי כולי עלמא מזגו ושתו חלא שמע רב גידל ואיקפד אמר אימר דאמרי אנא דיעבד לכתחלה מי אמרי אימר דאמרי אנא פורתא טובא מי אמרי אימר דאמרי אנא *חי מזוג מי אמרי:

מתני'

ויקרא כג | ויקרא יט | דברים ח

רש"י

עינוי. על דבר אשר ענה את אשת רעהו (דברים כב): **הוא גופה שבת איקרי**. ובלאו ג"ש נמי נפקא מיניה וביה דכיון דאיקרי שבת לענין עינוי הוה ליה כשבת לענוג ואזהרה: **תשבתו שבתכם**. ומשבת שבתון לא גמר דאיקרי שבת דאיצטריך ליה לרבויי כל (א) הענין כדאמר בריש פרקין (דף עד.) שבתון שבות אי נמי שבת שבתון היא לאו יומא איקרי שבת אלא הכי קאמר מנוח' מרגוע היא לכם יהיבה נמי דכתיב שבת שבתון הוא לשון זכר אף לשון מנוחה הוא לשון זכר אבל יומא לא איקרי שבת להכי נקט תשבתו שבתכם יתירא דהוא גופיה איקרי שבת: **מיבעיא ליה לכדתניא**. לשאר ימים טובים ולא לאיסור כפורים קאי: **והגא דעצם עצם**. מדאיצטריך למעוטי לתוספת החול מעונש ומאזהרה ממילא שמעינן דמוסיפין והאי ועניתם בתשעה מאי עביד ליה: **כל האוכל ושותה וכו'**. והכי משמע קרא ועניתם בתשעה כלומר התקן עצמך בתשעה (ב) שתוכל להתענות בעשרה ומדאפקיה קרא בלשון עינוי לומר לך הרי הוא כאלו מתענה בתשעה: **כס פלפלין**. אין זה יישוב הדעת שאין זה דרך אכילתו: **מיתיבי וכו'**. אלמא מאכל קרי ליה: **שהפלפלין חייבין בערלה**. מין אילן הוא: **רטיבתא**. חזי למיכל: **הימלתא**. ליטוריג"א שמפטמים בשמים כהושים בדבש: **מבי הנדואי**. מארץ כוש: **שריא**. ואין בו משום בישולי נכרים שנאכל כמות שהוא חי ולא משום גיעולי נכרים דעוקין טעם לפגם ומדקאמר אין בו משום בישולי נכרים ש"מ דרך אכילתו כשהוא חי: **מר"ה עד יום הכפורים**. אבל לבלבו קודם ר"ה כבר נעשו קשים ועץ בעלמא ניהו: **משיב את הנפש**. ומבטל את העינוי: **מזגו**. נתנו בו מים להתיש כחו: מתני'

תוספות

שהפלפלין חייבין בערלה. אין להקשות כמו שחייבין בערלה חייבין נמי במעשר וכיון שחייבין במעשר מטמא טומאת אוכלין כדתנן בפרק בא סימן (נדה דף נ.) כל שחייב במעשר מטמא טומאת אוכלין אלמה תניא התם נמנו וגמרו אין מטמאין טומאת אוכלין די"ל הא ברטיבתא הא ביבישתא אבל ה"ר שמעון מייגביל"א הקשה מהא דאמרי' בפ' בכל מערבין (עירובין דף כח.) זרע גרגיר מתעשר וכו' עד זרע גרגיר למאי חזי שכן ראשונים שלא היה להם פלפלין שוחקין אותו ומטבילין בו את הגלי וא"כ כל שכן פלפלין דעדיפי טפי ואפי' יבישתא חייב במעשר וכיון דחייב במעשר יטמא טומאת אוכלין וי"ל דודאי אותן פלפלין שנשחקין וגובלין אותן במים כעין שעושין לטבל בו דבר הנהו חזו בעינייהו לאכילה וחייבין במעשר ומטמא טומאת אוכלין אבל אותם שלא נגבלו במים שנטחנו ונידוקו כעפרורית בעלמא כעין שעושין לתת לתוך הקדירה הנהו פטורין מן המעשר דלא חזו לאכילה הכי ואין מטמא טומאת אוכלין אי נמי י"ל דזרע גרגיר אינו חייב במעשר משום הא מילתא לחוד שמטבילין בו גלי אלא לאחר שחיקתו חזי למיכל נמי בעיניה ומשום הכי חייב במעשר והא דנקט התם ומטבילין בו גלי ולא נקט דאכלי ליה נמי בעיניה משום דעיקר שחיקתו כדי לטבל בו אבל פלפלין דאפי' בתר שחיקתן לא חזו בעינייהו לא מחייבי ועוד יש להקשות על ההיא מתניתין דנדה והרי תבלין דחייבין במעשר כדאמרינן פ"ק דחולין (דף ו.) ואם אמר לה עשי לי מגליכי חושש לשאור ותבלין שבה משום מעשר ומשום שביעית ואין מטמא טומאת אוכלין כדמוכח בהעור והרוטב (שם דף קכ.) דמפרש בגמרא מאי קיפה פירמא ופריך אביי היא גופה תטמא טומאת אוכלין אלא מאי קיפה תבלין ומיהו י"ל דחושש משום מעשר דקתני לא קאי אלא אשאור אבל משום שביעית קאי אתרוייהו דאפי' אוכלי בהמה יש מהן שחייבין בשביעית כדמוכח במס' שביעית (פ"ח משנה א) ולא נהירא דבפרק בכל מערבין (עירובין דף כט.) תניא רבי שמעון בן אלעזר אומר עוכלא תבלין וליטרא ירק ופי' רש"י דקאי אאין פוחתין לעני בגורן אלמא תבלין חייבין במעשר וי"ל שיש מיני תבלין הרבה יש מהן דעיקרן לטעמא עבידי והנהו פטורין מן המעשר ואין מטמאין טומאת אוכלין ובהנהו מיירי בהעור והרוטב (חולין דף קכ.) ויש מהן דחזו לאכילה בעינייהו כגון בצל וקפלוט וכיוצא בהם פעמים שמתבלין בהן הקדירה וכמו שבת דבפר' בא סימן (נדה דף נא:) והנהו חייבין במעשר ומטמא טומאת אוכלין ובהנהו איירי בפ"ק דחולין (דף ו.) ובבכל מערבין (עירובין דף כט.) ואע"ג דאמריקעלה בפרק בכל מערבין משום דקתני בה תבלין והבלין לאו בני אכילה ניהו היינו בלא תיקון לגמרי שצריך תיקון קלא ולענין עירוב בעינן דחזי בשעת קניית עירוב מידי דהוה אחטין ושעורין דאין מערבין בהן וחייבין במעשר: **הא** ברטיבתא הא ביבישתא. דיבישתא לא הויא מאכל ומהאי טעמא נמי אמרינן בכילד מברכין (ברכות דף לו:) דזנגבילא יבישתא איגה טעונה ברכה:

אלא

עין משפט נר מצוה

נא א מיי' פ"א מהל' שביתת עשור הל' ו סמג עשין לב טוש"ע או"ח סי' תרח סעיף א:

נב ב מיי' וסמג שם טוש"ע או"ח סי' תרכד סעיף ב:

נג ג טוש"ע או"ח סי' רסא סעיף ב:

נד ד טוש"ע או"ח סי' תרד סעיף א:

נה ה מיי' פ"ב מהל' שביתת עשור הל' ו סמג לאוין סח טוש"ע או"ח סי' תריב סעיף ח:

נו ו טוש"ע או"ח סי' רג סעיף ו:

נז ז ח מיי' פ"ב מהל' שביתת עשור הל' ו טוש"ע או"ח סי' תריב סעיף ז:

נח י מיי' שם טוש"ע שם ס"ט בהג"ה:

רבינו חננאל

תניא ועניתם את נפשותיכם בתשעה לחדש. יכול בתשעה ת"ל בערב. אי בערב יכול משתחשך ת"ל בתשעה. הא כיצד מתחיל להתענות מבע"י. מכאן שמוסיפין מחול על הקדש. אין לי אלא שמוסיפין מחול על הקדש בכניסתו ביציאתו מנ"ל ת"ל מערב עד ערב וכן ימים טובים וכן שבת כיוצא בו דמוסיפין מחול על הקדש ושפשוה היא. והאי תנא (פריש בעצם) [דפריש עצם עצם] האי קרא ועניתם את נפשותיכם בתשעה לחדש מאי עביד ליה מיבעי ליה לכדתני חייא כו'. אבל אוכלין שאין ראויין לאכילה. שתה משקין שאין ראויין לשתיה שתה ציר או מוריים פטור. דייקינן מינה הא חומץ חייב. ורבי היא דתני חומץ משיב את הנפש. דרש גידל בר מנשה לית הלכתא כרבי. ואסיקנא הא דגידל אי *) שתה חלב חייב. דאיעבד פטור אבל לכתחלה לא. א"ר יוחנן כס פלפליא וזנגבילא ביומא דכפורי פטור. אבל זנגבילא רטיבתא **) דהיא חרולתא דאתיא מבי הינדוי שריא ומברכין עליה בורא פרי האדמה. ת"ר אכל עלי גפנים פטור. לולבי גפנים שלבלבו מראש השנה אם אכלן ביוה"כ חייב כי לחין הן וכאילו אוכל רק:

*) נ"ל דל"ל הא דגידל אי שתה מי אבל מזוג חייב ודאיעבד פטור וכו':

**) נראה דל"ל וזנגבילא רטיבתא חייב והיא חרולתא וכו':

מסורת הש"ס

חורה אור

ר"ה דף ט.

שם

שם

[נ"ל שבתות]

[נ"ל שבתות ימים טובים וכ"ה בר"ה ט. וכן בריף ורא"ש]

ברכות דף ח: פסחים דף סח: ר"ה דף ט.

ברכות דף לו:

שם סוכה דף לה. [ע"ש וברש"י שם ול"ע]

ברכות דף לו: ע"ש

הגהות הב"ח

(א) רש"י ד"ה תשבתו כו' לרבויי כל הענויים כדאמרינן בריש פרקין דף עד פ"א שבת שבתון כו' אי נמי: (ב) ד"ה כל האוכל כו' התקן עצמך בתשעה כדי שתוכל להתענות:

תוספות ישנים

מעלה עליו הכתוב כאילו התענה תשיעי ועשירי. אם נלטוה אבל עכשיו שלא נלטוה אסור הוא בכך: **ללמדך** שהפלפלין חייבין בערלה. וא"ת כיון שחייבין בערלה הוא הדין במעשר ואפ"ה הכי אין מטמאין טומאת אוכלין כדתניא בפרק בא סימן (נדה נא:) ואם כן הא דתנן בפרק בא סימן (דף נ.) כל שחייב במעשר מטמא טומאת אוכלין אין זה אמת דהא איכא פלפלין שחייבין במעשר כדפריבית ואין מטמאין טומאת אוכלין י"ל דהכא מיירי ברטיבתא כדאמרינן הכא ואינהו מטמאי טומאת אוכלין אבל ההיא דפ' בא סימן דפלפלין אין מטמאין מיירי ביבישתא אבל הקשה ה"ר שמשון מדקאמרינן בפ' בכל מערבין (עירובין כח.) זרע גרגיר מתעשר זרע וירק דחזי לאכילה לפי שהראשונים שלא היה להם פלפלין שוחקין אותו ומטבלין בו גלי ומהאי טעמא מתעשרין נמי פלפלין יבשין ואפילו הכי אין מטמאין טומאת אוכלין ואומר רבי דשאני זרע גרגיר שבשחיקתו גם הוא ראוי לאכול בפני עצמו אבל פלפלין אין ראויין לאכול בפני עצמו אלא לטיבול בעלמא אבל קשה עוד לה"ר אליהו בר' יוסף וכללא הוא והרי תבלין שחייבין במעשר כדתניא (חולין דף ו.) הנותן לשכינתו עיסה כו' חושש לשאור והבלין שבה משום מעשר ואפ"ה אין מטמאין טומאת אוכלין כדתניא בפרק העור והרוטב (שם קכ.) גבי מאי קיפה פירמא ומסקינן דהיינו תבלין דאין מטמאין טומאת אוכלין ואומר רבי דשני מיני תבלין יש דהא אפילו שבת אמרינן פרק בא סימן (נדה נא:) דאיכא לטעמא עבידא ואיכא דלאו לטעמא עבידא אי נמי אומר ה"ר אלחנן דמעשר קאי אשאור [ושביעית קאי] אתבלין דאפילו אוכלי בהמה חייבין בשביעית:

בן

אות ד'

אכל אוכלין שאינן ראוין לאכילה

סימן תרי"ב ס"ו - [א]אכל אוכלים שאינם ראוים לאכילה - היינו דברים מרים או נבאשים, עד שאינם ראוים מחמת זה לאכילה כלל, ‹פטור›. **ומ"מ** לכתחילה יש איסור בזה מדרבנן, [וכדמוכח בסוגיא דיומא דף פ"א: גבי רב גידל דאמר, לכתחלה מי אמר. **ומכין** אותו מכת מרדות], **ואפילו** בחצי שיעור מהן ג"כ יש ליזהר לכתחלה.

(**ודע דפשוט, באוכל מאכלים שראוים רק לבהמה, ג"כ פטור, ולענין בשר חי, לכאורה פשוט שחייב, שיש בני אדם אוכלים אותו**).

ודברים ראוים לאכילה רק שהם איסורים, כגון חלב ונבילה וטרפה וכה"ג, בודאי חייבים עליהם גם מחמת יוה"כ.

אות ה'

ושתה ציר או מורייס פטור

סימן תרי"ב ס"ט - הגה: שתה משקין שאינן ראויין לשתיה, כגון ציר - הוא מה ששותת מן הדג כששורין אותו במלח, **או מורייס** - הוא שומן היוצא מן הדגים, **וחומץ חי, פטור** - ודוקא שהחומץ מבעבע כשמשליכין אותו על הארץ, דאז אינו ראוי לשתיה, [ב]**ופטור** אפילו שתה הרבה יותר מכשיעור, דכיון שהוא חומץ חזק, טפי מזיקו, [ג]**וי"א** דכששותה הרבה חייב, משום דאז שובר רעבונו, והתורה אמרה: אשר לא תעונה, **אבל** אסור לכו"ע אפי' בפורתא, [גמרא].

אבל חומץ מזוג, חייב (טור) - דראוי הוא לשתיה.

---

§ מסכת יומא דף פא: §

אות א'

מתחיל ומתענה מבעוד יום

סימן תרח ס"א - [ד]אוכלים ומפסיקים קודם בין השמשות, שצריך להוסיף מחול על הקודש - ותוספות זה אין בו כרת, כי אם מצות עשה, וילפינן בגמרא מדכתיב: ועניתם את נפשותיכם בתשעה לחודש בערב, מערב עד ערב תשבתו שבתכם, **ואמרינן:** יכול בתשעה מתענין, תלמוד לומר "בערב", אי בערב יכול משתחשך, תלמוד לומר "בתשעה", **הא** כיצד, מתחיל ומתענה מבעוד יום כדי להוסיף מחול על הקודש, **וגם** ביציאתו מוסיף, מדכתיב: מערב עד ערב.

[ה]**ותוספת זה אין לו שיעור, אלא קודם בין השמשות, שזמנו אלף ות"ק אמה קודם הלילה** - ר"ל ששיעור בין השמשות הוא שיעור מהלך אלף ות"ק אמה, והוא לערך רבע שעה קודם צה"כ, וקודם לזה **צריך להוסיף מחול על הקודש מעט או הרבה** - ושיעור התוספות עם ביה"ש ביחד, עולה כמעט חצי שעה.

והנה השו"ע הזכיר דעת ר"ת וסייעתו, ואזיל לשיטתו בסימן רס"א ס"ב, **וכבר** כתבנו שם דהרבה מהראשונים חולקין ע"ז, וגם הגר"א הסכים לשיטתם, דבין השמשות מתחיל תיכף אחר תחלת השקיעה, דהיינו משעה שהחמה נתכסה מעינינו, וזמן התוספות שצריך להוסיף, היינו קודם שקיעת החמה, **ועיין** שם במ"ב לענין שיעור הוספה לפרוש ממלאכה, וה"ה הכא לענין אכילה.

[ו]**סימן תרח ס"ג - [ז]אם הפסיק מאכילתו בעוד היום גדול, יכול לחזור ולאכול כל זמן שלא קיבל עליו התענית** - יש שכתבו, שהמנהג שלאחר שאכל אסור לאכול, דבזה שמפסיק הוי כאילו קיבל בפה, **ולכן** נכון שקודם בהמ"ז יאמר בפירוש שאינו מקבל עליו עדיין התענית, **ועכ"פ** יחשוב בלבו כזה.

ואם קיבל עליו, אסור גם ברחיצה וסיכה, ובפרט במלאכה.

והקבלה מהני רק מפלג המנחה ואילך, אבל אם קיבל עליו התענית מקודם פלג המנחה, אין בקבלתו כלום, [**דהקבלה** אינו מועיל רק בזמן שיוכל לחול עליו שם תוספות, ולא מקודם, **ואף** שנקטינן לדינא, דאף בט"ב דאין בו שם תוספות מדינא, מ"מ הקבלה מהני, **שם** הטעם, משום דהואיל שיכול לעשות תוספות בימים של תורה, יכול לעשות נמי בימים של דבריהם, הואיל ורצה להוסיף עליו ולעשותו כיום עצמו].

אבל אם קיבל על עצמו סתם שלא לאכול עוד, זה מהני אפי' בשאר ימות השנה, אם קבל עליו שלא לאכול מחצות היום ואילך, כמ"ש בסי' תקס"ב סי"א, [**אכן** בזה אינו אסור רק באכילה, ולא ברחיצה ובמלאכה].

הגה: ועי"ל סי' תקנ"ג דאם קיבל בלב לא הוי קבלה - וע"ש במ"ב מש"כ בשם הב"ח והגר"א, וכן יתר הדברים שם, ושייך ג"כ לעניננו.

אות ב'

ביציאתו מנין

סימן תרכ"ד ס"ב - [ח]צריך להוסיף מחול על הקודש גם ביציאתו, שימתינו מעט אחר יציאת הכוכבים - ותוך

באר הגולה

א משנה דף פ"א | ב ‹ובגמ' משמע דבחומץ הרבה חייב, ונדחקו בזה הרב"י והד"מ, ובאמת הדעת נותנת דאדרבה כששותה הרבה חומץ חזק טפי מזיקו, והעיקר כמ"ש הב"ח, דקאי אמזוג דכששותה הרבה חייב - מ"א› | ג ‹ועיין מ"א שכתב והעיקר כמ"ש הב"ח כו'. ודבריו דחוקים מאד ע"ש, ודברי רי"ו עיקר, שכששותה הרבה שובר רעבונו, והתורה אמרה אשר לא תעונה - גר"א› | ד ברייתא יומא פ"א | ה הרא"ש שם, ועיין במה שציינתי בסי' רס"א | ו ‹מילואים› | ז הרא"ש, ועיין במה שציינתי בסי' תקנ"ג | ח ברייתא שם פ"א

הזמן הזה אסור באכילה ורחיצה וסיכה וכו', **אך** אין שיעור לההוספה, וע"כ כיון שמתפללים אחר צה"כ, מותרים בכולם אף שעדיין לא הבדיל על הכוס, **רק** באכילה ושתיה אסורים עד אחר הבדלה, בין אם חל בחול ובין כשחל בשבת.

אות ג'

שבתות מניין

סימן רסא ס"ב - [ט]**י"א שצריך להוסיף מחול על הקודש** - בין בכניסתו ובין ביציאתו, ואין על הזמן הזה לא לאו ולא כרת, כי אם מצות עשה מן התורה, **וילפינן** מדכתיב ביוה"כ "ועניתם את נפשותיכם בתשעה לחודש בערב, מערב עד ערב תשבתו שבתכם", ואמרינן: יכול בט' מתענין, ת"ל "בערב", אי "בערב" יכול משתחשך, ת"ל "בתשעה", הא כיצד מתחיל ומתענה מבעוד יום כדי להוסיף מחול על הקודש, וגם ביציאתו מוסיף מדכתיב "מערב עד ערב", **ומדכתיב** "תשבתו שבתכם", ילפינן דכל מקום שנאמר "שבות" כמו שבת ויו"ט, גם כן צריך להוסיף ולשבות ממלאכה, (**וי"א דהוא מדרבנן**).

וזמן תוספת הוא ע"כ קודם בין השמשות, דבבה"ש הוא ספק שמא הוא לילה וחייב עליה אשם תלוי, ולא צריך קרא לאוסופי.

[י]**וזמן תוספת זה הוא מתחילת השקיעה, שאין השמש נראית על הארץ, עד זמן בין השמשות; והזמן הזה שהוא ג' מילין ורביע, רצה לעשותו כולו תוספת, עושה; רצה לעשות ממנו מקצת, עושה** - היינו ע"י דיבור שהוא מקבלו עליו לשם תוספת שבת, או ע"י אמירת "ברכו", וכדלקמן בס"ד, **ואם** מהני לזה קבלה בלב, ע"ל בסי' תר"ח ס"ג בהג"ה ובמ"ב שם, **וע"ל** ברס"ג ס"י בהג"ה, דמנהגנו שהאשה המדלקת נרות לשבת היא מקבלת שבת בהדלקה זו.

ובלבד שיוסיף איזה זמן שיהיה וודאי יום מחול על הקודש - ולא סגי בהוספה כל שהוא, אלא שצריך קצת יותר, (ונראה דעכ"פ הוא פחות מכדי ג' רבעי מיל), **ושיעור** התוספת עם בין השמשות ביחד, עולה כמעט חצי שעה.

[יא]**ושיעור זמן בין השמשות הוא ג' רביעי מיל** - והוא לערך רבע שעה, [ולדעת הגר"א הוא מעט יותר], (דמיל לדידיה הוא 22.5 דקות), **שהם מהלך אלף ות"ק אמות קודם הלילה.**

הוא דעת ר"ת וסייעתו, דס"ל דשתי שקיעות הן, מתחלה נכסית החמה מעינינו ושוקעת, והוא הנקרא תחלת השקיעה, ושוהה כדי ג' מילין ורביע מיל ועדיין יום הוא, **ומאז** והלאה מתחיל השקיעה שניה, שאז מתחיל להשקע האור לגמרי, והוא נקרא סוף השקיעה, ונמשך זמנה כדי שיעור מהלך ג' רבעי מיל, שהוא אלף ות"ק אמות, והוא בה"ש, ואח"כ יוצאין ג' כוכבים בינונים שהם סימן ללילה, **ונמצא** שלדעתו מתחלת השקיעה עד צאת הכוכבים היא ארבעת מילין, [**ויש** עוד זמן מועט לר' יוסי עד צאת הג' כוכבים, דהא לדידיה אחר השלמת הג' רבעי מיל עדיין ביה"ש הוא, אלא מפני שהוא זמן משהו לא חש השו"ע לכתבו], **ועיין** מה שכתבנו בסמוך, דהרבה פוסקים חולקין ע"ז, וס"ל דמיד שנתכסה החמה מעינינו הוא בה"ש, שהוא ספק יום ספק לילה.

אות ד'

כל האוכל ושותה בתשיעי מעלה עליו הכתוב כאילו התענה תשיעי ועשירי

סימן תרד ס"א - [יב]**מצוה לאכול בערב יוה"כ ולהרבות בסעודה** - דכתיב: ועניתם את נפשותיכם בתשעה לחודש בערב, היה לו לכתוב: בתשעה לחודש בערב תענו את נפשותיכם עד ערב וכו', ומדכתיב: ועניתם וכו' בתשעה לחודש, משמע שיתענו בתשעה, ובאמת יוה"כ אינו אלא בעשרה לחודש, **וקבלו** חז"ל דאדרבא מצוה מן התורה לאכול בעיו"כ, ורצה הקב"ה ליתן שכר בעד האכילה כאלו התענו, שאינו דומה מצוה שיש בו צער, כמו שאמרו: לפום צערא אגרא, **אילו** כתב: בט' לחודש תאכלו, לא היה לנו שכר אלא כמקיים מצותו ע"י אכילה, ולכן שינה הכתוב וכתב מצות אכילה בלשון תענית, שיהיה נחשב אכילה זו לפני הקב"ה כאילו היה תענית, כדי ליתן שכר כמקיים מצוה בצער עינוי, **ויש** לאדם למעט בלימודו בעיה"כ כדי לאכול ולשתות.

הגה: ואסור להתענות בו אפי' תענית חלום (מהרי"ל) - אכן אם מתירא לנפשו ורוצה להתענות, יתענה עד סעודה המפסקת, דודאי מן הדין סגי כשיאכל פעם אחת, **ואם** אינו מתענה היום כלל, טוב שיתענה איזה יום אחר יוה"כ.

ואם חל עיו"כ בא' בשבת, ובשבת שלפניו התענה תענית חלום, שצריך למיתב תענית לתעניתו אחר השבת, אין לו להתענות עיוה"כ, אלא ידחה עד אחר עבור המועד, **ולפי** דעת הט"ז א"צ שוב להתענות אחר יו"כ, דיוה"כ כיפר גם על זה, **ומי** שקשה לו התענית יכול לסמוך ע"ז.

מי שנדר שלא לאכול בשר חוץ מיו"ט, נתבאר בסימן תק"ע שמותר לאכול בעיו"כ, דבלשון בני אדם מקרי יו"ט, **ולא** מיבעי בסעודה המפסקת, אלא אף גם בשחרית, דאנן רגילין לאכול בשר גם בשחרית, וכל הנודר אדעתא דמנהגא נדר, **אבל** בלילה של עיו"כ אסור.

ודוקא בנודר ממש, אבל מי שלא נדר בהדיא, אלא שנוהג כך שלא לאכול בשר כי אם בימים שאין אומרים בהם תחנון, אזי אפילו בלילה של עיוה"כ מותר לאכול, **ודוקא** בלילה ממש, אבל לא מקודם לזה, אע"פ שהתפלל ערבית, [**ובמקומות** שמרבין בסליחות, א"כ אין חושבין אותו ליו"ט, אין לאכול בשר בלילה].

ואם נדר להתענות בו, עיין לעיל סימן תק"ע ס"ב.

באר הגולה

ט הרי"ף ורא"ש והר"ן והמגיד בשם הרמב"ן מהא דיומא פ"א | י המגיד | יא שבת ל"ד וכרבי יהודה וכדמפרש לה רבה | יב תני חייא בר רב ברכות ח' וביומא פ"א ובכמה דוכתי, וממדרש מעשה דחייט אחד שהביא הטור

[יג]**סימן תרד ס"ב - [יד]אין נופלים על פניהם בערב יום הכפורים** - דנוהגין לעשותו קצת כמו יו"ט.

הגה: גם אין אומרים "למנצח" - משום דכתיב ביה "ביום צרה", **ו"מזמור לתודה" (מנהגים)** - דבזמן הבית היה אסור להקריב שום קרבן הנאכל בעיוה"כ, דממעט זמן אכילתו, שהרי עכ"פ כל הקרבנות נאכלין ליום ולילה שלאחריו, וביוה"כ אי אפשר לאכול, ונמצא מביא לידי פסול, [**ומטעם** זה לא יאמר ג"כ פרשת הקרבנות בעיו"כ, אבל פרשת עולה מותר, שאינו נאכל].

גם אין אומרים קודם עלות השחר הרבה סליחות; ויש מקומות נוהגים להרבות בסליחות, והכל לפי המנהג.

ולענין אמירת "אבינו מלכנו" בערב יו"כ יש בו מחלוקת בין אחרונים, ומנהג עירי שלא לאומרו, כי אם כשחל יו"כ בשבת שאין אומרים בו "אבינו מלכנו", אז אמרינן אותו ערב יום כפור שחרית - אבל במנחה אין אומרים אותו בכל גווני.

אות ה'

הא ברטיבתא והא ביבשתא

סימן תריב ס"ח - [טו]כס (פירוש שכסס ופלע אותם בשיניו) פלפלי או זנגבילא, [טז]אם הם יבשים, פטור, דלא חזו לאכילה - ומיירי שבלעם, דאל"ה אפילו רטובים פטור, **וקראם** בשם כסיסה, משום דפלפל יבש, או זנגביל שקורין אינגבער, הוא דבר שאין דרכן לאכול, ולכן פטור, [רש"י], **וכל** פטור דאתמר הכא, פטור אבל אסור. **ואם הם רטובים, חייב.**

אות ו'

הימלתא דאתי מבי הנדואי שריא ומברכינן עליה בורא פרי האדמה

סימן רג ס"ו - [יז]על זנגביל שמרקחים אותו כשהוא רטוב, "בורא פרי האדמה" - אשמעינן דע"י ריקוח שמרקחין אותו בדבש לא נשתנה ברכתו מאלו אכלו חי, דברכתו בפה"א, וכדלעיל בסי' ר"ב בסי"ח, (וז"ל שם: על פלפל וזנגביל כשהם רטובים, בפה"א).

אות ז' – ח' – ט'

אכל עלי קנים פטור

לולבי גפנים חייב

אלו הן לולבי גפנים, אמר רבי יצחק מגדלאה כל שלבלבו מראש השנה ועד יום הכפורים

סימן תריב ס"ז - [יח]אכל עלי קנים - יש גורסין "עלי גפנים", **פטור** - והטעם, משום דאינם ראוים לאכילה, [**וה"ה** עלי תאנים ועלי שאר אילנות, **אבל** עלי ירקות חייב, דראוין לאכילה נינהו, **ופשוט** דלא כל עלי ירקות בכלל זה, אלא אותם שהם ראויים לאכילת אדם קודם בישולם].

ולולבי גפנים שלבלבו - פי' שהניצו, וכדמתרגמינן "ויוצא פרח ויצץ ציץ", "ואפיק לבלבין", **קודם ראש השנה, פטור, דעץ בעלמא הם; ואם לבלבו [יט](בארץ ישראל) מראש השנה ועד יום הכפורים, חייב** - משום דעדיין לחין ורכין הן וראוין לאכילה.

אות י'

חי

סימן תריב ס"ט - הגה: שתה משקין שאינן ראויין לשתיה, כגון ציר - הוא מה ששותת מן הדג כששורין אותו במלח, **או מורייס** - הוא שומן היוצא מן הדגים, **וחומץ חי, פטור** - ודוקא שהחומץ מבעבע כשמשליכין אותו על הארץ, דאז אינו ראוי לשתיה, [כ]**ופטור** אפילו שתה הרבה יותר מכשיעור, דכיון שהוא חומץ חזק, טפי מזיקו, [כא]**וי"א** דכששותה הרבה חייב, משום דאז שובר רעבונו, והתורה אמרה: אשר לא תעונה, **אבל** אסור לכו"ע אפי' בפורתא, [גמרא].

אבל חומץ מזוג, חייב (טור) - דראוי הוא לשתיה.

באר הגולה

יג ‹מילואים› **יד** רוקח **טו** מימרא דרבא שם **טז** **כך היא הגירסא בכל ספרי הרמב"ם שבידינו, ואלי טעות הוא שנפל בספרים, כי לא נמצא חילוק זה לא בגמרא ולא בטור ולא בב"י** ‹**והקשה** ידיד נפשי הרב ועצום כמה"ר רפאל אשכנזי ה"י, דאדרבא מן הגמ' מוכח בבירור דיש חילוק בין יבשים לרטובים, ואדרבא בספרי הרמב"ם שבידינו אינו כתוב כן, **ומכח** זה הגיה {בהעין משפט} עמיתנו בתורה הנזכר כך: אינו כן הגירסא בכל ספרי הרמב"ם שבידינו, כלומר דמחלק רבינו בין פלפלא לזנגבילא, (כגירסת הרב המגיד בהרמב"ם: הכוסס פלפלין וזנגביל יבש וכיוצא בהן פטור אבל זנגביל רטוב חייב), וקושיתו היא קושיית הרב המגיד שם, **והרואה** יראה כמה מהדוחק בהגהה זו, דנמצא דקושיא גנובה היא, דהרי זו קושיית הרב המגיד. **ואחר** ההתבוננות ראיתי שהגהה זאת שייכא לעיל בסעיף ז' (אות ז ח' ט'), על מש"כ: אכל עלי קנים פטור לולבי גפנים וכו' כל שלבלבו בארץ ישראל מר"ה ועד יוה"כ חייב, על זה כתב: כך היא הגירסא {מש"כ בארץ ישראל} וכו', ואולי ט"ס וכו', כי לא נמצא חילוק זה לא וכו' ולא בב"י, ופשוט. **והרה"מ** לא נרגש מזה משום שלא היה כתוב בגירסתו כך, דמה לי בא"י מה לי בחו"ל, וגם בבית יוסף לא נרגש משום האי טעמא, וק"ל – כבוד יו"ט› **יז** **ברכות ל"ו: ויומא פ"א: ושם בפרש"י** **יח** **ברייתא שם** **יט** ‹עיין בהערה לעיל בסמוך› **כ** ‹ובגמ' משמע דבחומץ הרבה חייב, ונדחקו בזה הרב"י והד"מ, ובאמת הדעת נותנת דאדרבה כששותה הרבה חומץ חזק טפי מזיקו, והעיקר כמ"ש הב"ח, דקאי אמזוג דכששותה הרבה חייב – מ"א› **כא** ‹ועיין מ"א שכתב והעיקר כמ"ש הב"ח כו'. ודבריו דחוקים מאד ע"ש, ודברי רי"ו עיקר, שכששותה הרבה שובר רעבונו, והתורה אמרה אשר לא תעונה – גר"א›

§ מסכת יומא דף פב. §

אות א׳ - ב׳

בן תשע בן עשר מחנכין אותן לשעות, בן אחת עשרה בן שתים עשרה משלימין מדרבנן, בן שלש עשרה משלימין מדאורייתא, בתינוק

אי זה חינוך, היה רגיל לאכול בשתי שעות מאכילין אותו לשלש, בשלש מאכילין אותו בארבע

סימן תרטז ס"ב - [א]קטן (הבריא) בן ט' שנים שלימות - היינו שנשלם הט' שנים קודם יוה"כ, **ובן י' שנים שלימות** - פי' בכחוש מבן עשר ומעלה, **מחנכין אותו לשעות** - היינו שאין מניחין לו לאכול כפי הרגלו בחול, וכדמסיים.

ומצות חינוך לא שייך אלא באב, ולא באחר, **ולכמה** פוסקים גם באם ליכא חיובא דחינוך, אם לא למצוה בעלמא, **מיהו** יש פוסקים שכתבו, דאיכא חיוב חינוך גם באם.

וכתב המ"א, דלספות לו אוכל בידים אסור לכו"ע אף לאחריני, כמו שאר דבר איסור שאסור להאכילו לכו"ע, [**ולענ"ד** אין דברי המ"א מוכרחין, דלא שייך לומר כן אלא באיסור גמור בין דאורייתא ובין דרבנן, כגון בבן י"א וי"ב, דמדרבנן עכ"פ צריך להתענות ולהשלים, **ולא** כן הכא, שאין בזה איסור כלל לקטן, **ואדרבה** הלא מחוייב להאכילו לאחר ג' שעות עכ"פ, ומוכח דאין שייך על אכילתו שם איסור, רק הוא מצוה על אביו לחנכו במצות, **ובמקום** שאין מצות חינוך, כגון באחרים, אפשר דגם בספי ליה ליכא איסורא].

[ב]כיצד, היה רגיל לאכול בב' שעות ביום, מאכילין אותו בשלש; היה רגיל לאכול בג', מאכילין אותו בד'; לפי כח הבן מוסיפין לענות אותו בשעות. (וה"ה לקטנה הבריאה) [ג](טור) - ר"ל דאף דלענין חיובא דאורייתא, בבת הוא שנה אחת מקודם, כדלקמיה, **אפ"ה** לענין חינוך שעות, וכן לענין השלמה, לא רצו חכמים להחמיר שיהיה באשה ג"כ שנה יותר מבאיש, **אלא** השוו מידותיהם ואמרו, דלבריאה חינוך שעות הוא מט' שנים ומעלה, ולכחושה מעשרה שנים ומעלה.

[ד]בן י"א, בין זכר בין נקבה, מתענין ומשלימין מדברי סופרים, כדי לחנכן במצות - והכא לא זכר התנאי שיהיו בריאים, דלענין השלמה אין לחלק בזה, **אם** לא שהנער הוא חולה, ויכול לבוא לידי סכנה.

[ה]הגה: ויש אומרים שאינן צריכין להשלים מדרבנן כלל (ר"ן וא"ז והגמי"י בשם ה"ג ורוקח ורא"ס) - אבל חינוך לשעות צריך, בין בנער כחוש ובין בנער בריא, וכפי השיעור שזכר בריש הסעיף. [**דאף** דלפי הדעה שניה דנקט להלכה כדעת ר' יוחנן, ישתנה הדין גם לענין חינוך, לא ביאר זה הרב, לפי שלא פסק כדעה זו רק לענין השלמה, הגר"א ושארי אחרונים].

ויש לסמוך עליהו בנער שהוא כחוש ואינו חזק להתענות (תה"ד) - אבל בנער בריא אין לסמוך להקל, **ומה** שאין מדקדקין בזה"ז להתענות שום תינוק בשנת י"ב, ומדברי הא"ר משמע דאפילו בשנת י"ג אין נוהגין להתענות, כל זמן שלא השלים שנת י"ג, **משום** דבזה"ז ירדה חולשה לעולם, ומן הסתם כל קטן אינו נחשב כבריא לזה, אא"כ ידוע שהוא בריא וחזק לסבול, (**ובתשובת מנחם עזריה** מצדד **להורות לעיקר כדעת הי"א, משום דכמה גדולי ראשונים סוברים כן**).

באר הגולה

[א] **משנה שם פ"ב וכדמוקי לה רב חסדא** ‹כאן בבריא כאן בחולה, ופירושו הוי כפום סברייהו דאמוראי דפליגי בסמוך - ר"ן. **ודלא** כרש"י ד"ה אלא לר' יוחנן, דרב חסדא פליגי עלייהו› **ורב נחמן** ‹**בפרק** בתרא דיומא: א"ר הונא בן ח' ובן ט' מחנכין אותו לשעות, בן י' ובן י"א משלימין מדרבנן, בן י"ב משלימין מדאורייתא, (ולא גרס "בתינוקת"), **ורב** נחמן אמר בן ט' ובן י' מחנכין אותם לשעות, בן י"א משלימין מדרבנן, בן י"ב משלימין מדאורייתא, (ג"כ לא כגירסתינו), **רבי** יוחנן אמר בן י' ובן י"א מחנכין אותם לשעות, בן י"ב משלימין מדאורייתא בתינוקת, ובן י"ג משלימין מדאורייתא בתינוק, (ג"כ לא כגירסתינו). **וכתב** הרי"ף: אע"ג דקימ"ל כרבי יוחנן דאמר תינוקת בת י"ב ותינוק בן י"ג משלימין מדאורייתא, **קימ"ל** כרב הונא ורב נחמן דבתראי נינהו, דמשלימין מדרבנן כדי לחנכן, מבן י"א בין לתינוק בין לתינוקת, ובן ט' ובן י' מחנכין אותן לשעות כדרב נחמן, **ופי'** הר"ן (ד"ה א"ר הונא) בן ח' ובן ט' מחנכין אותם לשעות, בן ח' היינו בן ח' שנים שלמות, כלומר שנכנס בתוך ט' בבריא, ובן ט' שלמות בחולה, מחנכין אותם לשעות, וכן כל השנים האמורים בשמועה זו שנים שלמות הן, שחל יוה"כ להיות בשנה שלאחר זמן, בן י' שלמות ובבריא, ובן י"א שלמות ובחולה, משלימין מדרבנן, בן י"ב שלמות שהוא נכנס לתוך י"ג משלימין מדאורייתא, פי' בתינוק, משום דקסבר תוך זמן, דהיינו בן י"ג, כלאחר זמן לעונשין, ובהשלמה דאורייתא ליכא לאיפלוגי בין חולה לבריא, כל שיכול לסבול תעניתו, **ורב** נחמן אמר בן ט' ובן י' וכו', פי' רב נחמן נמי אתינוק קאי, ומשום דס"ל דתוך זמן כלאחר זמן, מודה ליה לרב הונא דבן י"ב משלימין מדאורייתא, אלא דפליג עליה בתרתי, בחינוך שעות ובהשלמה, דס"ל דלא מקדימינן כולי האי חינוך שעות, אלא בן ט' ובן י' בלחוד, ובהשלמה דרבנן נמי פליג עליה, דלא מפליגינן בהשלמה בין בריא לחולה, אלא תרווייהו משלימין בן י"א, **ומשמע** לי דהיינו טעמיה בהא, משום דהשלמה דרבנן כעין השלמה דאורייתא תקון, וכשם שהשלמה דאורייתא זמנה קבוע, אף השלמה של דבריהם כן וכו', **ורבי** יוחנן אמר בן י' ובן י"א וכו', פי' רבי יוחנן פליג עלייהו בתלת, חדא דס"ל דלא מקדימינן לחינוך שעות כולי האי, אלא בן י' בבריא ובן י"א בחולה, ועוד דס"ל דהשלמה מדבריהם ליכא, ופליג עלייהו נמי בהשלמה דאורייתא, ואמר דבן י"ב משלימין דאורייתא בתינוקת, ובן י"ג בתינוק, משום דקא סבר דתוך זמן כלפני זמן וכו'. **ודכו"ע** אין בין תינוק לתינוקת כלום, לא בחינוך שעות ולא בהשלמה של דבריהם, ואע"פ שגדלותה של תינוקת קודמת לזמן גדלותו של תינוק שנה, אפ"ה לא ראו חכמים להחמיר על התינוקת יותר מן התינוק, משום דעיקר חינוך בתינוק הוא, כדאמרינן במסכת נזיר. **ופסק** הרי"ף בחינוך ובהשלמה דרבנן כרב נחמן, משום דאמר מילתא מציעתא, הילכך בן ט' שלמות בבריא, ובן י' שלמות בחולה, מחנכין אותם לשעות, שאם היה רגיל לאכול בשתי שעות מאכילין אותו בשלש, בשלש מאכילין אותו בארבע, ולא מפליגינן בחינוך שעות ובהשלמה דדבריהם בין תינוק לתינוקת כלל, **אבל** לענין השלמה דאורייתא נקטינן כרבי יוחנן, משום דאיפסיקא הלכתא במס' נדה מה:, דתוך זמן כלפני זמן, הילכך תינוקת בת י"ב שלמות, ותינוק בן י"ג שלמות שהביאו ב' שערות, משלימין מדאורייתא - ב"י› [ב] **ברייתא שם** [ג] ‹והרא"ש כתב דנראה לו כגירסת רש"י, ופסק הלכה כרב הונא ורב נחמן, וכך הם דברי רבינו {הטור} - ב"י, וכ"כ הטור להדיא דיש חילוק בין תינוק לתינוקת, ופלא על מראה מקום זה› [ד] **כרב הונא ורב נחמן שם** ‹וצ"ע, דהא זה הוי רק שיטת רב נחמן, כמו שמבואר בב"י לעיל אליבא דהרי"ף› [ה] ‹כר' יוחנן שם - גר"א›

מתני' התינוקות אין מענין אותן ביוה"כ אבל מחנכין אותן לפני שנה ולפני שנתים בשביל שיהיו רגילין במצות: גמ' השתא בפני שתים מחנכין להו בפני שנה מבעיא אמר רב חסדא לא קשיא הא בחולה הא בבריא א"ר הונא בן ח' ובן ט' מחנכין אותו לשעות בן י' ובן י"א משלימין מדרבנן בן י"ב משלימין מדאורייתא בתינוקת ורב נחמן אמר *בן ט' ובן י' מחנכין אותן לשעות בן י"א בן י"ב משלימין מדרבנן בן י"ג משלימין מדאורייתא בתינוק ור' יוחנן אמר *השלמה דרבנן ליכא בן י' בן י"א מחנכין אותו לשעות בן י"ב משלימין מדאורייתא תנן התינוקות אין מענין אותן ביוה"כ אבל מחנכין אותן לפני שנה ולפני שתים בשלמא לרב הונא ורב נחמן לפני שנה *ולפני שתים לפני שנה [א]לדבריהן ולפני שתים (א) לדבריהן אלא לרבי יוחנן קשיא אמר לך רבי יוחנן מאי שנה או שתים [ב] סמוך לפירקן ת"ש דתני רבה בר שמואל תינוקות אין מענין אותן ביוה"כ אבל *מחנכין אותן שנה או שתים סמוך לפירקן בשלמא לר' יוחנן ניחא אלא לרב הונא ולרב נחמן קשיא אמרי לך רבנן מאי חינוך נמי דקתני השלמה ומי קרי לחינוך השלמה והא תניא *אי זה חינוך היה רגיל לאכול בשתי שעות מאכילין אותו לשלש בשלש מאכילין אותו בארבע אמר רבא בר עולא תרי חנוכי הוו: מתני' עוברה שהריחה מאכילין אותה עד שתשיב נפשה חולה מאכילין אותו ע"פ בקיאין ואם אין שם בקיאין מאכילין אותו על פי עצמו עד שיאמר די: גמ' ת"ר 'עוברה שהריחה בשר קודש או בשר חזיר תוחבין לה כוש ברוטב ומניחין לה על פיה אם נתיישבה דעתה מוטב ואם לאו מאכילין אותה רוטב עצמה ואם נתיישבה דעתה מוטב ואם לאו מאכילין אותה שומן עצמו שאין לך דבר שעומד בפני פקוח נפש 'חוץ מע"ז וגילוי עריות ושפיכות דמים ע"ז מנלן דתניא *ר"א אומר °בכל נפשך למה נאמר °בכל מאדך ואם נאמר בכל מאדך למה נאמר בכל נפשך (ג) אם יש לך אדם שגופו חביב עליו מממונו לכך נאמר בכל נפשך ואם יש לך אדם שממונו חביב עליו מגופו לכך נאמר ובכל מאדך גילוי עריות ושפיכת דמים מנא לן דתניא *רבי אומר °כי כאשר יקום איש על רעהו ורצחו נפש כן הדבר הזה וכי מה ענין למדנו מרוצח לנערה המאורסה אלא *)ה"ז בא ללמד ונמצא למד מה נערה המאורסה 'ניתן להצילה בנפשו 'אף רוצח (*כו') מה רוצח יהרג ואל יעבור אף נערה המאורסה יהרג ואל יעבור ורוצח

מתני' אין מענין אותן. אין חייבין למנוע מהן מאכל: מחנכין אותן. לשעות לפני שנה שהיא סמוכה לפירקן פירקן הוי בן שלש עשרה לנקבה ולארבע עשרה לזכר שדרך תינוקות להביא שתי שערות בשתים עשרה ויום אחד דהיינו בתוך שנת י"ג והיא פירקה לעונשין ותינוק בי"ג ויום אחד נמלא שנת י"ד פרקו לעונשין ושנת י"ג היא שנה הסמוכה לפרקו ושנת י"ב היא שנה לפני שנה הסמוכה לפרקן: או לפני שתי שנים. שהיא לפני שתי שנים סמוך לפרקו דהיינו שלש שנים לפני פרקן ובגמרא פריך השתא לפני שתים דהיינו ג' שנים אמרת מחנכין לפני שנה דהיינו שתים מיבעיא: גמ' בחולה. כחוש ותשוש כח: אמר רב הונא בן שמונה. לבריא שעברה שמנה ונכנסה לתשע ובתינוקת כדמפרש מילתיה דהוי שנת תשע ארבע שנים לפני פרקה: ובן תשע. לחולה שעברה שנת תשע ונכנסה לתוך עשר דהיינו ג' שנים לפני פרקה מחנכין לשעות: בן עשר. לבריאה שעברה עשר ונכנסה לאחד עשר וכן אחת עשרה לתינוקת חולה ונכנסה לי"ב משלימין מדרבנן בן י"ב ונכנסה לי"ג משלימין מדאורי' שהיא פירקן בתינוקת הבריאה והחולה שוות בו: ורב נחמן אומר וכו'. לא פליג רב נחמן אדרב הונא אלא מר פירש מילי דתינוקת ומר פירש מילי דתינוק: בשלמא לרב הונא ולרב נחמן דאמרי איכא השלמה מדרבנן כדקאמר אע"ג דלדידהו הוי חינוך הבריאה ארבע שנים מצי לתרוצי למתני' שהוא בחולה והא"ק מחנכין אותו לשעות שתי שנים לפני השלמת דבריהם שהם שלש לפני השלמת דד"ת כדקאמר רב הונא דשנה עשירית מחנכין אותה התינוקת החולה לשעות שהיא לפני שנה הסמוכה לפרק השלמת דבריהם שהיא בשנת י"ב לחולה דהיינו לפני שתים הסמוכים לפרק דאורייתא: אלא לר' יוחנן קשיא. דלדידיה לא מיתוקמא מתניתין כלל דהא אמרינן השלמה מדרבנן ליכא דתימא מתני' חדא קתני כדאוקימנא אליבא דרב הונא ורב נחמן ורישא בחולה וסיפא בבריא כדאוקימנא רב חסדא נמי לא תוקמא דמתני' קתני שלש לבריא ושתים לחולה ור' יוחנן אמר שתים לבריא ואחת לחולה: אמר לך רבי יוחנן. לא תתני לפני שנה ולפני שתים דמשמע ג' שנים אלא אימא מחנכין אותה שנה סמוך לפרק' בחולה ושתים לבריא: הא שמע דתנא רבה בר שמואל. שנה או שתים כר' יוחנן ולא תני לפני שנה ולפני שתים: לר' יוחנן ניחא. ומוקי לה שנה לחולה ושתים לבריא: אלא לרב הונא ולרב נחמן קשיא. דהא חינוך לשעות הוא ופחות שבחינוכין לשעות לדידהו ג' שנים הוי דהא אמר רב הונא בתינוקת חולה שמחנכין אותה בעשירית ובריאתא קתני גדול שבחינוכין שתי שנים: מאי חינוך דקתני השלמה. דדבריהם ולדידן נמי השלמה דדבריהם שתים לבריא לפני השלמה דאורייתא אחת לחולה: מתני' עוברה שהריחה. העובר מריח ריח תבשיל והוא מתאוה לו ואם אינה אוכלת שניהן מסוכנין: ע"פ בקיאין. אם יאמרו שני רופאים שהוא מסוכן אם אינו אוכל: גמ' כוש. פלך תוחבין לה כוש ברוטב של אותו בשר ומוללתו: למה נאמר בכל מאודך וכו'. יאמר החביב שבהן וכ"ש שאינו חביב: כי כאשר יקום. בנערה המאורסה כתיב: מה למדנו מרוצח לנערה המאורסה. שהוא כמשפט הרוצח כן משפט הדבר הזה: מה נערה המאורסה ניתן רשות. למציל להצילה מבעילת זו בנפשו של בועל זה להורגו עד שלא בא עליה כדכתיב אין מושיע לה (דברים כב) הא יש מושיע יושיענה בכל לידי תשועה: רוצח יהרג ואל יעבור. אם אמרו לו הרוג חבירך ואם לאו אהרוג אותך יהרג ואל יעבור עבירה זו כדמפרש לקמן: אף נערה המאורסה. אם יאמרו בעול ארוסת חבירך או תיהרג יהרג ואל יעבור אבל היא אינה מצווה למסור את נפשה דהיא אינה עושה כלום דקרקע עולם בעלמא היא וראיה לדבר אסתר:

אלא לרב הונא ולרב נחמן קשיא · ולא מצי לשנויי דסמוך לפירקן ולהשלמה דדבריהם קאמר דסמוך לפירקן משמע פרק דגדלות י"ב שנים ויום אחד לתינוקת וי"ג שנים ויום אחד לתינוק: מה רוצח יהרג ואל יעבור אף נערה המאורסה יהרג ואל יעבור · פירש רש"י דלא גרס תיהרג דהיא לא מחייבה למימסר נפשה דקרקע עולם היא והכא ניחא הא דבסוף פ' בן סורר (סנהדרין עד:) פריך והא אסתר פרהסיא הואי ומאי לא פריך והא ג"ע יהרג ואל יעבור אפי' בצינעא ומאי דלא גרס תיהרג ניחא דלענין ג"ע ידע שפיר המקשה דמהני קרקע עולם אבל לענין פרהסיא דטעמא משום חילול השם לא אסיק אדעתיה דמהני ולהכי פריך והא אסתר פרהסיא הואי ומשני לענין פרהסיא נמי קרקע עולם היתה ומהני ותדע דאיהי דלא עבדה מעשה אין לה ליהרג דהא מרוצח ילפינן ורוצח גופיה דיהרג היינו משום דמאי חזית דדמא דידך סומק טפי וכו' וה"מ היכא דעביד מעשה אבל אי לא עביד מעשה כגון שרוצים להפילו על התינוק כדי להורגו ואם יעכב על ידם יהרגוהו וכל כי

אבל מחנכין אותן לפני שנה וכו' אינו קאי על חינוך אלא קאי על השלמת זמן של חינוך על התחלת זמן השלמה ומן דעד לפני שנה של חיוב דאורייתא מחנכין ואותו השנה משלימין מדבריהן וזה לחולה ולפני שנתים פי' ג"כ לפני חיוב דאורייתא מחנכין ואותן השתי שנים משלימין לדבריהן וזה לבריא: [ב] שם סמוך לפרקן. פי' דמאי דקתני שנה כו' אהתחלת זמן קאי ולא תתני לפני כו' אלא אימא מחנכין שנה סמוך לפרקן שהוא י"א לחולה ושתים סמוך לפרקן שהן עשר ואחד עשר לבריא ומשם ואילך משלימין מדאורייתא:

מי שאמר הריני נזיר מגלח (דף כח:) גמרא האיש מדיר את בנו בנזיר כדר"ל דאמר כדי לחנכו במצות בנו אין בתו לא דבתו אין חייב לחנכה וי"ל דהתם לא איירי אלא דוקא לענין נזירות אבל ודאי לענין שאר מצות חייב לחנכה וא"ת הא דאמרינן בכל דוכתא קטן אוכל נבילות אין ב"ד מצווין להפרישו השתא חנוכי מחנכין אפרושי מאיסורא מיבעיא ואומר ה"ר אליעזר ממיץ דחינוך לא שייך אלא שיעשה מצוה ולא פרושי מאיסורא והא (דמוזהרין) [דקרינן] הכא [חינוך] במה שמענין אותו ביוה"כ אין זה אפרושי מאיסורא שמפרישין אותו מלאכול אלא הוא חינוך שמחנכין אותו במצות ועניתם את נפשותיכם ור' אומר דחינוך לא שייך אלא באב אבל באדם אחר לא שייך ביה חינוך הלכך נמי אין מזכין להפרישו ומעשה דהילני המלכה שישבה בסוכה היא ושבעה בניה בסוכה שמא הוא לפי אב וחנכם בכך ואפילו לא היה לפי אב היתה מחנכם למצוה בעלמא. מ"ר: חוץ מע"ז וגילוי עריות ושפיכות דמים. הקשה רבינו יצחק ורבינו יעקב על הא דאמרינן בריש כתובות (דף ג:) גבי נשואות שהיו מוסרות עצמן לפי שאסורות לבעליהן ולדרוש להו דאונס שרי ומה מועיל כי אונס שרי והיא אסורה לבעלה מ"מ יש לה למסור נפשה כדאמרי' הכא ואומר ר"ת דבעכו"ם לא שייך גילוי עריות דהא רחמנא אפקריה לזרעיה דעובד כוכבים וכבהמה דמי כדאמרינן בנושאין על האנוסה (יבמות צח.) ומביא ראיה מדאמרינן פ' בן סורר (סנהדרין עד:) והא אסתר פרהסיא הואי ולא פריך וכרי אסתר גילוי עריות היכא ומה"ט התיר רבינו יעקב בעכו"ם אחד שבא על בת ישראל תחת בעלה וגירשה והמירה דתה ונשאה העכו"ם וחזרו ונתגיירו שניהם והתיר רבינו יעקב לעכו"ם שנתגייר לישאנה ואמר דרחמנא אפקריה לזרעיה דעובד כוכבים ואינו אוסרתה לישראל בעלה ולא שייך בה כשם שאסורה לבעל כך אסורה לבועל והקשה לו ה"ר יצחק בר' מרדכי על זה דהא קא מתרץ דלא דרשינן להו דאונס שרי משום פרוצות שהיו נכנסות ברצון והיו אסורות לבעליהן ואיך יאסרו ע"י ביאת עכו"ם ועוד דאמרי' בפ' שני דכתובות (דף כו:) האשה שנתחבשה בידי עכו"ם ע"י נפשות אסורה לבעלה ואמרי' נמי בפ"ק דמגילה (דף טו.) וכאשר אבדתי אבדתי כאשר אבדתי מבית אבי כך אבדתי ממך שעד עכשיו באונס ועתה ברצון וגם נכרי פוסל לכהונה אע"ג דבהמה לא פסלה כדנפקא לן בהבא על יבמתו (יבמות נט:) ובכמה דוכתי דאין זנות לבהמה מ"מ מכל הני דביאת עכו"ם אוסרת והא דאמרי' דרחמנא אפקריה לזרעיה דעכו"ם היינו דוקא לענין קורבה כדאמרינן בפרק נושאין (שם צח.) דאפילו הם תאומים דמטיפה אחת הוו חשיבי כעכו"ם ועל שהתיר לעכו"ם שנתגייר לישא אשתו קשה לרבי מדקתני בסוטה פרק ומותרת יבם (דף כד.) עיי' כל העריות מקין וקאמר התם (דף כז.) דאתי לרבויי אפילו עכו"ם מיהו אומר רבי דנ"ע דאי הוה מכני כאן טעמא דגר שנתגייר כקטן שנולד דמי ואין זה הבועל שנתארסה לו אע"ג שאינו לנסורו ממיתה כשבא על אשת ישראל ונתגייר כדאמר בפ' בן סורר (סנהדרין עא:) וכן סוגיא דכתובות מפרש רבי הכי ולידרוש להו אונס שרי ואין צריכות למסור עצמן כיון דלא עבדי מעשה ולהכי לא פריך והא אסתר [illegible] כיון דלא עבדה מעשה ומכל מקום שבה פריך והא פרהסיא הואי וגילוי חילול השם כדפירש רש"י כאן דגבי נערה המאורסה יהרג הבועל ואל יעבור אבל הנערה לא דלא עבדה מעשה וראיה לדבר אסתר [illegible] התם אסתר קרקע עולם היתה ולכן אינה צריכה למסור עצמה וכן גבי רוצח נמי אם לא היה עושה מעשה לא הוה צריך למסור עצמו כגון שאומרים לו הנח לנו שנשליך ונפליך על התינוק וכן בעי"ז אם היו כופפים קומתו לפני [illegible] אינו חייב למסור עצמו דלא קא עביד מעשה וכן גילוי עריות אם היה מקושה כבר והביאוהו על הערוה פטור אבל אם נתקשה חייב דאין קישוי אלא לדעת כדאמרינן בריש הבא על יבמתו (יבמות נג:) והא דצריך תלמודא בפרק [illegible] חליצה (שם קג.) ובנזיר (דף כג:) ובהוריות (דף י:) גבי סיסרא שבא על יעל והא קא מתהניא מעבירה ומשני טובתן של רשעים כו' לא בעי למימר שחייבת למסור עצמה דהא קרקע עולם היא ועוד כי זו לא היתה קושיא שהוא

עין משפט נר מצוה

נט א ב מיי' פ"ב מהל' שביתת עשור הל' י סמג לאוין סט טוש"ע א"ח סי' תרטז סעיף ב:

ס ג מיי' פי"ד מהל' מ"א הל' יד ופ"ב מהל' שביתת עשור הלכה ח סמג לאוין סט טוש"ע א"ח סי' תריז סעיף א:

סא ד מיי' פ"ה מהלכו' יסודי התורה הל' ג סמג עשין ה טוש"ע י"ד סי' קנז סעיף א: [רב אלפס כאן ובסנהד' פ"ח דף רעד:]

סב ה ו מיי' פ"א מהל' רוצח הל' ח והל' י סמג לאוין קסד וסמג עשין עד:

רבינו חננאל

תינוקות אין מענין אותם ביוה"כ אבל מחנכין אותן קודם שנה קודם שתים בשביל שיהיו רגילין במצות. ואוקימנא בבריא קודם שתים. קודם שנה בחולה. דייקא מתני' כרב הונא ורב נחמן דאמרי בבן ח' ובן ט' מחנכין אותו לשעות. בן י' ובן י"א משלימין מדרבנן. ובן י"ב משלימין מדאורייתא בתינוקות ובתינוק בן ט' ובן י' מחנכין אותן לשעות. בן י"א ובן י"ב משלימין אותן מדרבנן. והא דתני רבה בר שמואל מחנכין אותן שנה או שתים סמוך לפרקן משני חינוך זה השלמה מדרבנן היא ורבותיהו קי"ל דלבתראי אינון. ואע"ג דר' יוחנן [ס"ל] דהשלמה מדרבנן ליכא אלא שנה לחולה ושתים לבריא ומחנכין אותן לשעות ובפירקן משלימין מדאורייתא. ואקשינן עליה ממתניתין ושני ליה כיון דתני מחנכין ואינון בתראי קי"ל כוותייהו. ותרי חינוכי הוו דתניא איזהו חינוך היה רגיל לאכול בב' שעות מאכילין אותו בשלש. בשלש מאכילין אותו בארבע והשלמה נמי דמדרבנן חינוך קרי ליה: עוברה שהריחה מאכילין אותה עד שתשיב נפשה. ת"ר עוברה שהריחה בשר קדש או בשר חזיר תוחבין לה כוש ברוטב. נתיישבה דעתה מוטב ואם לאו מאכילין אותה רוטב עצמה. לא נתיישבה מאכילין אותה איסור עצמו. שאין לך דבר שעומד לפני פקוח נפש חוץ מע"ז וג"ע וש"ד ופשוטה היא:

תוספות ישנים

בן שמונה בן תשע מחנכין ובתינוקת. ק"ל דאמרי' בנזיר פרק

מסורת הש"ס

ולפני שתים ניחא כצ"ל

[תוספ' פ"ד]

[ברכות סא: סנהדרין עד. פסחים דף כה.]

[פסחים שם. סנהדרין שם. ודף עג.]

*)[פסחים כה: ושם נסמן]

[נ"ל ניתן להצילו בנפשו כ"א בכל מקומות]

הגהות הב"ח

(א) גמ' לפני שנה לדבריהן ולפני שתים לדברי תורה אלא לר' יוחנן קשיא: (ג) שם למה נאמר בכל נפשך נאמר בכל מאדך אלא אם יש לך אדם:

הגהות הגר"א

[א] גמ' לפני שנה לדבריהן ולפני שתים לדבריהן. נ"ב [illegible]

גליון הש"ס גמ' השלמה דרבנן ליכא. עיין כתובות דף נ ע"א תוס' ד"ה ובת תריסר:

וכל מקום שמחנכין אותו באכילה, מחנכין אותו ברחילה וסיכה (טור) - היינו שלא לרחוץ ולסוך כלל, דלא שייך בזה חינוך לשעות.

[ו]**בת י"ב ויום אחד, ובן י"ג ויום אחד, שהביאו שתי שערות, הרי הם כגדולים לכל מצות ומשלימים מן התורה; אבל אם לא הביאו שתי שערות, עדיין קטנים הם, ואינן משלימין אלא מדברי סופרים** - והא דלא חיישינן שהביא שתי שערות בזמנו ונשרו, כיון שבא לכלל שנים, ויש בזה חשש דאורייתא, **תירצו** הפוסקים, דמיירי שנשלם י"ג שנים שלו ביוה"כ גופא, ובדקו אותו כולו יומא, ולא הביא סימנים.

הגה: ואפילו הוא רך וכחוש, צריך להשלים, דחיישינן שמא נשרו השערות (תה"ד) - לא קאי אדברי המחבר, אלא מלתא באנפי נפשיה היא, דהוא מיירי שנשלם הי"ג שנה קודם יוה"כ, או אפי' ביוה"כ, אלא שלא בדקוהו כולי יומא, וחיישינן שמא נשרו קודם הבדיקה.

ואף שהקיל הרמ"א לעיל בנער שהוא כחוש, היינו לענין השלמה שאינו אלא תקנתא דרבנן, **משא"כ** הכא דאיכא חשש דאורייתא, דשמא הביא שתי שערות ונשרו. **ודוקא** ביוה"כ דהוא ספיקא דאורייתא, אבל שאר תעניות שאינן אלא מדרבנן, א"צ להתענות אא"כ יש לו שתי שערות.

[ז]**קטן שהוא פחות מבן תשע, אין מענין אותו ביו"כ** - היינו אפילו לחינוך שעות, **כדי שלא יבא לידי סכנה. הגה: ואפילו אם רוצה להחמיר על עצמו, מוחין בידו (כל בו).**

אות ב* [ח]

עוברה שהריחה מאכילין אותה עד שתשיב נפשה

סימן תריז ס"ב - [ט]**עוברה שהריחה** - מאכל, וידוע שאם אין נותנין לה מה שמתאוה, היא וולדה מסוכנים, **ואין** נ"מ בין בתחלת עיבורה ובין בסופה, [**ומלשון** רש"י משמע שהולד מתאוה, ואפשר דלא שייך זה כי אם אחר מ' יום, וצ"ע].

(ופניה משתנים, אע"פ שלא אמרה: צריכה אני) (רבנו ירוחם) - [י]ובאין פניה משתנים, אין מאכילין אותה אא"כ אמרה: צריכה אני לאכול, [**והיינו** אחר שלוחשין לה, ועדיין לא נח דעתה].

[יא]**לוחשין לה באזנה שיום הכיפורים הוא; אם נתקררה דעתה בזכרון זה, מוטב** - שלפעמים מתיישבת דעתה אחר שמזכירין לה שיום הזה יום הכפורים הוא, שכל העולם מתענין בו, [**ועיין** במאירי שכתב, שכשלוחשין לה מענין היום, מצרפין בדבריהם הבטחה על העובר, שאם תתיישב דעתה, תהא בטוחה על עוברה שתהיה יראת שמים מצויה בו].

ואם לאו, מאכילין אותה עד שתתיישב דעתה - [יב]פי' שתוחבין קיסם ברוטב, ר"ל איזה טיפות, ונותנים לתוך פיה, **ואם** לא נתיישבה דעתה, נותנין לה רוטב פחות פחות מכשיעור, כפי שיתבאר לקמן בסימן תרי"ח, **ואם** גם בזה לא נתיישבה דעתה, נותנין לה מן המאכל עצמו פחות פחות מכשיעור, עד שתתיישב דעתה, [גמרא], **ואינה** צריכה אומד הרופאים לזה.

ודוקא עוברה מדקדקין עמה בכל הנזכר לעיל, משום שלפעמים מתיישבת דעתה בדבר מועט, **אבל** חולה מאכילין אותו כפי שיאמר הרופא, **וכן** כשמאכילין אותו על פי עצמו, כשאומר: צריך אני, ג"כ מאכילין אותו עד שיאמר: די, **אך** בכל זה מאכילין אותו פחות פחות מכשיעור, וכפי שיתבאר לקמן סי' תרי"ח.

[יג]**סימן תריז ס"א** - [יד]**עוברות ומיניקות מתענות ומשלימות ביום הכיפורים** – (ואם יש להמניקה ילד חולה ומסוכן, ואינו רוצה לינק כי אם ממנה, ואם תתענה סכנה הוא להילד, אינה מתענה אפילו ביוהכ"פ).

סימן תריז ס"ג - [טו]**כל אדם שהריח מאכל ונשתנו פניו, מסוכן הוא אם לא יתנו לו ממנו** - ולכן כשמריח ריח מאכל, יזהר מאד כל אדם שיפלוט כל הרוק שיבא בפיו, ולא יבלע, דאז בא לידי סכנה.

ומאכילין אותו ממנו - ר"ל ג"כ הקל הקל, כמו באשה עוברה וכנ"ל.

ודע, דמה שהקלנו באשה עוברה, וכן בכל אדם שהריח, הוא דוקא עד שתתיישב דעתן, **אבל** אחר שנתיישב דעתן, אין להם לאכול שאר היום, דלא אמרינן כיון שהותר מקצת היום באכילה הותר כולו.

ובלא נשתנו פניו, אע"פ שאומר שלבו חלש וצריך לאכול, אין מאכילין אותו, [אא"כ הוא חולה, שאז אפי' לא הריח ריח מאבל, והוא אומר: צריך אני, או שהרופאים אומרים שהוא צריך לאכול, מאכילין אותו מיד כפי הצריך לו], כ"כ מ"א וא"ר, **ובישועות** יעקב מגמגם בזה, **ועיין** בחת"ס שדעתו, דאף שאנו אין מאכילין אותו מחמת שהוא בחזקת בריא, מ"מ החולה עצמו היודע מרת נפשו, יוכל ליקח לעצמו ולאכול, בין ביוה"כ בין בשאר איסורין, כיון שמרגיש בעצמו שיוכל לבא לידי סכנה.

באר הגולה

[ו] **כרבי יוחנן שם הרי"ף ורמב"ם** [ז] **רמב"ם והכל בו** [ח] ‹מהדורת נהרדעא› [ט] **משנה יומא דף פ"ב** [י] ‹הם דברים פשוטים, דלא גרע מעוברת משאר כל אדם שפניו משתנות, אע"פ שאינו אומר שצריך, מ"מ נותנים לו, כמש"כ ס"ג, א"כ הא דהעתיקו רמ"א, ע"כ צ"ל דלדיוקא אתי, דבאין פניה משתנות צ"ל צריכה אני, וא"כ מוכח דבאין פניה משתנות, מ"מ מהני במה שאמרה צריכה אני – מחה"ש› [יא] **מעובדא דרבי שם** ‹עמוד ב'› **עיין בסימן דלקמן ס"ו** [יב] ‹וצריך ביאור, מה בין תוחבין לה כוש ברוטב ומניחין לה על פיה, לבין האכלתה מרוטב עצמו, **י"ל** שרק טועמת ואינה בולעת, דבכה"ג ליכא אף משום איסור חצי שיעור, ואם לא נתיישבה דעתו מאכילין אותה רוטב אכילה ממש, **ומ"מ** אין בטעם זה כדי ישוב הדעת, דא"כ אמאי סגי לרש"י לפרש דמוצצתו, והו"ל לפרש דטועמת ואינה בולעת, **ויותר** נראה לפרש דאף כשסגי לה בחצי שיעור, מדקדקין שתאכל לכתחלה חצי שיעור קטן, דכיון דחצי שיעור אסור מן התורה, נמצא דאיכא איסור בכל משהו ומשהו שהוא אוכל, וע"כ מתחלה תוחבין לה כוש ברוטב ומניחין על פיה ומוצצתו, שזהו הקטן שבשיעורים – להורות נתן› [יג] ‹ס"א וס"ג מילואים› [יד] **מימרא דרבא פסחים דף נ"ד** [טו] **הרא"ש שם מעובדא דאמימר ומר זוטרא כתובות ס"א** ‹חזייה רב אשי למר זוטרא דחוור אפיה›

אות ב**' [טז]

חולה מאכילין אותו על פי בקיאין

סימן תריח ס"א - [יז]"חולה שצריך לאכול, אם יש שם רופא בקי - פי' בקי באותו מקום, **אפילו הוא עובד כוכבים** -

ועיין לעיל סימן שכ"ח סעיף יו"ד, דהביא שם המחבר דעת יש מי שאומר, דלא בעינן בקי, אלא כל אדם בחזקת בקי קצת לענין ספק נפשות, והיינו באומר עכ"פ שמבין בחולי זה, **ומסיים** הרמ"א שם, די"א זה דוקא ברופא ישראל, אבל בעכו"ם אינו נאמן עד שיהיה בקי, וה"ה הכא. **ודע**, דביולדת לכו"ע מהימנינן לנשים, דאינהו בקיאי בהו.

(**כתב** בספר תפארת ישראל, בענין מה שכתב השו"ע אפילו הוא עכו"ם, דהאידנא יש להתיישב בדבר, דבעיני ראיתי דשבקי להמנותייהו, דלכל חולי קל אומרים תמיד שכשיתענה יסתכן).

(**גם** לענין רופאי ישראל, שהרבה מהם חשודים לעבור על דברי תורה ולחלל שבת, וגם הם אינם מתענים מצד אפקירותא, צ"ע רב אם יש לסמוך עליהם, **ובאמת** הדבר תלוי לפי ראות עיני המורה את הענין).

[יח]שאומר: אם לא יאכילו אותו אפשר שיכבד עליו החולי ויסתכן, מאכילין אותו על פיו - ה"ה אפילו אינו אומר בהדיא שיסתכן, רק שאומר שאפשר שיכבד עליו החולי, נותנין לו, שאנו חוששין שמא יסתכן.

(עיין בפמ"ג וח"א, דהיינו אפילו הוא לעת עתה חולה שאין בו סכנה, אכן שמשערים שאם לא יאכל אפשר שיתגבר עליו המחלה, ויוכל להיות שיבוא לידי סכנה).

ואין צריך לומר שמא ימות.

אות ג'

עוברה שהריחה בשר קודש או בשר חזיר, תוחבין לה כוש ברוטב ומניחין לה על פיה

סימן תריז ס"ב - עיין לעיל אות ב*.

אות ד'

חוץ מעבודה זרה וגילוי עריות ושפיכות דמים

יו"ד סימן קנז ס"א - כל העבירות שבתורה, חוץ מעבודת כוכבים וגלוי עריות ושפיכות דמים, אם אומרים לו לאדם שיעבור עליהם או יהרג, אם הוא בצנעה יעבור ואל יהרג -

(ברמב"ם איתא, אחת מכל מצות כו', מיהו לאו דוקא הוא, ואפילו על כל המצות יחד נמי דינא הכי, כן כתב בספר מעשה רוקח על הרמב"ם שם, עיין שם. **אכן** בתשובת הרדב"ז לא משמע כן, ע"ש - פת"ש).

(**עיין** בספר משנת חכמים, שנסתפק אי דוקא בכה"ג שאמרו לו שיעבור ואם לא יהרג, הוא דאמרינן שיעבור ואל יהרג, כיון דאונס רחמנא פטריה כו', **אבל** אם באים עליו להרגו מחמת איזה דבר, ואינם באים לכוף אותו לדבר עבירה, חלילה לו לומר שיציל ממות נפשו שיעבור איזה דבר, דלא מקרי אונס כה"ג מה שרצונם להורגו, כיון שאין דעתם לכופו לדבר עבירה, **או** לא שנא, כיון דקי"ל דאין לך דבר שעומד בפני פקוח נפש, ואף ספק פקוח נפש, משום דכתיב וחי בהם, מה לי אונס הבאה לו מן השמים, ומה לי הבאה ע"י אדם, בכל ענין יכול להציל עצמו, **והיה** נראה דאף אם נסתפק לו להעובר אם ינצל בגלל שיעבור מעונש מיתה, הוי ספק פיקוח נפש, **ע"ש** שלא העלה דבר ברור - פת"ש).

אות ה' - ו'

ניתן להצילה בנפשו

אף רוצח

[יט]רמב"ם פ"א מהל' רוצח ה"ו - במה דברים אמורים בשעבר ועשה העון שחייב עליו מיתת בית דין, אבל הרודף אחר חבירו להרגו, אפילו היה הרודף קטן, הרי כל ישראל מצווין להציל הנרדף מיד הרודף ואפילו בנפשו של רודף.

[כ]רמב"ם פ"א מהל' רוצח ה"ז - כיצד, אם הזהירוהו והרי הוא רודף אחריו, אף על פי שלא קיבל עליו התראה, כיון שעדיין הוא רודף, הרי זה נהרג; ואם יכולים להצילו באבר מאיברי הרודף, כגון שיכו אותו בחץ או באבן או בסייף ויקטעו את ידו או ישברו את רגלו או יסמו את עינו, עושין; ואם אינן יכולין לכוין ולא להצילו אלא אם כן הרגוהו לרודף, הרי אלו הורגין אותו ואף על פי שעדיין לא הרג, שנאמר: וקצותה את כפה לא תחוס עינך.

רמב"ם פ"א מהל' רוצח ה"ח - אחד מבושיו, ואחד כל דבר שיש בו סכנת נפשות, אחד האיש שאחז את האשה, ענין הכתוב שכל החושב להכות חבירו הכייה הממיתה אותו, מצילין את הנרדף בכפו של רודף, ואם אינן יכולין, מצילין אותו אף בנפשו, שנאמר: לא תחוס עינך.

רמב"ם פ"א מהל' רוצח ה"י - אחד הרודף אחר חבירו להרגו, או רודף אחר נערה מאורסה לאונסה, שנאמר: כי כאשר יקום איש על רעהו ורצחו נפש כן הדבר הזה, והרי הוא אומר: צעקה הנערה המאורסה ואין מושיע לה, הא יש לה מושיע, מושיעה בכל דבר שיכול להושיעה, ואפילו בהריגת הרודף.

באר הגולה

טז ‹ע"פ מהדורת נהרדעא› | יז משנה יומא פ"ב | יח הרא"ש שם | יט ‹ע"פ מהדורת נהרדעא› | כ ‹ע"פ מהדורת נהרדעא›

עין משפט נר מצוה

סג א מיי' פ"ה מהל' יסודי התורה הל' ז סמג עשין ה:

סד ב מיי' פ"ב מהלכות שביתת עשור הל' ט סמג לאוין סט טור וש"ע א"ח סי' תריז סעיף ב:

[בסנהדרין אי' דרבה]

ורוצח גופיה מנא לן *סברא היא *דההוא דאתא לקמיה (*דרבא) אמר ליה אמר לי מרי דוראי קטליה לפלניא ואי לא קטילנא לך א"ל נקטלך ולא תקטול מאי חזית דדמא דידך סומק טפי דילמא דמא דההוא גברא סומק טפי

ההיא עוברה דארחא אתו לקמיה דרבי אמר להו זילו לחושו לה דיומא דכיפורי הוא לחושו לה ואילחישא קרי עליה °בטרם אצרך בבטן ידעתיך וגו' נפק מינה רבי יוחנן ההיא עוברה דארחא אתו לקמיה דרבי חנינא אמר להו לחושו לה ולא אילחישא קרי עליה זורו

תורה אור: ירמי' א

ורוצח גופיה מנלן. דיהרג ואל יעבור: **מרי דוראי.** שלטון של כפר שאני דר שם: **מאי חזית דדמא דידך סומק טפי.** כלומר מאי דעתיך למשרי מילתא משום וחי בהם ולא שימות בהם טעמו של דבר לפי שחביבה נפשן של ישראל לפני המקום יותר מן המצות אמר הקב"ה תבטל המצוה ויחיה זה אבל עכשיו שיש כאן ישראל נהרג והמצוה בטילה למה ייטב בעיני המקום לעבור על מצותו למה יהיה דמך חביב עליו יותר מדם חבירך ישראל: **הריח עוברה דארחא.** שהריחה ויום הכפורים היה: **לחושו לה.** בלחישה שיוה"כ הוא היום אולי תוכל להתאפק: **ואלחישה.** קיבלה את הלחישה שפסק העובר מתאותו: זורו

כי האי גוונא אין לו ליהרג דאדרבה כימא מאי חזית דדמא דידיה סומק טפי דילמא דמא דידי סומק טפי ועוד דהיקישא דקרא ברוצח שהורג בידים כתיב כאשר יקום איש על רעהו ורצחו נפש וגו' ורבא דפליג בפ' בן סורר ומורה (סנהדרין דף עד:) אשיטה דקרקע עולם ומשני הנאת עצמו שאני פירוש כשאונסין את האדם לעבור בדבר שיש לו הנאה לעצמו ליכא חילול השם לא פליג אלא לענין פרהסיא דלא מהני קרקע עולם אבל לענין גילוי עריות מודה דמהני קרקע עולם אי נמי אפילו לענין פרהסיא לא פליג אלא מוסיף עוד טעם שני ויש מפרשים דלהכי לא פריך התם והא אסתר גילוי עריות הואי משום דלא מיתהניא מעבירה שהטיל בה זוהמא כדמשני גבי יעל בפרק רביעי דנזיר (דף כג:) ובפרק מצות חליצה (יבמות דף קג:) כי פריך והא קמתהניא מעבירה ומפרש כך וכיון דמיתהניא היה לה ליהרג משום גילוי עריות ומשני טובתן של רשעים רעה היא אצל צדיקים ולא נהירא חדא דלענין דלא מיחייבא למימסר נפשה לא מהני האי דלא מתהניא דבלאו הנאה נמי איכא איסור ערוה אע"ג דאמרינן פרק המניח (ב"ק דף לב.) ונכרתו הנפשות העושות הנאה לתרוייהו אית להו *מכל מקום בלא הנאה נמי מיחייבא כגון שלא כדרכה אע"ג דמיקרי עינוי ועוד דאי אפשר שלא תיהנה קצת ועוד אם נתכוונה להציל עצמה במה הכתוב משבחה והלא לצורך עצמה עשתה ועוד פשיטא דלא היה חפץ להורגה כי היה בורח על נפשו ואדרבה היה צריך שתטמינהו שלא ימלאוהו הרודפים והיא שידלתו בדברים עד שבא עליה כדי להתיש כחו כמו שמוכיח בענין אלא יש לומר משום דקאמרינן לעיל מינה גדולה עבירה לשמה ממצוה שלא לשמה דכתיב מנשים באהל תבורך מאן נינהו מנשים באהל שרה רבקה רחל ולאה פי' שהאמהות נתכוונו להבנות מבעליהן ופריך אמאי הכתוב משבחה טפי מנשים באהל והא קא מיתהניא מעבירה ומשני לא הוה לה הנאה כולי האי דלצערה היה גדול מהנאתה דטובתן של רשעים רעה היא אצל צדיקים ואף על גב דבפרק מצות חליצה (יבמות דף קג.) פריך נמי הכי אף על פי שאין לשם גדולה עבירה לשמה כו' י"ל אההיא דנזיר קא סמיך וכמו שפירש רש"י דגרס יהרג בן גורם בשלשות בפר' ואר"א* והקשה השלשות מהא דאמר רבא בריש פרק הבא על יבמתו (שם דף נג:) אין אונס בערוה לפי שאין קישוי אלא לדעת ואם כן אונס בדידיה מי איכא דקאמר אף גילוי עריות יהרג ואל יעבור והא לאו אונס הוא אלא רצון כיון דאין קישוי אלא לדעת ותירץ משכחת לה להתרפאות כי ההיא דסוף פרק בן סורר ומורה (סנהדרין דף עה.) באדם אחד שנתן עיניו באשה אחת והעלה לבו טינא אחריה וכו' עד ימות ואל תיבעל בו ולשון יהרג לא משמע כפי' דהוה ליה למימר ימות ואל יעבור ור"י פירש דההוא דרבא מיירי שהנכרים מדביקין אותו בערוה ואינו יכול לישמט מזה אלא אם כן יהרגוהו ועל זה קאמר דאין טענת אונס לומר דאין עושה מעשה אלא אחרים עושים בו מעשה כמו קרקע עולם וס"ד אמינא דיעבור ואל יהרג קמ"ל כיון שיודע בעצמו שאם ידביקוהו אי אפשר שלא יתקשה הקישוי דקא עביד חשיב כעושה מעשה אע"ג דעל ידי אונס בא לו ואע"ג דאיכא למ"ד המשמש מת בעריות חייב ואפילו הכי כשמדביקין אותו ומשמש מת פטור כיון דאונס א"כ מה לי משמש באבר מת מה לי בקישוי י"ל רבא לטעמיה דאמר בפרק שני דשבועות (דף יח.) המשמש מת פטור ועוד י"ל שהיה לו לפרוש בהנאה מועטת ופירש בהנאה מרובה כדאמר גבי משמש עם הטהורה ואמרה לו נטמאתי בפ"ב דשבועות (ג"ז שם.) ופירש באבר חי חייב אפי' למאן דאמר המשמש מת חייב משום דהיה לו לפרוש בהנאה מועטת ופירש בהנאה מרובה הכא נמי אם הדביקוהו ושמש מת או אם נתקשה לאשתו בהיתר והדביקוהו פטור אבל אם הדביקוהו ושוב נתקשה חייב והשתא למאי דפרישי' גרם יהרג ואי נמי גרס אף נערה המאורסה תיהרג ניחא וקמה כגון דעבדה מעשה שמאנסין אותה להביא הערוה עליה והא דפריך בכתובות (דף ג:) ולידרוש להו דאונס שרי אע"ג דגילוי עריות יהרג ואל יעבור התם נמי קרקע עולם הוו ורבינו תם היה מפרש בההיא דכתובות ולאסתר דלא מיחייבא למימסר נפשה בביאת עכו"ם שאין ביאתו ביאה ולא מיחייבא מיתה בביאתו דרחמנא אפקריה לזרעיה דעובד כוכבים כדכתיב אשר בשר חמורים בשרם וזרמת סוסים זרמתם והוי כביאת בהמה בעלמא ומתוך כך התיר לבת ישראל שהמירה דתה ונשאת לעכו"ם וחזרה בתשובה והעכו"ם נתגייר לקיימה דאע"ג דאמר כשם שאסורה לבעל כך אסורה לבועל הני מילי בביאת ישראל אבל עכו"ם לא ולא נהירא לר"י בר מאיר דכיון דנאסרת לבעלה בביאת עכו"ם כדקאמר בכתובות (שם) איכא פרוצות כו' וכן בפרק שני דכתובות (דף כו:) האשה שנחבשה בידי עכו"ם על ידי נפשות אסורה לבעלה וכן באסתר וכאשר אבדתי אבדתי אלמא לגבי לאוסרה על בעלה לא חשיבא כביאת בהמה הכי נמי יש לאוסרה על הבועל וכן לפסול לכהונה פנויה שנבעלה לעכו"ם אע"ג דנבעלה לבהמה כשירה לכהונה בפרק הבא על יבמתו (יבמות דף נט:) אלמא לא חשיבא כבהמה ודוקא לענין חיים אמר בפ' נושאין (שם דף מה.) דרחמנא אפקריה לזרעיה דעובד כוכבים ובפ' ארוסה (סוטה דף כו:) אמרינן דמקנין ע"י נכרי ופוסל בתרומה ופריך פשיטא ונסתרה והיא נטמאה אמר רחמנא אחד לבעל ואחד לבועל ואחד לתרומה מהו דתימא כי אמרינן ונסתרה והיא נטמאה הני מילי היכא דבהך ביאה אסירה ליה קא משמע לן אלמא דאפי' גבי עכו"ם שייך נטמאה לאסור לבעלה והוא הדין לבועל וליכא למידק איפכא מהתם מדקאמר דס"ד אמינא כיון דבלאו האי ביאה אסירה ליה לא מיתסרא עליה דבעל מכלל דעכו"ם גופיה לא צריך קרא לאוסרה על ידי אותה ביאה ואפ"ה גר מותר ע"י ביאה שבעל בהיותו עכו"ם דאי אסור הוה מיתוקם קרא שפיר אפילו בעכו"ם ומיתסרא עליה בהאי ביאה לכשיתגייר דבלאו הך ביאה (לא) הוה מיתסרא עליה היינו בהיותו עכו"ם שהיא אסורה ליבעל לעכו"ם שמיה כיון דאיכא איסור מיתה בביאת עכו"ם למה לא גירש מרדכי את אסתר בשעה שבאתה להצלת כלל ישראל וי"ל היה ירא פן יודע הדבר למלך ויתפרסם על ידי גט שהיתה אשתו דאי לא תימא הכי למה לא גירשה כדי שלא תאסר עליו ביאותה ויחזירנה אח"כ דמחזיר גרושתו לא מיתסרא בביאת זנות כדמוכח בסוטה פרק היה מביא (דף יח:) שלא היה היה מתנה עמה מאחר שתתגרש וא"ת הא דקאמר במס' ע"ז פ' ר' ישמעאל (דף נד.) גבי נעבד באונס דאסור דמפרש כגון שאנסוהו נכרים והשתחוה לבהמה דידיה ופריך עלה אונס רחמנא פטריה דכתיב ולנערה לא תעשה דבר ומאי קושיא הא קרא בקרקע עולם דוקא איירי אבל עושה מעשה חייב למסור עצמו לע"ז עושה מעשה הוא דבכפפו נכרים לפני ע"ז ליכא לאוקומיה דא"כ לאו מידי עבד ואין זה משתחוה ואפילו נראה כמשתחוה כעין שוחה ונוטל מעותיו בפני ע"ז איט ועוד דאם כן אין אדם אוסר דבר שאינו שלו אלא הנכרים הכופפים קומתו הם האוסרים בהמתו לע"ז אם היתה נאסרת בכך וי"ל דהכי פירושו אונס רחמנא פטריה ממיתה וכיון דפטריה ממיתת בית דין אע"ג דמחייב למסור עצמו לא חשיב נעבד ליאסר בהך עבודה ושפיר יליף מהאי קרא דפטור ממיתה באונס ואפילו בעושה מעשה אע"ג דנערה דמיירי בקרקע עולם כיון דמיתקש ההאי קרא דנערה המאורסה לרוצח מה רוצח יהרג ואל יעבור בעשיית מעשה אף נערה הבועל או תיהרג היא בעשיית מעשה ובהאי קאמר קרא ולנערה שבעשיית מעשה עבדה בדיעבד מחמת אונס לא תעשה דבר והוא הדין משתחוה לע"ז כדי שלא יהרגוהו איכא למילף מיניה לפטורו בדיעבד אפי' בעשיית מעשה וקסבר רבי זירא כיון דבדיעבד מיפטר העובד לא מיתסר נעבד בהא עבודה אע"פ שלא באונס מיתה היה חייב לאביי אע"ג דלא קבליה באלוה ולרבא דקבליה באלוה שהשתחוה בפירוש לשם קבלת אלוהות אע"פ שאין פיו ולבו שוין שבפיו מפרש שעובד לשם אלוהות ולבו לאביו שבשמים ורבא מהדר ליה לרבי זירא דחשיב שפיר נעבד אע"ג דפטור ממיתה *ועוד י"ל דמשמע ליה לענין מיתת ב"ד דאין חילוק בין עביד מעשה ללא עביד מעשה דהא אשה ברצון חייבת אף על גב דהויא קרקע עולם ובשפטור התם אונס ממיתת בית דין כדכתיב ולנערה לא תעשה דבר לא שנא עביד מעשה ול"ש לא עביד מעשה הא

רבינו חננאל

עוברה דארחא ואתיא לקמיה דרבי ולחשו לה באו.ינא ואילחישא. וקרו עליה בטרם תצא מרחם הקדשתיך ונפק מינה ר' יוחנן. ואחרת לא אילחישא וקרו עליה

תוספות ישנים

שהוא לא אנסה לבא עליה אלא היא פיתתו להתיש כחו ועוד מה היה מתרץ טובתן של רשעים כו' וכי בשביל כך לא היה לה למסור עצמה אלא הכי פי' התם דאמאי משתבח בה קרא דכתיב תבורך מנשים יעל ואמרי' בנזיר ובהוריות כעין נשים דהיינו שרה רבקה רחל ולאה ודרשינן נמי התם גדולה עבירה לשמה ממצוה שלא לשמה וקא הכא נמי עבירה שלא לשמה היא שנהנית מעביר' ומשני טובתן של רשעים כו' ולא נהנית כלל ואע"ג דבפרק מצות חליצה לא מייתי התם כך דגדולה עבירה לשמה ממצוה שלא לשמה מכל מקום עלה קאי ובמשנתין גרסינן גבי נערה יהרג ואל יעבור כדפירש רש"י ואי גרסינן תהרג כגון דעבדא איהי מעשה. מ"כ:

מסורת הש"ס

פסחים כה. סנהדרין עד.

[סי' מכ]

גליון הש"ס

תוס' ד"ה מה רוצח וכו' מ"מ בלא הנאה נמי מיחייבא כגון שלא כדרכה. עיין קדושין דף כב ע"ב תוס' שם. ובסנהדרין דף נח ע"ב בא"ד שלא כדרכה: בא"ד ועוד י"ל דמשמע ליה דלענין מיתת ב"ד אין חילוק. לא והיינו להכין דבריהם הקדושים דמה בסנהדרין מיתה אין חילוק הא מ"מ מכח דלא עבדא מעשה הדין דמותרת ותעבור ולא תהרג אם עשתה בהיתר ובכרעת ב"ד פשיטא דא"א מיתה. ואינו דיהרג ואל יעבור ר"ל דאם עבר מ"מ. ובאמת גם בדידה אלו היה הדין דתהרג ואל תעבור היתה חייבת מיתה אף דלא עבדא מעשה אבל עכשיו פטור דידה כיון דכן הדין דתעבור ואל תהרג. ועשתה בהיתר. וכ' יאיר עיני:

§ מסכת יומא דף פב: §

אות א'

סברא היא

רמב"ם [א]פ"ה מהל' יסודי התורה ה"ז - ומנין שאפילו במקום סכנת נפשות אין עוברין על אחת משלש עבירות אלו, שנאמר: ואהבת את ה' אלהיך בכל לבבך ובכל נפשך ובכל מאודך, אפילו הוא נוטל את נפשך; והריגת נפש מישראל לרפאות נפש אחרת או להציל אדם מיד אנס, דבר שהדעת נוטה לו הוא, שאין מאבדין נפש מפני נפש; ועריות הוקשו לנפשות, שנאמר: כי כאשר יקום איש על רעהו ורצחו נפש כן הדבר הזה.

אות ב'

ההיא עוברה דארחא אתו לקמיה דרבי אמר להו זילו לחושו לה דיומא דכיפורי הוא

סימן תריז ס"ב - [ב]עוברה שהריחה - מאכל, וידוע שאם אין נותנין לה מה שמתאוה, היא וולדה מסוכנים, **ואין** נ"מ בין בתחלת עיבורה ובין בסופה, [**ומלשון** רש"י משמע שהולד מתאוה, ואפשר דלא שייך זה כי אם אחר מ' יום, וצ"ע].

(ופניה משתנים, אע"פ שלא אמרה: צריכה אני) (רבנו ירוחם) - ובאין פניה משתנים, אין מאכילין אותה אא"כ אמרה: צריכה אני לאכול, [**והיינו** אחר שלוחשין לה, ועדיין לא נח דעתה].

[ג]לוחשין לה באזנה שיום הכיפורים הוא; אם נתקררה דעתה בזכרון זה, מוטב - שלפעמים מתיישבת דעתה אחר שמזכירין לה שיום הזה יום הכפורים הוא, שכל העולם מתענין בו, [**ועיין** במאירי שכתב, שבשלוחשין לה מענין היום, מצרפין בדבריהם הבטחה על העובר, שאם תתיישב דעתה, תהא בטוחה על עוברה שתהיה יראת שמים מצויה בו], (דרך הערה אמרו בסוגיא זו ההיא עוברא דארחא וכו' – שם).

ואם לאו, מאכילין אותה עד שתתיישב דעתה - פי' שתוחבין קיסם ברוטב, ר"ל איזה טיפות, ונותנים לתוך פיה, **ואם** לא נתיישבה דעתה, נותנין לה רוטב פחות פחות מכשיעור, כפי שיתבאר לקמן בסימן תרי"ח, **ואם** גם בזה לא נתיישבה דעתה, נותנין לה מן המאכל עצמו פחות פחות מכשיעור, עד שתתיישב דעתה, [גמרא], **ואינה** צריכה אומד הרופאים לזה.

ודוקא עוברה מדקדקין עמה בכל הנזכר לעיל, משום שלפעמים מתיישבת דעתה בדבר מועט, **אבל** חולה מאכילין אותו כפי שיאמר הרופא, **וכן** כשמאכילין אותו על פי עצמו, כשאומר: צריך אני, ג"כ מאכילין אותו עד שיאמר: די, **אך** בכל זה מאכילין אותו פחות פחות מכשיעור, וכפי שיתבאר לקמן סי' תרי"ח.

[ד]סימן תריז ס"ד - [ה]יולדת תוך שלשה ימים, לא תתענה כלל - אפילו אמרה: איני צריכה לאכול, מאכילין אותה, ואומרין לה: אכלי, **אכן** מ"מ יש להאכילה אז פחות פחות מכשיעור, **אבל** בלא אמרה: איני צריכה, מאכילין אותה כדרכה, וא"צ לחלק בפחות מכשיעור, [וכן נראה להורות], **ויש** מחמירין שגם בזה צריך להאכילה פחות פחות מכשיעור. (עיין בס"ז בבה"ל).

ואפילו אם לא ילדה עדיין, רק אחזו לה חבלי לידה, וכפי המבואר לעיל בסימן ש"ל ס"ג, דנקראת יולדת לענין לחלל עליה את השבת, וה"ה דנקראת גם יולדת לענין זה שלא תתענה.

(**ובספר** שדי חמד מביא בשם כמה אחרונים, דהמפלת ג"כ דינא כיולדת).

משלשה עד שבעה, אם אמרה: צריכה אני, מאכילין אותה - מיירי כשחברותיה אומרות שאינה צריכה, או שהרופאים אומרים שא"צ, דאז בעינן שתאמר: צריכה אני, ומאכילין אותה פחות פחות מכשיעור, ומהני אמירתה, משום דלב יודע מרת נפשו, **אבל** כשאין שם מי שיאמר שאינה צריכה, אז אפילו בסתמא שאינה אומרת כלום, או שאומרת שאינה יודעת אם היא צריכה, מאכילין אותה, [**ומסתברא** דגם בזה מאכילין אותה פחות מכשיעור]. **מכאן ואילך, הרי היא ככל אדם** - דמשם ואילך הרי היא כשאר חולה שאין בו סכנה, דבודאי אין שום סכנה מחמת לידה לאחר ז' ימים ללידתה, לפיכך אף אם אמרה: צריכה אני לאכול מחמת צער לידה, אין מאכילין אותה, **אבל** אם אמרה: צריכה אני לאכול מחמת שמתכבד עלי החולי, מאכילין אותה כדרך שמאכילין כל חולה כשאומר צריך אני, כמו שיתבאר בסי' תר"ח ע"ש.

[ו]וימים אלו אין מונין אותם מעת לעת; כגון אם ילדה בשבעה בתשרי בערב, אין מאכילין אותה ביוה"כ אם לא אמרה: צריכה אני - והיינו כשחברותיה אומרות שאינה צריכה וכנ"ל, **אע"פ שלא שלמו לה שלשה ימים עד יו"כ בערב, משום דכיון שנכנס יום רביעי ללידתה, מקרי לאחר שלשה.**

עיין לעיל סימן ש"ל במ"ב, דכמה פוסקים סוברין דימים אלו במעל"ע שיערו אותם, ושיש להקל למעשה, **וכן** מצאתי בישועות יעקב, דהמיקל בספק נפשות לחשוב השבעה ימים מעל"ע, לא הפסיד, [**ומ"מ** נראה דיש להאכילה פחות פחות מכשיעור].

באר הגולה

[א] (תוקן ע"פ מהדורת נהרדעא) [ב] משנה דף פ"ב [ג] מעובדא דרבי שם, עיין בסימן דלקמן ס"ו [ד] (מילואים) [ה] הרא"ש שם בשם רמב"ן ושאר פוסקים [ו] תרומת הדשן מדברי התוס' גיטין ח'

§ מסכת יומא דף פג. §

אות א'

רופא אומר צריך וחולה אומר אינו צריך, שומעין לרופא

סימן תריח ס"א - [א]**אפילו אם החולה אומר: אינו צריך, שומעים לרופא** - דשמא הוא נבעת, ואינו מרגיש בחליו מחמת רוב חולשא, [גמרא]. **ואפילו** החולה בעצמו הוא רופא מומחה.

אות ב'

דאיכא אחרינא בהדיה

סימן תריח ס"ג - [ב]**ואם החולה ורופא אחד עמו אומרים שאינו צריך, ורופא אחד אומר: צריך** - ‹אין מאכילין אותו›, קמ"ל בזה, דמצרפינן דברי החולה לרופא, ולא אמרינן בזה דנבעת הוא ואינו מרגיש במחלתו, כיון דגם רופא אחד אומר כמותו.

[ג]**או שהחולה אינו אומר כלום, ורופא אחד אומר: צריך, ושנים אומרים: אינו צריך, אין מאכילין אותו.**

ואם הרופא ההוא הוא מופלג בחכמה יותר מאחרים, חוששין לדבריו להאכילו, אף שהם רבים נגדו, **אבל** אם המופלג אומר א"צ, ושנים שאין מופלגים אומרים צריך, הולכין אחר רוב מנין ומאכילים אותו.

אות ג'

אבל הכא ספק נפשות הוא

סימן תריח ס"ד - [ד]**אם שנים אומרים: צריך, אפילו מאה אומרים: אינו צריך, ואפילו החולה אומר עמהם שאינו צריך, מאכילים אותו מאחר ששנים אומרים: צריך** - ר"ל דתרי כמאה חשיבין, ולא אזלינן בתר רוב דעות בסכנת נפשות.

הגה: וכ"ה [ה]אם החולה ורופא אחד עמו אומרים: צריך, אע"פ שמאה רופאים אומרים: אינו צריך, מאכילין אותו (טור) - אפי' הם בקיאים ומופלגים יותר בחכמה מרופא זה, משום דהחולה מסייעו, ולב יודע מרת נפשו, **ולא חיישינן דהחולה אומר צריך משום דמאמין לרופא זה שאומר צריך (ב"י בשם מהרי"א).**

אות ד'

כל היכא דאמר צריך אני, אפילו איכא מאה דאמרי לא צריך, לדידיה שמעינן

סימן תריח ס"א - ואם החולה אומר: צריך אני, אפילו מאה רופאים אומרים: אינו צריך, שומעים לחולה - היינו כשהחולה אומר שמרגיש בנפשו שצריך לאכול, שאם לא יאכל שמא יכבד עליו החולי, **ובלבד** שמזכירין לו תחלה שהיום הוא יו"כ, דשמא שכח, **אבל** אחר שהודיעוהו שהיום יו"כ, והוא שואל לאכול, א"צ לדקדק עליו יותר, דלב יודע מרת נפשו, ואחזוקי אינשי ברשיעא לא מחזקינן.

ואפילו אם הרופאים אומרים שהמאכל יזיקהו, שומעים לחולה.

(**ואפי'** אם הוא אין שואל כלום, אלא כששואלים אותו אומר: צריך אני).

כתבו הפוסקים, אם החולה רוצה להחמיר אחר שצריך לכך, עליו נאמר: אך את דמכם לנפשותיכם אדרוש.

ובמקום שמאכילין אותו, אין צריך כפרה ע"ז, דאונס רחמנא פטריה, כ"ש שלא היה רק כחצי שיעור, וכפרה לא נאמר רק על השוגג.

אות ה'

מי שאחזו בולמוס, מאכילין אותו אפילו דברים טמאים, עד שיאורו עיניו

סימן תריח ס"ט - [ו]**מי שאחזו בולמוס, והוא חולי שבא מחמת רעבון, וסימנו שעיניו כהות ואינו יכול לראות** - והוא מסוכן למות עי"ז, [רש"י]. **מאכילין אותו עד שיאורו עיניו** - וכשמראיתו חוזרת בידוע שנתרפא, **ואיתא** בגמ', דעיקר הסימן שהאירו עיניו, משיודע להבחין בין טעם תבשיל יפה לטעם תבשיל רע.

משמע מלשון זה, דבזה אין צריך לצמצם ליתן לו פחות פחות משיעור וכנ"ל, דיוכל לבא ע"י השהיה לסכנה.

אות ו'

מפני שהוא ספק נפשות, וכל ספק נפשות דוחה את השבת

סימן שכח ס"י - כל חולי שהרופאים אומרים - אפילו א"י, כיון שרופא אומן הוא, **שהוא סכנה, אע"פ שהוא על הבשר מבחוץ, מחללין עליו את השבת.**

וכתב הרדב"ז: אם החולה אומר צריך אני לתרופה פלונית, והרופא אומר א"צ, שומעין לחולה, **אם** לא שרופא אומר שאותה תרופה תזיקהו, אזי שומעין לרופא, (**ולענ"ד** אין הדברים אמורים, אלא כשאומר מרגיש אני חולשא באבר פלוני, ע"כ יעשו לי תרופה פלונית שמועלת לחולי אבר זה, ובזה ודאי שומעין לו, ד"לב יודע מרת נפשו" שייכא בכל

באר הגולה

[א] מימרא דר' ינאי שם פ"ג [ב] מסקנת הגמרא שם [ג] ממשמעות הגמרא שם [ד] שם בגמ' [ה] והא דלעיל ס"א מיירי דליכא רופא בהדיה דאמרינן שפיר לב יודע מרת נפשו, ב"י ‹משא"כ הכא היה לנו לחוש שמא לאו משום מרירות לב הוא וכו', ע"ש בב"י בשם מהר"י אבוהב. **וכמו** שהביא הד"מ: הקשה מהר"ר אברהם מפראג בהגהותיו, דזהו דבר פשוט, דהרי אפילו אם החולה לבדו אומר צריך, אפילו מאה אומרים אינו צריך מאכילין אותו, משום דלב יודע מרת נפשו, ואם כן כ"ש כשהרופא מסייעו דנותנין לו, ומאי למימרא. ותירץ בתירוץ דחוק מאוד. **ולי** נראה דלא קשה כלל, דאדרבה כשרופא מסייעו היה לנו לחוש שמא לאו משום מרירות לב הוא דעביד, רק שמאמין לדברי רופא זה שאמר שצריך, קמ"ל דלא חיישינן להכי, וכ"כ מהר"י אבוהב – ד"מ› [ו] משנה יומא פ"ג

זורו רשעים מרחם נפק מינה שבתאי אצר פירי: חולה מאכילין אותו על פי בקיאין: אמר ר' ינאי חולה אומר צריך ורופא אומר אינו צריך שומעין לחולה מ"ט °לב יודע מרת נפשו פשיטא מהו דתימא רופא קים ליה טפי קמ"ל *רופא אומר צריך וחולה אומר אינו צריך שומעין לרופא מ"ט תונבא הוא דנקיט ליה תנן חולה מאכילין אותו ע"פ בקיאין ע"פ בקיאין אין ע"פ עצמו לא ע"פ בקיאין אין על פי בקי אחד לא הכא במאי עסקינן דאמר לא צריכנא וליספו ליה ע"פ בקי לא צריכא דאיכא אחרינא בהדיה דאמר לא צריך מאכילין אותו ע"פ בקיאין פשיטא ספק נפשות הוא *וספק נפשות להקל לא צריכא דאיכא תרי אחריני בהדיה דאמרי לא צריך ואע"ג דאמר *רב ספרא תרי כמאה ומאה כתרי ה"מ לענין עדות אבל לענין אומדנא בתר דעות אזלינן *) וה"מ לענין אומדנא דממונא אבל הכא ספק נפשות הוא והא מדקתני סיפא ואם אין שם בקיאין מאכילין אותו על פי עצמו מכלל דרישא דאמר צריך חסורי מיחסרא והכי קתני בד"א דאמר לא צריך אני אבל אמר צריך אני אין שם בקיאין תרי אלא חד דאמר לא צריך מאכילין אותו על פי עצמו מר בר רב אשי אמר 'כל היכא דאמר צריך אני אפי' איכא מאה דאמרי לא צריך לדידיה שמעינן שנאמר לב יודע מרת נפשו תנן אם אין שם בקיאין מאכילין אותו ע"פ עצמו טעמא דליכא בקיאין הא איכא בקיאין לא ה"ק בד"א דאמר לא צריך אני אבל אמר צריך אני אין שם בקיאין כלל מאכילין אותו ע"פ עצמו שנאמר לב יודע מרת נפשו: **מתני'** 'מי שאחזו בולמוס מאכילין אותו אפי' דברים טמאים עד שיאורו עיניו מי שנשכו כלב שוטה אין מאכילין אותו מחצר כבד שלו ור' מתיא בן חרש מתיר ועוד אמר ר' מתיא בן חרש החושש בגרונו מטילין לו סם בתוך פיו בשבת 'מפני שהוא ספק נפשות וכל ספק נפשות דוחה את השבת *'מי שנפלה עליו מפולת ספק הוא שם ספק אינו שם ספק חי ספק מת ספק כותי ספק ישראל מפקחין עליו את הגל מצאוהו חי מפקחין ואם מת יניחוהו: **גמ'** ת"ר *מניין היו יודעין שהאירו עיניו משיבחין בין טוב לרע אמר אביי ובטעמא ת"ר *מי שאחזו בולמוס 'מאכילין אותו הקל הקל °טבל ונבילה מאכילין אותו נבילה 'טבל ושביעית שביעית טבל ותרומה תנאי היא דתניא 'מאכילין אותו טבל ואין מאכילין אותו תרומה בן תימא אומר תרומה ולא טבל אמר רבה 'היכא דאפשר בחולין דכולי עלמא לא פליגי דמתקנינן ליה ומספינן ליה כי פליגי בדלא אפשר בחולין מר סבר טבל חמור ומר סבר תרומה חמורה מר סבר טבל חמור אבל תרומה חזיא לכהן ומר סבר תרומה חמורה אבל טבל אפשר לתקוניה

אפשר

*) [נ"ל ה"מ וכן איתא ברי"ף וכרא"ש]

רש"י

וזורו רשעים מרחם. נעשו זרים ונתנכרו לאביהם שבשמים: **אצר פירי.** להפקיע שערים ואמרי' (ב"ב דף צ:) אין אוצרין פירות בארץ ישראל וכל דבר שיש בו חיי נפש לפי שמפקיעין את השערים: **תונבא.** שטות לשטורדישו"ן* מחמת חוליו: **על פי בקיאין.** תרי ע"פ בקי לא וע"פ עצמו לא תיובתא דר' ינאי בתרוייהו: **הכא במאי עסקינן.** דאמר חולה לא צריך ואשמעינן מתני' דשומעין לרופאין: **וניספו ליה על פי בקי.** דהא בחד נמי אמר ר' ינאי דשומעין לרופא: **ואע"ג דאמר רב ספרא.** דהא דאמור רבנן תרי כמאה ומאה כתרי לענין עדות הוא דאמור אבל לענין אומדנא בתר דעות אזלינן אשמעי' במתני' דכי אמרינן זיל בתר דעות באומדנא דממונא כגון בשומת שמין לבעל חוב אבל באומדנא דחולה אף על גב דרובא אמרי לא צריך כיון דאיכא תרי דאמרי צריך ספק נפשות להקל: **מכלל דרישא דאמר צריך.** ואפ"ה קתני מתני' ע"פ בקיאין אין ע"פ עצמו לא: **כמה דברים אמורים.** דמאכילין אותו ע"פ בקיאין כלומר דבענין בקיאין דאמר לא צריך ואמרי בקיאין צריך מאכילין אותו אבל אמר צריך אני אם אין שם בקיאין תרי דאמרי לא צריך אלא חד מאכילין אותו ע"פ עצמו כר' ינאי דאמר שומעין לחולה: **מר בר רב אשי אמר.** הך סיפא לא תפרש הכי דמשמע דהיכא דאמר צריך אני ואיכא תרי דאמרי לא צריך לא לייתינן ליה הא לא אמרי' דהיכא דאמר צריך אני ואפי' איכא מאה דאמרי לא צריך לייתינן ליה מאי טעמא לב יודע מרת נפשו: **הכי גר' תנן אם אין שם בקיאין מאכילין אותו על פי עצמו טעמא דליכא בקיאין הא איכא בקיאין לא הכי קאמר כמה דברים אמורים דאמר לא צריך אבל אמר צריך אני אין שם בקיאין כלל מאכילין אותו וכו'.** אין שם בקיאין כלומר אין בקיאותם כלום: **מתני' מי שאחזו בולמוס.** חולי הבא מחמת רעבון עיניו כהות והוא מסוכן למות וכשמאכילים חוזרת בידוע שנתרפא: **כלב שוטה.** מפרש בגמ': **אין מאכילין מחצר כבד שלו.** ואע"פ שנוהגין הרופאים ברפואה זו אינה רפואה גמורה להתיר לו איסור *בהמה טמאה על כך: **ור' מתיא בן חרש מתיר.** קסבר רפואה גמורה היא: **גמ' אמר אביי ובטעמא.** משיודע להבחין בין טעם תבשיל יפה לטעם תבשיל רע: **מאכילין אותו הקל הקל.** אם אין לנו דברים מותרים כדי צרכו ויש לפנינו מיני איסורין מאכילין אותו הקל הקל שבהם: **טבל ושביעית מאכילין אותו שביעית.** לאחר זמן הביעור שהטבל במיתה בידי שמים והשביעית בעשה: **בדאפשר בחולין.** שיש די בחולין של טבל זה להאכילו לאחר שתיקנו תרומתו: **דכולי עלמא לא פליגי דמתקנינן ליה ומספינן ליה.** חולין ואין מאכילין אותו לא טבל ולא תרומה: **כי פליגי דלא אפשר בחולין.** אלא אם כן אוכל את טבלו וקאמר מאכילין אותו הטבל כמות שהוא ולא יפרישו ממנו תרומתו להאכילו תרומה לעצמה וחולין לעצמן ובן תימא אומר מוטב שיפרישו תרומתו ויאכילוהו כל אחד לעצמו ולא יאכילוהו טבל כמות שהוא: **מר סבר טבל חמור.** שאפי' לכהנים אינו ראוי: **ומר סבר תרומה חמורה.** שאין לה היתר אבל טבל אפשר דמתקן להו וחולין יהו ראוין לכל אדם

אפשר

תוספות

הא מדקתני סיפא אם אין שם בקיאין מאכילין אותו ע"פ עצמו מכלל דרישא דאמר צריך. והכי קאמר כל כמה דמצינו לאהדורי אבקיאין מהדרינן ולא סמכי' אחולה גופיה אלא היכא דליכא בקיאין כלל וכ"ש היכא דרופא בקי אומר אינו צריך וחולה אומר צריך דלא סמכינן עליה להכחיש הבקי:

מר בר רב אשי אמר כל היכא דאמר צריך אני. פלוגתא דרבוותא היא אי הלכתא כמר בר רב אשי אי לא בסדר תנאים ואמוראים כתב הלכתא כמר בר רב אשי בכולי הש"ס לבר ממיפך שבועה ואודיתא מיפך שבועה בפרק שבועת הדיינין (שבועות דף מח.) ואודיתא בסוף פרק זה בורר (סנהדרין דף כט:) ור"ח כתב דהלכתא כוותיה בכוליה הש"ס בר ממיפך שבועה וחיוורי תורי גבי טומת הגידין שילהי פרק בהמה המקשה (חולין דף עז:) וסימניך הפך לבן ורב האי ורבינו גרשום זצ"ל פסקו הלכתא כוותיה (*בר) במיפך שבועה ואודיתא ובכולי הש"ס לא*:

הכי

מסורת הש"ס

ונערוך פי' כפין שרידה דפת בכלחה

[שבת קכט. וש"נ]

[תמורה כו: ובכורות מג. אמר בכי ר"ה ברי' דר"ל לרב פפא]

ערכין ז:

[תוספ' פ"ד]

[שם]

עיין פס"ח דכלאים

עין משפט נר מצוה

סה א מיי' פ"ב מהלכות שביתת עשור הלכה ח סמג לאוין סט טוש"ע א"ח סי' תריח סעיף א:

סו ב טוש"ע שם סעיף ג:

סז ג שם סעיף ד:

סח ד שם סעיף א:

סט ה מיי' פי"ד מהל' מאכלות אסורות הל' טו ופ"ב מהל' שביתת עשור הל' ט סמג לאוין סט טוש"ע א"ח סי' תריח סעיף ט:

ע ו מיי' פ"ב מהלכות שבת הלכה א סמג לאוין סה טוש"ע א"ח סי' שכח סעיף י:

עא ז מיי' שם הל' יח טוש"ע א"ח סי' שכט סעיף ג:

עב ח מי' פי"ד מהל' מאכלות אסורות הל' טו טוש"ע א"ח סי' תריח סעיף ט:

עג ט י כ ל מיי' שם הלי"ז: [ועי' תוס' סנהדרין כט: ד"ה מר ותוס' שבועות מח. ד"ה ולמר ותוס' חולין עז: ד"ה מר ותוס' כתובות פד: ד"ה והא ודף נו. ד"ה אלמנה]

רבינו חננאל

זורו רשעים מרחם נפק מינה שבתאי אצר פירי: ירושלמי בתחלה תותבין לה ברומב אם שבה נפשה הרי יפה ואם לאו נותנין לה מנופו של איפור ב' עוברות באו לפני ר' פרשן שלח תרין תלמידין ואמרו להו יומא דין צומא רבא אמרין להדא *) ושדיך (וקריין). וקרין עלוי מבמן אמי אלי אתה. אמרין לאחריתי ולא שדיך וקרין עלוי זורו רשעים מרחם: חולה מאכילין אותו ע"פ בקיאין. אין שם בקיאין מאכילין אותו ע"פ עצמו עד שיאמר די. א"ר ינאי חולה אמר צריך. רופא אמר אינו צריך מאכילין אותו ע"פ עצמו מ"ט לב יודע מרת נפשו. רופא אמר צריך חולה אמר איני צריך שומעין לרופא. מ"ט תונבא נקיט ליה. וספק נפשות להקל. תנן חולה מאכילין אותו כו' ואע"ג דאמר רב ספרא תרי כמאה ומאה כתרי ה"מ לענין עדות אבל לענין אומדנא בתר דעות אזלינן ה"מ לממונא אבל הכא ספק נפשות להקל. מר בר רב אשי אמר כל היכא דאמר חולה (איני) צריך אני אפי' ק' אינו צריך לחולה שומעין כדכתיב לב יודע מרת נפשו. ומקשה ליה ממתני' דקתני מאכילין אותו ע"פ בקיאין. ומתריץ יכי קתני בד"א בדלא אמר חולה צריך אני. אבל אם אמר חולה צריך אני. אין שם בקיאין כלומר אין משגיחין לבקיאין אלא מאכילין אותו ע"פ עצמו. מ"מ [לב] יודע מרת נפשו. כלומר זה התולי אולי אוכל הרבה כלחך השור מאכילין אותו אפי' דבר טמא עד שיאורו עיניו. מנא יהדען שאירו עיניו כדי שיכיר בין טוב לרע. אמר אביי ובטעמ'. ת"ר מי שאחזו בולמוס מאכילין אותו הקל הקל טבל ונבלה מאכילין אותו נבלה. [נבלה] ושביעית נבלה טבל ושביעית שביעית טבל ותרומה תנאי היא דתניא מאכילין אותו טבל ולא תרומה. בן תימא אומר תרומה ולא טבל ואוקימנא כי פליגי בדלא אפשר לתקוני. אבל בדאפשר להקוני כ"ע מתקנין וספינן ליה.

*) וכ"ה בערוך ערך שדך ויסכו המים תרגום ירושלמי ושדכו מיא ע"ש.

תוספות ישנים

חולה אמר צריך כו'. וכגון בילא להיות מסוכן דאם לא כן אין מאכילין אותו ולא דמי להיתה צריכה לנר בחיה מדליקת לה את הנר ומוקמינן לה בפסק מסוכן (שבת קכח:) בסומא ומשמע שמדליקין לה בשתם אין הנה אמרת כן דכתם גמי קים לנו לדרבנן דכייתובי דעתה דהדלקת נר דילה היכא פקוח נפש ופשע דלתקן דאמרינן שובר דלא ומוליא היכא נמי פקוח נפש לידעך אבל במאכיל לחולה בעיק שיאמר או רופא בקיאין שצריך מהמת פרלא סכנה פן יכביד עליו חוליו ויש ספרים שכתוב בכן בכל מילתא דרכי יכולי פשיטא ספק נפשות להקל מהו דתימא האי דקאמר חולה אגב תונביה וכל כי דאמרי צריכין אנו דמאכלין עליהן משום כולהו מיירי דמהמת דאגת סכנה אומר כן. מ"ר וגם נראה לי דכדברים ידועין כגון נמחין וכיוצא בו יש סכנה אפילו שבקיאין בכך ואין נראה דרופא ובקי בכך נפיק: מר בר רב אשי אמר כל היכא דאמר צריך אני כו'. וכוותיה קיימא לן דהלכה כבתראה ועוד קיימא לן כוותיה בכולי תלמודא לבר ממיפך שבועתא ואודיתא כמו שכתוב בתשובת הגאונים כמו שפי' בשבועות:

מילי, ואפילו רופא אומר שא"צ שום תרופה אין שומעין לו, **אבל** אם המחלה ידועה, והחולה אומר שתרופה זו מועלת למחלה זו, והרופא אומר שאינו מועיל, בזה אין סברא לשמוע לחולה לחלל שבת בחנם, **אם** לא דאיכא חשש שמא תטרף דעתו עליו, **אם** יראה שאינם עושים כדבריו, **ומ"מ** אפשר לומר, דהיכי דאומר החולה, דידוע לו שטבע גופו להתרפאות ממחלה זו כשנוטל רפואה זו, אפשר דשומעין לו, דגם בזה שייכות קצת לומר ד"אדם בקי בגופו יותר ממאה רופאים").

[ז]**ואם רופא אחד אומר: צריך, ורופא אחד אומר: אינו צריך, מחללין** - דספק נפשות להקל, (והסכימו כמה אחרונים, דהיינו דוקא אם שניהם שוים, אבל אם א' מהם מופלג בחכמה, שומעין לדבריו בין להקל בין להחמיר, דכיון דבמנינם שוים הם, אזלינן בתר רוב חכמה).

[ח]**ויש מי שאומר שאין צריך מומחה, דכל בני אדם חשובים מומחין קצת** - היינו אפילו למכה שאינה של חלל, **וספק נפשות להקל.**

(והנה מרמב"ם ומר"ן משמע דלא ס"ל כן, אך משום דהוא סכנת נפשות, חשש המחבר לדעה זו, כמו שסיים בעצמו, **וע"כ** נראה דאם אפשר לעשות ע"י א"י, יעשה ע"י א"י, דבלא"ה יש דעות דאף אם רופא מומחה צוה לחלל, והוא יכול לעשות ע"י א"י, דיעשה ע"י א"י).

ומ"מ דוקא כשיאמר שמכיר באותו חולי, **וגם** אינו נאמן להכחיש המומחה אפילו להקל.

הגה: וי"א דוקא ישראלים - דכיון שהוא מצווה על שבת, ואומר לחללו, ודאי סומך על המחאתו, **אבל סתם א"י שאינן רופאין, לא מחזקינן אותם כבקיאים** - וכן עיקר.

[ט]**סימן תריח ס"ב** - [י]**רופא אחד אומר: צריך, ורופא אחד אומר: אינו צריך** - והחולה שותק, או שאומר שאינו יודע, **מאכילים אותו** - דאם גם החולה אומר שא"צ, לא היו שומעין לרופא האומר שצריך, וכדלקמיה בס"ג.

ואפילו אם הוא עכו"ם או אשה, נאמנים להכחיש הרופא שני ישראל שאומר אינו צריך, משום דספק נפשות להקל, **ודוקא** אם העכו"ם הוא בקי, אבל כשאינו בקי, אינו נאמן להכחיש ישראל, [**אפי'** אם הישראל ג"כ אינו בקי כמוהו].

הגה: [יא]**והוא הדין לשנים נגד שנים,** [יב]**ואפילו קלתן יותר בקיאין מקלתן, כן נראה לי** - ר"ל שאותן שנים שאמרו א"צ הם יותר בקיאין ומופלגין בחכמה זו, אפ"ה אין הולכין אחריהם להחמיר בספק נפשות, כיון שגם האחרים האומרים שצריך לאכול, הם ג"כ בקיאין בחכמה זו, [**ואפי'** הם הרבה יותר במנין מאלו האומרים צריכין, דאין הולכין בספק נפשות בתר רוב דעות, וכדלקמיה בס"ד, **ואף** דהם ג"כ אינם חכמים כ"כ, כן ביארו האחרונים דברי הרמ"א].

ועיין במ"א ובא"ר, שדעתם להורות כהפוסקים שסוברין, דכשהן שוין במנין, הולכין אחרי הבקיאין ומופלגין בחכמה זו יותר, דלא כהרמ"א, **אכן** אם אותן האומרים שצריך הם מרובין, אזלינן בתר דידהו להקל, אף שאינן חכמים ובקיאין כ"כ.

סימן תריח ס"ה - [יג]**"אם החולה אומר: אינו צריך, והרופא מסופק** - פי' שמכיר החולי אלא שמסופק אם יסתכן, דאל"ה הוי כאינש דעלמא, **מאכילין אותו** - דדברי החולה אין מעלין, רק בשאומר צריך אני וכו', וממילא מאכילין אותו מחמת דברי הרופא שמסופק, דספיקו הוא ספק נפשות ולהקל.

[יד]**"אבל אם הרופא אומר: אינו צריך, והחולה אומר: איני יודע, אין מאכילין אותו** - ד"אינו יודע" של חולה איננו מחמת בקיאות כדבריו של רופא, דרוב חולים אינם יודעים ובקיאים בחולי שלהם.

והיכא שהרופא הוא מסופק ואומר: איני יודע, אף שרופא אחר אומר: אינו צריך, מאכילין אותו.

ודעת הט"ז, דאם החולה בעצמו הוא רופא, והוא מסופק ואומר: איני יודע, ג"כ מאכילין אותו, אפי' אם רופא אחר אומר: אינו צריך, **וא"ר** מפקפק ע"ז, דאפשר שאינו מבין על עצמו בעת מחלתו אף שהוא רופא, עי"ש, **ונראה** דתלוי זה לפי מהות המחלה, אם הוא מחלה של חום שאין דעתו צלולה, ע"כ בוודאי יש מקום לדברי הא"ר.

[**ועיין** במטה אפרים שהחליט, דאם שנים אומרים א"צ, אין ספיקו של אחד מוציא מידי שנים, **ומצדד** עוד, דה"ה בשנים מסופקים, נגד שנים ודאין שאומרים א"צ, אין דבריהם כלום].

סימן תריח ס"ו - [טו]**"אם הרופא אומר שאינו מכיר את החולי, הרי הוא כאדם דעלמא, ואין דבריו מעלין ולא מורידין.**

הגה: [טז]**"מיהו אם נחלש הרבה עד שנראה לרוב בני אדם שאלו שהוא מסוכן אם לא יאכל, מאכילין אותו (א"י הארוך)** - אף בלא רופאים, דספק נפשות הוא.

אות ז'

מי שנפלה עליו מפולת, ספק הוא שם ספק אינו שם, ספק חי ספק מת, ספק נכרי ספק ישראל, מפקחין עליו את הגל

באר הגולה

[ז] **יומא פ"ג בריתא** ‹ליתא בברייתא שם, אלא כן הוא משמעות הסוגיא כפי הבנת הב"י - מהדורת פריעדמאן› **לענין להאכילו ביוה"כ, ומשם למדו לענין שבת** [ח] **טור בשם ר"י** [ט] ‹סעיפים ב', ה'-ו' מילואים וע"פ הגר"א› [י] **הרמב"ם, וכתב הרב המגיד משום דספק נפשות להקל** ‹שם כגי' הרי"ף ורא"ש פשיטא ספק נפשות כו' - גר"א. **‹וז"ל**: אמרי דבי ר' ינאי חולה אומר אני צריך ורופא אומר אינו צריך, שומעין לחולה, פשיטא ספק נפשות להקל, מהו דתימא האי דקאמר חולה צריכנא בעותי הוא דקא מבעית, סבר אי לא אכילנא מייתנא, קמ"ל לב יודע מרת נפשו› [יא] ‹שם תנן כו' פשיטא ספק כו' - גר"א› [יב] ‹שם לגי' הרי"ף ורא"ש, דפריך: חולה אומר צריך כו', פשיטא, ומשני מהו דתימא כו' בעותי כו' קא משמע לן לב כו', ולא אמר מהו דתימא קים טפי כגירסתינו, **אבל** הר"ן כתב ממ"ש ע"פ בקיאין, ש"מ שהולכין ע"פ הבקי יותר - גר"א› [יג] **ירושלמי בשם רבי יוחנן וכתבו הרא"ש והר"ן והרב המגיד** [יד] **שם בשם רמב"ן** ‹דכאן ל"ל לב יודע - גר"א› [טו] **רבינו ירוחם** ‹שם ע"פ בקיאין - גר"א› [טז] ‹שם מפני שהוא ספק כו' וכל כו' - גר"א›

סימן שכ"ט ס"ג - [יז]מי שנפלה עליו מפולת, ספק חי ספק מת, ספק הוא שם ספק אינו שם, אפילו את"ל שהוא שם, ספק עכו"ם ספק ישראל, מפקחין עליו, אע"פ שיש בו כמה ספיקות - הלשון מגומגם, דהוי ליה לחשוב בתחלה ספק ישנו, ואח"כ ספק חי, וכן איתא במשנה.

ספק הוא שם - ומיירי שהיה שם בעת המפולת, ואינו ידוע אם הספיק לצאת מתוך ההפכה, **ונראה** דה"ה אפילו לא ראינו אותו מתחלה להדיא, רק בבית זה מצוין בני אדם בעת הזאת, נמי מחללין ומפקחין את הגל.

אות ח'

מאכילין אותו הקל הקל

סימן תריח ס"ט - [יח]ואם אין שם מאכל של היתר, מאכילין אותו מאכל איסור; ואם יש כאן שני מיני איסורים, אחד חמור מחבירו, מאכילין אותו הקל תחלה.

הגה: אם צריך לבשר ויש כאן בהמה שצריכין לשוחטה ובשר נבלה מוכנת, ע"ל סי' שכ"ח סעיף י"ד - דמבואר שם, דכיון שהוא צריך לאכול לאלתר, והנבילה מוכנת, מוטב להאכילו נבילות.

[יט]סימן תריח ס"ז - [כ]כשמאכילין את העוברות – (היינו שהריחה מאכל ונשתנו פניה, וה"ה לכל אדם שהריח מאכל ונשתנו פניו, וכן ליולדת תוך שלושה כשאמרה: איני צריכה לאכול), **או את החולה, מאכילין אותם מעט מעט כדי שלא יצטרף לשיעור** - מיירי שדי להם בזה להשקיט רעבונם, וכדלקמן בס"ח.

(ויולדת תוך שלושה שלא אמרה: איני צריכה, מאכילין אותה כדרכה, וא"צ לחלק בפחות מכשיעור, כ"כ בהג' הגאון ר"ב פריינקיל, והגר"ז מחמיר בזה).

הלכך מאכילין אותו [כא]כב' שלישי ביצה בינונית - ה"ה יותר מעט, רק שלא יהא קרוב לביצה, דבזה יש חיובא.

וישהו כדי אכילת ארבעה ביצים - ר"ל אחר אכילתו, כדי שלא יצטרפו האכילות להדדי, **ואם** קשה לו להמתין שיעור זה, ימתין עכ"פ כדי שיעור אכילת ג' ביצים, דלכמה פוסקים בשיעור זה הוא ג"כ הפסק, ולא מצטרפי להדדי.

וישער מעיו"כ ויביט על המורה שעות {זייגער} כמה מינוטין הוא שהוא בשיעור אכילת ד' ביצים, וכשיעור הזה ישהא ביוה"כ בין אכילה לאכילה, וכן בין שתיה לשתיה, וכלקמיה.

ועיין בתשובת חתם סופר שכתב, שההפסק בין אכילה לאכילה יהיה כשיעור ט' מינוטין, שזה שיעור כדי אכילת פרס. **ודע**, שבין אכילה לשתיה א"צ לשהות כלל, דאכילה ושתיה אין מצטרפין.

והשתיה, יבדקו בחולה עצמו, כמה היא כדי שיסלקנו לצד אחד ויראה כמלא לוגמיו - וכתבו האחרונים, יש להחולה לבדוק זה מעיו"כ, דהיינו שיכניס לתוך פיו משקין, ויפליטם לתוך כלי.

סימן תריח ס"ח - [כב]וישקוהו פחות מאותו שיעור, וישהו בין שתיה לשתיה כדי אכילת ארבעה ביצים - ולפחות ישהו כדי אכילת ג' ביצים.

ולפחות ישהו בין שתיה לשתיה כדי שיעור שתיית רביעית - דלכמה פוסקים בשיעור זה הוי הפסק דלא יצטרפו להדדי.

[כג]ואם אמדוהו שאין השיעורים הללו מספיקים לו, [כד]או שהחולה אומר כן, או שנסתפקו בדבר, מאכילים ומשקים אותו כל צרכו (מיד).

וכתבו האחרונים, דנוהגין שנותנין לפניו מאכל, ואומרים לו: יו"כ היום, ואם אתה חושש שיהיה לך סכנה אם לא תאכל כשיעור בבת אחת, אכול בבת אחת, ואם לאו תאכל מעט מעט פחות מכשיעור.

(עיין בתשו' בנין ציון, דבכל אכילה ואכילה, אף אם הותר לו לאכול פ"א יותר משיעור, מ"מ על אכילה השניה, אם היה די לו בפחות משיעור, והוא יאכל כשיעור, חייב כרת, לכן צריך לשער בכל אכילה ואכילה אם די לו בפחות, וקשה מאד לשער כן, וצריך לזה זריזות ובקיאות).

וכתבו האחרונים, דצריך כל מורה להיות דינים אלו שגורים בפיו מבעיוה"כ, כי יוכל להיות דבשהיות מעט יש בו סכנת נפשות, **ואם** הוא שאלה שהמורה צריך לעיין הדין, ויש שם אחר בקי שיודע להשיב מיד, אין חולקים בזה כבוד להרב.

ועיין עוד מדינים אלו בהלכות שבת, סימן שכ"ח וסימן ש"ל, כי אין בין יוה"כ לשבת, אלא שזה זדונו בסקילה, וזה זדונו בעונש כרת.

אות ט' - י' - כ' - ל'

טבל ונבילה מאכילין אותו נבילה

טבל ושביעית, שביעית

טבל ותרומה... מאכילין אותו טבל

היכא דאפשר בחולין דכו"ע לא פליגי

רמב"ם פי"ד מהל' מאכלות אסורות הי"ז - כיצד, היו לפנינו טבל ונבלה, מאכילין אותו נבלה תחלה, שהטבל במיתה; נבלה וספיחי שביעית, מאכילין אותו ספיחי שביעית [כה]שאסורין מדברי סופרים, כמו שיתבאר בהלכות שמטה; טבל ושביעית, מאכילין אותו שביעית; טבל ותרומה, אם אי אפשר לתקן הטבל, מאכילין אותו טבל [כו]שאינו קדוש כתרומה, וכן כל כיוצא בזה.

באר הגולה

[יז] שם במשנה פ"ג [יח] ברייתא שם [יט] ‹סעיפים ז'-ח' מילואים› [כ] הרא"ש שם מהא דכריתות י"ג [כא] הר"ן [כב] שם [כג] שם וכ"כ הרא"ש והטור [כד] ‹שם פ"ב. אם נתיישבה דעתה כו', {וה"נ כאן}, ושם: עד שיאמר די, {ומשמע אף בלא שהייה בינתיים - דמשק אליעזר} - גר"א› [כה] ‹ומשמע מדבריו, דנבלה ושביעית יתנו לו נבלה ולא יתנו לו שביעית, דהרי לא התיר לגבי נבלה אלא ספיחי שביעית שהם מד"ס, {ודלא כרש"י}, ולא התיר שביעית אלא לגבי טבל שהוא במיתה, **ודברים** תמוהים הם בעיני, דהרי נבלה בלאו ושביעית בעשה, וטפי עדיף שנאכילהו איסור עשה משנאכיל אותו איסור לאו, ומכח קושיא זו צ"ל, דאיסור עשה הוא יותר חמור מאיסור לאו - תוס' יום הכיפורים› [כו] ‹לכאורה ר"ל משום דאפשר לתקוניה›

עין משפט
נר מצוה

עד א מיי' פ"ב מהלכות שבת הלכה ו טוש"ע א"ח סי' שכח סעיף ו :

מסורת הש"ס

אפשר בחולין פשיטא (א) לא צריכא בשבת
בשבת נמי °פשיטא טלטול מדרבנן הוא
הכא במאי עסקינן בעציץ שאינו נקוב דרבנן
מר סבר טבל חמור ומר סבר תרומה חמורה
לימא תנאי היא דתניא °מי שנשכו נחש קורין
לו רופא ממקום למקום ומקרעין לו את
התרנגולת וגוזזין לו את הכרישין ומאכילין
אותו ואין צריך לעשר דברי רבי ר' אלעזר
בר' שמעון אומר לא יאכל עד שיעשר נימא
ר' אלעזר בר' שמעון היא ולא רבי אפי'
תימא רבי עד כאן לא קאמר רבי התם אלא
לענין מעשר ירק דרבנן אבל במעשר דגן
דטבל דאורייתא הוא אפי' רבי מודה דאי
שרית ליה בעציץ שאינו נקוב אתי למיכל
בעציץ שהוא נקוב ת"ר מי שאחזו בולמוס
מאכילין אותו דבש וכל מיני מתיקה שהדבש
וכל מיני מתיקה מאירין מאור עיניו של אדם
ואע"פ שאין ראיה לדבר זכר לדבר °ראו נא ש"א יד
כי אורו עיני כי טעמתי מעט דבש הזה ומאי
אע"פ שאין ראיה לדבר דהתם לאו בולמוס
אחזיה אמר אביי ל"ש אלא לאחר אכילה

ש"א ל אבל קודם אכילה מגרר גריר דכתיב °וימצאו איש מצרי בשדה ויקחו אותו אל דוד ויתנו לו לחם ויאכל
וישקוהו מים ויתנו לו פלח דבילה ושני צמוקים ויאכל ותשב רוחו אליו כי לא אכל לחם ולא שתה מים שלשה
ימים ושלשה לילות אמר ר"נ אמר שמואל מי שאחזו בולמוס מאכילין אותו אליה בדבש רב הונא בריה דרב
יהושע אמר אף סולת נקיה בדבש רב פפא אמר אפי' קמחי דשערי בדיבשא אמר ר' יוחנן פעם אחת אחזני
קהלת ז בולמוס ורצתי למזרחה של תאנה וקיימתי בעצמי °החכמה תחיה בעליה דתני רב יוסף הרוצה לטעום טעם
דברים לג תאנה יפנה למזרחה שנאמר °וממגד תבואות שמש ר' יהודה ור' יוסי הוו קא אזלי באורחא אחזיה בולמוס לר'
יהודה קפחיה לרועה אכליה לריפתא א"ל ר' יוסי קפחת את הרועה כי מטו למתא אחזיה בולמוס לר' יוסי
אהדרוהו בלגי וצעי א"ל ר' יהודה אני קפחתי את הרועה ואתה קפחת את העיר כולה ותו ר"מ ור' יהודה ור'
יוסי הוו קא אזלי באורחא ר' מאיר הוה דייק בשמא ר' יהודה ור' יוסי לא הוו דייקו בשמא כי מטו לההוא
שם לב דוכתא בעו אושפיזא יהבו להו אמרו לו מה שמך אמר להו כידור אמר ש"מ אדם רשע הוא שנאמר °כי דור
תהפוכות המה ר' יהודה ור' יוסי אשלימו ליה כיסיהו ר"מ לא אשלים ליה כיסיה אזל (ב) אותביה בי קיבריה
דאבוה אתחזי ליה בחלמיה תא שקיל כיסא דמנח ארישא דההוא גברא למחר אמר להו הכי אתחזי לי בחלמאי
אמרי ליה חלמא דבי שמשי לית בהו ממשא אזל ר"מ ונטריה כולי יומא ואייתיה למחר אמרו לו הב לן כיסן
אמר להו לא היו דברים מעולם אמר להו ר"מ אמאי לא דייקיתו בשמא אמרו ליה אמאי לא אמרת לן מר אמר
להו אימר דאמרי אנא חששא אחזוקי מי אמרי משכוהו ועיילוהו לחנותא (ג) חזו טלפחי אשפמיה אזלו ויהבו
חולין קו. סימנא לדביתהו ושקלוהו לכיסיהו ואייתו אזל איהו וקטליה לאיתתיה היינו (*דתנן) *מים א] ראשונים האכילו
בשר חזיר מים אחרונים הרגו את הנפש ולבסוף הוו דייקי בשמא כי מטו לההוא ביתא דשמיה בלה לא עיילו
יחזקאל כג בראשית יח לגביה אמרי שמע מינה רשע הוא דכתיב °ואמר לבלה נאופים *(כמו °אחרי בלותי היתה לי עדנה כלומר
זקנה בנאופים) : מי שנשכו כלב שוטה וכו' : ת"ר חמשה דברים נאמרו בכלב שוטה פיו פתוח ורירו נוטף
ואזניו סרוחות וזנבו (ד) מונח על ירכותיו ומהלך בצידי דרכים וי"א אף נובח ואין קולו נשמע ממאי הוי
רב אמר נשים כשפניות משחקות בו ושמואל אמר רוח רעה שורה עליו מאי בינייהו איכא בינייהו
למקטליה

אפשר בחולין פשיטא. דמתקינן ליה : **לא צריכא בשבת.** שאפי' הוא שבת שאסור להפריש תרומה ומעשר יפרישוה ולא יאכילוהו טבלים: **בעציץ שאינו נקוב.** דטבל שלו מדרבנן ושבות דהפרשת מעשרות בשבת דרבנן אשמועינן שידחה השבות ולא יאכילוהו טבל דרבנן דאתו למסרי נמי טבל דאורייתא כי האי גוונא : **לימא תנאי היא.** הך דרבה דאמר בדאפשר בחולין מתקינן ליה ודחינן שבות דהפרשת תרומה בשבת מקמי אכילת טבל דעציץ שאינו נקוב דרבנן : **קורין לו רופא.** בשבת : **וקורעין לו תרנגולת.** לתת על המכה שזו היא רפואתו : **וגוזזין לו כרישין.** מן המחובר להאכילו : **כרישין.** כרתי : **לימא.** הא דרבה ר' אלעזר בר' שמעון היא דאמר מפרישין לו תרומה בשבת ואל יאכילוהו טבל דרבנן כגון ירק ולא רבי דאי רבי האמר אין צריך לעשר : **עד כאן לא קאמר רבי אלא לענין מעשר ירק דרבנן.** דלא מיחלף בטבל דאורייתא אבל דגן דאורייתא הוא אפי' רבי מודה דאף בעציץ שאינו נקוב מעשר דמיחלף בדאורייתא : **ראו נא כי אורו עיני.** ביהונתן כתיב : הכי גר' מאי אין ראיה לדבר דהתם לאו בולמוס אחזיה : **מגרר גריר.** ממשיך את הלב לתאות רעבון : **ויאכל.** לחם והדר ויתנו לו פלח דבילה : **אליה.** בשר שמן מאד : **למזרחה של תאנה.** שהשמש מכה שם מן הבקר עד חצות היום והשמש ממתק את הפרי : **וממגד.** לשון מעדנים : **קפחיה.** כפאו ונטל ככרו הימנו : **אהדרוהו בלגי וצעי.** סבבוהו בני העיר והקיפוהו לגינין של דבש ומתיקה וקערות תורה אור של תבשילין : **דייק בשמא.** בשמו של בעל הבית אם נאה אם כעור : **אשלימו ליה כיסייהו.** ערב שבת היה והפקידו אצלו כיסם : **דבי שמשי.** של ערבי שבתות : **לית בהו ממשא.** מתוך שאדם במנוחה מהרהר ורואה חלומות ומתכוון היה לדחותו שלא ילך ויטלנו : **חזו טלפחי אשפמיה.** ראו עדשים על שפמו : **יהבו סימנא לדביתהו.** בעליך אמר שתתני לנו כיסינו וזה לך סימן שאכלתם היום עדשים : **מים ראשונים האכילו בשר חזיר.** פונדק ישראל היה מוכר לישראל דברים המותרים ומאכילם ומוכר לנכרים בשר חזיר מבושל בא ישראל לפונדק וראהו שלא נטל ידיו כשהסב לאכול ונתן לפניו בשר חזיר : **מים אחרונים הרגו את הנפש.** זו היא אשתו של זה שאילו נטל מים אחרונים דרך הנוטלים ידים לקנח את שפמם בידים טופחות ולא היו עדשים נראין : **ואזניו סרוחות.** גדולות וכפולות למטן : **משחקות בו.** מראות בו כשפיהם לשחוק :
למקטליה

רבינו חננאל

נימא כתנאי מי שנשכו נחש קורין אותו רופא ממקום למקום וקורעין לו תרנגולת וגוזזין לו כרישין ומאכילין אותו ואין צריך לעשר דברי רבי ר' אלעזר ב"ר שמעון אומר לא יאכל עד שיעשר ומסקנא ה"מ במעשר ירק דהוא מדרבנן · אבל מעשר דאורייתא דברי הכל עד שיעשר: ת"ר מי שאחזו בולמוס מאכילין אותו דבש וכל מיני מתיקה שכל מיני מתיקה מאירין את העינים כו' · אמר אביי לא שנו אלא אחר אכילה אבל קודם אכילה מיגרר גריר שנא' וימצאו איש מצרי בשדה ויקראו אותו אל דוד ויתנו לו לחם [לאכול] וישקוהו מים ויתנו לו פלח דבלה ושני צמוקין ויאכל ותשב רוחו אליו. ר' יוחנן אתוית בולמוס ורץ למזרחה של תאנה ואכל כו' וקרא והחכמה תחיה בעליה · ר' יוסי אחזיה בולמוס וקיפח הרועה כלומר אכל כל מה שהיה לו : ירושלמי רב הונא עשרים וארבעה עשרונות שאכל לרעבון אכלן ר' יהודה קיפח את כל העיר · ר' מאיר הוה דאיק בשמא כו' ואיקלעו בגברא דשמיה כידור. ובההוא דהוה שמיה [בלה] וכו': מי שנשכו כלב שוטה אין מאכילין אותו מחצר כבד שלו ור' מתיא בן חרש מתיר : ת"ר ה' דברים נאמרו בכלב שוטה פי' פתוח כו' · ממאי הוי רב אמר נשים כשפניות משחקות בו שמואל אמר רוח חזוית שורה עליו וכשהורגין אותו אין

גליון הש"ס

גמ' פשיטא טלטול מדרבנן. וכן הוא יבמות דף פג ע"א ועי"ב :

[לשון דתנן נ"ע דאין זה משנה לכך נ"ל דתניא]

[כע"י ליפא]

הגהות הב"ח (א) גמ' אפשר בחולין פשיטא. נ"ב פי' הא דקאמר היכא דאפשר בחולין דכ"ע לא פליגי דצריך ליה הא פשיטא ומאי אתא לאשמועינן : (ב) שם ר"מ לא אשלים ליה כיסיה אזל ר"מ אותביה בכדא וקבריה בי קברי דאבוה דההוא גברא כרישיה. אתחזי ליה בחלמיה כו' ולמחר כו' אמר ליה הכי כו' אמר ליה חלמא כו' : (ג) שם משכוהו ועיילוהו לחנותא השקיוהו חמרא חזו טלפחי אשפמיה : (ד) שם ואזניו סרוחות וזנבו מונחת לו בין ירכותיו ומהלך :

הגהות מהר"ב רנשבורג א] גמ' מים ראשונים האכילו בשר חזיר. נ"ב עיין פרש"י ועיין בדברי הב"ח ביו"ד סי' קי"ז :

§ מסכת יומא דף פג: §

אות א'

מי שנשכו נחש וכו'

סימן שכח ס"ו - [א]מכה שעל גב היד וגב הרגל, וכן מי שבלע עלוקה, [ב]וכן מי שנשכו כלב שוטה, [ג]או אחד מזוחלי עפר הממיתים, אפי' ספק אם ממית אם לאו, הרי הם כמכה של חלל.

באר הגולה

[א] שבת קנ"ט, וע"ז כ"ח [ב] יומא פ"ד [ג] שבת פכ"א

§ מסכת יומא דף פד. §

אות א'

רבי יוחנן חש בצפידנא

סימן שכח ס"ג - [א]כל מכה של חלל, דהיינו מהשינים ולפנים, ושינים עצמם בכלל - וכ"ש אם חלה מקום מושב השיניים, דהיינו החניכים, בודאי הם בכלל מכה שבתוך חלל הגוף, **מחללין עליה את השבת** - דהיינו היכי דכאיב ליה טובא, וחלה כל גופו ע"ז, אף שלא נפל למשכב, **לאפוקי** חששא בעלמא בשיניו, איננו בכלל זה, וכדלקמן בסל"ב.

וכ"ש מחלת צפידנא, שמתחלת בפה ומסיימת בבני מעיים, וסימנה: כשנותן כלום לתוך פיו סביבות השיניים, יוצאין מבין השיניים דם, דמחללין עליה השבת, **והפרש** יש בינייהו, דבצפידנא אפילו החולה והרופא אומרים א"צ לחילול, אמרינן דאין בקיאין בזה, כי מקובל ביד חז"ל שסכנה היא, **ובשאר** כאב השיניים דחשיב כמכה של חלל, בסתם מחללין, וכשאומר הרופא או החולה שא"צ, אין מחללין.

באר הגולה

א ע"ז כ"א

מסורת הש"ס

עין משפט נר מצוה

עה א מיי' פ"ב מהל' שבת הלכה ה סמג לאוין סה טוש"ע או"ח סי' שכח סעיף ג:

תורה אור

למקטליה בדבר הנזרק תניא כוותיה דשמואל כשהורגין אותו אין הורגין אותו אלא בדבר הנזרק דחייף ביה מסתכן דנכית ליה מיית דחייף ביה מסתכן מאי תקנתיה נישלח מאניה(א) ונירהיט רב הונא בריה דרב יהושע חף ביה חד מינייהו בשוקא שלחינהו למאניה ורהיט אמר קיימתי בעצמי °החכמה תחיה בעליה [קהלת ז] דנכית ליה מיית מאי תקנתיה אמר אביי ניתי משכא דאפא דדיכרא וניכתוב עליה אנא פלניא בר פלניתא אמשכא דאפא דיכרא כתיבנא עלך כנתי כנתי קלירוס ואמרי לה קנדי קנדי קלורוס יה יה ה' צבאות אמן אמן סלה ונשלחינהו למאניה ולקברינהו בי קברי (ג) עד תריסר ירחי שתא ונפקינהו ונקלינהו בתנורא ונבדרינהו לקטמיה אפרשת דרכים והנך תריסר ירחי שתא כי שתי מיא לא לישתי אלא בגובתא דנחשא דילמא חזי בבואה דשידא וליסתכן כי הא *דאבא בר מרתא הוא אבא בר מניומי עבדא ליה אימיה גובתא דדהבא(ג) ועוד אמר ר' מתיא: *ר' יוחנן חש *בצפידנא אזל גבה דההיא מטרוניתא עבדא ליה מלתא חמשא ומעלי שבתא אמר לה בשבתא מאי אמרה ליה לא צריכת אי מצטריכנא מאי אמרה ליה אישתבע לי (ד) דלא מגלית אישתבע לאלהא דישראל לא מגלינא נפק דרשה בפירקא והא אישתבע לה לאלהא דישראל לא מגלינא הא לעמו ישראל מגלינא והא איכא חלול השם דמגלי לה מעיקרא מאי עבדא ליה אמר רב אחא בריה דרב אמי מי שאור שמן זית ומלח רב יימר אמר שאור גופיה שמן זית ומלח רב אשי אמר משחא דגדפא דאווזא אמר אביי אנא עבדי לכולהו ולא איתסאי עד דאמר לי ההוא טייעא אייתי קשייתא דזיתא דלא מלו תילתא וקלינהו בנורא אמרא חדתא ואדביק בבכי דריה עבדי הכי ואיתסאי ממאי הוה מחמימי חמימי דחיטי ומשיורי כסא דהרסנא ומאי סימניה כד רמי מידי בבכיה ואתא דמא מבי דרי ורבי יוחנן כי חש בצפידנא עבד הכי בשבתא ואיתסי ורבי יוחנן היכי עביד הכי אמר ר"נ בר יצחק שאני צפידנא הואיל ומתחיל בפה וגומר בבני מעיים אמר ליה רב חייא בר אבא לר' יוחנן כמאן כר' מתיא בן חרש דאמר החושש בפיו מטילין לו סם בשבת א"ל שאני אומר בזו ולא באחרת לימא מסייע ליה מי שאחזו ירקון מאכילין אותו בשר חמור מי שנשכו כלב שוטה מאכילין אותו מחצר כבד שלו והחושש בפיו מטילין לו סם בשבת דברי ר' מתיא בן חרש וחכ"א באילו אין בהם משום רפואה באלו למעוטי מאי(ה) מאי לאו למעוטי סם לא למעוטי מקיזין דם לסרונכי ה"נ מסתברא דתניא שלשה דברים א"ר ישמעאל בר' יוסי ששמע משום רבי מתיא בן חרש מקיזין דם לסרונכי בשבת ומי שנשכו כלב שוטה מאכילין אותו מחצר כבד שלו והחושש בפיו מטילין לו סם בשבת וחכ"א באילו אין בהן משום רפואה באילו למעוטי מאי (ו) מאי לאו אתרתי בתרייתא ולמעוטי דרישא לא אתרתי דרישא קמייתא ולמעוטי דסיפא

תא

למקטליה בדבר הנזרק. למ"ד רוח רעה שורה עליו לא יקרב אצלו להרגו בידים אלא זורק בו חץ או סכין והורגו: **דחייף ביה**. המתחכך בו: **דנכית ליה**. שהכלב נושכו: **נישלח למאניה**. יפשיט בגדיו: **משכא דאפא**. הוא הלבוע ובלע"ז פוטויי"ש: **דאפא דיכרא**. לבוע זכר: **בגובתא דנחשא**. על ידי קנה של נחשת: **דילמא חזי לבבואיה דשד**. שקפץ מן הכלב עליו ומסתכן: **צפידנא**. חולי השינים והחניכים ומתחיל בפה וגומר בבני מעיים ומסוכן הוא: **מטרוניתא**. נכרית היתה: **עבדא ליה רפואה חמשא ומעלי שבתא**. יום ה' בשבת וע"ש: **והאיכא חלול השם**. שהיא סבורה שעבר על שבועתו: **דמגלי לה מעיקרא**. מההיא שעתא גלי לה לא נשבעתי לך כי כך אמרתי: **משחא דגדפא דאווזא**. שומן מוח עצם קטן שבראש כנף העוף שקורין כניי"ל שכה אותו על לדעיו: **קשייתא דזיתי**. גרעיני זיתים: **דלא מלו תילתא**. שלא הביאו שליש: **אמרא חדתא**. על מר חדש שקורין פושוי"ר: **ודביק בבכי דדרים**. הדבק בשורת השינים: **ממאי הוי**. על ידי מה בא החולי הזה: **מחמימי חמימי דחיטי**. האוכל פת חמה יותר מדאי: **כסא דהרסנא**. דגים מטוגנים עם הקמח בשמן שלהן: **שיורי**. שעבר עליו הלילה: **מאי סימניה**. של אותו חולי: **כד רמי מידי בככיה**. כשנותן כלום בשיניו זב הדם משורת שיניו: **ורבי יוחנן היכי עביד הכי וכו'**. לא גרסינן לה הכא אלא במסכת ע"ז (ז): **כמאן עביד ר' יוחנן**. לתת סם בשבת בשביל חולי השינים דקאמר לה אי מצריכנא מאי: **שאני אומר בזו**. מודים לו חכמים שהיא רפואה *לו בכלב שוטה בחצר כבד שלו: [צ"ל ולא] **ירקון**. חולי שפניו מוריקות: **הכי גרסינן וחכמים אומרים באלו אין בהן משום רפואה באלו למעוטי מאי לאו למעוטי סם**. והכי קאמרי ליה בשתים הראשונות אין זו רפואה גמורה לעבור עליהן דבר תורה ולמעוטי סם דיש בו משום רפואה: **לא למעוטי מקיזין דם לסרונכי**: בשבת לעולם אכולי הנך פליגי ומאי באלו משום דשמעוה לר' מתיא דאמר אכתי אחריתי: **לסרונכי**. חולי ששמו אשטרנגליו"ן הוא בו"ן מלגט ובההיא מודה ליה: ה"ג הכי נמי מסתברא דתניא שלשה דברים אמר רבי אלעזר בן עזריה משום ר' מתיא בן חרש מקיזין דם לסרונכי בשבת ומי שנשכו כלב שוטה מאכילין אותו מחצר כבד שלו והחושש בפיו מטילין לו סם בשבת וחכמים אומרים באלו אין בהם משום רפואה באלו למעוטי מאי לאו אתרתי בתרייתא ולמעוטי דרישא לא אתרתי דרישא ולמעוטי דסיפא:

תא

הכי נמי מסתברא שלשה דברים כו'. ריב"א ל"ג הכי נמי מסתברא אלא הכי גרים תא שמע שלשה דברים משום דמאי אולמיה דהא מהא דאייתי כבר ונראה לי דשפיר מייתי דברייתא קמייתא לא מיתני בה מקיז דם לסרונכי ולהכי הוי דוחק הא דמוקמינן למעוטי מקיז דם לסרונכי מה שלא הוזכר בה אבל מהא מייתי שפיר מאי לאו באלו אתרתי דסיפא דסליק מינה קאי ולמעוטי מקיז דם לסרונכי דקא תני רישא ואי (שמא) משום דבכל דוכתא נשאר הכי נמי מסתברא בשביל זה אין למוחקו דבפרק קמא דקידושין (כ:) גבי מעשה (ח) במדוכי אחד) יש הכי נמי [*מסתברא] שאינו נשאר ובפרק הזהב (בבא מציעא דף מו: *) יש [ג"כ] הכי נמי מסתברא שאינו נשאר בשמעתא דמטבע אין נעשה חליפין לפירוש רש"י*:

אלא

[שבת קכא. יבמות קכ. גיטין לו: מו"ק כז:]

רש"א

[וכם ד"ה וסרי]

[ועי' תוס' זבחים יג. ד"ה דיקא נמי]

הגהות הב"ח

(א) גמ' מאי תקנתיה נישלח מאניה ונשדינהו קמיה ונירהיט וכי הא דרב הונא בריה דר"י כו' שלחינהו למאניה ושדי קמיה ורהיט אמר: (ג) שם ולקברינהו בי קיברי בפרשת דרכים עד תריסר ירחי שתא לבתר הכי נפקינהו ונקלינהו: (ג) שם גובתא דדהבא ואתסי ועיד: (ד) שם אי מצטריכנא מאי אמרה ליה אישתבע לי דלאלהא דישראל דלא מגלית אישתבע לה לאלהא דישראל לא מגלינא גליא ליה נפק דרשה כו' לאלהא דישראל הוא דלא מגלינא הא לעמא ישראל מגלינא: (ה) שם למעוטי מאי לאו כצ"ל ותי' מאי נמחק: (ו) שם לא אתרתי קמייתא כצ"ל ותי' דרישא נמחק: (ז) רש"י ד"ה ור' יוחנן כו' במסכת ע"ז. נ"ב ע"ש דף כח ע"א: (ח) תוס' ד"ה ה"נ וכו' מעשי במדוכי אחד יש ה"נ מסתברא שאינו נשאר במסקנא ובס' הוסב מני יש ה"נ מסתברא:

רבינו חננאל

הורגין אלא בדבר הנזרק ותניא כוותיה דשמואל. ועוד א"ר מתיא בן חרש החושש בפיו מטילין לו סם בשבת מפני שהוא ספק נפשות וכל ספק נפשות דוחה את השבת ר' יוחנן חש בצפדינא פי' כאב השינים עבדא ליה ההיא מטרוניתא ספא יום חמישי וע"ש. א"ל בשבת מאי אמרה לי' לא צריכת ואי איצטריכנא מאי א"ל אישתבע לי דלא מגלית אישתבע לה אלהי ישראל לא מגלינא והוה נקיט בליביה בשעת שבועתו דלעמו ישראל מגלינא ובתר דאודעה ליה. אודעה הוא דלא הות ליך שבועתי אלא דלא מגלינא לאלהי ישראל אבל מגלינא לעמו ישראל. א"ל ר' חייא בר אבא לר' יוחנן כמאן כר' מתיא בן חרש דשרי להטיל סם בפיו בשבת. א"ל ר' יוחנן בהחושש בפיו מטילין לו סם בשבת דברי הכל היא ולא באחרת שחולקין. נימא מסייעא ליה לר' יוחנן הא דתניא מי שאחזו ירקון מאכילין אותו בשר חמור מי שנשכו כלב מאכילין אותו מחצר כבד שלו והחושש בפיו מטילין לו סם בשבת דברי ר' מתיא בן חרש וחכ"א באלו אין בהן משום רפואה באלו לאו למעוטי סם דסם אית ביה רפואה ודחי לא למעוטי הקזת הדם לסרונכי. ולא עסרה

עין משפט נר מצוה

עו א מיי' פ"ב מהלכות שבת הלכה ג סמג לאוין סה טוש"ע או"ח סי' שכח סעיף יא:

עז ב מיי' שם הלכה ג וסמג שם טוש"ע שם סעיף יב:

עח ג מיי' שם הלכה טז יז וסמג שם טוש"ע שם סעיף יג:

עט ד ה ו מיי' שם הל' כ כא וסמג שם טוש"ע שם סי' שכט סעיף ב:

פ ז מיי' פט"ו מהלכות איסורי ביאה הלכה כו טוש"ע אה"ע סי' ד סעיף לג:

אלא בגדולי ישראל. ואפי' היכא דאפשר בנכרי מצוה בישראל שמא יתעצל הנכרי ולא יעשה ויבא לידי סכנה: **מכבין** ומפסיקין בפני הדליקה. תימה לי דהוה ליה ואין צריך לומר זו כיון דאפי' לכבויי שרי כ"ש להפסיק וי"ל אפי' לאתויי כלים דרך רשות הרבים ולהפסיק בהן דס"ד אמינא דווקא לכבויי שרי אבל כולי האי להביא כלים דרך רשות הרבים מליאים מים דאיכא תרתי הוצאה והכנסה וגרם כיבוי ועוד ס"ד אמינא כיבוי שרי טפי שהוא ברור יותר שיציל אבל להביא כלים דילמא קודם שיביאם תעבור הדליקה ונמצא שחילל שבת שלא לצורך קמ"ל: **הא** דפרוש כולהו הא דפרוש מקצתייהו. נראה לפרש דפרוש כולהו לחצר אחרת ויצאו גם משם ולא נשאר בהם עד אחד שנפלה עליו מפולת דאי פרוש לחצר אחרת ולא יצאו משם מה לי חצר זו מה לי חצר אחרת הא דפרוש מקצתייהו שלא פירש מכאן לאותה חצר אחרת אלא אחד:

מ"ט דתני רב יוסף עוברה שהריחה וכו' ומי שנשכו וכו' והחושש בפיו וכו' וחכ"א בזו. אנו מודים ולא באחרת: **בזו אסייא אי נימא אעוברה פשיטא**. וכי עוברה שהריחה ר' מתיא קתני לה סתמא היא: **אלא לאו אסם**. קיימי דאילו אחצר ככד תנן פלוגתא במתני' ש"מ דבסם מודו: **לא ספק שבת זו בלבד**. לא שיהא ספק הנפשות לשבת זו אלא אפילו אין הספק לשבת זו דפשיטא לן דהיום לא ימות אלא ספק שאם לא יעשו לו היום שמא ימות לשבת הבאה: **והיכי דמי כגון דאמדוה**. רופאים לעשות לו הרפואה שמנה ימים: **להברותו**. רחיצה שמא יבריא מחליו: **על פי נשים**. אם נשים או כותים אומרים צריך אין מחללין על פיהן: **אבל מצטרפין לדעת אחרת**. כגון שנים אומרים צריך ושלשה אומרים אין צריך ואשה או כותי אומרים צריך מצטרפין למהוי פלגא ופלגא (א) וספק נפשות להקל: **פקוח**. דשקומברכ"ש בלע"ז בכל דבר שצריך לו לנפש להעביר סכנת מות: **ואע"ג דצייד כוורי**. עמו כל הני אע"ג דקאמר הכא משנה יתירה דייק דקתני ואינו צריך ליטול רשות למה ליה דתני הכא הא תני ליה והזריז ה"ז משובח אלא הא אתא לאשמועינן שאפי' הוא צריך לדבר: **עוקר חוליא**. כדי להשפיל שפת הבור ויהא נוח ליכנס: **ננעלה דלת**. והתינוק נבעת: **למתבר' בשיפי**. נסרים שצריך להם לישנא אחרינא בשיפי קיסמין להדלקה: **ומפסיקין מפני הדליקה**. בכלים של מתכת או של חרס מלאים מים ובדליקה שיש בה סכנת נפשות קאמר: **דקא מכיך מכוכי**. משפיל ומליט הגחלים ללות עליהם לערב: **דאדהכי והכי**. אם ילך לבית דין לישאל אזיל ליה לאיבוד: **ומשביש ליה**. מפתהו ומקרקש לו אגוזים: **דאפילו לחצר אחרת**. דליקה בחצר זו ונפשות בחצר אחרת והם חולים או קטנים: **לא הלכו בפיקוח נפש אחר הרוב**. דאם ספק כותי או ספק ישראל מפקחין ואע"ג דרובא כותים הוו התם: **אי נימא תשעה ישראל וחד כותי**. ונפל' מפולת על אחד מהן ואין ידוע אם ישראל אם כותי הוא: **אלא דאיכא תשעה כותים וחד ישראל**. ואשמועינן דאף על גב דרובא כותים חיישינן שמא ישראל הוא ומפקחין הא נמי פשיטא דקי"ל כל קבוע כמחצה על מחצה דמי דנפקא לן בסנהדרין* ובכתובות* מוארב לו פרט לזורק אבן לגו: **לא צריכא דפרוש לחצר אחרת**. ושם נפלה על האחד מפולת דבכל דוכתא אמרינן כל דפריש מרובא פריש כמידי דניידי והכא לא אמרי' הכי ואע"ג דבפריסתן כולהו כיידי:

[גיר' רי"ף ורא"ש שמואל]

[תוספתא שבת פט"ו]

[עיין שינוי נוסחאות בהרא"ש ובב"י]

[גי' רי"ף ורא"ש א"ר אלעזר לא נצרכ' אלא לחצר אחרת] *) [ב"ק מד: סנהדרין עט. כתובות טו.] **)[שבת קכט. וש"נ]

[דף עט:]

כתובות טו: מכשירין פ"ב מ"ז

תא שמע דתני רבה בר שמואל עוברה שהריחה מאכילין אותה עד שתשוב נפשה ומי שנשכו כלב שוטה מאכילין אותו מחצר כבד שלו והחושש בפיו מטילין לו סם בשבת דברי ר"א בר' יוסי שאמר משום ר' מתיא בן חרש וחכמים אומרים בזו ולא באחרת בזו אהייא אילימא אעוברה פשיטא עוברה מי איכא למאן דאמר דלא אלא לאו אסם שמע מינה רב אשי אמר מתני' נמי דיקא ועוד אמר רבי מתיא בן חרש החושש בפיו מטילין לו סם בשבת ולא פליגי רבנן עליה ואם איתא דפליגי רבנן עליה ליערבינהו וליתנינהו וליפלגו רבנן בסיפא ש"מ: מפני שספק נפשות הוא וכו': ל"ל תו למימר וכל ספק נפשות דוחה את השבת אמר רב יהודה אמר *רב לא ספק שבת זו בלבד אמרו אלא אפילו ספק שבת אחרת היכי דמי כגון דאמדוה לתמניא יומי ויומא קמא שבתא מהו דתימא ליעכב עד לאורתא כי היכי דלא ניחול עליה תרי שבתא קמ"ל תניא נמי הכי *מחמין חמין לחולה בשבת בין להשקותו בין להברותו ולא שבת זו בלבד אמרו אלא לשבת אחרת ואין אומרים נמתין לו שמא יבריא אלא מחמין לו מיד מפני שספק נפשות דוחה את השבת ולא ספק שבת זו אלא אפי' ספק שבת אחרת ואין עושין דברים הללו לא ע"י נכרים ולא ע"י [א] כותיים אלא ע"י גדולי ישראל ואין אומרין יעשו דברים הללו *לא ע"פ נשים ולא ע"פ כותיים אבל מצטרפין לדעת אחרת ת"ר *מפקחין פקוח נפש בשבת והזריז ה"ז משובח ואין צריך ליטול רשות מב"ד הא כיצד ראה תינוק שנפל לים פורש מצודה ומעלהו והזריז ה"ז משובח ואין צריך ליטול רשות מב"ד ואע"ג דקא צייד כוורי ראה תינוק שנפל לבור עוקר חוליא ומעלהו והזריז ה"ז משובח ואין צריך ליטול רשות מב"ד אע"ג דמתקן דרגא ראה שננעלה דלת בפני תינוק שוברה ומוציאו והזריז ה"ז משובח ואין צריך ליטול רשות מב"ד ואע"ג דקא מיכוין למיתבר בשיפי מכבין ומפסיקין מפני הדליקה בשבת והזריז ה"ז משובח ואין צריך ליטול רשות מב"ד ואע"ג דקא ממכיך מכוכי וצריכא דאי אשמועינן ים משום דאדהכי והכי אזל ליה אבל בור דקא יתיב אימא לא צריכא ואי אשמועינן בור משום דקא מיבעית אבל ננעלה דלת אפשר דיתיב בהאי גיסא ומשביש ליה באמגוזי צריכא: מכבין ומפסיקין: למה לי *דאפי' לחצר אחרת אמר רב יהודה אמר שמואל לא הלכו בפקוח נפש אחר הרוב*) היכי דמי אי נימא דאיכא תשעה ישראל וכותי אחד ביניהו רובא ישראל נינהו (*אלא) פלגא ופלגא **)ספק נפשות להקל אלא דאיכא תשעה כותיים וישראל אחד הא נמי פשיטא דהוה ליה קבוע וכל קבוע כמחצה על מחצה דמי לא צריכא דפריש לחצר אחרת מהו דתימא כל דפריש מרובא פריש קמ"ל דלא הלכו בפקוח נפש אחר הרוב איני והאמר ר' אסי א"ר יוחנן תשעה כותיים וישראל אחד באותה חצר מפקחין בחצר אחרת אין מפקחין לא קשיא הא דפרוש כולהו הא דפרוש מקצתייהו ומי אמר שמואל הכי והתנן *מצא בה תינוק מושלך אם רוב כותים כותי ואם רוב ישראל ישראל מחצה על מחצה ישראל ואמר רב לא שנו אלא להחיותו אבל לייחסו לא ושמואל

הגהות הגר"א

[א] ולא ע"י קטנים אלא כו' כצ"ל:

[נ"ל אי נמי וכן איתא בכתובות ובב"ק ובסנהדרין]

יבמות טז: כתובות טו. זבחים עג.]

רבינו חננאל

ואסיקנא אלא לטעוני סם. אמר רב אשי מסתניתין נמי שמעת לה מדלא קתני מי שנשכו כלב שוטה אין מאכילין אותו מחצר כבד שלו. והחושש בפיו אין מטילין לו סם בשבת. ור' מתיא בן חרש מתיר בשניהם אלא במי שנשכו כלב שוטה פליגי ובהא לא פליגי. ש"מ במטילין לו סם בשבת לא פליגי ש"מ. וכל ספק נפשות דוחה את השבת. תניא מחמין לו חמין לחולה בשבת בין להשקותו בין להברותו ואין אומרים נמתין היום שמא יבריא ולא נחלל את השבת. אלא מחמין לו מיד. וספקו דוחה את השבת ולא ספק שבת זו אלא ספק שבת אחרת. ואין אומרים יעשו דברים הללו ע"י נכרים ולא ע"י קטנים אלא ע"י גדולי ישראל. ואין עושין דברים הללו לא ע"י נשים וע"י כותים אבל מצטרפין לדעת אחרת. ת"ר מפקחין פקוח נפש בשבת והזריז הרי זה משובח וא"צ ליטול רשות מב"ד. כיצד ראה תינוק נפל לים פורס מיד מצודה ומעלהו [דאע"ג] דצייד כוורי. ומי שראה תינוק נפל לבור עוקר חוליא מיד בשבת ומעלהו. ואע"ג דקא עביד דרגא וכן מי שראה שננעל דלת בפני תינוק שוברה ומוציא התינוק. אע"ג דשקיל לה בשיפינא. מכבין ומפסיקין מפני הדליקה בשבת. ובכל אלו כולן הזריז ה"ז משובח וא"צ ליטול רשות מב"ד: ירושלמי תני הזריז משובח והנשאל והשואל*) ה"ז שופך דמים. ר' חייה בש"ר יוחנן מבוי שכולו כותים וישראל אחד דר בתוכו נפלה בתוכו מפולת מפקחין עליו בשבת [בשביל] ישר' [שיש] שם עד כמה

*) בירושלמי לפנינו הגי' והנשאל ה"ז מגונה והשואל ה"ז שופך דמים וכ"ה בהגהת מיימון בפ"ב משבת ועי' בתה"ד סי' נח.

הא דפרוש כולהו. הואיל ואיתחזק ישראל בהאי חצר שנפלה בו מפולת מפקחין ואע"ג דניידי (ליה) לא אזלינן בתר רובא: **הא דפרוש מקצתייהו**. ולא ידעינן אי הוה ישראל בהאי חצר אזלינן בתר רובא הואיל ולא איתחזק: **והא תנן תינוק מושלך**. משנה היא בסדר טהרות בעיר שישראל וכותים דרים בה: **לא שנו**. דאם רוב ישראל מחזקינן ליה לישראל אלא להחיותו: **אבל לייחסו**. כגון אם נקבה היא שיהא כהן מותר בה לא ואפי' ליכא למיחש לאסופי כגון הנך דאמרי' במס' קידושין (דף עג:) תלי בדיקולא תלי פיתקא רמי חומרא משלטי הדמי' חיישינן שמא כותית היא וגיורת אסורה לכהונה ואע"ג דרוב ישראל מעלה עשו ביוחסין דבעינן תרי רובי כדאמרי' בכתובות בפ"ק (דף טו.): ושמואל

הגהות הב"ח

(א) רש"י ד"ה אבל כו' מצטרפין למהוי פלגא ופלגא. נ"ב וקשה הרי בדף פג. מבואר

דבספק נפשות לא אזלינן בתר רוב דעות רק מאכילין אותו מיד. א"כ למה לי להצטרף דעת אחר או כותי דהכי כששנים אומרים צריך אף ג' אומרים לא צריך אזלינן להקל ע"כ נ"ל כדאיתא בגמ' כששנים אומרים אינו צריך ואחד אומר צריך דלכך הצטרפות אשה שאומרת נ"כ צריך והו"ל פלגא ופלגא אבל כששנים אומרים צריך וא' אין צריך הצטרפות אף אם ג' אומרים אין צריך וכן פסק בטור או"ח סי' תרי"ח כששנים אומרים צריך אף ק' אומרים אינו צריך לא אזלינן בתר רוב דעות אבל כששנים אומרים צריך וא' אומר אינו צריך אזלינן בתר רוב דעות גם בהרא"ש ז"ל כתב דרש"י ז"ל לא סבירא ליה לאוקימתא דלעיל בגמרא אבל מ"מ לפוסקים דס"ל לאוקימתא דלעיל נ"ל כמו שכתבתי:

תוספות ישנים **לא** צריכא דפרוש לחצר אחרת כו'. כלומר שפי' כולם לחצר אחרת:

§ מסכת יומא דף פד: §

אות א'

לא ספק שבת זו בלבד אמרו, אלא אפילו ספק שבת אחרת

סימן שכח סי"א - [א]חולה שיש בו סכנה, שאמדוהו ביום שבת שצריך לעשות לו רפואה ידועה שיש בה מלאכת חילול שבת שמונה ימים, אין אומרים: נמתין עד הלילה ונמצא שלא לחלל עליו אלא שבת אחת, אלא יעשו מיד אע"פ שמחללין עליו שתי שבתות - ואין סתירה מזה להא דסוף ס"ד, דהתם הלא מיירי שיודע ומכיר שע"י המתנתו עד הערב לא יגיע שום ריעותא להחולה, משא"כ הכא.

ולכבות הנר בשביל שיישן, ע"ל סימן רע"ח.

אות ב'

ואין עושין דברים הללו לא על ידי נכרים ולא על ידי כותיים, אלא על ידי גדולי ישראל

סימן שכח סי"ב - [ב]כשמחללין שבת על חולה שיש בו סכנה, משתדלין שלא לעשות ע"י א"י וקטנים ונשים - הטעם כתב הרא"ש, משום דזימנין דליתנייהו, ואתי ג"כ לאהדורי בתרייהו, ומתוך כך יבוא לידי סכנה, וטעם זה שייך גבי קטנים וא"י, **ואצל** נשים איכא טעם אחר, שמא יאמרו שלא ניתן שבת לדחות אף בפקוח נפש, ולכך מוסרין אותה להם, ויתעצלו בדבר, ומתוך כך יבוא לידי סכנה, **או** שמא יקילו הנשים בדבר, ויבואו לחלל שבת במקום אחר.

אלא ע"י ישראלים [ג]גדולים ובני דעת - [ד]וכשיש שם במעמד זה חכמים, מצוה לכתחלה לעשות חלול זה על ידיהם, רמב"ם.

וכל סעיף זה מיירי שכולם עומדים באותו מעמד, אבל אי ליכא שם אנשים ויש נשים שם, בודאי אין להם להמתין, והם זריזות ונשכרות.

הגה: וי"א דאם אפשר לעשות בלא דיחוי ובלא איחור ע"י שינוי, עושה ע"י שינוי - דכל כמה דנוכל לעשות בהיתר, לא שבקי התירא ונעשה באיסור, **ונראה** דה"ה אם ע"י השינוי מתאחר הדבר מעט, רק דאין החולי בהול, נמי מתאחרים מעט כדי לעשות ע"י שינוי, דאינו אלא איסור דרבנן.

ואם אפשר לעשות ע"י א"י בלא איחור כלל, [ה]עושין ע"י א"י (א"ז) - וה"ה ע"י קטנים, **וכן נוהגים; אבל במקום דיש לחוש שיתעצל הא"י, אין לעשות ע"י א"י (תוס' ור"ן)** - והט"ז כתב דלאו מנהג ותיקין הוא, דאף שיכול לעשות ע"י א"י, מ"מ הישראל יזרז בדבר יותר, ולכן אם יש אפילו ספק הצלה, ויש סכנה בבירור, כל הזריז הרי זה משובח.

אות ב'*[ו]

אבל מצטרפין לדעת אחרת

סימן תריח ס"ד - [ז]אם שנים אומרים: צריך, אפילו מאה אומרים: אינו צריך, ואפילו החולה אומר עמהם שאינו צריך, מאכילים אותו מאחר ששנים אומרים: צריך - ר"ל דתרי כמאה חשיבין, ולא אזלינן בתר רוב דעות בסכנת נפשות.

‹ובשאילתות דרב אחאי כתב, דאזלינן בתר רוב דעות, וכן דעת רש"י, שהרי פירש לקמן (פד:) "אבל מצטרפין לדעת אחרת", כגון שנים אומרים צריך ושלשה אומרים אין צריך, ואשה או כותי אומרים צריך, מצטרפין למיהוי פלגא ופלגא, דספק נפשות להקל. {**ועיין** בהג' הב"ח איך פי' הגמ' אליבא דשאר פוסקים}. **וכתב** הרמב"ן, ואע"ג דאמרינן (פג.) בהדיא "כי אזלינן בתר רוב דעות באומדנא, הני מילי בממונא", הני רבוותא סברי דהך אוקימתא ליתא, דהא משום דאקשינן: "ע"פ בקיאין תרי, פשיטא תרי ותרי נינהו", הוא דאיתוקם הכי, וכיון דאתא מר בר רב אשי ואמר: "דכל היכא דאמר חולה צריך אני, אפילו איכא מאה דאמרי לא צריך, לדידיה שמעינן", קמה לה מתניתין כדמעיקרא, דאיכא אחרינא בהדי חולה דאמר לא צריך, מאכילין אותו על פי בקיאין תרי, דסד"א כשם שהחולה אומר צריך אני שומעין לו, ואפילו כנגד מאה בקיאין, כך כשהוא אומר איני צריך נשמע להו, דהכא והכא לב יודע מרת נפשו הוא, קמ"ל דלהקל אמרינן, אבל להחמיר כחד בקי בעלמא הוא ולא כתרי, הילכך היכא דאיכא אחרינא בהדיה, לתרי דאמרי צריך שמעינן, לחד לא שמעינן, ולא אמרינן תונבא בעלמא הוא דנקיט ליה, אלא חד מנינן ליה תרי לא מנינן ליה, **ומיהו** כיון דאיתמר בהדיא בגמרא דלא אזלינן בתר רוב דעות, לא דחינן סוגיא בפירכא ותפסינן סברא בעלמא, ע"כ - ב"י›.

באר הגולה

[א] יומא פ"ד בגמרא בפי' המשנה ובריייתא [ב] **שם בברייתא** ‹ואין עושין הדבר על ידי... ואין אומרים יעשו דברים הללו על פי נשים ועל פי נכרים, אבל מצטרפות לדעת אחרת. כך כתבו בספרי והלכות גדולות ובתוספתא, {ופירש"י על פי נשים: אם נשים או כותים אומרים צריך, אין מחללין על פיהן}. **והיה** קשה לריב"א, למה לא יעשו על פי נשים חכמות בקיאות בספק נפשות כמו על פי אנשים, וגבי יולדות נמי מחללין שבת על פי נשים. **והרב** אלפס ז"ל גורס אין אומרים לעשות דברים הללו לא על ידי נשים ולא על ידי כותיים מפני שמצטרפין לדעת אחרת. **פי'** שהנשים או הכותיים יעלה בדעתם שלא ניתן שבת לידחות אפילו מפני פיקוח נפש, ומפני כך נמנעים מלעשות מלאכה זו ומוסרין אותה לכותי או לאשה לעשותה, ומתוך כך יבואו להתעצל במלאכה ואתי לידי סכנה - רא"ש. ‹**ולדברי** הרא"ש הא דפלגינהו בתרי בבי, {דהא הוי אותו הדין דבבא קמא, ודלא כרש"י}, **משום** דכל בבא אית לה טעמא באפי נפשה, דגוים וקטנים הוי טעמא משום זימנין דליתנייהו ואתי לאהדורי בתרייהו, ונשים וכותיים הוי טעמא משום שמא יתעצלו, והיינו דקתני מפני שמצטרפים לדעת אחרת - ב"י› [ג] ‹והא דקתני אלא על ידי גדולי ישראל, לאו גדולים בחכמה קאמר כדמשמע לכאורה ממה שכתב הרמב"ם "אלא על ידי גדולי ישראל וחכמיהם", דאם כן מאי איריא נשים וכותיים, אפילו שאר אינשי נמי, אלא ודאי גדולים לאפוקי קטנים, ישראל לאפוקי גוים, והוסיף הרמב"ם וחכמיהם, כלומר שהם בני דעת, לאפוקי נשים ועבדים שדעתן קלה - ב"י› [ד] ‹כמה וכמה שיכל הרב את ידו לצאת מפשוטו ולפרש בדוחק גדול, דודאי במ"ש גדולי ישראל, לאו למידק איסורא בסתם ישראל קא מכוין, אלא למצוה מן המובחר קאמר - ט"ז. ‹להורות הלכה שיהיו נזהרים בפיקוח נפש - פמ"ג› [ה] ‹ומש"כ ביומא שם ואין עושים ע"י עו"ג, היינו במקום שיש לחוש שיתעצל, וזהו שכתב: אבל במקום כו' - גר"א› [ו] ‹ע"פ הב"י› [ז] **שם בגמרא**

אות ג׳

מפקחין פקוח נפש בשבת, והזריז הרי זה משובח

סימן שכח סי״ג - [ח]**כל הזריז לחלל שבת בדבר שיש בו סכנה, הרי זה משובח, אפילו אם מתקן עמו דבר אחר; כגון שפירש מצודה להעלות תינוק שנפל לנהר, וצד עמו דגים, וכן כל כיוצא בזה** - כגון נפל תינוק לבור, עוקר חוליא ומעלהו, אע״פ שהוא מתקן בה מדרגה בשעת עקירתו, **ננעל** הדלת בפני התינוק, שובר הדלת ומוציאו, אע״פ שהוא מפצל אותם כמין עצים שראוים למלאכה, שנעשים כמין נסרים או קסמין להדלקה, אפ״ה מותר השבירה, שמא יבעת התינוק וימות, **ולא** אמרינן שאפשר לקרקש להתינוק באגוזים מבחוץ עד שיביאו המפתח. [גמרא].

ואפילו אם היה צריך להחוליא ולהנסרים והקסמין, ג״כ שרי, כיון שאינו מכוין לזה, [**ובעיקר** דבר זה יש דעות בין הראשונים, כי הנה בחי׳ רעק״א הביא בשם הר״ן להקל בזה, אף שמכוין לזה, **אך** לכל הדעות מיירי שאינו מרבה בפעולה בשביל זה].

[ט]**סימן שכט ס״א** - [י]**כל פקוח נפש דוחה שבת, והזריז הרי זה משובח.**

אות ד׳ – ה׳ – ו׳

לא הלכו בפקוח נפש אחר הרוב

לא צריכא דפרוש לחצר אחרת

דפרוש מקצתייהו

סימן שכט ס״ב - [יא]**אין הולכים בפקוח נפש אחר הרוב** - לא מבעיא אם באותה חצר שהיו בה ט׳ א״י ואחד ישראל נפל מפולת, דבודאי מפקחין, דכל קבוע כמחצה על מחצה דמי, ואין כאן רוב א״י, אלא אפילו היו ט׳ וכו׳, [גמרא]. **אפילו היו ט׳ עכו״ם וישראל א׳ בחצר, ופירש א׳ מהם לחצר אחרת ונפל עליו שם מפולת, מפקחין, כיון שנשאר קביעות הראשון במקומו, חשבינן ליה כמחצה על מחצה** - וספק נפשות להקל, **ולאו** דוקא פירש אחד, אלא אפילו פירשו רובא, כיון שנשאר קביעות הראשון.

ואע״ג דבעלמא אמרו כל דפריש מרובא פריש, אפילו היכא דהקביעות נשאר במקומו, גבי פיקוח נפש אקילא רחמנא, דכתיב: וחי בהם, ולא שימות בהם, משמע שלא יוכל לבוא בשום ענין לידי מיתת ישראל, [**אך** קצת קשה, א״כ אפי׳ פירש כולהו נמי].

(והריטב״א כתב, דלא אמרינן הכי רק היכי דזה שפירש היה דעתו לחזור לחבורה, **אבל** אם לא היה דעתו לחזור, אמרינן ביה כל דפריש מרובא פריש, **ולא** ראיתי זה בשאר פוסקים).

ועיין באבה״ע סימן ד׳ סל״ד, (עיין בדף פ״ה אות א׳-ב׳-ג׳-ד׳), דתינוק שנמצא בעיר שרובה עו״ג, אין מחללין עליו את השבת, כיון דבכל יום ויום פורשים כולם ממקום קביעותם, אזלינן אחר הרוב, **ורמ״א** בהג״ה פליג שם, וס״ל דמפקחין עליו את הגל, דבני העיר חשיבי כקביעי, ודמיא לדינא דהכא, **ודעת** הגר״א שם לפסוק כהרמ״א, **ואם** נמצא בדרך ורוב העוברים עו״ג, לכו״ע אזלינן בתר רובא.

אבל אם נעקרו כולם - פי׳ שנעקרו להתפזר כל אחד לדרכו ובטלה קביעותם, **ובשעת עקירתן פירש אחד מהם לחצר אחרת ונפל עליו, אין מפקחין עליו; שכיון שנעקר קביעות הראשון ממקומו, אמרינן: כל דפריש מרובא פריש** - אבל אם יצאו תכופים יחד זה אחר זה, כיון דעדיין הם בחבורה אחת, נקרא קבוע ודינו כדמעיקרא.

(הנה המחבר סתם בזה כהרי״ף, {וכפי מה שפירשוהו הר״ן והרה״מ}, והרמב״ם והרא״ש, **ושיטת רש״י** בזה הוא, דכל זה היינו דוקא אם אותן האנשים לא הלכו כולם לאותו חצר השני, **אבל** אם הלכו דרך חצר השני, {אע״פ שלא נתחברו ביחד דלהוי דומה כקביעי, אלא הלך כל אחד לדרכו, ריטב״א בביאור דברי רש״י}, ונפל מפולת על אחד מהן, מפקחין, דמשום חומרא דנפשות דיינינן להו כקביעי, **ותוס׳** שם ביומא מחזיקין ג״כ בשיטת רש״י, אלא דהוסיפו בזה דאפי׳ עברו דרך החצר בזה אחר זה, ובאותו שנפל המפולת כבר עברו רובם או ט׳, ולא נשאר אלא א׳, נמי מפקחין, דכיון דפעם אחת היו באותו חצר, דיינינן להו כקביעי ממש, דאפי׳ לא נשאר אלא אחד לא בטל הקביעות, [יב]**ועיין** בספר תוס׳ יום הכפורים למהר״ם בן חביב ובחכמת אדם שכתבו, שאפשר דגם הרמב״ם וסייעתו לא פליגי על כל זה).

באר הגולה

[ח] יומא שם [ט] ‹ע״פ מהדורת נהרדעא› [י] כל בו [יא] שם בגמרא וכמו שפי׳ הרא״ש וכן פי׳ הר״ן לדברי הרי״ף וכן פי׳ ה״ה לדברי הרמב״ם ‹שם: לא צריכא דפריש חד מינייהו ואזיל לחצר אחרת ונפלה, {משא״כ לרש״י גרסינן: לא צריכא דפרוש לחצר אחרת}, מהו דתימא כל דפריש מרובא פריש ולא מפקחין, קא משמע לן, איני והאמר רב אסי אמר רבי יוחנן, ט׳ גוים ואחד ישראל באותה חצר מפקחין, בחצר אחרת אין מפקחין, לא קשיא הא דפריש כולהו הא דפריש מקצתייהו, **וכתב** הרא״ש: פירוש הא דפריש כולהו מאותה חצר שהיו שם, בשעת עקירתן נכנס אחד מהם לחצר אחרת ונפלה עליו מפולת, אין מפקחין עליו, דכיון שעקרו כולם אין כאן ישראל קבוע, וכל דפריש מרובא פריש, והא דפריש מקצתייהו, שפירש אחד מהם לחצר אחרת ונפלה עליו מפולת, מפקחין, דכיון דנשארו האחרים קבועים במקומם, כמחצה על מחצה דמי וספק נפשות להקל, עכ״ל, וכן פירש הר״ן דברי הרי״ף, וכן פירש הרב המגיד דברי הרמב״ם, **ויש** לרש״י ז״ל גירסא אחרת ופירוש אחר בשמועה זו, וגם הרב המגיד כתב שיש מפרשים שגורסים כן, והאריך בפירוש השמועה לדעתם, ולא ראיתי להאריך בזה, מאחר שהרי״ף והרא״ש והרמב״ם קיימי בחד שיטה, הא ודאי כוותייהו נקטינן – ב״י› [יב] ‹וז״ל: ויראה דלענין דינא רש״י מודה, {לדעת הרא״ש, דהיכא דנעקרו כולם מחצר א׳, ובשעת עקירתם מהחצר שהיו הולכים בעיר, נכנס א׳ מהם לחצר ב׳, ושם נפל עליו מפולת}, דאין מפקחין, דהרי גם לדידיה בכה״ג אין מפקחין, כיון דלא הוחזק ישראל בחצר ב׳, **אך** במה שסובר רש״י, דפרוש כולהו ונכנסו לחצר שניה דרך עראי, ויצאו משם ונשאר אחד, ונפל עליו מפולת, דלדעת רש״י מפקחין, משום דהוחזק בחצר שניה, יש להסתפק אם יודה הרא״ש לרש״י לענין דינא, דמפקחין עליו משום דהוחזק ישראל בחצר ב׳, **ודעתי** נוטה דהרא״ש מודה לרש״י, באופן דלענין דינא הרא״ש מודה לרש״י, **אך** רש״י חולק על הרא״ש כשפירש אחד מחצר אחד והלך לחצר ב׳, ושם נפל עליו מפולת, להרא״ש ז״ל מפקחין, משום דבא מכח קבוע, ולרש״י אין מפקחין, כיון דלא הוחזק ישראל בחצר ב׳, זה נראה לי בכונת רש״י והרא״ש – תוס יום הכפורים›

אות ז'

לייחסו לא

אהע"ע סימן ד סל"ג- האסופי שנמצא בעיר שיש בה עובדי כוכבים וישראלים, בין שהיה רוב עובדי כוכבים או רוב ישראל, הרי זה ספק עובדי כוכבים לענין יוחסין; קידש אשה, צריכה גט מספק. הטבילוהו ב"ד לשם גרות, או שטבל משהגדיל, הרי הוא לענין יוחסין כשאר אסופים הנמצאים בערי ישראל, שאין הטבילה מועלת אלא להוציאו מידי עובדי כוכבים.

§ מסכת יומא דף פה. §

אות א' - ב' - ג' - ד'

ולענין פקוח נפש אינו כן להאכילו נבלות

להחזיר לו אבידת לנזקין

אה"ע סימן ד סל"ד - אם לא טבל ולא הטבילוהו ב"ד, היה רוב העיר עובדי כוכבים, מותר להאכילו מאכלות אסורות; היה רובן ישראל, מחזירים לו אבידתו כישראל; מחצה על מחצה, [א]מצוה להחיותו (פירוש לפרנסו) כישראל, [ב]ומפקחין עליו את הגל בשבת, והרי הוא לענין נזקין ובכל ספק המוציא מחבירו עליו הראייה. הגה: וי"א דאפילו ברוב עודבי כוכבים, מפקחים עליו הגל בשבת, [ג]ואין מצווין להחיותו (פירוש לפרנסו) אלא ברוב ישראל (טור).

אות ה'

דאפילו לחיי שעה

סימן שכט ס"ד - [ד]אפי' מצאוהו מרוצץ, שאינו יכול לחיות אלא לפי שעה, מפקחין - (ואע"ג דלא שייך הכא הטעם "חלל שבת אחת כדי שישמור שבתות הרבה", **דאין** הטעם דדחינן מצוה אחת בשביל הרבה מצות, אלא דחינן כל המצות בשביל חיים של ישראל, וכדיליף מ"וחי בהם", כדכתב הרמב"ם: שאין משפטי התורה נקמה בעולם, אלא רחמים וחסד ושלום בעולם).

(**ולפי"ז** ברור דאפילו קטן מרוצץ נמי מחללין, אעפ"י דלא ישמור שבתות, גם לא יתודה ולא יבוא לכלל גדול, אעפ"כ מחללין, וכן ה"ה חרש ושוטה, אע"ג דאינן בני מצות, מ"מ מחללין עליהם, דהא דלא מקיימי מצוה הוא משום אונסייהו, **דהא** אפילו נהרגין עליהם, דגם הם בכלל "איש כי יכה כל נפש", "כל דהוא נפש", כמו קטן, וגם הם בכלל "לא תעמוד על דם רעך", כשאר ישראל, ובפירוש אמרה תורה "לא תקלל חרש", ומלקין עליהן, ומלקות נמי ממיני מיתה הם. **וה"ה** גוסס נמי מחללין עליו בפקוח הגל, או אם רופא אומר שסממנים אלו יועילו לו להאריך רגעי חייו, דהא מרוצץ נמי גוסס הוא, וגרע מגוסס, דליכא בזה אפילו מיעוטי דמיעוט, אעפ"כ משום חיי שעה מחללין עליו, וכמו כן גוסס. **וראיתי** בפמ"ג שכתב, דמי שהיה חייב מיתת ב"ד ונפל עליו הגל, דמפקחין עליו, דהלא אין ממיתין אותו בשבת, וחיי שעה יש עכ"פ, ולענ"ד לא נהירא כלל, דהתורה חסה על חיי שעה, היינו למי שחסה על חיים שלו, לאפוקי בזה דגברא קטילא הוא מחמת רשעתו, ולא עדיף מרועי בהמה דקה, דקי"ל דאין מעלין אותו מן הבור).

אות ו'

שמעתי שמצילין את המת מפני הדליקה

סימן שיא ס"א - [ה]מת שמוטל במקום שירא עליו מפני הדליקה, אם יש ככר או תינוק, מטלטלו על ידיהם - וה"ה שאר חפץ שמותר לטלטל, והיינו שמניח עליו או אצלו ומטלטלו עמו, ולא מינכר כ"כ טלטול המוקצה, אף שגם המת הוא מוקצה, מפני שמטלטל שניהם כאחד, **ולא** התירו ע"י עצה זו דככר או תינוק אלא למת בלבד מפני בזיון המת, אבל לא בשאר דבר מוקצה כאבן וכיו"ב, וכמ"ש לקמן בס"ה. **והטעם** שהצריכו לכל זה, ולא התירו לטלטלו להדיא כמו שמסיים לבסוף, משום דכל מה שאפשר למעבד בקצת היתר טפי עדיף.

ואם אין לו ככר או תינוק, [ו]אם יש לו שתי מטות, מטלטלו ע"י שיהפכנו ממטה למטה, דהוי טלטול מן הצד; [ז]ואם אין לו לא זה ולא זה, מטלטלו טלטול גמור.

אות ז'

עד חוטמו

סימן שכט ס"ד - [ח]ובודקים עד חוטמו; אם לא הרגישו בחוטמו חיות, אז ודאי מת - דכתיב: כל אשר נשמת רוח חיים באפיו, משמע דהרות חיים תלוי באפיו. **לא שנא פגעו בראשו תחלה, לא שנא פגעו ברגליו תחלה** - דלא נימא דכיון שאין אנו מרגישין חיות בלבו, בודאי מת ולא יפקח הגל יותר, קמ"ל דגם בזה צריך לבדוק עד חוטמו.

באר הגולה

[א] ‹יש לתמוה על רבינו, היאך כתב דמחצה על מחצה מצוה להחיותו, דהא לא אמרו כן בגמ' אלא ברוב ישראל, **ונ"ל** שטעמו של רבינו משום דקשיא ליה כי בעי אם רוב ישראל ישראל למאי הלכתא, נימא להחיותו, אלא ודאי משום דמשמע ליה דאפי' במחצה על מחצה מצווים להחיותו, ומש"ה בעי אם רוב ישראל ישראל למאי הלכתא, דאי להחיותו מאי איריא רוב ישראל אפילו מחצה על מחצה נמי, וכבר הרגישו התוס' בקושיא זו וישבוה לפי דרכם, וגם בדברי רש"י נרמזה, ורבינו לא נראו לו דבריהם, **ולפי"ז** כי אמר רב לא שנו אלא להחיותו, בין לרוב ישראל בין למחצה על מחצה קאי, וברוב ישראל אשמעינן דליוחסין לא, ובמחצה על מחצה אשמעינן דמצווין להחיותו - כסף משנה› [ב] ‹אכתוב בקיצור מה שעולה ממגיד וכסף משנה, ולפי תשובת הרמב"ם לחכמי לונ"ל, לפי אוקימתא ביומא דף פ"ד, ומחלק שם בענין פקוח נפש בין פרשו כולו לבין פרשו מקצתו, **ה"פ** לרמב"ם, פרשו כולו ממקום קביעות, ובעת שניידו פירש א' ונפל עליו מפולת, אז הולכים אחר הרוב, אבל אם פירש א' ממקום קביעות, אין הולכים אחר הרוב בפקוח נפש, אע"ג דלענין איסור קי"ל בנמצא אזלינן אחר הרוב. **וכאן** התינוק הנמצא, מסתמא האנשים שבעיר ניידו, והוי כאלו ניידו כלם ופירש א' מהם, מש"ה הולכים אחר הרוב, וכשיש רוב כותים אין מפקחים הגל, ואין להחיותו, אבל מחצה על מחצה מפקחים הגל, ואז מצווין להחיותו, כי ס"ל דין מצוה להחיותו שוה לפקח הגל, וכן ס"ל לרש"י ביומא שם, **והנה** באו"ח סי' שכ"ט פסק המחבר כפי' הרמב"ם, בניידו ופירש א' מהם אין מפקחים הגל, **וכאן** הביא בהג"ה דעת החולקים, היינו משום אפי' לפי' הרמב"ם אין מוכרח הסברא דבני העיר חשובים כניידו, והוי כאלו פירש א' ממקום קביעותו, **וכל** זה איירי כשנמצא בעיר, אבל אם נמצא בבית, הוי מקום קבוע ומפקחין כמ"ש בתוס' שם - בית שמואל. **ועיין** בסי' שכ"ט ס"ב ובמ"ב שם, והובא לעיל דף פד: אות ד'-ה'-ו'› [ג] ‹עיין ברש"י ותוס' ביומא שם כתבו, כל שמפקחין עליו הגל מכ"ש דמצווין עליו להחיותו - בית שמואל› [ד] **שם בגמרא פרק יוה"כ פ"ה. וכן פסק הרמב"ם** [ה] **שבת מ"ג** [ו] **שם וכרבי יהודה בן לקיש** ‹דאיתא התם: אלא לאו בטלטול מן הצד פליגי... דכו"ע טלטול מן הצד שמיה טלטול, והיינו טעמא דרבי יהודה בן לקיש: דמתוך שאדם בהול על מתו אי לא שרית ליה אתי לכבויי› [ז] **נראה מדברי רש"י שם ומדברי רמב"ם והר"ן והרא"ש** [ח] **שם בגמרא ברייתא וכי"א** ‹לפי גירסת ר"ח והרי"ף והרא"ש, ודלא כגירסא שלנו בגמרא› **וכן פסק הרמב"ם**

מסורת הש"ס

עין משפט נר מצוה

פא א ב ג ד מיי' פט"ו מהל' איסורי ביאה הל' כו טוש"ע אה"ע סי' ד' סעיף לד:

פב ה מיי' פ"ב מהלכות שבת הלכה יח סמג לאוין סה טוש"ע או"ח סי' שכט סעיף ד:

פג ו מיי' שם הל' כ סמג לאוין סה טוש"ע או"ח סי' שכט סעיף א:

פד ז מיי' פ"ב מהלכות שבת הל"ט טוש"ע או"ח סי' שכט סעיף ד:

ושמואל אמר לפקח עליו את הגל כי איתמר דשמואל ארישא איתמר אם רוב כותיים כותי אמר שמואל ולענין פקוח נפש אינו כן אם רוב כותיים כותי למאי הילכתא אמר רב פפא להאכילו נבלות אם רוב ישראל ישראל למאי הילכתא להחזיר לו אבידתו מחצה על מחצה ישראל למאי הילכתא אמר ריש לקיש לנזקין היכי דמי אי נימא דנגחיה תורא דידן לתורא דידיה נייתי ראיה ונשקול לא צריכא דנגחיה תורא דידיה לתורא דידן פלגא נימא ליה איתי ראיה דלאו ישראל אנא ושקול: מי שנפל עליו מפולת וכו': מאי קאמר לא מיבעיא קאמר לא מיבעיא ספק הוא שם ספק אינו שם דאי איתיה חי הוא דמפקחין אלא אפילו ספק חי ספק מת מפקחין ולא מיבעיא ספק חי ספק מת דישראל אלא אפילו ספק כותי ספק ישראל מפקחין: מצאוהו חי מפקחין: מצאוהו חי פשיטא לא צריכא דאפי' לחיי שעה: ואם מת יניחוהו: הא נמי פשיטא לא צריכא (א) לר' יהודה בן לקיש דתניא *אין מצילין את המת מפני הדליקה אמר רבי יהודה בן לקיש שמעתי שמצילין את המת מפני הדליקה ואפילו רבי יהודה בן לקיש לא קאמר אלא *מתוך שאדם בהול על מתו אי לא שרית ליה אתי לכבויי אבל הכא אי לא שרית ליה מאי אית ליה למעבד תנו רבנן עד היכן הוא בודק עד חוטמו ויש אומרים עד לבו בדק ומצא עליונים מתים לא יאמר כבר מתו התחתונים מעשה היה ומצאו עליונים מתים ותחתונים חיים נימא הני תנאי כי הני תנאי דתניא *מהיכן הולד נוצר מראשו שנאמר °ממעי אמי אתה גוזי ואומר °גזי נזרך והשליכי אבא שאול אומר מטיבורו ומשלח שרשיו אילך ואילך אפילו תימא אבא שאול עד כאן לא קא אמר אבא שאול התם אלא לענין יצירה דכל מידי ממציעתיה מיתצר אבל לענין פקוח נפש אפי' אבא שאול מודי דעיקר חיותא באפיה הוא דכתיב °כל אשר נשמת רוח חיים באפיו אמר רב פפא מחלוקת ממטה למעלה אבל ממעלה למטה כיון דבדק ליה עד חוטמו שוב אינו צריך דכתיב כל אשר נשמת רוח חיים באפיו *וכבר היה ר' ישמעאל ורבי עקיבא ורבי אלעזר בן עזריה מהלכין בדרך ולוי *הסדר ורבי ישמעאל בנו של רבי אלעזר בן עזריה מהלכין אחריהן נשאלה שאלה זו בפניהם מניין לפקוח נפש שדוחה את השבת נענה ר' ישמעאל ואמר °אם במחתרת ימצא הגנב ומה זה שספק על ממון בא ספק על נפשות בא *ושפיכות דמים מטמא את הארץ וגורם לשכינה שתסתלק מישראל ניתן להצילו בנפשו ק"ו לפקוח נפש שדוחה את השבת נענה ר"ע ואמר °וכי יזיד איש על רעהו וגו' מעם מזבחי תקחנו למות מעם מזבחי ולא מעל מזבחי ואמר רבה בר בר חנה אמר רבי יוחנן לא שנו אלא להמית אבל

רש"י

ושמואל אמר לפקח עליו את הגל. קאמר דאם רוב ישראל (ג) אבל במחצה על מחצה לא וכ"ש ברוב כותים: **אינו כן.** דאמר אפילו ברוב כותים מפקחין: **למאי הילכתא.** הוי כותי אליבא דשמואל כיון דאמר מפקחין עליו כל שכן דמלוה להחיותו ולמאי הילכתא הוי כותי: **להאכילו נבילות.** עד שיגדל ויקבל עליו גירות: **אם רוב ישראל ישראל למאי הילכתא.** הוי ישראל ברוב ישראל טפי ממחצה על מחצה (ג) אי שלא להאכילו נבילות במחצה על מחצה לא ספינן ליה: **לנזקין.** שור של ישראל שנגח של כותי פטור ושור של כותי שנגח של ישראל בין תם בין מועד משלם נזק שלם ושל ישראל שנגח של ישראל תם משלם חצי נזק מועד משלם נזק שלם: **אי נימא דנגחיה תורא דידן לתורא דידיה.** וקאמרינן דמחייבינן ליה לשלומי: **נייתי ראיה.** דישראל הוא ונשקול וכל זמן שלא טבל בבית דין לשם גירות לא מצינן (ד) לישראל לחיובי לשלומי: **פלגא.** משלם כישראל אידך פלגא ספק הוא וזה הוציאו נזק שלם כדין כותי אמר ליה אייתי ראיה דלאו ישראל אנא ושקול: **מאי קאמר.** כל הני ספיקי דקתני מאי אתא לאשמועינן: **שמצילין את המת.** לחצר המעורבת דליכא איסור אלא טלטול: **אבל הכא.** כי לא שרית ליה לפקוחי מאי אית ליה למיעבד דתיהוי איסורא דאורייתא דנשרי הא מקמי הך: **עד היכן הוא בודק.** אם דומה למת שאינו מזיז איבריו עד היכן הוא מפקח לדעת האמת: **עד חוטמו.** ואם אין חיות בחוטמו שאינו מוציא רוח ודאי מת ויניחוהו: **הכי גרסינן אמר רב פפא מחלוקת מלמטה למעלה.** מחלוקת דהנך תנאי דמר אמר עד לבו ומר אמר עד חוטמו מלמטה למעלה שמגלהו דרך מרגלותיו תחלה ובודק והולך כלפי ראשו דמר אמר עד לבו לבדוק אם יש בו חיות שנשמתו דופקת שם ומר אמר עד חוטמו דזימנין דאין חיות ניכר בלבו וניכר בחוטמו: (ה) **גוי נזרך.** וגזר הוא שער הראש: **אפילו תימא אבא שאול.** כמי סבירא ליה עד חוטמו: **ולוי הסדר.** שלא פורש לי מהו: **ושפיכות דמים.** שהותר לבעל בית לשפוך דמו של זה להצלת ספק נפשו עבירה חמורה היא שמטמאת את הארץ כדכתיב (במדבר לה) ולא תטמא את הארץ גבי פרשת רוצחין: **וגורם לשכינה שתסתלק.** כדכתיב (שם) אשר אני שוכן בתוכה הא אם תטמאו איני שוכן וגבי רוצח כתיב: **מעם מזבחי.** אם כהן הוא שבא לעבוד עבודה: **ולא מעל מזבחי.** °אם התחיל בעבודה אין מפסיק לבא לידון אלא משלים עבודתו: אבל

תוספות

ולפקח הגל אינו כן. אומר ר"י דהיינו טעמא דאין הולכין בפקוח נפש אחר הרוב משום דכתיב (ויקרא יח) וחי בהם ולא שימות בהם שלא יוכל לבוא בשום ענין לידי מיתת ישראל: **להאכילו נבילות.** לא הוה מצי למימר שלא להחיותו משום דאפילו מחצה על מחצה אינו חייב להחיותו דדוקא ברוב ישראל אמרינן לא שנו אלא להחיותו: **להחזיר לו אבידתו.** הא דלא קאמר להחיותו כדקאמר רב לעיל פירש רש"י דלשמואל איצטריך דסבירא ליה דאפילו לפקח את הגל בשבת אין הולכין אחר הרוב כל שכן להחיותו ואע"ג דסבירא ליה לשמואל (ב"ב דף נב:) אין הולכין בממון אחר הרוב הני מילי היכא דאתי לידיה ברשות בעלים כמו מוכר שור לחבירו ונמצא נגחן אבל הכא דלא אתא לידיה ברשות בעלים אזלינן בתר רובא *ובכתובות סוף פ"ק (דף טו:) פירש דרבותא נקט אפילו להחזיר לו אבידה דאיכא עבירה גדולה כדאמרי' (סנהדרין דף עו:) המחזיר אבידה לכותי עליו הכתוב אומר למען ספות הרוה את הצמאה וגו' ואפי' הכי מחזירין היכא דאיכא רוב ישראל וכל שכן להחיותו דליכא עבירה כולי האי דמפרנסין עניי כותים עם עניי ישראל מפני דרכי שלום [גיטין סא.]: **להחזיר** לו אבידה. אבל מחצה על מחצה לא דאמר ליה אייתי ראיה דישראל את ואחזיר לך: **לא** צריכא דנגחיה תורא דידיה לתורא דידן. תימה לי דהוה מצי למימר כולהו לנזקין אם רוב ישראל דנגחיה תורא דידן לתורא דידיה מחצה על מחצה ישראל דנגחיה תורא דידיה לתורא דידן ולא משלם אלא פלגא אם רוב כותים כותי משלם נזק שלם אלא ניחא למימר חידוש בכל חד: **אבא** שאול אומר מטיבורו. הקשה רבינו תם דבפרק המפלת (נדה דף כה.) תניא איזהו שפיר מרוקם אבא שאול אומר תחילת בריתו מראשו ועוד הקשה דהא התם משמע דלא איירי אלא בגודל האיברים וכקוטן כדקא מסיים עלה שתי עיניו כשני טיפין של זבוב וכו' להכי גרס ר"ת תחילת בריתו כרשון פירוש יום שנגמר תחילת צורתו הוי כל גופו גדול כסלעם כדמתרגמינן רשונא וכן פירש בערוך [ערך רשון]:

רבינו חננאל

[כמה]. איכא [פלוגתא] באמוראין חד אמר עד חוטמו וחד אמר עד טבורו. אמר שמואל לא הילכו בפקוח נפש אחר הרוב כו' הא דרב *) דאמר את הגל כו' כבר פירשנוהו **) בבבא קמא: מי שנפלה עליו מפולת ספק הוא שם ספק אינו שם ספק חי ספק מת ספק כותי ספק ישראל מפקחין עליו. מצאוהו חי מפקחין עליו מצאוהו מת יניחוהו. אוקימנא אפי' לר' יהודה בן לקיש דאמר שמעתי שמצילין את המת מפני הדליקה הכא מודה שאם מצאו (חי) [מת] יניחוהו ופשוטה היא: ת"ר עד היכן בודק עד טבורו. וי"א עד חוטמו. בדק ומצא עליונים מתים לא יאמר שכבר מתו תחתונים. מעשה היה ובדקו ומצאו עליונים מתים ותחתונים חיים. אמר רב פפא מחלוקת כשבדק ממטה למעלה. שלא יאמר כיון שאין חיותא בטבורו כבר מת אלא צריך לבדוק עד חוטמו אבל אם בדק מלמעלה למטה כיון שבדק בחוטמו ואין לו חיותא תוב לא צריך שנאמר כל אשר נשמת רוח חיים באפיו. מניין לפיקוח נפש שדוחה את השבת כו'.

*) אולי צ"ל הא דרב דאמר לא שנו אלא כו' ודשמואל דאמר לפקח עליו את הגל כבר פירשנוהו וכו'.

**) אולי צ"ל בפ"ק דכתובות דף טו.

[כערוך ערך סרד ר' איתא ולוי הסרד פי' גאון יש אומרים שהי' עושה כנגדי סרד לפיכך נקרא סרד או שהיה עושה כלי סרד כגון מצודות]

תוספות ישנים

אמר רב פפא להאכילו נבילות. וה"ג הוה מצי למינקט א) לענין להחיותו אי במחצה על מחצה מצוה להחיותו אבל גבי רוב ישראל לא הוה מצי למינקט להחיותו כיון דאפילו במחצה על מחצה חייב להחיותו אם כן לא היה זה שום חידוש ואם נאמר דבמחצה על מחצה אינו חייב להחיותו הוה מצי למימר על רוב ישראל דחייב להחיותו אלא רבותא נקט דאפילו להחזיר לו אבידה שיש בכותים עבירה כמו שפירשנו בסנהדרין (דף עו:) לא יאבה ה' סלוח לו זה המחזיר אבידה לכותי אפילו הכי אם רוב ישראל כישראל אבל להחיותו אין כל כך עבירה ב) כדתנן בגיטין (דף סא.) מפרנסין עניי נכרים עם עניי ישראל וכן נראה לרבי שאין צריך להחיותו כיון דליכא פקוח נפש אלא ברוב ישראל ובשמא אתי שפיר דלא הוי מצי למינקט במחצה על מחצה כדי להחיותו ורב דאמר לעיל לא שנו אלא להחיותו ארוב ישראל קאי והכי נמי הוה מצי למינקט במחצה על מחצה כדי להחיותו כרב דאמר לעיל לא שנו כו' אלא [illegible] החזרת אבידה שהיא חידוש יותר כדפרישית: לא נצרכה אלא לחיי שעה. והא דאמר בפרק אין מעמידין דמס' ע"ז (דף כז:) דלחיי שעה לא חיישינן פי' ומתרפא מן הכותי ואע"פ שיש לחוש שמא ימית אותו לאחר [illegible] בהם לנעותנו כי כאן מפקחין כדי להחיותו ושם מרפאין אותו אולי יחיה: מתוך שאדם בהול על מתו אי לא שרית ליה אתי לכבויי. ולא דמי לממון דאמר בפרק כל כתבי (שבת קיז:) מתוך שאדם בהול על ממונו אי [illegible] ליה אתי לכבויי דהתם כיון שאינו טרוד להציל (לא יבא לכבות) לא יבא לחלל שבת בשביל ממונו אבל כשטרוד בהצלה אז יבא לחלל שבת אבל במת הוי איסורא [illegible] לא הוי טרוד [illegible] מ"ר:

הגהות הב"ח

(א) גמ' לא צריכא אלא לר' יהודה בן לקיש: (ב) רש"י ד"ה ושמואל וכו' דאם רוב ישראל אבל: (ג) ד"ה אם רוב וכו' על מחצה לאו שלא להאכילו וכו' על מחצה נמי לא ספינן: (ד) ד"ה נייתי וכו' לשם גירות לא מצינן לחיוביה לישראל לשלומי: (ה) ד"ה גוי נזרך וד"ה אפילו תימא נ"ל קודם ד"ה הכי גרסינן:

גליון הש"ס

רש"י ד"ה ולוי הסדר. לא פורש לי. עי' ברכות כה: רש"י ד"ה מאן שמעת ליה וש"נ: שם ד"ה ולא מעל מזבחי אם התחיל בעבודה. עי' ברש"י מכות יב. ד"ה עשה יואב וצ"ע:

א) לענין שלא להחיותו במחצה וכו' וה"ג הוי"מ למינקט ברוב ישראל כדי להחיותו אלא נקט החזרת אבידה שהוא חידוש יותר כדפרי' כצ"ל עיין ש"י: ב) צ"ל כדפנית:

עין משפט נר מצוה

פה א מיי' פ"א מהלכות תשובה הלכה ג:
פו ב ג מיי' שם פ"ד הלכה א:
פז ד ה מיי' שם פ"ב הלכה ט:
פח ו מיי' פ"ג מהלכות שגגות הלכה ט:
[ועי' תוס' שבועות יג. ד"ה בעומד]

עם התשובה אין בפני עצמה לא נימא דלא כרבי. קימה לי דהוה מצי לשנויי מיתה ויוה"כ מכפרים עם התשובה על כל עבירות שבתורה אבל בלא תשובה יש עבירות שאין מכפרות עליהן כגון פורק עול ומגלה פנים ומיפר ברית ויש לומר דשפיר טפי משני אי נמי י"ל דומיא דסיפא דקתני ועל החמורות הוא תולה עד שיבא יוה"כ ויכפר דהיא בכל עבירה איירי דאינה מכפרת בלא יוה"כ לרבי *: **חוץ** מפורק עול. בסוף פ"ק דשבועות (דף יג.) נפקא ליה מקרא כי דבר ה' בזה זה הפורק עול ומגלה פנים בתורה ואת מצותו הפר זה המפר ברית בשר הכרת תכרת הכרת לפני יום הכפורים תכרת לאחר יוה"כ יכול אפילו עשה תשובה ת"ל עונה בה לא אמרתי אלא בזמן שעונה בה והקשה הרב רבי יעקב מאורלינ"ש ז"ל אמאי

אבל להחיות אפילו מעל מזבחי ומה זה שספק יש ממש בדבריו ספק אין ממש בדבריו ועבודה דוחה שבת קל וחומר לפקוח נפש שדוחה את השבת נענה רבי אלעזר ואמר ומה *מילה שהיא אחד ממאתים וארבעים ושמונה איברים שבאדם דוחה את השבת קל וחומר לכל גופו שדוחה את השבת רבי יוסי בר' יהודה אומר °את שבתותי תשמורו יכול לכל ת"ל *אך חלק רבי יונתן בן יוסף אומר °כי קודש היא לכם היא מסורה בידכם ולא אתם מסורים בידה ר' שמעון בן מנסיא אומר °ושמרו בני ישראל את השבת *אמרה תורה חלל עליו שבת אחת כדי שישמור שבתות הרבה א"ר יהודה אמר שמואל אי הואי התם הוה אמינא דידי עדיפא מדידהו *°וחי בהם ולא שימות בהם אמר רבא *לכולהו אית להו פירכא בר מדשמואל דלית ליה פירכא דר' ישמעאל דילמא כדרבא *דאמר רבא מאי טעמא דמחתרת חזקה אין אדם מעמיד עצמו על ממונו והאי מידע ידע דקאי לאפיה ואמר אי קאי לאפאי קטילנא ליה והתורה אמרה בא להרגך השכם להרגו ואשכחן ודאי ספק מנלן דר' עקיבא נמי דילמא כדאביי דאמר אביי *מסרינן ליה זוגא דרבנן לידע אם (א) ממש בדבריו ואשכחן ודאי ספק מנא לן וכולהו אשכחן ודאי ספק מנא לן ודשמואל (ב) ודאי לית ליה פירכא אמר רבינא ואיתימא רב נחמן בר יצחק *טבא חדא פלפלתא חריפא ממלא צנא דקרי: **מתני'** *חטאת ואשם ודאי מכפרין °מיתה ויוה"כ מכפרין עם התשובה התשובה מכפרת על עבירות קלות על עשה ועל לא תעשה ועל החמורות *הוא תולה עד שיבא יוה"כ ויכפר °האומר אחטא ואשוב אחטא ואשוב אין מספיקין בידו לעשות תשובה °אחטא ויוה"כ מכפר אין יוה"כ מכפר °עבירות שבין אדם למקום יוה"כ מכפר °עבירות שבין אדם לחבירו אין יוה"כ מכפר עד שירצה את חבירו *דרש ר' אלעזר בן עזריה °מכל חטאתיכם לפני ה' תטהרו עבירות שבין אדם למקום יוה"כ מכפר עבירות שבין אדם לחבירו אין יוה"כ מכפר עד שירצה את חבירו אמר רבי עקיבא אשריכם ישראל לפני מי אתם מטהרין *מי מטהר אתכם אביכם שבשמים שנאמר °וזרקתי עליכם מים טהורים וטהרתם ואומר °מקוה ישראל (*ה') מה מקוה מטהר את הטמאים אף הקב"ה מטהר את ישראל: **גמ'** אשם ודאי אין אשם תלוי לא והא כפרה כתיבא ביה הנך מכפרי כפרה גמורה אשם תלוי אינו מכפר כפרה גמורה אי נמי הנך אין אחר מכפר כפרתן אשם תלוי אחר מכפר כפרתן דתנן *חייבי חטאות ואשמות ודאין שעבר עליהן יוה"כ חייבין אשמות תלוין פטורין: מיתה ויוה"כ מכפרין עם התשובה: עם התשובה אין בפני עצמן לא נימא דלא כרבי דתניא *) רבי אומר על כל עבירות שבתורה בין עשה תשובה בין לא עשה תשובה יום הכפורים מכפר חוץ (*מפורק עול) ומגלה פנים בתורה ומיפר ברית בשר שאם עשה תשובה יוה"כ מכפר ואם לא עשה תשובה אין יוה"כ מכפר אפילו תימא רבי תשובה בעיא יוה"כ יוה"כ לא בעיא תשובה: תשובה מכפרת על עבירות קלות על עשה ועל לא תעשה: השתא על לא תעשה מכפרת על עשה מיבעיא אמר רב יהודה הכי קאמר על עשה ועל לא תעשה שניתק לעשה ועל לא תעשה גמור לא ורמינהו *אלו הן קלות עשה ולא תעשה

חוץ

*) [לקמן פו.] שבועות יג. כריתות ז.

אבל להחיות. כגון שיודע ללמד זכות על אדם שנדון בב"ד ליהרג: **ועבודה.** תמורה שדוחה את השבת מפסיקה להצלת נפש: **ומה מילה.** שהיא תיקון אחד מאיבריו של אדם דוחה את השבת לפי שחייבין עליה כרת לאחר זמן כך שנויה בתוספתא דשבת:(ג) **יכול לכל.** אפי' לפיקוח נפש: **ושמרו בני ישראל את השבת.** כדי לעשות שבתות אחרות יזהרו בשבת זו בקיום שמירת שבתות הרבה: **אין אדם מעמיד את עצמו.** מלהציל את ממונו מיד גנב והאי גנב דאתי במחתרת מידע ידע דקאי בעל הבית באפיה ואדעתא דהכי אתא דמימר אמר כי קאי לאפאי קטילנא ליה ואין זה ספק נפשות אלא ודאי נפשות והתורה אמרה לו כאן אחרי שבא להורגך השכם להורגו: **דאמר אביי.** בסנהדרין (דף מג.) על היוצא ליסקל ואמר יש לי זכות ללמד על עצמי דקתני התם מחזירין אותו אפילו ארבע וחמש פעמים ובלבד שיהא ממש בדבריו והוינן בה מנא ידעי ואמר אביי מסרינן ליה זוגא דרבנן שמלוין אותו עד בית הסקילה ואם אמר יש לי ללמד זכות על עצמי ישמעו אלו אם יש ממש בדבריו אם לאו והכי נמי גבי כהן העובד איכא למימר נמי דהכי עבדי ליה: **ואשכחן.** מהכא דאודאי פיקוח נפש מחללין אבל ספק לא שמעינן מינה וכולהו נמי כגון אך חלק איכא למימר דודאי פיקוח נפש קא ממעט ולא ספק וכן ולא אתם מסורין בידה למות (ד) ודאי וכן חלל עליו כדי שישמור ודאי שבתות הרבה: **דשמואל לית ליה פירכא.** אשר יעשה האדם המצות שיחיה בהם ודאי ולא שיבא בעשייתה לידי ספק מיתה אלמא מחללין על הספק: **חדא פלפלתא.** גרעין אחד: **מתני' חטאת ואשם ודאי.** הם אשם גזילות ומעילות ויש אשם שהוא תלוי הבא על שגגת ספק כרת ובגמ' פריך והא ביה נמי כפרה כתיבא: **חטאת ואשם ודאי מכפרין.** ומסתמא תשובה איכא שאם לא היה מתחרט לא היה מביא קרבן (ה): **גמ' הא כפרה כתיב ביה.** וכפר עליו הכהן על שגגתו אשר שגג (ויקרא ה) באשם תלוי כתיב: **אשם תלוי אינו מכפר כפרה גמורה.** אלא תולה להגן עליו מן היסורין עד שיודע לו שודאי חטא ויביא חטאת הכי ילפי' לה בכריתות (דף כו:): **פטורין.** דיום הכפורים מכפר עליהן וטעמא מפרש בכריתות (דף כה:): **חוץ מפורק עול.** כופר בהקב"ה: **מגלה פנים בתורה.** דורש את התורה לגנאי כגון מנשה *שהיה דורש באגדות של דופי לא היה לו משה לכתוב אלא ותמנע היתה פלגש וגו': **ומיפר ברית בשר.** מילה ובמסכת שבועות* יליף לה מקראי:

חוץ

מסורת הש"ס

שבת קלג. | [פסחים ס. וש"נ] | [שבת קנא:] | [חגיגה י: וש"נ] | סנהדרין עג. | [סנהדרין מג.] | חגיגה י. מגילה ז. | [סנהדרין לט.] | דף יג. | סנהדרין עד. ע"ז כז: כח. | [ג"ל א"ש תשובה תולה] | [נ"ל את זו דרש וכן א' במשנה שבמשניות] | גי' ירושלמי ומי | [בקרא וכן במשנה שבמשניות ליה' וע' תי"ט] בירמיה י"ד כתוב בלא מלת ה' אולם שם יז כתוב מלת ה' כמו שהוא לפנינו וכ"ה בירושלמי וברי"ף ובע"י | [בשאלות פרש' הברכה סימן קסז איתא מהלועג על חבירו] | [שבועו' לט. תוספת' פ"ד]

הגהות הב"ח

(א) גמ' זוגא דרבנן לידע אם יש ממש בדבריו: (ב) שם ודשמואל לית ליה פירכא כצ"ל ותיבת ודאי נמחק: (ג) רש"י ד"ה ומה מילה וכו' בתוספתא דשבת בס' ט"ו: (ד) רש"י ד"ה ואשכחן כו' מסורין בידה למות וכן חלל עליו כצ"ל ותיבת ודאי נמחק: (ה) ד"ה חטאת כו' מביא קרבן הס"ד ואח"כ מה"ד מכל חטאתיכם לפני ה' תטהרו ולא חטאתיכם שבין זה לזה:

רבינו חננאל

אסיקנא כשמואל דאמר אשר יעשה אותם האדם וחי ולא שימות בהן. מניין *) לפקוח נפש שהיא אחד מאבריו כו'. פי' מצאנו שהמל התינוק מצילו מן המיתה. מאליעזר בנו של משה רבינו שנא' ויהי בדרך במלון ויפגשהו ה' ויבקש המיתו. ויבקש המיתו לתינוק מפני שנתעצלה אמו ולא מלה אותו וכיון שהרגישה מלה אותו וקראתו חתן דמים. והצילו מן המיתה שנא' וירף ממנו. פי' וירף חולי המות מאתו מן התינוק. אז אמרה חתן דמים אתה לי בדמי המילה.* ואמרינן תו למולו ואפי' בשבת כדי לפדותו מן המיתה וכתיב וערל זכר אשר לא ימול את בשר ערלתו ונכרתה מלמד שהקטן נתפש בעון האב והגדול בעון עצמו ושניהם בחיוב מיתה. זה טעם של ר' אלעזר בן עזריה: **מתני'** ואשם ודאי מכפרין אבל אשם תלוי אע"ג דכתיבא ביה כפרה אינו מכפר כפרה גמורה דלכי מתידע ליה בעי איתויי קרבן אחר. אי נמי כדתנן חייבי חטאות ואשמות ודאין שעבר עליהן יוה"כ חייבין. חייבי אשמות תלוין פטורין. מיתה ויוה"כ מכפרין עם התשובה מתניתא דלא כרבי דתניא רבי אומר כל עבירות שבתורה בין עשה תשובה בין לא עשה תשובה יוה"כ מכפר חוץ מפורק עול והמגלה פנים בתורה והמפר בריתו של אאע"ה שאם עשה תשובה יוה"כ מכפר. ואם לא אין יוה"כ מכפר. ושנינן אפי' תימא רבי הכי קתני תשובה צריכא יוה"כ. אבל יוה"כ מכפר אפי' בלא תשובה. כדתנן תשובה מכפרת על עבירות קלות

*) נראה דצ"ל מנין לפיקוח נפש שדוחה את השבת ומה מילה שהוא אחד מאבריו וכו'.

*) ואמרה תורה כצ"ל.

תוספות ישנים

תשובה בעיא יום הכפורים יוה"כ לא בעי תשובה. ואם תאמר הכא משמע דיום הכפורים עיקר ואפילו הכי קאמר עם תשובה וקשה מכאן על מה שרגיל רבינו יעקב לומר דתלמוד תורה טפל לגבי דרך ארץ מדקתני (באבות פ"ב מ"ב) יפה תלמוד תורה עם דרך ארץ אלמא דרך ארץ עיקר כדדייקינן ביבמות פרק החולץ (דף לח:) גבי שומרת יבם שנפלו לה נכסים דיורשי האב עיקר ומיירי בנכסי מלוג מדקתני יחלוקו יורשי בעל עם יורשי האב אלמא יורשי האב עיקר ואילו הכא קאמר עם התשובה אע"פ שאינה עיקר א] וי"ל דהכי קאמר עם התשובה שעשה כבר צריך יוה"כ ואינו בא לומר שצריך שניהם אי נמי משום מיתה דבהדיא תנא עם התשובה דתשובה עיקר גבי מיתה ועוד יש לומר דלרבי נמי צריך תשובה לכפרה גמורה אע"ג דמהני יום הכפורים למעט מכלת מ"מ כפרה גמורה בלא תשובה ליכא דאל"כ למה חרב הבית בשביל עונותינו כיון שיום הכפורים מכפר חוץ *דברים דפורק עול וכו' ועוד מקשי' על פירוש ר"ת מדכתיב ראה חיים עם אשה וגו' וחיים עיקר וי"ל ים דקרא הכי דרשינן ליה בפרק קמא דקדושין (דף ל:) שאין זה אלא אומנות והכי קאמר כשם שחייב להשיאו אשה כך חייב אביו ללמדו אומנות ואי תורה היא [כשם שחייב ללמדו תורה כך חייב ללמדו אומנות] א"כ א) הוה עיקר החיים דאין זה אלא אומנות. מ"ר. אבל לא היה נראה לה"ר אלחנן לומר כי תורה אינה עיקר דהא קאמר בתר הכי וכל תורה שאין עמה מלאכה אדרבה חידוק איפכא מכתרייתא ואמרי' נמי בפרק כיצד מברכין (דף לה:) ראשונים עשו תורתן קבע ומלאכתן עראי כו' ותנן (אבות פ"ו מ"ח) במ"ח דברים תורה נקנית במיעוט דרך ארץ כו' והא דיוקא דהחולץ אינו ראיה דלא דייק אלא מדתני יחלוקו יורשי הבעל עם יורשי האב ולא קתני יחלוקו סתמא דייקינן מדקא תאני בלשונו לשנות יחלוקו יורשי הבעל עם יורשי האב ש"מ דיורשי האב הוו עיקר ולא ידעתי מנ"ל דהא אם היה מאריך בלשונו יחלוקו יורשי הבעל ויורשי האב לא הוה דייקינן מידי וא"כ על כרחין מלשון עם דייק ולי נראה כי היה לו לומר יחלוקו יורשי הבעל ויורשי האב ועם ייתור לשון הוא לדקדק כן אבל כי תני יפה תלמוד תורה עם דרך ארץ (דהוה משמע) אין זה ייתור לשון כי לא היה לו לשנות יפה תלמוד תורה ודרך ארץ דהוה משמע או זה או זה קאמר וכן נראה עיקר:

ציון מהר"ב רנשבורג א] בתוס' ד"ה תשובה וכו' ואלו הכא קאמר עם התשובה אע"פ שאינה עיקר וכו'. כ"ב עיין בזה בהוכך הגהת מיימוני פ"ג מהל' ת"ת אות כ

א) צ"ל לא הוה.

§ מסכת יומא דף פה: §

אות א'

מיתה ויום הכפורים מכפרין עם התשובה

רמב"ם פ"א מהל' תשובה ה"ג - בזה"ז שאין בית המקדש קיים ואין לנו מזבח כפרה, אין שם אלא תשובה; התשובה מכפרת [א]על כל העבירות, אפי' רשע כל ימיו ועשה תשובה באחרונה, אין מזכירין לו שום דבר מרשעו, שנאמר: רשעת הרשע לא יכשל בה ביום שובו מרשעו; [ב]ועצמו של יוה"כ מכפר לשבים, שנאמר: כי ביום הזה יכפר עליכם.

אות ב' – ג'

האומר אחטא ואשוב אחטא ואשוב

אחטא ויום הכפורים מכפר, אין יום הכפורים מכפר

רמב"ם פ"ד מהל' תשובה ה"א - כ"ד דברים מעכבין את התשובה, ד' מהן עון גדול והעושה אחד מהן אין הקב"ה מספיק בידו לעשות תשובה לפי גודל חטאו. ואלו הן... (ד) והאומר: אחטא ואשוב, ובכלל זה האומר: [ג]אחטא ויוה"כ מכפר.

אות ד' – ה'

עבירות שבין אדם למקום, יום הכפורים מכפר

עבירות שבין אדם לחבירו, אין יום הכפורים מכפר וכו'

רמב"ם פ"ב מהל' תשובה ה"ט - אין התשובה ולא יום הכפורים מכפרין אלא על עבירות שבין אדם למקום, כגון מי שאכל דבר אסור או בעל בעילה אסורה וכיוצא בהן; אבל עבירות שבין אדם לחבירו, כגון החובל את חבירו, או המקלל חבירו או גוזלו וכיוצא בהן, אינו נמחל לו לעולם עד שיתן לחבירו מה שהוא חייב לו וירצהו; אף על פי שהחזיר לו ממון שהוא חייב לו, צריך לרצותו ולשאול ממנו שימחול לו, אפילו לא הקניט את חבירו אלא בדברים, צריך לפייסו ולפגע בו עד שימחול לו.

[ד]סימן תרו ס"א - [ה]עבירות שבין אדם לחבירו, אין יום הכיפורים מכפר עד שיפייסנו.

אות ו'

חייבי חטאות ואשמות ודאין שעבר עליהן יום הכפורים וכו'

רמב"ם פ"ג מהל' שגגות ה"ט - חייבי חטאות ואשמות ודאים שעבר עליהן יוה"כ, חייבין להביא לאחר יוה"כ; וחייבי אשמות תלויין פטורין, שנאמר: מכל חטאתיכם לפני ה' תטהרו, כך למדו מפי השמועה, שכל חטא שאין מכיר בו אלא ה' נתכפר לו; לפיכך מי שבא על ידו ספק עבירה ביוה"כ, אפילו עם חשיכה, פטור מאשם תלוי, שכל היום מכפר; נמצאת למד שאין מביאין על לא הודע של יוה"כ אשם תלוי, אלא אם לא כפר לו יום הכפורים כמו שיתבאר.

אות ו'*

אלו הן קלות, עשה ולא תעשה, חוץ מלא תשא

רמב"ם פ"א מהל' תשובה ה"ב - שעיר המשתלח לפי שהוא כפרה על כל ישראל, כה"ג מתודה עליו על לשון כל ישראל, שנאמר: והתודה עליו את כל עונות בני ישראל. שעיר המשתלח מכפר על כל עבירות שבתורה הקלות והחמורות, בין שעבר בזדון בין שעבר בשגגה, בין שהודע לו בין שלא הודע לו, הכל מתכפר בשעיר המשתלח; [ז]והוא שעשה תשובה, אבל אם לא עשה תשובה אין השעיר מכפר לו [ח]אלא על הקלות. [ט]ומה הן הקלות ומה הן החמורות: החמורות הן שחייבין עליהם מיתת ב"ד או כרת, ושבועת שוא ושקר אע"פ שאין בהן כרת הרי הן מן החמורות; ושאר מצות לא תעשה ומצות עשה שאין בהן כרת, הם הקלות.

באר הגולה

[א] ‹כלומר דרך כלל, וכמו שביאר הוא ז"ל בסמוך {ה"ד, ע"ל פ"ו} – כ"מ›. ‹**דאף** דיש עבירות דלא סגי בתשובה, מ"מ תשובה תולה ומכפרת מקצת – משנה כסף›

[ב] ‹משנה: מיתה ויוה"כ מכפרים עם התשובה, ובגמ' נימא דלא כרבי דאמר בין עשה תשובה בין לא עשה תשובה יוה"כ מכפר, ואע"פ דדחי התם ואמר אפי' תימא רבי, מ"מ רבנן פליגי עליה כדמשמע בפ"ק דשבועות, ולא קי"ל כרבי מחביריו, לכן כתב רבינו ועצמו של יוה"כ מכפר לשבים, כלו' אבל לא לשאינם שבים – כ"מ›

[ג] ‹הקושיא מבוארת, דאמאי לא כתב אחטא ואשוב תרי זימני, דהא בגמ' פריך למה לי למימר אחטא וכו' תרי זימני, ומשני כדרב הונא, **ותו** קשה, דהיכי קאמר ובכלל זה האומר אחטא ויוה"כ מכפר, דהא במתני' לגבי אחטא ואשוב קאמר, אין מספיקין בידו לעשות תשובה, אבל לגבי אחטא ויוה"כ מכפר קאמר, אין יוה"כ מכפר, ואילו אין מספיקין וכו' לא קתני – לשון ערומים, ע"ש מה שתירץ›

[ד] ‹ע"פ הבאר הגולה›

[ה] **משנה יומא פ"ה**

[ו] ‹ע"פ מהדורת נהרדעא›

[ז] ‹אליבא דרבנן דוקא בשעשה תשובה שעיר המשתלח מכפר, אבל אם לא עשה תשובה אין מכפר, וידוע דאין הלכה כרבי מחביריו, ולכך כתב רבינו והוא שעשה תשובה – כ"מ›

[ח] ‹ק"ל, דהתם משמע דלרבנן אפילו עבר אעשה, אם לא עשה תשובה אין שעיר מכפר, ולרבי אפי' על החמורות מכפר בלא תשובה, חוץ מפורק עול ומגלה פנים בתורה ומפר בריתו בבשר, וצ"ע – כסף משנה›

[ט] ‹פ' בתרא דיומא תניא: אלו הן קלות עשה ול"ת חוץ מלא תשא, ואע"ג דדחי התם ואוקי דכל ל"ת שלא ניתק לעשה מהחמורות, וכי קאמר חוץ מלא תשא וכל דדמי ליה, הא אסיקנא תנאי היא, וכיון דרב יהודה אמר בשבועות פ"ק [י"ב:] דחמורות היינו כריתות ומיתות ב"ד, ולא הזכיר ל"ת שלא ניתק לעשה, אלמא ס"ל דכל לא תעשה הוי בכלל קלות, ולא קימ"ל כסתם מתני' דיומא, דסברה דלא תעשה שלא ניתק לעשה חמורות הן, דהא רב יהודה בפ"ק דשבועות [שם] אליביה דנפשיה הוא דקאמר אלו הן קלות ואלו הן חמורות, ולא מפליג בין ניתק לעשה ללא ניתק. **וא"ת** גם לא מפליג התם בין שאר לאוין ללא תשא, ולמה כתב רבינו שיש חילוק ביניהם, **י"ל** דמלא תשא ליכא הוכחה מהתם, דכיון דאינה אלא מצוה אחת לא חש לאפוקה, אבל כל מצות לא תעשה שלא ניתק לעשה דטובא נינהו, אם איתא דליתנהו בכלל קלות הו"ל לפרושי, **ותדע** דלרב יהודה לא תשא בכלל חמורות היא, דאלת"ה רב יהודה דלא כמאן, דאי כסתם מתניתין דיומא, כל ל"ת שלא ניתק לעשה בכלל חמורות היא, ואי כאידך תנא, הא לא תשא בכלל חמורות היא, אלא ודאי כדאמרן – כ"מ›

§ מסכת יומא דף פו. §

אות א' - ב' - ג' - ד'

עבר על עשה ושב, אינו זז משם עד שמוחלין לו

עבר על לא תעשה ועשה תשובה, תשובה תולה ויום הכפורים מכפר

עבר על כריתות ומיתות בית דין ועשה תשובה, תשובה ויום הכפורים תולין, ויסורין ממרקין

אבל מי שיש חילול השם בידו, אין לו כח בתשובה לתלות, ולא ביום הכפורים לכפר, ולא ביסורין למרק, אלא כולן תולין ומיתה ממרקת

רמב"ם פ"א מהל' תשובה ה"ד - אף על פי שהתשובה מכפרת על הכל, ועצמו של יום הכפורים מכפר, יש עבירות שהן מתכפרים לשעתן, ויש עבירות שאין מתכפרים אלא לאחר זמן; כיצד, עבר אדם על מצות עשה שאין בה כרת ועשה תשובה, אינו זז משם עד שמוחלין לו, ובאלו נאמר: שובו בנים שובבים ארפא משובותיכם וגו'; עבר על מצות לא תעשה שאין בה כרת ולא מיתת בית דין ועשה תשובה, תשובה תולה ויום הכפורים מכפר, ובאלו נאמר: כי ביום הזה יכפר עליכם; עבר על כריתות ומיתות בית דין ועשה תשובה, תשובה ויום הכפורים תולין ויסורין הבאין עליו גומרין לו הכפרה, ולעולם אין מתכפר לו כפרה גמורה עד שיבואו עליו יסורין, ובאלו נאמר: ופקדתי בשבט פשעם ובנגעים עונם; במה דברים אמורים בשלא חילל את השם בשעה שעבר, אבל המחלל את השם, אף על פי שעשה תשובה והגיע יום הכפורים והוא עומד בתשובתו ובאו עליו יסורין, אינו מתכפר לו כפרה גמורה עד שימות, אלא תשובה יום הכפורים ויסורין שלשתן תולין, ומיתה מכפרת, שנאמר: ונגלה באזני ה' צבאות אם יכופר העון הזה לכם עד תמותון.

אות ה' - ו'

אי שקילנא בישרא מטבחא ולא יהיבנא דמי לאלתר

ואהבת את ה' אלהיך, שיהא שם שמים מתאהב על ידך

רמב"ם פ"ה מהל' יסודי התורה הי"א - ויש דברים אחרים שהן בכלל חילול השם, והוא שיעשה אותם אדם גדול בתורה ומפורסם בחסידות דברים שהבריות מרננים אחריו בשבילם, ואף על פי שאינן עבירות, הרי זה חילל את השם; כגון שלקח ואינו נותן דמי המקח לאלתר, [א]והוא שיש לו [ב]ונמצאו המוכרים תובעין והוא מקיפן; או שירבה בשחוק או באכילה ושתיה אצל עמי הארץ [ג]וביניהן; או שדבורו עם הבריות אינו בנחת, ואינו מקבלן בסבר פנים יפות, אלא בעל קטטה וכעס, וכיוצא בדברים האלו, הכל [ד]לפי גדלו של חכם צריך שידקדק על עצמו ויעשה לפנים משורת הדין. וכן אם דקדק החכם על עצמו והיה דבורו בנחת עם הבריות, ודעתו מעורבת עמהם ומקבלם בסבר פנים יפות, ונעלב מהם ואינו עולבם, מכבד להן ואפילו למקילין לו, ונושא ונותן באמונה, ולא ירבה באריחות עמי הארץ וישיבתן, ולא יראה תמיד אלא עוסק בתורה עטוף בציצית מוכתר בתפילין, ועושה בכל מעשיו לפנים משורת הדין, [ה]והוא שלא יתרחק הרבה ולא ישתומם, עד שימצאו הכל מקלסין אותו ואוהבים אותו ומתאוים למעשיו, הרי זה קידש את ה', ועליו הכתוב אומר: ויאמר לי עבדי אתה ישראל אשר בך אתפאר.

אות ו'*[ו]

שובה ישראל עד ה' אלהיך

רמב"ם פ"ז מהל' תשובה ה"ו - גדולה תשובה שמקרבת את האדם לשכינה, שנאמר: שובה ישראל עד ה' אלהיך, ונאמר: ולא שבתם עדי נאם ה', ונאמר: אם תשוב ישראל נאם ה' אלי תשוב, כלומר אם תחזור בתשובה בי תדבק.

באר הגולה

[א] ‹פירש רש"י פרק יוה"כ, דטעמא שיאמר שהוא גזלן וילמוד ממנו לזלזל בגזל, ע"כ, ומכאן נראה דדוקא בידוע שיש לו ואינו פורע - מעשה רוקח› [ב] ‹אמר אביי לא שנו אלא באתרא דלא תבעי, אבל באתרא דתבעי לית לן בה. זו היא גירסת רש"י. אבל גירסת רבינו נראה שהיא בהפך, לא שנו אלא באתרא דתבעי, אבל באתרא דלא תבעי לית לן בה, כלומר שאם תובעו והוא מקיף, אז איכא חילול השם, אבל אם אינו תובעו, ליכא חילול השם - כסף משנה› [ג] ‹נראה לדקדק, דדוקא כשאוכל עמהם ובביתם, אבל אם הם אוכלים עמו בביתו, או הוא אוכל בביתם ולא עמהם כדרך האכסנאין, שרי - כסף משנה› [ד] ‹ורבי יוחנן אמר כגון אנא דמסגינא ארבע אמות בלא תורה ובלא תפילין. וזהו שכתב רבינו הכל לפי גודלו של חכם וכו' - כסף משנה› [ה] ‹ושיעור הלשון כך הוא, ועושה בכל מעשיו לפנים משורת הדין, בתנאי שלא יתרחק הרבה משורת הדין לצד הטוב, עד שיראה שאינו מן היישוב או עד שישתומם, אלא יעשה לפנים משורת הדין באופן ממוצע, עד שבעשייתו כל המעשים טובים שזכרנו ימצאו הכל מקלסין אותו ואוהבים אותו - כסף משנה› [ו] ‹ע"פ מהדורת נהרדעא›

עין משפט נר מצוה

פה א ב ג ד מיי' פ"א מהל' תשובה הל' ד:

צ ה ו מיי' פ"ה מהל' יסודי התורה הל' יא:

חוץ מלא תשא ולא תשא וכל דדמי ליה ת"ש ר' יהודה אומר כל שהוא מלא תשא ולמטה תשובה מכפרת מלא תשא ולמעלה תשובה תולה ויוה"כ מכפר לא תשא וכל דדמי ליה ת"ש לפי שנאמר בחורב תשובה ונקה יכול אף לא תשא עמהן ת"ל לא ינקה יכול אף שאר חייבי לאוין כן ת"ל את שמו שמו הוא דאינו מנקה אבל מנקה שאר חייבי לאוין תנאי היא דתניא על מה תשובה מכפרת על עשה ועל לא תעשה שניתק לעשה ועל מה תשובה תולה ויוה"כ מכפר על כריתות ועל מיתות בית דין ועל לא תעשה גמור אמר מר לפי שנאמר בחורב (א) ונקה מנא לן דתניא ר' אלעזר אומר אי אפשר לומר נקה שכבר נאמר לא ינקה ואי אפשר לומר לא ינקה שכבר נאמר נקה הא כיצד מנקה הוא לשבין ואינו מנקה לשאינן שבין שאל ר' מתיא בן חרש את ר' אלעזר בן עזריה ברומי שמעת ארבע חלוקי כפרה שהיה רבי ישמעאל דורש אמר שלשה הן ותשובה עם כל אחד ואחד עבר על עשה ושב אינו זז משם עד שמוחלין לו שנאמר שובו בנים שובבים עבר על לא תעשה ועשה תשובה תשובה תולה ויוה"כ מכפר שנאמר כי ביום הזה יכפר עליכם מכל חטאתיכם עבר על כריתות ומיתות בית דין ועשה תשובה תשובה ויוה"כ תולין ויסורין ממרקין שנאמר ופקדתי בשבט פשעם ובנגעים עונם אבל מי שיש חילול השם בידו אין (ב) לו כח בתשובה לתלות ולא ביוה"כ לכפר ולא ביסורין למרק אלא כולן תולין ומיתה ממרקת שנאמר ונגלה באזני ה' צבאות אם יכופר העון הזה לכם עד תמותון היכי דמי חילול השם אמר רב כגון אנא אי שקילנא בישרא מטבחא ולא יהיבנא דמי לאלתר אמר אביי לא שנו אלא באתרא דלא תבעי אבל באתרא דתבעי לית לן בה אמר רבינא ומתא מחסיא אתרא דתבעי הוא אביי כדשקיל בישרא מתרי שותפי יהיב זוזא להאי וזוזא להאי והדר מקרב להו גבי הדדי ועביד חושבנא רבי יוחנן אמר כגון אנא דמסגינא ארבע אמות בלא תורה ובלא תפילין יצחק דבי ר' ינאי אמר כל שחביריו מתביישין מחמת שמועתו (*היינו חילול השם) אמר רב נחמן בר יצחק כגון דקא אמרי אינשי שרא ליה מריה לפלניא אביי אמר כדתניא ואהבת את ה' אלהיך שיהא שם שמים מתאהב על ידך שיהא קורא ושונה ומשמש ת"ח ויהא משאו ומתנו (ג) בנחת עם הבריות מה הבריות אומרות עליו אשרי אביו שלמדו תורה אשרי רבו שלמדו תורה אוי להם לבריות שלא למדו תורה פלוני שלמדו תורה ראו כמה נאים דרכיו כמה מתוקנים מעשיו עליו הכתוב אומר ויאמר לי עבדי אתה ישראל אשר בך אתפאר אבל מי שקורא ושונה ומשמש ת"ח ואין משאו ומתנו באמונה ואין דבורו בנחת עם הבריות מה הבריות אומרות עליו אוי לו לפלוני שלמד תורה אוי לו לאביו שלמדו תורה אוי לו לרבו שלמדו תורה פלוני שלמד תורה ראו כמה מקולקלין מעשיו וכמה מכוערין דרכיו ועליו הכתוב אומר באמור להם עם ה' אלה ומארצו יצאו א"ר חמא (*בר) חנינא גדולה תשובה שמביאה (ד) רפאות לעולם שנא' ארפא משובתם אוהבם נדבה ר' חמא (*בר) חנינא רמי כתיב שובו בנים שובבים דמעיקרא שובבים אתם וכתיב ארפא משובותיכם לא קשיא כאן מאהבה כאן מיראה (ה) רב יהודה רמי כתיב שובו בנים שובבים ארפא משובותיכם וכתיב (*הנה) אנכי בעלתי בכם ולקחתי אתכם אחד מעיר ושנים ממשפחה ל"ק כאן מאהבה או מיראה כאן ע"י יסורין אמר רבי לוי גדולה תשובה שמגעת עד כסא הכבוד שנא' שובה ישראל עד ה' אלהיך*

אמר

רש"י

חוץ מלא תשא. קא סלקא דעתך משום דכתיב לא ינקה: וכל דדמי ליה. לא תעשה גמור: לפי שנאמר בחורב תשובה ונקה. לאחר מעשה העגל כשעלה משה להתפלל עליהן ולקמן מפרש לה: יכול אף לא תשא. ינקה בתשובה: אי אפשר לומר נקה שכבר נאמר לא ינקה. דכתיב נקה לא ינקה גבי הדדי: חלוקי כפרה. שחלוקין בכפרתן זה כך וזה כך: אמר לו. שלש הן החלוקין שיש עבירה שהיא צריכה לזה ואינה צריכה לזה אבל תשובה אינה מן החלוקין שהיא צריכה לכולן: שובו בנים. ומיד ארפא למדת שיש עבירה שמתכפרת בתשובה לבדה: כי ביום הזה יכפר. למדת שיש עבירה שצריכה יוה"כ: ופקדתי בשבט פשעם. למדת שיש עבירה שצריכה יסורין ומסתברא הקל לקלה והחמור לחמורה: חילול השם. חוטא ומחטיא אחרים: באזני ה' צבאות. אמר הנביא באזני אמר הקב"ה אם יכופר העון עד תמותון למדנו שיש עבירה שאין לה כפרה אלא במיתה: ולא יהיבנא דמי לאלתר. וכשאני מאחר לפרוע הוא אומר שאני גזלן ולמד ממני להיות מזלזל בגזל: באתרא דלא תבעי. שאין דרך הטבח לילך ולתבוע הקפותיו ועל הלוקח להביא לו מעותיו לביתו: ומתא מחסיא. מקומו של רבינא: יהיב זוזא להאי וזוזא להאי. שמא לא ידע חבירו שנתתיו לו ויש כאן חילול השם: ועביד חושבנא. וחוזרין ועושין לו חשבון כנגד מה שנטלו: כגון אנא דמסגינא וכו'. ואין הכל יודעין שנחלשתי בגרסתי ולמדין הימני להבטל מתלמוד תורה: מחמת שמועתו. מחמת שם רע היוצא עליו: שרא ליה מריה. ימחול יוצרו על מעשיו: שמתאהב על ידך. לחבירך: קורא. מקרא: ושונה. משנה: ומשמש תלמידי חכמים. ללמוד (*תורה) היא יישוב טעמי המשניות מה טעמן ומהיכן למדו: באמור להם עם ה' אלה. את זו קרא הכתוב חילול השם כשאדם חשוב עובר עבירה ופורענות באה עליו והכל אומרים מה הועילו לו ראה החסידים והחכמים רעה באה עליהם שנאמר ויחללו את שם קדשי וכמה חללוהו באמור עליהם הגוים שגלו ביניהם ראו עם ה' אלה ולא יכול להצילם שלא יגלו נמצא שם שמים מתחלל וכבודו מתמעט: דמעיקרא שובבים אתם. כשאתם עושים תשובה מעלה (ו) עליכם כאילו תחלת החטא על ידי נערות ושטות ושובבות: וכתיב ארפא. משמע מכאן ואילך כבעל מום שנתרפא שמקולקל שמו עליו: כאן מאהבה. השב מאהבה נעקר עונו מתחלתו (ז): כתיב שובו בנים. אלמא בעלי תשובה קרויין בנים: וכתיב כי אנכי בעלתי בכם. אלמא עבדים מיקרו: כאן מאהבה ומיראה. קרויין בנים: כאן על ידי יסורין. שלא שבו עד שנתיסרו ביסורין קרויין עבדים ואית דגרסי כתיב שובו אלי ואשובה (ח) וכתיב כי אנכי בעלתי בכם כתיב ואשובה אליכם לאחר תשובה וכתיב כי אנכי בעלתי בכם כבר קודם שתשובו כאן מאהבה או מיראה קא אמר כי אנכי בעלתי בכם:

לא

תוספות

אמאי לא חשיב להו בהדי ל"ו כריתות בפרק קמא דכריתות (דף ג.) ותירץ ר"י דרבנן דפליגי אדרבי לא דרשי קרא הכי אלא בפרק ארבע מיתות (סנהדרין דף סד:) דרשי ליה ר' ישמעאל ורבי עקיבא לדרשא אחרינא ולאידך דרבי לא מצי למיחשביניהו דהתם קאמר מנינא למה לי לומר שאם עשאן כולן בהעלם אחד חייב על כל אחת ואחת ולדידיה לא מיחייב חטאת אלא במילתא שחייבין על זדונו לאו וכרת כדקאמר רבי בפרק קמא דיבמות (דף ט.) נאמר כאן עליה פי' ונודעה החטאת אשר חטאו עליה ונאמר להלן עליה בחייה מה להלן דבר שחייבין על זדונו כרת אף כאן ומינה מה להלן שיש בו לאו אף כאן לאפוקי הני נהי דאיתרבו לכרת לאו לית בהו אבל לרבנן לא מצינן לשטויי הכי דלדידהו לא בעי לאו כיון דגמרי מתורה אחת יהיה לכם הוקשה כל התורה כולה לעבודת כוכבים מה ע"ז דבר שחייבין על זדונו כרת וכו' אבל לאו לא בעינן אף על גב דע"ז איכא לאו דהא בע"ז איכא נמי סקילה ואפילו הכי מחייבי חטאת אפילו היכא דליכא סקילה דלא מקשינן אלא לענין כרת דכתיב בההוא ענינא דכתיב הכרת תכרת הכי נמי לאו לא בעינן לענין חטאת תדע דבפרק אלו הן הלוקין (מכות דף יג:) ממעט פסח ומילה מחטאת משום דדומיא דע"ז בעינן מה ע"ז שב ואל תעשה לאפוקי הני דקום ועשה ניהו ואי בעינן לאו לענין חטאת נימא מה ע"ז שיש בה לאו לאפוקי הני אפילו אי הוו שב ואל תעשה לא מיחייב כיון דלא כתיב בהו לאו:

והאמר

רבינו חננאל

קלות על עשה ועל ל"ת שניתק לעשה. אבל על ל"ת גמור לא. דעל החמורות תולה התשובה עד שיבא יוה"כ ויכפר. ורמינהי אלו הן קלות שתשובה מכפרת על עשה ועל ל"ת. חוץ מלא תשא. ופרקינן לא תשא וכל דדמי ליה. כלומר כל שהוא לאו גמור ת"ש אלו הן החמורות כריתות ומיתות ב"ד ולא תשא עמהן כו'. ת"ש ר' יהודה אומר כל שהוא מלא תשא ולמטה תשובה מכפרת. מלא תשא ולמעלה תולה ויוה"כ מכפר. ושנינן לא תשא וכל דדמי ליה דהוא לאו גמור. ת"ש לפי שנאמר בחורב נושא עון ופשע וחטאה ונקה עוד נאמר לא ינקה. ופשטניה לקרא מנקה הוא לשבים ואינו מנקה לשאינן שבים. ותניא לפי שנאמר בחורב תשובה מדכתיב בה ונקה*) יכול על כל חייבי לאוין אע"פ שישוב לא ינקה לו. ת"ל קרא אחרינא כי לא ינקה ה' את אשר ישא את שמו לשוא. הך דכתיב לא ינקה [אינו אלא] בלא תשא את שמו בלבד. הא כל שאר לאוין התשובה מכפרת. הנה בכל לאוין התשובה מכפרת בלא יוה"כ. ודחינן תנאי היא דתניא על מה תשובה מכפרת על עשה ועל ל"ת שניתק לעשה. על מה תשובה תולה ויוה"כ מכפר על כריתות ומיתות ב"ד ועל ל"ת גמור. שאל ר' מתיא בן חרש את ר' אלעזר בן עזריה ברומי שמעת ד' חלוקי כפרה שהיה ר' ישמעאל דורש א"ל ג' הן ותשובה עם כל אחת. עבר על עשה ושב אינו זז משם עד שמוחלין לו שנאמר ארפא משובתם וגו'. עבר על ל"ת ושב תשובה תולה ויוה"כ מכפר שנאמר כי ביום הזה יכפר עליכם. עבר על כריתות ומיתות ב"ד ושב תשובה ויוה"כ תולין ויסורין ממרקין שנאמר ופקדתי בשבט פשעם ובנגעים עונם. אבל מי שיש בידו חלול השם אין כח לא לתשובה לתלות ולא ליוה"כ לכפר ולא ליסורין למרק אבל כולן תולין ומיתה ממרקת. שנאמר ונגלה באזני ה' צבאות אם יכופר העון הזה לכם עד תמותון. היכי דמי חלול השם. רב אמר כגון אנא אי שקילנא מבי טבחא בישרא באתרא דלא תבעי ראתו למימר אנא חזיתיה לרב דשקיל בשרא בלא דמי. היינו חלול השם. ר' יוחנן אמר כגון אנא אי מסגינא ד' אמות בלא תורה ובלא תפל'**). ויש אומרים כל שחביריו בושין משמועתו. דאמרי שרא ליה מריה לפלניא. נמצאו עונשין של דברים הללו גדול מעונש כריתות ומיתות ב"ד: תניא ואהבת את ה' אלהיך עשה שיהא ש"ש נאהב על ידך שיהיה אדם קורא ושונה ביראה ומשמש ת"ח ונושא ונותן בשוק בצדק עם הבריות. מה הכל אומרים אשרי פלוני שלמד תורה אשרי הוריו ורבו שלמדו כמה נאים מעשיו ודרכיו עליו הכתוב אומר ישראל אשר בך אתפאר. אבל הקורא ושונה ודרכיו מכוערים כו' עליו הכתוב אומר באמור להם עם ה' (הם) [אלה] ומארצו יצאו. גדולה תשובה שמביאה רפואה לעולם שנא' ארפא משובתם ואסיקנא שובו בנים שובבים ארפא משובותיכם תשובה (מיראה) [מאהבה] ארפא משובתם אוהבם נדבה תשובה (מאהבה) [מיראה] שובו אלי ואשובה אליכם

[שבועות לט.] [אבות דר"נ פכ"ט תוספתא פ"ד] [שבועות יב: זבחים ז:] [נ"ל תלמוד] [נ"ל ברבי] [נ"ל ברבי] [נ"ל כי]

[גירסת הילקוט וכן כת"י ר' יוחנן אמר עד ולא עד בכלל ומי אר"י הכי והאמר ר"י גדולה תשובה שדוחה את ל"ת שבתורה שנאמר וכו' לא קשיא הא ביחיד והא בצבור]

הגהות הב"ח

(א) גמ' לפי שנא' בחורב תשובה ונקה: (ב) שם אבל מי שיש חילול השם בידו אין כח לא בתשובה כו' כצ"ל ותיבת לו נמחק: (ג) שם ויהא משאו ומתנו באמונה ודבורו בנחת עם הבריות מה הבריות אומרות עליו אשרי לו לפלוני שלמד תורה אשרי אביו שלמדו תורה: (ד) שם גדולה תשובה שמביאה רפואה לעולם: (ה) שם כאן מאהבה כאן מיראה (רב יהודה רמי) תיבת אלו מוקפות ונכתב בגלדו ס"א אמר רב יהודה רב אמי רמי: (ו) רש"י ד"ה דמעיקרא כו' מעלה אני עליכם כאלו כו' ובטות שובבים אברי"ך בלע"ז הס"ד: (ז) ד"ה כאן כו' שנו מתחלתו כאן מיראה ארפא הס"ד: (ח) ד"ה כאן ע"י כו' שובו אלי ואשובה אליכם וכתיב כי אנכי:

*) חסר כאן וצ"ל יכול אף לא תשא עמהן ת"ל לא ינקה יכול אף כל חייבי לאוין כן אע"פ שישוב כו' **) עי' ירושלמי ברכות פ"ב ה"ג ותמצא דגי' רבינו תפלה בלי"י מדויק יותר:

תוספות ישנים

ועשה תשובה מוחלין לו מיד. והיינו הא דאמרי' בחגיגה (דף ה.) סעושה דבר ומתחרט בו מוחלין לו מיד ובמצות עשה מוחלין לו מחילה גמורה כדאמרי' הכא אבל כשאר עבירות אע"פ שאין מוחלין לו מקילין לו מדינו מקצת

עין משפט נר מצוה

צא א מיי' פ"ב מהלכות תשובה הלכה א סמג לאוין עז:

צב ב מיי' שם הלכה ה:

צג ג מיי' שם פ"ג הל"ה:

צד ד מיי' פ"ב מהלכות תשובה הל' ח סמג עשין טו טוש"ע או"ח סי' תרז סעיף ד:

צה ה מיי' פ"ו מהלכות דעות הלכה ח:

לא מעשה שבתורה . לא יוכל בעלה הראשון וגו': כי כשלת בעונך . עונך יחשב כמכשול שהיא שגגה: עליהם (חיו) [הוא] יחיה . על כל מה שעשה ולף על העבירות: מתפייס הימנו . מקבל הימנו פיוסים: ונשלמה פרים שפתינו . במקום פרים: נדבה . מקובלת ברצון יותר מחובה: ארפא משובתם (ט) .מן היחיד: שבא דבר עבירה לידו (י) . שנכשל בה כבר: באותה אשה באותו מקום . שעבר שם (כ) העבירה ובאותו פרק מתוך שדומה מכל וכל לזמן שנכשל בו כבר יצרו מתגבר עליו ואומר לו ראה פלונית ואותו מקום ואותו פרק הוא קום עשה מה שעשית כבר: כסוי חטאה . שלא נתגלה עונו: בחטא מפורסם . טוב לו שיודה ויתבייש ולא יכפור בו: בחטא שאינו מפורסם . לא יגלה חטאו וכבוד השם הוא שכל מה שאדם חוטא בפרהסיא מיעוט כבוד שמים הוא: עבירות שבין אדם לחבירו . יגלה לרבים שיבקשו ממנו שימחול לו: וחטאתי נגדי תמיד . איני סבור שכפרת לי והרי הוא תמיד כאילו הוא נגדי עומד: וצריך לפרט את החטא . כשהוא מתודה אומר חטא פלוני חטאתי: כדר' ינאי . לא הזכיר העון אלא למעטו ולומר אתה גרמת להם משל *לאדם שהיה לו בן נאה ומאכילו ומשקהו ותולה לו כיס של דינרין בצוארו והושיבו בפתח

הכי גרס בספרי משה אמר יכתב סורחני שנאמר יען לא האמנתם בי . בכל מקום שנכתב מיתתו שם נכתב סרחונו . אלמא ניחא למכתביה זמנין טובא: לשתי נשים . שלוקות: אחת קלקלה . זנתה והתרו בה למלקות כך דור המדבר מתו במדבר שהאמינו למרגלים (*משה)מת במדבר על שמעו נא המורים אמר יכתב סורחני שלא יאמרו אף אני קלקלתי כמותם: פגי שביעית . תאנים שלא בישלו כל צרכן ורחמנא אמר והיתה שבת הארץ לכם לאכלה (ויקרא כה) לאכלה ולא להפסד: מפרסמין את החנפין . שהן רשעים ומראין עצמן כצדיקים אם יש מכיר במעשיו מצוה לפרסמו מפני חילול השם שבני אדם למידין ממעשיו שסבורין עליו שהוא צדיק ועוד כשבא עליו פורענות בני אדם אומרים מה הועיל לו זכותו: שנאמר ובשוב צדיק מצדקו . סיפיה דקרא ונתתי מכשול לפניו אני ממציא לידו חטא גלוי לכל שיכשל בו וידעו את מעשיו: המוחלטין . רשעים גמורין: שלות רשעים סופה תקלה . מתוך שלותם הם יושבין ומהרהרין בעבירות: והרשות . הרבנות: מקברת בעליה . שנאמר (שמות א) וימת יוסף תחילה ואח"כ כל אחיו*: ולואי שתהא יציאה . ממנה בלא חטא כביאה: נפיק לדינא . להיות דן דין: בלבו

(א) אמר ר' יוחנן גדולה תשובה שדוחה את לא תעשה שבתורה שנאמר °לאמר הן ישלח איש את אשתו והלכה מאתו והיתה לאיש אחר הישוב אליה עוד הלא חנוף תחנף הארץ ההיא ואת זנית רעים רבים ושוב אלי נאם ה' א"ר יונתן גדולה תשובה (*שמקרבת) את הגאולה שנאמר °ובא לציון גואל ולשבי פשע ביעקב מה טעם ובא לציון גואל משום דשבי פשע ביעקב אמר ריש לקיש גדולה תשובה שזדונות נעשות לו כשגגות שנאמר °שובה ישראל עד ה' אלהיך כי כשלת בעונך הא עון מזיד הוא וקא קרי ליה מכשול איני והאמר ריש לקיש גדולה תשובה שזדונות נעשות לו כזכיות שנאמר °ובשוב רשע מרשעתו ועשה משפט וצדקה עליהם (*חיה) יחיה לא קשיא כאן מאהבה כאן מיראה אמר ר' שמואל בר נחמני אמר ר' יונתן גדולה תשובה שמארכת (ב) שנותיו של אדם שנאמר °ובשוב רשע מרשעתו (*חיו) יחיה אמר ר' יצחק אמרי במערבא משמיה דרבה בר מרי בא וראה

שלא כמדת הקדוש ברוך הוא מדת בשר ודם מדת בשר ודם מקניט את חבירו (ג) בדברים ספק מתפייס הימנו ספק אין מתפייס הימנו וא"ת מתפייס הימנו (ד) בדברים ספק מתפייס ספק אין מתפייס בדברים אבל הקב"ה אדם עובר עבירה בסתר מתפייס ממנו בדברים שנאמר °קחו עמכם דברים ושובו אל ה' ולא עוד אלא שמחזיק לו טובה שנאמר וקח טוב ולא עוד אלא שמעלה עליו הכתוב כאילו הקריב פרים שנאמר °ונשלמה פרים שפתינו ת"ל °ארפא משובתם אוהבם נדבה תניא *היה ר"מ אומר גדולה תשובה שבשביל *יחיד שעשה תשובה מוחלין (ה) לכל העולם כולו שנא' ארפא משובתם אוהבם נדבה כי שב אפי ממנו מהם לא נאמר אלא ממנו *היכי דמי בעל תשובה אמר רב יהודה *כגון שבאת לידו דבר עבירה פעם ראשונה ושניה (ו) וניצל הימנה מחוי רב יהודה באותה אשה באותו מקום באותו פרק א"ר יהודה רב רמי כתיב °אשרי נשוי פשע כסוי חטאה וכתיב °מכסה פשעיו לא יצליח לא קשיא הא בחטא מפורסם הא בחטא שאינו מפורסם רב זוטרא בר טוביה אמר רב נחמן כאן בעבירות שבין אדם לחבירו °כאן בעבירות שבין אדם למקום תניא ר' יוסי בר יהודה אומר אדם 'עובר עבירה פעם ראשונה מוחלין לו שניה מוחלין לו שלישית מוחלין לו רביעית אין מוחלין לו שנאמר °כה אמר ה' על שלשה פשעי ישראל ועל ארבעה לא אשיבנו (*ונאמר) °הן כל אלה יפעל אל פעמים שלש עם גבר מאי ואומר וכי תימא הני מילי בציבור אבל ביחיד לא ת"ש הן כל אלה יפעל אל פעמים שלש עם גבר (*מכאן ואילך אין מוחלין לו שנאמר על שלשה פשעי ישראל ועל ארבעה לא אשיבנו) ת"ר *עבירות שהתודה עליהן יוה"כ זה לא יתודה עליהן יום הכפורים אחר ואם שנה בהן צריך להתודות יוה"כ אחר ואם לא שנה בהן וחזר והתודה עליהן עליו הכתוב אומר °ככלב שב על קיאו כסיל שונה באולתו *רבי אליעזר בן יעקב אומר *כ"ש שהוא משובח שנאמר °כי פשעי אני אדע וחטאתי נגדי תמיד אלא מה אני מקיים ככלב שב על קיאו וגו' כדרב הונא דאמר רב הונא כיון *שעבר אדם עבירה ושנה בה הותרה לו הותרה לו סלקא דעתך אלא אימא נעשית לו כהיתר *וצריך לפרוט את החטא שנאמר °אנא חטא העם הזה חטאה גדולה ויעשו להם אלהי זהב דברי ר' יהודה בן בבא רבי עקיבא אומר (ז) אשרי נשוי פשע כסוי חטאה אלא מהו שאמר משה ויעשו להם אלהי זהב כדר' ינאי דאמר ר' ינאי *אמר משה לפני הקדוש ברוך הוא רבש"ע כסף וזהב שהרבית להם לישראל עד שאמרו די גרם להם שיעשו אלהי זהב שני פרנסים טובים עמדו להם לישראל משה ודוד משה אמר יכתב סורחני שנאמר °יען לא האמנתם בי להקדישני דוד אמר *אל יכתב סורחני שנאמר אשרי נשוי פשע כסוי חטאה משל דמשה ודוד למה הדבר דומה לשתי נשים שלקו בבית דין אחת קלקלה ואחת אכלה פגי שביעית אמרה להן אותה שאכלה פגי שביעית בבקשה מכם הודיעו על מה היא *לוקה שלא יאמרו על מה שזו לוקה זו לוקה הביאו פגי שביעית ותלו בצוארה והיו מכריזין לפניה ואומרין על עסקי שביעית היא לוקה *מפרסמין את החנפין מפני חילול השם שנאמר °ובשוב צדיק מצדקו ועשה עול ונתתי מכשול לפניו תשובת המוחלטין מעכבת הפורענות ואע"פ שנחתם עליו גזר דין של פורענות שלות רשעים סופה תקלה והרשות מקברת את בעליה ערום נכנס לה וערום יצא ממנה ולואי שתהא יציאה כביאה *)רב כי הוה נפיק למידן דינא אמר הכי בצבו נפשיה לקטלא נפיק וצבו ביתיה לית הוא עביד וריקן לביתיה אזיל ולואי שתהא ביאה (ח) כיציאה **)רבא כי הוה נפיק לדינא אמר הכי בצבו

א) נקרא בלי י' ובליר"ס. *) סנהדרין ז: **) [כך דרכא ליתא בסנהדרין וכן בעי' דהכא ליתא]

תורה אור: ירמיה ג; ישעיה נט; הושע יד; יחזקאל לג; יחזקאל יח; הושע יד; שם; שם; תהלים לב; משלי כח; עמוס ב; איוב לג; משלי כו; תהלים נא; שמות לב; במדבר כ; יחזקאל ג

מסורת הש"ס: [נ"ל ומשה]; [בילקוט ובעי' אית שמביאה]; [נ"ל הוא]; [סוטה יג:]; [נ"ל הוא]; [קדושין לט: מ"ב]; [נ"ל ואומר]; [מהרש"ם סימן י"ו ובעי' ליתא לכל זה ועי' בדק"ס ובתוספתא דליתא]; [תוספתא פ"ד]; [מ"ק כז:] סוטה כב. ערכין טו. קדושין כ. מ.; שמות לג [תוספתא פ"ד]; ברכות לב. [סנהדרין קב.]; [עי' סנהדרין קז.]; [היינו מכות מרדות מדרבנן וכ"כ הריב"ש סי' פו וע"ש]; [תוספתא פ"ד]

גליון הש"ס: גמ' יחיד שעשה תשובה מוחלין לכל העולם. ברמב"ם מפשט מאמר חוקר דין ח"א פ"ד כתב פירוש חלקה בבריית הגלגלים לעשות ערכים זה לזה כולה התמלל בזכויותו עכ"ל:

עי' הכיא זאת כשם מימלא אמר מר זוטרא בר טובי' אמר רב

נעי' רבי אלעזר בר יהודה

רבינו חננאל

אליכם כי אנכי בעלתי בכם תשובה מיסורין, גדולה תשובה שאפילו הגיע חטאתו עד כסא הכבוד התשובה מכפרת. שנאמר שובה ישראל עד ה' אלהיך. גדולה תשובה שדוחה את לא תעשה שבתורה והוא המגרש אשתו ונישאת לאחר כו' ואסיקנא לא קשיא הא ביחיד הא בצבור. כלומר אין זה הדין בצבור אלא ביחיד. גדולה תשובה שמקרבת הגאולה ועונותיו נעשין לו כזכיות ומארכת ימיו שנאמר ובשוב רשע מדרכו וחיה. תניא אדם מקניט חבירו ספק מתפייס לו ספק אין מתפייס לו אבל הקב"ה ודאי מתפייס לו אפילו בדברים שנאמר קחו עמכם דברים ושובו אל ה' ולא עוד אלא שמחזיק לו טובה שנאמר וקח טוב ולא עוד אלא שמעלה עליו הכתוב כאילו הקריב קרבן שנאמר ונשלמה פרים שפתינו. היכי דמי בעל תשובה אמר רב כל שבא לידו עבירה פעם א' וב' וניצל הימנה. מחוי ר' יהודה באותו מקום באותה אשה או כיוצא בה ובאותה פרק. בעבירות שבין אדם להקב"ה אשרי נשוי פשע כסוי חטאה, בין אדם לחבירו מכסה פשעיו לא יצליח וי"א כאן בחטא מפורסם וכאן בחטא שאינו מפורסם. תניא ר' יוסי ב"ר יהודה אומר עבר אדם עבירה פעם ראשונה ושנייה ושלישית מוחלין לו אם ישוב רביעית אין מוחלין לו שנאמר על שלשה פשעי ישראל ועל ארבעה לא אשיבנו ולא תימא בצבור אלא אפילו ביחיד שנאמר הן כל אלה יפעל אל פעמים שלש עם גבר. עבירות שבין אדם למקום אם יתודה עליהן יוה"כ זה אינו צריך עוד להתודות עליהן ואם חוזר ומתודה עליהן עליו הכתוב אומר כסיל שונה באולתו. ר' אליעזר אומר הרי הוא משובח שנאמר וחטאתי נגדי תמיד אלא מהו מקיים כסיל שונה באולתו כדרב הונא דאמר כיון שעבר אדם עבירה ושנה בה הותרה לו ונעשית לו כהיתר. וצריך לפרוט את החטא שנאמר ויעשו להם אלהי זהב. ר"ע אומר א"צ שנאמר כסוי חטאה. אלא מה אני מקיים ויעשו להם אלהי זהב כו': ב' פרנסים טובים עמדו להם לישראל משה אמר יכתב סורחני שנאמר יען לא האמנתם בי להקדישני ואם אין מחני נא מספרך וגו' ודוד אמר [אל] יכתב סורחני שנאמר אשרי

הגהות הב"ח

(א) גמ' א"ר יוחנן כו' נ"ב ס"א ר' יוחנן אמר עד ולא עד בכלל ומי א"ר יוחנן הכי והא אמר ר' יוחנן גדולה תשובה וכו' אלי נאם ה' לא קשיא הא ביחיד הא בצבור א"ר יוסי הגלילי גדולה תשובה שמביאה גאולה שנאמר ובא לציון וגו' מאי טעמא ובא לציון גואל משום ולשבי פשע ביעקב אמר ר' יונתן גדולה תשובה שמקרבת גאולה לעולם שנאמר שמרו משפט ועשו צדקה כי קרובה ישועתי לבא וצדקתי להגלות אמר ר"ש לקיש כו': (ב) שם גדולה תשובה שמארכת ימיו ושנותיו של אדם: (ג) שם מקניט את חבירו ספק מתפייס כו' כל"ל ותיבת בדברים נמחק: (ד) שם ואת"ל מתפייס הימנו ספק מתפייס ממנו בדברים וכו' אבל מדת הקב"ה אינו כן אדם עובר כו': (ה) שם יחיד שעשה תשובה מוחלין לו ולכל העולם כולו: (ו) שם פעם ראשונה ושניה ופירש הימנה מחוי רב יהודה באותה אשה ובאותו פרק ובאותו מקום כצ"ל:(ז) שם ר"ע אומר אין צריך שנאמר אשרי נשוי פשע: (ח) שם ולואי שתהא ביאה כיציאה וכי הוה חזי אמבוהא אבתריה אמר כו' כצ"ל ותיבות רבא כי הוה נפיק כו' עד ולואי שתהא ביאה כיציאה נמחק: (ט) רש"י ד"ה ארפא משובתם של רבים לפי שבא אפי מן היחיד: (י) ד"ה שבא וכו' לידו אותה העבירה שנכשל בה כבר: (כ) ד"ה באותה אשה כו' שעבר שם כבר העבירה ובאותו פרק שמתוך וכו' שנכשל בה כבר כו':

תוספות ישנים

וצריך לפרט את החטא. וע"י כך תיקנו בתפלות של יום הכפורים על חטא שחטאנו לפניך באונס וברצון:

תשובת רשעים מוחלטין מעכבת. אף אחר שנחתם גזר דין מיהו מ"מ טובו לבא לידי תקלה שאין גזר דין של יחיד נקרע כדאמרינן בראש השנה (דף יח.) אי נמי ר' יצחק היא דאמר יפה צעקה לאדם בין קודם גזר דין בין לאחר גזר דין:

§ מסכת יומא דף פו: §

אות א* [א]

גדולה תשובה שמקרבת את הגאולה

רמב"ם פ"ז מהל' תשובה ה"ה - כל הנביאים כולן צוו על התשובה, ואין ישראל נגאלין אלא בתשובה, וכבר הבטיחה תורה שסוף ישראל לעשות תשובה בסוף גלותן ומיד הן נגאלין, שנאמר: והיה כי יבאו עליך כל הדברים וגו' ושבת עד ה' אלהיך ושב ה' אלהיך וגו'.

אות א'

היכי דמי בעל תשובה

רמב"ם פ"ב מהל' תשובה ה"א - אי זו היא תשובה גמורה, זה שבא לידו דבר שעבר בו ואפשר בידו לעשותו, ופירש ולא עשה מפני התשובה, לא מיראה ולא מכשלון כח; כיצד, הרי שבא על אשה בעבירה, ולאחר זמן נתייחד עמה, והוא עומד באהבתו בה ובכח גופו ובמדינה שעבר בה, ופירש ולא עבר, זהו בעל תשובה גמורה, הוא ששלמה אמר: וזכור את בוראיך בימי בחורותיך; ואם לא שב אלא בימי זקנותו ובעת שאי אפשר לו לעשות מה שהיה עושה, אף על פי שאינה תשובה מעולה, מועלת היא לו ובעל תשובה הוא.

אות ב'

כאן בעבירות שבין אדם למקום

רמב"ם פ"ב מהל' תשובה ה"ה - ושבח גדול לשב שיתודה ברבים ויודיע פשעיו להם, ומגלה עבירות שבינו לבין חבירו לאחרים, ואומר להם: אמנם חטאתי לפלוני ועשיתי לו כך וכך והריני היום שב ומתנחם; וכל המתגאה ואינו מודיע אלא מכסה פשעיו, אין תשובתו גמורה, שנאמר: מכסה פשעיו לא יצליח; במה דברים אמורים בעבירות שבין אדם לחבירו, [ב]אבל בעבירות שבין אדם למקום אינו צריך לפרסם עצמו, ועזות פנים היא לו אם גילם, אלא שב לפני האל ברוך הוא ופורט חטאיו לפניו, ומתודה עליהם לפני רבים סתם, וטובה היא לו שלא נתגלה עונו, שנאמר: אשרי נשוי פשע כסוי חטאה. **השגת הראב"ד: במה דברים אמורים בעבירות שבין אדם לחבירו. א"א [ג]וכן עבירות המפורסמות ומגולות אף על פי שאינן עם חבירו, שכמו שנתפרסם החטא כך צריך לפרסם התשובה ויתקיים ברבים.**

[ד]**סימן תרז ס"ב** - [ה]**אין צריך לפרט החטא** - אלא כשיאמר סתם "חטאתי", יצא ידי מצות וידוי, **ואם רצה לפרט, הרשות בידו** - הנה מדכתב אח"כ: ואם מתודה בלחש, משמע דרישא איירי במתודה בקול רם, **ואף** דהרמ"א כתב בהג"ה, דבקול רם אין לפרט החטא, משמע דאיסורא נמי איכא, **התם** מיירי בחטא שאינו מפורסם לרבים, ומפני שאין זה כבוד המקום, שמגלה לרבים שחטא כנגדו, **אבל** בחטא המפורסם לרבים, רשות בידו לפרטו ברבים אפילו בקול רם, [מ"א, והעתיקו בדרך החיים ומטה אפרים והגר"ז. **והנה** מדסתמו כולן משמע דאפילו בעבירות שבין אדם למקום שרי, וכן מוכח מן הרמב"ם בפ"ב מהל' תשובה ה"ה, ואף דהרמב"ם פסק כרב נחמן, דעבירות שבין אדם למקום ע"ז כתיב: אשרי נשוי פשע כסוי חטאה, היינו, בעבירות שאינם מפרסמים, אבל בעבירות המפרסמים שרי, כמ"ש הכסף משנה שם. **ועיין** שם בהגהת הראב"ד, שדעתו לצדד להקל ביותר מזה], ‹והיינו דצריך להתוודות עליהם, ולא רק דשרי›.

[**ועיין** בביאור הגר"א דמצדד לומר, דכל דברי השו"ע אמתודה בלחש קאי, וסיפא דדברי המחבר שכתב "ואם מתודה בלחש", קאי אקודם,

באר הגולה

[א] ‹ע"פ מהדורת נהרדעא› [ב] ‹וכתב רבינו כתירוצא בתרא, דסבר דפליג אתירוצא קמא, ולא מפליג בין חטא מפורסם לשאינו מפורסם. **והר"א** ז"ל בהשגות סבר דלא פליגי ופסק גם כן כתירוצא קמא, ולכך כתב דבחטא מפורסם אפילו עבירות שבין אדם למקום צריך לפרסם התשובה - לחם משנה› [ג] ‹ומדקדק בלשון רבינו ימצא, דלא קאמר דעבירות שבינו למקום אינו צריך לפרסמם, אלא כשאינם מפורסמים, שכך כתב "ועזות פנים היא לו אם גילם", ואילו היו מפורסמים לא הוה שייך לומר "אם גילם", דהא גלויים ועומדים הם, **וג"כ** בסוף דבריו יוכיח, דקאמר "וטובה היא לו שלא נתגלה עונו", ואי במפורסמים הרי אף על פי שהוא לא גילם כבר נתגלו, אלא ודאי כדאמרן. **וסובר** רבינו דחטא מפורסם שבינו למקום לא דמי לעבירות שבין אדם לחבירו, דבעבירות שבין אדם לחבירו מצוה לפרסמם כדי שימחול לו חבירו, **אבל** בעבירות שבינו למקום נהי דאין לו להעלימם כשיאמרו לו: עברת עבירה פלונית, לא יאמר: לא עברתי, כיון שנתפרסם, אלא יאמר: עברתי ואני שב בתשובה שלימה לפני המקום, **מ"מ** אינו מצווה לפרסמם, שאולי יהיה שם אדם שלא ידע בדבר, ועכשיו ידע ואיכא חילול השם, ולכך לא כתב רבינו שבעבירות שבינו לבין המקום מצוה לפרסמן - כסף משנה› [ד] ‹ע"פ הבאר הגולה› [ה] **ברייתא שם וכרבי עקיבא הרי"ף והרא"ש** ‹וכן נראה שאין צריך לפרט החטא, שרבי עקיבא אומר שאין צריך - טור, וכן הגיה הב"ח: רבי עקיבא אומר אין צריך, שנאמר אשרי נשוי פשע› ‹**דהא** הלכה כרבי עקיבא מחבירו. **אלא** שהרמב"ם בפרק ב' מהלכות תשובה (ה"ג) פסק כרבי יהודה בן בבא {וז"ל: וצריך לפרוט את החטא, שנאמר: אנא חטא העם הזה חטאה גדולה ויעשו להם אלהי זהב}, **ונראה** שטעמו, משום דקודם ברייתא זו איתא התם אמר רב יהודה רב רמי כתיב אשרי נשוי פשע כסוי חטאה... לא קשיא כאן בחטא מפורסם כאן בחטא שאינו מפורסם, והא כרבי יהודה בן בבא אזלא, דאילו לרבי עקיבא אפי' מפורסם נמי לא, דהא עון העגל מפורסם הוה, ואפ"ה אמר רבי עקיבא עליהם אשרי נשוי פשע כסוי חטאה, אלא ודאי כרבי יהודה בן בבא אתיא, וכיון דרב סבר כוותיה הכי נקטינן. **ואע"ג** דאההיא רומיא דרמי רב, שני רב נחמן, כאן בעבירות שבין אדם לחבירו כאן בעבירות שבין אדם למקום, והאי שינוייא אתיא שפיר כרבי עקיבא, ופסק הרמב"ם עצמו (שם ה"ה) כההוא שינוייא, **מ"מ** סובר דכיון דרב יהודה אמר רב סבר דהלכה כרבי יהודה בן בבא, הכי נקטינן. **אבל** הרי"ף והרא"ש לא כתבו דברי רב יהודה, אלא דברי רב נחמן בלבד, משמע דסבירא להו דהלכה כרבי עקיבא, ומשום דמההיא דרב יהודה אמר רב משמע דלית הלכתא כוותיה, לפיכך השמיטוה - ב"י›

ופירוש הוא על ריש דבריו דאיירי בלחש, **ומדדחיק** הגר"א כ"כ ולא פי' כהמ"א, משמע דס"ל להלכה, דאפי' בחטא המפורסם אסור לאומרו בקול רם, וסבר להלכה כרב נחמן, וס"ל דר"נ מחמיר בבין אדם למקום, שאין לאומרו בקול רם אפי' בחטא המפורסם, ‹והיינו כהלחם משנה, עיין למטה›, **ועון** שבין אדם לחבירו, אם הוא מפורסם לרבים, לכו"ע מותר לאומרו בקול רם, **ודעת** הרמב"ם בזה, דאפי' באינו מפורסם ג"כ שרי, ונכון ג"כ לעשות כן, ע"ש].

'ואם מתודה בלחש, נכון לפרט החטא - כדי שיתבייש יותר כשמזכיר חטאיו, ואכתי מקרי "כסוי חטאה", כיון שאינו נשמע לבני אדם.

ובזה אין חילוק בין מפורסם לשאינו מפורסם, דהכל גלוי לפני המקום.

הגה: אבל כשמתפלל בקול רם, או ש"ץ כשחוזר התפלה, אין לפרט החטא - מדסתם משמע, דאפילו בעון שבין אדם לחבירו ג"כ אסור, [**דפסק** כרב, דאינו מחלק בין עון דבין אדם למקום, ובין עון דבין אדם לחבירו, רק בין מפורסם לאינו מפורסם, **ודעת** הרמב"ם כר"נ דשרי בזה], **ומה שאומרים "על חטא" בסדר א' ב', לא מקרי פורט, הואיל והכל אומרים בשוה, אינו אלא כנוסח התפלה (ד"ע).**

אות ג'

עובר עבירה פעם ראשונה מוחלין לו, שניה מוחלין לו, שלישית מוחלין לו, רביעית אין מוחלין לו

רמב"ם פ"ג מהל' תשובה ה"ה - בשעה ששוקלין עונות אדם עם זכיותיו, אין מחשבין עליו עון שחטא בו תחלה ולא שני, אלא משלישי ואילך, אם נמצאו עונותיו משלישי ואילך מרובין על זכיותיו, אותם שתי עונות מצטרפים ודנין אותו על הכל; ואם נמצאו זכיותיו כנגד עונותיו אשר מעון שלישי ואילך, מעבירים כל עונותיו ראשון ראשון, לפי שהשלישי נחשב ראשון שכבר נמחלו השנים, וכן הרביעי הרי הוא ראשון שכבר נמחל השלישי, וכן עד סופן. במה דברים אמורים ביחיד, שנאמר: הן כל אלה יפעל אל פעמים שלש עם גבר; אבל הצבור תולין להן עון ראשון שני ושלישי, שנאמר: על שלשה פשעי ישראל ועל ארבעה לא אשיבנו, וכשמחשבין להן על דרך זה, מחשבין להן מרביעי ואילך. הבינונים אם היה בכלל מחצה עונות שלהן שלא הניח תפילין מעולם, דנין אותו כפי חטאו ויש לו חלק לעולם הבא; וכן כל הרשעים שעונותיהן מרובים, דנין אותן כפי חטאיהם ויש להן חלק לעולם הבא, שכל ישראל יש להם חלק לעולם הבא אף על פי שחטאו, שנאמר: ועמך כולם צדיקים לעולם יירשו ארץ, ארץ זו משל, כלומר ארץ החיים, והוא העולם הבא; וכן חסידי אומות העולם יש להם חלק לעולם הבא.

השגת הראב"ד: א"א זה מן הערבוב שמערבב הדברים זה בזה, ומדמה בדעתו שהן אחדים, והם זרים ונפרדים מאד, לפי שראה בראש השנה: ורב חסד מטה כלפי חסד, ותנא דבי ר"י מעביר ראשון ראשון וכך היא המדה, וראה ביומא רבי יוסי ברבי יהודה אומר, אדם חוטא פעם ראשונה ושנייה ושלישית, מוחלין לו, רביעית אין מוחלין לו, סבר בדעתו שהן ענין אחד; והן רחוקים מאד, דההיא דרבי ישמעאל היא ליום הדין הגדול, ולהציל הבינונים מגיהנם כדברי בית הלל, ואין שם זכר למחילת עון; אבל הא דרבי יוסי ברבי יהודה 'בעולם הזה, ובתחלת מעשיו של אדם מימי עונשו ואילך, שחטא הראשון והשני והשלישי שיזדמנו לידו, אם עשה מהם תשובה, אף על פי שהם מן החמורים שצריכין יסורין ויוה"כ למרק, אלו הראשונים אינן צריכין, שהם מחולין לגמרי; זו היא הלעת הדברים ועיקרן, ואין הפרש בגמרא בין יחיד לצבור, ולא ידעתי מאין מצאו - ‹פרק בתרא דיומא (דף פ"ו:) תניא ר"י בר יהודה אומר, עבר אדם עבירה פעם ראשונה ושניה, מוחלין לו, שלישית אין מוחלין לו, שנאמר: הן כל אלה יפעל אל פעמים שלש עם גבר, והתניא שלישית מוחלין לו, רביעית אין מוחלין לו, הא ביחיד הא בצבור. זו היא גירסת הרי"ף והיא גירסת רבינו, והראב"ד לא היה גורס כן, ולפיכך כתב: ואין הפרש בגמרא בין יחיד לצבור ולא ידעתי מאין מצאו - כסף משנה›.

באר הגולה

ד ב"י | ז ‹ולדעת רבינו, ההיא דרבי יוסי ב"ר יהודה בשנדון אם ילך לג"ע או לגיהנם, דומיא דההיא דר' ישמעאל - כסף משנה›

אות ד׳

כל שכן שהוא משובח

סימן תר״ז ס״ד - [ח]עונות שהתודה עליהם ביוה״כ שעבר, ולא שינה עליהם, אפילו הכי יכול לחזור ולהתודות עליהם - ובגמרא קאמר: הרי זה משובח, משום שנאמר: וחטאתי נגדי תמיד.

אף בין אדם לחבירו, גנב וגזל וכדומה, אע״פ שמחל לו והשיב את הגזילה, מ״מ מתודה ביוה״כ לעולם, דמ״מ בין אדם למקום חטא, **אבל** אם הקניט חבירו בדברים, או עני המהפך בחררה, י״ל כה״ג כיון שביקש מחילה מחבירו והתודה ביו״כ ראשון, א״צ להתודות ביו״כ שנית, [**ואפשר** אף ביוה״כ ראשון אין צריך להתודות, כיון שכבר פייס אותו].

אות ה׳

מפרסמין את החנפין מפני חילול השם

רמב״ם פ״ו מהל׳ דעות ה״ח - במה דברים אמורים בדברים שבין אדם לחבירו, אבל בדברי שמים אם לא חזר בו בסתר, מכלימין אותו ברבים ומפרסמים חטאו, ומחרפים אותו בפניו ומבזין ומקללין אותו עד שיחזור למוטב, כמו שעשו כל הנביאים בישראל.

באר הגולה

ח ברייתא שם וכרבי אליעזר בן יעקב, רמב״ם והטור בשם אביו הרא״ש והרוקח

§ מסכת יומא דף פז. §

אות א'

וכל המחטיא את הרבים, כמעט אין מספיקין בידו לעשות תשובה

רמב"ם פ"ד מהל' תשובה ה"א - ארבעה ועשרים דברים מעכבין את התשובה, ארבעה מהן עון גדול והעושה אחד מהן אין הקדוש ברוך הוא מספיק בידו לעשות תשובה לפי גודל חטאו. ואלו הן: (א) המחטיא את הרבים, ובכלל עון זה המעכב את הרבים מלעשות מצוה.

אות ב' - ג' - ד'

כל המקניט את חבירו אפילו בדברים, צריך לפייסו

וצריך לפייסו בשלש שורות של שלשה בני אדם

כל המבקש מטו מחבירו, אל יבקש ממנו יותר משלש פעמים

סימן תרו ס"א - [א]עבירות שבין אדם לחבירו, אין יום הכיפורים מכפר עד שיפייסנו; ואפילו לא הקניטו אלא בדברים, [ב]צריך לפייסו - דגם בזה עבר על איסור דאונאת דברים, **והנה** אע"פ שגם בשאר ימות השנה מחויב לפייס למי שפשע כנגדו, מ"מ אם אין לו פנאי הוא ממתין לפייסו על יום אחר, **אבל** בעיוה"כ מחויב לתקן הכל, כדי שיטהר מכל עונותיו, כדכתיב: כי ביום הזה יכפר עליכם מכל חטאתיכם וגו'.

ונכון שילך בעצמו אליו, ולא ישלח תחלה אמצעי שֶׁיְּרַצֶּה לקבל פיוסים, **ואם** קשה עליו לילך בעצמו תחלה, או שיודע שיותר קרוב הפיוס ע"י איש אמצעי שיתווך ביניהם, יכול לעשות ע"י אמצעי.

וכ"ש אם יש בידו מן הגזל ואונאה וכל דבר הנוגע בממון, יראה לתקן, דזהו המקטרג הגדול על האדם, כמו שאחז"ל: סאה מלא עונות מי מקטרג, גזל מקטרג בראש.

[**ונראה** פשוט, דבאיסור גזל ואונאה וכה"ג, דידוע שהוא לאו הניתק לעשה ד"והשיב את הגזילה", אין רשאי להמתין עד עיוה"כ, דבכל שעה ושעה יש עליו חיוב עשה זו, דהוא תקונו של לאו, **ודומיא** דכל עשה דאורייתא שחייבו חז"ל לעשותו בבוא זמנו, כגון לולב ובהמ"ז וק"ש וכדומה, **וכ"ש** בזה שעבר מתחילה על לאו דאורייתא].

ואם יש לחבירו בידו ממון שיש לו תביעה עליהם, יודיענו, אע"פ שחבירו לא ידע מזה כלל, **ועכ"פ** יסדר לפני הרב ומ"ץ הענין בשלימות ובאמת בלא שקר, ולשאול האיך להתנהג, **כללו** של דבר, כל דבר שבממון לא יסמוך על הוראתו, כי היצה"ר יש לו התירים הרבה.

ואם אינו מתפייס בראשונה, יחזור וילך פעם שניה ושלישית, [ג]ובכל פעם יקח עמו שלשה אנשים - ויפייסנו בכל פעם במין ריצוי אחר, ובשעת בקשת מחילה צריך לפרט מה שחטא לחבירו, **אם** לא כשיודע שחבירו יתבייש מזה כשיפרט החטא, אזי לא יפרט אותו. **ומי** שהוא מבקש מחילה מרבים בכלל, אינו יוצא אם יודע שעשה לאיזה יחיד בפרט.

(הנה מלשון הטוש"ע משמע, שתיכף בפעם ראשון שמבקש מחילה, יביא עמו ג' בני אדם, **אבל** מלשון הרמב"ם נראה, דבפעם הראשון ילך בעצמו, אולי ימחול לו, ואח"כ ילך ג' פעמים, ויוליך עמו ג' בני אדם).

ואם אינו מתפייס בשלשה פעמים - ר"ל באופן זה ע"י ריבוי אנשים, **אינו זקוק לו** - [ד]ואם רצה לפייסו יותר, רשאי, אם אין שם בזיון התורה.

(מיהו יאמר אח"כ לפני י' שבקש ממנו מחילה) (מרדכי ומהרי"ל) - כדי לפרסם הדבר שמצדו לא יבצר.

אות ה'

ואם מת, מביא עשרה בני אדם ומעמידן על קברו, ואומר: חטאתי לה' אלהי ישראל ולפלוני שחבלתי בו

סימן תרו ס"ב - [ה]אם מת אשר חטא לו, מביא י' בני אדם ומעמידם על קברו, ואומר: חטאתי לאלהי ישראל ולפלוני זה שחטאתי לו - בחטא פלוני, כי צריך בזה לפרט החטא, והם ישיבו לו: מחול לך מחול לך, ג' פעמים.

וזה קאי גם אמוש"ר, דאמרינן אילו היה חי היה מוחל לו.

וצריך לילך לשם יחף. **ואם** הוא חוץ לשלשה פרסאות, ישלח שלוחו לשם, והשליח יקח עשרה אנשים וילך על קברו, ויבקש מחילה בשם המחרף, ויאמר: הנני שליח פלוני מודה ברבים, ששלחני פלוני לאמר שחטא לאלקי ישראל וכו'.

ואם חירפו לאחר מיתה, א"צ לילך על קברו, אלא מבקש ממנו מחילה במקום שביישו.

ואם קרא לאחד ממזר, י"א דפגם בכבוד אבותיו ג"כ, וצריך לילך על קברם, **אבל** רבים חולקין ע"ז, דיכול לומר: לאו אדעתאי שיהיה הדבר נוגע לאבותיו, **אא"כ** קראו ממזר בן ממזר. **ועיין** בחו"מ סימן ת"כ, לענין אם קראו רשע בן רשע, או גנב בן גנב.

(ונהגו לבקש מחילה בערב יום כפור) (מרדכי).

באר הגולה

א **משנה יומא פ"ה** ב **מכמה עובדי שם בגמרא פ"ז** ג **מימרא דרב חסדא שם** ד ‹ב"ח. ודייק כן מלשון הטור, ונהי דלגרסת רש"י דגרס אהא דאמרינן שם [פז:] רב שאני. ופי' רש"י, דרב החמיר על עצמו, אתי שפיר דברי הטור. **אבל** לשאר הפוסקים דגרסי רבו שאני, דרבי חנינא הוי רבו דרב, א"כ אין ראיה דאם ירצה לפייס יותר מג' פעמים דרשאי. **מ"מ** ס"ל מסברא דהגמ' לא מיירי אלא מצד הדין, אבל אם ירצה לעשות לפנים משורת הדין ולבקש יותר מג' פעמים רשאי, עכת"ד הב"ח. **והפר"ח** חולק על הטור, וס"ל דאינו רשאי יותר משלש פעמים, ע"ש - מחה"ש› ה **מימרא דר' יוסי בר חנינא שם**

בצבו נפשיה. ברצון עלמו: לקטלא אזיל. ליטא עונש חטא שמא ישנה בדין ועל עלמו אמר כן: והכי ביתיה ליה הוא עביד. בכל זה לא יעשה צורכי ביתו ולא ישתכר כלום בדבר: ולולי שתהא ביאה. שישוב ויכנס לביתו בלא חטא כיליאה: אמבוהא. גדודי בני אדם הולכין אחריו לכבודו: אם יעלה לשמים שיאו וגו' כגללו לנצח יאבד. וכל זה אמר שלא תזוח דעתו: מכתפי ליה. זקן היה ונושאין אותו באלנקי בכתפיהם בבית המדרש שלא להטריח את הציבור לקום מפניו: שנאמר חנופים. אלמא אף הן היו רלויין ליטרף ונעקרו: אין חטא בא על ידו. הקב"ה מדחה מפניו את העבירה שלא תבא לידו: כי לא תעזוב נפשי. למדנו שהקב"ה מונע את החטאת מלהכשילו: עשוק בדם נפש. מחויב בנפש שהבדה על ידו: אל יתמכו בו. שלא יפול אלא מניחין אותו ויפול בבור בגיהנם: כדרב הונא. דכיון דחטא תרי זימני שוב אין מספיקין בידו לעשות תשובה לפי שהעבירה דומה עליו היתר: לימא דלא כרבי. דאמר לעיל אפי' לא עשה תשובה מכפר: אגב שאני. מאחר שעליו הוא סומך לחטוא אינו מכפר: ופללו אלהים. וקא סלקא דעתך ופללו לשון תפלה ופיוס הוא שהקב"ה מפלל ומפייסו ומכפר לו: מאן אלהים דיין. והאי ופללו לשון ונתן בפלילים (שמות כא) הדיין ישפוט ביניהם: אי הכי. דפללו דקרא לשון משפט ניהו אימא סיפא מי יתפלל לו מי ישפטנו בשביל המקום וכי אין שלוחין הרבה למקום ליפרע הימנו: הכי קאמר. הכי כמי דפילול דקרא לשון פיוס הוא והכי קאמר אם יחטא איש לאיש ופללו לחבירו וריצהו האלהים ימחול לו: ואם לה' יחטא איש מי יתפלל בעדו. אם אינו שב מעבירות שבידו כך היה עלי הכהן מוכיח את בניו שישובו מרעתם: בני אם ערבת לרעך תקעת לזר כפיך. בשביל זר לערבו בממון או אם נוקשת באמרי פיך שהקנטתו בדברים עשה זאת והנצל כי באת בכף רעך על עסקי ממון: לך התרפס. יד ופרע לו ועל מוקש אמרי פיך אם הקנטתו רהב רעיך הרבה רעים לבקש הימנו מחילה. רעיך בתרא דקרא מלא כתיב לפי שהוא לשון רבים: בשלש שורות. שלש פעמים יפייסו בשלשה אנשים בכל פעם שנאמר ישור לשון שורה ואין שורה פחותה משלשה בני אדם: חטאתי. הרי פעם אחת ויושר העויתי הרי שתים ולא שוה לי הרי שלשה: אנא שא נא ועתה שא נא. אין נא אלא לשון בקשה: הוה ליה מילתא לר' אבא בהדיה. ר' אבא היה לו להתרעם על ר' ירמיה שחטא לו אזל ר' ירמיה איתיב אדשא דר' אבא: זרזיפי דמיא. התזות טיפי שופכין שהיתה השפחה שופכת וזרזיפי טיפין ודומה לו כרביבים וזרזיף ארץ בספר תהלים (עב): ממאשפות. לפני מי שחטא לו אולי יבקש ממנו מחילה וימחול לו: חליף ותני. עובר ושונה ומשלש פעמים רבות: בהדי טבחא. הטבח חטא לו: קאזיל אבא. רביה: למקטל נפשיה. עכשיו הוא מטעישו למות: פכר רישא. משבר עלמות ראש של בהמה: בקועיה. בגרגרתו: סידרא. פרשת מקרא של נביאים או של כתובים: אתא

בצבו נפשיה לקטלא נפיק וצבו ביתיה לית הוא עביד וריקן לביתיה אזיל ולואי שתהא ביאה כיציאה *וכי הוי חזי אמבוהא אבתריה איוב כ אמר °אם יעלה לשמים שיאו וראשו לעב יגיע כגללו לנצח יאבד רואיו יאמרו איו *רב זוטרא כי הוו מכתפי ליה בשבתא דריגלא משלי כז הוה אמר °כי לא לעולם חסן ואם נזר לדור שם יח ודור °שאת פני רשע לא טוב לא טוב להם לרשעים שנושאין להם פנים בעולם הזה לא טוב לו לאחאב (א) שנשאו לו פנים בעוה"ז מלכים א כא שנאמר °יען כי נכנע (*אחאב מלפני) לא אביא משלי יח הרעה בימיו *°להטות צדיק במשפט טוב להם לצדיקים שאין נושאין להם פנים בעוה"ז טוב לו למשה שלא נשאו לו פנים בעוה"ז שנאמר במדבר כ °יען לא האמנתם בי להקדישני *הא אילו האמנתם בי עדיין לא הגיע זמנם ליפטר מן העולם אשריהם לצדיקים לא דיין שהן זוכין אלא שמזכין לבניהם ולבני בניהם עד סוף כל הדורות שכמה בנים היו לו לאהרן שראויין לישרף כנדב ואביהוא שנאמר ויקרא י °הנותרים אלא שעמד להם זכות אביהם אוי להם לרשעים לא דיין שמחייבין עצמן אלא שמחייבין לבניהם ולבני בניהם עד סוף כל הדורות הרבה בנים היו לו לכנען שראויין ליסמך כטבי עבדו של רבן גמליאל אלא שחובת אביהם גרמה להן *כל המזכה את הרבים אין חטא בא על ידו *וכל המחטיא את הרבים כמעט אין מספיקין בידו לעשות תשובה כל המזכה את הרבים אין חטא בא על ידו מ"ט *כדי שלא יהא הוא בגיהנם ותלמידיו בגן עדן שנאמר °כי לא תעזוב נפשי לשאול לא תתן חסידך לראות שחת וכל המחטיא את הרבים אין מספיקין בידו לעשות תשובה שלא יהא הוא בגן עדן ותלמידיו בגיהנם שנאמר °אדם עשוק בדם נפש עד בור ינוס אל יתמכו בו: האומר אחטא ואשוב אחטא ואשוב: למה לי למימר אחטא ואשוב תרי זימני כדרב הונא אמר רב הונא אמר רב *כיון שעבר אדם עבירה ושנה בה הותרה לו הותרה לו סלקא דעתך אלא נעשית לו כהיתר: אחטא ויום הכפורים מכפר אין יום הכפורים מכפר: לימא מתני' דלא כרבי דתניא *רבי אומר על כל עבירות שבתורה בין עשה תשובה בין לא עשה תשובה יוה"כ מכפר אפילו תימא רבי אגב שאני: עבירות שבין אדם למקום וכו': רמי ליה רב יוסף בר חבו לרבי אבהו (ג) עבירות שבין אדם לחבירו אין יוה"כ מכפר והא כתיב °אם יחטא איש לאיש ופללו אלהים מאן אלהים דיינא אי הכי אימא סיפא ואם לה' יחטא איש מי יתפלל לו הכי קאמר אם יחטא איש לאיש ופללו אלהים ימחול לו ואם לה' יחטא איש מי יתפלל בעדו תשובה ומעשים טובים *אמר ר' יצחק ^בכל המקניט את חבירו אפילו בדברים צריך לפייסו שנאמר °בני אם ערבת לרעך תקעת לזר כפיך נוקשת באמרי פיך עשה זאת אפוא בני והנצל כי באת בכף רעך לך התרפס ורהב רעיך *אם ממון (ג) יש בידך התר לו פסת יד ואם לאו הרבה עליו ריעים (*ואמר) רב חסדא ^וצריך לפייסו בשלש שורות של שלשה בני אדם שנאמר °ישור על אנשים ויאמר חטאתי וישר העויתי ולא שוה לי (*ואמר) ר' יוסי בר חנינא ^דכל המבקש כטו מחבירו אל יבקש ממנו יותר משלש פעמים שנאמר °אנא שא נא ועתה שא נא ^הואם מת מביא עשרה בני אדם ומעמידן על קברו ואומר חטאתי לה' אלהי ישראל ולפלוני שחבלתי בו ר' ירמיה הוה ליה מילתא לר' אבא בהדיה אזל (ד) איתיב אדשא דר' אבא בהדי דשדיא אמתיה מיא מטא זרזיפי דמיא ארישא אמר עשאוני כאשפה קרא אנפשיה °מאשפות ירים אביון *שמע ר' אבא ונפיק לאפיה אמר ליה השתא צריכנא למיפק אדעתך דכתיב לך התרפס ורהב רעיך ר' זירא כי הוה ליה מילתא בהדי איניש הוה חליף ותני לקמיה וממציא ליה כי היכי דניתי וניפוק ליה מדעתיה רב הוה ליה מילתא בהדי ההוא טבחא לא אתא לקמיה במעלי יומא דכפורי אמר איהו איזיל אנא לפיוסי ליה פגע ביה רב הונא אמר ליה להיכא קא אזיל מר אמר ליה לפיוסי לפלניא אמר אזיל *) אבא למיקטל נפשא אזל וקם עילויה הוה יתיב וקא פלי רישא דלי עיניה וחזייה אמר ליה אבא את זיל לית לי מילתא בהדך בהדי דקא פלי רישא אישתמיט גרמא ומחייה בקועיה וקטליה רב הוה פסיק סידרא קמיה דרבי עייל אתא

*) עי' תוס' חולין לג: ד"ה אילטריך

צו א מיי' פ"ד מהלכות תשובה הלכה א:

צז ב ג ד מיי' פ"ב מהל' תשובה הלכה ט סמג עשין טז טוש"ע או"ח סי' תרו סעיף א:

צח ה מיי' שם הל"ד טוש"ע שם סעי' ג:

[עי' סנהדרין ז: דרב אמר להו מלתא]

[עי' סנהדרין שם איתא מר זוטרא חסידא]

[נ"ל שמני]

שבת פט.

[ביצה יד:]

[בע"י הגי' גם כאן מלת סיבלדרים לבניו ולאחריו]

[אבות פ"ה מ"ח תוספ' פ"ד סוטה מז. סנהדרין קז: עי' תוס' יבמות קנז: ד"ה מהו דתימא]

[תוספתא פ"ד] תהלים טז משלי כח [לעיל פו: ע"ש וש"נ] [לעיל פה: וש"נ] שמואל א ב

[גרי"ף וברא"ש הרבה שנוים במימרות אלו:]

משלי ו [ב"מ קטו. כ"ב קטג:] [נ"ל אמר] איוב לג [נ"ל אמר] בראשית נ תהלים קיג [ושמואל א ב] עי' בע"י

רבינו חננאל

נשוי פשע כסוי חטאה משל לב' נשים שקלקלו כו': כפרסמין את החנפים מפני חלול השם שנאמר ובשוב צדיק מצדקתו ועשה עול ונתתי מכשול לפניו כדי לפרסמו: תשובת המוחלפין מעכבת [את הפורענות] אפילו

הגהות הב"ח

(א) גמ' לא טוב לו לאחאב שנשא הקב"ה לו פנים כו' טוב להם

לצדיקים שאין נושא להם הקב"ה פנים בעוה"ז טוב לו למשה ולאהרן שלא נשא הקב"ה להם פנים כו' לא הגיע זמנכם ליפטר כו' שכן זוכין לעצמן אלא שמזכין כו' כל הדורות הרבה בנים היו לו: (ב) שם רב יוסף בר חבו לר' אבהו תנן עבירות כו' אין יוה"כ מכפר עד שירצה את חבירו והא כתיב כו' מי יתפלל לו אלא הכי קאמר: (ג) שם אם ממון יש לו בידך התר: (ד) שם מילתא לר' אבא בהדיה אזל ויתיב אדשא דר' אבא (כהדי דשדיא אמתיה מיא) …

לאחר שנתתם גו"ר. שלות רשעים סופה תקלה והרשות מקברת בעליה ערום נכנס לה וערום יוצא ממנה. ולואי שתהא יציאה מן העולם כביאה לעולם בלא עון. רב כד הוה נפיק לדינא אמר הכי ברעות נפשי לקטלא אזיל וצבו ביתי' לינא עביד וריקן לביתי' עייל ולואי שתהא ביאה כיציאה מבית בלא עון: שאת פני רשע לא טוב לא טוב לו לאחאב שנשאו לו פנים בעוה"ז שנאמר הראית כי נכנע אחאב מפני אוי להם לרשעים שחבין לבניהם ולבני בניהם כו'. להטות צדיק במשפט טוב לצדיקים שאין נושאין להם פנים בעוה"ז. יען לא האמנתם בי להקדישני הא האמנתם בי עדיין שלא הגיע זמנכם להפטר אשריהם …

תוספות ישנים

כל המזכה את הרבים אין חטא בא על ידו. …

אתא ר' חייא הדר לרישא עייל בר קפרא הדר לרישא אתא ר"ש ברבי הדר לרישא אתא ר' חנינא (*בר) חמא אמר כולי האי נהדר וניזיל לא הדר איקפיד ר' חנינא אזל רב לגביה תליסר מעלי יומי דכפורי ולא איפייס והיכי עביד הכי והאמר ר' יוסי בר חנינא כל המבקש מטו מחבירו אל יבקש ממנו יותר משלש פעמים *רב שאני ור' חנינא היכי עביד הכי *והאמר רבא כל המעביר על מדותיו מעבירין לו על כל פשעיו אלא ר' חנינא חלמא חזי ליה לרב דזקפוהו בדיקלא וגמירי דכל דזקפוהו בדיקלא רישא הוי אמר (א) שמע מינה בעי למעבד רשותא ולא איפייס כי היכי דליזיל ולגמר אורייתא בבבל ת"ר *מצות וידוי ערב יוה"כ עם חשכה אבל אמרו חכמים יתודה קודם שיאכל וישתה שמא תטרף דעתו בסעודה ואע"פ שהתודה קודם שאכל ושתה מתודה לאחר שיאכל וישתה שמא אירע דבר קלקלה בסעודה ואף על פי שהתודה ערבית יתודה שחרית שחרית יתודה במוסף במוסף יתודה במנחה במנחה יתודה בנעילה והיכן אומרו יחיד אחר תפלתו ושליח צבור אומרו באמצע מאי אמר אמר רב אתה יודע רזי עולם ושמואל אמר ממעמקי הלב ולוי אמר ובתורתך כתוב לאמר ר' יוחנן אמר רבון העולמים ר' יהודה אמר כי עונותינו רבו מלמנות וחטאתינו עצמו מספר רב המנונא אמר *אלהי עד שלא נוצרתי איני כדאי עכשיו שנוצרתי כאילו לא נוצרתי עפר אני בחיי ק"ו במיתתי הרי אני לפניך ככלי מלא בושה וכלימה יהי רצון מלפניך שלא אחטא ומה שחטאתי מרוק ברחמיך אבל לא ע"י יסורין והיינו וידויא דרבא כולה שתא *ודרב המנונא זוטא ביומא דכפורי אמר *מר זוטרא לא אמרן אלא דלא אמר אבל אנחנו חטאנו אבל אמר אבל אנחנו חטאנו תו לא צריך דאמר בר המדורי הוה קאימנא קמיה דשמואל והוה יתיב וכי מטא שליחא דצבורא ואמר אבל אנחנו חטאנו קם מיקם אמר שמע מינה *עיקר וידוי האי הוא תנן התם *בשלשה פרקים בשנה כהנים נושאין את כפיהן ארבעה פעמים ביום בשחרית במוסף במנחה ובנעילת שערים ואלו הן שלשה פרקים בתעניות ובמעמדות וביום הכפורים מאי נעילת שערים רב אמר צלותא יתירתא ושמואל אמר מה אנו מה חיינו מיתיבי *אור יוה"כ מתפלל שבע ומתודה בשחרית מתפלל שבע ומתודה במוסף מתפלל שבע ומתודה (א) במנחה מתפלל שבע ומתודה בנעילה מתפלל שבע ומתודה (ג) [א]*תנאי היא [א] דתניא יום הכפורים עם חשיכה מתפלל שבע ומתודה וחותם בוידוי דברי ר"מ וחכמים אומרים מתפלל שבע ואם רצה לחתום בוידוי חותם תיובתא דשמואל תיובתא עולא בר רב נחות קמיה דרבא פתח באתה בחרתנו וסיים במה אנו מה חיינו ושבחיה *רב (ג)הונא בריה דרב נתן אמר ויחיד אומרה אחר תפלתו אמר רב "תפלת נעילה פוטרת את של ערבית רב לטעמיה דאמר צלותא יתירא היא וכיון דצלי ליה תו לא צריך ומי אמר רב הכי והאמר רב הלכה "כדברי האומר תפלת *ערבית רשות לדברי האומר חובה קאמר מיתיבי *)אור יום הכפורים מתפלל שבע ומתודה שחרית שבע ומתודה מוסף שבע ומתודה *בנעילה מתפלל שבע ומתודה ערבית מתפלל שבע מעין שמונה עשרה רבי חנינא בן גמליאל משום אבותיו מתפלל שמונה עשרה שלימות

מפני

*) [פסחים נ. נדה ח:]

רש"י

לאתר ר' חייא. וגם הוא היה חפץ לפסוק עמו וחזר בשבילו לראש הפרשה: **רב שאני.** מחמיר היה לעצמו: **חלמא חזא ליה לרב.** ראה חלום על רב שתלאוהו בדקל והוא סימן נשיאות ראש וגדולה ור' חנינא ראש ישיבה היה כדאמר רבי (כתובות דף קג:) בשעת פטירתו חנינא בר חמא ישב בראש וכשראה חלום זה על רב דאג למות לפי שאין מלכות נוגעת בחברתה אמר אדחייה מהכא ויברח לבבל מפני ושם יהיה ראש ולא נדחין למות בשבילו: **עם חשיכה.** לאחר אכילה משקיבל עליו יוה"כ: **שמא תטרף דעתו.** מחמת שכרות: **דבר קלקלה.** של חטא: **ממעמקי הלב.** תפלה היא: **כשורתך כתוב.** כי ביום הזה יכפר: **רבון העולמים.** כי לא על צדקותינו וכו': **בתעניות.** של גשמים: **ובמעמדות.** ארבעה ימים בכל שבת שאנשי משמר ישראל מתכנסין בעריהן ומתענין וקורין במעשה בראשית כדאמרינן במס' תענית (דף כו.) והתם מקשינן ותעניות ומעמדות מי אית בהו מוסף ומשנינן הכי קאמר כהנים נושאין את כפיהן כל זמן שמתפללין ואפי' במנחה לפי ששלשה פרקים הללו תעניות הם ואין שכרות במנחה אבל שאר ימות השנה אין נשיאות כפים במנחה ויש מהן ארבע פעמים ביום: **צלותא יתירתא.** מתפלל שבע כשאר התפלות: **ושמואל אמר מה אנו ומה חיינו.** אומר ואינו מתפלל: **אור יום הכפורים.** ליל יום הכפורים: **וחותם בוידוי.** גרס בתוספתא אינו חותם מקדש ישראל אלא הא-ל הסולחן וחכמים אומרים כל מקום שזקוק לשבע אף בשאר התפלות אם רצה לחתום בוידוי חותם כך שמעתי אבל לא גרס לה בתוספתא הכי אלא וחכמים אומרים מתפלל שבע ואם רצה לחתום בוידוי חותם ואנעילה קיימי קתני מיהת נעילה מתפלל שבע ומתודה תיובתא דשמואל תיובתא: **נחית קמיה דרבא.** בנעילה ולשון נעילה פליגי (ד) אמוראי בברכו' ירושלמי חד אמר נעילת שערי שמים וחד אמר נעילת שערי עזרה: **וכיון דצלי.** משחשיכה תו לא צריך: **והא אמר רב.** במס' ברכות* תפלת ערבית רשות ומאי פוטרת דקאמר: **לדברי האומר חובה קאמר.** דזו פוטרתה: **מיתיבי וכו'.** קתני נעילה וקתני ערבית: **שבע מעין שמונה עשרה.** ג' ראשונות וג' אחרונות כתיקנן ואומר הביננו באמצע שיש בה מעין שלש עשרה ברכות והיא תפלה קצרה שתיקנו לעוברי דרכים ולמוצאי יוה"כ התירו לאמרה בה מפני הטורח:

הגהי

תוספות

והאמר רב תפלת ערבית רשות. תימה לרב דאמר תפלת ערבית רשות האמר פרק תפלת השחר (ברכות דף כו.) טעה ולא התפלל ערבית מתפלל שחרית שתים ואמר נמי התם בסוף פרק תפלת השחר (שם דף ל:) טעה ולא הזכיר של ראש חודש בלילה אין מחזירין אותו לפי שאין מקדשין את החודש בלילה הא לאו הכי מחזירין ואמאי תיפוק ליה דתפלת ערבית רשות ואומר ר"י נהי דרשות היא אין לבטלה בחנם אם לא מפני שום מצוה עוברת או צרה המייניה דפ"ק דשבת (דף ט:) דלא מטרחינן ליה וכן עלה על מטתו דירושלמי דאין מטריחין אותו שירד תדע כיון דיעקב אבינו תיקנה לא תיקנה לבטלה ועוד כיון דכנגד אברים ופדרים היא שמעלן ומקטירין כל הלילה נהי דלא מעכבי כפרה מ"מ מצוה להקטיר תפלת ערבית נמי מצוה ותימה מאי פריך הכא והאמר רב תפלת ערבית רשות והאמרינן דבחנם אין לבטלה וי"ל דאין זה בחנם דבליל יוה"כ מצוה לטרוח ולהכין צרכי סעודה דהוי כעין יו"ט כדאמרי' במדרש דבמוצאי יוה"כ בת קול יוצאת ואומרת לך אכול בשמחה לחמך וכמו שפירשנו שאין לבטלה בחנם אפי' למ"ד תפלת ערבית רשות הכי משמע בירושלמי דתפלת השחר דלמ"ד תפלת ערבית חובה אין תפלת נעילה פוטרתה ולמ"ד רשות תפלת נעילה פוטרתה משמע אבל בחנם אין לבטלה ואע"פ שחולק על הש"ס שלנו בזה דבגמרא דידן משמע דרב לדברי האומר חובה קאמר אבל למ"ד רשות לא בעיא תפלה לפוטרה מ"מ במה שאנו יכולין להשוותם יש לנו להשוותם *וכה"ג פי' גבי אין מקדשין את החודש בלילה אע"ג דתפלת ערבית רשות כיון דשוייה עליה חובה שפיר דמי ולהכי צריך לההוא טעמא דאין מקדשין החודש בלילה ואין נראה לר"י דהאמר בפ"ק דשבת* למ"ד תפלת ערבית רשות מכי שרא המייניה לא מטרחינן ליה הא אי לא שרא המייני' מטרחינן ליה אע"פ שלא התפלל כלל וכי תימא כיון שהתפלל בשאר לילות שויא עליה חובה ה"כ אמאי איצטריך לשנויי הכא דרב לדברי האומר חובה קאמר לימא דאפי' לדידיה דס"ל רשות כיון דשויא עליה חובה בשאר לילות חובה היא עלויה ובעיא תפלה למיפטריה על כן נראה כדפרישית:

מתפלל שבע מעין שמונה עשרה ברכות. פירש רשב"ס טעמא משום דכיון דהלכתי הוא בתענית חשוב כיוה"כ להכי מתפלל שבע ולפי שכבר פנה היום וחול הוי להכי מתפלל מעין י"ח:

מתני

רבינו חננאל

[illegible] ...הדין דהמי על הבריה צריך סימר ליה סרחית עלך אין קבליה הא יאות ואי לא מייתי בני נש ומפייס ליה קושייהו כדכתיב ישור על אנשים יעשה שורה של אנשים ויאמר חטאתי וישר העויתי ... הכתוב אומר פדה נפשו מעבור בשחת וחיתו באור תראה . ואי מת צריך מיזל מפייסיה בקבריה ומימר ליה סרחית עלך : ר' ירמיה הוה ליה לר' אבא מלתא בהדיה אזיל יתיב אדשא נפקא אמתא ... מלתא . א' עשאוני כאשפה הוב לא מהייבנא . קם למיזל נפק רבא בתריה הוייה ר' ירמיה א"ל קום ארוכתיך עלי רמיא לאיוסך שנאמר לך התרפס ורהב רעיך . ר' זירא כי הוה לאיניש בהדיה מלתא ... יה כי היכי דנשתעי בהדיה , רב הוה ליה מלתא בהדיה ההוא טבחא כולי שתא לא אתא לגביה במעלי דכפורי אמר רב אזיל אנא למפייסיה כו' . ר' חנינא איקפד עליה דרב משום דאמר ק... א כמה נהדר וניזיל ואזל רב לגבי' דרב חנינא י"ג מעלי יומי דכפורי ולא איפיים ליה . והיכי עביד רב הכי והאמר ריב"ח כל המבקש ממו מחבירו אל יבקש יותר מג' פעמים ושנינן הצ"ב ... יד בהדיה רב שאני . כלומר ר' חנינא רבו של רב הוה . ור' חנינא היכי עביד . לית ליה הא (דרבה) [דרבא] דאמר כל המעביר על מדותיו מעבירין לו על כל פשעיו . [אלא] ר' חנינא חזא לחלמא דזקפיה לרב ... גמר אורייתא התם . ת"ר מצות ודוי עיו"כ עם חשיכה אבל אמרו חכמים מתודה אדם קודם שיאכל וישתה שמא תטרף דעתו עליו בסעודה ואע"פ שהתודה קודם אכילה ושתיה יתודה ל... מתודה ערבית יתודה שחרית ויתודה במוסף [ויתודה במנחה] ויתודה בנעילה . והיכן או' יחיד או' אחר תפלתו וש"ץ אומרה באמצע . מאי היא . רב אמר אתה יודע רזי עולם ושמואל אמר אתה יודע עוסקן של ...

ולוי

תוספות ישנים

...דה קודם אכילה כו' . ובתוספתא (פ"ד) גרס שיתודה אחר אכילה ושתיה ואע"ג שהתודה ... ושתיה יתודה ערבית כו' וידוי יתירא זה לא תנינו אותו בתלמוד ושמא טעות סופר הוא ... אבל אמרו חכמים מתודה קודם אכילה ושתיה שמא יארע דבר קלקלה בסעודה ואע"פ שהתודה קודם אכילה ושתיה יתודה אחר אכילה ושתיה שמא תטרף דעתו עליו ואף על פי שהתודה ערבית ... ונראה כי הגירסא שם הוא כשיכור וצ"ע באחרונות : **וסיים** במה אנו . וסייעו הספר אתה נותן יד לפושעים ... אנו סובגים : **והאמר** רב תפלת ערבית רשות . תימה מה בכך דמ"מ אין לו לבטלה בחנם כמו שרבי רגיל ... בפרק

§ מסכת יומא דף פז: §

אות א'

רב שאני

סימן תרו ס"א - [א]ואם הוא רבו, צריך לילך לו כמה פעמים עד שיתפייס - [ב]אפילו אינו רבו מובהק, אלא ששמע ממנו דברי תורה. **הגה: והמוחל לא יהיה אכזרי מלמחול (מהרי"ל)** - דכל המעביר על מדותיו, מעבירין לו על כל פשעיו, ואם הוא לא ירצה למחול, גם לא ימחלו לו, [דלמעלה דנין מדה כנגד מדה]. [**וצריך** למחול לחבירו אפי' אם עיות כנגדו במזיד ובמרד, ואז מוחלין לו ג"כ אפי' על המזידות, וכמו שאמרו בגמ': למי נושא עון, למי שעובר על פשע].

אם לא שמכוון לטובת המבקש מחילה [ג](גמרא דיומא) - [ד]כדי שיהא נכנע לבו הערל, ולא ירגיל בכך, [ה]**וה"ה** אם מכוין לטובת עצמו, שמתירא שיגיע לו היזק כשימחול, **ומ"מ** נראה, דמלבו צריך להסיר השנאה ממנו, אחרי דבאמת ביקש ממנו מחילה.

ואם הוציא עליו שם רע, אינו צריך למחול לו (מרדכי וסמ"ג והגה"מ ומהרי"ו) - דאיכא דשמע בחשדא ולא שמע בפיוס, ונשאר השם רע, **ומ"מ** מדת ענוה למחול גם בזה.

[ו]סימן תרו ס"ג - [ז]תקנת קדמונינו וחרם, שלא להוציא שם רע על המתים - ולכן צריך לעשות תשובה על שעבר החרם.

אות ב'

יתודה קודם שיאכל וישתה, שמא תטרף דעתו בסעודה

סימן תרז ס"א - [ח]צריך להתודות במנחה קודם סעודה המפסקת - [ט]שמא יארע לו דבר קלקלה בסעודה, שיחנק או שתטרף דעתו, [גמרא, והיינו מחמת שכרות, רש"י, ורמב"ם איתא שיחנק], ולא יוכל להתודות אח"כ, [י]**ויש** פוסקים שסוברין, שצריך להתודות גם אחר אכילה קודם חשיכה, וראוי להחמיר כדעה זו - של"ה, **וכן** נהגו בזמנינו, שאומרים אז "תפלה זכה".

אות ג' - ד'

ואף על פי שהתודה קודם שאכל ושתה, מתודה לאחר שיאכל וישתה, שמא אירע דבר קלקלה בסעודה

ואף על פי שהתודה ערבית יתודה שחרית, שחרית יתודה במוסף, במוסף יתודה במנחה, במנחה יתודה בנעילה

רמב"ם פ"ב מהל' תשובה ה"ז - יום הכפורים הוא זמן תשובה לכל, ליחיד ולרבים, והוא קץ מחילה וסליחה לישראל, לפיכך חייבים הכל לעשות תשובה ולהתודות ביום הכפורים; ומצות וידוי יום הכפורים שיתחיל מערב היום קודם שיאכל, שמא יחנק בסעודה קודם שיתודה; ואף על פי שהתודה קודם שיאכל, חוזר ומתודה בלילי יום הכפורים ערבית, וחוזר ומתודה בשחרית ובמוסף ובמנחה ובנעילה; והיכן מתודה, יחיד אחר תפלתו, ושליח צבור באמצע תפלתו בברכה רביעית.

אות ה'

והיכן אומרו, יחיד אחר תפלתו, ושליח צבור אומרו באמצע

סימן תרז ס"א - הגה: ויחיד אומרו אחר שגמר תפלתו - ר"ל בין עיו"כ במנחה, ובין ביוה"כ אימתי שמתודה, אומרו אחר שגמר תפלתו קודם "אלהי נצור".

וש"צ אומרו ביו"כ בתוך התפלה (טור) - ר"ל שכוללו בתוך הברכה האמצעית, **אבל** במנחה כשחוזר התפלה, אינו אומר כלל הוידוי.

אות ה'* [יא]

קם מיקם

סימן תרז ס"ג - [יב]צריך להתודות מעומד - דהכי הוי דרך הכנעה טפי, ומתודה בלב שלם, **והעמידה** צ"ל עד אחר "על חטאים שאנו חייבים עליהם ד' מיתות ב"ד".

באר הגולה

[א] ‹הרי"ף שם כפירושו מש"כ שם רב שאני - גר"א. ‹**וקצת** ראיה לגרסת הרמב"ם דגרס "רבו שאני" - מחה"ש› [ב] ‹דרבי חנינא לא היה רבו מובהק של רב, ומה"ט כתב פר"ח שמיאן רש"י בגרסת "רבו שאני", וגרס "רב שאני", אלמא דלהגורסים רבו שאני, ס"ל אפי' רבו שאינו מובהק. **ולפי"ז** משמע דס"ל לרש"י דבעינן רבו מובהק - מחה"ש› [ג] ‹ומפרש מש"כ שם כי היכי דליזיל ולגמור כו', משום טובתו של רב, דלא כפי' רש"י, **וכבר** תמה ב"ח עליו, מנ"ל לפרש דלא כרש"י - גר"א. ‹**וז"ל** הב"ח: נראה שהיה מפרש ש"מ בעי למיעבד רשותא, פי' ויטילו עליו צרכי צבור, ולא איפיים כי היכי דליזיל ולגמר אורייתא בבבל ולא יתבטל מדברי תורה, דלפי פי' זה עשה כן ר' חנינא לטובתו של רב› [ד] ‹כן פי' הט"ז, וז"ל: ולעד"נ דרמ"א מפרש ג"כ כרש"י, אלא דלמד ממנו לזה, כי היכי דשם לא מחל ר' חנינא בשביל הטעם שהיה לו, ה"נ אם הוא מבקש לטובתו של המבקש, כי היכי שיהיה נכנע לבו הערל, הרשות בידו› [ה] ‹כדפירש"י› [ו] ‹מילואים› [ז] **מרדכי ושיש סמך לזה מהתנחומא פרשת ואתחנן** [ח] **ברייתא יומא פ"ז וכחכמים** [ט] ‹לשון זה מובא בגמ' לטעם אמאי מתודה אחר הסעודה, וטעם למה קודם לסעודה, שמא תטרף דעתו בסעודה, אבל לשון זה נמצא במאירי בגר"ז ובערוה"ש› [י] ‹בגמרא פרק בתרא דיומא הכי איתא: ת"ר מצות וידוי ערב יום הכפורים עם חשכה דברי רבי מאיר. וכתב הר"ן {וכן הוא ברש"י}: לאחר אכילה משיקבל עליו יום הכפורים. **והרמב"ן** הקשה עליהם ופירש דה"ק, מצות וידוי של ערב יום הכפורים שצריך להתודות כדי שיכנס ליום בתשובה, הוא עם חשכה, סמוך ליום עצמו, כדי שלא יהא שהות לחטוא בין הוידוי והיום, אבל חששו חכמים שמא תטרף דעתו בסעודה וימנענו שכרותו מן הוידוי, ולפיכך החמירו עליו להתודות קודם אכילה, ואע"פ שהתודה קודם אכילה, חוזר ומתודה בזמנה עם חשכה סמוך ליום עצמו, שמא אירע דבר קלקלה של חטא בסעודה, אבל וידוי של ערבית שהוא וידוי של יום הכפורים עצמו, לא קתני, דודאי מתודה הוא ביוה"כ - ב"י› [יא] ‹ע"פ הבאר הגולה› [יב] **מהא דשמואל שם**

וטוב שישחה כמו ב"מודים", [היינו לכתחילה, **ואם** כבד לו השחיה, יש להקל בזה, ודי שיכוף מעט את ראשו, **ובפרט** בוידוי השני שחוזר ואומר עם הש"ץ].

ולא יסמוך על דבר שאם ינטל אותו דבר יפול, [דסמיכה כזו הוי כישיבה], **ואם** סמך, צ"ע אם יחזור ויתודה.

[יג] ואפי' כי שמע ליה מש"צ והוא התודה כבר, צריך לעמוד - מלשונו משמע דדעתו, דכיון שהתודה כבר בעצמו, א"צ פעם שני לחזור ולהתודות, אלא לשמוע מש"ץ כשאר חזרת הש"ץ.

הגה: ויחזור ויתודה עם השליח ציבור (ר"ן) - [יד] הרמ"א בשם הר"ן פליג על המחבר, וס"ל דצריך לחזור ולהתודות, וכן פסק בעיטור ומאירי, וכן המנהג בזמנינו.

אות ו'

עיקר וידוי האי הוא

סימן תרז ס"ג - ועיקר הוידוי הוא: אבל אנחנו חטאנו - וה"ה שצריך לומר ג"כ "עוינו פשענו", [ד"אנחנו חטאנו" הוא רק וידוי על השגגות, ולא על מזידות ומרד, **ויש** מאחרונים שהעתיקו דעת השל"ה לדינא, [טו] דגם "אשמנו" יש לצרף לעיקר וידוי].

אלא שנהגו לומר גם שארי דברים, כגון "מה נאמר לפניך" וגו', ו"אתה יודע רזי עולם", ו"על חטא", [**וראיתי** לאחד מן האחרונים שרוצה לומר דבר חדש, דכיון דיוצא ידי וידוי ב"חטאנו" לבד, ממילא השאר מותר בישיבה, **ויש** לעיין, דנהי דאם ירצה לחסר שלא לומר רק "אבל אנחנו חטאנו", יוצא בזה ידי וידוי, מ"מ כיון שרוצה להתודות עוד לפני ד', ולומר "על חטא" וכיוצא בזה, בכלל וידוי הוא, וצריך לומר מעומד].

ב"על חטא" צריך לומר: בסתר ובגלוי, בשגגה ובזדון, משום דיש להקדים הקל לחמור, **ובמטה** אפרים מסיק, דאין לשנות מן הנוסח הכתוב בסידורים, דאין כדאי להוציא עצמו מן הכלל בשביל זה, וכל אחד לא ישנה ממנהג מדינתו.

אין לדבר בשעת הוידוי, ואפילו באמירת "על חטא", **אכן** לענות קדיש וקדושה יש לפסוק אפי' באמצע "אשמנו".

בשעת אמירת הוידוי כשמזכיר החטא, יכה באגרוף על החזה או על הלב, כלומר: אתה גרמת לי שאחטא.

אות ז'

מתפלל שבע ומתודה

טור סימן תריט - ערבית נכנסין לבית הכנסת... ומתפללין הצבור ז' ברכות... ואומר הוידוי כמו שאמר באשמורת.

טור סימן תרך - שחרית משכימין לבהכ"נ... ומתפללין הצבור ז' ברכות כמו בשל ערבית, ואח"כ מחזיר הש"צ התפלה... ואומר: "אתה בחרתנו" "מחול" עד "לפני ה' תטהרו", וידוי "על חטא", "כי אתה סולחן", ואח"כ "יעלה ויבא", ו"קדשינו במצותיך" וכו', "רצה" ועבודה והודאה ברכת כהנים. וכתב בעל העיטור שחרית מתוודה ג' פעמים, וכן במוסף ובמנחה, אבל בנעילה פעם אחת, והן י' וידוים כנגד י' פעמים שמזכיר כהן גדול את השם ביוה"כ, ובלילה אינו מתוודה; ויש מקומות שנהגו שאינו מתוודה אלא לכל תפלה פעם אחת, והצבור פעם אחת, הרי ח', וב' פעמים בערב, אחת במנחה ואחת בערבית.

טור סימן תרכא - ומתפללין הצבור מוסף, אבות וגבורות וקדושת השם, "אתה בחרתנו" "ומפני חטאינו" וכו', עבודה והודאה וברכת כהנים, וידוי.

טור סימן תרכב - למנחה... מתפללין צבור כמו שחרית, ומחזיר ש"צ התפלה, והוידוי כמו בשחרית.

טור סימן תרכג - ומאריכין בסליחות וברחמים עד שיגיע זמן תפלת נעילה... ומתפללין ז' ברכות כמו במנחה... ואומר וידוי.

אות ז'* [טז]

וחותם בוידוי דברי רבי מאיר, וחכמים אומרים מתפלל שבע ואם רצה לחתום בוידוי חותם

סימן תרז ס"ה - בתפלת מנחה ערב יוה"כ, "אינו חותם בוידוי שאחריה - וה"ה בכל תפלת יו"כ אינו חותם בוידוי שאחריה, ונקט תפלת מנחה, משום דבזה הסימן איירי בתפלת המנחה.

באר הגולה

יג ‹וכי מטא ש"ץ ואמר אבל אנחנו חטאנו קם מיקם, ואי מיירי שלא התודה עדיין, מאי טעמא הוה יתיב בשאר הוידוי, אלא משמע שהתודה כבר, ואעפ"כ קם מיקם – פר"ח› **יד** ‹לכאורה ר"ל דאל"ה לא היה צריך שמואל לעמוד, וכן משמע בפר"ח› **טו** ‹שר"ל הנוסח דאבל אנחנו חטאנו אשמנו בגדנו וכו', והא ראיה שבתפלת נעילה אומרים זה הנוסח לבד, וגם מונה והולך שאר וידויים ולא מנה אשמנו, מוכח דאשמנו הוא בכלל דאבל אנחנו חטאנו, וכן הוא ברוקח – פרישה› **טז** ‹ע"פ הב"י והגר"א› **יז** **טור כיון דאיכא פלוגתא דרבותא** ‹וז"ל: כתב רב עמרם החותם "ברוך אתה ה' האל הסולחן" טועה, {אכל יוה"כ חוץ מנעילה קאי, דבנעילה אפילו לדידיה יכול לחתום – ב"י}. **ולפי'** רש"י (ד"ה וחותם בוידוי) יכול לחתום, שהוא גורס "בכל מקום שזקוק לשבע אם בא לחתום חותם", וכיון שחכמים אמרו שיכול לחתום, א"כ כך הלכה. ובכל סדורי אשכנז יש בהם חתימה, ובספרד אין חותמין, **ומוטב** שלא לחתום כיון דאיכא פלוגתא דרבוותא, עכ"ל› ‹**והשתא** רב עמרם נראה שגורס כגירסת התוספתא, דלא אמרו חכמים "אם רצה לחתום בוידוי חותם" אלא בנעילה דוקא, **ולרש"י** שכתב ששמע "דכל מקום שזקוק לשבע, אף בשאר תפלות אם רצה לחתום בוידוי חותם", משמע דהוא הדין לתפלת מנחה ערב יום הכפורים שאם רצה לחתום בוידוי שאחריה חותם, **שמה** שאמרו חכמים "כל מקום שזקוק לשבע" לאו לאפוקי מקום שזקוק לי"ח, אלא לאפוקי וידוי שאינו סמוך לתפלה שאינו רשאי לחתום בו, אבל כל שסמוך לתפלה, בין שהוא סמוך לשבע ברכות בין שהוא סמוך לי"ח, אם רצה לחתום חותם. **ומנהג** העולם שלא לחתום בוידוי שבמנחת ערב יום הכפורים – ב"י›

ולאפוקי מדעת רש"י, דס"ל דכל שהוידוי סמוך לתפלה, יכול לחתום "בא"י האל הסולחן".

ואחר "אלהי עד שלא נוצרתי", שהוא ג"כ כעין וידוי, יאמר "אלהי נצור לשוני" וכו'.

אותן האומרין תמיד "יהיו לרצון" מיד אחר התפלה קודם תחנונים, ה"ה כאן יאמר "יהיו לרצון" קודם שמתחיל לומר "אלקינו ואלקי אבותינו תבא לפניך תפלתנו" וכו'.

הגה: ואין הש"ץ מחזיר הוידוי במנחה, אלא מתפלל שמו"ע כבשאר ימות השנה (טור ומרדכי); ואין אומרים "אבינו מלכנו" (עיין סוף סימן תרד), וכ"ש תחנון.

אות ח'

תפלת נעילה פוטרת את של ערבית

טור סימן תרכד - ומתפללין ערבית, שאין תפלת נעילה פוטרת של ערבית.

סימן תרכד ס"א - [יח]מתפללים תפלת ערבית, ואומר הבדלה בחונן הדעת.

[יט]סימן תרכג ס"ב - [כ]זמן תפלת נעילה כשהחמה בראש האילנות - הוא איזה זמן קודם תחלת השקיעה, **כדי שישלים אותה סמוך לשקיעת החמה** - היינו סוף שקיעה שהוא צאת הכוכבים, וסמוך לזה היינו מעט זמן קודם צה"כ.

[כא]וצריך ש"צ לקצר בסליחות ופסוקים שבאמצע התפלה, וגם אין לו למשוך בתפלת נעילה כל תיבה ותיבה כדרך שמושך בשאר תפלות, כדי שיגמור [כב]קודם שקיעת החמה - [כג]וי"א שיכולין להאריך ולהמשיך בתפלת נעילה גם בלילה, **ואע"פ** שהעיקר כסברא הראשונה, מ"מ עכשיו שנוהגין כסברא אחרונה אין למחות בידם, **ומ"מ** צריכין עכ"פ ליזהר ולהתחיל בעוד היום גדול, [**אך** לא יהיה קודם פלג המנחה].

וגם יזהר לומר החרוז "היום יפנה, השמש יבוא ויפנה", קודם הערב שמש, דאל"כ הוא כדובר שקרים לפני ד', [**ואם** נתאחר, יאמר "היום פנה, השמש בא ופנה"].

(ואומר במקום "כתבנו", "חתמנו") (טור) - וכן כשמגיע ל"וכתוב", יאמר "וחתום", וכן יאמר "בספר חיים וכו' נזכר ונחתם", **כי** בנעילה הוא חתימת הגזר דין שנכתב בר"ה על בני אדם לטוב או לרע, **ויזדרז** מאד בתפלה זו, כי תכלית כל העשי"ת הוא יוה"כ, ותכלית יוה"כ הוא תפלת נעילה, שהכל הולך אחר החיתום, ואם לא עכשיו אימתי, **ולכן** אף אם חלש הוא מחמת התענית, מ"מ יאזור כגבור חלציו, להתפלל במחשבה זכה וברורה, ולקבל על עצמו גדרי התשובה באמת, והבא לטהר מסייעין אותו, ויחתם בספר חיים טובים.

יש לבטל המנהג, שהעכו"ם מדליק הנרות לצורך אמירת פיוטים בנעילה, אלא הנרות הדולקים יפזרם בכל בהכ"נ, דזה הוי רק שבות דשבות, **ונכון** שמבערב יוה"כ יזמין עכו"ם לזה, וגם שיהיה נכון, שמא ביוה"כ יתהוה איזה דבר מחמת רבוי הנרות, בכדי שלא יבא ח"ו לידי שריפה.

באר הגולה

[יח] **הרי"ף והרא"ש אהא דרב יומא פ"ז** ‹וז"ל: והאידנא נהוג עלמא לצלויי תפלת ערבית אחר נעילה, ע"כ. **והיינו** לכאורה דלא כרב, וכן לכאורה מוכח מדבריו בסי' תרכ"ג מובא להלן, **ולכאורה** כוונת העין משפט במה דמציין על דברי רב, דמביא מה שהפוסקים פסקו שלא כרב. **וכן** כתב הגר"א וז"ל: כרחב"ג ודלא כרב וכנ"ל. ‹**אבל** עיין בב"ח וז"ל: דודאי גם רבינו פוסק כרב, וכמו שפסקו הרי"ף והרא"ש, {דהביאו דבריו תחילה}, אלא לפי שכתבו הם והאידנא נהוג עלמא לצלויי תפלת ערבית אחר נעילה, בע"כ דטעמא הוי משום הבדלה, דצריך להבדיל בתפלה, **ואע"ג** דלרב דהלכתא כוותיה ס"ל דקל הוא שהקילו עליו מפני תעניתו כדי למהר אכילתו, וא"צ להתפלל ערבית משום הבדלה ויוצא בהבדלה שעל הכוס, מ"מ הם החמירו על עצמן להתפלל כדי שלא לבטל ההבדלה שבתפלה, וכיון דנהגו עלמא הכי שויוה עלייהו חובה, ומחוייבים להתפלל תפלת ערבית משום הבדלה, ואין תפלת נעילה פוטרת אותה, **וכי** היכי דבשאר ימות השנה דקיי"ל דתפלת ערבית רשות השתא נהוג עלמא לשויוה כחובה, ה"נ לענין הבדלה במוצאי יוה"כ, דאע"פ דתפלת נעילה פוטרת אפילו למאן דאמר תפלת ערבית חובה כדאיתא בגמרא, מ"מ כיון דנהוג עלמא לצלויי תפלת ערבית אחר נעילה משום הבדלה, שויוה עלייהו כחובה, **ומש"ה** כתב רבינו: ומתפללין ערבית שאין תפלת נעילה פוטרת של ערבית, דשויוה עלייהו כחובה, וזהו שאמר בסמוך לזה: ואומר בה הבדלה בחונן הדעת, כלומר שמטעם ההבדלה כך הדין כדפי', כנ"ל ליישב דברי רבינו, ע"כ› [יט] ‹ע"פ הגר"א וז"ל: סוף יומא א"ר תפלת נעילה כו', תנאי היא כו', ואין הלכה כרב {דתפילת נעילה בלילה}, אלא כהניא ברייתא, ערבית מתפלל שבע רחבג"א כו'›, ‹**וז"ל** רש"י פ"ח. ד"ה טובל והולך עד המנחה - דס"ל... דתפלת נעילה בלילה, ולדידהו פוטרת את של ערבית כדרב, והא דקתני אינה פוטרת... קסבר: תפלת נעילה אין זמנה בלילה, ולדידיה אינה פוטרת את של ערבית› ‹**והב"ח** לשיטתו מפרש וז"ל: דאע"פ דלרב יכול להתפלל גם התחלת התפלה בלילה, כדמוכח מהא דמוקי רב כחכמים דטובל והולך עד המנחה, אין זה אלא דיעבד משום איסור רחיצה ביום הכפורים, אבל לכתחלה מצוה מן המובחר להתחיל כשהחמה בראש האילנות, והיינו טעמא, משום גמר התפלה שתהיה עם צאת הכוכבים, בשעת התחלת נעילת שערי שמים› [כ] **הרא"ש בשם הר"מ בסוף יומא מהירושלמי בריש פרק בתרא דתענית וכרב שם** ‹בנוגע דהזמן לנעילה מתחיל כשהחמה בראש האילנות, וז"ל הירושלמי: אחוה דאימא דרב אדא הוה סייר גולתיה דרב ביום צומא רבה, אמר ליה כי תיחזי שמשא בריש דקלא הב לי גולתאי דליצלי נעילת שערים, מתחלפא שיטתיה דרב, תמן הוא אומר נעילת שערי שמים, והכא אומר בנעילת שערי היכל מדצלי בעוד היום, אמר רב מתנה על ידי דהוה רב מאריך בצלותא סגיא, הוה מגיע לנעילת שערי שמים, פי' תפלתו היתה נמשכת עד נעילת שערי שמים, ע"כ. **ולכן** הגם דבנוגע המחלוקת רב ורבי יוחנן דהתם, אי תפילת נעילה הוי ביום או בלילה, פסקינן כרבי יוחנן דהוי ביום, וכדכתב הבאר הגולה לקמן בסמוך, אבל מה דמתחילין כשהחמה בראש האילנות, הוי כרב›. **הרי"ף ושאר פוסקים** [כא] **ב"י וסעד לדבריו מהגהות מיימוני שם** [כב] **כרבי יוחנן שם בירושלמי דאמר נעילת שערי היכל דהיינו ביום** [כג] ‹דפסקו כרב - מחה"ש›

אות ט'

כדברי האומר תפלת ערבית רשות

טור סימן רלה - וכשיגיע הלילה יתפלל תפלת ערבית, ואינה חובה, שלא נתקנה אלא כנגד איברים ופדרים של תמיד של בין הערבים שלא נתעכלו ביום שקרבין והולכין כל הלילה, ומ"מ מצוה איכא ואין לבטלה; ורב אלפס כתב דהאידנא קבעוה חובה ואין לבטלה כלל.

טור סימן רלו - כתב רב נטרונאי, מדברי חכמים אין אומרים בערב אלא שתים לפניה ושתים לאחריה, וכיון שהלכה כרב דאמר תפלת ערבית רשות, תיקנו האחרונים שאחר שאמר "שומר את עמו ישראל לעד", שאומר פסוקים שיש בהם זמירות ושבח, ולומר אחריהם ברכה ומפסיק בקדיש, [כד]כלומר אסתיים תפלה, הרוצה לצאת יצא.

טור סימן רלז - סדר תפלת ערבית: אומר "והוא רחום"... ואומר ש"צ "ברכו" ועונין "ברוך ה' המבורך", וקורין ק"ש וברכותיה ו"יראו עינינו" וקדיש, ומתפללין הציבור בלחש; ואין הש"ץ מחזיר התפלה, וכתב הרמב"ם ז"ל הטעם, לפי [כה]שאינה חובה; ואומר קדיש ונפטרין לבתיהן לשלום.

---

§ מסכת יומא דף פח. §

אות א'

כל חייבי טבילות טובלין כדרכן ביום הכפורים, נדה ויולדת טובלות כדרכן בלילי יום הכפורים

סימן תקנד ס"ח - [א]טבילה של מצוה בזמנה, מותרת; [ב]אבל בזמן הזה אין טבילה בזמנה - ר"ל שנהגו הנשים לישב על טיפת דם ז' נקיים דוקא, ממילא אין הטבילה בזמנה, **הילכך לא תטבול בו; [ג]וכן נהגו** - דלמה תטבול, דהרי מצות עונה לא יוכל לקיים בט"ב, **אלא** תרחוץ ותחוף עט"ב, ולמוצאי ט"ב חופפת מעט קודם הטבילה, דבעינן סמוך לחפיפה טבילה, [**ואם** לא חפפה בעט"ב, מותרת בדיעבד לעשות כל החפיפה כדין במוצאי ט"ב], **ולענין** לבישת לבנים בט"ב, עיין לעיל בסימן תקנ"א ס"ג בהג"ה ובמ"ב שם.

סימן תריג סי"א - [ד]מי שראה קרי בזמן הזה ביום הכפורים, אם לח הוא, מקנחו במפה ודיו; ואם יבש הוא, או שנתלכלך - ר"ל שנתלכלך מזה בשרו בכמה מקומות, **רוחץ מקומות המלוכלכים בו לבד** - היינו שרוחץ בשרו ביד, ולא בבגד שלא יבא לידי סחיטה, **ומתפלל; ואסור לרחוץ גופו** - היינו בשאר מקומות, **או לטבול, [ה]אע"פ שבשאר ימות השנה הוא רגיל לטבול לתפלה** - וכן אסור לשפוך עליו ט' קבין מים, אפילו מי שנוהג כך בשאר ימות השנה.

דבזמן הזה אין צריך טבילה לבעל קרי מדינא, לא לדברי תורה ולא לתפלה, כדלעיל בסימן פ"ח, ואין להתיר משום זה איסור רחיצה.

סימן תריג סי"ב - [ו]בזמן הזה אסור לאשה לטבול ביוה"כ, אפילו הגיע זמן טבילתה בו ביום - ואפילו שלא לשם תשמיש, דזה בלא"ה אסור, אלא כדי שתהא טהורה, ג"כ אסור.

‹**מדקאמר** אבל לאחר המנחה לא יטבול, ומפרש התם טעמא, דאי משום תפלת נעילה היה יכול להמתין עד הלילה, ויטבול ויתפלל תפלת נעילה בלילה, ואמאי אינו טובל ביום כדי שתהא הטבילה בזמנה, אלמא ש"מ דקסבר ההוא תנא דטבילה בזמנה לאו מצוה היא, ואפ"ה שריא {טבילת זב} ביוה"כ – שם בתוס'›, (**ודוקא הם שהיו עוסקים בטהרות, היה צריך לטבול מיד כדי שלא יטמאו הטהרות, אבל השתא** דהטבילה אינה באה אלא לטהרה לבעלה, יכולה היא לרחוץ ולחוף עיוה"כ, וחופפת מעט גם למוצאי יוה"כ, משום דצריך חפיפה סמוך לטבילה, תוס' בביצה י"ח: ד"ה כל, ע"ש).

ואשה שלובשת לבנים ביוה"כ, מותרת לרחוץ מעט בין ירכותיה, [דהוא רחיצה שאינה של תענוג רק למצוה, ושרי וכנ"ל], **ולא** תרחץ בבגד, כי אם ביד, שלא תבוא לידי סחיטה.

יו"ד הל' נדה סימן קצז ס"ג - אסורה לטבול ביום ז'.

יו"ד סימן שפא ס"ה - נדה שנזדמנה זמן טבילתה בימי אבלה, אינה טובלת - ‹דהא אפילו תטבול אסורה לבעלה, ועוד הטבילה בזמן הזה לנשותינו לעולם אינה בזמנה, שהרי סופרים ז' נקיים מספק שהן זבות, ואם כן אפילו למאן דאמר טבילה בזמנה מצוה, בזמן הזה אינה טובלת בימי אבלה שאינה בזמנה – לבוש›.

באר הגולה

[כד] ‹ומכל מקום דעת רבינו שאין להפסיק בדברים אחרים, וכמו שכתב בסימן שאחר זה – ב"י› [כה] ‹וסיים וכתב: לפיכך לא יברך ברכה לבטלה, שאין כאן אדם שנתחייב בהם כדי להוציאו ידי חובתו, וכן כתב הרשב"א בתשובה, וכתב עוד, ואפילו לדברי הגאונים שאמרו שאם התפלל פעם אחת קבלה עליו חובה, אם התפלל, בקי הוא ואין שליח ציבור מוציאו, ואם אינו בקי ולא התפלל, פטור הוא – ב"י› [א] **ברייתא תענית י"ג וכת"ק** [ב] **תוס' בשם ר"י ביצה י"ח** [ג] מהרי"ק [ד] רמב"ם [ה] וסיים שם, כיון שבטלה תקנה זו [ו] ציינתיו לעיל סי' תקנ"ד

מפני שצריך לומר הבדלה בחונן הדעת תנאי היא דתניא *כל חייבי טבילות טובלין כדרכן ביום הכפורים נדה ויולדת טובלות כדרכן בלילי יוה"כ בעל קרי טובל והולך עד המנחה רבי יוסי אומר כל היום כולו ורמינהו *הזב והזבה המצורע והמצורעת ובועל נדה וטמא מת טובלין כדרכן ביוה"כ נדה ויולדת טובלות כדרכן בלילי יוה"כ בעל קרי טובל והולך כל היום כולו ר' יוסי אומר מן המנחה ולמעלה אין יכול לטבול לא קשיא הא דצלי תפלת נעילה הא דלא צלי אי דצלי מאי טעמייהו דרבנן קא סברי רבנן טבילה בזמנה מצוה מכלל דר' יוסי סבר לאו מצוה והתניא *הרי שהיה שם כתוב על בשרו הרי זה לא ירחוץ ולא יסוך ולא יעמוד במקום הטנופת נזדמנה לו טבילת מצוה כורך עליו גמי ויורד וטובל רבי יוסי אומר יורד וטובל כדרכו ובלבד שלא ישפשף וקי"ל דבטבילה בזמנה מצוה פליגי ההיא רבי יוסי בר יהודה היא דתניא *ר' יוסי בר יהודה אומר דיה לטבילה שתהא באחרונה ת"ר הרואה קרי ביום הכפורים יורד וטובל ולערב ישפשף לערב מאי דהוה הוה אלא אימא מבערב ישפשף (קא סבר מצוה לשפשף) *תני תנא קמיה דרב נחמן הרואה קרי ביוה"כ עונותיו מחולין לו והתניא עונותיו סדורין *מאי סדורין לימחל תנא דבי רבי ישמעאל *הרואה קרי ביוה"כ ידאג כל השנה כולה ואם עלתה לו שנה מובטח לו שהוא בן העולם הבא אמר רב נחמן בר יצחק תדע שכל העולם כולו רעב והוא שבע כי אתא רב דימי אמר מפיש חיי סגי ומסגי:

הדרן עלך יום הכפורים
וסליקא לה מסכת יומא

רש"י

דצלי פ"ל. אי פטרה נעילה את של ערבית אי לא: הכי גרסינן בתוספתא כל חייבי טבילות טובלין כדרכן ביום הכפורים נדה ויולדת טובלות כדרכן בלילי יוה"כ: **בעל קרי.** שאסור בדברי תורה כדקיימא לן *(ב"ק דף פב.) עזרא תיקן טבילה לבעלי קריין: **טובל והולך עד המנחה.** אם אירע לו קרי קודם לכן טובל כדי שיוכל להתפלל תפלת המנחה אבל ראה קרי מן המנחה ולמעלה אין מותר לטבול אלא ימתין עד שתחשך ויטבול דסבירא להו לרבנן דתפלת נעילה בלילה ולדידהו פוטרת את של ערבית כדרב והאי דקתני אינה פוטרת ר' יוסי היא דאמר כל היום מותר לטבול ואפילו ראה קרי לאחר תפלת המנחה טובל ביום כדי להתפלל תפלת נעילה אלמא קסבר תפלת נעילה אין זמנה בלילה ולדידיה אינה פוטרת את של ערבית: **ה"ג בתוספתא זב וזבה ומצורע ומצורעת ובועל נדה וטמא מת טובלין כדרכן ביוה"כ נדה ויולדת טובלות כדרכן בלילי יום הכפורים בעל קרי טובל והולך כל היום כולו ר' יוסי אומר מן המנחה ולמעלה אין יכול לטבול.** קשיא דרבי יוסי אדרבי יוסי ורבנן אדרבנן: **לא קשיא.** הא דאמר ר' יוסי הכא מן המנחה ולמעלה אין יכול לטבול: **בדצלי תפלת נעילה.** ביום קודם שראה קרי והא דאמרינן לעיל כל היום בדלא צלי תפלת נעילה כשראה הקרי: **אי דצלי מאי (א) טעמא דרבנן.** דמתניתא בתרייתא דאמרי כל היום: **קא סברי טבילה בזמנה מצוה.** וזמנה ביום הוא דכתיב (דברים כג) והיה לפנות ערב ירחץ הלכך דחיא רחיצה דיום הכפורים ואלו היינו הך רבנן דלעיל ותרתי פלוגתא ניהו במתני' קמייתא פליגי בזמן תפלת נעילה דלרבנן בלילה ולר' יוסי ביום ורבנן דהתם סבירא להו טבילה בזמנה לאו מצוה דקדחיה יום הכפורים ובמתניתא בתרייתא פליגי בטבילה בזמנה מצוה: **לא ירחוץ.** שלא ימחוק את השם: **כורך עליו גמי.** להגין עליו משטף המים: **וקיימא לן.** במסכת שבת (כ) דבטבילה בזמנה מצוה פליגי דלרבנן טבילה בזמנה לאו מצוה ואם אין לו גמי ימתין עד למחר ויבקשנו: **קשיא.** דאמרי' לעיל ר' יוסי אומר מן המנחה ולמעלה לא יטבול עד שתחשך דטבילה בזמנה לאו מצוה ר' יוסי בר יהודה היא: **דיה לטבילה שתהא באחרונה.** ברייתא היא דמייתינן לה במסכת נדה בגמרא דהמפלת (דף כט:) האשה שילתה מלאה ובאת ריקנית והביאה לפנינו שלשה שבועים טהורים ועשרה שבועים אחד טמא ואחד טהור משמשת אור לשלשים וחמש ומטבילין אותה תשעים וחמש טבילות דברי ב"ש וב"ה אומרים שלשים וחמש וכולהו מפרש להו התם וטעמא משום טבילה בזמנה מצוה רבי יוסי בר יהודה אומר דיה לטבילה שתהא באחרונה דטבילה בזמנה לאו מצוה ור' יוסי דגמי הוא ר' יוסי בן חלפתא: **ולערב ישפשף.** *משום הגילה: **לערב ס"ד.** מכי טביל וסליק מאי מהני ליה שפשוף חגילה דהואי הואי: **אימא מבערב.** דאתמול ישפשף כל אדם עצמו בחמין שאם יראה קרי למחר יכול לטבול בלא חגילה: **הרואה קרי ביוה"כ.** ולא במתכוין: **עונותיו מחולין.** סימן טוב הוא זה יראה זרע ויאריך ימים: **ידאג כל השנה כולה.** שמא לא קיבלו תעניתו והשביעוהו במה שבידם להשביעו כעבד המוזג כוס לרבו ושפך לו קיתון על פניו: **ואם עלתה לו שנה.** שלא מת מובטח לו שמעשים טובים יש בידו שהגינו עליו ובן עולם הבא הוא: **תדע שכל העולם רעב.** מתענים והוא שבע ולא נתענה בזאת ושלא מדעתו השביעוהו ואעפ"כ עלתה לו שנה שמע מינה שצדיק גמור הוא: **מפיש חיי.** זה שראה קרי ביום הכפורים: **סגי ומסגי:** בבנים ובני בנים שכן הסימן יראה זרע יאריך ימים [ישעיה נג]:

תוספות

מפני שצריך לומר הבדלה בחונן הדעת. הקשה רבינו יעקב מאורליינ"ש ונכלליה מכלל כדאמרי' בתפלת השחר (ברכות דף כט.) כל השנה כולה מתפלל הביננו חוץ ממוצאי שבת שצריך לומר הבדלה בחונן הדעת ופריך ונכלליה מכלל קשיא ותירץ ר"י דהתם דכל השנה מתפלל הביננו משום הבדלה לא היה לו לשנות הסדר כיון דאפשר לכוללו אבל הכא דסבירא ליה דכל השנה מתפלל שמונה עשרה שלימות בטעם כל דהו אין לשנות הסדר ולהכי במוצאי שבת מתפלל שמונה עשרה שלימות מפני שצריך לומר הבדלה בחונן הדעת: **אי** דצלי מאי טעמא דרבנן. תימה לי אי מוקמינן נמי בדלא צלי תיקשי לך מאי טעמא דרבנן הא לעיל אמרי רבנן דרבי יוסי דוקא עד המנחה אע"ג דלא צלי ואם כן תיקשי דרבנן אדרבנן ולפי המסקנא דמוקמינן להא כרבי יוסי בר' יהודה ניחא שאין להקשות מדרבנן דרבי יוסי בר יהודה לרבנן דרבי יוסי בן חלפתא אבל למאי דס"ד השתא דתרוייהו רבי יוסי בן חלפתא תקשי דרבנן אדרבנן ונראה לי אי אמרת בשלמא אידי ואידי דלא צלי אז לא תיקשי לך דרבנן אדרבנן דאיכא למימר תפלת נעילה נתקנה כך להתפלל אותה או ביום מן המנחה ולמעלה או בלילה כמו שירצה והא דקאמרי' לעיל עד המנחה והוא לא כשדעתו להתפלל אותה בלילה והא דאמר הכא כל היום כשהוא רוצה להתפלל ביום כדי שיהא מזומן לסעודה בתחלת הלילה ואע"פ שיכול להמתין עד הלילה ולהתפלל התירו לו לטבול ביום הכפורים ולהתפלל כי לא אסרו אלא רחיצה של העינוג אבל בשביל תפלה וגם כדי שיהא מזומן לסעודה בתחלת הלילה מותר לטבול ולהתפלל אותה ביום אבל כיון דמוקמינן לה בדצלי מאי טעמא דרבנן: **קסברי** טבילה בזמנה מצוה. תימה לי דה"מ לאקשויי מדרבנן דלעיל אדרבנן דהכא דלעיל אמרי אע"ג דלא צלי אינו טובל מן המנחה ולמעלה והכא אמרי אפי' צלי כבר טובל וי"ל דאיכא למימר דההיא דלעיל דקאמר עד המנחה ה"פ בשביל התפלה אינו צריך לטבול אלא עד המנחה ואתא לאשמועינן דתפלת נעילה בלילה מיהו משום טבילה בזמנה מצוה יש לו לטבול ונפקא מינה היכא דאנים ולא מצי טביל ביום לא יבטל בזה תפלת נעילה ולר' יוסי אי לא מצי טביל ביום לא יתפלל כלל תפלת נעילה: **מכלל** דרבי יוסי סבר טבילה בזמנה לאו מצוה. הא דלא פריך נמי מדרבנן דסברי מצוה וברייתא דמייתי סבירא להו לאו מצוה י"ל דלעיל אמרי מצוה ואין לעבור זמנה במזיד ובמתכוין ולהכי סבירא להו דטובל מן המנחה ולמעלה אבל במה שהן אומרים שיש להן לחזר אחר גמי בזה לא תדחה בודאי הטבילה ועוד מפני כבוד השם אבל מר' יוסי פריך נמי שכן: **מפיש** חיי סגי ומסגי. ורמז לדבר יראה זרע יאריך ימים:

הדרן עלך יום הכפורים וסליקא לה מסכת יומא

הדרן עלך יום הכפורים וסליקא לה מסכת יומא

עין משפט נר מצוה

קז א מיי' פ"ו מהלכות מקואות הלכה ו ופ"ג מהל' שביתת עשור הל' ה ג ופ"ד מהל' מ"ע הל' ו סמג עשין רמא טוש"ע או"ח סי' תקנד סעיף ח וסימן תריג סעיף יא יב וטור ש"ע י"ד סי' קפ סעיף ג וסי' שפא סעיף ה:

קח ב מיי' פ"ו מהלכות יסודי התורה הל' ו סמג לאוין ו:

קט ג (מיי' פ"ג מהלכות שביתת עשור הל"ג טוש"ע או"ח סי' תריג סעיף יא):

קי ד טוש"ע או"ח סי' תרטו סעיף ב:

רבינו חננאל

ולוי אמר ובתורתך כתוב לאשר וכו' ר' יוחנן אמר רבון כל העולמים ורב אמר רבו עונותינו שלמנות, ורב המנונא אמר אלהי עד שלא נוצרתי איני כדאי כו' והיינו וידויא דרבה כוליה שתא וידויא דרב המנונא זוטי ביומא דכפורי. אמר מר זוטרא לא אמרן אלא דלא אמר אבל אנחנו חטאנו אבל אמר אנחנו חטאנו תוב אינו צריך. א' בר המדורי הוה קאימנא קמיה דמר שמואל והוה יתיב כיון שהגיע ש"ץ לאבל אנחנו חטאנו קם אכרעיה טעמא ש"מ עיקר וידוי הדין הוא. תנן התם בשלשה פרקים בשנה הכהנים נושאין את כפיהם ד' פעמים ביום בשחרית במוסף ובמנחה ובנעילה בתעניות ובמעמדות וביוה"כ. מאי נעילה רב אמר צלותא יתירא מעין תפלתו של יום ושמואל אמר מה אנו ומותבינן לשמואל מהא דתניא אור יוה"כ מתפלל שבע ומתודה וכן שחרית וכן מוסף וכן במנחה וכן בנעילה מתפלל שבע. ומשני שמואל תנאי היא דתניא יוה"כ עם חשכה מתפלל שבע ומתודה דברי ר' מאיר וחכ"א אין זקוק לשבע ואם בא לחתום בוידוי חותם. וקי"ל כותיה דרב דאסיפא היא, עולא בר רב נחת קמיה דרבה פתח באתה בחרתנו וסיים במה אנו ושבחיה. כי האי תנא דאמר אם בא לחתום בוידוי חותם. ויחיד אומרת אחר תפלתו. אמר רב תפלת נעילה פוטרת של ערבית לדברי האומר תפלת ערבית רשות, מ"ט צלותא יתירא היא. וכיון דצלי תוב לא צריך לצלויי תפלת ערבית. ומותבינן עליה אור של יוה"כ מתפלל שבע ומתודה וכן בשחרית וכן במוסף וכן במנחה וכן בנעילה מתפלל שבע ומתודה בערבית מתפלל שבע מעין שמונה עשרה. ר' חנינא בן גמליאל אומר משום אבותיו מתפלל י"ח שלמות. מפני שצריך לומר הבדלה בחונן הדעת ומשני תנאי היא דתניא כל חייבי טבילות טבילתן בלילה. בעל קרי טובל והולך עד המנחה, ר' יוסי אומר כל היום. פי' ת"ק דתני עד המנחה קסבר אין שם תפלת ערבית. ור' יוסי דתני כל היום קסבר צריך עדיין להתפלל תפלת ערבית. איני דר' יוסי כל היום אמר ותנינן הזב והזבה והמצורע והמצורעת ובועל נדה וטמא

מסורת הש"ס

[ברכות כב.]

[לעיל ו. פ"ש]

שבת קכא. לעיל ז: [תוספתא פ"ד פ"ש]

שבת קכ: לעיל ח.

[שבת קכא. נדה כט:]

בע"י איתא דבורי הוה קמי' דרב נחמן עם הוא דבר ר' ישמעאל בחלוף

הגהות הב"ח

(א) רש"י ד"ה אי דצלי מאי טעמייהו דרבנן:

גליון הש"ס

רש"י ד"ה ולערב ישפשף משום חגילה. עי' מג"א סי' פו ס"ק ו:

תוספות ישנים

[illegible]

אות ב'

הרי שהיה שם כתוב על בשרו, הרי זה לא ירחץ ולא יסוך ולא יעמוד במקום הטנופת; נזדמנה לו טבילת מצוה, כורך עליו גמי ויורד וטובל

רמב"ם פ"ו מהל' יסודי התורה ה"ו - וכן אם היה שם כתוב על בשרו, הרי זה לא ירחץ ולא יסוך ולא יעמוד במקום הטנופת; נזדמנה לו טבילה של מצוה, כורך עליו גמי וטובל, ואם לא מצא גמי, מסבב בבגדיו, ולא יהדק כדי שלא יחוץ; [ז]שלא אמרו לכרוך עליו אלא מפני שאסור לעמוד בפני השם כשהוא ערום.

אות ג'

הרואה קרי ביום הכפורים, יורד וטובל

סימן תריג סי"א - עיין לעיל אות א'.

אות ד'

הרואה קרי ביום הכפורים, ידאג כל השנה כולה, ואם עלתה לו שנה, מובטח לו שהוא בן העולם הבא

סימן תרטו ס"ב - [ח]הרואה קרי בליל יוה"כ, ידאג כל השנה - שמא לא קבלו תעניתו, ושמראים לו שהקב"ה אין חפץ בשימושיו.

ועיין באחרונים שכתבו, דהוא דוקא כשלא היה מחמת רוב אכילה ושתיה, או מחמת הרהור וכדומה, **אבל** כשיודע שבא מחמת הרהור וכדומה, אף דגדול עונו, מ"מ אינו בספק מיתה, כי הוא בעצמו גרם לו, **וכן** אם עלתה לו שנה, אינו מובטח שהוא בן עוה"ב.

איתא בספרים, דעיקר תיקון למי שנכשל ח"ו בזה, שיתחזק מכאן ולהבא בימי חייו בלימוד התורה, וזכות התורה תגין עליו, **וכדאיתא** במדרש תנחומא: אם חטא אדם ונתחייב מיתה לשמים, מה יעשה ויחיה, אם למוד לשנות פרק אחד, ישנה שני פרקים, ואם למוד לשנות דף אחד, ישנה שני דפים, [**ואין** כוונת המדרש דבתורה לבד יוצא, אפי' בלא מדת החסד כלל, דהלא כבר אמרו חז"ל: דהאומר אין לי אלא תורה, אפי' תורה אין לו, **אלא** ר"ל דעיקר התיקון הוא ע"י תורה, למי שיכולת בידו להבין ד"ת, אבל מ"מ צריך לעסוק גם בחסד ולרחם על הבריות, ועבור זה יכופר עונותיו, וכדכתיב: בחסד ואמת יכופר עון, וירחמו עליו מן השמים להוסיף לו חיים, וכמו שאחז"ל: כל המרחם על הבריות, מרחמין עליו מן השמים].

[**והתורה** תטהרנו, וכמו שאחז"ל על הפסוק: יפוצו מעינותיך חוצה, נמשלו ד"ת למעין, מה המעין מטהר את הטמאים, אף התורה מטהר את ישראל, **ואיתא** בזוה"ק פ' קדשים: לא איתדכו בר נש לעלמין אלא במילי דאורייתא, בגין ד"ת לא מקבלין טומאה, בגין דאיהי קיימין לדכאה לאילון מסאבי, ואסותא באורייתא משתכחא, דכתיב: יראת ד' טהורה עומדת לעד, ע"ש עוד], **ועיקר** לימוד התורה יהיה ע"מ לקיים, דהלומד ואינו מקיים נוח לו שלא נברא, כמו שאחז"ל, וגם לא יהיה בכחה להגין עליו ח"ו.

ואם אינו יודע ללמוד, יתעסק עכ"פ במידת הצדקה והחסד, ויחיה, כמו שנאמר: רודף צדקה וחסד, ימצא חיים צדקה וכבוד.

ואם עלתה לו שנה, מובטח לו שהוא בן העולם הבא - שבודאי יש לו זכיות הרבה שהגינו עליו, והוא יאריך ימים, [גמרא], כדכתיב: יראה זרע יאריך ימים, **וראוי** לתת שבח והודאה על שניתן לו חיים מן השמים.

באר הגולה

[ז] ‹כלומר דמטעם מחיקת השם אינו אסור, דכתיב: לא תעשון כן לה' אלהיכם, עשייה הוא דאסור גרמא שרי - כסף משנה. ‹**ופרש"י** ד"ה כורך עליו גמי: להגין עליו משטף המים, ולא עיין בשבת בפרק כל כתבי הקודש (שבת דף קכ ב), דמסקינן טעמא משום דאסור לעמוד בפני השם ערום - תוס' ישנים, מוגה ע"פ הגרי"ש אלישיב› [ח] **תנא דבי ר' ישמעאל שם פ"ח**

מילואים להלכות יום הכפורים

§ סימן תרה – מנהג כפרות בערב יום כפור §

סעיף א - מה שנוהגים לעשות כפרה בערב יום כיפורים, לשחוט תרנגול על כל בן זכר ולומר עליו פסוקים, יש למנוע המנהג - משום חשש דרכי האמורי.

הגה: ויש מהגאונים שכתבו מנהג זה, וכן כתבו אותו רבים מן האחרונים, וכן נוהגין בכל מדינות אלו ואין לשנות, כי הוא מנהג ותיקין.

ויחשוב שכל מה שעושין לעוף הזה, הכל היה ראוי לבוא עליו, וע"י תשובתו הקב"ה מסלק הגזירה מעליו, ונתקיים דוגמתו בעוף הזה, [**כדוגמת** ד' מיתות ב"ד, שזורקו לעוף אחר השחיטה, הוא כעין סקילה, ומה שהשוחט תופסו בצואר, ושוחטו, ומחרכין אותו באש, הוא דוגמא שריפה והרג וחנק], **וכן** כתבו הראשונים טעם הקרבן הבא על השוגג.

וטוב לשחטו באשמורת אחר הסליחות, כי אז הרחמים גוברים, **ולכן** יש לבעה"ב להזמין אבוקה, לפי שאין שוחטין בלילה כי אם לאור האבוקה, **ויש** ששוחטין אותו אחר תפילת שחרית.

ובמקום שמתקבצים הרבה ביחד ודוחקין זה את זה, והשוחטים נעורים כל הלילה בפנים זעופים, ואינם מרגישים בסכין מפני רוב העבודה, ויוכל לבוא לידי איסור נבילה, טוב יותר לשחוט הכפרות יום או יומים קודם יוה"כ, כי כל עשי"ת הוא זמן לכפרות, **או** שיסבבו על ראשיהם במעות, ותחשב להם לצדקה שלא יהיו נכשלין באיסור נבילה ח"ו.

ומי שיכול ורוצה מן המובחר, יקרא השוחט לביתו באשמורת הבוקר, **וכהיום** המנהג בכמה מקומות, שהשוחטין נעורים והולכין לבית כל אחד אחר חצות הלילה עד אור היום, ולכן מן הנכון שישנו השוחטים מקודם כדי שלא יתעלפו, **וכן** צריכים להכין כמה סכינים בדוקים, ובשעת שחיטה יראה לבדוק בכל פעם, ולא יסמוך על מה שבדק תחילה.

והנה אף כששוחט בבית בעה"ב, הדרך הוא שבאים ג"כ מבע"ב הסמוכים, ובפרט כששוחט בביתו, באים הרבה שלוחים ביחד עם כפרות, ומחמת שצריך לשחוט כפרות הרבה, אין הזמן מספיק לבדוק בכונת הלב כדין י"ב בדיקות, וקרוב הדבר שמחמת הנחיצה לא ידקדק היטב בבדיקה, **לכן** העצה היעוצה, שעכ"פ אחר שחיטת כל העופות של בעה"ב אחד, יבדוק טרם ילך השליח עם העופות, כדי שיתברר לו אם נמצא סכינו יפה, שאסור לאכול קודם הבירור, **ואם** נמצא פגום יטרוף כל העופות של בעה"ב זה.

ונוהגין ליקח תרנגול זכר לזכר, ולנקבה לוקחין תרנגולת, ולוקחין למעוברת ב' תרנגולים אולי תלד זכר - דהיינו תרנגול ותרנגולת, תרנגול שמא הולד זכר, ותרנגולת, שאפילו אם הולד נקבה, יתכפרו שניהם, היא עצמה והולד באחת, **ואפילו** שני בני אדם יכולין ליקח כפרה אחת, אם אין ידם משגת, **ויש** שלוקחין למעוברת שני תרנגולות ותרנגול אחד.

ובשעה שמסבב על ראשו יאמר: זה חליפתי תמורתי כפרתי, ר"ת חת"ך, שם מלאך הממונה על החיים.

ובוחרין בתרנגולים לבנים, על דרך שנאמר: אם יהיו חטאיכם כשנים כשלג ילבינו - ומ"מ אין לחזור אחרי לבנים דוקא, כמו שנוהגין אנשים שמהדרין אחריהם ביותר, ונותנין ביוקר, והוא מדרכי האמורי וחוק עכו"ם, **אלא** אם יבא ממילא לקנות במקח שאר תרנגולים, יקנה אותו ולא יאמר כלום.

כתבו האחרונים, אם אין לו תרנגול, יקח אווז או שאר בעלי חיים שאינם ראוים להקרבה למזבח, **וי"א** אפילו דגים.

ונהגו ליתן הכפרות לעניים - כמו שכתוב: וחטאיך בצדקה פרוק וכו', **או לפדותן בממון שנותנים לעניים** - ר"ל שיעריך דמי שיווי הכפרות ששחטן, ויחלק דמי השיווי לעניים, והיינו אם היכולת בידו.

וכתבו האחרונים, דמי שפודה אותו ויש בידו מעות מעשר שלו, לא יפדה בהם רק במעות של חולין.

ובאמת לפדותן טוב יותר, שלא יתביישו העניים, שיאמר: זה נתן עוונותיו על ראשו ושלחו אלי, **ואם** יודע בו שלא יתבייש, יכול ליתן לו העופות עצמם, שלפעמים נהנה יותר, שהוא הנאה שא"צ לטרוח.

ויש מקומות שנוהגין לילך על הקברות ולהרבות בצדקה - ויוכל ליתן זה ממעות פדיון הכפרות, **והכל מנהג יפה** - ואין להרבות שם בתחינות, רק מה שמיוסד מהקדמונים, שהרי א"א היום תחנון.

ויש להסמיך שחיטת הכפרות מיד לאחר שהחזירו עליו וסמך ידיו עליו, דמות הקרבן - ויש שכתבו, שיש למנוע דבר זה לסמוך ידיו עליו, דנראה כמקדיש קדשים ושוחטן בחוץ, **ואחרים** כתבו שאין לחוש לזה, כיון שהתרנגול אינו ראוי למזבח.

סימן תרה – מנהג כפרות בערב יום כפור

וזורקין בני מעיהם על הגגות או בחצר, מקום שהעופות יכולין לקחת משם - שדרך התרנגולים ליזון מן הגזל, ובני המעיים הם הכלים הראשונים שמקבלים הגזל, לכן מרחיקין עצמם מלאכלם, כדי ליתן אל לבו להרחיק מן הגזל, **וגם** משום רחמנויות, כשם שמרחם על הבריות לפרנסן, ירחמו עליו מן השמים.

§ סימן תרו – שיפייס אדם חבירו בערב יום כפור §

סעיף ד - יכול לטבול וללקות מתי שירצה - המחבר קיצר, דמקודם היה לו לכתוב: דמנהג לטבול וללקות בעיו"כ, (**והיינו דאפילו האנשים שאינן זהירין כל השנה בטבילה, עכ"פ בעיוה"כ** צריך לטבול ולהיות נקי משום יום הקדוש), **ואפילו** נערים ובתולות, מכיון שהם בני מצות טובלות.

רק שיהיה קודם הלילה - וטוב שיטבול קודם תפלת המנחה, ששם מתודה, וכן נוהגין, **ומקצתן** נוהגין לטבול אחר סעודה המפסקת, כדי שיהיה סמוך ליום הכפורים.

ואינו מברך על הטבילה - דטבילה זו אינו רק משום מנהג.

הגה: ואין צריך לטבול רק פעם אחת, בלא וידוי - לאפוקי מאותן הרגילין להתודות בשעת טבילה, **משום קרי** - ולכן די בפעם אחת, וגם א"צ לוידוי.

וי"א דטעם הטבילה משום תשובה, ולפי"ז יש לטבול ג' פעמים, וכ"כ הרוקח, [**ולענין** וידוי כתב הט"ז, דעכשיו נהגו הרבה אנשים להתודות במקוה, **ועיין** בפמ"ג, דאין להזכיר שם השם בגלוי הראש, ומים זכים ולבו רואה ערוה ג"כ אסור, וכ"ש אם מצוי שם לראות ערות חבירו דאסור, רק יאמר "אשמתי" בלא הזכרת השם, עכ"ל, **אכן** לפי הנראה, אותן המתודים בודאי לא יזהרו בזה, ויאמרו נוסח הוידוי כמו שהוא בסידורים, וע"כ שב ואל תעשה עדיף, וטוב יותר שיאמר הוידוי שלם בשעת מנחה].

ועיין במ"א, דאף למאן דס"ל דטעם הטבילה משום קרי, אפ"ה צריך תמיד לטבול בעיו"כ, אפילו אם כבר טבל ער"ה, ולא ראה עוד קרי.

(עיין בהגהות הגאון ר"י פיק, דאותן חסידים ואנשי מעשה הנוהגין תמיד לטבול לקריין כתקנת עזרא, צריכין ליזהר להטיל מים קודם ירידתן לטבול, ועכ"פ חולה וזקן בודאי צריכין ליזהר בזה, **דאם** לא יזהרו להטיל מים קודם טבילה, יהיו טמאין כשיטילו מים אח"כ).

ואשה ששמשה בתוך ג' ימים, צריכה לכבד ביתה בחמין קודם טבילה, שלא תפלוט שכבת זרע ותחזיר לטומאת קרי, **אם** לא שהיא סמוך לטבילתה או סמוך לוסתה, שאז רגילות להתעבר, ואם תכבד יש לחוש להשחתת זרע, כ"כ מ"א, **ובתשובת** רע"א מפקפק, ומצדד דלעולם לא תכבד.

והוא הדין דהטלת תשעה קבין מים נמי מהני - אם הוא מצטער בטבילה.

מי שמת לו מת בין ראש השנה ליום הכיפורים - וה"ה אפילו בעיו"כ, **מותר לרחוץ ולטבול בעיו"כ** - היינו אפילו בחמין, וכן הטבילה במקוה מותר אפילו היתה של חמין, **דיו"כ מבטל שבעה** - ר"ל דדינו כמו שאר רגל שפגע באבילות, שהוא מבטל שבעה, ומותר מחמת זה לרחוץ אחר המנחה סמוך לחשיכה, לדעת היש מתירין לעיל בסימן תקמ"ח ס" י, **ועיין** במ"א, דגם בעניננו אין להקל רק שעה או שתים קודם הלילה, ולא קודם.

אע"פ שנהגו שלא לרחוץ כל שלשים, טבילה מצוה מותר - ר"ל אף דגזירת שבעה נתבטל ע"י יוה"כ, היה לנו לאסור רחיצה וטבילה משום גזירת שלשים, **וע"ז** תירץ, דטבילה זו היא מצוה, ואף דאיננה חיובא וכנ"ל, מ"מ איסור רחיצה כל ל' ג"כ אינו אלא מנהגא, **ומחמת** זה ממילא מותר גם רחיצה, כדי שלא יהא חציצה לטבילה.

§ סימן תרז – סדר הוידוי במנחה בערב יום כפור §

סעיף ו - כל הקהל לוקים מלקות ארבעים - לאו דוקא, אלא ל"ט, **אחר תפלת המנחה, שמתוך כך יתן אל לבו לשוב מעבירות שבידו** - דבאמת אין מלקות מועיל בזמן הזה, דאין לנו סמוכים, וגם אין חייב מלקות, דליכא התראה, **אלא** דעושים כן שמתוך כך ישוב וכו'.

הגה: ונהגו שהנלקה אומר וידויים בשעה שנלקה - ג' פעמים "אשמתי ובגדתי" וכו', **והמלקה אומר: והוא רחום יכפר עון וגו', שלשה פעמים, שהם ל"ט תיבות כנגד ל"ט מכות; ונהגו להלקות ברצועה כל דהו** - אע"פ שדינה ברוחב טפח, **דאינו רק זכרון למלקות** - וה"ה דלוקה רק מכות קלים.

ויקח רצועה של עגל, על דרך שנאמר: ידע שור קונהו; והנלקה לא יעמוד ולא ישב, רק מוטה, פניו לצפון ואחוריו לדרום - י"א שה"ה איפכא, פניו לדרום ואחוריו לצפון, ובא רק לאפוקי שלא יהא אחוריו למזרח או למערב, שהם מקומות שהשכינה שרויה שם, **אבל** הט"ז כתב: דוקא יהפוך פניו לצפון, שעיקר חטאת האדם הוא מחמת ממון, וכתיב: מצפון זהב יאתה, ע"כ מכניע עצמו לאותו צד, להודיע שמשם בא לו החטא, ע"כ, **וכן** נוהגין.

יוה"כ אינו מכפר אלא על השבים המאמינים בכפרתו, אבל המבעט בו ומחשב בלבו: מה מועיל לי יו"כ זה, אינו מכפר לו.

§ סימן תרח – סדר סעודה המפסקת §

סעיף ב - נשים שאוכלות ושותות עד שחשכה - (ר"ל עד בין השמשות), **והן אינן יודעות שמצוה להוסיף מחול על הקדש, אין ממחין בידן, כדי שלא יבואו לעשות בזדון** - (אבל בין השמשות מחויב למחות בהו, דכמפורש בתורה דמיא, שהוא ספק כרת, ועי' מחה"ש, דזהו למ"ד ספיקא דאורייתא מן התורה לחומרא).

ודוקא ביודע בודאי שלא יקבלו ממנו, אבל בספק שמא יקבלו, צריך למחות אפילו במידי דרבנן, [**דאילו** הנחנו בני אדם על מה ששוגגין, בכל יום היו מוסיפין שגגות, ותפול התורה מעט מעט ח"ו - תשב"ץ].

[**עוד** כתב שם, דנ"ל שזה הדבר לא נאמר אלא בשנתרבו הרבה שוגגין בדבר, **אבל** בדבר שרק מיעוטן שוגגין, מצוה למחות בידם, ואף אם יבואו להיות מזידין, כדי להזהיר לאחרים שלא יכשלו, דילפי מקלקלתא ולא ילפי מתקנתא, והמורה הוראות אם הזהיר את העם והם לא הוזהרו, עליו נאמר: ואתה את נפשך הצלת, עכ"ל].

(**ועיין** במחה"ש בשם תשובת מעיל צדקה, דבדבר שאחזו להם מנהג גרוע להקל בפרהסיא, מקרי גלוי לנו שלא יקבלו, וא"צ למחות, אא"כ הוא מפורש בתורה).

הגה: וכ"כ בכל דבר איסור אמרינן: מוטב שיהיו שוגגין ולא יהיו מזידין - ר"ל ג"כ בשברור לו שלא יקבלו ממנו וכנ"ל, **ובכ"ז** אין חילוק בין רבים ליחיד.

וכ"ז דוקא בשעכשיו הם שוגגין, אבל כשיודעין שהוא אסור ועוברין במזיד, צריך להוכיח אף כשברור לו שלא יקבלום, **ונהי** דמי שאינו מוכיח אינו נענש עבור חטאם, כיון שברור לו שלא יקבלום, מכל מקום מצוה להוכיחם.

ודוקא שאינו מפורש בתורה, אע"פ שהוא דאורייתא - ר"ל דאז אנו יכולין לתלות ששוגגין ומוטעין הם בזה, **ומה** שלא ישמעו לנו מה שנאמר להם שהוא אסור, מחמת דקיל להו הדבר, ולכן אמרינן בזה: מוטב שיהיו שוגגין וכו', **אבל אם מפורש בתורה, מוחין בידם** - דבודאי אינם שוגגין, ולא שייך בהו לומר: מוטב שיהיו שוגגין, ומחינן בהו וענשינן להו עד דפרשי, [ב"ד או מי שיש בידו לענוש, **אבל** שאר בני אדם, אינן מחויבים רק להוכיחו].

(**ודוקא** שהוא באקראי, אבל אלו הפורקי עול לגמרי, כגון מחלל שבת בפרהסיא, או אוכל נבילות להכעיס, כבר יצא מכלל "עמיתך", ואינו מחויב להוכיחו. **ולענין** אוכל נבילות לתיאבון, או מחלל שבת שלא בפרהסיא, יש לעיין בדבר).

ודוקא בדליכא סכנה, אבל בדאיכא חשש סכנה א"צ למחות, וכ"כ בחינוך.

(**ועיין** בברכי יוסף שמצדד לומר בזה דבר חדש, דעד כאן לא אמרינן דבדבר המפורש בתורה צריך למחות, אף שיודע שלא יקבלום, היינו רק כשידינו תקיפה על העוברים, למחות בהם בחזקת היד, **אבל** כשאין בידינו כח להפרישם, אין מחויב להוכיחם, כיון שיודע שלא יקבלום, **אכן** מדברי הסמ"ק המובא במ"א משמע, דבזה אף שאין נתפס בחטאם, **מ"מ יש עליו חיוב מצד המ"ע דהוכחה**).

ואם יודע שאין דבריו נשמעין - זה, וכן עד סוף הג"ה, קאי ג"כ על דבר המפורש בתורה, **וה"ה** על שאר מזיד, דהיינו שיודע שהוא אסור ועובר על זה.

והנה לשון "ואם יודע", כתבו האחרונים שאינו מדוקדק, דהא עד עכשיו ג"כ מיירי בהכי וכנ"ל, **אלא** דבא לחדש, דיש חילוק בין רבים ליחיד.

לא יאמר ברבים להוכיחן רק פעם אחת - אולי ישמעו, או כדי שלא יהיה להם פתחון פה, **אבל לא ירבה בתוכחות מאחר שיודע שלא ישמעו אליו** - דכשם שמצוה לומר דבר הנשמע, כך מצוה שלא לומר דבר שאינו נשמע.

אבל ביחיד חייב להוכיחו - בעבירה שבסתר יוכיחנו בסתר, ובעבירה שבגלוי יוכיחנו מיד, שלא יתחלל שם שמים, **עד שיכנו או יקללנו** - (ראיתי בספר החינוך וז"ל: מה שאמרו ז"ל שחיוב מצוה זו עד הכאה, כלומר, שחייב המוכיח להרבות תוכחותיו אל החוטא, עד שיהא קרוב החוטא להכות את המוכיח).

וי"א דדי עד שינזוף בו החוטא, [**ונראה** דיש לסמוך ע"ז, דבלא"ה דעת הסמ"ג והמאירי, דהיכא שברור לו שלא יקבלנו, אינו מחוייב להוכיח כלל אף במזיד, **ונהי** דהרמ"א נקט לדינא כאידך פוסקים, מ"מ די לנו להחמיר להוכיח עד שינזוף].

ומכאן ואילך אסור להוכיחו, שנאמר: אל תוכח לץ פן ישנאך.

(**ובספר חסידים כתב: דוקא איש את אחיו שלבו גס בו, אבל אם היה איש אחר, שאם יוכיחנו ישנאנו וינקום ממנו, אין להוכיחו**).

(**לעולם ידור אדם במקום רבו כשמקבל תוכחתו, ואם לאו אל ידור, מוטב שיהיו שוגגים**).

§ סימן תרח – הטמנת חמין בערב יום כפור §

סעיף א- מותר להטמין חמין מערב יום הכיפורים למוצאי יום הכיפורים - שמחול לחול הוא מכין.

הגה: וי"א שאין להטמין ביום הכיפורים, וכן המנהג במדינות אלו - שנראה דביוה"כ מתבשל בתנור לצורך חול, וזה אין נכון, [**וצ"ע**, ואולי משום דבעשי"ת יש להחמיר אפי' בדבר המותר מדינא, **ועוד** כתבו הפוסקים טעם, משום דמחזי כרעבתנותא, **ואפי'** בעיו"כ קודם חצות אין לעשות הטמנה זו, [**ולאחר** חצות אפשר דאיסורא נמי איכא], **ובכל** גווני אם עבר והטמין, א"צ להמתין במוצאי יו"כ בכדי שיעשה.

[**והנה** בדה"ח כתב, ודוקא אם מטמין מאכלים לצורך אכילה של מוצאי יוה"כ, אבל לדברים שאינן לצורך אכילה של מוצאי יום הכיפורים, כגון במדינות שעושין הפאווידלע, ועושין הרבה בפעם אחת שצריך על זמן רב, ושורק פי התנור בטיט, מותר להטמין בעיוה"כ בתנור שיתבשל שם ביוה"כ, ואפי' אחר חצות מותר, ואפי' אם רוצה לאכול ממנו במוצאי יוה"כ, מותר, עכ"ל, **וכל** זה הוא לשיטתיה, שכתב טעם האיסור משום הכנה, או משום דמחזי כרעבתנותא, **אבל** לטעם הב"ח במה שאוסר אחר מנחה, עי"ש, גם באופן זה אין נכון, אם לא קודם חצות].

§ סימן תרי –הדלקת הערות ביום כפור §

סעיף א- מקום שנוהגים להדליק נר בליל יום הכיפורים, מדליקין - אף בחדר משכבו.

מקום שנהגו שלא להדליק, אין מדליקין - היינו אף בבית אין מדליקין.

ושני המקומות נתכונו לדבר אחד, דהיינו לבטל תשמיש, דהמדליק כוונתו, שאסור לשמש נגד אור הנר, **ומאן** דלא מדליק כונתו, שלא יראה אותה ויתאוה לה, ויוכל לבוא לידי תשמיש, **ואפילו** היא נדה דאסור לו בלא"ה לבוא עליה, מ"מ מידי הרהור לא יצא, ויבטל מחשבתו הטהורה ביום זה, [**אך** אני מתפלא, דמשום חששא זו לא פלטינן בלא"ה, דהא ביום הוא רואה אותה, ולא תהיה מחשבתו טהורה].

אמרינן בירושלמי, דמקום שנהגו להדליק חשיבא טפי, ונפקא מינה לעיר חדשה שראוי לנהוג כן.

(ואם יש לו נר בבית, חייב להדליק בחדר ששוכב שם - ר"ל אף במקום שנהגו שלא להדליק, **כדי שלא יבא לידי תשמיש עם אשתו, מאחר שרואה אותה אלל הנר שבביתו)** - המ"א מיישב המנהג שאין נוהגין כן, וכתב דמ"מ יש להחמיר, **אכן** באשתו כשהיא נדה, דבלא"ה בדיל מינה משום נדותה, יש להקל כשמדליק בשולחן ולא בחדר, [**ומ"מ** במקום שנהגו להדליק, נראה דבודאי צריך להדליק אף בחדר זה].

ואם חל להיות בשבת, חייבין הכל להדליק. הגה: ומברכין: להדליק נר של שבת ושל יום הכיפורים.

סעיף ב- יש מי שאומר שמברך על הדלקת נר יום הכפורים - היינו במקום שנוהגין להדליק, שוב ממילא הוי ליה חיובא עליו להדליק משום שלום בית, כמו בשבת.

הגה: וכן המנהג במדינות אלו - דהיינו שנוהגין לברך: אקב"ו להדליק נר של יוה"כ.

[**ודע**, דהפר"ח וכן הגר"א הסכימו כפוסקים דס"ל שלא לברך, כיון דתלוי במנהגא לא תקנו רבנן לברך ע"ז, **אכן** בהרבה אחרונים שראיתי, כולם העתיקו דברי רמ"א לדינא, **ומ"מ** נ"ל, דבמדינות אחרות שאין מנהג קבוע לזה, בודאי יותר טוב להנהיג שלא לברך].

סעיף ג- בכל מקום מדליקין בבתי כנסיות ובבתי מדרשות ובמבואות האפלים וע"ג החולים - ובכל אלו אין לברך לכו"ע, דאין כאן משום שלום בית, [**ומשמע** לכאורה דקאי על הכל, דהיינו ע"ג חולים ג"כ, **ולדידי** צ"ע, דלכאורה גם שם שייך שלום בית, שאותן המשמשין לפניו יראו מה להביא לפניו].

סעיף ד - נוהגים בכל מקום להרבות נרות בבתי כנסיות, ולהציע בגדים נאים בבית הכנסת - דדרשינן: לקדוש ד' מכובד, זה יוה"כ, וכיון דאין לכבדו באכילה ושתיה, כבדהו בכסות נקיה, **ונרות** הוי ג"כ כבוד היום, דכתיב: על כן באורים כבדו ד', ומתרגמינן: בפנסיא יקרו ד'. **ואין** מקבלין שעוה ממומר לעכו"ם שנתן נדבה לביהכ"נ, **ואם** יש חשש איבה, וכ"ש שר, מקבלין ממנו, וצ"ע.

הגה: ונוהגים שכל איש, גדול או קטן, עושין לו נר - ועכשיו אין עושין נרות אלא לנשוי, **ואין** לעשות נר לאשה, עיין במ"א הטעם.

בילקוט שופטים איתא, לעשות פתילות עבות בבהכ"נ, כדי להרבות אורן.

גם נר נשמה לאביו ולאמו שמתו - לכפר עליהם, ומשמע מלשון זה דסגי בנר אחד, ועיין בא"ר, **וכן נכון, וכן כתבו מקלת רבותא.**

ואם כבו נרות אלו ביום הכיפורים, אין לומר לאינו יהודי שיחזור וידליקם - אפילו ברמיזה, ומצוה עושה כשיניחה כך מכובה, **ונהגו** ליקח עכו"ם לשמור הנרות, שלא יבואו ח"ו לידי דליקה, ומכח זה נהגו לומר לו לכבות ולהדליק, ויש למחות בידם, [**ואפי'** אם הישראל אמר להעכו"ם הזה מעיו"כ, **אכן** לענין לקבל שעוה הנוטף, אם אמר לו זה מעיו"כ, והשעוה שייך לצדקה, אין להחמיר בזה].

סימן תרי –הדלקת הערות ביום כפור

ואף אם העכו"ם רוצה להדליק מעצמו, צריך למחות בידו, מאחר שהוא בשביל ישראל, [**ובמטה** אפרים כתב, דאם רוצה מעצמו לחזור ולהדליק א"צ למחות בידו, ואפשר דצירף בזה דעת בעל העיטור, או אפשר דמיירי במקום שלא יהנה ממנו אח"כ, **וצ"ע**].

ומאחר שהעולם מקפידים אם כבה נרו, אע"פ שלדעתי אין בו משום חשש, דלפעמים נכבה מחמת רוח, או מחמת חום, **מ"מ** כיון שהעולם מקפידים, ראוי לכל אדם ליתן נרו לשמש, ולא ישגיח עליו כלל, וגם המותר יניח בבהכ"נ - ח"א.

מי שכבה נרו ביום כיפור, יחזור וידליקנו במוצאי יום כיפור, ואל יכבנו עוד, אלא יניחנו לדלוק עד גמירא, וגם יקבל עליו שכל ימיו לא יכבה במוצאי יום הכיפורים נרו, לא הוא ולא אחר, (כך נמצא במנהגים ישנים).

ויש אומרים שיש להביע השלחנות ביו"כ כמו בשבת, וכן נוהגין - משום דאקרי "שבת שבתון".

יש שכתבו שנהגו ללבוש בגדים לבנים נקיים ביו"כ, דוגמת מלאכי השרת - ומטעם זה נהגו ללבוש בגדי פשתן לבן נקיים, כמו שכתוב: איש אחד לבוש בדים.

וכן נוהגין ללבוש הקיטל שהוא לבן ונקי, גם הוא בגד מתים, ועל ידי זה לב האדם נכנע ונשבר - וגם אבל תוך י"ב חודש על אביו ואמו, או תוך ל' על שאר קרובים, יכול ללבשו, **ויש** מקומות שנוהגים שאין האבל לובשו. **אין** לכנוס לבית הכסא בקיטל, שהוא מיוחד לתפלה, אבל להשתין בו מותר.

ונוהגין שגם הנשים לובשים בגדים לבנים ונקיים לכבוד היום, **אבל** לא יקשטו עצמן בתכשיטין שמתקשטין בהם בשבת ויו"ט, מפני אימת יום הדין, **ואין** נוהגות ללבוש קיטל.

§ סימן תריא – שליל יום הכפורים דינו כיומו §

סעיף ב - כל מלאכה שחייבים עליה בשבת, חייבים עליה ביום הכיפורים; וכל שבשבת פטור אבל אסור, גם ביוה"כ כן, אלא שבשבת זדונו בסקילה, ויום הכיפורים זדונו בכרת - וגם האידנא דאינו נוהג דיני נפשות, מ"מ נ"מ לענין קים ליה בדרבה מיניה, דהחובל בחבירו בשבת, כיון דהיה מחויב מיתה בידי אדם, פטור מתשלומין, ואפילו בחובל בשוגג, **משא"כ** ביוה"כ שאין בו רק כרת.

וכל שאסור לטלטלו בשבת, אסור לטלטלו ביום הכיפורים – (עיין לעיל סימן תט"ז, דיש עירוב והוצאה ליוה"כ, **וכתבו** האחרונים, דגם איסור מחמר יש ביוה"כ. **ודע**, דמערבין עירובי חצירות ועירובי תחומין בפת, אע"ג דאסור באכילה, מ"מ הרי חזי לקטנים שאינם מתענים).

והתירו לקנב ירק - יש שפירשו דהאי קניבה, הוא שנותק או מחתך העלים מן הקלחים התלושין, כדי להשוותן שיהיו מוכנים לחתכן בערב, **ואע"ג** דקטרח בשביל ערב שהוא חול, התירו כדי שלא יצטרך לתקן הכל בערב, ותהא נפשו עגומה עליו, **ויש** שפירשו, דקניבה הוא הדחת הירק לצורך ערב, ושרי ג"כ מטעם הנ"ל.

(**ואפילו** בדבר שאינו נאכל כמות שהוא חי, כמו כרבא וקרא, ג"כ שרי לקנב, דכמו שהתירו הכנה לחול משום עגמת נפש, כמו כן התירו מוקצה ג"כ מטעם זה).

ולפצוע אגוזים - כדי שיהיו מוכנים לצורך סעודת ערב, ולא יצטרך לטרוח בהם לאחר התענית, (**ומותר** אפי' לפצוע ולהוציא המאכל).

מן המנחה ולמעלה - ר"ל מנחה קטנה שהוא סמוך לערב, והוא שעה שדרך בני אדם לתקן מאכלם בחול, וניכר שלצורך לילה הוא עושה, [**ובזה** מתורץ ג"כ מה שיש לדקדק על היתר דפציעת אגוזים, מאחר שאינו לאכול לאלתר, והלא לעיל סי' שכ"א סי"ט בהגה מוכח דאסור, **אכן** לפי הנ"ל ניחא, דכיון דהוא סמוך לערב, הוי כמו שמכין עצמו לאכול לאלתר, **ולפי"ז** פשוט, אם אין לו ירק או אגוזים הרבה, ואינו צריך להשהות עליהם זמן מרובה, בודאי יש לו לאחר הדבר עד סמוך לחשיכה, כדי שיהא סמוך לסעודת ערב].

אבל קודם המנחה אסור, שנראה כמתקן לצורך היום, [**ולפי** מה שכתבנו לעיל לענין אגוזים, בלא"ה אסור משום חששא דדש].

כשחל בחול - אבל כשחל יוה"כ בשבת לא התירו, כדי שלא יבא לעשות כן בכל שבתות השנה, להכין ביום לצורך הלילה.

והאידנא נהגו לאסור - לפי שבדורות האחרונים התחילו לקלקל, ולמהר לעשות דברים אלו קודם המנחה, לפיכך בטלו להיתר דקניבת ירק ופציעת אגוזים לגמרי.

(**ודע עוד** דבירושלמי משמע, דכשם שהתירו קניבת ירק, כך התירו לאמר לעכו"ם לבשל אלאחר התענית, **וצ"ע** שלא העתיקוהו הפוסקים, **ואפשר** משום דלמסקנא גם בקניבת ירק אנו מחמירין, משום דילמא מקדמי, וה"ה מטעם זה גם לענין אמירה לעכו"ם יש לחוש לזה).

הגה: אם נפלה דליקה ביוה"כ, מותר להכין סעודה אחת לצורך לילה - שלאחר יוה"כ, כדי שלא יצטרכו להתענות עוד כשלא יהיה להם מה לאכול, **כמו שמציל בשבת לסעודת מנחה** - ר"ל אפילו נפלה דליקה בצהרים, אחר שאכלו סעודת שחרית.

וכבר נתבאר סימן של"ד כילד נוהגים בזמן הזה בדליקה בשבת, והוא הדין ביוה"כ.

ונהגו שהתינוקות משחקים באגוזים - ודוקא על השלחן ולא על גבי קרקע, דאתו לאשויי גומות, כמ"ש סימן של"ח. **ואין למחות בידם, אפילו קודם מנחה, ונשתרבב המנהג מדין הפלגת אגוזים הנזכר.**

§ סימן תריח – דין חולה ביוה"כ §

סעיף י - חולה שאכל ביוה"כ ונתיישב דעתו בענין שיכול לברך, צריך להזכיר של יום הכיפורים בברכת המזון, שאומר: יעלה ויבא, בבונה ירושלים - הטעם, כיון דבהתירא אכל, הו"ל יוה"כ כמו לדידן שאר יו"ט, **ואם** חל בשבת אומר: רצה והחליצנו, **וכן** יש לנהוג לנערים שאוכלים ביוה"כ, וכן היולדת שאינה מתענה.

ויש שמקילין בזה, שאפילו "יעלה ויבוא" א"צ לומר, שלא תקנו אלא במקום שמצוה באכילתו, וה"ה שאין לומר "רצה והחליצנו" כשחל בשבת, [**אכן** כיון דהוא רק בקשה בעלמא, "יעלה ויבא" וכן "רצה", ואין בזה חשש ברכה לבטלה, יוכל לומר].

ועכ"פ קידוש בודאי אין לו לעשות, דיש חשש ברכה לבטלה, **וכן** אם שכח לומר "יעלה ויבוא", או "רצה" כשחל בשבת, ונזכר אחר שסיים ברכת "בונה ירושלים", לא יחזור.

§ סימן תריט – סדר ליל יום הכפורים §

סעיף א - ליל יום הכיפורים נוהגים שאומר שליח צבור - ועכשיו אומר הגדול שבכל עיר, וצריך לצרף עוד שנים, [אפי' כשאומר ש"ץ]. **בישיבה של מעלה ובישיבה של מטה, על דעת המקום ועל דעת הקהל, אנו מתירין להתפלל עם העבריינים** - שהישיבות מסכימים לצרף דעת המקום לדעת הקהל, להתיר את העבריינים מעבריותן. **ועבריין** נקרא מי שעבר על גזירת צבור, או שעבר עבירה, ומבואר לעיל בסימן נ"ה, דאם נדוהו אין מצרפין אותו לכל דבר שבקדושה, **ויכולין** ג"כ להתנות להחמיר שלא להתפלל עמו בבית הכנסת, אף שיש שם עשרה, ושמא התנו, **ע"כ** מתירין אנו, כדי שנוכל להתפלל עמהם, דכל תענית צבור שאין בו מפושעי ישראל, אינו תענית, שהרי חלבנה שריחה רע ומנאה הכתוב עם סמני הקטרת.

[**בא** לרמז, שאין לנו להקל ברשעים פושעי ישראל שלא יהיו בכלל תעניתינו ותפילתינו, והיינו כי שם שמים מתעלה ומתקדש בשעה שהרשעים חוזרים בתשובה, ורוצים להתאגד ולהתנהג כמעשה הצדיקים].

ונוהגים שאומר: כל נדרי וכו' - הנה מנהג קדמונים היה לומר: מיוה"כ שעבר עד יוה"כ זה, והיתה הכונה להתיר הנדרים ושבועות שכבר נדרו ונשבעו, פן עבר אחד עליהם, **ורבינו** תם הקשה ע"ז, ולכן הגיה שי"ל: מיום הכפורים זה עד יוה"כ הבא עלינו, והכונה להתנות על נדרים שידור מכאן ולהבא, שלא יחולו, **ומהני** תנאי זה אם אינו זוכר התנאי בשעה שנדר אח"כ, **אבל** אם זוכר התנאי ואעפ"כ נודר, הרי עוקר התנאי.

ונוהגין אנו כר"ת, ולפי"ז צ"ל: "די נדירנא ודמישתבענא", לשון עתיד, **והמ"א** מסיק, דאפילו לדעת ר"ת ג"כ יכול לומר בתיבה אחת "דנדרנא", דלשון זה גם להבא משמע. **והקהל** יאמרו עם הש"ץ בלחש, דאין תנאי הש"ץ מועיל לציבור.

ואחר כך אומר: שהחיינו, בלא כוס - דכיון דמברך "שהחיינו", אפילו אם הוא עדיין מבע"י, קבל ליה עליה קדושת יוה"כ, ואסור למישתי, **ואי** ניתיב לתינוק, אתי למיסרך לשתות ביוה"כ אפילו כשיגיע לשנת י"ג.

וגם הצבור יאמרו כל אחד בלחש, **וטוב** שימהרו לסיים הברכה שמברך לעצמו, כדי שכשיסיים הש"ץ הברכה יאמרו אמן, **ומ"מ** יש להש"ץ ליזהר שיכוין להוציא הצבור, מי מהם שירצה לצאת בברכתו.

[**ויש** להזהיר הנשים שנוהגות לומר "שהחיינו" בשעת הדלקת הנרות בבית, שלא יאמרו שנית ברכת "שהחיינו" בבהכ"נ, אלא ישמעו מש"ץ ויענו אמן].

יתעטף בטלית מבע"י, כדי לברך, משום דבלילה אין מברכין אפילו על כסות המיוחד ליום.

הגה: ואח"כ מתפללים ערבית. ונוהגים לומר כל נדרי בעודו יום - אע"ג דאנו סוברין כר"ת, ומתנין על להבא שלא יחולו, מ"מ דמי קצת להפרת נדרים, שאין מפירין בשבת ויו"ט, וה"ה יוה"כ.

וממשיך בניגונים עד הלילה - כדי להתפלל ערבית בלילה, **ואם** עדיין לא הגיע זמן ק"ש, יאמרו איזה מזמורי תהלים קודם ערבית.

ואומרים אותו שלש פעמים, וכל פעם מגביה קולו יותר מבראשונה. וכן אומר הש"ץ ג"פ: ונסלח לכל עדת וגו', והקהל אומרים שלש פעמים: ויאמר ה' סלחתי כדברך; ואל ישנה אדם ממנהג העיר, אפילו בניגונים או בפיוטים שאומרים שם - כי ע"ז מבלבל דעת הקהל.

אין אומרים "באהבה" קודם "מקרא קודש", **ובמקומות** שנוהגין לומר "באהבה מקרא קודש", אין לשנות, **ואם** חל בשבת, עיין בס"ג.

סעיף ב - בליל יוה"כ ומחרתו אומרים: ברוך שם כבוד מלכותו לעולם ועד, בקול רם - דהוא שירת המלאכים, וביוה"כ גם ישראל דומין למלאכים.

סימן תריט – סדר ליל יום הכפורים

סעיף ג - אם חל בשבת, אומרים: ויכולו, וברכה אחת מעין שבע - וצריך לומר בזה "המלך הקדוש שאין כמוהו".

וחותם: מקדש השבת, ואינו מזכיר של יום הכיפורים - דברכה זו אינו בא בשביל יוה"כ, דהלא אם חל יוה"כ ביום חול, א"צ לומר בה ברכה אחת מעין שבע, [**ואף** דבתפילת נעילה כשחל יוה"כ בשבת, מזכירין של שבת, אף שאם לא היה יוה"כ לא היו אומרים אותו בשבת, **שאני** התם, שהיום הוא שנתחייב בארבע תפילות, משא"כ הכא, שאפי' בשבת אינה חובה בערבית, אלא משום סכנה].

(ואין אומרים אבינו מלכנו בשבת, אבל שאר הסליחות והתחינות אומר כמו בחול).

ובתפלה אומר: ותתן לנו ד' אלהינו באהבה את יום השבת הזה, ואת יום צום הכפורים הזה.

ואין אומרים "אלהינו ואלהי אבותינו רצה במנוחתנו", דכיון שהוא יום תענית, אין כ"כ רצון במנוחתנו, **אבל** אומרים "והנחילנו ד' אלהינו באהבה וברצון שבת קדשך וינוחו בו וכו'", **ויסיים** "כי אתה סלחן וכו'", ולא לומר "ודברך אמת וקיים לעד".

סעיף ד - צריך להעמיד אחד לימין שליח צבור ואחד לשמאלו - כדרך שמצינו אצל משה רבינו ע"ה, שאהרן וחור תמכו בידיו, **ועכשיו** המנהג שעומדים אצל החזן עד אחר ברכו, **ואם** חל בשבת, שאומרים "מזמור שיר ליום השבת" קודם ברכו, יכולים לחזור למקומם בתחלת אמירת מזמור.

סעיף ה - יש שעומדים על רגליהם כל היום וכל הלילה - היינו בשעת תפלה בלילה, [היינו כל זמן שאומרים סליחות ותפילות], דאל"כ לא יוכלו להתפלל ביום כי יתנמנמו.

[**ומי** שעושה כן ונוהג פעם אחת, ובדעתו היה לעשות כן כל ימיו, אם דעתו לחזור שלא יעשה כן ביוה"כ אחר, צריך התרה].

וטעם העמידה, להיות דוגמת המלאכים, **ונשים** לא יעמדו, [כי אין יכולין להדמות להם].

ואף האנשים רשאין לשעון ולסמוך על איזה דבר אם נחלשו, [**ואפי'** אם בפעם הראשון לא סמך כלל, דמסתמא אדעתא דמנהגא קיבל, והרי המנהג לסמוך].

גם יזהרו בעצמם מה שכל אדם מחויב ליזהר, שלא ישהו נקביהם ויעברו על בל תשקצו.

[**והכל** לפי מה שמרגיש בכחו, כלל הענין: מי שאינו יודע בעצמו שלא יזיק לו העמידה, שיתנמנם בשעת תפילה, או שלא יוכל לכוין כראוי, עבירה היא בידו, ואפילו לעמוד ביום, אם יזיק לו העמידה, שיהא עיף ויגע ולא יוכל לכוין כראוי].

§ סימן תרך – מנהג יפה לקצר בתפלת שחרית §

סעיף א - טוב לקצר בפיוטים ובסליחות שחרית, כדי למהר בענין שיתפלל מוסף קודם שבע שעות - ואם הוא סוף שש, ידלגו "אבינו מלכנו", כי אם יאחרו עד שעה ז', כבר הגיע זמן המנחה. **ולכתחלה** ראוי להיות זהיר להתחיל תפלת מוסף קודם שש שעות ומחצה על היום, לפי שבשש ומחצה הוא זמן תפלת מנחה גדולה, שהיא תדירה יותר מתפלת מוסף. **ומ"מ** בדיעבד אם אירע שנתאחר תפלת מוסף עד חצי שבע, או אחר שבע, יש להתפלל מוסף קודם ואח"כ מנחה, **אם** לא שכבר הגיע זמן מנחה קטנה.

וצריך כל יחיד לומר יו"ד וידויים ביוה"כ לפחות, ד' בארבע תפלות, וד' בחזרת הש"ץ, ושתי פעמים, א' במנחה ואחד במעריב, כנגד י' פעמים שהיה כהן גדול מזכיר את השם ביו"כ, [**ומה** שאומר במעריב עוד פ"א בתוך סליחות, לא חשיב, דלא חשיב אלא מה שאומרים בתוך תפלה].

§ סימן תרכא – סדר קריאת התורה ומילה ביו"כ §

סעיף ב - מילה ביוה"כ, מלין בין יוצר למוסף, אחר קריאת התורה - דתפלת שחרית קודם שהיא תדיר, משא"כ מוסף.

ואומרים: זכור ברית, ואם חל בשבת אומרים: יום ליבשה, [**ובא"ר** כתב דיש שא"א: יום ליבשה, דהוי כמו הלל].

ולאחר המילה אומרים: אשרי. (והמנהג למול אחר אשרי) - ויש נוהגין למול קודם "אשרי", מ"א, **ועיין** בא"ר שהסכים גם כן, דכן נכון לעשות מכמה טעמים.

ואם הוא במקום שצריך לצאת מבית הכנסת - כגון שאין עירוב, ואין יכולין להביא התינוק לבהכ"נ, **אין מלין עד אחר חזרת ס"ת** - למקומה, כדי שלא יהא בזיון להניח ס"ת ולצאת לחוץ, **וחוזרים ואומרים קדיש** - הנה זה נכון לדעת המחבר, דהמילה הוא קודם "אשרי", א"כ כשיבואו יאמרו "אשרי" וקדיש, וכידוע דקדיש זה קאי על "אשרי", **אבל** לדעת רמ"א, דהמילה הוא אחר "אשרי", א"כ יש הפסק גדול בין ה"אשרי" ולקדיש ע"י הליכה שלחוץ, **אכן** זה מיירי במקום שאומרים "יה"ר" קודם מוסף, שיש בו כמה פסוקים, ועלייהו יהיה קאי הקדיש, **ובמקומות** שאין אומרים ה"יה"ר", י"ל איזה מזמור קודם אמירת הקדיש.

סעיף ג - מברכין על המילה בלא כוס - ר"ל דמברכין רק ברכת "אשר קידש ידיד מבטן", **אבל** לא הברכה שעל הכוס, דהלא צריך לטעום ממנו, וא"א ביוה"כ, **וליתן** לתינוקות לשתות ג"כ אין כדאי, דחיישינן דלמא אתי למיסרך עי"ז, לשתות תמיד ביוה"כ.

ורשאי למצוץ הדם כדרכו בחול, **והנוהגים** למצוץ ביין, לא יזלפו בפה, ולא במוך משום חשש סחיטה, **רק** יזלפו ביד לבד.

(וי"א דמברכין בכוס ונותנים לתינוק הנימול, וכן נוהגין) - ר"ל מלבד מה שנותנין בפי התינוק כשאומר "בדמיך חיי", צריך ליתן לו לשתות קצת מן הכוס, דאל"כ איכא גנאי להכוס, **ואם** מלין אצל היולדת, והיולדת חולה בענין שמותרת לאכול, יכול להוציאה, וגם יאמר לה שתכוין לצאת בברכתו, ותשתה ממנו, [**והוא** שתשמע הברכה, ולא תפסיק בין שמיעת הברכה לשתיית הכוס, **וזה** עדיף יותר מנתינה לתינוק הנימול].

סעיף ו - נהגו לידור צדקות ביום הכיפורים בעד המתים. (ומזכירין נשמותיהם, דהמתים ג"כ יש להם כפרה ביוה"כ) - כשנודרין בעבורן, דאמרינן אלו היה חי היה נותן ג"כ צדקה, ולכן נקרא "יום הכפורים" בלשון רבים, ר"ל לחיים ולהמתים, **ואפילו** אם היה עני, היה טהור לב ורוצה ליתן, **אבל** בעבור רשע אינו מועיל, **ואם** התודה קודם מותו, י"ל דיש לו כפרה וכצדיק חשוב, **ומסתברא** דאם הבן נותן בעד אביו, בכל גווני מועיל להקל דינו, דברא מזכה אבא.

§ סימן תרכב – סדר תפלת מנחה §

סעיף א - למנחה אומר: אשרי ובא לציון - כדי להפסיק בין תפלת מוסף לתפלת המנחה.

ואין אומרים: ואני תפלתי, אפילו אם חל להיות בשבת - לפי שבשבת אומרים לשבח ישראל, שאף שאכלו ושתו, מתפללים, לא כאומות העולם, וביוה"כ א"צ לזה.

הגה: ואין אנו נוהגין לומר: אשרי ובא לציון קודם מנחה - כדי למהר, שלא יעבור זמן המנחה, ודי בהפסק קריאת התורה, **רק קודם נעילה** - כדי להפסיק בין מנחה לנעילה, **וכ"כ קצת רבותא.**

וא"א: אין כאלהינו ביו"כ - לפי שבשבת אומרים כן כדי למלאות החסר ממאה ברכות בכל יום, **וביוה"כ** איכא הרבה שבחים, וא"צ למלאות בזה, **גם** "פטום הקטרת" א"צ לומר, שהוא כלול בעבודה, **אבל** נראה יותר טוב לאומרו ביחידות, שהרי סמני הקטרת לא הוזכרו בעבודה - ט"ז, **וגם** המ"א כתב שיש לאומרו.

סעיף ב - ומוציאין ספר תורה וקורין שלשה בפרשת עריות עד סוף הפרשה - משום שנפשו של אדם מחמדתן, ואם יש אחד שנטמא יחזור בתשובה.

ומתחילין מן "כמעשה ארץ מצרים", פ' ראשונה עד "וחי בהם", שניה "אלהיך אני ד'", שלישי הוא המפטיר.

והשלישי מפטיר ביונה - שמדבר מן התשובה, ועוד שאין יכולין לברוח מן הש"י - אחרונים, [**וכונתם**, כי האדם חושב כמה פעמים לייאש את עצמו, שאין יכול לתקן בשום אופן, וע"כ יתנהג תמיד באופן אחד, ואם יגזור עליו הקב"ה למות, ימות, **אבל** טעות הוא, שסוף יהיה, כל מה שהקב"ה רוצה מנפשו שיתקן, מוכרח הוא לתקן, ויבא עוד פעם ופעמים לעוה"ז, ובע"כ יוכרח לתקן, וא"כ למה לו כל העמל, למות ולסבול חיבוט הקבר ושאר צרות, ולחזור עוד הפעם, **וראיה** מיונה, שהקב"ה רצה מאתו שילך וינבא, והוא מיאן בזה, ונס לים, מקום שלא ישרה עליו עוד השכינה לנבאות כידוע, וראינו שנטבע בים ונבלע בדג, והיה שם במעיו כמה ימים, ולפי הנראה בודאי לא יכול להתקיים דברי הש"י, ומ"מ ראינו שסוף דבר היה שרצון הש"י נתקיים, וילך וינבא, כן הוא האדם בעניניו, **וזהו** שאמרו באבות: ואל יבטיחך יצרך שהשאול בית מנוס לך, שע"כ אתה נוצר וכו'], **ומסיים: מי אל כמוך.**

ואין אומרים קדיש על הספר, רק ח"ק לפני העמוד קודם תפלה, [כי הקדיש הזה קאי גם על התורה, **וע"כ** אם נזדמן שהולכים למקום אחר לקרות בתורה, וחוזרים לבהכ"נ להתפלל, י"ל קדיש אחר אמירת המפטיר].

ומברך לפניה ולאחריה - ר"ל כדרך שבירך בשחרית, שאומר גם "על התורה ועל העבודה".

ואם חל בשבת, מזכיר בה של שבת, וחותם בשל שבת.

הגה: ואין אומרים: על התורה ועל העבודה, במנחה - פי' אנו אין מנהגינו כמ"ש השו"ע, אלא אין אומרים כלל "על התורה ועל העבודה", בין כשחל בשבת בין כשחל בחול, רק חותמין "מגן דוד", **והטעם**, שהרי כבר פסק העבודה מהשחר, ובירך עליה שחרית.

כשמוציאין הס"ת במנחה, אין אומרים "על הכל", ולא "שמע ישראל", רק "גדלו".

בנוסח "אבינו מלכנו", י"ל "רוע גזר" בנשימה אחת, כי שייכים להדדי, דהיינו שיקרע הוא ית' רוע שיש בגזירה, ומה שנשאר בגזירה יהיה לרחמים, **והמפסיקים** בניגון בין "רוע" ל"גזר", צריך למחות, ובפרט החזנים שלא יעשו כן.

סעיף ג - אם חל בשבת, אומרים: צדקתך, ואומרים: אבינו מלכנו - אף שהוא שאלת צרכים, הלא הוא שעת גמר דין, ואם לא עכשיו אימתי, **הגה: ובמדינות אלו אין אומרים: צדקתך** - דכתיב בו: משפטיך תהום רבה, ואנו מבקשים רחמים לפני השי"ת ביו"כ, **ולא אבינו מלכנו** - שהוא שאלת צרכים, ואין שואלין בשבת, **ובחול** אומרים, אם לא שהזמן קצר וצריך למהר כדי להתפלל נעילה ביום, וטוב לומר מעט סליחות בנחת מהרבה במרוצה.

סעיף ד - אין נושאין כפים במנחה ביוה"כ; וכהן שעבר ועלה לדוכן, הרי זה נושא כפיו ואין מורידין אותו - עיין לעיל בסי' קכ"ט בהג"ה, דמטעם זה יש נוהגין לומר: אלהינו וא"א וכו', **וה"ה** דיש לומר אז "שים שלום" ולא "שלום רב", דחד דינא להו. **כהן** אחד עלה לדוכן, ושארי הכהנים עקרו רגליהם בעבודה ועדיין לא עלו, **טוב** הדבר שיצאו מבהכ"נ ולא יעלו עמו.

§ סימן תרכג – סדר תפלת נעילה

סעיף א - לנעילה אומר: אשרי וקדיש, ואינו אומר: ובא לציון; הגה: וכבר כתבתי דהמנהג במדינות אלו לומר: אשרי ובא לציון קודם נעילה - כדי להפסיק בה בין תפלת מנחה לתפלת נעילה.

סעיף ג - אם חל בשבת, מזכיר בה של שבת - כדרך שמזכיר בשאר תפלות היום, שהרי עדיין יום שבת הוא, **ואפי'** אותם הממשיכים תפלה זו בלילה, כיון שהתחילו מבע"י, צריך להזכיר של שבת.

אבל בוידוי שלאחר התפלה אין מזכירים בו של שבת - כיון שכבר סיים ברכת שבת, דהיינו "אתה בחרתנו" שחותמין "מקדש השבת", ולא מצינו הזכרה אחר סיום הברכה.

והני מילי יחיד, אבל שליח צבור, כיון שאומרו בתוך תפלתו, מזכיר בו של שבת - ב"אתה הבדלת אנוש מראש" וכו', כדרך שמזכיר בו של יוה"כ, וכמו כל ברכת "אתה בחרתנו" שהוא מזכיר בה של שבת ושל יוה"כ.

ואם לא הזכיר בזה - כלומר בתוך הוידוי, אבל בתוך התפלה הזכיר, **אין מחזירין אותו** - אבל אם לא הזכיר שבת כלל, אז בין יחיד בין ש"ץ מחזירין אותו, [**ובש"ץ** דוקא אם טעה ולא אמרו בתוך התפלה שבקול רם, אבל אם לא אמרו בתפלה שבלחש, אין מחזירין אותו].

סעיף ד - ואומר: כתר כמו במוסף - ובמקומות שאומרין "נעריצך" במוסף, אומרים ג"כ בנעילה. **ופותחין** הארון לכל תפלת הנעילה.

סעיף ה - נושאים כפים בנעילה - היינו אם הוא עדיין יום, **אבל** אם כבר חשכה, אין נושאין כפים, דאיתקש נשיאת כפים לעבודה, כדכתיב: לשרתו ולברך בשמו, ועבודה הוא דוקא ביום, **ולכן** אם הזמן קצר, יאמרו הפיוטים אחר התפלה, כדי שיהא נ"כ ביום.

[**ואפי'** אם הוא בה"ש צ"ע, דאיתקש לשירות, ובשירות בעינן דוקא יום ברור, **והנה** ידוע שיש תרי בה"ש, א' בה"ש דר' יהודה, וא' בה"ש דר' יוסי, **ונהי** דאנו מחמירין לנהוג כר' יהודה לענין שבת וכמה דברים, אפשר דבזה שיש בלא"ה דעת ר"ת וסייעתו, דעד לערך חצי שעה קודם צה"כ אנו חושבין אותו ליום, אפשר דיש להקל לענין נשיאת כפים, דנחשבוהו ליום, כל שיש עדיין חצי שעה קודם צה"כ, **וצ"ע**. (**עיין** בסי' תר"ח ס"א ובהרבה דוכתי, דכתב דלר"ת עד לערך רבע שעה קודם צה"כ הוא יום, וצ"ע).

והמנהג במדינות אלו שלא לישא כפים - ואפילו אם הוא עדיין בודאי יום, מפני שכמה פעמים נמשך סיום התפלה עד הלילה, לפיכך נהגו שלא לישא כפים בשום פעם, [**והגר"א** כתב טעם אחר, דהוא כמו שחרית, וגם בו הלא לא נהגו לישא כפיו, **וציין** לעיין בסי' קכ"ח סמ"ד, ושם כתב הרמ"א: שיש מקומות שנושאין כפים בנעילה, ש"מ דמקומות מקומות יש].

וכתבו האחרונים, דמ"מ "אלהינו וא"א ברכנו בברכה" וכו', וכן "שים שלום", אומרים, ואפילו הוא לילה, שבזה אין קפידא כ"כ, לפי שהתחלת התפלה היה ביום.

ואומרים: אבינו מלכנו - ואפילו חל בשבת, ואפילו הוא עדיין יום, מפני שהוא גמר דין.

סעיף ו - בסוף הסליחות אומרים ז' פעמים: ה' הוא האלהים - הטעם, ללות השכינה שמתעלה לעלות למעלה משבעה רקיעים.

ופעם אחד: שמע ישראל, וג' פעמים: ברוך שם כבוד מל"ו, וע"ל סימן ס"א, ותוקעים תשר"ת - הטעם, שהוא סימן לסילוק שכינה למעלה, שנאמר: עלה אלהים בתרועה, [**ותוס'** כתבו, להראות שהוא יו"ט להרבות בסעודה, לכן יפקדו איש את אחיו בצאתו מבהכ"נ, כדרך שאומרים בשבת ויו"ט "יומא טבא" איש לחבירו].

ומותר לתקוע אפילו אם חל בשבת ג"כ, ואע"ג שעדיין לא הבדילו בתפלה, מ"מ כיון דחכמה היא ואינה מלאכה, לא אחמור בה רבנן כולי האי, **ואפילו** הוא בין השמשות מותר, דהוא שבות לצורך מצוה, **אבל** אם הוא בודאי יום, אסור לתקוע.

הגה: ויש אומרים שאין לתקוע רק תקיעה אחת, וכן נוהגין במדינות אלו; ותוקעין לאחר שאמר קדיש לאחר נעילה, וקצת מקומות נהגו לתקוע קודם קדיש - ואחר שתקע, המנהג שאומרים הש"ץ והקהל: לשנה הבאה בירושלים.

§ סימן תרכד – סדר מוצאי יום הכפורים

סעיף ג - מבדילים על הכוס - ובמקומות שמבדילין בבהכ"נ על הכוס בכל מו"ש ויו"ט, גם עכשיו יבדיל הש"ץ, **ויטעים** מן הכוס לקטן, או אף לגדול מי שהוא מתכוין לצאת בהבדלה זו, [**וה"ה** אף לעצמו אם מתכוין לצאת בהבדלה זו].

ואין מברכים על הבשמים, אפילו אם חל להיות בשבת - שטעם הברכה כדי להשיב את הנפש מפני הנשמה יתירה שהלכה לה, ועכשיו ביוה"כ לא היה בו נשמה יתירה מפני התענית.

אבל רבים מהאחרונים חולקין ע"ז, וסוברין דכשחל בשבת יש לברך על הבשמים, [דאדרבה ביוה"כ בודאי היה בו ג"כ נשמה יתירה כשחל בשבת], ואין כאן חשש ברכה לבטלה כיון שנהנה, **ומ"מ** אין להורות לצבור כן, ולמחות בידם במקום שנהגו בבהכ"נ שלא לברך על הבשמים, רק לעצמו בביתו יכול לברך.

אם חל בשבת, אומרים "ויתן לך", ואין אומרים "ויהי נועם ואתה קדוש", לפי שחג הסוכות חל באמצע השבוע.

סעיף ד - מברכים על האור - לפי שפסקה הנאתו בו ביום, שכל היום לא היו יכולין להשתמש בו, ועכשיו הותר לו.

ואין מברכים במוצאי יום הכפורים על האור שהוציאו עתה מן האבנים - וה"ה כשהוציאו מן עצי גפרית, שקורין שוועבעליך, וכל כה"ג, **לאפוקי** אם הוציאו אתמול מן האבנים, בודאי מותר, כיון ששבת ביוה"כ.

ומה שנשתנה יוה"כ משבת, הוא משום דטעם שמברכין על האור במו"ש, שאינו אלא לזכר שנברא האור במוצ"ש, שאדם הראשון הקיש האבנים במוצ"ש זה בזה והוציא מהן אש, לכך מותר לברך על אש כזה ממה שהוציאוהו עתה, **אבל** במוצאי יוה"כ מה שמברכין על האור, הוא להורות שיום זה היה קדוש משאר ימים טובים ונאסר להבעיר בו אש, ועתה הותר, והוי האש דבר חידוש ומברכין עליו, **וזה** לא שייך אלא באור ששבת, ר"ל שהיה בעולם ביוה"כ בשעת שביתה ופסקה הנאתה ממנה בו ביום, ועכשיו הותר לו, **משא"כ** באור זה שלא היה מעולם ביוה"כ.

אכן אם חל יוה"כ בשבת, מותר מדינא לברך במוצאי שבת על אור זה, **אכן** מנהג העולם להחמיר, ועכ"פ בנר שהדליקו מן האור ההוא, בודאי יש להקל, [**דבלא"ה** הלא יש שיטת הי"א בסוף הסעיף להקל, ובכה"ג בודאי אין להחמיר].

ויש אומרים שמברכים עליו מעמוד ראשון ואילך - היינו שהדליקו נר אחד מאותו שלהבת, וטעמם, שגם זה נקרא אור ששבת, ואינו אור הנברא מחדש, (**ואפי'** במקום הדחק אין לסמוך על דעה זו).

סעיף ה - ישראל שהדליק מעובד כוכבים, אין מברכים עליו במוצאי יוה"כ, אף על פי שבמוצאי שבת מברכין עליו, שאין מברכים במוצאי יוה"כ אלא על האור ששבת מבע"י ממש, או על האור שהודלק ממנו - ומה דאנו מקילין בזה במו"ש, הוא מפני שהוא מברך על תוספות שלהבת של היתר שניתוסף בנרו של ישראל, ולא על מקור האור ששאב מנרו של עכו"ם, **ותוספות** שלהבת זו לא היה מעולם ביוה"כ, כי אם נולד עכשיו, ודומה לאור היוצא מן העצים ואבנים, דאסור במוצאי יוה"כ לברך עליו.

ועיין במ"א, דלפי"ז גם באור היוצא מן עצים ואבנים אין לברך, אפילו על נר אחר שהודלק ממנו, דלא כהי"א דס"ד.

(**וגחלים** ששבתו, מותר להדליק ממנו נר במוצאי יוה"כ ולברך עליו).

וכן נהגו להדליק מעששיות של בית הכנסת. ומיהו אפילו אם הודלק ביוה"כ, אם הודלק בהיתר כגון לחולה, יכולים לברך עליו.

הגה: י"א להבדיל על נר של בית הכנסת - ר"ל שהודלק מבע"י ודלק בהיתר, והו"ל שבת ממש, **ויש אומרים שאין להבדיל עליו, אלא מדליקין נר אחר ממנו** - דלא נעשה רק לכבוד היום ולא להאיר, ומבואר בסימן רצ"ח שאין מברכין ע"ז, **ודעה** ראשונה ס"ל דנעשו להאיר, ועדיף להבדיל על זה מלהבדיל על נר אחר שדלק ממנו, דלא מקרי כ"כ אור ששבת כיון שלא היה ביוה"כ.

[**ובמטה** משה כתב, דנרות של בתי מדרשות שעשויין ללמוד אצלם, והקבועים שם משתמשים בהם, יש לברך עלידהם].

והנכון להבדיל על שניהם ביחד, דהיינו להדליק נר אחד מנר בית הכנסת - ר"ל שבזה בודאי יוצא, (דהרבה ראשונים ס"ל, דיש לברך במוצאי יו"כ על נר של בהכ"נ, דהוא אינו נעשה לכבוד, ולכך עכ"פ יש להקל על נר אחר בהצטרף עמו, **משא"כ** להצטרף נר עם אור היוצא מן אבנים, אפשר דגם רמ"א מודה דאסור, ודלא כי"א דס"ד), **ולא יבדיל על נר עצמו של בית הכנסת לחוד.**

ואם אי אפשר להבדיל על שניהם, מוטב להבדיל על נר אחר שדלקו ממנו לחוד, מנר בהכ"נ לחוד, **ומ"מ** אם עבר ובירך על נרות של בהכ"נ בלבד, א"צ לחזור ולברך על נר אחר, שהנרות שלנו עשוין גם להאיר, שהרי מתפללין לאורן.

וה"ה אם היה לו נר אחד בביתו שהיה דלוק מבע"י, ידליק ממנה עוד אחד, ויברך על שניהן ביחד, **כי** על אותו נר שבביתו לחוד ג"כ אינו כדאי לברך, דאפשר שהיא נעשה ג"כ רק לכבוד היום - ח"א, **ומן** דרך החיים משמע, דיותר טוב שיניח בביתו לכתחלה נר דלוק מעיו"כ שיהיה דלוק עד מוצאי יוה"כ, כדי לברך עליו, ויוצא בזה לכל הדעות כיון שהוא מניחה לכתחלה בשביל זה.

ושאר דיני נר, ע"ל סי' רצ"ח.

ואוכלים ושמחים במוצאי יום הכיפורים, דהוי קצת יום טוב - כדאיתא במדרש, דבת קול יוצאה במוצאי יוה"כ ואומרת: לך אכול בשמחה וגו'.

ביום שאחר יוה"כ משכימין לבהכ"נ, כדי שלא יהא נראה ח"ו, שאנו היינו נכנעין לו רק בעת שאנו צריכין לבקש על דיננו.

ויש מחמירים לעשות שני ימים יו"כ - משום ספיקא דיומא, **ומ"מ** לא יתפללו רק תפלה של חול, ויניחו תפילין, **אך** פיוטים וסליחות יוכלו לומר כרצונם, וגם זה לא יאמרו בתוך התפלה, רק אחר י"ח, **גם** לא יקראו בתורה אפילו "ויחל".

כשחל יוה"כ יום ה', אסורים אחרים להכין להם צרכי שבת בשבילן בע"ש, שהוא יו"כ שלהן, **אך** יאכלו עם אחרים שלא הרבו בשבילן.

י"א, דמי שעשה כן פ"א שני ימים, אינו יכול לחזור, וצריך לעשות כן כל ימיו, דהוי כמו קיבל על עצמו בנדר.

ויש לזה התרה - היינו אם נתחרט ע"ז ואינו רוצה לעשות כן, רשאי להתיר לעצמו בפני ג' ע"י פתח וחרטה, **ואם** התנה בפירוש שאין עושה כן רק שנה זו, ואין מקבל על עצמו שיעשה כן בכל שנה, א"צ התרה.

ואין לנהוג בחומרא זו, משום דיש לחוש שיבא לידי סכנה - כי באמת מדינא אין לחוש, דאנן בקיאן בקביעא דירחא, ואין עושין

סימן תרכד – סדר מוצאי יום הכפורים

רק משום מנהג שנהגו אבותינו, וביוה"כ לא נהגו אבותינו, [**כי** רוב הצבור אין יכולין להתענות ב' ימים, ולא תקנו בזה לעשות ב' ימים], א"כ למה ננהוג אנחנו.

מי שמתענה תענית חלום למחרת יו"כ, אין צריך להתענות כל ימיו (מנהגים).

אין אומרים תחנות ולא צו"ץ מיום כפור עד סוכות - ולא פרקים, ולא "שיר המעלות", **אבל** "למנצח" ו"אל ארך אפים" אומרים, **ויש** מקומות שבערב סוכות אין אומרים "למנצח", אבל "אל ארך אפים" אומרים.

אין מתענין מיום כפור עד סוכות יום שמת בו אביו ואמו, שהם ימי שמחה, שהיו מחנכין בהם המזבח בימי שלמה.

והמדקדקים מתחילים מיד במוצאי יו"כ בעשיית הסוכה, כדי לצאת ממצוה אל מצוה - וביום המחרת יעשה כולה, כמו שכתב בסימן תרכ"ה.

לעלוי נשמת
הרה"ג ר' שרגא פייבל
בן ר' מאיר הכהן הולנדר ז"ל

ולאשתו
מרת פייגע פעסל
בת ר' ישראל בנימין זאנטאג ע"ה

ולעלוי נשמת
הרה"ג ר' שמשון רפאל
בן הרב אהרן ווייס ז"ל

ולאשתו
האשה לאה
בת ר' משה קרליבך ע"ה

ולעלוי נשמת
הר"ר שלום שכנא בן
ר' שלמה זלמן הלוי גוטפריינד ז"ל

ולאשתו
מרת אסתר בת
ר' מרדכי לאובנשטיין ע"ה

ולעלוי נשמת
ר' דוד בן
ר' יהושע זליקוביץ ז"ל

ולאשתו
האשה רבקה לאה בת
ר' בנימין זאב הרשקוביץ ע"ה

www.ingramcontent.com/pod-product-compliance
Lightning Source LLC
Chambersburg PA
CBHW050643150426
42813CB00054B/1171

* 9 7 8 1 9 5 1 9 4 8 0 1 6 *